INCLUS : Profitez dès maintenant des versions numériques de votre Mémento

Sur tablette ou smartphone :
Téléchargez l'application «iMemento» sur l'Apple Store (iPhone & iPad) ou sur Google Play (Androïd)

Sur votre ordinateur :
RDV sur abonnes.efl.fr

W0324974

Les avantages des versions numériques :

> Un contenu actualisé en permanence à chaque connexion.
> Des fonctionnalités pratiques : moteur de recherche, copier-coller, marque-page, notes, favoris...

?

COMMENT ÇA MARCHE

Vous disposez déjà de votre login et mot de passe ?

Votre login et votre mot de passe restent identiques.

Si vous avez perdu vos codes d'accès, vous pouvez contacter notre Service Relation Clients au **01 83 10 10 10** (du lundi au vendredi, de 9h à 18h).

Vous n'avez pas d'identifiant ?

Rendez-vous sur : www.efl.fr/activation

Et utilisez le code personnel d'activation ci-dessous :

150932207OU

MÉMENTO PRATIQUE

PAIE

23

À jour au 1er avril 2023

EDITIONS
FRANCIS LEFEBVRE

Présentation et mode d'emploi

Un outil indispensable pour gérer la paie au quotidien

Le Mémento Paie **Francis Lefebvre** apporte un service inédit en réalisant une synthèse des informations nécessaires à la gestion de la paie et des rémunérations dans tous les domaines du droit : **social, fiscal et comptable.**

Rédigé dans une forme accessible aux non-spécialistes, il constitue un **fonds documentaire exhaustif sur la paie** comportant tous les renseignements utiles aux **entreprises** et à leurs **conseils.**

Se voulant avant tout un **outil de la gestion quotidienne,** il fait une large place aux **exemples** d'application, aux **conseils** et aux **modèles.** En témoigne l'importance donnée à la dernière partie de l'ouvrage, où sont rassemblés plus de 100 modèles de bulletins de paie. Cette orientation sur le quotidien nous a conduits à écarter le contentieux et les procédures collectives.

Un Mémento bimédia pour ne rien rater de l'actualité

À jour au 1er avril 2023, votre Mémento papier est assorti d'une **version numérique** (web, mobile, tablette) **mise à jour en continu.** Muni de vos codes d'accès (voir mode d'emploi en page de garde), il vous suffit de télécharger l'application « iMémento » sur votre mobile ou smartphone ou de vous rendre sur www.mémento.efl.fr.

Votre Mémento papier comporte aussi **un cahier central qui recense les principales nouveautés** législatives et jurisprudentielles applicables en 2023 avec, pour chacune, un renvoi aux paragraphes correspondants dans le Mémento.

Mode d'emploi

La consultation de l'ouvrage est facilitée par un **plan général** situé en début d'ouvrage et des **sommaires** placés en tête de chaque chapitre, une **table alphabétique** très détaillée figurant à la fin de l'ouvrage, ainsi que des **pictogrammes** permettant de repérer les situations pour lesquelles des modèles de bulletins de paie sont proposés dans la septième partie.

L'édition numérique du Mémento comporte également des pictogrammes signalant les calculs pour lesquels des simulateurs sont accessibles gratuitement sur notre site www.efl.fr.

Contenu

Le **montant** du salaire, le **paiement** et la **protection** des rémunérations sont traités en première partie.

La deuxième développe le champ d'application, le calcul et le paiement des **prélèvements sociaux et fiscaux** sur les salaires (cotisations sociales, CSG, CRDS, cotisations et versements additionnels, taxes et participations sur les salaires, impôts sur le revenu des salariés et les résultats des entreprises) et les obligations déclaratives des employeurs, sans oublier les dispositifs d'allégement de ces formalités, sous la forme de chèques emploi ou titres emploi.

Les divers **éléments de rémunération** – avantages en nature, primes, gratifications, épargne salariale, etc. – et les indemnités et allocations pour frais professionnels font l'objet, dans la troisième partie, d'études détaillées où sont reprises toutes les précisions sociales et fiscales susceptibles d'intéresser les entreprises.

Les quatrième et cinquième parties traitent, sous l'angle de leurs incidences sur la rémunération, des **situations ou régimes particuliers,** tels que les congés payés, la rupture du contrat de travail, les représentants de commerce, etc.

L'**agriculture** et certains autres régimes spécifiques (**groupements d'employeurs,** entreprises de **travail temporaire,** particuliers employeurs, artistes-auteurs, gérants de succursales ou de dépôts, marine marchande, dockers, dispositifs propres aux départements d'outre-mer, concierges...) ont été laissés de côté pour ne pas donner à l'ouvrage un volume excessif.

Le traitement des rémunérations et indemnités dans la **comptabilité** générale de l'entreprise est examiné dans la sixième partie.

On trouvera, dans la septième partie, un recueil unique en son genre de **modèles de bulletins de paie** correspondant aux cas les plus variés.

La huitième partie regroupe un ensemble de **renseignements chiffrés** (taux et barèmes, limites d'exonération, etc.) utiles à la paie, précédés d'une **liste des formalités** incombant à l'entreprise lors de l'embauche et du départ d'un salarié.

Plan général

Les chiffres renvoient aux paragraphes.

PARTIE 1

Montant et paiement du salaire

CHAPITRE 1

Fixation du salaire

SECTION 1
SOURCES 200
SECTION 2
SMIC 1200
A. Champ d'application 1350
B. Montant 1420
C. Comparaison du salaire et du Smic 1520
D. Sanctions 2060
SECTION 3
MINIMUM CONVENTIONNEL 2400
A. Portée 2400
B. Comparaison avec le salaire réel 2520
C. Augmentations des minima conventionnels 2950
SECTION 4
ÉGALITÉ DE TRAITEMENT ET NON-DISCRIMINATION 3100
A. Égalité entre les femmes et les hommes 3150
B. Égalité entre tous les salariés 3600
SECTION 5
CLAUSES D'INDEXATION 3940
SECTION 6
MODIFICATION DU SALAIRE 4230
SECTION 7
INFORMATION DU SALARIÉ 4750

CHAPITRE 2

Salaire et durée du travail

SECTION 1
PÉRIODE À RÉMUNÉRER 5300
A. Corrélation travail-salaire 5350
B. Travail effectif et temps de présence 5520
SECTION 2
HEURES SUPPLÉMENTAIRES 6100
A. Employeurs et salariés concernés 6150
B. Recours aux heures supplémentaires 6300
C. Définition et décompte 6430
D. Contingent annuel 6720
E. Rémunération 6950
F. Repos compensateur de remplacement 7260
G. Contrepartie obligatoire en repos 7400
H. Allégements de cotisations et d'impôt 7700
SECTION 3
CONVENTIONS DE FORFAIT 8450
A. Forfaits en heures sur la semaine ou le mois 8450
B. Forfaits sur l'année 8700
SECTION 4
RÉCUPÉRATION DES HEURES PERDUES 9110
SECTION 5
RÉGIMES PARTICULIERS D'ORGANISATION DE LA DURÉE DU TRAVAIL 9500
A. Aménagement du temps de travail sur plusieurs semaines 9550
B. Travail intermittent 10700

CHAPITRE 3

Mensualisation 10900

CHAPITRE 4

Paiement du salaire

SECTION 1
DÉBITEUR 11500
SECTION 2
BÉNÉFICIAIRE 12000
SECTION 3
MODALITÉS DE PAIEMENT 12210
A. Modes de paiement 12210
B. Lieu et date de paiement 12400
C. Formalités lors du paiement 12800
SECTION 4
BULLETIN DE PAIE 12900
A. Champ d'application 12950
B. Forme 13100
C. Contenu 13200
D. Sanctions 14120
E. Portée de l'acceptation du bulletin 14250
F. Conservation et communication 14320
SECTION 5
PREUVE DU PAIEMENT 14530
SECTION 6
PROTECTION DU SALAIRE 14660
A. Compensation 14700
B. Saisie et cession de salaire 15120
SECTION 7
RÉCUPÉRATION DES SALAIRES INDUS 15800
SECTION 8
PRESCRIPTION 15900

CHAPITRE 5

Gestion des traitements de données liés à la paie

A. Cadre juridique et définitions 16250
B. Principe de conformité des traitements 16300
C. Principes de traitement des données 16350
D. Obligations des responsables de traitement 16400
E. Contrôle et sanctions 16600

PARTIE 2

Prélèvements sociaux et fiscaux sur les salaires

CHAPITRE 1

Cotisations de sécurité sociale

SECTION 1
ASSIETTE 17800
A. Composantes 17800
B. Assiette minimum 17900
C. Plafond 18000
SECTION 2
TAUX 18700
SECTION 3
PÉRIODE DE CALCUL 18760
SECTION 4
EFFECTIF À PRENDRE EN COMPTE 18800
A. Dispositifs concernés 18800
B. Effectif annuel 18820
C. Calcul de l'effectif du mois 18835
SECTION 5
PAIEMENT 18850
A. Fait générateur de l'obligation de cotiser 18850
B. Personnes redevables 19020
C. Organisme de recouvrement 19240
D. Modalités de paiement 19380
SECTION 6
CONTRÔLE 19800
SECTION 7
TRANSACTION 21340
SECTION 8
RECOUVREMENT FORCÉ 21500
A. Mise en demeure préalable 21500
B. Mise en œuvre du recouvrement forcé 21560
C. Abandon de créance 21600

CHAPITRE 2

Exonérations et régimes particuliers

SECTION 1
EXONÉRATIONS ET TRAVAIL ILLÉGAL 21740
SECTION 2
RÉDUCTION GÉNÉRALE DE COTISATIONS PATRONALES 21780
SECTION 3
RÉDUCTION DU TAUX DES COTISATIONS ALLOCATIONS FAMILIALES ET MALADIE 22650
SECTION 4
JEUNES ENTREPRISES INNOVANTES 22830
SECTION 5
EMBAUCHE DANS LES ZONES RURALES DÉFAVORISÉES 23030
SECTION 6
EXONÉRATION DANS LES ZONES FRANCHES URBAINES 23740
SECTION 7
EXONÉRATION DANS LES BASSINS D'EMPLOI À REDYNAMISER 24290
SECTION 8
EXONÉRATION DANS LES ZONES DE RESTRUCTURATION DE LA DÉFENSE 24400
SECTION 9
ACTIVITÉS SPORTIVES 24560
SECTION 10
CENTRES DE VACANCES ET DE LOISIRS POUR MINEURS 25150
SECTION 11
VENDEURS-COLPORTEURS ET PORTEURS DE PRESSE 25300
SECTION 12
VENDEURS À DOMICILE 25600
SECTION 13
ACTIVITÉS D'AIDE À DOMICILE EXERCÉES PAR DES PERSONNES MORALES 25750
SECTION 14
ASSOCIATIONS DE JEUNESSE OU D'ÉDUCATION POPULAIRE 25900
SECTION 15
TRAVAILLEURS NON RÉMUNÉRÉS EN ESPÈCES 26020

CHAPITRE 3

Versements additionnels

A. Contribution au Fonds national d'aide au logement (Fnal) 26450
B. Versement mobilité 26750
C. Forfait social 27320
D. Contribution au dialogue social 27460
E. Frais de santé 28020
F. Contribution OETH 28150

CHAPITRE 4

CSG et CRDS

A. Personnes assujetties 28400
B. Taux et déductibilité 28520
C. Salaires et assimilés 28620
D. Revenus de remplacement 28800

CHAPITRE 5

Contributions chômage et AGS

A. Présentation des régimes 29100
B. Champ d'application 29200
C. Calcul des contributions 29340
D. Paiement et contrôle 29560

CHAPITRE 6

Cotisations de retraite complémentaire

A. Champ d'application 30000
B. Adhésion des entreprises 30070
C. Cotisations 30120
D. Situations et catégories particulières 30470
E. Cotisations Apec et assurance décès des cadres 30550

CHAPITRE 7

Contributions à la formation professionnelle et à l'alternance

A. Règles d'assujettissement 30810
B. Régime des contributions 30840
C. Recouvrement des contributions 31110

CHAPITRE 8
Autres taxes et participations sur les salaires

SECTION 1
TAXE SUR LES SALAIRES 31350
A. Assujettis 31350
B. Assiette 31530
C. Calcul et paiement 31650

SECTION 2
PARTICIPATION-CONSTRUCTION 33320
A. Champ d'application 33340
B. Montant de l'investissement obligatoire 33450
C. Réalisation de l'investissement 33580
D. Cotisation de 2 % 33750
E. Entreprises en difficulté, cession ou cessation 33820

CHAPITRE 9
Impôt sur le revenu et les résultats

SECTION 1
RÉSULTATS DE L'ENTREPRISE 34200
A. Charges de personnel déductibles 34320
B. Modalités de déduction des charges 34600

SECTION 2
IMPÔT SUR LE REVENU 35100
A. Revenu imposable 35110
B. Prélèvement de l'impôt 35460
C. Tableaux récapitulatifs 35825

CHAPITRE 10
Déclaration des salaires et pensions
A. Règles communes aux déclarations et formalités 35900
B. Déclaration sociale nominative 36350
C. Titres simplifiés 36570
D. Déclaration des pensions et rentes viagères 36750
E. Relevé des frais généraux 36820

PARTIE 3
Éléments du salaire

CHAPITRE 1
Avantages en nature

SECTION 1
AVANTAGES EN NATURE ET SALAIRE 38100
A. Mode de paiement du salaire 38150
B. Évaluation 38250
C. Droits et obligations des parties 38350

SECTION 2
AVANTAGES EN NATURE ET COTISATIONS SOCIALES 38800
A. Règles communes 38800
B. Nourriture 39000
C. Logement 39200
D. Véhicule 39450
E. Informatique et communications 39650
F. Autres avantages 39850

SECTION 3
AVANTAGES EN NATURE ET PRÉLÈVEMENTS FISCAUX 40110
A. Impôt sur le revenu 40140
B. Obligations déclaratives 40750

CHAPITRE 2
Avantages alloués par le CSE
A. Assujettissement aux charges sociales 41100
B. Assujettissement aux charges fiscales 41700
C. Paiement des charges sociales et fiscales 41800
D. Déduction du résultat de l'entreprise 42000

CHAPITRE 3
Cotisations sociales

SECTION 1
RÉGIME SOCIAL 42330
I. Cotisations salariales 42400
II. Cotisations patronales 42500
A. Retraite complémentaire légalement obligatoire 42550
B. Retraite supplémentaire et prévoyance complémentaire 42640
C. Retraite à prestations définies 43420

SECTION 2
RÉGIME FISCAL 43550
I. Impôt sur le revenu 43570
A. Cotisations intégralement déductibles 43600
B. Cotisations à déduction plafonnée 43720
II. Impôt sur les bénéfices 44050
III. Déclaration sociale nominative (DSN) 44250

SECTION 3
PRÉFINANCEMENT DES INDEMNITÉS DE FIN DE CARRIÈRE 44360

CHAPITRE 4
Primes et gratifications
A. Caractère obligatoire ou bénévole 44710
B. Conditions d'attribution 44950
C. Paiement 45040
D. Régime social et fiscal 45100
E. Modification et suppression 45200
F. Suspension ou rupture du contrat de travail 45300
G. Primes et gratifications diverses 45530

CHAPITRE 5
Épargne salariale et actionnariat salarié

SECTION 1
PARTICIPATION AUX RÉSULTATS DE L'ENTREPRISE 46250
A. Calcul, répartition et versement 46300
B. Gestion des droits indisponibles 46870
C. Régime social et fiscal 47560

SECTION 2
INTÉRESSEMENT DES SALARIÉS 48000
A. Calcul et répartition 48050
B. Versement des droits 48210

C. Rapport avec le salaire 48270
D. Régime social et fiscal 48450

SECTION 3
PLANS D'ÉPARGNE SALARIALE 49240
A. Plan d'épargne d'entreprise 49300
B. Plan d'épargne interentreprises 49970
C. Perco 50100
D. Pereco 50221

SECTION 4
PARTAGE DES PLUS-VALUES DE CESSION DE TITRES 50231

SECTION 5
OPTIONS SUR ACTIONS 50300

SECTION 6
ATTRIBUTION GRATUITE D'ACTIONS 50970

SECTION 7
BONS DE SOUSCRIPTION DE PARTS DE CRÉATEUR D'ENTREPRISE 51180

SECTION 8
TABLEAUX RÉCAPITULATIFS 51270

CHAPITRE 6
Autres sommes et avantages
A. Titres-restaurant 51670
B. Prestations sociales complémentaires 52050
C. Avantages de retraite 52250
D. Chèques-vacances 52950
E. Sommes versées à l'occasion de la modification du contrat 53240
F. Rappels de salaire 53520
G. Compensation salariale de la réduction collective du temps de travail 53720
H. Salaire du conjoint du chef d'entreprise 53850
I. Avantages consentis par les banques à leur personnel 53970
J. Sommes versées aux auteurs d'inventions 54100
K. Pourboires 54340
L. Redevances de location-gérance 54700
M. Indemnité transactionnelle versée en cours de contrat 55000

CHAPITRE 7
Frais professionnels

SECTION 1
RÈGLES GÉNÉRALES 55200
A. Définition et nature juridique 55200
B. Conséquences de la qualification 55230
C. Prise en charge 55280
D. Cotisations sociales 55360
E. CSG, CRDS et forfait social 55600
F. Impôt sur le revenu 55650
G. Établissement de la paie 56000

SECTION 2
NOURRITURE ET LOGEMENT 56200
A. Nourriture 56220
B. Grand déplacement 56400
C. Petits déplacements dans certaines professions 56500

SECTION 3
TRANSPORT 56540
A. Véhicule mis à disposition par l'employeur 56540
B. Véhicule personnel 56570

SECTION 4
MOBILITÉ PROFESSIONNELLE 56640
A. Réglementation sociale 56640
B. Régime fiscal des indemnités 56810

SECTION 5
NOUVELLES TECHNOLOGIES 56900

SECTION 6
AUTRES FRAIS 56950

CHAPITRE 8
Frais de transport domicile-travail 57520

CHAPITRE 9
Rémunérations variables
A. Fixation et paiement 57800
B. Modification 58300
C. Situations affectant la paie en cours de contrat 58460
D. Rupture du contrat de travail 58620
E. Régime social et fiscal 58630

PARTIE 4
Situations particulières

CHAPITRE 1
Congés payés

SECTION 1
DURÉE DES CONGÉS PAYÉS 59160

SECTION 2
DÉCOMPTE DES JOURS DE CONGÉS PAYÉS 59200

SECTION 3
CALCUL ET PAIEMENT DES INDEMNITÉS 59300
I. Indemnité de congés payés 59350
A. Modes de calcul 59350
B. Détermination du montant à verser 59460
C. Paiement de l'indemnité 59950
II. Indemnité compensatrice de congés payés 60070
A. Conditions d'attribution 60090
B. Calcul et paiement 60200

SECTION 4
RÉGIMES SOCIAL ET FISCAL DES INDEMNITÉS 60310
A. Indemnité de congés payés 60330
B. Indemnité compensatrice 60620

CHAPITRE 2
Jours fériés
A. Présentation générale 60800
B. Jours fériés chômés 60870
C. Jours fériés travaillés 61110
D. Bulletin de paie 61250
E. Régime social et fiscal 61300

CHAPITRE 3

Maladie, accident, maternité

SECTION 1
MALADIE ET ACCIDENT 61420
A. Calcul de l'absence 61440
B. Indemnités journalières de la sécurité sociale 61500
C. Maintien du salaire 61700
D. Établissement du bulletin de paie 62100

SECTION 2
REPRISE DU TRAVAIL 62650
A. Salarié apte à reprendre le travail 62650
B. Inaptitude physique du salarié 62700

SECTION 3
MATERNITÉ ET PATERNITÉ 63000

CHAPITRE 4

Rupture du contrat de travail

SECTION 1
LICENCIEMENT 63260
A. Droit à l'indemnité de licenciement 63260
B. Indemnité minimale légale 63320
C. Indemnité conventionnelle 63600
D. Régime social et fiscal de l'indemnité 63800

SECTION 2
DÉPART VOLONTAIRE 64180
A. Rupture conventionnelle homologuée 64200
B. Congé de mobilité ou rupture conventionnelle collective 64260
C. Départ volontaire dans le cadre d'un PSE 64300
D. Démission 64370
E. Bulletin de paie et DSN 64500

SECTION 3
DÉPART OU MISE À LA RETRAITE 64620
A. Rupture à l'initiative de l'employeur 64650
B. Départ volontaire 64900

SECTION 4
AUTRES CAS DE RUPTURE 65230

SECTION 5
LITIGE RELATIF À LA RUPTURE DU CONTRAT 65450
A. Transaction 65450
B. Conciliation prud'homale 65680
C. Licenciement irrégulier, sans cause réelle et sérieuse ou nul 65760
D. Clause de garantie d'emploi 65840

SECTION 6
PRÉAVIS 65900
A. Caractère obligatoire 65900
B. Durée du préavis 65950
C. Rémunération en cas d'exécution du préavis 66030
D. Inexécution du préavis 66150
E. Régime social et fiscal 66300

SECTION 7
OBLIGATIONS POSTÉRIEURES À LA RUPTURE 66570
A. Certificat de travail 66600
B. Attestation Pôle emploi 66660
C. Reçu pour solde de tout compte 66730
D. Indemnité compensatrice de non-concurrence 66800
E. Maintien de la couverture santé et prévoyance 67030

SECTION 8
RÉINSERTION DU SALARIÉ 67130

SECTION 9
TABLEAUX RÉCAPITULATIFS 67210

CHAPITRE 5

Grève
A. Salaire des grévistes 67380
B. Salaire des non-grévistes 67600
C. Fermeture de l'entreprise 67720
D. Régime des sommes versées 67830

CHAPITRE 6

Activité partielle

SECTION 1
RÉGIME DE DROIT COMMUN 67950
A. Mise en place et renouvellement 67955
B. Salariés concernés 68000
C. Indemnisation 68020
D. Incidences sur le salaire d'activité 68265

SECTION 2
ACTIVITÉ PARTIELLE DE LONGUE DURÉE (APLD) 68350
A. Mise en place et renouvellement 68350
B. Indemnité versée au salarié 68360
C. Allocation perçue par l'employeur 68370
D. Articulation avec l'activité partielle de droit commun 68385

SECTION 3
CHÔMAGE INTEMPÉRIES DANS LE BTP 68390
A. Présentation du régime 68390
B. Indemnisation 68395

SECTION 4
GARANTIE D'UNE RÉMUNÉRATION MENSUELLE MINIMALE 68400
A. Champ d'application 68405
B. Montant garanti 68425
C. Allocation complémentaire 68430

SECTION 5
TABLEAUX RÉCAPITULATIFS ACTIVITÉ PARTIELLE ET APLD 68450

CHAPITRE 7

Accords de performance collective 68500

CHAPITRE 8

Pluralité d'employeurs

SECTION 1
RÈGLES COMMUNES AUX SALARIÉS MULTI-EMPLOYEURS 68860
A. Sécurité sociale 68860
B. CSG-CRDS 69130
C. Chômage et AGS 69150
D. Retraite complémentaire 69190
E. Régime fiscal 69320
F. Statut des salariés 69390

SECTION 2
ARTISTES DU SPECTACLE 69460
A. Définition 69465
B. Cotisations et contributions sociales 69470
C. Statut du salarié 69780
D. Guso 69870

SECTION 3
PROFESSIONS MÉDICALES 69940

CHAPITRE 9
Transfert d'entreprise

SECTION 1
INCIDENCES SUR LA RÉMUNÉRATION 70000
I. Transfert légal des contrats de travail 70040
A. Répartition des dettes 70070
B. Rémunération après le transfert 70300
II. Maintien des contrats de travail en dehors du cadre légal 70400
III. Épargne salariale 70480

SECTION 2
OBLIGATIONS SOCIALES ET FISCALES 70600
A. Cotisations de sécurité sociale 70600
B. Retraite complémentaire 70700
C. Aspects fiscaux du transfert 70850

CHAPITRE 10
Travail à l'étranger
I. Rémunération 71020
II. Charges sociales 71140
A. Salariés détachés 71160
B. Salariés expatriés 71300
III. Régime fiscal 71540
A. Impôt sur le revenu 71550
B. Taxe sur les salaires 71670
C. Déclaration sociale nominative (DSN) 71690

CHAPITRE 11
Journée de solidarité
A. Travail d'une journée supplémentaire 71820
B. Contribution solidarité autonomie 71950

CHAPITRE 12
Autorisations d'absence et congés divers 72050

CHAPITRE 13
Compte épargne-temps 72230

CHAPITRE 14
Réductions ou retenues sur salaire
A. Retenues sur salaire ou sur prime 72390
B. Réduction de salaire en cas de modification du contrat 72480
C. Remboursement de sommes à l'employeur 72500

CHAPITRE 15
Formation professionnelle
A. Plan de développement des compétences 72610
B. Compte personnel de formation 72650
C. Congés de formation 72700
D. Reconversion ou promotion par alternance 72900
E. Régime fiscal 72950

CHAPITRE 16
Travail le dimanche 73050

CHAPITRE 17
Équipes de suppléance 73180

CHAPITRE 18
Travail de nuit et en soirée
A. Travail de nuit 73270
B. Travail en soirée 73350

CHAPITRE 19
Décès
I. Décès du salarié 73440
A. Paiement du salaire 73450
B. Droits liés à l'épargne dans l'entreprise 73470
C. Sommes versées au titre de la prévoyance 73590
II. Décès d'un proche du salarié 73700
A. Droit à congé 73700
B. Octroi d'avantages 73720
C. Droits liés à l'épargne dans l'entreprise 73740
III. Décès de l'employeur 73780
A. Paiement des salaires 73810
B. Paiement des cotisations et taxes 73830
C. Déclarations obligatoires 73880

PARTIE 5
Statuts ou régimes particuliers

CHAPITRE 1
Travail à temps partiel

SECTION 1
TRAVAIL À TEMPS PARTIEL 74450
I. Statut du salarié 74470
A. Principe d'égalité de traitement 74470
B. Rémunération 74510
C. Jours fériés 74690
D. Congés payés 74720
E. Indemnités de rupture 74740
F. Prise en compte dans l'effectif 74770
G. Aménagement du temps de travail 74800
II. Cotisations sociales 74880
A. Réduction du plafond 74910

B. Maintien des cotisations sur un temps plein 75200
III. Régime fiscal 75500
SECTION 2
TEMPS PARTIEL THÉRAPEUTIQUE 75570

CHAPITRE 2
Contrat à durée déterminée
I. Statut du salarié 75950
A. Rémunération 75950
B. Prise en compte dans les effectifs 76250
II. Rupture du contrat 76280
A. Indemnité compensatrice de congés payés 76300
B. Indemnité de fin de contrat 76330
C. Rupture anticipée du contrat par l'employeur 76420
III. Requalification du CDD en CDI 76510

CHAPITRE 3
Dirigeants de sociétés
SECTION 1
STATUT DANS LA SOCIÉTÉ 76600
A. Mandat social 76600
B. Exercice de fonctions salariées dans la société 76720
SECTION 2
COTISATIONS SOCIALES 76850
A. Sécurité sociale 76850
B. Assurance chômage 77250
C. Retraite complémentaire 77350
SECTION 3
RÉGIME FISCAL DES RÉMUNÉRATIONS VERSÉES AUX DIRIGEANTS 77450
A. Impôt sur le revenu 77500
B. Taxes et participations assises sur les salaires 78000

CHAPITRE 4
Représentants du personnel
A. Crédit d'heures de délégation 79000
B. Autres activités rémunérées 79300
C. Formalités 79530
D. Protection dans l'exercice du mandat 79650

CHAPITRE 5
Représentants de commerce
SECTION 1
DÉFINITION ET CATÉGORIES DE REPRÉSENTANTS 79800
SECTION 2
REPRÉSENTANTS STATUTAIRES 79920
I. Fixation du salaire 79920
A. Modes de rémunération possibles 79950
B. Commissions 80050
C. Frais professionnels 80270
D. Rémunération minimale 80370
II. Paiement et protection du salaire 80550
III. Situations affectant la paie en cours de contrat 80660
A. Congés 80660
B. Maladie, accident ou maternité 81000
C. Modifications du contrat liées à des circonstances économiques 81260
D. Activité partielle 81400
IV. Cessation du contrat 81480
A. Préavis 81480
B. Sommes versées à la cessation du contrat 81650
C. Non-concurrence après la cessation du contrat 82530
V. Protection sociale 82660
A. Sécurité sociale 82680
B. CSG et CRDS 82900
C. Chômage 82950
D. Retraite complémentaire 83000
E. Prévoyance et frais de santé 83050
SECTION 3
REPRÉSENTANTS NON STATUTAIRES 83400
SECTION 4
RÉGIME FISCAL 83500
A. Impôt sur le revenu 83550
B. Taxes et participations assises sur les salaires 83730

CHAPITRE 6
Contrats de formation et d'insertion
SECTION 1
CONTRAT D'APPRENTISSAGE 83900
SECTION 2
CONTRAT DE PROFESSIONNALISATION 84380
SECTION 3
CONTRAT UNIQUE D'INSERTION 84520
SECTION 4
CONTRAT À DURÉE DÉTERMINÉE D'INSERTION 84830
SECTION 5
TABLEAUX RÉCAPITULATIFS 84850

CHAPITRE 7
Hôtels, cafés, restaurants
A. Salaire 85050
B. Charges sociales 85630
C. Régime fiscal 85950
D. Bulletin de paie et DSN 86050

CHAPITRE 8
Préretraites 86160

CHAPITRE 9
Télétravail et travail à domicile
A. Télétravail 86750
B. Travail à domicile 86950

CHAPITRE 10
Journalistes
A. Rémunération 88070
B. Régime social 88510
C. Régime fiscal 88730

CHAPITRE 11

Stagiaires

A. Statut 88900
B. Cotisations sociales 89070
C. Régime fiscal 89500

CHAPITRE 12

Avocats salariés

A. Rémunération 89650
B. Régime social 90040
C. Régime fiscal 90320

CHAPITRE 13

Formateurs occasionnels

A. Cotisations de sécurité sociale et prélèvements fiscaux 90430
B. Autres cotisations 90640

PARTIE 6

Comptabilisation des salaires

CHAPITRE 1

Règles de comptabilité

A. Principes généraux 91250
B. Écritures de paie 91360
C. Taxes et participations sur les salaires 91530
D. Avantages, indemnités, gratifications 92130
E. Rémunérations diverses 93050
F. Participation financière et actionnariat 93160
G. Aides à l'emploi et à la formation 93550
H. Frais professionnels 93700

CHAPITRE 2

Déclarations faites à partir de la comptabilité

A. Rôle de la DSN 94000
B. Préparation comptable du rapprochement annuel 94010
C. Rapprochement en cas de décalage dans le temps 94020

PARTIE 7

Modèles de bulletins de paie

Données communes 94310
Liste des modèles 94320
Modèles généraux 94320
Heures supplémentaires 94560
Conventions de forfait 94620
Éléments particuliers de rémunération 94690
Cessation du contrat de travail 94840
Situations particulières 94930
Statuts particuliers 95110
Modèles vierges 94320
Prélèvement à la source de l'IR (taux par défaut) 94334
Retraite complémentaire des cadres 94340
Plans d'épargne retraite 94380
Prévoyance obligatoire avec option facultative 94390
Participation du CSE à une prévoyance 94400
Versement santé 94410
Embauche en cours de mois 94420
Retenue pour absence non rémunérée 94430
Régularisation des cotisations de sécurité sociale et de chômage 94440
Réduction générale des cotisations 94480
Exonération pour embauche en ZRR 94520
Emploi en ZFU 94540
Heures supplémentaires 94560
Conventions de forfait 94620
Chèques-vacances 94690
Plan d'épargne d'entreprise 94710
Option de souscription ou d'achat d'actions 94720
Avantages en nature 94730
Indemnités de grand déplacement 94760
Indemnité de petit déplacement 94790
Déduction forfaitaire spécifique pour frais professionnels 94800
Voiture de fonction 94830
Démission 94840
Licenciement 94850
Départ à la retraite 94890
Rupture conventionnelle homologuée 94910
Congés payés 94930
Jours fériés 94950
Maladie 94970
Activité partielle 95050
Grève 95100
Détachement à l'étranger 95105
Retenue à la source fiscale des non-résidents 95107
Travail à temps partiel 95110
Contrat à durée déterminée 95170
Dirigeant de société 95190
Heures de délégation des représentants du personnel 95200
VRP 95210
Hôtels, cafés, restaurants 95240
Stagiaire avec titres-restaurant 95280
Avocat salarié 95290
Travailleur à domicile 95300
Formateur occasionnel 95310
Journaliste professionnel 95320
Contrat de professionnalisation 95370
Apprenti 95380

PARTIE 8

Annexes

Formalités à l'embauche ou au départ d'un salarié

Embauche d'un salarié 96020
Départ d'un salarié 96030

Renseignements chiffrés

Taux du Smic et du minimum garanti 96050
Détermination du salaire mensualisé 96060
Saisie et cession des rémunérations 96080
Charges sociales et fiscales sur salaire 96130
Plafonds des cotisations sociales 96180
Indemnités journalières de sécurité sociale 96220
Évaluation forfaitaire des dépenses d'automobile 96230
Évaluation forfaitaire des frais de motocycle 96240
Cotisations de retraite et de prévoyance et versements obligatoires aux PER d'entreprise 96250
Limites d'exonération de CSG et CRDS sur certains revenus de remplacement 96259
Allocations forfaitaires pour frais professionnels 96300
Évaluation forfaitaire des avantages en nature 96330
Titres-restaurant 96340
Déductions forfaitaires spécifiques 96360
Cotisations de retraite des avocats salariés 96370
Hôtels, cafés, restaurants 96380
Formateurs occasionnels 96400
Impôt sur le revenu 96420
Déclarations de salaires 96440
Sanctions pénales 96470

Principales abréviations

Acoss	Agence centrale des organismes de sécurité sociale (aussi appelée Urssaf, Caisse nationale)
AN	Assemblée nationale
ANI	Accord national interprofessionnel
Art.	Article
Ass. plén.	Arrêt rendu par l'Assemblée plénière de la Cour de cassation
BIC	Bénéfices industriels et commerciaux
BNC	Bénéfices non commerciaux
Bofip (BOI)	Bulletin officiel des finances publiques-impôts
BOSS	Bulletin officiel de la sécurité sociale
CA	Arrêt de cour d'appel
CAA	Arrêt de cour administrative d'appel
Carsat	Caisse d'assurance retraite et de santé au travail
CASF	Code de l'action sociale et des familles
Cass.	Arrêt de la Cour de cassation (civ. : chambre civile ; com. : chambre commerciale ; crim. : chambre criminelle ; soc. : chambre sociale)
CCH	Code de la construction et de l'habitation
CCN	Convention collective nationale
C. civ.	Code civil
CDD	Contrat à durée déterminée
CDI	Contrat à durée indéterminée
CGCT	Code général des collectivités territoriales
C. pén.	Code pénal
CE	Arrêt du Conseil d'État
CGI	Code général des impôts
Circ.	Circulaire
CJUE	Arrêt de la Cour de justice de l'Union européenne
CNC	Conseil national de la comptabilité
CNCC	Conseil national des commissaires aux comptes
Cnil	Commission nationale informatique et libertés
CPI	Code de la propriété intellectuelle
CRDS	Contribution au remboursement de la dette sociale
CRPA	Code des relations entre le public et l'administration
CSG	Contribution sociale généralisée
C. sport	Code du sport
CSS	Code de la sécurité sociale
C. trav.	Code du travail
Délib.	Délibération (Agirc-Arrco ou Unédic)
Dreets	Directeur (direction) régional(e) de l'économie, de l'emploi, du travail et des solidarités
DSN	Déclaration sociale nominative
DSS	Direction de la sécurité sociale (ministère chargé de la sécurité sociale)
FNE	Fonds national pour l'emploi
Inst.	Instruction administrative

JO	Journal officiel
Lettre	Lettre ministérielle
LPF	Livre des procédures fiscales
OEC	Ordre des experts-comptables
Ord.	Ordonnance
PCG	Plan comptable général
PEE	Plan d'épargne d'entreprise
PEI	Plan d'épargne interentreprises
Perco	Plan d'épargne collectif pour la retraite
Pereco	Plan d'épargne retraite collectif d'entreprise
Pero	Plan d'épargne d'entreprise à adhésion obligatoire
Rép. X...	Réponse ministérielle à un parlementaire
Sén.	Sénat
TA	Tribunal administratif
T. confl.	Tribunal des conflits
UE	Union européenne
Unédic	Union nationale interprofessionnelle pour l'emploi dans l'industrie et le commerce
Urssaf	Union de recouvrement des cotisations de sécurité sociale et d'allocations familiales
VRP	Voyageur, représentant, placier

Pour les abréviations utilisées dans la table alphabétique, voir en tête de celle-ci.

PARTIE 1

Montant et paiement du salaire

CHAPITRE 1
FIXATION DU SALAIRE

SOMMAIRE

SECTION 1
SOURCES 200
1. Lois et règlements 250
2. Contrat de travail 350
3. Conventions et accords collectifs 400
4. Recommandations patronales 550
5. Décisions unilatérales de l'employeur 700
6. Usages 820
7. Hiérarchie des normes 900
a. Rapports entre les lois et règlements et les accords collectifs 950
b. Rapports entre conventions et accords collectifs 962
c. Rapports entre les conventions ou accords collectifs et le contrat de travail 1060
d. Rapports entre les conventions ou accords collectifs et les usages et engagements unilatéraux 1080

SECTION 2
SMIC 1200
A. Champ d'application 1350
B. Montant 1420
C. Comparaison du salaire et du Smic 1520
1. Comparaison par période de paie 1570
2. Nombre d'heures travaillées 1650
3. Rémunération à retenir 1750
D. Sanctions 2060

SECTION 3
MINIMUM CONVENTIONNEL 2400
A. Portée 2400
B. Comparaison avec le salaire réel 2520
1. Éléments de salaire à retenir 2570
2. Appréciation mois par mois 2850
C. Augmentations des minima conventionnels 2950

SECTION 4
ÉGALITÉ DE TRAITEMENT ET NON-DISCRIMINATION 3100
A. Égalité entre les femmes et les hommes 3150
1. Notion de discrimination 3240
2. Notion de rémunération 3380
3. Réduction des écarts de rémunération 3420
4. Sanctions 3480
B. Égalité entre tous les salariés 3600
1. Non-discrimination 3650
2. « À travail égal, salaire égal » 3760
a. Comparaison entre les salariés 3770
b. Justifications des différences de traitement 3800

SECTION 5
CLAUSES D'INDEXATION 3940
1. Portée de l'interdiction 4000
2. Conséquences 4120

SECTION 6
MODIFICATION DU SALAIRE 4230
1. Salaire conventionnel 4280
2. Usage, accord atypique ou engagement de l'employeur 4420
3. Salaire contractuel 4550

SECTION 7
INFORMATION DU SALARIÉ 4750

SECTION 1
SOURCES

La rémunération du salarié peut résulter de sources juridiques diverses : lois, règlements, contrats de travail, conventions ou accords collectifs, recommandations patronales, usages ou décisions unilatérales de l'employeur. 200

La source des éléments de la rémunération du salarié est importante puisqu'elle conditionne la **portée des obligations** de l'employeur et donc les droits du salarié. Ainsi, les conditions dans lesquelles un élément du salaire peut être modifié ou supprimé en dépendent (nos 4230 s.).

1. LOIS ET RÈGLEMENTS

250 Les salaires sont en principe **librement** fixés. Toutefois, les lois ou les règlements apportent des **limites** à cette liberté en :
– fixant le montant du salaire minimum interprofessionnel de croissance (**Smic**) : n°s 1200 s. ;
– interdisant les **clauses d'indexation** : n°s 3940 s. ;
– prévoyant un certain nombre de principes, notamment d'**égalité** entre salariés et de **non-discrimination** en matière de rémunération : n°s 3100 s. ;
– organisant la **hiérarchie des normes** : n°s 900 s. ;
– obligeant d'assortir d'une rémunération équivalente les **propositions de reclassement** avant licenciement économique, sauf accord du salarié pour un reclassement dans un emploi inférieur (C. trav. art. L 1233-4) ;
– prévoyant, sous certaines conditions, une **garantie de rémunération** en cas de **mise en cause** ou de **dénonciation** d'une convention ou d'un accord collectif : n° 4340 ;
– interdisant la fixation du salaire par voie d'**enchères électroniques inversées,** consistant à attribuer un poste au salarié proposant la rémunération la plus basse, sous peine de nullité du contrat de travail ainsi conclu (C. trav. art. L 1221-4) ;
– imposant le **versement de certaines sommes** : maintien du salaire en cas de maladie (n°s 61700 s.), indemnité de fin de CDD (n°s 76350 s.), indemnité de congés payés (n°s 59350 s.), indemnité de préavis (n°s 65900 s.), commissions de retour sur échantillonnages des VRP (n°s 81670 s.), etc.

ATTENTION

L'employeur qui contrevient aux dispositions légales relatives aux **accessoires du salaire** est passible de la peine d'**amende** prévue pour les contraventions de la 4e classe (montant : voir n° 96470), prononcée autant de fois qu'il y a de salariés intéressés (C. trav. art. R 3246-4).

ANCIENS ARRÊTÉS DE SALAIRE

260 La loi 50-205 du 11 février 1950 qui a rétabli la liberté des salaires a laissé subsister les anciens arrêtés de salaires, appelés **« arrêtés Parodi »,** en vigueur entre 1945 et 1950, dans les professions où il n'a pas été conclu de conventions collectives comportant de clauses de salaire.

La **conclusion** dans une profession d'une **convention collective** met fin à l'application de ces arrêtés, même lorsque ceux-ci étaient plus favorables aux salariés (Cass. soc. 26-10-1979 n° 78-41.147 P ; 5-3-1980 n° 78-41.146 P).

Dans les professions où aucune convention collective n'est intervenue, les arrêtés Parodi continuent de jouer un rôle lorsqu'ils prévoient le versement d'une **prime d'ancienneté :** voir n° 45550.

ATTENTION

La **dénonciation** d'une convention collective ne peut pas être assimilée à une absence de convention et n'a donc pas pour effet de faire revivre les arrêtés de salaires (Rép. Dolez : AN 1-1-1990 n° 19095).

2. CONTRAT DE TRAVAIL

350 Le contrat de travail constitue la norme de fixation du salaire individuel. Sous réserve du respect des règles légales (n° 250) et conventionnelles (n°s 400 s.), le montant du salaire à l'**embauche** est fixé d'un commun accord entre les parties. Le contrat peut également définir les modalités de son évolution ainsi que les **accessoires** pouvant s'y ajouter (primes, avantages en nature, indemnités diverses, etc.). Le salaire fait partie des éléments du contrat sur lesquels le salarié doit être **informé** selon les modalités exposées n°s 4750 s. Sa **modification** ne peut intervenir sans l'accord de ce dernier (n° 4555).

Des **modèles** de clauses relatives à la rémunération sont proposés dans notre Formulaire social.

3. CONVENTIONS ET ACCORDS COLLECTIFS

400 Les conventions et accords collectifs jouent un rôle important dans la fixation du salaire de base et de ses accessoires. Une obligation d'**information des salariés** sur le droit conventionnel applicable pèse d'ailleurs sur l'employeur (voir n°s 4790 s.).

Dans les entreprises ou établissements dotés d'au moins un délégué syndical (DS) ou d'un conseil d'entreprise, les conventions et accords collectifs ne sont **valables** que s'ils ont été conclus avec des **syndicats de salariés représentatifs** ayant recueilli un minimum de voix lors des dernières élections professionnelles, la loi prévoyant cependant une procédure de rattrapage par référendum.

En l'absence de DS ou de conseil d'entreprise dans l'entreprise ou l'établissement, l'employeur peut, sous certaines conditions, soit négocier et conclure des conventions ou accords collectifs avec les **représentants des salariés** (membres élus, mandatés ou non, ou salariés mandatés non élus), soit proposer directement aux **salariés** un projet d'accord collectif.

› Précisions Pour plus de détails sur les règles de validité des conventions et accords, voir Mémento social n°s 51900 s.

NÉGOCIATION SUR LES SALAIRES

Afin d'encourager les partenaires sociaux à négocier sur les salaires, la loi a institué une **obligation périodique de négocier** : 410

– au niveau de l'**entreprise,** sur la rémunération, notamment les salaires effectifs, le temps de travail et le partage de la valeur ajoutée, ainsi que sur l'égalité professionnelle entre les sexes et la qualité de vie et des conditions de travail (C. trav. art. L 2242-1). Toutefois, les entreprises appartenant à un **groupe** peuvent, sous certaines conditions, être dispensées d'engager elles-mêmes ces négociations ;

– au niveau des **branches** ou professions, sur les salaires, les mesures tendant à assurer l'égalité professionnelle entre les sexes, les mesures de rattrapage tendant à remédier aux inégalités constatées, l'examen de la nécessité de réviser les classifications en prenant en compte l'objectif d'égalité professionnelle entre les sexes et de mixité des emplois, ainsi que sur l'institution d'un ou plusieurs plans d'épargne interentreprises ou Pereco interentreprises si aucun accord n'est conclu en la matière. En l'absence d'accord d'adaptation ou en cas de non-respect de celui-ci, la négociation de branche sur les salaires doit aussi s'engager lorsque le salaire minimum national professionnel des salariés sans qualification est inférieur au Smic (C. trav. art. L 2241-1 et L 2241-10).

› Précisions **a.** Les salariés appelés à négocier les conventions et accords collectifs bénéficient d'une **autorisation d'absence** rémunérée pour participer aux négociations (voir n°s 79320 s.).
b. L'employeur qui ne respecte pas l'obligation de négocier sur les salaires effectifs ou sur l'égalité professionnelle entre les sexes s'expose à une **pénalité**.

CONTENU

Les conventions et accords collectifs déterminent en général la classification des emplois et, pour chaque emploi ou catégorie d'emplois, un **salaire minimum** (n°s 2400 s.). Ils peuvent aussi contenir des dispositions sur les **accessoires du salaire** étudiés n°s 37830 s. (primes de 13e mois, d'ancienneté, de vacances, avantages en nature, etc.). La portée de ces dispositions conventionnelles dépend des règles organisant la **hiérarchie de normes** (voir n°s 950 s.). 430

Cas particulier des conventions de branche Pour pouvoir être **étendues,** les conventions de branche conclues au niveau national doivent comporter des dispositions portant notamment sur les éléments essentiels servant à la détermination des **classifications** et des niveaux de **qualification,** le **salaire minimum national professionnel** des salariés sans qualification, l'ensemble des éléments affectant le **calcul du salaire** applicable par catégories professionnelles, les procédures et la périodicité prévues pour la **révision des salaires,** les **congés payés,** l'**égalité professionnelle** entre les sexes, la suppression des écarts de rémunération et les mesures tendant à remédier aux inégalités constatées, les modalités d'application du principe « à travail égal, salaire égal », les procédures de règlement des difficultés pouvant naître à ce sujet et sur les modalités de mise en œuvre des dispositifs d'**épargne salariale** (C. trav. art. L 2261-22, II-3°, 4°, 5°, 9° ,10°, 15° et R 2261-1). 440

S'y ajoutent, en tant que de besoin dans la branche considérée, les conditions de rémunération des **salariés à temps partiel** et des **travailleurs à domicile,** ainsi que des salariés **auteurs d'une invention** dévolue à l'employeur en vertu de l'article L 611-7, alinéa 3 du Code de la propriété intellectuelle (C. trav. art. L 2261-22, II-12°).

À défaut de convention au niveau national, ces clauses obligatoires doivent se trouver dans les conventions conclues à d'**autres niveaux territoriaux,** sous réserve des adaptations nécessitées par les conditions propres aux secteurs territoriaux considérés (C. trav. art. L 2261-23).

SANCTIONS

450 L'employeur lié par une convention ou un accord collectif étendu qui paie des salaires inférieurs à ceux fixés par ce texte, ou contrevient à ses stipulations relatives aux accessoires du salaire, est passible de la peine d'**amende** prévue pour les contraventions de la 4e classe (montant, no 96470). L'amende est prononcée autant de fois qu'il y a de salariés concernés (C. trav. art. R 2263-3 et R 2263-4).

Le non-respect des dispositions salariales de la convention ou de l'accord collectif applicable à l'entreprise, quel que soit le niveau de conclusion de ce texte (accord de branche, d'entreprise, etc.), expose l'employeur au paiement d'un **rappel de salaire,** d'intérêts de retard et, dans certains cas, au versement de **dommages-intérêts** au salarié (sur ces deux derniers points, voir no 12560).

Enfin, le défaut de versement des rémunérations conventionnelles est susceptible d'entraîner un **redressement de cotisations** à l'occasion d'un contrôle Urssaf.

4. RECOMMANDATIONS PATRONALES

550 Au terme d'une **négociation** entre partenaires sociaux, lorsque aucun accord collectif n'a été conclu, une organisation patronale peut adresser à ses adhérents un **barème** de salaires reprenant, la plupart du temps, les propositions faites aux syndicats de salariés pendant la négociation.

Distinctes des accords collectifs sur les salaires conclus entre organisations représentatives d'employeurs et de salariés, les recommandations patronales peuvent avoir une certaine **force juridique.** La jurisprudence établit ainsi une distinction entre les simples conseils dépourvus de tout caractère contraignant et les injonctions qui s'imposent aux entreprises adhérentes.

› Précisions Le plus souvent, les recommandations interviennent à la suite d'un échec des négociations, mais elles peuvent venir **compléter** un accord. Par exemple, à la suite de la conclusion d'un accord de branche sur les **salaires minima,** une organisation patronale signataire peut recommander d'appliquer le même pourcentage d'augmentation aux **salaires réels** pratiqués dans les entreprises. L'accord lui-même peut énoncer une recommandation, celle-ci ne créant alors pas d'obligation à la charge des employeurs, par opposition aux autres clauses de l'accord ayant, elles, un caractère impératif (pour des exemples d'accords non contraignants : Cass. soc. 10-5-1978 no 77-40.268 P ; 28-5-2008 no 06-46.009 FS-PB).

RECOMMANDATIONS OBLIGATOIRES

570 Le caractère contraignant des recommandations patronales peut résulter de leur formulation. Sont ainsi obligatoires pour les **entreprises adhérentes** les déclarations formulées par des organisations d'employeurs diffusées à toutes ces entreprises et dont les **engagements** sont clairs et précis, qu'elles interviennent après l'**échec de négociations** avec les syndicats de salariés (Cass. soc. 29-6-1999 no 98-44.348 PBR) ou en exécution d'un **protocole de fin de conflit** (Cass. soc. 29-6-1999 no 97-45.877 D).

Ces recommandations n'ont, en revanche, aucune force obligatoire à l'égard des **entreprises non adhérentes,** sauf usage contraire (CA Paris 7-5-1987 no 85-33003).

ATTENTION

Le fait pour une entreprise non adhérente d'**appliquer volontairement** une convention collective ne l'oblige pas à appliquer les recommandations unilatérales de l'organisation patronale en cause (Cass. soc. 4-1-1978 no 76-40.194 P).

RECOMMANDATIONS FACULTATIVES

600 Les organisations patronales peuvent formuler des recommandations de salaires facultatives pour les entreprises adhérentes. Le caractère facultatif doit être **expressément souligné** dans le libellé des recommandations pour éviter toute ambiguïté. À défaut, il appartiendra au juge de les interpréter en cas de litige.

ILLUSTRATIONS

Le caractère facultatif a été reconnu dans les **circonstances suivantes** :
– un syndicat patronal conseillait des majorations de salaire aux entreprises en mesure de le faire mais ne donnait pas de directive contraignante, l'employeur ne suivant pas systématiquement ces recommandations (Cass. soc. 28-4-1988 no 85-44.378 P) ;
– une recommandation ultérieure était venue préciser le caractère non obligatoire de la recommandation litigieuse ; dans la profession considérée, les adhérents ne devaient respecter l'accord paritaire

qu'après la promulgation de son arrêté d'extension, ce dont il résultait que les offres présentées au cours des négociations ne constituaient pas un minimum obligatoire ; les deux tiers des entreprises concernées n'avaient pas appliqué les recommandations (Cass. soc. 21-3-1984 n° 82-40.570).

RECOMMANDATIONS ET USAGES

Indépendamment des circonstances dans lesquelles elles sont formulées, les recommandations de salaires peuvent acquérir **force obligatoire** si elles remplissent les conditions d'un usage (nos 820 s.), ce qu'il appartient aux juges du fond de vérifier en cas de litige (Cass. soc. 3-6-1981 n° 79-41.876 P). La recommandation doit alors s'appliquer à tous les salariés concernés sans discrimination (Cass. soc. 31-5-1978 n° 77-40.113 P). 620

5. DÉCISIONS UNILATÉRALES DE L'EMPLOYEUR

L'attribution d'un avantage en matière de salaire peut résulter d'une décision de l'employeur qui l'**engage pour l'avenir,** prise en dehors de toute obligation légale, conventionnelle ou contractuelle, qu'il s'agisse d'un engagement unilatéral de sa part (nos 720 s.) ou d'une libéralité (n° 750). Par ailleurs, l'octroi de l'avantage peut avoir créé un usage (nos 820 s.). 700

ENGAGEMENT UNILATÉRAL DE L'EMPLOYEUR

Il faut interpréter la **volonté** de l'employeur de s'engager vis-à-vis des salariés pour l'avenir, au moment où il institue l'avantage. Si l'attribution de l'avantage n'est pas limitée dans le temps ou n'est pas présentée comme étant exceptionnelle, l'employeur a sûrement voulu s'engager. Les modalités de publicité (affichage, annonce au comité social et économique) relatives à cette attribution constituent également des indices de la volonté de l'employeur. 720

L'avantage devient alors **obligatoire** pour l'employeur dans les conditions fixées par son engagement (Cass. soc. 5-6-1996 n° 92-43.480 PB ; 18-11-1998 n° 96-42.932 PB). Il peut toutefois subordonner le bénéfice de l'avantage aux **conditions** de son choix, sous réserve qu'elles ne méconnaissent pas certaines règles légales (non-discrimination, égalité professionnelle, interdiction des sanctions pécuniaires) et qu'elles soient précisément définies. Dans ce cas, il peut **suspendre** l'attribution de cet avantage du seul fait que l'une de ces conditions n'est pas remplie (voir n° 4420, a).

Sur la **suppression** ou la **modification** d'un avantage résultant d'un engagement unilatéral de l'employeur, voir nos 4420 s. S'agissant des conséquences de la **modification de la situation juridique de l'employeur** sur l'application des engagements unilatéraux pris par le précédent employeur, voir nos 70300 s.

ILLUSTRATIONS

L'engagement de l'employeur peut découler d'une **circulaire interne** à l'entreprise instituant en matière de préavis un régime plus favorable aux salariés que la convention collective (Cass. soc. 3-2-1993 n° 90-40.927 P) ou des termes du **compte rendu d'une réunion** des représentants du personnel, desquels il résulte un maintien de la rémunération des salariés faisant l'objet d'une mutation (Cass. soc. 28-2-1996 n° 92-45.334 P).

LIBÉRALITÉ

La libéralité relève du **pouvoir discrétionnaire** de l'employeur. Sous réserve de respecter les principes d'égalité professionnelle et de non-discrimination (nos 3100 s.), l'employeur est libre de fixer les conditions, pourvu qu'elles soient licites, ou d'en réserver l'attribution à une catégorie de salariés, voire à un seul salarié. Il peut à tout moment décider unilatéralement de sa **suppression** ou en **modifier** librement le montant ou les conditions d'attribution sans que le salarié puisse exiger le maintien de l'avantage aux conditions antérieures. 750

Pour l'application de ces règles à propos des primes et gratifications à caractère bénévole, voir nos 44710 s.

6. USAGES

En matière de rémunération, l'attribution d'un avantage peut résulter de l'application d'un usage dans l'entreprise. Celui-ci peut porter sur des **aspects divers** de la rémunération : primes ou gratifications, avantages en nature, rémunération de certaines absences ou des heures de délégation des représentants du personnel excédant le crédit légal, augmentation de salaire, prise en charge par l'employeur des cotisations sociales salariales, etc. 820

La **preuve** d'un usage incombe à celui qui l'invoque (Cass. soc. 22-6-1988 n° 85-45.010 ; 24-10-1990 n° 87-45.814).

Sur les conséquences de la **modification de la situation juridique** de l'employeur sur l'application des usages liant le précédent employeur, voir n°s 70300 s. Sur les rapports entre les usages et les **conventions** et **accords collectifs,** voir n°s 1080 s.

DÉFINITION

840 L'usage correspond à une pratique présentant un caractère de constance, de généralité et de fixité.

La **constance** suppose une pratique répétée, un usage ne pouvant résulter d'un fait isolé (Cass. soc. 4-4-1979 n° 77-41.709 ; 19-3-1985 n° 83-41.591 S ; 22-6-2011 n° 10-14.196 F-D).

La **généralité** se déduit d'une pratique concernant l'ensemble des salariés ou du moins une catégorie homogène de ceux-ci, par exemple les cadres (Cass. soc. 27-5-1987 n° 82-42.115 F-D). Ainsi peut revêtir ce caractère un avantage ne concernant qu'une catégorie très minoritaire ou même ne s'appliquant que dans des situations peu fréquentes, mais pas, en revanche, celui n'ayant concerné que quelques cas isolés (Cass. soc. 8-12-1965 n° 65-40.112 P).

Enfin, pour répondre au caractère de **fixité,** l'avantage ne doit pas dépendre de facteurs subjectifs liés au comportement des salariés. Il est nécessaire que les conditions d'attribution de l'avantage résultant de l'usage reposent sur des critères prédéterminés et objectifs par rapport à l'employeur et aux salariés (Cass. soc. 19-12-1979 n° 78-40.076 P ; 3-7-1986 n° 83-44.323 P).

Pour l'application de ces différents critères aux **primes** et **gratifications,** voir n°s 44800 s.

850 L'usage suppose un **élément intentionnel** : la volonté de l'employeur de s'engager envers les salariés. Si ceux-ci sont fondés à en attendre le renouvellement, l'octroi répété d'un avantage peut créer à leur profit un usage. Tel n'est pas le cas lorsque l'employeur a clairement exprimé une **volonté contraire.** Ainsi, peu importe la constance, la généralité et la fixité d'un avantage dit « exceptionnel », celui-ci ne peut pas devenir obligatoire si l'employeur a clairement exprimé par note de service, chaque fois qu'il l'a octroyé, qu'il pourrait être rapporté en tout ou partie selon les nécessités du service (Cass. soc. 7-3-1990 n° 87-14.546 P).

Par ailleurs, une **erreur,** même répétée, ne peut pas constituer un usage (Cass. soc. 10-5-1979 n° 78-40.296 P ; 25-5-1989 n° 85-41.628 P). Il en est de même d'une simple **tolérance** de l'employeur (Cass. soc. 13-10-1988 n° 85-45.646 P ; 6-12-1990 n° 88-45.261 D).

PORTÉE DE L'USAGE

870 L'usage **s'impose** à l'employeur au profit de tous les salariés placés dans une situation identique (Cass. soc. 22-2-2006 n° 04-43.542 F-D). Il ne peut pas priver un salarié du bénéfice d'un avantage profitant aux autres relevant de la même catégorie professionnelle, sous peine d'opérer une **discrimination injustifiée** (Cass. soc. 31-1-1983 n° 82-40.811).

Lorsqu'un élément du salaire résulte d'un usage, l'employeur ne peut le **supprimer** ou en **modifier** le montant ou les conditions d'attribution sans avoir préalablement suivi la procédure exposée n°s 4420 s.

880

Accord atypique

Au sein de l'entreprise, des dispositions sur les salaires peuvent résulter d'accords **conclus en marge** des règles sur la validité des conventions et accords collectifs (sur ces règles, voir n° 400). De tels accords n'ont pas la qualité et la force juridique d'accords collectifs mais peuvent donner naissance à un **usage d'entreprise** visé n°s 820 s. (Cass. soc. 27-3-1996 n° 92-41.584 P) ou constituer la base d'un **engagement unilatéral de l'employeur** visé n°s 700 s. (Cass. soc. 7-1-1988 n° 85-42.853 D ; 18-3-1997 n° 93-43.989 P). Dans ce cas, ils doivent être appliqués, sauf à être **dénoncés** par l'employeur selon la procédure visée n°s 4420 s. ou **remis en cause** par une convention ou un accord collectif postérieur valablement conclu : voir n° 1080.

Ces accords ne peuvent toutefois pas **restreindre les droits** que les salariés tiennent de la loi, de leur contrat de travail ou des conventions et accords collectifs. Ils ne peuvent donc que profiter aux salariés.

Par ailleurs, ne sont pas des accords atypiques les accords conclus selon des **modalités particulières** et régis par des dispositions légales qui leur sont propres : accords de participation, d'intéressement ou instituant un plan d'épargne salariale, accords instituant un régime de prévoyance ou de retraite complémentaire, etc. Il en est de même des accords soumis à **référendum** qui sont des accords collectifs à part entière. Notons toutefois qu'ils sont réputés non écrits s'ils n'ont pas obtenu l'approbation de la majorité des salariés (C. trav. art. L 2231-9 et L 2232-12).

7. HIÉRARCHIE DES NORMES

Les règles étatiques ont un rang supérieur aux normes conventionnelles et professionnelles. On trouve donc en **ordre décroissant** : la Constitution, la loi et le règlement (ordonnance, décret, arrêté) ; la convention et l'accord collectif (accord national interprofessionnel [ANI], accord de branche, interbranches ou accord professionnel, convention ou accord d'entreprise, d'établissement, de groupe ou interentreprises) ; la norme professionnelle (règlement intérieur, usage, engagement unilatéral de l'employeur). 900
Sont étudiés ci-après les rapports entre les normes conventionnelles et les autres normes en droit du travail.

a. Rapports entre les lois et règlements et les accords collectifs

STIPULATIONS CONVENTIONNELLES PLUS FAVORABLES

Les conventions et accords collectifs peuvent comporter des stipulations plus favorables aux salariés que celles des lois et règlements en vigueur, sauf s'il s'agit de dispositions d'**ordre public** absolu (C. trav. art. L 2251-1). 950

> Précisions **a.** Les **avantages** conventionnels et légaux **ayant le même objet** et la même cause ne se cumulent pas, seul le plus favorable d'entre eux devant être accordé (Cass. soc. 6-10-2010 n° 09-42.772 FS-D ; 10-1-2018 n° 16-23.124 F-D), sans possibilité, pour l'attribution d'un même avantage, de panachage des dispositions légales et conventionnelles (Cass. soc. 13-7-2017 n° 15-29.124 F-D). A contrario, les salariés ont droit au cumul des avantages conventionnels et légaux n'ayant **pas le même objet** (Cass. soc. 6-10-2010 n° 09-42.772 FS-D).
b. Pour **comparer** les dispositions légales et conventionnelles et déterminer la règle la plus favorable, il convient selon la Cour de cassation d'isoler chaque avantage et de retenir, en principe, celui qui est le plus favorable pour l'ensemble des salariés (Cass. soc. 7-5-2002 n° 00-60.342 FS-PB ; 23-5-2013 n° 12-15.571 F-D).
Certaines décisions ont toutefois privilégié une **appréciation individuelle.** Ainsi jugé à propos de dispositions relatives aux absences pour maladie de courte durée prévues dans le Code local d'Alsace-Moselle et dans la convention collective applicable (à propos de l'indemnisation de ces absences : Cass. soc. 19-6-1996 n° 95-40.213 D et 4-1-2000 n° 97-44.054 PB ; s'agissant de la possibilité pour l'employeur de diligenter une contre-visite médicale : 19-6-2001 n° 98-44.926 FS-PB).
c. Constitue, à titre d'exemple, une disposition d'**ordre public absolu,** non susceptible d'être améliorée par voie conventionnelle, l'interdiction d'indexer les salaires sur le Smic (n° 4020).

STIPULATIONS CONVENTIONNELLES DÉROGATOIRES

Les conventions et accords collectifs peuvent comporter des dispositions différentes de celles de la **loi,** lorsque celle-ci est **supplétive** ou autorise expressément la **dérogation** conventionnelle. Dans ces deux cas, il n'y a pas à rechercher si l'**accord** est plus ou moins favorable aux salariés que la loi, sous réserve de respecter les limites et contreparties qu'elle fixe. La liste des dispositions supplétives ou de celles auxquelles il est possible de déroger par convention et accord est limitative. 955

CAS DE LA DURÉE DU TRAVAIL, DES REPOS ET DES CONGÉS

En matière de durée du travail, de repos et de congés, le Code du travail s'articule autour de 3 types de normes pour chaque thème abordé : 960
- les dispositions légales d'**ordre public** auxquelles il n'est pas possible de déroger, sauf dans un sens plus favorable aux salariés si elles relèvent de l'ordre public social ;
- les dispositions relevant du **champ de la négociation collective** ;
- les **dispositions supplétives** s'appliquant à défaut d'accord collectif.

b. Rapports entre conventions et accords collectifs

RAPPORTS ENTRE ACCORDS DE BRANCHE ET ACCORDS DE CHAMP PLUS LARGE

Un accord de branche, professionnel ou interprofessionnel peut comporter des dispositions **moins favorables** que celles d'un accord couvrant un champ territorial ou professionnel plus large, sauf si ce dernier l'interdit via une **clause de verrouillage** (C. trav. art. L 2252-1). Sur l'application du principe de faveur dans ce dernier cas, voir n°s 1042 s. 962

EXEMPLE

Un **accord de branche** conclu au niveau local, régional ou national peut s'appliquer, même s'il comporte des dispositions moins favorables que celles d'un accord national interprofessionnel (**ANI**), si ce dernier ne comporte pas de clause de verrouillage l'interdisant.

RAPPORTS ENTRE ACCORDS DE BRANCHE ET ACCORDS D'ENTREPRISE

965 Les thèmes de négociation de branche et d'entreprise sont répartis en 3 blocs, selon une logique de primauté par domaines :
– 13 thèmes « **obligatoires** » pour lesquels les accords de branche priment de manière impérative et automatique sur les accords d'entreprise antérieurs ou postérieurs, sauf garanties au moins équivalentes apportées par ces derniers (bloc n° 1) ;
– 4 thèmes « **facultatifs** » pour lesquels les accords de branche peuvent se reconnaître eux-mêmes une primauté sur les accords d'entreprise postérieurs, et empêcher ainsi toute application des accords d'entreprise dérogatoires, sauf garanties au moins équivalentes apportées par ces derniers (bloc n° 2) ;
– pour l'ensemble des **autres thèmes,** les accords d'entreprise priment sur les accords de branche, même plus favorables (bloc n° 3).
Les mêmes règles s'appliquent aux rapports entre :
– accords d'entreprise et **ANI** (de manière générale sont concernés les accords couvrant un champ territorial ou professionnel plus large que les accords de branche) ;
– accords de branche (ou accords couvrant un champ plus large) et **accords de groupe** ou **d'établissement.**
Sur les **clauses salariales** des accords d'entreprise ou d'établissement, voir n° 982.

970 Bloc n° 1 : thèmes où l'accord de branche prime de façon impérative

Le Code du travail prévoit une liste limitative de 13 thèmes pour lesquels l'accord de branche prime sur les accords d'entreprise conclus **antérieurement** ou **postérieurement** (C. trav. art. L 2253-1) :
1° les **salaires minima** hiérarchiques ;
2° les **classifications** ;
3° la **mutualisation** des fonds de financement du **paritarisme** ;
4° la mutualisation des fonds de la **formation** professionnelle ;
5° les garanties collectives de **protection sociale complémentaire** présentant un haut degré de solidarité (voir Mémento social n° 58970) ;
6° certaines mesures relatives à la **durée du travail** : régime d'équivalences (C. trav. art. L 3121-14), aménagement du temps de travail sur une période supérieure à 1 an dans la limite de 3 ans (C. trav. art. L 3121-44, 1°), nombre minimal d'heures entraînant la qualification de travailleur de nuit (C. trav. art. L 3122-16), durée minimale du travail à temps partiel (C. trav. art. L 3123-19), taux de majoration des heures complémentaires (C. trav. art. L 3123-21) et augmentation temporaire de la durée du travail à temps partiel (C. trav. art. L 3123-22) ;
7° certaines mesures relatives aux **CDD** et aux **contrats de mission** : durée totale du contrat (C. trav. art. L 1242-8 et L 1251-12), nombre maximal de renouvellements (C. trav. art. L 1243-13 et L 1251-35), délai de carence entre deux contrats (C. trav. art. L 1244-3 et L 1251-36) et définition des cas dans lesquels le délai de carence n'est pas applicable (C. trav. art. L 1244-4 et L 1251-37) ;
8° les conditions de recours au **CDI de chantier** (C. trav. art. L 1223-8 et L 1223-9) ;
9° l'**égalité professionnelle** entre les femmes et les hommes ;
10° les conditions et les durées de **renouvellement de la période d'essai** (C. trav. art. L 1221-21) ;
11° les modalités de **transfert conventionnel** des contrats de travail (lorsque les conditions de l'article L 1224-1 du Code du travail ne sont pas réunies) ;
12° le **recours au travail temporaire** au titre des mesures pour l'emploi et la formation professionnelle (C. trav. art. L 1251-7, 1° et 2°) ;
13° dans le cadre du **portage salarial,** la rémunération minimale du salarié porté (C. trav. art. L 1254-2) et le montant de l'indemnité d'apport d'affaire (C. trav. art. L 1254-9).

› Précisions **a.** Lorsque la convention ou l'accord de branche applicable définit la notion de **salaires minima hiérarchiques** (SMH, ou salaires minima conventionnels de branche), fixe le montant de ces salaires par niveau hiérarchique et prévoit qu'ils valent pour les rémunérations effectives incluant le salaire de base et certains compléments de salaire que le texte conventionnel identifie, un accord d'entreprise ou d'établissement peut néanmoins réduire ou supprimer ces compléments de salaire, sous réserve de verser aux salariés une rémunération effective au moins égale au montant du SMH défini par la branche (CE 7-10-2021 n° 433053).
b. Des dispositions éparses du Code du travail prévoient la **compétence exclusive** de l'**accord de branche étendu** dans les matières visées aux 6°, 7°, 8°, 10°, 12° et 13° de l'article L 2253-1 précité (sauf en cas d'aménagement du temps de travail où est nécessaire et suffisante la conclusion d'un simple accord de branche), ainsi que dans d'autres matières ne relevant pas de la paie.

c. D'autres dispositions prévoient en outre la **primauté** de l'accord de branche sur l'accord d'entreprise dans certaines matières censées relever du bloc n° 3 car non mentionnées dans les blocs nos 1 et 2 (voir n° 980). C'est le cas, par exemple, de la mise en œuvre du **congé de proche aidant,** celle-ci devant être prévue par une convention ou un accord de branche ou, à défaut, par une convention ou un accord d'entreprise (C. trav. art. L 3142-26).

Dans les matières du bloc n° 1, un **accord d'entreprise** peut s'appliquer s'il assure des **garanties au moins équivalentes** à celles prévues par l'accord de branche. Cette équivalence s'apprécie par ensemble de garanties se rapportant à la même matière (C. trav. art. L 2253-1). 972

› Précisions Selon l'**administration,** il faut entendre par « **matière** » chacun des alinéas des articles L 2253-1 (bloc n° 1) et L 2253-2 (bloc n° 2) du Code du travail, pris dans sa globalité, et apprécier le principe d'équivalence par rapport à l'ensemble des **salariés** (Bilan de la négociation collective en 2017 p. 202 s. et QR min. trav. sur la négociation collective du 15-7-2020 n° 5) et non salarié par salarié.

En l'**absence d'accord de branche,** il nous semble possible de conclure et d'appliquer un accord d'entreprise conclu dans l'une des matières du bloc n° 1, à l'exception de celles relevant de la compétence exclusive de l'accord de branche (pour les matières concernées, voir n° 970, b). Pour ces dernières, il conviendra, selon nous, d'appliquer, à défaut d'accord de branche, les dispositions légales supplétives prévues le cas échéant. 973

Bloc n° 2 : thèmes que l'accord de branche peut verrouiller L'accord de branche peut, au moyen d'une clause de verrouillage, interdire aux accords d'entreprise conclus postérieurement de comporter des stipulations différentes, mais seulement dans certaines matières limitativement énumérées (C. trav. art. L 2253-2) : 974
- la prévention des effets de l'exposition aux facteurs de **risques professionnels** ;
- l'insertion professionnelle et le maintien dans l'emploi des **travailleurs handicapés** ;
- l'effectif à partir duquel les **délégués syndicaux** peuvent être désignés, leur nombre et la valorisation de leur parcours syndical ;
- les **primes pour travaux dangereux** ou insalubres.

Dans les matières du bloc n° 2, un **accord d'entreprise** peut s'appliquer : 976
- s'il est **antérieur** à un accord de branche venant à être conclu sur le même thème ;
- s'il est **postérieur** à un accord de branche portant sur le même thème, dans deux situations :
  • l'accord de branche ne comporte pas de clause de verrouillage sur le thème traité par l'accord d'entreprise,
  • l'accord de branche comporte une clause de verrouillage portant sur le thème traité par l'accord d'entreprise, mais ce dernier comporte des garanties au moins équivalentes. Sur la portée du principe d'équivalence, voir n° 972 ;
- en l'**absence** d'accord de branche portant sur le même thème.

› Précisions Les **clauses de verrouillage** des **accords de branche** conclus jusqu'au 23-9-2017, ainsi que les clauses des accords de branche conclus avant le 7-5-2004, qui portent sur l'un des 4 thèmes du bloc n° 2, continuent de produire effet si un **avenant** a confirmé, avant le **1-1-2019,** la portée de ces clauses au regard de l'accord d'entreprise. À défaut, elles ont cessé de s'appliquer à cette date et l'accord d'entreprise peut déroger à l'accord de branche (Ord. 2017-1385 du 22-9-2017 art.16, I à IV modifié par loi 2018-217 du 29-3-2018 art. 2, II-2° ; QR min. trav. sur la négociation collective du 15-7-2020 n° 6).

Bloc n° 3 : thèmes relevant prioritairement de l'accord d'entreprise 980
Dans les **autres matières** que celles des blocs nos 1 et 2, les clauses des **accords d'entreprise,** conclus **antérieurement ou postérieurement** à la date d'entrée en vigueur de l'accord de branche, priment sur celles de l'accord de branche ayant le même objet. En l'**absence** d'accord d'entreprise, l'accord de branche s'applique (C. trav. art. L 2253-3).

ATTENTION

Par exception, d'autres dispositions du Code du travail donnent à la **branche,** sur des thèmes censés relever du bloc n° 3 car non mentionnés dans les blocs nos 1 et 2, une compétence exclusive ou prioritaire pour conclure des accords, voir n° 970, b et c.

Clauses salariales Les clauses salariales des accords d'entreprise ou d'établissement peuvent prévoir des modalités particulières d'application des **majorations de salaires** décidées par les conventions de branche ou les accords professionnels ou interprofessionnels, sous réserve que (C. trav. art. L 2253-4) : 982
- l'augmentation de la **masse salariale totale** soit au moins égale à l'augmentation qui résulterait de la stricte application des majorations accordées par la convention de branche ;
- les **salaires minima hiérarchiques** soient respectés.

ATTENTION

Cette disposition n'a pas été modifiée pour tenir compte de l'organisation des thèmes de négociation autour de 3 blocs (nos 965 s.). La question se pose de **savoir si** la condition tenant à la masse salariale totale est **toujours d'actualité.**

RAPPORTS ENTRE ACCORDS D'ENTREPRISE

1040 Sont visés ici les rapports entre les accords d'entreprise stricto sensu et les accords d'établissement, de groupe et interentreprises. En présence de **plusieurs accords** portant sur le **même objet,** l'application de l'accord de niveau inférieur est écartée au profit de celle de l'accord de niveau supérieur si ce dernier comporte une clause en ce sens, dite « **clause de substitution** ».

Ainsi, lorsqu'une clause de l'**accord d'entreprise** le prévoit expressément, ses stipulations se substituent à celles ayant le même objet des conventions ou accords conclus antérieurement ou postérieurement dans les établissements compris dans le périmètre de cet accord (C. trav. art. L 2253-6). De même, une clause d'un **accord de groupe** ou d'un accord **interentreprises** peut prévoir que ses stipulations se substituent à celles ayant le même objet des conventions ou accords conclus antérieurement ou postérieurement dans les entreprises ou établissements compris dans le périmètre de cet accord (C. trav. art. L 2253-5 et L 2253-7).

Si l'accord de niveau supérieur **ne prévoit rien,** il convient, selon nous, de respecter le principe de faveur en appliquant les règles dégagées par la jurisprudence sur la comparaison des avantages conventionnels en concours.

1042 **Principe de faveur** En principe, la comparaison des avantages conventionnels s'opère, avantage par avantage, pour l'**ensemble des salariés** et non salarié par salarié (Cass. soc. 25-1-1984 n° 81-41.609 P ; 18-1-2000 n° 96-44.578 P). Elle relève de l'appréciation souveraine des juges du fond qui doivent prendre en compte l'**ensemble des critères** d'attribution d'un avantage (conditions d'ouverture du droit, montant, etc.). Ainsi, lorsqu'un avantage pris dans son ensemble est ouvert à un plus grand nombre de salariés, il doit s'appliquer, même si l'avantage issu d'un autre accord collectif est plus généreux, celui-ci étant destiné à des salariés moins nombreux (Cass. soc. 5-4-2018 n° 16-26.740 F-D).

Sauf clause contraire, les **avantages ayant le même objet** ou la même cause ne se cumulent pas, le plus favorable d'entre eux devant seul être accordé (Cass. ass. plén. 18-3-1988 n° 84-40.083 P ; 24-10-2008 n° 07-42.799 PBRI ; 11-5-2022 n° 20-15.797 FS-B).

A contrario, si les textes conventionnels n'ont **pas le même objet,** les salariés peuvent prétendre à une application distributive de ces textes.

ILLUSTRATIONS

En présence de **deux systèmes de rémunération** différents, seul doit être retenu le plus avantageux (Cass. soc. 24-1-2007 n° 05-41.135 F-D ; 9-6-2016 n° 14-10.220 F-D).

L'avantage institué par une convention collective (en l'espèce, une **indemnité spéciale de licenciement**), à une époque où une convention collective conclue à un autre niveau ne contenait aucune disposition sur ce point, n'est pas cumulable avec celui ajouté ultérieurement, pour le même cas, par cette dernière (en l'espèce, une **majoration** d'indemnité de licenciement). Seul le plus avantageux pour les salariés doit être accordé (Cass. soc. 3-6-1982 n° 80-40.897 P ; Cass. ass. plén. 18-3-1988 n° 84-40.083 P). De même, une **indemnité de licenciement** prévue par un accord collectif ne peut pas se cumuler avec l'**indemnité de rupture** prévue par le statut du personnel **en cas de classement en invalidité,** ces deux indemnités étant de même nature. Elle peut, en revanche, se cumuler avec les **prestations d'invalidité** versées par une compagnie d'assurance dans le cadre du régime de prévoyance prévu par le statut du personnel (Cass. soc. 22-10-1996 n° 93-43.616 P).

L'allocation complémentaire de **vacances** prévue par une convention collective est cumulable avec le **13e mois** institué par un accord collectif (Cass. soc. 24-6-1992 n° 90-42.432 D).

Une **prime d'équipe postée** d'un montant uniforme instaurée par accord collectif est cumulable avec la rémunération d'une **pause** prévue par une convention collective en cas de travail posté pendant au moins 6 heures ininterrompues (Cass. soc. 11-5-2022 n° 20-15.797 FS-B).

1044 La comparaison peut s'effectuer au niveau d'un ensemble d'avantages interdépendants s'il apparaît que certains avantages constituent une contrepartie réelle et effective d'une renonciation à d'autres. Ainsi jugé à propos d'**accords donnant-donnant** faisant apparaître une interdépendance et une indivisibilité entre, d'une part, les engagements de **maintien de l'emploi** et de l'activité pris par l'employeur et, d'autre part, la renonciation par les salariés à certains avantages salariaux (Cass. soc. 19-2-1997 n° 94-45.286 PBF ; 3-11-1999 n° 98-44.271 P ; 8-1-2020 n° 18-17.708 F-PB).

Une fois déterminée la **disposition la plus favorable,** il convient de l'**appliquer dans son intégralité,** y compris dans celles de ses composantes qui, prises isolément, seraient moins avantageuses. 1046

ILLUSTRATIONS

Les stipulations d'un accord collectif relatives au **calcul de l'indemnité de licenciement** priment celles d'un accord conclu à un autre niveau si elles sont dans leur ensemble plus avantageuses pour les salariés. Peu important, à cet égard, qu'elles leur soient moins favorables sur le point particulier de la détermination de l'ancienneté à considérer (Cass. soc. 8-7-1980 n° 78-41.656 P).

De façon générale, la **définition de l'ancienneté** donnée par un texte ne peut pas être dissociée de celle des droits afférents à cette ancienneté fournis par le même texte. De ce fait, un salarié ne peut pas réclamer une indemnité de départ à la retraite calculée selon le barème prévu par un accord collectif appliqué à son ancienneté définie conformément à une convention collective conclue à un autre niveau. Ainsi, si l'indemnité déterminée conformément à la convention collective est plus favorable, c'est cette indemnité qui doit être versée (Cass. soc. 9-7-1984 n° 81-42.910).

c. Rapports entre les conventions ou accords collectifs et le contrat de travail

Lorsqu'un employeur est lié par les clauses d'une convention ou d'un accord collectif, ces clauses s'appliquent aux contrats de travail conclus avec lui, sauf stipulations plus favorables (C. trav. art. L 2254-1). Ainsi, lorsque la convention ou l'accord collectif contient des dispositions salariales, celles-ci s'imposent à l'employeur et le contrat de travail ne peut les **aménager** que dans un **sens plus favorable** au salarié. 1060

Notamment, le contrat de travail ne peut pas prévoir une rémunération inférieure au **minimum conventionnel** augmenté, le cas échéant, des accessoires du salaire (primes et gratifications diverses) (nos 2520 s.). Il ne peut pas non plus faire **renoncer** le salarié à un avantage qu'il tient de la convention collective (Cass. soc. 25-10-1990 n° 87-43.730 D ; 13-11-2001 n° 99-42.709 FS-P ; 28-9-2016 n° 15-17.871 F-D). Le fait que l'intéressé ait accepté pendant une longue période de percevoir une rémunération inférieure à celle prévue par la convention collective, sans formuler de réclamation, ne lui interdit pas d'exercer, dans le délai de prescription applicable (nos 15900 s.), une action en rappel de salaire. Si ces principes revêtent un caractère absolu pendant toute la durée d'exécution du contrat de travail, il est admis, en revanche, qu'à la rupture du contrat le salarié puisse renoncer, dans le cadre d'une **transaction,** à certains droits qu'il tient de la convention collective.

À l'inverse, la clause d'un **contrat de travail prévaut** sur celle de la convention collective si elle est plus favorable au salarié que cette dernière. Par exception, les stipulations d'un **accord de performance collective** peuvent se substituer aux clauses plus favorables du contrat de travail, voir nos 68590 s.

> Précisions **a.** Lorsque le contrat de travail comprend une **référence générale à une convention collective** qui n'aurait pas été normalement applicable, cette référence n'a d'effet qu'à l'égard des clauses de la convention qui ne sont pas en opposition avec des clauses du contrat : dans le cas contraire, ce sont les clauses du contrat qui s'appliquent (Cass. soc. 2-4-1981 n° 79-16.296 P).

b. Toute **modification** d'un élément de salaire prévu par la convention ou l'accord collectif passe par la révision de la convention ou de l'accord collectif lui-même ou, à défaut, par sa dénonciation (voir nos 4280 s.).

Sur les conséquences de la **modification de la situation juridique de l'employeur** ou d'un changement d'activité entraînant un changement de la convention de branche applicable, voir nos 70320 s.

c. La Cour de cassation n'a pas clairement répondu à la question de savoir si le contrat de travail peut remplacer les avantages conventionnels par des **avantages équivalents.** Elle semble exclure que l'accord du salarié permette à l'employeur de remplacer des **primes** conventionnelles de fin d'année par des **jours de congés** annuels supplémentaires (Cass. soc. 9-4-1987 n° 84-41.899 S), mais elle semble admettre que les parties conviennent d'un **mode de rémunération distinct** de celui prescrit par la convention collective s'il n'est pas défavorable au salarié (Cass. soc. 12-3-1987 n° 84-41.390 S), ou qu'une **indemnité forfaitaire** soit versée en lieu et place de la mise à disposition d'un **logement de fonction** (Cass. soc. 16-2-1987 n° 84-40.137 S).

Les avantages contractuels et conventionnels se **cumulent** s'ils n'ont pas le même objet ou la même cause (Cass. soc. 13-6-2012 n° 10-27.395 FS-PB). S'ils ont le même objet ou la même cause, à défaut de stipulations contraires, le cumul est exclu et c'est le plus favorable qui s'applique (Cass. soc. 11-5-2022 n° 21.11-240 FS-B). 1070

Pour la **détermination de la règle la plus favorable,** la comparaison entre le contrat de travail et les conventions ou accords collectifs doit s'effectuer avantage par avantage ayant le même objet ou la même cause, pour chaque salarié pris isolément.

d. Rapports entre les conventions ou accords collectifs et les usages et engagements unilatéraux

USAGE OU ENGAGEMENT UNILATÉRAL ANTÉRIEUR

1080 La conclusion d'une convention ou d'un accord collectif laisse subsister les usages et engagements unilatéraux de l'employeur antérieurs n'ayant **pas le même objet** (Cass. soc. 10-12-1996 n° 94-18.340 P ; 18-1-2012 n° 10-14.307 F-D).

En revanche, la convention ou l'accord collectif se substitue aux **usages** antérieurs, même plus favorables aux salariés, ayant le même objet (Cass. soc. 26-10-1979 n° 78-41.147 P ; 25-1-1995 n° 90-45.796 P), sans qu'il soit nécessaire de suivre la procédure de dénonciation de l'usage visée n°s 4440 s. (Cass. soc. 9-7-1996 n° 94-42.773 PF ; 8-1-2002 n° 00-12.252 FS-P).

De même, quand il a le même objet qu'un **engagement unilatéral** de l'employeur, l'accord collectif postérieur le remet en cause et doit s'appliquer à l'ensemble du personnel (Cass. soc. 5-3-1997 n° 95-42.396 P ; 25-1-2006 n° 04-42.792 F-D), sans qu'il soit besoin de le dénoncer (Cass. soc. 28-1-1998 n° 95-45.220 P ; 8-1-2002 n° 00-12.252 FS-P ; 10-3-2010 n° 08-44.950 FS-D).

Un **usage local** ne peut, en revanche, être remis en cause que par un accord collectif ayant le même objet et conclu dans un champ géographique identique ou plus large (Cass. soc. 8-4-2010 n° 08-43.599 FS-PB).

USAGE OU ENGAGEMENT UNILATÉRAL POSTÉRIEUR

1090 Un engagement unilatéral de l'employeur (Cass. soc. 8-11-1989 n° 87-40.371 P ; 26-3-2002 n° 99-14.144 FS-D) ou un usage (Cass. soc. 8-12-1982 n° 80-41.006 ; 6-4-1994 n° 91-45.713 D) ne peut pas **réduire** les avantages que les salariés tiennent des textes conventionnels antérieurs.

Ils peuvent, en revanche, les **améliorer.** Ainsi, lorsque l'application constante dans une entreprise d'une règle plus favorable aux salariés que celles de la convention collective applicable fait naître à leur profit un **usage** sur le maintien duquel ils peuvent compter, cet usage interdit à l'employeur de revenir brusquement à la stricte application de la convention collective (Cass. soc. 12-3-1975 n° 73-40.774 P ; 8-10-1996 n° 93-44.672 P). Il en est de même lorsque les règles instituées par **engagement unilatéral** de l'employeur sont plus favorables (Cass. soc. 3-2-1993 n° 90-40.927 P ; 10-4-2013 n° 12-10.193 F-D). Pour revenir sur cet usage ou cet engagement unilatéral, l'employeur doit suivre la procédure de dénonciation indiquée n°s 4440 s.

SECTION 2 SMIC

1200 Le salaire minimum interprofessionnel de croissance (Smic) assure aux salariés dont les rémunérations sont les plus faibles la **garantie** de leur pouvoir d'achat et une participation au développement économique de la Nation (C. trav. art. L 3231-2). Il constitue une **limite au principe** de libre fixation du salaire entre employeur et salarié.

> **Précisions** Distinct du Smic, le **minimum garanti,** qui varie uniquement en fonction de l'évolution de l'indice des prix, sert de référence pour le calcul de diverses allocations, indemnités ou plafonds de ressources : évaluation des avantages en nature pour la détermination du salaire minimum en espèces, de l'indemnité de congés payés, etc. Pour les **montants** successifs du minimum garanti, voir n° 96050.

A. Champ d'application

1350 Le Smic s'applique à l'ensemble des **professions et activités** (C. trav. art. L 3231-1) sur tout le **territoire** métropolitain, à Saint-Pierre-et-Miquelon et dans les départements d'outre-mer. Il concerne tout **salarié** âgé de 18 ans révolus (C. trav. art. D 3231-5).

Applicable aux seuls salariés, c'est-à-dire aux titulaires d'un **contrat de travail,** le Smic ne bénéficie ni aux **dirigeants de société** (n° 76650), sauf s'ils cumulent un contrat de travail avec leur mandat social, ni aux **stagiaires** (n° 88850).

› Précisions Le Smic bénéficie également :
– avec certains abattements, aux jeunes salariés de **moins de 18 ans** (nos 1470 s.), aux **apprentis** (no 83950 s.) et aux titulaires de certains contrats de **formation alternée ou d'insertion** (nos 83840 s.) ;
– sous certaines adaptations, au personnel dont la rémunération est, de manière habituelle, constituée pour partie par la fourniture de la **nourriture et du logement** (nos 1770 s.) et au personnel des **hôtels, cafés et restaurants** (no 85080).
Un salaire minimum spécifique est prévu pour les **travailleurs à domicile** (nos 87070 s.) et les **assistants maternels.** S'agissant des **VRP,** voir nos 80370 s.

Sauf dérogations prévues par la loi (nos 1470 s.), le Smic s'applique à tout salarié (Cass. soc. 31-1-2006 no 04-41.217 F-D et 04-41.724 F-D), quelles que soient les clauses de son **contrat de travail** (Cass. soc. 11-4-1996 no 92-42.847 P ; 11-2-1998 no 95-44.118 D) et quel que soit le **mode de rémunération** pratiqué : à l'heure, au mois, au rendement, aux pièces, à la tâche, à la commission, aux pourboires, à la pige, etc. (par exemple, pour une rémunération au rendement : Cass. soc. 25-5-2005 no 03-44.301 FS-PB). Il doit être respecté dès le début du contrat de travail, y compris pendant la **période d'essai.** 1370

Ce principe connaît toutefois une exception : calculé en fonction de l'horaire effectif de travail, le Smic ne peut pas s'appliquer aux **VRP** dont l'horaire de travail ne peut pas être connu de manière précise : voir no 80390.

B. Montant

Le Smic correspond au **salaire horaire minimum légal** que le salarié doit percevoir. 1420

FIXATION DU SMIC

Pour assurer aux salariés la garantie de leur pouvoir d'achat, plusieurs mécanismes de **revalorisation** sont prévus (C. trav. art. L 3231-4 à L 3231-11) : 1430
– chaque **hausse d'au moins 2 % de l'indice des prix de référence** est automatiquement suivie d'un relèvement du Smic dans les mêmes proportions par arrêté (C. trav. art. L 3231-5 et R 3231-4) ;
– chaque année, le Smic doit être révisé par décret, avec effet au **1er janvier,** en fonction de l'**évolution de l'économie et de la conjoncture** (C. trav. art. L 3231-6 et L 3231-7). En aucun cas, l'accroissement annuel du pouvoir d'achat du Smic ne peut être inférieur à la moitié de l'augmentation du pouvoir d'achat des salaires horaires moyens enregistrés par l'enquête trimestrielle du ministère chargé du travail (C. trav. art. L 3231-8) ;
– enfin, le Gouvernement peut décider, par décret, de porter **en cours d'année** le Smic à un niveau supérieur à celui qui résulterait de la seule évolution des prix (« coup de pouce ») (C. trav. art. L 3231-10).

Pour les **montants** successifs du Smic, voir no 96050.

EFFET DU RELÈVEMENT DU SMIC

Le relèvement du Smic entraîne la revalorisation obligatoire des **rémunérations** qui, par l'effet de ce relèvement, deviennent **inférieures** au minimum légal. 1450

Il est en revanche sans incidence sur les rémunérations qui lui sont **supérieures.**

À cet égard, la loi interdit de prévoir une **indexation** des salaires sur le Smic. Elle n'interdit pas en revanche de réviser a posteriori le montant des salaires en fonction de l'évolution du Smic, dès lors que cette révision n'est pas automatique (nos 3940 s.).

L'effet du relèvement du Smic sur le montant des salaires **minima conventionnels** est abordé no 2430.

SMIC JEUNES

Le Smic applicable aux jeunes de moins de 18 ans comporte un **abattement** fixé à (C. trav. art. D 3231-3) : 1470
– 20 % **avant 17 ans** ;
– 10 % **entre 17 et 18 ans.**

Cet abattement est supprimé pour les jeunes justifiant de **6 mois de pratique professionnelle** dans la branche d'activité dont ils relèvent (C. trav. art. D 3231-3).

Sur le salaire à prendre en compte lorsque les jeunes sont **nourris par leur employeur,** voir no 1770.

> **Précisions a. Champ d'application** Le Smic jeunes est dû à un jeune de moins de 16 ans n'ayant pas achevé sa scolarité, employé en méconnaissance de la loi (Cass. soc. 17-1-1996 n° 92-44.475 D).
>
> Ne sont pas concernés, en revanche, les **apprentis** et les titulaires de **contrats particuliers** pour lesquels il existe des abattements spécifiques (n° 1350).
>
> **b. Durée d'application de l'abattement** L'employeur qui embauche un jeune de moins de 18 ans ne peut appliquer l'abattement que pendant les 6 mois suivant l'embauche. Au-delà, le salarié a acquis les 6 mois de pratique professionnelle et doit bénéficier du Smic au taux plein.
>
> Selon l'administration, l'**apprentissage** ne peut pas être assimilé à la notion de pratique professionnelle. La durée de 6 mois de pratique professionnelle ne doit donc commencer à courir qu'à l'expiration du contrat d'apprentissage (Rép. Liot : AN 4-5-1972).

1475 EXEMPLE

Pour un jeune embauché pour la première fois le 1er janvier à l'âge de 17 ans, l'abattement de 10 % ne peut être pratiqué que jusqu'au 30 juin. À partir du 1er juillet, la rémunération de ce salarié doit être au moins égale au Smic.

Si le jeune a déjà travaillé précédemment 3 mois dans une entreprise appartenant à la même branche d'activité, l'abattement de 10 % ne peut être pratiqué que pendant 3 mois. À l'expiration de cette période, il a, en effet, 6 mois de pratique professionnelle dans la branche.

1480 Les abattements ne sont valables que pour la détermination du Smic. Ils ne s'appliquent pas aux **rémunérations supérieures.** Si la convention collective ou l'accord collectif applicable prévoit un système d'abattement sur les salaires minima conventionnels, il convient de s'assurer que le jeune perçoit au moins le Smic jeunes.

C. Comparaison du salaire et du Smic

1520 Tout salarié entrant dans le champ d'application du Smic a droit à une rémunération horaire qui ne peut pas être inférieure à son montant horaire.

Ainsi, le salarié doit recevoir de son employeur, lorsque son salaire horaire contractuel est devenu inférieur au Smic, un complément calculé de façon à porter sa rémunération à son montant (C. trav. art. D 3231-5).

Il faut donc s'assurer, **à chaque paie,** que la rémunération du salarié est au moins égale au taux horaire du Smic multiplié par le nombre d'heures de travail accomplies.

Cette comparaison se fait chaque mois pour les salariés payés selon cette périodicité (n° 1570). Elle suppose que soient définis :

– le nombre d'heures travaillées (nos 1650 s.) ;
– les éléments de la rémunération à prendre en compte (nos 1750 s.).

1. COMPARAISON PAR PÉRIODE DE PAIE

1570 La comparaison entre le salaire versé et le Smic doit être effectuée à chaque période de paie, c'est-à-dire chaque mois pour les salariés payés au mois (Cass. soc. 17-1-1962 n° 57-40.366 ; Rép. Jacquat n° 22155 : AN 28-9-1987). Il y a infraction à la réglementation du Smic chaque fois que le salaire d'un mois donné lui est inférieur.

ATTENTION

Il n'est pas possible de pratiquer une **compensation** entre plusieurs périodes de paie en reportant les excédents dégagés certains mois sur les mois pour lesquels une insuffisance de rémunération est constatée (voir notamment, à propos des primes versées à des échéances plus espacées que celles de la paie, nos 1940 s.).

2. NOMBRE D'HEURES TRAVAILLÉES

NOTION DE TRAVAIL EFFECTIF

1650 Le salaire horaire à comparer au taux horaire du Smic est celui qui correspond à une heure de travail effectif (C. trav. art. D 3231-6).

Ainsi, la durée du travail à prendre en compte est la durée de travail effectif au sens de l'article L 3121-1 du Code du travail : voir nos 5520 s. S'agissant des temps de **pause,** voir n° 1970.

Pour les professions où sont applicables des **horaires d'équivalence,** voir nos 5840 s.

Par dérogation à la référence au temps de travail effectif, le Smic se calcule :
– en cas d'application d'un dispositif d'aménagement du temps de travail assorti d'un **lissage de la rémunération,** sur la base de l'horaire moyen utilisé pour déterminer la rémunération lissée (CE 6-10-1999 n° 187244) ;
– pour les salariés **mensualisés,** sur la base de l'horaire mensuel moyen au sens indiqué n°s 11000 s.

SALAIRE NON HORAIRE

Le Smic étant applicable quel que soit le mode de rémunération (voir n° 1370), les salariés rémunérés **aux pièces, à la tâche, au rendement, au mois,** etc., doivent bénéficier, comme les salariés payés à l'heure, d'une rémunération au moins égale au produit du salaire minimum par le nombre d'heures de travail effectuées. 1670

Pour les **salariés payés à la tâche,** en l'absence de fixation par le contrat de travail du temps relatif à chaque tâche, le salaire minimum se calcule en multipliant le taux horaire du Smic par le nombre d'heures réellement effectuées (Cass. soc. 25-9-1990 n° 87-40.493 P ; 25-5-2005 n° 03-44.301 FS-PB) et non par le nombre d'heures nécessaires à un ouvrier de capacité moyenne pour effectuer le travail (Cass. soc. 16-12-1981 n° 79-40.206 P).

Pour la détermination des temps nécessaires à l'exécution des travaux des **travailleurs à domicile,** voir n°s 87080 s.

3. RÉMUNÉRATION À RETENIR

Le salaire à prendre en considération pour apprécier si le Smic est respecté doit tenir compte, outre du salaire de base, des **avantages en nature** et des **majorations diverses** ayant le caractère de fait d'un complément de salaire, **à l'exclusion** des sommes versées à titre de remboursement de frais, des majorations pour heures supplémentaires prévues par la loi et des prises en charge légales des frais de déplacement domicile travail visées n°s 57520 s. (C. trav. art. D 3231-6). 1750

Sont aussi à exclure les sommes attribuées au titre des régimes légaux d'intéressement (n° 48270) et de participation (n° 47780) ainsi que celles versées par les entreprises aux plans d'épargne salariale et aux plans d'épargne retraite (n° 49750).

AVANTAGES EN NATURE

Les avantages en nature fournis au salarié doivent être pris en compte dans la rémunération perçue pour apprécier si celle-ci est au moins égale au Smic (C. trav. art. D 3231-6). 1760

Ainsi, l'employeur peut verser une rémunération minimale **en espèces** obtenue en déduisant du montant du Smic correspondant à la durée de travail effectif la valeur des avantages en nature fournis. L'**évaluation** des avantages en nature diffère selon que le salarié est nourri ou logé par son employeur de façon habituelle (n°s 1770 s.) ou occasionnelle (n° 1800).

À titre de **dérogation,** l'administration estime que les avantages en nature n'ont pas à être pris en compte s'ils n'ont que le caractère d'un **cadeau,** d'une **générosité** ou d'une **faveur** (Circ. min. du 23-9-1950).

Salariés nourris ou logés Des règles spécifiques d'évaluation de la nourriture et du logement s'appliquent aux salariés rémunérés au Smic dont la rémunération est de manière habituelle constituée pour partie par la fourniture de ces avantages. 1770

Ces règles concernent les seuls travailleurs rémunérés sur la base du Smic (C. trav. art. D 3231-14) et ne s'appliquent pas à ceux dont la rémunération y est supérieure (Cass. soc. 24-4-1985 n° 84-40.017 S).

Par ailleurs, elles ne concernent pas les apprentis (n° 84040).

> **› Précisions** Pour les jeunes salariés de **moins de 18 ans nourris par leur employeur,** et en l'absence de convention collective, le salaire minimum en espèces s'obtient en déduisant du Smic jeunes l'avantage en nature nourriture évalué dans les conditions de droit commun (n° 1780) (Rép. Montagne : AN 25-10-1961).

Le salaire minimum en espèces des salariés habituellement nourris ou logés par l'employeur est calculé en déduisant du Smic le **montant** de l'avantage en nature évalué ainsi (C. trav. art. D 3231-9 à D 3231-12) : 1780
– les avantages **autres que la nourriture et le logement** sont évalués d'après leur valeur réelle au prix de revient pour l'employeur ;

– la **nourriture et le logement** sont pris en compte pour la valeur fixée par la convention collective ou l'accord collectif. À défaut, ils sont évalués de la façon suivante :

a. Nourriture : 2 fois le minimum garanti pour 2 repas et une fois ce minimum pour un repas. En cas de paiement au mois, l'évaluation est généralement calculée sur la base de 26 jours ouvrables pour 1 jour de repos hebdomadaire (Circ. TR du 15-5-1951) ou 22 jours ouvrables pour 2 jours de repos hebdomadaire,

b. Logement : 0,60 € par mois (0,02 € par jour). Ce montant ne s'applique que si le logement est un accessoire du contrat de travail (Cass. soc. 21-4-1982 n° 79-41.955 P).

Pour le montant du **minimum garanti,** voir n° 96050.

ATTENTION

Le **contrat de travail** ne peut pas prévoir une évaluation supérieure à celle fixée par les textes (Cass. soc. 18-10-1956 n° 2654). En revanche, il peut prévoir une évaluation inférieure, voire nulle.

L'évaluation est différente pour la **sécurité sociale,** voir n°s 39000 pour la nourriture et 39260 s. pour le logement.

1790 Pour le personnel des établissements ou **organismes dans lesquels des denrées alimentaires** ou des boissons sont consommées sur place et pour le personnel de cuisine des autres établissements qui, en raison des conditions particulières de leur travail ou des usages, sont nourris gratuitement par l'employeur ou reçoivent une indemnité compensatrice, la nourriture, calculée conformément aux dispositions ci-dessus (n° 1780), n'entre en compte que pour la moitié de sa valeur (C. trav. art. D 3231-13).

Pour le personnel relevant de la convention collective nationale des **hôtels, cafés, restaurants,** voir n° 85080.

1800 **Avantages en nature occasionnels** Dans le cas d'avantages en nature occasionnels, il faut se référer à l'évaluation prévue par les conventions collectives, les accords de salaires ou le contrat de travail.

S'appuyant sur un avis du Conseil d'État, l'administration recommande d'évaluer l'avantage en nature en fonction de l'**économie** réalisée par le salarié du fait de la mise à disposition de l'avantage (CE avis 12-9-1950 ; Circ. min. du 23-9-1950).

FRAIS PROFESSIONNELS

1820 Les sommes versées à titre de remboursement de frais sont exclues expressément du salaire à prendre en compte (C. trav. art. D 3231-6).

Cette exclusion conduit à faire abstraction des **allocations forfaitaires** comme des **remboursements de frais réels.** Elle ne joue cependant que si les bénéficiaires ont effectivement supporté les dépenses correspondantes (Circ. min. du 25-8-1950 et du 28-10-1954). Elle ne s'applique pas, en revanche, aux sommes qui, sous des dénominations diverses, constituent en réalité un complément de salaire.

Pour les salariés bénéficiant d'une **déduction forfaitaire spécifique pour frais professionnels,** la rémunération à comparer avec le Smic s'entend de la rémunération avant application de la déduction.

ILLUSTRATIONS

Lorsque la convention collective prévoit une **indemnité de panier** en distinguant entre une partie constituant un remboursement des frais de nourriture exclue de l'assiette des cotisations de sécurité sociale et une autre partie considérée comme un complément de salaire à inclure dans cette assiette, cette dernière fraction doit être prise en compte pour apprécier si le salarié perçoit une rémunération égale au Smic (Cass. crim. 7-11-1989 n° 88-82.133 P).

De même doit être incluse dans l'assiette de calcul du Smic l'indemnité de transport qui, ayant continué à être versée aux salariés recrutés sur place après le transfert de l'entreprise dans une autre région, présente ainsi le caractère de complément de rémunération (Cass. soc. 15-10-1987 n° 85-41.535 P).

POURBOIRES

1840 Dans les professions où ce mode de rémunération existe, les pourboires sont pris en compte dans le calcul du Smic.

Lorsque les pourboires perçus par le salarié et augmentés, le cas échéant, d'un fixe ne suffisent pas à lui garantir une rémunération au moins égale au Smic, l'employeur doit compléter à due concurrence (Cass. soc. 10-6-1960 n° 2746 P).

Si les pourboires sont **perçus directement** par le salarié, c'est à lui de prouver que le montant de sa rémunération fixe augmenté des pourboires est inférieur au Smic (Cass. soc.

29-11-1962 nº 61-40.668 P). À défaut de communiquer à son employeur le montant exact des pourboires, le salarié doit être considéré comme ayant reçu des pourboires atteignant le montant du Smic (Cass. soc. 2-4-1987 nº 84-44.802 S).

À titre d'exception, la jurisprudence a admis que les **pourboires remis directement** par le client à titre de libéralité, **en sus du pourcentage obligatoire** affecté au service, n'entrent pas en ligne de compte, à défaut de disposition de la convention collective ou d'usage dans la profession (en l'espèce, la coiffure) imposant de considérer ces sommes comme faisant partie du salaire (Cass. soc. 24-4-1963 nº 62-40.681 P).

HEURES SUPPLÉMENTAIRES

Les majorations pour heures supplémentaires sont exclues du salaire à comparer avec le Smic pour apprécier si celui-ci est atteint (C. trav. art. D 3231-6). En d'autres termes, pour les salariés accomplissant des heures supplémentaires, la rémunération ne peut pas être inférieure à un montant égal au produit du taux horaire du Smic par le nombre d'heures effectuées, **augmenté** des majorations pour heures supplémentaires. 1860

Sur les modalités de calcul de la rémunération pour les **salariés mensualisés,** voir nºs 6500 s.

> **Précisions** Même si l'article D 3231-6 du Code du travail ne les vise pas expressément, les **majorations pour heures complémentaires** sont également exclues du salaire à comparer avec le Smic.

PRIMES ET INDEMNITÉS DIVERSES

Pour les sommes non expressément exclues du calcul du Smic par l'article D 3231-6 du Code du travail (nº 1750), l'administration et la jurisprudence considèrent qu'il faut déterminer, dans chaque cas, l'objet des éléments de rémunération litigieux et rechercher si, par leur nature, leur généralité, leur constance et leur mode de paiement, ils présentent le caractère de fait d'un **élément du salaire** devant entrer dans la base de calcul du Smic (notamment, Cass. soc. 29-4-1975 nº 74-40.344 P ; Cass. crim. 12-2-1985 nº 84-92.043 B). Pour que ce soit le cas, la Cour de cassation considère que le versement de la prime doit être la contrepartie du travail fourni et rémunérer un travail effectif (Cass. soc. 21-3-2012 nº 10-27.425 FS-PBR ; 17-10-2012 nº 11-15.699 FS-PB). 1880

Sont donc exclues les **primes et gratifications à caractère bénévole,** versées en dehors de toute obligation contractuelle, ou **aléatoire.**

Primes d'ancienneté et d'assiduité Selon l'**administration,** les primes d'ancienneté et d'assiduité n'ont pas à être prises en compte lorsqu'elles sont liées à la **situation individuelle** du salarié et qu'elles ont véritablement pour objet de rémunérer son ancienneté ou de récompenser son assiduité, un tel but ne pouvant être atteint que si ces primes sont exclues du calcul du Smic. Sont à inclure, en revanche, les primes portant ces noms, mais présentant en fait un **caractère uniforme et forfaitaire,** et attribuées aux salariés sans qu'ils aient à satisfaire à des conditions particulières (Circ. DRT 3 du 29-7-1981). 1890

La **jurisprudence** est conforme en tout point à ces principes. 1900

Selon celle-ci, les primes d'ancienneté et d'assiduité qui ont pour effet de récompenser la stabilité des salariés dans l'entreprise et ne sont pas la contrepartie d'un travail fourni n'ont pas le caractère d'un complément de salaire à inclure dans le calcul du Smic (notamment, Cass. soc. 12-11-1992 nº 89-45.090 D ; 19-6-1996 nº 93-45.941 D ; Cass. crim. 27-1-1987 nº 84-95.098 P). Il en va autrement de primes versées de façon uniforme et systématique à tous les salariés au lieu d'être fixées en fonction de la situation individuelle de chacun (Cass. soc. 17-3-1988 nº 86-14-039 P).

Primes de sujétions particulières Les **majorations pour travail de nuit, du dimanche ou des jours fériés** ne correspondent pas à un travail qui différerait de celui des périodes diurnes ou des jours ouvrables, mais compensent la privation d'un repos nocturne, dominical ou légal. Elles ne doivent donc pas être prises en compte pour l'application du Smic (Cass. soc. 17-3-1988 nº 84-14.494 P ; 29-3-1995 nº 93-41.906 D). Il en va de même d'une prime de rythme liée au **caractère contraignant du rythme de travail imposé** (Cass. soc. 29-3-1995 nº 93-41.906 D) et de toutes les primes accordées en raison des **conditions particulières de travail** (prime de danger, de froid, d'insalubrité, de situation géographique des ouvriers occupés sur certains chantiers ou barrages, etc.) à condition que celles-ci correspondent effectivement à des sujétions supplémentaires pour les salariés en raison du caractère ou des conditions particulières de leur travail (Circ. DRT 3 du 29-7-1981). 1910

1920 **Primes liées au rendement et à la production** La **jurisprudence** s'attache à rechercher leur caractère réel.

Si l'attribution d'une prime collective n'est ni aléatoire ni imprévisible et ne dépend que de la **production des salariés** selon un barème résultant d'un accord collectif, cette prime a le caractère de fait d'un complément de salaire dont il doit être tenu compte (Cass. soc. 4-1-1958 n° 4653 P). De même constitue la contrepartie d'un travail à prendre en compte dans le calcul du Smic une prime de bonus déterminée en fonction du tonnage produit auquel participe le salarié (Cass. soc. 4-2-2015 n° 13-18.523 FS-PB).

Le fait que le **montant** de la prime soit déterminé en pourcentage du montant des ventes et revête en conséquence un caractère **imprévisible et aléatoire** n'a pas d'incidence : ainsi, les gueltes versées à des vendeurs constituent un élément de salaire à prendre en compte et à ajouter au salaire de base fixe (Cass. soc. 30-3-1994 n° 92-40.531 D). Il en va de même de la part individualisée de la rémunération du salarié résultant de sa **performance dans le travail,** une telle somme lui étant versée en contrepartie du travail (Cass. soc. 29-3-1995 n° 93-41.906 D).

Il n'y a pas lieu en revanche de tenir compte d'une prime de résultat qui n'est pas fonction de la prestation de travail personnelle de chaque salarié mais qui, au contraire, fondée sur les **résultats financiers de l'entreprise,** dépend de facteurs sur lesquels les salariés n'ont pas d'influence directe et est susceptible d'être remise en cause ou même suspendue en cas de mauvais résultats de la société (Cass. crim. 5-11-1996 n° 95-82.994 PF ; Cass. soc. 2-4-2003 n° 00-46.320 F-D).

1930 Adoptant une position voisine, l'**administration** considère que les primes de **rendement individuel** ou les primes **collectives** de rendement, qui sont calculées sur le rendement global d'une équipe de travailleurs dans l'hypothèse où leur rendement individuel ne saurait être mesuré, peuvent être intégrées dans la rémunération de base. De même, les primes à la **production ou de productivité,** lorsqu'elles constituent un élément prévisible de rémunération, doivent entrer dans le calcul du salaire minimum (Circ. DRT 3 du 29-7-1981).

En revanche, les majorations dont l'objet n'est pas de compléter le salaire mais d'associer le travailleur aux résultats de l'entreprise ou à sa productivité, les participations aux bénéfices, etc., et qui ont le caractère de **libéralités aléatoires** sont exclues du calcul du salaire minimum. Il en est de même pour les **primes collectives,** quel que soit leur nom, qui sont liées à la production globale de l'entreprise ou de l'établissement, à sa productivité ou à sa prospérité, et dont le montant peut dépendre de l'action des travailleurs, mais également de facteurs sur lesquels ceux-ci n'ont pas d'influence directe (Circ. précitée).

1940 **Primes non mensuelles** Les primes et gratifications contractuelles versées à échéances plus espacées que les salaires (**prime de vacances,** de **13e mois,** de **fin d'année**...) ne sont prises en compte pour le calcul du Smic que pour les mois où elles sont effectivement versées, sans compensation possible d'un mois sur l'autre (Cass. soc. 17-3-1988 n° 85-41.930 P) et pour autant que ce versement intervienne selon la périodicité prévue par la convention ou l'accord ayant institué cette prime ou résultant de l'usage dans l'entreprise.

Ainsi, lorsqu'il existe dans l'entreprise un usage consistant à verser un **acompte mensuel** pour le 13e mois, celui-ci constitue un élément du salaire entrant chaque mois dans le calcul du Smic (Cass. soc. 11-3-1998 n° 96-40.195 D). En revanche, l'employeur ne peut pas verser à certains de ses salariés une rémunération mensuelle dont le montant n'atteint le Smic que parce qu'il y intègre des acomptes mensuels sur la prime de 13e mois prévue par l'accord d'entreprise et devant être normalement payée annuellement (Cass. crim. 27-1-1987 n° 84-95.098 P) ou en 2 fois (Cass. crim. 29-11-1988 n° 86-92.449 P), et ce, sans dénoncer l'accord d'entreprise (Cass. soc. 3-3-1988 n° 86-40.001 P).

À l'inverse, les primes de vacances et de fin d'année entrant en compte pour le calcul du Smic dans la rémunération du mois de leur versement, les salariés dont le salaire conventionnel est inférieur au Smic ne peuvent pas prétendre, pour les mois où leur rémunération atteint le Smic en raison du versement de l'une de ces primes, au complément de salaire qui leur est attribué le reste de l'année afin de porter leur rémunération au niveau du Smic (Cass. soc. 2-3-1994 n° 89-45.881 PBS).

EXEMPLE

Soit un salarié mensualisé à temps complet travaillant sur la base hebdomadaire de 35 heures percevant un salaire mensuel de 1 250 € auquel s'ajoutent, en application de la convention collective, une prime de vacances et une prime de fin d'année, chacune égale à 475 € versées l'une avec le salaire du mois de juin et l'autre avec celui du mois de décembre.

Le salarié a droit à un Smic mensuel de 1 709,28 € (valeur au 1-1-2023). Il pourra donc prétendre chaque mois à un complément de salaire de 459,28 €, sauf pour les mois de juin et de décembre pour lesquels sa rémunération s'élèvera à 1 725 €.

Autres primes et indemnités Une **prime de polyvalence** compensant la formation du salarié à plusieurs postes de travail est versée en contrepartie du travail et doit à ce titre être prise en compte dans le calcul du Smic (Cass. soc. 29-3-1995 n° 93-41.906 D). Il en va de même de la **prime d'hôtesse enquêtrice** allouée pour chacun des rendez-vous pris par la salariée (Cass. soc. 13-3-1990 n° 87-41.726 P) ou de la **prime de chauffage** allouée aux agents des exploitations minières (Cass. soc. 9-3-1989 n° 86-40.834 P). 1960

En revanche, une prime destinée à compenser la **cherté de la vie** dans les DOM n'a pas à être prise en compte pour le calcul du Smic (Cass. soc. 4-3-2003 n° 01-41.031 F-P). Cette dernière solution ne vaut que sous réserve que la prime soit effectivement sans lien avec le travail proprement dit : voir en ce sens n° 2770 la solution adoptée à propos de la prise en compte d'une **prime de maintien du pouvoir d'achat** dans le salaire à comparer au minimum conventionnel, à notre sens transposable pour le calcul du Smic.

Sauf si elle constitue du travail effectif (nos 5540 s.), la **pause** n'a pas à être rémunérée. 1970

Si les salariés ne sont pas à la disposition de l'employeur pendant les pauses, celles-ci ne constituent pas du temps de travail effectif. Dans ce cas :

– le **temps** de pause n'a pas à être pris en compte pour apprécier si la rémunération est au moins égale au Smic (Cass. soc. 13-3-2001 n° 98-46.465 FS-PB) ;

– les **primes les rémunérant,** qui ne sont pas la contrepartie du travail, n'ont pas à être prises en compte pour apprécier si le salaire est au moins égal au Smic (Cass. crim. 15-2-2011 n° 10-87.019 FS-PBI ; Cass. soc. 21-3-2012 nos 10-27.425 FS-PBR et 10-21-737 FS-PBR).

D. Sanctions

SANCTIONS PÉNALES

Le paiement de salaires inférieurs au Smic est puni de **l'amende** prévue pour les contraventions de 5e classe pour chaque salarié rémunéré dans des conditions illégales. En cas de récidive dans le délai d'un an, l'employeur est passible des peines prévues pour les contraventions de 5e classe en récidive (pour le montant de ces peines, voir n° 96470). L'amende est appliquée autant de fois qu'il a été relevé de nouvelles contraventions (C. trav. art. R 3233-1). 2060

Il y a infraction chaque fois que le salaire d'un mois donné est inférieur au Smic. La **régularisation** intervenue postérieurement ne fait pas disparaître l'infraction (Cass. crim. 6-10-1977 n° 76-93.434 ; Circ. DRT 3 du 29-7-1981).

> Précisions En cas de **manquement** aux règles relatives au Smic ou au minimum conventionnel **relevé par l'inspection du travail,** le Dreets peut, sur rapport de l'agent de contrôle, et sous réserve de l'absence de poursuites pénales, soit adresser à l'employeur un avertissement, soit prononcer à son encontre une **amende administrative** de 4 000 € au maximum par travailleur concerné (8 000 € au maximum en cas de réitération dans le délai de 2 ans). Le plafond de l'amende est majoré de 50 % si un nouveau manquement est constaté dans un délai d'un an à compter du jour de la notification d'un avertissement concernant un précédent manquement de même nature. L'employeur peut contester cette décision devant le tribunal administratif, à l'exclusion de tout recours hiérarchique (C. trav. art. L 8115-1 à L 8115-7).

EXEMPLE 2065

Si 3 travailleurs ont perçu une rémunération inférieure au Smic pendant 3 mois, consécutifs ou non, il y a lieu d'appliquer :

– 3 fois l'amende s'il s'agit d'une première infraction ;

– 9 fois l'amende s'il s'agit d'une récidive.

SANCTIONS CIVILES

L'employeur peut aussi être condamné civilement à verser au salarié un **rappel de salaire** calculé de façon à porter la rémunération au niveau du Smic ainsi qu'à des **dommages-intérêts** dans les conditions définies n° 14160. 2070

Sur les sanctions encourues par le **maître d'ouvrage ou le donneur d'ordre** manquant à son obligation d'injonction au cocontractant ou sous-traitant qui n'a pas payé ou que partiellement le salaire minimum légal ou conventionnel dû au salarié, voir n° 11750.

SECTION 3

MINIMUM CONVENTIONNEL

A. Portée

2400 Le minimum conventionnel est le salaire minimum auquel chaque salarié peut prétendre compte tenu de sa position dans la classification des emplois prévue par la convention collective. Sauf clause contraire, il s'applique dès le début du contrat, y compris pendant la **période d'essai** (Cass. soc. 5-5-1999 n° 97-40.443 D). Son non-respect expose l'employeur aux **sanctions** prévues n° 450.

En pratique, le salaire minimum à verser est souvent supérieur au minimum conventionnel compte tenu des **accessoires au salaire** dus en application soit de la convention collective, soit du contrat de travail, soit d'un usage et devant, pour certains, s'ajouter au minimum conventionnel (n°s 2570 s.).

MINIMUM MENSUEL ET RÉMUNÉRATION ANNUELLE

2420 Le salaire minimum conventionnel est souvent un minimum mensuel.

Certaines conventions ou certains accords collectifs fixent aussi un minimum annuel : la **rémunération annuelle garantie.** Celle-ci prend en compte tous les éléments ayant la nature d'un salaire, quelle que soit leur périodicité, à l'exclusion des sommes versées au titre de l'intéressement et de la participation, ainsi que des remboursements de frais professionnels. Un **complément** doit être versé au salarié dont la rémunération perçue au cours de l'année a été inférieure à la rémunération annuelle garantie.

> **› Précisions** Pour les salariés en **forfait jours,** si la convention collective prévoit une rémunération minimale pour 218 jours de travail, ce minimum doit, pour les forfaits inférieurs, être adapté en fonction du nombre de jours ou de demi-jours de travail effectif prévu par le contrat de travail (Cass. soc. 30-9-2020 n° 18-25.583 FS-PB).

MINIMUM CONVENTIONNEL ET SMIC

2430 La loi prohibant la présence de clauses d'indexation des salaires sur le Smic dans les conventions et accords collectifs, le relèvement du Smic est sans incidence sur le montant des salaires minima conventionnels. Il peut donc arriver que, à la suite de relèvements du Smic, le **salaire minimum conventionnel** devienne **inférieur** à celui-ci. Dans ce cas, l'employeur doit **verser le Smic.** Toutefois, les salaires minima conventionnels, même inférieurs au Smic, peuvent servir de **base de calcul** aux primes et indemnités s'y référant (voir notamment, à propos d'une prime d'ancienneté, n° 45550).

NOUVELLE GRILLE DE CLASSIFICATION

2440 L'accord collectif instituant une nouvelle grille des qualifications garantit souvent le **maintien des avantages acquis.**

Pour la Cour de cassation, une telle clause assure aux salariés dont le **coefficient** a été abaissé à cette occasion le maintien de leur salaire antérieur aussi longtemps que son montant reste supérieur à celui du salaire correspondant à leur nouvelle classification. Mais elle ne leur permet pas d'exiger le maintien du coefficient qu'ils avaient obtenu dans l'ancienne classification lorsque ce coefficient correspond, dans la nouvelle classification, à un emploi supérieur au leur (Cass. soc. 16-2-1979 n° 77-40.357 P ; 24-2-1983 n° 80-41.884), sauf dans un cas : lorsqu'un salarié s'est vu attribuer un coefficient supérieur au minimum de son emploi en raison de ses capacités et de son ancienneté, ce **surclassement** constitue un avantage acquis qui doit être conservé lors de l'attribution d'un nouveau coefficient consécutif à l'entrée en vigueur d'une nouvelle convention collective (Cass. soc. 23-6-1977 n° 76-40.699 P).

B. Comparaison avec le salaire réel

2520 Pour vérifier le respect du minimum conventionnel, il faut le comparer au salaire réellement perçu. Cette opération suppose que soient définis :

– les éléments du salaire devant être pris en compte pour apprécier si un salarié bénéficie bien du minimum conventionnel (n°s 2570 s.) ;

– la période à l'intérieur de laquelle la comparaison doit être effectuée (n° 2850).

ATTENTION

Les minima conventionnels sont définis par rapport à une **durée du travail** précise. Si la durée du travail dans l'entreprise est inférieure, le respect de ces minima doit donc être apprécié par rapport à la durée du travail pratiquée dans l'entreprise (Cass. soc. 7-9-2017 n° 15-26.722 FS-PB ; 16-10-2019 n° 18-12.331 F-D). Pour les salariés en **forfait jours,** voir n° 2420.

1. ÉLÉMENTS DE SALAIRE À RETENIR

Il revient en principe aux **conventions collectives** de définir les éléments du salaire à prendre en compte pour apprécier si le salarié perçoit une rémunération au moins égale au minimum conventionnel. 2570

À défaut de stipulations conventionnelles suffisamment explicites, ce qui est fréquent, il faut tenir compte de toutes les sommes dont le versement est directement lié à l'**exécution de la prestation de travail** (Cass. soc. 4-6-2002 n° 00-41.140 FS-P), sauf si la convention collective prévoit le contraire (Cass. soc. 13-10-1971 n° 70-40.511 P ; 15-12-2015 n° 13-27.793 F-D). Sont donc exclues, selon la jurisprudence, les sommes ayant une finalité propre, distincte de la rémunération de la prestation de travail proprement dite, telles que, par exemple, les primes d'ancienneté (n° 2670), celles compensant des sujétions particulières ou rémunérant des pauses (n° 2690) et les indemnités de non-concurrence (n° 2750).

L'exclusion de certains éléments peut résulter d'un **usage** (Cass. soc. 29-2-1984 n° 80-41.921) ou d'une clause du **contrat de travail** prévoyant en termes clairs et précis le cumul de certaines primes avec la rémunération minimale conventionnelle (Cass. soc. 19-3-1986 n° 83-41.462 S ; 7-1-1992 n° 88-43.053 D).

Sur la possibilité, pour un **accord d'entreprise,** de supprimer des compléments de salaires inclus par la convention ou l'accord de branche dans les minima hiérarchiques, voir n° 970, a.

PRIMES ANNUELLES

Le principe selon lequel il faut tenir compte de toutes les sommes perçues par le salarié dont le versement est directement lié à l'exécution de son travail, sauf stipulation contraire de la convention collective, s'applique aux primes de **13e mois** et de **14e mois** (Cass. soc. 19-12-1978 n° 77-41.371 P ; 16-3-1989 n° 86-45.170 P). 2580

C'est le cas même lorsque l'**accord d'entreprise** instituant un 13e mois de salaire ne précise pas, alors qu'il le fait pour d'autres primes, si cet avantage doit ou non s'incorporer aux montants des salaires effectifs à comparer avec les minima garantis (Cass. soc. 18-5-1978 n° 75-41.057).

Lorsqu'il existe dans l'entreprise un **usage** consistant à verser un **acompte mensuel** pour le 13e mois, celui-ci constitue un élément du salaire entrant chaque mois dans le calcul du salaire minimum conventionnel (Cass. soc. 11-3-1998 n° 96-40.195 D).

En revanche, si le **contrat de travail** prévoit le bénéfice du 13e mois d'une façon séparée de la rémunération mensuelle et que le salarié a été rémunéré sur la base du minimum conventionnel et a perçu en outre le 13e mois, il y a lieu d'exclure ce 13e mois du salaire minimum garanti par la convention collective (Cass. soc. 3-7-1990 n° 87-42.135 D).

Il faut en principe ajouter les éléments du salaire devant être pris en compte au salaire du **mois de** leur **versement** (voir n° 2850).

ÉPARGNE SALARIALE

Les sommes versées au titre des **régimes légaux** de participation, d'intéressement et des plans d'épargne salariale n'ayant pas le caractère de salaire, elles ne doivent pas être intégrées au salaire effectif pour apprécier s'il est conforme au minimum conventionnel (voir respectivement nos 47780, 48270 et 49750). 2600

AUTRES MODES D'INTÉRESSEMENT AUX RÉSULTATS

Les autres sommes versées aux salariés en fonction des résultats, **en dehors du cadre des régimes légaux,** doivent en principe être prises en compte, sauf disposition contraire. 2620

ILLUSTRATIONS

Il en va ainsi des sommes suivantes versées en sus du salaire fixe : **tantièmes** versés à une vendeuse qualifiée au prorata des ventes (Cass. ass. plén. 6-2-1976 n° 74-40.223 P), **commissions** calculées sur le chiffre d'affaires (Cass. soc. 26-11-1991 n° 88-44.514 D ; 2-4-2003 n° 01-40.338 F-P), sommes versées chaque mois à titre **d'avance sur l'intéressement** du salarié au montant des affaires traitées par lui (Cass. soc. 17-12-1974 n° 73-40.612 P), **prime de bilan** versée par fractions trimestrielles puis mensuelles (Cass. soc. 14-5-1987 n° 84-43.769 P).

Il a aussi été jugé, dans le cas d'un salarié chargé à la fois de tâches administratives et commerciales et dont la rémunération comprend un fixe et un **pourcentage sur le chiffre d'affaires** réalisé par lui, qu'il faut totaliser le fixe et le pourcentage pour déterminer si le minimum conventionnel est atteint (Cass. soc. 15-12-1982 n° 80-41.008).

2630 La **convention collective** peut déterminer le régime des différents éléments liés aux résultats. Par exemple, si elle prévoit que les avantages, gratifications, primes ou commissions intéressant les salariés directement à la vie de l'entreprise s'ajoutent aux appointements mensuels, il ne faut pas tenir compte d'une gratification annuelle constituée par des **pourcentages sur** les montants nets des **facturations** comptabilisées en fin d'année pour apprécier si le salarié a perçu le salaire mensuel conventionnel (Cass. soc. 23-10-1991 n° 88-41.551 PF).

De même, si la convention collective prévoit que la **prime annuelle** d'intéressement est **due en sus de la rémunération mensuelle** de base, elle ne peut pas être intégrée dans cette rémunération pour la détermination du salaire minimum. Le fait pour l'employeur d'avoir calculé cette prime suivant des modalités plus favorables au salarié que celles prévues par la convention collective ne peut pas avoir pour effet de changer la nature de cette prime et de permettre sa prise en compte au titre de la rémunération conventionnelle garantie (Cass. soc. 3-3-1994 n° 91-44.073 D).

La convention collective peut exclure du calcul du salaire minimum conventionnel les primes et gratifications ayant un caractère **aléatoire, temporaire, exceptionnel ou bénévole.**

ILLUSTRATIONS

Ainsi jugé à propos d'une **prime de bilan** déterminée unilatéralement et ne résultant pas d'un calcul précis et constant, l'employeur pouvant décider librement de l'opportunité de son versement et de son montant (Cass. soc. 31-5-2017 n° 15-25.408 F-D).

N'entrent pas dans cette dernière catégorie :
– une prime de chiffre d'affaires consistant en un **pourcentage du chiffre des ventes** réparti entre les salariés proportionnellement à leur salaire, cette prime ayant un caractère obligatoire et ne pouvant pas être arbitrairement supprimée (Cass. soc. 8-11-1972 n° 71-40.627 P) ;
– une **prime d'exploitation** prévue par le contrat de travail, fixée chaque année en début d'exercice et constituant un élément permanent et obligatoire de la rémunération (Cass. soc. 18-3-1992 n° 89-40.273 P) ;
– une prime attribuée **périodiquement** aux mois de juin et décembre en fonction notamment du **chiffre d'affaires** réalisé, cette prime constituant un élément permanent et obligatoire de la rémunération même si son montant est variable (Cass. soc. 3-7-2019 n° 17-18.210 FS-PB).

PRIMES DE RENDEMENT OU D'OBJECTIF

2650 Une prime de rendement constitue un élément de rémunération devant être ajouté au salaire horaire de base pour vérifier si le salaire total atteint le minimum conventionnel (Cass. soc. 8-11-1983 n° 81-41.538 P), sauf si elle présente le caractère de **libéralité** (Cass. soc. 7-12-1983 n° 81-41.890) ou clause expresse contraire de la **convention collective.**

ILLUSTRATIONS

La réalisation par le salarié de ses objectifs étant directement liée à l'exécution par celui-ci de sa prestation de travail, la prime contractuelle qui lui est allouée en fonction de la réalisation de ces **objectifs** constitue, pour les mois où elle est versée, un élément de salaire entrant dans le calcul du minimum conventionnel garanti (Cass. soc. 4-6-2002 n° 00-41.140 FS-P ; 24-10-2018 n° 17-16.192 F-D). Doit aussi être prise en compte une prime de **tonnage/production,** n'ayant pas un caractère général et constituant la contrepartie d'un travail, dès lors qu'elle est déterminée en fonction du tonnage produit par l'atelier auquel appartient le salarié (Cass. soc. 8-2-2017 n° 15-20.631 F-D).

PRIMES D'ANCIENNETÉ OU LIÉES À LA PRÉSENCE DU SALARIÉ

2670 La **prime d'ancienneté** n'a pas à être prise en compte pour le calcul du salaire minimum prévu par la convention collective, sauf clause contraire expresse de cette dernière (Cass. soc. 1-6-1983 n° 80-42.378 P).

Si la convention collective prévoit que la rémunération des salariés inclut seulement les primes et indemnités relatives aux prestations effectuées, n'entrent pas dans le calcul du minimum conventionnel les primes ne rémunérant pas le travail, mais liées à l'ancienneté ou à la présence du salarié dans l'entreprise. Il en va ainsi d'une **prime d'assiduité** (Cass. soc. 27-5-1997 n° 95-42.674 PB) ou d'une **prime d'atelier** dont un salarié n'a pas bénéficié pendant 3 mois consécutifs du fait de ses absences (Cass. soc. 4-2-2015 n° 13-20.879 FS-PB).

En revanche, par analogie avec la jurisprudence rendue à propos du Smic (voir nº 1900), une prime d'ancienneté ou d'assiduité **versée de façon uniforme et systématique** à tous les salariés, sans qu'ils aient à satisfaire à des conditions particulières, pourrait être incluse dans le salaire à comparer au minimum conventionnel.

ATTENTION

Lorsque le texte conventionnel prévoit une **rémunération globale minimum** calculée en **fonction de l'ancienneté** du salarié, et non une prime d'ancienneté, le salarié qui a perçu un salaire au moins égal à la rémunération globale correspondant à son ancienneté a été rempli de ses droits (Cass. soc. 17-7-1991 nº 88-44.112 P ; 26-4-2017 nº 15-28.429 F-D).

PRIMES DE SUJÉTIONS OU RÉMUNÉRANT DES PAUSES

La **prime de rythme** versée aux ouvriers du bâtiment, liée au **caractère contraignant du travail,** ne correspond pas aux prestations effectuées par les ouvriers et ne doit donc pas être prise en compte pour la détermination du minimum conventionnel, la convention collective prévoyant que la rémunération des ouvriers inclut seulement les primes et indemnités relatives aux prestations qu'ils effectuent (Cass. soc. 27-10-1999 nº 98-44.627 P). Il en va de même des primes de **pause** versées sans contrepartie d'un travail supplémentaire (Cass. soc. 2-7-2008 nº 06-45.987 F-D ; 5-6-2019 nº 18-14.298 F-D). En revanche, les primes horaires de vol versées à des pilotes en sus de leur salaire de base et en fonction des **heures de vol** effectuées sont à prendre en compte pour déterminer si le minimum conventionnel a été atteint (Cass. soc. 3-7-2008 nº 06-45.268 F-D). 2690

AVANTAGES EN NATURE

Les avantages en nature doivent être pris en compte pour apprécier si le salaire minimum conventionnel a été respecté, sauf si la convention collective prévoit expressément le contraire (Cass. soc. 4-3-1981 nº 79-41.343). Il en va ainsi, notamment, de la fourniture d'un **logement,** de l'**eau** et de l'**électricité** (Cass. soc. 7-5-1980 nº 78-40.630 P). 2710

En l'absence **d'évaluation** de ces avantages par la convention collective, il y a lieu de s'en remettre à la convention des parties.

Dans un cas où aucune mention ni **aucune évaluation** de la valeur des avantages en nature n'avait été faite au cours du contrat, il a été jugé que, dans la commune intention des parties, le logement ainsi que la fourniture de l'eau et de l'électricité au salarié constituaient des avantages s'ajoutant au salaire minimum conventionnel (Cass. soc. 12-6-1986 nº 84-40.159 S).

ATTENTION

La **part patronale des titres-restaurant** n'entre pas dans le calcul de la rémunération à comparer au salaire minimum conventionnel (Cass. soc. 3-7-2019 nº 17-18.210 FS-PB).

FRAIS PROFESSIONNELS

Il est possible de prévoir contractuellement que le salarié conservera la charge des frais professionnels qu'il engage, moyennant le **versement d'une somme fixée à l'avance.** Dans ce cas, la rémunération proprement dite du travail doit au moins être égale au minimum conventionnel (Cass. soc. 5-6-2001 nº 98-46.371 FS-P). 2730

Ainsi, lorsque le contrat de travail fixe forfaitairement le montant des frais professionnels à 30 % de ce minimum, la rémunération minimale garantie au salarié est égale au minimum conventionnel majoré de 30 % (nº 55300, c).

S'agissant d'une clause prévoyant un forfait manifestement **disproportionné** au regard des frais réels engagés, voir nº 55300.

INDEMNITÉ DE NON-CONCURRENCE

N'a pas à être prise en compte l'indemnité de non-concurrence qui, quelles que soient les modalités de son versement, compense l'avantage résultant pour l'employeur de l'absence de concurrence par le salarié et qui, indépendante du travail fourni, ne peut pas s'analyser en un complément de salaire (Cass. soc. 14-1-1988 nº 85-42.047 P). 2750

AUTRES SOMMES OU AVANTAGES

Pour apprécier si le salarié perçoit le salaire minimum conventionnel, doit être pris en compte l'avantage résultant de la **prise en charge** par l'employeur, en vertu d'un usage, **de la part salariale des cotisations** sociales (Cass. soc. 14-12-1978 nº 77-40.063). 2770

La solution est inverse pour les **primes** versées à un **visiteur médical** pour **promouvoir un produit** déterminé (Cass. soc. 30-10-1991 nº 87-42.455 P).

Une prime ayant pour objectif le **maintien du pouvoir d'achat** est prise en compte si elle est versée en contrepartie du travail, pas dans le cas contraire (Cass. soc. 7-4-2010 nº 07-45.322 FS-PB). Il a, par exemple, été jugé, à l'occasion d'un litige concernant l'assiette de calcul de l'indemnité de congés payés, que n'était pas perçue en contrepartie du travail la prime de vie chère versée en Guadeloupe en application de l'accord « Bino » (Cass. soc. 28-9-2022 nº 20-15.895 F-D).

S'agissant des indemnités compensatrices pour **réduction d'horaires,** voir nº 53780.

2. APPRÉCIATION MOIS PAR MOIS

2850 Lorsque le salaire minimum conventionnel est un minimum mensuel, il convient, pour la Cour de cassation, d'apprécier mois par mois si le salarié a bien perçu une rémunération au moins égale au minimum conventionnel.

De ce principe, elle tire les conséquences suivantes :

– sauf dispositions conventionnelles contraires, une **prime** à périodicité non mensuelle ne peut être prise en compte dans la détermination du salaire minimum que pour le **mois** où elle a été effectivement versée (Cass. soc. 14-11-1991 nº 87-44.094 P ; 17-9-2003 nº 01-43.029 FS-PBRI ; 14-11-2018 nº 17-22.539 FS-PB) ;

– le salarié n'ayant pas perçu chaque mois une rémunération au moins égale à ce minimum a droit à un **rappel de salaire** sans que l'employeur puisse s'acquitter de sa dette en versant certains mois des primes compensant les insuffisances constatées les autres mois (Cass. soc. 7-5-1991 nº 87-43.242 D ; 17-9-2003 nº 01-43.029 FS-PBRI).

C. Augmentations des minima conventionnels

2950 Les augmentations des minima conventionnels par avenant à la convention ou à l'accord collectif n'ont d'effet que sur le montant minimal des salaires de chaque catégorie. Elles ne s'appliquent pas aux salariés dont la **rémunération réelle** est **supérieure** à ces minima (Cass. soc. 8-3-1979 nº 77-41.218 P ; 15-5-2014 nº 12-24.667 F-D).

Ainsi, le salarié percevant une rémunération supérieure au minimum imposé par la convention collective n'a pas de droit acquis, en cas d'augmentation des minima conventionnels, au **maintien de la proportion** existant en sa faveur entre le salaire minimum et celui qui lui est contractuellement dû (Cass. soc. 19-1-1983 nº 80-41.153 ; 15-5-2014 nº 12-24.667 F-D).

Il en va autrement si la **convention collective** prévoit que les revalorisations des minima concernent les salaires réels (Cass. soc. 24-6-1970 nº 69-40.373) ou s'il existe dans l'entreprise un **usage** en ce sens ou si l'organisation patronale a formulé une **recommandation** en ce sens, engageant ses adhérents (sur ce dernier point, voir nºs 550 s.).

ATTENTION

Est valable l'accord d'entreprise prévoyant que les augmentations des minima conventionnels ne s'appliquent pas aux cadres au-delà d'un certain **niveau hiérarchique,** dès lors que le salaire des intéressés n'est pas inférieur aux minima conventionnels, ces derniers percevant en compensation une prime de fin d'année (Cass. soc. 4-7-1983 nº 81-41.199). Sur l'incidence des relèvements successifs des minima conventionnels en cas de versement d'une **compensation salariale pour réduction d'horaire,** voir nº 53780.

SECTION 4 ÉGALITÉ DE TRAITEMENT ET NON-DISCRIMINATION

3100 La non-discrimination en matière de rémunération est une composante d'un **principe** à valeur constitutionnelle prohibant toute discrimination entre les travailleurs.

Ce principe général a été repris dans de nombreux textes visant à interdire ou réglementer la possibilité pour l'employeur de prendre en compte certains **éléments inhérents à la personne du salarié ou à ses activités** pour arrêter ses décisions en matière de salaire. Sont ainsi notamment protégés par ces textes les salariés sous contrat de travail précaire ou à temps partagé, les travailleurs handicapés, de nationalité étrangère ou encore ceux exerçant une activité syndicale ou participant à un mouvement de grève.

Ce principe s'accompagne de l'obligation également faite à l'employeur d'assurer une **égalité** de rémunération entre les femmes et les hommes et, plus globalement, entre tous les salariés effectuant le même travail.

A. Égalité entre les femmes et les hommes

PRINCIPES GÉNÉRAUX

Tout employeur assure, pour un même travail ou pour un travail de valeur égale, l'égalité de rémunération entre les femmes et les hommes (C. trav. art. L 3221-2). 3150

Ainsi, les différents éléments composant la rémunération sont établis selon des **normes identiques** pour les deux sexes : les catégories, les critères de classification et de promotion professionnelles ainsi que toutes les autres bases de calcul de la rémunération, notamment les modes d'évaluation des emplois, doivent être communs (C. trav. art. L 3221-6).

En outre, les disparités de rémunération entre les **établissements d'une même entreprise** ne peuvent pas, pour un même travail ou pour un travail de valeur égale, être fondées sur l'appartenance des salariés de ces établissements à l'un ou l'autre sexe (C. trav. art. L 3221-5).

S'agissant de la notion de travail de valeur égale, voir nº 3780.

> **Précisions** L'obligation de non-discrimination en matière de salaire constitue à la fois une application du principe général d'égalité professionnelle entre les femmes et les hommes inscrit dans les **textes** de droit interne (C. trav. art. L 1141-1 s.) et de droit international (notamment dir. CE 2006-54 du 5-7-2006 : JOUE 26 L 204/23 s. ; Convention OIT 111) et une application particulière de la règle générale « à travail égal, salaire égal » visée nºs 3760 s. Cette obligation a été réaffirmée dans des textes spécifiques qui en organisent les modalités de mise en œuvre (notamment C. trav. art. L 3221-1 à L 3221-10 et TFUE art. 157).

CHAMP D'APPLICATION

Les dispositions du Code du travail relatives à l'égalité de rémunération entre les travailleurs féminins et masculins s'imposent à tous les **employeurs ou groupements d'employeurs** régis par ce Code, quelle que soit l'activité ou la taille de l'entreprise. 3160

Elles sont également applicables aux relations entre employeurs et salariés non régies par le Code du travail et, notamment, aux salariés liés par un **contrat de droit public** (C. trav. art. L 3221-1).

> **ATTENTION**
> Les **anciens salariés** peuvent également être concernés. En effet, le fait que certaines prestations soient versées après la cessation de la relation de travail n'exclut pas qu'elles puissent avoir un caractère de rémunération (CJCE 17-5-1990 aff. 262/88 ; 9-2-1982 aff. 12/81). Cette jurisprudence a notamment vocation à s'appliquer aux retraités (voir nº 3380).

1. NOTION DE DISCRIMINATION

DISCRIMINATION FONDÉE SUR LE SEXE

Il ne peut y avoir discrimination sexiste au sens du Code du travail et des textes européens que si l'inégalité de rémunération est fondée sur une discrimination en raison du sexe, de la situation de famille, de la grossesse ou de la maternité. Cela étant, la discrimination peut être constituée tant à l'égard d'un **travailleur féminin** que **masculin.** 3240

DISCRIMINATION DIRECTE OU INDIRECTE

Est interdite toute discrimination directe ou indirecte. Constitue une discrimination **directe** la situation dans laquelle une personne est traitée de manière moins favorable qu'une autre ne l'est, ne l'a été ou ne l'aura été dans une situation comparable. 3260

La discrimination est **indirecte** lorsqu'une disposition, un critère ou une pratique neutre en apparence est susceptible d'entraîner un désavantage particulier pour les personnes de l'un des deux sexes, sauf à être objectivement justifiés par un but légitime et si les moyens pour réaliser ce but sont nécessaires et appropriés (Loi 2008-96 du 27-5-2008 art. 1er modifié). Ainsi, par exemple, le refus d'affiliation à un régime de retraite complémentaire d'emplois majoritairement occupés par des femmes constitue une discrimination indirecte en raison du sexe (Cass. soc. 6-6-2012 nº 10-21.489 FS-PB).

3270 En pratique, c'est le plus souvent à l'égard des **salariés à temps partiel** qu'il est fait application de la notion de discrimination indirecte (Cass. soc. 3-7-2012 n° 10-23.013 FS-PB). Selon le juge européen, une différence de rémunération entre travailleurs à temps plein et à temps partiel peut constituer une discrimination dans le cas où, parmi les travailleurs à temps partiel, un pourcentage considérablement plus élevé de travailleurs féminins que masculins est affecté (CJCE 6-12-2007 aff. 300/06), sauf si l'employeur justifie la différence de traitement par des **facteurs objectifs** et étrangers à toute discrimination fondée sur le sexe (CJCE 13-5-1986 aff. 170/84 ; 27-6-1990 aff. 33/89 et 6-12-2007, précité).

ILLUSTRATIONS

L'employeur **ne justifie pas** une différence de traitement par des facteurs objectifs lorsqu'il :
– se fonde sur le fait que son devoir de solidarité à l'égard des salariés serait moindre envers les travailleurs à temps partiel, moins intégrés à l'entreprise (CJCE 13-7-1989 aff. 171/88) ;
– invoque la circonstance que les salariés à temps plein acquièrent plus vite que les autres des capacités et des compétences pour leur activité (CJCE 7-2-1991 aff. 184/89).

Sont également **contraires** au principe d'égalité de rémunération à défaut d'être justifiées par de tels facteurs :
– la disposition d'une convention collective exigeant des travailleurs à temps partiel une période d'ancienneté équivalente au double de celle requise des travailleurs à temps plein, pour le passage à un indice supérieur de rémunération (CJCE 7-2-1991 aff. 184/89) ;
– l'utilisation d'un mode de calcul différent entre les deux catégories de travailleurs, pour l'indemnisation, sous forme de congés ou de rémunération d'heures supplémentaires, des stages de formation des membres du comité social et économique (CSE) (CJCE 4-6-1992 aff. 360/90) ; sur la licéité de la limitation de l'indemnisation due pour ces stages, à concurrence de l'horaire de travail des salariés à temps partiel, voir n° 79370.

DÉROGATIONS

3280 Le principe de non-discrimination ne fait pas obstacle à l'intervention de **mesures temporaires** prises au seul bénéfice des femmes et visant à établir l'égalité des chances entre hommes et femmes, en particulier en remédiant aux inégalités de fait qui affectent les chances de ces dernières (TFUE art. 157 ; C. trav. art. L 1142-4). Ces mesures de rattrapage peuvent, le cas échéant, concerner le domaine de la **promotion et des salaires** (Circ. 2-5-1984).

S'agissant de l'**obligation** pesant sur les employeurs d'au moins 50 salariés de prévoir de telles mesures en vue de réduire les écarts de salaire entre les femmes et les hommes, voir n°s 3420 s.

PREUVE

3300 En cas de litige, le **salarié** doit présenter au juge des éléments de fait obtenus loyalement (Cass. soc. 1-2-2011 n° 09-67.959 F-D), laissant supposer l'existence d'une discrimination, directe ou indirecte, fondée sur le sexe, la situation de famille ou la grossesse. Au nombre de ces éléments peut figurer, par exemple, un rapport de l'inspection du travail (Cass. soc. 15-1-2014 n° 12-27.261 FS-PB). Au besoin, le salarié peut demander au juge (Cass. soc. 12-6-2013 n° 11-14.458 FP-PB ; 8-7-2020 n° 18-23.765 F-D), le cas échéant en **référé** (Cass. soc. 19-12-2012 n° 10-20.526 FS-PB), que l'employeur communique les documents (contrat de travail, bulletin de paie, etc.) permettant de comparer sa situation avec celle des autres salariés, le juge pouvant au besoin limiter le périmètre de la production des pièces sollicitées (Cass. soc. 16-12-2020 n° 19-17.637 F-PB).

L'**employeur** doit pour sa part prouver que sa décision est justifiée par des éléments objectifs étrangers à toute discrimination.

Le **juge** forme ensuite sa conviction après avoir ordonné, si nécessaire, les mesures d'instruction qu'il estime utiles (C. trav. art. L 3221-8 et L 1144-1).

Ces modalités de preuve sont également applicables en cas d'atteinte au principe « **à travail égal, salaire égal** » visé n°s 3760 s. (Cass. soc. 28-9-2004 n° 03-41.825 F-PB ; 24-9-2008 n° 06-45.747 FS-PBRI).

ATTENTION

Le juge européen ayant admis l'**effet direct** de l'article 141 du traité de Rome, devenu l'article 157 du TFUE (CJCE 8-4-1976 aff. 43/75 ; 17-5-1990 aff. 262/88), celui-ci est applicable en droit interne. Il en résulte que **tout justiciable**, et en particulier le travailleur discriminé (ou son conjoint survivant, s'agissant de l'octroi d'une pension de réversion), peut invoquer ce texte devant les juridictions nationales afin d'exiger l'égalité de traitement, y compris en matière de pensions professionnelles.

2. NOTION DE RÉMUNÉRATION

La rémunération à prendre en compte pour l'application du principe d'égalité comprend le salaire ou traitement ordinaire de base ou minimum et tous les autres avantages et accessoires **payés, directement ou indirectement,** en espèces ou en nature, par l'employeur au travailleur en raison de l'emploi de ce dernier (TFUE art. 157 ; C. trav. art. L 3221-3). 3380

Entrent dans cette définition tous les avantages sociaux, **actuels ou futurs,** consentis au salarié (CJCE 9-2-1982 aff. 12/81).

Lorsque des salariés exerçant des fonctions identiques sont rémunérés avec une **part fixe et une part variable,** la comparaison de leurs salaires s'effectue sur la totalité de la rémunération et non sur une partie (le fixe ou le variable) de celle-ci (CA Versailles 6-6-2013 n° 12-011099).

ILLUSTRATIONS

Constituent des rémunérations :
– le **salaire maintenu en cas de maladie,** bien qu'une fraction de ce salaire soit remboursée à l'employeur par les caisses d'assurance maladie (CJCE 13-7-1989 aff. 171/88) ;
– les **indemnités** légales, conventionnelles, contractuelles ou versées à titre volontaire payées à l'occasion d'un **licenciement** (CJCE 17-5-1990 aff. 262/88 ; 8-6-2004 aff. 220/02) ;
– la **pension de transition** prévue par un **plan social** versée par l'employeur aux travailleurs ayant atteint un âge proche de l'âge légal de la retraite sans contrepartie de travail (CJCE 9-12-2004 aff. 19/02) ;
– les **pensions de retraite** (CJCE 17-5-1990 aff. 262/88) et de **survie** (CJCE 6-10-1993 aff. 109/91) servies par les **régimes spéciaux,** notamment SNCF (CE 6-12-2006 n° 291473), ou par les régimes **professionnels** financés par l'entreprise ainsi que le droit d'affiliation (CJCE 28-9-1994 aff. 57/93 ; 24-10-1996 aff. 435/93) et les cotisations versées à ces régimes (CJCE 11-3-1981 aff. 69/80 ; 26-9-2013 aff. 476/11). Il en est de même si le régime de prévoyance est légalement obligatoire et géré par un **organisme public** (CJCE 1-4-2008 aff. 267/06). En revanche, les pensions de retraite instituées dans le cadre d'un **régime général** ne sont pas considérées comme une rémunération.

Le principe d'égalité de rémunération entre les femmes et les hommes s'oppose à l'octroi d'avantages en fonction du sexe. 3400

ILLUSTRATIONS

N'est **pas valable** la clause :
– du statut du personnel permettant à tous les hommes mariés, quelle que soit la situation de leur conjoint, de percevoir une **prime de logement,** alors que les femmes mariées ne peuvent en bénéficier que si leur conjoint se trouve hors d'état de se livrer à une activité professionnelle et ne dispose pas de ressources suffisantes (CE 11-6-1982 n° 16610 ; Cass. soc. 5-11-1986 n° 84-40.120) ;
– conventionnelle réservant un avantage aux seules mères de famille alors que les pères remplissent les conditions fixées par l'accord : **congé supplémentaire** pour enfant à charge (Cass. soc. 5-12-1996 n° 92-44.386 D ; 4-5-2011 n° 09-72.206 F-D), **prime de crèche** (Cass. soc. 27-2-1991 n° 90-42.239 PF ; 10-6-1992 n° 88-43.238 D et 89-40.964 D), **allocations de frais de garde** et **de naissance** destinées à compenser les dépenses liées à la présence d'un enfant au foyer (Cass. soc. 8-10-1996 n° 92-42.291 PB).

En revanche, n'est **pas discriminatoire** l'octroi :
– d'une **allocation forfaitaire** aux seules salariées partant en **congé de maternité,** cette mesure étant destinée à compenser les désavantages professionnels qu'elles subissent du fait de leur éloignement du travail (CJCE 16-9-1999 aff. 218/98 ; Cass. soc. 21-3-2000 n° 98-45.485 PB) ;
– d'un **congé supplémentaire** visant à la protection des rapports particuliers entre la femme et son enfant au cours de la période suivant la grossesse et l'accouchement (Cass. soc. 21-9-2017 n° 16-16.246 FS-PB) ou de la condition biologique de la femme (CJUE 18-11-2020 aff. 463/19).

3. RÉDUCTION DES ÉCARTS DE RÉMUNÉRATION

En principe, l'employeur doit supprimer toute disparité de salaire injustifiée entre les femmes et les hommes. En pratique, les entreprises d'au moins 50 salariés sont soumises à deux obligations distinctes en la matière, dont le non-respect peut entraîner l'application des pénalités financières visées nos 3520 s. La première les oblige à négocier des mesures visant à supprimer les écarts de rémunération dans le cadre de la **négociation périodique obligatoire** relative à l'égalité professionnelle entre les femmes et les hommes et à élaborer un plan d'action à défaut d'accord (voir Mémento social n° 51992). La seconde consiste en la publication d'indicateurs dans un **index de l'égalité** femmes-hommes selon les modalités exposées n° 3430. 3420

3430 Les entreprises d'au moins 50 salariés doivent **publier,** chaque année, **des indicateurs** relatifs aux écarts de rémunération entre les femmes et les hommes et aux actions mises en œuvre pour les supprimer (C. trav. art. L 1142-8). Rassemblés dans un index de l'égalité femmes-hommes, ces indicateurs donnent lieu à l'attribution d'un certain nombre de points qui, additionnés, permettent d'**obtenir une note** sur 100. Si celle-ci est inférieure à 75, les employeurs doivent, dans le cadre de la négociation collective obligatoire relative à l'égalité professionnelle entre les femmes et les hommes, **prévoir des mesures** adéquates et pertinentes **de correction** et, le cas échéant, un plan annuel ou pluriannuel de **rattrapage salarial.** En l'absence d'accord, ces mesures sont déterminées, après consultation du comité social et économique (CSE), par décision de l'employeur déposée auprès de l'administration (C. trav. art. L 1142-9). Ne pas publier la note de l'index ou ne pas prévoir de mesures correctives ou de rattrapage est passible de la **pénalité financière** visée n° 3520. Les entreprises disposent d'un délai de **mise en conformité** de 3 ans pour atteindre la note minimale de 75/100. Si, à l'expiration de ce délai, elles n'atteignent toujours pas ce niveau de résultat, elles encourent la pénalité financière visée n° 3530.

› Précisions a. Dans les entreprises de plus de 250 salariés, les **indicateurs** composant l'index sont au nombre de 5 : écart de rémunération entre les femmes et les hommes ; pourcentage de salariées ayant bénéficié d'une augmentation dans l'année de leur retour de congé de maternité ; nombre de salariés du sexe sous-représenté parmi les 10 salariés ayant perçu les plus hautes rémunérations ; écart de taux d'augmentations individuelles de salaire ne correspondant pas à des promotions entre les femmes et les hommes ; écart de taux de promotions entre les femmes et les hommes (C. trav. art. D 1142-2). Dans les entreprises de 50 à 250 salariés, ces deux derniers indicateurs n'en forment qu'un seul consacré à l'écart de taux d'augmentations individuelles de salaire entre les femmes et les hommes de sorte que leur index n'est composé que de 4 indicateurs (C. trav. art. D 1142-2-1). Complexes, les modalités et la méthodologie de calcul des résultats de l'index de l'égalité sont détaillées dans les annexes du décret 2019-15 du 8-1-2019. Pour aider les employeurs, le ministère du travail a mis en ligne sur Internet un **simulateur** leur permettant de calculer leur note (https://index-egapro.travail.gouv.fr) et la liste des **référents** « égalité professionnelle » chargés de les accompagner dans ce calcul ou dans la recherche de mesures adéquates pour améliorer leur note (https://travail-emploi.gouv.fr).

b. La note de l'index et les résultats obtenus pour l'ensemble des indicateurs doivent être **publiés** avant le 1er mars de chaque année sur le site internet de l'entreprise (pas sur l'intranet) de manière visible, lisible et accessible jusqu'à la publication des résultats suivants. En l'absence de site, la note et les indicateurs sont portés à la connaissance des salariés par tout moyen. Ils doivent être mis à la disposition du CSE en utilisant la base de données économiques, sociales et environnementales (BDESE). Ces données doivent aussi être transmises à l'administration par **télédéclaration** accessible depuis https://indexegapro.travail.gouv.fr (C. trav. art. D 1142-5). Enfin, ils doivent être rendus publics sur le site du ministère du travail chaque année, au plus tard le 31 décembre, par les services du ministre chargé du travail.

c. Lorsque la note minimale réglementaire de **75 points** n'est pas atteinte, la négociation obligatoire sur l'égalité professionnelle hommes/femmes doit fixer les mesures adéquates et pertinentes de correction des écarts de salaire entre les sexes (en l'absence d'accord, les mesures doivent être fixées **unilatéralement** par l'employeur après consultation du **CSE**). Ces mesures doivent faire l'objet d'une **communication externe et interne** à l'entreprise et être publiées dans les conditions visées au b. ci-dessus. Elles doivent être mises à la disposition du CSE et transmises à la Dreets dans les conditions visées au b. ci-dessus.
Lorsque la note minimale réglementaire de 85 points n'est pas atteinte, la négociation obligatoire sur l'égalité professionnelle hommes/femmes doit fixer les objectifs de progression de chacun des indicateurs. Les **objectifs de progression** doivent être publiés dans les conditions visées au b. ci-dessus. Ils doivent être mis à la disposition du CSE et transmis à la Dreets dans les conditions visées au b. ci-dessus.

4. SANCTIONS

NULLITÉ DES DISPOSITIONS CONTRAIRES

3480 Est nulle de plein droit toute disposition figurant notamment dans un **contrat de travail,** une **convention ou un accord collectif,** un **accord de salaire** ou un règlement résultant d'une décision de l'employeur et qui comporte, pour un ou des salariés de l'un des deux sexes, une rémunération inférieure à celle des salariés de l'autre sexe pour un même travail ou un travail de valeur égale. La rémunération plus élevée dont bénéficient ces derniers salariés est **substituée** de plein droit à celle que comportait la disposition entachée de nullité (C. trav. art. L 3221-7).

SANCTIONS PÉNALES

Toute infraction au principe d'égalité de rémunération entre les femmes et les hommes est passible de l'**amende** de 5e classe (voir n° 96470), appliquée autant de fois qu'il y a de travailleurs rémunérés dans des conditions illégales. La **récidive** est réprimée conformément aux articles 132-11 et 132-15 du Code pénal (C. trav. art. R 3222-1). 3500

Lorsqu'elle est poursuivie sur le fondement du principe général d'égalité professionnelle visé par les articles L 1142-1 et L 1142-2 du Code du travail, la discrimination en matière de rémunération est punie d'une **amende** de 3 750 € et d'un **emprisonnement** d'un an (C. trav. art. L 1146-1). L'entreprise condamnée définitivement depuis moins de 3 ans sur ce fondement ne peut pas soumissionner à un **marché public** (CCP art. L 2141-4) et est exclue de la procédure de passation des contrats de concession (CCP art. L 3123-4).

Dans tous les cas, le tribunal peut décider d'**ajourner** le prononcé de la peine en enjoignant à l'employeur de rétablir l'égalité professionnelle dans l'entreprise (C. trav. art. L 1146-2).

PÉNALITÉS FINANCIÈRES

Défaut d'accord, de publication de l'index ou de plan de rattrapage 3520

Sont passibles d'une pénalité financière, dont le **montant** peut atteindre au maximum 1 % des rémunérations servant de base au calcul des cotisations de sécurité sociale, les **entreprises d'au moins 50 salariés** non couvertes par un **accord collectif** ou, à défaut, par un **plan d'action** relatif à l'égalité professionnelle entre les femmes et les hommes. Cette même pénalité est également encourue par les employeurs qui, dans le cadre de l'**index de l'égalité** (n° 3430), n'ont **pas publié la note** et les indicateurs ou n'ont **pas adopté des mesures** correctives ou de rattrapage (C. trav. art. L 2242-8).

> Précisions **a.** Avant de prononcer la pénalité, l'administration **met en demeure** l'employeur de remédier à la situation dans un délai d'exécution fixé en fonction de la nature du manquement et de la situation relevée dans l'entreprise, qui ne peut être inférieur à un mois (C. trav. art. R 2242-3). À l'issue de ce délai, si l'entreprise n'a pas remédié à la situation, le Dreets décide s'il y a lieu d'appliquer la pénalité et en **fixe le taux** en tenant compte des efforts réalisés par l'employeur en matière d'égalité professionnelle entre les femmes et les hommes, de sa bonne foi, ainsi que des motifs de sa défaillance (C. trav. art. R 2242-5 et R 2242-6). L'administration adresse à l'employeur une **notification** motivée du taux de la pénalité appliqué dans les 2 mois suivant la date d'expiration de la mise en demeure. L'employeur **communique** en retour, dans les 2 mois suivant la notification, le montant des gains et rémunérations servant de base au calcul de la pénalité. À défaut, celle-ci est calculée sur une base forfaitaire (C. trav. art. R 2242-8). Les associations promouvant l'égalité entre les femmes et les hommes ne peuvent pas imposer à l'administration qu'elle leur communique la **liste des entreprises sanctionnées** pour défaut d'accord ou de plan d'action (CE 3-6-2020 n° 421615).

b. L'employeur peut demander au Dreets via la **procédure de rescrit** de se prononcer sur la validité d'un accord ou d'un plan déposé, sauf si l'entreprise fait l'objet d'un contrôle sur ce point par l'inspection du travail. La réponse de l'administration établissant la conformité de l'accord ou du plan l'engage pour une certaine durée, son silence gardé à l'issue d'un délai de 2 mois valant rejet de la demande. La décision qui fait mention des voies et délais de recours est une décision administrative susceptible de recours hiérarchique et contentieux (C. trav. art. L 2242-9 et R 2242-9 à R 2242-11).

c. Sur le **cumul** de cette pénalité avec celle encourue en cas de note insuffisante à l'index de l'égalité, voir n° 3530, b.

Résultats insuffisants à l'index Les **entreprises d'au moins 50 salariés** qui n'ont pas atteint pendant une période de 3 ans la **note minimale** de 75/100 à l'index de l'égalité femmes-hommes visé n° 3430 encourent une pénalité financière, dont le **montant** peut atteindre au maximum 1 % des rémunérations servant de base au calcul des cotisations de sécurité sociale (C. trav. art. L 1142-10). 3530

> Précisions **a.** Lorsque l'agent de contrôle de l'inspection du travail constate que le niveau de résultat est, depuis 3 ans, inférieur à 75/100, il transmet au Dreets un **rapport** sur cette situation (C. trav. art. D 1142-9). Dans un délai de 2 mois suivant cette transmission, le Dreets informe l'employeur de sa **décision** de prononcer la pénalité et l'invite à lui présenter ses observations et à justifier, le cas échéant, des motifs de sa défaillance (C. trav. art. D 1142-10). Le Dreets tient compte des mesures prises par l'entreprise en matière d'égalité salariale entre les femmes et les hommes, de la bonne foi de l'employeur, ainsi que des motifs de sa défaillance, soit pour accorder à l'employeur un **délai supplémentaire,** d'une durée maximale d'un an, pour atteindre la note minimale de 75/100, soit pour déterminer le taux de la pénalité (C. trav. art. D 1142-11). Dans ce dernier cas, il adresse à l'employeur une **notification** motivée du taux de pénalité appliqué et lui demande de communiquer en retour les revenus d'activité servant de base au calcul de la pénalité, à défaut de quoi celle-ci est calculée sur une base forfaitaire (C. trav. art. D 1142-14).

b. L'employeur qui se voit appliquer cette pénalité ne peut plus encourir celle visée nº 3520. En revanche, selon l'administration, la réciproque n'est pas prévue, de telle sorte que l'administration peut décider d'appliquer la pénalité pour une note inférieure à 75/100 quand bien même l'entreprise aurait déjà été antérieurement sanctionnée dans les conditions visées nº 3520. Dans ce cas, les deux pénalités sont en effet **cumulables** (Inst. DGT 2019/03 du 25-1-2019, point II. 3.2).

3540 **Représentation équilibrée dans les équipes dirigeantes**

Depuis le **1-3-2022,** les entreprises d'au moins **1 000 salariés** doivent publier **chaque année** les écarts de représentation entre les femmes et les hommes parmi leurs **cadres dirigeants** et les membres de leurs **instances dirigeantes** (comité de direction, comité exécutif, etc.) et les faire figurer dans la base de données économiques, sociales et environnementales. Les écarts de représentation doivent, en outre, être rendus publics sur le **site du ministère du travail** à compter du **1-3-2023.**

À partir du **1-3-2026,** ces mêmes entreprises devront respecter un **quota** de femmes parmi leurs cadres dirigeants et les membres de leurs instances dirigeantes et fixer, dans le cadre de la négociation obligatoire sur l'égalité professionnelle entre les femmes et les hommes, les mesures de correction pour y parvenir. Le taux du quota sera évolutif : fixé à **30 %** à compter du **1-3-2026,** il sera porté à **40 %** au **1-3-2029.**

À compter du **1-3-2029,** les entreprises défaillantes auront **2 ans** pour se mettre en conformité sous peine d'une **pénalité financière** pouvant aller jusqu'à 1 % de la masse salariale.

B. Égalité entre tous les salariés

3600 Si le principe de non-discrimination (nos 3650 s.) interdit à l'employeur, sous peine de sanctions, de prendre en considération un motif inhérent à la personne du salarié pour fixer sa rémunération, la règle « à travail égal, salaire égal » (nos 3760 s.) l'oblige également à verser la même rémunération aux salariés effectuant le même travail ou, à défaut, à devoir justifier toute différence de traitement par des motifs objectifs, pertinents et non discriminatoires.

1. NON-DISCRIMINATION

DÉFINITION ET MOTIFS DISCRIMINATOIRES

3650 Aucun salarié ne peut faire l'objet d'une mesure discriminatoire, **directe ou indirecte** telle que définie nº 3260, notamment en matière de rémunération au sens de l'article L 3221-3 du Code du travail (nº 3380), de mesures d'intéressement ou de distribution d'actions :

– en raison de son origine, de son **sexe,** de ses **mœurs,** de son orientation sexuelle ou pour avoir refusé en raison de cette orientation une **mutation géographique** dans un État incriminant l'homosexualité, de son identité de **genre,** de son **âge,** de sa situation de **famille,** de sa grossesse, de ses caractéristiques génétiques, de la particulière **vulnérabilité** résultant de sa situation économique, apparente ou connue de son auteur, de son appartenance ou de sa non-appartenance, vraie ou supposée, à une **ethnie,** une **nation** ou une prétendue **race,** de ses **opinions** politiques, de ses activités syndicales (voir plus spécifiquement nº 79650) ou mutualistes, de l'exercice d'un mandat d'élu local, de ses convictions religieuses, de son apparence **physique,** de son nom de famille, de son lieu de résidence, de sa domiciliation bancaire, de son état de **santé,** de sa perte d'autonomie, de son handicap et de sa capacité à s'exprimer dans une langue autre que le français (C. trav. art. L 1132-1 et L 1132-3-2), de l'exercice normal du droit de **grève** (C. trav. art. L 1132-2 : voir nos 67380 s.) ou des fonctions de juré ou de citoyen assesseur (C. trav. art. L 1132-3-1). Ce principe ne fait toutefois pas obstacle aux **différences de traitement** qui répondent à une exigence professionnelle essentielle et déterminante et à un objectif légitime (C. trav. art. L 1133-1). De même, ne sont pas discriminatoires les différences de traitement fondées sur l'âge si elles sont justifiées par un but légitime, comme celui de favoriser l'insertion professionnelle des salariés (C. trav. art. L 1133-2), les mesures prises en faveur des personnes vulnérables économiquement ou résidant dans certaines zones géographiques et visant à l'égalité de traitement (C. trav. art. L 1133-5 et L 1133-6) ainsi que les différences de traitement fondées sur l'inaptitude constatée par le médecin du travail et les mesures appropriées en faveur des travailleurs handicapés (C. trav. art. L 1133-3 et L 1133-4), telle notamment une mesure de réduction du temps de travail (CJUE 11-4-2013 aff. 335/11 et 337/11) ;

– pour avoir subi ou refusé de subir des faits de **harcèlement sexuel** constitué par des propos ou comportements à connotation sexuelle répétés portant atteinte à la dignité du salarié en raison de leur caractère dégradant ou humiliant ou créant à son encontre une situation intimidante, hostile ou offensante ; est par ailleurs assimilé à du harcèlement sexuel le fait, même non répété, d'user de toute forme de pression grave dans le but réel ou apparent d'obtenir un acte de nature sexuelle, que celui-ci soit recherché au profit de l'auteur des faits ou d'un tiers (C. trav. art. L 1153-1 et L 1153-2) ;
– pour avoir subi ou refusé de subir les agissements répétés de **harcèlement moral** ayant pour objet ou pour effet une dégradation des conditions de travail susceptible de porter atteinte à ses droits et à sa dignité, d'altérer sa santé physique ou mentale ou de compromettre son avenir professionnel (C. trav. art. L 1152-1 et L 1152-2) ;
– pour avoir **témoigné ou relaté** des agissements discriminatoires ou de harcèlement moral ou sexuel (C. trav. art. 1132-3 ; L 1152-2 et L 1153-3) ;
– pour avoir témoigné ou relaté, de bonne foi, des **faits constitutifs d'un délit ou d'un crime** dont il aurait eu connaissance dans l'exercice de ses fonctions (C. trav. art. L 1132-3-3) ;
– pour avoir signalé une **alerte professionnelle** dans les conditions fixées par la loi 2016-1691 du 9-12-2016 modifiée (C. trav. art. L 1132-3-3).

ATTENTION

Les membres du CSE ayant connaissance d'une mesure discriminatoire envers un salarié peuvent enclencher une **procédure d'alerte** (C. trav. art. L 2312-59).

Certains principes visent en outre à protéger les situations particulières et les salariés titulaires d'un contrat de travail particulier : **3660**
– garanties accordées aux salariés en **congé de maternité ou d'adoption** en matière d'évolution de rémunération (voir n°s 63050 s.) et de congés payés (voir n° 59770) ;
– égalité de rémunération entre les salariés titulaires d'un **contrat à durée déterminée** et ceux liés à l'employeur par un contrat de travail à durée indéterminée (voir n°s 75950 s.) ;
– égalité de rémunération entre les salariés titulaires d'un contrat de **travail à temps partagé** et ceux de l'employeur à la disposition duquel ils sont mis qui occupent le même poste ou les mêmes fonctions avec un niveau de qualification identique ou équivalent (C. trav. art. L 1252-6) ;
– principe de proportionnalité entre la rémunération des salariés à temps plein et celle des salariés à **temps partiel** (voir n° 74510) ; sur l'application du principe d'égalité de rémunération entre les femmes et les hommes au cas particulier des salariés à temps partiel, voir n° 3270.

SANCTIONS

Toute **disposition (ou** tout **acte) contraire** aux interdictions de discrimination ou de harcèlement visées n° 3650 est **nulle** de plein droit. **3680**
Le non-respect de ces interdictions est en outre passible de **sanctions pénales** :
– discrimination fondée sur les critères discriminatoires visés n° 3650 (sauf ceux relatifs à la grève et à la domiciliation bancaire) : amende maximale de 45 000 € et emprisonnement de 3 ans au plus pour les personnes physiques ; amende de 225 000 € au plus pour les personnes morales, dont la responsabilité pénale peut être engagée dans les conditions posées par l'article 121-2 du Code pénal (C. pén. art. 225-1 à 225-4) ; il est en outre interdit aux personnes ayant fait l'objet de telles sanctions de soumissionner aux marchés publics (CCP art. L 2141-4) et de conclure des contrats de concession (CCP art. L 3123-4) ;
– discrimination envers la victime d'un harcèlement sexuel ou moral : amende de 3 750 € et emprisonnement d'un an pour les personnes physiques (C. trav. art. L 1155-2).
En cas de **litige** au civil, la **preuve** de la discrimination ou du harcèlement obéit aux règles énoncées n° 3300. En matière de harcèlement, les juges du fond doivent également vérifier que le salarié a bien été sanctionné pour avoir subi ou refusé de subir ce harcèlement ; le seul fait que celui-ci soit établi ne suffit pas pour constater l'existence d'une mesure discriminatoire (Cass. soc. 20-4-2005 n° 03-41.916 F-D ; 27-2-2013 n° 11-23.214 F-D). L'action en **réparation du préjudice** résultant d'une discrimination se prescrit par 5 ans à compter de la révélation de la discrimination (par exemple, à la suite d'un courrier de l'inspection du travail : Cass. soc. 20-2-2013 n° 10-30.028 FS-PB). Les **dommages et intérêts** réparent l'entier préjudice pendant toute la durée de la discrimination (C. trav. art. L 1134-5).

› Précisions a. Le salarié doit **bénéficier de l'avantage** dont il a été privé en raison de la discrimination (Cass. soc. 16-1-2019 n° 17-17.475 FS-D).
b. Le juge peut ordonner le **reclassement** du salarié privé d'avancement (Cass. soc. 23-11-2005 n° 03-40.826 FS-PB ; 19-1-2022 n° 20-19.608 FD), y compris en cas d'avancement au choix (Cass. soc. 18-3-2009 n° 07-45.201 F-D). Il doit alors prendre en compte pour évaluer le **préjudice** subi par le salarié toutes les pertes économiques enregistrées

avant son repositionnement dans la classification professionnelle, aussi bien en termes de salaires (fixe et variable) qu'en matière d'épargne salariale (participation et intéressement) ou de droits à la retraite (CA Versailles 19-12-2019 n° 18/03801).

c. La **violation concomitante** des principes de non-discrimination et d'égalité de traitement n'ouvre droit à des **réparations spécifiques** que dans la mesure où elle entraîne des **préjudices distincts** (Cass. soc. 27-11-2019 n° 18-10.807 F-D).

2. « À TRAVAIL ÉGAL, SALAIRE ÉGAL »

3760 Le principe « à travail égal, salaire égal », énoncé aux articles L 2271-1, 8° et R 2261-1 du Code du travail et dégagé par la jurisprudence depuis 1996, oblige l'employeur à assurer une égalité de rémunération (sur cette notion, voir n° 3380) entre des salariés effectuant un même travail ou un travail de valeur égale (Cass. soc. 21-6-2005 n° 02-42.658 FP-PBRI) ou, du moins, à devoir **justifier toute disparité** de salaire (voir n°s 3800 s.). Il constitue ainsi une limite au pouvoir de libre fixation des salaires et s'oppose en conséquence à ce que des travailleurs placés dans une situation identique puissent être traités différemment au regard d'une **augmentation de salaire** ou de l'octroi d'une **prime** ou d'un **avantage.** Les **conventions et accords collectifs** doivent également respecter ce principe.

Les exemples donnés ci-après valent pour l'application du principe d'égalité de rémunération entre les femmes et les hommes.

› Précisions a. Si l'employeur peut **librement déterminer** des rémunérations différentes en fonction des compétences et capacités de chacun de ses salariés, il est tenu d'assurer l'égalité de rémunération entre tous les salariés placés dans une situation identique (n° 3770). Il ne peut toutefois pas **réduire** la rémunération d'un salarié au motif qu'un autre salarié assurant un travail d'une valeur supérieure perçoit la même rémunération (Cass. soc. 29-6-1999 n° 97-41.567 PBR). Il doit en outre verser la même rémunération à des salariés occupés sur un même poste et dont il exige un **rendement identique** (Cass. soc. 10-12-1987 n° 84-44.977 P).

b. S'agissant des modalités de **preuve** en cas de litige, voir n° 3300.

c. Sur l'application du principe d'égalité de rémunération en cas de **transfert d'entreprise,** voir n°s 70300 (transfert légal) et 70425 (transfert conventionnel ou volontaire).

a. Comparaison entre les salariés

PÉRIMÈTRE DE LA COMPARAISON

3770 Le principe d'égalité de rémunération s'applique dans la mesure où les salariés sont placés dans une **situation identique** (Cass. soc. 29-10-1996 n° 92-43.680 PF ; 8-3-2005 n° 02-45.848 F-D) : ils doivent appartenir à la **même entreprise** (Cass. soc. 12-7-2006 n° 04-46.104 F-D ; 14-9-2010 n° 08-44.180 F-D), le principe ne s'appliquant pas entre salariés d'entreprises différentes, peu importe qu'elles appartiennent au même groupe (Cass. soc. 16-9-2015 n° 13-28.415 FS-PB) ; par ailleurs, les conditions de rémunération doivent être fixées par une **source unique et commune** : loi, convention collective, direction d'entreprise (CJCE 17-9-2002 aff. 320/00).

ILLUSTRATIONS

La règle « à travail égal, salaire égal » **ne s'applique pas,** au sein d'une même entreprise entre :
– les salariés travaillant en **équipes de fin de semaine** (équipes de suppléance) et ceux travaillant en équipes de semaine (Cass. soc. 5-5-2021 n° 19-20.547 FS-P) ;
– des **fonctionnaires** ou agents publics et des agents privés rémunérés selon des dispositions conventionnelles (Cass. soc. 11-10-2005 n° 04-43.024 F-D ; 21-12-2006 n° 05-41.919 F-D), sauf s'il s'agit d'un avantage ouvert à tout le personnel sur le critère de la fonction ou du poste (Cass. ass. plén. 27-2-2009 n° 08-40.059 PBRI ; Cass. soc. 12-6-2013 n° 12-17.273 FS-PB). Sont notamment visées les entreprises à statut particulier : EDF, La Poste, etc. (Cass. soc. 6-2-2013 n° 11-26.604 FP-PB) ;
– des salariés **permanents** et des salariés mis à disposition par un autre employeur (Cass. soc. 6-7-2005 n° 03-43.074 FS-PB) ;
– des salariés d'une **unité économique et sociale,** sauf à ce que leur travail soit accompli dans un même établissement (Cass. soc. 1-6-2005 n° 04-42.143 FS-PBRI ; 30-5-2012 n° 11-11.387 F-D) ;
– des médecins salariés et des médecins **non salariés** intervenant à titre libéral (Cass. soc. 16-12-2015 n° 14-11.294 FS-PB).

3775 Une différence de rémunération ne peut être pratiquée par l'employeur entre des salariés relevant d'**établissements différents d'une même entreprise** que si cette inégalité repose sur une raison objective et pertinente comme peut l'être, par exemple, la disparité du coût de la vie existant entre les salariés d'un établissement situé en Île-de-France et ceux d'un établissement de province (Cass. soc. 14-9-2016 n° 15-11.386 FS-PBRI). Sur les différences de traitement résultant d'un accord collectif conclu avec des syndicats représentatifs, voir n°s 3850 s.

Le principe d'égalité de rémunération ne se limite pas aux situations dans lesquelles les travailleurs effectuent **simultanément** un travail égal pour un même employeur (Cass. soc. 8-12-2015 n° 13-28.461 F-D). Un salarié peut en conséquence réclamer une rémunération identique à celle perçue par un salarié effectuant le même travail, que ce dernier ait été employé **antérieurement** à son entrée en fonction (CJCE 27-3-1980 aff. 129/79) ou **postérieurement** (CA Toulouse 17-3-1995 n° 93-5492).

COMPARAISON DU TRAVAIL

L'égalité salariale suppose que les salariés exercent un **même travail ou un travail de valeur égale,** c'est-à-dire qu'ils soient dans une situation comparable (CJUE 28-2-2013 aff. 427/11). Sont considérés comme tels les travaux qui, sans être strictement identiques (Cass. soc. 6-7-2010 n° 09-41.354 FS-PBR), exigent des salariés un ensemble comparable de connaissances professionnelles consacrées par un titre, un diplôme ou une pratique professionnelle, de capacités découlant de l'expérience acquise, de responsabilités et de charge physique ou nerveuse (C. trav. art. L 3221-4). En cas de litige, les juges doivent se livrer à une **analyse comparée** des missions, des tâches et des responsabilités des salariés (Cass. soc. 1-7-2009 n° 07-42.691 FS-PB ; 8-7-2020 n° 18-23.765 FS-D) ; le fait qu'ils appartiennent à la même catégorie professionnelle ne suffit pas (Cass. soc. 6-3-2007 n° 04-42.080 F-D). Cette analyse comparée vaut pour l'ensemble des salariés, y compris pour les membres du comité de direction d'une entreprise (Cass. soc. 6-7-2010 n° 09-40.021 FS-PBR ; 22-10-2014 n° 13-18.362 FS-PB). 3780

ILLUSTRATIONS

Effectuent un **travail de valeur égale** : des professeurs de niveau de formation comparable qui enseignent dans les mêmes conditions (Cass. soc. 11-7-2007 n° 05-45.324 FS-D) ; des époux embauchés comme gardiens, sans spécification des tâches de chaque conjoint (Cass. soc. 19-2-1992 n° 88-45.217 P).

N'effectuent **pas un même travail** : deux salariés cadres dont l'un exerce, en plus des tâches qui leur sont communes, la responsabilité d'une agence (Cass. soc. 1-7-2009 n° 07-42.691 FS-PB) ; un chef d'agence travaillant en Espagne et des salariés commerciaux exerçant en France (Cass. soc. 10-12-2008 n° 07-40.103 FS-D) ; un veilleur de nuit et les auxiliaires de vie travaillant habituellement le jour (Cass. soc. 25-4-2007 n° 05-44.244 F-D).

b. Justifications des différences de traitement

Il est possible de faire des différences de traitement entre salariés si tous ceux **placés dans une situation identique** bénéficient des mêmes avantages. Par exemple, il a été jugé qu'une prime de 13e mois peut être réservée aux cadres, les non-cadres n'étant pas dans une situation identique au regard de cette prime, dont l'objet n'est pas étranger au travail accompli, eu égard notamment aux responsabilités pesant sur les cadres (Cass. soc. 26-9-2018 n° 17-15.101 FS-PB). 3800

En outre, la différence de traitement doit, pour être licite, reposer sur des règles **préalablement définies et contrôlables** (Cass. soc. 18-1-2000 n° 98-44.745 P), ce qui suppose qu'elles soient portées à la connaissance des salariés concernés (Cass. soc. 10-10-2013 n° 12-21.167 F-D).

Enfin, une inégalité salariale entre des salariés exerçant un travail égal est licite si l'employeur la justifie par des **critères objectifs et pertinents,** étrangers à toute discrimination (voir n°s 3810 s.). Il ne peut pas opposer son **pouvoir discrétionnaire** pour se soustraire à son devoir de justification (Cass. soc. 30-4-2009 n° 07-40.257 FS-PBI ; 10-10-2012 n° 11-15.296 FS-PB). En revanche, lorsqu'elle résulte d'une convention ou d'un accord collectif de travail, la différence de rémunération bénéficie, dans certains cas, d'une **présomption de justification** exonérant l'employeur de cette obligation (voir n°s 3850 s.).

Une différence de salaire peut aussi se justifier par l'application d'une **disposition légale** (Cass. soc. 23-10-2013 n° 12-22.268 FS-PB) ou d'une **décision de justice** (Cass. soc. 23-10-2013 n° 12-12.894 FS-PB) ou lorsque les modalités de rémunération sont totalement différentes (Cass. soc. 4-6-2014 n° 12-18.911 FS-D).

ILLUSTRATIONS 3805

Sont fondées sur un **motif discriminatoire illicite** les différences de traitement suivantes :
– exclusion des seuls salariés ayant été en arrêt maladie plus de 20 jours du bénéfice de l'augmentation générale de salaire (Cass. soc. 7-2-2006 n° 04-45.733 F-D) ;
– application d'abattements sur une prime en raison des seules absences pour maladie (Cass. soc. 11-1-2012 n° 10-23.139 FS-PB) ;
– maintien d'un régime salarial en faveur des salariés allemands plus avantageux que celui prévu en faveur des salariés français (Cass. soc. 10-12-2002 n° 00-42.158 FS-PB) ;
– versement au seul conjoint d'un couple marié, chacun étant salarié de l'entreprise, d'une prime d'achat vacances destinée au personnel en activité (Cass. soc. 7-2-2001 n° 98-46.063 F-D).

Est **contraire au principe d'égalité** de traitement le fait :
– d'exclure les salariés d'un service de l'augmentation du taux horaire des salaires résultant du passage aux 35 heures (Cass. soc. 21-2-2007 n° 05-43.526 FS-D) ;
– d'accorder une prime sans qu'aucune règle ne soit fixée, ni par l'accord collectif qui la prévoit ni par l'employeur (Cass. soc. 27-3-2007 n° 05-42.587 F-D) ;
– de refuser d'octroyer une prime de 13e mois à un salarié en raison de son absence à une date déterminée, alors que cette prime a été versée précédemment à des salariés qui ne remplissaient pas cette condition de présence (Cass. soc. 13-9-2012 n° 11-22.414 F-D).

En revanche, **respecte le principe** d'égalité de traitement l'employeur subordonnant l'octroi d'une participation financière aux frais de repas à la condition, applicable à tous, que les salariés déjeunent dans le restaurant qu'il désigne (Cass. soc. 18-5-1999 n° 98-40.201 P).

ÉLÉMENTS INHÉRENTS AU SALARIÉ

3810 Justifient des différences de rémunération les éléments objectifs et pertinents suivants :
– l'**ancienneté,** à condition qu'elle ne donne pas lieu au versement d'une prime spécifique (Cass. soc. 21-1-2009 n° 07-40.609 F-D) ;
– l'**expérience** (Cass. soc. 19-12-2007 n° 06-44.795 F-D ; 17-2-2010 n° 08-44.375 F-D) ;
– la possession d'un **diplôme** si celui-ci est requis par la convention collective pour exercer les fonctions (Cass. soc. 10-11-2009 n° 07-45.528 FS-PB ; 18-6-2015 n° 13-22.972 F-D).

> Précisions **a.** L'**expérience** acquise chez un **précédent employeur** ainsi que les **diplômes** ne justifient une différence de salaire qu'au moment de l'embauche et pour autant qu'ils sont en relation avec les exigences du poste et les responsabilités effectivement exercées (Cass. soc. 31-10-2012 n° 11-20.986 F-D). N'est pas contraire au principe « à travail égal, salaire égal » le fait de procéder, pendant une durée maximale de 24 mois, à un abattement de 5 % sur le salaire minimal d'un **cadre débutant,** jusqu'à ce qu'il ait acquis l'expérience nécessaire pour l'exercice correct de ses fonctions, ce mécanisme conventionnel étant encadré par des entretiens réguliers entre l'employeur et l'intéressé pendant sa période d'application (CE 16-10-2017 n° 390011).
b. La différence de **diplômes,** alors qu'ils sont d'un **niveau équivalent** (par exemple, bac + 5 en université ou en école de commerce), ne suffit pas à justifier une différence de rémunération entre les salariés effectuant un travail égal, sauf si l'employeur démontre que la possession d'un diplôme spécifique atteste des connaissances particulières utiles à l'exercice des fonctions (Cass. soc. 16-12-2008 n° 07-42.107 FS-PBR). Ainsi, une différence de rémunération entre ingénieurs est fondée dès lors que certains ont une formation théorique axée sur l'informatique, immédiatement en phase avec l'activité de l'entreprise (Cass. soc. 24-3-2010 n° 08-42.093 F-D).
c. Une inégalité de rémunération n'est légitime que si la différence de qualité de travail entre des salariés est attestée par un **système d'évaluation** reposant sur des critères objectifs et pertinents (Cass. soc. 20-2-2008 n° 06-40.085 FS-P ; 10-12-2008 n° 07-40.911 F-D), un employeur ne pouvant pas se borner à invoquer la prétendue médiocre **qualité de travail** d'un salarié pour justifier une telle inégalité (Cass. soc. 26-11-2002 n° 00-41.633 FS-PBRI). Il en résulte que les qualités professionnelles ne peuvent pas justifier une différence de salaire **dès l'embauche** à un moment où l'employeur n'a pas encore pu les apprécier (Cass. soc. 13-11-2014 n° 12-20.069 FS-PB).

SITUATIONS JURIDIQUES

3820 Une différence de **statut juridique** est insuffisante à elle seule pour justifier une inégalité de rémunération. Il en a ainsi été jugé à propos de différences de traitement entre salariés vacataires ou en CDD et salariés en CDI (Cass. soc. 15-5-2007 n° 05-42.894 FP-PB ; 4-2-2009 n° 07-42.125 F-D), entre salariés ordinaires et représentants du personnel (voir n° 79190), entre salariés en CDD d'usage et ceux en CDD de droit commun (CE 17-3-2017 n° 396835) ou encore entre médecins « exclusifs » et médecins « vacataires » (Cass. soc. 27-1-2015 n° 13-17.622 FS-PB).
De même, une différence de **catégorie professionnelle** ne peut pas justifier à elle seule, pour l'attribution d'un avantage, une différence de traitement entre les salariés placés dans une situation identique au regard dudit avantage (Cass. soc. 20-2-2008 n° 05-45.601 FP-PB, sur l'attribution de titres-restaurant ; 10-10-2013 n° 11-15.608 F-D, sur le versement d'une prime spécifique), sauf si cette inégalité résulte de l'invalidation par le juge d'un accord catégoriel (Cass. soc. 30-5-2018 n° 16-16.484 FP-PB). Néanmoins, **certaines circonstances** peuvent justifier des différences catégorielles. Ainsi, un accord conclu avec le CSE peut prévoir l'amélioration du plan d'épargne entreprise pour les cadres en contrepartie de mesures moins favorables pour eux en matière de durée du travail (Cass. soc. 26-2-2020 n° 18-15.024 FS-D). S'agissant de la différence de traitement issue d'un accord collectif conclu avec un syndicat représentatif, voir n° 3860.

3830 En principe, la circonstance qu'un salarié soit engagé avant ou après l'**entrée en vigueur d'un accord collectif ou d'un engagement unilatéral** de l'employeur ne suffit pas à justifier une inégalité de rémunération, sauf s'il a pour objet de compenser un préjudice subi par les salariés présents dans l'entreprise lors de sa mise en place (Cass. soc. 24-9-2008 n° 06-43.529 FS-PBR ; 4-2-2009 n° 07-42.024 FS-PB). Il en va de même lorsque le salarié est embauché avant ou après la **dénonciation** d'un accord (Cass. soc. 11-7-2007 n° 06-42.128 FS-PBR) ou d'un engagement unilatéral (Cass. soc. 12-2-2008 n° 06-45.397 FS-PB) ou avant ou après la **modification** des conditions d'attribution d'un avantage résultant d'un usage (Cass. soc. 18-3-2009 n° 07-43.789 F-D).

Toutefois, les salariés engagés postérieurement à l'entrée en vigueur d'un **accord de substitution** ne peuvent revendiquer, au titre du principe d'égalité de traitement, le bénéfice des dispositions prévues par l'accord collectif antérieur (Cass. soc. 28-6-2018 n° 17-16.499 FS-PB).

> Précisions **a.** L'égalité de traitement ne fait pas obstacle à ce que le salarié embauché après l'entrée en vigueur d'un nouveau barème conventionnel bénéficie d'une **évolution de carrière plus rapide** dès lors qu'il ne bénéficie à aucun moment d'une rémunération plus élevée que celle des salariés embauchés avant et placés dans une situation similaire (Cass. soc. 7-12-2017 n° 16-14.235 FS-PB ; 3-5-2018 n° 16-11.588 FS-PB). Un salarié engagé après la mise en œuvre d'un accord collectif organisant le passage d'une **rémunération au pourcentage** à une rémunération au fixe ne peut prétendre au complément destiné à compenser la perte de salaire subie par les salariés déjà en poste (Cass. soc. 31-10-2006 n° 03-42.641 FS-PB). Lorsque des salariés engagés après la dénonciation d'un accord collectif se voient accorder par engagement unilatéral un avantage strictement identique à celui dont bénéficie un salarié engagé avant la dénonciation de cet accord, ce dernier ne peut cumuler les 2 avantages (Cass. soc. 24-4-2013 n° 12-10.196 FS-PBRI).

b. La règle interdisant la **modification du contrat de travail par un accord collectif** constitue une raison objective justifiant que les salariés engagés avant l'adoption d'une grille salariale conventionnelle perçoivent, en vertu de leur contrat de travail, un salaire plus élevé que celui accordé aux salariés engagés après (Cass. soc. 7-12-2017 n° 16-15.109 FS-PB). Il pourrait toutefois en aller autrement en cas d'accord répondant aux nécessités de fonctionnement de l'entreprise conclu selon les modalités visées n°s 68500 s.

c. Un accord collectif, même dérogatoire, ne peut priver un salarié des **droits** issus du principe d'égalité de traitement pour la **période antérieure à l'entrée en vigueur** de cet accord (Cass. soc. 28-11-2018 n° 17-20.007 FP-PB). Le salarié dont le contrat de travail a été rompu avant la date de signature de l'accord prévoyant des avantages salariaux de façon rétroactive a droit à ces avantages pour la période précédant la rupture au même titre que les salariés placés dans la même situation que lui et dont le contrat n'était pas rompu à cette date (Cass. soc. 13-1-2021 n° 19-20.736 FS-PBRI).

d. Sur la licéité d'un accord d'entreprise n'appliquant pas le complément différentiel aux salariés embauchés **après la réduction du temps de travail,** voir n° 53730. Sur l'application du principe d'égalité de rémunération en cas de **transfert d'entreprise,** voir n°s 70300 (transfert légal) et 70425 (transfert conventionnel ou volontaire).

RAISONS CONJONCTURELLES

3840 Des raisons **économiques** ou liées au **marché du travail** ou aux **contraintes imposées à certains salariés** d'une entreprise ou de l'un de ses établissements permettent de déroger à l'égalité de rémunération ou de traitement entre salariés.

ILLUSTRATIONS

Pour une même fonction, une rémunération plus élevée peut être accordée en cas de **pénurie de candidats** (CJCE 27-10-1993 aff. 127/92), à condition pour l'employeur de démontrer les difficultés de recrutement qu'il a rencontrées (Cass. soc. 16-3-2011 n° 09-43.529 F-D). De même, l'employeur est fondé, pour éviter la fermeture de son établissement, à recruter en **urgence** et sous CDD une directrice à un salaire plus élevé que celle qu'elle remplace (Cass. soc. 21-6-2005 n° 02-42.658 FP-PBRI).

En revanche, les **contraintes budgétaires** imposées par une autorité de tutelle (Cass. soc. 4-2-2009 n° 07-11.884 FS-PBR) ou l'insuffisance des **capacités financières** de l'entreprise ne constituent pas un motif pertinent relatif à la situation des salariés (Cass. soc. 28-10-2009 n° 08-40.457 F-PB).

Repose en outre sur des éléments objectifs et pertinents l'octroi par un employeur ou un accord collectif :
– d'une prime d'expatriation aux **seuls salariés étrangers** visant à compenser les inconvénients de leur installation en France et à faciliter leur embauche afin de contribuer à la création d'un pôle d'excellence scientifique international (Cass. soc. 9-11-2005 n° 03-47.720 FS-PB ; 17-4-2008 n° 06-45.270 FS-PB) ;
– d'un droit d'option sur des actions nouvellement créées aux **seuls salariés italiens** constituant la contrepartie des sacrifices acceptés par ces derniers dans le cadre d'un plan de restructuration de l'entreprise en Italie (Cass. soc. 17-6-2003 n° 01-41.522 FS-P) ;
– de titres-restaurant attribués en fonction notamment du **domicile** des salariés : voir n° 51710.

DIFFÉRENCE DE TRAITEMENT ISSUE D'UN ACCORD COLLECTIF

3850 Selon la jurisprudence, dans les **situations visées** nos 3860 s., et uniquement dans celles-ci, semble-t-il, le principe ne pouvant pas être généralisé (Cass. soc. 3-4-2019 n° 17-11.970 FP-PBRI), bénéficient d'une présomption de justification les différences de traitement opérées par voie de conventions ou d'accords collectifs, négociés et signés par des organisations syndicales représentatives, investies de la défense des droits et intérêts des salariés et à l'habilitation desquelles ces derniers participent directement par leur vote. Dans ces cas, il n'appartient plus à l'employeur de prouver que cette inégalité repose sur une raison objective et pertinente, mais à celui qui la **conteste** de démontrer qu'elle est étrangère à toute considération de nature professionnelle (Cass. soc. 27-1-2015 nos 13-22.179 FS-PBRI, 13-25.437 FS-PB et 13-14.773 FS-PB).

› Précisions **a.** Dans les domaines où elle peut être invoquée, la présomption de justification est applicable à la différence de traitement opérée par un **protocole de fin de grève** ayant la valeur d'un accord collectif (Cass. soc. 30-5-2018 n° 17-12.782 FP-PB). En revanche, elle n'est pas applicable aux inégalités salariales issues d'**autres sources** comme une décision unilatérale de l'employeur ou un contrat de travail. Elle ne l'est pas non plus, à notre sens, aux différences prévues par un accord collectif conclu avec des organisations non représentatives, tel que celui signé avec le comité social et économique ou un salarié mandaté à cet effet.
b. Selon nous, les avantages non motivés par des **considérations de nature professionnelle** pourraient être les suivants : prime de mariage, jours d'absence autorisés pour s'occuper d'un enfant malade, etc. Pour ces avantages, la présomption de justification n'est donc pas applicable et c'est à l'employeur de prouver que la différence de traitement qu'il institue est justifiée par des raisons objectives.
c. Même si elles résultent d'une convention ou d'un accord collectif négocié et signé par des organisations syndicales représentatives, les différences de traitement reposant sur un **motif discriminatoire** visé à l'article L 1132-1 du Code du travail (âge, état de santé, sexe, etc.) ne peuvent pas être présumées justifiées (Cass. soc. 9-10-2019 n° 17-16.642 FS-PB).

3860 **Différence entre catégories professionnelles** Sont présumées justifiées les différences de traitement, opérées par voie conventionnelle, entre catégories professionnelles (Cass. soc. 27-1-2015 nos 13-22.179 FS-PBRI, 13-25.437 FS-PB et 13-14.773 FS-PB) ou entre salariés exerçant des **fonctions distinctes** au sein d'une **même catégorie** (Cass. soc. 8-6-2016 n° 15-11.324 FP-PBRI ; CE 15-3-2017 n° 389559).

ILLUSTRATIONS

Bénéficient de la présomption de justification les dispositions conventionnelles prévoyant :
– une **durée de préavis** de licenciement plus longue ou un mode de calcul de l'indemnité de licenciement plus avantageux pour les cadres et ingénieurs que pour les ouvriers et employés (Cass. soc. 27-1-2015 n° 13-22.179 FS-PBRI) ;
– l'octroi d'une **prime d'ancienneté** pour les seuls ouvriers et employés (Cass. soc. 27-1-2015 n° 13-14.773 FS-PB ; 18-6-2015 n° 13-22.972 FS-PBRI) ;
– l'octroi d'un **avantage logement** et d'une **indemnité de résidence** aux seuls chefs d'agence et cadres de direction (Cass. soc. 8-6-2016 n° 15-11.324 FP-PBRI) ;
– l'octroi d'une **indemnité de repas** plus élevée pour les cadres de direction que pour les autres cadres (Cass. soc. 26-4-2017 n° 15-23.968 FS-PB) ;
– un mode de calcul d'une **prime d'expérience professionnelle** plus favorable aux salariés non cadres (Cass. soc. 23-3-2016 n° 14-25.574 F-D) ;
– un mode de calcul de l'**indemnité de licenciement** différent entre les cadres non spécialisés et les cadres inspecteurs (Cass. soc. 15-3-2017 n° 15-28.577 F-D) ;
– des **jours de congés payés** en plus pour les cadres (Cass. soc. 25-6-2015 n° 13-25.938 F-D).

3865 **Protection sociale complémentaire**

En matière de protection sociale complémentaire couvrant les risques maladie, incapacité, invalidité, décès et retraite, les différences de traitement entre salariés de **catégories professionnelles distinctes** sont **admises sans avoir à être justifiées.** Un employeur ou un accord collectif peut donc instituer un régime de prévoyance au profit d'une seule catégorie de salariés ; si un régime couvre l'ensemble du personnel, il peut y avoir des différences entre les catégories, que cela concerne le financement du régime ou les prestations garanties. En revanche, au sein d'une même catégorie professionnelle, le principe d'égalité de traitement s'applique, de sorte que l'employeur ne peut réserver des avantages à des salariés particuliers qu'à condition de les justifier par des éléments objectifs et pertinents (Cass. soc. 13-3-2013 nos 11-20.490 FS-PBR, 10-28.022 FS-D et 11-23.761 FS-D ; 9-7-2014 n° 13-12.121 FS-PB).

Appartenance à des établissements distincts Sont présumées justifiées les différences de traitement entre des salariés appartenant à la **même entreprise** mais à des établissements distincts, que celles-ci soient opérées par voie d'accords d'établissement (Cass. soc. 3-11-2016 nº 15-18.444) ou d'entreprise (Cass. soc. 4-10-2017 nº 16-17.517 FS-PBRI). 3870

ILLUSTRATIONS

Bénéficient de la présomption de justification les dispositions issues :
– d'un **accord d'établissement** accordant à ses seuls salariés une augmentation salariale sur 3 ans et une prime spécifique (Cass. soc. 3-11-2016 nº 15-18.444 FP-PBRI) ou une prime de panier (Cass. soc. 12-7-2017 nº 16-19.692 F-D) ou de 13e mois (Cass. soc. 13-12-2017 nº 16-14.000 F-D) ;
– d'un **accord d'entreprise** maintenant aux salariés d'un établissement absorbé leurs anciennes conditions de rémunération, sans les accorder dans le même temps aux salariés d'un autre établissement de l'entreprise absorbante (Cass. soc. 4-10-2017 nº 16-17.517 FS-PBRI).

SECTION 5 CLAUSES D'INDEXATION

La liberté de fixation et de révision des salaires trouve une limite dans l'interdiction des clauses d'indexation. 3940
Cette interdiction résulte de l'article L 112-2 du Code monétaire et financier. Ce texte prohibe dans les **dispositions statutaires ou conventionnelles,** sauf si elles concernent des dettes d'aliments, toute clause prévoyant des indexations fondées sur le Smic, sur le niveau général des prix ou des salaires ou sur les prix des biens, produits ou services n'ayant pas de relation directe avec l'objet du statut ou de la convention ou avec l'activité de l'une des parties.

Plus particulièrement, l'article L 3231-3 du Code du travail interdit dans les **conventions ou accords collectifs de travail** les clauses comportant des indexations sur le Smic ou des références à ce dernier en vue de la fixation et de la révision des salaires prévus par ces conventions ou accords.

1. PORTÉE DE L'INTERDICTION

Les textes fixent limitativement la **liste des clauses** d'indexation interdites dans les conventions ou accords collectifs et les contrats de travail. Ils autorisent, a contrario, l'indexation des salaires sur les prix des biens, produits ou services en rapport avec l'activité de l'entreprise. 4000

Par ailleurs seule est interdite la **révision automatique** des salaires en fonction des indices énumérés par les textes. Il est possible, en revanche, de réviser les salaires en fonction de ces indices si la révision n'est pas automatique et intervient **a posteriori** une fois l'indice connu. Dans le cas du Smic, une telle révision est d'ailleurs obligatoire si, par l'effet du relèvement de celui-ci, la rémunération du salarié devient inférieure au minimum légal.

Sur la possibilité de prévoir une clause d'indexation du salaire sur le **taux de change,** voir nº 12230.

ATTENTION

L'interdiction d'indexer les salaires sur l'évolution générale des prix ou des salaires s'applique même en l'absence de toute clause contractuelle ou conventionnelle et s'étend notamment aux **usages** (Cass. soc. 22-7-1986 nº 83-43.512 S).

NIVEAU GÉNÉRAL DES PRIX

L'employeur ne peut pas consentir par avance une révision automatique des salaires fondée sur le niveau général des prix (Cass. soc. 7-2-1985 nº 81-42.708 S ; 13-12-2006 nº 05-44.073 FS-P). 4010

ILLUSTRATIONS

Constitue par exemple une clause d'indexation interdite celle prévoyant :
– une augmentation des rémunérations chaque fois que l'indice officiel des prix atteint ou franchit un certain **seuil** même si le montant de l'augmentation est fixé préalablement sans aucune référence à un indice et entre en application par fractions (Cass. soc. 19-1-1983 nº 80-41.153) ;
– qu'une augmentation de 6 % de **l'indice national** de 295 postes entraîne une hausse automatique du point horaire au moins égale au pourcentage d'augmentation de l'indice, peu important que les parties soient libres de fixer, en concertation, le montant de la majoration au-delà de ces 6 % (Cass. soc. 15-2-1984 nº 82-13.913) ;
– une fourchette d'augmentation du pouvoir d'achat en fonction de l'évolution de l'indice Insee : voir nº 4130.

NIVEAU GÉNÉRAL DES SALAIRES OU SMIC

4020 L'interdiction d'indexer les salaires sur le Smic vaut pour le **salaire proprement dit** et pour les **primes ou indemnités** (Cass. soc. 16-5-1984 n° 81-42.591). Tombe sous le coup de cette interdiction le contrat de travail prévoyant une rémunération brute horaire égale au Smic augmenté de 7 % (Cass. soc. 18-3-1992 n° 88-43.434 P).

Rien ne s'oppose en revanche à ce que soit retenu comme indice le salaire minimum d'une **catégorie professionnelle déterminée** en rapport avec **l'activité** du salarié (Cass. soc. 5-11-1984 n° 82-10.511 S). Ainsi est valable l'indexation du salaire d'un comptable dans une société coopérative d'HLM sur la valeur du point des employés du bâtiment, indice en rapport avec l'activité de construction de la société (Cass. soc. 12-2-1969 n° 67-40.433).

RÉÉVALUATION A POSTERIORI

4030 Le fait de fonder une augmentation de salaire sur un indice général des prix ne constitue pas une indexation prohibée si, à la date de l'accord, l'**indice** devant servir de base à l'augmentation n'est **plus susceptible de variation.** En effet, le réajustement des salaires déterminé dans ces conditions **résulte directement de la négociation** des parties et non d'une révision automatique convenue d'avance (Cass. soc. 30-4-1985 n° 84-40.450 P).

SEUIL DE DÉCLENCHEMENT D'UNE NÉGOCIATION

4040 Les clauses d'indexation automatique des salaires prohibées par la loi doivent être distinguées des clauses se référant à l'évolution d'un indice pour fixer un seuil de déclenchement d'une négociation sur les salaires.

De telles clauses précisant les seuils de variation à partir desquels de nouvelles négociations peuvent s'engager sont licites (Rép. Cousté : AN 14-12-1981 n° 3202 ; Cass. soc. 21-2-1979 n° 77-40.940).

2. CONSÉQUENCES

4120 Les clauses d'indexation automatique prohibées par la loi sont **nulles.** Tel est le cas par exemple de celles prévoyant un mécanisme d'évolution des rémunérations en lien à la fois avec l'évolution du Smic et la croissance moyenne de l'indice des prix ou en fonction de l'évolution d'un point d'indice, elle-même en corrélation avec l'indice des prix (Cass. soc. 5-10-2017 n° 15-20.390 FS-PB).

Le salarié ne peut pas revendiquer l'application de ces clauses et l'employeur peut mettre fin à celles-ci à tout moment.

> **Précisions** **a.** La nullité d'ordre public des clauses d'indexation des salaires sur le Smic ou le niveau général des prix permet à l'employeur de **cesser d'appliquer un accord collectif** d'entreprise prévoyant une telle indexation sans être tenu d'en poursuivre l'application pendant un an à compter de sa dénonciation, comme le voudrait l'article L 2261-10 du Code du travail (n° 4320) (Cass. soc. 16-5-1984 n° 81-41.579).
b. L'**application, pendant plusieurs années,** d'un dispositif de revalorisation des salaires comprenant une clause d'indexation sur le niveau général des prix ne peut pas constituer un **avantage** dont les salariés pourraient se prévaloir pour contraindre l'employeur à en poursuivre l'application (Cass. soc. 27-2-1980 n° 78-41.322 P ; 7-12-1983 n° 81-41.362 P).
c. L'employeur peut **remplacer** à tout moment un système d'indexation prohibé par un **autre mode de revalorisation** des salaires, même moins favorable pour les salariés (Cass. soc. 2-3-1977 n° 75-40.669 P).
d. Commet une **faute** l'employeur qui, en insérant dans le contrat de travail une clause d'indexation du salaire illicite qu'il sait inopérante, a amené le salarié à s'engager et lui a, par la suite, refusé toute augmentation (Cass. soc. 14-5-1987 n° 84-43.421 S).

4130 Lorsque le **dispositif de revalorisation** prévoit **plusieurs paramètres,** la circonstance que l'un d'eux consiste en une indexation prohibée n'entraîne pas la nullité de tout le dispositif. L'employeur reste donc tenu de revaloriser les salaires en fonction des autres paramètres (Cass. soc. 16-10-1991 n° 87-43.204 D ; 18-3-1997 n° 93-43.989 P).

ILLUSTRATIONS

La Cour de cassation s'est prononcée sur le cas d'un accord d'entreprise faisant référence à la convention collective des Etam du bâtiment et des travaux publics et prévoyant :
– en premier lieu, la variation des salaires proportionnellement et aux mêmes dates que la **valeur du point Etam** de la région parisienne ;
– en second lieu, qu'en tout état de cause cette revalorisation ne peut entraîner une augmentation du pouvoir d'achat inférieure à 1 % l'an ni supérieure à 1,5 % l'an par rapport à la variation de l'**indice Insee** des prix à la consommation des ménages urbains.

Elle a jugé que ces dernières dispositions sont nulles dans la mesure où elles font référence à l'indice des prix à la consommation, mais que cette nullité ne s'étend pas à la clause de revalorisation du salaire en fonction du point Etam, laquelle doit seule être appliquée par l'employeur (Cass. soc. 16-10-1991 n° 87-43.204 D).

SECTION 6 MODIFICATION DU SALAIRE

La modification du mode de calcul ou du montant du salaire est soumise à une procédure et comporte des conditions différentes selon la source de l'élément modifié : convention ou accord collectif de travail, usage ou accord atypique, engagement de l'employeur ou contrat de travail. 4230

1. SALAIRE CONVENTIONNEL

Toute modification d'un **élément** du salaire **prévu par la convention ou l'accord collectif** passe soit par une modification de la convention ou de l'accord collectif lui-même ou, à défaut, par sa dénonciation, selon les **procédures particulières** prévues par la loi, soit par sa mise en cause à la suite d'un transfert d'entreprise ou d'un changement d'activité (voir n°s 70320 s.). L'employeur ne peut en aucun cas procéder à une modification unilatérale de la convention collective. Il ne peut davantage, pour revenir sur l'application d'une disposition conventionnelle, invoquer l'existence d'un usage (Cass. soc. 6-4-1994 n° 91-45.713 D), l'accord du salarié intéressé (n° 1060) ou de la majorité du personnel (Cass. soc. 13-5-1982 n° 80-40.715 P), ni l'accord conclu lors d'une réunion du comité d'établissement ou du comité social et économique (CSE), même en présence des délégués syndicaux (Cass. soc. 22-4-1992 n° 88-40.921 PF). 4280

ATTENTION

Sauf disposition légale contraire, une convention collective ne peut pas permettre à l'employeur de procéder à une modification du contrat de travail impactant le salaire sans recueillir l'accord exprès du salarié (Cass. soc. 10-2-2016 n° 14-26.147 FS-PB), même s'il en résulte une différence de traitement entre salariés (voir n° 3830, b). Autrement dit, l'entrée en vigueur d'une convention collective ou la mise en œuvre d'un accord collectif ne peut pas modifier le salaire contractuel sans l'accord du salarié (Cass. soc. 27-1-1999 n° 96-43.342 P ; 15-9-2021 n° 19-15.732 FS-B). Seule la rémunération **d'origine purement conventionnelle** peut être modifiée par un nouvel accord collectif et s'imposer au salarié sans son accord (Cass. soc. 16-12-2003 n° 02-43.786 F-D).

MODIFICATION DE LA CONVENTION OU DE L'ACCORD

L'avenant révisant tout ou partie d'une convention ou d'un accord collectif se **substitue de plein droit** aux stipulations du texte qu'il modifie et est **opposable,** sous réserve de son dépôt, à l'ensemble des employeurs et des salariés liés par la convention ou l'accord révisé. 4300

Les clauses révisées se substituent aux anciennes sans que le salarié puisse se prévaloir d'une **modification de son contrat de travail** lorsque ce dernier ne contient aucune stipulation particulière relative à l'avantage modifié ou supprimé (Cass. soc. 16-11-1993 n° 90-43.233 P). Le salarié ne peut pas non plus prétendre au **maintien de droits acquis** sous l'empire de l'ancien texte (Cass. soc. 30-3-1994 n° 90-42.144 D), sauf si le nouveau texte contient une clause de maintien de ces avantages.

Lorsqu'elles concernent des avantages faisant l'objet de dispositions particulières dans le contrat de travail, et conformément aux principes visés n° 1060, les dispositions nouvelles de la convention ou de l'accord collectif se substituent aux clauses du contrat si elles sont plus favorables que ces dernières (Cass. soc. 17-7-2001 n° 98-42.310 FS-PB ; 27-6-2002 n° 00-44.663 FS-D). Si tel n'est pas le cas, elles ne peuvent être unilatéralement imposées au salarié (Cass. soc. 28-10-1998 n° 96-43.282 P ; 3-7-2001 n° 99-40.641 FS-PB) : l'employeur qui entend mettre en œuvre ces nouvelles dispositions doit respecter la **procédure** de modification du contrat de travail exposée n°s 4550 s.

DÉNONCIATION OU MISE EN CAUSE DE LA CONVENTION OU DE L'ACCORD

Maintien provisoire La convention ou l'accord collectif dénoncé dans les formes prévues par la loi par **tous les signataires,** employeurs ou salariés, ou dont l'application dans 4320

l'entreprise est mise en cause à la suite d'une modification de la situation juridique de l'employeur ou d'un changement d'activité, continue de produire certains effets puisqu'il reste applicable (C. trav. art. L 2261-9 s.) :
– soit jusqu'à l'entrée en vigueur de la **convention ou** de l'**accord** qui lui est substitué, cette entrée en vigueur pouvant, en cas de dénonciation, être antérieure au terme du préavis de dénonciation légalement fixé à 3 mois ;
– soit, **à défaut,** pendant une durée d'un an, à compter de l'expiration du délai de préavis, sauf clause prévoyant une durée déterminée supérieure.
Le délai de survie de l'accord dénoncé ou mis en cause est donc en principe égal à 15 mois, dont 3 mois de préavis.

Pendant le délai de survie, la convention ou l'accord continue à s'appliquer intégralement à l'égard de tous les **salariés** concernés, y compris ceux **embauchés après sa dénonciation** (Cass. soc. 15-5-2001 n° 99-41.669 FS-P) ou sa mise en cause.

4330 Lorsqu'une convention collective ou un accord collectif **cesse de s'appliquer** dans une entreprise, il n'en résulte **aucune modification** des contrats de travail en vigueur (Cass. soc. 17-3-1993 n° 91-45.184 D). L'employeur n'a donc pas à respecter la procédure de modification du contrat de travail exposée n°s 4550 s.

ATTENTION

L'**annulation** d'un **accord** conclu en vue de **remplacer un accord dénoncé** équivaut à une absence d'accord de substitution (Cass. soc. 9-11-2005 n° 03-43.290 FS-PBR).

4340 **Garantie de rémunération** Lorsque la **convention ou l'accord** qui a été dénoncé ou mis en cause n'a **pas été remplacé** par une nouvelle convention ou un nouvel accord dans le délai de survie (n° 4320), les salariés des entreprises concernées bénéficient d'une garantie de rémunération dont le **montant** annuel, pour une durée de travail équivalente à celle prévue par leur contrat de travail, ne peut être inférieur à la rémunération versée lors des 12 derniers mois en application de la convention ou de l'accord dénoncé ou mis en cause et du contrat de travail. La rémunération s'entend de celle constituant l'assiette des cotisations de sécurité sociale, à l'exception de l'avantage constitué par le rabais excédentaire soumis à cotisations lors de la levée d'une option sur actions (n° 50530) (C. trav. art. L 2261-13, al. 1 et L 2261-14, al. 2).

Elle peut prendre la **forme** d'une **indemnité différentielle** entre, d'une part, le montant de la rémunération qui était dû au salarié en vertu de la convention ou de l'accord dénoncé ou mis en cause et de son contrat de travail et, d'autre part, le montant de la rémunération résultant de la nouvelle convention ou du nouvel accord, s'il existe, et de son contrat de travail (C. trav. art. L 2261-13, al. 2 et L 2261-14, al. 3).
Ces dispositions s'appliquent à tous les accords ou conventions dénoncés ou mis en cause ayant cessé de produire leurs effets à compter du 9 août 2016, y compris si la date de leur dénonciation ou de leur mise en cause est antérieure à cette date (Loi 2018-217 du 29-3-2018, art. 21, II).
Si une convention ou un accord a cessé de produire effet avant le 9 août 2016, les salariés bénéficient du maintien de leurs avantages individuels acquis en application du texte dénoncé ou mis en cause.

› **Précisions** **a.** Le **nouvel accord** visé aux articles L 2261-13, al. 2 et L 2261-14, al. 3 du Code du travail pour le calcul de l'**indemnité différentielle** doit, selon nous, s'entendre de tout accord **conclu après** l'expiration du délai de survie et/ou qui n'a pas pour objet de remplacer en tout ou partie l'accord dénoncé. En ce sens, il se distingue de l'accord de substitution qui met fin à l'application de l'accord dénoncé sans application de la garantie de rémunération.
b. Pour déterminer la rémunération à garantir, il convient, selon nous, de se placer à la **date** à laquelle l'accord dénoncé cesse de produire effet. À notre avis, le montant de la garantie doit ensuite être reconsidéré chaque année à la date anniversaire, à la baisse ou à la hausse.
c. Il est possible de déduire de la jurisprudence antérieure rendue à propos des avantages individuels acquis que les **salariés embauchés après** la dénonciation sont exclus du bénéfice de la garantie de rémunération liée à l'accord dénoncé (Cass. soc. 15-5-2001 n° 99-41.669 FS-P), sauf engagement unilatéral de l'employeur plus favorable (Cass. soc. 24-4-2013 n° 12-10.196 FS-PBRI). Ces solutions nous semblent applicables en cas de mise en cause.

2. USAGE, ACCORD ATYPIQUE OU ENGAGEMENT DE L'EMPLOYEUR

Le montant ou le mode de calcul d'un élément du salaire résultant d'un usage ou d'un engagement de l'employeur peut être remis en cause par l'entrée en vigueur d'une **nouvelle convention ou** d'un nouvel **accord collectif** (voir nº 1080). 4420

La modification ou la suppression de ces éléments du salaire peut également résulter d'une **dénonciation** par l'employeur de l'usage, de l'accord atypique ou de l'engagement unilatéral, sous réserve du respect de la procédure décrite nºs 4440 s.

Les conventions et accords à durée indéterminée conclus en marge des règles sur la validité des conventions et accords collectifs (accord atypique : nº 880) sont, du point de vue de leur dénonciation, soumis à la même procédure (Cass. soc. 22-1-1992 nº 89-42.841 P).

En cas d'**irrégularité de la dénonciation,** celle-ci est sans effet et reste inopposable aux salariés (Cass. soc. 4-12-2019 nº 18-20.763 F-D). L'employeur reste tenu par l'usage, son engagement unilatéral ou l'accord atypique même en l'**absence de réclamation des salariés** (Cass. soc. 23-10-1991 nº 90-40.168 PF). En cas de **transfert d'entreprise,** voir nºs 70300 s. S'agissant par ailleurs des **salariés protégés,** voir nº 79680.

> Précisions a. Seuls les **engagements unilatéraux** de l'employeur **à exécution successive** et pris pour une **durée indéterminée** (Cass. soc. 4-4-1990 nº 86-42.626 P ; 16-12-1998 nº 96-41.627 P) peuvent être dénoncés unilatéralement. Les engagements pris pour une durée déterminée sont en revanche irrévocables. Ils cessent de produire effet au terme fixé sans obligation d'informer les salariés ou les représentants du personnel (Cass. soc. 18-5-2011 nº 10-10.605 F-D).
Les avantages résultant d'un engagement unilatéral à durée indéterminée **subordonné** par l'employeur **à certaines conditions** peuvent être suspendus par ce dernier du seul fait que l'une de ces conditions n'est pas remplie sans avoir à dénoncer préalablement son engagement (Cass. soc. 18-3-1997 nº 94-45.156 D). Toutefois, seule une **clause précise** définissant objectivement l'étendue et les limites de l'obligation souscrite peut constituer une condition d'application autorisant l'employeur à agir ainsi. Tel n'est pas le cas de l'engagement de verser une prime de fin d'année subordonné à des résultats économiques suffisants (Cass. soc. 27-6-2000 nº 99-41.926 FS-P). Par ailleurs, la mise en place d'une **condition restrictive non initialement prévue** pour le droit aux avantages nécessite une dénonciation par l'employeur de son engagement antérieur dans les conditions visées nºs 4440 s. (Cass. soc. 7-5-1998 nº 96-41.020 P).
b. Si, en principe, la dénonciation d'un usage ou d'un engagement unilatéral n'a pas à être **motivée,** elle est néanmoins nulle s'il est établi que l'employeur poursuit un **but illicite** : tel est le cas par exemple lorsqu'il tente de faire échec au droit de grève (Cass. soc. 13-2-1996 nº 92-42.066 PF) ou d'entraver l'exercice de la mission des représentants du personnel (Cass. soc. 26-11-1996 nº 95-60.987 D).
c. S'agissant de l'incidence de **l'accord** du salarié lors de la mise en place ou de la suppression d'un avantage, voir nº 4550.

PROCÉDURE

Notification La dénonciation par l'employeur d'un usage, d'un engagement unilatéral ou d'un accord atypique doit être **notifiée** aux représentants du personnel et individuellement **à tous les salariés** qui en bénéficient, ainsi qu'à ceux susceptibles d'en bénéficier à l'avenir s'il s'agit d'un avantage subordonné à une condition d'ancienneté dans l'entreprise (Cass. soc. 13-10-2010 nº 09-13.110 FS-PB). La dénonciation ne peut être effective qu'à une date postérieure à ces formalités (Cass. soc. 20-6-2000 nº 98-43.395 FS-P). 4440

> Précisions a. À l'égard du CSE, cette information doit être donnée en réunion après inscription à l'ordre du jour (Cass. soc. 5-1-2005 nº 02-42.819 F-P). N'a pas valablement dénoncé un usage en vigueur dans l'entreprise l'employeur qui ne l'a remis en cause que par un **courrier confidentiel** adressé au seul **secrétaire** du CSE (dans les entreprises d'au moins 50 salariés) sans prévenir individuellement les salariés concernés (Cass. soc. 7-1-1992 nº 88-45.076 P).
b. Le simple **affichage** de la dénonciation ne saurait suffire (Cass. soc. 27-11-1990 nº 87-42.404 P ; 20-2-1992 nº 90-44.624 D), ni la diffusion de cette information par circulaire et note de service (Cass. soc. 29-1-1997 nº 94-44.971 D). En revanche, l'envoi d'une **note de l'employeur** aux salariés les informant de la dénonciation est valable (Cass. soc. 4-7-2012 nº 10-24.082 FS-D).
c. L'employeur peut **limiter les effets** de la dénonciation aux seuls salariés nouvellement embauchés, dès lors qu'il ne commet pas de discrimination fautive (Cass. soc. 17-6-1992 nº 89-40.326 P).

Nécessité d'un préavis L'employeur doit, par ailleurs, observer un **délai** de préavis **suffisant** (notamment Cass. soc. 10-11-1998 nº 96-43.811 P), tant à l'égard des salariés concernés qu'à l'égard des institutions représentatives du personnel (Cass. soc. 13-3-2001 nº 99-40.678 FS-P) pour permettre l'engagement d'éventuelles négociations (Cass. soc. 13-10-2010 nº 09-13.110 FS-PB). 4450

C'est à lui d'apporter la **preuve** du caractère suffisant du délai de prévenance observé (Cass. soc. 22-10-1996 n° 93-43.845 P). À défaut, les salariés sont en droit d'invoquer le bénéfice de l'usage jusqu'à sa dénonciation régulière ou la conclusion d'un accord d'entreprise ayant le même objet (Cass. soc. 16-12-1998 n° 95-40.385 P). En cas de litige, il appartient aux juges du fond, s'ils sont saisis, d'apprécier souverainement le caractère suffisant du délai de prévenance (Cass. soc. 13-10-1988 n° 86-41.125 D ; 16-3-1989 n° 85-45.934 P).

ILLUSTRATIONS

Il a été jugé que devait être fixé à un an le délai à respecter avant la suppression d'une prime de vacances et d'une prime de 13e mois (Cass. soc. 13-10-1988 n° 86-41.125 D) alors que, dans une autre affaire, un délai de 6 mois a été jugé suffisant (Cass. soc. 27-4-1989 n° 86-45.468 D).

La révocation d'une prime annuelle payable à la fin de l'année, annoncée le 20 novembre (Cass. soc. 5-2-1992 n° 88-41.643 D) ou le 1er décembre (Cass. soc. 3-3-1993 n° 89-45.785 D), a été jugée tardive et dépourvue d'effet pour l'exercice en cours.

EFFETS

4470 À l'issue des formalités visées n° 4440 et du délai de préavis mentionné n° 4450, la dénonciation de l'usage est **opposable** au salarié qui ne peut pas prétendre à la poursuite du contrat de travail aux conditions antérieures (Cass. soc. 25-2-1988 n° 85-40.821 P ; 12-2-2003 nos 00-45.734 F-D, 00-45.735 F-D et 00-45.736 F-D), sauf s'il n'a pas été individuellement informé (Cass. soc. 20-2-1991 n° 89-44.333 D) ou si l'avantage supprimé était intégré dans son contrat de travail (notamment Cass. soc. 7-4-1998 n° 95-42.992 PB). Dans ce dernier cas, les règles exposées nos 4550 s. sont applicables.

› Précisions La remise au salarié, lors de son embauche, d'un **document résumant les usages** et engagements unilatéraux de l'employeur n'a pas pour effet de contractualiser les avantages qui y sont décrits (Cass. soc. 11-1-2000 n° 97-44.148 P ; 10-3-2010 n° 08-44.950 FS-D), même si ce document a été **mentionné dans le contrat de travail** à titre de renseignement sur le statut collectif de l'entreprise (Cass. soc. 2-5-2001 nos 99-41.264 FS-PB et 99-41.178 FS-D). Il en est de même en cas de recherche par l'employeur d'un accord avec ses salariés sur la modification de l'avantage issu d'un usage, voir n° 4550, b.

Si elle n'est pas suivie d'effet à l'expiration du délai de prévenance, la dénonciation doit être considérée comme non avenue. Ainsi, reste en vigueur dans l'entreprise un **usage dénoncé** mais qui **continue à être appliqué** pendant plus d'un an (Cass. soc. 4-5-1988 n° 86-41.678 D).

3. SALAIRE CONTRACTUEL

NOTION DE MODIFICATION CONTRACTUELLE

4550 Toute modification affectant le salaire contractuel, c'est-à-dire toute modification portant sur un élément du salaire (montant, mode de calcul, structure) ne résultant pas d'une norme collective (voir nos 4280 s. et 4420 s.), mais institué après échange des consentements entre l'employeur et le salarié, constitue une **modification du contrat de travail** (Cass. soc. 3-3-1998 n° 95-43.274 PB ; 3-7-2001 n° 99-42.761 FS-P). En revanche, la suppression du remboursement de **frais professionnels** parce que le salarié n'y est pas exposé (par exemple pendant ses congés) ne constitue pas une modification de la rémunération contractuelle convenue et donc une modification du contrat.

Une **clause du contrat** de travail ne peut pas autoriser l'employeur à **modifier unilatéralement** la rémunération contractuelle du salarié (Cass. soc. 30-5-2000 n° 97-45.068 FS-PB ; 16-6-2004 n° 01-43.124 FS-P). Cette règle s'applique aussi aux modifications indirectes de la rémunération, telle la mutation en application d'une clause de mobilité modifiant la part variable du salaire (Cass. soc. 14-10-2008 n° 07-41.454 FS-D). S'agissant de la licéité des clauses de **variation de salaire,** voir n° 58340.

La quasi-totalité du contentieux relatif à la modification du contrat de travail concerne des affaires dans lesquelles l'employeur a décidé unilatéralement de modifier le contrat le liant à ses salariés. Il est pourtant des cas, rares, dans lesquels la **modification** est le fait **du salarié.** Une telle modification ne saurait intervenir sans l'accord de l'employeur.

4555 Toute modification portant sur un élément du salaire nécessite l'**accord du salarié,** même si le nouveau mode de rémunération est plus avantageux (Cass. soc. 28-1-1998 n° 95-40.275 PBR ; 30-5-2000 n° 97-45.068 FS-PB ; 5-5-2010 n° 07-45.409 FS-PB ; 25-1-2017 n° 15-21.352 F-D) ou n'affecte pas négativement la rémunération globale de l'intéressé (Cass. soc. 18-5-2011 n° 09-69.175 FS-PB ; 8-6-2016 n° 15-10.116 FD). Il en est ainsi, quelle que soit la cause de la modification (Cass. soc.

31-10-2000 nº 98-44.988 FS-P), économique ou personnelle, et même si elle intervient en cours de préavis (Cass. soc. 9-12-1998 nº 96-44.789 PBR).

À défaut d'accord, la modification de la rémunération contractuelle peut justifier la **prise d'acte** par le salarié de la rupture de son contrat de travail, ou sa **résiliation judiciaire** aux torts de l'employeur, si elle constitue un manquement grave empêchant la poursuite du contrat. Tel n'est pas le cas, par exemple, lorsqu'elle n'a pas eu d'influence défavorable sur le montant de la rémunération perçue par le salarié ou ne représente qu'une faible partie de celle-ci (Cass. soc. 12-6-2014 nº 13-11.448 FS-PB ; 12-6-2014 nº 12-29.063 FS-PB ; 15-1-2020 nº 18-14.665 F-D).

En tout état de cause, la modification du contrat, même agréée par le salarié, ne saurait avoir pour effet de ramener sa rémunération au-dessous des **minima légaux ou conventionnels** (Cass. soc. 27-5-1997 nº 95-42.674 PB).

S'agissant de la modification de la **partie variable** du salaire, voir nºs 58300 s.

Sur l'incidence de l'acceptation par le salarié de voir appliquer un accord de performance collective à son contrat de travail, voir nº 68590.

> Précisions a. La **recherche de l'accord des salariés** lors de la suppression d'un avantage résultant d'un usage ou d'un engagement unilatéral de l'employeur ne confère pas à cet avantage un caractère contractuel (Cass. soc. 16-11-2005 nº 04-40.339 FS-PB ; 26-4-2006 nº 05-43.005 F-D). En revanche, la demande d'accord du salarié lors de la mise en place d'un nouveau système de rémunération contractualise celui-ci ; l'employeur ne peut donc pas ensuite supprimer unilatéralement les primes créées à cette occasion (Cass. soc. 1-2-2012 nº 10-17.394 FS-PB). Un accord collectif ne peut pas supprimer une **prime différentielle** instituée par un accord antérieur pour garantir le maintien de salaire à la suite d'un transfert des contrats de travail, dès lors que **l'acceptation** par les salariés de leur transfert valait accord de la prime qui se trouvait, de ce fait, contractualisée (Cass. soc. 17-11-2021 nº 19-22.746 F-D). Sur la référence dans le contrat de travail aux modalités de calcul de l'intéressement prévues par accord collectif, voir nº 48180, c.

b. La notion de **manquement grave** justifiant la prise d'acte par le salarié de la rupture de son contrat de travail, ou sa résiliation judiciaire aux torts de l'employeur, a un caractère général et ne se limite pas à la seule question de la modification de la rémunération contractuelle. Ainsi, l'**inexécution par l'employeur de ses obligations** justifie une prise d'acte ou la résiliation judiciaire aux torts de l'employeur si elle empêche la poursuite du contrat (Cass. soc. 26-3-2014 nº 12-23.634 FP-PB ; 26-3-2014 nº 12-35.040 FP-PB ; 26-3-2014 nº 12-21.372 FP-PB).

ILLUSTRATIONS 4560

Nécessitent l'accord du salarié l'**intégration** dans sa rémunération contractuelle d'une **prime de nature conventionnelle** (Cass. soc. 23-10-2001 nº 99-43.153 FS-P) ainsi que l'**instauration** d'un **quota maximal** de chiffre d'affaires à réaliser (Cass. soc. 18-7-2000 nº 98-41.222 FS-PF).

De même, lorsqu'un avenant au contrat de travail prévoit le **maintien de la rémunération antérieure** du salarié dont la qualification a été modifiée à la suite de son **reclassement** pour motif économique, l'employeur ne peut pas unilatéralement déduire du salaire de base de l'intéressé les primes dues dans le cadre du nouveau poste (Cass. soc. 29-6-1999 nº 97-40.828 PB). Il ne peut pas non plus de sa propre initiative verser un montant de **salaire en brut** alors que le contrat de travail prévoit expressément ce même **montant en net,** une telle mention ne pouvant pas être considérée comme une erreur de plume (Cass. soc. 14-12-2022 nº 21-17.171 F-D).

En revanche, les **indemnités de déplacement** ne constituent pas, en principe, un élément de la rémunération contractuelle mais un remboursement de frais qui n'est pas dû lorsque l'intéressé n'a plus à effectuer de déplacements (Cass. soc. 16-12-1998 nº 96-40.227 P), sauf si l'employeur s'est contractuellement engagé à les prendre en charge (Cass. soc. 26-5-1999 nº 97-41.572 D ; 25-1-2023 nº 21-19.169 F-D).

Le changement d'affectation, décidé par l'employeur dans l'exercice de son pouvoir de direction, entraînant la suppression d'une prime non contractuelle attachée à une **tâche ayant disparu** ne constitue pas une modification du contrat (Cass. soc. 16-3-2011 nº 08-42.671 FS-PB). Il en est de même : de la réduction d'une heure de la durée du travail de nuit et de la suppression de la majoration conventionnelle correspondant à cette heure (Cass. soc. 30-5-2012 nº 11-10.087 F-D) ; de la réduction des sujétions consécutives à l'acceptation par le salarié d'un nouveau poste et de la baisse de rémunération en résultant (Cass. soc. 16-10-2019 nº 17-18.446 F-D) ; du retour dans l'emploi initial d'un salarié ayant expressément accepté une **affectation temporaire** à un autre poste, même si cela entraîne la perte de l'indemnité attachée à cette mission (Cass. soc. 31-5-2012 nº 10-22.759 FS-P).

PROCÉDURE

Les formalités incombant à l'employeur diffèrent selon que la modification du salaire a été décidée pour un **motif** économique au sens de l'article L 1233-3 du Code du travail ou pour un autre motif. 4600

Il convient, en outre, de se reporter à la **convention collective** applicable à l'entreprise. De nombreux textes conventionnels imposent, en effet, le respect de certaines formalités avant toute modification.

Sur la modification de la rémunération d'un **salarié protégé,** voir n° 79680.

4610 **Modification pour motif économique** Dès lors que les modifications envisagées par l'employeur ne revêtent pas un caractère individuel, le **CSE** doit être consulté dans le cadre de ses attributions d'ordre économique avant toute décision.

Par ailleurs, en cas de projet de modification pour motif économique, l'employeur doit en faire la **proposition** au salarié en recommandé avec avis de réception précisant à l'intéressé qu'il dispose d'un **délai** d'un mois (ou 15 jours si l'entreprise est en **redressement ou liquidation judiciaire**) à compter de sa réception **pour faire connaître son refus.** À défaut de réponse dans ce délai, le salarié est réputé avoir accepté la modification proposée (C. trav. art. L 1222-6).

Si l'employeur envisage de licencier **au moins 10 salariés ayant refusé une telle proposition,** il doit mettre en œuvre la procédure de licenciement collectif pour motif économique (C. trav. art. L 1233-25).

› Précisions a. La **procédure d'information** prévue par l'article L 1222-6 du Code du travail n'est **pas applicable** lorsque les modifications ne procèdent pas d'un motif économique (Cass. soc. 17-11-2010 n° 09-42.120 F-D) expressément visé à l'article L 1233-3 du Code du travail (difficultés économiques, mutations technologiques, etc.), y compris dans les cas où la modification n'est pas inhérente à la personne du salarié (Cass. soc. 13-9-2017 n° 15-28.569 FP-PB), ou lorsque l'employeur propose un reclassement au salarié afin d'éviter son licenciement (Cass. soc. 9-7-1998 n° 96-42.805 D ; 26-5-2010 n° 08-41.642 F-D) ou encore en cas de changement d'employeur résultant du transfert d'un service ou de sa gestion à un tiers, un tel changement constituant une novation du contrat de travail qui nécessite l'acceptation expresse du salarié (Cass. soc. 8-4-2009 n° 08-41.046 FS-PB). Elle **s'applique,** en revanche, lorsque les propositions de modification du contrat interviennent, avant tout licenciement, dans le cadre de l'élaboration d'un plan de sauvegarde de l'emploi (Cass. soc. 28-11-2000 n° 98-42.852 FS-P).

b. L'employeur qui ne respecte pas cette procédure ne peut se prévaloir ni d'un refus ni d'une acceptation du salarié (Cass. soc. 25-1-2005 n° 02-41.819 FS-PB ; 28-9-2016 n° 15-16.775 F-D). Le licenciement est sans cause réelle et sérieuse lorsque l'employeur **convoque le salarié à l'entretien préalable avant l'expiration du délai** de réflexion (Cass. soc. 10-12-2003 n°s 01-44.745 FS-PBRI et 01-40.225 FS-PBRI ; 4-7-2012 n° 11-19.205 F-D), y compris si l'intéressé a fait part de son refus durant ce délai (Cass. soc. 22-11-2006 n° 05-42.619 F-D ; 28-10-2008 n° 07-42.718 F-D).

c. Dès lors que la procédure a bien été respectée, l'acceptation de la modification du contrat, résultant du défaut de réponse à la proposition de l'employeur dans le délai imparti, reste opposable au salarié même si par la suite le **motif économique** invoqué est jugé **inexistant** (Cass. soc. 5-3-2014 n° 12-25.035 FS-D).

d. Lorsqu'il procède à une **notification** selon cette procédure, l'employeur reconnaît que la mesure envisagée modifie le contrat de travail et ne constitue pas un simple changement des conditions de travail. Cette **qualification** s'impose à lui comme au juge (Cass. soc. 12-7-1999 n° 97-41.738 PB ; 15-10-2002 n°s 99-45.948 FS-D et 99-45.981 FS-D).

4620 **Autres modifications** Dans les autres cas de modification, et sauf disposition conventionnelle contraire, l'**information** du salarié est obligatoire, la jurisprudence en faisant une condition essentielle pour que soit constaté un accord de sa part (notamment Cass. soc. 7-10-1987 n° 85-40.006 D). L'employeur ne peut s'en dispenser par un accord passé avec les représentants du personnel (Cass. soc. 10-12-1987 n° 85-44.358 P).

Cette information n'est, en revanche, soumise à aucune condition de forme (Cass. soc. 4-6-1971 n° 70-40.050). L'employeur doit cependant laisser au salarié un **délai de réflexion** suffisant pour faire connaître son acceptation ou son refus. L'administration préconise le respect d'un délai de 15 jours (Inst. du 30-7-1993). Agit avec une **précipitation fautive** l'employeur ayant laissé 24 heures à un salarié pour accepter un nouveau poste alors que l'intéressé avait demandé un délai de réflexion de 10 jours (Cass. soc. 21-7-1986 n° 84-41.577 P).

Lorsque la modification du salaire intervient dans le cadre d'une **rétrogradation** décidée en raison d'un comportement fautif du salarié, l'employeur doit au préalable respecter la procédure disciplinaire (Mémento social n°s 56220 s.). Sur l'interdiction des sanctions pécuniaires, voir n°s 72350 s.

S'agissant du reclassement d'un **salarié physiquement inapte** dans un poste emportant modification de son contrat de travail, voir n° 62750.

Sur les dispositions prévues par la convention collective nationale des **journalistes,** voir n° 88090.

Sur la modification du contrat intervenant dans le cadre d'un **accord de performance collective,** voir n°s 68500 s.

CONSÉQUENCES

Excepté la modification pour motif économique (n° 4610), l'**acceptation** par le salarié de la modification de sa rémunération doit être **claire et non équivoque.** Dans ce cas, le nouveau mode de rémunération ou son nouveau montant doit être porté à la connaissance de l'intéressé par **écrit** dans **les plus brefs délais,** et au plus tard à la date de prise d'effet de la modification (voir n° 4770). Il est alors conseillé d'établir un avenant au contrat de travail. Le salarié ne peut pas ensuite prétendre à un rappel de salaire ou à un retour aux conditions d'emploi initiales (Cass. soc. 22-7-1986 n° 85-41.418 S ; 9-2-1989 n° 86-40.920 D). 4640

En cas de **refus** de la modification par le salarié, l'employeur se trouve face à une alternative : maintenir le salaire initial ou licencier (Cass. soc. 26-6-2001 n° 99-42.489 FS-P ; 26-11-2002 n° 00-44.517 FS-PB).

ILLUSTRATIONS

La volonté de l'intéressé d'accepter ses nouvelles conditions de rémunération devant être claire et non équivoque, elle ne peut résulter :
– de la seule **poursuite du travail aux nouvelles conditions** (Cass. soc. 8-10-1987 n° 84-41.902 P ; 18-3-1992 n° 88-43.679 D ; 16-11-2005 n° 03-47.560 F-D), même si le contrat s'est poursuivi pendant plusieurs mois (Cass. soc. 24-1-2001 n° 99-40.596 F-D) ou plusieurs années (Cass. soc. 18-3-1992 n° 88-43.679 D ; 17-9-2008 n° 07-42.366 FS-D) ou jusqu'au départ du salarié en préretraite (Cass. soc. 27-3-1990 n° 87-43.840 D), sans que l'intéressé n'émette de protestation (Cass. soc. 29-11-2011 n° 10-19.435 FP-PB) ;
– de l'acceptation **sans protestation ni réserve** des bulletins de paie (Cass. soc. 15-10-1987 n° 84-40.071 FP-PB ; 1-3-2000 n° 97-45.702 D) ;
– de la signature par le salarié d'un avenant à son contrat de travail avec mention manuscrite « **sous réserve de mes droits** » (Cass. soc. 4-2-2003 n° 01-40.066 F-P) ;
– du fait que le salarié ayant subi une réduction de son taux de commission s'est **lui-même prévalu du nouveau taux** imposé par l'employeur (Cass. soc. 18-4-2000 n° 97-43.706 PB).

Le salarié sera dès lors fondé à demander un réajustement de salaire sur la base des anciennes conditions (Cass. soc. 12-12-1989 n° 86-44.918 D), le cas échéant, dans la limite des sommes non prescrites. Sur la prescription des salaires, voir n°s 15900 s. À défaut d'accord du salarié, le rétablissement du salaire initial peut être ordonné en **référé** (Cass. soc. 18-2-1998 n° 97-41.916 D).

SECTION 7 INFORMATION DU SALARIÉ

Les salariés doivent être informés des modalités de leur rémunération et de la politique salariale de l'entreprise, soit directement, soit par l'intermédiaire des représentants du personnel. Ainsi, l'employeur doit : 4750
– informer chaque salarié **directement et individuellement,** lors de l'embauche et pendant l'exécution du contrat de travail, des éléments de son contrat et notamment du montant, des conditions de calcul et des composantes de son salaire ;
– tenir à la disposition des salariés les **textes conventionnels** applicables dans l'entreprise ou l'établissement, lesquels contiennent généralement des dispositions relatives aux salaires (voir n°s 430 s.) ;
– si l'entreprise compte au moins 300 salariés, fournir aux représentants du personnel certaines informations sur les salaires dans le cadre du **bilan social** (n°s 4830 s.).

> Précisions **a.** L'employeur ne peut pas refuser de communiquer au salarié les éléments servant de base de calcul à sa rémunération, sous prétexte de préserver le **secret des affaires** (Cass. soc. 18-6-2008 n° 07-41.910 FS-PBRI).
b. Des obligations particulières d'information individuelle et collective des salariés sont prévues lorsque l'entreprise applique un accord de **participation** ou d'**intéressement** (n°s 47370 s.) ou a mis en place un **plan d'épargne d'entreprise** (n°s 49635 s.). Certaines informations concernant l'épargne salariale doivent en outre figurer, lorsque l'entreprise y est assujettie, dans le bilan social (n° 4870).

CONTRAT DE TRAVAIL

Selon le **Code du travail,** l'employeur doit remettre au salarié, lors de l'embauche, un ou plusieurs documents précisant différentes informations relatives à la relation de travail. Pour les contrats de travail en cours au 9-3-2023, ces informations sont fournies sur demande. Le salarié n'ayant pas reçu ces informations ne peut saisir le juge qu'après mise en demeure 4770 de son employeur de communiquer ou compléter les documents ou informations requis. La liste des informations et les modalités d'application de cette obligation doivent être fixées par décret à paraître (C. trav. art. L 1221-5-1).

Jusqu'à l'entrée en vigueur de cette obligation, qui est subordonnée à la parution du décret précité, la **directive européenne** 2019/1152 du 20-6-2019 (JOUE 11-7 L 186/105) s'applique : l'employeur doit informer le travailleur des éléments essentiels de la relation de travail, et notamment de sa rémunération, y compris le montant de base initial, et de tous les autres éléments constitutifs, le cas échéant, indiqués séparément, ainsi que de la périodicité et de la méthode de versement de la rémunération. Lorsqu'elles n'ont pas été communiquées préalablement, ces informations doivent être fournies, individuellement, sous la forme d'un ou de plusieurs documents, entre le 1er jour de travail et le 7e jour calendaire au plus tard.

Par ailleurs, selon la directive précitée, en cas de **modification** des éléments visés ci-dessus, l'employeur doit informer le travailleur dans les **plus brefs délais,** et au plus tard à la date de prise d'effet de la modification. Si une telle obligation n'est pas prévue par la législation française, sauf cas visé n° 4780, il est recommandé aux employeurs de s'y conformer, puisqu'il avait été jugé, à propos de la directive 91/533 du 14-10-1991 contenant une obligation similaire, que ses dispositions **non transposées** ou **incorrectement transposées** en droit interne pouvaient être invoquées directement devant les juridictions nationales (CJCE 4-12-1997 aff. 253/96 à 258/96). S'agissant des modalités de modification du salaire, voir nos 4230 s.

a. Les informations communiquées au salarié **font foi** jusqu'à **preuve contraire.** L'employeur peut ainsi démontrer qu'elles sont fausses ou qu'elles ont été démenties par les faits (CJCE 4-12-1997 précité). De même, l'**absence de mention** ou une **mention imprécise** d'un élément essentiel du contrat ne permet pas de le considérer comme inapplicable, l'employeur pouvant en apporter la preuve par tout moyen (CJCE 8 2 2001 aff. 350/99).

b. Pour certaines **catégories de salariés,** le contrat de travail doit nécessairement être **écrit** et comporter des dispositions relatives à la rémunération. Sont visés les travailleurs à temps partiel, les salariés titulaires d'un CDD et les travailleurs temporaires.

4780 En **droit interne,** en cas d'**expatriation** du salarié pour une durée supérieure à un mois, un document remis à l'intéressé (contrat de travail ou avenant, déclaration préalable à l'embauche) doit mentionner la durée d'expatriation, la devise servant au paiement de la rémunération, les avantages en espèces et en nature liés à l'expatriation et les conditions de rapatriement. Est considéré comme expatrié, au sens de ces dispositions, tout salarié exerçant son activité professionnelle dans un ou plusieurs États autres que la France et dont le contrat de travail est soumis à la législation française (C. trav. art. R 1221-34). La **modification** d'une ou de plusieurs des informations précitées doit faire l'objet d'un document remis par l'employeur au salarié au plus tard un mois après la date de la prise d'effet de cette modification (C. trav. art. R 1221-35).

En **droit européen,** la directive 2019-1152 du 20-6-2019 prévoit que lorsqu'un travailleur est appelé à travailler dans un État membre ou un pays tiers autre que l'État membre dans lequel il travaille habituellement, l'employeur doit l'informer, en plus des éléments visés n° 4770, du ou des pays dans lesquels le travail à l'étranger doit être effectué et de sa durée prévue, de la devise servant au paiement de la rémunération et, le cas échéant, des avantages en espèces ou en nature liés au travail, et doit lui indiquer si le rapatriement est organisé et, s'il l'est, dans quelles conditions.

En cas de **détachement** dans le cadre de la directive 96/71 du 16-12-1996, le travailleur doit être informé de la rémunération à laquelle il a droit en vertu du droit applicable de l'État membre d'accueil et, le cas échéant, des allocations propres au détachement et des modalités de remboursement des dépenses de voyage, de logement et de nourriture.

DISPOSITIONS CONVENTIONNELLES

4790 La plupart des conventions collectives contiennent des dispositions relatives aux salaires (voir nos 430 s.). La loi impose par ailleurs aux entreprises une obligation périodique de négocier sur ce sujet (voir n° 410).

Les **conditions d'information** des salariés et des représentants du personnel sur le droit conventionnel applicable dans l'entreprise et l'établissement sont définies par convention de branche ou accord professionnel (C. trav. art. L 2262-5). À défaut, les règles exposées ci-dessous s'appliquent.

Information des salariés L'employeur doit : remettre au salarié, au moment de l'embauche, une **notice** l'informant des textes conventionnels applicables dans l'entreprise ou l'établissement ; tenir un **exemplaire** à jour de ces textes à sa disposition sur le lieu de travail ; mettre sur l'**intranet,** lorsqu'il existe, un exemplaire à jour des textes (C. trav. art. R 2262-1). 4800

En outre, sous peine de l'**amende** prévue pour les contraventions de la 4e classe (C. trav. art. R 2263-1, montant : voir nº 96470), un **avis** comportant l'intitulé des conventions et des accords applicables dans l'établissement est communiqué par tout moyen aux salariés. Il doit préciser où les textes sont tenus à leur disposition sur le lieu de travail ainsi que les modalités leur permettant de les consulter pendant leur temps de présence (C. trav. art. R 2262-3).

Sous peine de la même amende (C. trav. art. R 2263-2), les **modifications** ou **compléments** à apporter sur l'avis ou le document qui en tient lieu doivent l'être dans un délai d'un mois à compter de leur date d'effet (C. trav. art. R 2262-5).

Par ailleurs, tout employeur doit mentionner la convention ou l'accord collectif applicable sur le **bulletin de paie** (voir nos 13320 s.).

> Précisions a. L'obligation de mise à disposition sur l'intranet se **cumule** avec la mise à disposition d'un exemplaire en libre consultation. Cette dernière obligation est valablement remplie par la mise à disposition des textes sur l'intranet dans les entreprises où tous les salariés y ont accès (Circ. DRT 9 du 22-9-2004).
b. Dans l'avis à communiquer aux salariés, la mention générique « **accords nationaux interprofessionnels** » peut être substituée à l'intitulé des accords de cette catégorie (C. trav. art. R 2262-3).
c. Pour **certaines catégories** de salariés (concierges, gardiens d'immeubles, employés de maison, travailleurs isolés ou à domicile), la délivrance par l'employeur à chaque salarié d'un document reprenant les informations qui figurent sur l'avis se substitue à l'obligation de communication de ce dernier (C. trav. art. R 2262-4).

Information des représentants du personnel L'employeur lié par une convention ou un accord collectif fournit un **exemplaire** de ce texte au comité social et économique (CSE) et aux CSE d'établissements, ainsi qu'aux délégués syndicaux ou aux salariés mandatés (C. trav. art. R 2262-2). 4810

Il fournit **chaque année** au CSE et aux délégués syndicaux la liste des **modifications** apportées aux conventions ou accords applicables dans l'entreprise. À défaut de représentants du personnel, cette information est communiquée aux salariés (C. trav. art. L 2262-6). En outre, lorsqu'il **démissionne** d'une organisation signataire d'une convention ou d'un accord, l'employeur en informe sans délai les salariés dans les mêmes conditions (C. trav. art. L 2262-7).

> Précisions a. Par « liste des modifications », il faut entendre la liste des textes supprimés, entrés en vigueur ou modifiés (Circ. DRT du 25-10-1983 nº 7.1).
b. La loi n'indique pas sous quelle **forme** la communication aux salariés doit être réalisée. À notre sens, la diffusion de l'information peut être faite par affichage sur les lieux de travail ou diffusion sur l'intranet de l'entreprise.

BILAN SOCIAL

Sauf accord collectif contraire, dans les entreprises d'**au moins 300 salariés** dotées d'un CSE, la consultation annuelle sur la politique sociale de l'entreprise, les conditions de travail et l'emploi porte également sur son bilan social. À cette fin, l'employeur met à disposition les données du bilan social dans la base de données économiques, sociales et environnementales. 4830

Le bilan comporte des **informations chiffrées** relatives à l'emploi, à la santé et la sécurité au travail, aux autres conditions de travail, à la formation, aux relations professionnelles, au nombre de salariés détachés et au nombre de travailleurs détachés accueillis ainsi qu'aux autres conditions de vie des salariés et de leurs familles dans la mesure où celles-ci dépendent de l'entreprise (C. trav. art. L 2312-28 à L 2312-35).

Concernant les rémunérations, la rubrique « **évolution des rémunérations salariales** » comprend notamment les frais de personnel, y compris les cotisations sociales, les évolutions salariales par catégorie et par sexe, le salaire de base minimum, le salaire moyen ou médian, par sexe et par catégorie professionnelle, ainsi que la charge salariale globale. Elle regroupe également les informations visées nos 4840 à 4860 (C. trav. art. R 2312-9).

Le bilan social contient des informations relatives au **montant des rémunérations.** Doivent être choisis deux indicateurs dans l'un des groupes suivants (C. trav. art. R 2312-9, 4°, A, a, i) : 4840
– rapport entre la masse salariale annuelle et l'effectif mensuel moyen ;

– rémunération moyenne du mois de décembre (effectif permanent) hors primes à périodicité non mensuelle, base 35 heures ;
Ou
– rémunération mensuelle moyenne ;
– part des primes à périodicité non mensuelle dans la déclaration de salaire ;
– grille des rémunérations, en distinguant au moins 6 tranches librement choisies.

4850 Le bilan social doit également comporter des informations relatives à la **hiérarchie des rémunérations.** Outre le montant global des 10 rémunérations les plus élevées, doit être choisi l'un des deux indicateurs suivants (C. trav. art. R 2312-9, 4°, A, a, ii) :
– rapport entre la moyenne des rémunérations des 10 % des salariés touchant les rémunérations les plus élevées et celle correspondant au 10 % des salariés touchant les rémunérations les moins élevées ;
– rapport entre la moyenne des rémunérations des cadres ou assimilés (y compris cadres supérieurs et dirigeants) et la moyenne des rémunérations des ouvriers non qualifiés ou assimilés. Pour être prises en compte, les catégories concernées doivent comporter au minimum 10 salariés.

EXEMPLE

Si le salaire moyen d'un ouvrier est égal à 1 600 € et le salaire moyen d'un cadre est égal à 2 200 €, le rapport est égal à 1,38 (2 200/1 600).

4860 S'agissant du **mode de calcul** des rémunérations, doivent être indiqués (C. trav. art. R 2312-9, 4°, A, a, iii) :
– le pourcentage des salariés dont le salaire dépend, en tout ou partie, du rendement, en distinguant les primes individuelles des primes collectives (à notre sens, ces dernières peuvent concerner la production d'un secteur, par exemple, ou d'un groupe autonome) ;
– le pourcentage des ouvriers ou employés payés au mois sur la base de l'horaire affiché.

4870 Le bilan social contient également une rubrique « épargne salariale » qui comprend les informations suivantes (C. trav. art. R 2312-9, 4°, B) :
– montant global de la réserve de participation ;
– montant moyen de la participation et/ou de l'intéressement par salarié bénéficiaire ;
– part du capital détenue par les salariés (hors dirigeants) en application d'un système de participation.

4880 Enfin, la rubrique « rémunérations accessoires » énumère les **avantages sociaux** dans l'entreprise : primes par sexe et par catégorie professionnelle, avantages en nature, régimes de prévoyance et de retraite complémentaire. Pour chaque avantage, il convient de préciser le niveau de garantie (C. trav. art. R 2312-9, 4°, C).

CHAPITRE 2

SALAIRE ET DURÉE DU TRAVAIL

SOMMAIRE

SECTION 1
PÉRIODE À RÉMUNÉRER 5300
A. Corrélation travail-salaire 5350
B. Travail effectif et temps de présence 5520
1. Pauses et repas 5540
2. Habillage et déshabillage 5600
3. Douche 5620
4. Temps de déplacement 5640
5. Participation à des événements 5700
6. Astreintes 5740
7. Équivalences 5840

SECTION 2
HEURES SUPPLÉMENTAIRES 6100
A. Employeurs et salariés concernés 6150
B. Recours aux heures supplémentaires 6300
C. Définition et décompte 6430
D. Contingent annuel 6720
E. Rémunération 6950
1. Majorations 6950
2. Paiement et régime des heures supplémentaires 7100
F. Repos compensateur de remplacement 7260
G. Contrepartie obligatoire en repos 7400
1. Droit à une contrepartie et durée 7400
2. Caractéristiques et conditions de prise du repos 7520
3. Information du salarié 7600
H. Allégements de cotisations et d'impôt 7700
1. Temps concernés 7710
2. Réduction de cotisations salariales 7770
3. Déductions forfaitaires de cotisations patronales 7800
a. Champ d'application 7800
b. Conditions 7970
c. Mise en œuvre 8100
4. Exonération d'impôt sur le revenu 8170
5. Formalités 8220

SECTION 3
CONVENTIONS DE FORFAIT 8450
A. Forfaits en heures sur la semaine ou le mois 8450
B. Forfaits sur l'année 8700
1. Forfait annuel en heures 8750
2. Forfait en jours sur l'année 8870

SECTION 4
RÉCUPÉRATION DES HEURES PERDUES 9110
1. Objet et cas de recours 9110
2. Mise en œuvre 9160
3. Incidence sur le salaire 9250

SECTION 5
RÉGIMES PARTICULIERS D'ORGANISATION DE LA DURÉE DU TRAVAIL 9500
A. Aménagement du temps de travail sur plusieurs semaines 9550
1. Régimes mis en place depuis la loi du 20-8-2008 9550
a. Régime conventionnel 9600
b. Régime réglementaire supplétif 9800
2. Régimes mis en place avant la loi du 20-8-2008 9950
a. Modulation 10000
b. Cycles de travail 10230
c. Jours de RTT 10400
B. Travail intermittent 10700

DURÉE DU TRAVAIL ET CALCUL DU SALAIRE

Sauf pour les cadres dirigeants ou les salariés sous convention de forfait annuel en jours, la durée du travail est dans la majorité des cas l'unité de mesure du salaire. 5200

En cas de **salaire au temps,** elle détermine le montant du salaire de base et, le cas échéant, des majorations pour heures supplémentaires.

Pour les salariés dont les rémunérations sont les plus faibles, elle permet de vérifier si le salaire perçu respecte les **minima** fixés par les conventions et accords collectifs et le **Smic,** et ce, quel que soit le mode de rémunération.

Enfin si, dans le cadre de la **mensualisation,** le salaire mensuel présente un certain caractère forfaitaire, cela tient uniquement au fait que le montant de la rémunération ne varie pas avec le nombre de jours ouvrables contenus dans les différents mois de l'année. La référence à l'horaire de travail pratiqué reste indispensable pour le calcul de la rémunération mensualisée et des retenues pour heures d'absence.

CONVERSION DES MINUTES EN CENTIÈMES

5220 Selon les cas, en fonction des calculs à effectuer (détermination du salaire de base, des majorations pour heures supplémentaires, calcul des retenues pour absences, etc.), il est nécessaire d'exprimer la durée du travail en minutes ou en centièmes. Ces conversions de minutes en centièmes, ou de centièmes en minutes, peuvent être effectuées à partir du tableau suivant :

minutes	1	2	3	4	5	6	7	8	9	10	11	12	13	14	15
centièmes	2	3	5	7	8	10	12	13	15	17	18	20	22	23	25
minutes	16	17	18	19	20	21	22	23	24	25	26	27	28	29	30
centièmes	27	28	30	32	33	35	37	38	40	42	43	45	47	48	50
minutes	31	32	33	34	35	36	37	38	39	40	41	42	43	44	45
centièmes	52	53	55	57	58	60	62	63	65	67	68	70	72	73	75
minutes	46	47	48	49	50	51	52	53	54	55	56	57	58	59	60
centièmes	77	78	80	82	83	85	87	88	90	92	93	95	97	98	100

5230 EXEMPLE

Un salarié est payé sur la base de 13 € de l'heure. Il a accompli 3 h 45 min supplémentaires qui donnent lieu à une majoration de 25 % (C. trav. art. L 3121-36). D'après le tableau de conversion n° 5220, les 3 h 45 min correspondent à 3 h 75 centièmes supplémentaires, soit une rémunération de :

13 € × 125 % × 3,75 = 60,94 € bruts

SECTION 1 PÉRIODE À RÉMUNÉRER

5300 Le salaire étant la contrepartie du travail, la période à rémunérer correspond en principe à celle pendant laquelle le salarié a fourni un travail à l'employeur.

A. Corrélation travail-salaire

5350 En **principe,** le salaire est dû dès lors que le travail a été accompli (notamment Cass. soc. 18-10-1979 n° 78-40.801 P). Dans le cas contraire, l'employeur n'a pas à verser le salaire (notamment Cass. soc. 15-10-1981 n° 79-41.647 P ; 5-3-1987 n° 83-45.124 ; 14-11-1989 n° 86-44.934 D) et il est alors en droit d'opérer une retenue sur salaire, calculée comme indiqué nos 11100 s.

La **corrélation** entre exécution de la prestation de travail et salaire n'est toutefois **pas absolue,** certaines périodes non travaillées devant être rémunérées (nos 5370 s.), alors qu'à l'inverse la journée de solidarité doit être travaillée sans être rémunérée (n° 71850).

La fermeture de l'entreprise ou la réduction d'horaires donnant lieu à l'application du régime d'**activité partielle** fait l'objet d'une étude particulière (nos 67950 s.).

ATTENTION

En cas de **nullité du contrat de travail,** le salarié doit être indemnisé pour les prestations qu'il a fournies (Cass. soc. 22-11-1979 n° 78-40.808 P ; 7-5-2003 n° 01-42.337 F-D ; 15-5-2007 n° 06-43.205 F-D), mais ne peut pas prétendre au paiement de salaires (Cass. soc. 21-11-2018 n° 17-26.810 FS-PB).

PÉRIODES NON TRAVAILLÉES RÉMUNÉRÉES

Dans de nombreux cas, la **loi,** les **conventions collectives** ou les **usages** prévoient le **maintien** total ou partiel **du salaire** ou le versement d'**indemnités** ou d'allocations compensatrices malgré l'inexécution de la prestation de travail correspondante. 5370

Selon les cas, ces sommes sont directement **payées** par l'employeur ou prises en charge par des tiers.

Sont notamment **concernés** les périodes de maladie ou d'accident, les congés payés, les jours fériés, les heures de délégation des représentants du personnel, les congés de formation, etc.

Ces différentes situations font l'objet d'**études dédiées** sous « Situations particulières » et « Statuts ou régimes particuliers ».

MANQUEMENT DE L'EMPLOYEUR

Le salarié a droit à son salaire dès l'instant qu'il se tient à la **disposition de l'employeur** pour effectuer son travail (Cass. soc. 8-10-1996 n° 93-44.672 P ; 17-10-2000 n° 98-42.062 FS-PB). 5390

Ainsi, le salarié a droit au maintien de son salaire ou au versement d'une indemnité compensatrice lorsque l'inexécution de sa prestation de travail résulte de l'**inexécution** par l'employeur de son **obligation de fournir un travail** conforme à ses engagements contractuels, sauf cas de force majeure ou situation contraignante l'en ayant empêché (n° 5420). Il appartient à l'employeur de **prouver** qu'il a fourni le travail convenu (n° 5440).

Le versement du salaire ou d'une indemnité compensatrice s'impose également dans le cas où le **salarié** a été **contraint à la grève** pour obtenir l'exécution par l'employeur de ses obligations contractuelles (sur ce point, voir n°s 67450 s.).

ILLUSTRATIONS 5400

Cas de manquements de l'employeur :

– impossibilité pour le salarié de fournir le travail prévu au contrat en raison de la faute de l'employeur qui a **négligé de s'approvisionner** en matières premières (Cass. soc. 6-3-1963 n° 61-40.530 P) ;

– impossibilité pour un chef de chantier de diriger, pendant plus d'un mois, le chantier auquel il est affecté parce qu'il séjourne dans une autre localité dans l'**attente des fonds** destinés au personnel placé sous ses ordres (Cass. soc. 19-5-1958 n° 4938 P) ;

– employeur **s'abstenant de donner** au salarié **les instructions** que celui-ci sollicite sur les conditions d'exercice de son emploi, puis lui interdisant toute activité (Cass. soc. 2-3-1967 n° 65-30.660 P) ;

– refus du salarié d'effectuer un **travail ne relevant pas de ses attributions** alors que l'employeur s'oppose à ce qu'il effectue un autre travail (Cass. soc. 14-5-1987 n° 84-42.760 P) ;

– heures d'attente perdues par le salarié du fait de l'**ouverture en retard** des portes **de l'entreprise** (Cass. soc. 30-6-1988 n° 85-42.549 P) ;

– **fermeture de l'entreprise** consécutive à la **carence de l'employeur** qui n'a pas entrepris les travaux imposés par un arrêté de péril (Cass. soc. 9-6-1994 n° 91-42.253 D) ;

– **salarié resté à la disposition de son employeur** entre la date de l'entretien préalable et son licenciement sans que celui-ci lui confie aucun travail (Cass. soc. 28-6-1989 n° 86-41.974 D) ;

– salariés placés par leur employeur à la **disposition d'une autre entreprise** dont le personnel s'est mis **en grève** dès lors que, bien qu'ils n'aient pas exécuté leur travail, il leur a été prescrit de rester à la disposition de cette entreprise pour le cas où la grève cesserait (Cass. soc. 4-1-1978 n° 76-40.285 P) ;

– refus du salarié de participer à une journée d'**excursion organisée par l'employeur** en concertation avec le comité d'entreprise (aujourd'hui comité social et économique) ; le salarié, qui s'est tenu à la disposition de l'employeur pour effectuer son travail, a droit au salaire correspondant (Cass. soc. 8-10-1996 n° 93-44.672 P) ;

– **dénonciation du contrat d'engagement** d'un orchestre par le comité des fêtes d'une municipalité chargé d'organiser une soirée, à la suite de l'annulation de cette soirée par la municipalité (Cass. soc. 6-4-1993 n° 90-45.823 D).

FORCE MAJEURE ET SITUATION CONTRAIGNANTE

La **force majeure,** événement imprévisible, inévitable et insurmontable mettant l'employeur dans l'impossibilité de fournir le travail, peut entraîner la suspension du contrat de travail et le libérer de ses obligations de verser le salaire afférent à la période considérée. 5420

La jurisprudence fait aussi appel à la notion de force majeure ou à celle de **situation contraignante** ayant empêché l'employeur de fournir du travail dans le cadre d'un **conflit collectif** pour, dans certains cas, dégager l'employeur de ses obligations salariales vis-à-vis des **non-grévistes** (n°s 67640 s.) ou, plus largement, justifier le **lock-out** de l'entreprise (n°s 67720 s.).

MANQUEMENT DU SALARIÉ

5440 Le salarié qui **refuse de se conformer à l'horaire de travail** en se présentant au travail les mardis matin pour compenser son refus de travailler certains dimanches et se voit refuser l'accès à l'entreprise ne peut pas prétendre à une rémunération au titre de ces heures non travaillées, dès lors que son contrat de travail, à temps partiel, ne comporte pas de clause prévoyant le travail ce jour-là et qu'aucun travail effectif justifiant une rémunération n'a été accompli les mardis matin (Cass. soc. 7-7-1998 n° 95-45.209 PB).

ATTENTION

L'employeur doit prouver non seulement qu'il a fourni du travail au salarié, mais aussi que celui-ci ne l'a pas exécuté ou ne s'est pas tenu à sa disposition (Cass. soc. 23-10-2013 n° 12-14.237 FS-PB ; 13-2-2019 n° 17-21.176 F-D).

B. Travail effectif et temps de présence

5520 La durée du travail effectif est le temps pendant lequel le salarié est **à la disposition de l'employeur** et se conforme à ses **directives** sans pouvoir vaquer librement à des occupations personnelles (C. trav. art. L 3121-1).

1. PAUSES ET REPAS

QUALIFICATION DES TEMPS DE PAUSE

5540 Le salarié doit bénéficier d'un temps de pause d'une durée minimale de 20 minutes consécutives dès que le temps de travail quotidien atteint 6 heures (C. trav. art. L 3121-16), continues ou non (Cass. soc. 20-2-2013 nos 11-21.599 FS-PB, 11-26.793 FS-PB et 11-28.612 FS-PB) : c'est la « **pause légale** ». C'est à l'employeur, et à lui seul, de prouver qu'il l'a respectée (Cass. soc. 20-2-2013 n° 11-21.599 FS-PB, précité).

Les conventions ou **accords collectifs** et les **usages** peuvent aussi prévoir l'aménagement de pauses tout au long de la journée de travail (pause pour le déjeuner, pause casse-croûte, pause-café, etc.).

Le temps nécessaire à la restauration et les temps de pause ne sont pas considérés comme du **travail effectif,** sauf lorsque le salarié est à la disposition de l'employeur et doit se conformer à ses directives, sans pouvoir vaquer librement à des occupations personnelles (C. trav. art. L 3121-2).

› Précisions **a.** Ne suffit pas à faire d'un temps de pause un temps de travail effectif le fait :
– que la **pause** soit **brève** ou que les salariés ne puissent pas **quitter l'entreprise** pendant celle-ci (Cass. soc. 5-4-2006 n° 05-43.061 FS-P) ;
– que le salarié ne puisse pas **changer de tenue** (Cass. soc. 30-5-2007 n° 05-44.396 F-D ; Circ. DRT 2000-7 6-12-2000) ;
– ou encore qu'un salarié **n'utilise pas** la pause aménagée dans l'entreprise, seul le travail commandé pouvant être qualifié de travail effectif (Cass. soc. 9-3-1999 n° 96-44.080 P-B).

b. L'**existence de pauses non prises** – reconnues comme du temps de travail effectif – ne transforme pas en temps de travail effectif l'**ensemble des pauses** d'infirmiers d'un bloc opératoire, s'il n'est pas établi que les intéressés, quand ils prennent leurs pauses, sont à la disposition de l'employeur et doivent se conformer à ses directives sans pouvoir vaquer librement à des occupations personnelles (Cass. soc. 7-2-2008 n° 06-44.869 F-D).

5560 **ILLUSTRATIONS**

La qualification de **travail effectif** a été retenue dans les cas suivants :
– salariés travaillant en cycle **continu** qui, en raison de la spécificité de leurs fonctions, ne peuvent pas s'éloigner de leur poste de travail même pendant la pause du repas et restent à la disposition de l'employeur pendant cette période (Cass. soc. 10-3-1998 n° 95-43.003 P) ;
– salariés tenus de demeurer dans des **locaux de l'entreprise** qualifiés de « base-vie », pouvant être **appelés à tout moment** pour effectuer des **interventions immédiates de sécurité,** lesquelles sont fréquentes, tant pendant le sommeil que pendant les repas (Cass. soc. 20-2-2013 n° 11-26.401 FS-PB) ;
– **cuisinier** obligé de prendre ses repas sur place et ne disposant d'aucune liberté pendant ce temps (Cass. soc. 4-1-2000 n° 97-43.026 P) ;
– **moniteur-éducateur** dans un centre d'hébergement pour adultes en difficulté, tenu de prendre ses repas sur place pour répondre aux sollicitations des pensionnaires, sans pouvoir vaquer librement à des occupations personnelles (Cass. soc. 14-11-2000 n° 97-45.001 FS-P) ;
– salarié travaillant seul de nuit dans une **station-service** qui doit rester, pendant ses temps de pause, à la disposition des clients, même si leur passage est improbable (Cass. soc. 13-1-2010 n° 08-42.716 FS-PB) ;

– salarié dans un **centre de formation** de secourisme pour lequel le temps d'**accueil des participants** et les heures de **pause** pendant les actions de formation constituent du temps de formation (Cass. soc.14-9-2016 n° 14-26.101 F-PB).

En revanche, ne constituent **pas du temps de travail effectif** :

– la demi-heure de pause conventionnelle se déroulant dans un **local séparé** des salles de contrôle d'où il est **impossible de lire les écrans de contrôle**, les interventions demandées restant exceptionnelles et n'excédant pas les exigences ponctuelles de sécurité (Cass. soc. 13-3-2013 n° 12-12.413 F-D) ;

– le temps de repas pris sur place par un **veilleur de nuit** dans une maison de retraite dès lors que le salarié n'est pas tenu de répondre aux appels des pensionnaires pendant cette période (Cass. soc. 26-2-2002 n° 00-40.722 F-D) ;

– les pauses d'un **agent de sécurité aéroportuaire** libre de rester, ou non, dans le local prévu à cet effet et soumis à la seule obligation de présenter un **comportement** irréprochable et de rester en **tenue** de travail pour évoluer au sein de l'aéroport (Cass. soc. 3-6-2020 n° 18-18.836 FS-PB) ;

– la pause d'une demi-heure prise dans un **local distinct** des ateliers et pendant laquelle les salariés ne sont soumis à **aucune intervention** de l'employeur, de sorte qu'ils peuvent librement vaquer à des occupations personnelles. Peu importe qu'ils ne puissent pas **quitter l'enceinte** de l'entreprise sans autorisation de l'employeur (Cass. soc. 3-11-2005 n° 04-10.935 FS-D) ;

– le temps de pause pendant lequel l'employeur exige que les salariés **conservent leur téléphone mobile** professionnel dans tous leurs **déplacements internes** sur le site afin d'être joignables à tout moment pour pouvoir répondre à une information urgente à transmettre au transporteur pour les livraisons (Cass. soc. 2-6-2021 n° 19-15.468 FS-D).

RÉMUNÉRATION DE LA PAUSE

Lorsqu'ils ne constituent **pas du temps de travail effectif,** les temps de pauses et de repas n'ont pas à être rémunérés, sauf si une convention ou un accord d'entreprise ou d'établissement ou, à défaut, une convention ou un accord de branche, ou encore le contrat de travail le prévoit (C. trav. art. L 3121-6 et L 3121-8, 1°). 5570

Lorsqu'ils constituent du **temps de travail effectif,** pauses et repas doivent être rémunérés comme tel.

> Précisions **a.** Les stipulations conventionnelles prévoyant la **rémunération** des temps de pause comme du **temps de travail effectif** n'impactent pas leur **qualification** (Cass. soc. 13-3-2013 n° 12-12.413 F-D ; 13-10-2016 n° 14-25.411 FS-PB). Ces temps n'ont donc pas à être pris en compte pour le **calcul des heures supplémentaires** (Cass. soc. 18-1-1967 n° 66-40.328 P). Il n'en va autrement que si une convention collective ou un usage les **assimile** à un temps de travail effectif (Cass. soc. 30-3-1994 n° 91-44.868 P). Jugé, par **exemple,** que le paiement, en vertu de la convention collective, sur la base de 8 heures d'un travail effectif de 7 heures 30 pendant 5 jours n'a pas pour effet d'assimiler cette demi-heure à un temps de travail effectif pour le calcul de la durée hebdomadaire de travail (Cass. soc. 30-3-1994 n° 91-44.868 P, précité). À l'inverse, lorsqu'une convention collective prévoit que « chaque équipe travaillera 5 jours à 8 heures dont une demi-heure de coupure incluse dans ces 8 heures », la demi-heure de coupure est incluse dans le temps de travail effectif et doit être prise en compte pour le calcul des heures supplémentaires (Cass. soc. 26-11-1986 n° 84-40.113 P).

b. La suppression sur le **bulletin de paie** de la ligne « temps de pause » avec maintien de la rémunération ou l'absence de distinction entre heures travaillées et heures de pause rémunérées ne signifie pas leur non-paiement (Cass. soc. 28-3-2018 n° 16-23.831 FS-PB ; n° 16-20.856 FS-D).

c. Sur la **prise en compte** du temps ou de la rémunération des pauses pour apprécier si la rémunération d'un salarié atteint le **Smic,** voir n° 1970.

2. HABILLAGE ET DÉSHABILLAGE

Sauf dispositions plus favorables, le temps nécessaire à l'habillage et au déshabillage ne constitue **pas du temps de travail effectif** (Cass. soc. 28-10-2009 n° 08-41.953 FS-PB). 5600

Toutefois, lorsque le **port d'une tenue de travail est imposé** par des dispositions légales, des stipulations conventionnelles, le règlement intérieur ou le contrat de travail et que **l'habillage et le déshabillage** doivent être réalisés **dans l'entreprise** ou sur le lieu de travail, ce temps doit faire l'objet de contreparties, en repos ou financières (C. trav. art. L 3121-3). Les **deux conditions** – obligation de porter une tenue de travail et obligation de s'habiller et de se déshabiller dans l'entreprise ou sur le lieu de travail – sont cumulatives (Cass. soc. 26-3-2008 n° 05-41.476 FS-PBRI ; Cass. ass. plén. 18-11-2011 n° 10-16.491 PBRI). Lorsqu'elles sont réunies, la convention ou l'accord collectif ou, à défaut, le contrat de travail prévoit soit d'accorder ces **contreparties,** soit d'**assimiler** le temps d'habillage ou de déshabillage à du temps de travail effectif (C. trav. art. L 3121-7 et L 3121-8).

ATTENTION

L'**obligation de s'habiller et de se déshabiller dans l'entreprise** peut exister sans **ordre de l'employeur** en raison de **circonstances de fait** telles que : tenue difficile à porter en public ou risques liés à l'affichage public de l'appartenance du salarié à l'entreprise (Cass. soc. 30-5-2012 n° 11-16.765 F-D ; CA Paris 24-1-2012 n° 09-07977) ; accomplissement de tâches salissantes en raison de la manipulation de produits chimiques (Cass. soc. 11-7-2012 n° 11-21.192 F-D) ; travail dans des conditions insalubres (Cass. soc. 21-11-2012 n° 11-15.696 FS-PB ; 20-12-2017 n° 16-22.300 F-D), même si certains salariés décident de ne pas se changer sur le lieu de travail (Cass. soc. 20-12-2017 n° 16-22.300, précité).

3. DOUCHE

5620 Dans les établissements où sont réalisés certains **travaux insalubres et salissants** – établissements tenus de mettre des douches à la disposition du personnel, dont la liste est fixée par arrêté ministériel (C. trav. art. R 4228-8) –, le temps passé à la douche est **rémunéré** au tarif normal des heures de travail sans être décompté dans la durée du travail effectif (C. trav. art. R 3121-1). La rémunération des temps de douche en fin de poste de travail ne comprend pas la contrepartie du temps nécessaire au déshabillage et à l'habillage en début de poste, qui doit être attribuée en plus (Cass. soc. 12-12-2012 n° 11-22.884 F-PB). Les salariés n'ont pas à prouver qu'ils ont pris une douche pour avoir droit à la rémunération correspondante (Cass. soc. 11-2-2004 n° 01-46.405 FS-P).

En **dehors de ce cas,** le temps passé à la douche n'a pas à être rémunéré, sauf stipulation conventionnelle ou usage contraire.

ATTENTION

Le temps passé à la douche ne devant pas être décompté dans la durée du travail effectif, la rémunération correspondante doit apparaître distinctement sur les **bulletins de paie.** À défaut, elle est présumée n'avoir pas été versée et l'employeur doit établir qu'il s'est acquitté de ses obligations (Cass. soc. 19-11-1996 n° 94-44.243 D ; 24-6-1998 n° 97-40.810 P). Sur les moyens de preuve, voir n°s 14530 s.

4. TEMPS DE DÉPLACEMENT

TRAJET HABITUEL DOMICILE-LIEU DE TRAVAIL

5640 Le temps habituel du trajet entre le domicile et le lieu de travail ne constitue pas en soi un temps de travail effectif (Cass. soc. 5-11-2003 n° 01-43.109 FS-PBRI ; 2-6-2004 n° 02-42.613 F-D). Il n'a donc pas à être rémunéré, sauf stipulation conventionnelle ou usage contraire (pour un exemple de stipulation conventionnelle, s'agissant d'un chauffeur de car autorisé par l'employeur à effectuer les trajets entre son domicile et le lieu de début et de fin de tournée avec son véhicule : Cass. soc. 24-9-2014 n° 12-28.459 FS-PB).

› Précisions a. Si le temps de trajet entre le domicile et le lieu habituel de travail est majoré du fait d'un **handicap,** il peut faire l'objet d'une contrepartie sous forme de repos (C. trav. art. L 3121-5).
b. Sur la situation du salarié :
– dont l'**employeur** a **modifié le lieu de travail** et allongé le temps de trajet, voir n° 5650, a ;
– **transporté par son employeur** sur le lieu d'exécution de son travail, voir n° 5660.

TRAJET DOMICILE-LIEU DE MISSION

5650 Le temps de déplacement professionnel pour se rendre sur le lieu d'exécution du travail n'est pas un temps de travail effectif. Toutefois, s'il dépasse le **temps normal de trajet** entre le domicile et le **lieu habituel** de travail, il doit faire l'objet d'une contrepartie soit sous forme de repos, soit financière (C. trav. art. L 3121-4). Cette contrepartie est déterminée par convention ou accord collectif d'entreprise ou d'établissement, à défaut, de branche, et, en l'absence d'accord, par décision unilatérale de l'employeur prise après consultation du comité social et économique (C. trav. art. L 3121-7 et L 3121-8). Elle doit être suffisante (Cass. soc. 30-3-2022 n° 20-15.022 FS-B). La part de ce temps de déplacement professionnel **coïncidant avec l'horaire de travail** ne doit entraîner aucune perte de salaire (C. trav. art. L 3121-4).

› Précisions a. Ces dispositions visent le temps de trajet du salarié en **situation de déplacement professionnel** pour se rendre de son domicile à son lieu de mission (exemples : salarié se rendant chez un client dans une autre ville ou à une réunion dans un autre établissement, effectuant un voyage d'affaires à l'étranger, formateur itinérant...). Pourrait aussi être visé le salarié dont l'employeur a **modifié définitivement le lieu de travail** et sensiblement allongé le temps de trajet (Cass. soc. 4-12-2013 n° 12-20.155 F-D), mais cette décision, isolée et non publiée, mérite d'être confirmée.
b. Ces dispositions s'appliquent aux **salariés itinérants** sans lieu de travail fixe ou habituel et effectuant des déplacements quotidiens entre leur domicile et les sites des premier et dernier clients (en ce sens, Cass. soc. 30-3-2022 n° 20-15.022 FS-B).

Toutefois, constituent du **temps de travail effectif** les temps de déplacement d'un salarié itinérant entre son domicile et les sites des premier et dernier clients s'ils répondent à la définition dudit temps de travail effectif exposée n° 5520 ; tel est le cas, par **exemples,** quand l'intéressé, intervenant sur 7 départements éloignés de son domicile, doit, en conduisant, grâce à son téléphone portable professionnel et à son kit main libre intégré dans le véhicule mis à sa disposition, fixer des rendez-vous, appeler des clients, sa hiérarchie, les assistantes et techniciens et leur répondre (Cass. soc. 23-11-2022 n° 20-21.924 FP-BR) ou quand l'intéressé est soumis à un planning prévisionnel, utilise un véhicule de service et transporte des pièces détachées (Cass. soc. 1-3-2023 n° 21-12.068 F-B). La Cour de cassation, prenant acte de la position de la Cour de justice de l'Union européenne, est **revenue** ici sur un **arrêt antérieur** du 30 mai 2018 n° 16-20.634.

c. Sauf stipulations conventionnelles ou usages plus favorables, le temps de trajet n'entre pas dans le **décompte de la durée du travail,** en particulier pour l'application de la législation sur les heures supplémentaires (majorations, contingent annuel et contrepartie obligatoire en repos). L'employeur n'est tenu de maintenir la **rémunération** que s'il coïncide avec l'horaire de travail : dans le cas contraire, seule une **contrepartie** sous forme de repos ou financière (par exemple, une indemnité de trajet) doit être prévue.

d. La **charge de la preuve** du temps de trajet inhabituel incombe au salarié demandant une contrepartie (Cass. soc. 15-5-2013 n° 11-28.749 FP-PB).

e. Lorsque la **contrepartie** n'est **fixée ni par un accord collectif,** ni par un **engagement unilatéral de l'employeur,** le juge doit en fixer le montant, sans pouvoir assimiler le temps de trajet à un temps de travail effectif (Cass. soc. 14-11-2012 n° 11-18.571 FS-PB).

TRAJET ENTRE DEUX LIEUX DE TRAVAIL

Le temps de trajet entre deux lieux de travail (entre l'**entreprise** et le **chantier,** ou entre **deux chantiers** ou **deux lieux de mission**) est du temps de travail effectif (Cass. soc. 5-11-2003 n° 01-43.109 FS-PBRI ; 2-6-2004 n° 02-42.613 F-D). **5660**

Il en va ainsi du temps de transport entre l'entreprise où les salariés doivent se rendre pour l'embauche et la débauche et le chantier. Dans ce cas, en effet, les salariés se trouvent à la disposition de l'employeur et ne peuvent pas vaquer à des occupations personnelles (Cass. soc. 16-6-2004 n° 02-43.685 FS-PB). Ce temps doit être **rémunéré** comme du temps de travail effectif et ne peut être considéré comme rémunéré ni par l'indemnité de transport, ni par l'indemnité de trajet prévues par la convention collective (Cass. soc. 8-1-1985 n° 82-43.481 S). Les indemnités de transport versées au salarié ne peuvent pas être déduites de la rémunération (Cass. soc. 16-6-2004 n° 02-43.685 FS-PB précité).

Sur le **cumul** de la rémunération du temps de trajet avec l'**indemnité de trajet** prévue par la convention collective nationale des ouvriers du bâtiment, voir n° 55330.

› Précisions a. La seule **obligation** faite au salarié **de passer par l'entreprise** (siège, entrepôt, etc.) avant de se rendre sur le chantier suffit à le mettre à la disposition de l'employeur sans qu'il soit nécessaire de démontrer qu'il participe à l'activité de l'entreprise (en ce sens, Cass. soc. 16-6-2004 n° 02-43.685 FS-PB précité). A fortiori, le temps de trajet entre l'entreprise et le chantier constitue du temps de travail effectif si le salarié **participe** à cette occasion **à l'activité** de l'entreprise, par exemple en chargeant ou en déchargeant du matériel ou en conduisant le véhicule utilisé pour le transport du matériel ou du personnel (Cass. soc. 9-3-1999 n° 96-44.643 D ; 13-3-2002 n° 99-42.998 F-D).

Dans le cas où le salarié a la **faculté** et non l'obligation de passer par l'entreprise, notamment pour bénéficier des moyens de transport assurés par l'employeur pour se rendre sur le chantier, le temps de trajet entre l'entreprise et le chantier ne constitue pas du travail effectif (Cass. soc. 5-12-2018 n° 17-18.217 F-D). Il en est ainsi, par exemple, du temps passé dans la navette mise à la disposition de **conducteurs de bus,** pour se rendre du **dépôt au lieu de prise de service** et en revenir, dès lors que l'employeur laisse aux salariés la possibilité de se rendre directement sur leur lieu de service par tout moyen à leur convenance et met une navette à la disposition de ceux désirant se rendre au préalable au dépôt (Cass. soc. 20-4-2005 n° 03-42.017 F-D).

b. Est coupable du délit de **travail dissimulé** l'employeur qui, malgré deux rappels de l'administration compétente, ne mentionne pas sur les bulletins de paie de ses salariés le nombre d'heures réellement effectuées en omettant leurs heures de trajet entre les implantations des différents clients (Cass. crim. 2-9-2014 n° 13-80.665 F-PBI).

SALARIÉ EN GRAND DÉPLACEMENT

Le temps passé sur le **lieu de sa mission** par un salarié en déplacement professionnel à l'étranger ne constitue pas, hors des périodes où il exerce ses fonctions, un temps de travail effectif s'il jouit d'une entière autonomie. En effet, l'éloignement du domicile ne permet pas, à lui seul, de déduire que le salarié est en permanence à la disposition de l'employeur et ne peut pas vaquer à des occupations personnelles (Cass. soc. 20-12-2006 n° 04-48.525 F-D ; 10-2-2016 n° 14-14.213 F-D). **5670**

TEMPS DE DÉPLACEMENT À L'INTÉRIEUR DE L'ENTREPRISE

5680 La qualification du temps de déplacement accompli par un salarié au sein de l'entreprise **pour se rendre à son poste de travail** doit être appréciée au regard des seules dispositions de l'article L 3121-1 du Code du travail, relatif à la définition générale du temps de travail effectif, et non de l'article L 3121-4, relatif au temps de déplacement professionnel (Cass. soc. 31-10-2007 nº 06-13.232 FS-PB ; 13-1-2009 nº 07-40.638 FS-D).

Ainsi, ce temps de déplacement (par exemple, entre les **vestiaires** et la **pointeuse** ou la pointeuse et la salle de repos) ne constitue du temps de travail effectif que si le salarié se tient à la disposition de l'employeur et doit se conformer à ses directives sans pouvoir vaquer librement à des occupations personnelles (Cass. soc. 13-7-2004 nº 02-15.142 F-PB ; 31-10-2007 nº 06-13.232 FS-PB, précité). Tel est le cas des trajets effectués par les salariés d'un parc d'attractions entre les vestiaires et la pointeuse, au cours desquels ils peuvent être sollicités par le public ou se trouver en présence d'un supérieur hiérarchique et sont astreints à des consignes de comportement (Cass. soc. 13-1-2009 nº 07-40.638 FS-D, précité).

En revanche, la circonstance que le salarié soit astreint de se déplacer vers son lieu de travail, à l'intérieur de l'enceinte sécurisée de l'infrastructure aéroportuaire, au moyen d'une **navette** ne permet pas de considérer que ce temps de déplacement constitue un temps de travail effectif (Cass. soc. 9-5-2019 nº 17-20.740 FS-PB). Dans le même esprit, l'obligation de porter une **tenue de travail** pendant ces temps de déplacement ne fait pas nécessairement de ceux-ci des temps de travail effectif (Cass. soc. 31-10-2007 nº 06-13.232 FS-PB, précité). Même solution s'agissant de l'obligation de s'équiper d'un **dosimètre** pendant les trajets de la porte de l'entreprise à la pointeuse (Cass. soc. 7-6-2006 nº 04-43.456 F-D).

5. PARTICIPATION À DES ÉVÉNEMENTS

ÉVÉNEMENT ORGANISÉ PAR L'ENTREPRISE

5700 Lorsque des salariés participent, sur invitation de la direction, à une **réunion** organisée après leur travail à l'occasion du **départ à la retraite** d'un collègue, ce temps de présence supplémentaire doit être rémunéré comme du temps de travail (Cass. soc. 13-7-1988 nº 86-40.210 D).

Solution identique pour la participation d'un visiteur médical à des **soirées organisées par l'entreprise,** même s'il est libre de ses mouvements, dès lors qu'il est à la disposition de l'employeur et doit se conformer à ses directives (Cass. soc. 5-5-2010 nº 08-44.895 F-D).

ÉVÉNEMENT EXTÉRIEUR

5720 Les interruptions de travail résultant d'un événement extérieur (**coupure de courant, panne** de matériel, etc.) doivent être rémunérées comme temps de travail dès lors que les **salariés** présents sur le lieu de travail **restent à la disposition** de l'employeur, dans l'attente de la reprise du travail (Cass. soc. 1-6-1976 nº 75-40.055 P).

Il en va autrement si l'**employeur libère les salariés.** Il y a alors suspension du contrat de travail pouvant donner lieu, selon le cas, à une indemnisation au titre de l'activité partielle (nº 68265) ou à la récupération des heures perdues (nºs 9110 s.).

6. ASTREINTES

DÉFINITION

5740 L'astreinte est une période pendant laquelle le salarié, sans être sur son lieu de travail et sans être à la disposition permanente et immédiate de l'employeur, doit être en mesure d'**intervenir** pour accomplir un travail au service de l'entreprise (C. trav. art. L 3121-9).

Pour qu'il y ait astreinte, deux conditions doivent être réunies :

– le **lieu d'exécution** de l'astreinte (hors interventions) ne doit pas être le lieu de travail du salarié ; des permanences effectuées dans l'entreprise ou un autre lieu imposé par l'employeur, sauf s'il s'agit d'un logement de fonction, ne sont pas de l'astreinte, mais du temps de travail effectif, même si elles comportent d'importantes périodes d'inaction ;

– les **sujétions** imposées au salarié ne doivent pas aboutir à le mettre à la disposition permanente et immédiate de l'employeur, auquel cas il s'agit de temps de travail effectif. La question se pose en particulier en cas de permanences effectuées à partir d'un logement de fonction ; le domicile personnel est alors proche du lieu de travail, ce qui facilite l'imposition au salarié de contraintes incompatibles avec la liberté de vaquer à des occupations personnelles (interventions trop rapprochées dans le temps, mission de surveillance, etc.).

L'impossibilité pour le salarié de vaquer à des occupations personnelles ne peut pas être déduite de considérations liées à la **taille et** à la **situation du logement de fonction** mis à sa disposition. Jugé ainsi à propos de salariés assurant des permanences de nuit dans des hôtels à partir de chambres situées dans l'établissement (Cass. soc. 30-6-2010 n° 09-40.082 F-D ; 5-4-2012 n° 11-11.283 F-D).

Si les permanences effectuées au sein de l'entreprise ou dans un autre lieu imposé par l'employeur ne sont pas des astreintes, elles peuvent en revanche, sous certaines conditions, être rémunérées selon un **régime d'équivalence** : voir n° 5850.

Pour des **illustrations** de la distinction entre travail effectif et astreinte dans certains domaines d'activité, voir n°s 5790 s.

› Précisions **a.** En cas de litige, les juges doivent rechercher si, pendant les permanences, le salarié est soumis à des **contraintes** d'une **intensité** telle qu'elles affectent, objectivement et très significativement, sa **faculté de gérer librement** le temps pendant lequel ses services professionnels ne sont pas sollicités et de vaquer à des **occupations personnelles** (Cass. soc. 26-10-2022 n° 21-14.178 FS-BR). Doivent pour cela être pris en compte le nombre et la fréquence des interventions ainsi que le délai pour se rendre sur le lieu de celles-ci (CJUE 21-2-2018 aff. 518/15 ; 9-3-2021 aff. 580/19 ; 11-11-2021 aff. 214/20).

b. Le salarié devant, aux termes de son contrat de travail, être disponible un certain nombre de jours par mois pour pouvoir intervenir immédiatement sur demande de l'entreprise est soumis à des astreintes, même s'il a l'**initiative** de communiquer, modifier ou annuler ses jours de disponibilité et s'il n'est **pas tenu de demeurer** à son domicile ou à proximité (Cass. soc. 20-1-2021 n° 19-10.956 FS-PI).

ORGANISATION ET CONTREPARTIES

Mise en place Les astreintes sont mises en place par **convention ou accord d'entreprise** ou d'établissement ou, à défaut, de branche ou, à défaut, par décision unilatérale de l'employeur. Leur **mode d'organisation** et la **compensation** financière ou en repos à laquelle elles donnent lieu sont fixés par l'accord ou, à défaut, par l'employeur après avis du comité social et économique et après information de l'agent de contrôle de l'inspection du travail (C. trav. art. L 3121-11 et L 3121-12). À défaut, les astreintes prévues dans le **contrat de travail** n'ont pas de caractère obligatoire (Cass. soc. 23-5-2017 n° 15-24.507 FP-PB). 5750

ATTENTION

L'employeur qui souhaite **modifier** les modalités d'organisation des astreintes prévues par accord collectif ne peut pas le faire unilatéralement. Il doit suivre les règles de révision des accords collectifs (Cass. soc. 1-3-2017 n° 14-22.269 FS-PB).

Information des salariés Les salariés sont informés de la **programmation individuelle** des périodes d'astreinte selon des modalités et un délai de prévenance fixés par accord collectif (C. trav. art. L 3121-11). À défaut d'accord, l'employeur doit la leur communiquer par tout moyen conférant date certaine au moins 15 jours à l'avance, sauf circonstances exceptionnelles et sous réserve qu'ils en soient avertis au moins un jour franc à l'avance (C. trav. art. L 3121-12 et R 3121-3). 5760

En **fin de mois,** l'employeur doit remettre au salarié un **document** récapitulant le nombre d'heures d'astreinte effectuées par lui au cours du mois écoulé ainsi que la compensation correspondante (C. trav. art. R 3121-2). Ce document est tenu à la disposition des agents de contrôle de l'inspection du travail. Il doit être conservé pendant un an (C. trav. art. L 3171-3 et D 3171-16, 2°), mais en pratique il est conseillé de le conserver pendant une durée au moins égale à la prescription des salaires : voir n° 6600.

ATTENTION

Les **infractions** aux dispositions relatives à la remise au salarié et à la conservation du document récapitulatif mensuel sont sanctionnées par l'amende prévue pour les contraventions de 4e classe (n° 96470), prononcée autant de fois qu'il y a de salariés concernés (C. trav. art. R 3124-4).

Rémunération En **dehors des temps d'intervention** (n° 5780), l'astreinte ne constitue pas un temps de travail effectif et se décompte indépendamment de celui-ci (notamment, Cass. soc. 4-5-1999 n° 96-43.037 PBR). 5770

La **compensation** de l'astreinte peut prendre la **forme** d'une indemnisation forfaitaire ou d'une rémunération horaire exprimée en pourcentage du salaire horaire de base ou encore celle d'un repos compensateur ou d'avantages en nature.

La fourniture gratuite d'un **logement de fonction** peut constituer une modalité de rémunération de l'astreinte à condition d'être prévue par une disposition claire et précise (Cass. soc. 12-7-2006 n° 04-47.622 FS-PB ; 13-4-2016 n° 14-23.306 F-D), étant entendu qu'elle n'exonère pas l'employeur de son obligation de rémunérer les interventions comme du temps de travail effectif (Cass. soc. 16-11-2005 n° 03-41.457 F-D ; 16-12-2005 n° 03-44.843 F-D).

En l'**absence de stipulations** conventionnelles ou contractuelles sur la rémunération des astreintes, celle-ci est fixée par les juges (Cass. soc. 10-3-2004 n° 01-46.369 FS-PB).

La **prescription** de l'action en paiement de sommes liées à l'exécution d'un travail salarié (n°s 15900 s.) s'applique à l'action en paiement d'une indemnité due au salarié n'ayant pas bénéficié du repos compensateur prévu en cas d'astreinte (Cass. soc. 5-5-2004 n° 02-44.949 F-D).

Sur la compensation due aux salariés rémunérés au **forfait** pour leurs heures d'astreinte, voir n° 8540.

ATTENTION

La compensation allouée au titre de l'astreinte est due quel que soit le niveau de responsabilité du salarié. Ainsi, un **cadre** ne peut pas se voir refuser la prime prévue par le régime d'astreinte applicable dans l'entreprise (Cass. soc. 9-12-1998 n° 96-44.789 PBR).

Seuls les **cadres dirigeants,** non soumis aux dispositions relatives à la durée du travail, ne peuvent pas prétendre à la rémunération de l'astreinte, sauf stipulations contractuelles ou conventionnelles plus favorables (Cass. soc. 28-10-2008 n° 07-41.694 FS-PB).

Le **non-respect des compensations** est passible de l'amende prévue pour les contraventions de 4e classe (n° 96470), prononcée autant de fois qu'il y a de salariés concernés (C. trav. art. R 3124-4).

5780 **Temps d'intervention et de déplacement** Les **temps d'intervention** sont du temps de travail effectif (C. trav. art. L 3121-9) et doivent être décomptés et rémunérés comme tel, en plus de la compensation financière de l'astreinte. De même pour le **temps de déplacement** accompli lors de périodes d'astreinte, qui fait partie intégrante de l'intervention (Cass. soc. 10-3-2004 n° 01-46.367 F-D ; 31-10-2007 n° 06-43.834 FS-PBR).

La rémunération des temps d'intervention doit être incluse dans le calcul du **maintien de salaire** en cas de **maladie** ou d'accident (Cass. soc. 11-5-2017 n° 15-23.649 FS-PB).

ILLUSTRATIONS

5790 **Activités de surveillance et d'entretien** Ne constituent pas du travail effectif, mais des astreintes les périodes pendant lesquelles, **entre deux interventions chez les clients,** le salarié d'une **société de surveillance,** joignable par un système d'appel à distance et ne travaillant à aucun moment dans l'entreprise, est libre de disposer de son temps pour des activités de loisirs ou professionnelles (Cass. soc. 24-11-1993 n° 88-42.722 P).

Même solution pour les salariés d'une entreprise d'**entretien de chaufferies et d'équipements thermiques** affectés à un service d'intervention d'urgence et pouvant être joints par portable à leur domicile ou à proximité (Cass. soc. 10-7-2002 n° 00-18.452 FS-PBRI) ou pour des **électriciens-gaziers** effectuant un service d'astreinte dit « d'action immédiate » (Cass. soc. 31-5-2006 n° 05-40.783 FS-D). Constituent en revanche du temps de travail effectif les permanences assurées par des électriciens-gaziers qui, non domiciliés dans la zone d'intervention, interviennent à partir de locaux imposés par l'employeur et situés à proximité de leur lieu de travail (appartements mis à leur disposition) (Cass. soc. 2-4-2003 n° 01-40.032 FP-PB).

5800 **Établissements médicaux ou sociaux** Dans les établissements médicaux, sociaux ou médico-sociaux, les permanences effectuées sur place dans des **locaux spécialement affectés** à cet usage par le personnel tenu de ne pas s'absenter pour être en mesure d'intervenir en cas de nécessité (veilleurs de nuit, médecins, infirmiers, aides-soignants, éducateurs, personnel de service) ne sont pas des astreintes, mais du temps de travail effectif. Ainsi jugé :

– pour des permanences de soins assurées dans un **centre médical** par des **médecins** contraints de demeurer sur place ou dans un local de garde (Cass. soc. 8-6-2011 n° 09-70.324 FS-PB) ; même solution pour des permanences de nuit assurées par le **psychiatre** d'une **clinique** dans un appartement à usage privatif mis à sa disposition dans l'établissement (Cass. soc. 27-6-2012 n° 10-27.726 F-D) ;

– pour les heures de garde de nuit ou de fin de semaine effectuées par les salariés d'un **établissement pour personnes âgées** dans un local spécialement affecté à cet usage afin de pouvoir répondre à tout moment aux sollicitations de l'employeur ou des pensionnaires (Cass. soc. 4-7-2001 n° 99-44.296 F-D ; 20-9-2005 n° 03-46.853 F-D), ou pour les permanences de nuit effectuées, dans les mêmes conditions, par l'éducateur d'un centre pour **personnes autistes** à partir d'un bureau équipé d'un lit (Cass. soc. 28-5-2014 n° 13-10.339 F-D) ; il en est ainsi même si le contrat de travail prévoit expressément un temps de repos entre 23 heures et 4 heures (Cass. soc. 9-3-1999 n° 96-45.590 PB) ;

– pour des permanences nocturnes effectuées en « **chambre de veille** » dans les établissements du secteur sanitaire et social (Cass. soc. 14-11-2000 n° 97-45.001 FS-P).

Permanences à partir d'un logement de fonction Les permanences effectuées par le personnel disposant d'un logement de fonction sont des astreintes s'il peut vaquer à des **occupations personnelles** : ainsi jugé pour des permanences de **nuit** effectuées par la directrice d'une résidence pour personnes âgées dans son logement de fonction personnel au sein de l'établissement, dès lors que la sujétion qui lui est imposée de rester pendant la nuit dans ce logement, afin d'être en mesure d'**intervenir en cas d'urgence,** ne l'empêche pas de vaquer à des occupations personnelles (Cass. soc. 31-5-2006 n° 04-41.595 FS-PB). 5810

Constituent en revanche un travail effectif les permanences nocturnes effectuées, même à partir d'un logement de fonction, par l'éducateur spécialisé d'un établissement pour enfants en difficulté devant assurer leur **surveillance** entre 22 h et 7 h 30, de sorte qu'il ne peut vaquer à des occupations personnelles (Cass. soc. 6-4-2011 n° 10-16.203 FS-PB). À noter qu'en cas de permanences dans un logement de fonction, il faut distinguer entre les **rondes et interventions** auprès des résidents, qui sont du travail effectif, et le temps pendant lequel le salarié doit rester à son domicile pour répondre à un éventuel appel tout en pouvant vaquer librement à ses occupations personnelles, qui constitue une astreinte (Cass. soc. 5-11-2003 n° 01-44.822 F-D).

ATTENTION

La décision d'un salarié de **déménager de son logement de fonction** où il effectuait des astreintes pour **établir ailleurs son domicile personnel** ne transforme pas celles-ci en temps de travail effectif, du seul fait qu'il les accomplit désormais dans un studio mis spécialement à sa disposition pour la circonstance, dès lors que les conditions d'occupation du studio sont les mêmes que celles de son logement de fonction et que les modalités selon lesquelles il effectue ses permanences sont restées inchangées (Cass. soc. 31-1-2006 n° 05-41.583 FS-D).

Pour un autre cas de permanence à partir du **domicile personnel,** voir n° 5830.

Gardiennage de locaux professionnels En matière de gardiennage de locaux professionnels, sont du travail effectif et non de l'astreinte les heures de gardiennage effectuées certains week-ends par un **salarié non logé sur place** en temps normal et tenu de demeurer dans les locaux de l'entreprise pour fermer les portes, faire des rondes et donner l'alerte en cas d'incident (Cass. soc. 28-10-1997 n° 94-42.054 PF). 5820

En revanche, pour les salariés **logés sur place,** on doit distinguer les périodes pendant lesquelles le salarié a pour seule obligation de demeurer en permanence à son domicile pour répondre à un éventuel appel et reste libre de vaquer à des occupations personnelles, qui sont des astreintes, de celles où le salarié est appelé à intervenir (rondes, distribution du courrier, ouverture et fermeture des portes, etc.), qui sont du temps de travail effectif (Cass. soc. 3-6-1998 n° 96-42.455 PRB ; 15-6-1999 n° 97-41.035 P ; 18-7-2000 n° 97-45.010 FS-PB).

ATTENTION

Lorsque les **tâches** de gardiennage confiées au salarié assurant une permanence dans son logement de fonction sont si **absorbantes** qu'il n'a pas, en fait, la possibilité de vaquer librement à des occupations personnelles, cette permanence constitue non une astreinte, mais un travail effectif, et doit être rémunérée comme tel (Cass. soc. 1-3-1995 n° 91-42.162 D ; 6-2-2001 n° 98-44.875 FS-PB ; 17-9-2015 n° 14-11.940 F-D). Il en est de même lorsque, compte tenu de l'obligation pour l'employeur d'assurer une **permanence téléphonique** de sécurité 7 jours sur 7 et 24 heures sur 24, le salarié exerce, **le soir et la nuit,** les **fonctions attribuées le jour à un autre salarié** spécialement affecté à la réception des appels d'urgence (Cass. soc. 9-11-2010 n° 08-40.535 FS-PB).

Autres activités Les heures d'ouverture d'une **station-service** ne peuvent pas être assimilées à du travail effectif lorsque le salarié, logé sur place, ne consacre pas tout son temps à servir les clients, mais ne sort de sa loge où il vaque à ses occupations habituelles que lorsqu'un client se manifeste (Cass. soc. 26-11-1980 n° 79-40.737 P). Il en va autrement si le salarié, même disposant d'un logement de fonction sur place, reste en permanence à la disposition de l'employeur (Cass. soc. 29-11-2000 n° 98-45.448 F-D). 5830

Les horaires d'ouverture d'un **dépôt de pain** ne correspondent pas en totalité à un temps de travail effectif si le salarié n'a pas l'obligation de se tenir en permanence dans le magasin à la disposition de la clientèle et peut vaquer à des occupations personnelles dans les pièces de la maison attenante au magasin où il est logé (Cass. soc. 16-6-2004 n° 02-43.755 FS-PB).

Même solution pour des permanences effectuées chez lui par le **responsable d'une entreprise de pisciculture,** équipé d'un téléphone mobile lui permettant de répondre aux appels de l'employeur, dès lors qu'il ne doit intervenir que ponctuellement, en cas de problème, et qu'il conserve la possibilité de vaquer à ses occupations personnelles entre ses interventions (Cass. soc. 13-3-2002 n° 00-41.206 F-D).

7. ÉQUIVALENCES

DÉFINITION

5840 Le régime d'équivalence constitue un mode spécifique de détermination du temps de travail effectif et de sa rémunération pour des professions et des emplois déterminés comportant des **périodes d'inaction** (C. trav. art. L 3121-13). Il consiste à prendre en compte la totalité des heures de présence du salarié en leur appliquant un mécanisme de pondération. Pour autant, les temps d'inaction sont indissociables du temps de travail effectif : le salarié **présent dans l'entreprise** reste à la disposition de l'employeur et est soumis à ses directives. Il est donc en période de travail.

Cette situation se distingue des **astreintes,** qui supposent que, hors interventions, le salarié n'exerce aucune activité et puisse vaquer à ses occupations personnelles (n° 5740).

ATTENTION

Les salariés soumis à un régime d'équivalence ont droit, comme les autres, à une **pause** de 20 minutes en cas de temps de travail quotidien d'au moins 6 heures dans les conditions prévues n° 5540 (Cass. soc. 29-6-2011 n° 10-14.743 FS-PB).

MISE EN PLACE

5850 La durée du travail équivalente à la durée légale peut être instituée par convention ou **accord de branche étendu** ou, à défaut, par **décret en Conseil d'État** (C. trav. art. L 3121-14 et L 3121-15). Sur la possibilité pour un accord d'entreprise de déroger à l'accord de branche, voir nos 970 s.

› Précisions **a.** Les équivalences constituent des régimes d'exception s'appliquant exclusivement aux **activités** et aux **emplois** visés par le texte qui les a instituées. Ainsi, un salarié engagé en qualité de cadre de gestion, mais effectuant également des courses en tant qu'ambulancier, ne peut pas se voir appliquer, même pour le seul temps consacré à ces courses, le régime d'équivalence prévu uniquement pour les personnes exerçant à temps plein les fonctions d'ambulancier (Cass. soc. 28-10-2009 n° 07-42.026 FS-PB).
b. Les horaires d'équivalence ne s'appliquent pas, en principe, aux salariés à **temps partiel** : voir n° 74540.
c. Avant le 10-8-2016 (date d'entrée en vigueur de la loi 2016-1088 du 8-8-2016), seul un **décret** pouvait instituer un régime d'équivalence. Les équivalences mises en place par décret avant cette date restent valables. Les anciennes équivalences mises en place par décret avant la loi du 19-1-2000 restent également valables.
De même, les **équivalences conventionnelles** légalement mises en place par un accord conclu sur le fondement de la loi du 13-6-1998 sont toujours applicables en vertu de l'article 28 de la loi du 19-1-2000 : il s'agit des accords de branche étendus et des accords d'entreprise n'ayant pas fait l'objet d'opposition conclus postérieurement à la loi du 13-6-1998 (Circ. 2000-7 du 6-12-2000).
Les équivalences sont ramenées à 35/39 de leur durée antérieure (ou, le cas échéant, à 35/40 de leur durée applicable sur la base de 40 heures).

5860 Des équivalences ont été définies par décret, notamment dans les secteurs suivants :

Secteurs d'activité	Personnels visés	Fondement légal
Commerces de détail alimentaires	Personnel de vente des établissements relevant du champ d'application de la convention collective nationale des commerces de fruits et légumes, épiceries et produits laitiers	Décret 2003-1194 du 15-12-2003
Établissements sociaux et médico-sociaux gérés par des personnes privées à but non lucratif comportant un hébergement	Personnel éducatif, infirmier ou aide-soignant à temps plein et leurs remplaçants	CASF art. R 314-201 à R 314-203-2
Hospitalisation privée et secteur médico-social à caractère commercial	Personnel surveillant, infirmier, aide-soignant et gardes-malades dont la période de travail est comprise entre 18 h et 8 h (établissements pour personnes âgées), personnel éducatif et soignant de nuit en chambre de veille (établissement pour enfants), médecins salariés (établissements psychiatriques, de soins de suite et de réadaptation)	Décret 2002-396 du 22-3-2002 modifié

Secteurs d'activité	Personnels visés	Fondement légal
Pharmacies d'officine (pour les services de garde à volets fermés)	Personnel en service de garde ou d'urgence	Décret 2002-386 du 21-3-2002
Transport sanitaire	Ambulancier	C. transports art. D 3312-31
Transports routiers de marchandises	Personnel roulant	C. transports art. D 3312-45 s.
Enseignement privé hors contrat	Personnel des internats chargé de la surveillance de nuit et disposant d'une chambre individuelle	Décret 2008-853 du 26-8-2008 modifié
Enseignement privé sous contrat	Personnel effectuant des surveillances de nuit	Décret 2007-1180 du 3-8-2007 modifié
Enseignement agricole privé	Personnel effectuant des surveillances de nuit	Décret 2008-973 du 17-9-2008 modifié
Maisons d'étudiants	Personnel assurant les fonctions de veilleur de nuit en chambre de garde	Décret 2004-114 du 5-2-2004
Centres de formation des apprentis du bâtiment	Personnel d'animation intervenant notamment en tant que surveillants d'internat	Décret 2005-1223 du 28-9-2005
Tourisme social et familial	Personnel encadrant des mineurs, accompagnateur de groupes et guide-accompagnateur	Décret 2004-124 du 9-2-2004
Animation	Personnel amené à travailler dans le cadre d'un accueil ou d'un accompagnement de groupes avec nuitées ou à effectuer des permanences nocturnes	Décret 2005-908 du 2-8-2005
Services de l'automobile	Personnel de gardiennage de jour et de nuit	Décret 2005-40 du 20-1-2005 modifié
Production audiovisuelle	Personnel employé à des activités de répétition et de tournage	Décret 2007-1753 du 13-12-2007 modifié
Production cinématographique	Technicien	Décret 2013-1165 du 17-12-2013 modifié
Entreprises techniques au service de la création et de l'événement	Personnel exerçant certaines fonctions relatives aux prestations de l'audiovisuel et au spectacle vivant	Décret 2009-44 du 12-1-2009 modifié

Aux équivalences proprement dites viennent s'ajouter les **heures de prolongations permanentes** de la durée du travail prévues par certains décrets d'application de la durée du travail, assimilées, compte tenu du caractère intermittent du travail effectué, à des équivalences et rémunérées comme telles. 5880

ATTENTION

Les prolongations s'appliquent dans les branches ou professions couvertes par un **décret** d'application le prévoyant aux personnels suivants :
– personnel de **surveillance et de gardiennage** : 47 h 15 min/35 ;
– préposés du **service incendie** : 40 h 15 min/35.

Ces durées constituent des maxima applicables sous réserve de stipulations conventionnelles réduisant les équivalences ou les supprimant.

RÉMUNÉRATION

La rémunération des périodes d'inaction est déterminée par **convention ou accord de branche étendu** (C. trav. art. L 3121-14). Sur la possibilité pour un accord d'entreprise de déroger à l'accord de branche, voir n°s 970 s. 5900

Sauf stipulation conventionnelle plus favorable, la rémunération doit être **calculée sur la base** non de la durée de présence accomplie par le salarié, mais de la durée de travail effectif à laquelle celle-ci est réputée équivalente (Cass. soc. 16-1-1966 n° 62-40.806 P ; 3-7-1967 n° 66-40.130 P).

Il en va ainsi même pour les salariés rémunérés au **Smic** ou selon le salaire **minimum conventionnel.**

Sur le **bulletin de paie,** il convient de mentionner la durée de présence mensuelle moyenne en précisant que cette durée correspond à la durée légale.

› Précisions **a.** En pratique, sauf stipulation conventionnelle, les **heures d'équivalence** n'ont pas à être rémunérées (Cass. soc. 12-10-1978 n° 77-40.761 P).

b. Ce principe ne s'applique toutefois qu'aux **heures d'équivalence proprement dites,** c'est-à-dire aux heures comprises entre la durée légale du travail et la durée de présence réputée équivalente. Il ne s'étend pas aux heures effectuées :
– en deçà de la durée légale, par exemple en cas de travail à temps partiel (n° 74540) ;
– au-delà de la durée du travail considérée comme équivalente (n° 5910).

c. Une formule de calcul spéciale de la **réduction générale de cotisations patronales** existe pour les équivalences dans le secteur routier de marchandises : voir n° 22490. Sur le régime d'indemnisation en cas d'**activité partielle,** voir nos 68175 s. Pour un **modèle de bulletin de paie** comportant un horaire d'équivalence, voir n° 94600.

HEURES SUPPLÉMENTAIRES

5910 En cas d'application d'un régime d'équivalence, sauf disposition conventionnelle plus favorable, seules les **heures** de travail **effectuées au-delà de la durée de présence équivalente** à la durée légale de travail sont considérées comme des heures supplémentaires bénéficiant d'une majoration de salaire. Ces heures sont **rémunérées** comme heures supplémentaires sans application d'un rapport d'équivalence (Cass. soc. 14-3-1983 n° 80-41.460 P).

Sur le décompte des heures supplémentaires en cas d'organisation du **travail en cycles,** voir n° 10270.

Sur la compatibilité d'un régime d'équivalence avec la **modulation** de la durée du travail, voir n° 10020.

› Précisions Un salarié a droit au paiement d'heures supplémentaires pour les **attributions accessoires et distinctes** dont il a la charge en sus de ses fonctions soumises à horaire d'équivalence et effectuées dans le cadre de cet horaire pendant les périodes d'inaction (Cass. soc. 8-7-2003 n° 01-41.843 FS-P).

5920 EXEMPLE

Soit une entreprise ne relevant pas d'une convention ou d'un accord collectif fixant un taux particulier pour les majorations pour heures supplémentaires. Si une durée hebdomadaire de 38 heures est réputée correspondre à 35 heures de travail effectif, toute heure effectuée au-delà de 38 heures donnera lieu à une majoration de salaire :
– de 25 % de la 39e à la 46e heure incluse ;
– de 50 % à partir de la 47e heure.

SECTION 2 HEURES SUPPLÉMENTAIRES

6100 Les heures supplémentaires sont les heures effectuées au-delà de la durée légale du travail, ou de la durée considérée comme équivalente. Elles donnent lieu :
– à une **majoration de salaire,** pouvant être remplacée en tout ou partie par un repos compensateur ;
– et, pour certaines d'entre elles, en plus, à une **contrepartie obligatoire en repos.**

Les heures supplémentaires ouvrent droit, pour les salariés, à une **réduction de cotisations** et à une **exonération d'impôt sur le revenu** et, pour certaines entreprises, à des **déductions forfaitaires de cotisations patronales** de sécurité sociale : voir nos 7700 s.

A. Employeurs et salariés concernés

EMPLOYEURS

6150 La réglementation des heures supplémentaires s'applique aux employeurs de droit privé ainsi qu'aux établissements publics à caractère industriel et commercial (C. trav. art. L 3111-1).

ATTENTION

Les **infractions** à cette réglementation sont sanctionnées par l'amende prévue pour les contraventions de 4e classe (voir montants n° 96470) prononcée autant de fois qu'il y a de salariés indûment employés (C. trav. art. R 3124-6 et R 3124-7).

SALARIÉS

La réglementation des heures supplémentaires s'applique à tout salarié, quelles que soient les **modalités de sa rémunération** : salaire à la tâche ou aux pièces, à l'heure, au mois, etc. Elle est applicable aux salariés des hôtels, cafés, restaurants, payés au **pourcentage sur le service** (Cass. soc. 17-12-1996 n° 93-42.003 P). 6170

Obéissent toutefois à des règles particulières les heures supplémentaires effectuées par :

– les **travailleurs à domicile** (nos 87180 s.) ;

– les salariés soumis à des conventions individuelles de **forfait annuel en heures** (nos 8750 s.).

Les salariés soumis à des conventions individuelles de **forfait annuel en jours** ne sont pas concernés par la réglementation des heures supplémentaires (n° 8900).

ATTENTION

Au regard de la réglementation des heures supplémentaires, et sauf s'ils ont la qualité de cadres dirigeants, les **cadres** sont soumis exactement aux mêmes règles que les autres salariés.

Cadres dirigeants Les cadres dirigeants sont ceux auxquels sont confiées des **responsabilités** dont l'importance implique une grande indépendance dans l'organisation de leur emploi du temps, qui sont habilités à prendre des **décisions** de façon largement autonome et qui perçoivent une **rémunération** se situant dans les niveaux les plus élevés des systèmes de rémunération pratiqués dans leur entreprise ou leur établissement (C. trav. art. L 3111-2). 6180

Ces salariés sont expressément exclus des dispositions relatives à la durée du travail et donc de la réglementation des heures supplémentaires. Ils ne sont pas non plus concernés par les dispositions relatives au **travail de nuit,** aux **repos** quotidien et hebdomadaire et aux **jours fériés** – ils n'ont donc pas droit aux compensations financières stipulées par l'accord collectif en cas de travail dominical ou des jours fériés, sauf si cet accord les vise expressément ou si leur contrat de travail le prévoit (Cass. soc. 27-6-2012 n° 10-28.649 F-PB). Enfin, ils ne sont pas soumis à la **journée de solidarité.** Ils bénéficient, en revanche, des autres dispositions du Code du travail, en particulier des **congés** payés, des autres congés ainsi que du **compte épargne-temps.**

> Précisions Seuls peuvent avoir la qualité de cadres dirigeants les cadres **participant à la direction de l'entreprise** (Cass. soc. 31-1-2012 n° 10-24.412 FS-PBR ; 2-7-2014 n° 12-19.759 FS-PB). Cette participation n'est toutefois pas un critère autonome et distinct se substituant aux trois critères légaux (Cass. soc. 22-6-2016 n° 14-29.246 FS-PBR).

Un cadre peut avoir la qualité de cadre dirigeant même si :

– il n'a pas conclu à cette fin d'**accord particulier** avec l'employeur (Cass. soc. 30-11-2011 n° 09-67.798 FS-PB) ;

– il exerce ses fonctions à un niveau **décentralisé** (Cass. soc. 11-5-2017 n° 15-27.118 FS-PB) ;

– il n'est pas classé au **coefficient le plus élevé de la convention collective** (Cass. soc. 30-11-2011 n° 09-67.798 FS-PB) ;

– l'**entreprise** est de toute **petite taille** (Cass. soc. 31-1-2012 n° 10-23.828 F-D) ;

– est mentionnée, dans les **bulletins de paie** de ce cadre, **directeur de plusieurs sociétés d'un groupe,** la durée de travail qu'il doit consacrer à chacune d'elles, en l'absence de contrats de travail mentionnant ses horaires de travail (Cass. soc. 30-11-2011 n° 09-67.798 FS-PB).

En revanche, la qualité de cadre dirigeant est incompatible avec :

– la mention, dans le contrat de travail, que le salarié ne pourra pas refuser d'effectuer les **heures supplémentaires** qui lui seront demandées et que son **horaire** de travail sera celui **en vigueur dans l'entreprise** (Cass. soc. 27-3-2013 n° 11-19.734 FS-PB) ;

– l'application d'une convention individuelle de **forfait en jours** (Cass. soc. 7-9-2017 n° 15-24.725 FS-PB) ;

– l'obligation de **rendre compte régulièrement** à sa hiérarchie des questions traitées et du suivi du budget, et de la tenir informée de son **planning** prévisionnel de travail (Cass. soc. 10-7-2013 n° 12-13.288 F-D).

Enfin, si la **convention collective** impose que les **responsabilités** justifiant le recours au forfait sans référence horaire soient **précisées dans un document écrit,** la méconnaissance de cette obligation est sanctionnée par la nullité du forfait (Cass. soc. 6-4-2011 n° 07-42.935 FS-PB).

Autres catégories exclues Certains salariés, de par la nature de leur tâche ou en raison des conditions particulières de son exécution, se trouvent de fait exclus de l'application de la législation de la durée du travail et, par voie de conséquence, de la réglementation des heures supplémentaires. Ce sont notamment les **VRP** non assujettis à un horaire contrôlable (n° 79920), les **employés de maison et assistants maternels,** les **concierges** et employés d'immeuble d'habitation, les **gérants salariés** qui déterminent eux-mêmes les horaires. 6190

ATTENTION

Ne relèvent pas non plus de cette réglementation les **travailleurs indépendants** de toutes professions, les **gérants non salariés** de succursales de maisons d'alimentation de détail, les **dirigeants de sociétés** sauf cumul d'un contrat de travail avec leur mandat social (nº 76725).

6200 Quant aux **jeunes** de moins de 18 ans (salariés, apprentis, jeunes en stage d'initiation ou d'application en milieu professionnel dans le cadre d'un enseignement alterné ou d'un cursus scolaire), la loi interdit de les employer, sauf **dérogation** accordée par l'inspecteur du travail ou pour certaines activités, à un travail effectif excédant la durée légale hebdomadaire (C. trav. art. L 3162-1 et L 6222-25).

Ils sont donc en pratique, sauf dérogation, exclus de la réglementation des heures supplémentaires.

> Précisions **a.** Par **dérogation**, lorsque l'organisation collective du travail le justifie, les jeunes peuvent être employés à un travail effectif excédant les durées maximales quotidienne et hebdomadaire de travail, dans la limite de 10 heures par jour et de 40 heures par semaine, pour les activités réalisées sur les **chantiers de bâtiment ou de travaux publics** ou pour les activités de création, d'aménagement et d'entretien sur les **chantiers d'espaces paysagers** (C. trav. art. R 3162-1). Des compensations doivent être accordées : des périodes de repos au moins équivalentes au nombre d'heures accomplies au-delà de la durée quotidienne de 8 heures sont attribuées et les heures supplémentaires éventuelles, ainsi que leurs majorations, donnent lieu à un repos compensateur équivalent (C. trav. art. L 3162-1).

b. En cas de **dépassement** important de la durée légale, le jeune n'a pas droit au paiement des heures de dépassement en heures supplémentaires, mais peut obtenir des **dommages-intérêts** réparant le préjudice subi (CA Versailles 20-11-2002 nº 01-2568).

B. Recours aux heures supplémentaires

INITIATIVE DE L'EMPLOYEUR

6300 La décision de recourir aux heures supplémentaires constitue une prérogative de l'employeur relevant de l'exercice de son pouvoir de direction.

Seules les heures supplémentaires accomplies **à sa demande ou pour son compte** ou, à tout le moins, avec son **accord implicite** ouvrent droit à rémunération (Cass. soc. 20-3-1980 nº 78-40.979 P ; 30-3-1994 nº 90-43.246 D ; 2-11-2016 nº 15-20.540 F-D). Le salarié peut aussi prétendre au paiement des heures supplémentaires s'il est établi que la réalisation de ces heures a été rendue nécessaire par les **tâches** qui lui ont été **confiées** (Cass. soc. 14-11-2018 nºs 17-16.959 FS-PB et 17-20.659 FS-PB).

Sur l'incidence de l'accomplissement d'heures supplémentaires sur le montant de la **réduction générale de cotisations patronales,** voir nº 22110.

> Précisions **a.** Le salarié ayant **accompli régulièrement, pendant une longue période,** des heures supplémentaires, au vu et au su de l'employeur qui ne s'y est pas opposé, a droit au paiement de celles-ci (Cass. soc. 19-6-1974 nº 73-40.670 P ; 31-3-1998 nº 96-41.878 P). Peu importe que la **procédure interne d'autorisation préalable** applicable dans l'entreprise n'ait pas été respectée (Cass. soc. 2-6-2010 nº 08-40.628 FP-PBR).

b. Lorsque le **salarié établit lui-même des fiches de temps** à la demande de l'employeur, les juges peuvent en déduire que ce dernier a donné au moins implicitement son accord pour l'exécution des heures supplémentaires et le condamner à rémunérer les heures ainsi effectuées (Cass. soc. 19-1-1999 nº 96-45.628 P ; 10-5-2000 nº 98-40.736 D). Il en va de même si les heures supplémentaires sont comptabilisées par un **logiciel de pointage,** l'employeur étant ainsi informé des heures de travail effectuées (Cass. soc. 8-7-2020 nº 18-23.366 F-D).

REFUS DU SALARIÉ

6310 Les heures supplémentaires imposées par l'employeur en raison des nécessités de l'entreprise, dans la limite du contingent, n'entraînent pas la **modification du contrat de travail** (Cass. soc. 9-3-1999 nº 96-43.718 P). Le refus du salarié, sans motif légitime, d'accomplir, à titre exceptionnel, de telles heures pour effectuer un travail urgent constitue une **faute** grave (Cass. soc. 26-11-2003 nº 01-43.140 F-D). Il n'en va autrement que lorsque ce refus est justifié par des circonstances particulières.

> Précisions Le salarié **peut refuser** d'effectuer des heures supplémentaires si l'employeur ne les lui paie pas (Cass. soc. 13-12-1995 nº 92-44.770 D ; 7-12-1999 nº 97-42.878 P ; 21-5-2002 nº 99-45.890 FS-P), ou ne lui accorde pas la contrepartie obligatoire en repos (Cass. soc. 5-11-2003 nº 01-42.798 F-D), ou encore si le caractère systématique du recours aux heures supplémentaires modifie la durée du travail prévue par le contrat de travail (Cass. soc. 8-9-2021 nº 19-16.908 F-D).

RÉDUCTION DU VOLUME DES HEURES SUPPLÉMENTAIRES

Sauf convention de forfait (nos 8450 s.) ou garantie contractuelle d'un nombre déterminé d'heures supplémentaires, l'**employeur peut décider** unilatéralement de réduire ou de supprimer les heures supplémentaires effectuées par le salarié sans qu'il en résulte une modification de son contrat de travail (Cass. soc. 10-3-1998 no 95-44.842 P ; 20-10-1998 no 96-44.547 D ; 2-11-2005 no 03-47.679 F-D). 6330

Le **salarié** ne peut donc **pas s'opposer** à la baisse de rémunération qui en découle. En effet, à défaut d'un tel engagement, il n'existe pas de droit acquis à l'exécution d'heures supplémentaires, seul un **abus de l'employeur** dans l'exercice de son pouvoir de direction ouvrant droit à indemnisation (Cass. soc. 10-10-2012 no 11-10.455 FS-PB). Constitue un tel abus la suppression d'heures supplémentaires sans qu'aucun élément ne le justifie au regard des intérêts de l'entreprise (Cass. soc. 19-6-2008 no 07-40.876 F-D).

C. Définition et décompte

Constituent des heures supplémentaires les heures effectuées **au-delà de la durée hebdomadaire légale** ou de la durée considérée comme équivalente (nos 5850 s.), à l'exception : 6430

- des **heures de récupération** à la suite d'une interruption collective de travail (no 9250) ;
- des heures de **prolongations permanentes** assimilées à des heures d'équivalence (no 5880).

En revanche, les **heures de dérogations permanentes et temporaires** prévues par les décrets d'application sur la durée du travail constituent des heures supplémentaires (pour plus de détails sur ces heures, voir Mémento social no 29690).

SEUIL DE DÉCLENCHEMENT

C'est le dépassement de la **durée légale,** ou de la durée considérée comme **équivalente** (no 5910), qui déclenche l'application de la réglementation des heures supplémentaires (décompte des heures et calcul des majorations). 6450

Ainsi, lorsque la **durée** collective du travail est **fixée conventionnellement à un niveau inférieur** à la durée légale, les heures effectuées au-delà de l'horaire collectif, mais dans la limite de la durée légale, n'ont pas à être majorées, sauf stipulations conventionnelles plus favorables (Cass. soc. 15-2-1995 no 91-43.966 D ; 5-5-1998 no 96-41.094 D ; 2-6-2021 no 20-12.578 FS-P).

ATTENTION

Le seuil de déclenchement des heures supplémentaires peut être **supérieur à 35 heures** si un accord d'entreprise prévoit une réduction du nombre de jours de travail (Cass. soc. 7-9-2018 no 16-11.495 FS-PB). L'octroi de jours de repos supplémentaires peut compenser les heures supplémentaires effectuées au-delà de la durée légale (Cass. soc. 31-10-2006 no 05-10.051 FS-PB ; 12-11-2015 no 14-18.169 FS-PB).

DURÉE DU TRAVAIL RETENUE

La durée à prendre en compte pour le calcul des heures supplémentaires est la **durée de travail effectif,** au sens indiqué nos 5520 s., et les **temps assimilés** à du travail effectif pour le calcul de la durée du travail (Cass. soc. 1-12-2004 no 02-21.304 F-PB ; 4-4-2012 no 10-10.701 F-PB). Signalons toutefois que, pour le juge européen, les congés payés doivent être pris en compte pour le calcul des heures supplémentaires (CJUE 13-1-2022 aff. 514/20) et que le juge français pourrait s'aligner sur cette solution. 6470

› Précisions **a.** La loi, les conventions collectives ou les usages **assimilant** certaines **périodes non travaillées** à du travail effectif pour l'application de **certaines dispositions** doivent être interprétés strictement : ainsi, les temps non travaillés assimilés à du travail effectif pour le calcul des droits à congés payés ou liés à l'ancienneté ou les périodes de maintien de salaire ne doivent pas pour autant être considérés comme du temps de travail effectif pour le décompte des heures supplémentaires.

b. Voir ce qui concerne plus particulièrement les pauses (nos 5540 s.), les temps de douche (no 5620), les temps de trajet (nos 5640 s.), les astreintes (nos 5740 s.), le repos compensateur de remplacement pour heures supplémentaires (no 7260) et la contrepartie obligatoire en repos (no 7570), les périodes de maladie (no 61860), les jours fériés chômés (no 60970), les heures de délégation des représentants du personnel (no 79130) et la journée de solidarité (no 71880).

CADRE DU DÉCOMPTE

Décompte hebdomadaire Les heures supplémentaires se décomptent par semaine (C. trav. art. L 3121-29). Sauf convention ou accord d'entreprise ou d'établissement ou, à défaut, 6490 de branche fixant une autre période de 7 jours consécutifs pour le décompte des heures supplémentaires (C. trav. art. L 3121-32), la semaine débute le lundi à 0 heure et se termine le dimanche à 24 heures (C. trav. art. L 3121-35).

ATTENTION

En présence de **semaines de travail irrégulières,** l'employeur ne peut pas priver le salarié de ses droits à majoration pour heures supplémentaires en compensant les semaines « longues » par les « courtes » (Cass. soc. 29-5-1986 n° 84-44.709 P).

De même, l'**absence** (maladie, congés...) du salarié pendant une partie du mois ne dispense pas de payer au taux majoré les heures supplémentaires des semaines civiles de ce mois non touchées par l'absence.

Sur les possibilités de report de crédit d'heures d'une semaine sur l'autre dans le cadre des **horaires individualisés,** voir toutefois n° 6560.

6500 Pour les **salariés payés au mois,** la mensualisation (au sens indiqué nos 10900 s.) ne fait pas échec au décompte des heures supplémentaires dans le cadre hebdomadaire.

EXEMPLE

Soit, dans une entreprise appliquant le taux légal des majorations pour heures supplémentaires, un salarié rémunéré au taux horaire de 14 € effectuant au titre du mois : 37 heures la 1e semaine, 37 heures la 2e semaine, 39 heures la 3e semaine et 37 heures la 4e semaine.

La rémunération due au titre de ce mois sera calculée ainsi :
- rémunération mensualisée base 151,67 heures : 14 × 151,67 = 2 123,38 € ;
- rémunération de 10 heures supplémentaires réellement effectuées au cours du mois : 14 × 10 × 1,25 = 175 € ;
- rémunération totale : 2 123,38 + 175 = 2 298,38 €.

6510 **Cadre différent** Par dérogation, les heures supplémentaires sont décomptées dans un cadre différent de la semaine dans les cas suivants :
- **régimes particuliers** d'organisation de la durée du travail (nos 9500 s.) ;
- convention de **forfait** mensuel (nos 8450 s.) ou annuel (nos 8750 s.) ;
- **travail à domicile** : nos 87180 s. ;
- dans certaines **professions,** les textes permettent de calculer la durée du travail dans un cadre plus large que la semaine, par exemple dans les transports routiers (C. transports art. L 1321-2 et D 3312-41).

6520 **Cumul d'emploi** En cas de cumul d'emplois, les salariés ne peuvent pas totaliser les durées de travail accomplies auprès d'**employeurs distincts** pour avoir droit au paiement des heures supplémentaires.

À l'inverse, le régime des heures supplémentaires s'applique chaque fois que la durée totale du travail au service du **même employeur** dépasse la durée légale sans qu'il y ait lieu de distinguer suivant la nature des travaux effectués : ainsi jugé à propos d'un vendeur de magasin effectuant en plus de son horaire normal des heures de nettoyage (Cass. soc. 15-12-1961 n° 58-40.129 P).

Dans le cas où l'une des tâches est soumise à un **horaire d'équivalence,** voir n° 5910.

DURÉE COLLECTIVE SUPÉRIEURE À 35 HEURES

6530 Les entreprises dont la durée collective hebdomadaire est supérieure à 35 heures peuvent **mensualiser les heures supplémentaires** comprises entre 35 heures et cette durée : la rémunération mensuelle peut ainsi être calculée en multipliant la rémunération horaire par les 52/12 de la durée hebdomadaire de travail, en tenant compte des majorations de salaire correspondant aux heures supplémentaires accomplies (C. trav. art. L 3121-31).

Cette possibilité permet, à horaire constant, le versement d'une rémunération forfaitaire identique d'un mois à l'autre.

Pour un **modèle de bulletin de paie,** voir n° 94570.

ATTENTION

La faculté de mensualiser les heures supplémentaires ne concerne que les heures supplémentaires liées à l'**horaire collectif** de l'entreprise. Celles **effectuées au-delà** de cet horaire se décomptent par semaine et sont rémunérées en supplément. Elles font l'objet d'une ligne séparée du bulletin de paie, avec mention du taux de leur majoration. Par ailleurs, l'employeur n'est pas dispensé de **décompter le nombre d'heures** réellement effectuées pour déterminer les heures à imputer sur le contingent annuel et calculer les droits à contrepartie obligatoire en repos.

6540

EXEMPLE

Dans une **entreprise travaillant 39 heures** et appliquant la majoration légale de salaire de 25 %, la rémunération peut être calculée ainsi : 35 × (52/12) × taux horaire + (39 – 35) × (52/12) × 125 % du taux horaire, soit 151,67 heures rémunérées au taux normal et 17,33 heures supplémentaires rémunérées au taux majoré de 25 %.

Si la durée collective hebdomadaire est de **37 heures,** la rémunération mensualisée est calculée sur : 37 × 52/12 = 160,33 heures, dont 151,67 heures normales et 8,66 heures supplémentaires.

En cas de **remplacement** de la majoration par un **repos,** la mensualisation des heures supplémentaires permet de rémunérer les salariés sur la base de 169 heures par mois lorsqu'ils travaillent 39 heures par semaine. Sur le **bulletin de paie,** l'employeur peut, dans ce cas, continuer à indiquer une rémunération afférente à 169 heures, représentant les 151,67 heures mensuelles correspondant aux 35 heures hebdomadaires légales, auxquelles s'ajoutent 17,33 heures supplémentaires mensualisées, effectuées de la 36e à la 39e heure, rémunérées au taux normal.

HORAIRES INDIVIDUALISÉS

Les horaires individualisés permettent un **report d'heures d'une semaine à une autre.** Les heures de travail effectuées au cours d'une même semaine au-delà de la durée hebdomadaire légale ou conventionnelle ne sont pas considérées comme des heures supplémentaires, pourvu qu'elles résultent d'un libre choix du salarié (C. trav. art. L 3121-48). 6560

Les **limites et les modalités du report** d'heures peuvent être fixées par convention ou accord d'entreprise ou, à défaut, de branche (C. trav. art. L 3121-51). En l'absence d'accord, le report d'heures d'une semaine à une autre est limité à 3 heures et le cumul des reports est limité à 10 (C. trav. art. R 3121-30).

Aucune **majoration pour heures supplémentaires** n'est due au salarié qui détermine seul ses heures de présence dans l'entreprise. En revanche, toute heure effectuée à la demande expresse de l'employeur doit être rémunérée au tarif majoré des heures supplémentaires (Circ. du 21-4-1994), à condition, cependant, à notre sens, que la durée effectuée au titre de la semaine considérée excède la durée légale.

Le **salarié quittant l'entreprise** avec un crédit d'heures doit se faire régler ce crédit intégralement.

EXEMPLE

Soit un salarié effectuant 38 heures pendant une semaine pour se constituer un crédit d'heures de 3 heures : il n'aura droit à aucune heure supplémentaire.

Soit un salarié effectuant 39 heures pendant une semaine, soit 4 heures en plus de la durée légale de 35 heures, dont 3 heures pour se constituer un crédit d'heures et 1 heure à la demande expresse de l'employeur : il aura droit à une heure supplémentaire.

Si, au titre de la semaine suivante, il effectue 32 heures de sa propre initiative et 2 heures à la demande expresse de l'employeur, il n'aura droit à aucune heure supplémentaire, le seuil de 35 heures déclenchant l'application de ces heures n'ayant pas été franchi.

PREUVE DES HEURES ACCOMPLIES

En cas de **litige** relatif à l'**existence** ou au **nombre d'heures** de travail accomplies, l'employeur doit fournir au juge les éléments de nature à justifier les horaires effectivement réalisés par le salarié. Au vu de ces éléments et de ceux fournis par le salarié à l'appui de sa demande, le juge forme sa conviction après avoir ordonné, en cas de besoin, toutes les mesures d'instruction qu'il estime utiles (C. trav. art. L 3171-4). 6600

La **présomption** de qualification de travail effectif pour les heures correspondant à l'**horaire collectif** affiché et communiqué à l'inspecteur du travail n'est pas remise en cause par ces règles de preuve (Circ. du 17-3-1993).

ATTENTION

Les textes imposent aux chefs d'établissement, sous peine de sanctions pénales, de tenir à la disposition de l'inspecteur du travail les **documents** permettant d'établir le temps de travail des salariés pendant un an ou une durée équivalente à la période de référence en cas d'aménagement du temps de travail sur une période supérieure (C. trav. art. L 3171-3 et D 3171-16). En pratique, toutefois, ceux-ci doivent être **conservés** pendant une durée au moins égale à la prescription des salaires : voir n°s 15900 s. En effet, en cas de litige sur le nombre d'heures effectuées par le salarié, l'employeur devra fournir ces documents au juge (Cass. soc. 13-2-2002 n° 00-40.836 F-D ; 2-6-2004 n° 02-46.811 FS-PB ; 9-4-2008 n° 07-41.418 FS-PB).

Le **salarié** doit présenter, à l'appui de sa demande, des éléments suffisamment précis quant aux heures non rémunérées qu'il prétend avoir accomplies afin de permettre à l'**employeur,** qui assure le contrôle des heures de travail effectuées, d'y répondre utilement en produisant 6610 ses propres éléments (Cass. soc. 18-3-2020 n° 18-10.919 FP-PBRI ; 8-7-2020 n° 18-26.385 F-D ; 27-1-2021 n° 17-31.046 FP-PRI).

Pour autant, la **preuve** des heures de travail effectuées n'incombe spécialement à aucune des parties : le **juge du fond** forme sa conviction en tenant compte de l'ensemble des éléments de fait qui lui ont été soumis au regard des exigences légales et réglementaires applicables (Cass. soc. 18-3-2020 n° 18-10.919 FP-PBRI ; 8-7-2020 n° 18-26.385 F-D ; 27-1-2021 n° 17-31.046 FP-PRI). Il ne peut donc pas se fonder sur l'insuffisance des preuves apportées par le salarié pour rejeter sa demande, mais doit examiner les éléments de nature à justifier les horaires effectivement réalisés et que l'employeur est tenu de lui fournir (jurisprudence constante, notamment Cass. soc. 3-7-1996 n° 93-41.645 PB ; 30-11-2010 n° 09-43.080 F-D).

Le **juge** du fond qui a constaté l'existence d'heures supplémentaires en évalue souverainement l'importance et fixe les créances salariales afférentes. Il n'est pas tenu de préciser le détail du calcul appliqué (Cass. soc. 4-12-2013 n°s 12-17.525 FP-PBR, 12-11.886 FP-PBR, 12-22.344 FP-PBR et 11-28.314 FP-PBR ; 12-1-2016 n° 13-26.318 FS-PB), sans pouvoir pour autant évaluer forfaitairement la somme due (Cass. soc. 11-5-2022 n° 21-13.137 F-D).

ATTENTION

La preuve du **respect du repos** quotidien (Cass. soc. 23-5-2013 n° 12-13.015 D ; Cass. soc. 4-2-2015 n° 13-20.891 FS-PB) et des **durées maximales** du travail (Cass. soc. 20-2-2013 n° 11-28.811 FS-PB ; Cass. soc. 4-2-2015 n° 13-20.891 FS-PB ; Cass. soc. 23-5-2017 n° 15-24.507 D) incombe au seul **employeur,** les règles répartissant la charge de la preuve entre salarié et employeur exposées ci-dessus ne s'appliquant pas. Il en va ainsi y compris pour le télétravailleur (Cass. soc. 14-12-2022 n° 21-18.139 F-B).

6615 **ILLUSTRATIONS**

Constituent des **éléments suffisamment précis** : la production, par le salarié, d'un **décompte des heures** qu'il soutient avoir réalisées, calculé mois par mois, même sans explication ni indication complémentaire (Cass. soc. 24-11-2010 n° 09-40.928 FP-PBR ; 30-9-2015 n° 14-17.748 FS-PB), celle d'un décompte hebdomadaire, la mention des pauses méridiennes n'étant pas obligatoire (Cass. soc. 4-9-2019 n° 18-10.541 F-D ; 27-1-2021 n° 17-31.046 FP-PRI), non plus que des temps de trajet domicile-travail et des heures d'arrivées et de départ sur les lieux de mission (Cass. soc. 1-6-2022 n° 20-17.360 FS-B) ; ou celle de son **agenda personnel, corroboré** par des attestations d'autres salariés (Cass. soc. 8-12-2010 n° 09-66.138 F-D) ; ou encore celle de **tableaux** de type Word sans autres éléments les corroborant (Cass. soc. 8-7-2020 n° 18-26.385 F-D). Même solution pour la production, par les **ayants droit d'un salarié télétravaillant pour partie,** de tableaux de décompte des temps de travail de celui-ci sur plusieurs années, d'un rapport d'inspection du travail donnant ses heures de début et de fin de travail sur quelques jours non consécutifs, de relevés de mails et de diverses attestations (Cass. soc. 14-12-2022 n° 21-18.139 F-B). En tout état de cause, présenter des éléments suffisamment précis à l'appui d'une demande ne signifie pas en prouver le bien-fondé (Cass. soc. 10-5-2007 n° 05-45.932 FS-PBR ; 21-1-2009 n° 06-45.914 FS-D).

Lorsque les copies de pages d'un **agenda** remplies par le salarié ne sont **corroborées** par aucun élément extérieur et sont **contredites** par l'attestation versée par l'employeur, le juge peut débouter le salarié de sa demande en paiement d'heures supplémentaires (Cass. soc. 8-6-2011 n° 09-43.208 FS-PB).

Si l'**employeur ne produit aucun élément** de nature à justifier des horaires effectués par le salarié, le juge peut les déterminer à partir des seuls éléments fournis par le salarié, s'il les estime suffisants (Cass. soc. 13-10-1998 n° 96-42.373 D ; 14-10-1998 n° 96-42.440 D) : par exemple, lorsque le salarié fournit une description précise des tâches qu'il accomplit au-delà de l'horaire légal (Cass. soc. 7-2-2001 n° 98-45.570 F-D). Il en va de même lorsque le poste exige une grande disponibilité et des horaires flexibles, que le salarié a averti l'employeur de la situation de sous-effectif et de son obligation d'allonger la durée de son travail et qu'il a réclamé, en vain, la récupération des heures supplémentaires exécutées (Cass. soc. 26-11-2008 n° 07-42.773 F-D).

L'absence de signature par le salarié du **registre des heures supplémentaires** tenu par l'employeur ne suffit pas à écarter la demande du salarié qui fournit des éléments suffisamment précis (Cass. soc. 14-9-2005 n° 03-40.574 F-D).

Lorsque le **salarié établit** lui-même des **fiches de temps à la demande de l'employeur,** les juges peuvent estimer que la preuve des heures supplémentaires est rapportée (Cass. soc. 19-1-1999 n° 96-45.628 P). En effet, dans ce cas, les relevés effectués par le salarié ont à l'égard de l'employeur la même force probante que s'il avait décompté lui-même la durée du travail dès lors qu'il n'a élevé aucune contestation au moment de la remise chaque mois des documents par le salarié, ni effectué lui-même aucun contrôle (Circ. du 17-3-1993).

6620 Si le décompte des heures de travail effectif accomplies par chaque salarié est assuré par un système d'**enregistrement automatique,** celui-ci doit être fiable et infalsifiable (C. trav. art. L 3171-4).

D. Contingent annuel

OBJET ET SALARIÉS CONCERNÉS

Le contingent annuel d'heures supplémentaires fixe le seuil de déclenchement de la **contre-partie obligatoire en repos** : nos 7400 s. 6720

L'exécution d'heures supplémentaires au-delà du contingent doit donner lieu à une consultation du **comité social et économique,** l'employeur n'étant tenu, pour celles effectuées en deçà, qu'à une information préalable (C. trav. art. L 3121-33).

Le contingent s'applique à tous les **salariés** soumis à la réglementation des heures supplémentaires, à l'exception de ceux ayant conclu une convention de **forfait annuel en heures** (C. trav. art. D 3121-24).

FIXATION

Le contingent annuel d'heures supplémentaires est défini par **convention ou accord collectif** d'entreprise ou d'établissement ou, à défaut, par convention ou accord de branche. À défaut d'accord collectif, il est fixé par **décret** à 220 heures (C. trav. art. L 3121-33 et D 3121-24). 6740

› Précisions L'accord d'entreprise ou d'établissement peut fixer un contingent supérieur à celui de l'accord de branche, quelle que soit la date de conclusion de celui-ci (Circ. DGT 20 du 13-11-2008 ; Cass. soc. 1-3-2017 nº 16-10.047 FS-PBRI).

Il revient également à la convention ou à l'accord collectif d'entreprise ou d'établissement ou, à défaut, à la convention ou à l'accord de branche de fixer l'ensemble des **conditions d'accomplissement** des heures supplémentaires **au-delà du contingent** (C. trav. art. L 3121-33). Par exemple, l'accord peut fixer un plafond au dépassement du contingent (Circ. DGT 20 du 13-11-2008).

DÉCOMPTE

Le contingent annuel d'heures supplémentaires s'applique **individuellement** à chaque salarié. Les heures supplémentaires à imputer sur le contingent annuel sont les **heures effectuées au-delà** de la durée légale (C. trav. art. L 3121-30). 6780

Seules les **heures de travail effectif, ou assimilées** en vertu de la loi, doivent être prises en compte pour déterminer le nombre d'heures supplémentaires imputables sur le contingent, ce qui exclut les **périodes non travaillées,** telles que les contreparties obligatoires en repos et repos compensateur de remplacement, les jours de RTT, les congés payés ou autres, les périodes de maladie même rémunérées et les jours fériés chômés (Circ. DRT 7 du 6-12-2000).

› Précisions Certaines heures supplémentaires **ne s'imputent pas** sur le contingent annuel. C'est le cas notamment :
– des heures donnant lieu à un repos compensateur équivalent (nº 7270) ;
– des heures supplémentaires effectuées pour faire face à des **travaux urgents** dont l'exécution immédiate est nécessaire pour organiser des mesures de sauvetage, prévenir des accidents imminents ou réparer des accidents survenus au matériel, aux installations ou aux bâtiments de l'établissement (C. trav. art. L 3121-30) ;
– des heures de **dérogation permanente** à la durée légale du travail prévues par certains décrets d'application de la durée du travail ; pour plus de détails sur ces heures, voir Mémento social nº 29690 ;
– des heures effectuées au titre de la **journée de solidarité** (nº 71880).

E. Rémunération

1. MAJORATIONS

CAS D'APPLICATION

Les heures supplémentaires effectuées à la demande de l'employeur (nº 6300) donnent lieu à une rémunération à un **taux majoré** pouvant être remplacée par un **repos compensateur** (nos 7260 s.). 6950

Les majorations s'appliquent (Circ. DRT 4 du 21-4-1994) :
– quelle que soit la **catégorie d'heures** supplémentaires (comprises ou non dans le **contingent** annuel) ;
– quel que soit le **moment** où ces heures sont effectuées (heures effectuées la **nuit,** le **dimanche** ou un **jour férié,** etc.).

Selon nous, les **majorations** pour heures supplémentaires et les majorations conventionnelles pour travail de nuit, du dimanche ou des jours fériés, n'ayant pas le même objet, **se cumulent,** sauf stipulations contraires de la convention ou de l'accord collectif.

De même, le salarié peut cumuler les droits qu'il tient de la loi en matière de majorations pour heures supplémentaires et de contrepartie obligatoire en repos avec les **jours de détente** et les **majorations géographiques** prévus par la convention collective, dès lors que ces avantages conventionnels ont une finalité différente et s'acquièrent indépendamment du nombre d'heures de travail effectuées (Cass. soc. 2-12-2003 n° 01-46.235 FS-D).

CALCUL DE LA MAJORATION

6970 **Taux** Une **convention ou un accord collectif** d'entreprise ou d'établissement ou, à défaut, de branche prévoit le ou les taux de majoration des heures supplémentaires accomplies au-delà de la durée légale ou de la durée considérée comme équivalente. Ce taux ne peut pas être inférieur à 10 % (C. trav. art. L 3121-33).

À **défaut d'accord,** les heures effectuées au-delà de la durée légale hebdomadaire, ou de la durée considérée comme équivalente, donnent lieu à une majoration de salaire dont le taux est fixé à :
- **25 %** du salaire pour les 8 premières heures supplémentaires (de la 36e à la 43e incluse) ;
- **50 %** à partir de la 44e heure (C. trav. art. L 3121-36).

6980 **Base de calcul** Les majorations pour heures supplémentaires s'appliquent au **taux horaire des heures normales de travail,** lequel ne peut pas être inférieur au quotient du salaire brut sur l'horaire mensuel (Cass. soc. 11-5-2017 n° 16-12.482 FS-PB). Elles doivent être calculées sur la base du **salaire horaire effectif,** des **avantages en nature** (Cass. soc. 23-3-1989 n° 86-45.353 D) et des **primes** et indemnités ayant le caractère d'un salaire (Cass. soc. 25-4-2006 n° 05-42.968 F-D). Sont prises en compte les **primes** constituant la contrepartie directe du travail effectué ou inhérentes à la nature du travail et sont exclues celles qui ne dépendent pas du travail effectivement fourni par le salarié.

› **Précisions a.** En cas de **salaire horaire supérieur** à celui fixé par la convention collective, c'est sur le premier et non sur le second que doivent être calculées les majorations (Cass. soc. 29-4-1971 n° 70-40.026 P).

b. Pour les **salariés payés aux pièces ou à la tâche,** les majorations sont calculées à partir d'un salaire théorique. Le salaire retenu est égal au quotient de la rémunération globale par le nombre d'heures de travail. Ce salaire horaire fictif est alors affecté, pour chaque heure de travail accomplie au-delà de la durée légale du travail, des majorations pour heures supplémentaires.

c. En cas de **compensation** salariale pour **réduction d'horaire,** prenant la forme d'un **complément différentiel,** l'administration estime que ce complément n'a pas à être intégré à la base de calcul des heures supplémentaires, car il ne constitue pas la contrepartie directe du travail fourni (Circ. du 3-3-2000). La jurisprudence a toutefois retenu une solution inverse dans le cas particulier d'une prime de compensation salariale pour réduction d'horaire calculée en fonction du nombre réel d'heures travaillées (Cass. soc. 2-3-1993 n° 89-43.505 D).

7000 ILLUSTRATIONS

Doivent ainsi être **incluses** dans la base de calcul des majorations pour heures supplémentaires les primes suivantes : primes pour **travail des dimanches, des jours fériés ou de nuit** (Cass. soc. 29-10-1973 n° 72-40.199 P ; 22-5-2019 n° 17-22.376 F-D) ; primes de **dépaysement** destinées à compenser la gêne occasionnée par les conditions de travail hors de France (Cass. soc. 30-11-1983 n° 83-10.113 P ; 30-3-1994 n° 90-43.161 D) ; primes **d'assiduité** (Cass. soc. 26-10-1979 n° 78-41.113 P) ; primes individualisées de **vol** attribuées au personnel navigant aérien (Cass. soc. 28-5-1997 n° 94-42.835 P) ; prime de **bons services** versée à des conducteurs routiers lorsque les dispositions des règlements intérieurs et notes de service ont été respectées, cette prime étant la contrepartie directe d'un travail effectué, bonifié par une qualité de service particulière (Cass. soc. 11-3-1997 n° 93-44.619 D).

Doivent en revanche être **exclues** de cette base : une prime d'**ancienneté** essentiellement fonction de la durée de présence du salarié dans l'entreprise et ne dépendant pas du travail effectivement fourni (Cass. soc. 29-10-1973 n° 72-40.199 P ; 29-5-1986 n° 84-44.709 P), des primes de **panier,** dans la mesure où elles correspondent à des remboursements de frais (Cass. soc. 24-2-1982 n° 79-41.671 ; 19-1-1983 nos 80-40.879 et 80-40.881), une prime de **flexibilité** qui rémunère de manière forfaitaire une modalité d'exécution du travail et une prime d'**astreinte** qui ne correspond pas à du temps de travail effectif (Cass. soc. 27-1-2016 n° 14-11.069 F-D).

Les **gratifications annuelles,** 13e mois ou prime de vacances, ne sont incluses dans la base de calcul que lorsqu'elles constituent la contrepartie directe du travail effectué : tel est le cas, par exemple, pour des primes dont le paiement n'est soumis qu'à la seule condition que le contrat soit en cours d'exécution (Cass. soc. 25-4-2006 n° 05-42.968 F-D).

Quant aux primes de **productivité ou de rendement,** elles sont prises en compte si elles sont directement liées au travail d'un salarié ou à l'activité collective d'un groupe de salariés (Cass. soc. 29-4-1970 n° 69-40.263 P). Ainsi jugé pour une prime de production, fonction de la production d'un groupe d'ouvriers à laquelle contribue nécessairement le rendement individuel de chacun des salariés du groupe (Cass. soc. 29-10-2007 n° 06-42.426 FS-D). En revanche, en l'état actuel de la jurisprudence, les primes dépendant de la productivité générale restent exclues (Cass. soc. 29-4-1970 n° 69-40.263 P ; 5-3-1981 n° 79-40.282 P).

Le critère du rattachement direct à l'activité personnelle du salarié doit aussi être appliqué pour décider de l'inclusion, ou non, de **primes d'intéressement au chiffre d'affaires** dans la base de calcul des majorations (Cass. soc. 23-9-2009 n° 08-40.636 FS-PB).

Heures incomplètes Lorsque le salarié n'effectue pas un nombre entier d'heures supplémentaires, il faut convertir le nombre de minutes en centièmes afin d'appliquer au chiffre ainsi obtenu le taux horaire majoré. Pour cela, on peut utiliser le **tableau de conversion de minutes en centièmes** figurant n° 5220. 7010

EXEMPLE

Soit un salarié rémunéré au taux horaire de 13 €, ayant effectué au cours d'une semaine 3 heures 40 minutes en heures supplémentaires au-delà de la durée légale de 35 heures, soit 3,67 heures. En l'absence d'accord collectif, la rémunération de ces 3,67 heures supplémentaires est majorée de 25 %, soit : 3,67 × 13 × 1,25 = 59,64 €.

2. PAIEMENT ET RÉGIME DES HEURES SUPPLÉMENTAIRES

MODALITÉS ET DATE DE PAIEMENT

Les heures supplémentaires peuvent être rémunérées sur la base d'une **convention de forfait** (nos 8450 s.). 7100

Elles sont payées selon la même **périodicité** et aux mêmes **dates** que le salaire.

En pratique, un certain **décalage** dans le temps peut toutefois être admis entre leur date d'accomplissement et celle de leur paiement (voir n° 12500).

En tout état de cause, le décompte des heures supplémentaires dans le cadre de la semaine conduit à reporter au mois suivant le paiement des heures supplémentaires effectuées au cours des **semaines** se situant **à cheval sur deux périodes de paie.**

PREUVE ET DÉFAUT DU PAIEMENT

Le fait que le **salaire versé** soit **supérieur au minimum conventionnel** ne justifie pas en lui-même du paiement des heures supplémentaires. En effet, le salarié peut percevoir un salaire plus favorable que celui prévu par la convention collective. Le juge doit donc vérifier, en fonction du salaire horaire du salarié, si la totalité des heures supplémentaires a bien été rémunérée (Cass. soc. 20-1-1999 n° 97-40.286 D). 7120

Les heures supplémentaires devant être payées en tant que telles, le juge ne peut pas rejeter la demande du salarié en rappel d'heures supplémentaires au motif qu'il a perçu des sommes en plus de son salaire sans rechercher s'il ne s'agissait pas d'une **gratification** d'usage (Cass. soc. 27-3-2002 n° 00-40.464 F-D).

En cas de non-paiement des heures supplémentaires, l'employeur peut être condamné à verser, en plus de leur paiement et des intérêts de retard, des **dommages-intérêts** distincts des intérêts légaux (Cass. soc. 7-2-2001 n° 98-45.570 F-D), si le salarié apporte la preuve d'un préjudice (Cass. soc. 29-6-2017 n° 16-11.280 F-D). Il est également passible de **sanctions pénales** spécifiques (n° 6150) et, le cas échéant, de celles attachées au **travail dissimulé** (n° 7140). Enfin, la **rupture du contrat de travail** à l'initiative du salarié en raison du défaut de paiement de ses heures supplémentaires par l'employeur s'analyse en un **licenciement sans cause réelle et sérieuse** (Cass. soc. 21-5-2002 n° 99-45.890 FS-P).

› Précisions a. D'une manière générale, le versement, même volontaire, de **primes ou d'indemnités exceptionnelles** ne peut pas tenir lieu de paiement des heures supplémentaires. En effet, celles-ci n'ouvrent pas droit uniquement au paiement d'un salaire majoré, mais doivent s'exécuter dans le cadre du contingent annuel et ouvrent droit à la contrepartie obligatoire en repos (Cass. soc. 27-6-2000 n° 98-41.184 FS-P ; 21-1-2003 n° 01-40.453 F-D ; 15-3-2017 n° 15-25.102 F-D). Aucune **compensation** ne peut être effectuée entre les primes ou indemnités ainsi versées et les sommes dues au titre du paiement des heures supplémentaires (Cass. soc. 1-12-2005 n° 04-48.388 FS-PB).

b. Le fait pour le salarié de n'avoir formulé aucune réserve lors de la perception de son salaire, ni protesté contre l'horaire de travail pendant l'exécution de son contrat, ne vaut pas de sa part **renonciation** au paiement des heures supplémentaires (Cass. soc. 6-6-1985 n° 82-41.096 S ; 9-4-1998 n° 96-43.529 D).

BULLETIN DE PAIE

7140 Les heures supplémentaires doivent figurer sur le **bulletin de paie** correspondant à la paie à laquelle elles sont rattachées.

Il faut donc mentionner le **nombre d'heures** supplémentaires et leur **taux** en faisant apparaître distinctement les heures majorées à des taux différents (C. trav. art. R 3243-1, 5°).

Sur le nombre d'heures à indiquer en cas de **mensualisation** des heures supplémentaires, voir n° 6530. Sur le traitement de la **réduction** de cotisations salariales et des **déductions forfaitaires** de cotisations patronales de sécurité sociale, voir n° 8240.

Pour des **modèles** de bulletins de paie, voir n°s 94560 s.

ATTENTION

Le fait pour l'employeur de mentionner sur les bulletins de paie, de manière intentionnelle, un nombre d'heures de travail inférieur à celui réellement effectué constitue une **dissimulation d'emploi** (Cass. crim. 22-2-2000 n° 99-84.643 D ; Cass. soc. 29-10-2003 n° 01-44.940 FS-PB ; 20-2-2008 n° 06-44.964 F-P). Tel n'est pas le cas si seul le taux de majoration appliqué est erroné dès lors que l'ensemble des heures supplémentaires figure sur le bulletin de paie (Cass. soc. 1-2-2017 n° 15-23.039 F-D). Sur les **sanctions** applicables au travail dissimulé, voir Mémento social n°s 79480 s.

RÉGIME JURIDIQUE

7160 La rémunération des heures supplémentaires, majorations comprises, ayant la nature d'un **salaire** au regard du droit du travail, obéit aux règles applicables à celui-ci en matière de prescription (n°s 15900 s.), de saisie et de cession (n°s 15120 s.), de compensation avec les créances de l'employeur (n°s 14700 s.), de privilèges et superprivilèges sur les biens de l'employeur et d'assurance des créances des salariés en cas de procédure collective.

Elle constitue pour l'**entreprise** une **charge de personnel déductible** dans les conditions de droit commun (n°s 34200 s.) et doit être comprise dans les salaires à mentionner sur la **DSN** (n°s 36350 s.).

Sur la **réduction de cotisations salariales** et les **déductions forfaitaires de cotisations patronales** de sécurité sociale sur les heures supplémentaires, voir n°s 7700 s.

F. Repos compensateur de remplacement

OBJET ET MISE EN PLACE

7260 Il est possible de remplacer le **paiement** de **tout ou partie des heures supplémentaires** et des majorations s'y rapportant par un repos compensateur équivalent, c'est-à-dire, par exemple, 1 h 06 de repos pour chaque heure majorée de 10 %, 1 h 15 de repos pour chaque heure majorée de 25 % et 1 h 30 de repos pour chaque heure majorée de 50 %.

Le repos compensateur de remplacement peut être **mis en place** dans l'entreprise (C. trav. art. L 3121-33 et L 3121-37) :

– par **convention ou accord collectif** d'entreprise ou d'établissement ou, à défaut, par convention ou accord de branche ;

– par **décision de l'employeur,** dans les entreprises dépourvues de délégué syndical, si le comité social et économique (CSE), s'il existe, ne s'y oppose pas. En l'absence de représentants du personnel, le repos de remplacement peut être mis en place sur la seule décision de l'employeur.

ATTENTION

Lorsqu'un **délégué syndical** est **désigné** dans une entreprise qui jusque-là en était dépourvue, l'entreprise devenant alors assujettie à l'obligation de négocier, la **décision de l'employeur** d'instaurer le repos compensateur de remplacement doit être remplacée par un accord collectif dans le délai imparti pour cette négociation : à défaut, elle devient caduque (Cass. soc. 24-6-2014 n° 13-10.301 FS-PB ; 29-1-2020 n° 18-16.001 F-D).

RÉGIME JURIDIQUE

7270 Les heures supplémentaires donnant lieu à un repos compensateur équivalent ne s'imputent pas sur le **contingent** d'heures supplémentaires (C. trav. art. L 3121-30).

Le repos compensateur de remplacement s'ajoute à la **contrepartie obligatoire en repos** examinée n°s 7400 s.

Les conditions et les **modalités d'attribution et de prise** de ce repos peuvent être adaptées par la convention ou l'accord d'entreprise (C. trav. art. L 3121-33) ou par l'employeur après avis

du CSE (C. trav. art. L 3121-37). À défaut, celui-ci suit le même **régime** que la contrepartie obligatoire en repos (Circ. DRT 7 du 6-12-2000) : voir nos 7540 s.
S'agissant de l'**information** du salarié sur ses droits au repos compensateur de remplacement, voir nos 7600 s.

G. Contrepartie obligatoire en repos

1. DROIT À UNE CONTREPARTIE ET DURÉE

Une contrepartie obligatoire en repos est due pour toute heure supplémentaire accomplie **au-delà du contingent annuel** (C. trav. art. L 3121-30). **7400**
Elle est fixée à (C. trav. art. L 3121-33 et L 3121-38) :
– 50 % pour les entreprises de 20 salariés au plus ;
– 100 % pour celles de plus de 20 salariés.
Elle s'ajoute à la rémunération des heures au taux majoré (nos 6950 s.) ou au repos compensateur de remplacement (nos 7260 s.).
Ces contreparties peuvent **se cumuler** avec d'autres dispositifs de contreparties obligatoires en repos, par exemple en cas de travail de nuit (nos 73270 s.) ou du dimanche (no 73090).
Sur les modalités de **calcul de l'effectif** et le franchissement du seuil de 20 salariés, voir nos 18800 s.

ATTENTION
La **convention ou l'accord collectif** d'entreprise ou d'établissement ou, à défaut, de branche peut fixer une contrepartie en repos supérieure. Elle peut aussi accorder une contrepartie en repos pour les **heures accomplies dans le cadre du contingent** (C. trav. art. L 3121-33). Mais il s'agit là d'une **faculté,** le seuil de déclenchement et la durée de cette contrepartie relevant, dans le silence de la loi, de la seule négociation collective.

Contingents conventionnels négociés avant le 18-1-2003
Pour le déclenchement de la contrepartie obligatoire en repos, ces contingents s'appliquent dans la limite du contingent réglementaire (Loi 2003-47 du 17-1-2003 art. 2, B).
Ainsi, si le contingent conventionnel est inférieur à 220 heures, la contrepartie obligatoire en repos se déclenche dès le franchissement de ce contingent. Si le contingent conventionnel est supérieur à 220 heures, le repos se déclenche dès la 221e heure.

Ouvrent droit à la contrepartie obligatoire en repos les **heures de travail effectif,** ou **assimilées** en vertu de la loi, et réellement accomplies, ce qui exclut notamment la contrepartie obligatoire en repos elle-même, le repos compensateur de remplacement, les jours de RTT, les congés payés ou autres, les périodes de maladie même rémunérées, les jours fériés chômés, les périodes d'inaction prévues nos 5850 s., même rétribuées en vertu de l'usage ou de l'accord collectif (Circ. DRT 4 du 21-4-1994 ; Circ. DRT 7 du 6-12-2000). **7410**
Voir également, en ce qui concerne les **heures de délégation** des représentants du personnel (no 79180), la **journée de solidarité** (no 71880).

2. CARACTÉRISTIQUES ET CONDITIONS DE PRISE DU REPOS

CONVENTION OU ACCORD COLLECTIF

Les caractéristiques et les conditions de prise de la contrepartie obligatoire due pour les heures accomplies au-delà du contingent en repos peuvent être fixées par convention ou **accord collectif d'entreprise ou d'établissement,** ou, à défaut, par convention ou accord collectif de **branche** (C. trav. art. L 3121-33). **7520**

› Précisions Le Code du travail ne fixant aucune contrainte en la matière, les partenaires sociaux déterminent librement les conditions d'ouverture du droit à la contrepartie obligatoire en repos, la période et le délai de prise du repos, les modalités de la demande du salarié et de la réponse de l'employeur, les règles applicables en cas de demandes multiples et le délai maximum pendant lequel l'employeur peut demander le report de la prise du repos. Toutefois, les partenaires sociaux ne peuvent pas déroger, selon nous, à certains principes fixés par voie réglementaire : assimilation de la contrepartie à du travail effectif et conditions d'indemnisation de celle-ci (no 7570), octroi, le cas échéant, d'une indemnité au salarié dont le contrat de travail prend fin (no 7580).

DISPOSITIONS SUPPLÉTIVES

7540 **Ouverture du droit** À défaut de précision conventionnelle contraire, le droit à contrepartie obligatoire en repos est réputé ouvert dès que la durée de ce repos atteint **7 heures** (C. trav. art. D 3121-18).

Il convient de **totaliser** les repos acquis au titre de la contrepartie obligatoire en repos et, le cas échéant, ceux acquis au titre du **repos compensateur de remplacement** sauf, dans ce dernier cas, application de dispositions particulières (voir nº 7270).

7550 **Modalités de prise du repos** À défaut de stipulation conventionnelle contraire, la contrepartie obligatoire en repos peut être prise par **journée entière ou par demi-journée,** à la convenance du salarié (C. trav. art. D 3121-19, al. 1). La journée ou demi-journée de repos est déduite du droit à repos à raison du nombre d'heures de travail que le salarié aurait accomplies pendant cette journée ou cette demi-journée (C. trav. art. D 3121-18).

Elle est prise dans un **délai** maximum de 2 mois suivant l'ouverture du droit, sous réserve des cas de report définis nº 7560 (C. trav. art. D 3121-18).

> **Précisions** Le **délai** de 2 mois commence à courir dès que 7 heures de repos ont été accumulées. Le salarié doit alors prendre une journée ou une ou des demi-journées de repos dans ce délai. Le délai ne recommence à courir qu'à compter de l'acquisition de 7 heures de repos à nouveau. Ainsi, dans une entreprise où la durée du travail est organisée de telle manière qu'une demi-journée de travail dure 4 heures, si un salarié a acquis 7 heures et « consomme » une demi-journée, le délai de 2 mois n'est pas applicable aux 3 heures restantes ; il ne sera applicable que lorsque le salarié aura de nouveau accumulé 7 heures de repos, c'est-à-dire 4 heures de plus (Circ. DRT 7 du 6-12-2000).

7560 **Demande du salarié et réponse de l'employeur** Sauf stipulation conventionnelle contraire, le **salarié** adresse sa **demande** en précisant les date et durée du repos, au moins une semaine à l'avance (C. trav. art. D 3121-20).

Dans les 7 jours suivant la réception de la demande, l'**employeur** informe l'intéressé soit de son **accord,** soit, après consultation du comité social et économique, des raisons relevant d'impératifs liés au fonctionnement de l'entreprise qui motivent le **report de la demande.**

En cas de report, l'employeur propose au salarié une **autre date** à l'intérieur d'un délai d'au plus 2 mois (C. trav. art. D 3121-20 et D 3121-22) courant, selon nous, à compter de la date choisie initialement par le salarié.

Lorsque **plusieurs demandes** ne peuvent pas être simultanément satisfaites, elles sont départagées selon l'ordre de priorité suivant : demandes déjà différées, situation de famille, ancienneté dans l'entreprise (C. trav. art. D 3121-21).

> ATTENTION
>
> Le **salarié** qui **ne demande pas** à prendre ses repos ne les perd pas pour autant. Dans ce cas, l'**employeur** doit lui demander de les prendre effectivement dans un délai maximum d'un an (C. trav. art. D 3121-17). S'il ne le fait pas, il s'expose à devoir verser des **dommages-intérêts** si le salarié subit un préjudice dont le juge apprécie souverainement l'existence et l'importance.
>
> L'employeur n'est toutefois pas tenu de demander au salarié de prendre ses heures ou jours de repos affectés sur un **compte épargne-temps** (Cass. soc. 15-5-2019 nº 17-28.018 F-D).

7570 **Régime du repos** La contrepartie obligatoire en repos est assimilée à une période de **travail effectif** pour le calcul des droits du salarié. Elle donne lieu à une **indemnisation** qui ne peut entraîner aucune diminution de rémunération par rapport à celle que le salarié aurait perçue s'il avait accompli son travail (C. trav. art. D 3121-19, al. 2).

L'impossibilité de diminuer la rémunération du fait de la prise du repos aboutit à inclure la durée de ce repos pour le calcul des **majorations pour heures supplémentaires.** En revanche, ce repos n'est pas pris en compte pour vérifier le respect des durées maximales du travail, ni pour le calcul des heures s'imputant sur le contingent annuel, ni pour la détermination des droits à contrepartie obligatoire en repos (Circ. DRT 7 du 6-12-2000).

Le **repos compensateur de remplacement** visé nºs 7260 s. suit le même régime (Circ. DRT 7 du 6-12-2000).

> **Précisions** Selon l'administration, la règle de l'assimilation de la contrepartie obligatoire en repos à du **travail effectif** et celle selon laquelle l'**indemnisation** de cette contrepartie n'entraîne aucune diminution de la rémunération auraient un caractère supplétif (Circ. DGT 20 du 13-11-2008). Bien que, depuis la loi 2008-789 du 20-8-2008, ces règles figurent au nombre des dispositions réglementaires applicables à défaut de dispositions conventionnelles

contraires, cette position nous paraît contestable. En effet, avant l'intervention de la loi du 20-8-2008, ces deux règles, posées par la loi, étaient d'ordre public et il nous semble douteux que la convention ou l'accord puisse y déroger.

Fin du contrat Le salarié dont le contrat de travail prend fin avant qu'il ait pu bénéficier de la contrepartie obligatoire en repos à laquelle il a droit ou avant qu'il ait acquis des droits suffisants pour pouvoir prendre ce repos reçoit une **indemnité en espèces** dont le montant correspond à ses droits acquis (C. trav. art. D 3121-23, al. 1). 7580

Cette indemnité est également due en cas de **décès** du salarié à ceux de ses ayants droit qui auraient qualité pour obtenir le paiement des salaires arriérés (C. trav. art. D 3121-23, al. 2).

Elle a la nature d'un **salaire** (C. trav. art. D 3121-23, al. 3).

ATTENTION

Bien que cette règle figure désormais au nombre des dispositions réglementaires applicables à défaut de stipulations conventionnelles, il nous semble **douteux** que la **convention ou l'accord collectif puisse priver** le salarié ou ses ayants droit de cette indemnité correspondant à des droits acquis par le salarié.

Contrepartie non prise du fait de l'employeur Le salarié qui, du fait de l'employeur (absence d'information sur ses droits à repos ou information incomplète, contestation par l'employeur des heures supplémentaires effectuées, etc.), n'a pas été en mesure de formuler une demande de contrepartie obligatoire en repos a droit à l'**indemnisation du préjudice** subi. Celle-ci comprend une indemnité calculée comme si le salarié avait pris son repos et l'indemnité de congés payés correspondante (Cass. soc. 23-10-2001 nº 99-40.879 FS-PB ; 22-2-2006 nº 03-45.385 F-PB). 7590

ATTENTION

L'indemnité ainsi allouée a le caractère de dommages-intérêts et n'a pas à être intégrée dans l'assiette des **cotisations sociales** (Cass. soc. 28-3-2002 nº 00-17.851 F-D), ni à être prise en compte pour le calcul de l'**indemnité compensatrice de congés payés** (Cass. soc. 21-5-2002 nº 99-45.890 FS-P). Elle est soumise toutefois à la **prescription** applicable aux salaires : voir nºs 6600 s. (en ce sens, Cass. soc. 20-9-2005 nº 02-47.163 F-D ; 16-12-2005 nº 03-45.482 F-P).

3. INFORMATION DU SALARIÉ

DOCUMENT ANNEXÉ AU BULLETIN DE PAIE

Sauf stipulation conventionnelle contraire, les salariés sont informés du **nombre d'heures** de repos compensateur de remplacement et de contrepartie obligatoire en repos **portées à leur crédit** par un document annexé au bulletin de paie. Dès que ce nombre atteint 7 heures, le document comporte une mention notifiant l'**ouverture du droit** et l'obligation de le prendre dans un **délai** de 2 mois après son ouverture (C. trav. art. D 3171-11). 7600

L'existence d'une **convention de forfait** ne dispense pas l'employeur de ces obligations.

En cas d'**information incorrecte,** le salarié peut prétendre à des dommages-intérêts : voir nº 7590.

SALARIÉS NON OCCUPÉS SELON L'HORAIRE COLLECTIF

Lorsque les salariés d'un atelier, d'un service ou d'une équipe ne travaillent pas selon le même horaire collectif de travail affiché, un **document mensuel** dont le double est annexé au bulletin de paie est établi pour chaque salarié. Ce document **précise,** en plus des mentions indiquées ci-dessus (nº 7600) (C. trav. art. D 3171-12) : 7610

1º Le cumul des heures supplémentaires accomplies depuis le début de l'année ;

2º Le nombre d'heures de repos compensateur de remplacement acquis (nº 7260) ;

3º Le nombre d'heures de repos compensateur effectivement prises au cours du mois.

FORMAT

Les documents visés nºs 7600 s. peuvent être sous format **électronique** lorsque des garanties de contrôle équivalentes sont maintenues (C. trav. art. D 3171-15). 7620

› Précisions Les **moyens de conservation, de lecture et d'impression** du support doivent permettre à l'**agent de contrôle** de vérifier le respect des dispositions légales. L'entreprise doit présenter à celui-ci, le cas échéant, le code d'identification de l'ensemble des salariés et des différentes rubriques utilisées. Elle doit également mettre à sa disposition une personne compétente pour assurer le fonctionnement du système lors des contrôles. La bonne

conservation du support doit être assurée pendant une **durée minimale** d'une année. En cas de modulation de la durée du travail, ce délai doit s'appliquer à une période entière de modulation (Circ. DRT 9 du 17-3-1993). En pratique, il est recommandé de conserver ce support pendant une durée au moins égale à la prescription des salaires : voir n° 6600.

H. Allégements de cotisations et d'impôt

7700 Les heures supplémentaires et certains autres temps de travail supplémentaires ouvrent droit, pour les salariés, à une **réduction de cotisations salariales** et, dans certaines entreprises, à des **déductions forfaitaires de cotisations patronales** de sécurité sociale.

Les salariés sont également **exonérés d'impôt sur le revenu** à raison des rémunérations correspondantes dans la limite d'un plafond annuel.

1. TEMPS CONCERNÉS

HEURES SUPPLÉMENTAIRES

7710 La réduction de cotisations salariales et les déductions forfaitaires de cotisations patronales de sécurité sociale s'appliquent (CSS art. L 241-17, L 241-18 et L 241-18-1) :

– aux heures supplémentaires « **classiques** », définies aux articles L 3121-28 à L 3121-39 du Code du travail (n°s 6100 s.) ;

– aux heures supplémentaires incluses dans une convention de **forfait hebdomadaire ou mensuelle** et à celles effectuées au-delà de ces forfaits (n°s 8450 s.) ;

– aux heures effectuées au-delà de 1 607 heures par les salariés relevant de conventions de forfait **en heures sur l'année** ;

– aux heures supplémentaires effectuées dans le cadre du régime de **variation** de la durée du travail **sur une période supérieure à la semaine** (n°s 9550 s.), à l'exception des heures effectuées en deçà de 1 607 heures lorsque la durée annuelle fixée par l'accord est inférieure à ce niveau ;

– aux heures supplémentaires accomplies par les salariés bénéficiant d'un **temps partiel pour raisons personnelles** (n° 74830).

La réduction de cotisations salariales et les déductions forfaitaires de cotisations patronales ne sont pas applicables si la rémunération de l'heure supplémentaire ou du jour de repos auquel le salarié renonce (n° 7740) est placée sur un **compte épargne-temps** (CET). Elles ne sont pas non plus applicables au moment de la monétisation de ce CET (BOSS-Exo. HS-220-620).

La réduction de cotisations salariales ne s'applique pas si la majoration salariale est remplacée en totalité par un **repos compensateur de remplacement** (BOSS-Exo. HS-220). Dans les situations mixtes où les heures supplémentaires sont partiellement rémunérées « en temps » et « en argent », la rémunération « en argent » ouvre droit à la réduction de cotisations salariales (BOSS-Exo. HS-210). Sur le droit aux déductions forfaitaires en cas de repos compensateur de remplacement, voir n° 7970.

> **Précisions** **a.** Les **heures supplémentaires « structurelles »** intégrées à l'horaire de travail, qui résultent soit d'une durée collective de travail supérieure à la durée légale, soit d'une convention individuelle de forfait en heures prévoyant la réalisation d'un certain nombre d'heures supplémentaires, bénéficient de la réduction de cotisations salariales et des déductions forfaitaires de cotisations patronales (BOSS-Exo. HS-80-230-680). Il ne peut pas y avoir d'heures supplémentaires dites « structurelles » réalisées lors d'un contrat en temps partiel, y compris lors d'un passage en temps partiel thérapeutique (BOSS-Exo. HS-81). En cas d'absence du salarié réalisant habituellement des heures supplémentaires structurelles, voir n° 7720.
> **b.** Sont également concernées les heures supplémentaires accomplies dans le cadre d'un dispositif de **modulation,** de travail en cycles ou de réduction du temps de travail sous forme de jours de repos (n°s 9950 s.). En cas de modulation, la réduction de cotisations salariales et les déductions forfaitaires de cotisations patronales portent sur les heures décomptées à l'issue de la période de référence prévue par le dispositif (BOSS-Exo. HS-60-620).
> **c.** Les heures d'**équivalence,** c'est-à-dire les heures effectuées entre la durée légale du travail et la durée « à temps plein » spécifique à ces professions, ne sont pas concernées par les dispositifs de réduction et de déductions forfaitaires. Ne sont pas non plus concernées les heures effectuées au-delà de la durée légale de travail mais qui n'ont pas la nature de temps de travail effectif (périodes d'**astreinte, heures de prolongation permanente** applicables dans certaines professions, etc.) (BOSS-Exo. HS-40-50-620). En revanche, le temps de travail effectif au cours d'une période d'astreinte, dès lors qu'il revêt le caractère d'une heure supplémentaire, peut bénéficier de ces dispositifs (Cass. 2e civ. 14-3-2019 n° 17-26.707 F-PB).

EXEMPLES 7712

1. Pour un conducteur routier « longue distance » effectuant 50 heures sur une semaine, seules sont considérées comme des heures supplémentaires, et donc éligibles aux exonérations, les 7 heures comprises entre la durée d'équivalence fixée à 43 heures pour cette catégorie de personnel et les 50 heures de sa durée de travail effective (BOSS-Exo. HS-50).

2. Pour une salariée dont le temps de travail est décompté sur une période de 4 semaines, en application d'un accord d'entreprise, et effectuant 40 heures la première semaine, 40 heures la deuxième, 27 heures la troisième et 40 heures la quatrième, la durée hebdomadaire de travail s'établit à 36,75 heures par semaine et 7 heures supplémentaires sont donc décomptées à l'issue de la période de 4 semaines (BOSS-Exo. HS-60).

Congés ou absences En principe, seules les heures supplémentaires « **effectuées** » ouvrent droit à la réduction et aux déductions forfaitaires de cotisations (BOSS-Exo. HS-30). Toutefois, pour l'administration, lorsque le salarié qui réalise habituellement des heures supplémentaires structurelles (n° 7710, a) est absent, elles peuvent être prises en compte, dans le cadre de la réduction salariale ou des déductions forfaitaires de cotisations patronales, dans les conditions suivantes : 7720

– en cas de **maintien intégral de la rémunération,** les heures supplémentaires structurelles sont réputées réalisées et ouvrent donc droit aux allégements (BOSS-Exo. HS-240-675) ;

– en cas de **maintien partiel** de la rémunération ou à **défaut de maintien** de celle-ci, les heures supplémentaires structurelles sont prises en compte au prorata du rapport entre la rémunération versée au cours du mois et celle qui aurait dû être versée si le salarié n'avait pas été absent, selon la même règle de proratisation que celle décrite n° 22175 (BOSS-Exo. HS-250-680).

EXEMPLE

Pour un salarié rémunéré sur la base d'un salaire horaire de 15 € et travaillant dans un établissement au sein duquel la durée collective de travail est de 37 heures (soit une durée de travail journalière de 7,4 heures), sa rémunération mensuelle habituelle est égale à :

(15 × 1 820/12) + (2 × 15 × [1 + 25 %] × 52/12) = 2 437,50 € et le nombre d'heures supplémentaires pris en compte par mois est égal à : 2 × 52/12 = 8,67.

Si le salarié est absent une journée au cours d'un mois comptant habituellement 23 jours travaillés, une retenue sur salaire est appliquée, égale à : 2 437,50 × 7,4/(7,4 × 23) = 105,98 €. Le nombre d'heures supplémentaires prises en compte au cours de ce mois pour le calcul de la réduction de cotisations salariales est donc égal à : 8,67 × (2 437,50 – 105,98)/2 437,50 = 8,29 (BOSS-Exo. HS-250).

RENONCIATION À DES JOURS DE REPOS

La réduction de cotisations salariales et les déductions forfaitaires de cotisations patronales de sécurité sociale s'appliquent à la rémunération des jours de travail effectués **au-delà de** 218 jours par les salariés au forfait en jours sur l'année ayant renoncé à des jours de repos dans les conditions exposées n°s 8990 s. (CSS art. L 241-17, I-4° , L 241-18, II et L 241-18-1, II). 7740

› Précisions Sur le droit aux allégements au titre des jours placés sur un **compte épargne-temps,** voir n° 7710.

HEURES COMPLÉMENTAIRES

Les heures complémentaires effectuées par les salariés à temps partiel ouvrent droit à la **réduction de cotisations** salariales mais **pas** aux **déductions forfaitaires** de cotisations patronales. 7750

Dans le cadre de la réduction de cotisations salariales, sont concernées les heures effectuées **au-delà** de la durée du travail fixée par le contrat de travail dans les **limites** autorisées par la législation sur le temps partiel (CSS art. L 241-17, I-5°) et exposées n°s 74560 s.

Les heures complémentaires ouvrent droit à la réduction de cotisations salariales même si le contrat de travail ne mentionne pas la limite dans laquelle le salarié peut effectuer de telles heures (Cass. 2e civ. 21-10-2021 n° 20-10.455 F-B ; BOSS-Exo. HS-110).

ATTENTION

Ne bénéficient pas de la réduction de cotisations salariales (BOSS-Exo. HS-140-150) :

– les heures « **de complément** » effectuées en raison d'une augmentation temporaire de la durée contractuelle de travail ;

– les heures accomplies au-delà de la durée contractuelle dans le cadre d'un **temps partiel modulé.**

CATÉGORIES PARTICULIÈRES DE SALARIÉS

7760 La **réduction de cotisations salariales** s'applique également (CSS art. L 241-17, I-6° et 7°) :
– aux heures supplémentaires accomplies par des **assistants maternels** au-delà d'une durée hebdomadaire de 45 heures et, pour ceux à temps partiel, aux heures complémentaires accomplies au sens de la convention collective nationale qui leur est applicable ;
– aux heures supplémentaires accomplies par les **salariés employés par des particuliers** (aucune exonération n'est prévue, en revanche, au titre des heures complémentaires).

> **› Précisions** Sont aussi dans le champ de la **réduction de cotisations salariales** les heures supplémentaires ou complémentaires effectuées par des salariés dont la durée du travail n'est **pas régie** par les règles de **droit commun du Code du travail** relatives à la durée du travail mais par d'autres dispositions légales ou conventionnelles spécifiques (CSS art. L 241-17, I-8° ; BOSS-Exo. HS-170). Sont concernés, par exemple, les **travailleurs à domicile.** Pour ces salariés, la réduction s'applique sur les heures de travail excédant la durée légale ou conventionnelle de travail applicable (BOSS-Exo. HS-170).
> Pour le droit aux **déductions forfaitaires** de cotisations patronales au titre de ces catégories particulières de salariés, voir n° 7830.

2. RÉDUCTION DE COTISATIONS SALARIALES

7770 Les salariés ont droit, au titre des heures supplémentaires et complémentaires ou des jours de travail supplémentaires visés n°s 7710 s., à une réduction de cotisations salariales d'assurance vieillesse.

SALARIÉS CONCERNÉS

7775 La réduction de cotisations salariales s'applique à l'ensemble des salariés du **secteur privé** : cadres ou non-cadres, à l'exception toutefois des cadres dirigeants au sens indiqué n° 6180, salariés sous contrat à durée indéterminée ou contrat à durée déterminée, sous contrat d'apprentissage ou de professionnalisation, etc.

Les **dirigeants de société** cumulant un contrat de travail avec leur mandat social peuvent en bénéficier au titre de leur contrat de travail, sauf s'ils exercent en tant que cadre dirigeant.

TEMPS CONCERNÉS ET CONDITIONS D'APPLICATION

7780 La réduction de cotisations salariales s'applique aux heures supplémentaires et complémentaires ainsi qu'aux jours et temps de repos auxquels le salarié renonce (n°s 7710 s.).

Elle est inapplicable lorsque les salaires ou éléments de rémunération versés au titre des heures supplémentaires ou complémentaires **se substituent à d'autres éléments de rémunération,** à moins qu'un délai de 12 mois ne se soit écoulé entre le dernier versement de l'élément de rémunération en tout ou partie supprimé et le premier versement des salaires ou éléments de rémunération ouvrant droit à la réduction (CSS art. L 241-17, V).

Bien que ni la loi ni le règlement ne le prévoient, l'administration considère que la réduction est conditionnée, comme les déductions forfaitaires de cotisations patronales (n° 7970), au **respect** par l'employeur des dispositions légales et conventionnelles relatives à la **durée du travail** (BOSS-Exo. HS-190).

Son bénéfice est en outre subordonné à l'accomplissement des **formalités** prévues n° 8220.

> ATTENTION
> La réduction de cotisations salariales sur les heures supplémentaires s'applique aussi à la rémunération versée aux salariés à la suite de la **monétisation temporaire** de journées ou demi-journées de repos acquises en application d'un dispositif d'**aménagement du temps de travail** sur plusieurs semaines ou de journées ou demi-journées de **RTT** : voir respectivement n°s 9650 s. et 10470.

ASSIETTE

7782 **Généralités** La réduction de cotisations salariales d'assurance vieillesse s'applique à la **rémunération** des heures ou temps visés n°s 7710 s. et aux **majorations salariales** dans la limite des **taux** prévus par la convention ou l'accord collectif applicable (CSS art. L 241-17, IV).

À défaut de convention ou d'accord, la réduction s'applique à la rémunération majorée dans la limite, s'agissant de la majoration de salaire (CSS art. L 241-17, IV) :
– pour les **heures supplémentaires,** des taux de 25 % pour les 8 premières heures et 50 % pour les suivantes ;
– pour les **heures complémentaires,** des taux de 10 % pour les heures n'excédant pas 1/10e de la durée contractuelle de travail et 25 % pour celles excédant cette limite ou, en cas d'augmentation temporaire de la durée du travail par avenant, du taux de 25 % pour les heures accomplies au-delà.

La **rémunération horaire** à prendre en compte est l'ensemble de la rémunération assujettie à cotisations sociales, à l'exclusion des primes qui ne sont pas la contrepartie du travail ou de la présence effective (telles que les primes d'ancienneté et d'assiduité), rapportée au nombre d'heures, sans tenir compte ni des heures supplémentaires ni de leur rémunération. Les remboursements de frais professionnels sont aussi exclus de la base de calcul (BOSS-Exo. HS-310).

> Précisions En cas d'application d'une **déduction forfaitaire spécifique pour frais professionnels,** la base de calcul de la réduction salariale est la rémunération retenue après application de cette déduction (BOSS-Exo. HS-330) : voir l'exemple 2 au n° 7792.

EXEMPLE 7784

Pour un salarié à temps plein rémunéré 15 € par heure dans une entreprise dont la durée collective est égale à 35 heures hebdomadaires, ayant réalisé 6 heures supplémentaires sur le mois, et bénéficiant d'une prime de technicité de 200 € ainsi que d'une prime d'ancienneté de 100 €, la rémunération majorée des heures supplémentaires du mois est obtenue par le calcul suivant :
[(15 × [35 × 52/12]) + 200]/[35 × 52/12] × 125 % = 20,40 € par heure supplémentaire (d'après BOSS-Exo. HS-310).

Forfait en heures Pour les forfaits en heures, une **rémunération horaire** doit être calculée à partir de la rémunération totale et du nombre d'heures incluses dans le forfait, en prenant en compte les majorations (BOSS-Exo. HS-340). 7786

EXEMPLE

Pour un salarié ayant un forfait de 175 heures par mois, rémunéré 2 700 € par mois, la rémunération horaire prenant en compte la majoration des 23,33 heures supplémentaires incluses dans le forfait (175 – 151,67 = 23,33) s'élève, si le taux de majoration applicable est de 25 %, à :
2 700/[151,67 + (23,33 × 1,25)] = 14,93 €.

La rémunération à prendre en compte pour la réduction s'élève donc à 23,33 × 14,93 × 1,25 = 435,40 € (BOSS-Exo. HS-340).

Apprentis Pour les apprentis, la réduction au titre des heures supplémentaires ou complémentaires s'applique uniquement sur la part de **rémunération supérieure à 79 % du Smic,** à proportion de la part de la rémunération des heures supplémentaires dans le total de la rémunération (BOSS-Exo. HS-350). 7787

Pour un **modèle de bulletin de paie,** voir n° 95390.

EXEMPLE

Pour un apprenti ayant réalisé 160,67 heures au cours du mois de février 2023, dont 9 heures supplémentaires majorées de 25 %, rémunéré à 90 % du Smic, soit 1 652,52 € dont 114,13 € liés à la réalisation de ces heures supplémentaires, la rémunération de ces heures représente (9 × 1,25)/[151,67 + (9 × 1,25)] = 11,25/162,92 = 6,91 % de la rémunération totale.

Sa rémunération excède au titre de ce mois de 302,16 € le plafond de 79 % du Smic (1 350,36 € en février 2023). Dans ce cas, l'exonération au titre des heures supplémentaires ne s'appliquera que sur 6,91 % de la rémunération excédant 79 % du Smic, soit 302,16 × 6,91 % = 20,88 € (d'après BOSS-Exo. HS-350).

TAUX DE LA RÉDUCTION

Le taux de la réduction de cotisations salariales est égal à la somme des taux de chacune des cotisations de retraite de base et complémentaire effectivement à la charge du salarié, dans la **limite** de 11,31 % (CSS art. D 241-21). 7788

> Précisions a. Pour les salariés dont la rémunération **ne dépasse pas le plafond de la sécurité sociale,** le taux de réduction est, pour le cas général, égal au taux maximum de 11,31 %, soit 7,3 % d'assurance vieillesse de base et 4,01 % de retraite complémentaire (BOSS-Exo. HS-360).

Pour ceux dont la rémunération **dépasse le plafond** de la sécurité sociale, la réduction est calculée en fonction d'un taux moyen, les taux de cotisations de retraite étant différents pour les parts de la rémunération inférieure et supérieure au plafond. Le **taux moyen** est égal au rapport entre le montant total des cotisations salariales de retraite (vieillesse de base, complémentaire et contribution d'équilibre général) et la rémunération, sans pouvoir dépasser 11,31 % (BOSS-Exo. HS-380).

b. Pour les salariés soumis à un **taux spécifique** soit du fait de l'application de taux réduits (sur les cotisations de retraite de base ou complémentaire), soit du fait d'une répartition dérogatoire des cotisations de retraite complémentaire dues à l'Agirc-Arrco, le taux de réduction est ajusté en fonction des taux effectivement applicables au salarié, dans la limite du taux de droit commun de 11,31 % (BOSS-Exo. HS-370). Pour des exemples, voir n° 7792.

c. Les taux des cotisations de **prévoyance complémentaire** et de la **contribution Apec** ne doivent pas être pris en compte pour la détermination du taux de réduction (BOSS-Exo. HS-380). En revanche, la **contribution d'équilibre technique** (CET) entre dans le calcul de la réduction (BOSS-Exo. HS-380).

7789 EXEMPLE

En **2023,** pour un salarié **cadre** rémunéré 4 296,70 € par mois (donc supérieur au plafond de la sécurité sociale), dont 296,70 € sont liés à la réalisation de 9 heures supplémentaires (majorées au taux légal de 25 %), le montant des cotisations salariales sur l'ensemble de la rémunération est égal à 484,47 €, dont :

– 419,76 € pour la part de la rémunération inférieure ou égale au plafond de la sécurité sociale (3 666 × 11,45 %). Le taux de 11,45 % correspond à la somme des taux suivants : assurance vieillesse de base (7,3 %) + retraite complémentaire (3,15) + CEG (0,86 %) + CET (0,14 % applicable dès le premier centime si la rémunération est supérieure au plafond de la sécurité sociale).

– et 64,71 € pour la part de la rémunération supérieure à ce plafond (630,70 × 10,26 %). Le taux de 10,26 % correspond à la somme des taux suivants : assurance vieillesse de base déplafonnée (0,40 %) + retraite complémentaire sur T2 (8,64 %) + CEG (1,08 %) + CET (0,14 %).

En plus des cotisations salariales d'assurance vieillesse, ce salarié est également soumis à la contribution Apec non prise en compte dans ce calcul.

Le taux moyen de cotisation effectif est donc de 484,47/4 296,70 = 11,28 %. Le montant de la réduction applicable sur les heures supplémentaires est en conséquence égal à 296,70 € × 11,28 % = 33,47 € (d'après le BOSS-Exo. HS-380).

CALCUL ET IMPUTATION

7790 Le **montant** de la réduction de cotisations est égal au produit du taux défini ci-dessus et des rémunérations des heures ou jours ouvrant droit à réduction (CSS art. L 241-17, II). La rémunération prise en compte est celle des heures supplémentaires ou complémentaires ou du temps de travail additionnel ou du jour de repos auquel le salarié renonce, en tenant compte des majorations associées (BOSS-Exo. HS-270-280).

Le montant de la réduction est limité aux cotisations d'origine légale et conventionnelle dont le salarié est redevable au titre des heures concernées.

La réduction est **imputée** sur le montant des cotisations salariales d'assurance vieillesse de base dues par le salarié sur l'ensemble de sa rémunération, que celles-ci soient dues au titre de la rémunération de base ou de celle des heures supplémentaires (BOSS-Exo. HS-460), pour les périodes au titre desquelles elle est attribuée et ne peut pas dépasser ce montant.

› Précisions **a.** Dans le cas général, l'imputation de la réduction est limitée au montant des cotisations d'**assurance vieillesse de base** dues au titre de la rémunération du mois (ou de la période de paie pour les salariés non mensualisés). Toutefois, dans le cas où les heures supplémentaires ou complémentaires sont décomptées sur une période différente du mois civil, le montant de la réduction peut être imputé si nécessaire sur les cotisations dues au titre des périodes d'activités postérieures donnant lieu à la rémunération de ces heures (BOSS-Exo. HS-490).
b. Aucune imputation n'est à réaliser sur les cotisations salariales de **retraite complémentaire** (BOSS-Exo. HS-470) qui doivent donc être payées intégralement dans des conditions normales.

7792 EXEMPLES

1. Cas d'une entreprise appliquant un taux global de cotisation de retraite complémentaire sur la tranche 1 de 6,20 % (appelé à 7,87 %) avec une part salariale égale à 40 %. Le taux global de CEG applicable sur la tranche 1 est de 2,15 %. Un salarié non cadre travaillant à temps plein dans le secteur privé payé 13 € de l'heure (soit 1 971,71 € par mois) effectue au cours d'un mois 8 heures supplémentaires rémunérées avec une majoration de 25 %.

– Rémunération des heures supplémentaires : 13 € × 125 % × 8 = 130 €.

– Taux de cotisation salariale de retraite complémentaire : (7,87 × 0,4) + (2,15 × 0,4) = 4,01 %.

– Taux de réduction : 6,90 % de cotisations vieillesse plafonnées + 0,40 % de cotisations vieillesse déplafonnées + 4,01 % de cotisations de retraite complémentaire Agirc-Arrco = 11,31 %.

– Montant de la réduction : 130 € × 11,31 % = 14,70 €.

– Limite d'imputation sur les cotisations vieillesse de base : 1 971,71 × (6,90 % + 0,40 %) = 143,93 €.

Les 14,70 € de réduction peuvent donc être intégralement déduits.

2. Même entreprise que dans l'exemple 1. Un salarié bénéficiant d'une déduction forfaitaire spécifique pour frais de 10 % payé 1 800,00 € par mois effectue au cours d'un mois 10 heures supplémentaires rémunérées avec une majoration de 25 %.

– Rémunération des heures supplémentaires : (1 800/151,67) × 125 % × 10 = 14,83 × 10 = 148,30 €.

– Taux de cotisation de retraite complémentaire : (7,87 × 0,4) + (2,15 × 0,4) = 4,01 %.

– Taux de réduction : 6,90 % de cotisations vieillesse plafonnées + 0,40 % de cotisations vieillesse déplafonnées + 4,01 % de cotisations de retraite complémentaire Agirc-Arrco = 11,31 %.
– Application de la DFS sur les heures supplémentaires : 148,30 € × 90 % = 133,47 €.
– Montant de la réduction : 133,47 × 11,31 % = 15,10 €.
– Limite d'imputation sur les cotisations vieillesse de base : (1 800 + 148,30) × 90 % × (6,90 % + 0,40 %) = 128,00 €. Les 15,10 € de réduction peuvent donc être intégralement déduits.

3. Un salarié non cadre travaillant à temps plein dans le secteur privé payé 15 € de l'heure (soit 2 275,05 € par mois) effectue au cours d'un mois 10 heures supplémentaires rémunérées avec une majoration de 25 %. L'entreprise applique un taux global de cotisation de retraite complémentaire sur la tranche 1 de 6,20 % (appelé à 7,87 %) avec une part salariale égale à 30 %. Le taux global de CEG applicable sur la tranche 1 est de 2,15 %.
– Rémunération des heures supplémentaires : 15 € × 125 % × 10 = 187,50 €.
– Taux de cotisation de retraite complémentaire : (7,87 × 0,3) + (2,15 × 0,4) = 3,22 %.
– Taux de réduction : 6,90 % de cotisations vieillesse plafonnées + 0,40 % de cotisations vieillesse déplafonnées + 3,22 % de cotisations de retraite complémentaire Agirc-Arrco = 10,52 %.
– Montant de la réduction : 187,50 € × 10,52 % = 19,73 €.
– Limite d'imputation sur les cotisations vieillesse de base : 2 275,05 × (6,90 % + 0,40 %) = 166,08 €.
Les 19,73 € de réduction peuvent donc être intégralement déduits.

RÈGLES DE CUMUL

En cas d'application d'une **exonération totale ou partielle** de cotisations salariales de sécurité sociale, de **taux réduits,** d'assiettes ou de **montants forfaitaires** de cotisations, la réduction s'applique dans la limite des cotisations effectivement à la charge du salarié (CSS art. L 241-17, VI et D 241-22). 7795

3. DÉDUCTIONS FORFAITAIRES DE COTISATIONS PATRONALES

a. Champ d'application

TEMPS CONCERNÉS

Les employeurs de certaines entreprises ont droit, au titre des **heures supplémentaires** ou des jours de travail supplémentaires visés nos 7710 s., aux déductions forfaitaires de cotisations patronales. 7800

Sur l'application des déductions forfaitaires de cotisations patronales sur les heures supplémentaires à la rémunération versée aux salariés à la suite de la **monétisation temporaire** de journées ou demi-journées de repos acquises en application d'un dispositif d'**aménagement du temps de travail** sur plusieurs semaines ou de journées ou demi-journées de **RTT,** voir respectivement nos 9650 s. et 10470.

ATTENTION

Les déductions ne sont pas applicables pour les **heures complémentaires** effectuées par les **salariés à temps partiel.**

EMPLOYEURS VISÉS

Les heures supplémentaires et les autres temps de travail supplémentaires ouvrent droit, dans les **entreprises de moins de 20 salariés** et **depuis le** 1-10-2022, dans les **entreprises de 20 à moins de 250 salariés** (CSS art. L 241-18 et art. L 241-18-1 issu de LFSS pour 2023), à des déductions forfaitaires de cotisations patronales visant à compenser partiellement le surcroît de cotisations patronales lié à leur exécution. 7810

Elle s'applique, dans les mêmes conditions, en France métropolitaine, dans les **départements d'outre-mer** et à **Saint-Pierre-et-Miquelon** (Loi 2007-1223 du 21-8-2007 art. 1er, XV ; LFSS pour 2023 art. 22, I).

Sur les modalités de **calcul de l'effectif** et le **franchissement du seuil** de 20 salariés, voir nos 18800 s.

> **Précisions** **a.** Depuis 2020 (effectif déterminé au regard des données 2019), en application du **dispositif de neutralisation de l'effet de seuil** prévu par l'article L 130-1 du CSS, lorsque son effectif atteint ou franchit le seuil de **20 salariés,** l'employeur peut continuer à bénéficier de la déduction forfaitaire de 1,5 € pendant les 5 années suivant ce franchissement de seuil (par **exemple,** pour un franchissement du seuil de 20 salariés au 1-1-2023 – effectif déterminé au regard des données 2022 –, l'employeur peut continuer à bénéficier de la déduction forfaitaire de 1,50 € jusqu'au 31-12-2027) (d'après le BOSS-Exo. HS-560).
> **b.** Au titre des **heures** supplémentaires **effectuées depuis le 1-10-2022,** l'entreprise qui franchit le seuil de **250 salariés** peut bénéficier de la déduction forfaitaire de 0,5 € applicable pendant les 5 années suivant le franchissement

de ce seuil (par **exemple,** l'entreprise qui a franchi le seuil de 250 salariés au 1-1-2021 – effectif déterminé au regard des données 2020 – et qui maintient son effectif à au moins 250 salariés peut bénéficier de la déduction forfaitaire de 0,50 € au titre des heures supplémentaires effectuées du 1-10-2022 jusqu'au 31-12-2025 (le délai de 5 ans court à partir du 1-1-2021 même si la déduction ne s'applique qu'à compter du 1-10-2022) (BOSS-Exo. HS-570).

c. Le cas échéant, il doit être tenu compte successivement des périodes de neutralisation de 5 années civiles liées aux franchissements des **seuils de 20 puis de 250 salariés,** pour les heures supplémentaires effectuées à compter du 1-10-2022. Lorsque l'entreprise franchit l'un de ces seuils **à la baisse** pendant ces 5 années civiles de neutralisation, cela a pour effet d'ouvrir à nouveau le droit au bénéfice de la déduction de 0,50 € ou de celle 1,50 € en fonction du seuil franchi à la baisse. En cas de nouveau franchissement à la hausse de l'un de ces seuils, une nouvelle période de neutralisation peut s'appliquer (BOSS-Exo. HS-580-590).

SALARIÉS CONCERNÉS

7830 Les salariés ouvrant droit pour leur employeur aux déductions forfaitaires de cotisations patronales sont les mêmes que ceux ouvrant droit à la **réduction générale** de cotisations patronales (nº 21820).

Toutefois, à la différence de cet allégement, les déductions forfaitaires sont indépendantes du **montant de la rémunération** perçue par le salarié.

Les **salariés à temps partiel** n'y ouvrent pas droit.

› Précisions Certaines **catégories particulières de salariés,** qui ne relèvent pas du droit commun de la durée du travail, ouvrent droit aux déductions forfaitaires de cotisations patronales selon les modalités définies par **décret,** à paraître (CSS art. L 241-18, VI et L 241-18-1, VI).

b. Conditions

7970 Le bénéfice des déductions est subordonné aux conditions suivantes (CSS art. L 241-18, IV et art. L 241-18, IV) :

– **respect** par l'employeur des dispositions légales et conventionnelles relatives à la **durée du travail** ;

– **rémunération** de l'heure supplémentaire **au moins égale à** celle d'une heure non majorée ;

– **non-substitution** des revenus d'activité liés aux heures supplémentaires ou aux jours de travail supplémentaires à **d'autres sommes soumises à cotisations sociales,** à moins qu'un délai de 12 mois ne se soit écoulé entre le dernier versement de l'élément de rémunération en tout ou partie supprimé et le premier versement des revenus d'activité ouvrant droit aux déductions.

Le bénéfice des déductions forfaitaires est en outre subordonné au respect des **formalités** prévues nº 8220 et de la **règle** européenne dite « **de minimis** » (nº 8100).

› Précisions Il résulte de la règle selon laquelle la rémunération de l'heure supplémentaire doit être au moins égale à celle d'une heure non majorée qu'en cas de recours au **repos compensateur de remplacement** les déductions forfaitaires ne sont accordées que si au moins 100 % de la rémunération due au titre de cette heure sont versés au salarié. Elles ne le sont pas si la rémunération versée correspond uniquement à la majoration de 25 % (ou de 50 %) ou a fortiori si l'heure supplémentaire et sa majoration sont entièrement compensées par un repos équivalent.

c. Mise en œuvre

MONTANT DES DÉDUCTIONS

8100 Les déductions s'élèvent à (CSS art. D 241-24, L 241-18, II, L 241-18-1, II ; Décret 2022-1506 du 1-12-2022 art. 1) :

– 1,50 € par **heure** supplémentaire et à 7 fois ce montant, soit 10,50 €, pour chaque **jour** de repos auquel renonce un salarié sous convention de forfait en jours au-delà de 218 jours par an, dans les entreprises de **moins de 20 salariés** ;

– 0,50 € par **heure** supplémentaire et à 7 fois ce montant, soit 3,50 €, pour chaque **jour** de repos auquel renonce un salarié sous convention de forfait en jours au-delà de 218 jours par an, dans les entreprises de **20 à moins de 250 salariés.**

Dans le cas où le **nombre d'heures ou de jours** de repos ouvrant droit aux déductions n'est pas un nombre entier, ces montants sont **arrondis** au centime le plus proche (BOSS-Exo. HS-710).

ATTENTION

Pour bénéficier des déductions forfaitaires, l'employeur doit s'assurer que le montant des déductions forfaitaires et des autres aides entrant dans le champ de la **règle européenne dite « de minimis »** n'excède pas, sur une période de 3 exercices fiscaux dont l'exercice en cours, un plafond de 200 000 € (100 000 € dans les transports routiers) (CSS art. D 241-24 et L 241-18, IV et L 241-18-1, IV). Pour plus de précisions sur l'appréciation de ce plafond, voir Mémento fiscal nº 92660.

IMPUTATION DES DÉDUCTIONS

Les déductions forfaitaires sont imputées sur l'ensemble des **cotisations et contributions patronales** dues par l'employeur aux Urssaf pour chaque salarié concerné **au titre de l'ensemble de sa rémunération** versée au moment du paiement de la durée de travail supplémentaire et ne peuvent pas dépasser ce montant (CSS art. L 241-18, III et L 241-18, III). Le montant des cotisations patronales dues aux Urssaf ne peut par conséquent pas être négatif. 8120

Sur l'imputation des déductions **en cas de cumul** avec une autre mesure d'exonération de cotisations, voir n° 8150.

› Précisions a. En pratique, l'ensemble des cotisations sociales patronales est d'abord calculé, dans les conditions habituelles, sur la rémunération totale, incluant la rémunération des heures supplémentaires ou des jours de travail supplémentaires, majorations comprises.

b. En cas de **modulation,** d'**annualisation** ou de **forfait annuel en jours,** les heures supplémentaires et les jours travaillés au-delà de 218 jours ouvrent droit aux déductions au moment de leur paiement, à l'issue de la période de référence prévue par le dispositif (BOSS-Exo. HS-640 et 60). Si cette période coïncide avec l'année civile, ils ne sont connus définitivement et rémunérés qu'en fin d'année. Dans ce cadre, il est possible que le montant à déduire soit supérieur au montant des cotisations et contributions patronales dues par l'employeur en décembre. Toutefois, les Urssaf n'admettent pas la transmission de montants de cotisations négatifs en DSN. Si un montant négatif apparaît, le déclarant doit prendre contact avec son Urssaf de rattachement pour une gestion de la situation en bilatéral (Cahier technique DSN 2023 p. 46).

RÈGLES DE CUMUL

Les déductions forfaitaires sont cumulables avec d'autres **dispositifs d'exonération de cotisations patronales** de sécurité sociale, dans la **limite** du montant de ces cotisations et des contributions patronales recouvrées selon les mêmes règles restant dues par l'employeur au titre de l'ensemble de la rémunération du salarié concerné (CSS art. L 241-18, IV et art. L 241-18-1, IV). 8140

Le cumul est ainsi autorisé notamment avec les exonérations suivantes :

– la **réduction générale de cotisations** patronales (n° 21840) et les **taux réduits de cotisations** d'allocations familiales et maladie (n° 22670) ;

– l'exonération de cotisations en faveur des **jeunes entreprises innovantes** (n°s 22830 s.) ;

– l'exonération de cotisations pour embauche en **zone de revitalisation rurale** (ZRR) (n°s 23030 s.) ;

– l'exonération de cotisations accordée aux entreprises implantées en **zone franche urbaine** (ZFU) (n°s 23740 s.) ou dans un **bassin d'emploi à redynamiser** (n°s 24290 s.) ;

– l'exonération de cotisations applicable aux entreprises implantées dans une **zone de restructuration de la défense** (n°s 24400 s.) ;

– l'exonération de cotisations attachées au **contrat de professionnalisation** (n°s 84400 s.) ;

– l'exonération de cotisation d'allocations familiales pour certains **régimes spéciaux de sécurité sociale** ;

– l'exonération de cotisations en faveur des entreprises implantées dans les **DOM.**

Les déductions forfaitaires peuvent être appliquées par l'employeur si le salarié concerné bénéficie par ailleurs de la **réduction de cotisations salariales** d'assurance vieillesse sur les heures supplémentaires (BOSS-Exo. HS-730).

ATTENTION

Le **cumul** des déductions forfaitaires **avec la réduction générale de cotisations** entraîne, du fait des règles de cumul applicables à cette dernière (n° 21840), l'impossibilité d'appliquer une autre des exonérations de cotisations énumérées ci-dessus, à l'exception des taux réduits de cotisations d'allocations familiales et maladie.

Les déductions forfaitaires **interviennent après** application des autres exonérations de cotisations patronales auxquelles l'entreprise peut prétendre (BOSS-Exo. HS-730) et s'imputent sur les cotisations patronales de sécurité sociale et les contributions patronales restant dues suivant les règles exposées n° 8120. 8150

Lorsque les déductions interviennent après l'application de la **réduction générale** de cotisations patronales ou d'une autre exonération calculée sur une base annuelle, le montant des cotisations et contributions sur lequel elle peut s'imputer est celui calculé au mois le mois, sans tenir compte de l'effet des **régularisations** postérieures de la réduction ou de l'exonération sur ce montant (BOSS-Exo. HS-730).

4. EXONÉRATION D'IMPÔT SUR LE REVENU

8170 Pour les heures réalisées depuis le 1-1-2022, les salariés bénéficient, dans la limite de 7 500 € par an, d'une exonération d'impôt sur le revenu à raison de la rémunération des heures supplémentaires et complémentaires (majorations comprises) et des autres temps assimilés (CGI art. 81 quater modifié par loi 2022-1157 du 16-8-2022 art. 4 : JO 17).

Le **champ et les conditions** de cette exonération sont calqués sur ceux de la réduction de cotisations salariales : voir nº 7775 (salariés concernés) et nº 7780 (temps et rémunérations concernés et condition de non-substitution).

La rémunération des heures supplémentaires et complémentaires défiscalisées est exclue de la base du **prélèvement à la source** de l'impôt sur le revenu.

› Précisions a. Il est admis que chaque employeur applique la limite annuelle d'exonération sans tenir compte des éventuelles rémunérations d'heures supplémentaires ou complémentaires perçues par le salarié auprès d'**autres employeurs** (net-entreprises, fiche nº 2110).

b. Aucune proratisation en fonction de la **durée d'activité** n'est à réaliser (temps partiel notamment ou contrats sur une période inférieure à l'année entière) (net-entreprises, fiche nº 2110).

c. L'exonération d'impôt sur le revenu de la rémunération des **jours de repos** auxquels le salarié renonce avec l'accord de son employeur vient en concurrence avec celle de la rémunération des heures supplémentaires pour l'appréciation de la limite de 7 500 €, voir nº 9650.

d. Selon l'administration, la **CSG** assise sur les heures supplémentaires et complémentaires exonérées d'impôt sur le revenu est intégralement non déductible du revenu imposable dans la mesure où ces heures sont également, en pratique, exonérées de cotisations sociales salariales (BOSS-Exo. HS-450). La limite d'exonération annuelle s'apprécie au regard de la **rémunération nette imposable** afférente aux heures supplémentaires ou complémentaires. Du fait de la non-déductibilité de la CSG, la limite de 7 500 € correspond à un montant brut de 8 037 € (net-entreprises, fiche nº 2110).

e. Les heures supplémentaires et complémentaires qui ne sont pas exonérées fiscalement continuent toutefois de bénéficier de la **réduction de cotisations salariales** (nºˢ 7770 s.).

5. FORMALITÉS

DOCUMENTS RELATIFS AU TEMPS DE TRAVAIL

8220 L'application de la réduction de cotisations salariales et des déductions forfaitaires de cotisations patronales ne requiert de la part de l'employeur aucune **déclaration préalable** auprès de l'administration mais il doit, en revanche, **tenir à la disposition** des agents chargés du **contrôle** des organismes de recouvrement des cotisations de sécurité sociale les documents relatifs au temps de travail dont la tenue est imposée par les articles D 3171-1 à D 3171-15 du Code du travail (CSS art. L 241-18, V, L 241-18-1, V et D 241-25 et décret 2022-1506 du 1-12-2022 art. 3).

› Précisions Lorsque les **données** contenues dans les documents relatifs au **temps de travail** ne sont **pas immédiatement accessibles,** l'employeur complète ces informations, au moins une fois par an, pour chaque salarié, par un **récapitulatif hebdomadaire** du nombre d'heures supplémentaires ou complémentaires effectuées, ou du nombre d'heures de travail lorsque le décompte des heures supplémentaires n'est pas établi par semaine (CSS art. D 241-25) :

– indiquant le mois au cours duquel ces heures sont rémunérées ;

– et distinguant les heures supplémentaires et complémentaires en fonction du taux de majoration qui leur est applicable.

Lorsque les **heures supplémentaires** résultent d'une durée collective hebdomadaire de travail supérieure à la durée légale et font l'objet d'une **rémunération mensualisée,** l'indication de cette durée collective suffit à satisfaire l'obligation prévue ci-dessus pour les heures supplémentaires comprises dans la durée collective (CSS art. D 241-25).

BULLETIN DE PAIE

8240 Le montant de la **réduction de cotisations salariales** est affiché sur une ligne distincte du bulletin de paie, après les lignes relatives aux cotisations et contributions sociales salariales et patronales (BOSS-Exo. HS-410).

Les **déductions forfaitaires de cotisations patronales** doivent figurer sur le bulletin de paie : voir nº 13705.

Le **montant** net des heures complémentaires ou supplémentaires **exonérées d'impôt sur le revenu** doit être indiqué sur le bulletin de paie, voir nº 13830.

Pour des **exemples de bulletins de paie,** voir nºˢ 94560 s.

DSN

La **déduction forfaitaire de cotisations patronales** dans les entreprises de moins de 250 salariés doit être déclarée en DSN (net-entreprises, fiche n° 2066) : 8260
– au niveau agrégé dans le bloc 23 en utilisant le code type de personnel 004 (entreprise de moins de 20 salariés) ou 005 (entreprise de 20 à moins de 250 salariés). Le montant de la déduction doit apparaître en positif ;
– au niveau nominatif dans le bloc 81 en utilisant le code de cotisation 021. L'employeur doit préciser le montant des heures supplémentaires ayant donné lieu à la déduction et le montant de la déduction. Ce dernier doit comporter un signe négatif.

Le montant de la **réduction de cotisations salariales** doit être déclaré en DSN :
– au niveau agrégé dans le bloc 23 en utilisant le code type de personnel 003. Le montant de la réduction doit apparaître en positif ;
– au niveau nominatif dans le bloc 81 en utilisant le code de cotisation 114. Le montant de la réduction doit apparaître en négatif (net-entreprises, fiche n° 2066).

Le **nombre d'heures supplémentaires** concernées par les allégements n'est pas à déclarer en partie agrégée. Il doit figurer seulement dans la partie nominative dans le bloc 51, sous les codes 017 – Heures supplémentaires ou complémentaires aléatoires ou 018 – Heures supplémentaires structurelles (net-entreprises, fiche n° 2066). Ce nombre d'heures correspond à la somme des heures proratisées comme indiquée n° 8100, arrondie à l'heure la plus proche. Ainsi, toute heure commencée finissant avant 50 centièmes est arrondie à l'heure inférieure et toute heure finissant à partir de 50 centièmes est arrondie à l'heure supérieure. Cette précision, issue d'une circulaire Acoss du 24-10-2007, est à notre sens toujours applicable.

ATTENTION

La réduction de cotisations salariales s'impute uniquement sur les cotisations vieillesse de base et la CSG et la CRDS restent dues. Ainsi, dans le bloc 78 le montant versé au titre des heures supplémentaires et complémentaires doit être intégré dans les **bases assujetties** 02 – Assiette brute plafonnée, 03 – Assiette brute déplafonnée et 04 – Assiette de la contribution sociale généralisée (net-entreprises, fiche n° 2066).

Au plan fiscal, dans le bloc Versement individu de la **DSN,** le montant net de la rémunération des heures supplémentaires et complémentaires, défiscalisées ou non, doit être inclus dans la Rémunération nette fiscale (S21.G00.50.002), alors que la rémunération de celles de ces heures qui sont défiscalisées est exclue du montant à porter en Montant soumis au PAS (S21.G00.50.013) et doit être portée, pour son montant brut, à la rubrique S21.G00.51.013 du bloc Rémunération, Type 026 : Heures supplémentaires exonérées (net-entreprises, fiche n° 2066). 8265

Le salaire imposable figurant sur la **déclaration de revenus préétablie** doit normalement exclure la rémunération des heures supplémentaires et complémentaires défiscalisées. Dans le cas contraire les salariés devront corriger le montant erroné. L'attestation fiscale annuelle généralement fournie par l'employeur les aidera à cette vérification. Il est donc conseillé de veiller à ce qu'elle comporte les informations nécessaires.

SECTION 3 CONVENTIONS DE FORFAIT

A. Forfaits en heures sur la semaine ou le mois

Lorsque l'horaire de travail comporte l'**accomplissement régulier d'heures supplémentaires,** il est possible de conclure une convention individuelle de forfait en heures sur la semaine ou le mois incluant un nombre déterminé d'heures supplémentaires. 8450

Ce type de convention peut être conclu avec tout **salarié** (C. trav. art. L 3121-56).

Sur l'obligation, pour le salarié dont la **convention** de forfait est **irrégulière,** d'étayer sa demande de rappel d'heures supplémentaires, voir n° 8750.

Sur les incidences de la conclusion ou de la modification d'un **accord de performance collective,** voir n° 68550.

ATTENTION

Les **accords conclus** en application des articles L 3121-40 à L 3121-51 du Code du travail dans leur **rédaction antérieure** à la publication de la loi du 20-8-2008 (JO 21) restent en vigueur (Loi 2008-789 du 20-8-2008 art. 19, III).

CONDITIONS DE VALIDITÉ

8470 Pour être valable, la convention individuelle de forfait en heures sur la semaine ou le mois doit répondre aux 3 conditions cumulatives exposées ci-après.

ATTENTION

Seul le salarié peut se prévaloir de la nullité de la convention de forfait en heures (Cass. soc. 30-3-2022 nº 20-18.651 FS-B).

8480 **Accord écrit du salarié** Première condition, le recours au forfait suppose l'accord du salarié et une convention individuelle établie par écrit (C. trav. art. L 3121-55).

À la différence des conventions de forfait annuel, les conventions de forfait sur la semaine ou le mois n'ont pas à être autorisées par une convention ou un **accord collectif.**

En cas de litige, celui qui invoque une convention individuelle de forfait doit en apporter la **preuve** (Cass. soc. 6-7-1999 nº 96-45.512 D ; 21-11-2000 nº 98-44.026 FS-P ; 29-9-2021 nº 19-21.032 F-D).

› Précisions Même lorsque le principe en est posé par la convention collective, le paiement des heures supplémentaires selon un forfait nécessite un **accord particulier** entre l'employeur et le salarié (Cass. soc. 10-3-2004 nº 01-46.369 FS-PB ; 9-4-2008 nº 07-41.918 FS-PB). Il ne peut pas résulter d'un usage d'entreprise (Cass. soc. 31-3-1998 nº 96-41.878 P ; 6-7-1999 nº 97-41.290 P).

La règle selon laquelle les conventions de forfait en heures sur la semaine ou le mois doivent être établies par **écrit** s'applique aux **conventions** conclues depuis le **22-8-2008.**

Elle s'impose également, selon la Cour de cassation, pour celles **conclues** entre cette date et la loi du 19-1-2000 avec des **cadres** ne faisant partie ni des cadres dirigeants, ni des cadres intégrés à l'horaire collectif (Cass. soc. 26-3-2008 nº 06-45.990 FS-PBR ; 16-12-2008 nº 07-42.107 FS-PBR ; 31-1-2012 nº 10-17.593 FS-PB).

Il existe une incertitude sur les forfaits en heures sur la semaine ou le mois conclus avant le 22-8-2008 avec des **non-cadres** ou des cadres suivant l'horaire collectif, dont la jurisprudence avait admis qu'ils n'étaient pas nécessairement établis par écrit (Cass. soc. 11-1-1995 nº 93-41.525 D). À notre sens, compte tenu de l'évolution légale et jurisprudentielle décrite ci-dessus, les employeurs ont intérêt à régulariser la situation en concluant avec les intéressés une convention individuelle écrite.

8490 **Détermination du nombre d'heures supplémentaires** Deuxième condition de validité du forfait, le nombre d'heures correspondant au forfait doit être déterminé.

Le forfait doit donc déterminer un salaire global destiné à rémunérer les heures de travail effectuées en précisant explicitement le nombre d'heures comprises dans ce forfait (Note DRT 2-6-1997).

› Précisions **a.** La seule fixation d'une **rémunération forfaitaire,** sans détermination du nombre d'heures supplémentaires incluses dans cette rémunération, ne permet pas de caractériser une convention de forfait (Cass. soc. 19-1-1999 nº 96-45.628 P ; 3-5-2011 nº 09-70.813 FS-PB ; 15-12-2021 nº 15-24.990 FS-B). De même, la seule référence à l'horaire collectif de l'entreprise ou à la durée maximale de travail ne suffit pas à déterminer le nombre d'heures comprises dans la convention de forfait (Cass. soc. 3-12-2003 nº 01-44.041 F-D ; 9-5-2019 nº 17-27.448 FS-PB).

b. Les salariés relevant d'une convention de forfait en heures sur la semaine ou le mois étant soumis au **contingent annuel d'heures supplémentaires,** le forfait ne peut pas prévoir un nombre d'heures supplémentaires conduisant à dépasser celui-ci.

8500 **Rémunération minimale** Troisième condition de validité de la convention, la rémunération du salarié sous convention de forfait en heures doit être au moins égale à la rémunération minimale applicable dans l'entreprise pour le nombre d'heures correspondant au forfait, augmentée des majorations pour heures supplémentaires prévues aux articles L 3121-28, L 3121-33 et L 3121-36 (C. trav. art. L 3121-57).

Une convention de forfait **désavantageuse** pour le salarié est **nulle.** Le salarié peut alors réclamer la différence entre la rémunération qui lui est due compte tenu des heures supplémentaires réellement effectuées et le salaire forfaitaire versé (Cass. soc. 18-1-1961 nº 59-40.920 ; 18-3-1981 nº 79-41.700).

FONCTIONNEMENT DU FORFAIT

8520 Les salariés au forfait en heures sur la semaine ou le mois sont soumis au **contingent annuel** d'heures supplémentaires (nºs 6720 s.) et à la **journée de solidarité** (nºs 71800 s.).

Seules les **heures** supplémentaires **effectuées au-delà de l'horaire convenu au forfait** doivent être rémunérées aux taux majorés en plus du forfait (Cass. soc. 9-4-1970 nº 69-40.170 ;

6-11-1991 n° 88-43.669 D ; 16-6-1998 n° 96-42.139 D ; 8-7-2020 n° 18-23.366 F-D). La majoration est alors calculée sur la base du salaire contractuel (Cass. soc. 5-1-2000 n° 97-44.606 D).

Si le **nombre d'heures** effectuées est **inférieur au forfait,** le salaire forfaitaire doit être versé tant que l'accord n'a pas été modifié (Cass. soc. 8-5-1961 n° 59-40.910).

L'existence d'une convention de forfait ne dispense pas l'employeur de **décompter la durée du travail** effectuée par le salarié, en particulier pour vérifier si le forfait n'est pas dépassé et pour calculer les droits à la contrepartie obligatoire en repos.

EXEMPLE 8530

Soit un salarié embauché selon un **salaire forfaitaire** établi sur la base de **39 heures** par semaine. S'il effectue un **horaire hebdomadaire supérieur** à 39 heures, il doit bénéficier d'une majoration pour ces heures supplémentaires non intégrées dans son salaire de départ. En revanche, même si l'horaire hebdomadaire tombe **en dessous** de 39 heures, il reste rémunéré sur la base du salaire forfaitaire correspondant aux 39 heures convenues.

Temps non couverts par le forfait Les effets d'une convention de forfait sont limités aux situations visées par les parties : jugé ainsi que la rémunération forfaitaire convenue ne peut pas s'appliquer aux **activités exceptionnelles** imposées par l'employeur dans des conditions de travail différentes des conditions habituelles (par exemple, organisation de salons), ces activités devant donc être rémunérées en heures supplémentaires, en plus du forfait (Cass. soc. 5-2-1997 n° 94-42.222 D). 8540

Dans le même ordre d'idées, les **temps d'astreinte** n'étant pas du travail effectif, les compensations financières des astreintes s'ajoutent au salaire forfaitaire (Cass. soc. 4-5-1999 n° 96-45.453 P).

Contrepartie obligatoire en repos L'existence d'une convention de forfait ne prive pas le salarié de son droit à contrepartie obligatoire en repos sur les heures supplémentaires réellement effectuées (Cass. soc. 2-2-1994 n° 91-45.514 P ; 5-1-2000 n° 97-44.606 D) ou à une **indemnité équivalente** s'il n'a pas pu bénéficier du repos du fait de son licenciement, laquelle est nécessairement exclue de la rémunération forfaitaire dont les parties auraient pu convenir (Cass. soc. 3-2-1994 n° 90-43.456 D). 8550

En effet, la convention de forfait n'a pour objet que le salaire dû en rémunération de l'horaire forfaitaire convenu ; ce salaire ne peut pas intégrer un avantage accordé par la loi sous forme de repos rémunérés comme du temps de travail.

MODIFICATION DU FORFAIT

Du fait de son caractère contractuel, la convention de forfait ne peut être modifiée qu'avec l'**accord** des parties. L'employeur ne peut pas modifier unilatéralement le nombre d'heures supplémentaires incluses dans le forfait et recalculer la rémunération en conséquence (Cass. soc. 6-7-1999 n° 96-45.787 PB ; 7-2-2001 n° 99-40.869 F-D). 8570

Il en est ainsi même en cas de **modification de la durée collective du travail** de l'entreprise.

BULLETIN DE PAIE

La **nature** et le **volume du forfait** auquel se rapporte le salaire doivent figurer sur le bulletin de paie (C. trav. art. R 3243-1). Aucune formulation n'étant préconisée par les textes, il est par exemple possible d'indiquer « forfait hebdomadaire xx heures » ou « forfait mensuel xxx heures ». 8590

En cas d'**heures supplémentaires** accomplies au-delà de cette durée, le nombre de ces heures ainsi que leur taux de majoration et leur rémunération doivent apparaître distinctement (Circ. 30-3-1989).

Sur la **réduction de cotisations salariales** et la **déduction forfaitaire de cotisations patronales** de sécurité sociale sur les heures supplémentaires, voir n°s 7700 s.

Pour des **modèles** de bulletin de paie avec forfait, voir n°s 94620 s.

B. Forfaits sur l'année

NÉCESSITÉ D'UN ACCORD COLLECTIF

La conclusion de conventions individuelles de forfait sur l'année, **en heures ou en jours,** doit être prévue par accord collectif d'entreprise ou d'établissement ou, à défaut, par convention ou accord de branche (C. trav. art. L 3121-63). 8700

L'accord détermine (C. trav. art. L 3121-64, I) :
– les **catégories de salariés** susceptibles de conclure une convention individuelle de forfait ;
– la **période de référence** du forfait (année civile ou autre période de 12 mois consécutifs) ;
– le **nombre d'heures ou de jours** compris dans le forfait ;
– les conditions de **prise en compte des absences,** des arrivées et des départs en cours de période pour la rémunération des salariés. Pour des méthodes de calcul, voir nº 8920 s. ;
– et les **caractéristiques principales** de ces conventions.

Sur les autres mentions devant être prévues dans les accords collectifs autorisant les **forfaits jours,** voir nºs 8890 et 8950.

Sur les incidences de la conclusion ou de la modification d'un **accord de performance collective,** voir nº 68550.

ATTENTION

Lorsqu'un **accord collectif de branche** autorise les forfaits en jours, mais renvoie à un **accord d'entreprise ou d'établissement** le soin de définir leurs modalités de mise en place, les conventions individuelles conclues en l'absence d'un tel accord ne sont pas valables et le salarié peut donc prétendre au paiement de ses heures supplémentaires (Cass. soc. 19-9-2012 nº 11-19.016 F-D ; 9-5-2018 nº 16-26.910 F-D). Par ailleurs, un **salarié transféré** dans une autre entreprise ne peut conserver sa convention individuelle de forfait en jours que si, dans cette entreprise, un accord collectif autorise ce type de forfait (Cass. soc. 15-5-2014 nº 12-14.993 F-D).

Ces 2 règles, dégagées à propos des conventions de forfait en jours, sont, selon nous, applicables aux conventions de forfait annuel en heures.

1. FORFAIT ANNUEL EN HEURES

MISE EN PLACE

8750 Sous réserve d'être prévue par **convention ou accord collectif** (nº 8700), la conclusion d'une convention individuelle de forfait en heures sur l'année est possible :
– avec les **cadres** dont la nature des fonctions ne les conduit pas à suivre l'horaire collectif applicable au sein de l'atelier, du service ou de l'équipe auxquels ils sont intégrés ;
– avec les **salariés** qui disposent d'une réelle autonomie dans l'organisation de leur emploi du temps (C. trav. art. L 3121-56 ; Cass. soc. 27-6-2012 nº 11-12.527 F-D).

Dans tous les cas, l'application du forfait suppose la conclusion avec chaque salarié d'une **convention individuelle de forfait,** requérant son **accord** et passée par **écrit** (C. trav. art. L 3121-55 ; Cass. soc. 26-3-2008 nº 06-45.990 FS-PBR ; 16-12-2008 nº 07-42.107 FS-PBR). Le salarié se prévalant de l'existence d'un forfait peut se voir opposer l'absence d'écrit (Cass. soc. 4-11-2015 nº 14-10.419 FS-PB).

La convention individuelle de forfait doit fixer la durée annuelle de travail et la **rémunération** correspondante.

Le salarié dont la **convention de forfait** est **irrégulière** peut prétendre à un rappel de salaire pour heures supplémentaires, à condition de présenter des éléments suffisamment précis à l'appui de sa demande : dans ce cas, en effet, le droit commun de la durée du travail s'applique, y compris le régime de la preuve des heures de travail effectuées examiné nºs 6600 s. (Cass. soc. 5-6-2013 nº 12-14.729 F-D).

ATTENTION

Il est interdit de conclure une convention de forfait annuel en heures avec le **personnel roulant** des entreprises de **transport routier** (C. transports art. L 3313-2).

8760 Pour déterminer le **nombre d'heures par an à fixer dans la convention de forfait** au début de la relation contractuelle, 2 méthodes peuvent être envisagées :
– **méthode forfaitaire** : nombre de jours dans l'année (365 jours) – nombre théorique de jours tombant un samedi ou un dimanche (104 jours) – nombre de jours de congés payés sans les samedis (25 jours) – nombre de jours fériés théoriques ne tombant pas un samedi ou un dimanche (8 jours) = 228 jours soit 45,6 semaines par an (228/5).

Si l'employeur souhaite faire travailler son salarié 40 heures par semaine en moyenne sur l'année, le nombre d'heures à fixer dans la convention de forfait annuel est de 40 × 45,6 = 1 824 heures ;
– **méthode au réel** : nombre de jours dans l'année (365 jours) – nombre de jours tombant un samedi ou un dimanche en 2023 (105 jours) – nombre de jours de congés payés sans les samedis (25 jours) – nombre de jours fériés ne tombant pas un samedi ou un dimanche en 2023 (9 jours) = 226 jours soit 45,2 semaines par an (226/5).

Si l'employeur souhaite faire travailler son salarié 40 heures par semaine en moyenne sur l'année, le nombre d'heures à fixer dans la convention de forfait annuel est de 40 × 45,2 = 1 808 heures.

CONSEIL

Il est préférable à notre sens d'utiliser la méthode forfaitaire, la convention de forfait annuel étant en général conclue pour plusieurs années.

RÉMUNÉRATION

La rémunération du salarié sous convention de forfait en heures est **au moins égale** à la rémunération minimale applicable dans l'entreprise pour le nombre d'heures correspondant à son forfait, augmentée des majorations pour heures supplémentaires (C. trav. art. L 3121-57). 8770

Sur la **réduction de cotisations salariales** et la **déduction forfaitaire de cotisations patronales** de sécurité sociale à laquelle ouvrent droit les heures supplémentaires effectuées en application du forfait, voir n°s 7700 s.

Le **bulletin de paie** doit indiquer la nature et le volume du forfait (par exemple : « forfait annuel xxx heures »). Pour des **modèles,** voir n° 94650 (cadre) ou n° 94640 (non-cadre).

DURÉE DU TRAVAIL

Heures accomplies dans la limite conventionnelle Les conventions de forfait en heures sur l'année doivent être établies dans la limite du nombre d'heures fixé par l'accord collectif (n° 8700). 8780

Aucune limite n'est posée par la loi mais la durée retenue doit respecter les **durées maximales quotidienne et hebdomadaire.**

Les salariés au forfait annuel en heures sont exclus du champ d'application du **contingent annuel** d'heures supplémentaires et, par voie de conséquence, de la contrepartie obligatoire en repos.

Pour l'indemnisation au titre de l'**activité partielle,** voir n° 68165.

ATTENTION

Les salariés au forfait annuel en heures sont soumis à la **journée de solidarité** (n°s 71800 s.). Pour tenir compte de cette journée, les forfaits fixés par les conventions et **accords collectifs** ainsi que les clauses des contrats de travail **conclus avant** le 1-7-2004 sont automatiquement majorés de 7 heures par an (Loi 2004-626 du 30-6-2004 art. 5). Cette majoration est sans incidence sur le montant de la rémunération des salariés.

Dépassement de la durée prévue dans le forfait La loi 2008-789 du 20-8-2008 n'a pas repris les dispositions de l'ancien article L 3121-44 du Code du travail permettant aux conventions et accords collectifs de prévoir la possibilité pour le salarié volontaire, en accord avec l'employeur, d'accomplir des heures au-delà de la durée annuelle de travail prévue par la convention de forfait. 8790

La question de savoir si l'abrogation de cette disposition a mis fin à cette possibilité n'est pas tranchée à ce jour.

En tout état de cause, les conventions ou accords collectifs en vigueur à la date du 21-8-2008 ayant fait usage de la faculté ouverte par l'ancien article L 3121-44 du Code du travail continuent de s'appliquer conformément aux règles de sécurisation (n° 8450).

ATTENTION

Lorsqu'il existe un **compte épargne-temps,** le salarié peut, si l'accord collectif le prévoit, y affecter, dans les proportions retenues par l'accord, les heures effectuées au-delà de la durée prévue par la convention individuelle de forfait (Circ. DGT 20 du 13-11-2008) : n° 72240.

2. FORFAIT EN JOURS SUR L'ANNÉE

SALARIÉS CONCERNÉS

La conclusion d'une convention individuelle de forfait en jours sur l'année est possible avec : 8870

– les **cadres** qui disposent d'une autonomie dans l'organisation de leur emploi du temps et dont la nature des fonctions ne les conduit pas à suivre l'horaire collectif applicable au sein de l'atelier, du service ou de l'équipe auquel ils sont intégrés ;

– les **salariés** dont la durée du travail ne peut pas être prédéterminée et qui disposent d'une réelle autonomie dans l'organisation de leur emploi du temps pour l'exercice des responsabilités qui leur sont confiées (C. trav. art. L 3121-58).

› Précisions a. L'**accord collectif** prévoyant la conclusion de conventions individuelles de forfaits en jours (nº 8700) peut valablement définir les **cadres autonomes** susceptibles de relever d'une telle convention comme étant ceux dont le rythme de travail ne peut pas, en raison de leur mission, être soumis à l'horaire collectif de travail du service qu'ils dirigent et auquel ils sont affectés, dès lors qu'une telle définition permet d'apprécier le degré d'autonomie du personnel d'encadrement concerné. En cas de litige, il appartient au juge de vérifier que les fonctions effectivement exercées par le cadre ne lui permettent pas d'être soumis à l'horaire collectif de travail (Cass. soc. 26-5-2004 nº 02-18.756 FP-PBRI).

b. Ne sont pas susceptibles de relever d'un forfait jours :

– le salarié dont l'**emploi du temps** est **déterminé par sa hiérarchie,** laquelle définit le planning de ses interventions auprès des clients, et qui ne dispose d'aucune liberté dans l'organisation de son travail (Cass. soc. 31-10-2007 nº 06-43.876 FS-PBR ; 31-10-2012 nº 11-20.986 F-D) ;

– les salariés **intégrés dans des plannings** imposant leur **présence** sur le lieu de travail (Cass. soc. 15-12-2016 nº 15-17.568 F-D) ;

– le salarié n'ayant **pas l'ancienneté minimale** requise par la convention collective (Cass. soc. 3-11-2011 nº 10-14.637 FS-PBR) ou ne bénéficiant pas du niveau de **rémunération** exigé par la convention collective (Cass. soc. 28-6-2018 nº 16-28-344 FS-PB).

Il est par ailleurs interdit de conclure une convention de forfait annuel en jours avec le **personnel roulant** des entreprises de **transport routier** (C. transports art. L 3313-2).

MISE EN PLACE

8890 La conclusion des conventions individuelles de forfait annuel en jours doit tout d'abord être autorisée par **accord collectif** (nº 8700), lequel doit fixer le **nombre de jours travaillés,** dans la limite de 218 jours, journée de solidarité comprise (C. trav. art. L 3121-64, I).

Sur l'obligation, pour l'accord collectif, de prévoir les **modalités de suivi** du travail des salariés au forfait jours, voir nº 8950.

L'application du forfait suppose ensuite la conclusion avec le salarié d'une **convention individuelle,** qui requiert son **accord** et doit être passée par **écrit** (C. trav. art. L 3121-55 ; Cass. soc. 26-3-2008 nº 06-45.990 FS-PBR ; 16-12-2008 nº 07-42.107 FS-PBR). Le salarié se prévalant de l'existence d'un forfait peut se voir opposer l'absence d'écrit (Cass. soc. 4-11-2015 nº 14-10.419 FS-PB).

La convention individuelle doit fixer le **nombre de jours travaillés** dans l'année, dans la limite déterminée par l'accord collectif, ainsi que la **rémunération** correspondante.

Sur la prise en charge des frais de **transport en commun** pour les **trajets domicile-travail** des salariés dont le forfait en jours est inférieur à 218 jours, voir nº 57600.

› Précisions a. Le **défaut d'indication du nombre de jours travaillés** dans l'**accord collectif** entraîne la nullité de celui-ci et, par voie de conséquence, celle des conventions individuelles conclues sur son fondement (Cass. soc. 16-11-2007 nº 06-40.417 F-D). De même, une **convention individuelle** ne mentionnant pas le nombre de jours travaillés est nulle (Cass. soc. 12-3-2014 nº 12-29.141 FS-PB), y compris si l'accord collectif en application duquel elle est conclue comporte cette mention (Cass. soc. 1-12-2009 nº 07-44.010 F-D).

b. Le nombre maximal de jours pouvant être travaillés, fixé initialement à 217, a été relevé à 218 pour tenir compte de la **journée de solidarité** (nºs 71800 s.). Le nombre de jours travaillés résultant des clauses des conventions et **accords collectifs** ainsi que des **contrats de travail conclus avant** le 1-7-2004 est également majoré automatiquement d'un jour par an (Loi 30-6-2004 art. 5). Cette majoration est sans incidence sur le montant de la **rémunération** des salariés concernés. En effet, le travail accompli durant la journée de solidarité, dans la limite de la valeur d'une journée de travail, ne donne pas lieu à rémunération (C. trav. art. L 3133-8).

FONCTIONNEMENT

8900 La particularité du forfait annuel en jours est de ne comporter aucune référence horaire.

Les salariés ne sont pas concernés par la durée légale hebdomadaire du travail et sont exclus des dispositions du Code du travail relatives aux **heures supplémentaires** (majorations, contingent annuel, contrepartie obligatoire en repos) et aux durées maximales quotidienne et hebdomadaire du travail (C. trav. art. L 3121-62).

Ils bénéficient, en revanche, du **repos** quotidien et du repos hebdomadaire. Ils sont assujettis à la **journée de solidarité.**

La durée de travail des salariés au forfait en jours est **décomptée** chaque année par récapitulation du nombre de journées ou demi-journées travaillées par chacun d'eux (C. trav. art. D 3171-10).

En cas de **litige** sur l'existence ou le nombre des jours de travail effectués par un salarié au forfait en jours, les règles de répartition de la charge de la preuve entre salarié et employeur prévues à l'article L 3171-4 du Code du travail (nºs 6600 s.) sont applicables (Cass. soc. 23-9-2009 nº 08-41.377 FS-PBR ; 7-12-2010 nº 09-42.626 FS-PB).

> Précisions **a.** En cas de **non-respect** par l'employeur des règles relatives au **repos hebdomadaire,** les heures effectuées le dimanche par le salarié au forfait en jours, dont la validité n'est pas contestée, ne donnent pas lieu au paiement d'heures supplémentaires (Cass. soc. 21-9-2022 nº 21-14.106 FS-B).

b. L'employeur doit tenir à la **disposition de l'inspecteur du travail,** pendant 3 ans, les **documents** existant dans l'entreprise ou l'établissement permettant de **comptabiliser le nombre de jours de travail** accomplis par les salariés concernés (C. trav. art. D 3171-16). En pratique, toutefois, l'employeur doit conserver ces documents sur une durée plus longue : nº 14340.

Détermination du nombre de jours de repos Un nombre de **jours de repos** doit être déterminé chaque année pour respecter le nombre de jours travaillés prévu dans la convention de forfait. Il est calculé en retranchant le nombre de jours de travail prévu au contrat du nombre de jours ouvrés pouvant être travaillés dans l'année. En 2023, le nombre de **jours ouvrés** pouvant être travaillés est déterminé dans le tableau suivant. 8910

Nombre de jours calendaires dans l'année	365
Nombre de samedis et dimanches	– 105
Nombre de jours ouvrés de congés payés[1]	– 25
Nombre de jours fériés tombant un jour ouvré[2]	– 9
Total	226

1. Cas d'une entreprise octroyant les 5 semaines de congés payés légaux. Pour les salariés n'ayant pas acquis un droit complet aux congés payés légaux, voir nº 8920.
2. Cas d'une entreprise occupant les salariés du lundi au vendredi. Le dimanche 1er janvier et le samedi 11 novembre sont exclus.

Les **jours de congés supplémentaires** (par exemple, les jours de congés d'ancienneté) prévus par accord collectif ou par usage doivent être déduits du nombre de jours travaillés fixé par la convention de forfait (Cass. soc. 3-11-2011 nº 10-18.762 FS-PB ; 25-5-2022 nº 20-13.262 F-D). Ils ne peuvent pas diminuer le nombre de jours de repos.

Sur la faculté pour le salarié de **renoncer à des jours de repos,** voir nos 8990 s.

EXEMPLE

Un salarié a conclu une convention de forfait en jours sur la base de 218 jours et bénéficie de 2 jours de congés d'ancienneté. 8915

En 2023, le nombre de jours de repos supplémentaires dont bénéficie ce salarié s'élève à 226 – 218 = 8 jours. Le nombre de jours durant lequel il doit travailler est de 218 – 2 = 216 jours.

Entrée en cours d'année La loi ne précise pas la méthode de calcul à adopter pour déterminer le nombre de jours travaillés des salariés entrés en cours d'année n'ayant pas acquis un **droit complet aux congés payés légaux.** Une circulaire précise toutefois que, dans ce cas, le plafond légal de 218 jours est majoré des jours de congé manquants, cette règle ne s'appliquant qu'à défaut de précisions contraires d'un accord collectif (Circ. du 6-12-2000). 8920

Deux **méthodes de calcul** sont à notre sens envisageables. La **première** consiste à proratiser le nombre de jours travaillés sur l'année prévus dans la convention de forfait augmenté du nombre de jours de congés payés non acquis à la date d'entrée dans l'entreprise (transposés en jours ouvrés). La **seconde** consiste à proratiser directement les jours de repos d'une année entière en fonction de la période de présence. Les jours de repos proratisés sont ensuite déduits du nombre de jours ouvrés restant dans l'année. Pour un **tableau récapitulatif** des différentes méthodes et des exemples, voir nº 9030.

Sur l'obligation de prévoir par accord collectif les conditions de prise en compte, pour la **rémunération** des salariés, des arrivées en cours de période, voir nº 8700.

ATTENTION

La **période de référence du forfait,** prévue par accord collectif, peut ne pas correspondre à l'année civile (voir nº 8700). Cette période doit toutefois, à notre sens, être identique pour tous les salariés de l'entreprise. Par ailleurs, la période de référence pour l'**acquisition des congés payés** peut également être déterminée par accord collectif (voir nº 9680).

Suspension du contrat Les jours d'absence pour **maladie** ne pouvant pas être récupérés, le nombre de jours travaillés du forfait est réduit d'autant (Circ. du 6-12-2000 ; Cass. soc. 3-11-2011 nº 10-18.762 FS-PB). Ainsi, à notre sens, une absence pour maladie n'a aucune incidence sur le nombre de jours de repos du salarié. 8925

Sur l'obligation de prévoir par accord collectif les conditions de prise en compte des absences pour la **rémunération** des salariés, voir nº 8700.

> Précisions Aucune précision n'est donnée par les textes sur la **valorisation de la journée d'absence.** Deux méthodes sont à notre sens possibles. La journée d'absence peut être valorisée par le rapport entre la rémunération brute annuelle et :
– le nombre de **jours ouvrés de l'année** : la rémunération annuelle lissée correspond en effet à la totalité des jours rémunérés (jours travaillés, repos, congés payés et jours fériés chômés) ;
– ou le nombre de **jours de travail prévus dans la convention de forfait** : cette méthode a pour inconvénient, à notre sens, de survaloriser la rémunération correspondant à l'absence.
Pour un tableau récapitulatif des différentes méthodes et des exemples, voir n° 9035.

8930 Lorsqu'un cadre au forfait en jours fait **grève moins d'une journée ou d'une demi-journée,** la retenue opérée sur sa rémunération doit être identique à celles pratiquées pour toute autre absence de même durée donnant lieu à retenue sur salaire.

> Précisions Si l'**accord collectif** ne comporte **aucune stipulation** sur le sujet, l'employeur peut opérer une retenue, égale au produit du nombre d'heures de grève par un salaire horaire « reconstitué » tenant compte de 3 éléments : le salaire, le nombre de jours travaillés prévus par la convention de forfait et la durée légale du travail, ou la durée applicable aux cadres soumis à l'horaire collectif si elle est supérieure à la durée légale (Cass. soc. 13-11-2008 n° 06-44.608).
La clause de l'**accord collectif excluant,** pour les cadres au forfait jours, toute **retenue** en cas de **suspension du contrat de travail inférieure à la journée ou à la demi-journée** doit être appliquée y compris en cas de grève (Cass. soc. 4-3-2009 n° 07-45.291).
Rendues à propos de **cadres,** ces solutions sont transposables aux **non-cadres** au forfait jours.

8935 EXEMPLE

Un salarié a conclu une convention de forfait en jours sur la base de 210 jours annuels rémunérés 40 000 €. Les cadres de l'entreprise sont soumis à un horaire collectif de 35 heures. Il fait grève pendant 2 heures.
Le nombre d'heures fictif du salarié au forfait est de (210 jours/218 jours) × 151,67 heures × 12 mois = 1 753,25 heures. Le salaire horaire fictif est de 40 000 €/1 753,25 € = 22,81 €. La retenue à opérer est donc de 2 × 22,81 € = 45,62 €.

8940 **Sortie en cours d'année** Le départ en cours d'année nécessite de déterminer la **part de rémunération** annuelle lissée à laquelle a droit le salarié. Plusieurs **méthodes** de calcul peuvent selon nous se concevoir :
– partir des jours réellement travaillés et y ajouter, le cas échéant, un prorata de jours de repos à verser en plus : le calcul est alors réalisé sur une rémunération journalière. Cette dernière peut aussi servir pour rémunérer les congés payés (pour le solde éventuel de l'exercice précédent et les congés en cours d'acquisition) ;
– proratiser la rémunération annuelle avec le rapport entre le nombre de jours de présence et le nombre de jours ouvrés dans l'année : les congés payés seront alors payés au 1/10e de la rémunération de chaque période de référence.
Pour un tableau récapitulatif des différentes méthodes et des exemples, voir n° 9040.
Sur l'obligation de prévoir par accord collectif les conditions de prise en compte, pour la **rémunération** des salariés, des départs en cours de période, voir n° 8700.

SUIVI

8950 L'employeur doit s'assurer régulièrement que la charge de travail du salarié est raisonnable et permet une bonne répartition dans le temps de son travail (C. trav. art. L 3121-60).
L'**accord collectif** doit déterminer les modalités selon lesquelles (C. trav. art. L 3121-64, II) :
– l'employeur assure l'évaluation et le suivi régulier de la charge de travail du salarié ;
– l'employeur et le salarié communiquent périodiquement sur la charge de travail du salarié, sur l'articulation entre son activité professionnelle et sa vie personnelle, sur sa rémunération ainsi que sur l'organisation du travail dans l'entreprise.
À défaut de stipulations conventionnelles relatives au suivi des salariés, l'employeur peut valablement conclure une convention de forfait en jours à condition (C. trav. art. L 3121-65) :
– d'établir un document de contrôle faisant apparaître le nombre et la date des journées ou demi-journées travaillées. Ce document peut être établi par le salarié sous sa responsabilité ;
– de s'assurer de la compatibilité de la charge du travail du salarié avec le respect des temps de repos quotidien et hebdomadaire ;
– et d'organiser un entretien annuel avec le salarié pour évoquer sa charge de travail, l'organisation de son travail, l'articulation entre son activité professionnelle et sa vie personnelle ainsi que sa rémunération.

› Précisions **a.** Afin d'assurer la protection de la sécurité et de la santé des salariés soumis au régime du forfait en jours, la Cour de cassation exige que l'**accord collectif** assure la garantie du respect de durées raisonnables de travail et des repos, journaliers et hebdomadaires (Cass. soc. 5-10-2017 nº 16-23.106 FS-PB), ainsi que le caractère raisonnable de l'amplitude et de la charge de travail et une bonne répartition du travail dans le temps (Cass. soc. 17-1-2018 nº 16-15.124 F-PB ; 24-3-2021 nº 19-12.208 FS-PI).

Lorsque l'accord collectif ne remplit pas ces conditions, les conventions individuelles de forfait conclues sur son fondement sont nulles (Cass. soc. 24-4-2013 nº 11-28.398 FS-PB ; 14-5-2014 nºs 12-35.033 FS-PB et 13-10.637 FS-D ; 6-11-2019 nº 18-19.752 F-PB). En revanche, lorsque l'**employeur n'exécute pas** les obligations mises à sa charge par l'accord collectif, la convention individuelle de forfait est privée d'effet à compter de sa défaillance, ce qui déclenche, notamment, l'application de la réglementation sur les heures supplémentaires, la **preuve** du respect de l'accord collectif incombant à l'employeur (Cass. soc. 19-12-2018 nº 17-18.725 F-PB). Toutefois, le non-respect par l'employeur des clauses de l'accord collectif sur les forfaits en jours n'entraîne pas l'inopposabilité de cet accord aux salariés (Cass. soc. 15-12-2021 nº 19-18.226 FS-B). Le **salarié peut agir** en nullité ou invoquer la défaillance de son employeur dans l'exécution de la convention si sa demande de rappel de salaire au titre des heures supplémentaires n'est pas prescrite (Cass. soc. 27-3-2019 nº 17-23.314 FS-PB). L'employeur peut demander le **remboursement** des jours de repos octroyés en application d'une convention nulle ou privée d'effet (Cass. soc. 6-1-2021 nº 17-28.234 F-PB).

b. L'accord collectif doit également déterminer les modalités selon lesquelles le salarié peut exercer son **droit à la déconnexion.** À défaut de stipulations conventionnelles sur le sujet, les modalités d'exercice par le salarié de ce droit sont définies par l'employeur et communiquées par tout moyen aux salariés concernés. Dans les entreprises de 50 salariés et plus, ces modalités doivent, en outre, être conformes à la charte sur la régulation de l'utilisation des outils numériques.

RÉMUNÉRATION

Montant La rémunération stipulée dans la convention de forfait est **fixée** librement par les parties, sans qu'il soit nécessaire, du fait de l'absence de référence horaire, d'appliquer les dispositions relatives aux majorations pour heures supplémentaires. 8970

Le **bulletin de paie** doit indiquer la nature et le volume du forfait (par exemple : « forfait annuel xxx jours »).

› Précisions **a.** Lorsque le salarié perçoit une rémunération **manifestement sans rapport avec les sujétions** qui lui sont imposées, il peut, nonobstant toute clause contraire, conventionnelle ou contractuelle, saisir le juge judiciaire afin d'obtenir une indemnité calculée en fonction de son préjudice, eu égard notamment au niveau du salaire pratiqué dans l'entreprise, et correspondant à sa qualification (C. trav. art. L 3121-61).

Le juge doit s'assurer que le salarié remplit les conditions requises pour se voir appliquer un forfait annuel en jours. À défaut, l'intéressé n'a pas droit à l'indemnité, mais peut prétendre à un rappel de salaire pour ses heures supplémentaires (Cass. soc. 31-10-2007 nº 06-43.876 FS-PBR).

b. Sur le calcul du **minimum conventionnel** en cas de forfait inférieur à 218 jours, voir nº 2420.

c. Sur l'indemnisation au titre de l'**activité partielle,** voir nº 68170. Pour un **modèle de bulletin de paie,** voir nº 94660.

Plafond de sécurité sociale Le plafond de sécurité sociale applicable aux salariés soumis à un régime de forfait annuel en jours dont la durée est inférieure à 218 jours sur l'année (ou, si elle est inférieure, à la durée équivalente à un temps plein fixée par convention ou accord collectif) **peut être réduit** selon la formule suivante (BOSS-Ass. gén.-830) : 8975

Valeur mensuelle du plafond × (durée du forfait en jours/218 jours ou durée équivalente à un temps plein fixée par convention ou accord collectif).

Deux précisions (BOSS-Ass. gén.-830) :
– en fin d'année, il faut revoir et ajuster le plafond pour tenir compte du nombre de jours effectivement travaillé ;
– cet ajustement ne peut pas conduire à un résultat supérieur à la valeur du plafond ;

Avec cette **tolérance,** applicable aux périodes d'emploi courant depuis le 1-1-2021, le BOSS pallie les effets de la jurisprudence interdisant d'appliquer aux salariés en forfait jours la proratisation du plafond prévue pour les salariés à temps partiel (voir notamment, Cass. 2e civ. QPC 11-7-2013 nº 13-40.025 F-D).

ATTENTION

Pour les périodes d'emploi courant depuis le 1-7-2022, cette réduction suppose de recueillir, par tout moyen, le **consentement du salarié** concerné (BOSS-Ass. gén.-830). Il semble possible, soit de le recueillir chaque année, soit de le recueillir une seule fois tout en informant les intéressés de leur possibilité de renoncer ultérieurement à la réduction du plafond sous réserve d'en informer le service de paie avant le 1er janvier de l'année de prise d'effet de ce renoncement. Autre remarque : la réduction du plafond étant une simple tolérance, l'employeur qui ne souhaite pas la mettre en œuvre n'a pas à solliciter l'accord des salariés potentiellement concernés.

8980 EXEMPLE

Pour un forfait annuel de 200 jours dans une entreprise où le **forfait « temps plein » est fixé à 218 jours,** le plafond mensuel peut être réduit comme suit : Plafond mensuel × (200/218). Si, sur l'année, ce salarié effectue finalement 215 jours, en fin d'année, le plafond annuel est revu et ajusté comme suit : Plafond annuel × (215/218).

Dans une entreprise où le **forfait « temps plein » est fixé à 216 jours,** pour un forfait annuel de 200 jours le plafond mensuel peut être réduit comme suit : Plafond mensuel × (200/216). Si, sur l'année, ce salarié effectue finalement 215 jours, en fin d'année, le plafond annuel est revu et ajusté comme suit : Plafond annuel × (215/216).

Dans les deux cas, si le **forfait « temps plein » est dépassé sur l'année,** en fin d'année, le plafond est revu et ajusté sur la base du plafond annuel de sécurité sociale non réduit.

RENONCIATION À DES JOURS DE REPOS

8990 Le salarié au forfait annuel en jours peut, s'il le souhaite, en **accord avec l'employeur,** renoncer à une partie de ses jours de repos contre rémunération. L'accord individuel entre le salarié et l'employeur doit être établi par **écrit** (C. trav. art. L 3121-59).

8995 **Détermination du nombre maximal de jours travaillés** Le nombre de jours travaillés dans l'année ne peut pas dépasser un **maximum** fixé par l'**accord collectif** instituant le forfait (nº 8700). Ce maximum doit être compatible avec les dispositions relatives au repos quotidien, au repos hebdomadaire, aux jours fériés chômés dans l'entreprise et aux congés payés (C. trav. art. L 3121-64, II). Le **plafond théorique** s'élève donc à 282 jours (365 jours – 30 jours ouvrables de congés payés – 52 jours de repos hebdomadaire – le 1er mai).

À **défaut d'accord collectif,** ce nombre maximal est de 235 jours (C. trav. art. L 3121-66). Ce nombre prend en compte le 1er mai (jour férié chômé), 30 jours ouvrables de congés payés et 2 jours de repos hebdomadaire par semaine.

ATTENTION

Si le nombre maximal de jours travaillés n'est pas fixé par accord collectif et que des **jours fériés,** autres que le 1er mai, sont chômés dans l'entreprise en vertu de dispositions conventionnelles ou d'un usage, le plafond de 235 jours doit être abaissé en conséquence.

9000 **Rémunération du temps de travail supplémentaire** La rémunération du temps de travail supplémentaire résultant de la renonciation du salarié à des jours de repos donne lieu à une majoration déterminée par un avenant à la convention individuelle de forfait et dont le **taux** ne peut pas être inférieur à 10 %. Cet **avenant** est valable pour l'année en cours et ne peut pas être reconduit de manière tacite (C. trav. art. L 3121-59).

Son **montant** est déterminé par la formule suivante :

Rémunération journalière × nombre de jours de repos auxquels le salarié a renoncé × taux de majoration

Pour la valorisation d'une journée de travail, voir nº 8925.

Sur la **réduction de cotisations salariales** et la **déduction forfaitaire de cotisations patronales** de sécurité sociale à laquelle ouvre droit la rémunération majorée des jours de travail effectués au-delà de 218 jours, voir nos 7700 s.

ATTENTION

Lorsqu'il existe un **compte épargne-temps,** le salarié peut, si l'accord collectif le prévoit, affecter des jours de repos dans la limite du nombre maximal de jours travaillés fixé par accord ou, à défaut, de 235 jours (Circ. DGT 20 du 13-11-2008) : nº 72240.

DÉPASSEMENT DU FORFAIT

9010 En l'absence d'accord écrit relatif à la **renonciation à des jours de repos,** le juge fixe le montant de la majoration applicable au salaire dû en contrepartie du temps de travail excédant le forfait convenu, le taux de majoration ne pouvant pas être à inférieur à 10 % (Cass. soc. 26-1-2022 nº 20-13.266 FS-BR ; 6-7-2022 nº 20-15.656 F-D). Toutefois, l'absence d'accord écrit ne rend pas nulle ou sans effet la convention de forfait (Cass. soc. 24-10-2018 nº 17-12.535 F-D).

TABLEAUX RÉCAPITULATIFS

Les tableaux ci-dessous récapitulent les différentes méthodes possibles pour : déterminer le nombre de jours travaillés en cas d'entrée en cours d'année (nº 8930), calculer la retenue pour absence en cas de maladie (nº 8935) et déterminer la part de la rémunération annuelle lissée à laquelle a droit le salarié en cas de sortie en cours d'année (nº 8940). 9020

La conversion d'un nombre de jours ouvrables de congés en un nombre de jours ouvrés peut être effectuée grâce au simulateur disponible dans notre espace abonnés.

Entrée en cours d'année 9030

	Méthode 1	Méthode 2	Méthode 3	Méthode 4
Description	Ajouter au nombre de jours prévus dans le forfait les congés payés non acquis et proratiser selon le rapport entre les jours ouvrés de présence et les jours ouvrés de l'année (sans les jours fériés).	Ajouter au nombre de jours prévus dans le forfait les congés payés non acquis et proratiser selon le rapport entre les jours calendaires de présence et ceux de l'année.	Proratiser les jours de repos[3] selon le rapport entre les jours ouvrés de présence et les jours ouvrés de l'année.	Enlever au nombre de jours prévus dans le forfait les jours ouvrés de la période d'absence et ajouter les congés payés non acquis.
Exemple : Un salarié arrive dans l'entreprise le 1-5-2023. Son forfait est de 218 jours sur l'année.				
Journées d'absence	84			
Journées de présence[1]	167	167	167	
Congés payés non acquis	22	22	22	22
Jours restant à travailler[2]	(218 + 22) × 167/251 = **159,70**	(218 + 22) × 245/365 = **161,10**	245 – (70 + 3 + 8 + 7) = **157**	218 – 84 + 22 = **156**
Jours calendaires restant dans l'année	245	245	245	245
Samedis et dimanches	– 70	– 70	70	– 70
Congés payés acquis	– 3	– 3	3	– 3
Jours fériés tombant un jour ouvré	– 8	– 8	8	– 8
Jours ouvrés pouvant être travaillés	= 164	= 164		= 164
Jours de repos	164 – 159,70 = 4,3 arrondis à **5**	164 – 161,10 = 2,9 arrondis à **3**	10 × 167/251 = 6,65 arrondis à **7**	164 – 156 = **8**
Analyse	C'est la méthode qui est, à notre sens, la plus logique. Le calcul prend en compte le nombre de jours compris dans le forfait, les congés payés non acquis et les jours travaillés.	Cette méthode élude la notion de jours travaillés, principe de base des forfaits jours.	C'est la méthode la plus simple, mais elle élude la référence au nombre de jours compris dans le forfait et à l'ajout des congés payés non acquis.	Les repos ne sont jamais réduits malgré une année incomplète.

1. Jours ouvrés sans les jours fériés du 1-1-2023 au 30-4-2023 = 84 et du 1-5-2023 au 31-12-2023 = 167.
2. Jours ouvrés dans l'année sans les jours fériés = 251.
3. 8 jours en 2023.

9035 Suspension du contrat

	Méthode 1 : jours travaillés	Méthode 2 : jours payés	Méthode 3 : en mensuel
Formules	[(brut mensuel de base × 12)/jours prévus dans le forfait] × jours d'absence	[(brut mensuel de base × 12)/(jours prévus dans le forfait + congés payés + fériés + repos[1])] × jours d'absence	(brut mensuel de base/jours ouvrés réels du mois) × jours d'absence
Exemple 1 Maladie du 2 au 11-8-2023 (8 jours). Salaire mensuel de 4 500 €. Forfait de 218 jours.	(4 500 × 12)/218 × 8 = 1 981,65 €	(4 500 × 12)/(218 + 25 + 9 + 8) × 8 = 207,69 × 8 = 1 661,52 €	4 500/23 × 8 = 1 565,22 €
Exemple 2 Maladie du 6 au 15-11-2023 (8 jours). Salaire mensuel de 4 500 €. Forfait de 218 jours.	(4 500 × 12)/218 × 8 = 1 981,65 €	(4 500 × 12)/(218 + 25 + 9 + 8) × 8 = 207,69 × 8 = 1 661,52 €	4 500/22 × 8 = 1 636,36 €
Analyse	Cette méthode aboutit à une survalorisation du temps d'absence et le montant de l'absence augmente s'il existe des congés payés supplémentaires.	C'est la méthode la plus logique à notre sens car le salaire annuel est divisé par le nombre de jours rémunérés de l'année.	Cette méthode est conforme à la méthode du réel mais pas à la notion de forfait annuel.

1. Le nombre de jours de repos se calcule comme indiqué nº 8915.

Sortie en cours d'année 9040

	Méthode 1	Méthode 2	Méthode 3
Description	Payer les jours travaillés (avec les jours fériés éventuels mais sans repos pris) et proratiser les jours de repos[2] selon le rapport entre les jours travaillés et les jours ouvrés dans l'année.	Payer seulement les jours ouvrés de présence (jours fériés et jours de repos compris).	Calculer la rémunération due au prorata des jours ouvrés de présence (jours fériés et jours de repos compris) sur les jours ouvrés dans l'année.
Exemple Un salarié quitte l'entreprise le 28-2-2023. Son forfait est de 218 jours sur l'année, correspondant à 260 jours payés en 2023 (365 jours calendaires – 105 samedis et dimanches). Son salaire mensuel est de 4 500 €, soit 54 000 € par an. Le salarié a travaillé 40 jours, a pris 2 jours de repos. Il lui reste 5 jours de congés payés à prendre jusqu'au 31-5-2023. Le nombre de jours de congés payés acquis du 1-6-2022 au 28-2-2023 (en jours ouvrés) est de : 2,08 × 9 = 19 jours.			
Salaire	Le salaire annuel est divisé par le nombre de jours payés sur l'année, soit 54 000/260 = 207,70 € par jour.		Salaire annuel total et congés payés au 1/10e
Jours payés	Jours de repos : 8 × 40/260 = 1,23 jour. Jours dus : 40 + 1,23 = 41,23. Salaire dû : 41,23 × 207,70 = 8 563,47 €, soit un trop-perçu de 9 000 – 8 563,47 = 436,53 €.	Salaire dû : 42 × 207,70 € = 8 723,40 €, soit un trop-perçu de 9 000 – 8 723,40 = 276,60 €.	54 000 × 42/260 = 8 723,08, soit un trop-perçu de 9 000 – 8 723,08 = 276,92 €.
Congés payés non pris	5 jours[1] × 207,70 = 1 038,50 €	5 jours[1] × 207,70 = 1 038,50 €	54 000/10/25 × 5 = 1 080,00 €
Congés payés acquis au cours de la période de référence	Calcul au maintien : 19 jours × 207,70 = 3 946,30 €. Calcul au 1/10e : (4 500 × 7 mois + 8 563,47)/10 = 4 006,35 €	Calcul au maintien[1] : 19 jours × 207,70 = 3 946,30 €. Calcul au 1/10e : (4 500 × 7 mois + 8 723,40)/10 = 4 022,34 €	(4 500 × 7 mois + 8 723,08)/10 = 4 022,31 €
Total	8 563,47 + 1 038,50 + 4 006,35 = **13 608,32 €**	8 723,40 + 1 038,50 + 4 022,34 = **13 784,24 €**	8 723,08 + 1 080,00 + 4 022,31 = **13 825,39 €**
Analyse	Les repos de la période d'absence sont payés au prorata, les jours fériés de la période d'absence ne le sont pas.	Les jours de repos et les jours fériés non pris sont exclus. Cette méthode avantage le salarié ayant pris des repos.	Tous les congés payés non pris et les congés payés en cours d'acquisition sont payés au 1/10e (mais sans comparaison possible avec le maintien de salaire).

1. Il s'agit d'un calcul au maintien mais il faut faire la comparaison avec la méthode du 1/10e de la période de référence et régulariser le cas échéant.
2. Le nombre de jours de repos se calcule comme indiqué nº 8915.

SECTION 4

RÉCUPÉRATION DES HEURES PERDUES

1. OBJET ET CAS DE RECOURS

9110 Dans certains cas, l'employeur peut prolonger le temps de travail pour récupérer des heures perdues par suite d'**interruption collective du travail.** Il s'agit d'une **dérogation à la durée légale hebdomadaire,** permettant de considérer comme heures déplacées et non comme heures supplémentaires les heures de travail effectuées au-delà de la durée légale en compensation d'heures perdues en deçà de cette durée du fait de circonstances exceptionnelles.

Peuvent être récupérées les heures perdues par suite d'interruption collective de travail (C. trav. art. L 3121-50) :

– résultant de causes **accidentelles,** d'**intempéries** ou de cas de **force majeure** ;

– pour cause d'**inventaire** ;

– à l'occasion du chômage d'un jour ou de deux jours ouvrables compris entre un jour férié et un jour de repos hebdomadaire (c'est-à-dire d'un **pont**) ou d'un **jour précédant les congés annuels.**

Cette **liste** est **limitative.**

La récupération des heures perdues par suite de chômage des **jours fériés** est interdite par la loi (C. trav. art. L 3133-2).

Sur la récupération des heures perdues pour **grève** ou **lock-out,** voir n°s 67580 et 67760 s.

ATTENTION

Sont abordées ci-après les questions liées à la récupération et ayant **une incidence directe sur la rémunération** à verser aux salariés.

Pour un **exposé complet** sur les cas d'interruption collective de travail pouvant donner lieu à récupération, les formalités à accomplir par l'employeur et les modalités de la récupération, voir Mémento social n°s 30500 s.

2. MISE EN ŒUVRE

9160 La récupération constitue une **faculté pour l'employeur,** auquel il appartient, dans l'exercice de son pouvoir d'organisation de l'entreprise, d'apprécier son opportunité. Les salariés ne peuvent donc pas l'exiger, même si son absence entraîne pour eux une perte de salaire (Cass. soc.10-6-1971 n° 70-40.281 ; 25-4-1984 n° 81-41.580).

> **Précisions** Ce n'est que lorsque l'employeur serait revenu sur son **engagement** de faire récupérer les heures perdues qu'il pourrait être fait droit, à titre indemnitaire, à une demande en paiement de ces heures (Cass. soc. 25 6-1981 n° 79-42.240). Ainsi, l'employeur qui, après avoir annoncé la récupération de 2 journées perdues à la suite d'un pont, a finalement renoncé à cette récupération ne peut retenir sur une paie ultérieure le montant du salaire de ces 2 journées dont il a fait l'avance (Cass. soc. 23-4-1970 n° 69-40.132).

9170 En revanche, la récupération est **obligatoire pour les salariés.** Si l'employeur l'a régulièrement décidée, elle s'impose à eux et ceux qui la refusent ne peuvent prétendre à une indemnisation au titre des heures perdues du fait de l'interruption collective de travail (Cass. soc. 21-7-1981 n° 79-42.429 ; 6-2-1980 n° 78-41.263).

ATTENTION

Sauf exception, la récupération s'impose à l'ensemble du personnel occupé dans l'établissement ou la partie d'établissement concernée, y compris aux travailleurs **absents** lors de l'interruption collective de travail et aux salariés **embauchés postérieurement** (voir n°s 9350 s.).

3. INCIDENCE SUR LE SALAIRE

NATURE DES HEURES RÉCUPÉRÉES

9250 Les heures de récupération sont des **heures ordinaires** dont l'exécution a été différée. Sauf stipulations contraires de la convention collective, elles sont donc rémunérées au **taux normal** sans majoration, y compris si elles contribuent à porter la durée hebdomadaire du travail au-delà de la durée légale.

› Précisions Si une **convention collective** prévoit le maintien de la rémunération en cas d'arrêt de travail imputable à l'entreprise, la récupération ultérieure des heures perdues par les salariés et ayant donné lieu à rémunération ne peut pas les priver de la rémunération à laquelle ils ont droit, en application de la convention collective, pour les journées durant lesquelles l'employeur n'a pas pu leur fournir du travail (Cass. soc. 7-4-1994 nº 89-42.872 D).

Le fait que l'employeur n'ait **pas informé** préalablement **l'inspecteur du travail** des interruptions collectives et des modalités de la récupération comme la loi l'y oblige ne confère pas aux heures de récupération le caractère d'heures supplémentaires mais donne lieu à des dommages et intérêts si un préjudice en est résulté pour les salariés (Cass. soc. 22-10-1985 nº 83-40.162 P ; 15-4-1992 nº 88-43.057 P ; 19-4-2000 nº 98-41.099 D). 9260

Toutefois, lorsqu'il existe dans la profession un **décret** pris pour l'application de la durée du travail subordonnant dans certaines circonstances la récupération à l'autorisation de l'inspecteur du travail, l'inobservation de cette formalité substantielle confère aux heures de récupération la qualité d'**heures supplémentaires** (Cass. soc. 15-4-1992 nº 88-43.057 P, précité).

PAIEMENT DES HEURES RÉCUPÉRÉES

La détermination du salaire afférent aux heures perdues et aux heures récupérées ne pose pas de problème particulier lorsque l'interruption collective de travail et la récupération se situent sur une **même période de paie.** Dans ce cas, en effet, les heures perdues et les heures récupérées se neutralisent. Le montant de la rémunération n'est pas affecté. Aucune mention particulière n'a à être portée sur le bulletin de paie. 9280

Dans le cas où l'interruption et la récupération affectent des **paies différentes,** il convient de distinguer selon que la récupération est effectuée a posteriori ou par anticipation.

Récupération postérieure à l'interruption Le salaire n'étant dû qu'en contrepartie du travail fourni, l'employeur n'est pas tenu, sauf stipulation conventionnelle contraire, de procéder à un **paiement anticipé** des heures de récupération (Cass. soc. 25-6-1981 nº 79-42.240). 9290

Il peut ainsi opérer une **retenue** pour heures non travaillées, calculée comme indiqué nºs 11100 s., sur le montant de la paie du mois correspondant à l'**interruption** collective de travail. Pour la présentation du **bulletin de paie** du mois considéré, se reporter au modèle de bulletin avec retenue pour heures d'absence non rémunérées (nº 94430).

Les **heures de récupération** sont rémunérées ultérieurement au taux normal au fur et à mesure de leur accomplissement en sus de la rémunération habituelle. Le nombre d'heures ainsi récupérées, accompagné du taux horaire, doit figurer dans chaque **bulletin de paie** concerné dans la partie salaire brut sur une ligne particulière intitulée par exemple : « Heures effectuées en récupération de la journée du… chômée dans l'entreprise. »

Pour des raisons de commodité, il est souvent procédé au **maintien de la rémunération habituelle** lors de l'interruption collective de travail. Les heures récupérées ultérieurement ne donnent lieu à aucune rémunération, sauf clause conventionnelle contraire, et sont par conséquent sans incidence sur le montant du salaire du mois concerné. Dans cette hypothèse, aucune mention particulière n'a à figurer sur le **bulletin de paie.** 9300

ATTENTION

Dans ce dernier cas, une **retenue** calculée comme indiqué nºs 11100 s. peut être effectuée sur la rémunération des **salariés refusant** d'accomplir les heures de **récupération.**

Cette retenue peut être en principe imputée **sans limitation** sur la rémunération du mois où la récupération aurait dû être effectuée. En effet, selon la jurisprudence, la rémunération par anticipation des heures perdues devant être ultérieurement récupérées s'analyse en un acompte sur un travail en cours et n'est donc pas soumise à la limite du dixième du montant du salaire applicable au remboursement des avances (Cass. soc. 24-2-1971 nº 69-40.249).

Récupération par anticipation Les dispositions de l'article L 3242-1 du Code du travail prescrivant le paiement mensuel du salaire et interdisant le paiement différé (nºs 12450 s.) imposent à notre sens à l'employeur de **rémunérer** les heures récupérées **par anticipation** le mois même de leur accomplissement. Le nombre d'heures ainsi récupérées, accompagné du taux horaire, doit figurer dans le **bulletin de paie** dans la partie salaire brut sur une ligne particulière intitulée par exemple : « Heures effectuées par anticipation en récupération de la journée du… chômée dans l'entreprise. » 9310

Lors de l'**interruption** collective de travail, il convient en revanche d'opérer une **retenue** calculée par heure non travaillée comme indiqué nos 11100 s. sur le montant de la paie du mois considéré.
Pour la présentation du **bulletin de paie** du mois de l'interruption, se reporter au modèle de bulletin avec retenue pour heures d'absence non rémunérées (no 94430).

RÉCUPÉRATION ET HEURES SUPPLÉMENTAIRES

9330 Les heures de récupération des **heures perdues en dessous de la durée légale** de travail sont des heures ordinaires dont l'exécution a été différée et qui sont payables au taux normal sans majoration (no 9250).
Un employeur peut, indépendamment de la récupération proprement dite, compenser la perte des **heures supplémentaires** qui n'ont **pas pu être effectuées** en raison d'une interruption collective de travail par un allongement de l'horaire habituellement pratiqué dans l'établissement. L'administration a précisé que les **heures supplémentaires** effectuées en remplacement de celles qui ont été perdues ne commencent à courir qu'**après** l'accomplissement des **heures de récupération** ; lorsqu'elles donnent lieu à majoration de salaire, le taux de majoration est déterminé par le rang qu'elles occupent dans la semaine où elles sont accomplies (solution issue d'une circulaire de 1946 abrogée depuis lors, mais qui selon nous conserve sa valeur).

EXEMPLE

Soit une entreprise travaillant 36 heures réparties sur 5 jours du lundi au vendredi inclus. Une interruption collective de travail ouvrant droit à récupération fait tomber la durée du travail à 30 heures. Sur les 6 heures de travail ainsi perdues, 5 seront récupérables sans majoration. Si la récupération est effectuée un samedi d'une autre semaine et si l'employeur veut compenser totalement les heures perdues, le décompte se fera de la manière suivante (à défaut de taux particulier de majoration pour heures supplémentaires fixé par convention ou accord collectif) : 35 heures normales + 1 heure majorée à 25 % correspondant à l'horaire habituel de travail + 5 heures de récupération au taux normal + 1 heure de récupération majorée à 25 %.

CAS PARTICULIERS

9350 **Absence le jour de l'interruption** Sous réserve des cas visés no 9360, la récupération des heures perdues, régulièrement décidée par l'employeur, s'impose à l'ensemble du personnel, y compris aux salariés absents pour **maladie** le jour de l'interruption collective de travail (Cass. soc. 24-4-1980 no 78-40.572 ; 5-7-1982 no 80-40.029 ; 25-5-1994 no 91-40.927 D).
De ce principe, il en résulte que :
– le salarié absent le jour de l'interruption collective ne peut pas prétendre, en sus de son salaire mensuel qu'il a intégralement perçu, à une somme rémunérant les **heures de récupération** qu'il a **effectuées** (Cass. soc. 24-4-1980 no 78-40.572 ; 25-5-1994 no 91-40.927 D) ;
– le salarié absent le jour de l'interruption qui **refuse** d'effectuer les heures de **récupération** peut faire l'objet d'une retenue sur son salaire correspondant aux heures non récupérées (Cass. soc. 5-7-1982 no 80-40.029) ;
– dans le cas où, en raison d'une **grève,** l'employeur s'est trouvé dans l'impossibilité de fournir du travail aux salariés non grévistes et leur a offert de récupérer les heures ainsi perdues, les salariés absents pour maladie le jour de la grève ne peuvent pas prétendre au versement des salaires correspondant à la journée non travaillée, sans condition de récupération des heures non travaillées, sur le fondement de la convention collective prévoyant que la rémunération à prendre en compte pour le calcul de la garantie de ressources accordée en cas de maladie est « celle correspondant à l'horaire pratiqué dans l'établissement ou la partie de l'établissement » (Cass. soc. 8-12-1983 no 81-41.618) ;
– lorsque les salariés valides tiennent de la convention collective un **droit au maintien** de leur **rémunération** pendant la période d'interruption, les salariés absents pour maladie ont droit au paiement de leur salaire à plein tarif (Cass. soc. 7-4-1994 no 89-42.872 D).

9360 Plusieurs dispositifs d'aménagement du temps de travail interdisent la récupération des absences pour maladie et/ou des absences rémunérées.
Lorsqu'ils s'appliquent, les salariés en absence pour maladie ou en absence rémunérée, selon le cas, ne sont pas soumis à l'obligation de récupération visée no 9350.
Pour plus de précisions, voir
– s'agissant du **régime réglementaire supplétif** d'aménagement du temps de travail sur 4 ou 9 semaines au plus, no 9860 ;
– sur les accords de **modulation** de la durée du travail, no 10130 ;
– sur les accords de **réduction du temps de travail** sous forme de **jours de repos,** no 10560.

Maladie le jour de la récupération La journée de récupération étant assimilée à celle qui a été perdue par suite d'interruption collective de travail, le salarié malade le jour de la récupération a droit pour cette journée aux indemnités complémentaires de maladie correspondant aux heures qui auraient dû être récupérées (Cass. soc. 14-3-1984 n° 82-40.124). 9370

Salarié nouvellement embauché Selon la Cour de cassation, le salarié embauché **postérieurement à l'interruption** collective ne peut prétendre, lors de la récupération, qu'au paiement au taux normal des heures ainsi récupérées (Cass. soc. 19-2-1959 n° 57-40.062). Cette solution, ancienne et unique, est à notre sens contestable. 9380

Départ du salarié Lorsque le salarié quitte l'entreprise **avant la récupération,** deux cas doivent être distingués : 9390

– une **retenue** a été opérée sur la paie du **mois correspondant à l'interruption collective** de travail : dans ce cas, aucune régularisation particulière n'est nécessaire au moment du départ du salarié ;

– l'employeur a **maintenu** l'intégralité de **la rémunération** au cours de la période d'interruption collective de travail : une retenue correspondant à la rémunération des heures non récupérées, et calculée comme indiqué nos 11100 s., pourra être effectuée. Elle pourra être imputée sans limitation sur la dernière paie du salarié, comme précisé n° 9300.

La situation du salarié quittant l'entreprise **avant l'interruption collective,** en cas de **récupération anticipée,** ne devrait pas poser de problème pour les entreprises ayant adopté la méthode que nous préconisons au n° 9310. En effet, les heures de récupération anticipée ayant été rémunérées au moment de leur accomplissement, aucune régularisation ne sera nécessaire lors du départ du salarié. 9400

SECTION 5

RÉGIMES PARTICULIERS D'ORGANISATION DE LA DURÉE DU TRAVAIL

Sont exposés ci-après, sous l'angle de la paie, les régimes d'aménagement du temps de travail permettant de déroger au cadre hebdomadaire de décompte de la durée du travail (nos 9550 s.) et le régime du travail intermittent qui comporte des périodes travaillées et non travaillées (nos 10700 s.). 9500

ATTENTION

Il existe d'autres modes particuliers d'organisation du temps de travail : travail de nuit (nos 73270 s.) ; travail à temps partiel (nos 74450 s.) ; équipes de suppléance (nos 73180 s.) ; conventions de forfait annuel (nos 8700 s.) ; compte épargne-temps (nos 72230 s.).

A. Aménagement du temps de travail sur plusieurs semaines

1. RÉGIMES MIS EN PLACE DEPUIS LA LOI DU 20-8-2008

Le mode d'aménagement du temps de travail sur plusieurs semaines comprend **deux dispositifs** : 9550

– un régime conventionnel permettant d'aménager les horaires sur une période supérieure à la semaine (nos 9600 s.) ;

– un régime réglementaire supplétif permettant d'aménager les horaires sur 4 ou 9 semaines au plus selon que l'effectif de l'entreprise est au moins égal à 50 salariés ou inférieur (nos 9800 s.).

Créé par la loi 2008-789 du 20-8-2008, il **s'est substitué** aux différents dispositifs préexistants d'aménagement du temps de travail : modulation, cycle de travail, réduction du travail sous forme de jours de repos et travail à temps partiel modulé, sous réserve du **maintien des accords conclus avant la loi** (nos 9950 s.).

ATTENTION

Par dérogation, dans les **entreprises fonctionnant en continu,** il est possible d'organiser le temps de travail sur plusieurs semaines par décision de l'employeur (C. trav. art. L 3121-46).

Il se déduit de ces dispositions que les **heures supplémentaires** se calculent dans le cadre de la période de plusieurs semaines retenue par l'employeur.

a. Régime conventionnel

MISE EN PLACE

9600 Un **accord collectif d'entreprise ou d'établissement** ou, à défaut, une **convention ou un accord de branche** peut définir les modalités d'aménagement du temps de travail et organiser la répartition de la durée du travail sur une période supérieure à la semaine et au plus égale à l'année ou, si un accord de branche l'autorise, à 3 ans (C. trav. art. L 3121-44).

L'accord prévoit en particulier :

– les limites pour le décompte des **heures supplémentaires** (n° 9630) ;

– les conditions de prise en compte, pour la rémunération des salariés, des **absences** ainsi que des arrivées et départs en cours de période.

Il peut également prévoir le lissage de la **rémunération** (n° 9660).

Il peut, enfin, concerner les salariés à **temps partiel** : voir nos 74800 s.

Sur la possibilité pour un accord d'entreprise de déroger à l'accord de branche autorisant la répartition de la durée du travail sur une période supérieure à l'année, voir nos 970 s.

ATTENTION

L'accord ne peut pas prévoir une **limite haute hebdomadaire** supérieure à la durée maximale hebdomadaire, soit 48 heures sur une période de 7 jours consécutifs et 44 heures en moyenne sur une période quelconque de 12 semaines consécutives (pouvant être portée à 46 heures dans certains cas).

9610 Lorsqu'elle est prévue par accord collectif, la mise en place d'une répartition des horaires sur une période supérieure à la semaine ne nécessite **pas l'accord individuel du salarié.** En effet, elle ne constitue pas une modification du contrat de travail pour les salariés à temps complet (C. trav. art. L 3121-43).

> Précisions Cette disposition est entrée en vigueur le **24-3-2012.** Depuis cette date, l'employeur peut donc, à condition d'y être autorisé par accord collectif, même antérieur, répartir les horaires sur plus d'une semaine sans accord individuel du salarié.
Elle a été introduite dans le Code du travail afin de **contrecarrer les effets** de l'arrêt de la **Cour de cassation** ayant jugé que l'instauration de la modulation du temps de travail, en ce qu'elle modifie le mode de détermination des heures supplémentaires, constitue une modification du contrat de travail nécessitant l'accord exprès du salarié (Cass. soc. 28-9-2010 n° 08-43.161 FS-PB).

HEURES SUPPLÉMENTAIRES

9630 En cas de variation de la durée hebdomadaire de travail sur l'**année,** constituent des heures supplémentaires (C. trav. art. L 3121-41 et L 3121-44) :

– **en cours d'année,** les heures accomplies au-delà de la limite haute hebdomadaire éventuellement fixée par l'accord ; en l'absence d'une telle limite, aucune heure n'est décomptée ;

– **en fin de période d'annualisation,** les heures effectuées au-delà de 1 607 heures annuelles ou de la limite annuelle inférieure fixée par l'accord, déduction faite, le cas échéant, des heures supplémentaires déjà décomptées en cours d'année.

Le seuil de déclenchement des heures supplémentaires ne peut pas être supérieur à 1 607 heures de travail par an même si le salarié n'a **pas acquis l'intégralité** de ses **droits à congés payés** au titre de la période de référence prévue par l'accord (Cass. soc. 11-5-2016 n° 14-29.512 FS-PB).

Sur le seuil de déclenchement des heures supplémentaires en cas de régime d'**équivalence,** voir n° 10020.

En cas d'organisation du temps de travail sur **une partie de l'année** ou sur **plus d'une année,** constituent des heures supplémentaires :

– les heures effectuées au-delà de la **limite haute hebdomadaire** fixée, le cas échéant, par l'accord ; en l'absence d'une telle limite, aucune heure n'est décomptée ; la fixation d'une telle limite est obligatoire si le temps de travail est organisé sur une période supérieure à un an ;

– les heures effectuées au-delà de la **moyenne de 35 heures** calculée sur la période de référence fixée par l'accord, déduction faite des heures supplémentaires déjà comptabilisées (C. trav. art. L 3121-41 et L 3121-44).

ATTENTION

Le seuil de déclenchement des heures supplémentaires ne peut pas être fixé à **151,67 heures par mois,** mais uniquement à 1 607 heures annuelles ou à la moyenne de 35 heures calculée sur la période de référence retenue par l'accord (Cass. crim. 28-1-2014 n° 12-81.406 F-PB).

Les heures ainsi décomptées sont soumises à l'ensemble des dispositions applicables aux heures supplémentaires : **majoration** de salaire (nos 6950 s.) ou repos compensateur de remplacement (nos 7260 s.), imputation sur le **contingent annuel** (nos 6720 s.), sauf mise en œuvre du repos compensateur de remplacement, le cas échéant, **contrepartie obligatoire en repos** (nos 7400 s.). 9640

Sur la **réduction de cotisations salariales** et la **déduction forfaitaire de cotisations patronales** de sécurité sociale à laquelle ces heures ouvrent droit, voir nos 7700 s.

ATTENTION

Lorsque l'accord fixe une **limite haute hebdomadaire,** le **taux de la majoration** de salaire à appliquer est déterminé en fonction du rang des heures supplémentaires par rapport à cette limite, et non par rapport à la durée légale. Cette précision, issue de la circulaire DRT 2000-7 du 6-12-2000 à propos du dispositif de modulation abrogé (nos 10000 s.), nous semble toujours applicable.

RENONCIATION À DES JOURS DE REPOS

Un salarié peut, sur sa demande et en accord avec l'employeur, renoncer à tout ou partie des journées ou demi-journées de repos acquises en application de l'accord collectif visé n° 9600 au titre des périodes postérieures au 1-1-2022 et **jusqu'au 31-12-2025** (Loi 2022-1157 du 16-8-2022 art. 5). 9650

Les journées ou demi-journées travaillées à la suite de l'acceptation de cette demande donnent lieu à une **majoration de salaire** au moins égale au taux de majoration de la première heure supplémentaire applicable dans l'entreprise (sur ce taux, voir nos 6970 s.). Les heures correspondantes ne s'imputent pas sur le **contingent** légal ou conventionnel d'heures supplémentaires (nos 6720 s.).

Les rémunérations versées aux salariés à la suite de la monétisation de leurs journées ou demi-journées de repos ouvrent droit au bénéfice de la **réduction de cotisations salariales** et de la **déduction forfaitaire de cotisations patronales** sur les heures supplémentaires (nos 7700 s.) et de l'**exonération d'impôt sur le revenu** applicable aux heures supplémentaires : elles s'imputent donc sur le plafond de cette exonération (n° 8170).

> Précisions **a.** L'article 5 de la loi 2022-1157 du 16-8-2022 visant expressément les jours « conventionnels » et le BOSS visant les jours acquis « en application d'un accord d'aménagement du temps de travail sur une période supérieure à la semaine » (BOSS-Exo. HS-820), les jours de repos acquis en application du **régime supplétif** (nos 9800 s.) ne sont, à notre sens, pas concernés par la monétisation. Telle n'est pas la position du ministère du travail pour qui ces jours peuvent être également monétisés (QR min. trav. « Rachat de jours de repos » du 27-10-2022 n° 7). Le Questions-réponses du ministère du travail n'ayant pas de valeur juridique, l'employeur s'expose à un redressement en cas de monétisation de tels jours et d'application de la réduction et de la déduction. En tout état de cause, l'employeur qui entendrait les appliquer aura intérêt, préalablement, à recourir au rescrit social (nos 20610 s.).

b. Aucun formalisme n'est imposé pour la **demande** de monétisation par le **salarié.** Il peut la matérialiser par tout moyen (BOSS-Exo. HS-790). Il peut faire une ou plusieurs demandes.

L'**employeur** peut la ou les refuser sur tout ou partie des jours de repos (BOSS-Exo. HS-800). En cas de contrôle du calcul de ses exonérations sociales, il doit pouvoir fournir les **documents** formalisant la demande du salarié et son acceptation partielle ou totale ainsi que ceux prévus n° 8220 relatifs au temps de travail (BOSS-Exo. HS-880-890).

c. Les heures travaillées en raison de la renonciation à des jours de repos sont prises en compte dans la valeur du Smic dans les conditions prévues n° 22110, b pour le calcul de la **réduction générale** de cotisations patronales (BOSS-Exo. HS-800).

d. La **déduction forfaitaire de cotisations** patronales (nos 7800 s.) s'applique aux entreprises de moins de 20 salariés pour les heures supplémentaires réalisées en conséquence du rachat de jours de repos. La déduction s'applique également aux entreprises d'**au moins 20 salariés et de moins de 250 salariés** mais uniquement pour les jours de repos rachetés **depuis le 25-12-2022** (Loi 2022-1157 du 16-8-2022 art. 5 modifiée par loi 2022-1616 du 23-12-2022 art. 22 ; BOSS-Exo. HS-850-860).

Si le montant des cotisations dues n'est pas suffisant pour imputer la totalité de la **réduction de cotisations salariales**, le report du reliquat est autorisé le mois suivant celui du rachat des jours de repos (net-entreprises, fiche n° 2604).

9655 EXEMPLES

1. Dans une entreprise de 15 salariés, un salarié dont l'horaire hebdomadaire est de 39 heures bénéficie de 20 jours de repos sur l'année. L'employeur bénéficie de la déduction forfaitaire et applique la réduction salariale au titre des 4 heures supplémentaires hebdomadaires effectuées par le salarié.

Le salarié demande le rachat de 2 jours de repos en mai 2023. Sa demande est acceptée par l'employeur. Le salarié effectue en conséquence 14 heures supplémentaires (2 × 7 heures). L'employeur bénéficie de 1,50 € × 14, soit 21 € au titre de la déduction forfaitaire.

La réduction salariale s'applique au titre de la rémunération versée pour les 2 jours rachetés.

2. Dans une entreprise de 50 salariés, un salarié dont l'horaire hebdomadaire est de 37 heures bénéficie de 19 jours de repos sur l'année. L'employeur bénéficie de la déduction forfaitaire et applique la réduction salariale au titre des 2 heures supplémentaires hebdomadaires effectuées par le salarié.

Le salarié demande le rachat de 2 jours de repos en novembre 2022, puis 3 jours en avril 2023. L'employeur accepte les deux demandes du salarié. Le salarié effectue 14 heures supplémentaires (2 × 7 heures) en novembre 2022 et 21 heures supplémentaires (3 × 7 heures) en avril 2023. L'employeur ne bénéficie pas de la déduction forfaitaire pour les heures supplémentaires effectuées au mois de novembre 2022 mais bénéficie de 0,50 € × 21, soit 10,50 € au titre de la déduction forfaitaire pour les heures supplémentaires effectuées au mois d'avril 2023.

La réduction salariale s'applique au titre de la rémunération versée pour les 5 jours rachetés.

LISSAGE DE LA RÉMUNÉRATION

9660 Il est possible de prévoir, par **accord collectif** d'entreprise ou d'établissement ou, à défaut, convention ou accord de branche, que la rémunération mensuelle des salariés est indépendante de l'horaire réel et calculée dans les conditions prévues par l'accord.

Lorsque les **heures supplémentaires** sont accomplies **au-delà des limites** prévues par l'accord, les rémunérations correspondantes sont payées avec le salaire du mois considéré (C. trav. art. L 3121-44).

Sur le **bulletin de paie,** il convient de mentionner la durée du travail mensuelle sur la base de laquelle est calculée la rémunération lissée (Circ. du 30-3-1989). Pour un modèle de bulletin de paie avec lissage de la rémunération, voir n° 94610.

ATTENTION

Le **trop-perçu** par un salarié, constaté lors de la régularisation du lissage de la rémunération, s'analyse en une avance en espèces et ne peut pas donner lieu à une retenue sur salaire excédant le dixième de celui-ci (Cass. soc. 3-11-2011 n° 10-16.660 FS-PB).

CONGÉS PAYÉS

9680 Pour l'**acquisition des droits** à congés payés, la convention ou l'accord collectif mettant en œuvre le régime d'aménagement du temps de travail sur une période supérieure à la semaine peut fixer une période de référence différente de l'année de référence de droit commun (nos 59460 s.) (C. trav. art. L 3141-10).

S'agissant de la **prise des congés,** en cas de décompte de la durée du travail sur l'année, une convention ou un accord d'entreprise ou d'établissement ou, à défaut, de branche peut prévoir que les **congés** ouverts au titre de l'année de référence peuvent faire l'objet de **reports** jusqu'au 31 décembre de l'année suivant la période pendant laquelle la période de prise de ces congés a débuté. Ce report ne doit pas avoir pour effet de majorer le plafond de 1 607 heures dans une proportion plus importante que celle correspondant à la durée ainsi reportée (C. trav. art. L 3141-22).

Cette faculté est également ouverte en cas de **modulation** de la durée du travail ou de **réduction de la durée du travail** sous forme de **jours de repos répartis sur l'année.**

INFORMATION DES SALARIÉS

9700 Dans les entreprises et établissements appliquant le régime conventionnel ou réglementaire supplétif d'aménagement du temps de travail visé nos 9800 s., le **total des heures de travail** accomplies depuis le début de la **période de référence** est mentionné à la fin de celle-ci, ou lors du départ du salarié si celui-ci a lieu en cours de période, sur un document annexé au dernier bulletin de paie de cette période (C. trav. art. D 3171-13).

Dans ces mêmes entreprises, lorsque des salariés d'un atelier, d'un service ou d'une équipe ne travaillent pas selon le même horaire collectif de travail affiché, un document mensuel, dont le double est annexé au bulletin de paie, établi pour chaque salarié, doit mentionner le **nombre de jours de repos** effectivement pris au cours du mois, dès lors qu'un dispositif de réduction du temps de travail par attribution de journées ou de demi-journées de repos s'applique dans l'entreprise ou l'établissement (C. trav. art. D 3171-12).

b. Régime réglementaire supplétif

MISE EN PLACE ET INFORMATION DES SALARIÉS

En l'absence d'accord collectif d'entreprise ou d'établissement ou de convention ou d'accord de branche organisant la répartition de la durée du travail sur une période supérieure à la semaine, l'employeur peut mettre en place une répartition sur plusieurs semaines de la durée du travail, dans la limite de **9 semaines** pour les entreprises employant moins de 50 salariés et de **4 semaines** pour celles de 50 salariés et plus (C. trav. art. L 3121-45). **9800**

La mise en place par l'employeur de cette répartition du travail ne constitue pas une modification du contrat de travail requérant l'**accord exprès du salarié** (Cass. soc. 11-5-2016 nº 15-10.025 FS-PB), à moins qu'elle n'affecte son salaire contractuel (voir nº 4555).

L'**information des salariés** est la même que dans le cadre du dispositif conventionnel : voir nº 9700.

RÉMUNÉRATION

La rémunération mensuelle des salariés des entreprises organisant des périodes de travail sur 4 ou 9 semaines au plus est **indépendante de l'horaire réel.** Elle est calculée sur la base de 35 heures hebdomadaires (C. trav. art. D 3121-28). S'y ajoute, le cas échéant, la rémunération des **heures supplémentaires.** **9820**

HEURES SUPPLÉMENTAIRES

Constituent des heures supplémentaires les heures effectuées (C. trav. art. D 3121-25) : **9840**
– au-delà de **39 heures** par semaine ;
– au-delà de la **durée moyenne de 35 heures** hebdomadaires calculée sur la période de référence de 4 ou 9 semaines au plus, **déduction** faite, le cas échéant, des heures supplémentaires effectuées au-delà de 39 heures déjà comptabilisées.

Les heures ainsi décomptées sont soumises à l'ensemble des dispositions applicables aux heures supplémentaires : **majoration** de salaire (nºs 6950 s.) ou repos compensateur de remplacement (nºs 7260 s.) ; imputation sur le **contingent annuel** (nºs 6720 s.), sauf mise en œuvre du repos compensateur de remplacement ; le cas échéant, **contrepartie obligatoire en repos** (nºs 7400 s.).

Sur la **réduction de cotisations salariales** et la **déduction forfaitaire de cotisations patronales** de sécurité sociale à laquelle ces heures ouvrent droit, voir nºs 7700 s.

ATTENTION

Pour les heures effectuées au-delà de 39 heures, le **taux de la majoration** de salaire à appliquer est déterminé en fonction de leur rang par rapport à 39 heures, et non par rapport à la durée légale. Cette précision, issue de la circulaire DRT 2000-7 du 6-12-2000 à propos du dispositif de modulation abrogé (nºs 10000 s.), nous semble toujours applicable.

EXEMPLE **9850**

Un employeur répartit la durée du travail sur 4 semaines. La durée moyenne hebdomadaire est de 35 heures, soit 140 heures (35 h × 4) sur la période de référence. Un salarié effectue lors d'une période de référence 145 heures de travail (37 h + 35 h + 41 h + 32 h).

Nombre d'heures supplémentaires au-delà de 39 heures par semaine : 2 heures (semaine 3) à payer le mois où elles ont été réalisées.

Nombre d'heures supplémentaires au-delà de la durée moyenne de 35 heures hebdomadaires : 145 h – 140 h – 2 h = 3 heures à payer le mois où la période de référence se termine.

ABSENCES, EMBAUCHES ET DÉPARTS

En cas d'**arrivée ou de départ** en cours de période de référence, les heures accomplies au-delà de 35 heures hebdomadaires sont des heures supplémentaires. Les semaines où la durée de travail est inférieure à 35 heures, le salaire est maintenu sur la base de 35 heures hebdomadaires (C. trav. art. D 3121-25). **9860**

En cas d'**absence rémunérée,** le **temps non travaillé** n'est pas récupérable et est **valorisé** sur la base du temps qui aurait été travaillé si le salarié avait été présent, heures supplémentaires comprises (C. trav. art. D 3121-25). La rémunération mensuelle lissée étant déconnectée du temps de travail du mois, la **valorisation du salaire à maintenir** se fait, selon nous, à **9870** partir de cette rémunération. L'horaire à prendre en compte est l'horaire moyen sur la base duquel est établie la rémunération mensuelle moyenne, que l'absence ait correspondu à une période de forte ou de faible activité (Cass. soc. 19-7-1994 n° 90-43.013). Cet arrêt rendu sous le régime de modulation est à notre avis applicable dans le cadre juridique actuel.

ATTENTION

En cas d'absence rémunérée, le **salaire mensuel maintenu** peut être **inférieur ou supérieur à celui des autres salariés** selon que l'absence intervient en période de forte ou basse activité. Les semaines de forte activité payées 35 heures en raison du lissage de la rémunération sont compensées par des semaines de faible activité également payées 35 heures et inversement. Ainsi, le salarié absent en période haute bénéficiera de la semaine en période basse payée 35 heures alors qu'il n'a pas travaillé les heures au-delà de 35 heures effectuées par les autres salariés en période haute pendant sa semaine d'absence.

9880 EXEMPLE

Un employeur répartit la durée du travail sur 4 semaines : 39 h la semaine 1, 33 h la semaine 2, 36 h la semaine 3 et 32 h la semaine 4. La durée moyenne est de 35 h (39 h + 33 h + 36 h + 32 h/4). Au cours d'une période de référence, les salariés effectuent finalement 41 heures la première semaine, soit 2 heures supplémentaires. Un salarié payé 2 000 € pour 151,67 h a été malade cette semaine.

Sa rémunération aurait dû s'élever à 2 000 € + (2 000/151,67 × 125 % × 2) = 2 000 + 32,97 = 2 032,97 €.

L'absence correspond à (2 000/151,67 × 39) + 32,97 = 547,24 €. En l'absence de maintien de salaire, la rémunération s'élève donc à 2 032,97 – 547,24 = 1 485,73 €.

Si l'employeur le maintient, le salaire maintenu est alors valorisé selon l'horaire moyen, heures supplémentaires comprises : (2 000/151,67 × 35) + 32,97 = 494,50 €. Son salaire s'élève donc à 2 032,97 – 547,24 + 494,50 = 1 980,23 €.

2. RÉGIMES MIS EN PLACE AVANT LA LOI DU 20-8-2008

9950 Les régimes de modulation, cycle de travail, réduction du travail sous forme de jours de repos ont été abrogés par la loi 2008-789 du 20-8-2008 et remplacés par le régime exposé nos 9550 s., mais les accords conclus avant la loi restent en vigueur.

a. Modulation

10000 Les anciens articles L 3122-9 et suivants du Code du travail, abrogés par la loi 2008-789 du 20-8-2008, prévoyaient la possibilité, par convention ou accord de branche étendu ou par accord d'entreprise ou d'établissement, de faire varier la durée hebdomadaire du travail sur tout ou partie de l'année, à condition que, sur un an, cette durée n'excède pas 1 607 heures.

Les entreprises qui appliquaient un tel accord, dit « de modulation », peuvent maintenir leur dispositif en l'état. En effet, les **accords collectifs** conclus en application de l'article L 3122-9 dans sa **rédaction antérieure** à la publication de la loi du 20-8-2008 (JO 21) restent en vigueur sans limitation de durée (Loi 2008-789 du 20-8-2008 art. 20-V).

Sont étudiées ci-après les particularités découlant de l'application d'un accord de modulation pour le traitement de la paie.

Sur le point de savoir si l'**accord** exprès **du salarié** est nécessaire, voir n° 9610. Sur la possibilité pour le salarié de renoncer à des jours de RTT dans le cadre de la modulation, voir n° 10470, d.

ATTENTION

Les accords conclus sur le fondement des anciens articles L 212-2-1 (**modulation de type III**) et L 212-8 (**modulations de types I et II**) du Code du travail applicables au 20-1-2000 demeurent en vigueur (Loi 19-1-2000 art. 8-V). Le régime des heures supplémentaires s'applique aux heures excédant une durée moyenne sur l'année de 35 heures par semaine travaillée, durée calculée conformément à l'ancien article L 212-8-2 du Code du travail. En revanche, le plafond de 1 600 heures (porté à 1 607 heures) ne s'applique pas dans le cadre de ces accords (Circ. du 3-3-2000).

HEURES SUPPLÉMENTAIRES

10020 La modulation permet de déroger aux règles habituelles de décompte des heures supplémentaires dans le cadre de la semaine.

Les heures effectuées au-delà de la durée légale, dans les **limites fixées par la convention ou l'accord,** ne sont pas des heures supplémentaires : aucune heure supplémentaire ne doit donc être décomptée en cours d'année, tant que la limite supérieure hebdomadaire prévue par l'accord n'est pas dépassée.

Constituent, en revanche, des heures supplémentaires :

– **en cours d'année,** les heures effectuées **au-delà de la limite maximale hebdomadaire** fixée par la convention ou l'accord, le taux de la majoration applicable à ces heures étant déterminé en fonction de leur rang par rapport à cette limite, et non à la durée légale (voir exemple n° 10040) ;

– **en fin d'année,** les heures effectuées **au-delà de 1 607 heures** ou d'un plafond inférieur fixé par la convention ou l'accord, déduction faite des heures visées ci-dessus.

› Précisions **a.** Un accord de modulation ne peut pas fixer, comme seuil de déclenchement des heures supplémentaires, un plafond supérieur à 1 607 heures de travail par an :

– même si **le salarié n'a pas acquis l'intégralité de ses droits à congés** au titre de la période de référence prévue par l'accord (Cass. soc. 14-11-2013 n° 11-17.644 FS-PB) ;

– même s'il existe, dans le secteur d'activité, un **régime d'équivalence** (Cass. soc. 26-9-2012 n° 11-14.083 FS-PB).

b. Dans le cas où la **modulation** est **combinée** avec un régime de **réduction de la durée du travail sous forme de jours de repos,** les heures supplémentaires décomptées en cours d'année sont celles effectuées au-delà de la limite maximale hebdomadaire fixée par l'accord de modulation, y compris lorsque celle-ci est supérieure à 39 heures (Circ. du 6-12-2000).

c. Les plafonds fixés conventionnellement avant le 1-7-2004 sont majorés automatiquement d'une durée de 7 heures par an pour tenir compte de la **journée de solidarité.**

d. Le plafond annuel de 1 607 heures (ou le plafond inférieur fixé conventionnellement) peut être **proratisé** pour les **salariés n'ayant pas travaillé pendant la totalité de la période** de la modulation : n° 10110. Sur la possibilité de reporter les droits à congés payés jusqu'au 31 décembre de l'année suivant celle pendant laquelle a débuté la période de prise des congés, voir n° 9680.

Les heures visées n° 10020 sont soumises à l'ensemble des dispositions applicables aux heures supplémentaires : **majorations** de salaire (nos 6950 s.), imputation sur le **contingent annuel** (nos 6720 s.) sauf mise en œuvre du repos compensateur de remplacement (nos 7260 s.), droit à la **contrepartie obligatoire en repos** pour les heures accomplies au-delà du contingent (nos 7400 s.). 10030

Sur la **réduction de cotisations salariales** et la **déduction forfaitaire de cotisations patronales** de sécurité sociale sur les heures supplémentaires, voir nos 7700 s.

EXEMPLE 10040

Une entreprise applique un accord de modulation sur une base de 1 607 heures avec une limite hebdomadaire supérieure de 45 heures. Le nombre d'heures effectuées en fin d'année est de 1 620 heures et, pendant l'année, la durée hebdomadaire ne dépasse pas 45 heures, sauf pendant 2 semaines où elle atteint 47 heures :

– 4 heures supplémentaires seront décomptées en cours d'année. En effet, les heures au-delà de la limite supérieure de 45 heures sont des heures supplémentaires. Ces heures donneront lieu chacune à une majoration de 25 % (à défaut de taux particulier fixé par convention ou accord collectif) ;

– 9 heures supplémentaires (1 620 – 1 607 – 4) donneront lieu, en fin de période de modulation, à une majoration de 25 %.

RÉMUNÉRATION MENSUELLE

Les parties ont le **choix,** pour la détermination de la rémunération mensuelle, entre deux **modes de calcul** : 10060

– le calcul d'une rémunération mensualisée, indépendante de l'horaire du mois considéré : c'est le « lissage » de la rémunération (nos 10070 s.) ;

– le calcul d'une rémunération en fonction de l'horaire de travail réellement effectué au titre du mois considéré (n° 10090).

Lissage de la rémunération Afin d'éviter les variations de la rémunération d'un mois sur l'autre, la **convention ou l'accord collectif** étendu ou la convention ou l'accord d'entreprise ou d'établissement peut prévoir une rémunération mensuelle indépendante de l'horaire réel et calculée dans les conditions prévues par la convention ou l'accord (C. trav. art. L 3122-16 ancien). 10070

Lorsque des **heures supplémentaires** sont effectuées **au-delà des limites** prévues par l'accord (nos 10020 s.), les rémunérations correspondantes sont payées avec le salaire du mois considéré (C. trav. art. L 3122-16 ancien).

› Précisions a. L'accord doit préciser la **durée hebdomadaire moyenne** de travail sur la base de laquelle la **rémunération mensuelle** est **calculée** et les **éléments intégrés** dans cette rémunération. En pratique, la plupart des clauses de lissage prévoient que la durée hebdomadaire moyenne de travail servant de base au calcul de la rémunération lissée correspond à la durée hebdomadaire moyenne de travail devant normalement être effectuée sur la période de modulation. Pour ce calcul, ne sont pas prises en compte les **primes** à périodicité non mensuelle telles que le 13e mois ou les primes de résultat (Circ. du 21-4-1994). Sur les modalités de **récupération par l'employeur** d'un **trop-perçu par le salarié** constaté lors de la régularisation du lissage de sa rémunération, voir nº 9660.
b. Le lissage de la rémunération ne dispense pas l'employeur de procéder, en fin de période de modulation, à une **régularisation** de la rémunération si le plafond annuel de 1 607 heures (ou le plafond conventionnel inférieur) a été dépassé : nºs 10110 s.

10080 La **durée mensuelle de travail** sur la base de laquelle est calculée la **rémunération lissée** doit être indiquée sur le **bulletin de paie** (Circ. du 30-3-1989).

En cas d'accomplissement d'**heures supplémentaires** au cours du mois, celles-ci doivent faire l'objet d'une mention spéciale faisant apparaître distinctement, s'il y a lieu, les heures majorées à des taux différents.

Le nombre d'heures supplémentaires accomplies au-delà de 1 607 heures (ou du plafond conventionnel inférieur) n'étant connu qu'en fin de période de modulation, ces heures sont rattachées à la première paie suivant celle-ci.

Le salarié doit être informé de ses droits à **repos compensateur de remplacement** et à **contrepartie obligatoire en repos** selon les modalités prévues nº 7600.

Pour un **modèle de bulletin de paie,** voir nº 94610.

10090 **Rémunération de l'horaire effectif** En l'**absence de lissage,** la rémunération versée chaque mois doit être calculée en fonction du nombre d'heures réellement effectuées au cours du mois, en appliquant, le cas échéant, les majorations pour heures supplémentaires pour les heures effectuées au-delà des limites prévues par l'accord (nºs 10020 s.).

Ce nombre d'heures doit figurer sur le **bulletin de paie,** en distinguant, le cas échéant, entre heures rémunérées au taux normal et heures rémunérées à un taux majoré.

Le salarié doit aussi être informé de ses droits à **repos compensateur de remplacement** et à contrepartie obligatoire en repos selon les modalités prévues nºs 7600 s.

Une **régularisation** de la rémunération doit être effectuée en fin d'année si le plafond annuel de 1 607 heures (ou le plafond conventionnel inférieur) a été dépassé (nºs 10110 s.).

ABSENCES, EMBAUCHES ET DÉPARTS

10110 La convention ou l'accord de modulation doit fixer le **droit à rémunération** et à **repos compensateur** des salariés n'ayant pas travaillé pendant la totalité de la période de modulation et de ceux dont le contrat de travail a été rompu au cours de cette même période (C. trav. art. L 3122-11 ancien).

Pour ces salariés, l'accord doit prévoir un **mécanisme de régularisation** permettant de faire apparaître un droit à rappel de salaire ou, le cas échéant, un trop-perçu de rémunération.

Il s'agit d'une **clause obligatoire** de l'accord. Celui-ci peut prévoir une **proratisation du plafond de 1 607 heures** tenant compte de la durée de travail effective du salarié pendant l'année de référence (Circ. du 14-4-2003).

Les accords peuvent opter pour une **autre solution,** comme, par exemple, calculer la rémunération et les droits à repos compensateur dans le cadre hebdomadaire en fonction de la durée du travail réellement accomplie par le salarié au cours de la période de référence.

ATTENTION

Par exception, le salarié dont le contrat de travail est rompu pour un **motif économique,** après ou pendant la période de modulation, conserve le supplément de rémunération qu'il a, le cas échéant, perçu par rapport au nombre d'heures effectivement travaillées (C. trav. art. L 3122-18 ancien). Il en va de même du salarié **dispensé d'exécuter son préavis** par l'employeur, une telle dispense ne devant entraîner aucune diminution des salaires et avantages qu'il aurait perçus s'il avait travaillé (Cass. soc. 20-9-2005 nº 03-45.291 F-D). Enfin, en cas de **licenciement sans cause réelle et sérieuse,** les stipulations d'un accord collectif portant annualisation du temps de travail et lissage de la rémunération qui prévoient une régularisation financière au détriment du salarié ayant accompli une durée du travail inférieure à l'horaire théorique sur la base duquel il est rémunéré ne s'appliquent pas (Cass. soc. 4-2-2009 nº 07-45.512 FS-D).

10120 Selon la Cour de cassation, en cas d'**absence pour maladie ou accident,** l'horaire à prendre en considération pour le **calcul de l'indemnité** complémentaire à l'allocation journalière de la sécurité sociale (indemnité **de maintien de salaire** : nºs 61810 s.) est l'horaire moyen sur la base duquel est établie la rémunération mensuelle moyenne, que l'absence ait correspondu à une période de forte ou de faible activité (Cass. soc. 19-7-1994 nº 90-43.013 P).

En revanche, l'accord collectif ou, à défaut, la décision unilatérale de l'employeur ne peut pas retenir pour effectuer la **régularisation** de la rémunération **en fin d'année** la durée hebdomadaire moyenne de la modulation comme mode de décompte des jours d'absence pour maladie lorsque le salarié a été absent en période de haute activité. En effet, une telle modalité de calcul constitue une mesure discriminatoire indirecte en raison de l'état de santé du salarié (Cass. soc. 9-1-2007 nº 05-43.962 FS-PBR).

Le **seuil annuel** de déclenchement des **heures supplémentaires** est, pour un salarié absent pour maladie pendant la période haute, réduit de la durée d'absence évaluée sur la base de la durée hebdomadaire moyenne de modulation, et non des heures qu'il aurait effectuées s'il avait été présent. Le **nombre** d'heures supplémentaires est déterminé en comparant à ce seuil les heures effectivement réalisées par le salarié (Cass. soc. 13-7-2010 nº 08-44.550 FS-PB).

En revanche, les heures d'absence pour **congé sans solde** doivent être déduites du décompte des heures supplémentaires opéré en fin de période de modulation. Les jours de congés payés et d'absence ne peuvent en effet être assimilés à du temps de travail effectif (Cass. soc. 9-2-2011 nº 09-42.939 FS-PBR).

Les **absences rémunérées ou indemnisées,** les **congés et autorisations d'absence** auxquels les salariés ont droit en application de stipulations conventionnelles ainsi que les **absences** justifiées par l'incapacité **résultant de maladie ou d'accident** ne peuvent pas faire l'objet d'une **récupération** par le salarié (C. trav. art. L 3122-17 ancien). Le salarié ne peut donc pas accomplir de ce fait, suite à une absence non récupérable, un temps de travail non rémunéré totalement ou partiellement (Circ. du 3-3-2000). **10130**

Dans les cas, autres que ceux visés ci-dessus, pour lesquels la récupération est possible, les **absences donnant lieu à récupération** doivent être décomptées en fonction de la durée de travail que le salarié devait effectuer (C. trav. art. L 3122-17 ancien).

INFORMATION DU SALARIÉ

Le total des heures de travail effectuées depuis le début de la modulation est mentionné à la **fin de la période** de modulation, ou lors du **départ du salarié** si celui-ci a lieu en cours de période, sur un **document annexé** au dernier **bulletin de salaire** de la période de référence (C. trav. art. D 3171-13 ancien). **10150**

Parallèlement, le salarié doit être informé, le cas échéant, de ses droits en matière de **repos compensateur de remplacement** ou de **contrepartie obligatoire en repos** (nºs 7600 s.).

ATTENTION

Lorsque l'employeur méconnaît son obligation, prévue par l'accord collectif, de communiquer aux salariés le **programme indicatif de la modulation,** après l'avoir soumis aux représentants du personnel, l'accord de modulation est privé d'effet et les heures supplémentaires doivent être décomptées sur la base de 35 heures hebdomadaires (Cass. soc. 2-7-2014 nº 13-14.216 FS-PB).

La mention du nombre d'heures effectuées, qui permet d'apprécier le respect du plafond de 1 607 heures, peut être portée sur le document **remis** au salarié pour l'informer de ses **droits à repos compensateur de remplacement et à contrepartie obligatoire en repos** : nºs 7600 s. (Circ. du 17-3-1993).

b. Cycles de travail

Les anciens articles L 3122-2 et suivants du Code du travail, **abrogés** par la loi 2008-789 du 20-8-2008, prévoyaient la possibilité d'organiser la durée du travail sous forme de cycles de travail. **10230**

Les entreprises qui avaient recours au cycle avant la loi 2008-789 du 20-8-2008 en application d'une convention ou d'un accord collectif peuvent maintenir leur dispositif en l'état. En effet, les **accords collectifs conclus** en application de l'article L 3122-3 du Code du travail dans sa rédaction antérieure à la publication de cette loi (21-8-2008) restent en vigueur, sans limitation de durée (Loi 2008-789 du 20-8-2008 art. 20-V).

Quant à celles qui appliquaient ce mode d'organisation du temps de travail **en dehors de tout accord** collectif (entreprises fonctionnant en continu ou autorisées par décret à recourir aux cycles de travail en application de l'ancien article L 3122-3 du Code du travail précité), elles peuvent continuer de le faire dans le cadre du régime de répartition du temps de travail sur plusieurs semaines prévu en cas de travail en continu (nº 9550) ou du régime supplétif organisant la durée du travail sur 4 ou 9 semaines (nºs 9800 s.).

DÉFINITION

10250 Le cycle se définit comme une période brève, multiple de la semaine (Cass. soc. 8-11-2017 nº 16-15.584 FS-PB ; en pratique de 8 à 12 semaines au maximum), au sein de laquelle la durée du travail est répartie de façon fixe et répétitive de telle sorte que les semaines comportant un nombre important et celles comportant un nombre plus faible d'heures de travail se compensent ; un cycle peut être établi sur une base inférieure ou (sauf dans le cas du **travail en continu**) supérieure à la durée légale (Circ. du 21-4-1994).

Le cycle permet de **déroger** à la règle de calcul des **heures supplémentaires** dans le cadre de la semaine civile et autorise le **lissage de la rémunération.** Sur la nécessité d'un **accord exprès du salarié,** voir nº 9610.

Sur le décompte des jours de **congés payés** dans le cadre d'une organisation de travail par cycle, voir nº 59230, d. Sur la possibilité pour le salarié de renoncer à des jours de RTT dans le cadre de cycles de travail, voir nº 10470, d.

HEURES SUPPLÉMENTAIRES

10270 Dans le cadre du cycle, seules sont considérées comme heures supplémentaires celles qui dépassent la **durée moyenne** de 35 heures calculée sur la durée du cycle (C. trav. art. L 3122-5 ancien).

Ce mécanisme permet d'écarter les majorations liées aux heures effectuées au-delà de la durée légale du travail une ou plusieurs semaines données si la durée moyenne effectuée pendant le cycle entier ne dépasse pas la durée légale.

La durée moyenne du cycle est le quotient du nombre d'heures du cycle par le nombre de semaines qu'il comporte.

Les heures excédant la durée moyenne de 35 heures sont soumises à l'ensemble des dispositions applicables aux heures supplémentaires : **majoration** de salaire (nºs 6950 s.) ou repos compensateur de remplacement (nºs 7260 s.), imputation sur le **contingent annuel** (nºs 6720 s.), sauf mise en œuvre du repos compensateur de remplacement, application, le cas échéant, de la **contrepartie obligatoire en repos** (nºs 7400 s.).

Sur la **réduction de cotisations salariales** et la **déduction forfaitaire de cotisations patronales** de sécurité sociale sur les heures supplémentaires, voir nºs 7700 s.

ATTENTION

Pour les salariés soumis à un **horaire d'équivalence,** les heures supplémentaires se déterminent par rapport à la durée moyenne du cycle, après application du régime d'équivalence (Cass. soc. 5-11-2003 nº 01-42.174 F-P).

Le décompte des heures supplémentaires par rapport à la durée moyenne hebdomadaire calculée sur la durée du cycle s'applique, peu important la répartition inégale dans les limites conventionnelles de l'horaire quotidien de travail (Cass. soc. 11-10-1994 nº 91-40.847 PB).

10280 EXEMPLE

Soit un cycle de 4 semaines (39 h – 37 h – 35 h – 37 h).

Horaire moyen du cycle : (39 + 37 + 35 + 37)/4 = 37 heures.

Nombre d'heures supplémentaires calculées sur la base de la durée légale de 35 heures :
2 heures × 4 semaines = 8 heures.

Dans cet exemple, il y a lieu de considérer que les 8 heures supplémentaires ont été effectuées sur 4 semaines, soit 2 heures en moyenne par semaine ; à défaut de taux particulier fixé par convention ou accord collectif, celles-ci donnent lieu à une majoration de 25 %.

LISSAGE DE LA RÉMUNÉRATION

10300 Il est possible, dans le cadre du cycle, de prévoir par convention ou accord collectif étendu ou par convention ou accord collectif d'entreprise ou d'établissement une **rémunération mensuelle moyenne** indépendante de l'horaire réellement effectué chaque mois et calculée dans les conditions prévues par la convention ou l'accord (C. trav. art. L 3122-4 ancien).

Sur les modalités de **récupération par l'employeur** d'un **trop-perçu par le salarié** constaté lors de la régularisation du lissage de sa rémunération, voir nº 9660.

ATTENTION

Pour ce calcul, ne sont pas prises en compte les **primes** à périodicité non mensuelle telles que la prime de treizième mois ou les primes de résultat (Circ. du 21-4-1994).

Lorsque des **heures supplémentaires** sont accomplies au-delà des limites prévues par l'accord, les rémunérations correspondantes sont payées avec le salaire du mois considéré (C. trav. art. L 3122-4 ancien).

EXEMPLE 10305

Soit un accord collectif prévoyant un cycle de 4 semaines avec une répartition à l'intérieur du cycle (fixée comme suit : 32 h – 36 h – 35 h – 37 h), soit un horaire moyen de 35 heures sur l'ensemble du cycle. La rémunération mensuelle moyenne est établie sur l'horaire moyen de 35 heures, soit 151,67 heures par mois. Toute heure effectuée en sus de l'horaire prévu dans le cadre du cycle est rémunérée comme heure supplémentaire et payée avec le salaire du mois considéré.

Bulletin de paie En cas de lissage, il convient d'indiquer sur le bulletin de paie la durée mensuelle de travail sur la base de laquelle est calculée la rémunération « lissée » (Circ. du 30-3-1989). 10310

Les **heures supplémentaires** accomplies au cours du mois doivent faire l'objet d'une mention spéciale faisant apparaître, s'il y a lieu, les heures majorées à des taux différents.

Le salarié doit également être informé de ses droits à **repos compensateur** de remplacement ou à **contrepartie obligatoire en repos** selon les modalités prévues nos 7600 s.

Le nombre d'heures supplémentaires n'étant connu qu'à la fin du cycle, leur paiement est rattaché à la première paie intervenant après la fin du cycle.

c. Jours de RTT

Les anciens articles L 3122-6 et suivants et L 3122-19 et suivants du Code du travail, **abrogés** par la loi 2008-789 du 20-8-2008, prévoyaient deux variantes de réduction du temps de travail sous forme de journées ou demi-journées de repos : l'une sur une période de 4 semaines, pouvant être mise en œuvre sur simple décision de l'employeur ; l'autre sur l'année, nécessitant l'intervention d'une convention ou d'un accord collectif. 10400

Les entreprises qui appliquaient un accord de réduction de la durée du travail sous forme de **jours de repos répartis sur l'année** peuvent maintenir leur dispositif en l'état. En effet, les **accords collectifs** conclus en application de l'article L 3122-19 du Code du travail dans sa rédaction antérieure à la publication de la loi 2008-789 du 20-8-2008 (JO 21) restent en vigueur, sans limitation de durée (Loi 2008-789 du 20-8-2008 art. 20-V).

ATTENTION

Les entreprises qui attribuaient des **jours de repos sur 4 semaines** peuvent continuer à le faire dans le cadre du régime supplétif de répartition de la durée du travail sur plus d'une semaine prévu nos 9800 s., que ce dispositif ait été mis en place sur décision de l'employeur ou par convention ou accord collectif, ces derniers n'ayant pas été sécurisés par le législateur.

Dans le cadre du régime de réduction de la durée du travail sous forme de jours de repos répartis sur l'année, la **durée hebdomadaire moyenne** sur l'année est réduite, en tout ou partie, en deçà de 39 heures, par l'attribution de journées ou demi-journées de repos prises pour partie au choix de l'employeur et pour partie au choix du salarié (C. trav. art. L 3122-19 et L 3122-20 anciens). 10410

> **Précisions** **a.** Les **jours de RTT** ne peuvent pas être positionnés sur des **jours fériés chômés** dans l'entreprise (Cass. soc. 13-12-2006 nos 05-42.528 FS-PB, 06-41.575 FS-PBR et 07-41.456 FS-PB), ceux spécifiques à l'Alsace-Moselle n'échappant pas à cette règle (Cass. soc. 11-7-2007 no 06-40.567 FS-PBR ; 16-2-2012 09-70.617 FS-PB), ni sur des **jours de congés conventionnels** (Cass. soc. 23-3-2007 no 05-43.045 FS-P). La méconnaissance de cette règle par l'employeur ouvre aux salariés un droit à la récupération du jour chômé ou à un rappel de rémunération. Dans le même ordre d'idées, un salarié peut **cumuler** les jours de récupération acquis au titre d'un accord d'aménagement et de réduction du temps de travail, représentant la contrepartie des heures de travail qu'il a exécutées en sus de l'horaire légal ou convenu, et les congés payés d'ancienneté prévus par la convention collective nationale, auxquels il a droit en sus de ses congés légaux annuels, ces avantages n'ayant ni la même cause ni le même objet (Cass. ass. plén. 24-10-2008 no 07-42.799 PBRI).
> **b.** Le salarié qui n'a **pas pris ses jours de réduction** du temps de travail n'a droit à une indemnité que si l'accord collectif le prévoit, ou, à défaut, si la situation est imputable à l'employeur (Cass. soc. 18-3-2015 no 13-16.369 FS-PB). Ainsi, par exemple, la situation est imputable, à notre avis, à l'employeur, s'il a refusé que le salarié prenne les jours auxquels il a droit ou s'il ne l'a pas informé qu'il y avait droit.

HEURES SUPPLÉMENTAIRES

Le régime des heures supplémentaires s'applique (C. trav. art. L 3122-19 ancien) : 10430

– lorsque, sur une semaine donnée, des heures sont accomplies **au-delà de 39 heures** ou d'un **plafond inférieur fixé par l'accord** ;

– et, à l'exception des précédentes, aux heures accomplies au-delà de **1 607 heures dans l'année.**

› Précisions a. Le **plafond de 1 607 heures** constitue un forfait annuel arrondi correspondant à une durée hebdomadaire moyenne de 35 heures sur l'année et tenant compte des jours de congés payés, des jours fériés légaux et de la journée de solidarité.
Dans les conventions et accords collectifs conclus avant le 1-7-2004, date d'entrée en vigueur de la **journée de solidarité,** le seuil de 1 600 heures a été **majoré** automatiquement de 7 heures.
b. Sur la possibilité de reporter les droits à congés payés jusqu'au 31 décembre de l'année suivant celle pendant laquelle a débuté la période de prise des congés, voir n° 9680.
c. Les **jours de RTT** ne sont pas assimilés à du travail effectif pour le décompte des heures supplémentaires (Circ. du 6-12-2000).

10440 Les heures supplémentaires ainsi décomptées donnent lieu à une **rémunération à taux majoré,** pouvant être remplacée par un repos compensateur (n°s 6950 s.).

Pour les heures accomplies au cours d'une semaine civile au-delà de 39 heures, ou du plafond fixé par l'accord si celui-ci est inférieur, le **taux de la majoration** à appliquer est déterminé en fonction du rang que celles-ci occupent par rapport à la durée de 39 heures, ou au plafond fixé par l'accord, et non par rapport à la durée légale de 35 heures. À défaut de taux particulier fixé par convention ou accord collectif (n° 6970), le taux à appliquer est donc :
– 25 % pour les 8 premières heures accomplies au-delà de 39 heures (c'est-à-dire de la 40e à la 47e heure) ou du plafond fixé par l'accord ;
– 50 % pour les heures accomplies au-delà.

Sur la **réduction** de cotisations salariales et la **déduction forfaitaire** de cotisations patronales de sécurité sociale sur les heures supplémentaires, voir nos 7700 s.

Sur le régime des heures supplémentaires lorsque la réduction de la durée du travail sous forme de repos se combine avec un dispositif de **modulation de la durée du travail,** voir n° 10020.

10450 En cours d'année, seules les heures accomplies au-delà de 39 heures, ou du plafond fixé par l'accord, s'imputent sur le **contingent** annuel d'heures supplémentaires, sauf si elles donnent lieu à un repos compensateur de remplacement (nos 7260 s.). En fin d'année, les heures accomplies au-delà de 1 607 heures doivent être imputées sur le contingent, après déduction de celles déjà décomptées en cours d'année.

Ces heures donnent lieu à **contrepartie obligatoire en repos** dans les conditions de droit commun (nos 7400 s.).

10460 **EXEMPLE**

Une entreprise applique un accord de réduction du temps de travail prévoyant le passage de 39 à 35 heures sous la forme de l'attribution de 22 jours de repos supplémentaires. Le nombre d'heures effectuées en fin d'année est de 1 620 heures et, pendant l'année, la durée hebdomadaire effectuée ne dépasse pas 39 heures, sauf pendant 3 semaines où elle atteint 41 heures :
– 6 heures supplémentaires (2 × 3) donneront lieu en cours d'année à une majoration de 25 % ;
– 7 heures supplémentaires (1 620 – 1 607 – 6) donneront lieu en fin d'année à une majoration de 25 % (à défaut de taux particulier fixé par convention ou accord collectif).
Aucune contrepartie obligatoire en repos ne sera due car le contingent annuel n'a pas été dépassé.

RENONCIATION À DES JOURS DE RTT

10470 Un salarié peut, sur sa demande et en accord avec l'employeur, renoncer à tout ou partie des journées ou demi-journées de RTT acquises en application de l'accord collectif visé n° 10400 au titre des périodes postérieures au 1-1-2022 et **jusqu'au 31-12-2025** (Loi 2022-1157 du 16-8-2022 art. 5).

Les journées ou demi-journées travaillées à la suite de l'acceptation de cette demande donnent lieu à une **majoration de salaire** au moins égale au taux de majoration de la première heure supplémentaire applicable dans l'entreprise (sur ce taux, voir nos 6970 s.). Les heures correspondantes ne s'imputent pas sur le **contingent** légal ou conventionnel d'heures supplémentaires (nos 6720 s.).

Les rémunérations versées aux salariés à la suite de la monétisation de leurs journées ou demi-journées de RTT ouvrent droit au bénéfice de la **réduction de cotisations salariales** et de la **déduction forfaitaire de cotisations patronales** sur les heures supplémentaires (nos 7700 s.) et de l'**exonération d'impôt sur le revenu** applicable aux heures supplémentaires : elles s'imputent donc sur le plafond de cette exonération (n° 8170).

› Précisions a. Aucun formalisme n'est imposé pour la **demande** de monétisation par le **salarié.** Il peut la matérialiser par tout moyen (BOSS-Exo. HS-790). Il peut faire une ou plusieurs demandes.
L'**employeur** peut la ou les refuser sur tout ou partie des jours de RTT (BOSS-Exo. HS-800). En cas de contrôle du calcul de ses exonérations sociales, il doit pouvoir fournir les **documents** formalisant la demande du salarié et son acceptation partielle

ou totale aini que ceux prévus n° 8220 relatifs au temps de travail (BOSS-Exo. HS-880-890).

b. Les heures travaillées en raison de la renonciation à des jours de RTT sont prises en compte dans la valeur du Smic dans les conditions prévues n° 22110, b pour le calcul de la **réduction générale** de cotisations patronales (BOSS-Exo. HS-800),

c. La **déduction forfaitaire de cotisations** patronales (n°s 7800 s.) s'applique aux entreprises de moins de 20 salariés pour les heures supplémentaires réalisées en conséquence du rachat de jours de RTT. La déduction s'applique également aux entreprises d'**au moins 20 salariés et de moins de 250 salariés** mais uniquement pour les jours de RTT rachetés **depuis le 25-12-2022** (Loi 2022-1157 du 16-8-2022 art. 5 modifiée par loi 2022-1616 du 23-12-2022 art. 22 ; BOSS-Exo. HS-850-860). En cas de montant de cotisations insuffisant pour imputer la totalité de la **réduction de cotisations salariales**, voir n° 9650.

d. Pour le ministère du travail, sont également monétisables les jours de RTT acquis dans le cadre d'accords relatifs au **cycle de travail** ou à la **modulation** (QR min. trav. « Rachat de jours de repos » du 27-10-2022 n° 8). Le législateur et le BOSS ne visant que les jours acquis en application d'un accord de réduction du temps de travail et le Questions-réponses du ministère du travail n'ayant pas de valeur juridique (Loi 2022-1157 du 16-8-2022 art. 5 ; BOSS-Exo. HS-820), la monétisation de tels de jours de RTT et l'application de la réduction de cotisations salariales et de la déduction forfaitaire de cotisations patronales exposent l'employeur à un redressement. En tout état de cause, l'employeur qui entendrait appliquer la réduction et la déduction aura intérêt, préalablement, à recourir au rescrit social (n°s 20610 s.).

RÉMUNÉRATION

L'**accord collectif** précise les modalités de répartition dans le temps des droits à rémunération en fonction du calendrier des repos (C. trav. art. L 3122-20 ancien). **10480**

Il peut ainsi prévoir le **lissage** de la rémunération. Dans ce cas, la rémunération est indépendante du nombre de journées ou demi-journées de repos prises au cours du mois.

Sur les modalités de **récupération par l'employeur** d'un **trop-perçu par le salarié** constaté lors de la régularisation du lissage de sa rémunération, voir n° 9660.

ATTENTION

Sauf disposition spécifique de l'accord collectif relative aux modalités de maintien de salaire, un salarié ne peut subir aucune perte de salaire au titre de la **prise de jours de RTT.** En l'absence d'une telle disposition, la part de la **rémunération variable** étroitement liée à l'activité du salarié et à ses performances doit donc être intégrée dans l'assiette de calcul de l'indemnité des jours de RTT (Cass. soc. 28-3-2018 n° 16-27.641 FS-PB).

BULLETIN DE PAIE

En cas de **lissage,** il convient d'indiquer sur le bulletin de paie la **durée mensuelle de travail** sur la base de laquelle est calculée la rémunération lissée (Circ. du 30-3-1989). **10500**

Les **heures supplémentaires** accomplies au cours du mois doivent faire l'objet d'une mention spéciale faisant apparaître, s'il y a lieu, les heures majorées à des taux différents.

Le nombre d'heures supplémentaires accomplies au-delà de 1 607 heures (ou du plafond conventionnel inférieur) n'étant connu qu'à la fin de la période de référence, ces heures sont rattachées à la première paie suivant celle-ci.

DOCUMENTS À REMETTRE AU SALARIÉ

Le salarié doit être informé mensuellement de ses droits à **repos compensateur de remplacement et à contrepartie obligatoire en repos** selon les modalités prévues n°s 7600 s. **10520**

Pour les **salariés** qui ne sont **pas occupés selon l'horaire collectif affiché,** le **document mensuel** annexé au bulletin de paie renseignant le salarié sur ses droits à repos compensateur de remplacement et à contrepartie obligatoire en repos et sur les heures supplémentaires accomplies (n°s 7600 s.) doit mentionner le nombre de jours de repos effectivement pris au cours du mois dès lors qu'un dispositif de réduction du temps de travail s'applique dans l'établissement (C. trav. art. D 3171-12 ancien).

Pour une meilleure information du salarié, l'administration recommande de mentionner également sur ce document le **nombre de jours** de réduction du temps de travail **acquis par le salarié** (Circ. du 3-3-2000).

Un document annexé au bulletin de paie mentionnant le total des heures accomplies depuis le début de la période de référence doit être remis au salarié à la **fin de** cette **période** ou lors du **départ du salarié** si celui-ci a lieu en cours de période (C. trav. art. D 3171-13 ancien).

ABSENCES, EMBAUCHES ET DÉPARTS

En l'**absence de stipulations conventionnelles** plus favorables, le droit à repos s'acquiert semaine par semaine, à concurrence des heures réellement effectuées (ou non travaillées **10540** assimilées à du travail effectif) au-delà de 35 heures et dans la limite de 39 heures (Circ. du 3-3-2000 ; Circ. du 6-12-2000).

Sauf lorsqu'elles sont assimilées à du travail effectif, par exemple, les heures de délégation des représentants du personnel ou les absences liées à un mandat d'administrateur d'un organisme de sécurité sociale (Cass. soc. 31-1-2006 nº 04-43.569 FS-P), les **absences** de tous ordres (par exemple les **jours fériés,** les **congés payés,** la **maladie**), si elles ont pour conséquence de faire tomber la durée du travail au cours de la semaine considérée en dessous de 35 heures, ne permettent pas l'acquisition d'un quelconque droit à repos pour la semaine concernée (Cass. soc. 30-3-2022 nº 21-10.917 F-D). Elles sont, en revanche, sans incidence sur le nombre d'heures de repos déjà acquises par le salarié, aucune compensation ne s'opérant d'une semaine sur l'autre.

10550 Mais la **convention ou l'accord collectif** peut aussi prévoir d'autres modalités de prise en compte des périodes d'absence à condition qu'elles soient au moins aussi favorables.

On peut, par exemple, imaginer dans un accord collectif la mise en place d'une pratique basée sur une logique **forfaitaire.** Dans ce cas, le nombre de journées ou demi-journées de repos serait déterminé forfaitairement, en début de période annuelle, sans que les absences puissent réduire ce nombre fixé une fois pour toutes. En revanche, l'accord ne permettrait pas le report du droit à prise d'une journée ou d'une demi-journée lorsque l'absence surviendrait le jour où cette journée ou demi-journée de repos devait être prise (Circ. du 6-12-2000).

10560 Les absences rémunérées ou indemnisées, les congés et autorisations d'absence auxquels les salariés ont droit en application de stipulations conventionnelles ainsi que les absences justifiées par l'incapacité résultant de maladie ou d'accident ne peuvent pas faire l'objet d'une **récupération** par le salarié (C. trav. art. L 3122-22 ancien). Le salarié ne peut donc pas accomplir de ce fait, suite à une absence non récupérable, un temps de travail non rémunéré totalement ou partiellement (Circ. du 3-3-2000).

Dans les cas, autres que ceux visés ci-dessus, pour lesquels la récupération est possible, les absences donnant lieu à récupération doivent être décomptées en fonction de la durée de travail que le salarié devait effectuer (C. trav. art. L 3122-22 ancien).

B. Travail intermittent

10700 Le contrat de travail intermittent a pour but de pourvoir un **emploi permanent** comportant par nature une **alternance de périodes travaillées et non travaillées** (C. trav. art. L 3123-34).

Les entreprises peuvent y recourir si une convention ou un accord d'entreprise ou d'établissement ou, à défaut, une convention ou un accord de branche étendu le permet (C. trav. art. L 3123-33).

Sur les modalités d'application de :

– la **réduction générale** de cotisations patronales pour les salariés intermittents relevant d'une caisse de congés payés, voir nº 22470 ;

– l'exonération liée aux embauches en **zone défavorisée,** voir nº 23430.

Dans les **départements d'outre-mer**, les entreprises employant des salariés intermittents sont soumises à des règles particulières d'**assujettissement** en matière de contribution formation (nº 87930).

ATTENTION

À **défaut d'accord collectif,** le contrat de travail intermittent est illicite et doit être requalifié en contrat de travail à temps complet. L'employeur doit alors verser un rappel de salaire pour les périodes non travaillées, sans pouvoir faire échec à cette requalification en prouvant que le salarié n'était pas tenu de rester à sa disposition constante (Cass. soc. 8-6-2011 nº 10-15.087 FS-PB ; Cass. soc. QPC 10-7-2013 nº 13-10.759 FS-PB ; Cass. soc. 6-1-2021 nº 19-14.159 F-D).

STATUT DU SALARIÉ

10750 Le salarié sous contrat de travail intermittent bénéficie des **droits reconnus aux salariés à temps complet** sous réserve, en ce qui concerne les droits conventionnels, de modalités spécifiques prévues par la convention ou l'accord collectif étendu ou par une convention ou un accord d'entreprise ou d'établissement (C. trav. art. L 3123-36).

Ils sont toutefois **expressément exclus** des dispositions légales suivantes : mensualisation (n° 10950), maintien du salaire en cas de maladie (n° 61810, a), paiement des jours fériés chômés (n° 60880).

ATTENTION

Les emplois interrompus uniquement par la survenance des **vacances scolaires** ne sont pas des emplois intermittents et ne sont donc pas exclus du champ d'application des dispositions légales précitées (en ce sens : Cass. soc. 10-6-1992 n° 88-44.433 P ; 26-5-1993 n° 89-42.168 D ; 15-1-2002 n° 00-40.590 F-D).

Rémunération La rémunération doit être fixée par le **contrat de travail** (C. trav. art. L 3123-34). 10760

Elle peut être **lissée** si la convention ou l'accord d'entreprise ou d'établissement ou, à défaut, la convention ou l'accord de branche étendu le prévoit (C. trav. art. L 3123-38). Dans ce cas, le **bulletin de paie** doit faire apparaître la durée du travail mensuelle servant de base au calcul de la rémunération lissée. En l'absence de lissage, on porte sur le bulletin le nombre d'heures réellement effectuées (Circ. du 30-3-1989).

Pour la détermination des **droits liés à l'ancienneté,** les périodes non travaillées sont prises en compte en totalité (C. trav. art. L 3123-36).

> Précisions **a.** Les **heures supplémentaires** des travailleurs intermittents sont décomptées dans un cadre hebdomadaire et non sur l'année (Cass. soc. 16-6-2010 n° 08-43.244 FS-PB ; 28-5-2014 n° 13-12.087 F-PB).
b. Si une **durée maximale annuelle de travail** est prévue par une convention collective pour le contrat de travail intermittent, le dépassement de ce plafond n'entraîne pas la requalification de ce contrat en contrat de travail à temps complet (Cass. soc. 2-3-2016 n° 14-23.009 FS-PBR).
c. Pour les salariés intermittents, le **plafond de la sécurité sociale** peut être proratisé pour ne tenir compte que des périodes ayant donné lieu à rémunération (BOSS-Ass. gén.-1140).
d. Sur la reprise du versement du salaire en cas d'**inaptitude physique,** voir n°s 62800 s.

PRISE EN COMPTE DANS L'EFFECTIF

Pour l'application des dispositions du **Code du travail,** les salariés titulaires d'un contrat de travail intermittent sont pris en compte dans l'effectif de l'entreprise à due proportion de leur temps de présence au cours des 12 mois précédents (C. trav. art. L 1111-2, 2°). 10780

ACTIVITÉ PARTIELLE

S'agissant des droits des salariés intermittents en matière d'activité partielle (nos 67950 s.), l'administration distingue entre (Note NDE du 17-6-1988) : 10800

– les **contrats qui définissent les périodes d'emploi** du salarié et la répartition du temps de travail à l'intérieur de ces périodes : dans ce cas, le droit à indemnisation au titre de l'activité partielle ne soulève pas de difficulté particulière, la réduction ou la suspension d'activité ne pouvant évidemment pas intervenir en dehors des périodes d'emploi définies par le contrat de travail ;

– ceux qui, **à défaut** de fournir ces précisions, renvoient aux dispositions d'une convention (ou d'un accord collectif étendu) qui déterminent les adaptations nécessaires ; dans ce second cas, l'indemnité d'activité partielle ne doit être versée qu'au regard de ces stipulations.

La garantie d'une **rémunération mensuelle minimale** (nos 68400 s.) s'applique aux travailleurs intermittents sous réserve de certaines adaptations définies par les articles R 3232-8 et R 3232-9 du Code du travail.

CHAPITRE 3 MENSUALISATION

SOMMAIRE

1. Champ d'application 10950
2. Caractère forfaitaire du salaire mensuel 11000

DÉFINITION

10900 Le **terme « mensualisation »** implique qu'il n'y a qu'une **seule paie par mois** (nos 12450 s.). Il signifie aussi que le salaire est un **salaire mensuel forfaitaire** calculé sur un horaire de travail déterminé, mais indépendant du nombre de jours du mois (nos 11000 s.).

À l'origine, la mensualisation a été imposée, au **niveau national et interprofessionnel,** par l'**accord du 10-12-1977,** auquel la loi 78-49 du 19-1-1978 a conféré un fondement légal en étendant à l'ensemble des professions non agricoles les droits nouveaux issus de cet accord. Les différents points de ce dernier sont désormais intégrés au Code du travail. Ne sont examinées ici que les dispositions concernant le paiement mensuel des salaires, codifiées à l'article L 3242-1 du Code du travail.

1. CHAMP D'APPLICATION

10950 La mensualisation s'applique à tous les employeurs de droit privé (C. trav. art. L 3211-1).

Dans ce champ professionnel, la mensualisation s'applique à tous les salariés. Elle bénéficie donc à **toutes les catégories** de salariés, quels que soient leur profession et leur mode de rémunération, y compris à ceux sous contrat à durée déterminée ou à temps partiel, à la seule **exception** des travailleurs à domicile, temporaires, saisonniers ou intermittents expressément exclus par l'article L 3242-1 du Code du travail.

> **Précisions** Sont considérés comme des **emplois à caractère saisonnier** ceux dont les tâches sont appelées à se répéter chaque année selon une périodicité à peu près fixe, en fonction du rythme des saisons ou des modes de vie collectifs (C. trav. art. L 1242-2, 3°).
> Pour plus de détails sur le statut des travailleurs **intermittents,** voir nos 10700 s.

2. CARACTÈRE FORFAITAIRE DU SALAIRE MENSUEL

11000 La mensualisation permet de neutraliser les conséquences de la répartition inégale des jours entre les 12 mois de l'année en assurant au salarié, pour une **durée de travail** effectif déterminée, une rémunération mensuelle indépendante du nombre de jours travaillés dans le mois (C. trav. art. L 3242-1, al. 1).

À titre **d'exemple,** à durée hebdomadaire constante, le salaire du mois de février sera le même que celui des autres mois alors que le nombre de jours travaillés n'est pas identique.

DÉTERMINATION DU SALAIRE MENSUEL

11020 Pour les salariés rémunérés au temps selon une durée du travail hebdomadaire déterminée, **inférieure ou égale à la durée légale** du travail, la rémunération mensuelle est obtenue en multipliant le salaire horaire par la durée hebdomadaire de travail affectée du coefficient 52/12 (compte tenu du nombre de semaines et de mois dans l'année) (C. trav. art. L 3242-1, al. 2 ; Circ. 27-6-1978). Ainsi, dans les entreprises appliquant la **durée légale de 35 heures,** la rémunération mensuelle forfaitaire d'un salarié travaillant 35 heures par semaine est obtenue en multipliant le salaire horaire par 151,67 (soit 35 × 52/12).

On trouvera n° 96060 un **tableau** indiquant les **équivalences** entre horaires hebdomadaires et horaires mensuels pour une durée du travail inférieure à la durée légale.

ATTENTION

Si la durée hebdomadaire ne correspond **pas** à un **nombre entier d'heures,** il faut appliquer le rapport 52/12 à la durée hebdomadaire de travail exprimée en centièmes. Pour la conversion des minutes en centièmes, on peut utiliser le tableau figurant n° 5220.

À titre d'exemple, à un horaire hebdomadaire de 32 h 30 min (soit 32 h 50 centièmes) correspond une durée mensuelle moyenne de 32,5 × 52/12 = 140,83 h, soit 140 h 50 min.

Le versement d'une rémunération forfaitaire identique d'un mois à l'autre, quel que soit le nombre de jours ouvrables, ne vaut qu'à **horaire hebdomadaire constant.** En effet, la rémunération mensuelle effective et, éventuellement, la rémunération minimale doivent être adaptées à l'horaire réel. Si celui-ci **varie** d'un mois à l'autre, en particulier en cas d'**heures supplémentaires,** la rémunération mensuelle suivra les mêmes variations (voir n° 6500). De même, les **heures non travaillées** peuvent donner lieu à réduction de salaire, calculée comme indiqué n°s 11100 s., sauf dans les cas où il y a lieu à maintien de celui-ci. Pour les salariés soumis à un **horaire** de travail **irrégulier,** voir n° 11070. L'incidence de la **journée de solidarité** sur la rémunération des salariés mensualisés est examinée n° 71850. 11030

La durée mensuelle moyenne de travail de 151,67 heures correspondant à une durée hebdomadaire de travail de 35 heures ne tient pas compte du fait qu'il faut ajouter aux 52 semaines un jour pour une année ordinaire, et 2 pour une **année bissextile.** Certains accords de mensualisation prennent en compte cette situation. En l'absence d'**aménagements conventionnels,** le caractère forfaitaire de la rémunération mensualisée s'oppose à ce que le salarié puisse revendiquer une rémunération en fonction du nombre de jours ouvrables ou du nombre d'heures réellement effectuées pendant l'année considérée. 11040

ILLUSTRATIONS

Un salarié ayant effectué sur une année civile 2 035,80 heures, soit une durée mensuelle de travail de 169,65 heures, alors qu'il avait été rémunéré pour 169 heures en application de l'accord du 10-12-1977, ne saurait obtenir un rappel de salaire au titre des heures accomplies au-delà de 169 heures (Cass. soc. 16-2-1994 n° 92-41.372 D). De même, un salarié rémunéré sur la base de 260 jours ouvrables ne peut pas demander un supplément de rémunération au titre des années ayant compté 261 et 262 jours ouvrables (Cass. soc. 22-6-1983 n° 81-41.193 P).

Salaire non horaire La mensualisation n'exclut pas les divers modes de calcul du salaire aux pièces, à la prime ou au rendement (C. trav. art. L 3242-2). 11050

Ces modes de rémunération, auxquels peuvent être assimilés les salaires versés sous forme d'un **pourcentage du prix des produits** vendus, ont pour conséquence d'introduire une variable supplémentaire (tenant au nombre de pièces exécutées ou de prestations fournies) pouvant entraîner des variations importantes de rémunération d'un mois sur l'autre. Les salariés rémunérés dans ces conditions doivent, s'ils effectuent un **horaire** de travail effectif égal à la durée légale hebdomadaire, percevoir aussi une rémunération mensuelle au moins équivalente au salaire horaire conventionnel ou contractuel garanti et, en tout état de cause, au Smic, multiplié par 151,67 (Circ. 27-6-1978).

HORAIRE DE TRAVAIL IRRÉGULIER

Pour les salariés occupés selon un horaire de travail irrégulier, la rémunération mensuelle est établie sur la base de l'**horaire minimum** effectué, les heures de travail accomplies au-delà de cet horaire étant rémunérées en sus (Rép. Bolo : AN 24-3-1979 n° 7737). 11070

EXEMPLE

Soit un salarié soumis à un horaire minimum de 30 heures par semaine et rémunéré selon un taux horaire de 12 €. La rémunération mensualisée sur la base de l'horaire minimum de 30 heures sera égale à : (30 × 52/12) × 12, soit 1 560 €.

Si, au cours d'un mois donné, ce salarié effectue 32 heures la 1e semaine, 30 heures la 2e semaine, 35 heures la 3e semaine et 34 heures la 4e semaine, la rémunération due au titre du mois considéré sera calculée comme suit : 1 560 € + (11 × 12) = 1 692 €.

Dans l'hypothèse où la durée hebdomadaire du travail varie de telle sorte qu'il n'est pas possible de déterminer l'horaire minimum pratiqué par le salarié, la mensualisation ne paraît pas pouvoir s'appliquer (Rép. Bolo : AN 24-3-1979 n° 7737). 11080

SALAIRE DES MOIS INCOMPLETS

Le caractère forfaitaire du salaire mensualisé n'empêche pas de le **réduire** en cas de mois de travail incomplet (absences, embauche ou départ en cours de mois…), sauf dispositions légales ou conventionnelles prévoyant le maintien intégral de la rémunération pendant les 11100 périodes non travaillées. Dans ce cas, il faut calculer le **montant de la retenue,** celle-ci devant correspondre au temps exact de la cessation de travail (Cass. soc. 26-1-2011 n° 08-45.204 FS-PB). Pour cela, il existe plusieurs méthodes de calcul, la différence essentielle étant le caractère réel ou forfaitaire du calcul.

Les retenues sur salaire dépassant la durée de l'arrêt de travail constituent des sanctions pécuniaires prohibées (voir notamment n° 72400).

11110 **Méthode de l'horaire réel** La méthode du réel consiste à prendre en compte le temps de travail effectif du **mois considéré** et le montant de la rémunération de ce mois pour calculer l'absence :

– soit selon une **méthode horaire,** consistant à déterminer un taux horaire à partir du salaire mensuel et du nombre d'heures de travail comprises dans le mois compte tenu de son nombre de jours ouvrés (pour la **conversion des minutes en centièmes** lorsque la durée de l'absence ne correspond pas à un nombre entier d'heures, on peut utiliser le tableau figurant n° 5220) ;

– soit selon une **méthode journalière,** qui équivaut à ramener le salaire mensuel à un taux journalier en tenant compte du nombre de jours ouvrés du mois considéré.

En cas d'**absence** s'étendant **sur 2 mois civils,** il faut distinguer les 2 mois pour compter le nombre de jours travaillés réels.

EXEMPLES

1. Soit un salarié rémunéré 1 600 € pour 151,67 heures par mois et travaillant 5 jours par semaine, **absent** une journée, soit 7 heures au cours d'un mois qui compte 22 jours travaillés, soit 154 heures. La retenue est de :

– selon la **méthode horaire** : (1 600/154) × 7 = 72,73 € ;

– selon la **méthode journalière** : (1 600/22) × 1 = 72,73 €.

Pour d'autres exemples avec des modèles de **bulletin de paie,** voir n°s 94430 et 94435.

2. Soit un salarié **embauché en cours de mois** sur la base de la durée légale de 35 heures et ayant effectué 105 heures sur les 140 heures correspondant à l'horaire de l'établissement pour le mois considéré (20 × 7). Si le salaire mensuel (base 151,67 heures) est de 1 600 €, le salaire du mois d'entrée du salarié dans l'entreprise se calculera comme suit : (1 600/140) × 105 = 1 200 €.

On obtient un résultat identique en opérant par déduction des heures non travaillées : 1 600 – (35 × 1 600/140) = 1 200 €.

Pour un autre exemple avec un modèle de **bulletin de paie,** voir n° 94420.

11120 **Méthode forfaitaire** La méthode forfaitaire consiste à retenir un taux horaire ou journalier constant, quel que soit le mois considéré, pour calculer l'absence du salarié :

– **méthode horaire** : on divise le salaire mensuel par 151,67 (pour 35 heures par semaine), quel que soit le mois, pour déterminer le taux horaire du salaire ;

– **méthode journalière** : quel que soit le mois, pour déterminer le taux de salaire journalier, on divise le salaire mensuel soit par 30 jours (méthode des trentièmes), soit par 26 jours (ce qui correspond au nombre moyen annuel de jours ouvrables : 6 jours ouvrables × 52 semaines/12 mois), soit par 22 jours (ce qui correspond au nombre moyen annuel de jours ouvrés : 5 jours ouvrés × 52 semaines/12 mois).

EXEMPLE

Soit un salarié rémunéré 1 600 € pour 151,67 heures par mois et travaillant 5 jours par semaine, absent une journée, soit 7 heures au cours d'un mois qui compte 22 jours travaillés, soit 154 heures. La retenue est de :

– selon la **méthode horaire** : (1 600/151,67) × 7 = 73,84 € ;

– selon la **méthode journalière** : (1 600/22) × 1 = 72,73 € si l'entreprise choisit la méthode en jours ouvrés ou (1 600/30) × 1 = 53,33 € si elle choisit celle des trentièmes.

11130 **Choix de la méthode** La Cour de cassation semble implicitement privilégier la **méthode de calcul au réel** et, au contraire, rejette de manière explicite la règle du 30e.

Elle a ainsi jugé, pour l'application de la **méthode horaire,** que :

– la **retenue par heure d'absence,** pour les salariés mensualisés, doit en principe être égale au rapport du salaire mensuel sur le **nombre d'heures de travail** dans l'entreprise pendant le mois considéré, le salarié étant en droit d'exiger que la retenue soit calculée par rapport au temps réel de travail pendant le mois et non sur la base de l'horaire mensuel moyen (Cass. soc. 11-2-1982 n° 80-40.359 P) ;

– pour un **salarié embauché en cours de mois,** les heures effectuées doivent être payées selon un taux horaire obtenu en divisant la rémunération mensuelle par l'horaire de travail dans l'entreprise pour le mois considéré (Cass. soc. 14-5-1987 n° 84-43.854 P) ;
– dans le cas des retenues pour **heures de grève,** pour être proportionnelle à l'interruption de travail, la retenue sur salaire doit être calculée sur l'horaire mensuel des salariés (Cass. soc. 27-6-1989 n° 88-42.591 P ; 29-11-1989 n° 89-41.291 D ; 19-5-1998 n° 97-41.900 PF). S'agissant des modalités de retenues applicables aux salariés au **forfait en jours,** voir n° 8930 ;
– pour un salarié **quittant l'entreprise** en cours de mois, il faut, pour déterminer le salaire, rechercher l'horaire de travail dans l'entreprise, puis multiplier la rémunération horaire par le nombre d'heures de travail réellement effectuées (Cass. soc. 20-1-1999 n° 96-45.042 D).

Pour l'application de la **méthode journalière,** la Cour de cassation : 11140
– a rejeté le mode de calcul consistant à appliquer au montant de la **rémunération mensuelle le coefficient de 1/30** pour obtenir la retenue à opérer par **jour de grève** (Cass. soc. 4-2-1988 n° 84-45.300 D) ;
– a jugé que, dans le cas d'un **salarié licencié en cours de mois,** le salaire dû devait être déterminé non en appliquant la **règle du 30e ,** mais en multipliant la rémunération horaire par le nombre d'heures de travail réellement effectuées (Cass. soc. 24-6-1992 n° 89-41.387 P).

CONSEIL

Il est conseillé, pour éviter tout litige, d'utiliser la méthode de l'horaire réel. À notre sens, le calcul peut aussi bien se faire en heures qu'en jours dans la mesure où le résultat est identique. Toutefois, si la méthode réelle horaire a l'avantage de pouvoir être utilisée dans tous les cas, la méthode en jours n'est utilisable que lorsque l'absence est d'au moins une journée entière. Le nombre de jours ou d'heures travaillés chaque mois n'étant pas constant, la méthode du réel présente néanmoins l'inconvénient de conduire, pour une même durée d'absence, à un montant de retenue variant d'un mois sur l'autre.

Sur les modalités de calcul de la retenue sur salaire en cas d'**activité partielle,** voir n° 68270.

Lorsque le mois au cours duquel se situe l'absence non rémunérée, l'entrée ou le départ du salarié comporte un **jour férié chômé et rémunéré** (1er mai ou jour férié ordinaire), faut-il l'assimiler à un jour travaillé pour le calcul de la retenue, c'est-à-dire compter les heures qui auraient été travaillées ce jour-là s'il n'avait pas été chômé dans l'horaire mensuel servant au calcul de la retenue horaire ? Cette question appelle, selon nous, une réponse affirmative, en raison de la règle selon laquelle le chômage des jours fériés ne peut pas être une cause de réduction de salaire (nos 60870 s.). Ne pas prendre en compte le temps correspondant au jour férié chômé reviendrait, en effet, à majorer la retenue. 11150

EXEMPLE

Un mois comporte 22 jours travaillés de 7 heures chacun et un jour férié chômé tombant un jour normalement travaillé dans l'entreprise. Pour un salarié dont la rémunération du mois s'élève à 1 850 €, la retenue horaire s'élève à 1 850/(7 × 23) = 11,49 € si l'on assimile le jour férié à un jour travaillé, alors qu'elle atteint 1 850/(7 × 22) = 12,01 € dans le cas contraire.

La solution vaut, à notre sens, aussi bien :
– pour le 1er mai que pour les autres jours fériés légaux ;
– pour les retenues calculées selon la méthode journalière que selon la méthode horaire.

BULLETIN DE PAIE

En cas d'application d'une **rémunération mensualisée,** il faut mentionner dans le bulletin de paie le nombre d'heures mensuel moyen correspondant à la durée hebdomadaire (par exemple : 151,67 heures pour une durée hebdomadaire de 35 heures) et le salaire mensuel de base correspondant. 11170

Le traitement des **heures supplémentaires** est exposé n° 7140.

Lorsqu'est appliquée une **retenue** pour absence non rémunérée, celle-ci doit faire l'objet d'une ligne à part. Il en va de même en cas d'**arrivée** ou au **départ** d'un salarié en cours de mois.

Pour des **modèles** de bulletin de paie avec retenue pour absence non rémunérée, voir nos 94430 et 94435 ; pour un modèle avec entrée ou sortie en cours de mois, voir respectivement nos 94420 et 94840.

CHAPITRE 4 PAIEMENT DU SALAIRE

SOMMAIRE

SECTION 1
DÉBITEUR 11500
A. Travail temporaire 11520
B. Sous-traitance 11670
1. Défaillance du sous-traitant 11670
2. Non-paiement du salaire minimum 11750
3. Travail dissimulé 11800

SECTION 2
BÉNÉFICIAIRE 12000

SECTION 3
MODALITÉS DE PAIEMENT 12210
A. Modes de paiement 12210
B. Lieu et date de paiement 12400
1. Lieu de paiement 12400
2. Périodicité du paiement 12450
3. Avances et acomptes 12640
4. Date du paiement 12720
C. Formalités lors du paiement 12800

SECTION 4
BULLETIN DE PAIE 12900
A. Champ d'application 12950
B. Forme 13100
C. Contenu 13200
1. Mentions générales 13260
2. Sommes versées au salarié 13460
3. Retenues sur rémunération 13580
4. Cotisations et contributions sociales 13630
5. Montant net social 13710
6. Impôt sur le revenu 13800
7. Rémunération nette et total versé par l'employeur 13850
D. Sanctions 14120
E. Portée de l'acceptation du bulletin 14250
F. Conservation et communication 14320

SECTION 5
PREUVE DU PAIEMENT 14530

SECTION 6
PROTECTION DU SALAIRE 14660
A. Compensation 14700
1. Conditions générales 14770
2. Quotité de la compensation 14850
3. Mise en œuvre de la compensation 14940
B. Saisie et cession de salaire 15120
1. Droit commun 15150
2. Créanciers particuliers 15410
a. Pensions alimentaires 15410
b. Comptables publics 15450
c. Concours de procédures 15700

SECTION 7
RÉCUPÉRATION DES SALAIRES INDUS 15800

SECTION 8
PRESCRIPTION 15900

SECTION 1 DÉBITEUR

11500 En principe, le débiteur du salaire est l'**employeur,** c'est-à-dire la personne physique ou morale pour le compte et sous la subordination de laquelle le salarié fournit sa prestation de travail.

L'identification de l'employeur débiteur du salaire pose parfois des difficultés en cas de **transfert d'entreprise** : voir n°s 70000 s.

Dans certains cas énumérés ci-après, la loi permet aux salariés d'**agir** directement **contre un tiers** en paiement de leur rémunération.

> **Précisions** **a.** Le paiement du salaire peut également être mis à la charge du Fonds national de garantie des salaires quand l'entreprise fait l'objet d'une **procédure collective** (voir Mémento social n°s 70900 s.).
> **b.** L'obligation pour les **agences de mannequins** de justifier d'une garantie financière en cas de défaillance de leur part n'est pas développée ici (C. trav. art. L 7123-19).

A. Travail temporaire

En cas de défaillance de l'entreprise de travail temporaire (ETT) et d'insuffisance de la caution, l'**utilisateur est substitué à l'ETT** pour le paiement des sommes qui restent dues aux salariés et aux organismes de sécurité sociale ou aux institutions sociales dont relèvent ces salariés, pour la durée de la mission accomplie dans son entreprise (C. trav. art. L 1251-52). 11520

Les salariés, les organismes de sécurité sociale et les institutions sociales ont une **action directe contre l'utilisateur,** même lorsque celui-ci s'est acquitté en tout ou en partie des sommes qu'il devait à l'ETT pour la mise à disposition des salariés (C. trav. art. R 1251-27).

L'utilisateur est substitué à l'ETT malgré : 11530
- toute **convention contraire** (C. trav. art. R 1251-25) ;
- les obligations qui découlent pour l'ETT des dispositions du Code du travail relatives à l'**assurance des créances des salariés** (C. trav. art. R 1251-25) ;
- la délivrance par l'Urssaf de l'**attestation** précisant la situation de l'ETT au regard du recouvrement des cotisations qui lui sont dues (Cass. soc. 7-3-1984 n° 83-10.382 P ; 6-3-1985 n° 83-17.124 S). L'Urssaf engage toutefois sa responsabilité à défaut d'information de l'entreprise utilisatrice sur l'absence de garantie financière souscrite par l'ETT (Cass. soc. 8-3-2001 n° 99-17.306 FS-P).

> **Précisions** Les ETT sont tenues de fournir aux entreprises utilisatrices, sur leur demande, une **attestation** des organismes de sécurité sociale précisant leur **situation au regard** du recouvrement **des cotisations** dues à ces organismes (C. trav. art. L 1251-51). Outre qu'elle ne fait pas obstacle à la substitution, cette attestation n'engage pas la responsabilité de l'Urssaf vis-à-vis de l'entreprise utilisatrice si son inexactitude est imputable aux déclarations insuffisantes ou incomplètes de l'ETT (Cass. soc. 7-3-1984 n° 82-16.222 P).

ÉTENDUE DE LA SUBSTITUTION

Les sommes concernées par la substitution sont (C. trav art. L 1251-49 et L 1251-52) : 11550
- les sommes restant dues aux travailleurs temporaires mis à disposition de l'utilisateur (**salaire** et ses accessoires, indemnité de fin de mission et indemnité compensatrice de congés payés) ;
- les **cotisations** obligatoires dues pour ces salariés aux organismes de sécurité sociale ou autres (caisses de retraite, par exemple) ainsi que, le cas échéant, les remboursements de **prestations** de maladie ou d'accident du travail dus à ces institutions par l'employeur n'ayant pas acquitté les cotisations dans les délais prescrits.

La **CSG** et la **CRDS** sont également concernées (CSS art. L 136-5, IV ; Ord. 96-50 du 24-1-1996 art. 14, III-al. 2).

> **Précisions** **a.** La substitution de l'entreprise utilisatrice est **subsidiaire** : elle n'intervient que pour les sommes restant dues après mise en jeu de la **garantie financière** (caution).
> **b.** L'utilisateur substitué ne peut pas se prévaloir d'une **déduction forfaitaire spécifique** sur l'assiette des **cotisations** au titre des frais professionnels, si l'ETT n'a pas opté en faveur d'une telle déduction (Cass. soc. 27-1-1988 n° 85-17.083 P).
> La **fixation forfaitaire de l'assiette** des cotisations pour absence ou insuffisance constatée dans la comptabilité de l'ETT est opposable à l'utilisateur substitué (Cass. soc. 7-3-1984 n° 82-16.627 P ; 13-5-1987 n° 85-13.301 S). Ce dernier ne peut pas établir le caractère excessif de l'assiette ainsi fixée en se fondant sur les salaires qu'il verse à ses propres salariés (Cass. soc. 27-1-1988 n° 85-17.083 P).
> En cas de redressement fixé d'office par l'Urssaf en fonction, notamment, des factures adressées aux entreprises utilisatrices, la défaillance de l'ETT est établie pour l'ensemble des missions accomplies par son personnel : l'utilisateur ne peut pas s'opposer à la substitution au motif que l'Urssaf n'apporte pas la preuve que les cotisations restant dues concernent les salariés mis à sa disposition (Cass. soc. 6-3-1985 n° 84-10.141 S ; 13-5-1987 n° 85-13.301 S).
> **c.** La somme réclamée à l'utilisateur au titre du **remboursement des prestations sociales** pour défaut de versement des cotisations dues ne peut pas être supérieure au montant des cotisations dues pour les travailleurs temporaires mis à sa disposition (C. trav. art. R 1251-29).

PAIEMENT DES SOMMES

L'utilisateur est avisé de l'insuffisance de la caution par une **demande** de paiement des sommes restant dues. Cette demande émane : 11570
- soit du salarié, de l'organisme de sécurité sociale ou autre ;
- soit, en cas de procédure collective, du mandataire judiciaire ou du liquidateur.

Elle est adressée par lettre recommandée avec avis de réception ou par lettre remise à l'utilisateur contre récépissé.

Le paiement doit être effectué dans le **délai** de 10 jours suivant la réception de la demande (C. trav. art. R 1251-26).

ATTENTION

Les **cotisations de sécurité sociale** acquittées avec un retard d'un mois ou plus à compter de la notification de la mise en demeure à l'utilisateur font l'objet de **majorations** calculées comme indiqué nº 19600 (CSS art. R 243-26). Ces majorations peuvent faire l'objet d'une remise dans les conditions prévues nºs 19625 s.

RECOURS

11590 L'utilisateur qui a payé les sommes restant dues est subrogé, à due concurrence, dans tous les droits des salariés, des organismes de sécurité sociale ou autres **contre l'ETT** (C. trav. art. R 1251-28).

B. Sous-traitance

1. DÉFAILLANCE DU SOUS-TRAITANT

11670 Lorsqu'un chef d'entreprise industrielle ou commerciale conclut un contrat pour l'exécution d'un certain travail ou la fourniture de certains services avec un entrepreneur, qui recrute lui-même la main-d'œuvre nécessaire et n'est pas propriétaire d'un fonds de commerce ou d'un fonds artisanal, le chef d'entreprise est, malgré toute stipulation contraire, substitué à l'entrepreneur en cas de défaillance de ce dernier pour le respect des obligations visées nº 11690 (C. trav. art. L 8232-1 et L 8232-2).

Le salarié lésé, les organismes de sécurité sociale et d'allocations familiales et, éventuellement, la caisse de congés payés peuvent engager, en cas de défaillance de l'entrepreneur, une action directe contre le chef d'entreprise pour qui le travail a été effectué (C. trav. art. L 8232-3).

> **Précisions** **a.** Il appartient au chef d'entreprise qui prétend ne pas devoir être substitué à l'entrepreneur de prouver que ce dernier est **propriétaire** d'un **fonds de commerce** ou d'un **fonds artisanal** (Cass. soc. 23-4-1975 nº 74-40.585 P). L'**existence** d'un tel fonds n'est pas subordonnée à l'inscription au registre national des entreprises. Est propriétaire d'un fonds de commerce ou d'un fond artisanal l'entrepreneur disposant d'un local, pour lequel il est titulaire d'un bail commercial dans lequel il emploie des ouvriers, et possédant une clientèle de plusieurs donneurs d'ouvrage (Cass. soc. 30-11-1983 nº 82-42.693). En revanche, n'est pas propriétaire d'un tel fonds l'entrepreneur qui, n'ayant pas d'autre établissement que son domicile personnel, n'a pas de matériel professionnel (Cass. soc. 5-2-1975 nº 73-13.368 P). Il en est de même de l'entrepreneur qui, domicilié chez un tiers, n'a ni clientèle, ni bureau, ni stock, ni matériel autre que du petit outillage (Cass. soc. 22-3-1982 nº 81-10.044 P).
> **b.** Pour que la substitution joue, il n'est pas nécessaire que la **main-d'œuvre utilisée** ait été recrutée spécialement pour le contrat ; il suffit qu'elle ait été recrutée par le sous-traitant (Cass. soc. 22-3-1982 nº 81-10.044 P).
> **c.** Lorsque la **procédure de recouvrement** a été régulièrement engagée contre le sous-traitant **par l'Urssaf,** la procédure de recouvrement poursuivie contre l'entrepreneur principal n'est pas subordonnée à l'envoi à ce dernier d'une nouvelle mise en demeure (Cass. soc. 5-2-1975 nº 73-13.368 P).

PORTÉE DE LA SUBSTITUTION

11690 Dans tous les cas, le chef d'entreprise donneur d'ordre est substitué à l'entrepreneur défaillant pour le **paiement des salaires et congés payés** du personnel de cet entrepreneur.

La substitution concerne également (C. trav. art. L 8232-2) :
– lorsque les **travaux** sont exécutés ou les services fournis **dans l'établissement du donneur d'ordre** ou dans ses dépendances : les obligations résultant de la législation sur les assurances sociales (assurances maladie, maternité, invalidité, décès et vieillesse), sur les accidents du travail et les maladies professionnelles et sur les prestations familiales ;
– lorsque les **travaux** sont exécutés **en dehors** de l'établissement du donneur d'ordre ou de ses dépendances : le versement des cotisations d'allocations familiales et d'assurances sociales.

11700 Lorsque les **travaux** sont exécutés **en dehors de l'établissement du donneur d'ordre** ou de ses dépendances, le donneur d'ordre substitué à l'entrepreneur est :
– pour les travaux exécutés par des **salariés à leur domicile** : le donneur d'ordre désigné sur le bulletin à souche visé à l'article R 7421-1 du Code du travail ;
– pour les travaux exécutés dans des **établissements autres que ceux du donneur d'ordre** : celui désigné par l'affiche prévue à l'article D 8232-1 du Code du travail.

> **Précisions** Dans le cas où un sous-entrepreneur, qui n'est pas propriétaire d'un fonds de commerce ou d'un fonds artisanal, fait exécuter des travaux dans des ateliers, magasins ou chantiers autres que ceux de l'entrepreneur principal qui lui a confié ces travaux, il doit apposer, dans chacun de ces lieux, une **affiche** indiquant le nom et l'adresse de

la personne de qui il tient les travaux (C. trav. art. D 8232-1).

Cet affichage étant imposé uniquement pour permettre aux salariés et aux organismes sociaux de connaître l'identité de l'entrepreneur principal, son absence n'empêche pas ceux-ci d'agir en paiement directement contre cet entrepreneur (Cass. soc. 5-2-1975 nº 73-13.368 P ; 23-4-1975 nº 74-40.585).

2. NON-PAIEMENT DU SALAIRE MINIMUM

Le maître d'ouvrage ou le donneur d'ordre, **informé** par écrit par un agent de contrôle compétent en matière de travail illégal du **non-paiement partiel ou total** du salaire minimum légal ou conventionnel dû au salarié de son cocontractant, d'un sous-traitant direct ou indirect ou d'un cocontractant d'un sous-traitant, doit aussitôt **enjoindre** à ce sous-traitant ou à ce cocontractant de faire cesser sans délai cette situation. Ce dernier doit, dans un délai de 7 jours à compter du jour de la réception de l'injonction, l'informer par écrit des mesures prises pour faire cesser la situation (C. trav. art. L 3245-2 et R 3245-1). 11750

Le maître d'ouvrage ou le donneur d'ordre **transmet** aussitôt à l'agent de contrôle une copie de cette **réponse** ou l'informe, dès l'expiration du délai imparti, de l'absence de réponse (C. trav. art. L 3245-2 et R 3245-1).

Ces injonctions et informations doivent être effectuées par tout **moyen** permettant de leur conférer une date certaine (C. trav. art. R 3245-4).

Si le maître d'ouvrage ou le donneur d'ordre ne **respecte pas ces obligations** d'injonction et d'information, il est tenu solidairement avec l'employeur au paiement des rémunérations et indemnités dues à chaque salarié et des cotisations et contributions sociales y afférentes (C. trav. art. L 3245-2 et R 3245-2).

L'agent de contrôle auteur du signalement doit **informer par écrit les salariés** concernés qu'à défaut de paiement de leurs rémunérations, ils peuvent saisir le conseil de prud'hommes afin de recouvrer les sommes qui leur sont dues (C. trav. art. R 3245-3).

ATTENTION

Par ailleurs, le maître d'ouvrage ou le donneur d'ordre est tenu à une obligation d'injonction et d'information en cas de non-respect par un sous-traitant direct ou indirect d'un ensemble de **règles, légales et conventionnelles,** relatives notamment au salaire minimum et au paiement du salaire, y compris les majorations pour heures supplémentaires. S'il ne s'y conforme pas, il est passible de l'**amende** prévue pour les contraventions de 5e classe (C. trav. art. L 8281-1 et R 8282-1). Sur le montant de cette amende, voir nº 96470.

3. TRAVAIL DISSIMULÉ

Le maître d'ouvrage ou le donneur d'ordre, **informé** par écrit par un agent de contrôle compétent en matière de travail illégal ou par un syndicat ou une association professionnels ou une institution représentative du personnel, de l'intervention du cocontractant, d'un sous-traitant ou d'un subdélégataire ne respectant pas les obligations d'interdiction de travail dissimulé, doit lui **enjoindre** aussitôt, par lettre recommandée avec avis de réception, de faire cesser sans délai cette situation. À défaut, il est **tenu solidairement** (C. trav. art. L 8222-5 et L 8222-2) : 11800

– au paiement des rémunérations, indemnités et charges dues par cette personne à raison de l'emploi de salariés dissimulés ;

– au paiement des impôts, taxes et cotisations obligatoires ainsi que des pénalités et majorations dues par cette personne au Trésor ou aux organismes de protection sociale ;

– le cas échéant, au remboursement des sommes correspondant au montant des aides publiques dont cette personne a bénéficié.

Sur la définition du travail dissimulé et les sanctions y afférentes, voir Mémento social nos 79040 s.

Est **tenue solidairement** avec celui qui a fait l'objet d'un **procès-verbal** pour travail dissimulé au paiement des sommes visées nº 11800 : 11810

– toute personne **condamnée** pour avoir recouru directement ou par personne interposée aux services de celui qui exerce un travail dissimulé (C. trav. art. L 8222-2) ;

– toute personne qui **ne s'est pas assurée,** lors de la **conclusion d'un contrat** portant sur une obligation d'un montant au moins égal à **5 000 €** hors taxe, en vue de l'exécution d'un travail, de la fourniture d'une prestation de services ou de l'accomplissement d'un acte de commerce, et **tous les 6 mois** jusqu'à la fin de l'exécution de celui-ci, que le cocontractant est en règle au regard du travail dissimulé et est à jour de ses déclarations et paiements des cotisations (C. trav. art. L 8222-1, R 8222-1 et D 8222-5 ; Circ. intermin. DSS 186 du 16-11-2012 opposable).

Si l'établissement d'un procès-verbal pour travail dissimulé à l'encontre du sous-traitant est un préalable obligatoire à la mise en œuvre de la solidarité financière (Cass. 2e civ. 26-11-2015 nº 14-23.851 FS-PB), il n'est pas nécessaire, en revanche, que l'intéressé soit **condamné pénalement** (Cass. 2e civ. 4-4-2013 nº 12-15.736 F-D).

11820 En outre, en cas de non-respect par le donneur d'ordre de son **obligation de vigilance** prévue pour les contrats supérieurs à 5 000 € (nº 11810) et si le cocontractant a exercé un travail dissimulé, l'organisme de recouvrement procède, selon une procédure définie à l'article R 133-8-1 du CSS, à l'annulation des **réductions ou exonérations des cotisations ou contributions** dont le donneur d'ordre a pu bénéficier au titre des rémunérations versées à ses salariés, calculée selon les mêmes modalités que celles visées nº 21740, mais plafonnée à 15 000 € (75 000 € pour une personne morale) ou au montant mis à sa charge au titre de la solidarité financière s'il est inférieur. En cas de réitération du manquement dans les 5 ans, ces plafonds ne s'appliquent plus et la sanction est plafonnée au montant mis à la charge du donneur d'ordre au titre de la solidarité financière. Cette sanction s'applique dans les mêmes conditions à celui qui a manqué à l'**obligation d'injonction** mentionnée nº 11800 (CSS art. L 133-4-5).

SECTION 2 BÉNÉFICIAIRE

12000 En principe, le salaire doit être payé au salarié lui-même. Il ne peut pas désigner un tiers pour le recevoir à sa place (C. trav. art. L 3241-1).

Toutefois, dans le cadre d'une **saisie** ou d'une **cession** de rémunération, le salaire doit être payé à son **créancier** (nos 15120 s.). Par ailleurs, des précisions ont été apportées sur la personne à qui verser la rémunération dans le cas où le salarié est **marié** ou **mineur.**

En cas de **décès du salarié,** les sommes lui restant dues reviennent à ses héritiers : voir nº 73450.

SALARIÉ MARIÉ

12040 Lorsqu'un salarié est marié, c'est à lui seul que doit être versé le montant de sa rémunération. L'intéressé peut demander le versement de son salaire soit sur son compte personnel (C. civ. art. 221), soit sur un **compte joint** : voir nº 12210.

MINEUR

12060 **Principes** Le mineur **émancipé** est capable, comme un majeur, de tous les actes de la vie civile (C. civ. art. 413-6) et il peut donc percevoir son salaire.

Le mineur **non émancipé** ne peut pas, en principe, percevoir directement son salaire sans autorisation de son représentant légal. En pratique, on admet que l'autorisation a été tacitement donnée dès lors qu'il n'y a pas eu opposition formelle. L'employeur peut toutefois avoir intérêt à demander une autorisation écrite afin d'éviter d'éventuelles difficultés. Cette autorisation est révocable à tout moment.

12070 **Artistes et mannequins** Les représentants légaux des **enfants** exerçant une activité artistique ou une activité de mannequin ne peuvent percevoir l'intégralité de la rémunération due au titre de cette activité. Une partie de celle-ci est en effet affectée à la constitution d'un pécule versé à la Caisse des dépôts et consignations qui le gère jusqu'à la majorité de l'enfant ou son émancipation (C. trav. art. L 7124-9).

Relèvent de ces dispositions :

– les enfants de moins de 16 ans engagés ou produits par une entreprise de spectacles sédentaire ou itinérante, une entreprise de cinéma, de radiophonie, de télévision ou d'enregistrements sonores ou audiovisuels ou par une personne physique ou morale en vue d'exercer une activité de mannequin ou par une entreprise ou une association ayant pour objet la participation à des compétitions de jeux vidéo ou encore par un employeur réalisant des

enregistrements audiovisuels d'enfant de moins de 16 ans afin de les diffuser à titre lucratif sur une plateforme de partage de vidéos (C. trav. art. L 7124-1) ;
– les enfants de 16 ans et moins percevant des rémunérations de toute nature pour l'exercice d'une activité artistique ou littéraire autre que celles mentionnées ci-dessus (C. trav. art. L 7124-12).

Ces règles s'appliquent aussi à la rémunération à laquelle l'enfant mannequin a droit pour l'**utilisation** de son **image** (C. trav. art. L 7124-11).

La **part** de la rémunération perçue par l'enfant pouvant être laissée **à la disposition de ses représentants légaux** est fixée par une commission spécialisée au sein de la Dreets (C. trav. art. R 7124-31). Celle-ci statue sur demande des contractants présentée préalablement à toute exécution (C. trav. art. R 7124-32). La fraction de la rémunération affectée à la constitution du **pécule** est en principe portée à la connaissance de l'employeur lors de la notification de l'autorisation individuelle d'engager ou de produire l'enfant (C. trav. art. R 7124-33). 12090

Ces principes s'appliquent également à la rémunération à laquelle l'enfant mannequin a droit en cas d'utilisation de son image ainsi qu'aux rémunérations de toute nature perçues pour l'exercice d'une activité artistique ou littéraire non soumise à autorisation préalable (C. trav. art. L 7124-11 et L 7124-12).

ATTENTION

Lorsque l'enfant est employé par une agence de mannequins ayant reçu un agrément lui permettant d'engager des enfants, la fraction de la rémunération affectée au pécule est fixée par cette décision d'agrément (C. trav. art. L 7124-10).

Lors du **paiement** de la rémunération, l'employeur verse la part affectée à la constitution du pécule à la Caisse des dépôts et consignations. Chaque versement est accompagné d'une déclaration de l'employeur rappelant l'état civil de l'enfant, son domicile et le nom de ses représentants légaux (C. trav. art. R 7124-35). 12100

Toute personne qui a remis des fonds, directement ou indirectement, à l'enfant ou à ses représentants légaux au-delà de la part de rémunération devant leur rester après déduction de la part affectée à la constitution du pécule est punie d'une **amende** de 3 750 € et, en cas de récidive, d'un **emprisonnement** de 4 mois et d'une amende de 7 500 € (C. trav. art. L 7124-25, al. 1 et 3 et L 7124-26, al. 3 [2°] et al. 4).

Les **mêmes peines** sont applicables :
– en cas d'engagement ou de production des enfants visés à l'article L 7124-12 du Code du travail (nº 12070) sans avoir obtenu l'autorisation individuelle préalable à l'emploi d'un enfant (C. trav. art. L 7124-26, al. 2 [1°]) ;
– en cas de réalisation d'enregistrements audiovisuels d'enfant de moins de 16 ans afin de les diffuser à titre lucratif sur une plateforme de partage de vidéos, sans avoir versé le pécule à la Caisse des dépôts et consignations (C. trav. art. L 7124-25, al. 2).

En outre, en cas de récidive, le tribunal peut ordonner, en accompagnement de ces peines, l'affichage du jugement et son insertion, aux frais du contrevenant, dans un ou plusieurs journaux du département (C. trav. art. L 7124-34).

Ces pénalités ne sont **pas applicables** lorsque l'infraction a été le résultat d'une **erreur** provenant de la production d'actes de naissance, livrets ou certificats contenant de fausses énonciations ou délivrés pour une autre personne (C. trav. art. L 7124-35).

SECTION 3 MODALITÉS DE PAIEMENT

A. Modes de paiement

MODES DE PAIEMENT AUTORISÉS

Principe Le salaire est payé en **espèces** ou par **chèque** barré ou par **virement** sur un compte bancaire ou postal dont le salarié est le **titulaire ou le cotitulaire.** Toute stipulation contraire est nulle (C. trav. art. L 3241-1, al. 1 et 2). 12210

Toute infraction à cette obligation est passible de l'amende prévue pour les contraventions de la 3e classe (C. trav. art. R 3246-1). Sur le montant de cette amende, voir nº 96470.

› Précisions La possibilité de paiement en **espèces** est en fait limitée. En effet, **au-delà de 1 500 €** (Décret 85-1073 du 7-10-1985 art. 1), le salaire doit obligatoirement être payé par chèque ou virement : voir n°s 12260 s. Toute infraction à cette disposition est punie d'une **amende** fiscale dont le montant est fixé compte tenu de la gravité des manquements et ne peut pas excéder 5 % des sommes indûment réglées en numéraire (C. mon. fin. art. L 112-7).
Pour l'incidence d'une infraction à l'obligation de payer par chèque ou par virement sur la **preuve du paiement** du salaire : voir n°s 14530 s.

12220 Les dispositions de l'article L 3241-1 du Code du travail ne font pas obstacle au paiement du salaire sous forme d'**avantages en nature** : voir n°s 38150 s.
En revanche, les **économats patronaux** sont interdits. L'article L 3254-1 du Code du travail interdit en effet à tout employeur :
– d'annexer à son établissement un économat destiné à la vente, directe ou indirecte, aux salariés et à leurs familles de denrées ou marchandises de quelque nature que ce soit ;
– d'imposer à ses salariés l'obligation de dépenser tout ou partie de leur salaire dans des magasins désignés par lui.
Toute infraction aux dispositions relatives aux économats patronaux est punie d'une amende de 3 750 € (C. trav. art. L 3255-1).

› Précisions a. L'interdiction des économats patronaux ne vise ni le cas où le contrat de travail stipule que le salarié logé et nourri reçoit en outre un salaire déterminé en argent, ni celui où, pour l'exécution d'un contrat de travail, l'employeur cède au salarié des fournitures à prix coûtant (C. trav. art. L 3254-2).
b. Dans les sociétés dont le capital appartient en majorité aux salariés en activité ou en retraite et dont les assemblées générales sont statutairement composées en majorité des mêmes personnes, des économats patronaux peuvent être institués dans certaines conditions (C. trav. anciens art. L 148-2 et L 148-3 maintenus en vigueur par ord. 2007-329 du 12-3-2007, art. 13, 3°).

12230 **Devises étrangères** Lorsque le **salarié travaille en France** pour le compte d'une société établie sur ce territoire et y perçoit son salaire, celui-ci ne peut être libellé en devises étrangères que si cette devise est en relation directe avec l'objet du contrat de travail ou avec l'activité de l'une des parties. C'est le cas par exemple d'un représentant commissionné sur des contrats conclus à l'étranger libellés en devises étrangères.
En effet, dans les contrats purement internes, la fixation d'une créance en monnaie étrangère constitue une indexation déguisée prohibée (C. mon. fin. art. L 112-2 ; Cass. 1e civ. 11-10-1989 n° 87-16.341 P).
Lorsque le **contrat de travail s'exécute à l'étranger,** les parties peuvent convenir que le salaire versé dans le pays d'affectation sera payé en monnaie locale.
Dans ce cas, la partie du salaire versée dans le pays d'affectation en monnaie locale peut même être indexée sur le taux de change de cette monnaie. En relation directe avec l'objet du contrat de travail, cette indexation ne tombe pas en effet sous le coup de l'interdiction légale (C. mon. fin. art. L 112-2 ; Cass. soc. 25-10-1990 n° 87-40.852 P).

12240 La **conversion** de la monnaie de compte en monnaie de paiement se fait, en l'absence de disposition contractuelle contraire, au cours du change officiel au jour du paiement (Cass. soc. 3-4-1990 n° 87-40.003 P), sauf si le retard apporté à celui-ci est imputable à l'une des parties (Cass. soc. 3-10-1991 n° 87-43.037 D). Tel n'est pas le cas si le principe et le montant des dommages-intérêts pour rupture abusive sont fixés au jour du jugement (Cass. soc. 22-6-1993 n° 90-42.142 D).
En revanche, l'employeur ne peut pas exiger que la conversion ait lieu au cours du change officiel au jour du paiement dès lors que le paiement tardif lui est imputable (Cass. soc. 16-7-1987 n° 84-43.388 P).

› Précisions Ces principes valent pour toute dette, quelle qu'en soit la nature : salaire ; commissions ; indemnité de préavis, de congés payés, de licenciement ; dommages-intérêts pour rupture abusive du contrat, etc. (Cass. soc. 16-7-1987 n° 84-43.388 P ; 3-4-1990 n° 87-40.003 P précité ; 22-6-1993 n° 90-42.142 D précité).

CHÈQUE OU VIREMENT

12260 **Salaire** Au-delà de 1 500 €, le paiement des salaires doit être effectué par **chèque** barré ou **virement** (C. mon. fin. art. L 112-6 ; Décret 85-1073 du 7-10-1985 art. 1). Pour apprécier la limite de 1 500 €, il convient de prendre en compte le **salaire net.**
Pour les salariés **payés au mois,** la limite de 1 500 € s'applique au salaire mensuel.

Pour les salariés payés suivant une périodicité **inférieure** au mois (salaires journaliers, hebdomadaires, bimensuels…), le montant de chacun des règlements doit être considéré isolément. En conséquence, l'obligation de payer le salaire par chèque ou par virement ne s'applique qu'aux règlements supérieurs à 1 500 € indépendamment du montant du salaire mensuel.

Sur les **sanctions** applicables en cas d'infraction à l'obligation de payer le salaire par chèque ou virement, voir nº 12210.

Acomptes Si le salaire fait l'objet d'acomptes, ceux-ci sont versés en espèces au salarié qui en fait la demande, sous réserve que le montant total du **salaire mensuel n'excède pas** 1 500 € (Décret 85-1073 du 7-10-1985 art. 2). 12270

A contrario, les acomptes se rapportant à un salaire dont le montant total mensuel **excède** 1 500 €, et le solde de ce salaire, doivent être réglés par **chèque** ou par **virement** même si le montant de chacun d'eux pris isolément ne dépasse pas 1 500 €.

Effet libératoire L'employeur n'est libéré que lorsque le chèque est **payé** ou lorsque le compte du salarié a été **crédité** (Rép. Proveux : AN 26-8-1985). 12290

Ainsi, le bénéficiaire d'un chèque égaré, ou non encaissé pour cause de forclusion, peut en réclamer un second à l'employeur, quitte à supporter les frais éventuels occasionnés par sa délivrance (Cass. soc. 20-2-1990 nº 87-43.897 D).

B. Lieu et date de paiement

1. LIEU DE PAIEMENT

Sauf convention contraire, la paie s'effectue sur les lieux de travail. Aussi l'employeur qui a convié le salarié à venir chercher son salaire sur le lieu de travail n'est pas obligé d'accéder à sa demande de lui en faire parvenir le paiement à son domicile (Cass. soc. 11-4-1991 nº 89-43.337 P ; 5-12-1995 nº 92-44.739 D). 12400

Le principe du paiement du salaire sur le lieu du travail n'a plus aujourd'hui qu'une portée limitée, compte tenu de la généralisation du paiement du salaire par **virement** bancaire ou postal.

2. PÉRIODICITÉ DU PAIEMENT

PÉRIODICITÉ APPLICABLE

La périodicité du paiement du salaire varie **en fonction des salariés** : salariés mensualisés ou non mensualisés, salariés travaillant aux pièces, etc. 12450

Pour les VRP, voir nº 80560.

Pour les **salariés mensualisés,** le salaire doit être payé au moins une fois par mois (C. trav. art. L 3242-1, al. 3). 12460

Dans le cas de salariés **entrés dans l'entreprise en cours de mois, après achèvement de la paie** de ce mois, il est possible de reporter leur première paie au mois suivant à condition que l'intervalle entre la date d'entrée et la date de la paie du mois suivant (c'est-à-dire celle du versement effectif des rémunérations) n'excède pas un mois. Dans le cas contraire, l'application stricte des textes devrait normalement conduire à effectuer une paie à la fin du mois d'entrée.

Pour les **autres salariés,** le salaire doit être payé au moins deux fois par mois, à 16 jours au plus d'intervalle (C. trav. art. L 3242-3). 12470

Selon l'administration, des **dérogations** à cette règle peuvent être accordées par l'inspecteur du travail en cas de rémunération au rendement ou d'usage de procédés informatiques pour l'établissement de la paie (Circ. min. du 2-4-1948 et du 9-1-1969).

> **Précisions** Les **dérogations** peuvent être accordées par l'inspecteur du travail **sous réserve** :
> – d'une part, que toutes les précautions soient prises en vue d'assurer aux salariés intéressés le versement, à titre d'acomptes, de sommes se rapprochant le plus possible et par excès, plutôt que par défaut, de la rémunération due ;
> – d'autre part, que les représentants du personnel aient donné leur accord. Il est recommandé

aux employeurs de fournir, non seulement aux représentants du personnel, mais également à l'ensemble des salariés intéressés, toutes les informations utiles sur les raisons de la modification envisagée et sur les conditions dans lesquelles se ferait la paie. Ces informations doivent être fournies suffisamment à l'avance de façon nette et détaillée.

12480 Pour tout **travail aux pièces** dont l'exécution dure plus d'une quinzaine de jours, les dates de paiement peuvent être fixées d'un commun accord entre l'employeur et le salarié. Toutefois, le salarié reçoit des acomptes chaque quinzaine et est intégralement payé dans la quinzaine suivant la livraison de l'ouvrage (C. trav. art. L 3242-4).

RÉMUNÉRATIONS CONCERNÉES

12500 Les articles de la loi fixant les périodicités de paiement s'appliquent au **salaire de base** ainsi qu'aux **sommes exigibles** à la date de paiement du salaire (Cass. soc. 19-10-2016 n° 15-18.162 F-D).

En revanche, ils ne sauraient être invoqués pour les éléments de la rémunération qui, en raison de leur mode d'acquisition, constituent une créance subordonnée à une condition ou affectée d'un terme (Cass. soc. 25-2-1988 n° 84-41.288 D). Autrement dit, ces dispositions n'interdisent pas le paiement à échéances plus espacées (trimestrielles, semestrielles, annuelles) des **commissions, primes et gratifications** diverses (13e mois, prime de vacances, gratifications annuelles…).

> **Précisions** **a.** Les **majorations de salaire** ou primes qui peuvent être dues à des titres divers (travail des **jours fériés,** de **nuit,** du **dimanche**...) doivent être payées avec le salaire du mois au cours duquel est né le droit à ces accessoires (Cass. soc. 19-10-2016 n° 15-18.162 F-D précité). Il en va, en principe, de même des **heures supplémentaires** (n° 7100).
> **b.** En ce qui concerne la date de paiement :
> – des commissions des **VRP** : voir n° 80560 ;
> – des **pourboires** : voir n° 54420 ;
> – du remboursement légal des frais de **transport** domicile-travail : voir n° 57560

CARACTÈRE OBLIGATOIRE

12520 Le paiement de tout ou partie du salaire au-delà des délais légaux est interdit.

Toute **clause contractuelle** l'autorisant est nulle et de nul effet. La nullité est encourue même si la somme versée est supérieure au salaire minimum légal et quelle que soit l'affectation donnée à la fraction de salaire retenue (Cass. soc. 23-5-1957 n° 4045 P).

L'employeur **ne peut pas différer** le paiement notamment :
– en **annualisant** (c'est-à-dire en répartissant sur 12 mois) **la rémunération** due à un salarié. Ainsi, il n'est pas possible d'annualiser la rémunération due à un professeur pour l'ensemble de ses heures de travail du 15 septembre au 30 juin (Cass. soc. 7-1-1992 n° 88-41.100 D). Par dérogation, le **lissage de la rémunération** est admis dans certains cas : voir nos 9600 s. (aménagement du temps de travail sur plusieurs semaines ou sur l'année), 10070 s. (modulation), 10300 (cycles de travail), 74840 (temps partiel modulé), 74830 (temps partiel pour raisons personnelles), et 10480 (réduction de la durée du travail sous forme de jours de repos) ;
– en signant une **reconnaissance de dette** (CA Paris 17-4-1992 n° 92-30315).

De même, le **juge** ne peut pas octroyer à l'employeur des **délais de paiement** des salaires. En revanche, il peut le faire, sur le fondement de l'article 1343-5 du Code civil, pour les créances indemnitaires telles que l'indemnité de licenciement (Cass. soc. 18-11-1992 n° 91-40.596 P).

Lorsque l'employeur diffère le paiement du salaire, il ne saurait être déduit du seul fait que le **salarié** n'a **pas formulé de réclamation** que celui-ci a renoncé à une partie de la rémunération due (Cass. soc. 29-10-1987 nos 85-42.782 D et 85-42.783 D) ou a accepté de nover sa créance salariale en un prêt à l'entreprise (Cass. soc. 29-6-1995 n° 92-41.257 D).

12530 **Mise en place du décalage de la paie** La pratique du décalage de la paie consiste à payer le salaire le mois qui suit la période à laquelle il se rapporte (par exemple : salaire de mars payé début avril).

Le retard de paiement consécutif à la mise en place du décalage de la paie dans une entreprise qui jusque-là payait les salaires en fin de mois constitue-t-il une infraction à la règle édictée à l'article L 3242-1 du Code du travail (n° 12460) ? L'absence de contentieux sur ce point démontre que le passage à un système de paie décalée ne donne pas lieu, en pratique,

à l'application des sanctions pénales et civiles visées nos 12550 s. Il est toutefois vivement recommandé à l'employeur qui instaure ce mécanisme :
– de procéder à une consultation préalable des représentants du personnel et à une information collective des salariés ;
– de verser à l'échéance habituelle de paie un acompte dont le montant soit le plus proche possible de la rémunération due, le solde étant versé à une nouvelle échéance.

SANCTIONS

Sanctions pénales Les infractions aux dispositions des articles L 3242-1, al. 3, L 3242-3 et L 3242-4 (voir respectivement nos 12460, 12470 et 12480) sont passibles de l'**amende** prévue pour les contraventions de la 3e classe (C. trav. art. R 3246-1). Sur le montant de cette amende, voir no 96470. 12550

ATTENTION

Tout retard dans le paiement des salaires, même s'il porte sur une seule échéance de paie, constitue une infraction punissable. Peu importe que l'employeur ait prévenu en temps utile les salariés et leur ait proposé de payer des acomptes (Cass. crim. 3-6-1982 no 81-94.348).

Sanctions civiles En cas de non-paiement ou de paiement tardif du salaire, l'employeur peut se voir condamner au paiement : 12560
– d'**intérêts de retard** appelés « intérêts moratoires », calculés au **taux** de l'intérêt légal, soit 4,47 % pour le 1er semestre 2023. Ces dommages et intérêts sont dus à compter de la mise en demeure de payer, sans que le salarié soit tenu de justifier d'aucune perte (C. civ. art. 1231-6, al. 1 et 2) ;
– de **dommages-intérêts** distincts des intérêts de retard quand sa **mauvaise foi** a causé au salarié un **préjudice** indépendant de ce retard sur le fondement de l'article 1231-6, al. 3 du Code civil (Cass. soc. 23-6-1983 no 80-42.115 ; 19-10-2016 no 15-18.162 F-D ; 1-6-2022 no 20-16.836 FS-B). Des dommages et intérêts ont aussi pu être accordés sur le fondement de l'article 1240 du Code civil relatif à la **responsabilité civile** (voir, à propos de dysfonctionnements répétés dans le paiement de la rémunération et des heures de délégation d'un salarié conseiller prud'homal : Cass. soc. 21-1-2009 no 07-40.609 F-D).

L'employeur peut également être tenu de verser des **indemnités compensatrices** à des salariés contraints à la **grève** pour obtenir le paiement de leur rémunération : voir nos 67450 s.

Dans le même ordre d'idées, il a été jugé que l'employeur qui n'a pas informé les représentants du personnel du retard envisagé dans le paiement du salaire ne peut pas opérer une retenue sur salaire à un salarié qui a été contraint de **quitter son poste de travail pour s'informer** individuellement de la cause de ce retard (Cass. soc. 4-6-1987 no 84-43.355 P).

ATTENTION

La **prise d'acte,** par le salarié, de la **rupture** de son contrat de travail en raison du non-paiement ou du paiement tardif du salaire peut conduire le juge à estimer que l'intéressé a été licencié sans cause réelle et sérieuse (Cass. soc. 9-4-2008 no 07-40.668 F-D ; 30-6-2010 no 09-41.456 FS-PB ; 18-3-2015 no 13-28.331 F-D). Sur la notion de manquement grave justifiant une prise d'acte, voir no 4555.

3. AVANCES ET ACOMPTES

L'avance sur salaire consiste à payer un travail non encore effectué. En revanche, l'acompte sur salaire consiste à payer un travail déjà effectué, mais dont la rémunération n'est pas encore exigible. 12640

EXEMPLE

La somme versée à un salarié le 15 février correspondant au travail effectué du 1er au 15 février constitue un acompte. La somme versée à un salarié le 28 février et correspondant au salaire du mois de mars constitue une avance.

L'employeur n'est jamais tenu d'accorder une **avance** à ses salariés. 12650

En revanche, pour les salariés mensualisés, un **acompte** correspondant, pour une quinzaine, à la moitié de la rémunération mensuelle peut être versé à ceux qui en font la demande (C. trav. art. L 3242-1, al. 3).

Sur le versement d'acomptes aux salariés non mensualisés, voir no 12470, et aux salariés, mensualisés ou non, payés aux pièces, voir no 12480.

> **Précisions** Pour les modalités de **paiement** de l'acompte (espèces, chèque ou virement), voir n° 12270. Sur l'incidence du versement d'acompte ou d'avance sur salaire quant à la date d'**exigibilité des cotisations,** voir n° 18850, et celle du **prélèvement à la source de l'impôt sur le revenu,** voir n° 35510, b.
> Les modalités selon lesquelles l'employeur peut se faire **rembourser** les avances et acomptes sont exposées n°s 14970 s.

4. DATE DU PAIEMENT

12720 L'employeur est libre de déterminer la date de paiement du salaire, la seule exigence étant de respecter les règles régissant la périodicité du paiement (n°s 12450 s.), ce qui implique, pour les salariés mensualisés, de ne pas dépasser un délai d'un mois entre deux paies (Rép. Proveux : AN 26-8-1985).

Par ailleurs, lorsque le paiement s'effectue dans l'entreprise :
– il doit avoir lieu un **jour ouvrable**, sauf en cas de paiement par virement (C. trav. art. R 3241-1) ;
– et pendant les **heures de travail.** Le paiement peut avoir lieu juste avant ou à la fin d'une séance de travail. En revanche, sauf circonstances exceptionnelles, il serait abusif de faire revenir les salariés sur le lieu de travail uniquement pour encaisser leur salaire.

C. Formalités lors du paiement

12800 Lors du paiement du salaire, l'employeur doit remettre un **bulletin de paie** au salarié : voir n°s 12900 s.

Il ne peut exiger aucune formalité de **signature ou d'émargement** autre que celle établissant que la somme reçue correspond bien au montant net figurant sur le bulletin de paie (C. trav. art. L 3243-2). Cette formalité n'est pas obligatoire. Elle est recommandée en cas de paiement du salaire en espèces afin de se ménager une preuve : voir n° 14560.

> **ATTENTION**
> Sans préjudice de la responsabilité civile, toute contravention aux prescriptions de l'article L 3243-2 est passible de l'**amende** prévue pour les contraventions de la 3e classe (C. trav. art. R 3246-2). Sur le montant de cette amende, voir n° 96470.

SECTION 4 BULLETIN DE PAIE

12900 Lors du paiement de la rémunération, l'employeur doit remettre au salarié une pièce justificative dite « bulletin de paie » (C. trav. art. L 3243-2, al. 1). Sur la possibilité de ne remettre qu'**un seul bulletin** de paie pour certains **CDD** de moins d'un mois s'étendant sur 2 mois civils, voir n° 76200.

A. Champ d'application

EMPLOYEURS CONCERNÉS

12950 Les dispositions relatives à la remise d'un bulletin de paie sont applicables aux employeurs de droit privé et à leurs salariés (C. trav. art. L 3211-1). Autrement dit, tous les employeurs sont tenus de remettre un bulletin de paie à leurs salariés, quelle que soit leur **activité.** La remise d'un bulletin de paie est obligatoire en **France métropolitaine** et dans les **départements d'outre-mer.**

> **ATTENTION**
> Plusieurs dispositifs permettent aux employeurs d'accomplir selon des **procédures simplifiées** les formalités liées à l'embauche et à l'emploi de salariés, y compris la remise du bulletin de paie et les déclarations aux organismes de recouvrement des cotisations : voir n°s 36570 s.

SALARIÉS CONCERNÉS

Un bulletin de paie doit être remis à toutes les personnes, salariées ou travaillant à quelque titre ou en quelque lieu que ce soit pour un ou plusieurs employeurs et quels que soient le montant et la nature de leur rémunération, la forme ou la validité de leur contrat (C. trav. art. L 3243-1). 12970

Les obligations de l'employeur en cas de **décès** du salarié sont exposées n° 73450.

En cas de rupture du contrat d'un **étranger** en situation irrégulière, voir n° 65340.

Sur l'établissement du bulletin de paie pour les **CDD saisonniers ou d'usage** de moins d'un mois à cheval sur 2 mois, voir n° 76200.

B. Forme

SUPPORT ÉLECTRONIQUE

Sauf **opposition** du salarié, l'employeur peut lui délivrer ses bulletins de paie sous forme électronique, dans des conditions de nature à garantir l'**intégrité des données** et leur **confidentialité.** Il doit arrêter les conditions dans lesquelles est garantie leur **disponibilité** pendant 50 ans ou jusqu'à ce que le salarié ait atteint l'âge de 75 ans (C. trav. art. L 3243-2 et D 3243-8). 13100

> **› Précisions** Les technologies informatiques connaissant une rapide obsolescence, la loi n'a pas défini ce qu'il fallait entendre par « conditions garantissant l'**intégrité des données** » et les débats parlementaires donnent peu d'indications à cet égard.
> Une norme sur la gestion du bulletin de paie électronique (NF Z42-025), recensant les règles à observer, a été homologuée par l'Afnor (texte en vente sur le site : www.boutique.afnor.org).

L'employeur qui décide de remettre les bulletins de paie sous forme électronique doit **informer le salarié** par tout moyen conférant date certaine, un mois avant la première émission du bulletin de paie sous cette forme ou au moment de l'embauche, de son droit de s'y opposer. Le salarié peut faire part de son **opposition** à tout moment, avant ou après la première émission d'un bulletin de paie électronique, par tout moyen lui conférant une date certaine. Sa demande doit prendre effet au plus tard 3 mois suivant la notification (C. trav. art. D 3243-7). 13105

Les salariés doivent pouvoir **récupérer** à tout moment l'intégralité de leurs bulletins électroniques, sans manipulation complexe ou répétitive, et dans un format électronique structuré et couramment utilisé. En cas de fermeture du service de mise à disposition du bulletin de paie (cessation d'activité du prestataire ou de l'employeur assurant ce service), ils en sont informés au moins 3 mois avant afin de pouvoir procéder à cette récupération (C. trav. art. D 3243-8).

La méconnaissance de ces dispositions est punie de l'amende prévue n° 14120.

L'employeur ou le prestataire agissant pour son compte doit garantir au salarié l'**accès** à tous ses bulletins de paie électroniques par le biais du **service en ligne** associé au **compte personnel d'activité** (C. trav. art. R 3243-9).

Les employeurs peuvent utiliser un service de **coffre-fort numérique** répondant aux conditions posées par les articles L 103, R 55-1 à R 55-6 et D 537 à D 541 du Code des postes et des communications électroniques.

SUPPORT PAPIER

Lorsque le salarié s'oppose à la remise de son bulletin de paie sous forme électronique dans les conditions visées n°s 13100 s., l'employeur doit lui délivrer un bulletin sur support papier. 13120

Le bulletin de paie se présente généralement sous forme de fiche imprimée ou manuscrite. Il ne peut pas faire corps avec le titre par lequel le salaire est payé. Ainsi, la fiche de paie ne peut être rédigée au dos du mandat ou du chèque servant de titre de paiement (Rép. Rabourdin : AN 23-1-1965).

Dans tous les cas, il faut utiliser un procédé d'**écriture indélébile** (Circ. DRT 55 du 17-7-1947).

> **ATTENTION**
> En cas d'incohérence entre les **mentions imprimées** et les **mentions manuscrites** d'un bulletin de salaire, ce sont ces dernières qu'il convient de prendre en compte pour déterminer le montant de la rémunération du salarié (CA Versailles 27-2-1990 n° 88-8465).

13140 L'employeur peut **faire parvenir** au salarié le bulletin papier **par tout moyen** (Cass. soc. 19-5-1998 n° 97-41.814 PB). Sur la remise du bulletin de paie par voie électronique, voir n°s 13100 s.

> Précisions La clause conventionnelle selon laquelle l'employeur doit « remettre » au salarié des bulletins de paie lors du paiement de la rémunération ne fait pas obstacle à la délivrance du bulletin de paie par **voie postale** (Cass. soc. 7-6-1995 n° 91-44.919 P).
En revanche, lorsqu'un usage s'est instauré dans l'entreprise de remettre les bulletins de paie en main propre aux salariés, l'employeur qui souhaite désormais les leur adresser par voie postale doit au préalable dénoncer cet usage dans les conditions indiquées n°s 4440 s. (en ce sens, Cass. soc. 7-6-1995 n° 91-44.919 précité).

C. Contenu

13200 Le bulletin de paie doit comporter certaines **mentions obligatoires** (n°s 13260 s.) et ne doit pas faire état de l'exercice du droit de **grève** (n° 67430) ou de fonctions de **représentation du personnel** (n°s 79560 s.).

Sous réserve des mentions prohibées, des **mentions supplémentaires** peuvent être ajoutées soit par voie de conventions ou d'accords collectifs, soit à la seule initiative de l'employeur (Circ. DRT 17 du 24-8-1988).

Sur la mention des indemnités journalières de sécurité sociale sur le bulletin de paie, voir n°s 62100 s.

On trouvera n° 94330 un modèle de présentation de ce bulletin établi par nos soins.

ATTENTION

Il est recommandé de porter une **attention particulière** aux mentions inscrites sur le bulletin de paie. La Cour de cassation a en effet tendance à considérer qu'elles **valent reconnaissance** par l'employeur **des droits** qu'elles indiquent au profit des salariés, ou tout au moins, font présumer cette reconnaissance. Ainsi jugé à propos des mentions suivantes : **ancienneté** (Cass. soc. 12-9-2018 n° 17-11.177 F-D), **convention collective** applicable (n° 13320) et reliquat de **congés payés** (n° 60100).
Sur la portée des mentions du bulletin de paie quant à la **preuve du paiement** du salaire, voir n°s 14540 et 14560.

1. MENTIONS GÉNÉRALES

IDENTIFICATION DE L'EMPLOYEUR

13260 Le bulletin de paie comporte obligatoirement (C. trav. art. R 3243-1, 1° et 2°) :
– le **nom** et l'**adresse** de l'employeur ainsi que, le cas échéant, la désignation de l'**établissement** dont dépend le salarié ;
– le numéro de la nomenclature d'activité caractérisant l'activité de l'établissement d'emploi (**code APE**) ainsi que, pour les employeurs concernés, leur numéro d'inscription au répertoire national des entreprises et des établissements (**répertoire Sirene**).

IDENTIFICATION DU SALARIÉ

13270 Le bulletin de paie indique le **nom** et **l'emploi** du salarié ainsi que sa **position dans la classification conventionnelle** qui lui est applicable ; la position du salarié est notamment définie par le niveau ou le coefficient hiérarchique qui lui est attribué (C. trav. art. R 3243-1, 4°).

Sous réserve des mentions prohibées (n° 13200), l'employeur peut ajouter des mentions supplémentaires afin d'identifier le salarié : **adresse, numéro de sécurité sociale** (voir n° 16370), **références bancaires** de l'intéressé, etc. Il s'agit là d'une simple faculté, seules les mentions visées à l'article R 3243-1 du Code du travail étant obligatoires.

ATTENTION

La mention de l'**emploi** et celle de la **position** du salarié dans la classification conventionnelle sont des **obligations cumulatives** et non alternatives. Ainsi, l'employeur peut être poursuivi pour avoir seulement omis de mentionner l'emploi occupé par le salarié (Cass. crim. 23-11-1993 n° 93-80.845 PF).

13280 **Emploi** Il convient de faire figurer sur le bulletin de paie l'appellation courante sous laquelle sont reconnues les fonctions exercées par le salarié. L'emploi peut correspondre à l'exercice d'un métier dont la définition figure dans le **système de classification** conventionnelle. Mais il peut s'agir d'**appellations spécifiques** propres à l'entreprise pour décrire des attributions particulières ou un type de fonctions comme, par exemple, « responsable ou directeur des services informatiques » (Circ. DRT 17 du 24-8-1988).

Toutefois, le salarié ne peut pas exiger de voir substituer sur son bulletin de paie la mention de l'appellation de son emploi en usage dans l'entreprise à l'appellation prévue par la convention collective (Cass. soc. 23-2-1994 n° 90-45.421 D).

Position dans la classification Le terme « position » recouvre toutes les références susceptibles d'être employées dans chacun des systèmes de classification, pour traduire l'**échelonnement hiérarchique** : position, niveau, groupe, catégorie, coefficient. 13290

Cette indication doit permettre de contrôler l'application des salaires minima conventionnels (Circ. DRT 189 du 30-3-1989).

> **Précisions** **a.** Lorsque la convention collective de branche applicable ne comporte **pas de disposition sur les classifications,** ou lorsqu'il n'existe pas de convention collective de branche applicable, il n'y a pas lieu d'indiquer une position. Dans ces cas, les classifications prévues par les arrêtés Parodi (n° 260) sont quelquefois utilisées. Cette pratique n'est pas contraire à la loi, mais elle n'est pas obligatoire (Circ. DRT 189 du 30-3-1989).
> **b.** Lorsque la convention collective de branche **comporte des dispositions** sur les classifications mais qu'**un emploi n'est pas prévu** par celles-ci, il y a lieu de procéder par assimilation.
> **c.** Lorsque l'entreprise applique **deux conventions collectives,** l'une en droit, l'autre en fait, il y a lieu de mentionner la position conventionnelle effectivement retenue (Circ. DRT 189 du 30-3-1989).

RÈGLES APPLICABLES AU CONTRAT

Le bulletin de paie comporte obligatoirement, s'il y a lieu, l'intitulé de la **convention collective de branche** applicable au salarié ou, à défaut, la **référence au Code du travail** pour les dispositions relatives à la **durée des congés payés** du salarié et à la durée des **délais de préavis** en cas de cessation de la relation de travail (C. trav. art. R 3243-1, 3°). 13320

> **Précisions** **a.** La mention, sur le bulletin de paie, d'une convention collective qui n'est pas applicable à l'entreprise vaut **engagement unilatéral** de l'employeur à l'appliquer au salarié (Cass. soc. 14-11-2013 n° 12-22.734 F-D). Cette règle comporte toutefois une **double limite** : d'une part, cet engagement ne vaut que pour les relations individuelles de travail et non pour les relations collectives (Cass. soc. 16-11-1999 n° 98-60.356 P ; 18-7-2000 n° 97-44.897 FP-PBR) ; d'autre part, il ne s'agit que d'une présomption simple, l'employeur étant admis à apporter la preuve que, malgré cette mention, il ne s'est pas engagé à l'en faire bénéficier (Cass. soc. 15-11-2007 n° 06-43.383 FS-PB ; 21-2-2008 n° 06-46.424 F-D ; 17-11-2010 n° 09-42.793 F-D).
> **b.** Si l'employeur est obligatoirement assujetti à une **autre convention** collective **que celle mentionnée** sur le bulletin de paie en raison de la nature de son activité principale, il n'est pas pour autant délié de cette dernière. Dans les **relations individuelles** de travail, l'employeur doit appliquer simultanément les deux conventions collectives en suivant les règles mentionnées n°s 1042 s. (Cass. soc. 18-7-2000 n° 98-42.949 FP-PBR ; 7-5-2002 n° 99-44.161 FS-P). En revanche, dans les **relations collectives** de travail, seule la convention collective correspondant à l'activité principale de l'entreprise est applicable (Cass. soc. 16-11-1999 n° 98-60.356 P ; 18-7-2000 n° 99-60.440 F-PBR).

En pratique, l'employeur doit **mentionner** sur le bulletin de paie : 13330

– soit l'intitulé de la convention collective de branche (au sens indiqué nos 13350 s.) lorsque celle-ci existe et précise la durée des congés payés et des délais de préavis ;

– soit l'intitulé de la convention collective de branche (au sens indiqué nos 13350 s.) et les articles du Code du travail relatifs aux questions susvisées lorsque le texte conventionnel existe, mais est muet sur ces points ;

– soit les seuls articles précités du Code du travail, dans le cas où il n'existe aucun texte conventionnel.

À noter que les **conventions collectives de branche étendues** comprennent obligatoirement, en vertu des dispositions de l'article L 2261-22 du Code du travail, des dispositions concernant les congés payés et le préavis.

Quant aux **articles du Code du travail à mentionner,** il s'agit, à notre sens, des articles suivants : 13340

– pour la durée des congés payés : articles L 3141-3 à L 3141-11 et L 3164-9 ;

– pour la durée des délais de préavis en cas de démission et de licenciement : articles L 1237-1, L 1234-1, L 1234-2 et L 1243-2 ;

– pour la durée du délai de préavis applicable en cas de départ à la retraite à l'initiative de l'employeur ou du salarié : articles L 1237-6 et L 1237-10. En effet, bien que ces textes prévoient dans ces cas l'application de l'article L 1234-1 sur le délai de préavis de licenciement, une information complète du salarié nécessite que celui-ci ait connaissance de ces dispositions.

CONSEIL

Pour les **catégories particulières** de salariés (journalistes, VRP...) soumises à des textes spécifiques, il n'est pas nécessaire de viser ceux-ci dès lors que la convention collective applicable, comme c'est le cas de la convention collective nationale des journalistes et de celle des VRP, prévoit sur ces points des dispositions au moins aussi favorables que la loi.

13350 **Convention collective de branche** La convention collective de branche à mentionner sur le bulletin de paie en vertu de l'article R 3243-1, 3° du Code du travail s'entend du dispositif conventionnel applicable dans une branche, celui-ci pouvant être composé d'une ou plusieurs conventions collectives et/ou d'accords professionnels.

Toutefois, il ne s'agit pas de faire figurer une information exhaustive sur l'ensemble de ce dispositif conventionnel. Il convient, au contraire, de fournir une **information générale, synthétique** et adaptée à la situation individuelle des salariés de l'entreprise, qui reflète par des éléments clés le dispositif conventionnel de branche applicable (Circ. DRT 17 du 24-8-1988).

Sur la convention collective à mentionner en cas de **transfert d'entreprise,** voir n° 70320.

> **Précisions** **a.** Le plus souvent, la branche est couverte par **une seule convention collective nationale,** texte de base formant un tout, modifiée et complétée, le cas échéant, par des avenants locaux et des accords professionnels. La seule mention de l'intitulé du texte de base de la branche sur le bulletin de paie est alors suffisante (Circ. DRT 17 du 24-8-1988).
b. Lorsque la situation de la branche se caractérise par la superposition de **deux conventions** collectives distinctes de niveaux différents, par exemple une convention nationale et une convention infranationale (régionale, départementale ou locale), la mention des conventions collectives concernées doit figurer sur le bulletin de paie (Circ. DRT 17 du 24-8-1988). Lorsque l'entreprise applique deux conventions collectives, l'une en droit, l'autre en fait, il y a lieu de mentionner les deux textes (Circ. DRT 189 du 30-3-1989).
c. Dans le cas où le dispositif conventionnel est constitué d'un ensemble particulièrement complexe associant une ou plusieurs **conventions collectives de niveaux différents et des accords professionnels,** il convient de mentionner seulement la ou les conventions collectives proprement dites qui constituent la base de ce dispositif (Circ. DRT 17 du 24-8-1988).

13360 **Défaut de convention de branche** Lorsque l'entreprise ne relève juridiquement d'aucune convention de branche, deux solutions sont possibles :
- soit le bulletin de paie ne comporte aucune mention ;
- soit il indique « pas de texte conventionnel applicable ».

Toutefois, lorsque le statut conventionnel résulte d'un ou de plusieurs **accords professionnels,** cet accord ou cet ensemble d'accords tient lieu de dispositif conventionnel. Il est donc nécessaire d'inscrire une mention sur le bulletin de paie indiquant leur existence. Il n'est cependant pas envisageable de faire figurer l'intitulé de chacun d'eux (Circ. DRT 17 du 24-8-1988).

> **Précisions** Lorsque l'entreprise ne relève juridiquement d'aucune **convention de branche,** mais qu'elle **applique volontairement** une telle convention, ou a conclu un **accord d'entreprise,** la mention de ces textes n'est pas obligatoire, mais elle est souhaitable, notamment pour permettre au salarié de connaître sa position dans la classification (Circ. DRT 189 du 30-3-1989). Sur la portée de cette mention, voir n° 13320.
Lorsque les accords professionnels, la convention collective de branche volontairement appliquée ou l'accord d'entreprise contiennent des dispositions relatives à la durée des congés payés ou des délais-congés, voir n° 13330.

13370 **Autres mentions** Seules les mentions visées n°s 13320 s. sont obligatoires. Toutefois, l'employeur peut, s'il le souhaite, ajouter des mentions supplémentaires destinées à informer le salarié sur les règles applicables à sa relation de travail. La **nature du contrat** de travail (contrat à durée déterminée, contrat à durée indéterminée, contrat de professionnalisation, etc.) peut ainsi, par exemple, être mentionnée. Il ne s'agit là que d'une faculté, le salarié ne pouvant exiger que des mentions non obligatoires soient portées sur le bulletin de paie (CA Paris 14-5-1987 n° 87-31101).

PÉRIODE ET DATE DE PAIEMENT

13390 Le bulletin de paie doit mentionner :
- la date de paiement de la somme effectivement perçue par le salarié (C. trav. art. R 3243-1, 11°) ;
- la période de travail à laquelle se rapporte le salaire (C. trav. art. R 3243-1, 5°).

Cette dernière obligation peut être satisfaite notamment par la formule suivante « Bulletin de paie du… au… ».

INFORMATIONS GÉNÉRALES

Le bulletin de paie doit mentionner l'existence d'une rubrique dédiée au bulletin de paie sur le portail www.service-public.fr (C. trav. art. R 3243-1, 15°) et comporter en caractères apparents une mention incitant le salarié à le **conserver** sans limitation de durée (C. trav. art. R 3243-5). 13410
Cette dernière obligation peut être satisfaite, par exemple, par la formule suivante : « Dans votre intérêt et pour vous aider à faire valoir vos droits, conservez ce bulletin de paie sans limitation de durée. »
Sur les informations relatives au mode de calcul du montant net social, n°s 13720 s.

2. SOMMES VERSÉES AU SALARIÉ

RÉMUNÉRATION BRUTE

Le bulletin de paie doit indiquer le montant de la rémunération brute du salarié (C. trav. art. R 3243-1, 7°). 13460
Cette rémunération brute est obtenue en additionnant le **salaire de base,** en distinguant selon qu'il est calculé sur le temps de travail ou sur une autre base, ses majorations d'origine légale ou conventionnelle, les **accessoires** de salaire et les indemnités de **congés payés** lorsqu'une période de congé annuel est comprise dans la période de paie considérée (voir nos 60000 s.). De ce montant, il convient, le cas échéant, de déduire les retenues sur rémunération brute (n° 13580) et d'exclure les sommes non soumises à cotisations (n° 13530).

S'agissant des **pourboires,** des sommes versées par le **comité social et économique** et des autres avantages versés par des tiers, voir respectivement nos 54400 s., 41600 et 45850.

ATTENTION
La rémunération totale brute est parfois différente du montant de l'assiette des cotisations sociales, notamment si l'employeur applique des assiettes ou des cotisations forfaitaires ou si le salarié bénéficie d'une déduction forfaitaire spécifique pour frais professionnels (nos 55460 s.).

SALAIRE DE BASE

Salaire au temps Si le salaire est calculé sur la durée du travail, le bulletin de paie doit indiquer le nombre d'heures de travail auxquelles se rapporte le salaire en **distinguant,** s'il y a lieu (C. trav. art. R 3243-1, 5°) : 13480
– les heures payées au **taux normal** : pour les **salariés mensualisés** (nos 10900 s.), il faut indiquer le total mensuel moyen des heures correspondant à la durée légale ou conventionnelle du travail, soit 151,67 (35 heures hebdomadaires) pour un salarié à temps plein soumis à l'horaire légal de travail. Pour les salariés effectuant un horaire différent, voir n° 96060 ;
– les heures **majorées** à quelque titre que ce soit, avec le taux correspondant, notamment les heures supplémentaires (n° 7140), les heures de **travail de nuit** (n° 73310) et de travail en soirée (n° 73380) ou, le cas échéant, du dimanche (n° 73120) ou des jours fériés (n° 61260).
En cas de **réduction du temps de travail,** c'est l'horaire réduit qui doit être mentionné sur le bulletin de paie, même si les rémunérations sont maintenues.

> Précisions **a.** Il n'y a pas d'obligation de faire apparaître distinctement les **absences rémunérées** (congés pour événements familiaux, heures pour recherche d'emploi...) dès lors qu'elles n'affectent pas le montant de la rémunération. Mais rien n'interdit de le faire, dans un souci d'information du salarié, sauf pour les heures de délégation (nos 79560 s.) ou l'exercice du droit de grève s'il donne lieu à rémunération (n° 67430). En ce qui concerne les absences pour maladie avec maintien du salaire, voir nos 61440 s.
b. Dans les **transports routiers** de marchandises, le bulletin de paie ou un document mensuel qui lui est annexé doit préciser le total cumulé des heures supplémentaires effectuées et des repos compensateurs acquis par le salarié depuis le début de l'année civile. Pour les personnels de conduite, ce document doit en outre préciser notamment la durée des temps de conduite et celle des autres temps de service, ainsi que le total mensuel de ces temps constitutifs du temps de service rémunéré (C. transports art. D 3312-63).
c. Sur les mentions à porter sur le bulletin de paie ou en complément de celui-ci dans les **cas particuliers** suivants :
– heures récupérées : voir nos 9280 s. ;
– contrepartie obligatoire en repos pour heures supplémentaires : voir nos 7600 s. ;
– convention de forfait : voir nos 8590 (forfait hebdomadaire ou mensuel en heures), 8770 (forfait annuel en heures), 8970 (forfait annuel en jours) ;
– horaire d'équivalence : voir n° 5900 ;
– aménagement du temps de travail sur une période supérieure à la semaine : voir nos 9550 s. (cas général) ou 74810 (temps partiel) ;
– modulation de la durée du travail : voir nos 10080 s. ;
– réduction du temps de travail sous forme de jours de repos : voir n° 10500 ;
– travail par cycles : voir n° 10310 ;
– temps de douche : voir n° 5620 ;
– journée de solidarité : voir n° 71850.

13490 **Salaire calculé sur une autre base** Lorsque, par exception, la base de calcul du salaire n'est pas la durée du travail, le bulletin de paie doit indiquer la nature de cette base (C. trav. art. R 3243-1, 5°-b).

Cette disposition vise notamment les **VRP,** les **pigistes,** les salariés payés à la **tâche,** les **artistes,** etc. (Circ. DRT 17 du 24-8-1988). Dans ce cas, la base de calcul de la rémunération sera le montant des commissions, la page, le nombre d'articles, etc.

Quelle que soit la périodicité de versement des **commissions** dues en sus du salaire fixe (en l'espèce, une fois par an), ce versement doit obligatoirement être accompagné de la remise de bulletins de paie en faisant mention (Cass. soc. 12-5-1970 n° 69-40.342 P). C'est pourquoi il est recommandé, pour plus de simplicité, de rattacher ces versements à une échéance de paiement du fixe.

ACCESSOIRES DU SALAIRE

13510 Le bulletin de paie doit mentionner la **nature** et le **montant** des accessoires de salaire **soumis aux cotisations** salariales et patronales (C. trav. art. R 3243-1, 6°). Les différents éléments qui composent la rémunération du salarié, quelle que soit leur appellation, et qui constituent l'assiette des cotisations sociales doivent donc apparaître de façon complète.

Il en va ainsi notamment des :

– **gratifications, primes, indemnités,** allocations ou prestations **diverses** (n° 45040) ;
– **commissions** (n° 13490) ;
– **avantages en nature** (n° 38180) ;
– indemnités pour **frais professionnels** assujetties à cotisations en raison de l'application d'une déduction forfaitaire spécifique pour frais professionnels (n° 56000, b) ;
– **indemnités complémentaires aux indemnités journalières** de sécurité sociale (nos 62100 s.) ;
– **contributions patronales** aux régimes de **retraite supplémentaire ou** de **prévoyance complémentaire,** lorsqu'elles ne remplissent pas les conditions requises pour être exonérées de cotisations sociales (nos 42640 s.) ;
– avantages provenant des **options de souscription ou d'achat d'actions** (pour le rabais excédentaire, voir n° 50570 ; pour la plus-value d'acquisition, voir n° 50680).
– sommes versées lors de la **rupture du contrat de travail** : indemnités de licenciement dépassant certaines limites (n° 63530), indemnités de mise à la retraite dépassant certaines limites (n° 64720), indemnités de rupture conventionnelle homologuée dans les cas visés au n° 64240, indemnités versées dans le cadre d'une rupture conventionnelle collective (n° 64270), indemnités compensatrices de préavis (n° 66470), indemnités de départ volontaire dans le cadre d'un PSE (nos 64300 s.), indemnités de départ volontaire à la retraite (n° 65150) et indemnités compensatrices de non-concurrence (n° 66900) ;
– compléments différentiels de salaire ayant pour objet de compenser les effets de la **réduction du temps de travail** dans l'entreprise (n° 53750).

> **Précisions a.** Sur la mention sur le bulletin de paie :
> – de l'**indemnité transactionnelle** de licenciement, voir n° 63530 ;
> – de l'indemnité de **fin de contrat à durée déterminée** et de celle due en cas de rupture anticipée du contrat par l'employeur, voir n° 76440.
> **b.** Des règles particulières s'appliquent également :
> – aux sommes versées aux **représentants du personnel** au titre de cette activité (nos 79560 s.) ;
> – aux heures de **grève** rémunérées (n° 67430) ;
> – aux indemnités d'activité partielle (n° 68125) ;
> – aux **sommes uniquement soumises à CSG et à CRDS** (n° 13670) ;
> – aux sommes uniquement assujetties au **forfait social** (n° 13680, b).

AUTRES VERSEMENTS

13530 Le bulletin de paie doit indiquer la **nature et le montant** des différentes sommes s'ajoutant au salaire et à ses accessoires (C. trav. art. R 3243-1, 8°-b).

Il s'agit pour l'essentiel des sommes constituant des **remboursements de frais professionnels** (n° 56000). S'agissant plus particulièrement de la prise en charge des frais de transport **domicile-lieu de travail,** voir n° 57525.

Le sort des autres sommes non soumises à cotisations qui doivent ou peuvent, selon le cas, apparaître sur le bulletin de paie est traité dans les développements les concernant. Il en est ainsi de certaines des **indemnités** versées à l'occasion de la **rupture** du contrat (nos 63200 s.), des **indemnités journalières** de sécurité sociale (nos 62260 s.), de la participation (nos 47780 s.), de l'intéressement (n° 48270), et de l'abondement de l'employeur aux plans d'**épargne salariale** (nos 49240 s.).

3. RETENUES SUR RÉMUNÉRATION

13580 Le bulletin de paie comporte obligatoirement la nature et le montant des retenues, autres que les cotisations à la charge du salarié (n° 13650 s.), effectuées sur la rémunération (C. trav. art. R 3243-1, 8°-b).

Les **retenues sur rémunération brute** ont pour objet de déterminer le salaire brut soumis à cotisations ; elles figurent à ce titre avant les retenues pour charges sociales. On peut citer notamment les retenues pour absences non rémunérées (n° 11170) ou encore la déduction des indemnités journalières en cas de maintien du salaire par l'employeur (nos 61930 s.).

Les retenues **sur rémunération nette** figurent sur le bulletin de paie **après les retenues sociales** et concourent à la détermination de la rémunération nette à payer. Il s'agit notamment des retenues pour avantages en nature ou pour titres-restaurant, des remboursements d'avances ou d'acomptes, des saisies et cessions sur rémunération.

› Précisions a. Il a été jugé que le juge des référés est compétent pour ordonner à l'employeur de rectifier les bulletins de paie ne comportant pas le précompte fait au profit du Trésor public en conséquence d'une saisie administrative à tiers détenteur, même si le salarié a demandé que ce précompte ne figure pas sur ces bulletins (CA Paris 28-4-1993 n° 92-36646).

b. Sur le **prélèvement à la source** de l'impôt sur le revenu, voir n° 13820 ; la **retenue à la source** à opérer sur les salaires versés à des personnes fiscalement **domiciliées à l'étranger,** voir nos 35815 s. ; les **heures de grève,** voir n° 67430.

4. COTISATIONS ET CONTRIBUTIONS SOCIALES

MODÈLE DE PRÉSENTATION

13630 Les informations relatives aux cotisations et contributions salariales et patronales, au total des exonérations et exemptions de cotisations patronales, au coût du travail, c'est-à-dire au total versé par l'employeur et au prélèvement à la source de l'impôt sur le revenu, sont **libellées et ordonnées** ainsi que, pour les éléments à la charge de l'employeur, **regroupées** conformément au modèle défini par l'arrêté du 25-2-2016 modifié (C. trav. art. R 3243-2).

Il résulte de ce modèle (voir n° 94320 et, pour un modèle commenté par nos soins, n° 94330) que les lignes des cotisations finançant la protection sociale du salarié doivent être présentées **par risque** couvert : santé, accident du travail et maladie professionnelle, retraite, famille et chômage.

› Précisions a. L'arrêté du 25-2-2016 a été modifié en dernier lieu par un arrêté du 31-1-2023 afin d'intégrer, pour les rémunérations versées à compter du 1-7-2023, une nouvelle rubrique le **« Net social »** (n° 13710 s.) et de procéder à plusieurs adaptations du modèle de bulletin de paie. Le **nouveau modèle** officiel de bulletin de paie intégrant l'ensemble des modifications n'est toutefois obligatoire que pour les rémunérations qui seront versées **à partir du** 1-1-2025 (n° 94320). Jusqu'à cette date, un **modèle temporaire** intégrant uniquement la nouvelle rubrique du montant net social peut être utilisé **à titre dérogatoire** (n° 94325).

b. Dans un souci d'harmonisation des informations transmises sur le bulletin de paie, **l'ordre et le libellé** des rubriques figurant sur le modèle défini par l'arrêté de 2016 ne peuvent pas être modifiés. En revanche, si une modification est nécessaire pour un **gain de place,** il est possible de raccourcir certains libellés ou de faire figurer certaines informations sur le verso du bulletin voire sur plusieurs pages (QR min. trav. 7-2-2023 nos 1.9 et 1.11).

c. Le modèle résultant de l'arrêté du 25-2-2016 prévoit également une **ligne** intitulée « Cotisations statutaires ou prévues par la convention collective ». Doit y figurer la contribution versée aux **caisses de congés payés** (QR DSS diffusé par Rapport 20-2-2017).

COTISATIONS ET CONTRIBUTIONS SALARIALES

13650 Le bulletin de paie comporte le **montant,** l'**assiette** et le **taux** des cotisations et contributions d'origine légale et conventionnelle à la charge du salarié (C. trav. art. R 3243-1, 8°-a).

Sont concernées **toutes les cotisations** et contributions salariales : les cotisations de sécurité sociale, de chômage et de retraite complémentaire, la CSG et la CRDS, et les cotisations aux régimes de retraite supplémentaire et aux régimes de prévoyance quelle que soit leur origine (convention ou accord collectif, ratification par référendum, décision unilatérale de l'employeur, contrat de travail…), dès lors que le financement de ces régimes est, au moins en partie, assuré par les salariés eux-mêmes.

Sur la présentation des cotisations chômage et de retraite complémentaire, voir n° 13680, a.

› Précisions Les valeurs « taux salarial » et « part salarié » des lignes **« sécurité sociale-maladie »** et **« chômage »** n'ont vocation à être renseignées que pour les salariés relevant de régimes pour lesquels ces cotisations sont dues (régime local d'Alsace-Moselle, intermittents du spectacle notamment). Il en est de même de la cotisation pour l'emploi des cadres (n° 30550).

13660 Selon l'article R 3243-2 du Code du travail, la **CSG** et la **CRDS** doivent être agrégées (C. trav. art. R 3243-2).

Ce regroupement ne concerne en fait que la CRDS et la part de la CSG non déductible de l'impôt sur le revenu, la CSG déductible étant présentée sur une autre ligne, comme cela apparaît sur le tableau prévu par l'arrêté du 25-2-2016 (voir nº 94325).

> Précisions En cas de précompte par l'employeur de la CSG sur un **revenu de remplacement,** celui-ci peut figurer sur une ligne distincte (QR DSS diffusé par Rapport 20-2-2017).

13670 Certains éléments sont **soumis à CSG et à CRDS** alors qu'ils ne sont **pas assujettis à cotisations** (par exemple : contributions patronales de prévoyance complémentaire et de retraite supplémentaire, abondement aux plans d'épargne salariale…). Dans ce cas, il faut les ajouter dans la base de la CSG et de la CRDS figurant sur le bulletin de paie, sans toutefois les intégrer dans la rémunération brute (voir exemple nº 94340).

Pour le cas de la CSG et de la CRDS sur les cotisations patronales de **prévoyance** complémentaire et de **retraite supplémentaire** ne dépassant pas 1 % du plafond annuel de la sécurité sociale, voir nº 43280.

13675 Jusqu'au 31-12-2024, le bulletin de paie peut comporter une case intitulée « dont **évolution de la rémunération** liée à la suppression des cotisations salariales chômage et maladie », en bas de tableau, sous l'indication du net à payer avant impôt sur le revenu mentionnée nº 13850 (Arrêté du 31-1-2023 art. 2).

> Précisions a. Cette mention est **supprimée** sur le modèle de bulletin de paie applicable à partir du 1-1-2025 (nº 94320), l'administration justifiant sa suppression par la complexité de son calcul et son absence d'impact pour les droits des salariés (Communiqué du 7-2-2023). Si elle figure encore sur le modèle de bulletin transitoire applicable du 1-7-2023 au 31-12-2024 (nº 94325), c'est, selon la DSS, afin que les éditeurs de logiciel puissent la maintenir en cas de besoin, mais elle peut d'ores et déjà en être supprimée.

b. La **valeur** correspondante est égale à la **différence** entre (Arrêté du 25-2-2016) :

1º d'une part, la somme des montants correspondant aux exonérations de cotisations salariales en vigueur depuis le 1-1-2018, soit :

– la contribution salariale d'assurance chômage, prise en charge en totalité par l'Urssaf caisse nationale depuis le 30-9-2018. Le taux de cette cotisation est égal à 2,40 points. Sur son assiette, voir nºˢ 29350 s.,

– la cotisation d'assurance maladie, maternité, invalidité et décès qui aurait été mise à la charge du salarié au 31-12-2017 : cette cotisation était due au taux de 0,75 % sur la totalité de la rémunération ;

2º d'autre part, le montant égal à l'application d'un taux de 1,7 % à l'assiette de la CSG.

COTISATIONS ET CONTRIBUTIONS PATRONALES

13680 Le bulletin de paie comporte le **montant** et l'**assiette** des cotisations et contributions d'origine légale et conventionnelle à la charge de l'employeur avant déduction des exonérations et exemptions mentionnées nº 13705 (C. trav. art. R 3243-1, 8º-a).

Toutes les **cotisations** et contributions patronales sont **concernées** : cotisations de sécurité sociale, de chômage et de retraite complémentaire, ainsi que les cotisations aux régimes de retraite supplémentaire et aux régimes de prévoyance, quel que soit l'organisme assureur (Circ. DRT 17 du 24-8-1988), et les contributions et taxes dues par le seul employeur.

> Précisions a. S'il est remis à un cadre, le bulletin mentionne la contribution **Apec** sous la rubrique « Assurance chômage ».

Selon l'administration, la contribution **AGS** est à agréger aux cotisations d'assurance chômage sur la ligne dédiée à ces dernières (QR DSS diffusé par Rapport 20-2-2017).

De même, la contribution d'équilibre général (CEG) et la contribution d'équilibre technique (CET) sont intégrées, pour chacune des tranches 1 et 2, à la cotisation de base **Agirc-Arrco,** (QR min. trav. 7-2-2023 nº 1.8). La DSS nous a indiqué que, en cas de **régularisation** de la CET, seuls les montants de cotisations et contributions régularisés doivent être affichés sur le bulletin de paie simplifié. Cette position nous semble toutefois contestable dans la mesure où elle est contraire à l'obligation légale de mentionner le taux et l'assiette des cotisations.

Lorsque les cotisations relatives à la **complémentaire santé** et à la **retraite supplémentaire** présentent des taux différents, elles peuvent être présentées sur plusieurs lignes (QR DSS diffusé par Rapport 20-2-2017).

b. Une rubrique intitulée « **Autres contributions dues par l'employeur** » agrège des taxes et contributions dues uniquement par l'employeur, notamment le versement mobilité, les contributions Fnal, solidarité autonomie et dialogue social, le forfait social, les contributions à la formation et à l'alternance (contributions à la formation professionnelle, CPF-CDD, supplémentaire à l'apprentissage et taxe d'apprentissage), la participation à l'effort de construction et la taxe sur les salaires (Arrêté du 25-2-2016 art. 3). Le bulletin ne comporte que le montant total de ces contributions (Arrêté du 25-2-2016).

EXONÉRATIONS ET ALLÈGEMENTS DE COTISATIONS

Le bulletin de paie mentionne le montant total des **exonérations et exemptions** de cotisations et contributions sociales appliquées à la rémunération brute du salarié (C. trav. art. R 3243-1, 13°) dans une rubrique intitulée **« Exonérations et allégements de cotisations ».** 13690
La valeur associée à cette mention est égale à la somme des montants de l'ensemble des réductions ou exonérations de cotisations ou de contributions sociales qui ne sont pas déduites du montant de chacune des cotisations et contributions sociales à la charge de l'employeur ou du salarié figurant en amont sur le bulletin (Arrêté du 25-2-2016 art. 4).
Selon l'administration, la **présentation** de ces exonérations et allègements sur le bulletin de paie peut prendre **deux formes** (QR min. trav. 7-2-2023 n° 1.17) :
– soit afficher tout ou partie des montants de cotisations et contributions sur chaque ligne sur la base des taux nominaux et, parallèlement porter en déduction à la ligne « Exonérations et allégements de cotisations » les montants de déductions qui n'ont pas été appliquées à chaque ligne concernée ;
– soit afficher les montants de cotisations et contributions sur chaque ligne après application des réductions, exonérations ou écrêtements.

Exonérations et allégements de cotisations salariales Dans cette rubrique, sont indiqués les montants d'exonérations et de réductions de cotisations salariales applicables parmi les suivantes (Arrêté du 25-2-2016 art. 4 ; QR min. trav. 7-2-2023 n° 1.16) : 13700
– l'exonération « aide à la création ou à la reprise d'une entreprise (ACRE) (nos 77150 s.) ;
– la réduction de cotisations salariales sur les heures supplémentaires ou complémentaires (nos 7770 s.) et sur les jours de repos et de RTT monétisés (nos 9650 et 10470) ;
– l'écrêtement sur la cotisation maladie due sur les revenus de remplacement visés à l'article L 131-2 du CSS ;
– l'écrêtement de la CSG due sur les indemnités d'activité partielle (nos 68095 s.) ;
– l'exonération « contrat d'apprentissage » dans la limite de 79 % du Smic (n° 84120).

› Précisions L'écrêtement des cotisations et contributions sur les **indemnités d'activité partielle** (nos 68095 s.) doit être systématiquement affiché (QR min. trav. 7-2-2023 n° 1.18)

Exonérations et allégements de cotisations patronales Les exonérations et exemptions de cotisations et contributions patronales devant figurer pour leur montant total dans le bulletin sont notamment (Arrêté du 25-2-2016 ; QR min. trav. 7-2-2023 n° 1.16) : la réduction générale de cotisations (nos 21780 s.), les taux réduits des cotisations d'allocations familiales (nos 22655 s.) et maladie (nos 22650 s.), la déduction forfaitaire de cotisations patronales sur les heures supplémentaires (nos 7800 s.) et sur les jours de repos et de RTT monétisés (n° 9650 et 10470), l'exonération « aide à la création ou à la reprise d'une entreprise (nos 77150 s.), les exonérations « zones de revitalisation rurale » (nos 23030 s.), « zones franches urbaines » (nos 23740 s.), « bassins d'emplois à redynamiser » (n° 24290), « zones de restructuration de la défense » (nos 24400 s.), les exonérations en faveur des organismes d'intérêt général implantés en zones de revitalisation rurale (nos 23030 s.) ainsi que celles applicables dans les DOM, les exonérations « jeunes entreprises innovantes » (nos 22830 s.), « contrat d'accompagnement dans l'emploi » (n° 84650) et « aides à domicile » (nos 25750 s.). 13705

› Précisions Pour les mêmes raisons que celles indiquées n° 13675, a, la mention du montant total des « **Allégements de cotisations employeur** », correspondant au total des allègements et réductions de cotisations patronales et figurant au bas du bulletin de paie entre le « Net à payer au salarié » et le « Total versé par l'employeur » est **supprimée** sur le modèle de bulletin de paie applicable à partir du 1-1-2025 (n° 94320). Si elle figure encore sur le modèle de bulletin transitoire applicable du 1-7-2023 au 31-12-2024 (n° 94325), elle peut d'ores et déjà en être supprimée.

5. MONTANT NET SOCIAL

DÉFINITION

Le montant net social est le revenu net après déduction de l'ensemble des prélèvements sociaux obligatoires. Il constitue une **référence** commune à tous les salariés, quels que soient leur statut, leur branche ou leur entreprise qu'ils devront communiquer pour bénéficier de certains compléments de revenus, tels que la prime d'activité, ou de revenus de substitution, comme le revenu de solidarité active. 13710
Cette rubrique **doit figurer sur les bulletins** de paie édités à compter du **1-7-2023** (n° 94325). Elle peut toutefois être **mise en œuvre par anticipation** avant cette date.
Pour des modèles de bulletin de paie, voir nos 94334 s.

> Précisions **a.** Le montant net social est rattaché à la **date de versement** du salaire, non à la période d'emploi. Par conséquent, pour les entreprises pratiquant le **décalage de la paie,** les bulletins de paie liés à l'activité du mois de juin 2023, dont la rémunération est versée en juillet 2023, devront indiquer le montant net social (QR min. trav. 7-2-2023 n° 1.21).
b. Les bulletins de paie portant sur des périodes antérieures au 1-7-2023 mais édités à compter de cette date (**rappels de salaire**) doivent indiquer la mention et la valeur du montant net social correspondant à la période de versement (QR min. trav. 7-2-2023 n° 1.23).
c. Les employeurs devront transmettre le montant net social aux organismes via la **DSN** à compter de 2024. Ce montant se substituera à la notion actuelle du « montant net versé », actuellement prévu par la DSN (QR min. trav. 7-2-2023 n° 2. 9 ; net-entreprises, fiche n° 2605).

CALCUL

13720 Le « montant net social » est égal à la **différence entre** (Arrêté du 25-2-2016 art. 1, II) :
– d'une part, la **totalité des montants** correspondant aux sommes, ainsi qu'aux avantages et accessoires en nature ou en argent qui y sont associés, dus en contrepartie ou à l'occasion d'un travail, d'une activité ou de l'exercice d'un mandat ou d'une fonction élective, ainsi qu'aux sommes destinées à compenser la perte de revenu d'activité, versées sous quelque forme que ce soit et quelle qu'en soit la dénomination, **à l'exception** des indemnités journalières de sécurité sociale (IJSS) lorsque l'employeur est subrogé de plein droit à l'assuré, ainsi que des contributions patronales finançant les garanties frais de santé à caractère collectif et à adhésion obligatoire (n° 28020 s) et du versement santé (n° 28050) ;
– d'autre part, le montant total des **cotisations et contributions sociales** d'origine légale ou conventionnelle à la charge du salarié.

> Précisions **a.** La définition du montant net social donnée par l'arrêté ne correspond ni à l'**assiette sociale** ni à l'**assiette fiscale,** l'ensemble des ressources du salarié étant prises en compte quel que soit leur traitement social ou fiscal. Son assiette est plus large que celle de la **CSG-CRDS** mais s'en rapproche (QR min. trav. 7-2-2023 n° 2.6).
b. Aucun **cumul** annuel ou trimestriel du net social ne doit être affiché sur le bulletin de paie (QR min. trav. 7-2-2023 n° 2.5).
c. Le **portail** mesdroitssociaux.gouv.fr donne toutes les informations utiles sur le mode de calcul du montant net social et son usage. La **mention** de ce portail sur le bulletin de paie est facultative mais est toutefois **recommandée** pour faciliter l'information des salariés (QR min. trav. 7-2-2023 n°s 2.3 et 2.4).

13730 **Éléments de rémunération à retenir** L'ensemble de la **rémunération brute** du salarié est prise en compte, indépendamment des éventuels exonérations sociales ou fiscales, déductions, abattements ou franchises applicables et de l'assujettissement social ou fiscal. Le ministère du travail a dressé une **liste non exhaustive** des éléments les plus courants à prendre en compte (QR min. trav. 7-2-2023 n°s 2.11 et 2.13), présentés dans le tableau ci-dessous.

Principaux éléments de rémunération à intégrer	
Revenus d'activité	• Montant brut des revenus d'activité (**salaire** de base, gratifications, primes de toutes natures) ; • Montant brut de la rémunération des **apprentis** et des titulaires de **contrat d'accompagnement dans l'emploi** ; • Gratifications des **stagiaires** en entreprise pour leur montant intégral ; • **Primes** de toutes natures (y compris celles versées en cas d'impatriation ou d'expatriation, ou celles, exonérées, comme la prime de partage de la valeur) ; • Montant brut des **heures supplémentaires,** complémentaires et des jours de repos et de RTT monétisés ; • **Indemnités de congés payés** versées par l'employeur. Le montant net social relatif aux indemnités versées directement par les caisses de congés payés aux salariés sera notifié et déclaré par ces caisses ; • Rémunération versée pendant les périodes de congé ou de repos issues d'un **compte épargne-temps.**

13730 (suite)

Principaux éléments de rémunération à intégrer	
Avantages en nature	• Totalité des avantages en nature assujettis, évalués sur une base réelle ou forfaitaire. La DSS nous a précisé que seule la part de la participation patronale à l'acquisition de **titres-restaurant** correspondant à un avantage en nature entre dans le net social. Par conséquent : – la part exclue de cotisations sociales dans la limite d'exonération prévue n° 96340 n'est pas prise en compte dans le montant net social ; – la part qui dépasse ce montant et qui est donc assujettie à cotisations sociales en tant qu'avantage en nature doit être intégrée au montant net social.
Frais professionnels	• Frais professionnels ne remplissant pas les conditions d'exonération.
Chèques-vacances et financement des services à la personne	• Totalité de la participation de l'employeur aux chèques-vacances et au financement des services à la personne, y compris la part exemptée de cotisations sociales.
Protection sociale complémentaire	• Contributions patronales finançant des régimes de protection sociale complémentaire (notamment **prévoyance, retraite supplémentaire**), qu'elles soient facultatives ou rendues obligatoires par accord ou décision unilatérale de l'employeur, **à l'exception** de celles finançant des régimes collectifs et obligatoires de frais de santé (n° 13740). La DSS nous a précisé que la cotisation patronale obligatoire **décès des cadres** sur la tranche 1 doit être incluse dans le montant net social.
Revenus de remplacement	• Revenus de remplacement versés directement par l'employeur, à l'exception des IJSS. Sont notamment visés les indemnités légales d'activité partielle, les indemnités versées dans le cadre d'un congé de reclassement, les avantages de préretraite et les allocations versées dans le cadre d'un dispositif de cessation anticipée de certains travailleurs salariés (Cats), les allocations de chômage intempérie, les indemnités de cessation d'activité versées aux salariés exposés à l'amiante, etc. ; • Montants bruts versés au titre du maintien de salaire, les allocations complémentaires aux IJSS, les indemnités complémentaires d'activité partielle. La DSS nous a indiqué que les IJ complémentaires de maladie et d'accident du travail au titre du maintien de salaire conventionnel sont bien incluses dans le brut servant au calcul du net social, quel que soit leur régime social (soumises ou non à cotisations sociales).
Participation et intéressement	• Participation et intéressement, uniquement lorsque les sommes sont directement **versées par l'employeur** au salarié. Ce montant doit être affiché sur un bordereau de versement, distinct du bulletin de paie. À noter que le montant net social relatif à la participation ou à l'intéressement qui ne sont pas versés par l'employeur mais par un organisme externe à l'entreprise est notifié et déclaré directement par cet organisme. Pour la participation et l'intéressement placés sur des plans d'épargne, voir n° 13740.
Jetons de présence	• Rémunérations accordées aux administrateurs, aux membres du conseil de surveillance ou d'administration des sociétés anonymes, couramment appelés jetons de présence.
Indemnités de rupture	• Toutes les indemnités de rupture, quels que soient leur nature et leur régime social et fiscal.

> Précisions L'ensemble de ces revenus sont pris en compte même en cas de **saisies sur salaire** et créances de **pension alimentaire** (QR min. trav. 7-2-2023 n° 2.11). Autrement dit, ces sommes n'entrent pas dans le calcul du montant net social. Elles ne doivent donc pas être déduites du brut. Le montant du net social sera identique qu'un salarié fasse l'objet d'une saisie sur salaire ou non.

13740 **Éléments de rémunération à exclure** À l'inverse, certaines sommes doivent être exclues pour le calcul du montant net social. Il s'agit soit d'éléments de paie qui ne sont pas des revenus, soit, par exception, de certains éléments de revenu qui restent totalement non pris en compte. Le ministère du travail a dressé une **liste non exhaustive** des éléments à exclure (QR min. trav. 7-2-2023 nº 2.12), repris dans le tableau ci-dessous.

Principaux éléments de rémunération à exclure	
Frais professionnels	• Remboursements de frais professionnels (au réel ou forfaitaires), **dans la limite** de chacun de leurs plafonds d'exonération (ex. : nourriture, grand déplacement, trajet domicile-travail, indemnité forfaitaire de télétravail, indemnités d'entretien des assistants maternels, etc.). Les remboursements qui ne respectent pas les conditions d'exonération sont à intégrer dans le montant net social (nº 13730).
Avantages en nature	• Avantages en nature **exonérés** de cotisations et d'impôt sur le revenu liés aux activités sociales (nourriture, avantages tarifaires, activités sociales et culturelles des CSE).
Indemnités journalières de sécurité sociale	• IJSS, y compris en cas de subrogation de l'employeur. Ces indemnités sont intégrées par les caisses primaires d'assurance maladie dans le montant net social des assurés.
Contribution patronale à la complémentaire santé	• Part patronale pour le financement des garanties collectives à la **complémentaire santé obligatoire** (couverture des frais maladie, maternité ou accident, dits « frais de santé ») (nºs 28020 s.), ainsi que **versement santé** (nº 28050).
Participation et intéressement	• Intéressement et participation **placés sur des plans d'épargne** ; • **Abondements** de l'employeur aux plans d'épargne.

13750 **Cotisations à déduire** Pour la détermination du montant net social, doivent être déduites du montant de la rémunération (QR min. trav. 7-2-2023 nºs 2.14 et 2.15) :
– la **part salariale** de l'ensemble des cotisations et contributions sociales d'origine légale ou conventionnelle (sécurité sociale, retraite complémentaire Agirc-Arrco, CSG, CRDS, etc.) ;
– ainsi que les **cotisations salariales à la complémentaire santé** finançant les garanties « frais de santé » (nºs 28020 s.).

En revanche, les cotisations et **contributions salariales de prévoyance et de retraite supplémentaire** ne sont pas déduites du montant de la rémunération.

> **Précisions** **a.** En cas de réduction ou d'exonération de cotisations, c'est, selon nous, le montant réel de cotisations après réductions ou exonérations qui est à déduire.
> **b.** Pour les salariés à **temps partiel** dont les cotisations appliquées sur la rémunération sont équivalentes à un temps plein (**surcotisation**), l'ensemble des cotisations et contributions sociales doivent être déduites (QR min. trav. 7-2-2023 nº 2.16). À notre avis, cette règle devrait pouvoir trouver à s'appliquer dans d'autres cas de surcotisation du salarié (congé de fin de carrière, par exemple).

RAPPELS DE SALAIRE

13760 Les rappels de salaire et régularisations de cotisations, y compris lorsqu'ils portent sur une période d'emploi antérieure à la période de paie, doivent être **pris en compte** dans le montant net social du mois lors duquel ce rappel ou cette régularisation sont effectués. Le montant net social est donc, à l'instar du net fiscal, toujours rattaché à la **période de versement.** En pratique, le ministère du travail distingue deux cas (QR min. trav. 7-2-2023 nº 2.7) :
– si le montant net social affiché et déclaré est faux, mais le montant versé au salarié correct, il convient alors d'éditer un **nouveau bulletin de paie** pour la période concernée **ou de modifier** le montant net social sur un **bulletin postérieur** en rattachant la correction à la période d'emploi concernée ;
– si l'erreur porte sur le montant des éléments de rémunération effectivement versés au salarié mais que le net social déclaré et affiché correspond au montant versé, il n'y a pas lieu de corriger le montant net social du mois auquel se rattache l'erreur. Dans ce cas, la correction doit être réalisée et rattachée à la **période d'emploi antérieure concernée,** sans modification du montant net social de cette période. En revanche, le montant net social de la période lors de laquelle ces erreurs sont corrigées (versement supplémentaire ou récupération de sommes auprès du salarié) tiendra compte de ces corrections.

Pour le cas où le(s) rappel(s) de salaire conduisent à un montant net social négatif, voir nº 13770.

MONTANT NET SOCIAL NÉGATIF

Même si le montant net social est négatif, il doit être **inscrit** sur le bulletin de paie. 13770

En cas de **trop-versé,** le montant net social devra être indiqué avec une valeur négative, à condition que l'employeur demande le remboursement au salarié (QR min. trav. 7-2-2023 nº 1.22).

6. IMPÔT SUR LE REVENU

MONTANT NET IMPOSABLE

La valeur associée à la mention « montant net imposable » correspond au **montant de la rémunération brute** du salarié (nº 13460) **duquel sont déduits** : 13800
– les sommes payées et avantages en argent ou en nature mentionnés à l'article 83 du CGI (soit toutes les cotisations salariales dites « déductibles » et les frais professionnels exonérés) ;
– la contribution visée à l'article 154 quinquies du CGI pour sa part admise en déduction de l'impôt sur le revenu (soit la CSG déductible)

et **auquel est ajoutée,** le cas échéant, la part imposable des contributions patronales de protection sociale complémentaire (Arrêté du 25-2-2016, art. 1, III).

Les bulletins de paie doivent indiquer, outre le montant mensuel, le **montant cumulé** du salaire net imposable (Arrêté du 25-2-2016, art. 1, V).

> Précisions a. La mention du net imposable sur les bulletins de paie permet notamment au salarié d'établir sa déclaration d'impôt sur le revenu sans mettre à la charge de l'employeur une opération supplémentaire.
b. Lorsque le salarié effectue des **heures supplémentaires ou complémentaires exonérées** d'impôt sur le revenu (nº 8170), le montant du net imposable est différent de la rémunération nette fiscale (RNF) qui est déclarée en DSN. En effet, la RNF inclut le montant des heures supplémentaires et complémentaires exonérées, ce qui n'est pas le cas du net imposable. C'est donc le **net imposable « réel »** qui est mentionné sur le bulletin de paie.
c. Selon nos informations, en cas d'**erreur** sur le bulletin de paie concernant le montant net imposable, il ne serait pas nécessaire de régulariser ce montant sur un bulletin de paie ultérieur. Le **montant exact** pourrait être **intégré** directement dans le cumul annuel du bulletin de salaire suivant. Cependant, en cas d'erreur sur le dernier bulletin de paie de l'année, une **attestation** séparée des montants cumulés devrait être remise au salarié.

IMPÔT SUR LE REVENU PRÉLEVÉ À LA SOURCE

Le bulletin de paie doit mentionner l'**assiette,** le **taux** et le **montant** du prélèvement à la source (PAS) de l'impôt sur le revenu prévu à l'article 204 A, 2, 1º du CGI (C. trav. art. R 3243-1, 9º ; Arrêté du 25-2-2016 art. 1, V) ainsi que son **cumul annuel.** La mention de la nature du taux appliqué (personnalisé/non personnalisé) est facultative (QR min. trav. 7-2-2023 nº 1.13). Pour plus de précisions sur ces éléments, voir nºs 35460 s. 13820

HEURES SUPPLÉMENTAIRES OU COMPLÉMENTAIRES EXONÉRÉES

Lorsque des heures supplémentaires ou complémentaires exonérées d'impôt sur le revenu ont été effectuées dans le mois, une ligne « Montant net des heures compl./suppl. exonérées » doit être ajoutée à la fin de la rubrique « Impôt sur le revenu » (Arrêté du 25-2-2016 art. 1, IV). 13830

La valeur associée à cette mention est égale à la **valeur brute** des éléments de rémunération mentionnés aux I et III de l'article L 241-7 du CSS (**heures complémentaires ou supplémentaires ouvrant droit à réduction** de cotisations salariales d'assurance vieillesse, voir nºs 7770 s.) **réduite** de la contribution mentionnée à l'article 154 quinquies du CGI pour sa part admise en déduction de l'impôt sur le revenu (soit la **CSG déductible**).

L'indication du **cumul annuel** des montants nets des heures complémentaires ou supplémentaires exonérées doit également figurer sur le bulletin de paie (Arrêté du 25-2-2016, art. 1, V).

> Précisions a. L'objectif étant d'aider le salarié à vérifier sa déclaration préremplie d'impôt sur le revenu, c'est le montant net des heures supplémentaires ou complémentaires qui doit être mentionné sur cette ligne. Ce montant est égal au montant brut des heures exonérées d'impôt sur le revenu duquel on retranche le montant de la CSG théoriquement déductible. En cas de **dépassement** du plafond d'exonération **en cours de mois,** il convient de **ventiler** sur le bulletin de paie chacune des parts respectivement dans les rubriques « montant net imposable » (montant des heures non exonérées) et « montant net des heures compl./suppl. exonérées » (montant des heures exonérées) (QR min. trav. 7-2-2023 nº 1.19).
b. La rémunération des **apprentis** étant exonérée de CSG/CRDS (nº 84190), le montant mentionné sur cette ligne sera le montant brut des heures supplémentaires ou complémentaires exonérées.
c. En cas d'erreur sur le bulletin de paie concernant le montant net des heures supplémentaires ou complémentaires exonérées, il convient, selon nos informations, de procéder comme pour le montant net imposable : voir nº 13800, c.

7. RÉMUNÉRATION NETTE ET TOTAL VERSÉ PAR L'EMPLOYEUR

NET À PAYER AVANT IMPÔT SUR LE REVENU

13850 Le bulletin de paie doit mentionner la **somme qui aurait été versée** au salarié en l'absence de prélèvement à la source, sous une ligne appelée « Net à payer avant impôt sur le revenu » (C. trav. art. R 3243-1, 9° ; Arrêté du 25-2-2016). Ce montant correspond à la rémunération brute, déduction faite des charges salariales (n° 13650) et, le cas échéant, des retenues visées n° 13580, à laquelle il convient, le cas échéant, d'ajouter les sommes non soumises à cotisations (n° 13530).

ATTENTION

Cette mention ainsi que la valeur correspondante doivent apparaître d'une manière qui en **facilite la lisibilité** par rapport aux autres lignes (Arrêté du 25-2-2016).

NET À PAYER AU SALARIÉ

13890 Le bulletin de paie doit indiquer la **somme effectivement reçue** par le salarié (C. trav. art. R 3243-1, 10°), c'est-à-dire la rémunération nette à payer, sous une ligne intitulée « Net à payer au salarié en euros ».

Cette somme correspond au « Net à payer avant impôt sur le revenu » (n° 13850), déduction faite du prélèvement à la source (n° 13820).

ATTENTION

La mention « Net à payer au salarié » doit apparaître d'une manière qui en **facilite la lisibilité** par rapport aux autres lignes (Arrêté du 25-2-2016).

TOTAL VERSÉ PAR L'EMPLOYEUR

13900 Le total versé par l'employeur, qui correspond à la somme de la rémunération brute et des cotisations et contributions à sa charge, déduction faite des exonérations et exemptions des mêmes cotisations et contributions, doit figurer sur le bulletin de paie (C. trav. art. R 3243-1, 14°).

D. Sanctions

SANCTIONS PÉNALES

14120 La non-délivrance du bulletin de paie ou la délivrance d'un bulletin de paie irrégulier est passible de l'**amende** prévue pour les contraventions de la 3e classe (montant : n° 96470) (C. trav. art. R 3246-2).

En cas de délivrance par l'employeur de **plusieurs bulletins de paie irréguliers,** il y a autant de contraventions que de bulletins concernés (Cass. crim. 17-12-1985 n° 85-92.315 ; 25-1-2000 n° 99-83.714 D). En revanche, la délivrance d'**un bulletin** irrégulier constitue une contravention unique quand bien même **plusieurs irrégularités** seraient constatées sur celui-ci (Cass. crim. 8-6-1971 n° 70-91.873 P).

Les services de l'inspection du travail sont chargés, concurremment avec les officiers de police judiciaire, d'assurer la **répression des infractions** relatives au bulletin de paie (Rép. Proveux : AN 22-7-1985).

14130 Si elle est intentionnelle, la non-délivrance du bulletin de paie suffit à caractériser le **délit de dissimulation d'emploi salarié,** sans qu'il soit nécessaire qu'elle s'accompagne de l'omission d'une autre formalité. Il en est de même en cas de remise d'un bulletin de paie mentionnant un nombre d'heures de travail inférieur à celui réellement effectué : n° 7140 (C. trav. art. L 8221-5, 2°).

Sur la définition du travail dissimulé et les sanctions encourues, voir Mémento social nos 79040 s.

SANCTIONS CIVILES

14160 Le salarié peut prétendre à des **dommages-intérêts** en cas de non-délivrance ou de délivrance tardive de son bulletin de paie, ou en cas de remise d'un bulletin de paie irrégulier, s'il justifie d'un **préjudice distinct** de celui résultant du retard dans le versement du salaire (Cass. soc. 13-4-2016 n° 14-28.293 FS-PBR). Tel est le cas, par exemple, si la non-remise du bulletin empêche le salarié de faire chiffrer en justice le montant des majorations pour heures supplémentaires (Cass. soc. 19-4-1958 n° 5362), si l'absence de mention de l'emploi du salarié sur son bulletin ne lui permet pas de contrôler que sa rémunération est conforme à sa qualification professionnelle (Cass. soc. 22-5-1986 n° 83-42.505 P) ou encore si l'absence de mention des heures supplémentaires l'empêche de bénéficier des exonérations attachées à ces heures (Cass. soc. 3-10-2018 n° 16-24.705 F-D).

> **Précisions** Il a été jugé que l'omission de la **mention de la convention collective** applicable cause nécessairement un préjudice au salarié qui n'a donc pas à apporter la preuve d'un préjudice subi (Cass. soc. 19-5-2004 nº 02-44.671 FS-PB ; 23-11-2010 nº 08-45.483 F-D). Mais cette solution a été indirectement remise en cause par l'abandon par la jurisprudence de la notion de « préjudice nécessaire ». Dorénavant le salarié ne devrait avoir droit à réparation que s'il prouve l'existence de son préjudice, les juges du fond en appréciant souverainement l'existence et l'importance (Cass. soc. 13-4-2016 nº 14-28.293 FS-PBR précité).

Le **conseil de prud'hommes peut ordonner,** le cas échéant sous astreinte, **la délivrance** des bulletins de paie **ou la rectification** des bulletins irréguliers (Rép. Proveux : AN 22-7-1985) et cela même si le salarié a lui-même demandé à l'employeur de ne pas porter une mention obligatoire sur le bulletin de paie (voir nº 13580, a). Cette action peut être introduite en référé (Cass. soc. 31-3-1994 nº 92-41.436 D). En application de l'article L 1471-1 du Code du travail, elle se prescrit, en principe, par 2 ans, ce délai étant décompté comme indiqué nºs 15940 s., sauf, à notre sens, dans le cas où la demande serait présentée à l'occasion d'une demande de rappel de salaire. Les deux demandes formant un tout, le délai devrait, selon nous, être celui indiqué nº 15900. 14170

> **Précisions** **a.** Un rappel de salaire peut figurer sur **un seul bulletin de paie rectificatif** établi lors de son paiement, à condition qu'il indique à quelle période précise se rapporte chacune des créances faisant l'objet d'un versement unique (Cass. soc. 9-11-2022 nº 20-21.856 F-D). Le même principe s'applique lorsque la demande porte uniquement sur une rectification des bulletins de paie pour l'ensemble de la période en litige, sans demande de rappel de salaire (Cass. soc. 4-3-2020 nº 18-11.790 F-D).
> **b.** Attention, la délivrance de bulletins de paie irréguliers peut, dans certains cas, rendre la **rupture du contrat de travail** en résultant imputable à l'employeur (Cass. soc. 8-2-1984 nº 82-40.344).

E. Portée de l'acceptation du bulletin

L'acceptation sans protestation ni réserve d'un bulletin de paie par le salarié ne peut valoir, de sa part, **renonciation au paiement** de tout ou partie du salaire et des indemnités ou accessoires de salaire qui lui sont dus en vertu de la loi, du règlement, d'une convention ou d'un accord collectif de travail ou d'un contrat (C. trav. art. L 3243-3, al. 1). 14250

Cette acceptation ne peut pas valoir non plus **compte arrêté et réglé** (C. trav. art. L 3243-3, al. 2). Autrement dit, même s'il a accepté son bulletin de paie sans protestation ni réserve, le salarié pourra ultérieurement agir en vue d'obtenir les sommes qui lui sont dues : voir nº 14560.

F. Conservation et communication

CONSERVATION

Les employeurs doivent conserver un double des bulletins de paie de leurs salariés (C. trav. art. L 3243-4 ; CSS art. L 243-12). Cette obligation est sanctionnée au plan pénal : voir nº 14390. 14320

S'agissant des bulletins « **papier** », les entreprises peuvent déroger à l'obligation d'en conserver un double en stockant les données qu'ils comportent sur un autre support, notamment informatique. Ce support doit offrir des garanties de contrôle équivalentes à la conservation des bulletins de paie (C. trav. art. L 3243-5 et L 8113-6). Il doit permettre d'obtenir, sans difficulté d'utilisation et de compréhension et sans risque d'altération, toutes les mentions obligatoires. Il doit être présenté dans les mêmes conditions et conservé pendant le même délai que les doubles des bulletins de paie (C. trav. art. D 8113-2).

S'agissant des bulletins délivrés sous forme **électronique,** voir nº 13100.

Durée Les articles L 3243-4 du Code du travail et L 243-12 du CSS prescrivent de conserver les doubles des bulletins de paie ainsi que les bulletins remis sous forme électronique pendant 5 ans. En pratique, les doubles des bulletins de paie doivent être conservés plus longtemps. En effet, d'une part, ils doivent être conservés pendant 6 ans en application de la législation fiscale (nº 14400) et pour les besoins du contrôle des cotisations et contributions (nº 20195). D'autre part, ils doivent être conservés pendant au moins 10 ans en application de l'article L 123-22 du Code de commerce prescrivant de conserver pendant au moins 10 ans les documents relatifs au personnel dans le cas où ils présentent le caractère de documents comptables. S'agissant des bulletins délivrés sous forme électronique, voir nº 13100. 14340

CONSEIL

Il est recommandé de conserver les doubles des bulletins de paie plus longtemps, puisque les caisses de retraite font généralement obligation aux employeurs de délivrer à leurs salariés ou anciens salariés les certificats ou attestations leur permettant de déterminer et de justifier leurs **droits à la retraite.**

14360 **Lieu** Les doubles des bulletins de paie doivent être conservés dans l'entreprise, même en cas d'**externalisation des opérations liées à la paie.** Dans les entreprises à établissements multiples, ils doivent être conservés dans les **établissements distincts** comportant un représentant de l'employeur ayant le pouvoir de recruter du personnel (Circ. DRT 9 du 2-11-1998).

COMMUNICATION

14380 **Administrations sociales** Les **inspecteurs du travail** peuvent se faire présenter les doubles des bulletins de paie au cours de leurs visites (C. trav. art. L 8113-4). L'absence de l'employeur n'est pas une excuse valable au défaut de présentation (Cass. crim. 21-12-1955).

Lorsque les doubles des bulletins de paie ne sont pas conservés sur support matérialisé de type papier, l'employeur doit mettre à la disposition des agents de contrôle un moyen leur permettant d'accéder directement aux informations stockées et de les éditer sans délai, avec l'aide, si besoin est, d'une personne compétente de l'entreprise (Circ. DRT 9 du 2-11-1998).

Sur l'obligation de communiquer les doubles des bulletins de paie aux **agents de l'Urssaf,** voir nº 20190.

14390 Toute contravention à l'obligation de conserver les doubles des bulletins de paie pendant 5 ans et toute contravention à l'obligation de présenter ces doubles à l'inspecteur du travail est passible de l'**amende** prévue pour les contraventions de la 3e classe (montant : nº 96470) (C. trav. art. R 3246-2 et R 3173-3).

La non-présentation des doubles des bulletins de paie peut aussi être constitutive du **délit d'obstacle** à la mission de l'inspecteur du travail prévu à l'article L 8114-1 du Code du travail ou à celle des agents de l'Urssaf (nº 19890).

14400 **Administration fiscale** Les employeurs doivent conserver pendant 6 ans les doubles des bulletins de paie et les communiquer, pendant ce **délai,** à tout agent des finances publiques qui en fait la demande (CGI art. 86 et LPF art. L 82 B et L 102 B). Le refus de communication est passible des sanctions exposées nº 14430.

14410 Les entreprises qui établissent les bulletins de paie sur **support informatique** doivent les conserver sous cette forme jusqu'à l'expiration du délai de 6 ans (LPF art. L 102 B, I-al. 2). La possibilité de les conserver sur un autre support à l'issue des 3 premières années est supprimée pour les bulletins établis depuis le 31-12-2022 (Loi 2022-1726 du 30-12-2022 art. 62, III et IV).

Quant aux bulletins de paie établis sur **papier,** ils peuvent être, au choix de l'employeur, soit immédiatement numérisés, soit conservés dans leur forme d'origine (LPF art. L 102 B, I-al. 3).

> **Précisions** Les agents des finances publiques peuvent obtenir, dans les locaux de l'entreprise, les **copies** des documents consultés en utilisant le matériel de l'entreprise si elle y consent. Les frais sont alors remboursés sur la base forfaitaire de 0,46 € TTC le feuillet, ce tarif incluant, le cas échéant, les frais de recherche (BOI-CF-COM-10-10-40 nºs 10 à 30).

14430 Le refus de communiquer les doubles des bulletins de paie, leur destruction avant l'expiration du délai de conservation ou tout comportement faisant obstacle à la communication entraîne l'application d'une **amende** de 10 000 € ; l'amende s'applique par demande, dès lors que tout ou partie des documents sollicités ne sont pas communiqués (CGI art. 1734).

L'amende est écartée lorsque les agissements visés ci-dessus sont constitutifs d'une **opposition au contrôle fiscal** entraînant une évaluation d'office et punie des sanctions fiscales et/ou pénales correspondantes (BOI-CF-INF-10-40-20 nº 20).

14440 **Syndicat** L'employeur qui communique à des syndicats des bulletins de paie sans l'accord des salariés et sans masquer les **informations personnelles** porte une atteinte injustifiée à leur vie privée (Cass. soc. 7-11-2018 nº 17-16.799 F-D).

14460 **Salariés** Sur la possibilité pour un salarié se considérant victime d'une **discrimination** d'obtenir les bulletins de paie de collègues, voir nº 3300.

SECTION 5

PREUVE DU PAIEMENT

S'il appartient au salarié de prouver qu'il a droit au paiement de sa rémunération, **il incombe** en revanche **à l'employeur** de prouver qu'il a payé le salaire dû (jurisprudence constante ; pour des exemples récents : Cass. soc. 16-6-2021 n° 19-25.344 F-D ; 21-4-2022 n° 20-22.826 F-D ; 1-3-2023 n° 21-19.497 F-D). 14530

L'**inobservation des règles légales** relatives au paiement du salaire par l'employeur ne le prive pas du droit de prouver qu'il a effectivement réglé la rémunération du salarié.

ILLUSTRATIONS

Ainsi, l'employeur peut apporter cette preuve quand bien même :
– il aurait versé en espèces un salaire supérieur au seuil de paiement obligatoire par chèque ou virement visé nos 12260 s. (en ce sens, Cass. soc. 22-7-1986 n° 84-40.503 S) ;
– il n'aurait pas délivré de bulletin de paie (Cass. soc. 20-7-1993 n° 90-42.019 D ; 29-1-1997 n° 94-40.838 D) ou pas respecté les règles relatives à sa rédaction (voir n° 14540).

L'absence de mention d'une somme sur le bulletin de paie n'exclut pas la **possibilité** pour l'employeur de **rapporter la preuve de son paiement** (Cass. soc. 27-11-1986 n° 83-44.997 S ; 19-3-1987 n° 85-43.308 S) même si cette absence constitue une inobservation des règles légales ou conventionnelles relatives à la rédaction des bulletins de paie. En effet, il ne peut pas être déduit de la seule inobservation de ces règles que le salarié n'a pas été rempli de ses droits. 14540

Ainsi jugé notamment en cas de versement d'un **salaire forfaitaire** comprenant à la fois le salaire de base et une prime (Cass. soc. 10-7-1980 n° 78-41.759 P ; 3-3-1993 n° 89-41.801 D) ou de globalisation du salaire de base et des congés payés (voir n° 60000).

Toutefois, dans ce cas, la preuve du paiement de la prime ne peut pas résulter du seul fait que le salaire effectif est très supérieur au salaire conventionnel (Cass. soc. 17-3-1999 n° 97-40.021 D) ou correspond au salaire minimum conventionnel augmenté de la prime (Cass. soc. 4-11-1988 n° 86-42.979 P ; 5-1-1994 n° 90-43.757 D).

> Précisions **a.** La preuve du paiement est rapportée si l'employeur et le salarié ont conclu une **convention** pour inclure la prime dans le salaire de base et si la rémunération versée depuis lors n'a pas été inférieure à celle qui aurait résulté de l'ancien mode de rémunération (Cass. soc. 10-6-1982 n° 80-40.664).

b. Les juges peuvent décider qu'une prime d'ancienneté a été payée au salarié dès lors que la rémunération de l'intéressé a toujours été supérieure au minimum conventionnel augmenté de la prime d'ancienneté et que l'employeur a appliqué tous les 3 ans les majorations de taux prévues par la convention (Cass. soc. 19-6-1987 n° 84-43.875).

A contrario, l'employeur n'apporte pas la preuve du paiement de la prime d'ancienneté lorsque les augmentations de salaire se situent à des dates sans aucun rapport avec les échéances triennales d'ancienneté et ne correspondent pas au taux conventionnel de la prime (Cass. soc. 18-4-1985 n° 82-43.648 S).

c. Le défaut de mention sur le bulletin de paie du versement de la majoration pour heures de **travail de nuit** vaut présomption de non-paiement de cet élément. La preuve contraire, qui doit être apportée par l'employeur, ne peut pas résulter du seul fait que le salaire effectif du salarié avait été supérieur au minimum conventionnel (Cass. soc. 25-11-2020 n° 19-14.247 F-D).

d. Concernant la preuve de l'inclusion de l'**indemnité de congés payés** dans le salaire, voir nos 59980 s.

MODES DE PREUVE

La délivrance d'un bulletin de paie ou la communication de l'attestation Pôle emploi ne suffisent pas à établir que le salaire a été payé (Cass. soc. 11-1-2006 n° 04-41.231 FS-PB ; 21-9-2016 n° 15-12.107 D ; 16-6-2021 n° 19-25.344 F-D). L'employeur doit apporter cette preuve, notamment par la production de pièces comptables (Cass. soc. 2-2-1999 n° 96-44.798 P ; 18-11-2003 n° 01-44.671 F-D ; 21-9-2016 n° 15-12.107 F-D). Cette règle n'est susceptible de poser des difficultés de preuve qu'aux employeurs effectuant des **paiements en espèces.** Il leur est recommandé d'exiger la signature d'un **reçu** à chaque remise d'espèces : il appartiendra alors au salarié qui conteste avoir reçu ces sommes d'en apporter la preuve (en ce sens, Cass. soc. 26-11-1987 n° 85-42.967 D). 14560

> Précisions Dès lors que chacun des **salaires** mensuels est **inférieur à 1 500 €,** la **preuve par témoins** du paiement est possible en vertu de l'article 1er du décret 80-533 du 15-7-1980 pris pour l'application de l'article 1359 du Code civil (Cass. soc. 12-6-1991 n° 88-43.875 D).

En revanche, au-delà de ce montant, ces textes interdisent la preuve par témoins sous réserve des hypothèses visées par les articles 1360 et suivants du Code civil (existence d'un commencement de preuve par écrit, perte de la preuve littérale par suite d'un cas fortuit ou d'une force majeure, impossibilité matérielle ou morale de se procurer une telle preuve, etc.).

SECTION 6 PROTECTION DU SALAIRE

14660 En raison de son caractère alimentaire, le salaire est protégé contre l'employeur et les tiers créanciers du salarié. Ainsi, les possibilités de **compensation** (nos 14700 s.) et de saisie ou cession du salaire (nos 15120 s.) sont limitées.

Le salaire est aussi protégé par l'interdiction des retenues à titre de **sanctions disciplinaires** (nos 72350 s.) et des **économats patronaux** (no 12220), et par des dispositifs prévus en cas de **contentieux** ou de **procédure collective** : privilège et superprivilège des salaires et assurance des créances des salariés gérée par l'AGS (voir Mémento social nos 70870 s.).

A. Compensation

14700 La compensation est l'**extinction** simultanée d'obligations réciproques entre deux personnes (C. civ. art. 1347). Dans les relations de travail, il faut faire une **application combinée** du Code civil (art. 1347 s.) et du Code du travail (art. L 3251-1 s.) qui limitent les cas où la compensation est possible.

Les dispositions du **Code du travail** relatives à la compensation étant d'**ordre public,** toute convention contraire est nulle et le salarié ne peut pas y renoncer par avance (Cass. soc. 8-7-2015 no 13-25.681 FS-PB).

ATTENTION

La **retenue** sur salaires pour **absence** n'est pas concernée par les règles sur la compensation (Cass. soc. 27-5-1992 no 89-44.166 PF).

1. CONDITIONS GÉNÉRALES

COMPENSATION LÉGALE

14770 La compensation peut s'opérer en dehors de toute demande en justice. Elle suppose alors la réunion de plusieurs **conditions** :

– la **réciprocité** des dettes : deux personnes doivent être débitrices l'une de l'autre (C. civ. art. 1347) ;

– ces dettes doivent être **fongibles** (susceptibles de se remplacer), **certaines** (existence non contestée), **liquides** (déterminées dans leur montant) et **exigibles** (ce qui écarte les dettes payables à un terme non encore échu ou les dettes prescrites) (C. civ. art. 1347-1).

La compensation s'opère à la **date** où ces conditions sont réunies, sous réserve d'être invoquée par l'une des parties (C. civ. art. 1347).

Si l'une des conditions fait défaut, la compensation nécessite l'**intervention du juge** (no 14790).

› Précisions **a.** Les conditions du Code civil doivent se **combiner** avec les règles du Code du travail qui, sauf exception, interdisent la compensation entre le salaire et les sommes dues à l'employeur par le salarié pour fournitures diverses (nos 14940 s.) et limitent la part du salaire sur laquelle la compensation peut s'opérer (nos 14850 s.).

b. Pour que la compensation soit possible, la créance dont se prévaut l'employeur ne doit pas tomber sous le coup de la prohibition des **sanctions pécuniaires** (nos 72350 s.).

c. Si la créance invoquée par l'employeur consiste en des **dommages-intérêts** dus par le salarié, voir no 14940.

COMPENSATION JUDICIAIRE

14790 La compensation peut intervenir lors d'une procédure judiciaire. Le juge, saisi d'une demande en ce sens, est tenu de la constater si toutes les conditions de la compensation légale (no 14770) sont réunies, mais elle peut néanmoins être prononcée même si l'une des dettes est **certaine** mais pas encore **liquide ou exigible** (C. civ. art. 1348).

Le juge ne peut pas refuser la compensation de **dettes connexes** au seul motif que l'une des obligations ne serait pas liquide ou exigible (C. civ. art. 1348-1). Si les dettes sont certaines et connexes, le juge doit constater la compensation qui constitue, pour les parties, une garantie, sauf à ordonner toutes mesures pour parvenir à l'apurement des comptes (Cass. soc. 17-6-1982 no 80-40.719 P). Cette obligation ne joue pas, en revanche, si aucun lien de connexité n'est établi (Cass. soc. 18-10-2000 no 98-43.915 F-D).

2. QUOTITÉ DE LA COMPENSATION

La compensation sur le salaire ne peut s'effectuer que dans la **limite** de sa portion saisissable/cessible (nos 15210 s.). Il s'agit d'un tempérament au principe selon lequel la compensation s'opère à due concurrence (C. civ. art. 1347). 14850

Cette règle vaut quelle que soit la **nature** des sommes dues par le salarié, à l'exception des avances ou acomptes soumis à des règles propres (n° 14970).

> **Précisions** **a.** Le principe interdisant d'opérer la compensation sur la **fraction insaisissable** du salaire ne vaut que si les **sommes** dues par l'employeur et qu'il entend compenser avec une dette du salarié entrent, de par leur nature, dans le **champ** de la procédure particulière de la saisie sur salaire (n° 15180), ce qui n'est pas le cas des indemnités de licenciement ou des dommages-intérêts pour licenciement abusif (n° 15195), pour lesquels l'employeur peut opérer une compensation **sans limitation** de montant.
> **b.** Pour les **remboursements de frais professionnels,** bien que ceux-ci n'aient pas la nature d'un salaire, il semble difficile d'admettre, compte tenu de leur objet, que l'employeur puisse opérer une compensation, même partielle, entre ces sommes et celles qui lui sont dues par le salarié.

3. MISE EN ŒUVRE DE LA COMPENSATION

FOURNITURES DIVERSES PAR L'EMPLOYEUR

L'employeur ne peut pas, en **principe,** opérer une retenue de salaire pour compenser des sommes qui lui seraient dues par un salarié pour fournitures diverses, quelle qu'en soit la nature (C. trav. art. L 3251-1), mais, par **dérogation,** une compensation pour fournitures est possible dans les cas suivants : outils et instruments nécessaires au travail ; matières ou matériaux dont le salarié a la charge et l'usage ; sommes avancées par l'employeur pour l'acquisition de ces objets (C. trav. art. L 3251-2). 14940

Pour que l'interdiction de l'article L 3251-1 du Code du travail s'applique, il faut que :

– la **dette de l'employeur** consiste en un salaire : salaire de base ou toute somme de nature salariale (indemnités de congés payés ou compensatrice de préavis, etc.) à l'exclusion des sommes ne revêtant pas cette nature (indemnité de licenciement, dommages-intérêts…) ;

– la **dette du salarié** trouve son origine dans une fourniture qui lui a été remise par l'employeur et que cette fourniture n'entre pas dans une des 3 catégories ci-dessus où la compensation est autorisée.

Et même autorisée, la compensation pour fourniture n'est possible que si les dettes répondent aux **conditions générales** du Code civil et ne peut s'opérer que dans la **limite** de la portion saisissable/cessible du salaire (nos 15210 s.).

ATTENTION

Si la créance invoquée par l'employeur consiste en des **dommages-intérêts** dus par le salarié en raison d'un préjudice qu'il a causé dans l'exécution de son contrat de travail, la compensation n'est possible que si les conditions de mise en jeu de la **responsabilité civile du salarié** envers l'employeur sont remplies, c'est-à-dire s'il a commis une faute lourde (n° 72520). À défaut, une retenue opérée sur le salaire, par exemple en compensation du coût de renouvellement d'un **badge détérioré,** ne peut pas être validée (Cass. soc. 20-4-2005 n° 03-40.069 FS-PBRI).

ILLUSTRATIONS 14950

– Ne constitue pas une fourniture diverse le **titre-restaurant,** de sorte que l'employeur peut prélever la part incombant au salarié sur son salaire sans se voir opposer l'interdiction de compensation (Cass. soc. 1-3-2017 n° 15-18.333 F-PB).

– Lorsque le **logement** mis à disposition du salarié n'est pas un accessoire du contrat de travail, l'employeur ne peut pas opérer de compensation entre le salaire et le montant du loyer (Cass. soc. 13-10-1998 n° 96-42.373 D) ou entre le salaire et les frais d'électricité du logement (Cass. soc. 12-6-1986 n° 83-45.375 P ; CA Versailles 30-5-1995 n° 93-9931). Dans le cas contraire, l'avantage en nature représenté par la fourniture de ce logement peut donner lieu à une retenue sur salaire dans les conditions visées nos 38250 s.

– Est interdite la compensation entre un **déficit d'inventaire** et le salaire (Cass. soc. 4-2-1988 n° 85-40.271 P ; 24-3-1993 n° 90-44.491 P ; 4-6-1996 n° 94-43.248 D). En revanche, celle entre le déficit d'inventaire et les indemnités de licenciement est en principe permise (Cass. soc. 23-6-1988 n° 85-44.158 P). En tout état de cause, le salarié ne saurait être tenu pour responsable d'un déficit d'inventaire qu'en cas de faute lourde (n° 72520).

– Sur les **contraventions** se rapportant à un **véhicule professionnel,** voir n° 72530.

AVANCES ET ACOMPTES

14970 L'employeur qui verse des **avances « en espèces »** (paiement d'un travail non encore effectué) ne peut se rembourser qu'au moyen de retenues successives ne dépassant pas le 10e du montant des salaires exigibles. Toutefois, cette **limite** ne s'applique pas aux sommes avancées au salarié pour l'acquisition des outils et instruments nécessaires au travail et des matières ou matériaux dont il a la charge et l'usage : pour ces sommes, la compensation est soumise aux règles exposées nº 14940 (C. trav. art. L 3251-3, al. 1).

Les **acomptes** sur un travail en cours (paiement d'un travail déjà effectué dont la rémunération n'est pas encore exigible) ne sont pas considérés comme des avances (C. trav. art. L 3251-3, al. 3) et sont imputables sans limitation sur le salaire à venir (Cass. soc. 24-2-1971 nº 69-40.249 P).

Pour un exemple illustrant la **distinction** entre les avances sur salaire et les acomptes, voir nº 12640.

> Précisions **a.** Le fait qu'une avance ait été faite par **chèque** ne fait pas obstacle à l'application des dispositions ci-dessus, l'expression « avances en espèces » couvrant aussi bien le paiement en monnaie que le chèque ou le **virement bancaire ou postal,** à l'exception des avances en nature (Cass. soc. 18-12-1986 nº 85-44.143 S).

b. La **limite** du 10e des salaires exigibles ne s'applique qu'aux sommes dues par l'employeur ayant la nature d'un salaire (indemnité de congés payés, indemnité de préavis, etc.), à l'exclusion des sommes ne revêtant pas cette nature (Cass. soc. 2-12-1970 nº 69-40.445 P ; 21-11-1984 nº 82-43.380 S).

c. La **retenue** opérée en vertu de l'avance ne se confond pas avec la partie saisissable ou cessible du salaire (C. trav. art. L 3251-3, al. 2). En d'autres termes, l'employeur peut se rembourser des avances faites au salarié dans la limite du 10e des salaires exigibles, alors même que ces salaires ont déjà été saisis ou cédés dans la limite de la quotité saisissable ou cessible. Pour un exemple illustrant cette règle, voir nº 96125.

d. S'agissant de la nature du **trop-perçu** par un salarié, constaté lors de la régularisation du **lissage** de la rémunération, voir nº 9660.

PRÊT ACCORDÉ AU SALARIÉ

15000 La jurisprudence assimile le prêt consenti par l'employeur à un salarié à une **avance en espèces** (nº 14970). Lorsque les conditions de la compensation légale sont réunies, l'employeur peut donc se rembourser au moyen de prélèvements successifs sur le salaire ne dépassant pas 10 % du montant des salaires exigibles (Cass. soc. 7-12-1989 nº 87-42.430 P ; 5-5-1993 nº 90-40.801 P), limite qui s'impose aussi en cas de compensation judiciaire (Cass. soc. 2-12-1970 nº 69-40.445 P).

ATTENTION

Sauf clause contraire, la **rupture du contrat de travail** ne rend pas exigibles les sommes restant dues par le salarié au titre du prêt (nº 38680). Si la condition d'exigibilité de la dette du salarié fait défaut, l'employeur ne peut pas invoquer la compensation entre les remboursements restant dus par le salarié et les sommes dont il lui est redevable à titre de salaire et d'indemnités de rupture (indemnités de préavis, compensatrice de congés payés, de licenciement) et la compensation ne peut être que judiciaire (nº 14790). En pratique, la compensation sera le plus souvent écartée par le juge en raison du **caractère non connexe** des dettes en présence, les unes résultant du contrat de travail, les autres d'un contrat de prêt (Cass. soc. 24-3-1988 nº 85-45.087 P ; 15-11-1989 nº 86-45.389 D ; 7-4-1998 nº 96-40.145 P).

PRÉAVIS DÛ PAR LE SALARIÉ

15010 La compensation du salaire avec l'indemnité due par le salarié n'ayant **pas exécuté** son préavis est possible (Cass. soc. 10-6-1976 nº 75-40.027 P ; 5-3-1987 nº 84-43.602 S ; 27-2-2001 nº 99-40.774 FS-D), même si certains arrêts semblent **interdire à l'employeur** d'opérer de lui-même la compensation (Cass. soc. 18-12-1986 nº 83-44.747 P ; 9-3-1988 nº 85-43.883 D ; 28-4-1994 nº 90-46.044 P). En effet, la dette du salarié doit être certaine, liquide et exigible, ces conditions pouvant faire défaut en cas d'inexécution du préavis par le salarié. L'**intervention du juge** est alors nécessaire (nº 14790).

En tout état de cause, si les conditions de la compensation légale ou judiciaire sont réunies, celle-ci ne peut s'opérer que dans les **limites** de la portion saisissable/cessible du salaire (Cass. soc. 17-12-1987 nº 85-41.833 D) : voir nºs 15210 s.

AUTRES CRÉANCES DE L'EMPLOYEUR

15030 Sous réserve de respecter la limite de la fraction saisissable/cessible du salaire (nºs 15210 s.), il est possible d'opérer une compensation entre les salaires et :

– le montant des cotisations salariales payées par l'employeur pour le compte du salarié à la suite d'un **redressement Urssaf** (Cass. soc. 25-2-1997 nº 94-44.788 P) ;

– les dommages-intérêts dus par le salarié à la suite de sa condamnation pour **détournement de fonds** au préjudice de l'employeur (Cass. soc. 6-3-1980 nº 78-40.491 P) ;
– les sommes dues par le salarié en application d'une clause de **dédit-formation** (Cass. soc. 21-3-2000 nº 99-40.003 P) ;
– les sommes versées en exécution d'une **transaction** qui s'est ultérieurement avérée nulle (Cass. soc. 6-5-1997 nº 94-42.077 D) ou en application d'une **décision de justice** ultérieurement cassée ou infirmée (Cass. soc. 16-11-1960 nº 59-40.168 ; 19-10-2017 nºs 16-11.617 F-PB et 16-11.628 F-D) ;
– les sommes indûment payées à un salarié au titre du maintien de sa rémunération durant la prise de **repos compensateurs de remplacement non ouverts** (Cass. soc. 5-4-2018 nº 16-26.712 F-D).

CRÉANCES INDÉPENDANTES DU CONTRAT DE TRAVAIL

La compensation entre les sommes dues par l'employeur et les dettes du salarié indépendantes du contrat de travail semble possible puisque la jurisprudence admet celle entre les salaires et les **prêts** consentis par l'employeur au salarié (voir nº 15000), ainsi que celle entre les salaires et les sommes dues par un salarié à son employeur, qui, s'étant porté **caution** pour lui, avait dû payer son créancier (Cass. soc. 6-3-1980 nº 78-41.082). **15040**

Si, dans ces hypothèses, la dette du salarié ne trouve pas directement sa source dans le contrat de travail, les avantages consentis par l'employeur au salarié l'ont probablement été en considération de sa **qualité de salarié.** En revanche, si les avantages ont été accordés sans considération de cette qualité, dans le cadre de l'activité commerciale de l'employeur, la compensation semble exclue. La Cour de cassation a en effet jugé que la compensation ne peut pas être opérée entre les salaires dus par une banque en sa qualité d'employeur et la créance détenue par cette banque en qualité de banquier, en l'espèce le solde négatif du compte bancaire clôturé du salarié (Cass. soc. 31-3-1994 nº 92-41.106 D).

ATTENTION

En tout état de cause, la compensation entre les salaires et les dettes du salarié indépendantes du contrat de travail ayant pour origine une **fourniture** de l'employeur (logement, marchandises...) est prohibée par l'article L 3251-1 du Code du travail (nº 14940). L'employeur dont la créance ne peut pas être compensée sur les salaires peut néanmoins procéder à une saisie pour être autorisé à se rembourser par prélèvements sur les salaires.

B. Saisie et cession de salaire

Le créancier d'un salarié peut se faire verser une partie de sa rémunération alors qu'elle se trouve encore entre les mains de l'employeur, au moyen d'une **saisie** lorsque le versement du salaire au créancier intervient sans que le consentement du salarié ait été sollicité ou obtenu (le créancier du salarié est le saisissant, le salarié le débiteur saisi, et l'employeur le tiers saisi) ou d'une **cession** lorsque le versement du salaire au créancier est effectué en vertu d'un accord entre le salarié et son créancier (le salarié est le cédant, son créancier le cessionnaire). **15120**

ATTENTION

L'employeur n'a pas à **contrôler** la validité de la saisie ou de la cession des rémunérations. Il n'a aucun moyen pour le faire puisqu'il ne participe pas à la procédure conduisant à sa notification. En revanche, il doit contrôler l'**acte** par lequel la saisie ou la cession des rémunérations lui est notifiée, qui doit comporter l'identité du salarié débiteur et le montant des sommes saisies ou cédées (nºs 15280 et 15330). En outre, l'employeur ne doit pas retenir sur le salaire une somme supérieure aux **limites** autorisées (nºs 15210 s.).

1. DROIT COMMUN

Compte tenu de son **caractère alimentaire,** le salaire est protégé contre les saisies que les créanciers du salarié peuvent pratiquer entre les mains de l'employeur ou les cessions que le salarié peut consentir à ses créanciers. Cette **protection** est double : **15150**
– la **quotité** saisissable ou cessible du salaire est limitée : c'est le principe d'insaisissabilité et d'incessibilité partielles du salaire (nºs 15210 s.) ;
– la saisie et la cession ne peuvent intervenir qu'au terme d'une **procédure** spéciale (nºs 15280 s. et 15330).

La nature et le montant de la somme saisie ou cédée doivent figurer sur le **bulletin de paie** (nº 13580).

ATTENTION

Le régime de la saisie du salaire constitue une dérogation à la procédure de droit commun de **saisie-attribution** qui permet à tout créancier muni d'un titre exécutoire constatant une créance liquide et exigible d'en obtenir le paiement en saisissant entre les mains d'un tiers les créances de son débiteur portant sur une somme d'argent (C. exécution art. L 211-1 s.). Cette procédure trouve à s'appliquer pour les sommes, dont le paiement est poursuivi entre les mains de l'employeur, qui ne revêtent pas le caractère d'un salaire (voir nos 15190 s.).

CHAMP D'APPLICATION

15170 **Personnes concernées** Les règles sur la saisie et la cession des rémunérations concernent **toute personne salariée** ou travaillant, à quelque titre ou en quelque lieu que ce soit, pour un ou plusieurs employeurs, quels que soient le montant et la nature de sa rémunération, la forme et la nature de son contrat (C. trav. art. L 3252-1).

ATTENTION

Il importe peu que le contrat de travail soit ou non **en cours d'exécution.** Il a en effet été jugé que les rémunérations dues par un employeur à son **ancien salarié** ne pouvaient être saisies que selon la procédure spéciale du Code du travail et non selon la procédure de saisie-attribution de droit commun (Cass. ass. plén. 9-7-2004 n° 02-21.040 P).

15180 **Sommes concernées** Pour la détermination de la fraction insaisissable, il est tenu compte du montant de la rémunération, de ses accessoires ainsi que de la valeur des avantages en nature, **après déduction** des cotisations et contributions sociales obligatoires et du prélèvement à la source de l'impôt sur le revenu (C. trav. art. L 3252-3, al. 1).

En conséquence, sont saisissables ou cessibles **en partie** (selon le barème indiqué n° 15210) les sommes suivantes : salaires proprement dit, y compris les majorations pour heures supplémentaires ; primes et gratifications versées en contrepartie du contrat de travail ; avantages en nature ; pourboires centralisés par l'employeur ; indemnités de congés payés ; indemnités journalières de maladie ou de maternité ; indemnités de non-concurrence ; indemnités compensatrices de préavis ; indemnités de fin de CDD et de fin de mission de travail temporaire ; allocations d'assurance chômage ; allocations chômage-intempéries dans le BTP ; allocations d'activité partielle (Fiche min. trav. « Saisie et cessions des rémunérations » : travail-emploi.gouv.fr ; Circ. min. justice du 23-12-1992). Est également concernée l'indemnité de départ en retraite versée au salarié partant volontairement à la retraite dans la mesure où elle n'a pas pour objet de compenser un préjudice (Cass. soc. 30-1-2008 n° 06-17.531 FS-PBR).

15190 **Sommes insaisissables ou incessibles** Pour la détermination de la fraction insaisissable, il n'est **pas tenu compte** des indemnités insaisissables, des sommes allouées à titre de remboursement de frais exposés par le travailleur et des allocations ou indemnités pour charges de famille (C. trav. art. L 3252-3, al. 3).

Sont donc exclus du champ du régime de la saisie et de la cession des rémunérations : les remboursements pour **frais professionnels** exposés par le salarié ; les allocations et indemnités pour **charge de famille** versées par l'employeur (Fiche min. trav. « Saisie et cessions des rémunérations » : travail-emploi.gouv.fr ; Circ. min. justice du 23-12-1992).

15195 **Sommes concernées par les procédures de droit commun** D'autres sommes sont exclues du champ de la procédure spéciale prévue par le Code du travail mais peuvent être saisies, pour l'**intégralité de leur montant,** par la voie des procédures de droit commun : saisie-attribution (n° 15150) ou **saisie administrative à tiers détenteur** (nos 15470 s.).

Il s'agit des sommes dues au titre de la **participation** et de l'**intéressement** (Rép. Lepeltier : AN 23-5-1994), de l'**indemnité** légale ou conventionnelle de **licenciement**, des **dommages-intérêts** pour licenciement sans cause réelle et sérieuse ou pour licenciement irrégulier et de l'**indemnité de clientèle des VRP** (Fiche min. trav. « Saisie et cessions des rémunérations » : travail-emploi.gouv.fr).

QUOTITÉ SAISISSABLE OU CESSIBLE

15210 **Barème** Un décret fixe par **tranche de rémunération** annuelle les proportions dans lesquelles la rémunération est saisissable ou cessible. Les seuils de rémunération sont affectés d'un **correctif** pour charges de famille sur justification présentée par le débiteur. Ce barème est en principe **révisé** annuellement (C. trav. art. L 3252-2, R 3252-2 à R 3252-4).

Le barème et le correctif pour charges de famille figurent nos 96080 s. Une **somme minimale** doit toutefois toujours être laissée à la disposition du salarié : voir n° 15250.

› Précisions Pour l'application du correctif, sont considérées comme **personnes à charge** (C. trav. art. R 3252-3) :
– le **conjoint,** le **partenaire** lié par un **Pacs** ou le **concubin** du débiteur, dont les ressources personnelles sont inférieures au montant forfaitaire du revenu de solidarité active (RSA) pour une personne seule (montant : voir nº 96090) ;
– l'**enfant** ouvrant droit aux prestations familiales et se trouvant à la charge effective et permanente du débiteur au sens de l'article L 513-1 du CSS ainsi que tout enfant à qui ou pour l'entretien duquel le débiteur verse une pension alimentaire ;
– l'**ascendant** dont les ressources personnelles sont inférieures au montant forfaitaire du RSA pour une personne seule et qui habite avec le débiteur ou auquel le débiteur verse une pension alimentaire (montant : voir nº 96090).

Calcul Pour déterminer le montant de la quotité saisissable ou cessible, il faut appliquer le **barème** donné nº 96080 aux éléments de rémunération énumérés nº 15180. Des **exemples** de calcul sont présentés nºs 96100 s. En cas de **concours de procédures** (saisie et/ou paiement direct d'une pension alimentaire et/ou saisie administrative à tiers détenteur), voir nº 15700. 15220

› Précisions a. En pratique, pour faciliter le travail de l'employeur et éviter les erreurs, les proportions mensuelles dans lesquelles les rémunérations sont saisissables ou cessibles figurent au verso de l'**acte de saisie** et de la lettre de notification à l'employeur (Circ. min. justice du 23-12-1992).
b. Le **prélèvement à la source** de l'impôt sur le revenu étant opéré par l'employeur avant la saisie sur salaire (nº 15180), la quotité saisissable ou cessible se calcule sur le salaire net après déduction de ce prélèvement. Par exemple, pour un salarié dont le salaire net fiscal est de 1 900 €, si le salaire net à payer avant le prélèvement à la source est de 1 800 € et le taux de prélèvement à la source est de 4 %, le salaire net, après le prélèvement à la source, à découper en parts saisissable et insaisissable, sera égal à 1 800 – (1900 × 4 %) = 1 724 €.

Assiette Selon l'**administration,** le salaire mensuel à retenir pour l'application du barème s'obtient en totalisant le salaire mensuel net des 12 mois précédant la saisie et en divisant le résultat obtenu par le nombre de paies de la période (en ce sens : Circ. min. justice du 23-12-1992). Cette méthode, admise par la **Cour de cassation** dans une solution ancienne (Cass. soc. 27-3-1968 nº 64-11.224 P), présente l'**inconvénient** de ne pas faire varier la quotité saisissable ou cessible en fonction du salaire réellement perçu lors de chaque échéance de paie. 15230

Une position différente, adoptée ultérieurement par une **cour d'appel,** consiste à considérer que le législateur, en définissant le barème permettant de déterminer la quotité saisissable du salaire à partir des ressources annuelles, n'a pas pour autant interdit de la ramener aux **ressources mensuelles** qui correspondent en pratique à la formule de rémunération la plus couramment utilisée. Ce calcul ramené au mois permet de suivre étroitement les fluctuations de revenu du saisi (CA Besançon 8-2-1984 nº 82-484). En pratique, cette dernière méthode semble la plus couramment utilisée.

IMPUTATION DES CRÉANCES

Les sommes dues par le salarié sont imputées sur la fraction saisissable ou cessible du salaire. 15250

Par exception, le prélèvement direct du terme mensuel courant et des 6 derniers mois impayés des **pensions alimentaires,** ou des 24 derniers mois si le paiement est poursuivi par la caisse d'allocations familiales agissant pour le compte du créancier, peut être poursuivi sur l'intégralité de la rémunération. Il est d'abord imputé sur la fraction insaisissable et, s'il y a lieu, sur la fraction saisissable (C. exécution art. L 213-4 ; C. trav. art. L 3252-5).

En cas de **concours de procédures** (saisie et/ou paiement direct d'une pension alimentaire et/ou saisie administrative à tiers détenteur), voir nº 15700.

Dans tous les cas, une **somme absolument insaisissable** est laissée à la disposition du salarié débiteur. Elle correspond au montant forfaitaire du **RSA** pour un allocataire seul (montant : voir nº 96090) (C. trav. art. L 3252-3, al. 2, L 3252-5, al. 2 et R 3252-5). Cette somme est laissée à la disposition du salarié quel que soit le type de créance prélevée, alimentaire ou non, et il n'y a lieu de lui appliquer aucun correctif pour charges de famille (Circ. min. justice du 22-4-1994).

Pour les salariés à **employeurs multiples,** la fraction saisissable ou cessible est calculée sur l'ensemble des salaires perçus (C. trav. art. L 3252-4). Sur la détermination du ou des employeurs chargés d'opérer la retenue, voir nº 15300, c.

Des **exemples** d'imputation de créances sur le salaire sont présentés nºs 96110 s.

PROCÉDURE DE SAISIE

Notification de l'acte de saisie L'acte de saisie établi par le greffier du tribunal judiciaire est notifié à l'employeur par lettre recommandée avec demande d'avis de réception. La notification est **régulièrement faite** à l'adresse préalablement indiquée par le ou les 15280 créanciers. En cas de **retour au greffe** de l'avis de réception non signé, la date de notification à l'égard du destinataire est celle de la présentation (C. trav. art. R 3252-6 et R 3252-23).

La procédure de saisie ne s'applique pas aux **pensions alimentaires** qui font l'objet d'une procédure de paiement direct : nos 15410 s.

› Précisions a. Le **juge de l'exécution compétent** est celui du domicile du débiteur. Si celui-ci réside à l'étranger ou n'a pas de domicile connu, la procédure relève du juge de l'exécution du domicile du tiers saisi (C. trav. art. R 3252-7).

b. L'**acte de saisie** contient (C. trav. art. R 3252-22) :
– les nom, prénoms et domicile du débiteur et du créancier ou, s'il s'agit d'une personne morale, sa dénomination et son siège social ;
– le décompte distinct des sommes pour lesquelles la saisie est pratiquée, en principal, frais et intérêts échus, ainsi que l'indication du taux des intérêts ;
– le mode de calcul de la fraction saisissable et les modalités de son règlement ;
– l'injonction d'effectuer au greffe, dans un délai de 15 jours, la déclaration prévue par l'article L 3252-9 du Code du travail (no 15290) ;
– la reproduction des articles L 3252-9 et L 3252-10 du Code du travail rappelant les obligations du tiers saisi (nos 15290 s.).

15290 **Informations dues par l'employeur** L'employeur doit, dans les **15 jours au plus tard** à compter de la notification de l'acte de saisie, faire connaître au greffe du tribunal la **nature du contrat de travail** le liant au salarié (contrat à durée indéterminée ou déterminée) ainsi que les cessions, saisies, saisies administratives à tiers détenteur ou paiement direct de créances d'aliments en cours d'exécution (C. trav. art. L 3252-9, al. 1 à 3 et R 3252-24).

L'employeur qui s'abstient sans motif légitime de faire cette déclaration, ou fait une déclaration mensongère, peut être condamné par le juge au paiement d'une **amende** civile ne pouvant pas excéder 10 000 €, ainsi qu'à des **dommages-intérêts** et à l'application des dispositions de l'article L 3252-10, al. 2, du Code du travail (no 15300) (C. trav. art. L 3252-9, al. 4 et R 3252-25).

L'employeur doit **informer** le greffe du tribunal, dans les 8 jours, de tout événement qui suspend la saisie ou y met fin (C. trav. art. R 3252-26).

15300 **Versement des sommes saisies** L'employeur doit verser **mensuellement** les retenues sur salaire dans la limite des sommes disponibles au greffe du tribunal (C. trav. art. L 3252-10, al. 1er et R 3252-27, al. 1).

Lorsqu'il n'existe qu'**un seul créancier** saisissant, le versement peut être effectué au moyen d'un chèque ou par virement établi conformément aux indications données par le créancier. Dans ce dernier cas, l'employeur doit pouvoir justifier, auprès du greffe, de la date et du montant du virement. S'il existe **plusieurs créanciers,** le versement est effectué par chèque ou par virement établi à l'ordre du régisseur auprès du greffe du tribunal judiciaire ou, le cas échéant, de l'une de ses chambres de proximité (C. trav. art. R 3252-27, al. 2 et 3).

Lorsqu'un **nouveau créancier** intervient dans la procédure de saisie engagée par un premier créancier, le greffe informe l'employeur que les versements seront désormais effectués à l'ordre du régisseur auprès du greffe du tribunal judiciaire ou, le cas échéant, de l'une de ses chambres de proximité (C. trav. art. R 3252-31).

› Précisions a. Si l'employeur omet d'effectuer les versements en exécution d'une saisie, le juge rend à son encontre une ordonnance, qui lui est notifiée, le déclarant **personnellement débiteur** des retenues qui auraient dû être opérées. À défaut d'opposition dans les 15 jours de la notification, elle devient exécutoire. Son exécution est poursuivie à la requête de la partie la plus diligente (C. trav. art. L 3252-10, al. 2 et R 3252-28).

b. L'employeur dispose d'un **recours** contre le salarié, mais il ne peut l'exercer qu'après mainlevée de la saisie (C. trav. art. L 3252-10, al. 3). La mainlevée de la saisie est notifiée, dans les 8 jours, à l'employeur par lettre recommandée avec demande d'avis de réception (C. trav. art. R 3252-6, al. 1 et R 3252-29).

c. Pour les salariés à **employeurs multiples,** le greffier détermine les employeurs chargés d'opérer les retenues. Si l'un des employeurs est en mesure de verser la totalité de la fraction saisissable, la saisie peut être pratiquée entre ses mains (C. trav. art. R 3252-40). L'employeur saisi n'a donc pas à laisser d'office à la disposition du salarié débiteur le montant forfaitaire du RSA. Il doit se conformer à l'acte de saisie notifié par le greffier qui devrait mentionner le fait qu'une somme équivalente à ce montant est par ailleurs laissée à la disposition du débiteur (Circ. min. justice du 22-4-1994).

15310 **Incidents en cours de saisie** En cas de notification d'une demande de **paiement direct** d'une **créance alimentaire** alors qu'une saisie est en cours d'exécution, l'employeur doit verser (C. trav. art. R 3252-39) :
– au salarié, la fraction absolument insaisissable de la rémunération (no 15250) ;

– au créancier d'aliments, les sommes qui lui sont dues, celles-ci étant d'abord imputées sur la fraction insaisissable du salaire puis, s'il y a lieu, sur la fraction saisissable, par préférence aux créances des autres créanciers ;
– au salarié, le reliquat éventuel de la fraction relativement insaisissable du salaire après imputation des créances d'aliments ;
– au greffe, la fraction saisissable de la rémunération après imputation, le cas échéant, des créances d'aliments.

Pour un **exemple** d'imputation de créances alimentaires et de créances non alimentaires, voir nos 96110 s.

En cas de notification à l'employeur d'une **saisie administrative à tiers détenteur** par le comptable des finances publiques (DGFiP) alors qu'une saisie de rémunérations est en cours d'exécution, voir no 15520.

PROCÉDURE DE CESSION

Le salarié doit **déclarer** la cession au greffe du tribunal judiciaire du lieu où il demeure (C. trav. art. R 3252-45). 15330

À la demande du cessionnaire, le greffe **notifie** la cession à l'employeur. Si elle n'est pas notifiée dans le délai d'un an, elle est périmée (C. trav. art. R 3252-46, al. 1 et 3).

À compter de la notification de la cession, l'employeur **verse directement** au cessionnaire le montant des sommes cédées dans la limite de la fraction saisissable (C. trav. art. R 3252-47).

En cas de survenance d'une **saisie,** le greffier informe l'employeur que les versements sont désormais effectués à l'ordre du régisseur (C. trav. art. R 3252-48). Si la saisie prend fin avant la cession, le greffier en avise l'employeur et l'informe que les sommes cédées doivent à nouveau être versées directement au cessionnaire (C. trav. art. R 3252-49).

2. CRÉANCIERS PARTICULIERS

a. Pensions alimentaires

Tout créancier d'une pension alimentaire peut se faire payer **directement** le montant de cette pension, notamment par l'employeur du salarié débiteur de la pension (C. exécution art. L 213-1, al. 1). 15410

Le montant des pensions alimentaires est **prélevé** sur la rémunération comme indiqué no 15250.

DEMANDE DE PAIEMENT DIRECT

La demande de paiement direct est **notifiée** à l'employeur par huissier, et le salarié en est avisé par lettre recommandée avec avis de réception. L'employeur en accuse réception dans les 8 jours de la notification, en précisant s'il est ou non en mesure d'y donner suite (C. exécution art. R 213-1). 15415

La demande en paiement direct de pensions alimentaires vaut, **sans autre procédure** et par **préférence** à tous les autres créanciers (même privilégiés : voir no 15700), attribution au bénéficiaire des sommes qui en font l'objet au fur et à mesure qu'elles deviennent exigibles.

L'employeur est tenu de **verser** directement les sommes prélevées sur la rémunération au bénéficiaire selon les échéances fixées par le jugement attribuant la pension et, sauf convention contraire, à son domicile ou à sa résidence (C. exécution art. L 213-2 et L 213-3).

> Précisions a. Lorsqu'une **administration publique** est subrogée dans les droits d'un créancier d'aliments, elle peut elle-même former la demande en paiement direct. Il en va de même lorsqu'un **organisme débiteur de prestations familiales** agit pour le compte d'un créancier d'aliments (C. exécution art. L 213-5, al. 2 et 3).

b. La demande en paiement direct cesse de produire effet si l'huissier du créancier en notifie à l'employeur la **mainlevée** par lettre recommandée avec accusé de réception. Elle prend fin aussi à la demande du salarié débiteur, sur production d'un certificat délivré par un huissier attestant qu'un **nouveau jugement** ou une **nouvelle convention** réglant les effets du divorce ou de la séparation de corps par consentement mutuel a supprimé la pension alimentaire ou constatant qu'en vertu des dispositions légales la pension a cessé d'être due (C. exécution art. R 213-2).

c. Si le recouvrement total ou partiel de la pension alimentaire n'a pu être obtenu par une demande de paiement direct ou une autre voie d'exécution de droit privé, le créancier peut demander, par l'intermédiaire du procureur de la République, l'assistance du **comptable du Trésor public** qui est alors subrogé dans toutes les actions et garanties dont dispose le créancier. Il peut utiliser pour le recouvrement les procédures applicables en matière de contributions directes, notamment la saisie administrative à tiers détenteur visée nos 15470 s. Cette procédure s'applique non seulement aux **termes** à échoir, mais aussi aux termes échus à compter du 6e mois ayant précédé la date de la demande (Loi 75-618 du 11-7-1975).

SOMMES CONCERNÉES

15420 La procédure de paiement direct est applicable aux **termes à échoir** de la pension alimentaire. Elle l'est aussi aux **termes échus** (C. exécution art. L 213-4) :
– pour les **6 derniers mois** avant la notification de la demande de paiement direct, le règlement de ces sommes étant fait par fractions égales sur une période de 12 mois ;
– ou pour les **24 derniers mois** avant cette notification si le paiement est poursuivi par la caisse d'allocations familiales, agissant pour le compte du créancier, le règlement des sommes étant fait par fractions égales sur une période maximale de 24 mois.

> **Précisions** **a.** En cas d'**indexation** de la pension, l'employeur n'a pas à procéder lui-même à la revalorisation de la pension alimentaire. Tant que le nouveau montant résultant de l'application de l'indexation ne lui a pas été signifié par huissier de justice, il doit continuer à prélever et à verser l'ancien montant (CA Paris 9-5-1980 n° 11-660).
> **b.** L'employeur est tenu d'aviser dans les 8 jours le créancier de la pension alimentaire de la **cessation** ou de la **suspension** de la rémunération (C. exécution art. R 213-4).
> **c.** L'employeur qui, tenu au paiement direct, ne verse pas la pension alimentaire due au créancier est puni des peines d'**amende** prévues pour les contraventions de 5e classe (C. exécution art. R 213-5) : voir n° 96470.
> **d.** Les **contestations** relatives à la procédure de paiement direct sont portées devant le juge de l'exécution dans le ressort duquel est situé le domicile du débiteur de la pension. Elles ne suspendent pas l'obligation de l'employeur de payer directement les sommes dues au créancier de la pension alimentaire (C. exécution art. R 213-6, al. 2 et 3).

b. Comptables publics

15450 Les comptables publics peuvent, pour le recouvrement des impôts ou autres créances publiques, saisir entre les mains des employeurs, tiers détenteurs, les sommes dont ces derniers sont débiteurs envers le salarié. Pour cela, ils peuvent recourir aux mesures d'exécution de droit commun, c'est-à-dire la saisie-attribution ou, lorsqu'il s'agit de salaires, la saisie des rémunérations (nos 15150 s.). Mais surtout, ils disposent d'une procédure spécifique, moins contraignante que les procédures de droit commun, la saisie administrative à tiers détenteur.

RECOUVREMENT PAR VOIE DE SAISIE ADMINISTRATIVE À TIERS DÉTENTEUR

15470 La procédure de saisie administrative à tiers détenteur peut être mise en œuvre par les comptables publics pour toutes les créances publiques dont ils assurent le recouvrement (LPF art. L 262).

Elle vise, à condition que les créances soient exigibles et puissent donner lieu à poursuites :
– les **impôts** privilégiés ou non (n° 15500), pénalités et frais accessoires à ces impôts ;
– toutes **créances de l'État** ou celles qu'il est chargé de recouvrer pour le compte de tiers sur la base d'un titre de perception délivré par lui en application de l'article L 252 A du LPF (LPF art. L 273 A) ;
– les **amendes et condamnations** pécuniaires (Loi 2004-1485 du 30-12-2004 art. 128, II modifié par loi 2017-1775 du 28-12-2017 art. 73, XIII) ;
– les **créances** exécutoires **des collectivités** locales et de leurs établissements publics (CGCT art. L 1617-5, 7°).

Une seule saisie peut être notifiée pour le recouvrement de plusieurs créances, même si elles sont de nature différente (par exemple, une créance fiscale et une créance étrangère à l'impôt).

15480 La saisie administrative à tiers détenteur peut porter sur toute somme appartenant ou devant revenir au salarié saisi. Elle permet d'appréhender des créances existantes ou en germe, exigibles ou conditionnelles, ou encore à exécution successive telles les rémunérations. En revanche, les créances futures, éventuelles ou hypothétiques ne peuvent être saisies (BOI-REC-FORCE-30-10 n° 90).

S'agissant des salaires, les règles de saisissabilité exposées nos 15150 s. doivent être respectées, en sorte que la saisie administrative à tiers détenteur ne peut porter que sur la **fraction saisissable** et cessible. En revanche, peuvent être intégralement appréhendées les sommes liées au salaire mais hors du champ de la procédure de saisie des rémunérations.

La saisie administrative à tiers détenteur emporte, à concurrence des sommes pour lesquelles elle est pratiquée, **attribution immédiate** et exclusive au profit du comptable public au jour de sa réception par l'employeur.

> **Précisions** Les comptables publics ne peuvent pas notifier de saisie administrative à tiers détenteur lorsque les **poursuites** contre le salarié sont **suspendues.** Tel peut être le cas en présence d'une procédure de surendettement (Cass. 2e civ. 15-12-2005 n° 04-04.175 FS-PBRI, rendu à propos de l'ancien avis à tiers détenteur ; BOI-REC-FORCE-30-10 n° 180).
> La saisie à tiers détenteur n'est pas utilisable non plus lorsque le contribuable bénéficie d'un **sursis de paiement** ou lorsque ses impositions ont fait l'objet d'un **plan de règlement**

échelonné qu'il respecte (BOI-REC-FORCE-30-10 nº 190). La validité d'une saisie à tiers détenteur portant pour partie sur des impôts contestés avec demande de sursis de paiement et pour partie sur des impositions non contestées est limitée à ces dernières (Cass. com. 29-1-2013 nº 12-12.128 F-D, rendu à propos de l'ancien avis à tiers détenteur).

L'administration peut utiliser la saisie à tiers détenteur même si la créance du salarié sur l'employeur est litigieuse ; si l'issue du litige est favorable à l'employeur, l'administration doit le rembourser et elle peut réclamer les sommes correspondantes au débiteur de l'impôt (CE 13-6-2016 nº 390641, rendu à propos de l'ancien avis à tiers détenteur).

La saisie administrative à tiers détenteur est généralement **notifiée à l'employeur** par voie postale. À compter d'une date qui sera fixée par décret et au plus tard le 1-1-2024, elle pourra être notifiée par voie dématérialisée aux employeurs tenus à la souscription de la DSN (Loi 2021-1900 du 30-12-2021 art. 130, II et V-C). **15485**

Un exemplaire de l'avis de saisie est également **notifié au salarié** par voie postale. Toutefois, s'il est domicilié à l'étranger, l'information doit lui être faite à parquet (TA Paris 18-1-2016 nº 1505406, rendu à propos de l'ancien avis à tiers détenteur). L'exemplaire notifié au salarié doit comprendre, sous peine de nullité, les délais et voies de recours. Cette mention n'est pas exigée pour la notification à l'employeur.

L'employeur doit **déclarer** immédiatement par tous moyens l'étendue de ses obligations à l'égard du salarié dans les conditions prévues à l'article L 211-3 du Code des procédures civiles d'exécution. L'employeur qui s'abstient, sans motif légitime, de faire cette déclaration ou fait une déclaration inexacte ou mensongère peut être condamné, à la demande du comptable public, au paiement des sommes dues à ce dernier, ainsi qu'à des dommages et intérêts (BOI-REC-FORCE-30-40 nº 15). **15490**

L'employeur est tenu de **payer** le montant de la dette (en pratique, essentiellement l'impôt) pour le compte du salarié, à concurrence des fonds qu'il détient ou qu'il doit et dans la limite de la fraction saisissable s'agissant des salaires, étant précisé que le Trésor ne peut pas exiger ce paiement avant l'expiration d'un **délai** de 30 jours à compter de la réception de l'acte. Lorsque la saisie porte sur des créances conditionnelles ou à terme, l'employeur est tenu de verser immédiatement les fonds dès que ces créances deviennent exigibles.

ATTENTION

À compter d'une date qui sera fixée par décret et au plus tard le 1-1-2024, les employeurs qui se seront vus notifier une saisie administrative à tiers détenteur par voie électronique (nº 15485) devront déclarer l'étendue de leurs obligations à l'égard du salarié et verser les sommes saisies par le biais de la **DSN** (Loi 2021-1900 du 30-12-2021 art. 130, II).

Si l'employeur s'abstient, sans raison valable, de déférer en temps voulu à la saisie qui lui a été adressée, il peut se voir réclamer les sommes saisies majorées du taux d'intérêt légal. Il peut également être **poursuivi personnellement** sur ses biens dans la limite de son obligation (Cass. com. 7-1-2004 nº 00-16.358 FS-P, rendu à propos de l'ancien avis à tiers détenteur ; BOI-REC-FORCE-30-40 nº 1). La responsabilité de l'employeur peut être mise en œuvre lorsque la saisie administrative à tiers détenteur, notifiée depuis plus de 2 mois, n'a pas été utilement contestée dans les délais et conditions prévus les dispositions du LPF relatives au contentieux du recouvrement (BOI-REC-FORCE-30-40 nº 40). Les poursuites contre l'employeur défaillant sont effectuées sur la base d'un jugement délivré par le juge de l'exécution après assignation. Elles doivent obligatoirement commencer par la notification d'une mise en demeure de payer (BOI-REC-FORCE-30-40 nºs 175 et 180). **15495**

Privilège du Trésor Le privilège du Trésor (CGI art. 1920 et 1929 quater) attribue au comptable public le droit d'être payé par préférence aux autres créanciers et garantit le recouvrement de la plupart des **impôts et taxes.** Il couvre non seulement le principal de l'impôt, mais également les pénalités (d'assiette et de recouvrement). **15500**

Sont notamment couverts par le privilège du Trésor les impôts ou taxes suivants : impôt sur le revenu, taxes foncières, taxe d'habitation, impôt sur les sociétés, impôt sur la fortune immobilière, droits d'enregistrement (sur mutations d'immeubles, donations, successions, par exemple), taxes sur le chiffre d'affaires…

Lorsque le comptable public recourt à la saisie administrative à tiers détenteur, la mise en œuvre du privilège du Trésor se concrétise par la mention, sur l'acte, que la créance en cause est garantie par ce privilège (BOI-REC-GAR-10-10-20-20 nºs 1 et 80).

› Précisions Le privilège du Trésor **prime** tous les privilèges mobiliers généraux ou spéciaux du Code civil sous réserve de dispositions expresses en sens contraire. Il est ainsi primé notamment par le « superprivilège » des salariés (C. trav. art. L 3253-2 et L 3253-4).

15515 **Pluralité de saisies administratives à tiers détenteur** L'administration a précisé que les situations de concours de saisies administratives à tiers détenteurs portant sur des rémunérations doivent être réglées comme suit (BOI-REC-FORCE-30-30-20-10 n° 130) :
– si l'employeur reçoit le même jour deux saisies administratives à tiers détenteur relatives à des **créances garanties par le privilège** du Trésor, il doit répartir la fraction saisissable des rémunérations du salarié concerné entre les deux comptables publics au prorata de leurs créances respectives ;
– si l'employeur reçoit deux saisies administratives à tiers détenteur dont l'une est relative à **une créance garantie** par le privilège du Trésor **et l'autre** à une créance **non garantie** par ce privilège, c'est la règle « premier arrivé, premier servi » qui s'applique. Néanmoins, si les deux saisies sont reçues par l'employeur le même jour, celle relative à une créance garantie par le privilège du Trésor prime.

En cas de saisies administratives à tiers détenteur notifiées à l'employeur à des dates différentes, l'ordre de règlement s'effectue en fonction de la date de notification par application de la règle « premier arrivé, premier servi ».

15520 **Saisie administrative à tiers détenteur et saisie ou cession des rémunérations** La notification d'une saisie administrative à tiers détenteur relative à une **créance garantie par le privilège** du Trésor public **suspend** le cours d'une saisie des rémunérations opérée à la demande d'un créancier privé, jusqu'à l'extinction de l'obligation fiscale du redevable ; une seule exception est prévue à cette règle, qui concerne les procédures de paiement direct engagées pour le recouvrement des **pensions alimentaires** : voir n°s 15410 s. Par ailleurs, l'employeur doit informer le **comptable public** de la saisie en cours et ce dernier doit indiquer au greffe du tribunal la date de la saisie administrative à tiers détenteur et celle de sa notification au redevable. Le **greffier** doit aviser les créanciers de la suspension de la saisie. Après extinction de la dette du redevable, le comptable public en informe le greffe qui avise les créanciers de la reprise des opérations de saisie (C. trav. art. R 3252-37).

Si la saisie administrative à tiers détenteur est relative à une **créance non garantie par le privilège** du Trésor public, l'employeur doit informer le comptable public de la saisie de rémunérations déjà en cours. Ce dernier adresse au greffe du tribunal une copie de la saisie administrative à tiers détenteur et lui indique la date de sa notification au redevable. Le greffier en avise les créanciers saisissants et répartit le règlement des créanciers en concours (C. trav. art. R 3252-38).

La **mainlevée** de la saisie administrative à tiers détenteur oblige l'employeur à reprendre les retenues au titre des saisies des rémunérations dont cette saisie administrative avait suspendu le cours, même si la créance du Trésor public n'est pas soldée (Cass. 2e civ. 1-12-2016 n° 15-27.303 F-PB, rendu à propos de l'ancien avis à tiers détenteur).

> **Précisions** En cas de saisie portant sur une **rémunération ayant fait l'objet d'une cession** régulièrement notifiée, le cessionnaire est de droit réputé saisissant pour les sommes qui lui restent dues. À réception d'une saisie administrative à tiers détenteur relative à une créance garantie par le privilège du Trésor, l'employeur doit suspendre le versement direct au cessionnaire des rémunérations cédées jusqu'à complet règlement de la créance fiscale et informer le comptable public saisissant de la cession en cours (BOI-REC-FORCE-30-30-20-10 n° 150).

c. Concours de procédures

15700 Si les procédures indiquées ci-après sont mises en œuvre, l'employeur doit respecter l'ordre suivant : paiement direct des pensions alimentaires puis saisie administrative à tiers détenteur relative à une créance d'impôt privilégiée et enfin autre saisie sur salaire.

Nous récapitulons dans le tableau ci-après la fraction du salaire sur laquelle peut porter la procédure en cause.

Procédure mise en œuvre	Quotité saisissable du salaire	Quotité insaisissable du salaire	Montant du RSA	Autres sommes[1]
Paiement direct d'une pension alimentaire	Oui, après la quotité insaisissable	Oui, en priorité	Non	Oui
Saisie administrative à tiers détenteur relative à une créance d'impôt privilégiée	Oui, après la pension alimentaire et avant les autres saisies	Non	Non	Oui
Autre saisie sur salaire	Oui	Non	Non	Non

1. Il s'agit des sommes visées en fin du n° 15195.

La fraction totalement insaisissable du salaire (nº 15250) est considérée comme un minimum vital laissé au débiteur. Ce minimum vital s'impute sur la quotité incessible et insaisissable dont il fait partie. Si les créanciers d'aliments échappent à la règle d'insaisissabilité des salaires et peuvent saisir la fraction insaisissable du salaire, c'est toutefois à l'exception du minimum visé ci-dessus (C. trav. art. R 3252-5).

Pour un **exemple** d'application tenant compte à la fois de la quotité saisissable résultant du barème et du RSA totalement insaisissable, même par les créanciers d'aliments, voir nº 96120.

› Précisions Le règlement des créanciers en concours s'effectue en fonction des causes légitimes de préférence. Toutefois, les **créances résiduelles les plus faibles,** prises dans l'ordre croissant de leur montant, sans que celles-ci puissent excéder 500 €, sont payées prioritairement (C. trav. art. L 3252-8 et D 3252-34-1).

SECTION 7 RÉCUPÉRATION DES SALAIRES INDUS

L'employeur peut réclamer le remboursement des sommes indûment au salarié, sans avoir à prouver qu'il les a versées par **erreur** (Cass. ass. plén. 2-4-1993 nº 89-15.490 P ; Cass. soc. 14-12-2004 nº 03-46.836 FS-PB ; 17-5-2011 nº 10-12.852 FS-PB) ou qu'il n'a pas commis de **faute** (Cass. soc. 30-9-2010 nº 09-40.114 FP-PB). Les bénéficiaires ne peuvent pas s'y opposer, sauf si la somme litigieuse a été versée **volontairement** par l'employeur (Cass. soc. 24-11-1993 nº 89-44.820 P ; 20-10-1998 nº 96-41.698 P), c'est-à-dire avec une **intention libérale** (Cass. soc. 14-3-2018 nº 16-13.916 F-D). En principe, la récupération des salaires indûment versés ne constitue pas une **sanction pécuniaire** et ne tombe pas sous le coup de l'interdiction de ce type de sanctions (voir nº 72500). **15800**

Sur la question de savoir si l'employeur peut se rembourser des sommes qu'il a indûment versées aux salariés en opérant une **retenue sur salaire,** voir nº 15030.

Sur la **prescription** de l'action en répétition du salaire, voir nºs 15900 s.

› Précisions Le versement par l'employeur de sommes indues, même répété pendant plusieurs années, ne créant **aucun droit acquis** pour les salariés, ceux-ci ne peuvent pas en exiger le **maintien pour l'avenir** (Cass. soc. 6-1-1982 nºs 79-41.574 et 80-40.013). Ainsi jugé à propos d'une **prime** calculée pendant plusieurs années sur une **base plus large** que celle conventionnellement stipulée (Cass. soc. 10-5-1979 nº 78-40.296 P), ou de la mauvaise interprétation d'une note de service, qui avait conduit à verser pendant 13 ans une **prime d'incommodité d'horaire** pour les périodes de maladie et de congé (Cass. soc. 29-10-1980 nº 79-40.840).
L'employeur peut **supprimer** les rémunérations indues avec **effet immédiat,** même si elles étaient payées depuis longtemps (par exemple depuis plus de 2 ans : Cass. soc. 19-11-1987 nº 85-44.274 D).

SECTION 8 PRESCRIPTION

L'action en paiement ou en répétition du salaire se prescrit par **3 ans** à compter du jour où celui qui l'exerce a connu ou aurait dû connaître les faits lui permettant de l'exercer. La demande peut ainsi porter sur les sommes dues au titre des 3 dernières années à compter de ce jour ou, lorsque le contrat de travail est rompu, sur les sommes dues au titre des 3 années précédant la rupture du contrat (C. trav. art. L 3245-1). **15900**

S'agissant de la prescription de l'action : des **travailleurs à domicile,** voir nº 87660 ; en demande de remboursement par l'employeur des **cotisations sociales salariales** qu'il a acquittées, voir nº 19060.

CHAMP D'APPLICATION

La notion d'action en paiement des salaires s'entend de toute action concernant les sommes liées à l'**exécution** d'un **travail salarié** (Cass. soc. 13-1-2004 nº 01-47.128 F-PBRI ; 23-6-2004 nº 02-41.877 F-PB ; 12-7-2006 nº 04-48.687 F-PB). **15920**

ATTENTION

Il ne peut pas être fait droit à la demande de **dommages-intérêts** d'un salarié pour absence de répartition des horaires sur son contrat de travail à temps partiel, si, sous couvert de celle-ci, il sollicite le paiement d'une créance de rappel de salaire prescrite (Cass. soc. 28-3-2018 n° 12-28.606 FS-PB).

CALCUL DES DÉLAIS

15940 La prescription se **compte** par jours et non par heures (C. civ. art. 2228). Elle **court** à compter du jour où le titulaire du droit a connu ou aurait dû connaître les faits lui permettant de l'exercer (C. trav. art. L 3245-1), c'est-à-dire à compter de la date d'exigibilité de la créance. Pour les salariés payés au mois, il s'agit de la date habituelle de paiement des salaires et l'intégralité du salaire du mois considéré est alors concernée (Cass. soc. 14-11-2013 n° 12-17.409 FS-PB).

Pour **l'indemnité de congés payés,** le point de départ de la prescription doit être fixé à l'expiration de la période légale ou conventionnelle au cours de laquelle les congés auraient pu être pris (Cass. soc. 4-12-1996 n° 93-46.408 PBR ; 12-3-2002 n° 99-42.993 FS-D ; 29-3-2017 n° 15-22.057 F-D).

15950 La prescription est **acquise** lorsque le dernier jour du terme est accompli (C. civ. art. 2229). Le **dernier jour** du délai de prescription, lorsque ce délai est fixé par année ou par mois, est celui qui porte le même quantième que le premier jour (Cass. soc. 24-2-1961 n° 59-40.222 P).

EXEMPLE

Soit un salarié entré dans l'entreprise le 31-8-2017 et payé 2 000 € par mois. Son employeur ne lui a jamais versé de prime d'ancienneté alors qu'il aurait eu droit à 3 % de son salaire mensuel à compter de 3 ans d'ancienneté et à 6 % dès 6 ans. Le 30-10-2023, le salarié lui demande donc un rappel des primes d'ancienneté non perçues et les congés payés afférents, ces primes étant versées en contrepartie du travail.

Pour calculer la date limite de la prescription, il faut remonter jusqu'à 3 ans en arrière, soit jusqu'au 30-10-2020.

Les sommes incluses dans cette période sont :
– les salaires des mois dont la date de paie se situe entre le 30-10-2020 et le 30-10-2023, donc toutes les paies d'octobre 2020 à octobre 2023 inclus. Le salarié ayant eu 3 ans d'ancienneté au 1-9-2020, la prime lui était due à cette date, mais la paie de septembre 2020, à échéance du 30-9-2020, étant prescrite, il ne peut pas réclamer de rappel sur ce mois ;
– les indemnités de congés payés dont la fin de période de prise se situe dans cette période, soit les congés payés 2019/2020, 2020/2021 et 2021/2022. En effet, les congés 2022/2023, acquis du 1-6-2022 au 31-5-2023, sont à prendre jusqu'au 30-4-2024 et sont donc exclus du rappel.

Le salarié peut dès lors prétendre :
– à un rappel des primes d'ancienneté égal à :
• pour 2020 : 2 000 × 3 % × 3 mois = 180 €,
• pour 2021 : 2 000 × 3 % × 12 mois = 720 €,
• pour 2022 : 2 000 × 3 % × 12 mois = 720 €,
• pour 2023 : (2 000 × 3 % × 8 mois) + (2 000 × 6 % × 2 mois) = 720 € ;
– aux congés payés afférents correspondant à :
• pour la période 2019/2020 : 180 × 1/10e = 18 €,
• pour la période 2020/2021 : 720 × 1/10e = 72 €,
• pour la période 2021/2022 : 720 × 1/10e = 72 €.

15960 La prescription **ne court pas** contre celui qui est dans l'impossibilité d'agir par suite d'un empêchement résultant de la loi, de la convention ou de la force majeure. Elle est également **suspendue** (arrêtée temporairement sans que le délai déjà couru soit effacé) dans ce même cas (C. civ. art. 2234) et dans les situations suivantes :
– lorsque le juge fait droit à une demande de **mesure d'instruction** présentée avant tout procès (C. civ. art. 2239, al. 1) ;
– à compter du jour où, après la survenance d'un litige, les parties conviennent de recourir à la **médiation** ou à la **conciliation** ou, à défaut d'accord écrit, à compter du jour de la première réunion de médiation ou de conciliation, et aussi à compter de la conclusion d'une **convention de procédure participative** ou de l'accord du débiteur constaté par l'huissier de justice pour participer à la procédure simplifiée de **recouvrement des petites créances** (C. civ. art. 2238, al. 1).

ATTENTION

La prescription ne court pas à l'égard des créances de caractère périodique dont le montant dépend d'**éléments** qui ne sont **pas connus du créancier.** Ainsi, en particulier, elle ne court pas contre le salarié lorsque l'employeur ne lui a pas transmis les éléments lui permettant de chiffrer ou connaître le montant de ses commissions (Cass. soc. 12-2-1992 n° 89-41.082 P ; 9-12-2010 n° 09-40.548 F-D).

Le cours de la prescription peut être **interrompu** (le délai déjà écoulé est annulé et un nouveau délai recommence à courir à compter du fait ayant entraîné l'interruption) dans certains cas, notamment par la reconnaissance par le débiteur du droit de celui contre lequel il prescrivait (C. civ. art. 2240), ainsi que par la saisine du conseil de prud'hommes, même incompétent (C. trav. art. R 1452-1), même en référé (C. civ. art. 2241). 15970

› Précisions Si, en principe, l'interruption de la prescription ne peut pas **s'étendre d'une action à l'autre,** il en est autrement lorsque les deux actions, au cours d'une même instance, concernent l'exécution du même contrat de travail. Ainsi, la saisine du conseil de prud'hommes ayant interrompu la prescription, les demandes de rappels de salaire présentées par le salarié au cours d'une instance engagée pour un autre motif sont recevables (Cass. soc. 8-4-2010 n° 08-42.307 FS-PB ; 26-3-2014 n° 12-10.202 FP-PB ; 22-9-2015 n° 14-17.895 FS-PB).

ILLUSTRATIONS 15980

N'interrompt pas la prescription :

– une **demande** en paiement des salaires **adressée à l'employeur** par simple lettre ou même par lettre recommandée avec accusé de réception (Cass. soc. 12-1-1956 ; 16-1-1985 n° 83-44.720 S) ;

– une **citation en justice** effectuée dans le délai de prescription, mais déclarée **caduque,** auquel cas l'action en paiement intentée par la suite, après l'expiration du délai de prescription, est irrecevable (Cass. soc. 21-5-1996 n° 92-44.347 P), ou concernant des créances qui ne forment pas l'objet de la demande (Cass. soc. 25-2-1988 n° 87-42.020 D ; 15-4-1992 n° 88-45.457 P) ;

– sauf dispositions particulières, la **signature d'un accord d'entreprise,** celle-ci ne constituant pas pour l'employeur la reconnaissance des droits individuels allégués par le salarié pour la période antérieure à cette signature (Cass. soc. 16-6-2011 n° 10-14.728 F-D ; 7-3-2012 n° 10-18.118 FS-PB) ;

– la proposition par l'employeur d'un **accord transactionnel,** celle-ci ne constituant pas une reconnaissance de dette (Cass. soc. 15-4-2015 n° 13-27.445 F-D).

Au contraire, la prescription est **interrompue** dans les cas suivants :

– si les lettres de réclamation des salariés, bien que parvenues à leur destinataire, n'ont pas interrompu la prescription, la lettre de l'employeur, dans laquelle il reconnaît le **principe de sa dette** et accepte de la régler partiellement, interrompt la prescription pour la totalité de la créance invoquée par chacun des salariés (Cass. soc. 22-10-1996 n°s 93-44.148 P et 94-44.109 D) ;

– **demande** en paiement d'heures supplémentaires non chiffrée formulée devant le **bureau de jugement** par un salarié sollicitant une mesure d'expertise afin de déterminer le montant de sa demande (Cass. soc. 3-3-1988 n° 85-45.007 P).

PORTÉE

La prescription prévue par l'article L 3245-1 du Code du travail est une prescription **libératoire extinctive** et n'est donc pas fondée sur une présomption de paiement. Le salarié ne saurait opposer à la prescription **l'aveu** que fait l'employeur du non-paiement de sa dette (Cass. soc. 18-6-1980 n° 79-40.220 ; 25-10-1990 n° 87-40.584 P). 15990

On ne peut pas d'avance **renoncer** à la prescription. Seule une prescription acquise est susceptible de renonciation (C. civ. art. 2250). Celle-ci doit être expresse ou tacite ; la renonciation tacite résulte de circonstances établissant sans équivoque la volonté de ne pas se prévaloir de la prescription (C. civ. art. 2251).

Les créanciers, ou toute autre personne ayant intérêt à ce que la prescription soit acquise, peuvent l'**opposer,** même si le débiteur y renonce (C. civ. art. 2253).

CHAPITRE 5

GESTION DES TRAITEMENTS DE DONNÉES LIÉS À LA PAIE

SOMMAIRE

A. Cadre juridique et définitions	16250	D. Obligations des responsables de traitement	16400
B. Principe de conformité des traitements	16300	1. Tenue d'un registre des traitements	16420
C. Principes de traitement des données	16350	2. Désignation d'un délégué à la protection des données	16440
1. Règles générales relatives à la collecte des données	16350	3. Protection des personnes	16450
2. Règles propres à certains traitements	16360	E. Contrôle et sanctions	16600

A. Cadre juridique et définitions

CADRE JURIDIQUE

16250 Le cadre juridique de la gestion des traitements de données à caractère personnel est constitué par :

– le règlement européen 2016/679 du 27-4-2016 dit « règlement général sur la protection des données » (RGPD). Ce texte, directement applicable dans l'ensemble de l'Union européenne, a institué un système fondé sur la responsabilité des acteurs (responsable de traitement, sous-traitants…), qui doivent démontrer la **conformité** de leurs traitements à ce règlement ;

– la loi 78-17 du 6-6-1978 dite « Informatique et libertés » modifiée par la loi 2018-493 du 20-6-2018 relative à la protection des données personnelles puis par l'ordonnance 2018-1125 du 12-12-2018 et complétée par les décrets 2019-341 du 19-4-2019 et 2019-536 du 29-5-2019 qui ont adapté le droit français au cadre de la protection des données défini par le règlement européen.

Sont exposées ici les incidences de ces textes sur le traitement des données relatives aux salariés, notamment celles nécessaires à l'établissement de la paie.

ATTENTION

L'employeur doit **informer** le **comité social et économique** (CSE) sur les traitements avant leur introduction dans l'entreprise, puis ultérieurement sur leur modification éventuelle (C. trav. art. L 2312-38). À défaut, il est passible des peines sanctionnant le délit d'**entrave.**

DÉFINITIONS

16260 **Données et fichiers** On entend par « donnée personnelle » toute information permettant d'**identifier directement** (nom, prénom, par exemple) ou **indirectement** (numéro client, numéro de téléphone, numéro d'immatriculation pour la gestion d'un parking, donnée biométrique, etc.) une personne. Une personne peut ainsi être identifiée à partir d'une seule donnée (par exemple, numéro de sécurité sociale) ou à partir du croisement de données (personne vivant à telle adresse, née tel jour, par exemple) (Règl. UE 2016/679 art. 4 ; Loi 6-1-1978 art. 2). Les **adresses IP et Mac** constituent des données personnelles (voir à propos d'une adresse IP : Cass. 1e civ. 3-11-2016 n° 15-22.595 FS-PB ; Cass. soc. 25-11-2020 n° 17-19.523 FS-PBRI).

Un **traitement de données personnelles** est une opération, ou un ensemble d'opérations, portant sur des données personnelles, quel que soit le procédé utilisé – collecte, enregistrement, organisation, structuration, conservation, adaptation, modification, extraction, consultation, utilisation, communication par transmission, diffusion ou toute autre forme de mise à disposition, rapprochement, interconnexion, limitation, effacement, destruction (Règl. UE 2016/679 art. 4 ; Loi 6-1-1978 art. 2).

La notion de fichier recouvre tout ensemble structuré de données à caractère personnel accessibles selon des **critères déterminés,** que cet ensemble soit centralisé, décentralisé ou réparti de manière fonctionnelle ou géographique (par exemple, dossiers classés par ordre alphabétique ou chronologique) (Règl. UE 2016/679 art. 4 ; Loi 6-1-1978 art. 2).

Personnes concernées Le **responsable du traitement** est la personne physique ou morale, l'autorité publique, le service ou un autre organisme qui, seul ou conjointement avec d'autres, détermine les finalités et les moyens du traitement et sur lequel reposent les obligations prévues par le règlement (Règl. UE 2016/679 art. 4 ; Loi 6-1-1978 art. 2). Il peut s'agir, par exemple, de l'employeur ou du service des ressources humaines. 16265

Le **sous-traitant** est la personne physique ou morale, le service ou un autre organisme qui traite des données à caractère personnel pour le compte du responsable du traitement (Règl. UE 2016/679 art. 4 ; Loi 6-1-1978 art. 2).

La personne concernée par un traitement est celle à laquelle se rapportent les **données objet du traitement** (Règl. UE 2016/679 art. 4 ; Loi 6-1-1978 art. 2). Son **consentement** s'entend de toute manifestation de volonté, libre, spécifique, éclairée et univoque par laquelle elle accepte, par une déclaration ou par un acte positif clair, que des données à caractère personnel la concernant fassent l'objet d'un traitement (Règl. UE 2016/679 art. 4).

Le **destinataire** d'un traitement est toute personne physique ou morale, l'autorité publique, le service ou tout autre organisme qui reçoit communication de données à caractère personnel, qu'il s'agisse ou non d'un **tiers,** ce dernier s'entendant de toute personne autre que la personne concernée, le responsable du traitement, le sous-traitant et les personnes qui, placées sous l'autorité directe du responsable du traitement ou du sous-traitant, sont autorisées à traiter les données à caractère personnel (Règl. UE 2016/679 art. 4 ; Loi 6-1-1978 art. 2).

B. Principe de conformité des traitements

Les responsables de traitements doivent être en mesure de démontrer la conformité de leurs traitements avec les dispositions du règlement européen et la loi Informatique et libertés à **tout moment,** sous le contrôle et avec l'accompagnement de la Cnil. 16300

En paie, il n'y a plus, en principe, d'obligations déclaratives préalables.

ENTREPRISES CONCERNÉES

Le principe de conformité s'applique à **toute entreprise,** publique et privée, qui traite des données personnelles pour son compte ou non, dès lors que (Règl. UE 2016/679 art. 3) : 16310

– elle est établie sur le **territoire de l'Union européenne** ;

– et/ou son activité **cible directement** des résidents européens.

Par **exemple,** une société établie en France, qui exporte l'ensemble de ses produits en dehors de l'Union européenne, doit respecter le RGPD. De même, une société établie en dehors de l'Union européenne, proposant un site d'e-commerce en français livrant des produits en France, doit respecter le RGPD (Guide pratique Cnil de sensibilisation au RGPD pour les petites et moyennes entreprises, avril 2018).

> Précisions a. Le RGPD s'applique quelle que soit la **taille** de l'entreprise, son **chiffre d'affaires** ou le **nombre** de ses **salariés.** Certaines obligations sont cependant subordonnées à des conditions de seuil, voir n° 16420.

b. Les **sous-traitants** sont soumis à des obligations particulières : protection des données personnelles et de la vie privée dès la conception de leur service ou de leur produit, conseil auprès de leurs clients, tenue d'un registre des activités des traitements effectués pour le compte de chacun de leurs clients. Le contrat de sous-traitance doit prévoir une **clause spécifique** sur la protection des données personnelles (Règl. UE 2016/679 art. 28 à 30). Des exemples de clauses sont disponibles sur le site internet de la Cnil.

c. En cas de **divergences de législations entre États membres** de l'Union européenne liées aux marges de manœuvre laissées à ces derniers sur plusieurs points – les spécificités nationales pouvant concerner les droits de la personne, les obligations du responsable de traitement ou du sous-traitant, les pouvoirs des autorités de contrôle –, la **loi française** s'applique, sauf cas particuliers qui ne touchent pas aux opérations liées à la paie, dès lors que la personne concernée par le traitement réside en France, y compris lorsque le responsable du traitement n'y est pas établi (Loi 6-1-1978 art. 3).

TRAITEMENTS VISÉS

16320 Sont visés les traitements **automatisés, en tout ou partie,** de données à caractère personnel, ainsi que les traitements non automatisés de données à caractère personnel contenues ou appelées à figurer dans des fichiers (Loi 6-1-1978 art. 2).

> **Précisions** Un fichier ne contenant que des **coordonnées d'entreprises** (par exemple, entreprise « Compagnie A » avec son adresse postale, le numéro de téléphone de son standard et un e-mail de contact générique « compagnieA@email.fr ») n'est pas un traitement de données personnelles. Par ailleurs, un traitement de données personnelles n'est **pas nécessairement informatisé** : les **fichiers papier** sont également concernés et doivent également être protégés (Guide pratique Cnil de sensibilisation au RGPD pour les petites et moyennes entreprises, avril 2018).

C. Principes de traitement des données

1. RÈGLES GÉNÉRALES RELATIVES À LA COLLECTE DES DONNÉES

16350 Les **données** à caractère personnel doivent être (Règl. UE 2016/679 art. 5 ; Loi 6-1-1978 art. 4) :
– traitées de manière **licite, loyale et transparente** au regard de la personne concernée ;
– collectées pour des **finalités déterminées,** explicites et légitimes, et ne pas être traitées ultérieurement d'une manière incompatible avec ces finalités ;
– **adéquates, pertinentes et limitées** à ce qui est nécessaire au regard des finalités pour lesquelles elles sont traitées (principe de minimisation des données) ;
– **exactes** et **tenues à jour** ;
– **conservées** sous une forme permettant l'identification des personnes concernées pendant une durée n'excédant pas celle nécessaire au regard des finalités pour lesquelles elles sont traitées ;
– **traitées** de façon à garantir une sécurité appropriée des données à caractère personnel, y compris la protection contre le traitement non autorisé ou illicite et contre la perte, la destruction ou les dégâts d'origine accidentelle (principe d'intégrité et confidentialité des données).

Sont **interdits** les traitements de données révélant la prétendue origine raciale ou l'origine ethnique, les opinions philosophiques, politiques ou religieuses ou les appartenances syndicales d'une personne, les traitements de données génétiques ou biométriques aux fins d'identifier une personne de manière unique ou de données relatives à la santé, à la vie sexuelle ou l'orientation sexuelle des personnes. Le traitement de données relatives aux infractions, condamnations et mesures de sûreté encourues par les personnes ne peut être effectué que sous le contrôle de l'autorité publique (Règl. UE 2016/679 art. 9,1 ; Loi 6-1-1978 art. 6).

> **Précisions** **a.** Un **traitement** de données personnelles devant avoir un **objectif,** il n'est pas possible de collecter ou traiter des données personnelles simplement au cas où cela pourrait s'avérer utile un jour (Guide pratique Cnil de sensibilisation au RGPD pour les petites et moyennes entreprises, avril 2018).
> **b.** L'interdiction de traitements de certaines données n'est pas applicable, notamment dans les cas suivants : la personne a donné son consentement, le traitement est nécessaire à l'**exécution d'obligations** en matière de droit du travail, de la sécurité sociale et de la protection sociale (Règl. UE 2016/679 art. 9,2).

2. RÈGLES PROPRES À CERTAINS TRAITEMENTS

TRAITEMENTS À RISQUES

16360 Sont considérés comme à risques les traitements ayant pour **objet** ou pour **effet** (Règl. UE 2016/679 art. 35 ; Délib. Cnil 2018-326 et 2018-327 du 11-10-2018) :
– l'évaluation d'aspects personnels ou la notation d'une personne ;
– une prise de décision automatisée ;

– la surveillance systématique de personnes : télésurveillance, surveillance des réseaux sociaux des salariés, analyse des pages des réseaux sociaux des candidats à un emploi, outils de gestion du temps de présence (badge par exemple), systèmes de géolocalisation ;
– le traitement de données sensibles. Sur cette notion, voir nº 16350 ;
– le traitement de données concernant des personnes vulnérables (mineurs, par exemple) ;
– le traitement à grande échelle de données personnelles. Sur cette notion, voir nº 16440 ;
– le croisement d'ensembles de données ;
– des usages innovants ou l'application de nouvelles technologies ;
– l'exclusion du bénéfice d'un droit, d'un service ou contrat.

Si le traitement de données concerné répond à **au moins 2 de ces 9 critères,** une **analyse d'impact** sur la protection des données doit être conduite. La Cnil a mis en place un logiciel (dénommé outil PIA) facilitant la conduite et la formalisation d'analyses d'impact.

Elle a par ailleurs établi une liste non exhaustive des traitements pour lesquels une analyse d'impact est requise (Délib. Cnil 2018-327 du 11-10-2018 modifiée par délib. Cnil 2019-011 du 31-1-2019) ainsi qu'une liste de ceux pour lesquels cette analyse n'est pas nécessaire. Figurent notamment parmi ces derniers les traitements mis en œuvre aux seules fins de gestion des horaires pour le calcul du **temps de travail** (Délib. Cnil 2019-119 du 12-9-2019).

FICHIERS UTILISANT LE NUMÉRO DE SÉCURITÉ SOCIALE

Le numéro de sécurité sociale d'un salarié ne peut pas être utilisé comme numéro de matricule unique pour l'identifier dans tous les fichiers de gestion des ressources humaines de son entreprise. 16370

En effet, l'enregistrement de ce numéro dans les fichiers de paie et de gestion du personnel n'est autorisé que pour :
– l'établissement des **déclarations,** notamment la DSN, la gestion de la paie et le **calcul des cotisations** et versements destinés aux organismes de protection sociale, de retraite, de chômage, de prévoyance et aux caisses de congés payés (Décret 2019-341 du 19-4-2019 art. 2, C ; CSS art. R 115-1 et R 115-2). L'inscription du numéro de sécurité sociale sur un bulletin de paie ne se justifie donc que dans la mesure où il est en relation directe avec ces opérations ;
– la tenue des comptes d'**épargne salariale** : le numéro de sécurité sociale est la référence pour la tenue du livret du salarié ; il peut figurer sur les relevés de compte individuels et l'état récapitulatif (C. trav. art. L 3341-7).

CONSEIL

Dans le cas des **systèmes intégrés de paie et de gestion du personnel** doit être incorporé au logiciel un dispositif technique adéquat ne permettant l'accès au numéro de sécurité sociale mis en mémoire et son emploi que pour les seules opérations autorisées, à l'exclusion de toutes les autres opérations de gestion.

Ainsi, par exemple, si le même système traite la paie et le registre unique du personnel, le numéro de sécurité sociale ne doit être enregistré et être accessible que pour les opérations de paie.

D. Obligations des responsables de traitement

En application de l'article 24 du règlement (UE) 2016/679 du 27-4-2016, le responsable du traitement doit mettre en œuvre des mesures techniques et organisationnelles appropriées pour s'assurer et être en mesure de démontrer que le traitement est effectué dans le respect de la réglementation tant européenne que nationale relative à la protection des données (Loi 78-17 du 6-1-1978 art. 57, al. 1). 16400

Concrètement les principales actions à mener par les entreprises pour se conformer à ces règles sont les suivantes : recenser les fichiers et constituer un registre des traitements de données ; repérer les traitements à risques (sur cette notion, voir nº 16360) ; respecter le droit des personnes ; sécuriser les données ; s'assurer, en cas de sous-traitance, que le prestataire respecte le RGPD. Sur les obligations de ce dernier, voir nº 16310.

Sur l'information du CSE, voir nº 16250.

1. TENUE D'UN REGISTRE DES TRAITEMENTS

L'obligation de tenir un registre des traitements des données personnelles ne concerne que les entreprises d'au moins **250 salariés** (Règl. UE 2016/679 art. 30), mais la Cnil en préconise la réalisation de manière plus large. 16420

L'objectif est d'identifier les activités principales de l'entreprise qui nécessitent la collecte et le traitement de données (exemples en ce qui concerne la gestion des ressources humaines : le recrutement, la gestion de la paie, la formation, les déclarations sociales obligatoires, la gestion des badges et des accès, etc.).

Il s'agit de **répertorier** pour chaque activité recensée (Règl. UE 2016/679 art. 30) : le responsable du traitement ; l'objectif poursuivi ; les catégories de données utilisées (exemples pour la paie : nom, prénom, date de naissance, salaire, etc.) ; qui a accès aux données (le destinataire, par exemple : service chargé du recrutement, service informatique, direction, prestataires, partenaires, hébergeurs) ; la durée de conservation de ces données (durée pendant laquelle les données sont utiles d'un point de vue opérationnel et durée de conservation en archive).

Le registre est placé sous la responsabilité du responsable du traitement ou de son représentant (ou du sous-traitant ou son représentant). La Cnil en propose des modèles, l'un général, l'autre simplifié à destination des petites entreprises, sur son site internet.

> **Précisions** Pour chaque traitement, le responsable de traitement (ou son sous-traitant) doit au préalable s'assurer de la pertinence des données collectées, c'est-à-dire vérifier (Guide pratique Cnil de sensibilisation au RGPD pour les petites et moyennes entreprises, avril 2018) :
– les circonstances de la **collecte des données** : y a-t-il eu consentement des personnes concernées (sur cette notion, voir n° 16265) ? Dans la négative, la collecte répond-elle à des obligations particulières : collecte nécessaire au contrat, respect d'une obligation légale, par exemple traitement de données relatives aux salariés pour les communiquer à la sécurité sociale ou l'administration fiscale... ? ;
– l'**information** délivrée aux personnes faisant l'objet de la collecte et du traitement : celles-ci ont-elles été informées de la finalité du traitement et de leurs droits ? ;
– la **nature des données** collectées au regard de la finalité du traitement : seules les données strictement nécessaires au traitement peuvent être collectées et traitées ;
– que seules les **personnes habilitées** ont accès aux données dont elles ont besoin et que les données ne sont pas conservées au-delà de ce qui est nécessaire.

2. DÉSIGNATION D'UN DÉLÉGUÉ À LA PROTECTION DES DONNÉES

16440 La désignation d'un délégué à la protection des données (DPD) n'est **obligatoire** que pour les entreprises dont l'activité de base amène à réaliser un **suivi régulier et systématique** des personnes à **grande échelle,** ou à traiter à grande échelle des **données dites « sensibles »** (Règl. UE 2016/679 art. 37). Sur la notion de données sensibles, voir n° 16350.

Toutefois, même si l'entreprise n'est pas formellement dans l'obligation de désigner un tel délégué, la Cnil recommande de désigner une personne disposant de relais internes, chargée de s'assurer de la mise en conformité des traitements au règlement européen.

Les **missions** du DPD sont **principalement** les suivantes (Règl. UE 2016/679 art. 39) :
– informer et conseiller le responsable du traitement ou le sous-traitant ainsi que les employés procédant au traitement sur les obligations qui leur incombent en vertu du règlement et d'autres dispositions du droit de l'Union ou du droit national en matière de protection des données ;
– contrôler le respect du règlement et du droit national en matière de protection des données ;
– conseiller l'entreprise sur la réalisation d'études d'impact (voir n° 16360 les cas où celles-ci sont obligatoires) sur la protection des données et en vérifier l'exécution ;
– coopérer avec l'autorité de contrôle et être le point de contact de celle-ci.

Le DPD est **désigné** sur la base de ses qualités professionnelles et, en particulier, de ses connaissances spécialisées du droit et des pratiques en matière de protection des données, et de sa capacité à accomplir les missions visées ci-dessus. Il peut être un membre du personnel du responsable du traitement ou du sous-traitant, ou exercer ses missions sur la base d'un contrat de service. Ses coordonnées doivent être communiquées à la Cnil (Règl. UE 2016/679 art. 37 ; Décret 2019-536 du 29-5-2019 art. 83).

> **Précisions** **a.** La notion de traitement à grande échelle de données personnelles s'entend d'opérations visant à traiter un volume considérable de données à caractère personnel au niveau régional, national ou supranational, qui peuvent affecter un nombre important de personnes concernées et qui sont susceptibles d'engendrer un risque élevé (Lignes directrices concernant les délégués à la protection des données (DPD) Groupe de travail « Article 29 » du 5-4-2017).
b. Le délégué n'a pas le **statut de salarié protégé** au sens du droit du travail (Rep. Raynal : Sén. 7-2-2019). Son indépendance et une protection contre toute sanction infligée en raison de

l'exercice de sa mission lui sont cependant garanties (Règl. UE 2016/679 art. 38, 3°). Toutefois, ces dispositions protectrices ne font pas obstacle au **licenciement** d'un délégué qui ne posséderait plus les qualités professionnelles requises pour exercer ses missions ou qui ne s'acquitterait pas de celles-ci conformément aux dispositions du RGPD (CE 21-10-2022 n° 459254).

3. PROTECTION DES PERSONNES

INFORMATION DES SALARIÉS

Quel que soit le **support** de collecte utilisé (formulaire, questionnaire, etc.), celui-ci doit comporter (Règl. UE 2016/679 art. 13 et 14 ; Renseignement sur le site de la Cnil) : 16450
– l'identité et les coordonnées du responsable du traitement et, le cas échéant, du représentant du responsable du traitement ;
– le cas échéant, les coordonnées du délégué à la protection des données ;
– les finalités du traitement auquel sont destinées les données à caractère personnel ainsi que la base juridique du traitement ;
– les catégories de données à caractère personnel concernées, le caractère obligatoire ou facultatif de leur recueil et leur durée de conservation ;
– le cas échéant, les destinataires ou les catégories de destinataires des données à caractère personnel (service interne à l'entreprise, prestataire…) ;
– les droits des personnes concernées (opposition, accès, rectification, effacement, limitation, portabilité) et les modalités selon lesquelles elles peuvent les exercer (via leur espace personnel sur le site internet de l'entreprise, par un message sur une adresse e-mail dédiée, par un courrier postal à un service identifié…) ;
– la mention du droit de déposer une réclamation auprès de la Cnil.

À ces indications peuvent s'ajouter, selon le cas, les mentions suivantes (Règl. UE 2016/679 art. 13 et 14) :
– l'existence d'une prise de décision automatisée ou d'un profilage, les informations utiles à la compréhension de l'algorithme et de sa logique, ainsi que les conséquences pour la personne concernée ;
– le droit au retrait du consentement à tout moment ;
– l'existence d'un transfert des données vers un pays hors Union européenne (ou vers une organisation internationale), les garanties associées et la faculté d'accéder aux documents autorisant le transfert de données hors de l'Union européenne (exemples : clauses contractuelles types de la Commission européenne) ;
– en cas de collecte indirecte, les catégories de données recueillies et leur source (en indiquant notamment si elles sont issues de sources accessibles au public).

Ces informations doivent être données (Règl. UE 2016/679 art. 13 et 14) :
– dès la collecte des données dans le cas où celles-ci sont **recueillies directement** auprès du salarié (lors de l'embauche, par exemple) ;
– au maximum un mois après cette collecte si les données sont recueillies **de façon indirecte,** auprès d'une autre source.

Elles n'ont pas à être fournies si le salarié dispose déjà de ces informations.

NATURE ET CONSERVATION DES DONNÉES

Le contenu et les modalités d'utilisation des fichiers doivent respecter un certain nombre de règles destinées à assurer la protection des personnes, voir nos 16350 s. 16460

Par ailleurs, l'entreprise mettant en place un traitement d'informations nominatives s'engage à prendre toutes précautions utiles afin d'en préserver la **sécurité** et, notamment, d'empêcher qu'elles ne soient déformées, endommagées ou communiquées à des tiers non autorisés (Loi 6-1-1978 art. 121). Voir également sur ce point n° 16560.

Les données à caractère personnel peuvent être **conservées** sous une forme permettant l'identification des personnes concernées uniquement pendant la **durée** nécessaire aux finalités pour lesquelles elles sont collectées et traitées. Au-delà de cette durée, les données ne peuvent être conservées qu'en vue de leur traitement à des fins historiques, statistiques ou scientifiques (Règl. UE 2016/679 art. 5 ; Loi 6-1-1978 art. 4, 5°). 16470

DROIT DES SALARIÉS SUR LEURS DONNÉES

Les droits des salariés sur leurs données ont été renforcés par le RGPD : droit d'accès, de rectification, d'opposition, d'effacement (droit à l'oubli), droit à la portabilité de leurs données et à la limitation du traitement (Règl. UE 2016/679 art. 15 s.). 16490

> **Précisions** **a.** Le salarié qui veut exercer l'un de ces droits peut déposer sa **demande** par **voie électronique** ou **sur place** et doit **justifier** de son identité par tout moyen (Décret 2019-536 du 29-5-2019 art. 77, al. 1 et 78). Il peut utiliser des données d'identité numériques lorsqu'elles sont nécessaires et estimées suffisantes par le responsable du traitement pour authentifier ses utilisateurs (Décret 2019-536 du 29-5-2019 art. 77, al. 1). Le responsable dispose d'**un mois** à compter de la réception de la demande pour répondre. Au besoin, ce délai peut être prolongé de 2 mois, compte tenu de la complexité et du nombre de demandes. Le responsable du traitement informe la personne concernée de cette prolongation et des motifs du report dans un délai d'un mois à compter de la réception de la demande. Si le responsable du traitement ne donne pas suite à la demande formulée par la personne concernée, il informe celle-ci sans tarder et au plus tard dans un délai d'un mois à compter de la réception de la demande des motifs de son inaction et de la possibilité d'introduire une réclamation auprès d'une autorité de contrôle et de former un recours juridictionnel (Règl. UE 2016/679 art. 12). Si la demande transmise par la personne concernée est **imprécise** ou ne comporte pas les éléments permettant au responsable du traitement ou au sous-traitant d'y répondre, celui-ci peut inviter le demandeur à lui fournir des informations complémentaires dans les délais, selon le cas, de un ou 3 mois précités. En l'**absence de réponse** dans ces délais, la demande est réputée rejetée (Décret 2019-536 du 29-5-2019 art. 79).
> **b.** La demande peut également être présentée par une **personne spécialement mandatée** par le demandeur sous réserve de justifier de son identité et de l'identité de son mandant, de son mandat ainsi que de la durée et de l'objet précis de celui-ci. Le mandat doit également préciser si le mandataire peut être rendu destinataire de la réponse du responsable du traitement ou du sous-traitant (Décret 2019-536 du 29-5-2019 art. 77, al. 6).

16500 **Droit d'accès** Le salarié a le droit d'obtenir du responsable du traitement la **confirmation** que des **données** à caractère personnel le concernant **sont ou ne sont pas traitées** et, lorsqu'elles le sont, l'accès à ces données ainsi qu'un certain nombre d'**informations,** notamment : finalités du traitement, catégories de données traitées, destinataires, durée de conservation, etc. En cas de fourniture d'une copie des données traitées, le responsable de traitement peut exiger le paiement de frais. Si le salarié a fait sa demande par voie électronique, les informations lui sont fournies sous une forme électronique d'usage courant, sauf demande contraire de sa part (Règl. UE 2016/679 art. 15). Ce droit ne s'applique pas lorsque les données sont conservées sous une forme excluant manifestement tout risque d'atteinte à la vie privée et à la protection des données des personnes concernées et pendant une durée n'excédant pas celle nécessaire aux seules finalités d'établissement de statistiques ou de recherche scientifique ou historique (Loi 6-1-1978 art. 49).

16510 **Droit de rectification** Le salarié peut obtenir du responsable du traitement, dans les meilleurs **délais,** la rectification des données inexactes. Compte tenu des finalités du traitement, il peut également obtenir que les données à caractère personnel incomplètes soient complétées, y compris en fournissant une déclaration complémentaire (Règl. UE 2016/679 art. 15 ; Loi 6-1-1978 art. 50).

> **Précisions** L'exercice du droit de rectification est subordonné à la **pertinence de la demande,** laquelle s'apprécie en fonction de la nature et de la finalité du fichier considéré. Ainsi, un employeur n'est nullement tenu de donner suite à une demande tendant à faire ajouter au fichier à partir duquel sont édités les bulletins de paie, afin qu'elle figure sur ces derniers, une mention non requise par les textes législatifs, réglementaires ou conventionnels. Jugé en ce sens, à propos d'un instituteur spécialisé demandant l'ajout de la mention « psychologue » (CE 10-7-1992 nº 129070). Cette solution, antérieure au RGPD, nous paraît conserver son intérêt.

16520 **Droit d'opposition** Toute personne peut s'opposer à tout **moment** pour des raisons tenant à sa situation particulière à ce que certaines de ses données soient utilisées. Lorsque ce droit d'opposition est exercé, le responsable de traitement ne peut plus traiter ces données à moins de démontrer qu'il existe des motifs légitimes et impérieux pour le traitement qui prévalent sur les intérêts, droits et libertés de la personne, ou pour la constatation, l'exercice ou la défense de droits en justice (Règl. UE 2016/679 art. 21).

Ce droit ne s'applique pas lorsque le traitement répond à une obligation légale (Loi 6-1-1978 art. 56).

16525 **Droit à l'effacement (droit à l'oubli)** Le droit à l'oubli est le droit d'obtenir du responsable du traitement l'effacement, dans les meilleurs délais, de données à caractère personnel la concernant. Les motifs justifiant l'exercice de ce droit sont limitativement énumérés par l'article 17 du RGPD. De façon générale, le RGPD impose de procéder à la suppression des données dès qu'elles ne sont plus utiles au regard des finalités pour lesquelles elles ont été collectées. Il est recommandé, au-delà de la fixation de délais de suppression des données selon les fichiers, de prévoir des mécanismes de suppression automatique ou des alertes sur les outils utilisés pour la conservation des fichiers (Fiche Cnil « Protégez les données de vos collaborateurs »).

En cas de non-effacement des données à caractère personnel ou d'absence de réponse du responsable du traitement dans un délai d'un mois à compter de la demande, la personne concernée peut **saisir la Cnil** qui se prononce sur cette demande dans un délai de 3 semaines à compter de la date de réception de la réclamation (Loi 6-1-1978 art. 51).

Droit à limitation Le droit à limitation permet à un salarié qui **contesterait l'exactitude des données** utilisées dans le cadre d'un traitement ou **s'opposerait** à ce que ses données soient traitées de demander au responsable du traitement d'en **geler** l'utilisation. Concrètement, pendant l'examen de sa demande par le responsable du traitement, les données doivent être conservées mais non utilisées. Inversement, dans le cas où le **responsable du traitement,** n'ayant **plus besoin** de certaines données, **souhaiterait les effacer,** mais où celles-ci seraient encore nécessaires au salarié pour la constatation, l'exercice ou la défense de droits en justice, ce dernier peut également demander à ce qu'elles soient conservées (Règl. UE 2016/679 art. 18 ; Loi 6-1-1978 art. 53). 16530

Droit à la portabilité Le droit à la portabilité est le droit pour une personne d'obtenir, voire de **réutiliser,** les données la concernant pour ses **besoins personnels.** Trois conditions doivent être réunies : les données personnelles ont été fournies par la personne elle-même ; elles sont traitées de manière automatisée, sur la base du consentement de l'intéressée ou pour l'exécution d'un contrat ; la portabilité ne doit pas porter atteinte aux droits et libertés de tiers (Règl. UE 2016/679 art. 20 ; Loi 6-1-1978 art. 55). 16540

SÉCURISATION DES DONNÉES

Les mesures à prendre, informatiques ou physiques, dépendent de la sensibilité des données traitées et des risques qui pèsent sur les personnes en cas d'incident. 16560

Différentes actions doivent être mises en place : mises à jour des antivirus et logiciels, changement régulier des mots de passe et utilisation de mots de passe complexes, ou chiffrement des données dans certaines situations (Règl. UE 2016/679 art. 32 ; Guide pratique Cnil de sensibilisation au RGPD pour les petites et moyennes entreprises, avril 2018).

L'entreprise victime d'une **violation de données** (si des données personnelles ont été, de manière accidentelle ou illicite, détruites, perdues, altérées, divulguées ou s'il a été constaté un accès non autorisé à des données) doit le signaler à la Cnil dans les 72 heures si cette violation est susceptible de représenter un risque pour les droits et libertés des personnes concernées (Règl. UE 2016/679 art. 33). Cette notification s'effectue en ligne sur le site internet de la Cnil.

La ou les personne(s) concernée(s) dont les données ont été potentiellement mises en danger doi(ven)t être **averties(s)** (Règl. UE 2016/679 art. 34).

E. Contrôle et sanctions

CONTRÔLE DES ENTREPRISES PAR LA CNIL

Contrôle sur place La Cnil peut procéder à des contrôles dans les espaces où sont mis en œuvre des traitements de données à caractère personnel. Pour l'exercice de leurs missions, ses agents ont **accès,** de 6 heures à 21 heures, aux lieux, locaux, enceintes, installations ou établissements servant à la mise en œuvre d'un traitement de données à caractère personnel, y compris ceux qui ne sont pas affectés à usage professionnel. Lorsqu'un traitement de données à caractère personnel est mis en œuvre dans des lieux, locaux, enceintes, installations ou établissements partiellement ou entièrement affectés au **domicile privé,** la visite ne peut toutefois se dérouler qu'après **autorisation** du **juge des libertés** et de la détention du tribunal judiciaire dans le ressort duquel sont situés les locaux à visiter (Loi 6-1-1978 art. 19). 16600

La visite donne lieu à un procès-verbal contradictoire, voir nº 16620.

› Précisions **a.** Les **agents de contrôle** de la Cnil peuvent (Loi 6-1-1978 art. 19, III ; Décret 2019-536 du 29-5-2019 art. 12) :

– demander communication de tous documents nécessaires à leur mission, quel qu'en soit le support, et en prendre copie. Ils peuvent, en particulier, exiger une traduction des documents dont doit disposer le responsable de traitement (registre des activités de traitement, documentation en matière de violation de données, analyse d'impact le cas échéant, etc.) s'ils sont dans une autre langue ;

– recueillir, notamment sur place ou sur convocation, tout renseignement et toute justification utiles et nécessaires à l'accomplissement de leur mission ;
– accéder, dans des conditions préservant la confidentialité à l'égard des tiers, aux programmes informatiques et aux données ainsi qu'en demander la transcription par tout traitement approprié dans des documents directement utilisables pour les besoins du contrôle.

Ils peuvent, par ailleurs, être assistés par des **experts** (Loi 6-1-1978 art. 19, III).

Le **secret** ne peut pas leur être opposé dans l'exercice de leur contrôle, sauf concernant les informations couvertes par le secret professionnel – secret applicable aux relations entre un avocat et son client, secret des sources journalistiques, secret médical (Loi 6-1-1978 art. 19, III).

b. La Cnil **informe, au plus tard** lors de son arrivée sur place, le responsable des lieux ou son représentant (Décret 2019-536 du 29-5-2019 art. 26) :
– de l'**objet des vérifications** qu'elle compte entreprendre ;
– de l'**identité et de la qualité** des personnes chargées du contrôle ;
– ainsi que, le cas échéant, du **droit** dont il dispose de s'**opposer** à la visite.

Lorsque le responsable du traitement ou le sous-traitant n'est pas présent sur les lieux du contrôle, ces informations sont portées à sa connaissance dans les 15 jours suivant le contrôle. Dans le cadre de leurs vérifications, les personnes chargées du contrôle présentent, en réponse à toute demande, leur ordre de mission et, le cas échéant, leur habilitation à procéder aux contrôles (Décret 2019-536 du 29-5-2019 art. 26).

16610 Lorsque le responsable des locaux exerce son **droit d'opposition** à la visite, celle-ci ne peut se dérouler qu'après l'**autorisation** du juge des libertés et de la détention du tribunal judiciaire dans le ressort duquel sont situés les locaux à visiter (Loi 6-1-1978 art. 19, II).

Lorsque l'**urgence,** la **gravité des faits** à l'origine du contrôle ou le **risque de destruction ou de dissimulation de documents** le justifient, la visite peut avoir lieu sans que le responsable des locaux en soit informé et sans qu'il puisse s'y opposer, sur autorisation préalable du juge des libertés et de la détention. Elle s'effectue sous l'autorité et le contrôle de ce dernier, en présence de l'occupant des lieux ou de son représentant, qui peut se faire assister d'un conseil de son choix, ou, à défaut, en présence de deux témoins qui ne sont pas placés sous l'autorité des personnes chargées de procéder au contrôle (Loi 6-1-1978 art. 19, II).

L'**ordonnance** ayant autorisé la visite est exécutoire. Elle doit mentionner que le juge ayant autorisé la visite peut être saisi à tout moment d'une demande de suspension ou d'arrêt de cette visite et indiquer les délais et la voie de recours. Elle peut faire l'objet, suivant les règles prévues par le Code de procédure civile, d'un appel devant le premier président de la cour d'appel. Celui-ci connaît également des recours contre le déroulement des opérations de visite (Loi 6-1-1978 art. 19, II).

ATTENTION

L'**entrave** à l'action de la Cnil est passible d'un an d'emprisonnement et de 15 000 € d'amende (C. pén. art. 226-22-2).

16620 **Contrôle en ligne** Les agents de la Cnil peuvent aussi effectuer des contrôles en ligne, leur permettant de constater à distance, depuis un ordinateur connecté à Internet, des manquements à la loi Informatique et libertés, au besoin en utilisant une **identité d'emprunt.** Cette utilisation est sans incidence sur la régularité des constatations effectuées, afin de prémunir les contrôles contre le risque de contestations qui seraient fondées sur la violation du principe de loyauté dans la collecte des preuves. Toute incitation, sous cette identité, à commettre une infraction entraîne la **nullité** du contrôle (Loi 6-1-1978 art. 19, III).

Les visites et vérifications menées par les agents de la Cnil font l'objet d'un **procès-verbal** dressé contradictoirement (Loi 6-1-1978 art. 19, III ; Décret 2019-536 du 29-5-2019 art. 33).

SANCTIONS

16630 Le **non-respect** des règles relatives aux informations collectées et au droit d'accès est passible de sévères **sanctions pénales** (C. pén. art. 226-16 à 226-24 et R 625-10 à R 625-13) et peut entraîner la condamnation de l'employeur à des **dommages et intérêts** réparant le préjudice éventuellement subi par ses salariés (Cass. soc. 7-6-1995 nº 91-44.919 P).

Pour les sanctions applicables en cas d'obstacle au contrôle de la Cnil, voir nº 16610.

Les responsables de traitement et les sous-traitants peuvent faire l'objet de **sanctions administratives** importantes en cas de méconnaissance des dispositions du règlement : avertissement, mise en demeure, injonction de mise en conformité ou de cesser le traitement, suspension des flux de données, etc. (Loi 6-1-1978 art. 20 et 21).

Les **amendes** administratives peuvent s'élever, selon la catégorie de l'infraction, à 10 ou à 20 millions d'euros, ou, dans le cas d'une entreprise, à 2 % jusqu'à 4 % du chiffre d'affaires annuel mondial, le montant le plus élevé étant retenu (Règl. UE 2016/679 art. 83 ; Loi 6-1-1978 art. 20).

PARTIE 2

Prélèvements sociaux et fiscaux sur les salaires

Cette deuxième partie traite des **règles générales** d'assiette, de calcul et de recouvrement des prélèvements sociaux et fiscaux sur les salaires. Elle précise également les conditions générales d'assujettissement des salaires à l'impôt sur le revenu et de déduction des rémunérations et des charges assises sur les salaires des résultats imposables de l'entreprise. Y sont également étudiés les **formalités déclaratives** liées aux salaires et pensions versés par les entreprises et les dispositifs visant à alléger les obligations des employeurs (titre emploi-service entreprise, chèque-emploi associatif, etc.). 17620

Les **règles particulières** aux divers éléments de rémunération, situations ou statuts se trouvent, quant à elles, dans les troisième à cinquième parties de l'ouvrage.

CHAPITRE 1

COTISATIONS DE SÉCURITÉ SOCIALE

SOMMAIRE

SECTION 1
ASSIETTE 17800
A. Composantes 17800
B. Assiette minimum 17900
C. Plafond 18000
1. Plafond applicable à chaque paie 18020
a. Plafond de référence 18020
b. Ajustement du plafond de référence 18035
2. Régularisation des cotisations plafonnées 18200
3. DSN 18250

SECTION 2
TAUX 18700

SECTION 3
PÉRIODE DE CALCUL 18760

SECTION 4
EFFECTIF À PRENDRE EN COMPTE 18800
A. Dispositifs concernés 18800
B. Effectif annuel 18820
C. Calcul de l'effectif du mois 18835

SECTION 5
PAIEMENT 18850
A. Fait générateur de l'obligation de cotiser 18850
B. Personnes redevables 19020
C. Organisme de recouvrement 19240
D. Modalités de paiement 19380
1. Date de paiement 19500
a. Date d'exigibilité 19500
b. Délais de paiement 19560
c. Preuve du paiement à bonne date 19580
d. Sanctions 19600
2. Moyens de paiement 19685
3. Gestion des versements insuffisants ou indus 19695
a. Imputation des paiements partiels 19695
b. Remboursement des cotisations indûment versées 19705

SECTION 6
CONTRÔLE 19800
1. Cadre juridique 19830
2. Étendue du contrôle 19960
3. Déroulement du contrôle 20100
a. Contrôle sur pièces 20110
b. Contrôle sur place 20130
4. Suites du contrôle 20420
5. Droits des cotisants 20550
a. Opposabilité des circulaires 20560
b. Décisions individuelles des organismes 20600

SECTION 7
TRANSACTION 21340

SECTION 8
RECOUVREMENT FORCÉ 21500
A. Mise en demeure préalable 21500
1. Émission 21500
2. Recours 21550
B. Mise en œuvre du recouvrement forcé 21560
1. Procédures applicables 21560
2. Prescription 21570
C. Abandon de créance 21600

PERSONNELS ET RISQUES CONCERNÉS

Les cotisations du **régime général** de la sécurité sociale des salariés sont dues pour l'emploi de **travailleurs salariés et assimilés.** 17700

Elles sont destinées au financement des **3 branches de risques** pris en charge par la sécurité sociale : assurances sociales (couvrant les risques maladie, maternité, invalidité, décès et vieillesse), allocations familiales, accidents du travail et maladies professionnelles.

Un **tableau récapitulatif** des charges sociales et fiscales sur les salaires figure nº 96130.

› Précisions Sont **obligatoirement affiliés** au régime général de sécurité sociale non seulement les salariés proprement dits (CSS art. L 311-2), mais aussi les personnes assimilées à des salariés par l'article L 311-3 du CSS : certains dirigeants de société (voir nºs 76850 s.), diverses catégories de travailleurs comme les travailleurs à domicile, les VRP statutaires, les pigistes, les gérants de coopératives ou de dépôts, les mandataires « non patentés » et sous-agents d'assurance...

SECTION 1

ASSIETTE

A. Composantes

17800 Les cotisations dues au régime général de la sécurité sociale sont assises sur la **rémunération brute** avant déduction des cotisations et contributions salariales (sécurité sociale, retraite complémentaire, prévoyance, CSG et CRDS…).

Par « rémunération brute », on entend en principe l'ensemble des sommes ou avantages entrant dans l'**assiette de la CSG** sur les revenus d'activité (nos 28620 s.) (CSS art. L 242-1, I). Toutefois, par **dérogation** à ce principe, certaines sommes ou certains avantages soumis à CSG sont exclus de l'assiette des cotisations de sécurité sociale. Tel est notamment le cas, sous certaines conditions et/ou limites, pour (CSS art. L 242-1, II) :

– les contributions patronales de prévoyance complémentaire et de retraite supplémentaire (nos 42640 s.) ;

– dans les entreprises de moins de 50 salariés, la contribution de l'employeur à l'acquisition des chèques-vacances (no 53110) ;

– les sommes allouées au titre de l'intéressement (nos 48450 s.) et de la participation (nos 47790 s.) ;

– l'abondement et les autres versements de l'employeur au PEE (no 49720), au PEI (no 50000), au Perco (no 50200) ou au Pereco (no 50227) ;

– la plus-value réalisée lors de la levée d'une option sur actions (no 50670) et le gain réalisé lors d'une attribution gratuite d'actions (no 51060).

Les éléments de rémunération assujettis à la CSG, tout en étant exclus de l'assiette des cotisations de sécurité sociale, sont en principe soumis au **forfait social** : voir nos 27320 s.

> Précisions **a.** Comme pour la CSG, les indemnités pour **frais professionnels** ne constituent pas un revenu d'activité si certaines conditions sont réunies, voir nos 56460 s. (cas général) et no 77070 (mandataires sociaux). Certains salariés bénéficient d'une déduction forfaitaire spécifique pour frais professionnels sur l'assiette des cotisations de sécurité sociale (nos 55460 s.). La déduction de 1,75 % pour frais professionnels applicable à l'assiette de la CSG et de la CRDS (nos 28650 s.) ne s'applique pas à l'assiette de ces cotisations.

b. Pour l'évaluation : des **avantages en nature,** voir nos 38850 s. ; des sommes réintégrées dans l'assiette des cotisations après un **contrôle,** voir nos 20430 s.

c. Pour les indemnités de **rupture du contrat de travail** ou de cessation forcée d'un **mandat social,** les règles d'exclusion de l'assiette ne sont pas totalement identiques pour les cotisations de sécurité sociale et la CSG, voir nos 63200 s. (rupture du contrat) et no 77080 (cessation du mandat).

d. Pour certaines professions ou activités, l'assiette ou le montant des cotisations est fixé de façon **forfaitaire** : voir no 21730.

e. Pour le régime social des indemnités d'**activité partielle,** voir nos 68075 s. (indemnité légale) et no 68110 (indemnité complémentaire).

B. Assiette minimum

OBJET ET SALARIÉS CONCERNÉS

17900 L'employeur qui ne verse pas la **rémunération à laquelle le salarié a droit** reste néanmoins tenu de verser les cotisations correspondantes.

L'assiette minimum **concerne** tous les salariés entrant dans le champ d'application des dispositions relatives au Smic (Guide Acoss du recouvrement no 101 p. 44-63), à l'**exclusion** de ceux pour lesquels la base ou le montant des cotisations est fixé de façon forfaitaire (CSS art. R 242-1, I). Cette règle a pour effet d'exclure du champ de l'assiette minimum les salariés ne bénéficiant pas de la législation sur le Smic en raison de leurs conditions de travail (Cass. soc. 18-12-1997 no 96-10.215 D), tels que certains VRP (no 80390), ainsi que les personnes assujetties au régime général de la sécurité sociale des salariés sans avoir cette qualité au sens du droit du travail, telles que les dirigeants de société sans contrat de travail (voir nos 76850 s.), ou les élèves ou étudiants effectuant un stage en entreprise (nos 88850 s.).

Pour les salariés des **hôtels, cafés, restaurants,** voir no 85680.

MONTANT

17920 L'assiette des cotisations de sécurité sociale **ne peut être inférieure** ni aux rémunérations dues au salarié en vertu d'une disposition législative ou réglementaire, ni à celles dues en vertu d'une convention collective.

Smic Le montant des rémunérations à prendre pour base de calcul des cotisations ne peut pas être inférieur au montant cumulé, d'une part, du Smic et, d'autre part, des **majorations** s'y ajoutant en vertu d'une disposition législative ou réglementaire (CSS art. R 242-1, I) telles que les majorations pour heures supplémentaires ou complémentaires. 17930

Le Smic à prendre en compte est calculé sur la base de l'**horaire** réel à rémunérer, compte tenu, s'il y a lieu, des horaires d'équivalence. Il est affecté, le cas échéant, des abattements applicables aux **jeunes** travailleurs (n° 1470).

Les temps de **pause** ne sont pas pris en compte (Cass. soc. 1-2-1989 n° 86-15.766P) sauf s'ils constituent du travail effectif, voir n° 5570 (Cass. 2e civ. 12-5-2021 n° 20-10.703 F-D).

Pour l'assiette des cotisations des salariés rémunérés au Smic et bénéficiant d'**avantages en nature,** voir n° 38890.

Salaire conventionnel L'employeur qui n'a pas payé le **salaire minimum** conventionnel (Cass. soc. 13-2-1974 n° 73-11.133 ; Cass. soc. 21-7-1986 n° 84-15.445 P), ou le **complément de salaire** (prime de vacances, 13e mois, indemnité de trajet, etc.) prévu par la convention collective (Cass. soc. 8-6-1988 n° 85-18.413 D ; Cass. 2e civ. 5-6-2008 n° 07-14.408 F-PB ; Cass. 2e civ. 15-6-2017 n° 16-19.162 FD), ne peut pas se prévaloir de ce manquement pour acquitter ses cotisations sur les seules rémunérations effectivement versées. 17940

> **Précisions** **a.** La jurisprudence portant uniquement sur des conventions collectives étendues, la question se pose de savoir si l'assiette minimum des cotisations peut être fixée par référence aux dispositions d'un **accord collectif non étendu.** Il semble en revanche qu'un **usage** ne peut pas, en l'absence de versement effectif de la somme litigieuse, servir de fondement à un redressement (Cass. soc. 8-6-1988 n° 84-16.994 P).
> **b.** En cas d'application d'une **déduction forfaitaire spécifique** pour frais professionnels, voir n° 17980.

Indemnités et primes légales Les indemnités et primes dues au salarié en application d'une disposition légale ou réglementaire entrent dans l'assiette des cotisations de sécurité sociale, même si l'employeur s'est **abstenu de les lui verser** (Cass. 2e civ. 7-5-2015 n° 14-16.693 FS-D) et même si la **rémunération** versée au salarié est **supérieure au Smic** (Cass. soc. 1-2-1996 n° 94-14.410 P). 17950

En cas de **paiement partiel** des indemnités, l'Urssaf peut exiger de percevoir les cotisations dues sur la part des indemnités non versée (Cass. 2e civ. 7-5-2015 n° 14-16.693 FS-D).

ILLUSTRATIONS

L'Urssaf est en droit de réclamer les cotisations dues sur des indemnités de **congés payés** (Cass. soc. 8-11-1990 n° 88-16.634 D) ou **de fin de CDD** non versées (Cass. soc. 17-1-2002 n° 00-14.709 FS-P).

Si l'employeur exclut indûment certains éléments de rémunération de l'assiette de calcul des indemnités de congés payés ou de fin de contrat, l'Urssaf peut exiger les cotisations sur la part des indemnités non versée de ce fait (Cass. 2e civ. 7-5-2015 n° 14-16.693 FS-D).

MODALITÉS D'APPLICATION

Pour le calcul des cotisations, le Smic ou le salaire minimum conventionnel doit être respecté lors de **chaque paie** (Inst. Acoss 3 du 13-2-1975 ; Cass. soc. 28-6-1989 n° 86-19.055 P). Ainsi, en cas de paiement mensuel des salaires, la base de calcul des cotisations doit, chaque mois, être au moins égale à ce montant augmenté, le cas échéant, des majorations ou primes devant s'y ajouter, sans prise en compte du salaire versé sur l'année (Cass. soc. 3-7-1985 n° 83-12.770 P). 17970

Pour vérifier si l'assiette minimum a bien été respectée, tous les **éléments** de rémunération sur lesquels l'employeur a **effectivement cotisé,** quelle qu'en soit la dénomination, sont pris en compte (Cass. soc. 28-6-1989 n° 86-19.055 P), même s'ils ne le sont pas pour l'appréciation du Smic. Tel est le cas, notamment, des **primes d'assiduité et d'ancienneté** (Inst. Acoss 3 du 13-2-1975).

ASSIETTE MINIMUM ET DÉDUCTION FORFAITAIRE SPÉCIFIQUE

L'application d'une déduction forfaitaire spécifique (DFS) pour frais professionnels (nos 55460 s.) ne peut pas avoir pour conséquence de ramener la rémunération soumise à cotisations, **lors de chaque paie** (Cass. 2e civ. 9-2-2017 n° 15-20.858 F-PB), en deçà de l'assiette minimum (Arrêté SANS0224282A du 20-12-2002 art. 9), c'est-à-dire en deçà de la valeur du Smic en vigueur et des indemnités, primes ou majorations s'y ajoutant en vertu d'une disposition législative ou d'une disposition réglementaire (BOSS-FP-2220). En revanche, en cas d'application d'une DFS, les éléments de rémunération de nature conventionnelle n'ont pas à être pris en compte pour **déterminer l'assiette minimale** des cotisations (BOSS-FP-2220). 17980

À notre avis, il en résulte que les éléments conventionnels de salaire ne sont pas pris en compte pour déterminer le montant de l'assiette minimum mais qu'ils le sont pour vérifier si les **sommes soumises à cotisations** atteignent bien le montant de l'assiette minimum (c'est-à-dire le montant du Smic). En tout état de cause, les sommes allouées à titre de remboursement de frais sont prises en considération pour opérer cette vérification (BOSS-FP-2220).

EXEMPLES

1. Un salarié travaillant 35 heures par semaine rémunéré au salaire minimum conventionnel et bénéficiant d'une déduction de 30 % pour frais professionnels perçoit au mois de mars 2023 la somme de 1 800 € (1 600 € de salaire + 100 € de remboursement de frais + 100 € de prime conventionnelle). Son salaire soumis à cotisations s'élève à : 1 800 – (1 800 × 30 %) = 1 260 €.

Le montant du Smic pour le mois de mars 2023 sur la base de 35 heures hebdomadaires étant de 1 709,28 €, le salaire soumis à cotisations est inférieur à l'assiette minimum. C'est sur cette dernière, 1 709,28 €, que doivent être calculées les cotisations.

2. Si l'on reprend l'exemple précédent mais que la prime de 100 € n'est pas de nature conventionnelle mais de nature légale ou réglementaire (par exemple : une indemnité de congés payés), l'assiette minimale est portée à 1 709,28 + 100 = 1 809,28 €. C'est sur ce montant que doivent être calculées les cotisations.

C. Plafond

18000 Pour le calcul de certaines **cotisations,** dites « **plafonnées** », les rémunérations ne sont prises en compte qu'à hauteur d'un plafond. Sont concernées une partie des cotisations d'assurance vieillesse et la contribution au Fnal des employeurs de moins de 50 salariés. L'assiette de certains autres prélèvements est toutefois limitée à un montant exprimé en multiple de ce plafond.

Le plafonnement est mis en œuvre **lors de chaque paie** mais fait l'objet d'une **régularisation,** au mois le mois, dans le cadre de l'année civile.

Pour le détail des cotisations plafonnées, voir le **tableau récapitulatif** des charges sociales sur salaire figurant n° 96130.

1. PLAFOND APPLICABLE À CHAQUE PAIE

a. Plafond de référence

SALARIÉ MENSUALISÉ

18020 Pour les salariés mensualisés, les cotisations plafonnées sont calculées chaque mois, dans la limite de la **valeur mensuelle** du plafond de sécurité sociale (CSS art. R 242-2).

Sauf exception, la valeur mensuelle à retenir est celle **en vigueur** lors de la période d'emploi, voir n° 18760.

EXEMPLES

Pour un salarié mensualisé travaillant à temps plein et présent tout le mois, le plafond de la paie d'octobre 2023 est égal au plafond mensuel 2023, soit 3 666 €. Si le salarié perçoit une rémunération de 4 000 €, les cotisations plafonnées sont calculées sur 3 666 € et les cotisations déplafonnées sur 4 000 €.

SALARIÉ NON MENSUALISÉ

18030 Pour le **travail aux pièces** dont l'exécution dure plus d'une quinzaine de jours (n° 12480), le plafond est proratisé comme suit (CSS art. R 242-2) :

Plafond mensuel × 50 %

Pour les **autres salariés non mensualisés** (n° 12470), la valeur mensuelle est ajustée prorata temporis, en fonction de la périodicité de la paie (CSS art. R 242-2). Pour eux, le plafond à retenir est donc égal à (BOSS-Ass. gén.-990) :

Plafond mensuel × (nombre de jours de la période de paie/28, 29, 30 ou 31 selon le nombre de jours calendaires du mois)

Sauf régimes particuliers mentionnés dans le tableau récapitulatif n° 18130, cet ajustement du plafond en fonction de la périodicité de la paie concerne tous les salariés non mensualisés, y compris les travailleurs à domicile et les salariés bénéficiant de **taux, d'assiettes ou de montants spécifiques ou forfaitaires** de cotisations (BOSS-Ass. gén.-1130).

EXEMPLES

1. Pour un **salarié non mensualisé** travaillant à temps plein et payé le 15 octobre et le 31 octobre, le plafond est en principe égal, pour la première période à : plafond mensuel × (15 jours/31 jours) ; pour la seconde période à : plafond mensuel × (16 jours/31 jours).

2. Si ce travail est rémunéré **à la pièce** et que la mission dure plus de 15 jours, le plafond à retenir lors de chaque paie s'élève à : plafond mensuel × 50 %.

b. Ajustement du plafond de référence

PRINCIPES COMMUNS

Plusieurs **motifs** peuvent justifier un ajustement du plafond de la paie : travail à temps partiel, cumul d'emplois, temps de présence (embauche ou départ de l'entreprise, absences non rémunérées, activité partielle et chômage intempéries, indemnisation par une caisse de congés payés). Le cas échéant, les différentes règles d'ajustement du plafond sont **cumulables** (BOSS-Ass. gén.-770). 18035

› Précisions **a.** Les salariés bénéficiant de **taux, d'assiettes ou de montants spécifiques ou forfaitaires** de cotisations ainsi que les travailleurs à domicile ne sont pas éligibles à l'ajustement du plafond en fonction de la durée du travail ou du temps de présence (CSS art. R 242-2), ni à celle prévue en cas de cumul d'emplois (voir n° 68860). Toutefois, par tolérance, le plafond des VRP multicartes peut être réduit lorsqu'ils sont placés en activité partielle (BOSS-Ass. gén.-1130).
b. Pour les ajustements spécifiques aux **salariés intermittents,** voir n° 10760, c.

TEMPS PARTIEL ET CUMUL D'EMPLOIS

Pour le salarié cumulant **plusieurs emplois** et percevant une rémunération globale supérieure au plafond, chez chaque employeur le plafond est soumis à la règle dite « du prorata » (dans les conditions indiquées nos 68870 s.). 18040

Pour le salarié à **temps partiel** le plafond peut être corrigé dans les conditions exposées nos 74950 s. Si le salarié à temps partiel travaille régulièrement et simultanément pour le compte de plusieurs employeurs, l'employeur peut toutefois appliquer l'un ou l'autre de ces dispositifs, voir n° 68880. Pour les **forfaits de moins de 218 jours,** voir n° 8975.

EMBAUCHE ET DÉPART DE L'ENTREPRISE

Lorsque le contrat de travail ne couvre pas l'intégralité de la période de paie, c'est-à-dire en cas d'embauche ou de départ de l'entreprise en cours de mois, le **plafond** de la paie est **réduit** à due proportion du nombre de jours de la période pendant laquelle le salarié est employé (CSS art. R 242-2). Le calcul du plafond est donc établi par application de la formule suivante (BOSS-Ass. gén.-750-790) : 18045

Plafond mensuel × (nombre de jours de la période d'emploi/28, 29, 30 ou 31 selon le nombre de jours calendaires du mois)

Le cas échéant, cet ajustement se cumule avec celui prévu pour le travail à **temps partiel,** voir n° 74985.

Sur l'incidence : de l'inexécution du **préavis,** voir n° 66370 ; de l'indemnité compensatrice de **congés payés,** voir n° 60640. Sur le plafond applicable aux **sommes versées après le départ** de l'entreprise, voir nos 53550 s. (rappels de salaire), nos 18770 s. (rémunérations à périodicité non mensuelle) et n° 66970 (indemnité de non-concurrence versée après la cessation du contrat).

EXEMPLES

Pour un salarié mensualisé :
– embauché à temps plein le 20 janvier, le plafond de janvier s'établit à : plafond mensuel × (12 jours d'emploi/31 jours) ;
– quittant l'entreprise le 20 février, le plafond de la paie de février est égal à plafond mensuel × 20/28 (année non bissextile) ou plafond mensuel × 20/29 (année bissextile).

Pour un salarié non mensualisé embauché à temps plein le 6 janvier et payé le 15 janvier et le 31 janvier, le plafond est égal : pour la première période, à plafond mensuel × (10 jours/15 jours) × (15 jours/31 jours) ; pour la seconde période, à plafond mensuel × (16 jours/31 jours).

ABSENCES

Cas de réduction Le plafond est réduit pour tenir compte des périodes d'absence n'ayant **pas donné lieu à rémunération** (CSS art. R 242-2). En revanche, il n'est pas réduit pour les jours d'absence **partiellement ou totalement rémunérés** par l'employeur sous forme de versement visant au maintien de salaire et soumis à cotisations de sécurité sociale (BOSS-Ass. gén.-850). 18050

ILLUSTRATIONS

Le plafond **doit être notamment réduit** lorsque l'employeur ne verse au salarié, par subrogation, que les **IJSS** (indemnités journalières de sécurité sociale) non soumises à cotisations ou lorsqu'il maintient uniquement la **contribution patronale prévoyance** (BOSS-Ass. gén.-880).

En revanche, le plafond n'est **pas réduit en cas de** (BOSS-Ass. gén.-850-860) :
– **congés rémunérés** ou donnant lieu au versement d'une indemnité de congés payés ;
– absence donnant lieu au versement par un **organisme complémentaire** d'une indemnité journalière soumise à cotisations sociales ;
– monétisation, acceptée par l'employeur, d'une partie ou de la totalité d'un **compte épargne-temps** (CET), au cours d'un mois où le contrat de travail est suspendu ;
– maintien d'un **avantage en nature** par l'employeur.

18052 Lorsqu'un mois ne comporte **aucune période d'emploi** mais que des éléments de **rémunération ne visant pas directement au maintien de salaire sont versés** sans être rattachés à une période d'emploi antérieure, un plafond mensuel entier s'applique, éventuellement proratisé si le salarié est habituellement à temps partiel (BOSS-Ass. gén.-960).

En pratique ce principe concerne les éléments de rémunération à **périodicité non mensuelle (prime annuelle, intéressement, etc.)** puisqu'ils doivent être rattachés à la paie avec laquelle ils sont versés (voir n° 18770, b). En revanche, si l'élément de rémunération versé au salarié en absence non rémunérée tout le mois est un **rappel de salaire** ou vise à corriger une erreur sur une paie antérieure, l'employeur doit le rattacher à la période d'emploi faisant l'objet du rappel ou de la correction (voir n° 53545). Dans ce cas, aucun plafond n'est applicable pour le mois du versement (BOSS-Ass. gén.-960).

18055 **Modalités de la réduction** En cas d'absence non rémunérée, le montant du plafond est réduit à due proportion de cette période d'absence, en appliquant la **formule** suivante (BOSS-Ass. gén.-870-910) :

Plafond mensuel × (nombre de jours rémunérés de la période d'emploi/nombre de jours calendaires du mois)

Le **nombre de jours rémunérés** de la période d'emploi correspond au nombre de jours calendaires du mois desquels sont retirés les jours d'absence ne donnant pas lieu à maintien de la rémunération (BOSS-Ass. gén.-920).

La **période d'absence** est **calculée** de date à date. Si elle contient des jours de repos (fin de semaine, jours fériés, etc.), ceux-ci restent comptés dans la période d'absence. Ainsi, pour un salarié absent sans rémunération du vendredi au lundi inclus, le plafond est réduit en retenant 4 jours d'absence. En revanche, pour un salarié absent uniquement le vendredi ou le lundi, le plafond est corrigé en retenant une seule journée d'absence (BOSS-Ass. gén.-940).

Les journées d'absence totale réduisent le plafond mais pas l'absence d'une ou plusieurs **demi-journées,** ou d'une ou **plusieurs heures** (BOSS-Ass. gén.-930).

Le cas échéant, la réduction pour absence se cumule avec l'ajustement prévu pour le travail à **temps partiel** (voir n° 74985) ou le **cumul d'emplois** (voir n° 68935).

EXEMPLE

Soit un salarié mensualisé employé à temps plein qui prend des congés sans solde :
– du 7 février, après-midi, jusqu'au 9-2-2023 inclus. Le 7 février, partiellement travaillé, n'étant pas déduit, le plafond est égal à : plafond mensuel × (26 jours/28 jours) ;
– du vendredi 3 février au lundi 6-2-2023 inclus. Le plafond est égal à : plafond mensuel × (24 jours/28 jours).

18056 Si la période d'absence comporte des **jours rémunérés** par l'employeur et **d'autres non,** seuls les jours d'absence non rémunérés donnent lieu à réduction du plafond.

EXEMPLE

Si un salarié mensualisé employé à temps plein est absent 2 jours en janvier (1 congé sans solde + 1 jour de RTT) dans une entreprise appliquant la durée légale du travail, le plafond est égal à : plafond mensuel × (30 jours/31 jours).

18057 Pour les entreprises **prenant en compte** de manière habituelle et régulière les absences lors de la **paie du ou des mois suivants,** il est admis que l'effet sur le plafond soit déterminé comme si l'absence avait eu lieu au cours du mois lors duquel elle est prise en compte (BOSS-Ass. gén.-970).

La prise en compte décalée des événements peut en théorie aboutir à ce que la **valeur du plafond** calculée pour un mois soit **négative.** Dans ce cas, le plafond appliqué lors de ce mois peut être **ramené à 0,00** (BOSS-Ass. gén.-980).

EXEMPLE

Soit une entreprise comptabilisant habituellement les absences le mois suivant.

a. Si un salarié mensualisé employé à temps plein prend 2 jours de congé sans solde en mars, le plafond du mois d'avril est égal à : plafond mensuel × (28 jours d'emploi/30 jours calendaires du mois d'avril).

b. Si le même salarié est en congé sans solde tout le mois de mars, sur le bulletin de paie du mois d'avril, le nombre de jours de la période d'emploi, qui est en principe de 30 jours calendaires – 31 jours d'absence = – 1 jour, peut être ramené à 0,00, permettant de calculer le plafond d'avril comme suit : plafond mensuel × 0 jour d'emploi/30 jours calendaires du mois d'avril = 0,00.

INDEMNISATION PAR UNE CAISSE DE CONGÉS PAYÉS ET ACTIVITÉ PARTIELLE

Le **plafond** de la paie est **réduit** dans les cas suivants (CSS art. R 242-2) : **congés payés** indemnisés par une caisse de congés payés (voir n° 60390) ; chômage **intempéries** et **activité partielle,** voir n°s 68275 s.. **18060**

TABLEAU RÉCAPITULATIF **18130**

Plafond de la paie		Pour en savoir plus, voir n^os
Salarié mensualisé	Plafond mensuel	18020
VRP percevant des commissions	Plafond mensuel ajusté prorata temporis (en fonction de la périodicité de la paie)	82680
Travail aux pièces rémunéré à la quinzaine	50 % du plafond mensuel	18030
Autre salarié non mensualisé	Plafond mensuel × (nombre de jours de la période de paie/nombre de jours calendaires du mois en cause)	18030
Correctifs à apporter au plafond de la paie		
Temps partiel	[Plafond de la paie × (durée contractuelle de travail + heures complémentaires effectuées)]/durée du travail à temps plein	74960 s.
Forfait annuel en jours inférieur à 218 jours	Plafond mensuel × (durée du forfait en jours/218 jours ou, si elle est inférieure, durée du forfait temps plein)	8975 s.
Cumul d'emplois	(Plafond de la paie × rémunération versée par l'employeur concerné)/total des rémunérations perçues par le salarié[1]	68870 s.
Entrée ou sortie en cours de mois	Plafond de la paie × (nombre de jours de la période d'emploi/nombre de jours calendaires du mois en cause)[2]	18045
Absence non rémunérée		18050 s.
Activité partielle		68275 s.
Chômage intempéries		68395
Congés payés indemnisés par une caisse		60390
Régimes particuliers		
Artiste du spectacle engagé moins de 5 jours	12 × plafond horaire × nombre de jours d'engagement	69610
Médecin à temps partiel rémunéré à la vacation	Plafond horaire × nombre d'heures de la vacation	69940
Pigiste dont le nombre de jours de travail est inconnu	Plafond mensuel	88520
Travailleur intermittent	Plafond mensuel × période rémunérée/nombre de jours calendaires du mois en cause	75680, c

1. Sauf option pour le dispositif des salariés à temps partiel.
2. En cas d'activité partielle avec recours au temps partiel, le plafond est réduit au prorata de la durée du travail.

2. RÉGULARISATION DES COTISATIONS PLAFONNÉES

OBJET ET SALARIÉS CONCERNÉS

18200 Pour corriger les incidences des variations de rémunération d'une paie à l'autre, l'employeur doit procéder à une régularisation, au mois le mois, des cotisations plafonnées versées au cours de l'année civile. La régularisation concerne **tous les salariés** ou assimilés relevant du régime général de la sécurité sociale, **à l'exclusion** des travailleurs à domicile (CSS art. R 242-2, III) ; des assurés dont les cotisations sont fixées forfaitairement (CSS art. R 242-2, III) ; des assurés bénéficiant de taux réduits (BOSS-Ass. gén.-1220). En conséquence, pour ces salariés, le plafond applicable lors de chaque paie ne prend pas en compte le ou les plafonds appliqués lors des échéances précédentes (BOSS-Ass. gén.-1220).

Pour les **VRP** multicartes, voir n° 82770.

MODALITÉS

18230 **Principes** La régularisation est obligatoirement **progressive.**

Le montant à régulariser chaque mois est égal à la différence entre le montant des cotisations dues sur l'ensemble des rémunérations versées depuis le 1er janvier (ou la date de l'embauche si elle est postérieure) et les cotisations déjà versées depuis cette date (CSS art. R 242-2).

Dans tous les cas, les **taux** applicables sont ceux de la paie où la régularisation est effectuée.

> Précisions **a.** La régularisation porte sur les cotisations dues au titre de toutes les **périodes d'emploi** du salarié au sein de l'entreprise depuis le début de l'année civile. Peu importe que ces périodes d'emploi résultent d'un contrat de travail unique ou de plusieurs contrats, continus ou discontinus, conclus avec le même employeur (Cass. soc. 11-3-1976 n° 74-11.436 ; Cass. soc. 23-1-1980 n° 78-14.019 ; BOSS-Ass. gén.-1211). Il en va notamment ainsi en cas de conclusion avec un même salarié de plusieurs CDD : voir n° 76210.

b. Le **plafond régularisateur** est déterminé en **totalisant** les plafonds des paies de chacune des périodes d'emploi comprises dans la régularisation. Ainsi, par exemple, en cas de succession de périodes de travail à temps plein et de périodes de travail à temps partiel, le plafond régularisateur est déterminé en totalisant les plafonds correspondants, voir n° 74990.

c. La **mutation** d'un établissement à l'autre au sein d'une même entreprise ne doit pas être assimilée à une embauche (CA Bordeaux 10-5-1965). Les rémunérations versées aux salariés mutés doivent donc être mémorisées dans chacun des établissements fréquentés au cours de l'année (Circ. Acoss du 3-12-1971) et l'établissement d'accueil doit procéder, à compter de la mutation, à la régularisation au mois le mois en tenant compte des rémunérations versées par l'établissement précédent depuis le début de l'année.

Il en va de même en cas de mutation d'une société à une autre au sein d'un **groupe** dès lors que les salariés conservent leur ancienneté et ne perçoivent pas d'indemnité de licenciement (Cass. soc. 7-5-1998 n° 96-17.447 P).

18235 **Modalités pratiques** En pratique, en cas de paiement mensuel des salaires, il faut comparer chaque fin de mois le cumul des salaires et le cumul des plafonds afin d'appliquer la règle suivante :

Si cumul salaires > cumul plafonds des paies, assiette cumulée = cumul plafonds

Si cumul salaires < cumul plafonds des paies, assiette cumulée = cumul salaires

18240 **EXEMPLE**

L'exemple suivant porte sur une régularisation en 2023 et prend en compte le plafond mensuel correspondant (3 666 €).

Pour une transcription de ces données sur les **bulletins de paie de mars et d'avril,** voir n°s 94440 et 94450.

Mois	Rémunération		Plafond		Assiette des cotisations plafonnées	
	du mois	cumul	du mois	cumul	du mois	cumul
Janv.	3 650	3 650	3 666	3 666	3 650	3 650
Février	3 650	7 300	3 666	7 332	3 650	7 300
Mars	5 550	**12 850**	3 666	**10 998**	3 698	**10 998**

Fin mars, cumul des salaires (12 850) > cumul des plafonds (10 998). Le salarié ayant cotisé à hauteur de 7 300 fin février, son assiette plafonnée de mars = 10 998 – 7 300 = 3 698.

Mois	Rémunération		Plafond		Assiette des cotisations plafonnées	
	du mois	cumul	du mois	cumul	du mois	cumul
Avril	1 800	**14 650**	3 666	**14 664**	3 652	**14 650**
Fin avril, cumul des salaires (14 650) < cumul plafonds (14 664). Le salarié ne devant pas cotiser au-delà de son salaire cumulé (14 650), son assiette plafonnée d'avril = 14 650 – 10 998 = 3 652.						
Mai	2 000	16 650	3 666	18 330	2 000	16 650
Juin	2 000	18 650	3 666	21 996	2 000	18 650
Juillet	2 000	20 650	3 666	25 662	2 000	20 650
Août	2 000	22 650	3 666	29 328	2 000	22 650
Sept.	2 000	24 650	3 666	32 994	2 000	24 650
Oct.	2 000	26 650	3 666	36 660	2 000	26 650
Nov.	2 000	28 650	3 666	40 326	2 000	28 650
Déc.	4 000	**32 650**	3 666	**43 992**	4 000	**32 650**
Fin décembre, cumul des salaires (32 650) < cumul des plafonds (43 992). Le salarié ayant cotisé à hauteur de 28 650 fin novembre, son assiette plafonnée de décembre = 32 650 – 28 650 = 4 000.						

3. DSN

Pour éviter tout écart de détermination du plafond mensuel opérée par l'employeur et les organismes sociaux, il faut déclarer le **nombre de jours retenus pour le calcul** de ce plafond en rubrique S21.G00.53.003 (avec la valeur d'unité de mesure « 40 – jours calendaires de la période d'emploi pris en compte dans le calcul du plafond de sécurité sociale ») (net-entreprises, fiche n° 2007). 18250

SECTION 2 TAUX

RÈGLES GÉNÉRALES

Les taux des cotisations de sécurité sociale diffèrent suivant la nature des risques couverts. 18700
Un **tableau récapitulatif** des taux en vigueur ainsi qu'un historique figurent nos 96130 s.

Trois particularités doivent être signalées :

– le taux des **cotisations maladie et/ou allocations familiales** est réduit pour les salariés dont l'employeur entre dans le champ d'application de la réduction générale de cotisations patronales et dont la rémunération n'excède pas respectivement 2,5 et 3,5 Smic (nos 22650 s.) ;

– des règles spécifiques s'appliquent aux cotisations d'**accidents du travail** (nos 18730 s.) ;

– des **taux particuliers** de cotisations peuvent être prévus par arrêté ministériel pour certaines catégories de salariés travaillant régulièrement et simultanément pour plusieurs employeurs (CSS art. L 242-3). Tel est le cas pour les VRP multicartes (n° 82760), les journalistes (n° 88550), les artistes et musiciens du spectacle (nos 69560 s.) et certains membres des professions médicales (n° 69940).

Sur la date d'effet des **changements de taux,** voir nos 18760 s.

ACCIDENTS DU TRAVAIL

Modes de tarification Le mode de tarification (c'est-à-dire le mode de détermination du taux de la cotisation d'accidents du travail) diffère selon l'effectif de l'entreprise. **Chaque établissement** est en effet soumis : 18730

– si l'entreprise a moins de 20 salariés (ou si elle relève des exceptions mentionnées n° 18740) : à la tarification **collective** qui consiste à appliquer le taux collectif correspondant à l'activité exercée par l'établissement. Ce taux est fixé par les barèmes de tarification publiés annuellement au Journal officiel ;

– si l'entreprise a au moins 150 salariés : à la tarification **individuelle** qui consiste à appliquer un taux déterminé par la valeur du risque propre à l'établissement, cette valeur tenant compte du coût moyen des prestations servies à la suite d'accidents du travail ou de maladies professionnelles aux salariés de l'établissement ou à leurs ayants droit ;
– si l'entreprise a au moins 20 mais moins de 150 salariés : à la tarification **mixte** qui consiste à appliquer à l'établissement un taux comprenant une fraction au taux collectif et une fraction au taux individuel.
L'**effectif** pris en compte est l'effectif « sécurité sociale » de l'année N – 2 (nos 18820 s.). En cas de variation d'effectif, voir nos 18825 s.

> **Précisions** **a.** Est un **établissement distinct** toute entité présentant une implantation distincte et une activité propre, même si elle est rattachée pour sa gestion à une entreprise englobant d'autres activités (Cass. 2e civ. 14-1-2010 no 09-11.450 F-PB ; 6-1-2022 no 20-11.097 FB).
> Dans les entreprises en tarification collective ou mixte, constitue également un établissement distinct, à compter de la demande de l'entreprise (Cass. 2e civ. 7-4-2022 no 20-19.447 F-B), le personnel occupant à titre principal des **fonctions support de nature administrative** dans des locaux non exposés aux autres risques de l'entreprise (Arrêté du 17-10-1995). Sont seules concernées les tâches de gestion administrative communes à toutes les entreprises telles que le secrétariat, l'accueil, la comptabilité, les affaires juridiques, la gestion financière et les ressources humaines, ce qui exclut, par exemple, les fonctions d'assistantes de travaux, d'assistante du service étude et d'assistante technique amiante (Cass. 2e civ. 27-1-2022 no 20-20.764 F-B).
> Les établissements en tarification collective à raison de leur activité (no 18740) et les travailleurs à domicile ne peuvent pas bénéficier de la tarification prévue pour les fonctions de nature administrative (Arrêté du 17-10-1995).
> **b.** Le coût des **maladies dues au Sars-CoV2** (Covid-19) n'est pas inscrit sur le compte de l'employeur car il est mutualisé entre toutes les entreprises (Arrêté du 16-9-2020).
> **c.** Dans les entreprises en tarification collective ou mixte, des **ristournes** sur cotisations peuvent être accordées aux employeurs ayant accompli un effort soutenu de prévention des accidents. À l'inverse, des **cotisations supplémentaires** peuvent, quel que soit le mode de tarification, être imposées pour tenir compte des risques exceptionnels présentés par l'exploitation (CSS art. L 242-7).
> **d.** À partir de **2024,** dans les entreprises d'au moins 10 salariés en tarification collective ou mixte, le **taux collectif** sera **majoré** lorsqu'au moins un accident du travail ayant entraîné la prescription d'un arrêt de travail sera intervenu au cours de chacune des 3 dernières années connues (CSS art. D 242-6-11 ; Décret 2017-337 du 14-3-2017) et, pour les établissements situés dans les départements du Haut-Rhin, du Bas-Rhin et de la Moselle, si le total des accidents sur la période atteint un certain seuil (CSS art. D 242-35). Pour la tarification de l'année 2024, les 3 dernières années connues correspondent aux années 2022, 2021 et 2020.

18735 **Option pour un taux unique** L'entreprise qui relève de la **tarification individuelle ou mixte** peut opter, à titre définitif, pour un taux unique pour l'ensemble de ses établissements appartenant à la même catégorie de risque. La demande est à adresser à la Carsat du siège social, par tout moyen permettant de lui conférer une date certaine, avant le quatrième trimestre de l'année civile en cours pour une application au 1er janvier de l'année civile suivante (CSS art. D 242-6-1 ; Arrêté du 17-10-1995 art. 7). Les entreprises souhaitant bénéficier d'un taux unique à compter du 1-1-2024 doivent donc adresser leur demande avant le 1-10-2023.

18740 **Régimes particuliers** Par exception, sont soumis à la **tarification collective,** quel que soit l'**effectif** de l'entreprise dont ils relèvent :
– les établissements nouvellement créés (CSS art. D 242-6-17) : les taux collectifs leur sont applicables l'année de leur création et les 2 années civiles suivantes ;
– les établissements exerçant l'une des activités listées par l'arrêté SANS9502262A du 17-10-1995 (assurances, cabinet juridique, expertise comptable…) ;
– les travailleurs à domicile et les salariés visés no 18750, a.
Une **tarification particulière** est prévue pour les activités du bâtiment et des travaux publics (celles-ci sont tarifées non par établissement mais par activité) et pour les établissements situés dans les départements du Haut-Rhin, du Bas-Rhin et de la Moselle.

> **Précisions** N'a pas la qualité d'**établissement nouveau** celui issu d'un précédent établissement exerçant une activité similaire avec les mêmes moyens de production et reprenant au moins la moitié du personnel (CSS art. D 242-6-17). Si l'un de ces critères fait défaut, l'établissement est nouveau (Cass. 2e civ. 30-6-2011 no 10-23.746 ; 24-1-2013 no 11-27.389 ; 21-1-2016 no 14-28.981). Néanmoins, une baisse importante d'effectif sans modification de la nature de l'activité, de la structure juridique de l'établissement ou des moyens de production ne confère pas la qualité d'établissement nouveau (Cass. 2e civ. 9-7-2020 no 19-13.959 F-PBI). Sur la notion d'établissement nouveau en cas de **transfert d'entreprise** ou d'établissement, voir no 70650.

Notification du taux de cotisation Chaque année, les **Carsat,** ou la caisse nationale d'assurance maladie pour l'Île-de-France et la caisse régionale vieillesse pour l'Alsace-Moselle, notifient aux employeurs le code risque et les taux de cotisations d'accident du travail applicables dans chacun de leurs établissements (CSS art. L 242-5). 18750

La notification s'effectue comme suit par l'intermédiaire du téléservice « Compte AT/MP » accessible, après adhésion, sur le portail www.net-entreprises.fr : la caisse envoie à l'adresse électronique de l'employeur, que ce dernier doit maintenir à jour, un avis de dépôt lui indiquant qu'une décision est mise à sa disposition et qu'il a la possibilité d'en prendre connaissance. Cet avis l'informe de la date de mise à disposition de la décision, des coordonnées de l'organisme qui en est l'auteur et du fait que, à défaut de consultation de la décision dans un délai de 15 jours à compter de sa mise à disposition, cette dernière est réputée notifiée à la date de sa mise à disposition (Décret 2020-1232 du 8-10-2020 ; Arrêté du 8-10-2020).

En l'absence d'adhésion au téléservice « Compte AT/MP » (Décret du 8-10-2020 et arrêté du 8-10-2020, précités) :
– une pénalité est appliquée dont le taux est fixé, en pourcentage du plafond mensuel de la sécurité sociale en vigueur, à : 0,5 % dans les entreprises de moins de 20 salariés, 1 % dans celles de 20 à moins de 150 salariés et 1,5 % dans celles d'au moins 150 salariés ;
– la notification est effectuée par lettre recommandée avec demande d'avis de réception ou, en cas de tarification collective sans changement de code risque, par lettre simple.

> **Précisions** **a.** La notification annuelle du taux **ne concerne pas** les VRP multicartes, les vendeurs à domicile indépendants visés à l'article L 311-3, 20° du CSS et les vendeurs colporteurs et porteurs de presse. Ceux-ci font l'objet de régimes spécifiques respectivement exposés nos 82760, 25600 s. et 25300 s. La notification ne concerne pas non plus les employeurs sans établissement en France (Arrêté du 17-10-95).
> **b.** Les **tiers déclarants** (notamment les experts-comptables) peuvent accéder au compte AT/MP des clients pour lesquels ils établissent les DSN.

SECTION 3 PÉRIODE DE CALCUL

PRINCIPES

Les cotisations de sécurité sociale sont calculées **pour chaque période de travail** (CSS art. L 242-1 et R 242-1). Il en va de même de la CSG-CRDS (n° 28520, a) et, selon nous, des autres cotisations sociales recouvrées par les Urssaf et dont l'assiette est alignée sur celle de ces cotisations : contributions solidarité autonomie, Fnal, dialogue social, chômage, AGS et versement mobilité. Sous réserve des Précisions ci-après, les **taux** et le **plafond,** ainsi que les règles d'**assiette** (BOSS-Ass. gén.-430), applicables à ces prélèvements sont donc ceux en vigueur au cours de la période de travail au titre de laquelle les rémunérations sont dues (CSS art. R 242-1). 18760

> **Précisions** **a.** En cas de **recueil habituel des événements sur le ou les mois suivants,** ceux-ci sont rattachés à la paie où ils sont décomptés. C'est notamment le cas pour les heures supplémentaires (BOSS-Ass. gén.-490), les heures complémentaires (n° 74970) et les absences (voir n° 18057).
> **b.** Pour les CDD saisonniers et les CDD d'usage (CDDU) d'une durée inférieure à un mois dont le contrat est **à cheval sur deux mois,** voir n° 76200.
> **c.** Les entreprises pratiquant le **décalage de la paie,** c'est-à-dire versant les salaires le mois suivant la période de travail correspondante, sont tenues, comme les autres, d'appliquer à la paie due au titre du mois M, bien qu'elle soit versée en mois M + 1, l'ensemble des règles en vigueur le mois M (BOSS-Ass. gén.-440). Ainsi, la paie de décembre N versée en janvier N + 1 est dans tous les cas rattachée à N.

ACOMPTES ET RAPPELS

Les taux et plafonds applicables aux **acomptes** sur salaire, c'est-à-dire aux sommes versées au cours d'un mois en rémunération partielle du travail effectué au cours de ce même mois, sont, en application de l'article R 242-1 du CSS, ceux en vigueur au cours de la période de travail au titre de laquelle les rémunérations sont dues. En pratique, pour le calcul des cotisations, les acomptes sont ajoutés au solde de la paie, et le tout est soumis aux taux et plafonds de la période de travail. Pour les **rappels de salaire,** voir nos 53520 s. 18765

RÉMUNÉRATIONS À PÉRIODICITÉ NON MENSUELLE

18770 Les taux et le plafond appliqués à la paie d'une période de travail sont également appliqués aux **rémunérations** rattachées à cette paie **dues au titre d'autres périodes** (CSS art. R 242-1). Ainsi, pour les éléments de rémunération dont le versement est habituellement et régulièrement réalisé selon une périodicité non mensuelle, du fait de leur nature et dans les conditions prévues par la réglementation ou dans le cadre d'un accord ou du contrat de travail, les cotisations et les contributions sociales sont calculées selon les règles (notamment d'assiette, de taux et de plafonnement) applicables à la paie du mois où ces éléments doivent être versés (BOSS-Ass. gén.-450). En pratique, ces éléments de rémunération sont ajoutés à la rémunération du mois où ils sont versés, et le tout est soumis aux taux et plafonds de la période de travail. Cela **concerne notamment** : les avantages d'épargne salariale, les indemnités de congés payés, les indemnités de préavis, ainsi que certaines primes (BOSS-Ass. gén.-450), telles que les primes annuelles, les primes de résultat ou de bilan versées en N + 1, etc.

> Précisions a. Par dérogation au principe ci-dessus, pour les sommes versées après le **départ du salarié,** il est fait application des taux et plafonds applicables lors de la dernière période de travail de celui-ci (CSS art. R 242-1). Pour l'indemnité compensatrice de préavis, voir nos 66350 s. (cas général) et no 22230, d (licenciement pour inaptitude d'origine professionnelle). Pour l'indemnité compensatrice de congés payés, voir no 60640. Pour l'indemnité de non-concurrence versée après la rupture du contrat, voir no 66970. En cas de **succession de CDD,** voir no 76205.

b. En cas de versement, durant un **mois ne comportant aucune période travaillée,** d'autres éléments de rémunération, l'employeur doit les traiter dans les conditions de droit commun. Ainsi, pour les éléments dont le versement est habituellement réalisé selon une périodicité particulière du fait de leur nature, de la réglementation, d'un accord ou du contrat de travail, les cotisations sont calculées selon les règles d'assiette, de taux et de plafonnement applicables à la paie du mois où ces éléments doivent être versés (BOSS-Ass. gén.-900-961). Sur le plafond à retenir, dans ce cas, voir no 18052.

18775 EXEMPLE **Prime de résultat afférente à 2022 versée en juin 2023**

Si un accord d'entreprise accorde, à tous les salariés présents en 2022, une prime de résultat versée en juin 2023 :
– les taux et le plafond applicables à cette prime sont en principe ceux en vigueur en juin 2023. Pour le calcul des cotisations, la prime de résultat est donc ajoutée à la paie du mois de juin 2023, et le tout est soumis à cotisations plafonnées dans la limite du plafond régularisé (nos 18230 s.) de la période de travail en cours (janvier à juin 2023) ;
– pour un salarié ayant quitté l'entreprise le 30-11-2022, la prime de résultat est soumise aux taux et au plafond applicables à la paie de novembre 2022. Elle n'est donc soumise à cotisations plafonnées que si les rémunérations versées à ce salarié au titre de 2022 n'ont pas atteint le plafond de la dernière période de travail (janvier à novembre 2022) ;
– pour un salarié en congé sans solde depuis le 1-1-2023, les taux et le plafond applicables à la prime sont ceux de juin 2023 (avec application d'un plafond mensuel entier, voir no 18052).

SECTION 4 EFFECTIF À PRENDRE EN COMPTE

A. Dispositifs concernés

18800 Les règles exposées ci-après concernent l'effectif pris en compte pour le **calcul** et le **recouvrement** des cotisations et contributions de sécurité sociale (CSS art. L 130-1). Elles concernent donc l'ensemble des **seuils prévus par le CSS,** notamment :
– le recouvrement des cotisations par l'Urssaf : dates et périodicité de paiement (nos 19500 s.), lieu de versement (nos 19255 s.) et dates de souscription de la DSN (nos 36410 s.) ;
– le forfait social : voir notamment no 43350 (contributions patronales de prévoyance), no 47840 (participation), no 48980 (intéressement) et no 49740 (plan d'épargne entreprise) ;
– la réduction générale de cotisations patronales (coefficient de réduction variable selon le taux Fnal) : no 22010 ;
– la déduction forfaitaire de cotisations patronales sur les heures supplémentaires (no 7810) ;
– l'exonération de cotisations patronales dans les ZRR (nos 23030 s.) ;

– la tarification des accidents du travail (nos 18730 s.) ;
– le contrôle Urssaf : durée du contrôle (no 19980) et possibilité de procéder à un contrôle sur pièces (no 20110).

ATTENTION

Ces règles s'appliquent aussi à des **obligations issues d'autres Codes ou législation,** si un texte le prévoit expressément. Tel est notamment le cas pour l'effectif déterminant le taux de la contribution **Fnal** (nos 26450 s.) et de la **contribution** à la **formation** professionnelle (voir no 30970), l'effectif à partir duquel la **participation-construction** est due (no 33370) ou le bonus-malus sur la contribution **chômage** est applicable (no 29460), ou l'effectif déterminant le régime social de la contribution patronale finançant les **chèques-vacances** (nos 53090 s.).

Ces règles sont aussi applicables, avec des adaptations, au **versement mobilité** (nos 26900 s.), à la contribution supplémentaire à l'**apprentissage** (nos 31000 s.), à l'obligation d'**emploi de travailleurs handicapés** (no 28165) et aux dispositifs d'**épargne salariale** (nos 46210 s.).

B. Effectif annuel

CALCUL

Règles générales L'effectif salarié annuel de l'employeur correspond, y compris s'il s'agit d'une personne morale comportant plusieurs établissements, à la **moyenne** du nombre de personnes employées au cours de chacun des mois de l'**année civile précédente** (CSS art. L 130-1, I). Ainsi, en 2023, c'est l'effectif moyen de l'entreprise en 2022 (tous établissements confondus) qui sert de référence. Cet effectif moyen est calculé à partir des effectifs mensuels déterminés selon les règles exposées ci-après (nos 18835 s.) sans tenir compte des mois au cours desquels **aucun salarié** n'a été employé (CSS art. R 130-1, I). 18820

Seuls les établissements situés sur le **territoire français** sont pris en compte, que l'entreprise soit française ou étrangère (BOSS-Eff.-50-70-80).

L'effectif annuel de l'entreprise est **arrondi,** s'il y a lieu, au centième (CSS art. R 130-1, I).

› **Précisions** **a.** Pour la **tarification des accidents du travail** et maladies professionnelles, l'effectif pris en compte est celui de la dernière année connue (CSS art. L 130-1, I), soit celui de l'année N – 2. Par exemple, l'effectif moyen de 2021 détermine le mode de tarification (collectif, mixte ou individuel) applicable dans l'entreprise en 2023. Pour cette tarification, l'effectif est calculé en retenant, d'une part, les salariés et agents qui relèvent du régime général et, d'autre part, ceux qui relèvent du régime des salariés agricoles (CSS art. R 130-1, VI).
b. Pour l'assujettissement à la **participation** aux résultats de l'entreprise, l'effectif peut être calculé au niveau de l'unité économique et sociale (no 46250).
c. Les entreprises n'ont pas à déclarer leur effectif en **DSN,** le calcul de cet effectif étant réalisé par l'Urssaf à partir des données individuelles déclarées.

EXEMPLES 18821

1. Dans une **entreprise « classique »** ayant eu en 2022, 10 salariés de janvier à juin, 20 salariés en juillet, 25 salariés en août et 10 salariés de septembre à décembre, l'effectif à prendre en compte en 2023 s'élève à : (10 × 10 mois) + (20 + 25)/12 mois = 12,08.

2. Dans une **entreprise saisonnière** ayant fonctionné du 1-6-2022 au 30-9-2022 avec 10 salariés en juin, 20 salariés en juillet, 25 salariés en août et 10 salariés en septembre, l'effectif à prendre en compte en 2023 s'élève à : (10 + 20 + 25 + 10)/4 mois = 16,25.

Embauche du premier salarié L'effectif à prendre en compte pour l'**année de création du premier emploi,** c'est-à-dire du premier emploi pourvu par un salarié titulaire d'un contrat de travail non exclu de l'effectif (BOSS-Eff-130), correspond à l'effectif présent le dernier jour du mois au cours duquel cette embauche a eu lieu (CSS art. L 130-1). Selon l'administration, l'entreprise est immédiatement assujettie aux obligations attachées à cet effectif, sans application du dispositif de gel des effets de seuil visé no 18825 (BOSS-Eff-500). Pour l'obligation d'emploi de **travailleurs handicapés** (OETH), voir no 28165. 18822

EXEMPLE

Si une entreprise créée en février 2023 embauche 1 apprenti en février puis 2 salariés à temps plein au 1-3-2023 et 20 salariés à temps plein au 1-6-2023, pour déterminer ses obligations en 2023, l'effectif pris en compte sera celui présent au 31-3-2022 (soit 2 salariés puisque l'apprenti n'est pas décompté). Pour déterminer ses obligations en 2024, l'effectif moyen 2023 sera retenu, celui-ci étant calculé sur 10 mois (les mois sans salarié n'étant pas comptabilisés) : [(3 mois × 2 salariés) + (7 mois × 22 salariés)]/10 = 16 salariés.

VARIATION DE L'EFFECTIF

18825 **Mécanisme de neutralisation des effets de seuil** Depuis le 1-1-2020, le **franchissement à la hausse** d'un seuil d'effectif salarié est pris en compte lorsque ce seuil a été atteint ou dépassé pendant 5 années civiles consécutives. À l'inverse, le **franchissement à la baisse** d'un seuil d'effectif sur une année civile a pour effet de faire à nouveau courir la règle de prise en compte du franchissement à la hausse précité (CSS art. L 130-1). Autrement dit, une entreprise dont la diminution de l'effectif conduit à la faire passer sous un seuil disposera à nouveau de 5 ans pour être soumise à l'obligation attachée au franchissement à la hausse du seuil en question.

> **Précisions** Des **règles dérogatoires** peuvent être prévues pour certains dispositifs. Tel est le cas pour l'**OETH** (voir n° 28165) et le dispositif de **VLU** (voir n° 19255).

18826 EXEMPLE

Un employeur sous le seuil de 11 salariés au 1-1-2019 (effectif calculé au regard des données de l'année 2018) franchit ce seuil au 1-1-2020 (au regard des données de l'année 2019). Les conséquences de ce franchissement seront prises en compte à compter du 1-1-2025 si :
– l'effectif est atteint ou dépassé pendant 5 années civiles consécutives, c'est-à-dire au titre des années 2020 à 2024 (au regard des données des années 2019 à 2023) ;
– et si l'effectif de l'année 2025 (calculé au regard des données de l'année 2024) est également au moins égal à 11 salariés.

18827 **Cas exclus de la neutralisation** Le mécanisme de neutralisation pendant 5 ans des effets de seuils ne s'applique pas aux entreprises dont l'effectif, au 1-1-2020, est égal ou supérieur à un seuil et qui étaient **déjà soumises, au titre de l'année 2019,** aux obligations attachées à ce seuil (Loi 2019-486 du 22-5-2019 art. 11, XIII). Ainsi, la neutralisation ne s'applique pas aux entreprises (BOSS-Eff.-620) :
– dont l'effectif au 1-1-2020 (calculé au regard des données de l'année 2019) était supérieur à un seuil ;
– et qui étaient déjà tenues par l'obligation liée à ce seuil en 2019, eu égard à leur effectif annuel 2019 (calculé au regard des données de l'année 2018).

> **Précisions** Une dérogation à ce principe est prévu pour la **contribution à la formation** professionnelle, voir n° 30970.

18830 Le mécanisme de neutralisation des effets de seuils ne concerne pas non plus les entreprises qui, au 31-12-2019, étaient déjà bénéficiaires de l'un des **anciens dispositifs de lissage ou de gel** des effets de seuils, lesquels sont maintenus, à titre transitoire, jusqu'à leur terme. Sont notamment concernés les dispositifs applicables au versement mobilité (n°s 27005 s.) et à la participation-construction (n° 33370).

Les entreprises concernées n'ont pas la possibilité de bénéficier du mécanisme de neutralisation, y compris lorsque 2019 était la dernière année d'application du dispositif de lissage. Pour ces entreprises, l'ancienne mesure s'applique jusqu'à son terme. Elles sont ensuite directement tenues par l'obligation concernée, sous réserve que l'effectif soit toujours au moins au niveau du seuil (BOSS-Eff.-630).

Toutefois, si elles franchissent un seuil d'effectif à la baisse à compter du 1-1-2020 (sur la base des données de l'année 2019), puis franchissent à nouveau ce seuil à la hausse, la mesure de neutralisation pendant 5 ans leur est alors applicable (BOSS-Eff.-640).

TRANSFERT D'ENTREPRISE

18832 En cas de modification de la situation juridique de l'employeur au sens de l'article L 1224-1 du Code du travail (n° 70040), ou d'application volontaire de cet article ou de transfert conventionnel de contrats de travail (BOSS-Eff.-170), l'effectif à prendre en compte pour l'**année au cours de laquelle les contrats sont transférés** correspond à l'effectif présent le dernier jour du mois au cours duquel a été réalisé le transfert des contrats de travail (CSS art. R 130-1, V). Ce principe s'applique même si la modification entraîne la création d'une nouvelle entreprise (CSS art. R 130-1, V).

Selon le BOSS, il n'y a **pas de rétroactivité du nouvel effectif** au 1er janvier de l'année considérée. Ainsi (BOSS-Eff.-210 s.) :
– l'effectif résultant du transfert est à prendre en compte à compter du 1er jour du mois au cours duquel a été réalisée la modification juridique (sans tenir compte, le cas échéant, des dates d'effet rétroactives de cet acte) jusqu'au 31 décembre de l'année du transfert ;
– l'effectif à prendre en compte du 1er janvier au dernier jour du mois précédant le mois du transfert est l'effectif annuel, soit l'effectif correspondant à la moyenne du nombre de personnes employées au cours de chacun des mois de l'année civile précédente.

L'effectif est déterminé ainsi pour les deux **entreprises concernées** (BOSS-Eff.-200).

Si le **repreneur franchit un seuil** du fait du transfert des contrats de travail, il bénéficie du dispositif de gel des effets de seuil visé nº 18825, à compter du premier jour du mois du transfert, pour 5 années consécutives à compter de l'année du transfert (BOSS-Eff-510-520).

› Précisions Pour la **tarification des accidents du travail,** la règle ci-dessus n'est pas applicable (CSS art. R 130-1, VI). Sur les modalités de tarification en cas de modification de la situation juridique de l'entreprise, voir nº 70650.

EXEMPLES 18833

1. Une entreprise dont l'effectif au 1-1-2023 (calculé au moyen des données mensuelles 2022) est de 15 salariés **passe sous le seuil de 11 salariés lors du transfert de 8 salariés** (en CDI temps plein) à une autre entreprise au 31-3-2023. Du 1-3-2023 au 31-12-2023, elle n'est plus assujettie aux obligations des entreprises d'au moins 11 salariés.

2. Une entreprise dont l'effectif au 1-1-2023 (calculé au moyen des données mensuelles 2022) est de 5 salariés **franchit le seuil de 11 salariés lors du transfert de 8 salariés** (en CDI temps plein) d'une autre entreprise au 31-3-2023. À compter du 1-3-2023, elle aurait dû être assujettie aux obligations des entreprises d'au moins 11 salariés. Elle bénéficie toutefois du gel des effets de seuil du 1-3-2023 au 31-12-2027 : elle sera donc assujettie à ces obligations à partir du 1-1-2028 si l'effectif des années 2024 à 2028 (calculé au regard des données des années 2023 à 2027) est au moins égal à 11 salariés.

3. Une **entreprise est créée** le 1-3-2023 pour regrouper deux entreprises préexistantes. Y sont immédiatement transférés les 11 salariés issus des deux sociétés antérieures. L'effectif de l'entreprise nouvelle pour 2023 (calculé au 31-3-2023) atteint le seuil de 11 salariés. Compte tenu du fait que le franchissement de seuil est lié au transfert des contrats de travail issus des deux sociétés fusionnées, l'entreprise bénéficie des 5 années de gel des effets de seuil.

C. Calcul de l'effectif du mois

PERSONNES PRISES EN COMPTE

Pour la détermination de l'effectif, sont uniquement pris en compte les titulaires d'un **contrat de travail** (même s'ils sont absents ou si leur contrat est suspendu) (CSS art. R 130-1, II). 18835

› Précisions **a.** Les **salariés temporaires** sont pris en compte dans l'effectif de l'entreprise de travail temporaire pour la période au cours de laquelle ils ont été liés à celle-ci par des contrats de mission, en plus de ses salariés permanents (CSS art. R 130-1).

b. Les salariés **mis à disposition** par une entreprise extérieure sont pris en compte dans l'effectif de leur employeur (CSS art. R 130-1). De même, les agents publics mis à disposition d'une structure publique ou privée restent comptabilisés dans les effectifs de leur administration d'origine (BOSS-Eff.-330). En revanche, les agents publics **détachés** dans une autre structure sont comptabilisés par la structure d'accueil (BOSS-Eff.-340)

c. Les salariés **expatriés en France** sont pris en compte lorsqu'ils sont assujettis au régime général de la sécurité sociale français à titre obligatoire (BOSS-Eff.-240).

d. Les salariés titulaires d'un contrat d'**entrepreneur salarié** associé (Cesa) sont pris en compte (BOSS-Eff.-260).

PERSONNES EXCLUES

Sont en revanche exclus de l'effectif : 18837

– les salariés sous **CDD** lorsqu'ils remplacent un salarié absent ou dont le contrat est suspendu, notamment du fait d'un congé de maternité, d'adoption ou d'un congé parental d'éducation (CSS art. R 130-1, II). Pour le remplacement d'un temps partiel thérapeutique, voir nº 18848 ;

– les **stagiaires** en milieu professionnel qui ne sont pas titulaires d'un contrat de travail et les stagiaires de la formation professionnelle (CSS art. R 130-1, II) ;

– les volontaires en **service civique** (CSS art. R 372-4) ;

– sauf en ce qui concerne la tarification des accidents du travail, les **apprentis,** les titulaires d'un contrat de **professionnalisation** (jusqu'au terme prévu par le contrat si celui-ci est à durée déterminée ou jusqu'à la fin de l'action de professionnalisation s'il est à durée indéterminée), d'un **contrat initiative-emploi** et d'un contrat d'**accompagnement dans l'emploi** (seulement pendant l'attribution de l'aide financière) (CSS art. R 130-1, III) ;

– les **mandataires sociaux** relevant du régime général de sécurité sociale des salariés et non titulaires d'un contrat de travail ;

– les salariés **français expatriés** si leur affiliation au régime français de la sécurité sociale n'est pas maintenue (BOSS-Eff.-280).

Les **salariés temporaires** et les salariés **mis à disposition** par une entreprise extérieure sont exclus du décompte de l'effectif de l'entreprise utilisatrice, puisqu'ils sont pris en compte dans celui de leur employeur (n° 18835).

MODALITÉS DE DÉCOMPTE

18840 **Règles générales** Les salariés à **temps plein** sont intégralement pris en compte dans l'effectif de l'entreprise au cours du mois (CSS art. R 130-1, II).

Les salariés à **temps partiel** sont pris en compte en divisant la somme totale des horaires inscrits dans leur contrat de travail par la durée légale ou la durée conventionnelle du travail. Il en va de même, dans le secteur public, des personnes à temps partiel ou à temps non complet (CSS art. R 130-1, II). Pour le temps partiel thérapeutique, voir n° 18848.

En **cas d'embauche ou de départ** en cours de mois, les personnes sont décomptées dans l'effectif de l'entreprise à due proportion du nombre de jours d'emploi dans le mois, selon la formule suivante (CSS art. R 130-1, II ; BOSS-Eff.-440) :

> Nombre de jours calendaires de la période d'emploi/nombre de jours calendaires du mois

En cas d'embauche ou de départ en cours de mois d'un salarié à temps partiel, il y a donc lieu de procéder à une double proratisation.

ATTENTION

Les salariés à **temps partiel** dont les contrats de travail ne mentionnent pas la durée hebdomadaire ou mensuelle de travail doivent être comptés pour une unité (Cass. 2e civ. 30-5-2013 n° 12-19.741 F-PB).

18841 **EXEMPLE**

Dans une entreprise pratiquant la durée légale du travail :
– 1 CDI à 28 heures par semaine est pris en compte pour : 1 × 28/35 = 0,80 unité s'il a été présent tout le mois. S'il est embauché le 15 mars, il est pris en compte pour : 1 × 28/35 × 17/31 = 0,4387 unité dans l'effectif du mois de mars ;
– 1 CDI embauché avec un forfait mensuel en heures de 140 h/mois est pris en compte pour : 140/151,67 = 0,92 unité s'il a été présent tout le mois ;
– 1 CDI embauché avec un forfait annuel en heures de 1 500 h/an est pris en compte pour : 1 500/1 607 = 0,93 unité s'il a été présent tout le mois.

18842 **Forfait jours annuel** Dès lors que leur contrat de travail couvre l'ensemble du mois, les salariés ayant conclu une convention de forfait jour sur l'année d'une durée égale à **218 jours** (ou égale à la durée équivalente à un temps plein fixée par convention ou accord collectif de travail) sont pris en compte dans l'effectif pour une unité entière (BOSS-Eff.-360).

Par tolérance, ceux dont le **forfait est inférieur** sont retenus au **prorata** de leur durée de travail selon la **formule** suivante (BOSS-Eff.-410) :

> Nombre de jours inscrits dans la convention de forfait/218 (ou, si elle est inférieure à 218, durée équivalente à un temps plein fixée par convention ou accord collectif de travail).

Dans tous les cas, si le **contrat de travail ne couvre pas tout le mois** (embauche/débauche en cours de mois), un prorata à due proportion du nombre de jours calendaires d'emploi est effectué.

EXEMPLE

Un salarié ayant conclu une convention de forfait lui imposant d'effectuer 174 jours de travail dans une entreprise soumise à la durée légale du travail est compté pour : 174/218 = 0,7982.

Si un accord collectif fixe la durée équivalente au temps plein à 200 jours par an, ce salarié est compté pour : 174/200 = 0,87.

Si le salarié est embauché le 15 mars dans une entreprise soumise à la durée légale du travail, ce salarié est compté pour : 174/218 × 17/31 = 0,4377.

18844 **Travail intermittent** Selon le BOSS, les contrats de travail à durée indéterminée **intermittents** (CDII) et les contrats d'**engagement éducatif** (CEE) sont comptabilisés selon les **modalités** suivantes (BOSS-Eff.-390-400) :

> Quotité d'activité rémunérée pour le mois (en jours ou en heures)/quotité d'activité équivalente à un temps plein sur la période considérée (en jours ou en heures)

La quotité d'activité équivalant à un temps plein sur la période considérée est de 21,67 si la donnée est exprimée en jours (5 × 52/12) ou de 151,67 si elle est exprimée en heures (35 × 52/12) (BOSS-Eff.-400). Le résultat est borné à 1 (BOSS-Eff.-400) de sorte qu'un salarié ne peut pas compter pour plus d'une unité.

EXEMPLE

Le contrat de travail d'un formateur occasionnel prévoit 24 jours d'activité dans l'année, à raison de 2 jours par mois. Il est comptabilisé pour 0,09 unité (2/21,67).

Salarié sans durée de travail Pour les personnes pour lesquelles il n'est pas possible de tenir compte de la durée de travail (**artistes** au cachet, journalistes **pigistes, VRP multicartes,** entrepreneur salarié associé en **coopérative d'activité** et d'emploi, etc.), le BOSS admet qu'elles soient prises en compte au **prorata** du rapport entre (BOSS-Eff.-420) : 18846
- leur rémunération mensuelle soumise à cotisations et contributions de sécurité sociale ;
- et le Smic mensuel pour la même période. Le résultat est borné à 1. Lorsque leur rémunération est au moins égale au Smic, ces personnes sont donc prises en compte pour une unité (BOSS-Eff.-420).

› Précisions **a.** En cas d'application d'une **déduction forfaitaire spécifique pour frais** professionnels (DFS), la rémunération mensuelle est prise en compte avant application de cette DFS (BOSS-Eff.-420).
b. Pour les salariés **non mensualisés,** la rémunération et la valeur du Smic prises en compte sont celles correspondant à la période habituelle de paie (BOSS-Eff.-420).

En cas de **début ou de fin de contrat en cours de mois** d'un salarié sans durée de travail, l'effectif correspond à la plus faible des deux valeurs entre (BOSS-Eff.-430) : 18847
- prorata calculé au regard du Smic ;
- et prorata calculé au regard de la durée du contrat sur le mois.

EXEMPLE

Un pigiste est lié par un contrat de travail à une entreprise de presse à compter du 12-6-2023. Sur ce mois, il effectue 1 pige pour laquelle il perçoit une rémunération de 200 €.

Le prorata Smic est le suivant : 200/1 709,28 = 0,12.

Le prorata calculé au regard de la durée de contrat est le suivant : 19/30 = 0,63.

Sur ce mois, le salarié est donc comptabilisé pour 0,12 (on retient la plus faible des deux valeurs).

Temps partiel thérapeutique Le salarié en temps partiel thérapeutique est décompté comme les autres salariés à temps partiel. La **formule** suivante est alors applicable (BOSS-Eff.-380) : heures inscrites à l'avenant au contrat de travail ou au document écrit signé par le salarié dans le cadre du mi-temps thérapeutique / durée légale de travail (ou conventionnelle si elle est inférieure). Cette **règle est applicable à partir de** l'effectif annuel de 2023 calculé à partir des données 2022 (BOSS-Eff.-380). 18848

ATTENTION

Selon l'administration, le contrat de travail du salarié en temps partiel thérapeutique n'étant pas suspendu, le salarié éventuellement embauché en vue de le **remplacer pendant son absence** n'est pas exclu de l'effectif (BOSS-Eff.-380).

SECTION 5 PAIEMENT

A. Fait générateur de l'obligation de cotiser

PRINCIPES GÉNÉRAUX

Le fait générateur de l'obligation de cotiser est, en principe, constitué par le **paiement de la rémunération** au salarié. C'est en effet la date de paiement de la rémunération qui détermine la date d'exigibilité des cotisations (voir nos 19500 s.). 18850

Le versement d'**acomptes sur salaire** (au sens indiqué no 12640) est sans incidence sur la date d'exigibilité des cotisations, celle-ci étant déterminée par la date de versement du solde (Lettre min. du 29-11-1984). En revanche, les avances ou acomptes sur prime annuelle sont intégrés dans l'assiette des cotisations du mois de leur versement (Cass. soc. 2-3-1966 n° 63-12.126), même s'ils sont remboursables lorsque le salarié quitte l'entreprise avant la date de règlement du solde (Cass. 2e civ. 12-7-2006 n° 05-11.570 F-D ; 18-3-2010 n° 09-14.722 FS-D).

RÉMUNÉRATIONS NON PAYÉES

18860 En **principe,** aucune cotisation n'est due sur des rémunérations non payées. Par **dérogation** :
– en matière d'options sur actions, le rabais est assujetti à cotisations dès la levée de l'option : voir n° 50530 ;
– en vertu des dispositions relatives à l'assiette minimum des cotisations, celles-ci sont exigibles sur les rémunérations que l'employeur aurait dû verser : voir nos 17900 s. ;
– pour les rémunérations mises à la disposition des bénéficiaires, par inscription à un compte personnel ou tout autre moyen, les juges recherchent, en cas de litige, si le compte où figurent les rémunérations permet ou non de les considérer comme mises à la disposition du bénéficiaire, c'est-à-dire si celui-ci a, ou non, la possibilité de les utiliser. C'est seulement dans l'affirmative que les cotisations de sécurité sociale sont exigibles.

ILLUSTRATIONS

Les cotisations ne sont pas exigibles sur l'intéressement sur chiffre d'affaires inscrit en provision sur un compte spécial dont le **bénéficiaire n'a pas la disposition** (Cass. soc. 3-10-1991 n° 89-16.175 D). Il en va de même des rémunérations figurant dans la comptabilité de l'entreprise à un compte de provision pour pertes et charges (Cass. soc. 8-2-1990 n° 87-12.238 P), à un compte « diverses charges à payer » (Cass. soc. 14-5-1992 n° 89-20.776 D), au compte « frais généraux » (Cass. soc. 15-10-1992 n° 90-12.979 D) ou au compte « rémunérations dues » (Cass. soc. 3-6-1993 n° 90-17.036 D).

En revanche, les cotisations sont exigibles sur les indemnités versées sur un compte ouvert au nom de chacun des bénéficiaires, lesquels ont la **faculté de les investir immédiatement** en titres dont le revenu peut lui-même être réinvesti. Peu importe à cet égard que les sommes litigieuses ne soient effectivement versées qu'à l'occasion du départ du salarié de l'entreprise ou qu'il en perde le bénéfice en cas de licenciement pour faute grave (Cass. soc. 21-11-1991 n° 89-14.177 P-F). Une solution analogue a été adoptée à propos d'un système de « **comptes-points** » (voir n° 52340).

ABANDON DE RÉMUNÉRATION

18920 La seule inscription à un compte personnel ou la mise à disposition de la rémunération par un autre moyen entraîne un transfert de propriété des sommes concernées au bénéfice du salarié et lui permet de les utiliser comme il l'entend, ce qui constitue le fait générateur des cotisations. L'abandon ultérieur des rémunérations est sans effet sur l'**exigibilité des cotisations** : ainsi, la renonciation ultérieure de l'intéressé à les encaisser est inopposable à l'Urssaf (Cass. soc. 10-7-1969 n° 68-10.172 ; 23-6-1971 n° 70-11.671 ; 13-10-1971 n° 70-11.804), de même que leur restitution ultérieure (Cass. soc. 21-7-1994 n° 92-11.216 D ; 23-5-1996 n° 94-12.010 D ; Cass. 2e civ. 25-4-2013 n° 12-19.144 F-PB).

Le droit du travail **limite les possibilités de renonciation** des salariés à leurs rémunérations, mais ces restrictions ne concernent pas les rémunérations des **dirigeants** au titre de l'exercice du mandat social. Ces derniers sont donc en premier lieu concernés par les règles ci-dessus.

> **Précisions** L'affiliation de certains **dirigeants** au **régime général** des salariés en leur seule qualité de mandataires sociaux est subordonnée à l'existence d'une rémunération (voir n° 76880). Dans la mesure où, en cas d'abandon de rémunération, le versement de cotisations à ce régime est dû, les organismes de sécurité sociale ne devraient pas considérer les gérants comme non rémunérés et les exclure du régime (Rép. Gengenwin : AN 14-12-1987 n° 29003).

COLLABORATEUR NON AFFILIÉ AU RÉGIME GÉNÉRAL DES SALARIÉS

18940 La non-affiliation d'un salarié au régime général de la sécurité sociale des salariés ne dispense pas de l'obligation d'**acquitter les cotisations** sur les rémunérations qui lui sont versées. En effet, l'obligation de cotiser prend effet du jour où les conditions d'assujettissement à ce régime se trouvent, en fait, réunies sans qu'il soit besoin d'une décision d'affiliation de la Caisse primaire d'assurance maladie (Cass. soc. 8-5-1967 n° 65-13.819 P ; 6-2-1992 n° 90-13.109 P).
Par exception :
– en cas de **requalification en salarié** d'un travailleur qui s'était auparavant affilié et avait cotisé, au titre de l'activité en cause, aux régimes de protection sociale des travailleurs indépendants, l'obligation de cotiser au régime des salariés ne court qu'à compter de la notification de la décision d'affiliation à ce régime, aucune cotisation ne pouvant donc être

réclamée pour les périodes antérieures (Cass. soc. 6-5-1987 n° 85-10.109 S ; 16-11-1988 n° 86-12.345 P ; 7-4-1994 n° 91-15.540 P) ;
– l'absence d'observations de l'Urssaf lors d'un **contrôle** de rémunérations versées à des collaborateurs considérés par l'entreprise comme travailleurs indépendants peut valoir **approbation implicite** de cette qualification, voir nos 20640 s.

B. Personnes redevables

PRINCIPES

Le **versement** des cotisations, aussi bien patronales que salariales, incombe à l'employeur. 19020

Les **cotisations patronales** sont toujours à sa charge, toute convention contraire étant nulle de plein droit (CSS art. L 241-8). Ce principe n'interdit toutefois pas de retenir comme assiette d'une rémunération variable la marge nette hors cotisations patronales, voir n° 57800.

Les **cotisations salariales** sont précomptées (c'est-à-dire retenues) par l'employeur sur le salaire de chaque paie sans que le salarié puisse s'y opposer (CSS art. L 243-1). Sur les conséquences de leur prise en charge par l'employeur, voir nos 42410 s.

> **Précisions** **a.** Le **comité social et économique** est redevable des cotisations dues pour le personnel qu'il emploie à la gestion des activités sociales et culturelles (Cass. soc. 21-6-1979 n° 78-11.594). Pour les cotisations dues au titre des avantages attribués aux salariés de l'entreprise, voir n° 41800.
> **b.** Chacun des associés d'une **société de fait** peut être mis en demeure de régler la totalité des cotisations dues pour les salariés de cette société (Cass. 2e civ. 11-2-2016 n° 15-10.487 F-PB). En revanche, étant dépourvue de la capacité d'agir en justice, la société de fait, même si elle est immatriculée auprès de l'Urssaf en tant qu'employeur, ne peut pas être mise en demeure de régler des cotisations (Cass. 2e civ. 18-11-2003 n° 02-30.756 FS-P). Sur le point de savoir si elle peut être destinataire d'un avis préalable à contrôle, voir n° 20140, a.
> **c.** Des dispositions particulières sont prévues pour le **travail à domicile** (n° 87780), le **travail dissimulé** (nos 11800 s.), la **sous-traitance** (nos 11670 s.), les entreprises **sans établissement en France** (n° 19285) et les **groupements d'employeurs** (C. trav. art. L 1253-8 et L 1253-21).

SOMMES VERSÉES PAR UN TIERS

Un **syndicat** est redevable des cotisations et charges afférentes aux indemnités de fonction qu'il verse aux salariés mis à sa disposition (C. trav. art. L 2135-7). 19040

Un **traiteur** reste redevable des cotisations lorsqu'il met à la disposition de ses clients des **extras** dont la rémunération, fixée par lui, est directement réglée par les clients à sa demande et pour son compte (Cass. soc. 9-11-1978 n° 77-13.723).

Pour les cotisations dues au titre : des **pourboires** versés aux salariés, voir nos 54530 s. ; des avantages alloués par des entreprises aux **salariés d'autres entreprises,** voir nos 45850 s. ; des indemnités versées par les **caisses de congés payés,** voir n° 60360 s.

REDRESSEMENT DE L'URSSAF

L'employeur qui, à la suite d'un redressement de l'Urssaf, a dû verser un arriéré de **cotisations salariales** peut en demander le **remboursement** au salarié (Cass. soc. 25-2-1997 n° 94-44.788 P), sauf si le contrat de travail prévoit que la rémunération convenue s'entend nette de cotisations et contributions sociales (Cass. soc. 14-6-2005 n° 02-47.320 F-P). 19060

Cette action est soumise à la **prescription** prévue par l'article L 3245-1 du Code du travail (n° 15900). Elle peut s'opérer par voie de **compensation,** selon les modalités exposées nos 14850 s.

> **ATTENTION**
> En cas de redressement pour méconnaissance du caractère obligatoire et collectif d'un régime de **protection sociale complémentaire,** l'employeur ne peut pas demander au salarié de lui rembourser les cotisations salariales, voir n° 42900.

TRAVAIL TEMPORAIRE

Les cotisations de sécurité sociale – ainsi d'ailleurs que l'ensemble des charges sociales sur salaires, la CSG et la CRDS – dues au titre des travailleurs temporaires sont à la **charge** de l'entreprise de travail temporaire et non des entreprises utilisatrices. 19080

Il en est ainsi même si l'entreprise utilisatrice décide de sa propre initiative de verser à ceux-ci des sommes non prévues par les contrats de travail temporaire, par exemple des indemnités dites « de grand déplacement » (Cass. soc. 21-3-1991 n° 88-13.963 D).

> Précisions **a.** Si un travailleur temporaire est victime d'un **accident du travail** entraînant une incapacité permanente au moins égale à 10 %, le coût de l'accident est imputé au compte de l'établissement utilisateur à hauteur d'un tiers, sauf répartition différente fixée par un juge (CSS art. L 241-5-1, R 242-6-1). S'il est en tarification mixte ou individuelle, cette imputation se traduit pour l'établissement utilisateur par une majoration de son taux de cotisation d'accidents du travail.
Si l'ETT se voit imposer des cotisations supplémentaires en raison des risques exceptionnels caractérisant l'établissement utilisateur, elle peut lui en demander le remboursement (CSS art. L 412-3).
b. En cas d'**insuffisance de la garantie financière** souscrite par l'ETT, l'entreprise utilisatrice est substituée à cette dernière pour le paiement des cotisations dues pour les travailleurs temporaires mis à sa disposition (C. trav. art. L 1251-52). Cette substitution concerne également la CSG et la CRDS (CSS art. L 136-5, IV ; Ord. 96-50 du 24-1-1996 art. 14, III). La demande de paiement de l'Urssaf est adressée à l'entreprise utilisatrice par lettre recommandée avec demande d'avis de réception ou lui est remise contre récépissé. Le paiement doit intervenir dans les 10 jours suivant la réception de la demande (C. trav. art. R 1251-26). Les cotisations acquittées avec un retard d'un mois ou plus à compter de la notification de la mise en demeure à l'entreprise utilisatrice font l'objet de majorations calculées comme indiqué n° 19600. Ces majorations peuvent faire l'objet d'une remise : voir n° 19625 (CSS art. R 243-26).

C. Organisme de recouvrement

PRINCIPES

19240 Les cotisations de sécurité sociale, la CSG et la CRDS (n° 28710), la cotisation solidarité autonomie (n° 72000), la contribution Fnal (n° 26660), les contributions chômage et AGS (nos 29570 s.), les contributions à la formation et à l'alternance (nos 30800 s.), ainsi que, le cas échéant, le versement mobilité (n° 27200) et le forfait social (n° 27390) font l'objet d'un versement global à l'**Urssaf** dans la circonscription de laquelle est implantée l'entreprise (CSS art. L 213-1).

> Précisions Des règles spécifiques s'appliquent aux salariés **expatriés** (nos 71300 s.).
Certains employeurs peuvent recourir à des **titres ou guichets uniques** (titre emploi-service entreprise, chèque emploi associatif, etc.) : voir nos 36570 s.

ENTREPRISE À ÉTABLISSEMENTS MULTIPLES

19250 **Paiement à l'Urssaf dont dépend l'établissement** En principe, **pour chaque établissement,** l'employeur verse les cotisations sociales à l'Urssaf dont cet établissement relève (CSS art. R 243-6). Pour définir l'établissement, les Urssaf se réfèrent à la terminologie retenue par l'Insee pour la gestion du répertoire « Sirene » (Circ. Acoss 43 du 6-3-2001). Tout établissement affecté d'un identifiant « Siret » relève donc de l'Urssaf dans la circonscription de laquelle il se trouve situé.

Les salariés sont rattachés à l'établissement dans lequel l'employeur est tenu de les inscrire sur le registre unique du personnel (ou selon des règles identiques si l'employeur n'est pas soumis à cette obligation) (CSS art. R 130-2, R 133-13 et R 243-6).

19255 **Versement en un lieu unique (VLU)** Par dérogation aux règles ci-dessus, l'entreprise employant **au moins 250 salariés** (au sens indiqué nos 18800 s.) dans des établissements situés dans la circonscription de plusieurs Urssaf doit verser les cotisations afférentes à l'ensemble de ses établissements auprès d'une seule Urssaf remplissant une fonction d'interlocuteur unique (CSS art. R 243-6-3). Cette **Urssaf** est **désignée** après proposition faite à l'entreprise par le directeur de l'Urssaf Caisse nationale au plus tard le 1er septembre de l'année précédant son entrée dans le dispositif. L'entreprise a 15 jours pour accepter ou refuser la proposition (l'absence de réponse dans le délai imparti vaut accord tacite). En cas de refus, le directeur de l'Urssaf Caisse nationale désigne l'Urssaf de rattachement. Le régime de versement en un lieu unique **prend effet** à compter du 1er janvier de l'année suivant la désignation. Il reste en vigueur, nonobstant les **fluctuations d'effectifs,** jusqu'au 31 décembre de la quatrième année suivant sa prise d'effet (CSS art. R 243-6-3).

ATTENTION
La **neutralisation pendant 5 ans** des effets de seuil (nos 18825 s.) s'applique uniquement aux entreprises dont l'effectif atteint le seuil de 250 salariés à partir du 1-1-2020 (BOSS-Eff.-570).

EXEMPLE

Une **entreprise qui franchit le seuil** de 250 salariés au 1-1-2020 (compte tenu des données de l'année 2019) bénéficie de la neutralisation jusqu'en 2025.

Si elle passe sous le seuil de 250 salariés au 1-1-2022 (compte tenu des données de l'année 2021) puis atteint à nouveau ce seuil au 1-1-2023 (compte tenu des données de 2022) et y demeure jusqu'en 2028 (compte tenu des données des années 2023 à 2027) : elle sera assujettie à la désignation d'un interlocuteur unique au 1-1-2028 et restera dans ce dispositif jusqu'au 31-12-2032, nonobstant les fluctuations d'effectif (BOSS-Eff.-600).

L'organisme de recouvrement qui remplit la fonction d'interlocuteur unique assure, pour tous les établissements de l'entreprise, l'ensemble des **missions** dévolues aux Urssaf : recouvrement, contrôle (dans les conditions exposées nº 19830) et contentieux (CSS art. R 243-6-3). Le directeur de l'Urssaf Caisse nationale peut confier à l'Urssaf interlocuteur unique la conduite des actions liées au recouvrement et de toute action contentieuse, quelles que soient la date et l'origine des litiges (CSS art. D 213-1-3). 19260

Un **changement d'interlocuteur unique** peut intervenir sur demande de l'entreprise et après autorisation du directeur de la Caisse nationale. Dans ce cas, une nouvelle procédure de désignation est engagée (CSS art. R 243-6-3).

Pour plus de renseignements sur ce dispositif, il est possible de **contacter l'Urssaf Caisse nationale** à l'adresse suivante : vlu.urssaf@acoss.fr.

VLU sur option L'entreprise non tenue d'effectuer ses versements en un lieu unique peut, sous réserve d'être à jour de ses déclarations et du paiement de ses cotisations et contributions sociales, demander à déclarer et verser les cotisations afférentes à chacun de ses établissements à un organisme de recouvrement unique. L'**autorisation** est délivrée par l'Urssaf Caisse nationale (CSS art. R 243-8). 19265

La **compétence** de l'Urssaf de liaison s'étend alors à toutes les opérations de recouvrement, de contrôle (nº 19830) et de contentieux pour les établissements énumérés dans le protocole conclu avec la Caisse nationale (CSS art. R 243-8 et arrêté du 15-7-1975).

GROUPE DE SOCIÉTÉS

Les entreprises appartenant à un groupe dont l'effectif cumulé des entreprises, situées dans la circonscription de plusieurs Urssaf, est d'**au moins 500 salariés** (au sens indiqué nºs 18800 s.) relèvent du régime du versement en un lieu unique (CSS art. R 243-6-3). Mis à part le fait que l'Urssaf interlocuteur unique est compétente pour tous les établissements de toutes les entreprises du groupe, le VLU groupe est mis en place et fonctionne comme le VLU entreprise (CSS art. R 243-6-3). 19275

Les groupes **non assujettis** au régime du VLU groupe peuvent y recourir sur option.

› Précisions Le **groupe est constitué,** d'une part, par une entreprise ayant, en application de l'article L 233-16 du Code de commerce, publié des comptes consolidés l'année précédant la désignation de l'Urssaf interlocuteur unique et, d'autre part, par les sociétés qu'elle contrôle ou sur lesquelles elle exerce une influence dominante au sens du même article (CSS art. R 243-6-3).

ENTREPRISE SANS ÉTABLISSEMENT EN FRANCE

L'employeur dont l'entreprise ne comporte pas d'établissement en France remplit ses obligations relatives aux déclarations et versements des contributions et cotisations sociales d'origine légale ou conventionnelle auxquelles il est tenu au titre de l'emploi de personnel salarié en France auprès de l'Urssaf service firmes étrangères (SFE) (CSS art. L 243-1-2 et R 243-8-1 ; Arrêté du 29-9-2004). En pratique, les déclarations et paiement sont effectués soit via le **titre firmes étrangères** (nºs 36680 s.), soit en utilisant la DSN via le site www.net-entreprises.fr. 19285

Pour remplir ses obligations, l'employeur sans établissement en France peut, par dérogation à l'article L 241-8 du CSS (nº 19020), désigner un **représentant résidant en France** qui est personnellement responsable des opérations déclaratives et du versement des sommes dues (CSS art. L 243-1-2).

ATTENTION

L'entreprise étrangère sans établissement en France qui emploie un ou plusieurs **VRP multicartes** doit les déclarer en DSN, voir nº 82810.

D. Modalités de paiement

19380 Sont exposés ci-après les règles concernant la **périodicité** et les **dates** de paiement des cotisations de sécurité sociale, ainsi que les moyens et modes de **preuve** du paiement.

Pour les **obligations déclaratives,** voir nos 35840 s.

ATTENTION

Les entreprises d'au moins 300 salariés qui ne sont **pas à jour** de leurs cotisations sociales doivent en **informer** trimestriellement le comité social et économique (C. trav. art. L 2312-69).

1. DATE DE PAIEMENT

a. Date d'exigibilité

19500 Le versement des cotisations est en **principe** effectué chaque mois au plus tard à la date prévue pour la souscription de la DSN (voir no 36410).

Toutefois, l'employeur de **moins de 11 salariés** peut opter pour le versement trimestriel des cotisations. Dans ce cas, les cotisations dues au titre des périodes de travail d'un trimestre civil sont versées dans les 15 premiers jours du trimestre civil suivant (soit au plus tard les 15-4, 15-7, 15-10 et 15-1). Pour exercer cette option, l'employeur doit en informer par écrit l'Urssaf dont dépend son établissement avant le 31 décembre (soit avant le 31-12-2022 pour 2023 et avant le 31-12-2023 pour 2024) ou au moment de l'emploi de son premier salarié. L'option est reconduite pour l'année suivante, sauf renonciation au plus tard le 31 décembre (CSS art. R 243-6-1). Sur l'effectif à prendre en compte, voir nos 18800 s.

› Précisions Quelques situations appellent des précisions :
– si l'échéance tombe un **jour férié,** un **dimanche** ou un jour chômé bancaire, voir no 19580 ;
– en cas de **cessation d'activité** de l'entreprise ou de fermeture d'un établissement, les cotisations sont exigibles lors de la première échéance mensuelle suivant cet événement (CSS art. R 243-7) ;
– en cas de **cession** d'entreprise, voir nos 70600 s.

b. Délais de paiement

DÉLAIS ACCORDÉS PAR LE DIRECTEUR DE L'URSSAF

19560 Le directeur de l'Urssaf peut accorder des échéanciers de paiement et des sursis à poursuites pour le règlement des cotisations, des pénalités et des majorations de retard (CSS art. R 243-21). En principe, ce n'est possible qu'après **règlement** intégral **des cotisations salariales** (CSS art. R 243-21) mais, pour les entreprises qui ne sont pas considérées comme « multidéfaillantes », des délais peuvent être consentis si l'employeur s'engage à effectuer ce règlement au plus tard dans le mois qui suit l'échéance impayée (Circ. DSS du 23-3-2009).

Les **demandes** de délai peuvent être formulées **avant l'échéance.**

› Précisions **a.** L'octroi de délais ou de sursis doit être assorti de **garanties** présentées par l'employeur et soumises à l'appréciation du directeur de l'Urssaf (CSS art. R 243-21).
b. S'agissant de l'incidence du délai octroyé pour le paiement des cotisations patronales :
– sur l'application des **majorations de retard** et sur la possibilité d'en obtenir la remise, voir respectivement nos 19600 (remise automatique) et 19625, a (remise sur demande) ;
– sur la possibilité de demander à l'employeur le **remboursement des prestations** sociales, voir no 19655 ;
– sur la possibilité d'obtenir un délai de paiement des **cotisations de retraite** complémentaire, voir no 30400.
c. Sur les plans d'apurement ayant pu être mis en place à la suite de la **Covid-19,** voir no 19625, e.

19570 **Examen de la situation par la CCSF** Lorsque l'entreprise a des difficultés passagères de trésorerie et doit faire face simultanément à un **arriéré touchant plusieurs dettes sociales ou fiscales,** sa situation peut justifier un examen par la commission des chefs de services financiers et des représentants des organismes de sécurité sociale (CCSF).

S'agissant des dettes sociales, cette commission **peut accorder** :
– un échéancier de paiement des cotisations patronales recouvrées par l'Urssaf et les caisses de retraite complémentaire ;
– des remises partielles de dettes en cas de procédure collective (voir no 19645) ;
– des remises partielles ou intégrales des majorations de retard et des pénalités si l'entreprise fait l'objet d'une reprise ou d'une restructuration financière (voir no 19635).

La commission peut être **saisie par** l'entreprise en difficulté (en adressant un courrier à son secrétariat permanent situé à la direction départementale des finances publiques ou au service des impôts des entreprises), par l'un de ses membres ou par un comptable public.
Le site des Urssaf détaille les pièces et **justificatifs** à fournir lors de la saisine de la commission.

c. Preuve du paiement à bonne date

À L'ÉGARD DE L'URSSAF

Toute personne tenue de respecter une date limite pour effectuer un paiement auprès d'un organisme de sécurité sociale peut remplir cette obligation au plus tard à la date prescrite au moyen d'un envoi par correspondance, le cachet de la poste faisant foi, ou d'un envoi par voie électronique, auquel cas fait foi la date figurant sur l'accusé de réception, ou, le cas échéant, l'accusé d'enregistrement adressé à l'usager par la même voie (CRPA art. L 100-3, L 112-1 et L 112-13). 19580
Les entreprises peuvent donc effectuer leurs paiements jusqu'au dernier jour sans s'exposer à des majorations et pénalités de retard. Ainsi (Circ. Acoss 110 du 29-12-2000) :
– en cas de virement : le règlement interbancaire, ou la date d'opération sur le compte spécial d'encaissement de l'Urssaf, doit intervenir au plus tard à la date limite d'exigibilité ;
– en cas de télépaiement : bien que l'autorisation de télépaiement ne constitue pas un paiement, mais un simple mandat de transférer des fonds, l'accord de paiement peut être transmis jusqu'à la date limite d'exigibilité à 12 heures (midi).

> **Précisions** Lorsque la date limite de paiement tombe un **jour férié, un dimanche ou un jour chômé bancaire,** le règlement des cotisations est considéré avoir été effectué à bonne date si la date du règlement interbancaire intervient le premier jour ouvré suivant (Circ. Acoss 110 du 29-12-2000).

À L'ÉGARD DES TIERS

Pour tout contrat d'un montant minimum de 5 000 € hors taxe, les **sous-traitants** doivent fournir au donneur d'ordre, lors de la conclusion du contrat puis tous les 6 mois, une attestation de vigilance indiquant qu'ils respectent leurs obligations de déclaration et de paiement des charges sociales (CSS art. L 243-15 et D 243-15 ; C. trav. art. R 8222-1). Cette attestation doit également être présentée pour accéder aux **marchés publics** ou aux **concessions publiques** (Arrêté ECOM1830220A du 22-3-2019). Elle peut être obtenue sur les sites urssaf.fr ou net-entreprises.fr et peut être vérifiée par le donneur d'ordre sur le site des Urssaf. 19590

d. Sanctions

MAJORATIONS ET PÉNALITÉS URSSAF

Montant En cas de **paiement tardif** des cotisations, l'employeur est redevable d'une **majoration initiale** égale à 5 % des cotisations et contributions non réglées à la date d'exigibilité (sauf en cas de taxation provisionnelle où elle est due à un taux plus élevé, voir nº 19665). S'y ajoute une **majoration complémentaire** de 0,20 %, par mois ou fraction de mois écoulé, à compter de la date d'exigibilité (CSS art. R 243-16). 19600
Ces majorations ne sont **pas dues si** les conditions suivantes sont réunies (CSS art. R 243-11) :
– leur montant est inférieur au plafond mensuel de la sécurité sociale ;
– aucun retard n'a été constaté au cours des 24 mois précédents ;
– le cotisant s'acquitte des cotisations dans les 30 jours (ou souscrit, dans ce même délai, un plan d'apurement et en respecte les termes) et remplit ses obligations déclaratives de manière conforme.
Sur les conditions de la remise automatique des majorations de retard dans le cas où le retard de paiement est dû à une erreur déclarative, voir nº 35900.

> **Précisions** **a.** Les majorations **commencent à courir dès** le lendemain de la date d'exigibilité des cotisations (Cass. soc. 29-3-2001 nº 99-18.758 FS-D).
> **b.** Des pénalités spécifiques s'appliquent en cas de non-respect de la réglementation sur la **DSN** (voir nº 36490) ou de l'obligation de **dématérialiser** les paiements (voir nº 19685).

Pour les mises en demeure émises à la **suite d'un contrôle** (CSS art. R 243-17) : 19605
– la majoration de 5 % ne s'applique pas sauf si le montant global du redressement est au moins égal au plafond annuel de la sécurité sociale en vigueur à la date de sa notification ;
– la majoration complémentaire de 0,20 % n'est décomptée qu'à partir du 1er février de l'année suivant celle au titre de laquelle les régularisations sont effectuées et, si le montant du redressement est réglé dans les 30 jours suivant l'émission de la mise en demeure, elle est abaissée à 0,10 %.

Par exemple, en cas de contrôle effectué en 2023 la majoration complémentaire due sur la part du redressement portant sur l'année 2020 court à partir du 1-2-2021, celle due au titre de 2021 court à compter du 1-2-2022, etc. (en ce sens, Circ. Acoss 79 du 25-5-2007). Son taux est ramené à 0,10 % si le paiement est effectué dans les 30 jours suivant la mise en demeure.

ATTENTION

En cas d'infraction grave (**abus** de droit, **absence de mise en conformité** avec les observations notifiées lors d'un précédent contrôle, **travail dissimulé** ou **obstacle à contrôle**), quels que soient le montant ou la date de paiement du redressement, la majoration de 5 % reste due et la majoration de 0,20 % n'est pas abaissée à 0,10 % (CSS art. R 243-17). Des majorations ou pénalités supplémentaires sont en outre dues en cas : de non-mise en conformité avec des observations précédemment notifiées, voir n° 20450 ; d'obstacle à contrôle, voir n° 19895 ; d'abus de droit, voir n° 20435 ; de redressement consécutif à un travail dissimulé, voir n° 20470.

19615 **Recouvrement** Les majorations et pénalités doivent être **versées dans le mois** de leur notification par mise en demeure (CSS art. R 243-19), celle-ci devant être conforme aux principes exposés n°s 21500 s. et ne pouvant porter que sur des majorations et pénalités non prescrites.

La **prescription** est de 3 ans (5 ans en cas de travail illégal) à compter (CSS art. L 244-3 et L 244-11) :

– pour les majorations : du 31 décembre de l'année au cours de laquelle a eu lieu le paiement ou l'exigibilité des cotisations afférentes ;

– pour les pénalités : du 31 décembre de l'année au cours de laquelle la déclaration a été produite (ou, à défaut, de l'année de notification de la mise en demeure de régler les cotisations).

Ce **délai** de prescription est suspendu pendant la période contradictoire mentionnée n° 20320 (CSS art. L 244-3). Sur sa suspension à cause de la **Covid-19,** voir n° 21580.

Des **délais de paiement** peuvent être demandés, voir n° 19560.

Sur le non-recouvrement des majorations de **faible montant,** voir n° 21600. En cas de défaillance de l'entreprise de **travail temporaire,** voir n° 19080, b.

19625 **Remise gracieuse** Les employeurs peuvent, sans avoir à justifier de leur bonne foi (Cass. 2e civ. 12-5-2021 n° 19-25.131 F-D), demander une réduction des majorations et des pénalités pour paiement tardif des cotisations ainsi que pour non-respect de la réglementation sur la DSN ou de l'obligation de dématérialisation des paiements (CSS art. R 243-20).

La demande n'est **recevable** qu'après règlement de la totalité des cotisations ayant donné lieu à l'application des majorations.

La remise de la **majoration complémentaire** (n° 19600) n'est possible qu'en cas d'événement présentant un caractère irrésistible et extérieur ou si les cotisations ont été acquittées dans le délai de 30 jours suivant la date limite d'exigibilité (CSS art. R 243-20) ou suivant la date de notification de la mise en demeure (Cass. 2e civ. 22-9-2022 n° 21-11.277 F-B). Sous cette réserve, l'Urssaf fixe librement le **montant de la remise,** rien ne l'obligeant à accorder une remise intégrale. Un refus total de remise ne peut toutefois être prononcé qu'en raison de la cause du retard (Cass. 2e civ. 9-10-2014 n° 13-21.140 F-PB).

› Précisions a. Pour les cotisants bénéficiant d'un **plan d'apurement échelonné** de leurs dettes, la décision accordant une remise peut être prise avant le paiement des cotisations et contributions. Cette remise n'est toutefois acquise que sous réserve du respect du plan (CSS art. R 243-20).

b. Des **difficultés financières,** même graves, ne constituent pas, en soi, une circonstance justifiant une remise de la majoration complémentaire (Cass. 2e civ. 10-3-2016 n° 15-13.713 F-PB). Il en va de même de **difficultés dans l'interprétation de la loi** (Cass. 2e civ. 28-5-2020 n° 18-25.942 F-D) ou de l'obtention d'un **échéancier de paiement** par l'Urssaf tenant compte de l'intégralité des majorations de retard (Cass. 2e civ. 10-11-2022 n° 20-17.142 F-D).

c. La condamnation au paiement de majorations de retard par **décision de justice** ne prive pas l'employeur du droit d'en demander la remise après acquittement de l'intégralité des cotisations (Cass. soc. 12-12-2002 n° 00-22.450 FS-P).

d. Il ne peut pas être accordé de remise des majorations et des pénalités sanctionnant l'absence de mise en conformité avec des observations notifiées lors d'un précédent **contrôle,** l'abus de droit, l'obstacle à contrôle, le **travail dissimulé** (CSS art. R 243-20). En revanche, même dans ces hypothèses, les majorations pour paiement tardif des cotisations ou non-respect de la réglementation sur la DSN peuvent être remises dans les conditions exposées ci-dessus.

e. La dette de cotisations patronales liée à l'épidémie de **Covid** a pu faire l'objet de plans d'apurement spécifiques, avec remise automatique des majorations et pénalités de retard, d'une durée maximale de 3 ou 5 ans selon les situations (Lois 2020-935 du 30-7-2020 art. 65 et 2020-1576 du 14-12-2020 art. 9 ; Décret 2021-316 du 25-3-2021 : FRS 24/21 inf. 2 p. 4).

Remise par la CCSF hors procédures collectives En cas d'examen de la situation de l'entreprise par la CCSF (n° 19570) dans le cadre d'une reprise ou d'une restructuration financière, l'employeur peut bénéficier d'une remise totale ou partielle des majorations de retard dues à l'Urssaf même si les cotisations n'ont pas encore été intégralement payées (CSS art. R 243-22). La **décision de remise** peut porter sur l'intégralité des majorations (y compris la majoration complémentaire mentionnée n° 19600), même si le retard de paiement n'est pas dû à un événement irrésistible et extérieur (Cass. 2e civ. 31-3-2016 n° 15-15.974 F-PB). 19635

Dans tous les cas, la remise n'est **définitivement acquise** qu'après paiement des cotisations (dans les conditions fixées par le plan d'apurement adopté par la CCSF ou, le cas échéant, par anticipation sur l'exécution de ce plan). Si le plan d'apurement n'est pas respecté, les majorations de retard sont calculées selon les modalités de droit commun (CSS art. R 243-22).

Procédures collectives Les organismes de sécurité sociale, Pôle emploi et les organismes de retraite et de prévoyance complémentaires peuvent, dans le cadre des procédures de conciliation, de sauvegarde et de redressement judiciaire, **remettre tout ou partie des dettes** (majorations de retard, frais de poursuite, pénalités, amendes, cotisations et contributions sociales patronales) dans les conditions précisées par les articles D 626-9 à D 626-15 du Code de commerce et l'article R 243-23 du CSS (C. com. art. L 611-7, L 626-6 et L 631-19). 19645

En cas de procédure de sauvegarde, de redressement ou de liquidation judiciaires, les **pénalités et majorations** de retard dues à l'Urssaf et aux institutions de retraite complémentaire à la date du jugement d'ouverture sont obligatoirement remises, sauf si le passif déclaré résulte en tout ou partie d'une infraction de travail dissimulé (CSS art. L 243-5 et L 922-7).

REMBOURSEMENT DES PRESTATIONS

Les caisses primaires d'assurance maladie peuvent demander à l'employeur le remboursement des prestations de **maladie de longue durée ou d'accident du travail** effectivement servies par elles aux salariés ou assimilés de l'entreprise si, à la date de l'accident ou de l'arrêt de travail, l'employeur n'a pas acquitté l'intégralité des cotisations de sécurité sociale dues pour son personnel (CSS art. L 244-8). 19655

Destiné à sanctionner la négligence ou la mauvaise foi de l'employeur (Cass. soc. 17-4-1996 n° 94-15.553 P ; 21-3-2002 n° 00-15.137 F-D), le remboursement ne s'applique pas :
- lorsque l'employeur a **obtenu de l'Urssaf des délais** de paiement et a respecté les échéances prévues (Inst. Acoss 9 du 27-7-1976) ;
- ou encore, lorsque le retard dans le versement est la conséquence d'une difficulté sérieuse sur l'**interprétation de la loi** et que la comptabilité régulièrement tenue fait apparaître les éléments de rémunération omis de l'assiette des cotisations (Cass. soc. 31-1-1980 n° 78-12.868).

> **Précisions** Le **montant** du remboursement est **limité** aux prestations effectivement servies entre la date de l'accident ou de l'arrêt de travail et la date de l'acquittement des cotisations impayées pour l'ensemble du personnel, lors de l'accident ou de l'arrêt de travail du salarié ou assimilé. En tout état de cause, il ne peut pas être supérieur au montant des cotisations dues pour l'ensemble du personnel à la date de l'accident ou de l'arrêt de travail (CSS art. L 244-8).
> Les caisses peuvent le réduire en cas de précarité de la **situation financière de l'entreprise** (CSS art. L 256-4).

TAXATION PROVISIONNELLE

Si les **données nécessaires au calcul des cotisations** n'ont **pas été transmises,** celles-ci sont calculées à titre provisoire sur la base des dernières rémunérations connues majorées de 25 % pour la première échéance. En l'absence de rémunérations connues, elles sont établies sur la base du produit du plafond mensuel de la sécurité sociale et du nombre de salariés ou assimilés connu, majoré de 50 % pour la première échéance. Pour les échéances suivantes, les taux de 25 et 50 % sont majorés de 5 points à chaque échéance consécutive non déclarée (CSS art. R 243-15). 19665

Cette taxation est **notifiée** au cotisant dans le délai d'un mois (3 mois pour les employeurs réglant leurs cotisations trimestriellement) suivant la date limite de déclaration. Si l'employeur effectue sa **déclaration** après cette notification, le montant des cotisations dues est régularisé en conséquence, mais une majoration de retard de 8 % est appliquée (CSS art. R 243-15) à laquelle s'ajoutent la majoration complémentaire (n° 19600) et la pénalité pour production tardive de la DSN (n° 36490). Ces majoration et pénalité peuvent être remises, voir nos 19625 s.

> **Précisions** Lorsque l'Urssaf a admis la demande préalable de l'employeur de ne plus adresser de déclaration en raison de l'**absence d'emploi salarié,** celle-ci ne peut plus procéder à une taxation provisionnelle (CSS art. R 243-15).

SANCTIONS CIVILES ET PÉNALES

19675 L'employeur est passible de l'amende prévue pour les contraventions :
– de 3e classe (no 96470) pour toute personne employée dans des conditions contraires aux prescriptions relatives au **paiement des cotisations,** sans que le total des amendes puisse dépasser 1 500 € (CSS art. R 244-4) ;
– de 5e classe (no 96470) s'il ne règle pas les **cotisations salariales** qu'il a prélevées sur les salaires (CSS art. R 244-3) ; la récidive dans le délai de 3 ans étant punie d'un emprisonnement de 2 ans au plus et/ou d'une amende de 3 750 € au plus (CSS art. L 244-6).

L'employeur qui se soustrait intentionnellement à ses obligations peut également être condamné pour **travail dissimulé,** voir no 35950.

Enfin, si l'employeur ne verse pas les cotisations d'**assurance vieillesse,** le salarié peut demander en justice la régularisation de la situation ou des dommages-intérêts (Cass. soc. 20-2-1997 no 95-42.458 P ; 7-6-2007 no 05-45.211 F-D).

> **Précisions** **a.** Si le droit au **paiement des salaires** est **prescrit,** l'action du salarié en paiement des cotisations de retraite assises sur ces salaires est également prescrite (Cass. soc. 22-10-2014 no 13-16.936 FS-PB ; 11-2-2015 no 13-21.089 FS-D).
> **b.** Les infractions peuvent donner lieu à des **poursuites pénales envers l'entreprise.** Les personnes morales sont en effet pénalement responsables des infractions commises pour leur compte par leurs organes ou représentants, cette responsabilité n'excluant pas celle des personnes physiques auteurs ou complices des faits (C. pén. art. 121-2).

2. MOYENS DE PAIEMENT

19685 Les employeurs doivent payer les cotisations et contributions sociales par **virement ou télépaiement** (CSS art. L 133-5-5). Si le montant dû l'année civile précédente excède 7 millions d'euros, le seul mode de paiement admis est le virement bancaire (CSS art. D 133-10).

Ce **seuil** est **apprécié** au niveau de l'entreprise tous établissements confondus (Doc. Urssaf du 3-2-2023). Il tient compte du montant de cotisations et contributions mais pas des majorations et pénalités.

Le **non-respect** de l'obligation de paiement par télépaiement ou virement est passible d'une majoration de 0,2 % des sommes dont le versement a été effectué par une autre voie (CSS art. D 133-11). Les règles, garanties et sanctions attachées au recouvrement des cotisations sont applicables à cette majoration (CSS art. L 133-5-5), qui peut être remise dans les conditions indiquées nos 19625 s.

> **Précisions** **a.** En cas de virement bancaire, l'**ordre de virement** doit obligatoirement comporter le numéro Siret et la période à laquelle se rapporte le versement des cotisations selon une codification comprenant 6 caractères numériques : AAAAPP.
> AAAA représente l'année sur 4 caractères, PP représente le mois (pour les employeurs réglant leurs cotisations mensuellement), le trimestre (pour les employeurs réglant trimestriellement leurs cotisations) selon la codification suivante : janvier, 11 ; février, 12 ; mars, 13 ; avril, 21 ; mai, 22 ; juin, 23 ; juillet, 31 ; août, 32 ; septembre, 33 ; octobre, 41 ; novembre, 42 ; décembre, 43 ; 1er trimestre, 10 ; 2e trimestre, 20 ; 3e trimestre, 30 ; 4e trimestre, 40 (CSS art. D 133-10 ; Arrêté MESS9921716A du 11-6-1999).
> **b.** Les **employeurs publics** relèvent de règles spécifiques, non étudiées ici.

3. GESTION DES VERSEMENTS INSUFFISANTS OU INDUS

a. Imputation des paiements partiels

19695 En cas de paiement partiel, celui-ci est affecté dans l'ordre suivant (CSS art. L 133-4-11 et art. D 133-4) :
– d'abord, aux cotisations et contributions salariales ;
– ensuite, aux cotisations et contributions patronales ;
– puis, sur les majorations de retard et les frais de justice.

b. Remboursement des cotisations indûment versées

DEMANDE

19705 **Objet et modalités** Si l'**employeur** a acquitté des cotisations non dues, il peut en obtenir le remboursement sans avoir à établir qu'il a commis une erreur (Cass. ass. plén. 2-4-1993 no 89-15.490 P ; Cass. soc. 14-10-1993 no 91-12.892 PB). Toutefois, il ne peut pas obtenir le remboursement de cotisations ayant fait l'objet d'une décision de **redressement** devenue définitive (Cass. 2e civ. 18-2-2021 no 19-24.513 F-P) ou de **cotisations prescrites** qu'il a volontairement acquittées (Cass. soc. 11-4-1991 no 89-13.068 P).

La demande de remboursement doit être adressée à l'**Urssaf** dont l'employeur relève à la date de sa demande (Cass. 2e civ. 19-12-2019 no 18-24.291 F-D).

N'ayant pas la qualité de cotisant, le **salarié** ne peut pas demander à l'Urssaf de lui rembourser des cotisations salariales qu'il estime indues (Cass. 2e civ. 24-9-2020 no 19-17.776 F-PBI) ou de réviser les modalités selon lesquelles l'employeur a calculé les cotisations (Cass. 2e civ. 17-12-2015 no 14-29.125 F-PBI). Pour les salariés à **employeurs multiples,** voir no 68970.

Prescription En principe, l'employeur dispose de **3 ans à compter** de la date de paiement des cotisations pour en demander le remboursement à l'Urssaf (CSS art. L 243-6). 19715

Toutefois :

– ce délai est ramené à un an pour les trop-perçus de **faible montant,** inférieurs au montant indiqué no 21600 (CSS art. D 133-1) ;

– si l'indu résulte d'une rectification du taux de la **cotisation d'accidents du travail** notifié par la Carsat, l'employeur peut prétendre au remboursement des cotisations indûment versées sur l'ensemble de la période au titre de laquelle les taux sont rectifiés (CSS art. L 243-6). La prescription de cette action ne peut pas commencer à courir avant la naissance de l'obligation de remboursement découlant de la décision rectificative de taux (Cass. 2e civ. 12-10-2017 no 16-20.579 F-D ; 8-10-2020 no 19-20.955 F-D) ;

– si l'obligation de remboursement naît d'une **décision juridictionnelle,** qui révèle la **non-conformité de la règle de droit** appliquée à une règle de droit supérieure (normes de droit interne, de droit européen ou international), la demande de remboursement ne peut porter que sur la période postérieure au 1er janvier de la troisième année précédant celle où la décision révélant la non-conformité est intervenue (CSS art. L 243-6). Par exemple, si la décision juridictionnelle intervient en 2023, la demande de remboursement ne pourra porter que sur des sommes acquittées depuis le 1-1-2020.

› Précisions **a.** La **demande de remboursement** de cotisations n'indiquant pas le montant des cotisations indûment versées mais contenant l'ensemble des éléments permettant de déterminer ce montant (fondements juridiques, périodes et établissements concernés, pièces justificatives) interrompt le délai de prescription (Cass. 2e civ. 28-5-2014 no 13-17.758 F-D). En revanche, tel n'est pas le cas de la demande qui ne contient aucune référence à un quelconque montant et n'est accompagnée d'aucune pièce justificative ni d'aucun calcul (Cass. 2e civ. 4-5-2017 no 16-15.820 F-D).
b. La prescription du remboursement de cotisations assises sur des **indemnités de départ en retraite** n'est pas remise en cause par une décision du **juge de l'impôt** les qualifiant d'indemnité de mise à la retraite (Cass. 2e civ. 12-3-2020 no 18-26.182 F-PBI).

REMBOURSEMENT

L'Urssaf doit rembourser les cotisations indues dans un **délai** de 4 mois à compter de la demande (CSS art. L 243-6). 19725

Ce délai ne s'applique que si la demande porte sur une créance certaine, liquide et exigible dont le caractère indu a été reconnu et si elle est accompagnée de pièces justificatives probantes, notamment point(s) de législation invoqué(s), périodes concernées, chiffrage détaillé de l'indu, etc. (Circ. Acoss 39 du 29-3-2011).

L'Urssaf doit les **intérêts** légaux :

– si elle est de bonne foi, à compter du jour de la demande en remboursement des cotisations indues et non de la date à laquelle le caractère indu des cotisations a été reconnu (Cass. ass. plén. 2-4-1993 no 89-15.490 P) ;

– si elle est de mauvaise foi, à compter du paiement des cotisations indues (Cass. soc. 6-6-1996 no 94-14.099 D).

› Précisions Les organismes de sécurité sociale sont en droit de demander le **reversement des prestations** servies à l'assuré dans un délai maximum de 2 ans à compter du remboursement des cotisations. Toutefois, lorsque aucune demande de remboursement des cotisations indues n'a été formulée dans le délai de 3 ans visé no 19715, le bénéfice des prestations servies ainsi que les droits à l'assurance vieillesse restent acquis à l'assuré, sauf fraude ou fausse déclaration (CSS art. L 243-6).

SECTION 6

CONTRÔLE

19800 Les employeurs (personnes physiques ou morales) peuvent faire l'objet de contrôles portant sur les cotisations dues au titre de leurs salariés. Si ces contrôles révèlent une insuffisance de cotisations, les sommes restant dues et les majorations de retard sont mises en **recouvrement** par mise en demeure : voir nos 21500 s. Les cotisants disposent de **voies de recours** pour contester, s'il y a lieu, les décisions des organismes de recouvrement : voir nos 20550 s.

1. CADRE JURIDIQUE

ORGANISME COMPÉTENT

19830 L'Urssaf compétente pour opérer les contrôles est celle chargée du recouvrement des cotisations, c'est-à-dire, en principe, celle dans le ressort géographique duquel se trouve l'entreprise ou l'établissement contrôlé : voir nos 19240 s.

Cette règle pouvant être source de difficultés pour les entreprises à établissements multiples et à structure complexe, les Urssaf peuvent se **déléguer** entre elles leurs compétences en matière de contrôle (CSS art. L 213-1) en adhérant à la convention générale de réciprocité établie par l'Urssaf Caisse nationale (CSS art. D 213-1-1 et D 213-1-2). À peine d'annulation du contrôle, la délégation de compétence doit être préalable à l'envoi de l'avis de contrôle (Cass. 2e civ. 12-7-2006 no 04-30.844 FS-PB ; 4-5-2016 no 15-18.188 F-PB). En revanche, le défaut de mention de la délégation sur l'avis n'en affecte pas la validité (Cass. 2e civ. 4-2-2010 no 08-21.034 F-D).

En cas de **versement** des cotisations en un **lieu unique** (VLU), l'Urssaf qui remplit la fonction d'interlocuteur unique assure le contrôle pour tous les établissements de l'entreprise ou, en cas de mise en place du VLU au sein d'un groupe, pour tous les établissements des entreprises du groupe (CSS art. R 243-6-3 et R 243-8). Cette compétence n'est effective qu'après la signature de l'accord de désignation (Cass. 2e civ. 23-3-2004 no 02-30.826 F-D) ou, en cas de VLU obligatoire, qu'à partir de l'entrée en vigueur de la désignation de l'Urssaf en tant qu'interlocuteur unique. Dès qu'elle est compétente, l'Urssaf interlocuteur unique peut contrôler les périodes antérieures (en ce sens : Cass. 2e civ. 13-9-2007 no 06-18.997 FS-PB ; 21-2-2008 no 07-11.963 F-PB). Elle peut confier à d'autres Urssaf des contrôles qu'elle juge utile d'effectuer pour tout ou partie des établissements de l'entreprise ou, en cas de mise en place du VLU au sein d'un groupe, des établissements des entreprises du groupe (CSS art. R 243-6-3, III et R 243-8).

> Précisions **a.** La régularité des opérations de contrôle et de redressement n'est pas subordonnée à la **production** par l'Urssaf, au début ou au cours de celles-ci, du **titre** attestant de sa compétence (Cass. 2e civ. 19-1-2017 no 16-10.759 F-PB). La circulaire Acoss listant les organismes adhérents à la convention générale de réciprocité vaut habilitation de l'Urssaf qui y figure à contrôler par délégation d'une autre Urssaf qui y figure aussi (Cass. 2e civ. 24-6-2021 no 20-12.880 F-D).
b. Si le **contrôle est en cours** au moment du transfert de la gestion du compte de l'entreprise vers une nouvelle **Urssaf interlocuteur unique,** l'Urssaf ayant initié le contrôle peut le finir (Cass. 2e civ. 3-4-2014 no 13-16.643 F-PB).
c. Sur l'obligation pour l'employeur de **recevoir les agents** de contrôle dans **tous ses établissements** en cas de versement des cotisations en un lieu unique, voir no 20170.
d. Lorsque l'**employeur** est **membre du conseil d'administration de l'Urssaf** ou lorsque le contrôle concerne cette Urssaf, le contrôle est délégué à une autre union, désignée par le directeur de l'Urssaf Caisse nationale (CSS art. R 243-60). Ces dispositions étant édictées pour la seule protection de l'organisme de contrôle, l'employeur ne peut pas se prévaloir d'une irrégularité du contrôle en invoquant qu'il n'a pas été délégué à une autre union (Cass. 2e civ. 19-12-2019 no 18-23.071 F-PBI).
e. Lorsqu'une Urssaf contrôle une entreprise dans le cadre d'une **action concertée de contrôle** initiée et coordonnée par l'Urssaf Caisse nationale (CSS art. L 225-1-1, 3° quinquies), l'avis de contrôle n'a pas à mentionner le caractère concerté du contrôle (Cass. 2e civ. 16-2-2023 no 21-17.207 FS-B).

AGENTS CHARGÉS DU CONTRÔLE

19840 Les **agents des Urssaf** chargés des contrôles sont les inspecteurs du recouvrement et, pour le contrôle sur pièces, les contrôleurs du recouvrement. Ils sont **agréés, assermentés** et tenus au secret professionnel. Le **défaut d'habilitation** d'un agent le prive de son pouvoir de contrôle et enlève tout fondement aux actes en découlant (Cass. avis 5-3-2001 no 10001 P).

> **Précisions** **a.** L'entreprise contrôlée ne peut pas saisir directement le juge administratif d'une demande d'**annulation de la décision d'agrément** de l'agent chargé de ce contrôle. Elle peut, en revanche, soulever l'illégalité de cette décision devant le juge de la sécurité sociale à l'appui d'un recours en annulation du redressement (CE 11-12-2009 n° 320112).
> **b.** L'**assistance** d'un agent de contrôle par un agent non encore agréé et assermenté ne remet pas en cause la validité du contrôle (Cass. soc. 31-10-2000 n° 99-13.322 FS-D).

POUVOIRS

Outre les pouvoirs d'investigation dont ils disposent en cas de contrôle (n°s 20170 s.), les Urssaf bénéficient d'autres prérogatives leur permettant de réunir des éléments pouvant conduire, le cas échéant, à un redressement. 19850

Droit de communication des Urssaf Dans le cadre de leur mission de contrôle des employeurs, les Urssaf disposent d'un droit de communication. 19860

Les agents de contrôle peuvent ainsi, sans que s'y oppose le **secret professionnel** (CSS art. L 114-19), obtenir des informations directement auprès de personnes physiques ou morales qui entretiennent ou ont entretenu des **relations professionnelles avec l'employeur** contrôlé, par exemple : opérateurs de communication électronique, fournisseurs de biens ou services, tels que transports, énergie, téléphonie, établissements bancaires, clients de l'employeur contrôlé (Circ. DSS 323 du 21-7-2011, n° 2, opposable).

Ce droit peut être **mis en œuvre** lorsque (Circ. du 21-7-2011 précitée, n° 3.2) :
– les éléments relevés en comptabilité sont insuffisants et que les informations recueillies auprès d'autres organismes ou administrations ne permettent pas de lever une incertitude ;
– l'employeur contrôlé refuse de fournir les informations réclamées par l'organisme ou de présenter les pièces demandées, ou en cas de doute sur la validité ou l'authenticité des pièces fournies ou de contradiction de celles-ci avec les éléments du dossier. Par exception, cette procédure de demande préalable à l'employeur contrôlé n'est pas requise pour les enquêtes menées dans le cadre de la lutte contre le travail dissimulé ou si l'exigence d'une demande préalable est de nature à compromettre les investigations envisagées en vue de détecter une fraude.

En outre, les agents de contrôle peuvent échanger avec les agents investis de pouvoirs analogues dans les **États étrangers** tout renseignement ou document nécessaire à leur mission (CSS art. L 243-7-1).

> **Précisions** **a.** Les documents et informations demandés doivent être **communiqués** à titre gratuit, par voie dématérialisée sur demande de l'agent de contrôle, dans les **30 jours** qui suivent la demande. Le **refus** de communication de l'information ou le **silence** gardé par le tiers détenteur est puni d'une pénalité de 1 500 € par cotisant concerné, sans que le total de la pénalité puisse excéder 10 000 €. Ces montants sont doublés en cas de **récidive** dans le délai de 5 ans à compter de l'expiration du délai de 30 jours suivant la première demande de l'organisme de sécurité sociale (CSS art. L 114-19).
> **b.** Lorsque l'exercice du droit de communication conduit à une mise en recouvrement, l'organisme doit **informer** l'employeur, par écrit (Cass. 2e civ. 7-7-2022 n° 21-11.484 F-B) et avant la mise en recouvrement (c'est-à-dire au plus tard dans la lettre d'observations : Cass. 2e civ. 12-3-2020 n° 19-11.399 F-PBI), de la teneur et de l'origine des informations et documents obtenus auprès des tiers et lui communiquer, à sa demande, une **copie des documents** (CSS art. L 114-21). Le **non-respect** de cette obligation d'information entraîne la nullité de la procédure de contrôle (Cass. 2e civ. 21-6-2018 n° 17-20.227 FP-B ; 12-3-2020 n° 19-11.399 F-PBI précité). Lorsque l'information ayant conduit au redressement est issue de la mise en œuvre du droit de communication, la **lettre d'observations** doit le mentionner (Circ. du 21-7-2011 précitée, n° 3.2).

Opérations de vérification des déclarations Les Urssaf assurent la vérification de l'exhaustivité, de la conformité et de la cohérence des informations déclarées par les employeurs pour toutes les cotisations et contributions dont elles assurent le recouvrement (CSS art. L 213-1, 8°). À cette fin, elles peuvent **rapprocher les informations** portées sur ces déclarations avec celles mentionnées sur les **documents** qui leur ont **déjà été transmis** par l'intéressé, ainsi qu'avec les **informations** que d'**autres institutions,** notamment les services fiscaux ou les Dreets, peuvent légalement leur communiquer. Elles sont également en droit de demander par écrit à l'employeur de leur communiquer tout document ou toute information complémentaire nécessaire pour procéder aux vérifications (CSS art. R 243-43-3). S'agissant plus particulièrement de la vérification des **DSN,** voir n°s 36470 s. 19870

Juridiquement, ces opérations de vérification ne constituent **pas des contrôles** (Cass. 2e civ. 28-5-2014 n° 13-18.066 F-PB). Les règles strictes visant à préserver les droits des cotisants contrôlés ne leur sont donc pas applicables mais, comme elles peuvent déboucher sur des redressements, des garanties de procédure sont prévues.

Ainsi, lorsqu'à l'issue de la vérification l'Urssaf envisage un **redressement,** elle en informe l'employeur par tout moyen donnant date certaine à sa réception lui indiquant : les déclarations et documents examinés ; les périodes auxquelles ils se rapportent ; le motif, le mode de calcul et le montant du redressement envisagé ; la faculté dont il dispose de se faire assister d'un conseil de son choix pour répondre, dans un délai de 30 jours, aux observations faites ; le droit pour l'organisme d'engager la mise en recouvrement en l'absence de réponse du cotisant à l'issue de ce délai (CSS art. R 243-43-4 et R 243-59-9).

Si l'employeur a fait part de ses observations dans le délai de 30 jours, l'Urssaf lui fait savoir si elle maintient son redressement en tout ou partie. Dans l'affirmative, l'envoi de la mise en demeure peut intervenir soit à l'issue du délai de 30 jours en l'absence de réponse de l'employeur dans ce délai, soit après l'envoi par l'Urssaf du courrier par lequel il lui a été répondu (CSS art. R 243-43-4). Ces échanges s'effectuent par tout moyen donnant date certaine à leur réception (CSS art. R 243-59-9).

> **Précisions** **a.** Le fait que la vérification des déclarations d'un cotisant ne débouche pas sur un redressement n'empêche pas l'Urssaf de procéder ultérieurement à un redressement à la suite d'un **contrôle sur place.** Loin de se substituer au contrôle sur place, la vérification des déclarations, en mettant en lumière les erreurs et fraudes les plus apparentes, aide à mieux cibler les cotisants pour lesquels un tel contrôle se justifie.
> **b.** Dans le cadre de cette procédure, l'Urssaf n'a pas à **communiquer à l'employeur** les **informations** qui lui ont été **transmises par une autre institution** (Cass. 2e civ. 28-5-2014 précité).
> **c.** La vérification des déclarations peut conduire l'Urssaf à constater un **trop-perçu de cotisations.** Elle en informe alors l'intéressé en précisant les modalités d'imputation ou de remboursement (CSS art. R 243-43-4, al. 11).
> **d.** La **mise en demeure** délivrée pour le recouvrement de cotisations et contributions dont le **cotisant a omis** le versement à l'**échéance** ne constitue pas une vérification de déclaration et n'a donc pas à être précédée de la procédure propre à ce type de vérification (Cass. 2e civ. 4-5-2017 no 16-15.762 F-PB).

OBSTACLE À CONTRÔLE

19890 **Définition** L'obstacle à contrôle est caractérisé par des **actions ou omissions** ayant pour objet de faire obstacle ou de se soustraire aux opérations de contrôle exercées par les agents, quel que soit leur cadre d'action. Il peut notamment consister à refuser l'accès à des lieux professionnels, refuser de communiquer une information formellement sollicitée, quel qu'en soit le support, y compris dématérialisé, ne pas répondre ou apporter une réponse fausse, incomplète ou abusivement tardive à toute demande de pièce justificative, d'information, d'accès à une information ou ne pas répondre à une convocation, dès lors que la sollicitation, demande ou convocation est nécessaire à l'exercice du contrôle (CSS art. L 243-12-1, al. 2).

19895 **Sanctions** L'agent de contrôle qui constate un obstacle à contrôle, dans le cadre d'un **contrôle sur pièces ou sur place** (Charte du cotisant contrôlé, éd. 2022, p. 15), en informe par écrit l'employeur, lui notifie le délai dans lequel il peut satisfaire à la demande et l'informe qu'à défaut le directeur de l'Urssaf peut engager une procédure de sanction. Si cette demande n'est pas satisfaite dans le délai, l'agent transmet un procès-verbal au directeur de l'Urssaf qui fixe la **pénalité** dont le montant ne peut pas excéder 7 500 € par salarié dans la limite de 750 000 € par employeur.

Ce plafond est doublé (soit 15 000 € maximum par salarié, dans la limite de 1 500 000 € par employeur) en cas de **nouveau manquement** constaté dans un délai de 5 ans à compter du jour où la pénalité concernant un précédent manquement est devenue définitive.

La pénalité peut être **notifiée** à tout moment de la procédure de contrôle et au plus tard au moment de l'envoi de la mise en demeure. L'employeur dispose de 30 jours à compter de la réception de cette notification pour présenter ses observations écrites au directeur. S'il utilise cette faculté dans le délai, le directeur lui répond avant de notifier sa décision définitive en indiquant les voies et délais de recours et d'engager la mise en recouvrement (CSS art. L 243-12-1 ; R 243-59-4-1).

Les **échanges** effectués dans le cadre de cette procédure sont effectués par tout **moyen** donnant date certaine à leur réception (CSS art. R 243-59-9).

Sur le plan **pénal,** les actes de résistance, d'outrage et de violence contre les agents de contrôle sont passibles des mêmes peines que celles prévues par le Code pénal pour les officiers de police judiciaire (CSS art. L 243-12-3). La responsabilité pénale de la personne morale peut également être engagée dans les conditions définies à l'article 121-2 du Code pénal.

> Précisions **a.** L'**action en recouvrement** de la pénalité se **prescrit** dans un délai de **3 ans** à compter de l'expiration du délai d'un mois imparti par la mise en demeure à l'employeur pour régulariser sa situation (CSS art. L 243-12-1, al. 5).
b. Sur les conséquences de l'obstacle à contrôle sur l'application des **majorations de retard** en cas de redressement, voir n° 19605.

2. ÉTENDUE DU CONTRÔLE

OBJET DU CONTRÔLE

Le contrôle peut viser les employeurs mais aussi toute personne qui verse des cotisations ou contributions auprès des Urssaf et les personnes morales qui, sans être employeurs, versent des rémunérations aux salariés d'employeurs faisant eux-mêmes l'objet d'un contrôle (CSS art. L 243-7, al. 1). Outre le recouvrement et le contrôle des **cotisations** pour les branches **maladie, vieillesse et allocations familiales** du régime général, les Urssaf sont également habilitées, dans le cadre de leurs contrôles, à vérifier l'assiette, le taux et le calcul des contributions **chômage, AGS** (voir n° 29580), **formation professionnelle et alternance** (contribution à la formation professionnelle, CPF-CDD, supplémentaire à l'apprentissage et taxe d'apprentissage) et de la contribution annuelle due au titre de l'obligation d'emploi des travailleurs handicapés. Pour les cotisations de **retraite complémentaire,** voir n° 30420. Sur le contrôle de la **CSG et de la CRDS** dues sur les revenus d'activité, voir n° 28710. 19960

En ce qui concerne le contrôle des avantages servis au personnel par le **comité social et économique,** voir n° 41820.

> Précisions Les dispositions légales relatives à la recherche des infractions constitutives de **travail illégal** ne font pas obstacle à ce qu'une Urssaf procède, dans le cadre du contrôle de l'application de la législation de sécurité sociale par les employeurs, à la recherche de ces infractions aux seules fins de recouvrement des cotisations afférentes (Cass. 2e civ. 9-11-2017 n° 16-23.484 FS-PB ; 7-11-2019 n° 18-21.947 F-PBI). Toutefois, l'Urssaf, dès lors qu'elle a engagé la procédure de contrôle et de redressement sur l'une des deux voies qui lui sont ouvertes, doit s'en tenir aux dispositions qui la régissent, sauf à entacher de nullité les opérations de redressement qui, engagées sur le fondement de l'une des deux procédures, useraient pour partie des règles de l'autre (Cass. 2e civ. 9-10-2014 n° 10-13.699 FS-PB ; 9-10-2014 n° 13-19.493 FS-PB).

PÉRIODE CONTRÔLÉE

Les textes ne définissent pas les périodes sur lesquelles peuvent porter les contrôles. Celles-ci sont en pratique déterminées par le **délai de reprise** de 3 ans (5 ans en cas de travail illégal) des cotisations de sécurité sociale (voir n° 21535). Toutefois, des éléments de faits antérieurs à la période vérifiée peuvent être examinés si nécessaire (Cass. 2e civ. 19-6-2014 n° 13-20.374 F-PB). 19970

Il est interdit aux Urssaf de procéder à un **nouveau contrôle** portant, pour une même période, **sur les points** de la législation applicable **déjà vérifiés,** sauf en cas de réponses incomplètes ou inexactes, de fraude, de travail dissimulé ou de demande de l'autorité judiciaire (CSS art. L 243-12-4). Voir aussi n° 19980 en cas de dépassement de la durée du contrôle dans les petites entreprises.

EXEMPLE

Peuvent être incluses dans un contrôle effectué au cours de l'année 2023, outre les cotisations dues au titre de cette dernière année, les cotisations dues au titre des années 2020, 2021 et 2022.

DURÉE DU CONTRÔLE

Pour les entreprises rémunérant **moins de 20 salariés** décomptés comme indiqué nos 18800 s., le contrôle ne peut **pas** s'étendre sur une **période supérieure** à 3 mois comprise entre (CSS art. L 243-13) : 19980

– la date de début effectif du contrôle, entendue comme celle de la première visite de l'inspecteur du recouvrement en cas de contrôle sur place ou celle de début des vérifications indiquée sur l'avis préalable en cas de contrôle sur pièces (Circ. Acoss 19 du 13-4-2015 et charte du cotisant contrôlé, éd. 2022, p. 8 et 13) ;
– et la date d'envoi de la lettre d'observations (Charte du cotisant contrôlé, éd. 2022, p. 8 et 13).

Cette période de 3 mois peut être **prorogée** une fois à la demande écrite du cotisant ou de l'Urssaf (CSS art. L 243-13, I-al. 2).

Si le contrôle prend fin du fait du **dépassement** de la durée visée ci-dessus, l'agent de contrôle doit **informer l'employeur,** par tout moyen donnant date certaine à sa réception (CSS art. R 243-59-9), des **manquements constatés** le cas échéant (CSS art. R 243-59-6, I).

Il ne peut pas être **procédé une nouvelle fois à un contrôle** portant sur tout ou partie de la période antérieure à la date d'envoi de l'avis de contrôle ayant donné lieu à l'information de clôture du contrôle (CSS art. R 243-59-6, II).

ATTENTION

La durée du contrôle n'est **pas limitée** dans les situations suivantes (C. trav. art. L 243-13, I et II) :
– il est établi, au cours de la période de 3 mois, l'une de ces situations : travail dissimulé ; obstacle à contrôle ; abus de droit ; comptabilité insuffisante ou documentation soit inexploitable, soit transmise ou remise plus de 15 jours après la réception de la demande de l'agent de contrôle ; report, à la demande de l'employeur, d'une visite de l'agent de contrôle ;
– l'employeur appartient à un ensemble de personnes dont l'effectif est au moins égal à 20 salariés entre lesquelles il existe un lien de dépendance ou de contrôle.

3. DÉROULEMENT DU CONTRÔLE

20100 Le contrôle Urssaf, qu'il soit sur pièces ou sur place, est entouré d'un certain nombre de **garanties procédurales.** La méconnaissance par l'Urssaf de ces garanties n'entraîne toutefois la nullité de l'ensemble du contrôle et du redressement que si l'irrégularité affecte chacun des chefs de redressement envisagés (Cass. 2e civ. 8-7-2021 no 20-16.846 F-B).

a. Contrôle sur pièces

20110 L'Urssaf peut procéder, dans ses locaux, à des opérations de contrôle des obligations déclaratives et de paiement des employeurs occupant **moins de 11 salariés.** Ce contrôle, appelé contrôle sur pièces, porte sur les éléments dont dispose l'organisme et sur ceux demandés pour le contrôle. Il est réalisé sous les garanties prévues par l'article R 243-59 du CSS (avis de contrôle, lettre d'observations, période contradictoire minimum de 30 jours, obligation de réponse du contrôleur, envoi d'une mise en demeure : nos 20130 s.) (CSS art. R 243-59-3, al. 1).

En cas de **non-transmission des éléments** demandés ou si l'examen des pièces nécessite d'autres investigations, un document doit être adressé à l'employeur, l'informant que le contrôle peut se poursuivre dans les conditions d'un contrôle sur place à l'**exception** de l'envoi d'un avis de contrôle (CSS art. R 243-59-3, al. 3).

Le contrôle sur pièces peut être **réalisé** soit **par** des inspecteurs du recouvrement, soit par des contrôleurs du recouvrement, ceux-ci devant être agréés et assermentés au sens indiqué no 19840 (CSS art. R 243-59-3, al. 2).

Sur la limitation de la **durée du contrôle,** voir no 19980.

› Précisions D'après la **charte du cotisant contrôlé** (éd. 2022, p. 12), le cotisant doit disposer a minima de 30 jours entre la réception de l'avis de contrôle et la date limite de mise à disposition des documents demandés. Sur les conséquences du **non-respect** de la charte, voir no 20130, a.

b. Contrôle sur place

AVIS DE CONTRÔLE

20130 En principe, le contrôle est précédé, **au moins 15 jours** avant la date de la première visite de l'agent de contrôle, de l'envoi d'un avis adressé à l'employeur (CSS art. R 243-59, I-al. 1) par tout **moyen** donnant date certaine à sa réception (CSS art. R 243-59-9).

L'**absence** d'avis de contrôle ou l'omission d'une de ses mentions entraîne la **nullité** du contrôle (Cass. 2e civ. 10-7-2008 no 07-18.152 F-PB ; 18-9-2014 no 13-17.084 F-D), sans qu'il soit nécessaire d'apporter la preuve d'un préjudice (Cass. 2e civ. 10-7-2008 précité).

La réception de l'avis de contrôle a une incidence sur le **recours au rescrit social** : voir no 20610.

› Précisions a. La **Charte du cotisant contrôlé** (éd. 2022, p. 7), opposable aux Urssaf (no 20150), **préconise** l'envoi de l'avis préalable **au moins 30 jours** avant la date de la première visite de l'agent de contrôle. La sanction du **non-respect** des dispositions de la charte est toutefois incertaine, la jurisprudence n'ayant pas eu à se prononcer sur ce point.

b. Le **report** de la **date de la première visite,** notamment en raison de l'absence de l'employeur à la date prévue, ne nécessite pas l'envoi d'un nouvel avis de contrôle (Cass. 2e civ. 12-5-2011 no 10-18.116 F-D ; 15-3-2018 no 17-13.409 F-PB). L'Urssaf doit seulement informer l'employeur de ce report en temps utile et par tout moyen approprié, la charge de la preuve de la réception de cette information incombant à l'Urssaf (Cass. 2e civ. 15-3-2018 précité).

c. Aucun avis n'est requis en cas de **transformation d'un contrôle sur pièces en contrôle sur place** (no 20110) et en cas de recherche d'infractions en matière de **travail dissimulé** (CSS art. R 243-59, I-al. 2). Dans ce dernier cas cependant, un avis de contrôle doit être envoyé selon les modalités ci-dessus si l'organisme entend poursuivre le contrôle sur d'autres points de la réglementation (CSS art. R 243-59, I-al. 2).

d. Une Urssaf ne peut engager un contrôle après avoir eu connaissance de certains éléments de la situation du cotisant au cours d'**échanges informels** que si elle l'a préalablement informé que ces échanges pouvaient déboucher sur un contrôle et que si ces échanges informels ont cessé avant l'engagement du contrôle (Cass. 2e civ. 12-3-2020 no 19-10.502 F-D).

Destinataire L'avis de contrôle doit être adressé (CSS art. R 243-59, I-al. 3) : 20140
– si l'employeur est une **personne morale,** à son représentant légal, à l'adresse du siège social de l'entreprise ou, le cas échéant, à celle de son établissement principal ;
– si l'employeur est une **personne physique,** à son domicile ou à défaut à son adresse professionnelle.

Les **autres documents** (lettre d'observations, réponse de l'agent de contrôle aux observations de l'employeur, solde créditeur) envoyés à l'employeur au cours du contrôle sont adressés aux mêmes destinataires (CSS art. R 243-59, V).

Sauf précision contraire, l'avis de contrôle vaut pour **tous les établissements** de l'employeur (CSS art. R 243-59, I-al. 4).

› Précisions a. Un avis préalable à contrôle peut être adressé à une **société de fait** disposant de numéros Siret et Siren et d'un numéro de compte auprès de l'Urssaf à laquelle elle a déclaré des salariés (Cass. 2e civ. 11-2-2016 no 15-10.487 F-PB).

b. Si le contrôle porte sur une entreprise dont le représentant légal relève par ailleurs du **régime des travailleurs indépendants,** un avis de contrôle unique suffit s'il indique, de façon non ambiguë, que le contrôle portera ou sera susceptible de porter sur le compte de l'entreprise et sur le compte « employeur et travailleur indépendant » des dirigeants ou associés, nommément énumérés (Circ. DSS 726 du 30-12-1999, opposable, no 2.1).

Contenu L'avis doit mentionner la date de **première visite** de l'agent de contrôle (Cass. 2e civ. 25-4-2013 no 12-30.049 F-PB), le droit pour l'employeur de se faire assister du conseil de son choix pendant le contrôle, l'existence de la **Charte du cotisant** contrôlé (présentant la procédure de contrôle et les droits du cotisant), l'adresse électronique où elle est consultable et la possibilité pour le cotisant de la recevoir sur demande (CSS art. R 243-59, I-al. 5 et II-al. 1). Les dispositions de cette charte, diffusée par arrêté, sont **opposables** aux Urssaf (CSS art. R 243-59, I, al. 5). Sur la mention de la **délégation de compétences** entre Urssaf ou du caractère concerté du contrôle, voir no 19830. Sur le report de la date de première visite de l'agent de contrôle, voir no 20130. 20150

› Précisions L'avis de contrôle n'a pas à donner d'informations précises sur la nature des **éléments ou la période** sur lesquelles porteront les **vérifications** (Cass. 2e civ. 2-10-2008 no 07-17.936 F-PB).

ACCÈS AUX LOCAUX

Les agents de contrôle ont un **droit d'entrée** et de **visite** chez l'employeur (CSS art. L 243-11). 20170
Sa **présence** n'est pas indispensable, même lors de l'audition des salariés (Cass. soc. 7-11-1997 no 95-15.148 D), mais son absence a des conséquences sur le déroulement des opérations (no 20190). En l'absence de l'employeur et de **tout salarié** de l'entreprise, l'Urssaf doit prouver que le caractère contradictoire du contrôle a été respecté (Cass. 2e civ. 10-6-2003 no 01-20.850 F-D).

ATTENTION

En cas de protocole de **versement des cotisations en un lieu unique,** l'employeur doit recevoir les agents de contrôle dans tous ses établissements (Cass. 2e civ. 3-4-2014 no 13-16.021 F-PB).

DOCUMENTS À COMMUNIQUER

L'agent de contrôle peut exiger à tout moment, même après sa dernière visite sur place 20190
(Cass. 2e civ. 13-2-2014 no 13-14.132 F-PB), la communication du **double des bulletins de paie** (CSS art. L 243-12), la présentation de tout document et l'accès à tout support d'information **nécessaires à l'exercice** du contrôle (CSS art. R 243-59, II-al. 2). Sur la **durée de conservation** par l'employeur des documents nécessaires au contrôle des cotisations, voir no 20195.

Il peut demander, par tout moyen donnant date certaine à sa réception (CSS art. R 243-59-9), que ces documents lui soient présentés selon un **classement** nécessaire au contrôle dont il aura au préalable informé l'employeur. Afin de limiter le nombre des documents et données collectés, il peut également choisir de ne demander que des données et **documents partiels,** sans préjudice de demandes complémentaires ou du recours à la méthode d'évaluation du redressement par échantillonnage et extrapolation (nos 20250 s.) (CSS art. R 243-59, II-al. 3).

En revanche, sous peine de nullité du contrôle et du redressement consécutif, il ne peut pas **rechercher lui-même** ces documents en l'absence de l'employeur (Cass. soc. 5-12-1991 nº 89-17.754 PF) ou les **demander à un tiers** sans les avoir préalablement demandés à l'employeur (Cass. 2ᵉ civ. 20-3-2008 nº 07-12.797 FS-PB ; 31-3-2016 nº 15-14.683 F-D ; 7-7-2022 nº 20-18.471 F-B), quand bien même le contrôle conduit au constat d'une infraction de travail dissimulé (Cass. 2ᵉ civ. 22-10-2020 nº 19-18.335 F-PBI).

Sauf autorisation de l'employeur, l'agent de contrôle ne peut **emporter hors de l'entreprise** que des copies des documents remis (CSS art. R 243-59, II-al. 3).

Dans le cadre du contrôle d'une **société appartenant à un groupe,** l'agent de contrôle peut utiliser les informations et documents obtenus lors du contrôle d'une autre société du groupe sous réserve d'en informer le cotisant dans un certain délai et de respecter certaines garanties fixées par un décret (à paraître). À la demande du cotisant auquel cette faculté doit être précisée, l'agent de contrôle lui communique une copie des documents concernés (CSS art. L 243-7-4).

Sur la communication par l'employeur de documents établis et conservés par le **comité social et économique,** voir nº 41820.

ATTENTION

Le cotisant qui **n'a pas produit** les éléments justificatifs lors des opérations de contrôle ne peut pas obtenir du juge, sur le fondement de ces éléments, la nullité du redressement effectué par l'Urssaf (Cass. 2ᵉ civ. 24-11-2016 nº 15-20.493 FS-D).

20195 **Durée de conservation** Les employeurs doivent conserver les documents nécessaires à l'établissement de l'assiette ou au contrôle des cotisations et contributions sociales **pendant au moins** 6 ans à compter de la date à laquelle ils ont été établis ou reçus. Ceux sur support papier peuvent être conservés sur support informatique après numérisation dans les conditions fixées à l'article A 102 B-2 du LPF (CSS art. L 243-16 ; Arrêté du 23-5-2019).

ATTENTION

Si la présentation d'une pièce justificative ou d'un document numérisé **ne répond pas aux conditions** fixées par l'article A 102 B-2 du LPF, le cotisant doit présenter l'original sous format papier. À défaut, cette situation est assimilée à une absence de documents ou de pièces justificatives nécessaires à l'établissement de l'assiette ou au contrôle des cotisations et contributions sociales (Arrêté du 23-5-2019 précité).

20200 **Documents informatisés** Lorsque les documents et les données nécessaires à l'agent de contrôle sont dématérialisés, il peut, après en avoir i**nformé l'employeur** par écrit, procéder aux opérations de contrôle par la mise en œuvre de traitements automatisés en ayant recours au **matériel informatique** de l'employeur. À la demande de l'agent de contrôle, l'employeur met à disposition un **utilisateur habilité** pour réaliser les opérations sur son matériel (CSS art. R 243-59-1).

À compter de la date de réception de la demande de l'agent de contrôle, l'employeur dispose de 15 jours pour **s'opposer par écrit** à la mise en œuvre de traitements automatisés sur son matériel et l'informer de son choix, soit de (CSS art. R 243-59-1) :

– mettre à la disposition de l'agent de contrôle les **copies** des documents, des données et des traitements nécessaires à l'exercice du contrôle. Ces copies sont faites sur fichier informatique répondant aux normes définies par l'agent permettant les traitements automatisés et sont détruites avant l'engagement de la mise en recouvrement ;

– prendre en charge l**ui-même tout ou partie des traitements** automatisés. Dans ce cas, l'agent de contrôle lui indique par écrit les traitements à réaliser, les délais accordés pour les effectuer ainsi que les normes des fichiers des résultats attendus.

À **défaut de réponse** de l'employeur dans le délai de 15 jours, l'agent de contrôle peut procéder aux opérations de contrôle par la mise en place de traitements automatisés sur le matériel de l'employeur (CSS art. R 243-59-1).

> **Précisions** Cette procédure avait été simplifiée par l'**édition 2022 de la charte du cotisant contrôlé,** mais les dispositions sur ce point ont été annulées par le Conseil d'État (CE 17-2-2023 nº 464155).

AUDITION

20220 **Contrôle ordinaire** Les agents de contrôle peuvent interroger les personnes rémunérées, notamment pour connaître leurs nom et adresse, ainsi que la nature des activités exercées et le montant des rémunérations y afférentes, y compris les avantages en nature (CSS art. R 243-59, II-al. 4).

Si l'agent de contrôle peut interroger un salarié qui, à la date du contrôle, ne fait **plus partie de l'entreprise** (Rép. Caillavet : Sén. 17-4-1970, n° 9192, p. 236), il ne peut pas interroger des salariés d'une **autre société** (Cass. soc. 26-10-2000 n° 98-18.578 FS-D), comme par exemple le salarié d'un **prestataire** de services de l'entreprise contrôlée (Cass. 2e civ. 20-9-2018 n° 17-24.359 F-PB). Toutefois, il peut valablement entendre les salariés d'un **groupement d'intérêt économique,** chargés de la tenue de la comptabilité et de la paie des membres de ce groupement qui se sont présentés spontanément devant lui, dans le cadre du contrôle de l'un d'entre eux (Cass. 2e civ. 22-2-2005 n° 03-30.442 F-PB). La jurisprudence s'oppose à ce qu'il recueille au **domicile** d'un salarié les propos d'un **membre de sa famille** (Cass. soc. 28-11-1991 n° 89-11.287 PF ; Cass. 2e civ. 11-10-2005 n° 04-30.389 FS-D) ou envoie au domicile du salarié un **questionnaire** relatif à ses horaires de travail (Cass. soc. 27-2-2003 n° 01-21.149 FS-PB ; Cass. 2e civ. 10-5-2005 n° 04-30.046 F-D).

Il doit donc interroger les salariés dans l'entreprise ou sur les **lieux de travail** (Cass. soc. 28-11-1991 n° 89-11.287 PF précité ; 6-6-1996 n° 94-14.202 P), sans perturber la bonne marche de l'entreprise ou l'activité de la personne interrogée (Rép. Cousté : AN 1-9-1980 n° 33088, p. 3776). L'audition ne peut pas se faire dans les **locaux de l'Urssaf** (Cass. soc. 25-3-1999 n° 97-14.680 PB). Sur la **présence de l'employeur** au cours de l'audition, voir n° 20170.

> Précisions Une irrégularité particulièrement grave, telle l'audition de l'épouse d'un salarié à son domicile, entraîne la **nullité du redressement** même si d'autres éléments réguliers permettent de le justifier (Cass. 2e civ. 11-10-2005 n° 04-30.389 FS-D). Tel n'est pas le cas d'une irrégularité moins grave, comme par exemple, l'audition d'une personne autorisée menée sans recourir à un interprète habilité (Cass. 2e civ. 7-11-2019 n° 18-21.947 F-PBI), un tel recours constituant une simple faculté laissée à l'appréciation des agents de contrôle dès lors qu'il ne s'agit pas d'une audition sur procès-verbal (Cass. crim. 17-5-2022 n° 21-85.246 F-B).

Recherche d'infractions de travail illégal Pour la recherche des infractions de travail illégal, les agents de contrôle peuvent entendre, en quelque lieu que ce soit (y compris donc au **domicile**), sous réserve de leur consentement, tout employeur ou son représentant et toute personne rémunérée, ayant été rémunérée ou présumée être ou avoir été rémunérée par l'employeur afin de connaître la nature de ses activités, ses conditions d'emploi et le montant des rémunérations s'y rapportant, y compris les avantages en nature (C. trav. art. L 8271-6-1, al. 1). 20230

L'audition peut faire l'objet d'un procès-verbal signé des agents de contrôle et des personnes entendues, mais ce n'est qu'une faculté (C. trav. art. L 8271-6-1). Si un **procès-verbal** est rédigé, il doit mentionner le **consentement** de la personne entendue. La **signature** de ce procès-verbal par la personne entendue vaut consentement de sa part à l'audition (CSS art. R 243-59, II-al. 5). Sauf si l'audition est réalisée après envoi de la lettre d'observations (Cass. 2e civ. 19-9-2019 n° 18-19.847 F-PBI), le défaut de consentement de la personne auditionnée est un motif d'annulation du redressement (Cass. 2e civ. 19-9-2019 n° 18-19.929 F-PB).

> Précisions L'**envoi de questionnaires** aux salariés qui sont libres d'y répondre n'est pas de nature à entraîner la nullité du contrôle et du redressement qui s'ensuit (Cass. 2e civ. 17-2-2011 n° 10-14.388 FS-PB).

VÉRIFICATION PAR ÉCHANTILLONNAGE ET EXTRAPOLATION

Les agents de contrôle peuvent utiliser, avec le **consentement de l'employeur,** les méthodes de vérification par échantillonnage et extrapolation définies par arrêté (CSS art. R 243-59-2, al. 1 ; Arrêté SANS0700488A du 11-4-2007). Ce procédé vise à faciliter le contrôle des entreprises pour lesquelles une vérification exhaustive de la comptabilité serait fastidieuse, mais ne peut pas être utilisé si la comptabilité permet aisément d'établir le redressement sur des bases réelles (Tass Le Mans 9-1-2013 n° 22037). L'arrêté imposant la constitution d'un échantillon ne pouvant être inférieur à 50 salariés (n° 20260), le contrôle par échantillonnage et extrapolation ne peut en pratique être mis en œuvre que pour des entreprises ayant au moins cet **effectif.** Ces méthodes diffèrent des techniques de **reconstitution forfaitaire d'assiette** car elles visent non pas à compenser l'absence d'éléments justificatifs fournis par l'entreprise mais à déterminer le montant des redressements à partir de l'examen d'une partie de la population contrôlée. 20250

Procédure préalable Dans le cadre de la procédure de vérification par échantillonnage et extrapolation, les **échanges** entre l'Urssaf et l'employeur se font par tout **moyen** donnant date certaine à leur réception (CSS art. R 243-59-9). 20255

L'agent de contrôle doit indiquer à l'employeur, 15 jours minimum avant le début du contrôle, l'**adresse électronique** à laquelle sont **consultables** le document lui indiquant les différentes phases de la mise en œuvre de ces méthodes, les formules statistiques utilisées pour leur application et l'arrêté précité (CSS art. R 243-59-2, al. 1).

Dans ce délai de 15 jours, l'employeur peut s'opposer à l'utilisation de cette procédure et l'inspecteur ne peut ni engager de vérification, ni solliciter de l'employeur les éléments nécessaires à la constitution d'une base de sondage (Cass. 2e civ. 14-3-2019 nº 18-10.409 F-PBI).

En cas d'**opposition de l'employeur,** l'agent lui indique le lieu où les éléments nécessaires au contrôle doivent être réunis, qui ne peut être extérieur aux locaux de l'employeur qu'avec son accord, et les critères de présentation et de classement de ces éléments. L'employeur peut présenter ses observations en réponse dans les 15 jours de la notification de cette information. À l'issue de ce délai, l'agent lui notifie le lieu et les critères définitivement retenus. La mise à disposition des éléments doit se faire dans un délai déterminé d'un commun accord entre l'employeur et l'agent, qui ne peut pas être supérieur à 60 jours. Si ces conditions ne sont pas remplies, l'opposition de l'employeur ne peut pas être prise en compte (CSS art. R 243-59-2, al. 2 et 3).

> **Précisions** **a.** L'article R 243-59-2 du CSS définissant la procédure préalable à la vérification par échantillonnage et extrapolation ne fait aucune distinction pour son application suivant l'importance de l'entreprise contrôlée. Ainsi, dès lors que l'Urssaf met en œuvre ces méthodes, elle doit respecter la procédure prévue par ce texte, peu important la **taille de l'entreprise** (Cass. 2e civ. 9-2-2017 nº 16-10.971 F-D).
> **b.** L'**irrégularité** de la procédure de vérification par échantillonnage et extrapolation entraîne la nullité du chef de redressement fondé sur cette technique (Cass. 2e civ. 9-2-2017 nº 16-10.971 F-D ; 15-3-2018 nº 17-11.891 F-PB), y compris pour sa part établie sur des bases réelles (Cass. 2e civ. 15-3-2018 précité).
> **c.** La simple **analyse non exhaustive des pièces** sur un point considéré ne suppose pas un contrôle par échantillonnage et extrapolation et ne peut pas fonder l'annulation du redressement pour non-respect de la procédure qui y est attachée (Cass. 2e civ. 2-6-2022 nº 20-21.881 F-B).

20260 **Protocole de vérification** Le protocole de vérification par échantillonnage et extrapolation est composé de **quatre phases** (Arrêté SANS0700488A du 11-4-2007) :
– constitution d'une base de sondage : l'agent de contrôle définit la population soumise à investigation et détermine un ensemble d'individus statistiques ;
– tirage aléatoire d'un échantillon : le nombre d'individus statistiques constituant l'échantillon ne peut pas être inférieur à 50 ;
– examen de l'échantillon au regard du point de législation vérifié : l'agent de contrôle informe l'employeur des résultats des vérifications effectuées et des régularisations envisagées ;
– extrapolation à la population ayant servi de base à l'échantillon.

L'employeur doit être informé des critères utilisés pour définir les populations examinées, le mode de tirage des échantillons, leur contenu et la méthode d'extrapolation envisagée pour chacun (CSS art. R 243-59-2, al. 4). À l'issue de l'examen d'un échantillon, l'inspecteur transmet à l'entreprise les constats effectués sur l'échantillon et une proposition d'extrapolation. L'employeur peut présenter ses observations tout au long de la mise en œuvre des vérifications. Il est invité à faire part de ses **observations** sur la constitution de la base de sondage, sur l'échantillon obtenu et sur les résultats des vérifications effectuées sur chaque individu composant cet échantillon (CSS art. R 243-59-2, al 5). Les différents échanges peuvent être **oraux.** Si l'employeur fait connaître un désaccord par **écrit,** l'agent de contrôle doit lui **répondre** de manière motivée par écrit (CSS art. R 243-59-2, al. 5).

Si l'employeur n'a pas été mis en mesure de présenter ses observations à chaque étape de la procédure, celle-ci est irrégulière (Cass. 2e civ. 19-6-2014 nº 13-19.150 F-PB ; 17-2-2022 nº 20-18.104 F-B ; 5-1-2023 nº 21-14.706 F-B). Sur l'incidence d'une telle **irrégularité,** voir nº 20255, b.

20270 **Suites de la vérification** La **lettre d'observations** notifiée à l'issue du contrôle précise les populations faisant l'objet des vérifications, les critères retenus pour procéder au tirage des échantillons, leur contenu, les cas atypiques qui en ont été exclus, les résultats obtenus pour chacun des échantillons, la méthode d'extrapolation appliquée et les résultats obtenus par application de cette méthode aux populations ayant servi de base au tirage de chacun des échantillons. Elle mentionne la faculté de l'employeur de procéder lui-même au calcul des sommes dont il est redevable en informant l'agent de contrôle dans le délai de 30 jours (CSS art. R 243-59-2, al. 6 et 7).

Si, dans les 30 jours, l'employeur ne décide pas de procéder lui-même à ce calcul, la **mise en recouvrement** ne peut pas intervenir avant l'expiration de ce délai et avant la réponse de l'agent de contrôle aux éventuelles observations de l'employeur. S'il décide, au contraire, de procéder lui-même au calcul, la procédure de recouvrement ne peut être engagée qu'à l'issue d'un délai de 30 jours suivant la réception par l'Urssaf de la décision de l'employeur. Avant l'expiration de ce délai, ce dernier adresse à l'inspecteur du recouvrement les résultats de ses calculs et les éléments permettant de s'assurer de leur réalité et de leur exactitude. L'inspecteur du recouvrement peut s'assurer de l'exactitude de ces calculs, notamment par l'examen d'un nouvel échantillon. La mise en recouvrement ne peut pas intervenir avant l'expiration de ce délai de 30 jours et avant la réponse motivée de l'agent de contrôle aux éventuelles observations de l'employeur, la motivation de la réponse étant appréciée par observation (CSS art. R 243-59-2, al. 8 et 9).

Sur le contenu du **procès-verbal,** voir n° 20330.

LETTRE D'OBSERVATIONS

L'agent de contrôle communique **à l'employeur,** par tout moyen donnant date certaine à sa réception (CSS art. R 243-59-9), un document dénommé « **lettre d'observations** », daté et signé par lui (CSS art. L 243-7-1 A et R 243-59, III-al. 1). La réception de cette lettre engage la période contradictoire visée n° 20320 (CSS art. R 243-59, III-al.8). 20290

La communication de la lettre d'observations constitue une formalité substantielle dont l'omission entraîne la nullité des opérations de contrôle et de redressement (Cass. soc. 12-12-1996 n° 95-12.881 P ; 6-2-1997 n° 95-13.685 PB ; Circ. Acoss 82 du 16-7-1999).

Elle n'est soumise à aucun **délai** (Cass. 2e civ. 11-7-2005 n° 03-20.898 F-D ; 28-5-2015 n° 14-17.618 F-PB), sauf si le contrôle concerne une petite entreprise (n° 19980).

Sur les **destinataires** de la lettre d'observations, voir n° 20140.

En cas de **litige,** c'est à l'Urssaf d'établir qu'elle a procédé aux communications requises (Cass. soc. 7-5-1991 n° 88-16.344 PF).

› Précisions **a.** Selon la **charte du cotisant contrôlé,** hors constat de travail dissimulé ou d'obstacle à contrôle, l'agent de contrôle doit, avant la communication de ses observations, proposer un **entretien** au cotisant pour lui présenter le résultat de ses analyses et les suites éventuelles (Charte du cotisant contrôlé, éd. 2022, p. 10). Sur les conséquences du **non-respect** des dispositions de la charte, voir n° 20130, a.

b. L'agent de contrôle qui **minore** le redressement initialement envisagé, au vu des éléments complémentaires qu'il a demandés à l'employeur après avoir pris connaissance de sa réponse à la lettre d'observations, n'a pas à lui adresser une deuxième lettre d'observations (Cass. 2e civ. 3-5-2006 n° 04-30.729 F-D et 20-3-2008 n° 07-12.797 FS-PB), ni a fortiori, un nouvel avis de contrôle (Cass. 2e civ. 16-11-2006 n° 05-16.874 FS-D).

c. L'inspecteur du recouvrement qui revient dans les locaux de l'entreprise après l'envoi d'une première mise en demeure pour recueillir des éléments complémentaires sur un chef de redressement notifié dans la lettre d'observations ne procède pas à un **nouveau contrôle,** en sorte qu'il peut notifier une mise en demeure rectificative sans avoir à adresser préalablement un nouvel avis de contrôle, ni une nouvelle lettre d'observations (Cass. 2e civ. 6-12-2006 n° 05-13.699 FS-D).

d. Sur le point de savoir si la **lettre de réponse de l'agent de contrôle** aux observations du cotisant sur la lettre d'observations constitue une nouvelle lettre d'observations, voir n° 20320, b.

Contenu La lettre d'observations, **signée** par le(s) agents(s) de contrôle, **mentionne** (CSS art. R 243-59, III-al. 1, 5, 7 et 8) : 20300

– l'**objet** du contrôle, les **documents** consultés, la **période** vérifiée et la date de la fin du contrôle ;

– s'il y a lieu, les observations faites au cours du contrôle **motivées** par chef de redressement. À ce titre, elles doivent comprendre les considérations de droit et de fait qui constituent leur fondement et, le cas échéant, l'indication du montant des assiettes correspondant, ainsi que, pour les cotisations et contributions sociales, l'indication du mode de calcul et du montant des redressements et des éventuelles majorations et pénalités envisagés. Les observations sont faites au regard des éléments déclarés à la date d'envoi de l'avis de contrôle. Si aucune **infraction** n'est relevée, la lettre mentionne expressément l'**absence totale d'observations** ou, éventuellement, les seules prescriptions pour l'avenir (Circ. DSS 726 du 30-12-1999, opposable, 2.2). Sur les effets d'observations pour l'avenir, voir n° 20475 ;

– la possibilité de se faire **assister d'un conseil** de son choix ;

– le montant des **majorations** prévues nos 20450 et 20470 et des **pénalités** encourues n° 20435 ;

– les éléments caractérisant le constat d'**absence de mise en conformité** (n° 20450).

Elle doit également mentionner les **modalités** et le **délai** ouvert à l'employeur pour répondre aux observations (Charte du cotisant contrôlé, éd. 2022, p. 16 ; sur la valeur de ce document, voir n° 20130, a), y compris en cas de taxation forfaitaire (n° 20465), mais pas le point de départ de ce délai (Cass. 2e civ. 15-3-2018 n° 17-14.748 F-D).

Sur le contenu de la lettre d'observations lorsque des techniques d'**échantillonnage et extrapolation** sont utilisées, voir nº 20270 ; lorsque les redressements opérés se fondent sur des informations obtenues au moyen du **droit de communication,** voir nº 19860 ; en cas de redressement consécutif au constat d'un **délit de travail dissimulé,** voir nº 20470 ; lorsque l'Urssaf met en œuvre la procédure de répression des **abus de droit,** voir nºs 20435 s.

Sur les obligations de l'agent de contrôle en cas de redressement suite à un contrôle du caractère obligatoire et collectif des couvertures de **protection sociale complémentaire,** voir nº 42900.

> **› Précisions** Entraînent la **nullité du contrôle** et des opérations de redressement l'omission de la mention de la faculté de se faire assister (Cass. 2e civ. 10-10-2013 nº 12-26.586 F-D et 3-4-2014 nº 13-11.516 F-PB), le défaut d'indication du mode de calcul du redressement envisagé (Cass. 2e civ. 18-9-2014 nº 13-21.682 F-PB) et l'absence de signature d'un des agents ayant participé au contrôle (Cass. 2e civ. 6-11-2014 nº 13-23.990 F-PB), sauf s'il n'est plus compétent pour agir au moment de la signature (CA Versailles 16-12-2021 nº 21/00821).

20305 ILLUSTRATIONS

Pour le **mode de calcul,** l'indication des assiettes et montants par année ainsi que des taux de cotisations appliqués est suffisante (Cass. 2e civ. 12-7-2006 nº 05-10.661 FS-PB). Il n'y a pas à fournir le détail des calculs pour chaque chef de redressement (Cass. 2e civ. 23-11-2006 nº 05-10.662 F-D ; 13-10-2022 nº 21-10.175 F-D).

En matière de cotisations de retraite complémentaire excédant les limites d'exonération, est valable la lettre d'observations indiquant les bases de calcul ayant permis de chiffrer le redressement, dès lors que le chiffre global par établissement retenu par l'inspecteur a été déterminé à partir de **fiches individuelles de paie** mentionnant distinctement les cotisations litigieuses (Cass. soc. 28-3-1996 nº 93-18.572 P).

Est valable la lettre d'observations permettant à l'employeur d'avoir une connaissance exacte des causes, des périodes, des bases et du montant des redressements peu important que :
– l'agent de contrôle ne joigne pas les annexes à son rapport de contrôle, alors même que la lettre d'observations y fait expressément référence (Cass. 2e civ. 16-2-2012 nº 11-12.166 F-PB) ;
– elle n'indique pas le **nombre de salariés concernés par chacun des chefs de redressement** (Cass. 2e civ. 9-7-2015 nºs 14-17.752 F-PB et 14-19.114 F-D).

La lettre d'observations adressée à l'**entreprise tenue solidairement** au paiement des cotisations dues par une société faisant l'objet de poursuites pour **travail dissimulé** (nºs 11800 s.) doit préciser année par année le montant des sommes dues (Cass. 2e civ. 13-10-2011 nº 10-24.861 F-PB ; 13-2-2020 nº 19-11.645 F-PBI). Est régulière la lettre d'observations qui, outre cette précision, mentionne le montant global des cotisations dues par la société poursuivie pour travail dissimulé et énonce que les cotisations mises à la charge de l'entreprise utilisatrice ont été calculées au prorata des prestations effectuées par cette société à son profit (Cass. 2e civ. 13-10-2011 précité).

PÉRIODE CONTRADICTOIRE

20320 La lettre d'observations **engage la période contradictoire** préalable à l'envoi de toute mise en demeure ou avertissement (CSS art. L 243-7-1 A).

À compter de sa réception, l'**employeur** dispose en effet d'un **délai** de 30 jours **pour répondre.** Sauf mise en œuvre de la procédure d'abus de droit ou constat de travail illégal, ce délai peut être porté à 60 jours, sur demande de l'employeur (CSS art. R 243-59, III-al. 8 et L 243-7-1 A) reçue par l'Urssaf avant l'expiration du délai initial de 30 jours. À défaut de réponse de l'Urssaf, la prolongation du délai est considérée comme acceptée (CSS art. L 243-7-1 A et R 243-59, III-al. 8).

Dans sa réponse, l'employeur peut indiquer toute précision ou tout complément qu'il juge nécessaire, notamment en proposant des ajouts à la liste des documents consultés. Il peut, le cas échéant, justifier avoir corrigé, pendant le contrôle, les déclarations afférentes à la période contrôlée, et avoir acquitté les sommes correspondantes pour qu'il en soit tenu compte (CSS art. R 243-59, III-al. 9).

L'**agent de contrôle** est tenu de lui répondre. Chaque observation exprimée de manière circonstanciée par l'employeur doit faire l'objet d'une **réponse motivée** détaillant, par motif de redressement, les montants qui, le cas échéant, ne sont pas retenus et les redressements qui demeurent envisagés (CSS art. R 243-59, III-al. 10).

À la **fin de la période contradictoire,** l'Urssaf clôture les opérations de contrôle (nº 20330) et procède, le cas échéant, à la mise en recouvrement du redressement par l'envoi d'une mise en demeure (nº 20335).

S'agissant de l'incidence de la période contradictoire sur le délai de **prescription des cotisations** et contributions sociales, voir nºs 21535 s.

> Précisions **a.** Les **échanges** entre le cotisant et l'Urssaf (demande de prolongation du délai, réponse de l'employeur, réponse de l'Urssaf) sont faits par tout **moyen** donnant date certaine à leur réception (CSS art. R 243-59-9).

b. La **lettre de réponse** de l'agent de contrôle aux observations du cotisant sur la lettre d'observations ne constitue pas une **nouvelle lettre d'observations** (Cass. 2e civ. 7-1-2021 no 19-20.230 F-PI ; 5-1-2023 no 21-14.706 F-B) et n'ouvre donc pas de nouveau délai de réponse au cotisant (Cass. 2e civ. 3-6-2010 no 09-14.934 FS-D). Elle n'a pas à être signée par tous les inspecteurs ayant procédé au contrôle (Cass. 2e civ. 18-2-2021 no 20-12.328 F-P).

c. L'employeur ne peut pas **contester en justice** la réponse de l'agent chargé du contrôle à ses remarques sur la lettre d'observations : il doit fonder son recours sur la mise en demeure ultérieure de l'Urssaf (Cass. 2e civ. 14-2-2019 no 17-27.759 F-PB). En revanche, son silence pendant la période contradictoire ne le prive pas de la possibilité d'invoquer devant le juge, lors de la contestation de la mise en demeure, l'insuffisance des mentions de la lettre d'observations (Cass. 2e civ. 9-2-2006 no 04-30.535 F-D).

CLÔTURE DES OPÉRATIONS DE CONTRÔLE

Les agents de contrôle **transmettent** à l'Urssaf le **procès-verbal** de contrôle, comportant notamment la lettre d'observations (Cass. 2e civ. 15-6-2017 no 16-13.855 F-D) et, s'il y a lieu, la réponse de l'employeur et celle de l'agent de contrôle. Ce procès-verbal fait foi jusqu'à preuve du contraire (Circ. DSS 726 du 30-12-1999, no 2.4 ; Cass. 2e civ. 15-6-2017 précité). L'absence de transmission du procès-verbal ne remet toutefois pas en cause la régularité du contrôle (Cass. soc. 31-10-2000 no 99-13.322 FS-D). **20330**

L'Urssaf doit transmettre à l'employeur les observations ne conduisant pas à redressement, mais l'appelant à une **mise en conformité** en vue des périodes postérieures aux exercices contrôlés, et l'exposant, s'il n'y procède pas, à un constat d'absence de mise en conformité (no 20300) (CSS art. R 243-59, IV-al. 2).

En cas de mise en œuvre de techniques d'**échantillonnage et extrapolation** (nos 20250 s.), le procès-verbal doit être accompagné de l'ensemble des courriers de l'employeur et de l'agent de contrôle (CSS art. R 243-59-2, al. 10).

MISE EN RECOUVREMENT

La mise en recouvrement débute par l'**envoi d'une mise en demeure** (nos 21500 s.) qui ne peut pas, à peine de nullité, être adressée au cotisant avant la **date** d'expiration de la période contradictoire (Cass. 2e civ. 4-5-2017 no 16-15-861 F-PB). La procédure peut toutefois être régularisée par la notification d'une nouvelle mise en demeure respectant les délais requis (Cass. 2e civ. 6-7-2017 no 16-19.384 F-PB). **20335**

La période contradictoire prend fin et une mise en demeure peut donc être envoyée par l'Urssaf (CSS art. R 243-59, III-al. 11) :

– en l'**absence de réponse de l'employeur,** au terme des délais de réponse du cotisant (délai initial et délai supplémentaire le cas échéant) ;

– en cas de **réponse** du cotisant avant la fin du délai imparti, à la date d'envoi de la réponse de l'agent de contrôle.

Sur l'engagement de la mise en recouvrement en cas de recours aux techniques d'**échantillonnage et extrapolation,** voir no 20270.

ILLUSTRATIONS

L'agent de contrôle peut, le même jour, sans porter atteinte au principe du contradictoire, répondre aux observations de l'employeur, clôturer le contrôle et transmettre son rapport à l'Urssaf pour l'établissement et l'envoi de la mise en demeure (Cass. 2e civ. 11-10-2012 no 11-25.108 F-PB).

Sont **nulles** en revanche :

– les mises en demeure notifiées **au cours du contrôle** (Cass. soc. 21-1-1993 no 90-17.460 D) ou avant l'expiration de la période contradictoire (Cass. soc. 2-7-1984 no 83-10.157 P ; 4-5-2017 no 16-15.861 F-PB) ;

– les mises en demeure émises suite à une notification de redressement ne faisant pas état des observations ayant amené l'inspecteur à l'opérer et n'invitant pas l'employeur à y répondre (Cass. soc. 12-3-1992 no 88-15.420 P) ;

– une décision d'assujettissement notifiée à la société sans qu'elle ait été mise en demeure de s'expliquer, le contrôleur ayant transmis son rapport sans avoir auparavant communiqué ses observations (Cass. soc. 28-10-1999 no 96-15.258 D).

4. SUITES DU CONTRÔLE

AFFILIATION DES SALARIÉS

20420 Le contrôle Urssaf peut amener la caisse primaire d'assurance maladie, après communication du dossier, à prendre une décision d'affiliation au régime général.

Le **retard** ou le **défaut d'affiliation** d'un salarié ne dispense pas de l'obligation d'acquitter les **cotisations** de sécurité sociale qui sont légalement dues pour tout travailleur remplissant les conditions de l'assujettissement obligatoire. Mais ces cotisations ne peuvent être réclamées par la caisse que sous réserve du **délai de prescription** (nos 21535 s.). En outre, aucune cotisation ne peut être réclamée pour le passé en cas de requalification en salarié d'un travailleur auparavant affilié au régime des indépendants : voir no 18940.

› Précisions Si la caisse primaire refuse d'affilier des personnes dont l'**Urssaf** a réintégré les rémunérations dans l'assiette des cotisations à l'occasion d'un **contrôle,** c'est la décision de la caisse primaire qui doit l'emporter. Le redressement entrepris par l'Urssaf doit donc être annulé (Cass. soc. 7-11-1991 no 89-15.515 PF ; 26-3-1992 no 89-18.793 PF). En revanche, en l'absence de décision de la caisse primaire, l'Urssaf peut apprécier le caractère subordonné de l'activité et en tirer les conséquences au regard des cotisations (Cass. soc. 1-4-1993 no 91-13.414 D ; Cass. 2e civ. 14-2-2007 no 05-21.106 F-D).

REDRESSEMENT

20430 Lorsqu'il révèle des irrégularités, le contrôle des cotisations peut déboucher sur un redressement. Celui-ci est en principe calculé à partir des informations recueillies lors de l'examen exhaustif des documents auxquels l'agent de contrôle a eu accès, mais il peut l'être aussi sur la base des informations contenues dans les procès-verbaux de **travail dissimulé.** Le cotisant est passible des **majorations** pour paiement tardif des cotisations, voir nos 19600 s.

Dans les cas où le redressement ne peut pas être établi sur des bases réelles, le montant du redressement peut être fixé forfaitairement : voir nos 20455 s. (comptabilité incomplète, insuffisante ou insincère) et 20470 (travail dissimulé). Dans certains cas, il peut également être assorti de majorations ou de pénalités spécifiques : voir nos 20435 (abus de droit), 20450 (absence de mise en conformité) et 20470 (travail dissimulé).

La liberté d'action de l'Urssaf est limitée par les **garanties accordées aux cotisants** : voir nos 20550 s.

› Précisions a. Si l'Urssaf a recours à une **méthode invalide** de **calcul** du redressement, celui-ci doit être annulé pour sa seule part calculée de manière irrégulière (Cass. 2e civ. 9-7-2009 no 08-17.788 F-D ; 13-10-2022 no 21-11.754 F-B).

b. Si le redressement porte sur des sommes que l'employeur a considérées comme échappant aux cotisations sociales, leur réintégration dans l'assiette des cotisations se fait sur la base de leur **montant brut** avant précompte de la part salariale des cotisations (Cass. 2e civ. 24-9-2020 no 19-13.194 F-PBI). Sur la possibilité de demander au salarié de rembourser la **part salariale,** voir no 19060.

c. Si un redressement de cotisations a une incidence sur les droits des salariés au titre de l'assurance vieillesse, l'Urssaf doit **déclarer** aux caisses d'assurance retraite et de la santé au travail (Carsat) et aux caisses générales de sécurité sociale (CGSS) le **montant du redressement** afin que les droits des salariés soient rectifiés. En cas de constat de travail dissimulé révélant une situation de collusion entre l'employeur et son salarié, cette rectification ne peut être faite qu'à compter du paiement du redressement (CSS art. L 242-1-3).

d. Sur les redressements opérés dans le cadre d'un contrôle du caractère obligatoire et collectif des couvertures de **protection sociale complémentaire,** voir no 42900.

20435 **Répression des abus de droit** Les redressements peuvent se fonder sur la requalification des actes constitutifs d'un abus de droit (CSS art. L 243-7-2, al. 1).

Les **actes concernés** sont soit ceux qui ont un caractère fictif, soit ceux qui, recherchant le bénéfice d'une application littérale des textes à l'encontre des objectifs poursuivis par leurs auteurs, n'ont pu être inspirés par aucun autre motif que d'éluder ou d'atténuer les contributions et cotisations sociales d'origine légale ou conventionnelle auxquelles le cotisant est tenu au titre de la législation sociale ou que le cotisant, s'il n'avait pas passé ces actes, aurait normalement supportées, eu égard à sa situation ou à ses activités réelles (CSS art. L 243-7-2, al. 1).

La **décision** de **mettre en œuvre** la procédure est **prise par** le directeur de l'Urssaf. À cet effet, il contresigne la lettre d'observations remise ou envoyée au cotisant suite au contrôle. Ce document doit mentionner la possibilité pour le cotisant de saisir le comité des abus de droit et les délais impartis pour le faire (CSS art. R 243-60-3, I).

La **charge de la preuve** de l'abus de droit incombe à l'Urssaf (Circ. Acoss 84 du 3-11-2009). Si cette preuve est rapportée, les actes litigieux lui sont **inopposables** et elle peut leur restituer leur véritable qualification (CSS art. L 243-7-2, al. 1) et déterminer les compléments de rémunération non inclus dans l'assiette des cotisations.

L'abus de droit entraîne l'application d'une **pénalité** égale à 20 % des cotisations et contributions dues (CSS art. L 243-7-2, al. 4). Sur l'incidence d'un abus de droit sur les **majorations de retard,** voir nº 19605.

Sont **exclus** du champ d'application de la procédure :
– les actes pour lesquels un cotisant aura préalablement recouru à l'arbitrage de l'Urssaf Caisse nationale (nº 20625) ou au rescrit social (nºs 20610 s.), en fournissant aux organismes concernés tous éléments utiles pour apprécier la portée véritable de ces actes et alors que ces organismes n'auront pas répondu dans les délais requis (CSS art. L 243-7-2, al. 3) ;
– les recours abusifs visés à l'article 32-1 du Code de procédure civile, sanctionnés par une amende civile d'un maximum de 10 000 € sans préjudice des dommages-intérêts qui seraient réclamés (Circ. Acoss 84 du 3-11-2009) ;
– une divergence d'appréciation sur les règles d'assiette des cotisations (Cass. 2e civ. 12-10-2017 nº 16-21.469 F-PB).

> **Précisions** **a.** L'Urssaf qui écarte un acte juridique présentant les caractéristiques exposées ci-dessus doit **respecter la procédure** spécifique à la répression des abus de droit, sous peine de **nullité** du contrôle et du redressemen (Cass. 2e civ. 16-2-2023 nºs 21-17.207 FS-B, 21-18.322 FS-B et 21-11.600 FS-B), pour sa part fondée sur l'abus de droit (Cass. 2e civ. 16-2-2023 nº 21-11.600 FS-P précité).
> **b.** Toute personne qui, dans l'exercice d'une **activité professionnelle** de conseil à caractère juridique, financier ou comptable ou de détention de biens ou de fonds pour le compte d'un tiers, fournit intentionnellement une **prestation** contribuant directement à la **commission** ou à la **dissimulation** d'actes constitutifs de l'abus de droit s'expose à une amende égale à 50 % des revenus tirés de la prestation fournie sans pouvoir être inférieure à 10 000 € dans les conditions définies à l'article L 114-18-1 du CSS.

En cas de **désaccord,** le litige est soumis au **comité des abus de droit,** à la demande de l'Urssaf, sur autorisation de l'Urssaf Caisse nationale, ou du cotisant (CSS art. L 243-7-2, al. 2). **20440**

Le cotisant dispose d'un **délai** de 30 jours à compter de la réception de la lettre d'observations pour demander à la **mission nationale de contrôle et d'audit des organismes** de sécurité sociale que le litige soit soumis à l'avis de ce comité. Si le cotisant répond dans ce délai à la lettre d'observations, il dispose d'un nouveau délai de 30 jours courant à compter de la réception de la réponse de l'organisme à ses observations pour saisir la mission de contrôle. La mission de contrôle saisit le comité des demandes recevables dans un délai de 30 jours et en avertit l'Urssaf (CSS art. R 243-60-3, II et III).

Devant le comité, chaque partie est invitée à produire ses **observations** dans un délai de 30 jours, chacune recevant communication des observations produites par l'autre. Le président du comité peut recueillir auprès d'elles tout renseignement complémentaire utile à l'instruction du dossier (CSS art. R 243-60-3, IV).

Le président communique l'**avis du comité** au cotisant et à l'organisme de recouvrement (CSS art. R 243-60-3, VI). **20445**

Quel que soit l'avis rendu par le comité, la charge de la preuve devant le juge revient à l'Urssaf (CSS art. L 243-7-2, al. 2).

L'**organisme** notifie sa **décision** au cotisant et, en cas de modification du redressement, lui adresse une mise en demeure rectificative dans un délai de 30 jours (CSS art. R 243-60-3, VI).

Majoration du montant du redressement Le montant des redressements est **majoré** de 10 % en cas de constat d'absence de **mise en conformité** (CSS art. L 243-7-6, al. 1). **20450**

Il y a absence de mise en conformité du cotisant lorsqu'il n'a pas pris en compte les observations notifiées à l'occasion d'un précédent contrôle moins de **6 ans** avant la date de notification des nouvelles observations constatant le manquement aux mêmes obligations, que ces premières observations aient donné lieu à redressement ou non (CSS art. L 243-7-6, al. 1 et R 243-18, al. 1).

La majoration ne s'applique qu'à la **part du montant** du redressement résultant du manquement réitéré aux obligations en cause (CSS art. R 243-18, al. 2).

Sur le contenu de la **lettre d'observations** en cas de constat d'absence de mise en conformité, voir nº 20300.

Sur les **majorations de retard** applicables en cas de redressement suite à contrôle et sur l'incidence d'un constat d'absence de mise en conformité sur ces majorations, voir nº 19605.

Sur la majoration du montant du redressement en cas de constat de **travail dissimulé** et les mentions complémentaires à faire figurer sur la lettre d'observations, voir nº 20470.

20455 **Fixation d'office de l'assiette** Si la **comptabilité de l'employeur** ne permet pas de connaître le **montant exact** des revenus devant servir de base aux cotisations, et seulement dans ce cas (Cass. soc. 23-11-2000 n° 98-22.035 FS-P), ou si les **documents et justificatifs** nécessaires à la réalisation du contrôle ne sont **pas mis à disposition** ou que leur présentation n'en permet pas l'exploitation, l'Urssaf peut fixer forfaitairement le montant des cotisations dues (CSS art. R 243-59-4, I-al. 1 à 3).

La taxation d'office est possible non seulement en l'**absence de comptabilité,** mais également si la comptabilité est **incomplète,** insuffisante, mal tenue ou inexacte (Cass. soc. 9-10-1980 nos 78-16.506 à 78-16.510 P).

De même, la découverte de **fraudes comptables** entraînant le rejet de la comptabilité de l'employeur autorise l'Urssaf à fixer forfaitairement les cotisations, même pour des périodes antérieures à un précédent contrôle qui n'avait pas décelé ces fraudes (Cass. soc. 27-11-1975 n° 74-12.181 P ; 20-7-1978 n° 77-17.140). Cette fixation forfaitaire revêt un caractère définitif, et ne peut pas être ultérieurement révisée, même en cas de découverte de nouvelles fraudes ayant porté sur la même période (Cass. 2e civ. 11-10-1961 n° 59-50.796 P).

ILLUSTRATIONS

Le recours à la taxation forfaitaire est régulier :
– en cas de refus de l'employeur de dévoiler l'**identité des bénéficiaires** des rémunérations accordées à la suite d'apports de marchés (Cass. soc. 13-1-1988 n° 85-14.505 P), dès lors que l'importance de ces sommes exclut de les considérer comme la simple récompense d'un service rendu (Cass. soc. 13-5-1993 n° 90-21.043 P) ;
– en cas de **minoration** par l'employeur des **horaires** de travail (Cass. soc. 23-2-1995 n° 92-18.385 P).

20460 La **preuve** de l'absence ou de l'insuffisance de comptabilité appartient à l'Urssaf (Cass. soc. 21-1-1993 n° 90-17.460 D). Elle doit notamment établir la réalité du travail salarié au titre duquel elle entend fixer l'assiette des cotisations (Cass. soc. 1-2-1989 n° 86-16.616 D).

ILLUSTRATIONS

Cette preuve est apportée si l'inspecteur a signalé des **anomalies** relatives au livre de paie, au registre des entrées et sorties et aux bulletins de paie, faisant apparaître des discordances entre ces éléments (Cass. soc. 22-2-1990 n° 87-12.480 D), si l'employeur est incapable de présenter une comptabilité dans les **formes** et que ses affirmations ont dû être modifiées après consultation des dossiers établis par les administrations (Cass. soc. 9-10-1980 n° 78-16.510), ou lorsque, même si une liste de personnes résidant à l'étranger a été communiquée, celle-ci ne permet pas la **vérification** de la comptabilité (Cass. soc. 27-6-1996 n° 94-14.199 D).

Peu importent les résultats d'un **contrôle fiscal** portant sur la même période (Cass. soc. 24-6-1987 n° 85-11.711) ou une décision correctionnelle, intervenue à la suite des poursuites intentées par l'administration fiscale, qui n'aurait pas retenu la fraude fiscale pour la période considérée (Cass. soc. 29-1-1981 n° 79-15.146).

En revanche, cette preuve n'est **pas considérée comme apportée** si l'inspecteur a disposé de treize types de documents et que leur rapprochement permettait de constater la **réalité de la situation** (Cass. soc. 17-6-1993 n° 91-11.510 D), ou si le versement de **primes** (Cass. soc. 22-2-1990 n° 87-15.936 D) ou l'accomplissement d'**heures supplémentaires** (Cass. soc. 29-6-1995 n° 92-20.264 D) sur lesquelles porte la taxation forfaitaire n'a pas été établi, ou si la nature des **frais d'exploitation** litigieux établit qu'ils correspondent à des dépenses effectuées au profit de tiers à l'entreprise (Cass. 2e civ. 14-9-2006 n° 05-13.369 F-D).

20465 L'obligation d'**inviter l'employeur à répondre** aux observations de l'agent de contrôle (n° 20300) s'applique même en cas de taxation forfaitaire. L'omission de cette formalité substantielle entraîne la nullité du contrôle (Cass. 2e civ. 27-1-2004 n° 02-30.706 F-PB).

Le **forfait** est **établi** par tout **moyen d'estimation** probant permettant le chiffrage des cotisations et contributions sociales, en tenant compte des conventions collectives en vigueur, ou, à défaut, des salaires pratiqués dans la profession ou la région considérée (CSS art. R 243-59-4, I-al. 4).

L'employeur peut apporter la **preuve** de l'inexactitude ou de l'exagération de l'évaluation forfaitaire (Cass. soc. 13-10-1977 n° 76-11.311 ; 14-5-1992 n° 90-12.192 D ; 19-6-1997 n° 95-21.380 D). Il appartient au juge du fond d'apprécier s'il y a lieu d'ordonner une mesure d'**expertise** (Cass. soc. 19-2-1986 n° 84-12.151 P) ou d'estimer, au vu des documents fournis par l'employeur, que l'évaluation doit être réduite (Cass. soc. 17-6-1993 n° 91-11.977 D). Le rapport de l'agent de l'Urssaf fait foi jusqu'à preuve du contraire (Cass. soc. 24-6-1987 n° 85-11.711). En revanche, l'employeur qui n'a pas fourni les pièces et éléments probants de sa comptabilité lors des opérations de contrôle ne peut pas suppléer sa carence en les produisant **devant le juge** (Cass. 2e civ. 14-3-2019 n° 17-28.099 F-D).

> Précisions Le forfait peut être établi sur des bases supérieures à celles résultant de la convention collective s'il y a des présomptions sérieuses que, dans la région considérée, la profession ou l'entreprise, il est versé habituellement des rémunérations plus élevées (Cass. soc. 5-3-1986 nº 84-11.819 P). En revanche, tout **calcul approximatif** par sondage est impossible, par exemple pour l'évaluation de frais de repas en fonction d'un même montant unitaire pour tous les salariés, sans distinguer l'importance de leur rémunération respective (Cass. soc. 21-1-1993 nº 90-17.460 D).

Travail dissimulé En cas de travail dissimulé, l'Urssaf peut procéder à un redressement « au réel » des cotisations et contributions (nº 20430) sur la base des **informations contenues dans les procès-verbaux** de travail dissimulé qui lui sont transmis par les agents de contrôle chargés de la lutte contre le travail illégal (CSS art. L 243-7-5). 20470

Si aucun élément ne permet de connaître les rémunérations dues au travailleur, celles-ci sont **évaluées** à 25 % du plafond annuel de la sécurité sociale, sauf preuve contraire de l'employeur (CSS art. L 242-1-2, al. 1 et R 243-59-4, I-al. 6). Pour éviter ce redressement forfaitaire, l'employeur doit ainsi prouver, lors des opérations de contrôle, la **durée réelle d'emploi** du travailleur dissimulé et le **montant exact de sa rémunération** (CSS art. L 242-1-2, al. 1 ; Cass. 2e civ. 19-12-2013 nº 12-27.513 F-PB ; 9-11-2017 nº 16-25.690 F-PB).

Les agents de contrôle doivent communiquer au représentant légal de la personne morale contrôlée une **lettre d'observations** datée et signée par eux, comportant, outre les mentions visées nº 20300 (CSS art. R 243-59, III-al. 2 à 4) :
– lorsque l'infraction a été constatée à l'occasion du contrôle réalisé par les agents de contrôle de l'Urssaf, la référence au document constatant le travail dissimulé ou les différents éléments devant figurer dans ce document ;
– lorsque le constat d'infraction de travail dissimulé a été transmis à l'Urssaf, la référence au document constatant le travail dissimulé ainsi que les faits constatés par les agents de contrôle autres que ceux de l'Urssaf.

Le **montant des redressements** indiqué dans la lettre d'observations peut être différent du montant évalué, le cas échéant, dans le document constatant le travail dissimulé. S'il est **inférieur,** l'Urssaf doit procéder sans délai à la mainlevée des mesures conservatoires éventuellement prises pour garantir le recouvrement des sommes dues (nº 21560, e) à hauteur de la différence entre ces deux montants. S'il est **supérieur,** l'organisme peut engager des mesures conservatoires complémentaires à hauteur de la différence entre ces deux montants (CSS art. R 243-59, III-al. 6).

Sur l'application de la procédure d'**opposition à tiers détenteur** pour le recouvrement des sommes dues, voir nº 21560. Sur la possibilité d'invoquer une **décision implicite** de l'Urssaf pour s'opposer à un redressement consécutif à un constat de travail dissimulé, voir nº 20650.

ATTENTION

Le **montant** total du **redressement** est **majoré** de 25 %. Cette majoration est portée à 40 % en cas de circonstances aggravantes de travail dissimulé (mineurs soumis à l'obligation scolaire ; personnes dont la vulnérabilité ou l'état de dépendance sont apparents ou connus ; commission des faits à l'égard de plusieurs personnes ou en bande organisée) (CSS art. L 243-7-7, I).

Sauf en cas de récidive, ces majorations peuvent être ramenées respectivement à 15 et 30 % si, dans le **délai de 30 jours** à compter de la notification de la mise en demeure (CSS art. L 243-7-7, II) :
– la personne contrôlée procède au **règlement intégral** des cotisations, pénalités et majorations de retard notifiées ;
– ou si elle présente un **plan d'échelonnement** du paiement au directeur de l'organisme et que ce dernier l'accepte.

Elles sont, en revanche, portées respectivement à 45 et 60 % en cas de **nouvelle constatation de travail dissimulé** dans les 5 ans à compter de la notification d'une première constatation de travail dissimulé ayant donné lieu à redressement auprès de la même personne morale ou physique (CSS art. L 243-7-7, III).

PRESCRIPTIONS POUR L'AVENIR

Si **aucune infraction** n'est relevée lors du contrôle, l'agent de contrôle peut, dans sa lettre d'observations, se contenter d'édicter des prescriptions ou observations pour l'avenir. 20475

Les observations exprimées pour l'avenir mais en **termes impératifs et confirmées** ultérieurement par la **commission de recours amiable** sont susceptibles d'un recours devant le tribunal judiciaire (Cass. 2e civ. 19-6-2008 nº 07-11.571 FS-PB ; 20-12-2018 nº 17-21.710 F-D).

En revanche, le cotisant ne peut pas, à l'appui d'une demande d'annulation d'observations pour l'avenir, opposer une **circulaire** ministérielle à l'organisme : voir nº 20577, a.

Le cotisant qui ne tient pas compte de ces observations s'expose à un **constat d'absence de mise en conformité** et à une majoration du redressement en cas de **contrôle ultérieur** : voir nº 20450.

› Précisions Un courrier de l'Urssaf intitulé « confirmation d'observations suite à contrôle », indiquant qu'en cas de non-respect de ses recommandations lors d'un contrôle ultérieur un redressement sera notifié sur les points non respectés et précisant que cette décision peut faire l'objet d'un recours, constitue une décision de confirmation d'observations pour l'avenir s'opposant à ce qu'il soit opéré un redressement pour une période antérieure à sa date (CA Rennes 2-12-2015 nº 14/08668).

SOLDE CRÉDITEUR

20480 Si un solde créditeur en faveur de l'employeur résulte de l'ensemble des points examinés, l'organisme doit le lui notifier par tout moyen donnant date certaine à sa réception (CSS art. R 243-59, IV, al. 3 ; R 243-59-9). L'organisme doit ensuite effectuer le **remboursement** dans un **délai** maximum de 4 mois suivant sa notification (CSS art. R 243-59, IV, al. 3).

Les destinataires de cette notification sont ceux mentionnés nº 20140.

› Précisions La **Charte du cotisant contrôlé** préconise un remboursement dans un délai maximum de 1 mois après la notification pour les contrôles commencés à partir du 1-7-2022 et de 2 mois suivant la notification pour les autres (éd. 2022, p. 17). Sur les conséquences du **non-respect** des dispositions de la charte, voir nº 20130, a.

5. DROITS DES COTISANTS

20550 En dehors de ses propres remarques sur les éléments qui lui sont communiqués dans la lettre d'observations, l'employeur peut opposer à l'organisme certaines circulaires ministérielles ou se prévaloir d'une décision individuelle prise sur sa situation.

Il peut aussi s'opposer aux redressements liés à la **requalification d'un non-salarié en salarié,** puisque celle-ci ne saurait valoir que pour l'avenir (nº 18940), et se prévaloir des décisions obtenues dans le cadre de la sécurisation par l'administration des accords de participation, d'intéressement ou des plans d'**épargne salariale** (nºs 48520 s.).

Il peut également, avant tout recours contentieux, soumettre sa réclamation au **médiateur** désigné par le directeur de son Urssaf dans les conditions précisées par l'article L 217-7-1 du CSS, non exposées ici.

Sur la possibilité pour l'employeur de conclure une **transaction** avec l'Urssaf, voir nº 21340.

Sur la contestation par l'employeur de la **compétence de l'agent** de contrôle et sur **l'interdiction** de procéder à un nouveau contrôle portant, pour la même période, sur des points déjà vérifiés, voir respectivement nºs 19840 et 19970.

a. Opposabilité des circulaires

20560 Dans le domaine de la sécurité sociale, les services ministériels ainsi que les organismes (essentiellement les caisses nationales et l'Urssaf Caisse nationale) diffusent des circulaires, instructions ou notes contenant des commentaires et interprétations des textes fixant les droits et obligations des usagers au regard, en particulier, des cotisations.

La possibilité d'invoquer ces documents à l'encontre des organismes varie selon le type de circulaire.

OBLIGATION DE PUBLICATION

20565 Pour être « invocables » ou « opposables », que ce soit à l'administration ou aux usagers, les circulaires, instructions, notes administratives et réponses ministérielles comportant une **interprétation** du droit positif ou une description des procédures administratives doivent être préalablement publiées selon des modalités différentes suivant l'échelon administratif dont elles émanent (CRPA art. R 312-3-1 à R 312-9).

Les circulaires et autres documents administratifs rédigés par les administrations centrales doivent être publiés dans des **« bulletins officiels »** mis en ligne sur les sites internet des ministères (CRPA art. R 312-3-1). Ceux signés par les ministres et adressés aux administrations et établissements de l'État doivent être publiés sur le site **Légifrance** (CRPA art. R 312-8).

Cette publication doit intervenir dans les **4 mois** de la signature du document (CRPA art. L 312-2 et R 312-7, al. 2). Les documents non publiés selon ces règles ne sont pas applicables et leurs auteurs ne peuvent pas s'en prévaloir à l'égard des administrés (CRPA art. R 312-7, al. 1).

ATTENTION

La **publication** des documents incombant aux administrations centrales et aux établissements publics dont elles émanent, un cotisant ne peut pas être indemnisé par l'**Urssaf** pour la non-publication d'une lettre ministérielle et d'une circulaire Acoss (Cass. 2e civ. 31-3-2016 no 15-17.060 F-PBI).

CIRCULAIRES OPPOSABLES : RÈGLES GÉNÉRALES

Toute personne peut **se prévaloir** (CRPA art. L 312-3) : 20570
– des documents administratifs précités émanant des administrations centrales et déconcentrées de l'État (notamment des Dreets) et publiés dans une rubrique « **Documents opposables** » sur les sites internet fixés à l'article D 312-11 du CRPA (notamment, pour ce qui concerne le domaine social, les sites : www.economie.gouv.fr/, solidarites-sante.gouv.fr/ et travail-emploi.gouv.fr/) ;
– de l'interprétation d'une règle, même illégale (Avis CE 14-10-1022 no 462784), opérée par ces documents pour son application à une situation qui n'affecte pas des tiers, tant que cette interprétation n'a pas été modifiée.

Les circulaires ainsi déclarées opposables doivent répondre aux conditions de **publication** exposées no 20565.

BOSS ET CIRCULAIRES MINISTÉRIELLES SUR LES COTISATIONS ET CONTRIBUTIONS

Depuis le 1-4-2021, une part importante de la doctrine administrative relative aux cotisations et contributions sociales est rassemblée au sein du **Bulletin officiel de la sécurité sociale (BOSS),** mis en ligne sur le site internet boss.gouv.fr. Ce « bulletin », est **opposable** aux organismes de recouvrement. Il regroupera progressivement l'ensemble de la doctrine administrative en matière de cotisations et contributions sociales. Il se substitue, pour les points qu'il traite, aux circulaires administratives antérieures dont il indique l'abrogation (Arrêtés PRMX2109772A du 30-3-2021 et SSAS2109766A du 31-3-2021). Pour les autres points, les circulaires antérieures subsistent. 20575

Le cotisant ayant **appliqué** la législation relative aux cotisations et contributions sociales **selon l'interprétation** en vigueur admise par une circulaire ou une instruction du ministre chargé de la sécurité sociale régulièrement publiée (dans les conditions exposées no 20565) ou par le BOSS est garanti contre tout **redressement** d'une Urssaf (ou, dans les Dom, d'une CGSS) qui serait fondé sur une interprétation différente (CSS art. L 243-6-2). 20577

Cette **garantie** joue aussi longtemps que la législation n'a pas été modifiée ou la circulaire abrogée. Elle ne vaut donc que pour la **période de validité** des circulaires ou instructions.

> **Précisions** **a.** L'article L 243-6-2 du CSS ne peut être invoqué que pour faire échec à un redressement, et pas pour obtenir l'**annulation d'observations pour l'avenir** (Cass. 2e civ. 24-5-2017 no 16-15.724 F-PB), ni lorsque la **situation** du redevable **ne relève pas** des prévisions **de la circulaire** (Cass. 2e civ. 18-6-2015 nos 14-18.586 F-D et 14-18.592 F-D).
> **b.** Les circulaires ministérielles peuvent aussi être opposées aux organismes de recouvrement en cas de **demandes de rectification** des déclarations sociales ainsi qu'à l'**Agirc-Arrco** pour ce qui concerne l'application de la réduction générale de cotisations patronales, des exonérations applicables aux structures d'aide à domicile et dans les DOM ou de tout point de droit susceptible d'avoir une incidence sur les allégements de cotisations patronales de retraite complémentaire (CSS art. L 243-6-2).

La **demande** de l'employeur se prévalant de l'application d'une circulaire ou instruction est **recevable** tant que les sommes mises en recouvrement au titre d'une situation couverte par le texte concerné n'ont pas un caractère définitif (CSS art. R 243-59-8, al. 1). Cette demande doit être faite par tout moyen donnant date certaine à sa réception (CSS art. R 243-59-9). 20580

L'organisme de recouvrement **informe** l'employeur dans un **délai** de 2 mois à compter de la réception de cette demande, par motif de redressement, des montants annulés et des montants dont il reste redevable (CSS art. R 243-59-8, al. 2) par tout moyen donnant date certaine à la réception (CSS art. R 243-59-9).

> **Précisions** Le **juge** ne peut pas **valider** un **redressement** de cotisations opéré par l'Urssaf sans examiner, comme le cotisant le demande, si celui-ci n'a pas appliqué la législation conformément à l'interprétation admise par la circulaire ministérielle qu'il invoque (Cass. 2e civ. 21-9-2017 no 16-15.173 F-D).

CIRCULAIRES DES ORGANISMES SOCIAUX

La question de la force obligatoire des circulaires des organismes de sécurité sociale (Urssaf Caisse nationale, caisses nationales de sécurité sociale, etc.) ne fait l'objet d'aucun texte spécifique à la sécurité sociale, contrairement aux circulaires ministérielles (et au droit fiscal, qui dispose de l'article L 80 A du LPF). 20585

Elles sont écartées par les **juges** comme dénuées de toute portée normative (par exemple, Cass. 2e civ. 13-2-2014 no 13-11.630 F-D ; 30-3-2017 no 15-25.453 F-PB ; 14-2-2019 no 17-28.047 F-D).

Un employeur peut en principe engager la **responsabilité** de l'Urssaf Caisse nationale devant le juge administratif pour avoir édicté une circulaire illégale mais son action est irrecevable si elle consiste à réclamer des cotisations ou contributions indûment versées alors qu'il dispose d'une voie de recours à cette fin devant le juge judiciaire (CE 19-11-2021 n° 440237).

b. Décisions individuelles des organismes

20600 Parmi les décisions individuelles prises par les organismes sociaux, il convient de distinguer celles prises dans le cadre du « rescrit social » (nos 20610 s.) et celles prises à l'occasion d'un contrôle (nos 20640 s.).

S'y ajoutent les **décisions individuelles explicites « informelles »** prises, par exemple, en réponse à une question posée, en dehors de la procédure de rescrit, par un employeur à son Urssaf. Ces décisions engagent l'organisme à l'égard de l'employeur qui les a obtenues, à condition d'avoir été prises en connaissance de cause, c'est-à-dire au vu d'informations complètes et exactes fournies par l'employeur sur sa situation, et aussi longtemps qu'une nouvelle décision individuelle en sens contraire ne lui a pas été notifiée par l'organisme.

Une information orale erronée est susceptible, tout autant que des renseignements écrits, d'engager la **responsabilité civile de l'organisme** vis-à-vis d'un assuré social sur le fondement du manquement à l'obligation d'information (Cass. 2e civ. 16-10-2008 n° 07-18.493 F-PB).

En cas de **changement d'Urssaf** lié à un changement d'implantation géographique de l'entreprise ou à la demande de l'Urssaf, ce qui vise le cas du changement opéré par l'Urssaf Caisse nationale pour les très grandes entreprises ou pour celles admises en versement en lieu unique (Circ. Acoss 84 du 3-11-2009, 4), les décisions peuvent être opposées à la nouvelle Urssaf dont elle relève si sa situation de fait ou de droit est identique à celle prise en compte par la précédente Urssaf (CSS art. L 243-6-4).

Sur la portée d'une **transaction** avec l'Urssaf, voir nos 21340 s.

RESCRIT SOCIAL

20610 Le rescrit social permet à tout cotisant, futur cotisant, ou tiers dûment mandaté, de solliciter de son organisme de recouvrement (Urssaf ou, pour les DOM, CGSS) une **décision explicite** sur toute demande ayant pour objet de connaître l'application à une situation précise de la législation relative aux cotisations et contributions de sécurité sociale contrôlées par cet organisme et de la lui opposer ultérieurement (CSS art. L 243-6-3, I-al. 1).

ATTENTION

Le cotisant ne peut pas bénéficier de la procédure de rescrit quand un **contrôle** a été **engagé**, c'est-à-dire lorsqu'un avis de contrôle lui a été notifié, ni lorsqu'un **contentieux** en rapport avec la demande est en cours (CSS art. L 243-6-3, I-al. 3 et R 243-43-2, I-al. 7).

20615 **Demande** La demande de rescrit **peut porter sur** toute difficulté relative à l'application de l'ensemble de la législation relative aux cotisations et contributions de sécurité sociale contrôlées par les Urssaf (ou, pour les DOM, CGSS).

Pour être recevable, elle doit soumettre une **question nouvelle** et **sérieuse** (CSS art. L 243-6-3, I-al. 1). Elle doit indiquer les dispositions législatives et réglementaires au regard desquelles la situation du demandeur doit être appréciée et comporter une présentation précise et complète de cette situation (CSS art. R 243-43-2, I, 3° et 4°) et, si elle est effectuée par une entreprise appartenant à un **groupe** au sens de l'article L 233-16 du Code de commerce, les références et les coordonnées des entreprises concernées (Doc. Urssaf au 3-2-2023).

Elle doit être adressée par tout moyen permettant de rapporter la preuve de sa réception à l'organisme de recouvrement auprès duquel le cotisant est tenu de souscrire ses déclarations ou de s'affilier (CSS art. R 243-43-2, I-al. 1).

› Précisions **a.** Les **organisations professionnelles et syndicales** représentatives au niveau des **branches professionnelles** peuvent, au nom de leurs adhérents, présenter des demandes portant sur une application spécifique des dispositions du CSS à la situation de la branche. La demande est soumise à l'Urssaf Caisse nationale (CSS art. L 243-6-3, I-al. 4).
b. Toute demande présentée par une entreprise **hors la procédure de rescrit social** mais qui s'avère susceptible d'entrer dans son champ d'application et en respecte le formalisme est réputée être faite dans ce cadre dès lors qu'elle est complète. Elle bénéficie alors du même régime juridique. L'organisme peut également se saisir d'une demande incomplète et la faire bénéficier des mêmes garanties. En ce cas, il en informe le demandeur et lui indique les garanties dont il bénéficie au titre du rescrit (CSS art. L 243-6-3, II-al. 1 ; R 243-43-2, I-al. 12).

Décision de l'Urssaf L'organisme dispose d'un **délai** de 3 mois pour notifier sa décision. Ce délai court à compter du jour où le dossier est complet. Tel est le cas si, dans le délai de 20 jours à compter de sa réception, l'organisme destinataire n'a pas fait connaître au cotisant (ou au tiers ayant déposé la demande pour son compte) la liste des pièces ou des informations manquantes (CSS art. R 243-43-2, II-al. 1 et 2). 20620

L'**absence de décision** de l'organisme dans le délai imparti interdit à ce dernier de procéder à un redressement fondé sur la législation au regard de laquelle devait être appréciée la situation du cotisant, pour la période comprise entre la date d'expiration du délai de réponse et la notification de la réponse explicite (CSS art. L 243-6-3, II-al. 3). Cette interdiction vaut à la fois pour l'organisme saisi et pour tout autre organisme de recouvrement auquel le cotisant viendrait à être affilié et pour toutes les entreprises du groupe dans le cas d'un rescrit social concernant un groupe (Doc. Urssaf au 3-2-2023).

La décision, applicable au seul demandeur, est **opposable** pour l'avenir à l'organisme tant que la situation de fait exposée dans la demande ou la législation en cause n'a pas été modifiée. Si le demandeur appartient à un **groupe,** et que la demande comporte expressément cette précision, la décision s'applique à toute autre entreprise ou personne morale y appartenant dès lors que sa situation est identique à celle sur le fondement duquel la demande a été formulée (CSS art. L 243-6-3, II-al. 4). Elle est donc opposable à leurs organismes de recouvrement respectifs, tant que les entités concernées font partie du même groupe. Pour autant, la décision demeure **notifiée** au seul demandeur initial (Circ. Acoss du 3-11-2009 précitée, n° 2).

Si la demande porte sur une application spécifique de la législation à une **branche professionnelle,** la décision de l'Urssaf Caisse nationale doit intervenir dans un délai de 4 mois à compter de la réception de la demande complète (CSS art. R 243-43-2, II-al. 4). Elle est applicable à toute entreprise de la branche souhaitant s'en prévaloir (CSS art. L 243-6-3, II-al. 4).

Les décisions présentant une portée générale peuvent être publiées par le ministre chargé de la sécurité sociale après avoir été anonymisées (CSS art. R 243-43-2, VII).

> Précisions **a.** La **décision initiale de rescrit** peut faire l'objet d'un recours devant la commission de recours amiable de l'organisme qui l'a prise dans les 2 mois de sa réception dans les conditions de droit commun.

b. Certaines demandes de rescrit peuvent faire l'objet d'une **décision d'acceptation tacite** de la part de l'organisme. Les modalités de cette acceptation tacite seront fixées par décret (à paraître) (CSS art. L 243-6-3, II-al. 2). La décision d'acceptation tacite peut, à la demande de l'usager, faire l'objet d'une **attestation** délivrée par l'autorité administrative (CRPA art. L 232-3).

c. Si la demande, formulée par une organisation patronale ou un syndicat représentatif, porte sur une **convention ou un accord collectif déposé et non étendu,** le ministre chargé de l'extension suspend cette procédure. Une fois informée par le ministère de la réponse apportée par l'Urssaf Caisse nationale, l'organisation professionnelle ayant demandé l'extension de l'accord dispose d'un délai de 15 jours pour faire savoir si elle maintient sa demande. À défaut de réponse, la demande d'extension est maintenue (C. trav. art. D 2261-3, al. 3 à 6).

d. Les décisions prises par les organismes de recouvrement sont opposables à l'**Agirc-Arrco** lorsqu'elles portent sur la réduction générale de cotisations patronales, les exonérations de cotisations applicables aux structures d'aide à domicile et dans les DOM ou tout point de droit susceptible d'avoir une incidence sur les allégements de cotisations patronales de retraite complémentaire (CSS art. L 243-6-3, III-al. 1).

Remise en cause de la décision L'organisme qui entend remettre en cause, totalement ou partiellement, sa décision doit en **informer le cotisant** par tout moyen permettant de rapporter la preuve de sa date de réception. La nouvelle décision ainsi notifiée au cotisant doit être motivée et préciser : les voies et délais de recours ouverts, la possibilité de solliciter l'arbitrage de l'Urssaf Caisse nationale, les dispositions relatives à la demande d'intervention de cet organisme et les incidences de cette saisine (en particulier au regard de la prescription des cotisations et contributions concernées) ainsi que la date avant laquelle la décision de cet organisme doit lui parvenir (CSS art. R 243-43-2, III ; Circ. DSS 72 du 21-2-2006, n° 2.9, opposable). 20625

En cas de modification d'une décision pour l'avenir, le **cotisant peut** soit saisir la **commission de recours amiable** dans un délai de 2 mois, soit solliciter l'arbitrage de l'Urssaf Caisse nationale. Dans ce dernier cas, le délai de 2 mois est interrompu. Autrement dit, le cotisant peut saisir la commission après notification par son Urssaf de la décision de l'Urssaf Caisse nationale. En revanche, si la commission est saisie avant cette notification, la demande d'arbitrage de l'Urssaf Caisse nationale devient caduque (CSS art. R 243-43-2, V).

Le cotisant (ou le tiers agissant pour son compte) qui entend solliciter l'**arbitrage de l'Urssaf Caisse nationale** doit lui adresser sa demande par tout moyen permettant de rapporter la preuve de sa date de réception dans le mois suivant la notification de la nouvelle décision de l'organisme de recouvrement (CSS art. R 243-43-2, III-al. 3). Afin de faciliter la **demande** d'intervention de l'Urssaf Caisse nationale, il est recommandé au cotisant de joindre la copie de la décision de rescrit social de l'organisme de recouvrement et celle la remettant en cause (Circ. DSS du 21-2-2006 précitée, n° 2.10).

La demande est réputée complète si, dans le mois de sa réception, l'Urssaf Caisse nationale n'a pas fait connaître au demandeur, par tout moyen permettant de rapporter la preuve de sa date de réception, la liste des pièces ou des informations complémentaires nécessaires à l'appréciation de la situation (CSS art. R 243-43-2, IV, al. 1).

L'Urssaf Caisse nationale dispose d'un **délai** de 40 jours, courant à compter de la date à laquelle la demande complète a été reçue, pour communiquer à l'Urssaf sa position quant à l'interprétation à retenir. Celle-ci s'impose à l'Urssaf, qui doit la **notifier** au cotisant dans le délai d'un mois à compter de sa réception (CSS art. R 243-43-2, V, al. 3 et 5).

20630 **Droit général au contrôle**

Indépendamment du rescrit social, un droit général au contrôle permet à toute personne de demander à faire l'objet d'un contrôle prévu par la loi ou la réglementation en vigueur sur des **points précis,** afin d'obtenir soit la validation de ses pratiques, soit leur correction. Les erreurs éventuellement décelées à cette occasion ne sont pas sanctionnées lorsque les conditions pour bénéficier du droit à régulariser une erreur sont réunies (n° 35900). Les conclusions expresses de ce contrôle sont, sous certaines réserves (changement de circonstances de droit ou de fait, nouveau contrôle), opposables à l'organisme ayant effectué le contrôle (CRPA art. L 124-1 et L 124-2). Ces dispositions sont notamment applicables aux relations des entreprises avec les Urssaf.

DÉCISION ANTÉRIEURE DE L'ORGANISME

20640 Les organismes de recouvrement sont liés par les décisions individuelles qu'ils prennent à l'égard des cotisants (Cass. soc. 6-5-1986 n° 84-13.458 P), y compris si elles sont entachées d'une **erreur** de droit (Cass. 2e civ. 8-7-2021 n° 20-16.046 F-B). Ils peuvent les **révoquer,** mais seulement pour l'avenir (n° 20670). Ces principes valent pour les décisions **explicites** informelles ainsi que pour les décisions **implicites** qui correspondent à un accord tacite de l'Urssaf (n° 20650).

› Précisions a. Les décisions des Urssaf ont un **caractère individuel,** elles n'engagent pas les autres Urssaf. Ainsi, la décision prise par une Urssaf à l'égard d'un établissement ne peut pas être opposée à une autre Urssaf à l'occasion d'un contrôle portant sur un autre établissement (Cass. soc. 29-6-1995 n° 93-11.506 P ; 20-7-1995 n° 93-10.088 PF ; Cass. 2e civ. 17-12-2009 n° 08-21.948 F-D). Cette solution est tempérée par des dispositions visant le cas de **changement d'Urssaf** suite à un changement d'implantation géographique ou à la demande de l'Urssaf : voir n° 20600.

b. L'**Urssaf de liaison** n'est pas liée par les décisions prises, antérieurement à la convention de versement des cotisations en un lieu unique, par les Urssaf territorialement compétentes (Cass. 2e civ. 14-2-2007 n° 05-16.810 FS-PB).

c. Un cotisant confronté à des **interprétations divergentes** des Urssaf dont relèvent ses **établissements** ou toute autre entreprise ou personne morale du **groupe** auquel il appartient, au sens de l'article L 233-16 du Code de commerce, peut demander l'intervention de l'Urssaf Caisse nationale qui peut imposer sa position (CSS art. L 243-6-1 et R 243-43-1). Cette procédure doit être distinguée de l'arbitrage évoqué n° 20625. S'il s'agit d'un groupe, le cotisant doit, dans sa demande, mentionner son appartenance à ce groupe. L'Urssaf Caisse nationale vérifie cette donnée avant d'accuser réception d'un dossier complet (Circ. Acoss 84 du 3-11-2009, n° 1). Ce dispositif s'applique en cas d'interprétations contradictoires retenues par une ou plusieurs Urssaf, d'une part, et des fédérations d'institutions de **retraite complémentaire,** d'autre part, sur l'application des règles relatives à la réduction générale de cotisations patronales ou tout point de droit dont l'application est susceptible d'avoir une incidence sur les allégements portant sur les cotisations patronales de retraite complémentaire ou sur les exonérations de cotisations applicables aux structures d'aide à domicile et dans les DOM (CSS art. L 243-6-1, II).

20650 **Critères et preuve de l'accord tacite** Un redressement ne peut pas porter sur des éléments qui, ayant fait l'objet d'un précédent contrôle dans la même entreprise ou le même établissement, n'ont **pas donné lieu à observations** de la part de l'organisme de contrôle si les deux **conditions** suivantes sont réunies :

– l'organisme a eu l'occasion, au vu de l'ensemble des documents consultés, de se prononcer **en toute connaissance de cause** sur ces éléments (CSS art. R 243-59-7, 1°). La décision doit donc avoir été obtenue **sans fraude** (Cass. soc. 24-3-1986 n° 84-12.896 P ; Circ. DSS 726 du 30-12-1999, n° 2.6, opposable). Sur l'incidence d'une fraude comptable, voir n° 20455 ;

– les **circonstances de droit et de fait** au regard desquelles les éléments ont été examinés sont **inchangées** (CSS art. R 243-59-7, 2°). L'employeur ne peut donc pas faire état d'une décision relative à des règles ayant été modifiées (Cass. 2e civ. 19-9-2019 n° 18-18.740 F-D) ou à une **pratique différente** de celle ayant fait l'objet du précédent contrôle (Cass. soc. 16-4-1992 n° 89-16.089 D ; 20-12-2018 n° 17-26.952 F-PB), ou encore portant sur des primes de panier alors que le contrôle ultérieur concernait les indemnités de **grand déplacement** (Cass. soc. 6-5-1993 n° 91-14.762 D).

La **preuve** de l'accord tacite appartient à l'employeur (Cass. 2e civ. 1-7-2003 n° 01-20.498 F-P ; 28-1-2010 n° 08-21.783 FS-PB ; 26-11-2015 n° 14-26.017 F-PB).

Le **silence** seul **de l'organisme** et de l'agent ne vaut pas un tel accord (Cass. soc. 13-1-1994 n° 91-10.148 D ; Cass. 2e civ. 9-5-2018 n° 17-16.546 F-D ; Circ. Acoss 21 du 17-2-2000, n° 221).

ATTENTION

Une entreprise ne peut pas invoquer l'existence d'une décision implicite lors de précédents contrôles pour s'opposer à un redressement fondé sur une situation de **travail dissimulé** (Cass. 2e civ. 4-4-2019 n° 18-13.786 F-PBI).

ILLUSTRATIONS 20660

Selon la jurisprudence, **constitue une décision implicite** :

– le silence de l'agent alors que l'indemnité litigieuse figurait sur les livres de comptabilité et les bulletins de paie dont il avait pris connaissance (Cass. soc. 24-6-1993 n° 90-16.773 D) ;

– le fait que, au cours d'un précédent contrôle, l'agent de l'Urssaf avait pu prendre connaissance du relevé comptable des sommes versées dans des situations identiques à celles examinées lors du nouveau contrôle et n'avait alors formulé aucune remarque sur ce point (Cass. 2e civ. 22-1-2009 n° 07-19.038 FS-PB) ;

– l'absence d'observations sur une déduction forfaitaire spécifique pour frais professionnels pratiquée depuis la création de l'entreprise, l'Urssaf n'ayant formulé aucune observation lors des précédents contrôles (Cass. soc. 30-1-1992 n° 89-17.100 P) ;

– le silence d'un agent concernant l'application d'un plafond réduit à un salarié dont la durée du travail n'a jamais été modifiée et dont il avait vu les bulletins de paie (Cass. soc. 19-11-1992 n° 90-21.952 D) ;

– l'absence de critique par l'Urssaf, lors d'un précédent contrôle, en connaissance de cause, sur l'exclusion de l'assiette des cotisations des intérêts des comptes de dépôt des salariés (Cass. soc. 28-5-1998 n° 96-21.038 D).

En revanche, l'existence d'une décision implicite n'a **pas** été **reconnue** lorsque :

– l'Urssaf a formulé un avis lors d'un précédent contrôle sur l'irrégularité d'une pratique suivie par l'entreprise, même s'il n'a pas donné lieu à un redressement par mesure de bienveillance (Cass. soc. 6-5-1987 n° 84-17.185 S) ;

– l'Urssaf a eu connaissance, à l'occasion d'un procès prud'homal, de rémunérations non déclarées par l'employeur, même si la période de leur versement a déjà fait l'objet d'un contrôle, peu important le caractère frauduleux ou non du comportement de l'employeur (Cass. soc. 8-7-1985 n° 83-15.961 P) ;

– la lettre d'observations mentionne la consultation non exhaustive des bulletins de paie par l'agent de contrôle (Cass. 2e civ. 26-11-2015 n° 14-26.017 F-PB) ;

– l'agent de contrôle a eu connaissance des bulletins de paie mentionnant des indemnités pour frais de déplacement professionnel, dès lors que cela ne suffit pas à prouver qu'il a vérifié que les conditions d'exonération de ces indemnités étaient réunies (Cass. 2e civ. 19-4-2005 n° 03-30.718 FS-PB) ;

– un précédent contrôle a été momentanément interrompu, sans être finalisé ni donner lieu à une quelconque lettre d'observations (CA Aix-en-Provence 14-10-2014 n° 13/05462) ;

– la commission de recours amiable a annulé un des chefs de redressement retenus à l'issue d'un contrôle, cette décision n'ayant pas pour effet de valider les pratiques de l'employeur (Cass. 2e civ. 9-5-2019 n° 18-15.435 F-PBI).

Remise en cause L'Urssaf peut remettre en cause les décisions individuelles prises à l'égard du cotisant **pour l'avenir** à condition de **notifier à l'employeur** sa nouvelle décision (Cass. soc. 11-10-1979 n° 78-12.344 ; 19-9-1991 n° 88-20.483 P). 20670

Ne valent pas une telle notification la diffusion d'instructions ministérielles à caractère général parmi les employeurs (Cass. soc. 27-6-1991 n° 89-10.147 P), d'une instruction fiscale publiée (Cass. soc. 26-11-1992 n° 90-12.821 D), d'une lettre ministérielle par l'Urssaf Caisse nationale (Cass. 2e civ. 22-1-2009 n° 07-19.038 FS-PB) ou d'une circulaire sans portée normative (Cass. 2e civ. 9-7-2015 n° 14-18.686 F-PB). En revanche, constitue une nouvelle décision la notification d'un redressement, même si l'employeur a saisi la commission de recours amiable (Cass. soc. 1-12-1994 n° 92-14.219 P).

SECTION 7 TRANSACTION

OBJET DE LA TRANSACTION

21340 L'Urssaf et l'employeur peuvent conclure une transaction ayant pour objet d'éviter un contentieux ou de mettre fin à un litige. Dans ce second cas, la transaction n'est possible que si les créances concernées ont été contestées dans les délais et n'ont pas donné lieu à une décision de justice définitive (CSS art. R 243-45-1, I).

Dans tous les cas, la transaction ne peut porter, pour une **période** limitée à 4 ans, que sur (CSS art. L 243-6-5, II) :

– le montant des **majorations** de retard et des **pénalités** ;

– l'**évaluation d'éléments d'assiette** des cotisations ou contributions dues relatives aux avantages en nature et en argent et aux frais professionnels, lorsque cette évaluation présente une difficulté particulière ;

– les montants de redressements calculés en application des méthodes de vérification par **échantillonnage et extrapolation** ou d'une **fixation forfaitaire** du fait de l'insuffisance ou du caractère inexploitable des documents administratifs et comptables.

La possibilité de conclure une transaction sur un ou plusieurs chefs de redressement faisant l'objet d'un **recours devant la commission de recours amiable** est suspendue à compter de la date de ce recours et jusqu'à la décision de la commission. Elle n'est rétablie qu'une fois le tribunal judiciaire saisi. Elle est exclue en cas de **travail dissimulé** ou de **manœuvres dilatoires** de l'employeur (CSS art. L 243-6-5, I et III).

DEMANDE DE L'EMPLOYEUR

21360 La demande de transaction ne peut être déposée qu'après réception de la **mise en demeure** de l'Urssaf. Elle n'est **recevable** que si l'employeur est à jour de ses obligations déclaratives et de paiement à l'égard de son Urssaf, à l'exception de celles objet de la demande. Cette condition est réputée remplie si l'employeur a souscrit et respecte, à la date de la demande, un plan d'apurement de sa dette (CSS art. R 243-45-1, II). Elle peut être **présentée** par l'employeur ou, pour son compte, par un expert-comptable mandaté ou un avocat, et doit être adressée, par **tout moyen** permettant de rapporter la preuve de sa date de réception, au directeur de l'Urssaf dont dépend l'employeur (CSS art. R 243-45-1, II).

Écrite et **motivée,** elle doit **comporter** (CSS art. R 243-45-1, II) :

– le nom et l'adresse du demandeur en sa qualité d'employeur ;

– son numéro d'inscription lorsqu'il est déjà inscrit au régime général de la sécurité sociale ;

– tous documents et supports d'information utiles à l'identification des montants qui font l'objet de la demande ;

– les références de la mise en demeure couvrant les sommes faisant l'objet de la demande.

Dès réception de la demande de transaction par le directeur de l'Urssaf, le **délai** imparti à l'employeur pour saisir la **commission de recours amiable** est interrompu. Il en va de même du délai imparti à l'Urssaf pour recouvrer les **cotisations et contributions** visées dans la mise en demeure. Le cas échéant, l'interruption se prolonge jusqu'à la notification de la décision du directeur de l'Urssaf de ne pas transiger (CSS art. R 243-45-1, III).

RÉPONSE DE L'URSSAF

21380 Le directeur de l'Urssaf dispose d'un délai de **30 jours** à compter de la réception de la demande de transaction pour notifier sa réponse par tout moyen permettant de rapporter la preuve de sa date de réception. Il est seul juge de la réponse à donner et n'a pas à la motiver si elle est **négative.** Les **délais** sont **décomptés** selon les dispositions des articles 641 et 642 du Code de procédure civile, ce qui a notamment pour conséquence qu'un délai expirant un samedi, un dimanche ou un jour férié ou chômé est prorogé jusqu'au premier jour ouvrable suivant (CSS art. R 243-45-1, III et V). L'une des parties peut à tout moment **abandonner la procédure** en informant l'autre partie par tout moyen permettant de rapporter la preuve de la date de réception de cette information. Cette décision n'a pas à être motivée (CSS art. R 243-45-1, III). Sur ses conséquences, voir n° 21420.

ATTENTION

En cas de **demande incomplète,** le délai de 30 jours court à compter de la réception des documents manquants, ceux-ci devant être adressés au directeur de l'Urssaf dans les 20 jours suivant sa demande sous peine de caducité de la demande de transaction (CSS art. R 243-45-1, III). Sur les conséquences de la caducité de la transaction, voir n° 21420.

CONTENU ET EFFETS

La transaction doit comporter des **concessions réciproques** des parties (CSS art. R 243-45-1, I). 21400

Le directeur et le demandeur conviennent d'une proposition de protocole transactionnel qui doit être conforme au **modèle** prévu par l'arrêté SSAS2023992A du 8-10-2020 (CSS art. R 243-45-1, III).

Le **montant** de la transaction s'apprécie comme la différence entre le montant initialement notifié dans la mise en demeure et celui figurant dans la proposition de transaction (CSS art. R 243-45-1, I).

Cette **proposition** doit être **approuvée par** la Mission nationale de contrôle et d'audit des organismes de sécurité sociale (MNC), qui dispose d'un délai de 30 jours à compter de sa réception (décompté comme indiqué n° 21380). Ce délai peut être interrompu en cas de demande d'informations complémentaires ou prorogé une fois. Le directeur de l'Urssaf doit informer le demandeur de toute interruption ou prorogation du délai (CSS art. R 243-45-1, IV).

Le silence de la MNC à l'issue du délai imparti vaut approbation de la proposition de transaction (CSS art. R 243-45-1, IV).

> **Précisions** **a.** En cas d'**approbation,** la transaction devient définitive. Plus aucune procédure contentieuse ne peut alors être engagée ou reprise pour remettre en cause son objet (CSS art. L 243-6-5, IV). L'employeur est tenu de s'y conformer, tout manquement entraînant sa caducité (CSS art. R 243-45-1, VI). La transaction engage aussi l'organisme de recouvrement. En cas de déménagement, l'employeur peut s'en prévaloir auprès de son nouvel organisme (CSS art. L 243-6-5, VI). En revanche, elle n'emporte pas d'effet sur l'interprétation en droit concernant les motifs mentionnés dans la lettre d'observations (CSS art. R 243-45-1, VII). Autrement dit, l'employeur doit se conformer à ces observations pour la période postérieure à celle faisant l'objet de la transaction.
> **b.** Le **refus** d'approbation par la MNC prive la transaction d'effet (CSS art. R 243-45-1, IV).

ÉCHEC OU CADUCITÉ DE LA TRANSACTION

À défaut de conclusion d'une transaction ou lorsqu'elle devient caduque, l'Urssaf engage ou poursuit la **procédure de recouvrement** des sommes notifiées dans la mise en demeure selon les règles, garanties et sanctions applicables au recouvrement des cotisations et contributions de sécurité sociale (CSS art. R 243-45-1, VI). 21420

En cas de **litige** né de l'application des dispositions relatives à la procédure de transaction, l'employeur n'est pas tenu de saisir la commission de recours amiable de l'Urssaf avant de saisir le tribunal judiciaire (CSS art. R 142-7).

SECTION 8 RECOUVREMENT FORCÉ

A. Mise en demeure préalable

1. ÉMISSION

Avant de mettre en œuvre une procédure de recouvrement forcé, l'Urssaf doit adresser une mise en demeure à l'employeur, par lettre recommandée ou par tout moyen donnant date certaine à sa réception (CSS art. R 244-1 et R 243-59-9), l'invitant à régulariser sa situation dans le mois suivant sa réception (CSS art. L 244-2). À l'expiration de ce **délai,** les poursuites peuvent être engagées. À peine de nullité, une mise en demeure faisant suite à un **contrôle** ne peut pas être émise pendant la période contradictoire (voir n° 20335). 21500

La charge de la **preuve** de l'envoi de la mise en demeure appartient à l'organisme (Cass. soc. 15-2-1989 n° 86-18.354 P).

› Précisions a. Si le recouvrement forcé a lieu à la **requête du ministère public,** il doit être précédé non par une mise en demeure, mais par un **avertissement** par lettre recommandée invitant l'employeur à régulariser sa situation dans le mois (CSS art. L 244-2).
b. Sur les mesures temporaires liées à la **Covid-19,** voir nº 21580.

DESTINATAIRE

21510 La mise en demeure doit, à peine de nullité, être adressée au **débiteur** lui-même (Cass. soc. 24-11-1994 nº 92-20.508 P). Elle doit être adressée au **siège social** de l'entreprise, ou le cas échéant à l'**établissement désigné** par elle, le plus souvent chargé de payer les cotisations (Cass. soc. 4-5-2000 nº 98-17.931 D ; Cass. 2e civ. 1-12-2022 nº 20-23.674 F-D). Si un contrôle concernant l'ensemble des établissements est mis en œuvre au siège, les chefs de redressement communs peuvent faire l'objet d'une mise en demeure adressée au siège (Cass. soc. 11-1-1996 nº 93-18.909 P).

L'employeur peut se prévaloir du fait que la mise en demeure n'a pas été adressée à son **nouveau siège social** seulement s'il établit avoir préalablement avisé l'Urssaf de ce changement (Cass. soc. 8-2-1996 nº 94-15.245 D) ou que l'Urssaf en avait connaissance (Cass. soc. 11-4-1996 nº 94-17.176 PB).

Dans les **groupes,** la mise en demeure doit être adressée au siège social de la société contrôlée, mais pas au siège du groupe (Cass. 2e civ. 12-11-2020 nº 19-19.167 F-PBI), ni au président du groupe (Cass. soc. 24-11-1994 nº 92-20.508 P).

En cas de **fusion-absorption,** la mise en demeure portant sur une période antérieure est adressée à la société absorbante si, à la date de son émission, les formalités de publicité requises par le Code de commerce ont été effectuées (Cass. 2e civ. 30-3-2017 nº 16-13.176 F-D) et à la société absorbée dans le cas contraire (Cass. soc. 16-6-1994 nº 91-18.973 D).

Sur le point de savoir si une **société de fait** peut être destinataire d'une mise en demeure, voir nº 19020, c.

ATTENTION

Le **défaut de réception effective** par l'employeur de la mise en demeure qui lui a été régulièrement adressée par lettre recommandée avec avis de réception n'affecte ni la validité de celle-ci, ni la validité de la procédure de redressement (Cass. ass. plén. 7-4-2006 nº 04-30.353 P ; Cass. 2e civ. 17-12-2009 nº 08-21.852 F-D ; 11-7-2013 nº 12-18.034 F-PB). Ainsi, la mise en demeure produit ses effets même si l'employeur n'est pas allé la chercher ou n'a pas signé lui-même l'accusé de réception.

CONTENU

21520 **Mentions générales** La mise en demeure doit, à peine de nullité, mentionner :
– la **dénomination de l'organisme** social qui l'a émise. Sa validité n'est toutefois pas affectée par le défaut de **signature** du directeur de cet organisme (Cass. soc. 16-11-1995 nº 93-13.942 PB ; 23-3-2000 nº 98-17.398 D) ou l'absence de mention des nom, prénom et qualité du signataire (Avis Cass. 22-3-2004 nº 00-40.002 P ; Cass. 2e civ. 29-6-2004 nº 03-30.136 FS-D) ;
– le **délai imparti** au débiteur pour payer (Cass. 2e civ. 19-12-2019 nº 18-23.623 F-PBI) ;
– la cause, la nature et le montant des **sommes réclamées** ainsi que la période à laquelle elles se rapportent (CSS art. R 244-1). Ainsi n'est pas valable une mise en demeure non chiffrée (Cass. soc. 20-10-1994 nº 92-12.570 P), chiffrée à un euro (Cass. soc. 17-11-1994 nº 92-14.708 D), délivrée à titre conservatoire, dont le caractère incomplet ne peut pas constituer la base d'une discussion (Cass. soc. 12-10-1995 nº 93-14.001 P) ou encore mentionnant une activité erronée (Cass. 2e civ. 7-4-2022 nº 20-19.130 F-B).

La mise en demeure doit également indiquer les **majorations et pénalités** s'appliquant aux sommes réclamées (CSS art. R 244-1) ainsi que les voies et délais de **recours** (voir nº 21550).

› Précisions a. La mise en demeure établie pour le recouvrement de **cotisations déclarées mais non intégralement réglées** peut se limiter, s'agissant de la cause, à la mention « insuffisance de versement » (Cass. 2e civ. 10-3-2016 nº 15-12.506 F-D ; 24-5-2017 nº 16-16.703 F-D), et s'agissant de la nature, à la mention « régime général » sans indication des risques concernés (Cass. 2e civ. 12-5-2021 nº 20-12.264 F-D).
b. La mise en demeure relative aux **majorations de retard** doit indiquer la période concernée, le montant des majorations réclamées, ainsi que la nature et le montant des cotisations auxquelles elles se rapportent (Cass. 2e civ. 4-4-2018 nº 17-15.093 F-PB).

21525 **Mise à demeure à la suite d'un contrôle** Si elle est établie à la suite d'un contrôle, la mise en demeure doit en plus comporter les mentions suivantes (CSS art. R 244-1) :
– **montants** notifiés par la lettre d'observations au titre des différentes périodes annuelles contrôlées (corrigés, le cas échéant, à la suite des échanges entre la personne contrôlée et

l'agent chargé du contrôle). Les montants indiqués doivent tenir compte des sommes déjà réglées par la personne contrôlée ;

– référence et dates de la **lettre d'observations** et, le cas échéant, du dernier **courrier** établi par l'agent en charge du contrôle lors des échanges sur la lettre d'observations.

En revanche, la mise en demeure établie après contrôle peut omettre les **motifs de redressement** s'ils ont été exposés dans la lettre d'observations (Cass. 2e civ. 21-10-2010 nº 09-17.042 F-PB) et si la mise en demeure fait référence à cette lettre (Cass. 2e civ. 30-6-2011 nº 10-20.416 F-D).

› Précisions L'**omission de la date du contrôle** dans la mise en demeure n'entraîne la nullité de celle-ci que si son destinataire peut avoir un doute sur les opérations auxquelles elle se rapporte (Cass. 2e civ. 21-6-2005 nº 04-30.230 F-P). De même, de simples **erreurs matérielles** dans la mise en demeure (erreur infime sur le montant réclamé et erreur sur la date de la lettre d'observations) n'affectent pas sa validité si elle permet au cotisant d'avoir connaissance de la nature, de la cause et de l'étendue de son obligation (Cass. 2e civ. 7-1-2021 nº 19-22.921 F-D).

DÉLAI DE REPRISE DES ORGANISMES

La mise en demeure ne peut concerner que des **cotisations ou majorations et pénalités non prescrites.** 21535

Le délai de prescription des cotisations est de 3 ans (5 ans en cas de travail illégal) à compter du 31 décembre de l'année civile au titre de laquelle les cotisations sont dues, ce délai étant suspendu pendant la période contradictoire visée nº 20320 (CSS art. L 244-3 et L 244-11). Pour la suspension liée à la **Covid-19,** voir nº 21580.

Sur le délai de prescription des **majorations et pénalités** de retard, voir nº 19615.

› Précisions En présence d'un montant global incluant des **cotisations prescrites,** la mise en demeure reste valable pour les cotisations non prescrites (Cass. soc. 16-1-2003 nº 01-21.260 F-D). Une Urssaf ne peut pas réclamer des cotisations prescrites au motif qu'avant d'émettre la mise en demeure elle a attendu que le litige relatif à l'assujettissement au régime général du salarié soit tranché en justice. En effet, ce contentieux est seulement de nature à interrompre la prescription de l'action en recouvrement des cotisations mentionnée nº 21570 (Cass. soc. 3-5-1989 nº 86-16.624 P).

EXEMPLE 21540

Les cotisations dues au titre de l'année 2023 sont en principe prescrites le 31-12-2026 à minuit. Elles peuvent donc être réclamées par une mise en demeure adressée en 2026, mais pas par une mise en demeure adressée en 2027. Toutefois, si un contrôle est opéré en 2026 avec une période contradictoire de 30 jours, ces cotisations sont en fait prescrites le 30-1-2027 à minuit. Jusqu'à cette date, l'Urssaf peut mettre le cotisant en demeure de les régler.

2. RECOURS

L'employeur qui souhaite contester une mise en demeure doit saisir, par tout moyen conférant date certaine à sa réception (CSS art. R 243-59-9), la **commission de recours amiable** de l'Urssaf dans les 2 mois de sa notification (CSS art. R 142-1). Ce recours amiable préalable à la saisine du juge est obligatoire, même si la mise en demeure ne concerne que des majorations de retard (Cass. 2e civ. 20-6-2019 nº 17-18.061 F-PBI). 21550

La mise en demeure doit mentionner le **délai** du recours amiable et ses voies d'exercice, cette mention pouvant figurer en petits caractères au dos de la mise en demeure à condition d'être parfaitement lisible (Cass. 2e civ. 6-7-2017 nº 16-22.228 F-D). À défaut, l'employeur ne peut pas se voir opposer la forclusion (CSS art. R 142-1-A, III) mais la mise en demeure reste valide (Cass. 2e civ. 28-5-2020 nº 19-12.503 F-PBI). En cas de contrôle, le point de départ du délai de recours est constitué par la notification de la mise en demeure et non pas par la notification des résultats du contrôle, qui n'a d'autre objet que d'inviter le redevable à répondre aux observations de l'inspecteur du recouvrement (Cass. soc. 21-3-1996 nº 94-15.696 P-B).

La **saisine** de la commission de recours amiable de l'Urssaf contre une mise en demeure ne fait pas obstacle à ce que l'organisme justifie ses prétentions en faisant des vérifications comptables, à concurrence du montant de la mise en demeure (Cass. soc. 24-6-1993 nº 91-13.527 P) ou décerne une contrainte avant le rejet de la réclamation (Cass. 2e civ. 10-3-2016 nº 15-12-506 F-D ; 1-12-2022 nº 21-17.379 F-D). Dans ce cas, l'employeur a intérêt à faire opposition à la contrainte (nº 21560). À défaut, il ne peut plus contester la régularité et le bien-fondé des chefs de redressement visés par la contrainte en contestant la mise en demeure préalable (Cass. 2e civ. 16-6-2016 nº 15-12.505 FS-PB). De même, si son opposition à contrainte est jugée irrecevable, il ne peut pas contester la mise en demeure (Cass. 2e civ. 9-3-2017 nº 16-11.167 F-PB).

En cas de **rejet de la réclamation** par la commission de recours amiable, le litige peut être porté devant le tribunal judiciaire. En revanche, à **défaut de saisine** préalable de la commission de recours amiable, la saisine du tribunal pour contester la mise en demeure est irrecevable (notamment, Cass. 2e civ. 18-11-2010 n° 09-17.105 F-PB).

Si la **mise en demeure** est **annulée,** l'employeur n'est plus tenu de payer les sommes réclamées et peut obtenir le remboursement de celles qu'il a déjà acquittées (Cass. 2e civ. 20-12-2018 n° 18-11.546 F-D).

Sur le point de savoir si l'absence de contestation amiable de la mise en demeure ou judiciaire de la décision de la commission de recours amiable interdit de contester la **contrainte** qui fait suite à la mise en demeure, voir n° 21560, b.

ATTENTION

Seule la mise en demeure notifiée par l'Urssaf est susceptible d'un **recours contentieux** et non la réponse de l'organisme aux remarques de l'employeur sur la lettre d'observations (n° 20320, c).

B. Mise en œuvre du recouvrement forcé

1. PROCÉDURES APPLICABLES

21560 Si l'employeur ne règle pas les cotisations dans le délai imparti par la mise en demeure, l'Urssaf peut alternativement agir devant le **tribunal judiciaire** ou devant les **tribunaux répressifs** ou encore, ce qui est le plus courant, notifier ou signifier une **contrainte** (CSS art. R 133-3). Dans ce dernier cas, l'employeur dispose alors de 15 jours pour former opposition auprès du tribunal judiciaire. À défaut d'opposition, la contrainte comporte tous les effets d'un jugement (CSS art. L 244-9 et R 133-3).

Une fois munie d'un titre exécutoire (jugement ou contrainte non frappée d'opposition), l'Urssaf peut utiliser les **voies d'exécution** de droit commun régies par le Code des procédures civiles d'exécution ainsi que la procédure d'opposition à **tiers détenteur** (CSS art. L 133-4-9 et R 133-9-5 à R 133-9-12).

› Précisions **a.** L'opposition à contrainte postée dans le délai de **15 jours** est recevable même si elle n'est parvenue à la juridiction qu'après l'expiration de ce délai (Cass. 2e civ. 21-2-2008 n° 06-20.614 F-D ; 2-6-2022 n° 20-21.966 F-D).

b. Si la **notification de la contrainte** est retournée à l'expéditeur avec la mention **« non réclamée »,** le délai de 15 jours ne court pas (Cass. 2e civ. 24-5-2017 n° 16-17.080 F-D). Mais la contrainte risque alors d'être signifiée à l'employeur par huissier, auquel cas les frais y afférents sont, sauf opposition jugée fondée, à sa charge (CSS art. R 133-6).

c. Le cotisant qui n'a **pas contesté la mise en demeure** devant la commission de recours amiable peut, à l'appui de l'opposition à la contrainte décernée sur le fondement de celle-ci, contester la régularité de la procédure et le bien-fondé des causes de la contrainte (Cass. 2e civ. 22-9-2022 nos 21-10.105 FS-B et 21-11.862 FS-B). En revanche, le cotisant qui n'a pas contesté en temps utile la **décision de rejet de la commission** de recours amiable saisie à la suite de la mise en demeure ne peut pas contester le bien-fondé et la régularité des chefs de redressement faisant l'objet de la contrainte (Cass. 2e civ. 4-4-2019 n° 18-12.014 F-PBI). Ce principe ne s'applique pas cependant lorsque l'avis de réception de la lettre recommandée portant notification de la décision de la commission a été signé par un tiers (Cass. 2e civ.17-9-2015 n° 14-23.139 F-D), le délai de recours contre cette décision ne courant qu'à compter de la date à laquelle le cotisant en a eu connaissance (Cass. 2e civ. 16-9-2003 n° 02-30.437 FS-P).

d. La créance de l'Urssaf (cotisations elles-mêmes, mais aussi majorations et pénalités de retard) est garantie par un **privilège** sur les biens meubles du débiteur et une hypothèque légale sur ses biens immeubles (CSS art. L 243-4 et L 243-5).

e. En cas de **travail dissimulé,** l'Urssaf peut, sans autorisation préalable du juge, pratiquer des **saisies conservatoires** dans la limite des sommes qui lui sont dues (CSS art. L 133-1 et R 133-1-1).

2. PRESCRIPTION

21570 L'Urssaf dispose de 3 ans (5 ans en cas de travail illégal) pour **délivrer une contrainte ou agir en recouvrement** devant le tribunal. Ce délai court à compter de l'expiration du délai imparti à l'employeur par la mise en demeure pour régulariser sa situation (CSS art. L 244-8-1 et L 244-11).

Le délai de prescription de l'action en **exécution de la contrainte** non contestée et devenue définitive est de 3 ans (5 ans en cas de travail illégal) à compter de la date à laquelle la contrainte a été notifiée ou signifiée, ou un acte d'exécution signifié en application de cette contrainte (CSS art. L 244-9 et L 244-11). En revanche, l'exécution du jugement qui rejette l'opposition à une contrainte est soumise, comme pour tout jugement, à un délai de prescription de 10 ans (Cass. 2e civ. 4-11-2021 no 20-18.355 F-D).

EXEMPLE 21575

Un employeur reçoit une mise en demeure le 31-3-2023 l'invitant à régler, au plus tard le 30-4-2023, des cotisations portant sur des salaires versés en 2020 (ces cotisations n'étant pas encore prescrites). Si l'employeur n'obtempère pas, l'Urssaf peut délivrer une contrainte (ou le poursuivre devant le tribunal compétent) entre le 1-5-2023 et le 30-4-2026 (30-4-2028 en cas de travail illégal). Si la contrainte est notifiée le 1-5-2024, son exécution devra intervenir avant le 1-5-2027 (1-5-2029 en cas de travail illégal).

Mesures Covid-19 21580

Sauf constat de travail illégal, les **délais** régissant le recouvrement des cotisations et contributions sociales non versées à leur date d'échéance, ainsi que ceux régissant le contrôle et le contentieux subséquents, ont été **suspendus du 12-3-2020 au 30-6-2020** inclus (Ord. 2020-312 du 25-3-2020 art. 4 modifié : FRS 11/20 inf. 2 p. 5). Ainsi, les délais ont cessé de courir pendant cette période de 111 jours, mais ceux ayant déjà couru n'ont pas été effacés.

À noter : cette suspension est cumulable avec la suspension du délai de prescription pendant la période contradictoire (no 21535) (Charte du cotisant contrôlé, éd. 2022, p. 19).

Par ailleurs, tout acte de recouvrement qui aurait dû être émis par l'Urssaf **entre le 2-6-2021 et le 30-6-2022** peut être valablement émis dans un délai d'un an à compter de cette date (Loi 2021-953 du 19-7-2021 art. 25, VI I : FRS 15/21 inf. 3 p. 8).

Par exemple, si le délai dont disposait l'Urssaf pour délivrer une contrainte expirait normalement le 30-6-2022, la contrainte peut être valablement délivrée jusqu'au 29-6-2023.

C. Abandon de créance

Les organismes de sécurité sociale peuvent renoncer à recouvrer leurs **créances** de cotisations **d'un montant inférieur à** 1,27 % du plafond mensuel de la sécurité sociale, arrondi à l'euro supérieur, soit 47 € pour 2023 (CSS art. L 133-3 et D 133-1). 21600

Dans ce cas, il n'est pas procédé à l'application de **majorations de retard** (Circ. Acoss 80 du 20-10-1992).

CHAPITRE 2

EXONÉRATIONS ET RÉGIMES PARTICULIERS

SOMMAIRE

SECTION 1
EXONÉRATIONS ET TRAVAIL ILLÉGAL 21740

SECTION 2
RÉDUCTION GÉNÉRALE DE COTISATIONS PATRONALES 21780
1. Champ d'application 21800
2. Calcul 21930
a. Règles générales 21930
b. Coefficient de réduction 22000
c. Montant du Smic 22100
d. Revenus d'activité 22230
e. Plafonnement en cas de déduction pour frais professionnels 22270
3. Application mensuelle et régularisation 22330
4. Imputation 22420
5. Régimes particuliers 22460
6. Modalités pratiques 22560

SECTION 3
RÉDUCTION DU TAUX DES COTISATIONS ALLOCATIONS FAMILIALES ET MALADIE 22650
1. Champ d'application 22655
2. Modalités d'application 22700
3. Bulletin de paie et DSN 22760

SECTION 4
JEUNES ENTREPRISES INNOVANTES 22830

SECTION 5
EMBAUCHE DANS LES ZONES RURALES DÉFAVORISÉES 23030
1. Champ d'application 23080
2. Condition liée à l'effectif 23230
3. Étendue de l'exonération 23340
4. Modalités pratiques 23520
5. Organismes d'intérêt général 23600

SECTION 6
EXONÉRATION DANS LES ZONES FRANCHES URBAINES 23740
1. Champ d'application 23770
2. Exonération 23940
3. Modalités pratiques 24150
4. Emplois associatifs 24200

SECTION 7
EXONÉRATION DANS LES BASSINS D'EMPLOI À REDYNAMISER 24290

SECTION 8
EXONÉRATION DANS LES ZONES DE RESTRUCTURATION DE LA DÉFENSE 24400

SECTION 9
ACTIVITÉS SPORTIVES 24560
1. Assiette des cotisations 24580
a. Franchise 24600
b. Assiette forfaitaire 24700
2. Calcul et paiement des cotisations 24950
3. Arbitres et juges sportifs 25050

SECTION 10
CENTRES DE VACANCES ET DE LOISIRS POUR MINEURS 25150

SECTION 11
VENDEURS-COLPORTEURS ET PORTEURS DE PRESSE 25300
1. Calcul des cotisations 25350
2. Exonération de cotisations 25450
3. Paiement des cotisations 25500

SECTION 12
VENDEURS À DOMICILE 25600

SECTION 13
ACTIVITÉS D'AIDE À DOMICILE EXERCÉES PAR DES PERSONNES MORALES 25750
1. Champ d'application 25760
2. Exonération 25810
3. Formalités 25830

SECTION 14
ASSOCIATIONS DE JEUNESSE OU D'ÉDUCATION POPULAIRE 25900

SECTION 15
TRAVAILLEURS NON RÉMUNÉRÉS EN ESPÈCES 26020

PRÉSENTATION

Instrument de la **politique de l'emploi,** les exonérations de cotisations concernent en général les cotisations et contributions patronales et visent à inciter les employeurs à maintenir ou créer des emplois. 21720

Elles peuvent porter sur tout ou partie des cotisations et/ou contributions, être instituées à titre temporaire ou permanent, viser un public plus ou moins large.

Ces exonérations sont traitées ci-après, sauf celles qui concernent les salariés à employeurs multiples (nos 68800 s.) et celles qui, attachées à un **statut particulier,** sont intégrées à l'étude de celui-ci (formateurs occasionnels, contrats d'apprentissage, de professionnalisation, etc.).

Les déductions forfaitaires de cotisations patronales et la réduction de cotisations salariales sur les **heures supplémentaires** sont exposées aux nos 7700 s.

ATTENTION

Il appartient à la personne qui souhaite bénéficier d'une exonération de prouver qu'elle en remplit les conditions d'octroi (en ce sens, par exemple : Cass. 2e civ. 12-3-2020 no 19-10.108 F-D).

Certaines professions ou activités donnent lieu au paiement de cotisations dues pour un montant forfaitaire ou calculées sur une **assiette forfaitaire** ou selon des **taux particuliers.** 21730
Institués pour des raisons pratiques pour des professions ou activités présentant des spécificités notamment en matière de rémunération, ces régimes particuliers se caractérisent par leur nombre et leur variété.

Les aborder tous dépasserait les limites de cette étude. Seuls les plus importants d'entre eux y sont donc examinés. Ils sont traités ci-après, sauf ceux qui, attachés à un statut particulier (apprentis, hôtels, cafés, restaurants, stagiaires, formateurs occasionnels, etc.), sont intégrés à l'étude qui leur est consacrée.

SECTION 1

EXONÉRATIONS ET TRAVAIL ILLÉGAL

Le bénéfice de toute mesure d'exonération ou de réduction des cotisations de **sécurité sociale,** de contributions dues aux organismes de sécurité sociale ou de cotisations ou contributions entrant dans le champ de la réduction générale (voir no 21830) est supprimé en cas de constat d'une infraction de travail dissimulé, marchandage, prêt de main-d'œuvre illicite ou emploi d'un étranger non autorisé à travailler (CSS art. L 133-4-2, I). 21740

Ainsi, lorsqu'un **procès-verbal** est transmis à l'organisme de recouvrement, celui-ci procède, dans la limite de la **prescription** de 5 ans (no 21535), à l'annulation totale des exonérations ou réductions (CSS art. L 133-4-2, II).

Sauf lorsque les faits concernent un mineur soumis à l'obligation scolaire, une personne vulnérable ou dépendante ou sont commis en bande organisée, l'**annulation** des réductions et exonérations est seulement **partielle** si la dissimulation d'activité ou d'emploi salarié résulte uniquement d'un cas de requalification de la prestation de service à un donneur d'ordre en relation salariée ou si elle représente une proportion limitée de l'activité ou des salariés régulièrement déclarés. Les conditions dans lesquelles la dissimulation peut être considérée comme limitée sont déterminées par décret (à paraître), sans que la proportion de l'activité dissimulée puisse excéder 10 % de l'activité. Le plafond de la dissimulation partielle de salariés s'apprécie au regard de l'activité. Dans ces cas, la proportion des réductions et exonérations annulées est égale au rapport entre le double des rémunérations éludées et le montant des rémunérations, soumises à cotisations de sécurité sociale, versées à l'ensemble du personnel par l'employeur, sur la période concernée, dans la limite de 100 % (CSS art. L 133-4-2, III et IV). Ce dispositif s'applique également au donneur d'ordre. Pour le calcul de la proportion des réductions et exonérations annulées, les rémunérations des salariés du donneur d'ordre sont alors substituées à celles des salariés de la personne contrôlée.

En cas de travail dissimulé, lorsque aucun élément ne permet de connaître le montant des rémunérations, le redressement est assis sur une rémunération fictive (voir no 20470) qui est considérée comme ayant été versée au cours du mois où a été constaté le délit, ce qui entraîne l'annulation des exonérations du mois (CSS art. L 242-1-2).

Les rémunérations versées ou dues au salarié, **réintégrées** dans l'assiette des cotisations à la suite du constat d'une de ces infractions, ne peuvent faire l'objet d'aucune mesure de réduction ou d'exonération ni de minoration d'assiette (CSS art. L 242-1-1).

Sur l'annulation des réductions ou exonérations de cotisations sur les rémunérations versées à ses salariés par un **donneur d'ordre** n'ayant pas respecté ses obligations de vigilance ou d'injonction, voir n°s 11800 s.

Ces sanctions s'appliquent dès lors que le travail dissimulé est établi, même si l'employeur n'est pas **poursuivi pénalement** (Cass. 2e civ. 10-10-2013 n° 12-26.123 F-PB). On peut penser que ce principe s'appliquera pour les autres infractions du travail illégal concernées par la sanction.

SECTION 2 RÉDUCTION GÉNÉRALE DE COTISATIONS PATRONALES

21780 La réduction générale de cotisations patronales est une réduction **dégressive** de certaines cotisations et contributions sociales patronales dont le montant varie selon les revenus d'activité des salariés concernés (CSS art. L 241-13). Son taux maximal s'applique aux salariés rémunérés au Smic et elle devient nulle pour ceux dont la rémunération, telle que définie au n° 22230, est égale ou supérieure à 1,6 Smic.

La réduction générale est un **dispositif permanent.**

1. CHAMP D'APPLICATION

EMPLOYEURS CONCERNÉS

21800 La réduction générale de cotisations **bénéficie** (CSS art. L 241-13) :

– aux employeurs obligatoirement assujettis au **régime d'assurance chômage** (n° 29210) ;

– aux employeurs du **secteur public ou parapublic** mentionnés à l'article L 5424-1, 3° du Code du travail (voir n° 29220, 3) pour leurs salariés ouvrant droit à l'assurance chômage. Il s'agit des entreprises qui sont inscrites, à la date de régularisation annuelle des cotisations prévue au II de l'article R 242-2 du CSS, au répertoire national des entreprises contrôlées majoritairement par l'État, ainsi que des établissements publics à caractère industriel et commercial des collectivités territoriales et des sociétés d'économie mixte dans lesquelles ces collectivités ont une participation majoritaire (BOSS-All. gén.-60) ;

– dans des conditions fixées par décret, aux employeurs des salariés relevant des régimes spéciaux des marins, des mines, et des clercs et employés de notaires ;

– aux employeurs de salariés agricoles.

Les employeurs relevant de régimes spéciaux exclus du champ d'application de la réduction générale et qui ne peuvent pas bénéficier pour leurs **apprentis** de l'exonération prévue à l'article L 6227-8-1 du Code du travail spécifique au secteur public non industriel et commercial peuvent bénéficier de la réduction générale au titre de leurs seuls apprentis (BOSS-All. gén.-70).

ATTENTION

La réduction peut être remise en cause en cas de **travail illégal** : voir n° 21740.

21805 Sont en revanche **exclus** (CSS art. L 241-13) :

– les **particuliers employeurs** ;

– l'**État,** les collectivités territoriales et leurs établissements publics administratifs, à l'exception de ceux inscrits au répertoire des entreprises contrôlées majoritairement par l'État, ainsi que les groupements d'intérêt public et les chambres consulaires, quel que soit le statut de leurs agents ou salariés (BOSS-All. gén.-50).

Les employeurs relevant des **régimes spéciaux** de sécurité sociale autres que ceux des marins, des mines et des clercs et employés de notaires sont exclus du champ de la réduction pour les seuls salariés affiliés à ces régimes. Cependant, ils peuvent en bénéficier au titre de leurs autres salariés, s'ils satisfont à la condition d'obligation d'affiliation au régime d'assurance chômage (BOSS-All. gén.-80).

Sont exclues du bénéfice du dispositif les rémunérations versées au titre de son mandat social à un **dirigeant de société** (gérant de SARL, président ou directeur général de société anonyme, etc.), et ce, même s'il est affilié au régime général de sécurité sociale des salariés (BOSS-All. gén.-170). En revanche, un dirigeant cumulant ses fonctions avec un contrat de travail peut ouvrir droit à la réduction, mais seulement pour la rémunération du contrat de travail.

SALARIÉS CONCERNÉS

Le dispositif ne s'applique que pour l'emploi de salariés titulaires d'un **contrat de travail** au titre desquels l'employeur est tenu à l'obligation d'assurance contre le chômage. Tous les salariés sont concernés, qu'ils soient à **temps plein ou partiel,** en contrat à durée déterminée ou indéterminée. 21820

Sur l'application de la réduction générale aux **salariés détachés et expatriés,** voir respectivement nos 71305, b et 71430.

ATTENTION

a. Les signataires d'un **contrat de formation** en **alternance** ou d'un **contrat d'insertion** ainsi que les **entrepreneurs salariés** et les entrepreneurs salariés associés des coopératives d'activité et d'emploi sont éligibles au bénéfice de la réduction générale (BOSS-All. gén.-130).

b. Les **stagiaires,** même affiliés de plein droit au régime général, n'ouvrent pas droit à la réduction dès lors qu'ils ne sont pas titulaires d'un contrat de travail (BOSS-All. gén.-170).

c. Les employeurs dont les salariés sont **mis à disposition** peuvent bénéficier de ces dispositifs de réduction pour les rémunérations qui leur sont versées, y compris les **groupements d'employeurs** mettant à disposition un salarié auprès d'un de leurs membres. En revanche, l'**entreprise bénéficiaire de la mise à disposition** du salarié ne peut pas prétendre au bénéfice de ces dispositifs, y compris lorsque la rémunération est remboursée à l'employeur (BOSS-All. gén.-150 s.).

COTISATIONS ÉLIGIBLES

La réduction s'applique (CSS art. L 241-13, I) : 21830
- aux **cotisations patronales** d'assurances sociales (maladie, maternité, invalidité, vieillesse, décès) ;
- à la cotisation d'allocations familiales ;
- à la contribution Fnal ;
- à la contribution solidarité autonomie ;
- aux cotisations de retraite complémentaire légalement obligatoires ou créées par la loi ;
- à la contribution d'assurance chômage (sans application de l'éventuel bonus-malus, voir no 29465, d) ;
- et, sous certaines conditions et limites exposées au no 22000, à la cotisation d'accidents du travail.

Ne sont **pas concernés** : le versement mobilité, la cotisation AGS, la contribution au dialogue social, les contributions à la formation et à l'alternance (contributions à la formation professionnelle, CPF-CDD, supplémentaire à l'apprentissage et taxe d'apprentissage) et la participation-construction.

> Précisions Pour un même salarié, la mise en œuvre de la réduction générale de cotisations patronales est **indivisible.** Dès lors, il ne peut y avoir de calcul de la réduction générale au titre des cotisations Agirc-Arrco calculées sur une assiette réelle lorsque les cotisations de sécurité sociale le sont sur une assiette forfaitaire, laquelle exclut l'application de la réduction générale (no 21840 ; Circ. Agirc-Arrco 2021-05 DRJ du 21-7-2021, I-1-2). Sont notamment concernés les artistes du spectacle et les mannequins travaillant pour des employeurs occasionnels, le personnel des centres de vacances ou de loisirs, les formateurs occasionnels, les vendeurs par réunions à domicile à temps choisi, les vendeurs colporteurs et porteurs de presse, les personnels exerçant une activité pour le compte d'une personne morale à objet sportif, d'une association de jeunesse ou d'éducation populaire.

RÈGLES DE CUMUL

La réduction générale n'est cumulable avec aucune **autre exonération totale ou partielle de cotisations** patronales, à l'**exception** (CSS art. L 241-13, VI) : 21840
- de la réduction des taux des cotisations d'allocations familiales et d'assurance maladie (nos 22650 et 22670). Dans ce cas, l'employeur applique en premier lieu la réduction des taux de ces cotisations (BOSS-All. gén.-200) ;
- des déductions forfaitaires de cotisations patronales sur les heures supplémentaires (CSS art. L 241-13, VI ; BOSS-All. gén.-210). Sur l'ordre d'application de ces dispositifs, voir no 8150.

Elle n'est pas non plus cumulable avec l'application de **taux spécifiques, d'assiettes ou de montants forfaitaires** de cotisations (CSS art. L 241-13, VI). Par **tolérance,** le cumul est néanmoins admis avec les **taux réduits** de cotisations des VRP multicartes (nº 82760), des professions médicales à temps partiel (nº 69940, b) et des journalistes (nº 88570), mais non avec ceux des artistes du spectacle (Circ. Acoss du 26-8-2003 ; BOSS-All. gén.-250 s.). Le **coefficient maximal de réduction** est adapté pour tenir compte de ces taux réduits : voir nº 22030.

Sur la possibilité d'appliquer la réduction générale de cotisations patronales et l'**exonération aide à domicile** à la part de rémunération concernée pour les salariés intervenant alternativement auprès de publics dit « fragiles » et « non fragiles », voir nº 25825.

ATTENTION

L'employeur peut **renoncer à une autre exonération** totale ou partielle de cotisations patronales pour appliquer la réduction générale. Cette décision est **révocable.** Si l'employeur change de régime d'exonération en cours d'année pour un même contrat, chacune des périodes d'emploi correspondantes donne lieu à l'application d'un régime d'exonération, comme s'il s'agissait de contrats différents. Pour la réduction générale, la formule de calcul ne prend donc en compte que les périodes de travail pendant lesquelles la réduction s'applique, comme si le salarié commençait ou terminait sa relation de travail en cours d'année (BOSS-All. gén.-190).

2. CALCUL

a. Règles générales

21930 Le **montant** de la réduction est égal au produit des revenus d'activité de l'année par le coefficient mentionné nºs 22000 s. Il est calculé **chaque année** civile, pour chaque **salarié** et pour chaque **contrat de travail** (CSS art. L 241-13, III).

> Précisions **a.** Si un salarié **change de statut en cours d'année** et que le niveau des cotisations ou les cotisations incluses dans le champ de la réduction générale évolue, la réduction est calculée pour chaque période sur la base de la valeur T applicable au titre de chacune de ces périodes, comme s'il s'agissait de contrats différents. Si le changement est **sans effet** sur la nature et le niveau des cotisations exonérées, le calcul reste annualisé et par contrat (BOSS-All. gén.-460).

b. Sur les modalités de calcul du coefficient pour les salariés en CDD auprès d'un même employeur, voir nº 76215.

c. Les sommes versées au titre d'une **indemnité compensatrice de préavis** sont rattachées à la période de préavis couverte par cette indemnité. Par exception, en cas de licenciement pour inaptitude d'origine professionnelle, ces sommes sont rattachées à la dernière période d'emploi effectivement travaillée (BOSS-All. gén.-620).

21950 Le montant total des allègements obtenus par application de la réduction générale de cotisations patronales est **plafonné** au montant des cotisations mentionnées nº 21830 (CSS art. D 241-11).

Pour les salariés relevant d'une caisse de congés payés, le montant maximal de la réduction est **majoré** du facteur b indiqué nº 22460, voir nº 22470.

En cas d'application d'une déduction forfaitaire spécifique pour frais professionnels, le montant de la réduction peut également être plafonné, voir nºs 22270 s.

b. Coefficient de réduction

FORMULE DE CALCUL

22000 Le **coefficient** (C) de calcul de la réduction générale est déterminé selon la formule suivante (CSS art. D 241-7) :

C = T/0,6 × [(1,6 × Smic annuel/rémunération annuelle brute) – 1]

T correspond à la valeur maximale du coefficient, laquelle est égale à la somme des taux des cotisations et contributions éligibles à la réduction (nº 21830), la cotisation d'accidents du travail étant prise en compte au maximum pour 0,55 % (CSS art. D 241-2-4). T varie donc selon le taux de la contribution Fnal applicable à l'entreprise (voir ci-après nºs 22010 s.). La valeur de T doit être ajustée dans un certain nombre de cas : voir nº 22040.

Le coefficient obtenu par application de cette formule est **arrondi** à 4 décimales, au dix-millième le plus proche et est plafonné à la valeur de T (CSS art. D 241-7 ; BOSS-All. gén.-400).

Des **formules** de calcul **spécifiques** s'appliquent pour les salariés soumis à un régime d'heures d'équivalence et les salariés relevant d'une caisse de congés payés, voir nºs 22460 s.

VALEUR DE T SELON LE TAUX DE FNAL APPLICABLE

22010 Nous récapitulons dans le tableau ci-dessous les valeurs de T pour 2023 en fonction du taux de la contribution Fnal applicable à l'entreprise (CSS art. D 241-7).

Taux Fnal applicable à l'entreprise	Valeur de T en 2023
Entreprise au Fnal à 0,10 % (nos 26450 s.)	0,3191
Entreprise au Fnal à 0,50 % (nos 26610 s.)	0,3231

Pour des modèles de bulletins de paie proposant de nombreux **exemples** de calcul de la réduction, voir nos 94310 s.

PROFESSIONS BÉNÉFICIANT DE TAUX RÉDUITS DE COTISATIONS

22030 En cas d'application de taux réduits de cotisations cumulables avec la réduction générale (no 21840), la valeur de T est adaptée pour correspondre à la somme des taux de cotisations et contributions éligibles à la réduction dues au niveau du Smic au titre des intéressés.
Nous donnons ci-dessous la valeur de T applicable pour l'année 2023 (d'après BOSS-All. gén.-470 s.).

Cotisations éligibles à la réduction	Taux de cotisations 2023 au niveau du Smic		
	Journalistes, pigistes et assimilés	VRP à cartes multiples	Médecins à temps partiel
Assurance maladie	7,00	7,00	7,00
Allocations familiales	2,76	3,45	3,45
Vieillesse plafonnée	6,84	6,90	5,99
Vieillesse déplafonnée	1,52	1,90	1,90
Contribution solidarité autonomie	0,30	0,30	0,30
AT/MP	0,44	0,55	0,55
Retraite complémentaire	6,01	6,01	6,01
Assurance chômage	4,05	4,05	4,05
Fnal	0,10 ou 0,50	0,10 ou 0,50	0,10 ou 0,50
Valeur de T :			
– entreprises au Fnal à 0,10 %	0,2902	0,3026	0,2935
– entreprises au Fnal à 0,50 %	0,2942	0,3066	0,2975

AJUSTEMENT DE LA VALEUR MAXIMALE DU COEFFICIENT

22040 La valeur de T (valeur maximale du coefficient : voir no 22000) est ajustée, le cas échéant, pour correspondre à la somme des taux de chacune des cotisations effectivement à la charge de l'employeur lorsqu'ils sont inférieurs aux taux dont les valeurs maximales prévues au no 22010 sont la somme (CSS art. D 241-7, I). Le taux de cotisation AT/MP est pris en compte dans la limite de 0,55 % en 2023.

En outre, cette valeur est ajustée pour les cotisations de retraite complémentaire pour ne pas dépasser le taux résultant de la répartition 60 % employeur et 40 % salarié (soit 6,01 % en 2023 pour la part patronale). En cas de dérogation à cette répartition ou en cas d'application d'un taux de cotisation dérogatoire à la cotisation obligatoire, le taux de cotisation de retraite complémentaire pris en compte dans la formule de calcul (Circ. Agirc-Arrco 2021-05 DRJ du 21-7-2021) :
– doit être celui réellement supporté par l'employeur si la part patronale est inférieure à 60 % et le taux de cotisation égal à 6,01 % ;
– est limité à 6,01 % si la part patronale est supérieure à 60 % et le taux de cotisation égal à 6,01 % ;
– est limité à 6,01 % si la part patronale est égale à 60 % mais que le taux de cotisation est supérieur à 6,01 % ;
– doit être celui réellement supporté par l'employeur, dans la limite du taux de cotisation obligatoire (6,01 %), lorsque la part patronale de l'employeur est supérieure ou inférieure à 60 % et que le taux de cotisation dans l'entreprise est différent du taux de cotisation obligatoire.

EXEMPLES

1. Une entreprise soumise au Fnal au taux de 0,5 % applique un taux de cotisation AT/MP de 0,50 % et un taux global de cotisation de retraite complémentaire de 6,20 % (appelé à 7,87 %) avec une part patronale égale à 50 %. Le taux global de CEG est de 2,15 % (part patronale fixée à 60 %). Le taux de cotisation de retraite complémentaire s'élève donc à : (7,87 × 0,5) + (2,15 × 0,6) = 5,23 %.

La somme des taux des cotisations éligibles à la réduction en 2023 est égale à 31,48 (3,45 + 7 + 8,55 + 1,90 + 0,50 + 0,3 + 0,5 + 5,23 + 4,05) et T est donc égal à 0,3148.

2. Une entreprise soumise au Fnal au taux de 0,1 % applique un taux de cotisation AT/MP de 0,55 %, un taux obligatoire de cotisation de retraite complémentaire de 6,20 % et un taux supplémentaire de 0,9 % (appelé à 9,02 %) avec une part patronale égale à 50 %. Le taux global de CEG est de 2,15 % (part patronale fixée à 60 %). Le taux de cotisation de retraite complémentaire s'élève à (9,02 × 0,5) + (2,15 × 0,6) = 5,80 %. Le taux réellement supporté par l'employeur est pris en compte dans le calcul du montant de la réduction dans la mesure où il est inférieur au taux de cotisation obligatoire (6,01 %). La somme des taux des cotisations éligibles à la réduction est égale à 31,70 (3,45 + 7 + 8,55 + 1,90 + 0,55 + 0,3 + 0,1 + 5,80 + 4,05) et T sera donc égal à 0,3170.

c. Montant du Smic

VALEUR À RETENIR

22100 Le montant du Smic à prendre en compte au numérateur de la formule de calcul du coefficient de réduction est égal à 1 820 fois le Smic horaire ou à la somme de 12 fractions identiques correspondant à sa valeur multipliée par les 52/12es de la durée légale hebdomadaire (CSS art. D 241-7, II).

› Précisions a. À titre de tolérance, lorsque l'employeur **rémunère** mensuellement ses salariés sur la **base de 151,67 heures,** le Smic annuel pris en compte pour le calcul de la réduction peut être établi sur la base de 12 fois cette valeur (BOSS-All. gén.-720).

b. En cas d'**évolution en cours d'année** de l'un des paramètres de détermination du montant annuel du Smic, sa valeur annuelle est égale à la somme des valeurs déterminées par application des règles générales, pour les périodes antérieure et postérieure à l'évolution rapportée à la durée d'application de chacune de ces valeurs au cours de l'année (CSS art. D 241-7, II ; BOSS-All. gén.-750).

c. Pour les entreprises qui pratiquent le **décalage de la paie,** voir n° 18760, c. Sur la déclaration du Smic pris en compte en **DSN,** voir n° 22765, a.

PONDÉRATION DU SMIC

22105 Le montant du Smic doit être **corrigé** dans différentes situations exposées ci-dessous.

Le tableau au n° 22200 récapitule les différentes valeurs du Smic à prendre en compte.

22110 **Heures supplémentaires** Le montant du Smic à prendre en compte pour le calcul du coefficient est calculé sur la base de la **durée légale augmentée,** le cas échéant, du nombre d'heures supplémentaires au sens de l'article L 241-18 du CSS (n° 7710), sans prise en compte des majorations auxquelles elles donnent lieu (CSS art. L 241-13). Chaque heure supplémentaire doit donc être prise en compte pour une unité et non pas pour 1,25 ou 1,50 unité selon qu'elle donne lieu à une majoration de 25 ou de 50 %. Le Smic est donc majoré, le cas échéant, du produit des heures supplémentaires rémunérées au cours de l'année par le Smic (CSS art. D 241-7).

Une fois calculé, le **coefficient** de réduction est **appliqué** à la totalité des revenus d'activité, y compris à la rémunération des heures supplémentaires (n° 22230), pour déterminer le montant de la réduction.

Pour des modèles de **bulletins de paie** illustrant le calcul de la réduction générale en cas d'accomplissement d'heures supplémentaires, voir n°s 94560 s.

› Précisions a. Pour le décompte des heures supplémentaires, seules doivent être prises en compte les heures de travail effectivement accomplies par le salarié, les absences, notamment pour maladie, ne pouvant conduire à un abaissement du seuil de déclenchement des heures supplémentaires (Cass. 2 civ. 22-9-2022 n° 20-22.561 F-D).

b. Les heures effectuées suite au **rachat** par l'employeur de jours de repos ou de RTT auxquelles le salarié renonce (n°s 9650 et 10470) doivent être prises en compte à hauteur de 7 heures pour une journée rachetée et 3,5 heures pour une demi-journée (BOSS-All. gén.-1030 ; BOSS-Exo. HS-800).

22115 EXEMPLE

Pour le mois de janvier 2023, un salarié rémunéré 1 895,88 €, avec une prime d'ancienneté de 49,28 €, pour 151,67 heures mensuelles et ayant effectué 14 heures supplémentaires au cours du mois de janvier dans une entreprise soumise au Fnal au taux de 0,10 % pratiquant la durée légale du travail ouvre droit à l'application de la réduction suivante :

– Rémunération = 1 895,88 + 49,28 + (1 895,88/151,67 × 125 % × 14) = 1 895,88 + 49,28 + (15,63 × 14) = 2 163,98 € ;
– Smic retenu pour le calcul du coefficient de réduction = 11,27 × (151,67 + 14) = 1 867,10 € ;
– Coefficient de réduction = 0,3191 / 0,6 × [(1,6 × 1 867,10/2 163,98) – 1] = 0,2024 ;
– Réduction = 2 163,98 × 0,2024 = 437,99 €.

Conventions de forfait Lorsqu'un salarié est rémunéré dans le cadre d'une convention de **forfait hebdomadaire ou mensuel, en heures,** le montant mensuel du Smic, déterminé comme indiqué au n° 22100, est diminué si la durée prévue au forfait est inférieure à la durée légale. En application de la règle exposée au n° 22110, il est augmenté à raison du dépassement de la durée légale du travail prévu dans la convention. 22120

Pour des modèles de **bulletins de paie,** voir n° 94620 (forfait hebdomadaire non dépassé) et n° 94630 (forfait hebdomadaire dépassé).

EXEMPLE

Soit un salarié non-cadre au forfait hebdomadaire en heures de 40 heures par semaine dans une entreprise au Fnal à 0,10 %. Il n'existe pas d'accord collectif fixant le taux de majoration des heures supplémentaires qui sont donc majorées au taux légal, soit 25 %. Ce salarié est rémunéré 14 € de l'heure.

1. Calcul de la rémunération du salarié en forfait hebdomadaire en heures

Nombre d'heures supplémentaires au-delà du forfait légal : 5 (heures par semaine en plus) × 52/12 = 21,67 heures.

Montant des heures majorées : 21,67 × 14 × 1,25 = 379,23.

Montant de sa rémunération : (151,67 ×14) + 379,23 = 2 502,61 €.

2. Calcul de la réduction générale

Smic à retenir pour le calcul de la réduction générale (majoré du nombre d'heures au-delà de la durée légale) : 11,27 × (151,67 + 21,67) = 1 953,54 €.

Coefficient de réduction générale : (0,3191/0,6) × [(1,6 × 1 953,54/2 502,61) – 1] = 0,1324.

Montant de la réduction générale : 0,1324 × 2 502,61 = 331,35 €.

Pour les salariés soumis à un régime de **forfait annuel en heures inférieur à 1607 heures,** le Smic annuel à retenir au numérateur de la formule de calcul est corrigé du rapport entre le nombre d'heures inclus dans le forfait, et 1 607 heures, dans la limite de ces 1 607 heures (BOSS-All. Gén.-960). 22122

Pour un forfait annuel **supérieur** à 1 607 heures, les heures supplémentaires sont prises en compte dans les conditions exposées n° 22110.

EXEMPLES

1. Pour un salarié dont le forfait annuel est fixé à **1 550 heures,** le Smic à retenir au numérateur de la formule de calcul est égal à : Smic annuel × 1 550/1 607 = (Smic horaire × 1 820) × (1 550/1 607).

Pour un salarié dans une entreprise soumise au Fnal au taux de 0,50 % rémunéré 16 € de l'heure (soit une rémunération annuelle de 24 800 €), en 2023 :
- le Smic à retenir sera égal à : (11,27 × 1 820) × (1 550/1 607) = 19 783,86 € ;
- coefficient de réduction : (0,3231 / 0,6) × (1,6 × 19 783,86/24 800 – 1) = 0,1488 ;
- montant de réduction annuel : 24 800 × 0,1488 = 3 690,24 €.

Attention : L'exemple ci-dessus est établi sur la base de la valeur du **Smic** en vigueur au 1-1-2023 et ne tient pas compte des éventuelles **évolutions** ultérieures de son montant au cours de l'année.

2. Pour un salarié en forfait annuel dont le forfait comprend 1 607 heures plus 217 heures supplémentaires, le Smic à retenir au numérateur de la formule de calcul est égal à (Smic horaire x 1 820) + (Smic horaire x 217). Pour le calcul de la réduction générale dans ce cas, voir le modèle de **bulletin de paie** n° 94650.

Pour les conventions de **forfait annuel en jours** comportant **moins de 218 jours,** le montant mensuel du Smic est affecté du rapport entre le nombre de jours fixé par la convention de forfait et 218 (BOSS-All. Gén.-940). Pour les salariés ayant renoncé à des jours de repos, le Smic ne doit pas être majoré pour tenir compte des rémunérations correspondant aux rachats de ces jours (BOSS-All. Gén.-950). 22125

EXEMPLE

Pour un salarié avec un forfait annuel de 210 jours, le **Smic à retenir** au numérateur de la formule de calcul est égal à : Smic annuel × 210/218. Pour un exemple de **calcul de la réduction** générale avec un Smic ainsi pondéré, voir le modèle de **bulletin de paie** n° 94680.

Durée collective de travail différente de la durée légale Si la durée collective de travail de l'entreprise est **inférieure** à la durée légale, le montant du Smic est corrigé selon le rapport entre cette durée collective prévue au contrat, hors heures supplémentaires et complémentaires, et la durée légale (BOSS-All. Gén.-780). 22130

Lorsque, au contraire, la durée collective de travail est **supérieure** à la durée légale, le montant du Smic est corrigé selon les règles exposées pour les heures supplémentaires (n° 22110).

EXEMPLE

Pour un salarié dont la durée de travail contractuelle est de 30 heures par semaine et travaillant dans une entreprise où la durée collective de travail est de 34 heures (soit inférieure à la durée légale du travail), le Smic à retenir au numérateur de la formule de calcul est égal à : Smic horaire × 1 820 × 30/34 × 34/35 (BOSS-All. Gén.-780).

Pour un salarié travaillant dans une entreprise où la durée collective de travail est de 165,67 heures par mois (soit au-delà de la durée légale du travail), le Smic à retenir au numérateur de la formule de calcul est égal : Smic horaire x 165,67 (n° 22110).

22140 **Rémunération non liée à un temps de travail** Sont concernés notamment les salariés rémunérés à la tâche, au rendement, à la pige ou par un fixe et une commission, et les VRP.

L'employeur doit déterminer le **nombre de jours de travail** auquel se rapporte la rémunération versée, notamment au vu des échéances d'accomplissement des travaux prévus au contrat. Cette durée est convertie en heures sur la base de 7 heures par jour, sauf s'il peut être prouvé qu'un horaire différent est à retenir (BOSS-All. Gén.-920). Le montant du Smic est corrigé en fonction de ce nombre d'heures. En tout état de cause, le Smic ne peut jamais être pris en compte pour une durée supérieure à 1 820 heures sur l'année (sur une base de 7 heures de travail par jour) ou à la durée collective applicable dans l'établissement où est employé le salarié (BOSS-All. Gén.-920).

Si l'employeur **ne peut pas déterminer ce nombre** d'heures ou de jours de travail, la valeur annuelle du Smic correspond au produit du Smic horaire par 1 820 heures ou par la durée collective applicable dans l'établissement où est employé le salarié (BOSS-All. Gén.-930).

Pour un **exemple de bulletin de paie** illustrant le calcul de la réduction pour un salarié (VRP exclusif, non-cadre) dont le nombre de jours de travail se rapportant à la rémunération versée ne peut être déterminé, voir n° 95210.

EXEMPLES

1. Un ouvrier à la tâche est rémunéré 2 400 € à l'occasion d'un travail commandé sur le premier trimestre 2023. Cette période de travail correspond à 65 jours et donc 455 heures de travail (65 × 7).

Le Smic est corrigé de la façon suivante : Smic annuel × (455/1 820), soit 11,27 × 1 820 × (455/1 820) = 5 127,85 € (d'après BOSS-All. Gén.-920).

2. Un salarié est rémunéré 21 000 € sur l'année 2023 dans une entreprise appliquant la durée légale de travail de 35 heures. La durée légale de travail est de 1 820 heures sur l'année. L'employeur ne peut pas déterminer son nombre d'heures ou de jours de travail.

Pour 2023, le Smic applicable dans le coefficient de réduction générale est le produit du Smic horaire par la durée légale (1 820 heures) soit 20 511,40 €.

ATTENTION

Les exemples ci-dessus sont établis sur la base de la valeur du **Smic** en vigueur au 1er janvier 2023 et ne tiennent pas compte des éventuelles **évolutions** ultérieures de son montant au cours de l'année

22150 **Salariés exclus de la mensualisation** Les salariés exclus de la mensualisation sont les salariés saisonniers, intermittents ou temporaires et les travailleurs à domicile (n° 10950).

Pour ces salariés, le montant mensuel du Smic, déterminé comme indiqué au n° 22100, est **corrigé** à proportion de la durée de travail, hors heures supplémentaires et complémentaires, inscrite à leur contrat de travail au titre de la période où ils sont présents dans l'entreprise et rapportée à celle correspondant à la durée légale du travail (CSS art. D 241-7).

Sur la règle de pondération du Smic applicable en cas de **suspension du contrat** de travail avec maintien partiel de la rémunération, voir n° 22170.

EXEMPLE

Ainsi, si la durée contractuelle de travail du salarié est de 150 heures (soit inférieure à la durée légale), le Smic à retenir en janvier 2023 est égal à : 11,27 (valeur du Smic au 1-1-2023) × 150 × 150/151,67 (durée légale du travail) = 1 671,89 €.

22160 **Travail à temps partiel** Pour les salariés à temps partiel, le montant du **Smic** à retenir déterminé comme indiqué au n° 22100, doit être corrigé à proportion de la durée de travail, hors heures complémentaires au sens des articles L 3123-8, L 3123-9, L 3123-20 et L 3123-28 du Code du travail, inscrite à leur contrat de travail au titre de la période où ils sont présents dans l'entreprise et rapportée à celle correspondant à la durée légale du travail (CSS art. D 241-7).

Pour le **calcul du coefficient de réduction,** il est tenu compte des **heures complémentaires** effectuées par le salarié à temps partiel dans le montant du Smic à prendre en compte, celui-ci étant calculé sur la base de la durée légale augmentée du nombre d'heures complémentaires, sans prise en compte des majorations auxquelles elles donnent lieu le cas échéant (CSS art. L 241-13 et D 241-7). Autrement dit, chaque heure complémentaire doit être prise en compte pour une unité, même lorsqu'elle donne lieu à majoration de 25 %.

Une fois calculé, le **coefficient** de réduction **s'applique** à la totalité des revenus d'activité, y compris à la rémunération des heures complémentaires (nº 22230), pour déterminer le montant de la réduction.

› Précisions **a.** Pour le calcul du coefficient de réduction, seules doivent être prises en compte les heures complémentaires réalisées dans le respect du plafond autorisé pour ces heures (Cass. 2e civ. 23-6-2022 nº 20-21.917 F-D) (sur ce plafond, voir nº 74560).

b. Les règles ci-dessus s'appliquent également :
– selon nous, en cas de **temps partiel modulé** et de temps partiel **aménagé sur une période supérieure à la semaine** ;
– pour les salariés exclus du champ de la mensualisation (nº 22150) ;
– pour les autres salariés dont la **rémunération contractuelle est fixée sur une base inférieure à la durée légale** (CSS art. D 241-7) : salariés dont la durée conventionnelle de travail est inférieure à la durée légale ; salariés au forfait jours inférieur à 218 jours (nº 22125) ; salariés au forfait en heures inférieur à 1 607 heures (nº 22122).

c. Si un salarié à temps partiel effectue une heure de plus une semaine où il prend des congés sans toutefois que le total des heures réellement travaillées sur la semaine ne dépasse sa durée de travail contractuelle, cette heure n'est pas considérée juridiquement comme une heure complémentaire. Selon l'Urssaf caisse nationale, cette heure travaillée en plus ne peut donc majorer la durée du Smic à prendre en compte (Courrier Urssaf du 15-3-2023). Par exemple, dans une entreprise soumise à la durée légale du travail, si un salarié à temps partiel à hauteur de 25 heures par semaine sur 5 jours (soit 5h/jour) est en congé le 5e jour d'une semaine mais a effectué une heure en plus le 4e jour, le Smic ne sera pas majoré car la totalité des heures travaillées dans la semaine en question n'a pas dépassé sa durée contractuelle de travail.

EXEMPLES 22165

Dans ces exemples, la réduction est calculée pour le mois de janvier 2023.

1. Dans une entreprise soumise à la contribution Fnal de 0,50 %, un salarié travaille 24 heures par semaine, soit une moyenne de 104 heures par mois, et perçoit une rémunération mensuelle brute égale à 1 300 €.

Le montant du Smic à prendre en compte pour calculer le coefficient est ainsi corrigé : 1 709,32 € × 104/151,67 = 1 172,08 €.

En janvier 2023, le coefficient de réduction applicable à sa rémunération est égal à :

(0,3231/0,6) × [(1,6 × 1 172,08/1 300) – 1] = 0,2383.

La réduction est égale à 1 300 × 0,2383 = 309,79 €.

2. Dans une entreprise soumise à la contribution Fnal de 0,50 %, un salarié travaille selon un horaire mensuel de 130 heures pour un salaire de 1 625 €. Il effectue 10 heures complémentaires au cours du mois, rémunérées au taux majoré de 10 % (soit 13,75 €), soit une rémunération totale de 1 762,50 € [1 625 + (13,75 × 10)].

Le montant du Smic à prendre en compte pour calculer le coefficient est le suivant : (1 709,32 × 130/151,67) + (11,27 × 10) = 1 577,80 €.

En janvier 2023, le coefficient de réduction applicable à sa rémunération est égal à :

(0,3231/0,6) × [(1,6 × 1 577,80/1 762,50) – 1] = 0,2328.

La réduction est égale à 1 762,50 × 0,2328 = 410,31 €.

Pour des **bulletins de paie** illustrant ces exemples, voir nos 95110 et 95120.

Absences et entrée ou sortie en cours d'année Pour les salariés entrant dans le champ de la **mensualisation** qui ne sont pas présents toute l'année ou dont le contrat de travail est suspendu **sans paiement de la rémunération** ou avec un paiement **partiel** de celle-ci, la fraction du montant du Smic correspondant au mois de l'absence est corrigée selon le rapport entre les revenus d'activité versés et ceux qui auraient été dus si le salarié avait été présent tout le mois, hors éléments de rémunération qui ne sont pas affectés par l'absence (CSS art. D 241-7). Ne sont donc pas prises en compte dans ce rapport les primes forfaitaires, les indemnités journalières de sécurité sociale versées par subrogation par l'employeur et les diverses indemnités versées à l'occasion de la rupture du contrat de travail, notamment les indemnités compensatrices de congés payés et indemnités de fin de contrat (BOSS-All. gén.-850 s.). En revanche, les indemnités journalières complémentaires à celles de la sécurité sociale financées en tout ou partie par l'employeur sont prises en compte, même si elles sont versées par un organisme complémentaire (BOSS-All. gén.-860). 22170

22170 (suite) La même correction du Smic est appliquée pour les salariés **hors du champ de la mensualisation** dont le contrat de travail est suspendu avec **paiement partiel** de la rémunération (CSS art. D 241-7). Cette correction intervient le mois durant lequel la rémunération tient compte de l'absence. Ainsi, si l'absence lors du mois N n'est prise en compte que dans la rémunération du mois N + 1, alors la correction de la valeur du Smic se fait au titre du mois N + 1 (BOSS-All. gén.-880). Cette correction peut conduire à une valeur de Smic mensuelle négative au numérateur. Dans ce cas, et si l'entreprise ne pratique pas la régularisation progressive (n°s 22350 s.), l'employeur devra faire une régularisation intermédiaire.

Pour la détermination de la valeur du Smic portée au numérateur, l'employeur peut appliquer à la fraction du Smic correspondant au mois les règles de calcul de la retenue de salaire issues de la mensualisation, c'est-à-dire la méthode de calcul de l'horaire réel ou la méthode forfaitaire, le calcul en base horaire ou journalière, etc. Sur la méthode de calcul à privilégier selon nous, voir n°s 11130 s.

EXEMPLES

Dans les exemples 1 à 3, la réduction est calculée par anticipation pour le mois de janvier 2023.

1. Absence sans incidence sur une prime. Soit un salarié d'une entreprise pratiquant la durée légale du travail, ayant été absent 3 jours pour maladie sans maintien de la rémunération en janvier 2023.

S'il n'avait pas été absent, sa rémunération brute se serait élevée à : 1 895,88 € + prime de bilan de 300 € = 2 195,88 €. On suppose que la prime de bilan est intégralement versée malgré l'absence non rémunérée.

Chaque jour d'absence non rémunérée donne lieu à une retenue égale à 1 895,88/22 = 86,18 € (calcul selon la méthode journalière de calcul au réel préconisée par la Cour de cassation : n°s 11110 et 11130).

La rémunération brute de ce salarié sera donc la suivante pour le mois de janvier 2023 :

1 895,88 – (3 × 86,18) = 1 895,88 – 258,54 = 1 637,34 €. À cette somme s'ajoute la prime de bilan : 1 637,34 + 300 = 1 937,34 €.

Pour ce même mois, le Smic sera proratisé comme suit :

1 709,32 × (1 637,34/1 895,88) = 1 476,22 €.

Pour un **bulletin de paie** illustrant ce cas de figure, n° 94510.

2. Absence ayant une incidence sur une prime Mêmes données que dans l'exemple 1.

Si le salarié n'avait pas été absent, sa rémunération brute se serait élevée à : 1 895,88 € + prime forfaitaire d'assiduité de 5 € par jour de présence = 1 895,88 + (5 × 22) = 1 895,88 + 110 = 2 005,88 €. On suppose que le montant de la prime d'assiduité est réduit au prorata du nombre de jours d'absence.

La rémunération brute de ce salarié sera donc la suivante pour le mois de janvier 2023 :

1 895,88 – (3 × 86,18) + (110 × 19/22) = 1 637,34 + 95 = 1 732,34 €.

Pour ce même mois, le Smic sera proratisé comme suit :

1 709,32 × (1 732,34/2 005,88) = 1 476,22 €.

3. Absence entraînant la suppression d'une prime Mêmes données que dans l'exemple 1.

Si le salarié n'avait pas été absent, sa rémunération brute se serait élevée à : 1 895,88 € + prime forfaitaire mensuelle d'assiduité de 100 € = 1 895,88 + 100 = 1 995,88 €. On suppose que l'octroi de la prime d'assiduité est subordonné à la présence tous les jours du mois, la prime n'étant pas due dès lors que le salarié s'absente pendant au moins un jour.

La rémunération brute de ce salarié sera donc la suivante pour le mois de janvier 2023 : 1 895,88 – (3 × 86,18) = 1 637,34 €.

Pour ce même mois, le Smic sera proratisé comme suit :

1 709,32 × (1 637,34/1 995,88) = 1 402,26 €.

4. Sortie en cours de mois. Soit un salarié embauché par contrat à durée déterminée d'un mois et 10 jours, rémunéré 2 000 € par mois pour un temps plein.

Sa rémunération pour le second mois, comportant par hypothèse 22 jours, sera de :

(2 000/22) × 10 = 909,09 €. Cette rémunération du mois est complétée par :

– l'indemnité de fin de contrat (n° 76350) égale à : 10 % × (2 000 + 909,09) = 290,91 € ;

– l'indemnité compensatrice de congés payés (n° 76300) égale à :

10 % × (2 000 + 909,09 + 290,91) = 320 €.

La rémunération à prendre en compte pour le calcul de la réduction est de 1 520 € (909,09 + 290,91 + 320).

Sur la base de la valeur du Smic au 1er janvier 2023, la valeur du Smic retenue pour le mois sera de 1 709,32 × (909,09 / 2 000) = 776,96 €.

5. Embauche en cours de mois. Soit un salarié embauché en CDI à temps complet, le 16 janvier 2023, dans une entreprise de 65 salariés. 10 jours seront à déduire de son salaire, soit 7 heures/jour × 10 jours = 70 heures. Le temps de travail réel en janvier 2023 est égal à 22 (nombre de jours du mois) × 7 = 154 heures ce qui donne une rémunération horaire égale à 2 000/154 = 12,99 €.

Calcul de la rémunération après déduction liée à son entrée dans l'entreprise au 16 janvier 2023 : 2 000 – [(2 000/154) × 10 × 7] = 2 000 – (12,99 × 10 × 7) = 1 090,70 €.

Smic à retenir pour le calcul du coefficient : 1 709,32 × 1 090,70/2 000,00 = 932,18.

Coeff. réduction de la période = (0,3231/0,6) × [(1,6 × 932,18/1 090,70) – 1] = 0,1979.

Réduction janvier 2023 = 1 090,70 × 0,1979 = 215,85.

Pour un exemple détaillé, voir le **bulletin de paie** n° 94420.

Lorsque l'horaire collectif de travail prévoit des **heures supplémentaires structurelles,** c'est-à-dire des heures supplémentaires résultant d'une durée collective de travail supérieure à la durée légale ou d'une convention de forfait intégrant déjà un certain nombre d'heures supplémentaires, la valeur du Smic corrigée tient compte de ces heures structurelles, dans les mêmes conditions que les heures supplémentaires et complémentaires (n° 22110 ; BOSS-All. gén.-890). 22175

EXEMPLE

Soit un salarié dont la durée collective de travail est de 39 heures, rémunéré 2 000 € dont 1 500 € de rémunération et 500 € de primes fixes. Si le salarié est absent 11 jours ouvrés pour un mois N de 22 jours ouvrés, sa rémunération est de 750 €, sa prime reste fixée à 500 € et il reçoit de l'employeur des indemnités journalières complémentaires à hauteur de 100 €, soit un salaire du mois de 1 350 €.

Ce salarié effectue 4 **heures** supplémentaires **structurelles** par semaine, soit 17,33 heures par mois (4 × 52/12).

La valeur du Smic retenue pour le mois N prise en compte est alors égale à [(35 × 52/12) + 17,33 heures supplémentaires structurelles] × Smic horaire × 850/1500 (BOSS-All. gén.-860 ; BOSS-All. gén.-890).

En cas de suspension du contrat de travail avec **paiement intégral** de la rémunération brute du salarié, il faut retenir le Smic qui aurait été pris en compte si le salarié avait été présent dans l'entreprise dans les conditions exposées aux n° 22100 (cas général), n° 22160 (temps partiel) et n° 22150 (salariés hors du champ de la mensualisation) (CSS art. D 241-7 ; BOSS-All. gén.-830). 22180

Lorsque l'horaire collectif de travail prévoit des heures supplémentaires structurelles au sens ci-dessus (n° 22175), la valeur du Smic corrigée tient compte de ces heures structurelles dans les mêmes conditions que les heures supplémentaires et complémentaires (BOSS-All. gén.-840).

EXEMPLES

1. Un salarié travaillant à temps partiel 30 heures par semaine est absent 14 heures dans le mois. Sa rémunération brute est maintenue et ne tient pas compte de son absence. Le Smic reste calculé pour ne tenir compte que du temps partiel (à proportion de la durée de travail inscrite au contrat de travail au titre de la période où il est présent dans l'entreprise, hors heures supplémentaires et complémentaires, rapportée à la durée légale du travail), soit 30/35.

2. Un salarié travaillant à temps plein 35 heures par semaine est absent 14 heures dans le mois. Sa rémunération brute est maintenue et ne tient pas compte de son absence. Le Smic retenu au titre du mois d'absence n'est donc pas corrigé pour tenir compte de son absence.

3. Un salarié travaillant à temps plein 35 heures par semaine et avec 4 heures supplémentaires structurelles est absent 14 heures dans le mois. Sa rémunération brute est maintenue et ne tient pas compte de son absence. Si les heures supplémentaires structurelles sont rémunérées, le Smic retenu au titre du mois d'absence en tient compte et n'est pas corrigé pour tenir compte de l'absence du salarié (BOSS-All. gén.-840).

Rémunération contractuelle inférieure au Smic ou au minimum conventionnel Pour les salariés dont le contrat de travail fixe, par dérogation au droit commun, une rémunération inférieure au Smic ou à la rémunération minimale prévue par la convention ou l'accord collectif de branche (cas, par exemple, des apprentis), le Smic est pris en compte dans la formule de calcul pour sa valeur entière (BOSS-All. gén.-1020). 22185

Transport routier de voyageurs Pour les personnels roulants transportant des voyageurs, la valeur du Smic peut être majorée pour tenir compte des **temps de coupure rémunérés** et des temps au-delà de l'**amplitude** de 12 heures, qui ne constituent pas du 22190 temps de travail effectif. Pour ce faire, la rémunération de ces temps est **convertie en heures**, sachant qu'une heure d'amplitude ou de coupure est rémunérée à hauteur de 50 % d'une heure normale (BOSS-All. gén.-1110).

EXEMPLE

Pour un conducteur routier « courte distance » rémunéré, pour un mois donné, à hauteur de 39 heures de travail effectif (soit 4 heures d'équivalence) et également au titre de 4 heures de temps de coupure (rémunérées chacune à 50 % d'une heure normale) ainsi que de 3 heures supplémentaires, la part de Smic à retenir pour ce mois au numérateur de la formule de calcul de la réduction est égal à : [Smic annuel × (40 (soit 39 + 1 heure de conversion correspondant aux 4 heures d'équivalence rémunérées au taux majoré de 25 %) + (4 × 50 %))/35] + (Smic horaire × 3) (BOSS-All. gén.-1110).

TABLEAU RÉCAPITULATIF

22200 Le tableau ci-dessous récapitule les différentes valeurs du Smic à prendre en compte sur une base mensuelle ou annuelle et selon qu'on calcule le Smic sur la base de 1 820 fois le Smic horaire ou la somme de 12 fractions identiques correspondant à sa valeur multipliée par les 52/12e de la durée légale hebdomadaire (méthode M1) ou sur la base de 151,67 heures (méthode M2).

Valeur du Smic à prendre en compte			
Valeur de base		Par mois	Par an
Salarié à temps plein sans heures supplémentaires ni absence	Méthode 1	Smic horaire × 52/12 × 35 h	Smic horaire × 52/12 × 35 h × 12 ou Smic horaire × 1 820
	Méthode 2	Smic horaire × 151,67	Smic horaire × 151,67 × 12
Pondération			
Heures supplémentaires	Méthode 1	Smic horaire × [(52/12 × 35 h) + nombre d'heures supplémentaires du mois sans prise en compte des majorations]	Smic horaire × (1 820 + nombre d'heures supplémentaires de l'année sans prise en compte des majorations)
	Méthode 2	Smic horaire × (151,67 + nombre d'heures supplémentaires du mois sans prise en compte des majorations)	Smic horaire × [(151,67 × 12) + nombre d'heures supplémentaires de l'année sans prise en compte des majorations]
Convention de forfait en jours comportant moins de 218 jours	Méthode 1	Smic horaire × 52/12 × 35 h × (nombre de jours fixé par la convention de forfait/218)	Smic horaire × 1 820 × (nombre de jours fixé par la convention de forfait/218)
	Méthode 2	Smic horaire × 151,67 × (nombre de jours fixé par la convention de forfait/218)	Smic horaire × 151,67 × (nombre de jours fixé par la convention de forfait/218) × 12
Convention de forfait en heures inférieure à 1 607 heures	Méthode 1	Smic horaire × 52/12 × 35 h × (nombre d'heures prévues par la convention de forfait/1 607)	Smic horaire × 1 820 × (nombre d'heures prévues par la convention de forfait/1 607)
	Méthode 2	Smic horaire × 151,67 × (nombre d'heures prévues par la convention de forfait/1 607)	Smic horaire × 151,67 × (nombre d'heures prévues par la convention de forfait/1 607) × 12
Temps partiel (sans heures complémentaires)	Méthode 1	Smic horaire × 52/12 × durée hebdomadaire de travail inscrite dans le contrat de travail	Smic horaire × 52/12 × durée hebdomadaire de travail inscrite dans le contrat de travail × 12
	Méthode 2	Smic horaire × 151,67 × (durée mensuelle de travail/151,67)	Smic horaire × 151,67 × (durée mensuelle de travail/151,67) × 12

22200 (suite)

Valeur du Smic à prendre en compte			
Temps partiel (avec heures complémentaires)	Méthode 1	(Smic horaire × 52/12 × durée hebdomadaire de travail inscrite dans le contrat de travail) + (Smic horaire × nombre d'heures complémentaires du mois)	(Smic horaire × 52/12 × durée hebdomadaire de travail inscrite dans le contrat de travail) × 12 + (Smic horaire × nombre d'heures complémentaires de l'année)
	Méthode 2	[Smic horaire × 151,67 × (durée mensuelle de travail/151,67)] + (Smic horaire × nombre d'heures complémentaires du mois)	[Smic horaire × 151,67 × (durée mensuelle de travail/151,67) × 12] + (Smic horaire × nombre d'heures complémentaires de l'année)
Absence sans paiement ou paiement partiel de la rémunération	Méthode 1	Smic horaire × 52/12 × 35 h × (rémunération versée au cours du mois / rémunération qui aurait été versée si le salarié avait été présent, hors éléments de rémunération qui ne sont pas affectés par l'absence)	Smic horaire × 1 820 × (rémunération versée au cours de l'année/rémunération qui aurait été versée si le salarié avait été présent toute l'année, hors éléments de rémunération qui ne sont pas affectés par l'absence)
	Méthode 2	Smic horaire × 151,67 × (rémunération versée au cours du mois / rémunération qui aurait été versée si le salarié avait été présent, hors éléments de rémunération qui ne sont pas affectés par l'absence)	Smic horaire × 151,67 × 12 × (rémunération versée au cours de l'année / rémunération qui aurait été versée si le salarié avait été présent toute l'année, hors éléments de rémunération qui ne sont pas affectés par l'absence)
Absence avec paiement intégral de la rémunération		Smic qui aurait été pris en compte si le salarié avait été présent dans l'entreprise	
Rémunération non liée à un temps de travail (le nombre de jours de travail peut être déterminé)	Méthode 1	Smic horaire × (52/12 × 35 h) × [(nombre de jours de travail dans le mois × 7)/(52/12 × 35 h)]	Smic horaire × 1 820 × [(nombre de jours de travail dans l'année × 7)/1 820]
	Méthode 2	Smic horaire × 151,67 × [(nombre de jours de travail dans le mois × 7)/151,67]	Smic horaire × 151,67 × 12 [(nombre de jours de travail dans l'année × 7)/(151,67 × 12)]
Rémunération non liée à un temps de travail (le nombre de jours de travail ne peut pas être déterminé)		Smic horaire × durée légale de travail (ou durée collective applicable dans l'établissement)	
Rémunération contractuelle inférieure au Smic ou au minimum conventionnel	Méthode 1	Smic horaire × 52/12 × 35 h	Smic horaire × 1 820
	Méthode 2	Smic horaire × 151,67	Smic horaire × 151,67 × 12
Salariés exclus de la mensualisation	Méthode 1	Smic horaire × 52/12 × 35 h × (durée hebdomadaire de travail, hors heures supplémentaires ou complémentaires, inscrite dans le contrat de travail/35 h)	Smic horaire × 1 820 × (durée hebdomadaire de travail, hors heures supplémentaires ou complémentaires, inscrite dans le contrat de travail/35 h)
	Méthode 2	Smic horaire × 151,67 × (durée hebdomadaire de travail, hors heures supplémentaires ou complémentaires, inscrite dans le contrat de travail/35 h)	Smic horaire × 151,67 × 12 × (durée hebdomadaire de travail, hors heures supplémentaires ou complémentaires, inscrite dans le contrat de travail/35 h)

d. Revenus d'activité

22230 Les revenus d'activité de l'année permettant de déterminer l'éligibilité à la réduction générale et servant au calcul du coefficient de réduction sont les revenus d'activité tels qu'ils sont pris en compte pour la détermination de l'assiette des cotisations définie à l'article L 242-1 du CSS (CSS art. L 241-13), voir n°s 17800 s. Sont donc incluses toutes les sommes versées en **contrepartie d'un travail** (notamment salaires, indemnités de congés payés, indemnités, primes, avantages en nature ou en argent) (BOSS-All. gén.-580) ainsi que la rémunération des temps de **pause,** d'**habillage,** de **déshabillage,** de **coupure et d'amplitude.** Il en va de même de la rémunération des **heures supplémentaires et complémentaires** pour le montant total versé, majorations incluses (Doc. Urssaf au 15-2-2023). Dans le cadre d'une convention de forfait sont prises en compte les heures supplémentaires comprises dans le forfait et celles exécutées en dépassement du temps de travail prévu dans la convention. En revanche, les éléments de rémunération faisant partie de l'assiette des cotisations de retraite complémentaire sans faire partie de l'assiette des cotisations de sécurité sociale ne bénéficient pas, selon nous, de la réduction générale et ne sont pas retenus pour déterminer le coefficient de réduction.

> Précisions a. Si une **déduction forfaitaire pour frais professionnels** (DFS) est appliquée à l'assiette des cotisations, la rémunération s'entend déduction forfaitaire déduite, le cas échéant, après réintégration des indemnités versées au salarié au titre du remboursement des frais professionnels (BOSS-All. gén.-660). Le montant de la réduction est toutefois plafonné, voir n°s 22270 s. En l'absence de DFS, les **sommes** versées aux salariés à titre de **frais professionnels** sont exclues de l'assiette de calcul de la réduction générale (Doc. Urssaf au 17-2-2023).

b. Une **prime annuelle réglée en 2 fois** est prise en compte à chaque versement, y compris lorsque le premier versement est stipulé remboursable en cas de départ du salarié avant la date fixée pour le paiement du solde (Cass. 2e civ. 18-3-2010 n° 09-14.722 FS-D).

c. Les **indemnités de non-concurrence,** versées postérieurement à la rupture du contrat de travail, n'entrent pas dans le champ d'application de la réduction générale (Cass. 2e civ. 30-11-2017 n° 16-12.403 F-PB).

RAPPELS DE SALAIRE

22240 Les rappels de salaire ont fait l'objet des précisions suivantes :

– en cas de versement d'une rémunération d'un mois donné au cours du mois suivant en raison d'une **erreur** dans l'établissement de la paie, c'est cette rémunération régularisée qui doit être prise en compte dans le calcul de la réduction générale. Le Smic figurant au numérateur de la formule de calcul tiendra compte du mois en question proratisé, le cas échéant, pour tenir compte de son caractère incomplet. Cette logique s'applique également **en cas d'embauche,** quand le paiement afférent à une période travaillée antérieure est retardé (cas d'une embauche en cours de mois avec versement de la rémunération afférente à ce mois avec celle afférente au mois suivant) (BOSS-All. gén.-590 s.) ;

– si des rappels de salaire font l'objet de versements **postérieurs au départ du salarié de l'entreprise,** ces montants devront être réintégrés à la rémunération prise en compte pour le calcul de la réduction au titre de l'année à laquelle ils se rapportent (BOSS-All. gén.-610).

Sur les **corrections** à porter sur la DSN, voir n° 22570.

EXEMPLE

Un salarié embauché le 20-1-2023 dans une entreprise soumise à la contribution Fnal au taux de 0,5 % est rémunéré 2 800 € au mois de février, dont 700 € afférents au mois de janvier.

La réduction appliquée par anticipation pour les mois de janvier et février est ainsi calculée.

Janvier 2023

Smic à retenir : 1 709,32 × 700/2 100 = 569,77 €.

Coefficient : 0,3231/0,6 × [(1,6 × 569,77/700) – 1] = 0,1628.

Réduction : 0,1628 × 700 = 113,96 €.

Février 2023

Coefficient : 0,3231/0,6 × [(1,6 × 1 709,32/2 100) – 1] = 0,1628.

Réduction : 0,1628 × 2 100 = 341,88 €.

HÔTELS, CAFÉS, RESTAURANTS

Pour déterminer la rémunération brute à prendre en compte pour calculer le coefficient de réduction, la valeur de l'**avantage en nature repas,** ou de l'**indemnité compensatrice** si le repas n'est pas fourni, est fixée par les dispositions de l'article D 3231-10 du Code du travail, soit une fois le minimum garanti par repas (Lettre min. du 31-7-2003). 22250

Pour des **bulletins de paie** comportant la réduction générale dans les hôtels, cafés et restaurants, voir n°s 95240 s.

e. Plafonnement en cas de déduction pour frais professionnels

La déduction forfaitaire spécifique pour frais professionnels (DFS) **peut se combiner** avec le mécanisme de réduction générale de cotisations patronales si les conditions d'application de cette dernière sont remplies. 22270

Sur la rémunération à prendre en compte pour le calcul de la réduction générale en cas d'application d'une DFS, voir nº 22230.

Le montant de la réduction générale de cotisations patronales ouverte aux employeurs dont les salariés sont éligibles à DFS est plafonné à 130 % du montant de la réduction calculée sans application d'une telle déduction (Arrêté CPAS1934943A du 4-12-2019 : JO 17).

> **Précisions** Selon la notice de l'arrêté précité, cette règle s'applique sur une **année donnée.** Le calcul doit donc, à notre avis, s'effectuer **mois par mois,** une **régularisation annuelle** devant être opérée en fin d'année, sans oublier les éventuels frais réintégrés.

Pour vérifier que le plafonnement n'est pas atteint pour un salarié auquel il applique une DFS, l'employeur est tenu de procéder en 3 étapes : 22280
– calculer la réduction générale de cotisations patronales (détermination du coefficient et montant de la réduction) à partir de la rémunération brute, avec déduction de la DFS ;
– procéder au même calcul sans application de la DFS ;
– vérifier que le montant de la réduction obtenu dans le premier calcul n'excède pas de 30 % le montant de la réduction déterminé dans le cadre du second calcul.

Sur la prise en compte des sommes versées à titre de frais professionnels pour le calcul de la réduction générale sans application de la DFS, voir nº 22230, a.

Lorsque le plafonnement est atteint, le montant de la réduction est réduit à hauteur du montant de la réduction calculé hors DFS.

Sur des modèles de **bulletins de paie** illustrant cette règle : lorsqu'il n'y a pas lieu à plafonnement, voir n°s 94790, 94800, et 95230 ; lorsqu'un plafonnement s'applique, voir n°s 94810 et 95210.

EXEMPLES

1. En janvier 2023, dans une entreprise soumise au Fnal au taux de 0,5 %, un salarié est rémunéré 1 850 € brut par mois et bénéficie d'un remboursement de frais professionnels à hauteur de 100 €. L'abattement au titre de la DFS est de 10 %.

1e étape : Calcul du montant de la réduction générale **avec application de la DFS.**

L'assiette des cotisations avec abattement DFS est de : (1 850 + 100) – [(1 850 + 100) × 10 %)] = 1 755 €. Le coefficient de la réduction générale est égal à : (0,3231/0,6) × [1,6 × (1 709,32/1 755) – 1] = 0,3007. Le montant de la réduction générale est donc de 1 755 × 0,3007 = 527,73 €.

2e étape : Calcul du montant de la réduction générale **sans application de la DFS.**

L'assiette des cotisations est égale à 1 850 €. Le coefficient de la réduction générale est de :

(0,3231/0,6) × [1,6 × (1 709,32/1 850) – 1] = 0,2576. Le montant de la réduction générale est de :

1 850 × 0,2576 = 476,56 €.

3e étape : Calcul du **plafonnement.**

Le montant de la réduction générale avec application de la DFS ne doit pas dépasser 619,53 € [(476,56 € × 30 %) + 476,56 €]. C'est bien le cas en l'espèce. Le montant de la réduction générale appliqué par l'employeur sera donc de 527,73 €.

2. En janvier 2023, dans une entreprise soumise au Fnal au taux de 0,5 %, un salarié est rémunéré 2 295 € brut par mois et bénéficie d'un remboursement de frais professionnels à hauteur de 100 €. L'abattement au titre de la DFS est de 20 %.

1e étape : Calcul du montant de la réduction générale **avec application de la DFS.**

L'assiette des cotisations avec abattement DFS est de : (2 295 + 100) – [(2 295 + 100) × 20 %] = 1 916 €. Le coefficient de la réduction générale est égal à : (0,3231/0,6) × [1,6 × (1 709,32/1 916) – 1] = 0,2302. Le montant de la réduction générale est donc de : 1 916 × 0,2302 = 441,06 €.

2e étape : Calcul du montant de réduction **sans application de la DFS.**

L'assiette des cotisations est de 2 295 €. Le coefficient de la réduction générale est donc de : (0,3231/0,6) × [1,6 × (1 709,32/2 295) – 1] = 0,1032. Le montant de la réduction générale est donc de : 2 295 × 0,1032 = 236,84 €.

3e étape : Calcul du **plafonnement.**

Le montant de la réduction générale avec application de la DFS est de 441,06 € et dépasse le montant plafonné fixé à 307,89 € [(236,84 € × 30 %) + 236,84 = 307,89 €]. Le montant de la réduction calculée avec la DFS est donc réduit de 133,17 € (441,06 € – 307,89 €).

3. En janvier 2023, dans une entreprise soumise au Fnal au taux de 0,5 % et relevant d'une caisse de congés payés, un ouvrier du bâtiment à temps plein est rémunéré 1 804,87 € brut par mois et bénéficie de 22 indemnités de petit déplacement de 10,67 € par jour (soit 22 × 10,67 = 234,74 €). L'abattement au titre de la DFS est de 10 %.

1e étape : Calcul du montant de la réduction générale **avec application de la DFS.**

L'assiette des cotisations avec abattement DFS est de : (1 804,87 + 234,74) – [(1 804,87 + 234,74) × 10 %] = 1 835,65 €. Le coefficient de la réduction générale est égal à : (0.3231/0,6) × [1,6 × (1 709,32/1 835,65) – 1] × 100/90 = 0,2931. Le montant de la réduction générale est donc de : 1 835,65 × 0,2931 = 538,03 €.

Relevant d'une caisse de congés payés, le montant maximal de la réduction est égal à (no 22470) : 1 709,32 × 0,3231 × 100/90 = 613,65 €. Le montant calculé est, en l'espèce, inférieur.

2e étape : Calcul du montant de réduction **sans application de la DFS.**

L'assiette des cotisations est de 2 039,61 €. Le coefficient de la réduction générale est donc de : (0,3231/0,6) × [1,6 × (1 709,32/2 039,61) – 1] × 100/90 = 0,2040. Le montant de la réduction générale est donc de : 2 039,61 × 0,2040 = 416,08 €.

3e étape : Calcul du **plafonnement.**

Le montant de la réduction générale avec application de la DFS ne doit pas dépasser 540,90 € [(416,08 € × 30 %) + 416,08 €]. C'est bien le cas en l'espèce. Le montant de la réduction générale appliqué par l'employeur sera donc de 538,03 €.

22290 En pratique, dès lors que la rémunération du salarié, avant application de la DFS, dépasse 1,6 Smic, l'employeur ne peut pas bénéficier de la réduction générale de cotisations patronales. En effet, le montant de la réduction calculée sur la rémunération faisant l'objet de la DFS ne doit pas dépasser de 130 % la réduction calculée sur la rémunération non abattue. Or, pour une rémunération supérieure ou égale à 1,6 Smic, la réduction générale est nulle.

EXEMPLE

Dans le cas d'un salarié rémunéré 2 800 € en janvier 2023 avec abattement de 10 % au titre de la DFS, la rémunération abattue de janvier 2023 est égale à 2 520 €. Étant inférieure à 2 734,91 €, montant qui correspond à 1,6 Smic à cette date, elle ouvre, en principe, droit à la réduction générale de cotisations patronales.

Toutefois, comme la réduction qui serait applicable à un salarié sans abattement est nulle puisque sa rémunération non abattue dépasse 2 734,91 €, la réduction calculée avec application de la DFS s'en trouve annulée puisqu'elle est limitée à 0 × 130 % = 0.

3. APPLICATION MENSUELLE ET RÉGULARISATION

APPLICATION MENSUELLE

22330 Le montant de la réduction appliquée **par anticipation** aux cotisations dues au titre des rémunérations versées au cours d'un mois civil est égal au produit de la rémunération mensuelle par le coefficient calculé comme indiqué aux nos 22000 s., à l'exception du Smic et de la rémunération qui sont pris en compte pour un mois (CSS art. D 241-8).

Un **abattement** forfaitaire peut être opéré sur le montant de la réduction mensuelle : voir no 22390.

RÉGULARISATION

22350 Les modalités de calcul mensuel de la réduction dépendent du choix opéré par l'employeur en matière de régularisation : cette dernière peut être réalisée en une seule fois ou progressivement à chaque échéance (BOSS-All. gén.-1300), un basculement pouvant être opéré d'une méthode à l'autre. À côté de ces deux modes de régularisation, l'employeur peut pratiquer un abattement sur le montant de la réduction mensuelle afin d'étaler dans le temps l'impact des primes : voir n° 22390.

Pour les entreprises qui pratiquent le **décalage de la paie,** voir n° 18760, c.

Régularisation annuelle Les cotisations dues au titre du dernier mois ou du dernier 22360
trimestre de l'année (selon la périodicité du paiement des cotisations) tiennent compte, le cas échéant, de la régularisation du différentiel entre la somme des montants de la réduction appliquée par anticipation pour les mois précédents de l'année (n° 22330) et le montant de cette réduction calculée pour l'année (CSS art. D 241-9).

Si le **montant cumulé** des réductions appliquées pour les mois précédents de l'année est **supérieur au montant** de la réduction calculée sur la **base annuelle,** l'employeur doit déclarer le différentiel sur la DSN du dernier mois ou du dernier trimestre de l'année ou de la période d'emploi au moyen d'un code type créé à cet effet (n° 22570).

En cas de **cessation du contrat de travail en cours d'année,** la régularisation s'opère sur les cotisations dues au titre du dernier mois ou du dernier trimestre d'emploi (CSS art. D 241-9).

EXEMPLE

Soit un salarié à temps plein démissionnaire, dans une entreprise soumise au Fnal au taux de 0,5 % et quittant l'entreprise fin avril ; il a perçu en février une prime de bilan égale à 2 000 €, en plus de son salaire mensuel de 1 895,88 €. Lors de son départ, il perçoit 4/12e de son 13e mois (soit 631,96 €). Il a épuisé ses droits à congés et ne bénéficie donc pas d'une indemnité compensatrice. Le Smic est pris en compte pour sa valeur au 1-1-2023 pour la période de 1-1-2023 au 30-4-2023. La rémunération versée entre le 1er janvier 2023 et son départ de l'entreprise fin avril 2023 ayant toujours été inférieure à 2,5 Smic, il n'y a pas de régularisation à opérer pour les cotisations maladie et famille.

1. Application de la **réduction mensuelle par anticipation**

Réduction de **janvier 2023** :

Coefficient = 0,3231/0,6 × [(1,6 × 1 709,32/1 895,88) – 1] = 0,2383.

Réduction = 0,2383 × 1 895,88 = 451,79 €.

Réduction de **février 2023** :

Coefficient = 0,3231/0,6 × [(1,6 × 1 709,32/3 895,88) – 1] = 0.

Réduction nulle.

Réductions pour le mois de **mars 2023** :

Coefficient = 0,3231/0,6 × [(1,6 × 1 709,32/1 895,88 – 1] = 0,2383

Réduction = 0,2383 × 1 895,88 = 451,79 €.

La somme des réductions appliquées par anticipation des mois de janvier à mars 2023 est égale à 451,79 × 2 = 903,58 €.

2. Régularisation lors du calcul de la réduction en **avril 2023**

Somme des salaires perçus entre janvier et avril 2023 : 1 895,88 (janvier) + 3 895,88 (février) + 1 895,88 (mars) + 1 895,88 + 631,96 (avril) = 10 215,48 €.

Valeur du Smic sur 4 mois : 1 709,32 × 4 = 6 837,28 €

Coefficient = 0,3231/0,6 × [(1,6 × 6 837,28/10 215,48) – 1] = 0,0382.

Réduction = 0,0382 × 10 215,48 = 390,23 €.

L'écart entre la somme des réductions calculées chaque mois de janvier à mars et le montant final de réduction calculé en avril 2023 est égal à 513,35 € (903,58 – 390,23). L'employeur est donc redevable de cette somme.

Pour une présentation plus détaillée, voir **bulletin de paie** n° 94480

Régularisation progressive Une régularisation progressive des cotisations peut être 22370
opérée **en cours d'année,** d'un versement à l'autre, en faisant masse, à chaque échéance, des éléments nécessaires au calcul de la réduction sur la période écoulée depuis le premier jour de l'année ou à compter de l'embauche si elle est postérieure (CSS art. D 241-9).

EXEMPLE

Salarié rémunéré au Smic, à taux plein, dans une entreprise soumise au Fnal à 0,5 %, ayant reçu une prime en février égale à son salaire. La régularisation progressive est calculée sur le mois de mars 2023.

Réduction **janvier 2023** :

Coefficient = 0,3231/0,6 × [(1,6 × 1 709,32/1 709,32) – 1] = 0,3231.

Réduction = 0,3231 × 1 709,32 = 552,28 €.

Réduction **février 2023** :

Coefficient = 0,3231/0,6 × [(1,6 × 1 709,32 × 2)/(1 709,32 × 3) – 1] = 0,0359.

Réduction = (0,0359 × 5 127,96) – 552,28 = 184,09 – 552,28 = – 368,19 €.

Réduction **mars 2023** :

Coefficient = 0,3231/0,6 × [(1,6 × 1 709,32 × 3)/(1 709,32 × 4) – 1] = 0,1077.

Réduction = (0,1077 × 6 837,28) – 184,09 = 736,38 – 184,09 = 552,29 €.

L'employeur bénéficie, au titre du mois de mars 2023, d'une réduction de cotisations de 552,29 €.

Les données de l'exemple ci-dessus sont reprises dans un **bulletin de paie** comportant une régularisation progressive de la réduction générale de cotisations patronales, voir nº 94490.

22380 **Basculement d'une méthode à l'autre** S'il le souhaite, l'employeur peut décider dans un premier temps de maintenir le calcul selon des paramètres mensuels dans l'optique de pratiquer une régularisation unique en fin d'année, puis passer **en cours d'année** au calcul progressif (Doc. Urssaf au 10-2-2023).

22390 **Abattement forfaitaire** En plus des 2 modes de régularisation exposés aux nºs 22350 s., une anticipation de l'**impact du versement ponctuel de certains éléments** de rémunération sur le montant de la réduction dont bénéficie l'employeur est possible afin de lisser dans le temps cet impact notamment lorsqu'il est lié à des éléments versés en fin d'année (primes de 13e mois par exemple). Pour ce faire, l'employeur peut affecter le montant de la **réduction calculée mensuellement** d'un coefficient d'abattement forfaitaire qu'il détermine dans la limite d'un montant **maximum** de 15 % (BOSS-All. gén.-1290).

L'option pour l'abattement forfaitaire ne dispensera pas l'employeur d'avoir à effectuer, le cas échéant, une **régularisation** en fin d'année selon les modalités exposées au nº 22360.

4. IMPUTATION

22420 Le montant de la réduction s'impute (CSS art. L 241-13, VII ; D 241-7, V-A) :

– sur les cotisations déclarées à l'**Urssaf** en appliquant un coefficient égal au rapport entre la somme des taux de ces cotisations, le cas échéant dans les limites mentionnées au nº 22000, et le coefficient maximal ;

– sur les cotisations déclarées aux **institutions de retraite complémentaire** pour la part complémentaire.

Pour l'année 2023, l'imputation s'opère comme suit :

– pour les entreprises soumises au Fnal au taux de 0,50 % ; pour l'Urssaf, (0,2630/0,3231) × montant global de la réduction ; pour l'institution de retraite complémentaire, (0,0601/0,3231) × montant global de la réduction ;

– pour les entreprises soumises au Fnal au taux de 0,10 % ; pour l'Urssaf, (0,2590/0,3191) × montant global de la réduction ; pour l'institution de retraite complémentaire, (0,0601/0,3191) × montant global de la réduction.

Sur les modalités de **déclaration** des montants de la réduction ou sa régularisation via la DSN, voir nº 22570.

EXEMPLE

Imputation de la réduction pour le mois de janvier 2023 avec les mêmes données que dans l'exemple ci-dessus (nº 22370). Le montant de la réduction est égal à 552,28 €.

Somme des taux de cotisations déclarées à l'Urssaf = 7 % (maladie-maternité-invalidité-décès) + 8,55 % (retraite plafonnée) + 1,90 % (retraite déplafonnée) + 3,45 % (allocations familiales) + 0,5 % (Fnal) + 0,3 % (solidarité autonomie) + 0,55 % (accidents du travail) + 4,05 % (assurance chômage) = 26,30 %.

Taux des cotisations déclarées aux institutions de retraite complémentaire : 6,01 %.

Le coefficient maximal s'élève à 0,3231.

La part de la réduction générale s'imputant sur les cotisations à verser à l'Urssaf s'élève à 552,28 × (0,2630/0,3231) = 449,55 €.

La part s'imputant sur les cotisations à verser à l'institution de retraite complémentaire s'élève à 552,28 – 449,55 = 102,73 €.

Lorsque les contributions d'assurance chômage sont recouvrées par Pôle emploi pour les salariés engagés à titre temporaire qui relèvent des professions de la **production cinématographique, de l'audiovisuel ou du spectacle** et les **travailleurs expatriés,** le montant de la réduction s'impute (CSS art. L 241-13, VII et D 241-7, V-A) : 22430
– sur les cotisations recouvrées par **Pôle emploi** en appliquant un coefficient égal au rapport entre le taux de ces cotisations et le coefficient maximal ;
– sur les cotisations déclarées à l'**Urssaf** et aux **institutions de retraite complémentaire** selon les modalités exposées au nº 22420.

Sur les modalités de **déclaration** des montants de la réduction ou sa régularisation via la DSN, voir nº 22570.

EXEMPLE

Mêmes données que dans l'exemple ci-dessus (nº 22370). Imputation de la réduction au mois de **janvier 2023.** Le montant de la réduction est égal à 552,28 €.

Somme des taux de cotisations déclarées à l'Urssaf = 7 % (maladie-maternité-invalidité-décès) + 8,55 % (retraite plafonnée) + 1,90 % (retraite déplafonnée) + 3,45 % (allocations familiales) + 0,5 % (Fnal) + 0,3 % (solidarité autonomie) + 0,55 % (accidents du travail) = 22,25 %.

Taux de la contribution d'assurance chômage déclarée à Pôle emploi : 4,05 %.

Taux des cotisations déclarées aux institutions de retraite complémentaire : 6,01 %.

Le coefficient maximal s'élève à 0,3231.

La part de la réduction générale s'imputant sur les cotisations à verser à l'Urssaf au mois de janvier s'élève à 552,28 × (0,2225/0,3231) = 380,32 €.

La part s'imputant sur les cotisations recouvrées par Pôle emploi le même mois s'élève à 552,28 × (0,0405/0,3231) = 69,23 €.

La part s'imputant sur les cotisations à verser à l'institution de retraite complémentaire le même mois s'élève à 552,28 – (380,32 + 69,23) = 102,73 €.

L'ensemble des cotisations et contributions sociales versées par les **entrepreneurs de spectacles vivants** est recouvré par le guichet unique du spectacle occasionnel (Guso) (CSS art. L 133-9). Le montant de la réduction est donc imputé en totalité sur les cotisations recouvrées par le Guso (CSS art. 241-13, VII ; D 241-7, V-B). 22440

5. RÉGIMES PARTICULIERS

Les salariés relevant d'une caisse de congés payés et les salariés du secteur routier de marchandises soumis à un régime d'heures d'équivalence bénéficient d'une formule de calcul spécifique du coefficient de réduction (C) (CSS art. D 241-10) : 22460

C = (T/0,6) × [1,6 × a × (Smic annuel/rémunération annuelle brute) – 1] × b

Le coefficient T et le montant annuel du Smic et de la rémunération brute sont identiques à ceux mentionnés respectivement aux nºs 22000 s., 22100 s. et 22230 s. (CSS art. D 241-10).

Si la valeur du **facteur** a ci-dessus **évolue en cours d'année,** la valeur annuelle du coefficient est égale à la somme des valeurs déterminées pour les périodes antérieures et postérieures à l'évolution (CSS art. D 241-10).

ENTREPRISES AFFILIÉES AUX CAISSES DE CONGÉS PAYÉS

Pour les salariés dont le paiement des indemnités de congés payés et des charges afférentes est effectué par l'intermédiaire des caisses de congés payés, dans la formule indiquée au nº 22460, la valeur a est fixée à 1 et celle de b à 100/90 (CSS art D 241-10, IV). En cas d'évolution de la valeur a en cours d'année, voir nº 22460. 22470

La formule de calcul du coefficient (C) pour les intéressés est donc la suivante :

C = (T/0,6) × [1,6 (Smic annuel/rémunération annuelle brute) – 1] × 100/90

Le **montant maximal** de la réduction est limité au montant des cotisations et contributions (dues sur la rémunération concernée) qui permettent de déterminer la valeur maximum du coefficient de réduction, **majoré** de 100 / 90 (CSS art. D 241-11).

En contrepartie, la réduction n'est pas applicable aux cotisations dues par les caisses de congés payés sur les **indemnités** de congés payés qu'elles versent (CSS art. L 241-13, IV).

Sont concernés les employeurs obligatoirement affiliés à une caisse de congés payés relevant des conventions collectives nationales suivantes : transports routiers et activités auxiliaires du **transport,** entreprises artistiques et techniques du **spectacle, manutention portuaire** et **bâtiment et travaux publics** (BOSS-All. gén.-540).

Pour les **personnels roulants marchandises** relevant d'une caisse de congés payés, voir n° 22490.

Pour des **exemples** de calcul de la réduction générale dans des entreprises affiliées à des caisses de congés payés, voir **bulletins de paie** nos 94790 s. et 22280, c

ÉQUIVALENCES DANS LE SECTEUR ROUTIER DE MARCHANDISES

22490 S'agissant des **personnels roulants marchandises,** les valeurs a et b de la formule indiquée au n° 22460 sont les suivantes (CSS art. D 241-10, II) :

– pour les conducteurs **grands routiers ou longue distance** dont la durée de temps de service est fixée à 43 heures par semaine, a est égal à 45/35 et b est égal à 1. La formule de calcul du coefficient est donc :

C = (T/0,6) × [1,6 × 45/35 × (Smic annuel/rémunération annuelle brute) – 1]

– pour les **autres conducteurs** dont la durée du temps de service est fixée à 39 heures par semaine, a est égal à 40 / 35 et b est égal à 1. La formule de calcul du coefficient est donc :

C = (T/0,6) × [1,6 × 40/35 × (Smic annuel/rémunération annuelle brute) – 1]

En cas d'évolution de la valeur a en cours d'année, voir n° 22460.

Ces corrections s'appliquent à la valeur du Smic **avant** la prise en compte des **heures supplémentaires et complémentaires.** La rémunération intègre la totalité de la rémunération des heures d'équivalence (BOSS-All. gén.-1080).

Pour les personnels roulants marchandises relevant d'une **caisse de congés payés,** la valeur a dans la formule indiquée au n° 22470 est, par dérogation, celle mentionnée ci-dessus (selon que le salarié est un conducteur grand routier/longue distance ou un autre personnel roulant).

Pour un **bulletin de paie** illustrant le cas d'un salarié soumis à un horaire d'équivalence, voir n° 94600.

> **Précisions** Les valeurs a et b ont été fixées pour les conducteurs marchandises rémunérés sur la base de la durée équivalente à la durée légale de travail. Lorsque la rémunération versée, hors heures supplémentaires, n'est pas établie sur cette base, la valeur a doit être ajustée dans la même proportion. Cet ajustement s'applique aussi pour les **heures d'amplitude, d'attente et de coupure** des **conducteurs marchandises longue distance** faisant l'objet, en vertu d'une convention ou d'un accord collectif étendu en vigueur au 1-1-2010, d'une indemnisation au-delà du temps de service et ne constituant pas du temps de travail effectif (BOSS-All. gén.-1080 s.).

22500 **EXEMPLES**

Dans les exemples 1 à 3, la réduction est calculée par anticipation pour le mois de mars 2023 dans une entreprise du secteur routier soumise à la contribution Fnal au taux de 0,10 %.

1. Soit un conducteur de marchandises longue distance dont l'horaire d'équivalence est de 43 heures hebdomadaires, rémunéré 2 200 € par mois, incluant les 8 heures d'équivalence majorées de 25 %.

Coefficient de réduction = (0,3191/0,6) × [1,6 × 45/35 × (1 709,32/2 200) – 1] = 0,3182.

Réduction = 0,3182 × 2 200 = 700,04 €.

2. Soit un conducteur de marchandises, dont la durée du temps de service est fixée à 39 heures par semaine, rémunéré 2 000 € par mois, incluant les heures d'équivalence majorées.

Coefficient de réduction = (0,3191/0,6) × [1,6 × 40/35 × (1 709,32/2 000) – 1] = 0,2993.

Réduction = 0,2993 × 2 000 = 589,60 €.

3. Soit un conducteur de marchandises, dont la durée du temps de service est fixée à 39 heures par semaine, rémunéré 2 050 € par mois, incluant les heures d'équivalence majorées. L'entreprise qui l'emploie relève d'une caisse de congés payés.

Coefficient de réduction = (0,3191/0,6) × [1,6 × 40/35 × (1 709,32/2 050) – 1] × 100/90 = 0,3101.

Réduction = 0,3101 × 2 050 = 620,20 €.

4. Un conducteur routier longue distance dont la durée d'équivalence est de 43 heures hebdomadaires est rémunéré pour un mois donné à hauteur de 41 heures de travail effectif.

Le Smic est corrigé du rapport 42,5/35 (41 heures + 1,5 heure de conversion pour les 6 heures d'équivalence rémunérées à un taux majoré de 25 %) (BOSS-All. gén.-1080).

5. Un conducteur longue distance dont la durée d'équivalence est de 43 heures hebdomadaires est rémunéré pour 45 heures de travail effectif (43 heures + 2 heures de conversion pour les 8 heures d'équivalence rémunérées à un taux majoré de 25 %) et 4 heures de temps de coupure rémunérées chacune à 50 % d'une heure de travail.

Le Smic est corrigé du rapport 47/35 (45 + 2 heures de conversion pour les 4 heures de pause rémunérées à 50 %) (BOSS-All. gén.-1100).

6. MODALITÉS PRATIQUES

L'employeur n'a aucune **formalité préalable** à accomplir pour bénéficier de la réduction. Il la **calcule chaque mois** pour l'ensemble des salariés de l'entreprise ou de l'établissement et en impute le montant total sur les cotisations patronales de sécurité sociale à sa charge. Puis il procède à sa régularisation comme indiqué aux nos 22350 s. 22560

La réduction doit figurer obligatoirement sur les **bulletins de paie** (voir no 13705).

Dans l'éventualité d'un **contrôle,** les employeurs doivent être en mesure de mettre à disposition des inspecteurs du recouvrement toutes les informations relatives au calcul de la réduction qu'ils ont effectué (Doc. Urssaf au 15-2-2023).

Pour des **exemples de bulletins de paie** faisant apparaître la réduction, voir nos 94310 s.

La réduction générale de cotisations et sa régularisation doivent être déclarées via la déclaration sociale nominative (**DSN**). 22570

Au **niveau agrégé,** les montants imputés à l'Urssaf sont à déclarer dans le bloc 23. Lorsque le calcul fait apparaître une **réduction,** ce montant de réduction est à renseigner au moyen du CTP 668 « réduction générale étendue » dans la rubrique « Montant de cotisation ». Il doit figurer sans signe négatif. Si dans le cadre d'une régularisation progressive ou annuelle le calcul effectué donne lieu à une **restitution de cotisations,** il y a lieu d'utiliser le CTP 669 « régularisation de réduction générale étendue » pour déclarer l'éventuel « trop-perçu ». Le montant ainsi reversé doit être indiqué dans la rubrique « Montant d'assiette ». Pour les salariés éligibles à la réduction générale pour lesquels l'Urssaf ne recouvre pas la contribution d'assurance chômage (no 22430), seuls les CTP 671 et 801 sont à utiliser. Les montants imputés à l'Agirc-Arrco sont déclarés uniquement au niveau nominatif (Guide Acoss DSN p.21 s. et 34 s.).

Au **niveau nominatif,** les montants de la réduction imputés à l'Urssaf et sa régularisation sont déclarés dans le bloc 81 en utilisant le code 018 et ceux imputés à l'Agirc-Arrco sont déclarés dans le même bloc en utilisant le code 106. Ces montants doivent comporter un signe négatif en cas de réduction et sans signe en cas de régularisation. Le montant du Smic retenu pour le calcul de la réduction générale de cotisations doit être précisé dans le bloc 79 (Guide Acoss DSN p.21 s. et 34 s. ; Cahier d'aide à la codification pour la retraite complémentaire Agirc-Arrco 2023 p. 16). En cas d'oubli du signe négatif, il convient de transmettre une **régularisation** de la période erronée portant sur les blocs erronés avec un signe négatif et le double du montant concerné (cela permet d'annuler le montant précédent) (Doc. Urssaf au 15-2-2023)

EXEMPLE

CTP applicable. En cours ou en fin d'année, deux cas possibles peuvent se présenter :
– l'employeur a calculé et déduit un montant trop important au titre de la réduction générale, il régularise l'excédent en utilisant uniquement le CTP 669 ;
– l'employeur n'a pas suffisamment déduit de réduction générale durant l'année, il opère une déduction supplémentaire en utilisant le CTP 668.

Régularisation. Dans la DSN de janvier 2023, si l'employeur déclare, en données individuelles d'un salarié, pour la période de janvier 2023 : 200 € de réduction générale pour l'Urssaf et 50 € de réduction générale pour l'Agirc-Arrco, sans signe négatif, il doit faire la correction suivante dans la DSN de février 2023 : – 400 € de réduction générale pour l'Urssaf et – 100 € de réduction générale pour l'Agirc-Arrco. Si le salarié est éligible en février 2023 à la même réduction générale qu'en janvier, il convient de déclarer également dans la DSN de février et pour la période de février 2023 : – 200 € de réduction générale pour l'Urssaf et – 50 € de réduction générale pour l'Agirc-Arrco.

SECTION 3

RÉDUCTION DU TAUX DES COTISATIONS ALLOCATIONS FAMILIALES ET MALADIE

22650 Les taux des cotisations patronales allocations familiales et maladie font l'objet d'une réduction :
– pour les salariés dont la rémunération annuelle est au plus égale à 2,5 Smic : le taux de la cotisation patronale d'assurance maladie est réduit de 6 points. Il est donc ramené de 13 % (taux de droit commun) à 7 % (CSS art. L 241-2-1) ;
– pour les salariés dont la rémunération annuelle est au plus égale à 3,5 Smic : le taux de la cotisation d'allocations familiales est réduit de 1,80 point. Il est donc ramené de 5,25 % (taux de droit commun) à 3,45 % (CSS art. L 241-6-1).

1. CHAMP D'APPLICATION

EMPLOYEURS ET SALARIÉS CONCERNÉS

22655 Sauf exceptions, le champ d'application des réductions des taux maladie et allocations familiales est **identique à celui de la réduction générale** de cotisations patronales. Ce principe concerne tant les employeurs éligibles que les salariés y ouvrant droit (en ce sens : BOSS-All. gén.-1390 et BOSS-All. gén.-1490), sous réserve du seuil de rémunération concerné, plus élevé pour les réductions de taux que pour la réduction générale.

Les employeurs **exclus** de la réduction générale (particuliers employeurs, chambres de commerce…) sont donc également exclus de la réduction du taux de la cotisation d'allocations familiales.

Il en va de même des assurés exclus par principe de la réduction générale, comme les stagiaires ou les dirigeants non titulaires d'un contrat de travail (BOSS-All. gén.-1540).

En revanche, certaines situations exclues de la réduction générale en vertu des règles de **non-cumul** peuvent être éligibles aux réductions de taux, voir n° 22665.

› Précisions **a.** Les **exceptions** au principe d'alignement du champ d'application des réductions de taux sur celui de la réduction générale concernent la RATP, la SNCF et les industries électriques et gazières (BOSS-All. gén.-1440-1445).

b. Sur les conséquences de la constatation d'une infraction de **travail dissimulé** sur le bénéfice des réductions de taux, voir n° 21740.

APPRÉCIATION DES SEUILS

22660 Pour l'appréciation des seuils de 2,5 et 3,5 Smic, la **rémunération et le Smic pris en compte** sont identiques à ceux retenus pour la réduction générale (CSS art. L 241-2-1, L 241-6-1 et D 241-3-2).

L'éligibilité à la réduction de chaque taux est donc appréciée en comparant le montant des revenus d'activité pris en compte pour le calcul des cotisations (n°s 22230 s.) avec les seuils de 2,5 et 3,5 Smic. Ces seuils sont déterminés en calculant le Smic selon les modalités exposées n°s 22100 s.

Cette comparaison est effectuée dans le cadre de l'**année civile** et, le cas échéant, pour **chaque contrat** (voir n° 76215).

› Précisions **a.** Pour les professions affiliées à une **caisse de congés payés,** voir n° 60360, c.

b. Sur les rémunérations prises en compte en cas d'application d'une **assiette forfaitaire** de cotisations ou d'une **déduction forfaitaire spécifique** pour frais professionnels, voir n° 22670.

22665 EXEMPLES

1. Pour un salarié à **temps plein** présent toute l'année sans heures supplémentaires, le Smic à prendre en compte est égal à (Smic horaire × 35 × 52/12) × 12 ou, pour les entreprises rémunérant leurs salariés sur la base de 151,67 heures, à (Smic horaire × 151,67) × 12.

Si la rémunération annuelle du salarié est inférieure ou égale à 2,5 fois ce montant, elle ouvre droit à la réduction des taux maladie et allocations familiales.

Si elle dépasse 2,5 fois ce montant mais pas 3,5 fois, elle ouvre droit à la réduction du taux de la cotisation d'allocations familiales mais pas à la réduction du taux de la cotisation maladie.

Si elle dépasse 3,5 fois ce montant, les réductions de taux ne sont pas applicables.

2. Pour un salarié à temps plein présent toute l'année ayant effectué 10 **heures supplémentaires,** le Smic à prendre en compte est égal à [(Smic horaire × 35 × 52/12) × 12)] + (10 × Smic horaire) ou, pour les entreprises rémunérant leurs salariés sur la base de 151,67 heures, à [(Smic horaire × 151,67) × 12] + (10 × Smic horaire).

Si la rémunération annuelle du salarié est inférieure ou égale à 2,5 fois ce montant, elle ouvre droit à la réduction des taux maladie et allocations familiales.

Si elle dépasse 2,5 fois ce montant mais pas 3,5 fois, elle ouvre droit à la réduction du taux de la cotisation d'allocations familiales mais pas à la réduction du taux de la cotisation maladie.

Si elle dépasse 3,5 fois ce montant, les réductions de taux ne sont pas applicables.

CUMUL AVEC D'AUTRES DISPOSITIFS

Les réductions des taux des cotisations maladie et allocations familiales sont cumulables 22670
(BOSS-All. gén.-1550-1570) :

– avec la **réduction générale** de cotisations et contributions patronales ou avec une **autre exonération** totale ou partielle de cotisations et contributions patronales ;
– avec l'application de **taux spécifiques,** d'assiette ou de **montants forfaitaires** de cotisations ;
– et avec une **déduction forfaitaire spécifique** pour frais professionnels (DFS).

Ces possibilités de cumul étant plus larges que celles admises pour la **réduction générale** de cotisations patronales (nos 21840 s.), l'option pour un dispositif non cumulable avec celle-ci (par exemple, les taux réduits des artistes du spectacle ou l'exonération des zones franches urbaines) ne fera pas perdre le bénéfice des réductions de taux. Sur les modalités du cumul de la réduction générale et des réductions de taux, voir no 21840.

> **Précisions** Pour les salariés cotisant sur une **assiette forfaitaire,** c'est la rémunération réelle qui est utilisée pour déterminer l'éligibilité aux réductions de taux (Inst. DSS 141 du 19-6-2019, abrogée). En cas d'application d'une **DFS** (nos 55460 s.), les réductions de taux se calculent sur la base de la rémunération après application de la déduction et s'appliquent à cette même rémunération (Inst. DSS 141 du 19-6-2019, précitée). Bien que non reprises par le BOSS, ces précisions nous semblent toujours d'actualité puisqu'elles figurent sur le site des Urssaf (Doc. Urssaf au 22-2-2023).

2. MODALITÉS D'APPLICATION

Bien que le droit aux réductions de taux soit déterminé sur une base annuelle, celles-ci sont 22700
appliquées mensuellement par anticipation et font l'objet, au choix de l'employeur, d'une **régularisation** annuelle ou progressive (CSS art. D 241-3-2). Les modalités d'application mensuelle diffèrent donc selon le type de régularisation.

ATTENTION

La régularisation est effectuée dans le cadre de l'**année civile** et, en cas de conclusion de plusieurs contrats avec un même salarié, pour **chaque contrat** (voir no 76215).

RÉGULARISATION PROGRESSIVE

Si l'employeur opte pour la régularisation progressive, il détermine et **ajuste, chaque mois,** 22705
le taux des cotisations d'assurance maladie et d'allocations familiales en additionnant la rémunération de l'ensemble des mois ou des périodes d'emploi écoulés depuis le début de l'année (ou depuis le jour de l'embauche s'il est postérieur), pour déterminer le montant dû au titre de chacune de ces deux cotisations. Le **montant dû** au titre de celles-ci pour un mois est égal à la différence entre le montant ainsi déterminé et le montant déjà versé au titre des périodes d'emploi précédentes de l'année (CSS art. D 241-3-2 ; BOSS-All. gén.-2140).

En pratique, l'employeur doit appliquer chaque mois la **formule** suivante :

– si cumul rémunération ≤ cumul 2,5 Smic, alors les taux maladie et allocations familiales doivent être réduits à compter du 1er janvier (ou à compter du jour d'embauche s'il est postérieur) ;
– si cumul rémunération > cumul 2,5 Smic mais ≤ cumul 3,5 Smic, alors le taux allocations familiales est réduit à compter du 1er janvier (ou à compter du jour d'embauche s'il est postérieur) mais pas le taux maladie ;

– si cumul rémunération > cumul 3,5 Smic, alors les cotisations maladie et allocations familiales sont dues à taux plein à compter du 1er janvier (ou à compter du jour d'embauche s'il est postérieur).

Des montants de cotisations calculés sur la base des taux ainsi déterminés sont déduits les montants dont l'employeur s'est acquitté au titre des mois précédents.

22710 EXEMPLE

Soit un employeur procédant par régularisation progressive. En 2023, le salarié travaille à temps plein, n'effectue pas d'heures supplémentaires et n'est pas absent sur le premier trimestre. Il est en congé sans solde à partir du 1er avril.

Les seuils mensuels d'application des réductions de taux sont égaux :

– pour la cotisation maladie, à (11,27 × 151,67) × 2,5 = 1 709,32 × 2,5 = 4 273,30. Ce montant étant toujours inférieur à la rémunération perçue, la cotisation maladie est due chaque mois à taux plein, soit 13 % ;

– pour la cotisation d'allocations familiales (AF), à (11,27 × 151,67) × 3,5 = 1 709,32 × 3,5 = 5 982,62. Ce montant étant tantôt supérieur, tantôt inférieur à la rémunération perçue, la cotisation AF est due dans les conditions suivantes.

Mois	Rémunération		Seuil taux réduit AF		Comparaison des cumuls	Cotis. AF au taux de 3,45 %		Cotis. AF au taux de 1,80 %	
	Mensuelle	Cumul	Mensuel	Cumul		Assiette	Montant	Assiette	Montant
Janvier	5 100	5 100	5 982,62	5 982,62	5 100 ≤ 5 982,62	5 100	175,95		
Février	6 900	12 000	5 982,62	11 965,24	12 000 > 11 965,24	6 900	238,05	12 000	216,00
Mars	4 000	16 000	5 982,62	17 947,86	16 000 ≤ 17 947,86	4 000	138,00	– 12 000	– 216,00
Cumul cotis. AF de janvier à mars						16 000	552,00	0,00	0,00

RÉGULARISATION ANNUELLE

22715 La régularisation peut être effectuée en une seule fois lors du calcul des cotisations déclarées pour le **dernier mois ou le dernier trimestre de l'année** ou, pour les contrats prenant fin en cours d'année, lors du calcul des cotisations afférentes à la dernière période d'emploi (BOSS-All. gén.-2150).

Dans ce cas, l'employeur a le choix entre plusieurs méthodes pour déterminer le taux applicable chaque mois.

22720 **Application du taux correspondant à la rémunération du mois** L'employeur doit en principe appliquer chaque mois le taux correspondant à la rémunération du mois : le taux est alors déterminé en tenant compte du montant mensuel de la rémunération et du Smic mensuel (CSS art. D 241-3-2). Dans ce cas :

– **chaque mois,** les taux sont déterminés en tenant compte des seuils de 2,5 et 3,5 Smic mensuel ;

– en **fin d'année,** il convient de déterminer le taux applicable à la rémunération annuelle et de régulariser les paies pour lesquelles le taux appliqué en cours d'année est différent.

22725 EXEMPLE

Soit un employeur appliquant chaque mois le taux correspondant à la rémunération du mois. Un salarié en CDD de janvier à mars 2023 perçoit une rémunération mensuelle de 5 600 €. En février, il touche une prime de 1 300 € et en mars son indemnité de fin de contrat de 1 810 € (soit 10 % de sa rémunération brute totale versée pendant le contrat). Il travaille à temps plein, n'a pas effectué d'heures supplémentaires et n'a pas été absent.

Les seuils mensuels d'application des réductions de taux sont égaux :

– pour la cotisation maladie, à (11,27 × 151,67) × 2,5 = 1 709,32 × 2,5 = 4 273,30. Ce montant étant toujours inférieur à la rémunération perçue, la cotisation maladie est due chaque mois à taux plein, soit 13 % ;

– pour la cotisation d'allocations familiales (AF), à (11,27 × 151,67) × 3,5 = 1 709,32 × 3,5 = 5 982,62. Le taux plein (3,45 + 1,80 = 5,25) est donc appliqué en février et en mars.

Fin mars, rémunération totale sur la durée du CDD (19 910 €) > 3,5 Smic annuel (17 947,86 €). La rémunération totale est donc soumise au taux plein de 5,25 %. En mars, le montant soumis au taux complémentaire de 1,80 % est donc égal à : 19 910 (rémunération annuelle) – 6 900 (montant déjà soumis à ce taux) = 13 010 €.

Mois	Salaire mensuel	Seuil taux réduit[1]	Assiette cotis. AF par taux		Montant cotis. versé
			3,45 %	1,80 %	
Janvier	5 600	5 982,62	5 600		193,20
Février	6 900	5 982,62	6 900	6 900	362,25
Mars	7 410	5 982,62	7 410	13 010	489,83
Cumul de janvier à mars	19 910	17 947,86	19 910	19 910	1 045,28

1. Sous réserve que le taux horaire du Smic ne soit pas revalorisé au premier trimestre de l'année.

Application du même taux toute l'année Si l'employeur anticipe que la rémunération annuelle, compte tenu des rémunérations complémentaires versées ultérieurement, excédera les seuils respectifs de 2,5 ou 3,5 Smic sur l'année, il peut appliquer le ou les taux de 13 % pour les cotisations d'assurance maladie et de 5,25 % pour celles d'allocations familiales, au lieu des taux réduits de 7 % et 3,45 % (BOSS-All. gén.-2120). 22730

EXEMPLE

Si l'on reprend l'exemple ci-dessus (n° 22725), l'employeur aurait pu appliquer le taux de 5,25 % dès le 1-1-2023.

3. BULLETIN DE PAIE ET DSN

BULLETIN DE PAIE

Jusqu'au 30-6-2023, sur le bulletin de paie : 22760

– pour les rémunérations inférieures ou égales à 2,5 Smic : la ligne « Maladie » indique le montant de la cotisation maladie correspondant au taux de 7 % ;

– pour les rémunérations inférieures ou égales à 3,5 Smic : la ligne « Famille » indique le montant de la cotisation d'allocations familiales correspondant au taux de 3,45 % ;

– et les montants respectifs des réductions sont indiqués dans la case « Allégements de cotisations employeur » figurant au bas du bulletin.

À partir du 1-7-2023, l'affichage sur le bulletin de paie peut prendre deux formes : soit application du taux non réduit sur les lignes « Maladie » et « Famille » et incorporation du montant des réductions sur la ligne « Exonérations et allègements de cotisations » au centre du bulletin, soit mention sur les lignes « Maladie » et « Famille » du montant de cotisation dû après application des réductions (QR min. trav. du 7-2-2023).

Pour des **modèles** de bulletins de paie avec régularisation progressive de la réduction du taux maladie, voir n°s 94440 s.

DSN

Au **niveau agrégé,** les codes types de personnel (CTP) tiennent compte des réductions de taux. 22765

Pour les rémunérations supérieures à 2,5 Smic, le complément de cotisation maladie est déclaré sur le CTP 635 à 6 % (en cas de franchissement du seuil de 2,5 Smic à la baisse, la déduction de cotisations trop versées est effectuée à l'aide du CTP 637).

Pour les rémunérations supérieures à 3,5 Smic, le supplément de cotisations d'allocations familiales est déclaré à l'aide du CTP 430 « Complément cotisation AF » au taux de 1,80 % (en cas de franchissement du seuil de 3,5 Smic à la baisse, la déduction de cotisations trop versées est effectuée à l'aide du CTP 437).

Au **niveau individuel,** le montant de la cotisation d'assurance maladie de chaque salarié est déclaré dans le bloc Cotisation individuelle (S21.G00.81) avec une rubrique Code de cotisation (S21.G00.81.001) renseignée avec les codes 075 (Cotisation assurance maladie) et 907 (Complément de cotisation assurance maladie). Au niveau individuel, le montant de la cotisation d'allocations familiales est déclaré avec le Code 074 (taux normal) et le Code 102 (Complément de cotisation Allocation Familiale).

> Précisions **a.** Le **Smic pris en compte** pour les réductions de taux et pour la réduction générale de cotisations patronales est déclaré dans un bloc 79 dont la rubrique (S21.G00.79.001) est renseignée avec le Code type 01 (net-entreprises, fiche n° 2522).
b. Des CTP spécifiques sont prévus pour les **professions cotisant à taux réduits** (journalistes, artistes, etc.). Pour ceux applicables aux artistes, voir n° 69600.

SECTION 4

JEUNES ENTREPRISES INNOVANTES

22830 Les jeunes entreprises innovantes (JEI) bénéficient, parallèlement à des avantages fiscaux, d'une exonération de charges sociales patronales sur les rémunérations des personnels participant à la recherche (Loi 2003-1311 du 30-12-2003 art. 131). Le statut de JEI s'applique aux entreprises créées jusqu'au 31 décembre 2025 (Loi 2003-1311 du 30-12-2003 art. 13, I-G modifié).

ENTREPRISES ÉLIGIBLES

22840 **Entreprises ayant le statut de JEI** Pour bénéficier de l'exonération de charges sociales patronales, l'entreprise doit, à la clôture de l'exercice, remplir les conditions permettant d'accéder au **statut fiscal de JEI** réalisant des projets de recherche et de développement (statut fiscal défini par l'art. 44 sexies-0 A du CGI : voir Mémento fiscal n° 10400). Il est notamment exigé que l'entreprise emploie moins de 250 personnes. L'effectif pris en compte est celui des salariés employés dans la JEI, tous établissements confondus, au cours de chaque exercice. Il est apprécié en fonction de l'effectif moyen, déterminé selon les modalités prévues par le Code du travail (Décret 2004-581 du 21-6-2004 art. 5).

L'entreprise peut **demander à l'administration** fiscale de lui confirmer qu'elle constitue bien une JEI. Une réponse positive est opposable aux services fiscaux et à l'Urssaf. L'administration fiscale doit informer l'Urssaf dont relève l'entreprise des suites données à sa demande (Décret 2004-581 du 21-6-2004 art. 4). Cette dernière ne peut pas remettre en cause la qualification de JEI obtenue pour l'exercice considéré si la demande était complète, exacte, faite de bonne foi et que la situation de l'entreprise n'a pas changé (Circ. Acoss 48 du 20-10-2015 n° 1).

En revanche, selon l'administration, si l'Urssaf démontre que la demande présentée par l'entreprise à l'administration fiscale était **inexacte** en ce qui concerne **l'effectif** (moins de 250 salariés) ou **l'âge** (moins de 8 ans ou, pour celles créées, avant le 1-1-2023,moins de 11 ans) de l'entreprise, elle peut remettre en cause, à partir de ces éléments de fait, la qualité de JEI et procéder au recouvrement des cotisations indûment exonérées. Elle doit en avertir aussitôt les services fiscaux (Circ. DSS 305 du 29-6-2004 n° I, B, 3).

Sur l'exigibilité des cotisations sociales en cas d'**inéligibilité au statut** de JEI lorsque l'entreprise a anticipé l'exonération, voir n° 22900.

ATTENTION

L'avis exprès ou tacite de l'administration fiscale ne détermine pas l'éligibilité de l'entreprise au bénéfice de l'**exonération** de cotisations patronales prévue pour les JEI et n'a donc aucun effet sur le cours de la **prescription** triennale des **cotisations indûment versées** (Cass. 2e civ. 25-1-2018 n° 16-27.325 F-PB). Ainsi, par exemple, dans cet arrêt précité, la demande d'une société, qui a sollicité le 5 septembre 2013 le remboursement des cotisations acquittées en 2009, est atteinte de la prescription triennale.

22850 **Entreprise en règle vis-à-vis de l'Urssaf** Pour bénéficier de l'exonération de charges sociales patronales, l'entreprise doit également avoir rempli ses obligations de **déclaration** et de **paiement** à l'égard de l'Urssaf ou avoir souscrit et respecter un **plan d'apurement** des cotisations dues.

Les **cotisations concernées** par cette obligation sont les cotisations de sécurité sociale à la charge de l'employeur et du salarié dues pour les rémunérations versées aux salariés au titre des assurances sociales et familiales, de la CSG et de la CRDS, des contributions solidarité autonomie, Fnal et du versement mobilité (Décret 2004-581 du 21-6-2004 art. 6). Sont également prises en compte les majorations de retard afférentes aux cotisations non versées ainsi que les pénalités afférentes au défaut de production des documents déclaratifs (Décret 2004-581 du 21-6-2004 art. 6 ; Circ. Acoss 48 du 20-10-2015 nº 4.1).

> **Précisions** **a.** Cette condition est appréciée à la **date** à laquelle l'entreprise applique pour la première fois l'exonération, et vérifiée à chaque date d'exigibilité de versement de ces cotisations et contributions pendant toute la durée d'application de l'exonération à au moins un salarié (Décret 2004-581 du 21-6-2004 art. 6 ; Circ. DSS 305 du 29-6-2004 nº IV, B).
> **b.** En cas de **contestation de la dette** par l'employeur, la condition d'être à jour des obligations de déclaration et de paiement n'est réputée remplie qu'à compter du paiement intégral de cette dette ou à compter de la décision accordant un sursis à poursuite (Décret 2004-581 du 21-6-2004 art. 6).
> **c.** Sous réserve de la conclusion et du respect d'un plan d'apurement des cotisations, le **droit à l'exonération cesse** d'être applicable à compter du premier jour du mois suivant la date d'exigibilité à laquelle la condition d'être à jour des cotisations n'est pas remplie. Lorsque l'entreprise est à nouveau à jour, l'exonération est appliquée aux rémunérations versées à compter du premier jour du mois suivant. L'entreprise bénéficie également, de manière rétroactive, de l'exonération au titre des rémunérations versées pendant la période où elle ne remplissait pas la condition (Décret 2004-581 du 21-6-2004 art. 6 ; Circ. Acoss 48 du 20-10-2015 nº 4.4).
> **d.** La JEI à laquelle il est interdit de payer les cotisations et contributions sociales afférentes à la période antérieure au jugement d'ouverture d'une procédure de redressement judiciaire est, à partir de cette date, considérée comme à jour de ses paiements (Civ. 2e 1-12-2022 nº 21-11.997 F-B).

PERSONNELS CONCERNÉS

Les personnes ouvrant droit à l'exonération sont les suivantes (Loi 2003-1311 du 30-12-2003 art. 131) : **22870**

– **salariés** au titre desquels l'employeur est soumis à l'obligation d'assurance contre le chômage et occupant des **postes** de chercheurs, techniciens, gestionnaires de projets de recherche et de développement, juristes chargés de la protection industrielle et des accords de technologie liés au projet, personnels chargés des tests préconcurrentiels et tous les autres personnels affectés directement à la réalisation d'opérations de conception de prototypes ou installations pilotes de nouveaux produits. Le contenu des différents postes est détaillé par l'article 1er du décret 2004-581 du 21-6-2004. L'exonération est acquise dès lors que ces salariés consacrent au moins la **moitié de leur temps de travail** au projet de recherche et de développement. En deçà de ce seuil, les employeurs peuvent avoir à justifier de la correcte application de l'exonération : quotité de travail consacrée à la recherche et au développement, lien effectif existant entre les activités de recherche et de développement et celles du salarié, caractère principal, sans être majoritaire, de l'activité éligible (Circ. Acoss 48 du 20-10-2015 nº 2.1) ;

– **mandataires sociaux** participant, à titre principal, au projet de recherche et de développement de l'entreprise ou à la réalisation d'opérations de conception de prototypes ou installations pilotes de nouveaux produits.

> **Précisions** Les **mandataires sociaux concernés** sont les suivants : gérants minoritaires de SARL et Selarl (CSS art. L 311-3, 11º) ; présidents du conseil d'administration et directeurs généraux de société anonyme (CSS art. L 311-3, 12º) ; présidents et dirigeants de SAS (CSS art. L 311-3, 23º) ; dirigeants occupant les mêmes fonctions au sein de sociétés agricoles (Décret 2004-581 du 21-6-2004 art. 1, I).
> Le mandataire social qui exerce une activité de recherche ou de gestion de projet au sein de l'entreprise est **présumé** exercer son activité dans les conditions ouvrant droit au bénéfice de l'exonération, mais l'Urssaf peut rapporter la **preuve contraire** (Cass. 2e civ. 15-2-2018 nº 16-22.056 FS-PB).

ÉTENDUE DE L'EXONÉRATION

Cotisations concernées L'exonération porte sur les cotisations à la charge de l'employeur au titre des **assurances sociales** (maladie, maternité, invalidité, décès, vieillesse) et des **allocations familiales** afférentes aux revenus d'activité versés au cours d'un mois civil au personnel concerné (Loi 2003-1311 du 30-12-2003 art. 131). **22890**

> **Précisions** **Restent dus** : les cotisations de retraite complémentaire, les contributions chômage, AGS, solidarité autonomie, dialogue social et Fnal, les contributions à la formation et à l'alternance (contributions à la formation professionnelle, CPF-CDD, supplémentaire à l'apprentissage et taxe d'apprentissage), la taxe sur les salaires, la participation-construction, la cotisation accidents du travail et, le cas échéant, le forfait social, la cotisation aux caisses de congés payés et le versement mobilité.

22895 **Double plafonnement** Doublement plafonnée, l'exonération ne s'applique :
– pour **chaque salarié,** que sur la fraction de la rémunération mensuelle brute inférieure au produit de **4,5 Smic par le nombre d'heures** rémunérées au cours du mois (Loi 2003-1311 du 30-12-2003 art. 131, I ; Décret 2004-581 du 21-6-2004 art. 2-2).

En cas de **suspension du contrat de travail** avec maintien partiel de la rémunération par l'employeur, le nombre d'heures rémunérées au cours du mois est égal au produit, d'une part, de la durée de travail que le salarié aurait effectuée s'il avait continué de travailler et, d'autre part, d'un coefficient égal au rapport entre la rémunération soumise à cotisations demeurant à la charge de l'employeur et la rémunération soumise à cotisations qui aurait été versée si le contrat de travail avait continué à être exécuté.

Pour les salariés **non rémunérés selon un nombre d'heures** de travail, ainsi que pour les **mandataires sociaux**, les heures rémunérées à prendre en compte sont déterminées selon les modalités prévues à l'article D 241-27 du CSS (nº 23400). En cas de **cumul d'un mandat social et d'un contrat de travail,** l'exonération est calculée sur la base de chacune des rémunérations perçues, sans que le nombre total d'heures rémunérées prises en compte puisse excéder la durée légale du travail calculée sur le mois ou, si elle est supérieure, la durée figurant au contrat de travail (Décret 2004-581 du 21-6-2004 art. 2-2) ;
– et, pour **chaque établissement,** dans la limite d'un **montant annuel maximum d'exonération de cotisations** fixé à 5 fois le plafond annuel de la sécurité sociale, soit 219 960 € en 2023 (Loi 2003-1311 du 30-12-2003 art. 131, I). Pour les établissements créés ou supprimés **en cours d'année,** le plafond fait l'objet d'un calcul au prorata selon la formule suivante (Décret 2004-581 du 21-6-2004 art. 2-1) :

Montant maximum des cotisations exonérées × (nombre de mois dans l'année où une rémunération a été versée/12)

EXEMPLES

1. Calcul de la limite de 4,5 Smic par salarié. Soit un salarié à taux plein, rémunéré 8 500 € en janvier 2023. Son salaire étant supérieur à 4,5 Smic (7 691,94 € en janvier 2023), l'exonération sera calculée dans cette limite.

Calcul de l'exonération. Les cotisations visées par l'exonération correspondent à 28,70 % : 13 % (maladie pour une rémunération supérieure à 2,5 Smic) + 10,45 % (assurance vieillesse plafonnée et déplafonnée) + 5,25 % (allocations familiales pour une rémunération supérieure à 3,5 Smic).

Le montant de l'exonération JEI est donc égal à : 28,70/100 × 7 691,94 = 2 207,59 €.

2. Calcul du plafond maximum par établissement pour un établissement créé en cours d'année. Pour un établissement créé au 1er novembre 2023 répondant aux conditions pour bénéficier de l'exonération, la limite annuelle de cotisations exonérées en 2023 sera égale à : 219 960 × 2/12 = 36 660 €.

22898 **Calcul mensuel** À titre provisionnel, l'application de l'exonération est **limitée chaque mois civil** de l'exercice en cours à moins de 250 des salariés y ouvrant droit.

Sont pris en compte les salariés dont le **contrat de travail** est **en cours** d'exécution ou **suspendu** au premier jour du mois civil. Les salariés à **temps partiel** sont décomptés au prorata du nombre d'heures de travail prévu dans leur contrat de travail, heures complémentaires comprises, sur la durée du travail à temps plein applicable dans l'établissement et appréciée sur la même période.

Une **régularisation** est effectuée au plus tard dans les 3 mois suivant la clôture de l'exercice en fonction de l'effectif moyen de l'exercice écoulé calculé selon les règles prévues par le Code du travail (Décret 2004-581 du 21-6-2004 art. 2).

22900 **Durée de l'exonération** L'exonération est **applicable jusqu'au** dernier jour de la 7e année suivant celle de la création de l'établissement (Loi 2003-1311 du 30-12-2003 art. 131, V).

Si, au cours d'une année, l'entreprise ne satisfait plus à l'une des conditions requises pour bénéficier du statut de JEI réalisant des projets de recherche et de développement, elle **perd le bénéfice** de l'exonération pour l'année en cours et les années suivantes tant qu'elle ne satisfait pas à l'ensemble de ces conditions. Pour bénéficier à nouveau du dispositif, elle doit obtenir l'avis exprès ou tacite de l'administration fiscale, saisie dans les conditions prévues pour la procédure de rescrit (Loi 2003-1311 du 30-12-2003 art. 131, V).

L'**inéligibilité au statut** de JEI rend **immédiatement exigibles** les **cotisations** sociales dont l'entreprise a anticipé l'exonération. L'Urssaf est donc fondée à poursuivre le recouvrement de ces cotisations sans avoir à procéder à un **contrôle** pour en déterminer le montant (Cass. 2e civ. 13-10-2011 n° 10-21.558 F-PB).

En revanche, une entreprise ayant obtenu, au cours de l'exercice considéré, un **avis favorable** de la direction des **services fiscaux** sur la question de sa qualité de JEI bénéficie du maintien des exonérations appliquées pendant **l'exercice considéré,** dès lors que sa bonne foi n'a pas été remise en cause (Décret 2004-581 du 21-6-2004 art. 3 ; Circ. DSS 305 du 29-6-2004 n° III, A opposable). Mais le droit à l'exonération cesse d'être applicable à compter du premier jour du mois civil de **l'exercice suivant** (Décret 2004-581 du 21-6-2004 art. 3).
Sur la perte d'exonération en cas de **travail illégal,** voir n° 21740.

RÈGLES DE CUMUL

22910 Le bénéfice de l'exonération ne peut être cumulé, pour l'emploi d'un même salarié, ni avec une **aide d'État** à l'emploi, ni avec une autre **exonération totale ou partielle de cotisations** patronales (à l'exception des déductions forfaitaires de cotisations patronales pour heures supplémentaires : voir nos 8140 s.), ni avec l'application de **taux spécifiques,** d'**assiettes** ou de montants **forfaitaires** de cotisations (Loi 2003-1311 du 30-12-2003 art. 131, VI). L'exonération est toutefois cumulable avec la réduction des taux des cotisations d'allocations familiales et d'assurance maladie (nos 22670 et 22650).

OPTION ENTRE DIFFÉRENTES MESURES D'ALLÉGEMENTS

22915 L'administration considère qu'une option entre mesures d'allégement est possible. L'option en faveur de l'exonération « jeunes entreprises innovantes » s'effectue **salarié par salarié** et non au niveau de l'entreprise. Elle se concrétise par l'application de l'exonération aux rémunérations versées au salarié concerné (Circ. DSS 305 du 29-6-2004 n° V opposable ; Doc. Urssaf au 17-2-2023).

Lorsque l'autre mesure d'allégement à laquelle ouvre droit le salarié donne lieu à une procédure de conventionnement avec l'État, l'accomplissement de cette procédure vaut option pour cette autre mesure. L'exonération « jeunes entreprises innovantes » sera applicable au terme de la mesure (Circ. DSS 305 du 29-6-2004 n° V opposable).

Dans les autres cas, l'employeur peut opter pour l'avenir, en lieu et place de l'autre mesure d'allégement et sans attendre son terme, pour l'exonération « jeunes entreprises innovantes ». Par cette option, il renonce définitivement à l'autre mesure d'allégement, à l'exception de la réduction générale de cotisations patronales (nos 21780 s.) ou de l'exonération de cotisations patronales de sécurité sociale applicable dans les départements d'outre-mer prévue à l'article L 752-3-2 du CSS (Circ. DSS 305 du 29-6-2004 n° V opposable).

MODALITÉS DÉCLARATIVES

22920 Le bénéfice de l'exonération sociale n'est **subordonné** à aucune demande ou déclaration préalable auprès de l'Urssaf.

Les rémunérations ouvrant droit à l'exonération sont déclarées en **DSN** (bloc S21.G00.81 pour la partie nominative et bloc S21.G00.23 pour la partie agrégée) à l'aide du code type de personnel suivant : CTP 734 (Doc. Urssaf au 17-2-2023).

SECTION 5 EMBAUCHE DANS LES ZONES RURALES DÉFAVORISÉES

23030 Les entreprises situées dans les zones de revitalisation rurale (**ZRR**) bénéficient d'une exonération des cotisations patronales de sécurité sociale pour les embauches ayant pour effet d'augmenter l'effectif tout en restant en deçà de 50 salariés (CSS art. L 241-19). Il s'agit d'une **mesure permanente.**

> **Précisions** La **liste** des **ZRR** définies à l'article 1465 A du CGI a été fixée en dernier lieu par arrêté ARCR1705818A du 16-3-2017 (JO 29). Les communes **sorties** du classement au 1-7-2017 continuent toutefois de bénéficier de l'exonération jusqu'au 30-12-2023 (Lois 2016-1888 du 28-12-2016 art. 7 modifié et 2017-1837 du 30-12-2017 art. 27 modifié). Les plans des ZRR peuvent être consultés auprès des organismes mentionnés n° 23740 et sur le site internet de l'Observatoire des territoires (carte interactive délimitant le contour des ZRR).

1. CHAMP D'APPLICATION

EMPLOYEURS CONCERNÉS

23080 **Entreprises et groupements d'employeurs** L'exonération est ouverte aux entreprises et groupements d'employeurs :

– exerçant une **activité** artisanale, industrielle, commerciale, au sens de l'article 34 du CGI, une activité agricole, au sens de l'article 63 du même Code, ou non commerciale, au sens de l'article 92,1 du même Code (CSS art. L 241-19, II-al. 1) ;

– dont au moins un établissement de l'entreprise ou de chaque membre du groupement d'employeurs est situé dans une **ZRR** (Décret 97-127 du 12-2-1997 art. 1, al. 1).

> **Précisions** **a.** La mesure s'adresse, quelle que soit leur forme juridique, à tous les groupements d'employeurs (BOSS-Exo. zonées-30).
> Sont en revanche **exclus** : les associations, sauf celles soumises à l'impôt sur les sociétés redevables de la TVA, les particuliers employeurs, ainsi que la Poste, France Télécom et les employeurs relevant des régimes spéciaux de sécurité sociale (BOSS-Exo. zonées-30-40).
> **b.** Sur les conséquences du **transfert de l'activité hors de la ZRR** moins de 5 ans après avoir bénéficié de l'exonération, voir n° 23450.

23090 **Organismes d'intérêt général** L'exonération est applicable, dans les mêmes conditions, aux revenus d'activité versés par les organismes d'intérêt général installés dans les ZRR aux salariés embauchés dans ces mêmes zones (CSS art. L 241-20).

Elle bénéficie notamment aux organismes pouvant recevoir des dons de particuliers ouvrant droit, pour ces donateurs, à une réduction d'impôt en application de l'article 200 du CGI et ayant leur **siège social** dans une des ZRR. La présence d'un simple établissement dans la zone n'est donc pas suffisante.

Une exonération de cotisations patronales de sécurité sociale spécifique est ouverte en faveur des organismes d'intérêt général installés en ZRR, au titre des salariés dont le **contrat de travail** a été conclu **avant le 1-11-2007** : voir n° 23600.

> **Précisions** L'exonération s'applique aux **organismes suivants** (CGI art. 200 ; BOSS-Exo. zonées-330) :
> – fondations ou associations reconnues d'utilité publique ;
> – œuvres ou organismes d'intérêt général, à condition que ces organismes présentent un caractère philanthropique, éducatif, scientifique, social, humanitaire, sportif, familial, culturel ou concourent à la mise en valeur du patrimoine artistique, à la défense de l'environnement naturel ou à la diffusion de la culture, de la langue et des connaissances scientifiques françaises ;
> – fondations d'entreprises présentant un des caractères exigés pour les organismes d'intérêt général, à condition que les versements soient effectués par les salariés, mandataires sociaux, sociétaires, adhérents et actionnaires de l'entreprise fondatrice ou des entreprises membres du groupe fiscalement intégré auquel appartient l'entreprise fondatrice ;
> – établissements d'enseignement supérieur ou artistique publics ou privés, d'intérêt général et à but non lucratif ;
> – organismes agréés ayant pour objet exclusif le financement de PME par des aides à l'investissement relevant de l'article 17 du règlement (CE) 651/2014 ou par d'autres aides, sous réserve, dans ce dernier cas, du respect de la réglementation « de minimis », ou la fourniture à celles-ci de prestations d'accompagnement ;
> – associations d'intérêt général exerçant des actions concrètes en faveur du pluralisme de la presse ;
> – associations cultuelles ou de bienfaisance et des établissements publics des cultes reconnus d'Alsace-Moselle ;
> – organismes publics ou privés à gestion désintéressée ayant pour activité principale la présentation au public d'œuvres dramatiques, lyriques, musicales, chorégraphiques, cinématographiques, audiovisuelles et de cirque ou l'organisation d'expositions d'art contemporain ;
> – fonds de dotation qui exercent une activité d'intérêt général présentant un des caractères exigés pour les organismes d'intérêt général ou, à défaut, dont la gestion est désintéressée et qui reversent les revenus tirés de la capitalisation des dons reçus à l'un (ou plusieurs) des organismes ci-dessus.
> Selon l'administration fiscale, est considéré comme étant d'intérêt général l'organisme qui remplit les trois conditions cumulatives suivantes : ne pas exercer d'activité lucrative, avoir une gestion désintéressée, ne pas fonctionner au profit d'un cercle restreint de personnes. Les associations non reconnues d'utilité publique peuvent être qualifiées d'organismes d'intérêt général dans la mesure où elles remplissent ces critères (BOSS-Exo. zonées-330). Pour plus de précisions on se reportera au Mémento fiscal n° 3175.

CONSEIL

Les organismes concernés ont, selon nous, intérêt à solliciter une décision des services fiscaux pour justifier auprès des Urssaf qu'ils entrent dans le champ ainsi défini.

23100 **Condition d'absence de licenciement pour motif économique** Pour bénéficier de l'exonération, l'employeur ne doit pas avoir procédé à un licenciement pour motif économique dans les 12 mois précédant la ou les embauches (CSS art. L 241-19, II-al. 2).

La condition de non-licenciement s'apprécie au moment de la **conclusion du contrat** de travail au **niveau de l'employeur** ou du groupement d'employeurs, tous **établissements confondus** (BOSS-Exo. zonées-140). Elle ne concerne pas les fins de **contrat à durée déterminée** (Rép. Dupont : AN 1-2-1999 n° 17581), ni les licenciements pour motif personnel (faute grave, inaptitude...) (BOSS-Exo. zonées-140).

Le licenciement du salarié met fin au droit à exonération et prive l'employeur de ce droit pour les embauches intervenant dans un délai de 12 mois, de date à date, à compter de la **notification de ce licenciement** (Décret 97-127 du 12-2-1997 art. 3).

EXEMPLE

Si un licenciement pour motif économique est notifié le 11-9-2023, l'exonération n'est pas applicable aux embauches effectuées entre le 11-9-2023 et le 10-9-2024.

Transfert d'entreprise En cas de transfert d'entreprise, les **contrats de travail en cours** au jour du transfert ouvrant droit à l'exonération et maintenus avec le nouvel employeur ne constituent pas de nouvelles embauches susceptibles d'ouvrir un nouveau droit à exonération de 12 mois. En revanche, les droits à exonération afférents aux contrats maintenus sont transférés au nouvel employeur pour la durée restant à courir (BOSS-Exo. zonées-320). 23110

Par ailleurs, le nouvel employeur peut bénéficier de l'exonération s'il crée un **emploi net supplémentaire** ayant pour but d'accroître l'effectif jusqu'à l'effectif indiqué n° 23230. Si l'ancien employeur de l'entreprise reprise avait licencié un salarié pour motif économique dans les 12 mois précédant cette embauche, ce **licenciement** interdit au repreneur de bénéficier de l'exonération (Circ. Acoss 59 du 12-8-1997).

SALARIÉS CONCERNÉS

Activité exercée dans les locaux Les salariés ouvrant droit à exonération sont ceux pour lesquels l'employeur est tenu de cotiser à l'assurance chômage et qui sont (CSS art. L 241-19, III et Décret 97-127 du 12-2-1997 art. 1, al. 2) : 23130

– **embauchés** dans une ZRR et **employés** partiellement ou en totalité dans un établissement de l'entreprise ou d'un des membres du groupement situé dans l'une de ces zones. Leur activité exercée dans la zone doit être réelle, régulière et indispensable à la bonne exécution du contrat de travail (BOSS-Exo. zonées-90) ;

– titulaires soit d'un **contrat de travail à durée indéterminée,** soit d'un contrat de travail à **durée déterminée** conclu pour un accroissement temporaire d'activité de l'entreprise et pour une durée d'au moins 12 mois. Ce contrat de travail peut être écrit ou non écrit s'il est à durée indéterminée, à temps complet ou à temps partiel (BOSS-Exo. zonées-90) ;

– pour lesquels l'employeur ne bénéficie pas déjà d'une mesure qui ne peut pas être cumulée avec l'exonération ZRR (voir n° 23460) (BOSS-Exo. zonées-100)

La mesure s'applique à **toute personne,** sans condition d'âge, ni de résidence, ni d'inscription comme demandeur d'emploi.

> **Précisions** Sont en revanche **exclus** les dirigeants de sociétés cumulant un mandat social et un contrat de travail pour leurs rémunérations afférentes à leur mandat social (BOSS-Exo. zonées-100).

Activité exercée en tout ou partie hors des locaux Si le salarié n'exerce pas son activité en établissement (salariés d'**entreprises de gardiennage,** d'**entretien** ou de **déménagement**), le salarié ne peut pas être considéré comme employé dans une ZRR et l'exonération n'est pas applicable. 23135

En revanche, il est admis que l'exonération soit applicable lorsque l'**activité** du salarié s'exerce normalement **en partie hors de l'établissement** de l'entreprise, à la condition que la **partie** de son activité exécutée **en établissement** le soit dans un établissement de l'entreprise situé en ZRR. Il faut donc alors (Circ. Acoss 46 du 24-6-1997) :

– que le salarié exerce son activité en totalité ou en partie dans l'établissement situé en ZRR ;

– que l'établissement en ZRR corresponde à une réalité économique, c'est-à-dire qu'il comporte les éléments d'exploitation nécessaires à l'activité desdits salariés. Ces **éléments d'exploitation** sont les stocks, les services administratifs, les locaux destinés à la réparation des véhicules ou au chargement des marchandises, les entrepôts, etc.

Peuvent ainsi ouvrir droit à exonération, si les conditions rappelées ci-dessus sont remplies, les salariés des entreprises des secteurs du **bâtiment** et des **travaux publics,** de l'**entretien** et du **nettoyage,** des **transports** ou du **déménagement,** dont l'activité s'exerce sur des chantiers ou auprès de clients qui ne sont pas situés en ZRR.

L'embauche par un établissement situé en ZRR de salariés **travaillant à domicile** ouvre également droit à l'exonération (Cass. soc. 15-3-2001 n° 99-15.025 FS-PB).

23140 **Changement de lieu d'activité** Si, au cours des 12 mois suivant l'embauche, le contrat de travail d'un salarié se poursuit dans un établissement situé **hors d'une ZRR,** l'exonération cesse définitivement d'être applicable aux rémunérations versées à ce salarié à compter du premier jour du mois civil suivant celui au cours duquel il a cessé d'être employé dans un établissement situé dans ladite zone (Décret 97-127 du 12-2-1997 art. 1, al. 3).

2. CONDITION LIÉE À L'EFFECTIF

23230 Pour ouvrir droit à l'exonération, l'embauche doit **augmenter l'effectif** de l'entreprise. Elle ne doit toutefois pas avoir pour effet de porter l'effectif total de l'entreprise à au moins **50 salariés** (CSS art. L 241-19).

L'entreprise a l'obligation ensuite de **maintenir l'effectif** issu de l'embauche pendant 12 mois. En effet, ouvrent droit à l'exonération les embauches ayant pour effet de porter l'effectif de l'entreprise, au cours des 12 mois civils qui suivent la date d'effet de l'embauche, à un niveau au moins égal à la somme de l'effectif de référence et de l'effectif qui correspond à l'embauche (+ 1 si une embauche est réalisée, par exemple) (Décret 97-127 du 12-2-1997 art. 4, al. 1).

L'**effectif de référence** est l'effectif moyen le plus élevé déterminé parmi les deux périodes consécutives de 12 mois civils qui précèdent la date d'effet de l'embauche ouvrant droit à exonération. Lorsque la période entre la date d'effet de l'embauche et la date de création de l'entreprise est inférieure à 2 ans, il convient de retenir comme effectif de référence l'effectif moyen depuis la création de l'entreprise (Décret 97-127 du 12-2-1997 art. 4, al. 2 et 3).

L'effectif salarié de l'employeur est arrondi, s'il y a lieu, au centième. À cet effet, il n'est pas tenu compte de la fraction d'effectif au-delà de la deuxième décimale (BOSS-Exo. zonées-190).

Les effectifs sont appréciés selon les dispositions exposées n°s 18800 s. (Décret 97-127 du 12-2-1997 art. 4, al. 7).

EXEMPLES

1. Effectif de référence pour une année complète Pour une embauche en ZRR effectuée le 1-2-2023, il convient de déterminer, pour chacune des périodes du 1-2-2021 au 31-1-2022 et du 1-2-2022 au 31-1-2023, l'effectif moyen correspondant à la somme des effectifs obtenus pour chaque mois civil divisée par 12. Puis, on retient comme effectif de référence l'effectif moyen le plus élevé (BOSS-Exo. zonées-170).

2. Effectif de référence en cas de création d'entreprise Pour une embauche effectuée le 1-5-2023 dans une entreprise créée le 1-2-2023, l'effectif de référence est l'effectif moyen déterminé sur la période du 1-2-2023 au 30-4-2023. Cet effectif moyen correspond à la somme des effectifs obtenus pour chaque mois civil depuis le 1-2-2023 divisée par 3 (nombre de mois écoulés entre la création de l'entreprise et l'embauche) (BOSS-Exo. zonées-180).

23235 Si, au terme d'un mois civil de la période de 12 mois civils suivant la date d'embauche, l'effectif de l'entreprise est **inférieur à l'effectif à maintenir,** l'exonération ne s'applique pas au titre du mois considéré. Elle s'applique de nouveau, pour la durée restante de la période de 12 mois précitée, au titre des mois civils pour lesquels la condition d'effectif est de nouveau remplie (Décret 97-127 du 12-2-1997 art. 4, al. 5).

La condition de maintien de l'effectif ne sera pas vérifiée pour les périodes postérieures à la durée d'application de l'exonération (Circ. Acoss 53 du 8-6-2009 n° 3.2.3).

EXEMPLE

Pour l'embauche d'un salarié à temps plein effectuée le 1-4-2023 (BOSS-Exo. zonées-210) :

– si l'effectif de référence, calculé sur les périodes du 1-4-2021 au 31-3-2022 et du 1-4-2022 au 31-3-2023, est de 45 salariés, l'effectif à maintenir au titre de l'embauche effectuée sera alors de 46 salariés, que le salarié exerce son activité en totalité ou en partie dans l'établissement situé en ZRR ;

– si au 30-6-2023, compte tenu de la durée de travail de chaque salarié (exemple : temps partiel), l'effectif est de 45 salariés, l'employeur ne pourra pas bénéficier pour ce mois-ci de l'exonération au titre de l'embauche effectuée au 1-4-2023 ;

– si au 31-7-2023 l'effectif de l'employeur est de nouveau de 46 salariés, l'employeur bénéficiera de nouveau de l'exonération au titre de l'embauche effectuée au 1-4-2023 ;

– si l'effectif n'est pas inférieur à 46 salariés, l'employeur pourra bénéficier de l'exonération pour la durée restant à courir, soit jusqu'au 31-3-2023.

3. ÉTENDUE DE L'EXONÉRATION

COTISATIONS CONCERNÉES

L'exonération porte sur les cotisations à la charge de l'employeur au titre des **assurances sociales** (maladie, maternité, invalidité, décès, vieillesse) et **allocations familiales** (CSS art. L 241-19, I-al. 1). 23340

> Précisions Ne sont **pas concernés** par l'exonération : les cotisations patronales de retraite complémentaire Agirc-Arrco, la taxe sur les salaires, les contributions chômage, AGS, solidarité autonomie, Fnal et dialogue social, les contributions à la formation et à l'alternance (contributions à la formation professionnelle, CPF-CDD, supplémentaire à l'apprentissage et taxe d'apprentissage), la cotisation accidents du travail, ainsi que, le cas échéant, la cotisation aux caisses de congés payés, le versement mobilité et la participation-construction.

CALCUL

L'exonération s'applique selon un barème dégressif tel qu'elle soit totale pour une rémunération horaire inférieure ou égale au **Smic majoré de 50 %** et devienne nulle pour une rémunération horaire égale ou supérieure au **Smic majoré de 140 %** (CSS art. L 241-19, I, al. 1 ; Décret 97-127 du 12-2-1997 art. 6). 23350 €

Les modalités de calcul diffèrent selon le niveau de rémunération (voir tableau ci-dessous).

L'exonération doit toujours être calculée **par salarié,** par contrat et par **mois civil** (BOSS-Exo. zonées-260).

Calcul de l'exonération ZRR	
Rémunération horaire du salarié **inférieure ou égale** à **1,5 Smic**	Rémunération horaire du salarié **supérieure** à 1,5 Smic mais **inférieure à** 2,4 Smic
Montant de l'exonération = montant total des cotisations d'assurances sociales (assurances maladie, maternité, invalidité, décès et assurance vieillesse) et d'allocations familiales à la charge de l'employeur au titre de la rémunération versée au salarié au cours du mois civil.	Montant de l'exonération = rémunération mensuelle brute versée au salarié × **coefficient** Coefficient = (T/0,9) × [2,4 × (Smic × 1,5 × nombre d'heures rémunérées/rémunération mensuelle brute) – 1,5] Dans cette formule : – **T** est égal à la somme des taux de cotisations patronales éligibles à l'exonération dues au niveau du Smic. Cette valeur suit donc automatiquement l'évolution des taux des cotisations concernées ; – la **rémunération mensuelle** brute est constituée des revenus d'activité entrant dans l'assiette des cotisations de sécurité sociale du régime général versées au salarié au cours du mois civil ; – le **Smic** pris en compte correspond au taux horaire pour sa valeur la plus élevée en vigueur au cours de la période d'emploi rémunérée ; – le **nombre d'heures rémunérées** est déterminé comme indiqué n°s 23365 s. Pour les salariés dont la rémunération ne peut pas être déterminée au cours du mois en fonction d'un nombre d'heures de travail rémunérées, il est fait application des dispositions exposées n°s 23380 s. En cas de **suspension du contrat de travail** avec maintien total ou partiel de la rémunération, le nombre d'heures rémunérées pris en compte est égal au produit de la durée de travail que le salarié aurait effectuée s'il avait continué à travailler par le pourcentage de la rémunération demeurée à la charge de l'employeur et soumise à cotisations (Décret 97-127 du 12-2-1997 art. 6, 5°). Le résultat obtenu par application de cette formule est **arrondi** à 3 décimales, au millième le plus proche. S'il est supérieur à T, il est pris en compte pour une valeur égale à T. L'exonération ainsi déterminée s'applique dans la **limite** des cotisations d'assurances sociales (assurances maladie, maternité, invalidité, décès et assurance vieillesse) et d'allocations familiales à la charge de l'employeur au titre de la rémunération versée au salarié au cours du mois civil.

EXEMPLES

a. Soit un salarié, à temps plein, dont la rémunération, en janvier 2023, est égale à 1 800 €. La somme des taux de cotisations patronales d'assurances sociales et d'allocations familiales éligibles à l'exonération est égale à 20,90 %. Sa rémunération étant inférieure à 1,5 Smic (2 563,98 € au 1-1-2023), le montant de l'exonération est égal à : 20,90/100 × 1 800 = 376,20 €.

Pour une présentation plus détaillée, voir le **bulletin de paie,** n° 94520.

b. Soit un salarié, à temps plein, dont la rémunération, en janvier 2023, est égale à 2 957,57 €. La somme des taux de cotisations patronales d'assurances sociales et d'allocations familiales éligibles à l'exonération est égale à 20,90 %. Sa rémunération est supérieure à 1,5 Smic (2 563,98 € au 1-1-2023) mais inférieure à 2,4 Smic (4 102,37 € au 1-1-2023), le coefficient d'exonération est égal à : (T/0,9) × [2,4 × (11,27 × 1,5 × 151,67/2 957,57) – 1,5] = 0,135

Le montant de l'exonération est égal à : 2 957,57 × 0,135 = 399,27

Pour une présentation plus détaillée, voir le **bulletin de paie,** n° 94530.

DÉCOMPTE DES HEURES DE TRAVAIL

23365 Les développements qui suivent concernent non seulement les ZRR mais aussi tout allégement de cotisations de sécurité sociale se référant à un nombre d'heures de travail rémunérées.

23370 **Heures de travail pouvant être déterminées** La loi prescrit de prendre en compte toutes les heures rémunérées quelle qu'en soit la nature (CSS art. L 241-15). Il s'agit donc non seulement des heures de **travail effectif,** mais aussi des heures rémunérées ne correspondant pas à un temps de travail effectif (périodes d'astreinte, temps de pause, de restauration, d'habillage, etc.).

› Précisions Il découle de la définition légale des heures rémunérées les conséquences suivantes :

– la rémunération correspondant à l'**indemnité compensatrice de congés payés** doit être reconvertie en un nombre d'heures, en divisant le montant de la totalité de l'indemnité versée au cours du mois par le taux horaire (Circ. Acoss 68 du 5-4-2007 n° 11). Cette solution s'applique même lorsque l'indemnité versée, calculée en application de la règle du dizième, est supérieure à la rémunération d'un mois de travail effectif, ce qui peut conduire à la prise en compte au titre de l'indemnité d'un nombre d'heures supérieur à celui des mois de travail effectif (Cass. 2e civ. 10-5-2012 nos 11-14.519 FS-PB et 11-19.270 FS-D). Le taux horaire est calculé en divisant le salaire de base brut mensuel (ne sont pas pris en compte les heures supplémentaires, les indemnités, les primes, les remboursements et avantages de toute nature, etc.) par la durée mensuelle de travail du salarié correspondant au salaire de base (Circ. Acoss 68 du 5-4-2007 n° 11) ;

– lorsque certains temps accomplis par le salarié sont rémunérés de manière forfaitaire sans référence à un nombre d'heures (temps de transport rémunérés en fonction des distances), l'**indemnité forfaitaire** afférente à ces heures soumises à cotisations doit être reconvertie en nombre d'heures en divisant son montant par le taux horaire (Circ. Acoss 68 du 5-4-2007 n° 12) ;

– les **heures** qui, ne constituant pas du travail effectif, sont rémunérées à un **taux inférieur** à celui du salaire horaire de base (heures d'astreinte par exemple) doivent être prises en compte pour une durée proportionnelle au taux de rémunération qui leur est appliqué (Circ. Acoss 68 du 5-4-2007 n° 2). La Cour de cassation s'est prononcée en ce sens pour des temps d'astreinte et de pause faisant l'objet d'une rémunération inférieure à celle de référence (Cass. 2e civ. 12-5-2011 n° 10-14.241 FS-D ; 19-6-2014 n° 13-15.580 F-D).

Pour déterminer le nombre d'heures rémunérées des salariés dont la rémunération ne peut **pas être déterminée au cours du mois en fonction d'un nombre d'heures** de travail rémunérées, voir ci-après nos 23380 s.

23380 **Forfaits annuels en heures** Pour les salariés rémunérés selon un forfait annuel en heures, le nombre d'heures de travail est fixé à (CSS art. D 241-27, I-2) :

Durée moyenne hebdomadaire de travail × (52/12)

EXEMPLE

Dans une entreprise dont la durée collective hebdomadaire est fixée à 35 heures, un salarié est sous le régime d'une convention individuelle de forfait en heures sur l'année de 1 800 heures.

Nombre de semaines dans l'année, déterminé selon la méthode forfaitaire (n° 8760) : 45,6 heures.

Le nombre d'heures rémunérées sur le mois est réputé correspondre à : (1 800/45,6) × 52/12 = 171,05 h.

23390 **Forfaits annuels en jours** Le nombre d'heures de travail rémunérées sur le mois est égal au produit suivant (CSS art. D 241-27, I-1) :

Durée légale du travail calculée sur le mois (soit 151,67 heures) × (nombre de jours travaillés prévu par le forfait/218 jours)

EXEMPLE

Dans une entreprise dont la durée collective hebdomadaire est fixée à 35 heures, un salarié est sous forfait annuel de 215 jours.

Le nombre d'heures rémunérées sur le mois est réputé correspondre à :
151,67 × (215/218) = 149,58 h.

Autres cas Une troisième formule de calcul du nombre d'heures de travail rémunérées est prévue pour les autres salariés dont la rémunération ne peut pas être déterminée au cours du mois selon un nombre d'heures de travail rémunérées (CSS art. D 241-27, I-3). Ces dispositions concernent notamment des salariés rémunérés **à la tâche,** au **rendement,** à la **pige** ou par un fixe plus une **commission,** les travailleurs **à domicile,** les **VRP** et les **concierges** d'immeubles. 23400

Pour ces salariés, lorsque la **rémunération** versée au cours du mois :

– est **au moins égale au produit du Smic par la durée collective** du travail applicable dans l'établissement ou la partie de l'établissement où est employé le salarié, calculée sur le mois, le nombre d'heures de travail rémunérées sur le mois est égal à l'application de cette durée collective ;

– est **inférieure** à cette rémunération de référence de l'activité à temps plein de l'entreprise, le nombre d'heures correspondant à la durée collective du travail est réduit selon le rapport entre la rémunération versée et cette rémunération de référence.

Pour ces calculs, la **durée collective** calculée sur le mois est égale à 52/12es de la durée hebdomadaire ou de la durée hebdomadaire moyenne en cas de modulation de la durée hebdomadaire du travail ou en cas de réduction du temps de travail par journées ou demi-journées de repos en application des anciens articles L 3122-6 s. et L 3122-19 s. du Code du travail (CSS art. D 241-27, III).

EXEMPLE

Pigiste employé par une entreprise dont la durée collective hebdomadaire est fixée à 35 heures, et percevant une rémunération brute de 1 030 €.

Cette rémunération brute mensuelle est inférieure à la rémunération de référence de l'activité à temps plein de l'entreprise, égale à 1 709,32 € (Smic par la durée collective, soit 11,27 × 151,67). Dès lors, le nombre d'heures du salarié est réputé correspondre à : 151,67 × (1 030/1 709,32) = 91,39 heures.

Période d'emploi inférieure au mois civil Les modalités de calcul de l'exonération pour les **salariés non rémunérés selon un nombre d'heures** mensuel et dont la période d'emploi est inférieure au mois civil sont prévues à l'article D 241-27, II du CSS. 23410

Sont **visés** les cas d'entrée ou de sortie en cours de mois : embauche, démission, licenciement, contrat à durée déterminée de moins d'un mois.

Ces modalités peuvent aussi s'appliquer en cas de suspension du contrat de travail sans maintien de la rémunération.

<table>
<tr><th colspan="3">Modalités de calcul</th></tr>
<tr><th>Forfait en jours ou en heures sur l'année</th><th colspan="2">Autres cas où la rémunération ne peut être déterminée selon un nombre d'heures</th></tr>
<tr><td>Le nombre d'heures rémunérées reconstitué conformément aux dispositions mentionnées aux n°s 23380 ou 23390 est réduit selon le rapport entre le nombre de jours calendaires correspondant à la période d'emploi par 30.</td><td colspan="2">1re étape : déterminer la rémunération que le salarié aurait perçue s'il avait exercé son activité sur la totalité du mois civil, soit la rémunération équivalant au temps plein.
Selon les précisions administratives antérieurement fournies à propos de la réduction générale de cotisations, cette rémunération équivalant à un travail sur la totalité du mois est reconstituée à partir de la rémunération du mois soumise à cotisations (intégrant le cas échéant les primes) en lui appliquant le rapport entre le nombre de jours ouvrés (c'est-à-dire normalement travaillés dans l'entreprise) et le nombre de jours effectivement travaillés par le salarié sur le mois.</td></tr>
<tr><td></td><td>2e étape : la rémunération équivalent temps plein est égale ou supérieure à la rémunération de référence de l'activité à temps plein de l'entreprise.
Dans ce cas, le nombre d'heures rémunérées reconstituées est égal à : durée collective du travail de l'établissement (ou partie de celui-ci) dans lequel le salarié est employé × (nombre de jours calendaires pour la période d'emploi / 30) (voir hypothèse 1 au n° 23415)</td><td>2e étape : la rémunération équivalent temps plein est inférieure à la rémunération de référence de l'activité à temps plein de l'entreprise
Dans ce cas, le nombre d'heures rémunérées reconstituées est égal à : durée collective du travail de l'établissement (ou partie de celui-ci) dans lequel le salarié est employé × (rémunération équivalent au temps plein / rémunération de référence) × (nombre de jours calendaires pour la période d'emploi/30) (voir hypothèse 2 au n° 23415)</td></tr>
</table>

23415 EXEMPLES

Dans les exemples suivants, on considère que les pigistes sont employés dans une entreprise dont la durée collective hebdomadaire est fixée à 35 heures.

1. Hypothèse n° 1 : la rémunération équivalant au temps plein du salarié est **supérieure à la rémunération** de référence de l'activité à temps plein de l'entreprise.

Le contrat de travail d'un pigiste est rompu le 20-1-2023 au soir (démission). La durée du travail de l'entreprise est répartie sur 5 jours, du lundi au vendredi, soit 22 jours travaillés collectivement en janvier.

Sa rémunération du mois est égale à 1 250 €, soit :
– 1 070 € au titre de la période travaillée (soit 15 jours) ;
– 110 € au titre d'une prime ;
– 70 € au titre d'une indemnité compensatrice de congés payés.

Reconstitution d'un nombre d'heures rémunérées :

La rémunération équivalant au temps plein du pigiste est égale à 1 833,33 €, soit : 1 250 × (22/15) (correspondant au nombre de jours travaillés dans le mois) = 1 833,33 €. Cette rémunération équivalant au temps plein est supérieure à la rémunération de référence de l'activité à temps plein de l'entreprise (1 709,32 €).

Le nombre d'heures correspondant à cette rémunération équivalant au temps plein est égal à 151,67 heures, c'est-à-dire la durée collective applicable dans l'entreprise.

Ce nombre d'heures est proratisé selon le rapport entre le nombre de jours calendaires de la période d'emploi par 30. Il est réputé correspondre à 101,11 heures, soit : 151,67 × (20/30) = 101,11.

2. Hypothèse n° 2 : la rémunération équivalant au temps plein du salarié est **inférieure à la rémunération** de référence de l'activité à temps plein de l'entreprise.

Le contrat de travail d'un pigiste est rompu le 20-1-2023 au soir (démission). Sa rémunération du mois est égale à 699 €, soit :
– 580 € au titre de la période travaillée (soit 15 jours) ;
– 59 € au titre d'une prime ;
– 60 € au titre d'une indemnité compensatrice de congés payés.

Reconstitution d'un nombre d'heures rémunérées :

La rémunération équivalant au temps plein est égale à 1 025,20, soit : 699 × (22/15) = 1 025,20 €. Cette rémunération équivalant au temps plein est inférieure à la rémunération de référence de l'activité à temps plein de l'entreprise (1 709,32 €).

Le nombre d'heures reconstitué correspondant à la rémunération équivalant au temps plein est égal à :
– la durée collective applicable dans l'entreprise, soit 151,67 heures ;
– multipliée par le rapport entre la rémunération équivalant au temps plein (1 025,20 €) et la rémunération de référence de l'activité à temps plein de l'entreprise (1 709,32 €), soit 90,97 heures : 151,67 × (1 025,20/1 709,32) = 90,97.

Ce nombre d'heures est proratisé selon le rapport entre le nombre de jours calendaires de la période d'emploi par 30. Il est réputé correspondre à 60,65 heures, soit : 90,97 × (20/30) = 60,65.

23420 **Suspension du contrat de travail** En cas de suspension du contrat de travail **avec maintien partiel de la rémunération** d'un **salarié non rémunéré selon un nombre d'heures,** le nombre d'heures normalement travaillées à temps complet, reconstitué selon les modalités présentées nos 23380 s., est réduit dans les conditions suivantes (CSS art. D 241-27, II) :

Nombre d'heures rémunérées = durée du travail à temps complet reconstituée × (rémunération du mois soumise à cotisations/rémunération qui aurait été versée si le contrat avait été exécuté normalement)

En cas de suspension du contrat de travail **sans maintien** de la rémunération, le nombre d'heures rémunérées est calculé comme indiqué n° 23410.

DURÉE DE L'EXONÉRATION

23430 L'exonération est accordée pour une durée de 12 mois à compter de la date d'effet du contrat de travail, dès lors que l'employeur a adressé la déclaration à la Ddets comme indiqué n° 23520 (CSS art. L 241-19, III ; BOSS-Exo. zonées-310).

La période d'exonération court de date à date, même en cas de travail intermittent, de **suspension du contrat de travail,** de congés maladie ou maternité, d'activité partielle, sans possibilité de report au-delà de cette date (Décret 97-127 du 12-2-1997 art. 2 ; BOSS-Exo. zonées-310).

En cas de **rupture du contrat** d'un salarié ouvrant droit à exonération pour un motif indépendant de la volonté de l'employeur, il est possible de reporter ce droit sur une nouvelle embauche pendant la durée d'exonération restant à courir et dans la limite de celle-ci. Le report s'effectue sur la première embauche faite postérieurement à la date de rupture, dès lors que le salarié est embauché en CDI ou en CDD conclu pour une durée d'au moins 12 mois au titre d'un accroissement temporaire d'activité et que l'employeur est soumis à l'obligation d'assurance chômage au titre de cette embauche (Décret 97-127 du 12-2-1997 art. 4, al. 6 et BOSS-Exo. zonées-310). 23440

SUPPRESSION DE L'EXONÉRATION

Toute entreprise, ou organisme, qui **cesse volontairement son activité** en **ZRR** en la **délocalisant** dans un autre lieu **moins de 5 ans** après la perception d'une aide au titre des dispositions spécifiques intéressant ces territoires, est tenue de verser les sommes qu'elle n'a pas acquittées en vertu des exonérations qui lui ont été consenties (Loi 2005-157 du 23-2-2005 art. 6). 23450

La cessation volontaire d'activité en ZRR s'entend de l'abandon de l'ensemble de l'activité industrielle, commerciale, artisanale ou professionnelle non commerciale, implantée en ZRR, qui ne serait pas dû à un événement de force majeure. La délocalisation s'entend du transfert physique du lieu d'exploitation dans une commune non située en ZRR (Décret 2007-94 du 24-1-2007 art. 1).

> Précisions a. La délocalisation d'une entreprise d'une ZRR **vers une autre** ainsi que la **cessation volontaire d'activité sans délocalisation** de l'entreprise n'entraînent pas le versement des cotisations exonérées (Circ. Acoss 66 du 3-4-2007 n° 1).

Il en est de même si la cessation de l'activité en ZRR intervient suite à un événement de **force majeure,** c'est-à-dire extérieur à la volonté de l'entreprise, imprévisible, insurmontable et entraînant une impossibilité absolue de maintenir l'activité en ZRR (Circ. Acoss 66 du 3-4-2007 n° 1).

b. Le **délai de 5 ans,** au-delà duquel l'entreprise ou l'organisme peut se délocaliser sans être tenu de verser les cotisations, est décompté à partir du premier jour du mois civil au titre duquel la mesure d'exonération a été appliquée pour la première fois sur les rémunérations versées à l'un de ses salariés (Décret 2007-94 du 24-1-2007 art. 4, al. 2).

c. L'obligation de remboursement ne concerne que l'exonération de cotisations patronales de sécurité sociale des entreprises implantées en ZRR et celle prévue en faveur des organismes d'intérêt général implantés dans ces zones (n° 23600) (Décret 2007-94 du 24-1-2007 art. 4, al. 1). Elle ne concerne donc pas la réduction générale de cotisations (Circ. Acoss 66 du 3-4-2007 n° 2).

d. Selon l'administration, il appartient à l'**entreprise** quittant une ZRR sans respecter le délai de 5 ans de le **déclarer** et de **verser spontanément les sommes** correspondant aux cotisations exonérées durant cette période de 5 ans (Circ. Acoss 66 du 3-4-2007 n° 4). Toutefois, le directeur de l'Urssaf ayant connaissance d'un fait susceptible d'entraîner l'application de ces dispositions doit adresser une **notification** à l'employeur par lettre recommandée avec avis de réception. L'employeur dispose d'un délai de 30 jours à compter de la réception de la notification pour formuler ses observations. Les sommes dues sont exigibles à l'expiration de ce délai (Décret 2007-94 du 24-1-2007 art. 4, al. 3 à 5).

e. Sur la perte de l'exonération en cas de :
– poursuite du contrat de travail d'un **salarié hors de la zone,** voir n° 23140 ;
– **travail illégal,** voir n° 21740.

RÈGLES DE CUMUL

Le bénéfice de l'exonération ne peut pas être cumulé, pour l'emploi d'un même salarié, avec celui d'une **aide de l'État** à l'emploi ou d'une **autre exonération totale ou partielle** de cotisations patronales de sécurité sociale (à l'exception des déductions forfaitaires de cotisations patronales pour heures supplémentaires : voir n°s 8140 s.) ou l'application de **taux spécifiques,** d'**assiettes** ou montants **forfaitaires** de cotisations (CSS art. L 241-19, IV-al. 2). Par exception, l'exonération est cumulable avec la réduction des taux de cotisations d'allocations familiales et d'assurance maladie (n°s 22650 et 22670). 23460

De plus, ne sont **pas** considérés comme des **taux spécifiques** les taux de cotisations applicables aux membres des **professions médicales** à employeurs multiples, aux **VRP à cartes multiples** et aux journalistes professionnels **pigistes** et assimilés (BOSS-Exo. zonées-130).

4. MODALITÉS PRATIQUES

23520 L'employeur qui remplit les conditions pour bénéficier de l'exonération en fait la **déclaration** par écrit à la Ddets dans les **30 jours** à compter de la date d'effet du contrat de travail sur un formulaire prévu à cet effet. À **défaut d'envoi** de la déclaration dans le délai imparti, l'exonération n'est pas applicable aux cotisations dues sur les revenus d'activité versés de la date d'embauche au jour de l'envoi ou du dépôt de la déclaration, cette période étant imputée sur la durée de l'exonération (CSS art. L 241-19, IV-al. 1).

Le formulaire de déclaration mentionne l'effectif de référence et l'effectif correspondant à l'embauche (n°s 23230 s.) (Décret 97-127 du 12-2-1997 art. 4, al. 4), ainsi que l'effectif à maintenir (Circ. Acoss 53 du 8-6-2009 n° 3.2.3).

L'employeur doit attester remplir la condition de non-licenciement (n° 23100) en cochant une des cases de la déclaration.

À défaut d'envoi dans le délai prescrit, l'exonération n'est pas applicable aux rémunérations dues à compter de la date d'embauche jusqu'au jour de l'envoi ou du dépôt de la déclaration, cette période étant imputée sur la durée d'application de l'exonération (BOSS-Exo. zonées-150).

23530 Le nombre de salariés concernés et le montant de l'exonération doivent être mentionnés sur la ligne spécifique de la **déclaration Urssaf** à l'aide du CTP 513 « embauche du 1er au 49e salarié ZRR ». L'employeur calcule pour chaque salarié, au titre de chaque mois civil pour lequel il remplit les conditions d'éligibilité, le montant de l'exonération, qu'il déclare sur la **DSN** dans le bloc S21.G00.81, code de cotisation 020 (Guide Acoss DSN 2023 p. 286).

Pour la mention des exonérations sur le **bulletin de paie,** voir n° 13705. S'agissant de la présentation du bulletin de paie, on se reportera aux exemples donnés n°s 94520 et 94530.

5. ORGANISMES D'INTÉRÊT GÉNÉRAL

23600 En ce qui concerne les salariés dont le contrat a été conclu **avant** le **1-11-2007,** les organismes d'intérêt général (OIG) installés en **ZRR** bénéficient d'une exonération de cotisations patronales de sécurité sociale au titre de ces derniers jusqu'au **terme** de leurs contrats (Loi 2005-157 du 23-2-2005 art. 15 et 16 ; Loi 2007-1786 du 19-12-2007 art. 19).

ATTENTION

Rappelons que pour les salariés embauchés **à partir** du **1-11-2007,** c'est l'exonération prévue par l'article L 241-19 du CSS, d'une durée limitée, qui s'applique. Sur cette exonération, voir n°s 23030 s.

EMPLOYEURS CONCERNÉS

23610 L'exonération bénéficie aux organismes pouvant recevoir des **dons** de particuliers ouvrant droit, pour ces donateurs, à une réduction d'impôt en application de l'article 200 du CGI, définis n° 23090, ayant leur **siège social** dans l'une des ZRR.

Sont concernés les organismes dont les salariés relèvent du **régime général** de sécurité sociale ou du régime **agricole.**

L'exonération est réservée aux établissements, gérés par les organismes éligibles, ayant un **effectif inférieur à** 500 salariés (Loi 2012-1509 du 29-12-2012 art. 118).

> **Précisions** **a.** Sur les salariés devant être pris en compte dans le calcul de cet **effectif** et les règles **d'arrondis,** voir n° 23230 s.
> **b.** Selon l'administration fiscale, est considéré comme étant d'intérêt général l'organisme qui remplit les trois conditions cumulatives suivantes : ne pas exercer d'activité lucrative, avoir une gestion désintéressée, ne pas fonctionner au profit d'un cercle restreint de personnes. Les associations non reconnues d'utilité publique peuvent être qualifiées d'OIG dans la mesure où elles remplissent ces critères (BOSS-Exo. zonées-330).

SALARIÉS VISÉS

23620 L'exonération s'applique aux salariés **embauchés avant le 1-11-2007,** jusqu'au terme de leur contrat. Elle concerne tous les salariés titulaires d'un **contrat de travail** de droit public ou privé, quelles qu'en soient la forme et la durée, **employés dans une ZRR** par une association ou un organisme éligible à l'exonération (BOSS-Exo. zonées-350).

La loi ne fixant pas de limite de **nombre,** l'exonération est applicable à tous les salariés dont l'emploi y ouvre droit (Circ. Acoss 75 du 5-6-2006).

› **Précisions** **a.** Sont **exclus** du dispositif les **dirigeants** de sociétés cumulant un mandat social et un contrat de travail, pour leurs rémunérations afférentes à leur mandat social, et les salariés pour lesquels l'employeur bénéficie d'une mesure non cumulable avec l'exonération (nº 23640) (BOSS-Exo. zonées-360).

b. Les salariés doivent exercer partiellement ou en totalité leur activité dans un ou plusieurs établissements situés en ZRR. L'activité exercée dans la zone doit être **réelle, régulière** et indispensable à l'exécution du contrat de travail (BOSS-Exo. zonées-350).

Cette condition est réputée satisfaite lorsque le salarié réalise au moins la **moitié de l'horaire** prévu à son contrat de travail, heures complémentaires ou supplémentaires non comprises, en ZRR (Circ. Acoss 75 du 5-6-2006 nº 13 ; Doc. Urssaf au 13-2-2022).

c. En cas de **transfert du contrat de travail** ou d'**affectation,** même **temporaire,** du salarié dans un établissement de l'association ou de l'organisme situé **en dehors d'une ZRR,** le droit à l'exonération cesse d'être applicable aux rémunérations dues à compter du premier jour du mois suivant celui au cours duquel le salarié a cessé d'être employé en ZRR (BOSS-Exo. zonées-370).

Le droit à l'exonération est de nouveau ouvert à compter du premier jour du mois suivant la **réintégration** du salarié dans un établissement de l'organisme situé dans une ZRR (Circ. Acoss 75 du 5-6-2006).

EXONÉRATION

Cotisations et contributions concernées L'exonération porte sur les cotisations à la charge de l'employeur au titre des assurances sociales, des allocations familiales, du versement mobilité et du Fnal. 23630

Elle est applicable aux **revenus d'activité** tels qu'ils sont pris en compte pour la détermination de l'assiette des cotisations définie à l'article L 242-1 du CSS, **versés au cours de chaque mois** civil.

Calcul L'exonération est soumise au **barème dégressif** exposé nº 23350. Le **nombre d'heures rémunérées** est celui auquel se rapporte la rémunération versée au cours du mois civil considéré. Il est déterminé comme indiqué nºs 23365 s. Le montant de l'exonération est calculé **par salarié** et par mois civil (BOSS-Exo. zonées-480). 23632

Durée La loi ne prévoit pas de **durée** maximale d'application de l'exonération. Celle-ci demeure donc ouverte aussi longtemps que l'association ou l'organisme y est éligible au sens du 1 de l'article 200 précité du CGI et que son siège social demeure situé dans une ZRR (Circ. Acoss 75 du 5-6-2006), et aussi longtemps que le salarié y ouvrant droit est employé. 23635

RÈGLES DE CUMUL

En l'absence de disposition contraire prévue par la loi, l'exonération peut être **cumulée** avec une autre mesure d'exonération ou de réduction des cotisations de sécurité sociale, une mesure d'aide de l'État à l'emploi ou une mesure de réduction ou d'abattement de l'assiette des cotisations, à la condition que les dispositions applicables à cette autre mesure ne s'y opposent pas (BOSS-Exo. zonées-380). 23640

Ainsi, le bénéfice de cette exonération n'est **pas cumulable** avec celui de la réduction générale (nºs 21780 s.), ni avec celui de l'exonération pour l'embauche en ZRR (nºs 23030 s.).

Sur le cumul de l'exonération avec les déductions forfaitaires de cotisations patronales pour **heures supplémentaires,** voir nºs 8140 s., et avec la **réduction des taux** de cotisations d'**allocations familiales** et d'**assurance maladie,** voir nºs 22650 et 22670.

MODALITÉS PRATIQUES

Le bénéfice de l'exonération n'est subordonné à aucune formalité ni à aucune procédure déclarative spécifique. Toutefois, les associations et organismes doivent **tenir à la disposition des organismes de recouvrement** tous les **documents** de nature à justifier leur droit à bénéficier de cette mesure et précisant les modalités de calcul des exonérations appliquées dans ce cadre (Circ. Acoss 75 du 5-6-2006). 23650

L'exonération de cotisations patronales en faveur des organismes d'intérêt général en ZRR est déclarée dans la **DSN** dans le bloc S21.G00.81, code de cotisation 016 (Guide Acoss DSN 2023 p. 286).

SECTION 6

EXONÉRATION DANS LES ZONES FRANCHES URBAINES

23740 Un dispositif particulier d'exonération des cotisations patronales de sécurité sociale, de la contribution Fnal et du versement mobilité existe dans les zones urbaines particulièrement défavorisées, définies par décret (Loi 96-987 du 14-11-1996 art. 12, 12-1 et 13 modifiés).

> Précisions La **première liste** des zones franches urbaines (ZFU) a été définie par la loi 96-987 du 14-11-1996 et précisée par les décrets modifiés 96-1154 (métropole) et 96-1155 (outre-mer) du 26-12-1996. Une **deuxième liste** de zones créées au 1-1-2004 a été fixée par la loi 2003-710 du 1-8-2003. Leur délimitation précise résulte du décret 2004-219 du 12-3-2004 modifié. Enfin, une **troisième liste** de zones créées au 1-8-2006 est fixée par le décret 2006-930 du 28-7-2006 modifié. Leur délimitation précise résulte du décret 2006-1623 du 19-12-2006. Les plans correspondant à la délimitation précise des zones peuvent être consultés :
– dans les départements concernés : auprès de la préfecture, de la direction des services fiscaux et de la Dreets, ainsi qu'auprès des mairies des communes concernées ;
– sur le site internet Sig-Ville (système d'information géographique de la politique de la ville) : sig.ville.gouv.fr.

ENTRÉE EN VIGUEUR ET DURÉE

23750 Cette mesure est **entrée en vigueur** le 1er janvier 1997 dans les premières zones, le 1er janvier 2004 dans les zones créées à cette date et le 1-8-2006 dans les zones de la « troisième génération ».

Il s'agit d'un **dispositif temporaire** :
– l'implantation ou la **création des entreprises** ou établissements ainsi que la **création d'emplois** dans ces zones doivent intervenir dans des **délais** fixés par la loi ;
– l'exonération s'applique à chaque salarié pendant une durée initiale de 5 ans à **taux plein,** puis à des **taux dégressifs** pendant 3 ou 9 ans, selon la taille de l'entreprise.

ATTENTION

Le dispositif d'exonération propre aux ZFU n'a pas été commenté dans le BOSS. Pour autant, lors de la mise en ligne de ce dernier, les **circulaires DSS 366 et DSS 367 du 30-7-2004** citées au no 24200 relatives à cette exonération ont été **abrogées.** Interrogée par nos soins, la DSS nous a précisé que l'absence de commentaire du dispositif ZFU au BOSS était liée au fait que ce dispositif ne subsiste qu'à titre résiduel. Néanmoins, les **précisions** apportées par les circulaires DSS précitées **conservent leur valeur** pour les entreprises qui en sont bénéficiaires. C'est pourquoi nous continuons à citer ces circulaires dans l'exposé qui suit.

1. CHAMP D'APPLICATION

EMPLOYEURS CONCERNÉS

23770 **Nature de l'activité** Ce dispositif s'adresse aux **entreprises,** créées ou implantées dans une ZFU au plus tard le 31-12-2014 et exerçant une **activité** industrielle, commerciale ou artisanale, de location d'immeubles professionnels munis de leurs équipements (au sens des articles 34 et 35, I-5o du CGI), ou non commerciale (Loi 96-987 du 14-11-1996 art. 12, II ; Circ. Acoss 11 du 26-1-1998). Ces entreprises doivent en outre remplir les conditions exposées aux nos 23790 s.

La forme dans laquelle est exercée l'activité est indifférente : sont éligibles à la mesure les sociétés aussi bien que les entreprises individuelles (Circ. Acoss 36 du 9-4-1997 no 11).

Parmi les activités relevant des bénéfices industriels et commerciaux sont **exclues** les activités de **crédit-bail mobilier** et de **location** d'immeubles à usage d'habitation (CGI art. 44 octies A, I-d).

En cas d'**activités multiples** n'entrant pas toutes dans ce champ (société anonyme réalisant à côté de son activité principale de syndic d'immeubles une faible partie de son chiffre d'affaires dans la location d'immeubles à usage d'habitation), l'exonération est accordée au titre de l'activité principale, définie par le code NAF de l'établissement (Circ. Acoss 11 du 26-1-1998).

> Précisions **a.** Une **société civile de moyens** dont les bénéfices sont soumis à l'impôt sur le revenu au titre des bénéfices industriels et commerciaux, mais qui n'exerce pas à proprement parler une activité commerciale puisqu'elle met à la disposition de personnes des infrastructures leur permettant d'exercer des activités commerciales, peut ouvrir droit à l'exonération si l'activité de ses membres est dans le champ de la loi (Circ. Acoss 11 du 26-1-1998).

b. Les **centres de gestion** placés auprès des **chambres consulaires,** dans la mesure où ils possèdent une forme juridique distincte par rapport à l'organisme consulaire, entrent dans le champ d'application de la loi et peuvent bénéficier de l'exonération (Circ. Acoss 11 du 26-1-1998).

c. Sont exclus de l'exonération les **particuliers employeurs,** les **mutuelles,** les syndicats professionnels, les chambres professionnelles et consulaires, l'État, les collectivités territoriales et leurs établissements publics administratifs, scientifiques ou culturels, pour leurs salariés statutaires ou non (Circ. Acoss 36 du 9-4-1997 n° 11 ; Circ. DSS 366 du 30-7-2004 n° I, A, 1, abrogée, diffusée par circ. Acoss 121 du 1-9-2004).

d. Un comité social et économique, du fait de ses activités sociales et culturelles, ne peut pas prétendre à l'exonération car il ne remplit pas les conditions d'activité nécessaires (Circ. Acoss 11 du 26-1-1998).

La situation des **associations** au regard de l'exonération dépend de leur statut fiscal. **23780**

L'exonération n'est pas applicable aux associations à but non lucratif, **non assujetties** à l'impôt sur les sociétés et à la TVA, notamment aux associations intermédiaires.

En revanche, les associations assujetties à l'impôt sur les sociétés, mais **exonérées de son paiement** et redevables de la TVA ainsi que de la contribution économique territoriale, sont éligibles à la mesure (Circ. Acoss 36 du 9-4-1997 et 11 du 26-1-1998 ; Circ. DSS 366 du 30-7-2004 n° I, A, 1, abrogée, diffusée par circ. Acoss 121 du 1-9-2004). De même, les associations ayant reçu le label **« régies de quartier »** attribué par le comité national de liaison des régies de quartier bénéficient aussi de ces mesures lorsque leur activité est susceptible d'entraîner leur assujettissement aux impositions précédemment mentionnées, qu'elles en soient ou non effectivement redevables (Lettre 17-11-1997, abrogée ; Circ. Acoss 11 du 26-1-1998 et circ. DSS 366 du 30-7-2004 n° I, A, 1, diffusée par circ. Acoss 121 du 1-9-2004).

Une association assujettie à l'impôt sur les sociétés et redevable de la TVA mais **financée par des fonds publics** peut bénéficier de la mesure (Circ. Acoss 11 du 26-1-1998).

Une association implantée dans la zone franche avant la délimitation et qui connaît un **changement d'activité** la conduisant à modifier son **statut fiscal** peut bénéficier de l'exonération si l'activité exercée la place effectivement sous le régime de l'impôt sur les sociétés et de la TVA. En tout état de cause, l'administration fiscale doit être saisie du dossier (Circ. Acoss 11 du 26-1-1998).

Les associations situées en ZFU peuvent également **opter** pour le bénéfice de l'exonération visée n° 24200.

Date et lieu d'implantation **a. ZFU créée au 1-8-2006** (Loi 96-987 du 14-11-1996 art. 12, II ter et V quinquies). Sont concernées les entreprises dont un établissement au moins est implanté dans la zone au 1-8-2006 et celles qui s'y implantent, s'y créent ou y créent un établissement postérieurement à cette date et jusqu'au 31-12-2014. **23790**

b. ZFU créée au 1-1-2004 (Loi 96-987 du 14-11-1996 art. 12, II bis et V quater). Sont concernées les entreprises dont un établissement au moins est implanté dans la zone au 1-1-2004 et celles qui s'y implantent, s'y créent ou y créent un établissement postérieurement à cette date et jusqu'au 31-12-2014.

c. ZFU créée au 1-1-1997 (Loi 96-987 du 14-11-1996 art. 12, III, V et V ter). Sont visées les entreprises qui se sont créées ou ont créé un établissement en ZFU postérieurement au 31-12-1996 et jusqu'au 31-12-2014.

Les entreprises implantées et créées en zone franche entre le 1-1-2002 et le 31-12-2002 bénéficient de l'exonération dans des conditions particulières : voir n° 23945.

> Précisions Si une entreprise ayant bénéficié de l'exonération s'implante dans une autre ZFU, le droit à l'exonération cesse d'être applicable pour les salariés dont l'**emploi** est **transféré** dans la nouvelle zone à compter de la date d'effet du transfert (Loi 96-987 du 14-11-1996 art. 12, III bis ; Circ. DSS 366 du 30-7-2004 n° III, B, abrogée, diffusée par circ. Acoss 121 du 1-9-2004).

Condition liée au chiffre d'affaires ou au bilan L'exonération bénéficie aux entreprises dont soit le **chiffre d'affaires** annuel hors taxe, soit le **total de bilan** n'excède pas 10 millions d'euros. Ces 2 plafonds sont évalués tous établissements confondus (Loi 96-987 du 14-11-1996 art. 12, II bis-al. 1er ; Décret 2004-565 du 17-6-2004 art. 4, I). Cette condition doit être satisfaite pendant toute la durée de l'exonération (Circ. DSS 366 du 30-7-2004 n° I, B, 2, abrogée, diffusée par circ. Acoss 121 du 1-9-2004). **23800**

Sont **exclues** les entreprises (Loi 96-987 du 14-11-1996 art. 12, II bis) :
– dont 25 % ou plus du capital ou des droits de vote sont contrôlés, directement ou indirectement, par une ou plusieurs entreprises employant 250 salariés ou plus et dont le chiffre d'affaires annuel hors taxe excède 50 millions d'euros ou dont le total du bilan annuel excède 43 millions d'euros. Ces seuils sont appréciés chaque année pendant toute la durée de l'exonération (Circ. DSS 366 du 30-7-2004 nº I, B, 3, a, abrogée, diffusée par circ. Acoss 121 du 1-9-2004) ;
– dont l'activité principale, définie selon la nomenclature d'activités française de l'Insee, relève des secteurs de la construction automobile, de la construction navale, de la fabrication de fibres textiles artificielles ou synthétiques, de la sidérurgie ou des transports routiers de marchandises. Est prise en compte l'activité de chaque établissement implanté en ZFU indépendamment de celle des autres établissements (Décret 2004-565 du 17-6-2004 art. 4, III).

La **règle européenne dite de minimis** doit être respectée par les entreprises dont un établissement au moins était implanté en zone franche au 1-1-2004 (zones de « deuxième génération ») ou au 1-8-2006 (zones de « troisième génération »). Ainsi, le montant total des aides pouvant être accordées librement à ces entreprises est limité à 200 000 € (100 000 € dans le secteur du transport routier) sur une période glissante de 3 exercices fiscaux, dont l'exercice en cours (Circ. Acoss 57 du 15-3-2007). Pour plus de précisions sur l'appréciation de ces plafonds, voir Mémento fiscal nº 92660.

L'exonération s'applique aux salariés employés dans les conditions prévues nº 23860 dans la ZFU à la date de sa délimitation ou à la date de l'implantation ou de la création en ZFU de l'entreprise, ainsi que, le cas échéant, aux salariés embauchés postérieurement dans les mêmes conditions, dans la limite de 50 salariés équivalent temps plein prévue nº 23970.

23810 **Effectif maximum** L'effectif des entreprises ne doit pas dépasser **50 salariés** à la date de délimitation de la zone pour les entreprises déjà implantées ou à la date de leur implantation ou de leur création pour les autres (Loi 96-987 du 14-11-1996 art. 12 ; Décret 2004-565 du 17-6-2004 art. 3 et 4, I).

L'effectif de 50 salariés s'apprécie en fonction de la **moyenne de l'effectif** employé dans l'entreprise, tous établissements confondus, au cours des 12 mois précédant la date à laquelle l'entreprise entre dans le dispositif (Décret 2004-565 du 17-6-2004 art. 3 ; Circ. Acoss 2 du 8-1-2007 nº 12).

> **Précisions** **a.** Les salariés employés à **temps partiel** sont pris en compte au prorata de la durée du travail prévue à leur contrat (Loi 96-987 du 14-11-1996 art. 12, II bis).
> **b.** Pour l'appréciation de la condition d'emploi d'au plus 50 salariés, lorsque l'entreprise est constituée sous forme d'une société dont la majorité du capital est détenue par une ou plusieurs autres sociétés, sont pris en compte les salariés employés par l'entreprise considérée ainsi que par l'entreprise en détenant directement ou indirectement plus de la moitié du capital ou des droits de vote (Circ. DSS 366 du 30-7-2004 nº I, A, 2, abrogée, diffusée par circ. Acoss 121 du 1-9-2004).

23820 **Cotisations Urssaf** Seules peuvent bénéficier de l'exonération les entreprises **à jour de leurs cotisations** Urssaf ou ayant souscrit un engagement d'apurement progressif de leurs dettes (Loi 96-987 du 14-11-1996 art. 12, VI).

Pour apprécier cette condition, sont pris en compte les cotisations de sécurité sociale et les contributions à la charge de l'employeur et du salarié, le Fnal et le versement mobilité dus au titre (Décret 2004-565 du 17-6-2004 art. 7) :
– des rémunérations versées aux salariés de l'entreprise et échues à la date d'effet de la délimitation de la zone ou de l'implantation de l'entreprise si elle est postérieure ;
– des rémunérations versées aux salariés employés dans l'entreprise ou l'établissement situé dans la ZFU à chacune des dates d'exigibilité suivantes de versement des cotisations ;
– à l'exclusion des dettes à la charge de l'employeur exigibles au cours des 3 mois civils précédant la date à laquelle la condition doit être remplie.

Selon l'administration, sont également prises en compte les majorations de retard afférentes aux cotisations non versées ainsi que les pénalités afférentes au défaut de production des documents déclaratifs ou à l'inexactitude des mentions figurant sur ces documents (Circ. DSS 366 du 30-7-2004 nº VI, A abrogée, diffusée par circ. Acoss 121 du 1-9-2004).

En cas de contestation de sa dette par l'employeur, la condition d'être à jour de ses cotisations est réputée remplie à la date du paiement intégral de la dette ou après décision de sursis à poursuites ou de délais de paiement (Décret 2004-565 du 17-6-2004 art. 7).

23830 Les entreprises peuvent souscrire un **engagement d'apurement progressif,** attesté par écrit par l'Urssaf. Il ne peut être conclu qu'après paiement intégral de la part salariale des cotisations et porte uniquement sur les cotisations patronales exigibles à la date de sa conclusion.

Il prend effet à la date de sa conclusion et fixe les échéances de paiement et les conditions de sa dénonciation (Décret 2004-565 du 17-6-2004 art. 8).

En cas de **sauvegarde ou de redressement judiciaires,** la condition d'être à jour de ses cotisations est réputée remplie à compter de la date du jugement arrêtant les plans de sauvegarde ou de redressement, dont l'adoption vaut engagement d'apurement progressif (Décret 2004-565 du 17-6-2004 art. 8).

Réalité économique de l'établissement implanté dans une ZFU L'établissement implanté en ZFU doit présenter une réalité économique, ce qui est le cas lorsque 2 **conditions cumulatives** sont remplies : 23840

– l'établissement doit avoir une **implantation réelle** dans la ZFU (Décret 2004-565 du 17-6-2004 art. 1, I). Celle-ci se caractérise par une implantation matérielle (bureau d'études ou de conseil, cabinet, commerce, atelier, etc.) : le local doit a minima comporter en son sein les moyens lui permettant de réaliser la partie administrative de son activité (branchement eau, électricité, téléphonie, ordinateur, etc.) (Circ. DSS 366 du 30-7-2004 nº I, A, 3 abrogée, diffusée par circ. Acoss 121 du 1-9-2004) ;

– l'établissement doit comporter les **éléments d'exploitation ou de stocks** nécessaires à la réalisation, en son sein, d'une **activité économique effective** (Décret 2004-565 du 17-6-2004 art. 1, I), laquelle peut notamment être concrétisée par une présence significative sur les lieux pour accomplir des actes en rapport avec l'activité principale de l'établissement (réalisation de prestations, réception de clientèle notamment) (Circ. DSS 366 du 30-7-2004 nº I, A, 3 abrogée, diffusée par circ. Acoss 121 du 1-9-2004).

> **Précisions** Pour l'appréciation de cette seconde condition, lorsque **l'activité exercée** par l'établissement implanté dans la ZFU est **non sédentaire** et exercée pour tout ou partie en dehors des ZFU, la condition de l'activité économique effective de l'établissement est présumée remplie lorsque l'établissement emploie un salarié sédentaire en équivalent temps plein (il peut donc s'agir de 2 salariés à mi-temps par exemple) effectuant la totalité de son temps de travail dans le local implanté dans la ZFU (Circ. DSS 366 du 30-7-2004 nº I, A, 3, diffusée par circ. Acoss 121 du 1-9-2004). Ces précisions peuvent concerner les secteurs du bâtiment et des travaux publics, de l'entretien et du nettoyage, ou des transports ou du déménagement.
> Les **éléments d'exploitation ou de stocks** peuvent être des locaux pour recevoir la clientèle, pour réparer des véhicules, charger ou entreposer des marchandises, parkings, vestiaires, etc. (Circ. DSS 366 du 30-7-2004 nº I, A, 3 abrogée, diffusée par circ. Acoss 121 du 1-9-2004).

SALARIÉS CONCERNÉS

Les salariés ouvrant droit à exonération sont ceux : 23860

– **présents** dans l'entreprise lors de l'implantation dans la zone ou de la création de l'entreprise dans la zone, et les salariés **embauchés dans les 5 ans** suivant l'implantation ou la création (nºs 23945 et 23840) (Doc. Urssaf au 3-2-2023) ;

– dont le contrat est à **durée** indéterminée ou d'une durée déterminée de 12 mois au moins (Loi 96-987 du 14-11-1996 art. 12, IV) ;

– cotisant à l'assurance chômage (Loi 96-987 du 14-11-1996 art. 12, IV) ;

– non exclus de la mesure par les règles de **non-cumul** (nºs 24070 s.).

L'exonération n'est pas applicable aux personnes non titulaires d'un contrat de travail et ne relevant pas du régime d'assurance chômage. Sur la situation des **dirigeants** de sociétés, voir nº 77140.

> **Précisions** **a.** Lorsqu'une salariée est **femme de ménage à domicile et au cabinet médical,** l'employeur peut bénéficier de l'exonération au titre de son emploi dans la zone franche au cabinet médical : il faut alors qu'elle ait deux contrats de travail distincts (Circ. Acoss 11 du 26-1-1998).
> **b.** N'ouvre pas droit à exonération le **transfert** en ZFU d'un emploi pour lequel l'employeur a bénéficié, au cours des 5 années précédentes, de l'exonération de cotisations applicables dans les **ZRR** (nºs 23030 s.) ou de la **prime d'aménagement du territoire** (Loi 96-987 du 14-11-1996 art. 12, III).
> La période de 5 ans est **décomptée** de date à date à partir de la date du versement de la prime à l'aménagement du territoire correspondant à l'emploi créé ou maintenu et jusqu'à la date du transfert de l'emploi du salarié dans la ZFU (Circ. DSS 366 du 30-7-2004 nº III, C, diffusée par circ. Acoss 121 du 1-9-2004).

L'**activité** réelle, régulière et indispensable liée à l'exécution du contrat du salarié doit s'exercer **en tout ou partie dans une ZFU** (Loi 96-987 du 14-11-1996 art. 12, I). 23870

Ouvrent droit à l'exonération les salariés suivants (Décret 2004-565 du 17-6-2004 art. 1, II) :

1º le salarié dont **l'activité** est exercée **exclusivement dans l'établissement** implanté dans une ZFU ;

2° le salarié dont l'activité s'exerce **en partie dans l'établissement** :

a) lorsque l'exécution de son contrat de travail rend indispensable l'utilisation régulière des éléments d'exploitation ou de stocks présents dans l'établissement,

b) ou, à défaut, lorsque son activité dans cet établissement est réelle, régulière et indispensable à l'exécution de son contrat de travail ;

3° le salarié dont l'activité s'exerce **en dehors de cet établissement** lorsque son activité dans une ZFU est réelle, régulière et indispensable à l'exécution de son contrat de travail.

La preuve de la **régularité de l'activité** mentionnée aux 2° et 3° incombe à l'employeur. Cette condition est réputée remplie si le salarié est présent dans l'établissement ou dans une ZFU au moins une fois par mois et que cette présence est indispensable à l'exécution de son contrat de travail.

Ainsi, la condition est remplie si le salarié vient chaque mois, dans l'établissement situé en ZFU, pour prendre les instructions nécessaires à l'accomplissement de sa mission et en rendre compte. Il n'est pas tenu compte du temps consacré à la gestion administrative de la relation contractuelle de travail : retrait du bulletin de paie, etc. (Circ. DSS 366 du 30-7-2004 n° II, A, 3 abrogée, diffusée par circ. Acoss 121 du 1-9-2004).

Les salariés, seuls **représentants** de leurs **employeurs établis hors de France,** n'ouvrent pas droit à l'exonération, car il n'y a pas d'établissement de l'employeur en France. En revanche, les salariés des **établissements de sociétés étrangères** situés en ZFU peuvent ouvrir droit à la mesure. On prend alors en compte l'effectif de toute l'entreprise (Circ. Acoss 11 du 26-1-1998).

2. EXONÉRATION

EXONÉRATION INITIALE

23940 Dans le cadre du **dispositif initial,** l'employeur bénéficie pendant **5 ans** d'une exonération des cotisations à sa charge au titre des assurances sociales, des allocations familiales, du Fnal et du versement mobilité.

L'exonération porte sur l'ensemble des cotisations et contributions entrant dans son champ pour les rémunérations inférieures ou égales à 1,4 Smic. Elle est ensuite dégressive au-delà. L'exonération n'est plus applicable pour les rémunérations équivalentes à 2 Smic et plus (Loi 96-987 du 14-11-1996 art. 12, I et V bis). La dégressivité de l'exonération est obtenue par l'application d'un coefficient calculé comme indiqué ci-après (n° 23950).

Sur le point de départ de cette durée de 5 ans de la période d'exonération initiale, voir n° 23945.

> **› Précisions** Restent dues :
> – la cotisation d'accidents du travail, les cotisations patronales de retraite complémentaire, la taxe sur les salaires et les contributions chômage, AGS, solidarité autonomie et dialogue social, les contributions à la formation et à l'alternance (contributions à la formation professionnelle, CPF-CDD, supplémentaire à l'apprentissage et taxe d'apprentissage) et la participation-construction ;
> – les cotisations dues aux **caisses de congés payés** (Cass. soc. 22-2-2006 n° 03-20.087 F-PB).

23945 **Point de départ de l'exonération initiale** L'**exonération de base** s'applique pendant **5 ans** à compter (Loi 96-987 du 14-11-1996 art. 12, V quater et V quinquies) :

– du 1-8-2006 (ZFU de « troisième génération ») ou du 1-1-2004 (ZFU de « deuxième génération ») pour les entreprises déjà présentes dans la zone à cette date ;

– de la date de l'implantation ou de la création si l'entreprise s'est établie postérieurement à la délimitation de la zone ;

– de la date d'effet du contrat de travail des salariés embauchés selon les conditions ouvrant droit à l'exonération dès lors que l'embauche intervient dans un délai de 5 ans à compter soit de la date de délimitation de la zone (1-8-2006, 1-1-2004) pour les entreprises présentes dans celle-ci à cette date, soit de l'implantation ou de la création de l'entreprise en ZFU si celle-ci est postérieure à la date de délimitation.

L'exonération est par ailleurs ouverte au titre des **salariés embauchés ou transférés** entre le 1-1-2003 et le 31-12-2014 dans les **entreprises implantées ou créées** en ZFU **entre le 1-1-2002 et le 31-12-2002** (Loi 96-987 du 14-11-1996 art. 12, V ter).

En cas de **suspension** du contrat de travail, le terme de 5 ans n'est pas reporté (Décret 2004-565 du 17-6-2004 art. 1, III).

À l'issue du délai de 5 ans, une **exonération dégressive** s'applique pendant une durée de 3 ou 9 ans (voir n° 23960).

Montant de l'exonération Le montant mensuel de l'exonération est égal au produit de la rémunération mensuelle brute versée au salarié, par un **coefficient** déterminé par l'application de celle des formules suivantes qui correspond à la situation du salarié (Décret 2004-565 du 17-6-2004 art. 2). 23950

Rémunération horaire du salarié **inférieure ou égale** à **1,4 Smic**	Rémunération horaire du salarié **supérieure** à 1,4 Smic mais **inférieure à** 2 Smic
Montant de l'exonération = montant total des taux des cotisations patronales d'assurances sociales (maladie, maternité, invalidité, décès et vieillesse) et d'allocations familiales, majorés des taux de la contribution au Fnal et du versement mobilité lorsque l'employeur en est redevable. Les taux retenus sont ceux applicables au premier jour de la période d'emploi rémunérée.	Montant de l'exonération = rémunération mensuelle brute versée au salarié × **coefficient** Coefficient = (T/0,6) × [(2 × Smic × 1,4 × nombre d'heures rémunérées/rémunération mensuelle brute) – 1,4] Dans cette formule : – **T** est égal au taux de cotisations patronales d'assurances sociales et d'allocations familiales majoré des taux de la cotisation et de la contribution au Fonds national d'aide au logement et du versement transport lorsque l'employeur en est redevable. Les taux retenus sont ceux applicables au premier jour de la période d'emploi rémunérée (Décret 2004-565 du 17-6-2004 art. 2) ; – la **rémunération** mensuelle brute est constituée des revenus d'activité pris en compte pour déterminer l'assiette des cotisations de sécurité sociale du régime général versées au salarié au cours du mois civil (Décret 2004-565 du 17-6-2004 art. 2) ; – le taux horaire du **Smic** est pris en compte pour sa valeur du premier jour de la période d'emploi rémunérée (Décret 2004-565 du 17-6-2004 art. 2) ; – le **nombre d'heures rémunérées** doit être déterminé dans les conditions de droit commun (nos 23365 s.). Pour les salariés dont la rémunération ne peut pas être déterminée au cours du mois en fonction d'un nombre d'heures de travail rémunérées, il est fait application des dispositions exposées nos 23380 s. (Décret 2004-565 du 17-6-2004 art. 2). En cas de **suspension du contrat de travail** avec maintien total ou partiel de la rémunération mensuelle brute du salarié, le nombre d'heures rémunérées pris en compte est égal au produit de la durée de travail que le salarié aurait effectuée s'il avait continué à travailler par le pourcentage de la rémunération demeurée à la charge de l'employeur et soumise à cotisations (Décret 2004-565 du 17-6-2004 art. 2). En pratique, le pourcentage est déterminé par application du rapport entre la rémunération du mois soumise aux cotisations et la rémunération qui aurait été versée si le contrat de travail avait continué à être exécuté. Le rapport entre ces deux paramètres ne peut pas être supérieur à 1 (Circ. Acoss 77 du 18-9-2009 no 13). Le résultat obtenu par application de cette formule est **arrondi** à 3 décimales, au millième le plus proche. S'il est supérieur à T, il est pris en compte pour une valeur égale à T. L'exonération ainsi déterminée s'applique dans la **limite** des cotisations d'assurances sociales (assurances maladie, maternité, invalidité, décès et assurance vieillesse) et d'allocations familiales à la charge de l'employeur au titre de la rémunération versée au salarié au cours du mois civil.

Pour des exemples de **bulletins de paie,** voir nos 94540 s.

EXONÉRATION DÉGRESSIVE

À l'issue des 5 années de l'exonération de base (nos 23940 s.), calculée comme indiqué ci-dessus (no 23950), dans les entreprises de **5 salariés et plus,** le bénéfice de l'exonération est maintenu de manière dégressive pendant les **3 années** suivantes aux **taux** de 60 % du montant des cotisations, contributions et versements concernés la première année, de 40 % la deuxième année et de 20 % la troisième année (Loi 96-987 du 14-11-1996 art. 12, V bis). 23960

Les entreprises de **moins de 5 salariés** bénéficient, après la période d'exonération initiale, d'une exonération dégressive pendant une période de **9 ans,** durant laquelle le taux d'exonération est ramené à 60 % pendant 5 ans, 40 % pendant 2 ans, puis 20 % pendant 2 ans (Loi 96-987 du 14-11-1996 art. 12, V bis).

23965 Le **plafond d'effectif** de 5 salariés est **apprécié** au niveau de l'entreprise, tous établissements confondus, au cours des 12 mois civils précédant le mois au cours duquel l'entreprise applique pour la première fois l'exonération à taux dégressif au titre d'un ou de plusieurs de ses salariés employés dans un établissement implanté dans une ZFU. Cet effectif est déterminé conformément aux dispositions prévues par le Code du travail (Décret 2004-565 du 17-6-2004 art. 6).

Les **salariés absents** ou dont le **contrat de travail est suspendu** sont pris en compte dans l'effectif s'ils perçoivent une rémunération. En revanche, sont exclus de l'effectif les apprentis, jusqu'au terme prévu au contrat ou, à défaut, à l'expiration d'une période de 2 ans à compter de sa conclusion, les bénéficiaires de contrats de professionnalisation pendant toute la durée du contrat (Circ. DSS 366 du 30-7-2004 n° I, A, 2 abrogée, diffusée par circ. Acoss 121 du 1-9-2004).

EXEMPLES

1. Soit un salarié rémunéré 2 275,05 € au mois de janvier 2023 (soit moins d'1,4 Smic correspondant à 2 393,05 € à cette date) dans une entreprise de 3 salariés pour un temps plein sans heure supplémentaire. La durée collective de l'entreprise est égale à la durée légale. Ce salarié a été embauché le 1-12-2014. Au moment de la première application de l'exonération à taux dégressif au titre de ce salarié, soit en janvier 2019, l'entreprise a moins de 5 salariés, un taux dégressif de 60 % s'applique donc pendant 5 ans. L'entreprise ne verse pas de versement mobilité et est assujettie au Fnal de 0,10 %. T = 0,2090 + 0,0010 = 0,2100.

Pour le salarié, le montant de l'exonération au titre du mois de janvier 2023 sera égal à : 0,2100 × 2 275,05 € × 60 % = 286,66 €

Pour la présentation de cet exemple détaillé sur le **bulletin de paie,** voir n° 94540.

2. Soit un salarié rémunéré 2 426,72 € au mois de janvier 2023 (soit plus d'1,4 Smic) dans une entreprise de 3 salariés pour un temps plein sans heure supplémentaire. La durée collective de l'entreprise est égale à la durée légale. Ce salarié a été embauché le 1-12-2014. Au moment de la première application de l'exonération à taux dégressif au titre de ce salarié, soit en janvier 2019, l'entreprise a moins de 5 salariés, un taux dégressif de 60 % s'applique donc pendant 5 ans. L'entreprise ne verse pas de versement mobilité et est assujettie au Fnal de 0,10 %. T = 0,2090 + 0,0010 = 0,2100.

Pour une rémunération de 2 426,72 €, au titre des revenus d'activité versés en janvier 2023, le calcul est le suivant : 0,2100/0,6 × [(2 × Smic × 1,4 × 151,67 h/2 426,72 €) – 1,4].

Le coefficient est égal à 0,200.

Pour le salarié, le montant de l'exonération au titre du mois de janvier 2023 sera égal à : 0,200 × 2 426,72 € × 60 % = 485,34 € × 60 % = 291,20 €.

Pour la présentation de cet exemple sur le **bulletin de paie,** voir n° 94550.

LIMITE DE 50 SALARIÉS

23970 L'exonération est limitée à l'équivalent de **50 emplois à temps plein,** appréciés au premier jour de chaque mois (Loi 96-987 du 14-11-1996 art. 12, IV). Lorsque l'entreprise est implantée dans **plusieurs ZFU,** la limite est applicable aux salariés employés dans le ou les établissements de l'entreprise situés dans une même ZFU (Circ. 366 du DSS 30-7-2004 n° II, B, 1 abrogée, diffusée par circ. Acoss 121 du 1-9-2004).

Pour l'appréciation de cette limite, sont pris en compte les salariés employés en **contrat** à durée indéterminée ou d'une durée déterminée d'au moins 12 mois et cotisant à l'assurance chômage, que leur contrat soit en cours d'exécution ou suspendu (Décret 2004-565 du 17-6-2004 art. 5).

Les salariés à **temps partiel** sont décomptés au prorata du nombre d'heures de travail prévu à leur contrat, heures complémentaires comprises, sur la durée du travail applicable dans l'établissement, définie sur la même période que le contrat (Décret 2004-565 du 17-6-2004 art. 5).

Une fois déterminé, l'effectif est **arrondi** à l'unité inférieure (Circ. 366 du DSS 30-7-2004 n° II, B, 1 abrogée, diffusée par circ. Acoss 121 du 1-9-2004).

MAINTIEN DE L'EXONÉRATION

24000 **Respect des conditions initiales** Si, pendant la durée d'application de l'exonération, le **contrat se poursuit** dans un établissement situé **hors ZFU,** l'exonération cesse définitivement pour les rémunérations versées à compter du premier jour du mois suivant celui au cours duquel le salarié a cessé d'être employé en ZFU (Décret 2004-565 du 17-6-2004 art. 1, III). C'est le cas lors du **détachement** d'un salarié dans un établissement hors de la ZFU, l'exonération cessant définitivement d'être applicable (Circ. Acoss 11 du 26-1-1998).

S'agissant des entreprises transférant tout ou partie de leur activité d'une zone franche à une autre, voir nº 23790.

En cas de **modification dans la situation juridique de l'employeur** au sens de l'article L 1224-1 du Code du travail, le nouvel employeur reprend le ou les droits à l'exonération dont a ou aurait pu bénéficier le précédent employeur, dans les conditions et pour la durée restant à courir (Décret 2004-565 du 17-6-2004 art. 1, IV).

Déclarations de mouvements de main-d'œuvre et d'embauche L'employeur est tenu d'adresser à l'administration et à l'Urssaf des cotisations : 24030

– une déclaration des mouvements de main-d'œuvre intervenus au cours de l'année précédente. Cette **déclaration annuelle** est établie pour chaque établissement de l'entreprise situé en ZFU et doit en principe être envoyée **au plus tard** au 31 janvier de chaque année (Loi 96-987 du 14-11-1996 art. 12, VI ; Décret 2004-565 du 17-6-2004 art. 9, I). Par tolérance, l'Urssaf repousse toutefois cette date au 30 avril (Doc. Urssaf au 6-2-2023) ;

– une déclaration lors de chaque embauche qui doit être envoyée dans un **délai maximum** de 30 jours à compter de la date d'effet du contrat de travail du salarié (Loi 96-987 du 14-11-1996 art. 12, VI ; Décret 2004-565 du 17-6-2004 art. 9, II), impérativement sur le formulaire type fixé par arrêté (Cass. 2e civ. 29-11-2012 nº 11-26.416 F-D), à la Dreets, ainsi qu'à l'Urssaf dont relève l'établissement employant les salariés (Décret 2004-565 du 17-6-2004 art. 9, II).

Les déclarations doivent être datées et signées par l'employeur et comporter certaines **mentions obligatoires** définies par décret. Des modèles sont fixés par arrêté ministériel (Décret 2004-565 du 17-6-2004 art. 9).

À défaut de respect des délais fixés, le **droit à l'exonération** n'est pas applicable au titre des cotisations afférentes aux rémunérations versées aux salariés concernés à compter (Loi 96-987 du 14-11-1996 art. 12, VI ; Décret 2004-565 du 17-6-2004 art. 9, III ; Doc. Urssaf au 17-2-2022) :

– du 1er janvier (date repoussée au 1er mai par tolérance de l'Urssaf) pour la déclaration annuelle ;

– ou de la date d'effet de l'embauche pour la déclaration d'embauche, et jusqu'au jour de l'envoi ou du dépôt de la déclaration aux services compétents, le cachet de La Poste faisant foi.

SUSPENSION DE L'EXONÉRATION

L'exonération des cotisations est **suspendue** dans les cas suivants : 24050

– non-respect de la **condition d'être à jour des cotisations** Urssaf ou dénonciation de l'engagement d'apurement progressif (nºs 23830 s.) : dans ce cas, l'exonération cesse d'être applicable aux rémunérations versées à compter du premier jour du mois suivant la date à laquelle la condition n'est pas remplie et jusqu'au premier jour du mois suivant celui où elle l'est à nouveau, ou à compter du premier jour du mois suivant la date de la dénonciation de l'engagement d'apurement progressif et jusqu'au premier jour du mois suivant la date à laquelle les sommes dues sont réglées (Décret 2004-565 du 17-6-2004 art. 7, al. 6 et art. 8, al. 4) ;

– non-respect de l'obligation des **déclarations de mouvement de main-d'œuvre ou d'embauche** : voir nº 24030.

Sur la remise en cause, en totalité ou en partie, de l'exonération en cas de **travail illégal**, voir nº 21740.

RÈGLES DE CUMUL

Cumuls interdits L'exonération ne se cumule, pour l'emploi d'un même salarié, avec aucune autre **aide de l'État** à l'emploi, **exonération totale ou partielle de cotisations** patronales de sécurité sociale, application de **taux spécifiques,** d'assiette ou de montants forfaitaires de cotisations (Loi 96-987 du 14-11-1996 art. 12, VI). 24070

› Précisions **a.** Pour l'application de la règle de non-cumul de l'exonération de charges sociales, ne sont pas considérés comme **taux spécifiques** les taux de cotisations plafonnées applicables aux membres des **professions médicales** à employeurs multiples, **VRP** ou aux **journalistes pigistes** (Circ. DSS 366 du 30-7-2004 nº VII, C abrogée, diffusée par circ. Acoss 121 du 1-9-2004).

b. L'exonération n'est notamment pas cumulable avec la **réduction générale** de cotisations patronales de sécurité sociale. Sur les conséquences d'une telle option, voir nº 21840.

c. Lorsque l'employeur applique une autre mesure après avoir accompli une **procédure déclarative ou de conventionnement,** il peut y renoncer pour les salariés dont le contrat est en cours au 1-1-2004 dans l'une des 41 ZFU ouvertes à cette date, sans attendre le terme de la mesure. La période d'application de l'autre mesure s'impute sur la durée de l'exonération ZFU (Circ. DSS 366 du 30-7-2004 nº VII, A abrogée, diffusée par circ. Acoss 121 du 1-9-2004).

24075 **Cumuls autorisés** Par exception, l'exonération ZFU est cumulable avec :
– les **déductions forfaitaires de cotisations patronales** pour heures supplémentaires : voir nos 8140 s. ;
– la réduction des taux de cotisations d'allocations familiales et d'assurance maladie (nos 22650 et 22670) ;
– une convention de coopération, cette dernière ne s'analysant pas en une aide de l'État (Circ. Acoss 11 du 26-1-1998).

24080 **Application de dispositifs d'allégements successifs** Pour les salariés **embauchés depuis l'entrée en vigueur de l'exonération ZFU** et pour lesquels l'employeur choisit d'appliquer une autre mesure d'allégement ayant une durée d'application limitée dans le temps, il peut bénéficier, pour la durée restant à courir, de l'exonération en faveur de l'emploi dans les ZFU au titre de la poursuite du contrat (s'il est à durée indéterminée) ou de l'embauche du salarié au terme du précédent contrat (s'il était à durée déterminée).

Dans ce cas (Circ. DSS 366 du 30-7-2004 n° VII, A abrogée, diffusée par circ. Acoss 121 du 1-9-2004) :
– la durée de 5 ans est décomptée à partir de la date d'effet de la première embauche du salarié et la période d'application de l'autre mesure d'allégement s'impute sur cette durée ;
– l'embauche du salarié sous contrat de travail à durée déterminée d'au moins 12 mois au terme du précédent contrat conclu pour une durée déterminée n'ouvre pas droit à l'allégement.

3. MODALITÉS PRATIQUES

24150 Le montant total de l'exonération est à reporter sur la déclaration Urssaf à l'aide de plusieurs CTP variables selon la situation : CTP 673 « ZFU Cot SS + Fnal 0,10 % », CTP 674 « ZFU Fnal Suppl », CTP 675 « ZFU Verst Mobilité » ou CTP 773 « ZFU Taxe Synd Mixte Transp ». L'exonération doit être déclarée sur la DSN selon les modalités suivantes : les exonérations doivent être rattachées au bloc S21.G00.81 de la DSN, code de cotisation 015 (Guide Acoss DSN 2023 p. 286).

Pour la mention des exonérations sur le **bulletin de paie,** voir n° 13705. S'agissant de la présentation du bulletin de paie, on se reportera aux exemples donnés nos 94540 et 94550.

4. EMPLOIS ASSOCIATIFS

24200 Les associations situées dans les **zones franches** définies n° 23740 bénéficient d'une exonération des cotisations sociales patronales, dans des conditions similaires à l'exonération pour l'emploi en zone franche, sauf sur les points suivants. Peuvent bénéficier de l'exonération les **associations** (Loi 96-987 du 14-11-1996 art. 12-1) :
– implantées au 1-1-2004 dans une ZFU de première ou deuxième « génération » ou qui s'y créent ou s'y implantent au plus tard le 31-12-2014 ;
– implantées au 1-8-2006 dans une ZFU de « troisième génération » ou qui s'y créent ou s'y implantent au plus tard le 31-12-2014.

Contrairement à l'exonération de droit commun, cette exonération n'est ouverte qu'au titre de l'emploi de salariés **résidant** dans la ZFU, ou dans un quartier prioritaire de la politique de la ville située dans la même unité urbaine que la ZFU où est implantée l'association. Cette condition est appréciée pendant les 3 mois précédant l'ouverture du droit (Décret 2004-565 du 17-6-2004 art. 16).

De plus, elle s'applique dans une **limite** de 15 salariés, au lieu de 50, appréciée au premier jour de chaque mois, les salariés employés à temps partiel étant pris en compte au prorata de la durée de travail prévue à leur contrat (Loi 96-987 du 14-11-1996 art. 12-1). Cette limite est appréciée dans chaque zone (Circ. DSS 367 du 30-7-2004 n° II, D, abrogée, diffusée par circ. Acoss 128 du 9-9-2004).

L'exonération s'applique, pendant 5 ans à taux plein, aux **salariés présents** dans l'établissement de l'association implanté dans la zone au 1er janvier 2004 ou au 1er août 2006 ou lors de la création ou de l'implantation, à compter de ces dates, ainsi qu'aux salariés **embauchés** par l'association dans les 5 ans de sa création ou de son implantation, ce à compter de la date d'effet du contrat de travail (Loi 96-987 du 14-11-1996 art. 12-1).

L'exonération est ouverte au titre de l'emploi de salariés dont l'activité réelle, régulière et indispensable à l'exécution du contrat de travail s'exerce principalement dans la zone concernée, c'est-à-dire pour une durée supérieure à la moitié de l'horaire prévu par le contrat, heures complémentaires non comprises (Loi 96-987 du 14-11-1996 art. 12-1 ; Décret 2004-565 du 17-6-2004 art. 17).

Les **autres conditions et modalités** de l'exonération (durée, montant de l'exonération, etc.) sont identiques à celles de l'exonération de droit commun. On se reportera donc aux nos 23740 s.

> Précisions **a.** L'exonération peut bénéficier à toutes les **associations,** quelles que soient leurs **activités,** y compris lorsqu'elles exercent des activités économiques et sont à ce titre assujetties à l'impôt sur les sociétés, à la TVA et à la taxe professionnelle, remplacée par la contribution économique territoriale (Circ. DSS 367 du 30-7-2004 n° I, A abrogée, diffusée par circ. Acoss 128 du 9-9-2004).
b. Les associations **présentes dans une ZFU au 1-1-2004 ou au 1-8-2006** employant ou ayant employé des salariés au titre desquels elles bénéficient ou **ont bénéficié de l'exonération** pour l'emploi en ZFU ne peuvent pas bénéficier de l'exonération spécifique à l'emploi associatif (Loi 96-987 du 14-11-1996 art. 12-1).
c. Les associations répondant simultanément aux conditions pour bénéficier de l'exonération pour les emplois associatifs et de l'exonération pour l'emploi en ZFU (voir en particulier n° 23780) doivent **opter** pour l'application à tous leurs salariés de l'un ou l'autre de ces deux dispositifs. Cette option, définitive et irrévocable, doit être exercée dans les 3 mois qui suivent la date à compter de laquelle l'une ou l'autre de ces exonérations est appliquée pour la première fois (Loi 96-987 du 14-11-1996 art. 12-1). Elle vaut pour tous les salariés de l'association employés dans une même zone (Circ. DSS 367 du 30-7-2004 n° I, B abrogée, diffusée par circ. Acoss 128 du 9-9-2004).
d. Lorsqu'une association ayant précédemment bénéficié de l'exonération pour les emplois associatifs **s'implante dans une autre ZFU** que celle au titre de laquelle elle a bénéficié de l'exonération, le droit à l'exonération cesse d'être applicable aux revenus d'activité versés aux salariés dont l'emploi est transféré dans cette autre zone. L'exonération n'est applicable qu'aux rémunérations des salariés embauchés dans cette autre zone dont l'embauche a pour effet d'accroître l'effectif de l'association au-delà de l'effectif total employé dans la précédente zone avant la date d'implantation dans la nouvelle zone (Loi 96-987 du 14-11-1996 art. 12-1).

SECTION 7

EXONÉRATION DANS LES BASSINS D'EMPLOI À REDYNAMISER

Les entreprises s'implantant dans les bassins d'emploi à redynamiser (BER) bénéficient, quel que soit leur effectif, d'une exonération temporaire de cotisations sociales patronales (Loi 2006-1771 du 30-12-2006 art. 130, VII). 24290

EMPLOYEURS VISÉS

L'exonération concerne les entreprises exerçant une **activité** industrielle, commerciale ou artisanale, à l'exception des activités de crédit-bail mobilier et de location d'immeubles à usage d'habitation, ou une activité professionnelle non commerciale. 24300
Pour en bénéficier, les employeurs doivent **s'implanter le 31 décembre 2023** au plus tard dans un bassin d'emploi à redynamiser. Cette implantation peut résulter soit de la création d'une entreprise, soit de la création d'un établissement par une entreprise préexistante.

> Précisions **a.** Les 2 BER sont la zone d'emploi de la **vallée de la Meuse** (région Champagne-Ardenne) et celle de **Lavelanet** (région Midi-Pyrénées) (Décret 2007-228 du 20-2-2007).
b. Un décret précise les modalités d'application de cette exonération (Décret 2007-648 du 30-4-2007).
L'exonération ne peut pas bénéficier à des **établissements déjà présents au 1er janvier 2007** dans le bassin d'emploi considéré (BOSS-Exo. zonées-820). Mais toute société créée à compter du 1-1-2007 dans un BER qui reprend le fonds d'une société déjà implantée dans cette zone avant 2007 peut appliquer l'exonération aux salariés repris (BOSS-Exo. zonées-890). De plus, elle s'applique en cas d'**extension** d'établissement ouvrant droit à l'exonération de cotisation foncière des entreprises prévue à l'article 1447 du CGI (voir Mémento fiscal n° 43620) (Loi 2006-1771 du 30-12-2006 art. 130, VII, BOSS-Exo. zonées-820 et 910 s.). Dans ce dernier cas, l'exonération ne concerne que les salariés recrutés à l'occasion de cette extension, dans les conditions particulières fixées par le décret 2007-648 du 30 avril 2007.
c. Sur la remise en cause de l'exonération en cas de **travail illégal,** voir n° 21740.

SALARIÉS CONCERNÉS

Ouvrent droit à l'exonération tous les **salariés** des employeurs éligibles dont l'activité réelle, régulière et indispensable à l'exécution du contrat de travail s'exerce en tout ou partie dans un bassin d'emploi à redynamiser (Loi 2006-1771 du 30-12-2006 art. 130, VII). 24310

L'exonération n'est pas applicable aux revenus d'activité afférents aux **emplois transférés** par une entreprise dans une zone d'emploi à redynamiser pour lesquels elle a bénéficié, au titre d'une ou plusieurs des 5 années précédant celle du transfert, soit de l'exonération pour l'emploi en zone de redynamisation urbaine ou en ZRR, soit du versement de la prime d'aménagement du territoire (Loi 2006-1771 du 30-12-2006 art. 130, VII).

Des conditions plus restrictives s'imposent si les salariés sont recrutés dans le cadre d'une extension d'établissement (Décret 2007-648 du 30-4-2007, art. 3).

> Précisions a. L'exonération s'applique aux **salariés** quelles que soient la nature et la durée du contrat de travail liant le salarié à l'entreprise. Les salariés ne doivent pas nécessairement résider dans le bassin d'emploi à redynamiser mais ils ne peuvent pas ouvrir droit à l'exonération BER si leur employeur bénéficie déjà d'une autre mesure non cumulable avec cette exonération BER à leur titre (n° 24330 ; BOSS-Exo. zonées-860-870).

b. Sont **exclus** les **dirigeants de société** cumulant un mandat social et un contrat de travail, pour leurs rémunérations afférentes à leur mandat social (BOSS-Exo. zonées-870).

c. L'activité du salarié devant s'exercer en tout ou en partie dans un BER, ouvre droit à l'exonération le salarié (BOSS-Exo. zonées-880) :

– dont l'**activité** est **exercée exclusivement** dans l'établissement implanté dans un BER ;

– dont l'activité s'exerce **en partie dans l'établissement** implanté dans un BER, lorsque l'exécution de son contrat de travail rend indispensable l'utilisation régulière des éléments d'exploitation ou de stock présents dans l'établissement ou lorsque son activité dans cet établissement est réelle, régulière et indispensable à l'exécution de son contrat de travail ;

– dont l'activité s'exerce **en dehors** de l'établissement lorsque son activité dans un BER est réelle, régulière et indispensable à l'exécution de son contrat de travail.

APPLICATION DE L'EXONÉRATION

24315 **Conditions** Pour bénéficier de l'exonération, les employeurs doivent :

– être à jour de leurs **obligations à l'égard de l'Urssaf** ou avoir souscrit un engagement d'apurement progressif de leurs dettes, cette obligation s'appréciant au niveau de chaque établissement situé dans un BER lorsqu'une entreprise en comporte plusieurs, indépendamment les uns des autres (BOSS-Exo. zonées-970) ;

– respecter la réglementation européenne des **aides « de minimis »,** exposée n° 23800 ou, dans les zones d'aide à finalité régionale, les règles communautaires relatives aux aides nationales à l'investissement à finalité régionale.

24317 **Cotisations et contributions visées** L'exonération porte sur les **cotisations patronales** dues au titre des assurances sociales (maladie, maternité, invalidité, décès, vieillesse) et des allocations familiales, ainsi que du versement mobilité et de la contribution au Fnal (Loi 2006-1771 du 30-12-2006 art. 130, VII).

> Précisions Les **cotisations restant dues,** y compris sur la fraction de la rémunération exonérée, sont : les cotisations patronales de retraite complémentaire Agirc-Arrco, les contributions chômage, AGS, solidarité autonomie et dialogue social, la taxe sur les salaires, les contributions à la formation et à l'alternance (contributions à la formation professionnelle, CPF-CDD, supplémentaire à l'apprentissage et taxe d'apprentissage), la participation-construction, la cotisation accidents du travail et, le cas échéant, la cotisation aux caisses de congés payés.

24320 **Calcul de l'exonération** L'exonération s'applique aux cotisations et contributions patronales visées n° 24317 dans la limite d'un **plafond** égal au produit du nombre d'heures rémunérées calculé comme indiqué nos 23365 s. par le montant du Smic majoré de 40 %. Pour une rémunération horaire supérieure à 1,4 Smic, le montant de l'exonération est déterminé selon la formule suivante :

$$T \times 1{,}4 \times \text{Smic horaire} \times \text{nombre d'heures rémunérées}$$

avec T correspondant à la somme des taux de cotisations et contributions patronales visées par l'exonération (Loi 2006-1771 du 30-12-2006 art. 130, VII).

EXEMPLE

Soit un salarié à temps plein rémunéré 3 000 € (soit supérieur à 1,4 Smic) en janvier 2023 dans une entreprise de plus de 50 salariés. Le taux de versement mobilité applicable est de 1,65 %.

La somme des cotisations et contributions patronales (T) est égale à : 7 (assurance maladie) + 10,45 (assurance vieillesse plafonnée et déplafonnée) + 3,45 (allocations familiales) + 0,5 (Fnal pour une entreprise de plus de 50 salariés) + 1,65 (versement mobilité) = 23,05 %.

La rémunération du salarié étant supérieure au plafond de 1,4 Smic, l'exonération est calculée de la façon suivante : 23,05 % × 11,27 × 1,4 × 151,67 = 551,60 €.

Durée de l'exonération La durée d'exonération est variable selon la date d'implantation ou de création de l'entreprise (Loi 2006-1771 du 30-12-2006 art. 130, VII). 24325

Entreprises implantées ou créées dans un BER du 1er janvier 2007 **au 31-12-2013**	Entreprises implantées ou créées dans un BER **du 1-1-2014** au 31-12-2023
Exonération accordée pour **7 ans** : – à compter de la date d'implantation ou de la création de l'entreprise ; – à compter de la date d'effet du contrat de travail en cas d'embauche de salariés dans les **7 années suivant** la date de l'implantation ou de la création.	Exonération applicable pour une période de **5 ans** : – à compter de la date d'implantation ou de la création de l'entreprise ; – à compter de la date d'effet du contrat de travail en cas d'embauche de salariés dans les **5 années suivant** la date de l'implantation ou de la création.

RÈGLES DE CUMUL

Le bénéfice de l'exonération ne peut pas être cumulé, pour l'emploi d'un même salarié, avec celui d'une **aide de l'État** à l'emploi ou d'une **exonération totale ou partielle de cotisations** patronales de sécurité sociale (à l'exception des déductions forfaitaires de cotisations patronales pour heures supplémentaires : voir nos 8140 s.) ou l'application de **taux spécifiques,** d'assiettes ou de montants forfaitaires de cotisations (Loi 2006-1771 du 30-12-2006 art. 130, VII). L'exonération est toutefois cumulable avec la **réduction des taux de cotisations** d'allocations familiales et d'assurance maladie (voir nos 22650 et 22670). 24330

Les taux réduits de cotisations applicables aux **journalistes professionnels,** pigistes et assimilés, aux **VRP à cartes multiples** et aux membres des professions médicales à employeurs multiples ne sont pas non plus concernés par cette règle de non-cumul (BOSS-Exo. zonées-960).

MODALITÉS PRATIQUES

Pour bénéficier et/ou continuer à bénéficier de l'exonération, l'employeur doit faire parvenir à son Urssaf, au plus tard le 30 avril de l'année suivant la dernière année civile de la période sur laquelle elle porte, un document prouvant sa conformité à la réglementation européenne sur les aides de minimis (no 23800 ; Loi 2006-1771 du 30-12-2006 art. 130, VII ; Décret 2007-648 du 30-4-2007 art. 8). 24340

Le nombre de salariés concernés et le montant de l'exonération doivent être mentionnés sur une ligne spécifique de la déclaration Urssaf via le CTP 755 « Bassin d'emploi à redynamiser ». L'exonération doit être indiquée par l'entreprise dans la **DSN** bloc S21.G00.81, code de cotisation 010 (Guide Acoss DSN 2023 p. 286).

Pour la mention des exonérations sur le **bulletin de paie,** voir no 13705.

SECTION 8

EXONÉRATION DANS LES ZONES DE RESTRUCTURATION DE LA DÉFENSE

Les entreprises créant une activité en zone de restructuration de la défense (ZRD) bénéficient d'une exonération temporaire des cotisations patronales d'assurances sociales (maladie, maternité, invalidité, décès, vieillesse) et d'allocations familiales (Loi 2008-1443 du 30-12-2008 art. 34, VI). Cette exonération complète des dispositifs fiscaux en faveur de ces entreprises. 24400

ENTREPRISES CONCERNÉES

Implantation dans une ZRD L'exonération bénéficie à l'**établissement** d'une entreprise, quel que soit son effectif, qui s'implante ou qui se crée pour exercer une **nouvelle activité dans le périmètre d'une zone** de restructuration de la défense définie à l'article 42, 3 ter, 1° de la loi 95-115 du 4-2-1995 ou dans les emprises foncières libérées par la réorganisation d'unités militaires ou d'établissements du ministère de la défense, situées dans les communes définies à l'article 42, 3 ter, 2° de la même loi (Loi 2008-1443 du 30-12-2008 art. 34, VI). 24410

Les ZRD sont **délimitées** par un arrêté déterminant, pour chaque zone, celle des années comprises entre 2009 et 2021 au titre de laquelle elle est reconnue (Arrêté EATM0918160A du 1-9-2009, modifié en dernier lieu par arrêté TERB2121679A du 20-8-2021 et loi 2020-1721 du 29-12-2020 art. 223).

Pour ouvrir droit à exonération, les entreprises doivent se créer ou s'implanter en ZRD pendant une période de **6 ans** pour les zones reconnues à compter du 1er janvier 2015 (3 ans pour les zones reconnues avant cette date) à compter (Loi 2008-1443 du 30-12-2008 art. 34, VI ; Décret 2011-1113 du 16-9-2011 art. 4, I) :

– soit de la date de publication de l'arrêté délimitant les zones lorsque la reconnaissance en tant que ZRD est immédiate ;

– ou, si cette seconde date est postérieure, du 1er janvier de l'année précédant celle au titre de laquelle le territoire (ou la commune) est reconnu comme ZRD par cet arrêté.

> Précisions a. Quand une **commune** fait partie d'une zone d'emploi classée en ZRD, c'est l'intégralité du territoire de la commune qui fait partie de la zone, de sorte que l'exonération s'applique quel que soit le quartier dans lequel l'entreprise s'implante ou se crée (BOSS-Exo. zonées-570). Quand une zone d'emploi est reconnue au titre d'une **emprise foncière,** l'exonération n'est applicable qu'aux entreprises qui se créent ou s'implantent dans les emprises foncières situées dans la commune visée par l'arrêté délimitant les zones. Il convient de s'adresser à la préfecture pour connaître la délimitation précise des emprises foncières (Circ. Acoss 1 du 9-1-2012 n° 1.2).

b. L'exonération n'est pas applicable aux entreprises créées dans le cadre d'une **concentration,** d'une restructuration, d'une extension d'activités préexistantes ou d'une reprise de telles activités au sens de l'article 44 sexies, III du CGI. Une exception est cependant prévue lorsque ces activités préexistantes dans la zone sont le fait d'entreprises qui ont mis en œuvre un plan de sauvegarde de l'emploi dans les conditions fixées par l'article L 1233-61 du Code du travail ou font l'objet d'une procédure collective visée aux articles L 631-1 ou L 640-1 du Code de commerce, ou d'entreprises bénéficiant déjà de l'exonération. Dans ce dernier cas, l'exonération est ouverte pour la durée restant à courir (Loi 2008-1443 du 30-12-2008 art. 34, VI).

La création d'une société, **suite au rachat d'un fonds de commerce** préalablement existant dans une ZRD, n'ouvre pas non plus droit au dispositif (BOSS-Exo. zonées-550).

c. En **pratique,** la période de 6 ans pour l'implantation ou la création de nouvelle activité en ZRD court du 1er janvier 2018 au 31 décembre 2023 pour les communes reconnues en ZRD en 2019 (Arrêté ARCR1622070A du 2-11-2016) et du 1-1-2020 au 31-12-2026 pour les communes reconnues en ZRD en 2021 (Arrêté TERB2121679A du 20-8-2021).

24415 **Activité et réalité économique** L'entreprise doit exercer une **activité** industrielle, commerciale ou artisanale (à l'exception des activités de crédit-bail mobilier et de location d'immeubles à usage d'habitation), ou une activité professionnelle non commerciale (Loi 2008-1443 du 30-12-2008 art. 34, VI).

Pour pouvoir bénéficier de l'exonération, l'**établissement** doit présenter une **réalité économique** caractérisée par (Décret 2011-1113 du 16-9-2011 art. 1er) :

– une implantation ou une création réelle dans la zone ou l'emprise foncière concernée ;

– et la présence des éléments d'exploitation ou de stocks nécessaires à la réalisation, au sein de l'établissement, d'une activité économique effective.

SALARIÉS VISÉS

24440 L'exonération peut concerner tous les salariés employés par un établissement répondant aux conditions exposées ci-dessus, sans limitation d'effectif. L'**activité** réelle, régulière et indispensable à l'exécution du contrat de travail des salariés doit s'exercer en tout ou partie dans une ZRD (Loi 2008-1443 du 30-12-2008 art. 34, VI). Ainsi, ouvrent droit à l'exonération les rémunérations versées (Décret 2011-1113 du 16-9-2011 art. 2, I) :

– au salarié dont l'activité est exercée **exclusivement** dans l'établissement implanté dans les zones concernées ;

– au salarié dont l'activité s'exerce **en partie** dans l'établissement implanté dans les zones concernées lorsque l'exécution de son contrat de travail rend indispensable l'utilisation régulière des éléments d'exploitation ou de stocks présents dans l'établissement ou lorsque son activité dans cet établissement est réelle, régulière et indispensable à l'exécution de son contrat de travail ;

– au salarié dont l'activité s'exerce **en dehors** de cet établissement lorsque son activité dans une de ces zones est régulière et indispensable à l'exécution de son contrat de travail.

La **preuve** de la régularité de l'activité incombe à l'employeur. Cette condition est réputée remplie dès lors que le salarié est présent, chaque mois, dans l'établissement ou dans une des zones concernées pendant une durée au moins égale à la moitié de la durée de travail figurant à son contrat de travail et que cette présence est indispensable à l'exécution de ce contrat (Décret 2011-1113 du 16-9-2011 art. 2, I).

> **Précisions** **a.** L'exonération est applicable aux salariés quelles que soient la **nature** et la **durée** du **contrat de travail.** En revanche, sont **exclus** du dispositif les dirigeants de société cumulant un mandat social et un contrat de travail, pour leurs rémunérations afférentes à leur mandat social et les salariés pour lesquels l'employeur bénéficie d'une mesure non cumulable avec l'exonération ZRD (nº 24500) (BOSS-Exo. zonées-600 s.).
> **b.** En cas de modification de l'activité plaçant le **salarié en dehors du champ** défini ci-dessus ou en cas de **poursuite du contrat de travail dans un établissement** situé **hors d'une des zones** éligibles au cours de la durée d'application de l'exonération, celle-ci cesse définitivement d'être applicable aux rémunérations versées à compter du premier jour du mois suivant celui au cours duquel le salarié ne remplit plus les conditions fixées ci-dessus ou au cours duquel il a cessé d'être employé dans un établissement implanté dans ces zones (Décret 2011-1113 du 16-9-2011 art. 2, II).
> **c.** Sur l'incidence de la **suspension du contrat** de travail sur la durée de l'exonération, voir nº 24490.

Transfert d'emplois L'exonération n'est pas applicable aux rémunérations afférentes aux emplois transférés : 24450
– par une entreprise dans une ZRD pour lesquelles l'employeur a bénéficié, au titre d'une ou plusieurs des 5 années précédant celle du transfert, de l'une des exonérations ou aides suivantes : exonération pour embauche en ZRR (nos 23030 s.) ; exonération pour l'emploi en ZFU (nos 23740 s.) ; versement d'une prime d'aménagement du territoire (Loi 2008-1443 du 30-12-2008 art. 34, VI). Cette période de 5 ans est décomptée de date à date à partir du premier jour du mois au titre duquel est appliquée pour la dernière fois l'exonération en cause ou à partir de la date du versement de la prime d'aménagement du territoire jusqu'à la date du transfert de l'emploi dans une des ZRD (Décret 2011-1113 du 16-9-2011 art. 8) ;
– dans une emprise foncière visée nº 24410 depuis des établissements situés dans le reste du territoire de la commune ou celui des communes limitrophes (Loi 2008-1443 du 30-12-2008 art. 34, VI).
Hormis ces cas, l'exonération est applicable à tout salarié, embauché ou transféré (BOSS-Exo. zonées-650).

EXONÉRATION

Conditions Le bénéfice de l'exonération est subordonné au fait, pour l'employeur : 24460
– de respecter la **réglementation européenne** relative aux aides de minimis, exposée nº 23800. Lorsque cette réglementation n'est plus respectée, l'exonération cesse d'être applicable aux rémunérations versées à compter du premier jour du mois suivant la date du dépassement (Décret 2011-1113 du 16-9-2011 art. 9).
Toutefois, il est possible dans certains cas, et sous certaines conditions de délai, d'opter pour l'application de l'article 13 du règlement (CE) 800/2008 de la Commission du 6-8-2008 (Loi 2008-1443 du 30-12-2008 art. 34, VI) ;
– d'être à jour de ses **obligations déclaratives ou de paiement** à l'égard de l'organisme de recouvrement, cette condition étant appréciée au niveau de chaque établissement situé dans une ZRD, lorsqu'une entreprise en comporte plusieurs, indépendamment les uns des autres (Loi 2008-1443 du 30-12-2008 art. 34, VI ; BOSS-Exo. zonées-680).
Pour apprécier cette seconde condition, sont pris en compte les cotisations et les contributions de sécurité sociale à la charge de l'employeur et du salarié, la contribution Fnal, le versement mobilité, ainsi que les pénalités et majorations de retard dues sur les rémunérations versées aux salariés de l'établissement échues (Décret 2011-1113 du 16-9-2011 art. 7) :
– à la date à laquelle l'établissement applique l'exonération pour la première fois ;
– puis pour chaque semestre civil. La condition tenant au paiement des cotisations est vérifiée à la date d'exigibilité du versement de ces cotisations et contributions qui suit chaque semestre civil.
L'établissement qui a souscrit et respecte un **plan d'apurement des cotisations** dues est considéré comme à jour de ses paiements et peut également bénéficier des exonérations applicables aux cotisations intégrées dans ce plan (Décret 2011-1113 du 16-9-2011 art. 7).

> **Précisions** Si l'employeur n'est plus à jour de ces cotisations, l'exonération n'est plus applicable aux rémunérations versées à compter du premier jour du mois suivant la date à laquelle il a été vérifié que la **condition** n'était **pas remplie.** Lorsque l'établissement est **à nouveau à jour** du paiement de ses cotisations et contributions sociales, l'exonération peut être

appliquée aux rémunérations versées à compter du premier jour du mois suivant. Dans ce cas, l'établissement peut bénéficier des exonérations liées aux rémunérations versées pendant la période au cours de laquelle il n'avait pas été à jour (Décret 2011-1113 du 16-9-2011 art. 7).
Sur la perte de l'exonération en cas de **travail illégal,** voir n° 21740.

24470 **Cotisations et contributions** Les rémunérations au sens de l'article L 242-1 du CSS (c'est-à-dire entrant dans l'assiette des cotisations de sécurité sociale du régime général), versées au cours d'un mois civil aux salariés concernés, sont exonérées de cotisations à la charge de l'employeur au titre des **assurances sociales** (assurances maladie, maternité, invalidité, décès et assurance vieillesse) et des **allocations familiales** (Loi 2008-1443 du 30-12-2008 art. 34, VI).

› Précisions Les **autres cotisations** restant dues, y compris sur la fraction de la rémunération exonérée, sont : les cotisations patronales de retraite complémentaire Agirc-Arrco, les contributions chômage, AGS, solidarité autonomie, dialogue social et Fnal, la taxe sur les salaires, les contributions à la formation et à l'alternance (contributions à la formation professionnelle, CPF-CDD, supplémentaire à l'apprentissage et taxe d'apprentissage), la participation-construction, la cotisation accidents du travail, le versement mobilité et, le cas échéant, la cotisation aux caisses de congés payés.

24480 **Calcul** L'exonération est totale pour une rémunération horaire inférieure ou égale au **Smic majoré de 40 %,** puis décroît et s'annule pour une rémunération horaire égale ou supérieure au **Smic majoré de 140 %.** Le montant de l'exonération est calculé par salarié et par mois civil (Loi 2008-1443 du 30-12-2008 art. 34, VI ; Décret 2011-1113 du 16-9-2011 art. 5 ; BOSS-Exo. zonées-730). Il est égal au produit de la rémunération mensuelle brute du salarié par un coefficient déterminé selon la formule indiquée dans le tableau ci-dessous. La durée d'exonération est limitée : voir n° 24490.

Calcul de l'exonération ZRD	
Rémunération horaire du salarié **inférieure ou égale** à **1,4 Smic**	Rémunération horaire du salarié **supérieure ou égale** à 1,4 Smic mais **inférieure à** 2,4 Smic
Montant de l'exonération = montant total des cotisations d'assurances sociales et d'allocations familiales à la charge de l'employeur au titre de la rémunération versée au salarié au cours du mois civil	Montant de l'exonération = rémunération mensuelle brute versée au salarié × **coefficient** Coefficient = T × [(2,4 × Smic × 1,4 × nombre d'heures rémunérées/rémunération mensuelle brute) – 1,4] Dans cette formule : – **T** est égal à la somme des taux de cotisations patronales éligibles à l'exonération dues au niveau du Smic. Cette valeur suit donc automatiquement l'évolution des taux des cotisations concernées ; – la **rémunération mensuelle brute** est constituée des revenus d'activité pris en compte pour déterminer l'assiette des cotisations définie à l'article L 242-1 du CSS ; – la **valeur horaire du Smic** à prendre en compte est celle en vigueur pour la période d'emploi au titre de laquelle la rémunération du salarié est éligible à l'exonération ; – le **nombre d'heures rémunérées** pris en compte en cas de suspension du contrat de travail avec maintien partiel de la rémunération du salarié est égal au produit de la durée de travail que le salarié aurait effectuée s'il avait continué à travailler par le pourcentage de la rémunération demeurée à la charge de l'employeur et soumise à cotisations. Pour les salariés dont la rémunération ne peut pas être déterminée au cours du mois en fonction d'un nombre d'heures de travail rémunérées, il est fait application des dispositions exposées n°s 23380 s. Le résultat obtenu par application de cette formule est **arrondi** à 3 décimales, au millième le plus proche. S'il est supérieur à T, il est pris en compte pour une valeur égale à T. L'exonération ainsi déterminée s'applique **dans la limite des cotisations** d'assurances sociales et d'allocations familiales à la charge de l'employeur au titre de la rémunération versée au salarié au cours du mois civil.

EXEMPLE 24485

En janvier 2023, un salarié à temps plein est rémunéré à hauteur de 1,9 Smic, soit 3 247,71 € (151,67 × 11,27 × 1,9 = 3 247,71 €).

La somme des taux de cotisations (T) entrant dans le champ de l'exonération est égal à : 7 (assurance maladie) + 10,45 (assurance vieillesse plafonnée et déplafonnée) + 3,45 (allocations familiales) = 20,90 %.

Montant du coefficient : 20,90 × [(2,4 × 11,27 × 1,4 × 151,67/3 247,71) – 1,4] = 0,077.

Montant de l'exonération : 3 247,71 × 0,077 = 250,07 €.

Durée L'exonération est applicable pendant **5 ans** à compter de l'implantation ou de la création de l'établissement dans la zone concernée (Loi 2008-1443 du 30-12-2008 art. 34, VI). Elle est réputée être octroyée le jour où les cotisations auxquelles elle s'applique sont exigibles pour la première fois (Décret 2011-1113 du 16-9-2011 art. 9). 24490

En cas de **transfert d'entreprise** au sens de l'article L 1224-1 du Code du travail, le nouvel employeur reprend le ou les droits à l'exonération dont a bénéficié le précédent employeur, dans les conditions et pour la durée restant à courir (Décret 2011-1113 du 16-9-2011 art. 3).

ATTENTION

La **date d'effet de l'embauche** qui donne lieu aux rémunérations sur lesquelles s'applique l'exonération n'a pas pour effet de prolonger cette période de 5 ans, ni de retarder son début (Décret 2011-1113 du 16-9-2011 art. 4, II). De ce fait, si un établissement s'implante en ZRD le 1er janvier 2023 (voir n° 24410, c), le droit à l'exonération vaut jusqu'au 1er janvier 2028. Si un salarié est embauché le 1er avril 2023, le droit à l'exonération vaut de la même façon jusqu'au 1er janvier 2028.

La **suspension du contrat de travail** ne prolonge pas la durée de l'exonération (Décret 2011-1113 du 16-9-2011 art. 2, II).

Dégressivité Une dégressivité s'applique dans le temps. Le montant de l'exonération (Loi 2008-1443 du 30-12-2008 art. 34, VI ; Décret 2011-1113 du 16-9-2011 art. 5) : 24492

– est applicable **à taux plein** pendant les 3 premières années ;

– fait l'objet d'une **réduction** égale au tiers la quatrième année et aux deux tiers la cinquième année.

Ces réductions sont applicables **à compter du premier jour du mois suivant** la date déclenchant le passage à l'exonération à taux dégressif (BOSS-Exo. zonées-780).

EXEMPLE

Soit le salarié précité n° 24485. Il a été embauché le 1er janvier 2019 et a ouvert droit à ce titre à l'exonération à taux plein entre 2019 et 2022 (3 ans), l'entreprise s'étant implantée dans une commune placée en ZRD en 2018. En février 2023, l'exonération auquel il donne droit est réduite d'un tiers (4e année).

Ainsi, le montant de l'exonération est égal à : 250,07 € – (250,07 € × 1/3) = 166,71 €.

Changement de régime L'employeur qui applique le dispositif ZRD peut à tout moment et sans attendre le terme des 5 ans **opter,** salarié par salarié, pour l'application de la **réduction générale de cotisations patronales,** en lieu et place de l'exonération ZRD, sans remise en cause rétroactive de sommes exonérées à ce titre, dans la mesure où il en remplit bien les conditions d'application (BOSS-Exo. zonées-790). 24495

RÈGLES DE CUMUL

Le bénéfice de l'exonération ne peut pas être cumulé, pour l'emploi d'un même salarié, avec celui d'une **aide de l'État** à l'emploi ou d'une **exonération totale ou partielle de cotisations** patronales de sécurité sociale ou l'application d'assiettes, montants ou **taux spécifiques.** L'exonération est toutefois cumulable avec les déductions forfaitaires de cotisations patronales sur les heures supplémentaires étudiées nos 8140 s. (Loi 2008-1443 du 30-12-2008 art. 34, VI) ainsi qu'avec la **réduction des taux** de cotisations d'**allocations familiales** et d'**assurance maladie** (voir nos 22650 et 22670). 24500

Les taux réduits de cotisations applicables aux **journalistes professionnels,** pigistes et assimilés, aux **VRP à cartes multiples** et aux membres des professions médicales à employeurs multiples ne sont pas non plus concernés par cette règle de non-cumul (BOSS-Exo. zonées-670).

MODALITÉS DÉCLARATIVES

24510 Aucune **formalité** ou déclaration **préalable** n'est exigée.

L'exonération doit être indiquée par l'entreprise dans la **DSN** bloc S21.G00.81, code de cotisation 019. Le CTP 593 « Exonération ZRD » permet de déclarer l'exonération sur le bordereau récapitulatif de cotisations.

SECTION 9 ACTIVITÉS SPORTIVES

24560 La **qualité de salarié** étant souvent reconnue aux sportifs par la jurisprudence, les associations et clubs sportifs et les organisateurs de manifestations sportives ont fait l'objet de dispositifs spécifiques visant à alléger la charge financière et administrative que représentent les cotisations de sécurité sociale, la CSG et la CRDS par :

– une **franchise,** qui exclut de l'assiette, jusqu'à une certaine limite, les rémunérations versées à l'occasion de manifestations sportives (voir n°s 24600 s.) ;

– et une **assiette forfaitaire,** qui peut être appliquée conjointement à la franchise (voir n°s 24700 s.).

Les **taux et modalités de paiement** des cotisations sont en revanche ceux de droit commun, mais leur adaptation au monde sportif a également fait l'objet de solutions spécifiques, voir n°s 24950 s.

Les **arbitres** et juges sportifs sont soumis à un régime spécifique, voir n°s 25050 s.

1. ASSIETTE DES COTISATIONS

24580 Aucune cotisation n'est due par les associations ou clubs sportifs ou les organisateurs de manifestations sportives lorsque le sportif a la qualité de travailleur indépendant. En cas de salariat, les cotisations de sécurité sociale doivent être calculées sur la totalité des sommes versées après déduction des frais professionnels, sous réserve toutefois de l'application d'un système particulier de franchise et de forfait, applicable également pour le calcul de la CSG et de la CRDS.

> **Précisions** **a.** Doivent notamment être assujettis aux cotisations de sécurité sociale, à la CSG et à la CRDS : le salaire proprement dit, les avantages en nature, les **primes** diverses (primes d'engagement, de match, de résultat, de montée en division supérieure), les **commissions publicitaires** versées par l'association employeur ou par l'organisateur de la compétition ou du critérium (Circ. DSS du 28-7-1994, opposable), ainsi que les **honoraires** versés à un joueur par l'association gérant un club de football en contrepartie du droit d'exploiter son image et sa notoriété (Cass. 2e civ. 14-12-2004 n° 03-30.368 FS-PB).
>
> **b.** En revanche, les **récompenses en nature** ou les **prix** décernés à l'occasion de compétitions sportives, qui récompensent un résultat, ne doivent pas être considérés comme des rémunérations (Circ. DSS du 28-7-1994, opposable). Il en est de même des sommes versées aux jeunes **candidats à l'intégration dans un club** afin de favoriser leur recrutement (Cass. 2e civ. 14-12-2004 n° 03-30.368 FS-PB).
>
> **c.** S'agissant des **sportifs de haut niveau** figurant sur une liste arrêtée par le ministre chargé des sports, les **aides personnalisées** versées par le Comité national olympique et sportif français (Cnosf) d'un **montant inférieur ou égal à** 25 % du plafond annuel de la sécurité sociale (n° 96180) sont exonérées de cotisations. **Au-delà,** ces aides sont assujetties aux cotisations, à la CSG et à la CRDS, sauf s'il s'agit d'une prise en charge des frais professionnels ou liés à la formation professionnelle des intéressés conformément à l'article 34-1 de la loi 92-652 du 13-7-1992, devenu article L 221-13 du Code du sport (Circ. DSS du 28-7-1994, opposable).

a. Franchise

24600 L'administration a institué une franchise pour les rémunérations versées à l'occasion des **manifestations sportives,** qui concerne les cotisations de sécurité sociale ainsi que la CSG (Circ. DSS du 28-7-1994) et la CRDS.

Sur les conditions de **cumul** de cette franchise avec d'autres dispositifs particuliers de cotisations, voir n° 24770.

EMPLOYEURS CONCERNÉS

La franchise de cotisations est réservée aux sommes versées par les organisateurs, les associations, les clubs sportifs et les sections sportives des associations et clubs omnisports employant **moins de 10 salariés permanents,** à l'exclusion des sportifs eux-mêmes. Cet effectif est apprécié, **par organisateur,** association, club ou section d'association ou de club, au **31 décembre** de l'année précédente ou, à défaut, lors du versement des sommes (Circ. DSS du 28-7-1994, opposable). 24610

Sont considérés comme **salariés permanents** : le personnel administratif, le personnel médical et paramédical, les professeurs, les moniteurs, les éducateurs et entraîneurs, les dirigeants et les administrateurs salariés, à temps complet ou partiel. Dans le cas d'une activité exercée **à temps partiel,** les personnes concernées sont prises en compte dans l'effectif au prorata des horaires effectués et de la durée légale d'activité ou, à défaut, de la durée habituelle d'activité dans l'**association** (Circ. Acoss du 23-1-1995). 24620

En revanche ne sont pas considérés comme des « salariés permanents » tous les sportifs ainsi que toutes les personnes qui exercent des **activités occasionnelles,** ponctuelles, c'est-à-dire les guichetiers, billettistes, accompagnateurs, arbitres…, et toutes les personnes bénéficiant d'un contrat particulier, tels les contrats de professionnalisation et les contrats d'apprentissage (Circ. Acoss du 23-1-1995).

ATTENTION

Pour les **sections d'association ou de club,** celles-ci n'ayant pas la personnalité morale, la réalité de l'affectation des collaborateurs à telle ou telle section est vérifiée (Circ. Acoss du 18-8-1994).

Si la comptabilité d'une section n'est pas individualisée au sein d'un **club omnisports,** il y a lieu d'appliquer le seuil de 10 salariés permanents au niveau du club omnisports (Circ. Acoss du 23-1-1995).

PERSONNELS VISÉS

Les sommes exonérées sont celles versées (Circ. DSS du 28-7-1994, opposable) : 24630

– aux **sportifs** à l'occasion d'une manifestation sportive donnant lieu à compétition ;

– aux personnes participant à l'activité du monde sportif et assumant des fonctions indispensables à l'**encadrement** et à l'**organisation** de ces manifestations sportives pour le compte des clubs ou des organisateurs, notamment les guichetiers, billettistes, accompagnateurs et collaborateurs occasionnels…

Sont **exclues** du bénéfice de l'exonération les sommes versées (Circ. DSS du 28-7-1994, opposable ; Circ. Acoss du 23-1-1995) :

– aux moniteurs, entraîneurs, éducateurs, professeurs enseignant un sport (certains d'entre eux peuvent toutefois bénéficier du forfait : nos 24700 s.) ;

– aux dirigeants et administrateurs salariés, au personnel administratif, au personnel médical et paramédical.

Les **arbitres** et juges sportifs sont exclus de ce dispositif mais bénéficient d'une exonération spécifique : voir nos 25050 s.

SEUIL D'EXONÉRATION

Les sommes versées aux personnes intéressées sont exonérées sous une **double limite** (Circ. DSS du 28-7-1994, opposable) : 24650

– le **nombre de prestations** exonérées est limité à 5 par mois, par sportif et par organisateur ;

– le **montant exonéré par manifestation** est égal à 70 % du plafond journalier de la sécurité sociale en vigueur à la date de versement des sommes. Pour le montant de la franchise applicable en 2023, voir no 24850. Pour le montant du plafond journalier de sécurité sociale, voir no 96180.

Le montant étant analysé isolément pour chaque manifestation, il n'est pas admis de globaliser éventuellement les sommes acquises au cours de 5 manifestations pour les comparer à un plafond égal à celui de 5 manifestations : voir exemple no 24860, b (Circ. Acoss du 18-8-1994).

Les conséquences du **dépassement** des limites ont été précisées comme suit (Circ. Acoss du 18-8-1994 et 14-2-1995). 24660

a. Si le **nombre de manifestations est supérieur à 5,** seules peuvent donner lieu à exonération les 5 premières manifestations par ordre chronologique : voir les exemples no 24860, c et d.

b. Lorsque la **rémunération est supérieure à 70 %** du plafond journalier, elle est soumise aux cotisations de sécurité sociale, à la CSG et à la CRDS, pour la part excédant le plafond d'exonération, celles-ci étant calculées :
– soit sur une assiette forfaitaire définie nos 24700 s., si l'excédent mensuel est inférieur à 115 Smic ; voir les exemples no 24860, b et c ;
– soit sur le salaire mensuel réel, déduction faite des exonérations acquises au cours du mois, si l'excédent mensuel est supérieur à 115 Smic.

Dès lors que les rémunérations excèdent le montant cumulé de la limite d'application de l'arrêté du 27-7-1994 – soit 115 Smic – et des limites d'exonération relatives aux manifestations sportives – soit 5 fois 70 % du plafond journalier –, les cotisations de sécurité sociale, la CSG et la CRDS doivent être calculées dès le premier euro, après application, pour la CSG et la CRDS, de la déduction forfaitaire de 1,75 % : voir pour un exemple no 24860, d.

La déduction de 1,75 % n'est, en revanche, pas applicable lorsque ces prélèvements sont calculés sur l'assiette forfaitaire.

b. Assiette forfaitaire

24700 Les cotisations de sécurité sociale dues sur les rémunérations versées aux personnels sportifs et assimilés, dont le montant n'excède pas une limite mensuelle, peuvent être calculées sur une assiette forfaitaire. Celle-ci s'applique notamment aux personnels des associations de jeunesse et d'éducation populaire agréées y exerçant une activité rémunérée liée à l'enseignement ou à la pratique d'un sport.

Pour ceux des salariés entrant à la fois dans le champ de la franchise visée nos 24600 s. et de l'assiette forfaitaire, ces deux dispositifs s'appliquent cumulativement : voir no 24660.

L'assiette forfaitaire est **facultative** : les cotisations peuvent, d'un commun accord entre les intéressés et la personne morale ou l'association, être calculées conformément au droit commun sur le montant des rémunérations réellement versées (Arrêté du 27-7-1994 art. 4).

Depuis le 1-1-2016, les **assiettes forfaitaires** de cotisations doivent être prévues par décret (CSS art. L 242-4-4), celles fixées antérieurement par arrêté n'étant en principe restées **applicables** que jusqu'au 31-12-2015 (Loi 2014-1554 du 22-12-2014 art. 13, III). Toutefois, dans l'attente de ce décret, l'Urssaf a indiqué sur son site que les assiettes forfaitaires des cotisations prévues par arrêté pour les personnes citées ci-après peuvent encore être appliquées (Actualité du 17-10-2017).

ATTENTION

Lorsque la **rémunération** est **égale ou supérieure** à 1,5 plafond de la sécurité sociale correspondant à la durée du travail, l'assiette forfaitaire retenue pour le calcul des cotisations ne peut pas être inférieure à 70 % de cette rémunération (CSS art. L 242-4-4, al. 2).

EMPLOYEURS ET PERSONNELS CONCERNÉS

24710 L'assiette forfaitaire est applicable (Arrêté du 27-7-1994 art. 1er) :

1. Aux personnes exerçant une activité rémunérée, à l'**exception** du personnel administratif, des dirigeants et administrateurs salariés, et des personnels médicaux et paramédicaux :
– dans le cadre d'une **fédération** agréée par le ministère chargé des sports ou d'un **groupement sportif** affilié à celle-ci,
– ou pour le compte d'un **organisateur de manifestations** sportives, sous réserve que cet organisateur ait reçu l'agrément visé à l'article 18 de la loi 84-610 du 16-7-1984 modifiée, quand cet agrément est requis ;

2. Aux personnes exerçant une activité rémunérée, liée à l'enseignement et à la pratique d'un sport, dans le cadre d'une **association de jeunesse ou d'éducation populaire** agréée par le ministre chargé de la jeunesse et des sports (certains des autres collaborateurs de ces associations font l'objet d'une assiette forfaitaire distincte : voir nos 25900 s.).

ATTENTION

Ces dispositions ne sont pas applicables aux personnes exerçant leur activité dans le cadre d'**organismes à but lucratif** (Arrêté du 27-7-1994 art. 1er), ni aux **stagiaires** en formation professionnelle auprès d'une association sportive (Cass. 2e civ. 20-12-2018 no 17-26.921 F-PB).

24720 Sont ainsi visées, indépendamment de tout critère d'**effectif permanent salarié** les sommes versées (Circ. Acoss du 18-8-1994) :
– par tous les organisateurs, associations, clubs (y compris les personnes morales à objet sportif), visés no 24710, aux sportifs et personnes gravitant autour des activités sportives ;
– par une association sportive ou une association de jeunesse ou d'éducation populaire agréée, aux moniteurs et éducateurs exerçant leur activité en leur sein ou pour leur compte.

Sont donc **exclus** les dirigeants et administrateurs salariés, le personnel administratif, le personnel médical et paramédical, ainsi que les éducateurs et moniteurs exerçant leur activité d'enseignement sportif dans des structures autres que les associations sportives ou les associations de jeunesse ou d'éducation populaire agréées (Circ. Acoss du 18-8-1994).

COTISATIONS CONCERNÉES

L'assiette forfaitaire est **applicable** aux cotisations patronales et salariales d'assurances sociales, d'accidents du travail et d'allocations familiales (Arrêté du 27-7-1994 art. 2). 24740

Bien que l'arrêté ne le précise pas, elle s'applique également à la CSG (Circ. DSS du 28-7-1994, opposable) et à la CRDS, qui sont alors dues sur le montant de l'assiette forfaitaire, sans application de la déduction forfaitaire pour frais professionnels propre à ces contributions (Circ. Acoss du 18-8-1994), ainsi qu'à la contribution solidarité autonomie (Circ. DSS du 1-7-2004, opposable).

Elle ne s'applique pas, en revanche, aux contributions chômage et AGS ou aux cotisations Agirc-Arrco.

À titre expérimental, les sportifs qui bénéficient des dispositifs de non-assujettissement et d'assiettes forfaitaires ont été placés hors champ de la législation et de la réglementation sur les **accidents du travail** (Circ. Acoss du 23-1-1995). D'après les indications fournies par l'administration, cette expérimentation initialement prévue jusqu'au 31-12-1997 continue de s'appliquer. 24750

En revanche sont concernés par cette législation et cette réglementation (Circ. Acoss précitée) :
– d'une part, les **sportifs** et les **personnes liées à l'activité sportive,** à l'exception des enseignants, dont les rémunérations excèdent le montant cumulé du dispositif de non-assujettissement et du dispositif d'assiette forfaitaire ;
– d'autre part, les **enseignants d'une activité sportive,** peu important que leur rémunération soit soumise à une assiette forfaitaire.

RÈGLES DE CUMUL

Pour les salariés entrant à la fois dans le champ d'application de la franchise visée n°s 24600 s. et de l'assiette forfaitaire, ces deux dispositifs s'appliquent cumulativement (n° 24660). 24770

Le bénéfice de l'assiette forfaitaire, ainsi que de la franchise, n'est pas cumulable avec toutes autres mesures d'**exonération** ou de **réduction** de cotisations de sécurité sociale (Circ. DSS du 28-7-1994, opposable).

Pour certains allégements, le non-cumul est confirmé par des textes propres à chacun d'eux : **réduction générale de cotisations patronales** de sécurité sociale (n° 21840), **embauche en zone de revitalisation rurale** (n° 23460) et exonérations en **zones franches urbaines** (n° 24070).
Sur le point de savoir s'il est possible de bénéficier de la réduction générale de cotisations patronales au titre des cotisations de retraite complémentaire, calculées sur une assiette réelle, voir n° 21830.

S'agissant du cumul avec :
– certains dispositifs de cotisations propres aux salariés à **employeurs multiples** ou à **temps partiel,** voir n° 24830 ;
– les déductions forfaitaires de cotisations patronales pour **heures supplémentaires,** voir nos 8140 s. ;
– l'application des **taux réduits** des cotisations **allocations familiales** et d'**assurance maladie**, voir respectivement nos 22650 et 22705 s.

CALCUL DE L'ASSIETTE FORFAITAIRE

L'assiette forfaitaire est **mensuelle.** Elle est déterminée compte tenu de la rémunération brute mensuelle, appréciée par mois civil, telle que définie à l'article L 242-1 du CSS par référence à la valeur horaire du Smic au 1er janvier de chaque année selon le barème suivant (Arrêté du 27-7-1994 art. 2) : 24790

Rémunérations mensuelles	Assiette
Inférieures à 45 Smic	5 Smic
= ou > 45 Smic < 60 Smic	15 Smic
= ou > 60 Smic < 80 Smic	25 Smic
= ou > 80 Smic < 100 Smic	35 Smic
= ou > 100 Smic < 115 Smic	50 Smic

Le montant de l'assiette doit être **arrondi** à l'euro le plus proche, la fraction d'euro égale à 0,50 étant comptée pour 1 (CSS art. L 133-10).

Pour la CSG et la CRDS, il n'a pas à être diminué de la déduction pour frais professionnels propre à ces contributions (Circ. Acoss du 18-8-1994).

Pour le montant des barèmes de l'assiette forfaitaire au 1-1-2023, voir n° 24850.

Sur l'incidence du versement d'une **indemnité compensatrice de congés payés** sur le montant de l'assiette forfaitaire, voir n° 60630.

24800 Les **rémunérations à considérer** pour apprécier les différents seuils de rémunérations sont (Circ. Acoss du 18-8-1994) :
– pour les bénéficiaires de la franchise, la partie de la rémunération excédant la franchise déterminée pour un mois civil considéré : voir les exemples n° 24860, b et c ;
– pour ceux qui ne bénéficient pas de la franchise, la rémunération dès le premier euro : voir l'exemple n° 24870, a.

24810 **Dépassement de la limite** Les cotisations dues sur les rémunérations mensuelles égales ou supérieures à 115 fois le Smic horaire doivent être obligatoirement **acquittées dès le premier euro** selon les règles de droit commun (Arrêté du 27-7-1994 art. 3).

Pour les personnes ne bénéficiant pas de la **franchise,** si la rémunération est supérieure à 115 fois le Smic, elle est donc soumise en totalité à cotisations, dès le premier euro (Circ. Acoss du 18-8-1994). La CSG et la CRDS sont assises sur la même base, après application de la déduction forfaitaire pour frais propre à ces contributions.

Pour celles bénéficiant de la franchise, l'assiette est définie comme indiqué n° 24660.

24820 **Appréciation mois par mois** Dès lors que, pour un mois donné, un sportif perçoit une rémunération supérieure à la limite d'application de l'arrêté du 27-7-1994, les cotisations, la CSG et la CRDS dues pour ce mois sont calculées, dès le premier euro, sur l'intégralité de la rémunération sous réserve, pour la CSG et la CRDS, de la déduction forfaitaire propre à ces contributions ; en revanche si, le mois précédent ou le mois suivant, ce même sportif perçoit une rémunération inférieure ou égale à la limite susvisée, les dispositions de cet arrêté sont applicables à cette rémunération. Il n'y a pas lieu d'effectuer un quelconque **système de régularisation** (Circ. Acoss du 23-1-1995).

24830 **Salariés à temps partiel ou à employeurs multiples** L'assiette forfaitaire est applicable par **association** lorsque des salariés y ouvrant droit travaillent pour plusieurs employeurs (Circ. Acoss du 23-1-1995).

Mais son application est exclusive de la **proratisation** du plafond prévue pour les salariés à employeurs multiples (Circ. DSS du 28-7-1994, opposable), ainsi que de la **réduction d'assiette** des cotisations plafonnées des salariés à temps partiel (n° 74920).

EXEMPLES

24850 Les exemples ci-dessous ont été élaborés d'après les indications figurant sur le site www.urssaf.fr.

Au 1-1-2023, le montant des sommes versées en franchise de cotisations est égal à 141,40 € par manifestation sportive.

Base forfaitaire de calcul des cotisations au 1-1-2023 :

Rémunération brute mensuelle (en €)	Assiette mensuelle (en €)
Inférieure à 507	56
De 507 à moins de 676	169
De 676 à moins de 902	282
De 902 à moins de 1 127	394
De 1 127 à moins de 1 296	564
Supérieure ou égale à 1 296	Salaire réel

Organismes bénéficiant de la franchise 24860

EXEMPLES

1. Sportif participant à 4 manifestations mensuelles

1e manifestation	69 €
2e manifestation	71 €
3e manifestation	92 €
4e manifestation	73 €

Aucune cotisation à acquitter.

2. Sportif participant à 5 manifestations mensuelles

1e manifestation	90 €
2e manifestation	100 €
3e manifestation	120 €
4e manifestation	90 €
5e manifestation	150 € (*)
Total	550 €

(*) 150 € – 141,4 € = 8,6 € (< 507 €).
Les cotisations, la CSG et la CRDS seront calculées sur une assiette correspondant à la 1e tranche, soit 56 €.

3. Sportif participant à 7 manifestations mensuelles

1e manifestation	100 €
2e manifestation	90 €
3e manifestation	104 €
4e manifestation	180 € (*)
5e manifestation	220 € (*)
6e manifestation	198 € (*)
7e manifestation	210 € (*)
Total	1 102 €

(*) (180 – 141,4) + (220 – 141,4) + 198 + 210 = 525,2 € (entre 507 et 676 €). Les cotisations, la CSG et la CRDS seront calculées sur une assiette correspondant à la 2e tranche, soit 169 €.

4. Sportif participant à 10 manifestations mensuelles

1e manifestation	100 €
2e manifestation	100 €
3e manifestation	120 €
4e manifestation	130 €
5e manifestation	130 €
6e manifestation	200 €
7e manifestation	265 €
8e manifestation	315 €
9e manifestation	315 €
10e manifestation	415 €
Total	2 090 €

Ce montant de 2 090 € excède le montant cumulé de la limite d'application de l'assiette forfaitaire (115 Smic = 1 296 €) et celle relative à la franchise (5 × 141,4 = 707 €), soit 2 003 € ; les cotisations doivent être calculées dès le premier euro sur ce montant de 2 090 €. La CSG et la CRDS sont dues sur 2 090 € × 0,9825 = 2 053,43 €.

24870 Organismes ne bénéficiant pas de la franchise

EXEMPLES

1. Sportif participant à 4 manifestations mensuelles

1e manifestation	115 €
2e manifestation	125 €
3e manifestation	130 €
4e manifestation	140 €
Total	510 € (entre 507 et 676 €)

Les cotisations, la CSG et la CRDS seront calculées sur une assiette correspondant à la 2e tranche, soit 169 €.

2. Sportif participant à 10 manifestations mensuelles

1e manifestation	63 €
2e manifestation	64 €
3e manifestation	61 €
4e manifestation	64 €
5e manifestation	108 €
6e manifestation	61 €
7e manifestation	162 €
8e manifestation	313 €
9e manifestation	313 €
10e manifestation	313 €
Total	1 522 €

Le montant des rémunérations s'élève à 1 522 €.

Ce montant excède le montant de la limite d'application de l'assiette forfaitaire qui est de 1 296 € ; les cotisations doivent donc être calculées sur une assiette de 1 522 €. Pour la CSG et la CRDS, l'assiette est de 1 522 € × 0,9825 = 1 495,37 €.

2. CALCUL ET PAIEMENT DES COTISATIONS

24950 Les taux de cotisation de droit commun applicables aux salariés du régime général le sont aux sportifs rémunérés. Toutefois, les rémunérations versées aux sportifs assimilés aux artistes du spectacle supportent des taux de cotisation réduits : voir nos 69560 s.

Le calcul des **cotisations plafonnées** pour les salariés à employeurs multiples et les salariés à temps partiel fait l'objet de précisions nos 68870 s. et 74910 s. S'agissant des tranches de rémunérations soumises aux **cotisations Agirc-Arrco,** voir no 30200, a.

Les **modes de paiement** sont ceux du droit commun.

DÉBITEUR DES COTISATIONS

24960 La détermination, au sens de la sécurité sociale, de l'employeur sur qui repose la charge du versement des cotisations patronales et du précompte des cotisations salariales, de la CSG et de la CRDS s'effectue selon les modalités suivantes (Circ. DSS du 28-7-1994, opposable) :

– est visé le **club,** l'**association,** la société ou la personne morale qui verse de façon régulière les **rémunérations** aux sportifs ou celui qui, soit directement, soit par l'intermédiaire d'un tiers, verse la rémunération en contrepartie ou à l'occasion de l'activité du sportif ;

– il s'agit de l'**organisateur de la manifestation** pour les sommes qu'il verse dans le cadre d'une manifestation sportive ;

– pour les **boxeurs** et les **lutteurs,** ce débiteur est la personne qui **gère leur carrière** sportive et qui est également susceptible d'organiser les rencontres sportives.

ATTENTION

Les **prix et primes** versés à l'occasion de compétitions en prévision desquelles les sportifs ont été préparés par leur club, dans le cadre d'un contrat de travail, doivent être déclarés par le club employeur, peu important qu'ils aient été versés par une **fédération de cyclisme** ou attribués à l'occasion d'une compétition disputée par les sportifs à leur initiative (Cass. 2e civ. 13-12-2005 no 04-18.349 FS-PB).

PÉRIODICITÉ DU PAIEMENT

La périodicité de droit commun s'applique (nº 19500), déterminée par l'**effectif** des « salariés permanents » au sens indiqué nº 24620, compte tenu du fait que les sportifs ne sont pas inclus dans l'effectif (Circ. Acoss du 23-1-1995). 24970

› Précisions **a.** Dans le cas des **clubs omnisports** avec **sections,** l'effectif est déterminé par section sportive ; la périodicité du versement des cotisations, de la CSG et de la CRDS est fonction de cet effectif. Le versement est effectué par le club lui-même.

b. Lorsque les **sommes** sont **versées globalement** par le club ou l'association selon une **périodicité trimestrielle,** elles peuvent être divisées en 3 parts égales pour l'application éventuelle de l'assiette forfaitaire, dès lors que le club (ou la section) est soumis à un paiement trimestriel des cotisations, de la CSG et de la CRDS. Le nombre de manifestations sportives donnant lieu à non-assujettissement reste toujours fixé à 5 par mois.

c. Les sommes versées de façon **annuelle** ne peuvent faire l'objet d'aucun fractionnement. Les cotisations, la CSG et la CRDS sont calculées et acquittées au titre du mois ou du trimestre correspondant (Circ. Acoss du 23-1-1995).

OBLIGATIONS DÉCLARATIVES

Le versement des cotisations et contributions doit figurer sur la DSN. 24980

Les clubs ou associations délivrent des **bulletins de paie** aux seuls sportifs salariés au sens du droit du travail (Circ. Acoss du 23-1-1995).

Par ailleurs, ils peuvent éventuellement délivrer aux sportifs qui ne sont pas des salariés au sens du droit du travail, à la demande des intéressés, une attestation portant la mention du nom du sportif, de son numéro d'immatriculation, du montant des cotisations, de la CSG et de la CRDS ainsi que le nombre d'heures effectuées (Circ. précitée).

Les **sommes non assujetties** à cotisations, à CSG et à CRDS ne doivent donner lieu à aucune déclaration à l'Urssaf. Cependant, les clubs et associations doivent conserver les preuves du versement de ces sommes aux personnes nominativement identifiées (Circ. précitée).

3. ARBITRES ET JUGES SPORTIFS

Les arbitres et juges visés à l'article L 223-1 du Code du sport sont **affiliés** au régime général de la sécurité sociale (CSS art. L 311-3, 29º). 25050

Les arbitres et juges **non titulaires d'un contrat de travail** bénéficient d'une **franchise** de cotisations et contributions : les sommes n'excédant pas, pour une année civile, un montant égal à 14,5 % du plafond annuel de sécurité sociale ne sont pas soumises aux cotisations patronales et salariales de sécurité sociale, ni à la CSG et la CRDS (CSS art. L 241-16). Les sommes dépassant ce montant sont soumises aux cotisations et contributions sociales dans les conditions de droit commun.

Toutefois, les sommes ayant le caractère de **remboursement de frais,** au sens de l'arrêté du 20-12-2002, sont exclues de l'assiette des cotisations et contributions (CSS art. L 241-16).

La franchise s'apprécie sur l'**année civile,** quels que soient le nombre et la durée des manifestations sportives tous **employeurs** confondus (Circ. Acoss du 1-12-2006). Il n'y a pas lieu de faire de distinction selon que la mission arbitrale est exercée dans le cadre d'une manifestation organisée par une fédération délégataire, une fédération agréée, une association sportive ou un organisateur privé (Circ. Acoss du 7-6-2007).

ATTENTION

Les arbitres et juges sportifs ne relèvent pas du régime de **retraite complémentaire** Agirc-Arrco (Circ. Agirc-Arrco 1 du 9-1-2019).

Les **obligations** relatives aux **déclarations et versements des cotisations** et contributions de sécurité sociale incombent aux fédérations sportives ou aux organes déconcentrés et ligues qu'elles ont créés (CSS art. L 241-16). 25060

Lorsque le montant total perçu par l'**arbitre** ou par le juge dépasse la limite d'exonération, il doit sans délai en **informer la fédération** ou la ligue professionnelle dont il relève, puis lui communiquer l'ensemble des sommes perçues ainsi que l'identité des organismes les ayant versées (CSS art. D 241-16).

Le **versement** des cotisations et contributions de sécurité sociale intervient **au cours du mois civil** suivant le **trimestre** au cours duquel les rémunérations perçues au titre des missions arbitrales ont été versées et à la date d'échéance de paiement applicable à la fédération sportive ou à la ligue professionnelle (CSS art. D 241-18).

La **déclaration** des cotisations dues au titre des arbitres intervient en même temps que celle effectuée au titre des cotisations afférentes aux autres salariés de la fédération ou ligue. Elle doit être réalisée via la DSN. La rémunération versée aux arbitres n'est pas distinguée de celle versée aux autres salariés. Les sommes perçues par les arbitres et les juges doivent être déclarées à l'Urssaf (Doc Urssaf au 6-3-2023) : sous le CTP 024 « Arbitres amateurs part exonérée » lorsqu'elles n'excèdent pas sur une année civile une somme égale à 14,5 % du Pass ; sous le CTP 006 « Arbitres et juges sportifs » lorsqu'elles excèdent ce seuil.

> Précisions **a.** Lorsque le dépassement est lié à des sommes qu'elle n'a pas versées, la fédération ou la ligue professionnelle peut **répartir le montant des cotisations** et contributions dues entre les différents organismes ayant versé ces sommes. Elle **informe** alors **les organismes** du montant dû. Ceux-ci doivent lui verser les sommes correspondantes avant la date qu'elle fixe. S'ils ne le font pas, la fédération ou la ligue professionnelle verse l'ensemble des cotisations et contributions dues. Elle peut ensuite engager une **action en remboursement** des sommes versées (CSS art. D 241-17).

b. La fédération sportive ou la ligue professionnelle qu'elle a créée tient à disposition des agents de contrôle de l'Urssaf et de l'Urssaf Caisse nationale la **liste des arbitres** et juges licenciés. À leur demande, elle leur donne également accès aux informations visées ci-dessous communiquées par les arbitres et juges (CSS art. D 241-20).

c. Les arbitres et juges sportifs doivent tenir à jour un **document** recensant l'ensemble des sommes perçues pour chaque événement au titre de leur mission arbitrale. Ce document, établi pour une année civile, doit être conservé pendant 3 ans et mis à disposition sur simple demande de la fédération ou de la ligue professionnelle qu'elle a créée afin qu'elle puisse s'assurer du non-dépassement de la limite d'exonération ou renseigner les agents de contrôle de l'Urssaf ou l'Urssaf Caisse nationale (CSS art. D 241-19).

SECTION 10 CENTRES DE VACANCES ET DE LOISIRS POUR MINEURS

25150 Les cotisations de sécurité sociale dues pour l'emploi des personnes recrutées à titre temporaire et non bénévole pour assurer l'encadrement des mineurs dans les centres de vacances et de loisirs sont calculées sur des **bases forfaitaires** déterminées par un arrêté du 11-10-1976 (JO 27) modifié.

Depuis le 1-1-2016, les **assiettes forfaitaires** de cotisations doivent être prévues par décret (CSS art. L 242-4-4), celles fixées antérieurement par arrêté n'étant en principe restées **applicables** que jusqu'au 31-12-2015 (Loi 2014-1554 du 22-12-2014 art. 13, III). Toutefois, dans l'attente de ce décret, l'Urssaf a indiqué sur son site que les assiettes forfaitaires des cotisations prévues par arrêté pour les personnes citées ci-après peuvent encore être appliquées (Actualité du 17-10-2017).

ATTENTION

Lorsque la **rémunération** est **égale ou supérieure** à 1,5 plafond de la sécurité sociale correspondant à la durée du travail, l'assiette forfaitaire retenue pour le calcul des cotisations ne peut pas être inférieure à 70 % de cette rémunération (CSS art. L 242-4-4, al. 2).

CHAMP D'APPLICATION

25160 **Structures concernées** L'arrêté du 11-10-1976 vise les centres de vacances au sens de l'arrêté du 19-5-1975. Ce texte en fournit une **liste** non exhaustive : colonies de vacances, centres de vacances collectifs d'adolescents, camps équipés pour les jeunes, auberges de jeunesse, relais, chalets de montagne, foyers assurant des hébergements de vacanciers réguliers, centres sportifs de vacances, camps de scoutisme, etc.

Sont également visés les organisateurs de **séjours linguistiques** à l'étranger (Circ. DSS du 8-11-1990, opposable).

Les centres de vacances doivent produire à l'occasion des contrôles de l'Urssaf les récépissés des déclarations d'ouverture d'établissement et de séjour délivrés par le préfet (Circ. DSS du 8-11-1990 supprimée).

25170 L'arrêté du 11-10-1976 est également applicable (Circ. DSS du 8-11-1990, opposable) :
– aux **centres de loisirs sans hébergement** régis par l'arrêté du 20-3-1984 (JO 7-4) qui ont obtenu une habilitation préfectorale ;
– aux **maisons familiales de vacances** régies par l'arrêté du 26-2-1954 et agréées ;
– aux **collectivités territoriales** employant du personnel dans les conditions précisées n° 25190.

Sont **exclus** du champ d'application de l'arrêté les **garderies** municipales et scolaires, les **crèches** et jardins d'enfants, les restaurants et **cantines** scolaires, les **classes de découverte** ou culturelles (neige, nature, montagne), les centres accueillant des mineurs dans le cadre d'**activités périscolaires** (Circ. DSS du 8-11-1990, opposable) et les établissements sanitaires (Cass. soc. 12-7-1990 nº 87-15.821 P). 25180

Pour les associations de jeunesse et d'éducation populaire, voir nº 25900.

Personnel visé En application de l'article 1er de l'arrêté du 11-10-1976, les bases forfaitaires de cotisations sont réservées au personnel **recruté à titre temporaire, non bénévole,** se consacrant exclusivement à **l'encadrement des enfants** durant les vacances scolaires, les congés professionnels ou les loisirs de ces enfants. 25190

> **Précisions** **a.** Le **recrutement temporaire,** au sens de l'arrêté, est celui qui est effectué pour des périodes individualisées de vacances scolaires, de congés professionnels ou de loisirs, et non le recrutement à durée déterminée ou saisonnier qui couvre également des périodes de scolarité, hors des congés et loisirs des enfants concernés (Cass. soc. 18-11-1999 nº 98-13.414 D), ou le recrutement sous contrat à durée indéterminée pour assurer l'encadrement des enfants soit les mercredis et samedis, soit pendant les vacances scolaires (Cass. soc. 11-3-1999 nº 97-15.487 D).
> **b.** Par « **congés professionnels** », il faut entendre les congés des enfants eux-mêmes et non ceux de leurs parents (Cass. soc. 8-10-1998 nº 97-10.589 D).
> **c.** Doit être considéré comme **bénévole** l'animateur qui ne perçoit aucune rémunération ni avantage en nature, telle la personne se faisant seulement rembourser les frais engagés à l'occasion de l'accompagnement de mineurs sur les lieux de vacances. En revanche, l'animateur percevant des avantages en nature (nourriture, logement) doit être assujetti à l'assiette forfaitaire comme animateur au pair : voir nº 25200 (Circ. DSS du 8-11-1990, opposable).
> **d.** L'arrêté du 11-10-1976 définit des assiettes forfaitaires pour les animateurs, assistants sanitaires, directeurs, directeurs adjoints et économes. Sont donc exclus, notamment, le personnel administratif et le personnel de service et de cuisine (Circ. DSS du 8-11-1990, opposable).

CALCUL DES COTISATIONS

En application de l'article 2 de l'arrêté du 11-10-1976 modifié, la base forfaitaire de cotisations de sécurité sociale est déterminée en multipliant les coefficients figurant dans le tableau ci-après par la **valeur horaire du Smic** en vigueur au 1er janvier de l'année considérée (montant nº 96050). 25200

Emplois	Assiette		
	Journalière	Hebdomadaire	Mensuelle
Animateur au pair	1	5	20
Animateur rémunéré en argent, assistant sanitaire	1,5	7,5	30
Directeur adjoint ou économe	-	17,5	70
Directeur	-	25	100

Le montant de l'assiette déterminée en application des bases ci-dessus est **arrondi,** le cas échéant, à l'euro le plus proche (Arrêté du 11-10-1976 art. 4 modifié par arrêté du 28-12-2001 art. 1er).

L'assiette forfaitaire ne concerne pas les cotisations autres que celles de sécurité sociale : contributions chômage et AGS, cotisations Agirc-Arrco, etc.

Elle s'applique en revanche à la CSG et à la CRDS, qui sont à calculer sur le forfait, sans application de la déduction forfaitaire spécifique pour frais professionnels propre à ces contributions, ainsi qu'à la contribution solidarité autonomie (Circ. DSS 307 du 1-7-2004, opposable).

Toutefois, les animateurs non rémunérés en espèces, dits « au pair », ne sont redevables ni de la CSG, ni de la CRDS (Doc. Urssaf au 22-2-2023).

Ces assiettes forfaitaires ne peuvent pas être **fractionnées** (Cass. soc. 7-12-1988 nº 86-11.849 P). 25210

Il convient de considérer les périodes hebdomadaires et mensuelles de date à date. La base forfaitaire journalière est applicable, quel que soit le nombre d'heures effectuées quotidiennement (Doc. Urssaf au 22-2-2023).

En cas **d'engagement pour des périodes à durée déterminée,** il y a donc lieu de retenir autant de forfaits mensuels, le cas échéant, ou hebdomadaires ou journaliers que la période considérée comporte de mois ou de semaines et jours ouvrables. Toutefois, pour le **personnel de direction et d'économat,** l'arrêté n'ayant pas prévu de base forfaitaire de calcul des cotisations à la journée, il convient de retenir en cas de semaine incomplète un forfait hebdomadaire intégral (Doc. Urssaf au 22-2-2023).

Pour les **directeurs des centres de loisirs sans hébergement** qui fonctionnent le mercredi exclusivement, il est admis de leur appliquer le forfait journalier prévu pour les animateurs rémunérés en espèces, et ce, quelle que soit la périodicité de la paie (Doc. Urssaf au 22-2-2023). Ces dispositions constituent une simple tolérance administrative, dont les intéressés ne peuvent pas se prévaloir devant les tribunaux (Cass. soc. 7-12-1988 nº 86-11.849 P).

Sur le montant de l'assiette forfaitaire à retenir en cas de versement d'une **indemnité compensatrice de congés payés,** voir nº 60630.

CONSÉQUENCES DE L'APPLICATION DE L'ASSIETTE FORFAITAIRE

25220 Le calcul des cotisations de sécurité sociale sur une assiette forfaitaire :

– écarte l'application des dispositions relatives à la **régularisation** des cotisations (nºs 18200 s.), à la **proratisation** des cotisations plafonnées des salariés à employeurs multiples (nºs 68870 s.) et à la **réduction d'assiette** des cotisations plafonnées des salariés à temps partiel (nºs 74910 s.) ;

– est incompatible avec **la réduction générale de cotisations patronales** de sécurité sociale (nº 21840) et les exonérations pour embauche dans les **zones** de revitalisation **rurale** (nº 23460) et en zones franches **urbaines** (nº 24070).

Sur le point de savoir s'il est possible de bénéficier de la réduction générale de cotisations patronales au titre des cotisations de retraite complémentaire, calculées sur une assiette réelle, voir nº 21830.

Sur le cumul de l'application de l'assiette forfaitaire avec les déductions forfaitaires de cotisations patronales pour **heures supplémentaires,** voir nºs 8140 s.

Sur le cumul avec l'application des **taux réduits** des **cotisations allocations familiales** et d'assurance **maladie**, voir respectivement nºs 22650 et 22705 s.

SECTION 11

VENDEURS-COLPORTEURS ET PORTEURS DE PRESSE

25300 Les vendeurs-colporteurs de presse et porteurs de presse visés aux paragraphes I et II de l'article 22 de la loi 91-1 du 3-1-1991 non immatriculés au registre du commerce ou au registre national des entreprises sont **obligatoirement affiliés** aux assurances sociales et relèvent de la législation sur les accidents du travail du régime général de sécurité sociale (CSS art. L 311-3, 18º et L 412-2). En contrepartie, ils sont redevables de cotisations dont l'assiette peut être fixée à un montant forfaitaire.

Un dispositif spécifique d'exonération des cotisations patronales est en outre prévu, voir nºs 25450 s.

25310 L'article 22 de la loi 91-1 du 3-1-1991 désigne par « vendeurs-colporteurs de presse » et par « porteurs de presse » les personnes effectuant sur la **voie publique** ou par portage à domicile la vente ou la distribution de **publications quotidiennes** ou hebdomadaires et, le cas échéant, la distribution à titre accessoire d'une ou plusieurs publications de presse.

Sont exclues du dispositif les personnes qui sont immatriculées au **registre du commerce** ou au **registre national des entreprises** soit au titre de cette activité, soit pour une activité principale non salariée non agricole (par exemple, dépositaire de presse ou commerçant qui assure lui-même le portage des journaux), qui restent affiliées au régime de protection sociale des non-salariés non agricoles (Circ. min. du 11-2-1991).

ATTENTION

La **presse gratuite** ne peut pas bénéficier du dispositif d'assiette forfaitaire (Doc. Urssaf au 22-2-2023).

1. CALCUL DES COTISATIONS

Un arrêté du 7-1-1991 modifié fixe les **bases forfaitaires** applicables au calcul des cotisations sociales dues au régime général. 25350

Cet arrêté prévoit toutefois que, par **accord** entre le vendeur-colporteur et son mandant (ou l'éditeur lorsque celui-ci a exercé l'option prévue au n° 25450), ou entre le porteur de presse et son employeur, les cotisations de sécurité sociale peuvent être calculées, conformément aux règles de droit commun, sur le montant des **rémunérations réelles** allouées à l'intéressé (Arrêté SPSS91000077A du 7-1-1991 art. 3 ; Circ. Acoss du 16-9-1996).

Depuis le 1-1-2016, les **assiettes forfaitaires** de cotisations doivent être prévues par décret (CSS art. L 242-4-4), celles fixées antérieurement par arrêté n'étant en principe restées **applicables** que jusqu'au 31-12-2015 (Loi 2014-1554 du 22-12-2014 art. 13, III). Toutefois, dans l'attente de ce décret, l'Urssaf a indiqué sur son site que les assiettes forfaitaires des cotisations prévues par arrêté pour les vendeurs-colporteurs et porteurs de presse peuvent encore être appliquées (Actualité du 17-10-2017).

COTISATIONS CONCERNÉES

Les cotisations des vendeurs-colporteurs et porteurs de presse dues au titre des assurances sociales, des accidents du travail, des allocations familiales ainsi que des autres **charges recouvrées par les Urssaf** sont calculées sur des bases forfaitaires (Loi 91-1 du 3-1-1991 art. 22). 25360

C'est le cas également du versement mobilité, de la contribution Fnal (Circ. min. du 11-2-1991), de la contribution solidarité autonomie (Circ. DSS 307 du 1-7-2004, opposable), ainsi que de la **CSG** et la **CRDS,** sans application de la déduction forfaitaire pour frais professionnels propre à ces deux contributions.

L'assiette forfaitaire ne concerne pas les cotisations de retraite complémentaire.

ATTENTION

Bien que recouvrées par les Urssaf, les contributions **chômage et AGS** demeurent, lorsqu'elles sont dues, assises sur le montant réel des rémunérations allouées, et non pas sur la base forfaitaire, en application de la règle énoncée n° 29350.

L'Urssaf doit établir l'existence d'un lien de subordination pour recouvrer ces contributions et le versement mobilité, l'assujettissement au régime général de la sécurité sociale étant à cet égard insuffisant (Cass. 2e civ. 9-5-2019 n° 18-11.158 F-PBI).

ASSIETTE

Selon l'arrêté du 7-1-1991, il convient, sauf option pour l'assiette réelle, d'appliquer une assiette forfaitaire par **tranche de 100 journaux** vendus ou distribués, égale par mois civil et par personne à (Arrêté du 7-1-1991 art. 2) : 25370

– 4 % du plafond journalier de la sécurité sociale pour la presse quotidienne départementale, régionale et nationale ;

– 8 % du même plafond pour la presse de rue.

En pratique, et par **tolérance ministérielle,** l'assiette forfaitaire n'est plus calculée sur cette base depuis le 1-1-2006 (Lettre min. du 30-1-2006).

La revalorisation du plafond de la sécurité sociale à cette date a en effet abouti à une augmentation du plafond journalier de plus de 20 %. Afin de ne pas pénaliser les employeurs, il a donc été décidé de fixer l'assiette forfaitaire applicable pour 2006 à 5,15 € (assiette applicable en 2005 revalorisée de 2,9 %, soit l'augmentation du plafond mensuel intervenue au 1-1-2006), par tranche de 100 journaux, pour la **presse quotidienne** nationale, régionale et départementale. Pour les années suivantes, la revalorisation a porté sur cette assiette, sur laquelle a été appliqué le pourcentage d'augmentation annuelle du plafond mensuel de la sécurité sociale.

Elle est au **1-1-2023** fixée à **7,28 €.**

L'assiette forfaitaire prévue pour la **presse de rue** a été modifiée dans les mêmes conditions. Elle a été fixée à 9,26 € par tranche de 100 journaux au 1-1-2006 et est fixée à **13,11 €** au 1-1-2023.

Le nombre de journaux vendus ou distribués est **arrondi** à la centaine la plus proche (Circ. Acoss du 26-3-1991).

Aucune cotisation n'est due lorsque le nombre de journaux vendus ou distribués ne dépasse pas 100 par tournée (Arrêté du 7-1-1991 art. 2). Ce seuil s'apprécie en effectuant une moyenne journalière tenant compte des journées travaillées, par mois civil et par personne, ce qui exige que l'employeur connaisse le nombre de jours travaillés par chacun (Doc. Urssaf au 22-2-2023).

ATTENTION

Lorsque la **rémunération** est **égale ou supérieure** à 1,5 plafond de la sécurité sociale correspondant à la durée du travail, l'assiette forfaitaire retenue pour le calcul des cotisations ne peut pas être inférieure à 70 % de cette rémunération (CSS art. L 242-4-4, al. 2).

TAUX

25380 Les taux de cotisations applicables sont ceux de droit commun (Arrêté du 7-1-1991 art. 2).

Le taux du **versement mobilité** est celui qui est en vigueur dans la localité où est située l'activité du porteur ou du vendeur-colporteur (Circ. min. du 11-2-1991).

Le taux de **cotisation d'accidents du travail** est fixé à 1,9 % depuis 2004 (Arrêtés du 7-1-1991 art. 2 et SPRS2232043A du 26-12-2022).

CONSÉQUENCES DE L'ASSIETTE FORFAITAIRE

25390 Le calcul des cotisations de sécurité sociale sur une assiette forfaitaire :
– écarte l'application des dispositions relatives à la **régularisation** des cotisations (nos 18200 s.), à la **proratisation** des cotisations plafonnées des salariés à employeurs multiples (nos 68870 s.) et à la **réduction d'assiette** des cotisations plafonnées des salariés à temps partiel (no 74920) ;
– est incompatible avec **la réduction générale de cotisations patronales** de sécurité sociale (no 21840) et les exonérations pour embauche dans les **zones** de revitalisation **rurale** (no 23460) et en zones franches **urbaines** (no 24070).

Sur le point de savoir s'il est possible de bénéficier de la réduction générale de cotisations patronales au titre des cotisations de retraite complémentaire, calculées sur une assiette réelle, voir no 21830.

Sur le cumul de l'application de l'assiette forfaitaire avec les déductions forfaitaires de cotisations patronales pour **heures supplémentaires,** voir nos 8140 s.

Sur le cumul avec l'application des **taux réduits** des **cotisations allocations familiales** et d'assurance **maladie**, voir respectivement nos 22650 et 22705 s.

CUMUL D'ACTIVITÉ

25400 Si l'exercice d'une activité de portage est concomitant à une autre activité, l'application de l'assiette forfaitaire n'est pas subordonnée à une activité exclusive de portage de presse. Ainsi, lorsque le **bulletin de paie** opère la distinction entre les deux types d'activité, la base forfaitaire peut être appliquée pour le portage à domicile et la base réelle au titre de la seconde activité (Doc. Urssaf au 22-2-2023).

2. EXONÉRATION DE COTISATIONS

25450 Les employeurs, mandants ou éditeurs, sont exonérés de cotisations **patronales** de sécurité sociale (hors accidents du travail) sur les rémunérations versées aux vendeurs-colporteurs et porteurs de presse affiliés au régime général de sécurité sociale (Loi 91-1 du 3-1-1991 art. 22 bis).

Le **montant** de cette exonération est calculé chaque mois civil, pour chaque porteur ou vendeur-colporteur de presse. Il s'apprécie après calcul du montant dû par l'employeur sur la base de l'assiette forfaitaire visée no 25370 (Circ. DSS 285 du 14-9-2009, opposable). L'exonération est **plafonnée** au montant des cotisations patronales dues au titre des assurances sociales (maladie, maternité, invalidité et vieillesse) et des allocations familiales (soit 20,9 % au 1-1-2023) dues pour un mois, pour une rémunération égale au Smic (no 96050). Ce plafond est fixé à 357,25 € au 1-1-2023.

Les cotisations et contributions patronales autres que d'assurances sociales et d'allocations familiales, ainsi que les cotisations salariales, la CSG et la CRDS **restent dues.** Sauf option pour l'assiette réelle, elles peuvent être calculées sur l'**assiette** forfaitaire indiquée no 25370.

EXEMPLE

Si un porteur de presse a porté 9 320 journaux au mois de mars 2023, l'assiette des cotisations patronales est égale à 677,04 arrondis à 677 € (93 assiettes à 7,28 €) et les cotisations de sécurité sociale patronales dues au titre des assurances sociales et des allocations familiales sont égales à 141,49 €. Ce résultat étant sous le plafond d'exonération de 357,25 €, l'employeur est exonéré de cotisations à hauteur de 141,49 €. Il est toujours redevable, par ailleurs, de la cotisation au titre des accidents du travail et des maladies professionnelles, au taux de 1,9 %.

De même, pour un porteur qui a distribué 25 200 journaux au cours de ce même mois, l'assiette de cotisations est égale à 1 834,56 € arrondis à 1 835 € (252 assiettes à 7,28 €) et les cotisations de sécurité sociale patronales dues au titre des assurances sociales et des allocations familiales sont égales à 383,52 €. Ce résultat étant supérieur au plafond d'exonération fixé à 357,25 €, le montant de cotisations patronales d'assurances sociales dû par l'employeur est de 383,52 – 357,25 = 26,27 €. Il est toujours redevable, par ailleurs, de la cotisation au titre des accidents du travail et des maladies professionnelles, au taux de 1,9 %.

NON-CUMUL AVEC LA RÉDUCTION GÉNÉRALE DE COTISATIONS

Pour chaque salarié concerné par l'exonération, l'employeur peut à tout moment y renoncer au profit de la réduction générale de cotisations patronales. Sur les conséquences de l'option pour la réduction générale de cotisations patronales, voir n° 21840. **25460**

ATTENTION

Cette option fait **perdre** également le bénéfice de l'**assiette forfaitaire** pour le salarié concerné (Circ. Acoss du 20-11-2009).

3. PAIEMENT DES COTISATIONS

S'agissant des **vendeurs-colporteurs,** le paiement des cotisations est à la charge du **mandant** ou de **l'éditeur** sur option de ce dernier lorsqu'il n'est pas le mandant du vendeur-colporteur de presse (Loi 91-1 du 3-1-1991 art. 22, IV). **25500**

L'**option** relative au versement des cotisations est exercée annuellement, avant le 15 janvier, **par l'éditeur.** Ce dernier se substitue alors à chacun des dépositaires et diffuseurs désignés dans la déclaration d'option pour l'ensemble des obligations relatives au paiement des cotisations afférentes aux vendeurs-colporteurs dont ils sont les mandants (Arrêté du 7-1-1991 art. 4). L'**éditeur** informe l'Urssaf du choix opéré et cette **option** est reconduite tacitement chaque année sauf décision contraire de l'éditeur dans les délais prescrits (Circ. min. du 11-2-1991).

Pour les **porteurs de presse,** les obligations relatives au paiement des cotisations sont assumées par l'employeur (Circ. min. du 11-2-1991).

Les salaires forfaitaires servant au calcul des cotisations doivent être **déclarés** sur la DSN. Les déclarants sont l'éditeur ou le mandant à qui incombent les cotisations, quel que soit le classement des autres salariés de ces derniers.

SECTION 12 VENDEURS À DOMICILE

Un système optionnel d'assiette et de cotisations forfaitaires de sécurité sociale est prévu pour les vendeurs à domicile salariés. Ce dispositif est régi par un arrêté MESS0122217A du 31-5-2001 (JO 23-6). **25600**

Depuis le 1-1-2016, les **assiettes forfaitaires** de cotisations doivent être prévues par décret (CSS art. L 242-4-4), celles fixées antérieurement par arrêté n'étant en principe restées **applicables** que jusqu'au 31-12-2015 (Loi 2014-1554 du 22-12-2014 art. 13, III). Toutefois, dans l'attente de ce décret, l'Urssaf a indiqué sur son site que les assiettes forfaitaires des cotisations prévues par arrêté pour les vendeurs à domicile peuvent encore être appliquées (Actualité du 17-10-2017).

SALARIÉS CONCERNÉS

Sont concernées les personnes exerçant une activité de vente de produits et de services à domicile, par **démarchage de personne à personne** ou par **réunion,** à l'**exception des VRP multicartes** et des personnes effectuant des **offres de vente par téléphone** ou télématique (Circ. DSS 286 du 22-6-2001, opposable) ou par tout moyen technique assimilable et par **téléachat** (Arrêté du 31-5-2001 art. 1er). **25610**

L'arrêté du 31-5-2001 est applicable aux personnes visées à l'article L 311-3, 20° du CSS ainsi qu'aux salariés (Circ. DSS 286 du 22-6-2001, opposable).

› Précisions a. Relèvent ainsi du dispositif :
– les **vendeurs à domicile indépendants** non inscrits au registre du commerce ou à celui des agents commerciaux, assimilés en application de l'article L 311-3, 20° du CSS à des salariés pour l'application de la législation de la sécurité sociale

et rattachés au régime général des salariés. Ils ne relèvent pas, en revanche, des régimes Agirc-Arrco ni du régime Unédic, auxquels aucune cotisation n'a donc à être versée pour ces vendeurs ;

– les **vendeurs salariés** au plein sens du terme, c'est-à-dire les personnes travaillant dans un état de subordination. Ces vendeurs doivent être affiliés et cotiser aux régimes Agirc-Arrco et Unédic.

b. Sont en revanche exclus les **commerçants** et les **agents commerciaux** exerçant leur activité en toute indépendance et tenus d'être inscrits au registre du commerce et des sociétés ou au registre spécial des agents commerciaux. Ils sont alors dans le champ du régime de protection sociale des travailleurs indépendants, auquel il leur incombe personnellement de s'affilier et de verser les cotisations.

COTISATIONS CONCERNÉES

25620 Sont concernées les cotisations de sécurité sociale dues au titre des **assurances sociales** (maladie, maternité, invalidité, décès et vieillesse), des **accidents du travail** et des **allocations familiales** ainsi que les autres contributions recouvrées par l'Urssaf (Arrêté du 31-5-2001 art. 2).

Les autres charges recouvrées par l'Urssaf visent notamment la CSG et la CRDS (Circ. DSS 286 du 22-6-2001, opposable), qui sont dues, en cas d'application de l'assiette forfaitaire, sur le montant de cette assiette, sans application de la déduction forfaitaire pour frais professionnels propre à ces deux contributions, ainsi que la contribution solidarité autonomie (Circ. DSS 307 du 1-7-2004, opposable).

ATTENTION

En cas d'application des cotisations forfaitaires, la contribution **Fnal** et le **versement mobilité** ne sont pas dus en sus de la cotisation forfaitaire, alors que ces contributions sont exigibles pour les rémunérations donnant lieu à assiette forfaitaire (Circ. DSS 286 du 22-6-2001, opposable). Il en est de même pour la contribution solidarité autonomie (Circ. DSS 307 du 1-7-2004, opposable).

Bien que recouvrées par les Urssaf, les **contributions chômage et AGS** continuent, lorsqu'elles sont dues, d'être assises sur le montant réel des rémunérations allouées, et non pas selon le système de cotisations et d'assiettes forfaitaires, en application de la règle énoncée n° 29350.

L'Urssaf doit établir l'existence d'un lien de subordination pour recouvrer ces contributions et le versement mobilité, l'assujettissement au régime général de la sécurité sociale étant à cet égard insuffisant (Cass. 2e civ. 9-5-2019 n° 18-11.158 F-PBI).

CALCUL DES COTISATIONS

25630 Le mode de calcul des cotisations prévu par l'arrêté du 31-5-2001 est **optionnel.** Ainsi, par accord entre le vendeur à domicile et l'entreprise, les cotisations de sécurité sociale et les autres charges recouvrées par l'Urssaf peuvent être calculées selon les règles de droit commun (Arrêté du 31-5-2001 art. 3).

25640 L'article 2 de l'arrêté du 31-5-2001 fixe le mode de calcul des cotisations en fonction du niveau des rémunérations allouées au cours du **trimestre civil.** Ce niveau de rémunération est apprécié par rapport à un nombre déterminé de **plafonds journaliers** de la sécurité sociale.

Ce texte prévoit ainsi :

– le versement d'une **cotisation forfaitaire** pour les rémunérations allouées au cours d'un trimestre civil supérieures ou égales à 3 plafonds journaliers de la sécurité sociale et inférieures à 8 plafonds journaliers de la sécurité sociale, 33 % de la cotisation restant à la charge du vendeur ;

– l'application d'**assiettes forfaitaires** trimestrielles pour les rémunérations allouées au cours d'un trimestre civil égales ou supérieures à 8 plafonds journaliers de la sécurité sociale et inférieures à 27 plafonds journaliers de la sécurité sociale ;

– le calcul des cotisations sur la base des **rémunérations réelles** dès le premier euro lorsque les rémunérations allouées au cours d'un trimestre civil atteignent cette limite de 27 plafonds journaliers de la sécurité sociale.

Les cotisations dues sur les assiettes forfaitaires ou sur la base réelle sont calculées aux **taux** de droit commun, la cotisation d'accidents du travail étant fixée à 1,55 % au 1-1-2023 (Arrêté SPRS2232043A du 26-12-2022).

Sur l'**exonération** des rémunérations inférieures à 3 plafonds journaliers de la sécurité sociale, voir n° 25660.

ATTENTION

Lorsque la **rémunération** est **égale ou supérieure** à 1,5 plafond de la sécurité sociale correspondant à la durée du travail, l'assiette forfaitaire retenue pour le calcul des cotisations ne peut pas être inférieure à 70 % de cette rémunération (CSS art. L 242-4-4, al. 2).

Les cotisations forfaitaires applicables sont récapitulées dans le tableau ci-dessous. **25645**
Les tranches de rémunérations, les cotisations forfaitaires et les assiettes forfaitaires sont **arrondies** à l'euro le plus proche (Arrêté du 31-5-2001 art. 2).

Les plafonds journaliers et horaires de la sécurité sociale qui doivent être pris en compte sont ceux en vigueur au **1er janvier** de l'année considérée (Arrêté du 31-5-2001 art. 2).

Pour le montant de ces plafonds, voir nº 96180.

Rémunération brute trimestrielle (en nombre de plafonds journaliers de la sécurité sociale)		Cotisation forfaitaire trimestrielle (en plafond horaire de la sécurité sociale)	Assiette forfaitaire trimestrielle (en nombre de plafonds journaliers de la sécurité sociale)
A	Inférieure à 3	1	
B	Égale ou supérieure à 3 et inférieure à 6	2	
C	Égale ou supérieure à 6 et inférieure à 8	6	
D	Égale ou supérieure à 8 et inférieure à 10		3,5
E	Égale ou supérieure à 10 et inférieure à 12		4,5
F	Égale ou supérieure à 12 et inférieure à 13		5,5
G	Égale ou supérieure à 13 et inférieure à 15		7
H	Égale ou supérieure à 15 et inférieure à 16		8
I	Égale ou supérieure à 16 et inférieure à 18		9,5
J	Égale ou supérieure à 18 et inférieure à 19		11
K	Égale ou supérieure à 19 et inférieure à 21		13,5
L	Égale ou supérieure à 21 et inférieure à 22		15
M	Égale ou supérieure à 22 et inférieure à 24		17,5
N	Égale ou supérieure à 24 et inférieure à 25		19,5
O	Égale ou supérieure à 25 et inférieure à 27		21,5

Frais professionnels Pour l'application des deux dispositifs forfaitaires, les rémunérations s'apprécient sur le montant brut après application d'un **abattement forfaitaire** représentatif des frais professionnels engagés par le vendeur à domicile, égal à 10 % de la rémunération trimestrielle brute, avec un minimum de 6 plafonds horaires de la sécurité sociale et un maximum de 17 plafonds. Cet abattement s'applique exclusivement aux revenus bruts inférieurs à 27 plafonds journaliers de la sécurité sociale (Circ. DSS 286 du 22-6-2001, opposable). **25660**

Les **rémunérations trimestrielles d'un montant inférieur,** avant abattement, à 3 plafonds journaliers de sécurité sociale sont considérées comme représentatives de frais professionnels supportés par les vendeurs à domicile et ne donnent **pas lieu au versement des cotisations** de sécurité sociale et des autres charges recouvrées par les organismes de recouvrement (Circ. DSS du 22-6-2001 précitée ; Doc. Urssaf au 22-2-2023).

EXEMPLE

Assiette des cotisations

Les exemples qui suivent sont établis sur la base des données chiffrées au 1-1-2023 (plafond journalier de sécurité sociale : 202 € ; plafond horaire : 27 €).

– Soit une rémunération **brute** trimestrielle de 252 € : la rémunération brute, étant inférieure à 3 plafonds journaliers de sécurité sociale (606 €) est considérée comme représentative de frais et ne donne pas lieu au versement de cotisations.

– Soit une rémunération **brute** trimestrielle de 1 067 € : pour l'application des dispositions de l'article 2 de l'arrêté du 31-5-2001, la rémunération à retenir est égale à 960,30 € (1 067 × 0,9) et donne lieu à l'application de la cotisation forfaitaire de la tranche B.

– Soit une rémunération **brute** trimestrielle de 6 000 € : la rémunération étant supérieure à 27 plafonds journaliers (5 454 €), les cotisations sont calculées selon les règles de droit commun dès le premier euro, après déduction éventuelle des frais professionnels sur la base de l'arrêté du 20-12-2002. La CSG et la CRDS sont dues sur la même base, diminuée de la déduction forfaitaire de 1,75 %.

25670 **Cumul avec d'autres dispositifs** Le double dispositif forfaitaire décrit ci-dessus ne peut pas être cumulé avec d'autres mesures d'allégement ou d'exonération de cotisations de sécurité sociale (Circ. DSS 286 du 22-6-2001, opposable).

Pour certains allégements, le non-cumul est confirmé par des textes propres à chacun d'eux : **réduction générale de cotisations patronales** de sécurité sociale (n° 21840), **embauche en zone de revitalisation rurale** (n° 23460) et exonérations en **zones franches urbaines** (n° 24070).

Sur le point de savoir s'il est possible de bénéficier de la réduction générale de cotisations patronales au titre des cotisations de retraite complémentaire, calculées sur une assiette réelle, voir n° 21830.

Ce dispositif forfaitaire est également exclusif de la **proratisation** du plafond prévue pour les salariés à employeurs multiples (nos 68870 s.) et de la **réduction d'assiette** des cotisations plafonnées des salariés à **temps partiel** (n° 74920).

Il écarte enfin l'application des dispositions relatives à la **régularisation** des cotisations de sécurité sociale (nos 18200 s.).

Sur le cumul de l'application de ce dispositif avec les déductions forfaitaires de cotisations patronales pour **heures supplémentaires,** voir nos 8140 s.

Sur le cumul avec l'application des **taux réduits** des **cotisations allocations familiales** et d'assurance **maladie**, voir respectivement nos 22650 et 22705 s.

PÉRIODICITÉ DU VERSEMENT DES COTISATIONS

25680 Le système de calcul des cotisations de sécurité sociale fixé par l'article 2 de l'arrêté du 31-5-2001 étant déterminé par rapport à une rémunération trimestrielle, le versement desdites cotisations est effectué à l'Urssaf de manière trimestrielle.

DÉCLARATIONS

25690 Le vendeur à domicile indépendant non inscrit au registre du commerce ou à celui des agents commerciaux étant assimilé à un salarié à l'égard de la législation de la sécurité sociale (n° 25610), les assiettes forfaitaires ou les rémunérations réelles doivent figurer dans la DSN.

Quant aux vendeurs à domicile salariés au plein sens du terme (n° 25610), ils sont à déclarer sur la DSN dans les conditions prévues pour les salariés de droit commun.

Les rémunérations de ceux qui sont non salariés, y compris au regard de la sécurité sociale, sont à déclarer dans la DSN selon des modalités particulières (net-entreprises, fiche n° 1255).

SECTION 13 ACTIVITÉS D'AIDE À DOMICILE EXERCÉES PAR DES PERSONNES MORALES

25750 Certaines personnes morales et entreprises individuelles déclarées qui exercent une activité d'aide à domicile auprès de **publics dits « fragiles »** bénéficient d'une exonération des cotisations et contributions patronales (CSS art. L 241-10, III).

Les associations et entreprises de services à la personne **« tous publics »** peuvent quant à elles bénéficier de la réduction générale de cotisations patronales, voir nos 21780 s.

Sur les conditions du **cumul** de l'exonération et de la réduction par les structures de services aux personnes exerçant leur activité à la fois auprès de publics « fragiles » et de publics « non fragiles », voir n° 25825.

› Précisions **a.** Les prestations facturées par ces associations ou entreprises peuvent être réglées par les particuliers à l'aide de chèques emploi-service universels (**Cesu**). Les entreprises qui acceptent de financer une partie de ces chèques bénéficient, en contrepartie, du crédit d'impôt famille (n° 34250) et l'aide ainsi apportée bénéficie d'une exonération de cotisations

et contributions sociales (nº 41330) et d'impôt sur le revenu (nº 41720).
b. Lorsque l'aide est accordée par l'entreprise sous une autre forme que la participation au Cesu ou par le CSE, le crédit d'impôt famille (nº 34250) et les exonérations sociales (nº 41330) et fiscales (nº 41720) mentionnées ci-dessus s'appliquent aussi.
c. Les exonérations appliquées peuvent être annulées en cas de **travail illégal,** voir nº 21740.

1. CHAMP D'APPLICATION

EMPLOYEURS CONCERNÉS

L'exonération pour l'emploi d'aides à domicile est ouverte aux **associations et entreprises,** quel que soit leur statut, ayant la nature d'employeurs de droit privé, **déclarées** dans les conditions fixées à l'article L 7232-1-1 du Code du travail pour l'exercice des activités concernant la garde d'enfant ou l'assistance aux personnes âgées ou en situation de handicap (CSS art. L 241-10, III : voir nº 25780). 25760

En pratique, la loi distingue les activités de services soumises à **agrément** qui, pour ouvrir droit à exonération, doivent en outre faire l'objet d'une **déclaration** et celles qui, une fois déclarées, peuvent ouvrir droit à exonération.

L'exonération bénéficie également aux **organismes habilités** au titre de l'aide sociale ou ayant passé convention avec un organisme de sécurité sociale et ayant la nature d'employeurs de droit privé (CSS art. L 241-10, III).

› Précisions **a.** Pour les associations et entreprises, l'exonération est subordonnée, sauf exceptions, à l'exercice de l'**activité à titre exclusif,** laquelle est présumée remplie dès lors que l'employeur a effectué la déclaration (BOSS-Exo. domicile-50). Les organismes habilités à l'aide sociale sont dispensés de la condition d'exercice de l'activité à titre exclusif (BOSS-Exo. domicile-80).
b. Sont **exclus** du dispositif les établissements, centres et services au titre des prestations financées par les organismes de sécurité sociale (BOSS-Exo. domicile-90).
c. Les centres communaux et intercommunaux d'action sociale (**CCAS et CIAS**) et les **structures de droit public** habilitées au titre de l'aide sociale ou ayant passé convention avec un organisme de sécurité sociale peuvent aussi bénéficier d'une exonération de cotisations pour leur activité d'aide à domicile auprès de publics fragiles. Cette exonération de cotisations, distincte de celle applicable aux employeurs de droit privé, n'est pas traitée ici.

Agrément L'agrément doit être **demandé par** les associations et les entreprises exerçant l'une des activités suivantes (C. trav. art. L 7232-1 et D 7231-1) : 25770
- garde d'enfants de moins de 3 ans à domicile ;
- accompagnement des enfants de moins de 3 ans dans leurs déplacements hors du domicile ;
- assistance dans les actes quotidiens de la vie ou aide à l'insertion sociale aux personnes âgées ou handicapées ou atteintes de pathologies chroniques qui ont besoin d'une aide personnelle à leur domicile, à l'exclusion, sauf exception, des actes médicaux ;
- prestation de conduite du véhicule personnel des personnes âgées, handicapées ou atteintes de pathologies chroniques, du domicile au travail, sur le lieu de vacances, pour des démarches administratives ;
- accompagnement de ces personnes dans leurs déplacements hors du domicile.

Pour bénéficier des exonérations, les organismes ou entrepreneurs titulaires de l'agrément doivent être déclarés : voir nº 25780.

› Précisions La **procédure** d'agrément, non détaillée ici, est fixée aux articles R 7232-1 à R 7232-15 du Code du travail.

Système déclaratif Pour avoir droit à l'exonération, les associations et entreprises visées nº 25760 doivent être déclarées dans les conditions fixées à l'article L 7232-1-1 du Code du travail. 25780

La **déclaration** doit être **effectuée** auprès du préfet du département du lieu d'implantation du principal établissement du demandeur (C. trav. art. R 7232-16).

Elle **comprend,** outre la mention des activités proposées, l'engagement de l'organisme ou de l'entrepreneur individuel d'exercer son activité dans le champ des services à la personne à titre exclusif, ou, en cas de dispense, l'engagement de mettre en place une comptabilité séparée relative aux services à la personne (C. trav. art. R 7232-17).

Le **récépissé** délivré par le préfet est publié au recueil des actes administratifs de la préfecture. Le **bénéfice de l'exonération** est acquis à compter du premier jour qui suit cette publication (C. trav. art. R 7232-18).

SALARIÉS CONCERNÉS

25800 L'exonération est accordée pour les aides à domicile employées sous contrat à **durée indéterminée** ou sous contrat à **durée déterminée** pour remplacer les salariés absents ou dont le contrat de travail est suspendu, dans les conditions visées à l'article L 1242-2 du Code du travail (CSS art. L 241-10, III).

Elle est ouverte pour les prestations effectuées au domicile à usage privatif de **publics** présentant des spécificités liées à l'âge, au handicap ou à la perte d'autonomie (CSS art. L 241-10, III) : voir n° 25805.

> **Précisions** Le recours à un CDD pour le remplacement d'un salarié vise les situations d'absence, de passage provisoire à temps partiel, de suspension du contrat de travail, de départ définitif précédant la suppression du poste de travail et d'attente de l'entrée en service effective du salarié recruté en CDI (C. trav. art. L 1242-2, 1°).

BÉNÉFICIAIRES

25805 L'exonération s'applique à la fraction de la rémunération versée aux salariés en contrepartie de l'exécution des tâches effectuées au **domicile à usage privatif** des personnes appartenant aux **catégories suivantes,** visées aux I et III de l'article L 241-10 du CSS :
- personnes âgées d'au moins 70 ans ;
- personnes ayant à charge un enfant ouvrant droit au complément de l'allocation d'éducation de l'enfant handicapé ;
- personnes titulaires soit de l'élément de la prestation de compensation du handicap mentionnée au 1° de l'article L 245-3 du CASF, soit d'une majoration pour tierce personne servie au titre de l'assurance invalidité, de la législation des accidents du travail ou d'un régime spécial de sécurité sociale ou de l'article L 18 du Code des pensions militaires d'invalidité et des victimes de la guerre ;
- personnes d'au moins 60 ans se trouvant dans l'obligation de recourir à l'assistance d'une tierce personne pour accomplir les actes ordinaires de la vie ;
- personnes remplissant la condition de perte d'autonomie requise pour percevoir l'APA ;
- bénéficiaires soit de prestations d'aide ménagère aux personnes âgées ou handicapées, soit de prestations d'aide et d'accompagnement des familles en difficulté au titre de l'aide sociale légale ou dans le cadre d'une convention conclue entre ces associations ou organismes et un organisme de sécurité sociale.

> **Précisions** **a.** L'exonération n'est pas applicable aux **soins infirmiers à domicile** (Cass. 2e civ. 9-7-2015 n° 14-19.495 F-D ; 26-5-2016 n° 15-16.193 F-PB ; 15-6-2017 n° 16-18.079 F-D). Outre les **soins médicaux,** les activités d'aide à domicile ne peuvent se confondre avec les **activités éducatives** et de **travail social** (BOSS-Exo. domicile-150).
> **b.** Le **domicile** doit être situé en France et correspondre au lieu de résidence habituelle et effective, principale ou secondaire, de la personne fragile, quel que soit le mode de jouissance du logement. Sont **exclus** du champ de l'exonération : les services dispensés dans une résidence temporaire (par exemple, location saisonnière de courte durée) ; les tâches d'entretien ou de remise en état réalisées en début ou en fin de location au profit du loueur non-résident ; les travaux réalisés dans les parties communes d'une copropriété, d'une résidence service, ou d'une résidence autonomie (nettoyage, travaux d'entretien, gardiennage, entretien d'espaces verts...) ; les prestations à un bénéficiaire résidant dans une structure collective dont la nature implique que la personne n'est plus autonome (BOSS-Exo. domicile-170).

2. EXONÉRATION

COTISATIONS EXONÉRÉES

25810 L'exonération porte sur les cotisations patronales d'assurances sociales (maladie, maternité, invalidité, décès et vieillesse) et d'allocations familiales, les **contributions** Fnal, solidarité autonomie et d'assurance chômage, les **cotisations** de retraite complémentaire légalement obligatoires et les cotisations d'accidents du travail, à hauteur du taux prévu n° 22000, afférentes aux rémunérations versées aux salariés visés n° 25800 (CSS art. L 241-10, III).

> **Précisions** **a. Restent dus** : les cotisations salariales d'assurance vieillesse, les cotisations patronales d'assurances sociales et d'allocations familiales dues sur la part de rémunération excédant 65 Smic dans le cas de prestations réalisées auprès de personnes âgées d'au moins 70 ans, la CSG et la CRDS, le versement mobilité et la cotisation AGS (Doc. Urssaf au 23-2-2023).
> **b.** Pour les salariés en **contrat à durée déterminée** auprès d'un même employeur, le coefficient de réduction est déterminé pour chaque contrat (CSS art. D 241-5-2, III).

c. Les règles relatives à l'**application par anticipation** de l'exonération et à la **régularisation** prévues pour la réduction générale de cotisations patronales sont applicables : voir nos 22330 s. (CSS art. D 241-5-2, IV). Ainsi, l'exonération est calculée pour chaque salarié sur la base de la rémunération due au titre de la période d'emploi correspondant à une année civile mais peut cependant être appliquée par anticipation chaque mois et faire l'objet d'une régularisation progressive, à chaque exigibilité, ou d'une seule régularisation annuelle le dernier mois de l'année. En cas de cessation du contrat de travail en cours d'année, la régularisation s'opère sur les cotisations dues au titre du dernier mois (BOSS-Exo. domicile-250 ; BOSS-Exo. domicile-260).

RÉMUNÉRATIONS VISÉES

Cas général L'exonération s'applique aux **revenus d'activité** tels qu'ils sont pris en compte pour la détermination de l'assiette des cotisations définie à l'article L 242-1 du CSS (nos 17800 s.), multipliés par le rapport entre le nombre d'heures d'aide à domicile réalisées chez les personnes mentionnées no 25814 (publics fragiles) et le nombre total d'heures effectuées au cours de l'année civile (CSS art. D 241-5-2, I). 25812

Pour évaluer la rémunération, il faut :

– **exclure** la rémunération des autres activités du salarié hors du champ de l'aide à domicile telles que les **tâches administratives** (BOSS-Exo. domicile-210) ;

– tenir compte des activités ou des périodes pour lesquelles il n'est **pas** possible d'établir un **lien** avec l'aide à domicile car elles ne correspondent ni à des heures de travail effectuées auprès des bénéficiaires de l'aide à domicile, ni à des heures effectuées au profit de personnes non éligibles. Il s'agit des **activités connexes** : temps de formations, de réunions, des congés payés, de représentations syndicales et de déplacements (BOSS-Exo. domicile-210). Dans ce cas, la rémunération correspondant à ces activités est prise en compte en proportion de la part que représente l'activité d'aide à domicile effectuée auprès du public fragile dans l'activité totale du salarié auprès de l'ensemble des publics au cours de l'année.

La rémunération est alors calculée de la façon suivante (pour un exemple, voir ci-dessous) :

$$\frac{\text{Rémunération brute mensuelle (incluant les activités connexes mais excluant les activités hors champ comme les tâches administratives)} \times \text{nombre d'heures d'aide à domicile effectuées auprès d'un public dit « fragile »}}{\text{Nombre total d'heures d'aide à domicile effectuées}}$$

EXEMPLE

Un salarié travaille à temps plein au sein d'une entreprise de service à domicile où il exerce des activités d'aide à domicile et de secrétariat. Il perçoit une rémunération annuelle de 21 000 € bruts et effectue 1 607 heures ainsi réparties (BOSS-Exo. domicile-220) :

– 500 heures de secrétariat, pour lesquelles il perçoit une rémunération de 6 500 € bruts ;

– 1 000 heures d'aide à domicile, dont 500 auprès de publics dits « fragiles » et 500 auprès de publics dits « non fragiles », pour lesquelles il perçoit une rémunération de 13 000 € bruts ;

– 107 heures de formations et de trajet au titre de l'aide à domicile, pour lesquelles il perçoit une rémunération de 1 500 € bruts.

L'exonération est applicable à la part de ces revenus d'activité, hors heures de secrétariat, entrant dans le champ de l'exonération et correspondant aux heures travaillées auprès de publics dits « fragiles » : (13 000 + 1 500) × 500/1 000 = 14 500 × 500/1000 = 7 250. L'exonération doit donc être calculée sur la base d'une assiette de 7 250 € bruts.

Bénéficiaires d'au moins 70 ans L'exonération au titre des personnes âgées d'au moins 70 ans est applicable dans la limite d'un **plafond** de rémunération fixé à 65 Smic horaires par mois par foyer (valeur du Smic au premier jour du mois considéré) (CSS art. L 241-10, I et D 241-5 ; BOSS-Exo. domicile-230). 25814

Pour respecter cette limite, il convient de déterminer la part des rémunérations donnant lieu à exonération (BOSS-Exo. domicile-240) :

– pour les heures effectuées auprès de **personnes âgées d'au moins 70 ans,** en appliquant à la rémunération totale versée à l'aide à domicile, le rapport entre le nombre d'heures effectuées chez la personne âgée d'au moins 70 ans et le total des heures d'aide à domicile effectuées, et en limitant la somme ainsi obtenue au plafond de 65 fois le Smic horaire par mois ;

– pour les heures effectuées auprès d'**autres bénéficiaires dits « fragiles »** (voir nº 25805), en appliquant à la rémunération totale versée à l'aide à domicile, le rapport entre le nombre d'heures effectuées chez ces autres particuliers et le total des heures d'aide à domicile effectuées.

EXEMPLE

Une aide à domicile travaille 100 heures sur le mois dont (BOSS-Exo. domicile-240) :
– 80 heures auprès de publics dits « fragiles » (dont 30 auprès d'une personne âgée de plus de 70 ans non dépendante) ;
– 20 heures auprès de publics « non fragiles ».

Au cours de ce mois, elle perçoit 1 500 € bruts de revenus d'activité. L'exonération est applicable à la part de ces revenus correspondant aux heures travaillées auprès de publics dits « fragiles » ainsi déterminée :
– pour les heures effectuées auprès de la personne âgée d'au moins 70 ans non dépendante : 1 500 × 30/100 = 450 ;
– pour les heures effectuées auprès des autres publics dits « fragiles » : 1 500 × 50/100 = 750.

L'exonération aide à domicile doit donc être calculée sur la base d'une rémunération mensuelle égale à 1 200 € bruts (450 + 750).

CALCUL

25815 Lorsque la rémunération est inférieure à 1,2 Smic, le **montant de l'exonération** est égal au montant des cotisations et contributions à la charge de l'employeur. À partir de ce seuil, l'exonération est **dégressive** et devient nulle à 1,6 Smic (CSS art. L 241-10, III). Le montant annuel de l'exonération est alors égal au produit de la rémunération annuelle brute par un coefficient déterminé par application de la formule suivante (CSS art. D 241-5-2, II) (exemples de calculs, voir nº 25817) :

Coefficient = 1,2 × T/0,4 × (1,6 × Smic calculé pour un an/rémunération annuelle brute – 1)

La valeur de T, le Smic et la rémunération à prendre en compte sont déterminés selon les mêmes modalités que celles prévues pour la réduction générale de cotisations patronales : voir nºs 22010 s.

› Précisions **a.** En cas de **contrats successifs,** l'exonération est applicable par contrat en prenant en compte la période couverte par chacun de ces contrats. Si le contrat à durée déterminée est renouvelé ou transformé en contrat à durée indéterminée, l'exonération se calcule sur l'ensemble de la période couverte par lesdits contrats. En cas de poursuite du contrat sur l'année suivante, le calcul est effectué pour la part de la rémunération due chaque année (BOSS-Exo. domicile-270).
b. Lorsque la **rémunération** mensuelle de l'aide à domicile est déterminée forfaitairement sur la base d'une durée du travail moyenne **indépendamment de l'horaire réel** de travail, l'exonération s'applique à l'ensemble des rémunérations afférentes à la période, annuelle ou infra-annuelle, retenue pour apprécier la durée du travail moyenne. Les employeurs doivent, à la fin de la période, procéder à une **régularisation** (CSS art. D 241-5-3, II ; BOSS-Exo. domicile-300).
Le **montant,** pour chaque aide à domicile, des **rémunérations effectivement exonérées** est déterminé en appliquant au total des rémunérations versées le rapport entre le nombre d'heures d'aide à domicile effectivement réalisées chez les personnes dites « fragiles » au cours de la période de référence et le total des heures auprès de l'ensemble des publics sur cette même période, à l'exclusion des heures qui ne correspondent pas à une activité auprès du public (BOSS-Exo. domicile-300).
Si ce **montant** est **inférieur à la somme des rémunérations** exonérées au cours de chacun des mois, les cotisations calculées sur l'écart constaté sont versées en même temps que celles afférentes à la rémunération versée au cours du dernier mois de la période considérée ; s'il est **supérieur,** le trop-versé de cotisations est déduit des cotisations patronales de sécurité sociale dues au titre de ce même mois ou, le cas échéant, des mois suivants (BOSS-Exo. domicile-300).
c. Lorsque l'aide à domicile n'a effectué **aucune heure de travail** au cours du mois considéré (prise de congés payés pendant tout le mois, absence pour maladie, maternité), mais a perçu des rémunérations soumises à cotisations, l'exonération est applicable au prorata du nombre d'heures d'aide à domicile effectuées chez les personnes dites « fragiles », retenu pour le mois civil précédent ou, le cas échéant, pour le dernier mois civil ayant compté des heures travaillées (CSS art. D 241-5-3, I-al. 2 ; BOSS-Exo. domicile-280).
d. Dès lors que l'aide à domicile a effectué des heures sur le mois considéré, l'exonération est applicable au prorata du nombre d'heures d'aide à domicile réalisées chez des personnes dites « fragiles » retenu pour ce mois civil, même en cas d'absence une partie du mois (prise de congés payés ou maladie sur une partie du mois ou entrée/sortie en cours de mois par exemple) (BOSS-Exo. domicile-290).

EXEMPLES 25817

Les exemples ci-dessous sont établis pour la paie de **janvier 2023,** sur la base de ceux mis en ligne sur le site du BOSS (BOSS-Exo. domicile-340 s.).

1. Une salariée perçoit 1 800 € brut par mois en janvier pour un temps complet dans une structure de droit privé employant 10 salariés. Elle effectue son travail uniquement auprès de personnes entrant dans le champ des publics dits « fragiles », l'ensemble de sa rémunération est donc éligible à l'exonération. Le Smic applicable sur janvier 2023 est de 1 709,32 €. La rémunération éligible est donc inférieure au Smic majoré de 20 % (égal à 2 051,18 €). Dans ce cas, le montant de l'exonération est égal à la rémunération éligible multipliée par la valeur de T (0,3191 pour les employeurs de moins de 50 salariés en 2023), soit à 1 800 × 0,3191 = 574,38 €.

2. Une salariée perçoit 1 500 € pour 110 heures de travail par mois dans une structure de droit privé employant 10 salariés, ainsi réparties : 100 heures auprès de publics « fragiles » de moins de 70 ans et 10 heures auprès de publics « non fragiles ».

L'exonération aide à domicile s'applique sur la base de 1 363,64 € (1 500 × 100/110).

Le Smic proratisé sur la période est de 1 127 € (11,27 × 100). La rémunération éligible est supérieure au Smic proratisé majoré de 20 % (égal à 1 352,40 €).

Coefficient de réduction = 1,2 × (0,3191/0,4) × [1,6 × (1 127 /1 363,64) – 1] = 0,3086.

Réduction = 0,3086 × 1 363,64 = 420,82 €.

L'aide à domicile peut ouvrir droit à une exonération de 420,82 €.

CUMUL

Réduction générale de cotisations patronales Les entreprises ou associations de services à la personne dont les salariés exercent à la fois auprès de publics « fragiles » et « non fragiles » peuvent cumuler l'exonération « publics fragiles » et la **réduction générale de cotisations patronales.** 25825

Le Smic et la rémunération à retenir dans la formule de calcul de l'exonération « aide à domicile » sont obtenus en rapportant les heures de travail qui sont réalisées auprès d'un public « fragile » à l'ensemble des heures de travail selon la formule suivante :

(T/0,6) × [1,6 × (Smic annuel × A/(A + B))/[(rémunération annuelle × A/(A + B)) – 1]

A représente les heures effectuées auprès d'un public dit « fragile » sur l'année, la valeur B représente les heures effectuées auprès d'un public dit « non fragile » (BOSS-Exo. domicile-360 s.).

S'agissant des rémunérations versées au titre du temps passé en réunions, formations et congés, elles sont réparties chaque mois entre les deux activités (« fragiles » et « non fragiles ») au prorata de leur part respective (BOSS-All. gén.-1160).

ATTENTION

Une entreprise ne peut pas, pour les mêmes heures, appliquer l'exonération « aide à domicile » pour les cotisations dues à l'Urssaf et la réduction générale de cotisations patronales pour les cotisations Agirc-Arrco (Circ. Agirc-Arrco 2021-05 DRJ du 21-7-2021, fiche 4, IV.1.2).

Par ailleurs, si, à l'inverse, on souhaite calculer le montant de la réduction générale, la formule ci-dessus est adaptée de la façon suivante :

(T/0,6) × [1,6 × (Smic annuel × B/(A + B))/(rémunération annuelle × B/(A + B)) – 1] où la valeur A représente les heures effectuées auprès d'un public fragile sur l'année, la valeur B représente les heures effectuées auprès d'un public « non fragile » (BOSS-All. gén.-1160).

Autres cumuls Sur le cumul de l'exonération « publics fragiles » avec les **déductions forfaitaires** de cotisations patronales pour **heures supplémentaires,** voir nos 8140 s. 25827

Sur le cumul avec l'application des **taux réduits** des **cotisations allocations familiales** et d'assurance **maladie**, voir respectivement nos 22650 et 22705 s.

3. FORMALITÉS

Les personnes morales souhaitant bénéficier de l'exonération doivent **adresser,** lors de l'envoi de la DSN afférente à la période au cours de laquelle elles appliquent pour la première fois l'exonération, tout **document attestant** qu'elles sont déclarées ou agréées en application des articles L 7232-1 et L 7232-1-1 du Code du travail pour exercer des activités concernant la garde d'enfant ou l'assistance aux personnes âgées ou handicapées, qu'elles 25830 sont **habilitées** au titre de l'aide sociale ou qu'elles ont conclu une **convention** avec un organisme de sécurité sociale (CSS art. D 241-5-5).

Elles doivent **être en mesure de produire** auprès des organismes chargés du recouvrement des cotisations (CSS art. D 241-5-5) :

– les documents relatifs au **public bénéficiaire,** justifiant que les personnes chez qui sont effectuées les prestations répondent aux conditions visées nº 25800 ;

– un **bordereau mensuel** comportant les nom, prénom et signature des **personnes recourant à l'aide à domicile,** les dates et durées des interventions de l'aide à domicile, les nom, prénom et signature de celle-ci et, le cas échéant, la dénomination de l'organisme finançant les interventions ;

– pour chaque **aide à domicile,** un bordereau mensuel comportant ses nom et prénom, sa durée de travail, les nom, prénom et adresse de chacune des personnes mentionnées ci-dessus chez lesquelles elle est intervenue et le nombre d'heures afférent à chacune de ces interventions.

Pour les employeurs de droit privé, l'exonération doit être déclarée à l'aide du CTP de déduction 477. La régularisation devra être déclarée via le CTP 485 (Doc. Urssaf au 23-2-2023).

SECTION 14

ASSOCIATIONS DE JEUNESSE OU D'ÉDUCATION POPULAIRE

25900 Les associations de jeunesse ou d'éducation populaire peuvent calculer les cotisations de sécurité sociale dues pour certains de leurs **collaborateurs** salariés **travaillant** pour elles à **titre accessoire** sur une assiette forfaitaire.

Cette assiette forfaitaire ne concerne que le personnel des **activités non sportives.** Mais ces associations peuvent utiliser une autre assiette forfaitaire pour leurs collaborateurs salariés exerçant une activité liée à l'enseignement et à la pratique d'un sport : voir nº 24710.

En revanche, elles ne peuvent pas appliquer l'assiette forfaitaire prévue pour le personnel d'encadrement des centres de vacances et de loisirs pour mineurs (Circ. DSS 20 du 8-11-1990, opposable).

Depuis le 1-1-2016, les **assiettes forfaitaires** de cotisations doivent être prévues par décret (CSS art. L 242-4-4), celles fixées antérieurement par arrêté n'étant en principe restées **applicables** que jusqu'au 31-12-2015 (Loi 2014-1554 du 22-12-2014 art. 13, III). Toutefois, dans l'attente de ce décret, l'Urssaf a indiqué sur son site que les assiettes forfaitaires des cotisations prévues par arrêté pour les personnes précitées peuvent encore être appliquées (Actualité du 17-10-2017).

CHAMP D'APPLICATION

25910 Sont concernées les **associations** de jeunesse ou d'éducation populaire **agréées** par le ministre chargé de la jeunesse et des sports (Arrêté SPSS9402381A du 28-7-1994 art. 1).

Les associations intéressées doivent donc être en mesure de **fournir aux Urssaf** tout document prouvant qu'elles ont été agréées par le ministre de la jeunesse et des sports, le plus souvent la notification de l'arrêté d'agrément (Lettre min. du 6-6-1985 diffusée par circ. Acoss du 4-7-1985).

25920 Sont visées par l'assiette forfaitaire les personnes exerçant une **activité accessoire** rémunérée, au plus 480 heures par an, pour le compte d'une association mentionnée ci-dessus et pour les activités autres que l'activité sportive, à l'**exception** du personnel administratif, des dirigeants et administrateurs salariés et du personnel médical et paramédical de cette association (Arrêté SPSS9402381A du 28-7-1994 art. 1).

Remplissent la condition tenant au caractère accessoire de l'activité dans l'association non seulement les personnes ayant une autre activité plus importante, mais aussi celles n'ayant aucune autre activité (Cass. soc. 10-12-1998 nº 96-18.072 PB). Est donc exclu le personnel à temps complet.

> Précisions a. Le **respect du seuil annuel** de 480 heures est **apprécié** au regard du nombre d'heures donnant lieu à rémunération, c'est-à-dire celui figurant sur le bulletin de paie et intégrant, le cas échéant, les heures de préparation et de suivi (Circ. DSS 185 du 26-4-2006, opposable). Il est apprécié par année civile et par association : un salarié peut donc être engagé simultanément par plusieurs associations et ouvrir droit au bénéfice de l'assiette forfaitaire au titre de chacune de ces activités (Circ. DSS du 26-4-2006 précitée).
b. Le fait pour le salarié d'**exercer en parallèle** de ses activités d'animation des activités administratives médicales ou le fait d'exercer les fonctions de dirigeant ou d'administrateur salarié de l'association l'exclut automatiquement du champ d'application de la base forfaitaire (Circ. DSS 185 du 26-4-2006, opposable).
En revanche, lorsque l'intéressé **exerce à la fois une activité sportive et une activité d'animation,** la base forfaitaire peut être appliquée à l'activité d'animation à condition que la durée de cette dernière soit inférieure à 480 heures sur l'année (Circ. DSS 185 du 26-4-2006, opposable).

ASSIETTE FORFAITAIRE

25930 Les cotisations d'assurances sociales (maladie, maternité, invalidité, décès, vieillesse), d'accidents du travail et d'allocations familiales sont **calculées** pour chaque heure de travail sur la base d'une fois la valeur horaire du Smic en vigueur au 1er janvier de l'année considérée (montant du Smic n° 96050) (Arrêté SPSS9402381A du 28-7-1994 art. 2).

Le **montant** de l'assiette est **arrondi,** le cas échéant, à l'euro le plus proche (CSS art. L 133-10).

Cette assiette forfaitaire sert également de base à la contribution **Fnal,** au **versement mobilité** (Circ. Acoss du 4-7-1985), à la contribution solidarité autonomie (Circ. DSS du 1-7-2004, opposable), à la **CSG** et à la **CRDS.** En cas d'application de l'assiette forfaitaire, la CSG et la CRDS sont dues sur son montant, sans application de la déduction forfaitaire pour frais professionnels propre à ces contributions.

Elle ne concerne pas, en revanche, les cotisations autres que celles de sécurité sociale : contributions chômage et AGS, cotisations Agirc-Arrco, etc.

Attention, lorsque la rémunération est égale ou supérieure à 1,5 plafond de la sécurité sociale correspondant à la durée du travail, l'assiette forfaitaire retenue pour le calcul des cotisations ne peut pas être inférieure à 70 % de cette rémunération (CSS art. L 242-4-4, al. 2).

Sur l'incidence du versement d'une **indemnité compensatrice de congés payés** sur le montant de l'assiette forfaitaire, voir n° 60630.

> Précisions a. Comme pour l'appréciation du seuil de 480 heures, **le nombre d'heures de travail** à prendre en compte pour le calcul de l'assiette forfaitaire est celui qui donne lieu à rémunération et qui figure sur le bulletin de paie. Il intègre, le cas échéant, les heures de préparation et de suivi (Circ. DSS 185 du 26-4-2006, opposable).
b. En cas de **suspension du contrat de travail avec maintien** total ou partiel **de la rémunération,** le nombre d'heures pris en compte pour le calcul de l'assiette forfaitaire des cotisations dues au titre du mois considéré est égal au rapport entre :
– d'une part, le produit du nombre d'heures qui auraient été rémunérées si le contrat avait continué à être exécuté et de la rémunération mensuelle brute versée au titre du mois considéré (rémunération de la période travaillée et fraction du maintien de salaire à la charge de l'employeur et soumise à cotisations) ;
– et, d'autre part, la rémunération mensuelle brute qui aurait été versée en l'absence de suspension du contrat de travail (Circ. DSS 185 du 26-4-2006, opposable).

RENONCIATION À L'ASSIETTE FORFAITAIRE

25940 L'association et son salarié peuvent décider, d'un commun accord, de renoncer à l'assiette forfaitaire et de calculer les cotisations conformément au droit commun sur le montant des **salaires réels** (Arrêté du 28-7-1994 art. 4), à condition toutefois que les rémunérations ne soient pas inférieures à **l'assiette minimum** mentionnée nos 17900 s. (Guide Acoss n° 101 p. 92-23).

En cas de renonciation à l'assiette forfaitaire, les **frais professionnels** peuvent être déduits de l'assiette des cotisations dans les conditions de droit commun (Circ. Acoss du 4-7-1985).

CONSÉQUENCES DE L'ASSIETTE FORFAITAIRE

25950 Le calcul des cotisations de sécurité sociale sur une assiette forfaitaire :

– écarte l'application des dispositions relatives à la **régularisation** des cotisations (nos 18200 s.), à la **proratisation** des cotisations plafonnées des salariés à employeurs multiples (nos 68870 s.) et à la **réduction d'assiette** des cotisations plafonnées des salariés à temps partiel (n° 74920) ;

– est incompatible avec la **réduction générale de cotisations patronales** de sécurité sociale (no 21840), les exonérations pour embauches en **zone** de revitalisation **rurale** (no 23460) et en zones franches **urbaines** (no 24070).

Sur le point de savoir s'il est possible de bénéficier de la réduction générale de cotisations patronales au titre des cotisations de retraite complémentaire, calculées sur une assiette réelle, voir no 21830.

Sur le cumul de l'application de ce dispositif avec les déductions forfaitaires de cotisations patronales pour **heures supplémentaires,** voir nos 8140 s.

Sur le cumul avec l'application des **taux réduits** des **cotisations allocations familiales** et d'assurance **maladie**, voir respectivement nos 22650 et 22705 s.

SECTION 15 TRAVAILLEURS NON RÉMUNÉRÉS EN ESPÈCES

26020 Les **cotisations salariales** de sécurité sociale ne sont pas dues par le travailleur salarié ou assimilé accomplissant un travail non bénévole qui, ne percevant aucune rémunération en argent de la part de son employeur ou par l'entremise d'un tiers, ni à titre de pourboires, reçoit seulement des **avantages en nature** ou le bénéfice d'une **formation professionnelle** à la charge de l'employeur (CSS art. R 242-1, I-al. 8). Ces personnes ne sont pas, par ailleurs, soumises à la **CSG** (Circ. Acoss du 14-2-1991) ni à la **CRDS** (Circ. min. 71 du 2-2-1996, opposable).

En revanche, des **cotisations patronales** sont dues au titre des législations de sécurité sociale et d'allocations familiales. Elles sont fixées forfaitairement par arrêté du ministre chargé de la sécurité sociale (CSS art. R 242-1, I-al. 9) : nos 26040 s.

SALARIÉS VISÉS

26030 Les salariés visés par ces dispositions sont ceux qui, accomplissant un **travail non bénévole** :
– ne perçoivent **aucune rémunération en espèces** de la part de l'employeur ou par l'entremise d'un tiers, ni de pourboires ;
– mais reçoivent seulement des **avantages en nature** ou le bénéfice d'une **formation professionnelle** de la part de l'employeur.

Il s'agit essentiellement des :
– stagiaires (voir nos 88850 s.) ;
– aides familiaux étrangers ;
– employés de maison au pair ;
– enfants travaillant dans l'exploitation familiale sans recevoir de rémunération ;
– animateurs de centres de loisirs rémunérés exclusivement par des avantages en nature.

Sont exclues des dispositions de l'article R 242-1 du CSS les personnes accomplissant un **travail bénévole.** Sont notamment visés les services non rétribués rendus à titre personnel qui présentent le caractère d'une aide occasionnelle et gracieuse et les services rendus, même d'une façon continue, par un membre de la famille en contrepartie, le plus souvent, de l'obligation alimentaire.

MONTANT DES COTISATIONS

26040 Pour les travailleurs salariés non rémunérés en espèces, mais bénéficiant d'**avantages en nature,** les cotisations uniquement patronales sont calculées sur le montant de ces avantages évalués selon les règles de droit commun (nos 38800 s.). Il est précisé que, pour cette catégorie de salariés, le logement doit, en cas d'option pour l'évaluation forfaitaire, être évalué sur la base de la première tranche du barème donné nos 96330 s. (Circ. DSS 7 du 7-1-2003, opposable).

En revanche, l'**indemnité de congés payés** est un avantage en espèces qui, juridiquement, ne peut pas donner lieu à exonération du précompte (Guide Acoss no 101 p. 74).

26050 Pour les salariés bénéficiant d'avantages en nature et/ou d'une formation professionnelle, c'est-à-dire les personnes effectuant des **stages en entreprise,** les cotisations dues sont étudiées nos 89070 s.

CHAPITRE 3

VERSEMENTS ADDITIONNELS

SOMMAIRE

A. Contribution au Fonds national d'aide au logement (Fnal) 26450
1. Contribution Fnal plafonnée 26450
2. Contribution Fnal déplafonnée 26610
B. Versement mobilité 26750
1. Employeurs assujettis 26830
a. Activité ou forme de l'entreprise 26830
b. Effectif 26900
2. Montant 27100
3. Paiement 27200
4. Remboursement 27205
C. Forfait social 27320
D. Contribution au dialogue social 27460
E. Frais de santé 28020
F. Contribution OETH 28150
1. Champ d'application 28160
2. Modalités d'exécution de l'obligation d'emploi 28180
a. Emploi direct de bénéficiaires de l'obligation d'emploi 28190
b. Application d'un accord 28220
c. Versement d'une contribution annuelle OETH 28230
3. Déclaration OETH 28320

Outre les divers prélèvements additionnels étudiés ici, les salaires sont soumis à la **contribution solidarité autonomie** (nos 71950 s.). 26350

A. Contribution au Fonds national d'aide au logement (Fnal)

1. CONTRIBUTION FNAL PLAFONNÉE

CHAMP D'APPLICATION

Sont redevables d'une contribution calculée sur la part de la rémunération **limitée au plafond de la sécurité sociale** (CCH art. L 813-5, 1o) : 26450
– les employeurs occupant moins de 50 salariés ;
– les coopératives agricoles et les exploitations et entreprises agricoles visées à l'article L 722-1, 1o à 4o du Code rural et de la pêche maritime, quel que soit leur effectif.

Pour le **calcul de l'effectif** et les effets d'un **franchissement de seuil,** à la hausse comme à la baisse, voir nos 18800 s.

MONTANT

La contribution Fnal est **assise** sur les revenus d'activité tels qu'ils sont pris en compte pour la détermination de l'assiette des cotisations patronales d'assurance maladie affectées au financement des régimes de base de l'assurance maladie, dans la limite du **plafond** de la sécurité sociale (CCH art. L 813-5, 1o). 26480

Si les cotisations d'assurance maladie sont calculées sur une **assiette forfaitaire,** la contribution Fnal est due sur cette assiette. Sur le calcul de la contribution Fnal due sur l'**indemnité** de congés payés versée par les **caisses de congés payés,** voir nos 60370 s.

Le **taux** de la contribution Fnal plafonnée est de 0,1 % (CCH art. L 813-5, 1o). Les artistes du spectacle bénéficient d'un **taux réduit** : voir nos 69560 s.

Certaines **exonérations** de cotisations patronales de sécurité sociale portent aussi sur la contribution Fnal. Il faut donc se reporter aux développements consacrés à chacune d'elles pour s'en assurer.

DÉCLARATION ET PAIEMENT

Les modalités de déclaration, de paiement et de recouvrement, identiques à celles de la **contribution déplafonnée,** sont exposées nos 26660 s. 26510

2. CONTRIBUTION FNAL DÉPLAFONNÉE

CHAMP D'APPLICATION

26610 La contribution Fnal déplafonnée est due par les employeurs d'**au moins 50 salariés,** à l'exception des employeurs agricoles visés n° 26450 (CCH art. L 813-5, 2°). Sur le **calcul de l'effectif** et les effets d'un **franchissement de seuil,** à la hausse comme à la baisse, voir n°s 18800 s.

MONTANT

26640 L'**assiette** prise en compte est la même que celle de la contribution plafonnée (CCH art. L 813-5, 2°) : voir n° 26480. La contribution Fnal déplafonnée est due au **taux** de 0,50 % sur la totalité des rémunérations.

PAIEMENT

26660 La contribution Fnal (plafonnée ou déplafonnée) est exigible aux mêmes **dates** que les cotisations de sécurité sociale et donne lieu, à défaut de paiement dans les délais impartis, aux majorations de retard prévues pour celles-ci. La liquidation, le paiement, le **recouvrement,** le contrôle et le contentieux sont soumis aux mêmes règles que celles applicables à ces cotisations (CCH art. L 813-7, L 813-10 et L 813-11) : voir n°s 18760 (période de calcul) et 18850 s. (modalités de paiement).

Pour la détermination du redevable de la contribution due sur les **indemnités versées par les caisses de congés payés,** voir n° 60370. Sur la mention de la contribution sur le **bulletin de paie,** voir n° 13680, b.

26670 Les **modalités déclaratives** des contributions Fnal sur la DSN sont les suivantes (Doc. Urssaf au 14-3-2023) : entreprises de moins de 50 salariés : CTP 332 (artistes : CTP 334) ; entreprises d'au moins 50 salariés : CTP 236 (artistes : CTP 316).

B. Versement mobilité

26750 Destiné au financement des services de mobilité (notamment les transports en commun), le versement mobilité s'applique en **Île-de-France** et dans de nombreuses localités en province.

S'il connaît des particularités suivant qu'il est institué en Île-de-France ou en dehors, le versement mobilité obéit, pour l'essentiel, à des **règles communes.**

1. EMPLOYEURS ASSUJETTIS

a. Activité ou forme de l'entreprise

26830 Doivent acquitter le versement mobilité les personnes physiques ou morales, publiques ou privées, à l'exception des **fondations** ou **associations** reconnues d'utilité publique à but non lucratif dont l'activité est de caractère social et des **associations intermédiaires** (CGCT art. L 2333-64 et L 2531-2).

FONDATIONS ET ASSOCIATIONS

26850 Les **conditions** de l'**exonération** des fondations et associations autres que les associations intermédiaires – reconnaissance d'utilité publique, but non lucratif et activité sociale – sont **cumulatives** (Cass. soc. 5-2-1998 n° 96-12.661 D). L'exonération s'applique aux associations loi 1901 et ne s'étend pas aux **mutuelles,** unions et fédérations de mutuelles régies par le Code de la mutualité (Cass. soc. 1-7-1999 n° 97-15.751 PB) ni aux unions départementales des associations familiales régies par le CASF (Cass. 2e civ. 8-10-2015 n° 14-24.240 F-PB).

La commune ou l'établissement public ayant institué le versement mobilité établit la **liste** des fondations ou associations exonérées (CGCT art. D 2333-85), sauf en région **Île-de-France** où une décision préalable de l'autorité organisatrice des transports n'est pas exigée (Cass. 2e civ. 9-9-2021 n° 20-11.056 F-B).

> **Précisions** **a.** Le caractère social doit être apprécié au regard de l'activité de la fondation ou l'association dans le ressort de l'autorité organisatrice de transport qui a institué le versement mobilité (Cass. 2e civ. 9-5-2018 n° 17-14.705 F-PB). Pour des illustrations, voir n° 26855.
> **b.** L'affiliation d'une **association de droit local d'Alsace-Moselle** à une association nationale reconnue d'**utilité publique** ne lui confère pas cette qualité. Elle est en conséquence redevable du versement mobilité, même si un arrêté préfectoral a reconnu l'utilité publique de sa mission pour permettre la déduction fiscale des dons qui lui sont faits (Cass. soc. 4-3-1999 n° 97-17.493 D ; 1-7-1999 n° 97-21.039 P).

ILLUSTRATIONS 26855

La **nature sociale** de l'activité est caractérisée pour une association qui assure, avec le concours de bénévoles, l'**hébergement** et le perfectionnement professionnel de jeunes ouvriers itinérants, contre une participation modique, ce qui l'oblige à recourir à des aides financières extérieures pour équilibrer son budget (Cass. soc. 29-2-1996 n° 93-12.638 P). Exerce également une activité à caractère social une **crèche** gérée par une association accueillant des enfants en contrepartie d'une participation modique des parents, peu important la part prépondérante des financements publics dans ses ressources ou la nature administrative des tâches accomplies par les bénévoles, dès lors que ces derniers participent à son fonctionnement (Cass. 2e civ. 21-12-2017 n° 16-26.034 F-D).

Au contraire, le fait qu'une association soit chargée de la gestion d'un **établissement de soins** ne suffit pas à caractériser la nature sociale de son activité (Cass. soc. 30-11-1995 n° 93-18.511 P). Ne présente pas ce caractère l'établissement hospitalier dont le prix de journée est comparable à celui des autres établissements privés (Cass. soc. 9-3-2000 n° 98-13.880 P).

b. Effectif

Les employeurs assujettis au versement mobilité sont ceux employant **au moins 11 salariés** dans un périmètre où ce versement a été institué (CGCT art. L 2333-64 et L 2531-2). 26900

L'effectif est **apprécié sur l'année** civile comme indiqué n°s 18820 s. (CGCT art. D 2333-87 et D 2531-7). L'effectif moyen de l'année n détermine donc si l'entreprise est assujettie au versement mobilité pour l'année suivante. Toutefois, les effets du franchissement de seuil sont étalés dans le temps : voir n° 27000.

SALARIÉS À PRENDRE EN COMPTE

Salariés travaillant dans un établissement de l'employeur Pour la détermination des effectifs mensuels de chaque établissement situé dans une zone où est institué le versement mobilité, il est tenu compte des salariés qui y sont affectés, c'est-à-dire **ceux inscrits au registre unique du personnel** pour l'accomplissement des déclarations sociales obligatoires, peu important leur lieu effectif de travail (CGCT art. D 2333-87, al. 1 et D 2531-7, al. 1 ; BOSS-Eff.-780). Ce principe reste valable tant que le salarié exerce son activité dans un établissement de l'employeur, peu important que l'établissement où il exerce soit situé dans une autre zone de versement ou hors zone. Il s'applique à l'ensemble des salariés, qu'ils soient sédentaires ou **itinérants,** sauf situation exposée n°s 26925 s. (BOSS-Eff.-790 s.). 26920

Sur le cas spécifique des entreprises disposant d'établissements situés dans différentes zones d'**Île-de-France,** voir n° 27150.

> **Précisions** **a.** Tous les salariés sont pris en compte, y compris ceux pour lesquels les cotisations sont calculées sur une **assiette forfaitaire** ou fixées forfaitairement (Circ. Acoss 87 du 6-6-2005). Les élèves ou étudiants effectuant un **stage obligatoire** dans le cadre de leur scolarité sont exclus de l'effectif quels que soient l'établissement d'enseignement et le montant de leur gratification (Circ. Acoss 87 du 6-6-2005).
> Pour les **apprentis,** et les titulaires de contrat de formation alternée et d'**insertion,** voir n° 18837.
> **b.** Peu importe que l'**activité** du salarié soit **occasionnelle,** le versement mobilité est dû sur le montant de ses rémunérations (Cass. 2e civ. 17-1-2008 n° 06-21.491).
> **c.** Pour l'**année de création du premier emploi,** il faut prendre en compte, au titre de la zone, l'effectif présent le dernier jour du mois au cours duquel a été réalisée la première embauche. Seul le cas d'une embauche à strictement parler est considéré comme une création d'emploi (BOSS-Eff.-820 s.).
> **d.** En cas de **modification de la situation juridique de l'employeur,** l'effectif à prendre en compte dans la zone où les salariés ont été transférés correspond à l'effectif présent le dernier jour du mois de **transfert** dans cette zone et s'applique du 1er jour du mois de transfert au 31 décembre de l'année (BOSS-Eff.-840).

Salariés travaillant hors de l'entreprise Pour les salariés exerçant leur activité **hors d'un établissement** de leur employeur **et de la zone de versement** de l'établissement tenant le registre unique du personnel, il est tenu compte du lieu où est exercée cette activité **plus de 3 mois consécutifs** (appréciés comme indiqué n° 26930) que celle-ci soit exercée dans une zone de versement ou en dehors de toute zone (CGCT art. D 2333-87, al. 3 et D 2531-7, al. 3 ; BOSS-Eff.-850). Lorsque ces conditions sont remplies, les modifications induites par le changement de zone prennent **effet au 1er jour du 4e mois de la mission.** Ainsi, si le salarié exerce (BOSS-Eff.-870) : 26925

– **dans une zone de versement,** il est pris en compte dans l'effectif de la zone dans laquelle il exerce son activité ;
– **en dehors de toute zone de versement,** il n'est plus pris en compte dans l'effectif.

EXEMPLES

1. Un salarié inscrit au registre unique du personnel d'un établissement situé en zone A travaille en zone B, en dehors d'un établissement de l'employeur, par exemple sur un **chantier.** Les 3 premiers mois d'exercice sur le chantier, il est pris en compte dans l'effectif de la zone A. À compter du 1er jour du 4e mois d'exercice sur le chantier, il est pris en compte dans l'effectif de la zone B (BOSS-Eff.-870).

2. Un salarié est inscrit au registre unique du personnel d'un établissement situé en zone A et son **lieu de travail** se situe à la fois **en dehors d'une zone de versement et** en dehors **d'un établissement de l'employeur,** par exemple sur un chantier. Pendant les 3 premiers mois d'exercice sur le chantier, il est pris en compte dans l'effectif de la zone A. À compter du 1er jour du 4e mois d'exercice sur le chantier, il n'est plus pris en compte dans l'effectif (BOSS-Eff.-870).

26930 La **durée de 3 mois consécutifs** s'apprécie de date à date, ce qui peut impliquer une prise en compte proratisée du salarié concerné sur chaque zone dans l'effectif mensuel (BOSS-Eff.-880).

Ce **délai** est **interrompu** si le salarié retourne travailler, même ponctuellement, dans la zone où est situé l'établissement tenant le registre (au sein de l'établissement ou en dehors), ou dans un autre établissement de l'employeur (peu important la zone). Dans ce cas, un nouveau délai de 3 mois commence à courir dès que le salarié travaille à nouveau hors de cette zone et d'un tel établissement (BOSS-Eff.-890).

Les **absences** pour maladie, congés payés ou activité partielle ne l'interrompent pas. À l'issue de l'absence (BOSS-Eff.-900 s.) :

– si le salarié reprend son travail dans la même zone, le décompte de la période de 3 mois dans cette zone se poursuit ;

– si le salarié reprend le travail au sein de l'établissement tenant le registre, il sera compris dans l'effectif de la zone de cet établissement, à compter de sa reprise du travail dans cette zone ;

– si le salarié reprend le travail hors établissement et dans une zone de versement différente de celle où il était affecté avant son absence, il sera de nouveau affecté à l'effectif de la zone de l'établissement tenant le registre à compter de la reprise du travail, et sera affecté à l'effectif de la nouvelle zone, le cas échéant, à compter du 1er jour du 4e mois d'exercice dans cette nouvelle zone.

26940 Pour les salariés en **télétravail,** le délai de 3 mois consécutifs pour prendre en compte le lieu d'exercice court à compter du 1er jour de télétravail dès lors que le lieu de télétravail est situé **dans une autre zone de versement** que celle où se situe l'établissement tenant le registre ou **hors d'une zone de versement.** Le fait de se rendre dans un établissement de l'employeur, même une journée, interrompt le décompte du délai (BOSS-Eff.-920).

Si le **salarié** exerce **hors d'un établissement de son employeur** (par exemple, mission chez un client) et débute le télétravail dans une autre zone que celle de l'établissement tenant le registre unique du personnel, plusieurs situations peuvent se présenter (BOSS-Eff.-930) :

– si le lieu de télétravail est situé dans la **même zone que le lieu où le salarié exerçait,** le décompte de la durée de 3 mois n'est pas interrompu, et le salarié demeure pris en compte dans l'effectif de cette zone ;

– si le lieu de télétravail est situé dans une **zone différente** de celle où le salarié exerçait sa mission, le décompte des 3 mois est interrompu, et le salarié est décompté dans l'effectif de la zone de l'établissement tenant le registre. Si le lieu de télétravail se trouve hors de la zone de l'établissement tenant le registre, le décompte de la durée de 3 mois recommence le cas échéant à courir à compter du premier jour de télétravail dans une autre zone ou hors zone de versement mobilité.

EXEMPLES

1. Un salarié inscrit au registre unique du personnel d'un établissement situé en zone A est envoyé en **mission** chez un client en zone B à compter du 1er avril. Le 20 juin, il commence à télétravailler depuis son domicile également situé en zone B. Le lieu de télétravail étant dans la même zone que le lieu d'exercice de l'activité, le décompte de la période de 3 mois n'est pas interrompu : au 1er juillet, le salarié est considéré avoir exercé son activité 3 mois consécutifs hors d'un établissement de l'employeur et dans une autre zone. Par conséquent, le salarié est pris en compte dans l'effectif de la zone A jusqu'au 30 juin et dans l'effectif de la zone B à compter du 1er juillet (BOSS-Eff.-930).

2. Un salarié inscrit au registre unique du personnel d'un établissement situé en zone A est envoyé en **mission** chez un client en zone B à compter du 1er avril. Le 25 juillet, il commence à télétravailler depuis son domicile également situé en zone B. Le délai de 3 mois court à compter du 1er avril : au 1er juillet, le salarié est considéré avoir exercé son activité 3 mois consécutifs hors d'un établissement de l'employeur et dans une autre zone. Le lieu de télétravail étant dans la même zone que le lieu d'exercice de l'activité, il ne remet pas en cause la prise en compte du salarié dans l'effectif de la zone concernée. Par conséquent, le salarié est pris en compte dans l'effectif de la zone A jusqu'au 30 juin et dans l'effectif de la zone B à compter du 1er juillet (BOSS-Eff.-930).

3. Un salarié inscrit au registre unique du personnel d'un établissement situé en zone A est envoyé en mission chez un client en zone B à compter du 1er avril. Le 20 juin, il commence à télétravailler depuis son domicile situé en zone A. Le lieu de télétravail étant dans une zone différente de celle du lieu d'exercice de l'activité, le décompte de la période de 3 mois est interrompu. Par conséquent, le salarié est toujours pris en compte dans l'effectif de la zone A (BOSS-Eff.-930).

4. Un salarié inscrit au registre unique du personnel d'un établissement situé en zone A est envoyé en mission chez un client en zone B à compter du 1er avril. Le 20 juin, il commence à télétravailler depuis son domicile situé en zone C. Le lieu de télétravail étant dans une zone différente de celle du lieu d'exercice de l'activité, le décompte de la période de 3 mois est interrompu. Le nouveau décompte est apprécié à compter du 20 juin : au 20 septembre, le salarié est considéré avoir exercé son activité 3 mois consécutifs hors d'un établissement de l'employeur et dans une autre zone. Par conséquent, il est pris en compte dans l'effectif de la zone A jusqu'au 19 septembre et dans l'effectif de la zone C à compter du 20 septembre (BOSS-Eff.-930).

Salariés du transport routier ou aérien Par dérogation aux règles de calcul des effectifs, les salariés affectés aux véhicules des entreprises de transport routier ou aérien qui **exercent leur activité à titre principal, c'est-à-dire pendant plus de 50 % de leur temps de travail, en dehors d'une zone de versement mobilité** sont exclus de la détermination des effectifs servant au calcul du versement (CGCT art. D 2333-87, al. 4 et D 2531-7, al. 4 ; BOSS-Eff.-1000). 26950
Sont seuls visés les **personnels navigants** des compagnies aériennes (hôtesses de l'air, pilotes) et les **conducteurs** du transport **routier** (conducteurs de camions, autobus, autocars, ambulances) (BOSS-Eff.-1000).

› Précisions **a.** L'activité des **personnels navigants des compagnies aériennes** est toujours considérée comme principalement exercée en dehors d'une zone de versement mobilité (BOSS-Eff.-1020).
b. Le **chauffeur d'une entreprise de transport routier** exerçant plus de 50 % de son temps de travail au cours du mois (soit de ses journées travaillées sur le mois) en dehors d'une zone de versement mobilité est considéré comme exerçant à titre principal en dehors de toute zone de versement. L'appréciation de l'exercice de l'activité au sein d'une zone ou hors zone à titre principal s'effectue en fonction du trajet du chauffeur routier sur chaque journée de travail. Il sera ainsi considéré comme exerçant à titre principal en zone de versement sur la journée s'il passe, au cours de celle-ci, par la zone de versement mobilité où se situe l'établissement tenant le registre unique du personnel sur lequel il est inscrit. À défaut, il sera considéré comme exerçant hors zone sur la journée. Toutefois, lorsque l'établissement tenant le registre unique du personnel est situé hors zone de mobilité, le chauffeur est toujours considéré comme étant hors zone (BOSS-Eff.-1030 s.).
c. Les salariés affectés aux véhicules des entreprises de **transport ferroviaire ou fluvial** ainsi que ceux affectés aux véhicules des entreprises de **commerce de gros** ou de **dépannage** ne sont pas visés et restent affectés à l'effectif de la zone dans laquelle se situe l'établissement qui tient le registre unique du personnel sur lequel ils sont inscrits, sauf à exercer plus de 3 mois consécutifs dans une autre zone et hors d'un établissement de l'employeur (BOSS-Eff.-1010).

ENTREPRISES À ÉTABLISSEMENTS MULTIPLES

L'effectif est comptabilisé tous établissements confondus, dans le ressort d'une zone où a été institué le versement mobilité. L'effectif déterminant l'assujettissement au versement mobilité s'apprécie donc au sein de chaque zone de versement (BOSS-Eff.-770 ; en ce sens, Cass. soc. 11-3-1993 no 90-20.997 D). 26980
Sur le cas des établissements situés dans différentes zones d'**Île-de-France,** voir no 27150.

FRANCHISSEMENT DE SEUIL

Les effets d'un franchissement de seuil sont atténués en application de dispositions générales étudiées nos 18825 s. 27000

› Précisions L'effectif étant apprécié uniquement dans le cadre du périmètre de mobilité dont dépend l'établissement en cause, il doit être fait abstraction de l'effectif et de la situation de l'employeur sur le reste du **territoire national.** Pour une **entreprise implantée dans différentes zones** de versement, le franchissement du seuil d'assujettissement s'apprécie zone par zone (Cass. 2e civ. 30-3-2017 no 15-27.010 F-PB). Sur les particularités de l'**Île-de-France,** voir no 27150.

Maintien de l'ancien dispositif d'assujettissement progressif À titre **transitoire,** le dispositif spécifique d'assujettissement progressif prévu en matière de versement de transport continue de s'appliquer aux entreprises qui en bénéficiaient au 31-12-2019 (Loi 2019-486 du 22-5-2019 art. 11, XII), soit, selon nous, les entreprises ayant, au plus tard, franchi l'effectif de 11 salariés le 31-12-2018 et assujetties depuis le 1-1-2019. 27005

Selon ce dispositif, les employeurs ayant atteint ou dépassé 11 salariés, en raison de l'accroissement de leur effectif, sont dispensés du versement pendant 3 ans. Le montant de celui-ci est ensuite réduit de 75 % la quatrième année, 50 % la cinquième année et 25 % la sixième année (CGCT art. L 2333-64, al. 5 ancien et L 2531-2, al. 2 ancien).

EXEMPLE

Soit une entreprise dont l'effectif a franchi le seuil de 11 salariés en 2018. Le point de départ de l'application de l'assujettissement progressif était le 1-1-2019. L'entreprise est exonérée jusqu'au 31-12-2021. Elle bénéficiera d'une réduction de 75 % du 1-1-2022 au 31-12-2022, de 50 % du 1-1-2023 au 31-12-2023 et de 25 % du 1-1-2024 au 31-12-2024 et sera pleinement assujettie à compter du 1-1-2025.

27010 Une entreprise qui a **franchi une première fois** le seuil d'effectif dans une zone donnée et bénéficié à ce titre du dispositif spécifique d'assujettissement progressif ne peut pas en bénéficier à nouveau lors d'un **franchissement ultérieur** dans la même zone (Cass. 2e civ. 30-11-2017 no 16-26.464 F-PB). En revanche, l'entreprise dont l'effectif **passe sous le seuil** d'assujettissement puis l'**atteint ou le franchit à nouveau** pendant la période d'application du dispositif peut continuer à en bénéficier mais seulement pendant la période restant à courir, son application n'étant pas suspendue (Cass. 2e civ. 13-2-2014 no 12-28.931 F-PB).

› Précisions Selon l'Urssaf cependant, les employeurs bénéficieront de la mesure de neutralisation du franchissement de seuil visée no 18825 si, à compter du 1-1-2020, leur effectif, dans une zone de versement, passe sous le seuil de 11 salariés puis le franchit à nouveau ultérieurement (Doc. Urssaf au 14-3-2023).

2. MONTANT

ASSIETTE

27100 Le versement est assis sur les revenus d'activité pris en compte pour la détermination de l'assiette des cotisations patronales d'assurance maladie : voir nos 17800 s. (CGCT art. L 2333-65 et L 2531-3).

Seuls sont pris en compte les salaires des salariés dont l'**établissement d'affectation** est situé à l'intérieur de la zone du versement mobilité considérée : voir nos 26900 s. (Cass. soc. 9-6-1994 no 92-12.312 D ; Circ. Acoss 87 du 6-6-2005). S'agissant des salariés travaillant hors de l'entreprise et des salariés itinérants, voir nos 26925 s.

Certaines **exonérations** de cotisations patronales de sécurité sociale portent également sur le versement mobilité. Il convient de se reporter aux développements consacrés à chacune d'elles pour s'en assurer. Sur le calcul du versement mobilité dû sur l'indemnité versée par une **caisse de congés payés,** voir no 60370.

› Précisions **a.** Sont prises en compte les rémunérations des salariés dont le **contrat de travail** est temporairement **suspendu** pour congés payés, arrêt de travail pour maladie ou autre (Cass. 2e civ. 20-12-2007 no 06-21.158 F-PB). Il en va de même des indemnités de **préavis** versées à des salariés dispensés de l'exécuter (Cass. 2e civ. 17-1-2008 no 07-11.752).

b. Les rémunérations des salariés **non pris en compte** dans le décompte de l'**effectif** (no 18837) sont assujetties dès lors que le lieu de travail est situé dans le ressort du périmètre des transports urbains (Circ. Acoss 87 du 6-6-2005). S'agissant des salariés itinérants, voir toutefois no 26950.

c. Par **exception** au principe d'alignement sur la base des cotisations de sécurité sociale, ne sont notamment pas pris en compte dans l'assiette du versement les rémunérations versées aux salariés dont les cotisations sont déclarées et acquittées par l'employeur de façon obligatoire auprès du guichet unique du spectacle occasionnel **(Guso)** (nos 69870 s.), l'aide au poste versée aux **travailleurs handicapés** pour sa fraction prise en charge par l'État, les rémunérations versées aux **stagiaires de la formation** permanente continue rémunérés ou non par l'État (Doc. Urssaf au 14-3-2023).

d. Si l'employeur applique une **déduction forfaitaire spécifique** pour frais professionnels, le versement est calculé sur la rémunération abattue après réintégration des frais professionnels (Doc. Urssaf au 14-3-2023). De même si les cotisations sont calculées sur une **assiette forfaitaire,** le versement mobilité l'est aussi (Circ. Acoss 87 du 6-6-2005 ; Doc. Urssaf au 14-3-2023).

TAUX

27120 Les taux du versement mobilité sont fixés dans la limite de maxima légaux :

– par le syndicat des transports pour l'Île-de-France en région parisienne (Île-de-France Mobilités) ;

– par délibération de l'organe ayant institué le versement en province.

Un module de recherche par code postal et code Insee des taux applicables par commune est disponible sur le portail www.urssaf.fr.

Le versement mobilité étant régi par les règles applicables aux cotisations sociales, le taux à prendre en compte est, selon nous, celui en vigueur pour chaque période de travail (voir n° 18760).

Pour le cas particulier des entreprises occupant des salariés dans plusieurs zones de la région **Île-de-France,** voir n° 27150. Pour le taux applicable aux **entreprises franchissant le seuil** de 11 salariés, voir nos 27000 s.

Le taux applicable aux **vendeurs colporteurs ou porteurs de presse** a fait l'objet de précisions administratives : voir n° 25380.

Le versement mobilité est parfois déjà intégré dans les **cotisations forfaitaires** acquittées pour certains salariés ; voir par exemple pour les vendeurs à domicile n° 25620.

> Précisions a. La **modification des taux** ne peut intervenir que le **1er janvier ou le 1er juillet** de chaque année. Les autorités organisatrices de la mobilité doivent transmettre aux organismes de recouvrement les délibérations fixant les nouveaux taux 2 mois avant leur entrée en vigueur, soit le 1er novembre ou le 1er mai, à charge pour ces organismes de communiquer les nouveaux taux aux assujettis au plus tard un mois après, soit le 1er décembre ou le 1er juin (CGCT art. L 2333-67 et L 2531-4). À défaut de transmission dans ces délais, l'entrée en vigueur des nouveaux taux est reportée à l'échéance suivante.

Les mêmes délais s'imposent en cas de versement prenant effet à la date du 1er janvier ou du 1er juillet suivant l'**extension** du versement **à de nouvelles communes** (Cass. 2e civ. 12-5-2021 n° 20-14.992 F-P).

b. Pour les **régions autres que l'Île-de-France,** certains syndicats mixtes peuvent, sous certaines conditions, instituer un **versement additionnel** destiné au financement des services de mobilité, dont le taux ne peut pas excéder 0,5 % (CGCT art. L 5722-7). Il s'agit des syndicats mixtes des aires urbaines d'au moins 50 000 habitants et des communes multipolarisées des grandes aires urbaines, c'est-à-dire selon l'Insee, les communes dont au moins 40 % des actifs occupés résident dans plusieurs grandes aires urbaines sans qu'aucune de ces aires urbaines n'attire plus de 40 % des emplois de cette commune.

Les conditions d'assujettissement, de recouvrement et de remboursement de ce versement sont identiques à celles du versement mobilité de base (CGCT art. L 5722-7).

Île-de-France

27150

Dans la région Île-de-France, 4 zones sont distinguées avec, pour chacune, un taux propre de versement. La zone 1 comprend Paris et les communes du département des Hauts-de-Seine. La zone 2 englobe les communes des départements de la Seine-Saint-Denis et du Val-de-Marne. La zone 3 recouvre les communes, autres que celles appartenant aux zones 1 et 2, dont la liste est fixée par l'article R 2531-6 du CGCT. La zone 4 correspond aux communes non comprises dans les 3 zones précédentes. Pour plus de précisions sur la répartition des communes d'Île-de-France entre les différentes zones, voir sur l'espace abonnés efl.fr la rubrique « Actualités/Indices et taux/versement mobilité ».

Pour l'**assujettissement** au versement mobilité, la région Île-de-France est considérée comme une **zone unique,** même si différents taux y sont applicables selon les zones qui la composent (CGCT art. L 2531-2 et L 2531-4). L'assujettissement d'une entreprise employant des salariés dans plusieurs zones de cette région dépend donc du total des salariés qu'elle y emploie.

Le **taux applicable** est, selon nous, celui de l'établissement d'affectation des salariés concernés, c'est-à-dire celui sur le registre unique du personnel duquel ils sont inscrits, sous réserve des exceptions prévues n° 26950. Par **exemple,** un employeur ayant en zone 1 un établissement occupant 5 salariés et un autre en zone 3 occupant 6 salariés appliquera le taux de la zone 1 aux salariés rattachés à l'établissement situé dans cette zone et celui de la zone 3 aux autres salariés.

3. PAIEMENT

27200

Le versement mobilité est recouvré dans les mêmes conditions que les cotisations de sécurité sociale (CGCT art. L 2333-69, L 2531-6, D 2333-92 et D 2531-10) : voir nos 18760 (période de calcul) et 18850 s. (modalités de paiement). Sur la mention du versement mobilité sur le bulletin de paie, voir n° 13680, b.

> Précisions a. Pour les assujettis relevant du **régime général** de la sécurité sociale, il est normalement acquitté auprès de l'Urssaf. Pour la détermination du **redevable** du versement mobilité dû sur les indemnités versées par les **caisses de congés payés,** voir n° 60370.

b. Dans la **DSN,** le versement mobilité doit apparaître (Guide Urssaf Caisse nationale au 31-1-2023) :

– au **niveau agrégé** (Bloc Cotisation agrégée – S21.G00.23) par Code Insee Commune. La déclaration est à faire avec un qualifiant d'assiette « autre ». Le renseignement du code Insee de la commune est obligatoire, y compris lorsqu'il n'y a qu'un seul taux à déclarer. Dans le cas d'un assujettissement progressif au versement mobilité, le taux est à indiquer en S21.G00.23.003 (taux prenant en compte le pourcentage d'abattement). Il convient en ce cas de prendre contact avec l'Urssaf pour se faire communiquer le taux abattu. Lorsque le versement mobilité additionnel est dû, la déclaration est également à réaliser en qualifiant d'assiette « autre ». Le renseignement du code Insee Commune est obligatoire. Un bloc Cotisation agrégée – S21.G00.23 est à déclarer par code Insee Commune ;

– au **niveau nominatif,** les blocs Cotisation individuelle S21.G00.81 doivent porter le code de cotisation 081 – Versement Mobilité. Un bloc Cotisation individuelle – S21.G00.81 doit être valorisé pour tout salarié dont la rémunération est soumise au versement mobilité. Ils doivent être rattachés au bloc Base assujettie – S21.G00.78 de type 57 – Assiette Versement Mobilité sauf pour les apprentis dont les blocs Cotisation individuelle – S21.G00.81 seront à rattacher au bloc Base assujettie – S21.G00.78 de type 11 – Base forfaitaire soumise aux cotisations de sécurité sociale en cas de régularisation antérieure à 2019. Lorsque le bloc Cotisation individuelle – S21.G00.81 est déjà alimenté au titre du versement mobilité, il n'y a rien à ajouter au titre du versement additionnel. En revanche, si le déclarant n'est redevable que du versement mobilité additionnel, le bloc Cotisation individuelle – S21.G00.81 doit être renseigné.

4. REMBOURSEMENT

REMBOURSEMENT DE L'INDU

27205 Les employeurs ayant acquitté à tort le versement ont droit à la **restitution** des sommes versées (nº 19705). Celle-ci incombe aux **Urssaf,** et non aux autorités organisatrices de la mobilité (Cass. 2e civ. 15-6-2017 nos 16-12.551 FS-PBRI et 16-12.510 FS-PBRI ; 6-7-2017 nº 16-18.896 FP-B).

Cette action est soumise à la **prescription** triennale prévue pour la demande de remboursement des cotisations de sécurité sociale indûment versées (nº 19715) (Cass. 2e civ. 6-10-2016 nº 15-24.714 F-PB).

ATTENTION

La prescription est **interrompue** par le dépôt d'une requête au greffe de la juridiction compétente, mais non par l'envoi d'une réclamation au syndicat ayant institué le versement (Cass. 2e civ. 23-1-2014 nº 12-29.917 F-PB).

REMBOURSEMENT DU VERSEMENT DÛMENT ACQUITTÉ

27210 Les employeurs logeant ou transportant leurs salariés et ceux occupant des salariés dans certaines zones particulières peuvent obtenir le remboursement du versement mobilité qu'ils ont acquitté. Les **demandes** de remboursement doivent être adressées trimestriellement à la personne publique bénéficiaire du versement accompagnées des pièces justificatives utiles (CGCT art. D 2333-90 et D 2531-4). Elles se **prescrivent** par 2 ans à compter de la date à laquelle le versement a été acquitté (CGCT art. L 2333-73 et L 2531-9).

27220 **Employeurs logeant ou transportant leurs salariés** Ont droit au remboursement du versement mobilité les employeurs **justifiant** avoir assuré le logement permanent sur les lieux de travail ou effectué intégralement le transport collectif de tous les salariés ou de certains d'entre eux. Si le logement ou le transport ne concerne qu'**une partie des salariés,** le remboursement est opéré au prorata des effectifs logés ou transportés par rapport à l'effectif global (CGCT art. L 2333-70, I, 1º et L 2531-6, I, A, 1º).

› Précisions **a.** Le transport doit s'effectuer de la zone du domicile à celle du lieu de travail. Les transports entre les **portes de Paris** et les lieux d'emploi n'ouvrent pas droit au remboursement (Rép. Mazeaud : AN 22-4-1972).

Seuls sont exonérés les employeurs assurant le transport de leurs salariés jusqu'à leur lieu de travail par un mode de transport collectif **autre que les transports publics réguliers** auxquels est affecté le produit du versement (CE 20-3-2017 nº 398892).

En province, le remboursement est en outre subordonné à la **gratuité du transport,** alors que cette condition n'est pas requise en région parisienne (CE 27-5-1983 nos 23240 et 23250).

Assure **intégralement** à titre gratuit le transport de ses salariés une entreprise, confrontée à un service de transports en commun n'assurant pas la desserte du lieu où elle est implantée aux heures d'embauche et de débauche de ses personnels, qui a mis en place un système de **covoiturage** dès lors que (TA Besançon 14-3-1996 nº 940056) :

– ce système a été mis en place à son initiative ;

– l'entreprise indique à chaque salarié la possibilité qui s'offre à lui et effectue à chaque salarié un remboursement correspondant à la prise en charge de la totalité des dépenses de transport ;

– aucun salarié ne choisit ni l'horaire, ni le mode de transport, ni l'itinéraire.

b. La personne publique bénéficiaire du versement mobilité ne peut pas fixer de manière générale pour tous les employeurs de la zone de versement la **distance maximale** entre le domicile des salariés et leur lieu de travail, au-delà de laquelle ces employeurs ne pourraient plus prétendre assurer le logement des salariés sur les lieux de travail (CE 8-8-1990 nº 80893). Les demandes de remboursement doivent donc être étudiées **au cas par cas.**

Villes nouvelles et zones d'activité En **région parisienne,** les employeurs bénéficient du remboursement pour les salariés employés à l'intérieur des périmètres d'urbanisation des villes nouvelles (CGCT art. L 2531-6). 27240

Hors Île-de-France, sont concernés les périmètres d'urbanisation des villes nouvelles et certaines zones d'activité industrielle ou commerciale prévues aux documents d'urbanisation lorsque ces périmètres ou ces zones sont désignés dans la délibération instituant le versement (CGCT art. L 2333-70).

> Précisions Pour les employeurs occupant des salariés dans les périmètres d'urbanisation des **villes nouvelles d'Île-de-France,** le remboursement du versement mobilité acquitté pour ces salariés est accordé dans les conditions suivantes :
– remboursement intégral pendant une période de **5 ans** à compter de leur implantation dans ces zones ;
– puis **diminution progressive** du montant du remboursement à raison de 1/5 chaque année à partir de la sixième année, le versement étant dû dans les conditions de droit commun à partir de la dixième année suivant l'installation.

En cas d'abrogation du périmètre d'urbanisation nouvelle, le remboursement est maintenu aux employeurs concernés pour la période restant à courir après l'abrogation (CGCT art. L 2531-6).

Contrairement aux règles applicables en Île-de-France, le remboursement auquel peuvent prétendre les employeurs hors d'Île-de-France pour leurs salariés travaillant à l'intérieur des périmètres d'urbanisation des villes nouvelles n'est pas limité dans le temps, ni affecté d'un mécanisme de réduction progressive.

C. Forfait social

ASSIETTE

Principes Le forfait social est un prélèvement social dont l'assiette de principe est constituée des éléments de rémunération qui sont assujettis à la CSG tout en étant exclus de l'assiette des cotisations de sécurité sociale (CSS art. L 137-15, al. 1). Bien que répondant à ce **double critère,** certains éléments de rémunération font cependant l'objet d'une **exonération expresse** de ce prélèvement. 27320

Par ailleurs, bien que ne répondant pas au double critère d'exclusion de l'assiette des cotisations de sécurité sociale et d'assujettissement à la CSG, d'autres éléments de rémunération sont **assujettis** au forfait social en vertu d'une **disposition légale expresse.**

ATTENTION

La **liste** des éléments de rémunération assujettis au forfait social a vocation à évoluer en fonction de l'apparition de nouveaux éléments de rémunération ou gains répondant au double critère d'exclusion de l'assiette des cotisations de sécurité sociale et d'assujettissement à la CSG (Circ. DSS 387 du 30-12-2008, opposable). L'évolution peut également résulter de la volonté du législateur d'assujettir certaines sommes à cette contribution bien qu'elles n'y répondent pas, ou au contraire, de les en exempter lorsqu'elles y répondent.

Applications Le régime, au regard du forfait social, de chaque élément de rémunération, est exposé dans l'étude consacrée à cet élément. On trouvera ci-dessous un tableau récapitulant les **principaux points** concernés et renvoyant aux paragraphes où le régime est présenté. 27330

Thèmes	Éléments de rémunération	Voir n^{os}
Épargne salariale et actionnariat salarié	Participation aux résultats	47840
	Intéressement	48980
	Plan d'épargne d'entreprise	49740
	PEI	50000
	Perco	50200
	Jours de congés non pris investis dans un Perco dans les entreprises dépourvues de compte épargne-temps (Circ. DSS 19-4-2012)	50110
	Pereco	50228
	Pero	50228
	Options de souscription ou d'achat d'actions	50680
	Attributions gratuites d'actions	51070

Thèmes	Éléments de rémunération	Voir n[os]
Protection sociale complémentaire	Contributions patronales de retraite supplémentaire et de prévoyance complémentaire	43350
	Prise en charge par l'employeur de la part salariale des cotisations de retraite complémentaire obligatoire	42420 (cas général) et 75410 (salarié à temps partiel cotisant sur un salaire temps plein)
	Contributions patronales finançant l'obligation légale ou conventionnelle de maintien de salaire au salarié malade ou accidenté	43350
Rupture du contrat de travail	Indemnités de rupture conventionnelle homologuée	64240
	Indemnités de licenciement	63940 et 64020
	Indemnités de mise à la retraite	64710
	Indemnités de départ volontaire versées dans le cadre d'un plan de sauvegarde de l'emploi	64300 et 65050
	Rupture conventionnelle collective ou dans le cadre d'un congé de mobilité	64290
Congés payés	Avantage résultant de la contribution de l'employeur à l'acquisition de chèques-vacances	53090 s.
Dirigeants de sociétés	Jetons de présence et rémunérations spéciales versées aux administrateurs et membres des conseils de surveillance des SA et sociétés d'exercice libéral à forme anonyme	76900

CHARGE ET TAUX

27370 Entièrement à la charge de l'employeur, le forfait social ne comporte pas de part salariale (CSS art. L 137-15). Son taux est fixé à **20 %.** Par **exception,** il peut être réduit à 8, à 10 ou à 16 % (CSS art. L 137-16). On se reportera à l'étude consacrée à chaque élément de rémunération pour connaître le taux applicable.

RECOUVREMENT

27390 Les règles de recouvrement, de contrôle et de contentieux sont celles prévues pour les cotisations patronales de sécurité sociale sur les salaires (CSS art. L 137-3 et L 137-4).

En pratique, le forfait social doit être déclaré aux mêmes dates que la CSG portant sur les mêmes éléments. Son assiette et son montant doivent figurer sur la **DSN** sous le code type de personnel (CTP) 012 pour le forfait social de 20 %, sous le CTP 479 pour le forfait social de 8 %, sous le CTP 578 pour le forfait social de 10 % et sous le CTP 480 pour celui de 16 %. En cas de régularisation du forfait, il faut utiliser le CTP 478 (Circ. DSS 387 du 30-12-2008 opposable ; Doc. Urssaf au 14-3-2023).

Sur la mention du forfait social sur le **bulletin de paie,** voir nº 13680, b.

D. Contribution au dialogue social

CHAMP D'APPLICATION

27460 Afin d'améliorer la transparence du financement des organisations syndicales et patronales, un fonds paritaire a pour mission de contribuer au financement des organisations syndicales de salariés et des organisations professionnelles d'employeurs au titre de leur participation à des activités concourant au développement du dialogue social.

Ce fonds est alimenté par diverses ressources dont, en particulier, une **contribution due par** tous les employeurs de droit privé et par les employeurs de droit public pour leur personnel embauché dans les conditions de droit privé (C. trav. art. L 2135-10).

La contribution est due quel que soit l'**effectif** de l'entreprise (Circ. Acoss 49 du 20-10-2015).

ATTENTION

L'assujettissement à la contribution est indépendant de la **présence syndicale** dans l'entreprise ou de l'adhésion de l'entreprise à une organisation professionnelle d'employeurs (Circ. Acoss 49 du 20-10-2015).

ASSIETTE ET TAUX

La contribution est assise sur les rémunérations versées aux salariés comprises dans l'assiette des cotisations de sécurité sociale du régime général. 27470

Son taux est fixé à 0,016 % (C. trav. art. L 2135-10 et D 2135-34).

> Précisions a. En cas d'application d'une **assiette forfaitaire,** il y a lieu de retenir cette assiette (Circ. Acoss 49 du 20-10-2015).

b. Dans l'hypothèse où le salarié travaille pour **plusieurs employeurs,** chaque employeur visé nº 27460 est redevable de la contribution sur la rémunération qu'il verse. Le mécanisme du prorata ne concernant que le calcul des cotisations plafonnées (nº 68870), il ne s'applique pas à la contribution qui est assise sur la totalité de la rémunération (Circ. Acoss 49 du 20-10-2015).

c. La contribution n'est pas due sur les sommes versées au titre d'un **mandat social** lorsque le mandataire est uniquement titulaire de ce mandat. En revanche, en cas de cumul d'un mandat social et d'un contrat de travail, la contribution est due uniquement sur la rémunération perçue au titre dudit contrat (Circ. Acoss 49 du 20-10-2015).

d. La contribution est due pour les salariés titulaires de **contrats aidés,** les salariés **détachés** temporairement à l'étranger, mais non pour les salariés **expatriés,** même s'ils ont adhéré à l'assurance volontaire de la caisse des Français de l'étranger (Circ. Acoss 49 du 20-10-2015).

PAIEMENT

Versée en même temps et selon les mêmes modalités que les cotisations de sécurité sociale, la contribution doit figurer sur la **DSN** sous le code type de personnel (CTP) 027 (Circ. Acoss 49 du 20-10-2015 ; Doc. Urssaf au 14-3-2023). Sur la mention de cette contribution sur le **bulletin de paie,** voir nº 13680, b. 27480

ATTENTION

Pour des raisons techniques de paramétrage de la DSN, le CTP 027 est indiqué à 0,16 % sur la déclaration. Le calcul de la contribution est néanmoins bien effectué au taux de 0,016 % et non 0,16 % (Doc. Urssaf au 14-3-2023).

E. Frais de santé

L'employeur est tenu de faire bénéficier tous ses salariés d'une couverture obligatoire de remboursement complémentaire des frais de santé et de maternité et en assurer au minimum la moitié du financement. Cette couverture peut être assurée, soit par l'affiliation du salarié à une couverture complémentaire et le versement de la cotisation correspondante à l'organisme concerné (voir nºs 28025 s.), soit par le versement au salarié d'une somme représentative du financement de la couverture minimale (voir nºs 28050 s.). 28020

COTISATION REMBOURSEMENT FRAIS DE SANTÉ

L'employeur doit faire bénéficier **tous ses salariés** d'une couverture complémentaire minimale pour leurs frais de santé et de maternité (CSS art. L 911-7). 28025

> Précisions a. Cette couverture doit être **mise en place** à titre obligatoire et collectif selon l'une des modalités visées nº 42680. Pour des précisions sur les **garanties** dont les salariés doivent bénéficier, voir nºs 43060 s.

b. En **Alsace-Moselle,** l'obligation pour l'employeur de proposer une couverture frais de santé s'applique selon des modalités particulières : les **prestations** sont déterminées après déduction de celles garanties par le régime complémentaire obligatoire local et les **cotisations** patronales et salariales sont réduites dans une proportion représentative du différentiel de prestations, l'employeur finançant la moitié de celui-ci (CSS art. L 911-7, IV et D 911-1-1).

Salariés dispensés Peuvent être dispensés d'affiliation, **à leur initiative,** sans qu'une clause en ce sens soit nécessaire dans l'acte juridique, les salariés (CSS art. L 911-7, III-al. 2 et D 911-2 à D 911-6) : 28030

– sous **CDD** ou contrat de **mission,** si la **durée de leur couverture** est inférieure à 3 mois et s'ils justifient bénéficier d'une couverture respectant les caractéristiques des contrats

responsables (voir nos 43060 s.) (cette durée s'apprécie à compter de la date d'effet du contrat de travail et sans prise en compte de l'obligation de portabilité en cas de chômage) ;
– employés **avant la mise en place** de la couverture par décision unilatérale de l'employeur, si le financement de la couverture est pour partie salarial (Loi 89-1009 du 31-12-1989 art. 11) ;
– embauchés **avant la modification** de la garantie par décision unilatérale si celle-ci entraîne une remise en cause du financement intégral du dispositif par l'employeur (il en va de même en cas de transfert d'entreprise, voir no 42930) ;
– bénéficiaires de la complémentaire santé solidaire (C2S) ou couverts par une **assurance individuelle** lors de la mise en place des garanties ou lors de l'embauche si elle est postérieure jusqu'à l'échéance du contrat individuel ;
– bénéficiant, pour les mêmes risques, de **prestations servies au titre d'un autre emploi,** au titre d'un des régimes suivants, y compris en tant qu'**ayants droit** (couverture complémentaire santé collective et obligatoire respectant les exigences des contrats responsables, mutuelle des agents de l'État ou des collectivités territoriales, contrat d'assurance groupe Madelin, régime local d'Alsace-Moselle, Camieg).

Si **l'acte instituant le régime le prévoit,** peuvent aussi, à leur initiative, être dispensés d'affiliation : les salariés et apprentis bénéficiaires d'un **CDD** ou d'un contrat de **mission** d'au moins 12 mois, à condition de justifier par écrit d'une couverture individuelle souscrite par ailleurs pour le même type de garanties, ou de moins de 12 mois, même s'ils ne bénéficient pas d'une telle couverture ; les salariés à **temps partiel** et **apprentis** dont l'adhésion au système de garanties les conduirait à s'acquitter d'une cotisation au moins égale à 10 % de leur rémunération brute.

> **Précisions** **a.** Le salarié dont les **ayants droit** sont couverts à titre obligatoire par le régime mis en place dans l'entreprise peut demander à ce que ceux-ci soient dispensés d'affiliation, sous réserve qu'ils soient déjà couverts par un des régimes collectifs énumérés ci-dessus (CSS art. D 911-3).
> **b.** En cas de **contrôle,** l'employeur doit être en mesure de **produire les demandes** de dispense de chacun des salariés concernés comportant la mention selon laquelle il a été préalablement informé par l'employeur des conséquences de son choix (CSS art R 242-1-6).
> **c.** Sur le maintien de la couverture en cas de **suspension du contrat de travail,** voir nos 42880 s. Sur sa portabilité en cas de **chômage,** voir nos 67030 s.

28040 **Montant et répartition de la cotisation** La couverture collective obligatoire des salariés doit être **financée pour moitié** au moins par l'employeur (CSS art. L 911-7, III). Sous cette réserve, ses modalités de financement sont définies librement par l'acte la mettant en place : tarification unique ou différenciée selon que les ayants droit sont ou non couverts, caractère proportionnel ou forfaitaire de la cotisation et, en fonction du choix opéré, taux et assiette ou montant de la cotisation, prise en charge au-delà de 50 % par l'employeur.

La part patronale de la cotisation bénéficie d'**exonérations sociales et fiscales,** sous les conditions exposées nos 42640 s.

L'employeur peut, s'il le souhaite, recourir au service facultatif de paiement en ligne des cotisations de retraite et de prévoyance complémentaire **Cotizen** (www.cotizen.fr) pour acquitter la cotisation frais de santé.

VERSEMENT SANTÉ

28050 **Bénéficiaires** La couverture complémentaire frais de santé peut être assurée par le versement au salarié, par l'employeur, d'une somme représentative du financement de la couverture minimale obligatoire et de sa portabilité en cas de chômage (CSS art. L 911-7-1, III-al. 2 et D 911-7 à D 911-8) :
– de **plein droit,** s'agissant des salariés ayant demandé à être **dispensés d'affiliation** en raison d'une durée de **couverture inférieure à 3 mois** (no 28030) ;
– à l'initiative des partenaires sociaux ou de l'employeur, pour les salariés **embauchés pour une courte durée** ou pour un **faible volume d'heures** par semaine.

Pour ces derniers, le versement santé peut être mis en place par un **accord** de branche ou, à défaut, d'un tel accord ou si celui-ci le prévoit, un accord d'entreprise. Ceux-ci peuvent également bénéficier du versement santé mis en place sur **décision unilatérale** de l'employeur à condition de ne pas être déjà couverts dans l'entreprise à titre obligatoire et collectif. La durée du contrat ou la durée contractuelle du travail ne doit pas dépasser les seuils fixés par l'accord ou l'employeur, dans la limite de plafonds (durée du contrat de travail ou de mission d'au plus 3 mois et durée contractuelle du travail d'au plus 15 heures par semaine).

> **Précisions** Pour bénéficier du versement santé, le salarié doit **justifier** qu'il est couvert par un contrat d'assurance maladie complémentaire portant sur la période concernée et respectant les caractéristiques des contrats responsables (nos 43060 s.). Le versement santé ne peut pas être **cumulé** avec le bénéfice de la complémentaire santé solidaire, d'une couverture collective et obligatoire, y compris en tant qu'ayant droit, ou d'une couverture complémentaire donnant lieu à la participation financière d'une collectivité publique.

Montant Le **montant mensuel du versement** est calculé selon la formule suivante : 28055

Montant de référence × 105 % (CDI) ou 125 % (CDD)

Le montant de référence correspond à la **contribution mensuelle** de l'employeur au financement de la couverture pour la catégorie à laquelle appartient le salarié et pour la période concernée. Elle tient compte, le cas échéant, de la rémunération du salarié.

> **Précisions a.** Lorsque tout ou partie de la contribution est **forfaitaire,** on lui applique le rapport « durée du travail sur le mois telle qu'elle résulte du contrat de travail/durée légale mensualisée du travail », limité à 1. Ce rapport n'est pas applicable à la composante de la contribution proportionnelle à la rémunération.
> Le montant de référence ne peut pas être inférieur à un **minimum fixé** pour 2023 à 19,80 € (6,61 € pour les affiliés obligatoires au régime local d'Alsace-Moselle) auquel est appliqué le rapport visé ci-dessus (Arrêté SPRS2237554A du 2-1-2023). Ces montants sont **revalorisés** annuellement.
> En l'**absence** de montant applicable au financement de la couverture collective et obligatoire, le montant de référence est égal au montant minimum avec application du rapport visé ci-dessus.
> **b.** Le **régime social et fiscal** du versement santé est celui de la contribution patronale au financement des contrats collectifs et obligatoires de prévoyance (nos 42640 s.). Pour un modèle de **bulletin de paie** avec versement santé, voir no 94410.

F. Contribution OETH

Les entreprises d'au moins 20 salariés sont tenues d'employer 6 % de bénéficiaires de l'obligation d'emploi des travailleurs handicapés (OETH), mais peuvent toutefois remplir cette obligation par d'autres moyens, notamment en versant une contribution. 28150

Le respect de cette OETH d'une année N est apprécié chaque année au 31 décembre de cette même année N. Sauf conclusion d'un accord agréé, l'entreprise qui ne remplit pas ce critère est tenue de verser une contribution.

> **Précisions** Les employeurs peuvent formuler une demande de **rescrit** auprès de l'Urssaf ou des caisses de mutualité sociale agricole pour s'assurer du respect de leur obligation d'emploi de travailleurs handicapés (CSS art. L 243-6-3, I).

1. CHAMP D'APPLICATION

EMPLOYEURS ASSUJETTIS À L'OBLIGATION D'EMPLOI DES TRAVAILLEURS HANDICAPÉS

L'obligation d'emploi des travailleurs handicapés, mutilés de guerre et assimilés s'applique à tout employeur occupant au moins **20 salariés,** y compris les établissements publics industriels et commerciaux (C. trav. art. L 5212-1). Dans les **entreprises à établissements multiples,** l'obligation d'emploi s'applique au niveau de l'entreprise (C. trav. art. L 5212-3). 28160

CONDITION D'EFFECTIF

Règles générales L'assujettissement à l'obligation d'emploi est déterminé en fonction de l'effectif **calculé** selon les modalités de droit commun fixées à l'article L 130-1 du CSS : voir nos 18800 s. (C. trav. art. L 5212-1 et D 5212-1), apprécié, par dérogation au droit commun, au titre de l'année pour laquelle la contribution OETH (nos 28240 s.) est due. Pour la contribution due au titre de 2023 (réglée en 2024), il est tenu compte de la moyenne des effectifs de chaque mois de l'année 2023. Si cette moyenne est égale à 20 salariés ou plus, l'entreprise est assujettie à l'OETH. 28165

> **Précisions a.** Selon l'administration, en cas de **modification de la situation juridique de l'entreprise** (au sens de l'article L 1224-1 du Code du travail) au cours d'une année N, l'effectif à retenir est l'effectif moyen de l'année N (BOSS-Eff.-1160).
> **b.** Dans les entreprises de travail temporaire, les entreprises de portage salarial, les groupements d'employeurs, les associations intermédiaires, les entreprises de travail à temps partagé et les agences de mannequins, l'effectif d'assujettissement ne prend en compte que leurs seuls

effectifs permanents, à l'exclusion des salariés **mis à disposition** ou portés (BOSS-Eff.-1130). Les salariés exclus sont toutefois pris en compte dans l'effectif de la structure d'accueil ou valorisés dans le cadre de la conclusion de contrats de sous-traitance.

c. Sur la possibilité de faire une demande de **rescrit** quant au calcul de l'effectif, voir n° 28150.

28170 **Franchissement du seuil** Dans le cadre de l'OETH, le dispositif de **droit commun** de neutralisation des effets du franchissement de seuil (n°s 18825 s.) s'applique aux **entreprises déjà existantes** (BOSS-Eff.-1180 s.).

EXEMPLE

Soit une entreprise dont l'effectif d'assujettissement est inférieur à 20 salariés en 2021 (compte tenu des données 2021) et égal à 32 salariés en 2022 (données 2022). Elle est considérée comme ayant franchi à la hausse le seuil de 20 salariés au 1-1-2022.

Ce franchissement ne sera pris en compte que lorsque ce seuil aura été atteint ou dépassé durant 5 années civiles consécutives, soit au titre de 2022, 2023, 2024, 2025 et 2026, pour que l'entreprise soit tenue à l'OETH au titre 2027 (sous réserve d'atteindre ou de dépasser le seuil également au titre 2027).

Si tel est le cas, et si son OETH n'est pas respectée, l'entreprise sera pour la première fois redevable en 2028 de la contribution due au titre de l'OETH 2027.

28175 **Création d'entreprise** L'**effectif à prendre en compte** pour l'année de création est l'effectif moyen de l'année civile de cette création (BOSS-Eff.-1150).

Toutefois, toute entreprise qui occupe au moins 20 salariés au moment de sa création a **5 ans pour se mettre en conformité** avec l'obligation d'emploi (C. trav. art. L 5212-4).

En outre, si pendant le délai de 5 ans de mise en conformité, l'effectif **redescend en dessous du seuil** de 20 salariés, le délai de mise en conformité est interrompu. Si l'entreprise franchit ensuite à nouveau ce seuil, elle bénéficie du **dispositif de neutralisation** de droit commun (n° 28170) (BOSS-Eff.-1350).

› **Précisions** **a.** Les termes « entreprise qui occupe au moins 20 salariés au moment de sa création » recouvrent les situations suivantes (BOSS-Eff.-1250) :
– l'entreprise créée une année N (2023, par exemple) et qui a un effectif moyen annuel d'assujettissement à l'OETH de 20 salariés et plus l'année de sa création (soit en 2023 dans notre exemple) ;
– l'entreprise créée une année N (2023, par exemple) avec un effectif nul et qui accueille ses premiers salariés (liés à une embauche ou à un transfert de salariés) postérieurement à l'année N (après 2023), aboutissant à un effectif moyen annuel d'assujettissement à l'OETH de 20 salariés et plus. Dans ce cas, le délai de 5 ans court à compter de l'année de l'atteinte de ce seuil.

b. Ne constitue pas une entreprise nouvelle l'entreprise issue d'une **fusion** (Note DE 9 du 10-2-1989) ou celle créée pour reprendre le fonds de commerce et l'activité d'une autre société (CAA Nantes 5-3-1998 n° 96-2323 ; 30-10-2003 n° 00-755).

28177 EXEMPLE

Modalités de calcul de l'effectif. Pour une entreprise créée le 1-7-2023, l'effectif 2023 correspond à l'effectif moyen sur la période du 1-7-2023 au 31-12-2023.

Application de la règle de mise en conformité. Cette entreprise occupe au moins 20 salariés pour l'année de sa création en 2023. Elle bénéficie du délai de 5 ans de mise en conformité pour les entreprises nouvellement créées, à compter de l'année 2023. Elle ne sera donc pas assujettie à l'OETH au titre des années 2023 à 2027.

Si son effectif se maintient à au moins 20 salariés entre 2023 et 2027 et que son effectif annuel 2028 est également d'au moins 20 salariés, alors elle sera assujettie à l'OETH au titre de l'année 2028 et redevable, le cas échéant, d'une contribution en 2029.

En 2023, 2024, 2025, 2026 et 2027, elle n'est pas assujettie à l'obligation d'emploi, mais doit néanmoins s'acquitter d'obligations déclaratives (voir n°s 28320 s.).

Application du dispositif de neutralisation. Si l'effectif redescend sous le seuil des 20 salariés, le dispositif de neutralisation joue. Par exemple, si l'effectif moyen est redescendu à 15 salariés en 2024 puis est repassé à 25 salariés en 2025, la neutralisation jouera de 2025 à 2029 si le seuil de 20 salariés est atteint ou dépassé pendant ces 5 années consécutives. Si l'effectif de l'entreprise est de 20 salariés ou plus en 2030, alors elle sera assujettie à l'OETH au titre de l'année 2030, et redevable le cas échéant d'une contribution en 2031. Si l'entreprise franchit le seuil à la baisse pendant ces 5 années, elle ne sera pas assujettie à l'OETH et pourra bénéficier une nouvelle fois de la neutralisation de 5 années.

2. MODALITÉS D'EXÉCUTION DE L'OBLIGATION D'EMPLOI

Dans les entreprises assujetties, les bénéficiaires de l'obligation d'emploi (dits « BOETH ») doivent représenter au moins **6 %** de l'effectif total des salariés calculé comme indiqué nº 28165, le nombre de bénéficiaires ainsi déterminé devant être **arrondi** à l'entier inférieur (C. trav. art. L 5212-2 et D 5212-2). Pour s'acquitter de leur obligation, les employeurs ont le choix entre plusieurs **modalités** (nºs 28190 s.) qu'ils peuvent **combiner entre elles.** 28180

> Précisions **a.** Les employeurs qui, pendant plus de 3 ans, n'ont consenti aucun effort en faveur de l'emploi des personnes handicapées sont pénalisés : voir nº 28300.
b. La **date limite** d'exécution des obligations est le 31 décembre de chaque année, sauf le versement de la contribution annuelle (nºs 28230 s.).
c. Sur la possibilité de faire une demande de **rescrit** quant à la mise en œuvre de l'obligation d'emploi, à ses modalités d'acquittement et à ses bénéficiaires, voir nº 28150.

EXEMPLE 28185

Dans une entreprise de 33,07 salariés, le nombre de BOETH à employer doit représenter 6 % de l'effectif total, arrondi à l'entier inférieur : 33,07 × 6 % = 1,98, arrondis à 1 salarié.

a. Emploi direct de bénéficiaires de l'obligation d'emploi

CATÉGORIES DE BÉNÉFICIAIRES

Bénéficient de l'obligation d'emploi (C. trav. art. L 5212-13) : 28190
– les **travailleurs** reconnus handicapés par la commission des droits et de l'autonomie des personnes handicapées (CDAPH) ;
– les victimes d'accidents du travail ou de maladies professionnelles ayant entraîné une incapacité permanente au moins égale à 10 % et titulaires d'une rente d'un régime de protection sociale obligatoire ;
– les **titulaires d'une pension** d'invalidité attribuée au titre d'un régime de protection sociale obligatoire ou des dispositions régissant les agents publics à condition que l'invalidité des intéressés réduise au moins des deux tiers leur capacité de travail ou de gain ;
– les bénéficiaires mentionnés aux articles L 241-2, L 241-3 et L 241-4 du Code des pensions militaires d'invalidité et des victimes de guerre ;
– les titulaires d'une allocation ou rente d'invalidité attribuée dans les conditions définies par la loi 91-1389 du 31-12-1991 relative à la protection sociale des sapeurs-pompiers volontaires ;
– les titulaires de la carte mobilité inclusion portant la mention invalidité définie à l'article L 241-3 du CASF ;
– les titulaires de l'allocation aux adultes handicapés, même si, selon l'administration, leur allocation est suspendue en raison du montant de leurs ressources (Note DGEFP 22 du 5-7-2006 nº I-4).

> Précisions La décision d'un salarié de **porter à la connaissance de l'employeur ou du médecin du travail** sa qualité de BOETH résulte d'une démarche volontaire. Le médecin du travail ne peut donc pas, même sans les nommer, informer l'employeur du nombre de salariés concernés (Rép. Rainaud : Sén 14-4-2011 nº 11415) et un salarié qui n'a pas révélé sa qualité de BOETH ne peut pas être sanctionné (Cass. soc. 6-5-2003 nº 01-41.370 F-D). De même, un salarié ne peut pas être privé des droits reconnus aux travailleurs handicapés licenciés au motif qu'il n'a pas révélé sa qualité de travailleur handicapé avant la notification de son licenciement (Cass. soc. 7-11-2006 nº 05-41.380 FS-PB ; 18-9-2013 nº 12-17.159 F-D).

MODALITÉS D'EMPLOI DIRECT

L'employeur peut s'acquitter de son obligation d'emploi en (C. trav. art. L 5212-6 et L 5212-7) : 28195
– embauchant des BOETH mentionnés nº 28190 en CDI, CDD, contrats en alternance… **quelles que soient la durée et la nature de leur contrat** ;
– accueillant en **stage** les BOETH (nº 28190), quelle qu'en soit la durée, ainsi que les jeunes de plus de 16 ans bénéficiant de la prestation de compensation du handicap, de l'allocation compensatrice pour tierce personne ou de l'allocation d'éducation de l'enfant handicapé ;
– accueillant les bénéficiaires mentionnés nº 28190 en **période de mise en situation en milieu professionnel** ;
– employant les bénéficiaires mentionnés nº 28190 **mis à disposition** par les entreprises de travail temporaire et par les groupements d'employeurs (dits « BOETH externes »).

> Précisions Les BOETH internes ou permanents sont les salariés employés directement par l'entreprise au cours de l'année civile. Leur nombre est notifié par l'Urssaf à partir des données déclarées par l'entreprise (Guide OETH Urssaf 4-1-2023).

DÉCOMPTE

28200 **Cas général** L'effectif des BOETH **prend en compte** l'ensemble des personnes employées dans les conditions prévues ci-dessus (n° 28195) (C. trav. art. D 5212-3).

Les intérimaires et salariés mis à disposition par des entreprises de travail temporaire, des groupements d'employeurs, des associations intermédiaires, des agences de mannequins et des entreprises de travail à temps partagé ayant le statut de BOETH ne sont pas pris en compte dans l'effectif BOETH de ces structures mais sont pris en compte dans l'effectif BOETH externe de l'entreprise utilisatrice (BOSS-Eff.-1290). En revanche, un salarié handicapé en portage salarial ayant la qualité de BOETH n'est décompté ni au titre des BOETH externes de la structure d'accueil ni au titre des BOETH internes de la société de portage. La prestation du salarié handicapé faisant l'objet d'un portage est prise en compte dans le cadre des déductions liées à la passation de contrats de sous-traitance (BOSS-Eff.-1300 ; voir n° 28265 s.).

Sous ces réserves, l'effectif des bénéficiaires de l'obligation d'emploi est **calculé** selon les modalités fixées par l'article L 130-1 du CSS (nos 18840 s.).

> **Précisions** **a.** Un bénéficiaire de l'obligation d'emploi ne peut pas être pris en compte plusieurs fois dans le calcul au motif qu'il entre dans **plusieurs catégories** de bénéficiaires.
> **b.** Le **mandataire social** sans contrat de travail n'est pas pris en compte. Il en va de même des **contrats d'appui** au projet d'entreprise (BOSS-Eff.-1330).
> **c.** Les **fonctionnaires détachés** sont pris en compte dans la structure d'accueil (BOSS-Eff.-1330).
> **d.** Pour les **forfaits jours,** le travail **intermittent** et les salariés **sans durée de travail,** les modalités particulières de calcul prévues par le BOSS (nos 18842 s.) s'appliquent (BOSS-Eff.-1340).

28202 **Obtention et perte de la qualité de BOETH en cours d'année** En cas d'obtention ou de perte de la reconnaissance en tant que BOETH en cours d'année, les prorata suivants sont effectués (BOSS-Eff.-1370) :

– sur le mois :

$$1 \times \frac{\text{(nombre de jours de validité de la qualité de BOETH sur le mois}}{\text{nombre de jours du mois)}}$$

– sur l'année :

$$1 \times \frac{\text{(nombre de jours de validité de la qualité de BOETH sur l'année}}{\text{365)}}$$

Le jour d'obtention ou de perte de la qualité de BOETH est pris en compte (BOSS-Eff.-1370).

> EXEMPLE
> Si un salarié de 30 ans en CDI temps plein obtient son statut de BOETH le 12 juin 2023, il est décompté comme suit :
> – sur juin : 1 × (19/30) = 0,63 ;
> – sur l'année : 1 × (203/365) = 0,55.
> Si un salarié en CDI temps plein de 44 ans perd son statut le 15 mars 2023, il est décompté comme suit :
> – sur mars : 1 × (15/31) = 0,48 ;
> – sur l'année : 1 × (74/365) = 0,20.
> Pour les salariés de 50 ans et plus, ce rapport est multiplié par 1,5, voir n° 28205.

28203 **Entrée et sortie de l'entreprise et BOETH à temps partiel** Conformément aux articles L 130-1 et R 130-1 du CSS, les BOETH sont pris en compte (BOSS-Eff.-1340) :

– en cas d'entrée ou de sortie de l'entreprise **en cours de mois**, au prorata de la durée de leur contrat au cours du mois ;

– en cas de temps partiel, en prenant en compte leur durée de travail, en divisant la somme totale des horaires inscrits dans leurs contrats de travail par la durée légale ou la durée conventionnelle du travail si elle est inférieure à la durée légale.

Les salariés en convention individuelle de forfait en jours réduit sont retenus au prorata de leur durée de travail selon la formule suivante (BOSS-Eff.-410) :

$$\frac{\text{Nombre de jours inscrits dans la convention de forfait}}{\text{218 (ou, si elle est inférieure à 218, durée équivalente à un temps plein fixée par convention ou accord collectif de travail)}}$$

EXEMPLE

Une entreprise qui applique la durée légale du travail emploie, au mois de mars 2023, un travailleur handicapé à temps complet de 30 ans, un travailleur handicapé à temps partiel (25 heures par semaine) de 41 ans et 2 travailleurs handicapés à temps partiel (12 heures par semaine), de respectivement 27 et 46 ans. Pour le mois de mars 2023, l'effectif BOETH interne de l'entreprise est de : 1 + (1 × 25/35) + (2 × 12/35) = 2,40 BOETH.

Bénéficiaires âgés d'au moins 50 ans Les BOETH âgés d'au moins 50 ans sont valorisés dans le calcul de l'effectif total de ces BOETH, leur nombre étant multiplié par 1,5. 28205
Sont **pris en compte** les bénéficiaires qui atteignent l'âge de 50 ans au cours de l'année civile (C. trav. art. D 5212-3). La surpondération est valable si le salarié a au moins 50 ans au plus tard le 31-12-2023 (pour l'OETH 2023, déclarée en 2024).

EXEMPLES

En mars 2023, une entreprise emploie en CDI : un travailleur handicapé âgé de 26 ans en 2023 (temps complet) ; un travailleur handicapé âgé de 56 ans en 2023 (temps complet) ; un travailleur handicapé qui aura 50 ans en mars 2023 (à temps partiel à 50 %). Pour le mois de mars 2023, l'effectif des BOETH employés en interne est de : 1 (salarié n° 1) + 1 × 1,5 (salarié n° 2) + (1 × 1,5 × 75,80/151,67) (salarié n° 3) = 3,25.

b. Application d'un accord

L'employeur peut également s'acquitter de l'obligation d'emploi en faisant application d'un **accord de branche, de groupe ou d'entreprise agréé** par l'administration prévoyant la mise en œuvre d'un programme pluriannuel en faveur des travailleurs handicapés pour une **durée maximale** de 3 ans, **renouvelable** une fois (C. trav. art. L 5212-8 et R 5212-12 s.). L'accord doit permettre la mise en œuvre, à hauteur de la contribution qui aurait dû être versée, d'actions conçues en cohérence avec la situation interne de la branche, du groupe ou de l'entreprise (Inst. DGEFP/METH 2021-11 du 7-1-2021). 28220

c. Versement d'une contribution annuelle OETH

L'employeur peut enfin se libérer de son obligation au titre d'une année en versant, à la date de la déclaration annuelle (n° 28330), une contribution pour chacun des bénéficiaires de l'obligation qu'il aurait dû employer. 28230

MONTANT DE LA CONTRIBUTION ANNUELLE

La contribution annuelle (avant déductions de certaines dépenses : voir nos 28250 s.) est **égale** au produit du **nombre de travailleurs handicapés manquants** par un nombre de fois le Smic horaire fixé selon l'effectif d'assujettissement de l'entreprise (C. trav. art. L 5212-9 à L 5212-11 ; D 5212-20 à D 5212-25). Ce nombre de travailleurs handicapés manquants correspond à l'écart entre le nombre de BOETH à employer par rapport au nombre de BOETH réellement employés (tronqué à deux décimales : BOSS-Eff.-1380). 28240

Effectif d'assujettissement de l'entreprise	Coefficient multiplicateur
de 20 à moins de 250 salariés	400 fois le Smic horaire[1]
de 250 à moins de 750 salariés	500 fois le Smic horaire[1]
750 salariés et plus	600 fois le Smic horaire[1]

1. Le **Smic** horaire est pris en compte pour sa valeur brute applicable au 31 décembre de l'année au titre de laquelle la contribution est due.

La contribution annuelle ne peut **pas excéder la limite** de 600 fois le Smic horaire par bénéficiaire non employé (C. trav. art. L 5212-10). Sur le dispositif d'écrêtement, voir n° 28280.

> Précisions a. Le site www.agefiph.fr propose un logiciel de **simulation du calcul** de la contribution.

b. La contribution est **recouvrée et contrôlée** par l'Urssaf dont relève l'employeur, selon les règles et sous les garanties et sanctions applicables au recouvrement des cotisations du régime général de la sécurité sociale.

c. Si une entreprise comprend un ou plusieurs établissements ayant signé un **accord agréé** (n° 28220) et en vigueur au-delà du 1-1-2020, le calcul de la contribution due au titre de l'obligation d'emploi des travailleurs handicapés exclut les effectifs du ou des établissements ayant signé un accord pendant la durée de son application (Décret 2019-523 du 27-5-2019 art. 2, 3°).

28245 EXEMPLE

Calcul de la **contribution OETH brute avant déduction.**

Soit une entreprise ayant un effectif moyen annuel de 56,75 salariés. Elle emploie 2,32 BOETH. Le nombre de BOETH qu'elle doit employer est de : 56,75 × 6 % = 3,405 arrondi à l'unité inférieure, soit 3 BOETH.

Le nombre de BOETH manquants est égal à 0,68 : 3 – 2,32.

Pour l'OETH 2022 (déclarée en 2023), le Smic applicable au 31-12-2022 (année d'assujettissement) est égal à 11,07 €.

La contribution OETH 2022 brute est égale = 0,68 × 11,07 × 400 (coefficient multiplicateur correspondant à l'effectif de l'entreprise) = 3 011,04 €.

MINORATION LIÉE AUX EMPLOIS EXIGEANT DES CONDITIONS D'APTITUDE PARTICULIÈRES

28250 Le montant de la contribution peut être modulé en fonction de l'effectif de l'entreprise et des emplois exigeant des conditions d'aptitude particulières (Ecap), occupés par des salariés de l'entreprise. Cette modulation peut prendre la forme d'une **déduction** du montant de la contribution annuelle (C. trav. art. L 5212-9).

La **liste,** limitative (Circ. DGEFP 6 du 22-2-2006 n° 3.1.3), des Ecap figure à l'article D 5212-25 du Code du travail.

Le montant de cette déduction est égal au produit de l'effectif de l'entreprise (calculé selon les modalités de la sécurité sociale, voir n°s 18800 s.) occupant un ou plusieurs Ecap par 17 fois le Smic brut (C. trav. art. D 5212-24). La valeur du Smic à prendre en compte est celle en vigueur au 31 décembre de l'année d'assujettissement (BOSS-Eff.-1390). Cette déduction n'est pas plafonnée et peut aboutir à annuler le paiement de la contribution annuelle (Guide OETH Urssaf 4-1-2023).

EXEMPLE

Soit un établissement dont l'effectif d'assujettissement est de 540 salariés et dont 45 emplois relèvent des catégories d'emploi exigeant des conditions d'aptitude particulières (Ecap). Au titre de l'OETH 2022 (déclarée en 2023), le montant de la déduction au titre de la part des Ecap dans l'effectif de l'établissement est de : 45 × 11,07 (Smic horaire brut au 31-12-2022) × 17 = 8 468,55 €.

DÉPENSES DÉDUCTIBLES

28260 **Mesures en faveur de l'accueil et du maintien des travailleurs handicapés**

Les dépenses destinées à favoriser l'accueil ou le maintien des travailleurs handicapés que l'employeur supporte directement peuvent être déduites du montant de la contribution, dans la **limite** de 10 % hors taxe de celle-ci (C. trav. art. L 5212-11 et D 5212-23). Ces dépenses sont à retenir en euros, à l'exclusion des centimes (Guide OETH Urssaf du 4-1-2023).

Il s'agit des dépenses **relatives** :

– à la réalisation de diagnostics et de travaux afin de rendre les locaux de l'entreprise accessibles aux BOETH ;

– au maintien dans l'emploi au sein de l'entreprise et à la reconversion professionnelle de BOETH par la mise en œuvre de moyens humains, techniques ou organisationnels compensatoires à la situation de handicap, à l'exclusion des dépenses déjà prises en charge ou faisant l'objet d'aides financières délivrées par d'autres organismes ;

– aux prestations d'accompagnement des BOETH, aux actions de sensibilisation et de formation des salariés réalisées par d'autres organismes pour le compte de l'entreprise afin de favoriser la prise de poste et le maintien en emploi de ces BOETH.

ATTENTION

Sont **exclues** les dépenses incombant à l'employeur en application d'une disposition législative ou réglementaire, telles que les dépenses obligatoires de formation professionnelle (Déb. AN 22-12-2004 p. 11334) ou la taxe d'apprentissage (Note DGEFP du 29-3-2010).

La déduction de dépenses ne peut pas se cumuler avec une **aide** accordée par **l'Agefiph** ou tout autre organisme pour le même objet (Guide OETH Urssaf du 4-1-2023).

28265 **Conclusion de contrat de sous-traitance** Peuvent également être déduites du montant de la contribution annuelle les dépenses supportées directement par l'entreprise afférentes à des **contrats de fourniture, de sous-traitance ou de prestations de services** qu'elle passe avec (C. trav. art. L 5212-10-1 et D 5212-22) :

– des **entreprises adaptées** ;

– des établissements ou services d'aide par le travail (**Ésat**) ;

– des **travailleurs indépendants** handicapés reconnus BOETH ;

– des entreprises de **portage salarial** lorsque le salarié porté est reconnu BOETH.

La liste des entreprises adaptées peut être obtenue auprès de la Dreets, celle des Ésat auprès de la direction départementale de la cohésion sociale et de la protection des populations.

› Précisions Le montant de la déduction est **calculé** en appliquant un taux de 30 % au prix hors taxe des fournitures, travaux ou prestations figurant au contrat, duquel sont déduits les coûts des matières premières, des produits, des matériaux, de la sous-traitance, des consommations intermédiaires et des frais de vente et de commercialisation.
Lorsqu'il emploie **moins de 50 % du taux obligatoire** de BOETH dans ses effectifs, l'employeur peut soustraire du montant de sa contribution cette déduction dans la limite de 50 % du montant de la contribution. Cette limite est portée à 75 % lorsqu'il emploie **au moins 50 % du taux obligatoire.**
En cas de contrats conclus par un **groupement d'achats,** le montant de la déduction est réparti entre les différents employeurs membres du groupement d'achats à due proportion de leurs dépenses respectives.

EXEMPLE 28267

Soit une entreprise ayant réglé 5 000 € hors taxe (HT) au titre de fournitures, travaux et prestations au cours de l'année 2022 dans le cadre d'un contrat conclu avec une entreprise adaptée.

1. Calcul du **coût total de la main-d'œuvre.** Doivent être déduits du montant hors taxe : 3 000 € HT (au titre du coût des matières premières, produits et matériaux), 100 € HT (au titre du coût de la sous-traitance), 100 € (au titre du coût de consommations intermédiaires), 50 € (en raison des frais de vente et de commercialisation), soit 5 000 – (3 000 + 100 + 100 + 50) = 1 750 € correspondant au **coût total de la main-d'œuvre.**

2. Montant à retenir pour l'OETH 2022 (déclarée en 2023) est égal à 30 % du coût de la main-d'œuvre, soit 30 % × 1 750 = 525 €.

3. Calcul du **taux d'emploi de BOETH.** L'effectif moyen annuel (EMA) de l'entreprise est de 20 salariés. Son OETH = 6 % × 20 = 1,2 arrondi à 1. Elle emploie 0,3 BOETH. Le nombre de BOETH manquants est de 0,7 (1 – 0,3). Son taux d'emploi est égal à 0,3/20 × 100 = 1,5 %, soit inférieur à 3 % (correspondant à la moitié du taux obligatoire d'emploi de BOETH fixé à 6 %).

4. Calcul de la **contribution OETH** brute et de la contribution après déduction. Le montant de sa contribution brute (avant déductions) est égal à : 0,7 × 11,07 (valeur du Smic au 31-12-2022) × 400 = 3 099,60 €.

Son taux d'emploi étant inférieur à 3 %, le montant à déduire est plafonné à 50 % du montant de la contribution brute, soit 1 549,80 €. Le montant à retenir (525 €) étant inférieur à ce plafond (1 549,80 €) il peut être déduit en totalité du montant de la contribution : 3 099,60 – 525 = 2 574,60 €.

Si, dans le cadre de la même entreprise, le montant à retenir au titre du coût de la main-d'œuvre pour l'OETH 2022 est cette fois égal à 2 600 € (au lieu de 525 €), le montant à déduire est plafonné à 1 549,80 € et c'est ce montant plafonné qui sera déduit du montant de la contribution brute et non pas 2 600 €.

Mesures transitoires Jusqu'au **31-12-2024** peuvent être déduites de la contribution annuelle de l'entreprise les dépenses exposées par l'employeur assujetti à l'obligation d'emploi des travailleurs handicapés au titre (Décret 2020-1350 du 5-11-2020, art. 3-3°) : 28270
– de la participation à des événements promouvant l'**accueil,** l'**embauche** directe et le **maintien dans l'emploi** de travailleurs handicapés dans l'entreprise ;
– du **partenariat,** par voie de convention ou d'adhésion, avec des associations ou des organismes œuvrant pour la formation, l'insertion sociale et professionnelle de personnes handicapées que l'employeur accueille ou embauche, à l'exclusion des participations aux opérations de mécénat ;
– des actions concourant à la **professionnalisation** des dirigeants ou des travailleurs des entreprises adaptées, des travailleurs des établissements ou services d'aide par le travail ou des travailleurs indépendants handicapés, ainsi qu'au **développement des achats** auprès de ces acteurs.

Ces déductions s'ajoutent à celles déjà prévues n° 28260. L'employeur peut déduire ces dépenses du montant de sa contribution annuelle dans la limite de 10 % hors taxe du montant de cette contribution.

ÉCRÊTEMENT

La réforme de l'obligation d'emploi par la loi 2018-771 du 5-9-2018 pouvant mener à d'éventuelles hausses de la contribution, des **mesures transitoires** ont été prévues. 28280

De **2021 à 2024,** un **abattement** forfaitaire (80 % en 2021, 75 % en 2022, 66 % en 2023, 50 % en 2024) s'applique au montant correspondant à la hausse de la contribution par rapport à la contribution due au titre de l'année précédente (Décret 2019-523 du 27-5-2019 art. 2, 2°-b). Cet écrêtement s'applique par comparaison entre la contribution due après écrêtement en N – 1 et la contribution nette après déductions (avant écrêtement) due en année N. En cas d'augmentation de la contribution, l'entreprise applique un écrêtement sur le montant différentiel à hauteur des plafonds définis ci-dessus (Guide OETH Urssaf du 4-1-2023).

EXEMPLE

Contribution due et réellement versée au titre de 2022 après écrêtement (recouvrée par les organismes de sécurité sociale) : 4 000 €.

Contribution nette après déductions (avant écrêtement) au titre de 2023 (recouvrée par les organismes de sécurité sociale) : 4 755,62 €.

L'augmentation de la contribution correspond à la différence entre l'année N et l'année N – 1 : 755,62 € (4 755,62 – 4 000 = 755,62 €).

L'écrêtement applicable est égal à : 755,62 € × 0,33 (abattement de 66 % correspondant au taux 2023) = 249,35 €.

Montant de la contribution nette après écrêtement au titre de 2023 = 4 000 + 249,35 = 4 249,35 €.

ÉTAPES DE CALCUL DE LA CONTRIBUTION

28290 Le calcul de la contribution OETH s'effectue selon les étapes détaillées dans ce tableau récapitulatif.

Étapes	Éléments nécessaires pour effectuer le calcul	Modalités de calcul
1. Calcul de la contribution OETH brute avant déductions	– Effectif moyen annuel (EMA) d'assujettissement à l'OETH (communiqué par l'Urssaf) ; – Nombre des BOETH à employer et nombre réel de BOETH employés (communiqués par l'Urssaf) ; – Valeur du Smic (au 31-12-2023 pour l'OETH 2023, déclarée en 2024) ; – Coefficient multiplicateur en fonction de l'effectif de l'entreprise (voir n° 28240).	**1°** Calcul de l'obligation d'emploi EMA × 6 % = Obligation d'emploi (arrondi à l'entier inférieur) **2°** Calcul du nombre de BOETH manquants : Obligation d'emploi – BOETH employés (arrondi à deux décimales) = Nombre de BOETH manquants **3°** Calcul de la contribution brute (avant déductions) Nombre de BOETH manquants × Smic horaire brut × coefficient multiplicateur (arrondie à 2 décimales).
2. Contribution OETH nette avant écrêtement	– Déductions déclarées par l'entreprise au titre de certaines dépenses (voir n°s 28260 s.) ; – Plafonds définis pour chacune des déductions (voir n°s 28260 s.) ; – Taux d'emploi réel de l'entreprise pour la déduction liée aux contrats de sous-traitance (le cas échéant) (voir n° 28265) ; – EMA des emplois exigeant des conditions d'aptitude particulières (Ecap) (le cas échéant) (voir n° 28250).	**1°** Calcul des déductions liées à certaines dépenses Cumul de toutes les dépenses hors taxe prises en compte dans la limite de 10 % de la contribution brute avant déductions (calculée selon les modalités précédentes). **2°** Calcul de la déduction liée aux contrats de sous-traitance (hors matières premières et TVA) : 30 % du coût total de la main-d'œuvre dans la limite des plafonnements suivants : – 50 % × contribution brute (avant déductions) si taux d'emploi BOETH inférieur à 3 % ; – 75 % × contribution brute (avant déductions) si taux d'emploi BOETH au moins égal à 3 %. **3°** Calcul de la déduction Ecap EMA Ecap × 17 × Smic horaire brut (valeur au 31-12 de l'année d'assujettissement), dans la limite de la contribution brute (avant déductions) **4°** Calcul de la contribution nette après déductions Contribution brute avant déductions – (déduction dépenses + déduction sous-traitance + déduction Ecap)

Étapes	Éléments nécessaires pour effectuer le calcul	Modalités de calcul
3. Contribution OETH après écrêtement jusqu'en 2024	– Contribution OETH réelle payée l'année précédente ; – Contribution OETH calculée après application des déductions (contribution nette) de l'année en cours (ci-dessus) ; – Coefficient d'écrêtement en fonction de l'année d'application (voir n° 28280).	**1°** Si la contribution nette avant écrêtement de l'année N (2023) est supérieure à la contribution réelle versée de l'année N – 1 (2022), la hausse de la contribution est réduite du coefficient applicable (66 % au titre de l'OETH 2023) par rapport à l'année précédente (voir n° 28280). **2°** Si la contribution nette avant écrêtement de l'année N est inférieure à la contribution réelle de l'année N – 1 : Contribution après écrêtement = Contribution nette après application des déductions de l'année N, car pas d'écrêtement applicable
4. Contribution OETH réelle due	Prise en compte d'un accord agréé éventuel	– En présence d'un accord agréé : contribution réelle due = 0 ; – En l'absence d'un accord agréé : contribution réelle = contribution OETH après = écrêtement.

ENTREPRISES NE CONSENTANT AUCUN EFFORT

Une **surcontribution** s'applique aux entreprises qui, pendant plus de 3 ans (C. trav. art. L 5212-10 et D 5212-21) : **28300**

– n'ont occupé aucun bénéficiaire de l'obligation d'emploi ;

– n'ont passé aucun contrat visé n° 28265 d'un montant supérieur, sur 4 ans, à 600 fois le Smic horaire. Ce montant s'apprécie hors taxe net du coût des matières premières, des produits, des matériaux, de la sous-traitance, des consommations intermédiaires et des frais de vente et de commercialisation ;

– ou n'ont appliqué aucun accord collectif visé n° 28220.

Dans ce cas, le **montant à retenir** pour calculer la contribution est de 1 500 fois le Smic horaire quel que soit le nombre de salariés de l'entreprise.

› Précisions **a.** Par **exemple,** un établissement qui, de 2020 à 2023, n'a jamais mis en œuvre l'une de ces actions voit sa contribution au titre de 2023 calculée sur 1 500 fois le Smic horaire (en ce sens, Circ. DGEFP 41 du 21-10-2009 n° 3.3).

b. Le **Smic à appliquer** est celui en vigueur le 31 décembre de l'année d'assujettissement (Note DGEFP du 29-3-2010), soit celui en vigueur le 31-12-2023 pour la contribution 2023 réglée en 2024.

c. Dans le cas de **franchissement du seuil** de 20 salariés ou de **création d'entreprise,** l'année de référence à prendre en compte, pour l'application de la surcontribution est l'année à partir de laquelle s'applique l'obligation d'emploi (Guide OETH Urssaf du4-1-2023).

3. DÉCLARATION OETH

DÉCLARATION MENSUELLE

Tout employeur, quels que soient ses effectifs, doit **déclarer chaque mois** dans la DSN les informations relatives aux BOETH (C. trav. art. L 5212-1 et D 5212-4 ; net-entreprises, fiche n° 2576). **28320**

DÉCLARATION ANNUELLE

Les **employeurs assujettis à l'obligation d'emploi** doivent renseigner leur situation au regard de cette obligation **annuellement** dans la DSN effectuée pour la période d'emploi d'avril de l'année suivant celle au titre de laquelle la déclaration relative à l'obligation est effectuée, exigible au 5 ou 15 mai de l'année en cours (avril 2023, exigible le 5 ou 15-5-2023 pour l'OETH 2022) (C. trav. art. L 5212-5 et D 5212-8, al. 1). Sauf cas de radiation d'entreprise entre le 1er janvier et la date d'exigibilité de la DOETH, la déclaration annuelle ne doit pas être transmise en avance (net-entreprises, fiche n° 2575). **28330**

› Précisions **a.** Selon l'article D 5212-8 du Code du travail, l'employeur doit effectuer sa déclaration pour la période d'emploi de février de l'année suivant l'année celle au titre de laquelle la DOETH est opérée mais cette échéance est reportée à la période d'emploi d'avril pour la DOETH 2023 (comme c'était le cas pour la DOETH 2022) (Actualité Urssaf du 4-1-2023 ; Décret à paraître).

b. Les entreprises radiées avant le 31 décembre de l'année N ne sont pas concernées par la déclaration annuelle l'année N + 1. Les entreprises radiées entre le 1er janvier de l'année N + 1 et la date d'exigibilité de la DOETH effectuent leur déclaration en avance dans la dernière DSN mensuelle avant radiation (net-entreprises, fiche n° 2575).

28335 Pour ce faire, l'Urssaf doit transmettre à l'employeur, **au plus tard le** 15 mars de l'année suivant celle au titre de laquelle la déclaration relative à l'obligation d'emploi est effectuée (DOETH), les **informations nécessaires** à l'établissement de la déclaration (Actualité Urssaf du 4-1-2023). Lorsque l'employeur relève de plusieurs organismes (Urssaf et MSA), l'organisme chargé de transmettre les informations est celui dont relève la majorité de ses salariés (C. trav. art. D 5212-5).

Les entreprises de travail temporaire, les groupements d'employeurs, les entreprises de portage salarial, les entreprises adaptées, les Ésat et les travailleurs indépendants handicapés doivent également transmettre les informations utiles avant le 31 janvier de l'année suivant celle au titre de laquelle la DOETH est requise.

› Précisions **a.** À partir des données déclarées chaque mois par les entreprises, l'**Urssaf** notifie ainsi à l'entreprise l'effectif moyen annuel d'assujettissement, le nombre de BOETH devant être employés, l'effectif moyen annuel des BOETH internes ainsi que l'effectif moyen annuel des Ecap (C. trav. art. D 5212-5). Cet envoi doit juridiquement se faire au 31 janvier de l'année suivant l'année celle au titre de laquelle la DOETH est opérée (C. trav. art. D 5212-5) mais est reporté au 15 mars 2023 pour la DOETH 2023 (Actualité Urssaf du 4-1-2023 et décret à paraître).

b. De leur côté, les **entreprises de travail temporaire,** les groupements d'employeurs, les associations intermédiaires, les agences de mannequins et les entreprises de travail à temps partagé adressent aux entreprises utilisatrices des attestations d'emploi des BOETH externes (intérimaires et mis à disposition). Enfin, les entreprises de portage salarial, les entreprises adaptées, les Ésat et les travailleurs indépendants handicapés transmettent des attestations correspondant aux achats de fournitures, de sous-traitance ou de prestations de services. Les **modèles de ces attestations** sont fixés par les arrêtés MTRD2031908A et MTRD1931263A du 19-11-2020.

Cet envoi doit se faire au 31 janvier de l'année suivant l'année celle au titre de laquelle la DOETH est opérée (C. trav. art. D 5212-6 et D 5212-7 ; BOSS-Eff-1280).

SANCTIONS

28340 À **défaut de toute déclaration,** l'employeur est considéré comme ne satisfaisant pas à l'obligation d'emploi (C. trav. art. L 5212-5).

L'accès aux **marchés publics** et aux **délégations de service public** est soumis au respect par l'employeur de l'obligation d'emploi (CCP art. L 2141-2, al. 1 et R 2143-3, 1° ; Arrêté ECOM1830220A du 22-3-2019 art. 2, IV et 3 ; CGCT art. L 1411-5, I-al. 1).

› Précisions Les litiges relatifs au recouvrement de la contribution annuelle obligatoire versée si l'obligation d'emploi des travailleurs handicapés n'est pas respectée relèvent du contentieux de la sécurité sociale (CSS art. L 142-1).

CHAPITRE 4 CSG ET CRDS

SOMMAIRE

A. Personnes assujetties	28400
B. Taux et déductibilité	28520
C. Salaires et assimilés	28620
1. Revenus assujettis	28620
2. Calcul	28630
3. Paiement et obligations déclaratives	28710
D. Revenus de remplacement	28800

RÈGLES GÉNÉRALES

Les **revenus d'activité et de remplacement** sont assujettis à : 28350
– la contribution sociale généralisée (CSG), instituée à titre permanent ;
– la contribution au remboursement de la dette sociale (CRDS), instaurée à titre temporaire, jusqu'à l'extinction de la dette de la sécurité sociale gérée par la Cades (Ord. 96-50 du 24-1-1996 art. 14).

La CSG et la CRDS sont également dues sur certains **autres revenus,** dont les revenus du patrimoine et les produits de placement. Ne sont traitées ici que la CSG et la CRDS assises sur les salaires et assimilés et sur les revenus de remplacement versés par l'employeur ou l'ancien employeur, c'est-à-dire susceptibles de présenter un lien avec les opérations de paie.

A. Personnes assujetties

Sont assujetties à la CSG et à la CRDS les **personnes physiques** remplissant une **double condition** : être considérées comme domiciliées en France pour l'établissement de l'impôt sur le revenu et être à la charge, à quelque titre que ce soit, d'un régime obligatoire français d'assurance maladie (CSS art. L 136-1 ; Ord. 96-50 du 24-1-1996 art. 14, I). 28400

DOMICILE FISCAL

Les personnes non fiscalement domiciliées en France échappent à la CSG et à la CRDS. 28410
Il en est ainsi même lorsqu'elles sont assujetties à un régime français de sécurité sociale, mais elles sont alors redevables, en contrepartie, de la cotisation d'assurance maladie à un taux majoré : voir n°s 96130 (revenus salariaux) et 52430 (retraites). Tel est le cas, par exemple, des **personnes détachées à l'étranger** au sens de la sécurité sociale (c'est-à-dire maintenues au régime français) si leur domicile fiscal est à l'étranger (Circ. DSS du 16-1-1991, opposable) ou des **frontaliers** fiscalement domiciliés à l'étranger et travaillant en France.

En revanche, les personnes détachées à l'étranger et ayant conservé leur domicile fiscal en France sont assujetties tant qu'elles sont maintenues au régime français de sécurité sociale. Sur l'assiette de la CSG dans ce cas particulier : voir nº 71140.

> **Précisions** **a.** La notion de domiciliation fiscale au sens des **conventions internationales** ratifiées par la France prime celle définie par l'article 4 B du CGI (Rép. Masson : AN 24-5-1993 ; Circ. Cnamts du 8-1-1992). De ce fait, les rémunérations des **dirigeants des grandes entreprises** ayant leur siège en France, que l'article B du CGI répute fiscalement domiciliés en France (nº 77500), devraient y échapper pour les rémunérations d'activité exercée à l'étranger non imposables en France en vertu d'une convention fiscale internationale. Plus généralement, ils échappent à la CSG s'ils ne sont pas à la charge, à titre obligatoire, d'un régime d'assurance maladie français (nº 28430). Dans le cas contraire, voir nº 28450, a.
> **b.** La domiciliation s'apprécie au **moment** de la perception du revenu susceptible d'être assujetti (Circ. DSS du 16-1-1991 précitée ; BOSS-Ass.gén.-150).
> La personne **non domiciliée fiscalement en France** doit en apporter la **preuve** à l'entreprise chargée du précompte (Circ. DSS du 16-1-1991 précitée). À cet égard, le versement des indemnités de congés payés par mandat-poste international

à un salarié résidant en Belgique ne suffit pas à apporter cette preuve (Cass. 2e civ. 4-11-2003 n° 02-30.884 F-D). La personne fiscalement domiciliée à l'étranger n'a pas à acquitter la CSG et la CRDS sur la rémunération perçue au titre des **activités salariées exercées en France,** même lorsque sa rémunération est assujettie à l'impôt sur le revenu en France en application d'une convention fiscale prévoyant l'imposition des traitements et salaires privés dans l'État d'exercice de l'activité professionnelle (Rép. Dolez : AN 10-11-1997). Ainsi, les Français ayant leur résidence ou leur domicile à **Monaco** échappent à la CSG et à la CRDS, même lorsqu'ils sont assujettis à l'impôt sur le revenu en France (Avis CE 10-11-2004 n° 268852).

La Cour de cassation considère, pour sa part, que le ressortissant d'un État membre de l'**UE** exerçant son activité salariée ou non salariée en France et domicilié fiscalement sur le territoire d'un autre État membre est soumis aux contributions sauf s'il est affilié à un régime de sécurité sociale dans un autre État membre en application des règlements de coordination de sécurité sociale (Cass. 2e civ. 8-3-2005 n° 03-30.700 FS-PB). Cette solution nous semble contestable, car elle contredit les dispositions de notre droit interne plaçant hors du champ de la CSG et de la CRDS les personnes fiscalement domiciliées hors de France. Or de telles exclusions sont admises par la jurisprudence communautaire (CJCE 3-4-2008 n° 103/06).

RÉGIME D'ASSURANCE MALADIE

28430 Toute personne qui n'est pas à la charge, à titre obligatoire, d'un régime d'assurance maladie français échappe à la CSG et à la CRDS.

Cette exonération est applicable :

– aux salariés **frontaliers** travaillant à l'étranger et assujettis au régime de sécurité sociale de leur lieu de travail ;

– aux salariés **détachés en France** depuis un pays étranger, pendant la période de maintien au régime de sécurité sociale du pays d'origine ;

– aux salariés **détachés de France** vers un pays étranger, à partir du moment où ils deviennent assujettis au régime local de sécurité sociale, et ce, même s'ils sont fiscalement domiciliés en France.

Les salariés **frontaliers** travaillant en **Suisse** et affiliés en France au régime général de sécurité sociale sont exonérés de ces contributions (CSS art. L 136-1-1, III-7° et L 380-3-1, IV).

REVENUS DE SOURCE ÉTRANGÈRE

28450 Le pays d'origine des revenus étant indifférent, les revenus d'activité et de remplacement de source étrangère sont soumis à la CSG et à la CRDS, la portée pratique de cette règle étant toutefois fortement limitée par le double critère d'assujettissement auquel doit répondre leur bénéficiaire (nos 28400 s.).

Le **recouvrement** de la CRDS et de la CSG est confié aux services fiscaux, auxquels les revenus de source étrangère doivent être déclarés (CSS art. L 136-5, II bis). En cas de précompte de ces contributions par une Urssaf, le titulaire de revenus d'activité est donc fondé à en demander la décharge (CE 4-6-2007 n° 269449).

› Précisions a. Les revenus d'activité et de remplacement de source étrangère perçus par les personnes ayant leur domicile fiscal en France et affiliées à un régime français d'assurance maladie échappent à la CSG et à la CRDS s'ils ne sont **pas imposables en France** en vertu d'une convention fiscale (CJCE 3-4-2008 aff. 103/06 ; CA Paris 6-11-2008 n° 03-43012). En contrepartie, ces revenus sont assujettis à une cotisation d'assurance maladie à un taux majoré : voir nos 96130 (revenus salariaux) et 52430 (retraites).

b. Les **litiges** relatifs à la CSG et à la CRDS sur les revenus d'activité et de remplacement de source étrangère relèvent de la compétence des juridictions administratives (pour la CRDS, CE 4-6-2007 n° 269449 précité ; pour la CSG, 24-7-2019 n° 416662).

B. Taux et déductibilité

28520 Due au taux de 0,5 % (Ord. 96-50 du 24-1-1996 art. 19), la **CRDS** n'est pas déductible au titre de l'impôt sur le revenu.

La **CSG** est due au taux et est déductible au regard de l'impôt sur le revenu dans les proportions indiquées ci-après (CSS art. L 136-8 et CGI art.154 quinquies, I).

Catégories de revenus	Taux (en %)	Déductibilité (en %)
Revenus d'activité (salaires et revenus non salariaux)		
Indemnités complémentaires aux indemnités journalières de sécurité sociale (IJSS) versées par les employeurs ou pour leur compte	9,2	6,8
Allocations de préretraite ou de cessation anticipée d'activité ayant pris effet depuis le 11-10-2007	9,2	6,8
Pensions de retraite et d'invalidité dont les bénéficiaires ont un revenu fiscal de référence 2021[1, 2] :		
– supérieur ou égal à 23 564 € (soit 1 997 € mensuels)	8,3	5,9
– supérieur à 15 183 € (soit 1 265,25 € mensuels) mais inférieur à 23 564 €	6,6	4,2
Indemnités d'activité partielle (nos 68050 s.)		
– Indemnité légale[3]	6,2	3,8
– Indemnité complémentaire[4]	9,2	6,8
Indemnités versées pendant un congé de reclassement (n° 66240) ou un congé de mobilité (n° 64265) perçues depuis le du 1-1-2021[5]	6,2	3,8
Allocations de chômage[2]	6,2	3,8
IJSS[2]		

1. Pour une personne célibataire et sans enfants : Circ. Cnav 36 du 19-12-2022.
2. Dans certains cas, les revenus de remplacement peuvent bénéficier d'une **exonération** de CSG ou d'un taux réduit de **3,8 %** : voir nos 96259 s. Lorsqu'il en est ainsi, la CSG est intégralement déductible.
3. CSS art. L 136-8, II-1° sur renvoi C. trav. L 5122-4.
4. Indemnité due par l'employeur en application d'un accord collectif ou d'une décision unilatérale, voir n° 68110.
5. C. trav. art. L 5122-4, sur renvoi art. L 1233-72 et L 1237-18-3.

> **Précisions** **a.** La CSG sur les revenus d'activité et de remplacement est due pour les **périodes** au titre desquelles ces revenus sont attribués (CSS art. L 136-1). Pour les revenus salariaux, il en ressort que les taux et plafonds de la CSG (et par voie de conséquence de la CRDS) sont ceux de la période d'emploi.
> **b.** La CSG et la CRDS n'ont **pas à être retranchées** de la base des taxes et **participations** assises sur les salaires et des cotisations de sécurité sociale, des contributions chômage et AGS et des cotisations de retraite complémentaire Agirc-Arrco, puisque ces prélèvements sont assis sur la rémunération brute.
> **c.** La déductibilité partielle emporte des conséquences sur le **bulletin de paie** : voir n° 13660.

Pour les **revenus d'activité,** la **déductibilité** de la CSG **concerne** les revenus passibles de l'impôt sur le revenu dans la catégorie des traitements et salaires. Sont visés, selon l'administration, non seulement les revenus effectivement soumis à cet impôt mais également ceux qui en sont exonérés tout en étant assujettis aux cotisations de sécurité sociale (pour ceux-ci la CSG se substitue en effet à l'ancienne cotisation d'assurance maladie laquelle était déductible) (BOI-RSA-BASE-30-30 nos 40 s.). **28530**

> **Précisions** La déductibilité fiscale de la CSG à hauteur de 6,8 % du salaire est écartée par la doctrine administrative, pour les **revenus exonérés à la fois d'impôt sur le revenu et de cotisations de sécurité sociale.** Le motif invoqué par l'administration est que, pour ces revenus, la majoration de la CSG n'est pas la contrepartie de la baisse d'une cotisation d'assurance maladie, elle-même déductible de l'assiette de l'impôt sur le revenu : abondement aux plans d'épargne salariale, sommes dues aux salariés au titre de la participation et soumises à indisponibilité, intéressement affecté à un plan d'épargne salariale, etc. (BOI-RSA-BASE-30-30 nos 80 s.). Sur le cas particulier des **heures supplémentaires et complémentaires,** voir n° 8170, c.
> Ce principe conduit également l'administration à refuser la déduction partielle de la CSG due sur les **indemnités de rupture du contrat de travail ou du mandat social** exonérées de cotisations de sécurité sociale et d'impôt sur le revenu et à accepter la déduction partielle de celle due sur la fraction exonérée d'impôt sur le revenu mais assujettie aux cotisations de sécurité sociale (BOI-RSA-BASE-30-30 n° 100).
> Par mesure de tempérament, l'administration admet que la CSG frappant les **contributions patronales de retraite supplémentaire et de prévoyance complémentaire,** y compris le remboursement des frais de santé, soit déductible dans tous les cas à hauteur de 6,8 % (BOI-RSA-BASE-30-30 n° 120). On trouvera au n° 94390 un **modèle de bulletin de paie** illustrant cette exception.
> Pour la déductibilité de la CSG sur les **primes de détachement à l'étranger** exonérées d'impôt, voir n° 71140.

C. Salaires et assimilés

1. REVENUS ASSUJETTIS

PRINCIPES

28620 Sous réserve des dérogations visées nº 28625, sont assujettis à la CSG et à la CRDS sur les revenus d'activité **toutes les sommes** et tous les avantages et accessoires en nature ou en argent dus **en contrepartie ou à l'occasion d'un travail** ou d'une activité salariée, quelles qu'en soient la dénomination et la qualité de celui qui les attribue et que cette attribution soit directe ou indirecte (CSS art. L 136-1-1, I ; Ord. 96-50 du 24-1-1996 art. 14).

Ainsi, en principe, l'ensemble des sommes ou avantages accordés aux salariés ou assimilés en raison de leur appartenance à l'entreprise est soumis à CSG et CRDS sur les revenus d'activité, à la seule exception des sommes allouées en remboursement de **frais professionnels** qui, sous certaines conditions et limites, ne constituent pas un revenu d'activité (voir nº 55610). Pour les sommes ou avantages accordés aux **dirigeants de sociétés,** voir nºs 77040 s.

› Précisions a. Pour certains revenus, la loi précise expressément s'ils relèvent de la CSG et de la CRDS sur les **revenus d'activité ou** sur les **revenus du patrimoine.** Tel est notamment le cas : des avantages tirés par les salariés et dirigeants des options de souscription ou d'achat d'actions (voir nºs 50530 et 50680) ; des bons de souscription de parts de créateur d'entreprise (voir nº 51230) ; des redevances de location-gérance (voir nº 54900) et des redevances perçues par les artistes lors de la vente ou de l'exploitation de l'enregistrement de leur interprétation (voir nº 69630). Les revenus tirés des activités d'artistes-auteurs relevant de l'Agessa ou de La Maison des artistes sont soumis à la CSG et à la CRDS sur les revenus d'activité (CSS art. L 136-1-1, II, 2° ; Ord. 96-50 du 24-1-1996 art. 14).

b. Pour les indemnités versées à l'occasion de la **modification du contrat de travail,** voir nºs 53290 (déclassement pour motif économique), 53360 (réduction du volume d'activité ou des responsabilités), 53450 (modification du lieu de travail) et 53750 (compensation salariale de la réduction du temps de travail).

Sur le cas particulier des salariés **rémunérés exclusivement en nature,** voir nºs 26020 s.

Pour les **indemnités complémentaires d'activité partielle,** voir nºs 68250 s.

DÉROGATIONS

28625 Par dérogation, en application de l'article L 136-1-1 du CSS, les sommes suivantes sont exclues de l'assiette de la CSG et de la CRDS **sous certaines conditions et/ou limites.**

Revenus exemptés de CSG/CRDS (sous certaines conditions et/ou limites)	Pour en savoir plus, voir nºs
Avantages en nature perçus par un salarié ou assimilé dont la rémunération est exclusivement composée de tels avantages	26020 s.
Aide financière du comité social et économique ou de l'entreprise aux activités de services à la personne	41330 s.
Part des cotisations salariales de retraite complémentaire prise en charge par l'employeur pour un salarié en congé parental d'éducation, en congé de solidarité familiale, en congé de proche aidant ou en congé de présence parentale	42420
Part patronale des cotisations et contributions patronales de sécurité sociale et des prélèvements alignés : cotisations ou contributions solidarité autonomie, Fnal, dialogue social, chômage, AGS, retraite complémentaire Agirc-Arrco, formation et alternance (contributions à la formation professionnelle, CPF-CDD, supplémentaire à l'apprentissage et taxe d'apprentissage), versement mobilité et participation-construction	42500 s.
Contributions patronales aux régimes de retraite supplémentaire à prestations définies	43435 et 43460
Gain d'acquisition des actions gratuites	51070
Titres-restaurant	51900 s.
Avantage résultant de la prise en charge obligatoire par l'employeur des frais de transports publics au titre des déplacements domicile-travail	57530 s.

Revenus exemptés de CSG/CRDS (sous certaines conditions et/ou limites)	Pour en savoir plus, voir nos
Avantage résultant de la prise en charge par l'employeur des frais de carburant ou d'alimentation de véhicules électriques ou hybrides (prime transport) ou des frais engagés par les salariés se déplaçant à vélo ou à vélo avec assistance électrique, en covoiturage ou à l'aide d'autres services de mobilité partagée (forfait mobilité durables), au titre des déplacements domicile-travail	57660
Indemnités versées à l'occasion de la rupture du contrat de travail	63200 s.
Part des cotisations salariales prise en charge par l'employeur en cas de cotisations sur la base d'un temps plein pour un salarié à temps partiel ou un salarié percevant une rémunération considérée comme inférieure au temps plein	75250
Rémunérations perçues par les administrateurs et membres des conseils de surveillance de sociétés anonymes ou de sociétés d'exercice libéral à forme anonyme	76900
Indemnité de cessation forcée d'un mandat social	77080
Rémunération des apprentis	84190
Gratification des stagiaires	88950 s.
Fourniture aux salariés de produits invendus de l'entreprise ou du groupe	39930
Avantage pour favoriser la pratique d'un sport en entreprise	39980

2. CALCUL

PRINCIPES

Les revenus d'activité salariée sont assujettis à la CSG et à la CRDS pour leur **montant brut,** après application, pour certains, d'une **déduction** forfaitaire pour frais professionnels (nº 28650). 28630

› Précisions **a.** La valeur de l'**avantage en nature** est déterminée soit en fonction de sa valeur réelle, soit forfaitairement, sur option de l'employeur ou à titre obligatoire (BOSS-AN-50).
b. Les **bases forfaitaires** définies en matière de cotisations de sécurité sociale (nº 21730) s'appliquent à la CSG et à la CRDS (CSS art. L 136-2, II ; Ord. 96-50 du 24-1-1996 art. 14). Lorsque l'employeur peut opter entre une base forfaitaire et le salaire réel, cotisations de sécurité sociale, CSG et CRDS doivent relever de la même option. Dans le cas où la CSG et la CRDS sont calculées sur une assiette forfaitaire, la déduction au titre des frais professionnels ne s'applique pas (Circ. DSS du 16-1-1991, opposable).
c. L'**assiette minimum** des cotisations de sécurité sociale (nos 17900 s.) s'applique à la CSG et à la CRDS. Toutefois, la déduction pour frais professionnels peut ramener la base de la CSG et de la CRDS à un montant inférieur à celle-ci (Circ. Acoss du 14-2-1991).

FRAIS PROFESSIONNELS

Les **sommes allouées** aux salariés (allocations forfaitaires et remboursements au réel) pour couvrir les frais professionnels obéissent, au regard de la CSG et de la CRDS, au régime exposé nº 55610. 28640

Pour les allocations forfaitaires et remboursements de frais réels alloués aux **dirigeants** de sociétés, voir nº 77070.

Réduction représentative de frais Une réduction représentative de frais professionnels de **1,75 %** est opérée sur l'assiette de la CSG et de la CRDS (CSS art. L 136-2). Elle **s'applique de plein droit** sans avoir à justifier de l'existence de frais : 28650

– aux revenus d'activité salariée à l'exception de l'intéressement, de la participation, de l'abondement de l'employeur aux plans d'épargne, des contributions patronales de prévoyance complémentaire et de retraite supplémentaire, de la fraction des indemnités de rupture du contrat et des indemnités de cessation forcée du mandat social soumises à la CSG et à la CRDS, de l'avantage correspondant aux options sur actions et aux actions attribuées à titre gratuit, et, à notre avis, des indemnités versées à l'occasion de la modification du contrat de travail ;

– aux revenus d'artistes-auteurs assimilés fiscalement à des salaires ;
– aux allocations de chômage, y compris les indemnités d'activité partielle.

Sur la contribution de l'employeur à l'acquisition des **chèques-vacances,** voir n°s 53100 s.

ATTENTION

La **déduction** forfaitaire spécifique pour frais professionnels **pratiquée pour certaines professions** (VRP, ouvriers du bâtiment, travailleurs à domicile, etc.) sur l'assiette des **cotisations de sécurité sociale** n'est pas applicable pour le calcul de la CSG et de la CRDS (n°s 55460 s.). L'employeur ayant opté pour une telle déduction doit donc asseoir la CSG et la CRDS sur le salaire avant déduction forfaitaire, sans y ajouter les indemnités pour frais professionnels, diminué de la réduction de 1,75 %.

28660 L'**assiette** de la réduction pour frais professionnels est limitée à **4 plafonds** annuels de la sécurité sociale (CSS art. L 136-2, I).

Ce seuil s'applique à l'ensemble des **rémunérations** soumises à CSG entrant dans le champ de l'abattement (BOSS-Ass. gén.-290). Il est **calculé** selon la périodicité de la paie en usage dans l'entreprise. Ainsi, pour une paie versée mensuellement, l'abattement de 1,75 % est pratiqué sur la part des rémunérations inférieure à 4 plafonds mensuels (Circ. Acoss 32 du 19-3-2012).

Les règles de **calcul** et de **proratisation** du plafond sont identiques à celles applicables pour le calcul du plafond retenu pour les cotisations d'assurance vieillesse (BOSS-Ass.gén.-290). Sur ces règles, voir n°s 18020 s. (règles générales) et 75060 (temps partiel).

De même, les règles de **régularisation** du plafond sont celles retenues pour les cotisations de sécurité sociale calculées dans la limite du plafond (Circ. DSS du 30-12-2011, opposable) : voir n°s 18200 s.

En cas de **cumul** d'un contrat de travail et d'un **mandat social,** il est fait masse, pour l'appréciation du plafond, des sommes perçues au titre de chacune des fonctions (BOSS-Ass.gén.-290).

On trouvera, n°s 94460 s., des modèles de **bulletins de paie** illustrant la règle de plafonnement de la réduction de 1,75 % sur l'assiette de la CSG et de la CRDS.

EXEMPLE

Soit un salarié, travaillant à plein temps, dont le contrat de travail a pris fin le 8 février 2023. Par souci de simplification, les contributions patronales au régime de prévoyance ne sont pas prises en compte dans cet exemple.

Salaire janvier : 5 000 €.

Assiette CSG-CRDS janvier : 5 000 € × 98,25 % = 4 912,50 €.

Salaire février : 14 000 € (2 000 € + 6 000 € ICCP + 6 000 € solde RTT).

Seuil 4 plafonds pour la période : (3 666 € × 4) + (3 666/28 × 8 × 4) = 18 853,71 €.

Total brut : 19 000 (5 000 + 14 000), montant supérieur à 18 853,71 €.

Total assiette CSG-CRDS : (19 000,00 – 18 853,71) + (18 853,71 × 98,25 %) = 18 670,06 €.

Assiette CSG-CRDS février : total assiette – assiette janvier = 13 757,56 €.

3. PAIEMENT ET OBLIGATIONS DÉCLARATIVES

28710 La CSG et la CRDS sur les salaires sont **précomptées** par l'employeur et **recouvrées** par les Urssaf selon les modalités et sous les garanties et sanctions applicables au recouvrement des cotisations de sécurité sociale (CSS art. L 136-5 ; Ord. 96-50 du 24-1-1996 art. 14, III) : voir n°s 18850 s.

Le **contrôle** du versement de la CSG et de la CRDS relève des Urssaf, dans les conditions fixées pour ces cotisations (CSS art. L 136-5 ; Ord. 96-50 du 24-1-1996 art. 14, III).

La CSG et la CRDS doivent figurer sur le **bulletin de paie** (voir n° 13660), dont le net imposable s'entend après déduction de la part déductible de la CSG, sur les fiches individuelles remises aux salariés lors de la répartition de la **participation** (n° 47380) ou de l'**intéressement** (n° 48240), ainsi que sur la **DSN** sous le CTP 260 avec mention de la période de rattachement.

> Précisions a. L'**employeur** est **responsable** du précompte des contributions et de leur versement à l'Urssaf, y compris au titre des avantages alloués par le **comité social et économique,** voir n°s 41800 s.

En cas de conclusion d'un contrat avec une entreprise employant de la **main-d'œuvre dissimulée,** voir n°s 11800 s.

Sur l'application à la CSG et à la CRDS des dispositions relatives à la substitution de l'utilisateur à l'entreprise de **travail temporaire** en cas de défaillance de celle-ci, voir n° 11550.

b. L'administration admet un seul précompte et versement par an de la CSG et de la CRDS sur les **contributions patronales de retraite et de prévoyance** non soumises aux cotisations de sécurité sociale si elles sont inférieures à un certain montant, voir n° 43280.

Les modalités de recouvrement de la CSG et de la CRDS sur les **indemnités** versées par les **caisses de congés payés** sont indiquées n°s 60360 s.

c. L'Urssaf du Limousin est l'interlocuteur unique pour le recouvrement de la CSG et la CRDS des **artistes-auteurs** (www.artistes-auteurs.urssaf.fr ; Loi 2017-1836 du 30-12-2017 art. 23 : JO 31 ; Décret 2018-1185 du 19-12-2018 : JO 21).

Sur l'organisme compétent pour le recouvrement de la CSG et de la CRDS dues sur les **revenus de source étrangère,** voir n° 28450.

d. Les Urssaf peuvent différer ou abandonner la mise en recouvrement ou en paiement de leurs créances ou de leurs **dettes de faible montant** (CSS art. L 133-3 et L 136-5), voir n° 21600.

e. Des modalités simplifiées de déclaration et de paiement sont prévues par certains **dispositifs d'allégement des formalités** liées à l'embauche et à l'emploi de salariés, voir n°s 36570 s.

D. Revenus de remplacement

Toute somme destinée à compenser la perte de revenu d'activité, y compris en tant qu'ayant droit, et versée sous quelque forme que ce soit et quelle qu'en soit la dénomination est assujettie à la CSG et à la CRDS (CSS art. L 136-1-2, I ; Ord. 96-50 du 24-1-1996 art. 14) selon des règles particulières : ces revenus relèvent pour la plupart de **taux** spécifiques de CSG (n° 28520). **28800**

Des exonérations ou réductions de taux sont parfois prévues, pour certains d'entre eux, lorsqu'ils sont versés à des personnes titulaires de faibles ressources.

Certains revenus de remplacement font l'objet de développements spécifiques, il faut s'y reporter pour connaître leur régime en matière de CSG et de CRDS : **28810**

Revenus de remplacement	Pour en savoir plus, voir n^{os}
Indemnités d'activité partielle	68090 s.
Sommes versées par l'employeur au salarié en congé de mobilité	64265
Sommes versées par l'employeur au salarié en congé de reclassement durant la période excédant la durée du préavis	66240
Pensions d'invalidité	52100
Pensions retraite	52250 s.
Indemnités journalières de sécurité sociale	62120
Indemnités journalières complémentaires de maladie	62210
Allocations de préretraite amiante	86270
Avantages de préretraite-suspension du contrat de travail	86370
Avantages de préretraite avec rupture du contrat de travail	86520

CALCUL ET PAIEMENT

La CSG et la CRDS sont **assises** sur le montant des revenus de remplacement y compris, le cas échéant, les majorations et bonifications pour enfants et les avantages en nature ou en argent, en application de l'article L 136-1-2, I du CSS. Les **taux** applicables sont indiqués n° 28520. **28880**

La CSG et la CRDS sont **précomptées** par l'employeur lors du versement de la pension ou de l'allocation et **versées** à l'Urssaf dans les conditions définies pour les salaires (CSS art. L 136-5) : voir n° 28710.

ATTENTION

Les revenus de remplacement n'ouvrent pas droit à la **réduction** représentative de **frais professionnels** visée n° 28650, à l'exception des **allocations de chômage** (y compris les indemnités d'activité partielle) (CSS art. L 136-2, I ; Ord. 96-50 du 24-1-1996 art. 14).

CHAPITRE 5

CONTRIBUTIONS CHÔMAGE ET AGS

SOMMAIRE

A. Présentation des régimes	**29100**	C. Calcul des contributions	**29340**
B. Champ d'application	**29200**	1. Assiette	**29350**
1. Assurance chômage	**29200**	2. Taux	**29450**
2. Régime AGS	**29300**	D. Paiement et contrôle	**29560**

A. Présentation des régimes

29100 L'assurance chômage couvre les salariés contre le risque de privation d'emploi. Le régime AGS les garantit contre le risque de non-paiement des sommes qui leur sont dues en exécution du contrat de travail en cas de procédure de sauvegarde, de redressement ou de liquidation judiciaires.

Ces assurances, gérées par l'Unédic, sont financées par **deux cotisations patronales** dénommées « contribution chômage » et « cotisation AGS » (ou FNGS). Cette différence de dénomination n'ayant pas d'incidence sur la paie, l'exposé qui suit, par mesure de simplification, les désignera toutes les deux par le terme « contribution ».

Les employeurs n'ont pas de formalité spécifique à effectuer pour **s'affilier** au régime d'assurance chômage et au régime AGS. L'affiliation résulte en effet de la déclaration unique d'embauche souscrite lors de l'embauche du premier salarié. Quelle que soit la date à laquelle cette formalité est accomplie, l'affiliation prend effet à la date d'embauche du premier salarié (C. trav. art. R 5422-5 ; Règl. Unédic art. 47).

> **Précisions** **a.** Les **régimes social et fiscal** des contributions chômage et AGS sont exposés nos 42330 s.
> **b.** Des modalités spécifiques d'affiliation sont prévues pour les salariés **expatriés** (nos 71430 s.), pour les **entreprises étrangères** n'ayant pas d'établissement en France (no 19285) et les intermittents du **spectacle** (voir nos 69730 s.). En cas d'utilisation du **Tese** (titre emploi-service entreprise), voir no 36580 ; du **CEA** (chèque emploi associatif), voir no 36660.

B. Champ d'application

1. ASSURANCE CHÔMAGE

CHAMP D'APPLICATION TERRITORIAL

29200 Le régime d'assurance chômage s'applique sur le **territoire métropolitain ainsi qu'en** Guadeloupe, en Guyane, en Martinique, à la Réunion, à Saint-Barthélemy, à Saint-Martin et à Saint-Pierre-et-Miquelon (Décret 2019-797 du 26-7- 2019 art. 2) et, par extension, sur le territoire **monégasque.**

Les **employeurs domiciliés à l'étranger** et disposant d'un établissement en France sont tenus d'affilier les salariés qu'ils emploient en France (Cass. soc. 13-12-2007 no 06-45.921 F-D ; 12-7-2010 no 08-44.510 F-D). Il en va de même des employeurs ne comportant pas d'établissement en France mais qui y emploient des salariés (Circ. Unédic 6 du 20-2-2018).

Les entreprises assujetties doivent, le cas échéant, faire participer au régime leurs **salariés travaillant à l'étranger** : voir nos 71200 (détachement) et 71430 s. (expatriation).

> **Précisions** À **Mayotte,** le régime d'assurance chômage est géré par l'Unédic mais selon des règles spécifiques non exposées ici.

CHAMP D'APPLICATION PROFESSIONNEL

Réserve faite des employeurs publics assurant eux-mêmes la charge et la gestion de l'allocation d'assurance chômage (nos 29220 s.), tout employeur est tenu d'assurer ses salariés contre le risque de privation d'emploi (C. trav. art. L 5422-13). 29210

Secteur public En principe, les employeurs **assurent eux-mêmes la charge et la gestion** des allocations de chômage pour (C. trav. art. L 5424-1 et L 5424-2) : 29220

1. Les agents fonctionnaires et non fonctionnaires de l'État et de ses établissements publics administratifs, les agents titulaires des collectivités territoriales et les agents statutaires des autres établissements publics administratifs ainsi que les militaires ;

2. Les agents non titulaires des collectivités territoriales et les agents non statutaires des établissements publics administratifs autres que ceux de l'État et ceux mentionnés au 4 ci-dessous ainsi que les agents non statutaires des groupements d'intérêt public ;

3. Les salariés des entreprises inscrites au répertoire national des entreprises contrôlées majoritairement par l'État, les salariés relevant soit des établissements publics à caractère industriel et commercial des collectivités territoriales, soit des sociétés d'économie mixte dans lesquelles ces collectivités ont une participation majoritaire ;

4. Les personnels des chambres de commerce et d'industrie, les salariés non statutaires des chambres de métiers et des chambres d'agriculture ainsi que les salariés des établissements et services d'utilité agricole de ces chambres ;

5. Les fonctionnaires de France Télécom placés hors de la position d'activité dans leur corps en vue d'assurer des fonctions soit dans l'entreprise, en application de l'article 29, al. 5 de la loi 90-568 du 2-7-1990, soit dans l'une de ses filiales ;

6. Les salariés des entreprises de la branche professionnelle des industries électriques et gazières soumis au statut national du personnel des industries électriques et gazières ;

7. Dans le cas où l'État ne détiendrait plus la majorité du capital de La Poste, les personnels de la société anonyme La Poste.

Les employeurs mentionnés ci-dessus peuvent toutefois **confier la gestion** de l'allocation d'assurance chômage à **Pôle emploi** par voie de convention avec cet organisme (C. trav. art. L 5424-2), auquel cas ils ne versent pas de contributions mais remboursent les allocations et les frais de gestion à Pôle emploi (Circ. Unédic 2 du 17-1-2011). 29230

Les employeurs suivants peuvent même **adhérer au régime** d'assurance chômage (C. trav. art. L 5424-2) :

– employeurs mentionnés au 2 ci-dessus et, de manière irrévocable, ceux mentionnés aux 3, 4, 6 et 7 ;

– établissements publics d'enseignement supérieur et établissements publics à caractère scientifique et technologique (pour leurs agents non titulaires uniquement) ;

– établissements d'enseignement mentionnés à l'article L 916-1 du Code de l'éducation (pour les assistants d'éducation uniquement).

Les **contributions chômage** sont dues aux taux de droit commun, que l'adhésion soit révocable ou non.

ATTENTION

Les employeurs du secteur public sont, dans tous les cas, tenus d'adhérer au régime d'assurance chômage pour les **intermittents du spectacle** qu'ils emploient (C. trav. art. L 5424-3).

SALARIÉS CONCERNÉS

La contribution d'assurance chômage est due pour tout salarié occupé par un employeur assujetti au régime (C. trav. art. L 5422-13 et L 5422-14), à condition qu'existe un **lien de subordination,** l'assujettissement au régime général de la sécurité sociale étant à cet égard insuffisant (Cass. 2e civ. 9-5-2019 no 18-11.158 F-PBI). 29250

Outre, les titulaires d'un contrat de travail de droit commun sont visés les titulaires d'un **contrat de travail de type particulier** : voir nos 83840 s.

S'agissant : des **dirigeants** de société, voir nos 77250 s. ; des salariés **détachés à l'étranger,** voir no 71200 ; des salariés **expatriés,** voir nos 71430 s.

2. RÉGIME AGS

Tout **employeur de droit privé** est assujetti au régime de garantie des salaires (C. trav. art. L 3253-6) et doit donc verser la contribution AGS pour chacun de ses **salariés,** c'est-à-dire pour chacune des personnes travaillant pour son compte en vertu d'un contrat de travail. 29300

› Précisions a. Les **syndicats de copropriétaires** sont exclus de l'AGS du fait de la non-application à leur égard de la loi relative au redressement et à la liquidation judiciaires des entreprises (Dir. Unédic du 21-2-1996).

b. Les employeurs dont les entreprises ne comportent **pas d'établissement en France** sont assujettis à la contribution AGS, au titre des salariés qu'ils emploient sur ce territoire, peu important que leur entreprise soit située sur le territoire d'un État membre de l'Union européenne ou sur un territoire autre (Circ. Unédic 6 du 20-2-2018).

c. L'assujettissement au **régime général de la sécurité sociale** n'implique pas en soi l'existence du lien de subordination nécessaire pour l'assujettissement au régime AGS (Cass. 2e civ. 9-5-2019 n° 18-11.158 F-PBI).

d. Pour les **dirigeants de société,** voir nos 77250 s. ; pour les salariés **travaillant à l'étranger,** voir nos 71200 (détachés) et 71480 (expatriés).

C. Calcul des contributions

29340 Seul le **droit commun** est ici exposé.

Certaines personnes relèvent de règles spéciales exposées par ailleurs. Tel est le cas des **VRP** multicartes (voir n° 82950), des **dirigeants** de sociétés (voir nos 77250 s.), des **journalistes** (n° 88620), des intermittents du **spectacle** (voir nos 69690 s.), des **professions médicales** travaillant à temps partiel pour plusieurs employeurs (voir n° 69940), des **expatriés** (voir nos 71440 et 71480) et des **locataires-gérants** (voir nos 54910 s.).

1. ASSIETTE

RÉMUNÉRATIONS ASSUJETTIES

29350 Les contributions chômage et AGS sont calculées, **sauf cas particuliers,** sur l'ensemble des rémunérations entrant dans l'assiette des **cotisations de sécurité sociale** (voir n° 17800) (C. trav. art. L 3253-18 et L 5422-9 ; Règl. Unédic art. 49 ; Cass. 2e civ. 12-3-2020 n° 18-20.729 FS-PBRI).

Ainsi, les éléments de rémunération en tout ou partie **exclus de l'assiette** de ces cotisations le sont également de celle des contributions chômage et AGS. Par exemple, les remboursements de frais professionnels ou les indemnités de licenciement sont exclus de l'assiette de ces contributions dans les mêmes conditions et limites que pour les cotisations de sécurité sociale (voir respectivement nos 55360 s. et 63810 s.).

En revanche, les **exonérations de cotisations de sécurité sociale** ne sont pas applicables aux contributions chômage et AGS. Il en va ainsi, par exemple, de l'exonération de cotisations patronales de sécurité sociale applicable dans les zones franches urbaines (voir nos 23740 s.).

La **déduction forfaitaire spécifique** (DFS) pour frais professionnels dont bénéficient certaines professions est applicable à l'assiette des contributions chômage et AGS dans les mêmes conditions qu'à l'assiette des cotisations de sécurité sociale (voir nos 55460 s.), sauf pour les journalistes (voir n° 88620) et les intermittents du spectacle (n° 69710, b).

Les rémunérations versées en **devises étrangères** doivent, pour le calcul des contributions chômage et AGS, être converties en euros sur la base du taux officiel du change lors de leur perception (Règl. Unédic art. 49).

› Précisions a. Par dérogation au principe d'alignement sur l'assiette des cotisations de sécurité sociale, les contributions chômage et AGS dues pour les **salariés cotisant sur une base forfaitaire à la sécurité sociale** sont calculées, non sur cette assiette forfaitaire, mais sur leur salaire réel. Sont notamment visés : les formateurs occasionnels, les personnels employés à titre accessoire ou temporaire par des associations (et autres) de vacances et de loisirs, les personnels d'encadrement de centres de vacances et de loisirs, le personnel exerçant une activité dans le cadre d'une personne morale à objet sportif, d'une association de jeunesse ou d'éducation populaire, les vendeurs à domicile à temps choisi, les porteurs de presse (Règl. Unédic ann. VII). En ce qui concerne les artistes du spectacle et le personnel des hôtels, cafés, restaurants, voir respectivement nos 69710 et 85760.

b. La **réduction générale** de cotisations patronales s'impute sur la contribution chômage, voir n° 21830.

PLAFOND

29360 La tranche des rémunérations qui excède **4 fois le plafond** de la sécurité sociale est exclue de l'assiette des contributions chômage et AGS (Règl. Unédic art. 49 ; C. trav. art. L 3253-18). Pour chaque salarié, le plafond de ces contributions est donc égal à 4 fois le plafond pris en compte pour le calcul de ses cotisations d'assurance vieillesse (nos 18020 s.). Comme pour ces

dernières (nos 18200 s.), une **régularisation** doit, le cas échéant, être opérée au mois le mois pour corriger les incidences des variations de rémunérations d'une paie à l'autre.
Pour des exemples de régularisation des contributions chômage et AGS, voir nos modèles de **bulletins de paie,** nos 94460 s.

2. TAUX

TAUX DE BASE

Le taux de la contribution **AGS** est fixé à 0,15 % et celui de la contribution **chômage** à 4,05 % (Règl. Unédic art. 50-1). 29450
Ces deux contributions sont exclusivement à la **charge** de l'employeur.
Dans certains secteurs d'activité, un dispositif de **bonus-malus** module le taux de la contribution chômage, voir no 29460.

> Précisions a. Les salariés travaillant à **Monaco** sont redevables d'une contribution salariale chômage (au taux de 2,40 %). Pour les contributions dues pour les **intermittents du spectacle,** voir nos 69700 s.
b. S'agissant des modalités d'**entrée en vigueur des nouveaux taux,** les principes régissant les cotisations de sécurité sociale (nos 18760 s.) sont applicables aux contributions chômage et AGS.
c. Pour un rappel des **taux antérieurs,** voir no 96140.

BONUS-MALUS CHÔMAGE

Calcul et notification du taux Un dispositif dit « bonus-malus » s'applique aux employeurs d'**au moins 11 salariés** de certains **secteurs d'activité.** Pour ces employeurs, le taux de la contribution chômage est **modulé chaque année,** à la hausse ou à la baisse (sans pouvoir excéder 5,05 %, ni être inférieur à 3 %), en fonction du **taux de séparation** de l'entreprise : pour les entreprises ayant un taux inférieur au taux médian de séparation de leur secteur, la contribution chômage est minorée ; pour celles ayant un taux supérieur, la contribution est majorée. 29460
Le taux de séparation de l'entreprise tient compte des fins de contrat de travail ou des fins de contrat de mise à disposition ayant donné lieu à inscription à Pôle emploi dans les 3 mois suivant la fin du contrat ou intervenues alors que le salarié était déjà inscrit à Pôle emploi.
Pour la **première période de modulation** (du 1-9-2022 au 31-8-2023), le taux de séparation de l'entreprise est calculé en tenant compte de son effectif et de son nombre de séparations sur la période courant du 1-7-2021 au 30-6-2022 et le taux de séparation médian du secteur d'activité est fixé par l'arrêté MTRD2232659A du 17-11-2022.
Pour la **deuxième période** de modulation (du 1-9-2023 au 31-8-2024), le taux de séparation de l'entreprise sera calculé en tenant compte de son effectif et de son nombre de séparations sur la période courant du 1-7-2022 au 30-6-2023 et le taux de séparation médian du secteur d'activité sera fixé par un arrêté à paraître en août 2023.
L'employeur reçoit **notification de son taux** de séparation et de son taux de contribution modulé par voie dématérialisée au plus tard 15 jours après le début de la période d'emploi au cours de laquelle s'applique la modulation, soit au plus tard le 15-9-2023 pour la deuxième période de modulation.
Sur le plan juridique, le bonus-malus est **régi par** les textes suivants : article L 5422-12 du Code du travail, règlement Unédic art. 50-12 à 50-15, arrêtés MTRD2119600A du 28-6-2021, MTRD2217092A du 21-6-2022 et MTRD2232659A du 17-11-2022.

> Précisions a. Pour les deux premières périodes de modulation, les **secteurs d'activité concernés** sont les suivants : fabrication de denrées alimentaires, de boissons et de produits à base de tabac ; production et distribution d'eau, assainissement, gestion des déchets et dépollution ; autres activités spécialisées, scientifiques et techniques ; hébergement et restauration ; transports et entreposage ; fabrication de produits en caoutchouc et en plastique ainsi que d'autres produits minéraux non métalliques ; travail du bois, industries du papier et imprimerie (Arrêté du 28-6-2021). Toutefois, sont **exclus** de la modulation : les employeurs dont l'objet social est l'insertion par l'activité économique (C. trav. art. L 5422-12) et, pour la première période de modulation, les activités particulièrement affectées par la crise sanitaire, soit les secteurs dits « S1 » (Règl. Unédic art. 50-3, II).
b. L'**effectif** de l'entreprise est apprécié dans les conditions prévues par l'article L 130-1 du CSS (nos 18800 s.), sous réserve des précisions suivantes. Pour la **première période de modulation,** sont seules concernées les entreprises ayant un effectif moyen d'au moins 11 salariés sur la période du 1-7-2021 au 30-6-2022 et, pour tenir compte du dispositif de gel des effets de seuil (nos 18825 s.), en 2019, 2020 et 2021. Pour la **deuxième période** de modulation seront seules concernées les entreprises ayant un effectif moyen d'au moins 11 salariés sur la période du 1-7-2022 au 30-6-2023. Les modalités de mise en

œuvre du dispositif de gel des effets de seuil pour cette deuxième période de modulation restent à préciser.
c. Pour les **entreprises nouvelles** (nouveau Siren), le bonus-malus ne s'applique qu'à partir du 1er mars de la cinquième année suivant celle de la création de l'entreprise (Règl. Unédic art. 50-11). Ce principe s'applique même si l'entreprise nouvelle est issue d'une **fusion.** Si une entreprise soumise au bonus-malus continue, après avoir **absorbé** une autre société, à remplir les conditions d'assujettissement liées au secteur d'activité, elle continue d'appliquer le taux modulé qui lui a été notifié avant l'absorption (Guide Urssaf du déclarant – octobre 2022 p. 21).
d. Pour déterminer le **taux de séparation** de l'employeur, il est **fait abstraction** des démissions et des contrats suivants : apprentissage ; professionnalisation ; contrat unique d'insertion (CUI) ; CDD d'insertion spécifiques à certains demandeurs d'emploi (prévus au 1° de l'article L 1242-3 du Code du travail) ; intermittents du spectacle ; intérimaires suivant dans l'entreprise utilisatrice : intérimaire bénéficiant de l'obligation d'emploi de travailleurs handicapés ou mis à disposition par une entreprise de travail temporaire d'insertion ou une entreprise adaptée de travail temporaire (Règl. Unédic art. 50-6), travailleurs en contrat à durée indéterminée intérimaire ; contrats suivants dans l'entreprise utilisatrice : salariés mis à disposition par un groupement d'employeurs ou une entreprise de travail à temps partagé, prestations de portage salarial (QR min. trav. 20-9-2022 n° 1.2.3 ; Guide Urssaf du déclarant – octobre 2022 p. 20).

29465 **Application du taux** Le **taux modulé** doit être **appliqué à l'ensemble des salariés, à l'exception** des intermittents du spectacle (C. trav. art. L 5424-20) et des salariés sous l'un des contrats suivants qui restent soumis au taux de référence de 4,05 % : contrats d'apprentissage et de professionnalisation, CUI, contrats d'insertion conclus en application du 1° de l'article L 1242-3 du Code du travail (Règl. Unédic art. 50-6).

› Précisions **a.** Si, lors de l'établissement du bulletin de paie, l'employeur n'a **pas reçu notification** du taux modulé, il verse les contributions sur la base du taux antérieurement applicable, puis, après notification du taux, procède à une régularisation. Il peut aussi, afin d'éviter une telle régularisation, appliquer le taux mis à disposition via la DSN (par Net-CRM) dès le début des périodes d'emploi concernées (Guide Urssaf du déclarant – octobre 2022 p. 27).
b. Pour l'application de la **réduction générale de cotisations** patronales, c'est dans tous les cas le taux de référence (4,05 %) qui doit être retenu (et non le taux modulé au titre du bonus-malus) (Guide Urssaf du déclarant – octobre 2022 p. 31 ; QR min. trav. 20-9-2022 n° 4.7).
c. En **DSN,** au niveau agrégé Urssaf, le taux modulé est déclaré à l'aide du CTP 725 ou, pour les salariés relevant d'une caisse de congés payés, à l'aide du CTP 769 (net-entreprises, fiche n° 2572).

D. Paiement et contrôle

29560 La contribution chômage est **due à compter de** la date d'embauche de chaque salarié (C. trav. art. L 5422-14). Il en va de même de la contribution AGS.
Ces deux contributions sont en principe **réglées par** l'employeur. Mais il peut en être autrement :
– en cas de défaillance de l'entreprise de travail temporaire (voir nos 11520 s.) ou du sous-traitant (voir nos 11670 s.) ou de recours aux services d'un utilisateur de main-d'œuvre dissimulée (voir nos 11800 s.) ;
– dans les entreprises sans établissement en France (voir n° 19285).
Sur le paiement des contributions dues au titre des indemnités de congés payés versées par une **caisse de congés payés,** voir n° 60380.

ORGANISME COMPÉTENT

29570 Chaque établissement doit verser ses contributions chômage et AGS à l'**Urssaf** (CGSS dans les départements d'outre-mer) auprès de laquelle il verse ses cotisations de sécurité sociale (C. trav. art. L 3253-18 et L 5422-16).
Toutefois relève de **caisses spécifiques** le recouvrement des contributions dues pour :
– les salariés déclarés via des dispositifs de simplification des formalités (titre emploi-service entreprise, chèque emploi associatif, etc. : voir nos 36570 s.) ;
– les intermittents du spectacle : voir nos 69730 s. et 69870 s. ;
– les expatriés : voir n° 71440 ;
– les salariés des employeurs établis à Monaco : compétence de la caisse de compensation des services sociaux (CCSS) de Monaco sauf si le salarié exerce son activité sur le territoire français, auquel cas les contributions chômage et AGS sont recouvrées par l'Urssaf des Alpes-Maritimes (Circ. Acoss 44 du 19-4-2011).

MODALITÉS

Les contributions chômage et AGS sont **versées** aux Urssaf **en même temps que** les cotisations de sécurité sociale sur les salaires (Circ. Acoss 44 du 19-4-2011). Elles sont en effet recouvrées et contrôlées par l'Urssaf selon les **règles** et sous les **garanties** applicables à ces cotisations (C. trav. art. L 5422-16 et L 3253-18). 29580

Sur ces règles, voir : nos 19380 s. (dates et moyens de paiement), 35840 s. (DSN), 21500 s. (recouvrement forcé), 21500 s. (remboursement des cotisations indûment versées) et 19800 s. (contrôle).

> **Précisions** **a.** Sauf cas particuliers, les codes types personnel (CTP) à utiliser dans la **DSN** sont les suivants : CTP 772 pour les contributions chômage et CTP 937 pour les cotisations AGS.
> **b.** Les demandes de **délai de paiement** sont examinées par l'instance compétente au sein de l'Urssaf (Règl. Unédic art. 55). Sur les conditions dans lesquelles de tels délais peuvent être obtenus, voir no 19560.

PRESCRIPTION

Les contributions chômage et AGS se prescrivent comme les cotisations de sécurité sociale (C. trav. art. L 3253-18 et L 5422-16). Ainsi : 29600

- le délai dans lequel l'organisme de recouvrement peut délivrer une **mise en demeure** est celui indiqué no 21535 ;
- le délai dans lequel il peut délivrer une **contrainte** ou poursuivre le débiteur devant le tribunal est celui énoncé no 21570.

SANCTIONS

Majorations et pénalités Les contributions chômage et AGS sont passibles des sanctions prévues pour les **cotisations de sécurité sociale** (C. trav. art. L 3253-18 et L 5422-16), notamment des majorations de retard en cas de paiement tardif (nos 19600 s. ; Circ. Acoss du 19-4-2011) et des pénalités pour non-respect de l'obligation de paiement par un moyen dématérialisé (no 19685). 29650

Les demandes de **remise** des majorations et pénalités sont examinées par l'instance compétente au sein de l'Urssaf (Règl. Unédic art. 55). Sur les conditions d'obtention de la remise, voir nos 19625 s.

Sanctions pénales L'employeur est passible des amendes prévues pour les contraventions de 5e classe (voir montant no 96470) s'il ne respecte pas l'une des obligations suivantes (C. trav. art. R 5429-1) : 29670

- affiliation au régime d'assurance chômage ;
- déclaration des rémunérations servant au calcul des contributions chômage ;
- règlement de ces contributions à l'échéance prescrite.

ATTENTION

L'employeur qui ne déclare pas les rémunérations de ses salariés peut être condamné pour **travail dissimulé**, voir no 35950.

CHAPITRE 6

COTISATIONS DE RETRAITE COMPLÉMENTAIRE

SOMMAIRE

A. Champ d'application	30000
B. Adhésion des entreprises	30070
C. Cotisations	30120
1. Rémunérations assujetties	30150
2. Calcul des cotisations	30190
a. Cotisation de base	30190
b. Contributions d'équilibre	30250
c. Répartition des cotisations	30320
3. Recouvrement des cotisations	30370
D. Situations et catégories particulières	30470
E. Cotisations Apec et assurance décès des cadres	30550

PRINCIPES

29900 Le régime de retraite complémentaire Agirc-Arrco couvre, sauf exceptions, l'ensemble des salariés et assimilés relevant du régime général de sécurité sociale. Il est régi par l'accord national interprofessionnel (ANI) du 17-11-2017 étendu et élargi (Arrêté SSAS1811630A du 24-4-2018).

A. Champ d'application

CHAMP TERRITORIAL

30000 Le régime Agirc-Arrco s'applique de plein droit en **métropole** et, pour l'**outre-mer,** en Guadeloupe, en Guyane, en Martinique ainsi qu'à la Réunion, à Saint-Martin et à Saint-Barthélemy (ANI du 17-11-2017 art. 8).

Il s'applique également de plein droit à Saint-Pierre-et-Miquelon, en Nouvelle-Calédonie et dans la principauté de Monaco selon des conditions particulières (ANI du 17-11-2017 art. 8).

> Précisions **a.** Le régime concerne les salariés régis par un contrat de droit public, non fonctionnaires, qui travaillent en **Nouvelle-Calédonie** (ANI du 17-11-2017 art. 8), ainsi que les agents non titulaires de l'État en service à **Saint-Pierre-et-Miquelon** (Circ. Agirc-Arrco 1 du 9-1-2019). Il peut s'appliquer dans les **autres collectivités** d'outre-mer, dans des conditions particulières (ANI du 17-11-2017 art. 13).

b. Les salariés en **détachement en France** dans une entreprise relevant de l'Agirc-Arrco, qui ne sont pas inscrits au régime français de sécurité sociale, en vertu du règlement (CE) 883/2004 ou d'une convention internationale de sécurité sociale, sont exclus du régime (ANI du 17-11-2017 art. 9).

Ceux qui relèvent du régime français de sécurité sociale peuvent demander, conjointement avec leur employeur, une **dispense d'affiliation** en matière d'assurance vieillesse de base et de retraite complémentaire (CSS art. L 767-2 et D 767-1). L'arrêté SSAS1918858A du 27-6-2019 précise le contenu de cette demande. L'exemption d'affiliation entraîne l'absence d'appel de toutes les cotisations Agirc-Arrco ainsi que de la cotisation Apec. En contrepartie, aucun droit de retraite complémentaire n'est attribué (Circ. Agirc-Arrco 19 du 23-12-2019).

CHAMP PROFESSIONNEL

30010 Les entreprises devant affilier leurs salariés à une institution de retraite complémentaire Agirc-Arrco sont (ANI du 17-11-2017 art. 6 ; Arrêtés du 24-4-2018, du 25-6-1973 et du 26-12-1973) :

– les entreprises **membres** d'une **organisation adhérente** au Medef, à la CPME ou à l'U2P ;
– celles dont l'**activité** est représentée par une de ces organisations ainsi que celles auxquelles les dispositions de la convention Agirc du 14-3-1947 et de l'accord Arrco du 8-12-1961 ont été élargies par voie d'arrêté.

› Précisions Ainsi, le champ d'application du régime Agirc-Arrco **comprend** l'ensemble des activités dont les salariés sont assujettis à titre obligatoire à l'assurance vieillesse du **régime général** et, dans des conditions spécifiques non étudiées ici, des **assurances sociales agricoles** ainsi que du **régime spécial des mines** (CSS art. L 921-1 ; ANI du 17-11-2017 art. 6).
Sont **exclues** du champ de l'Agirc-Arrco les entreprises soumises à un **régime spécial** de sécurité visé aux articles L 711-1 et R 711-1 du CSS (administrations de l'État, collectivités territoriales, établissements publics sans caractère industriel ou commercial et certaines entreprises nationales comme la SNCF ou l'opéra de Paris). Toutefois, les **agents** de ces entreprises ne relevant pas de ces régimes spéciaux car **non titulaires** doivent être affiliés à l'Agirc-Arrco s'ils ne sont pas soumis par ailleurs à l'Ircantec. Les règles délimitant les compétences de l'Agirc-Arrco et de l'Ircantec sont données par l'article L 921-2-1 du CSS et précisées par la circulaire Agirc-Arrco 1 du 9-1-2019.
Sont également exclues du champ de l'Agirc-Arrco les secteurs et entreprises ayant conservé une organisation spéciale de sécurité sociale en application de l'article R 711-24 du CSS comme les **études de notaires** ou les **avocats.** Le régime Agirc-Arrco s'applique néanmoins aux personnels des études de notaires et offices notariaux qui ne relèvent pas de la Caisse de retraite et de prévoyance des clercs et employés de notaires (CRPCEN) (Arrêté du 5-12-1988) ainsi qu'aux anciens conseils juridiques salariés devenus avocats salariés (voir n° 90040).
Sont enfin hors du champ d'application de l'Agirc-Arrco les salariés relevant de la caisse de retraite complémentaire du **personnel navigant** professionnel (CRPNPAC).

BÉNÉFICIAIRES

Sont obligatoirement affiliées au régime Agirc-Arrco les personnes exerçant, au sein des entreprises concernées, une **activité salariée** au sens de la législation de la sécurité sociale (ANI du 17-11-2017 art. 5). Il s'agit donc des personnes titulaires d'un contrat de travail et, sauf exceptions, des personnes qui, bien que non titulaires d'un tel contrat, ont la qualité de salarié en application de l'article L 311-3 du CSS. 30020

› Précisions **a.** L'affiliation à l'Agirc-Arrco n'est soumise à aucune condition d'**âge**, de **nationalité**, de fonction ou de **niveau hiérarchique** (Circ. Agirc-Arrco 1 du 9-1-2019, fiche 1).
b. Parmi les **catégories professionnelles** visées à l'article L 311-3 du CSS, certaines ne relèvent pas de l'Agirc-Arrco. Il en est notamment ainsi des bénéficiaires du contrat d'appui à la création ou reprise d'entreprise et des avocats salariés (Circ. Agirc-Arrco 1 du 9-1-2019, fiche 1 et ann. 1). Ces derniers relèvent d'un régime spécifique : voir n°s 90040 s. S'agissant : des **arbitres** et **juges sportifs,** voir n° 25050 ; des personnes percevant des **avantages d'une entreprise tierce,** voir n° 45850 ; des **artistes du spectacle,** voir n° 69760 ; des salariés **expatriés** : voir n° 71500 ; des **dirigeants,** voir n° 77350 ; des **stagiaires,** voir n° 89420.
c. Les volontaires de **service civique** et les titulaires d'un contrat de **volontariat international** en entreprise ne sont pas affiliés à l'Agirc-Arrco (CSN art. L 120-28 ; Circ. Agirc-Arrco 1 du 9-1-2019, fiche 1).

B. Adhésion des entreprises

Les entreprises entrant dans le champ du régime doivent adhérer à une institution de retraite complémentaire (IRC) membre de la fédération Agirc-Arrco (ANI du 17-11-2017 art. 17). 30070
Cette adhésion s'effectue, pour les **entreprises nouvelles,** lors de l'embauche de leur premier salarié automatiquement avec leur première **DSN.** Un certificat d'adhésion précisant le nom et les coordonnées de leur IRC leur est ensuite adressé (www.agirc-arrco.fr).
L'**IRC compétente** est celle désignée par le **répertoire géographique** pour le département (ou, pour Paris, l'arrondissement) où se situe le siège social de l'entreprise ou, pour les entreprises appliquant certains identifiants de convention collective (IDCC), celle désignée par le **répertoire professionnel** pour leur secteur d'activité (ANI du 17-11-2017 art. 18 ; Circ. Agirc-Arrco 18 du 23-12-2019).
Les entreprises peuvent retrouver l'IRC à laquelle elles adhèrent grâce au service « Connaître ma caisse de retraite » mis à disposition sur le site internet de l'Agirc-Arrco.

› Précisions **a.** Les entreprises situées en **outre-mer** ou à **Monaco** ainsi que les salariés expatriés doivent adhérer, sauf exceptions, à l'IRC compétente territorialement quel que soit leur IDCC (ANI du 17-11-2017 art. 19)
b. L'adhésion d'une entreprise doit s'appliquer à tous ses **nouveaux établissements,** sous réserve des compétences territoriales spécifiques. Si le nouvel établissement relève du répertoire professionnel, son adhésion peut être effectuée auprès de l'institution qu'il désigne (ANI du 17-11-2017 art. 18).
c. Par dérogation à ces règles, les entreprises appliquant soit à titre obligatoire, soit sur option le dispositif de **versement en un lieu unique** des cotisations de sécurité sociale (n°s 19255 s.) sont

tenues d'adhérer à l'IRC désignée par la commission paritaire de l'Agirc-Arrco (ANI du 17-11-2017 art. 20 ; Circ. Agirc-Arrco 12 du 9-12-2020).

d. Les **intermittents du spectacle** qui bénéficient du guichet unique du spectacle occasionnel (GUSO) relèvent de la section Audiens de l'institution Alliance professionnelle Agirc-Arrco (ANI du 17-11-2017 ann. B art. 3).

e. Sur l'adhésion des entreprises **sans établissement en France,** voir n°s 36680 s. et, sur les conséquences d'un **transfert d'entreprise,** voir n°s 70710 s.

C. Cotisations

30120 Le régime Agirc-Arrco est financé par des cotisations à la charge de l'employeur et du salarié. Les **cotisations de base** sont **complétées par** des contributions d'équilibre général et d'équilibre technique. Pour les cotisations Apec et assurance décès, voir respectivement n°s 30550 et 30570. Le **régime social et fiscal** de ces cotisations est exposé n°s 42330 s.

S'agissant des indications à porter sur le **bulletin de paie,** voir n°s 13650 s.

Sur la question de savoir si l'employeur peut être redevable de cotisations sur des **salaires prescrits,** voir n° 19675, a.

1. RÉMUNÉRATIONS ASSUJETTIES

ALIGNEMENT SUR L'ASSIETTE DES COTISATIONS DE SÉCURITÉ SOCIALE

30150 Les cotisations Agirc-Arrco sont calculées sur l'assiette des cotisations de sécurité sociale définie à l'article L 242-1 du CSS (ANI du 17-11-2017 art. 30). Ainsi, les éléments de rémunération en tout ou partie **exclus de cette assiette** sont aussi exclus de celle des cotisations de retraite complémentaire. Par exemple, les remboursements de frais professionnels ou les indemnités de licenciement sont exclus de l'assiette des cotisations de retraite complémentaire aux mêmes conditions et limites que celles de l'assiette des cotisations de sécurité sociale (Circ. Agirc-Arrco 1 du 9-1-2019, fiche 3).

› Précisions a. Dans certaines situations d'**inactivité totale ou partielle,** les cotisations de retraite complémentaire peuvent être ainsi calculées sur une assiette fictive ou particulière : voir n°s 30470 s.

b. S'agissant de la **prise en charge,** partielle ou totale, par l'employeur de tout ou partie de la **part salariale** des cotisations Agirc-Arrco, voir n° 42555.

ASSIETTES FORFAITAIRES

30160 Par **principe,** si l'assiette de cotisations est définie forfaitairement pour le **calcul des cotisations de sécurité sociale,** cette même assiette est retenue pour le calcul des cotisations de retraite complémentaire (Circ. Agirc-Arrco 1 du 9-1-2019). Il en est ainsi, par exemple, dans les hôtels, cafés et restaurants : voir n°s 85630 s.

Par **exception,** contrairement à ce qui est prévu pour les cotisations de sécurité sociale, il n'y a pas à retenir d'assiette forfaitaire pour le calcul des cotisations de retraite complémentaire des salariés suivants : artistes du spectacle et mannequins travaillant pour des employeurs occasionnels ; personnels des centres de vacances ou de loisirs ; formateurs occasionnels ; vendeurs par réunions à domicile à temps choisi ; vendeurs colporteurs et porteurs de presse ; personnels exerçant une activité pour le compte d'une personne morale à objet sportif, d'une association de jeunesse ou d'éducation populaire (ANI du 17-11-2017 art. 30).

EXONÉRATIONS

30170 L'alignement sur les règles applicables aux cotisations de sécurité sociale ne vaut que pour la détermination de l'assiette de calcul des cotisations Agirc-Arrco. Sauf exceptions, celles-ci restent **exclues du champ** des exonérations de cotisations de sécurité sociale. C'est le cas notamment de l'exonération pour emploi en zone de revitalisation rurale (n° 23340), de celle en zone franche urbaine (n° 23940), de celle en zone de restructuration de la défense (n° 22470) et de celle prévue pour les jeunes entreprises innovantes (n° 22890).

Les cotisations Agirc-Arrco sont également exclues du champ de l'exonération de début d'activité. Les bénéficiaires de l'aide à la création ou la reprise d'entreprise peuvent néanmoins demander leur calcul selon des modalités particulières, voir n° 77165.

La déduction forfaitaire de cotisations patronales pour heures supplémentaires ne s'applique pas aux cotisations Agirc-Arrco. Il en va de même de la réduction de cotisations salariales au titre des heures supplémentaires qui ne s'imputent que sur la cotisation d'assurance vieillesse de base.

Dernier exemple : les droits provenant du CET et affectés à l'épargne retraite sont exonérés de cotisations de sécurité sociale mais pas de cotisations Agirc-Arrco (voir n° 72310).

En revanche, un texte le prévoyant expressément, les cotisations Agirc-Arrco **entrent dans le champ** de la réduction générale de cotisations patronales (n° 21830), de l'exonération pour les entreprises d'aide à domicile (n° 25810), de celle prévue pour les employeurs situés outre-mer (dispositif Lodeom) et de celle dont bénéficient les apprentis (n° 84120).

> **Précisions** Les **modalités d'application** de ces exonérations aux cotisations Agirc-Arrco sont précisées par la circulaire Agirc-Arrco 5 du 21-7-2021 et l'instruction interministérielle 141 du 19-12-2019 (opposable).
> Sur l'**opposabilité** des décisions de **rescrit social** portant sur ces exonérations, voir n° 20620, d.

CUMUL EMPLOI-RETRAITE

En cas de reprise d'activité professionnelle après liquidation d'une retraite personnelle de base d'un régime légalement obligatoire et/ou au titre du régime Agirc-Arrco les **cotisations** patronales et salariales sont dues sur les rémunérations mais, sauf en cas de retraite progressive, elles ne sont pas génératrices de points pour l'intéressé, que les **allocations** soient ou non suspendues (ANI du 17-11-2017 art. 91 ; Circ. Agirc-Arrco 2 du 20-1-2020, fiche 3). **30180**

Sur la possibilité, en cas de **retraite progressive**, de continuer à cotiser sur la rémunération à temps plein : voir n° 75410

2. CALCUL DES COTISATIONS

a. Cotisation de base

Comme pour les cotisations de sécurité sociale, le taux et le plafond des cotisations Agirc-Arrco applicables aux sommes versées au salarié (indemnité de non-concurrence, rappel de salaire, indemnité transactionnelle…) dépend de la **période d'emploi** à laquelle elles **se rattachent** (Circ. Agirc-Arrco 1 du 10-1-2020 et 11 du 13-12-2022). Sur les règles de rattachement, voir n°s 18760 s. **30190**

TRANCHES DE RÉMUNÉRATION ASSUJETTIES

Montant Les cotisations sont calculées sur 2 tranches de rémunération (ANI du 17-11-2017 art. 32, 1) : **30200**

– la tranche 1 (dite « T1 ») est constituée de la fraction de la rémunération dont le montant n'excède pas le plafond de la sécurité sociale ;

– la tranche 2 (dite « T2 ») est constituée de la fraction de la rémunération comprise entre 1 et 8 fois ce même plafond.

Sur le montant du plafond, voir n° 96180.

Les **tranches** de rémunération sont **proratisées** dans les mêmes conditions que pour les cotisations de sécurité sociale pour tenir compte de certaines situations (Circ. Agirc-Arrco 1 du 9-1-2019 et 11 du 13-12-2022) : début ou fin de contrat en cours de mois : voir n° 18045 ; absence non rémunérée : voir n°s 18050 s. ; temps partiel : voir n° 75100 ; forfait de moins de 218 jours, voir n° 8975 ; salariés à employeurs multiples : voir n° 69205 ; activité partielle et chômage intempéries : voir n° 68395 ; congés payés indemnisés par une caisse de congés payés : voir n° 60390.

> **Précisions** **a.** Pour les **sportifs** professionnels, le plafond de la tranche 2 est fixé à 7 Pass pour 2023 et 2024 et 8 Pass à compter de 2025 (Circ. Agirc-Arrco 20 du 22-12-2020).
> **b.** S'agissant des médecins **rémunérés à la vacation** ayant plusieurs employeurs, les vacations sont traitées distinctement des autres rémunérations perçues par le salarié dans les limites des tranches 1 et 2 (Circ. Agirc-Arrco 1 du 9-1-2019).
> **c.** S'agissant des sommes et **avantages alloués par un tiers** : voir n° 45880 ; de la période de **préavis** : voir n° 66350 ; des **pigistes** : voir n° 88650 ; des **artistes** du spectacle : voir n° 69760 ; des conséquences d'un **transfert** d'entreprise : voir n° 70720.
> **d.** Les entreprises ou secteurs professionnels appliquant, au 31-12-2018, des **assiettes** ou des **taux supérieurs** à ceux définis ci-dessus et n° 30215, en application d'une obligation (adhésion, accord collectif, convention collective, reprise d'entreprise...) née antérieurement au 2-1-1993, continuent à les appliquer (ANI du 17-11-2017 art. 32). Ces conditions dérogatoires d'adhésion font l'objet d'une conversion pour tenir compte du régime actuel (Circ. Agirc-Arrco 1 du 9-1-2019). Il est possible de revenir aux assiettes et taux de droit commun sous réserve du versement d'une contribution de maintien des droits calculée de façon actuarielle ou de l'application d'un taux de cotisations

d'équivalence (ANI du 17-11-2017 art. 32, 33, 35 et 41 à 43 ; Circ. Agirc-Arrco 1 du 9-1-2019).

Des règles spécifiques sont prévues en cas de **fusion de branches** professionnelles appliquant des taux et des assiettes de cotisations différents (Circ. Agirc-Arrco 18 du 23-12-2019).

Sur les conséquences d'un **transfert** d'entreprise, voir nos 70720 s.

30205 **Régularisation progressive** Les versements de cotisations donnent lieu à une régularisation progressive telle que prévue pour les cotisations de sécurité sociale plafonnées (ANI du 17-11-2017 art. 44 ; Circ. Agirc-Arrco 1 du 9-1-2019, fiche 3).

En conséquence, si, au cours d'un même exercice civil, un participant perçoit des salaires tantôt inférieurs, tantôt supérieurs aux limites des tranches mensuelles de calcul des cotisations, une régularisation doit être opérée d'un mois à l'autre. La tranche 1 est régularisée comme l'assiette des cotisations plafonnées de sécurité sociale (nos 18200 s.). La tranche 2 l'est en tenant compte de ses limites inférieure et, le cas échéant, supérieure.

EXEMPLE

Régularisation progressive en 2023 (plafond mensuel : 3 666 €)

Pour une transcription de ces données sur les **bulletins de paie de mars et d'avril,** voir nos 94440 et 94450.

Mois	Rémunération perçue		Tranche 1		Tranche 2
	du mois	cumul	du mois	cumul	du mois
Janvier	3 650	3 650	3 650	3 650	0
Février	3 650	7 300	3 650	7 300	0
Mars	5 550	12 850	3 698	10 998	1 852
Fin mars, cumul des salaires (12 850) > cumul des plafonds (10 998). L'assiette T1 de mars = 10 998 − 7 300 = 3 698.					
Avril	1 800	14 650	3 652	10 998	− 1 852
Fin avril, cumul des salaires (14 650) < cumul plafonds T1 (14 664). Le salarié ne devant pas cotiser en T1 au-delà de son salaire cumulé (14 650), son assiette plafonnée d'avril = 14 650 − 10 998 = 3 652.					
Mai	3 100	17 750	3 100	17 750	0
Juin	3 100	20 850	3 100	20 850	0
Juillet	3 100	23 950	3 100	23 950	0
Août	3 100	27 050	3 100	27 050	0
Septembre	3 100	30 150	3 100	30 150	0
Octobre	3 100	33 250	3 100	33 250	0
Novembre	3 100	36 350	3 100	36 350	0
Décembre	8 719	45 069	7 642	**43 992**	1 077
Fin décembre, cumul des salaires (45 069) > cumul des plafonds (43 992). Le salarié ayant cotisé à hauteur de 36 350 fin novembre, son assiette plafonnée de décembre = 43 992 − 36 350 = 7 642.					

TAUX DES COTISATIONS

30215 Les cotisations de base dues par l'employeur et le salarié sont assises (ANI du 17-11-2017 art. 35) :
– sur la tranche 1 (**T1**), sur la base d'un taux égal à 6,20 % ;
– sur la tranche 2 (**T2**), sur la base d'un taux égal à 17 %.

Un **pourcentage d'appel,** fixé à 127 %, est appliqué sur les taux ainsi définis. Les taux appelés sont arrondis au centième (ANI du 17-11-2017 art. 36).

Compte tenu de la répartition des cotisations entre employeur et salarié (no 30320), les taux d'appel applicables sont les suivants :

	Taux d'appel global	Part patronale	Part salariale
Tranche 1 (jusqu'à 1 Pass)	7,87 (6,20 × 127 %)	4,72 (7,87 × 60 %)	3,15 (7,87 × 40 %)
Tranche 2 (de 1 à 8 Pass)	21,59 (17 × 127 %)	12,95 (21,59 × 60 %)	8,64 (21,59 × 40 %)

› Précisions **a.** Les montants versés au titre des taux de base entraînent l'**inscription de points** au compte du participant. En revanche, ceux versés au titre du seul pourcentage d'appel ne sont pas générateurs de points (ANI du 17-11-2017 art. 34).
b. Sur la possibilité d'appliquer des **taux ou tranches supérieurs** à ceux définis ci-dessus, voir 30200, d.

b. Contributions d'équilibre

Dans une perspective de financement des opérations du régime sont instituées une contribution d'équilibre général et une contribution d'équilibre technique, **non génératrices** de points pour les assurés (ANI du 17-11-2017 art. 34 et 37). 30250

CONTRIBUTION D'ÉQUILIBRE GÉNÉRAL

Une contribution d'équilibre général (CEG) est due aux **taux** de (ANI du 17-11-2017 art. 37) : 30260
– 2,15 % sur la tranche 1 ;
– 2,70 % sur la tranche 2.

Compte tenu de la répartition des cotisations entre employeur et salarié (nº 30320), les taux applicables sont les suivants :

	Taux d'appel global	Part patronale	Part salariale
Tranche 1 (jusqu'à 1 Pass)	2,15	1,29 (2,15 × 60 %)	0,86 (2,15 × 40 %)
Tranche 2 (de 1 à 8 Pass)	2,70	1,62 (2,70 × 60 %)	1,08 (2,70 × 40 %)

› Précisions En **Nouvelle-Calédonie,** jusqu'au 31-12-2023, la CEG s'élève à 1,88 % sur la T1 et 1,16 % sur la T2 (Circ. Agirc-Arrco 1 du 9-1-2019).

CONTRIBUTION D'ÉQUILIBRE TECHNIQUE

Une contribution d'équilibre technique (CET) de 0,35 % est **applicable** sur les tranches 1 et 2 pour les **participants** dont la rémunération excède le plafond de la sécurité sociale (ANI du 17-11-2017 art. 37), ce plafond étant le cas échéant proratisé dans les mêmes conditions que pour les cotisations de sécurité sociale (Circ. Agirc-Arrco 1 du 9-1-2019). 30270

Compte tenu de la répartition des cotisations entre employeur et salarié (nº 30320), les **taux** applicables sont les suivants :

	Taux d'appel global	Part patronale	Part salariale
Tranches 1 et 2 (jusqu'à 8 Pass)	0,35	0,21 (0,35 × 60 %)	0,14 (0,35 × 40 %)

c. Répartition des cotisations

Les cotisations sont prises en charge (ANI du 17-11-2017 art. 38) : 30320
– par l'**employeur** à hauteur de 60 % ;
– par le **salarié** à hauteur de 40 %.

Les employeurs peuvent appliquer une répartition plus favorable pour les salariés.

› Précisions Ces dispositions **ne s'imposent pas** (ANI du 17-11-2017 art. 39 et 40) aux entreprises :
– visées par une convention ou un accord collectif de branche antérieur au 25-4-1996 prévoyant une répartition différente ;
– conservant la répartition qu'elles appliquaient au 31-12-1998 ;
– issues de la transformation de plusieurs entreprises appliquant une répartition différente qui peuvent, en accord avec leur personnel, conserver la répartition qui était appliquée dans l'entreprise, partie à l'opération, dont l'effectif de cotisants est le plus important.
La répartition peut alors être plus favorable au salarié (part patronale supérieure à 60 %) ou défavorable au salarié (part patronale inférieure à 60 %).
En dehors de ces 3 situations, les entreprises ont toujours la possibilité d'appliquer une répartition plus favorable au salarié (Circ. Agirc-Arrco 1 du 9-1-2019). Sur le **régime social** de la prise en charge par l'employeur de tout ou partie de la part salariale des cotisations Agirc-Arrco, voir nºs 42555 s.

3. RECOUVREMENT DES COTISATIONS

DÉCLARATION DES RÉMUNÉRATIONS

30370 Pour le calcul des cotisations, l'entreprise doit établir **chaque mois,** à destination de son institution de retraite complémentaire, une déclaration sociale nominative (DSN) comportant les rémunérations permettant de définir l'assiette des cotisations. À défaut, les cotisations sont **estimées** sur la base de la dernière assiette déclarée ayant fait l'objet d'un calcul de cotisations. L'assiette des cotisations est **régularisée** après production de la déclaration des rémunérations (ANI du 17-11-2017 art. 44).

Un **cahier d'aide** à la **codification** de la DSN pour la retraite complémentaire Agirc-Arrco est accessible sur le site internet de l'Agirc-Arrco. Ce document indique également la marche à suivre pour signaler différents évènements, tels que l'arrêt maladie ou le départ du salarié.

Les employeurs et les tiers déclarants peuvent recourir au **service** DSN-FIAB accessible depuis leur espace personnel sur le site internet de leur IRC ou sur les sites net-entreprises.fr et jedeclare.com. Ce service mis en place par l'Agirc-Arrco leur permet de **fiabiliser** les **données** personnelles qu'ils déclarent en DSN.

> Précisions Plusieurs dispositifs permettent aux employeurs d'accomplir selon des **procédures simplifiées,** auprès de guichets uniques, les formalités liées à l'embauche et à l'emploi de salariés, y compris les déclarations aux organismes de retraite complémentaire : voir nos 36570 s.

RESPONSABILITÉ DU PAIEMENT

30380 L'entreprise est, sauf exception, responsable du paiement de la totalité des cotisations, salariales et patronales (ANI du 17-11-2017 art. 44).

Le paiement des cotisations doit être effectué soit **par entreprise,** soit par **établissement.** Des dispositions spécifiques sont prévues pour les entreprises et établissements concernés par les compétences territoriales des institutions Agirc-Arrco (Circ. Agirc-Arrco 6 du 4-3-2019).

> Précisions **a.** Dans certains cas, un tiers peut être tenu au paiement des cotisations. Il en est ainsi pour les indemnités de congés payés versées par une **caisse de congés payés** (no 60380), en cas d'insuffisance de la caution de l'entreprise de **travail temporaire** (nos 11520 s.), de défaillance d'un **sous-traitant** (nos 11670 s.), de non-paiement par ce dernier du salaire minimum à ses salariés (no 11750) ou de manquement par le maître d'ouvrage ou donneur d'ordre ou par le sous-traitant aux dispositions relatives à l'interdiction de travail dissimulé (nos 11800 s.).

b. S'agissant : des **créateurs** et repreneurs **d'entreprise,** voir no 77165 ; des salariés travaillant en France pour le compte d'un employeur **sans établissement en France,** voir no 36685 ; des **salariés occupés à l'étranger,** voir nos 71240 (détachés) et 71500 (expatriés).

VERSEMENT DES COTISATIONS

30390 Les entreprises de plus de 9 salariés doivent verser **mensuellement** les cotisations Agirc-Arrco. Les autres sont tenues à un versement **trimestriel** mais peuvent toutefois opter pour le paiement mensuel à effet du 1er janvier suivant (ANI du 17-11-2017 art. 44).

> Précisions **a.** Les versements peuvent être **annuels** pour les seules entreprises n'employant que du personnel saisonnier, des apprentis ou des enseignants contractuels de l'enseignement agricole privé, n'ayant aucun salarié permanent et dont le montant annuel des cotisations n'excède pas 1 500 € (ANI du 17-11-2017 art. 44).

b. Les cotisations calculées sur les salaires payés au cours de chaque mois civil ou de chaque trimestre civil sont **exigibles** dès le premier jour du mois civil suivant ou du trimestre civil suivant, selon les cas. Les cotisations calculées annuellement sont exigibles dès le premier jour de l'année suivante. Le versement doit être effectif au plus tard le **25 du mois** (ANI du 17-11-2017 art. 44) ou le jour ouvré suivant (Circ. Agirc-Arrco 1 du 9-1-2019).

c. Le **paiement** des cotisations Agirc-Arrco peut se faire : via la **DSN,** par prélèvement Sepa ou, en ligne, via le service **Cotizen** par carte bancaire ou prélèvement Sepa. Cette interface donne accès à un tableau de bord permettant de visualiser et régler les cotisations à payer mais aussi de consulter les cotisations soldées et l'historique des opérations. Les cotisations ayant fait l'objet d'un courrier de recouvrement doivent être réglées via ce service (www.cotizen.fr).

DÉLAIS SUPPLÉMENTAIRES

30400 L'employeur peut solliciter des délais de paiement **directement** auprès de sa **caisse de retraite** via le formulaire mis en ligne sur le site internet de l'Agirc-Arrco. L'octroi d'un délai de paiement est conditionné au paiement immédiat de la part salariale, ou, à défaut, au paiement de la part salariale dans la première échéance du délai.

Lorsqu'une **demande** d'échéancier de paiement est adressée par un cotisant à l'**Urssaf,** cet organisme la communique, ainsi que sa réponse, aux institutions de retraite complémentaire dont le cotisant relève L'octroi d'un **échéancier de paiement** par l'Urssaf emporte le bénéfice d'un échéancier de paiement similaire au titre des cotisations à la charge de l'employeur restant dues, le cas échéant, au titre des régimes de retraite complémentaire (CSS art. L 243-6-6). Ces dispositions doivent être précisées par **décret.**

Pour les entreprises ayant un **arriéré touchant plusieurs dettes** sociales ou fiscales, voir nº 19570.

MAJORATIONS DE RETARD

Les cotisations qui n'ont pas été acquittées à la date limite de paiement sont affectées de majorations de retard. Celles-ci sont **calculées** par application du taux en vigueur lors du règlement des cotisations versées tardivement, quelle que soit la période à laquelle elles se réfèrent. Elles sont égales à autant de fois ce taux qu'il s'est écoulé de mois ou de fraction de mois à compter de la date d'exigibilité (ANI du 17-11-2017 art. 45). Ce taux est fixé à 0,60 % en 2023. 30410

Les majorations de retard sont **au moins égales** à un montant minimal fixé, en 2023, à 102 € pour une périodicité trimestrielle et à 34 € pour une périodicité mensuelle (Circ. Agirc-Arrco 17 du 20-12-2022). Cependant, si ce minimum est supérieur aux cotisations dues, elles sont calculées comme indiqué ci-dessus sans pouvoir être inférieures au montant des cotisations dues. Des **remises** de majorations de retard peuvent être accordées aux entreprises rencontrant des difficultés financières, à condition qu'elles règlent préalablement la totalité des cotisations dues (ANI du 17-11-2017 art. 45).

Des dispositions spécifiques sont prévues pour les entreprises qui s'acquittent pour la **première fois** à l'égard du régime de cotisations dues au titre de plusieurs trimestres (ANI du 17-11-2017 art. 45).

CONTRÔLE ET PRESCRIPTION

Les Urssaf sont habilitées dans le cadre de leurs **contrôles** à vérifier l'assiette, le taux et le calcul des cotisations de retraite complémentaire. Le résultat de ces vérifications est transmis aux institutions concernées aux fins de recouvrement (CSS art. L 243-7). Sur la procédure applicable voir nºs 19970 s. 30420

L'action de l'institution de retraite complémentaire en paiement des cotisations Agirc-Arrco est soumise à la **prescription** de 5 ans (C. civ. art. 2224 ; C. com. art. L 110-4) et relève de la **compétence** des tribunaux civils de droit commun (Cass. 2e civ. 12-3-2020 nº 19-13.804 F-PBI).

> **Précisions** Sur l'**opposabilité** aux fédérations d'institutions de retraite complémentaire des **décisions** des organismes de recouvrement prises dans le cadre du **rescrit social,** voir nº 20620, d. Dans les entreprises d'au moins 300 salariés, le **comité social et économique** doit être informé par l'employeur de l'existence de cotisations impayées : voir nº 19380.

D. Situations et catégories particulières

RÉDUCTION DU TEMPS DE TRAVAIL ET/OU DE LA RÉMUNÉRATION

En cas de **passage** à **temps partiel** avec option pour le maintien des cotisations d'assurance vieillesse sur le salaire à taux plein, il est possible d'opter aussi pour le calcul des cotisations de retraite complémentaire sur le salaire à taux plein, voir nº 75410 30470

Sur la **possibilité** de **réduire** le **plafond** des **cotisations** pour les salariés à temps partiel, voir nºs 74910 s.

> **Précisions** L'article 73 de l'ANI du 17-11-2017 prévoit, en cas de réduction temporaire de la rémunération ou du temps de travail acceptées par les salariés en raison d'un **contexte économique difficile** dans lequel se trouve leur entreprise, un dispositif permettant de maintenir leurs droits à retraite complémentaire sur la base de leur rémunération ou temps de travail antérieurs moyennant le versement des cotisations correspondantes. Les entreprises souhaitant recourir à ce dispositif peuvent interroger leur caisse de retraite complémentaire sur ses modalités de mise en œuvre.

CONGÉS FAMILIAUX

L'employeur peut verser les cotisations Agirc-Arrco du salarié bénéficiant d'un congé familial comme si celui-ci poursuit son activité dans des conditions normales afin que ce dernier obtienne des **points de retraite complémentaire** (ANI du 17-11-2017 art. 78). 30480

Sont visés les **congés** suivants : congé parental d'éducation à temps plein (C. trav. art. L 1225-47 ; Circ. Agirc-Arrco 1 du 19-1-2023) ; congé de présence parentale (C. trav. art. L 1225-62) ; congé de solidarité familiale (C. trav. art. L 3142-6 s.) ; congé de proche aidant (C. trav. art. L 3142-16).

Le versement concerne en principe toute la **durée** du congé. Un accord conclu dans l'entreprise peut retenir une durée limitée, au minimum égale à 6 mois, sauf pour les congés qui, par nature, ont une durée inférieure (ANI du 17-11-2017 art. 78).

L'**employeur** peut **prendre en charge** les cotisations salariales. Pour le régime social d'une telle prise en charge pendant le congé familial, voir nº 42420.

> **Précisions** Le régime applicable au congé parental d'éducation avec **réduction de la durée du travail** est celui exposé nº 75410 (Circ. Agirc-Arrco 1 du 19-1-2023).

AUTRES CAS PARTICULIERS

30490 Divers éléments de rémunérations, situations, statuts ou régimes (salariés multi-employeurs, apprentissage etc.) font l'objet de règles spécifiques. On en trouvera le détail sous les exposés qui leur sont consacrés.

Cas particuliers	Pour en savoir plus, voir nºs
Contrat d'apprentissage	84120
Salariés travaillant en France pour le compte d'un employeur sans établissement en France	36680 s.
Sommes et avantages alloués par un tiers	45880
Rappels de salaire	53560
Maladie ou maternité	62100 s.
Congé de reclassement	66240
Inexécution du préavis	66370
Indemnité de non-concurrence	66970
Salariés multi-employeurs	69200 s. (cas général) ; 69940 (professions médicales)
Artistes du spectacle	69760
Transfert d'entreprise	70700 s.
Détachement à l'étranger	71240 s.
Expatriation à l'étranger	71500 s.
Retraite progressive	75410
Créateurs ou repreneurs d'entreprise	77165
Dirigeants sociaux	77350
VRP	83000
Préretraite	86160 s. (préretraite rupture du contrat de travail) ; 86275 (préretraite amiante)
Travail à domicile	87850
Journalistes	88640
Pigistes	88650

E. Cotisations Apec et assurance décès des cadres

APEC

30550 L'Association pour l'emploi des cadres (Apec) est financée par une cotisation versée par les employeurs, prévue par l'accord national interprofessionnel du 12-7-2011. Ce texte, qui se réfère encore aux dispositions de l'ancienne convention nationale Agirc du 14-3-1947, entièrement révisée au 1-1-2019, n'a pas été remis en cause (ANI du 28-2-2020 sur l'encadrement).

La cotisation Apec concerne les **salariés** relevant des articles 4 et 4 bis de la convention du 14-3-1947 (ANI du 12-7-2011 art. 14). Sont ainsi visés les **ingénieurs et cadres** (Conv. du 14-3-1947 art. 4) et les **assimilés cadres** (Conv. du 14-3-1947 art. 4 bis) définis par la convention collective nationale ou régionale applicable à l'entreprise.

La cotisation comporte une part salariale et une part patronale (voir **taux** en annexes, nº 96130). Il est prévu qu'elle est assise sur les **tranches** A et B de rémunération retenues pour le calcul des cotisations de retraite Agirc. Il en résulte, selon nous, qu'elle est assise sur la rémunération limitée à 4 plafonds de la sécurité sociale.

La cotisation est **recouvrée** par les institutions de retraite en même temps et selon les mêmes modalités, y compris en ce qui concerne les majorations de retard, que les cotisations de retraite complémentaire.

› Précisions a. Les entreprises doivent se référer à la **définition de l'encadrement** des articles 4 et 4 bis de la convention du 14-3-1947, sous le contrôle d'une commission paritaire rattachée à l'Apec (ANI du 30-10-2015 art. 8 ; ANI du 28-2-2020).

b. S'agissant des **salariés** visés, à défaut de convention nationale ou régionale, on se réfère aux arrêtés « Parodi » (arrêtés de mise en ordre des salaires de 1945). Dans ce cas, les employés, techniciens, agents de maîtrise dont le coefficient hiérarchique résultant de ces arrêtés est égal ou supérieur à 300 sont assimilés cadres (Conv. du 14-3-1947 art. 4 et 4 bis).

Sont en outre concernés les personnes exerçant des fonctions de direction non visées par les arrêtés « Parodi », considérées comme des salariés pour l'application de la législation de la sécurité sociale, les **médecins** considérés comme salariés pour l'application de la législation de sécurité sociale, les **conseillères du travail et surintendantes** d'usine diplômées (Conv. du 14-3-1947 art. 4).

ASSURANCE DÉCÈS

Les employeurs sont redevables, pour tout bénéficiaire, d'une cotisation égale à **1,5 % de la tranche de rémunération** inférieure au plafond de la sécurité sociale. Cette cotisation, versée à un organisme assureur, est affectée par priorité à la couverture d'avantages décès visant à compléter celui versé par la sécurité sociale (ANI du 17-11-2017 art. 1 étendu et élargi par arrêté SSAS1821500A du 14-8-2018 ; ANI du 28-2-2020 sur l'encadrement). 30570

Les bénéficiaires sont les **ingénieurs et cadres,** certains VRP et les **assimilés cadres** (ANI du 17-11-2017 art. 2.1 et 2.2). La définition des **bénéficiaires** de l'assurance décès est donc identique à celle des bénéficiaires du régime Agirc en vigueur jusqu'au 31 décembre 2018 visés aux articles 4 et 4 bis de la convention du 14-3-1947 (voir nº 30550), sauf s'agissant des **VRP.** L'accord du 17-11-2017 ne vise que les VRP exclusifs ayant la qualification et les prérogatives d'ingénieurs ou cadres alors que l'annexe IV de la convention précitée n'exigeait pas cette condition pour les VRP exclusifs et visait également les VRP mutlicartes.

En cas de **non-respect** de cette **obligation,** l'entreprise s'expose à verser aux ayants droit du cadre décédé une somme égale à 3 fois le plafond annuel de la sécurité sociale en vigueur lors du décès (ANI du 17-11-2017 art. 1). Sur le régime social des versements intervenus dans ces conditions, voir nº 73590.

Sur le **régime social** de la contribution de l'employeur, voir nºs 43050 s.

CONSEIL

Il a été jugé que la **contribution** de l'employeur finançant la couverture des **frais de santé** doit être **prise en compte** pour déterminer si les cotisations à sa charge atteignent ou non 1,5 % du salaire et que son obligation est satisfaite si plus de 0,75 % de ces cotisations sont dédiées au financement d'une garantie décès (CA Paris 6-2-2020 nº 18/20112 ; Cass. soc. 30-3-2022 nº 20-15.022 FS-B). L'entreprise souhaitant s'appuyer sur cette décision doit se montrer prudente. En effet, contrairement à la prévoyance lourde (décès, incapacité totale ou permanente, etc.), les cotisations frais de santé sont souvent calculées sur une assiette forfaitaire. Dans ce cas, pour vérifier si, pour chaque cadre, le cumul des financements patronaux santé et prévoyance atteint bien 1,5 % du salaire plafonné, avec plus de 0,75 % pour le risque décès, l'employeur doit tout convertir en valeur absolue, sans oublier d'isoler la fraction patronale consacrée à l'éventuelle couverture obligatoire des ayants droit. Des calculs à faire, sources d'erreurs. On peut aussi se demander si l'exercice des dispenses d'affiliation, au sein des régimes frais de santé, ne tempère pas la portée pratique de cet arrêt. En effet, si un cadre bénéficie d'une dispense d'adhésion (de droit ou facultative) au régime frais de santé obligatoire mis en place dans son entreprise, celle-ci ne risque-t-elle pas d'être considérée comme n'ayant pas respecté son obligation et ne pourrait-elle pas alors, en cas de décès du cadre, se voir condamnée au versement aux ayants droit du défunt d'un capital de 3 plafonds annuels de la sécurité sociale ? Même si, selon nous, la réponse devrait être négative, la question mérite d'être posée.

CHAPITRE 7

CONTRIBUTIONS À LA FORMATION PROFESSIONNELLE ET À L'ALTERNANCE

SOMMAIRE

A. Règles d'assujettissement 30810
B. Régime des contributions 30840
1. Contribution unique à la formation professionnelle et à l'alternance 30840
a. Taxe d'apprentissage 30850
b. Contribution à la formation professionnelle 30950
2. Contribution supplémentaire à l'apprentissage 31000
3. Contribution CPF-CDD 31050
C. Recouvrement des contributions 31110

30800 Le financement de la formation professionnelle et de l'alternance repose sur les employeurs qui, d'une part, assurent la **prise en charge financière des actions de formation** de leurs salariés, notamment dans le cadre du plan de développement des compétences (nos 72610 s.) et, d'autre part, versent les **contributions suivantes** (C. trav. art. L 6131-1, I) :

– contribution unique à la formation professionnelle et à l'alternance (Cufpa), composée, en pratique, de la taxe d'apprentissage (nos 30850 s.) et de la contribution à la formation professionnelle (nos 30950 s.) ;
– contribution supplémentaire à l'apprentissage (nos 31000 s.) ;
– contribution dédiée au financement du compte personnel de formation des titulaires d'un contrat de travail à durée déterminée (no 31050).

› Précisions **a.** Certaines catégories d'employeurs sont assujetties à des **contributions spécifiques** qui peuvent soit se substituer aux contributions légales ci-dessus, soit s'y ajouter. Sont concernés les entreprises du bâtiment et des travaux publics (voir no 31070) et les employeurs d'intermittents du spectacle (voir no 69770).
b. Les entreprises ayant une activité principale ou secondaire de réparation, d'entretien, de pose d'accessoires, de contrôle technique, d'échanges de pièces, et autres opérations assimilables, sur les véhicules **automobiles,** les **cycles** ou les **motocycles** sont redevables d'une **taxe spécifique** destinée au financement de la formation professionnelle et de l'alternance dans ce secteur (CGI art. 1609 sexvicies).
c. Aucune **TVA** n'est due auprès de l'Urssaf sur les contributions à la formation professionnelle et à l'alternance (Guide Urssaf du 13-2-2023 p. 5).

A. Règles d'assujettissement

CHAMP D'APPLICATION

30810 Toutes les entreprises domiciliées ou établies en France (métropole et outre-mer) sont en **principe** assujetties aux contributions à la formation professionnelle et à l'alternance.

Par **dérogation,** ces contributions ne sont pas dues par (C. trav. art. L 6131-1, II) :
– l'État, les collectivités territoriales et leurs établissements publics à caractère administratif ;
– les établissements publics de santé, sociaux et médico-sociaux relevant de la fonction publique hospitalière, les groupements de coopération sanitaire de moyens (CSP art. L 6133-1 et L 6133-4) et les groupements de coopération sociale et médico-sociale (CASF art. L 312-7) ;
– les employeurs dont l'entreprise, immatriculée auprès du centre national titre firmes étrangères (TFE) géré par l'Urssaf d'Alsace, ne comporte pas d'établissement en France (Guide Urssaf du 13-2-2023 p. 16 et 39).

Outre ces principes généraux, peuvent s'appliquer des **règles spécifiques** d'assujettissement propres à chaque contribution : voir nos 30850 s. pour la taxe d'apprentissage ; no 30960 pour la CFP ; nos 31000 s. pour la CSA.

CALCUL DE L'EFFECTIF

L'assujettissement ou non aux contributions à la formation professionnelle et à l'alternance, leurs taux et leurs modalités de recouvrement peuvent varier en fonction de l'effectif de l'entreprise. Celui-ci est déterminé selon les **règles applicables en matière de sécurité sociale** exposées nos 18800 s. (C. trav. art. L 6331-1 A). 30820

Des **règles dérogatoires** s'appliquent toutefois pour la CFP (voir n° 30970) et la CSA (voir n° 31000, a).

ASSIETTE

La base de calcul des contributions à la formation professionnelle et à l'alternance est **identique à celle des cotisations de sécurité sociale** exposée nos 17800 s. (C. trav. art. L 6241-1-1, L 6242-1, L 6331-1, L 6331-3 et L 6331-6). Toutefois, des dispositions spécifiques s'appliquent aux rémunérations versées : 30830

– aux **apprentis** dans les entreprises de moins de 11 salariés, qui sont exonérées de la CFP et de la taxe d'apprentissage ;

– aux titulaires de **contrats d'accompagnement dans l'emploi** (n° 84650) et, pendant la durée d'attribution de l'aide mentionnée à l'article L 5132-2 du Code du travail et à concurrence de la part n'excédant pas le Smic, aux salariés embauchés en CDD dans les **ateliers et chantiers d'insertion** (Loi 2013-1203 du 23-12-2013 art. 20, IV), qui sont exonérées de la taxe d'apprentissage ;

– aux salariés des organismes chargés de l'**organisation en France d'une compétition sportive internationale** et, le cas échéant, des filiales dont ils détiennent directement ou indirectement plus de la moitié du capital, qui sont exonérées de la CFP, de la taxe d'apprentissage et de la CSA, dès lors que les fonctions exercées par les intéressés sont directement liées à l'organisation de la compétition (CGI art. 1655 septies, I-2°, c) ;

– aux **mandataires sociaux** qui, étant assimilées pour l'impôt sur le revenu à des salaires imposables dans la catégorie des traitements et salaires, sont assujetties aux contributions à la formation professionnelle et à l'alternance (CE 27-7-2005 n° 259910).

> Précisions **a.** Les **employeurs affiliés à une caisse de congés payés** s'acquittent de leurs contributions à la formation professionnelle et à l'alternance par un versement libératoire calculé sur une assiette majorée (voir n° 60370).

b. Il est admis que les **salaires agricoles** ne soient soumis à la taxe d'apprentissage que s'ils sont passibles de la taxe sur les salaires, même si, en fait, celle-ci n'est pas due en raison de l'assujettissement de l'employeur à la TVA. Pour les employeurs agricoles assujettis à la taxe d'apprentissage (par exemple SA exploitant un domaine agricole), la base de celle-ci n'est donc constituée que par les salaires versés au titre des activités visées aux articles 53 bis et 53 ter de l'annexe III au CGI (Mémento fiscal n° 73405) ou au titre d'activités qui ne sont pas considérées comme agricoles au regard de la taxe sur les salaires. Les entreprises qui effectuent de façon concomitante et indissociable une activité agricole et une activité industrielle ou commerciale sont assujetties à la taxe d'apprentissage au titre de l'ensemble des rémunérations versées lorsque leur activité dominante est industrielle ou commerciale ; elles n'y sont pas assujetties si leur activité dominante est agricole (BOI-TPS-TA-20 nos 50 et 60). L'application de cette **exonération doctrinale** ne peut toutefois pas être revendiquée devant le juge si l'employeur agricole ne s'en est pas initialement prévalu et a spontanément acquitté la taxe (TA Orléans 19-11-2019 n° 1803032 ; CE (na) 7-4-2022 nos 458325, 458326 et 458328).

c. Selon le Conseil d'État, sont soumises à la CFP et à la taxe d'apprentissage, quand bien même elles ne seraient pas assujetties aux cotisations de sécurité sociale, les rémunérations versées aux **résidents fiscaux à l'étranger** (CE 15-2-2016 n° 381580). En revanche, celles versées aux **expatriés,** non comptabilisés dans l'effectif de l'entreprise et non affiliés au régime français de sécurité sociale, n'entrent pas dans l'assiette de ces contributions (net-entreprises, fiches nos 2503 et 2504).

d. Lorsqu'un **port autonome** ne procède à aucune distinction lors de l'établissement de ses déclarations sociales entre la masse salariale des effectifs attachés aux missions à caractère administratif et celle des effectifs engagés dans des activités de nature industrielle et commerciale, il applique un **abattement forfaitaire** de 50 % à l'assiette de ses contributions (Loi 2021-1900 du 31-12-2021 art. 121, VIII).

e. Les rémunérations versées par les organismes sans but lucratif aux personnes recrutées à l'occasion et pour la durée de **manifestations de bienfaisance et de soutien** exonérées de TVA (n° 31550), qui étaient exonérées des contributions à la formation professionnelle et à l'alternance, y sont assujetties depuis le 1-1-2022 (Loi 2019-1479 du 28-12-2019 art. 190, I, III et V).

f. S'agissant des CDD ne donnant pas lieu à la **contribution CPF-CDD,** voir n° 31050, a.

B. Régime des contributions

1. CONTRIBUTION UNIQUE À LA FORMATION PROFESSIONNELLE ET À L'ALTERNANCE

30840 La contribution unique à la formation professionnelle et à l'alternance (Cufpa) est composée de la taxe d'apprentissage et de la contribution à la formation professionnelle (C. trav. art. L 6131-2).

a. Taxe d'apprentissage

CHAMP D'APPLICATION

30850 **Entreprises assujetties** La taxe d'apprentissage, qui a pour **objet** de faire participer les employeurs au financement de l'apprentissage et des autres formations technologiques et professionnelles initiales, est due, en métropole et dans les DOM, par (C. trav. art. L 6241-1, I) :
– les **employeurs** passibles de l'**impôt sur les sociétés** mentionné à l'article 205 du CGI, de plein droit ou sur option ;
– les personnes physiques et les sociétés ayant opté pour le **régime fiscal des sociétés de personnes,** lorsque ces personnes ou sociétés exercent une **activité commerciale,** industrielle, artisanale ou assimilée.

> **Précisions** **a.** En cas d'**exercice simultané d'activités commerciales et non commerciales,** seuls les salaires qui se rapportent aux activités commerciales sont passibles de la taxe d'apprentissage, même lorsque la totalité des revenus est imposée dans la catégorie des BIC en vertu de l'article 155 du CGI (CE plén. 19-12-1975 n° 88119 ; BOI-TPS-TA-10 n° 110).
> **b.** La taxe d'apprentissage est **déductible** de l'assiette de l'impôt sur le revenu ou de l'impôt sur les sociétés.

30860 **Organismes exonérés** Sont expressément exonérés de la taxe d'apprentissage, y compris s'ils réalisent des activités commerciales accessoires (C. trav. art. L 6241-1, III) :
– les sociétés et personnes morales ayant pour objet exclusif les **enseignements** maternel, primaire, secondaire, supérieur, technique agricole, industriel et commercial, technologique, ainsi que de l'ensemble des disciplines médicales et paramédicales ;
– les **groupements d'employeurs agricoles** visés à l'article L 1253-1 du Code du travail ;
– les **mutuelles** régies par les livres I et III du Code de la mutualité ;
– les **associations,** organismes, **fondations,** fonds de dotation, congrégations, **syndicats** à activités non lucratives ;
– les **sociétés coopératives** agricoles d'approvisionnement et d'achat (et les unions de ces coopératives), les sociétés coopératives de production, de transformation, conservation et vente de produits agricoles (et les unions de ces coopératives), les coopératives et unions artisanales, maritimes, de transport fluvial et d'entreprises de transport et les sociétés coopératives de construction ;
– les **organismes d'HLM** mentionnés à l'article L 411-2 du Code de la construction et de l'habitation, les sociétés anonymes de crédit immobilier exerçant certaines activités, ainsi que les **unions d'économie sociale.**

> **Précisions** **a.** Même quand elles relèvent des BIC, les **sociétés civiles de moyens** ne sont pas passibles de la taxe d'apprentissage lorsqu'elles n'effectuent aucune opération génératrice de recettes avec des tiers et ne réalisent aucun profit sur les remboursements de frais effectués par leurs membres. La mise à disposition de locaux équipés ne suffit pas en effet à conférer un caractère commercial – donc taxable – à leur activité (CE 5-6-1985 n° 50770 ; BOI-TPS-TA-10 n° 60).
> **b.** Les personnes physiques et les sociétés ayant opté pour le régime fiscal des sociétés de personnes exerçant des activités relevant des **BNC** (professions libérales, notamment) ou des **bénéfices agricoles** échappent à la taxe d'apprentissage (Guide Urssaf du 13-2-2023 p. 38).

30870 **Petites entreprises occupant des apprentis** Sont **exonérées, au cours d'un mois,** de la taxe d'apprentissage les petites entreprises occupant un ou plusieurs apprentis munis d'un contrat régulier d'apprentissage, lorsque les rémunérations dues au titre du mois précédent par ces employeurs n'excèdent pas 6 fois le Smic mensuel en vigueur, soit 10 255,68 € en application du Smic en vigueur au 1-1-2023 (C. trav. art. L 6241-1, IV et D 6241-8).

EXEMPLE

L'effectif d'une entreprise est composé en avril 2023 de 4 salariés en CDI à temps plein et d'un apprenti. Les 4 salariés perçoivent une rémunération mensuelle de 2 300 € brut chacun. L'apprenti perçoit une rémunération à hauteur de 39 % du Smic : soit 1 709,28 × 0,39 = 666,62 €.

La masse salariale brute mensuelle de l'entreprise est de (4 × 2 300) + 666,62 = 9 866,62 € pour le mois d'avril 2023, soit d'un montant inférieur à 6 fois le Smic mensuel (10 255,68 €).

Par suite, bien qu'en principe assujettie à la taxe d'apprentissage, cette entreprise en est exonérée pour le mois de mai 2023.

CALCUL DE LA TAXE

Appliqué sur l'assiette visée nº 30830, le **taux** de la taxe d'apprentissage est de 0,68 % (cas général) ou de 0,44 % (établissements situés dans les départements du Bas-Rhin, du Haut-Rhin et de la Moselle) (C. trav. art. L 6241-1-1). 30890

La taxe d'apprentissage est divisée en **deux parts** (C. trav. art. L 6241-2) :

– la part principale, destinée au financement de l'apprentissage, peut faire l'objet de dépenses déductibles pour les entreprises qui disposent d'un centre de formation d'apprentis (CFA) accueillant leurs apprentis ;

– le solde de la taxe, destiné notamment au financement du développement des formations initiales technologiques et professionnelles, est acquitté après déduction, le cas échéant, de certains versements.

S'agissant de la mention de la taxe d'apprentissage sur le **bulletin de paie,** voir nº 13680, b.

Part principale La part principale de la taxe d'apprentissage, correspondant à l'application d'un taux de **0,59 %,** est **déclarée et acquittée** dans les conditions exposées nºs 31110 s. 30900

Les **entreprises qui disposent** d'un **CFA,** accueillant leurs apprentis, peuvent toutefois en **déduire** (C. trav. art. L 6241-2, I et D 6241-29) :

– les dépenses des investissements destinés au financement des **équipements et matériels nécessaires** à la réalisation de la **formation** d'un ou de plusieurs apprentis de l'entreprise au sein du CFA dont celle-ci dispose ;

– les versements concourant aux investissements destinés au financement des équipements et matériels nécessaires à la mise en place par le CFA d'une **offre nouvelle de formation** par apprentissage, lorsque celle-ci sert à former un ou plusieurs apprentis de l'entreprise.

Le **montant** total des **dépenses déductibles** ne peut pas excéder un **plafond de 10 %** de la part principale de la taxe d'apprentissage due au titre de l'année (soit, selon nous, l'année N – 1). Les dépenses déduites correspondent aux **dépenses effectivement payées** par l'entreprise au cours de l'année précédant la déduction. Elles ne peuvent donner lieu ni à report ni à restitution. Par ailleurs, le montant de ces déductions **ne peut pas excéder** le montant de la part principale de la taxe d'apprentissage due au titre de l'année où la déduction est déclarée (soit, selon nous, l'année N) (C. trav. art. D 6241-32).

La déduction des dépenses de la part principale de la taxe doit être affectée et **déclarée mensuellement** (Guide Urssaf du 13-2-2023 p. 44).

Pour les établissements situés dans les **départements de la Moselle, du Bas-Rhin et du Haut-Rhin,** le montant total de la taxe d'apprentissage (soit 0,44 %) est réservé au financement de l'apprentissage selon les modalités exposées ci-dessus (C. trav. art. R 6261-13).

› Précisions **a.** Les **CFA** concernés sont ceux qui remplissent l'une des conditions suivantes (C. trav. art. D 6241-30) :

– être interne à l'entreprise ;

– dont l'entreprise détient plus de la moitié du capital au sens de l'article L 233-1 du Code de commerce ou plus de la moitié des voix au sein de l'organe de gouvernance du CFA ;

– être constitué par un groupe au sens de l'article L 1233-4, alinéa 2, du Code du travail ou par plusieurs entreprises partageant des perspectives communes d'évolution des métiers ou qui interviennent dans des secteurs d'activité complémentaires.

b. L'**offre nouvelle de formation** par apprentissage est celle qui n'a jamais été dispensée par la voie de l'apprentissage sur le territoire national avant l'ouverture de la session de formation au titre de laquelle lesdits versements sont effectués (C. trav. art. D 6241-31).

EXEMPLE 30905

En 2022, un employeur disposant d'un CFA a déclaré un montant annuel de 2 000 € pour la part principale de la taxe d'apprentissage. Il peut déduire au maximum 2 000 € × 10 % = 200 € de la part principale à la taxe d'apprentissage de l'année 2023.

S'il est redevable en janvier 2023 d'une part principale de la taxe de 120 € (acquittée en février 2023), il peut appliquer une déduction maximale de 120 €. Le montant de la part principale de la taxe pour le mois de janvier 2023 est donc égal à 0 et il lui reste la possibilité de déduire encore 80 € de ses prochaines contributions à la part principale de la taxe.

Pour le mois de février 2023, il est redevable d'une part principale de 110 € (acquittée en mars 2023). Il peut appliquer la déduction restante (soit 80 €). Le montant de la part principale de la taxe à acquitter au titre de ce mois est donc égal à 30 €.

30910 **Solde** Le solde de la taxe d'apprentissage, déclaré par l'employeur au taux de **0,09 %,** finance le développement des formations initiales technologiques et professionnelles, hors apprentissage, et l'insertion professionnelle (dont les frais de premier équipement, de renouvellement de matériel existant et d'équipement complémentaire) (C. trav. art. L 6241-2, II et L 6241-4).

Calculé sur la même **assiette** que la part principale, il est **recouvré** l'année suivante dans les conditions exposées nos 31110 s. (C. trav. art. R 6241-19). Ainsi, le solde de la taxe d'apprentissage dû au titre de l'année 2023 est calculé sur la base de la masse salariale de l'année 2023, puis acquitté par un versement annuel unique exigible au mois de mai 2024.

Le solde n'est pas dû pour les établissements situés dans les **départements de la Moselle, du Bas-Rhin et du Haut-Rhin** (voir no 30900).

30920 Les fonds collectés selon les modalités exposées nos 31110 s. sont reversés à la **Caisse des dépôts et consignations,** chargée de les affecter ensuite aux établissements d'enseignement habilités à en bénéficier, pour le compte de l'employeur (C. trav. art. L 6131-4, II). À cette fin, celui-ci désigne les établissements concernés au moyen d'un service dématérialisé, dénommé SOLTéA, qui devrait être mis en ligne en mai 2023.

> **Précisions** **a.** Les **établissements** d'enseignement **habilités à percevoir** le solde de la taxe d'apprentissage sont (C. trav. art. L 6241-5) : les établissements d'enseignement du second degré (publics ; privés sous contrat d'association ou habilités à recevoir des boursiers nationaux ; écoles techniques privées reconnues par l'État), les établissements d'enseignement supérieur (publics ou privés à but non lucratif) et les groupements agissant pour leur compte, les établissements gérés par une chambre consulaire et les établissements d'enseignement supérieur consulaire, les établissements publics ou privés dispensant des formations conduisant aux diplômes professionnels délivrés par les ministères chargés de la santé, des affaires sociales, de la jeunesse et des sports et certains autres organismes limitativement énumérés à l'article L 6241-5, 7° à 12° du Code du travail (écoles de la deuxième chance, établissements ou services sociaux et médico-sociaux d'aide par le travail, de réadaptation, de préorientation et de rééducation professionnelle, service public de l'orientation tout au long de la vie, etc.). Le préfet de région dresse la **liste des formations** dispensées par ces établissements dans la région et la liste des organismes participant au service public de l'orientation tout au long de la vie, au plus tard le 31 décembre de l'année précédant celle au titre de laquelle la taxe d'apprentissage est due (C. trav. art. R 6241-21 et R 6241-22).
>
> Les dépenses versées par les entreprises aux **organismes agissant au plan national pour la promotion de la formation** technologique et professionnelle initiale et des métiers figurant sur une liste nationale établie par arrêté (Arrêté du 30-12-2021) ne sont prises en compte que dans la **limite** de 30 % du montant dû au titre du solde de la taxe.
>
> **b.** En 2023, la Caisse des dépôts et consignations opère les **virements** au profit des établissements désignés par les entreprises via SOLTéA avant le :
>
> – 15 juillet pour les employeurs ayant effectué leurs choix de répartition entre la fin du premier semestre et début juillet ;
>
> – 15 septembre pour les employeurs qui n'auraient pas finalisé leurs choix avant début juillet ;
>
> – 15 octobre pour les employeurs n'ayant exprimé aucun vœu d'affectation ; dans ce cas, les fonds sont affectés aux établissements bénéficiaires selon des critères définis juridiquement.

30930 Pour satisfaire à l'obligation de financement du solde de la taxe d'apprentissage dû au titre d'une année (no 30910), les employeurs peuvent **déduire** lors du versement annuel unique effectué l'année suivante (C. trav. art. L 6241-2, II et R 6241-20) :

a. Les **subventions** versées directement aux **CFA,** sous forme d'**équipements et** de **matériels** conformes aux besoins des formations dispensées, **au cours de l'année au titre de laquelle la taxe est due.** Toutefois, pour la première année de collecte du solde par l'Urssaf (voir nos 31110 s.), sont prises en compte les subventions versées entre le 1-6-2022 et le 31-12-2022 (Guide Urssaf du 13-2-2023 p. 55) ;

b. La **créance** accordée aux entreprises assujetties à la **contribution supplémentaire à l'apprentissage** employant plus de 5 % d'alternants (no 31030), constatée au titre de l'**année précédente.**

Le **surplus éventuel** des subventions et créance ne peut donner lieu ni à report ni à restitution.

> **Précisions** Les CFA délivrent un **reçu** indiquant l'intérêt pédagogique de ces biens, ainsi que leur **valeur comptable,** justifiée par l'entreprise (C. trav. art. R 6241-24). Cette valorisation, déterminée toutes taxes comprises, s'effectue sur la base du prix de revient pour le matériel neuf, sur la base de la valeur d'inventaire pour les produits en stock et sur la base de la valeur résiduelle comptable pour le matériel d'occasion (Arrêté du 27-12-2019).

b. Contribution à la formation professionnelle

La contribution à la formation professionnelle (CFP), versée par les employeurs selon les modalités exposées nos 31110 s., a pour **objet** de financer les différents dispositifs d'accès à la formation professionnelle des salariés. 30950

> **Précisions** **a.** Les entreprises peuvent être redevables de **contributions supplémentaires** soit en application d'un accord professionnel national conclu entre les organisations représentatives d'employeurs et de salariés, soit sur une base volontaire. Ces contributions doivent être versées à l'opérateur de compétences dont elles dépendent (C. trav. art. L 6332-1-2). Sur la possibilité de confier aux Urssaf, à compter du 1-1-2024, le recouvrement des contributions conventionnelles, voir n° 31110, a.
> **b.** Sur la contribution dédiée au financement du compte personnel de formation des salariés en **contrat à durée déterminée,** voir n° 31050.
> **c.** S'agissant de la mention de la CFP sur le **bulletin de paie,** voir n° 13680, b.

CHAMP D'APPLICATION

Sauf ceux bénéficiant expressément d'une exonération (voir n° 30810), **tous les employeurs** établis ou domiciliés en France sont assujettis à la CFP, quels que soient l'activité exercée, leur forme juridique, leur régime d'imposition et leur résultat (bénéficiaire ou déficitaire) (Guide Urssaf du 13-2-2023 p. 15). 30960

> **Précisions** **a.** Outre les employeurs du secteur privé, sont redevables de la CFP les **établissements publics** à caractère industriel ou commercial, les entreprises semi-publiques, les **sociétés d'économie mixte,** les **régies départementales ou communales** dotées de la personnalité morale si elles exercent une activité industrielle ou commerciale et les **établissements d'enseignement privé** (Guide Urssaf du 13-2-2023 p. 15).
> **b.** Les **représentants diplomatiques et consulaires** en France ne sont pas soumis à la CFP en application des usages internationaux (Guide Urssaf du 13-2-2023 p. 16).
> **c.** Sur les règles de territorialité applicables à la CFP lorsque l'employeur a son **siège social à l'étranger,** voir n° 31370.

TAUX

Appliqué sur l'assiette visée n° 30830, le taux de la CFP est fixé à 0,55 % pour les entreprises de **moins de 11 salariés** (C. trav. art. L 6331-1) et à 1 % pour les entreprises d'**au moins 11 salariés** (C. trav. art. L 6331-3). 30970

> **Précisions** S'agissant des conséquences d'un **franchissement de seuil,** les règles visées nos 18825 s. s'appliquent en principe depuis le 1-1-2020. Par dérogation, elles concernent également, pour la CFP, les entreprises ayant atteint ou dépassé, pour la première fois, le seuil de 11 salariés en 2018 et 2019 (Loi 2019-486 du 22-5-2019 art. 11-XIII modifié).

AFFECTATION DES FONDS

Les sommes collectées selon les modalités exposées nos 31110 s. sont ensuite reversées à **France compétences** en vue de financer l'alternance, le conseil en évolution professionnelle, le plan de développement des compétences des entreprises de moins de 50 salariés, le compte personnel de formation, y compris lorsqu'il est mobilisé dans le cadre d'un projet de transition professionnelle, et la formation des demandeurs d'emploi (C. trav. art. L 6331-2 et L 6331-4). 30980

En pratique, France compétences verse aux **organismes financeurs** (opérateurs de compétences, Caisse des dépôts et consignations, associations Transitions Pro, Pôle emploi, etc.) les fonds nécessaires à la prise en charge des coûts engendrés par les formations des salariés ou des demandeurs d'emploi dans le cadre des différents dispositifs de la formation professionnelle et de l'alternance.

2. CONTRIBUTION SUPPLÉMENTAIRE À L'APPRENTISSAGE

CHAMP D'APPLICATION

La contribution supplémentaire à l'apprentissage (CSA) est due, selon les modalités exposées nos 31110 s., par les entreprises d'au moins 250 salariés **redevables** de la taxe d'apprentissage (nos 30850 s.) dont le nombre de salariés alternants est inférieur à un seuil de 5 % de l'effectif total au cours de l'année de référence (C. trav. art. L 6242-1, I). Sont considérées comme « alternants » les personnes (C. trav. art. L 6242-1, II) : 31000

– en **contrat de professionnalisation ou d'apprentissage** et, pendant l'année suivant la date de fin de ce contrat, les salariés embauchés en CDI par l'entreprise à l'issue dudit contrat ;
– bénéficiant d'une **convention industrielle de formation par la recherche** (Cifre).

Le ratio d'emploi d'alternants (à comparer au **seuil de 5 %**) s'obtient à partir du quotient suivant :

[(Effectif annuel des salariés placés en contrat de professionnalisation ou d'apprentissage, ou en CDI suite audit contrat + Effectif annuel des salariés bénéficiant d'une Cifre)/Effectif total de l'entreprise] × 100

Sont toutefois **exonérées** de la CSA au titre d'une année considérée les entreprises dont l'effectif annuel de salariés alternants est supérieur ou égal à 3 % de l'effectif salarié annuel de l'entreprise et a progressé d'au moins 10 % par rapport à l'année précédente.

› Précisions a. Pour l'application de la CSA, l'**effectif salarié** est apprécié selon les modalités visées n°s 18800 s. Toutefois, par dérogation, la période à retenir pour apprécier le nombre de salariés est l'année au titre de laquelle la contribution est due (C. trav. art. L 6242-1, V).

b. À notre sens, le **salarié embauché en CDI** à l'issue d'un contrat apprentissage ou de professionnalisation est décompté comme alternant pendant les 12 mois suivant la fin l'alternance. Ainsi, par exemple, si le contrat d'apprentissage prend fin en mars 2023, le salarié en CDI est pris en compte dans la **calcul du quota d'alternants** pour la période du mois d'avril 2023 au mois de mars 2024.

c. Sur les entreprises qui entrent dans le champ d'application de la CSA et qui **dépassent le seuil de 5 %,** voir n° 31030.

d. S'agissant de la mention de la CSA sur le **bulletin de paie,** voir n° 13680, b.

31010 EXEMPLE

En 2023, une entreprise de 700 salariés redevable de la taxe d'apprentissage a employé 22 salariés sous contrat de professionnalisation et 3 salariés bénéficiant d'une Cifre, soit un effectif de salariés alternants pour 2023 de 25 salariés. Le ratio d'alternants de l'entreprise étant inférieur à 5 % [(25/700) × 100 = 3,57 %], l'entreprise est redevable de la CSA au titre de l'année 2023.

En 2024, cette même entreprise a embauché 28 salariés en contrats d'apprentissage ou de professionnalisation ou bénéficiant d'une Cifre. Elle est en principe redevable de la CSA due au titre de l'année 2024 dès lors que son ratio d'alternants [(28/700) × 100 = 4 %] est toujours inférieur à 5 %. Toutefois, l'entreprise ayant un ratio supérieur à 3 % et la progression des effectifs d'alternants entre 2023 et 2024 étant supérieure à 10 % (soit [(28 – 25) × 100]/25 = 12 %), cette entreprise est exonérée de la CSA due au titre de l'année 2024.

TAUX

31020 La base de calcul de la CSA est la même que pour la taxe d'apprentissage : voir n° 30830 (C. trav. art. L 6242-1, III). Son taux est fixé, en métropole et dans les DOM, comme suit (C. trav. art. L 6242-1, IV et VI) :

Ratio d'alternants (RA) défini au n° 31000	Entreprises de 250 à 2 000 salariés	Entreprises de plus de 2 000 salariés[1]
3 % ≤ RA < 5 %	0,05 % (0,026 % dans les départements du Bas-Rhin, du Haut-Rhin et de la Moselle)	
2 % ≤ RA < 3 %	0,1 % (0,052 % dans les départements précités)	
1 % ≤ RA < 2 %	0,2 % (0,104 % dans les départements précités)	
RA < 1 %	0,4 % (0,208 % dans les départements précités)	0,6 % (0,312 % dans les départements précités)

1. Le **franchissement du seuil** de 2 000 salariés est apprécié dans les conditions exposées n°s 18825 s.

31025 EXEMPLE

L'entreprise de 700 salariés visée n° 31010 (ratio d'alternants de 3,57 %) est redevable de la CSA due en 2023 sur les rémunérations versées au titre de cette même année (soit 20 400 000 €). Elle devra s'acquitter, au mois d'avril 2024, selon les modalités visées n°s 31110 s., d'un montant de contribution égal à 20 400 000 × 0,05 %, soit 10 200 €.

CRÉANCE IMPUTABLE SUR LE SOLDE DE LA TAXE D'APPRENTISSAGE

31030 Les **entreprises** entrant dans le champ d'application de la CSA qui **dépassent,** au titre d'une année, le **seuil de 5 %** mentionné n° 31000 bénéficient d'une **créance imputable** sur le solde de la taxe d'apprentissage versé l'année suivante (n° 30930). Le montant de cette créance est égal au pourcentage de l'effectif qui dépasse le seuil précité, retenu dans la limite de deux points, multiplié par l'effectif annuel moyen de l'entreprise au 31 décembre de l'année et multiplié par 4 € (C. trav. art. L 6241-2, II ; Arrêté MTRD2304477A du 28-2-2023 ; Guide Urssaf du 13-2-2023 p. 56).

Comme indiqué nº 30930, le **surplus éventuel** n'est ni reportable ni remboursable.

EXEMPLE

En 2023, une entreprise ayant un effectif annuel moyen de 750 salariés au 31 décembre a employé 5,8 % de salariés titulaires d'un contrat de professionnalisation ou d'apprentissage et de personnes bénéficiant d'une Cifre. L'entreprise n'a pas de CSA à régler au titre de cette année au mois d'avril 2024. Elle pourra en outre imputer sur le solde de sa taxe d'apprentissage dû au titre de 2023 (acquitté en mai 2024) une créance dont le montant s'élève à : (5,8 – 5) × 750 × 4 = 2 400 €. Si la même entreprise a employé non pas 5,8 % mais 7,8 % de salariés précités, le montant de sa créance est de : 2 (7,8 – 5 = 2,8 plafonné à 2) × 750 × 4 = 6 000 €.

3. CONTRIBUTION CPF-CDD

Quel que soit l'effectif de l'entreprise, les employeurs occupant des salariés sous contrat à durée déterminée (CDD) sont redevables d'un versement spécifique destiné au **financement du compte personnel de formation** (CPF) des intéressés. 31050

La contribution CPF-CDD est **égale à** 1 % des rémunérations versées aux titulaires d'un tel contrat (s'agissant de la détermination de l'assiette, voir nº 30830) et est recouvrée selon les modalités exposées nºs 31110 s.

S'agissant de la mention de la contribution CPF-CDD sur le **bulletin de paie,** voir nº 13680, b.

> Précisions **a.** Le versement de la contribution CPF-CDD n'est **pas dû** pour les CDD saisonniers ainsi que pour les contrats ayant pour objet principal l'accès ou le maintien dans l'emploi des salariés par la formation professionnelle ou l'alternance (C. trav. art. L 6331-6), à savoir :
– les contrats d'apprentissage, de professionnalisation et d'accompagnement dans l'emploi (C. trav. art. D 6331-72) ;
– les CDD conclus avec des travailleurs saisonniers pour suivre entre deux saisons une action de formation inscrite au plan de développement des compétences (C. trav. art. L 6321-9) ;
– les CDD conclus avec des sportifs ou entraîneurs professionnels (C. sport art. L 222-4).
b. Soumis à une cotisation spécifique (voir nº 69770), les employeurs d'**intermittents du spectacle** sont exonérés de la contribution CPF-CDD.

Bâtiment et travaux publics 31070

Comme toutes les entreprises, celles du bâtiment et des travaux publics (BTP) doivent verser à l'Urssaf leurs contributions à la formation professionnelle et à l'alternance selon les modalités exposées nºs 31110 s. (cas général) et 60370 (employeurs affiliés à une caisse de congés payés).
Elles sont en outre redevables d'une **cotisation spécifique,** assise sur la même assiette (nº 30830), au bénéfice du comité de concertation et de coordination de l'apprentissage du BTP (C. trav. art. L 6331-35). Le taux de la cotisation est en principe **fixé par accord** entre les organisations professionnelles d'employeurs et les organisations syndicales de salariés représentatives au niveau national dans ces secteurs (C. trav. art. L 6331-38, I). À **défaut d'accord** au 31 décembre de l'année précédant l'exercice, le taux de la cotisation, fixé par la loi, est égal à 0,30 % pour les entreprises relevant du secteur des métiers du bâtiment et à 0,22 % pour celles relevant du secteur des travaux publics (C. trav. art. L 6331-38, II). Les modalités de **recouvrement** de la cotisation diffèrent selon l'effectif de l'entreprise. Ainsi, les entreprises de **moins de 11 salariés** doivent la verser à l'organisme Pro-BTP au moyen de 3 acomptes (30 avril, 31 juillet et 31 octobre de l'année N) et d'un solde (31 janvier de l'année N + 1) (C. trav. art. L 6331-39 et R 6331-37 à R 6331-40). Pour les entreprises d'**au moins 11 salariés,** la cotisation est directement prélevée sur le montant de leur CFP de 1 % par France compétences qui la reverse à l'organisme Pro-BTP (C. trav. art. L 6331-41).

C. Recouvrement des contributions

ORGANISMES COLLECTEURS

Les contributions à la formation professionnelle et à l'alternance sont recouvrées par les **organismes de sécurité sociale** : Urssaf (cas général), caisses générales de sécurité sociale (collectivités d'outre-mer) ou caisses de la mutualité sociale agricole (C. trav. art. L 6131-3). 31110

> **Précisions** **a.** Les **Opco** perçoivent directement les sommes versées par les entreprises au titre des **contributions conventionnelles** ou volontaires visées nº 30950, a. Par dérogation, le recouvrement des contributions conventionnelles pourra être confié, par accord de branche, aux organismes de sécurité sociale à compter du 1-1-2024 (C. trav. art. L 6332-1-2 dans sa rédaction en vigueur au 1-1-2024). Les Opco sont également chargés de financer avec les fonds qu'ils gèrent les **frais de formation** engagés dans le cadre du plan de développement des compétences des entreprises de moins de 50 salariés (nº 72630), de l'abondement complémentaire du CPF des salariés, de la Pro-A (nº 72900, a) ou encore de la formation « santé, sécurité et conditions de travail » des membres du CSE. Afin de permettre à chaque employeur d'identifier son Opco, France compétences établit des **tables de correspondance** associant à chaque branche professionnelle et aux établissements de chaque entreprise l'Opco dont ils relèvent. Ces tables sont publiées sur francecompetences.fr (C. trav. art. R 6123-34 à D 6123-37).
> **b.** Les contributions recouvrées par les organismes de sécurité sociale sont en principe reversées à **France compétences** chargée de les répartir et de gérer le financement des différents dispositifs de formation (C. trav. art. L 6131-4, I) : voir, par exemple, pour la CFP, nº 30980. Toutefois, les versements effectués au titre du solde de la taxe d'apprentissage sont directement gérés par la **Caisse des dépôts et consignations** (C. trav. art. L 6131-4, II) : voir nº 30920.

DÉCLARATION ET VERSEMENT

31120 **Périodicité** Le versement des contributions à la formation professionnelle et à l'alternance s'effectue via la **déclaration sociale nominative** (DSN) (nº 31130) selon la périodicité suivante :

– la **part principale de la taxe d'apprentissage** (nºs 30900 s.), la **CFP** (nºs 30950 s.) et la **contribution CPF-CDD** (nº 31050) sont déclarées et acquittées en DSN **mensuellement, ou trimestriellement** pour les employeurs de moins de 11 salariés ayant opté pour le paiement trimestriel de leurs cotisations (voir nº 19500), au plus tard le 5 du mois (employeurs dont l'effectif est d'au moins 50 salariés et qui ne pratiquent pas le décalage de la paie) ou le 15 du mois (autres employeurs) ;

– le **solde de la taxe d'apprentissage** (nºs 30910 s.) est déclaré et acquitté en DSN **annuellement,** au plus tard au titre de la période d'activité du mois d'avril de l'année suivant celle au titre de laquelle il est dû, soit le 5-5-2023 (employeurs dont l'effectif est d'au moins 50 salariés et qui ne pratiquent pas le décalage de la paie) ou le 15-5-2023 (autres employeurs) au titre du solde 2022 ;

– la **CSA** (nºs 31000 s.) est déclarée et acquittée en DSN **annuellement,** au plus tard au titre de la période d'activité du mois de mars de l'année suivant celle au titre de laquelle elle est due, soit le 5-4-2023 (employeurs dont l'effectif est d'au moins 50 salariés et qui ne pratiquent pas le décalage de la paie) ou le 15-4-2023 (autres employeurs) au titre de la CSA 2022.

> ATTENTION
> Les employeurs affiliés à une **caisse de congés payés** s'acquittent de leurs contributions par un **versement libératoire** calculé sur une assiette majorée : voir nº 60370.

31130 **DSN** S'agissant de la **CFP,** de la **contribution CPF-CDD** et de la **part principale de la taxe d'apprentissage,** doivent être déclarées en DSN **mensuellement** :

– la cotisation individuelle au bloc S21.G00.81 Cotisation individuelle à l'aide des codes de cotisation suivants : 128 – Contribution à la formation professionnelle (CFP), 129 – Contribution dédiée au financement du Compte Personnel de Formation pour les titulaires de CDD (CPF-CDD) et 130 – Part principale de la taxe d'apprentissage (net-entreprises, fiches nºs 2502, 2503 et 2504) ;

– la masse salariale assujettie au bloc Cotisation agrégée – S21.G00.23 via le CTP 959 au taux de 0,55 % (CFP des entreprises de moins de 11 salariés), le CTP 971 au taux de 1 % (CFP des entreprises d'au moins 11 salariés), le CTP 987 au taux de 1 % (contribution CPF-CDD), le CTP 992 au taux de 0,59 % (part principale de la taxe d'apprentissage : cas général) et le CTP 993 au taux de 0,44 % (part principale de la taxe d'apprentissage : départements du Haut-Rhin, du Bas-Rhin et de la Moselle) (Guide Urssaf du 13-2-2023 p. 25, 26, 35 et 47).

Le **solde de la taxe d'apprentissage** doit être déclaré **annuellement,** pour la première fois, à compter de la DSN d'avril 2023, au titre de l'exercice 2022, sur **chacun des établissements,** de la manière suivante :

– au bloc Cotisation établissement – S21.G00.82 sont indiqués, d'une part, le montant brut, déterminé avant les déductions, du solde de la taxe à l'aide du code 076 – Solde de la taxe d'apprentissage et, d'autre part, les **déductions** via les codes 077 – Réduction du solde

de la taxe d'apprentissage liés à des subventions aux CFA et 078 – Réduction du solde de la taxe d'apprentissage liés à des créances alternants (net-entreprises, fiche nº 2537) ;
– au bloc Cotisation agrégée – S21.G00.23 doivent être renseignées la masse salariale par le CTP 995 à 0,09 % et les déductions par les CTP 996 (subventions aux CFA) et 997 (créances alternants) (Guide Urssaf du 13-2-2023 p. 60).

La **CSA** doit être déclarée **annuellement,** pour la première fois, à compter de la DSN de mars 2023, au titre de l'exercice 2022, sur **un seul établissement** de l'entreprise en indiquant les montants dus par l'entreprise pour l'ensemble de ses établissements :
– au bloc Cotisation établissement – S21.G00.82 en valeur 079 – Contribution supplémentaire à l'apprentissage (CSA) ou 080 – Exonération de la contribution supplémentaire à l'apprentissage (net-entreprises, fiche nº 2588) ;
– au bloc Cotisation agrégée – S21.G00.23 via le CTP 998 (Guide Urssaf du 13-7-2023 p. 72).

> **Précisions** Les employeurs doivent renseigner dans leur DSN pour chacun de leurs établissements l'**identifiant de convention collective** (IDCC) dans la rubrique Code convention collective principale – S21.G00.11.022 en bloc Établissement – S21.G00.11. Pour les établissements ne relevant d'aucun IDCC, l'employeur doit renseigner son **Opco** de rattachement en rubrique Opérateur de compétences – S21.G00.11.023. France compétences met à disposition des entreprises un outil leur permettant d'identifier leur Opco : voir nº 31110, a.

Tableaux récapitulatifs Les tableaux ci-après récapitulent les modalités de la collecte des contributions à la formation professionnelle et à l'alternance dues **au titre des années 2022 et 2023** : 31140

2022		
Contributions	Date limite de déclaration en DSN et de versement[4]	
	Employeurs < 50 salariés	Employeurs ≥ 50 salariés
Taxe d'apprentissage – Part principale – Solde de la taxe	 Le 15 de chaque mois[1] 15-5-2023	 Le 5 de chaque mois[2] 5-5-2023[2]
CFP	Le 15 de chaque mois[1]	Le 5 de chaque mois[2]
Contribution CPF-CDD	Le 15 de chaque mois	Le 5 de chaque mois[2]
CSA[3]	-	5-4-2024[2]

1. Sauf option des employeurs de moins de 11 salariés pour le paiement trimestriel (versements à effectuer au plus tard les 15-4-2022, 15-7-2022, 15-10-2022 et 15-1-2023).
2. Le 15 du mois au plus tard pour les employeurs pratiquant le décalage de paie.
3. La CSA est due uniquement par les entreprises employant au moins 250 salariés.
4. Si les dates indiquées tombent un jour férié ou non ouvré, le délai est prorogé jusqu'au premier jour ouvrable suivant.

2023		
Contributions	Date limite de déclaration en DSN et de versement[4]	
	Employeurs < 50 salariés	Employeurs ≥ 50 salariés
Taxe d'apprentissage – Part principale – Solde de la taxe	 Le 15 de chaque mois[1] 15-5-2024	 Le 5 de chaque mois[2] 5-5-2024[2]
CFP	Le 15 de chaque mois[1]	Le 5 de chaque mois[2]
Contribution CPF-CDD	Le 15 de chaque mois	Le 5 de chaque mois[2]
CSA[3]	-	5-4-2024[2]

1. Sauf option des employeurs de moins de 11 salariés pour le paiement trimestriel (versements à effectuer au plus tard les 15-4-2023, 15-7-2023, 15-10-2023 et 15-1-2024).
2. Le 15 du mois au plus tard pour les employeurs pratiquant le décalage de paie.
3. La CSA est due uniquement par les entreprises employant au moins 250 salariés.
4. Si les dates indiquées tombent un jour férié ou non ouvré, le délai est prorogé jusqu'au premier jour ouvrable suivant.

CONTRÔLE ET SANCTIONS

En application de l'article L 6131-3 du Code du travail, le recouvrement des contributions à la formation professionnelle et à l'alternance s'effectue selon les règles et sous les garanties et sanctions **applicables en matière de cotisations et de contributions de sécurité sociale** exposées nºs 19800 s. (contrôle), 19600 s. (sanctions) et 21500 s. (recouvrement contentieux). 31150

CHAPITRE 8

AUTRES TAXES ET PARTICIPATIONS SUR LES SALAIRES

SOMMAIRE

SECTION 1
TAXE SUR LES SALAIRES 31350
A. Assujettis 31350
B. Assiette 31530
C. Calcul et paiement 31650
1. Taux 31650
2. Calcul 31700
3. Liquidation et paiement 31870

SECTION 2
PARTICIPATION-CONSTRUCTION 33320
A. Champ d'application 33340
B. Montant de l'investissement obligatoire 33450
C. Réalisation de l'investissement 33580
D. Cotisation de 2 % 33750
E. Entreprises en difficulté, cession ou cessation 33820

VARIÉTÉ DES IMPÔTS SUR LES RÉMUNÉRATIONS

31260 Les sommes versées en qualité de rémunérations sont soumises non seulement aux contributions à la formation professionnelle et à l'alternance étudiées nos 30800 s. mais également à la participation des employeurs à l'effort de construction et, en principe, à la taxe sur les salaires. Ces deux taxes sont soumises à deux règles fiscales communes.

DISPOSITIONS COMMUNES AUX TAXES

31270 **Règles d'arrondi** En matière de taxes assises sur les salaires comme pour les autres impôts ou taxes, la règle de l'**arrondi fiscal** s'applique (CGI art. 1649 undecies et 1724) :
– aux bases d'imposition ou à chaque élément concourant à la détermination de ces bases ;
– aux éléments venant modifier les bases d'imposition (abattement, etc.) ;
– au résultat de la liquidation des droits, c'est-à-dire au résultat obtenu à chacune des tranches d'un barème progressif, au résultat d'un taux proportionnel ou encore au résultat de l'application d'un seuil ;
– aux éléments venant modifier les cotisations (réduction d'impôt ou de droits, décote, etc.).

Les bases et cotisations fiscales seront ainsi arrondies à l'euro le plus proche :
– la part des bases et cotisations inférieure strictement à 0,50 € est négligée ;
– la part des bases et cotisations égale ou supérieure à 0,50 € est arrondie à l'unité supérieure.

Cette règle s'apprécie impôt par impôt.

31280 **Direction des grandes entreprises** La direction des grandes entreprises (DGE) est un service de la Direction générale des finances publiques (DGFiP) chargé d'assurer, sur l'ensemble du territoire national, l'**assiette,** le **recouvrement** et le **contrôle** de tous les impôts, droits et taxes dus par les personnes physiques ou morales qui relèvent de son champ de compétence.

> **Précisions** **Relèvent de la DGE** (CGI ann. III art. 344-0 A) :
> – les personnes physiques ou morales ou groupements de personnes de droit ou de fait dont, à la clôture de l'exercice, le chiffre d'affaires hors taxe ou le total de l'actif brut du bilan est supérieur ou égal à 400 M€ ;
> – les personnes physiques ou morales ou les groupements de personnes de droit ou de fait qui, à la clôture de l'exercice, détiennent, directement ou indirectement, plus de 50 % du capital ou des droits de vote d'une des entreprises visées ci-dessus, ainsi que toutes les personnes morales ou groupements de droit ou de fait

dont la majorité du capital ou des droits de vote est détenue par de telles entreprises ;
– les sociétés membres d'un groupe fiscalement intégré lorsque au moins une des sociétés qui le composent répond à l'un des critères précédents ;
– les assujettis uniques relevant de l'article 256 C du CGI (ou « groupe TVA ») dont le représentant remplit l'une des conditions ci-dessus pour être rattaché à la DGE.

Certaines entreprises peuvent également **opter** pour leur rattachement à la DGE.

Dès lors qu'une entreprise satisfait à l'une des conditions énoncées n° 31280 à la clôture d'un exercice, elle doit souscrire ses déclarations fiscales auprès de la DGE à compter, en principe, du 1er février de la deuxième année suivante (CGI ann. III art. 344-0 C). Ainsi, une entreprise dont le chiffre d'affaires de l'exercice 2022 (coïncidant avec l'année civile) dépasse 400 M€ devra souscrire ses déclarations auprès de la DGE à compter du 1-2-2024. **31290**

C'est auprès de la DGE, et non du service des impôts dont elles relèvent localement, que les entreprises concernées doivent **souscrire les déclarations** et **régler les sommes dues** au titre de la taxe sur les salaires (pour l'ensemble des établissements) et de la cotisation de 2 % de participation-construction.

> **Précisions** Le point de départ du rattachement à la DGE obéit à des règles particulières pour certaines entreprises, notamment les entreprises membres d'un groupe fiscal ou les assujettis uniques (voir Mémento Fiscal n° 87415).

SECTION 1 TAXE SUR LES SALAIRES

A. Assujettis

Due en principe par tous les employeurs, personnes physiques ou morales, domiciliés ou établis en France, la taxe sur les salaires a un champ d'application effectif très réduit, essentiellement en raison de la dispense totale ou partielle dont bénéficient les employeurs redevables de la TVA. Il existe en outre des exemptions ou exonérations prévues au profit de certains organismes ou secteurs d'activité. **31350**

REDEVABLES DE LA TAXE

La taxe sur les salaires est à la charge des personnes qui paient des rémunérations (CGI art. 231, 1 et ann. III art. 51). Lorsque la personne qui paie les rémunérations imposables n'est pas l'employeur, c'est à l'**employeur,** c'est-à-dire à la personne qui détient le pouvoir de nommer et de révoquer le salarié et de lui donner des directives quant à l'exécution de ses tâches, que la taxe doit être réclamée (BOI-TPS-TS-10-10-10 n° 30). **31360**

Lorsque l'employeur est une **personne morale,** c'est la personne morale qui est redevable de la taxe, quel que soit le régime d'imposition du bénéfice de l'entreprise (impôt sur le revenu ou impôt sur les sociétés).

S'agissant des indemnités versées par les **caisses de congés payés,** voir n° 60380 ; pour le cas où des avantages sont consentis aux salariés par le **comité social et économique,** voir n° 41860.

> **ATTENTION**
> Les employeurs qui recourent, directement ou indirectement, aux services d'une personne employant des **« salariés dissimulés »** peuvent être tenus solidairement au paiement de la taxe sur les salaires due par cette personne (voir n° 11800).

CRITÈRE DE TERRITORIALITÉ

Seuls les **employeurs domiciliés ou établis en France** peuvent être passibles de la taxe sur les salaires (BOI-TPS-TS-10-10-10 n° 70). Un employeur ayant son siège social à l'étranger est passible de la taxe lorsqu'il dispose d'une installation en France, à raison des rémunérations qu'il verse à ceux de ses salariés rattachés à cette installation (CE 13-7-2022 n° 460386). **31370**

Quant au domicile du salarié et au lieu d'exercice de l'activité, ils sont sans incidence sur l'exigibilité de la taxe. La taxe est donc due sur les rémunérations versées par un employeur établi en France aux **salariés détachés à l'étranger** (sauf s'ils relèvent sur place d'un centre d'opérations présentant un caractère de permanence suffisant et doté d'une certaine autonomie) et aux **frontaliers** (BOI précité nos 140 à 160).

La territorialité de la taxe sur les salaires dans le cas particulier des salariés travaillant hors de France fait l'objet de précisions complémentaires n° 71670.

› Précisions Pour qu'un employeur soit considéré comme établi en France, il suffit qu'il y possède un **centre d'opérations** présentant un caractère de permanence suffisant et doté d'une certaine autonomie. À cet égard, il n'y a pas lieu de distinguer selon que les fonds servant au paiement des rémunérations proviennent de ressources propres ou de l'entreprise située à l'étranger (BOI précité n° 80). Le Conseil d'État a précisé, dans un litige portant sur la participation des employeurs à l'effort de construction et les contributions dues au titre de la formation professionnelle, qu' il suffit de rechercher si l'installation permet l'exercice de l'activité en France, la circonstance qu'elle ne satisferait pas au **critère d'autonomie** étant inopérante (CE 2-4-2021 n° 428684). Cette jurisprudence vaut aussi à notre avis pour la taxe sur les salaires.

EMPLOYEURS TAXABLES À LA TVA

31380 Les employeurs assujettis à la taxe sur les salaires sont ceux qui ne sont **pas assujettis à la TVA ou ne l'ont pas été sur 90 %** au moins de leur chiffre d'affaires au titre de l'année civile précédant celle du paiement des rémunérations (CGI art. 231, 1).

Le **chiffre d'affaires** à prendre en compte s'entend du total des recettes et autres produits, y compris ceux correspondant à des opérations qui n'entrent pas dans le champ d'application de la TVA. Il est toutefois admis de ne pas prendre en compte les recettes et autres produits dispensés de TVA dans le cadre d'une transmission d'universalité de biens en application de l'article 257 bis du CGI (Lettre DLF 11-7-2006).

Au titre des **opérations économiques exonérées** de TVA, qui sont donc touchées par la taxe sur les salaires, on peut citer (liste non exhaustive) les opérations d'assurance et de réassurance, la plupart des opérations bancaires et financières et, dans le domaine libéral, les activités médicales et paramédicales.

Pour plus de précisions sur le champ d'application de la TVA, voir Mémento fiscal nos 46300 s.

31390 En conséquence :

a. Échappent complètement à la taxe sur les salaires au titre des rémunérations versées une année N les employeurs qui répondent aux deux **conditions cumulatives** suivantes :
– être assujetti à la TVA l'année N sur une partie au moins du chiffre d'affaires,
– être également assujetti à la TVA l'année précédente (N – 1) à hauteur d'au moins 90 % du chiffre d'affaires (CE 31-3-2023 n° 460838) ;

b. Sont **redevables de la taxe** sur les salaires au titre des rémunérations versées l'année N, dans la limite du rapport existant au titre de l'année civile précédente (N – 1) entre le chiffre d'affaires non imposé à la TVA et le chiffre d'affaires total hors TVA :
– les employeurs dont le chiffre d'affaires de l'année N n'est pas soumis à la TVA,
– ainsi que les employeurs dont le chiffre d'affaires de l'année N – 1 n'a été soumis à TVA qu'à hauteur d'une fraction n'excédant pas 90 %.

Lorsque le **rapport d'assujettissement** est **compris entre 10 et 20 %,** une décote est prévue. Pour chaque valeur du rapport (mentionnée en maigre), le taux d'assujettissement à la taxe sur les salaires (mentionné en gras) est le suivant : 10/**0** ; 11/**2** ; 12/**4** ; 13/**6** ; 14/**8** ; 15/**10** ; 16/**12** ; 17/**14** ; 18/**16** ; 19/**18** ; 20/**20** (BOI-TPS-TS-20-30 n° 220).

31400 Dans certaines hypothèses, la **référence à l'année précédente** est soit impossible, soit susceptible d'aboutir à des anomalies. Les entreprises peuvent alors déterminer leur rapport d'assujettissement à la taxe sur les salaires d'après les données de l'année du paiement des rémunérations (aucune taxe n'étant due si ce rapport prévisionnel est inférieur à 10 %). Il en est ainsi pour :
– les **entreprises nouvelles** (pour la taxe due sur les salaires versés l'année de création) ;
– les entreprises **ayant opté pour la TVA** (pour la taxe due sur les salaires versés l'année de la date d'effet de l'option et l'année suivante) ;
– les entreprises **devenant passibles de la TVA** en cours d'activité, à la suite d'une extension du champ d'application de la TVA notamment (pour la taxe due sur les salaires versés pendant l'année où elles deviennent passibles de la TVA).

De même, les entreprises qui constatent que la **référence au rapport de l'année antérieure** conduit à une **anomalie manifeste,** à raison d'une variation importante des conditions d'activité de l'entreprise (due notamment à une opération de fusion ou à la cession d'une branche d'activité), peuvent demander au service des impôts des entreprises l'autorisation de retenir le chiffre d'affaires de l'année même du paiement des rémunérations. Cette tolérance peut être appliquée dès le paiement de la taxe intervenant au moment du paiement des rémunérations (BOI précité nos 240 à 300). Cette tolérance ne s'applique pas, en revanche, en cas de diminution des dividendes encaissés (CAA Lyon 8-1-2019 no 17LY02510).

Dans toutes les hypothèses ci-dessus, une **régularisation** doit intervenir en cas d'insuffisance de versement de taxe sur les salaires (rapport définitif d'assujettissement supérieur à celui retenu initialement), le versement complémentaire pouvant être effectué, à l'aide d'une déclaration rectificative, sans indemnité de retard jusqu'au 30 avril inclus de l'année suivante. Dans le cas contraire, l'excédent de versement est imputé sur les versements suivants ou remboursé sur demande présentée à l'administration fiscale (BOI-TPS-TS-30 nos 290 et 300).

Lorsque, pour les **salaires payés en début d'année,** les assujettis partiels à la taxe sur les salaires calculent leur **rapport** d'assujettissement d'après des chiffres provisoires de l'**année précédente,** ils doivent, lorsque le rapport définitif d'assujettissement, une fois connu, se révèle différent du rapport provisoire, procéder à la **régularisation** qui peut s'avérer nécessaire. En cas d'insuffisance de versement de taxe sur les salaires, celle-ci peut être réparée sans pénalité lors du plus prochain versement de taxe (en joignant une note explicative), soit, pour les redevables ne relevant pas du régime du paiement annuel, au plus tard le 15 mai (ou le 15 juillet en cas de versement trimestriel). Dans le cas contraire, l'excédent de taxe peut être imputé sur les versements suivants (le mentionner sur le relevé de versement provisionnel) ou remboursé sur demande présentée à l'administration fiscale (BOI-TPS-TS-30 nos 270 et 280). 31410

Calcul du rapport d'assujettissement Le **numérateur** du rapport d'assujettissement à la taxe sur les salaires reprend le total des recettes et autres produits qui n'ont pas ouvert droit à déduction de la TVA (c'est-à-dire correspondant à des opérations situées en dehors du champ d'application de la TVA ou exonérées de cette taxe : CE 27-6-2012 no 348578 ; 15-4-2015 no 369652 ; 14-2-2018 no 410302), ainsi que les subventions non imposables à la TVA (CE 17-6-2015 no 371162). Doivent notamment y figurer les dividendes perçus (CE 29-6-2001 no 176105 ; 14-2-2018 no 410302 ; BOI-TPS-TS-20-30 no 90), les quotes-parts de bénéfices correspondant aux parts détenues dans des sociétés de personnes (CAA Versailles 20-10-2020 nos 18VE03966 et 18VE03967 ; CE (na) 21-9-2021 no 447998) ainsi que, pour les employeurs membres d'un assujetti unique constitué aux fins de la TVA (voir Mémento Fiscal nos 46545 s.), le montant des opérations internes qu'ils réalisent avec les autres membres du groupe. 31420

Le **dénominateur** comprend les sommes figurant au numérateur majorées des recettes afférentes aux opérations ouvrant droit à déduction de la TVA.

En pratique, l'administration admet cependant de **ne pas prendre en compte pour le calcul** du rapport certaines recettes, notamment : indemnités d'assurance, produits financiers lorsque leur montant total (produits exonérés et/ou hors champ de la TVA) n'excède pas 5 % des recettes totales, subventions d'équipement et subventions exceptionnelles (BOI précité nos 90 à 165).

De la même manière, les sommes ne correspondant pas à du chiffre d'affaires ou à des recettes ne sont à inscrire ni au numérateur ni au dénominateur du rapport d'assujettissement (BOI précité no 110). Tel est le cas, notamment, des débours, des sommes correspondant aux prestations de services internes à une même entité juridique (services entre une succursale et son siège, par exemple, sauf lorsque, par dérogation, ils sont imposables à la TVA) et de celles correspondant aux livraisons à soi-même de biens immobilisés imposées à la TVA (CE 9-11-2015 no 384536 ; 7-2-2018 no 391094).

Le rapport d'assujettissement peut être **arrondi** à l'unité immédiatement inférieure (BOI précité no 80).

> **Précisions** Les **succursales françaises d'entreprises étrangères** qui rendent exclusivement des services à leur siège sont autorisées à calculer un rapport d'assujettissement en réputant que ces services internes suivent le régime de TVA qui aurait été applicable s'ils avaient été rendus à une tierce personne (BOI précité no 120). Notons que, selon la cour de Versailles, la situation d'une succursale qui se borne à rendre des services « rémunérés » à son siège étranger, à l'exclusion de tiers et qui n'assume pas le risque lié à son activité économique doit être appréciée en fonction du degré d'assujettissement à la TVA du siège (CAA Versailles 5-2-2009 no 06-36).

Constitution de secteurs d'activité distincts Les entreprises ayant constitué des secteurs d'activité distincts en matière de TVA doivent déterminer la taxe sur les salaires en appliquant aux rémunérations des salariés affectés spécialement à chaque secteur le **rapport d'assujettissement** propre à ce secteur. Pour les rémunérations des salariés concurremment 31430 affectés à plusieurs secteurs, la taxe sur les salaires doit être déterminée en leur appliquant le rapport d'assujettissement général de l'entreprise (CE 28-7-1999 nos 144542 et 164100 ; BOI-TPS-TS-20-30 no 190).

C'est ce rapport d'assujettissement général qui doit être appliqué aux rémunérations des **dirigeants de holdings mixtes,** lesquels sont présumés être affectés indifféremment au secteur financier non soumis à la TVA et au secteur commercial soumis à cette taxe. Toutefois, la rémunération du dirigeant peut échapper à la taxe sur les salaires si l'entreprise justifie que, compte tenu de l'organisation adoptée, le dirigeant n'exerce aucun contrôle ni aucune responsabilité au sein du secteur financier (CE 8-6-2011 nos 331848, 331849, 341018 et 340863 ; BOI précité no 195).

L'administration considère qu'une **activité hors du champ d'application de la TVA** est, au regard de la taxe sur les salaires, assimilée à un secteur d'activité (BOI précité no 200).

Les redevables dont les produits financiers (exonérés et/ou hors champ de la TVA) excèdent le seuil de 5 % visé au no 31420 peuvent, pour les seuls besoins de la taxe sur les salaires, constituer un **secteur « financier »** sous réserve que ce secteur dispose de moyens propres en personnel et en matériel pour la réalisation des opérations financières (BOI précité no 210).

› Précisions Pour la cour de Versailles, l'**assujettissement** à la taxe sur les salaires doit, en cas de sectorisation, être apprécié secteur par secteur en fonction du chiffre d'affaires assujetti à la TVA propre à chaque secteur (CAA Versailles 3-12-2013 no 11VE04229).

EMPLOYEURS DONT LE CHIFFRE D'AFFAIRES NE DÉPASSE PAS LES LIMITES DE LA FRANCHISE EN BASE

31450 Les employeurs dont le **chiffre d'affaires** (hors TVA) **de l'année civile précédente** (N – 1) n'excède pas les limites de la franchise en base de TVA sont exonérés de taxe sur les salaires, même s'ils ne bénéficient pas effectivement de cette franchise (CGI art. 231, 1-al. 2). Ces limites sont fixées par les I, III et IV de l'article 293 B du CGI à :

– 91 900 € (ou 101 000 € mais à condition que le chiffre d'affaires de l'année N – 2 n'excède pas 91 900 €) pour les personnes assujetties à la TVA qui réalisent des **livraisons de biens,** des **ventes à consommer sur place** ou des **prestations d'hébergement** ;

– 36 800 € (ou 39 100 €, à condition que le chiffre d'affaires de l'année N – 2 n'excède pas 36 800 €) pour celles qui réalisent d'**autres prestations de services** ;

– 91 900 € (ou 101 000 €, à condition que le chiffre d'affaires global de l'année N – 2 n'excède pas 91 900 €) pour celles qui ont une **activité mixte** (c'est-à-dire à la fois livraisons de biens et prestations de services), sous réserve que le chiffre d'affaires des prestations autres que ventes à consommer sur place et hébergement n'excède pas 36 800 € (ou 39 100 €, à condition que le chiffre d'affaires de l'année N – 2 n'excède pas 36 800 €) ;

– 47 700 € pour les **avocats,** les **auteurs** et les **artistes-interprètes** ; ces professionnels bénéficient également d'une franchise spéciale de 19 600 € pour leurs opérations non couvertes par la franchise de 47 700 €.

Le **chiffre d'affaires à prendre en compte** doit s'apprécier au regard de l'ensemble des recettes et autres produits, y compris ceux qui n'entrent pas dans le champ d'application de la TVA, notamment la perception de dividendes et de subventions non imposables à la TVA (CE 27-6-2012 no 348578 ; BOI-TPS-TS-10-10-20 no 180).

› Précisions **a.** Jugé que le **gérant salarié d'une succursale de vente au détail** d'une société de distribution est passible de la taxe sur les salaires à raison du personnel qu'il rémunère lui-même, mais ne peut bénéficier de l'exonération en faveur des microentreprises, laquelle est réservée aux employeurs dont l'activité propre est susceptible d'engendrer pour eux un chiffre d'affaires (CAA Lyon 22-5-2008 no 06-893).

b. Les **limites** mentionnées ci-dessus sont valables pour 2023, 2024 et 2025 et seront révisées au 1-1-2026.

EXEMPTIONS ET EXONÉRATIONS SPÉCIFIQUES

31470 À côté de l'exemption principale en raison de l'imposition à la TVA, il existe un certain nombre de mesures visant à exonérer ou exempter des **catégories déterminées d'employeurs.** Nous nous limiterons pour l'essentiel à citer ici, sans les détailler, les plus importantes de ces exonérations. Il s'agit principalement :

– des **organismes sans but lucratif,** sur les salaires versés aux personnes recrutées pour la durée des manifestations de bienfaisance ou de soutien exonérées de TVA (voir no 31550) ;

– des **employeurs agricoles,** qui bénéficient, sauf exceptions, d'une exonération de fait de taxe sur les salaires (BOI-TPS-TS-10-20 nos 10 à 30 et 310 à 400) ;

– des **collectivités publiques** (État et collectivités locales, mais non les établissements publics en principe) ;
– de certaines **cantines** (gérées par des établissements publics – ou des associations – d'enseignement, de santé ou à vocation sociale), à raison des rémunérations versées à leur personnel, même lorsqu'elles sont exonérées de la TVA ;
– des **établissements d'enseignement supérieur** visés au livre VII du Code de l'éducation qui organisent des formations conduisant à la délivrance au nom de l'État d'un diplôme « Bac + 5 », les diplômes classés aux niveaux 7 et 8 du cadre national des certifications professionnelles remplissant cette condition. L'exonération bénéficie à ces établissements y compris lorsqu'ils ne délivrent pas eux-mêmes ces diplômes (CE 27-6-2016 n° 380773) et s'applique à l'ensemble des rémunérations versées par ces établissements à leur personnel salarié, quelle que soit la fonction, enseignante ou non enseignante, exercée par celui-ci (CE 9-3-2016 n° 386911). Notons que les rémunérations versées aux personnels mis à la disposition d'un établissement d'enseignement supérieur **consulaire** mentionné à l'article L 711-17 du Code de commerce qui organise les formations précitées sont exonérées de taxe sur les salaires (CGI art. 231 bis V).

B. Assiette

RÉMUNÉRATIONS IMPOSABLES

L'assiette de la taxe sur les salaires est constituée par le montant brut des rémunérations, indemnités, allocations, primes, y compris les avantages en nature ou en espèce versés au salarié en contrepartie ou à l'occasion du travail et effectivement alloués durant l'année civile à l'ensemble du personnel (BOI-TPS-TS-20-10 n° 10). **31530**

En effet, la base de la taxe sur les salaires est alignée sur l'**assiette de la CSG applicable aux salaires** et assimilés, prévue à l'article L 136-1 du Code de la sécurité sociale (voir n°s 28620 s.). Toutefois, pour la détermination de cette base, il ne doit être tenu compte ni de la déduction forfaitaire représentative de **frais professionnels** visée à l'article L 136-2, I du Code précité, ni des **gains de levée d'options** sur actions et d'attribution gratuite d'actions (CGI art. 231, 1).

Sont également exclues de l'assiette de la taxe les sommes correspondant à des **revenus de remplacement** (n°s 28800 s.), tels que les indemnités temporaires et prestations servies aux victimes d'accident de travail ou les indemnités journalières versées aux salariés en cas de maladie et, plus généralement, toute somme correspondant à des prestations de sécurité sociale versée par l'entremise de l'employeur (BOI précité n° 80).

Certaines sommes bénéficient par ailleurs d'une **exonération spécifique** de taxe sur les salaires (n° 31550).

Selon l'administration, il y a **unicité, sauf stipulations contraires** prévues par le législateur, **entre l'assiette de la CSG** sur les revenus d'activité **et** celle de la **taxe sur les salaires.** Ainsi, sous réserve des exonérations propres à la taxe sur les salaires, la référence à l'assiette de la CSG conduit à inclure dans l'assiette de la taxe toutes les sommes considérées comme des rémunérations au sens de la réglementation sociale (BOI-TPS-TS-20-10 n°s 10 et 20). **31535**

L'administration a en outre apporté les précisions suivantes (BOI précité n°s 50 et 60) :
– les **solutions doctrinales** retenues en matière sociale sont applicables pour la taxe sur les salaires. Ainsi en est-il, par exemple, du non-assujettissement : de certains avantages se rapportant aux activités sociales et culturelles du comité social et économique (Circ. Acoss 2004-144 du 27-10-2004 ; voir n°s 41460 s. les règles applicables en matière de cadeaux et bons d'achat) ; de certaines remises consenties par l'entreprise à ses salariés pour les biens et services qu'elle produit (Lettres min. du 29-3-1991 : n°s 39900 s. ; Lettre du 9-5-1995 modifiée par lettre du 4-10-2007 pour les salariés des banques : n°s 53990 s.) ;
– la **base forfaitaire** sur laquelle est calculée la CSG de certaines catégories de salariés s'applique dans les mêmes conditions pour le calcul de la taxe sur les salaires, excepté dans le cas où l'employeur a opté pour l'assiette réelle en matière sociale.

S'agissant de l'assujettissement à la taxe sur les salaires des **rémunérations** des **dirigeants de sociétés** ayant la qualité de mandataires sociaux, voir n° 78000.

> **Précisions** Les **rémunérations versées aux apprentis** sont exclues de l'assiette de la taxe sur les salaires du fait de l'alignement de l'assiette de cette taxe sur celle de la CSG (n° 84220).

RÉMUNÉRATIONS EXONÉRÉES

31550 Certaines sommes sont expressément exonérées de la taxe sur les salaires et ne sont donc pas à comprendre dans la base de cette taxe, quel que soit leur régime au regard de la CSG. Sont notamment exonérées de taxe sur les salaires :
– la part des rémunérations des **« impatriés »** qui est exonérée d'impôt sur le revenu en application de l'article 155 B du CGI (voir nos 56830 s.) ;
– les rémunérations des titulaires d'un **contrat d'accompagnement dans l'emploi** (CGI art. 231 bis N) ;
– les rémunérations versées aux **enseignants** des centres de formation d'apprentis : **CFA** (CGI art. 231 bis R) ;
– les rémunérations des personnes recrutées par les organismes et œuvres sans but lucratif visés aux a et b de l'article 261, 7-1° du CGI, ainsi que par les organismes permanents à caractère social des collectivités locales et des entreprises, à l'occasion et pour la durée des **manifestations de bienfaisance** ou de soutien organisées à leur seul profit et exonérées de TVA en application du c du même article (CGI art. 231 bis L) ;
– les **allocations de chômage** et contributions assimilées ainsi que l'indemnité d'**activité partielle** (CGI art. 231 bis D).

> **Précisions** Sont également exonérées de taxe sur les salaires, pendant la durée d'attribution de l'aide mentionnée à l'article L 5132-2 du Code du travail, et à concurrence de la part n'excédant pas le Smic, les rémunérations versées aux salariés embauchés en contrat à durée déterminée dans les **ateliers et chantiers d'insertion** (Loi 2013-1203 du 23-12-2013 art. 20, IV).

APPLICATION DU RAPPORT D'ASSUJETTISSEMENT

31570 Les employeurs qui ont la qualité de **redevable partiel de la TVA** ne sont soumis à la taxe sur les salaires que sur une fraction des rémunérations qu'ils versent (voir nos 31380 s.). Avant de calculer la taxe, ils doivent donc appliquer au montant des rémunérations versées leur rapport d'assujettissement à la taxe sur les salaires.

EXEMPLE

Pour une entreprise dont le rapport d'assujettissement à la taxe sur les salaires est de 40 % et qui verse en 2023 un montant de rémunérations de 100 000 €, la taxe sera calculée sur une base de 40 000 €.

Ce rapport d'assujettissement doit être appliqué **après** la **répartition des rémunérations entre les tranches du barème** progressif d'imposition visé n° 31650 (Avis CE 23-11-1998 n° 197839) : voir l'exemple 2 au n° 31810.

C. Calcul et paiement

1. TAUX

31650 La taxe comporte un **taux normal** et des taux **majorés** qui frappent les rémunérations individuelles dépassant un certain montant.

Le taux normal est de **4,25 %.**

Ce taux normal est porté à :
– **8,50 %** (soit une majoration de 4,25 %) pour la fraction des rémunérations individuelles annuelles excédant 8 572 € et n'excédant pas 17 113 € ;
– **13,60 %** (soit une majoration de 9,35 %) pour la fraction de ces rémunérations excédant 17 113 € (CGI art. 231, 1 et 2 bis).

> **Précisions** **a.** Les **seuils** de 8 572 € et 17 113 € jouent pour le calcul de la taxe due à raison des rémunérations versées en **2023**. Ces seuils sont relevés chaque année dans la même proportion que la limite supérieure de la première tranche du barème de l impôt sur le revenu de l'année précédente et arrondis, s'il y a lieu, à l'euro supérieur.
> **b.** Dans les **départements d'outre-mer,** la taxe ne comporte qu'un taux normal, fixé à 2,55 % en Guyane et à Mayotte et à 2,95 % dans les autres départements (Guadeloupe, Martinique et La Réunion) (CGI art. 231, 5).

2. CALCUL

CALCUL DES MAJORATIONS

Les **rémunérations** à retenir pour le calcul des majorations de la taxe sur les salaires s'entendent des rémunérations **individuelles annuelles** (CGI art. 231, 2 bis). Pour apprécier si les majorations sont exigibles, il faut donc prendre en considération le montant des rémunérations que chaque salarié reçoit au cours de l'année et non pas la masse globale des salaires versés à l'ensemble du personnel de l'entreprise. 31700

› Précisions Si un salarié est rémunéré par **plusieurs établissements dépendant d'une même entreprise,** c'est l'ensemble des rémunérations versées par l'entreprise à ce salarié qui doit être pris en considération pour la détermination de la base de calcul des majorations. Tel serait le cas, par exemple, des salariés qui, travaillant dans une des succursales d'une entreprise, recevraient leur traitement mensuel de cette succursale et des gratifications du siège de l'entreprise. Il convient alors de faire masse des sommes perçues par chaque salarié (salaire + gratifications) pour apprécier si les majorations sont ou non applicables (BOI-TPS-TS-30 nº 110).

Dans le cas inverse d'un salarié qui a **plusieurs employeurs,** chaque employeur tient compte exclusivement des rémunérations qu'il a lui-même allouées. Il est fait totalement abstraction des traitements et salaires ou autres rétributions que le salarié a pu recevoir par ailleurs (BOI précité nº 90). Si l'on prend l'exemple d'un salarié travaillant pour deux employeurs distincts et qui reçoit des rémunérations s'élevant, pour l'année 2023, respectivement à 5 000 € et 6 000 €, les majorations ne sont dues par aucun de ces employeurs à raison des rémunérations considérées. En revanche, si ces rémunérations s'élèvent à 10 000 € et à 6 000 €, le premier employeur est débiteur d'une majoration.

Calcul en cours d'année Le montant de la majoration de la taxe sur les salaires est déterminé **mensuellement,** en fonction des salaires individuels payés au cours du mois, la régularisation des droits dus étant effectuée par année (CGI ann. II art. 142 et 143). 31720

Pour le calcul de l'impôt exigible, les limites d'application des taux majorés de 8,50 % et 13,60 %, fixées pour l'année, sont donc ramenées à un douzième, soit respectivement 714 € et 1 426 € pour les **rémunérations versées en 2023.**

EXEMPLE

Calcul mensuel

Un employeur a versé à ses trois salariés au cours du mois de **mars 2023** les rémunérations brutes suivantes : 1 000 €, 5 000 € et 15 000 €. La taxe sur les salaires due au titre du mois de mars est calculée comme suit :

Assiette	Taux (en %)	Taxe due (en €)
1 000 + 5 000 + 15 000	4,25	892,50
(1 000 – 714) + ([1 426 – 714] × 2)	4,25	72,68
(5 000 – 1 426) + (15 000 – 1 426)	9,35	1 603,34
	Total	2 568,52 arrondis à 2 569

Le tableau suivant donne une **formule de calcul direct** à partir des rémunérations individuelles mensuelles versées en 2022 (formule du taux marginal) :

Rémunération brute mensuelle versée (R)	Montant de la taxe (I)
R ≤ 714 €	I = 0,0425 R
714 € < R ≤ 1 426 €	I = 0,085 R – 30,35 €
R > 1 426 €	I = 0,136 R – 103,07 €

Une **régularisation** est ensuite effectuée en fin d'année (nº 31910).

FRANCHISE

La taxe sur les salaires n'est pas due lorsque son montant annuel n'excède pas **1 200 €** (CGI art. 1679). Cette franchise dispense, le cas échéant, des **versements et relevés mensuels ou trimestriels** (nº 31900) les employeurs qui estiment que le montant annuel de leur taxe ne sera pas supérieur à ce montant (CGI ann. III art. 369, 5). Si le montant annuel de la taxe est finalement supérieur à 1 200 €, les pénalités pour versement tardif (nº 31870) sont normalement applicables. 31740

Les employeurs dont le montant annuel de la taxe n'excède pas le montant de la franchise sont dispensés de souscrire la **déclaration annuelle** de liquidation et de régularisation visée nº 31920 (CGI ann. III art. 369, 5 précité).

DÉCOTE

31760 Lorsque le montant annuel de la taxe est supérieur à 1 200 € sans excéder **2 040 €,** l'impôt exigible est minoré d'une décote égale aux trois quarts de la différence entre 2 040 € et ce montant (CGI art. 1679).

EXEMPLE

Si la taxe due résultant du barème est de 1 400 €, l'application du mécanisme de la décote réduit le montant de la taxe à 920 €, soit 1 400 € – [(2 040 € – 1 400 €) × 3/4] = 480 €. L'impôt finalement dû (ID) peut également être directement calculé par la formule suivante, dans laquelle « IE » représente l'impôt annuel normalement exigible : ID = 1,75 IE – 1 530 €.

Les employeurs susceptibles de bénéficier de la décote peuvent, le cas échéant, l'imputer **en cours d'année** sur leurs versements trimestriels (montant trimestriel de la taxe compris entre 300 € et 510 €) ou mensuels (montant mensuel compris entre 100 € et 170 €). La décote est alors égale aux trois quarts de la différence entre 510 € et le montant trimestriel calculé, ou entre 170 € et le montant mensuel calculé (BOI-TPS-TS-30 nºs 370 à 390). Les insuffisances de versement résultant d'un calcul erroné sont passibles des pénalités pour paiement tardif (nº 31870).

ABATTEMENT DES ORGANISMES SANS BUT LUCRATIF ET ASSIMILÉS

31780 Les associations de la loi de 1901, les syndicats professionnels et leurs unions (mais non les ordres professionnels), les fondations reconnues d'utilité publique, les congrégations, les associations intermédiaires conventionnées, les centres de lutte contre le cancer mentionnés à l'article L 6162-1 du Code de la santé publique, les mutuelles régies par le Code de la mutualité (voir précision a ci-dessous), ainsi que les groupements de coopération sanitaire et les groupements de coopération sociale et médico-sociale lorsqu'ils sont constitués exclusivement de personnes morales mentionnées ci-avant bénéficient d'un abattement sur le montant de la taxe sur les salaires normalement dû (CGI art. 1679 A).

Cet abattement est de **22 535 €** pour la taxe due sur les rémunérations versées en **2023.** Son montant est relevé chaque année dans la même proportion que la limite supérieure de la première tranche du barème de l'impôt sur le revenu de l'année précédente et arrondi, s'il y a lieu, à l'euro le plus proche.

Les organismes qui estiment que le montant annuel de leur taxe n'excédera pas le montant de l'abattement sont dispensés, le cas échéant, des **versements et relevés mensuels ou trimestriels** mentionnés nº 31900 (CGI ann. III art. 369, 5). Dans le cas contraire, l'abattement peut, au choix du redevable, lorsque ce dernier ne relève pas du régime du paiement annuel, soit être **imputé** sur les premiers versements de taxe jusqu'à épuisement de son montant, soit être réparti sur l'ensemble de l'année (un quart par trimestre ou un douzième par mois). Si la taxe due pour l'ensemble de l'année est inférieure au montant de l'abattement, la fraction inutilisée de l'exonération ne peut être ni remboursée ni reportée (BOI-TPS-TS-30 nºs 510 à 530).

L'abattement peut se **cumuler** avec l'exonération des rémunérations des personnels recrutés pour les manifestations de bienfaisance ou de soutien exonérées de TVA (nº 31550). Dans ce cas, selon l'administration, le montant de l'abattement (ou la fraction restant à pratiquer au moment où ont lieu les manifestations) doit s'imputer sur la taxe déterminée en fonction des seules rémunérations restant soumises à la taxe sur les salaires (BOI précité nº 570). En revanche, selon l'administration, le montant de la taxe due après abattement ne peut pas être réduit par application des mécanismes généraux de la franchise et de la décote (BOI précité nº 560).

Les employeurs sont dispensés de souscrire la **déclaration annuelle** de liquidation et de régularisation visée nº 31920 lorsque le montant annuel de la taxe n'excède pas le montant de l'abattement (CGI ann. III art. 369, 5).

› Précisions **a.** Les **mutuelles** relevant des **livres I et II du Code de la mutualité** bénéficient de l'abattement lorsqu'elles emploient moins de 30 salariés. Les mutuelles relevant du **livre III** de ce Code peuvent bénéficier dudit abattement, quel que soit le nombre de leurs salariés.
b. Pour les **associations de la loi de 1901,** l'application de l'abattement n'est pas subordonnée au **caractère désintéressé** de leur gestion (CAA Nantes 17-12-1996 nº 94-79 ; BOI précité nº 420).

EXEMPLES DE CALCUL

Sont exposés successivement le cas d'une entreprise non soumise à la TVA et celui d'une entreprise partiellement soumise à cet impôt. 31810

Rappels : les taux majorés ne sont pas applicables dans les **départements d'outre-mer.** Le montant de la taxe exigible est obtenu en multipliant la base d'imposition par le taux indiqué au nº 31650.

EXEMPLES

1. Entreprise non soumise à la TVA

Soit une entreprise qui paie en 2023 les rémunérations suivantes :

– salaire total des 4 employés (salaires individuels compris entre 8 572 € et 17 113 €)	60 000 €
– salaire total de 7 employés et cadres (salaires individuels supérieurs à 17 113 €)	430 000 €
Total	490 000 €

Le total de la taxe sur les salaires se calcule comme suit :

Taux normal :	
490 000 × 4,25 %	20 825 €
Taux majorés :	
– majoration de 4,25 % :	
[(60 000 – 34 288) × 4,25 %] + [(119 791 – 60 004) × 4,25 %]	3 633,71 €
– majoration de 9,35 % :	
(430 000 – 119 791) × 9,35 %	29 004,54 €
Total	53 463,25 €
	arrondis à 53 463 €

2. Entreprise partiellement soumise à la TVA

Supposons que l'entreprise visée ci-dessus soit redevable partiellement de la TVA et que son rapport d'assujettissement à la taxe sur les salaires soit égal à 40 %.

Le montant de la taxe (au taux normal ou aux taux majorés) sera de :

Taux normal :	
490 000 × 40 % × 4,25 %	8 330 €
Taux majorés :	
– majoration de 4,25 % :	
85 499 × 40 % × 4,25 %	1 453,48 €
– majoration de 9,35 % :	
310 209 × 40 % × 9,35 %	11 601,82 €
Total	21 385,30 €
	arrondis à 21 385 €

3. LIQUIDATION ET PAIEMENT

La taxe est entièrement à la charge de l'employeur, qui est tenu de s'en acquitter **spontanément.** À défaut, il est personnellement imposé par voie d'avis de mise en recouvrement d'une somme égale à celle qu'il aurait dû verser (CGI art. 1679 bis). 31870

Tous les redevables ont l'**obligation de télérégler** la taxe sur les salaires (CGI art. 1681 septies, 5) : cette obligation s'applique à tout versement effectué au titre d'une année, qu'il s'agisse d'un versement provisionnel ou du solde de la taxe due (BOI-TPS-TS-40 nº 210). Le **non-respect** de cette obligation est sanctionné d'une majoration de 0,2 % du montant des sommes versées selon un autre mode de paiement. Le montant de cette majoration ne peut être inférieur à 60 € (CGI art. 1738, 1).

Les employeurs redevables de la taxe sur les salaires qui n'ont **pas effectué les paiements dans les délais** prescrits ou qui ont effectué des **versements insuffisants** sont sanctionnés par un intérêt de retard au taux de 0,20 % par mois et par une majoration de 5 % (CGI art. 1727 et 1731).

PÉRIODICITÉ

31880 La périodicité des versements varie en fonction du montant total de la **taxe acquittée au titre de l'année précédente** (CGI ann. III art. 369) :
– si ce montant est **inférieur à 4 000 €,** la taxe est versée **annuellement,** dans les 15 premiers jours de l'année suivant celle du paiement des rémunérations (cet unique versement accompagne la déclaration annuelle n° 2502-SD : n° 31920) ;
– si ce montant est **compris entre 4 000 € et 10 000 €,** la taxe est versée **trimestriellement,** dans les 15 premiers jours du trimestre suivant celui du paiement des rémunérations ;
– si ce montant est **supérieur à 10 000 €,** la taxe est versée **mensuellement,** dans les 15 premiers jours du mois suivant celui du paiement des rémunérations.

VERSEMENTS PROVISIONNELS

31900 Les employeurs qui s'acquittent de la taxe sur les salaires par versements mensuels ou trimestriels doivent procéder au télérèglement de chaque versement à l'aide du relevé de versement provisionnel **modèle n° 2501-SD,** transmis par voie électronique (BOI-TPS-TS-40 n° 100). À défaut, les pénalités mentionnées n° 31870 sont applicables.

Le **versement** afférent au mois de **décembre ou** au **dernier trimestre civil** est liquidé directement et en même temps que la déclaration annuelle (n° 31920).

> **Précisions a.** On rappelle que les redevables qui estiment que le montant annuel de leur taxe sur les salaires n'excédera pas le montant de la franchise ou celui de l'abattement visé à l'article 1679 A du CGI sont **dispensés** des versements mensuels ou trimestriels (voir respectivement n°s 31740 et 31780).
> **b.** Lorsque l'**échéance** de la taxe sur les salaires tombe **pendant la période des congés payés,** les entreprises peuvent, sans encourir de sanctions, verser seulement un acompte, dont le montant ne doit pas être inférieur à 80 % du versement précédent, à charge pour elles de régulariser leur situation lors de l'échéance suivante (BOI précité n° 110).

RÉGULARISATION ET DÉCLARATION ANNUELLE

31910 Bien qu'elle puisse être acquittée selon une périodicité mensuelle ou trimestrielle, la taxe sur les salaires est un **impôt annuel.** Il y a donc lieu à **régularisation** chaque fois que le total des versements provisionnels est différent du montant dont l'employeur est en définitive redevable au titre de l'année. On peut notamment citer les cas suivants :
– **erreurs** commises lors des versements mensuels ou trimestriels ;
– application, le cas échéant, de la **décote.**

Il est rappelé par ailleurs que l'application des **taux majorés** donne également lieu à régularisation annuelle. En particulier, compte tenu du caractère annuel des seuils d'application des taux majorés, la régularisation annuelle peut faire apparaître un excédent de versement de taxe dans le cas de salariés n'ayant pas travaillé toute l'année dans l'entreprise (salariés partis en cours d'année, par exemple).

Nous avons également déjà vu, n°s 31400 et 31410, les régularisations auxquelles peuvent être astreints les employeurs partiellement redevables de la TVA lorsqu'ils ont utilisé un **rapport d'assujettissement** provisoire et que le rapport définitif s'avère différent du premier.

Enfin, les **employeurs exclus des versements provisionnels** s'acquittent de la taxe due pour l'année entière au moyen de la déclaration annuelle de liquidation et de régularisation.

> ATTENTION
> Les **réclamations** en matière de taxe sur les salaires doivent être présentées à l'administration **au plus tard** le 31 décembre de la deuxième année suivant celle de la souscription de la déclaration annuelle de liquidation et de régularisation (CE 19-9-2014 n° 370173).

31920 **Déclaration annuelle de liquidation et de régularisation** Les employeurs doivent souscrire, au plus tard le 15 janvier de l'année suivant celle du paiement des rémunérations, une déclaration annuelle de liquidation et de régularisation de la taxe sur les salaires **modèle n° 2502-SD** (CGI ann. III art. 369, 3). L'administration admet toutefois que la déclaration puisse être **souscrite au plus tard** le 31 janvier de l'année qui suit celle au titre de laquelle la taxe est due (BOI-TPS-TS-40 n° 280).

La déclaration annuelle doit être **télédéclarée,** c'est-à-dire transmise par voie électronique (CGI art. 1649 quater B quater, XIV). Le non-respect de cette obligation est sanctionné d'une majoration de 0,2 % du montant des droits correspondant aux déclarations déposées selon un autre procédé. Le montant de cette majoration ne peut être inférieur à 60 € (CGI art. 1738, 1). Le défaut ou retard de production de cette déclaration, non régularisé dans les 30 jours d'une mise en demeure de l'administration, entraîne l'application, le cas échéant, de la **taxation d'office** (LPF art. L 66, 5° ; BOI-CF-IOR-50-10-20-10 n° 110).

La déclaration doit comporter, notamment, le montant des rémunérations versées au cours de l'année, le montant de la taxe correspondante, le montant des sommes restant dues ou devant être restituées après déduction, le cas échéant, des sommes déjà versées mensuellement ou trimestriellement au titre de la même année. Elle est accompagnée, le cas échéant, du **télérèglement** de l'impôt ou du **complément d'impôt** exigible au titre de cette même année (CGI ann. III art. 369, 3 précité).

Lorsque la régularisation fait apparaître un **excédent de versement,** l'employeur indique sur la déclaration s'il entend utiliser cet excédent pour les versements de l'année suivante ou s'il en demande le remboursement.

En cas de **cession** ou de **cessation** d'activité, la déclaration annuelle de taxe sur les salaires (accompagnée du télérèglement y afférent) doit être souscrite dans les 60 jours et au plus tard le 15 janvier de l'année suivante. En cas de **décès** de l'employeur, la déclaration (accompagnée du télérèglement y afférent) doit être souscrite dans les 6 mois du décès et au plus tard le 15 janvier de l'année suivante (CGI ann. III art. 369, 4-b et 4-c). Il est toutefois admis que la déclaration puisse être souscrite jusqu'au 31 janvier qui suit celle au titre de laquelle la taxe est due (BOI-TPS-TS-40 n° 50).

> Précisions a. On rappelle que les employeurs bénéficiant de la franchise ou de l'abattement visé à l'article 1679 A du CGI sont **dispensés** de produire la déclaration annuelle n° 2502-SD (voir respectivement n°s 31740 et 31780).

b. La dernière déclaration sociale nominative (**DSN**) souscrite au titre de l'année civile (ou par tolérance, sous conditions, la DSN de janvier N + 1 souscrite début février) doit indiquer si l'établissement est ou non assujetti à la taxe et, s'il est assujetti, préciser le montant de l'assiette pour l'année entière en distinguant celle soumise au taux normal et chacune de celles soumises à l'un des 2 taux majorés (CGI ann. III art. 39, 1°-c et f ; BOI précité n° 250). Sur chaque DSN mensuelle, il y a lieu, en outre, d'indiquer le montant brut servant de base à la taxe pour chaque salarié (CGI ann. III art. 39, 2°-g). Pour les assujettis partiels à la TVA, les bases sont à déclarer sans application du pourcentage d'imposition. En cas de **cession ou** de **cessation d'activité** ou de décès de l'employeur, les informations doivent être indiquées, au plus tard, dans la dernière DSN fournie avant expiration des délais de souscription de la déclaration 2502-SD mentionnés ci-dessus.

Ces informations ne dispensent pas de l'obligation de souscrire la déclaration annuelle n° 2502-SD.

SECTION 2 PARTICIPATION-CONSTRUCTION

PRINCIPES GÉNÉRAUX

Sous réserve des exonérations exposées ci-après, les employeurs occupant au minimum 50 salariés doivent consacrer chaque année au financement d'actions dans le domaine du logement, en particulier du logement des salariés, une somme représentant 0,45 % du montant des rémunérations versées par eux au cours de l'année précédente (CGI art. 235 bis ; CCH art. L 313-1 s.). 33320

À défaut de se conformer à cette obligation, les employeurs sont assujettis à une cotisation égale à 2 % du montant de ces mêmes rémunérations.

> Précisions a. Dans le cadre de la consultation sur la politique sociale de l'entreprise, les conditions de travail et l'emploi, et à défaut d'accord collectif en définissant le contenu, le **comité social et économique** doit être informé sur l'affectation de la contribution sur les salaires au titre de l'effort de construction (C. trav. art. L 2312-22 et L 2312-26).

b. S'agissant de la mention du montant de la participation-construction sur le **bulletin de paie,** voir n° 13680, b.

A. Champ d'application

EMPLOYEURS ASSUJETTIS

Les employeurs établis ou domiciliés en France (métropole ou DOM) qui respectent un seuil d'effectif minimum de 50 salariés sont soumis à l'obligation d'investir, quels que soient la nature de l'activité, le régime d'imposition ou la forme juridique de l'exploitation (CCH art. L 313-1). 33340

Les employeurs sont soumis à l'obligation d'investir dès lors qu'ils sont considérés, pour l'application de la taxe sur les salaires, comme ayant un établissement en France. Sont ainsi assujettis les employeurs **établis en France** à raison des rémunérations versées aux salariés qu'ils emploient, indépendamment du lieu où ceux-ci exercent leur activité. La participation est également due par les employeurs dont le **siège** social est situé **à l'étranger** et qui disposent d'une installation en France, à raison des rémunérations versées aux salariés rattachés à cette installation (CE 2-4-2021 n° 428684).

33350 Outre l'État, les collectivités territoriales et leurs établissements publics administratifs (mais non leurs établissements ou organismes à caractère industriel ou commercial), sont exonérés de la participation-construction les **employeurs agricoles** visés aux articles 53 bis et 53 ter de l'annexe III au CGI, ainsi que les autres employeurs agricoles lorsque leur activité agricole est prépondérante. Signalons seulement ici que, selon l'article L 716-2 du Code rural et de la pêche maritime, cette dernière exonération ne s'applique pas aux employeurs occupant au minimum 50 salariés agricoles définis par l'article L 722-20 du même Code.

CONDITION D'EFFECTIF

33370 L'obligation de participer à l'effort de construction au titre d'une année s'applique aux employeurs qui occupent au minimum **50 salariés** au cours de l'année civile précédente. Les modalités de décompte de cet effectif sont alignées sur celles applicables aux cotisations de sécurité sociale : voir n°s 18800 s. La règle d'atténuation des effets à la hausse ou à la baisse d'un **franchissement de seuil** exposée n°s 18825 s. (gel de 5 ans) est également applicable.

ATTENTION

Les entreprises comptant au moins **50 salariés au 31-12-2019** et bénéficiaires à cette date du dispositif de **réduction temporaire** prévu à l'ancien article L 313-2 du CCH (applicable en cas de franchissement du seuil d'effectif minimum fixé à 20 salariés), abrogé depuis le 1-1-2020, continuent d'appliquer ce mécanisme (Loi 2019-486 du 22-5-2019 art. 11, XII). Il permet aux entreprises concernées de bénéficier d'une exonération totale de participation pendant trois ans puis d'une réduction de son montant de 75 % la quatrième année, 50 % la cinquième année et 25 % la sixième année.

B. Montant de l'investissement obligatoire

33450 Le montant des investissements à réaliser est égal au produit de l'assiette par le taux de la participation (sous réserve du dispositif de réduction temporaire évoqué n° 33370).

CALCUL DE LA PARTICIPATION

33470 Le montant des sommes à investir chaque année est égal à une fraction fixée à **0,45 % des revenus d'activité** versés au cours de l'exercice écoulé, tels qu'ils sont pris en compte pour la détermination de l'assiette des cotisations définie à l'article L 242-1 du CSS, payés au cours de l'année précédente (CCH art. L 313-1). Cette notion de revenus d'activité recouvre en pratique la notion de rémunérations.

33480 L'article L 313-1 du CCH pose le principe de l'alignement de l'**assiette** de la participation-construction sur celle des cotisations de sécurité sociale (voir n°s 17800 s.).

Notons que certaines **rémunérations** sont expressément **exonérées** de participation-construction par des textes particuliers. Il en est ainsi notamment :

– des rémunérations versées aux titulaires de contrats d'accompagnement dans l'emploi : voir n° 84650 ;

– pendant la durée d'attribution de l'aide mentionnée à l'article L 5132-2 du Code du travail, et à concurrence de la part n'excédant pas le Smic, des rémunérations versées aux salariés embauchés en contrat à durée déterminée dans les ateliers et chantiers d'insertion (Loi 2013-1203 du 23-12-2013 art. 20, IV-4°).

Sur les rémunérations versées aux **apprentis,** voir n°s 84220 s.

Sur les **indemnités versées par les caisses de congés payés,** voir n° 60380.

OBLIGATION DÉCLARATIVE

33500 Les employeurs doivent déclarer annuellement leur assujettissement (ou non-assujettissement) à la participation-construction ainsi que, pour les établissements assujettis, le total des rémunérations assujetties de l'année (CGI ann. III art. 39, 1°-f). Pour les établissements placés dans le champ de la déclaration sociale nominative (**DSN**), ces éléments sont fournis dans la DSN souscrite en janvier au titre de décembre, dans le bloc S21.G00.44. Toutefois, par tolérance, il est possible de déclarer ces éléments au plus tard avec la DSN de janvier déposée en février (net-entreprise, fiche nº 791).

C. Réalisation de l'investissement

L'employeur peut effectuer : 33580
– des **versements à des organismes collecteurs agréés,** sous forme de prêt sans intérêts ou de subvention (CCH art. L 313-1, al. 2 et R 313-6) ;
– des **investissements directs** en faveur du logement de ses salariés, soit par l'octroi de prêts auxdits salariés, soit par la construction de logements ou la réalisation de travaux d'amélioration sur des immeubles anciens (CCH art. L 313-1, al. 3 et R 313-7).

Sur le **régime fiscal** de ces versements et investissements, voir nº 34500.

PÉRIODE DE RÉALISATION

Les employeurs soumis à la participation-construction disposent pour investir d'un **délai** qui expire le 31 décembre de l'année qui suit celle du paiement des rémunérations (CCH art. L 313-4 ; CGI art. 235 bis, 1). 33600

Des délais particuliers sont applicables en cas de **cession** ou **cessation** d'entreprise et de **décès** de l'employeur (voir nº 33820).

Pour déterminer si l'employeur s'est acquitté de son obligation dans les délais, seules sont prises en compte les **sommes effectivement versées** (CCH art. R 313-5), à l'exclusion par conséquent des dépenses engagées, mais qui n'ont pas été suivies d'un paiement effectif dans la période (BOI-TPS-PEEC-30 nº 30).

Les employeurs qui, au cours d'une année déterminée, ont investi des sommes supérieures au montant de la participation exigible peuvent reporter l'**excédent** sur les années suivantes, sans limitation de durée (CCH art. L 313-1, al. 4). 33610

Cette faculté est ouverte à un **employeur** qui **devient passible de la participation,** par suite de l'augmentation du nombre de ses salariés, par exemple. Il peut ainsi faire valoir les **investissements qu'il a réalisés antérieurement,** de façon spontanée, dès lors qu'ils répondent aux normes et conditions exigées par la réglementation en vigueur à l'époque de la réalisation desdits investissements. L'excédent reportable est alors constitué par le montant des sommes qui ont excédé, pendant la période considérée, le montant légal de la participation (BOI-TPS-PEEC-30 nº 50).

VERSEMENTS AUX ORGANISMES COLLECTEURS

Les versements aux organismes collecteurs peuvent être faits sous forme de **prêt sans intérêts** ou de **subvention** aux organismes énumérés ci-après (CCH art. R 313-6, al. 1 et R 313-22) : 33630
– la société **Action Logement Services** (CCH art. L 313-1 et L 313-19) ;
– s'ils sont agréés à cet effet, les **organismes d'HLM** mentionnés à l'article L 411-2 du CCH et les **sociétés d'économie mixte** exerçant à titre principal une activité de construction, d'acquisition ou de gestion de logements sociaux et la **société immobilière des chemins de fer français.**

Ces versements donnent lieu à un **reçu,** attestant leur caractère libératoire, délivré à l'employeur par l'organisme collecteur agréé (CCH art. R 313-6, al. 2).

ATTENTION

Les versements effectués postérieurement à la date d'effet d'une décision de **retrait d'agrément** ne sont pas libératoires, sauf lorsque l'employeur ne connaissait pas ou ne pouvait raisonnablement connaître cette décision (CCH art. R 313-28, I).

Les versements effectués auprès d'un organisme collecteur ne présentent pas le caractère d'une créance fiscale. Une **demande en restitution** est donc irrecevable tant devant l'administration fiscale que devant le juge de l'impôt (CE 15-7-2004 nº 249846).

INVESTISSEMENTS DIRECTS

Les investissements directs par un employeur peuvent être réalisés sous forme de **prêts à taux réduit** accordés à ses **salariés** pour le financement de la construction d'un logement affecté à leur résidence principale ou à celle de leur conjoint, de leurs ascendants ou descendants, dans certaines conditions, notamment de performance énergétique du logement. Le 33650

montant de ces prêts ne doit pas excéder 30 % du coût total de l'opération, dans la limite d'un montant par logement fixé par zone géographique ; leur **durée maximale** ne doit pas être supérieure à 30 ans et leur **taux d'intérêt** est fixe et ne doit pas dépasser un taux plafond égal au taux du livret A en vigueur au 31 décembre de l'année précédant l'émission de l'offre de prêt ou au taux de 1 % si le taux du livret A devient inférieur à 1 % ; enfin, ils doivent être accordés à des ménages respectant des **conditions de ressources** (CCH art. R 313-7, 1° et R 313-20-1, II).

À titre exceptionnel, **sur autorisation préfectorale** préalable et sous réserve de la signature d'une convention, les employeurs peuvent également réaliser au titre des investissements directs (CCH art. R 313-7, 2°) :
– des **constructions de logements locatifs,** à condition que ces logements bénéficient des prêts mentionnés aux articles D 331-1 (prêts locatifs aidés) ou D 331-72 (prêts conventionnés) du CCH ;
– des **travaux d'amélioration d'immeubles anciens** leur appartenant, loués ou destinés à être loués à leurs salariés et compris dans un programme d'intérêt général d'amélioration de l'habitat.

Les constructions de logements locatifs ou les travaux d'amélioration d'immeubles anciens ne peuvent excéder **10 %** du prix de revient de l'opération, dans la limite d'un montant par logement fixé par zone géographique (CCH art. R 313-7, 2° et R 313-20-2, I-1°).

ATTENTION

Les **constructions de logements locatifs** et les **travaux d'amélioration d'immeubles anciens** ne peuvent être réalisés qu'**à titre subsidiaire,** c'est-à-dire lorsque les prêts à taux réduit aux salariés (ci-dessus) et les versements aux organismes collecteurs (n° 33630) ne permettent pas de répondre aux besoins des salariés (CCH art. R 313-7, 2°).

33660 **Conditions communes aux investissements directs** Pour être libératoires, les investissements directs (prêts aux salariés et construction ou amélioration de logements) doivent, quelle que soit leur forme, répondre notamment aux conditions suivantes :

1. Les **logements** doivent (CCH art. R 313-14) :
– revêtir le caractère de **résidence principale** pour leurs occupants, cette condition pouvant être différée pendant 6 ans lorsque le logement est destiné à être occupé par le salarié lors de sa mise en retraite,
– ne pas être occupés à titre d'**accessoire d'un contrat de travail,** entendu au sens indiqué n° 38420,
– ne pas être affectés à la **location saisonnière ou en meublé,** ni utilisés comme résidences secondaires (BOI-TPS-PEEC-30 n° 340),
– ne pas être **transformés** en locaux industriels, commerciaux, artisanaux ou professionnels, ni avoir un accès dépendant uniquement de locaux de cette nature ;

2. Les **exploitants individuels** ou les **dirigeants,** leur conjoint et leurs enfants non émancipés ne peuvent bénéficier directement ou indirectement de la participation-construction (CCH art. R 313-17, al. 1). Pour l'application de ce dispositif, les dirigeants s'entendent (BOI précité n° 360) : dans les sociétés de personnes et les sociétés en participation, qu'elles aient ou non opté pour le régime fiscal des sociétés de capitaux, des associés en nom et des membres de ces sociétés ; dans les SARL qui n'ont pas opté pour le régime fiscal des sociétés de personnes et les sociétés en commandite par actions, des gérants ; dans les SA, du président du conseil d'administration, du directeur général, de l'administrateur provisoirement délégué, des membres du directoire et de tout administrateur ou membre du conseil de surveillance chargé de fonctions spéciales. La mesure d'exclusion s'applique aussi aux dirigeants de Scop. Toutefois, le **conjoint** du dirigeant ou de l'exploitant individuel et leurs **enfants** non émancipés, lorsqu'ils sont **salariés d'une autre entreprise,** peuvent bénéficier d'un prêt au titre de la participation des employeurs de cette entreprise (CCH art. R 313-17, al. 2) ;

3. Le **financement** de la construction ou de l'acquisition de logements neufs doit **intervenir au plus tard** un an après la délivrance de la déclaration d'achèvement des travaux ou trois mois après la première occupation du logement. Pour l'amélioration des logements existants, ce délai est fixé à trois mois après l'achèvement des travaux (CCH art. R 313-16, I).

De manière générale, les **investissements** ne sont **pas libératoires** lorsque les sommes versées par les employeurs à leurs salariés ou les investissements réalisés dans la construction ou l'amélioration des logements ne sont pas utilisés conformément à la réglementation relative à la participation (CCH art. R 313-8).

Selon l'administration, les **investissements** directs doivent, pour être libératoires, être prélevés sur les **ressources propres de l'entreprise,** c'est-à-dire provenir de sa trésorerie ou d'un emprunt contracté en son nom personnel et être **retracés en comptabilité** (BOI précité n° 30). Cette dernière condition a été confirmée par le Conseil d'État (CE 18-6-1969 n° 74282, s'agissant de prêts aux salariés ; 28-3-1973 n° 84873, à propos de travaux ; 14-6-1965 n° 63382, à propos de constructions de logements ; dans ces deux dernières décisions, le Conseil d'État relève que les immeubles construits ou sur lesquels les travaux ont été réalisés ne figuraient pas au bilan de l'entreprise).

CONSERVATION DES INVESTISSEMENTS

La participation des employeurs réalisée sous une forme autre que celle de la subvention aux organismes collecteurs doit faire l'objet d'investissements pour une durée de **20 ans** au moins (CCH art. R 313-9). **33680**

Lorsque les investissements sont faits en **plusieurs périodes** (investissement, remboursement, réinvestissement), aucune d'elles, sauf la dernière (c'est-à-dire celle qui permet de compléter le délai de 20 ans), ne peut être inférieure à 5 ans ; les sommes remboursées à la fin de chaque période doivent être réinvesties dans un délai de 3 mois ou au plus tard le 31 décembre de l'année civile (CCH art. R 313-9). **33690**

S'agissant des **prêts** aux salariés, cette disposition a pour but de garantir à ces derniers l'octroi d'un prêt d'une durée minimale de 5 ans (que ce prêt soit consenti à titre de premier investissement ou de réinvestissement). Le remboursement du prêt peut s'opérer librement par annuités. Tout désinvestissement intervenu avant l'expiration du délai de 20 ans doit être réinvesti dans les 3 mois.

Lorsque le **réinvestissement** n'intervient pas dans le **délai** légal, la **cotisation de 2 %** mentionnée n° 33750 est exigible.

> **Précisions** **a.** Selon l'administration fiscale, un versement effectué par l'employeur ne peut être considéré comme libératoire si le **remboursement** intervient **avant** l'expiration d'un délai de **5 ans,** un tel remboursement faisant apparaître une insuffisance d'investissement rendant exigible la cotisation de 2 % (BOI-TPS-PEEC-30 n° 500).
> **b.** Constituent des **remboursements d'investissement** non seulement les remboursements des prêts consentis aux salariés ou aux organismes susceptibles d'en recevoir, mais également la cession des constructions édifiées par l'employeur ou des actions ou obligations souscrites par lui au titre de la participation ou le remboursement par le bénéficiaire d'une subvention accordée par l'employeur ou encore le passage dans le patrimoine privé d'investissements figurant à l'actif d'une entreprise individuelle (BOI précité n° 450).
> Il est admis qu'une opération de remise en pleine propriété par une entreprise d'un portefeuille d'investissements dans la participation à l'effort de construction à un **fonds commun de titrisation** régi par les articles L 214-167 et suivants du Code monétaire et financier qui accorde en échange un prêt obligataire à l'entreprise est regardée comme transparente et ne constitue pas un remboursement des investissements donnant lieu à l'obligation de réinvestissement. En contrepartie, l'entreprise cédante reste redevable de l'obligation de réinvestissement en cas de remboursement ultérieur par l'organisme collecteur, quand bien même elle n'est plus propriétaire de la créance apportée au fonds et, si la notification a été effectuée, n'est plus destinataire du remboursement (BOI précité n° 450).
> **c.** Les **employeurs peuvent imputer sur les sommes à réinvestir** les investissements effectués au cours de l'année du remboursement ou même les investissements excédentaires des années précédentes (BOI précité n° 490).

D. Cotisation de 2 %

Les **employeurs** qui n'ont **pas ou pas assez investi** au cours d'une année donnée sont redevables d'une cotisation de 2 %, calculée sur les revenus versés par eux au cours de l'année précédente (CCH art. L 313-4). En pratique, la base de cotisation s'obtient en multipliant par 10 000/45 l'insuffisance d'investissement. **33750**

EXEMPLE

Une entreprise a versé, au cours de l'année 2022, 1 M€ de rémunérations. Elle doit donc investir avant le 1-1-2024 une somme de 4 500 €. Cette entreprise a réalisé en 2023 des investissements libératoires pour un montant de 4 000 €. Elle est par conséquent passible de la cotisation de 2 % à raison de l'insuffisance de 500 €, calculée comme suit : [500 × (1 000/4,5)] × 2 % = 2 222 €.

Le **versement** de la cotisation de 2 % est effectué spontanément auprès du service des impôts des entreprises ou, le cas échéant, auprès de la direction des grandes entreprises (voir n° 31280), accompagné du **bordereau n° 2485, au plus tard** le 30 avril de la deuxième année qui suit le versement des rémunérations (CCH art. desL 313-4, al. 2 et R 313-3). Ainsi, les employeurs n'ayant pas ou pas assez investi en 2023 au titre rémunérations versées en 2022 doivent déposer le bordereau précité, accompagné de la cotisation de 2 %, au plus tard le 30-4-2024.

Sur le **régime fiscal** de la cotisation, voir n° 34500.

> **Précisions** **a.** Le bordereau n° 2485 a juridiquement la valeur d'une déclaration. Son absence autorise l'administration à mettre l'entreprise en demeure de le déposer et, le cas échéant, à engager une procédure de **taxation d'office** (BOI-TPS-PEEC-40 n° 150).
> **b.** En cas de **défaut de déclaration ou de déclaration tardive** du bordereau de versement n° 2485, la cotisation de 2 % est assortie de l'intérêt de retard de 0,20 % par mois (CGI art. 1727) et d'une majoration de 10 % (CGI art. 1728) pouvant être portée à 40 % lorsque le bordereau n'a pas été déposé dans les 30 jours suivant une mise en demeure.
> En cas d'**omissions ou d'inexactitudes** relevées dans le bordereau de versement n° 2485, la cotisation de 2 % est assortie de l'intérêt de retard ainsi que d'une majoration de 40 % en cas de manquement délibéré ou de 80 % si le contribuable s'est rendu coupable de manœuvres frauduleuses (CGI art. 1729).
> Le **paiement tardif de la cotisation** de 2 % donne lieu au versement de l'intérêt de retard et d'une majoration de 5 % (CGI art. 1731).

E. Entreprises en difficulté, cession ou cessation

33820 En application des règles de droit commun, les employeurs restent tenus d'**investir** 0,45 % des rémunérations versées l'année précédente et du 1er janvier à la date de la cession, de la cessation ou du décès, selon les modalités indiquées nos 33630 s. Cette contribution est immédiatement **exigible.**

En cas de décès, cessation ou cession d'entreprise, les employeurs disposent d'un délai spécial pour déclarer leur qualité d'assujetti (ou de non-assujetti) et, en cas d'assujettissement, les assiettes taxables correspondantes pour l'année précédente et celle où est survenu cet événement. En cas de cession ou de cessation totale ou partielle d'entreprise, ce délai est de 60 jours ; en cas de décès, il est de 6 mois sans pouvoir dépasser le 31 janvier de l'année suivante (CGI art. 89).

Pour les établissements placés dans le champ de la déclaration sociale nominative (**DSN**), ces éléments sont fournis dans la dernière DSN souscrite avant l'expiration du délai imparti.

33830 Dans tous les cas de cession d'entreprise, d'apport en société ou de décès de l'employeur, le **nouvel exploitant** peut demander à être **subrogé** dans l'ensemble des droits et obligations de l'ancien exploitant. L'intéressé peut ainsi bénéficier du droit au report des investissements excédentaires de son prédécesseur. En contrepartie, il est tenu d'assumer les obligations susceptibles d'incomber à l'ancien exploitant à raison, notamment, d'investissements antérieurs. Cet avantage est subordonné à deux conditions :
– les investissements réalisés antérieurement par l'ancien exploitant au titre de la participation obligatoire (immeubles, etc.) doivent être repris au bilan du nouvel exploitant ;
– le nouvel exploitant doit prendre l'engagement exprès de se soumettre aux obligations pouvant incomber à son prédécesseur du chef de ces investissements. Cet engagement doit être transmis au service des impôts dont relève l'entreprise (BOI-TPS-PEEC-40 nos 250 et 260).

Cette mesure est également applicable en cas de **location-gérance** d'un fonds de commerce (n° 260).

33840 Dans le cas particulier de **fusion ou de regroupement d'entreprises,** la prise en charge par l'entreprise absorbante des obligations de l'ancien exploitant, qui entraîne le bénéfice du report des excédents d'investissements, résulte d'un engagement joint à la déclaration fiscale de cession. Cette règle s'applique en cas de fusion-absorption ou d'opérations assimilées (opération d'apport partiel d'actif, de scission ou de dissolution sans liquidation visée à l'article 1844-5 du Code civil, « confusion patrimoniale »), placées ou non sous le régime spécial des fusions prévu aux articles 210 A et 210 B du CGI. Toutefois, si l'opération est placée sous ce régime spécial, l'engagement de la société absorbante ou nouvelle ou de la société bénéficiaire de l'apport peut être constaté dans l'acte de fusion ou d'apport, mais il doit en être fait mention dans la déclaration de cession ou cessation souscrite en application des articles 201 et 221 du CGI (BOI-TPS-PEEC-40 n° 280).

ENTREPRISES EN PROCÉDURE DE SAUVEGARDE, DE REDRESSEMENT OU DE LIQUIDATION

Dès lors que la condition d'effectif est remplie, les entreprises en procédure de sauvegarde, de redressement ou de liquidation : **33860**

– restent assujetties, tout au long de cette période, à la double **obligation d'investir** et de déclarer l'assiette taxable (voir n° 33480) ;

– demeurent également tenues, le cas échéant, de procéder au règlement de la **cotisation de 2 %** due en cas d'insuffisance de versement ainsi qu'au dépôt du **bordereau n° 2485** correspondant (BOI-TPS-PEEC-40 n° 290).

Mais les entreprises en liquidation n'ont pas à **réinvestir** les sommes dégagées soit par des remboursements, soit par l'aliénation d'un élément acquis à l'aide de la participation (CCH art. R 313-9, al. 4).

CHAPITRE 9

IMPÔT SUR LE REVENU ET LES RÉSULTATS

SOMMAIRE

SECTION 1
RÉSULTATS DE L'ENTREPRISE 34200
A. Charges de personnel déductibles 34320
1. Personnel visé 34320
2. Sommes déductibles 34400
B. Modalités de déduction des charges 34600
1. Conditions de déduction 34620
a. Activités commerciales et assimilées 34620
b. Activités libérales 34770
2. Exercice de déduction 34850
a. Activités commerciales et assimilées 34850
b. Activités non commerciales 35000

SECTION 2
IMPÔT SUR LE REVENU 35100
A. Revenu imposable 35110
1. Revenus pris en compte 35120
a. Définition des traitements et salaires 35120
b. Détermination de l'année d'imposition 35200
2. Détermination du montant net imposable 35360
B. Prélèvement de l'impôt 35460
1. Prélèvement à la source généralisé 35460
a. Personne en charge du prélèvement 35460
b. Assiette du prélèvement 35470
c. Taux du prélèvement 35485
d. Collecte du prélèvement 35540
e. Régularisation des erreurs et trop-versés 35565
f. Sanctions 35590
2. Retenue à la source des non-domiciliés 35800
C. Tableaux récapitulatifs 35825

REMARQUES GÉNÉRALES

34160 Les salaires versés par l'employeur à ses salariés sont déductibles des résultats de l'employeur et imposables à l'impôt sur le revenu entre les mains du salarié. Le présent chapitre n'a pas pour objet de donner toutes les précisions nécessaires au calcul de l'impôt sur le revenu dû par le salarié mais d'en évoquer les principales règles afin de permettre à l'employeur de satisfaire à certaines de ses obligations sociales et fiscales (voir nos 35100 s.).

Mais il convient auparavant de déterminer quelles sont les sommes déductibles du résultat de l'entreprise : en effet, ne sont considérées comme des salaires que les sommes correspondant effectivement à cette qualification. Certaines sommes versées peuvent être des distributions de bénéfices, qui ne relèvent pas du régime des salaires ; d'autre part, certaines rémunérations ne sont pas déductibles du résultat de l'entreprise (par exemple, les rémunérations considérées comme excessives).

SECTION 1

RÉSULTATS DE L'ENTREPRISE

34200 Les dépenses de personnel font normalement partie des **charges déductibles** pour la détermination du bénéfice imposable des entreprises soumises à un régime réel d'imposition. Le principe de déduction de ces dépenses est expressément mentionné à l'article 39, 1-1° du CGI en ce qui concerne la détermination des bénéfices industriels ou commerciaux (BIC). Pour la détermination des bénéfices non commerciaux (BNC), l'article 93, 1 du CGI pose le principe de la déductibilité des dépenses nécessitées par l'exercice de la profession.

Les dépenses de personnel comprennent, d'une part, les rémunérations proprement dites, c'est-à-dire les salaires, appointements, indemnités diverses, frais d'emploi et avantages en nature, d'autre part, les charges sociales et les dépenses diverses faites dans l'intérêt du personnel.

Toutefois, la déduction des frais de personnel est soumise à des conditions générales, communes à l'ensemble des frais généraux, que l'activité soit commerciale ou non, et à des conditions spécifiques en matière de BIC.

Les éléments du salaire faisant l'objet d'études détaillées par ailleurs, seront seulement exposées ci-après des notions générales et, le cas échéant, des précisions apportées par l'administration en ce qui concerne la nature des sommes déductibles.

Seront définies ensuite les conditions dans lesquelles les charges de personnel peuvent être prises en compte pour la détermination du bénéfice des entreprises (n°s 34600 s.).

INCITATIONS À L'EMPLOI

On remarquera que des incitations **sociales ou fiscales** à l'emploi peuvent avoir des incidences sur la détermination du résultat. **34210**

Les incitations sociales peuvent prendre la forme de réduction ou d'exonération de cotisations patronales et, le cas échéant, salariales : les sommes déductibles à ce titre étant les cotisations versées, seules ces dernières viendront diminuer les charges de l'entreprise.

Les incitations fiscales à l'embauche ou à la conclusion de certains contrats peuvent prendre la forme d'exonération totale ou partielle de taxes et participations sur les salaires, ou d'imputation au titre des dépenses d'apprentissage dispensant en tout ou partie du versement de la taxe d'apprentissage. Signalons également que des régimes d'exonération totale ou partielle d'impôt sur les bénéfices peuvent profiter aux entreprises qui se créent dans certaines zones du territoire, sous condition d'emploi ou d'embauche locale.

La conclusion de nombre de contrats est assortie du versement de primes ou d'aides aux entreprises : accordées par l'État pour participer à des charges salariales, elles constituent des subventions de fonctionnement ou d'exploitation imposables.

Pour la liste des aides ou incitations sociales concernées et leur comptabilisation, voir n°s 93550 s.

CRÉDITS D'IMPÔT LIÉS À L'EMPLOI

La seule incitation fiscale sous forme de crédit d'impôt imputable sur l'impôt sur les bénéfices est le **crédit d'impôt famille.** **34250**

Cet avantage peut bénéficier aux entreprises industrielles, commerciales, agricoles ou libérales imposées selon un régime réel ou bénéficiant d'un régime temporaire d'exonération qui engagent certaines **dépenses en faveur de leurs salariés** (CGI art. 244 quater F et ann. III, art. 49 septies Y à 49 septies YC).

Les entreprises bénéficient d'un crédit d'impôt **égal à** :

– 50 % des dépenses ayant pour objet d'assurer l'accueil des enfants de moins de trois ans des salariés par la **création** et le **fonctionnement de crèches** ou de **haltes-garderies** ou par des versements au profit d'organismes publics ou privés exploitant de tels établissements (CGI ann. III art. 49 septies Y). N'ouvrent pas droit au crédit d'impôt, selon l'administration, les dépenses engagées par une entreprise ne comprenant aucun personnel salarié au sens du droit du travail ou dont seul le personnel non salarié a recours au service de crèche (BOI-BIC-RICI-10-130-10 n° 250) ;

– 25 % des dépenses engagées par l'entreprise, ou par le comité social et économique (BOI-BIC-RICI-10-130-10 n° 580), au titre de l'**aide financière aux services à la personne** prévue aux articles L 7233-4 et L 7233-5 du Code du travail (aide directe ou remise de chèques emploi-service universels préfinancés) et des dépenses de financement par l'entreprise de services de **conciergerie d'entreprise** ou de la cotisation versée à une entreprise de conciergerie pour les dépenses relatives à des prestations qualifiables de services à la personne (BOI précité n°s 590 et 600).

Les **subventions publiques** perçues à raison des dépenses ouvrant droit au dispositif sont déduites des bases de calcul du crédit d'impôt famille.

Le montant du crédit d'impôt est **plafonné** à 500 000 € par an et par entreprise. Il s'**impute** sur l'impôt (IR ou IS) dû par l'employeur au titre de l'année au cours de laquelle il a engagé les dépenses éligibles. L'**excédent** éventuel est remboursé (CGI art. 199 ter E et 220 G).

A. Charges de personnel déductibles

1. PERSONNEL VISÉ

34320 L'entreprise peut, en principe, porter dans ses charges déductibles les rémunérations allouées à ses **employés** en contrepartie de la fourniture d'un travail : salaires, appointements, avantages en espèces ou en nature, indemnités diverses (par exemple : indemnités ou remboursements de frais, indemnités de licenciement dont le versement ne procède pas d'une décision de gestion anormale).

34330 Il en est de même des rémunérations versées aux **dirigeants,** lorsque l'entreprise est exploitée par une société soumise à l'impôt sur les sociétés (voir, toutefois, n° 34680, pour le cas particulier des rémunérations différées des dirigeants de sociétés anonymes cotées). En revanche, ne sont déductibles ni les appointements du chef d'entreprise exploitant à titre individuel, à moins qu'il ait exercé l'option pour l'assimilation de son entreprise à une EURL soumise à l'impôt sur les sociétés conformément à l'article 1655 sexies du CGI, ni ceux des associés en nom des sociétés de personnes et assimilées non passibles de l'impôt sur les sociétés, ni les rémunérations des dirigeants associés de sociétés de capitaux ayant opté pour le régime des sociétés de personnes. En effet, ces sommes ne représentent pas un salaire, mais un prélèvement de bénéfices, imposable dans la catégorie correspondant à la nature de l'activité professionnelle.

34340 Pour les rémunérations des membres de la famille de l'exploitant qui participent à l'activité, le régime est le suivant.

La déduction du salaire du **conjoint de l'exploitant** individuel ou des **associés** de certaines sociétés est admise sous certaines conditions : voir nos 53870 s.

Les rémunérations versées aux **autres membres de la famille** de l'exploitant individuel sont normalement déductibles dès lors qu'elles correspondent au travail réellement fourni et ne sont pas anormalement élevées.

Il en est de même des salaires versés aux membres de la famille des associés des sociétés de personnes et assimilées non passibles de l'impôt sur les sociétés, dans la mesure où ils correspondent à des fonctions salariées effectivement exercées par les intéressés dans la société et ne sont pas anormalement élevés.

2. SOMMES DÉDUCTIBLES

SALAIRES ET APPOINTEMENTS

34400 Les salaires et appointements font normalement partie des charges déductibles pour la détermination du bénéfice. On désigne généralement sous ces termes toutes les sommes allouées aux salariés liés par un **contrat de travail,** en contrepartie de la fourniture d'un travail, et qui constituent la rémunération principale ou des suppléments de rémunération.

Les commissions versées au personnel salarié de l'entreprise (à l'exclusion des commissions et courtages payés à des intermédiaires) ne se distinguent pas fondamentalement des salaires.

INDEMNITÉS DÉDUCTIBLES

34410 Sont déductibles :

– les indemnités diverses, quelle que soit leur dénomination, allouées au personnel ;

– les indemnités de **congés payés** (voir nos 60480 s.) ;

– les **remboursements forfaitaires pour frais** alloués au personnel, ainsi que les remboursements de frais sur état, c'est-à-dire pour leur **montant réel** (notamment frais de déplacement ou de transport, frais de mission, etc.).

› Précisions Les **indemnités forfaitaires pour frais** professionnels sont déductibles dans la mesure où elles correspondent effectivement à des dépenses d'ordre professionnel et sont justifiées par la nature et l'importance de l'exploitation ou de l'activité (BOI-BIC-CHG-40-40-20 n° 40 ; BOI-BNC-BASE-40-60-10 n° 60) ; en cas de réintégration dans les résultats d'une entreprise soumise à l'impôt sur les sociétés, ces sommes sont imposables pour les bénéficiaires en tant que revenus distribués. Il en est de même dans le cas où la rémunération globale de l'intéressé serait excessive.

34420 Sont déductibles les indemnités versées à la **cessation du contrat de travail** d'un membre du personnel employé par l'exploitant (indemnités de départ à la retraite, indemnités de licenciement, etc.).

Ainsi, les **indemnités de licenciement** sont déductibles à condition que leur versement ne procède pas d'un acte anormal de gestion et qu'elles n'aient pas pour contrepartie un accroissement d'actif. Les indemnités allouées à titre de dommages et intérêts en cas de licenciement sans cause réelle et sérieuse sont aussi déductibles (BOI-BIC-CHG-40-40-20 n° 90). En revanche, l'indemnité transactionnelle versée à une salariée quatre jours après son licenciement s'analyse en une libéralité imposable entre ses mains en tant que revenu distribué dès lors que l'administration apporte la preuve que cette somme a été versée sans contrepartie sérieuse, l'ancienne salariée ayant, deux jours après la signature du protocole de transaction, constitué une nouvelle société avec l'ex-gérant signataire du protocole (CAA Douai 24-5-2011 n° 10DA00165). Adoptant une position rigoureuse, la cour de Bordeaux a également jugé que l'indemnité transactionnelle versée à un salarié licencié pour faute en contrepartie de sa renonciation à contester le licenciement, n'est pas déductible dans la mesure où elle procède d'un acte anormal de gestion compte tenu de la gravité des fautes et détournements reprochés (CAA Bordeaux 15-2-2007 n° 04-854).

Des règles particulières s'appliquent aux indemnités versées aux **dirigeants de sociétés anonymes cotées,** voir n° 34680.

Les **primes d'assurances** destinées à garantir le paiement d'indemnités de licenciement sont déductibles lorsqu'elles sont prévues par une convention collective ou par un accord inscrit dans le règlement intérieur de l'entreprise entrant lui-même dans le cadre d'une convention collective conforme aux dispositions du Code du travail (BOI-BIC-CHG-40-20-20 n° 250), dès lors que l'entreprise perd la propriété et la disposition des sommes versées.

Les **provisions** constituées en vue de faire face aux **charges liées à des licenciements** sont admises en déduction s'ils peuvent être tenus pour probables à la clôture de l'exercice en raison d'une décision formelle prise par l'entreprise, qui peut par exemple résulter de la convocation du salarié à l'entretien préalable matérialisée par l'envoi d'une lettre recommandée (BOI-BIC-PROV-30-20-10-20 n° 130). Toutefois, les provisions destinées à couvrir des **indemnités de licenciement pour motif économique** ne sont pas déductibles (CGI art. 39, 1-5°, al. 32). Selon l'administration, cette interdiction s'applique à toutes les provisions constituées en vue de faire face au paiement d'indemnités directement liées à un licenciement pour motif économique et notamment celles constituées pour faire face aux indemnités accordées aux salariés dans le cadre d'un plan de sauvegarde de l'emploi, lorsque celles-ci sont d'un montant supérieur à l'indemnité légale (BOI-BIC-PROV-30-20-10-20 n° 230).

AVANTAGES DÉDUCTIBLES

Sont déductibles : 34430

– les avantages **en espèces ou en argent,** lorsqu'ils ne revêtent pas le caractère d'une libéralité ; sont notamment concernées les gratifications, la part contributive des employeurs à l'acquisition des titres-restaurant, la prise en charge du loyer, les primes versées par l'employeur pour assurer aux salariés des prestations complétant celles de la sécurité sociale, etc. ;

– les avantages en **nature,** tels que nourriture, logement, habillement, prise en charge de frais de déplacements personnels sous forme par exemple de mise à disposition d'un véhicule automobile, etc. À propos de la prise en charge de frais de déplacement entre le domicile et le lieu de travail, le Conseil d'État a jugé que la déduction de ces avantages est subordonnée à la condition qu'ils n'aient pas pour effet de porter la rémunération du bénéficiaire à un niveau excessif (CE 29-11-2021 n° 452705).

> **Précisions** Les entreprises doivent inscrire en **comptabilité,** sous une forme explicite, la nature et la valeur des avantages en nature accordés à leur personnel (CGI art. 54 bis, al. 2). Selon l'administration, cette obligation vise tous les membres du personnel : employés, dirigeants ou cadres (BOI-BIC-DECLA-30-10-20-10 n° 270). Cette solution a été confirmée par le Conseil d'État pour les gérants de SARL, qu'ils soient associés majoritaires ou non et qu'ils soient ou non liés à la société par un contrat de travail pour des fonctions indépendantes de la gérance (CE 26-12-2013 n° 359497). Ces **avantages** doivent être **comptabilisés en tant que tels** et non pas indistinctement dans le compte de frais généraux. À défaut, ils revêtent un **caractère occulte** au sens de l'article 111, c du CGI et ne sont pas déductibles des résultats de l'entreprise (CE 24-3-2006 n° 260787 ; 26-7-2007 n° 283372 ; 1-7-2020 n° 432752 ; 29-11-2021 n° 452705). On relèvera qu'un avantage en nature ne présente pas un caractère occulte du seul fait de sa sous-évaluation en comptabilité (CE 29-9-2000 n° 198325).
> Sous certaines conditions, l'administration dispense toutefois les entreprises de cette obligation (BOI-IS-BASE-30-10-20-10 n° 90 : voir n° 92130).

DÉPENSES DIVERSES EXPOSÉES DANS L'INTÉRÊT DU PERSONNEL

34450 Les **dons** et **subventions** consentis dans l'intérêt du personnel de l'entreprise sont déductibles des bénéfices, à condition que les sommes versées cessent complètement d'être à la disposition de l'entreprise (BOI-BIC-CHG-40-40-60 nº 1).

Il en est notamment ainsi des sommes versées au comité social et économique (**CSE**) au titre de la subvention de fonctionnement et de la contribution au financement des activités sociales et culturelles, même si ces sommes excèdent la cotisation minimale obligatoire (voir nº 42020), et des versements faits à des œuvres sociales réservées au personnel de l'entreprise (section mutualiste de l'entreprise, par exemple) (BOI précité nº 30).

ATTENTION

La particularité de ces dépenses est, en règle générale, de présenter un caractère déductible pour l'employeur sans être imposables chez le bénéficiaire réel en raison des modalités de versement : tel est le cas notamment des sommes versées au CSE, lorsqu'elles correspondent à une prise en charge au titre d'activités culturelles, sportives ou de loisirs. En revanche, sont en principe imposables certains versements effectués par le CSE et soumis par ailleurs à cotisations (voir nº 41710).

PENSIONS ET ALLOCATIONS DE SECOURS

34470 Pour les compléments de retraite servis aux **anciens salariés** ou **dirigeants** et à leurs ayants droit, voir nºs 52860 s.

CHARGES SOCIALES ET FISCALES

34490 Les **charges sociales** liées aux rémunérations du personnel sont en principe déductibles : pour une étude d'ensemble, voir nºs 44050 s.

34500 Les **taxes et participations** liées au paiement des rémunérations constituent en principe des charges déductibles du résultat de l'entreprise : tel est le cas de la taxe sur les salaires, des contributions à la formation et à l'alternance (contributions à la formation professionnelle, contribution CPF-CDD, taxe d'apprentissage et contribution supplémentaire à l'apprentissage) ; la cotisation de 2 % due en cas d'insuffisance de participation à l'effort de construction (CGI art. 235 bis) est également intégralement déductible.

En revanche, les **prêts** consentis aux **salariés** au titre des dépenses libératoires de la **participation-construction** ne sont pas déductibles des résultats imposables dès lors qu'ils ne diminuent pas l'actif net. En cas de défaillance ultérieure du salarié débiteur, la perte correspondante peut être déduite directement lorsqu'elle devient définitive, ou faire l'objet d'une provision si l'insolvabilité n'est que probable. En ce qui concerne les **versements** aux **organismes collecteurs,** les subventions versées sont déductibles si elles sont conformes à la réglementation de la participation-construction. Mais les prêts ne le sont pas, faute d'entraîner une diminution de l'actif net de l'entreprise. Enfin, les **logements construits** directement **par l'employeur,** qui doivent être inscrits à l'actif de son bilan, sont amortissables dans les conditions de droit commun. Il en va de même pour les travaux d'amélioration entrepris sur des immeubles inscrits au bilan, dans la mesure où ces travaux ont normalement pour effet d'augmenter la valeur d'actif ou la durée d'utilisation des immeubles.

Sur la constitution de **provisions** à raison des taxes et participations sur les salaires, voir nºs 34920 s.

B. Modalités de déduction des charges

34600 La déduction des charges de personnel doit répondre à un certain nombre de **conditions,** variables selon la nature des bénéfices en déduction desquels ces charges sont portées.

D'autre part, la question de l'**exercice de déduction** des charges ou de l'année de rattachement se pose en des termes différents selon la nature commerciale ou libérale de l'activité.

Ces deux points seront successivement examinés, en distinguant les activités **industrielles et commerciales** (et les activités agricoles imposées selon le régime réel qui obéissent aux mêmes règles en application de l'art. 72, I du CGI) des activités **non commerciales.**

1. CONDITIONS DE DÉDUCTION

a. Activités commerciales et assimilées

L'article 39, 1-1° du CGI autorise expressément la déduction des bénéfices des dépenses de personnel et de main-d'œuvre. Ces dépenses sont comptabilisées au compte 64 « Charges de personnel » (voir nos 91200 s.). 34620

L'ensemble des rémunérations directes et indirectes, y compris les indemnités, allocations, avantages en nature et remboursements de frais, ne sont cependant admises en déduction des résultats que dans la mesure où elles correspondent à un **travail effectif** et ne sont **pas excessives** eu égard à l'importance du service rendu.

Outre les conditions de travail effectif et de rétribution normale, les rémunérations doivent, pour être admises en déduction des bénéfices imposables, répondre aux **conditions** communes à l'ensemble des charges : 34630

– se traduire par une **diminution d'actif net,** question qui se pose en pratique surtout pour les cotisations ou primes correspondant à des engagements de retraite (voir nos 44170 s.) ;
– correspondre à une **charge effective et justifiée** : voir nos 34700 s. ;
– n'affecter que les **résultats de l'exercice** au cours duquel elles ont été engagées ; cette condition qui est liée à l'exercice de déduction est examinée ci-après nos 34850 s.

Les rémunérations des **dirigeants** relevant de la catégorie des traitements et salaires sont soumises aux mêmes conditions de déduction que celles des salariés non dirigeants ; toutefois, certaines spécificités s'appliquent à leurs rémunérations : une étude d'ensemble leur est consacrée nos 77450 s. Voir également n° 34680.

CARACTÈRE EFFECTIF DU TRAVAIL

L'appréciation du caractère effectif des fonctions rémunérées est une question qui dépend des circonstances de fait. En pratique, cette notion de travail effectif a essentiellement été développée à l'égard des sommes allouées à des dirigeants ou à des associés et se trouve souvent liée à l'appréciation du caractère excessif des rémunérations (voir n° 34670). 34650

Ce critère n'intervient pas pour l'appréciation du caractère déductible de certaines sommes ou indemnités dont la nature n'est pas de rémunérer un travail. L'administration cite le cas (BOI-BIC-CHG-40-40-10 n° 50) :

– des indemnités de rupture de contrat ;
– des indemnités servies en contrepartie de l'engagement de ne pas entrer au service d'une entreprise concurrente ;
– des primes de départ à la retraite.

RÉMUNÉRATIONS NON EXCESSIVES

Les rémunérations qui présentent un caractère excessif ne sont pas déductibles. À cet égard, le droit de contrôle de l'administration peut s'exercer, en principe, quel que soit le bénéficiaire des rémunérations. En fait, il porte essentiellement sur les rémunérations versées aux **dirigeants** des sociétés, voir n° 77680. 34670

En ce qui concerne le **personnel non dirigeant,** l'administration a précisé qu'elle n'entend faire application de son droit de contrôle que dans des situations exceptionnelles, soit que les rémunérations versées soient manifestement exagérées par rapport au service rendu, soit que les circonstances de fait permettent de présumer que l'avantage consenti n'a pas été accordé dans l'intérêt direct de l'entreprise mais, notamment, en fonction de liens affectifs ou d'intérêts unissant les bénéficiaires à des personnes en possédant le contrôle (BOI-BIC-CHG-40-40-10 n° 100).

Les **différends** auxquels peut donner lieu le contrôle des rémunérations peuvent être soumis par l'entreprise à la commission des impôts directs et des taxes sur le chiffre d'affaires, dont l'avis n'est pas opposable au salarié en ce qui concerne son imposition personnelle (CE 24-4-1981 nos 20092 et 20093).

La **fraction non déductible** des rémunérations versées par une personne morale passible de l'impôt sur les sociétés est considérée comme un **revenu mobilier** pour l'imposition du bénéficiaire (CGI art. 111, d). Elle est soumise à l'impôt sur le revenu sur une base majorée de 25 % (CGI art. 158, 7 et art. 200 A, 1-A-1°). Si l'entreprise relève de l'impôt sur le revenu, cette fraction est imposable au nom du bénéficiaire dans la catégorie des **bénéfices non commerciaux.** Cette position, qui résulte d'une ancienne réponse ministérielle (Rép. Sergheraert : AN 1-6-1979 n° 9885), n'a pas été reprise dans la base Bofip de l'administration fiscale et ne lui est donc plus opposable. Elle nous semble cependant conserver sa valeur. En effet, il a été jugé que le remboursement par un GIE à son salarié de frais personnels de voyage, insusceptibles de se rattacher aux fonctions qu'il exerce dans le groupement, est imposable dans la catégorie des bénéfices non commerciaux (CAA Paris 21-11-1991 nº 2836).

ATTENTION

Les rémunérations, remboursements de frais et avantages attribués aux personnes les mieux rémunérées de la société sont parmi les catégories de frais qui doivent figurer sur le **relevé détaillé de frais généraux** (voir nos 36820 s.).

34680 **Dirigeants des sociétés anonymes cotées** Les **rémunérations différées** consenties par les sociétés anonymes cotées sur un marché réglementé à leurs présidents, directeurs généraux, directeurs généraux délégués ou à un membre de leur directoire sont **admises en déduction** du bénéfice net dans la **limite** de trois fois le plafond annuel de la sécurité sociale par bénéficiaire, soit 123 408 € pour 2022 et 131 976 € pour 2023 (CGI art. 39, 5 bis).

Sont concernés par cette limitation les rémunérations, indemnités ou avantages visés à l'article L 22-10-9, I-4° du Code de commerce, c'est-à-dire dus ou susceptibles d'être dus à raison de la prise, de la cessation ou du changement des fonctions ou postérieurement à l'exercice de celles-ci, notamment les engagements de retraite et autres avantages viagers. Il s'agit, par exemple, des « **parachutes dorés** » versés lors du départ de l'entreprise et des indemnités de retraite (notamment celles versées dans le cadre de régimes « chapeaux ») ou encore des indemnités de non-concurrence.

Lorsque le dirigeant était titulaire d'un contrat de travail avant de devenir mandataire social, les indemnités de rupture liées à ce contrat devraient à notre avis échapper à la limitation si elles sont calculées en fonction de sa dernière rémunération en tant que salarié à la date de suspension du contrat de travail, sans référence à l'ancienneté en tant que mandataire social.

La limitation doit être calculée par bénéficiaire : les entreprises qui versent des rémunérations de façon étalée dans le temps (cas des pensions de retraite à prestations définies) doivent donc établir un **suivi des engagements** afin de déterminer s'ils sont ou non déductibles.

Le régime fiscal, au regard des bénéficiaires, des **sommes excédant la limite** de déduction n'a pas été précisé par la loi. Cette question soulève des difficultés juridiques et des précisions sont attendues de l'administration.

ATTENTION

La limitation de la déduction ne devrait concerner, à notre avis, que les sommes effectivement versées par l'entreprise. Dans le cas des « **retraites chapeaux** », la limitation ne devrait donc jouer qu'à l'égard des entreprises ayant opté pour une gestion interne du régime. En cas d'externalisation, les primes versées à l'organisme assureur pendant la carrière des bénéficiaires ne devraient pas y être soumises, ni les rentes servies par celui-ci après le départ à la retraite.

CHARGES EFFECTIVES ET JUSTIFIÉES

34700 Les charges doivent, d'une part, être appuyées de justifications suffisantes, d'autre part, être inscrites dans la comptabilité de l'entreprise et comptabilisées en tant que telles.

Le fait de ne **pas** avoir **inscrit** dans sa comptabilité **une charge** déterminée peut être interprété soit comme une erreur dont le contribuable peut se prévaloir, soit comme une décision de gestion qui lui est opposable. Le fait de comptabiliser une charge sous une **autre rubrique** que celle sous laquelle il aurait dû l'inscrire ouvre droit à rectification de cette écriture, à condition que celle-ci ne soit pas constitutive d'une décision de gestion.

ATTENTION

Selon le Conseil d'État, la distinction entre **erreur et décision de gestion** peut se traduire ainsi : lorsque la loi fiscale ouvre une faculté de choix entre plusieurs solutions, celle que retient le contribuable dans sa déclaration procède d'une décision de gestion qui ne peut être rectifiée ni à son initiative ni à celle de l'administration ; dans les autres cas, si la solution retenue par le contribuable n'est pas conforme à la loi, elle s'analyse en une erreur : pour des exemples, voir nos 34720 s.

34710 **Justifications** La déduction du bénéfice imposable des rémunérations versées par l'entreprise est subordonnée à la condition que la dépense correspondante constitue une charge effective et soit suffisamment justifiée. Il appartient à l'employeur d'**établir la réalité de l'activité salariée** exercée pour son compte.

Toute somme dont il n'est justifié ni du montant ni du bénéficiaire doit donc être rapportée aux résultats imposables. Il en est de même des sommes versées sans que soient justifiées la nature ou l'importance des services rendus.

ILLUSTRATIONS

Ne sont pas déductibles des sommes versées par une société à deux salariés employés au service personnel de son dirigeant dès lors que la réalité des prestations qu'ils auraient accomplies pour l'entreprise n'est pas établie (CE 1-7-1987 n° 52982). De même, une société n'établit pas que les sommes versées à un représentant l'ont été en rémunération d'un travail effectif en ne produisant, hormis cinq attestations dépourvues de valeur probante, aucun élément tel que contrat, bon de commande ou courrier commercial tendant à établir la réalité de cette activité (CE 8-7-1992 n° 86071 ; dans le même sens, 10-11-1993 n° 95364).

Salaires non déclarés ou non comptabilisés Le fait que les salaires ne soient pas déclarés aux services du recouvrement des cotisations sociales ou au service des impôts est sans incidence sur le principe de leur déduction des résultats de l'entreprise dès lors qu'ils ont été **effectivement payés** aux employés (CE 10-2-1988 n° 58953), même s'ils ne sont pas comptabilisés en tant que tels, par exemple comptabilisation sous couvert de factures fictives de sommes qui ont été réellement ajoutées aux rémunérations, relativement faibles, des salariés (CE 16-11-1988 nos 75420-77533). 34720

À l'inverse, constitue une **décision de gestion** qui lui est opposable le refus par une SA de considérer l'épouse de son dirigeant comme une employée salariée et de comptabiliser son salaire (CE 28-1-1966 n° 65468) ou la décision d'une SARL de ne pas allouer à son gérant salarié une rémunération (CE 6-10-1969 n° 73500).

Sur les conditions de comptabilisation des **avantages en nature,** voir n° 34430.

Salaires versés au personnel d'une autre entreprise Les **avances** faites **à une tierce société** pour payer les salaires de son personnel constituent un acte de gestion anormal devant rester sans influence sur les résultats lorsque le paiement de ces dépenses n'est pas justifié par l'intérêt de l'entreprise : tel est notamment le cas de salaires maintenus à du personnel détaché dans une autre entreprise, sans aucune contrepartie (CE 28-10-1985 n° 39065) ou d'une indemnité versée par une société mère au salarié de sa filiale, sans contrepartie (CE 15-5-1992 n° 68444). De même, ne sont pas déductibles les rémunérations et remboursements de frais versés par un comité de développement économique régional à des **personnes dont l'activité est étrangère** à la sienne (employés d'abattoirs notamment : CE 9-11-1990 n° 88226). Même non-déductibilité des frais de recrutement et de recherche de logement d'un directeur exposés par une société auprès de laquelle il est mis à disposition dès lors que son contrat de travail le lie à la **société mère,** qui conserve la faculté de l'affecter à d'autres fonctions au sein du groupe (CE 20-11-2013 n° 338170). 34730

ATTENTION

Par dérogation à ces principes, une grande entreprise employant au moins 5000 salariés ou appartenant à un groupe qui satisfait cette condition d'effectif peut, en application de l'article 39, 1-1° du CGI, déduire de son résultat imposable les charges de personnel supportées à raison de **salariés mis temporairement à disposition d'une jeune entreprise de moins de huit ans d'existence ou d'une PME** dont l'effectif ne dépasse pas 250, même si ces charges ne sont que partiellement refacturées. Pour bénéficier de cette mesure, les entreprises concernées doivent conclure une convention de mise à disposition conforme aux dispositions de l'article L. 8241-3 du Code du travail, d'une durée maximale de deux ans.

b. Activités libérales

CARACTÈRE PROFESSIONNEL

En matière de bénéfices non commerciaux, la rémunération du personnel (employés, aides ou collaborateurs) constitue une dépense professionnelle déductible des recettes pour la détermination du bénéfice imposable, dans la mesure où la collaboration de ce personnel correspond à une utilisation à des **fins exclusivement professionnelles.** 34770

Les **dépenses déductibles** à ce titre comprennent, d'une part, les salaires, appointements, indemnités diverses, frais d'emploi et avantages en nature et, d'autre part, les charges sociales ainsi que, le cas échéant, les dépenses diverses exposées dans l'intérêt du personnel.

Dans le cas où un contribuable emploie, à titre professionnel et à titre personnel, un salarié, seule la fraction de rémunération afférente à l'activité professionnelle est déductible (BOI-BNC-BASE-40-60-10 n° 90). Les dépenses d'ordre privé ne sont pas déductibles. 34780

ILLUSTRATIONS

Un contribuable qui utilise le concours d'une employée de maison à la fois pour son **service personnel** et à des **fins professionnelles** est en droit de déduire de son bénéfice imposable la quote-part de la rémunération versée à l'employée qui correspond à l'utilisation professionnelle de cette dernière (CE 16-7-1976 n° 85455) mais pas la quote-part correspondant à la superficie du local professionnel (CE 6-11-1991 n° 68393).

En revanche, les salaires versés par un chirurgien exerçant en **hôpital** et en clinique à une employée de maison qui travaille à son **domicile personnel** ne peuvent être regardés comme des dépenses nécessitées par l'exercice de la profession, même s'il arrivait à l'intéressée de prendre note de communications téléphoniques à caractère professionnel et de les retransmettre (CE 14-3-1983 n° 30460).

CHARGE EFFECTIVE ET JUSTIFIÉE

34800 Conformément aux principes généraux, les rémunérations allouées doivent correspondre à une charge effective et justifiée (BOI-BNC-BASE-40-60-10 n° 20).

À cet égard, les solutions rendues en matière de **bénéfices industriels et commerciaux** sont le plus souvent transposables aux bénéfices non commerciaux.

ILLUSTRATIONS

Ainsi, ne saurait être regardé comme des dépenses professionnelles déductibles le montant des libéralités consenties par le contribuable à une personne qui aurait effectué pour son compte des **travaux de secrétariat,** dès lors qu'il n'apporte aucune justification de la réalité desdits travaux (CE 21-12-1979 n° 11680).

En revanche, le chirurgien-dentiste qui emploie une assistante percevant une rémunération égale au tiers des honoraires encaissés sur les travaux effectués et semblant être une salariée peut déduire l'intégralité des sommes versées à l'intéressée (BOI-BNC-BASE-40-60-10 n° 40).

2. EXERCICE DE DÉDUCTION

a. Activités commerciales et assimilées

SALAIRES ET AUTRES RÉMUNÉRATIONS

34850 Conformément aux principes applicables en matière de bénéfices industriels et commerciaux, seules les **dépenses engagées,** c'est-à-dire les dépenses présentant le caractère d'une dette certaine à la clôture d'une année ou d'un exercice, peuvent affecter les résultats de l'année ou de l'exercice.

Ainsi, seules les rémunérations dont l'entreprise est devenue débitrice au cours d'un exercice déterminé sont en principe susceptibles d'être portées en déduction des bénéfices imposables de cet exercice.

Les **avances ou acomptes** au personnel constituent des prêts et ne sont donc pas déductibles pour la détermination des résultats de l'exercice au cours duquel ils ont été consentis (BOI-BIC-CHG-40-40-10 n° 180).

› Précisions Les exploitants individuels et les sociétés civiles de moyens imposables selon le régime simplifié (RSI) et qui tiennent une **comptabilité « super-simplifiée »,** c'est-à-dire une comptabilité de trésorerie (recettes encaissées et dépenses payées), déduisent ces dépenses lors de leur versement. En fin d'exercice, l'employeur est dispensé de régularisation pour les frais payés à échéance régulière et dont la périodicité n'excède pas un an, tels que les charges sociales (salaires et cotisations). Notons que la possibilité de tenir une comptabilité de trésorerie (c'est-à-dire de n'enregistrer les créances et les dettes qu'à la clôture de l'exercice) concerne l'ensemble des personnes morales relevant du RSI, autres que celles contrôlées par une société établissant des comptes consolidés (CGI art. 302 septies A ter A, 1 bis). Toutefois, la dispense de régularisation pour les frais payés à échéance régulière ne leur est pas applicable.

34860 Du fait du **décalage** entre la constatation de la dette de l'entreprise et son règlement au salarié, une **discordance** peut exister entre le montant des salaires déductibles du résultat de l'entreprise et le montant des salaires imposables chez le bénéficiaire (voir n° 35210) : toutefois, en application de l'article 87 du CGI, seules les sommes payées ou mises à disposition pendant l'année doivent figurer sur la DSN : ce montant doit, en principe, correspondre à celui que doit déclarer le salarié (voir n°s 35230 s.).

34870 Les **dépenses** de personnel **non encore réglées à la clôture d'un exercice** sont déductibles du résultat imposable de cet exercice si elles correspondent à une créance du personnel sur l'entreprise et à une dette de cette dernière, certaine dans son principe et déterminée dans son montant. Les sommes correspondant à cette créance représentent dans ce cas des **charges à payer** normalement comprises dans les frais généraux de l'entreprise (BOI-BIC-CHG-40-40-10 n° 190).

À défaut de paiement à la clôture de l'exercice, elles doivent donc être inscrites au passif du bilan de l'entreprise soit à un compte de régularisation (charges à payer), soit, lorsqu'elles sont individualisées, à un compte de tiers.

En revanche, si tous les éléments nécessaires à leur calcul ne sont pas encore connus, les dépenses de personnel restant à régler à la clôture d'un exercice peuvent donner lieu à la constitution de **provisions** correspondant, avec une approximation suffisante, à leur montant probable.

Pour l'**imposition du salarié,** voir nos 35230 s.

ATTENTION

La réglementation **comptable** donne des charges à payer (ou « dettes provisionnées » : voir n° 91260) une définition plus large que la doctrine administrative fiscale. Les entreprises qui suivent la définition comptable pour la présentation de leur bilan et comptabilisent en charges à payer des sommes qui présentent fiscalement le caractère de provisions doivent produire en annexe à leur déclaration de résultat un **relevé détaillé des charges à payer** récapitulant les sommes concernées par cette divergence.

Les **compléments de rémunération** que l'entreprise entend verser à ses salariés au cours de l'exercice suivant peuvent, quelle que soit leur forme (primes, gratifications, participation aux bénéfices), être déduits des résultats de l'exercice s'ils se rapportent au **travail accompli au cours de cet exercice,** et si l'entreprise a pris avant la clôture un **engagement ferme** quant au principe et au mode de calcul des sommes dues. La déduction ne peut donc être pratiquée que si l'obligation de payer ces sommes au cours d'un exercice ultérieur présente un caractère certain (BOI-BIC-PROV-30-20-10 n° 1). L'engagement ferme et irrévocable de l'entreprise peut revêtir des formes diverses. Il peut ainsi résulter des statuts, de conventions ou de décisions des dirigeants antérieures à la clôture de l'exercice, d'une inscription au livre de paie, du fait que l'entreprise a fait connaître son intention aux bénéficiaires ou encore d'un usage constant. **34872**

Lorsque ces conditions sont réunies, la déduction est réalisée sous la forme d'une charge à payer sur le plan fiscal lorsque l'entreprise a souscrit à l'égard de ses salariés un engagement de nature à donner naissance à une véritable créance de ces derniers sur leur employeur, c'est-à-dire lorsque le montant à verser est exactement déterminé. Dans les autres situations, lorsque la dette présente un caractère certain dans son principe, du fait de l'existence d'un engagement ferme et dans la mesure où le mode de calcul des compléments de rémunération est connu, mais si tous les éléments nécessaires à la détermination de leur montant ne sont pas encore fixés, une provision peut être déduite pour la détermination du résultat imposable.

À défaut d'avoir pris avant la clôture de l'exercice un engagement formel quant au principe et au mode de calcul des rémunérations restant dues à la clôture, l'entreprise ne peut les déduire que des résultats de l'exercice au cours duquel elles sont effectivement versées.

Ces règles ne permettent pas d'anticiper la déduction de rémunérations qui se rattachent au travail qui sera accompli au cours d'exercices suivants.

Pour certaines sommes, la question de l'exercice de déduction est examinée en même temps que l'étude d'ensemble qui leur est consacrée. Sont ainsi concernés : **34880**

- les **gratifications** ou participations aux bénéfices : voir n° 45680 ;
- les **indemnités de congés payés** : voir nos 60450 s. et 60650 ;
- les provisions afférentes à un **compte épargne-temps** : voir n° 72290 ;
- les régimes de **participation financière** des salariés (participation, intéressement, plan d'épargne, option sur actions et attribution d'actions gratuites) : voir nos 46210 s. ;
- les **compléments de retraite** servis directement par l'entreprise à ses anciens salariés ou dirigeants : voir nos 52830 s.

Il résulte de la **prescription triennale** (C. trav. art. L 3245-1) que les salaires non réclamés dans le délai de 3 ans à compter de la date de la paie constituent pour l'entreprise un produit exceptionnel sur exercices antérieurs imposable lorsqu'ils ont antérieurement été déduits du résultat. **34890**

CHARGES SOCIALES ET FISCALES

Les **cotisations de sécurité sociale** sont, en principe, déduites des résultats de l'exercice au titre duquel elles sont dues : pour une étude d'ensemble, voir nos 44050 s. **34910**

En ce qui concerne les modalités de déduction des cotisations sociales afférentes aux indemnités de congés payés, voir nos 60480 s.

Dans le cadre de la **comptabilité super-simplifiée** (no 34850), toutes les cotisations sont déductibles lors de leur versement.

34920 Les **taxes et participations** sur les salaires sont, en application des règles de droit commun, déductibles de l'exercice au cours duquel elles sont devenues exigibles ou ont été mises en recouvrement (CGI art. 39, 1-4o). C'est ainsi, par exemple, que la **taxe sur les salaires** est déduite en tant que charge à payer pour sa fraction due à raison des salaires payés au cours du dernier mois de l'exercice (BOI-BIC-PROV-30-20-20 no 110).

Par ailleurs, les différentes contributions assises sur les salaires peuvent faire l'objet d'une provision pour charges dans les conditions de droit commun. Est par exemple déductible sous forme de provision la fraction de **taxe sur les salaires** correspondant aux salaires restant dus à la clôture de l'exercice pour lesquels l'entreprise a pris un engagement ferme (CE 25-10-1972 no 80122 ; BOI-BIC-PROV-30-20-20 no 120). Les entreprises peuvent également constituer une provision à raison de la **participation des employeurs à l'effort de construction** relative aux salaires de l'année si elles ont pris, à la clôture de l'exercice, l'engagement irrévocable de s'acquitter de leur obligation sous la forme de subventions et ont porté leur décision à la connaissance de la personne ou de l'organisme bénéficiaire des versements (CE 27-11-1974 no 88113 ; BOI-BIC-PROV-30-20-20 nos 150 et 160). Les autres dépenses libératoires de la participation-construction (souscription de parts ou d'actions, prêts ou travaux de construction), non déductibles, ne peuvent pas donner lieu à constitution d'une provision. La cotisation de 2 % due en cas d'absence ou d'insuffisance d'investissement peut faire l'objet d'une provision lorsque l'exercice coïncide avec l'année civile (BOI-BIC-PROV-30-20-20 no 170).

Le montant de la **taxe d'apprentissage** restant dû à la clôture de l'exercice à raison des rémunérations de l'exercice peut à notre avis être déduit en tant que charge à payer.

b. Activités non commerciales

35000 Le bénéfice des titulaires de revenus non commerciaux est, sauf option pour le régime des créances acquises et des dépenses engagées, égal à la différence entre les recettes encaissées et les dépenses acquittées au cours d'une année (CGI art. 93, 1).

Dès lors, les **dépenses** qui n'ont **pas été effectivement acquittées** au cours de l'année d'imposition ne peuvent être déduites des recettes perçues au cours de ladite année. Ce principe s'oppose à la constitution de provision (BOI-BNC-BASE-40-10 no 300).

Les **avances ou acomptes** consentis au personnel constituent des prêts et ne sont pas déductibles pour la détermination du bénéfice imposable (BOI-BNC-BASE-40-60-10 no 80).

35010 Pour la détermination du bénéfice non commercial imposable, les dépenses payées par **chèque** ou par **virement** bancaire ou postal doivent être prises en compte respectivement à la date de la remise du chèque en cas de remise directe au bénéficiaire, ou à celle de l'inscription au débit du compte en cas de virement bancaire ou postal (BOI-BNC-BASE-40-10 no 560).

Lorsque l'employeur verse des **salaires** par chèque postal adressé en **fin d'année** et crédité sur le compte des salariés au début de l'année suivante, le rapprochement des déclarations déposées par l'employeur et par ses salariés peut faire apparaître des discordances ; mais cette situation n'est pas de nature à soulever des difficultés, dès lors que la preuve par l'employeur de la réalité des dépenses de personnel portées en déduction est très aisément rapportée par la production, notamment, d'une copie de ses relevés bancaires.

35020 Les titulaires de bénéfices non commerciaux (soumis au régime de la déclaration contrôlée) peuvent **opter** pour la détermination de leurs résultats imposables d'après les créances acquises et les dépenses engagées au cours de l'année d'imposition (CGI art. 93 A). Dans ce cas, les **charges à payer** non réglées à la clôture de la période d'imposition ne peuvent constituer des dépenses déductibles des résultats que lorsqu'elles correspondent à des dettes, certaines dans leur principe et déterminées dans leur montant, dont le fait générateur est intervenu au cours de l'année d'imposition.

ATTENTION

Selon l'administration, seules les **provisions pour créances douteuses,** qui sont le corollaire de la comptabilisation des créances acquises, sont admises en déduction du résultat imposable, à l'exclusion de tout autre type de provision (BOI-BNC-BASE-20-10-20 no 200).

SECTION 2

IMPÔT SUR LE REVENU

Bien que l'employeur n'ait pas à connaître l'intégralité des règles d'imposition des traitements et salaires, il est appelé à en appréhender l'essentiel pour plusieurs raisons : 35100
– il est tenu de déclarer à l'administration fiscale tous les éléments de **rémunération imposables** qu'il verse à ses salariés ou anciens salariés ;
– il est tenu de déclarer et d'effectuer un **prélèvement à la source** de l'impôt sur le revenu lors de chaque versement de salaire, pension ou revenu de remplacement ;
– il peut être tenu de prélever et d'acquitter auprès du Trésor le montant de la retenue à la source spécifique aux **revenus des non-résidents.**

ATTENTION

On ne trouvera ici que les **principes généraux** régissant l'impôt sur le revenu et son prélèvement à la source. Pour le **détail des règles applicables** aux différents éléments de rémunération ou aux situations particulières (maladie, rupture du contrat de travail, etc.) ainsi qu'aux salariés ou assimilés relevant de régimes particuliers, il convient de se reporter aux parties 3 à 5 de cet ouvrage (nos 37830 s.) ou aux **tableaux récapitulatifs** figurant nos 35825 s.

A. Revenu imposable

Toute personne physique ou morale versant des salaires imposables est tenue de le **déclarer** à l'administration fiscale (CGI art. 87, 87-0 A et ann. III et 39) afin que celle-ci puisse établir la déclaration de revenus préremplie des salariés et assimilés (déclaration no 2042) et contrôler les montants imposables perçus par les salariés. L'employeur est donc tenu, pour effectuer cette déclaration, de déterminer le montant des salaires imposables qu'il verse à chacun de ses salariés. 35110

> **Précisions** **a.** Sauf cas particuliers, la déclaration est effectuée mensuellement via la **DSN** (rubrique S21.G00.50.002), voir nos 35550 s. Sur les régularisations à opérer en cas d'**erreur,** voir no 35565.
> **b.** Pour les rémunérations versées depuis le 1-1-2022, le montant de la rémunération nette imposable doit être mentionné sur le **bulletin de paie** (no 13710). L'employeur peut également fournir au salarié une attestation fiscale annuelle. En ce qui concerne l'obligation fiscale de conserver un double des bulletins de paie, voir nos 14400 s.
> **c.** Pour les déclarations à effectuer en cas de versement de **pensions de retraite,** voir no 52810.

1. REVENUS PRIS EN COMPTE

a. Définition des traitements et salaires

DÉFINITION DE LA PROFESSION SALARIÉE

Les traitements et salaires constituent l'une des catégories de revenus passibles de l'impôt sur le revenu (CGI art. 79). Les rémunérations entrent dans cette catégorie si le bénéficiaire les a perçues en qualité de salarié. 35120

Possèdent cette qualité les titulaires d'un **contrat de travail** au sens du Code du travail, y compris si le contrat n'est pas écrit ou que le salarié relève d'un statut particulier, comme, par exemple, les pigistes (nos 88730 s.), les VRP multicartes (nos 83550 s.) ou encore le conjoint du chef d'entreprise ou de l'associé d'une société de personne ayant opté pour le statut de salarié (no 53890).

Certaines personnes, bien que non titulaires d'un contrat de travail, sont **assimilées à des salariés** au plan fiscal, leur rémunération étant alors aussi imposable dans la catégorie des traitements et salaires. Tel est notamment le cas des rémunérations versées :
– aux élèves ou étudiants effectuant un **stage** en entreprise : voir nos 89510 s. ;
– aux bénéficiaires de dispositifs de **préretraite** d'entreprise : voir no 86530 ;
– à certains **dirigeants de sociétés** : voir nos 77500 s. ;
– aux dirigeants de certaines **associations,** qui peuvent être considérés comme des salariés tant au plan fiscal (CGI art. 80, al. 3) qu'au plan de la sécurité sociale (CSS art. L 311-3, 22o) ;
– aux **gérants de succursales** des commerces de détail alimentaire à succursales multiples et des coopératives de consommation, qui relèvent aussi du régime des salariés tant du point de vue fiscal (CGI art. 80, al. 2) que de la sécurité sociale (CSS art. L 311-3, 26o).

DÉFINITION DU SALAIRE

35130 Les **rémunérations perçues à raison d'une profession salariée** entrent dans la catégorie des traitements et salaires, quels que soient leur dénomination, leur forme, leur mode de calcul ou de versement. Elles comprennent aussi bien les sommes fixes que les commissions sur les ventes, participations aux bénéfices, primes, gratifications, avantages en nature, indemnités diverses ou certaines rémunérations indirectes (pourboires, étrennes, par exemple).

Certaines d'entre elles sont toutefois **exonérées** d'impôt sur le revenu en vertu de dispositions expresses (sur le caractère imposable ou non des principaux éléments de rémunération, voir les tableaux récapitulatifs n°s 35825 s.).

ATTENTION

En cas de contrôle, l'administration fiscale peut remettre en cause la nature salariale des **rémunérations excessives,** voir n° 34670.

b. Détermination de l'année d'imposition

35200 L'impôt porte, pour une année donnée, sur l'ensemble des revenus que le contribuable réalise ou dont il dispose au cours de la même année (CGI art. 12 et 156) : sont donc imposables tous les salaires mis à sa disposition au cours de l'année d'imposition.

ANNUALITÉ DE L'IMPÔT

35210 **Fait générateur de l'impôt** Sont imposables les sommes mises à la disposition du salarié au cours de l'année d'imposition soit par voie de paiement (versement en numéraire, paiement par chèque, virement en banque), soit par voie d'inscription au crédit d'un compte courant sur lequel l'intéressé a fait ou aurait pu faire un prélèvement au plus tard le 31 décembre de l'année considérée.

C'est donc la **date à laquelle les salaires ont été payés ou mis à disposition** du salarié qui détermine leur année d'imposition. Ainsi, par exemple :

– un rappel de salaire est imposé l'année où il est versé même s'il se rapporte à l'année antérieure : voir n° 53620 ;

– dans les entreprises pratiquant le décalage de la paie, le salaire de décembre N payé en janvier N + 1 est imposé l'année N + 1 (alors que, pour les cotisations de sécurité sociale, il est rattaché à l'année N).

> **Précisions** L'**année de mise à disposition** des salaires est liée au mode de règlement et aux écritures comptables passées par l'employeur, et ne correspondra pas nécessairement à l'**année de déduction pour l'employeur.** En effet, si les salaires à verser sont comptabilisés en **charges à payer** ou par voie de provision, leur montant est déductible pour l'employeur au titre de l'année pour laquelle les rémunérations sont dues (voir n°s 34850 s.), mais, lorsque la créance n'est pas individualisée, elle n'est pas imposable pour le salarié en l'absence de mise à disposition (voir n°s 35230 s.).

35220 **Détermination de la date de paiement ou de mise à disposition** La date de paiement ou de mise à disposition **correspond à celle** (BOI-IR-BASE-10-10-10-40 n° 90) :

– de la remise du chèque lorsque celle-ci est effectuée directement au bénéficiaire (CE 24-7-2006 n° 258725), même si celui-ci ne le porte pas immédiatement au crédit de son compte bancaire (CE 25-11-1968 n° 71227) ; il en va toutefois différemment s'il est démontré que le bénéficiaire n'en a, en fait, pas reçu la contre-valeur : tel est notamment le cas lorsque le chèque est resté impayé (CE 4-5-1987 n° 68812 ; solution rendue en matière de revenus de capitaux mobiliers mais transposable, selon nous, en matière de salaires) ;

– de la date de réception de la lettre si le chèque est adressé par lettre (CE 21-7-1972 n° 78895) ;

– de la date de virement lorsque le paiement s'effectue par virement au crédit du compte bancaire du bénéficiaire ;

– de la date d'inscription au crédit du compte courant d'associé ou du compte ouvert au nom du salarié au sein de l'entreprise.

> **Précisions** Dans la **DSN,** la date de versement de la rémunération est indiquée dans le bloc Versement individu (rubrique S.21.G00.50.001).
> En cas de **rejet de paiement des salaires par la banque,** il est toléré que l'employeur s'abstienne de toute régularisation sauf si le nouvel ordre de paiement est émis l'année civile suivante (net-entreprises, fiche n° 1914). Dans le cas d'une émission du nouveau paiement sur l'année suivante sans régularisation dans la DSN, l'employeur doit fournir au salarié une attestation fiscale rectificative prouvant que la base fiscale d'imposition n'est pas celle qui a été déclarée afin que l'intéressé puisse corriger sa déclaration de revenus préremplie en mai N + 1 (net-entreprises, fiche n° 1914).

NOTION DE MISE À DISPOSITION

La notion de mise à disposition a été précisée par la jurisprudence et/ou l'administration dans les cas suivants : 35230
- inscription du salaire au crédit d'un compte du bénéficiaire ;
- inscription à un compte de charges à payer ;
- salaires faisant l'objet d'une saisie ;
- salaires reversés, antérieurement imposés.

Inscription au crédit d'un compte du bénéficiaire L'inscription d'un salaire au crédit d'un compte **non bloqué** d'un salarié ou assimilé (compte courant pour les associés et dirigeants, compte ouvert au nom d'un salarié lorsqu'il n'est pas associé) vaut en principe paiement et entraîne présomption de disponibilité, même si l'intéressé a volontairement différé le retrait des sommes portées sur son compte. Toutefois, cette présomption peut être combattue s'il apparaît que le bénéficiaire n'a pas eu la possibilité juridique ou matérielle de disposer des sommes portées à son compte. 35240

Pour les sommes versées sur un **compte bloqué,** elles ne sont pas considérées comme disponibles sauf si l'indisponibilité résulte de la volonté du salarié.

Ces principes, retenus par l'administration (BOI-IR-BASE-10-10-10-40 n°s 100, 120 et 140), résultent d'une abondante jurisprudence dont on trouvera ci-après des exemples caractéristiques, étant observé que c'est pour les dirigeants que la présomption de disponibilité est le plus souvent amenée à jouer.

> Précisions a. Une **clause de restitution éventuelle** ne fait pas obstacle à ce que la somme soit considérée comme mise à disposition. Il a en effet été jugé qu'un salarié a la disposition de sa rémunération portée au crédit du compte ouvert à son nom, dès lors que la clause de son contrat de travail prévoyant, dans une certaine éventualité, la restitution des sommes correspondantes ne le prive pas, tant que cette éventualité ne s'est pas réalisée, du droit de disposer librement desdites sommes (CE 30-3-1936 n° 47023).

b. Même lorsqu'elle provient d'une **erreur comptable** involontaire, l'inscription de sommes au crédit du compte non bloqué ne fait pas échec à leur imposition (CE 14-6-2017 n° 396930), car le bénéficiaire a pu en disposer avant que l'écriture comptable soit annulée (CE 21-6-2017 n° 390633).

ILLUSTRATIONS

Sommes non prélevées ou dont le retrait est différé 35250

Le salarié qui n'établit pas l'impossibilité de prélèvement des sommes au 31 décembre est réputé en avoir eu la libre disposition et les avoir affectées aux besoins de l'entreprise.

Tel est le cas lorsque les motifs suivants sont invoqués :
- éviter de gêner la **trésorerie de l'entreprise** (CE 12-12-1938 n° 62241 : administrateur délégué de l'entreprise ; 2-11-1938 n°s 62521-62521 bis : salarié) ; il en est ainsi même si la société a été mise en règlement judiciaire l'année suivante (CE 29-7-1983 n° 35967 : salaires et loyers revenant au PDG d'une SA ; 3-7-1985 n° 51081 : salaires du PDG d'une SA ; 16-2-1994 n° 79286) ;
- ne pas aggraver la situation financière de l'entreprise (CE 4-2-1987 n° 61875 : PDG) ;
- permettre à l'entreprise la constitution de garanties (CE 14-6-1968 n° 68125 : salarié) ;
- satisfaire à une demande d'établissements bancaires (CE 24-7-1981 n° 24017).

En revanche, lorsqu'il est prouvé que la situation de trésorerie de l'entreprise ne permettait pas le prélèvement au 31 décembre de l'année d'inscription, les sommes ne sont pas imposables au titre de cette année (CE 3-7-1985 n° 47921 s'agissant d'un salarié et 3-5-1993 n° 81447 s'agissant d'un associé).

Toutefois, selon la cour d'appel de Bordeaux, si la situation financière de l'entreprise permettait un retrait, la somme portée sur le compte courant d'associé du dirigeant d'une société doit être considérée comme mise à disposition même si elle excédait le montant de la trésorerie disponible (CAA Bordeaux 18-6-2015 n° 13BX03517, solution qui reste à confirmer).

Un salarié non dirigeant ne peut être réputé avoir eu connaissance, le jour même, de l'**inscription au crédit de son compte, le samedi 31 décembre,** d'un complément de salaire et avoir été en mesure d'en obtenir le règlement immédiat (CE 29-5-1974 n° 92843). À l'inverse, les sommes portées au crédit du compte courant d'un dirigeant (gérant majoritaire) le 31 décembre ont été considérées comme mises à sa disposition dès cette date (CE 23-1-1970 n°s 78855 et 76081).

ILLUSTRATIONS

Compte bloqué 35260

L'indisponibilité des sommes **ne doit pas résulter de la volonté du salarié.** Le caractère indisponible des sommes a été admis dans les cas suivants :
- inscription au crédit du compte ouvert au nom du salarié de sommes correspondant à des participations, dont la remise ne peut intervenir que cinq ans après son départ de l'entreprise sous la condition expresse de n'avoir manqué à aucun des engagements de son contrat (CE 4-12-1931 n° 78780) ;

– compte courant d'un dirigeant bloqué par décision de l'administrateur judiciaire de la société (CE 24-2-1971 n° 78783) ;
– blocage pendant trois ans, moyennant le paiement d'intérêts, des primes de fin d'année versées sur le compte courant ouvert au nom d'une secrétaire dans les écritures de la société (CAA Paris 9-4-1991 n° 2517) : la cour a jugé que les fonctions de secrétaire du contribuable ne permettaient pas de présumer de son acceptation volontaire des dispositions de blocage ;
– attribution à un associé détenant 20 % du capital d'une Selarl, par décision de l'assemblée générale de la société, d'une prime portée au crédit d'un compte courant bloqué ouvert à son nom, déblocable à une date ultérieure, fixée à l'avance, sur décision unanime des associés (CAA Paris 10-5-2016 n° 15PA03420).

À noter que la Cour de cassation a retenu une solution différente en matière de cotisations sur des indemnités dites « à paiement différé » inscrites sur des comptes ouverts au nom de salariés non dirigeants : voir n° 18860.

En revanche, lorsque le **blocage résulte de la volonté du salarié,** il est réputé avoir disposé des fonds : application au cas où le salarié, qui devient commanditaire d'une société à capital variable, lui fait des apports, inscrits en compte bloqué, par voie de retenues sur ses salaires (CE 25-6-1961 n°s 49921 et 49992) ; il en est de même pour la rémunération attribuée au gérant minoritaire d'une société dès lors qu'il est établi que l'intéressé a participé de manière déterminante, en sa qualité d'associé exerçant des fonctions de dirigeant, à la décision d'affectation de ses salaires au compte bloqué (CE 10-10-1984 n° 35677).

35270 **Sommes inscrites en charges à payer** Lorsque l'employeur se borne à porter une somme, non pas au compte personnel du salarié, du dirigeant ou associé, mais à un compte de charges à payer de l'entreprise, elle n'est pas en **principe** considérée comme un revenu disponible pour l'intéressé. **Il en va toutefois différemment si** les conditions suivantes sont réunies :
– le bénéficiaire a joué un rôle déterminant dans la décision d'inscription (jurisprudence constante) ;
– la somme est d'un montant déterminé (CE 20-12-2013 n°s 344900 et 344899) ;
– son retrait effectif était possible (jurisprudence constante).

35280 ILLUSTRATIONS

Ont été considérés comme ayant joué un **rôle déterminant dans la décision d'inscription** prise par la société et donc comme ayant eu la disposition de ces sommes :
– le gérant associé unique d'EURL (CAA Versailles 31-1-2019 n° 16VE03294) ;
– en cas de pluralité d'associés : l'associé dirigeant considéré comme le « maître de l'affaire » (notamment : CE 6-7-1983 n° 37122 ; 27-5-1988 n° 65550) ou qui, compte tenu notamment de la répartition du reste du capital, détermine en fait les décisions de la société (10-12-2010 n° 308189) ;
– le directeur qui, bien que ni dirigeant ni associé, a participé de façon déterminante à la décision (CAA Versailles 9-11-2004 n° 02-1205 ; CE (na) 12-5-2006 n° 276629).

35290 ILLUSTRATIONS

Ont été considérés comme des **circonstances rendant le retrait impossible,** et donc comme faisant obstacle au caractère disponible des sommes inscrites en charges à payer :
– un **obstacle juridique** rendant impossible le retrait effectif au plus tard le 31 décembre de l'année d'imposition : jugé en ce sens pour une prime dont la délibération l'accordant a prévu expressément qu'elle serait versée l'année suivante (CAA Nantes 13-10-2008 n° 07-3520) ou pour des rémunérations exceptionnelles allouées au gérant d'une Selarl qui n'avaient pas fait l'objet, en contravention aux dispositions de la loi, ni d'une stipulation dans les statuts ni d'une décision de la collectivité des associés (CE 5-11-2014 n° 368196) ;
– la **situation de trésorerie** rendant impossible le prélèvement de la somme correspondante (CAA Bordeaux 28-5-1991 n° 84). Toutefois, si la société dispose en caisse et sur ses comptes bancaires des liquidités suffisantes pour payer au moins en partie les rémunérations inscrites en charges à payer, les sommes en cause ne sont pas indisponibles : il importe peu que les valeurs disponibles ou réalisables à court terme ne permettent pas de couvrir les dettes immédiatement exigibles de la société (CAA Paris 18-5-1999 n° 96-902). De même, l'existence de comptes bancaires temporairement débiteurs en raison d'impayés ne suffit pas à caractériser l'impossibilité de payer les sommes litigieuses (CE 16-9-1998 n° 177238).

35300 **Saisie sur salaire** En cas de saisie sur salaire, les sommes correspondantes, qui constituent un **emploi forcé du salaire,** sont en principe considérées comme étant à la disposition du salarié.

Un contribuable dont certains revenus ont été saisis par l'un de ses débiteurs est considéré comme ayant eu la disposition de ces revenus même s'il ne les a pas effectivement perçus (CE 25-5-1962 n° 51114).

En revanche, un revenu saisi en vertu d'une décision de justice et **placé sous séquestre** n'est imposable que lorsqu'il a été remis à la disposition du contribuable ou versé au créancier dont l'action a provoqué la saisie (BOI-IR-BASE-10-10-10-40 n° 30).

CONSEIL

À notre avis, **l'employeur doit considérer** toute somme saisie comme une somme disponible qu'il devra, si elle est imposable, déclarer comme salaire imposable et soumettre au prélèvement à la source (ce dernier est en effet effectué avant la saisie, voir n° 15180). À notre sens, c'est donc au salarié qu'il appartient de déduire, sur sa déclaration d'impôt préremplie, les sommes dont il n'a pas eu la disposition car elles ont été placées sous séquestre.

Reversement de sommes antérieurement imposées Le reversement à l'employeur de salaires perçus au cours d'années précédentes est, en principe, sans incidence sur les **impositions de ces années antérieures** (qui ont été régulièrement établies en tenant compte de ces revenus). 35310

En revanche, il s'impute sur le montant brut (avant déduction forfaitaire de 10 % pour frais professionnels) des salaires perçus **l'année du reversement** par l'intéressé.

En l'absence de revenus de cette catégorie, il est traité comme un déficit (BOI-RSA-BASE-20-10 n° 190).

Si le reversement intervient au cours de l'année même de la perception du revenu, le montant réel des revenus disponibles est seul imposé.

> Précisions **a.** Lors de la souscription de sa déclaration d'impôt, le **salarié** peut imputer ses déficits dans la catégorie des traitements et salaires sur les revenus de la même catégorie perçus par son conjoint ou ses enfants à charge puis, le cas échéant, sur ses autres catégories de revenus et, enfin, sur ses revenus des années suivantes (dans la limite de 6 ans). Pour plus de précisions sur l'imputation des déficits, voir Mémento fiscal n° 950.
b. Sur les **modalités pratiques** selon lesquelles l'**employeur** récupère les trop-versés et les déclare via la DSN, voir n°s 35575 s.

2. DÉTERMINATION DU MONTANT NET IMPOSABLE

L'impôt est établi à partir du montant net du revenu imposable (CGI art. 82). Sauf revenus exceptionnels ou différés, ce montant net est obtenu par la formule suivante : 35360

Montant net = (montant brut – cotisations salariales et CSG déductibles) + cotisations patronales imposables

Le montant brut est quant à lui constitué par l'ensemble des sommes imposables payées et des avantages imposables accordés au salarié.

Pour des **exemples** de calcul avec modèles de bulletins de paie, voir n°s 94334 s.

> Précisions **a.** En ce qui concerne l'évaluation fiscale des **avantages en nature,** voir n°s 40450 s.
b. Le montant net imposable déclaré par l'employeur à l'administration fiscale ne tient pas compte des déductions pour **frais professionnels** qui seront opérées lors du calcul définitif de l'impôt sur le revenu après que le salarié aura souscrit sa déclaration (déduction forfaitaire de 10 % ou, sur option du salarié, déduction des frais réels). Le montant net imposable déclaré par l'employeur à l'administration fiscale et porté sur le bulletin de paie de l'intéressé (et le cas échéant sur l'attestation fiscale annuelle) correspond donc au montant avant ces déductions. Il en va de même de la base de calcul du prélèvement à la source, voir n° 35470.
c. Le montant net imposable déclaré par l'employeur ne tient pas non plus compte des avantages qui pourront être sollicités par le salarié lors de la souscription de sa déclaration d'impôt : abattement fiscal des **journalistes** (voir n° 88750), exonération, sous certaines limites, des sommes versées aux **lycéens et étudiants** de moins de 26 ans (voir n° 89500), aux **apprentis** (n° 84215) et aux **stagiaires** (n° 89515), système de quotient pour l'imposition des **revenus exceptionnels ou différés** (n° 35390).
d. En cas de **montant net imposable négatif,** par exemple en cas de maintien de la couverture frais de santé d'un salarié absent sans rémunération, ce montant est déclaré à l'administration fiscale dans les conditions habituelles afin que celle-ci en tienne compte pour déterminer le montant global annuel des salaires imposables perçus par l'intéressé et porté sur sa déclaration de revenus préremplie. Si le montant net imposable annuel des salaires est négatif, le salarié pourra l'imputer sur ses autres revenus dans les conditions précisées n° 35310, a.

COTISATIONS SALARIALES DÉDUCTIBLES

35370 Pour obtenir le montant du revenu net, il convient de soustraire du montant brut les cotisations suivantes (CGI art. 83, 1° à 2° ter et 154 quinquies) :
– les cotisations salariales de **sécurité sociale,** soit pour les salariés relevant du régime général de la sécurité sociale : la cotisation vieillesse plafonnée et la cotisation vieillesse déplafonnée ainsi que, le cas échéant, la cotisation salariale spéciale d'assurance maladie due par certains assurés (assurés d'Alsace-Moselle, non-résidents, retraités et préretraités) ;
– la cotisation salariale d'assurance **chômage** versée par les intermittents du spectacle et les expatriés ainsi que la cotisation Apec due par les cadres ;
– les cotisations salariales versées aux régimes de **retraite complémentaire** légalement obligatoires (notamment le régime Agirc-Arrco) ;
– les cotisations salariales versées aux régimes de **retraite supplémentaire** à adhésion obligatoire mis en place dans l'entreprise et celles versées à titre obligatoire à un **PER d'entreprise** (sous les conditions et limites prévues par CGI art. 83, 2°) ;
– la cotisation salariale au régime collectif et obligatoire de **couverture des frais de santé** mis en place dans l'entreprise (sous les conditions et limites prévues par CGI art. 83, 1° quater) ;
– les cotisations salariales aux autres régimes collectifs de **prévoyance complémentaire** à adhésion obligatoire mis en place dans l'entreprise (sous les conditions et limites prévues par CGI art. 83, 1° quater) ;
– la part déductible de la **CSG.**

Pour plus de précisions sur les cotisations salariales déductibles, voir : n°s 28520 (pour la CSG déductible), 43570 s. (pour les autres cotisations et contributions sur salaire) et 52760 (pour les autres cotisations et contributions sur les pensions de retraite). S'agissant des cotisations déductibles en cas de versement d'une indemnité de licenciement exonérée d'impôt mais partiellement assujetties à cotisations et contributions sociales, voir n° 63960, b.

COTISATIONS PATRONALES IMPOSABLES

35380 Les cotisations patronales suivantes sont imposables et doivent donc être ajoutées au montant brut imposable pour déterminer le net fiscal (CGI art. 83) :
– la cotisation patronale au régime complémentaire collectif et obligatoire de couverture des **frais de santé** mis en place dans l'entreprise (quel que soit son montant) ;
– les cotisations patronales aux **autres régimes de prévoyance** complémentaires collectifs et obligatoires si elles excèdent les limites prévues par l'article 83, 1° quater du CGI ;
– les cotisations patronales aux régimes de prévoyance et de frais de santé à adhésion facultative ou non collectifs (quel que soit leur montant) ;
– les cotisations patronales aux régimes de **retraite supplémentaire** conventionnellement obligatoires et aux **PER d'entreprise** si elles excèdent les limites prévues par l'article 83, 2° du CGI ;
– les cotisations patronales aux autres régimes de retraite supplémentaire à cotisations définies (quel que soit leur montant).

Pour plus de précisions sur les cotisations patronales imposables, voir nos 43720 s.

REVENUS EXCEPTIONNELS OU DIFFÉRÉS

35390 Afin d'atténuer la progressivité de l'impôt sur les revenus exceptionnels ou différés, les contribuables peuvent, lors de la souscription de leur déclaration d'impôt, opter pour un **système de quotient** (CGI art. 163-0 A). L'impôt correspondant au revenu exceptionnel ou différé est alors calculé en réalisant, dans l'ordre, les opérations suivantes :
– l'impôt est d'abord calculé uniquement pour le revenu « ordinaire » puis sur ce revenu majoré du quotient, ce quotient étant obtenu en divisant le revenu exceptionnel par un coefficient égal : pour les revenus exceptionnels à quatre et, pour les revenus différés, au nombre d'années civiles correspondant aux échéances normales de versement augmenté de un ;
– la différence entre les deux impôts est multipliée par le coefficient ci-dessus afin d'obtenir le montant d'impôt supplémentaire correspondant au revenu exceptionnel et différé ;
– le montant total de l'impôt est obtenu en additionnant ce montant supplémentaire à l'impôt calculé sur le revenu « ordinaire ».

Bénéficient, par **exemple,** du système de quotient : la fraction imposable des indemnités de licenciement (n° 63960) ou les rappels de salaire afférents à des années antérieures (n° 53620, a).

Pour une étude complète du système du quotient, voir Mémento fiscal nos 4150 s.

› Précisions Le dispositif du quotient n'a **pas d'incidence sur** le montant net imposable déclaré par l'employeur à l'administration fiscale, l'assiette du prélèvement à la source de l'impôt sur le revenu (BOI-IR-PAS-20-10-10 nº 10), l'assiette des taxes et participations sur les salaires ou la déductibilité des sommes en cause des résultats de l'entreprise : dans tous les cas, c'est le montant sans application du quotient qui est pris en compte.

B. Prélèvement de l'impôt

1. PRÉLÈVEMENT À LA SOURCE GÉNÉRALISÉ

a. Personne en charge du prélèvement

CAS GÉNÉRAL

Les **employeurs** doivent effectuer un prélèvement à la source de l'impôt sur le revenu (PAS) lors de chaque versement de salaires ou de revenus de remplacement (CGI art. 204 A à N). C'est en effet la personne versant les revenus qui assure le calcul et le précompte du PAS, puis la déclaration et le reversement du prélèvement à l'administration fiscale (CGI art. 1671, 1). 35460

Une exception à ce principe est toutefois prévue pour certains employeurs établis à l'étranger qui versent des rémunérations à des salariés résidents français mais qui exercent leur activité ponctuellement en France, notamment en télétravail.

› Précisions **a.** Lorsque l'employeur a recours à un **dispositif simplifié en matière de déclaration** sociale (Tese, CEA, etc.), il reste tenu d'effectuer la retenue à la source, mais elle est, selon les cas, effectuée et/ou reversée par l'intermédiaire des organismes gestionnaires des dispositifs : voir nºs 36570 s.

b. Pour le prélèvement à la source sur les **avantages alloués par le CSE** aux salariés, voir nº 41850. Sur celui opéré par les **caisses de congés** payés, voir nº 60450. Pour **l'intéressement et la participation** versés par un établissement financier par délégation de l'employeur, voir nºs 49100 et 47470.

c. Certains **employeurs établis à l'étranger** (essentiellement dans l'Union européenne, en Islande, en Norvège ou au Royaume-Uni) ne sont pas tenus de déclarer et prélever la retenue à la source à raison des rémunérations versées depuis le 1-1-2023 aux salariés domiciliés en France mais qui, n'exerçant que ponctuellement leur activité en France, ne sont pas affiliés à un régime obligatoire de sécurité sociale français (CGI art. 204 C modifié par art. 3 de loi 2022-1726 du 30-12-2022). Ces rémunérations relèvent du PAS sous forme d'acompte à régler directement par le salarié. Les employeurs restent tenus de déclarer annuellement les salaires ainsi versés via la déclaration Pasrau (net-entreprises, fiche nº 2610).

DOMICILE OU ACTIVITÉ À L'ÉTRANGER

Non-résident travaillant en France Les revenus tirés d'une activité professionnelle exercée en France sont considérés comme de source française (CGI art. 164 B). 35465

Lorsqu'ils sont **imposables en France,** les revenus de source française versés à des personnes fiscalement domiciliées hors de France sont soumis à l'une des retenues à la source spécifiques visées nºs 35800 s. ou, pour les revenus provenant de l'actionnariat salarié, nºs 50560 et 50640 (rabais excédentaires et gains tirés de la levée d'options sur actions), 51025 (pour les gains d'acquisition d'actions gratuites) et 51210 (pour les gains de cession de titres souscrits en exercice de bons de souscription de parts de créateur d'entreprise).

S'ils sont imposables non pas en France mais uniquement **dans le pays de résidence,** ces revenus ne sont soumis ni aux retenues à la source des non-résidents ni au PAS. Dans ce cas, selon les indications du site net-entreprises, l'employeur n'opère donc aucune retenue ni aucun prélèvement à la source même si l'administration fiscale lui a transmis un taux de prélèvement (net-entreprises, fiche nº 1835).

Activité professionnelle à l'étranger Les revenus tirés d'une activité professionnelle exercée à l'étranger sont considérés comme de source étrangère. 35467

Les salaires de source étrangère versés à un **salarié domicilié hors de France** par un employeur établi en France donnent lieu à l'application du PAS sous forme de retenue s'ils sont imposables en France en application des dispositions des conventions fiscales internationales ; tel est notamment le cas des personnels navigants lorsque le débiteur des rémunérations est établi en France (BOI-IR-PAS-10-10-10 nº 110) : c'est donc à l'employeur d'opérer le prélèvement à la source sur les sommes qu'il verse.

Les salaires de source étrangère versés à un **salarié domicilié en France** par un employeur établi en France donnent lieu, sous réserve des conventions fiscales internationales, au PAS sous forme de retenue lorsqu'ils sont effectivement imposables en France (cas des missions temporaires exercées à l'étranger).

Lorsqu'ils sont versés par un employeur établi hors de France, les revenus de source étrangère imposables en France suivant les règles applicables aux salaires, aux pensions et aux rentes viagères sont soumis au prélèvement à la source, sous la forme d'un acompte à verser directement par le contribuable à l'administration fiscale (CGI art. 204 C) : l'employeur n'a donc pas à intervenir.

> Précisions **a.** Les revenus de source étrangère qui ouvrent droit, en application d'une convention fiscale internationale, à un **crédit d'impôt** égal à l'impôt français correspondant à ces revenus ne sont pas soumis au prélèvement à la source (CGI art. 204 D), ni sous forme de retenue ni sous forme d'acompte.

b. Pour plus de précisions sur le régime applicable aux **salariés détachés ou expatriés** à l'étranger, voir n°s 71540 s.

b. Assiette du prélèvement

35470 L'assiette du prélèvement opéré par l'employeur est constituée, sauf dans les cas où des règles spécifiques s'appliquent, du **montant net imposable** à l'impôt sur le revenu (n°s 35360 s.), avant prise en compte des frais professionnels et de l'abattement de 10 % sur les pensions et les rentes viagères à titre gratuit (CGI art. 204 F).

Sont pris en compte toutes les sommes versées et les avantages accordés par l'employeur dès lors qu'ils sont soumis à l'impôt sur le revenu suivant les règles applicables aux salaires, aux pensions ou aux rentes viagères à titre gratuit (CGI art. 204 F). Pour l'essentiel, sont donc pris en compte par l'employeur : les rémunérations (y compris les indemnités, primes, allocations et gratifications), les avantages en argent ou en nature, les revenus de remplacement (notamment en cas d'activité partielle, maladie, maternité, accident, préretraite), les gains issus d'options sur titres (rabais excédentaires, gains de levée ou d'acquisition) ou d'actions gratuites ainsi que les sommes distribuées au titre de l'intéressement ou de la participation aux bénéfices de l'entreprise qui ne relèvent pas de conditions préférentielles d'imposition.

> Précisions **a.** Des **règles spécifiques** s'appliquent aux rémunérations versées aux contrats courts (n° 76210), aux stagiaires (voir n° 89515), aux apprentis (voir n° 84200) et aux étudiants (voir n° 89500) ainsi que pour les indemnités journalières de sécurité sociale de maladie lorsque l'employeur est subrogé dans les droits du salarié (voir n° 62265). Pour les journalistes, voir n° 88750 ; pour les salariés détachés ou expatriés à l'étranger, voir n°s 71635 s. ; pour les primes d'impatriation, voir n° 56840.

b. Les revenus exprimés dans une **monnaie étrangère** doivent, pour l'assiette de la retenue à la source, être retenus pour leur contre-valeur en euros calculée selon le dernier cours de change connu de la monnaie considérée à Paris, tel que publié par la Banque de France, au jour de leur versement ou de leur mise à disposition. Ainsi, pour une rémunération versée le 23 mars, l'employeur doit prendre le taux de change en vigueur le 23 mars s'il est connu ou, à défaut, celui du 22 mars, ou, à défaut, celui du 21 mars (BOI-IR-PAS-20-10-10 n° 10).

c. Taux du prélèvement

35485 L'employeur applique aux revenus soumis au PAS de chaque bénéficiaire le taux de prélèvement qui lui a été **transmis par l'administration** fiscale (communément appelé « taux personnalisé ») ou, à défaut, le taux résultant de l'application d'une grille de **taux par défaut** (parfois appelé « taux neutre »).

L'absence de mise à disposition d'un taux par l'administration fiscale, quel qu'en soit le motif, ne dispense pas l'employeur d'opérer le prélèvement à la source en appliquant la grille de taux par défaut (BOI-IR-PAS-30-10-20 n° 10).

> Précisions **a.** Le prélèvement à la source ne peut pas conduire à un **montant net versé négatif.**

Si la rémunération nette fiscale est positive, le cumul des cotisations et du PAS sur un mois ne peut jamais aboutir à un montant net versé négatif.

Si le net fiscal est négatif (cas de maintien d'une cotisation salariale pendant une période de suspension de contrat, par exemple), le montant du PAS doit être fixé à 0,00. Dans la DSN, les rubriques Montant soumis au PAS (S21.G00.50.013) et Montant de prélèvement à la source (S21.G00.50.009) mentionnent donc un montant égal à 0,00. En revanche, le montant négatif est indiqué dans la rubrique Rémunération nette fiscale (S21.G00.50.002) car il sera pris en compte pour la déclaration de revenus préremplie du salarié. Enfin, c'est le taux qui aurait dû être appliqué qui est renseigné dans la rubrique Taux de PAS (S21.G00.50.006) (net-entreprises, fiche n° 1810).

b. Si le salarié rémunéré en tout ou partie en nature ne perçoit pas de rémunération en espèces suffisantes, le taux du PAS est fixé à 0 (voir n° 40750). Selon les indications qui nous ont été données par dsn-info, la solution est la même pour un salarié **absent sans rémunération** avec **maintien d'une couverture frais de santé** dont la cotisation patronale est plus élevée que la cotisation salariale (la rémunération nette fiscale étant dans ce cas positive alors que le net à payer avant prélèvement à la source est négatif).
Dans l'ensemble de ces situations, le montant net imposable doit néanmoins être déclaré par l'employeur dans la DSN (rubrique S21.G00.50.002) afin que l'administration fiscale puisse en tenir compte pour établir la déclaration préremplie de revenus du salarié. Le « forçage » à zéro du taux de prélèvement à la source a donc pour seul effet de différer le paiement de l'impôt par le salarié.

TAUX PERSONNALISÉ

Modalités de communication et d'utilisation Le taux à appliquer à chaque bénéficiaire de revenus est communiqué à l'employeur via le compte rendu métier (CRM) que lui communique l'administration fiscale en retour de la **DSN** (n°s 36470 s.) souscrite mensuellement. Ce compte rendu est mis à la disposition de l'employeur chaque mois (CGI ann. III art. 46 F) dans un délai qui ne devrait pas excéder 5 jours ouvrés après réception de la DSN par l'administration fiscale (CSS art. R 133-14 ; BOI-IR-PAS-30-10-20 n° 30). 35490

L'employeur doit appliquer le taux issu du **compte rendu le plus récent** ou, s'il n'est pas en mesure de l'appliquer, par exemple parce qu'il n'a pas pu intégrer à temps le dernier taux transmis dans son logiciel de paie, le taux issu d'un **compte rendu antérieur** à condition qu'il soit encore valide (BOI-IR-PAS-30-10-20 n° 80).

Il ne doit pas appliquer le taux par défaut s'il dispose d'un taux de prélèvement encore valide. En revanche, il ne peut pas utiliser un taux non valide parce que trop ancien : il doit alors se comporter comme si l'administration ne lui avait communiqué aucun taux et appliquer la grille de taux par défaut (BOI-IR-PAS-20-20-30-10 n° 110).

› Précisions **a.** Chaque taux transmis à l'employeur par l'administration fiscale au travers du compte rendu qu'elle lui adresse est **valide jusqu'à** la fin du deuxième mois qui suit sa mise à disposition (CGI art. 1671, 2-al. 1).
b. La **fin de la relation contractuelle** entre un salarié et son employeur ne fait pas obstacle à ce que ce dernier applique le taux transmis par l'administration fiscale pour tout revenu versé postérieurement à la date de fin du contrat (solde de tout compte, par exemple), dès lors que le taux est encore valide (BOI-IR-PAS-30-10-20 n° 80).
c. Lorsqu'il verse un salaire pour la première fois (nouvelle embauche notamment), l'employeur peut, au lieu d'employer le taux par défaut en attendant que le taux de prélèvement lui soit transmis le mois suivant le premier versement du revenu, demander à l'administration la **communication anticipée du taux** du salarié (BOI-IR-PAS-20-20-30-10 n° 60) via le service TOPAze ou via le service ADV (Amorçage des données variables). Selon le site net-entreprises, le service TOPAze, qui n'est pas obligatoire, peut être utilisé pour toutes les personnes non présentes les 2 mois précédents pour lesquelles l'entreprise ne dispose pas ou plus d'un taux personnalisé valide. Sur le service ADV, voir n° 36430, c.
d. Les personnes qui n'ont pas de taux de prélèvement calculé par l'administration car elles n'ont **pas souscrit de déclaration d'ensemble des revenus** auprès de l'administration fiscale (contribuables qui s'installent en France, personnes à charge ou rattachées...) peuvent demander le calcul et l'application d'un taux de prélèvement en fonction de leur situation et de leurs revenus de l'année en cours (BOI-IR-PAS-20-20-30-10 n° 40 ; BOI-IR-PAS-20-30-20-10 n° 20). Cette demande s'effectue soit par le biais de leur espace personnel sur le site www.impots.gouv.fr, soit, pour ceux d'entre eux qui ne disposent d'aucun numéro fiscal, au moyen du formulaire n° 2043 disponible sur ce site, à adresser au service des impôts des particuliers (SIP) de leur domicile. Le taux qui aura été déterminé selon cette procédure s'appliquera jusqu'en août de l'année N + 1. L'employeur ayant appliqué ce taux ne peut être sanctionné à raison des insuffisances de prélèvement éventuellement induites par son application (CGI art. 1759-0A).
e. Les **délais de conservation** des comptes rendus et des taux de prélèvement transmis sont déterminés par les règles de droit commun de l'article L 102 B du LPF : les données afférentes au compte rendu qui permettent de déterminer sa date de mise à disposition (son identifiant) ainsi que le contenu du compte rendu (notamment le taux attaché à chaque individu) doivent être conservés pendant un délai de 6 ans (BOI-IR-PAS-30-10-20 n° 110).

EXEMPLES 35492

1. En juin, un employeur **embauche** un salarié en CDI et n'effectue pas de demande de taux via le service TOPAze (ou le service ADV).

Pour la paie du mois de juin, il applique la grille de taux par défaut car il ne dispose pas encore du taux personnalisé du salarié.

Ce taux personnalisé lui est communiqué dans le compte rendu métier de la DSN de juin déposée en juillet.

Il peut appliquer ce nouveau taux dès la paie du mois de juillet. Mais s'il n'est pas en mesure de le faire, il peut attendre la paie du mois d'août ou, au plus tard, celle du mois de septembre (BOI-IR-PAS-20-20-30-10 n° 50).

2. Un taux transmis dans un compte rendu mis à la disposition de l'employeur en février est valide jusqu'au 30 avril (BOI-IR-PAS-30-10-20 n° 70), c'est-à-dire sur un revenu versé jusqu'au 30 avril. Il peut donc être utilisé dans la DSN déposée en mai pour le mois d'avril (net-entreprises, fiche n° 1380) même si l'employeur a reçu, entre-temps, un **taux actualisé** qu'il n'a pas pu intégrer dans les temps dans son processus de paie (BOI-IR-PAS-30-10-20 n° 80).

35494 **Cas particulier du taux futur** Après actualisation des taux liée à l'**émission des avis d'imposition** annuels, ou suite aux émissions d'imposition corrective, les CRM nominatifs peuvent contenir, en plus du taux courant, un taux futur avec sa date d'effet (fixée au plus tard 60 jours après et pouvant se situer en cours de mois). Bien que ce ne soit pas obligatoire, l'administration **préconise d'appliquer ce taux futur dès** sa date d'effet et au plus tard jusqu'à la fin du 2e mois suivant sa date d'effet (net-entreprises, fiche n° 2386).

EXEMPLE

Un CRM du 8-7-2023 comporte le taux courant (1), valable jusqu'au 30-9-2023, et un taux futur (2) à effet du 15-8-2023, donc valable du 15-8-2023 au 31-10-2023 :
– l'employeur pourrait encore appliquer le taux 1 en août et septembre, mais il est préconisé d'appliquer le taux 2 dès la paie d'août ;
– dans le CRM de début août reçu suite à la DSN de juillet 2023, le taux futur devient le taux courant (fin de validité du taux futur devenu le taux courant le 31-10-2023).

35495 **Calcul du taux par l'administration** Le taux communiqué chaque mois par l'administration fiscale à l'employeur est soit le « taux normal », soit, en cas d'option en ce sens par les membres d'un couple marié ou pacsé, un taux individualisé. Dans les deux cas, ce taux est déterminé par l'administration (BOI-IR-PAS-20-20-10 n° 1 ; BOI-IR-PAS-20-20-20 n° 1).

Le **« taux normal »** est calculé pour chaque foyer fiscal par l'administration fiscale, sur la base des dernières déclarations d'ensemble des revenus à sa disposition (CGI art. 204 H, I). Par exception, pour les foyers non imposés, avant imputation du PAS, au titre des deux dernières années d'imposition connues, le taux de prélèvement établi par l'administration fiscale est un taux nul lorsque leur revenu fiscal de référence de la dernière année d'imposition connue est inférieur à une certaine limite (CGI art. 204 H, II). Cette limite est égale :
– du 1-1-2023 au 31-8-2023 : à 26 065 € par part de quotient familial (revenus de 2021 déclarés en 2022) ;
– du 1-9-2023 au 31-12-2023 : à 27 473 € par part de quotient familial (revenus de 2022 déclarés en 2023).

Le taux du prélèvement à la source du foyer fiscal ainsi calculé par l'administration fiscale peut, sur option des contribuables mariés ou liés par un Pacs soumis à imposition commune, être individualisé dans les conditions définies à l'article 204 M du CGI (CGI art. 204 E). En cas d'exercice de cette option, le **taux individualisé** de chaque conjoint ou partenaire s'applique exclusivement aux revenus dont il dispose personnellement. Les revenus communs du foyer fiscal demeurent soumis au taux de prélèvement du foyer (taux de droit commun) (BOI-IR-PAS-20-20-20 n° 1).

› Précisions **a.** Un **taux nul** et une **absence de taux** sont deux situations différentes : dans le premier cas, le montant du prélèvement sera calculé avec un taux égal à 0 % (le prélèvement sera donc égal à 0), alors que, dans le second cas, le montant du prélèvement sera calculé en utilisant la grille de taux par défaut.

b. Pour une meilleure **information,** l'administration est tenue de communiquer aux salariés les calculs effectués pour déterminer le taux du prélèvement à la source dont ils font l'objet (CGI art. 204 H). Cette obligation présente un caractère général et systématique et n'implique aucune démarche particulière de la part des intéressés.

TAUX PAR DÉFAUT

35500 **Cas d'application** Dès lors qu'il ne peut pas appliquer un taux communiqué par l'administration fiscale, l'employeur est tenu d'appliquer le taux par défaut (BOI-IR-PAS-20-20-30 n° 1) aussi appelé « taux neutre ».

Tel est notamment le cas lorsque le compte rendu mensuel transmis par l'administration en retour de la DSN ne comporte pas le taux de PAS d'un salarié soit parce que celui-ci n'est pas connu par l'administration fiscale (nouveau résident fiscal français, primodéclarant, salarié rattaché au foyer fiscal de ses parents…) ou parce que l'intéressé a opté pour la non-transmission de son taux de prélèvement à son employeur ou parce que ses données individuelles, transmises à l'administration fiscale par l'employeur, n'ont pas permis de l'identifier ou encore lorsque aucun taux n'a été calculé par l'administration fiscale (BOI-IR-PAS-30-10-20 n° 90).

Toutefois, si l'employeur dispose d'un taux communiqué par l'administration au cours d'un mois antérieur et que ce taux est encore valide, il doit l'utiliser (voir n°s 35490 s.).

Pour des raisons de **confidentialité,** l'employeur n'est pas informé de la raison pour laquelle l'administration fiscale ne lui communique pas de taux pour un salarié (net-entreprises, fiche n° 1448).

Modalités générales d'application Le taux par défaut est déterminé en application des **grilles de taux** par défaut prévues à l'article 204 H, III du CGI. Au nombre de 3, ces grilles s'appliquent en fonction du domicile du contribuable : métropole (ou hors de France) ou départements d'outre-mer (la grille applicable en métropole ou hors de France est reproduite au n° 96420). 35510

Chaque grille indique le taux à appliquer en fonction du **montant mensuel** soumis au prélèvement. Ce montant mensuel subit un abattement spécifique pour les **contrats courts** (voir n° 76210) et doit être ajusté à la **périodicité** usuelle de versement de la rémunération lorsque celle-ci n'est pas mensuelle (voir n°s 35515 s.).

L'employeur doit appliquer la grille en vigueur à la **date du versement.** Mais, en cas de modification des grilles, il est toléré que les nouvelles grilles ne soient appliquées qu'aux revenus versés à compter du mois qui suit leur date d'entrée en vigueur (BOI-IR-PAS-20-20-30-10 n° 120).

> Précisions **a.** La **durée effective de travail** au cours de la période usuelle de versement ne doit pas être prise en compte pour l'application du taux par défaut. La grille mensuelle s'applique donc sans ajustement aux salaires versés mensuellement à un salarié à temps partiel ou qui **intègre ou quitte l'entreprise** en cours de mois. De même, aucun ajustement ne doit intervenir en cas d'heures supplémentaires ou de congés payés sur la période (BOI-IR-PAS-20-20-30-10 n° 150).

b. Lorsque la rémunération donne lieu au versement, au cours d'un mois, d'**avances ou d'acomptes sur salaires,** il est admis que l'employeur puisse effectuer une liquidation globale du prélèvement à la source lors de l'établissement du bulletin de paie du même mois (BOI-IR-PAS-20-20-30-10 n° 210).

c. Pour déterminer la **domiciliation du salarié** (soit métropole ou hors de France, soit départements d'outre-mer), il convient de prendre en compte la résidence principale à la date du versement du revenu. En pratique, l'employeur peut se fonder sur l'adresse dont il dispose (BOI-IR-PAS-20-20-30-10 n° 130).

Ajustement à la période usuelle de versement Les tranches de revenus mensuels des grilles de taux par défaut doivent être adaptées par l'employeur en fonction de la périodicité usuelle de versement, lorsque celle-ci ne correspond pas au mois (CGI art. 204 H, III-1-d). 35515

Cette périodicité usuelle correspond à la **fréquence générale des versements** de rémunération perçus par le titulaire du revenu résultant, selon le cas, de la loi, des conventions et accords collectifs, des contrats ou des usages. La périodicité usuelle de versement de la **rémunération principale** s'applique, y compris pour les versements d'arriérés, de **sommes présentant un caractère exceptionnel,** de primes ou de compléments de salaires servis selon une périodicité différente du salaire proprement dit, par exemple au titre de plusieurs mois ou d'une ou de plusieurs années (BOI-IR-PAS-20-20-30-10 n° 160). En pratique, ces principes emportent selon nous les conséquences suivantes :

– pour les salariés mensualisés, la grille de taux n'est jamais ajustée ;

– pour les salariés non mensualisés (travail à domicile, saisonniers, salariés intermittents…), elle est ajustée en fonction de la périodicité usuelle de versement de la rémunération principale.

Lorsque la **périodicité** usuelle de versement **n'est pas mensuelle,** l'employeur peut ajuster la grille soit en divisant le revenu versé par le coefficient exprimant le rapport entre sa périodicité usuelle de versement et le mois, soit en multipliant les limites mensuelles de la grille par ce même coefficient (BOI-IR-PAS-20-20-30-10 n° 180). 35520

Si la périodicité usuelle de versement de la rémunération est trimestrielle, hebdomadaire, journalière ou horaire, le coefficient à retenir est de 12/4 pour une périodicité trimestrielle, de 12/52 pour une périodicité hebdomadaire, de 12/312 pour une périodicité journalière et de 12/1 820 pour une périodicité horaire (BOI-IR-PAS-20-20-30-10 n° 180).

EXEMPLE

Un employeur n'ayant reçu aucun taux et ne disposant d'aucun taux antérieur encore valide pour un salarié domicilié en métropole auquel il verse 600 € par semaine doit appliquer le taux par défaut. Il peut le calculer de deux façons. L'une d'elles consiste à diviser le revenu imposable de 600 € par le coefficient correspondant à une périodicité hebdomadaire, soit 12/52 et à appliquer le taux de 7,5 % qui correspond à la tranche de revenu dans laquelle se situe le résultat obtenu de 2 600 € (tranche de revenu comprise entre 2 544 et 2 912 €), ce qui donne une retenue à la source de 600 × 7,5 % = 45 € par versement de salaire à cet employé.

Il obtient le même résultat s'il emploie l'autre méthode, c'est-à-dire s'il multiplie toutes les limites de tranche de la grille mensuelle par 12/52 et qu'il fait application du taux de 7,5 % qui correspond à la tranche de revenu ainsi recalculée dans laquelle se situe son revenu hebdomadaire imposable de 600 € (soit dans la fourchette 2 544 × 12/52 = 587,08 € et 2 912× 12/52 = 672 €).

TABLEAU SYNTHÉTIQUE

35530

Taux par défaut	
Cas d'application	– Pour un salarié déjà en poste, le dernier taux personnalisé communiqué par l'administration fiscale est périmé ou l'administration fiscale n'a jamais transmis de taux personnalisé. – Pour un nouvel embauché, l'employeur n'a pas souhaité faire une demande anticipée de taux via TOPAze (ou ADV) ou n'a pas pu obtenir de taux via ce service.
Origine	– Les grilles de taux sont prévues par l'article 204 H, III du CGI. Elles diffèrent en fonction du domicile du contribuable : métropole (ou hors de France) ou départements d'outre-mer (la grille applicable en métropole ou hors de France est reproduite au nº 96420). – En général, les grilles sont intégrées dans le logiciel par l'éditeur et non par l'employeur (se renseigner auprès de l'éditeur du logiciel).
Validité	– En principe, les grilles sont modifiées chaque année. – Délai pour prendre en compte les nouvelles grilles : 1 mois au maximum (exemple : les grilles 2023 peuvent être encore utilisées en janvier 2024).
Modalités d'utilisation	– Le taux est déterminé par le montant de la base de calcul du prélèvement. – Pour les salariés non mensualisés, les bases prévues par les grilles sont ajustées à la périodicité usuelle de versement de la rémunération principale.
Calcul du prélèvement	– En principe, base de calcul du prélèvement = net fiscal. – Dans certains cas (indemnités journalières maladie, stagiaire…), la base de calcul n'est pas le net fiscal.

Taux personnalisé	
Origine	– Compte rendu métier communiqué par l'administration fiscale en retour de la DSN. – En cas de nouvelle embauche : possibilité de faire une demande anticipée de taux via TOPAze (ou ADV). – En général, le taux issu du compte rendu DSN ou du service TOPAze (ou ADV) est intégré automatiquement par le logiciel de paie (se renseigner auprès de l'éditeur du logiciel).
Validité	– Durée de validité : jusqu'à la fin du deuxième mois suivant celui où il a été transmis. – Peut être utilisé pendant toute cette durée même si un autre taux a été transmis entre-temps.
Calcul du prélèvement	– En principe, base de calcul du prélèvement = net fiscal. – Dans certains cas (indemnités journalières maladie, stagiaire…), la base de calcul n'est pas le net fiscal.

d. Collecte du prélèvement

BULLETIN DE PAIE

35540 Avant chaque versement de salaire, l'employeur doit retenir le prélèvement à la source calculé par ses soins par application du taux transmis par l'administration pour le salarié concerné, qui peut être un taux nul, ou, si ce n'est pas possible (aucun taux valide), par application du taux par défaut.

Le bulletin de paie **doit notamment mentionner,** outre le montant de la rémunération brute du salarié (C. trav. art. R 3243-1, 7º) et le montant de la somme effectivement reçue par le salarié (C. trav. art. R 3243-1, 10º), l'assiette, le taux et le montant du PAS, son cumul annuel ainsi que la somme qui aurait été versée au salarié en l'absence de ce prélèvement (C. trav. art. R 3243-1, 9º).

Le contenu du bulletin de paie est détaillé nos 13200 s. Pour des **modèles** de bulletins de paie avec prélèvement à la source, voir nos 94334 s.

Sur les **régularisations** opérées par l'employeur, voir nos 35565 s.

ATTENTION

Le montant du prélèvement à la source est à déduire du montant des rémunérations pour le calcul de la **quotité saisissable ou cessible** : voir no 15180.

DSN

Les employeurs déclarent **chaque mois** à l'administration fiscale les informations relatives au prélèvement à la source de l'impôt sur le revenu opéré pour chaque salarié (CGI art. 87-0 A). Quelle que soit la période au titre de laquelle les revenus ont été acquis (BOI-IR-PAS-30-10-30-10 no 110), cette déclaration est effectuée via la DSN mensuelle, au plus tard aux **dates** indiquées nos 36410 s. (CGI ann. III art. 39 D, I et II). 35550

Sauf anomalie bloquante (no 36470), les informations sont ensuite transmises au service des impôts des entreprises (SIE) dont dépend le siège de l'établissement tenu d'opérer le prélèvement à la source (CGI ann. III art. 39 F). Celui-ci adresse alors à l'émetteur de la déclaration soit un certificat de conformité (CGI ann. III art. 39 E), soit un bilan d'anomalies.

La DSN est également utilisée pour régulariser a posteriori les **erreurs** commises dans l'assiette ou le taux du prélèvement (nos 35565 s.) ou gérer les conséquences des **trop-versés de rémunération** (nos 35575 s.).

› Précisions Lorsque la personne tenue d'effectuer le prélèvement à la source n'est **pas établie en France,** la déclaration est effectuée auprès du service des impôts des entreprises étrangères (CGI ann. III art. 39 F).

La déclaration relative au prélèvement à la source doit **comporter diverses informations** prévues par l'article 39 C de l'annexe III au CGI, notamment : l'identification de l'employeur et du salarié, la date de versement des sommes, le montant net imposable à l'impôt sur le revenu des sommes versées qui entrent dans le champ du prélèvement à la source sous forme de retenue, le taux de prélèvement appliqué (taux communiqué par l'administration ou taux par défaut) et le montant prélevé sur le revenu versé à chaque bénéficiaire au titre du PAS (le montant prélevé doit être arrondi à la deuxième décimale la plus proche, la fraction de décimale égale à 0,005 comptant pour 0,01). Elle doit également comporter des informations relatives au télérèglement, en particulier les coordonnées du compte bancaire depuis lequel est effectué le télérèglement et le montant global de ce télérèglement. 35552

Un **guide du prélèvement à la source** en DSN est accessible à l'adresse suivante : www.net-entreprises.fr/media/documentation/guide-dsn-pas.pdf.

› Précisions En pratique, les informations sur le prélèvement à la source sont déclarées à l'administration fiscale dans les **rubriques et blocs de la DSN** suivants.

Dans le bloc Versement organisme de protection sociale (S21.G00.20) : la rubrique Montant du versement (S21.G00.20.005) indique le montant total de prélèvement à la source versé à l'administration fiscale par l'établissement.

Dans le bloc Versement individu (S21.G00.50) : sont indiqués la rémunération nette fiscale (S21.G00.50.002), le taux de prélèvement à la source (S21.G00.50.006), le type de taux (S21.G00.50.007), le montant soumis au prélèvement à la source (S21.G00.50.013), le montant de ce prélèvement (S21.G00.50.009) ainsi que, en cas d'application d'un taux personnalisé, son identifiant (S21.G00.50.008) récupéré via le compte rendu délivré par l'administration fiscale.

Pour les apprentis et stagiaires, voir nos 84200 et 89515 ; pour les contrats courts, voir no 76210.

VERSEMENT DU PRÉLÈVEMENT

Le prélèvement à la source est versé **au service des impôts des entreprises** (SIE) dont relève le siège social ou le principal établissement de l'employeur ou, si celui-ci remplit les conditions visées à l'article 344-0 A de l'annexe III au CGI, **à la direction des grandes entreprises** (DGE) (BOI-IR-PAS-30-10-30-20 no 1). 35560

Il est acquitté par **télérèglement** (CGI art. 1671, 4) dans les **délais** prévus à l'article R 243-6 du CSS (CGI ann. III art. 357 H ter). Le télérèglement doit donc être effectué au plus tard aux dates suivantes :

– pour les employeurs d'au moins 50 salariés ne décalant pas la paie : le 5 du mois suivant la période de travail (par exemple : pour le salaire de janvier payé en janvier, règlement du prélèvement au plus tard le 5 février) ;

– pour les employeurs d'au moins 50 salariés décalant la paie : le 15 du mois suivant la période de travail (exemple : pour le salaire de janvier payé en février, règlement du prélèvement au plus tard le 15 février) ;
– pour les employeurs de moins de 50 salariés décalant ou non la paie : le 15 du mois suivant la période de travail (exemple : pour le salaire de janvier payé en janvier ou février, règlement du prélèvement au plus tard le 15 février).
Pour les employeurs de moins de 11 salariés ayant opté pour le **paiement trimestriel** de leurs cotisations sociales à l'Urssaf, l'option vaut aussi pour le paiement trimestriel du prélèvement à la source. Cette option est sans incidence sur l'obligation de déclarer mensuellement dans la DSN les informations sur le prélèvement à la source. Sa dénonciation pour le paiement des cotisations vaut dénonciation pour le paiement du prélèvement à la source (CGI art. 1671, 2 et ann. III art. 357 H quater).

> Précisions **a.** Le **compte bancaire** utilisé pour le télérèglement doit être déclaré et validé dans l'espace professionnel de l'entreprise sur le site www.impots.gouv.fr (BOI-IR-PAS-30-10-30-20 n° 30).
b. Lorsque l'**employeur n'est pas établi en France,** le prélèvement à la source est versé au service des impôts des entreprises étrangères (SIEE) de la direction des impôts des non-résidents (DINR) courriel : siee.dinr@dgfip.finances.gouv.fr (BOI-IR-PAS-30-10-30-20 n° 1). Sauf s'il en est dispensé en matière de TVA, l'employeur est tenu de faire accréditer auprès de l'administration fiscale un représentant établi en France qui s'engage à remplir les formalités lui incombant et, le cas échéant, à acquitter le prélèvement à sa place (CGI art. 1671, 1). Le contenu de la demande d'accréditation est fixé par l'article 357 H bis de l'annexe III au CGI. L'employeur sans établissement en France peut utiliser le titre firmes étrangères (TFE), voir nos 36680 s.

e. Régularisation des erreurs et trop-versés

ERREURS D'ASSIETTE OU DE TAUX DE PRÉLÈVEMENT

35565 L'employeur qui découvre qu'il a commis dans une DSN déjà transmise une erreur sur le taux ou l'assiette du prélèvement à la source ayant abouti à une insuffisance ou un excédent de prélèvement peut émettre une **DSN « annule et remplace »** jusqu'à la veille de l'échéance (voir n° 36475). Au-delà de cette date, ces erreurs peuvent être **régularisées** dans une DSN souscrite au titre d'un mois postérieur de la même année civile (CGI ann. II art. 95 ZO, I). Il est même admis que l'employeur puisse encore effectuer des régularisations portant sur les revenus de l'année N sur la DSN souscrite au titre de janvier N + 1 transmise en février N + 1. Passé ce **délai,** il n'a plus la possibilité de régulariser les erreurs commises (BOI-IR-PAS-30-10-50 n° 40 ; net-entreprises, fiche n° 1814).

La régularisation s'opère par inscription dans le bloc Régularisation (S21.G00.56) (BOI-IR-PAS-30-10-50 n° 30).

Elle **concerne les seules situations où** des erreurs ont été commises par l'employeur, au regard des informations dont il disposait au moment du versement du revenu, lorsqu'il a opéré le PAS ou lorsqu'il a rempli sa déclaration. Aucune régularisation ne doit donc être effectuée par l'employeur si la déclaration est conforme aux éléments dont il avait connaissance au moment du versement du revenu, par exemple en cas de réception, pour la première fois, d'un taux personnalisé pour un salarié auquel avaient été régulièrement appliquées jusque-là les grilles de taux par défaut (BOI-IR-PAS-30-10-50 n° 20). De même, un taux personnalisé valide lors de son utilisation ne donne pas lieu à régularisation, même s'il n'est pas issu du compte rendu métier le plus récent. Ne donnent pas non plus lieu à régularisation dans la DSN les rappels de salaire (n° 53620), l'envoi d'un taux par l'administration fiscale qui s'avère incorrect par la suite (Cahier technique DSN 2022.1.3 p. 57) ou les soldes à payer ou remboursements de trop-versés apparaissant à la suite de la déclaration annuelle de revenus du salarié.

> Précisions **a.** En cas d'erreur de **taux,** l'employeur applique le taux régularisé (différence entre le bon taux et celui appliqué par erreur) à la rémunération nette fiscale déclarée le mois de l'erreur. En cas d'erreur de calcul de la **rémunération nette fiscale,** l'employeur applique le taux utilisé le mois de l'erreur à la rémunération nette fiscale régularisée (différence entre l'assiette qui aurait dû être soumise au prélèvement à la source et celle effectivement soumise au prélèvement). En cas d'erreur **simultanée** de taux et de calcul de la rémunération nette fiscale, l'employeur réalise successivement les deux opérations de régularisation dans deux blocs Régularisation distincts : l'un pour le taux, l'autre pour l'assiette (BOI-IR-PAS-30-10-50 n° 30 ; net-entreprises, fiche n° 1345).
b. Si une erreur a été **répétée sur plusieurs mois,** un bloc Régularisation doit être renseigné par mois d'erreur (net-entreprises, fiches nos 1341 et 1822), mais il est admis que si l'employeur n'est pas en mesure de le faire et si tous les mois concernés par l'erreur appartiennent au même

exercice fiscal, l'ensemble des régularisations peut être affecté sur le mois le plus récent de la période d'erreur (net-entreprises, fiche n° 1822). Par ailleurs, en cas d'application sur plusieurs mois d'un taux inférieur à celui transmis par les services fiscaux, il est permis, afin de ne pas pénaliser le salarié, d'étaler la régularisation sur le même nombre de mois (net-entreprises, fiche n° 1342), sous réserve, bien entendu, de ne pas dépasser la date limite au-delà de laquelle les régularisations ne sont plus admises.

c. La régularisation des erreurs de taux ou d'assiette suppose, également, dans les **versements au salarié** concerné, la restitution des sommes prélevées à tort (n° 35570) ou l'appel de montants supplémentaires. Le mois de la régularisation, le bénéficiaire supportera le prélèvement afférent à sa rémunération et se verra, selon le cas, rembourser un montant prélevé à tort ou prélever un supplément non perçu au titre de mois précédents, avec, le cas échéant, application de la mesure d'étalement mentionnée au b.

Erreurs ayant abouti à un excédent de prélèvement à la source Les excédents de prélèvement sont **imputés sur** l'ensemble des prélèvements à la source dus au titre du mois pour lequel la déclaration de régularisation est souscrite puis, le cas échéant, **pour le surplus,** doivent faire l'objet d'une **demande de remboursement** au service des impôts des entreprises dont l'établissement employeur dépend. La différence dont le remboursement a été demandé ne peut être imputée sur les montants de prélèvement à la source dus au titre des mois suivants (CGI ann. II art. 95 ZO, II ; BOI-IR-PAS-30-10-50 n°s 50 à 70). 35570

Le **formulaire** de demande de remboursement, ainsi qu'un service de **demande en ligne,** sont disponibles sur www.impots.gouv.fr (dans l'espace professionnel de l'employeur).

› Précisions a. Corrélativement, l'excédent de prélèvement à la source constaté doit être **restitué au bénéficiaire du revenu** et les documents justificatifs (bulletin de paie ou de pension) doivent être corrigés (BOI-IR-PAS-30-10-50 n° 50).

b. La **demande de remboursement** doit être présentée au plus tard le dernier jour du mois de février de l'année suivant celle au cours de laquelle les revenus concernés par l'erreur ont été mis à disposition ou réalisés (LPF art. R 196-1-1).

Erreurs non rectifiées dans les délais À défaut de régularisation via la DSN dans les délais admis (DSN de janvier N + 1 déposée en février N + 1), les rectifications d'**assiette du prélèvement** à la source sont effectuées directement par le salarié par le biais de sa déclaration annuelle de revenus ou, ultérieurement, par le dépôt d'une déclaration rectificative (en cas de minoration du revenu imposable dans sa déclaration initiale) ou d'une réclamation contentieuse (en cas de majoration du revenu imposable dans sa déclaration initiale). 35572

Quant aux erreurs de **taux** du prélèvement, elles sont automatiquement régularisées lors de la liquidation du solde de l'impôt sur le revenu du bénéficiaire sans que le salarié ait besoin de modifier sa déclaration de revenus (BOI-IR-PAS-30-10-50 n° 40).

ATTENTION

Si une erreur sur le montant de la **rémunération nette fiscale** est découverte après le 31 janvier N + 1, l'assiette et le montant du PAS ne peuvent plus être régularisés par l'employeur mais celui-ci demeure tenu d'informer l'administration fiscale de son erreur. Cette rectification est effectuée, via un bloc Régularisation (S21.G00.56) dans lequel la rubrique Type d'erreur (S21.G00.56.002) est valorisée à 04 (Rectification sur rémunération nette fiscale sans PAS) (net-entreprises, fiche n° 1821).

TROP-VERSÉS DE SALAIRE (« INDUS »)

Dans cette situation, l'employeur doit récupérer, d'une part, la rémunération versée à tort auprès de son salarié et, d'autre part, le prélèvement à la source correspondant versé à l'administration fiscale. Pour ce faire, l'administration distingue la régularisation effectuée par voie de compensation de celle opérée hors de ce cadre, notamment dans le cas de salariés ayant quitté l'entreprise à la date à laquelle intervient la régularisation. 35575

Régularisation par compensation La régularisation par compensation consiste pour l'employeur à **diminuer le revenu versé au salarié** le mois de la régularisation du montant du trop-versé, le solde à verser étant nul ou positif. Dans ce cas, l'employeur ne doit pas renseigner le bloc Régularisation de sa DSN. Il applique au solde de la rémunération, déduction faite de l'indu, le dernier taux mis à sa disposition (BOI-IR-PAS-30-10-50 n° 80) ou, à défaut de taux personnalisé encore valide, le taux par défaut correspondant à la base du prélèvement. 35580

EXEMPLE

Soit un salarié dont le contrat de travail prévoit une rémunération mensuelle nette de 2 500 €. En janvier, il perçoit une prime supplémentaire de 500 €. Le taux de prélèvement transmis à l'employeur est égal à 7 %. Ce dernier prélève une retenue à la source égale à 210 € (3 000 × 7 %). Le taux de prélèvement actualisé au 1er septembre est égal à 8 %. La prime supplémentaire de

500 € versée en janvier s'avère indue. Elle est imputée sur la rémunération nette fiscale d'octobre de l'année N. Au titre du mois d'octobre, l'employeur prélève une retenue à la source égale à 160 € ([2 500 – 500] × 8 %).

Mêmes données que l'exemple précédent, mais la compensation du versement indu de la prime de janvier N intervient en mars N + 1, la rémunération nette fiscale étant toujours de 2 500 € et le taux de prélèvement applicable en mars N + 1 étant également de 8 %. Au titre de mars N + 1, l'employeur prélève une retenue à la source égale à 160 € ([2 500 – 500] × 8 %). Dans la déclaration annuelle des revenus de l'année N, le montant de la prime sera intégré par le contribuable à ses revenus imposables de l'année et le montant de la retenue à la source de 35 € (500 × 7 %) afférent à cette prime sera intégré au calcul du montant de l'impôt sur les revenus de l'année N. Dans la déclaration annuelle des revenus de l'année N + 1, le montant du revenu imposable correspondant au mois de mars sera de 2 000 € et la retenue à la source y afférent, de 160 € (BOI-IR-PAS-30-10-50 n° 80).

35585 **Régularisation hors compensation** Lorsque tout ou partie du montant trop versé ne peut être régularisé par voie de compensation avec un revenu soumis au PAS versé au même salarié, par exemple parce que celui-ci a entre-temps quitté l'entreprise, le salarié (ou ex-salarié) ne rembourse à son employeur que la somme qu'il a réellement perçue (net payé) tandis que l'employeur se charge de **récupérer** directement auprès de l'administration fiscale **le montant de prélèvement** à la source correspondant à l'indu. À cette fin l'employeur indique le montant de l'indu récupéré auprès du salarié (montant net imposable avant imputation du PAS) dans le bloc Régularisation de la DSN et utilise le taux du prélèvement utilisé initialement (BOI-IR-PAS-30-10-50 n° 90), ce qui lui permet de toujours bénéficier du reversement de la même somme que celle qu'il a versée indûment.

› Précisions **a.** Lorsque l'indu remboursé concerne **plusieurs mois avec des taux de prélèvement différents,** l'employeur rencontrant des difficultés techniques pour reconstituer la somme nette de prélèvement en affectant le taux de chacun des mois peut appliquer le taux le plus récent de la période concernée (BOI-IR-PAS-30-10-50 n° 100).
b. L'employeur peut demander aux services fiscaux de lui restituer le montant du prélèvement qu'il a opéré sur les indus au moment de leur paiement, **sans attendre l'effectivité du remboursement par le salarié.** Pour cela, il doit pouvoir justifier que des actions en vue d'obtenir ce remboursement ont effectivement été engagées et que le salarié en a été informé (BOI-IR-PAS-30-10-50 n° 90).
c. La récupération du trop-versé par l'employeur doit intervenir dans la **limite de prescription** attachée à la rémunération versée indûment. La date butoir applicable aux cas de régularisation d'erreurs commises dans l'assiette et/ou le taux du prélèvement (n° 35565) n'est donc pas applicable (BOI-IR-PAS-30-10-50 n° 110).

f. Sanctions

35590 Le non-respect de l'obligation de **télérèglement** entraîne l'application d'une majoration de 0,2 % du montant des sommes dont le versement a été effectué selon un autre mode de paiement. Le montant de la majoration ne peut être inférieur à 60 € (CGI art. 1738).

Si le prélèvement n'est pas acquitté dans le délai légal, l'employeur est redevable d'un **intérêt de retard** de 0,2 % par mois de retard et d'une **majoration** de 5 % du montant des sommes payées tardivement (CGI art. 1727 et 1731,4).

En outre, des **amendes** sanctionnent les manquements déclaratifs et de versement du prélèvement, dont le montant est au minimum de 250 € (CGI art. 1759-0 A) :
– en cas de **déclaration dans les délais** mais comportant des **omissions ou inexactitudes,** l'employeur en court une amende de 5 %, portée à 40 % en cas d'erreur délibérée ;
– en cas de **non-dépôt de la déclaration** dans le délai légal, l'amende est de 10 % des sommes non déclarées ou non prélevées, portée à 40 % si la déclaration n'est pas déposée dans les 30 jours suivant une mise en demeure de l'administration ;
– le **défaut de déclaration et de reversement des retenues effectivement prélevées** entraîne l'application d'une amende de 80 % (et peut, en outre, donner lieu à des poursuites pénales).

Ces différentes amendes ne se cumulent pas entre elles : ainsi, l'amende de 10 % ne s'applique que lorsque l'employeur n'a déposé aucune déclaration ou l'a déposée tardivement. Dans l'hypothèse où l'employeur ne dépose qu'une partie de sa déclaration dans les délais, seule la sanction de 5 % pour la partie déposée hors délais est applicable. En cas d'omission ou inexactitude sur une déclaration tardive, seule l'amende de 10 % s'applique à l'ensemble des retenues non déclarées dans les délais (BOI-IR-PAS 30-10-60 n° 50).

La divulgation ou l'utilisation à d'autres fins que l'établissement de la retenue du **taux de prélèvement** communiqué à l'employeur par les services fiscaux constitue une infraction à l'obligation de secret professionnel imposée par l'article L 103 du LPF, passible des sanctions prévues aux articles 226-13 ou 226-21 du Code pénal (LPF art. L 288 A).

› Précisions a. Le prélèvement à la source est recouvré et **contrôlé** selon les mêmes modalités et sous les mêmes **garanties et sûretés** que la TVA (CGI art. 1671, 5).
b. Les informations contenues dans la DSN sont prises en compte pour le calcul de l'**impôt sur le revenu dû par les salariés** qui y sont mentionnés, même en l'absence de paiement de la retenue par l'employeur au service des impôts. Dans l'hypothèse où l'entreprise a opéré le prélèvement à la source mais n'a pas souscrit la DSN correspondante et a fortiori n'a pas procédé au reversement des sommes dues, le salarié devra renseigner le montant du PAS, figurant sur ses bulletins de paie, au moment de la déclaration de revenus, afin que celui-ci soit pris en compte lors du calcul de son imposition (Rép. Herzog : Sén. 8-7-2021 nº 23642).

2. RETENUE À LA SOURCE DES NON-DOMICILIÉS

Une retenue à la source est applicable sur les sommes versées à des personnes qui ne sont pas fiscalement domiciliées en France, à titre de **salaires** rémunérant une activité professionnelle salariée exercée en France ou de **pensions** de retraite de source française (CGI art. 182 A), sous réserve toutefois des conventions internationales relatives aux doubles impositions (voir sur ce point Mémento fiscal nºs 82880 s.). **35800**

Le débiteur des sommes est tenu, lors de leur versement, d'opérer la retenue exigible et d'en verser le montant au Trésor public. En revanche, il n'a pas à collecter le prélèvement à la source de l'impôt sur le revenu visé nºs 35460 s., les revenus en cause n'y étant pas soumis (CGI art. 204 D).

› Précisions a. Les salaires versés à des **sportifs ou artistes domiciliés hors de France** sont passibles non de la retenue sur les salaires, mais de la retenue sur certains revenus non salariaux pour les sportifs (CGI art. 182 B) et d'une retenue à la source spécifique pour les artistes (CGI art. 182 A bis).
b. Des règles particulières de calcul de la retenue sur les salaires, non exposées ici, peuvent s'appliquer lorsque l'employeur ou le bénéficiaire des sommes est domicilié **outre-mer.**

Base de la retenue La base de la retenue est constituée par le montant net imposable, déterminé conformément aux règles applicables en matière d'impôt sur le revenu. **35805**

En ce qui concerne les **salaires** (voir nºs 35360 s.), on doit donc retenir l'ensemble des sommes et avantages en argent ou en nature alloués au salarié à l'occasion ou en contrepartie de son travail, à l'exception des allocations pour frais exonérées. Les salaires sont pris en compte pour leur montant net après application de la déduction forfaitaire de 10 % pour frais professionnels. En revanche, l'employeur ne peut pas opter pour la déduction des frais réels, cette possibilité étant formellement exclue par la loi pour le calcul de la retenue.

Les **pensions** de retraite sont également prises en compte pour leur montant net, après application de l'abattement spécial de 10 %.

› Précisions a. Pour le calcul de l'impôt sur le revenu (IR), le montant de la **déduction forfaitaire** de 10 % (salariés) et celui de l'**abattement spécial** de 10 % (retraités) mentionnés ci-dessus doivent, s'il y a lieu, être plafonnés pour les revenus excédant des limites fixées par la loi ; en sens inverse, des minima de déduction ou d'abattement sont prévus pour les revenus d'un faible montant. Cependant, pour le calcul de la base de la retenue à la source, il est fait abstraction de ces diverses limites qui ne peuvent s'apprécier qu'au niveau de la déclaration annuelle de revenus. Une régularisation est opérée par la suite, lors de l'établissement de l'IR dû par le bénéficiaire des revenus au titre de l'année considérée (ou, au besoin, par voie de réclamation) (BOI-IR-DOMIC-10-20-20-10 nºs 80 et 120).
b. La retenue à la source sur les salaires et pensions de retraite est **libératoire de l'impôt** sur le revenu pour la fraction imposable, taxée à 12 %, qui n'excède pas la limite au-delà de laquelle le taux de 20 % est applicable (BOI-IR-DOMIC-10-20-20-10 nº 290). Cette fraction n'est pas prise en compte pour le calcul de l'impôt sur le revenu, et la retenue correspondante n'est pas imputable (CGI art. 197 B). En revanche, la fraction imposable des revenus considérés qui excède la limite susvisée doit être prise en compte pour le calcul de l'impôt sur le revenu. La partie correspondante de la retenue est **imputable** sur le montant de cet impôt (CGI art. 182 A, V).

Calcul de la retenue La retenue à la source est calculée suivant un barème à trois tranches, auxquelles correspondent les **taux de 0 %, 12 % et 20 %.** Les limites des tranches sont, en principe, actualisées chaque année. On trouvera nº 96430 les barèmes de l'année 2023 et nº 95107 un modèle de bulletin de paie comportant une retenue à la source. **35810**

Lorsque les salaires et pensions de retraite passibles de la retenue sont payés par **trimestre,** au **mois,** à la **semaine** ou à la **journée,** les limites des tranches du tarif annuel sont divisées par 4, par 12, par 52 ou par 312.

En ce qui concerne le **choix du barème** à appliquer, l'administration a donné les directives suivantes :

– **salaires** : appliquer le barème mensuel ou hebdomadaire, lorsque le salarié a travaillé à temps complet au cours de la période considérée ; dans les autres cas (travail à temps incomplet ou rémunération non payée au mois ou à la semaine), appliquer le barème journalier au montant de la rémunération divisée par le nombre de jours de travail (les journées de travail à temps partiel étant comptées pour un jour) (BOI-IR-DOMIC-10-20-20-10 n° 190) ;

– **pensions** de retraite : appliquer les barèmes annuel, trimestriel, mensuel ou hebdomadaire en fonction de la durée de la période à laquelle se rapportent les paiements. À cet effet, cette période est décomposée, s'il y a lieu, en trimestres, mois et semaines, les fractions de période inférieures à sept jours étant comptées pour une semaine (BOI-IR-DOMIC-10-20-20-10 n° 200).

EXEMPLE

Soit un salarié non domicilié en France, ayant travaillé à temps complet au cours du mois considéré de 2023 (donc : application du barème mensuel). Rémunération nette mensuelle (cotisations sociales déduites) : 5 000 €.

Base de la retenue (après déduction de 10 % pour frais professionnels) : 5 000 € × 90 % = 4 500 €.

Calcul de la retenue :

(3 880 € – 1 338 €) × 12 % = 305,04 €.

(4 500 € – 3 880 €) × 20 % = 124 €.

Retenue totale : 305,04 € + 124 € = 429, 04 € (arrondis à 429 €, euro le plus proche).

35815 **Obligations de la partie versante et sanctions** Le débiteur est tenu d'**opérer la retenue** sur le montant des sommes payées (quelle que soit la forme du paiement : versement en numéraire, inscription au crédit d'un compte, virement bancaire) et d'en **verser le montant** au service des impôts du lieu de son domicile ou du siège de l'établissement, au plus tard le 15 du mois suivant le trimestre civil au cours duquel a eu lieu le paiement des revenus (CGI art. 1671 A).

Par mesure de simplification, la retenue n'a pas à être opérée ni versée au Trésor public lorsque son montant **n'excède pas 8 € par mois** pour un même salarié ou pensionné (CGI art. 1671 A), ce montant devant être apprécié mois par mois même en cas de paiement trimestriel de la retenue. Cette franchise de 8 € ne dispense pas l'employeur de faire figurer les rémunérations payées sur la DSN (BOI-IR-DOMIC-10-20-20-10 n° 250).

Le versement de la retenue doit être accompagné d'une **déclaration n° 2494** faisant apparaître, outre l'identité et l'adresse à l'étranger du bénéficiaire des revenus, le montant brut des sommes soumises à retenue, le taux et le montant de cette retenue. Pour les retenues à la source sur certains revenus non salariaux, l'administration fiscale a précisé que le débiteur doit déposer une seule déclaration 2494 regroupant l'ensemble des bénéficiaires et y joindre un paiement unique (BOI-IR-DOMIC-10-20-20-20 n° 200 et BOI-IR-DOMIC-10-20-20-50 n° 100). Cette solution devrait également s'appliquer à la retenue à la source sur salaires versés à des non-domiciliés.

Le montant de la retenue à la source doit apparaître sur le **bulletin de paie** (n° 13580) : pour un modèle, voir n° 95107.

› Précisions Dans la **DSN,** la retenue à la source des non-domiciliés est déclarée dans le bloc S21.G00.81. Son montant est indiqué en rubrique Montant de cotisation (S21.G00.81.004) et la rubrique Code de cotisation (S21.G00.81.001) est valorisée avec le code 077 (net-entreprises, fiche n° 1835).

35820 Lorsque la retenue à la source a été effectuée, mais n'a pas été reversée au service des impôts des entreprises (SIE), son montant reste dû. S'y ajoutent, le cas échéant, les **pénalités** suivantes (BOI-IR-DOMIC-10-20-20-10 n°s 380 s.) :

– si la déclaration n° 2494 n'a pas été souscrite dans les délais : intérêt de retard de 0,20 % par mois et majoration dont le taux est égal à 10 % en l'absence de mise en demeure de déposer la déclaration ou en cas de dépôt de la déclaration dans les 30 jours de la mise en demeure et à 40 % lorsque la déclaration n'a pas été déposée dans les 30 jours suivant la réception d'une mise en demeure (CGI art. 1727 et 1728, 1) ;

– si la déclaration souscrite (dans le délai ou tardivement) fait apparaître un reversement insuffisant par rapport à la retenue pratiquée : intérêt de retard de 0,20 % par mois (sauf mention expresse annexée à la déclaration) et majorations de 40 % en cas de manquement délibéré (mauvaise foi) du redevable et de 80 % en cas de manœuvres frauduleuses ou d'abus de droit (CGI art. 1727 et 1729) ;
– intérêt de retard de 0,20 % par mois et majoration de 5 % en cas de dépôt de la déclaration non accompagné du paiement intégral des droits correspondants (CGI art. 1731).

Lorsque la retenue à la source n'a pas été effectuée ou lorsqu'une retenue a été opérée de façon sciemment insuffisante, sont encourues les sanctions de droit commun : intérêt de retard et majorations (CGI art. 1727 s.).

À ces pénalités fiscales peuvent s'ajouter des **sanctions pénales** si le retard excède un mois (CGI art. 1771).

C. Tableaux récapitulatifs

Le régime fiscal des **principaux éléments de rémunération** versés aux salariés ou assimilés est résumé dans les tableaux ci-après. 35825

En principe, tout avantage ou élément de rémunération versé ou mis à disposition du salarié par l'employeur est compris dans la rémunération nette fiscale (RNF) déclarée en DSN, et donc dans la base de calcul du prélèvement à la source (PAS), s'il est imposable en tant que salaire. Ce principe connaissant des exceptions, les tableaux précisent, outre le caractère imposable ou non des éléments de rémunération, quels sont ceux compris dans la RNF déclarée dans la DSN ainsi que, le cas échéant, les retraitements à opérer sur cette RNF pour obtenir la base du PAS.

ATTENTION

On ne trouvera ici que les principaux éléments de rémunération ou les principales situations particulières. Pour les **rémunérations ou situations non évoquées,** il convient de se reporter aux parties 3 à 5 de cet ouvrage (n°s 37830 s.)

VERSEMENT EN ESPÈCES

35826

Nature de la rémunération	Caractère imposable ou non	Intégration ou non dans la RNF déclarée par l'employeur (rubrique DSN : S21.G00.50.002)	Intégration ou non dans la base du PAS	Pour en savoir plus, voir n[os]
Salaire, primes et commissions	Imposable, sauf exonération spéciale (CGI art. 82)	Oui, sauf exonération spéciale	Idem RNF	45110
Prime de partage de la valeur versée jusqu'au 31-12-2023	Exonérée pour les salariés ayant perçu, au cours des 12 mois précédant son versement, une rémunération inférieure à 3 Smic, dans la limite de 3 000 € par salarié ou, sous conditions, 6 000 €	Non, si exonérée	Idem RNF	45625
Rémunération des **heures supplémentaires et complémentaires** Rémunération des **jours de repos ou RTT travaillés**	Non imposable dans la limite globale de 7 500 €/an et par salarié (CGI art. 81 quater et loi 2022-1157 du 16-8-2022 art. 5)	Oui (y compris les sommes exonérées)[1]	Non (sauf pour la fraction excédant la limite ci-contre)	8170 s. et 9650

35826 (suite)

Nature de la rémunération	Caractère imposable ou non	Intégration ou non dans la RNF déclarée par l'employeur (rubrique DSN : S21.G00.50.002)	Intégration ou non dans la base du PAS	Pour en savoir plus, voir n^{os}
Remboursement de **frais professionnels** (remboursement au réel ou indemnités forfaitaires)	Non imposable si sommes destinées à couvrir des frais inhérents à la fonction ou à l'emploi et utilisées conformément à leur objet (CGI art. 81, 1). Les montants à concurrence desquels les allocations forfaitaires sont présumées être utilisées conformément à leur objet sont identiques en matière fiscale et sociale. Il en va de même des indemnités kilométriques versées aux salariés utilisant leur véhicule personnel pour des déplacements professionnels[2]	Non, si non imposable	Idem RNF	55770 s.
Déductions forfaitaires spécifiques (DFS) pour frais dont bénéficient certaines professions en matière sociale (VRP, ouvriers du bâtiment…)	Le montant déduit de l'assiette sociale reste imposable	Oui La RNF comprend le montant de la DFS mais pas le montant des sommes versées à titre de remboursement de frais professionnels (remboursement de frais réels ou allocations forfaitaires)	Idem RNF	57460
Gratification lors de la remise de la **médaille d'honneur du travail**	Non imposable dans la limite du salaire mensuel de base du salarié (CGI art. 157, 6° ; BOI-RSA-CHAMP-20-50-40 n° 50)	Non (sauf pour la fraction excédant la limite ci-contre)	Idem RNF	45810

1. Lorsqu'elles sont non imposables, les heures supplémentaires et la rémunération des jours de repos ne figurent pas dans le net imposable du bulletin de paie mais elles sont néanmoins intégrées dans la RNF de la DSN.
2. Par exception, pour les indemnités forfaitaires de mobilité professionnelle versées aux salariés amenés à changer de résidence professionnelle lors d'une mutation professionnelle, le barème social d'exonération ne joue pas en matière fiscale (n° 56820).

AVANTAGES EN NATURE ET AIDES DIVERSES

35827

Nature de l'avantage	Caractère imposable ou non	Intégration ou non dans la RNF déclarée par l'employeur (rubrique DSN : S21.G00.50.002)	Intégration ou non dans la base du PAS[1]	Pour en savoir plus, voir n[os]
Avantage en nature **nourriture, logement et/ou véhicule**	Imposable pour la valeur retenue pour le calcul des cotisations de sécurité sociale (CGI art. 82)	Oui	Idem RNF	40200 s.
Contribution de l'employeur aux **titres-restaurant**	Non imposable pour sa fraction exonérée de cotisations sociales (CGI art. 81, 19°)	Non (sauf pour la fraction excédant la limite ci-contre)	Idem RNF	51900 s.
Contribution de l'employeur aux **chèques-vacances**	Non imposable dans la limite de 1 Smic mensuel/an et par salarié (CGI art. 81, 19 bis)	Non (sauf pour la fraction excédant la limite ci-contre)	Idem RNF	53060 s.
Aide de l'employeur aux **frais de transport domicile-travail**	Imposable sous les réserves suivantes : – la prise en charge obligatoire de 50 % du prix des titres d'abonnement aux transports en commun ou aux services publics de location de vélo est non imposable (CGI art. 81, 19° ter-a) ; au-delà de 50 %, la prise en charge facultative est exonérée en 2022 et 2023 dans la limite de 25 % du prix (Loi 2022-1157 du 16-8-2022 art. 2) – la prise en charge des frais de carburant ou d'alimentation électrique ou hydrogène des véhicules et des autres frais de transport personnel sous la forme d'un forfait mobilités durables sont non imposables dans la limite pour 2022 et 2023 de 700 €/an et par salarié (dont 400 € au maximum pour les frais de carburant). En cas de cumul du forfait mobilités durables avec la prise en charge obligatoire de 50 % précitée, l'exonération s'applique dans la limite du plus élevé des 2 montants suivants : 50 % de l'abonnement ou 800 € (CGI art. 81, 19° ter-b modifié par loi 2022-1157 du 16-8-2022 art. 2 et 3)	Oui si imposable	Idem RNF	57580 et 57700

35827 (suite)

Nature de l'avantage	Caractère imposable ou non	Intégration ou non dans la RNF déclarée par l'employeur (rubrique DSN : S21.G00.50.002)	Intégration ou non dans la base du PAS[1]	Pour en savoir plus, voir nos
Utilisation à titre privé des outils de nouvelles technologies de l'information et de la communication (NTIC) mis à disposition par l'employeur : **téléphone, ordinateur, abonnement internet, etc.**	Non imposable si utilisation raisonnable pour les besoins de la vie quotidienne Imposable si utilisation plus importante. Dans ce cas l'avantage est évalué sur la base des dépenses réellement engagées ou, sur option de l'employeur, sur la base d'un forfait (BOI-RSA-BASE-20-20 n° 290)	Oui si imposable	Idem RNF	40360 et 40550
Cadeau ou bon d'achat de valeur modique remis lors d'un événement particulier (par l'entreprise ou le CSE)	Non imposable si remis à l'occasion d'un événement particulier sans lien direct avec l'activité professionnelle des bénéficiaires (mariage, anniversaire, naissance…) et si sa valeur est inférieure à 5 % du plafond mensuel de sécurité sociale par événement et par année civile, ce montant s'appliquant par exception pour Noël par salarié et par enfant (BOI-RSA-CHAMP-20-30-10-10 nos 60 s.)	Oui si imposable	Idem RNF	40670 s.
Tarif préférentiel sur les **biens et services produits ou rendus par l'entreprise** employeur	Non imposable si la réduction n'excède pas 30 % du prix public TTC pratiqué par l'employeur (BOI-RSA-BASE-20-20 n° 320)	Oui si imposable	Idem RNF	40700
Aide financière de l'entreprise ou du CSE au financement des **services à la personne**	Non imposable dans la limite de 2 301 €/an et par bénéficiaire (CGI art. 81, 37° ; Arrêté SPRS2236833A du 17-1-2023)	Non (sauf pour la fraction excédant la limite ci-contre)	Idem RNF	41720

1. Pas de prélèvement à la source si la **rémunération est constituée uniquement d'avantages** en nature ou si, en cas de rémunérations en espèces et en nature, le montant global du **PAS** est **supérieur à la rémunération en espèces**, voir n° 35485, b.

COMPTE ÉPARGNE-TEMPS (CET)

35828

Nature des droits	Caractère imposable ou non	Intégration ou non dans la RNF déclarée par l'employeur (rubrique DSN : S21.G00.50.002)	Intégration ou non dans la base du PAS	Pour en savoir plus, voir nos
Sommes retirées d'un CET que ce soit sous forme d'**indemnisation d'un congé** ou de **monétisation** des droits	Imposables sauf si les sommes retirées sont issues de l'intéressement, de la participation ou d'un plan d'épargne d'entreprise (C. trav. art. L 3343-1)	Oui si imposables	Idem RNF	72300
Utilisation des droits affectés sur le CET pour alimenter un **Perco** ou un **Pereco**	Droits provenant d'un abondement de l'employeur : même régime que l'abondement patronal au Perco Autres droits : non imposables dans la limite de 10 jours/an et par salarié (CGI art. 81-18°-b bis ; C. trav. art. L 3152-4 ; CSS art. L 242-4-3)	Oui si imposables	Idem RNF	72310
Utilisation des droits affectés sur le CET pour financer un **régime supplémentaire de retraite**	Droits provenant d'un abondement de l'employeur : même régime que les contributions patronales aux régimes supplémentaires de retraite ; Autres droits : même régime que les contributions salariales de retraite supplémentaire (dans la limite de 10 jours/an) (C. trav. art. L 3152-4 ; CSS art. L 242-4-3)	Oui si imposables	Idem RNF	72310

PARTICIPATION, INTÉRESSEMENT, ACTIONNARIAT, ÉPARGNE SALARIALE

Pour des tableaux récapitulant le régime social et fiscal des dispositifs d'épargne salariale, voir n° 51350 s. 35829

SOMMES EN PROVENANCE DE TIERS

35830

Nature de la rémunération	Caractère imposable ou non	Intégration ou non dans la RNF déclarée par l'employeur (rubrique DSN : S21.G00.50.002)	Intégration ou non dans la base du PAS	Pour en savoir plus, voir n^os
Indemnités journalières de **sécurité sociale** (IJSS) versées au titre d'une maladie non professionnelle, d'une maternité, d'une paternité, d'une adoption, d'un accident du travail ou d'une maladie professionnelle (AT/MP)	Imposables sous les réserves suivantes : – les IJSS pour AT/MP (y compris l'indemnité temporaire d'inaptitude versée dans l'attente du reclassement ou du licenciement du salarié inapte) sont non imposables à hauteur de 50 % de leur montant (CGI art. 81, 8° ; BOI-RSA-CHAMP-20-30-20 n° 170 ; Circ. DSS 2010-240 du 1-7-2010) ; – les IJSS pour une affection de longue durée sont intégralement non imposables (CGI art. 80 quinquies) ; – les IJSS supplémentaires de maternité attribuées sur décision de la CPAM à la femme dont le métier comporte des travaux incompatibles avec son état sont intégralement non imposables (BOI-RSA-CHAMP-20-30-20 n° 190)	Non Les IJSS, qu'elles soient ou non imposables, ne sont jamais déclarées en RNF par l'employeur, même s'il pratique la subrogation	Oui, si l'employeur pratique la subrogation Toutefois : – les IJSS pour AT/MP sont prises en compte pour 50 % de leur montant ; – les IJSS pour maladie sont soumises au PAS uniquement pendant 60 jours ; – les IJSS pour temps partiel thérapeutique ne sont pas soumises au PAS jusqu'au 31-12-2023 ; – les IJSS supplémentaires de maternité ne sont pas soumises au PAS	62130 s. et 62265 s.
Allocations complémentaires aux IJSS servies par un régime de **prévoyance complémentaire à adhésion obligatoire**	Intégralement imposables, même si le salarié participe à leur financement (BOI-RSA-CHAMP-20-30-20 n° 220)	Oui, si l'employeur pratique la subrogation	Oui, si l'employeur pratique la subrogation	62220
Allocations complémentaires aux IJSS servies par un régime de **prévoyance complémentaire à adhésion facultative**	Non imposables	Non, même si l'employeur pratique la subrogation	Non, même si l'employeur pratique la subrogation	62220
Pourboires	Imposables (BOI-RSA-CHAMP-20-10 n° 90) sauf, sous conditions, ceux versés en 2022 et 2023 aux salariés dont la rémunération mensuelle ne dépasse pas 1,6 Smic (Loi 2021-1900 du 30-12-2021 art. 5)	Oui, si imposables	Idem RNF	54630 s.

Nature de la rémunération	Caractère imposable ou non	Intégration ou non dans la RNF déclarée par l'employeur (rubrique DSN : S21.G00.50.002)	Intégration ou non dans la base du PAS	Pour en savoir plus, voir n^{os}
Sommes ou avantages alloués par le **comité social et économique** (CSE)	Imposables sauf s'il s'agit : – d'un secours (BOI-RSA-CHAMP-20-30-30 n° 20) ; – d'une contribution aux chèques-vacances financés par l'employeur (BOI-RSA-CHAMP-20-50-30 n°s 360 et 400) ; – d'un cadeau ou bon d'achat de valeur modique remis lors d'un événement (voir n° 35827) ; – ou d'une aide aux services à la personne (voir n° 35827)	Oui, si imposables	Idem RNF	41700 s.
Sommes, cadeaux ou avantages en nature accordés aux salariés par une **entreprise tierce**	Imposables (BOI-RSA-CHAMP-20-30-10-10 n°s 310 et 320)	Non Modalités déclaratives spécifiques en DSN	Oui	45850 et 45920 s.

RUPTURE DU CONTRAT DE TRAVAIL

Pour des tableaux récapitulant le régime fiscal des indemnités de rupture du contrat de travail, voir n° 67210 s. 35831

CONTRATS OU CAS PARTICULIERS

35832

Nature de la rémunération ou de l'avantage	Caractère imposable ou non	Intégration ou non dans la RNF déclarée par l'employeur (rubrique DSN : S21.G00.50.002)	Intégration ou non dans la base du PAS	Pour en savoir plus, voir n^{os}
Rémunération des **Dirigeants**	Voir n°s 77450 s.	Voir n°s 77450 s.	Voir n°s 77450 s.	77450 s.
Salaires versés à un salarié en **contrat court** pour lequel l'employeur ne dispose pas de taux valide pour le PAS[1]	Imposable	Oui	La base du PAS est abattue d'un demi-Smic mensuel	76210
Salaire des **apprentis**	Non imposable pour la fraction du salaire n'excédant pas le montant du Smic annuel (CGI art. 81 bis)	Oui (y compris pour la fraction non imposable)	Uniquement si le salaire excède le Smic annuel (seul le montant excédentaire est soumis au PAS)	84200 s.

35832 (suite)

Nature de la rémunération ou de l'avantage	Caractère imposable ou non	Intégration ou non dans la RNF déclarée par l'employeur (rubrique DSN : S21.G00.50.002)	Intégration ou non dans la base du PAS	Pour en savoir plus, voir nos
Gratification versée à un élève ou étudiant effectuant un **stage en entreprise**	Non imposable pour la fraction de la gratification n'excédant pas le montant du Smic annuel (CGI art. 81 bis)	Oui (y compris pour la fraction non imposable)	Uniquement si la gratification excède le Smic annuel (seul le montant excédentaire est soumis au PAS)	89510 s.
Salaire versé à un **étudiant** ou un **lycéen** de moins de 26 ans	Non imposable, sur option de l'intéressé, dans la limite de 3 Smic mensuels/an et par salarié (CGI art. 81, 36°)	Oui (y compris pour la fraction inférieure ou égale à 3 Smic mensuels)	Idem RNF (si CDD court sans taux personnalisé : application de l'abattement demi-Smic mensuel)	89500
Préretraite « maison »	Imposable que le contrat de travail soit ou non rompu (BOI-RSA-CHAMP-20-20 n° 160)	Non Le montant de la préretraite est déclaré en DSN selon des modalités spécifiques	La préretraite est soumise au PAS par l'entreprise (BOI-IR-PAS-10-10-10 n° 40)	86530 et 86550
Retraite versée par l'entreprise	Imposable (CGI art. 79)	Non Le montant de la retraite fait l'objet de formalités déclaratives spécifiques	La retraite est soumise au PAS par l'entreprise (BOI-IR-PAS-10-10-10 n° 80) Les avantages en nature sont évalués comme pour le calcul des cotisations de sécurité sociale (CGI art. 82)[2]	52810
Rémunération des **journalistes**	Imposable avec option possible, lors de la déclaration annuelle des revenus, pour un abattement forfaitaire (CGI art. 81, 1°)	Oui – ni l'abattement fiscal ni la déduction forfaitaire spécifique applicable en matière sociale ne sont déduits – les sommes versées à titre de remboursement de frais professionnels (remboursement de frais réels ou allocations forfaitaires) ne sont pas prises en compte	Idem RNF	88750

Nature de la rémunération ou de l'avantage	Caractère imposable ou non	Intégration ou non dans la RNF déclarée par l'employeur (rubrique DSN : S21.G00.50.002)	Intégration ou non dans la base du PAS	Pour en savoir plus, voir nos
Primes d'**impatriation** versées à un salarié ou un dirigeant détaché temporairement en France depuis l'étranger ou recruté à l'étranger pour travailler en France	Non imposables pendant 9 ans si transfert du domicile fiscal en France et respect des conditions fixées par l'article 155 B du CGI	Non, si non imposables	Idem RNF	56835 s.
Sommes et avantages alloués aux **non-résidents** travaillant en France	Voir nos 35800 s.			
Sommes et avantages alloués aux **salariés travaillant à l'étranger**	Voir nos 71540 s.			

1. Constitue un contrat court un CDD dont le terme initial n'excède pas 2 mois ou, s'il s'agit d'un contrat à terme imprécis, dont la durée minimale n'excède pas 2 mois (CGI art. 204 H, III-1° d, al. 2).
2. Pas de prélèvement à la source en l'absence de versement en espèces, voir n° 35485, b.

SOMMES VERSÉES EN APPLICATION D'UNE DÉCISION DE JUSTICE

35833

Nature des droits	Caractère imposable ou non	Intégration ou non dans la RNF déclarée par l'employeur (rubrique DSN : S21.G00.50.002)	Intégration ou non dans la base du PAS	Pour en savoir plus, voir nos
Indemnité forfaitaire de **conciliation prud'homale** prévue par l'article L 1235-1 du Code du travail	Non imposable dans la limite du barème réglementaire (CGI art. 80 duodecies, 1-1°)	Non	Non	65710
Indemnités allouées au titre d'un **préjudice moral**	Imposables si supérieures à un million d'euros (CGI art. 80)	Non, même si imposables	Non, même si imposables (CGI art. 204 D)	
Indemnité allouée pour : – défaut de respect de la procédure de **licenciement** ; – licenciement sans cause réelle et sérieuse ; – nullité du licenciement – non-respect de la procédure de licenciement collectif pour motif économique ou de la priorité de réembauche	Non imposable (CGI art. 80 duodecies, 1-1°)	Non	Non	65810

CHAPITRE 10

DÉCLARATION DES SALAIRES ET PENSIONS

SOMMAIRE

A. Règles communes aux déclarations et formalités **35900**
B. Déclaration sociale nominative **36350**
1. Employeurs et salariés concernés **36360**
2. Modalités et délais de souscription **36400**
a. DSN mensuelle **36410**
b. DSN événementielles **36440**
3. Vérification de la DSN **36470**
4. Sanctions **36490**
C. Titres simplifiés **36570**
D. Déclaration des pensions et rentes viagères **36750**
E. Relevé des frais généraux **36820**

35840 Sont examinées ci-après la déclaration sociale nominative (DSN), dispositif obligatoire, ainsi que les modalités de recours à certains **dispositifs spécifiques** de simplification des formalités (titre emploi-service entreprise, chèque emploi associatif, etc.).

Outre la DSN, certains employeurs sont tenus de souscrire auprès de l'**administration fiscale** :

– le relevé de frais généraux des sociétés soumises à l'impôt sur les sociétés (n°s 36820 s.) ;

– la déclaration des pensions et rentes viagères (n°s 36750 s.) ;

– le relevé de versement provisionnel ainsi que la déclaration annuelle de taxe sur les salaires (ces déclarations sont étudiées avec cette taxe : voir n°s 31900 s.).

A. Règles communes aux déclarations et formalités

DROIT À L'ERREUR

35900 **Vis-à-vis de l'Urssaf** Si des erreurs sont constatées dans ses déclarations de cotisations et contributions sociales, l'employeur échappe aux majorations de retard et aux pénalités y afférentes (CSS art. R 243-10) :

– **si ces erreurs sont corrigées** lors de l'échéance déclarative la plus proche et donnent lieu au versement, à la même échéance, du complément de cotisations et de contributions sociales correspondant ;

– **et si l'une des conditions** suivantes est remplie :

• la déclaration rectifiée et le versement régularisateur sont adressés au plus tard lors de la première échéance suivant celle de la déclaration et du versement initial,

• ou le montant des majorations et pénalités qui seraient applicables est inférieur à la valeur mensuelle du plafond de la sécurité sociale,

• ou le versement régularisateur est inférieur à 5 % du montant total des cotisations initiales.

ATTENTION

Le droit à l'erreur ne joue pas en cas **d'omission de salariés** dans la déclaration ou d'**inexactitudes répétées** du montant des rémunérations déclarées (CSS art. R 243-10).

35905 **Vis-à-vis de l'administration fiscale et des autres organismes** Une personne ayant méconnu pour la **première fois** une règle applicable à sa situation ou ayant commis une **erreur matérielle** lors du renseignement de sa situation ne peut faire l'objet, sauf en cas de fraude ou de mauvaise foi, d'une sanction administrative, pécuniaire ou consistant en la privation de tout ou partie d'une prestation due, si elle a **régularisé** sa situation de sa propre initiative ou après avoir été invitée à le faire par l'administration dans le délai que celle-ci lui a indiqué (CRPA art. L 123-1 et L 123-2). Cette règle a **vocation à s'appliquer** à l'ensemble de l'administration au sens de l'article L 100-3 du Code des relations entre le public et l'administration, notamment aux organismes et personnes de droit public et de droit privé chargés d'une mission de service public administratif.

› Précisions En cas de **mauvaise foi** ou de **fraude,** une sanction peut être prononcée, sans que la personne en cause soit invitée à régulariser sa situation (CRPA art. L 123-1, al. 2). Est de mauvaise foi toute personne ayant délibérément méconnu une règle applicable à sa situation, la preuve en incombant à l'administration (CRPA art. L 123-2).

RÈGLE D'ARRONDI SUR LES DÉCLARATIONS

Les montants des assiettes et des cotisations figurant sur les **déclarations sociales** doivent être arrondis à l'euro le plus proche, la fraction d'euro au moins égale à 0,50 étant comptée pour 1 € (CSS art. L 133-10) et la fraction inférieure étant négligée. Il en va de même, **en matière fiscale,** des bases d'imposition (CGI art. 1649 undecies). 35920

EXEMPLE

Un salaire de 1 000,25 € est arrondi à 1 000 € sur les déclarations sociales et fiscales. Un salaire égal à 1 000,50 € est arrondi à 1 001 € sur ces déclarations.

TIERS DÉCLARANT

Toute déclaration ou toute **formalité sociale** incombant aux employeurs peut être effectuée pour leur compte par un tiers (notamment un expert-comptable) (CSS art. L 133-11, I). 35930

Ce **tiers** est **identifié par** l'Urssaf de l'employeur lors de la première DSN qu'il effectue pour son compte. Il devient alors l'**interlocuteur principal** de l'Urssaf et il est réputé, sauf convention contraire des parties, accomplir aussi l'ensemble des déclarations ou formalités de son client auprès de la Carsat ou de la CPAM (CSS art. L 133-11, I et R 133-43, I).

Quelles que soient les stipulations du mandat confié au tiers, l'**employeur** reste tenu à l'ensemble des obligations et bénéficie de l'ensemble des droits prévus par le CSS à l'égard des organismes de sécurité sociale (CSS art. R 133-43, I). En particulier, il demeure tenu de répondre aux demandes de ces organismes et, en cas de défaillance du tiers, d'effectuer lui-même les déclarations et formalités (CSS art. R 133-43, III). Le contrôle, le recouvrement et les sanctions continuent d'être mis en œuvre à son égard (CSS art. L 133-1, II). Il reste passible des pénalités et majorations dues pour déclaration inexacte ou défaut de déclaration (CSS art. R 133-43, III).

S'agissant de l'exercice par un tiers de **démarches propres au cotisant,** voir n°s 20610 s. (rescrit social) et 21360 (transaction avec l'Urssaf).

Les tiers déclarants sont tenus de procéder par **voie dématérialisée** aux déclarations pour le calcul des cotisations et contributions sociales et, le cas échéant, au paiement pour le compte de leurs clients. La méconnaissance de l'obligation de dématérialisation entraîne l'application aux tiers déclarants d'une **majoration,** à verser à l'organisme de recouvrement dont dépend l'employeur, égale à 0,2 % des sommes dont la déclaration ou le versement a été effectué par une autre voie (CSS art. L 133-5-5 et L 133-11, III). 35935

En cas de **fraude du tiers déclarant,** ou de complicité de fraude, celui-ci peut se voir retirer, pour une durée maximale de 5 ans, le droit d'exercer une mission de tiers déclarant auprès de l'ensemble des organismes de sécurité sociale (CSS art. L 133-11, I). La **sanction** est **notifiée** par l'Urssaf au tiers déclarant, à ses clients ainsi qu'aux organismes de sécurité sociale par tout moyen permettant de rapporter la preuve de sa date de réception. Le **tiers déclarant** doit aussi **informer** ses clients dans un délai de 8 jours à compter de la date de réception de la notification de la décision de l'organisme. Il doit, dans le délai d'un mois, leur **restituer l'ensemble des pièces** justificatives leur appartenant qui sont en sa possession (CSS art. R 133-44, III).

ATTENTION

Toute personne qui, dans l'exercice d'une **activité professionnelle** de conseil à caractère juridique, financier ou comptable ou de détention de biens ou de fonds pour le compte d'un tiers, fournit intentionnellement une **prestation** contribuant directement à la **commission** ou à la **dissimulation** d'actes constitutifs de l'abus de droit s'expose à une amende égale à 50 % des revenus tirés de la prestation fournie sans pouvoir être inférieure à 10 000 € (CSS art. L 114-18-1).

NON-SOUSCRIPTION INTENTIONNELLE DES DÉCLARATIONS

35950 Le fait pour l'employeur de se soustraire intentionnellement aux déclarations relatives aux **salaires** ou aux **cotisations sociales** assises sur ceux-ci auprès des organismes de recouvrement ou de l'administration fiscale est réputé travail dissimulé par dissimulation d'emploi salarié (C. trav. art. L 8221-5). Cette infraction est passible de **sanctions pénales et administratives.**

La constatation d'une telle infraction a, en outre, pour effet de permettre à l'organisme de recouvrement d'annuler tout ou partie des **réductions ou exonérations de cotisations** appliquées par l'employeur, voir nº 21740.

Une Urssaf partie civile à un procès pénal pour travail dissimulé peut réclamer, sous forme de **dommages et intérêts,** le montant des cotisations sociales éludées par le prévenu reconnu coupable de l'infraction (Cass. crim. 29-11-2016 nº 15-85.887 FS-D).

Sur la responsabilité financière de la personne recourant aux services d'un employeur qui pratique le travail dissimulé, voir nºs 11800 s.

B. Déclaration sociale nominative

36350 La déclaration sociale nominative (DSN) **permet aux employeurs de** transmettre de façon dématérialisée, en un point unique, les données sociales et fiscales relatives à chacun de leurs salariés.

Elle est constituée d'une **déclaration mensuelle** et dématérialisée générée automatiquement par le logiciel de paie et d'une déclaration au fil de l'eau en vue du **signalement d'événements** (arrêts de travail et fins de contrat).

› Précisions La déclaration sociale nominative a pour **objet** (Décret 2013-266 du 28-3-2013 art. 3) :
– de simplifier les démarches pour les entreprises dans le domaine social et fiscal ;
– de faciliter les démarches des salariés relatives à leur protection sociale et leur placement en cas de situation de recherche d'emploi ;
– d'assurer la concordance des informations entre les montants déclarés pour l'ouverture ou le rétablissement des droits et le calcul des prestations, d'une part, et les montants soumis à cotisations sociales, d'autre part ;
– de permettre de détecter les erreurs déclaratives afin d'éviter les indus, de prévenir les fraudes aux prestations et aux cotisations sociales, de mettre à jour et, le cas échéant, rectifier les droits des salariés ;
– de produire des statistiques anonymes à des fins de suivi de l'évolution de l'emploi et des salaires ;
– de permettre le recouvrement des cotisations et contributions sociales dont l'employeur est redevable et la prise en compte des exonérations dont il bénéficie ;
– de calculer les effectifs de l'employeur pour la détermination du montant et le recouvrement des cotisations et contributions sociales ainsi que pour la répartition du produit du versement mobilité et de la cotisation sur la valeur ajoutée des entreprises ;
– de permettre aux services de l'État de contrôler l'application du droit du travail, notamment en matière de lutte contre le travail illégal, et de mesurer l'audience et la représentativité syndicale et patronale dans les entreprises.

1. EMPLOYEURS ET SALARIÉS CONCERNÉS

36360 Sous peine de sanctions (nº 36490), la DSN doit être souscrite par tous les **employeurs** de personnel salarié ou assimilé, sauf par ceux ayant recours à des titres simplifiés : titre emploi-service entreprise, chèque emploi associatif, titre firmes étrangères, notamment (CSS art. L 133-5-3 et L 133-5-6). Seuls la métropole et les départements d'outre-mer sont concernés par la DSN. Sont donc exclues les entreprises situées dans les collectivités d'outre-mer ou en Polynésie française (net-entreprises, fiche nº 517).

Tous les **salariés** ou assimilés doivent figurer sur la DSN. Toutefois, pour quelques catégories particulières de salariés, certaines procédures déclaratives, non couvertes par la DSN, doivent être poursuivies en parallèle. Ces particularités sont indiquées dans le cadre des développements consacrés à ces catégories.

2. MODALITÉS ET DÉLAIS DE SOUSCRIPTION

36400 L'employeur effectue la DSN à partir des données utilisées pour l'établissement de la paie de l'ensemble de ses salariés. Cette déclaration est effectuée **par établissement** (CSS art. R 133-13), via le site www.net-entreprises.fr.

La DSN peut être souscrite par un **tiers déclarant** (nos 35930 s.).
Des **renseignements** peuvent être obtenus par téléphone (0 811 376 376) ainsi que sur le site précité.

> Précisions **a.** Les **salariés** doivent être **informés** sur les **données accessibles** dans le cadre de la DSN ainsi que sur les conditions d'exercice de leur droit d'accès à ces données et à leur rectification (Décret 2013-266 du 28-3-2013, art. 6-IV). Pour plus de détails sur les droits des personnes sur leurs données, voir nos 16490 s.
b. Les données de la DSN sont structurées à partir d'une **norme** commune aux différents organismes et administrations concernés, dite « norme NEODeS ». L'entreprise ou le tiers déclarant doit être équipé d'un **logiciel de paie** adapté. La liste des éditeurs de logiciels signataires de la charte DSN est disponible sur : www.net-entreprises.fr/media/documentation/signataires-charte-editeurs.pdf.
c. Une possibilité de **test des DSN** avant envoi est proposée aux déclarants.
d. Le site net-entreprises met des **fiches d'information** à disposition sur sa base de connaissances. Ces fiches, qu'il nous arrive de citer, peuvent être retrouvées en accolant le numéro de la fiche à la fin de l'adresse suivante : https://net-entreprises.custhelp.com/app/answers/detail_dsn/a_id/. Par exemple, la fiche n° 1736 est accessible à cette adresse : https://net-entreprises.custhelp.com/app/answers/detail_dsn/a_id/1736.
Il est également possible d'y accéder sur le site net-entreprises en tapant le numéro de la fiche dans la rubrique « Besoin d'aide ? Posez-nous vos questions ».

a. DSN mensuelle

DATE DE SOUSCRIPTION

Cas général La DSN mensuelle doit en principe être effectuée le mois suivant la période de travail au titre de laquelle les rémunérations sont dues et **au plus tard** aux dates suivantes (CSS art. R 133-14 et R 243-6 ; CGI ann. III art. 39 D) : 36410
– le 5 de ce mois pour les employeurs dont l'effectif est d'au moins 50 salariés et qui ne pratiquent pas le décalage de la paie ;
– le 15 de ce mois pour les employeurs de 50 salariés et plus décalant la paie (c'est-à-dire réglant les salaires le mois suivant la période de travail) et pour ceux de moins de 50 salariés.

L'**heure limite** du dépôt de la DSN le jour d'échéance est 12 h (midi) (Cahier technique DSN n° 1.4.2). Si l'échéance tombe un **jour férié ou non ouvré,** le délai est prorogé jusqu'au jour ouvrable suivant (CSS art. R 133-14, I ; CGI ann. III art. 39 D).

Tant que l'employeur n'a pas demandé la radiation de son compte, la déclaration doit être effectuée chaque mois, même si **aucune rémunération** n'a été versée au cours de celui-ci (CSS art. R 133-14, I ; CGI ann. III art. 39 D).

La DSN mensuelle peut être émise jusqu'à 1 mois **à l'avance** et 3 mois **en retard** (pour les pénalités de retard applicables dans ce cas, voir n° 36490) (Cahier technique DSN n° 1.4.2).

> Précisions Pour les **CDD saisonniers ou d'usage de moins d'un mois s'étendant sur 2 mois,** il est possible de n'établir qu'un seul bulletin de paie (n° 76200) et donc de verser une seule rémunération. Les règles d'assiette, de taux et de plafonnement sont alors celles en vigueur le dernier jour de la période d'emploi considérée (BOSS-Ass. gén.-510). Si le contrat commence avant l'échéance de paie du premier mois, deux déclarations sont nécessaires pour garantir l'acquisition des droits des salariés (BOSS-Ass. gén.-510). Si la période d'emploi débute après l'échéance de paie, par exception, une seule déclaration peut être établie (BOSS-Ass. gén.-520).

Arrêt de travail ou fin de contrat L'arrêt de travail ou la fin de contrat survenu **entre le 15 et le dernier jour du mois** n'a pas d'incidence sur la date de souscription de la DSN mensuelle. 36420

En revanche, si un tel événement survient **entre le premier jour du mois civil et le 14** du mois et que le délai fixé pour le signalement de cet événement expire avant le 15 du mois, une DSN anticipée et partielle doit être transmise dans le même délai que celui fixé pour le signalement de l'événement (CSS art. R 133-14, I), voir n° 36445 en cas d'arrêt de travail et n° 36460 en cas de fin de contrat. Cette DSN porte sur la rémunération du salarié concerné au titre du mois civil précédant celui de la survenance de l'événement (CSS art. R 133-14, I).

EXEMPLE

Soit un employeur déclarant les salaires du mois M – 1 pour le 15 du mois M. Un salarié tombe malade le 3 de ce mois M. L'employeur, s'il n'est pas subrogé dans les droits de l'assuré aux indemnités journalières, doit fournir la DSN du salaire du mois M – 1 du salarié dans les 5 jours ouvrés, soit (sauf jour férié) pour le 8 du mois M et non pour le 15.

CONTENU

36430 La DSN mensuelle est générée à partir des données utilisées pour l'établissement de la paie (CSS art. R 133-13). Elle **permet de s'acquitter des formalités** suivantes (CSS art. R 133-14, IV) :
– déclarations adressées aux organismes sociaux suivants : Urssaf, CGSS, organismes de retraite complémentaire, caisses gérant les régimes spéciaux (y compris la déclaration des cotisations sociales) ;
– attestation de salaire pour le paiement des indemnités journalières en cas d'arrêt maladie ou accident professionnel ou non, de congés maternité, paternité ;
– attestation destinée à Pôle emploi en cas de fin de contrat de travail ;
– décompte des effectifs prévu au CSS (nos 18800 s.) ;
– formalités permettant l'alimentation du compte personnel de formation ;
– déclaration des facteurs de risques professionnels en vue de l'alimentation du compte professionnel de prévention ;
– déclaration de départ des seniors (no 86160) ;
– déclaration mensuelle des mouvements de main-d'œuvre (DMMO) pour les établissements du secteur privé employant au moins 50 salariés et enquête statistique sur les mouvements de main-d'œuvre (EMMO) pour ceux employant moins de 50 salariés ;
– déclaration fiscale des salaires et des informations relatives au prélèvement à la source de l'impôt sur le revenu.

Transitent aussi par la DSN des informations relatives à la déclaration fiscale des honoraires (Arrêté FCPE1611447A du 22-4-2016 modifié), à la taxe sur les salaires (no 31920), aux contributions dues au titre de la formation et de l'alternance (no 31130) et à la participation-construction (no 33500).

Enfin, lorsque son contenu, tel que défini par la norme NEODeS, le rend possible, la DSN permet aussi aux employeurs de transmettre les informations à destination des organismes de prévoyance complémentaire et des caisses de congés payés (CSS art. R 133-14, VI).

> **Précisions a.** Les **catégories d'informations** que les différents organismes destinataires sont habilités à recevoir sont fixées par les arrêtés FCPE1611447A du 22-4-2016 modifié et SSAS2201705A du 9-2-2022.
> **b.** En principe, ces informations doivent leur être déclarées **mensuellement** sous réserve de quelques **exceptions.** Ainsi, par exemple :
> – la déclaration des opérations d'actionnariat salarié relève de règles spécifiques : voir nos 50750 (levée d'options), 51100 (acquisition d'actions gratuites) et 51250 (souscription d'actions ou de parts de créateurs d'entreprises) ;
> – l'exposition aux facteurs de risques professionnels est déclarée dans la DSN souscrite en janvier N + 1 (DSN souscrite en janvier 2024 pour l'exposition en 2023). Elle s'effectue dans la DSN du mois suivant la fin du contrat si celui-ci s'achève en cours d'année (C. trav. art. R 4163-8) ;
> – l'obligation d'emploi des travailleurs handicapés donne lieu à une déclaration à la fois annuelle et mensuelle : voir nos 28320 s. ;
> – la déclaration des honoraires peut être transmise au plus tard durant le mois d'avril de l'année suivant le paiement des sommes (BOI-BIC-DECLA-30-70-20 no 400).
> **c.** Une déclaration dite « amorçage des données variables ou ADV » peut être effectuée **en amont** de la DSN mensuelle afin de **récupérer certaines données par anticipation** (dont le taux de prélèvement à la source et le bilan d'identification du salarié) et d'initialiser le processus d'affiliation du salarié auprès des organismes de prévoyance complémentaire. Cette déclaration facultative concerne, pour l'essentiel, les cas de mutation, d'embauche ou de fin de dispense d'affiliation à un régime de prévoyance (net-entreprises, fiche no 2217).
> **d.** Les sites des administrations et organismes diffusent les **guides** suivants :
> – comment déclarer et régulariser les cotisations Urssaf en DSN ;
> – cahier d'aide à la codification pour la retraite complémentaire Agirc-Arrco ;
> – guide du prélèvement à la source en DSN.

b. DSN événementielles

ARRÊTS DE TRAVAIL

36440 Le début et la fin de l'arrêt de travail pour **cause** d'accident ou de maladie (d'origine professionnelle ou non professionnelle), de congé de maternité, d'adoption ou de paternité et d'accueil de l'enfant donnent lieu à un signalement via la DSN. Ce signalement, qui remplace les anciennes attestations de salaire (CSS art. R 133-14, IV), déclenche le paiement des indemnités journalières.

> **Précisions a.** L'attestation de salaire pour le calcul des indemnités journalières doit continuer à être transmise selon les procédures antérieures (notamment via le site net-entreprises.fr) pour les **nouveaux embauchés** pour lesquels l'employeur n'a pas encore réalisé au moins une DSN

mensuelle conforme (net-entreprises, fiche n° 673) ainsi que pour certains salariés, notamment les salariés adhérents à une **caisse de congés payés** (net-entreprises, fiche n° 1458). Pour le **temps partiel thérapeutique,** voir n° 75610.

b. Le site de l'assurance maladie diffuse un **guide** intitulé « Pour une bonne gestion des arrêts de travail dans la DSN ».

Début d'arrêt de travail Le début de l'arrêt est signalé dans les **délais** suivants (CSS art. R 133-14, II ; Arrêté BUDS1317232A du 2-7-2013) : 36445

– arrêt de travail sans subrogation (n°s 61600 s.) : dans les 5 jours ouvrés suivants si la retenue sur salaire est pratiquée le mois où débute l'arrêt de travail ou, dans le cas contraire, en même temps que la DSN mensuelle du mois de survenance de l'événement ;

– arrêts de travail avec subrogation : en même temps que la DSN mensuelle du mois de survenance de l'événement. Toutefois, les entreprises qui pratiquent la subrogation peuvent transmettre leurs signalements d'arrêt de travail au fur et à mesure si elles le souhaitent (Guide pour une bonne gestion des arrêts de travail dans la DSN).

› Précisions a. Lors du **signalement du début** de l'arrêt, il convient de saisir (Guide pour une bonne gestion des arrêts de travail dans la DSN) :

– le motif de l'arrêt (bloc 60.001) ;

– la date du dernier jour travaillé (bloc 60.002) : en cas de maladie, il correspond au jour précédant l'arrêt de travail ou, si le salarié a travaillé le jour de l'arrêt, au jour de l'arrêt ;

– la date de fin prévisionnelle (bloc 60.003) : en cas de maladie, il correspond au dernier jour prescrit sur l'arrêt de travail ;

– et, en cas de subrogation (bloc 60.004), sa date de début (bloc 60.005) et sa date de fin (bloc 60.006), cette dernière correspondant à la date maximale prévue par la convention ou l'accord imposant la subrogation (elle ne doit pas être limitée au repos prescrit). Si elles ne sont pas préremplies, il faut également indiquer les coordonnées Iban (bloc 60.007) du compte de l'employeur sur lequel seront versées les indemnités journalières. Pour plus de détails, voir la documentation précitée sur le site net-entreprises.

b. En cas de **congé de paternité** et d'accueil de l'enfant, et de signalement de l'arrêt de travail hors DSN, l'employeur doit communiquer les dates du congé de paternité à la CPAM via le téléservice DEPOFI ou, en cas d'impossibilité d'utiliser net-entreprises, à l'aide du formulaire disponible sur ameli.fr

c. S'agissant du congé de **deuil d'un enfant** (n° 72100), aucun signalement DSN ne peut encore être transmis à la Cnam pour prise en charge. Dans l'attente, ce congé est à déclarer auprès de cet organisme via les attestations de salaire. Il convient néanmoins de déclarer les absences des salariés concernés par ce type d'arrêt au sein des DSN mensuelles (net-entreprises, fiche n° 2401).

d. Les **pièces justificatives** pour le traitement des indemnités journalières peuvent être transmises à l'assurance maladie via un téléservice accessible sur le site net-entreprises (net-entreprises, fiche n° 2364).

Reprise d'activité La reprise d'activité est en principe signalée dans la DSN mensuelle en renseignant la date de reprise (bloc 60.010) et le motif de la reprise (reprise normale/reprise temps partiel thérapeutique/reprise temps partiel raison personnelle). Toutefois, en cas de **retour anticipé** d'un arrêt maladie, il est obligatoire, sous peine de sanctions spécifiques (n° 61610, c), de le signaler au plus tard dans les 5 jours ouvrés qui suivent (CSS art. R 133-14, II ; Arrêté BUDS1317232A du 2-7-2013 ; net-entreprises, fiche n° 246). 36450

› Précisions a. Si l'arrêt est **signalé après la date de reprise** réelle, la date de reprise (bloc 60.010) doit être indiquée mais pas la date de fin prévisionnelle de l'arrêt (bloc 60.003).

b. Les **prolongations** d'arrêt de travail ne font pas l'objet d'un signalement mais alimentent la DSN mensuelle (net-entreprises, fiche n° 1983) : il suffit de modifier la date de fin prévisionnelle dans le logiciel de paie qui alimentera la DSN mensuelle. Ce principe est valable même si l'arrêt de travail se prolonge au-delà de 6 mois (Guide pour une bonne gestion des arrêts de travail). Si la période de subrogation initialement déclarée est insuffisante ou erronée, l'employeur doit transmettre un nouveau signalement d'arrêt de travail de type annule et remplace, dans lequel une nouvelle date de fin de subrogation est renseignée (net-entreprises, fiche n° 1983).

FINS DE CONTRAT

Toute fin de contrat de travail doit faire l'objet d'un signalement à Pôle emploi via la DSN **au plus tard** dans les 5 jours ouvrés suivants (CSS art. R 133-14, II ; Arrêté BUDS1317232A du 2-7-2013). Pôle emploi délivre alors en retour, via le tableau de bord de la déclaration, une **attestation employeur** rematérialisée (AER) à remettre au salarié sous peine de sanctions (voir n°s 66660 s.). L'Unédic diffuse un **guide** pour la déclaration des données à destination de Pôle emploi. Intitulé « Ce que fait l'assurance chômage de votre déclaratif », il est consultable à l'adresse suivante : net-entreprises, fiche n° 1996. 36460

> Précisions **a.** Selon la réglementation, les fins de **CDD d'usage, saisonniers** ou conclus avec les salariés des **associations intermédiaires** donnent lieu, sauf opposition du salarié, à déclaration uniquement via la DSN mensuelle et non via un signalement dans les 5 jours (CSS art. R 133-14, II). Toutefois, en pratique, si cette dérogation s'applique pour les CDD d'usage commençant et se terminant le même mois (net-entreprises, fiche n° 1723), elle n'a pas encore été mise en œuvre pour les autres contrats.
b. Lors de la déclaration d'une DSN de signalement Fin de contrat, il est obligatoire de déclarer un bloc Fin du contrat – S21.G00.62 et au minimum un bloc Préavis de fin de contrat – S21.G00.63 rattachés au contrat de travail de l'individu. La rubrique Motif de la rupture du contrat – S21.G00.62.002 permet de qualifier la rupture du contrat de travail en fonction de sa nature. La rubrique Type réalisation et paiement du préavis – S21.G00.63.001 permet, quant à elle, de préciser si le préavis est effectué, non effectué, payé ou non payé. Afin de faciliter le paramétrage des blocs et des rubriques S21.G00.62.002 et S21.G00.63.001, un tableau de concordance des motifs de rupture de contrat et des types de préavis pour les DSN signalement Fin de contrat est consultable ici : net-entreprises, fiche n° 1989.
c. En cas de **mutation** au sein d'une même entreprise, aucun signalement d'événement Fin de contrat ne doit être transmis et le contrat garde les mêmes références (date de début et numéro de contrat) lors des DSN mensuelles ultérieures. En cas de mutation en cours de mois, il incombe à l'établissement qui a payé la première période de déclarer l'individu dans sa DSN et à l'établissement qui a payé la seconde période de le déclarer dans la sienne (net-entreprises, fiche n° 128).

3. VÉRIFICATION DE LA DSN

INFORMATION DE L'EMPLOYEUR

36470 Après transmission des DSN mensuelles ou événementielles, l'employeur se voit délivrer, via le tableau de bord de la DSN, soit un **certificat de conformité** à la norme d'échanges, soit un **bilan d'anomalies** (CSS art. R 133-13). En cas d'anomalie bloquante conduisant au rejet de la DSN, l'employeur doit émettre une nouvelle déclaration avant la date d'exigibilité.
Les déclarations conformes (ou sans anomalie bloquante) sont transmises à chaque organisme ou administration, dans la limite des informations qui le concerne, lequel analyse la cohérence des données puis met à la disposition du déclarant, via son tableau de bord, un « **compte rendu métier** » (CRM) précisant les anomalies constatées ou confirmant la qualité des données transmises (CSS art. L133-5-3-1 ; net-entreprises, fiche n° 1381).

ATTENTION
La réception d'un **certificat de conformité** libère l'employeur de son obligation déclarative (net-entreprises, fiche n° 232) mais ne fait pas obstacle aux demandes des organismes, des administrations ou des salariés de rectifier ou mettre à jour les données inexactes ou incomplètes dans la DSN du ou des mois suivants (CSS art. R 133-13, IV).

CORRECTION DE LA DSN

36475 **Correction par l'employeur** En cas d'erreur ou d'oubli dans la DSN transmise (bilan d'anomalie non bloquant, compte rendu métier signalant des anomalies, erreurs ou omissions constatées au sein de l'entreprise après transmission de la DSN), l'employeur peut émettre une **DSN « annule et remplace ».** Il peut le faire plusieurs fois tant pour la DSN mensuelle que pour le signalement d'événements.
Pour la DSN mensuelle, la DSN « annule et remplace » doit toutefois être déposée au plus tard à minuit la veille du jour de l'échéance de la DSN initiale, soit, selon le cas, le 4 ou le 14 du mois à minuit (net-entreprises, fiche n° 85). Au-delà de cette date, la régularisation se fait sur une **DSN ultérieure.** L'employeur doit en effet corriger, de sa propre initiative ou à la demande des organismes concernés, lors de l'échéance déclarative la plus proche, les erreurs constatées dans ses déclarations de cotisations et de contributions sociales. À la même échéance, il verse le complément de cotisations et de contributions sociales en résultant ou, sauf demande de remboursement, déduit les sommes indûment versées (CSS art. R 243-10). Si les conditions du droit à l'erreur sont réunies, les **majorations et pénalités** ne sont pas appliquées, voir n° 35900.

> Précisions **a.** Pour les **cotisations recouvrées par l'Urssaf,** une correction est attendue si un élément de paie dû au salarié et devant donner lieu au versement de cotisations sociales n'a pas été déclaré ou l'a été incorrectement en paie (Guide Urssaf DSN n° 3.1). En cas de correction d'une erreur sur une année civile antérieure, la correction peut, sur la DSN, être imputée sur le mois de décembre de l'année rectifiée. Cette faculté, qui permet à l'employeur de ne pas avoir à modifier les déclarations opérées au titre des périodes d'emploi postérieures à l'erreur commise, n'est toutefois possible que si les règles de taux, d'assiette et de plafonnement ainsi que les exonérations applicables lors de la période d'activité faisant l'objet d'une correction, d'une part, et lors de celle à laquelle est rattachée cette correction, d'autre part, sont identiques (BOSS-Ass. gén.-470).

Pour les **rappels judiciaires** de salaire, voir nº 53560.

b. Les signalements « **Fin du contrat de travail** » peuvent être annulés, ou annulés et remplacés. En cas d'erreur sur le Siret de l'établissement, ou sur le numéro de sécurité sociale du salarié (NIR ou NIA), il convient d'annuler le premier signalement (via une déclaration « annule » portant les mêmes informations que le signalement à annuler), puis de faire un nouveau signalement de « Fin du contrat de travail » portant le bon salarié (net-entreprises, fiche nº 434).

c. Les signalements « **Arrêt de travail** » ou « Reprise suite à arrêt de travail » peuvent être annulés et remplacés par un signalement, mais ne peuvent pas être uniquement annulés. L'annulation des signalements « Arrêt de travail » est en effet inutile, car les indemnités journalières ne sont pas versées tant que le certificat médical n'a pas été transmis à la caisse (net-entreprises, fiche nº 434).

d. Pour l'exposition aux **facteurs de risques professionnels,** l'employeur doit procéder aux rectifications au plus tard dans la DSN souscrite en avril de l'année N + 1 ou, si la rectification est faite en faveur du salarié, dans les 3 ans de la déclaration initiale (par exemple, jusqu'au 5 ou 15-1-2023 pour l'exposition 2019) (C. trav. art. R 4163-8).

e. Pour les corrections concernant le **prélèvement à la source,** voir nºs 35565 s.

Correction par l'Urssaf Si l'employeur ne corrige pas les anomalies signalées, la correction pourra, à l'avenir, être réalisée par l'Urssaf à qui la déclaration a été adressée. Cette correction **tiendra compte de l'ensemble des demandes** de correction signalées par les autres organismes ou administrations destinataires des données. Elle devra être précédée d'une phase d'**échanges contradictoires** dont les modalités seront fixées par décret (CSS art. L 133-5-3-1). 36480

4. SANCTIONS

Les pénalités applicables sont les suivantes : 36490

Manquement	Pénalité encourue	Plafond des pénalités
Défaut de production de la DSN dans les délais (CSS art. R 243-12)	1,5 % du plafond mensuel de sécurité sociale (PMSS) par salarié ou assimilé. Pénalité appliquée pour chaque mois ou fraction de mois de retard et calculée en fonction de l'effectif connu ou transmis lors de la dernière déclaration produite par l'employeur. À cette sanction s'ajoute un mécanisme de taxation provisionnelle, voir nº 19665	Si le défaut de production n'excède pas 5 jours, la pénalité est plafonnée par entreprise à 150 % du PMSS en vigueur. Plafonnement applicable une seule fois par année civile
Omission de salariés ou assimilés (CSS art. R 243-12)		
Inexactitude des rémunérations déclarées ayant pour effet de minorer le montant des cotisations dues (CSS art. R 243-13, I)	1 % du PMSS par salarié ou assimilé	Pas de plafond
Autres omissions ou inexactitudes (CSS art. R 243-13, I)	1/3 de 1 % du PMSS, soit 0,33 % du PMSS par salarié ou assimilé	Pas de plafond
Déclaration non conforme à la nomenclature (CSS art. R 243-13, II)		

En cas d'application de ces pénalités, il est interdit de prononcer, pour les mêmes faits, toute **autre sanction** prévue pour réprimer les manquements aux obligations de déclaration auxquelles la DSN se substitue, à l'exception des sanctions prévues en cas de manquement à l'obligation de déclaration du prélèvement à la source à l'administration fiscale (CSS art. R 243-14).

Mais l'employeur coupable de **travail dissimulé** peut être condamné aux sanctions spécifiques à ce type d'infraction, voir nº 35950.

CONSEIL

En cas d'erreur déclarative, il est fortement conseillé de la régulariser spontanément ou dès que l'organisme le demande afin de bénéficier d'une remise des majorations et pénalités en vertu du **droit à l'erreur,** voir nºs 35900 s.

C. Titres simplifiés

36570 Divers dispositifs d'allégement des formalités sont proposés aux employeurs.

Pour le guichet unique du spectacle occasionnel (**Guso**), voir nos 69870 s.

TITRE EMPLOI-SERVICE ENTREPRISE (TESE)

36580 Facultatif, le titre emploi-service entreprise (Tese) décharge les employeurs des formalités suivantes (C. trav. art. L 1273-5) :

– établissement du contrat de travail, de la déclaration préalable à l'embauche, des bulletins de paie et du certificat de travail ;

– pour le CDD, établissement d'un contrat écrit, inscription des mentions obligatoires et transmission du contrat ;

– établissement d'un contrat écrit pour le contrat à temps partiel et inscription des mentions obligatoires.

Il leur permet (C. trav. art. L 1273-3 et D 1272-2 ; CSS art. L 133-5-7) :

– d'obtenir le calcul des rémunérations dues aux salariés et des cotisations et contributions d'origine légale et conventionnelle rendues obligatoires par la loi ;

– de souscrire les déclarations de cotisations auprès de l'Urssaf, des caisses de retraite et de prévoyance complémentaire, des organismes d'assurance chômage et des caisses de congés payés. L'utilisation du Tese dispense, en effet, de la transmission d'une déclaration sociale nominative (DSN), voir no 36630 ;

– de déclarer et payer certaines autres cotisations et contributions sociales ;

– de déclarer les montants donnant lieu au prélèvement à la source ;

– de satisfaire au respect des obligations relatives à l'organisation du service de santé au travail et à la visite d'information et de prévention.

Attention, toutes les formalités (adhésion, identification des salariés, déclaration des éléments de calcul des cotisations, etc.) doivent être effectuées par **voie dématérialisée.** Le non-respect de cette obligation est passible de la sanction prévue en cas de défaut de production de la DSN (no 36490) (CSS art. L 133-5-8).

› Précisions a. La **gestion du dispositif** est partagée entre (Arrêté CPAS1925544A du 9-9-2019) :

– des centres nationaux Tese, chargés des adhésions, de la réception des déclarations, du calcul du montant des cotisations, des contributions sociales et de la retenue à la source, ainsi que de l'émission du bulletin de paie et du décompte des cotisations, contributions sociales et retenue à la source ;

– les Urssaf, chargées du recouvrement des cotisations et du contrôle des employeurs.

Chaque centre gère le Tese pour les **secteurs professionnels** qui lui sont assignés :

– centre de Bordeaux : BTP, commerce et réparation automobile (garages, stations-service, concessionnaires...) ; immobilier (agences immobilières, syndics de copropriété...) ; commerce de détail et de gros non alimentaire, industrie du textile-habillement, HCR (y compris hôtellerie de plein air, restauration collective, restauration rapide et livrée...) ; boulangerie, pâtisserie (y compris biscuiterie, chocolaterie...) ; activités de loisirs (activités récréatives ou culturelles, bals, discothèques, bowlings, radio, télévision, cinéma...) ; imprimerie, édition ; éducation, formation ; industrie alimentaire (production, fabrication, transformation...) ; industrie manufacturière (métallurgie, chimie, bois, plasturgie...) ; récupération et traitement des déchets ; gestion de l'eau (captage et distribution). Adresse : TSA 10101, 33902 Bordeaux cedex 9 ; tél. : 0806 803 873 ;

– centre de Paris : commerce de détail et de gros alimentaire ; métiers de bouche (boucherie, charcuterie...) ; services à la personne (coiffure, esthétique, blanchisserie...) ; santé et action sociale (professions de santé, structures d'accueil, vétérinaires...) ; transport (transport routier, transport de voyageurs, agences de voyages...) ; entreprises de services (activités financières, juridiques, informatiques, conseil, sécurité, nettoyage, assurance, publicité, centres d'appels, architecture...) ; recherche et développement, agriculture uniquement pour l'outre-mer. Adresse : TSA 90029, 93517 Montreuil cedex ; tél. : 0806 803 873.

Site internet du Tese : www.letese.urssaf.fr.

b. C'est le centre Tese dont relève l'entreprise qui est chargé d'établir les formalités et déclarations auxquelles la **DSN** se substitue (no 36630). Dans ce cadre sont gérées les attestations employeur Pôle emploi et la déclaration arrêt de travail pour maladie.

36590 **Champ d'application** Le Tese s'adresse aux employeurs de France métropolitaine, des DOM, Saint-Barthélemy, Saint-Martin et Saint-Pierre-et-Miquelon quel que soit leur effectif (CSS art. L 133-5-6 ; C. trav. art. L 1522-3).

Sont **exclues** de ce dispositif :

– les entreprises dont les salariés relèvent du régime agricole, les organisateurs non professionnels de spectacles vivants, lesquels disposent déjà de dispositifs spécifiques.

S'agissant des organisateurs non professionnels de spectacles vivants, voir nos 69870 s. (CSS art. L 133-5-6) ;
– les entreprises relevant de régimes spéciaux (EDF, GDF, les mines…), les groupements d'employeurs, les entreprises de travail temporaire, les CSE et, pour l'outre-mer, les entreprises relevant des secteurs de la pêche et de l'aquaculture (L'essentiel du Tese – letese.urssaf.fr).

Le Tese peut être utilisé pour un **salarié déjà présent** dans l'entreprise, quel que soit son contrat (CDI, CDD), ou pour toute **nouvelle embauche.** 36600
À compter du 1-1-2024, l'employeur pourra utiliser le Tese pour une partie seulement de ses salariés. En revanche, jusqu'au 31-12-2023, l'employeur qui souhaite y adhérer doit l'utiliser pour l'**ensemble de ses salariés** (CSS art. L 133-5-6 ; Loi 2021-1754 du 23-12-2021 art. 13, I-6° et IV).

Jusqu'à cette date, les employeurs occupant des salariés non gérés par ce dispositif ne peuvent donc y recourir. Ces salariés sont les suivants : salariés dont les cotisations sont calculées sur des taux réduits (artistes, intermittents du spectacle, journalistes, certains médecins…), VRP multicartes, vendeurs à domicile, travailleurs à domicile. Les stagiaires dont la gratification est supérieure à la franchise de cotisations sociales ne sont pas non plus gérés par ce dispositif (L'essentiel du Tese – letese.urssaf.fr).

Adhésion L'adhésion peut se faire à tout moment et s'effectue obligatoirement en ligne sur le site : www.letese.urssaf.fr via l'espace employeur. 36610
Après finalisation de l'adhésion, le déclarant est prévenu par mail de la mise à disposition d'un accusé de réception d'adhésion sur son espace employeur sur le site www.letese.urssaf.fr.

> **Précisions** L'adhésion au dispositif Tese ne vaut pas affiliation auprès des organismes de **retraite complémentaire et de prévoyance obligatoires** ou des caisses de **congés payés** : l'entreprise utilisant le Tese doit avant d'y recourir se faire connaître auprès de ces organismes. Elle ne dispense pas, par ailleurs, l'entreprise d'accomplir les **formalités habituelles** d'immatriculation, de modification administrative ou, le cas échéant, de radiation auprès du **guichet unique des formalités des entreprises** compétent (Circ. Acoss 45 du 16-4-2009).

Obligations déclaratives des employeurs Les employeurs sont tenus à trois déclarations : 36620
– déclaration d'identification du salarié (CSS art. D 133-13-1) ;
– déclaration comportant les données relatives au salarié et à la période d'activité (CSS art. D 133-13-2 et D 133-13-6) ;
– déclaration d'arrêt de travail et de fin du contrat de travail (CSS art. D 133-13-4).
Toutes les déclarations concernant les salariés doivent être **souscrites en ligne** par les employeurs sur le site www.letese.urssaf.fr à partir de leur espace employeur.

La rubrique « contrat » du site www.letese.urssaf.fr correspond à la **déclaration d'identification** du salarié. Cette déclaration, qui permet de réaliser l'ensemble des formalités liées à l'embauche, doit être **effectuée** pour chaque salarié préalablement à la première déclaration des éléments de calcul des cotisations (C. trav. art. D 1272-1 ; CSS art. D 133-13-1). 36622
En cas d'embauches successives d'un même salarié, un nouveau contrat doit être établi. Un certificat d'enregistrement est adressé à l'employeur, qui sert de déclaration préalable à l'embauche. Ce certificat, imprimable, sert également de contrat de travail, s'il est signé par l'employeur et le salarié (site www.letese.urssaf.fr, Déclarez vos salariés, mode d'emploi, janvier 2022).

Une **copie** de cette déclaration d'identification doit obligatoirement être remise au salarié (C. trav. art. D 1272-1).

> **Précisions** **a.** Si, lors de l'embauche, un **contrat de travail** a été signé dans les formes prévues aux articles L 1221-1 à L 1221-5 (droit commun), L 1242-12 et L 1242-13 (CDD) ou L 3123-14 à L 3123-16 (temps partiel) du Code du travail, ce sont les clauses prévues par ce contrat qui s'appliquent en lieu et place des mentions de la déclaration d'identification du salarié (C. trav. art. D 1272-4).
> **b.** Dans le cas d'une embauche à **temps partiel,** il est impératif de renseigner les éléments relatifs à la durée du travail, faute de quoi le contrat sera réputé conclu à temps complet (Cass. soc. 5-3-2014 n° 12-17.809 FS-PB).
> **c.** Le **non-respect** de l'obligation de transmission de la déclaration d'identification est passible d'une pénalité dont le montant est égal à 300 fois le taux horaire du minimum garanti (CSS art. D 133-13-1 ; C. trav. art. L 1221-11), soit 1 203,00 € en 2023.

La rubrique « **Volets sociaux** » du site correspond à la déclaration des données relatives au salarié et à la période d'activité. Elle permet en particulier d'effectuer la **déclaration** des éléments nécessaires au calcul des cotisations (éléments de rémunération, nombre d'heures, 36624 période d'emploi...) et du prélèvement à la source de l'impôt sur le revenu (www.letese.urssaf.fr, Déclarez vos salariés, mode d'emploi, janvier 2022). Ce volet social doit être **transmis** au plus tard le **cinquième jour** suivant la période d'activité (CSS art. D 133-13-6).

> Précisions La **période d'emploi** déclarée sur le volet social ne peut pas couvrir une période excédant le mois civil (CSS art. D 133-13-2).

S'agissant des congés payés, l'employeur peut soit procéder à leur paiement lors de leur prise effective, soit ajouter, pour les emplois occasionnels, l'indemnité compensatrice de congés payés dans la rubrique du volet social prévue à cet effet (Circ. Acoss 45 du 16-4-2009).

36626 Les employeurs utilisant le Tese doivent déclarer à leur centre de traitement (CSS art. D 133-13-4, I) :

– le **début et la fin de l'arrêt de travail** pour cause d'accident ou de maladie d'origine professionnelle ou non professionnelle, de congé de maternité, d'adoption ou de paternité et d'accueil de l'enfant ;
– la **fin du contrat de travail.**

La transmission de ces déclarations permet de satisfaire aux obligations suivantes : établissement de l'attestation servant à déterminer le gain journalier de base pour le calcul des indemnités journalières de l'assurance maladie, maternité et paternité ou le salaire journalier servant au calcul de celles dues au titre du risque accident du travail et maladies professionnelles, fourniture des éléments nécessaires à l'établissement de l'attestation d'assurance chômage (CSS art. D 133-13-4, II).

Les signalements d'arrêt de travail doivent être effectués dans les **5 jours** suivant la prise de connaissance par l'employeur de l'arrêt (www.letese.urssaf.fr, Déclarez vos salariés, mode d'emploi, janvier 2022). Ils s'effectuent sur le site www.letese.urssaf.fr en complétant les zones de la rubrique « Arrêts de travail » du volet social.

Le signalement des fins de contrats s'effectue également via le volet social.

36630 **Calcul et paiement des cotisations** Sur la base des informations communiquées chaque mois par l'employeur, le centre Tese compétent calcule les cotisations et contributions d'origine légale et conventionnelle dues sur la rémunération du salarié. Il notifie ensuite à l'employeur un **décompte** des cotisations et contributions dues, au maximum 4 jours après la réception de la déclaration mensuelle (CSS art. D 133-13-3).

L'employeur n'a qu'**un seul règlement** à effectuer auprès de l'Urssaf, pour toutes les cotisations et contributions sociales obligatoires (sécurité sociale, assurance chômage, retraite complémentaire, complémentaire santé, prévoyance et, le cas échéant, caisse de congés payés), ainsi que pour l'impôt sur le revenu des salariés si ces derniers sont imposables (Dépliant d'information Tese, septembre 2022).

Le centre prend aussi en charge, pour les salariés gérés dans le cadre du Tese, l'**attestation fiscale** et les formalités liées à la **DSN** (Dépliant d'information Tese, septembre 2022).

Les cotisations et contributions ainsi que le reversement du prélèvement à la source dus par l'employeur qui recourt au Tese sont **recouvrés** par l'Urssaf dont il relève (CSS art. D 133-13-6 et D 133-13-7 ; Arrêté CPAS1925544A du 9-9-2019). Le montant dû à l'Urssaf est réglé par prélèvement automatique sur le compte bancaire de l'employeur le 15 du mois suivant l'envoi du décompte de cotisations (L'essentiel du Tese – letese.urssaf.fr).

> Précisions Selon les **indications** figurant sur le **site** www.letese.urssaf.fr, les **contributions** suivantes **ne sont pas collectées** dans le cadre du Tese : contribution à la formation professionnelle supplémentaire prévue par la convention collective, financement du service de santé au travail, contribution dialogue social, cotisations relatives aux régimes de prévoyance complémentaire et de retraite supplémentaire non imposés par la loi ou la convention collective nationale (Dépliant d'information Tese, septembre 2022). Il est par ailleurs précisé que les **exonérations** liées à l'aide à domicile, au service civique, aux jeunes entreprises innovantes, au contrat d'appui au projet d'entreprise et aux bassins d'emploi à redynamiser ne sont pas gérées via le Tese. Il en est de même des **chèques-vacances** attribués par les entreprises (L'essentiel du Tese).

36640 **Bulletin de paie** Le centre national de traitement compétent établit le bulletin de paie à remettre au salarié et l'adresse à l'employeur au maximum 4 jours après la réception de la déclaration mensuelle relative aux données des salariés et à la période d'activité (CSS art. D 133-13-3), à charge pour ce dernier de le remettre au salarié.

En **pratique** le centre Tese met les bulletins de paie à la disposition des employeurs dans l'espace employeur créé sur le site lors de leur adhésion. Ces derniers sont avertis de leur mise en ligne par mail.

DISPOSITIFS OUVERTS AUX ASSOCIATIONS ET À CERTAINES FONDATIONS

Chèque emploi associatif Les associations et les fondations dotées de la personnalité morale quel que soit leur effectif durant l'année civile bénéficient du chèque emploi associatif (CEA) dont l'objet et les modalités de fonctionnement sont calqués sur ceux du Tese (C. trav. art. L 1272-4). Organisme gestionnaire : Centre national chèque emploi associatif, CS 90002, 62017 Arras cedex 9 ; tél. : 0 806 801 501 ; site internet : www.cea.urssaf.fr 36660

Jusqu'au 31-12-2023, l'employeur qui souhaite adhérer au CEA doit utiliser ce dispositif pour l'**ensemble de ses salariés.** L'emploi de salariés non éligibles au CEA empêche donc de recourir à cette offre de services. À compter du 1-1-2024, il pourra l'utiliser pour une partie seulement de ses salariés (CSS art. L 133-5-6 ; Loi 2021-1754 du 23-12-2021 art. 13, I-6° et IV).

Les règles relatives aux obligations déclaratives des employeurs, au calcul, à la notification, aux délais de paiement des sommes dues, aux sanctions applicables en cas de paiement tardif, ainsi qu'à la délivrance du bulletin de paie sont les mêmes que celles applicables aux utilisateurs du **Tese** (n°s 36620 s.) (C. trav. art. D 1272-1 à D 1272-5 ; CSS art. D 133-12-1 à D 133-13-7).

› Précisions a. Les **contrats exclus** du dispositif sont les suivants : contrat d'engagement éducatif, contrat à durée indéterminée de chantier ou d'opération, contrat de travail temporaire, contrat unique d'insertion et contrat d'accompagnement dans l'emploi dans les DOM. Par ailleurs, ne sont pas gérés dans ce cadre les artistes et mannequins bénéficiant de taux réduits et déduction forfaitaire spécifique, les stagiaires dont la rémunération est supérieure à la franchise, les journalistes et colporteurs de presse, le personnel navigant, les salariés d'associations intermédiaires, de groupements d'employeurs et de CSE (Dépliant d'information CEA, septembre 2022 ; L'essentiel du CEA).

Les **exonérations** liées à l'aide à domicile, au service civique et au contrat d'engagement éducatif ne sont pas gérées via le CEA (Dépliant d'information CEA et site précité).

b. Les associations et fondations utilisant le CEA doivent effectuer les différentes formalités leur incombant (adhésion, identification des salariés, déclaration des éléments de calcul des cotisations, etc.) par **voie dématérialisée.** Le non-respect de cette obligation est passible de la sanction prévue en cas de défaut de production de la DSN (n° 36490) (CSS art. L 133-5-8).

c. La remise d'un CEA ne dispense pas l'employeur de son obligation de remettre un contrat écrit à un salarié embauché sous contrat de **travail intermittent** (Cass. soc. 20-5-2015 n° 14-13.127 FS-PB).

d. Si l'association n'a pas pour activité principale ou pour objet l'organisation de **spectacles** et qu'elle souhaite employer, sous CDD, des artistes ou techniciens du spectacle vivant, elle peut utiliser le Guso, pour effectuer ses déclarations et paiements de cotisations (Dépliant d'information CEA et site précité).

Service emploi association Les associations employant moins de 20 salariés qui ne peuvent ou ne souhaitent pas recourir au chèque emploi associatif peuvent bénéficier d'un service d'aide à l'accomplissement de leurs obligations déclaratives en matière sociale, dénommé « **service emploi association** » (CSS art. L 133-5-1). 36665

S'agissant du régime général, ce service, dénommé « Impact emploi », est réservé aux associations occupant au plus 9 équivalents temps plein. Géré par les Urssaf, il permet une prise en charge globale des formalités de gestion d'un salarié dans une association : une association « tiers de confiance » réalise, pour le compte de l'association employeur, les formalités liées à l'embauche, les bulletins de salaire et l'ensemble des déclarations sociales et fiscales. Pour en bénéficier, il suffit à l'association de s'adresser à son organisme de recouvrement (renseignements sur le site www.impact-emploi-association.fr).

TITRE FIRMES ÉTRANGÈRES

Les employeurs n'ayant pas d'établissement en France qui le souhaitent peuvent utiliser le **titre firmes étrangères** (TFE), inspiré du Tese, via le site internet www.tfe.urssaf.fr. 36680

Les formalités d'adhésion et de déclaration au TFE s'effectuent uniquement en ligne (CSS art. L 243-1-2).

S'agissant des entreprises n'ayant pas recours au TFE, voir n° 19285.

› Précisions a. La **gestion** de ce dispositif est assurée par l'Urssaf Service firmes étrangères. Adresse mail : sfe@urssaf.fr ; tél. : 0 806 802 633 ; site internet : www.tfe.urssaf.fr/portail/accueil.html.

b. L'employeur doit utiliser ce titre pour déclarer l'**ensemble de ses salariés** en France. Les employeurs occupant des salariés non gérés par ce dispositif ne peuvent donc pas y recourir. Ces salariés sont les suivants : salariés dont les cotisations sont calculées sur des taux réduits (artistes, intermittents du spectacle, journalistes...), intermittents du spectacle dépendant du Guso ou encore VRP multicartes, vendeurs à domicile ou travailleurs à domicile (site internet tfe.urssaf.fr, L'essentiel du TFE). L'employeur peut recourir au TFE pour déclarer un salarié déjà présent dans l'entreprise ou pour toute nouvelle embauche, quelle que soit leur contrat de travail (CDD ou CDI) (site précité).

c. Certaines taxes et cotisations sont recouvrées directement par d'**autres organismes.** Sont concernés la prévoyance et la retraite individuelle facultatives, la part de la contribution à la formation professionnelle supplémentaire prévue par la convention collective, la taxe sur les salaires, le financement du service de santé au travail et la contribution dialogue social (site internet www.tfe.urssaf.fr, FAQ Paiement des cotisations).

d. Afin de garantir les droits à prestations de leurs salariés, les employeurs doivent obligatoirement **contacter, en parallèle** de la demande d'adhésion au TFE, les différents organismes sociaux dont ils dépendent en fonction de la convention collective nationale applicable à leur entreprise en France : service de santé au travail, Pôle emploi, Humanis International pour la retraite complémentaire, le cas échéant, un organisme de retraite supplémentaire, de prévoyance, la caisse de congés payés du bâtiment de la région parisienne (CCPBRP), ou la caisse interprofessionnelle de congés payés du transport (www.tfe.urssaf.fr, FAQ Adhésion).

36685 **Calcul et paiement des cotisations** Les règles relatives aux obligations déclaratives des employeurs, au calcul, à la notification, aux délais de paiement des sommes dues, aux sanctions applicables en cas de paiement tardif, ainsi qu'à la délivrance du bulletin de paie sont les mêmes que celles applicables aux utilisateurs du **Tese,** voir n°s 36620 s. Le **versement des cotisations,** contributions sociales et du **prélèvement à la source** s'effectue par prélèvement automatique pour les entreprises ayant un compte bancaire en France ou par virement international (CSS art. D 133-25, II ; www.tfe.urssaf.fr, FAQ Paiement des cotisations).

Le centre prend aussi en charge, pour les salariés gérés dans le cadre du TFE, les formalités liées à la **DSN** et gère le prélèvement à la source de l'impôt sur le revenu (Dépliant d'information TFE, janvier 2022).

D. Déclaration des pensions et rentes viagères

36750 Toutes les personnes physiques ou morales qui payent des pensions ou rentes viagères, notamment les **employeurs qui prennent directement en charge le paiement des retraites** de leurs anciens salariés, sont tenues d'en faire la déclaration à l'administration fiscale chaque année – quel qu'en soit le montant (CGI art. 88).

Cette déclaration (formulaire n° 2466) permet à l'administration fiscale de servir les cases prévues à cet effet des déclarations d'ensemble des revenus préremplies (modèle n° 2042) qu'elle adresse aux contribuables et de contrôler les revenus déclarés par ceux-ci.

ATTENTION

Les pensions et rentes viagères à titre gratuit étant (sauf exception) assujetties chaque mois, comme les salaires, au **prélèvement à la source de l'impôt sur le revenu,** les avantages de retraite servis aux anciens salariés doivent être déclarés chaque mois via la DSN ou la déclaration Pasrau : voir n° 52810. Afin de simplifier les obligations déclaratives, la déclaration sur le formulaire n° 2466 sera supprimée à une date fixée par décret et au plus tard au 1-1-2027 (Loi 2021-1900 du 30-12-2021 art. 132 modifiée par loi 2022-1726 du 30-12-2022 art. 96).

36760 La déclaration prévue par l'article 88 du CGI **indique** notamment, par bénéficiaire (CGI ann. III art. 39 A) :

– son identification (y compris son numéro de sécurité sociale) et son adresse ;
– le montant des sommes qui ont été payées l'année précédente à titre de pensions ou de rentes viagères ;
– la nature des sommes et leur date normale d'échéance si elle diffère de celle du paiement ;
– pour les bénéficiaires de pensions ou de rentes viagères domiciliés hors de France, le montant de la retenue à la source prévue à l'article 182 A du CGI.

Toutefois, les pensions et rentes viagères exonérées d'impôt sur le revenu en application de l'article 81 du CGI n'ont pas à être déclarées (BOI-RSA-PENS-40 n° 30).

La déclaration est **souscrite** auprès de l'administration fiscale par voie informatique **au plus tard** le 31 janvier de l'année civile suivant celle au cours de laquelle ces sommes ont été versées (CGI art. 88, al. 2 et 89 A) :

– soit par la **procédure EFI** (saisie limitée à 50 bénéficiaires) ;
– soit par la **procédure EDI** (transmission par Internet des fichiers informatiques).

Ces deux procédures sont accessibles via l'application en ligne Télé-TD, dans l'espace tiers déclarants, sur le site www.impots.gouv.fr, rubrique « Partenaires/Tiers déclarants/Service en ligne/Accès à la transmission par Internet des fichiers TD/Bilatéral (EDI) ou Accès à la déclaration en ligne des données (EFI) ».

Sur le délai de déclaration applicable en cas de **décès** de l'employeur, voir n° 73880.

Le non-respect de l'obligation déclarative prévue par l'article 88 du CGI, s'agissant des seules **rentes viagères à titre onéreux,** entraîne l'application d'une amende égale à 5 % des sommes non déclarées (CGI art. 1736, III). Cette amende s'applique lorsque les sommes en cause **n'ont pas été déclarées** ou ne l'ont été que partiellement (BOI-CF-INF-10-40-30 n° 60).

Les **autres omissions ou inexactitudes** relevées dans les renseignements que doit comporter la déclaration des pensions et rentes viagères donnent lieu à l'application des amendes prévues par l'article 1729 B, 2 du CGI (BOI-CF-INF-10-40-30 n° 60).

E. Relevé des frais généraux

Les **sociétés** ont l'obligation de joindre à leur déclaration annuelle de résultats un **relevé détaillé n° 2067-SD** de certains frais généraux (CGI art. 54 quater et ann. IV art. 4 J). Seuls les frais qui excèdent certaines limites doivent être déclarés : voir annexes, n° 96440. **36820**

Parmi les **frais généraux devant être portés sur le relevé** figurent notamment :
– les rémunérations de toute nature, directes et indirectes (y compris les remboursements de frais), perçues par les cinq ou dix personnes les mieux rémunérées dans l'entreprise ;
– les frais de voyage et de déplacement exposés par ces personnes ;
– les dépenses et charges afférentes aux véhicules et autres biens, dont ces personnes peuvent disposer en dehors des locaux professionnels, et les dépenses et charges de toute nature afférentes aux immeubles mis à leur disposition qui ne sont pas affectés à l'exploitation.

> **Précisions** **a.** Les **entreprises individuelles** sont dispensées de fournir les renseignements relatifs à ces frais (CGI ann. IV art. 4 L).
b. En ce qui concerne l'obligation de tenir un **état récapitulatif des avantages en nature,** voir n° 92130.
c. Le Conseil d'État a jugé que seuls doivent être déclarés les frais pour lesquels les limites indiquées à l'article 4 J de l'annexe IV au CGI sont dépassées (CE 12-1-1983 n° 24530). Mais l'administration considère qu'**un seul dépassement** rend obligatoire la production des renseignements relatifs à toutes les catégories de frais (BOI-BIC-CHG-40-60-20 n° 60).
d. Le relevé détaillé n° 2067-SD peut, au choix de la société, être transmis **sous forme papier ou** au moyen de la **téléprocédure TDFC** (BOI-BIC-DECLA-30-60-30-10 n°s 190 et 230).

Le **défaut de production,** ou le **caractère inexact ou incomplet** du relevé, est sanctionné par une amende égale à 5 % du montant des sommes non déclarées, amende réduite à 1 % si les sommes omises sont déductibles des résultats imposables (CGI art. 1763, I-b). Cette amende s'applique au seul exercice au titre duquel l'infraction est mise en évidence, ce qui ne fait pas obstacle à ce qu'un nouveau manquement déclaratif au titre d'un exercice postérieur soit également sanctionné, même s'il porte sur des frais de même nature (CE 20-12-2013 n° 357884, solution rendue pour l'omission de déclaration de subventions intragroupes mais qui nous semble transposable au relevé de frais généraux). L'amende n'est toutefois pas applicable, en cas de première infraction commise au cours de l'année civile en cours et des 3 années précédentes, lorsque l'omission a été réparée soit spontanément, soit à la première demande de l'administration avant la fin de l'année qui suit celle au cours de laquelle le relevé devait être présenté. **36830**

Par ailleurs, les **dépenses** portées sur le relevé peuvent être réintégrées dans les bénéfices imposables dans la mesure où elles sont **excessives** et où n'a pas été rapportée la preuve de leur engagement dans l'intérêt direct de l'entreprise (CGI art. 39, 5). Notons que l'**absence d'intérêt direct** de l'entreprise à ces dépenses fait obstacle à leur déduction, même si leur montant n'est pas excessif (CE 11-2-2011 n° 316500). Ainsi, par exemple, les frais de trajet entre le domicile et le lieu de travail du cogérant ne sont pas déductibles, en l'absence de circonstances particulières permettant de les considérer comme exposés dans l'intérêt direct de l'entreprise (CAA Bordeaux 2-2-2016 n° 14BX01553).

Lorsqu'elles **augmentent** dans une proportion supérieure à celle des bénéfices imposables ou que leur montant excède celui des bénéfices, l'administration peut demander à l'entreprise de justifier qu'elles sont nécessitées par sa gestion (CGI art. 39, 5).

PARTIE 3

Éléments du salaire

En complément du salaire proprement dit, ou **salaire de base,** déterminé par le nombre d'heures de travail effectuées ou le volume produit par le salarié, de nombreux **avantages additionnels** en espèces ou en nature peuvent être servis par l'employeur, le CSE ou un organisme de prévoyance agissant pour le compte de l'employeur ou du CSE : primes, gratifications, cadeaux, logement, nourriture, protection sociale complémentaire, participation financière, chèques-vacances, etc. 37830

Certains salariés peuvent également bénéficier de **pourboires.**

Ces divers avantages doivent être distingués des **frais professionnels** : les dépenses supportées par les salariés pour l'exercice de leurs fonctions viennent en effet en déduction de la rémunération du travail pour l'assiette des prélèvements sociaux et fiscaux et les indemnités versées à ce titre par l'employeur ne peuvent pas se confondre avec un salaire. 37840

Ces avantages et frais professionnels sont examinés ici sous l'angle, d'une part, de la **législation du travail,** d'autre part, des **prélèvements sociaux et fiscaux** sur les salaires. 37850

Toutefois, la question de leur prise en compte pour le calcul des différentes **indemnités ou majorations** (indemnité de licenciement, indemnité de préavis, indemnité de congés payés, majorations pour heures supplémentaires, etc.) est exposée dans l'étude consacrée à chacune de ces indemnités ou majorations. Il en va de même de leur prise en compte dans le calcul du **Smic** ou du **salaire minimum conventionnel.**

Certains éléments ou modes de rémunération, ou règles concernant les salaires, sont attachés à une **situation particulière** (congés payés, préavis, activité partielle, etc.) ou à un **statut particulier** (représentants de commerce, travail à temps partiel, contrat à durée déterminée, etc.). Ils sont exposés dans les études consacrées à ces situations ou statuts.

CHAPITRE 1

AVANTAGES EN NATURE

SOMMAIRE

SECTION 1
AVANTAGES EN NATURE ET SALAIRE 38100
A. Mode de paiement du salaire 38150
B. Évaluation 38250
C. Droits et obligations des parties 38350
1. Logement 38420
2. Véhicule de fonction 38540
3. Autres avantages 38620
SECTION 2
AVANTAGES EN NATURE ET COTISATIONS SOCIALES 38800
A. Règles communes 38800
B. Nourriture 39000
C. Logement 39200
1. Définition de l'avantage 39200
2. Évaluation 39260
D. Véhicule 39450
1. Véhicule essence 39450
2. Véhicule 100 % électrique 39600
3. Véhicule hybride 39630
E. Informatique et communications 39650
F. Autres avantages 39850
SECTION 3
AVANTAGES EN NATURE ET PRÉLÈVEMENTS FISCAUX 40110
A. Impôt sur le revenu 40140
1. Nourriture, logement, véhicule, informatique et communications 40200
a. Définition 40220
b. Évaluation 40450
2. Autres avantages 40630
B. Obligations déclaratives 40750

Constituent des avantages en nature les prestations (biens ou services) fournies gratuitement par l'employeur, ou moyennant une participation inférieure à leur valeur réelle, aux salariés pour leur usage privé. **38000**

Ces avantages peuvent revêtir différentes formes : fourniture de nourriture ou d'un logement et, le cas échéant, de ses accessoires (eau, gaz, électricité, téléphone, chauffage, travaux d'installation ou d'aménagement, équipements, etc.), habillement, prêts à taux réduits, mise à disposition d'un véhicule, de téléphones ou de matériel informatique, titres de transport à prix préférentiels, fourniture gratuite ou réduction sur le prix des biens ou services produits par l'entreprise, etc.

Il est interdit aux conventions ou accords collectifs de travail et aux contrats de travail de comporter des dispositions prévoyant l'attribution aux salariés, au titre d'avantages en nature, de **boissons alcoolisées.** Ces dispositions ne s'appliquent pas cependant aux boissons servies à l'occasion des repas constituant un avantage en nature (C. trav. art. R 3231-16). **38010**

La fourniture de biens ou services ne revêt pas toujours le caractère d'avantages en nature. Ceux-ci doivent en effet être distingués des biens et services fournis au salarié pour les besoins de son **activité professionnelle.** Cette distinction emporte des conséquences notamment au regard du régime social et fiscal de ces prestations (voir respectivement nos 38830 s. et 40110). **38020**

Est étudié ici le régime des avantages en nature sous l'angle de la législation du travail et des prélèvements sociaux et fiscaux. Pour leur traitement comptable, on se reportera aux nos 92130 s. **38030**

La fourniture d'avantages en nature fait l'objet de développements particuliers pour certaines catégories de bénéficiaires : **apprentis** (no 84040), **dirigeants de société** (no 77780), **anciens salariés retraités** de l'entreprise (no 52370) et salariés des **hôtels, cafés et restaurants** (nos 85270 s.).

SECTION 1

AVANTAGES EN NATURE ET SALAIRE

38100 L'avantage en nature peut résulter de **sources** diverses. Le plus souvent, il est prévu par la convention ou l'accord collectif de travail, le contrat de travail, ou résulte d'un usage. Il constitue alors un élément du salaire venant s'ajouter à la rémunération en espèces.

A. Mode de paiement du salaire

38150 La possibilité que la rémunération puisse être constituée d'avantages en nature est expressément prévue par l'article L 3221-3 du Code du travail. Ce Code prend ainsi en compte le versement d'avantages en nature pour la détermination du Smic (nos 1760 s.) et de l'indemnité de congés payés (n° 59510).

L'article L 3241-1 fixant le principe du paiement du salaire en espèces ou par chèque ou virement ne peut donc pas être interprété a contrario comme interdisant le paiement du salaire sous forme d'avantages en nature.

La jurisprudence permet également à l'employeur de se libérer de son obligation contractuelle en matière de salaire par l'attribution d'avantages en nature. En d'autres termes, pour apprécier si un salarié a bien reçu la rémunération à laquelle il peut prétendre, il convient de tenir compte des avantages en nature perçus par l'intéressé (Cass. soc. 7-2-1980 n° 77-41.174).

Cette règle trouve toutefois une importante limite : l'employeur ne peut pas substituer unilatéralement au **salaire contractuellement prévu en argent** des avantages en nature. En effet, dans ce cas, le salarié est fondé à réclamer le paiement d'un rappel de salaire sans avoir à faire la preuve d'un préjudice (Cass. soc. 25-10-1990 n° 87-40.852 P). Selon nous, la même règle s'applique au salaire prévu par la convention ou l'accord collectif.

38160 Il est admis qu'un **salaire** puisse être constitué **intégralement par des avantages en nature** à condition que la valeur réelle de ces avantages assure au salarié une rémunération au moins égale au Smic (Cass. soc. 27-3-1990 n° 87-43.813 D ; 19-5-1993 n° 91-45.157 D). Si tel n'est pas le cas, l'intéressé peut prétendre, quelles que soient les stipulations du contrat, à un supplément de salaire en espèces (Cass. soc. 20-2-1963 n° 62-40.315).

Les travailleurs non rémunérés en espèces font l'objet d'un traitement particulier au regard des **cotisations et contributions sociales** (nos 26020 s.) et du prélèvement à la source de l'**impôt** sur le revenu (n° 35485).

BULLETIN DE PAIE

38180 En tant qu'élément de la rémunération assujetti aux cotisations de sécurité sociale, l'avantage en nature doit **apparaître distinctement** sur le bulletin de paie.

Peu importe que sa valeur soit très faible ou que l'administration fiscale ait accepté de ne pas en tenir compte (Cass. soc. 13-2-1980 n° 78-40.639 P).

Sa valeur entre dans le montant à porter en montant net social et en montant net imposable du bulletin.

Pour des **exemples** de bulletins de paie comprenant la fourniture d'avantages en nature, voir nos 94730 s.

B. Évaluation

38250 Il appartient aux conventions et accords collectifs de travail ou au contrat de travail de déterminer pour quelle valeur les avantages en nature alloués au salarié doivent être pris en compte dans le montant de sa rémunération.

À défaut d'évaluation, il ne peut pas être tenu compte de la fourniture d'avantages en nature pour apprécier si le salarié a été rempli de ses droits au regard du **salaire minimum** conventionnel (voir n° 2710).

L'employeur ne peut pas non plus fixer unilatéralement la valeur des avantages en nature fournis pour opérer une **retenue** sur le montant du salaire prévu au contrat de travail.

Des textes particuliers déterminent les modalités d'évaluation des avantages en nature dans un certain nombre de cas. Les conventions et accords collectifs de travail et les contrats de travail doivent alors respecter les principes fixés par ces textes. Il en va ainsi pour : 38260
– les salariés rémunérés sur la base du **Smic** si ceux-ci sont habituellement nourris et logés par l'employeur : nos 1770 s. ;
– le calcul de l'indemnité de **congés payés** : no 59510 ;
– le calcul des **cotisations** de sécurité sociale : nos 39000 s. (nourriture), 39200 s. (logement), 39450 s. (véhicule), 39650 s. (outils issus des nouvelles technologies de l'information et de la communication), et 39850 s. (autres avantages). Les règles fixées pour ces cotisations valent également pour les cotisations et prélèvements énumérés no 38810 ;
– le calcul de l'**impôt** sur le revenu : nos 40450 s. (nourriture, logement, véhicule, informatique et communications), et 40630 s. (autres avantages).

C. Droits et obligations des parties

Les obligations et les droits des parties découlent de la nature de la source fondant l'avantage en nature. Par exemple, l'avantage issu de la convention collective suit le même régime que les autres avantages conventionnels (pour plus de détails sur le régime applicable aux différentes sources du salaire et de ses accessoires, voir nos 200 s.). 38350

De manière générale, l'avantage en nature prévu par la convention collective, le contrat de travail ou résultant d'un usage constitue un élément du salaire dont l'attribution est obligatoire. L'**employeur** qui ne le fournit pas au salarié doit lui verser une indemnité compensatrice. À défaut, la suppression d'un tel avantage peut être analysée comme une sanction pécuniaire prohibée si elle est motivée par une faute du salarié (voir no 72390).

À l'inverse, le **salarié** qui, pour des raisons personnelles, refuse l'attribution de l'avantage en nature ne peut pas prétendre à une compensation. Ainsi jugé à propos d'un salarié qui, pour des raisons liées à sa religion, ne prend pas le repas fourni gratuitement par l'employeur (Cass. soc. 16-2-1994 no 90-46.077 P) ou qui, bénéficiant également de la mise en place d'un réfectoire au sein de l'entreprise, décide de ne pas recourir aux services du restaurant désigné par l'employeur (Cass. soc. 18-5-1999 no 98-40.201 P). Dans le même sens à propos de l'attribution d'un logement, voir no 38440.

Est étudié ci-après le régime des avantages en nature les plus répandus. Sur l'obligation de nourriture dans les **hôtels, cafés et restaurants,** voir nos 85270 s.

1. LOGEMENT

Le logement peut être fourni par l'employeur au salarié en vertu d'un **bail d'habitation.** Le fait que les parties soient liées par un contrat de travail n'a alors aucune incidence, les rapports entre locataire et bailleur étant régis par la législation de droit commun sur les baux d'habitation. Cette législation est en revanche inapplicable si le logement est fourni au salarié en raison de l'existence du contrat de travail, en tant qu'**accessoire** à l'exécution de ce contrat, seule hypothèse qui nous intéresse ici. 38420

En l'absence d'obligation légale ou réglementaire, et sauf disposition contraire de la convention collective applicable, l'employeur et le salarié sont libres de conférer le caractère de **logement de fonction** au logement que le premier fournit au second. Dans ce cas, il est recommandé de définir clairement les conditions d'occupation du logement dans le contrat de travail ou dans un avenant à ce contrat. Si l'attribution du logement de fonction résulte des dispositions de la convention ou de l'**accord collectif** applicable à l'employeur, il y a lieu de se référer à ce texte.

ATTENTION

Les logements bénéficiant d'un financement par la **participation-construction** ne peuvent pas être occupés à titre d'accessoire d'un contrat de travail, sauf s'ils sont loués meublés à des salariés ou des stagiaires tenus, en raison d'une activité à caractère saisonnier ou temporaire d'une durée de 3 mois à un an, ou pour des raisons de formation, de se loger hors de leur résidence principale (CCH art. R 313-14, al. 2).

DROIT AU LOGEMENT

L'**employeur** ne fournissant pas au salarié un logement correspondant aux prévisions du contrat de travail ou de la convention collective peut voir sa responsabilité engagée. 38440

Par ailleurs, les **modifications** apportées par l'employeur à la fourniture d'un tel logement sont appréhendées par les tribunaux de la même façon que les modifications touchant d'autres éléments du contrat (voir Mémento social nos 17300 s.).

> Précisions **a.** L'employeur qui **ne fournit pas** le logement auquel a droit le salarié par l'effet du contrat de travail ou de la convention collective s'expose à devoir rembourser à l'intéressé le loyer du logement que celui-ci s'est lui-même procuré, sous déduction de la participation aux frais mise à sa charge et de l'indemnité de logement qui lui a été versée (Cass. soc. 22-4-1960 n° 57-40.604 P), ou les frais qu'il a supportés ayant dû se loger à l'hôtel avec sa famille (Cass. soc. 1-4-1968).

b. Peut prétendre à des dommages-intérêts le salarié à qui son employeur fournit un **logement inférieur** à celui prévu par son contrat de travail. Tel est le cas, par exemple, de celui dont le contrat stipule qu'il sera logé gratuitement dans un trois pièces cuisine et qui a dû se contenter d'une chambre meublée (Cass. soc. 21-11-1962 n° 61-40.613 P).

c. En revanche, le salarié qui n'exerce plus, pendant la durée de son **congé pour création d'entreprise,** les fonctions de chef d'agence ne peut pas se prévaloir des dispositions conventionnelles attribuant un logement aux chefs d'agence à titre gratuit et comme accessoire de leurs fonctions (Cass. soc. 19-2-1997 n° 94-44.228 D).

d. Le salarié qui, par convenance personnelle, décide de se loger **ailleurs que dans son logement de fonctions** n'a pas droit à une indemnité compensatrice (Cass. soc. 16-12-1968 n° 67-12.714 P).

CONDITIONS D'OCCUPATION DU LOGEMENT

38460 Les obligations respectives de l'employeur et du salarié à l'égard du logement de fonction résultent, selon les cas, de la convention ou de l'accord collectif de travail applicable dans l'entreprise ou du contrat de travail. Peuvent être prévus, en particulier :

– le paiement d'un **loyer.** En effet un loyer ou une redevance n'est pas contraire à la qualification de logement de fonction (Cass. soc. 10-6-1954 n° 41-999 P ; 29-10-1957 n° 47-866) ;

– les modalités de répartition entre les parties des **frais et charges** afférents au logement de fonction (eau, gaz, électricité, chauffage, assurance, taxes diverses, etc.).

> Précisions **a.** Un salarié bénéficiant, aux termes de son contrat de travail, d'un logement de fonction ne peut pas réclamer à l'employeur le remboursement de frais de travaux de **peinture, tapisserie et moquette** dès lors que, selon le contrat, tous travaux d'aménagement, embellissement et décor restent la propriété du bailleur sans indemnité (CA Versailles 18-5-1987 n° 86-3651).

b. À défaut de stipulation particulière, le salarié est tenu aux obligations incombant généralement au locataire d'un logement. Ainsi, l'article 1733 du Code civil instituant une **présomption de responsabilité en cas d'incendie** à l'encontre du locataire est applicable au salarié bénéficiant d'un logement attribué pour son habitation accessoirement à ses fonctions (Cass. soc. 3-3-1966 n° 64-14.136 P).

c. Jugé dans un cas où le **contrat de location** du logement de fonction comportait la mention manuscrite « sans participation aux charges locatives selon la convention collective » et était revêtu de la signature des deux parties, que les **charges locatives** du logement occupé par le salarié restaient à la charge de l'employeur (Cass. soc. 27-2-2001 n° 99-41.210 F-D).

RUPTURE DU CONTRAT DE TRAVAIL

38480 Le salarié doit restituer son logement de fonction lors de la rupture du contrat de travail, quel qu'en soit le motif.

Le contrat de travail ou les conventions collectives peuvent aménager le départ du salarié et lui permettre notamment de se maintenir dans son logement de fonction pendant un certain délai à l'issue du préavis. Il y a alors lieu de se référer à leurs prescriptions.

Sur le sort de cet avantage pendant le **préavis,** voir n° 66030.

> Précisions **a.** Si le **salarié se maintient** dans les lieux après la fin de son contrat de travail, l'employeur peut demander son expulsion selon la procédure exposée dans le Mémento Gestion immobilière n°s 53070 s.

Le salarié engage par ailleurs sa **responsabilité** et peut être condamné à réparer le préjudice subi par l'employeur (CA Paris 26-4-1982 n° 79-23618).

L'employeur peut en outre obtenir une **indemnité d'occupation** (Cass. soc. 24-3-1965 n° 64-40.835 P) dont le montant peut être déterminé par référence aux sommes perçues à ce titre pendant l'exécution du contrat (Cass. soc. 18-6-1991 n° 88-41.454 D).

L'ancien salarié doit par ailleurs supporter les **charges** afférentes au logement, quand bien même il ne les a pas assumées pendant la durée du contrat de travail (Cass. soc. 9-4-1987 n° 84-42.620 P).

b. Les principes ci-dessus s'appliquent également si, sans être rompu, le contrat de travail est **transféré** à un nouvel employeur en application de l'article L 1224-1 du Code du travail, dès lors que l'ancien employeur a gardé la propriété du logement (Cass. soc. 20-3-1997 n° 95-17.470 P), sachant que, dans ce cas, il appartient au salarié, s'il estime que son contrat a été modifié, d'en tirer les conséquences à l'égard du nouvel employeur.

2. VÉHICULE DE FONCTION

DROIT À UN VÉHICULE DE FONCTION

Le droit du salarié à un véhicule de fonction et les obligations réciproques des parties quant à ce véhicule peuvent être prévus soit par une convention ou un accord collectif applicable dans l'entreprise, soit par le contrat de travail. L'attribution du véhicule de fonction est alors soumise au même régime que les autres avantages conventionnels ou contractuels. 38540

Sur la possibilité pour l'employeur de demander au salarié le remboursement des **frais de remise en état** de son véhicule de fonction ou le remboursement d'**amendes** pour les infractions au Code de la route commises par l'intéressé, voir n°s 72510 s.

SUSPENSION OU RUPTURE DU CONTRAT DE TRAVAIL

Sauf stipulation contraire, l'employeur ne peut pas priver le salarié dont le contrat de travail est suspendu du véhicule utilisable à des fins privées, sous peine d'être condamné à lui verser des dommages-intérêts (Cass. soc. 24-3-2010 n° 08-43.996 FS-PB) ou une compensation financière (CA Limoges 8-10-2019 n° 19/00169). 38550

À l'expiration du contrat de travail, le salarié est tenu de restituer le véhicule de fonction à son employeur. À défaut, il peut être condamné à réparer le préjudice subi par celui-ci (Cass. soc. 2-3-1983 n° 82-40.570). Sur le sort de cet avantage pendant le préavis, voir n°s 66030 (en cas d'exécution du préavis) et 66205 (en cas d'inexécution de celui-ci).

3. AUTRES AVANTAGES

PRÊT

Conditions d'attribution Par dérogation à l'interdiction faite aux entreprises n'ayant pas le statut d'établissement de crédit d'effectuer des opérations de banque, il est permis aux employeurs de consentir à leurs salariés des **prêts à intérêt,** à condition qu'il s'agisse d'opérations exceptionnelles décidées pour des **motifs d'ordre social** (C. mon. fin. art. L 511-6, al. 6). Il est donc exclu que soit mis en place dans l'entreprise un dispositif permanent permettant aux salariés, quelle que soit leur situation personnelle, d'obtenir de leur employeur un prêt portant intérêts. 38620

Les **prêts sans intérêt** peuvent être attribués de façon plus souple. Toutefois, si cette pratique revêt un caractère habituel, les prescriptions des articles L 312-1 et suivants du Code de la consommation concernant l'offre de prêt, le droit de rétractation, etc. (voir Mémento Concurrence Consommation n°s 19000 s.) doivent être respectées. Sur la question de savoir si un tel prêt attribué à titre de secours entre dans l'assiette des cotisations, voir n° 39850.

Les prêts consentis aux salariés dans le cadre de la **participation à l'effort de construction** sont soumis à des règles particulières : voir n° 33650.

Contrat de prêt L'établissement d'un contrat **écrit** est obligatoire lorsque la somme prêtée excède 1 500 € (C. civ. art. 1359, al. 1 ; Décret 80-533 du 15-7-1980 art. 1 modifié). Il en va de même si le prêt est consenti moyennant paiement d'intérêts calculés à un taux différent du taux légal (C. civ. art. 1907, al. 2). La constatation par écrit du prêt est, en toute hypothèse, fortement conseillée. 38640

> **Précisions** **a.** Un tel écrit permet tout d'abord d'**établir** que la somme a été remise au salarié à titre de **prêt** et non de libéralité. En effet, la seule remise de fonds ne suffit pas à justifier l'obligation de celui qui les a reçus de les restituer (Cass. soc. 10-1-2001 n° 98-46.408 F-D). À défaut d'apporter une telle preuve, l'employeur ne peut donc pas en obtenir le remboursement, même s'il invoque l'impossibilité morale de se procurer un écrit résultant de la qualification et du poste de confiance occupé par le salarié, cadre de direction (Cass. soc. 12-10-1988 n° 86-41.002 D).
> L'établissement d'un contrat de prêt s'avère également nécessaire afin d'en prévoir le **terme** et les **modalités de remboursement.** Si aucun terme n'a été prévu ou s'il a seulement été convenu que l'emprunteur paierait quand il le pourrait, ou quand il en aurait les moyens, c'est au juge judiciaire qu'il revient de fixer un terme de paiement suivant les circonstances (C. civ. art. 1900 et 1901).
> **b.** Il est également conseillé de prévoir expressément le sort du prêt en cas de **rupture du contrat** de travail avant complet remboursement : voir n° 38680.
> **c.** Sur les conditions dans lesquelles l'employeur peut opérer une **compensation** entre les sommes qu'il doit au salarié et celles dues par celui-ci au titre d'un prêt, voir n° 15000.

38680 **Sort du prêt lors de la rupture du contrat de travail** La rupture du contrat de travail n'a pas d'incidence sur le prêt consenti par l'employeur au salarié.

La **clause de résiliation de plein droit** du prêt consenti par un employeur à un salarié en cas de rupture du contrat de travail est abusive (Cass. 1e civ. 5-6-2019 no 16-12.519 FS-PBI).

> **Précisions** **a.** L'arrêt du 5 juin 2019 met fin, à notre sens, à la faculté pour l'employeur d'insérer ce type de clauses dans les contrats de prêt conclus avec ses salariés et à la jurisprudence de la Cour de cassation qui les jugeait licites (Cass. 1e civ. 9-5-1994 no 92-15.063 P ; Cass. soc. 4-12-2002 no 00-45.550 F-D).
> **b.** Cet arrêt tire les conséquences d'une décision de la **CJUE** du 19 mars 2019 selon laquelle le salarié concluant avec son entreprise un contrat de crédit, réservé à titre principal aux membres du personnel, destiné à financer l'acquisition d'un bien immobilier à des fins privées, doit être considéré comme un « consommateur », au sens de l'article 2, b) de la directive 93/13 du 5 avril 1993. Par ailleurs, l'entreprise doit être considérée comme un « professionnel » au sens de l'article 2, c) de la même directive lorsqu'elle conclut un tel contrat de crédit dans le cadre de son activité professionnelle, même si consentir des crédits ne constitue pas son activité principale (CJUE 19-3-2019 aff. 590/17).

38690 Les prêts consentis aux salariés dans le cadre de la **participation à l'effort de construction** ne peuvent pas constituer un accessoire au contrat de travail.

Les clauses prévoyant le remboursement immédiat du prêt en cas de licenciement ou de démission du salarié sont illicites au regard de la réglementation de la participation. Leur mise en jeu entraîne donc l'exigibilité de la cotisation de 2 % pour désinvestissement (no 33750).

OUTILS

38700 Le **téléphone portable** confié au salarié pour un usage strictement professionnel peut lui être retiré pendant la suspension de son contrat de travail pour maladie (CA Limoges 8-10-2019 no 19/00169).

SECTION 2 AVANTAGES EN NATURE ET COTISATIONS SOCIALES

A. Règles communes

PRINCIPE ET PORTÉE DE L'ASSUJETTISSEMENT

38800 Les avantages en nature, dont peut bénéficier le salarié en plus de sa rémunération en espèces, constituent un élément de la rémunération à inclure dans l'assiette des cotisations de sécurité sociale (CSS art. L 242-1 et L 136-1-1, I-al. 1).

Pour déterminer le montant de la rémunération soumise aux cotisations de sécurité sociale, il convient donc d'ajouter à la rémunération en espèces la valeur représentative des avantages en nature évaluée selon les règles propres à la sécurité sociale.

Par exception, il est fait abstraction de ces avantages pour les salariés dont l'**assiette** ou le montant des cotisations est **fixé forfaitairement,** ces assiettes ou montants forfaitaires étant réputés inclure la valeur des éventuels avantages en nature (CSS art. R 242-1).

Les règles applicables aux **salariés exclusivement rémunérés** en nature sont traitées à part (nos 26020 s.).

Sur les mentions à porter dans la **DSN,** voir no 40750.

Sur la possibilité de conclure une **transaction avec l'Urssaf** en cas de difficulté portant sur l'évaluation d'avantages en nature, voir nos 21340 s.

38810 L'exposé qui suit concerne l'assujettissement des avantages en nature aux **cotisations de sécurité sociale** ainsi qu'aux **prélèvements calculés sur la même assiette** : cotisations ou contributions solidarité autonomie, Fnal, dialogue social, chômage, AGS, retraite complémentaire Agirc-Arrco, formation et alternance (contributions à la formation professionnelle, CPF-CDD, supplémentaire à l'apprentissage et taxe d'apprentissage), versement mobilité et participation-construction. Il concerne également la **CSG** et la **CRDS** ainsi que la taxe sur les salaires.

DISTINCTION D'AVEC LES FRAIS PROFESSIONNELS

Les avantages en nature, soumis à cotisations, doivent être distingués des biens ou des services fournis au salarié pour les besoins de son **activité professionnelle** (fourniture d'un véhicule à un commercial, par exemple). En effet, il s'agit dans ce cas d'une prise en charge par l'employeur de frais professionnels, en principe affranchie de cotisations, et non d'un avantage en nature. Une telle prise en charge peut toutefois faire apparaître un avantage en nature passible de cotisations si le salarié est également autorisé à utiliser le bien ou le service fourni à des **fins personnelles** (par exemple, salarié pouvant utiliser en dehors de son travail le véhicule de fonction mis à sa disposition : nos 39450 s.). 38830

ÉVALUATION

Les avantages en nature sont en principe retenus dans la base de calcul des cotisations pour leur **valeur réelle, arrondie** à la dizaine de centimes d'euro la plus proche (Arrêté SANS0224281A du 10-12-2002 art. 6). Celle-ci s'entend, non du prix de revient pour l'employeur, mais de sa valeur pour le bénéficiaire, c'est-à-dire l'économie qu'elle lui permet de réaliser (Cass. soc. 27-10-1994 no 92-21.053 D ; BOSS-AN-50). 38850

Les principaux avantages en nature peuvent faire l'objet d'**évaluations forfaitaires** sur option de l'employeur en application de l'arrêté SANS0224281A du 10-12-2002 : nourriture, logement, véhicule et outils issus des nouvelles technologies de l'information et de la communication. Pour l'avantage nourriture, l'évaluation forfaitaire est obligatoire.

Les **dirigeants de société** relèvent de règles particulières : voir no 77120.

Caractère minimum des évaluations forfaitaires Les montants forfaitaires constituent des évaluations minimales qui s'appliquent à défaut de montants supérieurs prévus par **convention ou accord collectif** ou **commun accord** entre salarié et employeur (Arrêté SANS0224281A du 10-12-2002 art. 5). 38860

À l'inverse, si la convention collective ou le contrat de travail prévoit une évaluation inférieure, celle-ci ne peut pas être retenue (BOSS-AN-60).

À l'exception du logement fourni aux salariés logés par nécessité absolue de service (no 39340), aucune **minoration pour sujétions particulières** ne peut être appliquée sur la valeur forfaitaire de l'avantage en nature (Inst. Acoss du 8-10-1976).

ATTENTION

Lorsque l'avantage en nature est estimé sur une **base réelle,** ce montant peut être inférieur à l'évaluation forfaitaire, sous réserve de la production de justificatifs (BOSS-AN-60).

Indexation des forfaits Les montants des forfaits sont revalorisés au 1er janvier de chaque année conformément au taux prévisionnel d'évolution en moyenne annuelle des **prix à la consommation** hors tabac et arrondis à la dizaine de centimes d'euro la plus proche. Le barème des montants est établi et diffusé par l'Acoss (Arrêté SANS0224281A du 10-12-2002 art. 7). 38870

Les évaluations forfaitaires exprimées en euros que l'on trouvera dans les développements qui suivent ne valent donc que pour l'**année 2023.**

Participation financière du salarié Les avantages en nature peuvent être consentis à titre gratuit ou moyennant une participation ou une contribution du salarié. Cette dernière ne remet pas en cause les modalités d'évaluation de l'avantage consenti mais vient **minorer la valeur de l'avantage** à concurrence de cette participation (BOSS-AN-70). 38880

Salariés rémunérés au Smic Les évaluations forfaitaires à appliquer en matière de sécurité sociale ne doivent pas être confondues avec celles prévues pour les salariés rémunérés au Smic, dont la rémunération est constituée de manière habituelle pour partie par la fourniture de la nourriture et du logement (voir nos 1770 s.). 38890

En effet, dans le premier cas, il s'agit du montant forfaitaire des avantages en nature constitués par la fourniture d'un logement et/ou de la nourriture à intégrer dans l'**assiette des cotisations** de sécurité sociale. Dans le second cas, il s'agit des sommes que l'employeur, fournissant à un salarié rémunéré au Smic la nourriture et/ou le logement, est autorisé à déduire du montant du Smic pour déterminer le **salaire minimum en espèces** à lui verser.

Or, les évaluations des avantages en nature constitués par la nourriture et le logement ne sont pas identiques dans les 2 cas, comme l'illustre l'exemple ci-après.

EXEMPLE **Salariés rémunérés au Smic**

Pour ces salariés, la marche à suivre est la suivante.

– **Fourniture de la nourriture** (salarié occupé sur la base d'un horaire mensuel de 151,67 heures auquel l'employeur fournit 21 repas en janvier 2023). Le salaire mensuel minimum en espèces à verser au salarié est égal au montant du Smic (base 151,67 heures) diminué de 21 fois le montant de l'avantage forfaitaire nourriture (21 × 4,01 € (minimum garanti) = 84,21 €).

Pour le calcul des cotisations de sécurité sociale, il convient de rajouter au salaire minimum en espèces ainsi déterminé 21 fois le montant de l'avantage en nature nourriture (21 × 5,20 = 109,20 €).

En définitive, les cotisations de sécurité sociale sont calculées sur la base suivante : montant du Smic (base 151,67 heures) – 84,21 € + 109,20 €.

– **Fourniture du logement** (salarié occupé sur la base d'un horaire mensuel de 151,67 heures). Le salaire mensuel minimum en espèces à verser au salarié est égal au montant du Smic (base 151,67 heures) diminué de 0,60 €.

Pour le calcul des cotisations de sécurité sociale, il convient, en cas d'option pour le forfait, de rajouter au salaire minimum en espèces ainsi déterminé le montant du forfait logement applicable à l'intéressé, évalué comme indiqué n°s 39280 s.

Les cotisations de sécurité sociale sont calculées sur la base suivante : montant du Smic (base 151,67 heures) – 0,60 € + forfait logement.

38900 **Hôtels, cafés et restaurants** Pour les salariés des hôtels, cafés, restaurants et le personnel de cuisine des autres établissements, l'évaluation de l'avantage en nature nourriture est différente de celle des autres salariés en matière de **sécurité sociale** (nos 85690 s.) et de **Smic** (nº 85080 pour le personnel relevant de la convention collective nationale des hôtels, cafés, restaurants et nº 1790 pour les autres organismes où des denrées ou boissons sont consommées sur place).

B. Nourriture

ÉVALUATION FORFAITAIRE

39000 En 2023, l'avantage en nature nourriture est évalué forfaitairement à **10,40 €** par journée ou, pour un seul repas, à la moitié de cette somme (Arrêté SANS0224281A du 10-12-2002 art. 1er), soit 5,20 €.

L'évaluation forfaitaire est une option de l'employeur, les avantages en nature étant en principe retenus pour leur valeur réelle (nº 38850).

> **Précisions** **a.** Les textes n'opérant pas de distinction entre le repas et la simple **collation,** cette dernière doit être évaluée comme un véritable repas (Cass. soc. 6-12-1990 nº 89-11.348 D).
> **b.** L'évaluation forfaitaire est **relevée** chaque année par l'effet de l'indexation visée nº 38870.
> **c.** Sur l'évaluation forfaitaire pour les salariés des **hôtels, cafés, restaurants,** des établissements de restauration collective et de restauration rapide, des cafétérias et des casinos, voir nos 85690 s.

SALARIÉS NOURRIS DANS UNE CANTINE

39020 Une tolérance est prévue pour les salariés nourris en cantine ou en restaurant d'entreprise ou inter-entreprises, géré ou subventionné par l'entreprise ou le CSE : dans ce cas, il peut être fait abstraction de l'avantage en nature lorsque la participation personnelle du salarié est **au moins égale à 50 % du forfait** (BOSS-AN-170). Si cette participation est d'un montant inférieur, les cotisations sont dues sur la différence entre la valeur forfaitaire et ce montant. La somme versée par le **salarié** pour l'achat d'une boisson, y compris une bouteille d'eau, est exclue du **calcul de sa participation** au prix du repas (Cass. 2e civ. 12-3-2015 nº 14-10.744 F-PB).

La tolérance concerne non seulement les repas **consommés sur place** mais aussi ceux **à emporter** ou **livrés sur le lieu de télétravail** du salarié. Dans cette hypothèse, si la participation du salarié est au moins égale à la moitié du forfait, il peut être fait abstraction de la participation de l'employeur au coût du repas et aux éventuels frais de livraison (BOSS-AN-180). Il semble en revanche que la tolérance ne joue pas en cas de repas **livrés dans les locaux de l'entreprise.**

> **Précisions** **a.** Les **cantines concernées** sont celles qui bénéficient, en application de l'article 85 bis de l'annexe III au CGI, du taux réduit de TVA sur les recettes provenant de la fourniture des repas (BOSS-AN-180). Tel n'est pas le cas des services de repas mis en place par une association pour la restauration des personnes âgées qu'elle héberge ou des autres personnes

qu'elle accueille dans des structures collectives et qui sert à l'ensemble des bénéficiaires les mêmes menus en provenance des mêmes cuisines et mêmes approvisionnements (Cass. 2e civ. 10-5-2012 n° 11-16.074 F-D ; BOSS-AN-180).

b. La tolérance s'applique également aux **personnels des centres commerciaux** prenant leur repas dans la cafétéria ouverte au public et dont la participation est au moins égale à la moitié du forfait (BOSS-AN-180).

SALARIÉS NOURRIS SUR PLACE

Dans certaines professions, il est d'usage que le salarié soit nourri sur place par son employeur. Deux cas doivent être distingués : 39040

– le salarié est nourri **gratuitement** : l'avantage en nature qui en résulte est égal à la valeur forfaitaire ;

– le salarié est nourri moyennant une **participation modique,** inférieure à la valeur forfaitaire : la différence entre cette valeur et la participation du salarié doit être réintégrée dans l'assiette des cotisations.

REPAS PRIS PAR NÉCESSITÉ DE SERVICE

La fourniture de **repas résultant d'obligations professionnelles** ou pris par nécessité de service prévue conventionnellement ou contractuellement n'est pas considérée comme un avantage en nature et se trouve donc exclue de l'assiette des cotisations. Il en est ainsi pour : 39060

– les **repas d'affaires** dûment justifiés, sauf abus manifeste : voir nos 56360 s. ;

– les repas fournis aux personnels qui par leurs fonctions sont amenés par nécessité de service à prendre leurs repas avec les personnes dont ils ont la **charge éducative, sociale ou psychologique** dès lors que leur présence au moment des repas résulte d'une obligation professionnelle figurant soit dans le projet pédagogique de l'établissement, soit dans un document de nature contractuelle. La **justification** peut être apportée par la mention de l'obligation professionnelle dans ce projet ou document ou être inhérente à la fonction de surveillance et d'éducation des personnels concernés (BOSS-AN-190).

Cette position administrative s'appuie sur la jurisprudence ayant admis que ne constitue pas un avantage en nature soumis à cotisations la fourniture gratuite de repas :

– à des éducateurs tenus de prendre leurs repas **avec les personnes** dont ils ont la charge : éducateurs auprès de **toxicomanes** (Cass. soc. 11-7-1991 n° 88-19.986 PF), éducateurs de haltes-garderies responsables de **jeunes enfants** (Cass. soc. 29-6-2000 n° 99-10.757 FS-P) ou animateurs d'un **centre aéré** (Cass. 2e civ. 23-3-2004 n° 02-30.940 FS-D) ;

– à des formateurs tenus d'être présents en permanence pendant la durée d'une session et contraints de prendre leurs repas en commun **avec les stagiaires** dont ils ont la charge (Cass. soc. 12-1-1995 n° 95-15.558 P).

ATTENTION

L'exonération ne s'applique pas au **personnel de cantine ou de service** (BOSS-AN-190).

SALARIÉS NOURRIS PAR UN TIERS

Lorsque le repas est fourni par un tiers en contrepartie d'une **activité accomplie dans son intérêt,** l'avantage en nature en résultant est intégré dans l'assiette des cotisations sociales selon les règles exposées nos 45850 s., la responsabilité du versement des cotisations incombant au tiers en application de ces règles. 39100

En dehors de ce cas, ne semblent pas constituer un avantage en nature, selon des prises de position administratives déjà anciennes, le bénéfice que retire le salarié d'une **invitation occasionnelle** par un tiers à condition que le nombre de repas n'excède pas un par semaine ou 5 par mois ainsi que la fourniture du repas résultant d'un **usage de la profession** (exemple : infirmière à domicile) ou d'un **accord entre l'employeur et son client** (Inst. Acoss du 28-6-1974).

Sur la remise des **titres-restaurant,** voir nos 51900 s. et sur les autres situations dans lesquelles le salarié est nourri à l'extérieur, en raison de conditions particulières d'**organisation** ou d'**horaires de travail** ou d'un **déplacement,** voir nos 56240 s.

TRAVAIL DANS L'ENTREPRISE FAMILIALE

Voir ci-après en ce qui concerne les enfants de l'employeur, et n° 53860 en ce qui concerne le **conjoint.** 39120

Enfants salariés de l'employeur

La nourriture et le logement fournis gratuitement aux enfants travaillant dans l'entreprise familiale ne constituent pas des avantages en nature soumis à cotisations lorsqu'ils s'expliquent uniquement par les liens de parenté et d'affection. Tel est le cas lorsqu'ils ne sont pas attribués **à l'occasion ou en contrepartie de travaux** spéciaux et lorsque les **rémunérations des enfants** sont au moins égales à celles pratiquées dans la profession (Cass. soc. 3-6-1982 nº 81-12.906).

En revanche, l'avantage constitué par le logement doit être intégré dans l'assiette des cotisations lorsque le parent pratique sur la rémunération de son enfant une **retenue** égale à la valeur attribuée à cette prestation par le Code du travail en matière de Smic (Cass. soc. 25-5-1988 nº 86-10.867 P).

À **titre pratique,** l'administration préconise d'appliquer les règles suivantes (Guide Acoss du recouvrement nº 101 p. 44-35 s.).

Nourriture. Plusieurs cas doivent être distingués.

Lorsque les achats de nourriture sont comptabilisés dans les charges de l'entreprise, l'appréciation de la valeur de ces avantages en nature alloués aux enfants, mineurs ou majeurs, s'effectue dans les conditions habituelles.

Lorsque la comptabilité ou les autres documents présentés ne font état d'aucun achat de nourriture, il s'agit d'avantages en nature attribués par l'employeur à ses enfants, mineurs ou majeurs, sur ses deniers personnels, qui doivent être regardés comme constituant l'expression des liens familiaux normaux, et être exclus de l'assiette des cotisations.

Faute de comptabilité ou d'élément comptable permettant de déterminer si les achats de nourriture figurent dans les charges de l'entreprise, il n'en est tenu compte que si l'enfant est majeur ou, s'il est mineur, si leur attribution résulte d'un usage dans la profession, de la convention collective ou d'un accord de salaire.

Logement. Il y a lieu de retenir l'existence d'un avantage lorsque l'enfant, quel que soit son âge, réside dans un logement distinct et que ses dépenses sont prises en charge par l'entreprise. Si l'enfant cohabite avec ses parents, il y a lieu de négliger l'avantage en nature qui en résulte si l'enfant est mineur ou, s'il est majeur, lorsque la cohabitation est antérieure à la date à laquelle le contrat de travail a pris effet. Par exception, la fourniture gratuite du logement à l'enfant majeur constitue un avantage en nature, même en cas de cohabitation, lorsqu'elle correspond à l'une des situations suivantes : usage dans la profession (hôtellerie, par exemple) ; comptabilisation des dépenses de location ou d'entretien du logement dans les charges de l'entreprise ; rémunération en espèces de l'enfant majeur anormalement insuffisante ; retenue sur les salaires des enfants de la valeur de l'avantage en nature fixée par le Code du travail en matière de réglementation du Smic (nº 1780).

Autres avantages. La valeur réelle de l'avantage doit être incluse dans l'assiette des cotisations lorsque son attribution découle de l'exécution du contrat de travail ou d'une pratique de l'entreprise.

C. Logement

1. DÉFINITION DE L'AVANTAGE

39200 La mise à disposition d'un logement constitue un avantage en nature à inclure dans l'assiette des cotisations de sécurité sociale lorsqu'elle est **gratuite** ou donne lieu à une faible participation du salarié non assimilable à un loyer.

En cas d'**usage à la fois privé et professionnel** du logement, l'avantage en nature se limite à la partie utilisée à titre privé.

NATURE DU LOGEMENT

39210 La mise à disposition d'un logement peut recouvrir des situations très diverses allant de la fourniture par l'employeur d'un logement de « standing » à ses cadres dirigeants à un simple hébergement en dortoir pour les salariés les plus modestes.

› **Précisions** **a.** Constitue un avantage en nature la fourniture gratuite par une entreprise de travaux publics, à certains de ses salariés, de **logements en bâtiments modulaires démontables** dès lors que ces modules d'habitation, implantés non pas sur le site même du chantier mais dans des localités voisines, assurent à leurs occupants un confort et un environnement comparables à ceux des salariés habitant en HLM et que ce personnel n'est pas en grand déplacement (Cass. soc. 25-1-1989 nº 86-11.940 P).
b. Un **logement de fonction** constitue pour le bénéficiaire un avantage en nature, quels que soient les **motifs** qui justifient sa fourniture (Cass. soc. 1-3-1989 nº 86-19.292 D ; 9-11-1989 nº 87-14.665 D).

LOGEMENTS COLLECTIFS

Les seules exceptions à l'intégration dans l'assiette des cotisations concernent : **39220**
– la mise à la disposition d'une **chambre ou d'un logement de service** ne dispensant pas le salarié de faire les frais d'un logement personnel (cas des infirmières de garde, par exemple : Guide Acoss du recouvrement n° 101 p. 44-29) ;
– les **dortoirs,** c'est-à-dire les salles communes par opposition aux chambres particulières même partagées à 2. Selon l'administration, si la qualification de dortoir relève de circonstances de fait, l'occupation d'une pièce destinée au sommeil par plus de 2 salariés doit en principe conduire à une telle qualification (BOSS-AN-420).

Sur l'**évaluation** du **logement partagé** entre plusieurs salariés, voir n°s 39370 (évaluation forfaitaire) et 39380 (évaluation d'après la valeur locative).

ILLUSTRATIONS

Est assimilable à un logement en dortoir ne constituant pas un avantage en nature la mise à disposition par l'employeur à ses salariés, à l'exclusion de leurs familles, d'un logement comportant, en sus des locaux à usage commun, 6 chambres de 3 personnes (Cass. soc. 29-4-1987 n° 84-17.231 S).

PARTICIPATION FINANCIÈRE DU SALARIÉ

La fourniture du logement n'est pas considérée comme un avantage en nature lorsque le salarié verse à son employeur, en échange du logement fourni, une redevance ou un loyer dont le montant est **supérieur ou égal** à sa valeur locative (même si celle-ci est inférieure au forfait logement) ou à l'évaluation forfaitaire, selon l'option de l'employeur. Dans le cas contraire, la fourniture du logement est considérée comme un avantage en nature. Ce dernier est évalué par la différence entre la valeur locative ou l'évaluation forfaitaire, selon l'option de l'employeur, et le montant de la redevance ou du loyer versé par le salarié (BOSS-AN-370-380). **39230**

Toutefois, l'avantage logement peut être **négligé** lorsque cette différence mensuelle est inférieure à la première tranche du barème forfaitaire pour un logement comptant une pièce visé n° 96332 (BOSS-AN-360).

PRISE EN CHARGE DU LOYER PAR L'EMPLOYEUR

La prise en charge du loyer par l'employeur doit être considérée comme un avantage en nature si celui-ci, **titulaire du bail locatif,** loge gratuitement le salarié. En revanche, si le bail est au nom du salarié, l'avantage consenti à ce dernier constitue un **avantage en espèces,** peu important que l'employeur paie directement le loyer au bailleur ou rembourse le montant du loyer au salarié (BOSS-AN-250). **39240**

2. ÉVALUATION

MODE D'ÉVALUATION

L'avantage en nature logement est évalué forfaitairement ou, sur **option de l'employeur,** d'après la valeur locative (Arrêté SANS0224281A du 10-12-2002 art. 2). Celui-ci peut **changer** en fin d'exercice l'option prise en fonction de son choix pour l'année entière écoulée, salarié par salarié. L'employeur qui choisit de changer d'option en fin d'année régularise alors les cotisations précomptées au cours de l'année (BOSS-AN-240). **39260**

L'évaluation de l'avantage logement se fait **par mois ou par semaine.** L'évaluation par semaine est égale au quart du montant mensuel, arrondi à la dizaine de centimes d'euro la plus proche. L'évaluation par semaine ou par mois s'entend des semaines ou mois complets, quel que soit le nombre de jours ouvrables qu'ils contiennent (Arrêté précité du 10-12-2002 art. 2).

Les **dirigeants de société** relèvent de règles particulières, voir n° 77120.

> Précisions **a.** L'**option** pour l'évaluation d'après la valeur locative doit être exercée au plus tard dans la **dernière déclaration** afférente à l'année en cours. En revanche, l'employeur ne peut pas en revendiquer le bénéfice pour les années antérieures (BOSS-AN-240).
b. Toute **semaine incomplète** doit être comptabilisée comme une semaine. En cas de **mois incomplet,** c'est le nombre de semaines effectives qui est pris en compte dans la limite de 4 (BOSS-AN-290).

ÉVALUATION FORFAITAIRE

Les montants forfaitaires (n° 96332) constituent un **minimum** qu'il n'est pas possible de remplacer par des montants inférieurs : voir n° 38860. Ils sont **revalorisés** au 1er janvier de chaque année selon le mécanisme d'indexation visé n° 38870 (Arrêté SANS0224281A du 10-12-2002 art. 5 et 7). **39280**

L'avantage logement est évalué par **semaine** ou par **mois** (BOSS-AN-290). Il intègre la prise en compte des **avantages accessoires** (Arrêté SANS0224281A du 10-12-2002 art. 2). Sont ainsi inclus (liste limitative) : l'eau, le gaz, l'électricité, le chauffage et le garage (BOSS-AN-270).

39300 EXEMPLE

Un logement de 3 pièces fourni gratuitement par l'employeur à un salarié dont la rémunération en espèces du mois de juin 2023 s'élève à 2 400 € (c'est-à-dire entre 0,6 et 0,7 fois le plafond mensuel de la sécurité sociale) doit, pour ce mois, être évalué à 75,40 € × 3 = 226,20 €. Les cotisations sont donc dues sur 2 400 + 226,20 € = 2 626,20 €.

Si, au mois de juillet, sa rémunération est portée par l'effet d'une prime de vacances à 2 640 € (c'est-à-dire entre 0,7 et 0,9 fois le plafond mensuel de la sécurité sociale), l'avantage en nature logement sera inclus dans l'assiette des cotisations dues pour ce mois pour une valeur de 94,10 € × 3 = 282,30 €. Les cotisations sont donc dues sur 2 640 + 282,30 = 2 922,30 €.

Si au mois de septembre il ne perçoit aucune rémunération en raison de la suspension de son contrat de travail, l'avantage en nature logement doit être évalué sur la base de la première tranche du barème (n° 39310) à 40,40 € × 3 = 121,20 €.

39310 **Rémunération prise en compte** La rémunération déterminant le forfait applicable s'entend de la rémunération brute en espèces constituant l'assiette des cotisations, après application, le cas échéant, de la déduction forfaitaire spécifique pour frais professionnels. Pour les salariés occupés par **plusieurs employeurs,** il faut tenir compte uniquement de la rémunération perçue chez l'employeur allouant l'avantage logement, sans faire masse de toutes les rémunérations du salarié (BOSS-AN-320). Pour les **mandataires sociaux** titulaires d'un contrat de travail, voir n° 77120.

En cas de **suspension du contrat** de travail sans maintien de salaire, il faut considérer que le salarié est rémunéré exclusivement par des avantages en nature. L'avantage logement doit donc être évalué sur la base de la première tranche du barème (BOSS-AN-310) : voir exemple ci-dessus n° 39300.

39320 **Notion de pièce principale** Pour l'application du forfait, la pièce principale s'entend au sens de l'article R 111-1 du CCH. Selon ce texte, un logement ou habitation comprend, d'une part, des pièces principales destinées au séjour et au sommeil, d'autre part, des pièces de service telles que cuisines, salles d'eau, cabinets d'aisance, buanderies, débarras, séchoirs, ainsi que, le cas échéant, des dégagements et dépendances. Toutefois, les pièces principales, pour être qualifiées comme telles, doivent être pourvues d'un ouvrant et de surfaces transparentes donnant sur l'extérieur (BOSS-AN-280).

ATTENTION

En cas d'**utilisation à la fois privée et professionnelle** du logement, doivent seules être prises en compte les pièces principales utilisées à titre privé : voir n° 39350.

VALEUR LOCATIVE

39330 En cas d'option de l'employeur pour la valeur locative, il faut retenir celle qui sert à l'établissement de la **taxe d'habitation** (Arrêté SANS0224281A du 10-12-2002 art. 2).

Si, par exception, les services fiscaux ne sont pas en mesure d'indiquer le montant de cette valeur, on estime l'avantage logement à sa **valeur réelle** (Arrêté précité du 10-12-2002 art. 2). Celle-ci s'entend du taux des loyers pratiqués dans la commune pour un logement de surface comparable (BOSS-AN-340).

Lorsque ni la valeur locative servant à l'établissement de la taxe d'habitation, ni la valeur locative réelle du logement ne peuvent être évaluées, il faut recourir à l'évaluation forfaitaire (Arrêté précité du 10-12-2002 art. 2).

Les **avantages accessoires** pris en charge par l'employeur – eau, électricité, gaz, chauffage, garage – doivent, le cas échéant, s'ajouter pour leur valeur réelle à la valeur locative pour déterminer la valeur de l'avantage en nature (Arrêté précité du 10-12-2002 art. 2 ; BOSS-AN-340). D'autres types de charges acquittées par l'employeur (taxe d'habitation, assurance…), dont le paiement incombe normalement à l'occupant du logement, constituent des avantages en espèces soumis à cotisations (BOSS-AN-340).

CAS PARTICULIERS

39340 **Salariés logés par nécessité de service** Pour les salariés logés par nécessité de service (personnel de sécurité, de gardiennage…), un **abattement** pour sujétion de 30 % peut être appliqué sur la valeur du forfait logement ou sur sa valeur locative. Dans ce dernier cas, il ne doit pas être pratiqué sur la valeur des avantages accessoires (BOSS-AN-470).

› Précisions Cet abattement tient compte des **sujétions professionnelles spéciales** qui obligent ces salariés à être logés sur leur lieu de travail. Ces sujétions, qui peuvent notamment consister en des astreintes, doivent apparaître dans le contrat de travail. Sont par **exemple** concernés les salariés :
– laissant la disposition de leur logement à leur remplaçant pendant la période de congés annuels en vertu d'une obligation contractuelle ;
– chargés de la garde et de la sécurité des locaux ou des installations d'une entreprise ;
– chargés de remédier, de jour comme de nuit, à une défaillance des installations de production ou de distribution d'une entreprise (BOSS-AN-470).

Logement à usage mixte Lorsque le logement est à usage professionnel et privé, la partie du logement à usage professionnel doit être exclue de l'évaluation, à condition toutefois que le **contrat de mise à disposition** indique le nombre de pièces réservées à l'habitation, et ce, quel que soit le mode d'évaluation. Deux cas peuvent se présenter : 39350
– si l'employeur opte pour le **forfait,** cet avantage doit être évalué selon le nombre de pièces réservées à l'habitation ;
– si l'employeur opte pour la **valeur locative ou** la valeur **réelle,** cet avantage doit être évalué selon le rapport superficie à usage privé/superficie totale. Il en est de même pour les avantages accessoires (BOSS-AN-300-350).

Conjoints logés par un même employeur Lorsque le logement est occupé par 2 conjoints travaillant dans la même entreprise et que le **contrat d'un seul des conjoints** prévoit l'attribution du logement, l'avantage en nature est réintégré dans l'assiette des cotisations de ce dernier (BOSS-AN-390). 39360

Lorsque le **contrat de travail de chacun des conjoints** prévoit l'attribution du logement, l'avantage en nature est évalué sur le salaire de chacun des conjoints ; la moitié de la valeur de l'avantage en nature applicable à chacun d'eux s'ajoute à leur rémunération respective. Les mêmes modalités s'appliquent si le logement est occupé par 2 conjoints travaillant dans la même entreprise et qu'**aucun des contrats** de travail ne prévoit l'attribution du logement (BOSS-AN-390).

› Précisions Les règles d'évaluation des avantages en nature pour un logement occupé par 2 conjoints s'appliquent de manière identique aux personnes ayant conclu un **pacte civil de solidarité** ou vivant en **concubinage** (BOSS-AN-390).

Logement partagé entre plusieurs salariés En dehors du cas des conjoints salariés de la même entreprise, lorsque le logement est occupé par 2 ou plusieurs salariés, l'avantage en nature logement est évalué forfaitairement ou sur la base de la valeur locative servant à l'établissement de la taxe d'habitation. 39370

En cas d'**évaluation forfaitaire,** 3 paramètres sont pris en compte : la rémunération du salarié, le nombre de pièces principales (pièces de séjour et de sommeil) mises à sa disposition et l'occupation seul ou avec un autre salarié de la pièce destinée au sommeil. L'avantage en nature est déterminé sur la base de la rémunération perçue par le salarié et compte tenu du nombre de pièces principales mises à sa disposition. Lorsque la pièce destinée au sommeil utilisée par le salarié est également occupée par un autre salarié, seule la moitié de l'avantage ainsi évalué doit être ajoutée à la rémunération (BOSS-AN-400 s.).

Sur le logement en **dortoir,** voir n° 39220.

EXEMPLE

Pour un logement de 3 pièces occupé par 2 salariés, la détermination de l'avantage en nature logement s'effectue sur la base d'une pièce personnelle par salarié et de la pièce commune pour chacun des 2 salariés. Il en résulte pour chacun d'eux un avantage en nature logement correspondant à 2 pièces principales.

En cas d'**évaluation sur la base de la valeur locative,** l'avantage en nature logement accordé à chaque salarié est égal à : 39380

$$\frac{\text{(Valeur locative du logement + valeur réelle des charges afférentes au logement)}}{\text{nombre de salariés occupant le logement}}$$

Le montant obtenu représente la valeur réelle que doit verser chaque salarié en échange du logement fourni. En cas d'impossibilité d'établir la valeur locative, le niveau des loyers pratiqué dans la commune pour un logement de surface comparable doit être pris en compte (BOSS-AN-430).

Sur le logement en **dortoir,** voir n° 39220.

D. Véhicule

1. VÉHICULE ESSENCE

DÉFINITION DE L'AVANTAGE

39450 Lorsque l'employeur met un véhicule à la disposition permanente d'un salarié, son **utilisation privée** constitue un avantage en nature (Arrêté SANS0224281A du 10-12-2002 art. 3). Il faut donc distinguer les **trajets effectués à titre professionnel** et les déplacements privés, seuls ces derniers constituant un avantage en nature.

> **Précisions** **a.** L'**intervention d'un tiers** dans la mise à disposition d'un véhicule n'exclut pas en soi l'existence d'un avantage en nature. Toutefois, les **juges** peuvent souverainement décider qu'un tel avantage n'est pas constitué (pour une illustration, Cass. 2e civ. 21-6-2018 no 17-21.652 F-D).
> **b.** Sur la **remise gratuite de vélomoteurs** à certains salariés de l'entreprise, voir no 39960, b.

39460 **Mise à disposition permanente** Il y a mise à disposition permanente du véhicule chaque fois que les circonstances de fait permettent au salarié d'utiliser à titre privé un véhicule professionnel. Il en est ainsi lorsque le salarié est **autorisé à conserver et à utiliser** le véhicule **en dehors de ses périodes de travail,** c'est-à-dire pendant le repos hebdomadaire ou les congés (BOSS-AN-570).

Il n'y a pas d'avantage en nature :

– si le salarié dispose en permanence d'un véhicule, mais n'est **pas autorisé** à l'utiliser pendant le repos hebdomadaire et les congés, le salarié n'utilisant le véhicule que pour raisons professionnelles. L'interdiction doit être notifiée par écrit : règlement intérieur, circulaire professionnelle, courrier papier ou électronique de la direction… En cas de notification écrite, l'employeur n'a pas non plus à comptabiliser un avantage en nature au regard de la **carte de carburant** de l'entreprise (BOSS-AN-570) ;

– si le salarié utilise le véhicule de l'entreprise pour effectuer les **trajets** entre son **domicile** et son **lieu de travail** lorsque l'employeur démontre que l'utilisation du véhicule est nécessaire à l'activité professionnelle et que le salarié ne peut pas utiliser les transports en commun soit parce que le trajet domicile-lieu de travail n'est pas desservi ou est mal desservi, soit en raison de conditions ou d'horaires particuliers de travail (BOSS-AN-580).

Lorsque le véhicule est mis à la disposition de **plusieurs salariés,** il n'y a pas d'avantage en nature dès lors que l'employeur indique sur un document que le véhicule est utilisé pour un usage uniquement professionnel. Il en est de même pour la **carte de carburant** appartenant à la société (BOSS-AN-590).

ÉVALUATION

39480 L'avantage en nature constitué par l'**utilisation privée** d'un véhicule est évalué, sur option de l'employeur, sur la base des dépenses réellement engagées ou d'un forfait annuel estimé en pourcentage du coût d'achat du véhicule ou du coût global annuel comprenant la location, l'entretien et l'assurance du véhicule en location ou en location avec option d'achat, TTC (Arrêté SANS0224281A du 10-12-2002 art. 3).

L'**option** suit les mêmes règles que celles prévues pour le logement : voir no 39260. Si l'employeur ne peut pas apporter la **preuve des dépenses** réellement engagées, l'avantage résultant de l'usage privé est soumis à évaluation forfaitaire (BOSS-AN-600).

Si une **redevance** est demandée au salarié, elle vient en déduction de l'avantage en nature : voir no 39540.

39490 **Dépenses réelles** Les dépenses réellement engagées sont évaluées comme suit (Arrêté SANS0224281A du 10-12-2002 art. 3) :

– en cas de véhicule **acheté** par l'employeur, elles comprennent l'amortissement de l'achat du véhicule sur 5 ans, TTC (soit 20 % par an), l'assurance et les frais d'entretien et, le cas échéant, les frais de carburant. Si le véhicule a plus de 5 ans, l'amortissement de l'achat du véhicule est ramené à 10 % par an ;

– en cas de **location** ou de location avec option d'achat, elles comprennent le coût global annuel de la location, l'entretien et l'assurance du véhicule et, le cas échéant, les frais de carburant.

Un **tableau récapitulatif** des modalités d'évaluation est donné no 96336.

> Précisions a. Les **frais d'entretien,** qui intègrent les taxes, comprennent les frais courants (lavages, révisions, vidanges, changements de pneus, d'ampoules ou de pots d'échappement, etc.), mais pas, par exemple, les frais de remise en état du véhicule consécutifs à un sinistre (BOSS-AN-670-690).
b. Si l'employeur obtient une **remise** sur l'achat du véhicule, c'est le prix d'achat après remise qui est retenu. En cas de **reprise de l'ancien véhicule,** le prix d'achat du nouveau est le prix réellement payé, reprise déduite (BOSS-AN-640).
c. Qu'il s'agisse d'un achat, d'une location ou d'une location avec option d'achat, ni le **bonus écologique** et sa majoration, ni le **malus** ne doivent être pris en compte pour la détermination du prix d'achat ou du prix de location du véhicule servant au calcul de l'avantage en nature (BOSS-AN-620).
d. Lorsqu'un salarié utilise en permanence plusieurs véhicules que l'employeur, disposant d'une **flotte de véhicules,** met à sa disposition permanente, la valeur d'achat à prendre en compte est la valeur moyenne des prix réglés pour l'ensemble des véhicules mis à disposition (BOSS-AN-650).
e. Lorsque le véhicule est **acheté** par l'entreprise **à l'issue de la location** ou de la **location avec option d'achat** (ou autre location assortie de promesse unilatérale de vente), la valeur à prendre en compte est la valeur d'achat du véhicule réglée par le loueur ou le crédit-bailleur. Le dépôt de garantie n'a pas à être intégré dans ce calcul (BOSS-AN-621-772).

Les **frais du carburant** utilisé pour l'**usage privé** et pris en charge par l'employeur sont pris en compte pour leur valeur réelle pour l'évaluation de l'avantage en nature (BOSS-AN-700). **39500**

> Précisions La **preuve** du paiement du carburant privé par le salarié peut être apportée par tout moyen. Le fait d'**imposer** au salarié **d'effectuer le plein** avec une carte essence, par exemple le vendredi soir, et de le refaire le lundi matin à sa charge peut constituer un moyen de preuve suffisant. En revanche, le blocage de la carte essence, par exemple le week-end, ne suffit pas à prouver que le salarié paie son carburant, le plein ayant pu être effectué la veille du congé hebdomadaire (BOSS-AN-700).
Lorsque, sur les factures, le nombre total de litres de carburant payé par l'entreprise correspond au nombre de kilomètres parcourus à titre professionnel multiplié par la consommation moyenne du véhicule aux 100 km, ces éléments constituent une **présomption suffisante** pour apprécier que le salarié prend en charge son carburant à titre privé. Lorsque le nombre total de litres de carburant payé par l'entreprise est supérieur à la consommation en carburant correspondant au nombre de kilomètres parcourus à titre professionnel, le nombre de litres excédentaire est considéré comme une consommation privée. Le montant de l'avantage en nature à réintégrer dans l'assiette des cotisations est calculé en multipliant le nombre de litres de carburant utilisé à titre privé par le coût du litre facturé. Les **carnets de bord, de visite ou de rendez-vous** constituent des éléments de preuve suffisants du kilométrage à titre professionnel (BOSS-AN-710).

Pour l'évaluation de l'avantage véhicule, l'**assurance** à inclure est le coût de l'assurance réellement supporté par l'entreprise, quels que soient les risques pour lesquels elle s'est assurée. Il ne faut pas prendre en compte les éventuelles **franchises** supportées par elle en cas de sinistre. Dans le cas où l'entreprise ne peut pas déterminer le coût de l'assurance pour chaque salarié (exemple : en cas de contrat de **flotte d'assurance**), elle peut retenir un coût moyen (BOSS-AN-680). **39510**

Évaluation forfaitaire Les dépenses peuvent être évaluées sur la base d'un forfait comme suit (Arrêté SANS0224281A du 10-12-2002 art. 3) : **39520**
– en cas de **véhicule acheté,** l'évaluation correspond à 9 % du coût d'achat ou, lorsque le véhicule a plus de 5 ans, à 6 % du coût d'achat. Lorsque l'employeur paie le carburant du véhicule, l'avantage est évalué suivant ces pourcentages, auxquels s'ajoute l'évaluation des dépenses de carburant à partir des frais réellement engagés, ou suivant un forfait global de 12 % du coût d'achat du véhicule ou, lorsque le véhicule a plus de 5 ans, de 9 % ;
– en cas de véhicule **loué ou en location avec option d'achat,** l'évaluation correspond à 30 % du coût global annuel comprenant la location, l'entretien et l'assurance du véhicule. Lorsque l'employeur paie le carburant du véhicule, l'avantage est évalué suivant ce pourcentage, auquel s'ajoute l'évaluation des dépenses de carburant à partir des frais réellement engagés (sur facture), ou suivant un forfait global de 40 % du coût global annuel comprenant la location, l'entretien, l'assurance du véhicule et le carburant.
Cette évaluation forfaitaire est un **minimum** qu'il est impossible de remplacer par un forfait inférieur (n° 38860) et doit être **arrondie** à la dizaine de centimes d'euro la plus proche (Arrêté précité du 10-12-2002 art. 7).
Un **tableau récapitulatif** des modalités d'évaluation est donné n° 96336.

> Précisions a. Lorsque l'employeur paie le **carburant** et a opté pour le forfait majoré des dépenses réelles de carburant, celles-ci s'entendent uniquement de celles correspondant à l'usage privé du véhicule (BOSS-AN-700). Les moyens de preuve de la répartition entre kilométrages privé et professionnel sont les mêmes que ceux indiqués pour l'option évaluation au réel (voir nº 39500).

b. En cas de **mise à disposition en cours d'année,** que le véhicule soit acheté ou loué ou en location avec option d'achat, l'évaluation doit être proratisée en fonction du nombre de mois de mise à disposition. En cas de mois incomplet, c'est le mois intégral qui est pris en compte (BOSS-AN-750).

c. Sur la valeur à prendre en compte en cas d'**achat** par l'entreprise du véhicule **à l'issue de la location ou de la location avec option d'achat** (ou autre location assortie de promesse unilatérale de vente), voir nº 39490, e.

39530 Pour les véhicules **loués par l'employeur,** l'évaluation de l'avantage en nature correspondant à l'usage privé du véhicule suivant les règles fixées ci-dessus est plafonnée à celui qui aurait été calculé si l'employeur avait acheté le véhicule (le prix de référence étant le prix d'achat TTC du véhicule par le loueur, après prise en compte le cas échéant du rabais consenti par le vendeur, dans la limite de 30 % du prix conseillé par le constructeur pour la vente du véhicule au jour du début du contrat). Les loueurs et crédits-bailleurs doivent communiquer les éléments nécessaires aux employeurs locataires. À défaut, le prix retenu est le prix du véhicule proposé par le constructeur, au jour du début du contrat de location (BOSS-AN-790).

39535 Lorsque l'employeur met à la disposition permanente d'un salarié un **véhicule prêté dans le cadre d'un partenariat** entre le constructeur automobile et l'entreprise ou dans le cadre d'un **sponsoring,** il doit évaluer un avantage en nature constitué par son utilisation à titre privé. L'évaluation est basée sur le prix de référence du véhicule, soit le prix TTC conseillé par le constructeur pour la vente du véhicule au jour du prêt du véhicule (BOSS-AN-812).

39540 **Participation financière du salarié** Lorsque le salarié verse une redevance à l'employeur, il convient de procéder de la façon suivante :

– si l'employeur opte pour le **forfait** et si la redevance est inférieure à cette valeur, l'avantage en nature est constitué par la différence entre ces 2 montants. Si la redevance est égale ou supérieure au forfait, il n'y a pas d'avantage en nature ;

– si l'employeur opte pour la **valeur réelle** et si la redevance est inférieure à la valeur réelle, l'avantage en nature est évalué par différence entre ces 2 montants. Si la redevance est égale ou supérieure à la valeur réelle, il n'y a pas d'avantage en nature (BOSS-AN-815).

2. VÉHICULE 100 % ÉLECTRIQUE

39600 Si l'employeur met à la disposition permanente d'un salarié un véhicule fonctionnant **exclusivement** au moyen de l'énergie électrique, son utilisation privée constitue un avantage en nature selon les mêmes règles que celles prévues pour un véhicule essence.

Toutefois, plusieurs mesures temporaires sont prévues jusqu'au 31-12-2024 pour les véhicules électriques.

MISE À DISPOSITION D'UN VÉHICULE

39605 Pour tout véhicule fonctionnant exclusivement au moyen de l'énergie électrique, mis à disposition du salarié **entre le 1-1-2020 et le 31-12-2024,** l'évaluation de l'avantage en nature est calculée comme suit (Arrêté SANS0224281A du 10-12-2002 art. 3 modifié par arrêté SPRS2236842A du 26-12-2022) :

– les **dépenses** réelles ou forfaitaires **prises en compte** (nos 39490 s.) sont évaluées après application d'un abattement de 50 % dans la limite de 1 800 € par an ;

– et il n'est pas tenu compte des **frais d'électricité** engagés par l'employeur pour la recharge du véhicule.

EXEMPLES

a. Dépenses calculées au réel

Un employeur loue un véhicule électrique et le met à la disposition d'un salarié. Le coût de la location est de 3 000 € par an, auquel s'ajoutent les frais d'entretien de 1 000 € et l'assurance de 1 000 €. Le coût total est donc de 5 000 €. L'abattement s'élève à 5 000 × 50 % = 2 500 €, plafonné à 1 800 € par an. La valeur de l'avantage en nature s'élève à 5 000 – 1 800 = 3 200 €. Les frais d'électricité ne sont pas pris en compte.

b. Dépenses calculées au forfait

Un employeur achète un véhicule électrique âgé de moins de 5 ans à 20 000 € et le met à disposition d'un salarié. Le forfait appliqué est de 9 % du coût d'achat (nº 39520), soit 9 % ×

20 000 = 1 800 €. L'abattement s'élève à 1 800 × 50 % = 900 €. La valeur de l'avantage en nature est de 1 800 – 900 = 900 €.

Il loue également un véhicule électrique dont le coût global annuel (location, entretien et assurance) s'élève à 12 000 € par an et le met à la disposition d'un autre salarié. Le forfait appliqué est de 30 % du coût global annuel (n° 39610), soit 12 000 × 30 % = 3 600 €. L'abattement s'élève à 3 600 × 50 % = 1 800 €. La valeur de l'avantage en nature est de 3 600 – 1 800 = 1 800 €.

Dans les 2 cas, les frais d'électricité ne sont pas pris en compte.

BORNE DE RECHARGE

Du 1-1-2023 au 31-12-2024, lorsque l'employeur met à la disposition du salarié une borne de recharge pour les véhicules électriques, l'avantage en nature résultant de son utilisation par le salarié à titre non professionnel échappe aux cotisations si la borne est **installée sur le lieu de travail,** y compris pour les frais d'électricité (Arrêté précité du 10-12-2002 art. 3 bis). Ce principe s'applique même pour les véhicules appartenant au salarié (BOSS-AN-811). 39610

Du 1-1-2023 au 31-12-2024, lorsque la borne est installée **hors du lieu de travail,** plusieurs situations sont à distinguer : 39615

1° En cas de prise par l'employeur de tout ou partie des frais relatifs à l'**achat** et à l'**installation** d'une borne de recharge (Arrêté précité du 10-12-2002 art. 3 bis ; BOSS-AN-811) :
– si la mise à disposition cesse à la fin du contrat de travail, l'avantage lié à cette prise en charge échappe aux cotisations,
– si la borne est installée au domicile du salarié et qu'elle n'est pas restituée à la fin du contrat de travail, la prise en charge est exclue de l'assiette de cotisations dans la limite de 50 % des dépenses réelles que le salarié aurait dû engager pour l'achat et l'installation de la borne, dans la limite de 1 000 €. Ces limites sont respectivement portées à 75 % des dépenses réelles que le salarié aurait dû engager et 1 500 € lorsque la borne a plus de 5 ans ;
2° En cas de prise en charge par l'employeur des **autres frais liés à l'utilisation d'une borne de recharge électrique** (entretien, maintenance, surcoût de l'abonnement au fournisseur d'électricité nécessaire) ou du coût de la **location** d'une borne ou d'un abonnement donnant accès à des bornes de recharge électrique en libre-service (installées par exemple à proximité du lieu de travail, du lieu d'une mission temporaire), cette prise en charge de frais est exclue de l'assiette des cotisations et contributions sociales dans la limite de 50 % du montant des dépenses réelles que le salarié aurait dû engager.

ATTENTION

En cas de prise en charge par l'employeur des **frais d'électricité** engagés par le salarié à des fins personnelles via une borne installée hors du lieu de travail, cette prise en charge doit être réintégrée dans l'assiette des cotisations et contributions sociales si le **salarié est propriétaire du véhicule** mais est exclue de cette assiette si le véhicule électrique est **mis à disposition par l'employeur** (voir n° 39605). Toutefois, en cas de véhicule électrique mis à disposition par l'entreprise, s'il est impossible d'**identifier** parmi les dépenses prises en charge par l'employeur la **fraction correspondant aux frais d'électricité** (par exemple lorsqu'un forfait de consommation électrique fixe est inclus dans le coût de la location ou de l'abonnement), l'ensemble de ces dépenses est pris en compte pour le calcul de l'avantage en nature (BOSS-AN-811).

EXEMPLES

Mise à disposition d'une borne électrique au domicile du salarié 39620

a. Un employeur dépense 2 400 € pour l'installation d'une borne de recharge électrique au domicile du salarié, qui sera restituée à l'employeur à la fin du contrat de travail. L'employeur prend en charge 400 € par an au titre de dépenses de maintenance et d'entretien de la borne.

Le montant de l'avantage en nature constitué par l'installation d'une borne de recharge électrique au domicile du salarié est intégralement exclu de l'assiette sociale dès lors que la borne est restituée à l'employeur à la fin du contrat de travail.

L'avantage en nature devant être intégré dans l'assiette des cotisations au titre des dépenses de maintenance et d'entretien de la borne s'élève à 400 € × 50 % = 200 €.

b. Un employeur dépense 3 000 € pour l'installation d'une borne de recharge neuve au domicile de l'un de ses salariés. Un an plus tard, le salarié démissionne et son employeur lui laisse la borne installée à son domicile.

L'avantage en nature devant être réintégré dans l'assiette des cotisations s'élève à 3 000 € – (3 000 × 50 % dans la limite de 1 000 €) = 2 000 €

c. Un employeur souscrit un contrat de location pour permettre à un de ses salariés d'utiliser une borne de recharge à son domicile.

Le premier mois, l'employeur prend en charge la totalité du coût de la location qui s'élève à 140 € (120 € de contribution initiale liée à l'installation de la borne, 20 € de frais courants liés à l'entretien de la borne).

L'avantage en nature devant être réintégré dans l'assiette des cotisations s'élève à 140 € × 50 % = 70 €.

Les mois suivants, le coût de la location s'élève à 20 €, auxquels s'ajoutent les frais d'alimentation électrique variables qui restent à la charge du salarié. L'avantage en nature devant être réintégré dans l'assiette s'élève à 20 € × 50 % = 10 €.

3. VÉHICULE HYBRIDE

39630 En principe, l'utilisation privée d'un véhicule hybride rechargeable **mis à disposition** par l'employeur suit les règles prévues pour les véhicules essence (n°s 39450 s.).

Toutefois, les véhicules hybrides bénéficient des mesures temporaires prévues pour les **bornes de recharge** (n°s 39610 s.) (Arrêté du 10-12-2002 art. 3 bis), mais pas du régime de faveur institué pour les véhicules 100 % électriques mis à disposition par l'employeur (n° 39605). Ainsi, la prise en charge des **frais d'électricité** engagés par le salarié à des fins personnelles pour un véhicule hybride dont il est propriétaire ou mis à disposition par l'employeur doit être réintégrée dans l'assiette des cotisations et contributions sociales si la borne est installée en dehors du lieu de travail (BOSS-AN-811) mais pas si la borne est installée sur le lieu de travail (n° 39610).

E. Informatique et communications

39650 Lorsque, dans le cadre de l'**activité professionnelle** du salarié, l'employeur met à sa disposition permanente des outils issus des nouvelles technologies de l'information et de la communication, dont l'**usage est en partie privé,** cette utilisation privée fait apparaître un avantage en nature assujetti à cotisations (Arrêté SANS0224281A du 10-12-2002 art. 4).

Il en est ainsi que les outils soient achetés ou bénéficient d'un abonnement. Il s'agit de la **téléphonie mobile,** du **micro-ordinateur,** portable ou non, de **progiciels,** de **modem** d'accès à un télécopieur, à l'ordinateur de l'entreprise, à **Internet,** etc. (BOSS-AN-830).

Il y a **mise à disposition à titre permanent** de ces outils chaque fois que les circonstances de fait permettent au salarié de les utiliser à titre privé – et donc en dehors du temps de travail (BOSS-AN-840). Cette situation doit être distinguée de la mise à disposition à titre totalement privé.

DÉFINITION DE L'USAGE PRIVÉ

39670 La réalité de l'usage privé résulte soit d'un **document écrit** (contrat de travail, accord collectif ou d'entreprise, règlement intérieur, circulaire professionnelle, courrier papier ou électronique de la direction…), soit de l'existence de **factures détaillées** permettant de présumer de l'utilisation privée (BOSS-AN-840).

> Précisions a. L'**utilisation raisonnable** de ces outils pour la vie quotidienne d'un salarié (exemples : courtes durées d'appel au domicile, brèves consultations de serveurs pratiques sur Internet...), dont l'emploi est justifié par des **besoins ordinaires de la vie** professionnelle et familiale, n'est pas considérée comme un avantage en nature (BOSS-AN-850).

b. L'avantage en nature peut être négligé dans les conditions suivantes (BOSS-AN-860) :

– lorsque le document écrit (contrat de travail, etc.) mentionne que les matériels, logiciels, abonnements et temps de connexion consentis par l'employeur sont destinés à l'**usage professionnel** ;

– ou lorsque l'utilisation de technologies portables par le salarié découle d'obligations ou de **sujétions professionnelles** (notamment, possibilité d'être joint à tout moment, de recevoir ou d'émettre des informations à tout moment pendant l'exécution du contrat de travail).

Ainsi, si un **document écrit** mentionne l'usage privé, l'avantage en nature est assujetti au titre de cet usage privé. S'il indique que les matériels sont toujours destinés à un usage professionnel, l'avantage ne peut pas être établi (BOSS-AN-860).

ÉVALUATION

39690 L'avantage en nature est évalué, sur **option de l'employeur,** sur la base des dépenses réellement engagées ou sur la base d'un forfait annuel (Arrêté SANS0224281A du 10-12-2002 art. 4).

L'option suit les mêmes règles que celles prévues pour le logement : voir n° 39260. Si l'employeur ne peut pas apporter la **preuve des dépenses** réellement engagées, l'avantage résultant de l'usage privé doit être soumis à évaluation forfaitaire (BOSS-AN-880-900).

Si le salarié **participe au financement** de l'avantage en nature, l'évaluation de l'avantage tient compte de cette participation (BOSS-AN-890-990).

ATTENTION

Pour apprécier l'avantage en nature, ni les **cotisations** et contributions sociales, ni les **taxes** qui s'appliquent à l'avantage ne sont intégrées (BOSS-AN-890).

Dépenses réelles Lorsque l'employeur opte pour les dépenses réellement engagées, la présentation des justificatifs, telles des **factures,** établissant le temps passé pour l'utilisation privée (numéro de téléphone, accès internet...) est nécessaire (BOSS-AN-900). 39700

Lorsque l'employeur ne peut apporter la preuve des dépenses réellement engagées, l'avantage résultant de l'usage privé doit être évalué forfaitairement (BOSS-AN-900).

> Précisions Lorsque l'avantage en nature est concédé par un **employeur qui produit ou fournit** ce type de services, l'avantage en nature se calcule compte tenu du rabais dont aurait bénéficié le salarié si l'entreprise lui avait vendu un de ces produits ou services, dans la limite de 30 % du prix public TTC appliqué pour le même produit ou le même service à un consommateur non salarié de l'entreprise. Sur la réglementation relative à la fourniture gratuite ou au tarif préférentiel dont bénéficient les salariés sur les produits ou services réalisés ou vendus par l'employeur, voir n° 39900 (BOSS-AN-920).

Évaluation forfaitaire L'employeur peut opter pour un **forfait annuel fixé à 10 %** du coût d'achat des biens fournis ou, le cas échéant, de l'abonnement, TTC, le résultat obtenu devant être arrondi à la dizaine de centimes d'euro la plus proche (Arrêté SANS0224281A du 10-12-2002 art. 4 et 7). 39710

Lorsque la formule commerciale ne distingue pas l'achat et l'abonnement, le taux de 10 % s'applique au coût total prévu par le contrat (BOSS-AN-930).

> Précisions En cas de mise à disposition **en cours d'année,** l'évaluation doit être proratisée en fonction du nombre de mois de mise à disposition. En cas de **mois incomplet,** c'est le mois intégral qui est pris en compte (BOSS-AN-940).

Lorsque l'avantage en nature est concédé par un **employeur qui produit ou fournit** ce type de services, le prix du produit ou de l'abonnement à retenir pour le calcul du forfait s'entend déduction faite du rabais accordé au personnel, dans la limite de 30 % du prix public TTC appliqué pour le même produit ou le même service à un consommateur non salarié de l'entreprise. Sur la réglementation relative à la fourniture gratuite ou au tarif préférentiel dont bénéficient les salariés sur les produits ou services réalisés ou vendus par l'employeur, voir n° 39900 (BOSS-AN-970). 39720

Ainsi, lorsque le salarié bénéficie d'une mise à disposition permanente de cet outil, la part privée est évaluée selon le prix public TTC diminué du rabais offert aux salariés dans la limite de 30 %. Si le salarié verse une **participation** ou une **redevance,** son montant doit être déduit de la valeur de l'avantage en nature (BOSS-AN-980-990).

EXEMPLE

Le salarié verse une redevance de 6 € et le rabais pratiqué est de 20 % sur l'outil dont le prix public TTC est de 600 €.

Le prix de l'outil avec le rabais est de : 600 – 120 = 480 €.

Le montant de l'avantage en nature s'élève à 480 × 10 % = 48 €, auquel il faut retrancher le montant de la redevance du salarié, soit 6 €.

L'avantage résiduel à réintégrer dans l'assiette de cotisations s'élève donc à 42 € par an.

USAGE TOTALEMENT PRIVÉ

Si l'employeur met à la disposition permanente du salarié un outil issu des nouvelles technologies pour un **usage** entièrement privé et **extérieur à l'activité de l'entreprise,** le forfait annuel prévu n° 39710 est inapplicable. 39730

Il faut en principe réintégrer dans l'assiette des cotisations la totalité de l'avantage en nature, à partir des dépenses réellement engagées par l'employeur (BOSS-AN-910), déduction faite, le cas échéant, de la participation financière demandée au salarié. De même, lorsque cette mise à disposition permanente s'analyse en fait comme une **cession définitive,** et si en particulier le salarié ne restitue pas l'outil NTIC lors de son **départ de l'entreprise,** il convient d'analyser cet avantage comme une fourniture gratuite, et donc de réintégrer la totalité de l'avantage en nature dans l'assiette des cotisations (BOSS-AN-910).

Par exception, si les **matériels ou services sont produits par l'entreprise** elle-même, la tolérance administrative et la règle légale prévues en matière de réductions tarifaires visées nos 39900 et 39930 peuvent s'appliquer.

F. Autres avantages

39850 Le montant des avantages en nature, autres que la nourriture, le logement, l'usage d'un véhicule et les outils informatiques et de communication, doit être pris en compte dans l'assiette des cotisations sociales dans tous les cas d'après sa **valeur réelle,** arrondie à la dizaine de centimes d'euro la plus proche (Arrêté SANS0224281A du 10-12-2002 art. 6).

Dans le cas particulier d'avantages fournis aux enfants de l'employeur travaillant dans l'**entreprise familiale,** voir n° 39120.

S'agissant des prestations assurées par un **cabinet d'outplacement** ou une **cellule de reclassement,** voir n° 67160.

S'agissant de la subvention versée par l'employeur au profit de ses salariés ayant recours à une solution de garde en **crèche ou microcrèche,** voir n° 41360.

DÉPENSES VESTIMENTAIRES

39860 **Fourniture de vêtements** L'**administration** considère que les vêtements de travail fournis par l'entreprise sont des avantages en nature s'ils ne répondent pas aux critères pour être qualifiés de frais professionnels (BOSS-FP-2070). Sont considérés comme des frais professionnels, exclus en tant que tels de l'assiette des cotisations, la mise à disposition du salarié, ou le remboursement à celui-ci, de vêtements de travail :
– qui répondent aux critères de vêtements de **protection individuelle** au sens de l'article R 4321-4 du Code du travail ;
– ou qui sont de coupe et de couleur (**uniformes** notamment) fixées par les entreprises spécifiques à une profession, et qui répondent à un **objectif de salubrité, de sécurité** ou concourent à la **démarche commerciale** de l'entreprise (BOSS-FP-2030).

Ces vêtements doivent demeurer la **propriété** de l'employeur et ne pas être portés en dehors de l'activité professionnelle. Leur **port** doit être **obligatoire** en vertu d'une disposition conventionnelle ou contractuelle ou d'une réglementation interne à l'entreprise. Aussi, pour les vêtements de travail, l'employeur doit produire la disposition attestant de la propriété du vêtement et du caractère obligatoire de son port (BOSS-FP-2040). Les vêtements peuvent aussi avoir été loués à une entreprise de **location-service** (BOSS-FP-2050).

39870 La **jurisprudence** est plus restrictive que la position administrative.

ILLUSTRATIONS

Sont considérées en principe comme des **dépenses d'ordre personnel,** dont la prise en charge par l'employeur constitue un avantage en nature ou en espèces, les dépenses d'habillement, y compris si les vêtements sont utilisés dans le cadre de l'activité professionnelle (Cass. soc. 18-3-1993 n° 90-21.540 D), sauf s'ils sont destinés à assurer la **protection des salariés,** auquel cas ils constituent des frais professionnels (Cass. soc. 17-1-2002 n° 00-13.091 FS-PBR). Constitue aussi un avantage cotisable la prise en charge de frais de **coiffure,** même s'il s'agit d'une obligation imposée par l'employeur aux salariées pour satisfaire aux standards de présentation dans une maison de haute couture (Cass. soc. 31-10-2000 n° 99-13.329 FS-D).

39880 **Frais d'entretien** Pour l'**administration,** les frais d'entretien des vêtements relèvent aussi des frais professionnels si les conditions énoncées n° 39860 sont remplies, même si l'indemnisation prend la forme d'une **prime forfaitaire de salissure** et même si cette prime forfaitaire est versée à des salariés n'accomplissant pas des travaux particulièrement salissants. Tel est le cas par exemple des salariés des pharmacies ou des sociétés d'ambulance, dès lors que les dépenses d'entretien sont justifiées en vertu de dispositions conventionnelles ou d'une réglementation interne à l'entreprise (BOSS-FP-2060).

Toutefois, la prime de salissure versée par l'employeur ne peut pas être considérée comme des frais professionnels lorsqu'elle est :
– calculée uniformément ou en pourcentage du salaire et sans justification des dépenses réellement engagées ;
– versée pendant la période des congés payés ;
– versée à la quasi-totalité du personnel alors qu'il n'est justifié ni de frais anormaux de salissure, ni de l'utilisation effective de la prime conformément à son objet et même si le versement est prévu par une convention collective (BOSS-FP-2090).

Cette position rejoint celle adoptée par la **Cour de cassation.** Celle-ci, en effet, requalifie en salaire la prime de salissure dont le montant hiérarchisé en fonction de la qualification ne tient pas compte du risque de salissure et qui est versée même en période de congés payés (Cass. soc. 27-4-1982 nº 81-12.234).

> Précisions La prime de salissure est **réputée utilisée conformément à son objet** et est exonérée de cotisations et contributions sociales dans la **limite** du montant prévu par la convention collective applicable (BOSS-FP-2090). **Au-delà** de cette limite, l'employeur est tenu de produire les pièces justificatives des dépenses pour bénéficier de l'exonération afférente aux **frais professionnels** (nº 55410). La **preuve** de l'utilisation d'une prime de salissure conformément à son objet ne peut pas résulter de la seule constatation de l'exposition des bénéficiaires à un risque particulier de salissure (Cass. soc. 14-12-1983 nº 82-15.207 ; 9-11-1988 nº 86-12.352 P ; 19-7-2000 nº 98-18.620 FS-D), ni du fait que les intéressés prennent effectivement une douche après leur travail (Cass. soc. 8-10-1992 nº 90-10.636 D).

S'agissant des **dépenses de nettoyage** exposées par des salariés en raison de l'exécution de **travaux salissants,** la jurisprudence considère qu'elles peuvent constituer une charge de caractère spécial inhérente à l'emploi. L'allocation forfaitaire destinée à couvrir ces dépenses peut donc être déduite de l'assiette des cotisations au titre des frais professionnels si l'employeur apporte la preuve de son utilisation effective conformément à son objet (Cass. soc. 11-4-1991 nº 88-17.610 PF). Tel est le cas d'une indemnité de lavage accordée au personnel roulant pour l'entretien de son uniforme siglé utilisé quotidiennement, dès lors qu'il est attesté que les salariés assurent eux-mêmes son lavage fréquent, que le montant du forfait correspond aux dépenses réelles engagées et que l'indemnité est allouée au prorata du temps de présence dans l'entreprise (Cass. 2e civ. 14-2-2019 nº 17-28.047 F-D). **39890**

FOURNITURE DE PRODUITS DE L'ENTREPRISE

L'**administration** admet que les fournitures de produits et services réalisés par l'entreprise à des conditions préférentielles ne constituent pas des avantages en nature dès lors que leurs réductions tarifaires n'excèdent pas **30 % du prix de vente,** TTC. L'évaluation est effectuée par référence au prix de vente TTC pratiqué par l'employeur pour le même produit ou le même service à un consommateur non salarié de l'entreprise (BOSS-AN-1000-1010), hors toute offre promotionnelle (Cass. 2e civ. 25-6-2009 nº 08-17.156 F-PB). **39900**

Sur le sort des **avantages fournis par un tiers,** par exemple, une autre société du même groupe, en contrepartie d'une **activité** accomplie par le salarié au profit de ce tiers, voir nº 45850. Sur la fourniture aux salariés de **produits invendus** de l'entreprise ou du groupe à des conditions préférentielles, voir nº 39930.

> Précisions **a.** Cette tolérance concerne les **biens ou services** produits par l'entreprise qui emploie le salarié et non ceux **acquis** par l'entreprise **auprès d'un fournisseur** ou d'une autre entreprise. Ainsi, le rabais obtenu par l'employeur, en raison de l'achat de biens en grosses quantités auprès d'un fournisseur, n'en bénéficie pas et entre donc dans l'assiette des cotisations (BOSS-AN-1030).
b. L'avantage tarifaire accordé au salarié par une société du **groupe** ou par une entité d'une **unité économique et sociale,** qui n'est pas son employeur, doit être réintégré dans l'assiette des cotisations et contributions sociales pour la totalité de sa valeur (Cass. 2e civ. 1-7-2010 nº 09-14.364 FS-PB ; 13-1-2011 nº 10-30.565 F-D ; BOSS-AN-1040). Il en est de même pour les réductions tarifaires accordées à des salariés ou anciens salariés par une entreprise, autre que leur employeur et appartenant à un groupe d'entreprises auquel leur employeur a cessé d'appartenir (Cass. 2e civ. 12-7-2012 nº 11-22.136 F-D ; BOSS-AN-1040), ou pour une carte émise par une **société financière** d'un groupe qui permet aux salariés de bénéficier de remises lors du passage en caisse pour l'achat de produits et services (Cass. 2e civ. 5-11-2015 nº 14-25.294 F-D ; BOSS-AN-1061).

Lorsque la fourniture est **gratuite ou lorsque la remise dépasse 30 %** du prix de vente normal, il convient de réintégrer la totalité de l'avantage en nature dans l'assiette (BOSS-AN-1020) évalué d'après sa valeur réelle, en fonction de l'économie réalisée par le salarié (Cass. 2e civ. 9-7-2015 nº 14-18.686 F-PB). La circonstance que les avantages soient attribués à d'anciens salariés ne fait pas obstacle à l'intégration des sommes dans l'assiette des cotisations (Cass. 2e civ. 13-10-2022 nº 21-10.175 F-D). **39910**

Sur les avantages particuliers consentis par les **banques** à leurs salariés, voir nos 53980 s.

> Précisions Pour le salarié bénéficiant d'un titre de transport gratuit, l'**économie réalisée** correspond au prix que le salarié aurait dû payer pour acquérir une carte de transport offrant la même prestation. Elle ne doit pas être calculée en fonction de l'usage réel du titre de transport par le salarié (Cass. 2e civ. 13-10-2022 nº 21-10.175 F-D).

39920 ILLUSTRATIONS

Constituent un avantage en nature à **inclure dans l'assiette des cotisations** pour la valeur réelle qu'il représente pour le salarié :
– la distribution gratuite de **cigarettes** ou de tabac par un producteur de cigarettes à l'ensemble du personnel une fois par mois et à l'occasion des congés annuels et des fêtes de fin d'année (Cass. soc. 4-5-1983 n° 82-11.594 ; 15-6-1988 n° 86-11.074 D) ;
– la fourniture gratuite de **pneumatiques** par un fabricant à ses salariés en vue de leur montage sur leur voiture personnelle, peu important que les salariés doivent, en contrepartie, communiquer à l'entreprise leurs conditions d'utilisation, les soumettre à des contrôles périodiques et les restituer ou les acquérir au prix résiduel en cas de vente du véhicule (Cass. soc. 14-12-1988 n° 86-10.311 P) ;
– la remise par une société de transport d'une **carte de circulation** gratuite aux salariés ainsi qu'aux membres de leur famille (Cass. soc. 12-12-1984 n° 83-10.113 P) ;
– la remise sur les **réparations et les pièces détachées** accordée au personnel d'une filiale par la **société mère d'un groupe** et prise en charge par celle-ci (Cass. soc. 28-3-2006 n° 04-30.211 FS-PB) ;
– les **abonnements téléphoniques** à tarif préférentiel accordés aux salariés d'une société, filiale d'un groupe, par d'autres **filiales du même groupe** (Cass. 2e civ. 14-9-2006 n° 05-11.840 F-P).

FOURNITURE DE PRODUITS INVENDUS DE L'ENTREPRISE OU DU GROUPE

39930 Les **réductions tarifaires jusqu'à 50 % du prix de vente** public normal TTC, dans la limite du seuil de revente à perte (C. com. art. L 442-5), dont les salariés bénéficient sur les produits invendus de l'entreprise ou du groupe, entendu au sens de l'article L 2331-1 du Code du travail, sont des avantages exclus de l'assiette de cotisations et contributions sociales. Les produits invendus s'entendent des produits initialement destinés à la vente mais qui ne peuvent pas ou ne peuvent plus être vendus (CSS art. L 242-1 et L 136-1-1, III-8°).

Pour apprécier la **notion d'invendu,** il est fait référence à la fin de mise à disposition du produit sur le marché. Ne peuvent toutefois être considérés comme invendus les produits dont la fin de mise à disposition a été ordonnée par une autorité publique (BOSS-AN-1070).

ATTENTION

Pour l'administration, le dispositif est réservé aux produits **non alimentaires** invendus (BOSS-AN-1070).

VOYAGES OFFERTS PAR L'EMPLOYEUR

39940 La prise en charge par l'employeur du coût des **voyages d'agrément** offerts aux **salariés** de l'entreprise et à leurs **conjoints,** en raison de leur appartenance à l'entreprise et à l'occasion du travail, constitue un avantage en nature soumis à cotisations (Cass. soc. 26-9-1991 n° 89-14.640 P ; 9-7-1992 n° 90-16.427 D ; 5-5-1995 n° 92-18.435 P).

Il appartient à l'employeur qui prétend que le voyage était **professionnel,** et pas d'agrément, d'en apporter la **preuve** (Cass. soc. 7-5-1998 n° 96-17.447 P).
Dans le cas de voyages organisés par le **CSE,** voir n° 41170.

ILLUSTRATIONS

Constitue un avantage en nature soumis à cotisations la prise en charge par l'employeur d'un voyage d'agrément :
– au cours duquel les **salariés n'ont pas travaillé** pendant la moitié de leur temps et qui était ouvert à leurs conjoints moyennant une participation financière minime (Cass. 2e civ. 20-3-2008 n° 07-12.797 FS-PB) ;
– auquel tous les salariés de l'entreprise ont dû participer, **seule une demi-journée** sur 4 jours étant prévue au titre d'une séance de travail (Cass. 2e civ. 30-3-2017 n° 16-12.132 F-D) ;
– effectué par des salariés en qualité d'**accompagnant d'un groupe de concessionnaires** de l'entreprise, cet élément ne suffisant pas à établir le caractère professionnel du voyage des intéressés (Cass. soc. 7-5-1998 n° 96-17.447 P) ;
– peu important que les dépenses correspondantes aient été incorporées sur le plan fiscal dans les **frais généraux** et que des personnes étrangères à la société aient participé au voyage (Cass. soc. 21-6-1989 n° 86-18.717 P).

FÊTES D'ENTREPRISE

39950 L'administration admet qu'aucun avantage en nature ne doit être retenu lorsque le CSE ou l'employeur, même en présence d'un CSE, organise un évènement festif de fin d'année ou d'anniversaire de l'entreprise si (BOSS-FP-1520) :
– l'**ensemble des salariés** y est convié ;
– le **coût** de l'évènement est **global** et non individualisé ;
– l'événement a lieu au maximum **une fois par an.**

REMISE DE CADEAUX ET BONS D'ACHAT

Les cadeaux ou bons d'achat remis directement par l'employeur aux salariés sont en **principe** assujettis à cotisations, quelles que soient les conditions dans lesquelles ils sont octroyés (Cass. 2e civ. 30-3-2017 no 15-25.453 F-PB ; 14-2-2019 no 17-28.047 F-D). Toutefois, en l'**absence de CSE,** l'employeur peut bénéficier de la tolérance admise pour les cadeaux et bons d'achat attribués par le CSE (voir no 41460). 39960

> **Précisions** **a.** Jugé que la remise de bons d'achat de **vêtements à des vendeuses** constitue un avantage en nature (Cass. soc. 24-5-1989 no 86-15.333).
> **b.** L'avantage constitué par la **remise gratuite** par l'employeur **d'un vélomoteur** à chacun de ses salariés ayant au moins 2 ans de présence doit être inclus dans l'assiette des cotisations pour un montant égal non pas au prix de revient pour l'employeur, mais à la valeur réelle de l'avantage que chacun des salariés en retire chaque mois (Cass. soc. 3-12-1980 no 79-14.171). Il en résulte, dans ce cas particulier, que le fait générateur des cotisations est constitué non par la date à laquelle le bien est remis au salarié, mais par l'usage qu'en fait ce dernier. Il est donc étalé sur toute la période d'utilisation.

SPORT EN ENTREPRISE

S'ils sont **proposés par l'employeur à tous les salariés** de l'entreprise, quelles que soient la nature et la durée de leur contrat de travail, les avantages suivants sont exclus de l'assiette des cotisations et contributions sociales (CSS art. L 242-1, L 136-1-1, III-4o-f et D 136-2) : 39980

– mise à disposition d'**équipements à usage collectif** dédiés à la réalisation d'activités physiques et sportives : sans limitation de montant ;

– financement de **prestations** d'activités physiques et sportives tels que des cours collectifs d'activités physiques et sportives ou des événements ou compétitions de nature sportive : dans la limite indiquée no 39985.

En revanche, le financement d'**abonnements ou inscriptions individuels** à des cours constitue un avantage en nature entièrement réintégré dans l'assiette sociale (BOSS-AN-1120).

> **Précisions** **a.** La **mise à disposition d'équipements** à usage collectif concerne la mise à disposition d'une salle de sport appartenant à l'entreprise ou gérée ou louée par elle (CSS art. D 136-2), la souscription d'un accès collectif à une infrastructure de sport (club de gym ...), l'organisation de cours de sport dans l'un de ces espaces, la mise à disposition de vestiaires et de douches et la mise à disposition d'un matériel sportif (BOSS-AN-1100). Ces avantages peuvent être négligés, même en présence d'un CSE (BOSS-AN-1100).
> **b.** Pour être éligibles à l'exclusion d'assiette plafonnée, les **prestations** d'activités physiques et sportives doivent être organisées par l'employeur qui informe l'ensemble des salariés de l'entreprise des conditions d'organisation de ces prestations : présentation des cours, lieux, horaires, modalités d'inscription... Cet avantage est cumulable avec ceux éventuellement proposés par le CSE (BOSS-AN-1110).

Le financement de **prestations** est exclu de l'assiette des cotisations et contributions sociales dans une **limite** annuelle égale à 5 % de la valeur mensuelle du plafond de la sécurité sociale (soit, en 2023, dans la limite de 183,30 €) multipliée par l'effectif sécurité sociale de l'entreprise (nos 18820 s.). 39985

Si cette limite est **dépassée,** le montant de l'avantage en nature doit à notre sens être ventilé au prorata sur chaque salarié participant aux cours collectifs.

EXEMPLE

Une entreprise dont l'effectif moyen 2022 s'élève à 15 salariés finance en 2023, à hauteur de 3 500 €, des cours collectifs de gym, accessibles à l'ensemble du personnel.

Elle bénéficie d'une exonération de cotisations et contributions sociales d'un montant global pour l'année de 183,30 € × 15 salariés = 2 749,50 €.

Le montant supérieur au plafond d'exonération (soit 3 500 – 2 749,50 = 750,50 €) est assujetti à cotisations et contributions sociales.

Si 8 salariés participent aux cours de gym, l'avantage en nature à réintégrer dans l'assiette des cotisations de chaque salarié s'élève à 750,50/8 = 93,81 €.

PRÊT

Le prêt **sans intérêts** consenti par l'employeur à ses salariés à titre de **secours** et, plus généralement, les sommes versées par l'employeur à ce titre sont exclus de l'assiette des cotisations sociales (Cass. 2e civ. 12-3-2020 no 19-13.341 F-PBI). Sur la notion de secours, voir no 41260. 39990

Sur les prêts **consentis par les banques** à leur personnel, voir no 53970 s.

SECTION 3

AVANTAGES EN NATURE ET PRÉLÈVEMENTS FISCAUX

PRÉSENTATION GÉNÉRALE

40110 Sur le plan fiscal, les avantages en nature fournis aux salariés sont passibles, en tant qu'éléments de rémunération, de l'**impôt sur le revenu** dans la catégorie des traitements et salaires. Les employeurs sont à ce titre assujettis à certaines **obligations déclaratives** (nos 40750 s.).

Il peut être dérogé au principe d'imposition des avantages en nature, d'une part, dans les rares situations où il est admis d'en faire abstraction et, d'autre part, lorsque le bien ou le service fourni en nature est utilisé à des fins professionnelles : il suit alors le régime des allocations pour frais professionnels.

Les avantages en nature consentis au personnel salarié sont, en tant que charges de personnel, déductibles du **résultat imposable de l'entreprise** dans les conditions générales exposées nos 34160 s. (voir spécialement no 34430).

Le régime des avantages en nature au regard des **taxes et participations sur les salaires** est le même qu'au regard des cotisations sociales et de la CSG : voir nos 38800 s.

A. Impôt sur le revenu

40140 Les avantages en nature accordés au salarié en sus de sa rémunération en espèces sont assujettis à l'impôt sur le revenu (CGI art. 82).

Toutefois, lorsque l'avantage en nature couvre des **dépenses professionnelles,** il constitue une allocation pour frais d'emploi susceptible d'exonération (nos 55770 s.). Si la rémunération en nature couvre à la fois des dépenses privées et des dépenses professionnelles, il y a lieu d'opérer une ventilation entre la partie de cette rémunération qui constitue un avantage en nature passible de l'impôt et celle qui représente une allocation pour frais professionnels susceptible, le cas échéant, d'être exonérée (BOI-RSA-CHAMP-20-30-50 no 120).

Pour constituer une rémunération, l'avantage en nature doit être concédé gratuitement. Si une **retenue** est pratiquée sur le salaire de l'intéressé ou si le versement d'une **redevance** d'usage lui est imposé, il n'y a d'« avantage » que dans la mesure où le montant de la retenue ou du versement est inférieur à la valeur de l'élément fourni (BOI-RSA-CHAMP-20-30-50 no 90).

ATTENTION

Lorsqu'ils sont imposables, les avantages en nature sont imposés comme salaires s'ils bénéficient aux **salariés en activité.**

Quant à ceux concédés par un employeur aux anciens membres de son personnel **retraités,** ils s'analysent en un complément de pension imposable. Tel est le cas, notamment, de l'avantage que constitue, pour un ancien salarié retraité, le maintien à sa disposition d'un logement de fonction (BOI-RSA-BASE-20-20 no 40).

Dans tous les cas, le **prélèvement à la source** de l'impôt sur le revenu n'est pas opéré si l'intéressé est exclusivement rémunéré en nature, voir no 40750.

1. NOURRITURE, LOGEMENT, VÉHICULE, INFORMATIQUE ET COMMUNICATIONS

40200 Avant d'exposer les règles particulières d'évaluation des avantages en nature nourriture, logement, véhicule, informatique et communications, on envisagera les différentes situations pouvant donner lieu à l'incorporation d'un avantage en nature dans la base imposable.

a. Définition

NOURRITURE

40220 Les repas fournis gratuitement par l'employeur au salarié constituent un avantage en nature imposable.

Cette règle de principe comporte cependant d'importantes dérogations.

Déplacements professionnels Pour les salariés en déplacement professionnel et remboursés intégralement de leurs frais de repas, l'avantage correspondant à l'économie du repas n'est pas imposable (BOI-RSA-BASE-20-20 nº 90). 40230

Selon nos renseignements, il en va de même en cas de paiement direct de frais de repas par l'employeur. Il s'agit de la transposition à l'impôt sur le revenu de la solution admise pour les cotisations de sécurité sociale (Rép. Blessig : AN 6-4-2004).

Repas pris par nécessité de service Il est admis de ne pas imposer la valeur des repas fournis aux salariés lorsque cette fourniture résulte d'une obligation professionnelle ou d'une nécessité de service, ce qui est le cas, par exemple, des personnels éducatifs dans les établissements scolaires (BOI-RSA-BASE-20-20 nº 80). 40240

Cette solution vaut aussi pour (BOI-RSA-BASE-20-20 nº 380) :

– les éducateurs en service dans des établissements accueillant des personnes inadaptées, handicapées ou des déficients sensoriels, ainsi que le personnel infirmier des établissements psychiatriques lorsque leur participation au même repas que les enfants ou les malades et à leur table, dans un but éducatif ou thérapeutique, est reconnue comme une nécessité et leur est imposée par l'employeur. Le terme général « éducateurs » doit s'entendre comme recouvrant tous les personnels, quelle que soit leur qualification professionnelle, ayant pour obligation de prendre leurs repas à la table de personnes inadaptées ou handicapées ou de déficients sensoriels, qu'il s'agisse d'enfants, d'adolescents ou d'adultes, qu'ils sont tenus d'assister dans un but éducatif ou thérapeutique ;

– les personnels exerçant à titre temporaire et non bénévole l'encadrement d'adultes handicapés dans un centre de vacances ou de loisirs et concernés par l'arrêté du 13-7-1990 fixant l'assiette des cotisations de sécurité sociale dues pour l'emploi de ces personnels (Documentation sociale, C-III-32700 s.), lorsqu'ils ont l'obligation de prendre leurs repas, dans un but éducatif ou thérapeutique, avec les adultes handicapés dont ils sont chargés d'assurer l'encadrement.

Il en va de même pour les personnes qui exercent, à titre occasionnel, des fonctions de moniteur ou d'animateur dans les colonies de vacances ou dans les centres de vacances et de loisirs et qui prennent leurs repas avec les enfants dont elles assurent l'encadrement (BOI-RSA-BASE-20-20 nº 350). Cette exonération a été étendue aux autres avantages en nature accordés aux moniteurs chargés, pendant la période des congés, de l'encadrement des enfants dans les colonies de vacances lorsqu'ils sont engagés au pair et ne reçoivent ni rémunération en espèces ni allocation représentative de frais (BOI-RSA-BASE-20-20 nº 360).

Les avantages ainsi exonérés n'ont pas à figurer dans la **déclaration** de revenus souscrite par le bénéficiaire ni dans la DSN produite par l'employeur (BOI-RSA-BASE-20-20 nºs 370 et 380).

Cantines La fourniture de repas dans un **restaurant d'entreprise,** géré ou subventionné par l'employeur, moyennant une participation des personnels, constitue pour ces derniers un avantage en nature, à raison de la différence entre le montant du forfait avantage nourriture (nº 39000) et le montant de la participation personnelle du salarié. Toutefois, lorsque la participation du salarié est au moins égale à la moitié du forfait, l'avantage est négligé (BOI-RSA-BASE-20-20 nº 60). 40250

Enfants travaillant dans l'entreprise des parents La fourniture gratuite de la nourriture ou du logement à un enfant **majeur** travaillant dans l'entreprise familiale constitue un avantage en nature imposable dans les conditions de droit commun dès lors que cette pratique n'apparaît pas étrangère au contrat de travail, notamment lorsqu'elle résulte de conventions collectives ou d'accords de salaires, qu'elle correspond à un usage de la profession ou qu'elle complète une rémunération anormalement insuffisante. En tout état de cause, les dépenses correspondant à un tel avantage représentent un avantage en nature imposable lorsqu'elles sont comprises dans les charges déductibles de l'entreprise (BOI-RSA-CHAMP-20-30-50 nº 130). 40260

Les mêmes règles s'appliquent aux enfants **mineurs** travaillant dans l'entreprise de leurs parents dès lors qu'ils peuvent être considérés comme des salariés à part entière (BOI-RSA-CHAMP-20-30-50 nº 140).

LOGEMENT

Constitue un avantage en nature imposable la fourniture d'un logement avec ou sans **accessoires** (eau, gaz, électricité, travaux d'installation ou d'aménagement, fourniture de mobilier ou d'équipements, etc.). 40280

Il en va ainsi lorsque l'employeur met à la disposition gratuite du salarié ou pour une valeur réduite un logement dont il est propriétaire ou locataire.

En cas de **participation financière du salarié** (redevance ou loyer), il y a lieu de faire application des règles sociales exposées nº 39230.

La prise en charge par l'employeur, sous forme de paiement direct au propriétaire ou de remboursement au salarié, du loyer du **logement loué personnellement par le salarié** ne constitue pas un avantage en nature mais un avantage en argent (BOI-RSA-CHAMP-20-30-50 nº 10). Cet avantage, imposable, s'ajoute purement et simplement au montant de la rémunération de l'intéressé sans qu'il puisse être fait application des règles particulières d'évaluation des avantages en nature.

> **Précisions** La fourniture aux salariés de logements en **mobil-homes** ne constitue un avantage en nature que si ces lieux présentent en tout ou partie le caractère de véritables logements personnels et non d'hébergements professionnels à caractère temporaire, ce qui doit s'apprécier au cas par cas (CE 5-12-2022 nº 462577).

40290 Le fait que le logement soit consenti par **nécessité absolue de service** et que l'intéressé soit soumis en contrepartie à des sujétions particulières ne fait pas obstacle à l'imposition de l'avantage.

Des réductions sur l'estimation de l'avantage sont toutefois admises dans certains cas pour tenir compte de pareilles sujétions (voir nº 40500).

Dans le cas particulier des **enfants** participant à l'entreprise familiale, voir nº 40260.

Sur la catégorie d'imposition du logement fourni à d'anciens membres du personnel **retraités,** voir nº 40140.

VÉHICULE

40310 Lorsqu'un véhicule d'entreprise est mis gratuitement à la disposition d'un salarié, dirigeant ou non, l'avantage qui en résulte pour celui-ci prendra, suivant l'utilisation privée ou professionnelle qui en sera faite, la nature d'un avantage en nature imposable ou d'une allocation en nature assimilable à une indemnité pour frais d'emploi.

> **CONSEIL**
> À notre avis, l'**interdiction expresse d'utiliser** en dehors du temps de travail un **véhicule professionnel** mis à la disposition permanente du salarié fait présumer l'absence d'avantage en nature. Encore faut-il, bien sûr, qu'elle soit effectivement respectée (Rép. Marini : Sén. 9-12-2004).

40320 Lorsqu'un véhicule d'entreprise est mis à la disposition d'un salarié qui en fait une **utilisation mixte,** à la fois professionnelle et privée, seule ll'utilisation privée constitue un avantage en nature imposable (BOI-RSA-BASE-20-20 nº 220).

40330 Lorsque le salarié pratique la déduction forfaitaire pour frais de 10 %, la valeur correspondant aux déplacements entre le **domicile et le lieu de travail** doit être ajoutée à la rémunération imposable dès lors que ces frais de transport sont couverts par ladite déduction (BOI-RSA-CHAMP-20-50-10-10 nº 60). La solution est identique pour les cotisations sociales : voir nº 55520.

S'il est justifié que le véhicule est utilisé par le salarié pour des **déplacements professionnels autres** que les trajets du domicile au lieu de travail, l'avantage en nature correspondant à cette utilisation revêt le caractère d'une allocation pour frais d'emploi exonérée, sauf en cas d'option pour les frais réels (BOI-RSA-BASE-20-20 nº 270).

40340 Lorsque l'avantage que représente l'**utilisation professionnelle** des véhicules est imposable (option pour les frais réels, valeur correspondant aux trajets domicile-lieu de travail en cas d'option pour la déduction forfaitaire de 10 %), sa valeur est calculée en tenant compte des charges d'amortissement et d'assurances ainsi que des dépenses d'entretien et de carburant que le salarié aurait eu à supporter s'il avait utilisé un véhicule personnel (CE 31-10-1979 nº 14384 ; 9-11-1987 nº 45935 ; 13-5-1991 nº 68969) ou selon le **barème kilométrique** de l'administration fiscale (BOI-RSA-BASE-20-20 nº 270).

> **Précisions** **a.** Pour calculer les **charges d'amortissement,** il y a lieu de tenir compte du prix total, TVA non déductible comprise, auquel l'intéressé aurait pu, aux conditions du marché, se rendre acquéreur du véhicule à la date même où l'employeur l'a effectivement acquis, ainsi que de la dépréciation subie par le véhicule mais non des modalités de financement du véhicule par l'employeur, notamment des mensualités du crédit-bail (CE 13-5-1991 nº 68969).
> **b.** Lorsque le véhicule mis à disposition du salarié est un **véhicule utilitaire,** l'avantage en nature doit être calculé sur la base des charges correspondant à ce type de véhicule et non pas sur celles correspondant à un véhicule de tourisme de base (CAA Lyon 24-11-1999 nº 96-20486).

INFORMATIQUE ET COMMUNICATIONS

L'utilisation **à titre privé** par le salarié d'outils issus des nouvelles technologies de l'information et de la communication (téléphone mobile, micro-ordinateur, etc.), mis à sa disposition par l'employeur, constitue un avantage en nature (BOI-RSA-BASE-20-20 n° 290). 40360

Toutefois, cet avantage est négligé lorsqu'il correspond à l'utilisation raisonnable de ces outils pour la vie quotidienne des salariés (par exemple : courtes durées d'appel au domicile, brèves consultations de serveurs pratiques sur Internet…), dont l'emploi est justifié par des besoins ordinaires de la vie professionnelle et familiale (BOI-RSA-BASE-20-20 n° 290).

De même, l'avantage pourra être négligé lorsqu'un document écrit prévoit que les outils et temps de connexion consentis par l'employeur sont destinés à un usage exclusivement professionnel ou lorsque l'utilisation de ces instruments par le salarié découle d'obligations ou de sujétions professionnelles (BOI-RSA-BASE-20-20 n° 290).

La remise gratuite par l'employeur de **matériels informatiques et de logiciels** nécessaires à leur utilisation, même entièrement amortis, constitue un avantage en nature imposable.

INDEMNITÉS REPRÉSENTATIVES D'AVANTAGES EN NATURE

Les indemnités compensatrices pouvant se substituer dans certains cas aux avantages en nature prévus en application de dispositions légales, contractuelles ou statutaires constituent un élément imposable (BOI-RSA-CHAMP-20-30-10-10 n° 140). 40380

> Précisions Il en est ainsi qu'il s'agisse d'indemnités **allouées en cours d'activité** ou d'un versement global fait lors de la **mise à la retraite** pour compenser soit le libre abandon d'un avantage en nature dont le salarié était encore en droit de disposer après sa cessation d'activité, soit la suppression d'un avantage dont il jouissait en plein exercice (BOI-RSA-CHAMP-20-30-10-10 n° 140).

Les sommes ainsi versées sont imposables dans la catégorie des traitements et salaires (BOI-RSA-CHAMP-20-30-10-10 n° 140).

Lorsqu'elles revêtent la forme d'un **versement global,** leur montant peut être élevé. Elles peuvent alors être regardées comme un revenu exceptionnel, susceptible d'être imposé selon le système du quotient prévu par l'article 163-0 A du CGI si la condition de montant requise par ce texte est satisfaite : voir n° 35390 (BOI-RSA-CHAMP-20-30-10-10 n° 140).

b. Évaluation

En application de l'article 82, al. 2 du CGI, les règles d'évaluation des avantages en nature applicables en matière d'impôt sur le revenu sont totalement alignées sur celles prévues pour le calcul des cotisations de sécurité sociale, et ce, quel que soit le niveau de rémunération des bénéficiaires. 40450

> Précisions Ces dispositions s'appliquent dans les mêmes conditions aux salariés et aux **retraités** (BOI-RSA-BASE-20-20 n° 40).

Elles s'appliquent également aux professions pour lesquelles sont prévues en matière de sécurité sociale des **cotisations forfaitaires.** En effet, les salariés concernés sont soumis à l'impôt sur le revenu, non pas selon un régime identique à celui de la sécurité sociale, mais sur leurs revenus réels. Dès lors, l'évaluation des avantages en nature concédés aux membres de ces professions doit être effectuée selon les règles de droit commun applicables à l'ensemble des autres salariés.

Pour apprécier la valeur réelle de l'avantage, il est tenu compte, le cas échéant, des **retenues** opérées par l'employeur ou de la participation financière du salarié à l'acquisition du bien ou du service (BOI-RSA-BASE-20-20 n° 20) et, s'agissant du logement, des **sujétions** supportées par le bénéficiaire.

NOURRITURE

La référence de l'article 82, al. 2 du CGI au régime de sécurité sociale emporte l'application en matière de nourriture de l'évaluation forfaitaire indiquée n° 39000. 40470

> Précisions **a.** L'avantage nourriture des salariés des **hôtels, cafés, restaurants** et assimilés est évalué comme indiqué n°s 85690 s.

b. En ce qui concerne les **dirigeants,** voir n° 77790.

LOGEMENT

La référence de l'article 82, al. 2 du CGI au régime de sécurité sociale emporte l'application, en matière de logement, de l'évaluation forfaitaire ou de la valeur locative selon les mêmes modalités qu'en matière sociale (voir n°s 39260 s.). 40490

Sur l'évaluation des **avantages accessoires** au logement, voir n° 39280 ou n° 39330, selon que le logement est évalué de manière forfaitaire ou d'après la valeur locative.

> Précisions **a.** L'évaluation forfaitaire de l'avantage logement s'effectue au **mois le mois,** son montant annuel résultant de la totalisation des évaluations mensuelles (BOI-RSA-BASE-20-20 n° 130).
b. Sur la rémunération à retenir par chacun des employeurs de **salariés à employeurs multiples** pour calculer le forfait logement, voir n° 69330.
c. En ce qui concerne les **dirigeants,** voir n° 77790.

40500 **Logement occupé par nécessité absolue de service** Pour les salariés ne pouvant accomplir leur activité sans être logés dans les locaux où ils exercent leurs fonctions (personnel de sécurité et de gardiennage, etc.), la valeur de l'avantage de logement subit, comme pour l'assiette des cotisations de sécurité sociale, un abattement pour sujétions de 30 % sur la valeur forfaitaire (nos 39280 s.) ou la valeur locative cadastrale du logement (n° 39330) (BOI-RSA-BASE-20-20 n° 160).

ATTENTION

En cas d'évaluation selon le forfait social, l'abattement ne s'applique pas aux **avantages accessoires** autres que ceux compris dans le forfait, c'est-à-dire autres que l'eau, le gaz, l'électricité, le chauffage et le garage. Lorsque l'avantage logement est évalué d'après la valeur locative cadastrale (ou, à défaut, d'après la valeur locative réelle), l'abattement ne s'applique à aucun des avantages accessoires éventuellement pris en charge par l'employeur (BOI-RSA-BASE-20-20 n° 160).

40510 **Logement à usage mixte** Lorsque le logement est à usage professionnel et privé, l'évaluation de l'avantage en nature imposable à l'impôt sur le revenu est effectuée comme en matière de cotisations sociales (voir n° 39350) (BOI-RSA-BASE-20-20 n° 200).

VÉHICULE

40530 La référence de l'article 82, al. 2 du CGI au régime de sécurité sociale conduit à l'évaluation de l'avantage résultant de l'**utilisation privée** d'un véhicule mis à la disposition d'un salarié sur la base des dépenses réellement engagées ou, sur option de l'employeur, sur la base d'un forfait (voir nos 39480 s.). Pour les véhicules électriques, ce sont les règles exposées n° 39600 qui s'appliquent.

> Précisions **a.** En ce qui concerne les **dirigeants,** voir n° 77790.
b. S'agissant de l'évaluation de l'allocation en nature correspondant à l'**usage professionnel du véhicule,** voir n° 40340.
c. Contrairement à la règle sociale (n° 39490), l'administration fiscale considère que, en cas d'achat par l'entreprise d'un véhicule avec une remise correspondant à la **reprise de l'ancien véhicule,** le prix d'achat du nouveau véhicule s'entend pour le calcul de l'avantage en nature imposable avant déduction de ladite remise (BOI-RSA-BASE-20-20 n° 260).

INFORMATIQUE ET COMMUNICATIONS

40550 La référence de l'article 82, al. 2 du CGI au régime de sécurité sociale conduit à l'évaluation de l'avantage résultant de l'**utilisation privée** des outils issus des nouvelles technologies de l'information et de la communication sur la base des dépenses réellement engagées ou, sur option de l'employeur, sur la base d'un forfait (voir nos 39690 s.).
En ce qui concerne les **dirigeants**, voir n° 77790.

2. AUTRES AVANTAGES

40630 Les avantages autres que la nourriture, le logement, le véhicule et les outils informatiques et de communication constitutifs d'une rémunération en nature, tels que la fourniture et l'entretien de vêtements professionnels, sont considérés comme constituant soit un supplément de salaire en nature imposable, soit une allocation pour frais d'emploi pouvant être exonérée au titre de l'article 81, 1° du CGI.

40640 Lorsqu'ils revêtent le caractère d'un avantage en nature imposable, leur estimation doit être effectuée conformément à l'article 82, al. 2 du CGI.

Il y a donc lieu de retenir comme en matière sociale la **valeur réelle** de l'avantage en nature (BOI-RSA-BASE-20-20 n° 330).

Pour les avantages autres que ceux étudiés ci-après, on se reportera à l'étude consacrée aux frais professionnels (nos 55650 s.).

PRÊTS

40650 Les sommes mises par les employeurs à la disposition des salariés à titre de prêt ne constituent pas un revenu imposable.

Toutefois, lorsque le prêt est consenti sans **intérêt** ou moyennant un **intérêt inférieur** au taux du marché, il doit en principe être tenu compte de l'avantage en nature qui en résulte dans le revenu imposable (en ce sens, CAA Bordeaux 7-10-2003 n° 99-2707).

> Précisions a. Lorsqu'un employeur consent à un salarié un prêt sans intérêt afin de permettre à ce dernier d'acquérir le **véhicule nécessaire à l'exercice de ses fonctions,** le montant des intérêts ainsi abandonnés peut être considéré comme exonéré d'impôt sur le revenu en vertu de l'article 81, 1° du CGI. Toutefois, dans la mesure où le salarié utiliserait le véhicule pour ses **déplacements personnels,** la fraction correspondante de l'avantage dont il bénéficie constituerait un complément de rémunération imposable (Rép. Mesmin : AN 2-11-1987).

b. L'avantage consenti par un employeur qui, ayant accordé un prêt à un salarié, réduit les intérêts de ce prêt en considération de la situation personnelle de l'intéressé ne présente pas le caractère d'un supplément de salaire passible de l'impôt sur le revenu (CE 8-12-1965 n° 55001). Il s'agit en effet d'un secours. Or les **secours,** même alloués par l'employeur, sont toujours exclus du champ de l'impôt sur le revenu.

CADEAUX

Sont exclus du revenu imposable les cadeaux (cadeaux en nature, chèques-cadeaux ou bons d'achat) d'une **valeur modique** qui, eu égard aux conditions dans lesquelles ils sont offerts par l'employeur ou, le cas échéant, par le comité social et économique ou le comité d'entreprise, ne présentent pas pour les salariés bénéficiaires le caractère d'une rémunération. La remise des cadeaux doit répondre à un usage établi, c'est-à-dire s'effectuer à l'occasion d'un événement particulier (par exemple, mariage ou anniversaire du salarié, naissance d'un enfant, fêtes de Noël) et être sans lien direct avec l'activité professionnelle des bénéficiaires, soit pour tenir compte de leur ancienneté dans l'entreprise (auquel cas il s'agirait d'une prime d'ancienneté), soit pour tenir compte de la qualité des services rendus (auquel cas il s'agirait d'une prime de rendement) (BOI-RSA-CHAMP-20-30-10-10 n° 70). **40670**

Il est admis, à titre de règle pratique, que la valeur modique des cadeaux en nature soit appréciée, au regard de l'impôt sur le revenu, par référence au plafond retenu pour les exclure de l'assiette des cotisations de sécurité sociale, soit un montant égal à 5 % du montant mensuel du plafond de la sécurité sociale. Ce plafond s'applique par événement (mariage, naissance, anniversaire…) et par année civile. Par exception, pour Noël, le plafond de 5 % s'applique par salarié et par enfant (BOI-RSA-CHAMP-20-30-10-10 n° 80).

Sous cette réserve, les cadeaux remis au salarié à l'occasion d'événements personnels sont imposables.

Les cadeaux offerts aux salariés à l'issue d'un **concours** ne sont pas imposables. En effet, le caractère aléatoire inhérent au procédé du concours s'oppose à ce que les prix gagnés par les salariés soient regardés comme un supplément de salaire en nature. Ce type d'avantage, qui ne se rattache à aucune catégorie de revenus, n'est pas imposable pour son bénéficiaire. **40680**

Tel est le cas, notamment, des **voyages de stimulation** qu'une société offre aux lauréats (et, le cas échéant, à leurs épouses) d'un concours ouvert aux salariés chargés de la vente de ses produits (CE 21-6-1995 n° 111865 ; 10-2-1997 n° 167411).

FOURNITURE DE PRODUITS DE L'ENTREPRISE

Si les salariés reçoivent ou achètent à des **conditions préférentielles** des biens ou services produits ou rendus par leur entreprise, aucun avantage en nature n'est retenu si la réduction tarifaire n'excède pas 30 % du prix public TTC pratiqué par l'employeur pour le même produit ou service vendu à un consommateur non salarié de l'entreprise (BOI-RSA-BASE-20-20 n° 320). **40700**

> Précisions Le **prix public** TTC s'entend (BOI-RSA-BASE-20-20 n° 320) :
– du prix le plus bas pratiqué dans l'année pour la vente du même produit ou service aux clients détaillants, lorsque l'entreprise vend uniquement à des détaillants ;
– du prix public le plus bas pratiqué dans l'année par l'employeur pour la vente du même produit ou service à la clientèle de la boutique, si le produit ou service est habituellement commercialisé dans une boutique.

B. Obligations déclaratives

DÉCLARATIONS DES SALAIRES ET PENSIONS

Sauf s'ils sont exonérés d'impôt et de cotisations, les avantages en nature sont à déclarer sur la **DSN.** Ils doivent y figurer avec les rémunérations en espèces, dans le montant porté **40750** en Rémunération nette fiscale et à la rubrique Montant soumis au PAS. Dans le cas, rare en pratique, de salariés exclusivement rémunérés en nature, la valeur de ces avantages est déclarée en Rémunération nette fiscale et à la rubrique Montant soumis au PAS, avec un taux de prélèvement à la source égal à zéro et un montant de prélèvement à la source nul. La solution est la même lorsque des avantages en nature s'ajoutent à des versements en espèces et que le montant du PAS qui serait dû sur les rémunérations en espèces et en nature est supérieur aux rémunérations en espèces (net-entreprises, fiche nº 1940).

Les modalités déclaratives des avantages en nature ayant le caractère de pensions au regard de l'impôt sur le revenu (nºs 52750 s.) sont celles des pensions de retraite : voir nº 52810.

ATTENTION

La **cotisation spéciale d'assurance maladie** sur les retraites due à raison des avantages en nature servis par l'entreprise à ses anciens salariés retraités doit apparaître sur la DSN : voir nº 52580.

AUTRES OBLIGATIONS

40770 Les entreprises doivent :

– tenir un **état spécial** des avantages en nature, si elles ne les comptabilisent pas : voir nºs 34430 et 92130 ;

– porter sur le **relevé des frais généraux** les charges qu'elles supportent au titre des avantages en nature fournis aux personnes les mieux rémunérées : voir nº 36820.

CHAPITRE 2 AVANTAGES ALLOUÉS PAR LE CSE

SOMMAIRE

A. Assujettissement aux charges sociales 41100
1. Principes jurisprudentiels et doctrine administrative 41150
2. Sort de certains avantages 41260
3. Tableau récapitulatif 41560
4. Bulletin de paie 41600
B. Assujettissement aux charges fiscales 41700
C. Paiement des charges sociales et fiscales 41800
1. Responsable du paiement 41800
2. DSN 41920
D. Déduction du résultat de l'entreprise 42000

CHAMP D'APPLICATION

41050 Font l'objet des développements ci-après les avantages alloués par le comité social et économique (CSE).

Sont ainsi exposées, d'une part, les règles d'assujettissement de ces avantages aux **charges sociales** (n°s 41100 s.) et **fiscales** (n°s 41700 s.) et, d'autre part, les **modalités de paiement** de ces charges : qui doit les payer (n°s 41800 s.), quels avantages doivent être déclarés (n° 41920). Sont ensuite traitées les incidences sur le **résultat de l'entreprise** des cotisations versées par celle-ci au titre des avantages alloués par le CSE (n°s 42000 s.).

ATTENTION

Les rémunérations et avantages alloués par le CSE **à ses propres salariés** relèvent des règles de droit commun et ne sont donc pas concernés par les développements qui suivent. En ce sens, pour les cotisations de sécurité sociale, voir n° 19020, a.

A. Assujettissement aux charges sociales

41100 Les solutions jurisprudentielles et administratives exposées ci-après ont toutes été adoptées en matière de **cotisations de sécurité sociale.**

Elles sont toutefois également applicables à l'ensemble des **prélèvements** dont l'assiette est **alignée** sur celle de ces cotisations : cotisations ou contributions solidarité autonomie, Fnal, dialogue social, chômage, AGS, retraite complémentaire Agirc-Arrco, formation et alternance (contributions à la formation professionnelle, CPF-CDD, supplémentaire à l'apprentissage et taxe d'apprentissage), versement mobilité et participation-construction.

Ces solutions sont, sauf en matière d'indemnités de rupture ou de modification du contrat de travail et de contributions de retraite supplémentaire et de prévoyance complémentaire, transposables à la **CSG,** à la **CRDS** et à la **taxe** sur les salaires.

1. PRINCIPES JURISPRUDENTIELS ET DOCTRINE ADMINISTRATIVE

41150 Sur la question de l'assujettissement aux cotisations de sécurité sociale des avantages alloués par le CSE au personnel de l'entreprise, la Cour de cassation a adopté une position plus rigoureuse, pour l'employeur et le comité, que l'administration.

JURISPRUDENCE

41160 Les sommes attribuées par un CSE sont soumises à cotisations sociales lorsqu'elles le sont en raison de la qualité de salariés des intéressés et à l'occasion du travail, selon des normes objectives préétablies, même si tous n'en bénéficient pas, seules étant exclues de l'assiette des cotisations les sommes ayant un caractère de secours lié à des situations exceptionnelles (Cass. 2e civ. 9-2-2006 no 04-30.549 FS-P).

Cet arrêt s'inscrit dans une jurisprudence constante de la Cour de cassation, selon laquelle les **prestations en espèces** servies par le CSE constituent des rémunérations soumises à cotisations, même si elles sont financées sur les fonds affectés aux activités sociales et culturelles du comité. Il n'est dérogé à cette règle que pour :

– les **secours** (no 41260) ;

– les sommes exclues par nature de l'assiette des cotisations, tels les remboursements de **frais professionnels** (no 41290) ;

– les sommes **exonérées** de l'assiette des cotisations en vertu d'un texte exprès.

Les **avantages en nature** servis par le comité sont en principe soumis aux cotisations dans les mêmes conditions que lorsqu'ils sont versés par l'employeur (Cass. soc. 1-4-1993 no 90-15.009 P).

› Précisions Les **activités sociales et culturelles** énumérées à l'article R 2312-35 du Code du travail, instituées dans l'entreprise au bénéfice des salariés ou anciens salariés et de leur famille, échappent aux cotisations de sécurité sociale (Cass. soc. 9-6-1992 no 89-18.539 P ; 13-5-1993 no 91-14.362 P).

Que faut-il entendre par « activités sociales et culturelles » énumérées par le Code du travail ? Certainement pas les **prestations en espèces,** puisque la Cour de cassation les assujettit à cotisations quand bien même elles sont financées sur les fonds affectés aux activités sociales et culturelles. La notion d'activités sociales et culturelles ainsi énumérées ne recouvre pas non plus l'ensemble des **prestations en nature,** puisque la Cour de cassation soumet les cadeaux et bons d'achat à cotisations. En fait, il semble que la Cour de cassation ait entendu exclure de l'assiette des cotisations les avantages en nature alloués par les CSE à la **collectivité des salariés,** tels que les bibliothèques, les équipements sportifs, etc.

41170 ILLUSTRATIONS

Sauf s'ils constituent un secours, les avantages suivants sont, selon la Cour de cassation, soumis à cotisations :

– primes versées à l'occasion d'un **événement** : mariage, naissance, fête patronale, etc. ;

– aides accordées aux salariés ayant des **enfants** : compléments d'allocations familiales, prime de crèche ou de scolarité, bourse d'études, participation aux frais de garde, de cantine, de transport scolaire, de centres aérés, de classes de neige, de colonies de vacances, aides à l'enfance handicapée, etc. ;

– prestations améliorant la **protection sociale** : compléments de prestations en nature de l'assurance maladie, compléments d'indemnités journalières de sécurité sociale (nos 62180 s.) ;

– aides aux **voyages** ou aux **vacances** : primes de vacances, participation aux frais de voyage organisé par le comité, participation aux frais de logement et de location de skis exposés par les salariés au cours de vacances organisées par l'entreprise, etc. ;

– indemnités pour perte de salaire en cas de **congé de formation économique, sociale, environnementale et syndicale** (voir no 41440) ;

– **cadeaux,** chèques destinés à l'achat d'un cadeau et **bons d'achat.**

DOCTRINE ADMINISTRATIVE

41190 Par mesure de tempérament, l'administration admet que certaines prestations servies par le CSE soient exonérées de cotisations de sécurité sociale. Ainsi, elle a donné pour directive aux Urssaf d'**exclure de l'assiette des cotisations** les prestations en espèces ou en nature servies par le comité aux salariés ou anciens salariés de l'entreprise, lorsqu'elles se rattachent directement aux **activités sociales et culturelles** des comités. Mais cette règle ne joue que dans la mesure où ces prestations ne sont pas assujetties aux cotisations par un texte exprès ou n'ont pas en fait le caractère d'un complément de salaire. Sur la question de savoir si, et dans quelle mesure, les positions prises par l'administration **s'imposent aux Urssaf,** notamment à l'occasion des contrôles des entreprises, voir nos 20560 s.

Dans le cas des CSE dont le budget est alimenté à la fois par une dotation de l'employeur et par une **contribution des salariés,** et dans la mesure où le montant total des avantages en espèces servis aux salariés et susceptibles d'être inclus dans l'assiette des cotisations n'excède pas la dotation attribuée par l'employeur, il y a lieu de considérer que ce financement complémentaire, en général modeste, est sans incidence sur l'assujettissement aux cotisations de l'intégralité des sommes versées (Circ. Acoss 14-2-1986).

EXEMPLE **Sommes soumises à cotisations pour l'administration** 41210

Selon l'administration, sont notamment soumises à cotisations :
– les sommes d'un montant hiérarchisé et perçues par l'ensemble du personnel (Circ. min. 17-4-1985) ou attribuées de manière **automatique** et non personnalisée (Circ. Acoss 14-2-1986) ;
– les **primes** versées à l'occasion d'un **événement** : mariage, naissance, départ en retraite ou en préretraite, fête patronale, anniversaire de l'entreprise, Noël (Circ. min. 17-4-1985) ;
– les **prestations à caractère familial** (primes de logement, de scolarité, d'études, de rentrée scolaire, allocations de maternité, pour enfants à charge, etc.) (Circ. min. 17-4-1985), à l'exception de l'aide financière aux services à la personne (voir nos 41330 s.) ;
– les **indemnités complémentaires aux indemnités journalières** de sécurité sociale : voir nos 62180 s. (Circ. min. 17-4-1985) ;
– les sommes destinées à compenser une **perte de salaire,** notamment les sommes versées à ce titre aux salariés grévistes (voir no 67840) ;
– les prestations versées en application d'une **obligation légale ou contractuelle de l'employeur** (Circ. min. 17-4-1985).

Sur les indemnités versées au salarié en congé de formation économique, sociale, environnementale et syndicale, voir no 41440.

2. SORT DE CERTAINS AVANTAGES

SECOURS

La jurisprudence et l'administration excluent de l'assiette des cotisations sociales les avantages servis par le CSE revêtant le caractère de secours. 41260

Selon la **Cour de cassation,** les « secours » se **définissent** comme des sommes d'argent ou des biens en nature attribués de façon extraordinaire en raison d'une situation sociale particulièrement digne d'intérêt (Cass. soc. 27-1-1977 no 75-14.797 ; Cass. 2e civ. 16-9-2010 no 09-10.346 FS-D). Leur objet est donc avant tout de répondre à des **situations exceptionnelles** (Cass. 2e civ. 9-2-2006 no 04-30.549 FS-P).

En revanche, les avantages attribués en fonction de critères objectifs et selon des normes préétablies ne sont pas des secours, même s'ils sont attribués uniquement à certains salariés en fonction des revenus des bénéficiaires et/ou de leur situation de famille (Cass. soc. 11-1-1990 no 87-16.181 P).

ILLUSTRATIONS

La Cour de cassation a reconnu le caractère de secours à :
– des allocations versées pour des **enfants handicapés,** attribuées en fonction de situations particulièrement dignes d'intérêt (Cass. soc. 17-4-1996 no 94-17.315 D) ;
– des **bourses d'études** réservées à une fraction réduite de salariés compte tenu de leurs difficultés financières, des besoins de leurs enfants et des ressources nécessaires à un niveau de vie minimum (Cass. soc. 11-4-2002 no 00-13.023 F-P).

Elle a en revanche dénié ce caractère à des **allocations versées de façon systématique** aux veufs et veuves de salariés (Cass. 2e civ. 16-9-2010 no 09-10.346 FS-D).

Selon l'**administration,** constituent des secours les sommes versées en raison de l'état de gêne des bénéficiaires (Circ. min. 17-4-1985) ou dont le montant est modulé en fonction des besoins à satisfaire d'urgence (Circ. Acoss 14-2-1986). 41270

Il doit s'agir d'allocations exceptionnelles, non renouvelables, d'un montant limité, attribuées compte tenu des résultats d'une enquête sociale (Rép. Biessy : AN 26-2-1996).

S'agissant des sommes versées : lors du **décès d'un proche du salarié,** voir no 73720 ; aux salariés **retraités ou préretraités,** voir no 41310.

REMBOURSEMENT DE FRAIS PROFESSIONNELS

Les **primes ou indemnités attachées,** collectivement ou individuellement, **au statut du salarié** dans l'entreprise (primes de transport, de cantine, de casse-croûte, etc.) sont soumises à cotisations sociales. 41290

Toutefois, ceux de ces avantages revêtant en partie le caractère de **remboursements de frais** peuvent être exonérés dans les conditions habituelles (nos 55360 s.) en cumulant, s'il y a lieu, les avantages servis, pour le même événement, par l'employeur et le comité. Tel est le cas, par exemple, du remboursement conjoint des frais de transport du domicile au lieu de travail ou de la participation conjointe à l'acquisition de titres-restaurant (Circ. min. 17-4-1985).

S'agissant :
– des conditions dans lesquelles la participation du comité à l'acquisition de **titres-restaurant** est exonérée de cotisations, voir nos 51900 s. ;
– de la participation du comité aux frais des salariés en **congé de formation** économique, sociale, environnementale et syndicale, voir no 41440.

AVANTAGES SERVIS AUX RETRAITÉS ET PRÉRETRAITÉS

41310 Pour l'administration, les aides accordées aux anciens salariés à la retraite et à leur famille échappent aux **cotisations** de sécurité sociale dues **sur les salaires** (Circ. min. 17-4-1985).

En revanche, si elles sont assimilables à un avantage de retraite (au sens indiqué nos 52250 s.), elles sont assujetties aux cotisations dues **sur les retraites complémentaires** (Circ. Acoss 14-2-1986).

Ces principes s'appliquent aux sommes allouées par le CSE, au cours de leur **préretraite,** aux salariés dont le contrat de travail est rompu (voir no 41560).

Dans tous les cas, les sommes allouées à titre de **secours** aux retraités et préretraités ne sont soumises à aucune cotisation (Circ. Acoss 14-2-1986).

Pour les **primes de départ** à la retraite ou en préretraite, voir no 41210.

Sur le sort des **aides financières aux services à la personne** versées aux anciens salariés retraités, voir no 41330, a.

AIDE FINANCIÈRE AUX SERVICES À LA PERSONNE ET À LA FAMILLE

41330 L'aide versée aux salariés par le comité ou l'entreprise et visant soit à faciliter l'accès de ces derniers à des **services** aux personnes et aux familles **développés au sein de l'entreprise,** soit à financer des services visés à l'article L 7231-1 du Code du travail (**garde des enfants, tâches ménagères,** ou familiales à domicile, **assistance aux personnes âgées, en situation de handicap** ou qui ont besoin d'une aide personnelle à leur domicile ou d'une aide à la mobilité favorisant leur maintien à domicile, etc.) ou des activités de service assurées par les crèches, haltes-garderies, jardins d'enfants, assistants maternels et centres de loisirs n'a pas le caractère de salaire pour l'application de la législation du travail. Elle bénéficie, en outre, d'une exonération, dans la limite du coût supporté par le salarié et d'un plafond annuel fixé à 2 301 € en 2023, portant sur (C. trav. art. L 7233-4, D 7233-6 et D 7233-8 ; Cass. 2e civ. 29-5-2019 no 18-11.436 F-PBI ; Circ. Acoss 25-3-1997 ; Arrêté SPRS2236833A du 17-1-2023) :
– les **cotisations** de sécurité sociale et l'ensemble des **prélèvements alignés** sur celles-ci (no 41100) ;
– la **CSG,** la **CRDS** et la **taxe** sur les salaires.

Sur le régime de l'aide au regard de l'**impôt sur le revenu,** voir no 41720.

> **Précisions** **a.** Les aides versées à **deux salariés de la même entreprise** appartenant au même foyer peuvent être exonérées en 2023 jusqu'à 4 602 € (Circ. min. 10-2-1997).
> En revanche, celles versées aux **anciens salariés retraités** ne bénéficient pas de l'exonération (Cass. 2e civ. 17-3-2022 nos 20-16.278 et 20-17.548 F-D), ce qui signifie, à notre avis, qu'elles sont soumises aux cotisations et contributions sociales dues sur les retraites complémentaires.
> **b.** En cas de **dépassement du plafond** d'exonération, seule la fraction excédant le plafond est assujettie (Circ. min. 10-2-1997).
> **c.** L'exonération s'applique en particulier à la réduction tarifaire dont le salarié bénéficie, par rapport au barème établi par la commune ou la caisse nationale d'allocations familiales, dans les **crèches d'entreprises ou interentreprises** subventionnées par l'employeur ou par le comité ou dans les **crèches gérées par le comité** (Circ. Acoss 8-1-2007 ; CA Paris 15-3-2019 no 15/02659) : voir no 41360. De même, elle s'applique à l'aide financière du CSE allouée aux salariés pour couvrir les frais de **garderie périscolaire** (Circ. Acoss 5-2-2007). Elle s'applique enfin à l'aide financière du comité visant à financer certains **services fournis par des émetteurs de chèques emploi-service** (C. trav. art. L 7233-4).

41340 Le comité versant l'aide financière doit, aux fins de contrôle, établir au titre de chaque année civile un **état récapitulatif individuel** des aides versées aux salariés de l'entreprise (la même obligation pèse sur l'entreprise si c'est elle qui verse l'aide) et transmettre à cette dernière, dans les 10 premiers jours du mois de janvier de l'année suivant celle de l'attribution de l'aide, l'**identité des bénéficiaires** et le **montant** qui leur a été versé à ce titre au cours de l'année civile précédente (C. trav. art. D 7233-9 et D 7233-10).

L'**employeur** communique au bénéficiaire, avant le **1er février** de l'année suivant celle de l'attribution de l'aide, une **attestation** mentionnant le montant total de celle-ci et précisant son caractère non imposable (C. trav. art. D 7233-11) : voir no 41720.

L'inspecteur du recouvrement ne peut exiger ces pièces qu'à compter du **1er mars de l'année civile suivant** l'année civile considérée (Circ. min. 10-2-1997).

L'aide peut prendre la forme soit d'une aide financière directe, soit d'un **chèque emploi-service universel** (Cesu) préfinancé (Circ. Acoss du 5-2-2007). 41350

Le bénéficiaire de l'aide doit en principe être un **salarié** de l'entreprise. Toutefois, il peut s'agir du **chef d'entreprise** ou, si l'entreprise est une personne morale, de son président, de son directeur général, de son ou de ses directeurs généraux délégués, de ses gérants ou des membres du directoire, si cette aide peut bénéficier également à l'ensemble des salariés de l'entreprise selon les mêmes règles d'attribution (C. trav. art. L 7233-5). Pour les **retraités,** voir nº 41330, a.

Les sommes versées doivent avoir servi à financer des prestations dont le salarié de l'entreprise peut être présumé, au regard des pièces prévues par les articles D 7233-10 et D 7233-11, avoir **supporté le coût** au cours de cette même année ou du **quatrième trimestre** de l'année civile antérieure (Circ. min. 10-2-1997).

Hormis les aides directes versées au salarié sous forme d'indemnité ou de Cesu, le CSE ou l'employeur peuvent réserver des places en crèches au profit des salariés ou négocier des tarifs réduits notamment. 41360

La jurisprudence et l'administration ont précisé le régime social de tels avantages :

– la **mise à disposition exclusive d'une crèche** en contrepartie d'une participation financière des bénéficiaires inférieure au coût effectif du service supporté par l'employeur induit un avantage en nature dont la part excédant 2 301 € par an et par bénéficiaire est soumise à cotisations (Cass. 2e civ. 29-5-2019 nº 18-11.436 F-PBI) ;

– le versement d'une **subvention** à une crèche ou à une micro-crèche **afin de réserver des places** aux salariés de manière collective constitue un avantage en nature (Cass. 2e civ. 8-10-2020 nº 19-16.898 F-PBI). Toutefois, l'administration admet l'exclusion de l'assiette des cotisations et contributions de la subvention dès lors qu'elle permet seulement de réserver des places et n'a aucun lien avec un avantage tarifaire pour le salarié. Si la subvention procure un tel avantage tarifaire au salarié, seul celui-ci entre dans l'assiette des cotisations et contributions sociales (BOSS-AN-1140 et 1150) ;

– lorsque le salarié bénéficie d'un **tarif négocié** par son employeur ou le CSE dont le montant est inférieur au barème défini par le gestionnaire pour les parents ne bénéficiant pas d'une place réservée par leur employeur ou leur CSE, il s'agit d'une aide financière assimilable à un élément de rémunération. L'avantage individualisé correspond alors à la fraction de la subvention de réservation qui couvre la différence entre le tarif normalement appliqué par la crèche et le tarif dont bénéficie le salarié de l'entreprise réservataire. Cet avantage individualisé est exclu de l'assiette de cotisations et contributions sociales dans la limite de 2 301 € par an et par salarié. La fraction de l'avantage qui excède cette limite doit être réintégrée dans l'assiette de cotisations et contributions sociales (BOSS-AN-1180).

CONTRIBUTIONS DE PRÉVOYANCE ET/OU DE RETRAITE

Si la participation du CSE à un régime de retraite supplémentaire ou de prévoyance complémentaire visé nº 42680 bénéficie à l'**ensemble des salariés** de l'entreprise ou d'une catégorie de salariés, elle est assimilée à une contribution de l'employeur et éligible à l'exonération des **cotisations sociales** dans les conditions et sous les réserves mentionnées nos 42680 s. Pour l'application du **plafond d'exemption,** il est fait masse des cotisations de l'employeur et du comité (Circ. Acoss 4-2-2014). 41370

Pour un **modèle** de bulletin de paie comportant une participation du comité au financement de la prévoyance, voir nº 94400.

> **Précisions a.** Pour ouvrir droit à l'exonération de cotisations sociales, la participation du comité doit être uniforme, en montant ou en taux, pour l'ensemble des salariés concernés. Elle peut toutefois être **modulée** en fonction de la situation familiale si la cotisation du salarié l'est aussi (Circ. Acoss 4-2-2014).
> **b.** S'il existe des **comités d'établissement,** la circonstance que la participation prise en charge par le comité d'établissement varie d'un comité à l'autre n'est pas de nature à remettre en cause l'exemption d'assiette (Circ. Acoss 4-2-2014).
> **c.** Sur l'assujettissement à la **CSG,** à la **CRDS** et au **forfait social,** voir nos 43260 s.

Le comité peut participer au **financement de la cotisation salariale** à un régime de retraite supplémentaire ou de prévoyance complémentaire visé nº 42680 dans le cadre de sa compétence en matière d'activités sociales et culturelles. Cette participation peut être exclue de l'assiette des cotisations si elle constitue une prestation de **secours** au sens indiqué nº 41260 (Circ. Acoss 4-2-2014). 41380

AIDES AUX VACANCES ET AUX LOISIRS

41410 La **Cour de cassation** soumet aux cotisations toutes les aides du CSE visant à favoriser les départs en vacances et le développement des loisirs dès lors qu'elles n'ont pas le caractère de secours (voir nº 41170).

L'**administration** opère quant à elle une distinction entre les aides ayant le caractère d'un complément de salaire, soumises à ce titre à cotisations, et celles n'ayant pas ce caractère, qui échappent aux cotisations de sécurité sociale.

Dans le cas particulier où l'aide accordée par le comité prend la forme d'une prise en charge totale ou partielle des frais de **centre aéré** (ou de centre de loisirs du mercredi) ou d'une attribution de **chèques-vacances,** voir respectivement nºs 41330 s. et 52970.

41420 **Primes** Une prime de vacances, d'un montant uniforme, attribuée à tous les salariés de l'entreprise ou versée sans justification des dépenses engagées, constitue un complément de rémunération soumis à cotisations (Guide Urssaf CSE 2023 p. 15).

De même, les primes dites « d'**encouragement aux vacances, à la vie culturelle, aux sports et aux loisirs** » versées forfaitairement à l'ensemble des salariés d'une entreprise, sur la base d'un tarif uniforme, ont le caractère d'un complément de rémunération et sont assujetties aux cotisations (Circ. Acoss 14-2-1986).

41430 **Participations et réductions tarifaires** Les avantages destinés, sans discrimination (nº 41465), à favoriser ou à améliorer les **activités extra-professionnelles, sociales ou culturelles** (de détente, de sports ou de loisirs) des salariés et de leur famille échappent aux cotisations de sécurité sociale.

Il en est ainsi notamment (Circ. min. 17-4-1985 ; Guide Urssaf CSE 2023 p. 15) :

– des **participations** favorisant le départ en **vacances** de la famille ou des enfants seuls, même si elles ne sont pas modulées en fonction de la situation et des ressources familiales, sous réserve de justification des dépenses de vacances ;

– des **réductions tarifaires** accordées à l'occasion de **voyages** touristiques, de **spectacles,** de **pratiques sportives.** Il importe peu que ces réductions soient directement supportées par le comité ou qu'elles donnent lieu au remboursement total ou partiel des sommes payées par le salarié.

> **Précisions** **a. Participation favorisant le départ en vacances.** Aucun **seuil** n'est prévu concernant le montant de cette participation. Elle peut prendre la **forme** de sommes d'argent, de bons de participation remis directement aux salariés, ou de participations versées directement aux associations ou centres de vacances.
> Les participations du comité favorisant le départ des enfants en **colonie de vacances** sont exonérées des cotisations de sécurité sociale sous réserve d'attestations d'inscription (Guide Urssaf CSE 2023 p. 11).
> D'une façon générale, c'est au comité qu'il appartient de fixer et de requérir les **justifications** qu'il juge utiles pour que la participation qu'il attribue aux salariés de l'entreprise réponde à son objet.
> La participation du CSE favorisant le départ en vacances échappe aux cotisations de sécurité sociale même si elle est **cumulée** avec une prime de vacances et/ou l'attribution de chèques-vacances (Circ. Acoss 14-2-1986).
> **b. Réductions tarifaires favorisant les voyages et les loisirs.** Les réductions tarifaires échappant aux cotisations sociales doivent s'entendre tant des **tarifs préférentiels** obtenus par le comité au profit des salariés de l'entreprise que de la **prise en charge,** totale ou partielle, par le comité du coût des voyages touristiques, spectacles, etc. L'exonération s'applique quelles que soient les modalités de la prise en charge (Circ. Acoss 14-2-1986).
> **c. Équipement sportif et cours de sport.** S'agissant de la mise à disposition par l'employeur ou le CSE d'équipements sportifs à **usage collectif** et du financement de prestations sportives à destination de l'ensemble des salariés, voir nº 39980.
> **d. Règles communes.** Les tolérances exposées ci-dessus sont également applicables lorsque, en l'**absence de CSE,** une institution analogue ou l'employeur lui-même gère les activités sociales et culturelles normalement dévolues au comité (Circ. Acoss 14-2-1986).

CONGÉ DE FORMATION ÉCONOMIQUE, SOCIALE, ENVIRONNEMENTALE ET SYNDICALE

41440 L'employeur est tenu de **maintenir intégralement la rémunération** du salarié pendant son congé de formation économique, sociale, environnementale et syndicale (C. trav. art. L 2145-6).

Si le comité prend en charge les **frais annexes** supportés par le salarié (transport, hébergement ou documentation) en lui versant une indemnité, celle-ci est exonérée des cotisations sociales (Circ. Acoss 14-2-1986 ; Cass. soc. 5-5-1995 nº 92-19.024 P), sous réserve de la fourniture de justificatifs (Guide Urssaf CSE 2023 p. 11).

CADEAUX ET BONS D'ACHAT

Sauf s'ils sont constitutifs d'un secours (voir nos 41260 s.), la **Cour de cassation** soumet les cadeaux et bons d'achat offerts par le CSE aux cotisations de sécurité sociale (voir no 41170). Elle refuse de leur appliquer la tolérance administrative prévue pour les cadeaux et bons de faible valeur (Cass. 2e civ. 30-3-2017 no 15-25.453 F-PB ; 14-2-2019 no 17-28.047 F-D). Cette solution rendue à propos de cadeaux attribués par l'employeur peut être étendue à ceux attribués par le comité. **41460**

La position de l'**administration** est en effet plus souple. À titre de tempérament, elle admet une exonération totale des cotisations lorsque le **montant global** des cadeaux ou bons attribués, par le comité, par **année civile** à chaque salarié n'excède pas le seuil de 5 % du plafond mensuel de la sécurité sociale (Circ. min. 12-12-1988 ; Circ. Acoss 3-12-1996 et 21-3-2011), soit 183 € en 2023, à **condition** qu'ils soient attribués sans discrimination entre les salariés (no 41465). À titre exceptionnel, le plafond d'exonération est fixé à 25 % du Pass, soit 917 € en 2023, lorsque le CSE attribue des billets ou des bons d'achat et des cadeaux en nature (prestations associées, transport, hébergement, cadeaux divers...) pour assister aux épreuves de la Coupe du monde de rugby en 2023 et des Jeux olympiques et paralympiques de Paris en 2024 (Com. presse min. du 11-1-2023). Lorsque cette **limite est dépassée,** les bons d'achat et/ou cadeaux attribués à un salarié échappent également aux cotisations si les **conditions** suivantes sont remplies : ils doivent être attribués à l'occasion d'un événement particulier aux personnes concernées par cet événement (no 41470), leur valeur doit être conforme aux usages (no 41480) et, pour les bons d'achat, leur utilisation doit être déterminée (no 41490) (Circ. min. 12-12-1988 ; Circ. Acoss 3-12-1996 et 21-3-2011). Ces conditions doivent être réunies simultanément pour ouvrir droit à l'exonération de cotisations de sécurité sociale, de **CSG,** de **CRDS** (Circ. Acoss 21-3-2011) et de **taxe** sur les salaires. Cette tolérance s'applique, à notre avis, dans les mêmes conditions pour la détermination de l'assiette des autres prélèvements dont l'assiette est alignée sur celle des cotisations sociales dont la liste est donnée no 41100. Elle ne vaut que pour les cadeaux et bons d'achat, à l'exclusion des « **enveloppes** » ou **chèques destinés à l'achat d'un cadeau** qui doivent être inclus dans l'assiette des cotisations (en ce sens, Rép. Bolo : AN 5-4-1975).

Les **chèques-culture** relèvent de règles plus favorables (voir no 41510).

› Précisions Cette tolérance administrative est, par ailleurs, applicable lorsque, en l'**absence de CSE,** une institution analogue ou l'employeur lui-même gère les activités sociales et culturelles normalement dévolues au comité (Circ. Acoss 14-2-1986), mais pas lorsque l'employeur attribue ces avantages en présence d'un comité. N'émanant pas d'une circulaire ministérielle, elle ne s'impose pas, en droit strict, aux Urssaf (nos 20585 s.), même si celles-ci acceptent le plus souvent en pratique d'en faire application. Mais, en tout état de cause, cette circulaire dépourvue de toute portée normative (Cass. 2e civ. 30-3-2017 précité) ne s'impose pas au juge, qui, en cas de contentieux, risque donc de refuser de l'appliquer. En définitive, pour continuer à bénéficier des exonérations de cotisations auprès de l'Urssaf, les comités doivent veiller à ce que les conditions prévues pour y avoir droit (non-discrimination entre les salariés) soient scrupuleusement respectées et ne souffrent aucune contestation par l'organisme.

EXEMPLE **41462**

Soit un **salarié** recevant en 2023 de son CSE, indépendamment de tout événement, **deux bons d'achat** dans l'année, d'une valeur de 50 € chacun. Le montant de l'ensemble des bons est à comparer au seuil de 5 % du plafond mensuel de sécurité sociale (50 + 50 = 100 € < 183 €). La présomption de non-assujettissement entraîne l'exonération des cotisations.

Soit un **salarié ayant 2 enfants** recevant en 2023 de son CSE **trois bons d'achat** pour Noël :
– un bon d'achat pour lui d'une valeur de 80 € ;
– un bon d'achat pour son fils (né le 3-1-2006) d'une valeur de 85 € ;
– un bon d'achat pour sa fille de 12 ans d'une valeur de 60 €.

Le montant global des bons d'achat étant supérieur à 183 €, l'analyse s'effectue au cas par cas. Chaque bon d'achat est à comparer au seuil de 5 % du plafond mensuel, puis aux conditions d'exonération :
– pour le père et la fille, exonération ;
– pour le fils, la somme de 85 € est soumise à cotisations car le fils, ayant 17 ans dans l'année civile (le 3-1-2023), ne remplit pas la condition d'âge visée no 41470.

41465 **Condition de présence ou d'ancienneté**

Le CSE peut-il exclure les salariés absents ou n'ayant qu'une faible ancienneté du bénéfice des activités sociales et culturelles ? À notre connaissance, la Cour de cassation n'a pas eu l'occasion de se prononcer sur cette question. L'administration considère cependant comme **discriminatoires** les critères en lien avec l'activité professionnelle, tels que l'ancienneté ou la présence effective des salariés dans l'entreprise (Rép. Pellois : AN 6-5-2014). Or, de tels critères d'attribution sont souvent appliqués par les CSE, notamment pour l'octroi des cadeaux et bons d'achat. Le non-respect des critères requis pour qualifier une prestation d'activité sociale et culturelle, notamment l'interdiction des discriminations, peut pourtant faire **perdre le bénéfice de l'exonération** de cotisations sociales accordée à de nombreuses prestations (voir n° 41560).
Concernant le critère lié à l'**absence,** nombreuses sont les pratiques considérées comme discriminatoires, telles :
– l'exclusion des salariés en longue maladie du bénéfice des activités sociales et culturelles (Rép. Gorges : AN 13-12-2011 n° 84460) ;
– l'exclusion des salariés absents pour maladie, congé parental, etc., découlant de l'exigence, pour l'attribution de certaines prestations, d'une condition de présence effective dans l'entreprise pendant une certaine durée (CA Douai 21-12-2018 n° 517/18) ou à une certaine date (CA Rennes 26-3-2014 n° 12/07553) ;
– la modulation du montant des bons d'achat en fonction de la durée effective de travail, les salariés travaillant moins de 10 heures par mois et les salariés en congé de longue maladie étant exclus de l'attribution de ces bons (CA Paris 12-10-2018 n° 15/0385) ;
– l'attribution d'avantages à Noël au prorata du temps de travail du salarié, les salariés à temps partiel bénéficiant de montants inférieurs à ceux travaillant à temps plein (CA Douai 31-12-2016 n° 113/16).
Jugé également que faire dépendre le montant des bons d'achat octroyés de la durée de présence dans l'entreprise pendant l'année considérée revient à prendre en compte une donnée liée à la présence du salarié dans l'entreprise constituant un **critère d'ordre professionnel** incompatible avec la nature extra-professionnelle des activités sociales et culturelles du CSE, de sorte que les avantages ainsi alloués doivent être réintégrés dans l'assiette des cotisations (CA Pau 8-9-2016 n° 14/01450).
Concernant la condition d'une **ancienneté** minimale pour l'attribution de certaines prestations, nous n'avons pas connaissance de décisions jurisprudentielles reconnaissant, conformément à la réponse Pellois, le caractère discriminatoire d'une telle condition, étant précisé que, selon nous, la durée d'ancienneté éventuellement requise ne doit pas avoir pour effet d'exclure les salariés en CDD.
En cas de doute, le CSE peut interroger le réseau des Urssaf sur ses pratiques en utilisant la **procédure de rescrit** visée n°s 20610 s.

41470 **Événements concernés** Selon l'administration, il peut, sous réserve du respect des autres conditions, être fait abstraction des bons d'achat ou cadeaux attribués à l'occasion des événements suivants (liste limitative) (Guide Urssaf CSE 2023 p. 8) :
– mariage ou conclusion d'un Pacs ;
– naissance ou adoption ;
– départ à la retraite ;
– fête des Mères/des Pères ;
– Sainte-Catherine/Saint-Nicolas ; seuls les salariés célibataires et remplissant les conditions d'âge (25 ou 30 ans) peuvent se voir délivrer des bons d'achat exonérés de cotisations et contributions sociales ;
– Noël pour les salariés et les enfants (jusqu'à 16 ans révolus dans l'année civile) ;
– rentrée scolaire pour les salariés ayant des enfants âgés de moins de 26 ans dans l'année civile d'attribution. Par « rentrée scolaire », il faut entendre toute rentrée de début d'année (scolaire, universitaire, etc.), peu important la nature de l'établissement : établissement scolaire, lycée professionnel, centre d'apprentissage.

41480 **Valeur conforme aux usages** Cette condition est présumée remplie si le montant des bons d'achat et/ou cadeaux attribués au même salarié pour un même événement ne dépasse pas un **seuil** équivalant à 5 % du plafond mensuel de la sécurité sociale par année civile. Les bons d'achat et/ou cadeaux sont donc **cumulables** par événement s'ils respectent ce seuil. Ainsi, par exemple, si le salarié a perçu, pour un même événement, un bon d'achat et un cadeau en nature, leurs montants doivent être cumulés afin d'apprécier le seuil de la valeur conforme aux usages. Dans le cas particulier de **deux conjoints travaillant dans la même entreprise,** le seuil s'apprécie pour chacun d'eux (Circ. Acoss 3-12-1996 et 21-3-2011 ; Guide Urssaf CSE 2023 p. 9).

ATTENTION

Deux événements concernant plus particulièrement la vie familiale ont nécessité des **adaptations du seuil de 5 %.** Il s'agit (Circ. Acoss 3-12-1996 et 21-3-2011 ; Guide Urssaf CSE 2023 p. 8) :
– de la rentrée scolaire : le seuil est de 5 % par enfant ;
– de Noël : le seuil est de 5 % par enfant et 5 % par salarié.

Utilisation des bons d'achat Pour apprécier le **caractère déterminé de l'utilisation** des bons d'achat, il a été précisé que : 41490
– l'objet du bon d'achat doit être en relation avec l'événement. Ne remplit pas cette condition un bon d'achat « rentrée scolaire » délivré en décembre pour une rentrée scolaire intervenue en septembre ;
– le bon d'achat doit **mentionner** soit la nature du bien, soit un ou plusieurs rayons d'un grand magasin, soit le nom d'un ou de plusieurs magasins. Il ne peut pas être échangeable contre des **produits alimentaires ou du carburant.** Les **produits** alimentaires **de luxe** dont le caractère festif est avéré sont admis (Circ. Acoss 21-3-2011).

Pour les **événements concernant les enfants** (rentrée scolaire et Noël des enfants), le bon d'achat doit permettre l'achat de biens destinés aux enfants et être en relation avec cet événement. Pour la rentrée scolaire, le bon d'achat doit permettre l'achat dans des enseignes ou rayons commercialisant notamment des produits en lien avec la rentrée tels que papeterie, livres, cartables, vêtements enfants, micro-informatique, etc. Pour le Noël des enfants, il doit permettre l'accès à des biens en rapport avec cet événement tels que notamment jouets, livres, disques, vêtements, équipements de loisirs ou sportifs, etc. (Circ. Acoss 21-3-2011).

Pour les **autres événements** (événements ne permettant pas de prédéterminer la nature du bien dont le salarié souhaite bénéficier), il est permis de mentionner l'ensemble des rayons d'un magasin (sauf alimentation non festive et carburant) (Circ. Acoss 21-3-2011).

CHÈQUES-CULTURE

Selon l'administration, les chèques-culture sont, sous certaines conditions d'utilisation, totalement **exonérés** de cotisations sociales et leur valeur n'est pas prise en compte pour déterminer les limites d'exonération des bons d'achat (Circ. Acoss 27-10-2004 et 14-12-2006 ; Guide Urssaf CSE 2023 p. 8) : 41510

1. Ils doivent **financer exclusivement des biens ou des prestations de nature culturelle,** c'est-à-dire : des places de spectacle (théâtres, théâtres de marionnettes, représentations lyriques ou chorégraphiques, concerts symphoniques, orchestres divers, music-halls, cirque), des places de cinéma, des billets d'accès aux musées et aux monuments historiques, des livres et bandes dessinées et des supports musicaux ou vidéo (CD audio, DVD, vidéo, CD multimédia). Sont en revanche exclues les compétitions ou manifestations à caractère sportif. De même, le chèque-culture ne peut être échangé contre des équipements qui permettent la lecture des supports musicaux ou audiovisuels (lecteur DVD, etc.) ;

2. L'utilisation du chèque-culture doit être conforme à son objet. Tel est le cas lorsqu'il est **exclusivement échangeable contre des biens ou prestations à caractère culturel** :
– soit dans des **enseignes** commercialisant exclusivement de tels biens ou prestations,
– soit dans des enseignes non spécialisées sur de tels biens ou prestations, à condition dans ce cas que le chèque-culture comporte de manière apparente une restriction d'utilisation aux seuls biens ou prestations culturels. Sont visés par cette restriction d'utilisation les enseignes du secteur de la grande distribution et les commerces de librairie commercialisant également d'autres biens, notamment des jeux et jouets, de la papeterie, des encadrements ou des travaux photo.

La possibilité d'utiliser un chèque-culture auprès d'une ou de plusieurs enseignes ne commercialisant aucun produit à caractère culturel remet en cause l'exonération de cotisations de sécurité sociale de la contribution du CSE à l'acquisition du chèque-culture. Il en va de même si le chèque-culture est utilisable auprès d'enseignes non spécialisées sur les produits ou prestations culturels et s'il ne comporte pas de restriction d'utilisation aux seuls biens ou prestations culturels (Circ. Acoss 14-12-2006).

ATTENTION

Le même régime d'exonération des cotisations et contributions sociales s'applique aux chèques-culture **attribués directement par l'employeur** lorsque l'entreprise n'est pas dotée d'un CSE ; il faut alors présenter le procès-verbal de carence (Circ. Acoss 27-10-2004).

AUTRES AVANTAGES

S'agissant des : 41530
– **gratifications** allouées lors de la remise de la **médaille du travail,** voir n° 45800 ;
– **cantines,** voir n° 39020.

3. TABLEAU RÉCAPITULATIF

41560 La circulaire Acoss du 14-2-1986 donne un tableau qui récapitule dans l'ordre alphabétique, sous forme synthétique, la position de principe à retenir à l'égard des différentes prestations susceptibles d'être allouées par le CSE.

À noter que ces solutions, qui sont le reflet de la doctrine administrative, peuvent, sur certains points, **différer du point de vue retenu par la jurisprudence.** Nous renvoyons donc, pour chaque avantage, aux développements consacrés à la question, afin de permettre au lecteur d'avoir une vue complète de l'ensemble des solutions existant en la matière.

Nature des prestations	Cotisations dues
Aide financière aux services à la personne (jusqu'à un certain seuil : voir nº 41330) (C. trav. art. L 7233-4).	Non
Allocations complémentaires aux indemnités journalières destinées à maintenir en tout ou partie le salaire (CSS art. R 242-1) (nºs 62180 s.).	Oui
Anniversaire de l'entreprise : primes allouées à cette occasion (nº 41210).	Oui
Bonifications d'intérêts : remboursées aux salariés qui contractent un emprunt pour accéder à la propriété.	Oui
Bons d'achat se substituant à un cadeau en nature (nºs 41460 s.) :	
– distribués à une catégorie de personnel et en relation avec un événement lorsque leur importance est conforme aux usages ;	Non
– destinés à l'ensemble du personnel ou d'un montant excessif eu égard aux circonstances (critères à apprécier au niveau du contrôle).	Oui
Cadeaux : distribués à l'occasion d'un événement (nºs 41460 s.).	Voir Bons d'achat
Cantines (nº 39020) : participations au financement de la cantine conjointes ou non à celle de l'employeur :	
– si la participation salariale est supérieure ou égale à 50 % de la valeur forfaitaire de l'avantage en nature nourriture retenu pour l'assiette des cotisations ;	Non
– si la participation salariale est inférieure à 50 % de la valeur forfaitaire de l'avantage en nature nourriture retenu pour l'assiette des cotisations (réintégration de la différence entre ladite valeur forfaitaire et le montant de la participation du salarié).	Oui
Chèques-vacances (C. tourisme art. L 411-1 s.) :	
– aides aux vacances attribuées sous forme de participation aux chèques-vacances acquis par les employeurs (Circ. Acoss 31-10-1984) (nº 53130) ;	Oui
– aides aux vacances attribuées sous forme de chèques-vacances acquis par le CSE (C. tourisme art. L 411-9 ; Circ. Acoss précitée ; Circ. Acoss 27-3-2003) (nº 52970).	Non
Colonies de vacances (centres aérés…) : participations favorisant le départ des enfants en colonies de vacances (sous réserve d'attestations d'inscription : nº 41430).	Non
Congés de formation économique, sociale, environnementale et syndicale (nº 41440) : indemnités accordées à l'occasion de ces congés pour couvrir les frais supportés par les salariés à cette occasion.	Non
Décès (nºs 41260 s.) : somme allouée à l'occasion du décès d'un membre de la famille du salarié (assimilée à un secours exceptionnel).	Non
Enfants à charge (nº 41170) : allocations pour enfants à charge.	Oui
Études (nº 41170) : primes d'études allouées par le CSE (voir aussi Bons d'achat et Cadeaux).	Oui
Fête patronale (nº 41170) : primes allouées à l'occasion de la fête patronale de l'entreprise.	Oui
Grève (nº 41210) : maintien en tout ou partie du salaire en cas de grève.	Oui
Jouets (nºs 41460 s.) : offerts aux enfants à l'occasion des fêtes de Noël.	Non
Logement (nº 41210) : primes de logement allouées par le CSE.	Oui
Mariage (nº 41170) : primes allouées à l'occasion du mariage des salariés (voir aussi Bons d'achat et Cadeaux).	Oui

41560 (suite)

Nature des prestations	Cotisations dues
Maternité (nº 41170) : allocations de maternité allouées par le CSE.	Oui
Médaille du travail (nº 45800) : prime versée à l'occasion de l'attribution de la médaille officielle du travail (conjointe ou non à celle de l'employeur) :	
– fraction de la prime n'excédant pas le salaire mensuel de base du bénéficiaire[1] ;	Non
– fraction de la prime excédant cette limite[1].	Oui
Mères : primes allouées à l'occasion de la fête des Mères (voir également Bons d'achat et Cadeaux).	Oui
Naissance (nº 41170) : primes allouées à l'occasion de la naissance d'enfants (voir aussi Bons d'achat et Cadeaux).	Oui
Noël (nº 41210) : primes versées à l'occasion des fêtes de Noël (voir aussi Bons d'achat et Cadeaux).	Oui
Pères : primes attribuées à l'occasion de la fête des Pères (voir aussi Bons d'achat et Cadeaux).	Oui
Perte de salaire (nº 41210) : toutes les sommes destinées à compenser une perte de salaire.	Oui
Préretraite : primes allouées par le comité :	
– à l'occasion du départ en préretraite des salariés (cotisations de droit commun) (nº 41210) ;	Oui
– après rupture du contrat de travail, sous forme de versements échelonnés ;	Application de la cotis. maladie sur les avantages de retraite
– secours alloués pendant la préretraite (nº 41260).	Non
Prévoyance : participation au financement de prestations de prévoyance.	Voir nº 41370
Rentrée scolaire (nº 41170) : primes de rentrée scolaire (voir aussi Bons d'achat et Cadeaux).	Oui
Retraite :	
1) participation au financement de prestations de retraite ;	Voir nº 41370
2) primes de départ en retraite allouées à l'occasion du départ de l'entreprise (nº 41210) ;	Oui
3) aides accordées, au cours de leur retraite, aux anciens salariés et à leur famille :	
– sous forme de versements échelonnés et réguliers assimilables à un supplément de retraite (nº 41310),	Application de la cotis. maladie sur les avantages de retraite
– sous forme de secours (nº 41260).	Non
Scolarité (nº 41170) : prime de scolarité.	Oui
Secours (nºs 41260 s.) : attribution extraordinaire d'une somme d'argent en raison d'une situation sociale particulièrement digne d'intérêt, ou pour un montant modulé en fonction même des besoins à satisfaire d'urgence.	Non
Spectacles (nº 41430) : réductions tarifaires accordées à l'occasion de spectacles :	
– réductions directement supportées par le CSE ;	Non
– remboursement total ou partiel des sommes payées par le salarié.	Non
Sports :	
1) réductions tarifaires accordées pour pratiques sportives (nº 41430) :	
– directement supportées par le CSE,	Non
– remboursement total ou partiel des sommes payées par le salarié ;	Non
2) mise à disposition d'équipements sportifs et financement de prestations sportives.	Voir nº 39980

Nature des prestations	Cotisations dues
Titres-restaurant (nos 51900 s.) : participation du CSE à l'acquisition des titres-restaurant à joindre à la participation éventuelle de l'employeur :	
– si la participation globale respecte certaines conditions et limites ;	Non
– si non-respect.	Oui
Vacances (nos 41410 s.) :	
– participations favorisant le départ en vacances de la famille ou des enfants seuls, même si elles ne sont pas modulées en fonction des ressources familiales (sous réserve de justification des dépenses de vacances) ;	Non
– primes de vacances allouées indistinctement à tous les salariés ou sans aucune justification des dépenses engagées.	Oui
Voyages (nos 41410 s.) : réductions tarifaires accordées à l'occasion de voyages touristiques :	
– directement supportées par le CSE ;	Non
– remboursement total ou partiel des sommes payées par le salarié.	Non

1. Précisions apportées par nos soins à la suite d'une lettre ministérielle du 12-12-1988 : voir n° 45800.

4. BULLETIN DE PAIE

41600 L'administration estime que les avantages alloués par les CSE doivent figurer sur le bulletin de paie, lorsqu'ils sont soumis aux cotisations sociales (Circ. 13-12-1988). Cette position se fonde sur les termes de l'article R 3243-1, 6° du Code du travail imposant de mentionner sur le bulletin de paie la nature et le montant des accessoires du salaire soumis aux cotisations sociales.

Elle a donné lieu aux précisions suivantes :
– la mention des cotisations acquittées peut apparaître sur un bulletin de paie correspondant non pas à la date à laquelle le comité attribue sa prestation, mais à la **date de versement des cotisations** sociales (Circ. min. 13-12-1988) ;
– le secrétaire ou le trésorier du comité doit communiquer à l'employeur, **au moins une fois par an,** les éléments nécessaires à la déclaration et au calcul des cotisations afférentes aux avantages susceptibles d'être soumis à cotisations (Circ. min. 13-12-1988).

Il se déduit de ces précisions administratives que la mention des avantages servis par le comité ne pourra figurer, au même titre que les cotisations sociales s'y rapportant, que sur le bulletin de paie correspondant à la date de versement de ces cotisations.

De plus, les avantages soumis à **CSG** et à **CRDS** doivent figurer dans l'assiette de ces prélèvements, lesquels figurent sur le bulletin de paie (voir n° 13660). Pour la nouvelle rubrique **net social** du bulletin de paie, voir nos 13710 s.

B. Assujettissement aux charges fiscales

41700 Les développements qui suivent concernent l'**impôt sur le revenu.** Pour les **taxes et participations assises sur les salaires,** voir nos 41100 s.

41710 En principe, les indemnités ou allocations versées aux salariés par le CSE sont imposables lorsqu'elles sont payées en contrepartie ou à l'occasion du travail et pour le compte de l'employeur, même si les sommes correspondantes sont prélevées sur les ressources propres du comité. Tel est le cas, notamment, des **avantages consentis à l'ensemble du personnel** en vertu d'un **usage constant.**

Il a ainsi été jugé que constituent, par exemple, des compléments de salaires imposables à l'impôt sur le revenu :
– des allocations de naissance, de mariage, de vacances et d'études consenties en vertu d'un usage constant (CE 10-7-1964 n° 60651) ;
– des allocations versées deux fois par an au titre du logement, des vacances et des fêtes de Noël et calculées pour une grande partie d'entre elles proportionnellement au salaire (CE 11-10-1967 n° 65256) ;
– des chèques-cadeaux de Noël et des bons pour colonie de vacances ou scolarité d'un montant forfaitaire servis à l'ensemble du personnel en vertu d'un usage constant (CAA Paris 20-7-1993 n° 91-134) ;
– certaines cotisations de prévoyance complémentaire versées au bénéfice des salariés (voir n° 43830).

A contrario échappent à toute imposition les allocations à caractère social qui, compte tenu de leur montant et de leurs conditions d'attribution, présentent le caractère de **secours** pour leur bénéficiaire. Il s'agit, selon l'administration, d'allocations exceptionnelles, non renouvelables, d'un montant limité, attribuées à titre individuel compte tenu des résultats d'une enquête sociale. En principe, les secours sont attribués indépendamment de l'ancienneté ou de la qualification du bénéficiaire (BOI-RSA-CHAMP-20-30-10-10 nº 50).

La rigueur de ces solutions est toutefois tempérée par des **exonérations** légales (gratifications versées à l'occasion de la remise de médailles : nº 45810 ; aide aux services à la personne : nº 41720) et des mesures administratives de tempérament (cadeaux en nature de valeur modique : nº 40670).

CONSEIL

À notre sens, les **indemnités de rupture** versées par le CSE aux salariés échappent à l'impôt sur le revenu dans les mêmes conditions que les indemnités de rupture versées par l'employeur (voir nºs 63200 s.).

L'**aide financière** consentie par le comité ou l'entreprise aux salariés et, sous conditions, aux chefs d'entreprise et à certains dirigeants de sociétés (voir nºs 41330 s.), notamment sous la forme du chèque emploi-service universel (**Cesu**) préfinancé (voir nº 41350), au titre des **services à la personne et aux familles,** est exonérée d'impôt sur le revenu dans la limite globale, depuis le 1-1-2023, de 2 301 € par an et par bénéficiaire (CGI art. 81, 37º ; Arrêté SPRS2236833A du 17-1-2023). 41720

Pour les **entreprises et sociétés employant des salariés,** l'exonération de l'aide versée au chef d'entreprise ou aux mandataires sociaux est subordonnée à la condition que le Cesu puisse bénéficier à l'ensemble des salariés selon les mêmes règles d'attribution (C. trav. art. L 7233-5). Il s'en déduit a contrario que, dans les entreprises et sociétés non employeurs, le chef d'entreprise ou les mandataires sociaux peuvent s'allouer une aide financière, y compris le Cesu préfinancé sans autre condition (BOI-BIC-CHG-40-50-10 nº 20).

› Précisions a. Les dépenses acquittées grâce à l'aide financière mentionnée ci-dessus n'ouvrent pas droit au **crédit d'impôt** pour l'emploi d'un salarié à domicile (CGI art. 199 sexdecies, 2º-al. 3). Il en est de même, selon l'administration, pour le crédit d'impôt prévu à l'article 200 quater B du CGI au titre des **frais de garde des jeunes enfants** à l'extérieur du domicile (BOI-RSA-CHAMP-20-30-30 nº 140).

Sur la prise en compte des dépenses engagées par l'entreprise au titre de l'aide financière à l'émission des Cesu dans le cadre du **crédit d'impôt famille,** voir nº 34250.

b. S'agissant du régime applicable à cette aide au regard des **taxes et participations sur salaires,** voir nº 41330.

c. Sur l'exonération de la participation du comité au financement des **chèques-vacances,** voir nºs 53060 s.

C. Paiement des charges sociales et fiscales

1. RESPONSABLE DU PAIEMENT

COTISATIONS SOCIALES

Obligations de l'employeur C'est à l'employeur, et non au CSE, qu'incombe le paiement des cotisations de sécurité sociale dues à raison des avantages alloués par ce dernier au personnel de l'entreprise. Ces avantages doivent donc être inclus dans l'assiette des cotisations dues par l'employeur, qui doit les déclarer sur la DSN (nº 41920) et les verser à l'organisme de recouvrement. 41800

Cette règle a été définie par la jurisprudence dans des litiges concernant les cotisations de sécurité sociale (Cass. soc. 11-5-1988 nº 86-13.959 P ; 9-6-1992 nº 89-18.539 P ; 13-5-1993 nº 91-14.362 P). Elle est transposable aux prélèvements dont l'assiette est alignée sur celle des cotisations de sécurité sociale (nº 41100).

Cette règle s'applique également à la **CSG** et à la **CRDS,** l'employeur étant seul responsable du versement de ces contributions envers l'Urssaf (Circ. Acoss 17-1-1997).

Pour que l'employeur puisse remplir ses obligations, le **CSE** doit lui **communiquer les éléments nécessaires** à la déclaration et au calcul des cotisations afférentes aux avantages susceptibles d'y être soumis (Circ. min. 17-4-1985). 41810

> Précisions **a.** La **périodicité** de cette communication doit être définie par accord entre l'employeur et le comité. Elle doit, selon l'administration, être au moins annuelle (voir nº 41600).
b. En cas de **refus du CSE,** l'employeur peut obtenir ces éléments en s'adressant au juge des référés (Cass. soc. 3-10-1984 nº 83-10.569 P).
c. Sur les obligations du comité en ce qui concerne l'**aide financière aux services à la personne,** voir nº 41340.

41820 **Contrôle Urssaf** En cas de contrôle Urssaf portant sur les avantages servis au personnel par le CSE :
– la procédure de contrôle, y compris la notification des redressements, doit être suivie **entre l'Urssaf et l'employeur** (Circ. min. 17-4-1985). L'Urssaf ne peut donc pas **notifier** directement un **redressement au comité** (Cass. soc. 11-5-1988 nºs 85-18.557 P et 86-17.284 D) ;
– le comité doit mettre à la disposition de l'entreprise les **documents comptables** nécessaires à l'accomplissement du contrôle (Circ. min. 17-4-1985).

Ainsi sont régulières les opérations de contrôle précédées d'un **avis de passage** envoyé à l'employeur, l'informant que la vérification porterait sur les rémunérations versées à ses salariés, ce qui englobe les sommes versées à ceux-ci directement ou par l'intermédiaire du comité, et l'invitant à rassembler les éléments utiles au contrôle, y compris ceux se trouvant entre les mains d'une tierce personne, ce qui comprend les éléments de comptabilité établis et conservés par le comité (Cass. 2e civ. 20-6-2007 nº 06-15.391 F-D).

41830 **Recours de l'employeur contre le comité** Si l'employeur est responsable du versement des cotisations dues à raison des avantages servis au personnel de l'entreprise par le CSE, il n'en résulte pas pour autant qu'il doive en supporter définitivement la charge. Il est donc fondé à en demander **remboursement** au comité, qui l'en dédommagera sur les fonds dont il dispose pour le financement de ses activités sociales et culturelles.

Cette règle résulte d'une jurisprudence constante de la Cour de cassation, qui limite toutefois le recours de l'employeur aux cas où les avantages visés ont été consentis par le comité à son initiative, en dehors de toute intervention de l'employeur (Cass. soc. 11-5-1988 nº 86-17.284 P ; 9-6-1992 nº 89-18.540 D ; 13-5-1993 nº 91-14.362 P).

> Précisions Cette jurisprudence appelle les remarques suivantes :
– la condition selon laquelle le comité doit avoir l'initiative de l'avantage pourrait exclure, par exemple, les activités sociales et culturelles existant déjà lors de la création du comité et dont celui-ci n'a fait que **reprendre la gestion** ;
– celle selon laquelle la distribution de l'avantage doit avoir été effectuée en dehors de toute intervention de l'employeur a pour effet d'écarter le recours de l'employeur dans le cas où le **comité** n'a été que son **intermédiaire.**
En définitive, la Cour de cassation a admis le recours de l'employeur en remboursement afin de ne pas **majorer indirectement** sa contribution au financement des activités sociales et culturelles du comité, au-delà du montant fixé par la loi ou la convention collective.

PRÉLÈVEMENT À LA SOURCE DE L'IMPÔT SUR LE REVENU

41850 Les avantages alloués par le CSE qui ont la nature de complément de rémunération doivent être déclarés par l'employeur sur la DSN (nº 41920). Dès lors, c'est également à l'employeur (et non au comité) qu'il incombe de pratiquer le prélèvement à la source de l'impôt sur le revenu sur ces avantages.

TAXES ET PARTICIPATIONS SUR LES SALAIRES

41860 C'est à l'**employeur** et non au comité qu'incombe le paiement de la taxe sur les salaires (lorsque celle-ci est encore due) à raison des allocations de caractère social versées au personnel de l'entreprise sur ses ressources par un CSE ou un comité d'établissement lorsque ces sommes sont en fait payées en contrepartie ou à l'occasion du travail et pour le compte de l'employeur (CE 10-7-1964 nº 60651 ; BOI-TPS-TS-10-10-10 nº 40). L'assujettissement de ces sommes à la taxe sur les salaires dépend donc de la situation de l'employeur au regard de cette taxe et non de celle du comité.

L'assiette des contributions à la formation professionnelle et à l'alternance (contributions à la formation professionnelle, CPF-CDD, supplémentaire à l'apprentissage et taxe d'apprentissage) et de la participation-construction étant alignée sur celle des cotisations de sécurité sociale, les règles exposées nºs 41800 s. leur sont applicables.

La question du **recours** de l'employeur, en vue du remboursement de ces taxes et participations par le comité, n'a fait l'objet d'aucune solution officielle.

Le **comité** n'est, pour sa part, responsable que du paiement des taxes et participations dues sur les rémunérations et avantages qu'il verse à ses propres salariés. S'agissant de la taxe sur les salaires, il est précisé que les CSE et les comités d'établissement entrent dans la catégorie des organismes administratifs et sociaux passibles de cette taxe à raison des rémunérations servies aux membres de leur personnel, comme, par exemple, le personnel du comité s'occupant des œuvres sociales (BOI-TPS-TS-10-10-10 n° 40).

2. DSN

Les avantages servis au personnel par le CSE doivent être déclarés par l'employeur dans la déclaration sociale nominative (DSN), sauf s'ils sont exonérés d'impôt sur le revenu et de cotisations de sécurité sociale. **41920**

Des modalités particulières de déclaration sont prévues pour les contributions aux **chèques-vacances** (voir n° 53150).

D. Déduction du résultat de l'entreprise

RÈGLES DE DÉDUCTIBILITÉ

En règle générale, les dépenses effectuées en faveur des œuvres sociales **réservées au personnel** de l'entreprise et constituant pour ce dernier un avantage attaché à ses fonctions ont le caractère de charges déductibles à condition que les sommes versées cessent complètement d'être à la disposition de l'entreprise (BOI-BIC-CHG-40-40-60 n° 1). Tel est le cas notamment des sommes versées au CSE (n° 42020). **42000**

Les subventions à des œuvres collectives instituées en faveur du personnel de **plusieurs entreprises** ou de toute une branche professionnelle sont également admises en déduction lorsqu'elles ont pour contrepartie l'octroi d'un avantage déterminé au personnel de l'entreprise versante. C'est ainsi que constituent des charges déductibles les sommes versées à une société de jardins ouvriers ou à des œuvres telles que dispensaires, colonies de vacances, maisons de retraite, sociétés sportives, etc., lorsqu'elles ont directement pour objet de procurer au personnel de l'entreprise versante le droit de participer aux avantages procurés par ces œuvres (BOI-BIC-CHG-40-40-60 n° 10). En revanche, sauf application des dispositions de l'article 238 bis du CGI (réduction d'impôt sur les sociétés pour certaines dépenses d'intérêt général, mécénat, notamment : Mémento fiscal n°s 10695 s.), les sommes versées à des œuvres d'intérêt professionnel ou général sans qu'il en résulte aucun avantage direct pour le personnel employé par l'entreprise ne présentent pas le caractère de charges déductibles (BOI-BIC-CHG-40-40-60 n° 20).

Lorsque les dépenses à caractère social ou culturel sont engagées directement par l'entreprise en l'**absence de CSE,** ces sommes sont également déductibles du résultat de l'entreprise, dès lors qu'elles répondent aux conditions générales de déduction (n°s 34320 s.).

VERSEMENTS DE L'EMPLOYEUR AU COMITÉ

Les sommes versées par un employeur à son CSE sont destinées à financer des **œuvres sociales** instituées dans l'intérêt direct du personnel de l'entreprise et cessent, normalement, d'être à la disposition de l'employeur dès lors que les comités sont dotés de la personnalité civile. L'administration a précisé que ces sommes sont intégralement déductibles des résultats de l'entreprise même lorsqu'elles excèdent le montant de la cotisation minimale obligatoire (BOI-BIC-CHG-40-40-60 n° 30). Il en est ainsi même si le comité utilise les fonds pour subventionner une association qui n'est pas constituée exclusivement de personnes au service de la société, dès lors qu'il est devenu définitivement propriétaire des sommes versées par la société (CE 19-6-1961 n° 49981). **42020**

La déductibilité des **charges sociales ou fiscales** dues à raison des avantages alloués par le comité n'a pas fait l'objet de précisions particulières de l'administration. Néanmoins, s'agissant de charges liées aux dépenses de personnel, elles sont par principe déductibles des résultats de l'entreprise. **42030**

CONSEIL

En **pratique,** dès lors que les sommes allouées par le CSE figurent sur le bulletin de paie (n° 41600), dans la mesure où elles sont soumises à cotisations sociales, le traitement de ces cotisations sera le même fiscalement et comptablement que celui des cotisations dues sur le salaire lui-même.

En cas de remboursement des charges sociales correspondantes par le comité, l'employeur devra réintégrer dans ses résultats imposables le profit en résultant.

CHAPITRE 3

COTISATIONS SOCIALES

SOMMAIRE

SECTION 1
RÉGIME SOCIAL 42330
I. Cotisations salariales 42400
II. Cotisations patronales 42500
A. Retraite complémentaire légalement obligatoire 42550
B. Retraite supplémentaire et prévoyance complémentaire 42640
1. Cotisations sociales 42640
a. Conditions générales d'exonération 42680
b. Caractère collectif du régime 42700
c. Caractère obligatoire du régime 42920
d. Conditions d'exonération propres à la retraite supplémentaire 42980
e. Conditions d'exonération propres à la prévoyance complémentaire 43050
f. Limites d'exonération 43160
2. CSG, CRDS et taxe sur les salaires 43260
3. Forfait social 43350
C. Retraite à prestations définies 43420
1. Régime à droits certains 43430
2. Régime à droits aléatoires 43450

SECTION 2
RÉGIME FISCAL 43550
I. Impôt sur le revenu 43570
A. Cotisations intégralement déductibles 43600
B. Cotisations à déduction plafonnée 43720
1. Retraite supplémentaire « article 83 » et prévoyance complémentaire 43750
a. Conditions de l'exonération 43770
b. Plafonds d'exonération 43860
2. Plans d'épargne retraite (PER) d'entreprise 43900
3. Régimes de retraite à prestations définies 43950
II. Impôt sur les bénéfices 44050
1. Règles générales 44050
2. Régimes complémentaires facultatifs de retraite 44110
III. Déclaration sociale nominative (DSN) 44250

SECTION 3
PRÉFINANCEMENT DES INDEMNITÉS DE FIN DE CARRIÈRE 44360

SECTION 1

RÉGIME SOCIAL

42330 Sont présentées ci-après les règles relatives aux cotisations finançant les différents régimes de protection sociale quant à l'assiette des cotisations de sécurité sociale et prélèvements alignés : cotisations ou contributions solidarité autonomie, Fnal, dialogue social, chômage, AGS, retraite complémentaire Agirc-Arrco, formation et alternance (contributions à la formation professionnelle, CPF-CDD, supplémentaire à l'apprentissage et taxe d'apprentissage), versement mobilité et participation-construction. Ces règles diffèrent selon qu'il s'agit des cotisations salariales ou patronales.

Les solutions applicables à la CSG valent aussi pour la CRDS et la taxe sur les salaires.

I. COTISATIONS SALARIALES

RÈGLES GÉNÉRALES

Les cotisations salariales font partie de la **rémunération brute** et, à ce titre, entrent dans l'assiette des cotisations patronales de sécurité sociale, de la CSG et de la CRDS (CSS art. L 136-1-1 et L 242-1, I ; Ord. 96-50 du 24-1-1996 art. 14). 42400

Sur la déductibilité des cotisations salariales du **montant net social** devant figurer sur le bulletin de salaire, voir nº 13750.

PRISE EN CHARGE PAR L'EMPLOYEUR

En **principe,** la prise en charge par l'employeur d'une dette incombant au salarié constitue pour ce dernier une **rémunération** passible des cotisations sociales dès le premier euro (notamment, à propos de la prise en charge par l'employeur des cotisations de sécurité sociale, Cass. soc. 16-6-1965 nº 63-11.862 P). 42410

Par **tempérament,** la Cour de cassation a assimilé la prise en charge par l'employeur de la cotisation salariale à un régime de **retraite supplémentaire** ou de **prévoyance complémentaire** à une contribution patronale soumise au régime social de ces contributions (Cass. soc. 4-4-1996 nº 94-15.497 D ; 31-10-2000 nº 98-18.307 FS-PB ; 5-4-2001 nº 99-16.618 FS-D).

Pour cette assimilation, l'administration exige, quant à elle, que les modalités de répartition soient prévues dans un acte juridique, convention collective ou décision unilatérale de l'employeur (Circ. Acoss 36 du 24-3-2011, QR 38).

Sur les règles applicables à la prise en charge par l'employeur de la cotisation due à un régime de **retraite complémentaire légalement obligatoire,** voir nºs 42550 s.

Sur la prise en charge par le **comité social et économique** (CSE) de la part salariale des cotisations aux régimes complémentaires de retraite ou de prévoyance, voir nºs 41370 s.

Est expressément exonérée de CSG, de CRDS et de cotisations de sécurité sociale la prise en charge par l'employeur de la part salariale (CSS art. L 136-1-1, III-2º-d et L 242-1, I ; BOSS-Ass. gén.-210) : 42420
- du supplément de cotisations d'assurance vieillesse de base et de retraite complémentaire dû en cas d'**option** pour le calcul de ces cotisations sur un **salaire à temps plein** (salariés à temps partiel ou dont la rémunération ne peut pas être déterminée selon un nombre d'heures travaillées) : voir nºs 75250 (sécurité sociale) et 75410 (Agirc-Arrco) ;
- dans des conditions déterminées par accord collectif, dans la limite des 6 premiers mois de prise en charge à compter du début du congé, des cotisations de retraite complémentaire versées pendant le **congé parental d'éducation,** de **proche aidant,** de **solidarité familiale** et de **présence parentale** (CSS art. L 241-3-2).

En principe, les sommes correspondant à la prise en charge par l'employeur de la part salariale des cotisations de **retraite complémentaire** sont soumises au **forfait social,** si elles échappent à la CSG (CSS art. L 137-15). L'administration applique cette règle pour les salariés dont le contrat de travail est suspendu en raison d'un congé familial dans les conditions exposées ci-dessus (Circ. Acoss 37 du 29-3-2011). S'agissant toutefois de sa position pour les salariés à temps partiel dont les cotisations sont calculées sur la base d'un temps plein, voir nº 75410.

S'agissant de la prise en charge par l'employeur :
- de cotisations incombant à d'anciens salariés **partis à la retraite,** voir nº 52340 ;
- des cotisations de **l'assurance chômage** facultative souscrite par les **dirigeants** de la société, voir nº 77060 ;
- de cotisations salariales de retraite complémentaire, décidée dans le cadre d'un **plan de sauvegarde de l'emploi,** voir nº 53370.

II. COTISATIONS PATRONALES

La part patronale des cotisations sociales n'est pas un élément de rémunération. Toutefois, des règles particulières s'appliquent pour les cotisations et contributions patronales finançant les régimes suivants : 42500
- régimes de **retraite complémentaire** légalement obligatoires par répartition ;
- régimes de **retraite supplémentaire** et de **prévoyance complémentaire** ;
- régimes de **retraite à prestations définies.**

Sur le régime social des **contributions du CSE** à un régime de retraite supplémentaire ou de prévoyance complémentaire, voir nºs 41370 s.

A. Retraite complémentaire légalement obligatoire

42550 Les cotisations patronales de retraite complémentaire sont **exclues** de l'**assiette des cotisations** sociales de plein droit et sans limitation si elles sont versées en application d'une disposition légale, réglementaire ou d'un accord national interprofessionnel pour financer un régime légalement obligatoire par répartition (CSS art. L 136-1-1, III-2°-b et L 242-1 ; BOSS-Ass. gén.-210).

Sont **visées** les cotisations versées aux **régimes** mentionnés aux articles L 921-1 et s. du CSS ainsi qu'à ceux assimilés par l'administration à ces derniers car légaux et obligatoires : pour les premiers, régimes Agirc-Arrco, Ircantec, personnel navigant de l'aviation civile ; pour les seconds, régimes de la CNBF pour les avocats salariés et de la Cavec pour les experts-comptables salariés (Doc. Urssaf au 23-2-2023). La **contribution d'équilibre** technique et celle d'équilibre général comptent, selon nous, parmi les contributions concernées.

42555 L'exonération est **limitée** au montant de la part patronale de la contribution due en application des règles régissant les régimes complémentaires. Les **contributions volontaires** de l'employeur ainsi que la **prise en charge** par celui-ci de tout ou partie de la part salariale de la contribution sont, en revanche, intégrées dans l'assiette des cotisations (Cass. 2e civ. 21-10-2010 n° 09-17.042 F-PB ; 21-9-2017 n° 16-19.380 F-PB).

Sur le régime social de la prise en charge par l'employeur :

– au profit d'un **salarié à temps partiel,** du supplément de cotisations salariales induit par le calcul des cotisations de retraite complémentaire sur la rémunération à temps plein, voir n° 42420 ;

– au profit de bénéficiaires de **congés parental d'éducation,** de **proche aidant,** de **solidarité familiale** et de **présence parentale,** de la part salariale des cotisations de retraite complémentaire, voir n° 42420.

ATTENTION

L'accord national interprofessionnel du 17-11-2017 instituant le régime Agirc-Arrco autorise l'employeur, dans certains cas, à **déroger** au **taux de droit commun** de la contribution patronale en application d'un accord de branche ou d'entreprise (n° 30200, d). La DSS admettait que cette fraction soit exonérée pour les cotisations versées avant le 1-1-2019 aux anciens régimes Agirc et Arrco (Circ. DSS 31 du 30-1-2009 abrogée). Interrogé par nos soins, le réseau des Urssaf nous a indiqué que la part des cotisations correspondant au taux supplémentaire au taux de droit commun demeure exonérée de cotisations de sécurité sociale. Cette position n'est toutefois pas opposable.

42560 L'exonération exposée ci-dessus vaut pour les **prélèvements alignés** : cotisations ou contributions solidarité autonomie, Fnal, dialogue social, chômage, AGS, retraite complémentaire Agirc-Arrco, formation et alternance (contributions à la formation professionnelle, CPF-CDD, supplémentaire à l'apprentissage et taxe d'apprentissage), versement mobilité et participation-construction. Elle vaut aussi pour la **CSG** et la **CRDS** (CSS art. L 136-1-1, III-2°-b) et la taxe sur les salaires (BOI-TPS-TS-20-10 n° 20).

Les sommes considérées sont exclues de l'assiette du **forfait social,** puisqu'elles ne répondent pas aux conditions d'assujettissement à ce prélèvement (n° 27320).

Par dérogation au principe d'identité d'assiette entre les cotisations de sécurité sociale et celles de retraite complémentaire, les cotisations patronales **Agirc-Arrco** demeurent exclues de l'assiette des cotisations de retraite complémentaire même si elles dépassent la part mise à la charge de l'employeur par les textes conventionnels (ANI Agirc-Arrco du 17-11-2017 art. 30).

B. Retraite supplémentaire et prévoyance complémentaire

1. COTISATIONS SOCIALES

42640 Un dispositif d'exonération plafonnée des cotisations de sécurité sociale est prévu pour les contributions des employeurs finançant des garanties de retraite supplémentaire et de prévoyance complémentaire au profit de leurs **salariés, anciens salariés** et **ayants droit** ainsi que pour les versements obligatoires de l'employeur dans un plan d'épargne retraite d'entreprise (CSS art. L 242-1, II-4°).

Sur la prise en compte des cotisations patronales de protection sociale complémentaire dans le **montant net social** figurant sur le bulletin de salaire, voir n° 13730.

> **Précisions** **a.** S'agissant des **mandataires sociaux,** voir nº 42785.
> **b.** Les **anciens salariés** ouvrant droit à cette exonération sont ceux dont le contrat de travail a été rompu et qui bénéficient de la portabilité de leur régime de prévoyance dans des conditions plus favorables que celles exposées nºs 67030 s. et/ou du maintien de leur régime de retraite supplémentaire, mais pas les retraités (Circ. Acoss 36 du 24-3-2011, QR 20).
> **c.** Sur le régime social des sommes correspondant à des jours de **repos non pris** que le salarié affecte, dans une entreprise dépourvue de compte épargne-temps, à un **régime de retraite supplémentaire** collectif et obligatoire, voir nº 50110.
> **d.** La **DSN** intègre la déclaration et le paiement des cotisations de prévoyance complémentaire et de retraite supplémentaire. Celles-ci sont calculées et déclarées grâce à des fiches de paramétrage mises à disposition par les organismes gérant les garanties concernées (net-entreprises, fiche nº 727 ; FAQ DSN Organismes complémentaires 3-6-2020).

NOTION DE CONTRIBUTION DE L'EMPLOYEUR

Cette notion vise toutes les sommes versées à un organisme habilité pour couvrir des garanties, destinées à financer des prestations de retraite supplémentaire ou de prévoyance complémentaire, quelle que soit leur **dénomination** (cotisation, dotation, subventions, soultes, appel de fonds ou refacturation…) et qu'elles aient ou non pour objet de financer des **droits nouveaux** (BOSS-PSC-20). 42650

La contribution s'entend des sommes versées par l'employeur à l'organisme assureur, y compris de celles couvrant le **coût de la gestion** de la couverture des risques (Cass. 2e civ. 18-6-2015 nºs 14-18.632 et 14-18.635 F-PB ; 5-11-2015 nº 14-21.385 F-D ; 12-11-2020 nº 18-12.816 F-D).

> **Précisions** S'agissant des dispositifs de retraite supplémentaire, l'administration précisait que les contributions versées pouvaient avoir pour objet de financer des droits tant pour les salariés que pour les **retraités** (Circ. DSS 32 du 30-1-2009 abrogée). Cette précision n'a pas été reprise par le BOSS.

a. Conditions générales d'exonération

L'exclusion de l'assiette des cotisations de sécurité sociale des contributions patronales de retraite supplémentaire et de prévoyance complémentaire est subordonnée aux conditions communes ci-après (CSS art. L 242-1, II-4º) : 42680

a. Les prestations doivent être versées par l'un des **organismes** suivants : institutions de prévoyance, mutuelles, entreprises d'assurance, institutions de gestion de retraite supplémentaire, un organisme de retraite professionnelle supplémentaire ou tout gestionnaire d'un PER mentionné à l'article L 224-8 du Code monétaire et financier (BOSS-PSC-190) ;

b. La couverture doit avoir été **mise en place** soit par convention ou accord collectif, soit par ratification à la majorité des intéressés d'un projet d'accord proposé par l'employeur, soit par décision unilatérale de l'employeur constatée dans un écrit remis à chaque intéressé. La convention ou l'accord collectif mettant en place les garanties peut être conclu au **niveau** interprofessionnel, professionnel, de la branche, du groupe, de l'entreprise. Sur la possibilité de recourir à l'accord d'établissement, voir nº 42710.
L'accord ratifié et la décision unilatérale doivent, en revanche, être adoptés au niveau de l'entreprise (BOSS-PSC-530).
Ce formalisme s'impose également à la **modification** de la couverture, sous peine de réintégration des contributions patronales dans l'assiette des cotisations de sécurité sociale (Cass. 2e civ. 14-3-2019 nº 18-12.380 F-PB) ;

c. La couverture doit présenter un **caractère collectif,** c'est-à-dire bénéficier de façon générale et impersonnelle à l'ensemble des salariés ou à une partie d'entre eux sous réserve qu'ils appartiennent à une catégorie établie à partir de critères objectifs déterminés par décret en Conseil d'État (voir ci-après nºs 42710 s.). Cette condition suppose également un maintien des garanties de prévoyance dans certains cas de **suspension du contrat** de travail, voir nºs 42880 s.

d. L'adhésion des salariés doit être **obligatoire,** ce qui implique que l'ensemble des salariés de l'entreprise ou tous ceux relevant de la ou des catégories entrant dans son champ doivent être obligatoirement affiliés à la couverture (voir ci-après nºs 42920 s.) ;

En outre, les contributions patronales ne doivent pas se **substituer à d'autres éléments de rémunération** en tout ou partie supprimés dans l'entreprise depuis moins de 12 mois, ce délai étant décompté entre le dernier versement de l'élément de rémunération supprimé et le premier versement de la contribution patronale (CSS art. L 242-1, II-4º). On notera toutefois que le BOSS décompte ce délai à partir de l'adoption de l'acte juridique mettant en place les garanties et non le premier versement des contributions patronales les finançant (BOSS-PSC-70).

Sont donc assujetties comme complément de salaire les contributions patronales finançant des garanties **individuelles ou à adhésion facultative** ou, plus largement, ne répondant pas aux conditions d'exonération.

› Précisions **a.** La **remise** d'un **écrit** constatant la **décision unilatérale** de l'employeur à chaque salarié peut s'effectuer sur support papier (courrier remis en main propre contre décharge, lettre recommandée avec demande d'avis de réception, document joint au bulletin de paie) ou, comme l'admet l'administration, par voie électronique (transmission par courriel avec accusé de réception) (BOSS-PSC-590). L'employeur doit être en mesure de justifier de cette remise effective en cas de contrôle (BOSS-PSC-620).

b. Il a été jugé que les exonérations de cotisations ne sont pas remises en cause en cas d'**erreurs ou omissions ponctuelles** (Cass. 2e civ. 19-1-2017 no 16-11.239 F-D). En l'espèce, l'employeur avait omis d'affilier un cadre et de verser des contributions pour deux non-cadres pendant 2 ans. À noter toutefois que, postérieurement aux faits de l'espèce, un dispositif spécifique de redressement réduit a été mis en place (voir no 42900). La portée de cet arrêt dans le cadre juridique actuel est donc incertaine.

b. Caractère collectif du régime

42700 Les garanties de prévoyance complémentaire et de retraite supplémentaire, qu'elles soient prévues par un ou par plusieurs dispositifs, doivent bénéficier à titre collectif :
- à l'**ensemble des salariés** ;
- ou à une ou plusieurs **catégories** d'entre eux, définies à partir d'un des 5 **critères** objectifs examinés ci-après (CSS art. L 242-1, II-4o).

› Précisions **a.** En cas de pluralité d'actes juridiques applicables, on tient compte de l'**ensemble des actes** (BOSS-PSC-1290).
b. Lorsqu'un **changement** de la **situation professionnelle** du salarié (prise de responsabilité, augmentation de sa rémunération) a pour conséquence de modifier son appartenance à une catégorie objective (passage du statut de non-cadre à celui de cadre), le changement de catégorie s'opère lors de ce changement de situation (BOSS-PSC-1000).
c. Sur l'application du **principe d'égalité de traitement** aux régimes catégoriels de prévoyance, voir no 3865.
d. S'agissant des **redressements** opérés en cas de non-respect du caractère collectif des garanties, voir no 42900.

CADRE D'APPRÉCIATION

42710 Le respect du caractère collectif des garanties s'apprécie au niveau de l'**entreprise** ou de l'**établissement** selon que les garanties sont mises en place à l'un ou l'autre de ces niveaux (BOSS-PSC-960).

La mise en place des garanties au niveau de l'**établissement** ne pouvant se faire que par un **accord collectif** conclu à ce niveau (BOSS-PSC-530 ; Circ. Acoss 2011-36 du 24-3-2011, QR 25), l'appréciation du respect du caractère collectif au niveau de l'établissement suppose donc un tel accord. Jugé ainsi que le régime instauré au niveau de l'établissement par décision unilatérale de l'employeur est dépourvu de caractère collectif (Cass. 2e civ. 15-6-2017 no 16-18.386 F-D).

En principe, l'**accord d'entreprise** doit s'appliquer aux mêmes conditions à tous les établissements de l'entreprise au regard du caractère collectif des garanties. Toutefois, lorsque certaines conventions collectives ont un champ d'application territorial limité, des règles différentes peuvent s'appliquer entre les établissements d'une même entreprise situés sur des territoires différents et régis par des conventions collectives différentes. Dans ce cas, le caractère collectif n'est pas remis en cause (BOSS-PSC-550).

› Précisions Si les garanties sont mises en place par accord de **groupe,** le respect du caractère collectif doit s'apprécier au niveau de chacune des sociétés composant ce groupe et ayant adhéré au régime (BOSS-PSC-570 ; Circ. Acoss 36 du 24-3-2011, QR 34).

CRITÈRES DÉFINISSANT LES CATÉGORIES DE SALARIÉS

42720 **Critères réglementaires** **Premier critère** objectif pouvant définir une catégorie de salariés, l'appartenance aux catégories de **cadres** et de **non-cadres** résultant de l'application des articles 2.1 et 2.2 de l'accord national interprofessionnel (ANI) du 17-11-2017 relatif à la prévoyance des cadres, dans les conditions prévues à l'article 3 de cet accord. Peuvent aussi être intégrés à la catégorie des cadres certains salariés définis par accord interprofessionnel ou professionnel ou convention de branche, sous réserve que l'accord ou la convention soit agréé par une commission paritaire rattachée à l'Apec (CSS art. R 242-1-1, 1o).

Ainsi, constituent une catégorie objective (BOSS-PSC-1030) :
- les cadres au sens de l'article 2.1 de l'ANI du 17-11-2017 ;
- l'ensemble constitué par ces cadres et les assimilés cadres au sens de l'article 2.2 du même accord ;

– l'ensemble constitué par ces cadres, ces assimilés cadres et les salariés définis par une convention ou un accord de branche, professionnel ou interprofessionnel agréé par la commission paritaire rattachée à l'Apec.

La catégorie des non-cadres peut être définie par opposition à celle des cadres (BOSS-PSC-1040). La **simple mention** dans un acte des catégories de « cadres » et « non-cadres » sans autre précision ne remet pas en cause le bénéfice de l'exonération de cotisations sociales si elle répond à la définition des cadres au sens de l'article 2.1 précité et à la définition des non-cadres comme étant tous les autres salariés (BOSS-PSC-1060).

› Précisions a. Cette définition des catégories de cadres et de non-cadres est **entrée en vigueur** le 1-1-2022. Avant cette date, l'article R 242-1-1, 1° du CSS renvoyait aux articles 4 et 4 bis de l'ancienne convention Agirc du 14-3-1947 ainsi qu'à l'article 36 de l'annexe I de cette convention.

Les articles 4 et 4 bis de cette convention ont été repris à l'identique par les articles 2.1 et 2.2 de l'ANI du 17-11-2017 pour la définition des cadres, ingénieurs et cadres assimilés. En revanche, cet ANI n'a pas reconduit la possibilité prévue à l'article 36 d'intégrer certains salariés à la catégorie cadres par accord collectif sous réserve d'un agrément. L'article R 242-1-1, 1° du CSS a repris cette possibilité, mais en la réservant aux accords interprofessionnel, professionnel ou de branche alors que l'article 36 l'autorisait également par accord d'entreprise.

b. Les entreprises disposent d'un **délai** pour **mettre en conformité** leur régime de prévoyance complémentaire ou de retraite supplémentaire si celui-ci définit le champ de ses bénéficiaires par référence aux dispositions de l'ancienne convention Agirc. Ce délai s'étend jusqu'au 31-12-2024.

Jusqu'à cette date, les **contributions** de protection sociale complémentaire **bénéficiant, au 1-1-2022, de l'exonération** plafonnée de cotisations sociales en application des dispositions réglementaires antérieures continueront d'en bénéficier sous réserve qu'aucune modification des accords, conventions ou décisions unilatérales de l'employeur relative au champ des bénéficiaires n'intervienne avant cette date (Décret 2021-1002 du 30-7-2021 art. 2).

Les **entreprises créées** après le 1-1-2022 peuvent également bénéficier de cette tolérance si la branche professionnelle de rattachement ne s'est pas encore conformée aux nouvelles dispositions réglementaires (BOSS-PSC-1070).

Deuxième critère objectif possible, un seuil de **rémunération** égal au plafond annuel de la sécurité sociale (Pass) ou à 2, 3, 4 ou 8 fois ce plafond, sans que puisse être constituée une catégorie regroupant les seuls salariés dont la rémunération annuelle excède 8 fois ce plafond (CSS art. R 242-1-1, 2°). **42730**

La référence à un seuil de rémunération impose de ne distinguer que **2 catégories** de salariés sur la base de ce critère (BOSS-PSC-1090). Une catégorie peut regrouper les salariés dont la rémunération est **inférieure** ou égale à 1, 2, 3, 4 ou 8 fois le plafond de la sécurité sociale ou ceux dont la rémunération est **supérieure** ou égale à 1, 2, 3 ou 4 fois ce plafond. Ces catégories ne peuvent pas être constituées sur la base d'une autre multiple du Pass. Une catégorie ne peut pas regrouper les salariés dont la rémunération est comprise entre 1 et 4 Pass (BOSS-PSC-1090 et 1100).

Il doit être tenu compte de la rémunération **brute annuelle** soumise à cotisations en application de l'article L 242-1 du CSS (BOSS-PSC-1100), y compris, donc, d'une éventuelle part variable ou des primes annuelles (Circ. Acoss 2 du 4-2-2014, QR 2). Il est possible de se référer au **salaire de l'année N – 1** (Circ. Acoss 2 du 4-2-2014, QR 2).

Le plafond à retenir est celui applicable pour l'année en cours (BOSS-PSC-1100).

Les tranches fixées par la caisse de retraite des **avocats** (CNBF), des **experts-comptables** (Cavec) ou des **agents publics** non titulaires (Ircantec) peuvent être utilisées par les entreprises en relevant (BOSS-PSC-1110).

› Précisions La référence à ces valeurs du Pass correspond aux limites des tranches de rémunération qui servaient au calcul des cotisations des anciens régimes de retraite complémentaire Agirc et Arrco auxquelles l'article R 242-1-1, 1° du CSS renvoyait **avant le 1-1-2022.** Sur le délai accordé aux entreprises pour **mettre en conformité** leur régime, voir n° 42720, précision b.

Troisième critère objectif possible, la place dans les **classifications professionnelles** définies par les conventions de branche ou les accords professionnels ou interprofessionnels (CSS art. R 242-1-1, 3°). Est ici visé le **premier niveau** de classification des salariés défini par la convention de branche ou l'accord professionnel ou interprofessionnel, appliqué à titre obligatoire ou volontaire, à l'exclusion des accords d'entreprise (BOSS-PSC-1130 ; Circ. Acoss 2 du 4-2-2014, QR 3). Toutefois, si ce premier niveau ne renvoie pas à des fonctions distinctes, une **distinction plus structurante** doit être recherchée dans la convention collective (ouvriers/Etam/cadres…) (BOSS-PSC-1130 ; Circ. Acoss 45 du 12-8-2015). **42740**

Si, pour une branche d'activité, **deux conventions** collectives distinctes sont applicables aux cadres et aux non-cadres, il y a lieu de raisonner de manière globale en tenant compte des deux textes. Le critère 3 correspond en principe à la **distinction cadres/non-cadres** mais conduit à distinguer des catégories tierces si l'une ou l'autre des conventions (en principe celle des non-cadres) fait apparaître une distinction de même nature que celle entre cadres et non-cadres (BOSS-PSC-1140 ; Circ. Acoss 2 du 4-2-2014, QR 3).

42750 **Quatrième critère** pouvant définir une catégorie de salariés, le niveau de responsabilité, le type de fonctions ou le degré d'autonomie ou l'ancienneté dans le travail des salariés correspondant aux **sous-catégories** fixées par les conventions ou les accords de branche, professionnels ou interprofessionnels (CSS art. R 242-1-1, 4°).

Sont visés, à condition qu'ils correspondent à une définition, les niveaux de classification adoptés par la convention de branche ou l'accord professionnel ou interprofessionnel dont relève l'employeur à partir du **premier niveau** immédiatement inférieur à celui visé n° 42740 et jusqu'au **niveau le plus bas** (BOSS-PSC-1150).

ATTENTION

Le critère 4 autorise le recours à l'**ancienneté** lorsqu'il s'agit strictement d'un élément conditionnant l'accès à certains échelons ou niveaux d'emploi au sein des classifications professionnelles (Circ. Acoss 45 du 12-8-2015).

42760 **Cinquième critère** pouvant définir une catégorie de salariés, l'appartenance aux catégories définies à partir des usages constants, généraux et fixes en vigueur dans une profession. Ce critère peut être utilisé pour définir une catégorie en s'appuyant sur (CSS art. R 242-1-1, 5°) :

– l'appartenance au champ d'application d'un **régime légalement ou réglementairement obligatoire** assurant la couverture du risque concerné, notamment le régime local d'Alsace-Moselle pour le risque maladie (BOSS-PSC-1180 ; Circ. Acoss 45 du 12-8-2015) ;

– ou bien l'appartenance à certaines catégories spécifiques de salariés définies par les stipulations d'une convention collective, d'un accord de branche ou d'un accord national interprofessionnel caractérisant des **conditions d'emploi** ou des **activités particulières** ;

– ou encore l'appartenance aux catégories définies clairement et de manière non restrictive à partir des **usages** constants, généraux et fixes en vigueur dans la profession, mais pas à partir d'un usage d'entreprise (BOSS-PSC-1090).

Le recours à ce critère peut être considéré comme valide si les salariés appartiennent par exemple (BOSS-PSC-1080 ; Circ. Acoss 45 du 12-8-2015) :

– au champ d'une convention collective ou d'un accord de branche ou interbranches, lorsque cette convention ou cet accord n'est applicable qu'à une partie des salariés. Tel est le cas notamment des intermittents, des pigistes et des intérimaires ;

– sous certaines conditions, au champ des travailleurs à domicile ou des VRP ;

– au champ des salariés détachés à l'étranger ou, pour les garanties retraite, des salariés impatriés bénéficiant de la dispense d'affiliation à l'assurance vieillesse.

ATTENTION

Les catégories ne peuvent en aucun cas être définies en fonction du **temps de travail,** de la **nature du contrat,** de l'**âge** ou, sous réserve des dispositions analysées n° 42750, de l'**ancienneté** des salariés (CSS art. R 242-1-1) ou de la **nationalité** (Cass. 2e civ. 20-12-2018 n° 17-27.021 F-PB). Toutefois, les salariés étrangers couverts par une assurance privée en application d'une convention bilatérale en France peuvent constituer une catégorie objective (Circ. Acoss 2 du 4-2-2014, QR 9).

42770 Ces 5 critères limitatifs peuvent être **combinés entre eux** (BOSS-PSC-980). Un régime de retraite supplémentaire peut se référer, pour la détermination de ses bénéficiaires, à deux critères différents, appliqués de manière non pas cumulative mais **alternative** (Circ. Acoss 2 du 4-2-2014, QR 6).

EXEMPLE

Un régime de retraite supplémentaire peut être souscrit au bénéfice, d'une part, des cadres au sens de l'ANI du 17-11-2017 (critère 1 : n° 42720), d'autre part, des ouvriers au sens de la classification retenue par la convention collective de branche applicable dans l'entreprise (critère 3 : n° 42740) (Circ. Acoss 2 du 4-2-2014, QR 6).

42780 **Cadres dirigeants et mandataires sociaux** Sauf s'ils peuvent constituer une catégorie par application des critères 3 et 4, les **cadres dirigeants,** au sens de la réglementation de la durée du travail (n° 6180), ne peuvent pas constituer en tant que tels une catégorie objective (BOSS-PSC-1150).

De même, les **cadres supérieurs « hors classification »,** c'est-à-dire ceux occupant des fonctions supérieures à la position la plus élevée définie par la classification de la convention collective, sont rattachés au regard du critère 3 aux cadres si la convention conduit à distinguer, comme premier niveau, les non-cadres et les cadres. Ils ne constituent pas une catégorie de salariés au sens du **critère 3,** sauf si leur qualification caractérise une différence de situation de nature similaire à celle existant entre les autres catégories de salariés (cadres/ouvriers/administratifs) résultant de l'application de ce critère (Circ. Acoss 2 du 4-2-2014, QR 4).

Les **mandataires sociaux** ne peuvent pas, en tant que tels et à eux seuls, constituer une catégorie objective. S'ils sont titulaires d'un **contrat de travail,** ils bénéficient des mêmes garanties que l'ensemble des salariés ou de la catégorie à laquelle ils appartiennent. **42785**

Les mandataires sociaux affiliés au régime général des salariés en application de l'article L 311-3 du CSS ouvrent droit à l'exonération plafonnée même s'ils ne sont **pas titulaires d'un contrat de travail** (Cass. 2e civ. 19-12-2013 no 12-28.429 F-PB). Ils peuvent être rattachés au contrat liant l'entreprise à l'organisme assureur si une **décision du conseil d'administration** (ou équivalent) de l'entreprise le prévoit. Une copie du procès-verbal de la séance actant la décision est tenue à la disposition du contrôleur de l'Urssaf (BOSS-PSC-1200).

Si le dispositif est réservé à une ou plusieurs catégories de salariés, l'exemption d'assiette s'applique à la cotisation employeur versée au titre du mandataire social sous réserve que celui-ci remplisse les critères pour bénéficier des garanties (BOSS-PSC-1200).

En l'**absence** de **décision du conseil d'administration,** les mandataires sociaux ne peuvent être rattachés à une catégorie de bénéficiaires et ouvrir droit à exemption d'assiette que si cette catégorie est définie par référence au champ de l'ANI du 17-11-2017 (BOSS-PSC-1200). Sur la référence à cet accord pour la définition des bénéficiaires des garanties, voir no 42720.

Situation identique des salariés Les catégories ainsi définies doivent permettre de couvrir tous les salariés placés par leur **activité professionnelle** dans une situation identique **au regard des garanties** concernées (CSS art. R 242-1-1). **42790**

Cette condition est **considérée** comme satisfaite pour (CSS art. R 242-1-2) :

1o les prestations de **retraite** supplémentaire bénéficiant à des catégories établies à partir des critères 1 à 3 (nos 42720 à 42740) ;

2o les prestations **décès** prévues par l'accord national interprofessionnel du 17-11-2017 relatif à la prévoyance des cadres (no 30570) ;

3o les prestations destinées à couvrir les risques d'**incapacité de travail,** d'invalidité, d'inaptitude ou de **décès,** lorsque ce dernier risque est associé à au moins un des 3 précédents, ou la perte de revenus en cas de maternité, bénéficiant à des catégories établies à partir des critères 1 et 2 (nos 42720 et 42730) ainsi que, sous réserve que l'ensemble des salariés de l'entreprise soient couverts, du critère 3 (no 42740) ;

4o les prestations destinées à couvrir des **frais de santé,** bénéficiant à des catégories établies à partir des critères 1 et 2 (nos 42720 et 42730), sous réserve que l'ensemble des salariés de l'entreprise soient couverts.

Lorsqu'il est prévu que l'**ensemble des salariés** doivent être couverts au titre d'un **même risque,** les **garanties** peuvent être de niveaux différents selon la catégorie d'appartenance (Circ. DSS 344 du 25-9-2013, opposable jusqu'au 31-8-2022).

Dans les **autres cas** où les garanties ne couvrent pas l'ensemble des salariés de l'entreprise, l'employeur doit pouvoir **justifier** que la ou les catégories prévues permettent de couvrir tous les salariés placés par leur activité professionnelle dans une situation identique au regard des garanties concernées (CSS art. R 242-1-2). Il appartient à l'employeur de **démontrer** l'existence d'une différence de situation entre salariés en **lien direct avec l'objet de la garantie** (Circ. Acoss 2 du 4-2-2014, QR 8). **42800**

EXEMPLE

L'**administration** propose des exemples de justifications permettant à l'employeur de fonder, à partir des critères réglementaires définis nos 42720 s., des catégories de salariés en raison de leur situation au regard des risques couverts, notamment (BOSS-PSC-990 ; Circ. Acoss 2 du 4-2-2014, QR 8) :

– pour les garanties **santé,** un degré d'exposition plus important des salariés de cette catégorie. Si l'employeur a souscrit une couverture santé « standard » (remboursement de frais de consultation ou d'hospitalisation), l'ensemble des salariés est considéré comme exposé de manière identique ;

– pour les garanties **invalidité/incapacité/décès,** un degré d'exposition plus important lié à la nature du métier propre à la catégorie ; les documents à produire peuvent être des statistiques sur les taux de sinistralité ;

– pour les garanties consistant en un versement d'un **revenu de remplacement** ou d'une indemnisation (décès, invalidité, incapacité), un niveau moyen de rémunération distinct, s'agissant de la modulation du montant des prestations. En revanche, il n'est pas en principe possible de réserver le bénéfice même de la garantie à telle ou telle catégorie de revenus, s'agissant de risques auxquels les intéressés sont exposés de la même façon ;

– pour les garanties de **retraite supplémentaire,** un niveau moyen de rémunération distinct, soit au bénéfice des catégories les mieux rémunérées (pour compenser un taux de remplacement moyen inférieur aux autres salariés), soit au bénéfice des catégories les moins bien rémunérées (pour compenser des revenus de remplacement inférieurs aux autres salariés). Les différences de traitement ainsi opérées doivent être suffisamment proportionnées au regard des écarts moyens de rémunération les justifiant ;

– pour l'ensemble des garanties, l'existence d'une couverture préexistante propre à certaines catégories de salariés. Il peut être admis qu'une couverture spécifique soit mise en place pour les catégories non ou moins bien couvertes afin d'aboutir à une couverture de niveau équivalent entre l'ensemble des salariés.

Jugé par ailleurs que les salariés sur site ne sont pas dans une situation différente des travailleurs à domicile au regard du risque **frais de santé,** même si ces derniers sont dispensés de trajet, bénéficient d'un aménagement de leur temps de travail et d'un encadrement particulier et ne représentent qu'une part infime des arrêts de travail pour maladie dans l'entreprise (CA Paris 12-6-2020 n° 17/03010).

42810 **Tableau récapitulatif** Établi par l'administration, le tableau ci-dessous distingue (BOSS-PSC-980) :

– des **catégories objectives de par la loi** qui correspondent aux situations que l'article R 242-1-2 du CSS reconnaît comme constituant des catégories objectives au sens de la loi (n°s 42720 s.) ;

– des **cadres particuliers,** correspondant à des situations pour lesquelles il appartient à l'employeur de justifier que la ou les catégories établies permettent de couvrir tous les salariés que leur activité professionnelle place dans une situation identique au regard des garanties concernées (n° 42800).

<table>
<tr><th></th><th>Critère 1</th><th>Critère 2</th><th>Critère 3</th><th>Critère 4</th><th>Critère 5</th></tr>
<tr><td></td><td>Catégories cadres/non-cadres</td><td>Tranches de rémunération</td><td>Catégories des conventions collectives</td><td>Sous-catégories des conventions collectives</td><td>Régimes obligatoires, catégories spécifiques de salariés, usages</td></tr>
<tr><td>Retraite</td><td colspan="3">Catégorie objective par la loi</td><td colspan="2" rowspan="3">Cadre particulier (l'employeur doit justifier le caractère collectif)</td></tr>
<tr><td>Incapacité, invalidité, inaptitude, décès</td><td colspan="2">Catégorie objective par la loi</td><td>Catégorie objective par la loi sous réserve que tous les salariés soient couverts</td></tr>
<tr><td>Frais de santé</td><td colspan="2">Catégorie objective par la loi sous réserve que tous les salariés soient couverts</td><td></td></tr>
</table>

CARACTÈRE COLLECTIF DES CONTRIBUTIONS ET GARANTIES

42830 **Contribution de l'employeur** Les contributions de **l'employeur** doivent être fixées à un **taux ou à un montant uniforme** pour l'ensemble des salariés ou pour tous ceux d'une même catégorie, sauf dans les cas suivants (CSS art. R 242-1-4) :

1° prise en charge par l'employeur de l'intégralité des contributions des salariés à **temps partiel** ou des **apprentis,** dans le cas où l'absence d'une telle prise en charge conduirait ces salariés à s'acquitter d'une contribution au moins égale à 10 % de leur rémunération brute. Pour l'appréciation de ce seuil, il est tenu compte de l'ensemble des garanties de protection sociale complémentaire (BOSS-PSC-1410) ;

2° modulation par l'employeur des contributions finançant des garanties de prévoyance complémentaire en fonction de la **composition du foyer** du salarié ;

3° en matière de prestations de retraite supplémentaire, d'incapacité de travail, d'invalidité ou d'inaptitude, mise en place de **taux croissants** en fonction de la rémunération dans la mesure où cette progression s'applique aux contributions des salariés. Le recours à des taux ou à des montants de contribution patronale décroissants en fonction de la rémunération est admis si, pour la part salariale, ces taux et montants sont croissants. Toutefois, la différence de taux ou de montant doit correspondre à une différence entre des salariés pouvant constituer une catégorie objective (BOSS-PSC-1410).

Enfin, ne remet pas en cause le caractère collectif du régime la mise en œuvre, au niveau de la **branche,** de garanties collectives présentant un **degré élevé de solidarité,** prenant la forme, pour certains salariés ou anciens salariés, d'un montant de cotisation salariale plus faible ou d'une prise en charge partielle ou totale de cette cotisation (Circ. Acoss 45 du 12-8-2015).

> Précisions Il est également possible, pour un même salarié, de prévoir l'application de taux de cotisation employeur distincts par **tranche de salaire** (mécanisme applicable pour le régime Agirc-Arrco), sous réserve que la progression de la cotisation employeur globale qui en résulte soit également appliquée à la cotisation salariale (Circ. Acoss 2 du 4-2-2014, QR 20).

À titre de **tolérance,** il est admis qu'un dispositif combine, pour l'ensemble des salariés couverts, un taux et un forfait selon l'une des trois modalités suivantes (BOSS-PSC-1410) : **42840**

– contribution égale à la somme d'une **part forfaitaire** et d'une part proportionnelle à la rémunération ;

– contribution exprimée sous forme de **taux** mais avec un **plancher** et/ou un plafond de cotisation forfaitaire ;

– contribution calculée par différence entre un **montant forfaitaire** uniforme et le montant de la **contribution du salarié** calculé en pourcentage de sa rémunération.

Pour les **salariés travaillant** régulièrement et simultanément pour le compte de **plusieurs employeurs,** le caractère collectif des garanties n'est pas remis en cause si, pour une garantie donnée, la contribution patronale fait l'objet d'un partage par quotes-parts entre eux selon les conditions qu'ils déterminent conjointement (CSS art. R 242-1-5 ; BOSS-PSC-1410).

Garanties accordées Les garanties doivent être **les mêmes** pour tous les salariés ou pour tous ceux d'une même catégorie. Cependant, pour la **prévoyance** complémentaire, le fait de prévoir des **garanties plus favorables** au bénéfice de certains salariés en fonction des conditions d'exercice de leur activité ne remet pas en cause le caractère collectif de ces garanties (CSS art. R 242-1-3). **42850** €

Il appartient à l'employeur de **justifier** du lien entre le caractère particulier de l'activité des salariés auxquels sont réservées ces garanties et la nature de celles-ci. Ainsi, un employeur peut prévoir, dans le cadre d'un régime frais de santé ouvert à tous les salariés, des garanties renforcées au titre d'un risque de santé auquel certains salariés sont davantage exposés par leur activité (BOSS-PSC-1390). Dans ce cas, la contribution de l'employeur peut être plus élevée pour ces salariés (Circ. Acoss 2 du 4-2-2014, QR 8).

> Précisions Ni le fait de prévoir la **possibilité pour les salariés** de choisir de souscrire pour eux-mêmes ou leurs ayants droit des **garanties supplémentaires,** ni la **majoration des contributions de l'employeur** en cas de surcotisation effectuée par les salariés au titre de ces garanties supplémentaires ne remettent en cause le caractère collectif de ces garanties. Cependant, dans ce cas, la part des contributions de l'employeur correspondant à cette majoration n'est pas exonérée de cotisations (CSS art. R 242-1-5).
Pour un modèle de **bulletin de paie,** voir n° 94390.

Conditions d'accès aux garanties Il est possible de réserver l'accès aux garanties aux salariés ayant plus de 12 mois d'**ancienneté** pour les prestations de retraite supplémentaire et celles couvrant les risques d'incapacité de travail, invalidité, inaptitude, décès ou dépendance, et aux salariés ayant plus de 6 mois d'ancienneté pour les autres prestations, sans remettre en cause le caractère collectif des garanties (CSS art. R 242-1-2 ; BOSS-PSC-1250). **42860**

Le BOSS exclut toutefois toute condition d'ancienneté pour la couverture des **frais de santé** (BOSS-PSC-1250).

La possibilité d'un accès réservé aux salariés ayant plus de 12 mois d'ancienneté s'applique aussi au **risque dépendance** (BOSS-PSC-1250).

L'accès aux garanties s'entend comme l'**obligation de cotiser** et l'**accès aux prestations** (BOSS-PSC-1250).

> Précisions Est toutefois sans caractère collectif le régime de retraite supplémentaire réservé aux salariés justifiant d'une **ancienneté continue** de 12 mois et dans lequel l'ancienneté est calculée contrat de travail par contrat de travail, cette condition excluant les salariés sous CDD

successifs de moins de 12 mois, mais dont la durée cumulée atteint celle requise (Cass. 2e civ. 15-6-2017 no 16-18.532 F-PB).
De même, est dépourvu de caractère collectif le régime conditionnant l'affiliation des salariés à leur **embauche définitive,** les salariés encore en période d'essai étant exclus, même si cette période d'essai est d'une durée inférieure à 6 mois (CA Amiens 11-2-2021 no 20/01997).

42870 Pour l'ensemble des critères, le versement des prestations peut être subordonné à un **âge minimal** du salarié ou de ses ayants droit lorsque le critère appliqué est en rapport direct avec l'objet même de la garantie (BOSS-PSC-1260).

EXEMPLE

Sont ici visées les garanties de **retraite supplémentaire** conditionnant leur versement au fait que le salarié a atteint l'âge légal de la retraite ou encore les garanties prévoyant le versement d'une rente au conjoint survivant lorsque ce dernier atteint l'âge minimal ouvrant droit au versement d'une pension de réversion dans le régime général (BOSS-PSC-1260).

SUSPENSION DU CONTRAT DE TRAVAIL

42880 Le caractère collectif et obligatoire des garanties est aussi subordonné (BOSS-PSC-1420 s.) :
– au **maintien des garanties** de **prévoyance** et de **retraite supplémentaire,** au profit de l'assuré et de ses ayants droit, pendant les périodes de suspension du contrat de travail donnant lieu au maintien total ou partiel du salaire ou à des indemnités journalières complémentaires financées au moins pour partie par l'employeur, qu'elles soient versées directement par lui ou pour son compte par un intermédiaire. Sont visées, selon nous, les suspensions de contrat pour maladie, maternité ou accident ;
– au maintien des garanties de **prévoyance** au profit du salarié et de ses ayants droit pour les périodes de suspension du contrat de travail donnant lieu au versement d'un revenu de remplacement. Ce cas concerne notamment les salariés placés en activité partielle ou en activité partielle longue durée, dont l'activité est totalement suspendue ou dont les horaires sont réduits, ainsi que toute période de congé rémunéré par l'employeur.

› Précisions Si le **contrat d'assurance groupe** souscrit par l'entreprise est **conforme** au 1-1-2023 aux préconisations du BOSS, le **caractère collectif et obligatoire** des garanties ne sera pas remis en cause en raison de l'absence de mise en conformité de l'accord de branche, de la convention collective ou de l'accord d'entreprise ou référendaire avant le 1-1-2025. Ceux-ci devront être mis en conformité à compter de cette date afin de garantir le maintien du caractère collectif et obligatoire (BOSS-PSC-1430).
Cette tolérance ne s'applique pas aux garanties mises en place par **décision unilatérale de l'employeur.** Celle-ci ainsi que le contrat collectif souscrit par l'entreprise doivent être conformes aux préconisations du BOSS depuis le 1-1-2023. (BOSS-PSC-1430).

42885 En principe, l'employeur et le salarié **restent redevables,** pendant toute la période donnant lieu à maintien des garanties, de leurs parts de contribution. Il est néanmoins possible de prévoir un maintien des garanties à titre gratuit ou une répartition plus favorable pour les seuls salariés dont le contrat est suspendu (BOSS-PSC-1490).

L'acte instituant les garanties dans l'entreprise ou le contrat peuvent prévoir des dispositions spécifiques relatives à l'**assiette des cotisations** en cas de suspension du contrat de travail (BOSS-PSC-1500). En l'**absence** de **stipulations particulières** dans l'acte instituant les garanties ou le contrat, il y a lieu (BOSS-PSC-1510 s.) :
– de maintenir l'assiette applicable en dehors de la période de suspension du contrat de travail si cette assiette est calculée sur une **base forfaitaire** indépendante de la rémunération perçue ;
– de retenir le montant de l'**indemnisation versée** dans le cadre de la suspension du contrat de travail (indemnisation légale, le cas échéant, complétée d'une indemnisation complémentaire ou conventionnelle versée par l'employeur) si le niveau des cotisations est fixé en référence à la rémunération versée.

Dans ce dernier cas, un **acte de droit du travail** peut prévoir le **maintien de l'assiette** des contributions et des prestations applicables avant la suspension du contrat de travail si celle-ci permet un niveau de prestations plus élevé, notamment en calculant les cotisations et prestations sur la base d'une reconstitution de la rémunération mensuelle des salariés soumise à cotisations de sécurité sociale (moyenne des 12 derniers mois). Cette modulation des assiettes peut ne concerner que certaines des garanties du régime de protection sociale complémentaire (BOSS-PSC-1530).

Les **limites d'exonération** sont calculées, pour les salariés dont le contrat de travail est suspendu et pour la période de la suspension, sur le montant de l'indemnisation pendant la période de suspension du contrat de travail ou, lorsque les contributions sont calculées sur la base d'une rémunération reconstituée, sur la base de cette rémunération (BOSS-PSC-1540). Si le salarié cumule, au cours d'un même mois, activité et suspension du contrat de travail, le revenu pris en compte au titre de la période de suspension du contrat de travail peut être identique à la rémunération horaire soumise à cotisations pour les heures travaillées sur cette même période (Doc. Urssaf du 6-9-2021).

> **Précisions** Ces modalités de calcul comportent quelques différences avec celles prévues par l'ancienne instruction 127 du 17-6-2021 s'agissant de l'assiette servant au calcul des contributions versées durant la période de suspension du contrat et des limites d'exonération applicables.

Le fait que les garanties de protection sociale complémentaire ne soient **pas maintenues** au profit des salariés absents et ne bénéficiant d'**aucune indemnisation** ne remet pas en cause le bénéfice de l'exonération plafonnée de cotisations sociales. Il en va de même en cas de non-maintien des garanties de retraite supplémentaire au profit des salariés dont la suspension du contrat de travail donne lieu au versement d'un revenu de remplacement (BOSS-PSC-1550). 42890

> **Précisions** En cas de maintien des garanties et des contributions patronales de prévoyance, les **limites d'exonération** applicables à celles-ci doivent être calculées sur une rémunération reconstituée. Par mesure de simplification, il est admis que la rémunération mensuelle à prendre en compte dans le calcul de la limite d'exonération est égale à la moyenne des rémunérations perçues au cours des 12 mois précédant l'arrêt de travail (BOSS-PSC-1560).

REDRESSEMENT SUITE À CONTRÔLE

Les redressements opérés dans le cadre d'un contrôle du **caractère obligatoire et collectif** des couvertures de protection sociale complémentaire portent en principe sur le **montant global** des cotisations dues sur les contributions patronales versées pour leur financement. Par dérogation, l'agent de contrôle doit **réduire** le redressement en tenant compte des seules **sommes faisant défaut ou excédant les contributions nécessaires** pour que la couverture revête un caractère obligatoire et collectif, si l'employeur reconstitue ces sommes de manière probante. Le montant du redressement réduit s'élève à une fois et demie les sommes manquantes ou en excès si le motif du redressement est la non-production d'une demande de dispense ou d'un autre justificatif et à 3 fois ces sommes dans les autres cas. Ce montant est plafonné à celui résultant de l'assujettissement de l'ensemble des contributions de l'employeur au financement du régime (CSS art. L 133-4-8, II). 42900

Le redressement **ne peut pas être réduit** :

– si le manquement reproché révèle une méconnaissance d'une particulière gravité des règles relatives au caractère collectif et obligatoire des garanties. Dans ce cas, l'agent de contrôle en informe l'employeur, en justifiant sa décision dans le cadre de la procédure contradictoire préalable à la fin du contrôle (CSS art. L 133-4-8, II et III) ;

– si le redressement procède d'un cas d'octroi d'un avantage personnel ou d'une discrimination ;

– si l'irrégularité a déjà fait l'objet d'une observation lors d'un contrôle antérieur dans la limite des 5 années civiles précédentes ;

– en cas de travail dissimulé, d'obstacle à contrôle ou d'abus de droit.

L'employeur ne peut pas demander aux **salariés** le **remboursement** des cotisations salariales dues sur les montants donnant lieu à redressement (CSS art. L 133-4-8).

> **Précisions** On peut se demander si ce dispositif résulte de dispositions spéciales au sens de l'article L 100-1 du Code des relations entre le public et l'administration faisant échec à l'application du **droit à l'erreur** instauré par la loi 2018-727 du 10-8-2018 (n° 35900). Il ne constitue pas toutefois, à proprement parler, une procédure de régularisation des erreurs commises et n'a pas été identifié comme tel par les travaux parlementaires de la loi qui ont recensé les dispositions instaurant dans des domaines particuliers un droit à l'erreur.

EXEMPLES 42910

L'administration donne l'exemple suivant pour illustrer le dispositif de redressement modulé pour défaut de caractère collectif et obligatoire (BOSS-PSC-710).

L'employeur a mis en place une couverture de remboursement des frais de santé pour l'ensemble du personnel de l'entreprise et finance celle-ci par une contribution d'un montant annuel forfaitaire de 600 € par salarié. Au titre d'un exercice, 4 salariés sur les 96 que compte l'effectif de l'entreprise ne sont pas affiliés à cette couverture.

1. Première hypothèse : l'anomalie provient d'une **erreur formelle,** c'est-à-dire du défaut de production des demandes de dispense ou de tout autre justificatif permettant de prouver le caractère collectif ou obligatoire de la couverture.

Si l'employeur reconstitue le montant qu'il aurait dû verser au titre des 4 salariés non couverts, le redressement est limité aux contributions manquantes majorées de 50 %, à savoir (600 € × 4) × 150 % soit 3 600 €.

2. Deuxième hypothèse : l'anomalie ne provient pas d'une **erreur formelle ou d'une particulière gravité.**

Si l'employeur reconstitue le montant qu'il aurait dû verser au titre des 4 salariés non couverts, le redressement est égal au triple des contributions manquantes majorées de 200 %, à savoir (600 € × 4) × 300 % soit 7 200 €.

3. Troisième hypothèse : l'anomalie provient d'une **erreur d'une particulière gravité,** d'une discrimination, d'un défaut de production des éléments permettant à l'inspecteur de reconstituer les sommes manquantes ou d'une absence de mise en conformité suite à un précédent contrôle.

L'intégralité du régime sera alors remise en cause et l'employeur devra acquitter des cotisations sur la totalité des contributions versées à ce régime, soit un redressement de l'assiette de cotisations sociales de 96 × 600 € = 57 600 €.

Le **forfait social** qui a été versé sur les sommes ainsi réintégrées dans l'assiette de cotisations de sécurité sociale doit être remboursé à l'employeur, voir n° 43350.

c. Caractère obligatoire du régime

42920 Le régime de prévoyance complémentaire ou de retraite supplémentaire doit revêtir un caractère obligatoire pour ouvrir droit à l'exonération plafonnée de cotisations sociales. Toutefois, certaines **dispenses d'adhésion,** limitativement énumérées, sont possibles au choix du salarié.

Les cas de dispenses d'adhésion font l'objet d'une présentation détaillée dans le **BOSS,** sous forme de **tableaux récapitulatifs** distinguant les dispenses d'ordre public, qui n'ont pas à être prévues par l'acte de droit du travail instaurant les garanties, les facultés de dispense, qui doivent y être expressément mentionnées, et la situation particulière des ayants droit, avec, pour chaque cas de dispense, ses sources textuelles, le moment où elles peuvent être demandées et leur champ d'application (BOSS-PSC-800 s.).

Dans tous les cas, l'employeur doit pouvoir produire la **demande de dispense** de chacun des salariés concernés comportant la mention selon laquelle il a été préalablement informé par l'employeur des conséquences de son choix (CSS art. R 242-1-6, al. 10).

S'agissant des **redressements** opérés dans le cadre d'un contrôle du caractère obligatoire et collectif des couvertures de protection sociale complémentaire, voir n° 42900.

ATTENTION

Les salariés en situation de **cumul emploi-retraite** doivent être affiliés au contrat de **retraite supplémentaire** institué dans l'entreprise (Circ. Acoss 2011-36 du 24-3-2011, QR 41).

DISPENSES D'ADHÉSION DE PLEIN DROIT

42930 **Ensemble des garanties** Bénéficient, à leur demande, d'une dispense d'adhésion de plein droit, pour l'ensemble des garanties de prévoyance complémentaire et de retraite supplémentaire :

– les salariés embauchés **avant la mise en place** par décision unilatérale de garanties financées conjointement par l'employeur et le salarié (Loi 89-1009 du 31-12-1989 art. 11) ;

– les salariés embauchés **avant la modification** de la garantie par décision unilatérale si celle-ci entraîne une remise en cause du financement intégral du dispositif par l'employeur. Il en va de même en cas de transfert d'entreprise lorsque les salariés transférés n'étaient pas couverts obligatoirement avant le transfert, que le dispositif obligatoire de l'entreprise d'accueil a été mis en place par DUE et qu'ils étaient présents dans l'entreprise transférée au moment de cette mise en place (BOSS-PSC-810).

42932 **Couverture frais de santé** Des dispenses d'adhésion de plein droit, mais pour les seules garanties de remboursement des frais de santé, sont accordées aux salariés (CSS art. D 911-2) :

– bénéficiaires de la **complémentaire santé solidaire,** jusqu'à la date à laquelle ils cessent d'en bénéficier ;

– couverts par une **assurance individuelle frais de santé** au moment de la mise en place des garanties ou de l'embauche si elle est postérieure, jusqu'à échéance du contrat individuel ;

– bénéficiant au titre d'un autre emploi, y compris en tant qu'ayants droit d'un des **dispositifs suivants** : régime d'entreprise collectif et obligatoire (CSS art. L 242-1, II-4°) ; protection sociale complémentaire des personnels de l'État et de ses établissements publics (Décret 2007-1373 du

19-9-2007) ; protection sociale complémentaire des agents des collectivités territoriales et de leurs établissements publics (Décret 2011-1474 du 8-11-2011) ; contrats d'assurance groupe issus de la loi Madelin 94-126 du 11-2-1994 ; régime local d'assurance maladie du Haut-Rhin, du Bas-Rhin et de la Moselle (CSS art. D 325-6 et D 325-7) ; régime complémentaire d'assurance maladie des industries électriques et gazières (Décret 46-1541 du 22-6-1946).

Bénéficient aussi de dispenses de plein droit les salariés en **CDD ou** en **contrat de mission** dont la **durée de la couverture** est inférieure à 3 mois, s'ils justifient bénéficier d'une couverture conforme au cahier des charges des contrats responsables (CSS art. L 911-7, III).

DISPENSES D'ADHÉSION PRÉVUES PAR L'ACTE JURIDIQUE

Peuvent aussi bénéficier de dispenses d'adhésion si l'acte instituant la garantie le prévoit (CSS art. R 242-1-6) : 42935

– les **salariés et apprentis** titulaires d'un CDD ou d'un contrat de mission d'une durée d'**au moins 12 mois** et bénéficiant d'une couverture individuelle souscrite par ailleurs pour le même type de garanties, à condition d'en justifier par écrit en produisant tous documents ;
– les salariés et apprentis titulaires d'un CDD ou d'un contrat de mission d'une durée de **moins de 12 mois,** même s'ils ne bénéficient pas d'une couverture individuelle souscrite par ailleurs ;
– les salariés à **temps partiel et apprentis** si l'adhésion au système de garanties les conduit à s'acquitter d'une cotisation au moins égale à 10 % de leur rémunération brute. Ce seuil est apprécié en tenant compte de l'ensemble des garanties obligatoires dans l'entreprise (BOSS-PSC-1410 ; Circ. Acoss 2 du 4-2-2014, QR 30).

L'acte mettant en place la garantie peut également prévoir des **dispenses d'adhésion** pour 42940
(CSS art. R 242-1-6) :
– les salariés bénéficiaires de la **complémentaire santé solidaire** ;
– les salariés couverts par une **assurance individuelle frais de santé** au moment de la mise en place des garanties ou de l'embauche si elle est postérieure, jusqu'à échéance du contrat individuel ;
– les salariés bénéficiant par ailleurs, y compris en tant qu'ayants droit, d'une **couverture collective,** à condition de le justifier chaque année, dans l'un des cadres suivants (Arrêté ETS1208891A du 26-3-2012) : régime d'entreprise collectif et obligatoire (CSS art. L 242-1) ; régime local d'assurance maladie du Haut-Rhin, du Bas-Rhin et de la Moselle (CSS art. D 325-6 et D 325-7) ; régime complémentaire d'assurance maladie des industries électriques et gazières (Décret 46-1541 du 22-6-1946) ; protection sociale complémentaire des personnels de l'État et de ses établissements publics (Décret 2007-1373 du 19-9-2007) ; protection sociale complémentaire des agents des collectivités territoriales et de leurs établissements publics (Décret 2011-1474 du 8-11-2011) ; contrats d'assurance groupe issus de la loi Madelin 94-126 du 11-2-1994 ; régime spécial de sécurité sociale des gens de mer et caisse de prévoyance et de retraite des personnels de la SNCF (BOSS-PSC-870).

ATTENTION

Les salariés pouvant être dispensés, à condition d'être **déjà couverts,** doivent l'être au titre du même risque (frais de santé-retraite supplémentaire-invalidité-incapacité de travail-dépendance-décès), sans qu'il soit besoin d'examiner la nature exacte ou le niveau des prestations offertes (Circ. Acoss 2 du 4-2-2014, QR 29).

Pour le salarié dispensé d'affiliation en raison de son adhésion **en tant qu'ayant droit** au régime de son conjoint, l'entreprise doit pouvoir justifier du caractère obligatoire de ce régime (Cass. 2e civ. 9-5-2019 n° 18-15.872 F-D).

COUVERTURE DES AYANTS DROIT

Le dispositif peut prévoir, ou non, la couverture des ayants droit du salarié. 42950

La part des contributions de l'employeur correspondant aux garanties prévues au profit des ayants droit du salarié bénéficie de l'exclusion d'assiette si ces garanties sont mises en place **à titre obligatoire,** le cas échéant sous réserve des dispenses correspondant à celles mentionnées nos 42920 s. (CSS art. R 242-1-5).

Les positions de la Cour de cassation et de l'administration divergent, s'agissant de la possibilité pour le salarié de demander l'**extension de la couverture** à ses **ayants droit.** Pour la Cour de cassation, cette possibilité prive le régime de caractère obligatoire et la contribution patronale le finançant doit être intégrée pour sa totalité dans l'assiette des cotisations et non pour la seule part correspondant à la couverture des ayants droit (Cass. 2e civ. 20-12-2018 n° 17-26.958 F-PB).

Toutefois, malgré cette solution jurisprudentielle, l'administration maintient sa position antérieure dans le BOSS en faveur de l'exonération de cotisations de sécurité sociale pour la fraction couvrant les salariés en dépit de l'adhésion facultative des ayants droit (BOSS-PSC-770).

d. Conditions d'exonération propres à la retraite supplémentaire

DISPOSITIFS VISÉS

42980 L'exonération plafonnée de cotisations de sécurité sociale vise (CSS art. L 242-1, II-4°-a et D 242-1, II) :

– les **versements obligatoires** de l'employeur dans un **plan d'épargne retraite** d'entreprise à adhésion obligatoire (Pero) ou dans un PER d'entreprise collectif (Pereco). Ces plans doivent reposer soit sur un contrat d'assurance groupe souscrit auprès d'un des organismes assureurs précités, soit sur une convention conclue avec un établissement de crédit, une entreprise d'investissement ou un établissement habilité pour les activités de conservation et d'administration d'instruments financiers. Les versements obligatoires de l'employeur doivent bénéficier à tous les salariés de l'entreprise ou à une ou plusieurs catégories objectives d'entre eux (n°s 42720 s.). Pour plus de précisions sur les caractéristiques des plans d'épargne retraite d'entreprise, voir n°s 50221 s. (Pereco) et Mémento social n°s 58830 s. (Pero) ;

– les contributions patronales finançant des opérations de **retraite supplémentaire à cotisations définies** mises en place avant le 1-10-2020. Celles-ci doivent être organisées par des contrats d'assurance souscrits par un ou plusieurs employeurs ou par tout groupe d'employeurs auprès d'entreprises d'assurance, d'institutions de prévoyance ou d'organismes mutualistes au profit de tous les salariés ou d'une ou de plusieurs catégories objectives d'entre eux (n°s 42720 s.).

> **› Précisions** Les régimes de retraite à **prestations définies** sont soumis à un **dispositif spécifique** exposé n°s 43420 s. Toutefois, ceux **créés avant le 1-1-2005** et ne remplissant pas les conditions de ce dispositif peuvent ouvrir droit à l'exonération de cotisations de sécurité sociale prévues pour les régimes à cotisations définies s'ils remplissent certaines conditions précisées par l'ancienne circulaire DSS 32 du 30-1-2009.

OBJET DES GARANTIES

42985 L'exemption d'assiette de cotisations de sécurité sociale suppose que le dispositif d'épargne retraite ait pour objet l'acquisition et la jouissance de **droits viagers** personnels **payables à l'assuré** au plus tôt à la date de liquidation de sa pension dans un régime obligatoire d'assurance vieillesse, de base ou complémentaire, ou à l'âge de départ à la retraite fixé à l'article L 351-1 du CSS (CSS art. D 242-1, II) :

– par l'acquisition de droits dans un **Pero** ou dans un **Pereco** recevant des **versements obligatoires** de l'employeur ;

– pour les opérations de **retraite supplémentaire à cotisations définies,** soit par l'acquisition d'une rente viagère différée, soit par la constitution d'une épargne qui est obligatoirement convertie en rente viagère (le capital est exprimé en euros et, le cas échéant, en unités de compte avec dénouement obligatoire en rente exprimée en euros), soit dans le cadre d'une opération régie par l'article L 441-1 du Code des assurances, l'article L 932-24 du CSS ou l'article L 222-1 du Code de la mutualité (il s'agit de contrats dits « à points » dont les droits sont exprimés en unités de rente).

> **› Précisions** Les contrats de retraite à **cotisations définies** peuvent également prévoir des **garanties complémentaires** en cas de décès avant ou après la mise en service de la rente viagère, ainsi qu'en cas d'invalidité, d'incapacité, ou de perte d'autonomie (BOSS-PSC-220).
> Les garanties complémentaires pouvant être prévues par un **Pero** donnant lieu à l'adhésion à un contrat d'assurance de groupe sont énumérées à l'article L 142-3 du Code des assurances.

FACULTÉ DE RACHAT

42990 Pour ouvrir droit à l'exonération plafonnée de cotisations de sécurité sociale, les contrats couvrant le dispositif de retraite supplémentaire ne doivent **pas** comporter **de clause de rachat,** même partiel, **sauf dans les cas suivants** (CSS art. D 242-1, II ; C. ass. art. L 132-23 ; C. mut. art. L 223-22 ; C. mon. fin. art. L 224-4) :

– décès du conjoint ou du partenaire de Pacs ;

– invalidité de 2e ou 3e catégorie du participant et, seulement pour les droits constitués dans un PER, de ses enfants, de son conjoint ou de son partenaire de Pacs ;

– surendettement du participant ;

– expiration des droits à l'assurance chômage du participant ou fait pour un assuré ayant exercé certains mandats sociaux et n'ayant pas liquidé sa pension dans un régime obligatoire de retraite de ne pas avoir de contrat de travail ou de mandat social depuis 2 ans au moins après le non-renouvellement de son mandat ou sa révocation.

> Précisions Les rachats sont également admis lorsque les arrérages des rentes sont inférieurs à un montant minimal fixé par arrêté, égal à 100 € par mois (C. ass. art. L 160-5, A 160-2 et A160-2-1 ; BOSS-PSC-240).

TRANSFERTS

Autre condition de l'exonération plafonnée de cotisations de sécurité sociale, l'existence dans le **contrat** couvrant le dispositif de retraite supplémentaire, au bénéfice du participant qui n'est plus tenu d'y adhérer, d'une faculté de transfert (CSS art. D 242-1, II). **42995**

Cette faculté doit pouvoir s'exercer, pour les droits constitués dans le cadre d'un **régime à cotisations définies,** vers un autre régime de ce type, un contrat d'assurance groupe dit « Madelin » ou un Perp. La notice d'information à remettre aux participants doit préciser cette faculté et en détailler les modalités d'exercice (CSS art. D 242-1, II).

Les droits constitués dans le cadre d'un **Pero** ou d'un Pereco pouvant recevoir des versements obligatoires sont transférables dans les conditions exposées à l'article L 224-6 du Code monétaire et financier (CSS art. D 242-1, II).

> Précisions Les droits individuels en cours de constitution dans un régime de retraite supplémentaire à cotisations définies sont **transférables dans un PER** lorsque le salarié n'est plus tenu d'adhérer à ce régime. Les droits issus de **versements obligatoires** du salarié ou de l'employeur sont assimilés à des droits issus de versements obligatoires au PER. Lorsque l'ancienneté du régime ne permet plus à l'organisme assureur de distinguer les versements volontaires des versements obligatoires, les droits sont assimilés à des versements obligatoires sauf lorsque le titulaire justifie du montant des versements volontaires effectués (C. mon. fin. art. L 224-40, I et II).

e. Conditions d'exonération propres à la prévoyance complémentaire

RISQUES COUVERTS

Les contributions ouvrant droit à exonération financent des garanties collectives ayant notamment pour objet de couvrir les risques décès, atteinte à l'intégrité physique, maternité, incapacité de travail, invalidité, inaptitude et chômage (CSS art. L 242-1, II-4° et L 911-2). **43050**

Ces garanties peuvent assurer notamment le versement des prestations suivantes : capitaux décès et allocations obsèques, rentes de conjoint survivant, rentes d'orphelin, rentes ou capitaux d'invalidité, remboursements de frais de santé et indemnités journalières complémentaires intervenant à la suite de la prise en charge par l'employeur du maintien de salaire en application des articles L 1226-1 s. du Code du travail (issus de la loi sur la mensualisation : voir n°s 61700 s.) ou d'un accord collectif ayant le même objet (BOSS-PSC-290).

L'administration assimile à des prestations de prévoyance celles couvrant la **dépendance,** visant à faire face à la **perte d'autonomie** ou destinées à maintenir un revenu pour le **proche aidant.** Les prestations dépendance peuvent prendre la **forme** de prestations en espèces ou en nature comme, notamment, la prise en charge du financement d'une aide à domicile, de l'aménagement du domicile ou de l'accueil en établissement spécialisé (BOSS-PSC-270 et 350).

Pour être exonérées, les contributions patronales doivent satisfaire aux conditions générales indiquées n° 42680. En outre, celles destinées à couvrir des frais de santé sont soumises à des conditions spécifiques exposées ci-après.

Sur le régime social de la contribution de l'employeur finançant le **maintien de salaire** en cas de maladie ou d'accident, voir n° 43270. Sur la prise en compte de la cotisation frais de santé pour la garantie minimale obligatoire **décès** des cadres, voir n° 30570, b.

Pour déterminer si une garantie relève de la prévoyance complémentaire, il convient de rechercher prioritairement si un **lien** avec les risques couverts par les **régimes de base** de la sécurité sociale peut être établi (BOSS-PSC-290). Mais cette garantie ne doit pas nécessairement compléter une prestation servie par un tel régime (Cass. 2e civ. 6-7-2017 n° 16-17.959 F-PB). **43055**

S'agissant de la couverture du risque d'**inaptitude professionnelle,** la garantie doit se rapporter exclusivement à la santé ou à l'inaptitude physique des salariés (Cass. 2e civ. 10-10-2019 n° 18-18.175 F-PBI). Tel est le cas de la rente versée au sportif professionnel en cas d'inaptitude totale ou définitive à la pratique de son sport pour raison de santé (Cass. 2e civ. 6-7-2017 n° 16-17.959 F-PB).

> Précisions L'administration a estimé que les prestations suivantes entrent dans le champ de la prévoyance complémentaire (BOSS-PSC-290 s.) :
– l'**allocation de naissance ou d'adoption** ;
– l'allocation forfaitaire versée en cas d'**hospitalisation,** si elle couvre des frais non pris en charge par l'assurance maladie (forfait hospitalier,

chambre individuelle...), mais pas si elle est versée sans contrepartie de frais restant à la charge de l'assuré ;

– les **garanties d'assistance** directement liées à des situations d'hospitalisation, d'incapacité, d'invalidité ou de décès (mise à disposition d'un véhicule médical, délivrance de médicaments à domicile, envoi d'un médecin ou d'un infirmier) ou ayant pour objet d'offrir des prestations similaires à celles admises dans le cadre des contrats couvrant le risque dépendance (aide-ménagère, aide familiale, adaptation du domicile) ;

– la couverture du risque d'**inaptitude professionnelle** constitué par le retrait du permis de conduire ou la perte de licence des pilotes, si elle est limitée au retrait pour raison médicale et que le bénéfice de la prestation est subordonné à certaines conditions.

En revanche, ne constituent pas des prestations de prévoyance complémentaire (BOSS-PSC-290 s.) :

– l'allocation de **mariage** ;

– les prestations destinées à couvrir des frais de recherche et de **secours en mer, sur terre, sur piste et en montagne.**

CONTRIBUTIONS FINANÇANT LES CONTRATS FRAIS DE SANTÉ

43060 Pour bénéficier de l'exonération plafonnée de cotisations sociales, les contributions patronales doivent financer des contrats de santé conformes à la définition des **contrats dits « responsables »** (CSS art. L 871-1). Ces contrats sont soumis à un **cahier des charges** imposant un panier de soins minimal, l'encadrement de certaines prises en charge par des minima et des maxima, l'interdiction d'autres prises en charge et une information annuelle des assurés.

Cette condition concerne les garanties couvrant les frais de santé exposés en cas de **maladie,** de **maternité et d'accident.**

> **› Précisions** Les garanties visées sont celles portant sur les frais de soins de santé (**prestations en nature**) tels que les frais médicaux, chirurgicaux, dentaires, paramédicaux, pharmaceutiques, frais d'analyse ou d'appareillage ainsi que les dépenses indirectes susceptibles d'être engagées dans le cadre d'une hospitalisation (frais de séjour, frais de transport...). Ne sont pas concernées les contributions versées pour le financement de **prestations en espèces** telles que les indemnités journalières ou rentes versées en cas de maladie ou d'invalidité.

43065 **Options et pluralité de contrats** Le respect des obligations et interdictions de prise en charge **s'apprécie** pour **chaque contrat** ou règlement d'assurance complémentaire de santé (BOSS-PSC-360 ; Inst. DSS 116 du 29-5-2019). Les **options** éventuellement souscrites dans le cadre de ce contrat sont prises en compte au même titre que les garanties de base pour cette appréciation. L'administration a synthétisé dans le tableau ci-après les différents cas de figure possibles lorsque les prises en charge d'un premier contrat, dit « contrat socle », sont complétées par celles assurées par un ou plusieurs **contrats surcomplémentaires.**

	Contrat socle				Contrat surcomplémentaire			
Conditions respectées	Interdictions de prise en charge	Garanties planchers	Plafonds de garanties	Responsable	Interdictions de prise en charge	Garanties planchers	Plafonds de garanties[1]	Responsable
Cas 1	Oui	Oui	Oui	Oui	Oui	Oui	Oui	Oui
Cas 2	Non			Non				Non[2]
Cas 3	Oui	Non	Oui	Non	Oui	Non	Oui	Non
Cas 4	Oui	Oui	Non	Non			Non[3]	Non
Cas 5	Oui	Oui	Oui	Oui	Non			Non
Cas 6	Oui	Oui	Oui	Oui			Non	Non
Cas 7	Oui	Oui	Oui	Oui	Oui	Non	Oui	Oui[4]

1. Le respect des plafonds de garantie s'apprécie au regard de la somme des garanties offertes par l'assurance maladie obligatoire, le contrat socle et le contrat surcomplémentaire.
2. Si le contrat socle ne respecte pas les interdictions de prise en charge, le contrat surcomplémentaire ne peut pas être considéré comme responsable.
3. Si le contrat socle ne respecte pas les plafonds de garantie, le contrat surcomplémentaire ne peut pas être considéré comme les respectant et ne peut donc pas être responsable.
4. Le contrat surcomplémentaire qui ne respecte pas l'obligation des prises en charge minimales est réputé responsable si celles-ci sont garanties par le contrat socle.

43070 **Prises en charge interdites** Ne peuvent pas être remboursées, même partiellement, certaines dépenses mises par la sécurité sociale à la charge des assurés :

– la **participation forfaitaire** d'un euro pour certains actes médicaux (CSS art. L 242-1, II-4° et L 871-1) ;

– la **franchise médicale** prévue pour les boîtes de médicaments, les actes paramédicaux et certains transports sanitaires (CSS art. L 242-1, II-4° et L 871-1).

> **Précisions** Les contrats ne prévoyant pas expressément le remboursement de la participation forfaitaire et/ou de la franchise médicale sont réputés l'exclure et sont donc conformes à cette condition de l'exonération des contributions patronales (Loi 20-12-2004 art. 40, II ; Loi 25-12-2007 art. 107 modifié).

Ne peuvent pas non plus être pris en charge (CSS art. R 871-1) : 43075
– la majoration de participation de l'assuré et de ses ayants droit pour **non-désignation d'un médecin traitant** ou consultation d'un autre médecin sans prescription du médecin traitant ;
– le dépassement d'honoraires pour **consultation directe d'un spécialiste** sans prescription préalable du médecin traitant à hauteur au moins du dépassement autorisé pour les actes cliniques. La prise en charge du dépassement au-delà de cette limite n'entraîne aucune conséquence sur le plan social (Circ. Acoss du 29-11-2005).

Prises en charge minimales Les contrats de santé doivent prendre en charge intégralement (CSS art. R 871-1) : 43080
– le **ticket modérateur** pour les soins de ville et les frais d'hospitalisation (les médicaments destinés au traitement des troubles et affections sans caractère habituel de gravité ou dont le service médical rendu est modéré ou faible, l'homéopathie et les frais de soins thermaux n'étant pas concernés) ;
– le **forfait journalier hospitalier,** sans limitation de durée.

ATTENTION

Le bénéfice de ces garanties doit être ouvert pendant **toute la période couverte** par le contrat. Il ne peut être **reporté** en particulier à l'issue d'une période cotisée pendant laquelle l'assuré ne serait pas couvert par ces garanties (délai de carence, clause de stage, franchise de prise en charge, etc.) (BOSS-PSC-400). Les **clauses d'exclusion** de la garantie dans certaines situations, telles que, par exemple, le fait intentionnel de l'assuré, l'état d'ivresse, l'utilisation de drogues, les attentats ou agressions, ne sont pas compatibles avec l'obligation de prise en charge minimale, sauf pour les risques constitutifs de force majeure (Circ. Acoss 36 du 24-3-2011, QR 57).

Le cahier des charges des contrats responsables a été renforcé par la **réforme 100 % santé,** qui vise à supprimer le reste à charge de l'assuré pour certaines dépenses de santé par la mise en place de **prises en charge renforcées.** 43085

Les contrats de santé doivent ainsi prendre en charge l'**intégralité des frais** exposés par l'assuré (CSS art. R 871-1) pour les équipements et prestations donnant lieu à prise en charge renforcée suivants :
– les équipements d'**optique médicale** à usage individuel (classe A) dans la limite des prix de vente fixés par la liste des produits et prestations (LPP), par période de 2 ans, ramenée à 1 an ou 6 mois dans certains cas (BOSS-PSC-480 et 500 ; Inst. DSS 116 du 29-5-2019) ;
– les **soins dentaires** prothétiques visés par l'arrêté SSAS1911866A du 24-5-2019, dans la limite des honoraires de facturation fixés par la convention nationale signée entre les chirurgiens-dentistes et l'assurance maladie ;
– les **aides auditives** (classe 1) dans la limite des prix de vente fixés par la LPP, par période de 4 ans (BOSS-PSC-430 et 510 ; Inst. DSS 116 du 29-5-2019).

> **Précisions** Le bénéfice de l'exonération n'est pas remis en cause si le contrat conclu sur le fondement de l'**acte mettant en place** la couverture dans l'entreprise (convention ou accord collectif, accord ratifié ou décision unilatérale de l'employeur) est **conforme** au cahier des charges des contrats responsables résultant de la réforme 100 % santé mais **ne respecte pas** la convention collective ou l'**accord de branche** (BOSS-PSC-380 ; Inst. DSS 116 du 29-5-2019).

Prises en charge encadrées Si le contrat prévoit le remboursement des **dépassements tarifaires des médecins** n'ayant pas adhéré aux dispositifs de pratique tarifaire maîtrisée (Optam et Omptam-Co) prévus par la convention nationale, celui-ci ne doit pas dépasser 100 % du tarif de responsabilité, ni le montant pris en charge pour les dépassements des adhérents à l'un des dispositifs de pratiques tarifaires maîtrisées, minoré de 20 % du tarif de responsabilité (BOSS-PSC-450 et 460 ; Inst. DSS 116 du 29-5-2019). 43090

Le niveau de prise en charge des dépassements d'honoraires des médecins ayant adhéré à un dispositif de pratique tarifaire maîtrisée ne fait pas en revanche l'objet d'un tel plafonnement (Inst. DSS 116 du 29-5-2019).

Les contrats couvrant les frais exposés par l'assuré, en sus des tarifs de responsabilité, doivent respecter des minima et des maxima en fonction de la correction prescrite pour les équipements d'**optique médicale** à usage individuel ne donnant pas lieu à prise en charge renforcée (classe B), pour la même périodicité que celle exposée n° 43085 (CSS art. R 871-2).

Si elle est prévue au contrat, la couverture des dépenses d'**audiologie** ne donnant pas lieu à prise en charge renforcée (classe 2) est limitée à 1 700 € par aide auditive pour la même périodicité que celle exposée nº 43080.

› Précisions Les minima et maxima incluent, pour les dépenses d'optique médicale et d'audiologie, la prise en charge du ticket modérateur ainsi que la part prise en charge par l'assurance maladie obligatoire (BOSS-PSC-480 ; Inst. DSS 116 du 29-5-2019).

43095 **Tiers payant** Les **contrats** doivent prévoir le tiers payant, au moins à hauteur des tarifs de responsabilité et, pour les contrats souscrits ou renouvelés depuis le 1-1-2022, à hauteur des dépenses du panier 100 % santé (CSS art. L 871-1). La **mise en œuvre** de ce mode de facturation est subordonnée à son acceptation par le professionnel ou l'établissement de santé (Cons. const. 2015-727 DC du 21-1-2016). Une carte de **tiers payant** mentionnant les garanties couvertes doit être remise à l'assuré (Lettre DSS 27-12-2016).

43110 **Information de l'employeur** L'organisme assureur doit communiquer, **avant la souscription** du contrat ou l'adhésion au règlement **puis annuellement,** à l'employeur (CSS art. L 871-1, al. 1er) :

– le rapport, exprimé en pourcentage, entre le montant des prestations qu'il verse au titre des frais de santé et le montant des cotisations ou primes hors taxe qu'il perçoit pour leur couverture ;

– le montant et la composition des frais de gestion afférents à cette couverture exprimés en pourcentage de cotisations.

Les **modalités** de cette communication sont précisées par l'arrêté SSAS201137A4 du 6-5-2020.

f. Limites d'exonération

43160 Les contributions patronales de retraite supplémentaire (versements obligatoires au Perco et au Pereco compris) et de prévoyance complémentaire sont exclues de l'assiette des cotisations de sécurité sociale propre à chaque assuré (CSS art. D 242-1, I) :

– pour la **retraite** supplémentaire, dans la limite de la plus élevée des deux valeurs suivantes : 5 % du montant du plafond de la sécurité sociale (soit 2 200 € en 2023) ou 5 % de la rémunération retenue dans la limite de 5 fois le plafond de la sécurité sociale (soit 10 998 € en 2023) ;

– pour la **prévoyance** complémentaire, dans la limite d'un montant égal à la somme de 6 % du plafond de la sécurité sociale (soit 2 640 € en 2023) et de 1,5 % de la rémunération, sans que le total ainsi obtenu puisse excéder 12 % du montant du plafond de la sécurité sociale (soit 5 279 € en 2023).

La **fraction excédentaire** éventuelle est passible des cotisations de sécurité sociale et n'est dès lors pas soumise au forfait social (BOSS-PSC-110). Elle doit figurer sur le bulletin de paie.

On trouvera en annexes nº 96250 les **valeurs des limites** d'exonération pour les 3 dernières années.

› Précisions Pour le calcul de ces limites, la **rémunération** est celle soumise à cotisations de sécurité sociale, **déduction faite,** le cas échéant, de la fraction des contributions des employeurs destinées au financement de prestations complémentaires de retraite et de prévoyance assujettie à ces cotisations (CSS art. D 242-1, I). Ne sont, notamment, pas prises en compte les contributions versées par l'employeur pour le financement de prestations de retraite supplémentaire et/ou de prévoyance complémentaire à caractère facultatif, la prise en charge par l'employeur de la part salariale des cotisations de retraite complémentaire ainsi que la part des contributions patronales de prévoyance complémentaire qui excède les limites de l'exclusion d'assiette (BOSS-PSC-100).
Sur le calcul des limites d'exonération pour les salariés dont le contrat de travail est suspendu, qui peut obéir à des règles particulières, voir nos 42885 s.

43165 Le **plafond** de la sécurité sociale servant de **référence** pour la détermination des limites d'exonération s'entend d'un montant forfaitaire commun à l'ensemble des salariés (BOSS-Ass. gén.-1170 et BOSS-PSC-120). Il ne doit donc pas être réduit prorata temporis, notamment en cas d'absence non rémunérée, d'employeurs multiples ou pour les salariés occupés à temps partiel (BOSS-Ass. gén.-1180).

On peut s'interroger sur la valeur du plafond à tenir en cas d'**embauche** ou de **départ** du salarié de l'entreprise en cours d'année : s'agit-il de la valeur annuelle du plafond de la sécurité sociale ou de sa valeur mensuelle multipliée par le nombre de mois où le salarié était présent dans l'entreprise. Il nous semble qu'il faille retenir la première solution, par alignement avec la position de l'administration fiscale pour les limites d'exonération de l'impôt sur le revenu (Bofip-RSA-270).

Les limites d'exonération des contributions patronales de prévoyance complémentaire et de retraite supplémentaire font l'objet d'une **régularisation progressive** dans les mêmes conditions que celles prévues pour les cotisations de sécurité sociale plafonnées (BOSS-Ass. gén.-1190). Sur ces conditions, voir nos 18200 s. 43167

INCIDENCE DE CERTAINS ABONDEMENTS OU VERSEMENTS

L'abondement exonéré de l'employeur au **Perco** et au **Pereco** s'ajoute aux contributions patronales de retraite supplémentaire et aux versements obligatoires de l'employeur dans un plan d'épargne retraite pour l'application de la limite d'exonération propre à ces contributions et versements (CSS art. L 242-1, II-4°-a). Pour un modèle de bulletin de salaire illustrant cette règle, voir n° 94380. 43170

En pratique, cet abondement vient en déduction de la limite calculée comme indiqué n° 43160 à hauteur de son montant exclu de l'assiette des cotisations de sécurité sociale (BOSS-PSC-160).

Sur l'incidence de l'utilisation des droits affectés au **compte épargne-temps** pour financer un régime de retraite supplémentaire à caractère collectif et obligatoire, voir n° 72310.

Sur la prise en compte de la **contribution du comité social et économique** (CSE) au régime pour l'appréciation de la limite d'exonération, voir n° 41370.

EXEMPLES 43180

1. Soit un salarié **présent toute l'année 2023,** au cours de laquelle il a perçu une rémunération soumise aux cotisations de sécurité sociale de 250 000 €, à laquelle s'est ajouté un abondement patronal à un Perco (ou à un Pereco) de 5 656 €.

La limite d'exonération des contributions patronales de retraite supplémentaire s'élève à 5 342 €. Ce montant s'obtient en déduisant l'abondement au Perco (ou au Pereco) de la limite de 5 % de la rémunération, elle-même plafonnée à 219 960 € (5 fois le plafond de la sécurité sociale en 2023).

La limite d'exonération des contributions patronales de prévoyance complémentaire s'élève à 6 % de 43 992 € + 1,5 % de 250 000 € = 6 390 €, montant ramené à 5 279 € par l'effet du plafonnement à 12 % du plafond de la sécurité sociale.

2. Soit un salarié dont le **contrat de travail prend fin le 30-6-2023** et dont la rémunération soumise aux cotisations de la sécurité sociale entre le 1-1-2023 et cette date a atteint 45 000 €.

La limite d'exonération des contributions patronales de retraite supplémentaire s'élève à 2 250 € (5 % de 45 000 €). Cette limite, calculée en fonction de la rémunération, est en effet supérieure à celle qui s'obtiendrait en retenant 5 % du plafond de la sécurité sociale (43 992 € × 5 % = 2 056,80 €), ce plafond ne devant plus, selon nous, être calculé prorata temporis depuis le 1-4-2023.

La limite d'exonération des contributions patronales de prévoyance complémentaire s'élève à 5 279 €, montant correspondant à 12 % du plafond de la sécurité sociale. Ce montant dépasse en effet celui obtenu en prenant en compte la rémunération perçue par l'intéressé, à savoir 3 315 € (43 992 € × 6 % = 2 640 €, majorés de 1,5 % de 45 000 € = 675 €).

2. CSG, CRDS ET TAXE SUR LES SALAIRES

Les contributions patronales de **retraite supplémentaire** et de **prévoyance complémentaire** sont passibles de la CSG et de la CRDS dès le premier euro, sans application de la déduction pour frais professionnels visée n° 28650, aux mêmes taux que ceux applicables aux salaires (BOSS-PSC-50). 43260

L'assiette de la taxe sur les salaires étant alignée sur celle de la CSG due sur les revenus d'activité (BOI-TPS-TS-20-10 n° 20), les contributions patronales sont assujetties à ce prélèvement dans les conditions exposées dans les développements qui suivent, en tant qu'ils concernent des revenus salariaux.

CONTRIBUTIONS ASSUJETTIES

Les contributions de **retraite supplémentaire** (versements obligatoires au Pero et au Pereco compris) sont celles finançant des prestations de retraite complétant celles des régimes de base et des régimes complémentaires légalement obligatoires. 43270

Les contributions de **prévoyance complémentaire** sont celles finançant des prestations venant s'ajouter à celles servies par les régimes de base légalement obligatoires (voir n° 43050).

Sont, par exemple, assujetties à la CSG et à la CRDS (Circ. Acoss du 17-1-1997) :

– la participation du CSE au financement des **mutuelles,** quelle que soit leur forme (pour un **modèle de bulletin de paie** comportant une participation du CSE au financement de la prévoyance, voir n° 94400) ;

– les contributions finançant des prestations de prévoyance complémentaire versées à titre facultatif ou obligatoire par **l'employeur** ;
– la prise en charge par l'employeur des cotisations salariales et patronales de retraite et de prévoyance dans le cadre de **la cessation anticipée d'activité,** en tant que revenu de remplacement si le contrat est rompu et en tant que revenu d'activité dans le cas contraire ;
– les contributions patronales finançant des régimes de prévoyance au bénéfice des **anciens salariés.**

Les contributions patronales de prévoyance complémentaire versées pour les **apprentis** sont exonérées de CSG et de CRDS à titre de simplification (Circ. Acoss du 18-8-2014).

Les **subventions d'équilibre** versées par l'employeur aux régimes de retraite supplémentaire et de prévoyance complémentaire entrent dans l'assiette de ces contributions (Cass. 2e civ. 12-11-2020 no 18-12.816 F-D).

43275 **Financement du maintien de salaire en cas de maladie ou accident**

Dans un arrêt récent, la Cour de cassation a considéré qu'il faut **distinguer** les contributions de l'employeur finançant l'indemnisation des arrêts de travail de ses salariés résultant de son **obligation personnelle légale** de maintien du salaire prévue par les articles L 1226-1 et D 1226-1 du Code du travail, exonérées de CSG et de CRDS et celles finançant les **prestations complémentaires** de prévoyance, soumises à ces prélèvements (Cass. 2e civ. 12-5-2022 no 20-14.607 F-B).

Avant cette décision, il était admis que l'exonération de CSG et de CRDS concernait toute la part de la cotisation patronale finançant une obligation de maintien de salaire, que celle-ci résulte de la loi **ou d'une convention ou d'un accord collectif ayant le même objet** (Cass. 2e civ. 23-11-2006 nos 05-11.364 FP-PBRI et 04-30.208 FP-PBRI ; 22-2-2007 no 05-20.487 F-D).

Plusieurs **décisions intermédiaires** avaient déjà précisé que le financement d'un maintien de salaire **au-delà d'une certaine durée,** en application de dispositions conventionnelles obligatoires, devait être assujetti à CSG-CRDS (Cass. 2e civ. 12-3-2015 nos 14-13.108 F-D et 14-13.109 F-D ; 31-3-2016 no 15-18.682 F-PB ; 4-4-2019 no 17-28.863 F-D).

Notons que l'**administration** continue, quant à elle, de se référer aux arrêts de 2006 et 2007 (BOSS-PSC-290 ; Circ. Acoss du 8-2-2007 et 36 du 24-3-2011 ; Circ. DSS 77 du 23-2-2007, opposable).

PAIEMENT

43280 Le versement de la CSG et de la CRDS s'effectue selon les modalités habituelles.

Si un employeur continue à acquitter des contributions de prévoyance au profit d'un **salarié non rémunéré** suite à une **suspension du contrat** de travail, la CSG et la CRDS dues sur ces contributions seront précomptées lorsque le salarié percevra à nouveau une rémunération en espèces. Dans ce cas, l'employeur est autorisé à ne pas établir de bulletin de paie pendant la période d'absence non indemnisée, pourvu que, une fois le salarié à nouveau rémunéré, le prélèvement de ces sommes soit explicité sur le bulletin de paie faisant l'objet du précompte (Rép. Boisseau : AN 9-2-1998).

S'agissant de la **déductibilité fiscale** de ces deux contributions pour les salariés, voir no 28520.

> **› Précisions** L'administration admet que le **montant de la CSG et de la CRDS** sur les contributions patronales de retraite et de prévoyance non soumises aux cotisations de sécurité sociale ne soit **retenu et reversé qu'une fois par an,** sur le dernier bulletin de paie de l'année, si ce montant n'excède pas 1 % du plafond annuel de la sécurité sociale par entreprise ou par établissement (Circ. DSS 785 du 31-12-1996, opposable). Le montant à retenir est le montant global des contributions échues au cours de l'année civile (Circ. Acoss du 23-4-1997). Il semble toutefois que cette solution, compliquée à mettre en œuvre, soit peu utilisée en pratique.

3. FORFAIT SOCIAL

PART DES CONTRIBUTIONS SOUMISES À FORFAIT SOCIAL

43350 L'assujettissement des contributions patronales de prévoyance complémentaire et de retraite supplémentaire obéit aux **règles de droit commun** exposées no 27320. Ainsi, le forfait social est dû sur la part de ces contributions qui remplit la **double condition** suivante :
– être exonérée de cotisations de sécurité sociale ;
– être soumise à la CSG. Cette seconde condition **ne s'applique pas** aux contributions versées au bénéfice des **apprentis** qui sont soumises au forfait social bien qu'exonérés de CSG (Circ. DSS 319 du 18-8-2012, opposable).

La part des contributions patronales **soumise à cotisations** de sécurité sociale car excédant les seuils visés no 43160 échappe donc à ce forfait (Circ. DSS 387 du 30-12-2008, opposable). Pour un modèle de bulletin de salaire avec une régularisation du forfait social du fait du dépassement des limites d'exonération de cotisations sociales, voir n° 94380.

Sur le cas particulier des contributions patronales finançant le **maintien de salaire** en cas de maladie au regard de la CSG et de la CRDS, voir n° 43275.

> **Précisions** Ainsi, en cas de réintégration dans l'assiette des cotisations de sécurité sociale de la contribution patronale finançant un régime frais de santé, le montant du forfait social acquitté au titre de cette contribution doit être déduit du montant du **redressement** (Cass. 2e civ. 9-5-2019 n° 18-15.761 F-D).

TAUX APPLICABLES

Le tableau ci-dessous présente le taux de forfait social applicable en fonction de la nature des garanties et de l'effectif de l'entreprise (CSS art. L 137-16 ; BOSS-PSC-50). 43360

Type de contributions	Taux du forfait social (en %)
Contributions finançant un régime de retraite supplémentaire à cotisations définies Versements obligatoires au Pero ne remplissant pas les conditions du taux réduit exposées n° 50227	20
Versements obligatoires au Pero remplissant les conditions du taux réduit exposées n° 50227	16
Contributions de prévoyance complémentaire dans les entreprises de 11 salariés et plus[1]	8
Contributions de prévoyance complémentaire dans les entreprises de moins de 11 salariés[1]	0

1. Sur les modalités de **calcul de l'effectif** de l'entreprise, voir nos 18800 s. Les effets de franchissement de seuil sont neutralisés dans les conditions exposées nos 18825 s.

C. Retraite à prestations définies

L'ordonnance 2019-697 du 3-7-2019 a refondu les règles applicables aux régimes à prestations définies notamment en supprimant pour l'avenir la possibilité de subordonner les droits du bénéficiaire à une **condition** d'**achèvement de la carrière** dans l'entreprise. Sont présentées ci-dessous les règles applicables aux régimes à droits certains pouvant être mis en place depuis le 4-7-2019 et soumis au cadre juridique issu de l'ordonnance. Sont également exposées les règles applicables aux régimes à droits aléatoires, fermés depuis cette même date. 43420

1. RÉGIME À DROITS CERTAINS

CARACTÉRISTIQUES

Les régimes à droits certains doivent respecter plusieurs caractéristiques (C. ass. art. L 143-0 ; C. mut. art. L 222-2-1 ; CSS art. L 932-39-1) : 43430

– l'adhésion au régime peut être subordonnée à une condition de **présence minimale dans l'entreprise** et l'acquisition des droits conditionnée à une **durée minimale de cotisations,** la somme de ces deux durées étant limitée à 3 ans ;

– l'acquisition des droits peut aussi être soumise à l'atteinte par le bénéficiaire d'un **âge minimal,** qui ne peut pas dépasser 21 ans ;

– en cas de **départ de l'entreprise,** le bénéficiaire conserve ses droits à retraite, qui sont revalorisés annuellement comme ceux des bénéficiaires présents dans l'entreprise ou selon le taux de revalorisation des prestations de pension servies ;

– les sommes versées par l'employeur et, le cas échéant, par le bénéficiaire leur sont **remboursées** lorsque ce dernier quitte l'entreprise avant d'avoir acquis des droits à retraite ;

– des **obligations d'information** annuelles et sur demande s'imposent à l'organisme assureur vis-à-vis des bénéficiaires, des anciens bénéficiaires et de leurs ayants droit.

RÉGIME SOCIAL

Contribution à la charge de l'employeur Les sommes versées par l'employeur pour le financement d'un régime de retraite à prestations définies à droits certains échappent aux cotisations de sécurité sociale et aux prélèvements alignés, à la CSG et à la 43435

CRDS et au forfait social (CSS art. L 136-1-1, III-2°-e et L 242-1, al. 1), mais sont soumises à une **contribution spécifique** de 29,7 % à la charge de l'employeur (CSS art. 137-II-2).

L'assiette et le montant de la contribution doivent figurer sur la **DSN.** La contribution doit être traitée via le CTP 812 (net-entreprises, fiche n° 2224).

43438 Ce régime social de faveur est subordonné au respect des **conditions** suivantes (CSS art. L 137-11-2) :
– les prestations sont exprimées sous forme de **rente** annuelle et sont, le cas échéant, versées sous déduction de celles perçues au titre des régimes de retraite obligatoires auxquels est affilié le bénéficiaire ;
– les droits supplémentaires sont acquis chaque année sans possibilité d'acquisition rétroactive au titre d'une année antérieure à l'adhésion ou à l'affiliation. Ils sont exprimés en **pourcentage de la rémunération** du bénéficiaire soumise aux cotisations sociales. Ce pourcentage est **limité,** dans l'entreprise, à 3 % par an et le cumul des pourcentages appliqués à un même bénéficiaire, tous employeurs confondus, est plafonné à 30 points ;
– l'employeur **notifie** annuellement à un organisme désigné par arrêté, via la **DSN,** l'identité des salariés ou des mandataires sociaux bénéficiaires et le montant des droits acquis par chacun d'entre eux. Cette déclaration doit s'effectuer au plus tard le 30 juin de l'année N + 1 via le bloc Droit supplémentaire acquis au titre des régimes de retraite supplémentaire à prestations définies – S89.G00.67 ;
– l'acquisition des droits est subordonnée à une **condition de performances professionnelles** pour les dirigeants sociaux relevant au titre de leur mandat du régime général des salariés et pour les bénéficiaires dont la rémunération excède 8 fois le plafond annuel de la sécurité sociale, soit 351 936 € en 2023 ;
– les droits acquis sont **revalorisés** annuellement sur la base d'un coefficient au plus égal à l'évolution du plafond de sécurité sociale ;
– tous les salariés de l'entreprise sont couverts par un **Perco,** un régime obligatoire de retraite supplémentaire mis en place par accord collectif ou ratifié ou par décision unilatérale de l'employeur ou par un plan d'épargne retraite d'entreprise ;
– les droits des bénéficiaires sont **sécurisés** en cas d'insolvabilité de l'employeur à hauteur au moins de 50 % des droits acquis au moment de l'insolvabilité. Les modalités de cette sécurisation sont précisées par l'instruction DSS 237 du 23-12-2020 qui ajoute cette condition à celles légales précitées.

43440 **Contributions et cotisations à la charge du bénéficiaire** Les bénéficiaires d'une rente versée dans le cadre d'un régime de retraite à prestations définies à droits certains sont redevables des mêmes contributions que les bénéficiaires de rentes versées dans le cadre des régimes à droits aléatoires : contribution spécifique (n° 43490), cotisation maladie et Casa (n°s 52260 s.), CSG et CRDS (n°s 52260 s.).

2. RÉGIME À DROITS ALÉATOIRES

FERMETURE DES RÉGIMES EXISTANTS

43450 Depuis le **4-7-2019,** il n'est plus possible de **mettre en place** un régime de retraite supplémentaire à prestations définies à droits aléatoires (CSS art. L 137-11, VI).

Les régimes existants ne peuvent plus, depuis cette date, accueillir de **nouvel adhérent,** ni générer de **nouveau droit** à retraite conditionnel au titre des périodes d'emploi postérieures au 1-1-2020. Échappent toutefois à ces interdictions les régimes fermés à de nouvelles adhésions depuis au moins le 20-5-2014.

Il demeure possible de calculer sur le salaire de fin de carrière les droits constitués au titre des périodes d'emploi antérieures au 1-1-2020 dans les conditions prévues par le régime.

Les modalités de fermeture de ces régimes et de gel des droits constitués au 31-12-2020 ont été précisées par l'administration (Inst. intermin. 2020-135 du 27-7-2020, opposable).

> **Précisions** **a.** L'instauration de ces régimes, lorsqu'ils étaient réservés à une ou à certaines catégories de salariés ou aux dirigeants, était subordonnée à la **condition** d'existence **au profit de tous les salariés** d'un Perco ou d'un régime de retraite supplémentaire à adhésion obligatoire (Loi 2010-1330 du 9-11-2010 art. 111).
> **b.** Les droits liquidés au titre de ces régimes doivent être **sécurisés** à hauteur d'au moins 10 % (ce taux devant être progressivement porté à 50 % à l'horizon 2030) dans les conditions prévues par l'ordonnance 2015-839 du 9-7-2015.

L'employeur peut **transférer** les engagements d'un régime à droits aléatoires vers un régime à droits certains dans la **limite** du plafond de 30 points. Le respect de celui-ci est calculé en rapportant le montant des droits conditionnels à la date du transfert à la rémunération moyenne du bénéficiaire au cours des 3 dernières années dans le régime. La rémunération prise en compte est celle entrant dans l'assiette des cotisations sociales. Le pourcentage obtenu est communiqué à l'organisme assureur. 43455
Le transfert est subordonné au versement d'une **contribution libératoire** par l'entreprise (Ord. 2019-697 du 3-7-2019 art. 5, II).

> **Précisions** Ce transfert n'est possible pour les entreprises ayant opté pour la contribution sur les rentes (n° 43465) que si celles-ci ont opté pour la contribution sur les primes avant le 1-1-2021.

EXONÉRATION DE COTISATIONS SOCIALES

Sont exclues de plein droit et sans limitation de l'assiette des cotisations de sécurité sociale et des prélèvements alignés, de la CSG et de la CRDS, de la taxe sur les salaires et du forfait social les sommes versées par l'entreprise pour financer un régime de retraite supplémentaire à prestations définies conditionnant la constitution de droits à prestations à l'**achèvement de la carrière** dans l'entreprise et dont le financement par l'employeur n'est **pas individualisable** par salarié (CSS art. L 136-1-1, L 137-11 et L 137-15 ; BOI-TPS-TS-20-10 n° 20 ; Circ. DSS 387 30-12-2008 opposable). 43460

> **Précisions** Les contributions patronales aux **régimes non conformes** à ces conditions peuvent, sous certaines conditions, être exonérées dans les mêmes limites que celles prévues pour les contributions aux régimes de retraite à cotisations définies (n° 42980).

CONTRIBUTION À LA CHARGE DE L'EMPLOYEUR

Taux Les régimes de retraite à prestations définies à droits aléatoires donnent lieu à une contribution spéciale à la charge de l'employeur, assise, sur **option** de celui-ci (CSS art. L 137-11) : 43465

– soit **sur les rentes** servies aux retraités ; le taux est de 32 % pour celles liquidées depuis le 1-1-2013 et de 16 % pour celles liquidées avant cette date, celles liquidées avant le 1-1-2001 étant totalement exonérées ;

– soit **sur les primes** versées à une société d'assurances, une mutuelle ou une institution de retraite supplémentaire ; en cas de gestion interne (possible uniquement pour les régimes créés avant le 1-1-2010), l'assiette est constituée par les dotations aux provisions ou les montants mentionnés en annexe au bilan correspondant au coût des services rendus au cours de l'exercice ; la contribution s'applique aux taux de 24 % en cas de gestion externe et de 48 % en cas de gestion interne.

> **Précisions** L'assiette et le montant de la contribution doivent figurer sur la **DSN.** La contribution doit figurer dans le bloc 23 Cotisation agrégée sous les codes types de personnel suivants : CTP 706 contribution de l'employeur assise sur les rentes de 16 % ; CTP 010 contribution de l'employeur assise sur les rentes de 32 % ; CTP 704 contribution assise sur les primes en cas de gestion externe de 24 % ; CTP 118 contribution assise sur les dotations aux provisions en cas de gestion externe de 48 % ; CTP 564 contribution due par le bénéficiaire sur la rente au taux de 7 % ; CTP 566 contribution due par le bénéficiaire sur la rente au taux de 14 % (www.urssaf.fr).

Exercice de l'option L'article R 137-3 du CSS fixe les modalités d'exercice de l'option de l'employeur pour une contribution sur les rentes ou sur les primes. Cette option était en principe irrévocable (CSS art. L 137-11). Toutefois, les entreprises ayant opté pour une contribution sur les rentes peuvent opter pour une **contribution sur les primes** si elles décident de passer d'une gestion interne à une gestion externe (Ord. 2015-839 du 9-7-2015 art. 5). 43470

Déclarations et versements Si l'employeur a opté pour la **contribution sur les rentes,** l'organisme payeur **déclare et verse** pour son compte la contribution, le cas échéant, par prélèvement sur le ou les fonds collectifs prévus au contrat le liant à l'employeur (CSS art. R 137-4). 43480

Il **communique** à l'employeur, à l'issue de chaque année civile et au plus tard le 31 janvier de l'année suivante, un document mentionnant le montant des rentes versées par bénéficiaire et des contributions correspondantes acquittées au titre de l'année précédente, ou, le cas échéant, l'indication de l'absence de versement de rentes. Une copie est adressée à l'organisme de recouvrement (CSS art. R 137-4). Enfin, l'organisme déclare et acquitte la cotisation à la charge du bénéficiaire mentionnée n° 43490 (CSS art. R 137-6).

Ces opérations de déclaration et de versement sont effectuées dans les **conditions applicables** à la cotisation d'assurance maladie et à la CSG sur les avantages retraite (CSS art. L 136-1, R 137-4 et R 137-6), auprès de l'Urssaf ou de la CGSS de l'organisme payeur (Circ. Acoss 43 du 3-4-2012).

43485 L'employeur ayant opté pour la **contribution sur les primes** est responsable de son versement (CSS art. R 137-4). Il doit la **verser au plus tard** à la première date d'exigibilité des cotisations de sécurité sociale dues sur les rémunérations de ses salariés suivant, en cas de gestion externe, la date de versement des primes à l'organisme gestionnaire ou, en cas de gestion interne, la date de clôture de l'exercice social de l'entreprise. Il remplit ses obligations de déclaration et de versement des contributions auprès de l'organisme de recouvrement mentionné nº 43480 (CSS art. R 137-4).

CONTRIBUTIONS ET COTISATIONS À LA CHARGE DU BÉNÉFICIAIRE

43490 Les bénéficiaires d'une rente versée dans le cadre d'un régime de retraite à prestations définies mentionné aux articles L 137-11 et L 137-11-2 du CSS sont redevables d'une contribution, **précomptée et versée** par l'organisme débiteur de la rente et recouvrée dans les mêmes conditions que la CSG due sur ces rentes (CSS art. L 137-11-1).

Les rentes versées au titre des **retraites liquidées avant le 1-1-2011** sont soumises, en 2023, à la contribution sur la part qui excède 604 € par mois. Son taux est fixé à 7 % pour la part de la rente supérieure à 604 € et inférieure ou égale à 1 210 € par mois, à 14 % pour la part de la rente supérieure à 1 210 € par mois (CSS art. L 137-11-1).

Les rentes versées au titre des retraites liquidées **depuis le 1-1-2011** sont soumises à la contribution lorsque leur valeur est supérieure à 483 € par mois. Son taux est fixé à 7 % pour la part de la rente supérieure à 483 € et inférieure ou égale à 726 € par mois, à 14 % pour la part de la rente supérieure à 726 € par mois (CSS art. L 137-11-1).

Ces montants sont revalorisés chaque année en fonction de l'évolution du plafond de la sécurité sociale, le montant obtenu étant arrondi à l'euro le plus proche (CSS art. L 137-11-1).

Les bénéficiaires sont redevables, en outre, d'une **cotisation maladie** et de la Casa (nºs 52260 s.), ainsi que de la **CSG et** de la **CRDS** (nºs 52260 s.).

43500 **Régime fiscal** La rente est imposable à l'impôt sur le revenu entre les mains des bénéficiaires dans la catégorie des pensions. La **contribution** sociale spécifique des bénéficiaires est déductible du montant imposable dans la limite de la fraction acquittée au titre des premiers 1 000 € de rente mensuelle, cette limite s'entendant avant déduction de la contribution ainsi que des autres cotisations et contributions précomptées sur la rente (CGI art. 83, 2º-0 quater ; BOI-RSA-PENS-30-10-10 nº 100).

> **Précisions** **a.** En pratique, le montant imposable de la rente déclarée à l'administration fiscale par l'organisme qui la verse figure sur la **déclaration de revenus nº 2042 préremplie.** Il tient déjà compte de la fraction de contribution déductible précomptée (BOI-RSA-PENS-30-10-10 nº 100). C'est ce même montant qui sert de base au **prélèvement à la source** de l'impôt sur le revenu pratiqué par le débiteur de la rente (BOI-IR-PAS-20-10-10 nº 150).
> **b.** Les entreprises ayant un régime à gestion interne sont tenues de **déclarer les pensions** qu'elles versent : voir nº 43450, précision c.

SECTION 2 RÉGIME FISCAL

43550 Le régime fiscal des cotisations sociales est abordé en premier lieu au regard de l'**impôt sur le revenu** (nºs 43570 s.). Il doit aussi être examiné sous l'angle de la déductibilité des **bénéfices de l'entreprise** (nºs 44050 s.). Il entraîne enfin, pour l'employeur, des obligations au regard de l'établissement de la déclaration sociale nominative (**DSN**) (nºs 44250 s.).

La question de l'assujettissement de ces cotisations aux **taxes et participations sur les salaires** est examinée dans la partie sociale de l'étude (nºs 42330 s.).

I. IMPÔT SUR LE REVENU

Le salarié peut-il considérer les cotisations lui incombant comme une charge déductible ? Celles qui sont à la charge de l'employeur s'analysent-elles comme un complément de rémunération imposable ? 43570

€

Avant de répondre à ces questions, précisons que le sort des cotisations versées aux régimes de retraite et de prévoyance varie suivant qu'il s'agit de régimes légalement obligatoires, de régimes conventionnellement obligatoires ou de régimes facultatifs.

Les cotisations versées dans le cadre de régimes **légalement obligatoires** sont intégralement déductibles du salaire brut (n°s 43600 s.).

Les cotisations versées dans le cadre de régimes **conventionnellement obligatoires** et les cotisations obligatoires aux **plans d'épargne retraite** d'entreprise ou interentreprises à affiliation obligatoire sont déductibles dans certaines conditions et limites (n°s 43720 s.).

Quant aux cotisations versées à des régimes **facultatifs,** il faut distinguer :

– les cotisations ou primes versées sur un plan d'épargne retraite individuel ou sur un plan d'épargne retraite populaire (Perp) et celles versées à titre individuel et facultatif sur des plans d'épargne retraite d'entreprise ou des régimes de retraite supplémentaire obligatoire d'entreprise : ces cotisations sont déductibles du revenu net global, dans certaines conditions et limites, voir Mémento social n°s 1375 s. et 96610 s. ;

– les cotisations versées à d'autres régimes de retraite facultatifs et celles versées à des régimes de prévoyance facultatifs : ces cotisations ne sont, en principe, pas déductibles, qu'il s'agisse de régimes collectifs à adhésion facultative ou de contrats individuels souscrits à l'initiative des salariés. Un modèle de bulletin de paie illustre le cas d'un régime de prévoyance complémentaire obligatoire complété par une option facultative, abondée par l'employeur (n° 94390).

Sur le cas particulier des cotisations versées par les **sociétés anonymes cotées** en vue de constituer une retraite au profit de leurs dirigeants, voir n° 34680.

A. Cotisations intégralement déductibles

COTISATIONS CONCERNÉES

Sécurité sociale et retraite complémentaire légalement obligatoire 43600

Sont intégralement déductibles du salaire brut (CGI art. 83, 1°) :

– les cotisations salariales versées au titre des régimes de base (régime général et régimes spéciaux de **sécurité sociale,** régime des assurances sociales agricoles) ;

– les cotisations salariales versées aux régimes de **retraite complémentaire légalement obligatoires.** Pour les salariés du régime général de sécurité sociale, il s'agit des cotisations au régime unique Agirc-Arrco : cotisation de base, contribution d'équilibre général (CEG) et contribution d'équilibre technique (CET).

Corrélativement, la **part patronale** des cotisations de sécurité sociale et de retraite complémentaire légalement obligatoire n'a pas le caractère d'un avantage à prendre en compte pour l'assiette de l'impôt sur le revenu.

Ces dispositions valent tant pour les cotisations courantes que, le cas échéant, pour les cotisations d'assurance vieillesse versées en exercice des facultés de **rachat.** La déduction intégrale des rachats au régime de base (notamment ceux des années d'études et des années insuffisamment cotisées, visés à l'art. L 351-14-1 du CSS) est expressément autorisée par l'article 83, 1°-a) du CGI, mais la solution vaut aussi pour les rachats aux régimes complémentaires légalement obligatoires (BOI-RSA-BASE-30-10-10 n° 20). Sur les modalités de déduction des rachats, voir n° 43640.

ATTENTION

En cas de **prise en charge des cotisations salariales** par **l'employeur,** l'avantage correspondant qui est consenti au salarié est imposable. Toutefois, bien qu'acquittées par l'employeur pour le compte du salarié, ces cotisations sont déductibles du revenu brut de ce dernier en application de l'article 83, 1° du CGI (CAA Bordeaux 19-2-2004 n° 00-1216).

Le remboursement à l'entreprise de la part salariale de **rappels de cotisations** de sécurité sociale ou de retraite complémentaire légalement obligatoire est déductible du salaire brut (Rép. Hénault : AN 8-9-1962) ou, si l'intéressé n'est alors plus salarié, du revenu global (BOI-IR-BASE-20-60-10 n° 180) de l'année où il intervient. À l'inverse, le **remboursement de cotisations** salariales **indûment précomptées** par l'employeur constitue un salaire imposable de l'année du remboursement (Rép. Braconnier : Sén. 18-6-1980).

43610 **Assurance chômage** Sont intégralement déductibles du salaire brut les cotisations d'assurance chômage (Unédic) versées par les salariés en application des dispositions de l'article L 5422-9 du Code du travail (CGI art. 83, 2°-bis).

> Précisions **a.** La déductibilité fiscale de la **contribution salariale** d'assurance chômage ne concerne que certaines catégories résiduelles de salariés, cette contribution ayant été supprimée dans le cas général. L'article L 5422-10 du Code du travail déclare désormais déductibles de l'impôt sur le revenu les seules contributions salariales qui subsistent encore. Ce sont celles mentionnées aux 2° (intermittents du spectacle) et 3° (salariés expatriés) de l'article L 5422-9 du même Code.
b. Aucun texte ne fixe expressément le sort de la **part patronale** de la cotisation d'assurance chômage. Mais il est admis, par analogie avec la part patronale des cotisations de sécurité sociale (voir n° 43600), qu'elle ne constitue pas un complément de rémunération imposable.
c. Les cotisations à un régime facultatif de garantie sociale des **chefs et dirigeants d'entreprise** versées par une société au profit de son dirigeant ne remplissant pas les conditions d'appartenance au régime Unédic d'assurance chômage, seul visé par l'article 83, 2°-bis du CGI, constituent pour lui un complément de salaire imposable (CAA Nantes 5-2-2007 nos 06-32 et 06-1264).

43620 **Cotisations à des régimes étrangers** Sont intégralement déductibles du salaire brut les cotisations versées aux régimes de sécurité sociale de base étrangers conformément aux dispositions du règlement CEE 1408/71 du 14-6-1971 (remplacé, pour ce qui concerne les États membres de l'UE, par le règl. 883/2004 du 29-4-2004) relatif à l'application des régimes de sécurité sociale aux travailleurs salariés et aux membres de leur famille qui se déplacent à l'intérieur de la Communauté ou conformément aux stipulations d'une convention ou d'un accord international relatif à l'application des régimes de sécurité sociale (CGI art. 83, 1°-0 bis).
Ces dispositions concernent l'ensemble des personnes qui, au titre d'une activité professionnelle exercée en France, se trouvent dans la situation de devoir acquitter des cotisations de sécurité sociale obligatoires dans leur pays d'origine (et non pas seulement les salariés impatriés au sens indiqué nos 56830 s.).

MODALITÉS DE LA DÉDUCTION

43640 Les cotisations se déduisent en principe du revenu de l'activité au titre de laquelle elles sont versées, soit en l'occurrence des revenus imposables dans la catégorie des traitements et salaires.
Il résulte des termes de l'article 83 du CGI que les cotisations de sécurité sociale se déduisent du **salaire brut,** c'est-à-dire avant déduction des frais professionnels.
Les cotisations de sécurité sociale ou aux régimes complémentaires légalement obligatoires déductibles du salaire imposable à l'impôt sur le revenu d'une année donnée sont celles **versées** au cours de cette même année.
Les cotisations de sécurité sociale ou aux régimes complémentaires légalement obligatoires étant déductibles du salaire imposable impactent le net fiscal indiqué sur le **bulletin de paie** (voir modèles nos 94334 s.) et les mentions de la **DSN** concernant la rémunération nette fiscale et le montant soumis au **prélèvement à la source** de l'impôt sur le revenu.

> Précisions **a.** Il est toutefois admis dans certaines situations, notamment en cas de **rachat** de cotisations, que les cotisations puissent se déduire du revenu global du contribuable, en application de l'article 156, II-4° du CGI. Tel est le cas lorsque l'intéressé ne dispose plus de salaires imposables l'année où il acquitte les cotisations (ancien salarié ayant cessé toute activité professionnelle ou exerçant une activité relevant d'une autre catégorie de revenus). Pour l'administration, les versements effectués après le départ à la retraite au cours d'une année durant laquelle l'intéressé n'a pas perçu de salaires sont déductibles du montant des pensions de retraite perçues au cours de l'année de rachat et, à défaut, du revenu global (BOI-IR-BASE-20-60-10 n° 160). Lorsque les rachats interviennent au cours de la dernière année d'activité, il peut arriver qu'ils excèdent le montant des salaires imposables de cette année. En ce cas, la part non déduite du salaire imposable est imputable sur le revenu global de cette même année, l'excédent éventuel étant déductible du revenu global des années suivantes (CAA Paris 28-11-2000 n° 97-2347).
b. La possibilité de déduire les rachats du revenu global dans les situations ci-dessus mentionnées concerne uniquement les rachats aux régimes de base de sécurité sociale et aux régimes complémentaires légalement obligatoires, à l'exclusion, donc, des rachats effectués auprès de **régimes supplémentaires** de retraite qui étaient conventionnellement obligatoires pour le salarié lorsqu'il était en activité (BOI-IR-BASE-20-60-10 n° 160).

B. Cotisations à déduction plafonnée

Les versements **obligatoires** faits en vue de financer des avantages de retraite supplémentaire et de prévoyance complémentaire sont déductibles des bases de l'impôt dans la limite de plafonds fixés par l'article 83 du CGI. 43720

Pour la **retraite,** sont concernés les versements obligatoires aux plans d'épargne retraite (PER) d'entreprise ou interentreprises et, pour les entreprises les ayant conservés, les versements aux régimes supplémentaires dits « article 83 » mis en place avant le 1-10-2020, auxquels les PER d'entreprise ou interentreprises ont vocation à se substituer, mais qui peuvent cependant être maintenus et accueillir de nouveaux bénéficiaires sans limitation de durée.

Pour la **prévoyance,** il s'agit des versements aux régimes complémentaires obligatoires s'ajoutant aux garanties de prévoyance des régimes légaux de sécurité sociale.

Le cas particulier des dispositifs de retraite à **prestations définies** est examiné à part n°s 43950 s.

1. RETRAITE SUPPLÉMENTAIRE « ARTICLE 83 » ET PRÉVOYANCE COMPLÉMENTAIRE

Il résulte de la loi (CGI art. 83) que les cotisations de retraite supplémentaire « article 83 » et de prévoyance complémentaire à affiliation obligatoire sont déductibles du salaire imposable à l'impôt sur le revenu dans des **limites** annuelles, définies, l'une pour la retraite et l'autre pour la prévoyance : voir n°s 43860 s. 43750

Cette déductibilité plafonnée est subordonnée aux **conditions** exposées n°s 43770 s.

Les **modalités** de la déduction sont celles exposées n° 43640, étant toutefois précisé que la déduction du revenu global n'est pas autorisée pour les cotisations à des régimes conventionnellement obligatoires.

› Précisions **a.** Concrètement, lorsque les conditions et limites fixées par la loi sont respectées, les cotisations salariales sont déductibles du revenu imposable et les cotisations patronales n'ont pas à y être ajoutées (en ce sens, CE 16-2-2001 n° 202632 ; 3-2-2003 n° 231506).
b. Les cotisations versées aux régimes ne réunissant pas ces conditions sont imposables dans les conditions suivantes : la part salariale n'est pas déductible du salaire imposable et la part patronale est traitée comme un complément de rémunération imposable, cette requalification pouvant n'être que partielle si le régime profite aussi à l'entreprise. Tel est le cas d'un contrat de retraite supplémentaire par capitalisation financé par l'entreprise comportant une clause de remboursement des primes à l'entreprise en cas de décès ou de départ des bénéficiaires avant 55 ans : une telle clause ne permet de considérer les primes comme un avantage imposable pour les bénéficiaires que pour une partie de leur montant, estimée en l'espèce à 75 % (CE 3-2-2003 n° 231506).
c. Les cotisations de retraite supplémentaire « article 83 » et de prévoyance complémentaire à affiliation obligatoire, étant déductibles du salaire imposable dans une certaine limite, impactent le net fiscal indiqué sur le **bulletin de paie** et les mentions de la **DSN** concernant la rémunération nette fiscale et le montant soumis au **prélèvement à la source** de l'impôt sur le revenu.

a. Conditions de l'exonération

Selon l'administration, sont déductibles les cotisations ou primes versées aux régimes de retraite supplémentaire « article 83 » et aux régimes de prévoyance complémentaire mis en place dans l'entreprise dans les conditions prévues par l'article L 911-1 du CSS (**convention ou accord collectif, ratification d'un projet d'accord** par les salariés ou **décision unilatérale du chef d'entreprise**) (BOI-RSA-BASE-30-10-20 n°s 40 et 200). 43770

Pour que les cotisations versées à ces régimes soient fiscalement déductibles, il faut aussi que les salariés y soient obligatoirement affiliés et que le régime présente un caractère collectif.

À ces conditions, **l'administration ajoute** d'autres conditions qu'elle considère comme implicitement posées par les textes.

CARACTÈRE OBLIGATOIRE ET COLLECTIF DE L'AFFILIATION

L'exigence du caractère obligatoire de l'affiliation pour les salariés, expressément requise par les articles 83, 1° quater (prévoyance complémentaire) et 83, 2° du CGI (retraite supplémentaire), exclut toute possibilité de déduction des salaires des cotisations et primes versées par les salariés soit au titre de régimes collectifs à adhésion facultative, soit au titre de contrats individuels souscrits à leur initiative. 43780

Le caractère collectif du régime n'est expressément requis par l'article 83 du CGI que pour la prévoyance, mais est étendu à la retraite supplémentaire par la doctrine administrative (BOI-RSA-BASE-30-10-20 nº 1). Il suppose que le régime s'impose à tous les salariés de l'entreprise ou, au moins, à tous ceux appartenant à une catégorie déterminée de personnel.

› Précisions Aux termes de l'article 83, 1° quater du CGI, relatif aux cotisations de prévoyance complémentaire, le caractère obligatoire et collectif du régime s'entend au sens de l'article L 242-1, al. 6 (devenu L 242-1, II-4°) du CSS, c'est-à-dire comme pour la détermination de l'assiette des cotisations de sécurité sociale. Bien que non reprise à l'article 83, 2° du CGI, concernant la retraite supplémentaire, cette référence de la loi fiscale à l'article L 242-1, al. 6 (devenu L 242-1, II-4°) du CSS est étendue par la doctrine administrative aux cotisations de retraite supplémentaire (BOI-RSA-BASE-30-10-20 nºs 50 et 80). Elle vaut, selon l'administration, non seulement pour cette disposition législative, mais aussi pour les textes réglementaires et circulaires pris pour son application (BOI-RSA-BASE-30-10-20 nºs 50, 80 et 210). Tant pour la retraite que pour la prévoyance, il convient donc de se reporter aux indications fournies nºs 42710 s.

AUTRES CONDITIONS

43810 **Retraite supplémentaire « article 83 »** Du fait du caractère obligatoire de l'affiliation requis par le texte, les régimes de retraite supplémentaire entrant dans les prévisions de l'article 83, 2° du CGI ne peuvent être que ceux auxquels les salariés adhèrent dans le cadre de leur activité professionnelle.

Selon l'administration, les cotisations aux régimes de retraite supplémentaire doivent tendre à la **constitution** d'une véritable **pension de retraite,** c'est-à-dire d'un revenu conservant un lien avec les services passés (BOI-RSA-BASE-30-10-20 nº 20). Elle admet toutefois qu'ils comportent également des garanties complémentaires en cas de **décès de l'adhérent** avant (contre-assurance décès, qui le cas échéant peut valablement consister en la contrepartie de la provision mathématique) ou après la date de mise en service de la rente viagère (notamment, réversion sur la tête du conjoint survivant ou des enfants à charge ou, le cas échéant, d'un bénéficiaire désigné), ainsi qu'en cas d'**invalidité ou d'incapacité** (BOI-RSA-BASE-30-10-20 nº 110).

43820 Les **cinq conditions** suivantes sont en outre **requises par l'administration** (BOI-RSA-BASE-30-10-20 nºs 60 s.).

1. La pension doit être stipulée payable, au plus tôt, à l'**âge** normal de départ à la retraite, c'est-à-dire à l'âge à partir duquel le salarié intéressé peut bénéficier de la pension vieillesse d'un régime obligatoire d'assurance vieillesse, de base ou complémentaire, ou à l'âge de départ à la retraite fixé par le premier alinéa de l'article L 351-1 du CSS (62 ans pour les personnes nées à compter de 1955).

L'administration exclut la déduction des cotisations versées à un régime de retraite adossé à un contrat d'assurance vieillesse qui comporte une **clause d'anticipation** permettant au bénéficiaire de percevoir une partie de l'épargne acquise avant l'âge normal de départ à la retraite ; en revanche, elle admet sous certaines conditions la déduction des cotisations versées au titre d'un contrat d'assurance vieillesse qui comprend une **option dite « d'annuités garanties »** stipulant, en cas de décès prématuré de l'assuré, le versement d'annuités pendant une certaine durée à un bénéficiaire désigné par l'adhérent au jour de la liquidation de ses droits viagers.

2. Les cotisations doivent comporter une **participation** effective **de l'employeur.** Cette participation doit au minimum représenter une part significative des cotisations, au maximum la totalité.

3. Les contrats passés avec les compagnies d'assurances doivent revêtir la forme d'une **assurance de groupe** qui s'impose à la totalité du personnel d'une catégorie donnée. Une entreprise ne comportant qu'un nombre très limité de salariés, ou même un seul, appartenant à une catégorie donnée, définie de manière générale et impersonnelle selon des critères non restrictifs, a la possibilité d'adhérer à un contrat d'assurance de groupe. En pareil cas, le contrat peut se présenter sous la forme d'un contrat collectif obligatoire ouvert à plusieurs entreprises. Le groupe ainsi constitué doit répondre aux exigences de la réglementation particulière à ce type d'assurance. Si tous les salariés de la même catégorie ne sont pas adhérents du contrat, la déduction des cotisations n'est pas admise. Sur la notion de catégorie de personnel, voir nºs 42720 s.

4. Les cotisations doivent être fixées à un **taux** uniforme à l'égard de toutes les personnes appartenant à une même catégorie objective de personnel (sur cette notion, voir nºs 42720 s.), étant toutefois admis que cette condition n'exclut pas une modulation du taux de cotisation par tranche de rémunération, c'est-à-dire par fraction de rémunération égale au plafond de la sécurité sociale.

5. Les cotisations doivent être afférentes à un régime exclusif de tout **versement en capital** même s'il s'agit d'une option, au moment du départ à la retraite, entre cette formule et le versement d'arrérages. À cet égard, des clauses prévoyant le versement de **rentes** dites « **variables** » ou « **par paliers** » peuvent s'analyser comme une sortie partielle en capital et peuvent dès lors remettre en cause la déductibilité des cotisations.

> **Précisions** Les contrats ne doivent pas comporter de **clauses de rachat** même partiel, sauf à titre dérogatoire dans les cas visés par la loi : invalidité de l'assuré correspondant à son classement dans les deuxième ou troisième catégories prévues à l'article L 341-4 du CSS, cessation d'activité non salariée de l'assuré à la suite d'un jugement de liquidation judiciaire (ou toute situation justifiant ce rachat selon le président du tribunal de commerce auprès duquel est instituée une procédure de conciliation visée à l'article L 611-4 du Code de commerce qui en effectue la demande avec l'accord de l'intéressé), expiration des droits à l'assurance chômage du régime Unédic en cas de licenciement (ou le fait, pour un ancien administrateur ou ancien membre du directoire ou du conseil de surveillance n'ayant pas liquidé sa pension dans un régime obligatoire d'assurance vieillesse, de ne pas être titulaire d'un contrat de travail ou d'un mandat social depuis 2 ans au moins à compter du non-renouvellement de son mandat social ou de sa révocation), décès du conjoint ou du partenaire lié par un Pacs et situation de surendettement de l'assuré dans les conditions indiquées n° 42980. La déduction des cotisations n'est pas remise en cause, non plus, en cas de rachat de la rente lorsque les quittances d'arrérages mensuelles ne dépassent pas 100 €.

Régimes de prévoyance complémentaire **Selon l'administration,** les cotisations ne sont susceptibles d'être admises en déduction que si, outre celle tenant au caractère obligatoire et collectif de l'affiliation, les conditions suivantes sont réunies (BOI-RSA-BASE-30-10-20 nos 200 s.). 43830

1. Les régimes doivent répondre aux conditions exigées des régimes de retraite supplémentaire, énumérées aux 2, 3 et 4 du n° 43820.

2. Les **risques assurés** doivent être les mêmes que dans le régime de base de sécurité sociale (maladie, maternité, invalidité, incapacité de travail, décès), ainsi que la dépendance, qui est assimilée à la prévoyance (BOI-RSA-BASE-30-10-20 n° 240), les prestations accordées pouvant toutefois revêtir des formes différentes (par exemple, pension d'orphelin, rente d'éducation, etc.).

Mais l'étendue des droits à déduction dépend de la nature du risque couvert. En effet, les cotisations patronales de prévoyance complémentaires correspondant à des garanties portant sur le remboursement ou l'indemnisation de frais de santé (occasionnés par une maladie, une maternité ou un accident) sont considérées comme un complément de salaire imposable entre les mains du salarié (CGI art. 83, 1° quater) et s'ajoutent au salaire brut servant au calcul de la limite d'exonération (n° 43890). La part salariale des cotisations couvrant ces risques, ainsi que la part patronale des cotisations versées pour les autres garanties (BOI-RSA-CHAMP-20-30-50 n° 60) demeurent, en revanche, susceptibles d'ouvrir droit à déduction du salaire imposable.

La part des éventuels **frais de gestion** à la charge de l'employeur qui correspond à la garantie portant sur les frais de santé suit le même régime que les cotisations auxquelles elle est afférente et est donc également comprise dans la rémunération imposable du salarié (BOI-RSA-CHAMP-20-30-50 n° 50).

Les cotisations prises en charge, le cas échéant, par le **CSE** versées à des régimes de prévoyance complémentaire suivent le même sort que les cotisations patronales au regard de l'impôt sur le revenu (BOI-RSA-CHAMP-20-30-50 nos 50 et 60). Voir n° 94400 un modèle de bulletin de paie illustrant cette situation.

Le respect de l'uniformité du taux de cotisation et la limitation des risques couverts à ceux pris en charge par le régime de base de la sécurité sociale n'interdisent pas aux salariés de choisir, à l'intérieur de leur cotisation de prévoyance obligatoire, de **moduler** le taux de couverture et, par suite, les prestations des **différents risques** autorisés.

3. Le régime doit être exclusif de tout versement en **capital,** sauf pour la couverture du risque décès ou en cas d'invalidité absolue et définitive ou perte totale et irréversible d'autonomie (CSS art. L 341-4, 3°).

Par ailleurs, dans le cas de garanties portant sur l'indemnisation des frais occasionnés par une maladie, une maternité ou un accident, la loi subordonne la déductibilité des cotisations au respect des conditions posées par l'article L 871-1 du CSS, définissant les **contrats dits « responsables ».** Ces conditions sont détaillées nos 43060 à 43110 (CGI art. 83, 1° quater).

b. Plafonds d'exonération

43860 Les cotisations versées aux régimes collectifs et obligatoires de retraite supplémentaire « article 83 » et aux régimes de prévoyance complémentaire sont déductibles du salaire imposable dans des **limites annuelles.**

> Précisions a. Aucune disposition ne prévoit de proratisation de la limite de déduction en cas de **début ou de fin de contrat en cours d'année** ou de travail à **temps partiel.**

b. Les **salariés et dirigeants fiscalement assimilés exerçant temporairement une activité en France** (visés n° 56830) peuvent déduire, dans les limites prévues aux n°s 43870 et 43890, les cotisations versées aux régimes de retraite supplémentaire et de prévoyance complémentaire auxquels ils étaient affiliés ès qualités avant leur prise de fonctions en France. Ces dispositions ne concernent que les personnes dont la prise de fonctions en France est intervenue depuis le 1-1-2008 (régime de l'art. 155 B du CGI) et ne s'appliquent que jusqu'au 31 décembre de la huitième (cinquième pour les prises de fonctions antérieures au 6-7-2016) année suivant celle de leur prise de fonctions (CGI art. 83, 2°-0 ter). La déduction des cotisations aux régimes de retraite est subordonnée au respect soit de la définition de l'article 3 de la directive 98/49/CE du Conseil du 29-6-1998, soit des conditions prévues par une convention ou un accord de sécurité sociale ; en outre, il doit s'agir, selon l'administration, d'une affiliation à un régime de retraite professionnel, facultatif ou obligatoire, fonctionnant en répartition ou en capitalisation, à l'exclusion donc des contrats individuels d'assurance retraite souscrits à titre personnel, sans relation avec l'emploi occupé (BOI-RSA-GEO-40-20 n° 40).

c. Les **autres salariés détachés en France** en provenance d'États de l'Espace économique européen peuvent déduire, dans les conditions exposées n°s 43780 et 43810 à 43820 et la limite définie n° 43870, les cotisations qu'ils continuent de verser aux régimes de retraite supplémentaire répondant aux conditions définies par la directive précitée auxquels ils étaient affiliés avant leur arrivée en France, dans un État membre de l'Union européenne ou dans un État non-membre de cette Union partie à l'accord sur l'Espace économique européen ayant conclu avec la France une convention fiscale contenant une clause d'assistance administrative en vue de lutter contre la fraude ou l'évasion fiscale (BOI-RSA-BASE-30-10-20 n° 180).

RETRAITE SUPPLÉMENTAIRE « ARTICLE 83 »

43870 Les cotisations versées aux régimes de retraite supplémentaire **conventionnellement obligatoires** ainsi que, le cas échéant, les sommes et cotisations mentionnées n° 43880 sont déductibles (part salariale) et non imposables (part patronale) dans la limite, incluant les versements de l'employeur, de **8 % de la rémunération annuelle brute,** retenue à concurrence de 8 fois le plafond annuel de calcul des cotisations de sécurité sociale, soit une limite maximale de 28 155 € pour 2023 (CGI art. 83, 2°).

Sur le cas des salariés travaillant simultanément pour **plusieurs employeurs** : voir n° 69340.

La rémunération annuelle brute s'entend de la rémunération annuelle déclarée par l'employeur qui procède au versement des cotisations pour être soumise à l'impôt sur le revenu établi au nom de l'intéressé avant déduction de la part salariale des cotisations sociales et de la part fiscalement déductible de la CSG. Elle comprend donc notamment les cotisations patronales de prévoyance complémentaire couvrant la garantie « frais de santé » (BOI-RSA-BASE-30-10-20 n° 125) (voir exemple n° 43890), mais pas les cotisations patronales de retraite supplémentaire ou de prévoyance complémentaire couvrant les autres risques pour la part excédant le plafond de déduction (BOI-RSA-BASE-30-10-20 n° 300).

Sur le sort des **cotisations excédentaires,** voir n° 43750 et l'exemple ci-après.

EXEMPLE

Soit un salarié qui perçoit une rémunération annuelle brute de 40 000 € et qui cotise à un régime de retraite dit « article 83 » au taux de 4 %. Son employeur complète ce versement par une cotisation au taux de 6 %.

Le plafond de déduction s'élève à 3 200 € (40 000 € × 8 %).

Les cotisations salariales et patronales versées au régime de retraite supplémentaire s'élèvent respectivement à 1 600 € et à 2 400 €, soit au total 4 000 € et un excédent de 800 €. La part salariale de cet excédent est égale à : 800 € × 0,40 = 320 €, et la part patronale à : 800 € × 0,60 = 480 €.

La somme de 320 € n'est pas déductible de la rémunération brute imposable ; celle de 480 € doit être ajoutée à la rémunération brute imposable du salarié.

Le plafond de déduction des cotisations n'est pas modifié du fait de cette augmentation de la rémunération (BOI-RSA-BASE-30-10-20 n° 300).

43880 Si un plan d'épargne pour la retraite collectif (**Perco**) est mis en place dans l'entreprise, le plafond annuel défini n° 43870 doit être réduit des sommes versées par l'entreprise ou le salarié sur ce plan et exonérées d'impôt sur le revenu pour le bénéficiaire en application de l'article 81, 18° du CGI (CGI art. 83, 2°). Dans le cas où l'abondement de l'employeur au Perco (dont le montant est plafonné) est supérieur au plafond de déduction dont bénéficie le salarié compte tenu du montant de sa rémunération, la possibilité de déduction au titre des cotisations de retraite supplémentaire est utilisée en totalité mais, pour autant, la fraction excédentaire correspondante de l'abondement de l'employeur ne constitue pas un complément de rémunération imposable (BOI-RSA-BASE-30-10-20 n° 130). Pour plus de détails sur le Perco, voir nos 50100 s.

Sont également déductibles dans la limite mentionnée n° 43870 :
– les droits provenant d'un **compte épargne-temps** (CET) et affectés au financement de prestations de retraite à caractère collectif et obligatoire dans les conditions indiquées n° 72310 ;
– dans la limite de 10 jours par an, les **sommes correspondant à des jours de repos non pris** qui, en l'absence de CET, sont affectées au financement de prestations de retraite à caractère collectif et obligatoire dans les conditions indiquées à l'article L 3334-8, alinéas 2 et 4 du Code du travail.

› Précisions Le régime de retraite supplémentaire d'entreprise « article 83 » peut collecter, outre les cotisations salariales et patronales obligatoires, les **cotisations versées à titre individuel et facultatif par les salariés** dans le cadre de l'épargne retraite individuelle (n° 43570). Mais, tandis que les cotisations obligatoires viennent en déduction du salaire brut, les cotisations facultatives sont déductibles du **revenu net global** du salarié. Notons cependant que le plafond de déduction du revenu global des cotisations d'épargne retraite individuelle est diminué du montant déductible du salaire imposable des cotisations salariales et patronales aux régimes supplémentaires obligatoires de retraite « article 83 ».

PRÉVOYANCE COMPLÉMENTAIRE

Les cotisations ou primes versées aux régimes de prévoyance complémentaire auxquels le salarié est **affilié à titre obligatoire** sont déductibles (part salariale) et non imposables (part patronale correspondant aux risques autres que les frais de santé : voir n° 43830) dans une **limite annuelle,** incluant les versements de l'employeur (pour les risques autres que les frais de santé), égale à la somme des éléments suivants : 43890
– **5 % du plafond** annuel retenu pour le calcul des cotisations de **sécurité sociale,** soit 2 200 € pour 2023 ;
– et **2 % de la rémunération** annuelle brute, au sens indiqué n° 43870, sans que le **total** ainsi obtenu puisse toutefois excéder 2 % de 8 fois le montant annuel du plafond de sécurité sociale, soit un montant maximal de 7 039 € pour 2023 (CGI art. 83, 1° quater).

Sur le cas des salariés travaillant simultanément pour **plusieurs employeurs** : voir n° 69340.
Sur le sort des **cotisations excédentaires,** voir n° 43750 et l'exemple ci-après.

EXEMPLE

Soit un salarié qui cotise à un régime de prévoyance complémentaire d'entreprise obligatoire et collectif. Il perçoit une rémunération annuelle brute de 100 000 €, dont 1 500 € sous forme de cotisations de son employeur à sa complémentaire d'entreprise qui sont comprises, en l'espèce, dans sa rémunération brute dès lors qu'elles couvrent des garanties relatives au remboursement ou à l'indemnisation de frais occasionnés par une maladie, une maternité ou un accident. Ce salarié cotise à sa complémentaire d'entreprise à hauteur de 3 000 € par an. Son employeur complète ce versement par une cotisation de 3 000 € qui comprend, outre les 1 500 € précités pris en compte dans sa rémunération brute, 1 500 € versés au titre de garanties autres que celles portant sur le remboursement ou l'indemnisation de frais occasionnés par une maladie, une maternité ou un accident.

Pour 2023, le plafond de déduction de ce salarié s'élève (le plafond annuel de sécurité sociale étant de 43 992 €), au plus faible des deux montants suivants :
– (43 992 × 5 %) + (100 000 × 2 %) = 4 200 € ;
– (43 992 × 8 × 2 %) = 7 039 €.

La limitation du plafond à hauteur de 2 % de 8 fois le plafond annuel de sécurité sociale ne trouve donc pas à s'appliquer ici.

En 2023, les cotisations salariales et patronales déductibles, sous condition de plafond, en application de l'article 83, 1° quater du CGI s'élèvent respectivement à 3 000 € et à 1 500 €, soit au total 4 500 €, d'où un excédent de 300 € (4 500 – 4 200) :
– part salariale de l'excédent : 300 € × (3 000 / 4 500) = 200 € ;
– part patronale de l'excédent : 300 € × (1 500 / 4 500) = 100 €.

La somme de 200 € n'est pas déductible de la rémunération brute imposable ; celle de 100 € doit être ajoutée à la rémunération brute imposable du salarié.

Le plafond de déduction des cotisations n'est pas modifié du fait de cette augmentation de la rémunération imposable (BOI-RSA-BASE-30-10-20 n° 300).

2. PLANS D'ÉPARGNE RETRAITE (PER) D'ENTREPRISE

43900 La situation envisagée ici est celle des **versements obligatoires** des salariés et des entreprises aux plans d'épargne retraite (PER) d'entreprise ou interentreprises auxquels les salariés sont affiliés à titre obligatoire. Il peut s'agir soit d'un PER obligatoire (C. mon. fin. art. L 224-23 s.), soit d'un PER collectif (C. mon. fin. art. L 224-13 s.) dans le cas où celui-ci comporte des versements obligatoires. Le PER collectif fait l'objet d'une étude d'ensemble nos 50221 s. Les versements volontaires que les salariés sont autorisés à faire aux PER d'entreprise ne sont pas envisagés ici, car ils sont déductibles du revenu global et non du salaire imposable.

Les salariés ont également la faculté d'adhérer à un **PER individuel** à versements volontaires assortis de possibilités de déduction du revenu global imposable. Mais ces PER, qui n'ont aucune incidence sur la gestion des entreprises, ne sont pas abordés ici.

ATTENTION

Les versements obligatoires aux PER d'entreprise étant déductibles du salaire imposable dans une certaine limite impactent dans cette mesure le net fiscal indiqué sur le **bulletin de paie** (voir modèle n° 94380) et les mentions de la **DSN** concernant la rémunération nette fiscale et le montant soumis au **prélèvement à la source** de l'impôt sur le revenu.

SITUATION DU SALARIÉ

43905 Les versements obligatoires des salariés et des entreprises à un PER d'entreprise ou interentreprises obligatoire ou collectif auxquels les salariés sont affiliés à titre obligatoire sont **déductibles** du salaire imposable dans la **limite** indiquée n° 43870 (CGI art. 83, 2°).

Cette limite s'apprécie en faisant masse des versements obligatoires des entreprises et des salariés au plan. Elle est diminuée, le cas échéant, des **autres sommes** pouvant être versées à un PER d'entreprise qui sont exonérées d'impôt par l'article 81, 18° du CGI : dans le cas des PER obligatoires, il s'agit des sommes issues d'un compte épargne-temps provenant d'un abondement de l'employeur en temps ou en argent à ce compte ; dans la limite de 10 jours par an, des sommes issues d'un compte épargne-temps ne provenant pas d'un abondement de l'employeur ou, en l'absence d'un tel compte dans l'entreprise, des sommes correspondant à des jours de repos non pris (CGI art. 83, 2°).

> **Précisions** **a.** Concrètement, la part incombant au salarié est déductible de son salaire imposable et celle de l'entreprise ne constitue pas pour lui un complément de rémunération imposable.
> **b.** Cette déductibilité étant exclusivement réservée aux versements qui sont faits en vue de la retraite ne concerne pas ceux qui correspondent aux garanties complémentaires prévues aux 4° à 6° du I de l'article L 142-3 du Code des assurances (CGI art. 163 quinvicies). Il s'agit de garanties couvrant certains risques de **prévoyance** complémentaire.
> **c.** Lorsque le PER obligatoire ou le compartiment obligatoire du PER collectif a été mis en place par **décision unilatérale de l'employeur,** les salariés déjà présents dans l'entreprise peuvent se dispenser, à leur initiative, de participer aux versements obligatoires des salariés (C. mon. fin. art. L 224-25 et L 224-27).
> **d.** Il n'est pas possible de **renoncer à cette déduction** « à l'entrée » afin d'obtenir un traitement plus favorable des rentes ou capitaux obtenus du plan « à la sortie ». Cette option, en effet, n'est ouverte que pour les versements volontaires.

SITUATION DE L'ENTREPRISE

43910 Pour l'entreprise, les versements obligatoires aux PER d'entreprise constituent, même en l'absence de texte exprès, une charge de personnel déductible du résultat imposable dans les conditions de droit commun de déduction des charges prévues à l'article 39, 1 du CGI (n° 34630).

3. RÉGIMES DE RETRAITE À PRESTATIONS DÉFINIES

43950 Les régimes de retraite à prestations définies (chapeaux ou additifs) ont pour caractéristique de garantir un montant de prestations défini à l'avance, contrairement aux régimes à cotisations définies où l'engagement ne porte que sur le montant du financement.

La constitution des droits dans ces régimes est généralement exclusivement financée par l'entreprise.

Les sommes versées à ce titre par l'entreprise sont expressément exonérées d'impôt sur le revenu pour les bénéficiaires. Cette exonération s'applique aussi aux sommes versées pour la revalorisation opérée en application de l'article L 137-11-2, 5° du CSS (n° 43430) des droits déjà acquis par les bénéficiaires n'ayant pas encore fait liquider leurs droits (CGI art. 81, 18 ter).

Cette exonération ne concerne que les régimes de retraite à prestations définies à **droits certains,** au sens des articles L 143-0 du Code des assurances et L 143-11-2 du CSS (pour les régimes à droits aléatoires, voir nº 43960).

> **Précisions a.** En ce qui concerne le cas particulier des retraites constituées au profit des **dirigeants de sociétés anonymes cotées,** voir nº 34680.
> **b.** Sur le régime fiscal de la **contribution sociale** à la charge des bénéficiaires de la rente, voir nº 43500.

Régimes à droits aléatoires Le sort au regard de l'impôt sur le revenu des sommes versées par l'entreprise pour financer les régimes de retraite à prestation définies à droits aléatoires (c'est-à-dire conditionnant la constitution de droits à prestations à l'achèvement de la carrière du bénéficiaire dans l'entreprise) n'est pas défini par la loi. Mais il est admis que ces sommes ne constituent pas, pour les intéressés, un avantage imposable, eu égard au caractère aléatoire ou virtuel des droits qui en sont la contrepartie. 43960

> **Précisions** Les régimes de retraite à prestations définies à droits aléatoires sont en voie d'**extinction** progressive.
> En effet, il ne peut plus en être créé depuis le 4-7-2019 et les régimes existants ne peuvent plus accueillir de nouveaux adhérents à compter de la même date, ni ouvrir de nouveaux droits à leurs participants au titre des périodes d'emploi postérieures au 1-1-2020. Par exception, les participants ayant adhéré avant le 20-5-2014 à un tel régime, qui était, depuis au moins cette date, fermé à de nouvelles affiliations, peuvent continuer à acquérir des droits (CSS art. L 137-11, VI).

II. IMPÔT SUR LES BÉNÉFICES

1. RÈGLES GÉNÉRALES

COTISATIONS DÉDUCTIBLES

Les solutions concernant le caractère déductible ou non des cotisations sociales versées pour le personnel sont communes à toutes les entreprises soumises à un régime réel d'imposition, qu'elles soient passibles de l'impôt sur les sociétés ou de l'impôt sur le revenu dans la catégorie des BIC ou des BNC. 44050

Pour ces entreprises, les charges sociales liées aux rémunérations du personnel sont en principe déductibles (BOI-BIC-CHG-40-40-40 nº 1 ; BOI-BNC-BASE-40-60-10 nº 220).

Tel est le cas notamment des **cotisations patronales** aux régimes de **sécurité sociale** d'assurance maladie, d'assurance vieillesse, d'allocations familiales et d'accidents du travail.

Il va de soi que sont seules déductibles les cotisations effectivement dues : en cas de suppression ou de réduction des cotisations en application des dispositions sociales en faveur de l'emploi, d'incitation à l'embauche ou à la conclusion de certains contrats, le montant ainsi économisé ne doit pas apparaître dans les charges de l'entreprise.

Sont également déductibles :

– les contributions versées par les employeurs en vue de financer le versement des allocations de **chômage** servies par Pôle emploi aux travailleurs sans emploi (CGI art. 237 bis) ;

– le **forfait social** ;

– les cotisations patronales aux **régimes supplémentaires obligatoires de retraite dits « article 83 » et aux régimes complémentaires de prévoyance.** La déduction des cotisations destinées à offrir aux membres du personnel ou à leurs ayants droit des avantages de retraite ou de prévoyance s'ajoutant à ceux des régimes obligatoires (de base, complémentaires ou supplémentaires « article 83 ») est soumise à des conditions spécifiques (voir nºs 44110 s.) ;

– les versements obligatoires de l'entreprise aux **plans d'épargne retraite (PER)** d'entreprise ou interentreprises (nº 43910).

Ne sont en revanche pas déductibles des résultats des entreprises imposées selon les règles des bénéfices industriels et commerciaux ou des bénéfices non commerciaux les **sanctions pécuniaires et pénalités** de toute nature mises à la charge des contrevenants à des obligations légales. Sont notamment visées la pénalité pour non-respect des obligations déclaratives prévue à l'article R 243-16 (devenu R 243-12) du CSS et les majorations de retard prévues à l'article R 243-18 (devenu R 243-16) du même Code en cas de paiement tardif des cotisations de sécurité sociale (BOI-BIC-CHG-60-20-20 nº 50 ; BOI-BNC-BASE-40-60-50-20 nº 10).

Quant aux **cotisations salariales,** elles sont incluses dans la rémunération brute du salarié que l'employeur a déjà comprise dans ses charges déductibles. Mais ces cotisations sont déductibles lorsqu'elles sont prises en charge par l'employeur.

EXERCICE DE DÉDUCTION

44060 En matière de bénéfices industriels et commerciaux (**BIC**), l'administration a indiqué que les cotisations de sécurité sociale et les cotisations versées à des caisses de retraite constituent en principe des charges déductibles pour la détermination du résultat de l'exercice au cours duquel elles sont effectivement engagées (BOI-BIC-PROV-30-20-10-20 n°s 320 s.). Cette précision a pour objet de confirmer que l'interdiction de déduire des provisions destinées à faire face aux charges de retraite (voir n°s 52840 s.) ne s'oppose pas à la déduction des cotisations correspondantes.

En matière de **BNC,** en l'absence de règles spécifiques aux cotisations, il est fait application des règles de droit commun exposées n°s 35000 s.

> **Précisions a.** En matière de bénéfices industriels et commerciaux (**BIC**), l'administration admet que les **cotisations patronales** de sécurité sociale **restant dues** à la clôture de l'exercice à raison des salaires payés au cours ou à la clôture de cet exercice figurent, à titre de frais à payer, dans les charges déductibles dudit exercice, bien qu'elles ne soient pas encore exigibles. Il en est de même des charges sociales afférentes aux salaires dus au titre d'un exercice, lorsque ceux-ci ne sont payés qu'au cours de l'exercice suivant (BOI-BIC-CHG-40-40-40 n° 10).
> **b.** Sur le cas particulier du **forfait social** dû sur la participation et l'intéressement des salariés, voir respectivement n°s 47630 et 48650.

2. RÉGIMES COMPLÉMENTAIRES FACULTATIFS DE RETRAITE

44110 Les dépenses exposées par les entreprises soumises à un régime réel d'imposition en vue d'assurer des pensions de retraite à d'anciens membres de leur personnel ou à leurs ayants droit constituent en principe des charges déductibles pour l'assiette de l'impôt sur les bénéfices.

Toutefois, la jurisprudence et la doctrine administrative ont précisé les conditions particulières de déduction auxquelles sont soumises les cotisations destinées à offrir des **avantages excédant ceux prévus par les régimes obligatoires** (de base, complémentaires ou supplémentaires).

La jurisprudence est fondée sur les dispositions générales de l'article 39, 1-1° du CGI, en vertu desquelles sont déductibles du résultat des entreprises les dépenses de personnel et de main-d'œuvre, et sur la condition de diminution de l'actif net de l'entreprise.

Ces règles sont propres aux entreprises imposables à l'impôt sur le revenu dans la catégorie des **BIC** ou à l'impôt sur les sociétés. Toutefois, le principe de déductibilité des frais de personnel est également posé en matière de **BNC** par l'article 93 du CGI qui permet la déduction du bénéfice professionnel des dépenses nécessitées par l'exercice de la profession. Pour la détermination du bénéfice non commercial, les frais de personnel comprennent les charges sociales et les dépenses diverses exposées dans l'intérêt du personnel (BOI-BNC-BASE-40-60-10 n° 10). De plus, les principes généraux dégagés par la jurisprudence et, le cas échéant, par la doctrine administrative qui sont exposés ci-après (engagement juridique général et impersonnel opposable à l'employeur et, en cas de recours à un organisme tiers, autonomie de ce fonds et perte de la disposition des sommes versées) nous semblent tout à fait transposables aux titulaires de BNC imposables selon le régime de la déclaration contrôlée. Toutefois, certaines règles exposées ci-après peuvent ne pas être applicables aux titulaires de BNC. Nous le préciserons.

S'agissant des retraites constituées par les **sociétés anonymes cotées** en faveur de leurs dirigeants, voir n° 34680.

Sur l'**exercice de déduction** des primes et cotisations, voir n° 44060. Toutefois, en matière de BIC, lorsque les cotisations sont afférentes à un contrat d'assurance de groupe ne couvrant que des risques relevant de l'assurance-vie, notamment le versement d'un complément de retraite, l'administration considère qu'elles ne sont déductibles qu'au titre de l'exercice au cours duquel elles ont été effectivement versées (BOI-BIC-CHG-40-50-40-40 n° 30).

ATTENTION
En matière d'impôt sur les bénéfices, il n'y a pas lieu de distinguer selon que le régime constitué par l'entreprise est à cotisations ou à prestations définies.

ENGAGEMENT DANS L'INTÉRÊT DE L'ENTREPRISE

La notion d'engagement dans l'intérêt de l'entreprise des charges de retraite a été élaborée par la jurisprudence à propos de la déduction des pensions directement versées par l'employeur. Mais les solutions ainsi dégagées (voir n°s 52860 s.) sont également applicables à la déduction des cotisations versées dans le cadre d'une gestion externe des retraites. 44120

Selon la jurisprudence (à laquelle s'est ralliée l'administration), la notion d'engagement dans l'intérêt de l'entreprise suppose la réunion de **deux conditions** : d'une part, le versement des cotisations doit résulter d'un véritable engagement juridique opposable à l'employeur ; d'autre part, cet engagement doit présenter un caractère général et impersonnel (CE 9-11-1990 n° 88765).

Engagement juridique opposable à l'employeur Pour être déductibles, les cotisations versées par l'entreprise doivent procéder d'un engagement juridique qui lui est opposable. 44130

L'engagement peut résulter d'un accord contractuel avec le personnel ou certaines catégories de celui-ci (convention collective, accord d'entreprise), d'un usage non dénoncé ou encore d'un acte unilatéral de l'entreprise (décision du conseil d'administration, usage…).

En revanche, il semble exclu que l'engagement puisse résulter des seules stipulations d'un contrat de travail, en raison du caractère individuel de celui-ci.

Quelle que soit la forme de l'engagement, les sommes versées par l'entreprise ne peuvent être déduites que si les dispositions prévues par l'engagement sont respectées.

Engagement général et impersonnel Le régime de retraite supplémentaire mis en place dans l'entreprise doit être accessible à au moins une **catégorie objective de personnel.** Les avantages correspondants doivent donc se distinguer d'une simple libéralité, en ne bénéficiant pas de façon arbitraire à quelques membres nommément désignés du personnel. 44140

Sont ainsi déductibles, selon l'administration, les versements effectués « en application d'un régime collectif de retraite institué par l'entreprise au profit de l'ensemble de son personnel ou de certaines catégories de ce personnel » (BOI-BIC-CHG-40-40-50 n° 10).

La notion de catégorie de personnel ne pose pas de problème lorsque les bénéficiaires des régimes mis en place dans l'entreprise constituent une catégorie au sens du **droit du travail** (ouvriers, employés, agents de maîtrise, ingénieurs et cadres). Il est également possible de retenir d'**autres catégories,** dès lors que celles-ci peuvent être déterminées à partir de critères objectifs, non restrictifs, clairement définis conformément aux usages et aux accords collectifs en vigueur dans la profession. C'est ainsi, selon l'administration, que les salariés qui, en raison du contexte difficile dans lequel se trouve leur entreprise, acceptent de réduire temporairement leur temps de travail en vertu d'un accord d'entreprise sont susceptibles de constituer une catégorie de personnel (BOI-BIC-CHG-40-40-50 n° 20).

ILLUSTRATIONS 44150

Une catégorie objective de personnel peut ne correspondre en fait qu'à un **nombre restreint de personnes** (CE 9-11-1990 n° 88765). Par exemple, constituent une catégorie objective de personnel : les mandataires sociaux et salariés dont la rémunération excède le double du plafond du régime de retraite des cadres institué par la convention collective nationale du 14-3-1947 (CAA Paris 21-5-1991 n° 542), l'ensemble des cadres de l'entreprise alors qu'ils sont, en fait, au nombre de deux (CAA Paris 13-10-1998 n° 96-378 confirmé par CE 16-2-2001 n° 202632) ou les cadres de direction (une seule personne en l'espèce ; CE 8-7-2005 n° 259251 ; CAA Bordeaux 4-6-2008 n° 04-1836).

En pratique, plus le nombre de bénéficiaires du régime est réduit (a fortiori en cas de **bénéficiaire unique**), plus l'administration pourra être tentée de rejeter la déduction des charges correspondantes. Il importe donc que la couverture de retraite mise en place ait réellement vocation à s'appliquer de façon générale et impersonnelle, même si elle ne bénéficie en fait qu'à une seule personne. C'est ainsi que, faute d'établir que le régime puisse s'appliquer à d'autres personnes, l'entreprise ne peut déduire les cotisations versées en application d'un régime de retraite souscrit au profit d'un bénéficiaire unique, tel que son président-directeur général (CAA Bordeaux 17-6-1993 n° 92-472 ; Paris 8-2-2001 n° 97-2201), ou son gérant salarié (CAA Lyon 9-6-1999 n° 96-446). Jugé, en revanche, qu'un contrat collectif ayant pour objet de fournir une couverture de retraite et de prévoyance complémentaire à la catégorie des cadres de direction auxquels il s'applique de plein droit revêt le caractère d'une couverture complémentaire de retraite et de prévoyance même si, à la date de souscription du contrat, une seule personne était susceptible d'en bénéficier (CE 8-7-2005 n° 259251 ; solution rendue en matière de salaires mais transposable pour la détermination des résultats des entreprises). S'agissant du même dirigeant, mais au niveau de la filiale, la Haute Juridiction juge que le contrat souscrit par la filiale au profit de ses cadres de direction était en fait un contrat conclu en faveur de ce seul dirigeant parce que, d'une part, compte tenu des relations de personnel entre la mère et la filiale, il ne pouvait bénéficier qu'au seul président-directeur général de la filiale, et qu'en outre la charge financière qu'il représentait pour la filiale compte tenu du taux de cotisation choisi excluait qu'il fût étendu à d'autres cadres de direction (CE 21-12-2007 n° 284629 ; voir également, en matière de déduction des bénéfices, CAA Bordeaux 27-2-2006 n° 02-1266 ; Nancy 23-11-2006 n° 03-654).

En tout état de cause, l'**objectivité apparente** du critère retenu pour déterminer la catégorie bénéficiaire ne doit pas dissimuler un avantage particulier qui, dans les faits, ne serait pas susceptible d'être étendu à d'autres personnes (CE 21-12-2007 n° 284629, analysé ci-avant).

Les engagements souscrits au profit d'un bénéficiaire nominativement désigné n'ouvrent pas droit à déduction. Tel est le cas de la pension versée à un ancien dirigeant conformément à une **délibération nominative** du conseil d'administration, alors même que le calcul des versements est effectué par référence au régime des compléments de retraite alloués aux cadres et mandataires sociaux (CAA Paris 2-6-1992 n° 418). Doit également être rejetée la déduction des sommes versées au profit d'un dirigeant lorsque des aménagements importants ont été apportés au régime de retraite en sa faveur exclusive (CAA Paris 3-3-1992 n° 90-836 confirmé par CE CAPC 17-11-1993 n° 136956).

De même, deux contrats individuels de retraite souscrits par une société au bénéfice de ses deux dirigeants ne peuvent être regardés comme ayant été souscrits au profit d'une catégorie déterminée de salariés, dès lors que le « protocole d'accord d'entreprise » en application duquel ils ont été souscrits n'institue pas, dans les conditions où il a été conclu et approuvé, un régime de retraite complémentaire (CE 3-2-2003 n° 231506 ; en l'espèce, le protocole, qui n'était signé que par les deux bénéficiaires en leur nom propre et au nom de la société, n'avait pas fait l'objet des approbations exigées par la loi pour les conventions intéressant les mandataires sociaux).

DIMINUTION DE L'ACTIF NET

44170 Les versements effectués par une entreprise au profit d'un **organisme tiers** (compagnie d'assurances ou autre) ne sont déductibles qu'à la double condition que l'organisme possède une personnalité juridique distincte de celle de l'entreprise et que cette dernière perde définitivement la propriété et la disposition des sommes versées.

Sur la transposition de ces règles aux **titulaires de BNC,** voir n° 44110.

44180 **Autonomie du fonds de retraite** La condition d'autonomie du fonds se trouve généralement remplie chaque fois que le régime de retraite est géré par une compagnie d'assurances.

Mais rien n'interdit, sur le plan fiscal, que le service des retraites soit assuré par une **filiale de l'entreprise.** Toutefois, la jurisprudence interprète strictement la condition relative à l'indépendance juridique de l'institution de retraite à laquelle sont versées les cotisations. Ainsi, une simple autonomie de gestion ou un suivi comptable différencié ne saurait suffire à caractériser l'indépendance du fonds (CE 21-3-1975 n° 84955).

À défaut d'autonomie du fonds de retraite, les cotisations versées ne sont pas déductibles.

44190 **Perte de la libre disposition des sommes versées** Les sommes qu'une entreprise prélève chaque année sur ses bénéfices pour en doter une caisse de retraite chargée d'assurer le service des pensions ne sont déductibles que si l'entreprise ne conserve ni la propriété ni la pleine disposition des sommes correspondantes (CE 15-6-1942 n° 65834 ; BOI-BIC-PROV-30-20-10-20 n° 330). En d'autres termes, l'entreprise doit être dans l'impossibilité de récupérer les sommes versées à l'assureur.

En pratique, cette condition ne paraît pas satisfaite lorsque les contrats :

– autorisent une **clause de rachat** ou toute clause équivalente à l'exception toutefois, à notre avis, des clauses de rachat autorisées par l'article L 132-23 du Code des assurances (voir n° 43820, point 5) ;

– ou prévoient une possibilité de **transfert chez un autre assureur** sans que l'affectation des provisions mathématiques transférées à un contrat du même type interdisant les clauses de rachat ne soit précisée.

› Précisions En ce qui concerne la disposition des primes ou cotisations versées, la jurisprudence a précisé que l'existence d'une **clause de reversement** au profit de l'entreprise, dans certaines conditions, **des provisions mathématiques constituées par l'assureur** n'a pas pour effet de permettre au souscripteur du contrat de garder la disposition des sommes versées (CE 6-11-1991 n° 68654). Cette clause implique simplement, le cas échéant, la prise en compte du remboursement des provisions mathématiques dans le résultat imposable de l'exercice de reversement.

III. DÉCLARATION SOCIALE NOMINATIVE (DSN)

La déclaration sociale nominative (DSN) doit faire apparaître **distinctement le montant brut** des rémunérations, entendu au sens des cotisations de sécurité sociale, et le total des versements en nature et en argent **après déduction des cotisations** salariales aux assurances sociales et (pour certains) au chômage et des retenues pour la retraite ou des versements obligatoires aux plans d'épargne retraite d'entreprise (CGI ann. III art. 39-2°-d). 44250

› Précisions a. La DSN doit mentionner :
– le montant des cotisations ou primes versées par le salarié et l'employeur à un **régime de retraite supplémentaire à adhésion obligatoire** et des versements obligatoires du salarié ou de l'employeur, s'agissant des **plans d'épargne retraite d'entreprise** auxquels le salarié est affilié à titre obligatoire qui sont déductibles de la rémunération imposable (cotisations salariales) ou non rapportées à cette rémunération (cotisations patronales) ;
– le montant de l'**abondement** de l'employeur **à un Perco** exonéré d'impôt sur le revenu en application de l'article 81, 18° a du CGI.

L'ensemble de ces sommes représente l'épargne retraite constituée par le salarié dans le cadre de son activité professionnelle ouvrant droit à déduction de ses revenus professionnels imposables, et dont il est tenu compte pour calculer « l'espace » de déduction disponible pour les cotisations versées, le cas échéant, dans le cadre notamment d'un Perp ou d'un plan d'épargne retraite (PER) individuel.

b. Ces renseignements doivent également être **communiqués aux salariés** concernés par l'employeur au plus tard le 31 janvier de chaque année (CGI ann. III art. 39-0 A).

L'employeur est tenu de déclarer annuellement sur la DSN l'identité de ses salariés ou mandataires sociaux bénéficiaires de régimes de retraite à **prestations définies** à droits certains (n° 43950), ainsi que les droits supplémentaires acquis par chacun d'entre eux (CSS art. L 137-11-2, I-3°). 44270

À notre avis, cette obligation déclarative ne concerne pas, en revanche, les régimes de retraite à prestations définies à droits aléatoires. Ceux-ci doivent en revanche donner lieu à des mentions dans la DSN concernant la contribution spéciale due par l'entreprise sur les primes ou les pensions : voir n° 43465.

SECTION 3

PRÉFINANCEMENT DES INDEMNITÉS DE FIN DE CARRIÈRE

Dans les développements qui suivent sont exposées successivement les incidences du versement de **primes** dans le cadre des contrats dits « IFC » (indemnités de fin de carrière) ou « IDR » (**indemnités de départ à la retraite**) au regard de l'impôt sur les bénéfices, de l'impôt sur le revenu, des taxes et participations sur les salaires, des cotisations sociales, ainsi que sur l'établissement de la DSN. 44360

IMPÔT SUR LES BÉNÉFICES

En l'absence de dispositions spécifiques, les primes versées par l'entreprise au titre des contrats IFC sont déductibles dans les conditions de droit commun de déduction des charges prévues à l'article 39, 1 du CGI (n° 34630). 44370

Comme pour les cotisations aux régimes supplémentaires de retraite (nos 44110 s.), les dépenses doivent :

– être engagées dans l'**intérêt de l'entreprise,** c'est-à-dire que les primes versées doivent correspondre au paiement d'indemnités auxquelles l'entreprise est juridiquement tenue. Tel est le cas, selon l'administration, lorsque les indemnités sont prévues par les **conventions collectives** ou par un accord inscrit dans le **règlement intérieur** de l'entreprise et entrant dans le cadre d'une convention collective conforme aux dispositions du Code du travail (BOI-BIC-CHG-40-40-20 n° 100) ;

– se traduire par une **diminution de l'actif net,** les primes acquittées étant déductibles à la double condition que l'organisme possède une personnalité juridique distincte de celle de l'entreprise et que cette dernière perde définitivement la propriété et la disposition des sommes versées. C'est ainsi que constituent des charges d'exploitation déductibles les primes d'assurance versées par une entreprise à une compagnie d'assurances, en vue de garantir le paiement des indemnités de congédiement ou de départ en retraite auxquelles elle est tenue en vertu de la convention collective dont elle relève, lorsque l'entreprise en perd la libre disposition au profit de la compagnie d'assurances (CE 6-11-1991 nº 68654).

Sur la transposition de ces règles aux **titulaires de BNC,** voir nº 44110.

> **Précisions a.** Sur la question de savoir si la condition de perte de la libre disposition des sommes par l'entreprise est remplie en présence d'une **clause** contractuelle **de reversement des provisions mathématiques** au profit de l'entreprise, voir nº 44190.
> **b.** Sur la déductibilité des rémunérations différées versées aux **dirigeants de sociétés anonymes cotées,** voir nº 34680.

IMPÔT SUR LE REVENU

44380 Les primes versées par l'employeur constituent-elles un **complément de rémunération** imposable pour les salariés ? À notre avis, la réponse est négative en raison du caractère non individualisable de ces primes et du fait qu'il s'agit juste d'une option de financement par l'employeur des droits des salariés aux indemnités de fin de carrière, qui doit rester neutre pour ceux-ci. C'est seulement au moment du versement des indemnités que doit être posée la question de l'imposition et celle-ci porte sur les indemnités elles-mêmes et non sur les primes ayant servi à les financer en amont.

TAXES ET PARTICIPATIONS SUR LES SALAIRES

44390 L'assiette des taxes et participations assises sur les salaires étant alignée sur celle des cotisations de sécurité sociale ou, pour ce qui concerne la taxe sur les salaires, sur celle de la CSG, on se reportera au nº 44400.

COTISATIONS SOCIALES

44400 Le versement par l'employeur de primes en vue de préfinancer les indemnités de départ en retraite ou de fin de carrière ne constitue pas par lui-même un avantage pour les salariés. Il n'y a donc pas lieu, à notre avis, d'assujettir ces primes aux cotisations, à la CSG et à la CRDS.

Cotiser sur ces primes reviendrait à un double assujettissement lorsque les indemnités préfinancées sont passibles des cotisations et contributions sociales ou à une remise en cause de leur exonération dans le cas contraire. Il en résulterait une différence de traitement injustifiée entre les employeurs ayant choisi ce mode de financement et les autres.

DÉCLARATION DES SALAIRES

44410 Les primes versées en application d'un contrat IFC doivent être déclarées par l'entreprise en DSN selon les indications données par l'organisme assureur dans la fiche de paramétrage DSN établie par ce dernier.

En revanche, ces primes, ne constituant pas pour le personnel un avantage soumis aux cotisations ou à l'impôt, n'ont à notre avis aucune incidence sur les montants à déclarer en DSN dans les blocs destinés à recevoir les données intéressant l'assiette individuelle des cotisations sociales ou de l'impôt des salariés.

CHAPITRE 4 PRIMES ET GRATIFICATIONS

SOMMAIRE

A. Caractère obligatoire ou bénévole 44710
1. Définition 44740
2. Critères de l'usage 44800
3. Gratification à caractère mixte 44900
B. Conditions d'attribution 44950
C. Paiement 45040
D. Régime social et fiscal 45100
E. Modification et suppression 45200
F. Suspension ou rupture du contrat de travail 45300
1. Suspension du contrat de travail 45320
2. Rupture du contrat de travail 45400
G. Primes et gratifications diverses 45530

A. Caractère obligatoire ou bénévole

Les primes et gratifications revêtent des formes multiples : 13e mois, prime de fin d'année, prime de vacances, prime de bilan, prime d'ancienneté, etc. Malgré la diversité de leur objet, elles peuvent, s'agissant de leur régime juridique, être regroupées en deux grandes catégories, selon qu'elles ont un caractère obligatoire ou bénévole. 44710

Les primes et gratifications versées par le **CSE** sont traitées aux nos 41050 s.

1. DÉFINITION

Les gratifications sont dites « **bénévoles** » si l'employeur peut décider en toute liberté de l'opportunité de leur versement et de leur montant. Elles constituent alors une libéralité et n'ont pas le caractère juridique d'un salaire. 44740

Les gratifications sont **obligatoires** et présentent donc le caractère juridique d'un salaire, dans les situations suivantes :

– elles sont prévues par le **contrat de travail** ou les **conventions et accords collectifs** de travail (de branche, de groupe, d'entreprise ou d'établissement) ;

– elles ont été instaurées par un **engagement unilatéral de l'employeur** ;

– leur versement résulte d'un **usage** d'entreprise. Tel est le cas, selon la jurisprudence, lorsqu'elles réunissent les trois critères de généralité, constance et fixité (Cass. soc. 2-7-1987 n° 84-43.201 P ; 28-2-1996 n° 93-40.883 P).

La charge de la **preuve** du caractère obligatoire d'une gratification appartient, en sa qualité de demandeur, au salarié (Cass. soc. 1-4-1981 n° 79-41.424 P).

Le versement d'une prime conventionnelle résultant d'une **erreur d'interprétation** de la convention collective applicable à l'entreprise ne caractérise pas la volonté de l'employeur de créer un usage (Cass. soc. 9-6-2017 n° 16-17.094 F-D).

> Précisions À la différence des primes établies par l'usage (nos 44800 s.), le caractère obligatoire de celles résultant d'une convention ou d'un accord collectif, du contrat de travail ou d'un engagement unilatéral n'est pas subordonné aux critères de constance, fixité et généralité. Par exemple, une prime instaurée par un **engagement unilatéral de l'employeur** constitue un élément du salaire obligatoire dans les conditions fixées par cet engagement, peu important son caractère variable (Cass. soc. 5-6-1996 n° 92-43.480 PB ; 18-11-1998 n° 96-42.932 PB).
De même, le fait que les parties n'aient pas défini les conditions d'attribution d'une prime avec une **précision suffisante** dans le contrat de travail ne délie pas l'employeur de son obligation de la verser (Cass. soc. 1-7-1997 n° 94-41.856 D). En cas de réclamation du salarié, il appartient au juge de les déterminer (Cass. soc. 18-2-1998 n° 95-45.281 D ; 27-5-1998 n° 96-41.152 P). Pour une application de cette jurisprudence à propos des rémunérations variables, voir n° 58360.
Le contrat de travail du salarié peut même prévoir l'attribution d'une prime laissée à la **discrétion de l'employeur**, ce caractère discrétionnaire ne devant toutefois pas conduire ce dernier à traiter différemment des salariés placés dans une situation comparable (Cass. soc. 10-10-2012 n° 11-15.296 FS-PB).

2. CRITÈRES DE L'USAGE

GÉNÉRALITÉ

44800 Pour être considérée comme générale, la gratification doit être attribuée à l'**ensemble du personnel** (Cass. soc. 23-3-1988 n° 85-45.096 B) ou, au moins, à une **catégorie de personnel** bien déterminée, par exemple aux employés, techniciens et agents de maîtrise (Cass. soc. 7-6-1995 n° 91-45.257 D), aux cadres (Cass. soc. 27-5-1987 n° 82-42.115), ou aux seuls opérationnels de l'entreprise (Cass. soc. 28-10-1981 n° 80-11.299).

La condition de généralité ne s'oppose pas toutefois à ce que l'octroi de la gratification soit réservé aux salariés remplissant certaines **conditions,** d'ancienneté par exemple (Cass. soc. 20-6-1984 n° 81-42.917 B) : voir n°s 44950 s.

> Précisions Ne revêt pas le caractère de généralité la prime versée aux **salariés présents dans l'établissement** à une certaine époque et non aux salariés recrutés ultérieurement (Cass. soc. 12-11-1987 n° 85-42.539 P).

Il en est de même, en principe, pour la prime versée à un **seul salarié** (Cass. soc. 26-2-1985 n° 82-43.406 S) sauf si celui-ci est l'**unique représentant d'une catégorie professionnelle** dans l'entreprise. Ainsi revêtent un caractère obligatoire, en raison de leur caractère suffisant de généralité, des primes de livraison, constantes dans leur paiement et fixes dans leur mode de calcul, versées à l'unique chauffeur-livreur de la société (CA Paris 14-10-1997 n° 96-31475).

CONSTANCE

44810 Pour créer un véritable usage, la gratification doit être constante dans son attribution, c'est-à-dire qu'elle doit être versée un certain nombre de fois (Cass. soc. 8-12-1976 n° 75-40.633 P), la **périodicité** variant en fonction de la gratification. C'est donc là une question de fait qui dépend de chaque cas d'espèce.

De manière générale, revêt un caractère constant la prime versée depuis de **nombreuses années.** Dans ce cas, il importe peu que l'employeur ait chaque année affiché une note dans l'entreprise ou fait signer un reçu aux salariés indiquant que les sommes versées étaient exceptionnelles et n'engageaient pas l'avenir (Cass. soc. 17-3-1965 n° 64-40.188 ; 14-12-1966 n° 65-40.629 ; dans le sens contraire toutefois : Cass. soc. 8-12-1965 n° 65-40.244).

Sont également considérées comme constantes la prime versée d'une manière régulière depuis 5 ans, même si la **raison invoquée** par l'employeur pour l'attribuer **a changé** chaque année (Cass. soc. 28-10-1981 n° 80-11.299), la prime de vacances ou de fin d'année payée depuis 3 ans consécutifs (Cass. soc. 3-6-1971 n° 70-40.370 P ; 25-4-1985 n° 83-44.621 S), ou les sommes correspondant à un **pourcentage sur facture** versées chaque mois par l'employeur depuis 12 ans (Cass. soc. 17-4-1964 n° 63-40.167 P).

En revanche, ne présentent pas ce caractère la prime annuelle qui n'a été versée qu'**une seule fois** (Cass. soc. 7-12-1989 n° 87-42.701 D) ou seulement **deux fois** (Cass. soc. 14-3-1985 n° 83-42.105 S), ni la prime mensuelle versée **pendant 3 mois** (Cass. soc. 20-10-1994 n° 93-42.800 D).

FIXITÉ

44830 Pour remplir la condition de fixité, la gratification doit en principe être déterminée selon un mode de calcul constant et prédéterminé ou au moins selon des **critères** fixes et précis. La Cour de cassation admet ainsi qu'une prime, bien qu'elle ne soit pas calculée suivant une règle arithmétique précise, puisse présenter le caractère de fixité si elle suit, avec une approximation suffisante, l'évolution de **paramètres** déterminés tels que le **salaire.**

D'une manière générale, la jurisprudence reconnaît le caractère de fixité aux gratifications dont le **montant est fixe depuis plusieurs années** (Cass. soc. 28-10-1998 n° 96-44.469 D) ou a évolué chaque année et **n'a jamais diminué** (Cass. soc. 12-12-1990 n° 89-41.184 D).

En pratique, la condition de fixité est remplie chaque fois que le salarié peut compter sur le versement d'une gratification d'un montant déterminé, ce qui ne signifie pas que son montant doive rester toujours le même (Cass. soc. 23-10-1980 n° 79-40.376 P). À l'inverse, une prime ne revêt pas un caractère de fixité si le salarié ne dispose pas d'éléments suffisants pour en déterminer à l'avance le montant.

44840 **Prime évoluant avec le salaire** Présente un caractère de fixité la prime égale à **un mois de salaire,** par exemple celui du mois de décembre (Cass. soc. 19-12-1979 n° 78-40.076 P ; 17-10-1983 n° 81-41.338), ou **calculée en fonction du salaire** et proportionnelle à celui-ci (Cass. soc. 12-3-1981 n° 79-41.513), ou en fonction du salaire moyen par catégorie (Cass. soc. 23-3-1988 n° 85-45.096 B), ou encore calculée en relation avec le salaire minimum (Cass. soc.

27-3-1985 n° 82-42.391 S). Il en va de même de la gratification dont le montant, s'il est variable, n'est jamais inférieur à un pourcentage des rémunérations (Cass. soc. 21-5-1970 n° 69-40.274 P) ou suit l'évolution des salaires (Cass. soc. 16-3-1989 n°s 86-41.036 D et 87-41.105 P).

Autres critères A la nature d'un salaire la prime calculée en fonction de critères précis d'**absentéisme,** d'**assiduité** et de **sanctions,** identiques pour tous les salariés (Cass. soc. 22-7-1986 n° 83-45.888 S), ou suivant un barème arrêté en fonction du temps de **présence** de chaque salarié (Cass. soc. 3-6-1971 n° 70-40.370 P). Il en est de même de la gratification égale à 4 heures de rémunération chaque fois qu'un jour férié tombe un samedi (Cass. soc. 25-4-1985 n° 83-45.155 S). 44850

Absence de critère fixe et précis Une gratification, même versée régulièrement, ne constitue pas un élément de salaire si son **montant fixé discrétionnairement par l'employeur** varie d'une année à l'autre, ou d'un salarié à l'autre, sans que cette variation découle de l'application d'une règle préétablie. Ainsi jugé à propos d'une prime de fin d'année dont l'employeur fixe le montant d'une manière différente chaque année à son seul gré, sans aucune référence à un mode de calcul invariable (Cass. soc. 5-11-1987 n° 85-40.046 P) ou en fonction de facteurs purement subjectifs liés au comportement et au mérite de chacun (Cass. soc. 7-5-1981 n° 79-41.469 ; 5-10-1983 n° 81-42.025). De même ne présente pas le caractère de fixité la prime dont le montant est fixé chaque année en fonction des **résultats** (Cass. soc. 20-10-1982 n° 80-41.143 P) ou des **disponibilités de l'entreprise** (Cass. soc. 1-3-1989 n°s 86-44.977 D et 86-44.978 D). 44860

3. GRATIFICATION À CARACTÈRE MIXTE

Une gratification peut présenter pour une partie seulement un caractère contractuel et pour l'autre partie un caractère bénévole. Par exemple, la prime comportant un **minimum garanti,** mais dont le montant total n'est pas calculé par référence à un critère fixe et précis, constitue un élément du salaire à hauteur de ce minimum garanti (Cass. soc. 16-3-1983 n° 81-40.310). 44900

B. Conditions d'attribution

L'octroi d'une gratification est souvent subordonné au respect de certaines conditions. Selon les cas, ces conditions résultent de l'**usage,** de la **convention** ou de **l'accord collectif** de travail, ou sont fixées par l'**employeur** lui-même lorsqu'il est à l'origine de la prime. Elles peuvent être diverses tant qu'elles sont **licites.** 44950

L'employeur peut ne pas verser la gratification si les **conditions requises font défaut** (sous réserve du respect du Smic ou du salaire minimum conventionnel : n°s 1200 s. et 2400 s.). Inversement, il ne peut pas se prévaloir de l'évolution de paramètres n'intervenant pas normalement dans la fixation de la gratification pour en réduire le montant ou en suspendre le versement, sauf à en modifier les conditions d'octroi (n° 45210).

CONDITIONS TENANT À LA SITUATION FINANCIÈRE DE L'ENTREPRISE

Le versement d'une prime peut être subordonné au **caractère bénéficiaire de l'exercice** (Cass. soc. 8-12-1988 n° 85-46.125 D). Encore faut-il que cette condition ait été expressément et clairement indiquée par l'employeur au personnel (Cass. soc. 15-2-1984 n° 81-41.925). Par exemple, lorsque, en vertu du règlement intérieur, l'attribution d'une prime est conditionnée par la situation financière de l'entreprise et peut subir des variations en fonction des résultats obtenus au cours de la période de référence, l'employeur peut en limiter le montant si le bilan de l'exercice fait apparaître un déficit important et si l'entreprise a perdu des commandes et des clients importants (Cass. soc. 18-3-1997 n° 94-45.156 D). 44960

De même, l'employeur qui s'engage par décision unilatérale à verser une prime à tout ou partie de son personnel est en droit de subordonner cet engagement à la **réalisation d'objectifs collectifs.** Ceux-ci doivent alors être précisément connus des intéressés, afin qu'ils soient en mesure de vérifier que le calcul de leur rémunération a été effectué conformément aux modalités prévues. À défaut, la prime est due, même en cas de non-réalisation des objectifs (Cass. soc. 24-9-2008 n° 07-40.717 FS-D).

Si, selon l'intention de l'employeur connue depuis l'origine par les salariés, une prime a un **caractère aléatoire** lié à des considérations financières, l'employeur peut décider unilatéralement de ne pas la verser une année où l'entreprise connaît de graves **difficultés financières**

(Cass. soc. 18-1-1989 n° 86-43.069 D). À l'inverse, lorsqu'une prime a toujours été fonction de l'évolution des **prix** et des **salaires** sans que ni son principe ni son montant ne soient liés aux **résultats de l'entreprise,** l'employeur ne peut pas la supprimer en raison de résultats déficitaires (Cass. soc. 10-11-1988 n° 85-46.202 D). Il ne peut pas non plus réduire le montant d'une prime en fonction des résultats de l'entreprise si elle a été versée depuis 8 ans indépendamment des **fluctuations économiques** (Cass. soc. 22-5-1991 n° 88-42.482 D).

› Précisions Si les chiffres d'affaires des **deux activités** exercées simultanément par l'employeur ont toujours été cumulés pour le calcul d'une prime, ce principe doit continuer à s'appliquer si l'employeur a scindé ces activités en **deux sociétés distinctes** (Cass. soc. 27-4-1988 n° 85-45.756 D). Lorsqu'elles conservent un caractère exceptionnel, les **dérogations** apportées par l'employeur aux conditions auxquelles il a pu subordonner le versement de la gratification n'entraînent pas pour l'avenir la disparition de ces conditions. Ainsi jugé pour un 13e mois versé une année malgré les difficultés de l'entreprise alors que son octroi avait toujours été subordonné aux résultats bénéficiaires de celle-ci (Cass. soc. 16-12-1980 n° 79-40.355).

CONDITIONS TENANT AU SALARIÉ

44970 Les conditions d'attribution d'une prime peuvent être liées à l'**exécution du travail** (rendement, etc.), aux **sujétions** particulières de l'emploi (travaux dangereux, astreinte, etc.), au **lieu de travail** (altitude, expatriation, etc.).

Elles peuvent aussi être liées à la **situation personnelle** du salarié (ancienneté, assiduité, appartenance à une catégorie professionnelle déterminée, etc.) sans que la prime perde pour autant son caractère de généralité.

Les **conditions** d'attribution des primes ne doivent toutefois **pas** :
– être **contraires** au principe « à travail égal, salaire égal » (nos 3760 s.) ;
– **porter atteinte** aux libertés et droits fondamentaux du salarié. Ainsi, une condition résolutoire tenant à la présence du salarié dans l'entreprise au 30 juin de l'année suivant le versement d'une prime de fin d'année porte atteinte à la liberté du travail du salarié et constitue une sanction pécuniaire illicite (Cass. soc. 18-4-2000 n° 97-44.235 PB).

Par ailleurs, l'employeur ne peut pas prendre en compte des **faits commis par le salarié en dehors de ses fonctions** pour réduire ou supprimer une gratification (Cass. soc. 30-6-1992 n° 89-43.840 P).

› Précisions Si, l'année où il **a racheté l'entreprise** en garantissant au personnel le maintien de ses avantages, le nouvel exploitant a versé à tout le personnel sans aucune discrimination une **prime** qui était auparavant **subordonnée à certaines conditions** relatives aux fautes professionnelles et aux absences de longue durée, ce seul **paiement** n'implique pas nécessairement qu'il ait **renoncé** à ces conditions (Cass. soc. 23-9-1981 n° 79-42.141 ; 20-7-1982 n° 80-41.111 P).

Sur les conséquences de la **modification de la situation juridique de l'employeur,** voir nos 70300 s.

Sur la question des **retenues** sur primes pour **comportement fautif** du salarié, voir nos 72390 s.

Sur l'incidence de la suspension et de la rupture du contrat de travail sur le paiement et le montant des gratifications dont l'attribution est subordonnée à la **présence** du salarié lors de son versement, voir nos 45300 s.

44980 **Évolution des conditions** Quel est le sort de ces primes si les conditions qui sous-tendent leur versement évoluent ?

La Cour de cassation considère, logiquement, que si la **condition** initialement posée **disparaît,** la prime n'est pas due. Ainsi les primes dues en vertu d'un usage aux **salariés rémunérés au fixe** ne peuvent pas être réclamées par un salarié dont le contrat de travail prévoyant le versement d'un fixe a été remplacé par un autre arrêtant une rémunération proportionnelle aux actes effectués (Cass. soc. 3-5-1979 n° 77-41.621 P).

En cas d'**évolution** de la sujétion entraînant le versement de la prime, celui-ci doit, en principe, être maintenu. Voir, en particulier n° 45720, la jurisprudence rendue en matière de primes liées aux **conditions de travail,** en cas d'évolution de celles-ci.

C. Paiement

45040 Les primes et gratifications sont payées à l'**échéance** fixée, selon le cas, par le contrat de travail, les textes conventionnels, l'employeur, ou imposée par les usages. S'agissant des cas où le contrat de travail est suspendu à la date du versement ou est rompu avant cette date, voir respectivement nos 45320 et 45410.

La nature et le montant des gratifications, primes et indemnités diverses versées à l'occasion ou en contrepartie du travail, qu'elles soient directement liées à l'exécution du travail, aux sujétions de l'emploi, au lieu du travail, à la situation personnelle ou au mérite du salarié ou à la vie de l'entreprise, doivent être mentionnés isolément sur le **bulletin de paie,** de même que les primes liées aux résultats financiers de l'entreprise et prévues en dehors du cadre légal de l'intéressement et de la participation (prime de bilan, d'augmentation de capital, etc.) et les prestations familiales versées par l'employeur : primes de crèche, de garde, suppléments familiaux, prime pour événements familiaux, etc. (Circ. DRT 17 du 24-8-1988 n° 2.2).

Sur la **preuve** du paiement d'une somme non mentionnée sur le bulletin de paie, voir n° 14540.

Sur les **sanctions pénales,** pour délivrance d'un bulletin de paie irrégulier, voir n° 14120.

ATTENTION

Une prime dont l'employeur n'invoque pas la suppression doit figurer **distinctement sur les bulletins de paie** (Cass. soc. 4-2-1988 n° 85-41.874 D). La décision de l'employeur de ne **plus y mentionner les primes** de vacances et de fin d'année constitue un trouble manifestement illicite rendant le président du tribunal judiciaire, statuant en **référé,** compétent (TGI Corbeil 27-3-1980).

D. Régime social et fiscal

En règle générale, qu'elles soient bénévoles ou obligatoires, les primes et gratifications versées en complément du salaire entrent dans l'assiette des **cotisations de sécurité sociale** (n°s 17800 s.) puisqu'elles sont allouées, sinon en contrepartie, tout au moins à l'occasion du travail. Il en va ainsi notamment des primes allouées en raison des conditions de travail, des primes d'ancienneté, d'assiduité, de rendement, de productivité, des primes de fin d'année ou de 13e mois, des primes à caractère familial, des primes de vacances ou des primes de bilan, d'emprunt ou d'augmentation de capital, etc. (sur les solutions particulières rendues en application des différentes primes, voir n°s 45530 s.). Seules les sommes constituant un **remboursement de frais professionnels** sont, dans certaines conditions, exonérées de cotisations (n°s 55360 s.). Toutefois, certaines primes ou indemnités font l'objet de **tolérances administratives.** Tel est en particulier le cas des gratifications allouées lors de la remise de la **médaille d'honneur du travail,** voir n° 45800. **45100**

Sur les modalités de prise en compte dans l'assiette des cotisations des sommes versées une année mais se rapportant à une ou plusieurs années antérieures, voir n°s 18770 s. (primes à versement différé) et 53520 s. (rappels de salaire).

Sur l'application du régime de la **saisie et** de la **cession** des rémunérations aux primes et gratifications, voir n° 15180.

ATTENTION

Les solutions ci-dessus valent également pour la **CSG,** la **CRDS,** la taxe sur les salaires et pour les prélèvements dont l'assiette est alignée sur celle des cotisations de sécurité sociale : cotisations de **retraite complémentaire** Agirc-Arrco, versement mobilité, contributions **chômage,** AGS, solidarité autonomie, Fnal, formation et à l'alternance (contributions à la formation professionnelle, CPF-CDD, supplémentaire à l'apprentissage et taxe d'apprentissage) et participation-construction.

En matière d'**impôt sur le revenu,** l'administration a précisé à plusieurs reprises que, d'une manière générale, sont imposables toutes les sommes versées à un salarié et qui trouvent leur origine dans le contrat de travail liant l'intéressé à son employeur. **45110**

Sauf si elles font l'objet d'une exonération expresse, ces sommes constituent un complément de salaire imposable dans la catégorie des traitements et salaires, au même titre que la rémunération principale (BOI-RSA-CHAMP-20-30-10-10 n° 10).

Il en est toutefois autrement si les sommes versées sont représentatives de frais professionnels ou constituent le remboursement de dépenses incombant par nature à l'employeur (voir n°s 55770 s.). Par ailleurs, selon une doctrine administrative constante, sont exclues de l'assiette de l'impôt les sommes qui présentent le caractère d'un secours (BOI-RSA-CHAMP-20-30-10-10 n° 50).

> Précisions À titre d'**exemple,** les primes versées à l'occasion d'événements familiaux tels que mariages ou naissances ont la nature d'accessoires du salaire et sont donc imposables, même si elles ne sont pas attribuées ni calculées d'après la hiérarchie, l'ancienneté ou d'autres critères directement liés au travail (CE 13-3-1968 n° 69412 : Dupont 1968 p. 256, arrêt rendu en matière de taxe sur les salaires mais valant aussi pour l'impôt sur le revenu).

On trouvera aussi n°s 45530 s. des solutions rendues à propos de certaines primes et illustrant ces principes. S'agissant du cas particulier des gratifications allouées à l'occasion de la remise de la **médaille du travail,** voir n° 45810.

E. Modification et suppression

FORMALITÉS

45200 Les primes et gratifications ayant un caractère **bénévole** peuvent être modifiées librement par l'employeur dans leurs montants et modalités d'attribution. Par **exemple,** une prime à caractère aléatoire peut être d'un montant identique 2 ans consécutifs, même si elle a été en **augmentation constante** antérieurement (Cass. soc. 22-6-1983 n°s 81-40.390 et 81-40.391). L'employeur peut, par ailleurs, en déduire les sommes versées au salarié au titre du maintien du salaire en cas d'**absence pour maladie** (Cass. soc. 27-1-1982 n° 80-40.084).

De même, l'employeur peut, de façon unilatérale et sans formalité préalable, en décider la suppression. Un salarié ne peut donc pas en exiger le maintien (Cass. soc. 20-10-1982 n° 80-41.143 P ; 16-7-1987 n° 85-46.289 P).

La liberté d'action de l'employeur est toutefois limitée par son obligation de respecter le principe « à travail égal, salaire égal » (n°s 3760 s.).

45210 Les gratifications à **caractère obligatoire** ne peuvent être modifiées ou supprimées qu'en respectant certaines formalités variant selon leur source juridique. Si la gratification résulte d'une **convention collective de branche,** l'employeur ne peut pas dénoncer cette convention lui-même et est tenu de respecter ses dispositions tant qu'elle est applicable dans l'entreprise (n°s 4280 s.). S'il démissionne de l'organisation signataire postérieurement à la signature de la convention, il n'en demeure pas moins lié par ce texte (C. trav. art. L 2262-3).

Si la gratification résulte d'un **accord d'entreprise,** l'employeur peut réviser cet accord ou le dénoncer selon la procédure particulière prévue par la loi pour la révision et la dénonciation des accords collectifs.

Si celle-ci a sa source dans le **contrat de travail,** ce dernier peut être modifié conformément aux règles étudiées n°s 4550 s.

Enfin, dans le cas où la gratification découle d'un **usage d'entreprise ou d'un engagement unilatéral de l'employeur,** il est possible de la supprimer ou de la modifier sous réserve de respecter les formalités visées n°s 4440 s.

Il est interdit de réduire ou de supprimer un élément de rémunération pour le remplacer par de l'**intéressement** et de l'**abondement** aux plans d'épargne salariale, sauf à laisser s'écouler un certain délai entre ces deux opérations : voir respectivement n°s 48280 s. et 49480.

Une règle comparable s'applique aux **contributions patronales de retraite supplémentaire ou de prévoyance complémentaire** : voir n° 42680.

INCORPORATION AU SALAIRE DE BASE

45230 L'employeur peut décider, en accord avec le salarié, d'incorporer dans le salaire de base une prime décomptée jusqu'alors séparément. Dans ce cas, il y a disparition de la prime et augmentation corrélative du salaire de base (Cass. soc. 26-4-2017 n° 16-13.681 F-D). L'intéressé ayant perçu un **salaire horaire forfaitaire supérieur au salaire conventionnel** majoré de la prime en question est alors rempli de ses droits (Cass. soc. 1-12-1982 n° 80-41.090 P). Il en est autrement si son salaire de base et sa prime sont remplacés par un **forfait équivalant au salaire minimum** conventionnel (Cass. soc. 26-1-1989 n° 86-44.113 D).

En cas de **modification ultérieure du salaire minimum** de la profession, le salaire de l'intéressé n'a pas à être majoré du montant de la prime dont la nature et l'objet ont été modifiés et qui est devenue partie intégrante de la rémunération de base (Cass. soc. 23-6-1976 n° 75-40.142 P).

› Précisions Si l'**accord d'entreprise** ayant institué la prime de fin d'année la stipule **payable en une seule fois,** son incorporation par douzième dans le salaire mensuel de base, proposée par l'employeur, ne peut pas être imposée, en l'absence de modification de l'accord, à un salarié qui la refuse, quel que soit le nombre de ceux l'ayant acceptée (Cass. soc. 13-5-1982 n° 80-40.715 P).

De même, un employeur s'étant engagé dans les **contrats de travail** à payer à chaque salarié un douzième de 13e mois en sus du salaire indiciaire ne peut pas décider unilatéralement, sans l'**accord de chaque salarié,** d'intégrer ce douzième de 13e mois dans le salaire de base, une telle intégration ayant pour conséquence de supprimer son caractère de complément de salaire garanti (Cass. soc. 22-1-1992 n° 89-42.840 P). S'agissant de l'incidence de l'incorporation du 13e mois au salaire annuel en cas de **rupture du contrat** de travail, voir n° 45460.

F. Suspension ou rupture du contrat de travail

La question de l'incidence d'une suspension ou de la rupture du contrat de travail sur le paiement et le montant des gratifications ne se pose que pour celles ayant le **caractère d'un salaire.** En effet, s'agissant des **gratifications bénévoles,** la décision de leur attribution aux salariés ayant quitté l'entreprise en cours d'année ou dont le contrat est suspendu relève, comme pour les autres salariés, du pouvoir discrétionnaire de l'employeur. Les développements qui suivent ne s'appliquent donc pas à celles-ci. 45300
Sur les effets d'une suspension du contrat de travail pour fait de **grève** sur le versement des gratifications, voir n°s 67520 s.

1. SUSPENSION DU CONTRAT DE TRAVAIL

DROIT AU PAIEMENT

En cas de suspension du contrat de travail, le droit au paiement d'une gratification est mis en cause si ses conditions d'attribution exigent la **présence effective** du salarié dans l'entreprise au jour de son versement, voire plus largement une présence continue pendant toute la période couverte par son versement. Il convient donc de s'en remettre aux dispositions contractuelles, conventionnelles ou aux usages ayant institué cet avantage (sous réserve des dispositions légales prévoyant le maintien de la rémunération pour certaines absences : voir n° 45350). 45320

ILLUSTRATIONS

Le salarié **absent le jour du versement** d'une prime annuelle ne peut pas en réclamer le bénéfice lorsque la convention collective exige non seulement l'appartenance du salarié au personnel de l'entreprise, mais encore sa présence dans celle-ci au moment de son versement (Cass. soc. 5-11-1987 n° 85-40.176 P ; 11-10-1994 n° 90-41.818 P). Toutefois si la convention collective subordonne le versement de la prime à une condition de présence à la date du versement mais prévoit que les salariés en absence autorisée ou en congés payés sont considérés comme présents, l'employeur ne peut pas refuser le paiement de la prime au salarié en arrêt pour accident de travail (Cass. soc. 5-4-2006 n° 03-48.017 FS-P).

La prime conventionnelle dont l'attribution n'est subordonnée qu'à la **présence continue dans les effectifs** de l'entreprise doit être versée au salarié qui, bien qu'en **préretraite** (Cass. soc. 11-7-1994 n° 90-45.996 D) ou en **arrêt de travail** (Cass. soc. 26-10-2022 n° 21-15.963 FS-B), reste inscrit dans les effectifs.

Si la convention collective ne fait pas de la **durée effective de présence** dans l'entreprise une condition d'attribution d'une prime annuelle, cette dernière est due à un salarié absent pour maladie durant toute l'année (Cass. soc. 21-3-2012 n° 10-15.553 FS-PB).

Un bonus de coopération expressément subordonné à la **participation active et effective** des salariés aux activités de transfert de savoir-faire et de formation des équipes d'une société acquéreur n'est pas dû à une salariée pendant son congé de maternité, faute pour elle d'avoir exercé ces fonctions spécifiques dans les conditions particulières prévues par le protocole de fin de conflit ayant institué cet avantage (Cass. soc. 19-9-2018 n°s 17-11.618 FS-PB et 17-11.619 FS-D).

Faute de disposition contraire dans la convention collective, la **prime d'ancienneté** dont le montant varie avec la durée du travail, et supporte de ce fait les majorations pour heures supplémentaires, n'a pas à être réduite ou supprimée en cas d'absence du salarié (Cass. soc. 8-9-2021 n° 20-10.107 F-D).

MONTANT DE LA GRATIFICATION

Si la gratification est due, il y a lieu d'appliquer sur le montant de celle-ci, sauf disposition expresse ou usage contraire (voir n° 45350), un **abattement** proportionnel au temps d'absence chaque fois qu'elle a pour objet de rémunérer une activité effective ou de récompenser les **services rendus** (Cass. soc. 25-1-1984 n° 81-42.313 ; 18-12-1984 n° 82-41.559 ; 19-9-2018 n°s 17-11.618 FS-PB et 17-11.619 FS-D). Il en va de même, a fortiori, si la prime est calculée au prorata des jours de présence effective (Cass. soc. 3-10-1980 n° 79-40.762 P) ou du temps de travail (Cass. soc. 7-1-1988 n° 84-45.194 D). 45330
En revanche, la gratification est due dans son **intégralité** chaque fois que les règles de calcul de celle-ci ne tiennent pas compte du temps de travail, mais se réfèrent à d'**autres critères** (Cass. soc. 8-12-1982 n° 80-41.006 ; 30-11-1983 n° 81-41.224 P).

› Précisions En l'état d'un usage dans l'entreprise consistant à pratiquer un abattement sur le montant d'une prime à partir d'un certain nombre de jours d'absence, la réduction de la prime d'une salariée en **congé de maternité** n'est ni illégale ni discriminatoire (Cass. soc. 11-4-1991 n° 87-41.975 P).

La **prime pour incommodité d'horaire** instituée par une note de service pour les heures d'incommodité réellement effectuées n'a pas à être versée à un salarié pendant la durée de sa **maladie** ou pendant ses **congés payés,** peu importe qu'elle ait été versée durant 13 ans aux salariés malades ou en congé, les **difficultés ou erreurs d'interprétation** de la note de service n'ayant pas créé de droit au profit du personnel (Cass. soc. 29-10-1980 n° 79-40.840 P).

ASSIMILATION LÉGALE OU CONVENTIONNELLE À DU TRAVAIL EFFECTIF

45350 En tout état de cause, la condition de présence ou de travail effectif peut être tenue en échec par une **disposition expresse** de la loi ou de la convention collective ou par un usage **assimilant certaines absences à une période de travail** effectif.

Une telle disposition est d'**interprétation stricte** : elle ne peut pas être étendue aux autres absences (Cass. soc. 22-7-1986 n° 83-45.528 P ; 5-11-1987 n° 85-40.176 P) et, lorsqu'elle est prévue pour l'obtention d'un avantage particulier, elle ne peut pas être invoquée pour bénéficier d'autres avantages (Cass. soc. 19-7-1988 n° 86-41.729 D).

ILLUSTRATIONS

a. Une convention collective ne peut pas prévoir que la prise de jours de congés pour **événements familiaux** visés à l'article L 3142-1 du Code du travail emporte privation de la prime de présence qu'elle institue puisque, selon le Code du travail, ces congés n'entraînent pas de réduction de la rémunération (Cass. soc. 10-12-1997 n° 94-44.887 D).

b. Le Code du travail n'assimilant la durée des périodes de suspension résultant d'un **accident du travail** à une durée de travail effectif que pour la détermination des droits liés à l'ancienneté et non pour le calcul d'une prime conventionnelle, il ne s'oppose pas à ce qu'une prime soit réduite à proportion de la durée de la suspension pour ce motif (Cass. soc. 12-12-1990 n° 87-43.110 P).

CLAUSE DE MAINTIEN DE LA RÉMUNÉRATION

45370 La convention collective ou le contrat de travail peut prévoir le maintien de tout ou partie de la rémunération pendant certaines **périodes d'absence** (notamment maladie, accident ou maternité). Pour déterminer quelles gratifications doivent entrer en compte dans le **calcul de la rémunération maintenue,** il convient de s'en remettre à leurs stipulations.

En règle générale, le principe selon lequel une gratification subordonnée à une **condition de présence** n'est pas due en cas d'absence s'applique même si une disposition prévoit le maintien de la rémunération (Cass. soc. 13-6-1984 n° 82-41.020 B ; 29-10-1987 n° 85-42.297 D). De même, une telle disposition ne s'oppose pas, sauf clause expresse ou usage contraire, à ce qu'une **prime rémunérant une activité effective** (Cass. soc. 29-4-1980 n° 78-41.339 P) ou récompensant l'**assiduité** du salarié (Cass. soc. 3-10-1980 n° 79-40.762 P) ou sa **manière de servir** (Cass. soc. 13-6-1984 n° 82-41.020 B) soit réduite pour tenir compte du temps d'absence. Il en va autrement, en revanche, des **primes liées à l'organisation du travail** (Cass. soc. 29-5-1986 n° 83-43.127 P), de la prime **compensant une servitude** de l'emploi (Cass. soc. 7-2-1990 n° 87-41.944 D) et de la **prime d'ancienneté** (Cass. soc. 17-3-1982 n° 80-40.167 P). En revanche, une prime annuelle de fin d'année, même si elle constitue un complément de rémunération, est exclue du calcul du salaire de référence prévu par la convention collective, lorsqu'elle est payée en totalité avec la dernière paie précédant le début de la maladie ou l'accident (Cass. soc. 16-3-1983 n° 80-40.975). De même, un salarié ne peut pas prétendre, au titre du maintien de salaire, au paiement d'une prime de production qualifiée de bonus, déterminée chaque semaine en fonction du nombre d'appareils fabriqués et divisée par le nombre de salariés ayant participé à la fabrication (Cass. soc. 29-10-1987 n° 85-42.297 D).

› Précisions Lorsque la convention collective exclut du salaire pris en considération pour le calcul du complément de salaire versé au salarié en congé de maladie les seules indemnités ayant le caractère d'un **remboursement de frais,** toute autre prime doit être retenue pour la détermination des sommes dues à l'intéressé (Cass. soc. 19-12-1990 n° 87-43.315 D).

De même, une convention collective déterminant le salaire à maintenir en cas de maladie par référence aux **rémunérations perçues au cours des 12 derniers mois** doit conduire à prendre en compte la prime de fin d'année et celle de 13e mois (Cass. soc. 28-4-2011 n° 09-40.708 FS-PB).

Si une convention collective prévoit que le salaire à maintenir par l'employeur en cas de maladie ou d'accident du salarié est calculé en fonction des **appointements nets à plein tarif** du salarié, une prime d'équipe, qui aurait été perçue par le salarié s'il avait continué à travailler, doit, en l'absence d'exclusion, être incluse dans l'assiette de calcul de l'indemnité complémentaire due par l'employeur (Cass. soc. 25-1-2017 n° 15-24.119 F-D).

À l'inverse, si la convention collective limite le maintien de salaire en cas de maladie aux appointements mensuels augmentés des seules primes d'ancienneté, de rendement, de production et de productivité, les **primes** liées à un **travail posté** ou au **travail dominical** ne doivent pas être comprises dans la rémunération maintenue (Cass. soc. 6-2-2013 n° 11-23.925 FS-PB).

Enfin, si la convention collective prévoit que les absences consécutives à un accident de travail ou à une maladie professionnelle ne doivent pas entraîner de réduction d'une prime, les **indemnités journalières d'accident du travail** ne doivent pas être déduites du salaire servant d'assiette à celle-ci (Cass. soc. 26-9-2012 nº 10-24.424 FS-PB).

2. RUPTURE DU CONTRAT DE TRAVAIL

Sur la question de savoir si une gratification annuelle présentant le caractère d'un complément de salaire et versée à date fixe doit être accordée au salarié quittant l'entreprise avant la date de son versement, au moins au prorata du temps passé dans l'entreprise, il convient de se reporter aux dispositions conventionnelles ou contractuelles ou aux usages en vigueur dans l'entreprise. 45400

ATTENTION
Le **droit à un élément de rémunération** afférent à une **période donnée** est **acquis** du seul fait que cette période a été **intégralement travaillée** et ne peut donc pas être subordonné à la **présence du salarié** dans l'entreprise à une date postérieure. Voir sur ce point, à propos d'une rémunération variable, nº 58160.

GRATIFICATION LIÉE À UNE CONDITION DE PRÉSENCE

La jurisprudence admet qu'une **disposition expresse** (convention collective, contrat de travail, note de service, etc.) puisse réserver le bénéfice d'une gratification aux seuls salariés présents dans l'entreprise **au moment de son versement.** Dans ce cas, les **salariés ne répondant pas à cette condition** ne peuvent pas prétendre au paiement de la gratification. Ainsi, la disposition d'un accord prévoyant le **calcul du 13e mois sur la moyenne des 12 mois servant au calcul des congés payés** implique que seul un salarié comptant ces 12 mois de présence doit recevoir cette prime (Cass. soc. 28-6-1978 nº 77-40.827 P). De même, si une convention réserve le bénéfice de la gratification aux salariés **présents à une date déterminée,** le fait que l'employeur l'ait versée occasionnellement à des salariés ayant quitté l'entreprise avant cette date ne suffit pas à l'en rendre débiteur dans tous les cas (Cass. soc. 28-6-1978 nº 77-40.867 P). Ce principe s'applique même si c'est la **cessation** en cours d'année de l'**activité de l'employeur** qui a empêché le salarié de remplir la condition de présence (liquidation de biens en l'espèce, Cass. soc. 24-4-1980 nº 78-41.601 P). 45410

Si le contrat de travail prévoit le versement de la gratification **sans condition** de présence à une date déterminée, l'**usage contraire** existant dans l'entreprise ne peut pas faire échec aux droits du salarié (Cass. soc. 14-3-1983 nº 80-41.483).

Le **fractionnement de la prime** est sans incidence s'agissant de l'application de ces principes. Ainsi, le versement d'un 13e mois pour moitié au moment des congés et pour moitié à la fin de l'année implique la nécessité d'être présent à ces dates et le salarié parti à la retraite entre ces dates ne peut pas prétendre à la seconde partie de la prime (Cass. soc. 11-7-1989 nº 86-42.859 D). Le fait qu'une prime annuelle sur le chiffre d'affaires donne lieu à des **avances trimestrielles** régularisées en fin d'année ne modifie pas son caractère annuel, et n'autorise donc pas, sauf disposition ou usage contraire, le salarié dont le contrat de travail a pris fin à la fin du premier trimestre à réclamer la prime au titre de ce trimestre (Cass. soc. 7-4-1993 nº 89-42.539 D).

Les conditions de paiement d'une gratification peuvent différer selon les **catégories de personnel.** Ainsi, est valable l'accord subordonnant le versement d'une prime de fin d'année aux ouvriers à leur présence dans l'entreprise au mois de décembre, alors que cette condition n'est pas prévue pour le personnel de « collaborateurs » qui perçoivent en cas de licenciement en cours d'année une fraction de la prime calculée prorata temporis (Cass. soc. 2-12-1981 nº 79-42.040 P). Sur la portée des différences de traitement opérées par voie de convention ou accords collectifs, voir nos 3850 s.

Incidence du préavis et des congés payés Selon l'article L 1234-5 du Code du travail, le salarié **dispensé d'effectuer son préavis** et ne répondant pas, de ce fait, à la condition de présence exigée pour l'attribution de la prime doit bénéficier de celle-ci si le préavis est en cours à la date prévue pour son versement. 45420

Sauf accord des parties, l'existence d'un **reliquat de congés** n'a pas pour effet de retarder l'expiration du contrat. Il est donc sans incidence sur le droit d'un salarié démissionnaire à bénéficier d'une prime de fin d'année réservée aux salariés présents dans l'entreprise pendant toute l'année civile (Cass. soc. 20-2-1986 nº 83-41.049 P).

Licenciement sans cause réelle et sérieuse ou nul Une prime subordonnée à une condition de présence à une date déterminée est due au salarié absent de l'entreprise à cette date en raison de son licenciement, si ce licenciement est dépourvu de cause réelle 45430 et sérieuse. L'employeur ayant refusé la prime à un salarié déjà licencié à la date requise peut donc être ultérieurement condamné à la lui payer si son licenciement est reconnu par les juges sans cause réelle et sérieuse (Cass. soc. 13-11-2002 n° 00-46.448 F-D ; 12-7-2006 n° 04-46.290 F-D ; 26-9-2018 n° 17-19.840 F-D). La Cour de cassation retient une solution similaire en cas de licenciement nul (Cass. soc. 27-5-2020 n° 18-20.156 F-D).

GRATIFICATION CALCULÉE PRORATA TEMPORIS

45450 **Exigence d'une clause contractuelle ou d'un usage** Le droit au paiement d'une gratification calculée au prorata du temps de présence ne se présume pas, même en l'absence de disposition expresse excluant du bénéfice d'une gratification les salariés ayant quitté l'entreprise avant la date de son versement. Il ne peut résulter que d'une convention expresse ou d'un usage, dont il appartient au salarié d'apporter la **preuve** (Cass. ass. plén. 5-3-1993 n° 89-43.464 P ; 28-5-2003 n° 01-40.591 FS-P). Le **paiement** d'une prime **en deux fractions** ne crée pas une présomption de droit au paiement de la prime prorata temporis pour les salariés ayant quitté l'entreprise avant les dates fixées pour son échéance (Cass. soc. 24-2-1982 n° 80-40.136 P ; 21-6-1989 n° 86-41.493 D). De même, en l'absence de convention ou d'usage prévoyant son paiement prorata temporis, une prime de vacances dont le versement est fixé en juillet de chaque année n'a pas à être versée au salarié ayant pris acte de la rupture de son contrat de travail en avril, une telle **prise d'acte** emportant la cessation immédiate de la relation contractuelle (Cass. soc. 21-9-2017 n° 15-28.933 FS-PB). En revanche, la preuve de l'existence d'un **usage** obligeant l'employeur à payer un **prorata de prime** de fin d'année aux salariés quittant l'entreprise en cours d'année est apportée si deux salariés licenciés pour motif économique ont bénéficié d'un tel prorata et que la société a été condamnée à verser la prime au prorata à un troisième salarié (Cass. soc. 30-6-1998 n° 96-42.004 D). Ces **règles** s'appliquent, quel que soit le motif du départ, y compris en cas de départ à la retraite ou en préretraite, ces deux situations ayant été jugées similaires (Cass. soc. 11-12-1986 n° 84-40.939 P).

Les dispositions conventionnelles prévoyant le droit à une gratification calculée au prorata du temps de présence dans l'entreprise au cours de l'année sont interprétées restrictivement. Ainsi une disposition prévoyant le paiement d'une gratification prorata temporis aux **salariés entrés dans l'entreprise** en cours d'année ne peut pas profiter aux **salariés ayant quitté l'entreprise** (Cass. soc. 26-3-1984 n° 82-40.340 P ; 29-5-1986 n° 85-41.620 S). De même, si la convention collective subordonne le paiement de la prime annuelle à la présence du salarié au moment de son versement et n'admet son paiement prorata temporis qu'en cas de départ à la retraite, d'appel sous les drapeaux, de retour du service militaire ou de licenciement économique, le salarié licencié sans motif réel et sérieux ne peut pas y prétendre, cette situation n'étant pas envisagée par le **texte conventionnel** (Cass. soc. 18-1-1989 n° 87-45.234 D).

Pour un **exemple** de clause conventionnelle prévoyant le calcul prorata temporis, voir n° 88125.

45460 **13e mois incorporé au salaire annuel** Si le contrat de travail fait état d'un **salaire annuel fixé à 13 fois le salaire mensuel,** et non d'un 13e mois venant s'ajouter au salaire de base, le salarié quittant l'entreprise en cours d'année peut prétendre de plein droit à la partie du 13e mois correspondant à son temps de présence dans l'entreprise (Cass. soc. 19-12-1990 n° 88-41.075 P ; 28-10-2009 n° 08-40.842 F-D).

Si le **13e mois s'ajoute au salaire de base,** il convient de faire application des principes visés n° 45450.

G. Primes et gratifications diverses

45530 On trouvera ci-après des solutions particulières rendues à propos de différentes primes et gratifications, classées en fonction de leur objet. Certaines sont toutefois étudiées dans d'autres développements. Il en va ainsi des **primes d'expatriation** (n° 71040).

S'agissant, par ailleurs : des sommes versées en remboursement des **frais professionnels,** voir nos 55200 s. ; des sommes acquises au titre des régimes légaux de **participation financière,** voir nos 46210 s. ; des versements à caractère de **prestations sociales complémentaires,** voir nos 52050 s.

PRIME D'ANCIENNETÉ

45540 **Définition et source** Destinée à récompenser la **fidélité** du salarié et à encourager la stabilité du personnel, la prime d'ancienneté est attribuée selon des **modalités** permettant d'en faire varier le montant en fonction de l'ancienneté dans l'entreprise. Elle résulte en général des conventions ou accords collectifs de travail ou, à défaut, des anciens arrêtés de salaires (arrêtés Parodi) maintenus en vigueur (sur ce dernier point, voir n° 260).

Sauf disposition particulière dans les textes conventionnels, l'ancienneté est la durée écoulée depuis la conclusion du contrat de travail en cours sans que soient déduites les périodes de suspension du contrat (Cass. soc. 17-3-1982 n° 80-40.167 P). Toutefois, selon l'article L 1225-54 du Code du travail, la durée du **congé parental** d'éducation à temps plein est prise en compte pour moitié pour la détermination des droits liés à l'ancienneté alors que le congé parental d'éducation à temps partiel est assimilé à une période de travail effectif pour la détermination des droits liés à l'ancienneté. Sur l'appréciation de l'ancienneté des travailleurs à **temps partiel,** voir n° 74480.

En cas d'**adhésion de l'entreprise à une convention collective** de branche, la prime d'ancienneté prévue par cette convention est applicable immédiatement aux salariés justifiant, à sa date d'entrée en vigueur, d'une ancienneté égale ou supérieure à celle requise par cette convention (Cass. soc. 10-10-2007 n° 06-43.373 F-PB).

ATTENTION

Lorsque la prime est prévue par **convention collective,** il y a lieu de prendre en compte l'ancienneté totale du salarié et non celle calculée à compter de la date de l'arrêté d'**extension** rendant ce texte applicable (Cass. soc. 19-6-1991 n° 88-40.038 D).

Calcul En général, la prime d'ancienneté est calculée soit à partir du **salaire perçu,** soit 45550
à partir d'un **salaire minimum.** Si la convention collective prévoit de la calculer en fonction du salaire minimum conventionnel de l'emploi, l'employeur ne peut pas être condamné à la calculer sur le Smic, même si ce dernier est d'un montant supérieur (Cass. soc.12-4-1995 n° 91-42.280 D ; 6-10-2004 n° 02-42.840 F-D). Il en est de même dans les professions où aucune convention collective n'a été conclue et où il existe un **arrêté de salaire Parodi** (n° 260) prévoyant une prime d'ancienneté : celle-ci continue à être versée sur la base du salaire minimum et non sur celle du Smic (Cass. soc. 23-9-1982 n° 80-40.250 P). En revanche, si la convention collective étendue prévoit de calculer la prime sur la base du **salaire minimum** garanti **fixé par un avenant qui n'a pas fait** lui-même **l'objet d'une extension,** l'employeur non affilié à une organisation patronale signataire devra, à défaut de recours à une négociation collective d'entreprise, calculer la prime par référence au Smic (Cass. ass. plén. 6-4-1990 n° 89-41.674 P ; Cass. soc. 4-5-1993 n° 91-41.646 P).

Si la gratification est fixée en **pourcentage de la rémunération mensuelle,** l'employeur n'a pas à la maintenir à son montant antérieur en cas de diminution de cette rémunération (Cass. soc. 21-2-1979 n° 77-40.658 P). Si elle est calculée sur les **appointements réels,** il y a lieu d'inclure dans la base de calcul les allocations d'**activité partielle** qui se sont, le cas échéant, substituées au salaire (Cass. soc. 16-1-1992 n° 88-43.631 P).

Sur la **preuve du paiement** de la prime d'ancienneté en l'absence de mention la concernant sur le bulletin de paie, voir n° 14540, b.

Sur la base de calcul de la prime d'ancienneté due aux **journalistes,** voir n° 88110.

ATTENTION

La prime calculée de façon constante, fixe et générale par l'employeur sur la base du salaire brut, **plus favorable que** celle prévue par la **convention collective,** ne procède pas d'une erreur mais constitue un avantage consenti au salarié (Cass. soc. 3-3-1993 n° 89-45.785 D).

La prime doit être calculée sur le salaire réel si la **convention en fixe le pourcentage** sans en fixer la **base de calcul** (CA Versailles 22-4-1992 n° 91-2137).

Majoration pour ancienneté La prime d'ancienneté, élément du salaire distinct du 45560
salaire de base, doit être **distinguée** de la majoration pour ancienneté prévue par certaines conventions collectives et qui s'analyse comme une simple majoration du salaire minimum, intégrée au salaire de base. Ainsi, alors que la preuve du paiement de la prime d'ancienneté ne peut pas résulter du fait que le salaire effectif est supérieur au salaire minimum conventionnel augmenté du montant de cette prime (Cass. soc. 5-1-1994 n° 90-43.757 D), le salarié qui a perçu un salaire supérieur à la rémunération globale à laquelle il peut prétendre au regard de son ancienneté dans l'entreprise est considéré comme rempli de ses droits si la convention collective prévoit une rémunération globale minimum calculée en fonction de l'ancienneté, et non une prime d'ancienneté (Cass. soc. 20-10-1993 n° 90-42.037 D ; 21-3-2006 n° 03-44.320 F-D). De même, si la convention collective institue non pas une prime d'ancienneté mais une **majoration en pourcentage du montant du salaire minimum professionnel garanti,** le salarié percevant une rémunération supérieure au salaire minimum correspondant à son ancienneté

doit être considéré comme rempli de ses droits (Cass. soc. 26-4-2017 n° 15-28.429 F-D ; 4-12-2019 n° 18-14.113 F-PB). Contrairement à la prime d'ancienneté, la majoration pour ancienneté, qui affecte le montant du traitement mensuel, ne peut pas figurer distinctement sur les bulletins de paie (Cass. soc. 10-6-2003 n° 01-40.985 FS-P). La majoration pour ancienneté doit, si elle est exprimée en pourcentage du salaire, s'appliquer sur le total de la rémunération, y compris les **heures supplémentaires** (Cass. soc. 11-5-1988 n° 86-42.702 P).

45570 **Régime social** La prime d'ancienneté est assujettie aux cotisations de **sécurité sociale,** quelles que soient sa forme et ses modalités de versement. Peu importe que son **montant** soit déterminé ou non par l'appartenance des bénéficiaires à certaines catégories de personnel (Cass. soc. 7-3-1973 n° 71-74.721 P). Des « **napoléons** » remis aux salariés en fonction de leur ancienneté constituent des avantages en espèces alloués à l'occasion ou en contrepartie du travail. Ils doivent donc aussi être soumis aux cotisations de sécurité sociale (CA Paris 20-6-1990 n° 89-35858). De même, entre dans l'assiette des cotisations la **prime dite « de jubilé »** allouée au salarié en raison de son ancienneté (Cass. soc. 13-1-1994 n° 91-10.149 D).

Ces solutions sont transposables aux **autres cotisations et contributions sociales** (cotisations de retraite complémentaire Agirc-Arrco, versement mobilité, contributions **chômage,** AGS, solidarité autonomie, Fnal, formation et alternance [contributions à la formation professionnelle, CPF-CDD, supplémentaire à l'apprentissage et taxe d'apprentissage] et dialogue social), à la **CSG** et à la **CRDS,** ainsi qu'aux **taxes et participations** dont l'assiette est alignée sur celles des cotisations sociales ou de la CSG : taxe sur les salaires et participation-construction.

Sur l'application du régime de la **saisie et** de la **cession** des rémunérations aux primes et gratifications, voir n° 15180.

45580 **Régime fiscal** Quelle que soit leur forme, les primes d'ancienneté constituent un complément de salaire imposable à l'**impôt sur le revenu** dans les conditions de droit commun (BOI-RSA-CHAMP-20-30-10-10 n° 1). À ce titre, elles sont soumises au prélèvement à la source par l'employeur, comme les autres éléments du salaire et sont à inclure dans le net imposable du bulletin de paie.

Sur l'assujettissement de ces primes aux **taxes et participations sur les salaires,** voir n° 45570.

> **Précisions** L'administration a précisé dans des réponses ministérielles (non reprises dans la base Bofip mais qui nous paraissent toujours applicables) que constituent un complément de salaire devant, au même titre que la rémunération principale, être retenu pour la détermination du revenu imposable du bénéficiaire :
> – les sommes allouées par l'employeur à l'occasion d'un **jubilé** (Rép. Bassot : AN 7-4-1980) ;
> – une gratification égale à un mois de salaire pour 25 ans d'ancienneté et à 2 mois pour 35 ans (Rép. Weisenhorn : AN 2-4-1978).
> De même, une **voiture** offerte par une entreprise à l'un de ses cadres pour récompenser ses 15 ans de services présente le caractère d'une véritable rémunération en nature eu égard à son importance et au fait qu'elle est destinée à récompenser la qualité des services rendus. Ce cadeau doit donc être retenu pour la détermination du revenu imposable du bénéficiaire (Rép. Le Theule : AN 8-6-1963).

45590 **Incidences sur le calcul de diverses primes et indemnités** La prime d'ancienneté, déterminée uniquement en fonction des années de présence dans l'entreprise, doit être exclue de l'assiette d'une **prime annuelle,** dès lors que la convention collective n'intègre dans le calcul de cette dernière prime que les rémunérations liées à la production (Cass. soc. 10-4-1986 n° 83-44.981 P).

PRIME D'ASSIDUITÉ

45610 La prime d'assiduité a pour **objet** de récompenser le zèle du salarié et de combattre l'absentéisme.

Elle peut présenter un caractère forfaitaire et uniforme, mais est généralement **calculée** selon des modalités permettant d'en faire varier le montant en fonction de l'assiduité.

Sauf disposition conventionnelle contraire, l'assiduité correspond à la présence effective du salarié dans l'entreprise. Elle ne comprend donc pas, en principe, les périodes de **suspension du contrat de travail** (Cass. soc. 17-3-1982 n° 80-40.167 P).

La prime d'assiduité est passible des cotisations de sécurité sociale et des autres cotisations et contributions sociales (n° 45570), de la CSG, de la CRDS et des **taxes et participations** dont l'assiette est alignée sur celle des cotisations de sécurité sociale ou de la CSG : taxe sur les salaires et participation-construction.

Elle doit, au même titre que la rémunération principale, être retenue pour la détermination du **revenu imposable** du salarié (BOI-RSA-CHAMP-20-30-10-10 n° 1) et est, comme celle-ci, soumise au prélèvement à la source par l'employeur et à inclure dans le net imposable du bulletin de paie.

Sur l'application du régime de la **saisie** et de la **cession** des rémunérations aux primes et gratifications, voir n° 15180.

PRIME DE PARTAGE DE LA VALEUR

La prime de partage de la valeur (PPV) s'inspire de l'ancienne prime exceptionnelle de pouvoir d'achat qu'elle pérennise (Loi 2022-1158 du 16-8-2022 art. 1). Elle peut être versée depuis le 1-7-2022 et permet de bénéficier d'**exonérations sociales et fiscales** sous conditions, selon deux régimes distincts en fonction de la rémunération du bénéficiaire et de la date de versement de la prime (voir n° 45625). 45615

Champ d'application **Tous les employeurs** de droit privé, y compris les travailleurs indépendants, les mutuelles, les associations, les fondations ou encore les syndicats peuvent verser à leurs salariés une PPV éligible aux exonérations. 45617

Peuvent en **bénéficier** les titulaires d'un contrat de travail à la date du versement de la PPV (date de mise en paiement des salaires figurant sur le bulletin de paie), du dépôt de l'accord ou de la signature de la décision unilatérale visés n° 45623, y compris les apprentis et les titulaires d'un contrat de professionnalisation ou encore les mandataires sociaux dotés d'un contrat de travail (Inst. du 21-12-2022, 2.7, 2.8 et 2.10 : BOSS). La PPV peut être **réservée** aux salariés dont la rémunération est inférieure à un certain plafond, mais pas aux salariés dont la rémunération est supérieure à un certain plafond, ni à certains salariés sur la base d'un autre critère (Inst. précitée, 2.5).

› Précisions **a.** N'étant pas titulaires d'un contrat de travail, les **stagiaires** ne peuvent pas bénéficier d'une PPV ouvrant droit à exonération (Inst. précitée, 2.9).

b. Lorsque des **salariés intérimaires** sont mis à la disposition d'une entreprise utilisatrice à la date de versement de la prime, du dépôt de l'accord ou de la signature de la DUE attribuant la prime à ses salariés, alors l'entreprise utilisatrice doit en informer sans délai l'entreprise de travail temporaire (ETT) employeur, qui en informe à son tour sans délai son comité social et économique (CSE) lorsqu'il existe. C'est l'ETT qui leur verse la PPV, dans les conditions et selon les modalités fixées par l'accord ou la DUE. La condition de présence est appréciée au niveau de l'entreprise utilisatrice, mais la prime peut être versée de manière décalée par l'ETT, sans toutefois pouvoir dépasser la date du 29-2-2024 pour pouvoir bénéficier des exonérations en vigueur jusqu'au 31-12-2023 (Loi précitée, art. 1, III-1e ; Inst. précitée, 2.11).

c. Les salariés des **groupements d'employeurs** mis à disposition d'entreprises utilisatrices bénéficient de la PPV dans les mêmes conditions que les salariés des entreprises de travail temporaire (Inst. précitée, 2.14)

Montant Le montant de la PPV est **librement fixé.** Il peut être **modulé** en fonction de la rémunération, du niveau de classification, de la durée de présence pendant l'année écoulée, de la durée du travail prévue dans le contrat de travail ou encore de l'ancienneté dans l'entreprise (Loi précitée, art. 1, III-2e). Ces critères peuvent être combinés et s'apprécient sur les 12 mois précédant le versement, sauf pour les critères du niveau de classification et d'ancienneté qui sont appréciés au moment du versement de la PPV (Inst. du 21-12-2022, 3.3 et 3.5 : BOSS). 45620

La prime ne peut pas **se substituer** à un élément ou à une augmentation de rémunération du salarié ou encore à une prime, qu'ils soient prévus par accord, par contrat ou par usage (Loi précitée, art. 1, III-3e).

La PPV n'est pas prise en compte dans le calcul des **indemnités de fin de contrat** ou de **fin de mission,** ni dans celui des **indemnités de rupture** du contrat de travail (Inst. précitée, 3.9). Toutefois, elle peut entrer en compte dans l'assiette de calcul de l'indemnité de licenciement si elle est récurrente et régulière : voir n° 63460, c.

› Précisions **a.** Si le montant de la prime est libre, l'**exonération** de cotisations et contributions sociales et d'impôt sur le revenu est toutefois plafonnée : voir n° 45625.

b. La PPV n'entre pas en compte dans le niveau de la rémunération retenu pour le calcul des exonérations de cotisations sociales, et notamment dans le **calcul du bénéfice des exonérations** dégressives comme la réduction générale de cotisations sociales, ou encore les exonérations applicables aux indemnités de rupture du contrat de travail (Inst. précitée, 3.8).

c. En cas de modulation en fonction de la durée de présence effective pendant l'année écoulée, les **congés parentaux** sont assimilés à des périodes de présence effective. Sont concernés les congés au titre de la maternité, de la paternité et de l'accueil ou de l'adoption d'un enfant, ainsi que les

congés d'éducation parentale et de présence parentale (Loi précitée, art. 1, III-2e ; Inst. précitée, 3.4).
d. Dans une entreprise comprenant **plusieurs établissements** le montant de la PPV attribuée peut être différent selon les établissements et l'employeur peut attribuer la PPV aux salariés de certains établissements seulement (Inst. précitée, 3.6 et 3.7).

45623 **Mise en place et versement** La PPV est mise en place par **accord** d'entreprise ou de groupe, conclu selon les modalités prévues pour les accords d'intéressement, ou par **décision unilatérale** prise après consultation du CSE s'il existe (Loi précitée, art. 1, IV). Cet accord doit préciser la date d'appréciation de la présence retenue entre les trois dates possibles visées no 45617 (Inst. du 21-12-2022, 2.7 : BOSS).

La PPV peut être versée, depuis le 1-7-2022, en **plusieurs fois** au cours de l'année civile, dans la **limite** d'une fois par trimestre (Loi précitée, art. 1, IV).

Elle doit figurer sur le **bulletin de paie,** si possible sur une ligne spécifique (Inst. précitée, 6.6).

> **Précisions** En cas de **versements multiples,** un salarié éligible à la PPV qui quitte l'entreprise avant le dernier versement a droit à l'intégralité de la prime, dont le reliquat doit être versé sur son solde de tout compte (Inst. précitée, 6.5).

45625 **Régime social et fiscal** La prime peut bénéficier d'exonérations fiscales et sociales dans la limite d'un **plafond** de 3 000 € par bénéficiaire et par année civile. Ce plafond est **porté à** 6 000 € (Loi précitée, art. 1, V ; Inst. du 21-12-2022, 4.5 : BOSS) :

– pour les entreprises tenues de mettre en place un accord de participation, lorsqu'elles sont dotées d'un accord d'intéressement à la date de versement ou qu'elles ont conclu un accord d'intéressement au titre du même exercice que celui du versement de la prime, donc avant le versement de celle-ci ;

– pour les entreprises non tenues de mettre en place la participation, lorsqu'elles sont dotées d'un accord de participation ou d'intéressement à la date de versement de la prime ou lorsqu'elles ont conclu un accord de participation ou d'intéressement au titre du même exercice que celui du versement de la prime, donc avant le versement de celle-ci ;

– lorsque l'employeur est une association ou une fondation reconnue d'utilité publique ou d'intérêt général et habilitée à recevoir des dons ouvrant droit à la déduction d'impôt.

Dans la limite des plafonds ci-dessus, la prime peut bénéficier d'un régime d'exonérations en fonction de la rémunération du bénéficiaire et du moment du versement (Inst. précitée, 1.1, 1.2, 7.1, 7.3 et 7.4) :

– si la PPV est **versée entre le 1-7-2022 et le 31-12-2023** aux salariés ayant perçu, au cours des 12 mois précédant son versement, une **rémunération inférieure à 3 fois** la valeur annuelle pondérée du **Smic** (limite ajustée à due proportion de la durée du travail), alors elle bénéficie d'une exonération de l'ensemble des cotisations sociales d'origine légale ou conventionnelle à la charge du salarié ou de l'employeur, mais aussi de la participation patronale à l'effort de construction et des contributions dues au titre de la formation professionnelle et de l'alternance, de l'impôt sur le revenu, de la CSG, de la CRDS (avec application de l'abattement de 1,75 % pour frais professionnels), de la taxe sur les salaires ainsi que du forfait social ;

– si la PPV est **versée à compter du 1-7-2022** aux salariés ayant perçu, au cours des 12 mois précédant son versement, une **rémunération supérieure à 3 fois** la valeur annuelle pondérée du **Smic** ou **à compter du 1-1-2024** à l'**ensemble des salariés** quel que soit leur niveau de rémunération, alors elle est exonérée seulement des cotisations sociales d'origine légale ou conventionnelle à la charge du salarié ou de l'employeur, ainsi que de la participation patronale à l'effort de construction et des contributions dues au titre de la formation professionnelle et de l'alternance, mais elle est assujettie à l'impôt sur le revenu, à la CSG et à la CRDS (avec application de l'abattement de 1,75 % pour frais professionnels), taxe sur les salaires et forfait social (au taux de 20 % dans les mêmes conditions que l'intéressement : voir no 48980). Le régime social et fiscal de la PPV est donc aligné sur celui des primes d'intéressement perçues directement par les salariés (nos 48730 s.).

Même si elle est n'est pas imposable, la prime est incluse dans le montant du **revenu fiscal de référence** du bénéficiaire et prise en compte dans la base des ressources pour le calcul des prestations sociales (Inst. précitée, préambule et 6.7).

> **Précisions** **a.** Il n'est pas nécessaire que des **primes d'intéressement ou de participation volontaire** aient été **versées** pour bénéficier de l'exonération (Inst. précitée 4.6). De même, la **remise en cause** postérieure de l'**accord** d'intéressement ou de participation volontaire n'a pas d'impact sur l'exonération de la PPV (Inst. précitée, 4.7). La **PPV** ne peut en revanche pas être **neutralisée** dans le calcul de l'intéressement ou de la participation volontaire sauf dispositions expresses en ce sens (Inst. précitée, 4.8).

En cas de **versements multiples,** la condition relative à la rémunération des 12 derniers mois s'apprécie à la date du premier versement (Inst. précitée, 6.3).

b. En cas de **cumul** de versements, au cours de l'année 2022, d'une PPV et d'une prime exceptionnelle de pouvoir d'achat 2021 (à laquelle s'est substituée la PPV, ayant pu être versée jusqu'au 31-3-2022), l'**exonération fiscale** d'impôt sur le revenu au titre des revenus de l'année 2022 ne peut s'appliquer que sur un montant total de 6 000 €, l'excédent étant soumis à impôt sur le revenu (Inst. précitée, 7.1).

c. Dans la **DSN,** la PPV est déclarée à l'aide des CTP 510 (CTP à 0 %, sans incidence sur le montant des cotisations dues par l'employeur), 260 (pour déclarer la CSG et la CRDS sur les montants de prime non exonérés) et 012 (pour déclarer le forfait social lorsqu'il est dû). Au niveau nominatif, elle est déclarée au niveau du bloc Prime, gratification et indemnité – S21.G00.52 en utilisant, dans la rubrique (S21.G00.52.001), le type 904 – Potentiel nouveau type de prime B (net-entreprises, fiche n° 2592).

d. En cas de **non-respect** de l'ensemble des conditions d'attribution de la PPV, l'employeur est invité dans un premier temps à **régulariser** la situation. À défaut, le **redressement** peut être réduit à portion des seules erreurs commises (Inst. précitée, 8.1).

13E MOIS

45630

La prime de 13e mois se présente souvent sous la **forme** d'un doublement du salaire mensuel versé en totalité en fin d'année. Mais elle peut aussi être versée mensuellement. Elle s'analyse alors soit comme une partie intégrante du salaire annuel, soit comme une indemnité mensuelle s'ajoutant à la rémunération annuelle (sur l'incidence de la **rupture du contrat de travail** sur le paiement du 13e mois dans ces deux cas, voir nos 45450 s.).

Ne constitue pas un 13e mois la prime de fin d'année non pas évaluée selon un critère fixe mais **liée aux résultats de l'entreprise** (Cass. soc. 13-11-1991 n° 88-45.695 D).

Le **complément de rémunération versé par le CSE** et son syndicat au salarié en congé syndical, en sus de la contribution patronale, n'entre pas dans l'**assiette de calcul** du 13e mois (Cass. soc. 8-7-1992 n° 89-42.563 P). Il en est de même des **indemnités différentielles pour maladie,** en l'absence d'un usage contraire dans l'entreprise (Cass. soc. 7-2-1990 n° 87-40.250 D). En revanche, si, d'après les accords intervenus, le 13e mois doit être calculé sur le salaire mensuel de base à l'exclusion de tous avantages, primes, etc., l'employeur ne peut pas déduire de ce salaire les prestations versées en cas de maladie (Cass. soc. 7-1-1988 n° 85-43.555 D). De même, les allocations d'activité partielle se substituant au salaire doivent être incluses dans l'assiette des rémunérations servant au calcul de la prime de 13e mois (Cass. soc. 16-1-1992 n° 88-43.631 P ; 26-11-1996 n° 94-40.266 P).

Un salarié a droit au 13e mois expressément prévu par son contrat de travail et à la **prime de vacances** prévue par la convention collective, dès lors qu'aucune clause contractuelle n'interdit ce **cumul** (Cass. soc. 26-10-1982 n° 80-41.066).

Le 13e mois est passible des cotisations de sécurité sociale et des autres cotisations et contributions sociales (n° 45570), de la CSG, de la CRDS et des **taxes et participations** dont l'assiette est alignée sur celle des cotisations de sécurité sociale ou de la CSG : taxe sur les salaires et participation-construction.

Il doit, au même titre que la rémunération principale, être retenu pour la détermination du **revenu imposable** du salarié (BOI-RSA-CHAMP-20-30-10-10 n° 10). Il est soumis, comme celle-ci, au prélèvement à la source par l'employeur et est à inclure dans le net imposable du bulletin de paie.

Sur l'application du régime de la **saisie et** de la **cession** des rémunérations aux primes et gratifications, voir n° 15180.

Sur la possibilité de **réserver aux seuls cadres** la prime de 13e mois, voir n° 3800.

PRIME DE PRODUCTIVITÉ OU DE RENDEMENT

45650

Une prime liée à la productivité a un caractère aléatoire. Un employeur peut donc, en cas de **baisse de la productivité,** individualiser la prime pour lui donner une nouvelle efficacité (Cass. soc. 23-1-1991 n° 87-44.228 D).

Le droit à une prime d'objectif étant lié à la réalisation d'un quota, le salarié qui n'a **pas atteint son quota** n'y a pas droit, peu importe qu'une société concurrente ait contribué à l'insuffisance des résultats (Cass. soc. 7-10-1987 n° 84-45.035 D).

Si le contrat de travail prévoit le versement d'une gratification aux deux seules conditions, pour un cadre, d'avoir travaillé pendant la totalité de l'exercice financier allant d'octobre à septembre et d'avoir atteint ses **objectifs,** le salarié **démissionnaire** qui remplit ces conditions peut y prétendre, même s'il existe un usage contraire concernant les salariés n'appartenant plus à l'entreprise à la fin de l'année civile (Cass. soc. 14-3-1983 n° 80-41.483).

Lorsque le contrat de travail prévoit, outre la rémunération fixe, une prime sur objectifs déterminée en fonction de l'atteinte d'objectifs annuels, mais qu'aucun objectif n'est fixé, il appartient au juge de déterminer le montant de la prime en fonction des critères visés au contrat et, à défaut, des données de la cause (Cass. soc. 27-4-2017 n° 15-21.992 F-D).

Si le contrat de travail prévoit le versement d'une prime d'efficacité dont le montant, variable, est fixé en fonction des efforts et des résultats de chacun, l'employeur est fondé à ne pas en modifier le montant en dépit de l'**amélioration** intervenue dans la **notation** du salarié (Cass. soc. 9-2-1989 n° 86-43.420 D).

Le salarié **muté temporairement à un autre poste** peut prétendre au maintien de la prime de rendement, dès lors que la convention collective prévoit dans ce cas le droit pour l'intéressé de percevoir un salaire identique à son salaire habituel (Cass. soc. 12-3-1987 n° 84-42.310 P).

Les primes et gratifications versées aux salariés en considération de leur productivité sont passibles des cotisations de sécurité sociale et des autres cotisations et contributions sociales (n° 45570), de la CSG, de la CRDS et des **taxes et participations** dont l'assiette est alignée sur celle des cotisations de sécurité sociale ou de la CSG : taxe sur les salaires et participation-construction.

Elles doivent, au même titre que la rémunération principale, être retenues pour la détermination du **revenu imposable** du salarié (BOI-RSA-CHAMP-20-30-10-10 n° 10). Elles sont soumises, comme celle-ci, au prélèvement à la source par l'employeur et sont à inclure dans le net imposable du bulletin de paie.

Sur l'application du régime de la **saisie** et de la **cession** des rémunérations aux primes et gratifications, voir n° 15180.

> **Précisions** Un employeur est redevable des cotisations de sécurité sociale sur les primes versées à ceux de ses salariés proposant des **innovations techniques** visant à améliorer la production et la productivité de l'entreprise. Peu importe à cet égard que cette activité particulière des salariés s'exerce en dehors du temps de travail et que la prime soit versée par **l'intermédiaire d'un GIE,** dès lors que les suggestions sont en fait exploitées directement par l'employeur qui fixe le montant de la prime et en supporte la charge définitive (Cass. soc. 12-10-1995 n° 93-14.001 P).
> Le paiement des cotisations de sécurité sociale afférentes à des primes de productivité allouées par une société dans le cadre d'un **concours** qu'elle a organisé entre les **représentants** de ses **concessionnaires** incombe à ladite société organisatrice dans la mesure où, les intéressés ayant adhéré aux conditions du concours, il existait un lien contractuel entre elle et ces derniers, peu important le risque de double paiement des cotisations par la société organisatrice et ses concessionnaires (Cass. soc. 5-10-1989 n° 87-10.383 D).

PRIME LIÉE AUX RÉSULTATS DE L'ENTREPRISE

45670 L'employeur n'a pas à verser au salarié licencié en cours d'année une somme à titre de **provision** à valoir sur une prime, dès lors que cette prime, liée au résultat dégagé après l'établissement du **bilan,** n'était pas exigible (Cass. soc. 25-4-1990 n° 87-45.275 P).

Si le contrat d'un salarié prévoit l'allocation, en plus du salaire, de gratifications dont le montant dépend exclusivement des résultats de l'étude de notaires, l'employeur ne peut pas en refuser le versement en raison de la mauvaise qualité du travail du salarié (Cass. soc. 17-7-1996 n° 93-43.963 P).

Le droit pour le salarié de conserver un **acompte** déjà versé, à valoir sur une prime d'intéressement sur le chiffre d'affaires, ne peut pas être remis en cause par la dénonciation de l'accord ayant institué cette prime (Cass. soc. 7-12-1993 n° 89-45.886 D).

L'**assiette** d'une **prime de bilan,** instituée par un accord d'entreprise et calculée notamment en fonction des produits nets des jeux du casino, n'a pas à inclure les produits des machines à sous dès lors que cette **activité** était **illicite** au moment de la conclusion de l'accord, peu important qu'elle soit devenue licite depuis lors (Cass. soc. 7-10-1997 n° 94-44.898 P).

45680 Les primes et gratifications liées à la **situation de l'entreprise,** même ayant un caractère exceptionnel, sont soumises aux **cotisations de sécurité sociale** et aux autres cotisations et contributions sociales (n° 45570), à la **CSG,** à la **CRDS** et aux **taxes et participations** dont l'assiette est alignée sur celle des cotisations de sécurité sociale ou de la CSG : taxe sur les salaires et participation-construction, ces primes ne pouvant être octroyées qu'à l'occasion du travail effectué pour le compte de l'entreprise.

Sur l'application du régime de la **saisie et** de la **cession** des rémunérations aux primes et gratifications, voir n° 15180.

Les gratifications ou les participations aux bénéfices allouées par une entreprise à son personnel sont imposables à l'**impôt sur le revenu** dans les conditions exposées nos 35100 s. Elles sont soumises au prélèvement à la source à opérer par l'employeur et sont à inclure dans le net imposable du bulletin de paie. Elles sont **déductibles** des résultats de l'entreprise dans les conditions de droit commun : voir nos 34200 s.

Elles ne peuvent, en principe, venir en déduction que des résultats de l'**exercice** au cours duquel elles sont effectivement versées. Toutefois, si le montant des gratifications ou participations et leurs modalités de versement résultent d'un **engagement ferme et irrévocable** (par exemple, usage constant, selon le Conseil d'État) pris antérieurement à la clôture d'un exercice donné, de telle sorte qu'il en résulte une dette certaine et nettement déterminée, l'entreprise est admise à les retrancher des bénéfices de cet exercice si ces sommes ne peuvent être réparties qu'au cours de l'exercice suivant. La même solution s'applique si l'entreprise, avant la clôture de l'exercice, a fait connaître son intention aux bénéficiaires dans des conditions équivalant à un engagement irrévocable de sa part. La déduction de ces sommes s'effectue soit sous forme de charges à payer (BOI-BIC-PROV-30-20-10-20 no 20), soit sous forme de provisions (BOI-BIC-PROV-30-20-10-20 no 10), selon que leur montant est ou non exactement déterminé : voir no 34870. L'administration estime que, sous réserve de la compatibilité des instruments de **preuve** retenus par le contribuable avec la procédure écrite, les entreprises disposent d'un choix entier quant aux moyens propres à établir l'existence, le contenu et la date des conventions ou des engagements justifiant la déduction des dépenses de personnel non réglées à la clôture d'un exercice : elle n'entend pas ajouter à la loi en exigeant des éléments de preuve particuliers (BOI-BIC-PROV-30-20-10-20 no 70).

› Précisions À noter que, selon le Conseil d'État, le **supplément de rémunération** alloué au **gérant** d'une SARL est déductible des résultats de l'exercice au cours duquel il est accordé, dès lors que les comptes de cet exercice sont régulièrement approuvés l'année suivante par l'assemblée générale des associés (CE 4-4-1990 no 69368 ; 5-6-1991 no 68103).
Toutefois, dès lors que le conseil d'administration d'une société anonyme a une compétence exclusive pour déterminer la rémunération de son président, l'administration est en droit de réintégrer dans les résultats de l'exercice le supplément de rémunération que le président-directeur général, en l'**absence de toute délibération du conseil d'administration,** a fait inscrire au crédit de son compte courant dans les écritures de la société (CE 6-4-2001 no 198233).

PRIME DE VACANCES

Lorsqu'une convention collective subordonne le versement d'une prime de vacances au **départ effectif** en congés, cette gratification est néanmoins due aux salariés n'ayant pas pris leurs congés lorsque l'employeur n'a pas pris les mesures nécessaires pour les en faire bénéficier (Cass. soc. 21-3-1985 no 82-41.199 S). **45700**

Sur le droit à une prime de vacances : en cas de **prise d'acte** de la rupture du contrat de travail, voir no 45450 ; pour le salarié inapte dont le salaire est repris faute de reclassement ou de licenciement, voir no 62820.

Sur le **cumul** d'une prime de vacances avec une prime de **13e mois,** voir no 45630.

La prime de vacances est dans tous les cas réputée être allouée en considération d'un travail ou de l'emploi exercé et est, à ce titre, passible des cotisations de sécurité sociale et des autres cotisations et contributions sociales (no 45570), de la CSG, de la CRDS et des **taxes et participations** dont l'assiette est alignée sur celle des cotisations de sécurité sociale ou de la CSG : taxe sur les salaires et participation-construction.

Elle doit, au même titre que la rémunération principale, être retenue pour la détermination du **revenu imposable** du salarié (BOI-RSA-CHAMP-20-30-10-10 no 10). Elle est soumise, comme celle-ci, au prélèvement à la source par l'employeur et est à inclure dans le net imposable du bulletin de paie.

La **participation patronale** au financement de séjours d'enfants des salariés dans des **colonies de vacances gérées par l'entreprise** constitue un complément de rémunération soumis à cotisations de sécurité sociale (Cass. soc. 9-6-1992 no 89-12.097 D). Sur le cas où la prime est **allouée par le CSE,** voir nos 41410 s.

Sur l'application du régime de la **saisie** et de la **cession** des rémunérations aux primes et gratifications, voir no 15180.

PRIME LIÉE AUX CONDITIONS DE TRAVAIL

45720 **Évolution des conditions de travail** Différentes primes peuvent être allouées par l'employeur en contrepartie des sujétions particulières de l'emploi, susceptibles d'évoluer : astreinte, pénibilité, intempéries, etc.

Lorsque la convention collective prévoit le paiement d'une prime pour les **travaux effectués sur des échafaudages volants** sans autre précision, il n'y a pas lieu de distinguer selon que ces échafaudages sont ou non pourvus d'un treuil électrique, même si l'existence de ce dispositif rend le travail moins pénible (Cass. soc. 10-3-1983 nº 80-40.318). De même, l'indemnité d'**astreinte** prévue par la convention sans distinction quant aux modalités de l'astreinte doit continuer à être versée après installation d'un **équipement nouveau** permettant de réduire les contraintes (Cass. soc. 3-7-1991 nº 88-41.111 P). Jugé, en revanche, que le versement d'une prime en contrepartie d'une **astreinte nocturne** n'est plus justifié si, à la suite des **modifications** apportées au système de surveillance et à la transmission des communications téléphoniques, cette **sujétion a cessé** (Cass. soc. 22-1-1992 nº 88-44.714 D).

De même, la prime conventionnelle réservée aux seuls **travailleurs à la chaîne** n'a pas à être versée aux ouvriers travaillant dans une **usine automatisée** et n'effectuant que des interventions ponctuelles de contrôle, ces dernières ne pouvant pas être assimilées à des actes répétitifs et cadencés (Cass. soc. 8-10-1987 nºs 84-43.942 à 84-43.948 D). N'a pas non plus à être versée la **prime de travaux,** liée à une tâche annexe ayant disparu lors de la **nouvelle affectation** du salarié et **non contractualisée** (Cass. soc. 16-3-2011 nº 08-42.671 FS-PB).

Par ailleurs, l'employeur ayant institué une **prime de mécanographie** peut décider, en respectant pour les agents déjà en fonction le droit acquis au maintien de leur niveau de rémunération, de ne plus verser cette prime aux employés affectés à partir d'une certaine date à de **nouvelles machines** ne présentant pas les mêmes fatigues et inconvénients que les anciennes (Cass. soc. 4-2-1988 nº 85-44.815).

Une **prime d'amplitude** d'une demi-heure allouée en vertu d'un accord d'entreprise aux salariés rejoignant directement les chantiers pour commencer leur travail à l'heure normale peut être supprimée, dès lors que les intéressés vont d'abord au siège de l'entreprise à l'heure normale puis se rendent ensuite sur le chantier (Cass. soc. 4-2-1987 nº 83-45.411 S).

45730 **Montant** Lorsque la convention collective prévoit que le montant de la **prime d'incommodité** de travail est **révisé** si les salaires sont augmentés de 10 %, le taux d'augmentation de cette prime n'est pas nécessairement celui des salaires en l'absence de critère d'augmentation convenu entre les parties (Cass. soc. 30-10-1991 nº 87-44.850 P).

45740 **Régime social et fiscal** D'une manière générale, les indemnités ou primes diverses destinées à compenser une servitude de l'emploi ou les désagréments liés aux conditions de travail, et non des dépenses supplémentaires, constituent un complément de salaire ou un élément de rémunération soumis aux **cotisations et contributions de sécurité sociale** dans les conditions exposées nºs 17620 s. Il en est ainsi, par exemple, de la prime d'attente aux frontières allouée à des chauffeurs (Cass. soc. 6-2-1992 nº 89-21.983 D) ou de l'indemnité transactionnelle octroyée aux salariés pour indemniser le temps accordé en contrepartie du temps d'habillage, de déshabillage et de passation des consignes et mettre un terme à un litige né de l'exécution du contrat de travail, hors rupture (voir nº 55000).

Ces solutions sont transposables aux **autres cotisations et contributions** sociales (nº 45570), à la **CSG,** à la **CRDS** et aux **taxes et participations assises sur les salaires** dont l'assiette est alignée sur celle des cotisations de sécurité sociale ou de la CSG : taxe sur les salaires et participation-construction.

Sur l'application du régime de la **saisie** et de la **cession** des rémunérations aux primes et gratifications, voir nº 15180.

45750 Sur le plan fiscal, les indemnités de sujétions et avantages divers accordés à raison des conditions particulières d'emploi constituent, quelle que soit la qualification qui leur est donnée par l'employeur, un supplément de rémunération passible de l'**impôt sur le revenu** dans les conditions de droit commun (BOI-RSA-CHAMP-20-30-10-10 nº 1). Elles donnent donc lieu, comme la rémunération principale, au prélèvement à la source par l'employeur et sont à inclure dans le net imposable du bulletin de paie.

ILLUSTRATIONS

Constituent, par **exemple,** des compléments de salaire imposables :

– l'indemnité pour privation de repos hebdomadaire (CE 25-5-1962 nº 51114 ; BOI-RSA-CHAMP-20-30-10-10 nº 150) ;

– l'indemnité pour travail de nuit (BOI-RSA-CHAMP-20-30-10-10 nº 160 ; nº 73320) ou en soirée (nº 73380) ;
– les primes accordées aux salariés qui travaillent suivant le système des 3 × 8 ;
– les primes de mer versées aux salariés travaillant sur des plates-formes de forage (BOI-RSA-CHAMP-20-30-10-10 nº 180) ;
– les indemnités versées en raison du caractère dangereux de l'activité exercée (en ce sens, BOI-RSA-CHAMP-20-30-10-10 nº 270).

PRIME LIÉE AU CHANGEMENT DU LIEU DE TRAVAIL

Des primes ou indemnités particulières peuvent être allouées aux salariés mutés dans un lieu éloigné, telles les indemnités de transfert ou les **primes ou indemnités de déménagement ou de réinstallation** destinées à compenser les frais engagés à l'occasion de leur changement de résidence. 45770

Ainsi, la société accordant, sans y être tenue, une **indemnité de transfert** peut en fixer les conditions d'attribution. Si elle a accordé une indemnité de transfert destinée à compenser les inconvénients de la mutation de Vélizy à Saint-Cloud des salariés d'une autre société avec laquelle elle fusionne, elle peut allouer une nouvelle indemnité à l'occasion d'une **mutation ultérieure en sens inverse** aux seuls membres du personnel ayant toujours travaillé à Saint-Cloud et à ceux qui, provenant de Vélizy, ont fait l'effort de rapprocher leur domicile de Saint-Cloud (Cass. soc. 5-6-1980 nº 78-41.529 P).

Le régime de ces primes allouées aux salariés mutés au regard de l'**assiette des cotisations de sécurité sociale** est étudié aux nºs 56640 s. (frais de déménagement et de réinstallation) et 53440 s. (prime de transfert). Sur l'application du régime de la **saisie** et de la **cession** des rémunérations aux primes et gratifications, voir nº 15180. 45780

Sur le **régime fiscal** de ces sommes, voir nºs 56810 s.

S'agissant des **primes d'expatriation,** voir nº 71040.

PRIME LIÉE À UNE QUALIFICATION OU À UNE MÉDAILLE

Le complément de rémunération pour utilisation d'une **langue étrangère** prévu par la convention collective n'est pas dû au salarié qui, bien que pratiquant couramment une langue étrangère, n'en connaît pas le vocabulaire professionnel et ne peut donc pas prétendre l'utiliser dans l'exercice de sa profession (Cass. soc. 14-2-1980 nº 78-41.729 P). 45790

Ne peut pas réclamer le paiement d'une **prime de technicité** attribuée par la convention collective au titulaire d'un certain **diplôme** le salarié possédant ce diplôme mais n'en ayant fait état qu'après sa démission (Cass. soc. 7-5-1986 nº 84-40.216 S).

Le versement d'une prime pour **médaille du travail** peut résulter de dispositions conventionnelles, d'un usage ou d'une décision unilatérale de l'employeur. Dans ce dernier cas, seules sont à prendre en considération les conditions posées par l'employeur. Cependant, lorsqu'une note de service subordonne le paiement de la prime au fait que les années de services nécessaires se soient écoulées chez le même employeur, l'expression « années de services nécessaires » implique que le calcul de l'**ancienneté** s'effectue selon les règles prévues par les textes réglementaires et qu'il est donc possible de parfaire l'insuffisance des années effectives à l'aide des années de service outre-mer (Cass. soc. 16-12-1976 nº 75-40.846 P).

ATTENTION

Les salariés licenciés pour motif économique et bénéficiaires d'allocations FNE ne peuvent pas prétendre à la prime pour médaille du travail en l'absence d'une disposition conventionnelle ou d'un usage accordant le bénéfice de cette gratification à d'**anciens salariés** (Cass. soc. 8-1-1987 nº 85-42.175 S).

Régime social Pour la Cour de cassation, les gratifications versées à l'occasion de la remise aux salariés de **diplômes ou de médailles,** y compris de la médaille du travail propre à l'entreprise ou de la médaille d'honneur du travail, doivent être comprises dans l'assiette des cotisations de sécurité sociale dues par l'entreprise puisqu'elles trouvent leur origine, au moins en partie, dans le travail accompli au service de l'employeur (Cass. soc. 14-12-1988 nº 86-14.415 P ; 30-10-1997 nº 96-11.024 P). De même, les gratifications versées par un **syndicat professionnel** à l'occasion de la remise de diplômes et médailles liés à l'ancienneté dans la profession doivent être soumises à cotisations, dès lors que l'employeur a remboursé ces gratifications au syndicat (Cass. soc. 17-3-1976 nº 74-14.294 P). 45800

S'agissant plus particulièrement des gratifications allouées pour la remise de la **médaille d'honneur du travail,** l'administration admet qu'elles soient exonérées dans la limite du salaire mensuel de base du bénéficiaire, la fraction excédentaire devant être assujettie à cotisations. Le salaire mensuel de base s'entend de la rémunération brute habituelle, à l'exclusion d'autres éléments tels que la prime de 13e mois (Lettre min. du 6-5-1988 diffusée par circ. Acoss 40 du 13-6-1988 et 103 du 22-11-2000). Selon la Cour de cassation, cette tolérance administrative est d'interprétation stricte (Cass. 2e civ. 16-9-2010 no 09-10.346 FS-D). Ainsi, l'employeur ne peut pas se prévaloir, pour déterminer la fraction de la gratification affranchie de cotisations, de la disposition conventionnelle intégrant la prime de 13e mois au salaire annuel de base (Cass. 2e civ. 10-12-2009 no 09-11.730 F-D). Si le **CSE** alloue également une telle gratification, la limite d'exonération s'apprécie en faisant masse des sommes versées par l'employeur et le comité (Lettre min. du 12-12-1988 diffusée par circ. Acoss 5 du 4-1-1989 et 103 du 22-11-2000). N'émanant pas d'une circulaire ministérielle publiée sur l'un des supports prévus par le CRPA (voir nos 20575 s.), cette tolérance administrative ne s'impose pas, en droit strict, aux Urssaf, mais celles-ci s'y conforment le plus souvent dans la pratique.

Ces solutions sont transposables aux **autres cotisations et contributions sociales** (no 45570), à la **CSG,** à la **CRDS,** à la taxe sur les salaires (BOI-TPS-TS-20-10) et à la participation-construction.

Sur l'application du régime de la **saisie** et de la **cession** des rémunérations aux primes et gratifications, voir no 15180.

45810 **Régime fiscal** Les primes et gratifications liées à une qualification ou à une remise de médaille sont en principe imposables à l'**impôt sur le revenu** dans les conditions de droit commun.

Par exception, les gratifications allouées aux vieux travailleurs à l'occasion de la remise de la **médaille d'honneur** par le **ministère chargé du travail** bénéficient d'une exonération expresse d'impôt sur le revenu (CGI art. 157, 6°). Cette exonération est applicable dans la mesure où, compte tenu de l'ensemble des circonstances de fait, les sommes remises aux salariés conservent le caractère d'une simple gratification (CE 23-2-1966 no 55002). D'une façon générale, l'administration leur reconnaît ce caractère dans la limite d'un **montant** correspondant à celui du salaire mensuel de base du bénéficiaire, le surplus constituant un complément de salaire imposable (BOI-RSA-CHAMP-20-50-40 no 50). Cette exonération s'applique également aux gratifications pour ancienneté allouées par un **État étranger** dans des conditions similaires. À concurrence du montant ainsi exonéré, l'employeur ne soumet pas la prime au prélèvement à la source de l'impôt sur le revenu opéré par l'employeur et ne l'inclut pas dans le net à payer du bulletin de paie.

› Précisions L'administration admet que l'exonération attachée à la médaille d'honneur du travail s'applique également aux gratifications allouées par l'employeur aux travailleurs auxquels la médaille d'honneur du travail ne peut être décernée, mais qui peuvent prétendre, en raison de leur profession ou de celle de leur employeur, à une distinction honorifique décernée pour ancienneté de services par un département ministériel autre que le ministère chargé du travail dans des conditions similaires à celles retenues pour la délivrance de la médaille d'honneur du travail (cas, par exemple, de la médaille d'honneur décernée aux agents de la SNCF et de la RATP, de la médaille d'honneur régionale, départementale et communale et de la médaille d'honneur des sapeurs-pompiers) (BOI-RSA-CHAMP-20-50-40 nos 20 et 30).
En revanche, l'exonération ne s'applique pas aux gratifications allouées par les employeurs à l'occasion de la remise à leurs salariés de médailles d'honneur autres que la médaille d'honneur du travail ou celles se substituant à cette dernière et prévues par les lois et règlements. Il s'agit, en particulier, des médailles d'honneur décernées par les groupements professionnels ou par l'employeur lui-même. L'administration citait, à titre d'exemple, les sommes accompagnant la remise de la médaille d'honneur des anciennes sociétés Électricité de France et Gaz de France, laquelle était, d'ailleurs, attribuée indépendamment de la médaille d'honneur du travail (BOI-RSA-CHAMP-20-50-40 no 40).

REDEVANCES PUBLICITAIRES

45830 Les sommes versées par une société à un salarié en application d'un contrat de location, par lequel ce dernier accepte d'apposer de la publicité pour la société sur son véhicule personnel, constituent une rémunération en contrepartie d'une prestation complémentaire qu'il a accepté de lui fournir et doivent donc être assujetties à cotisations de sécurité sociale (Cass. soc. 5-11-2015 no 14-23.184 PB).

Il n'existe pas de solution fiscale pour ce type de versement. Il y a lieu de penser, selon nous, que de telles sommes sont imposables à l'impôt sur le revenu, mais il existe un doute sur la catégorie d'imposition : traitements et salaires ou bénéfices non commerciaux. Seul, à notre avis, un examen de chaque cas particulier peut déterminer si le contrat en exécution duquel sont dues les redevances est ou non un accessoire du contrat de travail.

SOMMES ET AVANTAGES ALLOUÉS PAR DES TIERS

Toute somme ou tout avantage alloué à un salarié par une **personne n'ayant pas la qualité d'employeur** en contrepartie d'une **activité accomplie dans l'intérêt** de celle-ci est une rémunération passible des cotisations et contributions à la charge de la personne tierce (CSS art. L 242-1-4, al. 1). 45850

Cette dernière doit **informer l'employeur** des sommes ou avantages versés à son salarié (CSS art. L 242-1-4, al. 4). Elle lui transmet à cet effet une copie du document adressé au salarié indiquant le montant des avantages versés et celui des cotisations et contributions acquittées sur ceux-ci, soit le premier jour du mois suivant le versement de ces sommes, soit le 30 juin de l'année suivant ce versement (CSS art. D 242-2-2).

Sur l'application du régime de la **saisie et** de la **cession** des rémunérations, voir n° 15180.

Au plan social, l'assujettissement aux cotisations et contributions de sécurité sociale diffère selon que l'activité du tiers entre ou non dans le champ de la contribution libératoire visée n° 45890 (Circ. DSS 56 du 5-3-2012 n° 2.2) :

– si l'activité entre dans le champ de la contribution libératoire : l'assujettissement aux cotisations et contributions de sécurité sociale concerne alors la part supérieure aux plafonds indiqués n° 45890 ;

– si l'activité n'entre pas dans le champ de la contribution libératoire : dans ce cas, l'assimilation des sommes ou avantages versés aux rémunérations entraîne leur assujettissement dans les conditions indiquées n° 45880 aux cotisations et contributions de sécurité sociale limitativement énumérées à l'article L 242-1-4 du CSS, et sans tenir compte par ailleurs des **autres sommes** que le salarié perçoit de la part de son employeur.

Au plan fiscal, ces sommes et avantages sont imposables entre les mains des bénéficiaires à l'**impôt** sur le revenu selon les règles de droit commun des traitements et salaires (BOI-RSA-CHAMP 20-30-10-10 n° 320). Sur la personne devant déclarer ces sommes en DSN et opérer le prélèvement à la source de l'impôt sur le revenu, voir n°s 45920 s.

Pour le **traitement comptable** des avantages alloués par des tiers, voir n° 92470.

› Précisions Le dispositif ne s'applique que si le bénéficiaire des avantages est par ailleurs **salarié ou assimilé,** quel que soit le régime de sécurité sociale auquel il est affilié. S'il s'agit d'un travailleur indépendant, celui-ci continue à devoir déclarer dans ses revenus ces sommes selon le droit commun (Circ. DSS 56 du 5-3-2012 n° 1.2.1).
Au titre des avantages qu'il perçoit de la personne tierce, le salarié est affilié au régime général (Circ. Acoss 39 du 29-3-2011 n° 11.1).
Le salarié doit aussi être affilié au **régime Agirc-Arrco** au titre des sommes et avantages alloués par le tiers. L'assiette des cotisations est identique à celle des cotisations de sécurité sociale. Pour le calcul des cotisations, voir n° 45880.

Sommes et avantages visés La **forme** et le **mode de versement** des sommes et avantages sont sans incidence (Circ. DSS 2012-56 du 5-3-2012 n° 1). 45870

Sont ainsi visés les **avantages en argent et en nature,** ainsi que leurs déclinaisons (bons et cartes cadeaux, coffrets cadeaux, le cas échéant, dématérialisés, etc.). Le **prêt de produits** ou de **services** (exemple : prêt de véhicule à un salarié d'une concession automobile) est concerné si le salarié peut en faire usage en dehors de son temps de travail. Lorsque ne sont octroyés par le tiers que des titres cadeaux ou des avantages en nature, aucune cotisation ni contribution salariale n'est due. Il en va de même lorsque les avantages sont attribués au cours de l'année exclusivement sous forme de titres cadeaux, ou d'avantages en nature et de titres cadeaux (Circ. DSS 56 du 5-3-2012 n° 2.2). Les cotisations et contributions patronales restent dues.

En revanche, les **relations clients-fournisseurs,** en tant que telles, ne sont **pas concernées** par le dispositif d'assujettissement si le salarié gratifié n'exerce pas d'activité dans l'intérêt du tiers (Circ. DSS 56 du 5-3-2012 n° 1.2.2).

En outre, les opérations donnant lieu, de la part d'un tiers, au **versement global** d'une somme ou avantage **à l'employeur** aux fins exclusives de le reverser aux salariés, celui-ci étant libre de déterminer l'identité des bénéficiaires et/ou le niveau de rétribution, relèvent du droit commun (Circ. DSS 56 du 5-3-2012 n° 1.2.1).

Assujettissement aux cotisations de sécurité sociale Les **cotisations** de sécurité sociale, la contribution solidarité autonomie, la CSG et la CRDS sont en principe dues par la personne tierce dans les conditions de droit commun. 45880

Pour le calcul des cotisations au régime unifié Agirc-Arrco, les sommes et avantages alloués à un salarié dans l'année par chaque personne tierce à l'employeur sont traités de façon distincte, dans les limites annuelles des assiettes T1 et T2 visées n° 30200 sans tenir compte des durées d'emploi (ANI 17-11-2017, annexe A art. 6).

L'assujettissement intervient dès le premier euro et sans tenir compte des autres sommes que le salarié perçoit de la part de son employeur (Circ. DSS 56 du 5-3-2012 n° 2.2 ; Circ. Agirc-Arrco 2 du 9-1-2012).

45890 **Activités commerciales** Si le salarié concerné exerce une **activité commerciale** ou en **lien direct avec la clientèle** pour laquelle il est d'usage qu'une personne tierce alloue des sommes ou avantages au salarié, ces sommes et avantages sont assujettis à une **contribution libératoire** (CSS art. L 242-1-4, al. 2).

Est réputé respecter les critères de commercialité et d'usage permettant de verser la contribution libératoire l'octroi de sommes ou avantages par un tiers dans son intérêt pour les salariés relevant notamment des secteurs d'activité suivants : cosmétiques, parfumerie, parapharmacie ; distribution, spécialisée ou non, et grands magasins ; portiers d'hôtel ; secteur bancaire et assurance en lien direct avec la clientèle (Circ. DSS 56 du 5-3-2012 n° 2.1.1).

La contribution libératoire est **égale à** 20 % de la part des rémunérations versées par la personne tierce excédant pour l'année considérée 15 % du Smic mensuel pour sa valeur au 1er janvier de l'année de versement de l'avantage, sur la base de la durée légale du travail, et ne dépassant pas 1,5 fois le Smic ainsi déterminé (CSS art. L 242-1-4, al. 2).

Les cotisations et les contributions légales ou conventionnelles rendues obligatoires par la loi (sécurité sociale, CSG et CRDS, chômage, retraite complémentaire Agirc-Arrco, etc.) ne sont pas dues sur cette **fourchette de rémunération,** ce qui a également pour conséquence son exclusion de l'assiette des taxes et participations assises sur les salaires. La part supérieure à 1,5 Smic mensuel est assujettie aux cotisations de sécurité sociale et de retraite complémentaire Agirc-Arrco, à la contribution solidarité autonomie, à la CSG et à la CRDS.

La cotisation accidents du travail est fixée de manière forfaitaire (Arrêté BCRS1127822A du 12-10-2011).

› Précisions Lorsque sur l'année, il est octroyé aux salariés exclusivement des avantages sous forme de titres cadeaux dans le cadre d'**opérations de stimulation ou de promotion des ventes,** le plafond (150 % du Smic mensuel) est réputé respecté et le tiers est dispensé de calculer le montant cumulé sur l'année des sommes ou avantages versés lorsque ces derniers sont attribués sous forme de titres cadeaux d'une valeur n'excédant pas 70 % de la valeur du Smic mensuel brut par salarié et par opération. Dans ce cas, la contribution libératoire s'applique sur la part comprise entre 10 et 70 % de la valeur du Smic mensuel brut par salarié et par opération.

Lorsque les titres cadeaux que le tiers a versés exclusivement sur l'année excèdent 70 % de la valeur du Smic mensuel brut par salarié par opération, il ne peut plus se prévaloir des modalités particulières précitées et doit assujettir l'intégralité des titres cadeaux, selon les modalités prévues en fonction de leur valeur. (Circ. DSS 56 du 5-3-2012 n° 2.1.3)

45895 EXEMPLE

Soit un salarié exerçant une activité commerciale ou en lien direct avec la clientèle pour laquelle il est d'usage qu'une personne tierce alloue des sommes ou avantages au salarié.

Les sommes et avantages qui lui sont versés, au cours de l'année 2023, par une même personne tierce, sont affranchis de toute cotisation ou contribution s'ils sont inférieurs au plafond de 256,39 € (15 % du Smic mensuel brut).

En revanche, la contribution forfaitaire est due par la personne tierce au taux de 20 % sur la part des rémunérations, calculée sur l'année, comprise entre 256,39 et 2 563,92 € (1,5 Smic).

La part des sommes et avantages excédant ce dernier montant est soumise aux cotisations et contributions sociales et, par voie de conséquence, aux taxes et participations assises sur les salaires dans les conditions définies n° 45880.

L'employeur n'est donc redevable, sur les sommes ou avantages versés par une personne tierce, d'aucune cotisation et son salarié ne doit acquitter de cotisations salariales que sur la part des rémunérations ou avantages excédant, sur l'année, la valeur de 1,5 Smic mensuel.

45900 La contribution libératoire n'est pas **applicable** lorsque la personne tierce appartient au même **groupe** que l'employeur au sens de l'article L 2331-1 du Code du travail (CSS art. L 242-1-4, al. 3). Les sommes ou avantages versés sont donc soumis aux cotisations et contributions de droit commun dès le premier euro.

Elle ne l'est pas non plus si la personne tierce et l'employeur ont accompli des **actes ayant pour objet d'éviter,** en totalité ou en partie, le **paiement des cotisations** et contributions sociales. En cas de constat d'opérations litigieuses, la procédure de répression des **abus de droit** (nos 20435 s.) est applicable à l'employeur (CSS art. L 242-1-4, al. 5).

Déclaration et paiement des cotisations La **personne tierce** remplit les **obligations** relatives aux déclarations et au paiement des cotisations et contributions sociales et de la contribution forfaitaire libératoire (CSS art. L 242-1-4, al. 4). 45910

Les **cotisations et contributions** de sécurité sociale sont déclarées et payées par le tiers selon les mêmes **modalités** (aux mêmes dates, selon la même périodicité et au même organisme de recouvrement) que les cotisations versées par celui-ci pour son propre personnel (Circ. DSS 56 du 5-3-2012 n° 3.3).

La **contribution libératoire** est déclarée et payée par le tiers, au choix de ce dernier, soit à l'issue de chaque versement de sommes ou avantages, avec les cotisations et contributions dues pour ses salariés, soit une fois par an. En tout état de cause, la contribution libératoire doit être **déclarée au plus tard** dans la dernière déclaration de cotisations au moyen du CTP 802 de l'année au cours de laquelle les sommes ou avantages ont été versés. À titre de tolérance, si l'octroi sur l'année de sommes ou avantages à un même salarié relève à la fois des modalités d'assujettissement à la contribution libératoire et aux cotisations et contributions de sécurité sociale, le tiers peut verser et déclarer la totalité des sommes ou avantages une seule fois au plus tard dans la dernière déclaration de cotisations de l'année au cours de laquelle les sommes ou avantages ont été versés (Circ. DSS 56 du 5-3-2012 n° 3.4).

DSN et prélèvement à la source (PAS) Bien que cela n'ait pas été formellement confirmé, la **DSN** ayant été modifiée dans ce but en 2019, c'est, à notre sens, le tiers allouant la somme ou l'avantage (et non l'employeur du bénéficiaire) qui doit effectuer le **prélèvement à la source** (PAS) de l'impôt sur le revenu, puisqu'il est de principe que cette obligation pèse sur la personne versant le revenu. 45920

> **Précisions** Une circulaire prévoit que le tiers peut **charger l'employeur habituel,** si celui-ci l'accepte, d'effectuer la déclaration et le paiement des cotisations et contributions dues ainsi que les déclarations afférentes (Circ. DSS 56 du 5-3-2012 n° 3.1). Antérieure à la mise en place de la DSN, cette faculté nous semble aujourd'hui **caduque** en raison des évolutions apportées à cette déclaration. Jusqu'en 2019, la structuration de la DSN ne permettait pas à l'établissement tiers payeur de déclarer les sommes versées alors même qu'elles sont assujetties à cotisations, contributions sociales et impôt sur le revenu, et ouvrent des droits à protection sociale. C'est pourquoi, afin de préserver les droits des salariés, la DSN a été modifiée afin de permettre au tiers « payeur » de déclarer directement des sommes versées à des personnes qui ne sont pas ses salariés.

En pratique, l'employeur peut être confronté à 2 situations : 45922
– il verse une somme à une personne qui n'est pas son salarié : il verse donc une somme à un tiers et c'est à lui de déclarer cette somme et de prélever le PAS ;
– un tiers verse une somme à l'un de ses salariés : c'est à ce tiers de déclarer cette somme en DSN et d'opérer le PAS.

Ne disposant pas du **taux de prélèvement applicable** au bénéficiaire fourni par l'administration fiscale, le déclarant appliquera un taux neutre.

La déclaration des sommes versées ou la valeur des avantages alloués à un salarié par un tiers s'effectue en **DSN** au niveau de la **structure Véhicule technique** – S89 (net-entreprises, fiche n° 1942 du 7-6-2021).

PRISE EN CHARGE D'UNE AMENDE ROUTIÈRE

La prise en charge par l'employeur des amendes réprimant une contravention au Code de la route commise par un **salarié** constitue un **avantage** au sens de l'article L 242-1 du CSS soumis aux cotisations de sécurité sociale (BOSS-FP-430 s. ; Cass. 2e civ. 9-3-2017 n° 15-27.538 F-PBI ; 14-2-2019 n° 17-28.047 F-D). 45930

Sur la possibilité pour l'employeur de demander au salarié le **remboursement** de cette prise en charge, voir n° 72530.

CHAPITRE 5

ÉPARGNE SALARIALE ET ACTIONNARIAT SALARIÉ

SOMMAIRE

SECTION 1
PARTICIPATION AUX RÉSULTATS DE L'ENTREPRISE 46250
A. Calcul, répartition et versement 46300
1. Formule de calcul de droit commun 46300
2. Formule de calcul dérogatoire 46500
3. Supplément de réserve de participation 46550
4. Répartition 46600
5. Versement de la participation 46740
B. Gestion des droits indisponibles 46870
1. Plan d'épargne salariale 46875
2. Comptes courants bloqués 46950
3. Indisponibilité des droits 47200
4. Information des bénéficiaires 47370
5. Obligations déclaratives 47470
C. Régime social et fiscal 47560
1. Réserve spéciale de participation 47620
2. Produits de la participation 47850
3. Provision pour investissement 47930

SECTION 2
INTÉRESSEMENT DES SALARIÉS 48000
A. Calcul et répartition 48050
B. Versement des droits 48210
C. Rapport avec le salaire 48270
1. Non-assimilation au salaire 48270
2. Non-substitution au salaire 48280
D. Régime social et fiscal 48450
1. Conditions et limites d'exonération 48470
2. Régime fiscal pour l'entreprise 48620
3. Régime fiscal pour les bénéficiaires 48730
4. Cotisations sociales 48850
5. CSG, CRDS et taxe sur les salaires 48900
6. Forfait social 48980
7. Obligations déclaratives 49100

SECTION 3
PLANS D'ÉPARGNE SALARIALE 49240
A. Plan d'épargne d'entreprise 49300
1. Participants 49305
2. Alimentation du plan 49420
3. Gestion des droits 49580
4. Régime social et fiscal 49700
a. Abondement et versement unilatéral de l'entreprise 49700
b. Versements des participants 49800
c. Augmentations de capital réservées 49830
d. Plus-values 49860
e. Revenus du plan d'épargne 49880
B. Plan d'épargne interentreprises 49970
C. Perco 50100
D. Pereco 50221

SECTION 4
PARTAGE DES PLUS-VALUES DE CESSION DE TITRES 50231

SECTION 5
OPTIONS SUR ACTIONS 50300
1. Résultat fiscal de l'entreprise 50360
2. Gains tirés des options attribuées depuis le 28-9-2012 50480
a. Définition des gains ou avantages 50480
b. Gains ou avantages déterminés à la date de l'attribution des options 50530
c. Plus-value d'acquisition 50630
d. Plus-value de cession 50730
e. Obligations déclaratives 50750
3. Plans d'options non conformes au cadre légal 50850

SECTION 6
ATTRIBUTION GRATUITE D'ACTIONS 50970
a. Régime fiscal 51000
b. Régime social 51060
c. Obligations déclaratives 51100

SECTION 7
BONS DE SOUSCRIPTION DE PARTS DE CRÉATEUR D'ENTREPRISE 51180

SECTION 8
TABLEAUX RÉCAPITULATIFS 51270
1. Cas de déblocage anticipé 51270
2. Affectation et transferts d'épargne salariale vers les plans d'épargne salariale 51320
3. Participation, intéressement et plans d'épargne : charges sociales et fiscales 51350
4. Versements au Pereco : charges sociales et fiscales 51360
5. Options sur actions : charges sociales et fiscales 51370

PRÉSENTATION

Parmi les dispositifs prévus par la loi pour associer les salariés aux résultats de leur entreprise ou favoriser l'actionnariat du personnel, les 7 principaux sont examinés dans ce chapitre. Il s'agit : 46210
- de la participation aux résultats ;
- de l'intéressement ;
- des plans d'épargne salariale ;
- du partage des plus-values de cession de titres ;
- des options de souscription ou d'achat d'actions ou stock-options ;
- de l'attribution gratuite d'actions (AGA) ;
- des bons de souscription de parts de créateur d'entreprise (BSPCE).

Sur le régime social des bons de souscription d'actions (BSA), voir nº 77075.

SECTION 1

PARTICIPATION AUX RÉSULTATS DE L'ENTREPRISE

Obligatoire pour les entreprises ou les unités économiques et sociales (UES) employant **au moins 50 salariés** et facultatif pour les autres, le régime légal de participation des salariés aux résultats de l'entreprise, codifié aux articles L 3321-1 s. du Code du travail, reconnaît aux salariés un droit sur une fraction des bénéfices. 46250

Il est examiné ici sous l'angle :
- du **calcul** et de la **répartition** de la participation, l'adoption d'une formule de calcul différente de la formule légale étant admise dans des conditions strictement encadrées ;
- de la **gestion** des **droits indisponibles** ;
- des **avantages sociaux et fiscaux** attachés à la participation.

Pour les **autres aspects du régime,** tels que la conclusion et le dépôt des accords, on pourra se reporter à l'exposé d'ensemble figurant nºs 33730 s. du Mémento social.

> **Précisions** **a.** **Depuis le 1-1-2020,** le mode de **décompte** de l'**effectif** de 50 salariés et de prise en compte du **franchissement du seuil** à la hausse ou à la baisse est celui prévu à l'article L 130-1 du CSS (voir nºs 18800 s.). L'obligation de mise en place de la participation s'applique à compter du premier exercice ouvert après une période de 5 années civiles pendant lesquelles le **seuil** de 50 salariés a été atteint ou dépassé (C. trav. art. L 3321-1, L 3322-1 et L 3322-2).
> **b.** Les **entreprises nouvelles** dont la création ne résulte pas d'une fusion, totale ou partielle, d'entreprises préexistantes ne sont assujetties qu'à partir du troisième exercice clos après leur création (C. trav. art. L 3322-5). Le premier effectif calculé dans l'entreprise n'étant pas considéré comme un franchissement de seuil (BOSS-Eff.-500), une entreprise nouvelle employant d'emblée au moins 50 salariés ne bénéficie pas, selon nous, du gel de 5 ans mentionné à la précision a.
> **c.** Si une entreprise ayant conclu un **accord d'intéressement** vient à employer au moins 50 salariés, elle n'est tenue d'appliquer la participation qu'au troisième exercice clos après le franchissement de ce seuil si l'accord d'intéressement a été appliqué sans discontinuité pendant cette période (C. trav. art. L 3322-3). Ce report se cumule avec le gel de 5 ans du franchissement du seuil de 50 salariés mentionné à la précision a. (Inst. intermin. 2019-252 du 19-12-2019 nº 6 opposable). L'accord de participation alors conclu peut retenir des règles de calcul et de répartition reprenant celles de l'accord d'intéressement ayant expiré (C. trav. art. L 3322-3), auquel cas il s'agit d'un accord **dérogatoire** de participation qui doit respecter les conditions prévues pour ce type d'accord (Circ. DSS/DGT du 15-5-2007 : BOSS 6-07, opposable) : voir nº 46500.

EXEMPLE 46260

Depuis l'exercice 2020, lorsque l'effectif d'une entreprise atteint ou dépasse 50 salariés une année N (sur la base des effectifs mensuels de l'année N – 1) et les 4 années suivantes (soit de N + 1 à N + 4), le seuil n'est considéré comme franchi qu'à compter de la cinquième année (N + 4). L'entreprise n'est effectivement soumise à la participation qu'au titre de l'année N + 5. Elle a jusqu'à la fin de l'année N + 6 pour conclure un accord de participation (Inst. intermin. 2019-252 du 19-12-2019 nº 3, opposable). Si au 1-1-2023 une entreprise dont l'exercice coïncide avec l'année civile constate qu'elle a employé au moins 50 salariés en moyenne sur l'année 2022, elle devra mettre en œuvre la participation au titre de l'exercice 2028, si son effectif reste entre-temps égal ou supérieur à 50 salariés. Elle aura jusqu'au 31-12-2029 pour conclure un accord de participation.

Si son effectif passe sous le seuil de 50 salariés, il faudra qu'elle le franchisse de nouveau à la hausse pendant 5 années civiles consécutives pour être assujettie à la participation au titre de l'exercice ouvert après cette période de 5 ans. Par exemple, si son effectif en 2024 descend à 45 salariés seulement mais remonte à 50 salariés ou plus en 2025 et les 4 années civiles suivantes (soit de 2025 à 2029), l'entreprise devra mettre en œuvre la participation au titre de l'exercice 2030 et aura jusqu'au 31-12-2031 pour conclure un accord.

A. Calcul, répartition et versement

1. FORMULE DE CALCUL DE DROIT COMMUN

46300 Sauf adoption d'une formule de calcul différente appelée « dérogatoire » (nº 46500), les entreprises doivent, au titre de chaque exercice, après l'arrêté des comptes de cet exercice et sur la base des données propres audit exercice, calculer la réserve spéciale de participation en appliquant la formule suivante (C. trav. art. L 3324-1) :

$$R = \frac{1}{2}\,(B - \frac{5C}{100}) \times (S/VA)$$

Dans cette formule, B représente le bénéfice net de l'entreprise, C ses capitaux propres, S les salaires et VA la valeur ajoutée de l'entreprise. Le contenu de ces différents postes est détaillé ci-après.

Il résulte de cette formule de calcul que, pour qu'une réserve de participation puisse être constituée au titre d'un exercice, il faut non seulement que cet exercice se traduise par un bénéfice, mais encore que ce bénéfice (B) soit supérieur à 5 % des capitaux propres (C).

Sur la possibilité d'accorder un **supplément de réserve,** voir nº 46550.

BÉNÉFICE NET (B)

46310 Le montant du bénéfice net ressort d'une **attestation** établie par l'inspecteur des finances publiques ou le commissaire aux comptes (nº 46430).

Il s'agit du **bénéfice fiscal** d'origine française (réalisé en France métropolitaine, en Guadeloupe, en Guyane, en Martinique, à Mayotte, à la Réunion, à Saint-Barthélemy et à Saint-Martin), imposable à l'impôt sur les sociétés (IS) – au taux de droit commun ou au taux réduit de 15 % prévu par l'article 219, I-b du CGI en faveur des PME – ou à l'impôt sur le revenu. Ce bénéfice est **majoré** des bénéfices exonérés en application des dispositions des articles 44 sexies (entreprises nouvelles), 44 sexies A (jeunes entreprises innovantes), 44 octies A (zones franches urbaines) et 208 C (SII cotées) (C. trav. art. L 3324-1).

Ce bénéfice est **diminué de l'impôt correspondant.** Pour les entreprises relevant de l'**IS,** il s'agit de l'impôt au taux de droit commun, déterminé avant imputation des **crédits d'impôt** (CE 20-3-2013 nº 347633 ; Cass. soc. 10-1-2017 nº 14-23.888 FS-PB ; BOI-BIC-PTP-10-10-20-10 nº 200).

Dans les entreprises individuelles et les entreprises soumises au **régime** fiscal **des sociétés de personnes,** le calcul de l'impôt à déduire obéit à des règles particulières, fixées respectivement par les articles R 3324-7, D 3324-8 et D 3324-9 du Code du travail (application du taux moyen d'imposition plafonné au taux de droit commun de l'IS).

› Précisions a. Avant le 1-1-2022 devait être également inclus, dans le bénéfice net, le bénéfice exonéré en application de l'article 44 septies du CGI qui prévoit une exonération d'impôt sur les sociétés en faveur des entreprises créées pour la reprise d'une entreprise en difficulté. Bien que cet article soit abrogé pour les exercices ouverts à compter du 1-1-2022, l'exonération continue de s'appliquer pour la durée restant à courir aux entreprises qui en bénéficiaient déjà (Loi 2021-1900 du 30-12-2021 art. 35, I-2º, 35-III et 35-XX).

b. Les **entreprises relevant de l'impôt sur le revenu** peuvent déduire la « rémunération normale » du chef d'entreprise, dès lors qu'il s'agit de la rémunération de l'année au titre de laquelle la participation est calculée (TA Paris 28-3-2006 nº 00-4543), et les résultats déficitaires des 5 années antérieures, lorsque ceux-ci ont été imputés sur des revenus d'une autre nature, mais n'ont pas été pris en compte pour le calcul de la participation afférente aux exercices précédents.

Lorsque les **associés d'une société de personnes** sont eux-mêmes assujettis à la participation, le bénéfice servant au calcul de la réserve ne tient compte ni de leur quote-part du résultat (bénéfice ou déficit) de la société de personnes, ni de l'impôt correspondant (C. trav. art. D 3324-9).

c. Pour les **entreprises passibles de l'impôt sur les sociétés,** le bénéfice net n'est pas diminué de la **contribution sociale sur l'impôt sur les sociétés** (CGI art. 235 ter ZC ; BOI-BIC-PTP-10-10-20-10 n° 200).

d. Dans les **coopératives agricoles** et leurs unions, le bénéfice à considérer est défini par l'article R 523-9 du Code rural et de la pêche maritime.

Transferts d'activité En cas de **fusion, de scission ou d'apport partiel d'actif** réalisé en cours d'exercice comptable, mais **rétroagissant** au début de l'exercice, la société bénéficiaire des apports doit calculer la réserve de participation sur l'ensemble des résultats pris en compte par elle du fait de l'apport, y compris ceux de l'activité apportée constatés à compter de la date d'effet de l'opération (BOI-IS-FUS-40-30 n° 20). Elle peut par ailleurs imputer les **déficits** qui lui ont été **transférés** lors d'une opération placée sous le régime spécial des fusions (BOI-BIC-PTP-10-10-20-10 n° 40). Les droits à participation des salariés de la société absorbée sont déterminés d'après les salaires qu'ils ont perçus durant toute l'année au cours de laquelle l'opération est intervenue, même si la société absorbée n'était pas elle-même assujettie à la participation (Cass. soc. 23-2-1983 n° 81-16.106 P). 46320

Sur les **règles générales** applicables en cas de transfert d'activité (cessions totales ou partielles, fusions, scissions, apports partiels d'actif, etc.), voir n°s 70480 s.

Report en arrière des déficits Le dispositif fiscal de report en arrière des déficits (CGI art. 220 quinquies) ne remet pas en cause la participation calculée au titre de l'exercice antérieur concerné. La créance sur l'État résultant de l'option a seulement pour effet de majorer les capitaux propres des exercices suivants si elle figure en report à nouveau. 46330

Groupes de sociétés Dans les groupes de sociétés placés sous le **régime fiscal d'intégration,** chaque société doit calculer sa propre participation sur la base de son bénéfice imposable et de l'impôt y afférent déterminés comme si elle était imposée séparément et n'avait jamais fait partie du groupe (CGI art. 223 L, 5). 46340

La déclaration 2058 A bis, où chacune d'elles déclare à l'administration fiscale son résultat fiscal « hors groupe », fournit les renseignements nécessaires à ces calculs.

De même, lorsque la formule légale de calcul de la participation a été retenue dans le cadre d'un **accord de groupe** (non intégré fiscalement), chaque société détermine distinctement sa propre participation. La réserve spéciale de participation (RSP) dégagée au niveau du groupe est égale à la somme des RSP calculées dans chaque entreprise membre du groupe.

CAPITAUX PROPRES (C)

Le bénéfice net est diminué du montant de la **rémunération, au taux de 5 %, des capitaux propres** de l'entreprise (C. trav. art. L 3324-1, 2°). 46370

Les capitaux propres s'entendent, en application de l'article D 3324-4 du Code du travail, de la somme des éléments suivants (liste limitative) : capital (sous déduction de la fraction non appelée), primes liées au capital social, réserves, report à nouveau, provisions ayant supporté l'impôt et provisions réglementées constituées en franchise d'impôt en application d'une disposition particulière du CGI, à l'exclusion de la réserve spéciale de participation elle-même et des capitaux propres correspondant aux établissements à l'étranger.

Dans le cas des entreprises individuelles et des sociétés de personnes n'ayant pas opté pour l'IS, il convient d'ajouter à ce total les avances en compte courant de l'exploitant ou des associés, pour un montant égal à la moyenne algébrique des soldes de ces comptes courants tels qu'ils apparaissent à la fin de chaque trimestre civil inclus dans l'exercice considéré.

Le montant de ces différents éléments est retenu d'après les valeurs figurant au **bilan de clôture** de l'exercice au titre duquel la réserve spéciale de participation est calculée. Toutefois, en cas de **variation du capital au cours de l'exercice,** le montant du capital et des primes liées au capital social est pris en compte prorata temporis, le décompte des périodes s'effectuant en nombre de jours (BOI-BIC-PTP-10-10-20-20 n° 170).

L'incidence du **report en arrière des déficits** sur les capitaux propres est précisée n° 46330.

› Précisions a. L'administration considère le **taux de 5 %** comme un taux annuel susceptible de varier en fonction de la durée de l'exercice comptable (BOI-BIC-PTP-10-10-20).

b. Selon la cour d'appel de Versailles, les **provisions pour dépréciation des titres de participation** constituent des « provisions ayant supporté l'impôt », au sens de l'article D 3324-4 précité du Code du travail, qui doivent être prises en compte dans la détermination des capitaux propres (CA Versailles 1-3-2016 n° 15/00869). Cette solution infirme la position inverse de l'administration selon laquelle ces provisions, constitutives de moins-values à long terme, ne

sont pas à prendre en compte, quand bien même elles relèveraient du taux de 0 % fixé à l'article 219, I-a quinquies du CGI (Guide épargne salariale juillet 2014).
c. L'article D 3324-5 du Code du travail prévoit des règles particulières de calcul des capitaux propres pour les **offices publics et ministériels** dont le titulaire n'a pas la qualité de commerçant. Dans les **coopératives agricoles** et leurs unions, les capitaux propres à considérer sont définis par l'article R 523-9 du Code rural et de la pêche maritime.

SALAIRES (S)

46390 Les salaires retenus pour le calcul de la participation sont les revenus d'activité pris en compte pour la détermination de l'assiette des cotisations définie à l'article L 242-1 du CSS (C. trav. art. D 3324-1), qu'ils soient ou non assujettis à cotisations sociales (Cass. soc. 29-10-2013 nº 12-23.866 FS-PB).

Ils comprennent les **indemnités de congés payés** versées par les caisses de congés payés (Guide épargne salariale juillet 2014).

› Précisions **a.** L'employeur peut déduire les **frais professionnels** des rémunérations, dans les conditions et limites réglementaires, pour le calcul de la réserve spéciale de participation même s'il a déclaré le montant brut de ces rémunérations à l'administration fiscale. En revanche, il ne peut pas contester l'intégration de **sommes déclarées à l'administration** comme salaires (Cass. soc. 17-5-2011 nº 10-10.957 FS-PB).
b. À titre de règle pratique, il est admis que les entreprises relevant de **caisses de congés payés** prennent forfaitairement en compte les indemnités versées par celles-ci en majorant les salaires qu'elles versent elles-mêmes du taux des cotisations qu'elles doivent acquitter à la caisse (Guide épargne salariale juillet 2014).
c. Lorsque l'accord de participation prévoit que les **salariés d'un groupement d'employeurs** mis à la disposition de l'entreprise bénéficient de ses dispositions (nº 46630), le montant de leurs salaires correspondant à leur activité dans l'entreprise utilisatrice est ajouté au montant des salaires des salariés de l'entreprise. Ce montant est communiqué à l'entreprise par le groupement d'employeurs (C. trav. art. D 3324-1).
d. Ne sont **pas à prendre en compte** les rémunérations versées aux dirigeants d'entreprise et conjoints non titulaires d'un contrat de travail visés nº 46640 (C. trav. art. R 3321-1). Il en va de même des rémunérations des travailleurs qui ne sont pas sous la subordination effective de l'employeur (Cass. soc. 10-2-2021 nº 19-50.016).

VALEUR AJOUTÉE (VA)

46410 La valeur ajoutée s'obtient, selon l'article D 3324-2 du Code du travail, en faisant le total des postes suivants du **compte de résultat** (pour autant qu'ils concourent à la formation d'un bénéfice réalisé en France métropolitaine et dans les départements d'outre-mer) :
– charges de personnel ;
– impôts, taxes et versements assimilés, à l'exclusion des taxes sur le chiffre d'affaires ;
– charges financières ;
– dotations de l'exercice aux amortissements ;
– dotations de l'exercice aux provisions, à l'exclusion des dotations figurant dans les charges exceptionnelles ;
– résultat courant avant impôts. Celui-ci correspond à la somme algébrique du résultat d'exploitation et du résultat financier, à l'exclusion du résultat exceptionnel (ce qui exclut, bien entendu, la participation des salariés de la masse représentant la valeur ajoutée).

Des règles particulières sont prévues par l'article D 3324-3 du Code du travail pour la détermination de la valeur ajoutée dans les entreprises de **banque et d'assurance.**

DÉTERMINATION DES ÉLÉMENTS DE CALCUL

46430 **Bénéfice net et capitaux propres** Le montant du bénéfice net et des capitaux propres est établi à la demande de l'entreprise par une **attestation** de l'inspecteur des finances publiques ou du commissaire aux comptes. Les énonciations y figurant ne peuvent être **contestées** à l'occasion des litiges nés de la participation (C. trav. art. L 3326-1). Cette interdiction concerne l'employeur et ses salariés, mais aussi les syndicats, qu'ils soient ou non signataires de l'accord (Cass. soc. 9-2-2010 nº 08-11.338 F-D ; 28-2-2018 nº 16-17.994 FS-PB), y compris s'ils invoquent une fraude de l'entreprise (Cass. soc. 28-2-2018 nº 16-50.015 FS-PB ; 6-6-2018 nº 16-24.566 F-D). Elle concerne également le comité social et économique (Cass. soc. 7-11-2001 nº 00-12.216 F-D). En conséquence, une entreprise ne peut pas invoquer un montant de bénéfice net différent de celui inscrit sur l'attestation dans un litige l'opposant à un de ses salariés estimant que sa participation a été sous-évaluée (Cass. soc. 11-3-2009 nº 08-41.140 F-PB).

Mais cette interdiction ne vaut que si l'attestation est **complète.** À défaut, des syndicats et des salariés peuvent contester le calcul de la réserve spéciale de participation (Cass. soc. 30-1-2013 nº 12-11.875 FS-PB).

Lorsque l'entreprise s'adresse à l'inspecteur des finances publiques pour obtenir cette attestation, elle doit joindre à sa demande un état annexe n° 989 (Cerfa n° 10037*12) conforme à un modèle arrêté par l'administration (C. trav. art. D 3325-1).

Toute **modification ultérieure d'assiette** du bénéfice net à la suite d'un **contrôle fiscal** donne lieu à l'établissement d'une attestation rectificative, établie dans les mêmes conditions que l'attestation initiale (C. trav. art. D 3325-4). L'entreprise doit alors recalculer a posteriori la participation des exercices antérieurs concernés. Le montant de la réserve spéciale de participation est modifié en conséquence au cours de l'exercice pendant lequel les rectifications opérées par l'administration fiscale ou le juge de l'impôt sont devenues définitives ou ont été formellement acceptées par l'entreprise (C. trav. art. D 3324-40). Si un supplément de participation est dégagé, seuls les bénéficiaires présents dans l'entreprise au cours de cet exercice peuvent y prétendre (Cass. soc. 10-3-1998 n° 96-16.473 P). L'action en responsabilité formée contre l'entreprise par des salariés l'ayant quittée avant que la rectification ne devienne définitive est irrecevable (Cass. soc. 18-2-2016 n° 14-12.614 FS-PB ; 22-6-2016 n° 14-28.175 FS-PB). 46440

Le complément de participation est majoré d'un **intérêt de retard** fixé au même taux que celui indiqué n° 46960 et qui court à partir du premier jour du sixième mois de l'exercice suivant celui au titre duquel les rectifications ont été opérées (C. trav. art. D 3324-40).

ATTENTION

Lorsque la rectification des résultats d'un exercice se traduit par une **minoration des bénéfices déclarés,** il y a lieu de recalculer la participation selon les règles décrites ci-dessus. En effet, l'article D 3324-40 du Code du travail s'applique à toute modification, tant à la hausse qu'à la baisse, du bénéfice (Cass. soc. 1-7-1998 n° 96-16.471 P).

Lorsque, en revanche, la **rectification** du bénéfice est **opérée spontanément par l'entreprise,** il n'y a pas lieu d'appliquer l'article D 3324-40 du Code du travail. Les compléments de participation qui en découlent doivent donc être répartis entre les salariés qui avaient des droits à participation au titre des exercices dont le bénéfice est rectifié, même s'ils ont depuis lors quitté l'entreprise (Cass. soc. 5-6-2001 n° 99-14.037 FS-P). 46450

Salaires et valeur ajoutée Le montant des autres éléments de calcul de la participation (salaires et valeur ajoutée) est établi directement par les intéressés, sans intervention extérieure. Les **contestations** les concernant sont réglées par les procédures prévues à cet effet par les accords de participation ou, à défaut, par la juridiction administrative (C. trav. art. L 3326-1). 46460

Tous les **autres litiges** concernant la participation sont de la compétence des tribunaux judiciaires (C. trav. art. L 3326-1).

2. FORMULE DE CALCUL DÉROGATOIRE

Un **accord** de participation peut prévoir une formule de calcul de la réserve spéciale de participation **différente** de la formule légale, à condition de respecter les principes fondamentaux de la participation (caractère aléatoire et collectif, non-substitution au salaire [nos 48280 s.], détermination pour chaque exercice en fonction des données propres à cet exercice) et d'assurer aux salariés des avantages au moins équivalents. Pour un accord de groupe, l'**équivalence des avantages** s'apprécie globalement au niveau du groupe et non par entreprise, c'est-à-dire au regard du total des réserves calculées dans chaque entreprise en application de la formule légale (C. trav. art. L 3324-2). 46500

Un accord « dérogatoire » ouvre droit aux avantages sociaux et fiscaux attachés à la participation à condition de **plafonner le montant de la réserve** spéciale de participation (et, le cas échéant, du supplément visé n° 46550) à 50 % du bénéfice net comptable ou, si ce critère ne convient pas à l'entreprise, à l'un des trois plafonds suivants, au choix des parties : bénéfice net comptable ou bénéfice net fiscal diminués de 5 % des capitaux propres (au sens indiqué n° 46370) ou encore 50 % du bénéfice net fiscal. L'accord doit préciser le plafond retenu (C. trav. art. L 3324-2).

Les parties disposent d'une grande **liberté** pour définir une formule dérogatoire de calcul de la participation. Elles peuvent notamment calculer la réserve spéciale en prenant en compte l'évolution de la valeur des actions ou parts de l'entreprise ou du groupe au cours du dernier exercice clos (C. trav. art. L 3324-2), de façon à intéresser les salariés, notamment les cadres dirigeants, à la valorisation de la société. Elles peuvent également choisir une formule dans laquelle la base de calcul de la réserve spéciale est égale au tiers du bénéfice net fiscal (C. trav. art. L 3324-2).

L'adoption d'une **formule dérogatoire permet** à l'entreprise :
– de faire bénéficier, sous réserve d'une condition d'effectif, ses dirigeants et conjoints collaborateurs ou associés de droits sur le supplément dérogatoire : voir nº 46640 ;
– d'exclure tout ou partie du supplément dérogatoire de la disponibilité immédiate (voir nº 46740, a) et de fixer les modalités de son affectation, ce qui permet de déroger au mécanisme d'affectation par défaut au Perco ou au Pereco dans les entreprises dotées d'un tel plan (voir nº 46780) (C. trav. art. L 3324-12).

ATTENTION

Le caractère aléatoire de la participation s'oppose à ce qu'un **avenant** à l'accord initial comportant une formule dérogatoire de calcul soit **conclu une fois connus les résultats de l'exercice** à partir duquel la réserve est établie (Guide épargne salariale juillet 2014). Si cette règle n'est pas respectée, l'exonération de cotisations sociales ne peut porter, pour cet exercice, que sur la réserve calculée selon les termes de l'accord initial (Cass. soc. 19-11-1998 nº 96-22.869 PB).

3. SUPPLÉMENT DE RÉSERVE DE PARTICIPATION

46550 L'entreprise qui dispose d'un accord de participation peut décider d'accorder un supplément de réserve spéciale au titre de l'exercice clos afin d'attribuer une participation supérieure à celle à laquelle elle est tenue au titre de cet exercice. La **décision** est prise par le conseil d'administration ou le directoire, ou par l'employeur dans les autres entreprises. Si l'entreprise applique un **accord dérogatoire** de participation, la réserve spéciale de participation, y compris le supplément, ne peut pas excéder le **plafond** retenu dans l'accord. Pour l'entreprise appliquant la **formule légale,** elle ne peut pas excéder le plus élevé des plafonds applicables aux accords dérogatoires (voir nº 46500). La **répartition** du supplément entre les bénéficiaires s'opère selon les modalités prévues soit par l'accord de participation, soit par un accord spécifique. Le total de la participation et du supplément ne doit pas dépasser le plafond individuel d'attribution indiqué nº 46670 (C. trav. art. L 3324-9).

› Précisions **a.** Aucun supplément ne peut être attribué au titre des exercices pour lesquels l'accord de participation n'a **pas permis de dégager une réserve** (Circ. DSS/DGT 199 du 15-5-2007 : BOSS 6-07, opposable).
b. Lorsque les modalités de répartition du supplément sont fixées par un **accord spécifique,** celui-ci doit être conclu suivant l'une des procédures prévues pour les accords de participation et être déposé auprès de l'administration. Il doit prévoir des modalités de répartition respectant les dispositions exposées nº 46660 (Circ. DSS/DGT du 15-5-2007 précitée).
En cas d'**accord de groupe,** l'attribution d'un supplément peut être décidée au niveau du groupe par l'entreprise tête de groupe (Circ. DSS/DGT du 15-5-2007 précitée).
c. Le supplément doit être **versé** à tous les salariés présents dans l'entreprise au cours de l'exercice au titre duquel il est attribué, même s'ils l'ont quittée entre-temps, alors que ceux embauchés après la clôture de cet exercice n'y ont pas droit. Il doit être versé en une seule fois au cours du même exercice que la participation de l'exercice auquel il s'ajoute (Circ. DSS/DGT du 15-5-2007 précitée).
d. Le supplément bénéficie du même **régime fiscal et social** que la réserve elle-même.
Il n'est pas concerné par le mécanisme d'**affectation par défaut** de la participation.

4. RÉPARTITION

BÉNÉFICIAIRES

46600 **Salariés de l'entreprise** Tous les salariés de l'entreprise doivent pouvoir bénéficier de la participation (C. trav. art. L 3342-1), même si leur rémunération est exclue de son calcul (s'agissant de salariés détachés à l'étranger, Cass. soc. 22-5-2001 nº 99-12.902 FS-P) : il s'agit du caractère **collectif** de la participation. Une condition d'ancienneté peut toutefois être prévue par l'accord : voir nº 46610.

› Précisions **a.** Les salariés bénéficiaires de la participation s'entendent des personnes liées à l'entreprise par un **contrat de travail,** même si elles sont exclues du décompte des effectifs de l'entreprise à retenir pour la mise en place de la participation (Guide épargne salariale juillet 2014). C'est le cas, par exemple, des **apprentis.**
Les titulaires d'un **congé de reclassement** bénéficient de la participation ou de l'intéressement car ils demeurent salariés de l'entreprise jusqu'à la fin du congé (Cass. soc. 7-11-2018 nº 17-18.936 FS-PB ; 1-6-2022 nº 20-16.404 FS-B).
b. L'accord de participation ne peut pas **exclure une catégorie de salariés** (par exemple, les pigistes dans une entreprise de presse, Cass. soc. 10-1-2001 nº 99-10.731 F-D). De même ne peuvent être exclus ni les salariés **licenciés,** quel que soit le motif du licenciement (Cass. soc. 9-3-1989 nº 86-43.980 D), ni ceux qui ont fait l'objet d'une **sanction disciplinaire** (Rép. Baeumler : AN 26-3-1990).

Condition d'ancienneté L'accord de participation, d'intéressement ou le règlement de plan d'épargne salariale peut exiger une condition d'ancienneté, d'au plus 3 mois, dans l'entreprise ou le groupe, pour le bénéfice de la participation. Pour la détermination de l'ancienneté d'un salarié sont pris en compte tous les contrats de travail exécutés au cours de la **période** de calcul et des 12 mois qui la précèdent (C. trav. art. L 3342-1), cette règle trouvant notamment à s'appliquer en cas de succession de contrats à durée déterminée. 46610

> Précisions **a.** La notion d'ancienneté correspond à la durée totale d'appartenance à l'entreprise, comprenant les périodes de **suspension du contrat** de travail, pour quelque motif que ce soit (Guide épargne salariale juillet 2014).
b. En cas de **licenciement abusif,** la condition d'ancienneté doit s'apprécier au terme du préavis, exécuté ou non (Cass. soc. 17-1-1996 n° 92-42.089).

EXEMPLE 46620

Si un accord exige 3 mois d'ancienneté, les salariés entrés après le 1er octobre de l'année N dans l'entreprise dont l'exercice correspond à l'année civile n'ont aucun droit sur la participation calculée sur le bénéfice de N. Peuvent en revanche en bénéficier tous ceux dont le contrat de travail a pris fin au cours de l'année N, s'ils sont entrés dans l'entreprise au moins 3 mois plus tôt.

Salariés de groupements d'employeurs Le salarié d'un groupement d'employeurs n'ayant pas mis en place la participation peut bénéficier de celle existant dans les **entreprises utilisatrices,** à condition que l'accord de participation de ces entreprises le prévoie (C. trav. art. L 3322-2 et D 3321-2). Il en est de même pour l'intéressement (C. trav. art. L 3312-2 et D 3311-4) et les plans d'épargne salariale (C. trav. art. L 3332-2 et D 3331-2). 46630

Si l'accord ou le règlement du plan d'épargne salariale de l'entreprise utilisatrice prévoit une **condition d'ancienneté,** le salarié du groupement d'employeurs est réputé compter 3 mois d'ancienneté s'il a été mis à disposition de cette entreprise pendant une durée totale d'au moins 60 jours au cours du dernier exercice (C. trav. art. D 3342-1).

CONSEIL

Le contrat de travail du salarié d'un groupement d'employeurs doit assurer l'**égalité de traitement** de ce dernier avec les salariés des entreprises utilisatrices, notamment en matière de participation, d'intéressement et d'épargne salariale (C. trav. art. L 1253-9).

Dirigeants et conjoints Si, en principe, le droit à la participation est réservé aux seuls dirigeants également liés à la société par un **contrat de travail** respectant les conditions prévues n° 76725 (Guide épargne salariale juillet 2014), deux **exceptions** existent. 46640

D'une part, dans les entreprises ayant **volontairement** mis en place la participation, les chefs de ces entreprises, ou, s'il s'agit de personnes morales, leurs présidents, directeurs généraux, gérants ou membres du directoire, ainsi que le conjoint du chef d'entreprise ou son partenaire lié par un pacte civil de solidarité, s'il a le statut de conjoint collaborateur ou de conjoint associé, peuvent en bénéficier sans être titulaires d'un contrat de travail (C. trav. art. L 3323-6).

D'autre part, les entreprises dont l'**effectif** est compris entre 1 et moins de 250 salariés et qui ont mis en place un **accord dérogatoire** peuvent répartir entre les salariés et ces dirigeants ou conjoints la part de la réserve de participation excédant celle qui aurait résulté de la formule de droit commun (C. trav. art. L 3324-2). L'effectif s'apprécie selon les règles exposées nos 18800 s., et le franchissement du seuil de 250, selon les modalités de gel pendant 5 ans exposées n° 18825, le seuil de 1 salarié n'étant pas concerné par ce gel (C. trav. art. L 3321-1 et L 3324-2).

> Précisions **a.** Les personnes concernées ne bénéficient de la participation que si l'**accord** le prévoit (Circ. DGT 19-5-2009). Elle leur est applicable dans les mêmes **conditions** qu'aux salariés, sous réserve de dispositions particulières présentées ci-après.
b. Dans une entreprise appliquant **à titre volontaire** un accord de participation **dérogatoire,** le dirigeant peut bénéficier de l'intégralité de la participation, et non pas seulement de la part dépassant le montant qui résulterait de la formule de droit commun (Circ. DGT 19-5-2009).

MODALITÉS DE RÉPARTITION

Critères Les critères de répartition de la participation, limitatifs, sont les suivants (C. trav. art. L 3324-5) : 46660

– répartition proportionnelle au salaire perçu, retenu dans la limite d'un plafond (n° 46670). L'accord peut aussi prévoir un salaire plancher ;
– répartition uniforme ;

– répartition proportionnelle à la durée de présence dans l'entreprise au cours de l'exercice ;
– répartition utilisant conjointement plusieurs de ces critères. Dans ce cas, chaque critère doit s'appliquer à une sous-masse distincte, définie par l'accord (exemple : 30 % répartis de manière uniforme, 30 % répartis au prorata du temps de présence, 40 % répartis proportionnellement aux salaires).

En l'**absence d'accord,** c'est la répartition proportionnelle au salaire qui doit être appliquée.

> **Précisions** **a.** Pour la répartition de la participation proportionnelle aux salaires, le **salaire** à prendre en compte est celui indiqué n° 46390 (Guide épargne salariale juillet 2014). Pour les **dirigeants** de sociétés bénéficiant de la participation au titre du contrat de travail, on prend en compte la seule rémunération attachée à ce contrat ; pour les dirigeants et **conjoints** non salariés visés n° 46640, la rémunération annuelle ou le revenu professionnel imposé à l'impôt sur le revenu au titre de l'année précédente, plafonnés au niveau du salaire le plus élevé versé dans l'entreprise (C. trav. art. L 3324-5).
> **b.** Les dispositions légales visent non pas l'ancienneté dans l'entreprise mais la **durée de présence** au cours de l'exercice au titre duquel la participation est calculée. Celle-ci totalise les périodes de travail effectif et celles légalement assimilées à du travail effectif et rémunérées comme tel : congés payés, exercice de mandats représentatifs, etc. (Guide épargne salariale juillet 2014).
> **c.** Quel que soit le critère de répartition retenu, sont assimilées à des périodes de **présence** les périodes de **congé** de maternité (C. trav. art. L 1225-17), de congé de paternité (C. trav. art. L 1225-35) depuis le 11-3-2023, de congé d'adoption (C. trav. art. L 1225-37), de congé de deuil (C. trav. art. L 3142-1-1), d'**absence** pour cause d'accident du travail ou de maladie professionnelle (C. trav. art. L 1226-7) et de mise en **quarantaine** (CSP art. L 3131-1, I-2°) (C. trav. art. L 3324-6). Le **salaire** pris en compte au titre de ces périodes est celui qu'aurait perçu le bénéficiaire s'il n'avait pas été absent (C. trav. art. D 3324-11). De même sont prises en compte les heures chômées au titre de l'**activité partielle** (C. trav. art. R 5122-11).
> **d.** Sur la déduction des absences pour **grève,** voir n° 48190. S'agissant des absences pour l'exercice des **fonctions de conseiller prud'homal,** la solution intervenue pour l'intéressement (voir n° 48190) est, à notre avis, transposable à la participation.
> **e.** Lorsqu'un accord unique est conclu au sein d'une **unité économique et sociale,** la répartition est effectuée entre tous les salariés employés dans les entreprises la constituant sur la base du total des réserves constituées dans chaque entreprise. Cette disposition ne vaut que pour les entreprises n'entrant pas dans un même périmètre de consolidation ou de combinaison des comptes (C. trav. art. L 3324-8).

46670 **Plafonnement** Les droits individuels sont plafonnés (C. trav. art. L 3324-5, D 3324-10 et D 3324-12) :
– d'une part, le **salaire,** lorsqu'il intervient dans la répartition, n'est pris en compte que dans une limite librement fixée par l'accord, à condition d'être identique pour tous les salariés et de ne pas dépasser 3 fois le plafond annuel de la sécurité sociale (Pass). Cette limite est applicable au revenu professionnel des **dirigeants** ou **conjoints** collaborateurs ou associés pris en compte pour la répartition, qui est lui-même plafonné (voir n° 46660, a) ;
– d'autre part, la **somme** pouvant être **attribuée** à un salarié (ou à un dirigeant ou conjoint visés n° 46640), pour un même exercice, est au plus égale à 75 % du Pass. Cette limite ne peut pas être modifiée par l'accord de participation (C. trav. art. L 3324-5).

Ces limites sont calculées au **prorata** de la durée de présence, lorsque le bénéficiaire n'a pas accompli une année entière de travail dans la même entreprise (C. trav. art. D 3324-13). A contrario, les absences ou le temps partiel ne peuvent pas donner lieu à une réduction prorata temporis (Guide épargne salariale juillet 2014).

> **Précisions** Le **Pass à retenir** est celui correspondant à l'exercice au titre duquel la réserve de participation est attribuée. Si l'exercice ne coïncide pas avec l'année civile, il convient de se référer à la somme des plafonds mensuels de la sécurité sociale de l'exercice (Guide épargne salariale juillet 2014).

46680 **Reliquat** Les **sommes non distribuées** du fait de l'application des plafonds exposés n° 46670 font l'objet d'une **répartition immédiate** entre tous les salariés et, le cas échéant, les dirigeants et leurs conjoints bénéficiaires de la participation, qui n'ont pas atteint le plafond individuel de perception, dans la limite de ce plafond (C. trav. art. L 3324-7). Elle est effectuée selon les mêmes modalités que la première répartition et doit être renouvelée tant que des sommes subsistent (Guide épargne salariale juillet 2014).

Lorsque **tous les bénéficiaires** ont atteint le **plafond** individuel de perception, les sommes non distribuées restent dans la réserve spéciale de participation pour être réparties au cours des exercices ultérieurs (C. trav. art. L 3324-7).

EXEMPLE

Un accord de participation a fixé le salaire maximum pris en compte à 3 fois le Pass. Pour la répartition de la réserve calculée au titre de l'exercice 2022 (après l'arrêté des comptes de cet exercice), on ne tient pas compte de la fraction de chaque rémunération individuelle excédant 123 408 € (soit 3 fois le Pass, qui est de 41 136 € pour 2022).

Si le montant des droits à participation d'un bénéficiaire dépasse 30 852 € (75 % du Pass), la **fraction excédentaire** ne lui est pas attribuée. Le **reliquat** constitué du total de ces fractions excédentaires est immédiatement réparti entre les bénéficiaires n'ayant pas atteint ce plafond individuel.

5. VERSEMENT DE LA PARTICIPATION

OPTIONS OUVERTES

Tout bénéficiaire dispose chaque année, à l'occasion de la répartition de la réserve spéciale de participation, de l'option suivante (C. trav. art. L 3324-10) : 46740

– soit demander le **versement immédiat** de tout ou partie de ses droits ;

– soit les **affecter** en tout ou partie, selon son choix, à un ou plusieurs plans d'épargne salariale ou à un compte courant bloqué, selon les dispositifs existant dans l'entreprise et les possibilités prévues par l'accord.

> Précisions **a.** Lorsqu'un **accord** de participation institue une formule de calcul **dérogatoire** (n° 46500), il peut prévoir que tout ou partie du supplément dérogatoire de participation ne puisse pas être perçu immédiatement (C. trav. art. L 3324-10).

De même, l'accord de participation applicable dans une **coopérative agricole** ou une société coopérative de production (**Scop**) peut prévoir que tout ou partie de la réserve spéciale de participation ne peut pas faire l'objet d'un versement immédiat (C. trav. art. L 3323-9).

b. Lorsque les sommes attribuées à un bénéficiaire au titre d'un exercice sont **inférieures à 80 €,** l'entreprise peut les lui payer d'office (C. trav. art. L 3324-11 ; Arrêté ECOT0120131A du 10-10-2001) ou lui laisser le choix entre le versement immédiat ou le blocage de ses droits (Circ. DGT 13 du 19-5-2009). À notre avis, ce seuil s'entend avant précompte de la CSG et de la CRDS.

INFORMATION DU BÉNÉFICIAIRE

L'accord de participation fixe les modalités de l'information de chaque bénéficiaire, qui porte au moins sur : les sommes qui lui sont attribuées au titre de la participation ; le montant dont il peut demander, en tout ou partie, le versement immédiat ; le délai dans lequel il peut formuler cette demande ; l'affectation d'une partie de la participation au Perco ou au Pereco en l'absence de réponse de sa part (voir n° 46780) (C. trav. art. R 3324-21-1). 46760

L'accord de participation fixe la date à laquelle le bénéficiaire est **présumé** avoir été **informé** du montant de ses droits. À défaut d'une telle mention ou en l'absence d'accord, le bénéficiaire doit être informé de ses droits (montant attribué et montant dont il peut demander le versement immédiat) par lettre recommandée avec avis de réception ou remise contre récépissé, le délai de réponse étant décompté à partir de la réception de cette lettre (C. trav. art. R 3324-21-1).

Sur l'information du bénéficiaire lors de chaque **répartition** de la participation, voir n° 47380.

RÉPONSE DU BÉNÉFICIAIRE

Le bénéficiaire de la participation peut **demander** le versement immédiat de tout ou partie de ses droits dans un **délai** de 15 jours à compter de la date à laquelle il a été informé de leur montant (C. trav. art. R 3324-21-1). 46780

À défaut, il est considéré comme ayant opté pour le blocage de ses droits selon les modalités prévues par l'accord de participation.

Dans les entreprises dotées d'un **Perco** ou d'un **Pereco,** si le bénéficiaire n'a expressément demandé ni le versement immédiat de ses droits, ni leur affectation au plan d'épargne ou, le cas échéant, à un compte courant bloqué, sa quote-part de la réserve spéciale de **participation calculée selon la formule légale** est affectée par défaut et de plein droit pour moitié au Perco ou au Pereco, et pour moitié selon les modalités fixées par l'accord (C. trav. art. L 3324-12). L'affectation par défaut ne s'applique pas si les adhérents ont effectué un choix, même limité à une partie de leurs droits. Elle ne concerne pas le supplément de participation (Circ. intermin. 19-4-2012).

Si **plusieurs Perco** ont été mis en place dans l'entreprise, les sommes sont affectées au Perco de l'entreprise ou, à défaut, au Perco du groupe. En l'**absence** de ces plans, elles sont affectées dans le Perco interentreprises (C. trav. art. R 3334-1-1, II).

Les **sommes** affectées par défaut sont **gérées** selon le mode sécurisé défini n° 50140 (C. trav. art. L 3324-12) et suivent les règles d'**indisponibilité** prévues pour le Perco ou le Pereco (C. trav. art. R 3324-21-1). Dans le seul cas de l'affectation par défaut au Pereco, le titulaire a un mois pour demander le déblocage des sommes : voir n° 50222, b.

> **Précisions** Les textes ne prévoient pas de règle d'affectation en cas de **coexistence** dans la même entreprise d'un **Perco et** d'un **Pereco,** ou de plusieurs Pereco.

DÉLAI DE VERSEMENT

46790 L'**entreprise** doit effectuer le **versement immédiat** demandé avant le premier jour du sixième mois suivant la clôture de l'exercice au titre duquel la participation est attribuée. Passé ce délai, elle doit y ajouter un **intérêt** de retard égal à 1,33 fois le taux moyen de rendement des obligations (TMO) des sociétés privées (voir n° 46960), à verser en même temps que le principal (C. trav. art. D 3324-21-2).

Le délai de versement et les intérêts de retard sont identiques en cas d'affectation des droits à un **plan d'épargne** salariale. Les intérêts de retard sont versés en même temps que le principal et employés de la même manière (C. trav. art. D 3324-25).

Les intérêts de retard suivent le **régime fiscal** des droits eux-mêmes : imposition en tant que salaires en cas de versement immédiat des droits au salarié, exonération en cas d'affectation à un plan d'épargne (BOI-RSA-ES-10-20 n°s 40 et 310). Ils n'entrent pas dans l'assiette de la CSG-CRDS sur revenus d'activité (Lettre min. du 13-2-1991).

46800 EXEMPLE

Soit une entreprise dont l'exercice correspond à une année civile et qui verse le 16-1-2023 la réserve spéciale de participation calculée au titre de l'année 2021 alors que la date limite était le 31-5-2022. Le montant de sa réserve spéciale de participation est de 250 000 €.

La période servant de base pour le calcul de l'intérêt de retard est celle allant du 1-6-2022 au 16-1-2023 inclus.

Deux taux sont applicables au cours de cette période, car deux TMO ont été publiés sur la période :
– au Journal officiel du 14-1-2022, taux de 0,27 % applicable à compter du 15-1-2022 : l'intérêt de retard est de 0,36 % (0,27 × 1,33) ;
– au Journal officiel du 5-8-2022, taux de 1,325 % applicable à compter du 6-8-2022 : l'intérêt de retard est de 1,76 % (1,325 × 1,33).

Le montant des intérêts de retard est calculé de la façon suivante :
– pour la période du 1-6-2022 au 5-8-2022 (soit 66 jours) : 0,36 % × 250 000 × 66/365 = 162,74 € ;
– pour la période du 6-8-2022 au 16-1-2023 (soit 164 jours) : 1,76 % × 250 000 × 164/365 = 1 977 €.

Au total, les intérêts de retard s'élèvent à 2 139,74 €.

B. Gestion des droits indisponibles

46870 Les droits dont le bénéficiaire n'a pas demandé le versement immédiat sont soumis à une période de blocage (n° 47210) pendant laquelle ils sont gérés suivant la ou les **modalités retenues par l'accord** de participation.

1. PLAN D'ÉPARGNE SALARIALE

46875 Pour les accords conclus **depuis le 24-5-2019,** le seul mode de gestion de la participation possible est l'affectation à un ou plusieurs **plan d'épargne salariale** (C. trav. art. L 3323-2).

L'entreprise doit être dotée d'un **plan d'épargne** salariale de moyen terme (PEE ou PEI), elle ne peut pas se contenter de proposer une affectation des sommes à un Perco ou à un Pereco où les sommes sont bloquées jusqu'au départ en retraite ou jusqu'à l'âge légal de départ en retraite (en ce sens, voir l'étude d'impact de la loi 2019-486 du 22-5-2019).

2. COMPTES COURANTS BLOQUÉS

PRÉSENTATION

46950 La loi autorise dans certains cas l'affectation de la participation à un compte que l'entreprise doit consacrer à des investissements. Pendant la période d'indisponibilité, les salariés ont une

créance sur l'entreprise, comptabilisée sur des **comptes individuels** ouverts à leur nom et portant intérêt. L'entreprise doit alors calculer les intérêts revenant aux salariés et leur verser les droits devenus disponibles.

Les accords de participation conclus depuis le 24-5-2019 ne peuvent plus proposer ce mode de gestion mais il **subsiste** pour :

– les entreprises qui en **bénéficiaient déjà au 23-5-2019** (C. trav. art. L 3323-2, 2° abrogé ; Loi 2019-486 du 22-5-2019 art. 155 VI). Un accord conclu jusqu'à cette date se poursuit sans changement, sans qu'un avenant soit nécessaire, et l'ensemble des dispositions législatives et réglementaires régissant les comptes courants bloqués, dans leur rédaction antérieure, continue à s'appliquer aux anciens accords (Inst. intermin. 2019-252 du 19-12-2019 nos 14 et 15, opposable) ;

– les **Scop,** où un accord de participation peut prévoir l'emploi de la totalité de la réserve spéciale de participation en parts sociales ou en comptes courants bloqués (C. trav. art. L 3323-3) ;

– les entreprises soumises au **régime d'autorité.** Faute pour une entreprise d'accord de participation, la totalité des droits à participation est **obligatoirement** affectée à des comptes courants bloqués, sauf les sommes dont le bénéficiaire demande le versement immédiat (C. trav. art. L 3323-5).

> **Précisions** La nature des **investissements** auxquels l'entreprise doit consacrer les sommes ainsi affectées n'étant pas précisée par les textes, on peut se reporter à la notion d'investissement retenue pour l'utilisation de la provision pour investissement : acquisition ou création d'immobilisations, amortissables ou non.

CALCUL DES INTÉRÊTS

Pendant la période d'indisponibilité, les droits des salariés sont rémunérés à un **taux,** fixé par l'**accord** de participation pour tous les bénéficiaires, au moins égal au **taux moyen de rendement des obligations** (TMO) des sociétés privées publié semestriellement par le ministère de l'économie (C. trav. art. D 3324-33). Le TMO, fixé en dernier lieu à 2,51 % pour le second semestre 2022 (JO 10-3-2023), prend effet le lendemain de sa publication au Journal officiel (Guide épargne salariale juillet 2014). **46960**

Pour les entreprises soumises au **régime d'autorité,** le taux d'intérêt est égal à 1,33 fois le TMO (C. trav. art. L 3323-5 ; Arrêté ECOT0120131A du 10-10-2001).

L'intérêt **court** à compter du point de départ de l'indisponibilité des sommes concernées mentionné n° 47230, que l'entreprise soit soumise au régime d'autorité (C. trav. art. D 3324-35) ou, selon nous, qu'elle ait conclu un accord.

Le cours des intérêts **prend fin,** selon nous, à l'expiration de la période d'indisponibilité ou, en cas de déblocage anticipé, à la date de versement des droits.

> **ATTENTION**
> Les comptes des salariés ayant **quitté l'entreprise sans avoir débloqué** la totalité de leur participation doivent continuer à être rémunérés jusqu'au terme de la période d'indisponibilité. Toute clause de l'accord de participation mettant automatiquement fin au cours des intérêts en cas de départ de l'entreprise doit être considérée comme illicite (Lettre DRT 6-6-1996).

VERSEMENT OU RÉINVESTISSEMENT DES INTÉRÊTS

L'accord peut prévoir soit le versement au moins une fois par an aux salariés des intérêts leur revenant, soit leur réinvestissement. S'il prévoit un choix individuel entre ces deux options, il doit préciser le régime applicable à défaut de choix du salarié (C. trav. art. D 3324-30). Si l'accord est muet ou en cas d'application du régime d'autorité, les intérêts doivent être versés annuellement (C. trav. art. D 3324-31). **46980**

En cas de réinvestissement, les intérêts sont capitalisés annuellement, c'est-à-dire qu'ils vont à leur tour porter intérêt pour l'avenir (C. trav. art. D 3324-32).

3. INDISPONIBILITÉ DES DROITS

À défaut de demander le versement immédiat de ses droits, le bénéficiaire n'en dispose en principe qu'à l'expiration d'un délai d'indisponibilité, dont le respect est une **condition des exonérations** sociales et fiscales attachées au régime. La durée de l'indisponibilité est la même quel que soit le mode de gestion (plan d'épargne salariale ou comptes courants bloqués). Par **dérogation,** certaines situations autorisent le déblocage anticipé des sommes, sans perte des exonérations. **47200**

DURÉE

47210 L'indisponibilité des droits est de **5 ans** (C. trav. art. L 3324-10), sauf en cas d'application du **régime d'autorité** où elle est de 8 ans (C. trav. art. L 3323-5).

Les accords de participation en vigueur le 20-2-2001 ont pu maintenir une **indisponibilité de 3 ans** autorisée antérieurement, en contrepartie d'une réduction de l'exonération d'impôt sur le revenu accordée aux bénéficiaires : voir nº 47710.

ATTENTION

Si le bénéficiaire a choisi d'affecter tout ou partie de ses droits à participation à un plan d'épargne **retraite** (Perco ou Pereco), la durée d'indisponibilité spécifique de ces plans s'applique, comme en cas d'affectation par défaut : voir nº 46780.

POINT DE DÉPART

47230 L'indisponibilité court à compter du premier jour du sixième mois suivant l'exercice au titre duquel les droits sont nés (C. trav. art. L 3324-10 et R 3324-21-1).

ATTENTION

Lorsque la réserve spéciale de participation est modifiée en raison de **rectifications apportées aux résultats** par l'administration fiscale ou le juge de l'impôt, le point de départ du délai d'indisponibilité est le premier jour du sixième mois de l'exercice qui suit celui au cours duquel ces rectifications sont devenues définitives ou ont été formellement acceptées par l'entreprise (BOI-RSA-ES-10-20 nº 60).

47240 EXEMPLE

Pour la réserve calculée au titre d'un exercice arrêté le 31-12-2022, le délai d'indisponibilité commence à courir au plus tard le 1-6-2023 et les droits des salariés deviendront disponibles le 1-6-2028 (ou le 1-6-2026, en cas d'indisponibilité de 3 ans).

SITUATION À L'ISSUE DE L'INDISPONIBILITÉ

47270 Au terme de l'indisponibilité, les bénéficiaires peuvent soit retirer leurs droits, soit décider de ne pas en demander la délivrance immédiate.

Si les droits sont maintenus dans le plan d'épargne salariale, ils obéissent aux règles de celui-ci.

Lorsque la **participation** est placée dans l'entreprise sur des **comptes courants bloqués,** l'entreprise n'est pas tenue, sauf clause de l'accord de participation, de conserver sur ces comptes, ni de rémunérer les droits devenus disponibles. Elle peut donc, à notre avis, procéder au remboursement d'office de ces droits et des intérêts qui ont été réinvestis.

Sur le versement au compte épargne-temps (**CET**) des droits issus de la participation, voir nº 72240 ; sur le régime social et fiscal des sommes retirées du CET correspondant à ces versements, voir nº 72300.

ATTENTION

Même dans l'hypothèse où l'accord de participation permet le **maintien sur les comptes courants bloqués** des droits dont la durée normale d'indisponibilité est expirée, avec service d'un intérêt, cet **intérêt** n'est pas exonéré d'impôt sur le revenu, même s'il est réinvesti, contrairement à l'intérêt acquis pendant la durée de l'indisponibilité.

Lorsque les sommes initialement investies dans l'entreprise sont **transférées** sans délai **sur un plan d'épargne salariale,** les produits acquis après la période d'indisponibilité sont, à notre avis, imposables dès lors qu'aucune disposition ne prévoit leur exonération. Le règlement du fonds commun de placement peut prévoir que le fonds reçoive ces sommes sur demande individuelle du salarié, l'entreprise devant les transférer dans les 2 mois qui suivent la décision du salarié (C. trav. art. D 3324-34).

EXCEPTIONS À L'INDISPONIBILITÉ

47290 Par dérogation à la règle d'indisponibilité de la participation :

– les droits peuvent être débloqués à l'occasion d'**événements personnels** (C. trav. art. L 3324-10) : voir nº 47300 ;

– la participation investie dans l'entreprise devient immédiatement disponible en cas de **cession totale** intervenant dans le cadre d'un **redressement judiciaire** et de **liquidation judiciaire** (C. com. art. L 643-1 ; C. trav. art. R 3324-24).

Dans ces situations, le déblocage ne remet pas en cause les **exonérations sociales et fiscales** attachées aux droits eux-mêmes et à leurs produits perçus avant le déblocage qui ont été réinvestis avec la participation.

Déblocage pour événements personnels Le déblocage anticipé de la participation est autorisé dans certaines situations listées à l'article R 3324-22 du Code du travail, sur présentation de justificatifs : voir nº 51270. Ces cas de déblocage s'appliquent également aux droits constitués dans un **PEE** ou PEI. 47300

Le déblocage porte sur **tout ou partie** des droits, sous forme d'un **versement** unique, sur **demande expresse** du bénéficiaire qui doit être **présentée** dans les 6 mois de l'événement qui la justifie. Par exception, elle peut être présentée à tout moment pour les cas de rupture du contrat de travail, de décès, d'invalidité, de surendettement et de violences conjugales (C. trav. art. R 3324-23). Un même fait générateur ne peut pas donner lieu à des déblocages successifs (C. trav. art. R 3324-23 ; Guide épargne salariale juillet 2014). S'agissant des démarches des ayants droit du salarié décédé : voir nº 73480.

Le déblocage anticipé ne peut porter que sur les **droits afférents aux exercices clos** à la date de l'événement y ouvrant droit. S'il survient alors que la part revenant au salarié dans la participation pour le dernier exercice clos n'est pas encore déterminée, l'intéressé ne pourra obtenir ses droits acquis au titre de cet exercice qu'une fois connu le montant de sa quote-part. Mais les droits afférents aux exercices précédents peuvent lui être versés dès présentation de la demande. Dans ce cas, le déblocage s'opère en deux fois (Guide épargne salariale juillet 2014).

Les droits afférents à **l'exercice en cours** lors de la survenance du cas de déblocage anticipé restent indisponibles, sauf décès ou cessation du contrat de travail : les droits de cet exercice pourront dans ce cas être débloqués dès qu'aura été déterminée, au début de l'exercice suivant, la quote-part de l'intéressé (Guide épargne salariale juillet 2014).

Le **montant des droits** à délivrer en cas de déblocage anticipé est calculé sur la base de la valeur liquidative qui suit immédiatement la présentation de la demande complète. Lorsque le porteur fixe une valeur plancher pour le rachat, la dernière valeur qui peut être prise en compte lorsque le délai de 6 mois s'applique est celle qui suit immédiatement l'expiration de ce délai (Guide épargne salariale juillet 2014).

Pour les salariés à **employeurs multiples,** la cessation du contrat de travail n'autorise que le déblocage des droits acquis dans l'entreprise concernée (Lettre DRT 4-5-1998).

4. INFORMATION DES BÉNÉFICIAIRES

LORS DE L'EMBAUCHE

Les entreprises proposant un régime de participation, d'intéressement, d'épargne salariale ou d'épargne retraite (Perco ou Pereco) doivent remettre à **tout salarié,** lors de la conclusion de son contrat de travail, un **livret d'épargne salariale.** Ce livret présente l'ensemble des régimes mis en place dans l'entreprise ; il comporte l'indication des modalités d'affectation par défaut au Perco ou au Pereco des sommes attribuées au titre de la participation, l'état récapitulatif mentionné nº 47390 lorsque le salarié quitte l'entreprise et, le cas échéant, une attestation indiquant la nature et le montant des droits à la réserve spéciale de participation, la date de la répartition des éventuels droits à participation au titre de l'exercice en cours (C. trav. art. L 3341-6 et R 3341-5). 47370

Ce livret doit aussi être remis aux **autres bénéficiaires** de la participation (visés nº 46640), de l'intéressement (visés nº 48160) et des plans d'épargne salariale (visés nº 49310).

LORS DE CHAQUE RÉPARTITION

Lors de chaque répartition de la participation, chaque bénéficiaire doit recevoir une **fiche distincte du bulletin de paie** indiquant (C. trav. art. D 3323-16) : 47380

- le montant de la réserve de participation pour l'exercice écoulé ;
- celui des droits attribués à l'intéressé ;
- celui de la CSG et de la CRDS précomptées ;
- s'il y a lieu, l'organisme gestionnaire ;
- la date à partir de laquelle ces droits seront négociables ou exigibles ;
- les cas de déblocage anticipé (nº 51270) ;
- les modalités d'affectation par défaut des droits au Perco ou au Pereco (nº 46780).

À cette fiche est **annexée** une note rappelant les règles de calcul et de répartition prévues à l'accord de participation.

Sauf opposition du bénéficiaire concerné, cette fiche peut être remise par voie électronique, dans des conditions de nature à garantir l'intégrité des données.

Dans les **6 mois qui suivent la clôture de chaque exercice,** chaque bénéficiaire est informé des sommes et valeurs qu'il détient au titre de la participation (C. trav. art. D 3323-17).

Si l'accord de participation a été mis en place après que des bénéficiaires potentiels ont quitté l'entreprise, ou si le calcul et la répartition de la réserve spéciale de participation interviennent après un tel départ, la fiche et la note annexée doivent leur être adressées pour les informer de leurs droits (C. trav. art. D 3323-18).

Sur l'information des bénéficiaires pour leur permettre de choisir entre le versement immédiat et le blocage de leurs droits, voir nº 46760.

AU DÉPART DES SALARIÉS

47390 Lorsqu'un salarié quitte l'entreprise, l'employeur doit lui remettre un **état récapitulatif** de l'ensemble des sommes et valeurs mobilières épargnées ou transférées au sein de l'entreprise dans le cadre de la participation, des plans d'épargne salariale, des plans d'épargne retraite d'entreprise (Pereco et Pero) et de l'un des régimes suivants de retraite supplémentaire : régime collectif et obligatoire à cotisations définies (régime dit « article 83 »), régime à prestations définies à droits aléatoires ou à droits certains, régime individuel à adhésion facultative (régime dit « article 82 »). Ce document comporte les informations mentionnées à l'article R 3341-6 du Code du travail et précise notamment si les **frais** de tenue de compte-conservation sont pris en charge par l'entreprise ou sont prélevés sur les avoirs, dans le cas où le salarié n'a pas demandé la liquidation de ses avoirs (C. trav. art. L 3341-7).

Si le salarié quitte l'entreprise sans débloquer ses droits ou sans que l'entreprise ait pu les liquider, l'employeur doit lui demander l'**adresse** à laquelle devront être envoyées toutes les communications concernant ses droits et, le cas échéant, le compte sur lequel les sommes correspondantes devront lui être versées. Il informe le bénéficiaire qu'il l'avisera en cas de **changement** d'adresse de l'entreprise ou de l'organisme gestionnaire extérieur (C. trav. art. D 3324-36).

> **Précisions** Les règles relatives aux **comptes bancaires inactifs** inscrites aux articles L 312-19 et L 312-20 du Code monétaire et financier sont applicables aux avoirs issus de la **participation** détenus sur des **comptes courants bloqués,** aux avoirs inscrits sur un **PEE,** un **PEI,** un **Perco,** un **Pereco** ou un **Pero** donnant lieu à l'ouverture d'un compte-titres (C. mon. fin. art. L 312-19). Selon ce dispositif, un compte est considéré comme inactif si, une fois achevée la période d'indisponibilité des sommes, le titulaire **ne se manifeste pas** auprès de l'établissement teneur de compte ou ne réalise pas d'opération sur le compte pendant 5 ans ou si, en cas de **décès** du titulaire, aucun de ses ayants droit ne se manifeste pour faire valoir ses droits dans un délai de 12 mois suivant cet événement. L'établissement doit alors **informer** le bénéficiaire ou ses ayants droit que le compte est considéré comme inactif, puis, sous un délai de 3 ou 10 ans selon les cas, liquider et **transférer** les avoirs à la Caisse des dépôts et des consignations auprès de laquelle les sommes peuvent être **réclamées** pendant un délai de 20 ou 27 ans selon les cas.

INFORMATION COLLECTIVE

47400 L'employeur est tenu :

– d'informer le **personnel** de l'existence et du contenu de l'accord de participation par tout moyen prévu par cet accord et, à défaut, par voie d'affichage (C. trav. art. D 3323-12) ;

– de porter à la connaissance des **représentants du personnel** le **livret** d'épargne salariale (nº 47370), le cas échéant, en tant qu'élément de la base de données économiques, sociales et environnementales (C. trav. art. L 3341-6) ;

– de présenter au CSE ou à la commission spécialisée créée en son sein, dans les 6 mois suivant la clôture de chaque exercice, un **rapport** sur les éléments de calcul de la participation de l'exercice écoulé et sur la gestion et l'utilisation des sommes (C. trav. art. D 3323-13). À défaut de CSE, ce rapport est adressé à chaque salarié (C. trav. art. D 3323-15).

Certaines informations relatives à la participation doivent en outre figurer au **bilan social,** lorsque l'entreprise y est assujettie : voir nº 4870.

> **Précisions** L'examen par le CSE du **rapport** relatif à l'accord de participation fait l'objet d'une **réunion** distincte ou d'une mention spéciale à l'ordre du jour de la réunion. Le CSE peut se faire assister par un expert-comptable (C. trav. art. D 3323-14).

5. OBLIGATIONS DÉCLARATIVES

DSN

La participation, y compris le supplément éventuel, doit être déclarée dans la DSN dans les blocs **Autre élément de revenu brut** et **Cotisation individuelle** en raison de son assujettissement à la CSG et à la CRDS. 47470

En revanche, elle n'a pas à figurer dans la rubrique **Rémunération nette fiscale,** sauf lorsque :

– le salarié (n° 47700) ou un dirigeant relevant du régime fiscal des salariés (n° 47740) opte pour le versement immédiat de sa participation ou se voit appliquer le versement d'office de droits de faible montant ;

– l'accord fixant une durée d'indisponibilité de 3 ans, l'exonération d'impôt est diminuée de moitié pour les salariés et les dirigeants soumis au régime fiscal des salariés : la participation doit alors être déclarée pour la moitié de son montant, sauf affectation à un plan d'épargne entreprise (n° 47710).

S'agissant des **intérêts** servis par l'entreprise, voir respectivement n°s 47910 (intérêts des comptes bloqués) et 46790 (intérêts pour versement tardif de la participation).

N'ayant pas fiscalement la nature d'un salaire (voir n° 47740), la participation versée au **chef d'entreprise individuelle** et à son **conjoint** collaborateur ou associé ne doit pas être mentionnée dans la rubrique Rémunération nette fiscale de la DSN. Il en est de même pour la partie sociale de la déclaration, ces personnes n'étant pas assimilées à des salariés.

› Précisions Les sommes versées au titre de la participation qui figurent dans la rubrique Rémunération nette fiscale sont imposables à l'impôt sur le revenu et entrent dans le champ du **prélèvement à la source.** Lorsque les **sommes** sont **versées par l'employeur,** ce dernier déclare les revenus et assure le prélèvement via la DSN selon la même procédure que pour les autres revenus salariaux (net-entreprises, fiche n° 1852 ; BOI-IR-PAS-10-10-10 n° 30). Lorsque les sommes sont versées **par un établissement financier** par délégation de l'employeur, aucune sanction ne sera appliquée par l'administration fiscale si le prélèvement n'est pas effectué pour les années 2022 et 2023. En revanche, le prélèvement à la source devra obligatoirement être effectué par l'établissement prestataire, sous peine de sanctions, sur tout versement immédiat réalisé à compter du 1-1-2024 et être déclaré au travers du dispositif Pasrau (net-entreprises, fiche n° 1852).

OBLIGATIONS DIVERSES

Sur les obligations déclaratives concernant les **produits** de la participation, voir n° 47910. 47480

Les **Scop** doivent fournir un état comportant indication de l'emploi de la provision pour investissement dans les 2 ou 4 ans qui ont suivi sa constitution : voir n° 47930.

C. Régime social et fiscal

Les avantages sociaux et fiscaux attachés à la participation concernent la **réserve spéciale de participation** (n°s 47620 s.), les **revenus** de la participation pendant son indisponibilité (n°s 47860 s.) et la possibilité – réservée aux **Scop** – de constituer une **provision pour investissement** déductible du bénéfice imposable (n° 47930). 47560

Sur le régime social et fiscal des **intérêts de retard,** voir n° 46790.

CONDITIONS

Les avantages sociaux et fiscaux attachés à la participation sont subordonnés : 47570

– au **dépôt de l'accord** auprès de l'administration du travail (C. trav. art. L 3323-4 et D 3323-1 ; CGI art. 163 bis AA, al. 5) ;

– à la **conformité** du régime de participation appliqué dans l'entreprise **aux textes** législatifs (C. trav. art. L 3321-1 s.) et réglementaires.

Ces avantages ne jouent qu'à concurrence des **plafonds** fixés par les textes : plafonnements de la réserve spéciale de participation en cas de formule de calcul dérogatoire, du salaire de répartition et des droits individuels (Guide épargne salariale juillet 2014 ; BOI-RSA-ES-10-20 n°s 100 et 110).

Sur le contrôle administratif des accords et la **sécurisation des exonérations** sociales et fiscales en l'absence de demande, voir n°s 48520 s.

› Précisions a. À défaut de dépôt de l'accord, l'intégralité des sommes versées au titre de la participation est passible des cotisations sociales (Guide épargne salariale juillet 2014). Le droit à exonération n'étant ouvert qu'après dépôt de l'accord, les **sommes attribuées avant**

sont soumises à cotisations, ces dernières étant exigibles à compter de la répartition par l'employeur, sans attendre la fin de la période d'indisponibilité (Cass. soc. 30-3-1995 nº 93-10.495 D ; 8-12-2010 nº 09-11.217 F-D).

b. La Cour de cassation a jugé qu'une entreprise appliquant le **régime d'autorité** ne peut pas bénéficier de l'exonération de cotisations sociales, dès lors qu'elle ne remplit pas la condition relative au dépôt d'un accord (Cass. 2e civ. 3-7-2008 nº 07-17.379 F-PB). Selon l'administration, en revanche, la condition de dépôt d'un accord n'est pas requise, dans cette situation particulière, pour bénéficier des exonérations sociales (Guide épargne salariale juillet 2014), ni de l'exonération d'impôt sur le revenu (BOI-RSA-ES-10-20 nº 60).

1. RÉSERVE SPÉCIALE DE PARTICIPATION

DÉDUCTION DU RÉSULTAT IMPOSABLE

47620 Les sommes portées à la réserve spéciale de participation (ainsi que l'éventuel supplément de participation) sont déductibles pour l'assiette de l'impôt sur les sociétés ou de l'impôt sur le revenu exigible au titre de l'exercice au cours duquel elles sont réparties entre les salariés (CGI art. 237 bis A, I).

47630 **Exercice de déduction** En principe, l'exercice de déduction de la participation n'est pas celui sur le bénéfice duquel elle est calculée, mais le suivant (CGI art. 237 bis A, I). Cette **règle, purement fiscale,** n'empêche pas les entreprises de comptabiliser la participation en charges à payer à la clôture de l'exercice au titre duquel elle est calculée, mais cette charge doit être réintégrée pour la détermination du résultat fiscal.

Ainsi, dans le cas d'une entreprise dont les exercices coïncident avec l'année civile, la participation calculée sur les résultats de 2022 est portée à la réserve spéciale de participation au cours de l'exercice 2023 et viendra en diminution du bénéfice imposable de 2023. La participation calculée sur les résultats de 2022 est comptabilisée en charges à payer à la clôture de l'exercice 2022, mais cette charge ne peut pas être déduite du résultat imposable de 2022.

Pour plus de détails sur les **modalités de comptabilisation** de la réserve spéciale de participation, voir nos 93160 s.

Il existe une **exception** au principe fiscal d'imputation de la participation pour les **Scop.** Lorsque, dans le cadre d'un accord de participation, elles affectent à la constitution de la réserve spéciale de participation la part des excédents nets de gestion répartie entre les salariés (appelée « répartition travail » ou « ristourne ») en application de l'article 33, 3º de la loi 78-763 du 19-7-1978 portant statut des Scop, la réserve spéciale de participation est déductible des résultats de l'exercice au cours duquel sont réalisés les bénéfices servant de base au calcul de la participation (BOI-BIC-PTP-10-20-10-10 nº 30).

Par ailleurs, bien que non encore exigible, le **forfait social** assis sur les sommes dues au titre d'un exercice mais non encore versées est déductible, au titre des charges à payer, des résultats de l'exercice (BOI-BIC-CHG-40-40-40 nº 10). Aucun retraitement extra-comptable ne doit donc être effectué.

47640 **Montant déductible** Le montant déductible correspond à la totalité des sommes portées à la réserve spéciale de participation, même si l'accord fixe à 3 ans la durée de l'indisponibilité.

En principe, ces sommes ne sont toutefois déductibles qu'à concurrence du total des **droits revenant effectivement à chaque bénéficiaire.**

Si, après une répartition d'un **reliquat** de réserve spéciale (voir nº 46680), un reliquat subsiste encore alors que tous les salariés ont atteint le plafond individuel, il demeure dans la réserve spéciale de participation des salariés et sera réparti au cours des exercices ultérieurs, même si ces exercices ne sont pas bénéficiaires (CE 15-2-2016 nº 367752). La fraction ainsi reportée sera admise en déduction non pas au titre de l'exercice d'affectation au compte de la réserve spéciale mais au titre des exercices au cours desquels elle sera attribuée (BOI-BIC-PTP-10-20-10-10 nº 110 ; Guide épargne salariale juillet 2014).

L'administration a précisé qu'en cas d'**accord de groupe** chaque entreprise constitue sa réserve spéciale d'après sa charge de participation (et non les droits attribués à ses salariés) et bénéficie de la déduction fiscale correspondante (BOI-BIC-PTP-10-20-10-30 nos 50 s.).

47650 **Cessation d'activité** L'accord de participation conclu avec le personnel cesse normalement ses effets à la date à partir de laquelle les salariés n'appartiennent plus à l'entreprise.

Le **montant de la participation** se rapportant à l'exercice de cessation d'activité est déductible des résultats de ce même exercice (BOI-BIC-PTP-10-20-20 nº 20).

Complément de participation résultant d'une rectification fiscale En cas de rectification fiscale, la participation de l'exercice rectifié doit être recalculée (voir n° 46440). Le complément de participation en résultant est déductible des **résultats** de l'entreprise en même temps que la réserve spéciale de participation à laquelle il s'ajoute. 47660

Il s'agit de la **réserve** de l'exercice au cours duquel les rectifications deviennent définitives. C'est en effet à cette réserve que doivent être portés le complément de participation et l'intérêt de retard (C. trav. art. D 3324-40). Les rectifications sont considérées comme définitives, selon l'administration, lorsque les délais de réclamation, de recours ou d'appel ont expiré ou lorsque la juridiction d'appel s'est prononcée sur le bien-fondé des impositions supplémentaires (BOI-BIC-PTP-10-10-30 n° 60).

Lorsque les **rectifications** nées du contrôle fiscal ont été formellement **acceptées par l'entreprise,** c'est au titre de l'exercice d'acceptation que le complément de participation, assorti de l'intérêt de retard, doit être porté à la réserve de participation (BOI-BIC-PTP-10-10-30 n° 60).

Le supplément de participation lié à la rectification de la déclaration des résultats par l'administration ou le juge de l'impôt est majoré d'un **intérêt de retard** égal au **taux** moyen de rendement des obligations des sociétés privées (n° 46960). Cet intérêt court à partir du premier jour du sixième mois de l'exercice qui suit celui au titre duquel les rectifications ont été opérées (C. trav. art. D 3324-40). 47670

Le cours de l'intérêt de retard s'arrête au jour de l'inscription du complément de participation né de la rectification au compte de la réserve spéciale de participation.

Le régime fiscal et social de cet intérêt de retard est celui exposé au n° 46790 (Lettre du 13-2-1991 ; BOI-RSA-ES-10-20 n° 310).

EXONÉRATION D'IMPÔT DES SALARIÉS

Le régime applicable aux droits à participation dépend du **choix du salarié** de disposer immédiatement ou non des sommes correspondantes (CGI art. 163 bis AA). 47690

Participation versée immédiatement au salarié Lorsque, à la demande du salarié, les sommes issues de la participation lui sont versées immédiatement, elles sont imposables à l'impôt sur le revenu dans la catégorie des traitements et salaires, au titre de l'année de leur versement (CGI art. 158, 5-b al. 2). Elles doivent alors être portées sur la **DSN** et entrent dans le champ d'application du prélèvement à la source de l'impôt sur le revenu (voir n° 47470) ou la retenue à la source si le salarié ne réside pas fiscalement en France (voir n°s 35800 s.). 47700

La même règle d'imposition et de déclaration s'applique aux **droits de faible montant** versés immédiatement par l'entreprise visés n° 46740, b (BOI-RSA-ES-10-20 n° 40).

Participation bloquée Lorsque le salarié ne demande pas le versement immédiat de ses droits à participation, les **sommes** lui revenant à ce titre à l'issue de la période d'indisponibilité (ou dans les cas de déblocage prévus par la loi) sont **exonérées** d'impôt sur le revenu (CGI art. 163 bis AA). Cette exonération porte aussi sur les revenus des droits acquis et réinvestis immédiatement dans le support choisi. 47710

› Précisions L'exonération porte seulement sur la moitié des sommes en cause lorsque l'accord – antérieur au 20-2-2001 – fixe la **durée de l'indisponibilité** à 3 ans (CGI art. 163 bis AA, al. 2). Dans ce cas, la participation est imposable à hauteur de 50 % de son montant au terme des 3 ans d'indisponibilité (même si le salarié ne demande pas à ce moment la délivrance de ses droits) ou avant ce terme si les droits sont débloqués à l'occasion des événements autorisant le déblocage anticipé de la participation. Les sommes ainsi devenues imposables doivent apparaître sur la DSN et donner lieu au prélèvement à la source de l'impôt sur le revenu : voir n° 47470. L'**option pour l'affectation à un plan d'épargne** salariale peut être exercée dès l'attribution des droits au titre de la participation et jusqu'à la fin de la période d'indisponibilité de 3 ans, l'indisponibilité courue avant l'affectation au plan d'épargne s'imputant sur l'indisponibilité propre au plan d'épargne (BOI-RSA-ES-10-20 n° 70).

Toutefois, l'exonération est totale lorsque les sommes reçues sont, à la demande des salariés, affectées à un **plan d'épargne salariale,** si celui-ci le prévoit. Elles sont alors frappées de l'indisponibilité prévue par le plan.

EXONÉRATION D'IMPÔT DES AUTRES BÉNÉFICIAIRES

Lorsque **les dirigeants de société,** les **chefs d'entreprise** individuelle et leur **conjoint** collaborateur ou associé **ne demandent pas le versement immédiat** de leurs droits à participation, les sommes leur revenant à ce titre à l'issue de la période d'indisponibilité (ou dans les 47740 cas de déblocage anticipé prévus par la loi) sont exonérées d'impôt sur le revenu (C. trav. art. L 3325-2, al. 1). À notre avis, le dispositif d'exonération limitée à la moitié des sommes en cause lorsque l'accord de participation fixe à 3 ans la durée de l'indisponibilité (n° 47710) est également applicable à ces bénéficiaires.

En revanche, lorsqu'elle fait l'objet d'un **versement immédiat,** la participation est imposable à l'impôt sur le revenu entre les mains de leurs bénéficiaires :
– dans la **catégorie des salaires,** si le bénéficiaire est fiscalement assimilé à un salarié, les sommes correspondantes devant être mentionnées dans la rubrique « Rémunération nette fiscale » (n° 47470) ;
– à notre avis, dans la catégorie **(BIC, BNC ou BA)** correspondant à l'activité de l'exploitation pour les chefs d'entreprise individuelle.

Qu'elles soient imposables ou non à l'impôt sur le revenu, ces sommes sont soumises à la **CSG** et à la **CRDS** dans les conditions qui diffèrent selon la qualité des bénéficiaires (n° 47820).

LÉGISLATION DU TRAVAIL

47780 Les sommes versées au titre de la participation ne sont pas prises en considération pour l'application de la législation du travail (C. trav. art. L 3325-1). Elles ne sont donc pas prises en compte pour vérifier le respect du **Smic** ou des **minima conventionnels,** ni dans la base de calcul des **avantages et indemnités** prévus par la législation du travail : indemnités de congés payés, majorations pour heures supplémentaires, indemnités de préavis et de rupture du contrat de travail, indemnités journalières complémentaires pour incapacité temporaire, etc.

La participation n'est pas soumise aux **règles de paiement** du salaire. Elle n'a pas à figurer sur le **bulletin de paie,** mais sur la fiche distincte établie au moment de sa répartition : voir n° 47380.

COTISATIONS DE SÉCURITÉ SOCIALE ET PRÉLÈVEMENTS ALIGNÉS

47790 Les sommes réparties au titre de la réserve spéciale de participation sont exclues de l'assiette des cotisations de sécurité sociale (C. trav. art. L 3325-1 ; CSS art. L 242-1, II-2°) et des prélèvements alignés : contributions solidarité autonomie, Fnal et dialogue social, contributions chômage et AGS, cotisations et contributions de retraite complémentaire Agirc-Arrco, versement mobilité, contributions à la formation et à l'alternance (contributions à la formation professionnelle, CPF-CDD, supplémentaire à l'apprentissage et taxe d'apprentissage) et participation-construction.

Ce régime social s'applique aussi bien aux **sommes versées** immédiatement au bénéficiaire qu'à celles qui sont **indisponibles.** Il bénéficie également aux **dirigeants** et **conjoints** visés n° 46640.

CSG, CRDS ET TAXE SUR LES SALAIRES

47820 La participation est passible de la CSG et de la CRDS dans la catégorie des **revenus d'activité** (CSS art. L 136-1-1 ; Ord. 96-50 du 24-1-96, art. 14, I ; BOSS-Ass. gén.-370), sauf pour les bénéficiaires non assujettis à ces contributions par l'effet des règles de territorialité (n°s 28400 s.). Elle est également passible, le cas échéant, de la taxe sur les salaires, l'assiette de cette taxe étant alignée sur celle de la CSG sur revenus d'activité (BOI-TPS-TS-20-10 n° 40).

La CSG et la CRDS sont dues sur le montant des droits des salariés aux mêmes **taux** que ceux applicables aux salaires, et sans application de la **déduction pour frais** professionnels (CSS art. L 136-2, I-1°).

En principe, la CSG n'est pas **déductible,** même partiellement, du revenu imposable des salariés lorsque la participation est exonérée d'impôt sur le revenu : voir n° 28530. Elle est en revanche déductible à hauteur de 6,8 % lorsque les sommes ont fait l'objet d'un versement immédiat au salarié et sont imposables.

Les **bénéficiaires** visés n° 46640 affiliés au régime général à titre de **travailleurs indépendants** sont redevables de la CSG et de la CRDS dans les conditions prévues pour les revenus non salariés par les articles L 136-3 (revenus non agricoles) et L 136-4 (revenus agricoles) du CSS. Ces contributions ne sont en principe pas déductibles du revenu imposable des bénéficiaires.

Pour l'assujettissement à la CSG et à la CRDS : des **revenus de la participation,** voir n° 47880 ; de l'**intérêt de retard** dû, le cas échéant, par l'employeur, voir n° 46790.

> **Précisions** Lorsque l'accord de participation a réduit à **3 ans** la **période de blocage** des droits et que le salarié n'a pas demandé l'affectation de sa participation à un plan d'épargne, les sommes lui revenant au titre de ses droits à participation sont imposables pour la moitié de leur montant

(voir n° 47710). Dans ce cas, la CSG sur revenus d'activité est déductible au taux de 6,8 % à concurrence du montant afférent à la fraction imposable des droits à participation, soit 50 %. La déduction s'opère au titre de l'année au cours de laquelle la participation est effectivement soumise à l'impôt sur le revenu, soit au titre de l'année au cours de laquelle s'achève la période d'indisponibilité de 3 ans (BOI-RSA-BASE-30-30 n° 90). Cette déductibilité partielle de la CSG nous semble applicable dans les mêmes conditions aux bénéficiaires non-salariés.

La CSG et la CRDS dues au titre des revenus salariés sont **précomptées par l'employeur** au moment de l'attribution des droits, c'est-à-dire du calcul de la part de la réserve spéciale de participation revenant à chaque salarié. Ce précompte intervient donc avant que la participation devienne disponible. Il s'impute sur la participation elle-même et non sur le salaire des intéressés. Le produit de ce précompte doit être versé par l'employeur à l'Urssaf dès la prochaine échéance de versement des cotisations de sécurité sociale, de la CSG et de la CRDS (Lettre min. du 13-2-1991). 47830

Le montant de CSG et de CRDS précompté sur la participation doit être porté à la connaissance de chaque salarié au moyen de la **fiche individuelle** à établir à chaque répartition : voir n° 47380.

› Précisions Le précompte et le versement de la CSG et de la CRDS sur la participation incombent à l'employeur, même lorsque les fonds sont **gérés par un organisme extérieur** à l'entreprise (Lettre min. du 13-2-1991).
Les deux contributions doivent être **versées par établissement** comme en matière de salaires, sauf pour les entreprises versant leurs cotisations en un lieu unique (n°s 19255 s.) (Lettre min. du 13-2-1991 ; Guide épargne salariale juillet 2014). En cas d'accord de **groupe,** chaque société constituant le groupe reste redevable, auprès de l'Urssaf dont elle relève, des contributions sociales dues sur le montant de la réserve spéciale de participation dégagée à son niveau (Guide épargne salariale juillet 2014), sauf application du versement en un lieu unique.

FORFAIT SOCIAL

Étant exonérée de cotisations de sécurité sociale mais soumise à la CSG sur revenus d'activité, la participation, y compris celle versée aux dirigeants et conjoints visés n° 46640, est en principe **assujettie** au forfait social au **taux** de droit commun visé n° 27370 (CSS art. L 137-15, al. 1 et 6 ; Circ. DSS du 30-12-2008, opposable). 47840

Toutefois, elle est **exonérée** de forfait social dans les **entreprises non soumises à l'obligation de mettre en place la participation,** autrement dit dans les entreprises appliquant volontairement ce dispositif (CSS art. L 137-15, al. 11 ; BOSS-Ass. gén.-420). En cas de franchissement du seuil de 50 salariés, le forfait social n'est dû qu'à partir du premier exercice d'assujettissement à la participation apprécié selon les règles n° 46250 (Inst. intermin. 2019-252 du 19-12-2019 n° 7, opposable).

Sous certaines conditions, un **taux réduit de 16 %** est applicable aux sommes versées au titre de la participation affectées à un **Perco** (voir n° 50200) ou à un **Pereco ou Pero** (voir n° 50228).

Dans les **Scop,** un taux réduit de 8 % est applicable à la participation bloquée, sauf si le taux de 16 % mentionné ci-dessus s'applique (CSS art. L 137-16, al. 2). Si le salarié demande le versement immédiat de sa quote-part de participation, le taux de droit commun de 20 % s'applique.

› Précisions Le **taux** du forfait social **applicable** aux sommes versées au titre de la participation et du supplément de réserve de participation est **celui en vigueur** au moment de la répartition des sommes, qu'elles soient ou non immédiatement disponibles. Il en est de même pour l'intéressement et le supplément d'intéressement (Circ. DSS du 18-8-2012 : BOSS 9-12, opposable).

2. PRODUITS DE LA PARTICIPATION

IMPÔT SUR LE REVENU ET PRÉLÈVEMENTS SOCIAUX ET FISCAUX

Plus-values sur cessions de titres Sont expressément exonérées les **plus-values réalisées par les fonds communs de placement** constitués dans le cadre des plans d'épargne d'entreprise et celles constatées lors du rachat des parts de ces fonds (CGI art. 150-0 A, III-3). 47850

Sont également exonérées d'impôt sur le revenu les plus-values sur valeurs mobilières réalisées lors de la cession de **titres acquis dans le cadre de la participation** (pour les accords conclus avant le 2-1-2007) à condition que ces titres revêtent la forme nominative et comportent une mention de cette origine (CGI art. 150-0 A, III-4), c'est-à-dire qu'ils portent une indication précisant bien qu'ils ont été acquis dans le cadre de la législation sur la participation. Cette exonération est limitée dans le temps en cas de décès du salarié : voir n° 73480.

Elles sont en revanche passibles des prélèvements sociaux sur les revenus du patrimoine mentionnés n° 51030 (voir également tableau n° 51350).

47860 **Revenus versés** Pendant la période d'indisponibilité, dans le cas sans doute rare en pratique où les revenus produits par la participation (intérêts et dividendes) sont versés aux salariés, ils sont imposables à l'impôt sur le revenu dans la catégorie des revenus de capitaux mobiliers. Ils sont ainsi soumis au prélèvement forfaitaire unique (ou PFU) au taux de 12,8 % ou, sur option annuelle globale du contribuable, au barème progressif de l'impôt sur le revenu. Dans les deux cas, les revenus font en principe l'objet, lors de leur versement, d'un **prélèvement forfaitaire non libératoire** au taux de 12,8 %. Ce prélèvement forfaitaire constitue un acompte d'impôt sur le revenu imputable sur l'impôt à payer l'année suivante et, en cas d'excédent, restituable (CGI art. 125 A et 117 quater). Pour plus de précisions, voir Mémento Fiscal n°s 24540 s. pour les dividendes et Mémento Fiscal n°s 25250 s. pour les intérêts.

Les revenus versés sont également passibles des prélèvements sociaux sur produits de placement mentionnés n° 47880.

Lorsque l'**établissement payeur** (organisme gestionnaire des droits pour le compte de l'employeur ou, le cas échéant, ce dernier) est **établi en France,** il souscrit une déclaration n° 2777, obligatoirement par voie électronique, accompagnée du télépaiement du prélèvement forfaitaire et des prélèvements sociaux, au plus tard le 15 du mois suivant le paiement des revenus (CGI art. 1649 quater B quater, IX et 1681 septies, 7).

> **Précisions** **a.** Si le salarié ne réside pas fiscalement en France, une **retenue à la source** doit être pratiquée lors du versement de dividendes, en lieu et place du prélèvement forfaitaire non libératoire (CGI art. 119 bis, 2).
> **b.** Le prélèvement forfaitaire non libératoire sur les intérêts dû au titre du mois de décembre fait l'objet d'un acompte à payer au plus tard le 15 octobre égal à 90 % du montant du prélèvement dû au titre du mois de décembre de l'année précédente (CGI art. 1678 quater, II). De même, les prélèvements sociaux dus au titre des mois de décembre et janvier sur les produits de placement (hors dividendes) font l'objet à la même date d'un acompte calculé sur 90 % des produits des mois de décembre et janvier de l'année précédente (CSS art. L 138-21).
> **c.** Le **dépôt hors délai** de la déclaration n° 2777, accompagné du **versement tardif** du prélèvement, entraîne en principe l'exigibilité d'un intérêt de retard et d'une majoration de 10 à 40 % (CGI art. 1678 quater, 1). Le non-respect de l'obligation de télédéclaration et de télépaiement est sanctionné par une majoration de 0,2 % (CGI art. 1738).

47870 **Revenus réinvestis** Que les droits soient affectés sur un compte bloqué ou sur un plan d'épargne salariale, les revenus (intérêts et dividendes) sont exonérés d'**impôt sur le revenu** lorsqu'ils sont intégralement réinvestis et frappés de la même indisponibilité que les droits dont ils proviennent (CGI art. 163 bis AA, al. 3 ; C. trav. art. L 3325-2, al. 2). Le réinvestissement doit être immédiat pour que l'exonération s'applique (BOI-RSA-ES-10-20 n° 190).

Sous cette condition d'indisponibilité, l'exonération est **définitivement** acquise.

> **Précisions** L'exonération des revenus porte sur seulement la moitié des sommes en cause pour les **accords** déjà en vigueur au 20-2-2001 qui prévoient une **durée d'indisponibilité de 3 ans,** sauf pour les salariés qui demandent l'affectation de leur participation à un plan d'épargne salariale (CGI art. 163 bis AA, al. 2). L'imposition de la moitié des intérêts, effectuée chaque année, est définitive en ce sens que la décision que peut prendre un salarié, au cours de la période d'indisponibilité de 3 ans, d'affecter sa participation au plan d'épargne ne permet pas de remettre en cause rétroactivement l'imposition des revenus antérieurs à cette affectation (BOI-RSA-ES-10-20 n° 220).

47880 Au moment où les intéressés demandent la **délivrance des droits** constitués à leur profit, les revenus réinvestis et bloqués avec le principal, exonérés d'impôt sur le revenu, sont passibles de la **CSG** et de la **CRDS** sur produits de placement, donc sans application de la déduction pour frais professionnels, ainsi que du **prélèvement de solidarité** visé à l'article 235 du CGI.

Ces contributions doivent être **prélevées** et reversées au service des finances publiques suivant les mêmes règles que le prélèvement forfaitaire non libératoire sur revenus mobiliers (voir n° 47860). Le précompte porte sur la différence entre le montant des droits délivrés et celui des sommes résultant de la répartition de la réserve spéciale de participation.

Le **taux** global des prélèvements sociaux s'établit à **17,2 %** depuis le 1-1-2019, décomposé comme suit : CSG, 9,2 % ; CRDS, 0,5 % ; prélèvement de solidarité, 7,5 %.

> **Précisions** **a.** Depuis le 1-1-2018, les revenus exonérés d'impôt sur le revenu sont en principe soumis aux prélèvements sociaux aux taux en vigueur à la date de la délivrance des droits du fait de la suppression de la **règle dite « des taux historiques ».** Toutefois, cette règle est maintenue pour les revenus acquis ou constatés avant le 1-1-2018 ou jusqu'au terme de la période d'indisponibilité lorsque les intérêts sont attachés à des sommes réparties au titre de la participation avant le 1-1-2018 (Loi 2017-1836 du 30-12-2017 art. 8). Si, par exemple, un bénéficiaire liquide en 2023 ses droits à participation acquis au titre des résultats de l'exercice 2016, la règle des taux historiques s'appliquera à la totalité des produits inclus dans la somme globale versée, puisque ces produits auront été attachés à des droits en cours d'indisponibilité à la date du 1-1-2018. La règle des taux historiques implique de diviser les revenus en plusieurs parts pour leur appliquer le taux en vigueur au moment où ils ont été, pendant la période de blocage, acquis ou constatés. Lorsque plusieurs années de participation sont disponibles au moment où le salarié demande la délivrance d'une fraction de ses droits, ce sont les droits les plus anciens qui sont réputés être mis à disposition.
> **b.** Lorsque l'accord de participation antérieur au 20-2-2001 prévoit une **période de blocage de 3 ans** et le réinvestissement des intérêts et que le bénéficiaire n'a pas demandé l'affectation de sa participation à un plan d'épargne, la moitié de ces revenus est assujettie, l'année du réinvestissement, à l'impôt sur le revenu et aux prélèvements sociaux sur revenus de placement mentionnés ci-dessus : afin d'éviter une double imposition lors de la délivrance des droits, la fraction des revenus déjà soumise à ces prélèvements sociaux peut être déduite de la base d'imposition.

Déductibilité de la CSG La **CSG** prélevée à la source sur les produits versés et non réinvestis est partiellement **déductible du revenu global** imposable de l'année de son paiement lorsque l'option pour l'imposition des revenus au barème progressif de l'impôt sur le revenu est exercée (nº 47860) (CGI art. 154 quinquies, II). En revanche, la CSG n'est pas déductible lorsque les revenus sont soumis au prélèvement forfaitaire unique ou exonérés d'impôt sur le revenu. La CSG due sur la moitié des revenus, en cas de période de **blocage de 3 ans** (nº 47880), nous paraît déductible dans les mêmes conditions. S'agissant de la CSG afférente aux revenus réinvestis et bloqués avec le principal, l'exonération d'impôt sur le revenu dont ils bénéficient fait obstacle à sa déductibilité. Voir nº 51350 le tableau récapitulatif des charges fiscales et sociales. 47890

Autres prélèvements sociaux et fiscaux Ayant la nature de revenus mobiliers, les produits de la participation échappent aux cotisations de **sécurité sociale** et aux **prélèvements alignés** : contributions chômage et AGS, contributions Fnal, dialogue social et solidarité autonomie, versement mobilité, cotisations et contributions de retraite complémentaire Agirc-Arrco, contributions à la formation et à l'alternance (contributions à la formation professionnelle, CPF-CDD, supplémentaire à l'apprentissage et taxe d'apprentissage) et participation-construction. Ils échappent également à la **CSG** et à la **CRDS** sur revenus d'activité, ainsi qu'à la **taxe sur les salaires,** dont l'assiette est alignée sur celle de la CSG sur revenus d'activité (CGI art. 231, 1). 47900

OBLIGATIONS DÉCLARATIVES DE L'ENTREPRISE

L'employeur doit déclarer les revenus de la participation qu'il verse sur la **déclaration annuelle des revenus mobiliers** (modèle IFU), prévue par l'article 242 ter, 1 du CGI, mais cette obligation ne concerne que les revenus imposables à l'impôt sur le revenu, qu'ils aient subi ou non le prélèvement non libératoire mentionné au nº 47860. 47910

La **déclaration** des opérations réalisées au cours d'une année civile doit être produite **au plus tard** le 15 février de l'année suivante. Elle est soit établie sur support informatique, soit saisie en ligne.

Pour plus de détails sur cette déclaration et sur les **sanctions** applicables en cas de défaut de déclaration ou de déclaration sous une forme prohibée, voir Mémento fiscal nºs 26850 s.

Les revenus de la participation n'ont pas à être déclarés sur la **DSN.**

3. PROVISION POUR INVESTISSEMENT

Seules sont autorisées à constituer, en franchise d'impôt, une provision pour investissement les **sociétés coopératives de production (Scop),** y compris les Scop d'amorçage (selon des modalités spécifiques) et, sous certaines conditions, les Scop membres d'un groupement de Scop (CGI art. 237 bis A, II-3). Le montant de la provision est au plus égal à celui des sommes portées à la réserve spéciale de participation au titre du même exercice (CGI art. 237 bis A, II-3). 47930

Cette **provision** doit, dans les 2 ans suivant la fin de l'exercice à la clôture duquel elle a été constituée, être **utilisée à** l'acquisition ou à la création d'immobilisations. Ce **délai** est porté à 4 ans lorsque la provision est représentée par des dotations à la réserve légale et au fonds de développement. **À défaut** d'emploi dans le délai prévu, la provision est rapportée au bénéfice imposable de l'exercice en cours à la date d'expiration de ce délai.

› Précisions Lorsqu'elle a été utilisée conformément à son objet dans le délai imparti, la provision est en principe **définitivement libérée de l'impôt.**
Cependant, selon l'administration, sous réserve des dispositions autorisant le déblocage anticipé (n° 51270), le versement immédiat des droits de faible montant (n° 46740) ou le versement des droits en vue de l'apport initial nécessaire à l'acquisition du logement principal, si les droits constitués deviennent négociables ou exigibles avant l'expiration du **délai d'indisponibilité,** les Scop perdent le bénéfice des exonérations fiscales qui sont attachées à leur constitution. Il y a lieu de rapporter la provision correspondante au bénéfice imposable de l'exercice au cours duquel les droits en cause sont devenus exigibles ou négociables ; ce n'est qu'à l'expiration de ce délai qu'elle peut valablement être considérée comme définitivement libérée d'impôt et portée à un compte de réserve au passif (BOI-BIC-PTP-10-20-10-20 n° 310). Cette dernière disposition ne s'applique pas aux sommes prises en compte pour la détermination du montant de la provision qui échappent à tout délai d'indisponibilité.

SECTION 2

INTÉRESSEMENT DES SALARIÉS

48000 L'intéressement est un dispositif **facultatif** qui permet d'associer les salariés aux résultats ou aux performances de l'entreprise par le versement de primes d'intéressement. Il est mis en place en principe par **accord** avec le personnel au niveau de l'entreprise ou du groupe ou par l'adhésion de l'entreprise à un accord de branche d'intéressement agréé (C. trav. art. L 3312-5, I et L 3344-1).

À titre **dérogatoire,** l'intéressement peut être mis en place par **décision unilatérale** dans les entreprises de moins de 50 salariés sans représentants du personnel ou après échec des négociations avec ces derniers, à condition que l'entreprise ne soit pas couverte par un accord de branche agréé (C. trav. art. L 3312-5, II). Le régime unilatéral obéit aux mêmes règles qu'un régime mis en place par accord, sauf exception mentionnée n° 48130. Ci-après, l'expression « accord d'intéressement » vise en principe tant l'accord que la décision unilatérale.

L'intéressement est examiné ici sous l'angle : des règles de **calcul et de répartition** ; du **rapport avec le salaire** ; des modalités de **paiement** ; du **régime social et fiscal.** Pour plus de précisions sur la mise en place de l'intéressement, on pourra se reporter au Mémento social n°s 34120 s.

› Précisions **a.** Un régime d'intéressement, qu'il soit mis en place par accord ou par décision unilatérale, porte sur une **durée** de 1 à 5 ans (C. trav. art. L 3312-5).
b. Depuis le 17-2-2023, le site internet www.mon-interessement.urssaf.fr permet aux entreprises de rédiger un accord ou une décision unilatérale d'intéressement **« pré-validé »** dont le contenu est réputé conforme aux dispositions légales et réglementaires. À l'issue de la procédure, un **code** d'authentification est délivré (C. trav. art. L 3313-3, al. 4 et R 3313-4). La procédure ouvre droit à une **sécurisation** spécifique des exonérations sociales et fiscales : voir n° 48535.
c. Un accord peut contenir une clause de **renouvellement tacite** pour une **durée** égale à la durée initiale à défaut de demande de renégociation par l'une des parties habilitées à négocier dans les 3 mois précédant l'échéance de l'accord, ce renouvellement pouvant intervenir plusieurs fois (C. trav. art. L 3312-5, I). **À défaut** d'une telle clause, le renouvellement d'un accord, à l'expiration de la durée d'application, doit être exprès et faire l'objet d'un dépôt dans les conditions visées n° 48490. Un régime mis en place par décision unilatérale peut être **reconduit** par décision unilatérale (C. trav. art. L 3312-5, II).

A. Calcul et répartition

48050 Les modalités de calcul et de répartition de l'intéressement sont librement définies par l'accord (ou la décision unilatérale), dans le respect des dispositions législatives et réglementaires.

Le dispositif peut prévoir des modalités de calcul et des critères de répartition de l'intéressement différents par **établissement ou unité de travail.** À cet effet, dans les entreprises à établissements multiples, l'accord, qui reste conclu au niveau de l'entreprise, peut renvoyer à des accords d'établissement (C. trav. art. L 3314-1 et L 3314-5). Tant l'accord d'entreprise que les accords d'établissement sont soumis aux délais de conclusion et de dépôt qui conditionnent le bénéfice des exonérations sociales et fiscales : voir n°s 48490 s.

CONSEIL

Un accord de **groupe** offre les mêmes souplesses pour le calcul de l'intéressement qu'un accord d'entreprise. Ainsi, il est possible de prévoir un intéressement aux résultats (consolidés) au niveau du groupe, et un intéressement aux performances au niveau de chaque entreprise partie prenante à l'accord de groupe (Guide épargne salariale juillet 2014).

MONTANT GLOBAL DE L'INTÉRESSEMENT

L'intéressement doit être **collectif,** présenter un caractère **aléatoire** et résulter d'une formule de calcul liée aux **résultats ou aux performances de l'entreprise** (C. trav. art. L 3314-2). Son montant est soumis à un **double plafond** global et individuel : voir n° 48080. 48060

> **Précisions** **a.** L'**intéressement aux résultats** se réfère à des indicateurs financiers ou comptables mesurant la rentabilité économique ou financière de l'entreprise tels que, par exemple, le bénéfice fiscal, le bénéfice comptable ou le bénéfice d'exploitation. Les résultats constatés au cours de la période de référence (par exemple l'exercice) permettent ainsi de déterminer le montant de l'intéressement.

L'**intéressement aux performances** doit refléter le mieux possible la contribution des salariés aux performances de l'entreprise. Ces performances peuvent notamment se mesurer par l'atteinte d'objectifs ou par l'amélioration de la productivité, les paramètres choisis devant toujours être objectifs, quantifiables et vérifiables (Guide épargne salariale juillet 2014).

b. Sous réserve du respect du caractère collectif et aléatoire de l'intéressement, la **formule de calcul** du montant global de l'intéressement est librement déterminée. Elle doit être claire et faire appel à des éléments objectivement mesurables (résultats, ratios...) dont la définition doit figurer dans l'accord (Guide précité).

L'intéressement affecté à chaque établissement peut ainsi être calculé en fonction du taux de **fréquence des accidents du travail** dans celui-ci, comparé à celui du groupe auquel il appartient (Cass. soc. 24-9-2002 n° 00-18.290 FP-PBRI).

L'accord peut également prévoir que le montant de la **réserve spéciale de participation** vient en déduction du montant global de l'intéressement (Cass. soc. 18-12-2012 n° 11-13.813 F-PB).

c. Les **objectifs** à atteindre peuvent être **définis chaque année** par avenant à l'accord d'intéressement. Si l'accord prévoit un **seuil de déclenchement** déterminé selon des objectifs fixés annuellement, l'absence de définition de ces objectifs pour un exercice et de dispositif conventionnel suppléant à cette carence entraîne l'absence de versement d'une prime d'intéressement au titre de cette période (Cass. soc. 18-5-2011 n° 09-70.818 F-D). Le seuil de déclenchement ne doit pas être laissé à la discrétion de l'employeur (Guide précité).

Si **les résultats ou les performances** sont **inférieurs** aux seuils de déclenchement fixés dans l'accord, l'intéressement est nul, mais en aucun cas il ne peut y avoir de calcul d'un intéressement négatif qui serait ensuite imputé sur l'intéressement calculé au titre des exercices ou des périodes de calcul ultérieurs (Guide précité).

Période de calcul La période de calcul de l'intéressement est le plus souvent l'**exercice,** mais elle peut toutefois être différente de l'exercice comptable, fiscal ou social. Il est possible de calculer l'intéressement en fonction des résultats ou performances de l'entreprise sur des **périodes inférieures à une année.** Ces périodes doivent être de durée égale et ne peuvent pas être inférieures à 3 mois. Dans ce cas, les délais de conclusion de l'accord ou de signature de la décision unilatérale (voir n° 48490) et de versement des primes (voir n° 48210) sont réduits. 48065

La formule de calcul peut être complétée par un **objectif pluriannuel** lié aux résultats ou aux performances de l'entreprise (C. trav. art. L 3314-2), donnant lieu à un **versement** en une fois à la fin de la période (Inst. intermin. 2019-252 du 19-12-2019 n° 32, opposable).

Groupes de sociétés et groupements d'employeurs Sous certaines conditions, l'intéressement des salariés d'une entreprise peut être calculé en fonction des résultats de l'une ou de plusieurs de ses **filiales,** au sens de l'article L 233-16 du Code de commerce, c'est-à-dire celles comprises dans le périmètre des comptes consolidés (C. trav. art. L 3314-2). Une société **holding** peut donc conclure un accord d'intéressement (ou une décision unilatérale) bénéficiant à ses salariés sans pour autant conclure un accord de groupe. 48070

Par ailleurs, une entreprise située en France appartenant à un groupe de dimension européenne peut calculer les primes d'intéressement en tenant compte des résultats de l'ensemble des entreprises du groupe, établies dans différents États membres de l'Union européenne, dans le cadre d'un accord de groupe (C. trav. art. L 3315-4).

Dans le même ordre d'idées, dans un **groupement d'intérêt économique** ou un groupement d'employeurs, l'intéressement peut prendre en compte les résultats ou les performances des entreprises membres du groupement (C. trav. art. L 3314-3).

D'une manière plus générale, la Cour de cassation a admis qu'un accord d'intéressement **conclu au niveau de l'entreprise** prenne en compte dans sa formule de calcul les **résultats du groupe** auquel elle appartient (Cass. soc. 28-3-2006 nº 04-30.211 FS-PB). Cette solution étant restée isolée, il peut être prudent d'attendre une confirmation jurisprudentielle.

PLAFONDS

48080 Le **montant global** annuel de l'intéressement versé aux bénéficiaires du dispositif ne doit pas dépasser 20 % du total des salaires bruts versés aux personnes concernées, et, le cas échéant, de la rémunération annuelle ou du revenu professionnel imposé à l'impôt sur le revenu au titre de l'année précédente des personnes mentionnées nº 48160 (C. trav. art. L 3314-8).

Le montant des **primes** distribuées à un **même bénéficiaire** au titre d'un même exercice est limité à 75 % du Pass (C. trav. art. L 3314-8), soit 32 994 € en 2023.

› Précisions **a.** Pour la détermination du **plafond global,** il faut retenir les salaires au sens de l'assiette des cotisations de sécurité sociale, versés pendant l'exercice au titre duquel est calculé l'intéressement à l'ensemble des salariés inscrits à l'effectif de l'entreprise ou des établissements concernés par le dispositif (Guide épargne salariale juillet 2014).
En cas d'accord d'intéressement de **groupe,** le plafond global doit être calculé société par société, y compris dans les groupes constitués dans le cadre de l'intégration fiscale définie à l'article 223 A du CGI (Rép. Cornillet : AN 16-9-1996).
b. Le **plafond individuel** s'apprécie par rapport au montant brut des primes d'intéressement, avant précompte de la CSG et de la CRDS. Pour les salariés n'ayant pas accompli une année entière dans l'entreprise ou lorsque l'exercice ne correspond pas à l'année civile, on retient alors la somme des plafonds mensuels de la période (Guide épargne salariale juillet 2014).
c. Les règles de répartition et de plafond individuel peuvent entraîner un **reliquat** : voir nº 48205.

SUPPLÉMENT D'INTÉRESSEMENT

48110 À la clôture de chaque exercice, les entreprises appliquant un dispositif d'intéressement peuvent décider d'accorder un supplément d'intéressement au titre de l'exercice clos, sur **décision** de l'employeur ou du conseil d'administration ou du directoire dans les entreprises qui en sont pourvues (C. trav. art. L 3314-10).

Le **montant** du supplément d'intéressement est **librement** décidé mais il est pris en compte pour l'appréciation des **plafonds** collectif et individuel.

La **répartition** du supplément entre les salariés s'opère selon les modalités prévues soit par l'accord (ou la décision unilatérale) d'intéressement, soit par un accord (ou décision unilatérale) spécifique.

› Précisions **a.** Aucun supplément ne peut être attribué au titre des exercices pour lesquels l'**intéressement** est **nul** (Circ. DSS/DGT du 15-5-2007, opposable ; Cass. 2e civ. 4-4-2013 nº 12-11.976 F-D).
b. L'accord fixant les **modalités spécifiques de répartition** du supplément doit être conclu suivant l'une des **procédures** prévues pour les accords d'intéressement proprement dits et être déposé auprès de l'administration. Il doit adopter un des modes de répartition admis par la loi pour l'intéressement (Circ. DSS/DGT du 15-5-2007, opposable). Ce commentaire de l'administration est transposable aux décisions unilatérales d'intéressement.
c. Le supplément bénéficie à tous les **salariés présents** dans l'entreprise au cours de l'exercice au titre duquel il est attribué, même s'ils l'ont quittée entre-temps, alors que ceux embauchés après la clôture de cet exercice n'y ont pas droit (Circ. DSS/DGT du 15-5-2007, opposable).
Il doit être **versé** au cours du même exercice que l'intéressement auquel il s'ajoute et peut faire l'objet de **versements fractionnés** si le régime d'intéressement prévoit déjà ce mode de versement (Circ. DSS/DGT du 15-5-2007, opposable). Il doit s'ajouter aux sommes effectivement distribuées en application du dispositif d'intéressement, ce qui exclut un versement en prévision de résultats exceptionnels de l'exercice achevé, avant même le calcul du montant de la prime d'intéressement pour cet exercice (Cass. 2e civ. 11-7-2019 nº 18-16.412 F-D). Il fait l'objet du mécanisme d'**affectation par défaut** à un plan d'épargne d'entreprise (Circ. intermin. 45 du 18-2-2016, opposable).
d. Le supplément est soumis à la règle de **non-substitution** au salaire et bénéficie du même **régime fiscal et social** que l'intéressement lui-même.

INTÉRESSEMENT DE PROJET

48130 Les entreprises ou groupes disposant d'un accord d'intéressement (mais pas d'une décision unilatérale) peuvent prévoir un intéressement de projet, réservé à tout ou partie de leurs salariés, au moyen d'un **accord** distinct de l'accord de base. Le projet se définit comme une **activité caractérisée et coordonnée** à laquelle l'entreprise ou le **groupe** concourt avec d'**autres entreprises** (C. trav. art. L 3312-6).

Il peut aussi s'agir d'un intéressement de **projet interne,** prévu par l'accord de base et définissant un objectif commun à tout ou partie des salariés de l'entreprise elle-même (C. trav. art. L 3312-6), sans lien avec l'activité d'autres sociétés.

Dans les deux cas, l'accord peut définir pour l'intéressement de projet un **champ d'application** différent et une **période de calcul** spécifique, au plus égale à 5 ans (C. trav. art. L 3312-6).

L'intéressement de projet relève du même **régime fiscal et social** que l'intéressement de base (C. trav. art. L 3312-4, L 3312-6 et L 3315-1 s.).

ATTENTION

L'intéressement de projet lié à l'activité coordonnée de plusieurs sociétés peut être mis en place dans **une seule entreprise** si, par exemple, les autres entreprises participant au projet ne souhaitent pas mettre en place un tel accord. Mais lorsque l'accord d'intéressement de projet s'applique à **plusieurs entreprises,** il doit être approuvé dans les mêmes termes par chacune d'elles (Circ. DSS/DGT du 15-5-2007, opposable).

Toutefois, le caractère collectif de l'intéressement impose, selon nous, que tous les salariés entrant dans le champ d'application de l'accord et participant au projet bénéficient de l'intéressement de projet, quelle que soit la durée de leur participation à celui-ci.

BÉNÉFICIAIRES

Salariés Tous les salariés de l'entreprise ou des établissements entrant dans le champ d'application de l'accord (ou de la décision unilatérale) doivent bénéficier de l'intéressement ; seule une **condition d'ancienneté** dans l'entreprise, au plus égale à 3 mois, peut être exigée (C. trav. art. L 3342-1). 48150

Les notions de **salarié** et d'**ancienneté** sont les mêmes que pour la participation aux résultats : voir nos 46600 s.

› Précisions **a.** Un accord ne peut pas priver des salariés de leurs droits à intéressement en raison du **motif de leur licenciement,** par exemple pour faute grave ou lourde (Cass. soc. 12-10-1995 no 93-18.391 P ; 3-7-1997 no 95-21.298 D), ni prévoir de minorer la part revenant à un salarié ayant fait preuve d'insuffisance caractérisée dans son travail, voire de la supprimer en cas de faute grave (Cass. soc. 26-10-1995 no 93-13.962 D). De la même manière, les salariés faisant l'objet de **sanctions disciplinaires** autres que le licenciement ne peuvent pas être exclus pour ce motif de la répartition de l'intéressement (Rép. Baeumler : AN 26-3-1990).

b. L'accord ne peut pas exclure une **catégorie de salariés,** telle que les journalistes pigistes (CA Paris 13-1-1998), les VRP multicartes (Cass. soc. 23-11-1999 no 97-42.979 P), les apprentis (Cass. soc. 27-6-2000 no 98-11.909 FP-PB) ou les salariés détachés à l'étranger dans une succursale dès lors qu'ils continuent d'appartenir à l'effectif de l'entreprise (Cass. soc. 6-6-2018 no 17-14.372 FS-PB, concernant également la participation). Sur le bénéfice de l'intéressement pour les salariés en congé de reclassement, voir no 46600, a.

c. Dans les **entreprises à établissements multiples,** l'accord d'intéressement peut exclure un ou plusieurs d'entre eux (C. trav. art. L 3313-2). Mais dans les établissements – ou les entreprises à un seul établissement – où s'applique un accord d'intéressement, celui-ci ne peut pas exclure une **catégorie de salariés** ni, à plus forte raison, un salarié pris individuellement.

Pour les salariés des **groupements d'employeurs,** voir no 46630.

Dirigeants et conjoints En principe, les dirigeants sociaux doivent être titulaires d'un contrat de travail pour pouvoir, à ce titre, bénéficier de l'intéressement. 48160

Toutefois, dans les entreprises dont l'**effectif** est compris entre **1 et moins de 250 salariés,** les chefs de ces entreprises, ou, s'il s'agit de personnes morales, leurs présidents, directeurs généraux, gérants ou membres du directoire, ainsi que le **conjoint** du chef d'entreprise ou son partenaire lié par un Pacs, s'il a le statut de conjoint **collaborateur,** de conjoint **associé** ou de conjoint du chef d'une exploitation ou d'une entreprise agricole, peuvent bénéficier de l'intéressement (C. trav. art. L 3312-3), même s'ils ne cumulent pas leur mandat avec un contrat de travail, **à condition** que l'accord (ou la décision unilatérale) le prévoie (Guide épargne salariale juillet 2014 ; BOI-BIC-PTP-20-10 no 110).

Cette possibilité n'est pas ouverte si le **seul salarié** de l'entreprise a aussi la qualité de président, directeur général, gérant ou membre du directoire (C. trav. art. L 3312-3).

› Précisions **Depuis le 1-1-2020,** l'effectif de l'entreprise et le franchissement du seuil de 250 salariés sont appréciés selon les règles exposées nos 18800 s. (C. trav. art. L 3311-1). En revanche, le franchissement du seuil de 1 salarié n'est pas soumis au gel de 5 années civiles prévu par ces règles (C. trav. art. L 3312-3).

MODALITÉS DE RÉPARTITION

48180 La répartition peut être **uniforme,** proportionnelle à la **durée de présence,** proportionnelle au **salaire** ou utiliser **conjointement plusieurs de ces critères** (C. trav. art. L 3314-5). Dans ce dernier cas, chaque critère doit s'appliquer à une sous-masse distincte, à déterminer par l'accord ou la décision unilatérale (exemple : 30 % répartis de manière uniforme, 30 % au prorata du temps de présence, 40 % en fonction du salaire).

Ces critères peuvent **varier** selon les établissements et les unités de travail : voir nº 48050.

Sur la répartition du **reliquat** d'intéressement non distribué en raison des règles de plafonnement et des critères de répartition retenus, voir nº 48205.

› Précisions **a.** Le caractère **aléatoire** de l'intéressement interdit de fixer un **montant forfaitaire ou minimum** (Cass. soc. 26-11-1998 nº 96-19.367 D) ou d'adopter une formule par laquelle l'intéressement ne pourrait jamais être nul.

b. Son caractère **collectif** s'oppose à ce qu'il soit réparti en fonction de **critères personnels** (rendement, qualités, comportement, etc.) (Cass. soc. 13-4-1995 nº 93-15.295 P). Le fait qu'un **un seul** des critères de répartition (en l'espèce, référence au mérite personnel) soit **contraire** au caractère collectif de l'intéressement fait perdre à la totalité des sommes distribuées leur caractère de rémunération collective (Cass. soc. 23-5-1996 nº 94-15.177 P).

c. La référence aux modalités de calcul de l'intéressement dans un **contrat de travail** n'emporte pas leur contractualisation (Cass. soc. 6-3-2019 nº 18-10.615 F-PB).

48190 **Critère de la durée de présence** Est prise en compte la durée de présence dans l'entreprise au cours de l'exercice, comprenant non seulement les périodes de **travail effectif,** mais aussi les **périodes** légalement **assimilées** à du travail effectif et rémunérées comme tel (congés payés, exercice de mandats de représentation du personnel).

Sont assimilées à des périodes de présence les congés de **maternité,** d'adoption et de congé de deuil ainsi que les périodes de suspension du contrat consécutives à un **accident du travail,** à une maladie professionnelle et à une mise en quarantaine et, depuis le 18-8-2022, le congé de **paternité** et d'accueil de l'enfant (C. trav. art. L 3314-5). Il en est de même des périodes non travaillées dans le cadre d'un **temps partiel thérapeutique** après un accident du travail (Cass. soc. 16-6-2011 nº 08-44.616 F-D) et des heures d'**activité partielle** (C. trav. art. R 5122-11). Le **congé de reclassement** n'est pas légalement assimilé à une période de travail effectif (Cass. soc. 1-6-2022 nº 20-16.404 FS-B).

L'accord ne peut défalquer des **absences** pour **grève** que si toutes les absences, hormis celles qui sont légalement assimilées à un temps de travail effectif, entraînent les mêmes conséquences sur le montant de la prime (Cass. soc. 5-2-2003 nº 00-45.998 F-D ; 13-2-2019 nº 17-26.837 F-D, solution rendue également pour la participation). Sous peine d'entrave, l'intéressement ne peut pas être réduit au titre des absences liées à l'**exercice de fonctions prud'homales** (Cass. crim. 4-1-1991 nº 88-87.675 PF).

Il est interdit d'effectuer une **réduction** sur la prime individuelle d'intéressement **plus que proportionnelle** à la durée des absences intervenues au cours de l'exercice (Cass. soc. 1-4-1999 nºs 97-17.515 PB et 97-21.399 D ; Guide épargne salariale juillet 2014).

En cas de répartition strictement proportionnelle à la durée de présence, le fait qu'un salarié en soit exclu en raison de son **absence pendant la totalité de l'exercice** ne retire pas à l'intéressement son caractère collectif (Cass. soc. 25-2-2003 nº 00-21.268 FS-P).

48200 **Critère du salaire** C'est à l'accord ou à la décision unilatérale de définir la **notion** de salaire retenue, qu'il s'agisse du salaire effectivement versé ou du salaire de référence correspondant à la rémunération habituelle des salariés.

Pour les périodes de **congé de maternité** et d'**adoption** ainsi que les périodes de suspension du contrat pour **accident du travail** ou maladie professionnelle, le salaire à prendre en compte est celui qu'aurait perçu le salarié s'il avait été présent. Depuis le 17-2-2023, il en est de même pour le congé de **paternité,** le congé de **deuil** et la mise en quarantaine (C. trav. art. R 3314-3). La même règle s'applique aux heures d'**activité partielle** (C. trav. art. R 5122-11).

Pour les **dirigeants** et leurs **conjoints** mentionnés nº 48160, doit être pris en compte la rémunération annuelle ou le revenu professionnel imposé à l'impôt sur le revenu au titre de l'année précédente, dans la limite d'un **plafond** égal au salaire le plus élevé de l'entreprise (C. trav. art. L 3314-6). Pour le **conjoint** collaborateur ou associé du chef d'entreprise, l'accord d'intéressement (ou la décision unilatérale) peut fixer un montant limité à 25 % du Pass pour servir de base à la répartition en fonction du salaire (C. trav. L 3314-6), ce qui permet le versement d'une prime même s'il n'est pas rémunéré par l'entreprise (Inst. intermin. 2019-252 du 19-12-2019 nº 24, opposable).

Reliquat Les **sommes non distribuées** en raison des règles de plafonnement et des critères de répartition de l'intéressement font l'objet, si l'accord (ou la décision unilatérale) le prévoit, d'une **répartition immédiate,** selon les mêmes modalités que la répartition originelle, entre tous les bénéficiaires (salariés et, le cas échéant, dirigeants et conjoints visés nº 48160) qui n'ont pas déjà atteint le plafond des droits individuels. Ce plafond ne peut pas être dépassé du fait de cette répartition supplémentaire (C. trav. art. L 3314-11). 48205

B. Versement des droits

DATE LIMITE

Après avoir calculé la masse globale d'intéressement, puis la part individuelle revenant à chaque bénéficiaire, l'employeur doit lui verser la somme correspondante. L'**accord** d'intéressement (ou la décision unilatérale) doit fixer la ou les dates de versement (C. trav. art. L 3313-2). 48210

Les droits à intéressement doivent être versés **avant** le premier jour du 6e mois suivant la clôture de l'exercice au titre duquel ils sont dus ou avant le premier jour du 3e mois suivant la fin de la période de calcul si elle est inférieure à 12 mois (C. trav. art. D 3313-13).

Passé ces délais, l'entreprise est redevable d'un **intérêt de retard** égal à 1,33 fois le taux moyen de rendement des obligations des sociétés privées publié par le ministre de l'économie (nº 46960) (C. trav. art. D 3313-13). Cet intérêt est versé en même temps que le principal (C. trav. art. L 3314-9).

Sur l'effet de la **transaction** sur le droit à l'intéressement, voir nº 65520.

ATTENTION

Le versement d'**acomptes** peut être prévu à condition d'intervenir après le dépôt de l'accord ou de la décision unilatérale (voir nº 48490). Il importe de calculer les acomptes sur des bases suffisamment fiables pour éviter d'avoir à constater ultérieurement que la prime leur est inférieure et d'avoir à réclamer aux salariés la restitution d'une fraction des sommes déjà perçues à ce titre.

CHOIX DU SALARIÉ

Dans les entreprises dotées d'un plan d'épargne d'entreprise, de groupe ou interentreprises, les bénéficiaires de l'intéressement disposent d'un **délai de 15 jours** pour demander son versement immédiat ou son affectation à un plan d'épargne (C. trav.R 3313-12, II). 48220

Sur la possibilité de verser tout ou partie des droits à intéressement à un **compte épargne-temps** et sur le régime social et fiscal de ces sommes, voir nos 72240 et 72300.

> **Précisions** Le délai de 15 jours **court** à compter de la date, fixée par l'accord ou la décision unilatérale, où le bénéficiaire est présumé avoir été informé du montant qui lui est attribué. À défaut de date fixée dans l'accord, il court à compter de la date de réception, dont la preuve peut être apportée par tout moyen, du document d'information (C. trav. art. R 3313-12, II).

AFFECTATION PAR DÉFAUT À UN PEE

À **défaut d'option** dans le délai, les droits à intéressement du bénéficiaire sont affectés par défaut (C. trav. art. L 3315-2) : 48230

- dans les conditions prévues par l'accord (ou la décision unilatérale) d'intéressement, au PEE, au plan d'épargne de groupe ou au PEI (C. trav. art. R 3313-12, I) ;
- si l'accord et le règlement sont muets, au PEE ou, à défaut, au plan d'épargne de groupe ou, à défaut, au PEI (C. trav. art. R 3313-12, II et R 3332-13-1).

Sur la gestion des sommes au sein du plan d'épargne lorsque l'accord d'intéressement et le règlement ne déterminent pas d'affectation par défaut, voir nº 49630.

Les sommes ainsi affectées par défaut sont bloquées pendant la période d'**indisponibilité** prévue par le plan (C. trav. art. R 3313-12, II).

> **Précisions** **a.** Le dispositif d'affectation par défaut à un plan d'épargne s'applique même si l'**accord** d'intéressement **ne le prévoit pas,** mais il n'oblige pas l'entreprise à se doter d'un tel plan (Circ. intermin. 2016-45 du 18-2-2016, opposable).
> **b.** Lorsque l'intéressement est calculé sur des **périodes infra-annuelles,** l'interrogation des bénéficiaires sur le sort de leurs droits doit être effectuée au titre de chaque période de calcul. Il est toutefois possible de n'y procéder qu'une fois par an, en informant les salariés, à la fin de la première période, que leur option sera reconduite pour les suivantes, sauf s'ils reviennent expressément sur leur choix initial (Circ. intermin. 2016-45 du 18-2-2016, opposable).
> **c.** Les bénéficiaires doivent pouvoir décider du sort de leurs droits au moment du versement des **acomptes** et du versement définitif. Leur réponse au premier acompte pourra être considérée comme valable pour les suivants, sauf s'ils en décident expressément autrement (Circ. intermin. 2016-45 du 18-2-2016, opposable).

INFORMATION DES BÉNÉFICIAIRES

48240 Lors de son **embauche,** le bénéficiaire doit recevoir un livret d'épargne salariale : voir nº 47370.

L'**accord** d'intéressement (ou la décision unilatérale) doit prévoir les modalités d'information de chaque bénéficiaire notamment sur les **sommes** qui sont attribuées à ce titre, le montant dont il peut demander le **versement,** le **délai** dans lequel formuler sa demande et l'**affectation par défaut** de ces sommes dans les conditions précisées nº 48230 (C. trav. art. R 3313-12).

Toute **répartition** de l'intéressement entre les bénéficiaires doit faire l'objet d'une **fiche distincte du bulletin de paie,** qui peut être remise, sauf opposition du bénéficiaire, par voie électronique, dans des conditions de nature à garantir l'intégrité des données (C. trav. art. D 3313-9).

Une **information collective** des salariés est en outre prévue, l'accord (ou la décision unilatérale) devant instituer un système d'**information du personnel** et de vérification de ses modalités d'application et préciser les conditions dans lesquelles sont informés de son application soit le CSE, soit la commission spécialisée créée en son sein (C. trav. art. L 3313-1 et L 3313-2).

› **Précisions** **a.** La **fiche indique** le montant global de l'intéressement, le montant moyen perçu par les bénéficiaires, le montant des droits attribués à l'intéressé, la retenue effectuée au titre de la CSG et de la CRDS, le délai à partir duquel les droits à intéressement investis sur un plan d'épargne salariale sont négociables ou exigibles, les cas dans lesquels ces droits peuvent être exceptionnellement liquidés ou transférés avant l'expiration de ce délai et les modalités d'affectation par défaut au plan d'épargne d'entreprise des sommes attribuées au titre de l'intéressement. Elle comporte en **annexe** une note rappelant les règles essentielles de calcul et de répartition prévues par le dispositif (C. trav. art. D 3313-9).

b. Si l'intéressement a été mis en place après le **départ de l'entreprise** de salariés susceptibles d'en bénéficier, ou si le calcul et la répartition de l'intéressement interviennent après ce départ, la fiche et sa note annexée doivent également être adressées à ces bénéficiaires pour les informer de leurs droits (C. trav. art. D 3313-10, al. 2). Lorsqu'un salarié susceptible de bénéficier de l'intéressement quitte l'entreprise avant le calcul de ses droits, l'employeur doit lui demander de l'informer de l'adresse à laquelle il pourra en être avisé et de ses changements d'adresse éventuels (C. trav. art. D 3313-10, al. 1).

Lorsque le salarié **ne peut pas être atteint à la dernière adresse** indiquée par lui, les sommes auxquelles il peut prétendre sont tenues à sa disposition par l'entreprise pendant une durée d'un an à compter de la date limite de versement de l'intéressement (nº 48210). Passé ce délai, l'ancien employeur les remet à la Caisse des dépôts et consignations, où elles peuvent être réclamées jusqu'au terme d'un délai de 20 ans, ou 27 ans en cas de décès du bénéficiaire (C. trav. art. D 3313-11 ; C. mon. fin. art. L 312-20).

Sur la remise d'un **état récapitulatif** de l'ensemble des sommes épargnées ou transférées au sein de l'entreprise lors du départ du salarié, voir nº 47390.

C. Rapport avec le salaire

1. NON-ASSIMILATION AU SALAIRE

48270 Les sommes attribuées aux salariés au titre de l'intéressement n'ont pas le caractère d'élément de salaire pour l'application de la **législation du travail** (C. trav. art. L 3312-4, al. 3), sous réserve du respect des conditions exposées nºs 48470 s.

Il en résulte qu'elles n'entrent pas dans les éléments de rémunération à considérer pour vérifier le respect du **Smic** ou des **minima conventionnels,** ni dans la base de calcul des **avantages et indemnités** prévus par la législation du travail : indemnités de congés payés, majorations pour heures supplémentaires, indemnités de préavis et de rupture du contrat de travail, indemnités journalières complémentaires pour incapacité temporaire, etc.

Elles ne sont pas soumises aux **règles de paiement** du salaire. Elles n'ont pas à figurer sur le **bulletin de paie,** mais sur la fiche distincte établie au moment de sa répartition : voir nº 48240.

S'agissant du caractère **saisissable et cessible** de l'intéressement, voir nº 15195.

2. NON-SUBSTITUTION AU SALAIRE

PORTÉE DE L'INTERDICTION

48280 Les sommes attribuées aux salariés au titre de l'intéressement (y compris le **supplément**) ne peuvent se substituer à aucun des éléments de rémunération (au sens de l'article L 242-1 du CSS) en vigueur dans l'entreprise ou devenant obligatoires en vertu de règles légales ou contractuelles (C. trav. art. L 3312-4).

Cette règle s'oppose à ce que l'application par l'entreprise d'un régime d'intéressement soit à l'origine de la réduction ou de la suppression, totale ou partielle, d'éléments de rémunération. Mais dès lors qu'un **délai** de 12 mois s'est écoulé **entre le dernier versement** de l'élément de rémunération en tout ou partie supprimé **et la date d'effet du dispositif d'intéressement,** la règle de non-substitution ne peut pas remettre en cause les exonérations sociales et fiscales attachées à l'intéressement (C. trav. art. L 3312-4).

EXEMPLE

Une entreprise supprime le 13e mois, versé pour la dernière fois le 31-12-2022. Le régime d'intéressement est mis en place au premier semestre 2024 avec effet au 1-1-2024. Le délai légal d'un an est respecté.

La référence faite à l'article L 242-1 du Code de la sécurité sociale, définissant les rémunérations entrant dans l'**assiette des cotisations de sécurité sociale** (nos 17800 s.), confère à cette règle une portée très large, permettant notamment d'y inclure les primes, dites « aléatoires » ou « bénévoles », sans caractère obligatoire pour l'employeur (nos 44740 s.) (Cass. soc. 16-3-1995 no 92-18.706 D ; 13-4-1995 nos 93-15.313 D et 92-21.626 D). **48290**

L'accord supprimant une prime prévue par un précédent accord salarial et l'accord d'intéressement conclus de façon **concomitante** sont tous deux privés d'effet (Cass. soc. 9-11-2005 no 03-43.526 FS-D). Dans ce cas, le **salarié** peut prétendre à un **rappel de salaire** au titre de la prime prévue par l'accord initial (Cass. soc. 9-10-2001 no 98-43.905 FS-D), dont les effets se poursuivent même au-delà du terme de l'accord d'intéressement (Cass. soc. 9-11-2005 FS-P précité). L'**employeur** peut quant à lui, dans le délai de prescription courant à partir de la déclaration de l'illicéité de l'accord d'intéressement, demander la **restitution des primes d'intéressement** versées en application de cet accord (Cass. soc. 16-2-2011 no 09-43.089 FS-D).

> Précisions En cas de conclusion d'un **accord d'intéressement de groupe,** chaque société prend en charge sa quote-part de l'intéressement, de sorte que la règle de non-substitution s'applique séparément à chacune d'elles. Ainsi, en cas de contravention à la règle de non-substitution dans une de ces sociétés, l'intéressement versé par celle-ci à ses salariés en application de l'accord de groupe peut être réintégré par l'Urssaf dans l'assiette de ses cotisations (Cass. soc. 14-10-1999 no 96-21.697 D).

INCIDENCE SUR LES EXONÉRATIONS

La règle de non-substitution de l'intéressement au salaire fait l'objet d'une vigilance particulière des administrations. Les Urssaf, en particulier, en vérifient la bonne application à l'occasion des contrôles et, en cas d'infraction, requalifient en salaires les sommes versées au titre de l'intéressement et les réintègrent dans l'assiette des **cotisations de sécurité sociale.** Le non-respect de cette règle justifie également que soit contestée l'exonération d'**impôt sur le revenu** en cas d'affectation de l'intéressement sur un plan d'épargne d'entreprise (BOI-BIC-PTP-20-10 no 270). **48300**

ILLUSTRATIONS

Le non-respect de la règle de non-substitution entraîne la réintégration de l'intégralité des primes d'intéressement dans l'assiette des cotisations de sécurité sociale :

– même si les **primes supprimées** étaient d'un montant inférieur à celui de l'intéressement (Cass. soc. 15-6-2000 no 99-11.075 FS-D ; Cass. 2e civ. 8-10-2009 no 08-16.970 F-D), ou ont été remplacées à la fois par de nouvelles primes et par un dispositif d'intéressement, de sorte que celui-ci ne constitue qu'une **substitution partielle** à un élément du salaire (Cass. soc. 21-3-1996 no 94-11.611 P) ;

– même si la prime supprimée est qualifiée d'« **exceptionnelle** » par l'entreprise (Cass. soc. 7-12-2000 no 98-18.359 FS-D) ;

– lorsque la mise en place de l'intéressement s'est accompagnée de **modifications du régime d'une prime** (conditions d'attribution plus restrictives et réduction de son montant éventuel), faisant apparaître une substitution au moins partielle de l'intéressement à cette prime (Cass. soc. 26-3-1998 no 96-17.506 D ; 17-2-2004 no 02-30.480 F-D) ;

– lorsqu'une prime, remplacée par l'intéressement pour la majorité des salariés, a été en revanche **maintenue à certains d'entre eux** (Cass. soc. 14-10-1999 no 96-21.697 D).

La **mise en place d'une prime** de nature salariale **au cours de l'application d'un régime** d'intéressement ne contrevient évidemment pas au principe de non-substitution au salaire. Mais la suppression de cette prime l'année suivante en raison du montant plus élevé des primes d'intéressement versées entraîne la réintégration de ces dernières, sans que soit remise en cause l'exonération des primes des années précédentes (Cass. 2e civ. 8-10-2009 no 08-16.970 F-D).

D. Régime social et fiscal

48450 Sous certaines conditions, l'intéressement bénéficie de larges exonérations, tant pour les entreprises que pour les bénéficiaires, et aussi bien en matière fiscale qu'au regard des cotisations sociales.

Il est en revanche passible de la CSG et de la CRDS sur revenus d'activité ainsi que du forfait social à partir d'un certain seuil d'effectif.

1. CONDITIONS ET LIMITES D'EXONÉRATION

CONFORMITÉ AU CADRE LÉGAL ET RÉGLEMENTAIRE

48470 Les exonérations sociales et fiscales attachées à l'intéressement, tant pour les salariés que pour les entreprises, sont subordonnées à la conformité du régime mis en œuvre aux textes législatifs et réglementaires et, en particulier, au respect de la règle de **non-substitution** au salaire et au **caractère collectif et aléatoire** de l'intéressement résultant d'une formule de **calcul** liée aux résultats ou aux performances de l'entreprise (Guide épargne salariale juillet 2014).

MISE EN PLACE D'UN CSE

48480 La mise en place de l'intéressement suppose que l'entreprise remplisse ses obligations en matière de représentation du personnel (C. trav. art. L 3312-2). Elle doit avoir mis en place un CSE si son effectif l'impose ou être en mesure de produire un procès-verbal de **carence.** À défaut, les sommes éventuellement versées au titre de l'intéressement ne bénéficient d'aucune exonération (Guide épargne salariale juillet 2014).

DÉLAI DE CONCLUSION ET DE DÉPÔT DU DISPOSITIF

48490 Pour ouvrir droit aux exonérations sociales et fiscales, l'accord d'intéressement doit avoir été **conclu** (ou, pour une décision unilatérale, signée) avant le premier jour de la deuxième moitié de la période de calcul suivant la date de sa prise d'effet (C. trav. art. L 3314-4) et **déposé** auprès de l'administration sur la plateforme TéléAccords dans les conditions de droit commun, dans un délai de 15 jours suivant cette date limite (C. trav. art. L 3313-3 et D 3313-1). Un accord conclu ou déposé **hors délai** produit ses effets entre les parties mais n'ouvre droit aux exonérations, tant sociales que fiscales (Cass. 2e civ. 12-5-2022 n° 20-22.367 F-B), que pour les périodes de calcul ouvertes postérieurement au dépôt (C. trav. art. L 3315-5).

Les **avenants** doivent être déposés selon ces mêmes formalités et délais (C. trav. art. D 3313-6).

Aucun versement, fût-ce un **acompte,** ne peut intervenir avant le dépôt, sauf à voir remettre en cause les exonérations sociales et fiscales de cet acompte (Guide épargne salariale juillet 2014).

> **Précisions** **a.** Lorsque les accords d'**intéressement** et de **participation** et le règlement d'un **plan d'épargne** salariale sont **conclus concomitamment,** ils peuvent faire l'objet d'un dépôt commun dans les conditions fixées pour les accords d'intéressement (C. trav. art. L 3345-1).
> **b.** Lorsque l'accord d'intéressement d'entreprise renvoie pour certaines dispositions à des **accords d'établissement,** de sorte que ces derniers comportent des stipulations ne figurant pas dans l'accord d'entreprise, l'obligation de dépôt concerne non seulement l'accord d'entreprise, mais aussi les accords d'établissement. À défaut, ces derniers n'ouvrent pas droit à l'exonération de cotisations de sécurité sociale, même si l'accord d'entreprise a été déposé (Cass. soc. 20-2-1997 n° 95-10.730 D).

48500 **EXEMPLE**

Une entreprise dont l'exercice coïncide avec l'année civile désire mettre en place un régime d'intéressement pour les exercices 2023 à 2025, les primes étant calculées sur une période annuelle. Un accord (ou une décision unilatérale) devra être conclu en ce sens avant le 1-7-2023 et être déposé au plus tard le 15-7-2023. Si l'entreprise conclut le 15-5-2023 un accord prenant effet au 1-1-2023 et le dépose le 11-7-2023, toutes les primes versées donneront lieu à exonérations. Si elle conclut cet accord le 10-7-2023 et le dépose le 11-7-2023, elle sera tenue de verser un intéressement au titre de 2023 en application de l'accord. Mais, celui-ci ayant été conclu hors délai, les primes versées au titre de 2023 entreront dans l'assiette des cotisations et des impôts et taxes. Seules les sommes versées au titre des années 2024 et 2025 bénéficieront des exonérations sociales et fiscales.

CONTRÔLE ADMINISTRATIF

48520 **Procédure** Pour les **accords** (ou décision unilatérale) d'**intéressement,** de **participation** et les **règlements** de plans d'épargne salariale déposés **depuis le 1-1-2023** sur la plateforme

TéléAccords, **l'Urssaf** dispose d'un délai de 3 mois à compter du dépôt pour demander le retrait ou la modification des **clauses illégales,** à l'exception des règles relatives aux modalités de dénonciation et de révision des accords. Le délai ne **court** qu'à réception des documents dont le dépôt est obligatoire pour effectuer ce contrôle. En cas de report du point de départ du délai, l'Urssaf doit en informer l'entreprise dans le délai de 3 mois (C. trav. art. L 3345-2, L 3313-3 et D 3345-5).

> **Précisions** **a.** L'administration du travail dépositaire délivre un **récépissé** de dépôt de l'accord et des documents annexes, avant de les transmettre sans délai à l'Urssaf (C. trav. art. D 3345-5).
> **b.** Pour les accords et règlements **déposés avant le 1-1-2023,** un premier contrôle était effectué par l'administration du travail dans un délai d'un mois, avant transmission à l'Urssaf qui disposait de 3 mois comme actuellement (C. trav. art. L 3345-2 ancien).

Sécurisation des exonérations Pour les accords de **participation** et les règlements de **plan d'épargne** salariale, à défaut d'observation de l'Urssaf dans le délai de 3 mois, aucune contestation ultérieure de la régularité de l'accord ou du règlement ne peut remettre en cause les exonérations sociales et fiscales au titre des exercices en cours ou antérieurs à la contestation (C. trav. art. L 3345-3). La remise en cause n'est possible que pour les exercices suivants. 48525

Pour l'**intéressement,** un mécanisme complémentaire de sécurisation s'applique. En l'absence de demande de l'Urssaf à l'expiration du délai de 3 mois, les exonérations fiscales et sociales sont bien réputées acquises pour l'exercice en cours (celui du dépôt). Mais l'organisme dispose alors d'un **délai supplémentaire** de **2 mois** pour formuler des demandes de modifications de clauses contraires aux dispositions légales afin que l'entreprise se mette en conformité pour les exercices suivant celui du dépôt. À défaut de demande, les exonérations fiscales et sociales sont réputées acquises pour ces exercices (C. trav. art. L 3313-3).

> **Précisions** **a.** Le dispositif de sécurisation introduit pour la participation par une loi du 30-12-2006 s'applique aux sommes versées en application d'un **avenant** conclu après l'entrée en vigueur de cette loi, même si l'accord de base est antérieur à cette date, à condition que l'avenant ait apporté des **modifications autres que de pure forme** (Cass. 2e civ. 23-9-2021 n° 20-16.756 F-B). Ce principe vaut, selon nous, pour les autres dispositifs d'épargne salariale.
> **b.** Ce n'est pas à l'entreprise de **prouver** l'absence de remarque de l'administration (Cass. 2e civ. 19-1-2017 n° 16-11.312 F-PB).
> **c.** Lorsqu'un **avenant** est déposé après des observations de l'administration, le silence de cette dernière ne garantit pas l'entreprise contre un redressement fondé sur une irrégularité qui n'a pas été mise en conformité par l'avenant (Cass. 2e civ. 11-6-2009 n° 08-14.279 FS-D).

EXEMPLES 48530

1. Soit un accord de **participation** ou un règlement de **plan d'épargne** salariale déposé et n'ayant fait l'objet d'**aucune observation** de la part de l'Urssaf dans le délai de 3 mois, ou ayant été modifié conformément à sa demande. Une Urssaf procédant à un contrôle au cours de la 2e année d'effet de l'accord et constatant une irrégularité de fond ne pourra pas réintégrer dans l'assiette des cotisations les sommes versées pour la 1re et la 2e année d'application de l'accord mais seulement celles versées pour les exercices suivants, si l'entreprise ne se met pas en conformité.

2. Soit un accord de participation ou un règlement de plan d'épargne salariale déposé et n'ayant pas été modifié malgré les **observations** de l'Urssaf effectuées dans le délai de contrôle. L'Urssaf pourra contester l'exonération appliquée par l'entreprise sur les sommes versées pour tous les exercices d'application de l'accord, quelle que soit la date du contrôle.

3. Soit un accord d'**intéressement** déposé et ne faisant l'objet d'**aucune observation** de la part de l'Urssaf dans le délai total qui lui est imparti (3 mois + 2 mois). Une Urssaf procédant à un contrôle ne pourra pas réintégrer dans l'assiette des cotisations les sommes versées au titre de cet accord, quelles que soient la date du contrôle et la durée d'application de l'accord. Les exonérations sont sécurisées pour toute sa durée d'application.

4. Soit un accord d'intéressement déposé et n'ayant pas été modifié malgré les **observations** de l'Urssaf effectuées au cours du délai initial de contrôle. En cas de contrôle, l'Urssaf pourra contester l'exonération appliquée par l'entreprise sur les sommes versées pour tous les exercices d'application de l'accord (sous réserve des règles de prescription visées nos 21535 s.).

5. Soit un accord d'intéressement déposé et n'ayant pas été modifié malgré les **observations** de l'Urssaf effectuées au cours du délai supplémentaire de 2 mois. L'Urssaf pourra contester l'exonération appliquée par l'entreprise seulement pour les sommes versées au titre des exercices suivant celui du dépôt. Les exonérations pour le premier exercice sont sécurisées, en l'absence de remarques de l'Urssaf dans le premier délai de 3 mois.

48535 **Intéressement pré-validé par l'administration** Par dérogation aux modalités de contrôle administratif présentées ci-dessus, pour les accords ou décisions unilatérales d'intéressement « pré-validés » visés nº 48000, b, les exonérations sociales et fiscales sont réputées acquises dès le **dépôt** du texte et de son **code** d'authentification et pour toute la **durée** d'application du régime. Cette sécurisation s'applique **sous réserve** que le dispositif ait été entièrement rédigé sur le site www.mon-interessement.urssaf.fr et qu'aucune modification n'y ait été apportée par la suite (C. trav. art. L 3313-3 et R 3313-4).

48540 **Entreprise appliquant un accord de branche agréé** Les accords de branche de participation, d'intéressement ou instaurant un plan d'épargne salariale permettant l'adhésion des entreprises font l'objet d'une procédure d'**agrément** par le ministère du travail (C. trav. art. L 3345-4 et D 3345-6). Pour plus de détails sur cet agrément et sur les modalités d'adhésion des entreprises à ces accords de branche, voir Mémento social nºs 33807 s.

Dès lors qu'un accord de branche est agréé, aucune contestation ultérieure de sa conformité aux dispositions légales en vigueur au moment de sa conclusion ne peut avoir pour effet de remettre en cause les **exonérations fiscales et sociales** attachées aux avantages versés par les entreprises qui **adhèrent** à l'accord (C. trav. art. L 3345-4). Par dérogation aux règles de sécurisation mentionnées nº 48525, les exonérations sont réputées acquises **dès le dépôt** et pour la **durée** d'application de l'accord ou du document unilatéral d'adhésion (sous condition, s'agissant de l'intéressement, du respect des délais de conclusion et de dépôt mentionnés nº 48490) (C. trav. art. L 3312-8 pour l'intéressement ; L 3322-9 pour la participation ; L 3332-6-1 pour le PEE ; L 3333-7-1 pour le PEI).

48545 **Irrégularité dans la mise en œuvre** Même en l'absence d'observation de l'Urssaf lors du contrôle de l'accord ou du règlement (ou en l'absence de contrôle), la possibilité de contester le bénéfice des exonérations reste ouverte au titre des exercices écoulés ou en cours si une irrégularité de fait dans la mise en œuvre des dispositifs est constatée (Guide épargne salariale juillet 2014). Par exemple, les avances sur intéressement versées selon des modalités ne respectant pas l'accord n'ouvrent pas droit aux exonérations sociales (Cass. 2e civ. 7-1-2021 nº 19-22.921 F-D).

› **Précisions** Selon l'**administration,** lorsque les termes d'un accord de participation ou d'intéressement ou du règlement d'un plan d'épargne salariale sont réguliers, mais que la mise en œuvre est contraire au **caractère collectif,** il n'y a pas lieu de réintégrer dans l'assiette des cotisations de sécurité sociale l'ensemble des primes ou des abondements versés dès lors que le **nombre de salariés exclus** est **très réduit** (moins de 5 % des salariés entrant dans le champ d'application de l'accord ou du règlement), qu'il s'agit du premier contrôle révélant cette irrégularité et que la bonne foi de l'employeur est avérée. La **rectification** peut être **limitée** à la fraction des droits individuels qui, le cas échéant, ont été indûment perçus, et l'employeur doit verser les droits aux salariés exclus (Guide épargne salariale juillet 2014).

LIMITES D'EXONÉRATION

48550 Le montant de l'intéressement est soumis par la loi à un **double plafonnement,** global et individuel (nº 48080). En cas de dépassement, la fraction excédentaire ne bénéficie pas des exonérations sociales et fiscales applicables (Guide épargne salariale juillet 2014).

Par ailleurs, dans l'hypothèse où les **acomptes** sur intéressement sont supérieurs au montant définitif de celui-ci et où l'excédent n'est pas reversé par les bénéficiaires à l'employeur, cet excédent est passible des cotisations de sécurité sociale comme complément de salaire (Circ. Acoss du 3-2-1994). Cette position est transposable, à notre avis, à l'ensemble des prélèvements sociaux et fiscaux sur salaires.

2. RÉGIME FISCAL POUR L'ENTREPRISE

48620 L'intéressement fait l'objet d'un régime fiscal incitatif pour l'entreprise, tant en ce qui concerne la détermination de son résultat imposable qu'au regard des taxes et participations sur les salaires (nº 48850), hors taxe sur les salaires (nº 48900).

L'application de ces dispositions est subordonnée au respect des **conditions** indiquées nºs 48470 s.

DÉDUCTION DES PRIMES D'INTÉRESSEMENT

48630 Les entreprises peuvent déduire de leurs résultats le montant des sommes versées en espèces, au titre de l'intéressement, aux **salariés** (au sens du Code du travail) et aux **dirigeants des personnes morales soumises à l'impôt sur les sociétés** (présidents, directeurs généraux, gérants ou membres du directoire), imposables selon les règles des traitements et salaires (CGI art. 237 ter A ; C. trav. art. L 3315-1, al. 1).

Sur le régime fiscal des **intérêts pour versement tardif** de l'intéressement : voir n° 48730.

En revanche, la déduction des résultats est en principe interdite quand le bénéficiaire de l'intéressement est un **exploitant individuel,** un **associé d'une société de personnes** n'ayant pas opté pour l'impôt sur les sociétés ou un **conjoint collaborateur ou associé** (C. trav. art. L 3315-1, al. 3). Par exception, la déduction du bénéfice non commercial ou du bénéfice industriel et commercial de l'entreprise est admise, dans la limite, chaque année, de 75 % du plafond annuel de la sécurité sociale, lorsque les sommes correspondantes sont versées à un plan d'épargne salariale (PEE, PEI, Perco) (C. trav. art. L 3315-3). Ces versements doivent intervenir dans le délai de 15 jours mentionné n° 48750. Le plafond de sécurité sociale à retenir est celui applicable pour l'année de perception des primes d'intéressement. 48640

EXERCICE DE DÉDUCTION

L'administration a **précisé** que les sommes versées (à des salariés et, le cas échéant, à des non-salariés) en application d'un régime d'intéressement sont **déductibles** des résultats de l'**exercice au titre duquel elles sont attribuées,** c'est-à-dire de celui de la réalisation des résultats ou des gains de productivité pris en compte pour déterminer le montant de l'intéressement. Il en est ainsi même si elles sont versées au cours de l'exercice suivant. Elles sont alors déductibles de l'exercice au titre duquel elles sont attribuées en tant que **charges à payer** (Guide épargne salariale juillet 2014 ; BOI-BIC-PTP-20-10 n° 290). La même solution vaut pour le forfait social (en ce sens, BOI-BIC-CHG-40-40-40 n° 10). 48650

Ces solutions ne valent que pour les entreprises tenant une comptabilité commerciale. Pour les autres, l'intéressement est toujours déductible des résultats de l'exercice au cours duquel il a été versé.

3. RÉGIME FISCAL POUR LES BÉNÉFICIAIRES

a. Salariés et dirigeants de personnes morales soumises à l'IS

CAS GÉNÉRAL

Sauf affectation à un plan d'épargne salariale ou à un plan d'épargne retraite d'entreprise, les sommes versées aux salariés et aux dirigeants de personnes morales soumises à l'impôt sur les sociétés (n° 48630) au titre d'un régime d'intéressement sont imposables à l'impôt sur le revenu suivant les **règles applicables aux salaires** au titre de l'année au cours de laquelle ils en ont eu la disposition (C. trav. art. L 3315-1, al. 2 ; CGI art. 158, 5-a). Les éventuels intérêts de retard suivent le même régime (C. trav. art. L 3314-9). 48730

Pour le cas particulier de l'intéressement affecté au **compte épargne-temps,** voir n° 72300.

Pour les modalités de mise en œuvre du **prélèvement à la source** de l'impôt sur le revenu, voir n° 49100.

AFFECTATION À UN PLAN D'ÉPARGNE SALARIALE OU D'ÉPARGNE RETRAITE

Dans le cas où un salarié ou un dirigeant mentionné n° 48630 a adhéré à un plan d'épargne salariale (d'entreprise, interentreprises, Perco) ou à un plan d'épargne retraite (Pero ou Pereco) et affecte à la réalisation de ce plan tout ou partie des sommes qui lui sont attribuées par l'entreprise au titre de l'intéressement (y compris les éventuels intérêts de retard), ces sommes sont **exonérées** à due concurrence d'impôt sur le revenu dans la **limite** d'un montant égal à 75 % du plafond annuel de la sécurité sociale (C. trav. art. L 3315-2 et L 3314-9 ; CGI art. 81, 18° bis), à **condition** que le versement des sommes sur le plan intervienne dans un **délai** maximum de 15 jours à compter de la date à laquelle elles ont été perçues (C. trav. art. R 3332-12). Cette exonération plafonnée s'applique également en cas d'**affectation par défaut** de l'intéressement au plan d'épargne salariale (C. trav. art. L 3315-2, al. 2). 48750

Les **intérêts de retard** sont également exonérés dans la même limite s'ils sont versés à un plan d'épargne dans le délai de 15 jours mentionné ci-dessus (Guide épargne salariale juillet 2014 ; BOI-RSA-ES-10-10 n° 30).

L'exonération fiscale est subordonnée aux **conditions** générales exposées n°s 48470 s.

En contrepartie, les sommes en cause sont soumises à l'**indisponibilité** des droits investis dans les plans d'épargne salariale.

> **Précisions** La limite d'exonération se calcule avec le **plafond de sécurité sociale** applicable pour l'année de perception de l'intéressement (BOI-RSA-ES-10-10 n° 20).

b. Autres bénéficiaires

48800 En principe, les sommes versées au titre de l'intéressement aux **bénéficiaires autres que les salariés et dirigeants de personnes morales** soumises à l'impôt sur les sociétés ne sont pas déductibles du résultat imposable ; elles font donc partie intégrante du bénéfice ou de la quote-part de bénéfice imposable entre leurs mains.

Par exception, lorsque ces sommes sont affectées à un plan d'épargne salariale, elles sont admises en déduction du bénéfice imposable dans les conditions et limites indiquées n° 48640. À due concurrence, elles ne constituent donc pas un revenu imposable entre leurs mains.

4. COTISATIONS SOCIALES

48850 Les sommes attribuées aux bénéficiaires en application du régime d'intéressement sont exclues des assiettes des **cotisations de sécurité sociale** pour les salariés comme pour les dirigeants et leurs conjoints (C. trav. art. L 3312-4). Il en est de même des éventuels intérêts de retard (C. trav. art. L 3314-9).

Cette règle fait également échapper ces sommes à l'ensemble des **prélèvements alignés** : contributions solidarité autonomie, Fnal et dialogue social, contributions chômage et AGS, cotisations et contributions de retraite complémentaire Agirc-Arrco, versement mobilité, contributions à la formation et à l'alternance (contributions à la formation professionnelle, CPF-CDD, supplémentaire à l'apprentissage et taxe d'apprentissage) et participation-construction.

L'exonération est subordonnée aux **conditions** générales exposées n°s 48470 s.

Pour le cas particulier où l'intéressement est affecté à un **compte épargne-temps** : voir n° 72300.

5. CSG, CRDS ET TAXE SUR LES SALAIRES

ASSUJETTISSEMENT

48900 L'intéressement est passible de la **CSG** (CSS art. L 136-1-1) et de la **CRDS** (Ord. du 24-1-1996 art. 14) dans la catégorie des revenus d'activité, sauf pour les bénéficiaires non assujettis à ces contributions par l'effet des règles de territorialité (n°s 28400 s.). Ces contributions sont dues sur le montant total des droits des salariés sans application de la **déduction pour frais** professionnels (CSS art. L 136-2, I-1°).

L'intéressement est également assujetti à la **taxe sur les salaires** lorsque l'entreprise entre dans le champ d'application de cette taxe, puisque son assiette est alignée sur celle de la CSG sur revenus d'activité (BOI-TPS-TS-20-10 n° 40).

Les **intérêts de retard** n'entrent pas dans l'assiette de la CSG et de la CRDS (Guide épargne salariale juillet 2014).

Pour le cas où l'intéressement est affecté au **compte épargne-temps,** voir n° 72300.

> **Précisions** **a.** Les **chefs d'entreprise** et mandataires sociaux visés n° 48160, ayant le statut d'**indépendants** pour l'assujettissement à la sécurité sociale, sont redevables de la CSG et de la CRDS sur le montant de l'intéressement (CSS art. L 136-3 et L 136-4), sans déduction pour frais (CSS art. L 136-2, I-1°).
>
> **b.** La **CSG** sur revenus d'activité est non déductible du revenu imposable du salarié ou du dirigeant fiscalement assimilé lorsque leur intéressement est affecté à un plan d'épargne d'entreprise ; en effet, l'exonération cumulée d'impôt sur le revenu et de cotisations sociales fait obstacle à sa **déductibilité** (BOI-RSA-BASE-30-30 n° 90).

TAUX ET RECOUVREMENT

48920 La **CSG et la CRDS** sont **précomptées** par l'employeur, comme en matière de salaire et au même taux que celui-ci, au moment de l'attribution des primes d'intéressement, y compris lorsque le salarié les affecte au plan d'épargne d'entreprise (Circ. min. du 16-1-1991). Elles sont **exigibles** dès la répartition de l'intéressement par l'employeur ou son inscription sur un compte courant d'associé. Peu importe, par exemple, l'absence de transfert à l'organisme collecteur (Cass. 2e civ. 4-5-2016 n° 15-16.777 F-D).

L'intéressement attribué au salarié s'entend net de CSG et de CRDS (Guide épargne salariale juillet 2014). Ces deux prélèvements s'imputent donc sur l'intéressement et non sur le salaire.

Le produit de ce précompte doit être **versé** par l'employeur à l'**Urssaf** dès la prochaine échéance de versement des cotisations de sécurité sociale, de CSG et de CRDS.

Le montant de CSG et de CRDS précompté sur la prime d'intéressement de chaque salarié doit être porté à sa connaissance au moyen de la **fiche individuelle** à établir à chaque répartition : voir n° 48240.

La **taxe sur les salaires** est liquidée et recouvrée dans les conditions de droit commun.

6. FORFAIT SOCIAL

Affranchi de cotisations de sécurité sociale mais soumis à CSG et CRDS, l'intéressement est en principe assujetti au forfait social (CSS art. L 137-15, al. 1 ; Circ. DSS du 30-12-2008, opposable), y compris lorsqu'il est versé aux dirigeants et conjoints visés n° 48160 (CSS art. L 137-15, al. 6 ; Circ. Acoss du 21-1-2010). Toutefois, l'intéressement versé dans les **entreprises de moins de 250 salariés** n'y est pas soumis (CSS art. L 137-15, al. 12 et 13). 48980

Le **taux** applicable est en principe celui de droit commun (n° 27370). Un taux réduit de 16 % s'applique sous certaines conditions aux sommes issues de l'intéressement versées à un Perco (voir n° 50200) ou à un Pereco ou un Pero (voir n° 50228).

> **Précisions** Le **seuil de 250 salariés** s'apprécie selon les modalités de décompte des effectifs et de franchissement de seuil exposées n°s 18800 s. Si l'entreprise franchit le seuil de 250 salariés, l'exonération de forfait social perdure pendant le gel de 5 années civiles prévu à l'article L 130-1 du CSS (Inst. intermin. 2019-252 du 19-12-2019 n° 22, opposable).

7. OBLIGATIONS DÉCLARATIVES

Que la prime d'intéressement soit versée directement ou placée dans un plan d'épargne ou dans un CET, son montant doit figurer dans la DSN dans le bloc « Autre élément de revenu brut » ainsi que dans le bloc « Cotisation individuelle » en raison de son assujettissement à la **CSG** et à la **CRDS.** 49100

Sur le plan fiscal, lorsque les sommes attribuées au titre de l'intéressement sont imposables à l'impôt sur le revenu et sont versées par l'employeur, ce dernier doit les déclarer (avec les autres sommes devant figurer à la rubrique Rémunération nette fiscale de la DSN) et assurer le prélèvement à la source de cet impôt (net-entreprises, fiche n° 1852 ; BOI-IR-PAS-10-10-10 n° 30).

Si des sommes sont versées au titre de l'**intérêt de retard,** il n'y a pas lieu, au regard de la DSN, d'établir de distinction, parmi les sommes versées aux salariés, entre les intérêts et l'intéressement proprement dit, sauf en ce qui concerne la CSG-CRDS (voir n° 48900). Ces intérêts ne donnent pas lieu à la déclaration annuelle des revenus mobiliers (**IFU**) prévue par l'article 242, ter 1 du CGI.

> **Précisions** Si l'intéressement est **versé par un établissement financier** par délégation de l'employeur, aucune sanction ne sera appliquée par l'administration fiscale si le prélèvement à la source n'est pas effectué pour les années 2022 et 2023. En revanche, le prélèvement à la source devra obligatoirement être effectué par l'établissement prestataire, sous peine de sanctions, sur tout versement immédiat réalisé à compter du 1-1-2024 et être déclaré au travers du dispositif Pasrau (net-entreprises, fiche n° 1852).

SECTION 3 PLANS D'ÉPARGNE SALARIALE

PRÉSENTATION

Les plans d'épargne salariale sont des systèmes d'épargne collectifs **facultatifs** permettant aux salariés de constituer un portefeuille de valeurs mobilières avec une aide de l'entreprise comprenant au moins la prise en charge des frais de gestion. 49240

Ces plans sont assortis d'exonérations sociales et fiscales, tant pour les participants que pour les entreprises. En contrepartie, les sommes qui y sont affectées demeurent indisponibles pendant un certain délai, sous réserve des cas de déblocage anticipé.

On distingue plusieurs types de plans d'épargne salariale, soumis à des règles spécifiques :
– les **plans d'épargne d'entreprise** (PEE), propres à une entreprise ou à un groupe, sont des plans d'épargne de moyen terme prévoyant une durée d'indisponibilité des sommes d'au moins 5 ans ;
– les **plans d'épargne pour la retraite collectifs** (Perco) permettent de constituer une épargne sur le long terme. Depuis le 1-10-2020, ils ne peuvent plus être mis en place, mais ceux existant à cette date peuvent être maintenus ;
– les **plans d'épargne interentreprises** (PEI) sont des plans d'épargne de moyen ou long terme mis en place au niveau d'un secteur professionnel ou géographique, ou d'un ensemble d'entreprises ne formant pas un groupe ;
– les **plans d'épargne retraite d'entreprise collectifs** (Pereco), qui peuvent être mis en place depuis le 1-10-2019, sont destinés à remplacer à terme les Perco, auxquels ils empruntent nombre de leurs particularités. Ils peuvent être établis au niveau interentreprises.

A. Plan d'épargne d'entreprise

49300 Le plan d'épargne d'entreprise (PEE) peut être **mis en place** par accord négocié et conclu suivant les mêmes modalités que l'accord de participation ou, sous certaines conditions, par décision unilatérale du chef d'entreprise. Une entreprise peut également appliquer un PEE établi par un accord de branche agréé (pour plus de précisions, voir Mémento social n°s 34430 s.).

1. PARTICIPANTS

SALARIÉS

49305 Tous les salariés de l'**entreprise** peuvent participer au PEE, sous réserve d'une condition d'ancienneté d'au plus 3 mois pouvant être exigée : voir nº 46610.

La **notion de salarié** est la même que pour la participation : voir nº 46600.

S'agissant des salariés des **groupements d'employeurs,** voir nº 46630.

DIRIGEANTS D'ENTREPRISE

49310 Le PEE étant en principe réservé aux salariés de l'entreprise, les dirigeants de société n'y ont accès que s'ils sont liés à l'entreprise par un contrat de travail.

Par exception, dans les entreprises dont l'**effectif** est compris **entre 1 et moins de 250 salariés,** la loi autorise la participation au PEE (C. trav. art. L 3332-2) :
– des **chefs** de ces entreprises ou, s'il s'agit de personnes morales, de leurs présidents, directeurs généraux, gérants ou membres du directoire ;
– du **conjoint** du chef d'entreprise ou de son **partenaire** lié par un Pacs, s'il a le statut de conjoint collaborateur ou associé, ou de conjoint du chef d'une exploitation ou d'une entreprise agricole.

› Précisions **a.** L'**effectif** et le franchissement du seuil de 250 salariés s'apprécient selon les règles exposées nºs 18800 s. (C. trav. art. L 3331-1). En revanche, le franchissement du seuil de 1 salarié n'est pas soumis au gel de 5 années civiles prévu par ces règles (C. trav. art. L 3332-2).

b. L'entreprise doit comprendre **au moins 1 salarié,** même à temps partiel, en sus du dirigeant lui-même. La condition d'effectif doit être satisfaite au titre de **chaque année** de fonctionnement du plan. Si elle ne l'est plus, le dirigeant ou le chef d'entreprise ne peut plus effectuer de nouveau versement au plan, mais l'épargne constituée y demeure investie (Guide épargne salariale juillet 2014). Cette solution vaut également, selon nous, pour le conjoint du chef d'entreprise ou son partenaire lié par un Pacs.

c. Même si ce n'est pas expressément prévu, les dirigeants et leurs conjoints pouvant participer au PEE doivent à notre avis se voir remettre le **livret** d'épargne salariale étudié nº 47370.

AGENTS COMMERCIAUX ET AGENTS GÉNÉRAUX D'ASSURANCE

49330 Si le règlement du plan le prévoit, les agents commerciaux, visés à l'article L 134-1 du Code de commerce, et les agents généraux d'assurance visés au titre IV du livre V du Code des assurances ayant un contrat individuel avec une entreprise dont ils commercialisent des produits peuvent bénéficier du plan d'épargne salariale mis en place dans l'entreprise (C. trav. art. L 3332-2).

La condition d'**ancienneté** éventuellement requise par le règlement du plan se décompte à compter de la date d'effet du contrat individuel (C. trav. art. D 3331-3).

ANCIENS SALARIÉS

Les anciens salariés ayant quitté l'entreprise à la suite d'un **départ à la retraite ou en préretraite** peuvent continuer à effectuer des versements au PEE (C. trav. art. L 3332-2), sans pouvoir prétendre à un abondement de l'ancien employeur (Guide épargne salariale juillet 2014). 49350

Les **autres** anciens salariés ne peuvent plus faire de versement au plan après la cessation de leur contrat de travail. Toutefois, lorsque le versement de l'intéressement ou de la participation afférent à la **dernière période d'activité** du salarié intervient après son départ de l'entreprise, l'ancien salarié peut affecter ces sommes au plan d'épargne de l'entreprise qu'il vient de quitter. Le plan peut prévoir que ce versement fait l'objet d'un abondement de l'entreprise dans les mêmes conditions que pour les autres participants (C. trav. art. R 3332-13).

2. ALIMENTATION DU PLAN

CATÉGORIES DE VERSEMENTS

Le plan est alimenté par les versements des participants et ceux de l'employeur (abondement et, le cas échéant, versement unilatéral). 49420

Un PEE peut aussi être alimenté par des sommes issues d'**autres dispositifs** d'épargne salariale (intéressement, participation, autres plans d'épargne salariale), dans les conditions mentionnées n° 51320, ou recevoir des **actions gratuites** attribuées par l'entreprise (n° 49510). S'agissant de l'affectation par défaut de l'intéressement à un plan d'épargne, voir n° 48230.

Le PEE peut enfin être alimenté par des droits issus d'un **compte épargne-temps.** Sur cette possibilité et sur le régime social et fiscal des sommes correspondantes, voir n° 72310.

Les **revenus des actifs du plan** d'épargne peuvent y être réinvestis, auquel cas ils sont exonérés d'impôt sur le revenu : : voir n° 49880.

ATTENTION

Le PEE a pour principal objet l'acquisition, par les salariés de l'entreprise, de valeurs mobilières. Dès lors, un plan constitué par le **transfert de titres acquis antérieurement** à sa constitution n'est pas conforme à cet objet. En pareil cas, le régime fiscal de faveur prévu n°s 49710 (versements de l'entreprise) et 49880 (revenus du plan d'épargne) n'est pas applicable (CE 23-6-2014 n°s 355673 et 355675). Toutefois, l'apport irrégulier de titres détenus antérieurement sur un PEE régulièrement constitué n'empêche pas l'application du régime de faveur aux titres acquis régulièrement (CE 27-3-2020 n° 429549).

VERSEMENTS VOLONTAIRES DES PARTICIPANTS

Les participants peuvent à tout moment faire des versements volontaires au PEE. Le règlement peut toutefois ne les autoriser qu'à certaines **périodes de l'année,** à condition de ne pas conduire à écarter certains salariés du bénéfice du plan (Guide épargne salariale juillet 2014). 49430

Les versements annuels de chaque participant sont **plafonnés** à 25 % de sa rémunération annuelle (C. trav. art. L 3332-10) perçue l'année de versement (Guide épargne salariale juillet 2014).

Ni la participation ni l'intéressement versés au PEE ne sont **pris en compte** dans ce plafond (Circ. intermin. 2016-45 du 18-2-2016 opposable). Sur la prise en compte des droits transférés depuis un **compte épargne-temps,** voir n° 72310. Sur celle des **actions gratuites** versées au plan, voir n° 49510.

Le plan peut fixer un plancher **minimum** de versement annuel, par support de placement, au plus égal à 160 € par participant (C. trav. art. R 3332-9 ; Arrêté ECOT0120131A10-10-2001 art. 3).

> Précisions **a.** La **rémunération** prise en compte est la rémunération brute du salarié déclarée au fisc par l'employeur avant déduction des retenues sociales et avant toute déduction forfaitaire pour frais professionnels (BOI-BIC-PTP-20-30 n° 150). Pour les **dirigeants d'entreprise et** leur **conjoint** admis à participer au plan (n° 49310), il s'agit de leur rémunération annuelle ou de leur revenu professionnel imposé à l'impôt sur le revenu au titre de l'année précédente (C. trav. art. L 3332-10). Pour les dirigeants ou associés participant au plan d'épargne en qualité de salariés, il s'agit de leur seule rémunération allouée au titre du contrat de travail (Rép. Teissier : AN 11-5-1998).

b. Pour les salariés dont le **contrat** est **suspendu** ou les **conjoints** associés ou collaborateurs **n'ayant perçu aucune rémunération** au cours de l'année de versement, les versements sont limités à 25 % du montant du plafond annuel de la sécurité sociale (C. trav. art. L 3332-10).

c. Pour les salariés, dirigeants et conjoints bénéficiaires du PEE, le plafond prévu est quadruplé lorsque les versements sont effectués à destination d'un **FCPE de reprise** mentionné n° 49630 (C. trav. art. L 3332-10).

d. Pour les **agents commerciaux et les agents généraux d'assurance,** la limite de 25 % s'applique à leur revenu professionnel imposé à l'impôt sur le revenu au titre de l'année précédente (C. trav. art. D 3332-9-1) et, pour les **anciens salariés** partis en retraite ou préretraite, à la somme des pensions perçues (Guide épargne salariale juillet 2014).

ABONDEMENT DE L'ENTREPRISE

49450 **Forme et caractéristiques** Le règlement du plan peut prévoir un abondement de l'entreprise complétant la contribution des participants qui peut comprendre les versements volontaires, la participation et/ou l'intéressement (C. trav. art. L 3332-11). L'abondement peut être versé en espèces ou prendre la forme d'actions gratuites dans le cadre d'augmentations de capital réservées aux adhérents du plan.

> **Précisions** **a.** L'abondement de l'entreprise doit avoir un **caractère collectif.** Une **modulation** est toutefois possible en fonction de critères prédéterminés, obligatoirement prévus dans le règlement du PEE, tels que les catégories professionnelles ou l'ancienneté, l'origine des sommes (intéressement) ou encore leur affectation. Ainsi, elle peut avoir pour effet d'orienter l'épargne vers des instruments de placement privilégiés par le plan au regard de l'horizon de placement ou des titres éligibles (titres de l'entreprise, fonds solidaires ou éthiques...) (Guide épargne salariale juillet 2014).
La modulation doit cependant reposer sur l'application de règles à caractère général (C. trav. art. L 3332-12), ce qui exclut notamment toute **individualisation** de l'aide de l'entreprise. Les abondements de l'entreprise ne peuvent donc pas dépendre des performances individuelles (Cass. soc. 10-12-2003 n° 01-21.096 F-D).
En outre, la modulation ne peut pas avoir pour effet de rendre le rapport entre le versement de l'entreprise et celui du participant croissant avec la rémunération de ce dernier (C. trav. art. L 3332-12).
b. Le règlement du plan doit fixer le **mode de calcul** de l'abondement. Les abondements dont le montant est **fixé par l'employeur** en dehors de tout critère prédéterminé résultant de l'acte ou de l'accord ayant établi le PEE doivent être réintégrés dans l'assiette des cotisations sociales (Cass. soc. 12-12-1996 n° 95-11.487 P ; 23-3-2000 n° 98-20.398 P ; 10-1-2006 n° 04-30.048 F-D) et risquent également d'être requalifiés en salaire au plan fiscal.
Un avenant, conclu en fin d'année, qui préciserait le **taux d'abondement** applicable rétroactivement sur l'année est irrecevable (Guide épargne salariale juillet 2014).

49460 **Montant maximum** En principe, l'abondement versé annuellement par l'entreprise pour chaque participant est doublement limité à 3 fois la contribution du bénéficiaire et à 8 % du montant annuel du plafond de la sécurité sociale, soit 3 519,36 € en 2023 (C. trav. art. L 3332-11 et R 3332-8). Le plafond s'apprécie par année civile (Guide épargne salariale juillet 2014).
L'entreprise peut **majorer** l'abondement de 80 % au plus, à concurrence du montant consacré par le salarié à l'acquisition d'actions ou de certificats d'investissement émis par l'entreprise ou par une entreprise du même groupe (C. trav. art. L 3332-11).
Le **règlement** du plan peut prévoir des plafonds inférieurs au plafond légal.

> **Précisions** **a.** Dans les **groupes d'entreprises,** la majoration n'est possible que si les entreprises sont incluses dans le même périmètre de combinaison ou de consolidation des comptes, en application de l'article L 233-16 du Code de commerce ou des textes équivalents existant pour les établissements de crédit et sociétés de financement, les entreprises d'assurances, les mutuelles et les institutions de prévoyance (C. trav. art. L 3344-1).
b. Lorsqu'une société propose aux adhérents d'un PEE d'acquérir des **actions** ou des **certificats d'investissement** qu'elle a émis soit par achat, soit par souscription et qu'un **plan** d'épargne commun à **plusieurs entreprises du même groupe,** au sens indiqué ci-dessus, ainsi qu'à l'article L 3344-2 du Code du travail, a été mis en place afin de permettre aux salariés des entreprises adhérentes d'acquérir les actions ou les certificats d'investissement de cette société, les dispositions relatives au plafond des abondements de l'employeur et de ses versements unilatéraux et aux avantages fiscaux et sociaux qui leur sont attachés s'appliquent dans chacune des entreprises du groupe participant au PEE commun (C. trav. art. R 3332-25).

49470 EXEMPLE **Méthode de calcul**

Dans les exemples suivants, le règlement du PEE ne prévoit pas de plafond différent des plafonds légaux (trois fois la contribution du salarié et 8 % du Pass).

Exemple 1 Un salarié verse 700 € au PEE en 2023. Il peut bénéficier d'un abondement de son entreprise allant jusqu'à 2 100 € (3 × 700 €). S'il verse 1 100 €, l'abondement maximum de l'entreprise sera de 3 300 €. Il ne dépasse pas le plafond qui est de 3 519,36 € (8 % du Pass).

Exemple 2 Versement du salarié : 1 300 €, auxquels s'ajoutent 300 € affectés à l'achat d'actions ou de certificats d'investissement émis par l'entreprise.

L'abondement maximum de l'entreprise est d'abord calculé sur la contribution de 1 300 € : 1 300 € × 3 = 3 900 €, limités à 3 519,36 €.

Puis la majoration de l'abondement est calculée sur les sommes affectées à l'achat d'actions : 300 € × 3 = 900 €. Elle ne dépasse pas le plafond de majoration égal à 80 % de 3 519,36 €, soit 2 815,50 €.

L'abondement total s'élève à : 4 419,36 € (3 519,36 + 900).

Exemple 3 Versement du salarié : 800 €, plus 1000 € consacrés à l'achat d'actions ou de certificats d'investissement de l'entreprise.

La contribution de 1 000 € consacrée à l'achat d'actions devrait donner lieu à une majoration d'abondement de l'entreprise de 3 000 € (1 000 × 3), mais elle est plafonnée à 2 815,50 € (soit 80 % de 3 519,36 €). La majoration d'abondement de 2 815,50 € correspond à une contribution du salarié de 938,50 €. La différence avec la contribution effective (1 000 – 938,50 = 61,50 €) s'ajoute à la contribution de 800 € pour calculer l'abondement « normal » :

(800 € + 61,50 €) × 3 = 2 584,50 €. Le plafond d'abondement de 3 519,36 € n'est pas atteint.

Au total, l'abondement est de 5 400 € (2 584,50 + 2 815,50).

Exemple 4 Pour calculer le versement optimal, le calcul est le suivant. L'abondement maximum autorisé en 2023 est de 6 334,85 € (soit 3 519,36 € + 2 815,50 € ou 3 519,36 € × 1,8). Si l'entreprise participe à concurrence du triple de la contribution salariale, les salariés doivent verser 2 111,62 €, dont 938,50 € affectés à l'acquisition d'actions de l'entreprise ou d'entreprises du groupe, pour bénéficier de l'abondement maximum.

Non-substitution au salaire L'abondement de l'entreprise ne peut se substituer à aucun des éléments de rémunération, au sens de l'assiette des cotisations de sécurité sociale, en vigueur dans l'entreprise au moment de la mise en place du plan ou qui deviennent obligatoires en vertu de règles légales ou contractuelles (C. trav. art. L 3332-13). 49480

Cette règle ne peut pas avoir pour effet de remettre en cause les **exonérations fiscales et sociales** applicables dès lors qu'un délai de 12 mois s'est écoulé entre le dernier versement de l'élément de rémunération en tout ou partie supprimé et la date de la mise en place du plan (C. trav. art. L 3332-13).

Elle est similaire à celle qui s'applique à l'intéressement. Les interprétations fournies à propos de ce dernier par l'administration et la jurisprudence lui sont donc transposables (nos 48280 s.).

ATTENTION

Contrevient à la règle de non-substitution au salaire l'employeur qui s'acquitte du paiement de tout ou partie du salaire (en l'espèce, une prime de 13e mois) sous forme de versement au plan d'épargne (Cass. soc. 10-5-2007 no 05-45.676 FS-PB).

Paiement et obligations déclaratives L'abondement de l'entreprise intervient concomitamment au versement de l'adhérent ou, au plus tard, à la fin de chaque exercice et avant le départ de l'adhérent de l'entreprise (C. trav. art. R 3332-11). 49490

Il doit figurer dans la **DSN** dans le bloc Autre élément de revenu brut (S21.G00.54), ainsi que dans des blocs Base assujettie (S21.G00.78) en raison de son assujettissement à la CSG et à la CRDS et, le cas échéant, au forfait social.

L'abondement de l'employeur, effectué dans les conditions et limites posées par les textes, n'étant pas imposable à l'**impôt sur le revenu,** il ne doit pas apparaître dans la zone Revenus d'activité nets imposables. Il doit y être porté lorsque, ces conditions et limites n'étant pas respectées, il est effectué au profit de salariés ou de dirigeants soumis au régime fiscal des salariés et est imposable. Dans ce cas, il entre dans le champ du prélèvement à la source.

VERSEMENT UNILATÉRAL DE L'ENTREPRISE

L'entreprise peut effectuer des versements sur le plan même en l'absence de **contribution du salarié** à condition (C. trav. art. L 3332-11, 1°) : 49495

– que le **règlement** du plan le prévoie ;

– que le versement soit destiné à l'acquisition d'**actions ou de certificats d'investissement** émis par l'entreprise ou par une entreprise incluse dans le même périmètre de consolidation ou de combinaison des comptes au sens du deuxième alinéa de l'article L 3344-1 du Code du travail ;

– et que l'attribution soit **uniforme** pour l'ensemble des salariés.

Les actions ou certificats d'investissement ainsi acquis par le salarié ne sont **disponibles** qu'à l'expiration d'un délai minimum de 5 ans à compter de ce versement (C. trav. art. L 3332-11).

Sur le versement unilatéral possible dans le cadre du dispositif de **partage des plus-values de cession** de titres, voir nos 50231 s.

> Précisions **a.** Le versement unilatéral de l'employeur doit bénéficier à l'**ensemble des adhérents** satisfaisant aux conditions d'ancienneté éventuellement prévues par le règlement du plan. Son **montant** total est limité à 2 % du montant annuel du plafond de la sécurité sociale. Il est pris en compte pour apprécier le respect du **plafond d'abondement** visé nº 49460 (C. trav. art. D 3332-8-1). Il peut prendre la **forme** du versement d'une somme d'argent ou d'une attribution gratuite d'actions (Inst. intermin. 2019-252 du 19-12-2019 nº 44, opposable).

b. Selon nous, le principe de **non-substitution** au salaire inscrit à l'article L 3332-13 du Code du travail s'applique à ce versement unilatéral, même si ce texte ne vise que l'abondement de l'employeur.

AFFECTATION D'ACTIONS GRATUITES

49510 Si l'attribution gratuite d'actions concerne l'**ensemble des salariés** de l'entreprise, ces actions peuvent, à l'issue de la période d'acquisition, être versées sur un PEE dans la **limite** d'un montant égal à 7,5 % du plafond annuel de la sécurité sociale par adhérent (C. trav. art. L 3332-14). Le plafond s'apprécie à la date de versement sur le PEE, qui doit intervenir dans un **délai** de quelques jours à compter de la date d'acquisition définitive des actions gratuites (BOI-RSA-ES-10-30-10 nº 184).

La **répartition** des actions entre les salariés fait l'objet d'un accord d'entreprise ou, à défaut, c'est-à-dire en cas d'échec des négociations matérialisé par un procès-verbal de désaccord (Circ. DGT du 15-5-2007), d'une décision du conseil d'administration, du directoire ou du chef d'entreprise. Elle peut être uniforme, proportionnelle à la durée de présence dans l'entreprise au cours de l'exercice ou proportionnelle aux salaires, ou retenir conjointement ces différents critères (C. trav. art. L 3332-14). Pour l'application de ces critères, les règles énoncées pour l'intéressement (nºs 48180 s.) nous semblent transposables.

Les **actions** gratuites ne sont **disponibles** qu'à l'expiration d'un délai minimum de 5 ans à compter de leur versement sur le plan (C. trav. art. L 3332-26). Aucun des cas de déblocage anticipé du PEE ne peut être invoqué (Guide épargne salariale juillet 2014), sauf le décès du bénéficiaire par ses ayants droit (BOI-RSA-ES-10-30-10 nº 185).

Elles ont le caractère d'un **versement volontaire** des participants : à ce titre, elles sont prises en compte dans le **plafond** des versements volontaires visé nº 49430 et peuvent donner lieu à abondement de l'entreprise (Circ. DSS/DGT du 15-5-2007 : BOSS 6-07 ; BOI-RSA-ES-10-30-10 nº 184).

ATTENTION

L'avantage résultant de l'acquisition définitive d'actions gratuites placées dans le PEE est soumis à la **contribution salariale** mentionnée nº 51080, lorsqu'elle est applicable, lors de la cession des actions gratuites versées dans le plan (BOI-RSA-ES-20-30 nº 140).

3. GESTION DES DROITS

FRAIS DE GESTION

49580 Les **frais de tenue de compte-conservation** sont obligatoirement pris en charge par l'entreprise. Le détail des prestations prises en charge est précisé dans une annexe au règlement du plan (Guide épargne salariale juillet 2014).

INDISPONIBILITÉ

49600 Les actions ou parts acquises pour le compte des participants sont indisponibles pendant un **délai minimum** de 5 ans, sauf survenance de certains événements permettant un déblocage anticipé (nº 49610) et exceptions exposées nº 49615 (C. trav. art. L 3332-25).

En cas de **modification dans la situation juridique de l'entreprise** rendant impossible la poursuite de l'ancien plan d'épargne, un transfert collectif des sommes affectées à ce plan dans le plan d'épargne d'une nouvelle entreprise est possible : voir nº 70540.

> Précisions **a.** Le **point de départ** du délai d'indisponibilité est la date d'acquisition des actions et parts (C. trav. art. L 3332-25). Mais, par mesure de simplification, le plan d'épargne peut retenir, pour toutes les acquisitions effectuées au cours d'une période d'un an au plus, une date moyenne fixée au milieu de la période. Par exemple, toutes les actions ou parts acquises au cours d'une année civile pourront être rendues disponibles le 30 juin de la cinquième année suivant celle de l'acquisition. Si le PEE est partiellement alimenté par des sommes provenant de la participation, toutes les actions ou parts acquises au cours d'un exercice pourront être rendues disponibles le premier jour du sixième mois du cinquième exercice annuel suivant celui de l'acquisition (Guide épargne salariale juillet 2014). Cette tolérance vaut également, à notre sens, en cas d'affectation par défaut de l'intéressement.

b. Le PEE peut prévoir une durée d'**indisponibilité supérieure à 5 ans,** sauf s'il s'agit dans l'entreprise de la seule affectation possible de la participation, auquel cas la durée de blocage doit être de 5 ans pour être conforme au régime de la participation.

c. À l'issue de la période d'indisponibilité, le titulaire du plan peut affecter ses droits à un **compte épargne-temps** : voir nº 72240. Sur le régime social et fiscal de ces sommes lors de leur retrait du CET, voir nº 72300.

Déblocage anticipé Par dérogation à la règle d'indisponibilité, les actions ou parts acquises pour le compte des participants peuvent être débloquées dans les **cas** identiques à ceux prévus pour la participation à l'article R 3324-22 du Code du travail (C. trav. art. L 3332-25) : voir nos 47300 (modalités) et 51270 (cas de déblocage). 49610

Dans le cadre d'un **abondement différé** (versement en fin d'exercice comptable), les sommes dues par l'entreprise aux bénéficiaires et non encore versées doivent être débloquées concomitamment aux avoirs (Guide épargne salariale juillet 2014).

Exceptions à la règle d'indisponibilité Le délai d'indisponibilité ne s'applique pas si la liquidation des avoirs acquis dans le cadre du plan sert à acheter des **parts** de l'entreprise ou à **lever des options** sur des actions créées par l'entreprise ou achetées par celle-ci sur le marché. Les actions ou les parts ainsi souscrites ou achetées doivent être versées dans le PEE. Elles ne seront disponibles qu'à l'expiration d'un délai minimum de 5 ans à compter de ce versement (C. trav. art. L 3332-25), sans possibilité de déblocage anticipé (Guide épargne salariale juillet 2014). Il est toutefois possible d'apporter les actions, pendant ce délai, à une société ou à un fonds commun de placement dont l'actif est exclusivement composé de titres de capital ou donnant accès au capital émis par l'entreprise ou par une entreprise du même groupe au sens défini nº 49460, a. L'indisponibilité continue alors à s'appliquer, pour la durée restant à courir à la date de l'apport, aux actions ou parts reçues en contrepartie de l'apport (C. trav. art. L 3332-25). 49615

Par ailleurs, les sommes affectées à un fonds dédié à un **rachat d'entreprise réservé aux salariés** (nº 49630) doivent être détenues jusqu'au terme de l'opération, sans que la durée de détention puisse être inférieure à 3 ans (C. trav. art. L 3332-16). Mais ces sommes ou valeurs peuvent être exceptionnellement débloquées avant l'expiration de ce délai en cas d'invalidité, de mise à la retraite ou de décès du salarié (C. trav. art. R 3332-29).

› Précisions **a.** La **liquidation des avoirs** figurant dans le PEE pour lever les options constitue une **délivrance** des sommes correspondantes, qui rend exigibles au moment où elle intervient les prélèvements sociaux sur revenus de placement sur le gain net réalisé. La levée des options s'effectue donc au moyen des avoirs liquidés nets de ces prélèvements (Guide épargne salariale juillet 2014 ; BOI-RSA-ES-10-30-10 nº 120).

Sur les conséquences du **décès du bénéficiaire,** voir nº 73490.

b. À l'issue de l'indisponibilité, la **plus-value** dégagée lors de la cession (à titre gratuit ou à titre onéreux) des titres, qui est égale à la différence entre le prix de cession et le prix d'acquisition ou de souscription des actions majoré, le cas échéant, du rabais excédentaire imposé dans la catégorie des traitements et salaires lors de la levée de l'option, est exonérée d'impôt sur le revenu ; elle est en revanche assujettie aux prélèvements sociaux dans les conditions de droit commun (Guide épargne salariale ; BOI-RSA-ES-10-30-10 nº 180).

c. L'**avantage réalisé lors de la levée des options** sur titres au moyen des avoirs du PEE est soumis à la **contribution salariale** mentionnée nº 50710 lors de la cession des actions inscrites dans ce plan (BOI-RSA-ES-20-30 nº 120).

EMPLOI DES FONDS

Les sommes collectées par le plan d'épargne, quelle qu'en soit l'origine, doivent être employées dans un **délai** de 15 jours (C. trav. art. R 3332-10). 49630

Le **règlement du plan** détermine les emplois possibles de ces fonds parmi ceux qu'autorise la loi : Sicav, fonds communs de placement d'entreprise (FCPE) dédiés ou diversifiés, titres de l'entreprise ou d'une entreprise du même groupe (C. trav. art. L 3332-15).

Il doit prévoir qu'une partie des sommes puisse être investie dans les parts d'**entreprises solidaires** d'utilité sociale (C. trav. art. L 3332-17).

À condition d'avoir été établi par **accord** avec le personnel, le PEE peut aussi prévoir l'affectation, sur décision individuelle de chaque participant, des sommes à un fonds dédié au **rachat** des titres de l'entreprise ou d'actions émises par des sociétés exclusivement créées pour le rachat de tout ou partie de son capital dans les conditions prévues par l'article 220 nonies du CGI, ainsi que de titres d'une entreprise du même groupe au sens précisé nº 49460, a, dans le cadre d'une opération de rachat d'entreprise réservée aux salariés (RES) (C. trav. art. L 3332-16).

Si le **règlement** du plan **ne détermine pas l'affectation** des sommes versées, elles le sont par défaut à une Sicav ou à un fonds d'épargne salariale présentant le profil d'investissement le moins risqué (C. trav. art. R 3332-13-1).

L'entreprise, ou un organisme spécialisé auquel elle peut déléguer ce soin, tient un **registre des comptes administratifs** comportant pour chaque adhérent les sommes affectées, la ventilation des investissements réalisés et les délais d'indisponibilité restant à courir (C. trav. art. R 3332-14 et R 3332-15).

INFORMATION DES SALARIÉS

49635 Le **règlement** du PEE détermine les conditions dans lesquelles le personnel est informé de son existence et de son contenu.

Il doit prévoir les conditions de mise en œuvre d'une **aide à la décision** pour les bénéficiaires (C. trav. art. L 3332-7).

La personne chargée de la tenue du registre des comptes administratifs (l'entreprise ou l'organisme délégué) doit fournir à tout bénéficiaire du PEE un **relevé annuel de situation** comportant le choix d'affectation de son épargne, ainsi que le montant des valeurs mobilières estimé au 31 décembre de l'année précédente (C. trav. art. L 3332-7-1). Elle doit également établir un **relevé des actions ou des parts** appartenant à chaque adhérent, dont une copie est adressée au moins une fois par an à l'intéressé avec l'indication de l'état de son compte (C. trav. art. R 3332-16).

Lorsque le plan d'épargne est géré dans le cadre d'un fonds commun de placement d'entreprise, la **valeur liquidative** de la part, établie au moins mensuellement, doit être **affichée** ou diffusée par tout support dans les locaux de l'entreprise (Inst. AMF du 17-6-2003).

> **Précisions** L'article D 3332-16-1 du Code du travail détaille le contenu du **relevé annuel de situation** et prévoit qu'il doit être édité dans un délai de 3 mois suivant le 31 décembre, soit avant le 1er avril et que, sauf opposition du bénéficiaire, il peut être remis par voie électronique, dans des conditions de nature à garantir l'intégrité des données.

49640 À son **départ de l'entreprise,** le participant au plan d'épargne reçoit un état récapitulatif : voir n° 47390.

Il peut soit conserver ses droits dans le plan d'épargne de l'entreprise quittée, soit en demander le déblocage anticipé.

Sur le sort des avoirs des bénéficiaires qui ne se manifestent plus auprès de l'établissement teneur de compte, voir n° 47390. Les dispositions de l'article R 3332-30 du Code du travail sont selon nous devenues sans objet.

En cas de **décès,** voir nos 47390 et 73490.

4. RÉGIME SOCIAL ET FISCAL

a. Abondement et versement unilatéral de l'entreprise

49700 L'**abondement** de l'entreprise au PEE ouvre droit à des exonérations sociales et fiscales, tant pour l'entreprise que pour les bénéficiaires, dans la limite du plafond légal (Guide épargne salariale juillet 2014).

Le régime social et fiscal de l'abondement s'applique au **versement unilatéral** pour l'acquisition d'actions de l'entreprise et au versement dans le cadre d'un **contrat de partage des plus-values** de cession (C. trav. art. L 3332-11, al. 6).

Ces exonérations sont subordonnées :

– au **dépôt du règlement** du PEE sur la plateforme TéléAccords du ministère du travail, accompagné des annexes relatives aux critères de choix et à la liste des instruments de placement (C. trav. art. L 3332-27 et R 3332-4) et de ses avenants (Guide épargne salariale juillet 2014). Cette obligation de dépôt concerne les règlements établis depuis le 20-2-2001. Toutefois, elle vaut également pour tout **avenant** postérieur à cette date, apportant une modification autre que de forme, à des règlements de plans d'épargne établis auparavant (Cass. soc. 16-12-2008 n° 07-14.610 FS-PB) ;

– au **respect des textes** législatifs concernant le PEE (Guide épargne salariale juillet 2014).

Sur le contrôle administratif des règlements et la **sécurisation** des exonérations sociales et fiscales, voir nos 48520 s.

ATTENTION

L'**individualisation** de l'abondement entraîne la perte des exonérations : voir n° 49450, a.

Exonérations fiscales Les sommes versées par l'entreprise en application d'un PEE établi conformément aux articles L 3332-11 et suivants du Code du travail : 49710
– sont **déductibles de son bénéfice** pour l'assiette de l'impôt sur le revenu ou de l'impôt sur les sociétés, selon le cas (CGI art. 237 ter). Pour le cas particulier des plans d'épargne de groupe, voir n° 49460 ;
– sont exonérées de l'**impôt sur le revenu** établi au nom du salarié ou du dirigeant visé n° 49310 (CGI art. 81, 18°-a, 157, 17° et 163 bis B, I ; Guide épargne salariale juillet 2014).

Ces règles ne s'appliquent que **dans la limite des plafonds** légaux de versement. Ce n'est donc qu'en cas de dépassement qu'il y a lieu à prélèvement à la source de l'impôt sur le revenu opéré par l'entreprise, celui-ci ne portant que sur la fraction excédentaire.

Cotisations sociales Les sommes versées par l'entreprise sur un PEE sont exclues de l'assiette des cotisations de sécurité sociale (C. trav. art. L 3332-27 ; CSS art. L 242-1, II-3°) et de l'ensemble des **prélèvements alignés** : contributions chômage et AGS, contributions Fnal, dialogue social et solidarité autonomie, versement mobilité, cotisations et contributions de retraite complémentaire Agirc-Arrco, contributions à la formation et à l'alternance (contributions à la formation professionnelle, CPF-CDD, supplémentaire à l'apprentissage et taxe d'apprentissage) et participation-construction (Guide épargne salariale juillet 2014 ; BOI-TPS-TA-20 n° 3 ; BOI-TPS-FPC-20 n° 1 ; BOI-TPS-PEEC-20 n° 20). 49720

L'exonération ne joue que dans la **limite** du plafond légal prévu pour les abondements de l'employeur (Guide épargne salariale juillet 2014) et pour les versements unilatéraux de l'entreprise.

Selon nous, l'exonération vaut également pour la prise en charge des **frais de gestion.**

CSG, CRDS et taxe sur les salaires La prise en charge globale des **frais de gestion** du PEE par l'employeur échappe à la CSG (Lettre min. du 29-3-1991). Cette solution est transposable à la CRDS. 49730

En revanche, l'**abondement de l'entreprise** au plan d'épargne est passible de la CSG (CSS art. L 136-1-1 et L 242-1) et de la CRDS (Ord. du 24-1-1996 art. 14) dans la catégorie des **revenus d'activité,** sauf pour les bénéficiaires non assujettis à ces prélèvements par l'effet des règles de territorialité (n°s 28400 s.).

Ces deux contributions sont assises sur le montant de l'abondement, sans application de la déduction pour frais professionnels (CSS art. L 136-2, 1°), et se calculent au **taux** applicable aux salaires.

La CSG (BOI-RSA-BASE-30-30 n° 90) et la CRDS dues sur l'abondement ne sont pas **déductibles** du revenu imposable des participants.

Elles doivent être **précomptées** par l'entreprise au moment où intervient l'abondement, sans attendre l'expiration du délai d'indisponibilité (Guide épargne salariale juillet 2014) et versées à l'Urssaf dès la prochaine échéance de versement des cotisations de sécurité sociale.

L'abondement est en général versé au plan pour son montant net. Le montant précompté au titre de la CSG et de la CRDS doit figurer soit sur le **bulletin de paie,** soit sur une **fiche** distincte (Lettre min. du 29-3-1991). S'il figure sur le bulletin de paie, une ligne spécifique doit être créée puisque la CSG non déductible se calcule au taux de 9,2 %, au lieu de 2,4 % sur les salaires (voir le modèle de bulletin de paie n° 94710 correspondant à ce cas de figure).

L'abondement de l'entreprise est également assujetti à la **taxe sur les salaires,** lorsque l'entreprise y est soumise, l'assiette de cette taxe étant alignée sur celle de la CSG (BOI-TPS-TS-20-10 n° 40).

> **› Précisions** Les **dirigeants d'entreprise** ayant le statut **de travailleur indépendant** pour l'application du droit de sécurité sociale et participant au PEE (n° 49310) sont aussi redevables de la CSG et de la CRDS sur le montant de l'abondement versé à leur profit, sans application de la déduction pour frais professionnels.
> L'assujettissement à la CSG et à la CRDS concerne également l'abondement versé au **conjoint collaborateur** (Circ. DSS/DGT du 15-5-2007 : BOSS 6-07), ainsi que, par analogie, au conjoint **associé.**

Forfait social L'abondement de l'employeur au PEE, exonéré à la fois de cotisations de sécurité sociale et soumis à la CSG, est en principe soumis au forfait social (CSS art. L 137-15 ; Circ. DSS 387 du 30-12-2008) au taux de droit commun, y compris lorsque les bénéficiaires sont les dirigeants (ou conjoints) visés n° 49310 (CSS art. L 137-15, al. 6 ; Circ. Acoss du 21-1-2010). Il est toutefois **exonéré** du forfait social dans les entreprises non assujetties à la participation (CSS art. L 137-15, al. 11). 49740

Un **taux réduit** de forfait social de 10 % s'applique en principe à l'**abondement majoré** complétant une contribution du bénéficiaire consacrée à l'acquisition d'actions de l'entreprise ou d'une entreprise du groupe dans les conditions mentionnées n° 49460 (CSS art. L 137-16, 1°). Mais à titre exceptionnel, ce type d'abondement est **exonéré** de forfait social en 2023 (Loi 2022-1726 du 30-12-2022 art. 107). Le taux réduit de 10 % (mais pas l'exonération temporaire) concerne aussi le versement unilatéral de l'employeur mentionné n° 49495 (CSS art. L 137-16, 2°).

49750 **Législation du travail** Les sommes versées par l'entreprise en application d'un PEE ne sont pas prises en considération pour l'application de la législation du travail (C. trav. art. L 3332-27). Elles ne sont donc pas prises en compte pour vérifier le respect du **Smic** ou des **minima conventionnels,** ni dans la base de calcul des **avantages et indemnités** prévus par la législation du travail : indemnités de congés payés, majorations pour heures supplémentaires, indemnités de préavis et de rupture du contrat de travail, indemnités journalières, complémentaires pour incapacité temporaire, etc. Elles sont également exclues du régime de la **saisie et de la cession** des rémunérations.

Elles ne sont pas soumises aux règles sur les modalités de paiement du salaire.

b. Versements des participants

49800 Les versements **volontaires** des participants ne sont pas déductibles de leur **revenu imposable.**

Dans la limite de leurs plafonds légaux de versement, la **participation** et l'**intéressement** affectés au PEE bénéficient d'une exonération d'impôt sur le revenu (voir respectivement n°s 47710 s. et 48750 s.).

Sur l'imposition des **sommes transférées d'un compte épargne-temps** vers un PEE, voir n° 72310.

c. Augmentations de capital réservées

49830 Dans le cadre d'une augmentation de capital réservée aux **adhérents** du plan, ceux-ci peuvent bénéficier d'une **décote** sur le prix des actions limitée à 30 %, ou 40 % si l'indisponibilité du PEE ou de l'un de ses compartiments est au moins égale à 10 ans (C. trav. art. L 3332-18 à L 3332-20). Cet avantage est exonéré d'impôt sur le revenu, des cotisations et contributions sociales et, par suite, de la taxe d'apprentissage, des contributions à la formation et à l'alternance, et de la participation-construction, des CSG et CRDS au titre des revenus d'activité et, par conséquent, de la taxe sur les salaires (C. trav. art. L 3332-22 ; Guide épargne salariale juillet 2014). Les mêmes exonérations s'appliquent lorsque cette décote, au lieu de se traduire par une réduction du prix de souscription, est accordée par attribution d'actions gratuites (Guide épargne salariale juillet 2014), comme le permet l'article L 3332-21 du Code du travail.

ATTENTION

Les sociétés qui, autorisées par assemblée générale extraordinaire, émettent des actions pour les attribuer à l'ensemble de leurs salariés dans le cadre d'une **augmentation de capital réservée aux adhérents du PEE** peuvent, sous certaines conditions, pratiquer une déduction extra-comptable égale à la différence entre la valeur des titres à la date de l'augmentation de capital et leur prix de souscription par les salariés (CGI art. 217 quinquies, II).

Cette déduction est applicable alors même que les **actions** émises ne sont pas **souscrites** directement par les salariés mais par l'intermédiaire d'un fonds commun de placement d'entreprise (BOI-BIC-PTP-20-70-20 n° 20).

d. Plus-values

49860 Les plus-values sur valeurs mobilières réalisées lors de la cession de titres acquis dans le cadre du plan d'épargne sont expressément exonérées d'**impôt sur le revenu,** à condition que ces titres revêtent la forme nominative et comportent une mention de cette origine (CGI art. 150-0 A, III-4). Cette exonération est limitée dans le temps en cas de **décès** du salarié : voir n° 73490.

Sont également exonérées d'impôt sur le revenu les **plus-values réalisées** lors de la cession de titres dans le cadre de leur gestion **par les fonds communs de placement** constitués en application de la législation sur les plans d'épargne d'entreprise, ainsi que lors de rachats de parts de tels fonds (CGI art. 150-0 A, III-3).

Ces plus-values sont assujetties aux **prélèvements sociaux sur revenus du patrimoine** : n° 51030.

e. Revenus du plan d'épargne

IMPÔT SUR LE REVENU

En principe imposables à l'impôt sur le revenu dans la catégorie des revenus de capitaux mobiliers, les **revenus** des titres (actions, parts de fonds communs de placement, etc.) détenus dans un plan d'épargne en sont exonérés s'ils sont **réemployés** dans ce plan et frappés de la même indisponibilité que les titres auxquels ils se rattachent (CGI art. 157, 17° et 163 bis B, II). Lorsque ces conditions sont remplies, ces revenus sont exclus du champ du prélèvement forfaitaire non libératoire (BOI-RPPM-RCM-30-20-10 n° 250). 49880

Selon l'administration, le remploi doit être immédiat et porter sur la totalité des revenus (BOI-RSA-ES-10-30-10 n° 190).

Cette exonération est définitive. Elle reste donc acquise pour les revenus déjà perçus lorsque, à l'issue de l'indisponibilité ou dans les cas autorisés de déblocage anticipé, les participants au plan recouvrent la disposition de leurs droits (qu'ils se les fassent verser ou non). L'article 163 bis B, II du CGI prévoit également l'exonération des **revenus produits par les droits devenus disponibles** mais que leurs titulaires laissent sur le plan, sans limitation de durée.

L'exonération ne s'applique pas en cas de **non-conformité du plan** à son objet légal : voir n° 49420.

Ces dispositions concernent les **salariés** de l'entreprise, ses anciens salariés partis à la **retraite ou en préretraite,** ainsi que ses **dirigeants.**

Les **crédits d'impôt** attachés aux revenus exonérés sont eux-mêmes exonérés d'impôt sur le revenu dans les mêmes conditions. Ils sont restitués, sur sa demande, à l'organisme chargé de la conservation des titres, qui doit les investir dans le plan d'épargne (CGI art. 163 bis B, II ter).

PRÉLÈVEMENTS SOCIAUX SUR REVENUS DE PLACEMENT

Les **produits du plan d'épargne** (intérêts, dividendes, etc.) sont passibles des prélèvements sociaux sur revenus de placement dans des conditions analogues à celles des revenus de la participation : voir n° 47880. 49900

Lorsque, ce qui est le cas le plus fréquent, ces produits sont **réinvestis et bloqués avec le principal,** ce qui les exonère d'impôt sur le revenu, les prélèvements sociaux doivent être opérés par le débiteur (employeur ou organisme chargé de la gestion des droits). Le précompte des prélèvements sociaux doit être effectué au **moment** où les intéressés demandent la délivrance des droits constitués à leur profit. Il **porte sur la différence** entre le montant des sommes ou valeurs délivrées provenant du plan et celui des sommes qui y ont été versées.

> **Précisions** La **base** de ces **prélèvements** s'entend déduction faite du montant des sommes attribuées au titre de la participation et de celui des sommes versées dans le ou les précédents plans d'épargne et transférées dans un plan d'épargne dans les situations suivantes :
> – droits à participation ou sommes investies dans un PEE qu'un salarié, n'en ayant pas demandé le déblocage lors de la rupture de son contrat de travail, a affectés dans le plan d'épargne de son nouvel employeur ;
> – sommes détenues dans un plan d'épargne interentreprises (PEI) qu'un salarié affecte soit à un PEI de même durée minimale de placement que celui auquel a adhéré son employeur, soit à un plan d'entreprise conclu dans son entreprise ;
> – sommes ou valeurs transférées d'un PEE ou PEI à un Perco (Guide épargne salariale juillet 2014).

B. Plan d'épargne interentreprises

Commun à plusieurs entreprises, le plan d'épargne interentreprises **(PEI)** doit permettre, en mutualisant le coût de mise en place et de fonctionnement du plan d'épargne, l'accès de salariés des petites et moyennes entreprises à cette forme d'épargne salariale. Il est mis en place par **accord collectif** dans un champ professionnel et géographique déterminé ou entre plusieurs entreprises signataires (C. trav. art. L 3333-2 et L 3333-3). Pour plus de détails, voir Mémento social n°s 34525 s. 49970

Pour l'essentiel, le PEI est régi par les dispositions applicables soit au PEE, soit au Perco dans le cas où il sert de support à un tel plan en application de l'article L 3334-4 du Code du travail. Seules sont présentées ici les dispositions qui lui sont propres.

> **Précisions** Un PEI peut faire office d'**accord de participation** pour les entreprises non soumises à l'obligation de mettre en place la participation (C. trav. art. L 3333-5). Une réserve spéciale de participation est alors calculée selon la formule dérogatoire si l'accord le précise, selon la formule de droit commun dans le cas contraire (Guide épargne salariale juillet 2014).

ALIMENTATION DU PLAN

50000 Le PEI peut être alimenté par des sommes provenant de l'intéressement, de la participation, des versements volontaires des participants et, le cas échéant, des abondements des entreprises (C. trav. art. L 3333-4).

› Précisions a. Les règles relatives aux **versements volontaires** des participants (caractère facultatif, minimum et plafond) sont les mêmes que pour le PEE.
b. Le PEI doit comporter une **aide des entreprises,** dont la nature est précisée par le règlement du plan. A minima, les **frais** de tenue des comptes des participants doivent être pris en charge (C. trav. art. L 3333-3 et R 3333-4). L'accord liste les différents taux et plafonds d'**abondement** parmi lesquels peuvent opter les entreprises souhaitant effectuer des versements complémentaires à ceux de leurs salariés (C. trav. art. L 3333-3). Il ne peut pas leur imposer d'effectuer de tels versements (Guide épargne salariale juillet 2014).
Les abondements et versements de l'entreprise sont soumis au même **régime** (plafonnement, modulation, non-substitution au salaire, régime social et fiscal, modalités de versement et formalités déclaratives) que ceux faits au PEE ou, le cas échéant, au Perco.

EMPLOI DES AVOIRS DU PLAN

50010 Les actifs dans lesquels les avoirs recueillis par le PEI peuvent être investis sont identiques à ceux du PEE, sous réserve de l'interdiction de détenir des parts de FCPE d'actionnariat salarié et de détenir des parts de FCPE diversifiés comportant plus de 10 % de titres non admis aux négociations sur un marché réglementé (limitation non applicable aux parts et actions de certains OPCVM ou fonds d'investissement alternatifs) (C. trav. art. L 3333-6). L'emploi en actions de Sicav d'actionnariat salarié de l'article L 214-166 du Code monétaire et financier est également exclu (Guide épargne salariale juillet 2014).

Les avoirs détenus sur un PEI sont **indisponibles** dans les conditions prévues pour le PEE (n°s 49600 s.) ou pour le Perco (n° 50160).

C. Perco

50100 Le plan d'épargne pour la retraite collectif (Perco) permet aux participants d'épargner en vue de leur retraite dans des conditions avantageuses (exonérations sociales et fiscales pour les participants et les entreprises).

Il obéit aux mêmes règles que le PEE, sous réserve des règles particulières exposées ci-après (C. trav. art. L 3334-1). Il peut prendre la **forme** d'un PEI (C. trav. art. L 3334-4), dans les conditions précisées n° 49970.

Depuis le 1-10-2020, il n'est plus possible de mettre en place un Perco, mais les Perco institués avant cette date peuvent être maintenus et accueillir de nouveaux bénéficiaires (Ord. 2019-766 du 24-7-2019 art. 8-II et 9-II ; Décret 2019-807 du 30-7-2019 art. 9-II). Ce dispositif est en effet voué à être remplacé par le Pereco (nos 50221 s.).

Sur le **transfert** des avoirs du Perco vers un **Pereco** et la **transformation** d'un Perco en Pereco, voir n° 50230.

› Précisions Les **bénéficiaires** d'un Perco sont les mêmes que ceux d'un PEE mais le règlement du Perco peut prévoir l'**adhésion automatique** des salariés à défaut d'avis contraire de leur part (C. trav. art. L 3334-5-1). Il doit préciser les modalités d'information des salariés, éventuellement par voie électronique si l'intégrité des données est garantie ; ces derniers disposent d'un délai de 15 jours à compter de cette communication pour renoncer à cette adhésion (C. trav. art. D 3334-3-1). L'adhésion par défaut ne peut pas concerner les agents commerciaux et agents généraux d'assurance (C. trav. art. R 3331-1).

ALIMENTATION DU PLAN

50110 **Versements de l'adhérent** L'adhérent au Perco peut décider d'y affecter des versements volontaires, des sommes issues de l'épargne salariale (participation et intéressement), d'un compte épargne-temps (CET) (n° 72310) et des sommes correspondant à des jours de repos non pris dans les entreprises ne disposant pas d'un CET (C. trav. art. L 3334-6).

Une partie de la participation peut être affectée au Perco à défaut de choix exprimé par le bénéficiaire : voir n° 46780.

› Précisions a. Les règles relatives aux **versements volontaires** des participants (caractère facultatif, minimum et plafond) sont les mêmes que pour le PEE, sous réserve des précisions suivantes :
– les **anciens salariés** de l'entreprise peuvent continuer à effectuer des versements au Perco de l'entreprise qu'ils ont quittée, sauf s'ils ont accès à un Perco dans leur nouvelle entreprise. Mais ces versements n'ouvrent pas droit à

abondement, et les frais de gestion sont à leur charge exclusive, dans la limite d'un plafond (C. trav. art. L 3334-7 et D 3334-3-3) ;
– le versement de sommes correspondant à des jours issus d'un CET ou à des jours de congés non pris n'est pas pris en compte pour l'appréciation du **plafond** des versements volontaires visé n° 49430 (C. trav. art. L 3332-10, al. 3).
b. Dans les entreprises sans CET, le salarié peut affecter chaque année 10 **jours de repos non pris** au Perco, sans que le congé annuel puisse être réduit en deçà de 24 jours ouvrables. Le versement correspond à la valeur de l'indemnité de congés payés (C. trav. art. L 3334-8 et R 3334-1-1). Cette valeur est établie à la date de la demande du salarié, et il appartient à l'entreprise de l'informer de la valeur monétaire nette d'un jour de congé (Circ. intermin. du 19-4-2012). Ce versement est possible même si le règlement du Perco ne le prévoit pas expressément (Circ. intermin. 45 du 18-2-2016) et doit être effectué avant la fin de l'année civile au cours de laquelle la demande est formulée selon la périodicité fixée, le cas échéant, par le règlement (Circ. intermin. du 19-4-2012). Ces jours de repos non pris peuvent également contribuer au financement des régimes de **retraite supplémentaire** collectifs et obligatoires (C. trav. art. L 3334-8). Bien que l'article R 3334-1-1 du Code du travail relatif à la valeur des jours ne concerne expressément que le Perco, on peut supposer qu'il s'applique aussi dans cette hypothèse.

Aide de l'entreprise Comme le PEE, le Perco doit comporter une aide de l'entreprise précisée par son règlement, comprenant au moins la prise en charge des **frais de gestion** (voir n° 49580). L'aide peut aussi prendre la forme (C. trav. art. L 3334-6) : 50120
– d'abondements complétant les contributions des adhérents, répondant aux principes de l'abondement au PEE (voir n°s 49450 s.). Il n'est pas possible d'abonder les versements des **anciens salariés** de l'entreprise : voir n° 50110, a ;
– d'un versement initial ou de versements périodiques, indépendants de tout versement de l'adhérent.

› Précisions a. L'**abondement** obéit aux mêmes règles que celui attribué dans le cadre du PEE (nature, modulation, non-substitution au salaire, régime social et fiscal, modalités de versement et formalités déclaratives), sauf sur les points suivants :
– il est **plafonné** à 16 % du Pass par participant et par an (C. trav. art. R 3334-2) soit 7038,72 € en 2023, les abondements au PEE ou PEI n'étant pas pris en compte, et au triple de la contribution de chaque participant. La majoration en cas d'acquisition de titres de l'entreprise ou de son groupe n'est pas applicable puisque le Perco ne permet pas de telles acquisitions (n° 50140, a) ;
– il est pris en compte dans le montant maximum déductible de l'assiette des cotisations sociales (n° 43170) et de celle de l'impôt sur le revenu (n° 43880) au titre des contributions patronales de **retraite supplémentaire obligatoire** et, pour les entrepreneurs individuels, dans la limite de déduction fiscale des cotisations d'assurance vieillesse facultative (CGI art. 154 bis, II-1°). Il vient par ailleurs en diminution de la limite annuelle de déduction des versements au titre des plans d'épargne retraite populaire (**Perp**) et régimes assimilés (n° 43570).
L'abondement peut également ouvrir droit à la constitution d'une **provision pour investissement** déductible des résultats des seules **Scop** ou sociétés coopératives de production (CGI art. 237 bis A, II-1-al. 5 et IV).
b. Le **versement périodique** est attribué de manière uniforme selon une périodicité fixée par le plan (C. trav. art. L 3334-6). Son montant peut être fixé pour une durée déterminée (par exemple pour un an), avec ou sans tacite reconduction, ou pour une durée indéterminée (Circ. intermin. 2016-45 du 18-2-2016).
Les versements initiaux et périodiques doivent bénéficier à l'ensemble des participants remplissant la condition d'ancienneté éventuellement fixée par le plan. Leur **montant cumulé** ne peut pas excéder 2 % du Pass. Ils sont pris en compte pour apprécier le respect du plafond de l'abondement de l'entreprise éventuellement prévu par le règlement et du plafond légal précité de 16 % du Pass (C. trav. art. L 3334-6 et D 3334-3-2).
c. Bien que les textes ne l'excluent pas expressément, les **versements unilatéraux** de l'employeur sur le PEE destinés à l'achat d'actions de l'entreprise ou d'une entreprise du groupe, mentionnés n° 49495, ne sont pas applicables au Perco, qui n'est pas un support d'actionnariat salarié (voir n° 50140, a).

EMPLOI DES AVOIRS DU PLAN

Les participants au plan doivent bénéficier d'un **choix entre au moins 3 organismes** de placement collectif, présentant différents profils d'investissement (C. trav. art. L 3334-11). Seuls sont autorisés les FCPE diversifiés, régis par l'article L 214-164 du Code monétaire et financier, et les Sicav à vocation générale (C. trav. art. L 3334-12). En outre, le Perco doit proposer une possibilité d'investissement dans un fonds commun de placement **solidaire** (C. trav. art. L 3334-13). 50140

Le Perco doit proposer une **allocation sécurisée** de l'épargne permettant l'augmentation progressive de la part des sommes investies dans un ou plusieurs organismes de placement collectif présentant un profil d'investissement à faible risque de sorte que, 2 ans au plus tard avant l'échéance de sortie du plan, le portefeuille de parts détenu par le participant soit investi à hauteur d'au moins 50 % dans des fonds à faible risque (C. trav. art. L 3334-11, al. 2 et R 3334-1-2). L'information sur cette option est adressée à chaque participant à compter de son 45e anniversaire, avec le relevé de compte individuel annuel, et peut être adressée par tout moyen aux participants n'ayant pas atteint cet âge (C. trav. art. R 3334-1-3 ; Circ. intermin. du 19-4-2012). Ce mode de gestion sécurisé (ou « piloté ») s'applique automatiquement **à défaut de choix** explicite de placement par le participant (C. trav. art. L 3334-11, al. 2).

› Précisions **a.** Le Perco ne constitue pas un support de l'**actionnariat salarié.** Ainsi, les sommes collectées ne peuvent pas être placées en parts de FCPE d'actionnariat salarié, ni en actions de Sicav d'actionnariat salarié, régis respectivement par les articles L 214-165 et L 214-166 du Code monétaire et financier (C. trav. art. L 3334-12). De même, le dispositif d'**augmentation de capital** réservée aux adhérents d'un PEE ne s'applique pas au Perco (C. trav. art. L 3334-1). Les **FCPE diversifiés** dans lesquels les sommes placées sur le Perco peuvent être investies ne doivent pas détenir plus de 10 % de titres de l'entreprise ou d'entreprises qui lui sont liées, ou plus de 10 % de titres non admis aux négociations sur un marché réglementé. La limitation ne concerne pas les parts et actions de certains organismes de placement collectifs en valeurs mobilières (OPCVM) et de certains placements collectifs (C. trav. art. L 3334-12, al. 2).
b. Le règlement du Perco peut proposer un **choix de placement** entre 3 OPCVM ou entre 3 compartiments d'un même FCPE diversifié ou d'une même Sicav à vocation générale dès lors que leurs profils de risques diffèrent (Guide épargne salariale juillet 2014).

INDISPONIBILITÉ

50160 Les droits inscrits aux comptes de participants au Perco sont indisponibles jusqu'au **départ à la retraite** (C. trav. art. L 3334-14), sauf **déblocage anticipé** au titre de certains événements : voir no 51290. Dans ce cas, un versement unique portant, au choix du participant, sur tout ou partie des droits susceptibles d'être débloqués est effectué (C. trav. art. R 3334-5).

Sur la liquidation par les ayants droit en cas de **décès** du participant et l'exonération d'impôt sur les **plus-values** visée no 49860, voir no 73500.

SORTIE DU PLAN

50180 Les sommes ou valeurs inscrites au compte des participants leur sont délivrées sous forme de **rente viagère** acquise à titre onéreux dans les conditions prévues par l'accord collectif instituant le Perco. L'accord peut prévoir des modalités de délivrance en **capital** et de conversion en rente desdites sommes ou valeurs, ainsi que les conditions et modalités dans lesquelles chaque participant exprime son **choix** lors du déblocage des sommes ou valeurs (C. trav. art. L 3334-15 et R 3334-3). L'accord peut aussi prévoir une possibilité de **panachage** entre les deux modes de sortie et les modalités de ce panachage (Guide épargne salariale juillet 2014).

La conversion en rente se traduit par un paiement échelonné jusqu'à épuisement des droits.

Les avoirs sont débloqués uniquement lorsque le bénéficiaire en fait la **demande,** dans les conditions définies dans le règlement du plan. Toutefois, la liquidation du Perco est **de droit** à partir de la date à laquelle l'adhérent a fait liquider sa pension dans un régime obligatoire d'assurance vieillesse (Guide épargne salariale juillet 2014).

Cette disposition est également valable pour les dirigeants d'entreprise partis à la retraite, qu'ils soient rattachés au régime général de la sécurité sociale en application de l'article L 311-3 du CSS ou à titre de travailleurs indépendants (Guide épargne salariale juillet 2014).

Sur le **régime fiscal** des rentes et du capital, voir nos 50210 s.

ATTENTION

Lorsque le Perco prévoit le versement d'une rente, la société de gestion doit, au moment du déblocage, donner ordre au dépositaire de liquider les avoirs du bénéficiaire et de transférer le capital constitutif de cette rente à une société d'assurance, une institution de prévoyance ou un organisme mutualiste agréés pour les opérations mentionnées à la branche 20 des articles R 321-1 du Code des assurances, R 931-2-1 du CSS ou R 211-2 du Code de la mutualité. Il est souhaitable que l'accord prévoie la désignation de cette entité et précise les modalités du transfert (Guide épargne salariale juillet 2014).

RÉGIME SOCIAL ET FISCAL

50200 **Versements de l'employeur et du salarié** Le régime social et fiscal du Perco est celui du PEE, sous réserve des particularités suivantes.

Le **versement initial** de l'employeur et les **versements périodiques** au Perco sont soumis au même régime social et fiscal que l'abondement (C. trav. art. L 3334-6).

Sur le régime social des droits issus d'un **CET,** voir n° 72310. Dans les entreprises sans CET, les jours de repos non pris affectés au Perco suivent le régime des droits issus d'un CET ne correspondant pas à un abondement de l'employeur : voir n° 72310 (C. trav. art. L 3334-8). Ils ne sont pas soumis au forfait social (Circ. intermin. du 19-4-2012).

L'**abondement** est affranchi de **forfait social** dans les entreprises non assujetties à la participation (CSS art. L 137-15, al. 11).

Un **taux réduit** de forfait social de **16 %** s'applique aux sommes issues de la participation ou de l'intéressement et aux versements de l'employeur sur un Perco, dès lors que le règlement du Perco remplit les mêmes critères que ceux fixés pour le taux réduit du **Pereco** : voir n° 50228.

Rente viagère En cas de sortie sous forme de rente viagère acquise à titre onéreux, le **capital constitutif de la rente** est exonéré d'**impôt sur le revenu.** Mais les prélèvements sociaux sur produits de placement (n° 47880) sont dus, au moment de la délivrance des avoirs, sur le revenu constitué par la différence entre les sommes ou valeurs provenant du Perco et le montant des sommes ou valeurs versées dans ce plan (BOI-RSA-ES-10-30-20 n° 60). 50210

Lors du **service de la rente,** celle-ci est imposable à l'impôt sur le revenu selon le régime fiscal des rentes viagères acquises à titre onéreux. Ces sommes ne sont donc soumises à l'impôt sur le revenu que pour une fraction de leur montant, déterminée forfaitairement d'après l'âge du bénéficiaire lors de l'entrée en jouissance de la rente (CGI art. 158, 6). Le montant imposable correspond à la quote-part des arrérages représentatifs des intérêts produits par le capital postérieurement à la conversion en rente. Les prélèvements sociaux sur revenus du patrimoine (n° 51030) sont dus sur cette même assiette (BOI-RSA-ES-10-30-20 n° 70).

Les rentes versées dans le cadre du Perco ne sont pas assujetties à la **contribution additionnelle de solidarité pour l'autonomie** (Casa) étudiée n°s 52260 s.

Capital En cas de sortie en capital, celui-ci est exonéré d'impôt sur le revenu, mais il est assujetti aux prélèvements sociaux sur produits de placement mentionnés n° 47880, au moment de la délivrance des avoirs, sur le revenu constitué par la différence entre les sommes ou valeurs provenant du Perco et le montant des sommes ou valeurs versées dans ce plan (BOI-RSA-ES-10-30-20 n° 80). 50220

En cas de **conversion en rente** de ce capital, la rente est soumise à l'impôt sur le revenu et aux prélèvements sociaux selon les modalités indiquées n° 50210 pour le service des rentes viagères acquises à titre onéreux (BOI-RSA-ES-10-30-20 n° 90).

Enfin, en cas de **déblocage anticipé,** il y a lieu de faire application des règles énoncées ci-dessus pour les sorties en capital (BOI-RSA-ES-10-30-20 n° 100).

Sur le régime de ces sommes au regard de la **Casa,** voir n° 50210.

D. Pereco

Le plan d'épargne retraite d'entreprise collectif (Pereco) est un dispositif d'épargne retraite d'entreprise destiné à succéder au Perco, dont il reprend les principales caractéristiques. Il est régi par les dispositions communes à tous les **plans d'épargne retraite** (PER), par des dispositions communes aux PER d'entreprise (englobant les Pereco et les Pero pouvant être réservés à une catégorie de salariés) et enfin par des dispositions propres (C. mon. fin. art. L 224-1 s. et R 224-1 s.). 50221

Les règles relatives au **PEE** sont applicables au Pereco, sauf dispositions particulières présentées ci-après. Par exception, ne lui sont pas applicables les augmentations de capital réservées aux adhérents d'un PEE, les conditions de disponibilité des droits du PEE et le régime social et fiscal des versements des entreprises au PEE (C. mon. fin. art. L 224-13).

Le Pereco peut être **mis en place** à l'initiative de l'entreprise ou selon l'une des modalités prévues pour la participation par l'article L 3322-6 du Code du travail, la négociation étant obligatoire si l'entreprise est dotée d'un CSE ou d'un délégué syndical (C. mon. fin. art. L 224-14). À adhésion facultative, il doit être proposé à tous les salariés de l'entreprise, seule une condition d'ancienneté limitée à 3 mois pouvant être posée (C. mon. fin. art. L 224-17). Pour plus de détails sur ces points et sur l'**information** des salariés, on pourra se reporter au Mémento social n°s 34605 s.

› Précisions Un Pereco **interentreprises** peut être mis en place dans les mêmes conditions que le PEI : voir nos 49970 s. Sur la transformation d'un Perco interentreprises en Pereco interentreprises, voir no 50230.

ALIMENTATION DU PLAN

50222 **Versements des titulaires** Le salarié peut affecter au Pereco (C. mon. fin. art. L 224-2 et L 224-20) :

– des versements volontaires sans limite : le plafonnement prévu pour le PEE n'est pas applicable (C. mon. fin. art. L 224-13) ;

– des sommes issues de la participation ou de l'intéressement ;

– des droits inscrits au compte épargne-temps (CET) selon la valeur de l'indemnité de congés payés correspondante (C. mon. fin. art. R 224-8) ;

– en l'absence de CET dans l'entreprise, des sommes correspondant à des jours de repos non pris dans la limite de 10 jours par an. S'agissant des congés payés annuels, seule la durée du congé excédant 24 jours ouvrables peut être affectée (C. mon. fin. art. R 224-9).

› Précisions a. Lorsqu'un Pereco existe, l'entreprise peut décider de prévoir des **versements obligatoires** des salariés et de l'employeur pouvant être réservés à une **catégorie** de personnel, sous certaines conditions. Par ailleurs, lorsqu'un **Pero** existe, l'entreprise peut décider de le transformer en un Pereco comprenant de tels versements obligatoires. Les conditions de ces **regroupements** sont fixées par l'article L 224-27 du Code monétaire et financier. Pour plus de détails sur ces deux procédures, voir Mémento social no 34625.

b. Le Pereco bénéficie d'un mécanisme d'**affectation par défaut** d'une partie de la **participation** à défaut de choix exprimé par le titulaire : voir no 46780. Mais le titulaire peut revenir sur ce fléchage en demandant le rachat ou la liquidation des droits correspondant à ces sommes, dans un délai d'un mois à compter de la notification de son affectation au plan (C. mon. fin. art. L 224-20).

50223 **Versements de l'entreprise** Les entreprises peuvent **abonder** la contribution du salarié selon les principes prévus pour le PEE (C. mon. fin. art. L 224-20) : voir no 49450.

Elles peuvent également effectuer, même en l'absence de contribution du salarié, un **versement initial** et des versements **périodiques** sur le Pereco, sous réserve d'une attribution uniforme à l'ensemble des titulaires satisfaisant le cas échéant à la condition d'ancienneté prévue par le plan. La périodicité est fixée par le règlement du plan et le montant annuel cumulé de ces deux versements ne peut pas excéder 2 % du Pass par bénéficiaire (C. mon. fin. art. L 224-20 et D 224-10).

Le cumul total annuel de l'abondement et des versements initiaux et périodiques est doublement plafonné à 16 % du Pass (soit 7 038,72 € en 2023) et au triple de la contribution du titulaire (C. mon. fin. art. D 224-10 ; C. trav. art. L 3332-11).

ATTENTION

Ces versements sont soumis à la règle de **non-substitution** au salaire (C. mon. fin. art. L 224-20).

EMPLOI DES AVOIRS DU PLAN

50224 Le **règlement** du plan fixe la **liste des actifs** auxquels les versements peuvent être affectés (C. mon fin. art. L 224-21).

Les versements au Pereco peuvent donner lieu à l'ouverture d'un **compte-titres** affecté à l'acquisition de **titres financiers** offrant une protection suffisante. La liste des titres financiers éligibles figure à l'article R 224-1 du Code monétaire et financier : elle comprend certaines valeurs mobilières et titres assimilés, certains actifs immobiliers (OPCI), les parts de sociétés civiles de placement immobilier et les parts de FCPE diversifiés régis par l'article L 214-164 du même Code (C. mon fin. art. L 224-3).

Sauf décision contraire du titulaire, les versements sont affectés selon une **allocation sécurisée de l'épargne** permettant de réduire progressivement les risques financiers. Ces allocations ont un profil d'investissement adapté à un horizon de long terme. Un arrêté du ministre de l'économie fixe le rythme minimal de sécurisation et la nature des actifs présentant un profil d'investissement à faible risque (C. mon. fin. art. L 224-3 et D 224-3 ; Arrêté ECOT1917532A du 7-8-2019).

Il est proposé au titulaire au moins une autre allocation d'actif, dont une allocation permettant l'acquisition de parts de fonds investis dans les **entreprises solidaires** d'utilité sociale au sens de l'article L 3332-17-1 du Code du travail, dans les limites prévues à l'article L 214-164 du Code monétaire et financier (C. mon. fin. art. L 224-3).

> Précisions **a.** Les versements peuvent également donner lieu à l'adhésion à un **contrat d'assurance** de groupe. Ils sont affectés à l'acquisition de **droits** exprimés en euros, en parts de provision de diversification, en unités de rentes ou en unités de compte constituées des titres financiers mentionnés ci-dessus (C. mon fin. art. L 224-3). Si les droits sont exprimés en unités de rente, l'obligation de prévoir un mode de gestion sécurisé par défaut et de proposer une allocation dans des fonds solidaires n'est pas applicable.
b. Un **FCPE** souscrit dans le cadre d'un Pereco peut détenir jusqu'à 10 % de titres non admis aux négociations sur un marché réglementé (hors part d'entreprises solidaires, de sociétés de capital-risque ou de fonds communs de placements à risques) ou jusqu'à 10 % de titres de l'entreprise ou d'entreprises qui lui sont liées financièrement et économiquement. Cette limitation ne concerne pas les parts et actions d'organismes de placements collectifs en valeurs mobilières (OPCVM) ni de certains fonds d'investissement alternatifs (FIA). Le FCPE peut contenir jusqu'à 50 % de parts ou d'actions de certains FIA (C. mon. fin. art. L 214-164, VII).

FRAIS DE GESTION

Le règlement du plan détermine les frais de gestion du plan **pris en charge** par l'employeur (C. mon. fin. art. L 224-15). Ce dernier doit obligatoirement prendre en charge les frais récurrents de toute nature liés à la tenue d'un compte-titres, ainsi que ceux liés à la gestion d'un contrat d'assurance de groupe, à l'exception des frais liés à la gestion des engagements exprimés en euros et en parts de provision de diversification (C. mon. fin. art. D 224-12). 50225

> Précisions **a.** Le gestionnaire **facture** ces frais à l'employeur, sans pouvoir les prélever sur les droits individuels en cours de constitution (C. mon. fin. art. D 224-12).
b. L'**ancien salarié** de l'entreprise autorisé à continuer d'effectuer des versements sur le Pereco à défaut de Pereco dans sa nouvelle entreprise supporte seul les frais de gestion (C. mon. fin. art. L 224-17).

TRANSFERT DES DROITS

Les droits individuels du Pereco en cours de constitution sont **transférables** vers tout autre PER, sans modification des conditions de rachat ou de liquidation, dans la **limite** d'un transfert tous les 3 ans (C. mon. fin. art. L 224-6 et L 224-18). Les droits issus de versements **obligatoires** ne sont transférables que lorsque le titulaire n'est plus tenu d'y adhérer. 50226

Les frais de **transfert** ne peuvent pas excéder 1 % des droits acquis et sont nuls à compter de 5 ans après le premier versement au plan ou lorsque le transfert intervient après la date à laquelle le titulaire peut liquider ses droits (C. mon. fin. art. L 224-6).

Sur le transfert des avoirs du Pereco ou du Pero en cas de **transfert d'entreprise,** voir n° 70540.

LIQUIDATION DES DROITS

Les droits des titulaires du Pereco sont payables **au plus tôt** à la date de liquidation de la pension de retraite ou de l'âge légal de départ en retraite (C. mon. fin. art. L 224-1). À cette échéance, ils sont **délivrés,** au choix du titulaire exprimé selon les modalités fixées par le plan, sous la **forme** d'un capital, libéré en une fois ou de manière fractionnée, ou d'une rente viagère (C. mon. fin. art. L 224-5 et D 224-5). 50227

À la **demande** du titulaire, ils peuvent être faire l'objet d'un **déblocage anticipé** dans les cas exposés n° 51295.

Sur les conséquences du décès du titulaire, voir n° 73500.

> Précisions **a.** Les droits issus de **versements obligatoires** ne peuvent être délivrés que sous forme de rente viagère (C. mon. fin. art. L 224-5).
b. Sur le sort des avoirs lorsque le **bénéficiaire** ou ses ayants droit **ne se manifestent plus** auprès de l'établissement teneur de comptes, voir n° 47390.

RÉGIME SOCIAL

Le régime social des versements au PEE n'est pas applicable au Pereco (C. mon. fin. art. L 224-13). 50228

Les versements de l'employeur au Pereco (abondement et versements initiaux et périodiques) sont exclus de l'assiette des **cotisations** de sécurité sociale (CSS art. L 242-1, II-3°) et, partant, de l'ensemble des prélèvements alignés : contributions chômage et AGS, contributions Fnal, dialogue social et solidarité autonomie, versement mobilité, cotisations et contributions de retraite complémentaire Agirc-Arrco, contributions à la formation et à l'alternance (contributions à la formation professionnelle, CPF-CDD, supplémentaire à l'apprentissage et taxe d'apprentissage) et participation-construction.

Elles sont, en revanche, assujetties à la **CSG** (CSS art. L 136-1-1 et L 242-1) et à la **CRDS** (Ord. du 24-1-1996 art. 14) dans la catégorie des revenus d'activité, sans application de la déduction pour frais professionnels (CSS art. L 136-2, 1°).

Les versements de l'entreprise au Pereco sont en principe soumis au **forfait social** au taux de droit commun (CSS art. L 137-15, al. 1). Les entreprises non assujetties à la participation en sont **exonérées,** par application de l'exonération prévue pour le PEE (CSS art. L 137-15, al. 11).

Un **taux réduit** de forfait social de 16 % s'applique aux versements de l'employeur au Pereco, au Pero et au **Perco** lorsque le plan prévoit que l'allocation de l'épargne gérée selon le **mode sécurisé** est organisée de telle sorte qu'une **fraction** de l'épargne du titulaire est composée, directement ou indirectement, d'au moins 10 % de titres de PME et d'ETI. La fraction du portefeuille qui doit répondre à ces conditions diminue à mesure que s'approche l'échéance prévisionnelle de sortie du plan du bénéficiaire (CSS art. L 137-16 et D 137-1) :

Échéance prévisionnelle de sortie du Perco en années (É)	Pourcentage minimum du portefeuille susceptible d'être investi dans un PEA
É > 15	100
12 < É ≤ 15	85
10 < É ≤ 12	70
7 < É ≤ 10	30

> **Précisions** **a.** Sur le régime social des **droits issus d'un CET,** voir nº 72310. Les textes ne prévoient pas d'exonération de cotisations de sécurité sociale pour les sommes correspondant à des **jours de repos non pris** versées sur un Pereco dans les entreprises sans CET (voir nº 50222). Il s'agit selon nous d'un oubli. Pour le Perco, les jours de repos non pris bénéficient de la même exonération partielle que les jours issus d'un CET ne correspondant pas à un abondement de l'employeur : voir nº 50200.
b. Selon la DSS interrogée par nos soins, le **taux réduit** de 16 % s'applique non seulement aux abondements mais aussi aux versements initiaux et périodiques de l'entreprise, à la participation, à l'intéressement et aux sommes issues d'un CET correspondant à un abondement de l'employeur à ce compte, qui sont versés au Pereco ou au Pero.
Pour le **Perco,** l'administration avait précisé que, dès lors que le plan respecte les conditions, le taux réduit de forfait social s'applique à la totalité des sommes investies dans le plan (intéressement, participation, versements de l'employeur), quelles que soient les modalités d'affectation, en gestion sécurisée ou libre (Circ. intermin. du 18-2-2016).
c. Pour un **tableau récapitulatif** du régime social des différents versements au Pereco, voir nº 51360.

RÉGIME FISCAL

50229 Le régime fiscal des versements au PEE n'est pas applicable au Pereco (C. mon. fin. art. L 224-13).

Sont exonérées d'impôt sur le revenu les sommes affectées au Pereco qui proviennent :
– de l'intéressement (dans la limite de 75 % du Pass) (CGI art. 81, 18º bis) ;
– de la participation (CGI art. 163 bis AA) ;
– de l'abondement et des versements unilatéraux et périodiques de l'employeur ainsi que de droits inscrits au compte épargne-temps issus d'un abondement de l'employeur au compte en temps ou en argent (dans la limite de 16 % du Pass, le cas échéant diminuée des versements de l'entreprise aux autres plans d'épargne salariale) (CGI art. 81, 18º-a bis) ;
– des droits inscrits au compte épargne-temps ayant une autre origine (dans la limite de 10 jours par an) ou, en l'absence d'un tel compte dans l'entreprise, de jours de repos non pris (dans la même limite) (CGI art. 81, 18º-b bis).

Les versements **obligatoires** des entreprises au Pereco ne constituent pas, pour les bénéficiaires, un complément de salaire imposable, et ceux des participants sont déductibles de leur salaire imposable. Cet avantage est soumis à la limite indiquée nº 43870 (CGI art. 83, 2º).

Les versements **volontaires** des participants au Pereco leur ouvrent également droit à une déduction fiscale, mais celle-ci porte, non sur leur revenu professionnel, mais sur leur revenu global imposable (CGI art. 163 quatervicies).

Pour un tableau récapitulatif du régime fiscal des différents versements au Pereco, voir nº 51360.

> **Précisions** **a.** Les avantages fiscaux attachés aux versements au Pereco ne concernent que ceux affectés à la retraite proprement dite, à l'exclusion de ceux finançant les **garanties complémentaires prévoyance.** Il en va de même de l'affectation facultative des sommes listées ci-dessus (CGI art. 163 quinvicies).
b. Les **revenus** constatés dans le cadre de la gestion interne du plan sont exonérés d'impôt sur le revenu s'ils sont réemployés dans le plan et frappés de la même indisponibilité que les titres auxquels ils se rattachent (CGI art. 163 bis B, II bis). Les **plus-values** réalisées dans ce cadre sont également exonérées (CGI art. 150-0 A,

III-4° bis). Cette exonération exclut l'application du prélèvement forfaitaire non libératoire (BOI-RPPM-RCM-30-20-10 n° 250).

c. Les titulaires de Pereco ont la possibilité de **renoncer à la déduction fiscale « à l'entrée »** de leurs versements volontaires aux Pereco, ce qui leur permet, en contrepartie, d'obtenir une fiscalité atténuée à la sortie (C. mon. fin. art. L 224-20).

SORT DES ANCIENS PERCO

Depuis le 1-10-2019, les **droits individuels** en cours de constitution sur un Perco sont **transférables** sur un PER, notamment un Pereco. Ils sont alors assimilés à des versements issus de l'épargne salariale. Un tel transfert avant le départ du titulaire de l'entreprise n'est possible qu'une fois tous les 3 ans (C. mon. fin. art. L 224-40). 50230

L'entreprise disposant d'un Perco peut décider, selon les modalités de mise en place de ce plan prévues à l'article L 3334-2 du Code du travail, d'un **transfert collectif** des droits en cours vers un Pereco, qui doit intervenir dans les 6 mois à compter de la décision. L'employeur doit informer les salariés des conséquences de ce transfert et des caractéristiques comparées des deux plans (C. mon. fin. art. L 224-40).

L'employeur peut décider de la **transformation** d'un Perco en Pereco, après information et consultation du CSE et à condition que les signataires d'origine ne s'y opposent pas. Pour ce faire, le Perco doit être **conforme** aux règles du Pereco s'agissant de sa mise en place notamment au niveau interentreprises, de l'adhésion des salariés, de la gestion sécurisée des sommes et de la proposition d'un fonds solidaire, de la prise en charge des frais et de la délivrance des droits. La transformation n'est effective qu'après information des bénéficiaires sur les conditions fiscales relatives aux versements et déblocages (C. mon. fin. art. L 224-40).

› Précisions Le règlement d'un Perco **interentreprises** peut être modifié pour devenir un Pereco interentreprises, dans les conditions prévues à l'article L 3333-7 du Code du travail (C. mon. fin. art. L 224-40).

SECTION 4

PARTAGE DES PLUS-VALUES DE CESSION DE TITRES

PRÉSENTATION

Le dispositif de « partage des plus-values de cession de titres avec les salariés de sociétés » inscrit aux articles L 23-11-1 à L 23-11-4 du Code de commerce permet à tout **détenteur de titres** d'une société de prendre, vis-à-vis de l'ensemble des salariés de celle-ci, l'engagement de partager avec eux une partie de la plus-value de cession ou de rachat de ses titres au jour où il en cédera ou rachètera tout ou partie. 50231

L'engagement peut également être pris par **plusieurs détenteurs** de titres, qui sont parties soit à un même contrat de partage des plus-values, soit à des contrats de partage distincts (C. com. art. L 23-11-1).

Le détenteur de titres conclut un **contrat** avec la société concernée qui s'engage à **transférer** aux salariés le montant résultant de l'engagement, dont elle déduira les charges fiscales et sociales.

Le dispositif est **conditionné** à l'existence préalable, dans la ou les sociétés concernées, d'un **plan d'épargne d'entreprise (PEE)** (C. com. art. L 23-11-2).

› Précisions **a.** L'**engagement** ne peut **porter que sur** les plus-values de cession de titres de sociétés soumises à l'impôt sur les sociétés et exerçant une activité commerciale, industrielle, artisanale, libérale, agricole ou financière autre que la gestion de leur propre patrimoine (C. com. art. L 23-11-1). Lorsqu'une telle société **contrôle,** au sens de l'article L 233-3 du Code de commerce, directement ou indirectement, une ou plusieurs sociétés du même type, ou est contrôlée par elles, l'engagement de partage des plus-values est pris vis-à-vis de l'ensemble des salariés de ces sociétés (C. com. art. L 23-11-1).

b. L'engagement ne crée pas de **solidarité** entre le détenteur de titres et la société, ni d'**obligation pour les détenteurs de titres,** directs ou indirects, qui ne sont pas parties au contrat de partage (C. com. art. L 23-11-1).

CONTRAT DE PARTAGE DES PLUS-VALUES

50235 Le contrat de partage des plus-values doit définir les conditions et **modalités** de la répartition entre les salariés des sommes résultant de l'engagement. Il précise obligatoirement (C. com. art. L 23-11-2) :
– la **période** pour laquelle il est conclu, d'une durée minimale de 5 ans ;
– son **champ d'application,** sous réserve des dispositions visées sous nº 50237 ;
– les modalités de **calcul des sommes** versées aux salariés (voir nº 50240) ;
– les conditions d'**information** des salariés ;
– les procédures convenues pour **régler les différends** pouvant survenir dans l'application du contrat ;
– la **durée minimale** entre la **date** de conclusion du **contrat** et la date de **cession** des titres, qui ne peut être inférieure à 3 ans.

BÉNÉFICIAIRES

50237 Le contrat de partage doit rendre bénéficiaires du partage l'ensemble des **salariés** de la ou des sociétés incluses dans son champ d'application (C. com. art. L 23-11-3) :
– **présents** pendant tout ou partie de la période comprise entre la date de signature du contrat et la date de cession des titres ;
– **adhérents au PEE** au jour de cette cession ;
– et remplissant une condition d'**ancienneté** dans la société pendant la période couverte par le contrat de partage, qui doit être comprise entre 3 mois et 2 ans.

> **› Précisions** Sont **assimilées** à des périodes de **présence** (C. com. art. L 23-11-3) :
> – les périodes de congé de maternité et de congé d'adoption ;
> – les périodes de suspension du contrat de travail consécutives à un accident du travail ou à une maladie professionnelle.

CALCUL

50240 La **somme** à répartir entre les bénéficiaires est calculée selon les modalités fixées par le contrat et tient compte de l'évolution de la **valeur des titres** cédés entre le jour de leur acquisition et celui de leur cession. Elle **ne peut pas excéder** 10 % de la plus-value de cession ou de rachat des titres réalisée par le ou les détenteurs de titres. Cette plus-value est déterminée selon les conditions fixées à l'article 150-0 D du CGI, ce montant incluant, le cas échéant, les compléments de prix afférents à la cession (C. com. art. L 23-11-2).

RÉPARTITION

50245 La somme est répartie entre les salariés bénéficiaires, selon les stipulations du contrat de partage, de manière (C. com. art. L 23-11-3 ; C. trav. art. D 3332-8-2) :
– soit **uniforme** ;
– soit proportionnelle à la durée de **présence** dans l'entreprise au cours de la période comprise entre la date de signature du contrat et la date de cession des titres ;
– soit proportionnelle aux **salaires** ;
– soit **combinant** ces différentes modalités.

Les sommes réparties ne peuvent pas dépasser pour chaque salarié un **plafond** égal à 30 % du plafond annuel de la sécurité sociale, soit 13 197,60 € en 2023 (C. com. art. L 23-11-3 ; C. trav. art. L 3332-11, 2º).

Les montants qui excéderaient ce plafond sont versés directement au bénéficiaire (C. trav. art. L 3332-11, 2º). Sur leur régime social et fiscal, voir nº 50260.

VERSEMENT SUR LE PEE

50250 Dans un **délai** d'un mois à compter de la date de la cession ou, le cas échéant, à compter de la date de perception d'un complément de prix afférent à cette cession, le montant convenu dans le contrat est **versé** par le ou les détenteurs de titres cédants à la société dont les titres ont été cédés. Ce montant est insaisissable et incessible.

Dans un **délai** de 90 jours après ce transfert, la société **répartit** la somme entre les salariés concernés, conformément au contrat, et les **verse** sur leur PEE en **prélevant** les charges fiscales et sociales induites (C. com. art. L 23-11-4).

Ce versement n'est pas conditionné à une **contribution du salarié** et n'est pas pris en compte pour l'appréciation du **plafond d'abondement du PEE** par l'employeur visé nº 49460 (C. trav. art. L 3332-11, 2º). Selon l'administration, le principe de cet abondement unilatéral au PEE doit être prévu dans le règlement du plan ou dans le contrat de partage annexé au règlement (Inst. intermin. 2019-252 du 19-12-2019 nº 46, opposable).

› Précisions Le cas échéant, le **retard** de versement aux salariés est sanctionné par une majoration des sommes dues, à la charge de la société, au taux d'intérêt légal à compter de la date de dépassement (C. com. art. L 23-11-4).

RÉGIME FISCAL ET SOCIAL

Situation du bénéficiaire Le régime fiscal et social des versements sur le PEE au titre du partage des plus-values de cession de titres, dans la limite du plafond visé au n° 50245, est **aligné** sur celui de l'**abondement** de l'employeur : voir n°s 49700 s. **50260**

Les **montants excédant** ce **plafond** versés directement au bénéficiaire constituent un revenu d'activité au sens de l'article L 136-1-1 du CSS, imposable à l'impôt sur le revenu selon les règles applicables aux traitements et salaires (C. trav. art. L 3332-11, 2° ; CGI art. 80 sexdecies, 2°).

› Précisions Les montants excédentaires sont donc soumis à la CSG sur les revenus d'activité et par conséquent, à la CRDS et aux cotisations de sécurité sociale ainsi qu'à l'ensemble des prélèvements dont l'assiette est alignée sur celle des cotisations : contributions chômage, AGS, Fnal, dialogue social et solidarité autonomie, versement mobilité, cotisations et contributions de retraite complémentaire Agirc-Arrco, contributions à la formation et à l'alternance (contributions à la formation professionnelle, CPF-CDD, supplémentaire à l'apprentissage et taxe d'apprentissage) et participation-construction.

Situation du détenteur des titres Pour l'associé cédant, la fraction de la **plus-value** due en application de l'engagement de partage est exonérée d'impôt sur le revenu (CGI art. 150-0 A, III-7). Lorsque les titres font partie des éléments de l'actif immobilisé d'une entreprise, dont la cession relève à ce titre du régime des plus-values professionnelles, le montant de la plus-value professionnelle est minoré du montant résultant de l'engagement de partage (CGI art. 39 duodecies, 11). **50262**

› Précisions Les versements faits par le cédant à l'entreprise ne donnent ouverture à aucun **droit de mutation** à titre gratuit (CGI art. 797 A).

SECTION 5 OPTIONS SUR ACTIONS

PRÉSENTATION DU DISPOSITIF

Le mécanisme d'options sur actions (ou « stock-options ») permet au conseil d'administration (ou au directoire), après autorisation de l'assemblée générale extraordinaire, d'offrir à tout ou partie du personnel salarié et à certaines catégories de dirigeants de la société le droit de souscrire ou d'acheter des actions ou des certificats d'investissement à un prix déterminé. Ce prix, qui peut être inférieur à la valeur réelle des actions au moment de leur **attribution,** ne peut pas être modifié pendant la durée de l'option (sauf ajustement en cas d'opérations financières ultérieures ayant des répercussions sur la valeur du titre). **50300**

Les options peuvent être consenties aux **salariés** de la société ainsi qu'au président du conseil d'administration, au directeur général, aux directeurs généraux délégués, aux membres du directoire ou au gérant d'une société par actions (C. com. art. L 225-177, L 225-179 et L 225-185). Des conditions spécifiques d'attribution sont prévues dans les **sociétés dont les actions sont admises aux négociations sur un marché réglementé,** notamment pour l'attribution aux dirigeants précités (C. com. art. L 22-10-56 s.).

Les bénéficiaires ont un certain délai pour **lever leur option.** Ainsi, en cas de hausse de la valeur du titre, ils peuvent en souscrire ou en acquérir à un prix inférieur à leur valeur du moment.

Le plan d'options de souscription ou d'achat d'actions est assorti d'un régime social et fiscal particulier.

Pour le détail du fonctionnement de ce dispositif, régi par le Code de commerce (C. com. art. L 225-177 à L 225-186-1 et L 22-10-56 à L 22-10-58 ; R 225-137 à R 225-145 et R 22-10-37), on pourra se reporter au Mémento des Sociétés commerciales n°s 69410 s.

GROUPES DE SOCIÉTÉS

50320 Les options peuvent concerner les salariés de la société elle-même, mais aussi ceux des sociétés de son groupe (même si elles ont leur siège à l'**étranger**), au sens de l'article L 225-180 du Code de commerce :
– salariés des sociétés **filiales** ou des groupements d'intérêt économique dont 10 % au moins du capital ou des droits de vote sont détenus, directement ou indirectement, par la société consentant les options ;
– salariés des sociétés **mères** détenant, directement ou indirectement, au moins 10 % du capital ou des droits de vote de la société consentant les options ;
– salariés des sociétés **sous-filiales** dont 50 % au moins du capital ou des droits de vote sont détenus, directement ou indirectement, par une société détenant elle-même, directement ou indirectement, au moins 50 % du capital de la société consentant les options (cas des sociétés **sœurs**).

Ces dispositions ne sont pleinement applicables que si les titres sur lesquels portent les options sont admis aux négociations sur un marché réglementé. Dans le cas contraire, les options ne peuvent être consenties qu'aux salariés de la société qui les attribue et à ceux des sociétés filiales selon les conditions précitées (C. com. art. L 225-177, al. 5 et L 225-179, al. 3).

Les **dirigeants** peuvent également bénéficier des options de souscription ou d'achat d'actions d'une société du groupe si elles portent sur des titres admis aux négociations sur un marché réglementé (C. com. art. L 225-185, al. 5).

Les avantages sociaux et le régime fiscal sont également applicables aux options consenties au personnel des sociétés françaises par leur **mère ou filiale dont le siège est à l'étranger,** sous réserve que ces options soient offertes dans le cadre de plans conformes à la législation française sur les options de souscription ou d'achat d'actions. Des obligations déclaratives spéciales incombent alors à la société française : voir nº 50750.

› Précisions **a.** Afin de se conformer aux conditions du Code de commerce français, des modifications doivent, le cas échéant, être apportées au **plan étranger,** par exemple sous la forme d'un sous-plan. Il n'est pas nécessaire que, dans le cadre de son **adaptation** audit Code, le plan (ou le sous-plan) étranger reprenne in extenso les dispositions pertinentes de ce Code. En revanche, il doit mentionner expressément les modifications dont ses dispositions dérogatoires au Code précité font l'objet pour s'y conformer (BOI-RSA-ES-20-10-10 nº 380).
b. Le remboursement par une filiale, prévu par contrat, des coûts (moins-value) supportés par sa **société mère étrangère** lors de la levée d'options d'achat d'actions consenties aux salariés de la filiale française constitue une charge déductible des résultats, dès lors qu'il n'est pas étranger à l'intérêt d'une entreprise d'accorder une incitation financière à ses salariés (TA Versailles 30-5-2003 nº 00-3661).

1. RÉSULTAT FISCAL DE L'ENTREPRISE

50360 La société émettrice des options peut déduire de son résultat fiscal les **charges** exposées du fait de la levée des options de souscription ou d'achat d'actions consenties à ses salariés. Par ailleurs, le régime des **moins-values,** prévu à l'article 39 duodecies du CGI, s'applique à la différence entre le prix de souscription des actions et leur valeur d'origine ; en outre, une déduction extra-comptable peut être pratiquée en cas de levée d'options de souscription (CGI art. 217 quinquies).

Lorsque les options sont proposées à des salariés de sociétés liées (sociétés filiales ou société mère), les **transferts de charges** qui résultent de l'option peuvent faire l'objet de facturation par la société émettrice : voir nº 50410.

CHARGES DÉDUCTIBLES

50370 Selon l'administration, les charges déductibles du résultat fiscal en application de l'article 217 quinquies, I du CGI comprennent (BOI-BIC-PTP-20-60 nº 70) :
– les frais de **rachat des titres** destinés à être remis au personnel ;
– les frais d'**augmentation de capital,** lorsque l'option est consentie sous la forme de souscription d'actions ;
– les frais de **gestion des actions** rachetées ou émises jusqu'à la date de levée de l'option ;
– les charges exposées du fait de la **levée des options** des salariés. Il s'agit notamment des frais liés à l'acquisition définitive des actions par les salariés : rémunérations des intermédiaires, frais entraînés par les inscriptions au registre des transferts.

À cette liste s'ajoute la **contribution sociale patronale** mentionnée nº 50590.

MOINS-VALUES

En application de l'article 217 quinquies, I du CGI, la société émettrice des actions peut déduire de son résultat imposable les moins-values qu'elle subit du fait de la **levée d'options d'achat** (en ce sens, CE 16-1-2006 nº 260150). 50390

Notons que la société a l'obligation d'enregistrer comptablement une provision dès la décision d'attribution d'options d'achat d'actions. Lorsque l'exercice des options d'achat n'est pas subordonné à la **présence des salariés** dans l'entreprise **à l'issue du plan,** la **provision** correspondant aux charges et moins-values futures est déductible du résultat de l'exercice de décision d'attribution des options. Dans la situation inverse, elle est étalée linéairement sur la période d'acquisition des droits (BOI-BIC-PROV-30-20-30 nº 30).

En cas de levée d'**options de souscription,** l'entreprise peut pratiquer une **déduction extra-comptable** égale à la différence entre la valeur des titres à la date de l'augmentation de capital et leur prix de souscription par les salariés, lorsque l'émission d'actions nouvelles a été autorisée par une assemblée générale extraordinaire (CGI art. 217 quinquies, II). Cette déduction est subordonnée à la condition que le plan d'options bénéficie à l'ensemble du personnel salarié de l'entreprise et que les options soient consenties soit de manière uniforme, soit proportionnellement à la durée de présence dans l'entreprise au cours de l'exercice ou proportionnellement aux salaires, soit en combinant ces divers critères. La déduction est pratiquée au titre de l'exercice au cours duquel les actions sont émises. En pratique, elle peut donc être exercée au titre de chaque exercice au cours duquel des émissions d'actions sont opérées dans les conditions prévues à l'article 217 quinquies, II du CGI (BOI-BIC-PTP-20-70-20 nº 200).

› Précisions a. La **déduction extra-comptable** n'est pas applicable lorsque les options de souscription d'actions ne concernent que certaines **catégories du personnel** salarié. L'administration admet toutefois que le périmètre des salariés bénéficiaires soit restreint par une condition d'ancienneté n'excédant pas trois mois (BOI-BIC-PTP-20-70-20 nº 100).
Par ailleurs, aucune déduction ne peut être pratiquée à raison des actions émises au profit de **mandataires sociaux non salariés** de l'entreprise. Cependant, pour l'application de cette déduction, peu importe que l'attribution des options de souscription d'actions bénéficie également aux mandataires sociaux non salariés de l'entreprise dès lors que l'ensemble des salariés en bénéficie (BOI-BIC-PTP-20-70-20 nºs 30 et 130).
b. Les entreprises qui pratiquent la déduction extra-comptable doivent joindre à leur déclaration de résultat de l'exercice au titre duquel elles pratiquent cette déduction un **état,** conforme au modèle établi par l'administration, précisant les éléments de détermination du montant de la déduction pratiquée et les modalités juridiques de l'émission d'actions à l'origine de cette déduction (CGI ann. III art. 46 quater-0 YD).

TRANSFERT DE CHARGES ET MOINS-VALUES ENTRE SOCIÉTÉS

En application des dispositions de l'article L 225-180 du Code de commerce, les options de souscription ou d'achat d'actions peuvent être consenties par une société aux **salariés de sociétés ou groupements** qui lui sont **liés** au sens de ces dispositions (voir nº 50320). 50410

Dans cette situation, la société émettrice des options peut déduire les charges exposées et les moins-values subies à l'occasion de la levée des options d'achat d'actions dès lors que ces charges et moins-values :

– entrent par nature dans le champ d'application de l'article 217 quinquies, I du CGI et **se rapportent directement à l'achat des actions et** à leur **vente aux salariés** de la société ou du groupement lié en cause ;

– et sont **refacturées** par la société émettrice à cette société ou à ce groupement lié dont les salariés bénéficient des options.

Ne peuvent, en revanche, être refacturées les **charges générales** de l'entreprise émettrice des options, ou toute quote-part de ces charges générales (frais financiers liés au portage des titres par la société émettrice, notamment). Mais, dans tous les cas, la refacturation doit préciser la date et la valeur d'acquisition des titres. En pratique, la refacturation implique donc un **suivi individualisé des actions** en fonction de leur destination, c'est-à-dire en fonction des salariés bénéficiaires des options (BOI-BIC-PTP-20-70-10 nº 80).

Par ailleurs, **si les salariés** de la société émettrice d'options d'achat ou des sociétés ou groupements liés **ne lèvent pas l'option** d'achat d'actions qui leur a été consentie, notamment en cas de baisse des cours de Bourse, la plus ou moins-value réalisée par la société émettrice des options lors de la revente de ses propres actions (qu'elle n'est plus en droit de conserver) est imposée ou déduite de son propre résultat fiscal dans les conditions de droit commun (BOI-BIC-PTP-20-60 nº 90).

> **Précisions** Une **société attributrice** d'options d'achat (ou d'actions gratuites) dans le cadre d'un **plan de groupe** peut déduire de son bénéfice imposable les provisions comptabilisées à raison de son propre personnel bénéficiaire, ainsi que celles constatées à raison du personnel salarié d'entités liées, sous réserve que la convention de refacturation des charges et moins-values afférentes à l'attribution d'options d'achat (ou d'actions) au personnel de l'entité liée entraîne la comptabilisation de produits à recevoir de même montant que la provision correspondant aux actions gratuites ou options d'achat attribuées aux bénéficiaires de sociétés liées (BOI-BIC-PROV-30-20-30 n° 110, doctrine applicable aux provisions constatées depuis le 10-6-2014). La **filiale,** quant à elle, peut déduire de son résultat imposable la provision comptabilisée pour faire face à la charge ou moins-value refacturée par la société mère.

2. GAINS TIRÉS DES OPTIONS ATTRIBUÉES DEPUIS LE 28-9-2012

a. Définition des gains ou avantages

COMPOSANTES

50480 Le bénéficiaire d'une option réalise, en règle générale, deux sortes de gains qui relèvent chacun d'un régime social et fiscal différencié :

– la **plus-value d'acquisition,** déterminée lors de la levée de l'option, qui est égale à la différence entre la valeur réelle de l'action à la date de levée de l'option et le prix de souscription ou d'achat de l'action (CGI art. 80 bis, I). Cet avantage correspond, d'une part, au rabais consenti sur la valeur réelle de l'action lors de l'attribution de l'option, d'autre part, à l'augmentation de la valeur réelle de l'action entre la date d'attribution et la date de levée de l'option. Une fraction du rabais, appelée **« rabais excédentaire »** car elle excède les limites légales, suit un régime particulier (voir n°s 50530 s.) ;

– la **plus-value de cession,** égale à la différence entre le prix de cession des actions et la valeur qu'elles avaient atteinte à la date de levée de l'option (CGI art. 80 bis, IV et 150-0 D, 8).

L'avantage tiré de la levée de l'option n'est pas pris en compte pour l'application de la **législation du travail** (Loi du 31-12-1970 art. 6-V). Il en va de même pour la plus-value de cession.

Le régime social et fiscal des gains provenant des options de souscription ou d'achat d'actions étudié ci-après est présenté de manière synthétique dans un **tableau récapitulatif** (n° 51370).

> **EXEMPLE**
>
> Pour une option proposée au prix de 14 € sur un titre valant 16 € à la date de son attribution, le rabais est égal à 2 € ; à la levée de l'option, la valeur de l'action est de 18 €. L'action est revendue pour 24 €.
>
> L'avantage tiré de l'option (ou plus-value d'acquisition) est de 4 € (18 € – 14 €) et comprend un rabais de 2 € (dont 1,2 € est excédentaire : voir n° 50530).
>
> La plus-value de cession est égale à 6 € (24 € – 18 €).

RENONCIATION AU DROIT D'OPTION

50500 La renonciation au droit d'option par un salarié n'a le caractère ni d'une opération en capital, ni de la réparation d'un préjudice, mais relève du choix de recevoir immédiatement un avantage plutôt que de conserver la perspective d'un gain potentiel. Comme le droit d'option, l'indemnité versée en contrepartie de cette renonciation trouve sa source dans le contrat de travail, alors même qu'à la date où la renonciation intervient celui-ci peut avoir pris fin et que l'auteur du versement peut ne pas être l'employeur du salarié. Elle est donc imposable à l'**impôt sur le revenu** selon les règles applicables aux traitements et salaires (CE 23-7-2010 n° 313445). Il en va de même de l'indemnité compensant la perte des stock-options en raison d'une rupture du contrat de travail (CE 5-11-2014 n° 370845 ; 22-5-2017 n° 395440) et de l'avantage accordé au bénéficiaire d'options ayant accepté de différer leur levée (CE 17-4-2015 n° 362212).

b. Gains ou avantages déterminés à la date de l'attribution des options

RABAIS EXCÉDENTAIRE

50530 **Prélèvements sociaux et fiscaux** Le rabais est déterminé lors de l'attribution des options puisqu'il correspond à la différence entre la valeur du titre au jour de l'attribution et le prix de souscription ou d'achat.

La **part du rabais excédant 5 %** est assimilée à un salaire lors de la levée des options et est assujettie comme tel, dans les conditions de droit commun applicables aux salaires :
– à l'**impôt sur le revenu** dû par le bénéficiaire (CGI art. 80 bis, II). Ce rabais n'est pas soumis au prélèvement à la source de l'impôt sur le revenu (CGI art. 204 D), mais doit faire l'objet d'une retenue à la source s'il est consenti à des personnes non fiscalement domiciliées en France : voir n° 50560 ;
– à la **CSG** et à la **CRDS** sur les revenus d'activité (CSS art. 136-1-1, II-5° ; Ord. 96-50 du 24-1-1996, art. 14,I) mais sans application de la déduction pour frais professionnels (CSS art. 136-2) et, corrélativement, à la **taxe sur les salaires** si la société attributrice y est soumise (CGI art. 231, 1) ;
– aux cotisations de **sécurité sociale** (CSSL 242-1, II-6°) et aux prélèvements alignés : contributions solidarité autonomie, Fnal et dialogue social, contributions chômage et AGS, cotisations et contributions de retraite complémentaire Agirc-Arrco, versement mobilité, contributions à la formation et à l'alternance (contributions à la formation professionnelle, CPF-CDD, supplémentaire à l'apprentissage et taxe d'apprentissage) et participation-construction. Le forfait social n'est pas dû puisque le rabais excédentaire est soumis aux cotisations de sécurité sociale.

L'assujettissement, dès la levée de l'option, du rabais excédentaire aux prélèvements ci-dessus est définitif. Il ne peut pas être remis en cause, quelle que soit l'**évolution ultérieure de la valeur de l'action.** Mais la loi prévoit un système d'imputation visant à éviter une double taxation lors de la cession ultérieure des actions : voir n°s 50640 et 50730 (impôt sur le revenu) et 50670 (cotisations sociales et prélèvements assimilés).

EXEMPLE 50540

Une société attribue le 1-10-2018 à un salarié une option de souscription portant sur 100 titres cotés. Le salarié lève cette option le 2-6-2023 :
– moyenne des cours de Bourse des 20 séances précédant la date d'attribution : 40 € ;
– prix de souscription : 32 €, soit avec un rabais de 20 %.

Ce salarié est imposable au titre de 2023 (année de levée de l'option) sur le montant du rabais supérieur à 5 %, soit : ([40 € × 0,95] – 32 €) × 100 = 600 €. Les cotisations de sécurité sociale, la CSG et la CRDS sont dues sur le même montant.

Détermination de la valeur du rabais Selon l'administration fiscale, la **date d'attribution** ou d'offre à retenir pour déterminer la valeur du rabais excédentaire est celle à laquelle le conseil d'administration ou le directoire désigne les bénéficiaires des options, le nombre de titres qu'ils ont le droit de souscrire ou d'acheter et le prix auquel ils peuvent le faire (BOI-RSA-ES-20-10-10 n° 160). 50550

La **valeur du titre** à considérer pour calculer le montant du rabais est celle atteinte au jour où l'option est consentie, telle qu'elle est définie aux articles L 225-177, al. 4 (options de souscription) et L 225-179, al. 2 (options d'achat) du Code de commerce : voir Mémento des Sociétés commerciales n°s 69660 s.

ATTENTION

En cas d'**absorption de la société** ayant consenti les options par une autre société avant l'expiration du délai prévu pour la levée de celles-ci, la différence entre le prix d'achat des actions et le prix de souscription initialement fixé, liée à l'application du rapport d'échange des actions déterminé lors de l'absorption, ne constitue pas un rabais susceptible d'être assujetti à l'impôt et aux contributions sociales dans la mesure où les droits d'option ne peuvent plus s'exercer sur les titres de l'ancienne société absorbée (Cass. soc. 27-11-2014 n° 13-25.715 F-PB).

Personnes non fiscalement domiciliées en France Les rabais excédentaires, de source française, consentis aux personnes qui ne sont pas fiscalement domiciliées en France au titre de l'année de la levée des options sont soumis à une **retenue à la source** lors de ladite levée (CGI art. 182 A ter, I). 50560

La **base** de la retenue est constituée par le montant net de la fraction du rabais de source française, déterminé selon les règles applicables aux traitements et salaires, à l'exclusion de celles relatives à la déduction des frais professionnels réels (CGI art. 182 A ter, II-2).

À cette base doit être appliqué le barème à trois tranches figurant n° 96430 ; une régularisation est ensuite opérée pour le calcul de l'impôt sur le revenu, selon les dispositions des articles 197 A et 197 B du CGI (CGI art. 182 A ter, III-2).

La retenue doit être **acquittée** par la personne qui constate le rabais (CGI art. 182 A ter, IV). Les **obligations** du redevable de la retenue (et les **sanctions** correspondantes) sont les mêmes que celles prévues pour la retenue à la source sur les salaires (voir n°s 35815 s.).

> **Précisions** **a.** La retenue à la source s'applique également aux avantages salariaux, de source française, prenant la forme d'attribution de titres à des conditions préférentielles, notamment d'options sur titres ou d'attribution gratuite d'actions (AGA), qui ne respectent pas les conditions prévues par le Code de commerce (**plans dits « non qualifiés »**) et qui sont servis à des personnes non fiscalement domiciliées en France au titre de l'année de la remise des titres. Dans cette hypothèse, la retenue s'applique au montant net des avantages accordés dans les mêmes conditions que pour les rabais des plans « qualifiés » (ci-dessus). La retenue est acquittée au moment de la remise des titres par la personne qui effectue cette remise, les modalités déclaratives et les sanctions étant celles indiquées ci-dessus (CGI art. 182 A ter, I-2).
> **b.** Qu'il s'agisse de plans « qualifiés » ou « non qualifiés », le taux de la retenue à la source est porté à 75 % lorsque le bénéficiaire est domicilié dans un **État ou territoire non coopératif (ETNC)** au sens de l'article 238-0 A, 1, 2 et 2 bis-1° du CGI ; la retenue est alors libératoire de l'impôt sur le revenu et n'est pas remboursable (CGI art. 182 A ter, V).

50570 **Précompte des prélèvements sociaux et formalités** L'employeur **précompte** les **cotisations salariales,** la **CSG** et la **CRDS** dues sur le rabais excédentaire.

€

Ce précompte doit être opéré sur la paie suivant la levée de l'option et apparaître sur le **bulletin de paie** correspondant. Le montant du rabais excédentaire doit être ajouté au salaire net imposable sur ce bulletin. Il doit y figurer sous une mention distincte, en application de l'article R 3243-1, 6° du Code du travail, faisant obligation d'y mentionner la nature et le montant des accessoires du salaire soumis aux cotisations sociales. Pour un **modèle** de bulletin de paie avec rabais excédentaire, voir n° 94720.

Les rémunérations à mentionner dans les parties sociale et fiscale de la **DSN** doivent comprendre le montant du rabais excédentaire. Sur les mentions à porter sur la DSN, voir également n° 50750.

Le rabais excédentaire doit également être mentionné dans l'**état individuel** mentionné n° 50770, a.

CONTRIBUTION PATRONALE SPÉCIFIQUE

50590 Les options de souscription et d'achat d'actions consenties sont assujetties à une **contribution patronale** spéciale.

Cette contribution est **assise,** au choix de l'employeur (CSS art. L 137-13, I) :
– soit sur la juste valeur des options telle qu'elle est estimée pour l'établissement des comptes consolidés pour les sociétés appliquant les normes comptables internationales adoptées par le règlement CE 1606/2002 du 19-7-2002. Cette valeur ne peut pas être minorée en appliquant un ratio fondé sur le **départ prévisible de salariés** (Cass. 2e civ. 28-5-2020 n° 19-10.273 F-D) ;
– soit sur 25 % de la valeur des actions sur lesquelles portent ces options. La valeur à retenir est celle du premier cours coté du jour où l'option est consentie (Cass. 2e civ. 15-9-2016 n° 15-22.346 F-PB).

La contribution patronale est due au **taux** de 30 %. Elle est **exigible** dans le mois suivant la date de la décision d'attribution des options ou des actions (CSS art. L 137-13, II-1°), cette date étant celle à laquelle le conseil d'administration ou le directoire désigne les bénéficiaires des options (Circ. DSS du 8-4-2008, opposable). Les employeurs bénéficient d'un délai supplémentaire d'un mois au cours duquel les pénalités ne sont pas appliquées.

L'assiette et le montant de la contribution patronale doivent figurer dans la **DSN** dans le bloc Cotisation individuelle – S21.G00.81 (code 099).

> **Précisions** **a.** Ces dispositions sont également applicables aux options consenties, dans les mêmes conditions, par une **société dont le siège est situé à l'étranger** et qui est mère ou filiale de l'entreprise dans laquelle le bénéficiaire exerce son activité (CSS art. L 137-13, III).
> **b.** Le **choix de l'employeur sur l'assiette** de la contribution est fait pour la durée de l'exercice pour l'ensemble des options consenties et est irrévocable pour la période considérée (CSS art. L 137-13, I). Il n'est soumis à aucun formalisme particulier (Circ. DSS 8-4-2008 précitée).
> **c.** En cas de perte de la possibilité de lever des options du fait, par exemple, d'une condition de présence non remplie par les bénéficiaires, une entreprise peut demander le **remboursement** de la contribution patronale déjà versée (Cass. 2e civ. 17-3-2022 n° 20-19.247 F-B).

c. Plus-value d'acquisition

IMPÔT SUR LE REVENU

50630 **Année d'imposition** L'avantage tiré de la **levée de l'option** ou plus-value d'acquisition (n° 50480) est **imposé l'année** de disposition, de cession (à titre onéreux ou à titre gratuit), de conversion au porteur ou de mise en location des titres acquis au moyen de l'option (CGI art. 80 bis, II bis-al. 1). Pour l'application de ces dispositions, l'année de disposition s'entend comme l'année au cours de laquelle le bénéficiaire a disposé des titres (à titre onéreux ou à titre gratuit) et non pas comme l'année au cours de laquelle il les a définitivement acquis (BOI-RSA-ES-20-10-20-20 n° 213).

En cas d'**échange sans soulte d'actions** résultant d'une opération d'offre publique, de fusion, de scission, de division ou de regroupement réalisée conformément à la réglementation en vigueur ou de l'apport à une société créée dans les conditions prévues à l'article 220 nonies du CGI, l'impôt est dû au titre de l'année de disposition, de cession, de conversion au porteur ou de mise en location des actions reçues en échange (CGI art. 80 bis, II bis-al. 2).

Modalités d'imposition La plus-value d'acquisition (n° 50480), diminuée le cas échéant du rabais excédentaire déjà imposé lors de la levée de l'option (n° 50530), est soumise au **barème progressif** de l'impôt sur le revenu dans la **catégorie** des traitements et salaires quelle que soit la durée de détention des actions (CGI art. 80 bis, I). Elle n'est pas soumise au prélèvement à la source de l'impôt sur le revenu (CGI art. 204 D). Les titres issus de la levée d'options attribuées depuis le 28-9-2012 ne sont frappés d'aucun délai d'indisponibilité fiscale. 50640

Si les actions sont cédées pour un prix inférieur à leur valeur réelle à la date de levée d'option, la **moins-value** de cession est déductible du montant brut de la plus-value d'acquisition, dans la limite de ce montant (CGI art. 80 bis, IV-al. 2).

Si elle est consentie à des personnes **non fiscalement domiciliées en France,** la plus-value d'acquisition rend exigible une **retenue à la source** lors de la cession des titres correspondants. Assise sur la fraction de source française de cette plus-value (sur laquelle aucune déduction ne peut être pratiquée au titre des frais réels), la retenue est calculée et régularisée selon les règles applicables aux rabais : n° 50560 (CGI art. 182 A ter, I-2, II-2, III-2 et V). Elle est acquittée par la personne qui verse les sommes issues de la cession des titres (CGI art. 182 A ter, IV), soit l'entreprise elle-même en cas de gestion du plan en interne.

Mobilité internationale des bénéficiaires Le Conseil d'État a posé le principe suivant : 50650

– si le règlement du **plan** ou la lettre d'attribution des options ne prévoit **aucun délai pour procéder à** leur **levée,** l'octroi d'options récompense le travail du bénéficiaire à la date de cette attribution, et la plus-value d'acquisition est imposable (comme salaire) dans l'État dans lequel l'activité est exercée à cette date-là ;

– si l'attribution d'options est au contraire assortie d'un **délai** pour la levée desdites options, celles-ci sont destinées à récompenser le travail futur des bénéficiaires et la plus-value d'acquisition doit être imposée (comme salaire) dans chaque État d'emploi en proportion du nombre de jours travaillés dans chacun d'eux entre la date de l'attribution et la date où la levée des options est juridiquement possible (CE 17-3-2010 n° 315831). Dans l'hypothèse où les options sont soumises à une condition de durée minimum de travail dans l'entreprise après leur attribution, mais ne peuvent être levées qu'à l'expiration d'un délai plus important, la plus-value d'acquisition est imposable en totalité dans le pays où a été remplie cette condition minimum de travail, même si le bénéficiaire est devenu résident d'un autre pays avant de pouvoir lever les options (CE 18-10-2017 n° 40763).

> **Précisions** **a.** Ce principe de répartition de l'imposition des gains entre les différents États a été précisé comme suit par l'administration. Les gains de levée d'options sont imposables dans le ou les États dans lesquels l'activité récompensée par l'attribution de l'option a été exercée. Pour connaître la part du gain de levée d'options imposable dans chaque État, il faut donc déterminer l'**activité** en contrepartie de laquelle les options ont été attribuées (« **période de référence** » ou « vesting ») et définir le ou les États sur le territoire desquels cette activité a été exercée. Lorsque, pendant la période de référence, le salarié a exercé cette activité dans plusieurs États et que les rémunérations correspondantes y sont imposables, l'imposition du gain de levée d'option est répartie entre eux au **prorata du nombre de jours** pendant lesquels les services auxquels se rapportent les options ont été fournis dans chacun d'eux (BOI-RSA-ES-20-10-20-60).
>
> **b.** Le gain tiré de la levée d'options attribuées par une entreprise française en récompense d'une activité exclusivement exercée en France constitue un avantage imposable en France si le bénéficiaire des options y réside à la date de cette levée, alors même qu'il aurait transféré son domicile à l'étranger entre cette levée et la cession des actions. En effet, le gain est réalisé au moment de la levée de l'option, même si son imposition est reportée à la cession des actions. Dans cette situation, les conventions fiscales internationales ne trouvent pas à s'appliquer puisque l'avantage a été réalisé en France pour une activité exercée dans ce pays (CE 4-6-2019 n° 415959 ; 16-7-2021 n° 448500).

RÉGIME SOCIAL

50670 **Cotisations sociales et prélèvements alignés** La plus-value d'acquisition est **exclue** de l'assiette des cotisations de sécurité sociale (ainsi que de celle des prélèvements alignés) **si l'employeur notifie à l'Urssaf** l'identité de ses salariés ou mandataires sociaux auxquels des actions ont été attribuées au cours de l'année civile précédente, et le nombre et la valeur des actions attribuées à chacun d'entre eux (CSS art. L 242-1, II-6° et L 242-14). La notification passe par la DSN dans les conditions mentionnées nº 50750.

À défaut d'une telle notification, l'employeur doit payer la totalité des cotisations de sécurité sociale, y compris pour leur part salariale (CSS art. L 242-14), ainsi que les prélèvements alignés : contributions solidarité autonomie, Fnal et dialogue social, contributions chômage et AGS, cotisations et contributions de retraite complémentaire Agirc-Arrco, versement mobilité, contributions à la formation et à l'alternance (contributions à la formation professionnelle, CPF-CDD, supplémentaire à l'apprentissage et taxe d'apprentissage) et participation-construction.

Ces dispositions sont applicables lorsque l'attribution est effectuée par une **société** dont le siège est situé **à l'étranger** et qui est mère ou filiale de l'entreprise dans laquelle l'attributaire exerce son activité (CSS art. L 242-14).

50680 **CSG et CRDS, taxe sur les salaires et forfait social** La plus-value d'acquisition est soumise à la CSG (CSS art. L 136-1-1, II-5°) et à la CRDS (Ord. 96-50 du 24-1-1996 art. 14) sur **revenus d'activité** sans application de la déduction pour frais (que les conditions d'exonération de cotisations de sécurité sociale aient ou non été respectées) (CSS art. L 136-2, I-1°). Ces contributions sont toutefois établies, **recouvrées** et contrôlées dans les conditions et selon les modalités prévues pour la CSG sur les **revenus du patrimoine** par l'article L 136-6, III du CSS (donc par voie de rôle) (CSS art. L 136-5, II bis). La CSG est en conséquence déductible, pour une fraction de son montant, du revenu imposable à l'impôt sur le revenu au titre de l'année de son paiement (CGI art. 154 quinquies, II). Ainsi, en cas de cession des actions en 2022, la CSG acquittée au taux de 9,2 % en 2023 sur la plus-value d'acquisition est déductible à hauteur de 6,8 % du revenu imposable de 2023.

La plus-value d'acquisition n'est soumise ni à la taxe sur les salaires (CGI art. 231, 1), ni au forfait social (CSS art. L 137-15, 1°).

50710 **Contribution salariale spécifique** Les bénéficiaires d'options sur titres sont redevables d'une contribution salariale spécifique due au jour de la cession à titre gratuit ou onéreux des titres acquis grâce à l'option (CSS art. L 137-14).

L'**assiette** de la contribution salariale est constituée par la plus-value d'acquisition définie nº 50480, diminuée, le cas échéant, du rabais excédentaire et de la moins-value constatée lors de la cession des actions issues de la levée d'options.

Son **taux** est fixé à 10 %.

La contribution est **établie, recouvrée et contrôlée** dans les conditions et selon les modalités prévues pour la CSG sur les revenus du patrimoine (CSS art. L 137-14), c'est-à-dire comme en matière d'impôt sur le revenu. Elle est donc recouvrée par voie de rôle établi par les services des finances publiques.

La contribution salariale n'est **pas déductible** de l'assiette de l'impôt sur le revenu dû par les bénéficiaires (BOI-RSA-ES-20-30 nº 190).

› Précisions La **contribution** salariale n'est **pas due** :
– lorsque les options sur titres ou les actions gratuites (AGA) ne sont pas attribuées dans des conditions conformes au Code de commerce (« **plans non qualifiés** ») et lorsque les gains de levée d'option ou d'acquisition n'ouvrent pas droit au régime fiscal de faveur tel que précisé nºs 50640 (options sur actions) et 51020 (AGA) (en ce sens, BOI précité nº 20) ;
– lorsque les bénéficiaires ne relèvent pas d'un régime obligatoire français d'assurance maladie, cette condition s'appréciant au jour du fait générateur de la contribution (en ce sens, BOI précité nºs 40 et 50) ;
– en cas de **non-respect** de la période de **conservation juridique** pour les actions gratuites attribuées depuis le 28-9-2012 (voir nº 51020).

d. Plus-value de cession

50730 La cession des actions déclenche l'imposition de la plus-value de cession (nº 50480) selon le régime de droit commun des plus-values de cession de valeurs mobilières prévu aux articles 150-0 A et suivants du CGI (CGI art. 80 bis, IV-al. 1). La plus-value est soumise à un prélèvement forfaitaire unique (**PFU**) de 12,8 % ou, sur option globale du cédant, au **barème progressif** de l'impôt sur le revenu. Le cas échéant, des **abattements** peuvent réduire le montant imposable : voir Mémento fiscal nos 32805 s.

En cas de constatation d'une **moins-value** de cession, celle-ci s'impute sur la plus-value d'acquisition dans les conditions indiquées n° 50640. Il y a **moins-value de cession** lorsque les actions sont cédées pour un prix inférieur à leur valeur réelle à la date de levée d'option (CGI art. 80 bis, IV-al. 2).

La plus-value est également passible des **prélèvements sociaux sur revenus du patrimoine** (n° 51030) sans application d'un quelconque abattement.

Elle n'a pas d'incidence en **matière sociale.**

e. Obligations déclaratives

DSN

Les options de souscription ou d'achat d'actions doivent être déclarées dans la rubrique S89.G00.88 de la DSN. 50750

Dans le cadre d'une **attribution,** l'employeur doit effectuer pour chaque bénéficiaire une déclaration des options dans la DSN du mois concerné. Elle précise le nombre d'options, la valeur unitaire de l'action (qui correspond dans cette hypothèse à la valeur unitaire au jour de l'attribution), le prix de souscription de l'action et l'identification du bénéficiaire (net-entreprises, fiche n° 796). Selon nous, l'employeur concerné par cette obligation est le même que celui concerné par la déclaration à effectuer lors de la levée d'option mentionné ci-après.

La société émettrice qui a son siège social en France et dans laquelle le titulaire des options sur titres exerce son activité ou la société française qui emploie les bénéficiaires lorsque les options sont consenties par une société mère ou une filiale étrangère ou encore, si le bénéficiaire exerce son activité dans une entreprise différente au moment de la **levée des options,** l'entreprise dans laquelle il exerce son activité lorsque celle-ci dispose des informations nécessaires doit transmettre à l'administration fiscale, dans la DSN souscrite pour le mois de la levée de l'option, les informations suivantes : nombre d'actions acquises, valeur unitaire à la date de levée des options, prix de souscription, fraction du gain de levée d'options de source française (n° 50650), dates d'attribution et de levée des options (CGI ann. III art. 39, 2°-i, sur renvoi de l'ann. III art. 38 septdecies, I-2°).

Dans les **autres cas** que ceux mentionnés ci-dessus, la société émettrice ou la société française qui emploie les bénéficiaires d'options consenties par une société mère ou une filiale étrangère adresse au service des impôts dont elle relève, au plus tard le 1er mars de l'année qui suit celle au cours de laquelle a eu lieu la levée des options, un **duplicata de l'état individuel** mentionné n° 50770. **En pratique,** ces copies d'états individuels peuvent être transmises au service des impôts **sous forme dématérialisée,** sous un format ouvert permettant à la DGFiP l'acquisition des données à l'aide d'une suite bureautique couramment utilisée.

S'agissant de la mention du **rabais excédentaire** sur la DSN, voir n° 50570.

AUTRES OBLIGATIONS DÉCLARATIVES

Outre les déclarations mentionnées n° 50750, les employeurs doivent satisfaire à diverses obligations déclaratives tant envers le bénéficiaire des options que les établissements teneurs du compte-titres (CGI ann. III 38 septdecies). 50770

S'agissant de la mention du rabais excédentaire sur le **bulletin de paie,** voir n° 50570.

› Précisions a. Au titre de l'**année de levée des options,** l'entreprise (soit la société qui a émis les options, soit la société française qui emploie les bénéficiaires lorsque les options sont consenties par une société mère ou une filiale étrangère) doit délivrer aux bénéficiaires, au plus tard le **1er mars** de l'année de dépôt de la déclaration des revenus souscrite au titre de l'année de levée des options, un **état individuel** mentionnant : l'objet pour lequel il est établi ; les coordonnées de la société émettrice des titres et, le cas échéant, de celle qui établit l'état ; l'identité et l'adresse du bénéficiaire ; le nombre, le prix de souscription ou d'achat et la valeur des actions acquises à la date de la levée des options ; la fraction du gain de levée d'option de source française (n° 50650) ; les dates d'attribution et de levée des options ; le montant du rabais excédentaire, s'il y a lieu.

Le cas échéant, une copie de cet état devra, soit au plus tard le 1er mars de l'année qui suit celle de la levée des options, soit lors de la cession des titres lorsqu'elle intervient avant cette date, être remise à l'**établissement chargé de la tenue des comptes-titres** qui est redevable de la retenue à la source visée n° 50560 sur les gains réalisés par les bénéficiaires non résidents fiscaux de France.

Le **bénéficiaire,** quant à lui, n'a pas à joindre à sa déclaration de revenus l'état individuel qui lui a été adressé, mais il doit le conserver jusqu'à l'expiration du délai de reprise et le présenter à l'administration sur demande de sa part (BOI-RSA-ES-20-10-20-40 n° 70).

b. En cas d'**échange sans soulte d'actions** résultant d'une opération d'offre publique, de fusion, de scission, etc. (n° 50630), l'employeur (ou l'une des sociétés mentionnées n° 50750) adresse au service des impôts dont il relève, au plus tard le **1er mars** de l'année qui suit celle au cours de laquelle a eu lieu l'opération, un **état individuel** comportant les mentions prévues au a. ci-dessus (à l'exception de l'objet de l'état), la date et la nature de l'opération, le nombre d'actions reçues en échange, la raison sociale et l'adresse de la société dont les actions sont remises en échange. À titre pratique, cet état individuel pourra être transmis au service des impôts sous forme dématérialisée (voir n° 50750).

Une **copie** de cet état est communiquée au titulaire des options et, le cas échéant, à l'établissement chargé de la tenue des comptes-titres.

SANCTIONS

50790 En cas de non-respect des obligations déclaratives visées nos 50750 et 50770, la société est passible des **sanctions** prévues n° 36490 s'agissant des omissions ou inexactitudes relevées sur la DSN et à l'article 1729 B, 1 du CGI (amende de 150 € par document non produit ou parvenu tardivement) s'agissant du défaut de production à l'administration fiscale de l'état liquidatif. Toutefois, cette dernière amende n'est pas applicable en cas de première infraction commise au cours de l'année civile en cours et des 3 années précédentes, lorsque la société a réparé l'infraction, soit spontanément, soit dans les 30 jours suivant une demande de l'administration (CGI art. 1729 B, 3).

3. PLANS D'OPTIONS NON CONFORMES AU CADRE LÉGAL

50850 Rien n'interdit aux entreprises de mettre en œuvre des systèmes d'options sur actions ou d'achat et revente d'actions à des conditions préférentielles non conformes au cadre légal défini par les articles L 225-177 et suivants du Code de commerce. Mais de tels systèmes n'ouvrent pas droit aux avantages réservés au dispositif légal.

Sur le **traitement social et fiscal** des avantages résultant des plans d'options non conformes au cadre légal, voir respectivement nos 77075 et 77825.

SECTION 6 ATTRIBUTION GRATUITE D'ACTIONS

PRÉSENTATION DU DISPOSITIF

50970 Dans les sociétés par actions cotées ou non, l'assemblée générale extraordinaire des actionnaires (AGE) peut autoriser le conseil d'administration ou le directoire à procéder à des attributions gratuites d'actions à **tout ou partie du personnel,** dans des conditions fixées par les articles L 225-197-1 s. et L 22-10-59 s. du Code de commerce.

Ce mécanisme peut être étendu au personnel de **sociétés liées** à celle qui attribue les actions (C. com. art. L 225-197-2). Il peut aussi bénéficier aux **dirigeants** (président du conseil d'administration, directeur général, directeurs généraux délégués, membres du directoire ou gérant d'une société par actions) dans les conditions prévues aux articles L 225-197-1, II, L 22-10-59 et L 22-10-60 du Code de commerce.

Le conseil d'administration ou le directoire détermine l'identité des **bénéficiaires** des attributions gratuites et fixe les conditions et, le cas échéant, les critères d'attribution des actions (C. com. art. L 225-197-1, dernier al.).

L'autorisation de l'AGE est assortie d'une condition tenant au **délai d'acquisition,** délai au terme duquel l'attribution des actions à leurs bénéficiaires est définitive. Elle peut également prescrire une période **de conservation** qui est facultative. La durée cumulée des périodes d'acquisition et de conservation des actions doit être d'au moins 2 ans, dont un an au moins pour la période d'acquisition (C. com. art. L 225-197-1, I-al. 6 à 8).

À l'issue de leur période d'acquisition, les actions peuvent être affectées au **plan d'épargne d'entreprise** : voir n° 49510.

Le régime fiscal et social des **actions attribuées** gratuitement **avant le 28-9-2012** n'est pas étudié ci-après.

Pour plus de détails sur ce dispositif, on pourra se reporter au Mémento des Sociétés commerciales nos 69980 s.

> **Précisions** **a.** Sous certaines conditions, le régime fiscal et social de ce dispositif s'applique également aux attributions d'actions gratuites par des sociétés dont le **siège** est situé à l'**étranger** aux salariés ou mandataires sociaux qui exercent leur activité dans des entreprises dont elles sont mères ou filiales (CGI art. 80 quaterdecies, IV ; CSS art. L 242-14).
b. Lors de l'attribution d'actions gratuites aux **dirigeants,** le conseil d'administration ou le conseil de surveillance soit décide que ces actions ne peuvent être cédées par les intéressés avant la cessation de leurs fonctions, soit fixe la quantité de ces actions qu'ils sont tenus de conserver au nominatif jusqu'à la cessation de leurs fonctions (C. com. art. L 225-197-1, II-al. 4).
c. Des actions admises aux négociations sur un marché réglementé peuvent être attribuées, dans les mêmes conditions (C. com. art. L 225-197-2) :
– soit au bénéfice des membres du personnel salarié des sociétés ou des groupements d'intérêt économique filiales dont 10 % au moins du capital ou des droits de vote sont détenus, directement ou indirectement, par la société qui attribue les actions ;
– soit au bénéfice des membres du personnel salarié des sociétés ou des groupes d'intérêt économique détenant, directement ou indirectement, au moins 10 % du capital ou des droits de vote de la société qui attribue les actions ;
– soit au bénéfice des membres du personnel salarié des sociétés ou des groupements d'intérêt économique dont 50 % au moins du capital ou des droits de vote sont détenus, directement ou indirectement, par une société détenant elle-même, directement ou indirectement, au moins 50 % du capital de la société qui attribue les actions.
Les actions qui ne sont pas admises aux négociations sur un marché réglementé ne peuvent être attribuées dans les conditions ci-dessus qu'aux salariés de la société qui procède à cette attribution ou aux filiales précitées.

a. Régime fiscal

RÉGIME DE LA SOCIÉTÉ ATTRIBUTRICE

Comme en matière de stock-options, la société qui procède à une attribution gratuite d'actions est autorisée à déduire de son résultat imposable : **51000**
– les **charges** qu'elle subit du fait de l'attribution gratuite (CGI art. 217 quinquies, I) ;
– la **moins-value** qu'elle réalise **lorsqu'elle rachète** ses actions en vue de l'attribution gratuite (moins-value égale à la différence entre la valeur de rachat et le prix de souscription des actions par les bénéficiaires, lequel est nul ou quasi nul puisqu'il s'agit d'actions gratuites) (CGI art. 217 quinquies, I). Notons que la société attributrice a l'obligation d'enregistrer comptablement une **provision** dès la décision d'attribution d'actions gratuites existantes. Lorsque l'attribution des actions aux bénéficiaires n'est pas subordonnée à leur présence dans l'entreprise pendant une période future déterminée, cette provision est déductible du résultat de l'exercice de la décision d'attribution. Dans la situation inverse, elle est étalée linéairement sur la période de présence exigée (BOI-BIC-PROV-30-20-30 n° 30).

En outre, lorsque l'attribution porte sur des **actions nouvelles,** la société attributrice peut, sous les mêmes conditions qu'en matière d'options sur actions (n° 50390), pratiquer une **déduction extra-comptable** égale à la valeur des titres à la date de l'augmentation de capital (CGI art. 217 quinquies, II).

> **Précisions** La **déduction extra-comptable** concerne les **émissions** d'actions **autorisées par les assemblées générales extraordinaires.** Elle implique le respect par les entreprises d'obligations déclaratives (CGI ann. III art. 46 quater-0 YD).

En application des dispositions de l'article L 225-197-2 du Code de commerce, une société peut attribuer des actions gratuites aux membres du **personnel salarié de sociétés ou groupements** qui lui sont **liés** au sens de ces dernières dispositions. Dans cette hypothèse, la société attributrice des actions gratuites peut déduire les **charges** exposées et les **moins-values** subies à l'occasion de l'attribution définitive des actions gratuites existantes aux salariés d'une société ou d'un groupement lié, dès lors que ces charges et moins-values (BOI-BIC-PTP-20-70-10 n°s 60 s.) : **51010**
– entrent par nature dans le champ d'application de l'article 217 quinquies, I du CGI et se rapportent directement à l'achat des actions et à leur attribution aux salariés de la société ou du groupement lié en cause ;
– et sont **refacturées** par la société attributrice à cette société ou à ce groupement lié dont les salariés bénéficient des actions.

Ne peuvent en revanche être facturées les **charges générales** de la société attributrice ou toute quote-part de ces charges générales. Il en est notamment ainsi des frais financiers liés au portage des titres par l'entreprise attributrice et des frais d'augmentation de capital lorsque l'attribution gratuite porte sur des actions à émettre.

Sur les modalités de **refacturation,** voir n° 50410.

Sur les **provisions** que peuvent constituer, dans le cadre d'un **plan de groupe,** tant la société attributrice des actions gratuites que la filiale employant le personnel bénéficiaire de ces attributions, voir n° 50410, Précisions.

RÉGIME DES BÉNÉFICIAIRES

51020 **Avantage tiré de l'attribution des actions gratuites** Lorsque les actions ont été attribuées dans les conditions définies aux articles L 225-197-1 à L 225-197-5, L 22-10-59 et L 22-10-60 du Code de commerce, l'avantage tiré de l'attribution gratuite des actions ou **gain d'acquisition,** qui est égal à la valeur des titres à leur **date** d'attribution définitive (nette, le cas échéant, de la valeur symbolique exigée de l'attributaire), est **imposé** entre les mains de celui-ci au titre de l'année de cession (à titre onéreux ou à titre gratuit) des actions (CGI art. 80 quaterdecies, I).

S'agissant des **attributions d'actions autorisées par une décision de l'AGE intervenue depuis le 1-1-2018,** il faut distinguer :
– le gain d'acquisition (ou la fraction du gain d'acquisition) qui n'excède pas une limite annuelle de 300 000 € est imposé selon le barème progressif de l'impôt sur le revenu après application d'un abattement de 50 % ou, le cas échéant, de l'abattement fixe de 500 000 € visé à l'article 150-0 D ter du CGI (réservé, sous conditions, aux dirigeants partant à la retraite) et pour le surplus d'un abattement de 50 % (lorsqu'il s'applique, l'abattement fixe s'impute en priorité sur la plus-value de cession puis, pour le reliquat éventuel, sur la plus-value d'acquisition) ; il est assujetti aux prélèvements sociaux sur revenus du patrimoine visés nº 51030, a, sans aucun abattement ;
– la fraction qui excède 300 000 € est imposée comme un salaire, selon le barème progressif de l'impôt sur le revenu, sans application d'aucun abattement, et soumise à la CSG et à la CRDS sur revenus d'activité dans les conditions exposées nº 51070.

S'agissant des **attributions d'actions autorisées par l'AGE du 31-12-2016 au 31-12-2017** :
– le gain d'acquisition (ou la fraction du gain d'acquisition) n'excédant pas une limite annuelle de 300 000 € est imposé selon le barème progressif de l'impôt sur le revenu après application, le cas échéant, des abattements pour **durée de détention** de titres prévus à l'article 150-0 D, 1 ter et 1 quater du CGI dans sa rédaction antérieure à la loi 2017-1837 du 30-12-2017. L'abattement fixe « dirigeants » visé ci-dessus peut toutefois s'appliquer en lieu et place de ces abattements. Pour l'application de ces dispositions, la durée de détention est décomptée à partir de la date d'acquisition définitive des gains, telle que mentionnée nº 50970. Ce gain (ou fraction de gain) est également assujetti aux prélèvements sociaux sur revenus du patrimoine visés nº 51030, a, sans aucun abattement (BOI-RSA-BASE-30-30 nº 225) ;
– la fraction du gain excédant 300 000 € est imposée comme un salaire, selon le barème progressif de l'impôt sur le revenu, sans aucun abattement. Il est soumis à la CSG et à la CRDS sur revenus d'activité dans les conditions exposées nº 51070.

La limite de 300 000 € constitue une limite annuelle non reportable sur une année suivante. Dans l'hypothèse où des actions gratuites provenant de plusieurs plans dont la décision d'attribution de l'AGE est intervenue à compter du 31-12-2016 sont cédées au titre d'une même année d'imposition, la limite annuelle de 300 000 € s'apprécie en faisant masse de tous les gains d'acquisition correspondants (BOI-RSA-ES-20-20-20 nº 44).

S'agissant des **attributions d'actions autorisées du 8-8-2015 au 30-12-2016,** le gain d'acquisition est soumis en totalité au barème progressif de l'impôt sur le revenu après application, le cas échéant, des abattements pour durée de détention visés ci-dessus (dans leur rédaction antérieure à la loi 2017-1837 du 30-12-2017). L'abattement fixe « dirigeants » prévu à l'article 150-0 D ter du CGI dans sa rédaction issue de la loi 2017-1837 précitée peut toutefois s'appliquer en lieu et place de ces abattements. L'avantage salarial est également assujetti en totalité aux prélèvements sociaux sur revenus du patrimoine visés nº 51030, a, sans aucun abattement.

S'agissant des **attributions d'actions autorisées du 28-9-2012 au 7-8-2015,** l'avantage est soumis en totalité à l'impôt sur le revenu dans la catégorie des salaires et à la CSG et à la CRDS sur revenus d'activité dans les conditions exposées nº 51070. L'avantage ne bénéficie d'aucun abattement pour durée de détention.

En cas de **mobilité internationale** du salarié bénéficiaire, le gain d'acquisition est imposable dans le ou les États dans lesquels l'activité rémunérée par l'attribution gratuite a été exercée, sous réserve que la rémunération perçue au titre de cette activité soit imposable dans l'État considéré en application des stipulations conventionnelles (BOI-RSA-ES-20-20-20 nº 70).

Sur l'incidence d'une **moins-value de cession** de titres sur le montant du gain d'acquisition, voir nº 51030.

> **Précisions a.** Pour les actions attribuées depuis le 28-9-2012, toute référence à une **période d'indisponibilité** est supprimée en matière fiscale. Toutefois, les actions gratuites restent soumises aux périodes d'acquisition et, le cas échéant, de conservation prévues par le Code de commerce (voir nº 50970). En cas de non-respect de celles-ci, le gain d'acquisition doit être traité comme un

salaire imposable dans les conditions de droit commun au titre de l'année de l'acquisition définitive des actions (BOI-RSA-ES-20-20-20 n° 10).
b. En cas de réalisation d'**opérations intercalaires,** le gain d'acquisition est imposé au titre de l'année de disposition, de cession, de conversion au porteur ou de mise en location des actions reçues en échange (CGI art. 80 quaterdecies, III). Sont considérés comme intercalaires les échanges sans soulte d'actions résultant d'une opération d'offre publique, de fusion, de scission, de division ou de regroupement ainsi que l'apport d'actions à une société ou à un fonds commun de placement dont l'actif est exclusivement composé de titres en capital ou donnant accès au capital émis par la société ou par une société qui lui est liée lorsque cet apport est réalisé par une personne détenant, directement ou indirectement, moins de 10 % du capital de la société émettrice, que l'attribution a été réalisée au profit de l'ensemble des salariés et que la société bénéficiaire de l'apport détient, directement ou indirectement, moins de 40 % du capital et des droits de vote de la société émettrice (CGI art. 80 quaterdecies, III).
c. L'**indemnité** qui a pour objet de compenser la **renonciation** des bénéficiaires ou la **perte des actions gratuites** en cours d'acquisition constitue un complément de rémunération imposable selon les règles de droit commun des traitements et salaires au titre de l'année de son versement (BOI-RSA-ES-20-20-20 n° 220).

Les avantages de source française tirés de l'attribution gratuite d'actions donnent lieu à l'application d'une **retenue à la source** lors de la cession des titres correspondants lorsqu'ils sont réalisés par des personnes qui ne sont **pas fiscalement domiciliées en France** au titre de l'année de ladite cession (CGI art. 182 A ter, I-1). **51025**

Pour les actions attribuées depuis le 28-9-2012, la retenue s'applique à la fraction de source française du montant net du gain d'acquisition, diminuée soit de la déduction forfaitaire pour frais professionnels des salariés de 10 %, lorsque le gain est traité comme un salaire, soit des abattements pour durée de détention mentionnés n° 51020 lorsque ceux-ci sont applicables (en ce sens, CGI art. 182 A ter, II-2 ; BOI-IR-DOMIC-10-20-20-30 n° 375). La retenue est calculée par application du barème à trois tranches figurant n° 96430 ; une régularisation est opérée pour le calcul de l'impôt sur le revenu dans les conditions fixées aux articles 197 A et 197 B du CGI (CGI art. 182 A ter, II-2 et III-2).

La retenue doit être **acquittée par** la personne qui effectue le versement des sommes issues de la cession des titres, c'est-à-dire l'employeur en cas de gestion du plan en interne (CGI art. 182 A ter, IV). Les **obligations** du redevable de la retenue (et les sanctions correspondantes) sont les mêmes que celles prévues pour la retenue à la source sur les salaires (voir n°s 35815 s.), étant précisé toutefois que le fait générateur de la retenue est la cession des actions.

Lorsque le bénéficiaire est domicilié dans un **État ou territoire non coopératif,** la règle exposée n° 50560, b s'applique.

Pour les plans qui ne respectent pas les conditions prévues par le Code de commerce (**plans dits « non qualifiés »**), voir n° 50560, a.

Plus-value de cession

La **plus-value de cession des actions,** égale à la différence entre leur prix de cession et leur valeur à la date d'acquisition, est imposée selon le régime de droit commun des plus-values de cession de valeurs mobilières prévu aux articles 150-0 A et suivants du CGI, quelle que soit la date d'attribution des actions (CGI art. 80 quaterdecies, V-al. 1). La plus-value est donc soumise au prélèvement forfaitaire unique (PFU) de 12,8 % ou, sur option globale du cédant, au barème progressif de l'impôt sur le revenu. Le cas échéant, des abattements peuvent réduire le montant imposable : voir Mémento Fiscal n°s 32805 s. La plus-value est également assujettie aux prélèvements sociaux sur revenus du patrimoine au taux global de 17,2 % (voir ci-dessous), sans aucun abattement. **51030**

La **moins-value de cession** éventuelle est déduite du montant de l'avantage tiré de l'attribution des actions (n° 51020), dans la limite de ce montant (CGI art. 80 quaterdecies, V-al. 2), avant application de l'abattement pour durée de détention (BOI-RSA-ES-20-20-20 n° 190). Il y a **moins-value** de cession lorsque les actions sont cédées pour un prix inférieur à leur valeur à la date d'acquisition (CGI art. 80 quaterdecies, V-al. 2).

Pour une étude du régime d'imposition des plus-values de cession de valeurs mobilières (CGI art. 150-0 A s.), voir Mémento Fiscal n°s 32805 s.

> Précisions **a.** Les **prélèvements sociaux sur revenus du patrimoine** sont constitués de la CSG (au taux de 9,2 %), de la CRDS (au taux de 0,5 %) et du prélèvement de solidarité de 7,5 %. Le **taux global** s'établit donc à **17,2 %.** Ces prélèvements, établis au vu de la déclaration d'ensemble des revenus n° 2042, sont **recouvrés** directement par les services fiscaux auprès des bénéficiaires par voie de rôle.
La **CSG** sur revenus du patrimoine n'est pas **déductible** lorsque les gains d'acquisition ou plus-values de cession sont soumis à une imposition à un taux forfaitaire. En cas d'imposition au barème progressif, la CSG est déductible, pour une fraction égale à 6,8 points, du revenu imposable de l'année de son paiement. Toutefois, pour les gains d'acquisition bénéficiant d'abattements en matière d'impôt sur le revenu,

cette fraction de 6,8 points n'est déductible qu'à hauteur du rapport entre le montant du gain soumis à l'impôt et son montant soumis à la CSG. La même règle s'applique aux plus-values de cession bénéficiant de l'abattement prévu à l'article 150-0 D, 1 quater ou de celui prévu à l'article 150-0 D ter du CGI (CGI art. 154 quinquies, II).

b. Les plus-values réalisées par les personnes relevant d'un régime de sécurité sociale au sein de l'EEE (pays de l'Union européenne autre que la France, Islande, Norvège, Liechtenstein) ou de la Suisse et qui ne sont pas à la charge d'un régime obligatoire de sécurité sociale français sont exonérées de CSG et de CRDS sur revenus du patrimoine, tout en étant assujetties au prélèvement de solidarité de 7,5 %. Cette règle s'applique également aux revenus de placement perçus depuis le 1-1-2019 par ces personnes (CSS art. L 136-6 et L 136-7 ; Ord. 96-50 du 24-1-1996 art. 15 ; CGI art. 235 ter).

b. Régime social

COTISATIONS SOCIALES

51060 Les actions attribuées à titre gratuit sont exclues de l'assiette des cotisations de sécurité sociale si l'employeur **notifie à l'Urssaf** l'identité des salariés ou mandataires sociaux auxquels des actions ont été attribuées au cours de l'année civile précédente, ainsi que le nombre et la valeur des actions attribuées à chacun d'eux (CSS art. L 242-1, II-6° et L 242-14). Sur les modalités de notification, voir n° 51100.

À défaut d'une telle notification, l'employeur doit payer la totalité des cotisations sociales, y compris pour leur part salariale (CSS art. L 242-14).

L'exonération de cotisations concerne également les **prélèvements alignés** : contributions solidarité autonomie, Fnal et dialogue social, contributions chômage et AGS, cotisations et contributions de retraite complémentaire Agirc-Arrco, versement mobilité ainsi que les contributions à la formation et à l'alternance (contributions à la formation professionnelle, CPF-CDD, supplémentaire à l'apprentissage et taxe d'apprentissage) et participation-construction (BOI-BIC-PTP-20-70-20 n° 290).

Elle vaut aussi bien pour les salariés que pour les **mandataires sociaux** pouvant bénéficier de ces actions affiliés au régime général de sécurité sociale.

CSG ET CRDS, TAXE SUR LES SALAIRES ET FORFAIT SOCIAL

51070 Pour les actions dont l'attribution a été **autorisée depuis le 31-12-2016,** le régime au regard de la CSG et de la CRDS varie selon la valeur du gain d'acquisition (CSS art. L 136-1-1, III-3° et L 136-6, I-e) :

– la fraction du gain inférieure ou égale à la limite annuelle de 300 000 € est soumise à la CSG et à la CRDS sur revenus du patrimoine dans les conditions exposées n° 51020 et est donc exclue de la taxe sur les salaires ;

– la fraction du gain excédentaire est assujettie à CSG et CRDS sur revenus d'activité, sans application de la déduction forfaitaire propre à ces contributions (CSS art. L 136-2, I-1°). Les gains réalisés sont expressément exonérés de la taxe sur les salaires (CGI art. 231, 1).

Les actions dont l'attribution a été **autorisée du 8-8-2015 au 30-12-2016** sont soumises à la CSG et à la CRDS sur revenus du patrimoine (voir n° 51020). Elles sont donc exclues de l'assiette de la taxe sur les salaires.

Les actions attribuées depuis le 28-9-2012 en vertu d'une **autorisation antérieure au 8-8-2015** sont soumises à la CSG et à la CRDS sur revenus d'activité, sans application de la déduction forfaitaire propre à ces contributions. Les gains réalisés sont expressément exonérés de la taxe sur les salaires (CGI art. 231, 1).

Ces contributions sur revenus d'activité sont établies, recouvrées et contrôlées dans les conditions et suivant les modalités applicables aux revenus du patrimoine, donc par voie de rôle (CSS art. L 136-5, II bis). La **CSG** est donc **déductible** du revenu imposable à l'impôt sur le revenu à hauteur de 6,8 %, au titre de l'année de son paiement (CGI art. 154 quinquies, I).

Les attributions d'actions gratuites ne sont pas soumises au **forfait social** (CSS art. L 137-15, 1°).

CONTRIBUTION SALARIALE SPÉCIFIQUE

51080 La contribution salariale est due par les bénéficiaires relevant d'un **régime obligatoire français d'assurance maladie.** Cette condition s'apprécie au jour du fait générateur de la contribution, c'est-à-dire au jour de la cession à titre gratuit ou à titre onéreux des titres (BOI-RSA-ES-20-30 n°s 40 et 90). La contribution est **assise** sur le gain d'acquisition, réduit le cas échéant de la moins-value constatée lors de la cession des actions.

Les actions gratuites dont l'**attribution** a été **autorisée à compter du 31-12-2016** y sont assujetties sur la fraction du gain d'acquisition excédant 300 000 €. Celles dont l'attribution a été autorisée **entre le 8-8-2015 et le 31-12-2016** n'y sont pas assujetties, quelle que soit la valeur du gain d'acquisition (CSS art. L 137-14).

Celles autorisées **antérieurement** (et attribuées depuis le 16-10-2007) y sont intégralement soumises (BOI-RSA-ES-20-30 n° 30).

Le **taux** de cette contribution est fixé à 10 %. Elle est contrôlée, **recouvrée** et exigible dans les mêmes conditions et sous les mêmes sanctions que la CSG sur revenus du patrimoine (n° 51030, a) (CSS art. L 137-14).

CONTRIBUTION PATRONALE SPÉCIFIQUE

Une contribution patronale est due au titre des actions attribuées depuis le 16-10-2007. Son assiette, son taux et son exigibilité varient selon la date à laquelle l'attribution a été autorisée. 51090

Pour les **attributions** d'actions **autorisées depuis le 8-8-2015,** cette contribution est assise sur la valeur, à leur date d'acquisition, des actions attribuées (n° 51020) et est exigible le mois suivant la date d'acquisition des actions par le bénéficiaire. Elle est due au **taux** de 20 % pour les attributions autorisées depuis le 1-1-2018 et de 30 % pour celles autorisées du 31-12-2016 au 31-12-2017 (CSS art. L 137-13).

La contribution patronale sur les **attributions** d'actions **autorisées avant le 8-8-2015** étant due le mois suivant la date de décision d'attribution, son régime n'est pas étudié ici.

Les règles de **recouvrement,** de contrôle et de contentieux applicables sont celles prévues pour les cotisations patronales de sécurité sociale sur les salaires (CSS art. L 137-3 et L 137-4).

La contribution patronale est applicable aux attributions effectuées, dans les mêmes conditions, par une **société dont le siège est situé à l'étranger** et qui est mère ou filiale de l'entreprise dans laquelle le bénéficiaire exerce son activité (CSS art. L 137-13, III).

› Précisions La contribution patronale **ne s'applique pas** sur les attributions d'actions gratuites décidées depuis le 8-8-2015 dans les **petites et moyennes entreprises** et depuis le 1-1-2021 dans les **entreprises de taille intermédiaire,** à condition que ces entreprises n'aient procédé à aucune distribution de dividendes depuis leur création et dans la limite, par salarié, du plafond annuel de la sécurité sociale. Cette **limite** s'apprécie en faisant masse des actions gratuites dont l'acquisition est intervenue pendant l'année en cours et les 3 années précédentes. L'ensemble de ces **conditions** s'apprécie à la date de la décision d'attribution.

Le bénéfice de cet abattement est subordonné au respect du règlement UE 1407/2013 du 18-12-2013 concernant les aides de minimis.

Sont **concernées** les petites et moyennes entreprises **définies** à l'annexe à la recommandation 2003/361/CE de la Commission du 6-5-2003 sur la définition des micro-, petites et moyennes entreprises et les entreprises de taille intermédiaire au sens de l'article 51 de la loi 2008-776 du 4-8-2008 (CSS art. L 137-13), complété par l'article 3 du décret 2008-1354 du 18-12-2008.

c. Obligations déclaratives

Certaines obligations déclaratives incombent aux **entreprises** qui émettent les actions gratuites, ou qui emploient leurs attributaires lorsque les actions sont consenties par une société mère ou une filiale étrangère (CGI ann. III art. 38-0 septdecies et 38 septdecies). Sur les **sanctions** applicables en cas d'omissions ou inexactitudes, ou défaut de déclaration, voir n° 51250. 51100

Quant aux **bénéficiaires** de ces attributions, ils sont tenus de faire figurer sur leur déclaration d'ensemble des revenus souscrite au titre de l'année de cession (à titre gratuit ou onéreux) le gain d'acquisition ainsi que, le cas échéant, la plus-value de cession constatée.

› Précisions a. Obligations au titre du mois d'attribution. Dans la **DSN** du mois de l'attribution, l'employeur déclare, dans la rubrique Actions gratuites – S89.G00.87, le nombre d'actions attribuées et la valeur unitaire de l'action pour chaque salarié concerné (net-entreprises, fiche n° 794).

b. Obligations au titre de l'année d'acquisition définitive des actions gratuites. L'entreprise (il s'agit soit de la société qui émet les actions, soit de la société française qui emploie les attributaires lorsque les actions sont consenties par une société mère ou une filiale étrangère) doit délivrer, au plus tard le **1er mars** de l'année de dépôt de la déclaration des revenus du bénéficiaire, un **état individuel** comportant : l'objet pour lequel il est établi (application de l'article 80 quaterdecies du CGI) ; les coordonnées de la société émettrice des titres et, le cas échéant, de celle de l'entreprise qui établit l'état ; l'identité et l'adresse de l'attributaire ; le nombre d'actions acquises et leur valeur unitaire à la date d'acquisition définitive ; la fraction du gain d'acquisition de source française (celui qui provient de l'attribution d'actions gratuites en contrepartie d'une activité exercée en France) ; les dates d'attribution et d'acquisition définitive des titres.

Une copie de cet état doit, le cas échéant, être remise à l'établissement chargé de la tenue des comptes-titres qui est redevable de la **retenue à la source** sur les gains réalisés par les attributaires non résidents fiscaux de France, au plus tard le **1er mars** de l'année qui suit celle de l'acquisition définitive ou lors de la cession des titres lorsqu'elle intervient avant cette date.

Par ailleurs, l'employeur de l'attributaire transmet à l'administration fiscale, dans la **DSN** du **mois de l'acquisition définitive** des actions, les informations suivantes : nombre d'actions acquises, valeur unitaire à la date d'acquisition définitive, fraction du gain d'acquisition de source française, dates d'attribution et d'acquisition définitive des titres (CGI ann. III art. 39, 2°-j). Ces obligations concernent la société émettrice qui a son siège social en France et dans laquelle l'attributaire exerce son activité ou la société française qui emploie l'attributaire lorsque les actions sont consenties par une société mère ou une filiale étrangère ou, si l'attributaire exerce son activité dans une entreprise différente au moment de l'acquisition définitive, l'entreprise dans laquelle il exerce son activité lorsqu'elle dispose des informations nécessaires. Dans les autres cas, la société émettrice ou la société qui emploie l'attributaire adresse au service des impôts dont elle relève, au plus tard le 1er mars de l'année qui suit celle au cours de laquelle a eu lieu l'acquisition définitive, un **duplicata de l'état individuel** mentionné ci-dessus.

Le **bénéficiaire,** quant à lui, n'a pas à joindre à sa déclaration de revenus l'état individuel qui lui a été adressé, mais il doit le conserver jusqu'à l'expiration du délai de reprise et le présenter à l'administration sur demande de sa part (BOI-RSA-ES-20-20-30 n° 80).

c. Obligations en cas d'opération intercalaire. En cas d'échange sans soulte d'actions résultant d'une opération d'offre publique, de fusion, de scission, de division ou de regroupement, l'employeur (ou la société française qui emploie l'attributaire lorsque les actions sont consenties par une société étrangère) adresse au service des impôts dont il relève, au plus tard le **1er mars** de l'année qui suit celle au cours de laquelle a eu lieu l'opération, un **état individuel** avec les mentions prévues au b ci-dessus (à l'exception de l'objet de l'état), la date et la nature de l'opération, le nombre d'actions reçues en échange ainsi que la raison sociale et l'adresse de la société dont les actions sont remises en échange.

Une copie de cet état est communiquée au **bénéficiaire** des actions gratuites et, le cas échéant, à l'**établissement chargé de la tenue des comptes-titres.**

SECTION 7

BONS DE SOUSCRIPTION DE PARTS DE CRÉATEUR D'ENTREPRISE

51180 Certaines **sociétés par actions** passibles de l'impôt sur les sociétés en France sont autorisées à créer des bons de souscription de parts de créateur d'entreprise (BSPCE) destinés à leurs salariés ou à leurs dirigeants soumis au régime fiscal des salariés et aux membres de leur conseil d'administration ou de surveillance ou, dans les sociétés par actions simplifiées, aux membres de tout organe statutaire équivalent. Le régime de ces bons est codifié à l'article 163 bis G du CGI.

L'émission de ces bons est réservée aux sociétés **non cotées** et aux sociétés **cotées sur un marché d'instruments financiers réglementé** ou organisé d'un État partie à l'accord sur l'Espace économique européen et dont la **capitalisation boursière** est inférieure à 150 M€. Si ce seuil est dépassé, les sociétés peuvent continuer à attribuer des bons pendant les 3 ans suivant ce dépassement sous réserve de remplir l'ensemble des autres conditions précitées.

Le dispositif des BSPCE est réservé aux **sociétés immatriculées** au registre du commerce **depuis** moins de 15 ans qui n'ont pas été créées dans le cadre d'une concentration, d'une restructuration ou d'une extension d'activité préexistante, sauf essaimage et sociétés répondant aux conditions examinées à la précision b ci-après. Le **capital** de la société émettrice des bons doit être **détenu** directement pour 25 % au moins par des personnes physiques ou par des personnes morales elles-mêmes directement détenues pour 75 % au moins de leur capital par des personnes physiques.

› Précisions a. Les sociétés peuvent également attribuer des BSPCE aux membres du **personnel salarié** et aux dirigeants **des sociétés filiales** sous réserve que les **conditions** suivantes soient remplies (CGI art. 163 bis G, II) : la société attributrice doit détenir au moins 75 % du capital ou des droits de vote de la filiale au personnel de laquelle elle attribue des bons ; la filiale remplit les conditions exposées ci-dessus, sous réserve de celle relative à la détention du capital et étant précisé que le respect du plafond de capitalisation boursière de la société attributrice des BSPCE doit être apprécié en faisant masse de sa propre capitalisation et de celle de ses filiales dont le personnel a bénéficié de distributions au cours des 12 derniers mois.

b. Les **sociétés issues d'une concentration, d'une restructuration, d'une extension ou d'une reprise d'activités préexistantes** peuvent émettre des bons, sous réserve du respect des conditions suivantes (CGI art. 163 bis G, II bis-3°) : toutes les sociétés prenant part à l'opération doivent répondre aux conditions ci-dessus (imposition à l'IS, détention du capital, absence de cotation ou petite capitalisation boursière, âge, sociétés non issues elles-mêmes d'opérations de restructuration hors essaimage) ; le respect de la capitalisation boursière à la suite de l'opération est apprécié en faisant masse de la capitalisation de l'ensemble des sociétés issues de l'opération ; l'âge de la ou des sociétés issues de l'opération est apprécié en tenant compte de la date la plus ancienne des sociétés ayant pris part à l'opération (l'opération n'efface donc pas l'ancienneté des sociétés participantes).

c. Des BSPCE peuvent également être attribués, dans les mêmes conditions, par les **sociétés étrangères** dont le siège est établi dans un État membre de l'Union européenne ou dans un État ou territoire ayant conclu avec la France une convention fiscale contenant une clause d'assistance administrative en vue de lutter contre la fraude ou l'évasion fiscale. La condition relative au paiement de l'impôt sur les sociétés en France est réputée remplie lorsque la société est passible, dans l'État ou territoire où se situe son siège social, d'un impôt équivalent (CGI art. 163 bis G, III bis).

d. Le **détail du fonctionnement des BSPCE** n'est pas développé ici. On pourra se reporter sur ce point au Mémento des Sociétés commerciales nos 70410 s.

Les bons sont incessibles et permettent à leurs bénéficiaires de souscrire des titres représen- 51190
tatifs du capital de la société émettrice.
Un **régime** fiscal et social de **faveur** s'applique aux **gains** réalisés par les bénéficiaires de ces bons lors de la cession de titres acquis en exercice de ces bons.

RÉGIME FISCAL

Le **gain** net réalisé par le bénéficiaire des bons lors de la cession des titres souscrits en exer- 51200
cice de ces bons est égal à la différence entre le prix de cession des titres net des frais et taxes qu'il a acquittés et leur prix d'acquisition. Il est imposable à l'impôt sur le revenu comme **plus-value** de cession de valeurs mobilières (CGI art. 163 bis G, I) selon des modalités qui diffèrent selon la date d'attribution des bons :

– **bons attribués depuis le 1-1-2018** : le gain est soumis au prélèvement forfaitaire unique (PFU) au taux de 12,8 % ou, sur option globale, au barème progressif, après application, le cas échéant, de l'abattement fixe (réservé, sous conditions, aux dirigeants prenant leur retraite) prévu à l'article 150-0 D ter du CGI. Si le bénéficiaire exerce son activité depuis **moins de trois ans** à la date de la cession, le gain de cession est cependant soumis à un taux forfaitaire de 30 %, sans aucun abattement ni possibilité d'option pour le barème progressif ;

– **bons attribués avant le 1-1-2018** : le gain est imposé, sans aucun abattement, au taux forfaitaire de 19 %, ou de 30 % lorsque l'intéressé exerce son activité dans la société depuis moins de 3 ans à la date de la cession.

Pour l'appréciation de la durée d'exercice de l'activité des bénéficiaires, il est tenu compte, pour un bénéficiaire employé par la société attributrice, de la période d'activité éventuellement effectuée au sein d'une filiale au sens indiqué n° 51180, a et, pour un bénéficiaire employé par une filiale, de la période d'activité éventuellement effectuée au sein de la société mère (CGI art. 163 bis G, I-al. 2, dans sa version applicable aux bons attribués depuis le 7-8-2015).

Aux taux d'imposition précités s'ajoutent les **prélèvements sociaux** sur revenus du patrimoine (n° 51030, a). La **CSG** est en principe **non déductible** du revenu imposable ; elle est toutefois déductible partiellement, pour les bons attribués depuis le 1-1-2018, en cas d'option du bénéficiaire pour l'imposition du gain au barème progressif (CGI art. 154 quinquies, II).

Lorsque les **conditions posées** par l'article 163 bis G du CGI ne sont **pas remplies** (n° 51180), ces gains nets constituent un complément de salaire soumis à l'impôt sur le revenu en tant que tel (BOI-RSA-ES-20-40-30 n° 1). Ils entrent alors dans le champ d'application du prélèvement à la source.

Le gain net de source française donne lieu à l'application d'une **retenue à la source** lors de 51210
la cession des titres correspondants lorsque le cédant n' est pas **fiscalement domicilié en France** au titre de l'année de ladite cession (CGI art. 182 A ter, I-1, al. 1). Cette retenue, calculée aux taux prévus n° 51200 (CGI art. 182 A ter, III-1), doit être acquittée par la personne qui effectue le versement des sommes issues de la cession des titres (CGI art. 182 A ter, IV), selon les modalités décrites nos 35815 s. Elle est libératoire de l'impôt sur le revenu (CGI art. 182 A ter, III-1).

La retenue à la source est également applicable, selon les modalités visées n° 50560, a, aux avantages salariaux, de source française, servis aux mêmes personnes sous forme d'attribution de titres dans des conditions préférentielles ne remplissant pas les conditions visées n° 51180 (CGI art. 182 A ter, I-2). Lorsque le bénéficiaire est domicilié dans un État ou territoire non coopératif, la règle exposée n° 50560, b s'applique (CGI art. 182 A ter, V).

› Précisions L'administration a précisé que, pour les BSPCE, seul constitue un gain de source française susceptible d'être soumis à la retenue à la source la fraction du gain net correspondant à la différence entre la valeur du titre au jour de l'exercice du bon et le prix d'acquisition du titre fixé lors de l'attribution du bon (« **gain d'exercice** ») au prorata de l'activité exercée en France. La part du **gain net de cession,** qui correspond à la différence entre la valeur du titre souscrit au moyen du bon au jour de son exercice et le prix de cession du bon, constitue un gain en capital au regard des commentaires de l'OCDE et, par conséquent, n'est pas soumis à la retenue à la source (BOI-IR-DOMIC-10-20-20-30 n° 210 ; BOI-RSA-ES-20-40-30 n°s 80 et 90).

RÉGIME SOCIAL

51230 Les gains nets réalisés par les bénéficiaires des bons ne sont pas pris en compte pour l'application de la législation du travail (voir n° 47780)et de la sécurité sociale (Loi 97-1269 du 30-12-1997 art. 76, II). En conséquence, ils échappent aux **cotisations** de sécurité sociale et aux **prélèvements alignés** – contributions Fnal, solidarité autonomie et dialogue social, versement mobilité, contributions chômage et AGS, Agirc-Arrco, contributions à la formation et à l'alternance (contributions à la formation professionnelle, CPF-CDD, supplémentaire à l'apprentissage et taxe d'apprentissage) et participation-construction –, ainsi qu'à la **CSG** et à la **CRDS** sur revenus d'activité et, par conséquent, à la **taxe sur les salaires.** Ils sont en revanche passibles des prélèvements sociaux sur revenus du patrimoine (n° 51030, a) dès le premier euro, quel que soit le montant des cessions réalisées par le foyer fiscal au cours de l'année (BOI-RSA-ES-20-40-30 n° 120).

OBLIGATIONS DÉCLARATIVES

51250 Les bons de souscription de parts de créateur d'entreprise sont soumis à des obligations déclaratives spécifiques (CGI ann. III art. 41 V bis). En cas de non-respect de ces obligations par la société émettrice, celle-ci est passible des **sanctions** prévues n° 36490 s'agissant des omissions ou inexactitudes relevées sur la déclaration sociale nominative (DSN) et à l'article 1729 B du CGI s'agissant du défaut de production à l'administration fiscale de l'état liquidatif (BOI-RSA-ES-20-40-30 n° 220 ; voir n° 50790).

› Précisions La société émettrice des bons doit délivrer, **au plus tard le 1er mars** de l'année de dépôt de la déclaration des revenus du bénéficiaire souscrite au titre de l'année d'exercice des bons, un **état individuel** mentionnant : l'objet pour lequel il est établi (application de l'article 163 bis G du CGI) ; les coordonnées de la société émettrice des bons ; l'identité et l'adresse du bénéficiaire ; la date, le nombre et le prix d'acquisition des titres ; la fraction du gain constaté lors de l'exercice des bons de source française ; à la date d'exercice des bons, la date depuis laquelle le bénéficiaire exerce son activité dans la société ou, le cas échéant, la date de son départ et son ancienneté à cette date. La société doit par ailleurs attester sur cet état la régularité de l'attribution des bons, notamment le fait qu'elle remplissait l'ensemble des conditions prévues par l'article 163 bis G du CGI à la date de leur émission.
Un exemplaire de cet état devra, le cas échéant, être remis à l'**établissement chargé de la tenue des comptes-titres** qui est redevable de la retenue à la source sur les gains réalisés par les bénéficiaires non résidents fiscaux de France, au plus tard le 1er mars de l'année qui suit celle de l'exercice des bons ou lors de la cession des titres lorsqu'elle intervient avant cette date.
Par ailleurs, la société transmet à l'administration fiscale, dans la **DSN** du mois de souscription des titres, les informations suivantes : date, nombre et prix d'acquisition des titres, fraction du gain constaté lors de l'exercice des bons de source française, durée d'exercice de l'activité du bénéficiaire dans la société (CGI ann. III art. 39, 2°-k). La déclaration de ces données s'effectue dans la rubrique Bons de souscription de parts de créateur d'entreprise – S89.G00.89 (net-entreprises, fiche n° 798). Ces obligations concernent la société émettrice des titres ou, si le bénéficiaire exerce son activité dans une entreprise différente au moment de l'exercice des bons, l'entreprise dans laquelle il exerce son activité lorsqu'elle dispose des informations nécessaires. Dans les autres cas, la société émettrice adresse au service des impôts dont elle relève, au plus tard le 1er mars de l'année qui suit celle de l'exercice des bons, un duplicata de l'état individuel mentionné ci-dessus.
Le **bénéficiaire,** quant à lui, est dispensé de joindre à sa déclaration de revenus l'état individuel qui lui a été adressé, mais il doit le conserver jusqu'à l'expiration du délai de reprise et le présenter à l'administration sur demande de sa part.

SECTION 8

TABLEAUX RÉCAPITULATIFS

1. CAS DE DÉBLOCAGE ANTICIPÉ

PARTICIPATION ET PLANS D'ÉPARGNE SALARIALE (HORS PERCO)

Si la liste des cas de déblocage anticipé figure à l'article R 3324-22 du Code du travail, les **justificatifs** à fournir par les demandeurs ne sont en revanche pas fixés par les textes législatifs ou réglementaires. Nous reprenons dans le tableau qui suit la liste de pièces justificatives établie par le Guide de l'épargne salariale de juillet 2014 mise à jour compte tenu des modifications législatives intervenues depuis, et complétée de précisions tirées de la pratique. 51270

Ces cas de déblocage anticipé peuvent être invoqués par les salariés comme par les **dirigeants d'entreprise** et les conjoints du chef d'entreprise bénéficiaires de la participation ou du plan d'épargne.

En outre, les situations de redressement ou de liquidation judiciaire sont susceptibles d'autoriser la disponibilité immédiate de la participation investie en comptes courants bloqués : voir nº 47290.

S'agissant de la **participation,** on trouvera nº 47300 des précisions sur les **droits susceptibles d'être débloqués.**

Cas de déblocage anticipé	Justifications à fournir par le demandeur
1. Acquisition ou agrandissement de la résidence principale Demande dans les 6 mois à compter du fait générateur. Un déblocage anticipé peut être obtenu en cas d'acquisition ou d'agrandissement de la résidence principale emportant création de surface habitable nouvelle telle que définie à l'article R 111-2 du Code de la construction et de l'habitation, sous réserve de l'existence d'un permis de construire ou d'une déclaration préalable de travaux. Le déblocage a pour objet de permettre à l'intéressé de constituer ou de compléter son **apport initial,** dans la limite de la différence entre le prix total d'acquisition et la somme du prêt principal, du prêt familial et du prêt accordé au titre de la participation de l'employeur à l'effort de construction. L'acquisition de la résidence doit être réalisée en **pleine propriété,** c'est-à-dire en usufruit et en nue-propriété. L'acquisition d'une résidence via une **société civile immobilière** (SCI) ne permet pas de bénéficier du déblocage anticipé. L'achat d'un **terrain,** même destiné à l'édification ultérieure d'une habitation principale, ne constitue pas à lui seul une opération susceptible d'ouvrir droit à déblocage. Ce n'est que lorsque le financement d'un tel achat intervient en même temps que celui de la construction proprement dite que son coût peut être ajouté à celui de cette construction en vue de déterminer le montant des droits donnant lieu à déblocage.	

51270 (suite)

Cas de déblocage anticipé	Justifications à fournir par le demandeur
• Pour l'acquisition d'un **bien existant,** le fait générateur est la date de signature du contrat de vente. Cela étant, la promesse ou le compromis de vente peuvent être admis dans les conditions mentionnées ci-contre.	• Acquisition d'un **bien existant** : – acte notarié correspondant ou compromis de vente. Dans ce dernier cas, une attestation sur l'honneur du salarié doit être jointe à la demande de déblocage précisant qu'il s'engage à fournir l'acte notarié et à restituer le montant des sommes débloquées si l'événement ne se réalise pas ; – en cas de prêt, un plan de financement émanant de l'établissement de crédit doit être joint, qui fait apparaître le montant de l'apport personnel du salarié. Le montant du déblocage anticipé de l'épargne salariale est au plus égal à celui de l'apport personnel ; – en l'absence de prêt, une attestation sur l'honneur du salarié doit être jointe à la demande de déblocage indiquant que les sommes débloquées sont destinées au financement de sa résidence principale.
• En cas de **vente en l'état futur d'achèvement** (Véfa), le fait générateur est la signature du contrat Véfa. L'intégralité des sommes peut être débloquée soit à la signature de ce contrat, soit à la date de livraison. Compte tenu du principe du versement unique pour un même fait générateur, il n'est pas possible de procéder à des déblocages successifs à chaque appel de fonds. • En cas d'**agrandissement,** l'exigence d'une surface habitable nouvelle a pour effet d'exclure les garages, sous-sols, caves, terrasses, etc. • Le déblocage est subordonné à **l'occupation immédiate** du logement comme résidence principale. Par dérogation, il peut être accordé aux salariés approchant l'âge de la **retraite** s'ils s'engagent à remplir cette condition avant le 1er janvier de la 3e année suivant celle du déblocage. Le salarié doit déposer sa demande de déblocage avant d'entrer dans les lieux. • Les bénéficiaires dont la résidence principale a été endommagée à la suite d'une **catastrophe naturelle** reconnue par arrêté ministériel peuvent obtenir le déblocage anticipé pour sa remise en état. Les travaux pouvant donner lieu à déblocage sont ceux touchant à la structure de l'habitation et qui sont indispensables pour préserver son intégrité : par exemple, murs, charpente, toiture, fenêtres et portes.	• Acquisition d'un **bien en l'état futur d'achèvement** : contrat de vente. • **Agrandissement** : – permis de construire ou déclaration préalable des travaux ; – possibilité de demander des plans ou des justificatifs de la création d'une surface habitable nouvelle. • Acquisition d'une résidence principale par un salarié dont le départ en **retraite** s'effectuera dans les 3 ans : attestation sur l'honneur certifiant l'engagement de faire de l'immeuble sa résidence principale dans les 3 ans qui suivent la demande de déblocage. • Acquisition par **autoconstruction** : permis de construire et facture d'achats de matériaux de gros œuvre ou devis accepté à condition que des arrhes aient été payées. • **Catastrophe naturelle** : référence de l'arrêté préfectoral et déclaration de sinistre auprès de la compagnie d'assurances ou expertise de l'assurance et devis accepté (ou facture des dommages matériels).

51270 (suite)

Cas de déblocage anticipé	Justifications à fournir par le demandeur
2. Cessation du contrat de travail Pas de délai de demande. • La cessation du contrat de travail, quel qu'en soit le motif (licenciement, démission, rupture conventionnelle, départ ou mise à la retraite, fin de CDD, rupture du contrat au cours de la période d'essai…), permet le déblocage immédiat. La cessation du contrat de travail est effective à la date à laquelle la relation contractuelle se termine (fin du préavis). Seuls les régimes de **préretraite** entraînant la cessation du contrat de travail peuvent donner lieu à un déblocage anticipé. La préretraite **progressive** n'ouvre pas droit à déblocage immédiat puisque, dans cette situation, le contrat de travail n'est pas rompu. Selon l'administration, la **mobilité au sein d'un groupe** n'entraîne pas le déblocage de la participation.	• **Salarié** : certificat de travail ou, à défaut, attestation de l'employeur certifiant la date de cessation du contrat de travail ; attestation d'admission à la retraite si elle comporte l'indication de la date de cessation du contrat de travail ; homologation de la rupture conventionnelle par l'administration.
• **Cessation de son activité** par l'entrepreneur individuel, fin du **mandat social, perte du statut** de conjoint collaborateur ou associé dans les entreprises de 1 à moins de 250 salariés. Demande dans les 6 mois à compter du fait générateur. La **cessation du mandat social** constitue un cas de déblocage anticipé si l'intéressé n'est pas par ailleurs titulaire d'un contrat de travail, auquel cas le déblocage anticipé intervient lors de la cessation du contrat de travail.	• **Mandataire social** : procès-verbal de l'organe décisionnaire de révocation ou de non-renouvellement du mandat. • **Professions libérales,** commerçants et artisans : attestation de cessation d'activité par l'Urssaf. • **Conjoint collaborateur** : copie de la déclaration de radiation faite par le chef d'entreprise auprès du guichet unique formalites.entreprises.gouv.fr/ (qui remplace les centres de formalités des entreprises, ou CFE, depuis le 1-1-2023), dans les 2 mois suivant la cessation de la collaboration et notification au conjoint de la réception de la déclaration de radiation. • **Conjoint associé** : notification de la modification des statuts de l'entreprise et récépissé du guichet unique formalites.entreprises.gouv.fr/ (qui remplace les centres de formalités des entreprises, ou CFE, depuis le 1-1-2023).
3. Création ou reprise d'entreprise Demande dans les 6 mois à compter du fait générateur. Ouvre droit à déblocage anticipé la création ou la reprise : – par l'intéressé, ses enfants, son conjoint ou la personne liée au bénéficiaire par un Pacs ; – d'une entreprise industrielle, commerciale, artisanale ou agricole, soit à titre individuel, soit sous la forme d'une **société,** à condition d'en exercer effectivement le **contrôle** au sens de l'article R 5141-2 du Code du travail, ou l'installation en vue de l'exercice d'une **autre profession non salariée** (activité libérale notamment), ou l'acquisition de parts sociales d'une **Scop.**	• **Création d'entreprise** : extrait K bis ou récépissé d'inscription au registre du commerce et des sociétés ou au registre national des entreprises. • **Reprise d'entreprise** : mêmes pièces que pour la création et statuts modifiés. • **Entreprise en cours de création** : déclaration sur l'honneur du bénéficiaire s'engageant à fournir l'extrait K bis et les statuts dès la création officielle de l'entreprise et récépissé de son enregistrement auprès du guichet unique formalites.entreprises.gouv.fr (qui remplace les centres de formalités des entreprises, ou CFE, depuis le 1-1-2023) et projet de statuts. Dans ce cas, le fait générateur est la déclaration sur l'honneur du bénéficiaire. Les sommes versées postérieurement à cette déclaration ne peuvent être débloquées. • Exercice d'une **profession non salariée** : pour les professions réglementées, attestation professionnelle revêtue du numéro d'agrément ou récépissé d'inscription au RCS ou au registre national des entreprises.

51270 (suite)

Cas de déblocage anticipé	Justifications à fournir par le demandeur
• S'agissant de l'acquisition de parts sociales d'une **Scop,** le déblocage ne peut intervenir qu'à concurrence du montant des parts acquises.	• Acquisition de parts de **Scop** : attestation de souscription délivrée par la coopérative avec déclaration sur l'honneur du salarié attestant que le déblocage est destiné à l'opération ou statuts modifiés de la Scop.
• Dans le cas où le créateur de l'entreprise est un **enfant du salarié,** son **conjoint** ou la personne qui lui est liée par un **Pacs** et où il est lui-même titulaire de droits à participation, il peut demander la mise à disposition de tout ou partie de ses droits.	• Pour la création/reprise par le **conjoint ou l'enfant** : livret de famille. • Pour la création/reprise par la personne liée au bénéficiaire par un **Pacs** : attestation établie par le greffier du tribunal judiciaire qui a enregistré la déclaration de Pacs ou extrait d'acte de naissance mentionnant la déclaration de Pacs.
• La création ou la reprise d'une entreprise peut intervenir **dans un État membre de l'UE.**	• Création ou reprise d'une entreprise dans l'**Union européenne** : équivalent de l'extrait du K bis, de l'inscription au registre de commerce et des sociétés ou à un registre professionnel et statuts de l'entreprise et preuve établie par le bénéficiaire qu'il détient bien le contrôle de l'entreprise créée au sens de l'article R 5141-2 du Code du travail (via les statuts, par exemple).
4. Invalidité Pas de délai de demande. L'invalidité du bénéficiaire, de ses enfants, de son conjoint ou de la personne qui lui est liée par un Pacs ouvre droit à déblocage dès lors qu'elle : – correspond au classement de la 2e ou la 3e catégories prévues à l'article L 341-4 du CSS. Les personnes concernées sont les invalides absolument incapables d'exercer une profession quelconque et ceux qui, étant dans cette situation, sont, en outre, dans l'obligation d'avoir recours à l'assistance d'une tierce personne pour effectuer les actes ordinaires de la vie ; – ou a été reconnue par la commission des droits et de l'autonomie des personnes handicapées (CDAPH ou, antérieurement, par la Cotorep, la CDES ou la MDPH) ou par le président du conseil départemental, à condition que le taux d'incapacité atteigne au moins 80 % et que l'intéressé n'exerce aucune activité professionnelle. L'invalidité constitue un cas de déblocage anticipé particulier, dès lors qu'une fois intervenue elle constitue un état permanent. Le salarié, qui remplit lui-même la condition d'invalidité ou ses enfants ou son conjoint, peut donc demander le déblocage de son épargne à tout moment. S'il continue d'acquérir tous les ans de nouveaux droits à participation, il peut débloquer ces avoirs à tout moment.	• Attestation de la caisse régionale de sécurité sociale (ou organisme débiteur de la pension d'invalidité) précisant que l'intéressé est classé dans la 2e ou la 3e catégories prévues à l'article L 341-4 du CSS ou notification de l'attribution d'une pension d'invalidité au titre d'un régime de sécurité sociale consécutive au classement dans l'une des catégories précitées. • Décision de la commission des droits et de l'autonomie des personnes handicapées (CDAPH) et fourniture de la carte invalidité ou de la carte « mobilité inclusion » avec la mention « invalidité » prévue à l'article L 241-3 du Code de l'action sociale et des familles délivrée par cette commission. • Pour l'invalidité de la personne liée par un **Pacs** : attestation établie par le greffe du tribunal judiciaire ayant enregistré la déclaration ou extrait d'acte de naissance mentionnant la déclaration de Pacs.
• L'article R 3324-22 du Code du travail ne précise pas si les **enfants** invalides du salarié doivent être mineurs. Aussi, le déblocage anticipé est susceptible de concerner également les enfants majeurs qui remplissent la condition d'invalidité. Il n'est donc pas nécessaire qu'ils soient rattachés au domicile fiscal de leurs parents.	• Pour l'invalidité du **conjoint** ou d'un **enfant** : copie complète du livret de famille.

51270 (suite)

Cas de déblocage anticipé	Justifications à fournir par le demandeur
5. Divorce, séparation ou dissolution d'un Pacs (avec au moins un enfant) Demande dans les 6 mois à compter du fait générateur. Le divorce, la séparation ou la dissolution d'un PACS ouvrent droit au déblocage anticipé lorsqu'ils sont assortis d'une convention ou d'une décision judiciaire prévoyant la **résidence** habituelle, unique ou partagée, d'**au moins un enfant** au domicile de l'intéressé. • La garde et, a fortiori, la garde provisoire d'un enfant ne constituent pas un cas de déblocage anticipé. • Par ailleurs, les jugements ou les conventions homologuées n'ont plus l'obligation de mentionner chez lequel des deux parents l'enfant réside habituellement, l'article 287 du Code civil qui prévoyait cette obligation ayant été abrogé. Dans le cas où cette précision ne serait pas apportée, la fourniture de pièces justificatives de nature à prouver le lieu de résidence de l'enfant sera demandée. L'article 373-2-9 du Code civil prévoit que lorsque les parents sont séparés (divorce ou séparation), l'enfant peut résider en alternance au domicile de chacun des deux parents. Le droit au déblocage anticipé peut dans ce cas être exercé par les deux parents.	• **Divorce** : jugement de divorce, accompagné du certificat de non-appel, non-pourvoi, acte d'acquiescement ou acte d'état civil, prévoyant la résidence habituelle d'au moins un enfant au domicile du demandeur ou ordonnance du juge aux affaires familiales (JAF) prévoyant la résidence unique ou partagée de l'enfant au domicile du demandeur ; pour les cas de divorce avec consentement mutuel, convention définitive homologuée par le JAF prévoyant la résidence d'au moins un enfant au domicile du demandeur. • **Séparation** d'un couple marié ou non marié : ordonnance ou jugement du JAF prévoyant la résidence habituelle d'au moins un enfant au domicile du demandeur, ou convention entre parents prévoyant cette résidence. • **Dissolution de Pacs** : extrait d'acte de naissance avec mention en marge modificative de l'état civil du Pacs et jugement (ou extrait du jugement) du JAF prévoyant la résidence habituelle d'au moins un enfant au domicile du demandeur ou ordonnance du JAF prévoyant la résidence de l'enfant dans les mêmes conditions, ou encore convention entre parents prévoyant cette résidence.
6. Décès de l'intéressé, de son conjoint ou de la personne liée au bénéficiaire par un Pacs Pas de délai de demande, sous réserve des précisions ci-après et n°s 73480 s. • L'entreprise doit informer le teneur de compte conservateur de parts (TCCP) du décès de ses salariés (comme pour les salariés quittant l'entreprise). Cette obligation doit figurer dans la convention signée entre l'entreprise et le TCCP/teneur de registre (TR). Les ayants droit ne sont pas les bénéficiaires initiaux de l'épargne salariale et ne sont pas salariés de l'entreprise ; ils n'ont donc pas vocation à rester titulaires du compte de la personne décédée. Ils doivent donc demander la liquidation totale des avoirs du salarié décédé avant le septième mois suivant la date du décès.	• **Décès du bénéficiaire** : deux cas sont à distinguer : – un **notaire** a été chargé de la succession : acte de décès ou acte de notoriété délivré par ce dernier ; – dans le **cas contraire** : si le montant des sommes débloquées est inférieur à 5 000 €, acte de notoriété ou certificat d'hérédité délivré par la mairie du domicile du défunt ; si ce montant est égal ou supérieur à 5 000 €, acte de décès et acte de notoriété délivré par un notaire ou certificat de propriété. S'il existe des **cohéritiers majeurs,** joindre à la justification des procurations signées en faveur de l'un d'eux par les autres cohéritiers ; les signatures doivent être légalisées. • **Décès du conjoint ou de la personne liée par un Pacs** : joindre un extrait de l'acte de décès et livret de famille, ou extrait d'acte de naissance avec mention en marge de la dissolution du Pacs ou attestation établie par la mairie ou le notaire ayant enregistré la déclaration du Pacs.
7. Mariage ou conclusion d'un Pacs Demande dans les 6 mois à compter du fait générateur. • Le mariage célébré **à l'étranger** par une autorité étrangère n'étant opposable aux tiers en France qu'à compter de sa retranscription sur les registres d'état civil, le **fait générateur** faisant courir le délai de 6 mois pour la demande de déblocage anticipé doit être la date de la retranscription et non celle de sa célébration (Médiateur AMF 3-5-2021). Les partenariats civils **étrangers** reconnus par le droit civil français sont acceptés. Le **concubinage,** même notoire, ne constitue pas un cas de déblocage anticipé.	• Extrait d'acte de mariage ou copie du livret de famille. Pour le **Pacs,** attestation de la mairie (ou du greffier du tribunal judiciaire) ayant enregistré la déclaration ou copie de l'extrait d'acte de naissance mentionnant la déclaration de Pacs ou acte notarié ou attestation du service central d'état civil du ministère de l'Europe et des affaires étrangères (étrangers) ou récépissé d'enregistrement de la déclaration conjointe des partenaires du Pacs établie par le notaire ou par l'ambassade ou le consulat de France ayant enregistré la déclaration.

Cas de déblocage anticipé	Justifications à fournir par le demandeur
8. Naissance ou adoption Demande dans les 6 mois à compter du fait générateur. Naissance ou arrivée au foyer d'un enfant en vue de son adoption dès lors que le foyer compte déjà au moins 2 enfants à sa charge. • Les pièces justificatives doivent prouver l'existence de 3 enfants à la charge du foyer.	• Selon le cas : – naissance : extrait d'acte de naissance ou copie du livret de famille et attestation de la CAF ; – adoption : attestation délivrée par le conseil général. Justifier la qualité d'enfant majeur à charge par une attestation sur l'honneur. Attestation de la CAF justifiant l'existence de trois enfants à charge (ou fourniture du livret de famille si les enfants sont tous mineurs et que les parents sont les mêmes pour tous les enfants).
9. Surendettement Pas de délai de demande. Situation de surendettement du salarié définie à l'article L 711-1 du Code de la consommation, sur demande adressée à l'organisme gestionnaire des fonds ou à l'employeur, soit par le président de la commission de surendettement des particuliers, soit par le juge lorsque le déblocage des droits paraît nécessaire à l'apurement du passif de l'intéressé.	• Ordonnance du juge statuant à l'occasion d'une commission de surendettement des particuliers, dans le cadre de l'article L 711-1 du Code de la consommation, sur le cas du bénéficiaire. L'ordonnance doit impérativement contenir un plan de remboursement afin de connaître le montant d'épargne salariale à débloquer. La demande de déblocage peut émaner : – soit du président de la commission de surendettement par courrier ; – soit du juge de l'exécution par ordonnance.
10. Violences conjugales Pas de délai de demande. • Les violences doivent avoir été commises contre le salarié par son actuel ou ancien **conjoint,** concubin ou partenaire lié par un Pacs. Les faits doivent : – avoir donné lieu à une **ordonnance de protection** délivrée au profit de l'intéressé par le juge aux affaires familiales en application de l'article 515-9 du Code civil ; – ou relever de l'article 132-80 du Code pénal (qui prévoit des circonstances aggravantes en cas d'infraction commise à l'égard de la victime, en raison des relations existant entre eux, par un actuel ou ancien conjoint, concubin ou partenaire lié par un Pacs) et avoir donné lieu à une **alternative aux poursuites,** à une **composition pénale,** à l'ouverture d'une **information** par le procureur de la République, à la **saisine du tribunal correctionnel** par le procureur de la République ou le juge d'instruction, à une **mise en examen** ou à une **condamnation** pénale, même non définitive.	• Selon les cas, une ordonnance de protection délivrée par le JAF ou un document attestant des faits de violences conjugales relevant de l'article 132-80 du Code pénal : – ouverture d'une information par le procureur de la République ; – composition pénale ; – alternative aux poursuites (rappel à la loi, médiation, etc) ; – saisine du tribunal correctionnel par le procureur de la République ou le juge d'instruction ; – mise en examen ; – condamnation pénale même non définitive.

PERCO

51290 La liste des situations permettant le déblocage anticipé des avoirs détenus dans un Perco est limitativement fixée par l'article R 3334-4 du Code du travail. La demande peut être présentée à tout moment, sauf pour le cas de l'acquisition ou remise en l'état de la résidence principale qui suppose une demande dans les 6 mois à compter du fait générateur (C. trav. art. R 3334-5).

Pour les cas communs à ce plan et aux plans d'épargne d'entreprise ou interentreprises, on pourra se reporter aux indications données nº 51270.

Cette liste comprend les événements suivants :

a. Décès du bénéficiaire, de son conjoint ou de son partenaire lié par un Pacs ;

b. Expiration des droits à l'assurance chômage de l'intéressé ;

c. Invalidité du bénéficiaire, de ses enfants, de son conjoint ou de son partenaire lié par un Pacs. Cette invalidité s'apprécie au regard des 2° et 3° de l'article L 341-4 du CSS, ou est reconnue par décision de la commission des droits et de l'autonomie des personnes handicapées à condition que le taux d'incapacité atteigne au moins 80 % et que l'intéressé n'exerce aucune activité professionnelle. Le déblocage pour chacun de ces motifs ne peut intervenir qu'une seule fois ;

d. Situation de **surendettement** du participant définie à l'article L 711-1 du Code de la consommation, sur demande adressée à l'organisme gestionnaire des fonds ou à l'employeur soit par le président de la commission de surendettement des particuliers, soit par le juge lorsque le déblocage des droits paraît nécessaire à l'apurement du passif de l'intéressé ;

e. Affectation des sommes épargnées à l'**acquisition de la résidence principale,** ou à la remise en état de la résidence principale endommagée à la suite d'une catastrophe naturelle reconnue par arrêté interministériel.

PLAN D'ÉPARGNE RETRAITE D'ENTREPRISE COLLECTIF (PERECO)

La liste des situations permettant le déblocage anticipé des avoirs détenus dans un Pereco est limitativement fixée par l'article L 224-4 du Code monétaire et financier. Ce déblocage intervient sous la forme d'un versement unique de tout ou partie des droits, au choix du titulaire (C. mon. fin. D 224-4). Les textes ne prévoient pas de délai de demande. 51295

Les cas de déblocage anticipé sont :

a. Décès du conjoint du titulaire ou de son partenaire lié par un Pacs ;

b. Invalidité du titulaire, de ses enfants, de son conjoint ou de son partenaire lié par un Pacs. Cette invalidité s'apprécie au sens des 2° et 3° de l'article L 341-4 du CSS ;

c. Situation de **surendettement** du titulaire, au sens de l'article L 711-1 du Code de la consommation ;

d. Expiration des droits à l'assurance chômage du titulaire, ou le fait pour le titulaire d'un plan, qui a exercé des fonctions d'administrateur, de membre du directoire ou de membre du conseil de surveillance et n'a pas liquidé sa pension dans un régime obligatoire d'assurance vieillesse, de ne pas être titulaire d'un contrat de travail ou d'un mandat social depuis 2 ans au moins à compter du non-renouvellement de son mandat social ou de sa révocation ;

e. Cessation d'activité non salariée du titulaire à la suite d'un jugement de liquidation judiciaire ou toute situation justifiant ce retrait ou ce rachat selon le président du tribunal de commerce auprès duquel est instituée une procédure de conciliation, qui en effectue la demande avec l'accord du titulaire ;

f. Affectation des sommes épargnées à l'**acquisition de la résidence principale.** Les droits correspondants aux sommes mentionnées au 3° de l'article L 224-2 (**versements obligatoires**) ne peuvent pas être liquidés ou rachetés pour ce motif.

2. AFFECTATION ET TRANSFERTS D'ÉPARGNE SALARIALE VERS LES PLANS D'ÉPARGNE SALARIALE

Ce tableau récapitule, sous une forme résumée, les possibilités d'affectation ou de transfert aux plans d'épargne (PEE, PEI et Perco) de l'intéressement et des droits provenant de la participation ou d'autres plans d'épargne salariale. Sont indiquées les règles applicables à ces affectations et transferts au regard du plafond de versements individuels (voir n° 49430) et du droit à abondement de l'entreprise (voir n°s 49450 s.). 51320

ATTENTION

Depuis le 1-10-2020, les transferts de droits individuels d'un Perco (ou Perco interentreprises) vers un autre Perco (ou Perco interentreprises) sont interdits. Seuls sont autorisés les transferts d'un Perco (ou Perco-I) vers un PER individuel ou d'entreprise (Ord. 2019-766 du 24-7-2019 art. 8-IV et art. 9-II ; Décret 2019-807 du 30-7-2019 art. 9-III).

51320 (suite)

Nature du versement ou transfert effectué	Prise en compte dans le plafond des versements	Droit à abondement de l'entreprise	Indisponibilité	Texte de référence
Affectation de la participation ou de l'intéressement				
Affectation de la participation au PEE ou PEI	Non	Oui	5 ans (le plan doit comporter au moins un compartiment pour une épargne de cette durée)	C. trav. art. L 3323-2 (PEE), L 3332-11 et L 3333-4 (PEI)
Affectation de l'intéressement au PEE ou PEI (le versement des sommes doit être effectué dans un délai de 15 jours à compter de la date à laquelle elles sont perçues)	Non	Oui	Durée prévue par le règlement du plan : 5 ans minimum	C. trav. art. L 3315-2, L 3332-11, L 3333-4 (PEI) et R 3332-12 (PEE)
Affectation de la participation au Perco ou Perco-I	Non	Oui	Jusqu'au départ en retraite	C. trav. art. L 3324-12, L 3334-6 et L 3334-9
Affectation de l'intéressement au Perco (le versement des sommes doit être effectué dans un délai de 15 jours à compter de la date à laquelle elles sont perçues)	Oui	Oui	Jusqu'au départ en retraite	C. trav. art. L 3334-6 et R 3332-12
Transferts en cours de contrat de travail				
Transfert de la participation vers un PEE ou PEI (si ces derniers le prévoient)	Non	Non	Pour la durée prévue par le règlement du plan (5 ans minimum) et en tenant compte des périodes de blocage déjà courues (sauf si les sommes sont utilisées pour souscrire à une augmentation de capital). En cas de transfert en fin d'indisponibilité, les sommes demeurent disponibles.	C. trav. art. D 3324-29
Transfert de droits détenus dans un PEE ou PEI vers un PEE ou PEI	Non	Non, sauf si le transfert a lieu à l'issue de l'indisponibilité des sommes	Pour la durée prévue par le règlement du plan (le plan de destination doit comporter dans son règlement une durée de blocage d'une durée minimale équivalente à celle figurant dans le règlement du plan d'origine). Il est tenu compte des périodes de blocage déjà courues (sauf si les sommes sont utilisées pour souscrire à une augmentation de capital).	C. trav. art. L 3335-2, al. 2 et 4

Nature du versement ou transfert effectué	Prise en compte dans le plafond des versements	Droit à abondement de l'entreprise	Indisponibilité	Texte de référence
Transfert de la participation vers un Perco ou Perco-I	Non	Oui	Jusqu'au départ en retraite	C. trav. art. L 3334-6 et L 3334-9
Transfert de droits détenus dans un PEE ou PEI vers un Perco	Non	Oui	Jusqu'au départ en retraite	C. trav. art. L 3335-2, al. 3 et 4
Transferts après la rupture du contrat de travail				
Transfert de sommes détenues au titre de la participation vers le PEE ou PEI du nouvel employeur	Non	Oui si le transfert a lieu à l'issue de la période d'indisponibilité	Pour la durée prévue par le règlement du nouveau plan (5 ans minimum). Pour les sommes transférées en cours d'indisponibilité, il est tenu compte des périodes de blocage déjà courues (sauf si les sommes sont utilisées pour souscrire à une augmentation de capital).	C. trav. art. L 3335-2, al. 1 et 4
Transfert de droits détenus dans un PEE ou un PEI vers le PEE ou PEI du nouvel employeur	Non	Oui si le transfert a lieu à l'issue de la période d'indisponibilité	Pour la durée prévue par le règlement du nouveau plan (le plan de destination doit comporter dans son règlement une durée de blocage d'une durée minimale équivalente à celle figurant dans le règlement du plan d'origine). Pour les sommes transférées en cours d'indisponibilité, il est tenu compte des périodes de blocage déjà courues (sauf si les sommes sont utilisées pour souscrire à une augmentation de capital).	C. trav. art. L 3335-2, al. 2 et 4
Transfert de sommes détenues au titre de la participation vers le Perco ou Perco-I du nouvel employeur	Non	Oui	Jusqu'au départ en retraite	C. trav. art. L 3334-9 et L 3335-2, al. 1
Transfert de droits détenus dans un PEE ou PEI vers le Perco ou Perco-I du nouvel employeur	Non	Oui	Jusqu'au départ en retraite	C. trav. art. L 3335-2, al. 3 et 4

3. PARTICIPATION, INTÉRESSEMENT ET PLANS D'ÉPARGNE : CHARGES SOCIALES ET FISCALES

Les cotisations sociales (sécurité sociale, chômage, Agirc-Arrco) et les taxes et participations sur salaire – autres que la taxe sur les salaires – ne sont jamais dues sur les sommes et droits figurant dans le tableau ci-après dès lors que les plafonds légaux de versement sont respectés. Du fait de l'alignement de son assiette sur celle de la CSG sur revenus salariaux, la taxe sur les salaires est due, lorsque l'entreprise y est assujettie, sur les sommes et droits assujettis à cette contribution. 51350

51350 (suite) Sur le régime des droits issus d'un **compte épargne-temps** et des **jours de repos non pris** versés au Perco, voir nº 72310. Sur le régime des droits issus d'un CET transférés vers un **PEE,** voir nº 72310, b.

	Forfait social	Prélèvement de solidarité	Revenus du capital CSG	Revenus du capital CRDS	Revenus d'activité CSG	Revenus d'activité CRDS	CSG déductible	Événement rendant les prélèvements exigibles[2]	Impôt sur le revenu[3]
Participation									
Revenus (nos 47860 s.)									
– réinvestis	-	7,5 %	9,2 %	0,5 %	-	-	Non[4]	Délivrance des droits	Exonération
– versés	-	7,5 %	9,2 %	0,5 %	-	-	Oui, à hauteur de 6,8 % si imposition au barème progressif[5]	Versement	Imposition comme revenus de capitaux mobiliers (PFU de 12,8 % ou barème progressif, avec prélèvement forfaitaire non libératoire de 12,8 % à la source)
Montant de la participation (nos 47690 s.)	20 % Taux réduit sous certaines conditions[1] Exonération dans les entreprises non assujetties à la participation	-	-	-	9,2 %	0,5 %	Non si blocage[4] 6,8 % si versement immédiat	Attribution des droits	Exonération si blocage Imposition si versement immédiat
Plus-values de cession des titres au sein du plan (nº 47850)	-	7,5 %	9,2 %	0,5 %	-	-	Non	Cession des titres	Exonération
Intéressement[6] (nos 48730 s.)									
– affectation à un plan d'épargne	20 % Taux réduit sous certaines conditions[1] Exonération dans les entreprises de moins de 250 salariés	-	-	-	9,2 %	0,5 %	Non[4]	Attribution des droits	Exonération plafonnée
– versement immédiat au bénéficiaire	20 % Exonération dans les entreprises de moins de 250 salariés	-	-	-	9,2 %	0,5 %	6,8 %	Attribution des droits	Imposition comme salaire

51350 (suite)

	Forfait social	Prélèvement de solidarité	Revenus du capital CSG	Revenus du capital CRDS	Revenus d'activité CSG	Revenus d'activité CRDS	CSG déductible	Événement rendant les prélèvements exigibles[2]	Impôt sur le revenu[3]
PEE, PEI[7], Perco									
Versement de l'entreprise (n°s 49700 s.) et versement de droits issus d'un compte épargne-temps (correspondant à un abondement de l'employeur au CET)	20 % Taux réduit sous certaines conditions[1] Exonération dans les entreprises non assujetties à la participation	-	-	-	9,2 %	0,5 %	Non[4]	Versement par l'entreprise	Exonération plafonnée
Revenus du plan (n°s 49880 s.)									
– réinvestis		7,5 %	9,2 %	0,5 %	-	-	Non[4]	Délivrance des droits	Exonération
– versés		7,5 %	9,2 %	0,5 %	-	-	Oui, à hauteur de 6,8 % si imposition au barème progressif[5]	Versement	Imposition comme revenus de capitaux mobiliers (PFU de 12,8 % ou barème progressif, avec prélèvement forfaitaire non libératoire à la source)
Plus-values de cession des titres au sein du plan (n° 49860)		7,5 %	9,2 %	0,5 %	-	-	Non	Cession des titres	Exonération

1. Taux du forfait social fixé à :
– 8 % pour la participation bloquée dans les **Scop** : voir n° 47850 ;
– 10 % pour l'abondement de l'employeur à un **PEE** sous certaines conditions (et exonération temporaire en 2023) : voir n° 49740 ;
– 16 % pour les sommes issues de l'intéressement ou de la participation et les versements de l'employeur à certains **Perco** (voir n° 50200) ou **Pereco** (voir n° 50228).
2. Les prélèvements portant sur un même produit sont en principe perçus en même temps.
3. Les salaires sont soumis au barème progressif de l'impôt sur le revenu. Les revenus mobiliers et les plus-values de cession de titres sont soumis en principe au prélèvement forfaitaire unique (PFU) de 12,8 %. Une option globale pour le barème progressif est cependant possible. Pour plus de détails, voir n°s 47860 s.
4. L'exonération cumulée d'impôt sur le revenu et de cotisations sociales fait obstacle à la déduction de la CSG.
5. La CSG est en principe déductible à hauteur de 6,8 points si elle est prélevée à la source sur les revenus soumis au barème progressif de l'impôt sur le revenu (voir n° 47890).
6. Régime des salariés et dirigeants fiscalement assimilés à des salariés. Pour les exploitants individuels et leurs conjoints collaborateurs ou associés et les associés de sociétés relevant de l'impôt sur le revenu, voir n° 48800.
7. Le PEI suit le régime du PEE ou, lorsqu'il est constitué sous cette forme, celui du Perco.

4. VERSEMENTS AU PERECO : CHARGES SOCIALES ET FISCALES

51360 Le tableau ci-après présente le régime social et fiscal applicable aux différents versements pouvant être effectués sur un plan d'épargne retraite d'entreprise collectif (Pereco), dans la limite des plafonds applicables à chaque type de versement. Pour plus de détails, voir n°s 50228 s.

Le régime des **jours de repos non pris** versés au Pereco dans une entreprise sans CET n'est pas prévu par les textes mais il devrait selon nous, par assimilation au Perco, être le même que celui régissant les droits issus d'un compte épargne-temps (CET) ne correspondant pas à un abondement de l'employeur au CET, présentés dans le tableau.

Type de versement	Cotisations sociales et prélèvements alignés	CSG et CRDS sur revenus d'activité (aux taux respectifs de 9,2 et 0,5 %)	Forfait social	Impôt sur le revenu
Versements volontaires du salarié		-		Déduction du revenu global dans la limite fixée par l'article 163 quatervicies du CGI (voir Mémento fiscal n°s 1375 s.), sauf renonciation du salarié à la déduction fiscale
Participation	Non-assujettissement	Assujettissement Pas d'abattement forfaitaire de 1,75 %	20 % Exonération dans les entreprises non assujetties à la participation Taux réduit de 16 % dans certains cas (voir n°s 50228 s.).	Exonération
Intéressement	Non-assujettissement	Assujettissement Pas d'abattement forfaitaire de 1,75 %	20 % Exonération dans les entreprises de moins de 250 salariés Taux réduit de 16 % dans certains cas (voir n°s 50228 s.).	Exonération dans la limite des 3/4 du Pass
Abondement et versements initiaux et périodiques **de l'employeur**	Non-assujettissement	Assujettissement Pas d'abattement forfaitaire de 1,75 %	20 % Exonération dans les entreprises non assujetties à la participation Taux réduit de 16 % dans certains cas (voir n°s 50228 s.).	Exonération plafonnée : voir n° 50229

51360 (suite)

Type de versement	Cotisations sociales et prélèvements alignés	CSG et CRDS sur revenus d'activité (aux taux respectifs de 9,2 et 0,5 %)	Forfait social	Impôt sur le revenu
Droits issus d'un **compte épargne-temps** (CET) correspondant à un abondement de l'employeur à ce CET	Non-assujettissement	Assujettissement Pas d'abattement forfaitaire de 1,75 %	Taux réduit de 16 % dans certains cas (voir nos 50228 s.).	Exonération plafonnée : voir n° 50229
Autres droits issus d'un compte épargne-temps (CET)	Exonération, dans la limite de 10 jours par an, de cotisations salariales et patronales de sécurité sociale, sauf cotisations AT-MP et prélèvements alignés sur les cotisations de sécurité sociale qui sont dûs	Assujettissement avec abattement forfaitaire de 1,75 %	Non-assujettissement	Exonération dans la limite de 10 jours par an
Versements obligatoires du salarié				Déduction plafonnée du salaire imposable (voir n° 43870)
Versements obligatoires de l'employeur	Exclusion d'assiette plafonnée (voir n° 42980 pour le principe d'exonération et n° 43160 pour le seuil)	Assujettissement Pas d'abattement forfaitaire de 1,75 %	Assujettissement au taux de 20 % pour la part exonérée de cotisations sociales Taux réduit de 16 % dans certains cas (voir nos 50228 s.).	Non imposables dans la limite indiquée n° 43870

5. OPTIONS SUR ACTIONS : CHARGES SOCIALES ET FISCALES

51370 Le tableau ci-après présente le régime applicable aux options de souscription ou d'achat d'actions conformes au régime légal consenties depuis le 28-9-2012.

	Impôt sur le revenu[1]	Cotisations de sécurité sociale[2] et contribution salariale	CSG[3] et CRDS	Prélèvement de solidarité	Forfait social
Rabais excédentaire[4]	Imposé comme salaire dès la levée de l'option (sans application du prélèvement à la source opéré par l'entreprise)	Assujetti aux cotisations de sécurité sociale comme salaire dès la levée de l'option	Assujetti comme salaire dès la levée de l'option	Non assujetti	Non assujetti
Avantage tiré de la levée de l'option[5]					
• Notification à l'Urssaf par l'employeur des informations visées nº 50670	Avantage imposé comme salaire au titre de l'année de cession (de disposition, de conversion au porteur ou de mise en location des actions) sans application du prélèvement à la source opéré par l'entreprise	Assujetti à la contribution salariale au taux de 10 %	Assujetti en tant que revenu d'activité au titre de l'année de cession des titres [6]	Non assujetti	Non assujetti
• Absence de notification à l'Urssaf par l'employeur des informations visées nº 50670	Avantage imposé comme salaire au titre de l'année de cession (de disposition, de conversion au porteur ou de mise en location des actions) sans application du prélèvement à la source opéré par l'entreprise	Assujetti aux cotisations de sécurité sociale comme salaire et à la contribution salariale au taux de 10 %	Assujetti en tant que revenu d'activité au titre de l'année de cession des titres	Non assujetti	Non assujetti
Plus-value de cession[7]	Imposée comme plus-value sur valeurs mobilières	Non assujettie	Assujettie en tant que revenu du patrimoine au titre de l'année de cession des actions	Assujettie au titre de l'année de cession des actions	Non assujettie

1. Une retenue à la source spécifique frappe les rabais et gains tirés de la levée des options réalisés par des non-résidents (nᵒˢ 50560 et 50640).
2. Et cotisations, taxes et participations dont l'assiette est alignée sur celle des cotisations de sécurité sociale : voir nᵒˢ 50530 et 50670.
3. La CSG sur revenus d'activité comporte une partie déductible à hauteur de 6,8 points, sauf lorsqu'elle est afférente à des revenus exonérés d'impôt sur le revenu et des cotisations de sécurité sociale. La CSG sur revenus du patrimoine comporte une partie déductible, sauf lorsqu'elle frappe des plus-values taxées à l'impôt sur le revenu à un taux proportionnel. L'avantage tiré de la levée de l'option est expressément exonéré de la taxe sur les salaires (nº 50680). Le rabais excédentaire, en revanche, y est soumis (nº 50530).
4. Part du rabais excédant 5 %. Le rabais est la différence entre la valeur de l'action au moment où l'option est attribuée et le prix de souscription ou d'achat : voir nº 50530.
5. Différence entre la valeur du titre à la date de levée de l'option et le prix de souscription ou d'achat. Du montant ainsi obtenu il faut déduire, s'il y a lieu, le rabais excédentaire ; si les titres sont cédés pour un prix inférieur à leur valeur à la date de la levée d'option, la différence vient en déduction de cet avantage : voir nº 50640.
6. Ces contributions sont cependant recouvrées dans les conditions et suivant les modalités applicables aux revenus du patrimoine. En conséquence la CSG est partiellement déductible au titre de l'année de son paiement : voir nº 50680.
7. Différence entre le prix de cession des titres et leur valeur à la date de la levée de l'option : voir nº 50730.
8. L'entreprise est redevable d'une contribution patronale au taux de 30 % dans les conditions exposées nº 50590.

CHAPITRE 6

AUTRES SOMMES ET AVANTAGES

SOMMAIRE

A. Titres-restaurant 51670
1. Émission et utilisation des titres 51700
2. Exonérations sociales et fiscales 51900
B. Prestations sociales complémentaires 52050
C. Avantages de retraite 52250
1. Régime social 52260
a. Avantages concernés 52300
b. Personnes assujetties 52430
c. Exonérations 52480
d. Calcul 52550
e. Paiement des cotisations dues par l'employeur 52570
2. Régime fiscal 52740
D. Chèques-vacances 52950
1. Chèques-vacances attribués par des organismes sociaux 52970
2. Chèques-vacances attribués par l'employeur 53000
a. Attribution, financement et utilisation 53000
b. Régime fiscal et social 53060
E. Sommes versées à l'occasion de la modification du contrat 53240
1. Déclassement pour motif économique 53240
2. Réduction du volume d'activité ou des responsabilités 53350
3. Modification du lieu de travail 53440
F. Rappels de salaire 53520
1. Cotisations et contributions sociales 53530
2. Impôts, taxes et participations 53620
3. Bulletin de paie 53640
G. Compensation salariale de la réduction collective du temps de travail 53720
H. Salaire du conjoint du chef d'entreprise 53850
I. Avantages consentis par les banques à leur personnel 53970
J. Sommes versées aux auteurs d'inventions 54100
1. Rémunération 54100
2. Régime social et fiscal 54200
K. Pourboires 54340
1. Nature juridique 54340
2. Modes de perception 54400
3. Montant 54470
4. Charges sociales 54530
5. Régime fiscal 54630
L. Redevances de location-gérance 54700
1. Situations visées 54730
2. Cotisations de sécurité sociale 54780
3. Autres prélèvements 54900
M. Indemnité transactionnelle versée en cours de contrat 55000

A. Titres-restaurant

Les titres-restaurant sont des **titres spéciaux de paiement** remis par l'employeur aux salariés pour leur permettre d'acquitter en tout ou en partie le prix de repas consommés au restaurant ou d'acheter des préparations alimentaires directement consommables, le cas échéant à réchauffer ou à décongeler, et notamment des produits laitiers, ou des fruits et légumes, qu'ils soient ou non directement consommables (C. trav. art. L 3262-1, al. 1 et R 3262-4 ; Arrêté du 22-12-1967 art. 2). Sur la dérogation applicable jusqu'au **31-12-2023**, voir n° 51780. 51670

Les titres-restaurant sont **financés** par l'employeur, dont la contribution bénéficie d'**exonérations** sociales et fiscales (voir n°s 51900 s.), et par les salariés, le plus souvent au moyen d'une retenue sur salaire.

> **Précisions** **a.** Il s'agit d'un dispositif **facultatif,** rien n'imposant à l'employeur de mettre en place ce système dans son entreprise (en ce sens, Cass. soc. 18-7-2000 n° 98-40.402 FS-PB).
> **b.** Sur l'exclusion de la contribution de l'employeur du calcul du **minimum conventionnel,** voir n° 2710.

1. ÉMISSION ET UTILISATION DES TITRES

51700 Les titres-restaurant sont fréquemment émis par des **entreprises spécialisées** qui les cèdent à des employeurs contre paiement de leur valeur libératoire et, le cas échéant, d'une commission. Mais ils peuvent l'être par l'**employeur** lui-même, soit directement, soit par l'intermédiaire du comité social et économique (C. trav. art. L 3262-1, al. 2).

Émis sur support papier (chéquier) ou dématérialisé (carte à puce prépayée et rechargeable ou accès à une application sur téléphone mobile) (C. trav. art. R 3262-1), les titres sont **remis** aux salariés contre paiement de leur valeur libératoire (diminuée de la contribution patronale) selon l'une des deux méthodes suivantes, au choix de l'employeur : paiement contre remise des titres ou retenue sur salaire, auquel cas la somme due par le salarié apparaît sur son **bulletin de paie** dans la zone réservée aux retenues, avec indication de sa nature.

BÉNÉFICIAIRES

51710 Les titres-restaurant émis ou acquis par une entreprise ne peuvent être **utilisés** que par ses salariés (C. trav. art. R 3262-6). Ceux-ci doivent en principe en bénéficier dans les mêmes conditions (y compris les stagiaires : voir n° 88980), mais l'employeur peut toutefois fixer des **conditions différenciées** dès lors qu'elles se fondent sur des critères objectifs excluant toute discrimination. Sur la possibilité d'**exclure** une catégorie de personnel de l'entreprise de l'attribution de titres-restaurant, voir n° 3820.

Des solutions particulières concernent **certains salariés** : salariés à temps partiel (voir n° 74660), télétravailleurs (voir n° 86840), salariés absents pour maladie (voir n° 61870), représentants du personnel durant l'exercice de leur mandat (voir n° 79190).

ILLUSTRATIONS

Il est possible de faire varier la **valeur** des titres en fonction de l'**éloignement du domicile** des salariés, afin de privilégier ceux se trouvant dans l'impossibilité de regagner celui-ci pour le repas (Cass. soc. 22-1-1992 n° 88-40.938 PF), d'en réserver le bénéfice à ceux **domiciliés en dehors de la commune** où est située l'entreprise (CA Montpellier 22-10-1992 n° 91-706) ou aux salariés **franciliens,** en raison de l'éloignement entre leur domicile et leur lieu de travail et du coût de la vie plus élevé à Paris et en région parisienne (TGI Paris 28-10-2008 n° 08-8842). De même, le bénéfice des titres-restaurant peut être exclu pour les salariés domiciliés à **moins de 10 minutes de leur lieu de travail,** ce faible temps de trajet leur permettant de regagner leur domicile pour le déjeuner (CA Nîmes 27-3-2012 n° 10-04144).

Par ailleurs, l'employeur peut imposer, pour en bénéficier, une condition de durée d'activité au cours du mois (par exemple, au moins 15 jours de travail au cours du mois : Cass. soc. 16-9-2009 n° 08-42.040 FD).

TITRES-RESTAURANT SUR SUPPORT PAPIER

51760 **Mentions obligatoires** Les titres-restaurant comportent, en **caractères très apparents,** les mentions suivantes (C. trav. art. R 3262-1-1 et R 3262-2) :

– à apposer par l'**émetteur** : son nom et son adresse ; nom et adresse de l'établissement bancaire à qui les titres sont présentés au remboursement par les restaurateurs ou les commerçants ; montant de la valeur libératoire du titre ; année civile d'émission ; numéro dans une série continue de nombres caractérisant l'émission ;

– à apposer par le **restaurateur** ou le **commerçant** au moment de l'acceptation du titre : nom et adresse de l'établissement chez qui le repas a été consommé ou acheté.

Pour bénéficier de l'exonération prévue à l'article 81, 19° du CGI (exonération plafonnée d'impôt sur le revenu : voir n° 51900), le **salarié** doit inscrire son nom sur le titre-restaurant si cette mention n'a pas déjà été apposée par l'employeur ou le comité social et économique (CGI ann. II art. 39).

51770 **Nombre de titres et modalités d'utilisation** Un salarié ne peut recevoir qu'un titre-restaurant par **repas compris** dans son **horaire de travail journalier.** Ce titre ne peut être utilisé que par le salarié auquel l'employeur l'a remis (C. trav. art. R 3262-7). Il n'y a pas lieu de délivrer de titres-restaurant pour les **périodes non effectivement travaillées** : congés payés, etc. Pour les salariés à **temps partiel,** voir n° 74660.

Les titres-restaurant ne sont **pas utilisables** les dimanches et jours fériés, sauf s'ils portent, de manière très apparente, une mention contraire apposée par l'employeur au bénéfice exclusif des salariés travaillant pendant ces mêmes jours (C. trav. art. R 3262-8).

L'utilisation des titres-restaurant est limitée à un **montant maximal journalier** fixé à 25 € depuis le 1-10-2022 (C. trav. art. R 3262-10, al. 1).

ATTENTION

L'employeur doit accorder des titres-restaurant au **conseiller prud'homal en formation** lorsque le temps de formation englobe un temps de repas (Cass. soc. 20-2-2013 n° 10-30.028 FS-PB).

Lieux d'utilisation Les titres-restaurant ne peuvent être utilisés que dans le **département du lieu de travail** des salariés bénéficiaires et les **départements limitrophes,** à moins qu'ils ne portent, de manière très apparente, une mention contraire apposée par l'employeur, sous sa responsabilité, pour les salariés qui sont, du fait de leurs fonctions, appelés à des déplacements à longue distance (C. trav. art. R 3262-9). 51780

Ils ne peuvent en principe être utilisés que dans les **restaurants** et auprès des organismes ou entreprises assimilés ainsi qu'auprès des **détaillants en fruits et légumes** (C. trav. art. R 3262-4, al. 1). Toutefois, **jusqu'au 31-12-2023,** ils peuvent être utilisés pour acquitter en tout ou en partie le prix de tout produit alimentaire, qu'il soit directement consommable ou non (par exemple : huile, farine, œufs, légumes secs non cuits) (Loi 2022-1158 du 16-8-2022 art. 6).

Période d'utilisation et titres non utilisés Les titres-restaurant ne peuvent être **présentés en paiement** que pendant l'année civile dont ils font mention et durant une période de 2 mois à compter du 1er janvier de l'année suivante. Aucun titre émis durant l'année en cours ne peut être utilisé par le salarié tant qu'il n'a pas utilisé tous ceux émis durant l'année civile écoulée. Les titres non utilisés au cours de cette période et rendus par les salariés à leur employeur au plus tard au cours des 15 jours suivants sont **échangés gratuitement** contre un nombre égal de titres valables pour la période ultérieure (C. trav. art. R 3262-5). 51800

Lorsque l'employeur a acquis les titres auprès d'un **émetteur spécialisé,** il peut obtenir de celui-ci, au cours du mois qui suit la période d'utilisation, l'échange des titres inutilisés en ne versant que la commission normalement perçue par l'émetteur lors de la vente de ces titres. Dans ce cas, le montant des commissions correspondant aux titres dont la non-utilisation incombe aux salariés est remboursable par ces derniers à l'employeur (C. trav. art. R 3262-12).

ATTENTION

Le salarié qui **quitte l'entreprise** remet à l'employeur, à son départ, les titres-restaurant en sa possession. Il est remboursé du montant de sa contribution à l'achat de ces titres (C. trav. art. R 3262-11).

TITRES-RESTAURANT SUR SUPPORT ÉLECTRONIQUE

Mentions obligatoires Les nom et adresse de l'émetteur et de l'établissement bancaire à qui les titres sont présentés au remboursement par les restaurateurs ou les commerçants doivent **figurer de façon très apparente** sur le support physique du paiement dématérialisé. Si le paiement est effectué à partir d'un **équipement terminal** (téléphone portable, par exemple) utilisé par le salarié et comportant une fonctionnalité de paiement électronique, ces mentions doivent être accessibles directement sur cet équipement (C. trav. art. R 3262-1-2, 1°). 51810

Utilisation Les conditions d'utilisation des titres-restaurant dématérialisés sont les mêmes que celles des titres émis sur support papier, sous réserve des **particularités** suivantes : 51820

– en cas de dérogation à l'interdiction d'utiliser les titres les **dimanches** et **jours fériés** (n° 51770), l'employeur doit en informer par tout moyen les salariés concernés avant l'émission du titre (C. trav. art. R 3262-8) ;

– les salariés sont **débités** de la somme exacte à payer dans la limite du **montant maximal** de 25 € par jour (C. trav. art. R 3262-10, al. 2) ;

– une **fonctionnalité de blocage** empêche le salarié d'utiliser les titres de l'année en cours tant que tous ceux de l'année écoulée n'ont pas été utilisés (C. trav. art. R 3262-1-2, 4°), l'utilisation des titres les dimanches et jours fériés, sauf exception admise (n° 51770), et hors du département du lieu de travail et des départements limitrophes (n° 51780), ainsi que le dépassement du montant maximal de 25 € par jour (C. trav. art. R 3262-1-2, 5°).

> **Précisions** **a.** Le **solde** du compte personnel de titres dématérialisés ne peut pas être **converti** sur support papier, sauf pour les salariés qui accomplissent principalement leurs missions hors des locaux de leur entreprise (C. trav. art. R 3262-1-2, 6°).
> **b.** L'émetteur doit assurer à chaque salarié l'**accès permanent et gratuit,** par message textuel, par voie téléphonique ou directement sur l'équipement terminal, au solde de son compte personnel, au montant des titres périmés pendant la période d'échange de 15 jours visée n° 51800, à la date de péremption des titres et à la date limite d'échange des titres périmés. Le montant de la valeur libératoire du titre doit également être indiqué, toute modification de cette valeur devant faire l'objet d'une information préalable du salarié sur un support durable (C. trav. art. R 3262-1-2, 2°).

VALEUR LIBÉRATOIRE DES TITRES ET PRIX DES REPAS

51840 La valeur libératoire des titres, c'est-à-dire le montant pour lequel ils **valent paiement,** n'est pas réglementée par les textes. Dans la pratique, toutefois, si l'employeur veut limiter le montant de sa contribution au plafond d'exonération (n° 51900), il ne proposera à ses salariés que des titres d'une valeur libératoire comprise entre les cinq tiers et le double de ce plafond, pour rester dans la fourchette de participation de 50-60 % à laquelle est subordonné le droit à l'exonération.

Ainsi, **depuis le 1er janvier 2023,** la limite d'exonération de la contribution patronale étant de 6,50 € par titre, la valeur des titres correspondant à ce montant de contribution patronale est comprise entre 10,83 € pour une contribution patronale de 60 % et 13 € pour une contribution patronale de 50 %.

2. EXONÉRATIONS SOCIALES ET FISCALES

CONDITIONS ET LIMITES D'EXONÉRATION

51900 La contribution de l'employeur à l'acquisition de titres-restaurant par ses salariés est exonérée des prélèvements visés n° 51920 :

– dans la limite d'un montant maximum fixé par l'article 81, 19° du CGI. Aux termes de ce texte, ce montant est **relevé** chaque année dans la même proportion que la variation de l'indice des prix à la consommation hors tabac entre le 1er octobre de l'avant-dernière année et le 1er octobre de l'année précédant celle de l'acquisition des titres-restaurant. Le résultat est **arrondi,** s'il y a lieu, au centime d'euro le plus proche. Pour 2023, ce montant est de 6,50 € (Loi 2022-1726 du 30-12-2022 art. 4 : JO 31). Pour les montants antérieurs, voir n° 96340 ;

– sous réserve du respect de la réglementation générale des titres-restaurant (nos 51900 s.) et à condition qu'elle soit comprise entre 50 % et 60 % de la valeur libératoire des titres-restaurant (CGI ann. IV art. 6 A). La contribution salariale est donc obligatoire.

ATTENTION

Lorsque le **comité social et économique** participe, conjointement avec l'employeur, au financement des titres-restaurant, il convient de faire masse des 2 participations pour apprécier le droit aux exonérations (site internet des Urssaf : www.urssaf.fr ; Guide Acoss du recouvrement n° 101 p. 27).

PRÉLÈVEMENTS CONCERNÉS

51920 Les prélèvements concernés par l'exonération mentionnée n° 51900 sont :

– les **cotisations** de sécurité sociale (CSS art. L 242-1, I et L 136-1-1) et l'ensemble des **prélèvements** dont l'assiette est harmonisée avec celle de ces cotisations : cotisations ou contributions solidarité autonomie, Fnal, dialogue social, chômage, AGS, retraite complémentaire Agirc-Arrco, formation et alternance (contributions à la formation professionnelle, CPF-CDD, supplémentaire à l'apprentissage et taxe d'apprentissage), versement mobilité et participation-construction ;

– la **taxe sur les salaires** (CGI art. 231, 1) renvoyant à l'article L 136-1 du CSS ;

– la **CSG** et la **CRDS** (CSS art. L 136-1-1, III-4-a ; Ord. du 24-1-1996 art. 14) ;

– l'**impôt** sur le revenu (CGI art. 81, 19°).

› Précisions **a.** S'agissant des cotisations de sécurité sociale, l'exonération de la contribution patronale aux titres-restaurant reste acquise en cas d'application de l'une des **déductions forfaitaires** spécifiques pour frais professionnels propres à certaines professions (voir liste n° 96360). Le montant exonéré de la contribution patronale n'a donc pas à être ajouté à la rémunération proprement dite même lorsque la déduction forfaitaire est effectivement pratiquée (n° 55550).

b. Au plan fiscal, l'exonération de la contribution patronale aux titres-restaurant est cumulable avec la **déduction forfaitaire de 10 %** pour frais professionnels (BOI-RSA-CHAMP-20-50-10-10 n° 90). En revanche, cette contribution est à inclure dans le salaire imposable en cas d'option du salarié pour la **déduction des frais réels.**

NON-RESPECT DES SEUILS D'EXONÉRATION

51940 **Conséquences sur le régime social** En cas de mauvaise application d'une mesure d'exonération des cotisations ou contributions de sécurité sociale portant sur les titres-restaurant, le **redressement** ne porte que **sur la fraction** des cotisations et contributions indûment exonérées ou réduites, sauf mauvaise foi ou agissements répétés du cotisant (CSS art. L 133-4-3).

Ainsi, si la contribution patronale est comprise entre 50 % et 60 % de la valeur libératoire du titre, mais est supérieure à la limite d'exonération mentionnée n° 51900, la réintégration

dans l'assiette des cotisations et contributions mentionnées n° 51920 ne porte que sur la fraction excédant cette dernière limite (BOSS-AN-130) ; toutefois, en cas de mauvaise foi ou d'agissements répétés du cotisant, elle porte sur le montant total de la contribution (BOSS-AN-150).
Si la contribution patronale est supérieure à 60 % de la valeur libératoire du titre, la réintégration dans l'assiette des cotisations et contributions et des taxes et participations sur les salaires est limitée à la fraction de la contribution excédant 60 % de la valeur du titre (BOSS-AN-130) ; toutefois, en cas de mauvaise foi ou d'agissements répétés du cotisant (BOSS-AN-150), le dépassement du plafond de 60 % entraîne la réintégration de la totalité de la contribution (Cass. soc. 27-9-1990 n° 88-10.570 D ; 5-5-1995 n° 92-17.414 D).

Pour des **exemples** d'application, voir n° 51960.

ATTENTION

Dans le cas où la participation de l'employeur excède 60 % de la valeur libératoire du titre, si la part correspondant à 60 % de cette valeur est elle-même supérieure à la limite d'exonération mentionnée n° 51900, la participation de l'employeur ne sera exonérée que dans cette limite, et non pas à hauteur de 60 % de la valeur du titre.

Conséquences sur le régime fiscal L'exonération du complément de rémunération que constitue la contribution de l'employeur à l'achat de titres-restaurant est, en toute hypothèse, limitée au montant indiqué n° 51900 par titre effectivement et régulièrement utilisé par le salarié. Pour le surplus, la contribution patronale constitue un avantage en espèces qui doit être ajouté à la rémunération allouée au salarié et assujetti à l'impôt sur le revenu dans les mêmes conditions que cette dernière. 51950

Lorsque la contribution patronale est **supérieure à 60 % ou inférieure à 50 %** de la valeur libératoire du titre (n° 51900), l'exonération ne s'applique pas. Cette contribution constitue alors pour sa totalité un avantage en argent imposable. Il en est également ainsi, à plus forte raison, quand l'employeur prend à sa charge la totalité de l'achat du titre (BOI-RSA-CHAMP-20-50-30 n° 260).

Lorsqu'elle est en tout ou partie imposable à l'impôt sur le revenu, la contribution patronale entre dans l'assiette du **prélèvement à la source** de l'impôt sur le revenu et dans le net imposable du **bulletin de paie.**

SEUILS D'EXONÉRATION SOCIAUX ET FISCAUX

EXEMPLES 51960

1. La limite d'exonération applicable depuis le 1er janvier 2023, fixée à 6,50 €, correspond à des titres d'une valeur libératoire comprise entre 10,83 € (part patronale maximale de 60 %) et 13 € (part patronale minimale de 50 %). La contribution de l'employeur à un titre-restaurant d'une valeur libératoire de 13 € doit être comprise entre 6,50 € et 7,80 €.

Si l'employeur participe pour 6,50 €, sa contribution est entièrement exonérée.

S'il participe pour 6,70 €, sa contribution n'est exonérée qu'à hauteur de 6,50 €. La fraction excédant cette limite est réintégrée dans l'assiette des cotisations sociales et de l'impôt sur le revenu. Toutefois, en cas de mauvaise foi ou d'agissements répétés de l'employeur, l'intégralité de la contribution est soumise aux prélèvements sociaux.

S'il participe pour 8 €, sa contribution n'est exonérée de cotisations sociales qu'à hauteur de 6,50 €. La fraction excédant cette limite, soit 1,50 €, est réintégrée dans l'assiette des cotisations et contributions sociales (sauf mauvaise foi ou agissements répétés de l'employeur, cas dans lesquels elle est assujettie en totalité). La contribution de 8 € est intégralement passible de l'impôt sur le revenu.

2. Si l'employeur décide de distribuer des titres d'une valeur libératoire de 9 €, sa contribution doit être comprise entre 4,50 € (part patronale minimale de 50 %) et 5,40 € (part patronale maximale de 60 %).

S'il participe pour 5 €, sa contribution est entièrement exonérée.

S'il participe pour 5,50 €, sa contribution n'est assujettie aux cotisations sociales que pour la part excédant 5,40 €, soit 0,10 € (sauf mauvaise foi ou agissements répétés de l'employeur, cas dans lesquels elle est assujettie en totalité), mais intégralement passible de l'impôt sur le revenu.

VERSEMENT SIMULTANÉ DE PRIMES DE REPAS

Dans des **litiges concernant les cotisations de sécurité sociale,** il a été jugé que, si l'employeur contribuant à l'acquisition de titres-restaurant verse en outre aux salariés une prime de restaurant ou de repas, le montant de cette prime doit, lorsqu'il existe une corrélation entre son versement et l'attribution de titres-restaurant, être **ajouté à la participation** 51970

patronale à ces titres pour apprécier si celle-ci n'excède pas la limite de 60 % de la valeur du titre.

Cette corrélation s'apprécie dans chaque cas au vu des circonstances de fait, indépendamment du nom donné à la prime.

ILLUSTRATIONS

Doivent être **ajoutées** à la participation patronale aux titres-restaurant :
– une prime forfaitaire de cantine attribuée pour chaque jour de travail effectif (Cass. soc. 14-6-1990 nº 87-18.536 P) ;
– une prime dite « de complément-déjeuner » devant s'imputer sur un éventuel relèvement de la participation de l'employeur au financement des titres de repas (Cass. soc. 9-7-1992 nº 90-15.203 D) ;
– une prime forfaitaire payée mensuellement aux seuls salariés bénéficiant de titres-restaurant, due uniquement pour les jours travaillés, d'un montant invariable et qui avait été supprimée dans l'entreprise en même temps que les titres-restaurant eux-mêmes (Cass. soc. 8-4-1993 nº 91-14.299 D).

Jugé **en sens contraire** pour :
– une indemnité mensuelle dite « de restaurant » versée à certains salariés soumis à des sujétions particulières, ceux-ci pouvant en disposer selon leurs convenances personnelles (Cass. soc. 1-3-1989 nº 86-16.100 P) ;
– une prime dite « de Chèque-restaurant », de caractère dégressif en fonction de la catégorie salariale, versée selon une périodicité différente de celle de la délivrance des titres-restaurant attribués par ailleurs aux intéressés, dont le montant n'avait pas varié lors de l'augmentation de la contribution patronale à l'acquisition de ces titres et pour l'utilisation de laquelle toute liberté était laissée aux salariés (Cass. soc. 2-3-1983 nº 81-16.645 P) ;
– une indemnité versée aux salariés travaillant en équipe destinée à compenser leurs conditions de travail particulières les obligeant, notamment, à prendre leur repas sur leur lieu de travail ou en dehors des horaires habituels de repas (Cass. 2e civ. 7-5-2015 nº 14-15.341 F-D).

B. Prestations sociales complémentaires

52050 Sont examinés ci-après certains des avantages **servis par l'entreprise** à ses salariés ou anciens salariés ou à leurs ayants droit en **complément des prestations de sécurité sociale,** ainsi que ceux alloués pour son compte par un **organisme extérieur.**

Pour les avantages servis par les **CSE,** voir nos 41050 s.

PRESTATIONS FAMILIALES

52060 Certaines entreprises attribuent à leurs salariés des **allocations complétant** les allocations familiales légales ou des **primes** à caractère familial (exemple : primes de mariage, de logement, de naissance, de crèche, de scolarité, etc.). Ces avantages sont fréquemment appelés prestations familiales extra-légales.

Ces avantages sont **dus aux conditions fixées** par l'accord collectif, l'usage d'entreprise ou l'engagement unilatéral de l'employeur les prévoyant. Ainsi, si un accord d'entreprise prévoit le versement d'une allocation forfaitaire de frais de garde d'enfants sans le subordonner à la justification de frais exposés par les intéressés, l'employeur ne peut pas la refuser aux salariés ne justifiant pas de tels frais (Cass. soc. 11-10-1995 nº 92-41.394 D).

52070 **Régime social et fiscal** Les prestations familiales extra-légales versées par l'employeur ou pour son compte ont la nature de complément de salaire au regard :
– de l'**impôt** sur le revenu (BOI-RSA-CHAMP-20-30-30 nos 20 et 30), avec application pour l'employeur du prélèvement à la source de l'impôt sur le revenu (BOI-IR-PAS-10-10-10 nº 20), sauf si le bénéficiaire est fiscalement domicilié hors de France, auquel cas c'est la retenue à la source de l'article 182 A du CGI (nos 35800 s.) qui s'applique. Ces sommes doivent donc entrer dans le montant porté en montant net imposable sur le bulletin de paie ;
– des **cotisations de sécurité sociale** sur salaire (jurisprudence constante). Même solution pour les prélèvements dont l'assiette est **alignée** sur celle de ces cotisations : cotisations ou contributions solidarité autonomie, Fnal, dialogue social, chômage, AGS, retraite complémentaire Agirc-Arrco, formation et alternance (contributions à la formation professionnelle, CPF-CDD, supplémentaire à l'apprentissage et taxe d'apprentissage), versement mobilité et participation-construction, ainsi que pour la **CSG,** la **CRDS** et la **taxe sur les salaires.**

S'agissant de l'**aide aux services à la personne,** voir nos 41330 s. et 41720.

Obligations déclaratives Ces sommes doivent être mentionnées sur le **bulletin de paie,** sur une ligne particulière, en application de l'article R 3243-1, 6° du Code du travail qui impose d'y porter la nature et le montant des accessoires du salaire soumis aux cotisations sociales. Elles doivent être déclarées dans la **DSN** bloc 52 (Prime, gratification et indemnité), bloc 78 (Base assujettie) et dans le bloc 50, en Rémunération nette fiscale (S21.G00.50.002) et en Montant soumis au PAS (S21.G00.50.013). 52080

Ces obligations ne s'appliquent pas pour les sommes versées par un **organisme extérieur** au titre des périodes postérieures à la cessation du contrat de travail.

ALLOCATIONS D'INVALIDITÉ

Les allocations versées aux salariés en cas d'invalidité sont soumises au régime ci-après. 52090

> **Précisions** Sont traités ailleurs :
> – les indemnités complémentaires versées en cas d'**incapacité temporaire** : voir nos 61700 s. (étude sur les indemnités complémentaires) et 62180 s. (régime social et fiscal des indemnités) ;
> – les avantages de **vieillesse** : voir nos 52250 s. ;
> – les **capitaux décès ou invalidité** : voir nos 73590 s. ;
> – les **rentes servies aux ayants droit** : voir nos 73650 s.

Régime social Pour la **Cour de cassation,** les allocations d'invalidité **versées par l'employeur** sont assujetties aux cotisations de sécurité sociale sur les salaires, qu'elles soient versées en cours de contrat ou après sa rupture. En effet, ce sont non pas des secours attribués en considération de situations individuelles particulièrement dignes d'intérêt, mais des avantages en argent procurés en contrepartie ou à l'occasion du travail (Cass. ass. plén. 26-1-2001 n° 99-11.758 P ; Cass. soc. 12-10-1995 n° 93-16.993 P). 52100

Ces sommes sont donc également assujetties aux autres cotisations et contributions sur revenu d'activité : **CSG** et **CRDS** sur revenu d'activité, contributions solidarité autonomie (et non pas cotisation additionnelle de solidarité autonomie sur revenu de remplacement), Fnal, dialogue social, chômage, AGS, retraite complémentaire Agirc-Arrco, formation et alternance (contributions à la formation professionnelle, CPF-CDD, supplémentaire à l'apprentissage et taxe d'apprentissage), versement mobilité et participation-construction. Sur les taxes et participations assises sur les salaires, voir n° 52120.

> **Précisions** **a.** Le principe de l'assujettissement des prestations d'invalidité **versées par l'employeur** aux cotisations et contributions sur revenu d'activité (et non pas sur revenu de remplacement) n'a été expressément **confirmé par l'Urssaf Caisse nationale** que pour la contribution solidarité autonomie (Circ. Acoss 19 du 28-3-2013). Mais cette reconnaissance vaut implicitement pour les autres cotisations et contributions sur revenus d'activité.
> **b.** Les prestations d'invalidité versées par les **organismes de prévoyance** complémentaire sont quant à elles soumises à la CSG et à la CRDS sur revenus de remplacement (Circ. Acoss 22 du 2-2-1998 ; Doc. Urssaf 20-2-2023), dont le taux dépend du montant du revenu imposable du pensionné (n° 28520), ainsi qu'à la contribution additionnelle de solidarité pour l'autonomie (Casa) au taux de 0,30 % (Circ. Acoss 19 du 28-3-2013). Ces contributions sont précomptées et reversées par l'organisme et non par l'employeur. Comme pour les prestations de retraite (nos 52480 s.), les personnes percevant de faibles revenus ou titulaires d'un avantage non contributif en sont exonérées (CSS art. L 136-1-2, L 136-5 et L 137-41 ; Ord. 96-50 du 24-1-1996 art. 14).

Régime fiscal Les sommes allouées en cas d'incapacité permanente ou d'invalidité, totale ou partielle, sont toujours **imposables** comme des pensions, qu'il s'agisse d'une pension de retraite anticipée ou d'une allocation venant compléter la rente ou la pension servie par le régime de base au titre des accidents du travail ou de l'invalidité. Ces règles valent aussi bien pour les sommes versées par l'employeur ou l'ancien employeur que par des organismes de prévoyance en application de contrats collectifs et obligatoires (BOI-RSA-PENS-10-10-20 n° 20). Les employeurs ou anciens employeurs qui versent des allocations complémentaires d'incapacité permanente ou d'invalidité sont tenus d'effectuer le **prélèvement à la source** de l'impôt sur le revenu (BOI-IR-PAS-10-10-10 n° 80), sauf si le bénéficiaire est fiscalement domicilié hors de France, auquel cas c'est la retenue à la source de l'article 182 A du CGI (nos 35800 s.) qui s'applique. 52120

S'agissant de la **taxe sur les salaires,** dont l'assiette est alignée sur celle de la CSG (n° 52100), il a été précisé que les solutions doctrinales retenues en matière sociale sont applicables à cette taxe (BOI-TPS-TS-20-10 n° 60). Cela étant, elle ne devrait être due que sur les sommes versées aux personnes encore liées par contrat de travail à l'entreprise. Aux termes mêmes de l'article 231 du CGI, en effet, cette taxe ne concerne que les sommes versées aux salariés.

Pour la **participation-construction,** voir n° 52100.

> Précisions **a.** Les employeurs ou anciens employeurs qui servent des rentes complémentaires d'incapacité permanente ou d'invalidité imposables dans la catégorie des pensions sont tenus de les **déclarer** sur la DSN ou la déclaration Pasrau et sur la déclaration des pensions n° 2466, à souscrire auprès des services de la DGFiP (n°s 36750 s.).

b. S'agissant particulièrement des **pensions complémentaires d'accidents du travail,** tant la doctrine administrative qu'une jurisprudence constante du Conseil d'État les excluent du champ d'application de l'exonération d'impôt sur le revenu prévue par l'article 81, 8° du CGI pour les prestations et rentes viagères servies aux victimes d'accidents du travail ou à leurs ayants droit. L'effet de cette exonération est donc limité aux prestations légales de sécurité sociale. Toutefois, selon le Conseil d'État, les prestations versées en exécution d'une assurance volontaire aux personnes qui, tels les **salariés expatriés,** n'entrent pas dans le champ d'un régime obligatoire de sécurité sociale bénéficient de l'exonération dans la limite des prestations servies, à rémunération et taux d'incapacité identiques, par les régimes obligatoires de sécurité sociale (CE 1-10-1999 n° 143633).

PRESTATIONS SERVIES PAR LES MUTUELLES

52160 **Régime social** Selon la jurisprudence, même s'ils participent à leur financement, les employeurs n'ont pas à **cotiser** sur les prestations versées à leur personnel par les mutuelles, dès lors que ces prestations sont en relation avec leur action de **prévoyance, de solidarité et d'entraide** (action qui leur est dévolue par l'article L 111-1 du Code de la mutualité).

Une distinction apparaît ainsi entre les prestations accordées par une **mutuelle** à tous ses membres dans le cadre des objectifs définis à l'article L 111-1 du Code de la mutualité et les avantages servis par d'**autres structures à caractère social** (par exemple, CSE) financés par l'employeur qui, contrairement aux premières, peuvent être soumis à cotisations.

ILLUSTRATIONS

Même s'ils participent à leur financement, les employeurs n'ont pas à cotiser sur les prestations suivantes versées à leur personnel par les mutuelles dans le cadre de leur action de prévoyance, de solidarité et d'entraide :
- des primes forfaitaires de **mariage, naissance** et **décès** (Cass. soc. 25-3-2003 n° 00-17.199FS-P) ;
- des prestations en nature servies aux **retraités** de l'entreprise (Cass. 2e civ. 29-6-2004 n° 03-13.049 FS-PB) ;
- des primes pour **enfant en situation de handicap** (Cass. soc. 12-10-2000 n° 98-22.539 FS-D).

En revanche, les **indemnités journalières complémentaires** maladie ou maternité et les **allocations d'invalidité** sont assujetties à cotisations et contributions dans les conditions respectivement indiquées n°s 62180 s. et 52100.

52170 **Régime fiscal** À notre connaissance, la question de l'assujettissement à l'**impôt sur le revenu** des prestations pour événements familiaux versées au personnel par les mutuelles n'a pas fait l'objet de solution jurisprudentielle ou administrative. Mais, hormis le cas particulier où elles présenteraient le caractère d'un secours, ces prestations nous paraissent imposables dans les conditions de droit commun. Il appartient donc à la mutuelle qui les verse d'opérer le prélèvement à la source de l'impôt sur le revenu sur ces sommes et de les faire figurer sur la déclaration Pasrau.

Sur le régime fiscal des indemnités journalières complémentaires de maladie ou de maternité, voir n° 62220.

C. Avantages de retraite

52250 Ne sont étudiés ici que les avantages de retraite **financés** en tout ou partie **par l'employeur** et versés à d'anciens salariés, ou aux membres de leur famille (pension de réversion ou d'orphelin), en complément des avantages de retraite versés par le régime général de sécurité sociale.

> Précisions **a.** Les avantages de retraite sont à distinguer des **préretraites** d'entreprise étudiées n°s 86330 s.

b. La décision d'accorder un avantage complémentaire de retraite servi directement par l'entreprise peut être soumise, lorsque le bénéficiaire est un **dirigeant de société,** à une procédure de contrôle : voir Mémento sociétés commerciales n°s 52691 et 52717 pour la société anonyme, n° 56775 pour la société en commandite par actions et n°s 31930 s. pour la SARL.

1. RÉGIME SOCIAL

52260 Sauf exonération, les avantages de retraite financés en tout ou partie par l'employeur en complément des pensions du régime général de sécurité sociale supportent la **CSG** et la **CRDS** sur les revenus de remplacement (CSS art. L 136-1-2, II-1° ; Ord. 96-50 du 24-1-1996 art. 14), une cotisation spéciale d'assurance **maladie** (CSS art. L 131-2) ainsi que la **contribution additionnelle de solidarité pour l'autonomie,** aussi appelée Casa (CSS art. L 137-41).

Ces cotisations et contributions sont toutes à la charge du retraité et donc précomptées sur son avantage de retraite.

› Précisions **a.** Les **retraites à prestations définies** sont soumises à une contribution spécifique, voir n° 43440 (régime à droits certains) et n° 43490 (régimes à droits aléatoires).

b. Les avantages de retraite ne sont pas assujettis aux **cotisations de sécurité sociale sur salaires,** ni aux prélèvements dont l'assiette est alignée sur celle de ces cotisations : cotisations ou contributions solidarité autonomie, Fnal, dialogue social, chômage, AGS, retraite complémentaire Agirc-Arrco, formation et alternance (contributions à la formation professionnelle, CPF-CDD, supplémentaire à l'apprentissage et taxe d'apprentissage), versement mobilité et participation-construction.

a. Avantages concernés

FINANCEMENT DE L'AVANTAGE

Pour être assujettis à la cotisation spéciale maladie, les avantages de retraite doivent avoir **52300** été financés en tout ou partie par l'**employeur** (CSS art. L 131-2). Ceux servis en contrepartie de cotisations à la charge exclusive des bénéficiaires n'y sont donc pas assujettis (Circ. min. du 28-4-1980). Il en va de même pour la CSG et la CRDS sur revenu de remplacement (Circ. DSS 3 du 16-1-1991) ainsi que pour la Casa, son assiette étant alignée sur celle de la CSG.

DÉFINITION DE L'AVANTAGE DE RETRAITE

Les avantages de retraite s'entendent de ceux versés après la **cessation d'activité** entraînée **52330** par la rupture du contrat de travail (Inst. Acoss du 18-7-1980).

Sous cette réserve, la notion d'« avantage de retraite » doit être entendue largement. Ainsi, la cotisation et les contributions sur les avantages de retraite sont dues quels que soient la **dénomination** de l'avantage (pension, rente, allocation), ses **conditions d'attribution** (à titre bénévole, contractuel ou conventionnel), ses modalités de **versement** (périodique ou sous forme de capital) ou la qualité du **bénéficiaire** (droits propres ou dérivés) (Inst. Acoss du 18-7-1980 ; Circ. DSS 3 du 16-1-1991).

ILLUSTRATIONS **52340**

Constituent des **avantages de retraite** soumis aux cotisations et contributions sur retraite :
– la rente versée au conjoint survivant par un organisme tiers, même si celui-ci exerce une activité salariée et cotise déjà à ce titre à l'assurance maladie (Rép. Fuchs : AN 13-5-1981) ;
– la prise en charge par l'ancien employeur de dépenses dont le retraité est redevable, comme par exemple les cotisations à un régime de prévoyance (Inst. Acoss du 18-7-1980 ; Cass. soc. 27-4-2000 n° 98-14.241 D ; Doc. Urssaf 8-3-2023) ;
– certains avantages en nature maintenus au salarié parti à la retraite (voir n° 52370).

Ne constituent **pas des avantages de retraite**
– l'indemnité de départ ou de mise à la retraite : voir nos 64680 s., 64810 et 64970 s. ;
– les rentes versées par l'employeur au conjoint survivant ou aux orphelins : voir nos 73650 s.
– le capital décès : voir n° 73590 ;
– les allocations complémentaires aux indemnités journalières de sécurité sociale : voir 62180 s. ;
– les avantages d'invalidité : voir nos 52100 s. ;
– la prime à versement différé, comme celle issue d'un « compte » alimenté au mérite en cours de carrière et dont les droits peuvent être liquidés en cours d'activité ou lors d'un départ de l'entreprise autre que le départ en retraite. Ces sommes sont donc assujetties aux cotisations sur les salaires (Cass. soc. 14-12-1988 n° 86-14.415 P).

CAS PARTICULIER DES AVANTAGES EN NATURE

Selon le site des Urssaf, les avantages en nature servis aux retraités par leurs anciens **52370** employeurs constituent des **avantages de retraitre** (Doc. urssaf du 8-3-2023). Selon une position ancienne de l'Urssaf Caisse nationale, les avantages en nature (par exemple : mise à disposition gratuite d'un logement) accompagnant des **versements en espèces** entrent dans le champ d'application de la cotisation spéciale maladie sur les retraites, mais pas ceux **attribués isolément** (Inst. Acoss du 18-7-1980). Il s'agit là de la transposition au retraité de la règle selon laquelle les travailleurs exclusivement rémunérés en espèces ne sont pas redevables des cotisations et contributions salariales (nos 26020 s.). Néanmoins, aucun texte ne prévoyant une telle transposition, la tolérance admise par la caisse nationale n'est pas opposable aux Urssaf. Il est donc conseillé, pour les employeurs qui souhaiteraient s'en prévaloir, de s'assurer auprès de leur Urssaf, qu'elle admet cette pratique.

ATTENTION

Pour la Cour de cassation, les avantages en nature accordés aux retraités en **contrepartie du travail antérieur** sont soumis, non pas au régime social des avantages de retraite, mais à celui des des **revenus d'activité.** Ainsi jugé pour les avantages en nature suivants conservés au salarié après son départ à la retraite : abonnement téléphonique gratuit maintenu par l'employeur opérateur téléphonique (Cass. 2e civ. 17-9-2009 no 08-12.071 FS-PB), réductions tarifaires sur l'achat de véhicules automobiles produits par l'ancien employeur (Cass. 2e civ. 12-7-2012 no 11-22.136 F-D), maintien à titre gratuit d'une carte de circulation sur le réseau de transport urbain exploité par l'employeur (Cass. 2e civ. 13-10-2022 no 21-10.175 F-D), maintien des avantages consentis au personnel des banques (voir nos 53980 s.).

b. Personnes assujetties

ASSURÉS DU RÉGIME FRANÇAIS

52430 Les retraités qui sont à la fois **domiciliés en France** pour l'établissement de l'impôt sur le revenu et à la charge, à quelque titre que ce soit, d'un régime obligatoire français d'**assurance maladie** sont redevables, sur leurs avantages de retraite, de la CSG et de la CRDS sur revenu de remplacement (CSS art. L 136-1), de la Casa (CSS art. L 137-41) et de la cotisation spéciale maladie (CSS art. L 131-9 et D 242-8).

En ce qui concerne les personnes **ne remplissant pas la condition de résidence** en France mais bénéficiant, à titre obligatoire, de la prise en charge de leurs frais de santé lors de leurs séjours temporaires en France, leurs retraites échappent à la CSG (CSS art. L 136-1), à la CRDS (Ord. 96-50 du 24-1-1996) et à la Casa (CSS art. L 137-41) mais elles sont soumises à la cotisation spéciale d'assurance maladie à un taux majoré (CSS art. L 131-9 et D 242-8). Tel est le cas, sauf convention de sécurité sociale en disposant autrement, des Français et des ressortissants des États membres de l'UE bénéficiant d'une pension de retraite française tout en résidant dans un État tiers au titre de leurs pensions françaises, puisque ces personnes ont droit à la prise en charge de leurs frais de santé par le régime français d'assurance maladie en cas de séjour en France ou de transfert de leur résidence en France (Circ. DSS 461 du 27-12-2010, opposable).

> Précisions **a.** La cotisation spéciale d'assurance maladie n'est pas due, en revanche, sur les pensions versées à des personnes **résidant hors de France** prises en charge non par l'**assurance maladie** française, mais par celle de leur **pays de résidence.** Tel est notamment le cas des pensionnés résidant dans un pays de l'EEE autre que la France, en Andorre ou en Suisse, et qui sont également titulaires d'une pension de leur pays de résidence (Circ. Agirc-Arrco du 21-3-2003 et du 6-6-2008) et celui de tous les pensionnés résidant à Monaco (CSS art. L 131-9, al. 2 ; Circ. Agirc-Arrco du 6-6-2008).
b. Les avantages de retraite en **provenance de l'étranger** et versés directement aux bénéficiaires par virement bancaire ne sont pas soumis à précompte (Lettre min. du 11-3-1981).

ANCIENS ASSURÉS DU RÉGIME GÉNÉRAL

52450 Les compléments de pension versés directement par les sociétés à leurs anciens **dirigeants** ne sont assujettis à la cotisation spéciale de maladie sur les pensions du régime général de sécurité sociale des salariés que si le bénéficiaire avait exercé des fonctions de dirigeant entraînant affiliation à ce régime.

ILLUSTRATIONS

Une illustration de ce principe a été donnée par l'administration à propos des **gérants de SARL** (Lettre min. du 14-1-1981 ; Circ. Acoss du 16-4-1981) :
– les pensions servies aux anciens gérants majoritaires ou membres d'un collège de gérance majoritaire échappent à la cotisation maladie sur les retraites du régime général des salariés ;
– sont en revanche soumises à cette cotisation les pensions servies aux anciens gérants qui, après avoir constitué un collège de gérance majoritaire pendant 16 ans, ont terminé leur carrière dans un collège de gérance minoritaire pendant 4 années.

c. Exonérations

52480 Des exonérations sont prévues pour les personnes percevant de faibles revenus ou titulaires d'allocations de vieillesse non contributives.

S'agissant de la cotisation spéciale d'assurance maladie, il a été précisé que ces exonérations, liées à la personne du bénéficiaire et non au débiteur de la pension, s'appliquent aussi lorsque ce débiteur est l'employeur (Lettre min. du 11-3-1981 diffusée par circ Acoss du 16-4-1981).

REVENU FISCAL INFÉRIEUR À UN CERTAIN SEUIL

Sont **exonérées de CSG et de CRDS,** les pensions de retraite des personnes dont le revenu fiscal de référence de l'année N – 2 (soit 2021 pour la CSG et la CRDS de 2023) ne dépasse pas le seuil indiqué n° 96259 (CSS art. L 136-1-2, II-1° ; Ord. 96-50 du 24-1-1996 art. 14). 52490

Les personnes dont le revenu fiscal de référence de l'année N – 2 dépasse ce seuil, sans excéder, sur cette année et sur l'année N – 3, le seuil indiqué n° 96260, sont passibles sur leurs pensions de retraite d'une **CSG à taux réduit** (CSS art. L 136-8, III).

Les personnes dont le revenu fiscal de référence dépasse le seuil d'application du taux réduit, sans excéder, sur l'année N – 2, le seuil indiqué n° 96261, sont passibles sur leurs pensions de retraite d'une **CSG** à **taux intermédiaire** (CSS art. L 136-8, III).

Les personnes bénéficiant de la CSG au taux réduit ou intermédiaire restent assujetties à la **CRDS au taux normal.**

Les personnes dont le revenu fiscal de référence n'excède pas celui ouvrant droit à CSG à taux réduit sont exonérées de la **Casa** et de la **cotisation spéciale maladie** sur leurs pensions de retraite (CSS art. L 137-41 et D 242-9).

> Précisions a. Les seuils sont **revalorisés** chaque année au 1er janvier conformément à l'évolution en moyenne annuelle des prix à la consommation, hors tabac, constatée pour l'avant-dernière année et arrondis à l'euro le plus proche, la fraction d'euro égale à 0,50 étant comptée pour 1 (CSS art. L 136-8, III).

b. Le **revenu fiscal de référence** s'entend de celui défini à l'article 1417, IV du CGI, relatif aux allégements de taxe d'habitation et de taxe sur le foncier bâti de la résidence principale. Ce revenu, qui figure sur les **avis d'imposition** à l'impôt sur le revenu, s'entend du revenu net imposable (y compris les plus-values), majoré notamment des revenus soumis à certains prélèvements libératoires, de certains revenus non imposables en France en raison des règles de territorialité fiscale et de certaines charges déductibles du revenu global. Le montant ainsi obtenu est modulé en fonction du nombre de parts du quotient familial.

PERCEPTION DE L'ASPA

Les personnes titulaires de l'allocation de solidarité aux personnes âgées (Aspa) sont exonérées, sur l'ensemble de leurs pensions de retraite, de la CSG et de la CRDS (CSS art. L 136-1-2), de la Casa (CSS art. L 137-41) ainsi que de la cotisation spéciale d'assurance maladie (CSS art. D 242-9). 52510

S'agissant de la cotisation spéciale d'assurance maladie, l'exonération continue de s'appliquer l'année civile suivant celle où le bénéfice de cette allocation cesse (CSS art. D 242-9).

Pour la cotisation maladie, cette exonération joue que la personne titulaire de l'Aspa soit domiciliée en France ou à l'étranger.

JUSTIFICATIFS À FOURNIR À L'EMPLOYEUR

Pour bénéficier de l'exonération sur l'avantage de retraite servi par l'ancien employeur, le pensionné justifie qu'il en remplit les conditions, en adressant à ce dernier un avis d'imposition de l'année N – 2 et, le cas échéant, de l'année N – 3 (CSS art. D 242-11). 52520

L'ancien employeur peut procéder à un **contrôle** de la situation réelle du pensionné de sa propre initiative ou à la demande de l'Urssaf (CSS art. D 242-11).

d. Calcul

L'**assiette** de la cotisation spéciale maladie comprend la totalité de l'avantage de retraite versé par l'employeur (CSS art. L 131-2). Il en va de même pour la Casa (CSS art. L 137-41) et pour la CSG et la CRDS. 52550

Le **taux** de la cotisation spéciale **maladie** est fixé à (CSS art. D 242-8) :

– 1 % pour les personnes domiciliées en France ;

– 4,20 % pour celles domiciliées à l'étranger mais relevant à titre obligatoire d'un régime français d'assurance maladie.

La **Casa** est due au taux de 0,30 % (CSS art. L 137-41). La **CRDS** au taux de 0,50 %.

Pour la **CSG** sur les retraites : le **taux normal** est fixé à 8,30 % (dont 5,90 % déductible du revenu imposable), le **taux intermédiaire** à 6,60 % (dont 4,20 % déductible) et le **taux réduit** s'élève à 3,80 % (il est intégralement déductible) (CSS art. L 136-8, III).

> Précisions a. La réduction de 1,75 % pour **frais professionnels** applicable à la CSG et à la CRDS sur les revenus d'activité ne s'applique pas aux avantages de retraite (voir n° 28880).

b. Les bonifications ou **majorations pour enfants,** autres que les annuités supplémentaires, échappent à la cotisation spéciale maladie (CSS art. L 131-2) mais sont assujetties à la CSG et à la CRDS (CSS art. L 136-2, I, al. 1er ;

Ord. 96-50 du 24-1-1996 art. 14) ainsi qu'à la Casa (CSS art. L 137-41).

c. En **Alsace-Moselle,** une cotisation supplémentaire d'assurance maladie est précomptée sur les avantages de retraite des bénéficiaires du régime local d'assurance maladie. Prélevée au profit de ce régime local, elle s'ajoute à celle déjà appliquée sur l'ensemble du territoire national (CSS art. L 242-13). Son taux est fixé à 1,30 % depuis le 1-4-2022.

e. Paiement des cotisations dues par l'employeur

52570 La cotisation spéciale maladie sur les avantages de retraite versés par l'employeur doit être **précomptée** par celui-ci lors de chaque versement (CSS art. L 131-1) et le produit de cette retenue **reversé à l'Urssaf** dans les mêmes délais et selon la même périodicité que les cotisations dues sur les salaires (CSS art. R 243-28). Il en va de même de la CSG et de la CRDS (CSS art. L 136-5) et de la Casa (CSS art. L 137-41).

› Précisions Les **pénalités** et **majorations** de retard applicables en cas de versement tardif sont les mêmes que celles applicables aux cotisations sur salaires (nos 19600 s.). Elles peuvent faire l'objet de **remise** gracieuse dans les conditions de droit commun.

52580 Lorsqu'elles sont dues par l'employeur, la cotisation spéciale sur les retraites, la Casa ainsi que la CSG et la CRDS sur les retraites sont déclarées dans la **DSN** via la structure S89 (S89.G00.91 et S89.G00.92).

En tant que débiteur de l'avantage de retraite, l'employeur doit faire parvenir au **bénéficiaire,** au moins une fois par an, un **bulletin de pension** mentionnant, pour la période considérée, les montants respectifs de la pension brute, de l'assiette du précompte, des cotisations précomptées et de la pension nette (CSS art. R 243-35).

2. RÉGIME FISCAL

52740 Sur le plan **fiscal,** l'entreprise ne peut pas préfinancer les prestations qu'elle devra verser, du fait de la non-déductibilité des provisions en matière de retraite (nos 52830 s.). Elle peut en revanche, sous certaines conditions (nos 52860 s.), déduire de l'impôt sur les bénéfices les pensions elles-mêmes, qui sont alors imposées entre les mains de leurs bénéficiaires dans la catégorie des pensions et rentes viagères (nos 52750 s.). Les pensions de retraite accordées à leurs dirigeants par les **sociétés anonymes dont les actions sont admises aux négociations sur un marché réglementé** font l'objet d'un régime fiscal spécifique examiné no 34680.

Pour le sort des compléments de retraite versés par l'employeur au regard de la **taxe sur les salaires,** voir no 52790.

IMPÔT SUR LE REVENU

52750 Lorsqu'elles présentent un **caractère déductible pour l'entreprise** qui les a versées, les pensions de retraite sont imposées entre les mains de leurs bénéficiaires dans la catégorie des pensions et rentes viagères visée à l'article 79 du CGI.

Il en va de même des **avantages en nature** concédés par l'entreprise à son personnel retraité. Ces avantages sont évalués dans les conditions exposées nos 40450 s. (cas général) ou no 77790 (retraités ayant cumulé contrat de travail et mandat social), étant précisé qu'aucun abattement destiné à tenir compte des contingences particulières propres à l'occupation d'un logement de fonction ne peut être appliqué, dès lors que le retraité n'exerce plus d'activité professionnelle.

Sur le cas particulier des pensions servies aux anciens **dirigeants de sociétés anonymes** dont les actions sont admises aux négociations sur un marché réglementé, voir no 34680.

52760 Le **montant net imposable** des pensions est déterminé après déduction d'un **abattement spécifique** de 10 % (CGI art. 158, 5-a), dont le montant est compris entre un minimum et un plafond annuellement réévalués (pour mémoire, respectivement 422 € par pensionné et 4 123 € par foyer fiscal pour l'imposition des revenus de 2022).

Cet abattement s'applique au montant de la retraite diminué des cotisations et contributions sociales fiscalement déductibles. Sont déductibles du montant imposable de la retraite une fraction de la CSG (no 28520) et la cotisation maladie sur les retraites (nos 52260 s.), mais pas la CRDS, ni la Casa (nos 52260 s.), ni les cotisations de prévoyance complémentaire versées à titre individuel et facultatif. Pour la contribution spéciale due par les bénéficiaires de retraites à prestations définies, on se reportera au no 43500.

CONSEIL

Par exception, certaines pensions de retraite peuvent bénéficier d'une **exonération** d'impôt sur le revenu. Elles ne sont citées ici que pour mémoire : allocation de solidarité aux personnes âgées (Aspa), allocation aux vieux travailleurs salariés et allocation supplémentaire ; pensions de vieillesse servies aux assurés sociaux, sous certaines conditions de montant et de ressources du bénéficiaire ; certaines pensions militaires, pensions de guerre et assimilées ; retraite mutualiste des anciens combattants, dans la mesure où cette retraite bénéficie de la majoration de l'État.

Si les pensions versées par l'employeur ne répondent pas aux **conditions de déduction** du bénéfice exposées nos 52860 s., l'imposition du titulaire est effectuée : **52770**
– à notre avis, dans la catégorie des bénéfices non commerciaux si l'entreprise relève de l'impôt sur le revenu ;
– dans la catégorie des revenus de capitaux mobiliers, sans abattement, mais avec application de la majoration de 25 % (CGI art. 158, 7-2°), cette majoration ne valant toutefois que pour l'impôt sur le revenu, à l'exclusion des prélèvements sociaux sur les revenus du patrimoine (Cons. const. 10-2-2017 n° 2016-610 QPC et 7-7-2017 n° 2017-643 QPC ; BOI-RPPM-RCM-20-10-20-10 n° 160), si l'entreprise versante est soumise à l'impôt sur les sociétés. Constituent par exemple des revenus mobiliers les pensions versées à certains anciens dirigeants, dès lors que ceux-ci ne forment pas une catégorie de personnel (CE 5-10-1988 nos 59027, 59029 et 59030). Même solution pour le complément de pension attribué à un ancien salarié à titre particulier, en dehors d'un régime de retraite (CE 9-4-1999 n° 125951).

ATTENTION

Lorsque le **résultat de la société** est **bénéficiaire,** l'imposition dans la catégorie des revenus de capitaux mobiliers est fondée sur la présomption de distribution prévue à l'article 109, 1-1° du CGI.

Lorsque le résultat de la société est **déficitaire,** l'administration ne peut imposer la pension en tant que revenus de capitaux mobiliers que dans les 2 cas suivants :
– le bénéficiaire de la pension a également la qualité d'associé (imposition établie sur le fondement de CGI art. 109, 1-2°) ;
– la pension a le caractère d'un avantage occulte (imposition établie sur le fondement de CGI art. 111, c).

Il en résulte que, dans une **affaire particulière,** une décision du Conseil d'État a admis l'**imposition dans la catégorie des traitements, salaires, pensions et rentes viagères** d'un complément de pension ne présentant pas un caractère déductible pour la société versante. En l'espèce, les résultats de l'exercice de versement étaient déficitaires, les intéressés n'étaient pas actionnaires de la société et les sommes perçues, inscrites dans la comptabilité, ne constituaient pas un avantage occulte au sens de l'article 111, c du CGI (CE 24-4-1989 n° 53552).

TAXES ET PARTICIPATIONS SUR LES SALAIRES

S'agissant de la **taxe sur les salaires,** la référence faite à l'assiette de la CSG ne devrait, à notre avis, pas avoir pour effet d'y inclure des sommes versées aux personnes qui ne sont plus liées par un contrat de travail à l'entreprise. Aux termes mêmes de l'article 231 du CGI, en effet, cette taxe ne concerne que les sommes versées aux salariés. **52790**

Pour la **participation-construction,** voir n° 52250.

PRÉLÈVEMENT À LA SOURCE ET OBLIGATIONS DÉCLARATIVES

Les entreprises qui prennent en charge le paiement de retraites de leurs anciens salariés ont l'obligation, pour celles de ces sommes qui sont imposables dans la catégorie des pensions : **52810**
– d'effectuer le prélèvement à la source de l'impôt sur le revenu (BOI-IR-PAS-10-10-10 n° 80), sauf si le bénéficiaire est fiscalement domicilié hors de France, auquel cas c'est la retenue à la source de l'article 182 A du CGI (nos 35800 s.) qui s'applique ; les informations sur le prélèvement à la source sont déclarées à l'administration, au choix de l'employeur, soit via la DSN (bloc S 89.G00.92), soit via la déclaration Pasrau ;
– et de souscrire la déclaration des pensions et rentes viagères n° 2466, selon les modalités exposées nos 36750 s.

IMPÔT SUR LES BÉNÉFICES

En matière de retraite, la déduction des provisions n'est pas autorisée. Les entreprises ne peuvent donc pas préfinancer les engagements correspondant aux droits acquis par leurs salariés. **52830**

Elles peuvent, en revanche, déduire les pensions elles-mêmes, dans la mesure où les conditions exposées nos 52860 s. sont réunies.

Non-déduction des provisions Les provisions que constitue une entreprise, en vue de faire face au versement d'allocations en raison du départ à la retraite ou préretraite des **52840**

membres ou anciens membres de son personnel, ou de ses mandataires sociaux, ne sont pas déductibles (CGI art. 39, 1-5°).

Selon l'administration, la non-déductibilité des provisions pour charges de retraite concerne toutes les provisions constituées en vue de faire face aux versements d'allocations de retraite ou de préretraite, quelle que soit la nature ou la périodicité de ces versements (sommes versées lors du départ à la retraite ou pendant celle-ci). À titre indicatif sont notamment concernées les allocations suivantes (BOI-BIC-PROV-30-20-10-20 n° 300) :

– **indemnités de départ à la retraite** (fixes ou variables) ;
– **allocations de préretraite** ;
– **pensions et compléments de retraite.**

La jurisprudence donne une très large portée à l'interdiction de provisionner les charges de retraite.

ILLUSTRATIONS

La règle de non-déductibilité a été jugée applicable aux provisions destinées à faire face aux versements au profit d'**anciens membres du personnel déjà retraités** (CAA Nantes 23-6-1993 n° 91-883).

Également jugé que cette règle s'opposait à la déduction de la provision constituée par une entreprise pour faire face au **licenciement** de ses salariés âgés de plus de 57 ans. En l'espèce, les licenciements avaient été décidés et autorisés avant la clôture de l'exercice de dotation de la provision, mais les salariés concernés avaient, également avant cette date, renoncé au paiement immédiat de la partie la plus importante de leur indemnité contre la garantie d'une rente mensuelle payable par la société jusqu'à l'âge de leur retraite. Il a été considéré, dans ces conditions, que la société était, à concurrence des sommes correspondantes, devenue redevable d'**indemnités de préretraite** et non plus d'indemnités de licenciement (CE 5-3-1997 n° 126166).

Refus également de la déduction des provisions constituées en vue de faire face aux **charges sociales** liées au versement d'allocations de départ en retraite, au motif que ces charges sont indissociables des allocations elles-mêmes, dont la déduction anticipée par voie de provision est interdite par la loi (CE 24-3-2006 n° 257330).

A même été jugée non déductible une provision pour versement de **cotisations de mutuelle complémentaire santé** au profit de salariés retraités (TA Cergy-Pontoise 29-10-2010 n° 07-10782). Cette solution méritera toutefois d'être confirmée.

52850 L'interdiction de déduire les provisions pour charges de retraite a une portée exclusivement fiscale, et les entreprises restent libres de constituer ou non ces provisions sur le **plan comptable** (même si la constatation de telles provisions constitue la méthode préférentielle préconisée par le PCG).

Si elles décident de le faire, elles doivent procéder aux **rectifications extra-comptables** correspondantes : réintégration des dotations et déduction des reprises.

Même non inscrite dans un **compte de dotation,** une provision pour charge de retraite n'est pas déductible (CE 22-10-2012 n° 323687).

52860 **Déduction des pensions** Les pensions de retraite versées par les entreprises à leurs anciens salariés sont déductibles de leurs résultats si les deux conditions suivantes sont réunies (CE 9-11-1990 n° 88765) :

– le versement des pensions résulte d'un **engagement juridique** opposable à l'employeur ;
– l'engagement de l'employeur présente un caractère général et impersonnel, dans la mesure où il s'applique à une **catégorie de personnel** définie de manière objective.

Ces conditions sont appréciées de la même façon que pour les retraites à cotisations externes : voir n°s 44120 s.

Il faut aussi, bien sûr, que l'avantage soit servi au titre de périodes postérieures au départ à la retraite. À cet égard, la **reprise d'une activité dans l'entreprise** après le départ à la retraite ne fait pas obstacle à la déduction des suppléments de retraite si elle intervient dans le respect de la réglementation du cumul emploi-retraite (CE 15-2-2016 n° 367753).

À défaut de remplir ces conditions et sauf exception visée n° 52880, l'entreprise ne peut pas déduire les pensions qu'elle a versées.

Le Conseil d'État applique ces principes non seulement aux régimes stipulant le versement d'une pension aux salariés retraités ou à leurs **veuves** ou **orphelins,** mais également aux régimes stipulant le versement d'une pension aux veuves et orphelins d'un salarié décédé avant d'avoir atteint l'âge de la retraite (stipulations s'apparentant davantage à un régime de prévoyance qu'à un véritable régime de retraite).

En ce qui concerne la détermination de l'**exercice de déduction,** voir n°s 34850 s.

ILLUSTRATIONS

Non-déduction, par exemple :

– des pensions versées à un ancien salarié **à titre particulier,** en dehors de tout engagement de retraite (CE 24-4-1989 nos 53552 et 53553 ; 9-4-1999 no 125951) ;

– d'un complément de pension octroyé **au-delà du plafond prévu par le régime interne** de retraite (CE 7-10-1988 no 45857) ;

– de pensions versées en exécution d'un **régime de retraite créé au vu de la situation personnelle de certains dirigeants** (CAA Paris 25-10-1994 no 93-413 ; CE CAPC 8-9-1995 no 163702).

Sont en revanche déductibles les pensions versées en application de délibérations du conseil d'administration de la société ayant décidé de faire bénéficier les veuves de ses cadres supérieurs d'une pension, assortie d'une majoration pour enfant à charge maintenue en cas de remariage. Ces délibérations font en effet peser sur la société une obligation juridique de caractère général et impersonnel au profit d'**ayants droit d'anciens salariés.** De telles pensions ne sont pas des revenus mobiliers pour les bénéficiaires (CE 12-4-1996 no 140623 ; BOI-BIC-CHG-40-40-50 no 70).

Pensions versées aux anciens dirigeants La déduction des pensions de retraite versées aux anciens dirigeants de l'entreprise est normalement opérée dans les conditions de droit commun, le problème susceptible de se poser en pratique étant celui de savoir si le régime bénéficie bien à une **catégorie objective de personnel** (nos 44140 s.). 52870

Toutefois, lorsque l'ancien dirigeant bénéficiaire de la retraite a ou avait également la qualité d'**associé,** l'administration, qui s'appuie sur une jurisprudence ancienne, subordonne la déduction de la pension à la condition qu'elle soit servie à l'intéressé à raison des fonctions qu'il a exercées dans l'entreprise, et non en sa qualité d'associé ou d'ancien associé : dans ce dernier cas, le versement d'une pension constituerait une distribution du bénéfice ou une libéralité, non déductible du bénéfice. Ainsi, selon l'administration, le caractère déductible ou non des pensions est alors essentiellement fonction des circonstances de fait, notamment des conditions dans lesquelles les sommes correspondantes ont été attribuées à leur bénéficiaire, ainsi que de la **durée et** de la **qualité des services** précédemment rendus par l'intéressé (BOI-IS-BASE-30-20-30 nos 40 s.). Il n'est cependant pas certain que ces critères soient considérés comme déterminants par la **jurisprudence actuelle** pour apprécier la déductibilité des versements. En effet, les décisions les plus récentes conduisent à privilégier l'**état de besoin** (voir no 52880).

Sur le cas particulier des pensions de retraite versées par les **sociétés anonymes dont les actions sont admises aux négociations sur un marché réglementé** à leurs anciens dirigeants, voir no 34680.

› Précisions A par exemple été jugée déductible la **pension versée par une société en commandite par actions à son ancien gérant,** au motif qu'elle était uniquement destinée à rémunérer les longs services de son bénéficiaire et n'avait aucun lien avec la participation, d'ailleurs très faible, de ce dernier au capital social (CE 11-5-1960 no 46472 ; BOI-IS-BASE-30-20-30 no 40).

Cette doctrine nous paraît toutefois avoir aujourd'hui perdu l'essentiel de sa raison d'être. En effet, il va de soi que seules sont déductibles les pensions octroyées aux **associés anciens dirigeants** ayant effectivement et personnellement occupé leurs fonctions salariales pendant qu'ils étaient en activité. Cette règle résulte indirectement du principe posé à l'article 39, 1-1° du CGI qui n'autorise la déduction des rémunérations que dans la mesure où elles correspondent à un **travail effectif.**

Cas particulier des pensions de secours En principe, les pensions ou avantages particuliers consentis aux anciens salariés **en dehors de tout engagement juridique** ne constituent pas une charge déductible pour l'entreprise. 52880

Toutefois, une jurisprudence constante en admet la déduction dans certains cas exceptionnels, en particulier lorsque les sommes en cause ont pour objet d'accorder au bénéficiaire ou à ses ayants droit (veuve notamment) une aide correspondant à leurs besoins. Cette jurisprudence, qui concerne surtout d'anciens dirigeants, associés ou non, se livre à une appréciation au cas par cas de l'**état de besoin** de l'intéressé ou de ses ayants droit, compte tenu du niveau de la pension servie et des autres revenus dont ils peuvent disposer (retraites ou autres).

› Précisions a. Par exemple ne sont pas déductibles les pensions complémentaires versées en dehors de tout engagement par une société à son **ancien PDG** en raison des services rendus, dès lors qu'il n'est pas établi que l'intéressé était dans le besoin. En l'occurrence, les pensions étaient comprises entre 9 147 € et 15 245 € pour les années 1976 à 1981, les autres revenus de l'intéressé s'élevant à 9 147 € en 1976 et 1977 (CAA Paris 21-5-1991 no 165 ; CE CAPC 12-9-1994 no 127900).

b. À noter que pour l'administration, même si le critère relatif à l'état de besoin du bénéficiaire est rempli, les sommes versées à un ancien dirigeant salarié ne peuvent être considérées comme ayant effectivement le caractère d'un complément de retraite que dans la mesure où leur **montant,** ajouté à celui des prestations que le bénéficiaire reçoit au titre du ou des régimes collectifs de retraite, n'apparaît pas **excessif** eu égard aux fonctions qu'il exerçait dans l'entreprise (BOI-IS-BASE-30-20-30 nº 80).

D. Chèques-vacances

52950 Les chèques-vacances sont des **titres nominatifs spéciaux de paiement** utilisables en France et dans l'Union européenne pour régler des dépenses de vacances : transports en commun, hébergement, repas, culture et loisirs.

Peuvent en **bénéficier** les salariés, y compris ceux des particuliers employeurs, les chefs d'entreprise de moins de 50 salariés (effectif apprécié selon les modalités déterminées nºs 18800 s.), leurs conjoints ou concubins ou partenaires liés par un Pacs ainsi que les personnes à leur charge (C. tourisme art. L 411-1).

1. CHÈQUES-VACANCES ATTRIBUÉS PAR DES ORGANISMES SOCIAUX

52970 Certains organismes sociaux, dont, à notre sens, le **CSE** lorsqu'il dispose des attributions prévues pour les entreprises d'au moins 50 salariés, et les organismes paritaires de gestion d'activités sociales créés par accord collectif de branche ou territorial, peuvent attribuer des aides aux vacances aux salariés (C. tourisme art. L 411-18 et L 411-20).

Si cet avantage est attribué **sans participation de l'employeur,** il est exonéré des **cotisations de sécurité sociale** (Circ. Acoss du 31-10-1984 ; Inst. min. du 17-4-1985 ; Doc. Urssaf au 10-2-2023). Selon nous, cette exonération s'applique également aux prélèvements alignés : cotisations ou contributions solidarité autonomie, Fnal, dialogue social, chômage, AGS, retraite complémentaire Agirc-Arrco, formation et alternance (contributions à la formation professionnelle, CPF-CDD, supplémentaire à l'apprentissage et taxe d'apprentissage), versement mobilité et participation-construction, CSG, CRDS et taxe sur les salaires, l'assiette de cette taxe étant alignée sur celle de la CSG (BOI-TPS-TS-20-10 nº 10).

En revanche, l'avantage n'ouvre pas droit à l'exonération d'**impôt** sur le revenu exposée nº 53060, celle-ci étant réservée aux chèques-vacances acquis avec une contribution de l'employeur (BOI-RSA-CHAMP-20-50-30 nº 430).

N'étant pas soumis aux cotisations de sécurité sociale, ni à la CSG et à la CRDS, cet avantage n'a à figurer, selon nous, dans la **DSN** que dans les zones destinées à la transmission à la DGFiP du revenu imposable. Il doit également figurer dans le net imposable du **bulletin de paie.**

Lorsque la **contribution** du CSE **s'ajoute à celle de l'employeur** au titre de chèques-vacances distribués par ce dernier, elle suit le régime exposé nº 53130.

ATTENTION

L'administration subordonne l'exonération de cotisations et contributions sociales, à la condition que les chèques-vacances soient attribués par le CSE en fonction de **critères non discriminants,** déterminés par ses soins et connus des salariés. Ce principe interdit au CSE de les attribuer en contrepartie de l'atteinte d'objectifs professionnels liés au contrat de travail (Doc. Urssaf au 10-2-2023).

2. CHÈQUES-VACANCES ATTRIBUÉS PAR L'EMPLOYEUR

a. Attribution, financement et utilisation

ATTRIBUTION

53000 Le dispositif des chèques-vacances est **facultatif.** L'employeur qui souhaite en distribuer à ses salariés peut **s'en procurer** auprès de l'Agence nationale pour les chèques-vacances (ANCV : www.ancv.com). Il doit s'acquitter de **frais** d'ouverture de compte et de livraison, variables selon l'effectif de l'entreprise, ainsi que d'un **taux de commission** de 1 % sur le montant total des chèques-vacances commandés (site internet ANCV).

Il lui appartient de définir les **modalités d'attribution** des chèques-vacances dans son entreprise, après consultation du **CSE** ou de toute autre instance de concertation ayant compétence en matière d'œuvres sociales (C. tourisme art. L 411-8). Même si aucune **condition de**

ressources n'est légalement requise, l'employeur peut limiter le nombre de bénéficiaires, en fixant un critère financier pour y avoir droit, comme le revenu fiscal de référence.

À condition que l'acquisition des chèques-vacances soit fondée sur une contribution conjointe de l'employeur et du salarié, les **modalités d'épargne** sont librement définies par l'employeur. Il peut prévoir que celle-ci sera constituée en un ou plusieurs versements.

FINANCEMENT

La **contribution de l'employeur** à l'acquisition de chèques-vacances ne peut pas dépasser, par titre : 53010

€

– **80 %** de sa valeur libératoire si la rémunération moyenne du bénéficiaire au cours des 3 derniers mois précédant l'attribution est inférieure au plafond mensuel de la sécurité sociale (montant n° 96180) ;
– **50 %** dans les autres cas.

Ces pourcentages sont majorés de 5 points par **enfant à charge** du salarié et de 10 points par **enfant en situation de handicap,** dans la limite de 15 points.

Par ailleurs, la **contribution annuelle globale** de l'employeur ne peut pas être supérieure à la moitié du produit, évalué au 1er janvier de l'année en cours, du nombre total des salariés de l'entreprise par le Smic brut mensuel (C. tourisme art. L 411-11 et D 411-6-1).

Pour l'incidence des modalités de participation de l'employeur sur les **cotisations sociales,** voir n° 53110.

Pour des **modèles de bulletins de paie,** voir n°s 94690 (entreprise d'au moins 50 salariés) et 94700 (entreprise de moins de 50 salariés).

EXEMPLE

Soit un salarié dont la rémunération moyenne est supérieure au plafond de la sécurité sociale et qui a 3 enfants à charge, dont l'un est handicapé. La contribution de l'employeur qui doit être au maximum de 50 % sera majorée comme suit : 50 + 5 + 5 + 10 = 70 %, ramenée à 65 % puisque la majoration est limitée à 15 % (Circ. Acoss du 24-3-2011).

UTILISATION

Les chèques doivent être donnés en paiement de leurs **prestations** aux collectivités publiques et aux prestataires conventionnés par l'ANCV. 53030

Étant **nominatifs,** ils ne peuvent être utilisés que par le titulaire ou les personnes à sa charge.

Ils sont **valables** jusqu'au 31 décembre de la 2e année civile suivant l'année d'émission (par exemple, un chèque émis en 2023 est valable jusqu'au 31-12-2025) ; ils peuvent être échangés contre des titres d'un même montant avant la fin du 3e mois suivant l'expiration de leur validité (C. tourisme art. L 411-12), sauf en cas de montant inférieur à 30 € (site internet ANCV).

› Précisions Il existe également des **chèques-vacances Connect** exclusivement utilisables sur Internet dès 20 €, valables 2 ans en plus de leur année d'émission.

b. Régime fiscal et social

EXONÉRATIONS FISCALES

Le complément de rémunération résultant de la **contribution de l'employeur** à l'acquisition de chèques-vacances est exonéré d'impôt sur le revenu dans la limite du Smic apprécié sur une base mensuelle (CGI art. 81, 19° bis renvoyant à C. tourisme art. L 411-5). 53060

En cas de dépassement de cette limite, seul le surplus est passible de l'impôt sur le revenu (BOI-RSA-CHAMP-20-50-30 n° 400).

Si le **CSE** participe conjointement avec l'employeur à l'acquisition des chèques-vacances, voir n° 53130.

Les **versements effectués par les salariés** n'ouvrent droit à aucun avantage fiscal : les sommes correspondantes ne bénéficient donc d'aucune exonération d'impôt sur le revenu et ne peuvent venir en déduction du revenu imposable (BOI-RSA-CHAMP-20-50-30 n° 410).

Pour les **taxes** et **participations** assises sur les salaires, voir n°s 53100 s.

L'exonération d'impôt sur le revenu attachée à la contribution patronale aux chèques-vacances indiquée n° 53060 est **subordonnée** au respect des **règles** mentionnées n°s 53000 à 53030. 53070

Le non-respect de ces règles entraîne la taxation à l'impôt sur le revenu de la partie de la contribution patronale initialement exonérée.

Les sommes pour lesquelles les exonérations auront été reconnues injustifiées seront ajoutées aux revenus imposables de l'année au cours de laquelle a été effectuée l'acquisition des chèques-vacances (BOI-RSA-CHAMP-20-50-30 nº 420).

53080 **Calcul de la limite d'exonération** Pour déterminer la limite d'exonération, il faut retenir le taux horaire du Smic au 1er décembre de l'année d'acquisition des chèques-vacances et le multiplier par l'horaire mensuel correspondant à la durée hebdomadaire de travail du bénéficiaire considéré en tenant compte, le cas échéant, des majorations pour heures supplémentaires.

Le montant ainsi obtenu est arrondi à l'euro supérieur (BOI-RSA-CHAMP-20-50-30 nº 370).

EXEMPLE **Seuil d'exonération 2023**

Il devra être déterminé sur la base du taux horaire du Smic au 1-12-2023. À titre purement indicatif, sur la base du dernier taux horaire du Smic connu à la date où nous mettions sous presse (celui fixé au 1-1-2023 à 11,27 €), la limite annuelle d'exonération pour les chèques-vacances acquis en 2023 par un salarié dont la durée hebdomadaire de travail est de 35 heures s'élèverait à (11,27 × 35 × 52)/12 = 1 709,28 €, montant arrondi à 1 710 €. Mais le montant définitif ne sera connu qu'au vu de la valeur du Smic au 1-12-2023.

› **Précisions** La limite d'exonération s'applique **par personne** susceptible d'acquérir des chèques-vacances (BOI-RSA-CHAMP-20-50-30 nº 370).
La circonstance que le conjoint (ainsi que le concubin ou le partenaire lié par un Pacs) et les enfants d'un salarié puissent bénéficier, comme l'intéressé lui-même, des chèques-vacances qu'il acquiert avec la participation de son employeur n'est pas de nature à augmenter la limite d'exonération (BOI-RSA-CHAMP-20-50-30 nº 380).
Toutefois, **plusieurs membres** du foyer fiscal peuvent bénéficier de cette exonération lorsque, étant salariés, ils ont **acquis, personnellement** et avec l'aide de leur propre employeur, des chèques-vacances (BOI-RSA-CHAMP-20-50-30 nº 380).
Dans le cas de salariés **embauchés ou débauchés en cours d'année,** ou de salariés ayant **plusieurs employeurs,** le montant de l'exonération ne donne lieu à aucune réduction prorata temporis ; en revanche, cette limite ne peut être dépassée, pour une année donnée et pour un même salarié (BOI-RSA-CHAMP-20-50-30 nº 390).

RÉGIME SOCIAL

53090 Le régime social de la contribution patronale aux chèques-vacances varie selon que l'**effectif de l'entreprise** est inférieur ou au moins égal à 50 salariés, cet effectif étant apprécié selon les règles exposées nos 18800 s.

Les principes énoncés ci-après pour les **cotisations de sécurité sociale** valent, sauf indication contraire, pour l'ensemble des **prélèvements** dont l'assiette est calculée sur la même base : cotisations ou contributions solidarité autonomie, Fnal, dialogue social, chômage, AGS, retraite complémentaire Agirc-Arrco, formation et alternance (contributions à la formation professionnelle, CPF-CDD, supplémentaire à l'apprentissage et taxe d'apprentissage), versement mobilité et participation-construction.

Un **tableau récapitulatif** du régime social applicable selon la taille de l'entreprise et l'existence ou non d'un **CSE** est reproduit sous nº 53120.

Pour l'intégration de la contribution patronale dans la rubrique net social du bulletin de paie, voir nº 13730.

53100 **Entreprises d'au moins 50 salariés** Dans les entreprises d'au moins 50 salariés, la contribution de l'employeur est passible des **cotisations** de sécurité sociale, en tant que complément de salaire (Circ. Acoss du 31-10-1984), ainsi que de l'ensemble des prélèvements dont l'assiette est calculée sur la même base (nº 53090).

Elle est également passible de la **CSG** et de la **CRDS,** avec application de la déduction forfaitaire visée nº 28650 et, par voie de conséquence, de la **taxe sur les salaires** pour les employeurs qui en sont redevables (BOI-TPS-TS-20-10 nº 10).

Assujettie aux cotisations ainsi qu'à la CSG et à la CRDS, la contribution de l'employeur est affranchie de **forfait social** puisqu'elle ne remplit pas le double critère d'assujettissement à ce prélèvement (nº 27320).

ATTENTION

Ces règles s'appliquent aux entreprises d'au moins 50 salariés, qu'elles soient ou non dotées d'un **CSE.** S'agissant toutefois du régime applicable aux entreprises d'au moins 50 salariés dépourvues d'un CSE en raison d'une **carence** constatée par procès-verbal, voir nº 53110.

Entreprises de moins de 50 salariés Dans les entreprises de moins de 50 salariés 53110
et pour les **particuliers employeurs,** la contribution de l'employeur est exonérée des charges sociales, autres que la **CSG** et la **CRDS** et le versement mobilité (en ce sens, Circ. Acoss du 27-3-2003, modifiée ; Doc. Urssaf au 10-2-2023), dans la **limite de 30 % du Smic** mensuel par bénéficiaire et par an (C. tourisme art. L 411-9 ; CSS art. L 242-1, II-5°).

Pour la détermination de cette limite, il y a lieu, selon nous, de retenir le Smic base 151,67 heures.

L'exonération ne joue que si la contribution de l'employeur remplit les conditions suivantes (C. tourisme art. L 411-10) :
– son montant est plus élevé pour les salariés dont les **rémunérations** sont **les plus faibles** ;
– son montant et les **modalités de son attribution,** en particulier la modulation, sont prévus soit par un accord collectif de branche prévoyant des modalités de mise en œuvre dans les entreprises de moins de 50 salariés, soit par un accord conclu en commission paritaire professionnelle ou interprofessionnelle visée à l'article L 2234-1 du Code du travail, soit par un accord d'entreprise (Doc. Urssaf au 10-2-2023) ;
– elle ne **se substitue** à aucun des revenus d'activité tels qu'ils sont pris en compte pour la détermination de l'assiette des cotisations, ou prévus pour l'avenir par des stipulations contractuelles individuelles ou collectives ; les Urssaf exigent un délai de 12 mois entre la suppression d'un élément de rémunération et l'attribution de chèques-vacances (Circ. Acoss au 24-3-2011 ; Doc. Urssaf au 10-2-2023).

ATTENTION

L'article L 411-9 du Code du tourisme qui prévoit cette exonération vise les entreprises de moins de 50 salariés « **dépourvues de comité d'entreprise** ». Ce texte n'a pas été modifié et n'est donc pas à jour des ordonnances du 22-9-2017 ayant remplacé ce comité par le CSE et mis en place ce dernier dans les entreprises d'au moins 11 salariés. Selon les Urssaf (Doc. Urssaf au 10-2-2023), les règles de non-assujettissement aux cotisations s'appliquent aux entreprises de moins de 50 salariés non pourvues d'un **CSE gérant les activités sociales et culturelles** (c'est-à-dire à celles pourvues d'un CSE ayant des attributions réduites).

Par analogie avec les règles antérieurement applicables aux entreprises de moins de 50 salariés dotées d'un comité d'entreprise (Circ. Acoss du 27-3-2003), les entreprises de moins de 50 salariés dotées d'un CSE gérant les activités sociales et culturelles devraient être **exclues** du régime prévu pour les entreprises de moins de 50 salariés et se voir appliquer les règles d'assujettissement aux cotisations, à la CSG et à la CRDS visées n° 53100.

Par ailleurs, par mesure de tolérance, dans les entreprises d'**au moins 50 salariés** dépourvues de CSE en raison d'une **carence** constatée par procès-verbal, l'acquisition de chèques-vacances par l'employeur devrait suivre, selon nos informations, le régime applicable aux entreprises de moins de 50 salariés. L'exonération de forfait social est toutefois très incertaine en droit strict.

Un **tableau récapitulatif** du régime social applicable aux chèques-vacances selon la taille de l'entreprise et l'existence ou non d'un CSE est reproduit sous n° 53120.

L'exonération s'étend aux **prélèvements** dont l'**assiette est alignée** sur celle des **cotisations** 53115
de sécurité sociale, mentionnés ci-dessus (n° 53090). Elle vaut également pour le **forfait social,** la contribution de l'employeur aux chèques-vacances en étant expressément affranchie (CSS art. L 137-15, 4°).
La **CSG** et la **CRDS** sont dues sans application de la déduction forfaitaire visée n° 28650 (CSS art. L 136-2, I-1° et L 242-1, II-5°). La déductibilité partielle de la CSG due à raison de la part exonérée d'impôt et de cotisations est refusée par la doctrine administrative écartant cette déduction partielle pour la CSG prélevée sur des éléments de rémunération bénéficiant de cette double exonération (n°s 28520, c et 94700 pour une illustration sur un bulletin de paie).
L'assujettissement de la contribution de l'employeur aux chèques-vacances à la CSG a pour conséquence son assujettissement à la **taxe sur les salaires,** pour les employeurs qui en sont redevables (BOI-TPS-TS-20-10 n° 10).

Un **simulateur de budget** sur le site internet de l'ANCV aide l'employeur à choisir le montant des chèques-vacances permettant d'optimiser l'exonération des charges sociales dont il peut bénéficier (www.ancv.com/decouvrez-les-services-proposes-par-lancv).

ATTENTION

Lorsqu'un **redressement** de cotisations sociales a pour origine la mauvaise application de l'exonération ci-dessus, ce redressement ne porte que sur la fraction des cotisations et contributions indûment exonérées ou réduites sauf en cas de mauvaise foi ou d'agissements répétés du cotisant (C. tourisme art. L 411-9).

Il en résulte que, en cas de dépassement des plafonds individuels et collectifs de la contribution de l'employeur (n° 53010) et de la limite d'exonération de 30 %, la réintégration dans l'assiette des cotisations est limitée à la fraction des cotisations ou contributions indûment exonérées ou réduites, sauf mauvaise foi ou agissements répétés, auquel cas elle porte sur la totalité de la contribution patronale (Doc. Urssaf au 10-2-2023).

53120 Le tableau reproduit ci-après détaille le régime social applicable à la contribution de l'employeur aux chèques-vacances.

	Entreprises d'au moins 50 salariés		Entreprises de moins de 50 salariés	
	Présence d'un CSE ou absence de CSE (sans constat de carence)	Carence de CSE (constatée par un procès-verbal)	Sans CSE ou avec un CSE ne gérant pas les activités sociales et culturelles	Avec un CSE gérant les activités sociales et culturelles
Assujettissement aux **cotisations de sécurité sociale** et prélèvements alignés	Oui	Voir n° 53110	Non, dans les conditions visées n° 53110	Voir n° 53110
CSG et CRDS				
Assujettissement	Oui	Oui	Oui	Oui
Application de la déduction forfaitaire spécifique	Oui	Non	Non	Oui
Forfait social	Non	Voir n°s 53100 et 53110	Non	Non

PARTICIPATION CONJOINTE DU CSE ET DE L'EMPLOYEUR

53130 Si le CSE ayant les attributions prévues pour les **entreprises d'au moins 50 salariés** participe conjointement avec l'employeur au financement des chèques-vacances attribués par ce dernier, sa contribution suit le même régime que celle de l'employeur (Circ. Acoss du 31-10-1984). Elle est donc passible en tant que complément de salaire des **cotisations** de sécurité sociale et de tous les prélèvements alignés, mais échappe au forfait social (voir n° 53100).

Elle bénéficie de la même exonération d'**impôt sur le revenu** que la contribution de l'employeur, mais doit être ajoutée à cette dernière pour apprécier la limite d'exonération mentionnée aux n°s 53060 et 53080 (BOI-RSA-CHAMP-20-50-30 n°s 360 et 400).

Sur la **responsabilité de l'employeur** dans le versement des charges sociales et fiscales afférentes aux avantages alloués au personnel par le CSE et l'action en remboursement de l'employeur auprès du comité, voir n°s 41800 s.

DSN ET PRÉLÈVEMENT À LA SOURCE

53150 Les employeurs doivent mentionner sur la déclaration sociale nominative (DSN) le montant des sommes qu'ils versent au titre des chèques-vacances (CGI ann. III art. 39, 2° d).

La déclaration comporte en conséquence dans le bloc Autre élément de revenu brut une rubrique S21.G00.54.001 destinée à recevoir cette information au moyen du code 91 Montant de la participation de l'employeur aux chèques-vacances. Seule l'éventuelle fraction imposable doit être comprise dans la rémunération nette fiscale et la base du prélèvement à la source de l'impôt sur le revenu à opérer par l'employeur, ainsi que dans le montant à porter en montant net imposable sur le **bulletin de paie.**

Pour les chèques-vacances délivrés par le **CSE** sans contribution patronale, voir n° 52970.

E. Sommes versées à l'occasion de la modification du contrat

1. DÉCLASSEMENT POUR MOTIF ÉCONOMIQUE

Les salariés qui, dans le cadre d'un licenciement pour motif économique, acceptent pour éviter d'être licenciés une **mutation interne** entraînant un déclassement avec baisse de rémunération peuvent prétendre, sous certaines conditions, au versement de sommes destinées à compenser leur perte de salaire. 53240

Ainsi, en cas de déclassement interne, l'accord national interprofessionnel sur l'emploi du 10-2-1969 fait obligation aux employeurs d'assurer une **compensation salariale** (nos 53250 s.). Certaines conventions collectives contiennent des dispositions similaires. Il conviendra donc de se reporter aux textes conventionnels applicables à l'entreprise.

Un accord propre aux **représentants de commerce** leur assure une garantie analogue en cas de réduction de secteur, de clientèle ou de rémunération, ou de mutation à un autre poste de l'entreprise en vue d'éviter un licenciement économique : voir nos 81260 s.

Lorsque le reclassement entraînant une baisse de rémunération est effectué **dans une autre entreprise** et s'accompagne donc d'une rupture du contrat de travail, les conventions d'allocations temporaires dégressives permettent également aux salariés concernés de percevoir pendant une durée déterminée un revenu de remplacement : voir nos 67140 s.

Sur le cas particulier des modifications intervenant dans le cadre d'**accords de performance collective,** voir nos 68500 s.

ATTENTION

Lorsqu'un **avenant au contrat de travail** prévoit, dans le cadre d'un reclassement économique après suppression de poste, une modification du contrat de travail par changement de qualification avec **maintien de la rémunération,** les primes dues dans le cadre du nouveau poste ne peuvent venir en déduction du salaire de base (Cass. soc. 29-6-1999 no 97-40.828 PB).

MODALITÉS D'INDEMNISATION

Il résulte de l'accord national interprofessionnel du 10-2-1969 modifié que l'employeur qui a procédé à des mutations internes entraînant un déclassement en vue de **diminuer le nombre de licenciements pour motif économique** est tenu : 53250

– de maintenir le salaire antérieur des salariés déclassés pendant un certain temps (no 53260) ;
– sous certaines conditions, de verser aux intéressés une indemnité temporaire dégressive après la période de maintien du salaire susvisée (no 53270).

> **Précisions** L'ANI du 10-2-1969, étendu et élargi, s'applique à tous les employeurs et salariés des entreprises autres qu'agricoles visées à l'article L 1233-1 du Code du travail, c'est-à-dire les entreprises et établissements privés de toute nature ainsi que, sauf dispositions particulières, les entreprises publiques et les établissements publics industriels et commerciaux.

Maintien provisoire du salaire antérieur Lorsqu'une entreprise a procédé à des mutations internes en vue de diminuer le nombre des salariés compris dans un licenciement collectif pour raisons économiques, et qu'il n'a pas été possible d'éviter un déclassement, l'employeur doit assurer au travailleur déclassé le maintien de son salaire antérieur pendant une **durée** égale à celle du préavis qui lui serait applicable en cas de licenciement et au **minimum** pendant (Accord du 10-2-1969 art. 17 modifié) : 53260

– 3 mois pour les salariés ayant plus de 3 ans d'ancienneté le jour où la mutation prend effet ;
– 4 mois pour les salariés ayant plus de 5 ans d'ancienneté le jour où la mutation prend effet ;
– 5 mois pour les salariés ayant plus de 10 ans d'ancienneté le jour où la mutation prend effet.

Indemnité temporaire dégressive Si le déclassement entraîne pour l'intéressé une **réduction de salaire** d'au moins 5 % et s'il compte au moins 1 an d'**ancienneté dans l'entreprise,** l'employeur doit lui verser, après la période de maintien provisoire du salaire antérieur (no 53260) et pendant les **6 mois** suivants, une indemnité temporaire dégressive (Accord du 10-2-1969 art. 18 modifié). 53270

> **Précisions** **a.** L'indemnité temporaire dégressive prévue par l'accord national interprofessionnel est calculée, pour chacun des 6 mois suivant l'expiration de la période de maintien intégral du salaire antérieur, en appliquant les **pourcentages** ci-dessous à la **différence entre l'ancien et le nouveau salaire** (Accord du 10-2-1969 art. 18 modifié) :
> – pour les 2 premiers mois suivants : 80 % ;

– pour les 3e et 4e mois suivants : 60 % ;
– pour les 5e et 6e mois suivants : 40 %.

b. Le salaire horaire ancien est égal à la moyenne, base 39 heures, primes incluses, des salaires des 3 derniers mois précédant le déclassement (Accord du 10-2-1969 art. 18 modifié).

RÉGIME SOCIAL ET FISCAL DES SOMMES VERSÉES

53290 Étant octroyées en contrepartie ou à l'occasion du travail accompli et faute d'exemption expresse prévue au profit des sommes versées à l'occasion de la modification du contrat de travail, les sommes allouées au salarié en application de l'ANI du 10 février 1969 sont assujetties aux **cotisations** de sécurité sociale, à la **CSG** (et par conséquent, à la taxe sur les salaires, dont l'assiette est alignée sur celle de cette contribution : BOI-TPS-TS-20-10 n° 40) et à la **CRDS** (CSS art. L 136-1-1 et L 242-1), ainsi qu'aux **prélèvements alignés** sur les cotisations : cotisations ou contributions solidarité autonomie, Fnal, dialogue social, chômage, AGS, retraite complémentaire Agirc-Arrco, formation et alternance (contributions à la formation professionnelle, CPF-CDD, supplémentaire à l'apprentissage et taxe d'apprentissage), versement mobilité et participation-construction.

Ces sommes sont imposables à l'**impôt sur le revenu** comme salaires en raison de leur objet, qui est de compenser une perte de salaire. À ce titre, elles donnent lieu au prélèvement à la source de l'impôt opéré par l'employeur, doivent figurer dans le net imposable du bulletin de paie et sont à déclarer dans la DSN, notamment aux rubriques Rémunération nette fiscale et Montant soumis au PAS du bloc Versement individu.

2. RÉDUCTION DU VOLUME D'ACTIVITÉ OU DES RESPONSABILITÉS

53350 Les employeurs peuvent verser, **en dehors de toute obligation légale ou conventionnelle,** des indemnités aux salariés qui acceptent une modification de leur contrat de travail se traduisant par une réduction de leur volume d'activité ou de leurs responsabilités.

Les indemnités versées dans le cadre de la **réduction de la durée collective du travail** font l'objet de développements propres : voir nos 53720 s. et, plus particulièrement, pour le régime fiscal et social de ces sommes, nos 53750 s.

RÉGIME SOCIAL DES SOMMES VERSÉES

53360 **Principe** Faute d'exemption expresse prévue dans le CSS, les indemnités versées aux salariés qui acceptent une réduction de leur volume d'activité ou de leurs responsabilités sont incluses dans l'assiette des **cotisations** de sécurité sociale, de la **CSG** (et par voie de conséquence de la taxe sur les salaires : BOI-TPS-TS-20-10 n° 40), de la **CRDS** (CSS art. L 136-1-1 et L 242-1, I) et des **prélèvements alignés** sur les cotisations : cotisations ou contributions solidarité autonomie, Fnal, dialogue social, chômage, AGS, retraite complémentaire Agirc-Arrco, formation et alternance (contributions à la formation professionnelle, CPF-CDD, supplémentaire à l'apprentissage et taxe d'apprentissage), versement mobilité et participation-construction.

ILLUSTRATIONS

Doivent être **soumises** à cotisations de sécurité sociale :
– les indemnités de **passage à temps partiel** allouées aux salariés dès lors que, étant simplement incitatives et s'amortissant prorata temporis au cours de la période de travail à temps partiel, elles ne tendent pas à réparer un préjudice (Cass. 2e civ. 29-6-2004 n° 02-30.986 F-D) ;
– les indemnités versées à des salariés en cas de **déclassement disciplinaire** pour maintenir pendant une période déterminée le montant de leur rémunération malgré la sanction prononcée, l'exécution du contrat de travail étant poursuivie (Cass. soc. 25-11-1999 n° 97-18.919 PB).

53370 **Indemnité réparant un préjudice** La jurisprudence a pu admettre le caractère de **dommages-intérêts exonérés** de cotisations de sécurité sociale au profit de certaines indemnités réparant un préjudice. Relevons toutefois qu'elle l'a fait dans des **solutions anciennes,** dont la **portée** actuelle est très incertaine.

ILLUSTRATIONS

L'exonération de cotisations de sécurité sociale a été admise dans le cas :
– d'**indemnités « préjudicielles »** versées par une société, en application d'un plan social, à certains de ses salariés de plus de 55 ans, ne bénéficiant pas d'un départ en préretraite-licenciement et placés en **situation de cessation d'activité** sans rupture du contrat de travail. Les juges ont considéré que ces sommes ne constituaient pas la rémunération d'un travail, mais avaient pour objet de réparer le préjudice matériel et moral subi par les intéressés du fait de cette cessation prématurée de leur activité, celle-ci pouvant être considérée comme une forme atténuée de licenciement (Cass. soc. 6-10-1994 n° 92-12.707 D) ;

– de l'avantage consistant en la prise en charge par l'employeur de la part salariale d'un **complément de cotisations de retraite complémentaire** dès lors qu'il a pour objet d'éviter que la cessation anticipée d'activité n'entraîne pour les salariés concernés un préjudice après la rupture du contrat de travail, sous la forme d'une diminution de leur retraite future (Cass. soc. 6-10-1994 nº 92-12.707 précité) ;
– de l'**indemnité** dite « **de reprise de bordereau** » allouée à des agents d'assurances en cas de **mutation, changement de fonction** ou **réduction du secteur géographique d'activité** (Cass. soc. 12-10-1995 nº 93-16.992 P) ;
– d'indemnités versées aux salariés ayant accepté, dans le cadre d'un **plan social,** la transformation de leur emploi à temps plein en emploi à temps partiel (Cass. soc. 7-4-1994 nº 91-22.147 PB).

RÉGIME FISCAL DES SOMMES VERSÉES

Le juge administratif a précisé le **régime fiscal** des sommes versées aux salariés qui acceptent une réduction de leur volume d'activité ou de leurs responsabilités en s'attachant notamment au contexte dans lequel intervient la modification. Ainsi, les indemnités visant à compenser une modification désavantageuse du contrat de travail peuvent être **exonérées** d'impôt sur le revenu pour leur **part réparant un préjudice** autre que la perte du salaire et sont imposables comme un supplément de salaire pour le surplus. 53390

ILLUSTRATIONS

Une indemnité versée à un cadre dirigeant en contrepartie de la diminution de ses responsabilités et de son salaire, décidée dans le cadre d'une **restructuration de l'entreprise,** a été partiellement exonérée d'impôt sur le revenu. Il a en effet été admis que cette indemnité avait en partie pour objet de réparer le trouble ainsi occasionné dans ses conditions d'existence et présentait, dans cette mesure, le caractère de dommages-intérêts non imposables (CE 11-10-1991 nº 48270).

Est en revanche intégralement imposable l'indemnité versée à un salarié sous **contrat à durée déterminée** modifié en cours d'application, dont le montant était inférieur à celui des rémunérations perdues du fait de cette modification. Il a été considéré que cette indemnité ne pouvait avoir pour objet que de compenser cette perte de rémunération (CE 13-6-1980 nº 14616).

De même, doit être regardée comme un complément de salaire imposable l'indemnité versée par une société à son P-DG ayant **démissionné** à la suite d'un **changement de contrôle** de cette société. Dès lors que l'intéressé avait été immédiatement embauché comme salarié par une autre société du groupe, il a été jugé que cette indemnité avait pour objet de compenser la baisse de rémunération induite par cette opération (CAA Paris 30-11-2010 nº 09-5591).

3. MODIFICATION DU LIEU DE TRAVAIL

L'employeur peut allouer aux salariés, soit en application de la convention collective, soit de sa propre initiative, différentes primes ou indemnités en contrepartie des sujétions nouvelles découlant de la modification du lieu de travail (voir nº 45770). 53440

RÉGIME SOCIAL DES SOMMES VERSÉES

Principe Faute d'exemption expresse prévue dans le CSS, les indemnités allouées en cas de modification du lieu de travail sont **incluses dans l'assiette** des cotisations de sécurité sociale, de la CSG (et par voie de conséquence de la taxe sur les salaires : BOI-TPS-TS-20-10 nº 40), de la CRDS (CSS art. L 136-1-1 et L 242-1, I) et des **prélèvements** alignés : cotisations ou contributions solidarité autonomie, Fnal, dialogue social, chômage, AGS, retraite complémentaire Agirc-Arrco, formation et alternance (contributions à la formation professionnelle, CPF-CDD, supplémentaire à l'apprentissage et taxe d'apprentissage), versement mobilité et participation-construction. 53450

ILLUSTRATIONS

Entre ainsi dans l'assiette des cotisations une prime d'un montant modique, versée en une seule fois à des salariés, à l'occasion du transfert du siège social de l'employeur et dans le cadre d'un accord d'établissement signé **en dehors de tout contexte de difficultés économiques** ou d'événements extérieurs contraignants (Cass. 2e civ. 12-3-2015 nº 14-10.744 F-PB).

Sommes versées dans le cadre d'un PSE La jurisprudence a pu admettre le caractère de **dommages-intérêts exonérés** de cotisations de sécurité sociale au profit de sommes versées en application d'un plan de sauvegarde de l'emploi et destinées à compenser le **préjudice** subi par les salariés **acceptant une mutation** dans une autre entreprise ou un autre établissement éloigné du fait de la modification des conditions de vie qui en découle. Relevons toutefois qu'elle l'a fait dans des **solutions anciennes,** dont la **portée** actuelle est incertaine. 53460

ILLUSTRATIONS

L'exonération de cotisations de sécurité sociale a été admise dans le cas :
– d'une **prime de transfert** versée, en application d'un plan social, par une filiale cessant ses activités, aux salariés ayant accepté d'aller travailler sur le site de la société mère, distant de 400 kilomètres, dont l'objet était de compenser le préjudice subi du fait du changement d'entreprise et de la modification des conditions de vie et de travail en découlant (Cass. soc. 3-6-1999 n° 97-22.691 PB) ;
– d'indemnités forfaitaires d'un montant modique versées pendant une durée limitée, dans le cadre d'un plan social de **restructuration,** aux salariés ayant accepté leur **mutation,** et ayant pour objet de compenser l'**allongement du temps de trajet** en résultant (Cass. soc. 17-7-1998 n° 96-22.443 P).

53470 **Indemnités de déménagement ou de réinstallation** Lorsque la mutation du salarié à l'initiative de l'employeur le contraint à changer de lieu de résidence, certaines entreprises versent des indemnités de déménagement ou de réinstallation. De telles indemnités peuvent être exclues de l'assiette des cotisations de sécurité sociale si elles constituent un remboursement de **frais professionnels** (voir n°s 56640 s.).

Dans le cas contraire, les indemnités versées constituent en principe des avantages en espèces soumis aux cotisations de sécurité sociale. Toutefois, celles qui présenteraient un **caractère indemnitaire** devraient pouvoir, à notre sens, y échapper. Tel pourrait être le cas si la mutation résultait, comme dans les affaires tranchées par la Cour de cassation ci-dessus (n° 53460), d'un PSE et constituait une alternative à un licenciement.

En revanche, n'ont pas de caractère indemnitaire mais constituent des avantages en espèces soumis à **cotisations** les **aides forfaitaires** versées directement par une entreprise aux **conjoints** ayant démissionné de leur emploi en raison de la **mutation géographique** de leurs époux, salariés de l'entreprise (Cass. 2e civ. 17-9-2009 n° 08-21.005 FS-PB).

RÉGIME FISCAL DES SOMMES VERSÉES

53480 Au plan fiscal, les indemnités versées aux salariés à l'occasion d'une mutation nécessitant un changement de domicile sont exonérées d'impôt sur le revenu dans la mesure où elles couvrent des dépenses professionnelles : voir n° 56810.

Dans la mesure où elles visent, en revanche, à compenser une **perte de salaire** ou des **dépenses à caractère personnel,** elles constituent un avantage imposable, étant précisé que les primes ou indemnités versées à titre exceptionnel aux salariés lors d'un changement de lieu de travail impliquant un transfert du domicile ou de la résidence peuvent bénéficier du système du **quotient** (n° 35390), quel que soit leur montant (CGI art. 163-0 A, I-al. 2).

F. Rappels de salaire

53520 Il arrive que des rémunérations soient versées avec retard, en cours de contrat de travail ou après l'expiration de celui-ci : augmentation de salaire à effet rétroactif, modification du mode de calcul d'une prime avec rappel pour le passé, rappel amiable pour corriger une erreur, condamnation de l'employeur par décision de justice à verser un élément de rémunération contesté, etc.

Le versement des rémunérations en retard par rapport à leur échéance normale est naturellement sans incidence sur leur **assujettissement** aux prélèvements sociaux et fiscaux. Il a, en revanche, un impact sur les modalités de **calcul** des cotisations sociales et de l'impôt.

ATTENTION

Les règles exposées ici ne s'appliquent qu'aux **rémunérations non versées à bonne date.** Elles ne concernent donc pas les éléments de rémunération versés selon une périodicité non mensuelle, notamment les primes et gratifications dont le versement intervient, en raison de leur mode de calcul, au cours de l'exercice suivant celui auquel elles se rapportent (par exemple, prime versée l'année N + 1 dépendant du résultat de l'entreprise au cours de l'année N). Pour les règles d'assiette, de taux et de plafonnement applicables à ces primes et gratifications, voir n°s 18770 s.

1. COTISATIONS ET CONTRIBUTIONS SOCIALES

53530 On examinera ici les **modalités de calcul et de recouvrement** des cotisations de sécurité sociale et des cotisations ou contributions sociales suivantes : contributions solidarité autonomie, Fnal et dialogue social, chômage et AGS, CSG et CRDS, retraite complémentaire, versement mobilité.

L'incidence des rappels sur le calcul de la **réduction générale** de cotisations est étudiée n° 22240. Pour les salariés à **temps partiel** cotisant sur leur salaire temps plein pour la retraite, voir n°s 75300 s.

RAPPEL AMIABLE EN COURS DE CONTRAT

Absence d'erreur de paie Selon le CSS, les rémunérations rattachées à une paie mais dues au titre d'autres périodes de travail sont soumises aux **taux** et **plafond** appliqués à cette paie (CSS art. R 242-1, II). Selon nous, il en résulte qu'en l'absence d'erreur de paie (augmentation de salaire à effet rétroactif, modification du mode de calcul d'une prime avec rappel pour le passé, etc.) les rappels de salaire sont ajoutés à la paie avec laquelle ils sont versés ou, lorsqu'ils sont versés dans l'intervalle entre 2 paies, ajoutés à la paie suivante, sans qu'il soit tenu compte de la période de travail à laquelle ils se rapportent. Ainsi, ils se confondent avec la paie à laquelle ils sont rattachés, tant pour le calcul de l'**assiette** des cotisations que pour la détermination des taux applicables. 53540

Erreur de paie Selon l'administration, lorsqu'un élément de rémunération est versé pour corriger une erreur relative au **calcul de la rémunération, d'une gratification ou d'une prime** d'une période antérieure, les cotisations et contributions sont calculées, comme pour les rappels ordonnés par décisions de justice (n° 53560), en tenant compte des règles d'assiette, de taux et de plafonnement en vigueur lors de la période de travail à laquelle ces éléments de rémunération se rapportent (BOSS-Ass. gén.-460). Si l'erreur concerne une année civile antérieure, la correction peut, sous certaines conditions, être imputée sur la DSN de décembre de l'année concernée (voir n° 36475, a). 53545

› **Précisions** Pour les rappels dus au titre de périodes postérieures au 1-1-2018 et versés **avant le 1-1-2022,** leur rattachement à la période concernée par l'erreur n'était obligatoire que si le bulletin de paie initial était corrigé (Circ. DSS 351 du 19-12-2017, abrogée).

EXEMPLE 53547

Soit un salarié à **temps partiel à 80 %** dont la rémunération de mars est fixée par erreur sur la base d'un mi-temps. En avril, l'employeur rectifie l'erreur. Le complément de rémunération versé en avril est soumis à l'ensemble des règles (en matière d'assiette, de taux et de plafonnement) en vigueur en mars (BOSS-Ass. gén.-460).

RAPPEL AMIABLE APRÈS LE DÉPART DU SALARIÉ

Pour les rappels amiables versés après la rupture du contrat de travail, les **cotisations et contributions** sont calculées selon les règles d'assiette, de taux et de plafonnement applicables lors de la dernière période de travail du salarié (CSS art. R 242-1, II, 2° ; BOSS-Ass. gén.-525). Ce principe conduit à ne réclamer les cotisations plafonnées sur le rappel que si les autres rémunérations de l'année n'ont pas déjà atteint le **plafond** réduit de cette année. 53550

Pour la **CSG,** le rattachement à la dernière période de travail comporte les conséquences suivantes au regard du plafonnement de l'abattement pour frais professionnels (n° 28660) : celui-ci ne s'applique pas au rappel si les rémunérations de l'année du départ ont déjà atteint 4 fois le plafond de sécurité sociale de cette année, éventuellement réduit en cas de départ en cours d'année. Dans le cas contraire, l'abattement s'applique au montant du rappel dans la limite de la différence entre ce plafond et le total formé par les rémunérations de l'année de départ et le rappel (Circ. Acoss 32 du 19-3-2012).

En cas de **succession de CDD** avec le même salarié, voir n° 76205.

EXEMPLE

Soit un salarié embauché en CDI payé 2 900 € par mois, ayant quitté l'entreprise le 30-03-2023, à qui est versé en juillet 2023 un rappel de salaire de 3 500 €. Le plafond réduit de l'année du départ s'élève à 3 666 € × 3 = 10 998 €. Lors du départ, les cotisations plafonnées de sécurité sociale ont été acquittées sur 2 900 € × 3 = 8 700 €. Le rappel versé en juillet 2023 est soumis aux cotisations déplafonnées sur 3 500 € et aux cotisations plafonnées sur seulement 10 998 € – 8 700 € = 2 298 €. Les taux applicables à ces cotisations sont ceux en vigueur en mars 2023.

RAPPEL JUDICIAIRE

Pour les rappels ordonnés par décision de justice, il est fait application des **taux et plafonds** en vigueur lors des périodes de travail donnant lieu à ces rappels (CSS art. R 242-1, II,1°). 53560

Il en est ainsi quelle que soit la situation du salarié, **contrat en cours ou non,** et quelle que soit la **nature des sommes** en cause (BOSS-Ass. gén.-550).

Il en va de même :
– pour l'évaluation de l'avantage en nature **logement** : voir n° 39310 ;
– et pour déterminer si l'abattement pour frais professionnels propre à l'assiette de la **CSG** trouve à s'appliquer pour le calcul de la CSG due sur le rappel.

Le salarié ne peut pas s'opposer au précompte par l'employeur des **cotisations salariales** dues sur le rappel judiciaire (Cass. soc. 3-7-2019 n° 18-12.149 FS-PB).

Le rappel judiciaire doit être déclaré sur la **DSN** du mois où il est versé. Toutefois, aucun code spécifique n'étant prévu pour sa déclaration, son rattachement à la période de travail génère des difficultés impliquant de prendre aussi contact avec l'Urssaf afin de gérer le rappel manuellement et en bilatéral avec celle-ci (net-entreprises, fiche n° 2404).

EXEMPLE

En janvier 2023, l'employeur verse, en même temps que le salaire du mois, des rappels de salaire dus au titre des années 2019 et 2020 à la suite d'une décision de justice. Pour le salaire du mois de janvier 2023, ce sont les règles d'assiette, de taux et de plafonnement du mois de janvier 2022 qui doivent être appliquées. En revanche, pour les rappels de salaire, ce sont celles en vigueur respectivement au titre de chacun des mois des années 2019 et 2020 qui doivent l'être.

2. IMPÔTS, TAXES ET PARTICIPATIONS

IMPÔTS, TAXES ET PARTICIPATIONS SUR LES SALAIRES

53620 Au regard de l'**impôt sur le revenu,** on retient la date de paiement des rémunérations, sans distinguer suivant la période à laquelle elles se rapportent ou la date à laquelle se place leur échéance normale. Les rappels de salaire doivent donc entrer dans le revenu de l'année où ils sont effectivement versés, même s'ils concernent des années différentes (BOI-RSA-BASE-20-10 n° 30).

La solution est identique en ce qui concerne la **taxe sur les salaires,** son fait générateur étant constitué par la mise à disposition du salarié des sommes imposables (BOI-TPS-TS-20-10 n° 1).

› Précisions Si le rappel de salaire correspond à des rémunérations dont le paiement a été différé par suite de circonstances indépendantes de la volonté du salarié, celui-ci peut, quel qu'en soit le montant, opter pour le système du **quotient** prévu par l'article 163-0 A du CGI, qui permet d'atténuer les effets de la progressivité de l'impôt sur le revenu sur les revenus différés (n° 35390). Toutefois, cette option, qui est exercée par l'intéressé sur sa déclaration annuelle de revenus, est sans incidence sur les obligations de l'employeur : le rappel de salaire est intégralement déclaré comme imposable et soumis au prélèvement à la source lors de son versement.

53625 Les rappels de salaire sont soumis au **prélèvement à la source** le mois de leur versement (BOI-IR-PAS-30-10-50 n° 1). Le calcul du montant à prélever est donc effectué à la date du versement, sur la totalité du montant versé, avec un taux de prélèvement à la source fourni par l'administration valide à cette date ou, à défaut, avec un taux issu de la grille de taux par défaut (net-entreprises, fiches n°s 1820 et 1823), étant précisé que le taux par défaut est alors déterminé en fonction de la périodicité usuelle de versement de la rémunération principale (BOI-IR-PAS-20-20-30-10 n° 160), quelle que soit la période à laquelle se rapporte le rappel.

EXEMPLE

Pour un salaire mensuel de 2 000 € versé avec un rappel de salaire de 500 € si l'employeur ne dispose pas du taux du salarié, le taux, déterminé au moyen de la grille mensuelle, est celui correspondant à un versement de 2 500 € (BOI-IR-PAS-20-20-30-10 n° 160).

IMPÔT SUR LES RÉSULTATS

53630 Si l'employeur a, au cours d'un exercice, régulièrement constaté une **provision** au titre des rappels de salaire, le versement des sommes correspondantes au cours d'un exercice ultérieur se traduit par la constatation définitive de la charge. Cette charge est compensée, à due concurrence, par la reprise de la provision. Ainsi, à hauteur des sommes compensées, la déduction de la provision devient définitive.

Si la provision antérieurement constatée est plus élevée que la charge, elle est sans objet pour le surplus et doit être réintégrée aux résultats imposables de l'exercice au cours duquel elle est devenue sans objet. De même, si la provision devient sans objet par suite de l'abandon de la demande du salarié ou du rejet de cette demande par les tribunaux, cette provision doit également être réintégrée aux résultats imposables de l'exercice au cours duquel elle est devenue sans objet.

3. BULLETIN DE PAIE

Les rappels de salaire doivent être mentionnés sur le bulletin de paie, au même titre que les salaires eux-mêmes. Sur leur prise en compte dans le **montant net social,** voir nº 13760. 53640

Ils sont en général portés sur le bulletin de paie du **mois de versement** en les distinguant de la rémunération normale de la période et en les isolant sur une ligne propre. Ils entrent dans le montant à porter en rémunération nette imposable de ce même bulletin.

La **réédition du bulletin de paie initial** ne nous semble pas obligatoire puisque la Cour de cassation a jugé qu'un rappel sur des primes dues sur plusieurs mois peut figurer sur un seul bulletin de paie, établi lors de leur paiement (Cass. soc. 30-11-2010 nº 09-41.065F-PB ; 27-1-2016 nº 14-19.210 F-D).

G. Compensation salariale de la réduction collective du temps de travail

Les entreprises ayant réduit leur durée collective de travail dans le cadre des lois Aubry I ou Aubry II ont dans l'ensemble opté pour le maintien intégral de la rémunération. 53720

Cette compensation salariale a pu se faire soit par hausse du salaire horaire, soit par création d'une prime spécifique, généralement appelée complément différentiel ou indemnité différentielle, venant s'ajouter au salaire brut correspondant à la durée du travail réduite.

DROIT À LA COMPENSATION

En raison de son objet, la compensation salariale doit normalement bénéficier à tous les salariés touchés par la réduction de la durée collective de travail. 53730

Dans les cas où la compensation salariale s'opère par versement, en sus du salaire, d'un **complément différentiel,** la question s'est posée de savoir :

– si les salariés **arrivés dans l'entreprise après la réduction du temps de travail** peuvent prétendre à ce complément différentiel sur le fondement du principe « à travail égal, salaire égal » (nºˢ 3760 s.) lorsqu'ils occupent des emplois équivalant à ceux des salariés qui en bénéficient. La Cour de cassation a répondu par la négative, peu important que ces salariés aient été embauchés sous contrat à durée indéterminée ou déterminée (Cass. soc. 1-12-2005 nº 03-47.197 FS-PBRI) ou aient été transférés en application de l'article L 1224-1 du Code du travail (Cass. soc. 4-2-2009 nº 07-42.024 FS-PB). Ceci permet aux employeurs de leur refuser cet avantage chaque fois que l'accord de réduction du temps de travail les en exclut expressément ou est muet sur la question. En revanche, si l'accord de réduction du temps de travail leur en accorde expressément le bénéfice, le complément différentiel doit leur être versé ;

– si les salariés **rémunérés en tout ou partie à la commission** ont droit à ce complément différentiel au titre de leurs commissions. Cette question a reçu une réponse affirmative : les commissions ouvrent toujours droit à complément différentiel, même si leur montant a augmenté depuis la mise en œuvre de la réduction du temps de travail. Le complément dû au titre des commissions se calcule en appliquant le pourcentage de réduction du temps de travail au montant atteint par les commissions avant cette réduction (Cass. soc. 13-6-2007 nº 05-45.203 FS-PB).

ATTENTION

Lorsqu'un accord collectif fixe la durée du travail à 35 heures et prévoit le versement d'une indemnité de réduction du temps de travail pour maintenir le salaire à son niveau antérieur, les **salariés** que leur employeur a **continué à faire travailler 39 heures par semaine** en méconnaissance de cet accord ont droit à cette indemnité et au paiement des heures accomplies au-delà de 35 heures et des majorations pour heures supplémentaires (Cass. soc. 4-6-2002 nº 01-01.318 FS-PBRI ; 27-11-2002 nº 01-44.382 F-D).

Afin de faire échec à cette jurisprudence dans les **établissements médico-sociaux,** le versement du complément différentiel est subordonné à l'agrément ministériel de l'accord d'entreprise ou d'établissement (ou de la décision unilatérale) mettant en œuvre la réduction de la durée collective dans l'entreprise ou l'établissement (Loi 2003-47 du 17-1-2003 art. 8).

MAJORATION DU SALAIRE HORAIRE

La compensation salariale peut s'effectuer en maintenant le salaire brut à son niveau atteint au moment de la réduction de la durée du travail, ce qui revient mécaniquement à majorer à due proportion le salaire horaire. 53740

Avant comme après la réduction du temps de travail, le salaire mensuel brut présente en totalité le caractère d'un salaire au regard des législations intéressées : droit du travail,

prélèvements sociaux et fiscaux, impôt sur le revenu. Sur l'application du régime de la **saisie et** de la **cession** des rémunérations à cette majoration du salaire horaire, voir n° 15180.

Les **augmentations générales des salaires** réels s'appliquent à la totalité de la rémunération, y compris à la part provenant de la compensation salariale de la réduction du temps de travail.

De même, les **éléments** de rémunération et avantages **calculés en fonction du salaire de base** doivent être calculés à partir du brut maintenu.

COMPLÉMENT DIFFÉRENTIEL

53750 **Régime social et fiscal** Le maintien de la rémunération peut se faire par création d'un complément différentiel de salaire venant s'ajouter au salaire brut correspondant à la durée du travail réduite. Ce complément doit apparaître sur une **ligne distincte** du bulletin de paie, parmi les éléments du salaire brut (Circ. DRT du 3-3-2000).

La compensation salariale d'une perte de rémunération induite par une mesure de réduction du temps de travail est considérée comme une rémunération, qu'elle prenne la forme, notamment, d'un complément différentiel de salaire ou d'une hausse du taux de salaire horaire (Cass. 2e civ. 19-6-2008 nos 07-16.135 FS-PB et 07-16.961 FS-D).

Elle est donc assujettie en tant qu'élément du salaire aux **cotisations** de sécurité sociale, à la CSG, à la CRDS et aux prélèvements dont l'assiette est harmonisée avec celle des cotisations de sécurité sociale : cotisations ou contributions solidarité autonomie, Fnal, dialogue social, chômage, AGS, retraite complémentaire Agirc-Arrco, formation et alternance (contributions à la formation professionnelle, CPF-CDD, supplémentaire à l'apprentissage et taxe d'apprentissage), versement mobilité et participation-construction. La taxe sur les salaires suivant les mêmes règles que la CSG, ces compléments y sont assujettis si cette taxe reste due.

Sur l'application du régime de la **saisie** et de la **cession** des rémunérations à ce complément différentiel, voir n° 15180.

53760 Le complément différentiel est considéré comme un salaire **imposable** dans les conditions de droit commun à l'impôt sur le revenu et donne lieu au prélèvement à la source de l'impôt sur le revenu par l'employeur. Il entre dans le montant à porter à la ligne montant net imposable du bulletin de paie.

Sur le délai de **prescription,** voir n° 15900.

Il doit, à notre avis, être inclus dans la base de calcul de l'indemnité de **congés payés.**

Pour son incidence sur le calcul de la rémunération des **heures supplémentaires,** voir n° 6980, c.

Au regard de la DSN, il doit, à notre sens, être déclaré avec la rémunération.

53780 **Prise en compte dans les salaires minima** De par son objet, qui est d'éviter que la réduction du temps de travail ne se traduise par une baisse de la rémunération et de maintenir celle-ci à son niveau atteint au moment de la réduction, le complément différentiel doit en principe, sauf disposition conventionnelle contraire, être inclus dans la rémunération à comparer au **minimum conventionnel** ou au **Smic.**

En pratique, les **augmentations successives** du minimum conventionnel ou du Smic viennent donc s'imputer sur le montant de ces compléments. Sauf pour les salariés rémunérés sensiblement au-dessus de ces minima, l'avantage que représente la compensation salariale est donc progressivement repris, jusqu'à épuisement, à l'occasion de ces augmentations.

H. Salaire du conjoint du chef d'entreprise

53850 Le conjoint, le **partenaire pacsé** ou le **concubin** du chef d'une entreprise commerciale, artisanale ou libérale, qui y exerce de manière régulière une **activité** professionnelle, est tenu d'opter pour l'un des trois statuts suivants : conjoint collaborateur (dans la limite de 5 ans depuis le 1-1-2022), associé ou salarié (C. com. art. L 121-4 et L 121-8).

En cas d'**option pour le régime du salariat** et si le contrat de travail est bien réel, le conjoint du chef d'entreprise est, au regard du droit du travail et de la sécurité sociale, un salarié de droit commun et relève du régime d'assurance chômage (n° 29250).

> Précisions **a.** L'exercice ou non par le conjoint du chef d'entreprise d'une activité professionnelle régulière dans l'entreprise et le statut choisi par ce dernier à ce titre doivent être impérativement mentionnés dans le dossier unique de déclaration d'entreprise déposé sur le **guichet unique électronique** géré par l'Inpi (formalites.entreprises.gouv.fr), conformément aux articles R 123-1 et suivants du Code de commerce. Il en est de même en cas de déclaration modificative portant mention que ce dernier exerce une activité régulière dans l'entreprise (C. com. R 121-5). La déclaration de création ou de modification est accompagnée d'une attestation sur l'honneur par laquelle le conjoint s'engage à participer régulièrement à l'activité de l'entreprise. En cas de divergence entre les informations communiquées par les 2 membres du couple, l'Urssaf les en informe afin que le chef d'entreprise effectue une déclaration modificative (Arrêté du 6-8-2021 modifié par arrêté du 9-5-2022).

b. À **défaut de déclaration** d'activité professionnelle ou du statut choisi, le chef d'entreprise est réputé avoir déclaré que ce statut est celui de conjoint salarié (C. com. art. L 121-4, IV).

c. Au regard du régime d'**assurance chômage,** l'option pour le statut de conjoint salarié fait bénéficier l'intéressé d'une présomption de contrat de travail. Toute demande d'allocation ou de participation au régime d'assurance chômage doit être acceptée par Pôle emploi, sauf à démontrer que le conjoint s'est immiscé dans la gestion de l'entreprise. Afin de **vérifier la situation** du conjoint, un formulaire de demande de renseignements lui est remis, soit lors de sa demande de participation, soit lors de sa demande d'allocations (Dir. Unédic 2008-13 du 27-3-2008 n° 1.2.4). Ce formulaire permet à Pôle emploi de donner un avis qui l'engage sur le bien-fondé du versement des contributions et par conséquent sur les droits à indemnisation.

PRÉLÈVEMENTS SOCIAUX

Les rémunérations versées au conjoint salarié de l'employeur sont assujetties aux **cotisations** de sécurité sociale dans les conditions exposées nos 17700 s. ainsi qu'aux prélèvements calculés sur la même assiette (cotisations ou contributions solidarité autonomie, Fnal, dialogue social, formation et alternance [contributions à la formation professionnelle, CPF-CDD, supplémentaire à l'apprentissage et taxe d'apprentissage], versement mobilité et participation-construction), à la **CSG,** à la **CRDS** et à la **taxe sur les salaires** si cette taxe reste due. Pour les cotisations de retraite complémentaire Agirc-Arrco, voir nos 30120 s., pour les contributions chômage et AGS, voir n° 29350. **53860**

L'avantage en nature **nourriture** servi au conjoint de l'employeur sur les ressources du ménage et en exécution du **devoir mutuel de secours et d'assistance** n'a pas à être pris en compte pour la détermination de l'assiette des cotisations (Cass. soc. 21-5-1992 n° 90-17.365 D), sauf si son attribution correspond à un **usage de la profession** (restauration par exemple) ou résulte de la **convention collective** ou d'un **accord de salaire** (Guide Acoss du recouvrement n° 101 p. 44-33, éd. 1-1998).

S'agissant des mentions à porter dans la DSN, voir n° 53910.

Sur l'application du régime de la **saisie et** de la **cession** des rémunérations, voir n° 15180.

RÉGIME FISCAL

Le salaire versé au conjoint de l'**exploitant individuel** ou de l'associé d'une **société de personnes** n'ayant pas opté pour l'impôt sur les sociétés (y compris les EURL mais non les SCM) est **intégralement déductible** du bénéfice imposable à la double condition que le conjoint participe effectivement à l'exercice de la profession et que les cotisations sociales (sécurité sociale, allocations familiales et autres prélèvements sociaux en vigueur) aient été acquittées sur sa rémunération (CGI art. 154). Pour donner lieu à déduction, le salaire doit être au moins égal au Smic (BOI-BIC-CHG-40-50-10 n° 240) et ne pas être excessif eu égard à l'importance du service rendu (BOI-BIC-CHG-40-50-10 n° 190). **53870**

La rémunération versée au conjoint de l'exploitant individuel ou de l'associé est imposée à l'**impôt sur le revenu** dans la catégorie des traitements et **salaires** (CGI art. 154). À ce titre, elle entre dans le montant à porter en montant net fiscal du bulletin de paie. **53890**

L'imposition est effectuée dans les conditions de droit commun, sous déduction des cotisations de sécurité sociale à la charge du conjoint salarié et des frais professionnels.

S'agissant des **taxes et participations sur les salaires,** voir n° 53860.

DÉCLARATION SOCIALE NOMINATIVE (DSN) ET PRÉLÈVEMENT À LA SOURCE

La rémunération est soumise au prélèvement à la source de l'impôt sur le revenu et doit être mentionnée sur la DSN aux rubriques Rémunération nette fiscale (S21.G00.50.002) et Montant soumis au PAS (S21.G00.50.013) du bloc Versement individu pour son montant réel, après déduction de la part salariale des cotisations sociales. **53910**

Dans la partie **sociale** sera déclarée la totalité des salaires versés ayant servi de base aux cotisations visées n° 53860.

I. Avantages consentis par les banques à leur personnel

53970 De nombreux établissements de crédit offrent à leurs salariés, anciens salariés ou retraités des avantages spécifiques tels que notamment :
– la **rémunération des comptes de dépôt à vue** ;
– des **prêts à taux préférentiels** (pour l'achat d'une voiture, l'acquisition d'une résidence principale, ou les travaux réalisés dans celle-ci, etc.) ;
– **divers services,** comme la délivrance gratuite de cartes bancaires, la mise à disposition gratuite de coffres-forts ou l'exonération des droits de garde sur les comptes « libres ».

Est étudiée ici la question de savoir si ces avantages sont passibles des cotisations de sécurité sociale et autres charges sociales et fiscales.

S'agissant des prêts consentis par les employeurs à leurs salariés, voir n°s 38620 s.

RÉGIME SOCIAL

53980 Si ces avantages sont offerts aux salariés, anciens salariés ou retraités des établissements de crédit en contrepartie ou à l'occasion de leur travail, ou en raison de leur appartenance passée à la banque concernée, ils doivent être soumis aux **cotisations de sécurité sociale,** à la **CSG** et à la **CRDS** sur les revenus d'activité (CSS art. L 242-1 et L 136-1 ; Ord. 96-50 du 24-1-1996).

La **Cour de cassation** s'est ainsi prononcée dans le sens de l'assujettissement :
– de la **rémunération des comptes** à vue, quelle que soit l'origine des fonds et que l'ouverture des comptes présente ou non un caractère obligatoire (notamment, Cass. soc. 25-2-1993 n° 90-21.550 P ; 1-4-1999 n° 97-12.912 P) ;
– de l'avantage constitué par les **prêts à taux bonifiés** offerts aux salariés (Cass. soc. 1-4-1999 n° 97-12.912 P) ;
– de **gratifications « hold-up »** consenties aux salariés qui, pour protéger les valeurs dont ils avaient la charge, avaient subi des violences physiques et eu une « attitude spécifique » (Cass. soc. 13-11-1996 n° 94-13.187 PBR) ;
– de la délivrance gratuite d'une **carte de crédit** internationale (Cass. soc. 27-5-1993 n° 91-14.639 D) ou d'une carte bleue (Cass. soc. 9-11-1995 n° 93-20.784 D).

ATTENTION

La rémunération des comptes à vue est soumise à cotisations dès lors qu'elle constitue un avantage consenti à raison de l'appartenance du salarié à l'entreprise, peu important à cet égard que des salariés d'un **autre établissement** financier aient, en application d'un accord signé avec la banque, également bénéficié de la rémunération du solde créditeur de leur compte (Cass. soc. 30-5-1996 n°s 94-17.170 D et 94-17.171 D).

53990 Toutefois, l'administration admet que les **réductions tarifaires** sur des produits ou services réalisés par une entreprise ne constituent pas un avantage en nature pour le salarié si elles **n'excèdent pas 30 %** du prix de vente normal (voir n°s 39900 s.). Selon nous, cette solution s'applique aux avantages spécifiques alloués au personnel des établissements de crédit (cette précision, qui figurait dans la circulaire DSS 7 du 7-1-2003 sur la mise en œuvre de l'arrêté du 10-12-2002 relatif à l'évaluation des avantages en nature, n'a pas été reprise dans les développements du BOSS consacrés à ces avantages, mais reste à notre sens valable).

Elle concerne en particulier les avantages constitués par les **prêts** à taux préférentiels et les divers **services** susvisés. S'ils sont offerts gratuitement ou avec des réductions excédant cette limite de 30 % – par rapport au prix normal pour les services et au meilleur taux public pour les prêts à taux préférentiel –, ils doivent donc être intégralement assujettis aux cotisations, à la CSG et à la CRDS sur les revenus d'activité. En revanche, si cette limite est respectée, ils sont exonérés (Lettre min. du 9-5-1995 ; Circ. Acoss 21 du 27-1-1999).

54000 Si le taux de rémunération des comptes de dépôt à vue est inférieur ou égal à celui des livrets A, l'avantage est exonéré de cotisations, de la CSG et de la CRDS sur les revenus d'activité (Lettre min. du 9-5-1995 et du 4-10-2007 diffusée par circ. Acoss 1 du 2-1-2008). Cette tolérance administrative est subordonnée au respect des **conditions** suivantes (Lettre min. du 4-10-2007 diffusée par circ. Acoss 1 du 2-1-2008) :
– le **nombre de comptes** à vue est limité à un par salarié ;
– les **sommes** pouvant donner lieu au versement d'intérêts assortis du traitement social de faveur sont **plafonnées** à 10 000 €.

Si les intérêts sont servis à un **taux supérieur,** ou en cas de non-respect des conditions ci-dessus, ils doivent être assujettis aux cotisations sociales, à la CSG et à la CRDS sur les revenus d'activité dès le premier euro comme avantage consenti aux bénéficiaires en contrepartie de leur appartenance présente ou passée à l'entreprise. Afin d'éviter un double versement de ces prélèvements, les sommes ainsi assujetties ne doivent pas être soumises à la CSG et à la CRDS sur les revenus du patrimoine ou les produits de placement (Lettre min. du 9-5-1995).

Les solutions exposées n°s 53990 s. valent pour le calcul des cotisations de sécurité sociale et pour la CSG et la CRDS. Elles semblent aussi transposables aux autres prélèvements effectués sur la même assiette : cotisations ou contributions solidarité autonomie, Fnal, dialogue social, chômage, AGS, retraite complémentaire Agirc-Arrco et versement mobilité. 54010

Pour les **taxes et participations sur les salaires,** voir n° 54020.

Sur l'application du régime de la **saisie** et de la **cession** des rémunérations, voir n° 15180.

RÉGIME FISCAL

En ce qui concerne la **rémunération des comptes à vue,** il a été jugé que les intérêts versés par un établissement bancaire à raison des soldes créditeurs du compte à vue de ses salariés sont imposables à l'**impôt sur le revenu** dans la catégorie des revenus de capitaux mobiliers – et non dans celle des traitements et salaires – malgré la circonstance qu'ils sont versés en vertu du contrat de travail conclu entre l'établissement et le salarié (CAA Paris 22-9-1998 n° 96-3430 ; BOI-RPPM-RCM-10-10-40 n° 210). Cette qualification fiscale devrait logiquement placer ces intérêts hors du champ du prélèvement à la source de l'impôt sur le revenu, celui-ci ne concernant pas les revenus de capitaux mobiliers. 54020

Du fait de l'alignement de l'assiette des **taxes et participations** sur les salaires sur celle des cotisations de sécurité sociale, ou, pour la taxe sur les salaires, sur celle de la CSG, ces sommes devraient logiquement être soumises à ces taxes dans les conditions et limites posées en matière sociale. Il peut cependant sembler curieux que des sommes qualifiées de « revenus de capitaux mobiliers » en matière fiscale puissent s'analyser en des rémunérations au sens des textes régissant les taxes et participations sur les salaires. S'agissant particulièrement de la taxe sur les salaires, la référence faite à l'assiette de la CSG ne devrait, à notre avis, avoir pour effet d'y inclure que les sommes versées aux personnes encore liées par contrat de travail à l'entreprise, à l'exception des retraités. Aux termes mêmes de l'article 231 du CGI, en effet, cette taxe ne concerne que les sommes versées aux salariés.

Pour les **autres avantages** consentis aux salariés par les banques, il n'existe pas de solution officielle en matière d'impôt sur le revenu. En ce qui concerne les taxes et participations assises sur les salaires, il y a lieu d'appliquer les solutions définies pour les cotisations et contributions sociales (pour la taxe sur les salaires, solution confirmée par BOI-TPS-TS-20-10 n° 60). Si les avantages sont consentis à d'anciens salariés, la question de leur assujettissement aux taxes et participations sur les salaires se pose dès lors que leur qualification de rémunération au sens de ces taxes prête à discussion.

Dans le cas des **prêts,** voir n° 40650.

Pour chaque salarié bénéficiaire de la rémunération des comptes de dépôt, l'employeur doit souscrire la **déclaration** unique annuelle des revenus de valeurs mobilières (**IFU**) prévue à l'article 242 ter, 1 du CGI (sur cette déclaration, voir Mémento fiscal n°s 26850 s.).

J. Sommes versées aux auteurs d'inventions

1. RÉMUNÉRATION

INVENTIONS DE MISSION

Les inventions faites par le salarié dans l'exécution soit d'un **contrat de travail** comportant une mission inventive qui correspond à ses fonctions effectives, soit d'**études et de recherches** qui lui sont explicitement confiées, appartiennent à l'**employeur.** Ce dernier doit **informer** le salarié lorsqu'une invention fait l'objet du dépôt d'une demande de titre de propriété industrielle et lors de la délivrance, le cas échéant, de ce titre. 54100

Les conditions dans lesquelles le salarié auteur d'invention bénéficie d'une **rémunération supplémentaire** sont déterminées par les conventions collectives, les accords d'entreprise et les contrats individuels de travail.

Si l'employeur n'est pas soumis à une convention collective de branche, tout **litige** relatif à la rémunération supplémentaire est soumis à une commission de conciliation ou au tribunal judiciaire (CPI art. L 611-7, 1°). Toutefois, le juge prud'homal est compétent lorsque le litige n'implique l'examen ni de l'existence ou de la méconnaissance d'un droit attaché à un brevet, ni d'un droit patrimonial sur un logiciel ou sa documentation (Cass. soc. 3-5-2018 n° 16-25.067 FS-PB).

> Précisions a. Les **dispositions conventionnelles ou contractuelles** excluant le versement de la rémunération supplémentaire dans certains cas sont sans effet et n'exonèrent pas l'employeur de son obligation de verser cette rémunération au salarié (Cass. com. 22-2-2005 n° 03-11.027 F-PB ; 12-2-2013 n° 12-12.898 F-D). Toutefois, si la CCN prévoit que les inventions non brevetables pourront donner lieu à l'attribution de primes, le juge ne peut pas substituer son appréciation à celle de l'employeur sur le principe du versement d'une prime et sur son montant (Cass. soc. 3-5-2018 n° 16-25.067 FS-PB).
b. Le droit à rémunération supplémentaire naissant à la **date** de réalisation de l'invention et non à celle du dépôt ou de la délivrance d'un brevet, c'est la loi en vigueur à la première de ces dates qui détermine la mise en œuvre de ce droit (Cass. com. 20-9-2011 n° 10-20.997 FS-PB).
c. L'invention **antérieure à la conclusion du contrat** de travail et correspondant à l'apport en nature de l'inventeur, gérant salarié au sein de la société, n'étant pas une invention de mission, le salarié n'a droit à aucune rémunération supplémentaire, même si la société a régularisé le dépôt du brevet (Cass. soc. 2-6-2010 n° 08-70.138 FS-PB). Le salarié auteur d'invention ne peut invoquer ses droits qu'à l'encontre de son employeur, même en cas de **cession des actifs** (Cass. com. 31-1-2018 n° 16-13.262 FS-PB ; 5-1-2022 n° 19-22.030 FS-B). Il ne peut pas le faire auprès des **autres sociétés du groupe** (Cass. com. 9-12-2014 n° 13-16.559 FS-PB).
d. En cas de **désaccord** avec son employeur, l'inventeur a la possibilité de saisir la Commission nationale des inventions de salariés (INPI-Cnis : 15, rue des Minimes, CS 50001, 92677 Courbevoie cedex – Tél. : + 33 (0)1 56 65 89 98).
e. Sur le **régime social et fiscal** du complément de rémunération, voir n°s 54200 s.

INVENTIONS HORS MISSION ATTRIBUÉES À L'EMPLOYEUR

54110 Les autres inventions que celles visées n° 54100 appartiennent au salarié. Toutefois, lorsqu'une invention est faite par un salarié, soit dans le cours de l'exécution de ses **fonctions,** soit dans le domaine des **activités de l'entreprise,** soit par la connaissance ou l'utilisation des **techniques** ou de **moyens** spécifiques à l'entreprise, ou de **données** procurées par elle, l'employeur a le droit de se faire attribuer la propriété ou la jouissance de tout ou partie des droits attachés au brevet protégeant l'invention de son salarié.

Le salarié doit en obtenir un **juste prix** qui, à défaut d'accord entre les parties, est fixé par la commission de conciliation ou par le tribunal judiciaire : ceux-ci prendront en considération tous éléments qui pourront leur être fournis notamment par l'employeur et par le salarié, pour calculer le juste prix tant en fonction des **apports** initiaux de l'un et de l'autre que de l'**utilité** industrielle et commerciale de l'invention (CPI art. L 611-7, 2°).

54120 La diversité des situations en présence, notamment en matière d'évaluation de l'utilité industrielle et commerciale de l'invention pour l'entreprise, rend difficile l'établissement d'instructions précises quant au calcul du juste prix. La tâche est d'autant plus délicate que l'appréciation de ce juste prix doit être faite, aux termes de la jurisprudence, à la **date** de l'**attribution** de l'invention à l'**employeur,** c'est-à-dire à un moment où les conditions d'exploitation de l'invention ne sont pas connues. Cela est d'ailleurs parfois avantageux pour le salarié, l'évaluation ne pouvant pas être remise en cause à la lumière d'éventuels aléas survenant ultérieurement. Il a en effet été précisé que l'employeur ne peut s'abriter derrière l'éventuelle **nullité du brevet** découverte a posteriori pour échapper au versement du juste prix dès lors qu'il a exercé son droit d'option (Rép. Carpentier : AN 3-10-1994). Lorsque le prix versé au salarié est proportionnel au chiffre d'affaires réalisé par l'exploitation de l'invention, l'employeur a l'obligation d'**exploiter le brevet** (Cass. com. 18-2-2004 n° 02-17.421 F-D).

> Précisions En cas de **litige** sur le montant du juste prix, l'inventeur a la faculté de saisir la Commission nationale des inventions de salariés (Cnis) (n° 54100) qui fera aux parties une proposition de conciliation. Par **exemple,** pour une invention relative à l'encrage de machines d'imprimerie, la Cnis a tenu compte de la contribution de l'employeur à la réalisation de l'invention du salarié et du caractère limité du droit d'attribution exercé, consistant en une **licence non exclusive et non cessible dans tous les pays où l'invention** est protégée, pour proposer un juste prix fixé à la moitié des frais présumés engagés pour la protection de l'invention. Par ailleurs, l'employeur devait bénéficier d'un droit à reversement de 30 % des produits tirés par le salarié de l'exploitation du brevet (Cnis 21-12-1982 n° 82-3).

Pour fixer le juste prix dû par un employeur qui voulait se faire attribuer la **propriété du brevet** protégeant l'invention de son salarié, un tribunal a tout d'abord déterminé la part contributive du salarié à l'invention, puis a divisé le taux des redevances généralement accordées pour ce type d'invention par la part contributive du salarié (TGI Paris 25-2-1986).

INVENTIONS LIBRES NON ATTRIBUÉES À L'EMPLOYEUR

Les inventions hors mission non attribuées à l'employeur, que celui-ci ait échoué dans sa demande d'attribution ou qu'il n'en ait pas formulé, sont la propriété du salarié (CPI art. L 611-7, 2°). Conformément au droit commun des brevets d'invention, celui-ci se rémunère soit par l'**exploitation directe** du brevet protégeant son invention, soit par la concession d'une **licence de brevet,** soit même par la **cession de son brevet.** 54130

2. RÉGIME SOCIAL ET FISCAL

ASSUJETTISSEMENT AUX COTISATIONS DE SÉCURITÉ SOCIALE

Lorsque la **propriété** de l'invention revient intégralement à l'**employeur** et que le salarié ne tire aucun revenu de son exploitation, celui-ci n'est pas considéré comme exerçant une activité susceptible de justifier son affiliation aux régimes de protection sociale des travailleurs indépendants. Il n'est donc redevable d'aucune cotisation à ces régimes. 54200

Selon la doctrine, la **rémunération complémentaire** versée à l'occasion de l'invention de mission doit être considérée comme un supplément de salaire et être soumise aux cotisations de sécurité sociale du régime général. Une solution identique a été adoptée pour des primes versées à des salariés proposant des **innovations techniques** exploitées par l'employeur, qui en fixait le montant. En effet, même exercée indépendamment de toute obligation contractuelle et en dehors du temps de travail, cette activité particulière des salariés était **indissociable de leurs occupations professionnelles** de sorte que les sommes allouées à ce titre pouvaient être considérées comme l'ayant été en contrepartie ou à l'occasion du travail (Cass. soc. 12-10-1995 n° 93-14.001 P ; 28-1-1999 n° 97-14.714 D).

Il en va de même du **juste prix** versé en contrepartie d'une invention hors mission attribuée à l'employeur (n° 54120) : dès lors que, le salarié a réalisé l'invention dans le domaine d'activité de l'entreprise grâce à la connaissance des données procurées par celle-ci, cette rémunération peut être rattachée à l'**exécution du contrat de travail,** peu important que le prix soit payé sous forme d'un **intéressement semestriel** sur le **chiffre d'affaires** produit par l'invention (CA Versailles 16-1-1996 n° 94-23877).

Lorsque le **salarié** conserve la **propriété de son invention,** il relève à ce titre des régimes de protection sociale des travailleurs indépendants, pour lesquels il est redevable de cotisations sur les revenus que lui procure son invention. Il en est ainsi même s'il a cédé, moyennant redevances, l'exploitation de son brevet à son employeur, puisque, dans cette situation, l'emploi qu'il occupe dans l'entreprise ne se confond pas avec son activité d'inventeur, laquelle lui procure des revenus distincts de son salaire.

La Cour de cassation a jugé en ce sens concernant un inventeur ayant cédé l'exploitation de son invention à une SARL dont il était gérant salarié (Cass. soc. 3-6-1971 n° 70-11.299).

IMPOSITION DES SOMMES PERÇUES

La doctrine administrative opère une distinction entre les rémunérations supplémentaires allouées au titre d'une invention de service et les sommes perçues par des salariés auteurs d'une invention dont ils sont à l'origine propriétaires (voir n°s 54100 s.). 54210

Au regard du **prélèvement à la source** de l'impôt sur le revenu (CGI art. 204 B, 204 C et 204 G) :

– les sommes provenant d'inventions de mission, imposables dans la catégorie des traitements et salaires, relèvent du prélèvement à la source opéré par l'employeur ;

– les sommes imposables dans la catégorie des bénéfices non commerciaux relèvent, sauf option pour le régime de la micro-entreprise, de la procédure de l'acompte directement versé par le bénéficiaire aux services fiscaux si elles sont soumises à l'impôt sur le revenu selon le barème progressif (BOI-IR-PAS-20-10-20-20 n° 1 ; BOI-IR-PAS-10-10-20 n° 50). Le prélèvement à la source ne s'applique pas, en revanche, aux sommes imposables selon le régime des plus-values à long terme (BOI-IR-PAS-20-10-20-20 n° 1 ; BOI-IR-PAS-10-20 n° 60).

Inventions de mission Les **rémunérations supplémentaires** allouées aux salariés auteurs d'une invention de mission doivent être regardées comme un **élément de la rémunération principale** servie en exécution du contrat de travail et imposables (sauf cas particulier) dans la catégorie des traitements et salaires. 54220

Tel est le cas d'une prime versée à un salarié qui est l'auteur d'une invention exploitée par son employeur (BOI-RSA-CHAMP-10-10-30 n° 70) ou de sommes versées après la cessation de son contrat de travail à un directeur évincé de la direction au titre de produits qui n'ont pas donné lieu à des brevets pris au nom de l'intéressé mais sont restés la propriété de l'employeur et trouvent leur origine dans un lien contractuel entre employeur et salarié (CE 11-10-1991 n° 48270).

Les sommes versées après la **cessation du contrat** de travail devraient, compte tenu de l'arrêt du 11-10-1991 précité, être imposables dans la catégorie des traitements et salaires. Toutefois, lorsque leur versement trouve sa source, non dans le contrat de travail, mais dans une convention conclue avec l'inventeur alors qu'il n'est plus salarié de l'entreprise, elles constituent des bénéfices non commerciaux (CE 25-10-1989 n° 68480).

54230 **Autres inventions** Les rémunérations perçues par un inventeur salarié au titre d'inventions autres que les inventions de mission sont imposables comme des **produits perçus par un inventeur** au sens de l'article 92, 2-3° du CGI dans la catégorie des bénéfices non commerciaux.

Tel est le cas des produits tirés par le salarié de l'exploitation des inventions dont il est propriétaire.

Il en est de même des sommes allouées au salarié en contrepartie de l'attribution à l'employeur de la propriété ou de la jouissance de tout ou partie des droits attachés au brevet protégeant une invention réalisée au cours de l'exécution des fonctions du salarié, dans le domaine des activités de l'entreprise ou avec le **concours technique de l'entreprise** (inventions « dépendantes ») : dans ce cas, l'administration estime que l'invention reste la propriété du salarié jusqu'à son attribution en propriété ou en jouissance à l'employeur ; les sommes obtenues en contrepartie sont réputées représenter soit le prix de cession de l'invention, soit des redevances, en cas d'exploitation conjointe par le salarié et l'employeur (BOI-BNC-CHAMP-10-10-20-20 n° 130).

54240 Les produits perçus depuis le 1-1-2019 par un inventeur personne physique et ses ayants droit au titre de la cession ou de la concession de licences d'exploitation d'un logiciel protégé par le droit d'auteur, d'une invention brevetable ou d'un actif incorporel satisfaisant aux conditions mentionnées aux 1°, 2° ou 4° de l'article 238, I du CGI (brevets au sens large, certificats d'obtention végétale et procédés de fabrication industriels respectant certaines conditions) bénéficient de la taxation atténuée des plus-values à long terme prévue à l'article 39 quindecies du CGI. Par dérogation à l'article 39 quindecies, le taux applicable est ramené à 10 % (CGI art. 93 quater I, al. 2), ce taux étant majoré des prélèvements sociaux sur revenus du patrimoine (n° 51030).

Les rémunérations ne satisfaisant pas aux conditions mentionnées aux 1°, 2° ou 4° de l'article 238, I du CGI sont imposables au taux progressif de l'impôt sur le revenu, après déduction des frais exposés en vue de la conception ou de la réalisation de l'invention, qui s'opère soit par application d'un abattement de 30 %, soit par la déduction des frais réels, au choix de l'inventeur (CGI art. 93, 2). Ce choix peut être effectué séparément pour chaque invention, mais présente un caractère définitif pour chacune d'elles (BOI-BNC-SECT-30-10-30 n° 30).

> **Précisions** Les **produits** définis à l'**article 238, I-1°, 2° ou 4° du CGI** sont les suivants :
> – 1° les brevets, les certificats d'utilité et les certificats complémentaires de protection rattachés à un brevet ;
> – 2° les certificats d'obtention végétale ;
> – 4° les procédés de fabrication industriels qui : a) constituent le résultat d'opérations de recherche ; b) sont l'accessoire indispensable de l'exploitation d'une invention mentionnée au 1° ; c) font l'objet d'une licence d'exploitation unique avec l'invention.

K. Pourboires

1. NATURE JURIDIQUE

54340 Le pourboire est une somme d'argent remise directement ou indirectement **par un tiers,** client de l'employeur, au salarié à l'occasion de ses fonctions.

Lorsqu'il est prévu par la convention collective ou le contrat de travail ou qu'il résulte d'un usage applicable dans la profession, le pourboire s'analyse comme un **salaire.** Ce caractère salarial, largement admis, est manifeste lorsque le pourboire est obligatoire pour le client et prend la forme d'une majoration de la facture au titre du « service » (CA Paris 11-7-1979 n° 7589).

> **Précisions** **a.** Ayant le caractère de salaire, les pourboires doivent être **pris en compte** pour le calcul de certaines **indemnités.**
> Il en est ainsi par exemple des indemnités :
> – de congés payés (nº 59510) ou compensatrice de congés payés (nº 60200) ;
> – compensatrice de préavis (nºs 66190 s.) ;
> – de licenciement (nº 63480) ;
> – de mise à la retraite (nº 64650).
> **b.** Il subsiste néanmoins un reliquat de **pourboire-libéralité,** qui s'apparente aux présents d'usage du Code civil et n'a pas la nature d'un salaire. Ainsi, le pourboire « obligatoire » (car intégré dans la facturation au client) ne doit pas être confondu avec celui laissé volontairement par le client et remis directement au personnel. En effet, ce pourboire « à la poche » ou « pourboire tronc » conserve un caractère de libéralité et n'est donc pas pris en compte pour déterminer la base de calcul des cotisations (Doc Urssaf au 1-2-2023). Il en va de même lorsque celui qui donne le pourboire n'est pas un « client » de l'employeur ou lorsque le pourboire est exceptionnel, ne correspond pas aux usages de la profession et ne pourrait pas être attendu du salarié.

2. MODES DE PERCEPTION

POURBOIRES REMIS AU SALARIÉ

Les pourboires peuvent être remis par le client au salarié soit **directement,** soit par l'**intermédiaire d'un préposé** du personnel chargé pour lui de centraliser les sommes perçues et de **54400**
les lui reverser. L'employeur peut alors ignorer le barème de répartition des pourboires entre les salariés et donc le montant perçu par chacun d'entre eux. Dans ces cas, le bulletin de paie comporte l'assiette forfaitaire retenue pour le calcul des cotisations de sécurité sociale (Circ. DRT 189 du 30-3-1989 nº 26).

Sur l'assiette retenue pour le calcul des cotisations de sécurité sociale, voir nº 54560.

Sur les sommes à porter sur la **DSN,** voir nº 54640.

Par ailleurs, il appartient au **salarié** qui estime n'avoir **pas été rempli de ses droits** d'en apporter la preuve : voir notamment nº 1840.

Sur le cas où un **salaire fixe** a été convenu, voir nº 54490.

> **ATTENTION**
> Un employeur ne peut pas prétendre ignorer le montant des pourboires perçus par les salariés si le pourcentage pour service, ajouté aux notes des clients, est réparti par des préposés qu'il a désignés selon un **barème qu'il a lui-même fixé.** Il ne peut donc pas dans ce cas se borner à indiquer sur les bulletins de paie le forfait visé nº 54560 (Cass. soc. 21-2-1980 nº 78-41.528 P).

POURBOIRES CENTRALISÉS PAR L'EMPLOYEUR

L'employeur qui centralise les pourboires doit les répartir entre les **salariés** en **contact avec** **54410**
la clientèle (C. trav. art. L 3244-1). Il est tenu de justifier de l'encaissement et de la remise de ces sommes à ces salariés (C. trav. art. R 3244-1).

Les **modes de justification** à la charge de l'employeur, les catégories de personnel prenant part à la répartition et les modalités de cette répartition sont déterminés par profession ou par catégorie professionnelle, nationalement ou régionalement, par les **conventions collectives** ou, à défaut, par des **décrets** (C. trav. art. R 3244-2). Le non-respect de ces décrets est sanctionné de l'amende visée nº 54470.

Les modalités de répartition de la masse des pourboires fixées par la **convention collective** **54412**
s'imposent en principe à l'employeur. Il est néanmoins possible de prévoir dans le contrat de travail des modalités différentes si celles-ci ne sont pas globalement défavorables au salarié (Cass. soc. 12-3-1987 nº 84-41.390).

Seuls deux **décrets** sont intervenus : ceux du 4-6-1936 et du 11-12-1946. Ils visent les **hôtels, cafés, restaurants** et tout établissement de vente de denrées alimentaires à consommer sur place dans le département de la **Seine** (Paris et ancien département de la Seine : Cass. soc. 25-5-1976 nº 75-40.059 P) et celui du **Var.** Ils imposent à l'employeur la tenue d'un **registre spécial** de répartition des pourboires.

Sur la sanction encourue par l'employeur en cas de méconnaissance des dispositions des décrets visés nº 54410, voir nº 54470.

La **jurisprudence** a défini la notion de **personne en contact avec la clientèle** ayant vocation **54415**
à prendre part à la répartition des pourboires.

Les pourboires doivent être remis à l'ensemble des salariés en contact avec la clientèle, quelle que soit la catégorie du personnel à qui les sommes sont matériellement remises (Cass. soc. 9-5-2000 nº 98-20.146 FS-P ; 29-6-2005 nº 03-15.244 F-D).

Sur l'impossibilité pour l'employeur de prélever une partie des pourboires, voir nº 54470, a et b.

› **Précisions** Les dispositions de la convention collective du **personnel des jeux dans les casinos,** prévoyant que les pourboires recueillis dans les salles de jeu doivent être répartis pour un montant minimum de 70 % entre certaines catégories déterminées de personnel assurant le service des jeux n'autorisent pas l'employeur à répartir le solde avec les membres du personnel n'étant pas en contact avec la clientèle (Cass. soc. 6-5-1998 n° 96-40.077 P). Les pourboires reçus aux tables de jeu constituent une masse unique à répartir selon le pourcentage fixé par l'accord collectif entre le personnel des jeux et le personnel des services périphériques en contact avec la clientèle (bar, restaurant, etc.), peu important que ces derniers perçoivent déjà directement, à l'occasion de leurs propres fonctions, des pourboires non intégrés dans la masse à répartir (Cass. soc. 29-9-2004 n° 02-43.500 F-PB).

54417 ILLUSTRATIONS

Doit **participer à la répartition** des pourboires le **maître d'hôtel** chargé de la surveillance du service, même s'il ne les encaisse pas directement (Cass. soc. 19-5-1950 n° 27 ; 5-7-1967 n° 66-40.171 P), ou encore l'**hôtesse d'accueil** d'un restaurant qu'un **usage** d'entreprise ne peut exclure de la répartition (CA Paris 25-11-2021 n° 19/05520).

En revanche, doivent **en être exclus** : les membres du personnel investis de **tâches purement administratives** (Cass. soc. 25-5-1976 n° 75-40.059 P) ; le secrétaire général ou le **directeur d'un hôtel** (Cass. soc. 19-7-1960 n° 59-40.700 P) ; les **preneurs d'ordres** d'un hôtel ayant essentiellement pour fonction de renseigner par téléphone des clients souhaitant être servis en chambre et d'enregistrer leurs commandes, dont le rôle s'avère plus proche de celui d'un standardiste que de celui d'un maître d'hôtel (Cass. soc. 18-6-1997 n° 94-43.634 D) ; le **gérant d'un restaurant** (Cass. soc. 4-7-1984 n° 81-42.852 P) ; les **directeurs régionaux** de restaurants principalement chargés de l'encadrement et du contrôle de ces établissements et n'exerçant qu'accessoirement des fonctions de service pour le remplacement d'un salarié absent (Cass. soc. 14-11-2013 n° 12-16.805 FS-PB).

N'ont pas non plus vocation à bénéficier des pourboires le **personnel de cuisine** d'un casino (Cass. soc. 5-11-1970 n° 69-40.105 P), les écailleurs d'un établissement spécialisé dans la dégustation des fruits de mer (Cass. soc. 3-3-1976 n° 74-40.771 P) ou les « grilladins » chargés de cuire la viande dans un restaurant (Cass. soc. 30-6-1993 n° 90-42.171 D). Il en va de même du régisseur, de l'employé aux relations extérieures et du commissaire hors bord d'une société exploitant des **bateaux-mouches** dès lors qu'ils ne se trouvent pas sur les bateaux (Cass. soc. 15-6-1983 n° 80-41.621 P).

54420 L'employeur doit payer **mensuellement** l'ensemble des pourboires recueillis au cours du mois (Cass. crim. 1-12-1965 n° 64-92.830 P). Sur la possibilité d'en « lisser » le montant d'un mois sur l'autre, voir n° 54490.

Les pourboires constituant un accessoire du salaire doivent figurer sur le **bulletin de paie** (Circ. DRT 17 du 24-8-1988 n° 2.2). S'agissant des sommes à porter sur la **DSN,** voir n° 54640.

3. MONTANT

REVERSEMENT INTÉGRAL DES POURBOIRES CENTRALISÉS

54470 Dans les établissements commerciaux où existe la pratique du pourboire, toutes les perceptions faites « pour le service » par l'employeur sous forme de **pourcentage** obligatoirement **ajouté aux notes** des clients ou autrement, ainsi que toutes sommes **remises** volontairement par les clients pour le service **entre les mains de l'employeur,** ou **centralisées** par lui, sont intégralement versées au personnel en contact avec la clientèle (C. trav. art. L 3244-1).

Le **non-respect** de ces dispositions est passible de l'amende prévue pour les contraventions de 3e classe (C. trav. art. R 3246-3). Pour le taux des amendes, voir n° 96470.

› **Précisions a.** Ni le contrat de travail ni un accord appliqué par l'employeur ne peuvent **déroger** à ces dispositions (Cass. soc. 9-3-1994 n° 91-17.543 P). Ainsi, l'employeur ne peut pas, sous prétexte qu'il s'agit là d'un partage librement convenu, se réserver une partie des pourboires (Cass. soc. 19-6-1990 n° 87-41.769 P), ni prélever une part du service en contrepartie du travail personnel qu'il effectue dans la salle du restaurant, à l'occasion de « coups de main » donnés aux serveurs (Cass. soc. 16-7-1996 n° 93-43.646 D).

b. L'employeur ne peut pas imputer sur la masse des pourboires des sommes dont le paiement lui incombe par l'effet de la loi ou des accords collectifs. Ainsi jugé à propos d'une indemnité différentielle de **maladie** (Cass. soc. 31-5-1989 n° 86-45.448 P) ou du paiement des **heures de délégation** aux représentants du personnel (Cass. crim. 26-7-1989 n° 88-86.040 PF), ceux-ci n'étant pas en contact avec la clientèle pendant les heures de délégation (Cass. soc. 8-11-1994 n° 93-42.501 D). S'agissant du paiement de l'**indemnité de congés payés,** voir n° 59960.

c. En revanche, l'employeur peut déduire des pourboires le montant de la **TVA** correspondante qu'il justifie avoir versé (Cass. soc. 4-2-1981 n° 78-41.008 P ; 6-5-1998 n° 96-40.077 P), ce qui constitue un tempérament au principe du reversement intégral des pourboires au personnel en contact avec la clientèle.

d. Les dispositions de l'article L 3244-1 du Code du travail n'interdisent pas qu'il soit décidé que les **sommes reversées** par l'employeur au titre des pourboires, avec un minimum garanti, soient calculées sur la base d'une masse à partager **supérieure à celle facturée** aux clients pour le service (Cass. soc. 13-10-2021 n°s 19-24.739 FS-B, 19-24.741 FS-B et 19-24.754 FS-D).

INTERDICTION DES RETENUES

Dans les **hôtels, cafés, restaurants** et les établissements similaires, dans les entreprises de **spectacles, cercles et casinos** et les entreprises de **transport,** il est interdit aux employeurs d'imposer aux salariés des versements d'argent ou d'opérer des retenues d'argent sous la dénomination de frais ou sous toute autre dénomination pour quelque objet que ce soit, à l'occasion de l'exercice normal du travail (C. trav. art. L 3251-4). **54480**

Le **non-respect** de ces dispositions à l'occasion de l'embauche, de l'exercice normal du travail ou de la rupture du contrat de travail est passible de l'amende prévue pour les contraventions de la 4e classe (pour le taux, voir n° 96470). Cette peine est indépendante des restitutions et des dommages et intérêts auxquels peuvent donner lieu les mêmes faits (C. trav. art. R 3255-1).

› Précisions Ainsi, l'employeur ne peut pas alléguer une coutume établie dans les cafés selon laquelle les serveurs versent sur leurs pourboires une certaine somme destinée à **rémunérer** une **femme de ménage** pour assurer le nettoyage à leur place des tables de café (Cass. soc. 26-1-1972 n° 70-40.325 P).
Jugé en revanche que l'employeur pouvait déduire du salaire d'un sommelier, autorisé à conserver les pourboires qu'il touchait directement de la clientèle, une somme forfaitaire destinée à compenser son **défaut de participation** à l'alimentation du « tronc » commun des pourboires dès lors qu'il est établi que la société ne prélevait **pas** cette somme **pour son propre compte** (Cass. soc. 10-1-1952 n° 1178).
Par ailleurs, si le prix du billet donnant accès à une **promenade touristique en bateau** et au service d'un repas ne correspond que pour partie aux repas, le personnel affecté aux fonctions hôtelières ne peut pas reprocher à l'employeur de ne prélever le pourcentage dû au titre du service que sur une partie du prix des billets (Cass. soc. 15-6-1983 n° 80-41.621 P ; 26-2-1985 n° 83-41.994 S).

SALAIRE FIXE OU MINIMUM GARANTI

Les perceptions faites « pour le service » par l'employeur s'ajoutent au salaire fixe sauf s'il garantit un salaire minimum (C. trav. art. L 3244-2) sous peine de l'amende exposée n° 54470. **54490**

Le salarié rémunéré par un **salaire forfaitaire fixe** doit donc percevoir, dans tous les cas, en sus de ce dernier, sa **part de pourcentage** sur le service (Cass. soc. 28-6-1978 n° 77-40.374 P). L'employeur ne justifiant d'aucun salaire garanti ne peut pas déduire les pourboires du salaire fixe (Cass. soc. 16-12-2015 n° 14-19.073 FS-PB). S'agissant des conséquences du non-reversement du service par l'employeur sur l'assiette des cotisations dans les hôtels, cafés, restaurants, voir n° 85760.

L'employeur qui garantit un **salaire minimum,** en revanche, n'est tenu de verser que la **différence** entre ce minimum et les pourboires revenant au salarié si ceux-ci sont inférieurs (pour une illustration, CA Paris 19-5-2021 n° 18/10924). S'il peut justifier que les pourboires sont égaux ou supérieurs au minimum, aucune rémunération n'est due (Cass. soc. 29-5-1959 n° 57-40.428 P).

ATTENTION

Le salarié a droit, **chaque mois,** à l'**intégralité des pourboires** qui lui reviennent, y compris pour la part excédant le minimum garanti, sans que l'employeur puisse conserver les **excédents** pour compenser, le cas échéant, les déficits constatés les **autres mois** (Cass. soc. 17-1-1962 n° 57-40.366 P).

4. CHARGES SOCIALES

Lorsqu'ils ont la nature de salaire (n° 54340), les pourboires sont en principe assujettis aux **cotisations de sécurité sociale** (CSS art. L 242-1, I), à la **CSG** et à la **CRDS** (CSS art. L 136-1-1, I) et, par conséquent, à la **taxe sur les salaires** (BOI-TPS-TS-20-10 n° 30), ainsi qu'aux **prélèvements** dont l'assiette est alignée sur celle des cotisations de sécurité sociale : cotisations ou contributions solidarité autonomie, Fnal, dialogue social, chômage, AGS, retraite complémentaire Agirc-Arrco, formation et alternance (contributions à la formation professionnelle, CPF-CDD, supplémentaire à l'apprentissage et taxe d'apprentissage), versement mobilité et participation-construction. **54530**

Toutefois, la loi de finances pour 2022 a prévu, sous certaines conditions, un mécanisme d'**exonération de cotisations** et contributions sociales sur les **pourboires versés en 2022 et 2023** : voir nº 54650.

Sur l'application du régime de la **saisie** et de la **cession** des rémunérations, voir nº 15180.

ATTENTION

La **taxe sur les salaires** n'est due sur les pourboires que dans le cas où l'employeur est assujetti à la TVA sur moins de 90 % de son chiffre d'affaires, situation rare en pratique.

ÉVALUATION DE L'ASSIETTE

54540 Les règles d'évaluation des pourboires varient selon que l'employeur a connaissance ou non des sommes perçues à ce titre par ses salariés. Les **règles générales** d'évaluation des pourboires applicables aux assurés rémunérés, totalement ou partiellement, à l'aide de pourboires (personnel des salons de coiffure, hôtes de vestiaires, etc.) sont fixées par un arrêté du 28-3-1956.

ATTENTION

L'arrêté du 28-3-1956 **ne s'applique pas** aux salariés cotisant selon un système forfaitaire spécialement établi pour leur profession, comme, en particulier, les salariés des hôtels, cafés et restaurants : sur ces salariés, voir nºs 85780 s.

54550 **Employeur centralisant et répartissant les pourboires** Si l'employeur centralise et répartit les pourboires (voir nºs 54410 s.), leur valeur correspond aux **sommes effectivement versées,** lesquelles s'ajoutent aux autres rémunérations en espèces ou en nature (Arrêté du 28-3-1956 art. 1).

Pour la **DSN,** le montant des pourboires ne doit pas être intégré dans le salaire de base (net-entreprises, fiche nº 640). Le fait que le salarié est rémunéré au pourboire doit être indiqué dans la rubrique S21.G00.40.045 (net-entreprises, cahier technique DSN).

ATTENTION

Si le montant total réglé (fixe + pourboires) est inférieur au Smic, l'employeur devra verser un complément de rémunération et cotiser sur l'assiette forfaitaire minimale, voir nº 1840.

54560 **Employeur ne connaissant pas le montant des pourboires** Si l'employeur ne connaît pas le montant des pourboires, parce qu'ils sont perçus directement par les salariés ou répartis par un préposé de l'employeur selon des règles que ce dernier ignore (nº 54400), la base de calcul des cotisations sociales ne peut pas être inférieure à une **assiette forfaitaire minimale** égale au montant cumulé, d'une part, du Smic applicable aux travailleurs intéressés (nº 1840), d'autre part, des indemnités, primes ou majorations s'ajoutant au Smic en vertu d'une disposition législative ou réglementaire (Arrêté du 28-3-1956 art. 2).

Toutefois, si le **montant de la rémunération** versée par l'employeur à son personnel bénéficiaire de pourboires est **supérieur** à cette assiette forfaitaire minimale, les cotisations peuvent soit d'un commun accord entre l'employeur et le salarié, soit par référence aux conventions et accords collectifs, être calculées sur la rémunération versée par l'employeur (Arrêté du 28-3-1956 art. 2).

L'assiette forfaitaire définie ci-dessus est égale à l'**assiette minimum** des cotisations sociales : voir nºs 17900 s.

Chaque fois qu'il est fait application de l'assiette forfaitaire, c'est le montant de cette assiette qui doit être déclaré dans la **DSN** dans la rubrique S21.G00.78 (net-entreprises, cahier technique DSN).

DÉBITEUR DES COTISATIONS

54570 Si le salarié est rétribué en tout ou partie par les pourboires versés par les clients de son **employeur,** ce dernier est en principe redevable des cotisations afférentes.

Le **salarié** est tenu de verser entre les mains de l'employeur sa **contribution** sur les sommes perçues par lui directement ou par l'entremise d'un tiers à titre de pourboires. Le non-versement de cette contribution est une cause de résiliation du contrat de travail (CSS art. L 241-7).

5. RÉGIME FISCAL

IMPÔT SUR LE REVENU

En matière d'impôt sur le revenu, les pourboires sont toujours imposables pour leur **montant réel.** Peu importe : 54630
– qu'ils constituent la rémunération principale du bénéficiaire ou qu'ils aient un caractère accessoire ;
– qu'ils soient conservés par celui qui les perçoit ou mis en commun puis répartis entre les membres du personnel par l'employeur ou par un délégué ;
– qu'ils soient laissés à l'appréciation de la clientèle ou fixés à un pourcentage du prix du service ou du produit et facturés distinctement (BOI-RSA-CHAMP-20-10 n° 90).

Toutefois, la loi de finances pour 2022 prévoit, sous certaines conditions, un **mécanisme temporaire d'exonération** d'impôt sur le revenu sur les pourboires versés **en 2022 et 2023** : voir n° 54650.

DSN ET PRÉLÈVEMENT À LA SOURCE

Les pourboires étant toujours imposables pour leur montant réel, il incombe en principe à l'employeur de les déclarer pour ce montant (diminué des cotisations et contributions sociales fiscalement déductibles et majoré des cotisations patronales imposables) aux rubriques Rémunération nette fiscale (S21.G00.50.002) et Montant soumis au PAS (S21.G00.50.013) du bloc Versement individu de la DSN et d'opérer le prélèvement à la source sur ce même montant. 54640

CONSEIL

L'employeur qui ne **connaît pas le montant réel** des pourboires soit parce qu'ils sont perçus directement par les salariés, soit parce qu'ils sont répartis par un préposé de l'employeur selon des règles que ce dernier ignore, n'est pas en mesure de les déclarer à la rubrique Rémunération nette fiscale de la DSN. Il ne peut pas, non plus, opérer le prélèvement à la source sur ces sommes. À notre sens, c'est donc au salarié qu'il revient de les déclarer dans sa propre déclaration d'impôt.

Exonérations de cotisations et contributions sociales et d'impôt sur le revenu pour les pourboires versés en 2022 et 2023 54650

Depuis le 1-1-2022 et jusqu'au 31-12-2023, afin de renforcer l'attractivité des emplois en contact avec la clientèle, mise à mal par la crise sanitaire de la Covid-19, les pourboires **remis volontairement** (soit directement, soit après reversement par l'employeur) aux **salariés en contact avec la clientèle** dont la **rémunération ne dépasse pas,** au titre des mois concernés, 1,6 Smic (soit 2 734,85 € sur la base du Smic en vigueur au 1-1-2023) sont exonérés de cotisations et contributions sociales.

L'exonération porte sur les **cotisations** de sécurité sociale et les cotisations ou contributions solidarité autonomie, Fnal, chômage, AGS, retraite complémentaire Agirc-Arrco, formation et alternance (contributions à la formation professionnelle, CPF-CDD, supplémentaire à l'apprentissage et taxe d'apprentissage), versement mobilité et participation-construction.

L'exonération concerne notamment les **sommes** versées à titre de pourboires par **carte bancaire** ; elle est en revanche **exclue** pour les sommes automatiquement incluses dans la note présentée au client (dénommées « pourcentage-service ») (Rapport Sén. n° 163). La rémunération mensuelle est **calculée** sur la base de la durée légale du travail ou de la durée de travail prévue au contrat, augmentée, le cas échéant, du nombre d'heures complémentaires ou supplémentaires, sans prise en compte des majorations auxquelles celles-ci donnent lieu. Les sommes versées volontairement à titre de pourboires ne sont pas prises en compte dans l'appréciation du plafond (Loi 2021-1900 du 30-12-2021 art. 5, I, II-A et BI : JO 31).

Les mêmes sommes sont exonérées d'**impôt sur le revenu.** Le montant du revenu fiscal de référence est majoré du montant des sommes ainsi exonérées d'impôt sur le revenu (Loi 2021-1900 du 30-12-2021 art. 5, I, II-C et III).

L. Redevances de location-gérance

En principe, le **bailleur** ayant mis son fonds de commerce en location-gérance n'est, en sa seule qualité de propriétaire du fonds, assujetti à aucun régime de protection sociale obligatoire et n'est donc **pas redevable** de cotisations sur les redevances qu'il perçoit. 54700

Une **exception** a été apportée à ce principe si le bailleur a conservé une activité dans le fonds mis en location.

Sont passibles de toutes les cotisations obligatoires, de la CSG et de la CRDS sur les revenus d'activité, les revenus perçus de la location de tout ou partie d'un fonds de commerce, d'un établissement artisanal, ou d'un établissement commercial ou industriel muni du mobilier ou du matériel nécessaire à son exploitation, que la location, dans ce dernier cas, comprenne ou non tout ou partie des éléments incorporels du fonds de commerce ou d'industrie, lorsque ces revenus sont perçus par une personne qui réalise des actes de commerce au titre de l'entreprise louée ou y exerce une activité (CSS art. L 131-6, III-1° et L 242-1, I).

Sur l'application du régime de la **saisie et** de la **cession** des rémunérations, voir n° 15180.

54710 Selon les fonctions qu'il occupe dans l'entreprise exploitant le fonds, le loueur est assujetti, au titre des redevances, au **régime général en tant que salarié** (s'il est gérant minoritaire ou égalitaire de la SARL locataire, par exemple, ou simple salarié de cette société) ou à ce régime comme **travailleur indépendant** (s'il est gérant majoritaire de la SARL locataire, par exemple).

Il n'est fait état ici que de la première hypothèse.

1. SITUATIONS VISÉES

54730 La requalification des redevances tirées de la location-gérance en revenus professionnels suppose que (Circ. Acoss 110 du 13-9-1999 n° 1) :

– tout ou partie d'un fonds de commerce, d'un établissement artisanal ou d'un établissement commercial ou industriel a été donné en location ;

– le loueur perçoit une rémunération à ce titre ;

– le loueur réalise des actes de commerce au titre de l'entreprise louée ou y exerce une activité professionnelle.

ÉLÉMENTS DONNÉS EN LOCATION

54740 La location-gérance peut porter sur **tout ou partie d'un fonds de commerce** ou d'un **établissement** artisanal, commercial ou industriel.

La loi permet ainsi de requalifier les loyers perçus non seulement si le fonds ou l'établissement est loué dans son ensemble, mais aussi en cas de location partielle.

L'assujettissement au régime général de sécurité sociale pourra donc être retenu dès lors qu'**un seul élément** est donné en location (Circ. Acoss 110 du 13-9-1999 n° 1-A).

> **Précisions** Le **fonds de commerce** s'entend de l'ensemble des éléments corporels (matériel, outillage, marchandises) et incorporels (droit au bail, nom, enseigne, brevets et marques, clientèle et achalandage) qui, appartenant à un commerçant ou à un industriel, sont réunis pour lui permettre d'exercer son activité (Circ. Acoss 110 du 13-9-1999 n° 1-A).
> L'**établissement** se définit comme l'ensemble des installations, de l'équipement et de l'outillage d'une activité, d'une industrie, d'un commerce (Circ. Acoss 110 du 13-9-1999 n° 1-A).
> La location de **murs nus** n'entre pas dans le cadre des dispositions des articles L 131-6 et L 242-1 du CSS. Dans le cas où le contrat de location-gérance prévoit distinctement la location des murs nus, d'une part, et la location du mobilier et du matériel nécessaire à l'exploitation, d'autre part, seules seront considérées comme revenu professionnel les redevances tirées de la location du mobilier et du matériel (Circ. Acoss 121 du 19-11-1999 n° 5).
> La **localisation fictive** de la société locataire-gérante **à l'étranger** ne fait pas obstacle à la requalification des revenus en revenus professionnels (Circ. DSS 495 du 23-8-1999, opposable).

NATURE DE L'ACTIVITÉ DU LOUEUR

54750 Les redevances de location-gérance ne sont passibles de cotisations que si le loueur réalise des **actes de commerce,** au sens de l'article L 110-1 du Code de commerce, pour la société qui exploite le fonds ou l'établissement ou y exerce une activité.

Il faut donc déterminer si le loueur a une activité professionnelle dans la société exploitant le fonds de commerce. Il peut être soit gérant de la société, soit y exercer une autre fonction (Circ. Acoss 110 du 13-9-1999 n° 1-B-2).

> **Précisions** **a.** L'assujettissement des redevances à cotisations ne suppose pas que le propriétaire exerce dans le fonds une activité **déterminante** pour l'entreprise, ni qu'il prolonge au travers de la location son **activité antérieure** dans l'entreprise louée. Par exemple, les redevances sont assujetties aux cotisations si le propriétaire d'un fonds de commerce est devenu,

après l'avoir loué, secrétaire salarié dans la société l'ayant pris en location-gérance (Cass. 2e civ. 4-2-2010 no 09-13.003 F-PB).

L'activité pourra être démontrée en faisant apparaître le **rôle** joué par l'intéressé dans les relations avec (Circ. Acoss 110 du 13-9-1999 no 5) :

– la clientèle (prise de commandes ou de rendez-vous, négociation des prix, participation personnelle à l'exécution des prestations, encaissement de règlements en espèces, etc.) ;

– les fournisseurs (commandes de fournitures, relations avec le comptable, EDF, La Poste, etc.) ;

– les établissements bancaires (remises de chèques et d'espèces, négociation des conditions de crédit, etc.) ;

– les salariés (organisation et supervision du travail, détermination des horaires, embauches et licenciements, etc.).

b. L'exercice par le loueur des fonctions de **président-directeur général** de la société anonyme locataire suffit à caractériser l'activité assujettissant les redevances aux cotisations sociales, même si le mandat n'est pas rémunéré (Cass. 2e civ. 2-3-2004 no 02-19.393 FS-PB).

En cas de **démembrement** des fonctions de président et de directeur général, c'est, à notre avis, l'exercice des fonctions de directeur général qui entraîne l'assujettissement des redevances.

c. Le **constat** selon lequel le bailleur exerce ou continue d'exercer une activité professionnelle pourra être fait par tout moyen, notamment à l'occasion de contrôles. Ce constat fait l'objet d'une **notification** à l'intéressé de la part de l'organisme de sécurité sociale (Circ. DSS 495 du 23-8-1999, opposable).

2. COTISATIONS DE SÉCURITÉ SOCIALE

ASSIETTE

Les règles classiques d'assujettissement au régime général en qualité de salarié dans le cadre de sociétés s'appliquent aux bailleurs (Circ. Acoss 110 du 13-9-1999 no 1-B-2). **54780**

La base soumise à cotisations est donc composée de la rémunération éventuellement perçue par le bailleur au titre de l'activité exercée dans le fonds et des revenus tirés de la location-gérance (Circ. Acoss 110 du 13-9-1999 no 2-B).

Ainsi, les cotisations dues par le bailleur **gérant minoritaire ou égalitaire rémunéré** sont calculées sur l'ensemble de ses revenus professionnels, c'est-à-dire les revenus de gérance auxquels sont ajoutés les loyers tirés de la location (Circ. Acoss 110 du 13-9-1999 no 1-B-2.2-a).

Le bailleur gérant minoritaire ou égalitaire **non rémunéré** est considéré comme rémunéré par les loyers et doit acquitter auprès du régime général en qualité de salarié les cotisations et contributions calculées sur ses revenus tirés des loyers (Circ. Acoss 110 du 13-9-1999 no 1-B-2.2-b).

Les redevances perçues au titre de la location par un bailleur **associé non gérant** de la société relevant du régime général comme salarié sont requalifiées en revenus professionnels salariés et doivent être soumises à cotisations (Circ. Acoss 110 du 13-9-1999 no 1-B-2.2-c).

ATTENTION

Les revenus tirés de la location-gérance sont pris en compte pour le calcul des cotisations sociales même s'ils sont **perçus de manière indirecte.** Ainsi, le fait que l'entreprise soit louée par une EURL soumise au régime fiscal des sociétés de personnes dont l'associé unique exerce une activité dans l'entreprise louée ne fait pas obstacle à l'assujettissement des loyers qu'il perçoit via l'EURL (Cass. 2e civ. 1-7-2010 no 09-14.379 FS-PB).

Les **revenus pris en compte** au titre de la mise en location-gérance sont ceux retenus pour le calcul de l'impôt sur le revenu, sous réserve des retraitements prévus à l'article L 131-6, II à IV du CSS, notamment l'exclusion de certains abattements, déductions et exonérations accordés en matière fiscale (CSS art. L 131-6, L 136-1-1, II-4o et L 242-1, I). **54790**

Ces dispositions conduisent à **combiner** les règles d'**assiette** des cotisations sociales **dues par les travailleurs indépendants** avec les dispositions applicables à celles dues sur les salaires. En conséquence, une fois l'assiette déterminée conformément aux dispositions applicables aux indépendants, ce sont les **cotisations dues pour les salariés** qui doivent être versées.

Pour plus de détails sur l'assiette des cotisations des travailleurs indépendants, voir Mémento social nos 80150 s.

Les revenus tirés de la location-gérance sont soumis à cotisations et contributions sociales dès le **premier euro** (Circ. Acoss 110 du 13-9-1999 no 2-B ; 121 du 19-11-1999 no 1). **54800**

Les **loyers** s'entendent comme les revenus nets perçus, c'est-à-dire après déduction des éventuelles **charges** (charges d'exploitation diverses, amortissement des biens donnés en location-gérance, frais financiers liés à ces mêmes biens) (Circ. Acoss 121 du 19-11-1999 no 1.1).

Si le salarié est **pluriactif,** les **déficits** tirés de la location d'un fonds de commerce ne doivent pas être déduits des autres revenus tirés d'une autre activité salariée (Circ. Acoss 121 du 19-11-1999 no 1.1).

54810 La requalification des loyers en revenus professionnels entraîne leur assujettissement aux cotisations et contributions sociales dues sur les salaires de droit commun. Si le titulaire des revenus ainsi requalifiés apporte la preuve que ces derniers ont **déjà supporté la CSG et la CRDS** au titre des revenus du patrimoine ainsi que le prélèvement social qui s'y ajoute, le montant des cotisations et contributions sociales dû au titre de la requalification doit être minoré à due concurrence pour éviter un double assujettissement (Circ. DSS 495 du 23-8-1999, opposable).

DÉCLARATION ET PAIEMENT

54820 Les cotisations et contributions de sécurité sociale sont dues à l'Urssaf au fur et à mesure de la perception des loyers et aux mêmes **dates** que les cotisations assises sur les salaires (n°s 19500 s.) (Circ. DSS 495 du 23-8-1999, opposable).

Les redevances doivent donc être déclarées et soumises aux cotisations au fur et à mesure de leur perception, les **valeurs** ainsi déclarées, compte tenu de la définition de l'assiette retenue pour le calcul des cotisations, ayant un caractère provisoire puisque leur base d'imposition n'est pas encore déterminée d'un point de vue fiscal. Il y a donc lieu à régularisation à la fin de l'année (Circ. Acoss 121 du 19-11-1999 n° 2.3).

54830 **Détermination du responsable** Le loueur du fonds de commerce ou de l'établissement artisanal étant considéré comme un salarié, la **société locataire** porte la responsabilité de déclarer les redevances qu'elle verse au propriétaire ainsi que celle du paiement des cotisations et contributions sociales.

Ainsi, en cas de **non-déclaration** ou de **non-paiement,** l'Urssaf se retournera contre la société et non contre le loueur de fonds (Circ. Acoss 121 du 19-11-1999 n° 2.1).

54840 **DSN** Le montant des revenus tirés de la location-gérance doit figurer sur la DSN en totalité et en plafonné au même titre que la rémunération (Circ. Acoss 110 du 13-9-1999 n° 2-B s'agissant des anciens bordereau récapitulatif des cotisations et déclaration annuelle des données sociales, et transposable selon nous à la DSN).

CONSEIL

Il faut, à notre avis, faire apparaître les redevances de location-gérance passibles des cotisations sur le **bulletin de paie,** parmi les éléments du brut, afin qu'ils intègrent la base des cotisations, pour les porter en déduction au bas du bulletin.

54850 **EXEMPLE** **Déclaration des revenus**

– Rémunération perçue au titre de l'activité salariée : 2 400 €/mois, soit 28 800 € annuels.
– Revenu tiré de la location-gérance : 350 €/mois, soit 4 200 € annuels.

La base annuelle soumise à cotisations est de 33 000 € (28 800 + 4 200).

Les bases inscrites sur les différentes DSN mensuelles en 2023 sont les suivantes :

Totalité : 2 750 €

Plafond : 3 666 €

(d'après Circ. Acoss 110 du 13-9-1999 n° 2-B).

54860 **Revenus différés** Les cotisations et contributions sont dues l'année de versement des redevances même si celles-ci ont été versées au titre d'une autre année (Circ. Acoss 121 du 19-11-1999 n° 1.3).

EXEMPLE **Exercice de paiement**

Soit un loyer fixé à 18 300 € par an :
– 16 800 € perçus en 2023 au titre de 2023 soumis à cotisations en 2023 ;
– 1 500 € perçus en janvier 2024 au titre de 2023 soumis à cotisations en 2024.

Ne sont à déclarer en 2023 que les redevances perçues en 2023.

3. AUTRES PRÉLÈVEMENTS

CSG ET CRDS

54900 Les redevances de location-gérance entrent dans le champ de la CSG et de la CRDS sur les **revenus d'activité** (CSS art. L 136-1-1, II-4°) selon les règles d'assiette définies n°s 54780 s. Elles ne sont donc pas, en principe, dans le champ de la CSG et de la CRDS sur les **revenus du capital,** mais la **solution** peut toutefois être **inversée** pour éviter une double imposition : voir n° 54810.

ATTENTION

La **déduction forfaitaire pour frais professionnels** propre à ces deux contributions ne s'applique pas aux redevances de location-gérance (Circ. Acoss 121 du 19-11-1999 n° 3.1).

ASSURANCE CHÔMAGE

Si le bailleur est **lié au locataire-gérant par un contrat de travail,** l'assiette des contributions du régime d'assurance chômage étant identique à celle de la sécurité sociale, les contributions chômage et AGS sont assises sur l'ensemble des rémunérations perçues au titre du contrat de travail, y compris les revenus de la location-gérance (Dir. Unédic 10 du 1-3-2000). Dans ce cas, les revenus tirés de la location-gérance entrent, dès le premier euro, dans l'assiette des contributions dues au régime d'assurance chômage (Dir. Unédic 10 du 1-3-2000). 54910

Les bailleurs qui ne sont pas liés au locataire-gérant par un contrat de travail mais sont **exclusivement titulaires d'un mandat** au titre duquel ils ont été affiliés au régime général en tant que salarié ne contribuent ni au régime d'assurance chômage ni à l'AGS (Dir. Unédic 10 du 1-3-2000).

RETRAITE COMPLÉMENTAIRE

Si le loueur occupe dans la société locataire des fonctions le faisant relever du régime Agirc-Arrco (nos 29900 s.) (P-DG de SA ou gérant non majoritaire de SARL par exemple), ses revenus doivent être assujettis aux cotisations Agirc-Arrco dans les mêmes conditions que celles applicables aux cotisations de sécurité sociale dues sur les salaires. 54930

IMPÔT SUR LE REVENU

Les redevances de location-gérance d'un fonds de commerce sont imposables, dans les conditions de droit commun, dans la catégorie des **bénéfices industriels et commerciaux.** Selon le régime d'imposition du bailleur, les **cotisations sociales** seront **déductibles** de son bénéfice imposable (imposition selon un régime réel) ou comprises dans l'abattement forfaitaire de 71 ou 50 % selon la nature de l'activité exercée, avec un minimum de 305 €, s'il est imposable selon le régime micro-BIC réservé aux exploitants individuels (CGI art. 50-0). 54940

› Précisions Pour les bailleurs soumis à un **régime réel d'imposition,** lorsque les **cotisations salariales,** la CSG et la CRDS sont **précomptées par le locataire-gérant** sur la redevance, les cotisations salariales sont déductibles du résultat de leur activité industrielle et commerciale de location dans les limites fixées par l'article 154 bis du CGI ; la fraction déductible de la CSG est également soustraite de ce résultat (BOI-BIC-CHG-40-40-40 n° 70). Dans la situation, sur laquelle l'administration ne s'est pas prononcée, où les cotisations salariales dues à raison des redevances sont **définitivement prises en charge** par la société locataire, il nous semble résulter de la jurisprudence que l'avantage en nature correspondant pourrait constituer une charge déductible du résultat de la société locataire. Pour le revenu imposable du bailleur, l'opération est neutre, l'avantage résultant de la prise en charge des cotisations étant neutralisé par la déductibilité de celles-ci. Quant aux cotisations patronales, qui sont à la charge du locataire-gérant conformément à l'article L 241-8 du CSS, elles constituent une charge déductible de son bénéfice imposable (BOI-BIC-CHG-40-40-40 n° 50).

M. Indemnité transactionnelle versée en cours de contrat

La transaction conclue entre l'employeur et le salarié intervient le plus souvent après la rupture du contrat de travail, mais peut aussi être conclue en cours d'exécution de celui-ci pour mettre fin à un litige (nos 65450 s.). Elle peut alors prévoir le versement au salarié d'une indemnité dite « transactionnelle ». 55000

Si cette indemnité comprend des **éléments à caractère de salaire,** elle doit être soumise à hauteur de ces éléments aux cotisations et contributions sociales, peu important les conditions de fixation de son montant. Tel est le cas notamment des sommes visant à indemniser un jour férié ou le temps passé à retirer une dotation habillement (Cass. 2e civ. 28-11-2019 n° 18-22.807 F-PBI) ou encore le temps accordé en contrepartie du temps d'habillage, de déshabillage et de passation des consignes (Cass. 2e civ. 19-1-2017 n° 16-11.472 F-D). La question de l'exonération de cotisations et contributions sociales d'une indemnité concourant à l'**indemnisation d'un préjudice** se pose. La cour d'appel de Paris a exclu l'exonération de CSG à propos d'une indemnité réparant un harcèlement moral, versée au moment de la rupture du contrat de travail mais accordée indépendamment de celle-ci (CA Paris 13-2-2019 n° 16/08431).

La règle d'assujettissement s'applique à toutes les **cotisations et contributions sociales,** à la **CSG,** à la **CRDS** et aux **taxes et participations assises sur les salaires** dont l'assiette est harmonisée avec celle des cotisations de sécurité sociale : cotisations ou contributions solidarité autonomie, Fnal, dialogue social, chômage, AGS, retraite complémentaire Agirc-Arrco,

55000 (suite) formation et alternance (contributions à la formation professionnelle, CPF-CDD, supplémentaire à l'apprentissage et taxe d'apprentissage), versement mobilité et participation-construction.

Au regard de l'**impôt sur le revenu,** les sommes visant à indemniser un préjudice devraient à notre avis échapper à l'impôt, alors que celles dont l'objet est de compenser une perte de salaire y sont assujetties. Il s'agit là de l'application des principes généraux. En particulier, les dispositions de l'article 80 undecies du CGI ne trouvent pas à s'appliquer puisqu'elles concernent seulement les indemnités versées à l'occasion de la rupture du contrat de travail.

Sur le régime social et fiscal de l'indemnité transactionnelle versée pour régler les conséquences financières en cas de **rupture du contrat de travail,** voir n°s 65590 s.

CHAPITRE 7

FRAIS PROFESSIONNELS

SOMMAIRE

SECTION 1
RÈGLES GÉNÉRALES 55200
A. Définition et nature juridique 55200
B. Conséquences de la qualification 55230
C. Prise en charge 55280
1. Caractère obligatoire 55280
2. Modes de prise en charge 55300
D. Cotisations sociales 55360
1. Régime d'exonération 55360
2. Indemnités ou allocations pour frais 55380
3. Déduction forfaitaire spécifique pour frais professionnels 55460
a. Conditions d'application 55470
b. Montant et mise en œuvre de la déduction 55520
c. Suppression de la déduction dans certains métiers 55580
E. CSG, CRDS et forfait social 55600
F. Impôt sur le revenu 55650
1. Déduction des frais professionnels des salariés 55670
a. Déduction forfaitaire de 10 % 55680
b. Déduction des frais réels 55720
2. Allocations spéciales pour frais d'emploi 55770
a. Champ d'application 55780
b. Conditions générales d'exonération 55800
G. Établissement de la paie 56000
1. Bulletin de paie 56000
2. Impôt sur le revenu 56010
3. DSN 56020

SECTION 2
NOURRITURE ET LOGEMENT 56200
A. Nourriture 56220
1. Salariés sédentaires 56220
2. Salariés en déplacement 56260
3. Cumul d'indemnités 56330
4. Cas particuliers 56350
B. Grand déplacement 56400
1. Notion 56410
2. Lieu du grand déplacement 56430
3. Dépassement des limites d'exonération 56480
C. Petits déplacements dans certaines professions 56500

SECTION 3
TRANSPORT 56540
A. Véhicule mis à disposition par l'employeur 56540
B. Véhicule personnel 56570

SECTION 4
MOBILITÉ PROFESSIONNELLE 56640
A. Réglementation sociale 56640
1. Définition 56660
2. Catégories de dépenses pouvant constituer des frais professionnels 56680
3. Hébergement provisoire 56700
4. Installation 56740
5. Déménagement, mission temporaire et mutation 56770
B. Régime fiscal des indemnités 56810
1. Règles générales 56810
2. Impatriés 56830
3. Quartiers généraux et centres de logistique de groupes internationaux 56870

SECTION 5
NOUVELLES TECHNOLOGIES 56900

SECTION 6
AUTRES FRAIS 56950

SECTION 1 RÈGLES GÉNÉRALES

A. Définition et nature juridique

55200 Les frais professionnels sont les frais inhérents à la fonction ou à l'emploi du salarié, que celui-ci engage directement et se fait rembourser par son employeur, ou dont l'employeur assume directement la prise en charge.

En l'absence de définition des frais professionnels dans le **Code du travail,** la jurisprudence considère que, pour qu'une indemnité puisse être qualifiée de frais professionnels, elle doit couvrir une dépense inhérente à l'emploi, c'est-à-dire découlant des conditions d'exécution du travail et imposant au salarié une charge supérieure à celles liées à la vie courante, et effectivement exposée par le salarié. À défaut, elle constitue un élément de salaire quelle que soit sa dénomination et même si elle n'a pas supporté les cotisations de sécurité sociale (Cass. soc. 20-5-1976 nº 75-40.615 ; 9-3-1977 nº 75-40.715).

Au regard des **cotisations** et contributions sociales, on trouve des critères similaires, puisque les frais professionnels correspondent à des charges de caractère spécial inhérentes à la fonction ou à l'emploi des travailleurs salariés ou assimilés que ceux-ci supportent lors de l'accomplissement de leurs missions (nº 55390).

Pour la détermination du **salaire imposable,** les frais professionnels des salariés sont définis par la loi comme les frais inhérents à la fonction ou à l'emploi (CGI art. 81, 1º et 83, 3º). Il s'agit de dépenses nécessitées par l'exercice d'une profession dont les résultats sont taxables dans la catégorie des traitements et salaires, ce qui exclut les dépenses de caractère personnel, les dépenses se rapportant à une activité non rémunérée, les dépenses nécessitées par l'acquisition d'un capital et celles afférentes à des revenus exonérés (BOI-RSA-BASE-30-50-10).

La **qualification** de frais professionnels **s'oppose** à celle d'élément de salaire (ou avantage en espèces), ainsi qu'à celle d'avantage en nature. Au regard plus spécifiquement de l'assiette des cotisations et contributions sociales, elle s'oppose à celle de revenus d'activité. Au regard de ces cotisations et contributions et de l'impôt sur le revenu, les frais professionnels doivent également être distingués des dépenses incombant normalement à l'entreprise et dont le salarié fait l'avance.

55205 ILLUSTRATIONS

Constituent une **indemnité pour frais professionnels** et non un élément de salaire :
– l'indemnité de **petit déplacement** qui n'a jamais été versée pour les **journées non effectivement travaillées,** ni pour celles ayant donné lieu au paiement de l'indemnité de grand déplacement, même si son montant excède celui fixé par la convention collective (Cass. soc. 8-6-1978 nº 77-40.654) ;
– l'indemnité de **déplacement** prévue par le **contrat de travail,** qui a pour objet d'indemniser les frais de déplacement de la salariée et de compenser le surcoût des frais engagés pour l'exercice de ses fonctions d'attachée d'agence, nonobstant son caractère forfaitaire et le fait que son versement ne soit soumis à la production d'aucun justificatif (Cass. soc. 3-3-2022 nº 20-20.872 F-B) ;
– l'indemnité de **repas** accordée aux seuls ouvriers contraints par leurs horaires de travail de prendre leur repas **sur le chantier** ou à proximité (Cass. soc. 3-7-1979 nº 78-40.567).

En revanche constituent un **complément de salaire** :
– l'indemnité de repas journalière forfaitaire versée aux ouvriers en déplacement mais aussi au **personnel sédentaire** (Cass. soc. 7-11-1985 nº 82-42.643 S) ;
– l'indemnité forfaitaire de repas allouée au **personnel travaillant en équipes** et libre de prendre ses repas en dehors des heures habituelles réservées à l'ensemble du personnel, sans qu'il soit allégué de circonstances particulières exposant les salariés à des dépenses supplémentaires de nourriture (Cass. soc. 24-10-1997 nº 95-40.930 P) ;
– la prime forfaitaire de panier allouée par une convention collective aux **travailleurs postés** effectuant leur travail quotidien d'une seule traite et dont l'employeur n'établit pas qu'elle compense des frais supplémentaires de repas réellement exposés par le salarié (Cass. soc. 26-5-2004 nº 02-41.312 F-D) ;
– l'indemnité de repas allouée aux salariés même s'ils ne sont pas amenés à exposer des **dépenses réelles** (Cass. soc. 7-11-1985 nº 82-42.643 S) ;
– l'indemnité de panier versée aux ouvriers boulangers pâtissiers en raison des **contraintes particulières à leur métier,** sans distinguer selon que les intéressés effectuent ou non une journée continue ou qu'ils travaillent ou non pendant les heures de repas (Cass. soc. 16-7-1987 nº 84-44.218 P) ;

– l'indemnité de panier et de casse-croûte et l'indemnité de repas dont les modalités de fixation et les conditions d'octroi sont **indépendantes** de la **prise effective de repas** par les salariés (Cass. soc. 12-11-2008 n° 07-41.351 F-D) ;
– l'indemnité de **détachement à l'étranger,** qui n'est subordonnée à aucune justification de frais mais est destinée à compenser les sujétions et les conditions de vie particulières des travailleurs expatriés (Cass. soc. 12-12-1991 n° 88-40.450 P) ;
– la **prime dite « de mission »,** versée par une société à ses ingénieurs pendant leurs affectations **à l'étranger** pour compenser les principales contraintes provenant soit du milieu géographique (climat, accueil, commodités, etc.), soit des conditions de travail en mer (Cass. soc. 4-2-1993 n° 89-40.473 D).

B. Conséquences de la qualification

La qualification de frais professionnels conférée à certaines sommes entraîne pour l'employeur l'**obligation de les prendre en charge,** cette prise en charge pouvant avoir lieu selon différentes modalités : voir n°s 55280 s. 55230

N'ayant pas la nature de salaire, les indemnités représentatives de frais professionnels n'ont pas à être prises en compte dans le **calcul** : 55240
– du salaire retenu pour déterminer le montant de certaines **indemnités** (Cass. soc. 21-2-1990 n° 86-45.416 D) telles que par exemple l'indemnité de congés payés (n° 59590) ou compensatrice de congés payés (n° 60210), l'indemnité compensatrice de préavis (nos 66190 s.), l'indemnité de licenciement (n° 63460), l'indemnité de départ à la retraite (n° 64650) et la rémunération des **heures de délégation** des représentants du personnel (n° 79190) ;
– du salaire à comparer au **Smic** pour en vérifier le respect (nos 1820 s.) ;
– de la limite au-delà de laquelle le **paiement du salaire** doit s'effectuer par **chèque** ou **virement** (nos 12260 s.) ;
– du seuil en deçà duquel l'employeur bénéficie de certaines **exonérations** de cotisations sociales.

Elles sont par ailleurs exclues du régime de la **saisie et de la cession** des rémunérations : voir n° 15190.

Enfin, l'employeur peut en principe **cesser de verser** une indemnité représentative de frais si le salarié n'est plus dans la situation de fait le contraignant à exposer les frais correspondant, sans que cette suppression caractérise une modification du contrat de travail : voir nos 4550 s. De la même manière, il peut en principe cesser de verser une telle indemnité en cas de suspension du contrat de travail, puisque du fait de cet événement, le salarié ne supporte plus aucuns frais.

Même si elles n'ont pas la nature de salaire, les indemnités représentatives de frais professionnels doivent figurer sur le **bulletin de paie** : voir n° 13530.

La qualification de frais professionnels a pour conséquence, en cas de prise en charge de ces frais par l'employeur, l'application d'un **régime social et fiscal** spécifique permettant d'exclure sous certaines conditions les sommes versées à ce titre par l'employeur des bases des cotisations et contributions sociales (et des prélèvements alignés) et de l'impôt sur le revenu. Elle permet également, de déduire les frais des bases de l'impôt en cas d'option pour la déduction des frais réels. Pour plus de détails, voir nos 55360 s. (cotisations), 55600 s. (CSG, CRDS et forfait social) et 55650 s. (impôt sur le revenu). 55250

C. Prise en charge

1. CARACTÈRE OBLIGATOIRE

La loi est muette sur la question de la prise en charge des frais professionnels, sauf pour ceux exposés par les salariés pour se rendre sur leur lieu de travail et en revenir (nos 55300 s.) et pour les frais d'atelier des travailleurs à domicile (n° 87260). 55280

Dans ce contexte, c'est la jurisprudence qui a imposé leur prise en charge à l'employeur. Pour elle, les frais qu'un salarié justifie avoir exposés pour les **besoins de son activité** professionnelle et dans l'**intérêt de l'employeur** doivent lui être remboursés sans pouvoir être **imputés** sur sa rémunération.

Cette prise en charge est obligatoire, même si la loi, la **convention collective** ou le **contrat de travail** sont muets sur la question. La clause du contrat de travail mettant de tels frais à la charge du salarié est réputée non écrite (Cass. soc. 25-3-2010 n° 08-43.156 F-P ; 12-12-2012 n° 11-26.585 FS-PB ; 27-3-2019 n° 17-31.116 F-D). Le salarié peut donc demander le remboursement de ses frais, peu important l'absence de réclamation de sa part pendant plusieurs années, celle-ci n'effaçant pas le manquement de l'employeur (Cass. soc. 27-3-2019 n° 17-31.116 F-D).

Toutefois, il est possible de convenir, sous certaines conditions, que le **salarié conserve la charge** de ces frais : voir n° 55300.

ILLUSTRATIONS

L'employeur doit prendre en charge le coût de l'**entretien des tenues de travail** dont il impose le port à ses salariés, que ce soit pour des raisons d'hygiène et de sécurité ou de simple stratégie commerciale (Cass. soc. 21-5-2008 n° 06-44.044 FS-PB ; 21-3-2012 n° 10-27.425 FS-PBR).

2. MODES DE PRISE EN CHARGE

LES DIFFÉRENTS MODES

55300 L'**employeur** peut prendre en charge les frais professionnels exposés par les salariés :

– soit **directement,** par exemple en payant à un restaurateur le prix de repas consommé par un salarié en déplacement professionnel. Dans ce cas, le salarié ne fait aucune avance de frais professionnels et ne perçoit donc aucune indemnité en retour ;

– soit sous forme de **remboursements** calculés **forfaitairement** (voir n°s 55320 s.) ou au **réel** sur justificatifs (c'est-à-dire sur présentation des factures) ;

– soit sous forme de versement d'une **somme globale** se décomposant en deux éléments de nature différente : la rémunération proprement dite et l'indemnisation des frais professionnels, le salarié conservant alors la charge des frais professionnels qu'il engage. Dans ce cas, il convient de stipuler distinctement le montant de la rémunération proprement dite et celui de l'allocation forfaitaire pour frais. Cette possibilité est subordonnée à la **condition** que cette allocation forfaitaire ne soit pas manifestement disproportionnée par rapport aux frais réels (Cass. soc. 20-6-2013 n° 11-23.071 FS-PB ; 8-7-2020 n° 18-24.546 F-D) – ce que le juge vérifie en cas de litige (Cass. soc. 9-6-2015 n° 13-19.327 F-D) – et que la rémunération nette de frais du salarié reste chaque mois au moins égale au Smic (Cass. soc. 25-2-1998 n° 95-44.096 PBR ; 10-11-2004 n° 02-41.881 F-PB ; 20-6-2013 n° 11-23.071 FS-PB), ou, selon nous, au salaire minimum conventionnel s'il est plus élevé.

Cette dernière modalité est souvent utilisée pour les catégories de salariés bénéficiant d'une déduction forfaitaire spécifique pour frais (VRP ou journaliste, par exemple).

› Précisions **a.** L'employeur peut imposer aux salariés un **délai** de production de leurs **justificatifs** de frais professionnels plus court que la prescription légale (Cass. soc. 29-9-2009 n° 07-45.722 F-D).
b. Si une clause fixe une **allocation forfaitaire** d'un **montant structurellement insuffisant,** le salarié ne peut réclamer que le paiement de la différence entre le montant de la rémunération qu'il a perçue, soit le salaire contractuel après déduction des frais professionnels, et le Smic (Cass. soc. 7-3-2012 n° 10-18.118 FS-PB) ou, le cas échéant, selon nous, le minimum conventionnel s'il est plus élevé.
c. Si le contrat de travail prévoit que le salarié est **rémunéré à la commission** sans que son salaire puisse être inférieur à celui prévu par la convention collective et fixe forfaitairement le montant des frais professionnels à 30 % de ce minimum, la rémunération minimale garantie au salarié est égale au minimum conventionnel majoré de 30 % (Cass. soc. 7-5-1998 n° 95-41.585 D).

55310 En pratique, ce sont les conventions ou **accords collectifs** de travail, le **contrat de travail** et les **usages** qui déterminent les modalités de prise en charge des frais professionnels.

À défaut, c'est à l'**employeur** de définir ces modalités, dans l'exercice de son pouvoir de direction (en ce sens, à propos de l'entretien des tenues de travail : Cass. soc. 12-12-2012 n° 11-26.585 FS-PB). Il ne peut cependant pas fixer unilatéralement l'indemnisation des frais exposés par le salarié à un montant inférieur à leur coût réel (Cass. soc. 23-9-2009 n° 07-44.477 FS-PB).

CONSEIL

En cas de versement d'une **somme globale** couvrant la rémunération et l'indemnisation des frais, il est prudent, pour des raisons de preuve, de prévoir l'insertion d'une clause dans le contrat de travail.

INDEMNITÉS FORFAITAIRES

55320 De nombreuses **conventions collectives** prévoient l'allocation d'indemnités forfaitaires aux salariés exposant des frais, notamment en matière de transport, de repas ou d'hébergement, à l'occasion de leur travail. Dans ce cas, le salarié n'a pas à justifier des frais réellement engagés pour en obtenir le paiement (Cass. soc. 19-5-1988 n° 87-41.602 P). La jurisprudence a précisé la portée de différentes dispositions conventionnelles.

ILLUSTRATIONS

Lorsque la convention collective prévoit que les **frais de transport** exposés par les ouvriers pour se rendre sur un chantier et en revenir sont intégralement remboursés par l'employeur sur la base du barème fiscal, sauf si le transport est assuré par celui-ci, le salarié effectuant ses déplacements dans le **véhicule d'un autre salarié** a droit à cette indemnité forfaitaire dès lors que le transport n'est pas assuré par l'employeur (Cass. soc. 22-6-1994 n° 91-40.214 P).

En revanche, l'indemnité conventionnelle de transport prévue en cas d'utilisation d'un moyen de transport individuel lorsque le salarié ne peut pas recourir à d'autres moyens de locomotion n'est pas due au salarié qui, pour des raisons de **convenance personnelle,** utilise pour se rendre à son travail sa propre voiture plutôt que les cars mis à la disposition du personnel par le comité social et économique (Cass. soc. 5-7-1982 n° 80-40.771).

Lorsque la convention collective prévoit que l'**indemnité de repas** n'est pas due par l'employeur qui fournit gratuitement le repas, les salariés qui se sont volontairement abstenus de le consommer n'y ont pas droit (Cass. soc. 24-4-1990 n° 87-43.248 D ; 12-3-1987 n° 85-41.386 S). Il convient cependant, à notre sens, de réserver le cas où le salarié s'abstiendrait de prendre le repas pour des **raisons médicales,** le risque étant en ce cas pour l'employeur de se voir reprocher d'avoir failli à son obligation de sécurité.

Destinée à indemniser le salarié du supplément de frais occasionné par le prix du déjeuner en dehors de sa résidence habituelle, l'indemnité de repas n'est par ailleurs pas due au salarié vivant dans un **camping-car,** où il a sa résidence habituelle, sur les chantiers sur lesquels il est amené à intervenir (Cass. soc. 17-1-1996 n° 92-43.741 D).

C'est à l'ouvrier de **prouver** l'existence d'un supplément de frais occasionné par la prise du déjeuner en dehors de sa résidence habituelle (Cass. soc. 4-3-2003 n° 00-46.679 FS-P).

En présence d'une convention collective (CCN de la prévention et de la sécurité) prévoyant une **prime de panier journalière** au titre des frais de repas des salariés, un salarié en mission longue sur un site de la société différent de son lieu d'affectation contractuel sans qu'un avenant au contrat de travail ait assimilé ce lieu de mission à un lieu de travail permanent, a droit à la prise en charge de ses **frais de repas sur site autres** que ceux couverts par la prime de panier dès lors que celle-ci ne couvre pas l'intégralité de ses frais journaliers (Cass. soc. 23-1-2019 n° 17-19.779).

Lorsque la convention collective (CCN des entreprises de propreté) prévoit l'octroi d'une **prime de panier de nuit** égale à deux fois le minimum garanti aux personnels effectuant au moins 6 h 30 au cours de la vacation, cette prime est due dès lors qu'une partie de la vacation effectuée par le salarié est exécutée durant la nuit (Cass. soc. 24-6-2020 n° 19-13.518).

OUVRIERS DU BTP

La convention collective nationale des ouvriers du bâtiment du 8-10-1990 (ainsi que celle du 7-3-2018 non encore étendue et dont les effets sont suspendus : CA Paris 10-1-2019 n° 18/06465) comme celle des ouvriers des travaux publics du 15-12-1992 prévoient l'attribution : 55330

– d'**indemnités de petit déplacement** (indemnités de trajet et de repas) à l'ouvrier non sédentaire qui n'est pas transporté, logé et nourri gratuitement ou avec une participation financière de l'employeur ;

– d'indemnités de **grand déplacement** à l'ouvrier travaillant sur un chantier dont l'éloignement lui interdit, compte tenu des moyens de transport en commun utilisables, de regagner chaque soir le lieu de résidence, situé dans la métropole, qu'il a déclaré lors de son embauche et qui figure sur sa lettre d'engagement (ou qu'il a fait rectifier en cas de changement de résidence).

Indemnités de petit et de grand déplacements ne se **cumulent** pas. L'ouvrier occupé dans les conditions du grand déplacement bénéficie exclusivement de ces dernières.

ILLUSTRATIONS

Petits déplacements

L'indemnité de **trajet** a un caractère forfaitaire et a pour objet d'indemniser une sujétion pour le salarié obligé chaque jour de se rendre sur le chantier et d'en revenir. Elle est due indépendamment de la **rémunération** par l'employeur du **temps de trajet inclus dans l'horaire de travail** et du **moyen de transport** utilisé (Cass. soc. 6-5-1998 n° 94-40.496 P ; 6-10-2010 n° 09-40.456 F-D ; 7-3-2018 n° 17-12.586 F-D).

Lorsque le salarié a dû se rendre plusieurs fois par ses propres moyens sur des **chantiers situés hors de son lieu de travail** habituel, il peut prétendre à des indemnités pour les petits déplacements qu'il a effectués, peu important que les chantiers sur lesquels il a travaillé soient plus proches de son domicile que son lieu de travail habituel et que les trajets aient été effectués à partir de son domicile (Cass. soc. 11-5-2011 n° 09-70.960 F-D).

L'attribution de l'indemnité de **repas,** qui a pour objet d'indemniser le supplément de frais occasionnés par la prise du déjeuner en dehors de la résidence habituelle de l'ouvrier, n'est pas exclue en cas d'emploi sur **un seul chantier** (Cass. soc. 30-1-1991 n° 87-43.079 P). Elle n'est pas due, en revanche, lorsque le repas est **fourni gratuitement** par l'employeur (Cass. soc. 16-2-1994 n° 90-46.077 P). C'est au salarié de **prouver** que la prise du déjeuner hors de sa résidence habituelle lui a occasionné des frais supplémentaires (Cass. soc. 31-1-2012 n° 10-21.262 F-D).

Cette indemnité est due pour **chaque journée** de travail et la convention n'impose pas de **durée** journalière **minimum** de travail pour y prétendre (Cass. soc. 14-4-1999 n° 97-40.014 D).

Grands déplacements

Dès lors que l'éloignement du chantier interdit au salarié, compte tenu des moyens de **transport en commun** utilisables, de regagner chaque soir son lieu de résidence, le salarié se trouve en situation de grand déplacement et peut donc prétendre à l'indemnité forfaitaire de grand déplacement, même s'il choisit de **rentrer chez lui** chaque soir (Cass. soc. 24-3-1999 n° 97-40.821 D) en **covoiturage** (Cass. soc. 15-9-2021 n-° 20-14.326 FS-B) ou par un **autre moyen** (Cass. soc. 15-9-2021 n° 20-10.907 FS-D).

C'est au salarié de **prouver** que l'éloignement des chantiers sur lesquels il travaille lui interdit, compte tenu des moyens de transport en commun utilisables, de regagner chaque soir son lieu de résidence (Cass. soc. 27-1-2016 nos 14-11.199 F-D et 14-11.200 F-D).

Présentant un caractère forfaitaire, l'indemnité est due sans que l'ouvrier ait à apporter de **justificatif** (Cass. soc. 7-5-1991 n° 88-43.890 D).

Elle est **cumulable** avec le remboursement de frais de voyage périodique de détente (Cass. soc. 7-5-1991 n° 88-43.890 D précité) et celui des frais de taxi que le salarié est contraint d'engager en raison de la situation du chantier, pour parcourir le trajet entre la pension où il loge et ce chantier (Cass. soc. 5-12-1995 n° 92-44.949 D).

D. Cotisations sociales

1. RÉGIME D'EXONÉRATION

55360 L'article L 136-1-1 du CSS (n° 55390), applicable aux **cotisations de sécurité sociale** sur renvoi de l'article L 242-1 du même Code, renvoie à un arrêté le soin de fixer les conditions et limites dans lesquelles les remboursements de frais professionnels ne constituent pas des revenus d'activité assujettis en tant que tels à ces cotisations.

En application de ces dispositions, il est possible de pratiquer, sur l'assiette des cotisations de sécurité sociale, deux sortes de déductions au titre des frais professionnels : soit la déduction des **indemnités ou allocations** versées au salarié en remboursement des frais qu'il a engagés, soit, dans certaines professions, une **déduction forfaitaire** spécifique. Sauf exceptions, ces deux déductions ne peuvent pas se cumuler, voir nos 55530 s. (Arrêté SANS0224282A du 20-12-2002).

Ces règles valent également pour les **autres prélèvements** calculés sur la même assiette : contributions chômage et AGS, versement mobilité, contributions solidarité autonomie, dialogue social et Fnal, cotisations de retraite complémentaire Agirc-Arrco, contributions à la formation et à l'alternance (contributions à la formation professionnelle, CPF-CDD, supplémentaire à l'apprentissage et taxe d'apprentissage), participation-construction. S'agissant de la taxe sur les salaires, voir nos 31530 s.

Sur la possibilité de conclure une **transaction avec l'Urssaf** en cas de difficulté portant sur l'évaluation de frais professionnels, voir nos 21340 s.

2. INDEMNITÉS OU ALLOCATIONS POUR FRAIS

55380 La déduction au titre des frais professionnels est subordonnée à la double condition :
– que les dépenses revêtent un caractère professionnel ;
– que les indemnités soient utilisées conformément à leur objet.

ATTENTION

L'**appellation** donnée à une prime, indemnité, allocation ou remboursement n'est nullement déterminante, deux éléments de même dénomination pouvant être exclus ou inclus dans l'assiette des cotisations, selon que les conditions visées ci-dessus sont ou non réunies.

CARACTÈRE PROFESSIONNEL DES FRAIS

55390 Les frais professionnels s'entendent des charges à caractère spécial **inhérentes à la fonction** ou à l'emploi du salarié ou assimilé, que celui-ci supporte au titre de l'accomplissement de ses missions (CSS art. L 136-1-1 et L 242-1 ; Arrêté du 20-12-2002 art. 1er).

Les dépenses engagées par l'intéressé n'ont pas à être **exceptionnelles,** mais peuvent correspondre aux inconvénients normaux attachés à l'exercice de ses fonctions (Cass. soc. 17-5-1990 n° 87-16.543 P ; 7-2-1991 n° 88-16.177 D).

ATTENTION

On **distingue** les frais professionnels proprement dits des **dépenses exceptionnelles** engagées par le salarié **pour le compte de l'entreprise,** ces dernières étant cumulables avec une déduction forfaitaire spécifique : voir n° 55570.

UTILISATION DES INDEMNITÉS

55410 Il incombe à l'employeur de justifier de l'utilisation effective des indemnités pour frais professionnels **conformément à leur objet.**

L'indemnisation s'effectue sous la **forme** de remboursement des dépenses réelles ou d'allocations forfaitaires (Arrêté du 20-12-2002 art. 2).

En cas de **remboursement des frais réels,** l'employeur est tenu de produire les justificatifs s'y rapportant (Arrêté du 20-12-2002 art. 2), dans la limite du délai mentionné n° 20195.

En cas de remboursement sous forme d'**allocations forfaitaires,** l'employeur peut apporter la preuve de leur caractère justifié par tous moyens sans que la justification du montant exact des dépenses réelles exposées par le salarié soit exigée (Cass. soc. 26-4-1990 n° 87-13.665 P ; 6-6-1991 n° 89-13.882 D). Les juges du fond apprécient souverainement le caractère probant des éléments produits par l'employeur, étant précisé qu'un minimum de justification est requis. Ainsi, des attestations sur l'honneur établies par les salariés bénéficiaires ne sont pas probantes (Cass. soc. 8-10-1992 n° 90-10.636 D).

Les allocations forfaitaires pour frais professionnels allouées aux **dirigeants de sociétés** relèvent d'un régime particulier : voir n° 77070.

ATTENTION

Qu'il y ait remboursement au réel ou sous forme d'allocations forfaitaires, l'exonération n'est possible que si les frais auxquels ils sont destinés à faire face sont appuyés de **justifications suffisamment précises** pour en établir la réalité et le montant et s'il est clairement démontré que les frais en cause ont été exposés dans l'**intérêt de l'entreprise** et ne sont pas d'un **niveau exagéré.** Les justifications doivent être produites sur demande de l'administration (BOSS-FP-70-100).

ALLOCATIONS FORFAITAIRES

55430 En cas d'indemnisation sous forme d'allocations forfaitaires, la **preuve de l'utilisation conforme** à leur objet est plus difficile à apporter, puisque l'employeur n'exige pas de pièces justificatives. Aussi, par mesure de **simplification,** l'arrêté du 20-12-2002 prévoit des limites forfaitaires d'exonération sans justification pour les frais de nourriture, de logement, de transport, ceux liés à la mobilité professionnelle et ceux liés à l'utilisation professionnelle des outils issus des nouvelles technologies de l'information et de la communication du salarié.

Les allocations forfaitaires dont le montant est **inférieur ou égal au montant fixé par l'arrêté** sont exclues de plein droit et en totalité de l'assiette des cotisations, à condition que les **circonstances de fait** correspondent à celles prévues par la réglementation (Cass. soc. 7-3-1991 n° 88-15.954 P ; 6-2-1992 n° 89-15.900 D). C'est à l'employeur de **prouver** que le salarié se trouvait placé dans de telles circonstances (Cass. soc. 12-7-1989 n° 86-19.156 D ; 1-6-1995 n° 92-20.688 P ; Cass. 2e civ. 12-2-2015 n° 14-10.635 F-PB).

Si cette condition est remplie, les allocations sont réputées avoir été utilisées conformément à leur objet. Il s'agit d'une **présomption absolue,** qui ne peut pas être renversée par la preuve contraire (BOSS-FP-110). L'Urssaf n'est donc pas autorisée à réintégrer tout ou partie des allocations au motif qu'elles n'ont pas été utilisées en totalité conformément à leur objet (Cass. soc. 14-4-1983 n° 81-14.955 P ; 20-10-1994 n° 92-10.035 P).

Cette présomption d'utilisation conforme ne joue que si l'indemnisation des dépenses exposées par le salarié est effectuée **exclusivement** sous forme d'une allocation forfaitaire et non si l'employeur procède également au paiement direct des dépenses. Dans ce dernier cas, l'employeur doit prouver que l'indemnité forfaitaire a été utilisée en totalité conformément à son objet (Cass. soc. 22-7-1993 n° 90-14.594 D ; 29-6-1995 n° 93-11.699 P).

Pour les allocations forfaitaires d'un **montant supérieur** à celui fixé par l'arrêté, l'employeur doit justifier l'utilisation des allocations conformément à leur objet pour obtenir l'exonération de la fraction excédentaire (BOSS-FP-120). Sur l'administration de cette preuve, voir n° 55410.

› Précisions **a.** Le fait pour l'employeur de verser une allocation forfaitaire supérieure à un **plafond conventionnel** mais inférieure au montant fixé **par arrêté** ne remet pas en cause l'exclusion d'assiette dont bénéficie l'allocation (BOSS-FP-110).

b. Les montants des forfaits sont donnés dans les développements consacrés à chaque catégorie de frais (nourriture, logement, etc.). Ils ne valent que pour l'**année 2023** car ils sont revalorisés au 1er janvier de chaque année, conformément au taux prévisionnel d'évolution des prix à la consommation figurant au projet de loi de finances et arrondis à la dizaine de centimes d'euro la plus proche (Arrêté SANS0224282A du 20-12-2002 art. 10).

3. DÉDUCTION FORFAITAIRE SPÉCIFIQUE POUR FRAIS PROFESSIONNELS

55460 Pour certaines professions, l'employeur peut, sous conditions, opter pour l'application, sur l'assiette de calcul des cotisations de sécurité sociale et des prélèvements alignés mentionnés nº 55360, d'une déduction forfaitaire spécifique pour frais professionnels.

Le BOSS en prévoit cependant la **suppression** au terme d'une période transitoire de plusieurs années, avec une diminution progressive du taux applicable, dans **certains secteurs** et pour les **journalistes,** ces derniers faisant en outre l'objet d'une règle spécifique pour les cotisations d'assurance chômage : voir respectivement nºs 55580 s. et 88520 s.

ATTENTION

a. L'application de la déduction ne peut pas ramener la base des cotisations en deçà de l'**assiette minimum** des cotisations : voir nº 17980.

b. L'employeur qui **applique à tort** la déduction forfaitaire spécifique cause aux salariés un **préjudice** appelant réparation, cette application ayant une incidence négative sur leurs droits sociaux (Cass. 2e civ. 17-2-2022 nº 20-18.104 F-B).

a. Conditions d'application

APPARTENANCE DU SALARIÉ À CERTAINES PROFESSIONS

55470 Pour certaines catégories de salariés, dont la profession comporte des frais notoirement supérieurs aux limites prévues par l'arrêté du 20-12-2002, les employeurs sont autorisés à appliquer sur la base de calcul des cotisations de sécurité sociale, dans la limite d'un plafond, une déduction forfaitaire spécifique pour frais professionnels (Arrêté SANS0224282A du 20-12-2002 art. 9).

Les **professions concernées,** dont la liste figure nº 96360, sont celles mentionnées à l'article 5 de l'annexe IV du CGI dans sa rédaction en vigueur au 31-12-2000 (Arrêté du 20-12-2002 art. 9), c'est-à-dire celles qui bénéficiaient d'une déduction forfaitaire supplémentaire en matière fiscale avant le 1-1-2001, date à laquelle les déductions fiscales ont été supprimées.

Le bénéfice de la déduction forfaitaire spécifique est lié à l'activité professionnelle du salarié et non à l'**activité générale de l'entreprise** (BOSS-FP-2160).

› Précisions Sur les conditions d'application de la déduction : aux salariés à **employeurs multiples,** voir nº 69080 ; aux **dirigeants de sociétés,** voir nº 77070.

Pour la **suppression** progressive de la déduction dans **certains secteurs** et pour les **journalistes** : voir respectivement nºs 55580 s. et 88530 s.

FRAIS PROFESSIONNELS EFFECTIFS

55480 L'application de la déduction forfaitaire spécifique est subordonnée au fait que le salarié concerné supporte effectivement des frais lors de son activité professionnelle. En l'absence de frais effectivement engagés, elle ne s'applique pas. Par conséquent, la **seule appartenance à l'une des professions** mentionnées nº 55470, ou le fait de relever de ce dispositif par des **interprétations** ayant fait l'objet d'une décision spéciale de la Direction de la législation fiscale ou de la Direction de la sécurité sociale avant le 1-1-2001, ne suffit pas à soi seul à permettre le bénéfice de la déduction, l'employeur devant disposer de justificatifs (BOSS-FP-2120 s.).

› Précisions Cette position administrative a été validée par le Conseil d'État, pour qui l'employeur doit disposer des justificatifs démontrant que le salarié bénéficiaire supporte effectivement de tels frais (CE 14-3-2022 nº 453073). Elle reprend également la solution dégagée par la Cour de cassation dans certains arrêts (Cass. 2e civ. 14-2-2013 nº 11-27.032 F-D).

55490 **Suspension du contrat de travail** En cas d'absence ou de congé, **rémunéré ou non rémunéré,** d'un salarié, il ne peut être fait application de la déduction forfaitaire spécifique que sur la rémunération correspondant à un travail effectif.

En cas d'absence, rémunérée ou non rémunérée sur un **mois complet** (pour cause de maladie ou de congés), l'application de la déduction forfaitaire spécifique au titre de ce mois n'est pas admise (BOSS-FP-2150). Cette position s'explique selon nous par le fait que le salarié absent durant tout le mois n'engage aucuns frais supplémentaires au titre de son activité pendant ce mois et que les conditions d'application de la déduction ne sont alors plus réunies. La déduction forfaitaire spécifique ne peut donc pas être appliquée sur les sommes versées au salarié au titre du maintien de salaire.

ACCORD COLLECTIF, ACCORD DU CSE OU CONSENTEMENT DU SALARIÉ

L'**employeur** peut **opter** pour la déduction forfaitaire spécifique lorsqu'une convention ou un **accord collectif** du travail l'a explicitement prévu ou lorsque, par tout moyen (BOSS-FP-2180), le **comité social et économique** a donné son **accord** (Arrêté du 20-12-2002 art. 9). Ce droit d'option peut être révisé par l'entreprise en fin d'année (BOSS-FP-2180). 55500

À défaut, il appartient à **chaque salarié** d'accepter ou non cette option (Arrêté du 20-12-2002 art. 9). La consultation doit **précéder la mise en œuvre** de la déduction.

› Précisions a. Si l'employeur a d'abord saisi le **CSE** et essuyé un refus, rien ne l'empêche, à notre avis, de mettre en œuvre la procédure de consultation individuelle et d'appliquer la déduction aux salariés l'ayant acceptée.

b. L'employeur s'assure **annuellement,** par **tout moyen,** du **consentement** de ses **salariés** à l'application de la déduction. Pour cela, il met en œuvre une procédure consistant à informer chaque salarié concerné, par tout moyen donnant date certaine à cette **consultation,** de ce dispositif et de ses conséquences sur la validation de ses droits aux assurances sociales. Le salarié doit retourner une réponse d'accord ou de refus. Si le salarié donne son accord ou renonce à la déduction forfaitaire spécifique, sa décision prend effet à compter de l'année civile suivante. S'il ne répond pas, son silence vaut accord (Arrêté du 20-12-2002 art. 9 ; BOSS-FP-2190).

L'employeur doit **justifier avoir informé** préalablement le salarié, faute de quoi il ne peut pas se prévaloir de son accord, même tacite (Cass. 2e civ. 20-9-2012 n° 11-26.763 FD ; BOSS-FP-2200). Il lui appartient aussi de prouver que le salarié a été informé des conséquences de l'application de la déduction forfaitaire spécifique sur la **validation de ses droits.** S'agissant d'une des conditions d'application du dispositif, son **non-respect** fonde la **réintégration** dans l'assiette des cotisations de sécurité sociale du montant de la déduction appliquée par l'entreprise (BOSS-FP-2210). Sur la **réparation du préjudice** causé au salarié par l'application à tort de la déduction, voir n° 55460, b.

c. Dans les **secteurs d'activité** et pour les **journalistes,** pour lesquels la **suppression de la déduction** est programmée, le recueil du consentement des salariés obéit à des règles spécifiques pendant la période transitoire précédant cette suppression. Voir respectivement n°s 55580 s. et 88530 s.

b. Montant et mise en œuvre de la déduction

La déduction est **plafonnée,** par salarié et par année civile, à un montant de 7 600 €. 55520

Si l'employeur l'applique, la **base de calcul des cotisations** est constituée par le montant global des rémunérations, indemnités, primes, gratifications ou autres acquises aux intéressés, y compris, le cas échéant, les indemnités versées à titre de remboursement de frais professionnels autres que celles limitativement énumérées n° 55550 (Arrêté du 20-12-2002 art. 9).

Dans le cas contraire, l'assiette des cotisations est constituée par la rémunération proprement dite, à l'exclusion de toutes indemnités représentatives de frais professionnels.

En cas d'application de la déduction, le montant de la **réduction générale** de cotisations patronales est plafonné, voir n°s 22270 s.

Pour son incidence sur la présentation du **bulletin de paie,** voir n° 56000, b.

EXEMPLE

Soit un salarié qui perçoit une rémunération mensuelle de 2 500 €, plus une allocation forfaitaire pour frais professionnels de 400 €. On suppose que la catégorie professionnelle à laquelle appartient ce salarié bénéficie d'une déduction forfaitaire de 30 %. Si l'employeur n'opte pas pour la déduction forfaitaire, la base de calcul des cotisations est égale à 2 500 €. Si l'employeur opte pour la déduction forfaitaire, la base de calcul des cotisations est de : (2 500 + 400) – (2 900 × 30 %) = 2 030 €.

NON-CUMUL AVEC L'EXONÉRATION DES INDEMNITÉS POUR FRAIS PROFESSIONNELS

Principe L'intégration dans l'assiette des cotisations des indemnités pour frais professionnels en cas d'application d'une déduction forfaitaire spécifique pour frais vise aussi bien les remboursements de **frais réels** et les **allocations forfaitaires** que les **prises en charge directes** par l'employeur (en ce sens, BOSS-FP-2240). 55530

Certaines **exceptions** sont toutefois admises : voir nº 55550.

En outre, l'administration admet de laisser hors de l'assiette des cotisations en cas d'application d'une déduction les **dépenses exceptionnelles** engagées par le salarié **pour le compte de l'entreprise,** voir nº 55570.

55540 **ILLUSTRATIONS**

Constituent des avantages soumis à cotisations en cas d'application d'une déduction forfaitaire spécifique pour frais professionnels :

– la prise en charge par l'employeur des **frais de déplacement** engagés par les salariés des entreprises du **bâtiment et des travaux publics** entre leur domicile et le siège social ou les chantiers et entre le siège social et le chantier ou de chantier à chantier, de tels frais se rattachant à l'exercice normal de la profession (en ce sens, notamment : Cass. soc. 5-5-1982 nº 80-11.883). Pour un **modèle de bulletin de paie** illustrant le versement à un ouvrier du bâtiment, bénéficiant d'une déduction forfaitaire spécifique pour frais professionnels, d'une indemnité de petit déplacement, voir nº 94790 ;

– les **indemnités kilométriques** allouées aux salariés utilisant leur **véhicule personnel** pour **se rendre sur les chantiers** (Cass. soc. 20-7-1982 nº 81-10.045 ; 13-2-1992 nº 89-20.725 P), peu important que les intéressés aient **pris à bord** des **camarades de travail** ayant les mêmes sujétions qu'eux en matière de transport (Cass. soc. 9-11-1988 nº 86-12.464 P) ;

– les **remboursements des frais de restaurant** exposés par les salariés (Cass. soc. 26-10-1982 nº 81-15.419 ; 17-1-1991 nº 88-12.725 D), de même que la **participation** de l'employeur au prix du repas pris par le salarié à la **cantine** de l'entreprise dans laquelle il est en mission (Cass. soc. 10-1-1980 nº 78-14.095).

55550 **Exceptions à la règle de non-cumul** N'ont pas à être compris dans la base de calcul des cotisations, même s'il est fait application d'une déduction forfaitaire spécifique pour frais professionnels (liste strictement limitative) (Arrêté SANS0522777A du 25-7-2005) :

– les indemnités de **grand déplacement** payées aux ouvriers du **bâtiment,** dans les conditions fixées à l'article 5 de l'arrêté du 20-12-2002 (nºs 56430 s.). L'exonération s'applique en cas d'allocations forfaitaires comme de remboursement des dépenses réelles et s'étend aux frais de transport exposés à l'occasion des voyages de début et de fin de chantier, ainsi qu'aux voyages de détente prévus par les conventions collectives du bâtiment et des travaux publics (BOSS-FP-2260) ; elle suppose que les conditions du grand déplacement exposées nº 56410 soient réunies ; ainsi, elle ne concerne ni les ouvriers étrangers logés gratuitement par l'employeur dans des baraquements situés à proximité immédiate du chantier où ils travaillent et n'ayant pas d'autre résidence en France (Cass. soc. 16-10-1985 nº 84-10.276 S), ni les salariés en déplacement rentrant chez eux chaque soir (Cass. soc. 12-3-1992 nº 89-16.204 D) ; elle ne fait pas non plus obstacle à l'assujettissement aux cotisations de la partie des indemnités forfaitaires excédant les limites d'exonération indiquées nºs 56430 s. sans justification de leur utilisation conforme à leur objet ;

– les indemnités journalières de « défraiement » payées aux **artistes dramatiques, lyriques, chorégraphiques,** ainsi qu'aux régisseurs de théâtre qui participent à des tournées théâtrales ; l'exception à la règle de non-cumul ne joue que si l'indemnité versée n'excède pas les limites d'exonération indiquées nºs 56430 s. ou, dans le cas contraire, s'il est justifié qu'elle a été utilisée conformément à son objet (Cass. soc. 13-7-1994 nº 92-13.008 P) ;

– les allocations de « saison » allouées aux **artistes,** musiciens, chefs d'orchestre et autres travailleurs du spectacle engagés par les casinos, les théâtres municipaux ou les théâtres bénéficiant de subventions des collectivités territoriales pendant la durée de la saison ainsi que, le cas échéant, le remboursement de leurs frais de déplacement ; il en va de même pour les répétitions effectuées dans le cadre de la saison ;

– les allocations et remboursements de frais perçus par les **chefs d'orchestre, musiciens et choristes,** à l'occasion de leurs déplacements professionnels en France et à l'étranger ; il en va de même pour les répétitions effectuées dans le cadre de ces déplacements ;

– les indemnités pour frais de mécanisation des **ouvriers forestiers** ;

– la prise en charge obligatoire de 50 % du coût des titres de transport des salariés (BOSS-FP-2250 ; nºs 57530 s.) ou la prime de transport de 4 € par mois (nº 57710) au titre des **déplacements domicile-travail** ;

– la part contributive de l'employeur aux **titres-restaurant** dans les limites prévues à l'article L 131-4 du CSS (nº 51900).

Pour les **secteurs** d'activité et les **journalistes,** pour lesquels la **suppression de la déduction** est programmée, voir respectivement nºs 55580 s. et 88535.

ATTENTION

Si, au titre des **déplacements domicile-travail,** la déduction forfaitaire spécifique est cumulable avec la prise en charge obligatoire de 50 % du coût des titres de transport des salariés et avec la prime de 4 €, elle ne l'est en revanche ni avec la **prime transport,** ni avec le **forfait mobilités durables** : voir nº 57700.

DÉPENSES EXCEPTIONNELLES ENGAGÉES POUR LE COMPTE DE L'ENTREPRISE

À titre exceptionnel, notamment en situation d'urgence, un salarié peut être amené à exposer des frais pour **acheter ou entretenir du matériel** ou des **fournitures** (matériel de bureautique, vêtements de travail…) pour le compte de l'entreprise alors que l'**exercice normal de sa profession** ne le prévoit pas. Sous réserve que ces matériels et fournitures soient acquis pour les seuls besoins de l'employeur et non du salarié, ces frais peuvent faire l'objet d'un **remboursement** dans les **mêmes conditions que les frais professionnels.** Seules les dépenses réellement engagées par le salarié sont considérées comme des frais professionnels. Les factures constituent la justification des dépenses (BOSS-FP-1890 s.). 55570

En cas d'application d'une **déduction** forfaitaire spécifique, ces frais professionnels n'ont pas à être intégrés à l'assiette des cotisations sociales avant application de la déduction (BOSS-FP-1890 s.).

c. Suppression de la déduction dans certains métiers

Le BOSS prévoit des modalités de **sortie progressive** de la déduction forfaitaire spécifique pour les métiers de la **propreté,** du **BTP,** de l'**aviation civile** et du **transport routier de marchandises.** C'est également le cas pour les **journalistes**. Pour ces derniers, voir 88530 s. 55580

RÉDUCTION PROGRESSIVE DU TAUX DE LA DÉDUCTION

Pour les métiers de la **propreté,** de la **construction,** du **transport routier de marchandises,** de l'**aviation civile** éligibles à la déduction forfaitaire spécifique pour frais professionnels, les taux d'abattement applicables sont réduits chaque année jusqu'à l'extinction de la déduction à une date déterminée, selon les modalités indiquées dans le tableau ci-dessous (D'après BOSS-FP-2300). 55582

Métiers	Taux de la déduction avant dispositif (en %)	Modalités de réduction progressive	Extinction
Propreté	8	Réduction d'un point chaque année du 1-1-2022 au 31-12-2028	1-1-2029
Construction	10	Réduction d'un point chaque année du 1-1-2024 au 31-12-2029, puis de un point et demi en 2030 et en 2031	1-1-2032
Transport routier de marchandises	20	Réduction d'un point chaque année du 1-1-2024 au 31-12-2027, puis de deux points chaque année du 1-1-2028 au 31-12-2034	1-1-2035
Aviation civile	30	Réduction d'un point chaque année du 1-1-2023 au 31-12-2032	1-1-2033

MODALITÉS D'APPLICATION PENDANT LA PÉRIODE TRANSITOIRE

Par tolérance, la déduction forfaitaire peut, dans les secteurs concernés (BOSS-FP-2310-2320) : 55584

– s'appliquer même en l'**absence de frais professionnels** réellement supportés par un salarié (par exemple en cas d'application par une caisse de congés payés du secteur de la déduction sur des indemnités de congés payés) ;

– se **cumuler** avec l'ensemble des remboursements de frais professionnels définis par l'arrêté du 20-12-2002. Le cas échéant, l'intégration dans l'assiette des cotisations sociales des remboursements de frais professionnels et des prises en charge directes par l'employeur n'est pas obligatoire avant l'application de la déduction forfaitaire spécifique. Cette mesure a pour objet d'accompagner l'extinction du dispositif et la mise en place de modalités de remboursement des frais professionnels de droit commun.

› Précisions Ces mesures **s'appliquent depuis** le 1-1-2021 dans la propreté, le 1-1-2022 dans la construction et le 1-1-2023 dans le transport routier de marchandises et l'aviation civile (BOSS-FP-2310).

55586 Par tolérance, pour ces seuls secteurs, il est admis que le **consentement des salariés** couvre la totalité de la période de transition dans les conditions suivantes (BOSS-FP-2330) :
– pour les métiers de la **propreté,** si le consentement des salariés est recueilli par l'employeur en 2023, il couvre, pour ces salariés, la période restant à courir jusqu'à la suppression du dispositif ;
– pour les métiers de la **construction,** du **transport routier** de marchandises et de l'**aviation civile,** si le consentement a été recueilli avant 2023, il couvre, pour ces salariés, la totalité de la période restant à courir jusqu'à la suppression du dispositif.

En l'absence de convention ou d'accord collectif prévoyant explicitement l'application de la déduction, ou d'accord du comité social et économique, l'application de la déduction à tout **salarié embauché depuis le 1-1-2023** est quant à elle conditionnée au recueil de son consentement et vaut jusqu'à extinction du dispositif. Lorsque le salarié ne répond pas à cette consultation, son silence vaut accord (BOSS-FP-2330).

E. CSG, CRDS et forfait social

CSG ET CRDS

55600 La **déduction forfaitaire spécifique** pour frais professionnels applicable aux cotisations de sécurité sociale ne s'applique pas à la CSG et à la CRDS.

L'assiette de ces deux contributions est en effet diminuée d'une **réduction** représentative de frais professionnels spécifique, dont le taux est de 1,75 % : voir n°s 28650 s.

55610 Les **indemnités** pour frais professionnels (allocations forfaitaires et remboursements au réel) sont exclues de l'assiette de la CSG et de la CRDS si elles remplissent les conditions prévues pour les cotisations de sécurité sociale (n°s 55360 s.) (CSS art. L 136-1-1, I-al. 2 ; BOSS-Ass. gén.-170).

En particulier, échappent à ces contributions les indemnités pour frais professionnels qui ne sont soumises aux cotisations de sécurité sociale qu'en raison de l'option de l'employeur pour une **déduction forfaitaire spécifique,** les autres conditions d'exonération requises par l'arrêté du 20-12-2002 étant satisfaites.

Les allocations forfaitaires versées aux **dirigeants** de sociétés sont soumises à CSG et à CRDS lorsqu'elles sont soumises à cotisations de sécurité sociale, ce qui est presque toujours le cas (voir n° 77070).

› Précisions Pour les salariés (VRP notamment) dont les **frais** professionnels sont **réputés inclus dans leur rémunération** et qui ne perçoivent donc en sus aucune indemnité à ce titre, les frais professionnels peuvent être déduits, sur justificatifs, de la base de la CSG et de la CRDS, avant application de la réduction de 1,75 % (Circ. DSS du 16-1-1991, opposable ; Rép. Morisset 6-9-1993 ; Circ. Acoss du 17-1-1997). Pour les VRP multicartes, cette déduction s'opère selon des modalités particulières exposées n° 82900.

FORFAIT SOCIAL

55620 Ne répondant pas au double critère d'assujettissement au forfait social (revenu d'activité affranchi de cotisations mais assujetti à la CSG), les indemnités représentatives de frais professionnels échappent au forfait social.

F. Impôt sur le revenu

55650 Pour la détermination du salaire imposable, les frais inhérents à la fonction ou à l'emploi sont déductibles du montant brut des sommes payées lorsqu'ils ne sont pas couverts par des allocations spéciales.

Cette déduction s'opère normalement selon un mode forfaitaire. Pour tous les salariés, cette déduction forfaitaire est fixée à 10 %.

Toutefois, lorsqu'ils estiment que la **déduction forfaitaire** de 10 % est insuffisante pour couvrir l'ensemble de leurs dépenses professionnelles, les salariés peuvent demander la déduction de leurs **frais réels** s'ils sont en mesure d'apporter la justification de ces frais.

Le sort des **allocations pour frais** dépend du régime de déduction des frais choisi par chaque salarié.
L'impact des frais professionnels sur l'assiette du **prélèvement à la source** de l'impôt sur le revenu opéré par l'employeur est exposé nº 56010.

1. DÉDUCTION DES FRAIS PROFESSIONNELS DES SALARIÉS

Les systèmes de **déduction forfaitaire** de 10 % et de déduction des **frais réels** sont exclusifs l'un de l'autre. Le choix entre ces deux systèmes présente un caractère annuel. Chaque membre du foyer fiscal peut choisir le système qui lui paraît le mieux approprié. Mais l'option exercée par chacun (déduction forfaitaire ou frais réels) doit être obligatoirement la même pour toutes les activités imposées selon le régime des traitements et salaires (BOI-RSA-BASE-30-50-10 nºs 170 à 210). 55670

EXEMPLE

Par exemple, lorsqu'une même personne perçoit au cours de la même année des salaires et des allocations de chômage, elle doit adopter le même mode de calcul de ses frais professionnels pour ses revenus des deux sources (CE 12-1-2004 nº 254552).

a. Déduction forfaitaire de 10 %

FRAIS COUVERTS PAR LA DÉDUCTION

La déduction forfaitaire de 10 % couvre les dépenses professionnelles courantes : elle est représentative de tous les frais qui se rapportent normalement à l'exercice de l'activité ou de la fonction pour laquelle le salarié est rémunéré. Il s'agit notamment (BOI-RSA-BASE-30-50-20 nº 30) : 55680
– des frais de **déplacement** du domicile au lieu de travail ;
– des frais de **restauration** sur le lieu de travail (dépenses supplémentaires par rapport au coût des repas pris au domicile) ;
– des frais de **documentation** personnelle et de **mise à jour** des **connaissances** nécessitées par l'activité professionnelle.

Le caractère forfaitaire de la déduction exclut à la fois l'obligation pour le salarié de **justifier** qu'il a réellement supporté de tels frais et la possibilité pour les services des impôts d'apporter la preuve de l'absence de frais exposés par le salarié.

CALCUL DE LA DÉDUCTION

La déduction forfaitaire est calculée sur le montant brut des salaires imposables en espèces ou en nature diminué du montant déductible du salaire imposable des cotisations sociales, de la part déductible de la CSG et, le cas échéant, des intérêts d'emprunts afférents à la souscription au capital de certaines sociétés (CGI art. 83, 3º-al. 2). 55700

Le montant de cette déduction est **compris entre un minimum et un plafond,** revalorisés en principe chaque année, qui s'appliquent distinctement à chaque membre du foyer fiscal (CGI art. 83, 3º-al. 3 ; BOI-RSA-BASE-30-50-20 nºs 60 et 190).

> **Précisions** Le montant minimum s'applique lorsqu'il est supérieur à la déduction de 10 %, sans pouvoir excéder le montant des salaires diminués des cotisations, contributions et intérêts déductibles (CGI art. 83, 3º-al. 3). La déduction minimum joue à plein même lorsque le salarié ne travaille qu'à temps partiel ou n'a travaillé qu'une partie de l'année (BOI-RSA-BASE-30-50-20 nº 80).

CUMUL AVEC LES ALLOCATIONS ET REMBOURSEMENTS POUR FRAIS

L'application de la déduction forfaitaire de 10 % n'exclut pas la perception par le salarié d'allocations exonérées d'impôt destinées à couvrir certaines dépenses professionnelles (voir nºs 55800 s.). 55710

Mais, lorsque le salarié perçoit des allocations, quelle qu'en soit la forme (remboursement de frais, indemnités forfaitaires, allocations en nature), destinées à faire face à des frais déjà couverts par la déduction forfaitaire, il doit les inclure dans son revenu imposable, sauf exonération expresse : voir nº 55830.

b. Déduction des frais réels

Lorsqu'ils estiment que la déduction de 10 % est insuffisante, les salariés peuvent lui préférer la déduction du montant des frais professionnels réels à condition d'en justifier (CGI art. 83, 3º). 55720
La déduction des frais réels implique la **renonciation** à la déduction forfaitaire de 10 %.

IMPOSITION DES ALLOCATIONS ET REMBOURSEMENTS DE FRAIS

55730 Les salariés optant pour la déduction des frais réels doivent réintégrer dans leur revenu imposable la totalité des allocations et remboursements pour frais perçus.

› Précisions a. Lorsqu'un salarié déduit des frais réels d'une certaine nature et perçoit des allocations spéciales couvrant des frais d'une **nature différente** dont il ne demande pas la déduction, il n'est pas tenu de déclarer ces allocations si elles sont utilisées conformément à leur objet et justifiées (CE 19-12-1984 n° 38563).
b. Les membres des **professions artistiques** peuvent cumuler l'option pour les frais réels avec l'exonération des allocations pour frais suivantes (mais ils ne peuvent pas déduire, en contrepartie, les frais réputés couverts par ces allocations) : allocation de saison servie en compensation des frais de double résidence supportés lors des engagements et remboursements de frais de déplacement, alloués pendant la durée de la saison aux artistes musiciens, chefs d'orchestre et autres professionnels du spectacle engagés par les casinos ou les théâtres municipaux ; dans la limite du montant minimal fixé par l'annexe « Salaires » à la convention collective des tournées théâtrales, indemnités journalières de défraiement versées au titre des frais de logement et des frais supplémentaires de nourriture supportés par les artistes des tournées théâtrales (artistes dramatiques, lyriques, chorégraphiques) ainsi que par les régisseurs de théâtre y participant ; allocations et remboursements de frais de déplacement versés aux chefs d'orchestre, musiciens et choristes lors de leurs déplacements professionnels (BOI-RSA-CHAMP-20-50-10-30 n°s 10 à 40).
c. Les allocations et remboursements concernant des **dépenses engagées pour le compte de l'entreprise** ne sont pas imposables, car ils ne portent pas sur des frais inhérents à l'emploi du salarié (BOI-RSA-CHAMP-20-30-10-10 n° 20).

JUSTIFICATION

55740 Les salariés qui demandent la déduction des frais réels sont tenus de justifier **par tous moyens** (factures, quittances, attestations…) la réalité, le caractère professionnel et le montant de leurs frais. Ils doivent donc conserver les pièces justificatives qui s'y rapportent.

À **défaut de justification,** la déduction au titre des frais professionnels est limitée au montant de la déduction forfaitaire de 10 %.

› Précisions a. L'obligation de justifier ne doit pas être interprétée dans un sens strictement littéral : les salariés ne sont pas obligés de tenir une **comptabilité** complète de leurs dépenses professionnelles. Lorsqu'une justification précise des frais s'avère impossible, les dépenses dont la déduction est demandée sont admises dans la mesure où elles sont en rapport avec la nature et l'importance des opérations effectuées et des obligations professionnelles du salarié (en ce sens, BOI-RSA-BASE-30-50-30-10 n°s 30 à 50).
b. L'administration a adopté des mesures particulières à l'égard des **VRP** : voir n° 83680, et des salariés en **télétravail** : voir n° 86910.

2. ALLOCATIONS SPÉCIALES POUR FRAIS D'EMPLOI

55770 Les allocations spéciales destinées à couvrir les frais inhérents à la fonction et à l'emploi sont exonérées d'impôt sur le revenu lorsqu'elles sont utilisées conformément à leur objet (CGI art. 81, 1°). Les dépenses correspondantes ne doivent pas elles-mêmes avoir été déduites du revenu imposable au titre des frais professionnels.

ATTENTION

Des règles spécifiques ont été prises pour certaines professions : **journalistes** (n° 88750) et salariés en **télétravail** (n° 86910).

a. Champ d'application

55780 L'incidence de l'option exercée pour la déduction des frais professionnels limite la portée de l'exonération des allocations spéciales pour frais d'emploi.

En effet, l'exonération ne joue pas en cas d'option pour le **régime des frais réels** (n° 55730).

Autrement dit, l'exonération des allocations spéciales pour frais d'emploi trouve en principe à s'appliquer concurremment avec la déduction forfaitaire pour frais professionnels de 10 %, les deux dispositions n'étant pas exclusives l'une de l'autre. Mais, même dans ce cas, l'administration estime que certaines **dépenses professionnelles courantes** (couvertes par la déduction forfaitaire de 10 %) ne peuvent pas donner lieu à des allocations spéciales exonérées d'impôt (voir n° 55830).

ATTENTION

L'exonération s'applique aux remboursements de frais réels alloués aux **dirigeants** et cadres de l'entreprise ; mais elle ne s'applique pas aux allocations forfaitaires pour frais versées aux dirigeants : voir n°s 77720 s.

b. Conditions générales d'exonération

Les allocations pour frais versées par les entreprises à leurs salariés sont exonérées de l'impôt sur le revenu lorsqu'elles réunissent les conditions suivantes : 55800
- couvrir des dépenses strictement inhérentes à la fonction ou à l'emploi ;
- correspondre à des dépenses professionnelles spéciales autres que celles déjà couvertes par la déduction forfaitaire de 10 % ;
- correspondre à des dépenses réelles ;
- être utilisées conformément à leur objet.

Lorsque toutes les conditions de l'exonération ne sont pas réunies, les allocations (ou la fraction des allocations ne remplissant pas les conditions) constituent un supplément de rémunération passible de l'impôt, qu'elles soient versées effectivement au bénéficiaire ou qu'elles résultent de la prise en charge directement par l'employeur des dépenses en cause.
Lorsque toutes les conditions sont remplies, les allocations sont, en revanche, affranchies d'impôt.

CONSEIL

a. L'exonération peut jouer, quelle que soit la **forme** que prennent les allocations : indemnités ou remboursements forfaitaires, remboursements de frais réels, allocations en nature. Par exception, les allocations forfaitaires versées aux **dirigeants** ne sont pas susceptibles d'être exonérées : voir n°s 77720 s.

b. Il ne faut pas confondre les allocations pour frais avec le remboursement des **dépenses incombant normalement à l'employeur** mais réglées pour son compte par le salarié. Ces remboursements ne sont imposables en aucun cas (BOI-RSA-CHAMP-20-30-10-10 n° 20).

DÉPENSES INHÉRENTES À L'EMPLOI

Pour bénéficier de l'exonération, les allocations pour frais doivent couvrir des dépenses strictement inhérentes à la fonction ou à l'emploi. En effet, si l'allocation est destinée à faire face à des dépenses personnelles, il s'agit alors d'un avantage en espèces ou en nature imposable (BOI-RSA-CHAMP-20-50-10-10 n° 50). 55810

› Précisions **a.** Constituent par exemple des frais **d'ordre personnel** :
– les dépenses correspondant à l'usage personnel d'une voiture automobile appartenant à la société ou prise en location par elle ;
– les dépenses afférentes au logement personnel du dirigeant (résidence principale ou résidence secondaire en cas de mise à disposition d'un logement de fonction) ;
– les frais de personnel domestique ;
– les frais d'invitations destinées à créer ou à entretenir des relations personnelles.
Les dépenses vestimentaires ne constituent des frais professionnels que dans la mesure où l'activité exercée requiert l'utilisation de vêtements spéciaux.

b. Lorsqu'une dépense revêt un caractère **à la fois personnel et professionnel,** seul le supplément de dépense lié à l'emploi constitue une dépense professionnelle. Pour une application de ce principe à la mise à disposition d'un véhicule, voir n°s 40310 s. Toutefois, lorsque les allocations couvrent les frais de **repas de salariés en déplacement professionnel,** elles sont susceptibles d'être exonérées pour leur totalité, la prise en charge du coût du repas à domicile ne constituant pas un avantage en nature imposable (voir n° 40230).

c. Pour pouvoir bénéficier de l'exonération de l'article 81, 1° du CGI, les salariés doivent **justifier** que les allocations qu'ils ont perçues ont couvert des frais qu'ils ont réellement exposés, ainsi que l'exigent leurs fonctions au sein de l'entreprise, dans l'intérêt de celle-ci (CE 8-6-2005 n° 255922).

DÉPENSES SPÉCIALES

Pour être exonérées, les allocations doivent correspondre à des dépenses professionnelles spéciales : l'administration estime, en effet, que les dépenses professionnelles courantes, c'est-à-dire celles que doivent exposer la plupart des salariés pour être en mesure d'occuper leur emploi ou d'exercer leurs fonctions, sont couvertes par la **déduction forfaitaire de 10 %** visée n° 55680 et ne peuvent donc pas, sauf exceptions expressément prévues, donner lieu à des allocations ou à des remboursements exonérés d'impôt (BOI-RSA-CHAMP-20-50-10-10 n° 70 et n° 90). 55830

› Précisions **a.** Les allocations ou remboursements des dépenses professionnelles courantes mentionnées n° 57000 doivent donc être ajoutés à la rémunération imposable, sous réserve des **exonérations** applicables à la contribution de l'employeur aux titres-restaurant (n°s 51900 s.) ou aux frais de transport domicile-lieu de travail (n°s 57580 et 57700).

b. Ne sont en revanche pas couverts par la déduction forfaitaire de 10 % et peuvent donc faire l'objet de remboursements ou d'indemnités exonérés les frais occasionnés par l'exercice même de l'activité professionnelle et qui, spécifiques à cette activité, sont exposés par le salarié directement dans l'intérêt de l'entreprise. Ce sont, par exemple : les frais liés aux

déplacements nécessités par l'emploi occupé ou les fonctions exercées (frais de restauration, d'hébergement et de transports) ; les dépenses entraînées par des **invitations** résultant d'obligations professionnelles ; les **cadeaux** offerts dans le cadre des relations professionnelles, dans la mesure où ces cadeaux constitueraient une charge déductible pour l'entreprise s'ils étaient faits par elle (BOI-RSA-CHAMP-20-50-10-10 n° 100).

Même solution à l'égard des salariés qui font l'objet d'une **mutation professionnelle,** pour les frais de déménagement à leur charge et les frais de double résidence, lorsque ces frais constituent une contrainte inhérente à l'emploi (en ce sens, BOI-RSA-CHAMP-20-50-10-20 n° 100).

DÉPENSES RÉELLES

55850 Pour que les allocations spéciales pour frais d'emploi puissent bénéficier de l'exonération, il faut qu'elles correspondent à des dépenses réelles ainsi qu'à l'**importance** effective de celles-ci. Leur montant peut être variable suivant la nature ou l'objet des entreprises qui les versent et les conditions dans lesquelles les bénéficiaires exercent leur activité. La fixation de ces allocations ou indemnités doit donc être effectuée en fonction des charges réellement supportées par les intéressés dans l'exercice de leurs fonctions au service de l'entreprise. Si l'**évaluation** de ces charges, et par conséquent des indemnités allouées en contrepartie, peut comporter un certain degré d'approximation, elle ne doit en aucun cas être obtenue par l'application d'un pourcentage fixe ou variable aux émoluments reçus (BOI-RSA-CHAMP-20-50-10-10 n° 110).

UTILISATION DES INDEMNITÉS CONFORMÉMENT À LEUR OBJET

55870 Pour être exonérées, les allocations doivent être utilisées conformément à leur objet. Les remboursements ou allocations ne sont susceptibles d'être exonérés que si les frais auxquels ils sont destinés à faire face sont appuyés de **justifications** suffisamment précises pour en établir la réalité et le montant, et s'il est clairement démontré que les frais en cause ont été exposés dans l'intérêt de l'entreprise et ne sont pas d'un niveau exagéré. Le fait que les allocations soient prévues par la convention collective ne dispense pas le contribuable de justifier d'une utilisation conforme à leur objet (CAA Lyon 5-10-1995 n° 94-300).

Les justifications doivent être produites sur demande de l'administration. Les salariés peuvent recourir à tous les modes de preuve compatibles avec les règles de la procédure en matière d'impôts directs (BOI-RSA-CHAMP-20-50-10-10 n° 140). La justification des frais incombant au salarié, l'exonération est acquise si celui-ci produit au service des impôts des justifications suffisantes, peu importe que l'employeur les ait remboursés sans demander de justificatifs (CE 12-4-2021 n° 435648).

ATTENTION

Les **indemnités kilométriques** versées par les employeurs aux salariés utilisant leur véhicule personnel pour leurs déplacements professionnels sont réputées utilisées conformément à leur objet à concurrence du montant résultant de l'application du barème du prix de revient kilométrique fiscal : voir n° 56600.

55880 **Allocations forfaitaires** Les allocations forfaitaires pour frais professionnels sont présumées être utilisées conformément à leur objet et, par suite, être exonérées d'impôt sur le revenu à concurrence des montants prévus par la réglementation sociale (dont les montants des années récentes sont récapitulés en annexes, n° 96300), dès lors que les circonstances de fait sont établies. Ainsi, les **indemnités de repas et de grand déplacement** en métropole, dans les DOM-TOM et à l'étranger sont exonérées à hauteur des montants indiqués n°s 55710, 55750, 55840 s., 55890, 55895 et 56240 (BOI-RSA-CHAMP-20-50-10-20 n°s 10 à 80).

ATTENTION

a. Cet alignement sur la règle sociale ne joue pas, par exception, à l'égard des indemnités forfaitaires de **mobilité professionnelle** : voir n°s 56810 s.

b. Des montants spécifiques ont été fixés pour les frais exposés à leur domicile par les **télétravailleurs** : voir n° 86910.

c. Les **dirigeants de sociétés** ne sont évidemment pas concernés puisque les allocations forfaitaires pour frais sont toujours imposables dans leur cas.

G. Établissement de la paie

1. BULLETIN DE PAIE

Les sommes représentatives de frais professionnels non soumises à cotisations doivent figurer sur le bulletin de paie avec précision de leur **nature** et de leur **montant** (C. trav. art. R 3243-1, 8°). Elles sont donc en principe ajoutées au salaire après cotisations pour déterminer le salaire **net à payer avant impôt.** Dès lors qu'elles satisfont aux conditions requises pour être exonérées d'impôt, ces sommes n'ont pas à figurer dans le montant à porter en **net imposable** du bulletin de paie. Sur leur prise en compte dans le calcul du montant **net social,** voir n°s 13720 s. 56000

› Précisions a. Pour les entreprises procédant à de **nombreux remboursements** de frais **sans périodicité liée au paiement du salaire,** il est admis que la mention des remboursements sur le bulletin de paie peut être limitée à ceux effectués en même temps que le paiement de la rémunération. Ainsi, les remboursements opérés au fur et à mesure que les salariés présentent les justificatifs de leurs dépenses, qui figurent sur d'autres documents, notamment comptables, présents dans l'entreprise, peuvent ne pas être indiqués sur le bulletin de paie (Circ. du 13-12-1988, abrogée). À notre connaissance, cette position n'a pas été remise en cause par l'administration.

b. En cas d'option, pour le calcul des cotisations, pour une **déduction forfaitaire spécifique** pour frais professionnels, les allocations ou remboursements de frais intégrés dans la rémunération brute doivent toujours figurer sur le bulletin de paie avec précision de leur nature et de leur montant (C. trav. art. R 3243-1, 6°). Il convient alors de mentionner également la rémunération brute abattue servant d'assiette aux cotisations sociales.

c. Pour des **exemples,** voir les modèles de bulletins de paie consacrés aux ouvriers du bâtiment et aux VRP, n°s 94760 s. et 95230 s.

2. IMPÔT SUR LE REVENU

L'assiette du **prélèvement à la source** de l'impôt sur le revenu s'entend du montant net imposable du salaire avant déduction des frais professionnels (CGI art. 204 F). La règle vaut aussi bien en cas d'application de la déduction forfaitaire qu'en cas d'option pour la déduction des frais réels. Les frais professionnels sont pris en compte par l'intermédiaire du calcul du taux de prélèvement à la source. Il est d'ailleurs rappelé que leur montant ne peut être déterminé par le débiteur (BOI-IR-PAS-20-10-10 n° 10). 56010

L'assiette du prélèvement à la source comprend donc le montant de la rémunération avant application de la déduction forfaitaire spécifique pour frais professionnels éventuellement applicable sur l'assiette des cotisations de sécurité sociale, mais pas le montant des sommes non imposables versées à titre de remboursement de frais professionnels (remboursement de frais réels ou allocations forfaitaires).

Il en va de même des sommes portées dans la rubrique **Montant net imposable** du bulletin de paie.

3. DSN

La complexité des modalités de déclaration des frais professionnels sur la DSN ne permet de donner ici qu'un résumé des règles générales. 56020

DONNÉES FISCALES

Les sommes versées aux salariés à titre de remboursements (réels ou forfaitaires) de frais professionnels doivent, en vertu d'une disposition expresse de l'article 39 de l'annexe III au CGI, figurer séparément dans une rubrique dédiée aux allocations pour frais professionnels. Dans la DSN, cette rubrique est comprise dans le bloc Autre élément de revenu brut (bloc 54). Ces sommes n'ont pas, en principe, à être comprises dans les montants à déclarer dans le bloc Rémunération (bloc 51). 56030

Ces indications ne valent que pour les indemnités remplissant les conditions prévues à l'article 81, 1° du CGI pour être exonérées d'impôt et pour celles qui, sans remplir toutes ces conditions, en sont néanmoins affranchies, par exemple la contribution patronale aux titres-restaurant. Les allocations de frais ne remplissant que partiellement les conditions d'exonération doivent figurer dans le bloc Autre élément de revenu brut (bloc 54) pour leur fraction susceptible d'être exonérée et dans le bloc Rémunération pour le solde.

› Précisions **a.** Dans le bloc 54, le **type de frais** professionnels est renseigné à la rubrique S21.G00.54.001 au moyen des codes suivants : 07 – Frais professionnels remboursés au forfait ; 08 – Frais professionnels pris en charge par l'employeur ; 09 – Frais professionnels remboursés au réel (net-entreprises, fiche n° 811).
b. Sur la DSN, l'employeur doit déclarer dans le bloc 54 avec les autres remboursements de frais professionnels le montant de la **prise en charge des frais de trajet** domicile-lieu de travail exonéré d'impôt sur le revenu (voir n° 57525) en sorte qu'il ne soit pas inclus dans le montant préimprimé de salaire imposable dans la déclaration d'ensemble des revenus n° 2042 (BOI-RSA-CHAMP-20-30-10-20 n° 440 ; net-entreprises, fiche n° 811). Le **forfait mobilités durables** doit quant à lui être déclaré dans le bloc 54 au moyen du code 19 – Participation patronale aux frais de transports personnels (net-entreprises, fiche n° 2360).
c. En cas d'option, pour le calcul des cotisations, pour une des **déductions forfaitaires** spécifiques pour frais professionnels visées n°s 55460 s., dans le bloc 50 Versement individu, la rubrique **Rémunération nette fiscale** – S21.G00.50.002 comprend le montant de la déduction, mais pas le montant des remboursements de frais réels et des allocations forfaitaires pour frais professionnels qui sont soumis aux cotisations sociales mais ne sont pas imposables (Cahier technique DSN version 2022.1.5, 3-3-2022, p. 53). Il en va de même, par voie de conséquence, de la base de calcul du prélèvement à la source et donc du montant déclaré dans la rubrique **Montant soumis au PAS** – S21.G00.50.013.
Pour les **journalistes,** voir n° 88750.

DONNÉES SOCIALES

56050 Les **indemnités** pour frais professionnels (remboursements réels ou allocations forfaitaires) **ne remplissant pas les conditions pour être exonérées** de cotisations de sécurité sociale sont incorporées aux rémunérations déclarées dans le bloc 23 (Cotisation agrégée) et, au niveau nominatif, dans le bloc 78 (Base assujettie).

Si elles remplissent ces conditions, mais sont néanmoins passibles de ces cotisations en raison de l'option de l'employeur pour une **déduction forfaitaire** spécifique pour frais professionnels, les rémunérations à déclarer comprennent, sauf exceptions mentionnées n° 55550, les indemnités pour frais professionnels et sont diminuées du montant de la déduction forfaitaire.

Ces principes valent tant pour la déclaration des rémunérations pour le calcul des cotisations du régime général de sécurité sociale (CTP 100) que pour les autres cotisations sociales concernées par ces blocs et dont l'assiette est alignée : chômage (CTP 772), AGS (CTP 937), Fnal (CTP 236 et 332), etc.

En revanche, pour la **CSG** et la **CRDS** (CTP 260), aucune déduction forfaitaire pour frais professionnels autre que la réduction de 1,75 % mentionnée n°s 28650 s., propre à ces contributions, ne peut être pratiquée sur le montant de la rémunération déclarée dans les blocs 23 et 78. En conséquence, celle-ci ne comprend pas les indemnités pour frais professionnels qui échappent aux cotisations de sécurité sociale en raison de l'option de l'employeur pour une déduction forfaitaire spécifique (à condition que les autres conditions d'exonération requises par la réglementation soient satisfaites).

› Précisions Dans l'hypothèse où l'employeur opte pour une des **déductions forfaitaires spécifiques,** la DSN doit aussi :
– dans le bloc 40 Contrat de travail, mentionner le taux de la déduction (rubrique S21.G00.40.023) (net-entreprises, fiche n° 1336) ;
– dans le bloc 54 Autre élément de revenu brut, mentionner le type 10 – Déduction forfaitaire spécifique (rubrique S21.G00.54.001) (Cahier technique DSN version 2022.1.5, 3-3-2022, p. 241).

SECTION 2 NOURRITURE ET LOGEMENT

56200 L'exonération de **cotisations et contributions sociales** des remboursements de frais de nourriture et de logement, au réel ou au forfait, est subordonnée aux conditions générales prévues pour les cotisations de sécurité sociale et exposées n°s 55360 s. Ces conditions sont applicables aux prélèvements dont l'assiette est alignée sur celle de ces cotisations (liste n° 55360) mais aussi à la CSG et à la CRDS (n°s 55600 s.).

Le **caractère professionnel** des frais de nourriture et de logement est établi lorsque le salarié se trouve placé dans les circonstances de fait l'exposant à des dépenses supplémentaires.

L'arrêté du 20-12-2002 prévoit des limites d'exonération sans justification de l'utilisation des indemnités forfaitaires conformément à leur objet dans les cas suivants : remboursement

des frais de repas engagés par un salarié travaillant dans l'entreprise dans des conditions particulières ou en déplacement professionnel ; indemnités de grand déplacement en métropole, à l'étranger et en outre-mer. Dans certaines professions, il existe aussi des limites d'exonération sans justification pour les indemnités de petit déplacement.
Ce dispositif s'applique aussi à l'**impôt sur le revenu.** À titre de règle pratique, en effet, l'administration admet que les allocations forfaitaires pour frais de nourriture et de logement versées aux salariés sont présumées utilisées conformément à leur objet à concurrence des montants prévus pour le calcul des cotisations sociales par l'arrêté du 20-12-2002 (BOI-RSA-CHAMP-20-50-10-20 n° 10).

A. Nourriture

1. SALARIÉS SÉDENTAIRES

TRAVAIL DANS DES CONDITIONS NORMALES

Les indemnités de repas versées par l'employeur à son personnel sédentaire travaillant dans des conditions normales ne couvrent pas des frais professionnels mais représentent pour les bénéficiaires un avantage en espèces soumis à **cotisations** (Cass. soc. 4-3-1993 n° 90-20.968 P). Pour bénéficier d'une exonération de cotisations dans cette situation, l'employeur peut seulement délivrer des **titres-restaurant** à ses salariés (Cass. soc. 4-3-1993 n° 90-21.547 P) (voir n°s 51670 s.) ou participer à leurs frais de **cantine** (n° 39020). 56220

S'agissant des salariés d'entreprises de **travail temporaire,** de **SSII** en mission ou des salariés portés des entreprises de **portage salarial** effectuant une prestation dans une entreprise cliente, voir n° 56350.

Au regard de l'**impôt** sur le revenu, les dépenses supplémentaires (par rapport au coût du repas pris au foyer) supportées par un salarié lorsqu'il ne peut rentrer prendre ses repas chez lui, en raison de ses horaires de travail ou de l'éloignement de son lieu de travail, ont le caractère de frais professionnels (BOI-RSA-BASE-30-50-30-20 n° 550). 56230
Normalement couverts par la déduction forfaitaire de 10 % (n° 55680), ces frais peuvent être déduits en cas d'option pour les frais réels, à charge pour l'intéressé de justifier de sa situation et de la dépense supportée auprès du service des impôts (BOI-RSA-BASE-30-50-30-20 n° 550).
Leur prise en charge par l'employeur constitue un avantage imposable. Par exception, la contribution de l'employeur à l'acquisition de titres-restaurant bénéficie d'une exonération, sauf option pour la déduction des frais réels : voir n°s 51900 s., et l'avantage que représente la fourniture de repas dans un restaurant d'entreprise, géré ou subventionné par l'employeur, moyennant une participation des personnels est négligé aux conditions indiquées n° 40250.

TRAVAIL DANS DES CONDITIONS PARTICULIÈRES

Lorsque le salarié est contraint de prendre une collation ou un repas sur son lieu de travail effectif, en raison de conditions particulières d'**organisation** ou d'**horaires de travail** – travail en équipe, posté, continu, en horaire décalé ou de nuit –, l'**indemnité forfaitaire** destinée à compenser ses dépenses supplémentaires de restauration est, au regard des **cotisations** et contributions sociales, réputée utilisée conformément à son objet pour la fraction qui n'excède pas 7,10 € en 2023 (Arrêté 20-12-2002 art. 3, 2°). Sur la revalorisation de ce forfait et sur le versement d'une indemnité d'un montant plus élevé, voir n° 55430. Pour le montant des limites d'exonération des 3 dernières années, voir n° 96300. 56240

> **Précisions** **a.** Le salarié est **contraint de prendre une restauration** chaque fois que le temps de pause réservé au repas se situe en dehors de la plage horaire fixée pour les autres salariés de l'entreprise (BOSS-FP-190).
> **b.** Les **primes de panier** sont assimilées à des indemnités de restauration sur le lieu de travail, dès lors que les conditions particulières d'organisation du travail visées ci-dessus sont remplies (BOSS-FP-200).
> **c.** Sur le **cumul** de la limite d'exonération des allocations forfaitaires avec celles applicables aux salariés en **déplacement,** voir n° 56330.

Au regard de l'**impôt** sur le revenu, l'indemnité forfaitaire de repas versée aux salariés placés dans les conditions particulières exposées n° 56240 est réputée utilisée conformément à son objet pour la fraction qui n'excède pas les montants fixés par la réglementation sociale (BOI-RSA-CHAMP-20-50-10-20 n° 20). 56250

2. SALARIÉS EN DÉPLACEMENT

56260 Constituent des frais professionnels les **dépenses supplémentaires** engagées, afin de s'alimenter à l'heure habituelle du **déjeuner,** par des salariés se trouvant en déplacement pour leur travail ou sur un chantier hors des locaux de l'entreprise, lorsque leurs conditions de travail leur interdisent de regagner leur résidence ou le lieu de leur travail (Arrêté du 20-12-2002, art. 3 ; Cass. soc. 4-6-1992 n° 90-16.850 D ; 5-2-1998 n° 96-15.375 P ; Cass. 2e civ. 21-2-2008 n° 07-12.230 FS-PB).

› Précisions a. La prise en charge par l'employeur des frais de nourriture des salariés ne constitue pas un **avantage en nature** passible des cotisations lorsqu'elle intervient dans le cadre d'un déplacement professionnel (Arrêté SANS0224281A du 10-12-2002 art. 1er).
b. Le seul fait, pour des salariés, d'être temporairement **détachés chez des clients** de leur employeur ne suffit pas à établir l'impossibilité de regagner leur domicile ou leur lieu habituel de travail pour y prendre les repas (Cass. 2e civ. 21-2-2008 n° 07-12.230 FS-PB).
S'agissant des salariés d'entreprises de **travail temporaire,** de **SSII** en mission ou des salariés portés des entreprises de **portage salarial** effectuant une prestation dans une entreprise cliente, voir n° 56350.

REPAS HORS RESTAURANT

56270 Lorsqu'un salarié est en **déplacement hors des locaux** de l'entreprise ou sur un **chantier,** et si les conditions de travail lui **interdisent de regagner sa résidence** ou son lieu habituel de travail pour le repas et qu'il n'est pas démontré que les circonstances ou les usages de la profession l'obligent à prendre ce repas au restaurant, l'indemnité destinée à compenser les dépenses supplémentaires de repas est, au regard des **cotisations** et contributions sociales, réputée utilisée conformément à son objet pour la **fraction** qui n'excède pas 9,90 € en 2023 (Arrêté SANS0224282A du 20-12-2002 art. 3, 3°).

Sont visés les salariés occupés sur des **chantiers, entrepôts, ateliers extérieurs** ou en déplacement sur un autre site de l'entreprise (dans un autre établissement) et ne pouvant pas rentrer chez eux pour le repas de midi du fait de contraintes horaires, par différence avec les salariés en situation de déplacement (représentants, démarcheurs, dépanneurs) et contraints de prendre leurs repas au restaurant : voir n° 56310 (BOSS-FP-220).

Sur la revalorisation du forfait et sur le versement d'une indemnité d'un montant plus élevé, voir n° 55430. Pour le montant des limites d'exonération des 3 dernières années, voir n° 96300.

Sur le **cumul** de cette limite avec celles applicables aux salariés travaillant dans l'entreprise et aux salariés en déplacement contraints de prendre leur repas au **restaurant,** voir n° 56330.

› Précisions a. Les **indemnités de casse-croûte** versées en application d'une convention collective nationale sont assimilées à des indemnités de restauration hors des locaux de l'entreprise si les circonstances de fait sont établies. Dans le cas contraire, l'employeur ne peut pas bénéficier de l'exclusion de cette indemnité et doit donc l'intégrer dans l'assiette des cotisations (BOSS-FP-230).
b. Lorsqu'un **chauffeur routier** est contraint, du fait de ses horaires de travail, de prendre un casse-croûte et un repas au restaurant au cours de son déplacement, à des heures précises, décalées dans le temps, et que l'employeur lui verse les deux indemnités corrélatives (soit une indemnité de 9,90 € ainsi qu'une indemnité de 20,20 € par jour en 2023), celles-ci sont considérées comme utilisées conformément à leur objet et peuvent être exclues de l'assiette des cotisations (BOSS-FP-350), sous réserve que l'employeur renonce à la déduction forfaitaire spécifique accordée à cette catégorie de salariés.

56280 ILLUSTRATIONS

Le caractère de frais professionnels a été reconnu à des indemnités de repas versées à :
– des **animatrices dans des hypermarchés** recrutées pour des prestations ponctuelles dès lors que, employées hors des locaux de l'entreprise et soumises à des changements fréquents d'affectation, elles étaient en déplacement et exposées à des dépenses supplémentaires de nourriture imposées par leurs conditions particulières de travail et d'éloignement (Cass. soc. 5-2-1998 n° 96-15.375 P) ;
– des salariés travaillant sur les **chantiers de différents clients** de l'employeur, n'ayant pas accès au restaurant d'entreprise et disposant d'un temps de pause réduit imposé par la spécificité de leur tâche et l'exigence d'une présence continue sur un site de travail éloigné les contraignant à prendre leur repas en dehors de leur résidence (Cass. soc. 5-11-1998 n° 97-11.841 D).

En revanche, ne sont pas considérés comme occupés hors des locaux de l'entreprise :
– les salariés affectés exclusivement à un **chantier déterminé,** constituant leur lieu de travail habituel (Cass. soc. 6-5-1985 n° 83-15.748 P) ;
– les salariés travaillant sur le **chantier d'une entreprise cliente** de l'employeur dont les contrats stipulent qu'ils doivent prendre leurs dispositions pour établir leur **logement** de telle sorte que

l'éloignement du lieu de travail ne soit pas une gêne pour l'exécution de leurs obligations contractuelles, le lieu de travail habituel étant expressément fixé au lieu du chantier pour les uns, la situation de déplacement professionnel n'étant pas établie pour les autres (Cass. 2e civ. 15-9-2016 no 15-22.146 F-D).

Au regard de l'**impôt** sur le revenu, l'indemnité forfaitaire de repas versée aux salariés placés dans les conditions exposées no 56270 est réputée utilisée conformément à son objet pour la fraction qui n'excède pas les montants fixés par la réglementation sociale (BOI-RSA-CHAMP-20-50-10-20 no 20). 56290

REPAS AU RESTAURANT

Lorsqu'un salarié en déplacement professionnel et empêché de regagner sa résidence ou son lieu habituel de travail est **contraint de prendre ses repas** au restaurant, l'indemnité destinée à compenser les dépenses supplémentaires de repas est, au regard des **cotisations** et contributions sociales, réputée utilisée conformément à son objet pour la fraction qui n'excède pas 20,20 € en 2023 (Arrêté SANS0224282A du 20-12-2002 art. 3, 1o). Sur la revalorisation de ce forfait, voir no 55430. Pour le montant des limites d'exonération des 3 dernières années, voir no 96300. 56310

L'exonération est acquise quels que soient le **type d'établissement** de restauration et le **montant** réel de la dépense (Cass. soc. 27-9-1990 no 87-19.541 P).

S'il n'est **pas établi** que le salarié est **contraint de prendre son repas** au restaurant, c'est la limite d'exonération indiquée no 56270 qui s'applique. Tel est le cas, par exemple, lorsque les salariés prennent en fait leur repas dans leur véhicule (Cass. soc. 5-11-1986 no 84-14.229 P).

Lorsque l'**indemnité** versée **dépasse les limites** d'exonération, la fraction excédentaire est exclue de l'assiette des cotisations si l'employeur prouve qu'elle a été utilisée conformément à son objet (BOSS-FP-270).

› Précisions a. Les éléments de **preuve** à fournir par l'employeur peuvent être apportés par tout moyen et peuvent être établis pour l'**ensemble des salariés** concernés et non pour chacun pris individuellement (BOSS-FP-280). La production des factures et **attestations des restaurateurs** par l'employeur n'est pas suffisante pour prouver que les salariés sont contraints de prendre leur repas au restaurant en raison de conditions particulières de travail (Cass. soc. 5-11-1986 no 84-14.159 P ; BOSS-FP-280).

b. La Cour de cassation a admis, dans le cadre de l'arrêté du 26-5-1975 (qui précédait celui du 20-12-2002), l'application de la limite d'exonération à un repas pris dans un **restaurant inter-entreprises** (Cass. soc. 27-9-1990 no 87-19.541 P ; 21-3-1991 no 88-20.418 P).

Au regard de l'**impôt** sur le revenu, l'indemnité forfaitaire de repas versée aux salariés placés dans les conditions exposées no 56310 est réputée utilisée conformément à son objet pour la fraction qui n'excède pas les montants fixés par la réglementation sociale (BOI-RSA-CHAMP-20-50-10-20 no 20). 56320

3. CUMUL D'INDEMNITÉS

Les **indemnités** de repas, de restauration sur le lieu de travail et de restauration hors des locaux de l'entreprise ne sont **pas cumulables.** Lorsque le salarié est placé simultanément au cours d'une même période de travail dans des conditions particulières de travail énoncées nos 56240, 56270 et 56310, une seule indemnité peut ouvrir droit à déduction (Arrêté SANS0224282A du 20-12-2002 art. 3), l'indemnité la plus élevée devant être retenue. Ainsi, lorsqu'un salarié travaille en équipe sur un chantier de nuit, l'employeur ne peut déduire que 9,90 € en 2023 (BOSS-FP-170). 56330

4. CAS PARTICULIERS

SALARIÉS DE SSII, SALARIÉS TEMPORAIRES ET SALARIÉS PORTÉS

L'administration sociale admet que le salarié d'une SSII (société de services en ingénierie informatique), l'intérimaire ou le salarié porté est en déplacement durant les **3 premiers mois** de la mission auprès de la même entreprise cliente, même s'il occupe un poste fixe. Les indemnités de repas versées durant ces 3 premiers mois, auprès de la même entreprise cliente, sont donc exonérées de **cotisations.** Cette durée équivaut à 55 jours de travaux réalisés en continu et doit être appréciée de date à date sans neutraliser les périodes de suspension du contrat de travail (arrêt maladie, congés payés…) (BOSS-FP-330). 56350

À partir du premier jour du **quatrième mois** consécutif de la mission, il est considéré que l'entreprise cliente devient le lieu habituel de travail du salarié. Les indemnités de repas éventuellement versées n'ont donc plus le caractère de frais professionnels et doivent être intégrées dans l'assiette des cotisations. C'est seulement si la mission du salarié implique des déplacements professionnels que les repas pris hors des locaux de l'entreprise cliente constituent des dépenses supplémentaires dont l'indemnisation peut être exemptée de l'assiette des cotisations sur la base indiquée n°s 56220 s. (BOSS-FP-330).

Sur les indemnités de **petit déplacement** des salariés **intérimaires,** voir n° 56500 ; sur les indemnités de **grand déplacement** en faveur des salariés en mission dans une entreprise de travail temporaire, une SSII ou une entreprise de portage salarial ayant leur domicile à l'étranger, voir n° 56410, c.

ATTENTION

Pour la **Cour de cassation,** un salarié temporaire ayant un **lieu de mission unique, fixe et durable** n'est pas en déplacement, de sorte que l'indemnité de repas qui lui est allouée ne peut pas être déduite de l'assiette des cotisations de la société qui l'emploie (Cass. 2e civ. 12-10-2017 n° 16-21.469 F-PB).

Cette règle pratique admise par l'administration sociale n'a pas d'équivalent pour l'**impôt** sur le revenu.

REPAS D'AFFAIRES

56360 Les dépenses engagées par le salarié à l'occasion des repas d'affaires et dûment justifiées constituent des frais professionnels au regard des **cotisations** et contributions sociales, sauf abus manifeste. Les repas d'affaires doivent avoir un **caractère exceptionnel** (c'est-à-dire un caractère irrégulier et limité) et comporter pour le salarié des **frais** exposés **en dehors de l'exercice normal de son activité,** dans l'intérêt de l'entreprise (BOSS-FP-360).

Pour bénéficier de l'exonération, l'employeur doit produire les **pièces comptables** attestant la réalité du repas d'affaires, la qualité des personnes y ayant participé et le montant de la dépense effectivement supportée par le salarié (BOSS-FP-360).

› Précisions L'**abus manifeste** s'apprécie en fonction des missions du salarié et de la part que peuvent représenter notamment la prospection ou la représentation, sur justificatifs. Dans tous les cas, il n'y a pas abus manifeste lorsque le salarié bénéficie d'un repas d'affaires par semaine ou 5 repas par mois. Lorsque ce quota est dépassé, et que les missions du salarié ne justifient pas leur nécessité professionnelle, les repas sont considérés comme des avantages en nature (BOSS-FP-360).

56370 Au plan **fiscal,** les repas d'affaires entrent à notre avis dans les prévisions de la doctrine administrative admettant que les dépenses entraînées par des invitations résultant d'obligations professionnelles peuvent faire l'objet de remboursements de la part de l'employeur ou donner lieu au versement d'indemnités ou d'allocations exonérées d'impôt (BOI-RSA-CHAMP-20-50-10-10 n° 100).

La précision admettant le caractère professionnel des dépenses telles que frais de restaurant consenties afin d'acquérir, conserver ou développer la clientèle dans la mesure où elles sont en rapport avec la nature et l'importance des opérations effectuées va dans le même sens (BOI-RSA-BASE-30-50-30-40 n° 130).

Contrairement à ce qui est prévu en matière sociale, il n'existe pas de règle fixant un nombre de repas d'affaires en deçà duquel l'absence d'abus est présumée.

Sur l'obligation d'inscription des frais de réception au **relevé des frais généraux,** voir n° 96440

B. Grand déplacement

56400 Lorsque le salarié est en situation de grand déplacement, les indemnités de mission destinées à compenser les dépenses supplémentaires de nourriture et de logement sont exclues de l'assiette des **cotisations** de sécurité sociale. Des **limites d'exonération** de cotisations sans justification, variables selon le lieu d'affectation, ont été fixées pour ces indemnités. Elles peuvent être appliquées dès lors que la situation de grand déplacement est avérée.

Leur utilisation est facultative, un remboursement des **dépenses réelles** étant possible. Ces sommes sont alors exclues de l'assiette des cotisations si l'employeur peut apporter des justificatifs prouvant la réalité des dépenses.

1. NOTION

Il y a grand déplacement lorsque le salarié est empêché de regagner chaque jour sa résidence et engage, de ce fait, des frais de double résidence (BOSS-FP-1270). Il est **présumé** en être empêché lorsque la **distance** séparant le lieu de résidence du lieu de déplacement est au moins égale à 50 kilomètres (trajet aller ou retour : BOSS-FP-1240) **et** que les transports en commun ne permettent pas de parcourir cette distance dans un **temps** inférieur à 1 h 30 (trajet aller ou retour : BOSS-FP-1240). 56410

Toutefois, le salarié est considéré comme étant dans la situation de grand déplacement lorsqu'il est **empêché de regagner son domicile** en fin de journée pour des circonstances de fait (Arrêté du 20-12-2002 art. 5, 1°), telles que les horaires de travail ou les modes de transport.

> **Précisions** **a.** Le salarié n'est pas en situation de grand déplacement :
– s'il **rentre en fait chez lui tous les soirs,** même si les conditions de distance et de durée de trajet sont remplies (Cass. soc. 18-4-1980 n° 78-13.402 ; 12-3-1992 n° 89-16.204 D) ;
– s'il n'a **pas d'autre résidence** que celle qu'il occupe sur le chantier où il travaille ou à proximité immédiate (Cass. soc. 21-5-1981 n° 79-13.534 ; 26-9-1991 n° 89-12.050 D) ;
– si l'**éloignement** entre la résidence habituelle et le lieu de travail résulte d'un **choix personnel.** Tel est le cas du salarié maintenant son domicile à l'étranger, l'acceptation d'un emploi en France impliquant normalement d'y fixer un domicile, ou du salarié s'éloignant de son lieu de travail pour suivre son conjoint recruté dans une autre entreprise (BOSS-FP-1250) ;
– s'il est embauché **de manière ponctuelle** pour réaliser une **mission** dans une localité éloignée de son domicile ou encore s'il réside en province et est amené à se rendre en région parisienne pour préparer ses missions pendant une période de 12 à 24 mois précédant un départ à l'étranger (BOSS-FP-1260).
Ces circonstances peuvent néanmoins laisser subsister des dépenses supplémentaires de **nourriture** : on applique alors les limites d'exonération des repas des salariés en déplacement professionnel : n°s 56260 s. (Cass. soc. 7-3-1991 n° 88-15.954 P ; 26-9-1991 n° 89-12.050 D).
b. Si des indemnités de grand déplacement sont versées pour les **fins de semaine,** il appartient à l'employeur d'établir que les salariés se trouvent empêchés par l'éloignement du chantier de regagner leur domicile le vendredi (Cass. 2e civ. 16-3-2004 n° 02-30.402 FS-D).
c. Les salariés en mission dans une entreprise de **travail temporaire,** une **SSII** ou une entreprise de **portage salarial** ayant leur domicile à l'étranger peuvent, en l'absence de résidence fixe en France à proximité de leur lieu de travail, bénéficier d'une indemnisation de leurs frais professionnels au titre du grand déplacement dans les mêmes conditions que les salariés métropolitains, eux-mêmes placés en situation de grand déplacement (BOSS-FP-1450).
d. Sur le point de savoir si l'indemnité de grand déplacement prévue par la convention collective nationale des ouvriers du **bâtiment** est due lorsque le salarié peut regagner son domicile en recourant au **covoiturage,** voir n° 55330.

2. LIEU DU GRAND DÉPLACEMENT

MÉTROPOLE

Les indemnités de mission versées au salarié en grand déplacement professionnel pour compenser les dépenses supplémentaires de nourriture et de logement sont, au regard des **cotisations** et contributions sociales, réputées utilisées conformément à leur objet dans les **limites** suivantes en 2023 (Arrêté du 20-12-2002 art. 5, 1°) : 56430
– indemnités compensant les dépenses supplémentaires de **repas** : 20,20 € par repas ;
– indemnités compensant les dépenses supplémentaires de **logement et de petit déjeuner** : 72,50 € par jour pour les déplacements à Paris et dans les départements des Hauts-de-Seine, de Seine-Saint-Denis et du Val-de-Marne ; 53,80 € par jour pour les déplacements dans les autres départements de la métropole.

La déduction est limitée aux déplacements dont la durée continue ou discontinue dans un même lieu est au plus de **3 mois de date à date** (Arrêté du 20-12-2002 art. 5). La durée de déplacement sur un même chantier ou site s'entend de la durée d'affectation, comprenant le cas échéant les périodes de **suspension du contrat** de travail avec ou sans versement de la rémunération (BOSS-FP-1300).

Lorsque les conditions de travail conduisent à une **prolongation** de la durée de l'affectation du salarié sur un même lieu de travail, de façon continue ou discontinue, le montant des indemnités que l'employeur est autorisé à déduire subit un abattement de 15 % en cas de prolongation au-delà de 3 mois et de 30 % en cas de prolongation au-delà de 24 mois et dans la limite de 4 ans, les montants en résultant étant arrondis à la dizaine de centimes d'euro la plus proche (Arrêté du 20-12-2002 art. 5).

Sur la **revalorisation** des forfaits, voir n° 55430, b. Sur leur montant pour les 3 dernières années, voir n° 96300.

Un modèle de **bulletin de paie** illustrant le versement d'indemnités de grand déplacement n'excédant pas les limites forfaitaires d'exonération figure n° 94760.

> **Précisions** **a.** L'abattement de 15 % s'applique à compter du 1er jour du 4e mois et l'abattement de 30 % à compter du 1er jour du 25e mois, dans la limite de 4 années supplémentaires. **Au-delà de 6 ans,** l'employeur ne peut déduire les remboursements de frais de grand déplacement que sous la forme des dépenses réelles, sur justificatifs (BOSS-FP-1300).
> La durée d'affectation se calcule selon le seul critère géographique, même si le salarié reste sur un même lieu de travail dans le cadre de **missions distinctes** (CA Rennes 23-4-2014 n° 13/02376).
> **b.** Le montant du **forfait** repas et du forfait hébergement étant **dissocié** (BOSS-FP-1430), il est possible, selon nous, d'effectuer un remboursement à la fois sur la base des **dépenses réelles** (par exemple pour le logement et le petit déjeuner) et sur la base du forfait (par exemple pour les frais de repas), comme l'admettait l'administration avant le 1-4-2021 (Circ. DSS 389 du 19-8-2005, abrogée).
> **c.** Si la situation de grand déplacement est établie, la **mise à disposition** par l'employeur **d'un hébergement** dont il assure les **frais de location et** les frais **annexes** comme l'électricité peut être considérée comme représentative de frais professionnels, aucun avantage en nature n'étant à réintégrer dans l'assiette des cotisations. Dans ce cas, le remboursement des frais de **petit déjeuner** peut être assuré sur la base des frais réellement engagés, l'arrêté du 20-12-2012 ne fixant aucune limite d'exonération pour ce type de frais en cas de versement d'une allocation forfaitaire (BOSS-FP-1320-1330).
> **d.** Sur le versement d'**indemnités dépassant les limites** d'exonération, voir n° 56480.
> **e.** Sur le **cumul** de l'indemnité de grand déplacement avec l'**indemnité d'hébergement provisoire** versée dans le cadre de la **mobilité** professionnelle du salarié, voir n° 56700, b.

56440 EXEMPLE **Grand déplacement**

Dans le cas d'un déplacement à Paris, les limites d'exonération applicables aux indemnités de mission sont, pour 2023, de :
– 112,90 € par jour, soit 72,50 € au titre du logement et du petit déjeuner + 2 × 20,20 € au titre des repas, pendant 3 mois ;
– 96,00 € (61,60 € + 2 × 17,20 €) à compter du 1er jour du 4e mois ;
– 79,00 € (50,80 € + 2 × 14,10 €) à compter du 1er jour du 25e mois.

56445 Au regard de l'**impôt** sur le revenu, l'indemnité forfaitaire de grand déplacement versée aux salariés placés dans les conditions exposées n° 56430 est réputée utilisée conformément à son objet pour la fraction qui n'excède pas les montants fixés par la réglementation sociale (BOI-RSA-CHAMP-20-50-10-20 n°s 50 et 80).

OUTRE-MER

56450 Des **limites particulières** d'exonération de **cotisations** et contributions sociales sans justification sont applicables aux indemnités allouées pour compenser les dépenses supplémentaires de repas et de logement des salariés en déplacement professionnel dans les départements et territoires situés outre-mer (Arrêté du 20-12-2002 art. 5, 2° à 4°).

Elles sont **égales** aux indemnités allouées aux agents de l'État envoyés en mission temporaire dans ces départements ou territoires. Il convient de retenir le taux maximal de l'indemnité (Arrêté du 20-12-2002 art. 5, 2° à 4°), consultable sur le site internet www.urssaf.fr. Au-delà de **3 mois,** leur montant est réduit dans les conditions exposées n° 56430.

Les **déplacements** temporaires en outre-mer **concernent** les départements et régions d'outre-mer (Martinique, Guadeloupe, Guyane, Mayotte et La Réunion ainsi que, par assimilation, Saint-Pierre-et-Miquelon) et les collectivités d'outre-mer (Nouvelle-Calédonie, Polynésie française et les îles de Wallis-et-Futuna) (Arrêté du 20-12-2002 art. 5, 2° à 4°).

> **Précisions** Sur la possibilité d'effectuer un remboursement **à la fois** sur la base des **dépenses réelles** (par exemple pour le logement et le petit déjeuner) et sur la base du **forfait** (par exemple pour les frais de repas), voir n° 56430, b. Sur le versement d'**indemnités dépassant les limites** d'exonération, voir n° 56480.

56455 Au regard de l'**impôt** sur le revenu, l'indemnité forfaitaire de grand déplacement versée aux salariés placés dans les conditions exposées n° 56450 est réputée utilisée conformément à son objet pour la fraction qui n'excède pas les montants fixés par la réglementation sociale (BOI-RSA-CHAMP-20-50-10-20 n°s 60 et 80).

ÉTRANGER

Des **limites particulières** d'exonération de **cotisations** et contributions sociales sans justification sont applicables aux indemnités pour compenser les dépenses supplémentaires de repas et de logement des salariés en déplacement professionnel à l'**étranger** (Arrêté du 20-12-2002 art. 5, 2° à 4°). Elles sont égales aux indemnités de mission allouées aux agents de l'État envoyés en mission temporaire à l'étranger, consultables sur le site internet www.economie.gouv.fr. **56460**

Au-delà de **3 mois,** leur montant est réduit dans les conditions exposées n° 56430.

Sont concernés les déplacements remplissant les conditions suivantes :
– il doit s'agir de **grands déplacements** au sens indiqué n° 56410 ;
– le salarié doit être maintenu au **régime français de sécurité sociale,** ce qui exclut les travailleurs frontaliers et les expatriés : voir n°s 71300 s. (Circ. Acoss du 10-10-1989).

Hors de la zone euro, les allocations sont en principe exprimées en **monnaies locales.** Pour sa **conversion** en euros, la monnaie étrangère doit être évaluée en fonction du cours de change en vigueur au jour du paiement de l'allocation (Circ. Acoss du 10-10-1989).

> Précisions a. Le **montant** des limites d'exonération est **réduit** de 65 % lorsque le salarié est **logé gratuitement,** c'est-à-dire lorsque l'employeur fournit le logement ou prend en charge les frais d'hébergement en réglant directement l'hôtelier, de 17,5 % lorsqu'il est **nourri** à l'un des 2 repas ou de 35 % lorsqu'il est nourri aux 2 repas (Arrêté BUDB0620004A du 3-7-2006 art. 2 ; BOSS-FP-1390).

b. L'employeur peut **combiner** comme il le souhaite **les 2 modes d'indemnisation,** en remboursant le montant réel des frais d'hébergement justifié par le salarié et les frais de repas sous forme d'allocations forfaitaires, ou inversement. Dans cette hypothèse, les dépenses supplémentaires sont réputées être utilisées conformément à leur objet pour la fraction qui n'excède pas :
– 40 % du montant de l'indemnité de mission globale, pour les repas ;
– 60 % du montant de l'indemnité de mission globale, pour l'hébergement (BOSS-FP-1430-1440).

c. Sur le versement d'**indemnités dépassant les limites** d'exonération, voir n° 56480.

d. Sur le régime social : des indemnités allouées aux salariés détachés à l'étranger dans le cadre de la **mobilité professionnelle,** voir n°s 56640 s. et sur le cumul de l'indemnité d'hébergement provisoire versée dans ce cadre avec l'indemnité de grand déplacement voir n° 56700, b ; des **suppléments de rémunération** liés au détachement à l'étranger, voir n° 71180.

Au regard de l'**impôt** sur le revenu, l'indemnité forfaitaire de grand déplacement versée aux salariés placés dans les conditions exposées n° 56460 est réputée utilisée conformément à son objet pour la fraction qui n'excède pas les montants fixés par la réglementation sociale (BOI-RSA-CHAMP-20-50-10-20 n°s 70 et 80). **56470**

3. DÉPASSEMENT DES LIMITES D'EXONÉRATION

Si l'employeur verse des indemnités dépassant les limites d'exonération de **cotisations** et contributions sociales, il doit **justifier** de la **réalité des dépenses** engagées, notamment par la production de l'un des **documents suivants** : certificat de domicile ou tout document en tenant lieu, quittance de loyer, d'électricité, de la compagnie des eaux, pièce d'identité de quelque nature que ce soit (BOSS-FP-1280). La justification ne peut pas résulter de la **comparaison** de son montant **avec les tarifs hôteliers** pratiqués dans la localité de déplacement (Cass. soc. 15-7-1987 n° 85-10.259 P ; 5-5-1995 n° 92-19.024 P) ou d'une simple **étude du coût moyen** de l'hôtellerie, de la restauration et du carburant dans la région concernée (Cass. soc. 2-11-1989 n° 86-17.650 D). Pour plus de détails sur l'administration de la preuve, voir n°s 55610 s. **56480**

L'assiette des cotisations est déterminée comme suit :
– si l'employeur est **capable de justifier** les dépenses, celles-ci sont exclues de l'assiette des cotisations, quelle que soit la **durée** du déplacement ;
– s'il **ne peut pas justifier** les dépenses et que le **déplacement** est **inférieur à 6 ans,** il y a lieu de réintégrer dans l'assiette des cotisations la différence entre le montant de l'indemnité versée et les limites d'exonération ;
– s'il ne peut pas justifier les dépenses et que le déplacement est **supérieur à 6 ans** : il y a lieu de réintégrer dans l'assiette des cotisations pour les 6 premières années, la différence entre le montant de l'indemnité versée et les limites d'exonération et à compter du premier jour de la 7e année, le montant de l'indemnité versée.

Pour des modèles de **bulletin de paie** illustrant le versement d'indemnités de grand déplacement dépassant les limites forfaitaires d'exonération, voir n°s 94770 s.

56485 Au regard de l'**impôt,** l'employeur doit pouvoir justifier que les indemnités forfaitaires dépassant les limites d'exonération ont été utilisées conformément à leur objet. Si cette preuve est apportée, les indemnités sont exonérées en totalité lorsque les autres conditions fixées par la loi sont réunies. Dans l'hypothèse inverse, il convient de réintégrer dans les bases d'imposition la différence entre le montant de l'indemnité et la somme en deçà de laquelle l'indemnité est présumée avoir été utilisée conformément à son objet (BOI-RSA-CHAMP-20-50-10-20 n° 130).

C. Petits déplacements dans certaines professions

56500 Les entreprises de travail temporaire, de travaux publics, du bâtiment, de la tôlerie, de la chaudronnerie et de la tuyauterie industrielle bénéficient de limites spéciales d'exonération des cotisations et contributions sociales pour les indemnités de petit déplacement destinées à couvrir les frais de **repas** et de **transport** (BOSS-FP-1930 s.).

€

Ce dispositif les **dispense** de **justifier** du mode de transport utilisé et du montant des frais de transport réellement exposés par les salariés à l'occasion de leurs déplacements. Il n'est pas **cumulable** avec l'application d'une déduction forfaitaire spécifique pour frais professionnels (BOSS-FP-1970).

Pour le **montant** de ces limites, voir n°s 96320 s.

Pour un modèle de **bulletin de paie** illustrant le versement d'une indemnité de petit déplacement, voir n° 94790.

› Précisions **a.** Lorsque les **salariés** sont **transportés par l'employeur,** la limite d'exonération pour petit déplacement est égale au montant de la seule indemnité de repas (Cass. soc. 7-12-1988 n° 86-10.700 P ; 18-4-1991 n° 88-17.922 P).
b. Il n'existe pas de dispositif analogue en matière d'**impôt** sur le revenu. Les indemnités doivent donc être justifiées dans les conditions de droit commun, quel qu'en soit le montant.

SECTION 3 TRANSPORT

A. Véhicule mis à disposition par l'employeur

COTISATIONS ET CONTRIBUTIONS SOCIALES

56540 Les remboursements de frais de transport d'un salarié en déplacement professionnel sont exclus de l'assiette des cotisations et contributions sociales lorsqu'ils correspondent aux **frais réellement engagés** par lui.

La mise à disposition du salarié **à titre permanent** d'un véhicule peut toutefois faire apparaître un **avantage en nature** assujetti à ces prélèvements à hauteur du **kilométrage** effectué à titre **privé :** voir n°s 39450 s. (véhicule essence ou hybride) et 39600 s. (véhicule électrique).

En principe, lorsque l'employeur opte pour une **valorisation de l'avantage** en nature véhicule **hors frais de carburant,** que ce soit sur la base des frais réels ou du forfait, les frais de carburant pris en charge par le salarié peuvent faire l'objet d'un remboursement par l'employeur pour les déplacements professionnels uniquement sur la base des frais réels. En effet, l'arrêté du 20-12-2002 ne permet pas le remboursement des seuls frais de carburant sur la base d'un forfait. Toutefois, à titre de simplification, il est admis, pour la détermination des frais professionnels exclus de l'assiette des cotisations, que lorsque le salarié utilise pour effectuer ses déplacements professionnels un véhicule également affecté à un usage privé (véhicule donnant lieu à l'évaluation d'un avantage en nature), les frais de carburant engagés par ce dernier pour l'accomplissement de ses déplacements professionnels peuvent être évalués forfaitairement par référence au barème fiscal des frais de carburant prévu par le CGI (BOSS-FP-480). Sur ce barème, voir n° 56580.

Sur la prise en charge par l'employeur d'une **amende** routière, voir n° 45930.

PRINCIPALES NOUVEAUTÉS

23

Montant et paiement du salaire

Fixation du salaire

Cumul d'avantages conventionnels : prime d'équipe postée et rémunération d'une pause

Une prime forfaitaire d'équipe postée prévue par accord collectif se cumule avec la rémunération d'une pause prévue par une convention collective en cas de travail posté du salarié pendant au moins 6 heures ininterrompues, l'objet de ces deux avantages étant distinct.

Pour en savoir plus, consultez le § **1042**

La mention d'un salaire net dans le contrat de travail ne peut être une erreur

La mention d'un salaire net dans le contrat de travail ne peut pas être considérée comme une erreur de plume. Si l'employeur verse la somme en brut, il procède à une modification du contrat de travail sans l'accord du salarié.

Pour en savoir plus, consultez le § **4560**

Salaire et durée du travail

Trajets domicile-travail : les trajets des itinérants peuvent être du temps de travail effectif

Revenant sur sa jurisprudence antérieure, la Cour de cassation décide que les temps de déplacement domicile-travail et travail-domicile des salariés sans lieu de travail fixe peuvent constituer, sous condition, du temps de travail effectif.

Pour en savoir plus, consultez le § **5650**

Astreinte : le salarié ne doit pas être empêché de gérer son temps personnel

Constituent du temps de travail effectif les permanences durant lesquelles le salarié est soumis à des contraintes d'une intensité telle qu'elles affectent, objectivement et très significativement, sa faculté de gérer librement le temps pendant lequel ses services ne sont pas sollicités et de vaquer à des occupations personnelles.

Pour en savoir plus, consultez le § **5740**

Heures supplémentaires : déduction de cotisations patronales pour les plus de 20 salariés

Dans les entreprises de 20 salariés à moins de 250 salariés, les heures supplémentaires et les jours de repos monétisés par les salariés en forfait jours ouvrent droit à une déduction forfaitaire de cotisations patronales de sécurité sociale à hauteur de 0,50 € par heure supplémentaire ou de 3,50 € pour chaque jour de repos auquel renonce le salarié.

Pour en savoir plus, consultez le § **7810**

Heures supplémentaires et complémentaires : le plafond d'exonération d'impôt est relevé

Le plafond général d'exonération d'impôt sur le revenu est porté à 7 500 € par salarié et par an pour les heures supplémentaires ou complémentaires effectuées depuis le 1-1-2022.

Pour en savoir plus, consultez le § **8170**

Forfait en heures : l'employeur ne peut pas demander la nullité de la convention de forfait

Seul le salarié peut se prévaloir de la nullité de la convention de forfait en heures. Ainsi, l'employeur ne peut pas opposer au salarié l'irrégularité d'une clause de la convention de forfait en heures.

Pour en savoir plus, consultez le § **8470**

Forfait jours : les heures travaillées le dimanche ne sont pas des heures supplémentaires

Un salarié soumis à une convention de forfait en jours dont il ne conteste pas la validité ne peut pas réclamer que le temps de travail qu'il a effectué certains dimanches lui soit rémunéré en heures supplémentaires.

Pour en savoir plus, consultez le § **8900**

Forfait jours : le congé d'ancienneté issu d'un usage réduit le nombre de jours de travail annuel

Les jours de congés d'ancienneté fixés par usage doivent être pris en compte pour la détermination du nombre de jours travaillés sur la base duquel est fixé le plafond propre à chaque convention de forfait en jours. Ils doivent donc être déduits de ce forfait.

Pour en savoir plus, consultez le § **8910**

Forfait jours : la réduction du plafond de la sécurité sociale nécessite le consentement du salarié

L'administration tolère que le plafond applicable aux salariés soumis à un régime de forfait jours annuel inférieur à 218 jours soit réduit à due proportion de la durée du forfait. Toutefois, depuis le 1-7-2022, cette réduction implique de recueillir, par tout moyen, le consentement du salarié concerné.

Pour en savoir plus, consultez le § **9010**

RTT : leur monétisation est possible jusqu'en 2025

Un salarié peut, sur sa demande et en accord avec l'employeur, renoncer à tout ou partie des journées ou demi-journées de repos acquis au titre des années 2022 à 2025. Sont concernées les journées ou demi-journées :

– acquises en application d'un dispositif de jours de repos conventionnels mis en place dans le cadre d'un aménagement du temps de travail sur une période supérieure à la semaine ;

– ou de RTT acquises en application d'un accord collectif instituant un dispositif de réduction du temps de travail.

Les rémunérations versées aux salariés à la suite de cette monétisation ouvrent droit au bénéfice des allégements prévus pour les heures supplémentaires : exonération d'impôt sur le revenu, réduction de cotisations salariales et, dans les entreprises de moins de 250 salariés, déduction forfaitaire de cotisations patronales.

Pour en savoir plus, consultez le § **9650**

RTT : leur nombre est réduit à proportion des absences non assimilables à du temps de travail effectif

Les jours de RTT ayant pour objet de compenser les heures accomplies au-delà de la durée légale ou conventionnelle de travail, le nombre de jours doit être réduit à proportion des absences non assimilables à du temps de travail effectif, sauf stipulations conventionnelles plus favorables. Tel est le cas du salarié absent pour cause de maladie.

Pour en savoir plus, consultez le § **10540**

Paiement du salaire

Une nouvelle mention obligatoire sur les bulletins de paie : le montant net social

Les bulletins de paie édités à partir du 1-7-2023 doivent comporter une nouvelle rubrique : le « montant net social ». Ce montant correspond au revenu net après déduction de l'ensemble des prélèvements sociaux obligatoires. Il permet au salarié de remplir sa déclaration de revenu trimestrielle afin de percevoir la prime d'activité ou le RSA.

Pour les rémunérations versées entre le 1-7-2023 et le 31-12-2024, les services paie peuvent se contenter d'ajouter la mention du « montant net social » sur le bulletin de paie. À compter du 1-1-2025, ils devront mettre en place un nouveau modèle avec une structure rénovée.

Pour en savoir plus, consultez les § **13710 s.**

Gestion des traitements de données liés à la paie

L'indépendance du délégué à la protection des données ne fait pas obstacle à tout licenciement

Les dispositions du RGPD garantissant l'indépendance du délégué à la protection des données (DPO) et sa protection contre toute sanction infligée en raison de l'exercice de sa mission ne font pas obstacle au licenciement d'un délégué qui ne posséderait plus les qualités professionnelles requises pour exercer ses missions ou qui ne s'acquitterait pas de celles-ci conformément aux dispositions dudit règlement.

Pour en savoir plus, consultez le § **16440**

Prélèvements sociaux et fiscaux sur les salaires

Cotisations de sécurité sociale

L'effectif sécurité sociale fait son entrée dans le BOSS

Les règles de calcul de l'effectif régi par le Code de la sécurité sociale sont insérées dans le BOSS. À cette occasion, les modalités de prise en compte de nombreuses situations particulières sont précisées : forfait jours, temps partiel thérapeutique, travail intermittent, embauche du premier salarié, transfert d'entreprise, VRP multicartes, pigiste, artiste au cachet…

Pour en savoir plus, consultez les § **18800 s.**

Régler le redressement dans les 30 jours permet d'obtenir une remise de la majoration complémentaire

La date de notification de la mise en demeure constitue le point de départ du délai de 30 jours au cours duquel il doit être procédé au paiement des cotisations ouvrant la possibilité de remise des majorations complémentaires de retard.

Pour en savoir plus, consultez le § **19625**

Obtenir un échéancier de l'Urssaf ne vaut pas remise de la majoration complémentaire

Même si l'Urssaf a notifié au redevable son accord pour un échéancier de paiement tenant compte de l'intégralité des majorations de retard, la remise de la majoration complémentaire ne peut pas être accordée si les conditions légales fixées pour en bénéficier ne sont pas réunies.

Pour en savoir plus, consultez le § **19625**

Paiement partiel de cotisations : les conditions d'affectation sont fixées

En cas de paiement partiel à l'Urssaf, celui-ci est affecté en priorité aux cotisations et contributions salariales, puis aux cotisations et contributions patronales, et enfin aux majorations de retard.

Pour en savoir plus, consultez le § **19695**

L'Urssaf qui s'informe auprès de tiers ne peut se contenter d'en informer oralement l'employeur

Lorsque l'exercice du droit de communication par l'Urssaf conduit à une mise en recouvrement, elle est tenue d'informer l'employeur de la teneur et de l'origine des informations et documents obtenus auprès des tiers. Cette information doit nécessairement être faite par écrit.

Pour en savoir plus, consultez le § **19860**

La limitation de la durée des contrôles dans les entreprises de moins de 20 salariés est pérennisée

La limitation à 3 mois de la durée des contrôles, légalement réservée au départ aux entreprises de moins de 10 salariés, avait été étendue à celles de moins de 20 salariés dans le cadre d'une expérimentation puis d'une tolérance administrative à la fin de cette expérimentation. Cette mesure est pérennisée par la loi de financement de la sécurité sociale pour 2023.

Pour en savoir plus, consultez le § **19980**

L'agent de contrôle pourra utiliser les informations issues du contrôle d'une autre société du groupe

À compter de la parution d'un décret, l'agent de contrôle pourra, dans le cadre du contrôle d'une société appartenant à un groupe, utiliser les informations et documents obtenus lors du contrôle d'une autre société du groupe sous réserve de respecter certaines conditions tenant notamment à l'information du cotisant.

Pour en savoir plus, consultez le § **20190**

L'analyse non exhaustive des pièces n'est pas un contrôle par échantillonnage et extrapolation

La simple constatation d'une analyse non exhaustive de pièces justificatives par les agents de l'Urssaf ne suffit pas à caractériser le recours aux méthodes de vérification par échantillonnage et extrapolation, ni à fonder l'annulation du redressement pour non-respect de la procédure spécifique qui y est attachée.

Pour en savoir plus, consultez le § **20255**

Seul le chef de redressement calculé de manière illicite par l'Urssaf encourt l'annulation

Le fait que l'Urssaf ait eu recours à une méthode de calcul du redressement contrevenant aux règles légales entraîne l'annulation de ce redressement pour sa seule part calculée de manière irrégulière.

Pour en savoir plus, consultez le § **20430**

Le délai de remboursement en cas de solde créditeur est réduit

Si, à l'issue du contrôle, un solde créditeur est constaté en faveur de l'employeur, l'Urssaf doit le lui rembourser. L'édition 2022 de la Charte du cotisant contrôlé préconise un remboursement dans un délai d'un mois pour les contrôles engagés à compter du 1-7-2022.

Pour en savoir plus, consultez le § **20480**

La mise en demeure doit être adressée à l'établissement redevable des cotisations

La mise en demeure précédant toute action aux fins de recouvrement de cotisations sociales est adressée à celui qui en est redevable. Elle est donc envoyée à l'établissement redevable des cotisations qui ont fait l'objet du contrôle.

Pour en savoir plus, consultez le § **21510**

La mise en demeure doit permettre au cotisant de connaître la cause de son obligation

Si l'activité mentionnée dans la mise en demeure est erronée, elle ne peut pas permettre au cotisant d'avoir connaissance de la nature, de la cause et de l'étendue de son obligation, de sorte qu'elle doit être annulée.

Pour en savoir plus, consultez le § **21520**

L'Urssaf n'est pas tenue d'attendre l'issue du recours amiable pour décerner une contrainte

Les Urssaf peuvent décerner une contrainte même si la commission de recours amiable est saisie. Dès lors, elles ne sont pas tenues de différer l'émission de la contrainte au prononcé de la décision de cette commission.

Pour en savoir plus, consultez le § **21550**

La contrainte est recevable si elle est postée dans le délai de 15 jours

Le délai imparti pour former opposition à une contrainte est interrompu par l'envoi au secrétariat du tribunal de la lettre recommandée contenant le recours du cotisant.

Pour en savoir plus, consultez le § **21560**

Opposition à contrainte : la contestation préalable du redressement n'est pas obligatoire

Le cotisant qui n'a pas contesté la mise en demeure devant la commission de recours amiable peut, à l'appui de l'opposition à la contrainte décernée sur le fondement de celle-ci, contester la régularité de la procédure et le bien-fondé des causes de la contrainte.

Pour en savoir plus, consultez le § **21560**

Exonérations et régimes particuliers

Réduction générale de cotisations patronales : la valeur maximale du coefficient évolue au 1-1-2023

La réduction générale s'impute sur les cotisations dues au titre des accidents du travail et des maladies professionnelles dans la limite de 0,55 % (au lieu de 0,59 %), ce qui a des incidences sur la valeur du coefficient T utilisé pour calculer le montant de la réduction.

Pour en savoir plus, consultez le § **22000**

L'affichage des réductions de taux sur le bulletin de paie évolue

À compter du 1-7-2023, la présentation sur le bulletin de paie des réductions des taux des cotisations patronales allocations familiales et maladie peut prendre deux formes.

Pour en savoir plus, consultez le § **22760**

Le statut des jeunes entreprises innovantes est prolongé

Les entreprises réalisant des projets de recherche et de développement peuvent bénéficier d'une exonération des charges sociales patronales sur les rémunérations des personnels participant à la recherche, lorsqu'elles ont le statut de jeune entreprise innovante (JEI). Ce statut peut s'appliquer aux entreprises créées jusqu'au 31-12-2025 (au lieu du 31-12-2022).

Pour en savoir plus, consultez le § **22830**

Versements additionnels

Le BOSS détaille les modalités de décompte de l'effectif versement mobilité

La nouvelle rubrique du BOSS relative au calcul de l'effectif consacre un chapitre à l'effectif d'assujettissement au versement mobilité. L'occasion pour l'administration d'instituer des règles nouvelles de décompte de certains salariés.

Pour en savoir plus, consultez les § **26900 s.**

Les modalités de décompte de l'effectif dans le cadre de l'OETH sont précisées par le BOSS

Le BOSS précise les modalités de décompte des effectifs dans le cadre de l'obligation d'emploi des travailleurs handicapés, en particulier lors de la création d'une entreprise, et fixe les règles applicables aux associations intermédiaires, aux entreprises de travail à temps partagé et aux agences de mannequins.

Pour en savoir plus, consultez les § **28150 s.**

DOETH : les employeurs doivent effectuer leurs démarches sur la DSN d'avril 2023

Comme l'année dernière et par dérogation aux dispositions réglementaires, les employeurs doivent effectuer leur déclaration annuelle de l'obligation d'emploi des travailleurs handicapés sur la DSN d'avril 2023 (exigible le 5-5-2023 ou 15-5-2023) au titre de la contribution due pour 2022. Pour permettre cette déclaration, les Urssaf leur transmettent les éléments au plus tard le 15-3-2023.

Pour en savoir plus, consultez le § **28330**

Contributions chômage et AGS

Bonus-malus : les paramètres de la deuxième période de modulation sont connus

Le deuxième taux modulé s'appliquera du 1-9-2023 au 31-8-2024. Il concernera les mêmes secteurs d'activité que le premier taux modulé mais les activités particulièrement affectées par la crise sanitaire ne seront plus exclues. Il sera calculé en tenant compte de l'effectif et du nombre de séparations de l'entreprise sur la période courant du 1-7-2022 au 30-6-2023. Le taux de séparation médian du secteur d'activité sera fixé par un arrêté à paraître en août 2023 et le taux applicable aux entreprises concernées leur sera notifié au plus tard le 15-9-2023.

Pour en savoir plus, consultez les § **29460 s.**

Contributions à la formation et à l'alternance

Exonération des organismes chargés de l'organisation d'une compétition sportive internationale

Les rémunérations versées aux salariés des organismes chargés de l'organisation en France d'une compétition sportive internationale (Coupe du monde de rugby 2023, Jeux olympiques 2024, etc.) ne sont pas assujetties à la contribution à la formation professionnelle, à la taxe d'apprentissage et à la contribution supplémentaire à l'apprentissage, dès lors que les fonctions exercées par les intéressés sont directement liées à l'organisation de la compétition.

Pour en savoir plus, consultez le § **30830**

Le solde de la taxe d'apprentissage doit être réparti via une nouvelle plateforme

Les entreprises redevables de la taxe d'apprentissage doivent répartir les sommes issues du solde de celle-ci entre les formations et les établissements habilités à les percevoir en utilisant un nouveau service dématérialisé dénommé SOLTéA.

Pour en savoir plus, consultez le § **30920**

Le solde de la taxe d'apprentissage et la CSA 2022 sont recouvrés par les Urssaf en 2023

Depuis la réforme du financement de la formation professionnelle et de l'alternance, les employeurs doivent verser leurs contributions aux organismes sociaux (Urssaf, caisses de MSA, CGSS). Le solde de la taxe d'apprentissage et la contribution supplémentaire à l'apprentissage dûs au titre de l'année 2022 doivent ainsi être versés, pour la première fois, lors de la DSN souscrite respectivement au titre des mois d'avril et de mars 2023.

Pour en savoir plus, consultez le § **31120**

Déclaration des salaires et pensions

Les déclarations du congé de paternité à l'assurance maladie sont simplifiées

Depuis le 1-7-2022, la transmission des dates du congé de paternité à l'assurance maladie est simplifiée : il suffit de signaler l'arrêt de travail via la DSN pour que les périodes du congé soient transmises automatiquement à la caisse d'assurance maladie du salarié. En cas de signalement de l'arrêt de travail hors DSN, l'employeur doit communiquer les dates du congé de paternité à la CPAM via le téléservice DEPOFI ou, en cas d'impossibilité d'utiliser net-entreprises, à l'aide du formulaire disponible sur ameli.fr.

Pour en savoir plus, consultez le § **36445**

Correction des DSN : la compétence des Urssaf est élargie

Si le déclarant n'effectue pas les corrections demandées par les organismes destinataires de la DSN, celles-ci peuvent être réalisées par l'Urssaf à qui la déclaration a été adressée, dans des conditions et suivant des modalités à définir par décret (à paraître).

Pour en savoir plus, consultez le § **36480**

Le recours au Tese et au CEA facilité à partir du 1-1-2024

À compter du 1-1-2024, les entreprises, associations ou fondations adhérant au Tese ou au CEA pourront utiliser ces dispositifs simplifiés de déclaration et de recouvrement de cotisations et contributions sociales pour une partie seulement de leur personnel.

Pour en savoir plus, consultez le § **36600**

Éléments du salaire

Avantages en nature

Repas fourni par une cantine, emporté ou livré : l'avantage en nature nourriture peut être négligé

Lorsque la participation du salarié est au moins égale à la moitié du forfait, l'avantage en nature constitué par la fourniture de repas par une cantine d'entreprise, à emporter ou livrés sur le lieu de télétravail du salarié (coût du repas et frais de livraison), peut être négligé pour le calcul des cotisations.

Pour en savoir plus, consultez le § **39020**

Évaluation de l'avantage en nature véhicule : comment prouver la non-prise en charge du carburant ?

Les modalités de preuve à fournir par l'employeur pour justifier l'absence de prise en charge du carburant utilisé à des fins personnelles par le salarié sont identiques, que l'évaluation soit réalisée sur la base forfaitaire ou au réel.

Pour en savoir plus, consultez le § **39520**

Avantage en nature véhicule : les véhicules électriques sont privilégiés

Si l'employeur met une borne de recharge à disposition des salariés sur le lieu de travail, l'avantage en nature résultant de son utilisation à titre non professionnel échappe aux cotisations, y compris pour les frais d'électricité.

En cas de prise en charge par l'employeur de frais concernant une borne de recharge installée hors du lieu de travail :
– les frais d'électricité sont réintégrés dans l'assiette des cotisations, sauf pour les véhicules 100 % électriques mis à disposition par l'employeur ;

– les frais d'achat et d'installation ne sont pas réintégrés si la borne est restituée à la fin du contrat de travail ;

– les autres frais (surcoût de l'abonnement au fournisseur d'électricité, location, etc.) sont réintégrés pour moitié.

Pour en savoir plus, consultez le § **39600**

Avantages alloués par le CSE

Le montant du plafond d'exonération des aides aux services à la personne est relevé

Les aides versées aux salariés par le comité social et économique ou l'employeur visant à financer des services à la personne et à la famille sont exonérées de cotisations sociales dans la limite d'un plafond annuel, dont le montant est porté pour 2023 à 2 301 €.

Pour en savoir plus, consultez le § **41330**

Cotisations sociales

La DUE instaurant la prévoyance d'entreprise peut être notifiée par voie dématérialisée

La décision unilatérale de l'employeur mettant en place les garanties dans l'entreprise doit être constatée par un écrit remis à chaque intéressé. Cette remise peut s'effectuer sur support papier ou, comme l'admet désormais l'administration, par voie électronique.

Pour en savoir plus, consultez le § **42680**

Pas de condition d'ancienneté pour l'accès à la couverture collective des frais de santé

Le BOSS exclut toute condition d'ancienneté pour l'accès à la couverture collective frais de santé et se montre ainsi plus restrictif que les dispositions réglementaires.

Pour en savoir plus, consultez le § **42860**

Maintien du salaire en cas de maladie : quel régime social pour la contribution patronale ?

La Cour de cassation se montre plus exigeante que l'administration pour l'exemption de CSG et de CRDS de la contribution de l'employeur finançant le maintien du salaire des salariés en cas d'arrêt de travail pour maladie ou accident.

Pour en savoir plus, consultez le § **43275**

Primes et gratifications

La prime de partage de la valeur remplace l'ancienne prime exceptionnelle de pouvoir d'achat

La prime de partage de la valeur peut être versée à tous les salariés depuis le 1-7-2022. Elle bénéficie d'exonérations sociales et fiscales dans la limite d'un plafond de 3 000 € par bénéficiaire et par année civile (plafond pouvant être porté à 6 000 € dans certains cas). Une instruction, publiée dans le BOSS, a apporté de nombreuses précisions sur cette prime.

Pour en savoir plus, consultez les § **45615 s.**

Épargne salariale

Le congé de paternité neutralisé pour le calcul de la participation

Le congé de paternité et d'accueil de l'enfant est désormais assimilé à une période de présence pour le calcul de la participation, quel que soit le mode de répartition retenu par l'accord.

Pour en savoir plus, consultez le § **46660**

La possibilité de mettre en place un intéressement par décision unilatérale est élargie

Les entreprises de moins de 50 salariés sans représentants du personnel, ou dont les négociations ont échoué, peuvent mettre en place un régime d'intéressement par décision unilatérale.

Pour en savoir plus, consultez le § **48000**

Un régime d'intéressement peut être mis en place pour 5 ans

Les régimes d'intéressement mis en place par accord ou par décision unilatérale peuvent avoir une durée de 1 à 5 ans, contre 1 à 3 ans auparavant.

Pour en savoir plus, consultez le § **48000**

Des régimes d'intéressement pré-validés par l'administration et sécurisés

Le site internet www.mon-interessement.urssaf.fr permet aux entreprises de rédiger des accords ou décisions unilatérales d'intéressement déclenchant, sous certaines conditions, une sécurisation des exonérations sociales et fiscales dès le dépôt du texte auprès de l'administration.

Pour en savoir plus, consultez le § **48000**

Le congé de paternité est neutralisé pour le calcul de l'intéressement

Le congé de paternité et d'accueil de l'enfant est assimilé à une période de présence pour le calcul de l'intéressement en fonction de la durée de présence et en fonction du salaire.

Pour en savoir plus, consultez les § **48190 s.**

Un contrôle administratif raccourci pour tous les dispositifs d'épargne salariale

Les accords, règlements et décisions unilatérales d'épargne salariale (participation, intéressement et plans d'épargne) déposés depuis le 1-1-2023 ne sont plus soumis qu'à un contrôle de l'Urssaf qui doit présenter ses observations et demandes de mise en conformité dans un délai de 3 mois.

Pour en savoir plus, consultez les § **48520 s.**

Pas de forfait social en 2023 sur certains abondements au PEE

L'exonération de forfait social portant sur les abondements au PEE complétant une contribution du salarié consacrée à l'achat d'actions de l'entreprise ou d'une entreprise du groupe est prolongée en 2023.

Pour en savoir plus, consultez le § **49740**

Frais professionnels

Propreté, BTP, aviation civile et transport routier de marchandises : suppression de la DFS

Le BOSS prévoit, pour les métiers de la propreté, du BTP, de l'aviation civile et du transport routier de marchandises éligibles à une déduction forfaitaire spécifique pour frais professionnels, la suppression de celle-ci au terme d'une période transitoire d'une durée variable selon les secteurs. Pendant la période transitoire, la déduction s'applique même en l'absence de frais professionnels et se cumule avec ceux-ci lorsqu'ils existent.

Pour en savoir plus, consultez les § **55580 s.**

Frais de transport domicile-travail

Un nouveau chapitre dédié aux frais de transport domicile-travail

Le Mémento Paie 2023 s'enrichit d'un nouveau chapitre intégralement consacré aux frais de transport domicile-travail. Obligation de prise en charge des frais de transport public, dispositifs visant à inciter les employeurs à prendre en charge une partie des frais supportés par les salariés…

Ce nouveau chapitre expose toute la réglementation et offre une vue synthétique grâce à des tableaux récapitulatifs.

Pour en savoir plus, consultez les § **57520 s.**

Prime transport et forfait mobilité durable : des limites d'exonération relevées en 2023

Les limites d'exonération de cotisations et contributions sociales des sommes versées par l'employeur au titre de la prime transport et du forfait mobilité durable sont majorés en 2023. Ces sommes sont ainsi exonérées de cotisations et contributions sociales dans la limite globale de 700 € par salarié, dont 400 € au maximum pour les frais de carburant.

Pour en savoir plus, consultez le § **57700**

Situations particulières

Congés payés

Une prime exceptionnelle et discrétionnaire n'entre pas dans l'assiette des congés payés

La prime de caractère exceptionnel dont le montant et les bénéficiaires sont fixés discrétionnairement par l'employeur ne revêt pas la nature de salaire et n'entre pas dans l'assiette de calcul de l'indemnité de congés payés.

Pour en savoir plus, consultez le § **59620**

Maladie pendant les congés : une cour d'appel applique la jurisprudence européenne

La cour d'appel de Versailles décide que la maladie en cours de congé annuel suspend le cours du congé et emporte report des congés payés acquis après la date de reprise du travail.

Pour en savoir plus, consultez le § **59860**

Maladie, accident, maternité

L'indemnisation de la maladie est affectée par la mise en activité partielle de l'entreprise

Sauf disposition conventionnelle plus favorable, lorsque l'employeur a recours au régime d'activité partielle, le salarié en arrêt de travail pour cause de maladie ou d'accident ne peut prétendre à une indemnisation supérieure à ce qu'il aurait perçu s'il avait été en mesure de travailler.

Pour en savoir plus, consultez le § **61890**

Le salarié inapte a droit à la reprise du versement de son salaire sans déduction des IJSS perçues

Le salarié inapte, ni reclassé ni licencié dans le délai d'un mois suivant sa déclaration d'inaptitude par le médecin du travail, a droit à la reprise du versement de son salaire, sans déduction du montant des indemnités journalières qui lui ont été versées par la sécurité sociale.

Pour en savoir plus, consultez le § **62820**

Les droits liés à l'ancienneté préservés pour le bénéficiaire d'un congé parental

La durée du congé parental d'éducation à temps partiel est assimilée à une période de travail effectif pour la détermination des droits liés à l'ancienneté. La règle selon laquelle le congé parental est pris en compte pour moitié pour la détermination des droits que le salarié tient de son ancienneté ne vaut que pour les salariés en congé parental à temps plein.

Pour en savoir plus, consultez le § **63100**

Rupture du contrat de travail

Le congé de paternité et le congé parental assimilés à une période de travail effectif

La durée du congé de paternité et d'accueil de l'enfant ainsi que celle du congé parental d'éducation à temps partiel sont assimilées à une période de travail effectif pour la détermination des droits liés à l'ancienneté.

Pour en savoir plus, consultez le § **63350**

La demande de dispense de préavis faite par le salarié avant son licenciement n'est pas valable

Même si le salarié en fait la demande, l'employeur ne peut pas le dispenser de préavis avant de notifier la rupture, rappelle la Cour de cassation.

Pour en savoir plus, consultez le § **66180**

Activité partielle

L'activité partielle demeure accessible au secteur public et aux entreprises étrangères

Le législateur pérennise la possibilité pour les entreprises étrangères sans établissement en France et les employeurs publics ayant une activité industrielle et commerciale de placer leurs salariés en activité partielle.

Pour en savoir plus, consultez le § **67950**

Activité partielle de longue durée (APLD) : le début de la fin !

Depuis le 1-1-2023, il n'est plus possible pour de nouvelles entreprises d'entrer dans le dispositif. Mais, s'ils sont dûment validés ou homologués, les accords ou documents ayant mis en oeuvre l'APLD s'appliquent jusqu'à leur terme et peuvent être modifiés par avenant transmis à l'administration pour validation ou homologation.

Pour en savoir plus, consultez le § **68350**

Transfert d'entreprise

Le repreneur doit informer la Carsat en cas de cession d'entreprise

Le repreneur doit informer la Carsat de toute circonstance de nature à aggraver les risques, notamment en cas d'absorption d'une société. À défaut, le taux de cotisation peut être rétroactivement modifié.

Pour en savoir plus, consultez le § **70650**

Autorisations d'absence et congés divers

Des tableaux rénovés pour mieux appréhender les congés et absences des salariés

Les salariés peuvent bénéficier de congés et autorisations d'absence pour des motifs très divers : des raisons médicales, personnelles, professionnelles, le souhait de suivre une formation, l'investissement dans des activités de représentation du personnel ou dans des activités sociales ou politiques, etc.

Le Mémento Paie dresse un panorama de ces différents congés dans des tableaux rénovés se voulant plus opérationnels.

Pour en savoir plus, consultez les § **72050 s.**

Formation professionnelle

Un reste à charge pour les salariés mobilisant leur compte personnel de formation

La loi de finances pour 2023 a instauré un mécanisme de « reste à charge » pour les salariés utilisant leur compte personnel de formation, sonnant ainsi la fin de la prise en charge à 100 % du coût des formations éligibles.

Pour en savoir plus, consultez le § **72660**

La durée du congé pour validation des acquis de l'expérience est doublée

Fixée auparavant à 24 heures maximum, continues ou discontinues, par session d'évaluation, la durée du congé pour validation des acquis de l'expérience est dorénavant de 48 heures au plus.

Pour en savoir plus, consultez le § **72800**

Statuts ou régimes particuliers

Travail à temps partiel

Un avenant de complément d'heures ne peut pas porter la durée du travail au niveau du temps plein

Un avenant de complément d'heures ne peut pas avoir pour effet de porter la durée du travail au niveau de la durée légale ou conventionnelle, sous peine de requalification du contrat de travail à temps partiel en contrat de travail à temps plein.

Pour en savoir plus, consultez le § **74600**

Contrat à durée déterminée

La méthode de calcul de l'indemnité de requalification du CDD est précisée

Le montant minimum de l'indemnité de requalification d'un CDD en CDI est calculé selon la moyenne du salaire mensuel, dû au titre du contrat précédant la saisine de la juridiction prud'homale. Ce salaire mensuel moyen tient compte de l'ensemble des éléments de salaire, y compris lorsqu'ils ont une périodicité supérieure au mois.

Pour en savoir plus, consultez le § **76510**

Représentants du personnel

Pas IJSS en cas d'exercice sans autorisation d'un mandat représentatif pendant l'arrêt maladie

Le salarié qui poursuit l'exercice de son activité syndicale pendant son arrêt de travail sans y avoir été expressément et préalablement autorisé peut être condamné à rembourser à la caisse les indemnités journalières de sécurité sociale qu'il a perçues.

Pour en savoir plus, consultez le § **79040**

Le refus de payer les heures de délégation n'entraîne pas toujours un droit à dommages-intérêts

Le refus de l'employeur de payer les heures de délégation d'un représentant du personnel à l'échéance normale constitue un trouble manifestement illicite que le juge des référés peut faire cesser, même en cas de contestation sérieuse. Mais ce refus ne justifie pas, à lui seul, le versement de dommages-intérêts au salarié.

Pour en savoir plus, consultez le § **79140**

Pas de compensation pour le temps de trajet des représentants du personnel

Le temps de trajet pris en dehors de l'horaire normal de travail par un représentant du personnel pour se rendre aux réunions organisées à l'initiative de l'employeur doit être rémunéré comme du temps de travail effectif pour la part excédant le temps normal de déplacement entre le domicile et le lieu de travail. Il ne peut pas faire l'objet d'une compensation en repos.

Pour en savoir plus, consultez le § **79355**

Représentants de commerce

De la rédaction du contrat de travail dépend le bénéfice de la ressource minimale forfaitaire

Le caractère exclusif de l'engagement du VRP, qui conditionne le versement de la ressource minimale forfaitaire, s'apprécie au regard des dispositions contractuelles.

Pour en savoir plus, consultez le § **80440**

VRP multicartes : le taux de la cotisation patronale accident du travail est relevé à 1,10 % en 2023

Depuis le 1-1-2023, le taux de la cotisation accident du travail due pour les VRP multicartes est fixé à 1,10 % (contre 0,85 % pour 2022).

Pour en savoir plus, consultez le § **82760**

Contrats de formation et d'insertion

L'aide unique à l'embauche d'apprentis n'est versée que la première année et son montant est modifié

Pour les contrats conclus depuis le 1-1-2023, le montant de l'aide unique est fixé à 6 000 €. Cette aide n'est désormais versée que la première année d'exécution du contrat.

Pour en savoir plus, consultez le § **84300**

Un nouveau montant pour l'aide exceptionnelle à l'embauche d'apprentis

Les contrats d'apprentissage conclus depuis le 1-1-2023 ouvrent droit à une aide exceptionnelle, dont le montant est désormais fixé à 6 000 €, quel que soit l'âge de l'apprenti.

Pour en savoir plus, consultez le § **84310**

Le montant de l'aide exceptionnelle au contrat de professionnalisation change en 2023

Les contrats de professionnalisation conclus entre le 1-1-2023 et le 31-12-2023 pour la préparation d'un diplôme ou d'un titre à finalité professionnelle au plus de niveau 7 ouvrent droit à une aide exceptionnelle, versée pour la première année d'exécution du contrat, dont le montant s'élève à 6 000 €.

Pour en savoir plus, consultez le § **84440**

Télétravail et travail à domicile

Frais de télétravail : les limites d'exonération de cotisations des forfaits sont revalorisées

L'employeur peut déduire de l'assiette des cotisations et contributions sociales les indemnités forfaitaires allouées au titre du télétravail dans la limite de 10,40 € par mois pour une journée de télétravail hebdomadaire ou 2,60 € par jour de télétravail, dans la limite de 57,20 € par mois.

Pour en savoir plus, consultez le § **86870**

Modèles de bulletin de paie

Plus de 100 modèles de bulletins de paie comportant la nouvelle rubrique « Net social »

Les modèles de bulletins de paie proposés par le Mémento Paie illustrent plus de 100 situations différentes : heures supplémentaires, conventions de forfait (avec ou sans renonciation à des jours de repos), temps partiel, avantages en nature, frais professionnels, épargne salariale, rupture conventionnelle, départ à la retraite, licenciement, maladie, activité partielle, dirigeant, apprenti, CDD, VRP, ouvrier du BTP, employé d'hôtel, café-restaurant…

Ils comprennent tous la nouvelle rubrique « Net social » et sont à jour des taux et barèmes en vigueur en 2023.

Pour en savoir plus, consultez les § **94310 s.**

Annexes

Retrouvez tous les chiffres et taux 2023

Smic, plafond de la sécurité sociale, frais professionnels, limites d'exonération des cotisations de retraite et de prévoyance, taux du prélèvement à la source, etc. : retrouvez tous les chiffres et taux 2023 dans votre Mémento Paie.

Pour en savoir plus, consultez les § **96140 s.**

IMPÔT SUR LE REVENU

La mise à la disposition des salariés par l'entreprise d'un véhicule pour effectuer des **déplacements professionnels** constitue une allocation en nature pour frais d'emploi (BOI-RSA-CHAMP-20-50-10-10 n° 1 ; BOI-RSA-BASE-20-20 n°s 270). 56550

Cette allocation est normalement exonérée d'impôt.

Par exception, elle doit être rapportée par les intéressés à leur rémunération imposable en cas d'option pour les frais réels ou, s'ils pratiquent la déduction forfaitaire de 10 %, à concurrence des déplacements effectués entre le domicile et le lieu de travail (BOI-RSA-BASE-20-20 n°s 40 à 80).

> Précisions **a.** Lorsqu'elle s'applique, l'exonération n'est pas subordonnée à la condition que l'entreprise prenne en charge le coût des déplacements professionnels de l'ensemble de ses salariés, dirigeants et non dirigeants. La situation de **chaque salarié** est examinée séparément, sans prendre en compte celle des autres membres du personnel.
b. Si le véhicule est également utilisé pour des déplacements d'ordre privé, la disposition du véhicule fait apparaître à hauteur de l'**utilisation privée** un avantage en nature imposable, évalué comme indiqué n° 40530.
c. Lorsqu'il est imposable, l'avantage que représente l'**usage professionnel** du véhicule mis à disposition par l'employeur est évalué soit selon le barème du prix de revient kilométrique fiscal (BOI-RSA-BASE-20-20 n° 270), soit sur la base des frais d'amortissement et d'assurance et des dépenses de carburant et d'entretien que le salarié aurait eu à supporter s'il avait utilisé un véhicule personnel (CE 31-10-1979 n° 14384 ; 9-11-1987 n° 45935 ; 13-5-1991 n° 68969).

B. Véhicule personnel

La possibilité de déduire de l'assiette des **cotisations** sociales les indemnités correspondant aux frais engagés par les salariés utilisant leur propre véhicule dans leurs déplacements professionnels est subordonnée aux **conditions générales** d'exonération : caractère professionnel des frais et utilisation des indemnités conformément à leur objet (BOSS-FP-380). 56570

La déductibilité s'étend à tous les frais d'utilisation du véhicule, y compris les **indemnités compensatrices d'assurance** versées aux salariés et destinées à compenser le supplément de prime résultant d'une assurance couvrant l'intégralité des dommages matériels du véhicule avec adjonction d'une clause étendant la garantie du contrat à la responsabilité civile de l'employeur (Cass. soc. 14-10-1993 n° 91-16.210 D).

Les indemnités sont également exclues de l'assiette de l'**impôt** aux mêmes conditions, pour autant qu'elles ne couvrent pas les déplacements du domicile au lieu de travail.

ATTENTION

Les remboursements des frais liés à l'utilisation du véhicule personnel pour accomplir les **trajets domicile-lieu de travail** sont toujours soumis à l'**impôt** sur le revenu puisque ces frais sont couverts par la déduction forfaitaire de 10 % et que l'option pour la déduction des frais réels a pour conséquence l'intégration au revenu imposable des allocations pour frais professionnels versées par l'employeur (n° 57525) (BOI-RSA-CHAMP-20-50-10-20 n° 30).

Pour leur **régime social,** voir n°s 57520 s.

INDEMNITÉS KILOMÉTRIQUES

Cotisations et contributions sociales Les indemnités forfaitaires kilométriques sont réputées utilisées conformément à leur objet dans les limites fixées par les **barèmes kilométriques** publiés annuellement par l'administration fiscale (Arrêté du 20-12-2002 art. 4). En cas d'utilisation d'un véhicule électrique, le montant de l'indemnité kilométrique est majoré de 20 % (BOSS-FP-380). 56580

Ces barèmes **concernent** les véhicules **automobiles,** les véhicules non considérés comme cyclomoteurs, ainsi que les **cyclomoteurs, vélomoteurs, scooters, motocyclettes** (BOSS-FP-380).

L'employeur doit **justifier** de l'existence de déplacements professionnels et du nombre exact de kilomètres parcourus (BOSS-FP-380), décompte qui variera d'un mois à l'autre et d'un salarié à l'autre. En l'absence de toute pièce justificative établissant la nature, l'importance et la réalité des frais engagés par les salariés, les indemnités kilométriques sont passibles des cotisations (BOSS-FP-380 ; Cass. soc. 11-1-1996 n°s 93-18.295 P et 94-10.903 D).

En outre, pour l'administration, l'utilisation de ces barèmes est réservée aux véhicules dont le **salarié** lui-même, ou le cas échéant son conjoint ou l'un des membres de son foyer fiscal, est **propriétaire** ou copropriétaire ou qu'il **loue** (BOSS-FP-420). Cette position va à l'encontre d'une décision d'une juridiction du fond ayant décidé que l'employeur n'a pas à prouver que le **salarié** est **propriétaire** du véhicule, le véhicule personnel du salarié étant celui qu'il détient et utilise habituellement pour ses activités d'ordre privé (CA Rennes 23-4-2014 n° 13/02376).

Au-delà des montants prévus par les barèmes, il appartient également à l'employeur de justifier l'utilisation effective des indemnités conformément à leur objet. À défaut, la fraction excédentaire est assujettie à l'ensemble des cotisations et contributions sociales (BOSS-FP-400 ; Cass. soc. 14-1-1981 n° 79-15.954 ; 22-11-1990 n° 87-18.606 D ; 31-5-2001 n° 99-21.186 FS-D). Le fait que la **convention collective** applicable fixe un barème plus avantageux que le barème fiscal ne le dispense pas d'apporter cette preuve (Cass. soc. 21-11-1991 n° 89-17.491 P).

Les **barèmes kilométriques** sont donnés n°s 96230 s. (automobile) et 96240 s. (deux-roues à moteur).

L'exonération des indemnités kilométriques n'est pas cumulable avec une **déduction forfaitaire spécifique** pour frais professionnels, voir n°s 55530 s.

› Précisions **a.** L'appréciation du caractère probant des éléments fournis par l'employeur pour justifier l'application d'un **forfait supérieur au barème fiscal** appartient aux juges du fond (Cass. soc. 4-7-1991 n° 89-15.263 D ; 11-7-1991 n° 89-17.703 P ; 31-5-2001 n° 99-21.186 FS-D), étant précisé que la justification ne peut résulter de la seule référence à un barème théorique dressé par l'employeur (Cass. soc. 4-3-1993 n° 91-15.508 D ; 24-11-1994 n° 92-15.560 PF), même si l'indemnisation est subordonnée à la présentation par le salarié d'un état justificatif du kilométrage parcouru (Cass. soc. 20-7-1995 n° 93-10.860 P). La preuve de l'utilisation conforme ne saurait résulter de la simple comparaison avec un coût moyen publié dans la presse spécialisée (Cass. soc. 7-2-1991 n° 89-10.015 D), mais peut en revanche être apportée par des fiches mensuelles précises de dépenses (Cass. soc. 11-7-1991 n° 89-17.703 D).

b. En cas de **covoiturage,** seul le propriétaire du véhicule peut bénéficier de l'indemnité pour un trajet donné (BOSS-FP-400). Par conséquent, le salarié bénéficiaire de l'indemnité n'a pas à justifier ne pas transporter un autre **collègue** bénéficiant de l'indemnité.

c. Lorsque le salarié est contraint d'utiliser son véhicule pour des déplacements professionnels, les **frais de stationnement** ont la nature de frais professionnels supplémentaires, même si l'employeur rembourse déjà au salarié des indemnités kilométriques (BOSS-FP-410).

56590 Une **indemnité kilométrique vélo** peut être allouée au salarié qui utilise son vélo personnel pour des déplacements professionnels. Cette indemnité est exclue de l'assiette des cotisations sociales dans la limite de 25 centimes d'euro par kilomètre (BOSS-FP-490).

Outre la réalité du déplacement professionnel, l'entreprise doit **justifier** du mode de transport utilisé et du nombre de kilomètres parcourus (BOSS-FP-500).

56600 **Impôt sur le revenu** Comme en matière de cotisations de sécurité sociale (n° 56580), les indemnités kilométriques versées aux salariés qui utilisent leur véhicule personnel pour des déplacements professionnels sont réputées utilisées conformément à leur objet à concurrence des montants résultant de l'application du **barème** du prix de revient kilométrique fiscal. Si l'indemnisation est d'un **montant plus élevé,** le salarié doit pouvoir justifier que le montant versé a bien été utilisé conformément à son objet. À défaut, la part de l'indemnisation qui excède l'application du barème constitue un complément de salaire imposable (BOI-RSA-BASE-30-50-30-20 n° 530).

› Précisions Le salarié doit apporter les **justificatifs** relatifs au moyen de transport utilisé, à la puissance fiscale du véhicule et au kilométrage parcouru (BOI-RSA-CHAMP-20-50-10-20 n° 30).

SECTION 4 MOBILITÉ PROFESSIONNELLE

A. Réglementation sociale

56640 Les frais engagés par les salariés dans le cadre de la mobilité professionnelle sont considérés comme des frais professionnels (Arrêté SANS0224282A du 20-12-2002 art. 8).

Les indemnités destinées à couvrir ces frais sont donc exclues de l'assiette des cotisations, sous réserve que les dépenses soient justifiées. Des limites forfaitaires d'exonération sans justification sont prévues pour certaines d'entre elles.

1. DÉFINITION

La mobilité professionnelle suppose un **changement de lieu de résidence** lié à un changement de poste de travail du salarié dans un autre lieu de travail (Arrêté du 20-12-2002 art. 8). 56660

Le salarié est **présumé** placé dans cette situation lorsque la **distance** séparant l'ancien logement du lieu du nouvel emploi est au moins de 50 kilomètres et entraîne un **temps** de trajet aller ou retour au moins égal à 1 h 30 (Arrêté du 20-12-2002 art. 8). Le cumul de ces deux conditions constitue une présomption simple, compte tenu en particulier de l'empêchement pour le salarié de regagner son domicile en fin de journée (BOSS-FP-1530).

Lorsque le critère de distance kilométrique n'est pas rempli, le critère du **temps de trajet aller** doit, en tout état de cause et quel que soit le mode de transport (voiture, cyclomoteur, vélomoteur, scooter, motocyclette, transports en commun, vélo : BOSS-FP-1530), être au moins égal à 1 h 30 (Arrêté du 20-12-2002 art. 8). À défaut, la qualification de mobilité professionnelle est exclue (BOSS-FP-1530). Tel est le cas lorsque le trajet peut être réalisé, par exemple en voiture, en moins de 1 h 30 (Cass. 2e civ. 17-9-2015 n° 14-20.896 F-D). Les entreprises doivent, en pratique, envisager les différents moyens de transport possibles pour vérifier si le trajet entre l'ancien logement du salarié et le lieu de son nouvel emploi est réalisable en moins de 1 h 30.

› Précisions La mobilité s'entend au sens large : elle vise les mutations au sein d'une même **entreprise** ou d'un même **groupe** ainsi que tous les changements d'entreprise (en ce sens, BOSS-FP-1530).

2. CATÉGORIES DE DÉPENSES POUVANT CONSTITUER DES FRAIS PROFESSIONNELS

Peuvent être qualifiées de frais professionnels les dépenses résultant (BOSS-FP-1550) : 56680
– d'une **mutation définitive** imposée par l'employeur au sein de l'entreprise ou du groupe ;
– d'un **changement de poste** au sein de l'entreprise ou du groupe demandé par le salarié ;
– d'un **changement temporaire de lieu de travail** imposé par l'employeur ou sollicité par le salarié ;
– de l'**affectation à l'étranger** du salarié exerçant en France ;
– de l'**affectation en France** d'un salarié appartenant à l'entreprise ou au groupe d'entreprise exerçant à l'étranger ;
– d'une **embauche** sous contrat à durée déterminée ou indéterminée ne nécessitant pas une mobilité internationale, lorsque le changement de résidence à l'occasion de cette embauche ne résulte pas de pure convenance personnelle. Cette dernière possibilité peut résulter de circonstances liées soit à l'emploi (difficulté de trouver un emploi, précarité ou mobilité de l'emploi, mutation suite à promotion, déménagement de l'entreprise, multi-emploi…), soit à des contraintes familiales (prise en compte du lieu d'activité du conjoint, concubin, ou personne liée par un Pacs, état de santé du salarié ou d'un membre de sa famille, scolarité des enfants…).

La notion de pure convenance personnelle doit par ailleurs être appréciée au cas par cas dans les mêmes conditions qu'en matière fiscale (BOSS-FP-1550).

3. HÉBERGEMENT PROVISOIRE

FORFAIT

L'employeur est autorisé à déduire de l'assiette des cotisations, dans la limite d'un forfait, et sous réserve que les circonstances de fait soient démontrées, les indemnités destinées à compenser les dépenses d'hébergement provisoire et les frais supplémentaires de **nourriture,** dans l'attente d'un logement définitif, dans la limite, en 2023, de 80,50 € par jour pour une **durée maximale** de 9 mois (Arrêté du 20-12-2002 art. 8, 1°). 56700

La déduction est subordonnée aux **conditions** suivantes (BOSS-FP-1580-1600) :
– l'ancien logement est éloigné de 50 km au moins du lieu du nouvel emploi et le temps de trajet, aller ou retour, entre le domicile habituel et le nouveau lieu de travail est au moins égal à 1 h 30. Sur la portée de ces conditions, voir n° 56660 ;
– l'intéressé dispose d'un logement provisoire en raison de la localisation du nouvel emploi ;
– il est à la recherche d'un nouveau logement. Par exception, les salariés sous contrat à durée déterminée n'ont pas à produire d'attestation de recherche d'un nouveau logement.

› Précisions **a.** On trouvera n° 96300 le **montant** des limites d'exonération des allocations forfaitaires pour les 3 dernières années, qui sont revalorisées selon les modalités exposées n° 55430, b.

b. Lorsque se **cumulent** les **situations de fait de grand déplacement et de mobilité,** et que le salarié bénéficie du cumul des indemnités destinées à compenser les dépenses d'hébergement et des frais supplémentaires de nourriture, une double déduction est possible. Elle doit alors porter sur l'indemnité d'hébergement provisoire et l'indemnité de grand déplacement, à l'exception pour cette dernière de la part représentative de la nourriture (BOSS-FP-1730).

FRAIS RÉELS

56710 L'employeur peut aussi opter pour le remboursement des dépenses réellement engagées. Il peut alors déduire les sommes versées de l'assiette des cotisations sous des **conditions** de distance entre l'ancien et le nouveau logement et de temps de trajet identiques à celles énoncées nº 56700 (Arrêté du 20-12-2002 art. 8), sous réserve de produire des **justificatifs.** À noter que la **limite de 9 mois** ne lui est alors pas applicable si les circonstances de fait démontrent qu'un hébergement provisoire demeure justifié (BOSS-FP-1590).

4. INSTALLATION

FORFAIT

56740 L'employeur est autorisé à déduire de l'assiette des cotisations sociales les **indemnités** destinées à compenser les dépenses inhérentes à l'installation dans le nouveau logement pour la part n'excédant pas, en 2023, 1 613,70 € pour une personne seule ou un couple, majorés de 134,50 € par enfant à charge (au sens des art. 193 s. du CGI : BOSS-FP-1640) dans la limite de 2 017,20 € (Arrêté du 20-12-2002 art. 8, 2º).

Le bénéfice de l'indemnisation forfaitaire suppose la démonstration des **circonstances de fait** établissant la réalité de la situation. L'employeur n'a en revanche pas à fournir les **justificatifs** des dépenses engagées pour le salarié dès lors que l'indemnisation est au plus égale à la limite d'exonération (BOSS-FP-1650).

En outre, il est subordonné à une condition de **distance** entre l'ancien et le nouveau logement et de **temps de trajet,** voir nº 56700.

On trouvera nº 96300 le **montant** des limites d'exonération des allocations forfaitaires pour les 3 dernières années, qui sont revalorisées selon les modalités exposées nº 55430, b.

FRAIS RÉELS

56750 Lorsque l'employeur opte pour l'indemnisation des dépenses réellement engagées, les limites d'exonération mentionnées nº 56740 ne sont pas applicables, sous réserve que les **dépenses** soient **justifiées** (BOSS-FP-1660).

Les **dépenses** inhérentes à l'installation dans le nouveau logement **correspondent** à l'ensemble des dépenses nécessaires à la remise en service de celui-ci (raccordements, branchements divers, abonnements), à sa remise en état (travaux de plomberie, plâtrage…) et à son aménagement. En revanche, le remboursement de frais non strictement nécessaires et de dépenses somptuaires constitue la prise en charge de dépenses personnelles, assujetties à ce titre à cotisations (BOSS-FP-1610-1630).

Sur la condition de **distance** entre l'ancien et le nouveau logement et de **temps de trajet,** voir nº 56700.

› Précisions **a.** Peuvent être **concernés** (BOSS-FP-1610) :
– les frais de rétablissement du courant électrique, de l'eau, du gaz, du téléphone ;
– les frais de mise en place d'appareils ménagers ;
– les frais de remise en état du logement (nettoyage, remplacements des revêtements de sols et de revêtements muraux abîmés, réparation de la plomberie, etc.) ;
– les frais de réexpédition du courrier ;
– les frais de notaire et d'agence immobilière en cas de location ;
– une partie des frais de notaire en cas d'acquisition d'un nouveau logement. Pour la Cour de cassation, les **frais de notaire** pour l'acquisition d'un nouveau logement ne peuvent être exclus par principe de la déduction au titre des frais professionnels (Cass. 2e civ. 11-2-2016 nº 15-13.724 F-PB) ;
– les frais de changement de plaques d'immatriculation (pour les plaques immatriculées au format 000-AAA-00 imposant un changement de plaque en cas de changement de résidence) et de certificat d'immatriculation (carte grise) du véhicule.

b. Les frais **non strictement nécessaires** pour rendre habitable le nouveau logement ne sont **pas éligibles** à cette indemnité. Il s'agit notamment (BOSS-FP-1630) :
– de la caution, en cas de location ;
– de la partie des frais due au titre des taxes et droits qui seront reversés au Trésor public, notamment en cas d'acquisition ;
– des dépenses de décoration du logement (revêtements de sol et revêtements muraux alors que ces revêtements n'étaient pas abîmés, meubles, voilages, éclairages...).

5. DÉMÉNAGEMENT, MISSION TEMPORAIRE ET MUTATION

Certains frais liés à la mobilité professionnelle ne peuvent être déduits que sur la base des **dépenses réellement engagées** par le salarié, sous réserve que ces dépenses soient **justifiées.** Il s'agit (Arrêté du 20-12-2002 art. 8, 3°-5°) : 56770

1° des indemnités destinées à compenser les frais de **déménagement** : frais de déménagement des biens du salarié proprement dits, frais de transport et d'hôtel du salarié et des autres personnes occupant le domicile lors du déménagement entre l'ancienne et la nouvelle résidences, frais de déplacement nécessaires à la recherche d'un nouveau logement (dans la limite de 3 voyages de reconnaissance comprenant le séjour et les frais de transport – billets d'avion, de train… – du salarié et d'une deuxième personne accompagnante), frais de garde-meubles (BOSS-FP-1680) ;

2° des indemnités destinées à compenser les frais exposés par les salariés envoyés en **mission temporaire ou mutés en France** par les entreprises étrangères et qui ne bénéficient pas du régime de détachement prévu par le règlement 1408/71 (remplacé par règl. 883/2004) ou d'une convention bilatérale de sécurité sociale à laquelle la France est partie, ou par les salariés des entreprises françaises **détachés à l'étranger** qui continuent de relever du régime général de sécurité sociale ;

3° des indemnités destinées à compenser les frais exposés par les salariés en **mission temporaire ou mutés** de la métropole vers les territoires français situés **outre-mer** et réciproquement, ou de l'un de ces territoires vers un autre.

ATTENTION

S'agissant de la **mobilité** professionnelle exercée **en dehors du territoire métropolitain,** et notamment de la France vers l'étranger et inversement, la déduction, sur la base des dépenses réellement engagées, n'est admise que pour les indemnités versées à l'occasion d'une **mutation ou d'un envoi en mission** du salarié, à l'initiative de l'employeur. En conséquence, la prise en charge par l'entreprise française des dépenses d'installation pour travailler en France du salarié venant de l'étranger qu'elle **recrute** n'est pas admise et doit être assujettie à cotisations et contributions sociales (BOSS-FP-1700).

L'exclusion de l'assiette sociale des indemnités allouées dans le cadre de la mobilité professionnelle est conditionnée par la non-application par l'employeur d'une **déduction forfaitaire spécifique** (BOSS-FP-1740).

S'agissant des frais visés aux 2° et 3° du n° 56770, les **dépenses** engagées par le salarié, bien que se rapportant indistinctement à **lui-même** et à sa **famille** (conjoint et enfants), sont considérées comme des frais professionnels lorsqu'elles résultent directement de la décision de l'employeur d'envoyer le salarié en mobilité professionnelle pour une longue période ou une période temporaire (BOSS-FP-1680). 56780

L'employeur peut en conséquence déduire (BOSS-FP-1720) :

1° les frais de **transport** :

– voyage de reconnaissance du salarié et de son conjoint,

– voyages aller et retour, de début et de fin de mobilité, du salarié, de son conjoint et de ses enfants,

– voyage d'urgence (pour raison familiale, médicale…) et voyage annuel en métropole pour le salarié originaire de la métropole, dans l'un des territoires de l'ensemble français pour le salarié qui en est originaire, ou dans un pays étranger pour le salarié qui en est originaire. Le voyage annuel du conjoint et des enfants peut aussi être déduit,

– location de voiture à l'arrivée et au départ, s'agissant des voyages de début et de fin de mobilité ;

2° les frais de **logement** :

– frais de déménagement,

– frais d'hôtel pendant le déménagement pour le salarié, son conjoint et ses enfants,

– frais de garde-meubles en métropole pour le salarié originaire de la métropole, dans l'un des territoires français situé outre-mer pour le salarié qui en est originaire, ou dans un pays étranger pour le salarié qui en est originaire, pendant la période de déménagement,

– double loyer, au début et à la fin de la mobilité,

– indemnités destinées à compenser les dépenses d'hébergement provisoire et les frais supplémentaires de nourriture dans l'attente d'un logement définitif, ainsi que frais de réinstallation immédiatement nécessaires pour rendre habitable le nouveau logement ;

3° les **remboursements divers** :

– cours de français pour le salarié étranger au moment de son installation en France, ou cours de langue étrangère pour le salarié envoyé hors de France,

– frais de passeport, de visa ou de vaccination,
– frais de scolarité des enfants dans le pays d'accueil.
Sur le cumul des situations de mobilité et de **grand déplacement,** voir n° 56700, b.

B. Régime fiscal des indemnités

1. RÈGLES GÉNÉRALES

56810 La prise en charge par l'employeur des dépenses supportées par les salariés devant changer de lieu de travail est exonérée d'impôt sur le revenu lorsqu'elle porte sur des dépenses professionnelles.
Tel est le cas, par exemple :
– des frais de **déménagement,** de **double résidence** et de **transport** entre le domicile et le lieu de travail supportés par des salariés ayant fait l'objet d'une mutation professionnelle, lorsque ces frais constituent une contrainte inhérente à l'emploi (BOI-RSA-BASE-30-50-30-20 n°s 270 et 290 ; Rép. Marsaudon : AN 10-2-1997 p. 672 n° 42942 ; dans le même sens : Rép. Paillé : AN 3-2-2003 p. 776 n° 3470) ;
– de l'indemnité de **résiliation de bail** à condition que soit apportée la preuve que cette dépense a été rendue nécessaire par suite de la fonction nouvelle assumée par le salarié (CE 20-3-1931 n°s 4027 et 5958).

> **Précisions a.** Les frais de déménagement s'entendent des frais de **transport** des personnes et des frais du déménagement proprement dit (BOI-RSA-BASE-30-50-30-20 n° 270).
> **b.** En aucun cas, les **charges personnelles** entraînées par le déménagement, telles que les dépenses de réinstallation du foyer (achats d'appareils ménagers, rideaux, tentures, etc.), ne peuvent être considérées comme des dépenses professionnelles (BOI-RSA-BASE-30-50-30-20 n° 270).

56820 L'administration fiscale estime que le régime au regard de l'impôt sur le revenu – notamment de leur éventuelle exonération à titre d'indemnités pour frais professionnels – des indemnités forfaitaires de mobilité professionnelle versées aux salariés amenés à changer de résidence à l'occasion d'une mutation professionnelle doit être déterminé dans les conditions de **droit commun,** c'est-à-dire au vu des circonstances de fait, dont l'examen permet seul de s'assurer que ces frais ont ou non un caractère professionnel, et sous réserve pour les salariés concernés de justifier de leur réalité et de leur montant (BOI-RSA-CHAMP-20-50-10-20 n° 100). La présomption d'utilisation conforme à leur objet à hauteur des limites sociales ne joue donc pas à l'égard de ces allocations forfaitaires. À noter que les primes de mobilité versées en cas de transfert de la résidence ou du domicile peuvent, lorsqu'elles sont imposables, bénéficier sans condition de montant du **système du quotient** prévu par l'article 163-0 A du CGI (BOI-RSA-CHAMP-20-30-10-10 n° 120) (n° 35390).

2. IMPATRIÉS

BÉNÉFICIAIRES

56830 Les salariés et dirigeants de sociétés de capitaux soumis au régime fiscal des salariés et visés à l'article 80 ter, b-1° à 3° du CGI (voir n° 77720), **appelés de l'étranger** à occuper un emploi dans une entreprise établie en France, pendant une période limitée pouvant être à durée déterminée ou indéterminée (BOI-RSA-GEO-40-10-10 n° 10), bénéficient de mesures d'allégement sur leur rémunération, à la double condition (CGI art. 155 B) :
– de ne pas avoir été fiscalement domiciliés en France au sens de l'article 4 B du CGI (n° 71570) ou résidents de France au sens des conventions fiscales internationales de façon ininterrompue au cours des 5 années civiles précédant celle de leur prise de fonctions en France ;
– de fixer leur domicile fiscal en France, à compter de cette prise de fonctions. Cette condition s'apprécie au regard des critères du domicile fiscal définis par l'article 4 B, 1-a et b du CGI (c'est-à-dire avoir en France leur foyer ou leur lieu de séjour principal et exercer en France leur activité professionnelle à titre principal). La doctrine administrative ajoute à cette condition, de manière contestable à notre avis, celle de remplir aussi, le cas échéant, les critères du domicile fiscal éventuellement définis par la convention fiscale existant entre le pays d'origine et la France (BOI-RSA-GEO-40-10-10 n° 220).

La doctrine administrative refuse le bénéfice des allégements aux personnes venues exercer un emploi en France de leur propre initiative (en sens contraire CAA Paris 10-6-2022 n° 20PA02279 : qui en reconnaît le droit aux salariés qui postulent en France depuis l'étranger) ou qui ont déjà établi leur domicile en France lors du recrutement (BOI-RSA-GEO-40-10-10 n° 80).

> Précisions **a.** La **prise de fonctions** s'entend de la date à laquelle commence l'exécution du contrat soit de travail, soit de mandat social (BOI-RSA-GEO-40-10-10 n° 150). Compte tenu des contraintes professionnelles et familiales de l'impatrié et de son conjoint, l'installation en France du foyer peut être différée jusqu'à la fin de l'année civile suivant celle de la prise de fonctions (BOI-RSA-GEO-40-10-10 n° 240).

b. Le **changement de fonctions** au sein de l'entreprise pour laquelle l'impatrié s'est installé en France (ou au sein d'une autre entreprise établie en France appartenant au même groupe) pendant la période d'exonération ne remet pas en cause le bénéfice de celle-ci, sans pour autant en prolonger la durée. Pour l'application de cette disposition, le groupe s'entend de l'ensemble formé par une entreprise établie en France ou hors de France et les entreprises qu'elle contrôle dans les conditions définies à l'article L 233-3 du Code de commerce (BOI-RSA-GEO-40-10-10 n° 260). L'exonération est également maintenue lorsqu'une entreprise étrangère met fin au détachement d'un salarié et que celui-ci signe un contrat de travail ou un mandat social avec l'entreprise établie en France dans laquelle il exerce ses fonctions (BOI-RSA-GEO-40-10-10 n° 250). Cette disposition s'applique aux changements de fonctions ou d'employeurs intervenus depuis le 7-8-2015 (CGI art. 155 B), la date de changement de fonctions s'entendant de la date de prise de fonctions, c'est-à-dire en pratique de la date à laquelle commence effectivement l'exécution du nouveau contrat de travail ou du nouveau mandat social au sein de l'entreprise située en France (BOI précité n° 280).

c. Le cumul du régime de l'impatriation et de celui des **quartiers généraux ou centres de logistique** à raison des indemnités liées au surcoût du logement et au supplément d'impôt et de cotisations sociales n'est pas autorisé. Le salarié doit opter de manière irrévocable pour l'un ou l'autre de ces régimes, au plus tard lors du dépôt de la déclaration annuelle des revenus souscrite au titre de la première année de mise en œuvre du dispositif (BOI-RSA-GEO-50 n° 70). L'administration indique en revanche que les indemnités représentatives de frais restent susceptibles d'être exonérées en application de l'article 81, 1° du CGI (BOI-RSA-GEO-40-10-20 n° 210). Il en résulte, à notre avis, que le régime de l'impatriation ne remet pas en cause l'exonération des indemnités mentionnée n° 56870.

PORTÉE DE L'EXONÉRATION

Rémunération de l'activité en France Les intéressés bénéficient, jusqu'au 31 décembre de la huitième (cinquième pour ceux ayant pris leurs fonctions en France avant le 6-7-2016) année civile suivant celle de leur première prise de fonctions en France et au titre des seules années de domiciliation fiscale en France d'une exonération partielle d'impôt sur le revenu. 56835

La fraction exonérée est, au choix des intéressés, soit égale au montant réel des **suppléments de rémunération** directement liés à l'exercice de l'activité en France (prime d'impatriation), soit, sur option, égale à 30 % de leur rémunération nette totale (hors avantages liés aux dispositifs d'épargne salariale ou d'actionnariat salarié), c'est-à-dire la rémunération nette de cotisations sociales et de la part déductible de la CSG, mais avant application de la déduction forfaitaire pour frais professionnels de 10 % ou, le cas échéant, de la déduction des frais réels (BOI-RSA-GEO-40-10-20 n° 90). Jugé que l'indemnité de rupture transactionnelle, qui a pour objet d'indemniser le salarié pour la perte de son contrat de travail et dont le montant est déterminé en fonction de l'ancienneté du salarié dans la société et non en considération de circonstances particulières liées au statut d'impatrié, est exclue de la base de calcul de l'évaluation forfaitaire (CAA Versailles 18-11-2021 n° 19VE02459).

Auparavant réservée aux salariés directement recrutés à l'étranger par une entreprise établie en France, cette option pour le forfait de 30 % de la rémunération totale a été étendue, à raison des rémunérations dues à compter du 1-1-2019, aux personnes appelées par une entreprise étrangère auprès d'une entreprise établie en France et y ayant pris leurs fonctions à compter du 16-11-2018 (Loi 2018-1317 du 28-12-2018 art. 6).

Dans les deux cas, la rémunération imposable en France doit rester comparable à celle servie au titre de fonctions analogues dans la même entreprise ou, à défaut, dans des entreprises similaires établies en France. À défaut, la différence est réintégrée dans la rémunération imposable. Dans le cas particulier des changements de fonctions (voir n° 56830, b), l'administration admet que, si le montant du salaire attribué en raison de ces changements est au moins égal à ce qu'il était dans l'emploi précédent, le montant de la nouvelle prime d'impatriation est présumé être au moins égal à celui constaté au titre de cet emploi antérieur (BOI-RSA-GEO-40-10-20 n° 105).

Parallèlement à ce dispositif, les impatriés ont la possibilité de déduire de leur rémunération imposable les **cotisations sociales** versées dans leur pays d'origine (voir n°s 43620 et 43860).

EXEMPLE

Soit un salarié impatrié dont le contrat de travail prévoit une rémunération mensuelle nette de 18 000 €, soit 216 000 € pour une année, prime d'impatriation incluse. La prime d'impatriation est évaluée forfaitairement à 30 % de la rémunération nette totale, soit 5 400 € par mois ou 64 800 € pour l'année. La rémunération annuelle hors prime du salarié s'élève ainsi à 151 200 € (216 000 − 64 800). La prime est exonérée en totalité, car la rémunération nette imposable hors prime d'impatriation au titre de fonctions analogues exercées en France est de 140 000 € et la rémunération annuelle hors prime du salarié est supérieure à ce montant. L'assiette du prélèvement à la source est égale à 12 600 € (18 000 − 5 400) par mois.

Si le montant de la rémunération annuelle nette imposable au titre de fonctions analogues en France est de 160 000 € (hors prime d'impatriation), le montant exonéré de la prime d'impatriation est limité à 56 000 € (64 800 − [160 000 − 151 200]). L'assiette du prélèvement à la source sera alors égale à 13 333 € (18 000 − [56 000/12]) (BOI-IR-PAS-20-10-10 n° 50).

56840 La part de la rémunération ainsi exonérée d'impôt sur le revenu (montant réel des primes d'impatriation ou forfait de 30 % de la rémunération totale) :
– ne figure pas dans les sommes déclarées en Rémunération nette fiscale de la DSN (net-entreprises, fiche n° 1835) et n'est pas comprise dans l'assiette du **prélèvement à la source** de l'impôt sur le revenu, étant précisé que, dans tous les cas, l'exclusion de la prime d'impatriation de l'assiette du prélèvement à la source ne peut conduire à retenir dans cette assiette une rémunération inférieure à celle versée au titre de fonctions analogues aux autres salariés dans l'entreprise ou dans des entreprises similaires établies en France (BOI-IR-PAS-20-10-10 n° 50). Cette part n'entre pas dans le montant à porter en montant net imposable du bulletin de paie ;
– est également exonérée de **taxe sur les salaires.** Cette exonération, qui concerne les impatriés dont la prise de fonctions en France est intervenue depuis le 6-7-2016, s'applique aux rémunérations versées depuis le 1-1-2017 (CGI art. 231 bis Q).

56845 **Revenus de source étrangère** La fraction de rémunération se rapportant, le cas échéant, à l'**activité exercée à l'étranger** est également exonérée d'impôt sur le revenu (mais pas de taxe sur les salaires) à la condition que les séjours réalisés à l'étranger soient effectués dans l'intérêt direct et exclusif de l'employeur.

Cette exonération n'est pas cumulable avec celle prévue à raison des suppléments de rémunération (prime d'expatriation) au n° 71620. Une option irrévocable pour l'un ou l'autre de ces régimes doit être effectuée par le salarié, au plus tard lors du dépôt de la déclaration annuelle des revenus souscrite au titre de l'année de prise de fonctions ou de la première année d'application du régime. Cette option se matérialise soit par une mention portée dans la rubrique « Autres renseignements » de la déclaration d'ensemble des revenus n° 2042 souscrite en ligne, soit sur un papier libre annexé à la déclaration papier (BOI-RSA-GEO-40-10-20 n° 270).

Au choix des intéressés, soit l'exonération globalement accordée au titre de l'activité exercée en France et à l'étranger est limitée à 50 % de la rémunération totale, soit la fraction de la rémunération perçue au titre de l'activité exercée à l'étranger n'est exonérée qu'à hauteur de 20 % de la rémunération imposable au titre de l'activité exercée en France.

56850 Les intéressés sont également exonérés d'impôt sur le revenu jusqu'au 31 décembre de la huitième (cinquième pour ceux ayant pris leurs fonctions en France avant le 6-7-2016) année civile suivant celle de leur prise de fonctions en France et au titre des années de domiciliation fiscale en France à raison de la moitié du montant de certains **revenus patrimoniaux** de source étrangère : plus-values de cessions de valeurs mobilières et de droits sociaux notamment (CGI art. 155 B, II). Cet avantage joue même pour les années au cours desquelles aucun revenu d'activité n'a été perçu (CE 21-10-2020 n° 442799 ; BOI-RSA-GEO-40-10-30-10 n° 80).

3. QUARTIERS GÉNÉRAUX ET CENTRES DE LOGISTIQUE DE GROUPES INTERNATIONAUX

56870 En application de la doctrine administrative, certaines indemnités versées aux salariés temporairement détachés en France sont exonérées d'impôt sur le revenu (BOI-RSA-GEO-50 n°s 80 à 100 et BOI-SJ-RES-30-40 n°s 1 et 20). Sur l'articulation de ce régime administratif avec le régime légal de l'impatriation, voir n° 56830, c.

L'exonération est subordonnée à la double condition que les salariés en cause :
– n'aient pas été domiciliés en France au sens de l'article 4 B du CGI (voir n° 71570) ou des conventions fiscales l'année précédant la date de leur arrivée en France pour exercer leur activité professionnelle ;
– soient employés en France pour une durée n'excédant pas 6 ans en qualité de salariés dans les quartiers généraux ou les centres de logistique de groupes internationaux.
L'exonération ne s'applique que pour autant que le salarié n'a pas opté pour la déduction de ses frais réels (BOI-SJ-RES-30-40 n° 40).

› Précisions Sous réserve d'une utilisation conforme à leur objet (n° 55870), sont ainsi exonérés les indemnités et remboursements de frais suivants (BOI-SJ-RES-30-40 n° 20) :
– **voyage de reconnaissance** par le salarié détaché et son conjoint ;
– **frais d'agence** occasionnés par la recherche d'un logement locatif en France ;
– frais de **garde-meubles** dans le pays d'origine ;
– **frais de déménagement** et de voyage aller et retour, à l'arrivée et au départ du séjour en France ;
– **location de voiture** à l'arrivée et au départ pendant une période maximum de 2 mois dans chaque cas ;
– **frais de scolarité** des enfants fiscalement à charge. Il s'agit des indemnités attribuées pour les enfants qui effectuent des études primaires ou secondaires dans des établissements où la scolarité est payante lorsque cela est justifié par le suivi du cursus scolaire dans une langue étrangère ;
– **cours de français** pour le salarié détaché et sa famille ;
– **voyage annuel** (aller et retour) dans le pays d'origine pour le **salarié** détaché **et** sa **famille** ;
– **voyage annuel** (aller et retour) des **enfants scolarisés à l'étranger** et fiscalement à charge pour rejoindre leurs parents ;
– **voyage d'urgence** vers le pays d'origine pour le salarié détaché et sa famille ;
– **frais de séjour** (à l'hôtel notamment) pendant la période de déménagement, pour le salarié détaché et sa famille ;
– **loyer supplémentaire** éventuellement exposé à l'arrivée et au départ, en cas de double résidence provisoire. La double résidence provisoire ne doit pas excéder, sauf circonstances particulières, une durée de 3 mois ;
– **frais de gardiennage de la résidence** du pays d'origine ;
– frais de dédouanement et **droits de douane** ;
– frais d'obtention du **permis de conduire** français ;
– frais de **conversion technique des véhicules** ;
– frais de **carte grise** ;
– remboursement des honoraires d'**assistance administrative et** d'**assistance fiscale** (consultation fiscale éventuelle pour apprécier les conséquences de l'expatriation).

SECTION 5 NOUVELLES TECHNOLOGIES

COTISATIONS ET CONTRIBUTIONS SOCIALES

Les frais engagés par le travailleur salarié ou assimilé à des fins professionnelles, pour l'utilisation des outils issus des nouvelles technologies de l'information et de la communication qu'il possède, sont considérés comme des **charges de caractère spécial** inhérentes à la fonction ou à l'emploi conformément au contrat de travail. Les remboursements effectués par l'employeur doivent être **justifiés** par la réalité des dépenses professionnelles supportées par l'intéressé (Arrêté SANS0224282A du 20-12-2002 art. 7, al. 1). 56900

L'**exclusion** peut **porter sur** le matériel informatique, ainsi que sur les consommables et les frais de connexion. Pour le matériel amortissable, la déduction prend en compte les annuités d'amortissement. Pour le petit matériel non amortissable, la valeur réelle de l'année d'acquisition doit être retenue. Les consommables et les frais de connexion peuvent être remboursés sur justificatifs de frais (BOSS-FP-1870).

Lorsque l'employeur **ne peut pas justifier** la réalité des dépenses professionnelles supportées par le salarié, les frais engagés pour une **raison professionnelle** peuvent être remboursés sur la base d'une **allocation forfaitaire** ne pouvant pas excéder 52,50 € par mois en 2023 (Arrêté du 20-12-2002 art. 7, al. 2 ; BOSS FP-1870). Sur la revalorisation du forfait et sur le versement d'une indemnité d'un montant plus élevé, voir n° 55430. 56910

EXEMPLE

Dans le cadre de son activité professionnelle, un salarié doit utiliser son téléphone portable et son abonnement téléphonique personnels, en l'absence de mise à disposition d'outils NTIC par son employeur. Il dispose d'un abonnement de type « quadruple play » (téléphone fixe, mobile, Internet, télévision) qui ne lui permet pas d'identifier la part de cet abonnement qui correspond à un usage professionnel. Dans ce cadre, l'employeur peut rembourser les frais supportés par son salarié au titre de l'utilisation de ses propres outils NTIC en lui versant une allocation forfaitaire mensuelle dans la limite de 52,50 € (BOSS-FP-1870).

56920 Sur les frais engagés à des fins professionnelles par le salarié pour l'utilisation d'outils issus des nouvelles technologies de l'information et de la communication qu'il possède, en cas de **circonstances exceptionnelles** ou de **force majeure** justifiant la mise en place du **télétravail,** voir n°s 86885 s.

IMPÔT SUR LE REVENU

56930 La **mise à la disposition** des salariés par l'entreprise d'outils issus des nouvelles technologies de l'information et de la communication (téléphone mobile, micro-ordinateur, etc.) constitue une allocation en nature pour frais d'emploi dans la mesure où ils sont utilisés à titre professionnel et un avantage en nature dans la mesure de leur utilisation privée : voir n° 40360.

Dans le cas où le **salarié** utilise ses **propres matériels** pour les besoins de son emploi, les allocations forfaitaires versées à ce titre par l'employeur aux salariés autres que les dirigeants de sociétés et assimilés sont présumées utilisées conformément à leur objet à concurrence du montant prévu par la réglementation sociale : voir n° 56910 (BOI-RSA-CHAMP-20-50-10-20 n° 10).

SECTION 6 AUTRES FRAIS

56950 De manière générale, est représentative de frais toute somme destinée à couvrir des **dépenses** supplémentaires liées à l'exercice de la profession.

En revanche, les indemnités ou primes diverses destinées à compenser une **servitude de l'emploi** ou les **désagréments** liés aux conditions de travail et non des dépenses supplémentaires constituent un complément de salaire (Cass. soc. 6-2-1992 n° 89-21.983 D).

DÉPENSES LIÉES À LA POLITIQUE COMMERCIALE

56960 Constituent des frais professionnels :

– les dépenses engagées par le salarié à la demande de son employeur, par exemple pour l'**acquisition de cadeaux offerts à la clientèle** en vue de la promotion de l'entreprise (BOSS-FP-1910). Cette position administrative rejoint la solution jurisprudentielle ayant admis que les sommes versées au titre de frais forfaitaires de représentation à des représentants et inspecteurs salariés en dédommagement des frais de menus cadeaux offerts à la clientèle en vue d'enlever des commandes constituaient des frais professionnels (Cass. soc. 16-3-1976 n° 74-13.824) ;

– les dépenses (transport, frais de location par exemple) engagées par le salarié dans le cadre de sa participation à la demande de son employeur à titre exceptionnel à des **manifestations** organisées **dans le cadre de la politique commerciale** de l'entreprise (réception, cocktails, etc.), alors que l'exercice normal de sa profession ne le prévoit pas (BOSS-FP-1910).

Seules les dépenses **réellement engagées** par le salarié sont considérées comme des frais professionnels. Les factures constituent la justification des dépenses. L'employeur doit en outre prouver que les dépenses ont bien été engagées à sa demande et dans l'intérêt de l'entreprise (BOSS-FP-1920).

Cette catégorie de dépenses doit être distinguée de celle des **dépenses exceptionnelles engagées pour le compte de l'entreprise,** qui sont, elles, cumulables avec une déduction forfaitaire spécifique pour frais professionnels, voir n° 55570.

INDEMNITÉS POUR FRACTIONNEMENT DES CONGÉS PAYÉS

Les **dépenses supplémentaires** de toute nature causées aux salariés par le fractionnement de leurs congés payés en vue d'assurer la **bonne marche de l'entreprise** et non pour convenance personnelle constituent une charge de caractère spécial inhérente à l'emploi. Sauf application d'une **déduction forfaitaire spécifique** pour frais professionnels, l'indemnité forfaitaire versée pour couvrir cette charge peut être déduite de l'assiette des cotisations dès lors qu'elle est utilisée conformément à son objet, ce que l'employeur peut prouver par tous moyens (notamment, Cass. soc. 19-3-1992 n° 89-21.679 D). 56980

Tel n'est pas le cas si l'employeur n'apporte aucune précision sur la réalité des **voyages supplémentaires** qu'auraient accomplis les bénéficiaires et ne peut justifier le montant des sommes effectivement dépensées (Cass. soc. 26-4-1990 n° 87-13.665 P).

COTISATIONS ORDINALES ET ASSOCIATIVES

Pour l'administration, la prise en charge par l'employeur des **cotisations ordinales** présente un caractère professionnel autorisant de ne pas les intégrer dans l'assiette des **cotisations** et contributions sociales (BOSS-FP-2000). 56990

De même, pour la jurisprudence, constitue une indemnité pour frais professionnels affranchie de cotisations de sécurité sociale la prise en charge par une société d'expertise comptable des cotisations obligatoires à l'ordre des **experts-comptables** et à la compagnie des **commissaires aux comptes** dues par les experts-comptables qu'elle emploie en qualité de salariés (Cass. soc. 8-11-1990 n° 88-11.492 P ; 5-3-1992 n° 89-10.723 D). On notera toutefois qu'un arrêt rendu en matière de salaire a exclu la qualification juridique de frais professionnels pour le remboursement par l'employeur d'une cotisation ordinale, en l'espèce à l'ordre des **masseurs-kinésithérapeutes,** l'obligation d'inscription à l'ordre s'imposant à tous les membres de la profession, quelles que soient les conditions d'exercice (Cass. soc. 30-5-2018 n° 16-24.734 FS-PB).

Constitue un avantage salarial la prise en charge par l'employeur du coût de l'adhésion volontaire de ses salariés à des **associations, groupements ou clubs privés** dès lors que ces remboursements ne sont pas destinés à couvrir les intéressés de charges de caractère spécial inhérentes à la fonction ou à l'emploi (Cass. soc. 13-1-1994 n° 91-10.149 D), ni à les dédommager de dépenses avancées dans l'intérêt de l'entreprise. Jugé ainsi à propos des frais d'adhésion au Rotary Club (Cass. soc. 24-3-1994 n° 91-16.533 D).

Au **plan fiscal,** la doctrine administrative reconnaît le caractère de dépense professionnelle des cotisations versées à des syndicats ou des ordres professionnels (BOI-BNC-BASE-40-60-60 n° 200). En cas d'exercice salarié, la prise en charge de cette dépense par l'employeur devrait normalement constituer une allocation pour frais d'emploi exonérée. 56995

> **Précisions** Le caractère professionnel de ces charges a été expressément admis pour les cotisations ordinales versées à titre obligatoire par les professionnels de santé salariés à leur ordre professionnel. Il en est ainsi des cotisations versées par les pharmaciens au Conseil de l'Ordre en application de l'article L 4233-4 du Code de la santé publique (Rép. Le Ridant : AN 25-10-2005 p. 9964 n° 66572), par les masseurs-kinésithérapeutes salariés à leur ordre professionnel en vertu de l'article L 4321-16 du Code de la santé publique (Rép. Dosière : AN 21-7-2009 p. 7237 n° 25959), par les infirmiers salariés à leur ordre professionnel en vertu de l'article L 4312-7 du Code de la santé publique (Rép. Carayon : AN 17-5-2011 p. 5142 n° 99132).

FONCTIONNAIRE PASSANT DANS LE SECTEUR PRIVÉ

Les sommes versées par l'employeur, en sus du salaire, à un fonctionnaire en remboursement de l'indemnité qu'il a dû verser à son administration du fait de son départ constituent un complément de salaire soumis à **cotisations** et non le remboursement de frais professionnels (Cass. soc. 4-12-1997 n° 96-14.026 PB). 57000

Au plan fiscal, également, les sommes qu'un fonctionnaire reverse à l'administration à la suite de la rupture de son engagement pour passer au service d'un employeur privé s'analysent en une réduction du revenu brut disponible et non comme des dépenses professionnelles. Ces sommes s'imputent donc sur le montant brut (c'est-à-dire avant application de la déduction des frais professionnels, déduction forfaitaire ou déduction des frais réels) des salaires perçus l'année du reversement (BOI-RSA-BASE-20-10 n° 190). Le remboursement par l'employeur constitue alors un complément de salaire venant neutraliser la déduction des sommes remboursées à l'État.

TABLEAU RÉCAPITULATIF

57005 Certains types de frais font l'objet d'études dédiées, aux numéros indiqués dans le tableau ci-dessous ou ne sont pas traités dans nos fonds.

Types de dépenses	Voir nos
Dépenses **vestimentaires**	39860 s.
Amendes routières	45930
Dépenses exceptionnelles engagées pour le **compte de l'entreprise,** cumulables avec une déduction forfaitaire spécifique pour frais professionnels	56720
Frais liés au **télétravail**	86860 s.
Frais d'atelier du **travailleur à domicile**	87750 s.
Carte de presse ou carte d'identité des journalistes professionnels	88535
Indemnisation des **maîtres-chiens** pour l'entretien de leur animal	Non traité. Voir BOSS-FP-1980 s.

CHAPITRE 8

FRAIS DE TRANSPORT DOMICILE-TRAVAIL

SOMMAIRE

1. Les différents dispositifs de prise en charge 57520
2. Frais de transports publics 57530
3. Frais de transport personnel 57630
a. Indemnités kilométriques 57635
b. Prime transport et forfait mobilité durable 57660
4. Prime de transport de 4 € 57710
5. Règles de cumul des différents dispositifs 57720
6. Tableaux récapitulatifs 57760

1. LES DIFFÉRENTS DISPOSITIFS DE PRISE EN CHARGE

MODALITÉS

Les frais de transport exposés par le salarié pour se rendre de sa résidence habituelle à son lieu de travail donnent lieu à une **prise en charge obligatoire** par l'employeur pour les frais d'abonnement aux **transports publics** ou aux services publics de location de vélos (voire à une prise en charge facultative de ces mêmes frais), voir nos 57530 s. Ils peuvent aussi, **à titre facultatif,** être pris en charge via : 57520

– la mise à disposition du salarié d'un **véhicule de l'entreprise.** Sur cette situation, et notamment sur le point de savoir si elle génère un avantage en nature cotisable, voir nos 39450 s. ou imposable, voir nos 40310 s. ;

– une aide lorsque le salarié utilise son **véhicule personnel** : indemnité kilométrique (voir nos 57635 s.) ou prime transport (voir nos 57660 s.) ;

– un forfait **mobilités durables** pour les déplacements à vélo, en covoiturage et avec d'autres services de mobilité partagés : voir no 57680 ;

– une prime de **4 €** quel que soit le mode de transport utilisé : voir no 57710.

Sur la prise en charge par l'employeur : des frais de **stationnement,** voir no 57630 ; des **amendes routières,** voir no 45930.

› Précisions a. La prime transport et le forfait mobilités durables peuvent être versés sous forme de **titre-mobilité,** voir no 57690.
b. La **méconnaissance** des règles relatives à la prise en charge des frais de transports publics et des frais de transport personnel (prime transport, forfait mobilités durables et titre-mobilité) est passible de l'**amende** prévue pour les contraventions de la 4e classe (montant no 96470) (C. trav. art. R 3261-16).

RÉGIME SOCIAL ET FISCAL

Au regard des **cotisations et contributions sociales,** les déplacements du domicile au lieu de travail ne sont pas des déplacements professionnels, mais la prise en charge des frais en résultant, par le biais des dispositifs ci-dessus, peut, sous certaines conditions et limites, s'effectuer en franchise de ces prélèvements. 57525

Pour l'**impôt sur le revenu,** ce sont des frais professionnels couverts par la déduction forfaitaire de 10 % (no 56980 s.), ce qui entraîne, sauf exonération expresse exposée ci-après, leur intégration dans la rémunération nette imposable mentionnée sur le bulletin de paie et dans l'assiette du prélèvement à la source.

Le régime social et fiscal de chaque type de prise en charge est exposé sous l'étude de chaque dispositif.

› Précisions a. Le montant de la prise en charge des frais de transports publics et des frais de transport personnel doit figurer sur le **bulletin de paie** (C. trav. art. R 3243-1, 8o-b), sous peine de l'**amende** visée no 14120 (C. trav. art. R 3246-2). Signalons que, selon le BOSS, l'omission de la mention de la prise en charge des frais de transport personnel n'est pas sanctionnée par cette

amende, à la différence de l'absence de mention de la prise en charge des frais de transports collectifs (BOSS-FP-900). Cette position nous paraît toutefois contestable au vu des dispositions réglementaires applicables.
b. Lorsque le salarié opte, lors de la souscription de sa déclaration d'impôt, pour la déduction de ses **frais réels** et renonce corrélativement à la déduction forfaitaire de 10 %, il peut déduire ces frais dans la limite d'une distance entre le domicile et le lieu de travail de moins de 40 kilomètres. Si la distance est supérieure, la déduction admise porte sur les 40 premiers kilomètres, sauf circonstances particulières justifiant une prise en compte complète (CGI art. 83, 3°).
La déduction des frais réels entraîne l'ajout au salaire imposable des prises en charge de ces frais par l'employeur, sauf si le salarié renonce à déduire les frais de cette nature pour leur montant réel (CE 19-12-1984 n° 38563).

2. FRAIS DE TRANSPORTS PUBLICS

OBLIGATION DE PRISE EN CHARGE

57530 Tous les **employeurs,** personnes physiques ou morales, publiques ou privées, sur l'ensemble du territoire national, sont tenus de rembourser une **fraction des titres d'abonnement** de transport en commun ou de services publics de location de vélos souscrits par les salariés pour leurs déplacements domicile-lieu de travail (C. trav. art. L 3261-1 et L 3261-2). Cette obligation est indépendante du **versement mobilité** visé n°s 26750 s. Son non-respect est passible d'une **amende** : voir n° 57520, b.

ÉTENDUE

57540 La prise en charge obligatoire porte, sauf dispositions conventionnelles plus favorables (Cass. soc. 13-3-2013 n° 11-23.684 FS-PB), sur **50 %** du coût des titres d'abonnement (tarif 2e classe pour les transports en commun) souscrits par les salariés pour leurs déplacements domicile-lieu de travail (C. trav. art. R 3261-1 et R 3261-3). L'employeur peut aller **au-delà** de ce taux légal, cette prise en charge excédentaire relevant d'un régime fiscal et social propre : voir n° 57575.
Le bénéficiaire peut demander la prise en charge du ou des titres de transport lui permettant d'accomplir le trajet de la résidence habituelle à son lieu de travail dans le **temps le plus court.** Lorsque le titre utilisé correspond à un trajet supérieur au trajet nécessaire pour accomplir dans le temps le plus court le trajet de la résidence habituelle au lieu de travail, la prise en charge est effectuée sur la base de l'abonnement qui permet strictement de faire ce dernier trajet (C. trav. art. R 3261-3).

> **Précisions** **a.** Le **coût des réservations** exposées à chaque voyage par les salariés bénéficiaires d'un abonnement SNCF (TGV) est exclu du dispositif de prise en charge obligatoire de 50 % (BOSS-FP-590).
> **b.** Lorsque **plusieurs abonnements** à des services publics de transport en commun ou de location de vélos sont **nécessaires** à la réalisation du trajet entre le domicile et le lieu de travail, l'employeur prend en charge 50 % du coût de ces différents titres d'abonnement (BOSS-FP-600).

BÉNÉFICIAIRES

57550 Pour avoir droit à la prise en charge, les salariés doivent (C. trav. art. L 3261-2) :
– utiliser des **transports en commun** ou des **services publics de location** de vélos pour aller de leur résidence habituelle à leur lieu de travail. Les salariés utilisant leur véhicule personnel, de même que et ceux n'exposant pas de frais de transport, n'y ont pas droit (BOSS-FP-560) ;
– acheter des **titres d'abonnement** pour les payer ; n'y ouvrent pas droit les **billets** ou **tickets** ordinaires (BOSS-FP-560).
S'agissant des **stagiaires,** voir n° 88980.

> **Précisions** **a.** Peu importe que les intéressés aient choisi de **vivre loin de leur lieu de travail** (Cass. soc. 12-12-2012 n° 11-25.089 FS-PB ; TJ Paris 5-7-2022 n° 22/04735). La prise en charge obligatoire étant de portée générale, elle bénéficie en effet aux salariés dont l'éloignement de la résidence habituelle au lieu de travail relève de la **convenance personnelle** (BOSS-FP-530), quelle que soit la distance les séparant (BOSS-FP-700). Toutefois, un salarié résidant en semaine dans la ville où il travaille ne peut pas prétendre à la prise en charge des trajets qu'il effectue les week-ends et lors de ses congés pour rejoindre celle où vit sa famille (Cass. soc. 22-6-2016 n° 15-15.986 FS-PB ; en ce sens également : BOSS-FP-780).
> **b.** Les **travailleurs frontaliers** qui résident dans un pays limitrophe et travaillent en France sont susceptibles d'ouvrir droit à la prise en charge dans les mêmes conditions que les salariés qui résident et travaillent en France dès lors qu'ils relèvent des législations françaises du travail et de sécurité sociale et qu'ils utilisent des titres d'abonnement visés par le dispositif (BOSS-FP-540).
> **c.** L'employeur peut **refuser** la prise en charge si le salarié **perçoit déjà,** pour ses déplacements domicile-lieu de travail, des indemnités d'un **montant au moins égal** à la prise en charge légale (C. trav. art. R 3261-8 ; BOSS-FP-790 s.) ou lorsqu'il n'engage **pas de frais** pour ses déplacements entre sa résidence habituelle et son lieu de travail, notamment quand l'employeur organise lui-même le transport de ses salariés (Circ. DGT-DSS 01 du 28-1-2009).

MODALITÉS DE PRISE EN CHARGE

La prise en charge est subordonnée à la **remise** ou, à défaut, à la **présentation du ou des titres** permettant d'identifier le titulaire et conformes aux règles de validité définies par l'établissement public, la régie ou l'entreprise de transport ou de location de vélos (C. trav. art. R 3261-5, al. 1 et 2). Le salarié qui se borne à produire des coupons de transport anonymes ne peut pas y prétendre (Cass. soc. 16-1-1991 n° 87-42.084 D ; 10-12-2002 n° 00-46.542 F-D). 57560

Lorsque le titre d'abonnement à un service public de location de **vélos** ne comporte pas les noms et prénoms du bénéficiaire, une **attestation sur l'honneur** du salarié suffit pour ouvrir droit à la prise en charge (C. trav. art. R 3261-5, al. 3). Cette attestation, établie pour l'année, doit préciser les éléments nécessaires au calcul du montant de la prise en charge, notamment le domicile de l'intéressé et le mode d'abonnement utilisé (BOSS-FP-720).

Le **remboursement** des titres doit intervenir dans les meilleurs délais et, au plus tard, à la fin du mois suivant celui pour lequel ils ont été validés. Ceux dont la période de validité est annuelle font l'objet d'une prise en charge répartie mensuellement pendant la période d'utilisation (C. trav. art. R 3261-4).

Un accord collectif peut prévoir d'**autres modalités** de preuve ou de remboursement des frais de transport, sans que les délais de remboursement des titres puissent excéder ceux indiqués ci-dessus (C. trav. art. R 3261-6). En cas de **changement de procédure,** l'employeur doit en avertir les bénéficiaires au moins un mois avant la date fixée pour le changement (C. trav. art. R 3261-7).

> Précisions Sont admises à titre de **pièce justificative** pour l'application de l'exonération mentionnée n° 57570 (BOSS-FP-740-750) :
– pour les titulaires d'abonnements hebdomadaires ou mensuels, une facture non nominative mais portant leur numéro de carte magnétique ;
– pour les titulaires d'abonnements annuels, une attestation nominative de versement ou, à défaut, une facture annuelle ;
– l'attestation collective trimestrielle de l'organisme de transports publics pris par la majorité des salariés d'une société sous réserve que les informations qu'elle mentionne permettent d'identifier salarié par salarié la nature de l'abonnement souscrit et le prix payé.

RÉGIME SOCIAL

Prise en charge obligatoire La prise en charge obligatoire des frais de transports publics échappe aux **cotisations** et contributions sociales, y compris en cas d'application d'une **déduction forfaitaire spécifique** (DFS) pour frais professionnels. Les employeurs pratiquant la DFS peuvent exclure cette prise en charge de l'assiette des cotisations (BOSS-FP-620-760). 57570

Sur le **cumul** avec la prise en charge des frais de transport personnel, voir n°s 57720 s.

> Précisions L'**exonération concerne** les cotisations de sécurité sociale, mais aussi tous les prélèvements dont l'assiette est alignée sur celle de ces cotisations : cotisations ou contributions solidarité autonomie, Fnal, dialogue social, chômage, AGS, retraite complémentaire Agirc-Arrco, formation et alternance (contributions à la formation professionnelle, CPF-CDD, supplémentaire à l'apprentissage et taxe d'apprentissage), versement mobilité et participation-construction. Elle vaut aussi pour la CSG et la CRDS (CSS art L 136-1-1, III-4° ; Ord. 96-50 du 24-1-1996 art. 14, I) et par conséquent pour la taxe sur les salaires, l'assiette de cette taxe étant alignée sur celle de la CSG (BOI-TPS-TS-20-10 n°s 10 s.).

Part excédentaire Si la prise en charge de l'employeur **excède le montant obligatoire,** la part facultative est exonérée de cotisations et contributions sociales dans la limite des frais réellement engagés sous réserve, pour les salariés qui travaillent dans une autre région que celle où ils résident, que l'éloignement entre leur résidence et leur lieu de travail ne relève pas de la convenance personnelle mais de contraintes liées à l'emploi (difficulté de trouver un emploi, précarité ou mobilité de l'emploi, mutation suite à une promotion, déménagement de l'entreprise, multi-emplois) ou familiales (prise en compte du lieu d'activité du conjoint, concubin ou pacsé, état de santé du salarié ou d'un membre de sa famille, scolarité des enfants). Cette condition est appréciée au cas par cas (BOSS-FP-770). 57575

Toutefois, **à titre exceptionnel,** pour **2023,** la part de la prise en charge qui excède l'obligation légale est exonérée de plein droit de cotisations et de contributions sociales dans la limite de 25 % du prix des titres (Loi 2022-1157 du 16-8-2022 art. 2-III : JO 17). L'éventuelle prise en charge facultative excédant ce plafond peut bénéficier de l'exemption d'assiette des cotisations et contributions sociales dans les conditions de droit commun exposées ci-dessus (BOSS-FP-515).

RÉGIME FISCAL

57580 L'avantage résultant de la **prise en charge obligatoire** par l'employeur de 50 % des titres d'abonnement souscrits par les salariés pour leurs déplacements domicile-lieu de travail effectués au moyen de transports publics de voyageurs ou de services publics de location de vélos entre leur résidence habituelle et leur lieu de travail, conformément à l'article L 3261-2 du Code du travail, est affranchi d'**impôt sur le revenu** (CGI art. 81, 19° ter-a). Elle n'est donc ni intégrée dans le revenu imposable mentionné sur le bulletin de paie ni soumise au prélèvement à la source.

En principe, la part de la **prise en charge qui excède l'obligation légale** est quant à elle assujettie à impôt. **À titre exceptionnel,** pour **2023,** cette part est toutefois exonérée de plein droit d'impôt sur le revenu dans la limite de 25 % du prix des titres (Loi 2022-1157 du 16-8-2022 art. 2-III : JO 17).

> **› Précisions** Par exception, les salariés optant, lors de la souscription de leur déclaration d'impôt, pour la déduction de leurs **frais professionnels réels,** ne bénéficient pas de ces exonérations puisque cette option implique qu'ils réintègrent le montant des prises en charge de l'employeur dans leur salaire imposable : voir n° 57525, b.

CAS PARTICULIERS

57590 **Temps partiel** La prise en charge des frais de transport en commun ou des **frais de transport personnel** s'effectue dans les mêmes conditions que pour les salariés à temps complet lorsque le salarié à temps partiel est employé pour un nombre d'heures égal ou supérieur à la **moitié de la durée légale** du travail (ou conventionnelle si elle est inférieure). Lorsque le nombre d'heures travaillées est **inférieur** à cette durée, la prise en charge se calcule au prorata du nombre d'heures travaillées par rapport à la moitié de la durée du travail à temps complet (C. trav. art. R 3261-9 et R 3261-14).

> **EXEMPLE**
>
> Dans une entreprise ayant une durée hebdomadaire de travail de 35 heures, soit un salarié à **temps partiel** travaillant :
> – 17 h 30 par semaine : il bénéficie d'une prise en charge de 50 % de ses frais d'abonnement à un transport collectif, comme les salariés travaillant 35 heures par semaine. Ainsi, pour un titre d'abonnement de 100 €, le versement de l'entreprise est de 50 € ;
> – 15 heures par semaine : la prise en charge de 50 % est affectée d'un coefficient de 15/17,5. Ainsi, pour un titre d'abonnement de 100 €, le versement de l'entreprise est de 42,86 € (50 × 15/17,5) (BOSS-FP-630).

57595 **Salarié multi-employeurs** Les règles fixées pour les salariés à temps partiel (n° 57590) s'appliquent à l'identique aux salariés ayant plusieurs employeurs. Un employeur ne peut donc pas se soustraire à son obligation au motif que la prise en charge du titre d'abonnement a déjà été assumée par un autre employeur, ni minorer la quote-part de la somme qu'il est tenu de rembourser au salarié. L'application de ces règles conduit à ce que les intéressés puissent bénéficier **au global** d'un **remboursement supérieur** au taux instauré par la loi (BOSS-FP-650).

57600 **Forfait jours réduit** Les salariés en forfait jours qui travaillent **moins de 218 jours** par an ouvrent droit à la prise en charge de leur titre de transports publics dans les mêmes conditions que les salariés à temps complet (BOSS-FP-640).

Autrement dit, aucune **proratisation** du niveau de prise en charge ne peut être opérée. En effet, ces salariés, n'étant pas des salariés à temps partiel, ne peuvent pas se voir appliquer la proratisation de la prise en charge prévue pour ces derniers.

57605 **Absence du salarié, embauche ou départ de l'entreprise** Dans le cadre du dispositif actuel de prise en charge des frais de transports publics, l'administration ne s'est pas prononcée sur l'incidence d'une **absence** du salarié **en cours de mois.** Selon nous, il convient, dans cette situation, d'appliquer les règles qu'elle préconisait dans le cadre du dispositif antérieur de prise en charge des frais de transport en commun en région parisienne. En effet, le dispositif actuel n'est que l'extension, à l'ensemble du territoire, de cet ancien dispositif. Ainsi, quel que soit le motif de l'absence (congés, maladie, etc.), la prise en charge doit être effectuée normalement pour les titres d'abonnement qui ont été utilisés au moins une fois pour un trajet domicile-travail, sans abattement pour les jours non travaillés.

En cas de **maladie prolongée,** si le salarié est titulaire d'un titre d'abonnement plurimensuel, l'employeur est tenu d'effectuer le versement correspondant au mois au cours duquel l'arrêt maladie intervient. Pour les mois suivants, lorsque l'arrêt maladie se prolonge, des procédures de remboursement des titres sont prévues par les entreprises de transport permettant de récupérer la partie du prix du titre correspondant à la période de validité à venir.

En cas d'**embauche ou de départ** du salarié au cours de la **période de validité du titre,** la prise en charge obligatoire des frais de transports publics est limitée à la période couverte par le contrat de travail (BOSS-FP-660).

Lieux de travail multiples Le salarié exerçant son activité sur plusieurs lieux de travail au sein d'une **même entreprise** qui n'assure pas le transport entre ces différents lieux et entre ces lieux et la résidence habituelle du salarié peut prétendre à la prise en charge, selon le cas, du ou des titres de transport en commun ou des **frais de transport personnel,** lui permettant de réaliser l'ensemble des déplacements qui lui sont imposés entre sa résidence habituelle et ses différents lieux de travail, ainsi qu'entre ces lieux de travail (C. trav. art. R 3261-10 et R 3261-15). 57610

Autres cas Pour la prise en charge des frais de transports publics des **télétravailleurs,** voir n° 86830 ; des travailleurs **à domicile,** voir n° 87320. 57615

3. FRAIS DE TRANSPORT PERSONNEL

L'employeur peut sous certaines conditions octroyer au salarié utilisant son véhicule personnel pour se rendre de son domicile à son lieu de travail, une indemnité kilométrique pour voiture ou deux-roues à moteur, une prime de transport couvrant les frais de carburant ou d'alimentation électrique ou, pour certains modes de transport, le forfait mobilités durables. 57630

› **Précisions** Les remboursements des frais engagés par le salarié pour le **stationnement** du véhicule peuvent être exclus de l'assiette des contributions et cotisations sociales, le cas échéant, sur la base du tarif le plus économique (abonnement hebdomadaire, mensuel ou annuel) (BOSS-FP-845).

a. Indemnités kilométriques

RÉGIME SOCIAL

Lorsque le salarié est **contraint d'utiliser son véhicule** personnel pour se rendre de son domicile à son lieu de travail, l'employeur peut prendre en charge les frais inhérents au trajet domicile-lieu de travail en lui versant une indemnité kilométrique pour voiture ou deux-roues à moteur dans les conditions posées pour les frais d'utilisation d'un véhicule personnel à des fins professionnelles (BOSS-FP-820). Autrement dit, pour l'administration, dès lors que l'utilisation du véhicule personnel résulte d'une contrainte, l'indemnité kilométrique allouée par l'employeur pour couvrir les frais correspondants échappe aux cotisations, pour sa **part ne dépassant pas les évaluations kilométriques** des frais de voiture ou de deux-roues établies par l'**administration fiscale,** sans que l'employeur ait à justifier du montant des dépenses effectivement engagées. **Au-delà** des montants prévus par les barèmes fiscaux, il appartient à l'employeur de justifier l'utilisation effective des indemnités conformément à leur objet. 57635

Pour **plus de détails** sur le régime des indemnités kilométriques versées au titre des déplacements professionnels, voir n°s 56580 s. Sur les **barèmes applicables,** voir n°s 96230 s.

› **Précisions** **a.** Le BOSS ne précise pas la notion de **contrainte d'utilisation du véhicule personnel** pour les déplacements domicile-travail, mais les Urssaf indiquent que cette contrainte peut résulter de difficultés d'horaires ou de l'inexistence des transports en commun. L'employeur doit apporter des **justificatifs** relatifs au moyen de transport utilisé par le salarié, à la distance séparant le domicile du lieu de travail, à la puissance fiscale du véhicule et au nombre de trajets effectués chaque mois. Le salarié doit en outre attester qu'il ne transporte dans son véhicule aucune autre personne de la même entreprise bénéficiant des mêmes indemnités (Site internet des Urssaf).

b. Si les conditions ci-dessus sont remplies, les frais occasionnés peuvent être remboursés comme **frais professionnels,** en franchise de **cotisations** de sécurité sociale, des **autres prélèvements** calculés sur la même assiette (liste n° 57570), ainsi que de CSG et de CRDS.

c. Sur le **cumul** de l'indemnité kilométrique avec la prise en charge des frais de carburant ou d'alimentation électrique (ou **prime transport**), voir n° 57735.

d. Sur l'allocation d'indemnités kilométriques à des **stagiaires** au titre du trajet domicile-lieu de stage, voir n° 89270.

RÉGIME FISCAL

Au plan fiscal, les frais liés à l'utilisation du véhicule personnel pour accomplir les trajets domicile-lieu de travail sont des frais professionnels couverts par la déduction forfaitaire de 10 % (BOI-RSA-CHAMP-20-50-10-20 n° 30). Leur prise en charge par l'employeur est donc intégrée à la rémunération nette imposable mentionnée sur le bulletin de paie ainsi que dans l'assiette du **prélèvement à la source.** 57640

Il en va de même en cas d'option par le salarié pour la déduction de ses frais réels : voir n° 57525, b.

b. Prime transport et forfait mobilité durable

CARACTÉRISTIQUES

57660 **Prime transport** L'employeur peut, **à titre facultatif,** prendre en charge tout ou partie des **frais de carburant ou** des frais **d'alimentation** d'un véhicule **électrique,** hybride rechargeable ou hydrogène engagés, pour leurs déplacements entre leur résidence habituelle et leur lieu de travail, par les salariés (C. trav. art. L 3261-3) :

– dont la résidence habituelle ou le lieu de travail est situé soit dans une **commune non desservie** par un service public de **transport collectif** régulier ou un service privé mis en place par l'employeur, soit n'est **pas inclus** dans le **périmètre** d'un plan de mobilité obligatoire ;

– ou dont les **horaires de travail** ne leur permettent pas d'utiliser un mode collectif de transport.

Autrement dit, le versement d'une prime transport suppose que l'utilisation du véhicule personnel résulte d'une **contrainte** (BOSS-FP-820-840).

À titre exceptionnel, en 2023, cette prise en charge est possible même si les critères d'éligibilité mentionnés ci-dessus ne sont pas satisfaits (Loi 2022-1157 du 16-8-2022 art. 2).

› Précisions a. Sont **exclus** du bénéfice de la prise en charge (C. trav. art. R 3261-12) :
– les salariés bénéficiant d'un véhicule mis à disposition permanente par l'employeur avec prise en charge par celui-ci des dépenses de carburant ou d'alimentation électrique ;
– ceux logés dans des conditions telles qu'ils ne supportent aucun frais de transport domicile-travail ;
– ceux dont le transport est assuré gratuitement par l'employeur.

b. Le dispositif est **ouvert** aux **travailleurs frontaliers** qui résident dans un pays limitrophe et travaillent en France dès lors qu'ils relèvent des législations françaises du droit du travail et de la sécurité sociale et (sauf en 2023) qu'ils respectent l'un des critères d'éligibilité au dispositif (BOSS-FP-870).

La prise en charge des frais de transport personnel obéit, pour les salariés à **temps partiel** et les salariés ayant **plusieurs lieux de travail** au sein de la même entreprise, à des règles identiques à celles prévues pour la prise en charge des frais de transports collectifs : voir respectivement nos 57590 et 57610.

Pour les **stagiaires,** voir no 88980.

57670 Le **montant,** les **modalités** et les **critères d'attribution** de la prise en charge des frais sont **déterminés** par accord d'entreprise ou interentreprises, et à défaut par accord de branche. À défaut d'accord, la prise en charge est mise en œuvre par décision unilatérale de l'employeur, après consultation du CSE s'il existe (C. trav. art. L 3261-4).

La prime transport peut prendre la forme de **titres-mobilité,** voir no 57690.

Sur la **pénalité** applicable en cas de non-respect de la réglementation relative à la prime transport, voir no 57520, b.

Sur le **régime social et fiscal** de la prime et son **cumul** avec une déduction forfaitaire spécifique pour frais professionnels et avec le forfait mobilités durables, voir no 57700. Pour son cumul avec les autres dispositifs de prise en charge des frais de transport domicile-travail, notamment celui concernant les frais de transports publics, voir nos 57720 s.

› Précisions a. L'employeur prenant en charge ces frais est tenu d'en faire bénéficier, selon les **mêmes modalités** l'**ensemble des salariés** en remplissant les conditions d'attribution (C. trav. art. R 3261-11). Toutefois, rien n'interdit à l'employeur de **moduler** cette prise en charge en fonction de la distance domicile-lieu de travail. En revanche, il ne peut pas totalement **exclure** les salariés pour lesquels il estimerait la distance trop importante (BOSS-FP-920).

Le niveau de la prise en charge peut être réduit en cas de **congés, maladie, embauche ou départ en cours de mois** dès lors que ces règles s'appliquent selon les mêmes modalités à l'ensemble des bénéficiaires de la prise en charge (BOSS-FP-1050).

b. Chaque salarié bénéficiaire doit fournir à l'employeur les **éléments justifiant** cette prise en charge (C. trav. art. R 3261-11). L'employeur doit être en mesure de présenter la photocopie du certificat d'immatriculation (carte grise) du véhicule du salarié (BOSS-FP-980).

c. En cas de **changement des modalités** d'attribution de la prime transport, l'employeur est tenu d'en avertir les bénéficiaires au moins un mois avant la date fixée pour le changement (C. trav. art. R 3261-13).

d. Pour la mention sur le **bulletin de paie** du montant de la prise en charge des frais de transport personnel, voir no 57525, a.

57680 **Forfait mobilités durables** L'employeur peut, **à titre facultatif,** prendre en charge, sous la forme d'un « forfait mobilités durables », tout ou partie des frais engagés par ses salariés se déplaçant entre leur résidence habituelle et leur lieu de travail (C. trav. art. L 3261-3-1) :

– avec leur **cycle** ou cycle à pédalage assisté personnel ou avec leur engin de déplacement personnel motorisé (trottinette électrique, par exemple) ;

– ou en tant que conducteur ou passager en **covoiturage** ;
– ou en **transports publics** de personnes, à l'exception des frais d'abonnement mentionnés n° 57530 ;
– ou à l'aide d'**autres services de mobilité partagée,** qui comprennent, d'une part, la location ou la mise à disposition de cyclomoteur, motocyclette, vélo électrique ou non, engin de déplacement personnel motorisé ou non, à condition qu'ils soient équipés d'un moteur ou d'une assistance non thermique et, d'autre part, les services d'autopartage visés à l'article L 1232-14 du Code des transports à condition que les véhicules mis à disposition soient des véhicules à faibles émissions (C. trav. art. R 3261-13-1).

Le **montant,** les **modalités** et les **critères d'attribution** de la prise en charge de ces frais sont **déterminés** par accord d'entreprise ou interentreprises, et à défaut par accord de branche. À défaut d'accord, la prise en charge de ces frais est mise en œuvre par décision unilatérale de l'employeur, après consultation du CSE s'il existe (C. trav. art. L 3261-4).

Sur la **pénalité** applicable en cas de non-respect de la réglementation relative au forfait mobilités durables, voir n° 57520, b.

Sur le **régime social et fiscal** de la prise en charge et son **cumul** avec une déduction forfaitaire spécifique pour frais professionnels ou avec la prime transport, voir n° 57700. Pour son cumul avec d'autres dispositifs de prise en charge des frais de transport domicile-travail, notamment celui concernant les frais de transports publics, voir n°s 57720 s.

> **Précisions a.** L'employeur prenant en charge ces frais est tenu d'en faire bénéficier, selon les mêmes modalités, l'**ensemble des salariés** remplissant les conditions précisées ci-dessus (C. trav. art. R 3261-13-2). Toutes les **catégories** de salariés et assimilés sont susceptibles d'être **concernées** par ce dispositif : salariés en CDI ou en CDD, salariés intérimaires, apprentis et **stagiaires** (BOSS-FP-1100).
La prise en charge des frais de transport personnel obéit, pour les salariés à **temps partiel** et les salariés ayant **plusieurs lieux de travail** au sein de la même entreprise, à des règles identiques à celles prévues pour la prise en charge des frais de transports collectifs : voir respectivement n°s 57590 et 57610.
b. La prise en charge prend la **forme** d'une **allocation forfaitaire** qui est versée sous réserve de son utilisation effective conformément à son objet. Cette condition est réputée remplie si l'employeur recueille, pour chaque année civile, auprès des salariés bénéficiaires un **justificatif** de paiement ou une **attestation** sur l'honneur relatifs à l'utilisation effective d'un ou de plusieurs des modes de transport relevant du forfait (C. trav. art. R 3261-13-2). Elle peut s'effectuer également sous la forme du « **titre-mobilité** », voir n° 57690.
c. Pour la mention sur le **bulletin de paie** du montant de la prise en charge des frais de transport personnel, voir n° 57525, a.
d. Le « forfait mobilités durables » remplace l'ancienne **indemnité kilométrique vélo** prévue par les articles D 3261-15-1 et D 3261-15-2 abrogés du Code du travail. Toutefois, lorsque l'employeur versait cette indemnité avant l'entrée en vigueur du dispositif actuel, il peut en poursuivre le versement qui est alors assimilé au versement du forfait mobilités durables (Décret 2020-541 du 9-5-2020 art. 2). Dans ce cas, les conditions de cumul prévues pour ce dernier s'appliquent (BOSS-FP-1200). Par ailleurs, l'indemnité kilométrique vélo est maintenue par tolérance pour les déplacements professionnels non pris en charge par le forfait mobilités durables, voir n° 57710.
e. Plutôt que d'indemniser les salariés utilisant leur propre vélo pour se rendre à leur travail, les employeurs peuvent mettre gratuitement à leur disposition, pour effectuer les trajets du domicile au lieu de travail, une **flotte de vélos** dont ils font l'acquisition ou qu'ils prennent en location à cette fin. Ceux qui sont passibles de l'impôt sur les sociétés y sont incités par le bénéfice d'une **réduction d'impôt** (CGI art. 220 undecies A ; BOI-IS-RICI-20-30) : voir Mémento fiscal n° 10715.

ATTRIBUTION SOUS FORME DE TITRE-MOBILITÉ

La prise en charge des frais couverts par la **prime transport** ou de ceux compris dans le **forfait mobilités durables** peut prendre la forme d'une solution de paiement spécifique, dématérialisée et prépayée intitulée « titre-mobilité ». Ces titres sont émis par une société spécialisée qui les cède à l'**employeur** contre paiement de leur valeur libératoire et, le cas échéant, d'une commission (C. trav. art. L 3261-5). Ils **mentionnent** le nom et l'adresse de leur émetteur et le nom du salarié (C. trav. art. R 3261-13-3). **57690**

Le **salarié** doit avoir **accès** en permanence et gratuitement au **solde** de son compte et, le cas échéant, au montant qui n'est plus susceptible d'être utilisé que dans un délai de moins d'un mois (C. trav. art. R 3261-13-3).

La **durée de validité** des titres, fixée par leur émetteur, doit au moins s'étendre jusqu'au dernier jour de l'année civile au cours de laquelle ils ont été émis (C. trav. art. R 3261-13-4).

Ces titres doivent avoir une fonction de **blocage automatique** qui empêche leur utilisation en dehors des dispositions légales ou réglementaires, sous peine d'**amende** pour l'émetteur (C. trav. R 3261-13-6).

Sur la **pénalité** applicable en cas de non-respect de la réglementation relative au titre-mobilité, voir n° 57520, b.

> Précisions Les **entreprises** qui peuvent fournir les biens ou services liés aux déplacements des salariés entre leur résidence habituelle et leur lieu de travail, permettant d'utiliser les titres-mobilité, doivent être **agréées** par le ministre en charge des transports (C. trav. art. R 3261-13-5, I). Il s'agit **notamment** des entreprises qui fournissent les **services suivants** : vente de vélos ou de vélos électriques ou de leurs équipements ; entretien de vélos ou vélos électriques ; vente d'assurances ou de titres de stationnement sécurisé pour vélos ; location ou mise à disposition en libre-service de vélos, vélos électriques, engins de déplacement personnel, cyclomoteurs ou motocyclettes ; vente d'engins de déplacement personnel motorisés ; service de covoiturage ; location de véhicules électriques, hybrides rechargeables, ou à hydrogène en libre-service accessibles sur la voie publique ou vente d'alimentation et recharge pour ces véhicules ; vente de titres de transport en commun ; vente au détail de carburants.

Ces entreprises signent un **contrat d'affiliation** avec un émetteur de titres-mobilité (C. trav. R 3261-13-5, IV). Elles doivent **garantir** que les titres-mobilité sont utilisés pour l'achat de biens et de services éligibles, sous peine d'une sanction pénale et de retrait d'agrément (C. trav. R 3261-13-6 et R 3261-13-5, III).

RÉGIME SOCIAL ET FISCAL

57700 Les sommes versées par l'employeur au titre de la prise en charge des frais de transport personnel (prime transport et forfait mobilité durable) sont exonérées de **cotisations et contributions sociales** dans une certaine **limite globale** fixée par salarié et par an. Pour **2023, à titre exceptionnel,** cette limite est de 700 €, dont 400 € au maximum pour les frais de carburant (Loi 2022-1157 du 16-8-2022 art. 2-I). Habituellement, elle est de 500 €, dont 200 € au maximum pour les frais de carburant (CSS art. L 136-1-1, III-4° et L 242-1 ; CGI art. 81, 19° ter-b). En d'autres termes, la limite d'exonération est de 400 € en 2023 (200 € habituellement) pour les frais de carburant et de 700 € en 2023 (500 € habituellement) pour les frais d'alimentation d'un véhicule électrique, hybride rechargeable ou à hydrogène et pour le forfait mobilités durables (en ce sens, pour 2023 : BOSS-FP-515). En cas de **cumul** du forfait mobilités durables avec la prime transport, le montant total exonéré est limité à 700 € en 2023 (500 € habituellement), dans la limite de 400 € en 2023 (200 € habituellement) pour les frais de carburant (en ce sens, pour 2023 : BOSS-FP-515).

La même exonération s'applique en matière d'**impôt** sur le revenu. Les sommes versées échappent donc au prélèvement à la source à concurrence de ces montants.

> Précisions **a.** Sont **concernés** par l'exonération les **cotisations** de sécurité sociale, les prélèvements dont l'assiette est alignée sur celle des cotisations (voir liste n° 57570), la **CSG** (CSS art. L 136-1-1, III-4°), la CRDS (Ord. 96-50 du 24-1-96 art. 14, I) et par conséquent la **taxe sur les salaires,** l'assiette de cette taxe étant alignée sur celle de la CSG (BOI-TPS-TS-20-10 n°s 10 s.).

b. Dans les collectivités de **Guadeloupe, Martinique, Guyane, La Réunion et Mayotte** la limite d'exonération sociale et fiscale est portée, pour 2023, à 900 € dont 600 € au maximum pour les frais de carburant (Loi 2022-1157 du 16-8-2022 art. 2-I).

c. L'exonération de cotisations sociales de la prise en charge des frais de transport personnel n'est pas cumulable avec l'application d'une **déduction forfaitaire spécifique (DFS)** pour frais professionnels, qu'il s'agisse de la prise en charge des frais de carburant ou d'alimentation électrique ou du forfait mobilités durables, (BOSS-FP-990-1170), ces sommes devant être réintégrées dans l'assiette des cotisations en cas d'application d'une telle déduction.

d. Dans le cas où le salarié opte, lors de la souscription de sa déclaration d'**impôt,** pour la **déduction des frais réels,** voir n° 57525, b.

4. PRIME DE TRANSPORT DE 4 €

57710 Avant l'instauration de la **prise en charge obligatoire** d'une partie des **frais de transports publics,** les employeurs pouvaient verser à leurs salariés une prime de transport mensuelle de 4 €, en franchise de cotisations.

Cette prime peut toujours être versée aux **salariés ne bénéficiant pas** de la prise en charge obligatoire, en franchise de **cotisations** et contributions sociales (BOSS-FP-1070). Elle reste également, à notre avis, exonérée d'**impôt** sur le revenu, et donc non soumise au prélèvement à la source.

Toutefois, lorsque le salarié est logé sur son lieu de travail ou à proximité et que le recours à un moyen de transport quelconque n'apparaît pas justifié, cette prime est soumise à cotisations (BOSS-FP-1070).

Pour le **cumul** de la prime avec la prise en charge obligatoire des frais de transports publics ou avec d'autres dispositifs de prise en charge des frais de transport domicile-travail, voir nº 57740.

> **Précisions** Dans le cas où le salarié opte, lors de la souscription de sa déclaration d'**impôt,** pour la **déduction des frais réels,** voir nº 57525, b.

5. RÈGLES DE CUMUL DES DIFFÉRENTS DISPOSITIFS

Frais de transports publics et autres dispositifs Le cumul de la **prime transport** et de la prise en charge des frais de transports publics est **interdit** (C. trav. art. L 3261-3), même si cette dernière correspond à la fraction obligatoire. 57720

Par **dérogation, en 2023,** ce cumul est autorisé (Loi 2022-1157 du 16-8-2022 art. 2, II) ; en cas de cumul, la prime transport ne peut toutefois pas excéder les montants mentionnés nº 57700.

> **Précisions** **a.** En conséquence de l'interdiction de cumul, dans une entreprise qui pratique une **durée de travail par cycle** (par exemple sur 3 semaines) et dont les horaires ne permettent pas aux salariés d'emprunter systématiquement les transports en commun sur l'ensemble du cycle, l'employeur ne peut pas accorder simultanément une prise en charge sur une base mensuelle des frais de transports publics pour les périodes pendant lesquelles ces transports sont disponibles et la prime transport pour les autres périodes (BOSS-FP-930-940).
> **b.** Le **CGI** admet le **cumul,** dans une certaine limite, de la prise en charge obligatoire des frais de **transports publics** et de celle, facultative, des frais de **transport personnel** (CGI art. 81, 19º ter-b), mais compte tenu de l'interdiction posée par le Code du travail, ce cumul est exclu s'agissant plus particulièrement des frais de carburant, sous réserve de la dérogation prévue pour 2023. En 2023, ce cumul semble possible, l'avantage résultant de ces deux prises en charge ne pouvant pas dépasser 500 € par an ou, s'il est supérieur à cette somme, le montant de la prise en charge obligatoire des frais de transports publics (CGI art. 81, 19º ter-b)

Le **forfait mobilités durables** est cumulable avec la prise en charge obligatoire par l'employeur de l'abonnement aux transports publics, l'avantage résultant de ces deux prises en charge ne pouvant pas dépasser 800 € par an ou, s'il est supérieur à cette somme, le montant de la prise en charge obligatoire par l'employeur des frais de transports publics (CGI art. 81, 19º ter-b). 57730

EXEMPLE

Un salarié dépense 900 € par an au titre de son abonnement aux services de transport en commun pour réaliser ses trajets domicile-lieu de travail. L'employeur a l'obligation de prendre en charge 50 % de cet abonnement annuel, soit 450 €. Celui-ci souhaite également verser à son salarié qui utilise le vélo pour se rendre à la gare un forfait mobilités durables de 380 € par an. Dans la mesure où il prend déjà en charge 450 € au titre de l'abonnement, la part du forfait mobilités durables qui peut être exonérée est toutefois limitée à 350 € (800 – 450) (BOSS-FP-1140).

Prime transport et autres dispositifs L'exonération de cotisations et contributions sociales de la prise en charge des **frais de carburant ou d'alimentation électrique** peut se cumuler avec l'exclusion d'assiette de la prise en charge des **indemnités kilométriques.** L'exonération est subordonnée au respect des **conditions** attachées à chacun des deux dispositifs. Le **montant total exclu** de l'assiette des cotisations ne peut pas excéder le montant total des frais réellement engagés par le salarié pour effectuer ses trajets entre sa résidence habituelle et son lieu de travail (BOSS-FP-1000). 57735

Pour le cumul de la prime transport avec le **forfait mobilités durables,** voir nº 57700 ; avec la **prime** de transport **de 4 €,** voir nº 57740.

Prime de transport de 4 € et autres dispositifs Pour les salariés cumulant la **prise en charge obligatoire** des **frais de transports publics** et la prise en charge partielle des **frais réels** avec la prime de 4 €, le montant total de ces avantages ne peut être exonéré de cotisations et contributions sociales que dans la limite des frais réellement engagés. Il en est de même en cas de cumul avec la prise en charge des **frais de carburant** ou d'alimentation des véhicules électriques, hybrides rechargeables ou hydrogène (BOSS-FP-1070) 57740

Dans la mesure où la prime de 4 € a pour objet d'indemniser le salarié de ses frais de transport, elle peut être prise en compte pour l'**appréciation du respect** par l'employeur de son **obligation légale** de prendre en charge la moitié du coût des titres d'abonnement souscrits par ses salariés pour effectuer leurs déplacements domicile-lieu de travail (BOSS-FP-1070).

6. TABLEAUX RÉCAPITULATIFS

MODALITÉS DE PRISE EN CHARGE DES FRAIS DE TRANSPORT DOMICILE-TRAVAIL

57760

Modes de déplacement	Transports publics	Véhicule personnel[1]		Modes de déplacement dits « durables »[2]
Dispositif de prise en charge	**Remboursement des abonnements**	**Indemnité kilométrique**	**Prime transport** = prise en charge, le cas échéant, sous forme de titres-mobilité, des frais de carburant ou d'alimentation d'un véhicule électrique, hybride rechargeable ou hydrogène	**Forfait mobilité durable** = allocation forfaitaire, le cas échéant, sous forme de titres-mobilité
Caractère facultatif ou obligatoire	Obligatoire jusqu'à 50 % du coût de l'abonnement Facultatif au-delà	Facultatif	Facultatif	Facultatif
Mise en place	Non réglementée	Non réglementée	Accord d'entreprise ou interentreprises, et à défaut par accord de branche À défaut d'accord, décision unilatérale de l'employeur, après consultation du CSE s'il existe	Accord d'entreprise ou interentreprises, et à défaut par accord de branche À défaut d'accord, décision unilatérale de l'employeur, après consultation du CSE s'il existe
Bénéficiaires	Tout salarié abonné à un service de transport en commun ou à un service de location de vélos	Salarié contraint d'utiliser son véhicule personnel	En 2023 : tout salarié utilisant son véhicule personnel Après 2023 : salarié contraint d'utiliser son véhicule personnel	Tout salarié utilisant des modes de transport dits « durables »
Cotisations sociales, CSG et CRDS	En 2023 : exonération à hauteur de 75 % du prix de l'abonnement Après 2023 : 50 % du prix de l'abonnement[3]	Barèmes fiscaux Majoration de ces barèmes de 20 % en cas d'utilisation d'un véhicule électrique	En 2023 : 700 € par salarié et par an, dont 400 € au maximum pour les frais de carburant[4] Après 2023 : 500 € par salarié et par an, dont 200 € au maximum pour les frais de carburant	En 2023 : 700 € par salarié et par an[5] Après 2023 : 500 € par salarié et par an
Impôt sur le revenu		Assujettissement		

1. Voiture, moto, scooter.
2. Vélo, trottinette électrique, covoiturage – y compris thermique), services de mobilité partagée non thermique, transports publics (hors prise en charge obligatoire de l'abonnement, etc.
3. Si la prise en charge par l'employeur excède 50 %, la part excédentaire est exonérée de cotisations dans la limite des frais réellement engagés sous réserve, pour les salariés résidant dans une autre région que celle où ils travaillent, que leur éloignement soit dû à des contraintes liées à l'emploi ou à des contraintes familiales (BOSS-FP-770). Cette tolérance ne concerne pas l'impôt.
4. Limites portées à 900 € et 600 € en Guadeloupe, Martinique, Guyane, à La Réunion et à Mayotte.
5. Limite portée à 900 € en Guadeloupe, Martinique, Guyane, à La Réunion et à Mayotte.

CUMUL DES DIFFÉRENTS DISPOSITIFS

57770

	2023	À partir de 2024
Prime transport + forfait mobilités durables	700 € par salarié et par an, dont 400 € au maximum pour les frais de carburant Respectivement 900 € et 600 € en Guadeloupe, Martinique, Guyane, à La Réunion et à Mayotte	500 € par salarié et par an, dont 200 € au maximum pour les frais de carburant
Prime transport + remboursement de l'abonnement aux transports publics	Autorisé : voir pour plus de détails nº 57720	Interdit
Forfait mobilités durables + remboursement de l'abonnement aux transports publics	800 € par an ou, s'il est supérieur à cette somme, montant de la prise en charge obligatoire par l'employeur de l'abonnement aux transports en commun	

CHAPITRE 9

RÉMUNÉRATIONS VARIABLES

SOMMAIRE

A. Fixation et paiement **57800**
1. Définition des objectifs **57920**
2. Respect du Smic et des minima conventionnels **58050**
3. Paiement **58150**
B. Modification **58300**
C. Situations affectant la paie en cours de contrat **58460**
D. Rupture du contrat de travail **58620**
E. Régime social et fiscal **58630**

A. Fixation et paiement

57800 La rémunération peut se composer d'une partie fixe et d'une partie variable.

Destinés essentiellement, à l'origine, aux salariés ayant des fonctions commerciales, les systèmes de rémunération variable, parfois également appelés « systèmes de **rémunérations sur objectifs** », se développent et ne se limitent plus aujourd'hui à la seule catégorie des commerciaux.

Les objectifs à atteindre peuvent être définis de manière quantitative, qualitative ou mixte. Leur fixation est une prérogative de l'employeur mais sa liberté n'est pas sans limites. S'il n'est pas forcément nécessaire qu'ils aient été expressément acceptés par le salarié, ces objectifs doivent être clairement définis (nos 57920 s.).

D'autres limites, d'ordre collectif, s'imposent, par ailleurs, à l'employeur : voir n° 250.

Sous réserve des conditions exposées ci-après, la répartition du salaire entre la partie fixe et la partie variable est librement déterminée par les parties : employeur et salarié peuvent convenir d'un fixe important et d'un variable faible ou l'inverse.

Sur les dispositions propres aux **représentants de commerce,** voir nos 79920 s.

> **Précisions** L'obligation faite à l'employeur de supporter la **charge des cotisations patronales** (n° 19020) n'interdit pas de retenir comme **assiette** de la rémunération variable la marge nette hors cotisations patronales. Est ainsi valable la clause allouant au salarié une commission de 20 % de la marge nette, laquelle correspondait à la marge brute perçue pour chaque produit vendu après déduction de tous les frais de voiture, téléphone, restaurant, péage exposés par le salarié et d'un forfait au titre des charges sociales (Cass. soc. 27-1-2021 n° 17-31.046 FP-PRI).

Un salarié peut-il être rémunéré uniquement au résultat ?

Rien ne s'y oppose théoriquement mais, en pratique, une telle clause est déconseillée en raison de l'obligation faite à l'employeur de respecter le Smic ou le minimum conventionnel s'il est supérieur au Smic. Cette nécessité le conduira à faire des avances les mois où la rémunération variable sera inférieure à ce minimum, d'où des régularisations qui pourront s'avérer fastidieuses. Sur ce point, voir également n° 58150.

1. DÉFINITION DES OBJECTIFS

FIXATION UNILATÉRALE

57920 **Caractéristiques des objectifs** Les objectifs d'un salarié, conditionnant la partie variable de sa rémunération, peuvent être définis par l'employeur dans le cadre de son **pouvoir de direction** (Cass. soc. 22-5-2001 n° 99-41.838 F-P ; 2-3-2011 n° 08-44.977 FP-PB) sauf si le **contrat de travail** prévoit l'accord du salarié pour leur fixation.

Les objectifs fixés doivent être **réalistes** et **réalisables** (Cass. soc. 30-3-1999 n° 97-41.028 P ; 2-12-2003 n° 01-44.192 F-D ; 13-1-2009 n° 06-46.208 FS-PB). À défaut de **prouver** le caractère réalisable des objectifs, l'employeur est tenu de verser la rémunération variable au salarié (Cass. soc. 15-12-2021 n° 19-20.978 FS-B).

ATTENTION

L'employeur est tenu, à l'égard de son personnel, à une **obligation de sécurité** de résultat. Il lui est donc interdit, dans l'exercice de son pouvoir de direction, de prendre des mesures qui auraient pour objet ou pour effet de compromettre la santé et la sécurité des salariés (Cass. soc. 5-3-2008 n° 06-45.888 PBR). Sur la base de ces principes, la Cour de cassation estime illicites les systèmes de rémunérations variables incitant les salariés au dépassement de la **durée du travail** ou des temps de conduite autorisés (Cass. soc. 13-6-2007 n° 04-44.551 FS-D).

Rédaction en français Les dispositions de l'article L 1321-6 du Code du travail, selon lesquelles tout document comportant des obligations pour le salarié ou des dispositions dont la connaissance est nécessaire pour l'exécution de son travail doit être rédigé en français, valent pour les documents fixant les objectifs nécessaires à la détermination de la rémunération variable d'un salarié. Des objectifs définis dans une langue étrangère lui sont inopposables (Cass. soc. 29-6-2011 n° 09-67.492 FP-PB) sauf si une **traduction** en français est rapidement diffusée (Cass. soc. 21-9-2017 n° 16-20.426 FS-PB). Toutefois, les objectifs d'un **salarié de nationalité étrangère** peuvent être rédigés dans sa langue (Cass. soc. 24-6-2015 n° 14.13-829 FS-PB). 57925

Information du salarié Les objectifs doivent être portés à la connaissance du salarié en **début d'exercice** (Cass. soc. 2-3-2011 n° 08-44.977 FP-PB) sauf si des circonstances particulières rendent impossible la fixation de ces objectifs à cette date, ce que le juge doit contrôler (Cass. soc. 21-9-2017 n° 16-20.426 FS-PB). 57930

L'employeur doit **communiquer** au salarié les données servant de **base au calcul** de sa rémunération. À défaut, ce dernier ne peut pas en vérifier la justesse. Il a été jugé, en ce cas, qu'il pouvait **prendre acte de la rupture** de son contrat de travail aux torts de l'employeur (Cass. soc. 18-6-2008 n° 07-41.910 F-PBRI). Malgré l'évolution de la jurisprudence en matière de prise d'acte et de résiliation judiciaire du contrat (n° 4555), cette solution conserve, à notre sens, sa valeur sous réserve que l'omission de l'employeur puisse être considérée comme un manquement empêchant la poursuite du contrat. Voir également en ce sens n° 57950 dans le cas de défaut de fixation d'objectifs annuels.

FIXATION CONJOINTE PAR L'EMPLOYEUR ET LE SALARIÉ

Les principes concernant les caractéristiques des objectifs et l'information des salariés avant leur mise en œuvre (n°s 57920 s.) valent également lorsque les objectifs sont fixés ensemble par l'employeur et le salarié. S'y ajoutent les obligations résultant du contrat lui-même. 57950

DÉFAUT DE FIXATION DES OBJECTIFS

Lorsque la part variable de la rémunération dépend de la réalisation d'objectifs **fixés unilatéralement** par l'employeur, cette part doit être intégralement versée au salarié, si l'employeur n'a ni précisé les objectifs à réaliser, ni fixé des conditions de calcul vérifiables de cette rémunération et si le contrat de travail ne mentionne aucune période de référence (Cass. soc. 10-7-2013 n° 12-17.921 F-D). Elle doit dans ce cas être versée **à hauteur** du bonus cible maximum (Cass. soc. 25-11-2020 n° 19-17.246 F-D). Sur le montant de la part variable dans le cas où le contrat prévoit leur fixation annuelle d'un **commun accord** entre l'employeur et le salarié, voir n° 58360. 57970

L'absence de fixation des objectifs, que leur détermination relève de l'employeur (Cass. soc. 29-06-2011 n° 09-65.710 FS-PB) ou d'un commun accord, peut constituer, par exemple, en raison de l'importance des sommes en jeu, un **manquement** empêchant la poursuite du contrat de travail et justifier sa résiliation judiciaire (Cass. soc. 19-11-2014 n° 13-22.686 F-D) ou la prise d'acte de sa rupture par le salarié (Cass. soc. 15-12-2021 n° 19-20.978 FS-B) aux torts de l'employeur.

2. RESPECT DU SMIC ET DES MINIMA CONVENTIONNELS

SMIC

Sous certaines réserves, l'obligation de respecter le Smic vaut quelles que soient les stipulations du contrat de travail et quel que soit le mode de rémunération (n°s 1350 s.). 58050

Mais quelle est la portée exacte de l'obligation pour l'employeur de respecter le Smic dans le cas des rémunérations variables ? Signifie-t-elle que la partie fixe du salaire doit être au moins égale au Smic, la partie variable ne pouvant que s'ajouter à celui-ci ? Ou est-ce la somme « fixe + variable » qui doit atteindre le Smic ?

La jurisprudence, à propos de gueltes versées à des vendeurs – mais la solution peut être élargie à l'ensemble des rémunérations proportionnelles au chiffre d'affaires –, s'est prononcée pour la seconde solution (n° 1920). Dès lors que son versement présente un caractère obligatoire pour l'employeur, la part variable de la rémunération entre dans le salaire à comparer au Smic. Les conséquences pratiques de cette règle sont les suivantes :
– le contrat de travail peut prévoir une partie fixe d'un montant inférieur au Smic ;
– mais chaque fois qu'au titre d'un mois donné la rémunération du salarié, part variable comprise, n'atteint pas le Smic, l'employeur doit lui verser un complément de rémunération à hauteur de celui-ci.

Sur les sanctions applicables en cas de **non-respect** du Smic, voir n° 2060.

SALAIRES MINIMA CONVENTIONNELS

58070 Lorsque la convention ou l'accord collectif applicable fixe des salaires minima pour chaque niveau de qualification, l'employeur doit les respecter. Comme pour le Smic, la question se pose de savoir si la partie variable doit entrer dans la **rémunération à comparer au minimum** conventionnel.

Sauf disposition contractuelle ou conventionnelle expresse contraire, toutes les sommes dont le versement est lié à l'exécution de la prestation du travail doivent être prises en compte pour apprécier si les salariés perçoivent bien le minimum conventionnel (n°s 2570 s.).

3. PAIEMENT

58150 Pour le paiement de la rémunération variable, plusieurs cas de figure peuvent être envisagés qui vont du paiement anticipé au paiement différé en passant par le paiement sous condition.

Le **paiement anticipé,** souvent partiel, au cours de la période de référence, n'est pas sans risque pour l'employeur si à la fin de la période considérée le salarié n'a pas atteint ses objectifs. En effet, la faculté d'obtenir une **restitution** du variable déjà versé est limitée à une retenue sur salaire plafonnée à 10 % maximum du salaire (n° 14970).

Le paiement de la rémunération variable peut être soumis à conditions, par exemple à l'**exécution de la commande** et à l'**encaissement du prix.** Cette condition, communément appelée « clause de bonne fin ou de paiement », est étudiée n°s 58190 s.

Le **paiement différé,** quant à lui, est strictement encadré (voir ci-dessous à propos de la stipulation d'une condition de présence).

VERSEMENT DE LA RÉMUNÉRATION VARIABLE SOUS CONDITION

58160 Si le contrat de travail peut assortir le versement d'une partie variable de la rémunération de certaines conditions, encore faut-il que celles-ci ne portent pas atteinte aux **libertés et droits fondamentaux du salarié** (par exemple, à sa liberté de démissionner : Cass. soc. 15-5-2007 n° 06-41.499 FS-D ; CA Paris 23-4-2003).

Une prime variable versée au salarié **en contrepartie de son activité** s'acquiert au prorata du temps de présence dans l'entreprise, ainsi en cas de départ en cours d'année, elle n'est due qu'au prorata temporis, même si l'objectif fixé est atteint au jour du départ (Cass. soc. 9-2-2022 n° 20-12.611 F-D).

L'ouverture du droit à un élément de la rémunération peut être soumise à une **condition de présence** à la date de son échéance, c'est-à-dire à la date à laquelle les conditions de son exigibilité sont remplies, dès lors que son application dépend d'éléments qui sont, pour partie, étrangers à la **volonté de l'employeur.** Ainsi, il est possible de subordonner le droit aux commissions pour ouverture de chantier à la présence effective du salarié dans l'entreprise à la date de l'ouverture (Cass. soc. 7-1-1992 n° 88-43.269 P).

Cependant, le **droit à rémunération** afférent à une période donnée est acquis lorsque cette période a été intégralement travaillée sans pouvoir être soumis à une condition de présence du salarié à la date, postérieure, de son versement (Cass. soc. 3-4-2007 n° 05-45.110 F-D ; 8-7-2020 n° 18-21.945 F-D). Cette solution n'interdit pas de prévoir une date de versement d'un élément de rémunération postérieure à celle de son acquisition, mais l'employeur ne peut pas s'en prévaloir pour refuser le paiement de cet élément à un salarié qui aurait quitté l'entreprise entre sa date d'acquisition et sa date de versement.

EXEMPLE

Un salarié ayant atteint les objectifs fixés au titre d'une année N quittant l'entreprise en janvier de l'année N + 1 avant la date fixée pour le versement du solde de la partie variable de sa rémunération afférent à l'année N a droit à l'intégralité de ce solde, l'année N ayant été intégralement travaillée.

L'application d'une clause de versement d'un élément de rémunération sous condition peut être **écartée** si le salarié rapporte la preuve : 58170
– soit de la réduction de sa rémunération à un montant inférieur au minimum légal ou conventionnel de sa catégorie (Cass. soc. 7-1-1992 nº 88-43.269 P ; 19-7-1995 nº 92-40.638 D) ;
– soit d'une faute de l'employeur ayant empêché la réalisation de l'une des conditions d'exigibilité (Cass. soc. 7-1-1992 précité). Voir également ci-après nº 58200, à propos de l'application des clauses dites « de bonne fin ».

C'est au salarié qui réclame le paiement de commissions de **prouver** la réalité des opérations y donnant droit qu'il a réalisées (Cass. soc. 31-3-1999 nº 97-40.637 D). Toutefois, lorsque le calcul de la rémunération dépend d'**éléments détenus par l'employeur,** c'est à lui de les produire en vue d'une discussion contradictoire (Cass. soc. 18-12-2001 nº 99-43.538 FS-PB ; 1-3-2017 nº 15-28.198 F-D). 58180

CONSEIL

Pour limiter les contentieux sur le sujet, il peut être judicieux de prévoir dans le contrat de travail une clause d'**arrêté de comptes périodiques.** La Cour de cassation admet ce type de clause sous réserve que le mécanisme contractuel permette au salarié de formuler, dans un délai suffisant, ses observations sur les relevés qui lui sont adressés (nº 80160, b).

CLAUSE DE BONNE FIN

Le contrat de travail peut subordonner le versement au salarié de sa part variable du chiffre d'affaires généré par un contrat signé avec un client à l'encaissement par l'entreprise des sommes correspondantes. Une telle clause, dite « clause de bonne fin », est licite dès lors qu'elle ne prive le salarié que d'un **droit éventuel** et non d'un droit acquis au paiement d'une rémunération. Cette solution conduit, en particulier, à écarter le versement de commissions au-delà de la **cessation du contrat de travail** lorsque le montant de celles-ci n'est ni définitivement connu ni d'ores et déjà acquis (Cass. soc. 30-11-2011 nº 09-43.183 FS-PB). 58190

En cas de **cession de l'entreprise,** le cessionnaire, devenu nouvel employeur en application de l'article L 1224-1 du Code du travail, est tenu au paiement des commissions dès lors qu'il a recouvré le montant des factures, même si les commandes ont été prises par le salarié avant la cession (Cass. soc. 24-1-1989 nº 85-43.572 P).

S'il peut être contractuellement prévu que les commandes non menées à bonne fin n'ouvrent pas droit à commission, c'est à la condition que ce soit sans **faute de l'employeur** et sans que le salarié soit privé des commissions qui lui sont dues sur des contrats effectivement réalisés (Cass. soc. 25-3-2009 nº 07-43.587 F-D ; 11-5-2017 nº 16-10.914 F-D). 58200

Pour des représentants de commerce, mais ces solutions paraissent transposables à d'autres catégories de salariés payés à la commission, il a été jugé que :
– l'inexécution ou le défaut de paiement des sommes trouve son origine dans une défaillance ou une faute de l'employeur dans les cas suivants : difficultés entre l'employeur et ses fournisseurs (Cass. soc. 8-10-1981 nº 79-41.290 ; 19-12-2018 nº 13-26.940 F-D) ; mauvaise gestion de l'entreprise (Cass. soc. 28-2-1980 nº 78-40.915) ; résiliation de sa commande par le client suite à une modification par l'employeur des conditions de vente (Cass. soc. 24-4-1963 nº 62-40.344) ; ordres menés à bonne fin et ultérieurement annulés, les articles livrés ne correspondant pas à la commande (Cass. soc. 18-12-1973 nº 72-40.393). En pareil cas, les commissions sont dues au salarié ;
– une clause de bonne fin peut résulter d'un **usage** pratiqué dans l'entreprise.

ATTENTION

Est nulle la **clause** de bonne fin prévoyant un **décommissionnement automatique** pour les commandes non payées dans les 30 jours, quel que soit le motif du défaut de paiement du client, et **excluant tout recommissionnement,** même en cas de paiement ultérieur (Cass. soc. 25-3-2009 nº 07-43.587 F-D).

B. Modification

La situation diffère selon que la rémunération dont la modification est envisagée trouve sa source, en tout ou partie, dans le contrat de travail. Sur la **notion de modification de la rémunération contractuelle,** voir nº 4550. 58300

Sur la modification de la rémunération dans le cadre d'un **accord de performance collective,** voir nº 68520.

RÉMUNÉRATION CONTRACTUELLE

58320 Lorsque la rémunération résulte d'un accord contractuel, elle ne peut être modifiée ni dans son montant ni dans sa structure sans l'accord du salarié, peu importe qu'elle ne soit pas négativement affectée ou que l'employeur prétende que le nouveau mode serait plus avantageux (nº 4555).

Ces principes valent pour les rémunérations variables. Ainsi, par exemple, la modification de la seule **partie variable** du salaire nécessite l'accord du salarié (Cass. soc. 16-2-1999 nº 96-45.013 D ; 8-1-2002 nº 99-44.467 FS-P) de même que l'**attribution de stock-options** au lieu du versement d'une partie de la rémunération variable (Cass. soc. 29-6-2011 nº 09-67.492 FP-PB) ou la **suppression** de la partie variable dans le cadre d'une promotion assortie d'une **augmentation** corrélative du **salaire fixe** (Cass. soc. 8-6-2016 nº 15-10.116 F-D).

> **Précisions** **a.** L'employeur doit aussi obtenir l'accord du salarié s'il entend modifier un **aspect de la relation de travail** relevant en principe de son pouvoir de direction, mais susceptible d'avoir un **impact** sur le **montant de la rémunération** variable. Ainsi jugé à propos d'un changement d'attributions, en l'occurrence la nomination d'un chef des ventes, adjoint à la direction commerciale, au poste de chef d'établissement (Cass. soc. 6-12-2007 nº 05-45.502 F-D) ou de la modification d'une zone de prospection d'un commercial (Cass. soc. 10-4-2013 nº 12-10.193 F-D).
> **b.** La Cour de cassation a toutefois apporté un tempérament à l'exigence de l'accord du salarié lorsque ses **objectifs,** en application du contrat, sont **définis unilatéralement** par l'employeur dans le cadre de son pouvoir de direction, par exemple dans le cadre de plans annuels de rémunération variable. En ce cas, celui-ci peut les modifier sous réserve que soient respectés les principes exposés nº 57920 et l'obligation d'information du salarié visée nº 57930. Ainsi, malgré l'impact de cette modification sur la rémunération variable, dès lors que ces conditions sont satisfaites, l'accord du salarié n'est pas requis (Cass. soc. 2-3-2011 nº 08-44.977 FS-PB).

58330 La modification unilatérale de la rémunération contractuelle par l'employeur ne justifie cependant pas la **résiliation judiciaire** du contrat de travail à ses torts ou la **prise d'acte** de la rupture de son contrat de travail par le salarié sauf si elle est de nature à empêcher la poursuite du contrat de travail (nº 4555).

Ainsi, la baisse du taux de commissionnement d'un VRP sur la vente de certains matériels, alors qu'il avait antérieurement refusé de signer l'avenant contractuel correspondant, ne justifie pas la résiliation judiciaire du contrat aux torts de l'employeur si cette modification n'affecte que faiblement la rémunération du salarié (Cass. soc. 12-6-2014 nº 12-29.063 FS-PB).

58340 **Clause de variabilité des rémunérations** Une clause du contrat de travail ne peut pas autoriser l'employeur à **modifier unilatéralement** la rémunération contractuelle du salarié (nº 4550). Est donc nulle la clause réservant à l'employeur le droit de modifier à tout moment le taux et les modalités de la partie variable du salaire (Cass. soc. 27-2-2001 nº 99-40.219 F-P). L'évolution de la rémunération variable ne peut, en effet, dépendre de la seule volonté de l'employeur (Cass. soc. 9-5-2019 nº 17-27.448 FS-PB).

En revanche, le contrat peut contenir une clause de variabilité de la rémunération dans le temps, la validité de ces clauses étant toutefois encadrée.

Cette clause est licite si elle est fondée sur des **éléments objectifs** indépendants de la volonté de l'employeur, ne fait pas porter le **risque de l'entreprise** sur le salarié et n'a pas pour effet de réduire la rémunération en dessous des **minima** légaux et conventionnels (Cass. soc. 2-7-2002 nº 00-13.111 FS-PB ; 4-3-2003 nº 01-41.864 F-D ; 20-4-2005 nºs 03-43.696 F-D et 03-43.734 F-D).

> **Précisions** L'exigence d'**objectivité** s'oppose à la fixation de critères trop généraux, reposant sur des éléments difficilement ou non vérifiables. Par exemple, est privée d'effet la clause autorisant l'employeur à modifier la partie variable du salaire en fonction de l'évolution du marché et de la marque, sans autres précisions (Cass. soc. 30-5-2000 nº 97-45.058 FS-PB).
> L'interdiction de faire peser sur le salarié les **risques inhérents à l'entreprise** paraît s'opposer à une stipulation autorisant, par exemple, l'employeur à faire varier le salaire en cas de déficit de gestion ou d'inventaire. Mais on observera que de telles clauses sont d'ores et déjà dépourvues d'effet en application de la jurisprudence interdisant à l'employeur d'engager la responsabilité civile du salarié, hors le cas de faute lourde (Cass. soc. 23-1-1992 nº 88-43.275 PF).
> Les critères posés par la Cour de cassation sont en revanche respectés lorsque la clause prévoit que la partie variable de la rémunération du salarié sera constituée d'un pourcentage sur le chiffre d'affaires (exemple : 0,5 % sur le chiffre d'affaires jusqu'à X ; 0,8 % de X à Y ; 1 % à partir de Y...).
> Est valide la clause du contrat de travail d'un VRP prévoyant que ses commissions sont calculées sur la base du chiffre d'affaires net des commandes passées par son intermédiaire, après prise en compte des remises consenties en fin d'année par l'employeur aux clients, la variation de la rémunération résultant de ces remises étant proportionnelle à celle du chiffre d'affaires de la société (Cass. soc. 5-3-2014 nº 12-25.035 FS-D).

Clause de « rendez-vous » La clause dite « de rendez-vous » fixe la rémunération variable pour une année donnée et prévoit qu'au titre des années suivantes elle sera fixée d'un **commun accord** entre l'employeur et le salarié. 58360

Cette clause emporte l'obligation pour l'employeur de proposer de nouveaux objectifs au salarié. Sur les conséquences d'un défaut de fixation des objectifs, voir n° 57970.

Elle est valable, mais il convient d'en mesurer correctement la portée en l'**absence d'accord** des parties sur le montant de la partie variable :

– dans ce cas, l'employeur ne peut pas refuser de verser la partie variable prévue au contrat au motif qu'aucun accord n'est intervenu entre les parties pour en fixer le montant ;

– il ne peut pas davantage déterminer unilatéralement la partie variable. Il incombe alors aux juges du fond de le faire en fonction des critères visés au contrat et des accords conclus les années précédentes (Cass. soc. 13-7-2004 n° 02-14.140 FS-PB ; 15-12-2009 n° 08-44.563 FS-D).

› Précisions Les règles dégagées par la jurisprudence à propos de la clause de rendez-vous sont aussi applicables lorsque le contrat de travail prévoit que la rémunération du salarié comportera une partie variable, sans en **fixer les modalités de calcul.** Ainsi, il appartient au juge de fixer les conditions d'attribution du variable dû au salarié en présence d'un contrat de travail prévoyant, sans autre précision, que l'intéressé bénéficiera :
– d'un intéressement annuel personnalisé (bonus) déterminé en fonction de la progression des résultats financiers de la société et du degré de réalisation de ses performances individuelles (Cass. soc. 1-7-1997 n° 94-41.856 D) ;
– ou d'une rémunération variable « selon le système en vigueur » dans l'entreprise (Cass. soc. 22-2-2000 n° 97-43.465 P ; 4-6-2009 n° 07-43.198 FS-PB).

RÉMUNÉRATION NON CONTRACTUALISÉE

Lorsqu'un élément de rémunération variable résulte exclusivement d'un **accord collectif,** il peut être modifié ou supprimé, sans l'accord du salarié, du fait de la dénonciation, de la mise en cause ou de la révision de cet accord collectif. 58380

Lorsque la rémunération variable est exclusivement issue d'un **usage** ou d'un **engagement unilatéral** à durée indéterminée, elle peut aussi être modifiée ou supprimée sans l'accord du salarié sous réserve d'une dénonciation régulière opérée selon les modalités exposées aux n°s 4420 s. Sur l'incidence de la demande d'accord du salarié lors de la mise en place d'un nouveau système de rémunération, voir n° 4555, a.

C. Situations affectant la paie en cours de contrat

Est abordée ci-après l'incidence de la perception d'une rémunération variable au regard du calcul de l'indemnité de congés payés ou du maintien de tout ou partie du salaire en cas de maladie ou maternité. 58460

Le chômage des **jours fériés ordinaires ou du 1er mai** ne pouvant être la cause d'une réduction de salaire, le maintien de la rémunération s'étend à la partie variable du salaire. Sur les modalités de calcul de la rémunération due à ce titre, voir n° 60940.

De même, selon une jurisprudence constante, les **représentants du personnel** ne doivent pas subir de perte de rémunération du fait de l'exercice de leur mission. Cette règle s'applique aussi bien au salaire fixe qu'à la partie variable due, le cas échéant : voir nos 79170 s.

Sur la rémunération due au salarié en cas de **transfert d'entreprise,** voir nos 70300 s. (étude d'ensemble) et 58190 (commissions soumises à une clause de bonne fin).

CONGÉS PAYÉS

L'application aux salariés percevant des rémunérations variables des principes de calcul de l'indemnité de congés payés soulève trois questions : 58480

– comment calculer l'absence pour congés payés ?

– l'employeur doit-il inclure la partie variable de la rémunération du salarié dans l'assiette de calcul de l'indemnité ?

– concernant la règle du maintien du salaire (n° 59680), quelle rémunération maintenir ?

Il est possible d'**inclure les congés payés dans les commissions** du salarié sous certaines conditions. Voir sur ce point les solutions données, à propos des représentants de commerce, nos 80780 s.

58485 **Calcul de l'absence** Pour valoriser l'absence pour congés du salarié, seule la partie fixe de la rémunération doit, à notre sens, être prise en compte. En effet, le salarié ne travaillant pas – ou travaillant peu – le mois où il prend ses congés, il ne génère pas – ou génère peu – de commissions à percevoir le mois suivant.

58490 **Assiette de l'indemnité de congés payés** L'élément à considérer pour déterminer l'assiette de l'indemnité de congés payés n'est pas la périodicité du paiement de la partie variable, mais le point de savoir si celle-ci est ou non affectée par la prise des congés payés.

Entre dans l'assiette de calcul de l'indemnité la part variable de la rémunération d'un salarié dès lors qu'elle est assise sur les résultats **produits par le travail personnel** de l'intéressé, nécessairement affectés pendant la période de congés, peu important qu'elle soit calculée en fonction des résultats de l'entreprise et payée à l'année (Cass. soc. 24-9-2014 nº 12-28.965 FS-PB) ou qu'elle soit calculée annuellement et versée sous forme d'avances mensuelles (Cass. soc. 23-11-2016 nº 15-19.475 F-D).

En revanche, si la rémunération variable, payée pour l'année, n'est **pas affectée par la prise de congés** payés, elle est exclue de l'assiette de calcul de l'indemnité de congés payés. Tel est le cas de la rémunération variable dépendant uniquement de la performance de l'entreprise et de la notation du salarié (Cass. soc. 6-11-2019 nº 18-10.367 F-D).

Sur l'indemnité de congés payés des **VRP,** voir nºs 80680 s.

58500 **Règle de maintien du salaire** Lorsque la rémunération que le salarié aurait perçue s'il avait continué à travailler est plus élevée que celle calculée en application de la règle du 10e, c'est la première qui doit lui être versée (nº 59680).

L'application de cette règle paraît cependant peu adaptée aux salariés percevant des rémunérations variables.

L'option pour la règle du maintien du salaire **commissions incluses** soulève des difficultés pratiques, le mode de calcul des commissions à maintenir n'étant pas précisé. Plusieurs méthodes peuvent être utilisées en pratique sachant que **ni l'administration ni la jurisprudence** ne se sont prononcées sur cette question :

– méthode nº 1 : maintien des commissions du mois précédent. Cette méthode est conforme à la règle du maintien ;

– méthode nº 2 : moyenne des commissions des 12 mois précédents. Cette solution pourra, dans certains cas, se justifier en pratique ;

– méthode nº 3 : consiste à retenir 1/10e des commissions perçues sur la période de référence. Cette méthode qui aboutit à un mélange de la règle du maintien (pour le calcul du salaire fixe maintenu) et de la règle de 1/10e pour les commissions semble peu logique.

EXEMPLE

Soit un salarié, percevant une rémunération composée d'un fixe et de commissions, en congé du 3-7-2023 au 13-7-2023, soit 10 jours ouvrables.

Son salaire fixe est de 2 000 €.

Il a perçu 11 100 € de commissions sur la période de référence, soit du 1-6-2022 au 31-5-2023, et 11 300 € sur les 12 mois précédents, soit du 1-7-2022 au 30-6-2023.

La paie de juin (mois précédant les congés) est composée du salaire fixe de 2 000 € auquel s'ajoutent les commissions du mois de mai payées en juin, s'élevant par hypothèse à 1 300 €.

La paie de juillet est composée du salaire fixe correspondant à la période travaillée auquel s'ajoutent les commissions de juin payées au mois de juillet s'élevant par hypothèse à 1 000 € et l'indemnité de congés payés.

L'application de la **règle du 1/10e** de la rémunération totale sur la période de référence (1-6-2022 au 31-5-2023) pour le calcul de l'indemnité de congés payés conduit au résultat suivant :

Indemnité de congés payés pour 10 jours de congé = [(salaire fixe + commissions de la période de référence/10)] × 10/30, soit ici : [(24 000 + 11 100)/10] × 10/30 = 1 170 €. Le salaire du mois de juillet s'établit à : [2 000 – 880 (salaire fixe correspondant à la période de congés payés : l'absence du salarié est valorisée en jours ouvrables, soit 2 000/25 × 10)] + 1 000 (commissions) + 1 170 (indemnité de congés payés) = 2 970 €.

Le tableau ci-dessous récapitule les résultats des différentes méthodes susceptibles d'être utilisées pour la règle du maintien du salaire.

Méthode retenue	Méthode n° 1 : maintien des commissions du mois précédent	Méthode n° 2 : calcul sur la moyenne de celles des 12 mois précédents	Méthode n° 3 : 1/10e des commissions perçues sur la période de référence
Application	À notre avis, le montant mensuel de référence doit être affecté du rapport nombre de jours de congé/jours ouvrables du mois, soit ici 10/25.		Le 1/10e doit être affecté du rapport jours de congé/30 jours, soit ici 10/30.
Paie de juin	Salaire fixe : 2 000 € ; commissions de mai payées en juin : 1 300 €		
Paie de juillet	Salaire fixe : 2 000 € ; commissions de juin payées en juillet : 1 000 €		
Salaire fixe maintenu	2 000 × nombre de jours de congé/jours ouvrables du mois = 2 000 × 10/25 = 800 €		
Commissions maintenues	1 300 € × 10/25 = 520 €	(11 300/12 = 941,67) × 10/25 = 376,67 €	[11 100/10)] × 10/30 = 370 €
Indemnité de congés payés	800 + 520 = 1 320 €	800 + 376,67 = 1 176,67 €	800 + 370 = 1 170 €
Total salaire de juillet	[2 000 – 800 (salaire fixe correspondant à la période de congés payés)] + 1 000 (commissions) + 1 320 (indemnité de congés payés) = 3 520 €	[2 000 – 800 (salaire fixe correspondant à la période de congés payés)] + 1 000 (commissions) + 1 176,67 (indemnité de congés payés) = 3 376,67 €	[2 000 – 800 (salaire fixe correspondant à la période de congés payés)] + 1 000 (commissions) + 1 170 (indemnité de congés payés) = 3 370 €

Dans notre exemple, retenir les commissions du mois précédent est le plus favorable car elles sont élevées mais cela pourra varier selon les cas. En tout état de cause, la comparaison avec le 1/10e de la rémunération totale (c'est-à-dire fixe + commissions) reste impérative.

RÉDUCTION DU TEMPS DE TRAVAIL

Sauf disposition spécifique de l'accord collectif de travail relative aux modalités du maintien du salaire en cas de réduction de la durée du travail, le salarié ne peut subir aucune perte de salaire au titre de la prise de jours de réduction de temps de travail. Dès lors, en l'absence d'une telle disposition, la part variable de la rémunération étroitement liée à l'activité du salarié et à ses performances doit être intégrée dans l'assiette de **calcul de l'indemnité** de jours de réduction du temps de travail (Cass. soc. 28-3-2018 n° 16-27.641 FS-PB). 58520

CONSEIL

Les jours de RTT n'étant pas des jours de congés payés, la règle du 1/10e ne leur est, en particulier, pas applicable. Mais si l'accord de réduction du temps de travail ne précise pas le calcul de la rémunération des jours de RTT, il semble que la règle de principe posée par l'arrêt ci-dessus aboutisse en pratique à le rapprocher du maintien de salaire des congés payés. Dans ces conditions, dans le silence de l'accord, retenir la moyenne des commissions des 12 mois précédents pour valoriser ces jours pourrait être une solution.

MALADIE

La question du salaire à maintenir en cas de maladie soulève les mêmes problèmes que ceux rencontrés pour le calcul de l'indemnité de congés payés. 58530

Dans le cas où la **convention collective** applicable précise les éléments de la rémunération à maintenir et/ou ceux qui ne doivent pas l'être, la réponse est simple : il faut respecter les dispositions conventionnelles. Par exemple, si la convention n'exclut pas la part variable de la rémunération de l'assiette de calcul de l'indemnité complémentaire due en cas de maladie, elle doit y être incluse (Cass. soc. 19-5-2009 n° 07-45.692 F-PB ; 17-10-2012 n° 11-20.257 FS-D ; 29-9-2021 n° 20-11.663 F-D).

À défaut de dispositions conventionnelles, l'administration préconise de retenir comme salaire de référence soit celui de la période de paie précédant l'absence, soit un salaire moyen perçu au cours d'une période plus longue, le trimestre, par exemple (Circ. du 27-6-1978). La jurisprudence a retenu, à propos des absences pour congé de maternité, des principes similaires : voir n° 58540.

Sur les obligations de l'employeur en cas d'**inaptitude** du salarié, voir n° 62820.

CONSEIL

Il peut être utile de régler la question de la rémunération à maintenir dans le contrat de travail afin d'éviter les difficultés pratiques si la convention collective est muette ou imprécise en ce domaine.

MATERNITÉ

58540 Pendant son congé de maternité, la salariée a droit à des indemnités journalières de sécurité sociale si elle en remplit les conditions d'attribution. L'employeur n'est pas légalement tenu de la rémunérer mais de nombreuses conventions collectives prévoient le **maintien** de tout ou partie **du salaire** pendant cette période. Dans ce cas, tout va dépendre de la rédaction de la convention collective. Si la convention collective stipule que le salarié a droit au maintien intégral de ses appointements mensuels, la part variable de la rémunération doit être prise en compte (Cass. soc. 25-11-2020 nº 19-12.665 F-PB). En l'absence de précision de la convention collective sur la période de référence à prendre en considération, il convient de retenir une base de calcul permettant de lisser les écarts de variable (par exemple, les 12 derniers mois plutôt que les 3 derniers mois : Cass. soc. 5-6-2019 nº 18-12.862 FS-PB).

D. Rupture du contrat de travail

58620 La rupture du contrat de travail d'un salarié percevant une rémunération variable pose deux types de questions.

La **rémunération variable** est parfois **différée,** c'est-à-dire que le contrat de travail prévoit que son versement n'intervient que lorsque certaines conditions, dites « d'exigibilité », sont réunies (c'est en particulier le cas de la clause dite « de bonne fin »). Sur les conséquences de l'application de ces clauses en cas de cessation du contrat de travail, voir nº 58190.

L'autre question réside dans le **calcul des indemnités de rupture.** Une fois acquis le principe selon lequel les éléments variables de la rémunération doivent être pris en compte dans l'assiette de l'indemnité compensatrice de préavis et de licenciement, reste à savoir, en l'absence de toute précision légale sur le sujet, sur quelle période les prendre en compte. Sur cette question, voir nºs 63460 (indemnité légale de licenciement), 63640 s. (indemnité conventionnelle de licenciement) et 66200 (indemnité compensatrice de préavis).

E. Régime social et fiscal

58630 Les rémunérations variables sont assujetties, comme l'ensemble des salaires, aux **cotisations et contributions sociales** suivantes : cotisations ou contributions solidarité autonomie, Fnal, dialogue social, chômage, AGS, retraite complémentaire Agirc-Arrco, formation et alternance (contributions à la formation professionnelle, CPF-CDD, supplémentaire à l'apprentissage et taxe d'apprentissage), versement mobilité et participation-construction.

Elles sont également imposables à l'**impôt sur le revenu** dans la catégorie des traitements et salaires et entrent dans le Montant net imposable du **bulletin de paie.**

Pour le **prélèvement à la source** (PAS), l'employeur qui ne dispose pas d'un taux personnalisé doit, dans le cas où ces rémunérations sont versées selon une périodicité autre que mensuelle, ajuster la grille des taux par défaut selon les modalités exposées nºs 35515 s.

58640 La **DSN** impose la déclaration du contrat du salarié tous les mois jusqu'à la rupture de ce dernier. Dans l'hypothèse où le salarié est rémunéré sur la base de **commissions versées trimestriellement,** l'employeur doit déclarer le contrat en DSN, y compris pour les mois où l'intéressé ne perçoit pas de commissions.

Il doit donc mentionner une paie égale à zéro afin de signifier que le salarié est toujours en activité mais sans perception de commissions.

Les règles à retenir pour ces mois-là, données à propos des VRP multicartes, nous paraissent valoir pour d'autres catégories de salariés placés dans une situation comparable, voir nº 82750.

PARTIE 4

Situations particulières

Sont étudiées dans cette partie, sous l'angle de la législation du travail et des prélèvements fiscaux et sociaux, les différentes situations susceptibles de se rencontrer pendant la durée du contrat de travail (préavis compris) et ayant une incidence sur le traitement de la paie. **59120**

Certaines des situations abordées concernent tous les salariés et toutes les entreprises. C'est le cas notamment des congés payés, des jours fériés ou de la journée de solidarité. D'autres, sans toucher nécessairement tous les salariés, font néanmoins partie de la gestion quotidienne de l'entreprise. Il en va ainsi, par exemple, des arrêts de travail pour maladie, maternité ou paternité, des congés de formation, de la période de préavis et des sommes versées à la cessation du contrat.

D'autres, enfin, sont plus particulièrement liées à la situation économique ou sociale de l'entreprise, comme la mise en activité partielle, le déclenchement d'un conflit collectif ou l'application d'un accord de performance collective. Toutes ces situations ont toutefois en commun de ne pas être attachées à l'application d'un statut ou d'un régime particulier (travail à temps partiel, contrat à durée déterminée, dirigeants de société…). Ces statuts ou régimes particuliers sont étudiés n°s 74400 s.

CHAPITRE 1 CONGÉS PAYÉS

SOMMAIRE

SECTION 1
DURÉE DES CONGÉS PAYÉS 59160
SECTION 2
DÉCOMPTE DES JOURS DE CONGÉS PAYÉS 59200
SECTION 3
CALCUL ET PAIEMENT DES INDEMNITÉS 59300
I. Indemnité de congés payés 59350
A. Modes de calcul 59350
B. Détermination du montant à verser 59460
1. Règle du dixième 59460
a. Éléments inclus dans l'assiette de calcul 59510
b. Éléments exclus de l'assiette de calcul 59580
2. Règle du maintien du salaire 59680
3. Exemples de calcul 59750
4. Sort des congés non pris 59770
5. Incidence de la maladie ou de l'accident du salarié 59850
C. Paiement de l'indemnité 59950
II. Indemnité compensatrice de congés payés 60070
A. Conditions d'attribution 60090
B. Calcul et paiement 60200
SECTION 4
RÉGIMES SOCIAL ET FISCAL DES INDEMNITÉS 60310
A. Indemnité de congés payés 60330
1. Régime social 60330
2. Régime fiscal 60450
a. Impôt sur le revenu 60460
b. Impôt sur les résultats 60480
B. Indemnité compensatrice 60620

La prise des congés payés acquis par le salarié en raison de l'exercice de son activité dans l'entreprise donne lieu au versement par l'employeur d'une **indemnité** destinée à compenser la perte de salaire qui résulte de cette absence. 59150

Par ailleurs, en cas de départ du salarié de l'entreprise avant qu'il ait pu bénéficier de l'intégralité du congé acquis, ou dans certaines situations particulières, l'intéressé bénéficie d'une **indemnité compensatrice** de congés payés.

Les développements qui suivent sont consacrés au calcul de la **durée** des congés payés, au **décompte** des jours de congés payés, aux modalités de **calcul** et de **paiement** des indemnités de congés payés et au **régime social et fiscal** de ces sommes.

La réglementation des **caisses de congés payés,** qui se substituent aux employeurs dans certaines professions pour le paiement aux salariés de leurs indemnités de congés payés, n'est abordée dans cet ouvrage que sous l'angle de la détermination du débiteur des prélèvements sociaux et fiscaux dus sur ces indemnités.

Le régime des **chèques-vacances** est étudié n°s 52950 s. et les particularités relatives aux indemnités de congés payés de certaines **catégories de salariés** sont étudiées par ailleurs : salariés à temps partiel (n° 74720), en contrat à durée déterminée (n° 76020), VRP (n°s 80660 s.), travailleurs à domicile (n° 87170), journalistes (n° 88200).

> **Précisions** Le **non-respect des dispositions** du Code du travail relatives aux congés payés est passible de l'**amende** prévue pour les contraventions de 5e classe, prononcée autant de fois qu'il y a de salariés concernés par l'infraction (C. trav. art. R 3143-1). Sur le montant des amendes, voir annexes n° 96470.

SECTION 1
DURÉE DES CONGÉS PAYÉS

PÉRIODE D'ACQUISITION DES CONGÉS

59160 Tout salarié acquiert des congés payés en fonction du nombre de jours travaillés chez le même employeur au cours d'une période d'acquisition des congés, dite « période de référence ». Cette période est fixée par **accord** d'entreprise ou d'établissement ou, à défaut, par accord de branche (C. trav. art. L 3141-10, 1°). **À défaut** d'accord, la période de référence est fixée du 1er juin de l'année précédente au 31 mai de l'année en cours (C. trav. art. L 3141-11 et R 3141-4, al. 1). Pour les congés 2023, elle va du 1-6-2022 au 31-5-2023.

DÉTERMINATION DU TEMPS DE TRAVAIL DE RÉFÉRENCE

59165 **Travail effectif chez le même employeur** La durée des congés payés est calculée en tenant compte du travail effectivement accompli par le salarié dans l'entreprise au cours de la période de référence (n° 59160), même s'il s'agit d'une **période d'essai ou de préavis.** Est considérée comme journée de travail effectif toute journée durant laquelle le travail convenu a été fourni, cette notion s'appréciant indépendamment de l'**horaire** pratiqué par le salarié (Rép. David : AN 27-3-1952 p. 1597).

Sauf dispositions conventionnelles contraires (Cass. soc. 3-11-2005 n° 03-45.838 FS-P) ou assimilation à du travail effectif (n° 59170), les **périodes d'absence** du salarié ne sont pas retenues pour calculer la durée de ses congés payés. Il en est ainsi des absences suivantes : maladie (Cass. soc. 10-12-2014 n° 13-17.743 F-D), cure thermale, maladie professionnelle ou accident du travail au-delà d'un an, grève, mise à pied, congé de reclassement excédant le préavis.

Il en est de même des **congés** suivants, dès lors qu'ils sont exercés à temps plein : congé pour enfant malade, en vue d'une adoption à l'étranger, de présence parentale, parental d'éducation, de solidarité familiale, de proche aidant, de création ou reprise d'entreprise, sabbatique, sans solde, d'acquisition de la nationalité, de solidarité internationale.

Les absences du salarié ne peuvent pas entraîner de réduction des droits à congés plus que proportionnelle à leur durée (C. trav. art. L 3141-6).

> **Précisions** **a.** La période de **préavis** est considérée comme correspondant à du travail effectif, même lorsque le salarié a été dispensé de l'exécuter (Cass. soc. 24-11-1992 n° 90-42.764 P).
> **b.** En principe, le travail du salarié doit être effectué chez le **même employeur** (C. trav. art. L 3141-3, al. 1). Toutefois, en cas de modification de la situation juridique de l'entreprise, les salariés **transférés** au nouvel employeur en application de l'article L 1224-1 du Code du travail conservent les droits à congés payés acquis chez le précédent employeur (Cass. soc. 6-2-1996 n° 92-42.013 D). Ce n'est pas le cas si la modification intervient dans le cadre d'une **procédure collective** (Cass. soc. 19-2-1992 n° 89-45.112 P) ou si la substitution d'employeurs intervient sans qu'il y ait de **convention entre eux** comme en cas de changement de prestataire (n° 70120) ou de succession sans interruption de locataires-gérants (Cass. soc. 18-6-2002 n° 00-44.134 F-D). Dans ces cas, le nouvel employeur n'est tenu qu'à indemniser les congés correspondant à la période postérieure au transfert.
> **c.** À défaut de dispositions conventionnelles expresses en ce sens, la seule indemnisation d'une absence pour **maladie** ne permet pas de l'assimiler à du travail effectif (Cass. soc. 8-6-1994 n° 90-43.014 D).
> **d.** En cas de licenciement nul, le salarié peut prétendre à ses droits à des congés payés au titre de la période d'éviction comprise entre la date du **licenciement** et celle de sa réintégration, sauf s'il a occupé un autre emploi pendant cette période (Cass. soc. 1-12-2021 n° 19-24.766 FP-BR ; 1-3-2023 n° 21-16.008 F-B), position conforme à la jurisprudence européenne (CJUE 25-6-2020 aff. 762/18 et aff. 37/19).

59170 **Absences assimilées à du travail effectif** Sont considérées comme périodes de travail effectif pour le calcul de la durée du congé les périodes suivantes (C. trav. art. L 3141-5) :
- congés payés de l'année précédente ;
- congé de maternité, de paternité et d'accueil de l'enfant et d'adoption ;
- repos compensateurs au titre des heures supplémentaires ;
- jours de repos acquis au titre de la réduction du temps du travail ;
- accident du travail ou maladie professionnelle dans la limite d'un an pour les salariés du privé (Cass. soc. 2-6-2016 n° 15-11.422 F-D), mais sans limite pour ceux employés par un employeur privé gérant un service public (Cass. soc. 22-6-2016 n° 15-20.111 FS-PBRI), cette assimilation s'appliquant y compris si le salarié a cessé d'envoyer ses arrêts de travail (Cass. soc.

24-10-1996 nº 93-44.792 D), en cas de rechute (Cass. soc. 4-12-2001 nº 99-45.911 FS-PF) et d'accidents de trajet (Cass. soc. 3-7-2012 nº 08-44.834 FP-PB) ;
– rappel ou maintien au service national à un titre quelconque.

> Précisions Sont également assimilés à du travail effectif (liste non exhaustive) :
– les jours fériés chômés (Rép. Gravoille : AN 18-9-1951 p. 7441) ;
– les absences ou congés pour **raisons familiales ou de santé** suivantes : congés pour événements familiaux, y compris congé de deuil (C. trav. art. L 3142-2) ; absence des femmes enceintes, de leur conjoint, concubin ou partenaire de Pacs et absences des femmes engagées dans un parcours d'assistance médicale à la procréation pour se rendre aux examens médicaux obligatoires (C. trav. art. L 1225-16) ; absence pour don d'ovocytes (CSP art. L 1244-5) ;
– les absences ou congés pour **activités associatives, civiques, sociales, politiques ou militantes** : temps de formation et de mission du conseiller du salarié lors de l'entretien préalable au licenciement (C. trav. art. L1232-12 et L 1232-9) ; autorisation d'absence pour les candidats à une fonction parlementaire (C. trav. art. L 3142-82) ou pour les élus locaux (conseillers municipaux : CCT art. L 2123-7, généraux : art. L 3123-5, régionaux : art. L 4135-5) ; temps passé hors de l'entreprise par les administrateurs salariés des organismes de sécurité sociale (CSS art. L 231-9), par les élus aux chambres d'agriculture (C. rur. art. L 515-3), par les représentants d'associations familiales (CASF art. L 211-13, al. 5) ou par les représentants d'associations ou de mutuelles (C. trav. art. L 3142-62) ; temps de missions et de formation des sapeurs-pompiers volontaires (CSI art. L 723-14) ; participation à l'appel de préparation à la défense (C. trav. art. L 3142-97) ; service dans la réserve opérationnelle (C. trav. art. L 3142-91), la réserve civile de la police nationale (CSI art. L 411-13, al. 2), la réserve de sécurité civile (CSI art. L 724-9), la réserve de protection judiciaire de la jeunesse (Loi 2021-1900 du 30-12-2021 art. 189 : JO 31), ou le corps de réserve sanitaire (CSP art. L 3133-4) ; participation aux séances du Conseil de l'Ordre par les professions médicales (CSP art. L 4125-3), les pharmaciens (CSP art. L 4233-4), les infirmiers (CSP art. L 4312-9) et les masseurs-kinésithérapeutes (CSP art. L 4321-19) ;
– les absences pour **activités prud'homales** : congé de formation des conseillers prud'homaux (C. trav. art. L 1442-2) et temps consacré à leur mission (C. trav. art. L 1442-6), temps de mission et de formation du salarié exerçant une fonction de défenseur syndical (C. trav. art. L 1453-6 et L 1453-7, al 2) ;
– les congés de **formation** suivants : congé de transition professionnelle (nºs 72710 s.), validation des acquis de l'expérience (C. trav. art. L 6422-3), congé de formation économique, sociale, environnementale et syndicale (C. trav. art. L 2145-10), congé de formation économique des élus au CSE (C. trav. art. L 2315-63), congé de formation des cadres et animateurs pour la jeunesse (C. trav. art. L 3142-55), congé de formation des administrateurs de mutuelle (C. trav. art. L 3142-37) ;
– les absences liées à des **difficultés économiques** : totalité des heures chômées au titre de l'activité partielle indemnisées ou non (C. trav. art. R 5122-11) et selon nous de l'APLD, période postérieure à la date de jugement en cas de redressement judiciaire (Cass. soc. 3-7-1979 nº 78-11.059 P).

MODALITÉS DE CALCUL

Décompte du temps de travail effectif Le salarié a droit à un congé légal de 2,5 **jours ouvrables** par mois de travail effectif, plafonné à 30 jours ouvrables (5 semaines) par an (C. trav. art. L 3141-3). Des congés supplémentaires peuvent lui être accordés (nº 59185). 59175
Ainsi, un salarié qui a travaillé pendant la **totalité de la période de référence** (nº 59160) a droit, au minimum, à un congé annuel de 5 semaines. Pour les salariés **partiellement absents** et dont les absences n'ont pas été prises en compte pour le calcul des congés payés, un système d'équivalences en semaines (ou en jours) est mis en place pour calculer la durée du congé (voir nº 59180).

Lorsque le nombre de jours de congés acquis n'est **pas un nombre entier,** la durée du congé est portée au nombre entier immédiatement supérieur (C. trav. art. L 3141-7). Cette règle de l'arrondi s'applique sur la totalité des congés acquis sur l'année et non sur une fraction de ceux-ci (Cass. soc. 15-5-2014 nº 12-27.319 F-D). Ainsi, le calcul arrondi doit être effectué à la fin de la période de référence, mais aussi en cas de départ du salarié de l'entreprise.

À condition de ne pas léser le salarié, le calcul des congés payés peut être effectué en **jours ouvrés.** Dans ce cas, le salarié bénéficie de 2,08 jours ouvrés par mois de travail effectif, plafonnés à 25 jours par an. Sur les notions de jours ouvrables et ouvrés, voir nº 59200.

> Précisions **a.** Les salariés **à temps partiel** ont les mêmes droits à congés que les salariés à temps plein (10-5-2001 nº 99-42.566 F-D) : le nombre de jours de congés n'est pas réduit proportionnellement à leur horaire de travail ; ainsi, un salarié à mi-temps acquiert 2,5 jours de congés par mois et non 1,25 jour. Corrélativement, on déduit un jour de congé pour chaque journée d'absence, y compris celui ou ceux où il est censé ne pas travailler (voir nº 59230 a).
b. Le salarié en contrat à durée indéterminée qui **travaille moins d'un mois** au cours de la période de référence (pour les salariés en CDD, voir nº 76300) a droit en principe à un congé calculé au prorata du temps de travail accompli. L'application de cette règle conduit à ouvrir un

droit à un jour de congé au salarié ayant travaillé une seule journée, voire quelques heures. Ainsi, un salarié qui quitte l'entreprise le vendredi 2-6-2023 au soir devrait bénéficier d'un jour de congé payé au titre de la période de référence du 1-6-2023 au 31-5-2024.

c. Ne peuvent pas être **déduits du congé annuel,** y compris par accord collectif, les jours de maladie, de chômage, les congés de maternité, de paternité et d'accueil de l'enfant ou d'adoption, les périodes obligatoires d'instruction militaire, les périodes de préavis, les absences autorisées (C. trav. art. D 3141-3). Par exemple, un salarié absent 20 jours ne peut voir son droit à congés réduit à 30 – 20 = 10 jours. En revanche, ces périodes peuvent influer sur le calcul de la durée des congés : voir n°s 59165 s.

59180 **Équivalences** Est **équivalente à un mois de travail effectif** pour la détermination de la durée du congé toute période de 4 semaines ou, si le calcul est plus favorable au salarié, de 20 jours de travail si l'horaire est réparti sur 5 jours de la semaine, de 22 jours s'il est réparti sur 5,5 jours et de 24 jours s'il est réparti sur 6 jours (C. trav. art. L 3141-4).

Ainsi, le salarié ayant travaillé 48 semaines (4 × 12) ou 240, 264 ou 288 jours, selon que l'horaire hebdomadaire de travail est réparti sur 5 jours, 5 jours et demi ou 6 jours, au cours de la période de référence (n° 59160), a droit à la totalité de ses congés payés. Autrement dit, les absences non assimilées à du travail effectif qui sont inférieures ou égales à 4 semaines ou à 20 (ou 22 ou 24) jours pendant toute la période de référence ne réduisent pas la durée du congé légal annuel.

Dans la mesure où le congé est acquis dès le premier jour de travail, il faut, selon nous, retenir non seulement les mois complets mais également les **fractions de mois** pour calculer la durée des congés.

Concrètement, pour chaque salarié, il convient de calculer le nombre de périodes de 4 semaines travaillées ou de 20, 22 ou 24 jours, en conservant la décimale, de multiplier ce nombre par 2,5 jours ouvrables (ou 2,08 jours ouvrés) et d'arrondir le nombre obtenu à l'entier supérieur.

EXEMPLES

1. Soit un salarié travaillant 5 jours par semaine. Du 1-6-2021 au 31-5-2022, il a été absent 15 jours pour maladie professionnelle (3 semaines), 10 jours pour maladie non professionnelle (2 semaines) et a pris un congé sans solde de 20 jours (4 semaines). Au total, les jours d'absence pour maladie professionnelle étant assimilés à du travail effectif doivent être déduits seulement 30 jours des 260 jours (52 semaines × 5) de l'année ou 6 semaines des 52 semaines.

Calcul du congé en « équivalent jours » : le salarié totalise 230 jours travaillés (260 – 30). Il a droit à 230/20, soit 11,5 périodes de 20 jours × 2,5 = 28,75 arrondis à 29 jours ouvrables.

On obtient le même résultat si on calcule en « équivalent semaines » (52 – 6) : 46/4, soit 11,5 périodes de 4 semaines × 2,5.

2. Soit un salarié travaillant 5 jours par semaine, du lundi au vendredi, embauché le 1-4-2023 dans une entreprise où les jours fériés sont chômés (en l'occurrence les 10 avril [lundi de Pâques], 1er mai, 8 mai, 18 mai [Ascension] et 29 mai [lundi de Pentecôte], ces jours étant assimilés à du travail effectif) et ayant pris un congé sans solde du 24 au 28 avril inclus (soit 5 jours) et le vendredi 19 mai. Au 31-5-2023, le salarié aura travaillé 37 jours sur la période d'acquisition des congés 2023.

Calcul du congé en « équivalent jours » : le salarié a droit à 37/20, soit 1,85 période de 20 jours × 2,5 = 4,62 arrondis à 5 jours ouvrables.

On obtient le même résultat si on calcule en « équivalent semaines », c'est-à-dire en divisant les 37 jours de travail d'abord par 5 pour obtenir le nombre de semaines, puis par 4 pour obtenir le nombre de mois : 37/5/4 = 1,85 période de 4 semaines.

CONGÉS SUPPLÉMENTAIRES

59185 La **loi** prévoit des congés supplémentaires :

– pour **enfants à charge** dans les conditions prévues par l'article L 3141-8 du Code du travail ;

– en cas de **fractionnement** du congé principal dans les conditions prévues par un accord d'entreprise, d'établissement ou, à défaut, de branche ou, en l'absence d'accord, par l'article L 3141-23 du Code du travail.

De même, les salariés ou apprentis de **moins de 21 ans** au 30 avril de l'année précédente ont droit à 30 jours ouvrables de congé dans les conditions prévues par l'article L 3164-9 du Code du travail.

Enfin, les **conventions ou accords collectifs,** les **contrats** de travail ou les **usages** peuvent assurer des congés plus longs que le congé légal (C. trav. art. L 3141-9). Un accord d'entreprise, d'établissement ou, à défaut, de branche peut ainsi majorer la durée du congé en raison de l'âge, de l'ancienneté ou du handicap (C. trav. art. L 3141-10, 2°).

› Précisions En principe, les congés conventionnels ne peuvent pas se **cumuler** avec les congés légaux, le salarié ayant seulement la faculté de choisir la modalité qui lui est globalement la plus favorable (Cass. soc. 3-12-1996 n° 93-43.976 D). Le cumul est toutefois possible lorsque ces congés n'ont pas la même cause ou le même objet (en ce sens, Cass. soc. 11-5-2022 n° 21-11.240). Tel est le cas d'un avantage conventionnel consistant en une majoration de l'indemnité de congés payés en fonction de l'ancienneté avec possibilité, sous conditions, pour le salarié d'opter pour une prise effective de jours de congés supplémentaires (Cass. soc. 6-10-2010 n° 09-42.769 FS-PB).

SECTION 2

DÉCOMPTE DES JOURS DE CONGÉS PAYÉS

En principe effectué en **jours ouvrables,** le décompte des jours de congés peut l'être également en **jours ouvrés,** à condition de ne pas léser le salarié. 59200

Le décompte **par heures** n'est en revanche pas admis (Cass. soc. 11-3-1998 n° 96-16.553 D). Sauf dispositions conventionnelles, usages contraires ou accord entre les parties, les congés ne devraient pas non plus pouvoir être décomptés par **demi-journées** (Cass. soc. 19-11-1997 n° 95-40.932 P).

On appelle **jour ouvrable** tous les jours de la semaine sauf :
- le jour consacré au repos hebdomadaire (généralement le dimanche) ;
- les jours reconnus fériés par la loi et habituellement chômés dans l'entreprise.

En cas de répartition de l'horaire hebdomadaire sur 5 jours, le 6e jour de la semaine non travaillé (souvent le samedi ou le lundi) reste un jour ouvrable.

Les **jours ouvrés** sont les jours normalement travaillés dans l'entreprise (le plus souvent du lundi au vendredi ou du mardi au samedi).

DÉCOMPTE EN JOURS OUVRABLES

Le décompte des jours de congés s'effectue sur la base du nombre de jours ouvrables inclus dans la période d'absence choisie. Le **premier jour ouvrable** de congés est le premier jour où le salarié aurait dû travailler et non le jour non travaillé en raison de la répartition de l'horaire de travail sur moins de 6 jours. 59230

En revanche, tous les autres jours ouvrables compris dans la période d'absence doivent être décomptés, même s'ils correspondent à une **journée non travaillée** dans l'entreprise (Cass. soc. 18-1-2006 n° 04-41.746 F-P).

Concrètement, lorsqu'un salarié **travaillant du lundi au vendredi** part en vacances une semaine civile, il prend 6 jours ouvrables de congés (hors jour férié chômé), le premier samedi n'étant pas décompté, contrairement au second.

› Précisions **a.** Les **salariés à temps partiel** ont les mêmes droits que les salariés à temps plein (Cass. soc. 10-5-2001 n° 99-42.566 F-D). Ainsi, les salariés qui travaillent 4 jours ou moins par semaine se voient appliquer les mêmes règles de décompte (Cass. soc. 22-2-2000 n° 97-43.515 P). Doivent donc être retenus tous les jours ouvrables (à compter du premier où ils auraient dû travailler), même ceux correspondant aux jours où ils ne travaillent pas. Par **exemple,** un salarié travaillant 2 jours et demi par semaine du lundi au mercredi matin qui part en congés du mercredi 19-7-2023 après-midi au mercredi 2-8-2023 au matin prendra 8 jours ouvrables de congés payés, le décompte commençant à compter du lundi 24-7-2023. Jugé toutefois que les jours de congés conventionnels à **caractère compensatoire** doivent être décomptés sur les seuls jours de travail (Cass. soc. 31-1-2012 n° 10-30.935 FS-PB).

b. Pour les **salariés en service continu,** doivent être considérés comme jours ouvrables tous les jours de l'année, à l'exception des 52 jours de repos hebdomadaire et des 11 jours fériés (Cass. soc. 21-5-2008 n° 06-45.600 FS-D).

c. En cas de **repos hebdomadaire par roulement,** chaque semaine civile est considérée comme comportant 6 jours ouvrables (Rép. Michel : AN 7-7-1980 p. 2923).

d. Lorsque le dernier jour de congés correspond à un jour de **modulation,** celui-ci doit être comptabilisé comme jour de congés payés (Cass. soc. 29-1-2020 n° 18-13.604 FS-PB).

DÉCOMPTE EN JOURS OUVRÉS

59250 Les règles de décompte sont **les mêmes** que pour les jours ouvrables, de sorte que le **point de départ** des congés est aussi le premier jour où le salarié aurait dû travailler.

Le calcul en jours ouvrés **doit garantir au salarié** des droits au moins égaux à ceux résultant de la loi (Cass. soc. 21-5-2008 nº 06-45.600 FS-D). La méthode de calcul importe peu dès lors que les salariés bénéficient de **25 jours ouvrés** (Cass. soc. 11-5-2016 nº 15-10.252 FS-PB). La **comparaison** s'effectue pour chaque salarié globalement sur l'ensemble de la durée du congé et non pour les différentes périodes fractionnées (Cass. soc. 30-10-1997 nº 95-41.947 D).

Concrètement, dans une entreprise où le travail est réparti sur 5 jours, une **semaine** de congés équivaut à 5 jours ouvrés, le salarié bénéficiant de 25 jours ouvrés annuels.

ATTENTION

Pour les **salariés à temps partiel** travaillant 4 jours ou moins par semaine, leurs jours d'absence résultant de l'application de ces horaires restent des jours ouvrés (Cass. soc. 12-5-2015 nº 14-10.509 FS-PB). Il en résulte par exemple qu'un salarié ne travaillant pas le mercredi prend 5 jours ouvrés s'il s'absente une semaine. Mais, par exception, il a été jugé que, lorsqu'une **convention collective** prévoit que les congés annuels sont calculés en jours ouvrés, les congés supplémentaires des salariés à **temps partiel** ne sont imputés que sur leurs seuls jours de travail effectif (Cass. soc. 23-4-1997 nº 94-40.758 D).

INCIDENCE D'UN JOUR FÉRIÉ OU D'UN PONT

59270 Un jour férié **chômé dans l'entreprise** inclus dans la période des congés n'est pas considéré comme un **jour ouvrable,** même s'il tombe un jour de la semaine non travaillé dans l'entreprise (par exemple, un samedi pour une entreprise travaillant du lundi au vendredi : Cass. soc. 13-2-1991 nº 89-45.423 P ; 24-9-2014 nº 13-10.892 F-D). Dans ce cas, soit le congé est prolongé d'un jour, soit il est décompté un jour de congé de moins. L'employeur qui refuse d'appliquer cette règle et n'accorde pas de congé supplémentaire au titre d'un jour férié met les salariés dans l'impossibilité de prendre leurs congés, ce qui doit donner lieu à paiement d'une journée supplémentaire (Cass. soc. 10-11-1998 nº 96-44.286 D).

Un jour férié normalement **travaillé dans l'entreprise** conserve le caractère de jour ouvrable et doit être décompté comme tel.

En revanche, un jour férié tombant le jour du repos hebdomadaire (souvent le **dimanche**) n'a aucune incidence sur le décompte des congés payés.

En l'absence de dispositions plus favorables, la « **journée de pont** » qui précède ou suit le jour férié est considérée comme un jour ouvrable, même si cette journée est chômée par tous les salariés dans l'établissement (Cass. soc. 3-12-1980 nº 79-41.051 P).

ATTENTION

En cas de décompte des congés en **jours ouvrés,** si un jour férié tombe un jour non ouvré (samedi ou lundi le plus souvent), deux situations doivent être distinguées :

– si le décompte des jours ouvrés est une simple transposition du décompte légal en jours ouvrables (30 jours ouvrables correspondant à 25 jours ouvrés), les salariés doivent bénéficier d'une journée supplémentaire correspondant au jour férié (Cass. soc. 12-1-1989 nº 86-40.576 D) ;

– si les salariés ont déjà droit, en application de dispositions conventionnelles, à un nombre de jours de congés supérieur à celui prévu par la loi, ce jour n'a aucune incidence sur le décompte des congés (Cass. soc. 30-10-1997 nº 95-41.947 D).

Un **jour férié chômé** qui tombe un jour ouvré ne doit pas être comptabilisé. Il en est de même du jour férié tombant un jour non habituellement travaillé par un salarié à **temps partiel.**

SECTION 3 CALCUL ET PAIEMENT DES INDEMNITÉS

59300 La loi fixe les modalités de calcul et de paiement de l'indemnité due au salarié prenant ses congés payés et de l'indemnité compensant les congés non pris en cas de départ de l'entreprise.

I. INDEMNITÉ DE CONGÉS PAYÉS

A. Modes de calcul

INDEMNITÉ TOTALE

L'indemnité de congés payés est égale au dixième de la rémunération totale perçue par le salarié au cours de la période de référence. Cette indemnité ne peut toutefois pas être inférieure à la rémunération que le salarié aurait perçue s'il avait travaillé pendant sa période de congés (C. trav. art. L 3141-24). 59350

La loi prévoit donc **deux méthodes** de calcul :
– la règle dite « du dixième » ;
– et la règle dite « du maintien du salaire ».

Ces dispositions sont d'**ordre public,** de sorte qu'elles doivent être appliquées quelle que soit l'origine des congés, légale ou conventionnelle (Cass. soc. 26-2-1997 n° 93-46.579 P ; 21-9-2017 n° 16-18.109 F-D). Des stipulations **contractuelles** ou des **usages** peuvent toutefois prévoir des indemnités d'un montant plus élevé (C. trav. art. L 3141-27).

L'employeur est tenu d'effectuer une **comparaison,** pour chaque salarié, entre les deux règles et de choisir systématiquement la plus favorable à l'intéressé.

En principe, la comparaison doit se faire à **chaque prise de congés** et donc à chaque calcul de l'indemnité. Toutefois, les congés étant pris impérativement au moins en 2 fois (puisque la 5e semaine de congés ne peut être en principe accolée aux 4 autres), il est admis de maintenir le salaire habituel et de faire la comparaison une seule fois globalement lorsque le salarié a épuisé l'intégralité de ses congés (en ce sens, Circ. DRT 13 du 30-8-1978).

CONSEIL

Pour les salariés ayant connu une réduction d'horaire pendant ou après la période de référence (**passage de temps plein à temps partiel**...) ou ayant perçu des primes, il convient de calculer l'indemnité selon la règle du dixième, celle-ci étant en pratique plus favorable que la règle du maintien de salaire. À l'inverse, la règle du maintien du salaire sera plus avantageuse en cas d'augmentation significative de la rémunération avant la prise du congé (**augmentation du salaire,** passage d'un temps partiel à un temps plein...).

La comparaison entre les deux méthodes s'applique : 59360
– même si la durée des congés est **différente de la durée légale** (C. trav. art. L 3141-24, al. 6) ;
– s'il s'agit de congés afférents à une **période de référence antérieure** à la dernière (Cass. soc. 26-11-1981 n° 79-41.952 P). Par **exemple,** si un salarié prend en juillet 2023 un reliquat de congés afférents à la période de référence du 1-6-2021 au 31-5-2022, la comparaison devra être faite entre le dixième de la rémunération perçue au cours de cette période et la règle de maintien du salaire de juillet 2023 (rapportés au nombre de jours de congés pris) ;
– si un **jour férié** prolonge les congés ; cette journée supplémentaire est alors aussi indemnisée selon le mode de calcul le plus favorable (notamment, Cass. soc. 23-5-1973 n° 71-40.815 P). À noter qu'un **jour accordé en compensation** d'un jour férié tombant au cours des congés n'a pas à être rémunéré si les salariés ont bénéficié d'une indemnité calculée selon la règle du dixième, sauf s'ils prouvent que le maintien de salaire, y compris le jour de remplacement du jour férié, leur aurait été plus favorable. En effet, le dixième de la rémunération couvre la totalité du droit à congés légal acquis par le salarié (Cass. soc. 4-5-1999 n° 97-13.725 D) ; s'agissant de l'indemnisation du jour férié, voir nos 60800 s.

Fermeture de l'entreprise dépassant la durée légale

Dans ce cas, les salariés ont droit à une indemnité journalière spéciale pour les jours ouvrables excédant les congés légaux (voir Mémento social n° 13455), d'un montant au moins égal à celui de l'indemnité journalière de congés payés, avec laquelle elle ne se confond pas (C. trav. art. L 3141-31). Sauf convention de forfait « congés payés » (n° 59980), l'employeur ne peut pas s'exonérer du paiement de cette indemnité en annualisant le salaire et en fixant son paiement par douzième (Cass. soc. 7-1-1992 n° 88-41.100 D).

INDEMNITÉ JOURNALIÈRE

Le calcul des congés payés s'effectue, dans le régime légal, en **jours ouvrables** (c'est-à-dire tous les jours de la semaine, sauf le dimanche et les jours fériés chômés). L'indemnité de 59370 congés payés est donc, en principe, calculée en jours ouvrables. Toutefois, il est possible de la calculer en **jours ouvrés** (jours travaillés dans l'entreprise), sous réserve que ce mode de calcul ne soit pas défavorable au salarié (Cass. soc. 27-3-1996 n° 92-43.655 D).

Dans un souci de simplicité, il paraît alors préférable d'adopter, pour le calcul de l'indemnité de congés payés, la même référence – jours ouvrables ou jours ouvrés – que pour la détermination de la durée du congé.

EXEMPLE

Pour 30 jours ouvrables de congés, l'indemnité journalière calculée en fonction de la règle du dixième sera égale à 1/30e de l'indemnité totale.

De même, à un congé de 25 jours ouvrés correspondra une indemnité de congés payés égale à 1/25e de l'indemnité totale par jour de congé.

Sur la détermination de l'indemnité totale lorsque la durée du congé est différente de la durée légale, voir n° 59470.

59380 **Mois incomplet** Lorsque le mois considéré comporte une **période de congés et une période de travail** effectif, il faut déterminer quelle part du salaire rémunère les congés et quelle part rémunère le travail effectif.

Selon la jurisprudence, pour déterminer les parties du salaire qui correspondent respectivement à l'indemnité de congés payés et à la rémunération du travail effectif, il convient de comparer le nombre de jours ouvrables (ou d'heures de travail) du mois considéré au nombre de jours (ou d'heures) travaillés. Ainsi, un salarié prenant 24 jours ouvrables de congés sur les 26 jours ouvrables du mois sera rémunéré en appliquant la règle du maintien du salaire, par :

– une indemnité de congés payés correspondant aux 24/26es du salaire mensuel ;
– un salaire proprement dit égal aux 2/26es de son salaire mensuel (Cour supérieure d'arbitrage 27-11-1972 ; Cass. soc. 16-1-1974 n° 72-40.681 P).

Il résulte de ce principe que :

1. Lorsqu'on applique la règle du **maintien du salaire,** l'intéressé ne peut pas percevoir, pour le mois où il prend des congés, une rémunération supérieure à celle qu'il aurait perçue s'il avait travaillé effectivement (en ce sens, Cass. soc. 8-11-1994 n° 89-42.052 D).

S'agissant du représentant du personnel qui exerce ses fonctions pendant ses congés payés, voir n° 79040 ;

2. L'application de la **règle du dixième** dans ce cas peut, en revanche, conduire à verser une rémunération supérieure au salaire mensuel (Cass. soc. 14-5-1987 n° 85-17.578 S ; 12-1-1994 n° 91-20.433 D). En effet, dans l'exemple ci-dessus, le salarié percevra :

– un salaire proprement dit égal aux 2/26es de son salaire mensuel,
– une indemnité de congés payés qui peut être supérieure aux 24/26es du salaire mensuel si la règle du dixième est plus favorable.

ATTENTION

En cas de calcul de l'indemnité de congés en **jours ouvrés,** la rémunération de la période travaillée est également calculée en jours ouvrés (Cass. soc. 4-12-1990 n° 85-41.289 P).

B. Détermination du montant à verser

1. RÈGLE DU DIXIÈME

59460 L'indemnité de congés payés est égale au dixième de la rémunération totale perçue par le salarié au cours de la période de référence pour l'acquisition des congés (C. trav. art. L 3141-24, al. 1).

La **rémunération à retenir** est celle perçue par le salarié au cours de cette période. Ainsi, pour calculer l'indemnité de congés payés d'un salarié qui prend au cours de l'été 2023 des congés acquis pendant une période de référence fixée du 1-6-2021 au 31-5-2023, la rémunération à prendre en compte est celle perçue pendant cette dernière période. Toutefois, sont exclues les sommes versées pour compenser la perte d'un avantage afférent à une période de référence antérieure (Cass. soc. 16-12-1981 n° 79-42.770 P).

La rémunération à prendre en compte s'entend de la **rémunération brute** de la période de référence, y compris l'indemnité de congés payés (Cass. soc. 5-4-1990 n° 87-45.228 D).

CONSEIL

En matière de **rappels de salaire,** il faut normalement ne prendre en compte dans l'indemnité de congés de l'année en cours que la fraction du rappel se rapportant à la période de référence. Pour le solde, il convient d'affecter à chacune des périodes de référence concernées la fraction de rappel s'y rapportant et de recalculer l'indemnité de congés qui aurait dû être versée. La différence constatée avec l'indemnité versée à l'époque doit elle-même faire l'objet d'un rappel sur indemnité de congés. **En pratique,** par souci de simplification, il semble que les employeurs puissent prendre en compte dans le calcul de l'indemnité de congés la totalité du rappel, ce qui permet d'effectuer directement le rappel sur indemnité de congés. Cette solution a d'ailleurs été validée par la Cour de cassation en matière de rappel d'indemnité d'ancienneté (Cass. soc. 6-12-1979 n° 78-41.408 P).

Le dixième de la rémunération de référence correspond au droit à congés légal acquis par le salarié (sur la base de 2,5 jours ouvrables par mois de travail). Lorsque la **durée du congé** est **différente de la durée normale,** l'indemnité est calculée proportionnellement à la durée du congé effectivement dû (C. trav. art. L 3141-24, al. 6), y compris pour les salariés dont le droit à congés est incomplet. 59470

En revanche, cette règle de proportionnalité ne joue pas pour les salariés dont l'entreprise accorde les 30 jours légaux, mais qui ont droit à des congés inférieurs, du fait notamment de leur **entrée en cours d'année** : il y a, pour eux, application normale de la règle du dixième, puisque le salaire de référence est en fait moins élevé que s'ils avaient été présents pendant toute la période de référence. S'agissant du salarié **absent** au cours de l'année, voir n° 59540.

EXEMPLES

1. Si un salarié a droit à 36 jours ouvrables de congés, l'indemnité est égale au 1/10e de la rémunération totale multiplié par le rapport 36/30es.

2. Pour un salarié entré le 1-12-2022 dans une entreprise accordant 30 jours ouvrables de congés, l'indemnité afférente aux 15 jours de congés acquis pour la période de référence du 1-6-2022 au 31-5-2023 sera égale à 1/10e des rémunérations perçues du 1-12-2022 au 31-5-2023.

Selon la loi, l'**assiette de calcul** de l'indemnité de congés payés est constituée par la rémunération totale du salarié. La prise en compte de certains éléments du salaire est expressément prévue par l'article L 3141-24 du Code du travail. 59480

Trois **principes** peuvent être dégagés de la jurisprudence : les éléments entrant dans l'assiette de calcul de l'indemnité de congés doivent avoir un caractère obligatoire pour l'employeur (Cass. soc. 29-6-1961 n° 60-40.404 P), être la contrepartie du travail effectué par le salarié et ne pas rémunérer les périodes de congés. Ainsi, les primes ou indemnités qui rémunèrent à la fois une période de travail effectif et la période de congés payés n'ont pas à entrer dans la base de calcul de l'indemnité de congés payés (en décider autrement aboutirait à les verser deux fois pour la période de congés).

Il en résulte qu'une prime de même nature (prime de rendement, d'assiduité…) pourra être incluse ou non dans le calcul selon que son versement est maintenu ou non pendant les congés. La jurisprudence rendue à propos de primes, indemnités ou gratifications diverses est exposée dans les développements qui suivent.

a. Éléments inclus dans l'assiette de calcul

PÉRIODES TRAVAILLÉES

Doivent être pris en compte dans le calcul de l'indemnité : 59510

– le **salaire brut,** avant déduction des charges sociales (Cass. soc. 5-4-1990 n° 87-45.228 D) ;

– les **majorations** pour heures supplémentaires, travail le dimanche (Cass. soc. 19-2-1981 n° 79-41.353 D) ou travail de nuit (Cass. soc. 25-1-1968 n° 66-40.557 P ; 18-12-1996 n° 94-41.184 D) ;

– les **avantages en nature** dont le salarié cesse de jouir pendant ses vacances et dont la valeur ne peut pas être inférieure à celle fixée chaque année par arrêté préfectoral (C. trav. art. L 3141-25) ;

– les **pourboires,** la base de calcul devant, pour le personnel rémunéré au pourboire, être évaluée comme en matière de sécurité sociale (nos 54540 s.) ;

– une **prime** constituée par un pourcentage sur la réalisation des objectifs personnellement assignés au salarié (Cass. soc. 19-12-1990 n° 88-40.073 D).

De même, la **prise en charge volontaire par l'employeur de la cotisation** due personnellement par le salarié à la caisse d'allocation vieillesse des experts-comptables constitue un complément de rémunération versé à l'occasion du travail, devant être inclus dans la rémunération prise en compte pour le calcul de l'indemnité de congés payés (Cass. soc. 2-3-1999 nº 96-42.541 D). Jugé dans le même sens pour des cotisations versées par l'employeur à une **mutuelle** dont le salarié est adhérent (Cass. soc. 1-3-2017 nº 15-26.943 F-D).

Sur le salaire à prendre en considération en cas de **manquement de l'employeur à ses obligations,** voir nº 63680, f.

Sur la prise en compte de la **part variable** de la rémunération d'un salarié, voir nºs 58480 s.

PRIMES

59520 Les primes et indemnités versées en complément du salaire sont prises en compte si elles sont versées en contrepartie du travail, ne rémunèrent pas un risque exceptionnel et n'indemnisent pas déjà la période des congés.

Il résulte des principes énoncés ci-dessous que des primes de même nature peuvent, le cas échéant, être exclues, si elles couvrent la période de congés payés : voir nº 59610.

Par ailleurs, il peut arriver que l'employeur instaure des primes dont il définit les conditions d'attribution, comme la **présence effective** du salarié : ainsi, ne sera pas incluse dans le calcul de l'indemnité une prime de présence dont il apparaît à l'étude des bulletins de paie qu'elle n'est versée qu'en cas de présence effective du salarié (Cass. soc. 20-5-1998 nº 96-41.546 D).

ILLUSTRATIONS

Sont inclus dans l'assiette de l'indemnité les éléments suivants :

1. Prime annuelle assise uniquement sur le salaire des périodes de travail, exclusion faite de la période de congés payés (Cass. soc. 25-3-1982 nº 80-40.589 P ; et s'agissant d'une prime de vacances : Cass. soc. 3-7-2019 nº 18-16.351 FS-PB). S'agissant de la **prime de 13ᵉ mois** incluse dans une rémunération composée uniquement de commissions, voir nº 59610 ;

2. Primes compensant une servitude de l'emploi :
– prime de soirée (Cass. soc. 7-2-1990 nº 87-41.944 D), même forfaitaire (Cass. soc. 16-10-2001 nº 99-44.464 F-D) ; prime de nuit (Cass. soc. 18-12-1996 nº 94-41.184 D),
– prime de « samedi » (Cass. soc. 3-7-1990 nº 89-40.340 P) ; prime pour travail des dimanches et jours fériés (Cass. soc. 11-2-1998 nº 95-44.887 D),
– prime d'entretien ne correspondant pas à un remboursement de frais (Cass. soc. 2-4-1987 nº 84-40.403 S),
– prime d'équipe (Cass. soc. 8-10-1987 nº 85-42.252 P),
– indemnité d'astreinte (Cass. soc. 4-7-1983 nº 81-40.819 P ; 2-3-2016 nº 14-14.919 F-D) ; prime pour heures de permanence (Cass. soc. 14-2-1996 nº 92-43.110 D),
– prime pour travaux pénibles, insalubres et dangereux (Cass. soc. 23-3-2005 nº 03-40.586 F-D) ;

3. Primes liées à la qualité du travail :
– primes de productivité ou de rendement (Cass. soc. 18-3-1960 nº 59-40.433 D), de performance (Cass. soc. 10-10-2001 nº 99-44.300 F-D) ou de résultat (Cass. soc. 12-11-2008 nº 07-41.348 F-D),
– prime d'assiduité non versée pendant la période de congés (Cass. soc. 11-6-1987 nº 84-45.122 D),
– prime de « non-accident » (Cass. soc. 13-2-2013 nº 11-23.880 FS-PB),
– prime de vol versée au personnel navigant en fonction du nombre d'heures de vol (Cass. soc. 15-11-1972 nº 71-40.538 P),
– prime d'objectif non forfaitaire, rémunérant directement l'activité du salarié au cours des périodes travaillées (Cass. soc. 30-4-2003 nº 01-41.874 F-D) ;

4. Prime d'ancienneté, dans la mesure où l'indemnité de congés payés ne peut pas être inférieure au salaire que le salarié aurait perçu s'il avait travaillé (Cass. soc. 13-6-2012 nº 10-30.590 FS-D ; 7-9-2017 nº 16-16.643 FS-PB).

INDEMNITÉS

59530 Les indemnités diverses ne correspondant pas à des remboursements de frais réellement engagés par le salarié mais allouées **en contrepartie d'une sujétion** inhérente à l'exercice des fonctions constituent un complément de rémunération à prendre en compte dans le calcul du dixième de la rémunération (notamment, Cass. soc. 1-4-1992 nº 88-42.067 P).

ILLUSTRATIONS

Doivent être prises en compte pour le calcul de l'indemnité de congés payés :
– l'indemnité de **déplacement** versée à tous les salariés, même s'ils ne se déplacent pas (Cass. soc. 21-3-1972 nº 71-40.367 P), peu importe la position de l'Urssaf en la matière (Cass. soc. 20-5-1976 nº 75-40.615 P) ;
– la prime d'**expatriation** destinée à compenser les désagréments de l'éloignement (Cass. soc. 22-11-1979 nº 77-40.643 P) ;
– la prime de **dépaysement** compensant la gêne occasionnée par les conditions de travail et de vie (Cass. soc. 30-11-1983 nº 81-41.535) ;
– l'indemnité complémentaire destinée à compenser les sujétions et les frais inhérents au **détachement** du salarié en Europe (Cass. soc. 12-2-2015 nº 13-19.866 F-D) ;

– la prime de **mission** compensant des contraintes géographiques (climat, accueil, commodités) et les conditions de travail en mer (Cass. soc. 4-2-1993 n° 89-40.473 D) ;
– l'indemnité pour **service hors métropole** et une indemnité de sujétion spéciale au titre de la localisation géographique et de la forfaitisation d'horaire (CA Versailles 14-11-1991 n° 91-3739).

RÉMUNÉRATION DES PÉRIODES NON TRAVAILLÉES

La rémunération des périodes d'absence n'est prise en compte dans le calcul de l'indemnité de congés que si ces absences sont **assimilées à du temps de travail effectif** pour le calcul de la durée des congés. C'est le cas : **59540**
– de l'indemnité de **congés de l'année précédente** (C. trav. art. L 3141-24, al. 3), y compris l'indemnité versée en cas de fermeture de l'entreprise dépassant la durée légale des congés (Cass. soc. 2-7-2002 n° 00-46.012 F-D) et celle versée au titre des congés conventionnels supplémentaires, dès lors que la convention assimile les périodes de congés payés à du travail effectif (Cass. soc. 22-6-2017 n° 14-15.135 FS-PB) ;
– des indemnités afférentes à la **contrepartie obligatoire sous forme de repos** pour heures supplémentaires visée n°s 7400 s. (C. trav. art. L 3141-24, al. 4) ;
– de la rémunération des **jours fériés** (Cass. soc. 4-1-1974 n° 72-40.674 P).

Il doit également être tenu compte de la rémunération des périodes d'absence assimilées à du travail effectif par l'article L 3141-5 du Code du travail visées n° 59170 (C. trav. art. L 3141-24, al. 5) et, selon nous, des autres périodes d'absence qui y sont assimilées par d'autres textes. Pour les autres absences rémunérées, voir n° 59600.

Entrent également dans l'assiette de l'indemnité la rémunération des **temps de pause,** dès lors que cette somme couvre une sujétion liée à l'emploi des salariés (Cass. soc. 5-11-2014 n° 13-19.818 FS-D), ainsi que la fraction du **13e mois** correspondant à un temps de pause conventionnel rémunéré (Cass. soc. 27-9-2006 n° 05-41.505 FS-D).

ATTENTION

En cas de **réintégration** après licenciement nul (n° 59165, d), on peut s'interroger sur l'inclusion de la rémunération au titre de cette période d'éviction dans l'assiette de calcul.

Lorsque les absences assimilées à du temps de travail effectif ont été **totalement rémunérées,** l'employeur retient la rémunération versée. En revanche, pour les absences assimilées à du travail effectif mais qui n'ont **pas donné lieu à maintien total** du salaire, il faut réintégrer le salaire théorique, c'est-à-dire le salaire qui aurait été perçu pendant la période en cause. En effet, l'article L 3141-24, I, 3° du Code du travail prévoit que ces absences doivent « être considérées comme ayant donné lieu à rémunération » (en ce sens, s'agissant d'un congé de maternité non indemnisé : Cass. soc. 10-11-1988 n° 86-40.863 D). **59550**

b. Éléments exclus de l'assiette de calcul

Sont exclus de l'assiette de l'indemnité les éléments ne correspondant pas au travail réellement effectué par le salarié. Là encore, quelle que soit sa dénomination, chaque élément doit être étudié au regard des **principes** énoncés n° 59480. **59580**

REMBOURSEMENTS DE FRAIS

Doivent être exclues de la base de calcul de l'indemnité les sommes ayant le caractère de remboursements de frais, c'est-à-dire correspondant à des dépenses réellement **exposées** par le salarié en raison de conditions de travail particulières lui imposant un **coût** supérieur à celui lié à la vie courante. **59590**

L'**abattement pour frais professionnels** dont bénéficient certaines catégories de salariés sur les cotisations de sécurité sociale et en matière fiscale ne peut pas être appliqué à l'assiette de calcul de l'indemnité de congés payés (Cass. soc. 2-2-1994 n° 90-40.195 D ; 22-2-1995 n° 92-44.014 D).

ILLUSTRATIONS

Sont exclues de la base de calcul de l'indemnité de congés payés :
– l'**indemnité de repas ou prime de panier** ayant pour objet de compenser le surcoût d'un repas consécutif à un déplacement (Cass. soc. 22-10-2014 n° 13-21.147 FS-D ; 17-12-2014 n° 13-14.855 FS-PB), à un travail posté, de nuit ou effectué selon des horaires atypiques (Cass. soc. 28-6-2018 n° 17-11.714 FS-PB) et les indemnités de **transport** compensant les frais de déplacement domicile – lieu de travail (Cass. soc. 11-1-2017 n° 15-23.341 FP-PBRI), peu important leur caractère forfaitaire ;
– l'indemnité pour **frais de mécanisation** attribuée aux salariés propriétaires d'un outillage spécial nécessaire au travail (Cass. soc. 25-3-1980 n° 79-40.296) ;

– l'allocation forfaitaire pour **frais de séjour** à l'étranger, représentant un remboursement de frais (Cass. soc. 29-1-1992 n° 88-42.788 D) ;
– l'indemnité d'**expatriation** destinée à compenser la différence de niveau de vie et à payer les impôts dus dans le pays d'expatriation (Cass. soc. 25-3-1998 n° 96-40.754 D).

ABSENCES RÉMUNÉRÉES

59600 Selon la jurisprudence, les sommes versées en tant que substitut du salaire à l'occasion d'une absence du salarié sont à exclure de l'assiette de calcul de l'indemnité si l'absence en cause n'est pas assimilée à du travail effectif pour le calcul des congés payés par une disposition légale ou conventionnelle. Ainsi jugé pour :
– les indemnités journalières de **maladie** (Cass. soc. 8-6-1994 n° 90-43.014 D), les indemnités conventionnelles à la charge de l'employeur (CA Paris 27-4-1988) ;
– les indemnités conventionnelles **d'intempéries** (Cass. soc. 2-2-1994 n° 89-45.551 D).

PRIMES ANNUELLES

59610 Les primes allouées globalement pour l'ensemble de l'année, période de travail et période de congés confondues, doivent être exclues du calcul de l'indemnité de congés payés (notamment, Cass. soc. 26-5-1999 n° 97-43.681 ; 24-9-2008 n° 07-40.709 FS-D). La même solution s'applique à des primes versées **trimestriellement ou semestriellement.** En effet, dès lors que le montant d'une prime n'est pas affecté par le départ en congés, elle doit être exclue (Cass. soc. 13-11-1990 n° 87-42.193 D).

Toutefois, rien ne s'oppose à ce que de telles primes soient incluses dans l'assiette en application de stipulations conventionnelles plus favorables (Rép. Le Drian 19-1-1987).

ILLUSTRATIONS

Ne **doivent pas en principe être intégrés** dans l'assiette de calcul de l'indemnité :
– le **13e mois** (notamment, Cass. soc. 2-4-1997 n° 94-41.389 D ; 8-6-2011 n° 09-71.056 FS-PB), sauf si celui-ci est inclus dans un salaire composé uniquement de **commissions,** lesquelles dépendent exclusivement de l'activité du salarié et ne rémunèrent en conséquence que les seules périodes travaillées (CA Versailles 15-2-2018 n° 15-3971) ; voir également n° 59540 à propos de la fraction du 13e mois correspondant à un temps de **pause** conventionnel rémunéré ;
– la **prime de vacances** (notamment, Cass. soc. 5-1-1978 n° 76-41.136 P ; 12-11-1987 n° 83-45.490 D), sauf si elle est calculée sur les seules périodes de travail du salarié (n° 59520, a) ;
– des **primes d'assiduité et de rendement semestrielles** allouées pour l'ensemble de l'année (Cass. soc. 3-12-1975 n° 74-40.288 P ; 6-5-1981 n° 79-41.486 D), une prime d'assiduité et de ponctualité versée pour l'année entière (Cass. soc. 26-5-1999 n° 97-43.681 D) et une prime d'efficacité semestrielle (Cass. soc. 23-11-1994 n° 93-42.326 D) ;
– une **prime d'intéressement** calculée pour l'année entière et liquidée en fin d'exercice (Cass. soc. 15-6-1978 n° 77-41.196 P ; Cass. soc. 25-10-1995 n° 91-45.502 D).

AUTRES SOMMES

59620 Doivent être exclus de la base de calcul de l'indemnité de congés payés :
– les **gratifications** bénévoles présentant un caractère exceptionnel et dont le montant et les bénéficiaires sont fixés discrétionnairement par l'employeur (Cass. soc. 14-10-2009 n° 07-45.587 FP-PBR ; 6-7-2022 n° 21-11.118 FD) ;
– le complément de rémunération **versé par une instance représentative du personnel** au salarié en congé syndical, en sus de la contribution incombant légalement à l'employeur (Cass. soc. 8-7-1992 n° 89-42.563 P) ;
– les sommes versées au titre de la **participation** ou de l'**intéressement des salariés,** ces sommes n'étant pas considérées comme des salaires (C. trav. art. L 3312-4 et L 3325-1).

2. RÈGLE DU MAINTIEN DU SALAIRE

59680 L'indemnité de congés payés ne peut pas être inférieure à la rémunération que le salarié aurait perçue s'il avait continué à travailler normalement pendant la période de ses congés. Cette rémunération est calculée en fonction du salaire gagné pendant la période précédant les congés et de la durée du travail effectif de l'établissement (C. trav. art. L 3141-24, II).

Bien entendu, la règle du maintien du salaire ne s'applique qu'aux droits à congés acquis par le salarié : si le nombre de jours de congés auxquels a droit l'intéressé est inférieur à la durée de **fermeture de l'entreprise** pour congés, le salaire ne peut être maintenu que dans la limite des droits du salarié (Cass. soc. 18-6-1986 n° 83-42.066 P).

Lorsqu'une **augmentation générale** des salaires intervient dans l'entreprise alors que le salarié est en congé, l'indemnité doit tenir compte de cette augmentation.

SALAIRE RETENU

Le salaire à prendre en considération comprend les mêmes **éléments** que ceux retenus pour l'application de la règle du dixième (n°s 59480 s.). 59690

Il convient de retenir le salaire du mois précédant les congés (exemple : salaire du mois de juillet pour un salarié prenant des congés en août). Cette règle est appliquée strictement par la Cour de cassation : par exemple, pour des salariés partant en congés en août et dont les primes de rendement avaient été réduites en juillet du fait de nombreux arrêts de travail, celle-ci a refusé que soit prise en compte la rémunération du mois de juin (Cass. soc. 14-10-1982 n° 80-41.307 D). La CJUE a pris une position différente, voir n° 59850.

Si le salarié est rémunéré à la fois par un salaire **fixe** et par un **intéressement** sur les ventes, il a droit à une indemnité de congés payés au moins égale à la rémunération totale (fixe et pourcentage sur le chiffre d'affaires) qu'il aurait reçue s'il avait travaillé (Cass. soc. 11-5-1988 n° 85-45.816 P).

Sur les modalités de calcul de l'indemnité pour les salariés percevant une **rémunération variable,** voir n°s 58480 s.

DURÉE DE TRAVAIL RETENUE

Le salaire maintenu pendant la durée des congés est déterminé en fonction de la durée de travail effectif de l'établissement au cours de la période considérée. 59700

L'horaire à retenir est donc l'horaire qui est effectivement pratiqué dans l'établissement pendant le mois où sont pris les congés. Ainsi, il faut tenir compte :
– des **heures supplémentaires** effectuées dans l'établissement pendant le mois au cours duquel le salarié est en congé, comme pendant le reste de l'année (Cass. soc. 13-10-1955 n° 2878 P), à l'exclusion de celles ayant servi à titre exceptionnel à remédier à l'absence de salariés en congé (Cass. soc. 21-10-1970 n° 69-40.611 P) ;
– des majorations pour **travail le dimanche** (Cass. soc. 19-2-1981 n° 79-41.353 D).

Cas particuliers Certaines situations ont donné lieu aux précisions suivantes : 59710

a. Fermeture de l'entreprise Dans ce cas, il a été retenu soit l'horaire pratiqué au cours de la période précédant la fermeture pour congés, plus favorable en l'espèce que la moyenne de la période de référence (Cass. crim. 15-6-1962 n° 62-90.169 P), soit l'horaire moyen pratiqué par les salariés les mois précédents (Cass. soc. 11-1-1967 n° 66-40.056 P) ;

b. Salarié ayant un horaire particulier Lorsque le salarié effectue un horaire supérieur à celui des autres, l'administration a admis que soit retenu cet horaire propre (Rép. David : AN 28-3-1952). La Cour de cassation a, en revanche, refusé que soit pris en compte l'horaire particulier exceptionnellement effectué par le salarié au cours des 4 semaines précédant les congés (Cass. soc. 4-10-1967 n° 66-40.319 P).

Pour les salariés à **temps partiel,** l'horaire retenu est celui qui leur est propre. Ainsi, pour une journée de congé conventionnelle dont il est prévu qu'elle est rémunérée au prorata du temps de présence du salarié, la rémunération ne peut être diminuée par rapport à celle que le salarié aurait perçue s'il avait travaillé (Cass. soc. 26-3-2002 n° 00-40.731 F-D) ;

c. Horaire alterné Dans le cas où les salariés effectuent un horaire différent selon les semaines, la règle du maintien du salaire doit s'appliquer en tenant compte de l'horaire réel qu'aurait effectué le salarié pendant les congés. Ainsi jugé que, lorsqu'un salarié est soumis à un horaire alterné, à savoir 33 heures une semaine et 44 heures la semaine suivante, l'employeur ne peut calculer l'indemnité de congés payés sur la base d'un horaire moyen de 38 h 50. Le salarié, en congé la semaine où il aurait effectué 44 heures de travail, doit percevoir une indemnité de congés payés calculée sur cette base (Cass. soc. 2-6-1988 n° 85-41.200 P).

Il en résulte qu'en pratique :
– lorsque le salarié prend ses congés lors d'une période de haute activité, la règle du maintien du salaire s'appliquera comme étant la plus favorable,
– lorsque les congés sont pris lors d'une période de basse activité, c'est la règle du dixième qui sera retenue (et non le maintien du salaire correspondant à l'horaire réduit s'il est moins favorable dans ce cas) ;

d. Activité partielle Lorsque le salarié part en congés au moment où est pratiqué un horaire réduit, l'indemnité de congés payés doit être calculée sur la base de la rémunération ordinaire perçue pendant les périodes de travail et non sur celle de la rémunération réduite liée à l'activité partielle (CJUE 13-12-2018 aff. 385/17) ;

e. Salariés payés à l'heure L'indemnité n'a à être versée que pour les jours ouvrés (c'est-à-dire travaillés normalement). Ainsi, lorsque l'horaire de travail est réparti sur 5 jours, une semaine de congé correspond à 6 jours ouvrables mais sera indemnisée par une indemnité correspondant aux 5 jours ouvrés (notamment, Cass. soc. 29-11-1979 n° 78-41.137 P).

3. EXEMPLES DE CALCUL

59750 Un salarié prend 12 jours ouvrables de congés en janvier 2023 (sur les 30 jours ouvrables auxquels il a droit) au cours d'un mois comportant 26 jours ouvrables, le 1er janvier étant rémunéré.

Ce salarié bénéficie, outre son salaire mensuel, d'un 13e mois versé en décembre 2022, qui ne doit pas être pris en compte pour le calcul de l'indemnité de congés payés (voir n° 59610).

1er cas. Son salaire s'établit comme suit au cours de la période de référence (1-6-2021 – 31-5-2022) :
- du 1-6-2021 au 31-12-2021 : 1 800,00 € ;
- à compter du 1-1-2022 : 1 900,00 €.

Rémunération totale de la période de référence : (1 800 € × 7) + (1 900 € × 5) = 22 100 €.

Indemnité de congés payés selon la règle du dixième : 22 100/10 = 2 210 €, soit pour 12 jours : 2 210 × 12/30 = 884 €.

Salaire proprement dit (le salarié ayant été présent 14 jours ouvrables sur 26) : 1 900 × 14/26 = 1 023,08 €.

Avec la règle du **dixième,** la somme perçue par l'intéressé pendant ses congés payés sera de 1 907,08 € (884 + 1 023,08), montant plus favorable que le maintien du salaire (1 900 €). Dans ce dernier cas, en effet, l'indemnité de congés payés aurait été de : (1 900/26) × 12 = 73,08 × 12 = 876,96 €.

2e cas. Son salaire s'établit comme suit au cours de la période de référence :
- du 1-1-2021 au 31-12-2021 : 1 700 € ;
- à compter du 1-1-2022 : 1 900 €.

Rémunération totale de la période de référence : (1 700 € × 7) + (1 900 € × 5) = 21 400 €.

Indemnité de congés payés selon la règle du dixième : 2 140 €, soit pour 12 jours : 2 140/30 × 12 = 856 €.

Salaire proprement dit (le salarié ayant été présent 14 jours ouvrables sur 26) : 1 900 × 14/26 = 1 023,08 €.

Ainsi, avec la règle du dixième, la somme à verser au salarié serait de 1 879,08 € (856 + 1 023,08).

Par conséquent, la règle du **maintien de salaire** (1 900 €), plus favorable, doit être retenue dans ce cas, l'indemnité de congés payés proprement dite s'élevant à : 1 900/26 × 12 = 73,08 × 12 = 876,96 €.

Des **modèles de bulletins de paie** figurent nos 94930 s.

4. SORT DES CONGÉS NON PRIS

59770 Selon la jurisprudence, lorsque le salarié n'a **pas pris la totalité de ses congés avant l'expiration de la période** de prise des congés, il ne peut pas recevoir une indemnité compensatrice, en raison notamment de l'impossibilité de cumuler le salaire et l'indemnité de congés payés (n° 59780) et du principe de la prise effective du congé. Toutefois, si l'impossibilité de prendre les congés est imputable à l'employeur, le salarié peut bénéficier de l'indemnisation du préjudice qui en résulte (n° 59790).

Les salariés de retour d'un **congé de maternité ou d'adoption** ont droit à leurs congés payés, quelle que soit la période de prise des congés payés applicable dans l'entreprise (C. trav. art. L 3141-2).

S'agissant de l'incidence de la **maladie** ou de l'accident sur le droit à congés, voir nos 59850 s.

Sur la portée de la **mention des congés restant dus sur le bulletin de paie,** voir n° 60100.

ATTENTION

La période minimale de congé annuel payé ne peut pas être remplacée par une **indemnité financière,** cette pratique étant jugée incompatible avec la directive 93/104 du 23-11-1993 sur le temps de travail, même en cas d'accord contractuel (CJCE 6-4-2006 aff. 124/05 ; Cass. soc. 13-6-2012 n° 11-10.929 FS-PBR).

Selon le juge européen également, les salariés de retour d'un **congé parental** doivent bénéficier des congés payés acquis avant leur départ (CJUE 22-4-2010 aff. 486/08). Cette solution, contraire à la jurisprudence française (Cass. soc. 28-1-2004 nº 01-46.314 F-PB), pourrait amener la Cour de cassation à revenir sur sa position.

Non-cumul Sauf convention plus favorable, le salarié ne peut pas, pour une même période, cumuler l'indemnité compensatrice de congés payés et son salaire, ce qui aboutirait à lui attribuer une rémunération supérieure à ce qu'il aurait perçu s'il avait travaillé (notamment, Cass. soc. 1-10-1975 nº 74-40.439 P ; 11-4-1995 nº 92-41.423 D). Ce principe a une portée générale. 59780

Faute de l'employeur Le salarié a droit à réparation du préjudice résultant de l'impossibilité où il s'est trouvé, du fait de l'employeur, d'exercer son droit à congés (notamment, Cass. soc. 11-10-1995 nº 92-41.359 D). 59790

Dans la mesure où c'est à l'employeur de prendre toutes les mesures permettant au salarié d'exercer son droit à congés (notamment, fixation de la période des congés et de l'ordre des départs, information des salariés…), il appartient à l'**employeur,** en cas de litige relatif à la prise du **congé légal** (notamment, Cass. soc. 13-6-2012 nº 11-10.929 FS-PBR ; 26-1-2017 nº 15-26.202 F-D ; 9-5-2019 nº 17-27.448 FS-PB) ou à son **report** (Cass. soc. 23-11-2016 nº 14-23.679 F-D), ou à la prise de **congés conventionnels** (Cass. soc. 21-9-2017 nº 16-18.898 FS-PB), de **prouver** qu'il a bien satisfait aux obligations imposées par la loi, c'est-à-dire qu'il a bien mis le salarié en mesure de prendre ses congés.

Sur les conséquences du refus de l'employeur d'accorder un congé supplémentaire lorsqu'un **jour férié chômé** tombe un jour ouvrable, voir nº 59270.

L'**indemnisation** dont peut bénéficier le salarié consiste en l'allocation de dommages et intérêts, dont le montant est évalué souverainement par les juges (Cass. soc. 2-7-1987 nº 85-40.605 S). Ainsi, l'employeur qui, durant plusieurs années, n'a pas accordé aux salariés les congés conventionnels supplémentaires auxquels ils avaient droit ne peut être condamné à verser une indemnité de congés en plus des dommages et intérêts alloués par le juge (Cass. soc. 27-6-1985 nº 83-40.457 S). 59800

ATTENTION

Selon le juge européen, le salarié qui n'a pas pu prendre ses congés en raison du refus de l'employeur de les lui accorder (ou de les lui indemniser) peut prétendre à un **report illimité** (CJUE 29-11-2017 aff. 214/16). Sur la jurisprudence européenne concernant la prescription de l'action du salarié, voir nº 59850.

5. INCIDENCE DE LA MALADIE OU DE L'ACCIDENT DU SALARIÉ

Le Code du travail ne comporte aucune précision relative à l'incidence d'une maladie ou d'un accident du salarié sur ses congés payés. Cette situation peut éventuellement être envisagée par la convention collective ou résulter d'un usage. Des solutions ont, en revanche, été apportées par la jurisprudence. 59850

Pour le juge français, l'incidence de la maladie est différente selon qu'elle intervient avant les congés ou pendant les congés. Ces deux situations doivent être distinguées.

ATTENTION

Cette distinction pourrait toutefois évoluer. Pour le **juge européen,** en effet, le droit à un congé payé annuel d'au moins 4 semaines prévu par la directive 2003/88 du 4-11-2003 ne peut pas être affecté par l'absence du salarié pour raisons de santé, que celle-ci soit d'origine professionnelle ou non. Il en découle que les salariés ayant été absents pour maladie ou accident au cours de la période de référence ne peuvent pas être privés de congés payés (CJUE 24-1-2012 aff. 282/10). Pour le calcul de l'indemnité, la réduction de la rémunération consécutive à l'arrêt de travail doit être neutralisée (CJUE 9-12-2021 aff. 217/20). De même, un salarié en arrêt pour maladie, avant une période de congés fixée au préalable (CJCE 10-9-2009 aff. 277/08) ou pendant cette période (CJUE 21-6-2012 aff. 78/11), ne perd pas le bénéfice de son droit à congés. Il peut en demander le **report** à un autre moment, y compris en dehors de la période de référence. Ce report peut toutefois être limité dans le temps, sous réserve, d'une part, que le délai de report dépasse substantiellement la durée de la période de référence (CJUE 22-11-2011 aff. 214/10 ; 3-5-2012 aff. 337/10) et, d'autre part, que l'employeur mette le salarié en mesure de prendre ses congés (CJUE 22-9-2022 aff. 518/20). En cas de défaillance de l'employeur, les congés non pris ne peuvent pas se perdre par l'effet de la prescription (CJUE 22-9-2022 aff. 120/21).

Nombre de ces principes se distinguent de ceux retenus par la **jurisprudence française** qui, d'une part, refuse le report des congés payés lorsque le salarié tombe malade pendant ses congés, estimant que la première cause de suspension du contrat de travail prévaut sur l'autre (nº 59860) ;

d'autre part, exclut les périodes d'absence pour maladie pour le calcul du nombre de jours de congés ou de l'indemnité de congés payés (Cass. soc. 13-3-2013 n° 11-22.285 FS-PB). Sur ce dernier point, seule une intervention du législateur permettrait une évolution du droit applicable.

MALADIE PENDANT LES CONGÉS

59860 La Cour de cassation considère, contrairement au juge européen (voir n° 59850), que le salarié qui tombe malade au cours de ses congés payés ne peut exiger de prendre ultérieurement les congés dont il n'a pu bénéficier du fait de son arrêt de travail, l'employeur s'étant acquitté de son obligation à son égard (notamment, Cass. soc. 8-11-1984 n° 82-42.372 P ; 4-12-1996 n° 93-44.907 P).

Son indemnisation s'effectue de la manière suivante (sauf dispositions conventionnelles plus favorables) :

– il bénéficie de l'**indemnité de congés payés** calculée normalement : en effet, le fait que le salarié soit malade ne saurait le priver de ses droits à indemnité de congés, dès lors que les congés sont calculés en vertu des services antérieurement acquis (notamment, Cass. ch. réun. 11-3-1953 ; Cass. soc. 19-3-1954 54-02.158 P) ;

– il bénéficie également des **indemnités journalières de la sécurité sociale,** la Cour de cassation admettant le cumul de ces indemnités avec celles de congés payés (Cass. soc. 28-10-1958 n° 57-40.086 P ; 26-11-1964 n° 64-40.165 P) ;

– en revanche, aucune **indemnité conventionnelle** de maladie n'est due (notamment, Cass. soc. 6-3-1986 n° 83-41.805 S ; 2-3-1989 n° 86-42.426 P).

En revanche, si la **convention collective** prévoit que, dans le cas où le salarié est malade pendant ses congés, il peut à son retour bénéficier du congé effectif avant une certaine date et dans le cas contraire d'une indemnité compensatrice, le salarié malade pendant ses congés payés a droit non seulement à l'indemnité compensatrice de congés payés, mais également au **complément de salaire** prévu par la convention collective en cas d'arrêt du travail pour maladie (Cass. soc. 13-3-1991 n° 87-41.918 P).

ATTENTION

La **cour d'appel de Versailles** a adopté en 2022 une **position contraire** à celle de la Cour de cassation en admettant le report. Pour elle, eu égard à la finalité qu'assigne la directive 2003/88/CE, la maladie en cours de congé annuel suspend le cours du congé, de sorte que le salarié peut prétendre au reliquat de congé après sa reprise (CA Versailles 18-5-2022 n° 19/03230).

MALADIE AVANT LES CONGÉS

59870 Deux situations sont à distinguer :

– celle où le salarié malade pendant la période où il aurait dû être en congé revient avant l'expiration de la période de prise du congé ;

– celle où le salarié reste indisponible jusqu'à expiration de cette période.

En cas de **retour avant la fin de la période des congés** dans l'entreprise, le salarié, qui a conservé son droit à congés, peut demander à en bénéficier ultérieurement. L'employeur, qui n'est pas libéré de son obligation, doit donc lui accorder la part de congés non prise du fait de l'arrêt de travail (Cass. soc. 16-2-1999 n° 96-45.364 P).

Dans la mesure où c'est à lui qu'incombe de fixer la date de prise des congés, il peut **imposer** à l'intéressé de prendre des vacances dès la fin de son indisponibilité (Cass. soc. 4-12-1996 n° 93-44.907 P) sous réserve de respecter les délais de prévenance légaux (Cass. soc. 8-7-2020 n° 18-21.681 FS-PB). En revanche, il ne peut pas obliger le salarié à prendre ses congés pendant sa maladie (Cass. soc. 31-10-2000 n° 98-23.131 FS-D).

En cas de **retour après la fin de la période des congés,** le salarié ne perd pas le droit à ces derniers. En effet, les congés acquis qui n'ont pas pu être pris au cours de l'année prévue par le Code du travail ou une convention collective en raison d'absences liées à une maladie, un accident du travail ou une maladie professionnelle doivent être **reportés** après la date de reprise du travail (Cass. soc. 24-2-2009 n° 07-44.488 FS-PB ; 25-3-2009 n° 07-43.767 F-PB). Il en est de même en cas de rechute d'un accident du travail (Cass. soc. 16-2-2012 n° 10-21.300 FS-PB).

Les modalités de report des congés ne sont toutefois pas précisées. La **période de report** des congés peut toutefois être limitée dans le temps à condition qu'elle dépasse substantiellement la durée de la période de référence (n° 59850). À **défaut de limite légale,** il n'appartient pas au juge d'en fixer une en cas de litige (Cass. soc. 21-9-2017 n° 16-24.022 FS-PBRI). Le seul délai applicable devrait donc être le délai de prescription de 3 ans calculé selon les modalités visées n° 15940.

Sauf si le contrat de travail a pris fin (Cass. soc. 24-2-2009 n° 07-43.479 FS-D), le report du congé doit être effectif, ce dernier ne pouvant pas être remplacé par une compensation financière (Cass. soc. 14-10-2009 n° 08-40.375 F-D).

ATTENTION

Cette dernière jurisprudence pourrait rendre **caduques les dispositions conventionnelles** prévoyant le versement d'une indemnité compensatrice de congés payés en faveur des salariés n'ayant pas pu prendre leurs congés à l'issue de la période fixée dans l'entreprise pour cause de maladie ou d'accident.

C. Paiement de l'indemnité

RÈGLES APPLICABLES

Le paiement des indemnités dues pour les congés payés est soumis aux règles fixées par le Code du travail pour le paiement des **salaires** (C. trav. art. D 3141-7) : voir nos 11500 s. 59950

DÉBITEUR

Le paiement de l'indemnité de congés est à la charge de l'employeur. Ainsi, dans le cas où la rémunération est composée totalement ou partiellement de **pourboires** versés par la clientèle, l'indemnité de congés payés ne peut pas être prélevée sur la masse des pourboires ou du pourcentage perçu pour le service (C. trav. art. L 3141-26). 59960

S'agissant du débiteur de l'indemnité en cas de **modification de la situation juridique de l'employeur,** voir no 70220, en cas de **sous-traitance,** voir nos 11670 s. et, pour le salarié mis à disposition d'une **filiale étrangère,** voir no 71100, b.

Il appartient à l'employeur d'apporter la **preuve** qu'il s'est libéré de son obligation en matière de congés (Cass. soc. 16-2-1987 no 84-44.825 S ; 16-6-2021 no 19-25.344 F-D ; 1-3-2023 no 21-19.497 F-D).

S'agissant de l'incidence de **l'inobservation** des règles relatives à la **rédaction des bulletins de paie** sur cette preuve, voir no 60000.

DATE DE PAIEMENT

L'indemnité de congés payés est en principe payée au salarié à terme échu, c'est-à-dire à la date normale de la paie et proportionnellement à la durée des congés pris (en ce sens, Cass. soc. 25-11-1982 no 81-15.568 P). 59970

En cas de **paiement tardif** de l'indemnité de congés, les intérêts moratoires courent à compter de la demande valant mise en demeure (Cass. soc. 17-2-1998 no 95-41.774 D).

Toutefois, rien n'interdit à l'employeur de verser l'indemnité avant la prise du congé. Certaines dispositions de **conventions collectives** prévoient d'ailleurs le versement de l'indemnité au moment du **départ en congés.** Sur les travailleurs à domicile, voir no 87170. Sur la **prescription** de l'indemnité de congés payés, voir no 15940.

INCLUSION DANS LE SALAIRE

Il est en principe possible de convenir, dans le respect des dispositions légales et conventionnelles applicables, d'une **rémunération mensuelle forfaitaire** incluant les indemnités dues en sus du salaire de base (notamment, Cass. soc. 16-12-1992 no 89-40.827 P). Cette pratique est notamment admise pour les salariés payés à la commission (Cass. soc. 17-12-1986 no 85-40.812 S ; 12-3-2002 no 99-42.993 FS-D). S'agissant des **VRP,** voir nos 80780 s. 59980

L'inclusion des congés payés dans le salaire, ou dans la seule rémunération variable (Cass. soc.13-10-2021 no 19-19.407 FS-B), est possible dans les **conditions** suivantes :

– elle ne peut pas être décidée par l'employeur seul, mais doit faire l'objet d'une **convention expresse** entre l'employeur et le salarié (Cass. soc. 2-4-1997 no 95-42.320 PFR ; 21-9-2016 no 15-11.033 F-D). En effet, l'accord du salarié ne se présume pas (Cass. soc. 3-2-1994 no 90-40.122 D) et la convention de forfait ne peut résulter d'un usage (Cass. soc. 16-1-2001 no 98-43.144 FS-D). En cas de litige, il appartient à l'employeur de **prouver** que la rémunération du salarié inclut l'indemnité de congés payés (notamment, Cass. soc. 5-6-1990 no 87-44.241 D ; 16-12-1992 no 89-40.827 P). Ni la seule mention « inclus part congés payés », portée sur les bulletins de salaire (Cass. soc. 7-1-1992 no 88-41.100 D), ni l'exécution de son travail par le salarié, sans protestation (Cass. soc. 26-5-1993 no 89-42.564 D), ni le caractère intermittent du travail et l'absence de protestation du salarié (Cass. soc. 7-12-1994 no 90-41.887 P) ne suffisent à établir cette preuve ;

– conformément à la jurisprudence européenne (CJCE 16-3-2006 aff. jointes 131/04 et 257/04), la **clause** contractuelle doit être **transparente et compréhensible** pour le salarié quant à la répartition des sommes versées (Cass. soc. 14-11-2013 no 12-14.070 FS-PBR), ce qui suppose que soit clairement distinguée la part de rémunération qui correspond au travail de celle qui correspond aux congés, et que soit précisée l'imputation de ces sommes sur un congé

déterminé, devant être effectivement pris (Cass. soc. 29-5-2019 nº 17-31.517 F-PB ; 13-10-2021 nº 19-19.407 FS-B). Pour le juge européen, ce type de clause ne doit pas, en effet, aboutir à ce que le salarié renonce à prendre ses congés, ces derniers ne pouvant pas être remplacés par une indemnité financière, sauf en cas de rupture du contrat de travail ;
– pour les salariés, le résultat ne doit pas être moins favorable que la stricte **application des règles légales et conventionnelles** (Cass. soc. 11-5-1988 nº 86-40.460 P ; 2-4-1997 nº 95-42.320 PFR ; 13-4-1999 nº 96-44.217 D).

> **Précisions** **a.** L'inclusion expresse de la seule indemnité de congés payés dans le salaire n'entraîne pas celle des indemnités distinctes dues en cas de **fermeture de l'entreprise au-delà de la durée légale des congés payés** (Cass. soc. 16-12-1992 nº 89-40.827 P). Celles-ci peuvent toutefois être incluses dans le salaire dans les mêmes conditions que l'indemnité de congés payés de droit commun (Cass. soc. 5-1-1995 nº 90-43.404 D ; 2-7-2002 nº 00-46.012 F-D).
> **b.** En cas d'**augmentation de la durée des congés** après la conclusion d'une convention de forfait, le salarié doit bénéficier d'un complément d'indemnité : en effet, la convention ne peut inclure le supplément de congés n'existant pas lors de son établissement (Cass. soc. 17-1-1996 nº 92-42.918 D).
> **c.** Il est possible d'inclure l'indemnité de congés payés afférents à la contrepartie financière de la **clause de non-concurrence** dans le montant de celle-ci, sous réserve que la clause réponde aux conditions exposées ci-dessus (Cass. soc.15-12-2021 nº 20-17.406 F-D).

BULLETIN DE PAIE

60000 Le bulletin de paie doit indiquer les **dates** des congés et le **montant** de l'indemnité correspondante lorsqu'une période de congés est comprise dans la période de paie considérée (C. trav. art. R 3243-1, 12º).

En principe, les **dates de congés** doivent figurer sur le bulletin de paie de la période au cours de laquelle ils ont été pris. Toutefois, lorsqu'elles sont fixées tardivement, la mention « Congés du… au… » peut être portée sur le bulletin de paie du mois suivant (Circ. DRT 13 du 30-8-1978).

Lorsque les congés sont rémunérés selon le **maintien du salaire,** il n'est pas nécessaire de distinguer l'indemnité de congés payés sur le bulletin de paie (Circ. DRT 13 du 30-8-1978 précitée) : on peut utiliser une formule telle que « Congés payés du… au… avec maintien du salaire ». En revanche, l'indemnité doit apparaître distinctement de la rémunération proprement dite dans le cas d'un congé pour lequel il est fait application de la **règle du dixième** (Circ. DRT 13 du 30-8-1978, précitée).

La seule **inobservation des règles** relatives à la rédaction du bulletin de paie ne permet pas de déduire que le salarié n'a pas été rempli de ses droits (Cass. soc. 16-4-1992 nº 89-42.615 D).

S'agissant de la portée de la mention sur le bulletin de paie d'un reliquat de congés, voir nº 60100. S'agissant de l'obligation, dans certains cas, de mentionner sur le bulletin de paie les **articles du Code du travail** relatifs aux congés payés, voir nºs 13320 s.

Des **modèles** de bulletins de paie figurent aux nºs 94930 s.

> **ATTENTION**
> L'employeur n'est pas tenu de faire figurer séparément sur le bulletin de paie la rémunération correspondant aux **jours fériés compris** dans une période de congés payés (Cass. soc. 4-12-1990 nº 85-41.289 P).

60010 Dans le **bâtiment et les travaux publics,** seules les dates de congés doivent être mentionnées sur le bulletin de paie. En effet, les indemnités étant directement réglées par la caisse compétente, l'employeur en ignore le montant (Lettre min. 12-4-1978).

Cette solution devrait être **transposable** dans le cadre des **autres caisses** de congés payés.

II. INDEMNITÉ COMPENSATRICE DE CONGÉS PAYÉS

60070 Lorsque le contrat de travail est rompu avant que le salarié ait pu prendre la totalité des congés auxquels il avait droit, il reçoit une indemnité compensatrice pour les congés non pris (C. trav. art. L 3141-28, al. 1).

Sauf accord des parties, l'existence d'un reliquat de congés n'a pas pour effet de retarder la date d'**expiration du contrat de travail** (Cass. soc. 20-2-1986 nº 83-41.049 P ; 3-11-1994 nº 93-41.866 D).

› Précisions Le salarié peut également percevoir une indemnité compensatrice **en dehors de toute rupture** du contrat en application de la **loi** :
– lorsqu'elle prévoit expressément le remplacement de la prise effective des congés par une indemnité, par exemple pour les gérants non salariés des succursales de maisons d'alimentation (C. trav. art. L 7322-1, al. 4). S'agissant des jours de congés épargnés sur un compte épargne-temps, voir nos 72230 s. ;
– ou lorsqu'elle permet le **report** et l'indemnisation d'une partie des congés payés au moment du départ pour création d'entreprise (C. trav. art. L 3142-121 ; no 72140) ou en congé sabbatique (C. trav. art. L 3142-35 ; no 72120).
S'agissant du versement d'une indemnité compensatrice au salarié qui n'a pas pu prendre ses congés en l'absence de rupture du contrat de travail, voir nos 59770 s., et notamment en cas de **maladie,** voir nos 59850 s.
Sur la rémunération à verser au salarié qui prend des congés **au cours du préavis,** voir no 66090.
En cas de **décès** du salarié, voir no 73450.

A. Conditions d'attribution

RUPTURE DU CONTRAT

Le versement d'une indemnité compensatrice de congés payés suppose l'existence de **congés non pris** par le salarié et, en principe, une rupture de contrat de travail, peu importe sa forme : licenciement, y compris pour faute lourde, démission, rupture de la période d'essai (Cass. soc. 11-3-1998 no 95-44.016 D), départ à la retraite, rupture anticipée ou arrivée du terme du CDD… **60090**

DROIT À CONGÉS

Congés acquis non pris L'indemnité compensatrice n'est due que si un droit à congés a été acquis (Cass. soc. 12-11-1992 no 90-45.892 P ; 1-7-1998 no 96-40.421 P). **60100**

Le **motif** pour lequel les congés n'ont pas été pris importe peu : par exemple, on ne peut pas priver le salarié de l'indemnité parce qu'il a refusé de solder ses congés avant son départ ou de les prendre par anticipation (Cass. soc. 7-11-1995 no 92-41.883 D ; 30-4-2003 no 01-40.853 F-D).
S'agissant du salarié en **contrat à durée déterminée,** voir cependant no 76300.

ATTENTION
La **mention du droit** à congés sur le **bulletin de paie** vaut reconnaissance par l'employeur que ces congés restent dus, y compris ceux acquis au titre d'une période antérieure à la période de référence en cours (Cass. soc. 30-3-1999 no 97-41.257 D ; 26-3-2014 no 12-23.634 FP-PB).

Période de référence L'indemnité compensatrice peut être due non seulement pour la période de référence **en cours,** mais également pour la période de référence **antérieure** si les congés n'ont pas été pris avant la rupture du contrat, intervenue alors que la période de prise des congés était encore ouverte (Cass. soc. 19-11-1987 no 85-41.364 D). En revanche, on ne tient pas compte de la **période de référence antérieure** au titre de laquelle le salarié n'a pas pris ses congés lorsque la période de prise de ces congés est finie, sauf si l'employeur en est responsable (Cass. soc. 20-2-1990 no 87-40.498 P). **60110**

EXEMPLE
Pour un contrat de travail prenant fin le 31-10-2023, l'indemnité compensatrice pourra être due pour les congés acquis entre le 1-6-2023 et le 31-10-2023 et également pour les congés afférents à la période du 1-6-2022 au 31-5-2023 et non encore pris. Mais pas pour les congés acquis au titre de la période du 1-6-2021 au 31-5-2022.

TROP-PERÇU

Lorsque, par suite de l'ordre des départs en congés, le salarié a perçu une indemnité d'un montant supérieur à celle à laquelle il a droit au moment de la rupture du contrat, il doit rembourser le trop-perçu à l'employeur, sauf si cette rupture est motivée par une **faute lourde de l'employeur** (C. trav. art. L 3141-29). **60120**

La Cour de cassation limite ce remboursement au seul cas où le dépassement des droits résulte de l'ordre des départs et l'exclut si la mise en congés prématurée résulte de la seule **volonté de l'employeur** (Cass. soc. 9-2-1966 no 61-40.499 P). Ainsi, en cas de **fermeture de l'entreprise** pendant une durée supérieure aux droits acquis par un salarié, la rémunération de la totalité de ce congé ne peut pas donner lieu, lors de la rupture du contrat, au remboursement d'un trop-perçu (Cass. soc. 10-7-1980 no 78-40.609 P).

B. Calcul et paiement

60200 L'indemnité compensatrice de congés payés est déterminée selon les mêmes **modalités** que l'indemnité de congés payés (C. trav. art. L 3141-28, al. 1).

Sont donc applicables les règles exposées nos 59460 s. relatives au calcul en fonction de la rémunération annuelle et du maintien du salaire, sous réserve des particularités exposées ci-après.

Les deux modes de calcul doivent également être **comparés,** le plus favorable au salarié étant retenu.

Sur le salaire à prendre en considération en cas de **manquement de l'employeur à ses obligations,** voir no 63680, f.

RÈGLE DU DIXIÈME

60210 Les éléments de rémunération pris en compte sont les mêmes que pour le calcul de l'indemnité de congés payés. En particulier, l'**indemnité de congés payés** perçue au cours d'une période de référence doit être prise en compte pour le calcul de l'indemnité compensatrice de congés payés afférente à cette période (Cass. soc. 17-2-1993 no 89-44.825 D).

En cas de versement d'un **rappel de salaire,** la part de rappel se rapportant à la période de référence doit être prise en compte (Cass. soc. 30-4-2003 no 00-44.789 F-D).

Lorsque l'indemnité compensatrice porte sur **2 périodes de référence distinctes,** le calcul doit se faire pour chaque période de référence en tenant compte de la rémunération propre à chacune. Dans ce cas, l'indemnité compensatrice de congés payés versée au titre d'une période de référence, n'indemnisant pas un temps de travail effectif, ne peut pas être prise en compte pour le calcul de l'indemnité compensatrice à verser pour la **période de référence suivante** (Cass. soc. 17-2-1993 no 89-44.825 D).

En cas de versement d'une **indemnité de non-concurrence,** celle-ci doit être prise en compte dans le calcul (Cass. soc. 28-11-2001 no 99-46.032 F-D ; 23-6-2010 no 08-70.233 F-PB).

EXEMPLE

Dans le cas d'un salarié quittant l'entreprise fin juillet 2023 et disposant d'un reliquat de congés afférent aux 2 dernières périodes, l'indemnité se calculera de la manière suivante :
– pour les congés non pris au titre de la période de référence du 1-6-2022 au 31-5-2023, on inclut dans l'assiette de l'indemnité compensatrice les indemnités de congés payés perçues au cours de la période ;
– en revanche, pour le calcul de l'indemnité compensatrice relative aux congés acquis entre le 1-6-2023 et le 31-7-2023, on ne retient pas le montant de l'indemnité compensatrice que l'on vient de calculer pour la période précédente.

RÈGLE DU MAINTIEN DU SALAIRE

60220 L'application de la règle du maintien du salaire peut apparaître délicate pour le calcul de l'indemnité compensatrice. En effet, la rémunération à prendre en compte est le salaire que l'intéressé aurait perçu s'il avait travaillé pendant la période de congés ; or, dans ce cas, il n'y a pas de prise effective du congé.

En l'absence de précisions réglementaires ou jurisprudentielles sur ce point, il semble possible, en pratique, d'appliquer l'une des deux méthodes suivantes :
– soit procéder comme si le salarié avait **pris les congés** restants **à l'issue de son préavis** et calculer l'indemnité en fonction du nombre de jours ouvrables de la période correspondante, en appliquant les principes énoncés nos 59680 s. Ainsi, par **exemple,** un salarié quittant l'entreprise fin septembre avec un reliquat de 12 jours ouvrables de congés pourra être considéré pour le calcul de l'indemnité compensatrice comme ayant pris ces 12 jours au cours du mois d'octobre ;
– soit retenir le salaire et le nombre de jours du **mois de départ,** c'est-à-dire, pour un salarié quittant l'entreprise en septembre, les données du mois de septembre.

ATTENTION

Si la première méthode semble plus conforme à l'esprit des textes, elle présente l'inconvénient d'instaurer des dates de congés fictives postérieures au départ de l'entreprise : cela peut alors nécessiter une régularisation, par exemple en cas d'augmentation générale des salaires ou de réduction de l'activité de l'entreprise.

PRÉAVIS NON EFFECTUÉ

60230 En cas de préavis non effectué **du fait du salarié** (refus d'exécution, maladie…), la durée du préavis non effectué n'est pas prise en compte dans le calcul de l'indemnité compensatrice de congés.

En cas de **dispense** de préavis par l'employeur, la période de travail non exécutée est prise en compte pour le calcul de l'indemnité compensatrice de congés payés (C. trav. art. L 1234-5, al. 2 ; n° 66190).

De même, un salarié licencié pour **faute grave** sans préavis a droit à l'indemnité compensatrice de congés payés afférente à la période de préavis lorsque le **juge** écarte la faute grave (Cass. soc. 13-6-1991 n° 89-45.798 P).

En revanche, le salarié **dispensé** d'exécuter son préavis ne peut pas cumuler l'indemnité compensatrice de préavis avec une indemnité afférente à des **congés supplémentaires conventionnels** qui auraient dû être pris pendant la période de préavis en application de la convention (Cass. soc. 3-2-1993 n° 90-44.563 D).

PAIEMENT DE L'INDEMNITÉ

L'indemnité compensatrice vient s'ajouter aux diverses indemnités éventuellement dues et au **dernier salaire** versé lors du départ définitif du salarié. L'employeur ne peut, en effet : 60240

– ni **différer** jusqu'au 1er mai, date d'ouverture de la période de prise des congés, le paiement des droits à congés acquis par un salarié dont le contrat de travail a été rompu, pour quelque cause que ce soit, avant cette date (Rép. Beaufils : AN 22-9-1986) ;

– ni la verser par **anticipation,** cette méthode pouvant aboutir à priver le salarié d'une possibilité de prendre effectivement ses congés ou à le léser en cas d'augmentation de salaire postérieure au paiement de l'indemnité (s'agissant de saisonniers la percevant chaque mois, Cass. crim. 14-5-1985 n° 84-91.215 P), sauf en cas de **dispense de préavis** (voir n° 66740).

L'indemnité compensatrice de congés payés doit figurer sur le **bulletin de paie** (Circ. DRT 17 du 24-8-1988). Pour un modèle, voir n° 94840, et sur les mentions à y porter, voir n° 60000. Sur les mentions du **solde de tout compte**, voir n° 66730.

S'agissant du **débiteur** de l'indemnité et de la preuve de son paiement, voir n° 59960.

SECTION 4 RÉGIMES SOCIAL ET FISCAL DES INDEMNITÉS

Les indemnités de congés payés ont la nature d'un salaire ; elles sont donc soumises aux charges sociales et fiscales sur salaires dans les conditions exposées ci-après, d'une part, pour l'indemnité de congés payés, d'autre part, pour l'indemnité compensatrice de congés. 60310

S'agissant de la **saisie et de la cession** des indemnités, voir nos 15120 s.

Les règles de **prescription** des indemnités sont celles des salaires : voir nos 15900 s.

A. Indemnité de congés payés

1. RÉGIME SOCIAL

COTISATIONS SOCIALES

L'indemnité de congés payés versée au salarié lorsqu'il prend ses congés est passible, comme un salaire, des cotisations de **sécurité sociale** (CSS art. L 136-1-1 et L 242-1), de la CSG et de la CRDS et des **prélèvements dont l'assiette est alignée** sur celle de ces cotisations : cotisations ou contributions solidarité autonomie, Fnal, dialogue social, chômage, AGS, retraite complémentaire Agirc-Arrco, formation et alternance (contributions à la formation professionnelle, CPF-CDD, supplémentaire à l'apprentissage et taxe d'apprentissage), versement mobilité et participation-construction. Elle entre également dans le champ de la taxe sur les salaires, sauf si elle est versée par une caisse de congés payés au personnel d'entreprises redevables de la TVA : voir n° 60380. 60330

L'assujettissement, le calcul et le versement des cotisations obéissent en principe aux conditions de droit commun. Les précisions ou particularités concernant les indemnités de congés payés sont exposées ci-après.

En ce qui concerne les indemnités destinées à compenser des frais occasionnés par le fractionnement des congés payés, voir n° 56980.

PLAFOND

60350 Sauf en cas de versement de l'indemnité de congés payés par une caisse de congés payés (voir nº 60390), les **périodes de perception de l'indemnité** légale ou conventionnelle de congés payés ne donnent pas lieu à réduction du plafond de la sécurité sociale, car elles ne constituent pas une absence non rémunérée au sens de l'article R 242-2 du Code de la sécurité sociale (BOSS-Ass. gén.-850).

En cas de **fermeture de l'entreprise** pour une durée supérieure aux droits à congés acquis par le salarié, seule la période non indemnisée par l'employeur entraînera une réduction du plafond. Sur les modalités de cette réduction, voir nºs 18055 s.

CAISSES DE CONGÉS PAYÉS

60360 **Cotisations de sécurité sociale, CSG, CRDS et contribution solidarité autonomie** Les cotisations de sécurité sociale, la CSG, la CRDS et la contribution solidarité autonomie dues au titre des périodes de congés payés sont versées par la caisse de congés payés dont relève l'employeur (CSS art. L 243-1-3, 2º).

À cet effet, celles-ci effectuent, avant la fin du mois au cours duquel les cotisations finançant les congés leur sont versées par les employeurs, un versement égal au produit du montant de ces cotisations par un taux fixé (CSS art. L 243-1-3, 2º et D 243-0-3) :

– dans le secteur du BTP en métropole à 5,09 % et dans les DOM à 3,55 % ;
– pour les autres secteurs à 3,66 %.

Les caisses de congés payés procèdent au versement des sommes dues, y compris au titre de l'ajustement visé nº 60365, selon les règles, garanties et sanctions applicables au recouvrement des cotisations de sécurité sociale (CSS art. D 243-0-5). En pratique, le versement opéré par la caisse est **exigible** aux échéances habituelles, soit le 5 ou le 15 du mois suivant celui au cours duquel les employeurs lui ont versé les cotisations dues.

› Précisions **a.** Ces règles ne s'appliquent pas aux employeurs d'artistes et techniciens **intermittents** du spectacle qui sont soumis à un régime particulier (CSS art. L 243-1-3, al. 4 et L 136-5, II).
b. La **réduction générale de cotisations patronales** applicable aux employeurs affiliés à une caisse de congés payés fait l'objet d'une formule de calcul spécifique et ne s'applique pas aux cotisations dues par les caisses de congés payés sur les indemnités de congés payés qu'elles versent : voir nº 22470.
c. Les employeurs affiliés à une caisse de congés payés peuvent, le cas échéant, bénéficier d'une **réduction des taux de cotisations d'assurance maladie ou d'allocations familiales,** sous réserve de remplir la condition de seuil de Smic exigé (voir nº 22660). Dans ce cas, le Smic à retenir est calculé sur la base de la durée légale du travail, sans prendre en compte les périodes de congés payés. En pratique, il doit donc être proratisé, de manière analogue au cas des salariés absents sans maintien de leur rémunération par le rapport entre la rémunération due par l'employeur et celle qui aurait été due si le salarié n'avait pas pris de congé (BOSS-All. gén.-2090).

60365 Le cas échéant, le versement fait l'objet d'un **ajustement,** correspondant à la différence entre :

– les cotisations et contributions sociales salariales et patronales, calculées sur les indemnités de congés payés effectivement versées au cours de chaque période annuelle de prise de congés ;
– et les versements mentionnés ci-dessus effectués par la caisse au cours de l'exercice d'acquisition des droits à congés correspondants.

L'ajustement est opéré lors de l'exigibilité des cotisations de sécurité sociale qui suit la fin de la période de prise des congés payés. Toutefois, pour les congés relatifs à ce même exercice pris au cours d'une période ultérieure, l'ajustement correspondant est versé lors de l'ajustement relatif à cette période ultérieure (CSS art. L 243-1-3, 2º et D 243-0-4).

EXEMPLE

Au titre de la période d'acquisition des congés 2022-2023 (congés acquis du 1-4-2022 au 31-3-2023, à prendre à compter du 1-5-2023), la caisse de congés payés du BTP a versé 1 000 € à l'Urssaf au titre des cotisations et contributions dues (somme correspondant à l'assiette du financement des congés payés multipliée par 5,09 %). Si, au 1-5-2024, c'est-à-dire à l'issue de la période de prise des congés payés 2022-2023, les cotisations et contributions calculées sur les indemnités effectivement versées sont de 2 000 €, l'ajustement sera égal à 1 000 € (2 000 – 1 000).

60370 **Contribution Fnal, contributions à la formation professionnelle et à l'alternance et versement mobilité** L'employeur acquitte, de manière libératoire, une **majoration** de la cotisation Fnal, des contributions à la formation professionnelle et à l'alternance (contributions à la formation professionnelle, CPF-CDD, supplémentaire à l'apprentissage et taxe d'apprentissage) et du versement mobilité calculée sur les rémunérations versées à ses salariés, à un **taux** fixé, forfaitairement, à 11,5 % (CSS art. L 243-1-3, 1° et D 243-0-2).

Cette majoration concerne les seules **rémunérations** des salariés que l'employeur est tenu de déclarer à une caisse de congés payés (Circ. Acoss 13 du 28-3-2013).

Pour calculer le montant à acquitter, l'employeur doit majorer de 11,5 % **l'assiette** afférente à ces contributions et ensuite appliquer les **taux de droit commun.** Cette règle s'applique, y compris si les cotisations sont calculées sur une **assiette forfaitaire.** Si l'application d'une **déduction** forfaitaire spécifique **pour frais** professionnels conduit à retenir l'assiette minimum visée n° 17930, la majoration doit être appliquée à cette assiette (Circ. Acoss 13 du 28-3-2013).

Le versement de l'employeur étant libératoire, aucun **remboursement** de cotisations indûment versées ne saurait être effectué sur la base de la régularisation de l'assiette de calcul de ces prélèvements qui tiendrait compte de l'application des taux de droit commun aux indemnités de congés payés versées par la caisse (Circ. Acoss 13 du 28-3-2013).

> **Précisions** **a.** Les **artistes du spectacle** bénéficient de taux réduit de cotisations : voir nos 69590 s.
> **b.** Par exception au taux de 11,5 %, le taux de majoration pour la taxe d'apprentissage et la contribution supplémentaire à l'apprentissage est fixé à 10 % pour les salariés **intermittents du spectacle** depuis le 1er janvier 2022 (CSS art. D 243-0-2, 2°).

Pour la contribution Fnal assise sur une assiette plafonnée, si le salaire du salarié excède le **plafond,** seul le montant plafonné est concerné par la majoration (Circ. Acoss 13 du 28-3-2013). 60375

EXEMPLES

1er cas. Entreprise soumise au Fnal au taux de 0,5 %

Si, en janvier 2023, l'assiette des cotisations sociales d'un salarié est de 4 000 €, l'assiette de la contribution Fnal est de 4 000 × 111,5 % = 4 460 €. L'employeur sera redevable d'une contribution égale à 4 460 × 0,5 % = 22,30 €.

2e cas. Entreprise soumise au Fnal plafonné au taux de 0,1 %

L'assiette plafonnée pour 2023 s'établit à 3 666 € (PMSS) × 111,5 % = 4 087,59 €. Si, en janvier 2023, l'assiette des cotisations sociales d'un salarié est de 3 000 €, l'assiette de la contribution Fnal est de 3 000 × 111,5 % = 3 345 €. L'employeur sera redevable d'une contribution égale à 3 345 × 0,1 % = 3,35 €.

Si, en mars 2023, l'assiette des cotisations sociales est de 3 700 €, la majoration de 11,5 % est appliquée uniquement sur l'assiette plafonnée, soit 3 666 × 111,5 % = 4 087,59 €. L'employeur sera redevable d'une contribution égale à 4 087,59 × 0,1 % = 4,09 €.

Autres prélèvements La caisse de congés payés est tenue au paiement des contributions chômage et AGS (Circ. Unédic du 4-3-1960), des cotisations Agirc-Arrco et, le cas échéant, Apec, calculées sur le montant des indemnités de congés payés qu'elle verse. 60380

Les indemnités versées par une caisse de congés payés à laquelle l'employeur est affilié à titre obligatoire doivent être comprises dans l'assiette de la **taxe sur les salaires** et de la **participation-construction** dues par l'employeur. Le montant à retenir est, en principe, celui des indemnités de congés payés que l'employeur aurait versées à ses salariés en l'absence d'affiliation obligatoire à la caisse (Avis CE 30-10-2009 n° 328015) ou, à défaut de pouvoir établir exactement ce montant, un montant évalué à 11,5 % des rémunérations brutes versées au cours de l'année d'imposition (CE 20-11-2013 nos 350093 et 350094).

S'agissant de la **taxe sur les salaires,** l'administration admet de ne pas rechercher les caisses en paiement de cette taxe qui se rapporte aux indemnités de congés payés versées aux personnels d'entreprises redevables de la TVA. Il en est ainsi, par exemple, de la caisse des congés payés du bâtiment (BOI-TPS-TS-20-20 n° 330).

Réduction du plafond Pour le calcul des cotisations plafonnées, le plafond est réduit pour tenir compte des périodes d'absence pour congés payés lorsque les indemnités correspondantes sont versées à l'assuré par une caisse de congés payés (CSS art. R 242-2). Sur les modalités de calcul du plafond réduit de la période travaillée, voir n° 18055 s. 60390

> **Précisions** **a.** Les dimanches ou jours fériés qui constituent le début et la fin des congés sont exclus du **calcul du plafond** réduit à retenir par l'employeur (Cass. soc. 10-3-1994 n° 91-20.824 P). Il en résulte que le plafond réduit à appliquer par l'employeur se calcule en fonction de la seule période travaillée, l'employeur pouvant ainsi neutraliser la totalité de la période comprise entre le dernier jour travaillé et le jour où le salarié reprend son travail. Ainsi, par **exemple,**

pour des congés payés du dimanche au dimanche au cours d'un mois comportant 31 jours, le plafond réduit est calculé comme suit : (plafond mensuel/31 jours) × (31 jours – 8 jours d'absence).

b. Dès lors que les congés payés ont été pris, le **cumul des indemnités** de congés payés versées par la caisse de congés payés **avec une rémunération** mensuelle ne fait pas obstacle à la réduction du plafond (Cass. soc. 7-12-1988 nº 86-13.409 P).

DÉCLARATION SOCIALE NOMINATIVE

60400 Les indemnités de congés payés sont à inclure dans les rémunérations à déclarer dans la déclaration sociale nominative (DSN) dans le bloc Prime, gratification et indemnité.

› Précisions a. Les modalités de déclaration des indemnités versées par les **caisses de congés payés** sont examinées nº 60450.
b. En cas de **décès du salarié,** voir nº 73450.

2. RÉGIME FISCAL

60450 Les indemnités de congés payés sont assimilées aux salaires au regard de l'impôt sur le revenu. Elles sont déductibles du résultat imposable de l'employeur comme charges de personnel et donnent lieu au prélèvement à la source de l'impôt sur le revenu.

Les modalités de leur **déclaration** sont exposées au nº 60400 pour le cas général et ci-après (Précisions) pour les indemnités versées par les caisses de congés payés.

› Précisions Lorsque les indemnités sont versées par une **caisse de congés payés,** c'est elle qui applique le prélèvement à la source de l'impôt et déclare les montants prélevés à ce titre sur les indemnités qu'elle verse aux salariés des entreprises adhérentes (BOI-BIC-DECLA-30-70-10 nº 20). Ce principe s'applique même dans les cas exceptionnels où elle verse les indemnités à l'employeur ou à un tiers, par procuration du salarié (congés payés dits « procurés »). C'est donc un montant net de prélèvement à la source qui est versé à l'employeur ou au tiers en cas de congés payés procurés, en sorte que les entreprises adhérentes n'ont pas à opérer de prélèvement à la source sur ces indemnités, qu'elles soient versées directement aux salariés ou à un tiers (net-entreprises, fiche nº 1987).

L'obligation de prélèvement à la source et de déclaration par les caisses vaut pour toutes les sommes versées aux salariés des entreprises adhérentes, y compris, dans le cas des caisses de congés payés du **bâtiment et des travaux publics,** pour les primes de vacances et, le cas échéant, les indemnités supplémentaires d'ancienneté ou les indemnités compensatrices de congés payés aux ayants droit de travailleurs décédés avant d'avoir pris leur congé (BOI-RSA-CHAMP-20-30-10-10 nº 220).

Pour déclarer les indemnités versées aux salariés des entreprises adhérentes, les caisses de congés payés utilisent, non la DSN, mais la déclaration Pasrau. Elles ne déclarent sur la DSN que les indemnités versées à leurs propres salariés (BOI-IR-PAS-30-10-10 nº 60).

En ce qui concerne les **taxes et participations** assises sur les indemnités versées par les caisses, voir nº 60380.

a. Impôt sur le revenu

60460 Quels que soient le mode de calcul de l'indemnité de congés payés (règle du dixième ou règle du maintien du salaire : voir nº 59350) et l'année de référence des congés, les indemnités de congés payés sont imposables à l'impôt sur le revenu dû au titre de l'année de leur versement, en application de l'article 12 du CGI.

C'est à la partie versante (employeur ou caisse de congés payés) qu'il incombe d'opérer le **prélèvement à la source** de l'impôt sur le revenu sur les indemnités de congés payés et de les déclarer : voir nº 60450.

b. Impôt sur les résultats

ENTREPRISES RELEVANT DES BIC OU DE L'IS

60480 Les **droits à congés acquis** par les salariés et comptabilisés à la clôture de l'exercice ainsi que les **charges sociales et fiscales correspondantes** (cotisations de sécurité sociale, CSG et CRDS, taxes et participations sur les salaires) constituent une charge fiscalement déductible des résultats de cet exercice : voir nº 60490.

Toutefois, les entreprises créées avant le 1er janvier 1987 ont pu se placer sous le **régime optionnel** de déduction des seules indemnités versées au cours de l'exercice : nº 60500.

Des règles spéciales sont prévues en cas de **fusion** de sociétés placées sous des régimes différents pour la déduction des congés payés : voir nº 60510.

Régime de droit commun L'indemnité calculée dans les conditions prévues aux articles L 3141-22 à L 3141-25 du Code du travail, qui correspond aux **droits acquis et non utilisés à la clôture de l'exercice,** est déductible des résultats imposables de l'exercice au cours duquel les droits correspondants sont acquis par les salariés. Il en est de même des charges fiscales et sociales correspondantes (CGI art. 39, 1-1° bis-al. 1). **60490**

L'entreprise doit donc constater, à la clôture de l'exercice, la charge afférente aux droits acquis de l'exercice, ainsi que les droits acquis afférents aux exercices antérieurs : le montant estimé de l'indemnité et des charges est enregistré à un compte de provisions ou de frais à payer.

En ce qui concerne le **mode de calcul** des droits acquis de l'exercice, plusieurs méthodes peuvent être utilisées par l'entreprise :
– calcul en fonction du dixième de la rémunération annuelle, qui peut être un calcul exact bénéficiaire par bénéficiaire, un calcul approximatif mensuel ou un calcul approximatif à la fin de l'exercice : voir n°s 59350 s. ;
– calcul en fonction du salaire qui sera perçu pendant le congé, qui permet notamment de tenir compte fiscalement des augmentations qui interviendront après la clôture de l'exercice, mais avant la prise du congé, dès lors que l'entreprise a pris des engagements en ce sens à la clôture de l'exercice.

En pratique, les entreprises ont recours à diverses méthodes de calcul statistique permettant d'estimer le montant de l'indemnité correspondant aux droits acquis et non utilisés à la clôture de l'exercice. Dans cette hypothèse, a précisé l'administration, la charge correspondante présente sur le plan fiscal le caractère de provision et doit figurer sur le relevé des provisions prévu à l'article 38, II de l'annexe III au CGI (BOI-BIC-PROV-30-20-10-10 n° 30).

Sur la **comptabilisation** de la charge afférente aux congés payés, voir nos 92320 s.

ATTENTION

Sur la déduction des indemnités de congés payés par la société repreneuse en cas de **transfert d'entreprise,** voir n° 70870.

Régime optionnel Ce régime ne concerne que les **entreprises créées avant 1987** qui ont exercé une option irrévocable, à l'occasion de la déclaration de résultat du premier exercice clos à compter du 31-12-1987 (CGI art. 39, 1-1° bis-al. 2). **60500**

Lorsque cette option a été effectuée, les **indemnités** de congés payés ainsi que les **charges fiscales et sociales qui s'y rattachent** ne peuvent être déduites des bénéfices imposables qu'au titre de l'exercice au cours duquel elles sont effectivement payées : dans ce cas, l'indemnité présente le caractère d'un salaire de substitution. Par suite, la charge de congé correspondant aux droits acquis et non versés à la clôture de l'exercice, constatée à un compte de frais à payer ou de provisions, doit être réintégrée dans les bénéfices imposables. Il en va de même pour les charges sociales et fiscales y afférentes.

› Précisions En cas de **prorogation de la période légale de congés** (1er mai-31 octobre), les entreprises sont autorisées à déduire à titre de charges à payer les indemnités de congés se rapportant à des droits acquis au cours de périodes de référence précédant celle en cours à la clôture, et non encore utilisés à cette date (BOI-BIC-PROV-30-20-10-10 n°s 120 et 140). La mesure de tempérament prise par l'administration permet de déduire la totalité de l'indemnité de congés payés afférente à la période de référence 1er juin N – 1 – 31 mai N même si, du fait de la prorogation, cette somme n'a pas été intégralement versée avant la clôture de l'exercice (31 décembre N).

Fusions de sociétés Un dispositif spécial s'applique, en cas de fusions ou d'opérations assimilées (apport partiel d'actif, scission, transfert de salariés avec maintien des contrats de travail), lorsque la société apporteuse et la société bénéficiaire de l'apport ne sont **pas soumises au même régime** de déduction de l'indemnité de congés payés (CGI art. 236 bis). Ce dispositif spécial, exposé ci-après, s'applique également aux charges fiscales et sociales attachées aux indemnités de congés payés. **60510**

Lorsque la société **bénéficiaire de l'apport** est soumise au régime de **droit commun,** l'indemnité pour congés payés correspondant aux droits acquis par les salariés au cours d'une période « neutralisée » n'est pas déductible. Cette période est celle durant laquelle ont été acquis les droits non utilisés par les salariés transférés à la date de l'opération ou à sa date d'effet lorsque les parties lui ont donné un caractère rétroactif. Sa durée ne peut être inférieure à celle de la période d'acquisition des droits à congés payés non utilisés à la clôture de l'exercice de la société absorbante qui est en cours lors de l'opération. Elle est au minimum de 7 mois.

La société apporteuse (soumise au régime optionnel) détermine son résultat en application des dispositions mentionnées ci-dessus nº 60500, étant observé que la tolérance admise en cas de prorogation de la période légale de congés ne lui est pas applicable (BOI-BIC-PROV-30-20-10-10 nº 210).

Lorsque la société **bénéficiaire** de l'apport est soumise au **régime optionnel,** l'indemnité versée aux salariés transférés, qui correspond aux droits acquis et non utilisés chez la société absorbée, n'est pas déductible (mais elle est déductible chez la société absorbée à la clôture de l'exercice). L'entreprise absorbante pourra déduire notamment l'indemnité versée aux salariés transférés et correspondant à des droits acquis après fusion (BOI-BIC-PROV-30-20-10-10 nºs 230 et 240).

60520 Lorsqu'une fusion ou une opération assimilée concerne **deux sociétés** placées sous le **régime optionnel,** la société absorbante peut déduire des résultats de l'exercice de fusion les indemnités de congés payés qu'elle verse au cours de l'exercice au titre des droits acquis et non utilisés lors de la fusion par les salariés transférés. L'indemnité correspondant à ces droits n'est pas déductible des résultats imposables de la société absorbée. Ces dispositions concernent également les transferts de salariés sans rupture du contrat de travail (BOI-BIC-PROV-30-20-10-10 nº 130).

60530 **Bâtiment et travaux publics** Les entreprises de ce secteur sont tenues de verser des **cotisations** à des caisses chargées de payer directement les indemnités de congés payés aux salariés de la profession considérée.

Ces cotisations, qui sont exigibles périodiquement et calculées d'après un tarif réglementaire sur les salaires versés au cours de chaque période, constituent une charge déductible des bénéfices imposables des entreprises versantes.

Il est admis, par analogie avec la solution retenue en ce qui concerne les cotisations de sécurité sociale, que les cotisations aux caisses de congés payés afférentes aux salaires de chaque exercice, mais non encore acquittées à la date de clôture de cet exercice, peuvent être déduites, à titre de **frais à payer,** pour la détermination des résultats dudit exercice.

ENTREPRISES RELEVANT DES BNC

60540 Les indemnités pour congés payés sont déductibles, dès lors qu'elles correspondent à une **charge effective et justifiée.**

La déduction est effectuée sur les résultats de l'exercice au cours duquel les indemnités sont versées, y compris en cas d'option pour la détermination du bénéfice à partir des créances acquises et des dépenses engagées (BOI-BNC-BASE-20-10-20 nº 200).

B. Indemnité compensatrice

60620 L'indemnité compensatrice de congés payés due au salarié (ou à ses ayants droit, nº 73450) au titre de ses droits à congés payés acquis mais non pris est passible, comme un salaire :

– de l'**impôt sur le revenu** (BOI-RSA-CHAMP-20-40-10-20 nº 10). Conformément à l'article 12 du CGI, l'indemnité est imposable en totalité l'année de son versement (en ce sens, notamment, CE 3-11-1978 nº 8764) ;

– des cotisations de **sécurité sociale** (Cass. soc. 8-11-1990 nº 88-16.634 D), de la CSG et de la CRDS, des **prélèvements dont l'assiette est alignée** sur celle des cotisations de sécurité sociale : cotisations ou contributions solidarité autonomie, Fnal, dialogue social, chômage, AGS, retraite complémentaire Agirc-Arrco, formation et alternance (contributions à la formation professionnelle, CPF-CDD, supplémentaire à l'apprentissage et taxe d'apprentissage), versement mobilité et participation-construction. Elle entre également dans le champ de la taxe sur les salaires lorsque celle-ci est encore due.

Sur l'obligation d'acquitter les cotisations de sécurité sociale sur une indemnité compensatrice légalement due, même si elle n'a **pas été payée,** voir nº 17950.

L'indemnité doit être, selon le cas, **déclarée** sur la DSN mensuelle ou dans la DSN signal fin de contrat, dans le bloc Prime, gratification et indemnité. Lorsqu'elle est versée par une caisse de congés payés, voir nº 60450.

CALCUL DES COTISATIONS SOCIALES

60630 Pour le calcul des cotisations de sécurité sociale, l'indemnité compensatrice de congés payés est, par application de l'article R 242-1 du Code de la sécurité sociale, rattachée à la paie avec laquelle elle est versée, c'est-à-dire la dernière paie. Elle est donc ajoutée à cette dernière et le montant total est soumis aux taux et au plafond en vigueur lors du versement de cette paie.

Ce principe est, selon nous, transposable aux autres cotisations et contributions sociales recouvrées par les Urssaf : CSG-CRDS, contributions solidarité autonomie, contributions à la formation et l'alternance, Fnal et dialogue social, chômage et AGS, versement mobilité, ainsi qu'aux cotisations Agirc-Arrco.

CONSEIL

En cas d'application d'une **assiette forfaitaire de cotisations,** la Cour de cassation a jugé que cette base inclut l'indemnité de congés et qu'il n'y a donc pas lieu d'ajouter le montant de l'indemnité compensatrice de congés payés à l'assiette forfaitaire (Cass. soc. 19-3-1998 nº 96-17.837 P). Cette décision, rendue à propos de salariés temporaires de centres de vacances et de loisirs pour mineurs, nous semble pouvoir être transposée aux autres régimes d'assiette forfaitaire.

Calcul du plafond Selon nous, dans la mesure où l'existence d'un reliquat de congés n'a pas pour effet de retarder l'expiration du contrat de travail, mais ouvre seulement droit à une indemnité compensatrice (voir nº 60070), on peut en conclure que, pour le calcul du plafond régularisateur, le solde des congés ouvrant droit à indemnité compensatrice ne peut pas être assimilé à une **période d'emploi.** Il n'y a donc pas lieu d'appliquer un **plafond supplémentaire,** calculé au prorata des jours indemnisés. 60640

En pratique, les entreprises s'en tiennent en général à cette analyse. Celle-ci semble d'ailleurs admise par les Urssaf car, à notre connaissance, il n'y a pas de contentieux en la matière, preuve que l'organisme ne procède pas à des **redressements** en vue de la prise en compte, dans le calcul du plafond régularisateur, de la période correspondant aux indemnités compensatrices de congés payés. Sur les **modalités de calcul** du plafond réduit de la période travaillée, voir nº 18045.

IMPÔT SUR LES RÉSULTATS

L'indemnité compensatrice de congés payés est déductible des résultats de l'entreprise : cette indemnité (ainsi que les charges fiscales et sociales y afférentes), qui correspond aux droits acquis et non utilisés à la date de résiliation du contrat de travail, a déjà fait l'objet d'une déduction des résultats de l'entreprise à la clôture de l'exercice au cours duquel les droits à congés ont été acquis, si l'entreprise applique le **régime de droit commun.** Dans ce cas, l'entreprise se borne à constater le paiement de cette indemnité lors du départ du salarié. 60650

Le **régime optionnel,** qui écarte la déduction, sous forme de provision, de la charge afférente à la fraction des droits à indemnité acquis par les salariés de l'entreprise à la clôture de l'exercice (nº 60500), ne concerne pas l'indemnité compensatrice de congés payés due aux salariés au titre des congés non pris avant la résiliation du contrat de travail (BOI-BIC-PROV-30-20-10-10 nº 110).

INDEMNITÉS VERSÉES PAR LES CAISSES DE CONGÉS PAYÉS

Dans le cas où les indemnités compensatrices de congés payés sont versées aux salariés par la caisse de congés payés à laquelle adhère leur employeur : 60660

– le **régime social et fiscal** de ces indemnités et les obligations respectives des caisses et des employeurs adhérents au regard des prélèvements sociaux et fiscaux, du prélèvement à la source et des obligations déclaratives sont les mêmes que pour les indemnités de congés payés proprement dites versées par ces caisses : voir nºs 60360 s. ;

– les employeurs n'ont pas à mentionner ces indemnités sur les **bulletins de paie** de leurs salariés.

CHAPITRE 2 JOURS FÉRIÉS

SOMMAIRE

A. Présentation générale	**60800**
B. Jours fériés chômés	**60870**
1. Jours fériés ordinaires	**60870**
2. 1er mai	**60910**
3. Salaire à maintenir	**60930**
4. Repos hebdomadaire	**61020**
5. Suspension du contrat de travail	**61040**
C. Jours fériés travaillés	**61110**
1. Jours fériés ordinaires	**61110**
2. 1er mai	**61150**
D. Bulletin de paie	**61250**
E. Régime social et fiscal	**61300**

A. Présentation générale

60800 L'incidence des jours fériés ordinaires et du 1er mai sur la rémunération est étudiée ici en distinguant selon que ces jours sont chômés ou travaillés dans l'entreprise.

Des développements communs sont ensuite consacrés à la rédaction du bulletin de paie et au régime social et fiscal des rémunérations, majorations ou indemnités diverses versées au titre des jours fériés.

Les règles propres à certaines catégories de salariés (travailleurs à domicile, travailleurs à temps partiel, salariés des hôtels, cafés et restaurants, VRP, journalistes…) font l'objet de développements particuliers dans les études qui leur sont consacrées.

Les **cadres dirigeants** sont, en principe, exclus des dispositions relatives aux jours fériés, voir nº 6180.

JOURS FÉRIÉS ORDINAIRES

60810 Les jours fériés légaux ordinaires sont les suivants : 1er janvier, lundi de Pâques, 8 mai, Ascension, lundi de Pentecôte, 14 juillet, 15 août, Toussaint, 11 novembre, Noël (C. trav. art. L 3133-1).

S'y ajoutent :

– dans la **collectivité européenne d'Alsace** (Haut-Rhin et Bas-Rhin) et le département de la Moselle, le 26 décembre ainsi que, dans les communes ayant un temple protestant ou une église mixte, le Vendredi saint (C. trav. art. L 3134-13) ;

– dans certains **départements, régions et collectivités d'outre-mer** (Guadeloupe, Guyane, Martinique, Mayotte, La Réunion, Saint-Barthélemy et Saint-Martin) les jours de la commémoration de l'abolition de l'esclavage (C. trav. art. L 3422-2).

La loi, les accords ou conventions collectives et les usages prévoient des **jours fériés supplémentaires** dans certaines **régions** ou certains **secteurs** particuliers (Saint-Éloi dans différents territoires ou secteurs de la métallurgie, par exemple).

Sauf pour les jeunes travailleurs (voir Mémento social nº 45510) ainsi que dans la collectivité européenne d'Alsace et le département de la Moselle (C. trav. art. L 3134-2), il n'existe pas d'**obligation** légale **de repos** les jours fériés ordinaires.

Les jours fériés chômés sont **définis** par accord d'entreprise ou d'établissement ou, à défaut, par accord de branche ou, à défaut d'accord, par l'employeur (C. trav. art. L 3133-3-1 et L 3133-3-2).

Si la **journée de solidarité** est effectuée un jour férié chômé, les stipulations conventionnelles prévoyant le chômage de ce jour sont neutralisées : voir nº 71850.

Les heures de travail perdues par suite de chômage d'un jour férié ne peuvent en aucun cas donner lieu à **récupération** (C. trav. art. L 3133-2). Sur les incidences de cette règle, voir nº 60950.

> **Précisions** L'article L 3133-1 du Code du travail liste les fêtes légales désignées comme des jours fériés, sans distinguer les jours fériés ordinaires et le 1er mai. Ce dernier ayant un statut propre, il fait l'objet d'un traitement particulier : voir nº 60820.

Négocier sur les jours fériés 60815

Il est possible de négocier un accord pour l'avenir, y compris moins favorable que ce que prévoit la convention collective applicable à l'entreprise. Les jours fériés font partie du « bloc 3 », c'est-à-dire des thèmes relevant prioritairement de l'accord d'entreprise (nº 980). Mais certaines règles d'ordre public doivent être respectées.

Il est ainsi **possible** de :
– fixer (et donc limiter, le cas échéant) les jours fériés qui seront chômés en plus du 1er mai ;
– réduire la condition d'ancienneté de 3 mois nécessaire à leur rémunération ;
– étendre le bénéfice des jours fériés chômés, et donc rémunérés, aux travailleurs à domicile ou intermittents ;
– prévoir les conditions d'un travail exceptionnel des jours fériés autres que le 1er mai ;
– prévoir – ou non – une majoration de salaire pour les jours fériés travaillés exceptionnellement.

Il n'est **pas possible**, en revanche, de :
– prévoir le travail du 1er mai si l'activité de l'entreprise ne l'exige pas ;
– instaurer une condition d'ancienneté ou réduire la rémunération du 1er mai chômé ;
– remplacer la majoration de 100 % du 1er mai travaillé par un jour de repos ;
– prévoir que les jours fériés chômés ne seront pas rémunérés ou donneront lieu à rémunération minorée ;
– prévoir que les jours fériés chômés seront récupérés ;
– prévoir que les jours fériés chômés ne donneront pas lieu à congés payés.

1ER MAI

60820 Le 1er mai est un jour férié et chômé en vertu de la loi (C. trav. art. L 3133-4). Celle-ci pose le principe du maintien du salaire et, dans les cas exceptionnels où le 1er mai est travaillé, d'une indemnité supplémentaire venant s'ajouter au salaire habituel.

ATTENTION

Les **contraventions** aux obligations de repos et de rémunération du 1er mai chômé et du 1er mai travaillé sont sanctionnées par une amende de 4e classe (voir montant nº 96470), appliquée autant de fois qu'il y a de salariés indûment employés (C. trav. art. R 3135-3).

Et les « ponts » ? 60830

Les « ponts » correspondent à une période non travaillée d'un ou deux jours ouvrables comprise entre un jour férié et un jour de repos hebdomadaire, ou entre un jour de repos hebdomadaire et un jour férié (C. trav. art. L 3121-50, 3º).

Ces journées n'ont pas de régime légal particulier. L'attribution d'un pont peut être prévue par des dispositions conventionnelles, un accord collectif, ou décidée par l'employeur.

Il peut donner lieu à :
– un jour de congé ou de RTT posé par le salarié ;
– un jour de RTT fixé par l'employeur ;
– un jour payé « offert » par l'employeur.

Contrairement aux heures de travail perdues par suite du chômage d'un jour férié, les heures non travaillées en raison de journées de pont sont récupérables, c'est-à-dire qu'elles peuvent être effectuées à une autre période pour compenser (voir sur ce point nos 9110 s.). Ces heures ne font l'objet d'aucune majoration de salaire.

Sur l'imputation des journées de pont sur les congés payés, voir nº 59270.

B. Jours fériés chômés

1. JOURS FÉRIÉS ORDINAIRES

60870 Les jours fériés chômés tombant un **jour habituellement travaillé** donnent lieu au maintien du salaire.

Sur la prise en compte des jours fériés pour l'appréciation de la qualité de **travailleur de nuit,** voir nº 73290, a.

Les **jours de RTT** ne peuvent pas être positionnés sur des **jours fériés chômés** dans l'entreprise ; pour plus de détails, voir nº 10410.

60880 Le chômage des jours fériés ne peut entraîner aucune perte de salaire pour les salariés qui totalisent au moins 3 mois d'**ancienneté** dans l'entreprise ou l'établissement. Ces dispositions sont applicables aux salariés **saisonniers** si, du fait de divers contrats successifs ou non, ils cumulent une ancienneté de 3 mois dans l'entreprise. Cette condition d'ancienneté ne joue qu'à défaut de dispositions conventionnelles plus favorables.

Ces règles ne s'appliquent pas aux travailleurs à domicile et aux salariés intermittents ou temporaires (C. trav. art. L 3133-3), sauf dispositions conventionnelles plus favorables.

S'agissant du **salaire à maintenir** au titre du jour férié chômé, voir nos 60930 s.

Dans le cas particulier où le jour férié tombe un **jour de repos hebdomadaire,** voir no 61020.

Sur l'incidence du chômage d'un jour férié sur le **calcul des retenues** pour absences non rémunérées ou pour entrée ou sortie au cours du mois considéré, voir no 11150.

ILLUSTRATIONS

– Le **Vendredi saint** étant un jour férié chômé en vertu de dispositions légales dans certaines communes de la collectivité européenne d'Alsace (Haut-Rhin et Bas-Rhin) et du département de la Moselle, il doit être rémunéré en application de l'article L 3133-3 du Code du travail (Cass. soc. 20-11-1986 no 83-45.512 S ; 15-10-1987 no 85-41.523 P).

– Si la **journée de Saint-Éloi,** chômée et payée selon la convention collective, a été reportée par une note de service au 24 décembre, les salariés ayant travaillé le jour de la Saint-Éloi mais ayant quitté l'entreprise le 24 décembre du fait de leur **licenciement** ont droit à une indemnité compensatrice (Cass. soc. 4-5-1993 no 88-45.440 D).

– Si une convention collective énumère expressément certains jours fériés chômés et rémunérés sans mentionner le **8 mai,** ajouté ultérieurement par la loi à la liste des jours fériés légaux, les salariés qui ont refusé de travailler ce jour-là n'ont pas droit à son paiement, la loi n'ayant pas eu pour effet de compléter les dispositions conventionnelles (Cass. soc. 27-9-1989 no 88-41.403 D ; 10-10-1995 no 91-43.982 P).

2. 1ER MAI

60910 Le chômage du 1er mai ne peut pas être une cause de réduction de salaire (C. trav. art. L 3133-5).

Ainsi, dans tous les cas, les salariés peuvent prétendre au même salaire que celui qu'ils auraient perçu s'ils avaient travaillé ce jour-là.

Le maintien de la rémunération pour la journée du 1er mai n'est subordonné à aucune condition, notamment d'**ancienneté.** Les conventions collectives qui prévoient une telle condition pour l'indemnisation des jours fériés ne s'appliquent pas sur ce point à la journée du 1er mai.

› Précisions **a.** Le salarié dont le contrat de travail prend fin la veille du 1er mai ne peut pas prétendre à la rémunération de cette journée. En revanche, le salarié dont le **préavis** expire le 1er mai doit être rémunéré au titre de cette journée.
En cas d'**embauche,** il convient aussi de distinguer selon que le contrat de travail prend effet le 1er ou le 2 mai.
b. Les **jours de RTT** ne peuvent pas être positionnés sur des jours fériés chômés dans l'entreprise ; pour plus de détails, voir no 10410.
c. Lorsque **deux jours fériés chômés coïncident** (en l'espèce, le 1er mai et le jeudi de l'Ascension), le salarié ne peut prétendre au paiement d'une indemnité ou à l'attribution d'un jour de repos supplémentaire qu'à la condition que la convention collective garantisse un **nombre déterminé de jours chômés** correspondant aux jours de fêtes légales ou qu'elle prévoie le **paiement d'un nombre déterminé de jours fériés** dans l'année (Cass. soc. 17-10-2012 no 11-19.956 FS-PB ; 27-3-2019 no 18-10.372 F-PB ; 8-1-2020 no 18-21.699 F-D).

3. SALAIRE À MAINTENIR

60930 Sauf indication contraire, les développements qui suivent sont communs à la journée du 1er mai et aux autres jours fériés chômés lorsque ceux-ci donnent lieu au maintien de la rémunération en application soit de l'article L 3133-3 du Code du travail, soit de conventions ou d'accords collectifs prévoyant que le chômage de jours fériés ne peut pas être la cause d'une réduction du salaire, sous réserve que les conditions prévues par ces différents textes soient réunies (nos 60880 s.). Sur l'application de ce principe aux salariés à temps partiel, voir no 74690.

L'incidence du chômage du 1er mai sur le calcul des retenues pour **absences non rémunérées** ou **entrée ou sortie au cours du mois** de mai est étudiée no 11150.

ÉLÉMENTS DU SALAIRE

Le chômage du 1er mai ou d'un jour férié ne pouvant entraîner aucune baisse de rémunération, le salarié a droit au maintien de son **salaire de base** et de tous les éléments ayant la nature d'un **complément** de salaire, à l'exception des remboursements de frais professionnels. Sur la notion de frais professionnels, voir nos 55200 s. 60940

Les majorations prévues en cas de **travail** les dimanches et jours fériés **en feu continu** par une convention collective ne sont dues que lorsque le salarié a effectivement travaillé dans les conditions envisagées par celle-ci : le salarié qui n'a pas travaillé le 25 décembre et le 1er janvier ne peut pas en bénéficier (Cass. soc. 24-1-1985 no 82-41.635 P). 60950

En revanche, les primes de travail de **nuit** n'ayant pas un **caractère exceptionnel** pour un salarié travaillant la nuit de manière habituelle doivent être maintenues pendant les jours fériés chômés (Cass. soc. 27-6-2012 no 10-21.306 FS-PB).

De même, une majoration de 100 % pour incommodité d'horaire, payable les **nuits à cheval sur un dimanche ou un jour férié,** qui constitue un complément de salaire, doit être payée au salarié qui, travaillant habituellement la nuit du dimanche au lundi, n'a pas travaillé la nuit du dimanche **1er mai** au lundi 2 mai. S'agissant du chômage du 1er mai, l'intéressé ne peut pas être privé d'une majoration qu'il aurait perçue s'il avait travaillé (Cass. soc. 10-1-1980 no 78-40.289 P).

Si la convention collective précise que le chômage des jours fériés n'est pas une cause de réduction de la rémunération, la rémunération revenant aux salariés à ce titre ne peut pas être calculée sur une base **forfaitaire** mais doit tenir compte de la **rémunération réelle** (Cass. soc. 21-7-1994 no 93-40.216 D). 60960

L'employeur ne peut pas rémunérer les jours fériés chômés sur la base de la **durée quotidienne moyenne du travail** si cette pratique aboutit à une récupération prohibée d'une partie des heures perdues par suite du chômage du jour férié (Cass. soc. 13-6-2012 no 11-10.146 FS-PB).

Lorsque la rémunération comprend un salaire fixe et une **partie variable** calculée en fonction des résultats, le salarié peut prétendre, au titre d'un jour férié chômé, à la partie variable de sa rémunération (Cass. soc. 5-12-2001 nos 99-45.666 F-D et 99-45.699 F-D). Celle-ci peut être calculée en fonction de la **moyenne journalière** des sommes perçues au même titre pendant les jours ouvrés du même mois (Cass. soc. 7-5-1996 no 92-45.148 P ; 5-12-2001 no 99-45.699 F-D).

HEURES SUPPLÉMENTAIRES

Pour les salariés dont l'horaire de travail habituel est supérieur à la durée légale, le principe du maintien de la rémunération implique que la rémunération du jour férié chômé comprenne celle des heures supplémentaires qui auraient dû normalement être effectuées ce jour-là avec leurs **majorations** (CE 6-3-2002 no 231530 ; Circ. DRT du 6-12-2000). 60970

Pour autant, sauf usage ou disposition conventionnelle contraire, les jours fériés chômés ne peuvent pas être assimilés à du temps de travail effectif. Pour déterminer le nombre d'heures supplémentaires ouvrant droit à majoration, il n'est donc pas tenu compte des heures non travaillées en raison d'un jour férié (Cass. soc. 1-12-2004 no 02-21.304 F-PB ; 4-4-2012 no 10-10.701 FS-PB). De même, les heures correspondant au jour férié chômé ne s'imputent pas sur le **contingent annuel** d'heures supplémentaires et n'ouvrent pas droit à **contrepartie obligatoire** en repos (Circ. DRT du 6-12-2000).

EXEMPLE

Soit une entreprise appliquant une durée collective de travail de 39 heures réparties sur 5 jours à raison de 7,8 heures par jour. Les heures effectuées de la 36e à la 39e donnent lieu à une majoration de salaire de 25 %. L'entreprise mensualise les heures supplémentaires.

L'horaire de travail effectué par le salarié au titre d'une semaine incluant un jour férié chômé tombant un jour ouvrable se calcule comme suit : lundi 7,8 heures ; mardi 7,8 heures ; mercredi chômé au titre du jour férié ; jeudi 7,8 heures et vendredi 8,8 heures, soit 1 heure de plus par rapport à son horaire habituel. Au total, le salarié aura accompli 32,2 heures de travail effectif. Aucune heure supplémentaire ne sera décomptée au titre de cette semaine puisque la durée de travail effectif est inférieure à 35 heures. En fin de mois, le salarié percevra son salaire habituel (base 39 heures), lequel, compte tenu de la majoration de salaire de 25 %, est calculé comme suit : 35 × (52/12) × taux horaire + (39 – 35) × (52/12) × taux horaire × 125 %. À ce montant s'ajoutera la rémunération au taux normal de l'heure effectuée le vendredi en sus de l'horaire habituel.

RÉMUNÉRATION NON MENSUELLE ET POURBOIRES

Les salariés **rémunérés à l'heure,** à la **journée** ou au **rendement** ont droit à une indemnité à la charge de l'employeur égale au salaire perdu du fait de ce chômage (C. trav. art. L 3133-5). 60990

Cette indemnité est calculée sur la base de l'horaire de travail et de la répartition de la durée hebdomadaire du travail habituellement pratiquée dans l'établissement (C. trav. art. D 3133-1). En l'absence de précision légale sur la période à prendre en compte pour la détermination de l'**horaire habituellement pratiqué** dans l'entreprise pour les salariés rémunérés à l'heure ou à la journée, l'administration préconise de se référer au mois précédant la semaine du 1er mai (Circ. 48/38 du 14-5-1948).

Les salariés rémunérés aux **pièces** ou au **rendement** reçoivent une indemnité égale au quotient du salaire afférent à la période de paie précédant le 1er mai par le nombre de jours de travail effectif de cette période (Circ. précitée).

Pour les salariés dont la rémunération est constituée en tout ou partie de **pourboires,** la rémunération à prendre en considération est celle retenue pour le calcul des cotisations de sécurité sociale (Circ. précitée) : voir nos 54540 s.

Sur la situation des salariés dont la rémunération comprend un **salaire fixe** et une **partie variable,** voir n° 60960.

4. REPOS HEBDOMADAIRE

61020 Le jour férié non travaillé **tombant un jour habituellement chômé** dans l'entreprise (exemple : le samedi, le dimanche ou le lundi) n'a aucune incidence sur le salaire. Il ne donne donc pas lieu à une **indemnité** particulière, sauf disposition conventionnelle ou usage plus favorable (Cass. soc. 7-10-1981 n° 79-41.713 ; 2-7-2002 n° 00-40.821 FS-D).

Ce principe vaut aussi pour la journée du 1er mai (Cass. soc. 5-12-1973 n° 72-40.299 P ; Circ. 48/38 du 14-5-1948).

ILLUSTRATIONS

Lorsque la convention collective prévoit que les jours fériés qu'elle énumère (dont le 15 août) sont payés dans les conditions légales prévues pour le 1er mai, les juges ne peuvent pas condamner l'employeur à payer la rémunération du samedi 15 août à un **salarié en congé** à cette date, le samedi n'étant pas un jour habituellement travaillé dans l'entreprise en raison de la répartition de l'horaire sur 5 jours. En effet, si le salarié avait continué à travailler au lieu de prendre ses congés, il n'aurait perçu pour ce jour férié aucune rémunération supplémentaire (Cass. soc. 25-11-1992 n° 88-42.980 D).

5. SUSPENSION DU CONTRAT DE TRAVAIL

61040 Lorsque le jour férié tombe pendant une période de suspension du contrat de travail, le salarié ne peut pas prétendre à la rémunération de ce jour au titre de l'obligation de maintien du salaire les jours fériés. Celle-ci ne joue, en effet, que pour les cas où le salarié aurait effectivement travaillé cette journée si elle n'avait pas été fériée.

› **Précisions** **a. Période de grève.** La rémunération des jours fériés chômés (en l'espèce, le jeudi de l'Ascension et le lundi de Pentecôte) inclus dans une période de grève n'est pas due aux salariés grévistes puisque l'employeur est dispensé de verser un salaire pendant la période de suspension du contrat de travail du fait de la grève, dont les jours fériés font partie intégrante (Cass. soc. 14-4-1999 n° 97-42.064 P). Le jour férié inclus dans une période de grève donnera donc lieu à une retenue sur salaire au même titre que les autres jours de grève (sur le calcul de cette retenue, voir n° 11150). En revanche, si une **grève prend fin** la veille d'un jour férié ou débute le lendemain, le contrat de travail n'étant plus ou pas encore suspendu, il y a lieu de considérer que le salarié qui aurait travaillé le jour férié s'il s'était agi d'un jour ordinaire a droit au maintien de sa rémunération (en ce sens à propos des jours fériés ordinaires : Cass. soc. 17-10-1985 n° 83-41.626 S ; 19-6-1986 n° 83-45.536 P).

b. Maladie, maternité, accident du travail ou convenances personnelles : voir n° 67650.

c. Activité partielle : voir n° 68035.

C. Jours fériés travaillés

1. JOURS FÉRIÉS ORDINAIRES

MONTANT DU SALAIRE

61110 Sauf dans le cas des équipes de suppléance (n° 73200), la loi ne prévoit pas de supplément de salaire au titre des jours fériés ordinaires travaillés. À défaut de dispositions particulières résultant de la convention collective, du contrat de travail ou d'un usage, les salariés ne bénéficient d'aucune **majoration** de leur rémunération et n'ont droit qu'à leur salaire (Cass. soc. 4-12-1996 n° 94-40.693 P), majoré, le cas échéant, des heures supplémentaires effectuées.

Cependant, de nombreuses **conventions collectives** prévoient un salaire majoré pour les heures effectuées au titre d'un jour férié. Dans le cas où celles-ci prévoient que les jours fériés ordinaires travaillés sont **rémunérés** dans les **conditions légales** prévues pour le **1er mai,** il convient de se reporter nos 61150 s.

Les majorations pour travail des jours fériés doivent être payées en même temps que le salaire du mois y ouvrant droit (n° 12500, a).

L'incidence sur la rémunération du travail d'un jour férié précédemment chômé au titre de la **journée de solidarité** est exposée nos 71850 s.

Majorations conventionnelles Lorsque la convention collective prévoit une majoration de salaire pour « tous **travaux exceptionnels** des jours fériés » ou encore au titre des « heures effectuées exceptionnellement les jours fériés légaux », la majoration n'est pas due au salarié travaillant habituellement les jours fériés (Cass. soc. 26-2-2003 nos 01-43.906 FS-PBI et 00-46.726 FS-P). Dans le cas, au contraire, où l'accord collectif prévoit le doublement du salaire des jours fériés, sans exclure de son champ d'application les salariés spécialement engagés pour travailler ces jours-là, ceux-ci en bénéficient (Cass. soc. 10-1-1991 n° 87-43.201 P). 61112

Les **travailleurs de nuit** travaillant de 0 à 5 heures un jour férié ont droit à la majoration de salaire pour travail les jours fériés prévue par la convention collective applicable, lorsque cette convention n'exclut pas les travailleurs concernés de son bénéfice et ne la réserve pas aux salariés travaillant exceptionnellement un jour férié. Il importe peu que les intéressés n'aient pas travaillé la nuit suivante (Cass. soc. 21-2-2007 n° 05-40.991 FS-PB).

Cumul de majorations Lorsque la convention collective prévoit deux majorations distinctes, l'une pour travail les jours fériés, l'autre pour **travail le dimanche,** ces deux majorations ne se cumulent pas en cas de travail un jour férié tombant un dimanche (Cass. soc. 5-4-1974 n° 73-40.089 P). 61114

Lorsque la convention collective prévoit que les heures effectuées le dimanche et les jours fériés légaux sont majorées de 100 %, il convient d'appliquer les principes suivants pour les **salariés mensualisés** :

– le travail effectué un **jour férié tombant un jour ouvrable** donne lieu, en plus du salaire mensuel comprenant déjà la rémunération de ce jour, au paiement des heures effectuées ce jour-là ;

– le travail effectué le dimanche ou un **jour férié tombant un dimanche** ouvre droit, en sus du salaire mensuel, à la rémunération des heures effectuées ce jour-là majorée de 100 % (Cass. soc. 27-3-1996 n° 92-40.705 D).

Sur le cumul possible entre les majorations conventionnelles pour le travail des jours fériés et les majorations légales pour **heures supplémentaires,** voir nos 6950 s.

REFUS DU SALARIÉ DE TRAVAILLER

Lorsqu'un jour férié ordinaire n'est pas chômé en vertu d'une disposition légale ou conventionnelle ou d'un usage dans l'entreprise ou dans la profession ou ne figure pas dans la liste des jours chômés établie par l'employeur, le refus du salarié de venir travailler autorise l'employeur à pratiquer une **retenue sur salaire** pour les heures non travaillées (jurisprudence constante, notamment, Cass. soc. 3-10-1991 n° 88-43.198 D ; 25-5-1994 n° 90-43.847 D). Pour le calcul de la retenue à effectuer, voir n° 11150. 61120

Lorsqu'un employeur demande à ses salariés de venir travailler un jour férié, sans néanmoins s'opposer à ce qu'une partie du personnel concerné s'absente ce jour-là, la rémunération de ce personnel doit être maintenue en application des dispositions visées n° 60880 (Cass. soc. 9-2-1989 n° 85-43.929 D).

2. 1ER MAI

Dans les établissements et services qui, en raison de la nature de leur activité, ne peuvent pas interrompre le travail, les salariés occupés le 1er mai ont droit, **en plus du salaire** correspondant au travail accompli, à une **indemnité,** à la charge de l'employeur, **égale au montant de ce salaire** (C. trav. art. L 3133-6). 61150

Si la convention collective prévoit pour les salariés occupés le 1er mai une **journée de repos compensateur,** cet avantage peut s'ajouter, le cas échéant, à l'indemnité légale (Cass. soc. 8-10-1996 nº 92-44.037 P) mais ne peut pas s'y substituer (Cass. soc. 30-11-2004 nº 02-45.785 FS-PB ; 2-5-2006 nº 04-43.042 F-D).

Le 1er mai s'entend d'un jour civil calendaire, commençant à 0 heure et finissant à 24 heures. Il s'ensuit que les **travailleurs de nuit** travaillant de 0 à 5 heures le 1er mai ont droit, pour ces 5 heures, à l'indemnité légale prévue au titre du travail le 1er mai, même s'ils n'ont pas travaillé la nuit suivante (Cass. soc. 8-3-2007 nº 05-44.330 F-P).

À la différence des autres jours fériés, le 1er mai ne peut pas être choisi comme **journée de solidarité** : voir nº 71830.

DÉTERMINATION DU SALAIRE MAINTENU

61160 **Éléments du salaire** Selon l'administration, le salaire à prendre en considération pour le calcul de l'indemnité comprend tous les éléments du salaire et, notamment, les **primes** diverses **inhérentes à la nature du travail.** En revanche, il n'y a pas lieu de tenir compte des primes **non inhérentes** à la nature du travail (remboursement de frais réellement engagés, primes d'ancienneté ou d'assiduité) (Circ. TR 48/38 du 14-5-1948).

Lorsque la convention collective prévoit une **prime de vacances** représentant un tiers du salaire brut du mois de mai, le salarié qui a travaillé le 1er mai a droit, en sus de la rémunération de cette journée, à un rappel de prime de vacances calculé sur le montant de cette rémunération, peu important la date à laquelle cette prime doit être réglée (Cass. soc. 23-6-1994 nº 91-43.329 D).

61170 **Heures supplémentaires** Selon l'administration, le salaire à prendre en considération pour le calcul de l'indemnité allouée aux salariés ayant travaillé le 1er mai ne doit pas tenir compte des **majorations pour heures supplémentaires.** En effet, ces dernières sont déterminées dans le cadre de la semaine et, par suite, ne sont pas liées au salaire d'une journée déterminée (Circ. TR 48/38 du 14-5-1948).

EXEMPLE

Soit une entreprise pratiquant un horaire hebdomadaire de 39 heures réparties sur 5 jours, à raison de 7,8 heures par jour. Le salarié ayant travaillé dans les conditions habituelles le 1er mai aura droit :
– à un salaire mensuel correspondant à 169 heures de travail effectif, dont 17,33 heures au taux majoré de 125 % ;
– à une indemnité correspondant au salaire des 7,8 heures de travail effectuées le 1er mai payées au taux normal.

RÈGLES DE CUMUL

61180 **1er mai et dimanche** Lorsque le 1er mai tombe un dimanche, et sauf disposition conventionnelle ou usage contraire, les **majorations pour travail du dimanche** fixées par le contrat de travail, la convention, l'accord collectif ou les usages ne se **cumulent** pas, à notre avis, avec la rémunération majorée du 1er mai prévue par la loi, en application du principe du non-cumul des avantages ayant le même objet. Les conventions collectives prévoient souvent expressément d'exclure la journée du 1er mai du champ d'application des majorations pour travail du dimanche qu'elles instituent.

ILLUSTRATIONS

La majoration du salaire prévue par la convention collective pour travail du dimanche compensant la privation d'une journée de repos peut être exclue par la convention collective du calcul de l'indemnité du 1er mai, qui a le même objet (Cass. soc. 10-10-1979 nº 78-40.478 P ; 21-2-1980 nº 78-41.299 P).

61190 **1er mai et jour férié ordinaire** Lorsque le 1er mai tombe un jour férié ordinaire, il convient de se référer aux stipulations de la convention collective applicable. Ainsi, par exemple, si la convention garantit expressément aux salariés, en plus du congé annuel, un nombre de jours de congés correspondant aux fêtes légales, le salarié ayant travaillé un 1er mai coïncidant avec le jour de l'Ascension a droit, en plus de l'indemnisation du 1er mai, à la compensation prévue pour le jour de l'Ascension (Cass. soc. 30-11-2010 nº 09-69.329 FS-PB).

D. Bulletin de paie

Le **chômage des jours fériés,** y compris du **1er mai,** ne donne lieu à aucune mention particulière sur le bulletin de paie si les salariés sont rémunérés dans les conditions habituelles, aucune réduction n'affectant leur salaire. En revanche, si le jour férié chômé n'est pas rémunéré, il convient de mentionner distinctement la nature et le montant de la retenue opérée sur le salaire (voir **modèle** no 94430). 61250

CONSEIL

L'employeur n'est pas tenu de faire figurer séparément sur la fiche de paie la rémunération correspondant aux **jours fériés compris** dans une période de **congés payés** (Cass. soc. 4-12-1990 no 85-41.289 P).

Les **jours fériés travaillés** (autres que le 1er mai) ne donnent lieu à aucune mention particulière sur le bulletin de paie lorsque ceux-ci ne font pas l'objet d'une rémunération majorée. 61260

Dans le cas où la journée du **1er mai** est travaillée, il convient en revanche de faire figurer dans le bulletin de paie, sur une ligne particulière, le montant de l'indemnité due en sus du salaire correspondant au travail effectué. L'indemnité est à comprendre dans le montant porté en rémunération nette fiscale du bulletin.

De même, en cas de travail des **jours fériés autres** que le 1er mai et ouvrant droit à un salaire majoré ou à une indemnité particulière, le bulletin de paie doit aussi faire apparaître sur une ligne distincte cette majoration ou cette indemnité. La globalisation des majorations de salaire avec le salaire de base n'est pas possible (Circ. DRT D 189 du 30-3-1989). La majoration ou l'indemnité doit être comprise dans le montant porté en rémunération nette fiscale du bulletin.

Sur le contenu du bulletin de paie, voir nos 13200 s. Pour des **modèles de bulletin de paie,** voir nos 94960 (en cas de travail du 1er mai) et 94950 (pour les autres jours fériés).

E. Régime social et fiscal

La rémunération des jours fériés, travaillés ou chômés et les majorations et indemnités diverses versées au titre des jours fériés travaillés (y compris l'indemnité due au titre du 1er mai en sus du salaire correspondant au travail effectué) sont assujetties : 61300

– aux **cotisations de sécurité sociale** (Cass. 2e civ. 18-1-1962 no 59-12.016 P ; Cass. soc. 4-10-1972 no 71-11.945 P), à la CSG et, par conséquent, à la taxe sur les salaires, lorsque celle-ci est encore due (BOI-TPS-TS-20-10 nos 10 à 70), ainsi qu'à la CRDS et aux prélèvements dont l'assiette est alignée sur celle des cotisations de sécurité sociale : cotisations ou contributions solidarité autonomie, Fnal, dialogue social, chômage, AGS, retraite complémentaire Agirc-Arrco, formation et alternance (contributions à la formation professionnelle, CPF-CDD, supplémentaire à l'apprentissage et taxe d'apprentissage), versement mobilité et participation-construction ;

– à l'**impôt sur le revenu** dans la catégorie des traitements et salaires.

Elles constituent pour l'entreprise une **charge de personnel** déductible dans les conditions de droit commun (nos 34200 s.).

Enfin, elles doivent être comprises dans les salaires à mentionner sur la déclaration sociale nominative (**DSN**) à souscrire par l'employeur (Blocs Versement individu S21.G00.50 ; Rémunération S21.G00.51 ; Base assujettie S21.G00.78) et entrent dans la base du **prélèvement à la source** de l'impôt sur le revenu pratiqué par l'employeur.

CHAPITRE 3

MALADIE, ACCIDENT, MATERNITÉ

SOMMAIRE

SECTION 1
MALADIE ET ACCIDENT 61420
A. Calcul de l'absence 61440
B. Indemnités journalières de la sécurité sociale 61500
1. Calcul des IJSS 61500
2. Subrogation de l'employeur 61600
C. Maintien du salaire 61700
1. Droit au maintien du salaire 61700
2. Dispositions légales 61810
3. Dispositions conventionnelles 62000
D. Établissement du bulletin de paie 62100
1. Régime des indemnités journalières 62110
a. IJSS 62110
b. Indemnités complémentaires 62180
2. Traitement en paie de la subrogation 62260
3. Plafond à prendre en compte 62320
4. Paiement des cotisations et contributions sociales 62360
5. Fiche pratique 62420

SECTION 2
REPRISE DU TRAVAIL 62650
A. Salarié apte à reprendre le travail 62650
B. Inaptitude physique du salarié 62700
1. Modalités du reclassement 62750
2. Rémunération d'attente 62800
3. Indemnités en cas de rupture du contrat 62870

SECTION 3
MATERNITÉ ET PATERNITÉ 63000
A. Grossesse 63000
B. Congés de maternité, de paternité et d'accueil de l'enfant 63010
C. Congé parental d'éducation 63100

SECTION 1

MALADIE ET ACCIDENT

61420 Pendant un arrêt maladie, le contrat de travail est suspendu. L'employeur est en théorie dégagé de l'obligation de verser le salaire. Toutefois, le Code du travail ou la convention collective dont il relève lui impose dans la plupart des cas de maintenir la rémunération de l'intéressé.

Même lorsque la rémunération du salarié absent est maintenue, une **retenue** est parfois pratiquée :
– pendant la durée du **délai de carence** éventuellement prévu (n° 61820) ;
– pour les périodes d'absence excédant la **durée maximale d'indemnisation** (n° 61830) ;
– au titre des **périodes d'absence exclues** de la garantie (n° 62000) ou pour les salariés qui ne remplissent pas les **conditions** pour en bénéficier (n° 61810).

À la fin de son arrêt maladie, le salarié retrouve son poste de travail, sauf inaptitude physique au sens indiqué n°s 62700 s.

S'agissant de la déclaration des arrêts de travail via **DSN,** voir n°s 36440 s.

Pour le **traitement comptable** des périodes de maladie ou d'accident, voir n°s 92230 s.

61430 **Contre-visite médicale**

L'employeur peut, en contrepartie du maintien de salaire, contrôler la réalité de la maladie en demandant une contre-visite effectuée par un médecin dans les conditions prévues par le Code du travail et, le cas échéant, la convention collective (pour plus de détails, voir Mémento social n°s 49825 s.).

En cas d'impossibilité d'effectuer ce contrôle du fait du salarié ou si le médecin conclut à l'aptitude de l'intéressé, l'employeur peut cesser d'indemniser le salarié pour la période postérieure à la visite, et non pour la période antérieure (Cass. soc. 9-6-1993 n° 90-42.701 D). Toutefois, une prolongation d'arrêt de travail postérieure au contrôle ou au refus de contrôle rétablit l'intéressé dans ses **droits aux indemnités** de maladie ; seul un nouveau contrôle médical concluant à l'aptitude du salarié permet à l'employeur de cesser de l'indemniser (Cass. soc. 5-3-1997 n° 94-44.902 P ; 25-2-1998 n° 96-40.397 P ; 30-11-2005 n° 03-45.665 F-D).

Le fait pour l'employeur d'opérer une retenue sur le montant des indemnités complémentaires de maladie en raison de l'absence injustifiée du salarié lors de la contre-visite médicale n'est pas considéré comme une sanction pécuniaire prohibée (Cass. soc. 9-12-1992 n° 89-42.547 D).

A. Calcul de l'absence

Quelles que soient les règles applicables en matière de maintien de la rémunération pendant la période de maladie, et même si le salaire est mensualisé, l'employeur doit calculer la retenue sur salaire correspondant à cette période d'absence. Cela permet en effet de déterminer la part de salaire correspondant à la période travaillée et celle correspondant à la période d'absence, indemnisée ou non. Ce calcul permet aussi d'enregistrer automatiquement le nombre d'heures réellement travaillées. 61440

La retenue se calcule selon les règles développées nos 11100 s. et doit figurer sur le **bulletin de paie.** Pour des **modèles** de bulletin de paie, voir nos 94430 s.

B. Indemnités journalières de la sécurité sociale

1. CALCUL DES IJSS

MALADIE OU ACCIDENT D'ORIGINE NON PROFESSIONNELLE

Conditions Le salarié malade a droit, du fait de sa qualité d'assuré social et sous certaines conditions, au versement d'indemnités journalières de la sécurité sociale (IJSS). Ces conditions s'apprécient au jour de l'arrêt de travail (Cass. 2e civ. 20-9-2018 no 17-23.725 F-D). 61500

L'avis d'interruption du travail, ou sa prolongation, doit être adressé à la caisse dans les 2 jours de l'arrêt (CSS art. R 321-2). À défaut, les indemnités journalières peuvent être supprimées (CSS art. R 323-12) ou leur montant réduit sous certaines conditions (CSS art. D 323-2).

Conditions d'octroi des IJSS (CSS art. R 313-3)			
Indemnisation des 6 premiers mois d'arrêt de travail	perception de rémunérations soumises à cotisations au moins égales à 1 015 fois le Smic horaire dans les 6 mois civils précédents	ou	au moins 150 heures de travail salarié ou assimilé dans les 3 mois civils ou 90 jours précédents
Indemnisation après 6 mois d'arrêt de travail	– immatriculation depuis au moins 12 mois – perception de rémunérations soumises à cotisations au moins égales à 2 030 fois le Smic horaire dans les 12 mois civils précédents	ou	– immatriculation depuis au moins 12 mois – au moins 600 heures de travail salarié ou assimilé dans les 12 mois civils ou 365 jours précédents

Montant Les indemnités journalières de maladie sont calculées en fonction du salaire servant de base à la cotisation maladie, de la manière suivante (CSS art. L 323-4, R 323-4 et R 323-9) : 61510

Revenu d'activité antérieur	Taux	Montant maximal (montants indiqués no 96220)
– salariés **mensualisés** : 1/91,25 des 3 dernières paies des mois civils antérieurs à l'arrêt de travail – travail réglé à la semaine ou à la quinzaine : 1/84 des 6 ou des 12 dernières paies des mois civils antérieurs à l'arrêt de travail – **travail discontinu ou saisonnier** : 1/365 du montant du salaire des 12 mois civils antérieurs à l'arrêt de travail	50 % du revenu d'activité antérieur	1/730 d'un plafond égal à 1,8 Smic brut en vigueur le dernier jour du mois civil précédant l'arrêt de travail, calculé, pour chaque paie prise en compte, pour un mois sur la base de la durée légale du travail

EXEMPLE

Un salarié mensualisé, dont les salaires de janvier, février et mars 2023 se sont élevés chacun à 1 950 € bruts, interrompt le travail pour maladie en avril 2023. Ce salaire étant inférieur au plafond de 1,8 Smic (3 076,70 € au 1-1-2023), il est retenu en totalité. La base de calcul de ses indemnités journalières est égale à : 3 × 1 950 € = 5 850 €. Le revenu d'activité antérieur est de 5 850 €/91,25 = 64,11 €. L'indemnité journalière de maladie est égale à 64,11 €/2 = 32,06 € bruts.

Pour un salarié dont la rémunération moyenne s'élève à 4 000 € bruts mensuels, le plafond de 1,8 Smic s'applique. La base de calcul de ses indemnités journalières est égale à 3 × 3 076,70 € = 9 230,10 €. Le gain journalier de base est de 9 230,10 €/91,25 = 101,16 €. L'indemnité journalière de maladie est égale à 101,16 €/2 = 50,58 € bruts.

61520 **Versement** Les indemnités journalières sont **versées** à partir du **4e jour d'absence,** pour chaque jour, ouvrable ou non (CSS art. R 323-1, 1°). En cas d'**arrêts successifs,** sauf maladie de longue durée, les 3 jours de carence sont appliqués à chaque arrêt dès lors que la reprise du travail a été d'au minimum 48 heures (Lettre DGR-Cnamts 2913 du 29-10-1985).

L'assuré perçoit un maximum de 360 indemnités journalières au cours d'une période de 3 ans (CSS art. R 323-1, 2° et 4°).

Ces règles peuvent être adaptées en cas de risque sanitaire grave et exceptionnel, notamment d'épidémie, par décret pour un an maximum (CSS art. L 16-10-1).

Sur le **régime** social des IJSS, voir nos 62110 s. ; sur leur régime fiscal, voir nos 62130 s.

ATTENTION

Le délai de carence n'est appliqué ni à l'assuré en **temps partiel thérapeutique** (CSS art. L 323-3), ni à l'assuré dont l'enfant ou la personne dont il a la charge effective et permanente, **de moins de 25 ans,** est décédé, pour le premier arrêt de travail survenant dans les 13 semaines suivant ce décès (CSS art. L 323-1-1), ni à la **victime d'un acte de terrorisme** pour les interruptions de travail en résultant (CSS art. L 169-2, 7°).

ACCIDENT DU TRAVAIL

61530 **Montant** L'indemnité journalière d'accident du travail est égale à 60 % du salaire journalier pendant les 28 premiers jours et 80 % à compter du 29e jour (CSS art. R 433-1 et R 433-3), dans la limite du net habituel du salarié, déterminé par application du taux forfaitaire visé no 63020 (CSS art. R 433-4).

Le salaire journalier est égal à 1/30,42 du montant de la dernière paie pour les salariés **mensualisés** et à 1/365 du salaire des 12 derniers mois lorsque le travail est **discontinu** ou **saisonnier** (CSS art. R 433-4). Il est **plafonné** à 0,834 % du plafond annuel de la sécurité sociale (CSS art. R 433-2). Le montant maximal de l'indemnité journalière est indiqué no 96220.

Sur le **régime** social des IJSS, voir ci-après nos 62110 s. ; sur leur régime fiscal, voir no 62170.

EXEMPLE

Un salarié dont la rémunération moyenne mensuelle s'élève à 2 145 € bruts interrompt le travail en mars 2023 en raison d'un accident du travail. Le salaire journalier est de 2 145 €/30,42 = 70,51 €. Ce salaire journalier étant inférieur à 0,834 % du plafond annuel de la sécurité sociale (366,89 € au 1-1-2023), il est retenu en totalité. L'indemnité journalière, qui ne peut pas être supérieure au gain journalier net du salarié, est égale à :
– 70,51 € × 60 % = 42,31 € bruts pour chacun des 28 premiers jours d'arrêt de travail ;
– 70,51 € × 80 % = 56,41 € bruts à compter du 29e jour.

61540 Les **rappels de salaire, primes et gratifications** versés avec une périodicité différente de celle du salaire de base sont rapportés à la période immédiatement postérieure au mois civil au cours duquel ils ont été versés, pour une durée égale à la période au titre de laquelle ils sont alloués (CSS art. R 433-5). Par exemple, une prime de 13e mois doit être répartie sur les 12 mois civils qui suivent la date de son versement, et 1/12e de son montant doit être ajouté au salaire de référence. Une prime trimestrielle payée en avril doit être rattachée par tiers aux mois de mai, juin et juillet.

61550 **Versement** L'indemnité journalière est **versée** dès le 1er jour d'absence, la journée de l'accident restant à la charge de l'employeur (CSS art. L 433-1). Sur le compte bancaire de versement de l'indemnité, voir no 61520.

L'indemnisation prend fin à la date à laquelle le salarié est apte à la reprise du travail (Cass. 2e civ. 23-1-2014 no 12-25.818 F-PB) ou, au plus tard, à celle de la guérison, de la consolidation de la blessure ou du décès de la victime (CSS art. L 442-6).

2. SUBROGATION DE L'EMPLOYEUR

Les indemnités journalières sont en principe versées au salarié directement par la sécurité sociale. L'employeur n'a pas à en faire l'avance ni à les faire figurer sur le bulletin de paie (Circ. DRT du 30-3-1989). Il existe toutefois une possibilité de subrogation qui consiste pour l'employeur à avancer au salarié le montant des IJSS et à les percevoir ensuite de la CPAM à sa place. Dans ce cas, il doit les faire figurer sur le bulletin de paie pour les déduire de l'assiette des cotisations (nos 62260 s.). 61600

L'employeur est subrogé **de plein droit** dans les droits du salarié aux IJSS (CSS art. R 323-11 et R 433-12) : 61610

– si le salaire de l'intéressé est maintenu en totalité ;

– et si le salaire est maintenu en totalité ou en partie sous déduction des IJSS sans que l'employeur n'opère cette déduction, à condition que le salaire maintenu soit au moins égal aux indemnités journalières.

Dans les autres cas, l'employeur doit soit obtenir l'**accord du salarié** pour procéder à la subrogation, soit obtenir de l'intéressé le **reversement** de la somme correspondant aux IJSS, dans la limite du salaire maintenu pendant la même période.

L'employeur ne peut être subrogé dans les droits du salarié que dans la **limite** des sommes qu'il lui a effectivement versées : il doit donc, le cas échéant (par exemple, lorsque le salaire de la période de référence servant au calcul de l'indemnité journalière excède notablement le salaire de la période de maladie : prime, passage d'un temps plein à un temps partiel), restituer au salarié la part de ces indemnités **excédant la rémunération maintenue** (Cass. soc. 7-7-1993 no 89-44.060 P ; 9-10-2001 no 98-43.949 FS-P).

› Précisions **a.** Si l'employeur **avance les IJSS** au salarié **sans être subrogé,** il peut lui en demander le remboursement (Cass. soc. 28-3-1991 no 88-16.566 D), sauf s'il a clairement manifesté son intention de permettre au salarié de cumuler les IJSS et le salaire maintenu (Cass. soc. 7-12-1983 no 81-40.115).

b. Si l'employeur et l'assuré se sont mis d'accord pour le **maintien d'avantages en nature** en cas de maladie, ils peuvent en informer la caisse et lui demander de verser à l'employeur la partie de l'indemnité journalière correspondant à la valeur des avantages maintenus (CSS art. R 323-11).

c. En cas de **reprise anticipée du travail** par le salarié, avant la fin de son arrêt maladie, l'employeur subrogé dans ses droits doit en informer la caisse assurant le service de l'indemnité journalière, via la DSN (no 36450). À défaut, et si ce manquement a occasionné un versement indu d'IJSS, l'employeur encourt une sanction financière prononcée par le directeur de la caisse et doit rembourser les indemnités journalières (CSS art. L 323-6-1).

C. Maintien du salaire

1. DROIT AU MAINTIEN DU SALAIRE

SOURCE DU DROIT

Le droit au maintien du salaire du salarié malade peut résulter : 61700

– soit des articles L 1226-1 et D 1226-1 s. du Code du travail, qui reprennent les dispositions correspondantes de la loi 78-49 du 19-1-1978 sur la mensualisation, s'il n'existe pas de dispositions conventionnelles applicables à l'entreprise ou si elles sont moins favorables au salarié (nos 61810 s.) ;

– soit de la convention ou de l'accord collectif de travail ou, plus rarement, du contrat de travail (nos 62000 s.).

Le **caractère plus favorable** d'un régime de prévoyance complémentaire par rapport aux dispositions légales s'apprécie globalement pour l'ensemble des salariés (Cass. soc. 17-1-1996 no 93-20.066 P).

› Précisions Dans les départements de la **Moselle** et la collectivité européenne d'**Alsace,** certaines dispositions dérogatoires s'appliquent à la place du droit commun.

Peuvent ainsi s'appliquer :

– l'article L 1226-23 du Code du travail, selon lequel le salarié dont le **contrat de travail** est **suspendu** pour une cause personnelle indépendante de sa volonté et pour une durée relativement sans importance a droit au maintien de son salaire. Toutefois, durant cette suspension du contrat, les indemnités versées par un régime d'assurances sociales obligatoire sont déduites du montant de la rémunération due par l'employeur ;

– l'article L 1226-24 du Code du travail, selon lequel le **commis commercial** qui, par suite d'un **accident** dont il n'est pas fautif, est dans l'impossibilité d'exécuter son contrat de travail a droit à son salaire pour une durée maximale de 6 semaines. Durant cette période, les indemnités versées par une société d'assurances ou une mutuelle ne sont pas déduites du montant de la rémunération due par l'employeur. Toute stipulation contraire est nulle.

ADHÉSION À UN RÉGIME DE PRÉVOYANCE

61720 Lorsqu'il doit garantir le salaire, l'employeur peut cotiser à un régime de prévoyance qui prend en charge les indemnités complémentaires.

Selon l'administration, les indemnités versées aux salariés en vertu de la loi ou de la convention collective ne peuvent être financées que par des **cotisations** incombant aux **employeurs** (Circ. du 1-9-1980). Sur le régime social de ces cotisations, voir n° 43270.

Des **cotisations** peuvent toutefois être exigées des **salariés** si des avantages s'ajoutent à ceux que l'employeur est tenu de leur assurer. S'agissant des conséquences de ces modes de financement sur le régime social des indemnités complémentaires versées, voir nos 62180 s.

Les indemnités complémentaires peuvent alors :
– soit être versées directement au salarié par l'organisme ;
– soit, si l'employeur pratique la subrogation, être avancées par l'employeur qui les récupère directement de l'organisme de prévoyance.

› Précisions Même s'il est assuré contre le risque maladie de ses salariés, l'employeur reste seul tenu vis-à-vis de chaque salarié de l'exécution de ses obligations.
En cas de **défaillance de l'organisme** de prévoyance ou d'assurance, c'est l'employeur qui doit verser lui-même les prestations, quitte à se retourner ensuite contre l'organisme. En cas de **refus de paiement** par ce dernier et de persistance d'un litige avec un salarié, c'est aussi à l'employeur que le salarié doit pouvoir s'adresser pour obtenir les raisons du refus de paiement. Enfin, en cas de litige, c'est l'employeur, et non l'organisme de prévoyance, qui sera cité devant le juge prud'homal (Circ. 1-9-1980).

61730

Dispositifs de prévention de la désinsertion professionnelle

Convention de rééducation professionnelle en entreprise

Le **travailleur déclaré inapte** ou pour lequel le médecin identifie un risque d'inaptitude peut bénéficier, pour une durée maximale de 18 mois, d'une convention de rééducation professionnelle en entreprise (CRPE). Il perçoit, pendant toute la durée de la convention, des indemnités journalières de sécurité sociale dont le montant est égal à celui perçu avant le début de la rééducation, ainsi qu'un **complément de salaire** versé par l'employeur de manière à maintenir sa rémunération (C. trav. art. L 1226-1-4 et R 5213-15 ; CSS art. L 323-3-1 et R 323-3-1).

Par exception, pour les **victimes d'un accident du travail ou d'une maladie professionnelle** ayant perçu des IJ à ce titre pendant plus de 28 jours, l'indemnité journalière versée pendant la rééducation est égale à 60 % du salaire journalier, au lieu de 80 % (CSS art. R 323-3-1).

Si l'employeur assure la rééducation, un avenant au contrat de travail, sans modification de la rémunération, doit être rédigé. Si la **rééducation est assurée par une autre entreprise,** l'employeur facture à cette dernière la fraction de rémunération maintenue au salarié (C. trav. art. R 5213-17).

Essai encadré

Le **salarié** relevant du régime général, y compris le salarié temporaire, l'**apprenti** et le **stagiaire de la formation** professionnelle en arrêt de travail peut bénéficier d'un essai encadré permettant d'évaluer la compatibilité d'un poste de travail avec son état de santé, pendant 28 jours ouvrables au maximum. Il bénéficie des indemnités journalières de la sécurité sociale et, le cas échéant, de l'indemnité complémentaire de l'employeur, maintenues dans les mêmes conditions que pendant l'arrêt de travail (CSS art. L 323-3-1 et D 323-6 s.).

2. DISPOSITIONS LÉGALES

CONDITIONS DE L'INDEMNISATION

61810 Selon l'article L 1226-1 du Code du travail, toute incapacité résultant de maladie ou d'accident ouvre droit à indemnisation. Cette définition très large englobe les accidents et maladies, professionnels ou non.

Pour bénéficier de l'indemnisation légale, le salarié doit remplir les conditions suivantes :
– justifier d'une **ancienneté** d'un an dans l'entreprise ou l'établissement, appréciée au 1er jour d'absence ;

– informer l'employeur de l'incapacité de travail dans les 48 heures par certificat médical ;
– être pris en charge par la **sécurité sociale** ;
– avoir bénéficié de soins prodigués sur le **territoire** français ou dans l'un des pays de l'Union européenne ou de l'Espace économique européen.

› Précisions **a.** Les salariés **à domicile, saisonniers ou intermittents** et les salariés **temporaires** ne bénéficient pas du maintien de salaire légal.
b. Si le **contrat de travail est suspendu** avant le début de la maladie, l'employeur n'est pas tenu de verser le complément de salaire tant que dure cette suspension. Ainsi jugé à propos d'un salarié qui, avant de tomber malade, est placé sous contrôle judiciaire (Cass. soc. 31-5-2012 nº 10-16.810 FS-PB) ou participe à une grève (nº 67570). En revanche, le salarié qui convient avec l'employeur de sa réintégration à l'issue d'un congé sans solde mais en est empêché par sa maladie a droit au maintien de salaire (Cass. soc. 9-6-1993 nº 89-42.871 PFBS).
c. Il peut être dérogé par décret, pour une durée maximale d'un an, aux conditions d'octroi du complément employeur lorsque la protection de la santé le justifie en cas de **risque sanitaire** grave et exceptionnel, et notamment d'épidémie (C. trav. art. L 1226-1-1).

DURÉE ET MONTANT

Le salarié est indemnisé à compter de son 8e jour d'absence en cas de **maladie,** d'accident non professionnel ou d'accident de trajet. Les jours compris dans le **délai de carence** que le salarié n'aurait pas travaillés s'il n'avait pas été malade, par exemple le samedi et le dimanche pour un salarié travaillant du lundi au vendredi, ne peuvent pas donner lieu à une retenue sur salaire (Cass. soc. 26-1-2011 nº 08-45.204 FS-PB). Cette solution, rendue à propos d'un délai de carence conventionnel, paraît transposable pour l'application du délai de carence légal. **61820**

En cas d'**accident du travail** ou de maladie professionnelle, le délai de carence de 7 jours ne s'applique pas : le salarié est indemnisé à compter du 1er jour d'absence (C. trav. art. D 1226-3).

Le salarié reçoit (C. trav. art. D 1226-1 et D 1226-2) : **61830**
– 90 % de la rémunération brute qu'il aurait perçue s'il avait continué à travailler, pendant 30 jours ;
– les 2/3 pendant les 30 jours suivants.

Ces temps d'indemnisation sont augmentés de 10 jours par période entière de 5 ans d'ancienneté en plus de la durée minimale d'un an (nº 61810), sans que chacun d'eux puisse dépasser 90 jours. La **durée maximale** d'indemnisation est de 90 jours à 90 % puis 90 jours à 66,66 %, soit un total de 180 jours :

Durée d'ancienneté dans l'entreprise	Durée maximale de versement des indemnités[1] et montant de l'indemnisation
De 1 à 5 ans	60 jours (30 jours à 90 % et 30 jours à 2/3)
De 6 à 10 ans	80 jours (40 jours à 90 % et 40 jours à 2/3)
de 11 à 15 ans	100 jours (50 jours à 90 % et 50 jours à 2/3)
De 16 à 20 ans	120 jours (60 jours à 90 % et 60 jours à 2/3)
De 21 à 25 ans	140 jours (70 jours à 90 % et 70 jours à 2/3)
De 26 à 30 ans	160 jours (80 jours à 90 % et 80 jours à 2/3)
31 ans et plus	180 jours (90 jours à 90 % et 90 jours à 2/3)

1. Durée **calculée** en jours calendaires, en tenant compte des jours de repos hebdomadaire (Cass. soc. 1-7-1985 nº 83-41.028 S).

Pour le **calcul** des indemnités dues au titre d'une période de paie, il faut tenir compte des indemnités déjà perçues par le salarié durant les 12 mois antérieurs (C. trav. art. D 1226-4). **61840**

Il en résulte que le **changement d'année civile** n'ouvre pas droit à une nouvelle période d'indemnisation (Cass. soc. 28-4-1994 nº 92-43.394 PFBS).

EXEMPLE

Soit un salarié absent pour maladie à compter du 6-3-2023. Il a droit à 30 jours d'indemnisation à 90 %, puis 30 jours à 66,66 %. Il bénéficie du maintien de salaire à compter du 8e jour d'absence, soit le 13-3-2023. Si son arrêt de travail dure 58 jours, il peut bénéficier d'un reliquat de 10 jours d'indemnisation à 66,66 %. S'il est à nouveau placé en arrêt de travail pour maladie avant le 13-3-2024, le maintien de salaire cesse après 10 jours.

SALAIRE À MAINTENIR

61850 La rémunération à maintenir est celle que le salarié aurait gagnée s'il avait continué à travailler (n° 61820). Elle inclut toutes les indemnités qui n'ont pas un caractère bénévole et ne sont pas représentatives de frais professionnels (voir nos 55200 s.).

Le sort des **primes** en cas de maladie est traité nos 45320 s.

S'agissant des modalités de calcul du maintien de salaire lorsque le salarié bénéficie d'une **rémunération variable,** voir n° 58520.

Sur l'horaire à prendre en compte en cas d'application d'un accord prévoyant le **« lissage » de la rémunération,** voir n° 10120.

La garantie instituée par le Code du travail se calcule en pourcentage de la **rémunération brute.**

ATTENTION

Si la rémunération est constituée par des **pourboires** non centralisés par l'employeur, il faut prendre en compte la rémunération retenue pour le calcul des cotisations de sécurité sociale comme déjà prévu en matière de congés payés : voir n° 59510 (Circ. du 27-6-1978). Lorsque les pourboires sont centralisés par l'employeur, voir n° 54470.

61860 **Heures supplémentaires** Le maintien de salaire est calculé en fonction de l'horaire pratiqué pendant l'absence du salarié dans l'établissement ou la partie d'établissement. Les heures supplémentaires effectuées doivent donc être prises en compte, peu important qu'elles donnent lieu à majoration de salaire ou repos de remplacement. Sont toutefois exclues du calcul les heures supplémentaires générées par l'absence du salarié (C. trav. art. D 1226-7 ; Circ. DRT du 6-12-2000).

En revanche, la maladie n'est pas considérée comme du **temps de travail effectif** pour le décompte de la durée du travail et l'application de la réglementation des heures supplémentaires (Circ. DRT du 6-12-2000). Sur la question de savoir si l'absence peut compenser les heures supplémentaires effectuées une semaine précédente, voir n° 6490.

61870 **Droits annexes** Si le salarié bénéficie de **titres-restaurant,** il n'y a pas droit pour les périodes de maladie.

Sur la prise en charge des **frais de transport** public, voir n° 57605.

Sur le droit pour le salarié de conserver son **véhicule de fonction,** voir n° 38550.

Voir en ce qui concerne :
– les congés payés : n° 59850 ;
– la participation : n° 46660, et l'intéressement : n° 48190.

SITUATIONS PARTICULIÈRES

61880 **Temps partiel** Le salarié à temps partiel doit être indemnisé en fonction de son horaire de travail : en effet, s'il avait travaillé normalement, il aurait travaillé à temps partiel. Tel est le cas même si le salarié est passé à temps partiel 4 mois avant son arrêt de travail après 18 ans de travail à temps complet (Cass. soc. 14-5-1984 n° 82-40.400) ou s'il est tombé malade au moment de la transformation de son emploi à temps plein en emploi à temps partiel (Cass. soc. 31-1-1996 n° 92-41.620 D). Toutefois, en cas de **subrogation,** l'employeur ne peut pas verser à l'intéressé une somme inférieure à celle qu'il a perçue au titre des indemnités journalières (Cass. soc. 31-1-1996 n° 92-41.620 D) ; voir n° 61610.

61890 **Activité partielle ou APLD** En cas d'arrêt de travail pour maladie pendant une période d'activité partielle (anciennement chômage partiel : voir nos 67950 s.) ou, selon nous, d'activité partielle de longue durée (APLD), le salarié ne peut pas cumuler le bénéfice des **indemnités journalières** de la sécurité sociale et des indemnités d'activité partielle ou d'APLD : il ne bénéficie que des premières (Circ. DGEFP 12 du 13-7-2013 ann. 1).

L'employeur peut être tenu de verser au salarié malade un **complément de salaire** lui assurant tout ou partie de sa rémunération antérieure, en vertu du Code du travail, des dispositions plus favorables de la convention collective ou des usages. Les règles légales ou conventionnelles de maintien de salaire s'appliquent, mais elles ne peuvent pas permettre au salarié malade de percevoir plus que s'il avait été en capacité de travailler : par conséquent l'intéressé ne peut pas prétendre à une rémunération supérieure à celle qu'il aurait perçue s'il avait été placé en activité partielle ou en APLD (Cass. soc. 2-7-1987 n° 83-43.626 P ; 6-7-2022 n° 21-18.100 FP-B).

Incidence de certains événements Si la période de maladie comprend un **jour férié,** le salarié ne perçoit pas la rémunération visée nos 60870 s. En revanche, il bénéficie, le cas échéant, du maintien de salaire légal pendant la maladie. 61900

Le cas du salarié malade lors du déclenchement d'une **grève** est traité no 67570 ; pour l'incidence de la maladie sur la **récupération** des heures perdues, voir nos 9350 s.

Sur l'utilisation par un représentant du personnel de ses **heures de délégation** pendant sa maladie, voir no 79040.

En cas de rupture du contrat en cours ou à l'issue de l'arrêt de travail, la maladie du salarié a des incidences sur le **préavis** (no 66060) et le calcul de l'**indemnité de licenciement** (no 63450).

DÉDUCTION DES INDEMNITÉS JOURNALIÈRES

IJSS La garantie s'entend déduction faite des IJSS (C. trav. art. D 1226-5). L'employeur n'est pas tenu, sauf accord particulier, d'en faire l'avance au salarié. Il peut donc les déduire du salaire brut maintenu au titre de la période de maladie. Il est souvent plus simple de n'opérer cette déduction qu'au moment (généralement lors d'une paie suivante) du versement effectif des indemnités journalières par la sécurité sociale. 61930

Les IJSS doivent être déduites pour leur totalité et non uniquement celles correspondant à des jours ouvrables (Cass. soc. 17-4-1991 no 88-45.391 D) ; si le salarié ne remet pas à l'employeur le **décompte des IJSS,** il ne lui permet pas de calculer les sommes lui restant dues et ne peut donc pas exiger un rappel de salaire (Cass. soc. 26-3-1984 no 81-42.288 P).

Elles doivent en outre être **déduites pour leur montant** brut, avant déduction par la caisse des contributions sociales (CSG et CRDS).

Pour des **modèles** de bulletin de paie, voir nos 94980 s.

Lorsque les IJSS sont réduites du fait, notamment, d'une retenue opérée par la caisse en raison du non-respect de son règlement intérieur, elles sont réputées être servies intégralement pour le calcul de l'indemnité complémentaire (C. trav. art. D 1226-6). 61940

ATTENTION

Lorsqu'un salarié **accidenté du travail** touche une rente d'incapacité permanente puis, à la suite d'une rechute, perçoit en sus de cette rente les fractions d'indemnités journalières excédant le montant de cette dernière, son employeur doit lui verser la rémunération suivante : 90 % du salaire que le salarié aurait perçu, déduction faite de la fraction d'indemnité journalière que touche le salarié et non de la totalité de la prestation versée par la sécurité sociale (Cass. soc. 11-10-1984 no 82-41.850 P).

Indemnités de prévoyance Les allocations versées par les régimes complémentaires de prévoyance doivent également être déduites, mais uniquement pour leur **part** résultant des versements de l'employeur (C. trav. art. D 1226-5). 61950

En effet, l'employeur ne peut pas déduire des indemnités complémentaires conventionnelles les sommes perçues par le salarié en vertu d'une assurance individuelle souscrite par ce dernier (notamment, Cass. soc. 22-1-1991 no 87-44.769 D).

3. DISPOSITIONS CONVENTIONNELLES

ABSENCES CONCERNÉES

La convention collective précise en principe les absences donnant lieu à indemnisation. Si elle ne vise que la maladie, la garantie de salaire s'applique, quelle que soit la cause de l'indisponibilité et même s'il s'agit d'un accident (Cass. soc. 30-11-1983 no 82-41.954 S). En revanche, si la convention collective ne vise que l'accident du travail ou la maladie, ses dispositions ne sont pas applicables en cas d'accident de droit commun (Cass. soc. 28-3-1985 no 84-43.437 P). 62000

Un **examen** en milieu hospitalier effectué sur prescription médicale donne lieu au maintien de rémunération prévu par la convention collective en cas d'absence justifiée par certificat médical (Cass. soc. 12-11-1987 no 84-45.583 P).

L'absence pour **cure thermale** n'ouvre droit au maintien de salaire que lorsqu'elle est assimilée par la convention à une maladie ou un accident et qu'elle est médicalement prescrite (Cass. soc. 18-10-2006 no 05-41.408 F-PB). Si aucune disposition de la convention ne prévoit une telle assimilation, la garantie ne s'applique pas (Cass. soc. 4-4-1978 no 77-40.320 ; 6-6-1995 n° 91-45.716 D). Ainsi, la cure n'est pas indemnisée même si elle a été prescrite par un médecin spécialiste et acceptée par la sécurité sociale (Cass. ass. plén. 1-4-1993 n° 89-41.756 P), à moins qu'elle ne s'inscrive dans le cadre d'un traitement thérapeutique d'une affection entraînant une incapacité de travail (Cass. soc. 29-1-1997 n° 93-42.794 D ; 13-4-2005 n° 03-41.502 F-D).

CONDITIONS

62020 La convention collective fixe elle-même les conditions de l'indemnisation.

Lorsque la convention collective applicable ne prévoit aucun **délai de carence,** le salarié en maladie a droit au maintien de sa rémunération dès le 1er jour d'absence. Il importe peu que l'indemnisation complémentaire soit subordonnée à la prise en charge par la sécurité sociale qui, elle, applique un délai de carence de 3 jours (Cass. soc. 12-3-2002 n° 99-43.976 FS-P ; 7-7-2016 n° 15-21.004 F-D ; Cass. 2e civ. 20-12-2018 n° 17-28.955 F-PB).

Sur le calcul de la **retenue sur salaire** au titre du délai de carence conventionnel lorsque ce dernier comprend des jours qui n'auraient pas été travaillés si le salarié n'avait pas été malade, voir n° 61840.

En présence d'une convention collective prévoyant le maintien du salaire « après un an d'ancienneté » sans autre précision, l'appréciation de l'**ancienneté** se fait au 1er jour d'absence (Cass. soc. 7-7-1993 n° 90-40.906 P).

La condition de **territorialité** des soins prévue par les dispositions légales (n° 61810) ne doit pas être étendue à l'application d'une convention collective qui ne la prévoit pas expressément (Cass. soc. 4-6-1987 n° 84-43.850 P).

Par ailleurs, conformément à l'article 5 de l'accord national interprofessionnel du 11-1-2008 sur la modernisation du marché du travail, étendu à compter du 25-7-2008 par arrêté MTST0818144A du 23-7-2008, pour l'appréciation de l'**ancienneté** requise, toutes les périodes de travail accomplies dans la même entreprise sont prises en compte. Sont par exemple retenues les périodes travaillées par le salarié au titre de plusieurs contrats à durée déterminée, même s'ils ne sont pas successifs.

ATTENTION

Si la convention collective applicable subordonne l'indemnisation de l'arrêt de travail médicalement constaté à sa **prise en charge par la sécurité sociale,** cela implique seulement que le salarié ait la qualité d'assuré social, et pas qu'il perçoive une prestation de la caisse (Cass. soc. 24-6-2020 n° 18-23.869 F-PB). La convention collective peut également subordonner le maintien de salaire en cas de maladie à la **perception d'indemnités journalières de la sécurité sociale** : sont visées dans ce cas les indemnités versées par les caisses du régime général. Dès lors, un salarié bénéficiant des indemnités du régime des indépendants du fait de son activité antérieure ne peut pas prétendre à ce maintien de salaire (Cass. soc. 20-10-2015 n° 14-16.503 FS-PB).

DURÉE

62030 Lorsqu'une convention collective prévoit le maintien de la rémunération en cas de maladie pendant une **période maximale au cours de l'année** civile, un congé maladie à cheval sur 2 années doit être pris en compte en totalité au titre de la 1e année pour le calcul de la durée maximale de maintien de la rémunération ; le passage à l'année suivante n'ouvre pas droit à une nouvelle période d'indemnisation en l'absence de reprise du travail (Cass. soc. 3-7-1986 n° 83-43.433 P).

Un salarié qui a épuisé ses droits à indemnisation conventionnelle de la maladie au cours d'une année civile ne peut prétendre à une nouvelle indemnisation, au titre de la même absence, à compter du 1er janvier de l'année suivante (Cass. soc. 13-7-1988 n° 86-40.437 P ; 14-10-2009 n° 07-44.834 FS-PB), ni à compter du jour anniversaire de son arrêt de travail (Cass. soc. 29-4-1980 n° 78-41.339 P).

Par ailleurs, en cas d'arrêts de travail successifs, pour maladie ou accident du travail, la **durée totale d'indemnisation** prévue par la convention collective au cours d'une période de référence doit s'apprécier globalement, **sans distinction** de l'origine de ces arrêts (Cass. soc. 21-6-2006 n° 04-47.007 F-D).

ATTENTION

En cas de **licenciement** ou de **prise d'acte de la rupture** pendant l'arrêt de travail, et sauf disposition conventionnelle contraire, le salarié n'a droit au maintien du salaire que jusqu'à la fin du contrat de travail (Cass. soc. 10-3-2010 n° 08-70.405 FS-PB ; 27-6-2012 n° 11-10.569 F-D).

SALAIRE À MAINTENIR

62040 La convention prévoit en principe les éléments de salaire à maintenir, dans le respect des dispositions légales. Sur le complément différentiel légal : voir n° 61850.

Lorsque l'indemnité conventionnelle versée au salarié malade est calculée sur la base du dernier salaire mensuel précédant l'arrêt de travail, les **heures supplémentaires** effectuées au cours du mois précédant cet arrêt doivent être prises en compte (Cass. soc. 17-7-1996 n° 93-42.456 D).

S'agissant des modalités de calcul du maintien de salaire lorsque le salarié bénéficie :
– d'une **rémunération variable,** voir n° 58530 ;
– de **primes,** voir n° 45370 ;
– d'une rémunération au titre des interventions en période d'**astreinte,** voir n° 5780.

Salaire brut ou net Le salarié malade ne doit pas, en principe, percevoir une rémunération supérieure à celle qu'il aurait perçue s'il avait travaillé pendant la période de maladie. Toutefois, il convient de se référer à la convention collective pour savoir si le salaire à maintenir est le salaire brut ou net. 62050

Si le maintien du salaire prévu par la convention collective porte sur la **totalité de la rémunération brute** du salarié, celui-ci perçoit une rémunération nette plus élevée que celle perçue en période normale, les indemnités journalières de sécurité sociale n'étant pas soumises aux cotisations de sécurité sociale.

Lorsque la convention ne précise pas expressément que le maintien porte sur le salaire brut, l'employeur est en droit de ne maintenir que le **salaire net** (Cass. soc. 11-3-1997 n° 94-40.869 D ; 15-5-2012 n° 10-26.864 F-D).

Sur le calcul du salaire net, voir n°s 62440 s.

Déduction des indemnités journalières Lorsque la convention ou l'accord collectif prévoit le **maintien de la rémunération que le salarié aurait perçue** s'il avait continué à travailler, elle vise la rémunération brute. En conséquence, les IJSS doivent être déduites pour leur montant brut, avant déduction par la caisse des contributions sociales (CSG et CRDS) et des impositions de toute nature que la loi met à la charge du salarié (Cass. soc. 15-12-2004 n°s 02-43.033 FS-PB et 03-13.074 FS-PB ; 26-4-2006 n° 05-42.739 F-D). 62060

D. Établissement du bulletin de paie

L'établissement du bulletin de paie en cas de maladie varie selon différents paramètres : 62100
– l'existence, ou non, d'un maintien de salaire au-delà des indemnités journalières de sécurité sociale (IJSS) et celle d'indemnités complémentaires d'un organisme de prévoyance, qui bénéficient d'un régime social particulier ;
– le fait que le salarié perçoive lui-même les IJSS ou, au contraire, que l'employeur pratique la subrogation, et la durée de la maladie, qui ont une incidence sur le prélèvement à la source de l'impôt sur le revenu.

ATTENTION

En tout état de cause, le **complément** de salaire **versé par l'employeur** en l'absence de versement d'indemnités complémentaires d'un organisme de prévoyance doit être traité comme du salaire, qu'il s'agisse du régime social, du régime fiscal ou du prélèvement à la source de l'impôt sur le revenu.

1. RÉGIME DES INDEMNITÉS JOURNALIÈRES

a. IJSS

COTISATIONS DE SÉCURITÉ SOCIALE

Les IJSS échappent aux **cotisations de sécurité sociale** même quand elles sont versées par l'intermédiaire de l'employeur. Pour les conséquences de ce principe sur le traitement de la paie en cas de subrogation, voir n°s 62260 s. 62110

Les IJSS sont également exclues du champ des cotisations et **prélèvements** dont l'**assiette** est **alignée** sur celle de ces cotisations : cotisations ou contributions solidarité autonomie, Fnal, dialogue social, chômage, AGS, retraite complémentaire Agirc-Arrco, formation et alternance (contributions à la formation professionnelle, CPF-CDD, supplémentaire à l'apprentissage et taxe d'apprentissage), versement mobilité et participation-construction.

L'employeur n'a pas à faire figurer les IJSS sur la **DSN** dans la zone relative à l'assiette des cotisations.

CSG, CRDS ET TAXE SUR LES SALAIRES

62120 Les indemnités journalières ou allocations versées par la sécurité sociale ou pour son compte par l'employeur à l'occasion de la maladie, de la maternité ou de la paternité et de l'accueil de l'enfant, des accidents du travail et des maladies professionnelles sont assujetties à la CSG et à la CRDS (sans abattement pour frais professionnels), à l'exception des **rentes** viagères et indemnités en capital servies aux victimes **d'accident du travail** ou de maladie professionnelle ou à leurs ayants droit (CSS art. L 136-1-2, I et II-6° ; Ord. 96-50 du 24-1-1996 art. 14). La CSG est due au taux indiqué n° 28520.

La CSG et la CRDS sont **précomptées** par la caisse de sécurité sociale, qui verse un montant d'indemnité journalière net de ces contributions (Circ. DSS 71 du 2-2-1996 opposable).

En conséquence, dans la **DSN,** l'employeur n'a pas à faire figurer les IJSS dans les zones relatives à la CSG et à la CRDS.

Pour les conséquences sur le **bulletin de paie,** voir n°s 62260 s. Pour la **taxe sur les salaires,** voir n° 31530.

RÉGIME FISCAL

62130 Le régime au regard de l'**impôt sur le revenu** des indemnités journalières servies aux salariés par les organismes de sécurité sociale et de la mutualité sociale agricole ou pour leur compte dépend du risque assuré et de la situation des bénéficiaires.

Les indemnités servies en cas de maladie sont en principe intégralement imposables, sauf exceptions (n°s 62140 s.), alors que celles servies aux victimes d'accidents du travail ou de maladies professionnelles ne le sont que pour une partie de leur montant (n° 62170).

> **Précisions** L'obligation de déclarer les IJSS imposables au titre du revenu net imposable destiné à la **déclaration de revenus préremplie** incombe exclusivement aux caisses en ayant effectué le paiement, que les versements aient été faits à l'assuré ou à l'employeur, subrogé dans les droits de l'assuré, pour le compte de ce dernier (BOI-RSA-CHAMP-20-30-20 n° 210 ; net-entreprises, fiche n° 1851). Dans le bloc Versement individu de la **DSN,** l'employeur ne doit donc jamais faire figurer les indemnités journalières imposables dans le montant porté en Rémunération nette fiscale (S21.G00.50.002). Le **prélèvement à la source** de l'impôt est opéré par les caisses pour les indemnités qu'elles versent directement aux assurés et par l'employeur pour celles qui lui sont versées par les caisses en cas de maintien du salaire avec subrogation (n°s 62265 s.).

62140 **Maladie non professionnelle** Les indemnités journalières de maladie versées aux salariés par les organismes de sécurité sociale et de la mutualité sociale agricole ou pour leur compte sont soumises à l'impôt sur le revenu suivant les règles applicables aux salaires (CGI art. 80 quinquies).

Le montant net imposable des indemnités est déterminé après application de la déduction forfaitaire de 10 % pour frais professionnels, étant précisé que, pour l'application des limites et plafonds de cette déduction, il convient de faire masse des indemnités journalières et des autres revenus susceptibles d'en bénéficier (BOI-RSA-CHAMP-20-30-20 n° 200).

Il est dérogé au principe d'imposition des indemnités journalières de maladie pour les personnes atteintes d'une affection comportant un traitement prolongé et une thérapeutique particulièrement coûteuse : voir n° 62160.

> **Précisions** L'administration admet l'exonération des **indemnités supplémentaires de maternité** attribuées sur décision individuelle par les caisses primaires d'assurance maladie aux femmes assurées sociales dont le métier comporte des travaux incompatibles avec leur état. L'administration estime en effet qu'elles entrent dans le champ de l'exonération, prévue par l'article 81, 9° du CGI, des allocations, indemnités et prestations servies, sous quelque forme que ce soit, par l'État, les collectivités et les établissements publics, en application des lois et décrets d'assistance et d'assurance. Ces indemnités échappent également à la CSG et à la CRDS par application respective du 14° du I de l'article L 136-1-3 du CSS et de l'article 14 de l'ordonnance 96-50 du 24-1-1996, qui exonèrent de ces contributions les sommes exonérées en application de l'article 81, 9° du CGI (BOI-RSA-CHAMP-20-30-20 n° 190).

62150 L'**année d'imposition** est, indépendamment de la date de l'arrêt de travail, celle du versement des indemnités, conformément au droit commun (n°s 35200 s.). Les indemnités versées l'année N au titre d'un congé maladie ou maternité pris l'année N – 1 sont donc soumises à l'impôt au titre de l'année N (BOI-RSA-CHAMP-20-30-20 n° 90).

Lorsque **l'employeur assure le maintien du salaire** pendant un arrêt de travail, la somme versée pour le maintien du salaire est soumise à l'impôt sur le revenu au titre de l'année au cours de laquelle elle a été perçue. Au moment où l'employeur, subrogé dans les droits du salarié auprès de la caisse d'assurance maladie, perçoit les indemnités journalières, il doit les reverser au salarié, qui lui rembourse alors, à due concurrence, le salaire qu'il a antérieurement perçu pour le maintien de sa rémunération (en pratique, l'employeur procède généralement à la retenue du salaire dont il avait fait l'avance). L'employeur ne déclare alors sur la DSN que les rémunérations dont il a eu la charge effective, c'est-à-dire le salaire proprement dit compte tenu des remboursements et à l'exclusion des indemnités journalières (BOI-RSA-CHAMP-20-30-20 n° 100).

> Précisions Lorsque l'arrêt de travail et le paiement des indemnités journalières interviennent dans le courant de la même année civile, il y a globalement compensation entre les sommes considérées (BOI-RSA-CHAMP-20-30-20 n° 110).
Lorsque le versement par la caisse de sécurité sociale des indemnités journalières à l'employeur intervient en fin d'année et que celles-ci ne sont reversées au salarié qu'au cours de l'année suivante, l'administration admet que le salarié fasse abstraction des sommes en cause dans sa déclaration afférente à la 1re année en joignant une note d'explication, à condition qu'il les rattache aux revenus de l'année suivante (BOI-RSA-CHAMP-20-30-20 n° 120). Par exemple, un salarié en congé maladie pendant 15 jours en décembre N a bénéficié du maintien de son salaire et perçu 1 500 €. En janvier N + 1, l'employeur, subrogé dans les droits de son employé, reçoit de la caisse d'assurance maladie une somme de 500 € au titre des indemnités journalières. Sur la déclaration d'impôt du salarié, les revenus seront décomposés ainsi :
– imposable au titre de décembre N (IR N) : salaire : 1 500 € ; indemnités journalières : 0 € ;
– imposable au titre de janvier N + 1 (IR N + 1) : salaire : 1 000 € ; indemnités journalières : 500 €.

Sont exonérées d'impôt sur le revenu les indemnités journalières de maladie versées à des personnes atteintes d'une **affection comportant un traitement prolongé et une thérapeutique particulièrement coûteuse** (CGI art. 80 quinquies). **62160**

> Précisions Selon l'administration (BOI-RSA-CHAMP-20-30-20 n° 180) et le tribunal administratif de Lyon (TA Lyon 28-4-1998 n° 90-81), les indemnités journalières de maladie exonérées en vertu de l'article 80 quinquies du CGI sont celles versées aux assurés qui :
– soit sont atteints d'une des **affections** comportant un traitement prolongé et une thérapeutique particulièrement coûteuse **mentionnées à l'article D 160-4 du CSS** ;
– soit sont **reconnus atteints par le service du contrôle médical d'une affection grave** caractérisée ne figurant pas sur la liste mentionnée ci-dessus ou de plusieurs affections entraînant un état pathologique invalidant, si cette ou ces affections nécessitent un traitement prolongé et une thérapeutique particulièrement coûteuse (CSS art. L 160-14, 4°).
Notons que l'article 80 quinquies précité du CGI ne se réfère pas expressément au CSS pour caractériser la notion de maladie longue et coûteuse. C'est la raison pour laquelle une cour a apprécié par elle-même si des soins prodigués répondaient aux critères de l'article 80 quinquies ; en l'espèce, elle a refusé la qualification de maladie « longue et coûteuse » à un accidenté de la route dont les frais médicaux s'étaient élevés à près de 60 000 € et qui avait perçu des indemnités journalières de manière continue pendant presque 3 ans (CAA Lyon 9-3-2006 n° 01-145).

Accidents du travail et maladies professionnelles Les indemnités journalières versées par la sécurité sociale (ou la mutualité sociale agricole) en application de la législation sur les accidents du travail sont exonérées d'impôt sur le revenu à hauteur de 50 % de leur montant (CGI art. 81, 8°). Par extension, cette exonération partielle est également appliquée aux indemnités journalières versées en cas de maladie professionnelle (BOI-RSA-CHAMP-20-30-20 n° 170). **62170**
S'agissant du régime des allocations versées en complément des pensions d'invalidité et des rentes d'accidents du travail, voir n° 52120.

> Précisions Cette exonération ne joue qu'à l'égard des prestations servies par les **régimes obligatoires de base** de la sécurité sociale (CE 31-10-1980 n° 8221 ; BOI-RSA-PENS-20-20-20 n° 10). Par exception, elle s'applique aussi, à hauteur des prestations identiques du régime obligatoire, à celles versées aux salariés **expatriés** par une assurance volontaire souscrite auprès de la sécurité sociale ou d'un organisme privé (CE 1-10-1999 n° 143633).
Une **pension d'invalidité** allouée en vertu du règlement de la caisse interprofessionnelle de prévoyance des cadres ne peut pas bénéficier de l'exonération dès lors que ce règlement, bien qu'il ait été approuvé par des arrêtés ministériels pris sur le fondement des articles L 911-1 et suivants du CSS, ne peut être regardé comme édictant des dispositions réglementaires prises pour l'application de textes législatifs (CE 28-1-1981 n° 13247).

b. Indemnités complémentaires

COTISATIONS DE SÉCURITÉ SOCIALE

62180 **Allocations financées en tout ou partie par l'employeur** Les allocations complémentaires aux IJSS sont soumises aux cotisations de sécurité sociale (CSS art. R 242-1, I-al. 2), mais seulement pour leur **part financée par l'employeur** (Lettre min. du 12-2-1973 ; Circ. Acoss du 8-2-2007 ; Cass. soc. 26-4-1990 nº 87-15.023 D ; 22-6-1995 nº 93-14.558 D ; 13-1-2000 nº 97-17.766 P) et affectée au risque « incapacité invalidité », à l'exclusion des autres risques (Cass. 2e civ. 9-5-2019 nº 18-16.878 F-D).

Les allocations complémentaires soumises aux cotisations de sécurité sociale doivent figurer dans les zones relatives à l'assiette des cotisations de la **DSN.**

EXEMPLE

Pour un régime de prévoyance dont la cotisation est répartie à 60 % pour l'employeur et 40 % pour le salarié et qui verse des indemnités journalières complémentaires de 901,00 €, la part des IJ exclues de l'assiette des cotisations est de : 901,00 × 40 % = 360,40 €.

Pour une illustration en paie de cet exemple, voir le bulletin de paie nº 94990.

62185 En cas de **taux de participation différents sur les tranches 1 et 2** de la rémunération, il semble possible, pour déterminer la part de financement revenant à l'employeur, d'effectuer sur la paie considérée le prorata entre le montant total (tranches 1 et 2) de la cotisation patronale et celui de la cotisation salariale.

EXEMPLE

Soit un salarié percevant en janvier un salaire de 3 000 € brut et 1 500 € d'indemnités journalières complémentaires. Les taux conventionnels de cotisations « incapacité invalidité » sont fixés ainsi :
– tranche 1 : 1 % salarié et 2 % employeur (soit répartition 1/3 et 2/3) ;
– tranche 2 : 0,5 % salarié et 2,5 % employeur (soit répartition 16,6666 % et 83,3333 %).

Tranches	Salarié			Employeur		
	Assiette (en €)	Taux (en %)	Montant (en €)	Assiette (en €)	Taux (en %)	Montant (en €)
T 1	3 666	1	36,66	3 666	2	73,32
T 2	834	0,5	4,17	834	2,5	20,85
Total	4 500		40,83	4 500		94,17

Le montant total de cotisations « incapacité invalidité » sur la paie considérée s'établit à 135 € (40,83 € [PS] + 94,17 € [PP]).

La part employeur est fixée à 69,76 % (94,17 × 100/135) et la part salariée à 30,24 % (40,83 € × 100/135).

La part des IJ complémentaires soumise à cotisations de sécurité sociale s'élève donc à 1 046,40 € (1 500 € × 69,76 %) et la part des IJ exonérée à 453,60 € (1 500 € × 30,24 %).

62190 Sont **visées** les allocations complémentaires versées en cas de maladie, maternité ou accident de travail, même si elles le sont pendant une période plus longue que les IJSS (Cass. soc. 18-1-1979 nº 77-13.345 P ; 7-6-1979 nº 78-11.260 P), sans autre limitation de durée que celle de la rupture du contrat de travail (CSS art. R 242-1, I-al. 3 ; Circ. Acoss du 30-3-1972). En effet, les indemnités versées après la rupture du contrat ne sont pas assujetties aux cotisations de sécurité sociale (Cass. soc. 29-10-1998 nº 96-11.790 D).

Elles peuvent être attribuées en application de la **convention collective,** du **contrat** de travail (CSS art. R 242-1, I-al. 2) ou d'un **usage** professionnel ou d'entreprise (Circ. Acoss du 30-3-1972). Sont également concernées les allocations allouées de façon bénévole, en vertu d'une décision révocable du **comité social et économique** (CSE), dès lors qu'elles sont versées automatiquement et régulièrement à tous les salariés remplissant les conditions définies par le comité et n'ont pas le caractère de secours (Cass. soc. 22-5-1979 nº 77-12.453 P).

Les allocations peuvent être **versées par un tiers** agissant pour le compte de l'employeur (CSS art. R 242-1, I-al. 2).

S'agissant des allocations complémentaires servies par l'employeur en sus des **avantages d'invalidité,** des rentes d'accident du travail et du capital décès, voir nºs 52100 s.

> Précisions Les **tiers** susceptibles de verser les allocations pour le compte de l'employeur peuvent être des organismes d'assurance, des caisses de retraite ou de prévoyance prenant en charge, au titre du régime supplémentaire facultatif, l'assurance des périodes d'incapacité temporaire de travail, des sociétés mutualistes ou de secours mutuel et des CSE, auxquels l'employeur a éventuellement recours pour le service de ces allocations (Circ. Acoss du 30-3-1972).

Allocations intégralement financées par le salarié Les allocations complémentaires aux IJSS entièrement financées par le salarié sont exclues de l'assiette des cotisations sociales (Cass. soc. 21-2-1991 nº 88-17.032 P ; 5-12-1991 nº 90-10.287 D) et des prélèvements alignés. Le financement salarial exclusif est établi lorsqu'il est expressément prévu par un **accord collectif** agréé ou étendu (Cass. soc. 11-6-1992 nº 90-15.335 P ; 14-1-1993 nº 90-11.345 D). 62195

PRÉLÈVEMENTS ALIGNÉS

Les indemnités complémentaires sont soumises aux prélèvements dont l'**assiette** est alignée sur celle **des cotisations** de sécurité sociale et dans les mêmes conditions (nº 62180) : cotisations et contributions solidarité autonomie, Fnal, dialogue social, chômage, AGS, retraite complémentaire Agirc-Arrco, formation et alternance (contributions à la formation professionnelle, CPF-CDD, supplémentaire à l'apprentissage et taxe d'apprentissage), versement mobilité et participation-construction. 62200

CSG, CRDS ET TAXE SUR LES SALAIRES

Les allocations complémentaires sont soumises à CSG et à CRDS (CSS art. L 136-1-2, I ; Ord. 96-50 du 24-1-1996 art. 14, I) : 62210

– dans le cas général, en tant que revenu d'activité (Cass. soc. 7-12-2000 nº 99-13.173 FS-D), avec application de l'abattement pour frais professionnels propre à ces contributions (Circ. min. du 16-1-1991 ; Circ. Acoss du 17-1-1997), et seulement pour leur **part financée par l'employeur** (Circ. min. du 29-3-1991 ; Circ. Acoss du 8-2-2007) ;

– si elles sont versées au titre de **périodes postérieures à la rupture du contrat** de travail, en tant que revenu de remplacement (nºs 28800 s.), sans abattement pour frais professionnels (Circ. min. du 29-3-1991 ; Circ. Acoss du 17-1-1997).

Étant soumises à la CSG, les allocations complémentaires le sont aussi à la taxe sur les salaires par l'effet de l'alignement de l'assiette de cette taxe sur celle de la CSG (BOI-TPS-TS-20-10 nºs 10 s.). Cette solution, qui ne fait pas de doute pour les indemnités versées aux salariés sous contrat de travail, prête en revanche à discussion pour celles versées pour des périodes postérieures à la rupture du contrat de travail, puisque celles-ci ont fiscalement la nature de pensions. Or, aux termes mêmes de l'article 231 du CGI, cette taxe ne concerne que les sommes versées aux salariés.

Sont en revanche hors du champ de la CSG et de la CRDS les avantages versés en contrepartie de contrats souscrits dans le cadre d'**adhésions individuelles et facultatives** entièrement financées par la cotisation de l'adhérent (Lettre min. du 24-4-1991), ce qui a également pour effet de les exclure de l'assiette de la taxe sur les salaires.

Les allocations complémentaires soumises à la CSG et à la CRDS doivent figurer dans la zone correspondante de la **DSN.**

Au regard de l'impôt sur le revenu, la CSG est déductible des allocations complémentaires dans la même proportion que les salaires (nº 28520).

RÉGIME FISCAL

Les sommes reçues par les salariés en plus des IJSS dans le cadre d'un **régime** complémentaire **obligatoire** (nº 43830) sont soumises à l'impôt sur le revenu, qu'elles soient versées directement par l'employeur ou pour son compte par un organisme de prévoyance ou d'assurance (BOI-RSA-CHAMP-20-30-20 nº 220). 62220

Faisant une stricte application de l'article 80 quinquies du CGI, le juge fiscal estime que l'exonération d'impôt des indemnités journalières versées en cas de maladie comportant un traitement prolongé et une thérapeutique particulièrement coûteuse (nº 62160) ne s'applique pas aux indemnités complémentaires versées par des organismes de prévoyance en application d'un **contrat de groupe** souscrit par l'employeur, lesquelles ont le caractère de revenus de remplacement imposables au sens de l'article 79 du même Code (CAA Paris 31-1-2002 nº 99-2811 ; CAA Marseille 16-6-2009 nº 06-1898).

Contrairement aux règles applicables aux cotisations de sécurité sociale, les allocations complémentaires sont intégralement imposables même si le **salarié participe** à leur financement aux côtés de l'employeur (BOI-BIC-DECLA-30-70-10 nº 190) : voir nº 94990 un modèle de bulletin de paie illustrant cette situation.

Les indemnités versées en vertu de contrats de prévoyance à **adhésion facultative** ne sont pas soumises à l'impôt sur le revenu. Cette exonération est la contrepartie de la non-déductibilité des cotisations et primes versées dans le cadre de ces contrats (nº 43780) (BOI-RSA-CHAMP-20-30-20 nº 230).

Pour les employeurs qui pratiquent la subrogation des indemnités complémentaires, les consignes de remplissage de la **DSN** et les obligations au regard du **prélèvement à la source** de l'impôt sont indiquées nº 62275.

Si l'employeur ne pratique pas la subrogation, il revient à l'organisme complémentaire, qui verse directement les indemnités aux salariés, de les mentionner sur la DSN, puisque c'est à lui d'effectuer le prélèvement à la source sur ces sommes et qu'il n'est pas possible en DSN de déclarer les indemnités complémentaires dans le montant net imposable de la rémunération sans les soumettre au prélèvement à la source. Comme nous l'a confirmé dsn-info, l'indication donnée par l'administration fiscale selon laquelle cette obligation de déclaration en DSN par l'employeur vaut aussi pour les indemnités complémentaires directement versées par l'organisme complémentaire aux salariés en l'absence de subrogation (BOI-BIC-DECLA-30-70-10 nº 190) doit être considérée comme obsolète.

ATTENTION

Lorsque les allocations complémentaires continuent à être **versées** au salarié **après la rupture du contrat** de travail, l'imposition est effectuée dans la catégorie des pensions et rentes viagères et ouvre droit à l'abattement spécifique de 10 % (nº 52760) (BOI-RSA-CHAMP-20-30-20 nº 250). Ces sommes sont à déclarer selon les modalités applicables aux pensions (nº 52810). La déclaration, de même que le prélèvement à la source de l'impôt sur le revenu incombent alors, semble-t-il, à l'organisme d'assurance ou de prévoyance qui les verse au salarié et non à l'ancien employeur.

S'agissant du régime des allocations versées en complément des pensions d'**invalidité,** voir nº 52120.

2. TRAITEMENT EN PAIE DE LA SUBROGATION

IJSS

62260 **Principes généraux** Si l'employeur pratique la subrogation (nºs 61600 s.), il a le **choix,** pour le **traitement de la paie,** entre calculer tout de suite les IJSS (nºs 61500 s.) pour les déduire sur la paie le mois de l'absence ou attendre leur versement par la CPAM et les passer sur la paie à ce moment-là.

Dans la majorité des cas, il est plus prudent d'attendre le décompte de la CPAM pour déduire le montant exact des IJSS reçues. Ainsi, le mois de l'absence, le salarié perçoit son salaire habituel, et c'est seulement sur la paie suivante qu'a lieu la régularisation.

Lorsqu'il récupère de la sécurité sociale le montant des IJSS lors de la paie suivante ou d'une paie ultérieure, l'employeur doit le déduire du montant du salaire de base pour obtenir la rémunération brute soumise à cotisations et ensuite le réintégrer après calcul des cotisations pour déterminer le net à payer (Circ. DRT du 30-3-1989).

S'il doit **maintenir le salaire brut,** il déduit le montant brut des IJSS de la base des cotisations. Il en ajoute ensuite le montant net au net à payer pour neutraliser l'opération pour le salarié.

Pour un exemple de maintien du salaire brut, voir nº 62420.

Pour le maintien du **salaire net,** voir nºs 62440 s.

Sur le point de savoir si les IJSS sont à intégrer dans le **montant net social** sur le bulletin de paie, voir nº 13740.

Pour des **exemples de bulletins de paie,** voir nºs 95010 s.

› Précisions Service complémentaire à la DSN, le **bordereau de paiement des indemnités journalières** (BPIJ) permet aux employeurs transmettant les signalements d'arrêts de travail et pratiquant la **subrogation** de consulter facilement en ligne le détail des règlements effectués sur leur compte. Pour ce faire, ils doivent être inscrits au service « Attestation de salaire ». Le BPIJ est intégré au protocole automatisé en « machine to machine » (API) depuis début 2022. Dès lors que le **signalement de l'arrêt maladie** est porté en **DSN,** et donc transmis automatiquement, les IJ calculées sont également reçues de manière automatique et peuvent être rapprochées par le logiciel de paie avec les IJ attendues (Communiqué net-entreprises du 5-1-2022).

Prélèvement à la source de l'impôt sur le revenu et DSN Les IJSS subrogées ont un régime particulier en ce qui concerne le prélèvement à la source de l'impôt sur le revenu. En effet, bien qu'elles ne soient pas à déclarer par l'employeur dans le net imposable du salarié (nº 62130), lorsqu'il y a subrogation, c'est à l'employeur qui reverse les IJSS d'opérer le prélèvement à la source sur leur montant : elles seront donc incluses dans l'**assiette** du prélèvement à la source, qui sera en conséquence supérieure au net imposable du salarié. 62265

Le régime du prélèvement à la source est variable selon la nature des IJSS (BOI-IR-PAS-20-10-10 nºs 80 s.) :

– les IJSS allouées aux victimes d'**accidents du travail ou de maladies professionnelles,** étant imposables à 50 %, sont à inclure dans l'assiette du prélèvement à la source à hauteur de la moitié de leur montant, sans limitation de durée ;

– celles versées au titre de la **maternité ou de la paternité,** étant imposables en totalité, sont à inclure dans l'assiette du prélèvement à la source en totalité et sans limitation de durée ;

– les IJSS versées au titre de la **maladie** font l'objet d'une solution administrative spécifique, car l'employeur ne peut pas savoir au départ si elles seront liées à une affection de longue durée (exonérées d'impôt sur le revenu) ou à une maladie ordinaire (imposables en totalité). L'employeur ne doit donc opérer le prélèvement à la source sur ces IJSS que pendant les 60 premiers jours, décomptés de date à date à partir du premier jour de l'arrêt de travail. Le montant des IJSS à intégrer dans l'assiette du prélèvement à la source est le montant net imposable des IJSS, soit leur montant brut diminué de la seule part déductible de la CSG. Au-delà de ces 60 jours, le prélèvement à la source n'est plus à opérer par l'employeur.

Dans le bloc Versement individu de la **DSN,** l'employeur qui maintient le salaire avec subrogation ne doit pas faire figurer les IJSS imposables dans le montant porté en Rémunération nette fiscale (S21.G00.50.002), mais il doit inclure celles sur lesquelles il est tenu d'opérer le prélèvement à la source dans la valeur indiquée en Montant soumis au PAS (S21.G00.50.013), qui comprend la somme de la rémunération nette fiscale et des IJSS imposables (net-entreprises, fiche nº 1851). À noter que les IJSS versées au-delà de la durée de 60 jours, sur lesquelles l'employeur n'a plus à opérer le prélèvement à la source, ne doivent pas apparaître à la rubrique Montant de la part non imposable du revenu (S21.G00.50.011). Pour un modèle de **bulletin de paie,** voir nº 94338.

> Précisions **a.** La **durée de 60 jours** visée ci-dessus s'apprécie au titre de **chaque arrêt de travail** sans neutraliser le délai de carence. Dans le cas d'une prolongation de l'arrêt maladie sans reprise d'activité entre les deux arrêts, le délai de 60 jours commence à courir dès le premier arrêt, sans interruption du décompte. En revanche, en cas de reprise d'activité entre deux arrêts de travail, un nouveau décompte commence à courir à compter du premier jour du deuxième arrêt (BOI-IR-PAS-20-10-10 nºs 80 s.). Si le salarié est tombé malade pendant ses congés, c'est la caisse qui opère le prélèvement à la source de l'impôt sur le revenu sur les IJSS non subrogées qu'elle verse au salarié pendant ses congés. Mais si la maladie continue après les congés avec pratique de la subrogation, le début des 60 jours reste le début de l'arrêt maladie et non pas le début de la subrogation (net-entreprises, fiche nº 1854).

b. Dans le cas particulier, au cours des 60 premiers jours, d'une **rémunération nette fiscale négative** hors IJSS subrogées, l'assiette du prélèvement à la source est constituée par les IJSS subrogées, dont il n'y a pas lieu de déduire la rémunération nette fiscale négative (net-entreprises, fiche nº 1851).

c. Lorsqu'il applique un **taux non personnalisé** de prélèvement à la source, l'employeur doit tenir compte des IJSS subrogées des 60 premiers jours pour déterminer ce taux, qu'il appliquera au total formé par la rémunération nette fiscale et les IJSS subrogées. En cas de rémunération nette fiscale négative, le taux est recherché avec le seul montant des IJSS subrogées (net-entreprises, fiche nº 1851).

d. Les IJSS maladie versées aux **apprentis ou stagiaires** suivent les mêmes règles que celles exposées ci-dessus (BOI-IR-PAS-20-10-10 nº 20). En cas de subrogation, les IJSS n'entrent pas dans la détermination du cumul annuel des montants versés permettant le suivi du franchissement du seuil annuel d'imposition des intéressés (sur ce seuil annuel, voir nºs 84200 s. pour les apprentis et 89510 s. pour les stagiaires). Néanmoins, dans le cas d'un taux non personnalisé, le taux est recherché sur la base du montant soumis au PAS, qui inclut le montant d'IJSS subrogées (net-entreprises, fiche nº 1912).

e. En cas de **temps partiel thérapeutique,** les indemnités journalières ne sont pas soumises au prélèvement à la source jusqu'en 2023 inclus (net-entreprises, fiche nº 1851).

f. Des dispositions particulières, non étudiées ici, régissent le cas des IJSS versées au cours d'un **CDD ne dépassant pas 2 mois** ou dont le terme est imprécis (pour plus de précisions, voir net-entreprises, fiche nº 1913).

62267 EXEMPLE

Pour un arrêt maladie débutant le 15 mars, le délai de 60 jours débute le 15 mars et se termine le 13 mai inclus (BOI-IR-PAS-20-10-10 n° 90) :
– si la date de reprise du travail est prévue au plus tard le 13 mai, les IJSS subrogées sont soumises au prélèvement à la source ;
– si la date de reprise du travail est prévue postérieurement au 13 mai, les IJSS subrogées sont soumises au prélèvement à la source pour les versements effectués afférents à la période courant du 15 mars au 13 mai inclus ; les versements afférents à la période postérieure au 13 mai ne sont pas soumis au prélèvement à la source.

INDEMNITÉS JOURNALIÈRES COMPLÉMENTAIRES

62270 **Principes généraux** La subrogation peut s'appliquer aux indemnités journalières complémentaires. Lorsque l'**employeur** les récupère ultérieurement d'un organisme de prévoyance ou d'assurance, cette opération est sans incidence sur le bulletin de paie du mois considéré s'il **finance intégralement** ce régime. En effet, ces sommes ont déjà été soumises aux cotisations au moment de l'absence puisque le salaire a été maintenu.

Au contraire, si le **salarié participe au financement** du régime, la fraction de l'indemnité correspondant à sa participation, non soumise aux cotisations de sécurité sociale (n° 62180), doit être déduite du montant de la rémunération brute pour déterminer l'assiette des cotisations sociales. Cette fraction doit ensuite être réintégrée dans le net à payer pour neutraliser l'opération pour le salarié.

Sur la prise en compte des indemnités journalières complémentaires dans le **montant net social** sur le bulletin de paie, voir n° 13730.

Pour un **exemple de bulletin de paie** retraçant ces opérations, voir n° 94990.

ATTENTION

Le décalage dans le précompte des cotisations sur les indemnités complémentaires peut aboutir à un **net à payer négatif,** dans l'hypothèse d'une absence prolongée au cours de laquelle le salarié n'est plus indemnisé. L'employeur peut alors soit demander au salarié de régler cette somme, soit attendre une paie ultérieure pour en imputer le montant sur le salaire.

62275 **Prélèvement à la source de l'impôt sur le revenu et DSN** Lorsqu'il y a subrogation, les allocations complémentaires destinées au salarié sont versées à l'employeur. Si ces sommes sont imposables, c'est donc ce dernier qui doit opérer le prélèvement à la source de l'impôt sur le revenu, pour toute la période de subrogation, sans limitation de durée (BOI-IR-PAS-20-10-10 n° 80 ; net-entreprises, fiche n° 1854). L'employeur doit en conséquence faire figurer ces allocations, dans le bloc Versement individu de la **DSN,** à la fois dans la rémunération nette fiscale et dans l'assiette du prélèvement à la source.

ATTENTION

En pratique, compte tenu du régime social des allocations complémentaires (n° 62180), la **base soumise à cotisations** sera **différente** de la base rémunération nette fiscale/assiette du prélèvement à la source.

3. PLAFOND À PRENDRE EN COMPTE

CAS DE RÉDUCTION

62320 Le montant du plafond mensuel de la sécurité sociale pris en compte pour le calcul des cotisations plafonnées (cotisation vieillesse et contribution Fnal plafonnées, cotisations et contributions Agirc-Arrco et contributions chômage et AGS) est réduit dans les conditions indiquées n°s 18055 s. si les périodes d'absence pour maladie, maternité ou accident **ne sont pas rémunérées** par l'employeur. Dès lors que, pour chaque journée d'absence, l'employeur **indemnise** le salarié, **même partiellement,** il n'y a pas lieu à proratisation du plafond.

› Précisions Le **versement des IJSS** dans le cadre de la **subrogation** ne constitue pas une rémunération de l'absence par l'employeur et ne fait donc pas obstacle à la réduction du plafond, y compris si elle s'accompagne d'un maintien de la contribution patronale de prévoyance (voir n° 18050).
Constituent en revanche une indemnisation complémentaire à la charge de l'employeur faisant obstacle à la réduction du plafond :
– le maintien de salaire ou le versement d'un complément de salaire au-delà du montant des IJSS ;
– le versement d'indemnités journalières complémentaires par un organisme de prévoyance lorsqu'elles sont financées au moins en partie par l'employeur.
Par ailleurs, la réduction du plafond mensuel peut aussi résulter d'une **autre absence du mois** qui n'a rien à voir avec l'arrêt maladie.

EXEMPLE 62325

Versement d'IJSS	Indemnisation complémentaire par l'employeur	Réduction du plafond mensuel de la sécurité sociale
Non (délai de carence)	Non	Oui
	Oui	Non
Oui	Maintien de salaire à 100 %	Non
	Maintien de salaire à 66 %	Non
Oui	Fin de l'indemnisation complémentaire par l'employeur qui poursuit seulement la subrogation des IJSS	Oui
Oui	Indemnisation à 66 % du salaire pendant 15 jours	Non
	Puis 15 jours non indemnisés	Oui
Oui	Perception des seules IJ prévoyance partiellement ou totalement financées par l'employeur	Non
Oui	Perception des seules IJ prévoyance intégralement financées par le salarié ; pas d'indemnisation par l'employeur	Oui

CALCUL DE LA RÉDUCTION

La réduction du plafond mensuel se calcule en fonction des jours calendaires de maladie et des jours calendaires du mois de paie selon les règles exposées nos 18055 s. 62335

EXEMPLE

Dans les exemples ci-dessous, les absences ont lieu au mois de juillet 2023 et sont décomptées sur la paie de ce mois.

Exemples d'absences pour maladie	Calcul du plafond réduit
Maladie non indemnisée par l'employeur le 21-7-2023	PMSS = 3 666 × 30/31 = 3547,74 €
Maladie non indemnisée par l'employeur du vendredi 21-7-2023 au lundi 24-7-2023 inclus	PMSS = 3 666 × 27/31 = 3 192,97 €
Maladie indemnisée par l'employeur du 1-7-2023 au 20-7-2023 et non indemnisée du 21-7-2023 au 31-7-2023	PMSS = 3 666 × 20/31 = 2 365,16 €
Maladie indemnisée par l'employeur du 1-7-2023 au vendredi 21-7-2023 et non indemnisée du 22-7-2023 au 31-7-2023	PMSS = 3 666 × 21/31 = 2 483,42 € L'indemnisation de l'employeur prenant fin un vendredi, le week-end doit être relié à la période non indemnisée

4. PAIEMENT DES COTISATIONS ET CONTRIBUTIONS SOCIALES

L'**employeur** est **responsable** du paiement des cotisations sur les allocations complémentaires et des **déclarations** correspondantes, y compris lorsque ces allocations sont versées par un organisme tiers, sauf dans le bâtiment et les travaux publics pour les allocations versées par BTP-Prévoyance (en ce sens, Circ. Acoss du 14-2-1991). 62360

Les cotisations sont dues au **moment** du paiement des allocations ou, lorsque celles-ci sont versées par un tiers, lors de la paie suivant immédiatement la date à laquelle l'employeur en est informé (Circ. Acoss du 30-3-1972 et du 14-2-1991), sauf si l'employeur en fait l'avance.

Les modalités de recouvrement de la **CSG et de la CRDS** sur les allocations complémentaires aux IJSS versées par un organisme assureur suivent celles retenues en matière de cotisations de sécurité sociale (Circ. Acoss 18 du 14-2-1991 et du 14-2-1996).

Sur la rédaction du **bulletin de paie,** voir nos 62420 s.

5. FICHE PRATIQUE

COMMENT CALCULER LE MAINTIEN DU SALAIRE BRUT ?

62420 Lorsque l'employeur doit calculer le maintien du salaire brut, il applique directement le pourcentage de maintien de salaire à la rémunération brute habituelle du salarié. Il déduit ensuite les IJSS pour leur montant brut et obtient le brut soumis à cotisations (nº 62260).

S'il pratique la **subrogation,** il réintègre alors les IJSS pour leur montant net au net à payer du salarié.

EXEMPLE

Soit un salarié non cadre percevant 2 930 € par mois, absent tout le mois de janvier 2023. Selon la convention collective applicable, il est indemnisé à 90 % de la rémunération brute dès le 1er jour d'absence. L'employeur pratique la subrogation.

Les IJSS sont de ([2 930 × 3]/91,25)/2 = 48,16/jour × 28 jours = 1 348,48 € brut, soit 1 258,13 € net de CSG et de CRDS.

L'employeur maintient donc : 2 930 × 90 % = 2 637,00 €. Il déduit de l'assiette des cotisations 1 348,48 € au titre des IJSS brutes. La rémunération cotisée est donc de 1 288,52 €, donnant lieu à un net de 1 019,99 € (taux global de cotisations salariales : 20,84 % en 2023, voir détail nº 62500). L'employeur ajoute à ce net les 1 258,13 € d'IJSS net de CSG et de CRDS qu'il a perçus, soit un net à payer pour le salarié de 2 278,12 €.

Le net à payer habituel du salarié est de 2 319,39 € (2 930 – [2 930 × 20,84 %]), soit (2 930 – 610,61).

62430 La **présentation du bulletin de paie** est la suivante :

	Colonne positive (en €)	Colonne « À déduire » (en €)
Le salaire	2 930,00	
Le montant de l'absence		– 2 930,00
Le salaire maintenu	2 637,00	
Le montant brut des IJSS		– 1 348,48
Le salaire brut cotisé	1 288,52	
Le total des cotisations salariales		– 268,52
Le net avant IJSS	1 019,99	
Le montant net des IJSS	1 258,13	
Le net à payer	2 278,12	

COMMENT CALCULER LE MAINTIEN DU SALAIRE NET ?

62440 **Détermination de la rémunération nette à maintenir** Lorsque l'employeur maintient le salaire net, il doit déterminer le montant de la rémunération nette à maintenir, puis la rétablir en brut.

Si le salarié est malade le mois entier mais que le salaire n'est maintenu par l'employeur qu'une partie du mois, il faut déterminer le salaire net correspondant à la période indemnisée. À notre avis, ce calcul peut se faire au prorata des jours ouvrés du mois.

EXEMPLE

Soit un salarié malade tout le mois de juillet 2023, bénéficiant du maintien de son salaire net jusqu'au 21-7-2023. Il n'y a plus aucun maintien de salaire au-delà de cette date. Le salaire net indiqué sur le bulletin de paie d'un mois de présence totale du salarié s'élève à 4 690,30 €.

Le mois de juillet 2023 comptant 21 jours ouvrés, le salaire net correspondant à la période de maintien du salaire jusqu'au 21-7-2023 est de 3 350,21 € (4 690,30/21 × 15).

62445 La rémunération nette à maintenir peut correspondre :

– soit au « **net strict** », c'est-à-dire au net d'un mois normal moins la CSG et la CRDS dues sur les IJSS. L'employeur déduit les IJSS brutes pour trouver le net à maintenir ;

– soit au « **net habituel** », c'est-à-dire au net d'un mois normal. L'employeur déduit les IJSS nettes de CSG et de CRDS pour trouver le net à maintenir.

Si l'employeur pratique la **subrogation,** il reversera en net le montant net des indemnités non soumises à cotisations ; dans le cas contraire, le salarié les a lui-même perçues.

> Précisions Il faut donc déterminer quel est le net à maintenir pour savoir quel montant d'IJSS déduire.

Selon la jurisprudence, si la **convention collective** prévoit le maintien de la rémunération que le salarié aurait perçue s'il avait travaillé, il s'agit du net strict. C'est donc le montant brut des indemnités journalières, avant déduction de la CSG et de la CRDS, que l'employeur doit déduire du salaire net habituel pour déterminer le net à maintenir (Cass. soc. 15-12-2004 nº 03-13.074 FS-PB ; 10-5-2006 nº 04-48.544 F-D). Cette solution conduit à verser au salarié, en cas de maladie, un salaire net sensiblement inférieur au salaire net habituel, la différence correspondant au montant cumulé de la CSG et de la CRDS assises sur les IJSS. Elle permet toutefois d'éviter que l'employeur ne supporte ces contributions, normalement à la charge du salarié. Pour des exemples de **bulletin de paie,** voir nos 94980 et 94990.

Si, au contraire, la convention collective prévoit le maintien du salaire net habituel au profit du salarié absent, c'est le montant net des indemnités journalières (donc après déduction de la CSG et de la CRDS) que l'employeur doit déduire du salaire net habituel pour déterminer le net à maintenir. Pour un **bulletin de paie** illustrant cette dernière situation, voir nº 95000.

Formule applicable Le rétablissement du salaire net à maintenir en brut peut se faire par la résolution d'une équation, sachant que celle-ci diffère selon que le salaire brut reconstitué dépasse ou non le plafond de la sécurité sociale. Le plafond à prendre en compte dans tous les calculs est éventuellement réduit en cas d'absence non indemnisée par l'employeur au cours du mois : voir nos 62320 s. 62450

Depuis 2017, l'obligation de régularisation du plafond de façon progressive et non plus annuelle fait que les formules proposées ci-après ne peuvent être utilisées telles quelles que si la rémunération est suffisamment élevée et stable pour que, chaque mois précédant l'absence, le plafond mensuel de la sécurité sociale ait été atteint. Nous conservons toutefois la présentation de ces formules car elle nous semble utile pour comprendre les mécanismes de calcul.

ATTENTION

Nous avons été alertés sur la **pratique** de plusieurs **Urssaf** remettant en cause le fait que le maintien du salaire net diminue l'assiette des cotisations qui découlerait de la seule déduction des IJSS brutes calculées par la CPAM. Cette position ne nous paraît pas fondée, mais elle est pour autant difficile à réfuter compte tenu de la jurisprudence peu abondante et peu claire à ce sujet. En tout état de cause, cette pratique des Urssaf nous amène à fortement **déconseiller** une autre méthode de calcul du maintien de salaire net, consistant à partir du montant des IJSS pour déterminer une ligne de **garantie sur net** (GN) :
– en cas de maintien du net strict : GN = (IJSS brutes/1 – taux sur brut) – IJSS brutes ;
– en cas de maintien du net habituel : GN = (IJSS nettes/1 – taux sur brut) – IJSS brutes.

Avant de déterminer la formule à appliquer, il faut d'abord calculer le **total des taux de cotisations salariales** pour chaque tranche. On a : 62460
– taux en T1 = taux sur le brut + taux sur la T1 ;
– taux en T2 = taux sur le brut + taux sur la T2.

Pour ces formules, il faut tenir compte :
– des retenues fixes (forfait mutuelle…) ;
– de la CSG et de la CRDS assises sur le salaire. Celles-ci étant dues, en 2023, au taux global de 9,70 % sur 98,25 % de la rémunération brute, elles sont comptées pour 9,70 % × 98,25 % = 9,53 % ;
– de la CSG et de la CRDS assises sur les sommes ne constituant pas du salaire (contributions patronales de prévoyance complémentaire et de retraite supplémentaire…). Pour simplifier la formule, il convient de transformer la CSG et la CRDS sur ces contributions en taux directement appliqués à la rémunération. Par exemple, pour une contribution patronale de prévoyance sur le brut de 1 %, le taux nominal applicable à la rémunération est de : 1 × 9,70 % = 0,097 %.

> Précisions La **part de la contribution patronale de prévoyance finançant le maintien de salaire** en cas de maladie ou d'accident en application du Code du travail ou d'un accord collectif, pour la durée et le niveau de maintien de salaire prévus par ce texte, semble échapper à la **CSG et à la CRDS** (voir nº 43275). Dès lors, cette part n'a pas à être prise en compte lors de l'opération de transformation de la CSG et de la CRDS dues sur les contributions patronales en taux directement appliqués à la rémunération.

Ainsi, par exemple, si, sur la contribution patronale de prévoyance de 1 %, 0,40 point finance le maintien de salaire dans les conditions ci-dessus, le taux nominal applicable à la rémunération sera de : (1 – 0,4) × 9,70 % = 0,0582 %.

62470 Pour savoir si le salaire brut reconstitué dépasse ou non le plafond de la sécurité sociale, il faut **comparer le salaire net à maintenir au plafond de la sécurité sociale net,** c'est-à-dire à la tranche 1 nette.

Il n'y a pas de tranche 2 si le salaire net à maintenir est inférieur ou égal au plafond net, c'est-à-dire si la formule suivante est vérifiée :

Net à maintenir – IJSS < T1 – ([T1 × taux en T1] + forfait éventuel)

À l'inverse, il y a une tranche 2 si le salaire net à maintenir est supérieur au plafond net, c'est-à-dire si la formule suivante est vérifiée :

Net à maintenir – IJSS > T1 – ([T1 × taux en T1] + forfait éventuel)

Dans ces formules, les **IJSS** sont prises en compte pour leur montant brut si le net à maintenir est le net strict et pour leur montant net de CSG et de CRDS si le net à maintenir est le net habituel (n° 62445).

62480 **Salaire inférieur ou égal au plafond** Si le salaire maintenu ne dépasse pas le plafond de la sécurité sociale, l'employeur doit, pour rétablir le net à payer en brut, appliquer l'**équation suivante** :

Net = brut – ([brut × taux sur brut] + forfait éventuel)
= brut × (1 – taux sur brut) – forfait éventuel

Soit brut = (net + forfait éventuel)/(1 – taux sur brut)

62500 **EXEMPLE**

Soit un salarié non cadre dont le total des cotisations salariales s'élève en janvier 2023 à 11,31 % (0,40 + 6,90 + 3,15 + 0,86), auquel il faut ajouter la CSG et la CRDS, soit 9,53 % (n° 62460). Le taux global de cotisations salariales s'établit à 20,84 %. Par hypothèse, l'employeur verse une contribution patronale de prévoyance de 1 % sur le brut. Il faut donc ajouter aux cotisations salariales la CSG et la CRDS sur cette contribution, soit 0,097 % (n° 62460).

Le total des cotisations salariales est donc de 20,84 + 0,097 = 20,937 %.

Le salarié perçoit 2 930 € par mois et a été absent 15 jours. Il reçoit de la sécurité sociale des indemnités journalières pour 577,92 € brut, soit 539,20 € net de CSG et de CRDS. Le net à payer habituel du salarié est de 2 316,54 € (× [1 – 0,20937]) €. Le net à maintenir (qui correspond par hypothèse au net strict) est donc de 2 316,54 – 577,92 = 1 738,62 €.

Ce montant peut être rétabli en brut par la formule proposée n° 62480, soit :

brut = 1 738,62/(1 – 0,20937) = 1 738,62/0,79063 = 2 199,03 €.

La vérification est la suivante :

– 2 199,03 × 11,31 % = 248,71 ;

– 2 199,03 × 9,53 % = 209,57 ;

– 2 199,03 × 0,097 % = 2,13.

Soit un net de 2 199,03 – (248,71 + 209,57 + 2,13) = 1 738,62 €. L'employeur ajoute à ce net les 539,20 € d'IJSS nets de CSG et de CRDS qu'il a perçus, soit un net à payer pour le salarié de 2 277,82 €.

62510 Une fois obtenu le brut total permettant le maintien du salaire net, il faut ventiler les différents éléments pour obtenir le montant du **salaire maintenu au titre de l'absence,** selon la formule suivante :

Salaire maintenu = salaire brut reconstitué – (salaire brut habituel – [absence + IJSS brutes])

EXEMPLE

Dans l'exemple figurant au n° 62500, le salaire maintenu est donc de :

2 199,03 – (2 930 – [1 465,00 + 577,92]) = 2 199,03 – 887,08 = 1 311,95 €.

Par mesure de simplicité, on a considéré dans cet exemple que l'absence de 15 jours entraînait une retenue sur salaire correspondant à la moitié du salaire brut mensuel habituel.

La **présentation du bulletin de paie** est la suivante : 62520

	Colonne positive (en €)	Colonne « À déduire » (en €)
Le salaire	2 930,00	
Le montant de l'absence		– 1 465
Le salaire maintenu intégrant la régularisation	1 311,95	
Le montant brut des IJSS		– 577,92
Le salaire brut reconstitué	2 199,03	
Le total des cotisations salariales		– 460,41
Le net avant IJSS	1 738,62	
Le montant net des IJSS	539,20	
Le net à payer	2 277,82	

Pour des **modèles de bulletin de paie,** voir nos 94980 s.

Salaire supérieur au plafond Si le salaire maintenu dépasse le plafond de la sécurité sociale, l'employeur doit, pour rétablir le net à payer en brut, appliquer l'équation suivante : 62530

Net = brut – ([T1 × taux en T1] + [brut – T1] × taux en T2 + forfait éventuel)

Net = brut – T1 × taux en T1 – brut × taux en T2 + T1 × taux en T2 – forfait éventuel

Brut – brut × taux en T2 = net + forfait éventuel + T1 × taux en T1 – T1 × taux en T2

Brut × (1 – taux en T2) = net + forfait éventuel + T1 × (taux en T1 – taux en T2)

Soit brut = (net + forfait éventuel + T1 × [taux en T1 – taux en T2])/(1 – taux en T2)

EXEMPLE 62540

Un cadre percevant 6 000 € brut par mois est malade tout le mois de janvier 2023. Son salaire net habituel est maintenu jusqu'au 20-1-2023. Il n'y a plus de maintien de salaire au-delà de cette date. L'employeur cotise en prévoyance complémentaire à 1,5 % sur la tranche 1 et à 2 % sur la tranche 2. S'y ajoute une cotisation patronale frais de santé de 0,7 %.

Détermination des taux applicables, y compris les cotisations assises sur le brut total et la CSG et la CRDS, soit :

T1 : 21,9174 % (0,40 + 0,14 + 0,024 + 6,90 + 3,15 + 0,86 + 9,53 + 0,7 + 0,1455 + 0,0679) ;

T2 : 20,7759 % (0,40 + 0,14 + 0,024 + 8,64 + 1,08 + 9,53 + 0,7 + 0,0679 + 0,194).

Détermination du plafond. Le PMSS de janvier doit être réduit des jours de maladie non indemnisés : il est de 3 666 × 20/31 = 2 365,16.

Calcul des IJSS. 3 × (6 000 limité à 1,8 Smic = 3 076,78)/91,25/2 = 50,58.

Pour 28 jours = 1 416,24 € brut, soit 1 321,35 € net de CSG et CRDS.

Net à maintenir. Du fait des taux de cotisations prévoyance, le net d'un bulletin de présence totale est de 4 711,60 €. Janvier comptant 22 jours travaillés dans le mois, le net correspondant à la période de maintien de salaire maladie jusqu'au 20-1-2023 est de 4 711,60/22 × 15 = 3 212,40. Il faut ensuite en déduire les IJSS nettes (maintien du net habituel par hypothèse), soit 3 212,40 – 1 321,35 = 1 891,05 €.

Choix de la formule. Il faut calculer le PMSS net du salarié, à partir de son plafond réduit, que l'on diminue des cotisations en T1 : 2 365,16 – (2 365,16 × 21,9174 % = 518,38) = 1 846,78. Ici, 1 891,05 > 1 846,78, il y aura donc de la T2 dans le brut maintenu.

Transformation en brut. C'est la formule T2 qui s'applique, donc :

brut = (1 891,05 + 2 365,16 × [21,9174 % – 20,7759 %])/(1 – 20,7759 %) ;

brut = (1 891,05 + [2 365,16 × 0,011415])/0,792241 ;

brut = (1 891,05 + 26,99830)/0,792241 = 2 421,04.

La vérification s'effectue en retranchant du brut les cotisations, soit :
– 2 421,04 × (0,40 % + 0,14 % + 0,024 % + 0,70 %) = 2 421,04 × 1,264 % = 30,60 ;
– 2 365,16 × (6,90 % + 3,15 % + 0,86 %) = 2 365,16 × 10,91 % = 258,04 ;
– 55,88 × (8,64 + 1,08) = 55,88 × 9,72 % = 5,43 ;
– 2 421,04 × 98,25 % × 9,70 % = 230,73 ;
– 2 365,16 × (1,50 % + 0,70 %) × 9,70 % = 5,05 ;
– 55,88 × (2 % + 0,70 %) × 9,70 % = 0,15.

Soit un total de cotisations de 530 € et un net à payer de 2 421,04 – 530 = 1 891,04 €.

62560 Une fois obtenu le brut total permettant le maintien du salaire net, il faut ventiler les différents éléments pour obtenir le montant du **salaire maintenu au titre de l'absence,** selon la formule suivante :

Salaire maintenu = salaire brut reconstitué – (salaire brut habituel – [absence + IJSS brutes])

EXEMPLE

Dans l'exemple figurant au n° 62540, le salaire maintenu est donc de :
2 421,04 – (6 000 – [6 000 + 1 416,24])
= 2 421,04 – (– 1 416,24) = 2 421,04 + 1 416,24
= 3 837,28 €.

62570 La **présentation** du bulletin de paie est la suivante :

	Colonne positive (en €)	Colonne « À déduire » (en €)
Salaire brut	6 000,00	
Absence maladie du 1er au 31-1-2022		– 6 000,00
Salaire maintenu (intégrant la régularisation)	3 837,28	
Déduction IJSS		– 1 416,24
Brut total	2 421,04	
Total des cotisations salariales		– 530
Reversement IJSS	1 321,35	
Net à payer	3 212,39*	

* Le différentiel avec le net à payer habituel est lié aux règles d'arrondis retenues.

SECTION 2

REPRISE DU TRAVAIL

A. Salarié apte à reprendre le travail

RÉINTÉGRATION DU SALARIÉ À SON POSTE

62650 Le salarié dont l'arrêt de travail ne nécessite pas l'organisation d'une visite médicale de reprise, ou qui a été déclaré apte à reprendre son poste par le médecin du travail, est réintégré dans son emploi et perçoit à nouveau normalement son salaire. Si toutefois son poste n'est pas disponible, il est réintégré dans un emploi similaire assorti d'une **rémunération** équivalente (Cass. soc. 25-2-1997 n° 94-41.351 P).

Cette règle s'applique au salarié qui, avant son arrêt de travail, bénéficiait d'une **rémunération variable** calculée en fonction du chiffre d'affaires réalisé. Par exemple, un conseiller clients qui se voit confier un portefeuille de consistance inférieure à celui dont il disposait avant son arrêt de travail peut obtenir l'indemnisation du préjudice causé par la baisse de ses commissions (Cass. soc. 21-1-2015 n° 13-15.873 FS-D).

› Précisions Le salarié qui, à l'issue de son arrêt de travail, se tient à la disposition de l'employeur pour passer la visite médicale de reprise a droit au paiement de sa rémunération (Cass. soc. 23-9-2014 n° 12-24.967 F-D). Il doit également être rémunéré lorsqu'il est déclaré apte par le médecin du travail (y compris avec des réserves) et qu'un **recours** est exercé contre cet avis (Cass. soc. 9-4-2008 n° 07-41.141 F-PB).
En revanche, l'employeur n'est pas tenu de rémunérer le **salarié qui ne reprend pas le travail** après avoir été déclaré apte par le médecin du travail (Cass. soc. 19-7-1995 n° 91-44.544 P) ou qui ne manifeste ni l'intention de reprendre le travail ni la volonté de passer une visite médicale de reprise (Cass. soc. 16-9-2015 n° 14-12.613 F-D ; 7-10-2015 n° 14-10.573 F-D ; 19-12-2018 n° 17-24.007 F-D).

RÉINTÉGRATION SUR UN POSTE SIMILAIRE OU AMÉNAGÉ

Si le médecin du travail déclare le salarié **apte avec des réserves,** l'employeur doit lui proposer son précédent poste, si nécessaire aménagé, ou, à défaut, un emploi similaire tenant compte des préconisations médicales (Cass. soc. 6-2-2013 n° 11-28.038 FS-PB). 62655

S'agissant de la rémunération d'un salarié réintégré en **temps partiel thérapeutique,** voir n° 75600.

B. Inaptitude physique du salarié

Lorsque le salarié, titulaire d'un contrat à durée indéterminée ou à durée déterminée, est reconnu par le médecin du travail inapte à son emploi à la suite d'un accident du travail ou d'une maladie professionnelle (C. trav. art. L 1226-10), ou d'un accident ou d'une maladie non professionnels (C. trav. art. L 1226-2), l'employeur doit le **reclasser,** sauf avis contraire exprès du médecin du travail, en respectant les procédures légales. À défaut de reclassement ou de rupture du contrat dans le délai d'un mois suivant la date de l'examen médical de reprise, l'employeur doit verser à l'intéressé, dès l'expiration de ce délai, le **salaire** correspondant à l'emploi qu'il occupait avant la suspension de son contrat de travail (C. trav. art. L 1226-4 et L 1226-4-2 en cas d'inaptitude consécutive à un accident ou une maladie non professionnels ; art. L 1226-11 et L 1226-20 en cas d'inaptitude d'origine professionnelle). 62700

Ces dispositions s'appliquent également en cas d'inaptitude à tout emploi dans l'entreprise.

S'agissant des dispositifs de **rééducation professionnelle en entreprise** assortis d'un maintien de salaire dont peut bénéficier le salarié inapte, voir n° 61730.

Indemnité temporaire d'inaptitude 62710

Le salarié déclaré inapte à l'issue de la suspension de son contrat consécutive à un **accident du travail** ou à une maladie professionnelle peut percevoir une **indemnité journalière** de la sécurité sociale dans l'attente de son reclassement ou de la rupture du contrat et au plus tard jusqu'à la fin du délai d'un mois dont dispose l'employeur avant d'être tenu de reprendre le versement du salaire. Si l'intéressé bénéficie d'une rente liée à l'accident ou à la maladie, celle-ci s'impute sur les indemnités journalières (CSS art. L 433-1).

Pour être indemnisé, le salarié doit transmettre sans délai à la CPAM dont il relève le **formulaire** spécifique qui lui aura été remis par le médecin du travail ayant constaté l'inaptitude. Il y atteste sur l'honneur qu'il ne dispose, pour la durée de versement de l'indemnité, d'aucune rémunération liée au poste pour lequel il a été déclaré inapte. L'employeur, destinataire d'un des volets de ce formulaire, doit le renvoyer à la CPAM dans les 8 jours suivant la date de sa décision de reclassement acceptée par le salarié ou la date du licenciement (CSS art. D 433-3 et D 433-6).

Le **montant** journalier de l'indemnité temporaire d'inaptitude est égal au montant de l'indemnité journalière versée à l'intéressé durant l'arrêt de travail (CSS art. D 433-4).

L'indemnité est **versée** par la caisse du premier jour suivant la date de l'avis d'inaptitude jusqu'au jour de la date de reclassement ou de rupture, dans la limite d'un mois au maximum (CSS art. D 433-5). Elle n'est pas assortie d'un maintien de salaire par l'employeur, sauf dispositions conventionnelles contraires.

Elle est soumise à l'impôt sur le revenu à hauteur de 50 % de son montant, à la CSG et à la CRDS (Circ. DSS du 1-7-2010).

1. MODALITÉS DU RECLASSEMENT

Selon la jurisprudence, l'emploi de reclassement ne doit, en principe, entraîner aucune modification du contrat de travail et, en particulier, aucune modification de salaire. Si le seul poste disponible comporte une telle modification, il doit être proposé au salarié, qui est en droit de le refuser (Cass. soc. 4-12-2001 n° 99-44.677 FS-P ; 29-1-2002 n° 99-45.989 F-D). 62750

2. RÉMUNÉRATION D'ATTENTE

CAS D'APPLICATION

62800 Si le salarié n'est pas reclassé dans le **délai** d'un mois à compter de la date de l'examen médical de reprise (C. trav. art. L 1226-4 et L 1226-11) ou à l'occasion d'un autre examen concluant à l'inaptitude, ou s'il n'a pas fait l'objet d'un licenciement ou d'une rupture anticipée de son contrat à durée déterminée (nº 62700), l'employeur est tenu de lui verser son salaire dès l'expiration de ce délai (Cass. soc. 5-6-1996 nº 94-43.606 P ; 4-6-1998 nº 95-41.832 PB).

Cette obligation s'impose même si la procédure de licenciement est en cours à cette date (Cass. soc. 23-3-2011 nº 10-10.896 F-D), si le salarié a retrouvé un emploi lui procurant un revenu (Cass. soc. 4-3-2020 nº 18-10.719 FS-PB) ou s'il a **refusé** une **proposition de reclassement** (Cass. soc. 18-4-2000 nº 98-40.314 PB), peu important le caractère abusif ou non de ce refus (Cass. soc. 7-12-1999 nº 97-43.775 PB).

En cas de licenciement, le salaire est **dû jusqu'à** la présentation de la lettre de licenciement (Cass. soc. 17-3-2010 nº 07-44.747 FS-D ; 12-12-2018 nº 17-20.801 FS-PB).

ATTENTION

L'employeur ne peut pas s'exonérer de son obligation de reprendre le versement du salaire en versant une indemnité de **congés payés,** ni contraindre le salarié à solder ses congés (Cass. soc. 3-7-2013 nº 11-23.687 FS-PB ; 1-3-2017 nº 15-28.563 F-D).

DÉLAI D'UN MOIS

62805 **Délai préfix** Le délai d'un mois est un délai préfix : il ne peut être **ni prorogé ni suspendu** même si, après avoir déclaré le salarié inapte, le médecin du travail précise son avis (Cass. soc. 25-3-2009 nº 07-44.748 F-PB), ou si l'intéressé bénéficie d'un nouvel arrêt de travail (Cass. soc. 24-6-2009 nº 08-42.618 F-PB ; 5-4-2018 nº 17-16.080 F-D). Il n'est pas non plus suspendu si l'employeur suspend le processus de reclassement le temps de procéder aux élections des représentants du personnel, afin de les consulter sur le reclassement (Cass. soc. 1-2-2017 nº 15-14.852 F-D).

L'**obligation** de reprendre le versement du salaire est toutefois **suspendue** si le salarié est en congé de formation (Cass. soc. 16-3-2011 nº 09-69.945 FS-PB) ou en période chômée et non rémunérée dans le cadre d'un temps partiel annualisé (Cass. soc. 12-12-2012 nº 11-23.998 FS-PB) ou d'un travail intermittent (Cass. soc. 20-12-2017 nº 16-15.581 F-D).

ATTENTION

Le délai d'un mois n'est pas suspendu par la demande d'autorisation de licencier déposée par l'employeur à l'inspection du travail lorsque l'intéressé a la qualité de **salarié protégé** (Cass. soc. 18-1-2000 nº 97-44.939 P). Dans ce dernier cas, l'employeur est tenu de reprendre le versement du salaire à l'issue du délai d'un mois jusqu'à la date du licenciement autorisé (Cass. soc. 16-11-2005 nº 03-47.395 FS-PB). Il n'est pas, en outre, libéré de cette obligation lorsqu'il n'obtient pas cette autorisation et que le salarié refuse de se rendre à une nouvelle visite de reprise (Cass. soc. 22-6-2011 nº 09-72.767 F-D).

62810 **Incidence d'un recours** Le délai d'un mois à l'issue duquel l'employeur doit reprendre le versement du salaire n'est pas suspendu par une éventuelle contestation de l'avis d'inaptitude (Circ. 17-3-1993 ; Cass. soc. 4-5-1999 nº 98-40.959 P).

Si, avant le licenciement, le juge saisi du recours **annule l'avis** d'inaptitude du médecin du travail et déclare le salarié apte à un poste défini, l'employeur est tenu de reprendre le paiement du salaire dès l'expiration du délai d'un mois à compter de la visite de reprise (Cass. soc. 26-11-2008 nº 07-43.598 F-PB). Si le juge annule l'avis du médecin du travail, sans se prononcer sur l'aptitude du salarié, les sommes déjà versées au titre de l'obligation de reprise du salaire sont acquises au salarié, qui n'est pas tenu de les rembourser à l'employeur (Cass. soc. 28-4-2011 nº 10-13.775 F-D). Mais cette annulation entraîne une nouvelle suspension du contrat de travail à compter de la date de son prononcé. Le salarié ne peut plus prétendre à son salaire et doit passer une nouvelle visite de reprise (Cass. soc. 10-11-2004 nº 02-44.926 FS-PB).

Lorsque le salarié est déclaré inapte à la suite d'un **recours formé contre l'avis d'aptitude** pris par le médecin du travail, le délai d'un mois à l'issue duquel le versement de son salaire doit être repris court à compter de la décision d'inaptitude (Cass. soc. 20-12-2017 nº 15-28.367 FS-PB).

MONTANT

62820 Le salaire à verser est celui correspondant à l'emploi que le salarié occupait avant la suspension de son contrat de travail. Il comprend l'ensemble des **éléments** constituant sa rémunération, y compris la partie variable (Cass. soc. 16-6-1998 n° 96-41.877 PB) et, le cas échéant, le 13e mois (Cass. soc. 5-5-2021 n° 19-22.456 F-D) ou les heures supplémentaires (Cass. soc. 4-4-2012 n° 10-10.701 FS-PB). En revanche, les indemnités correspondant au remboursement de frais engagés par le salarié pour exécuter son travail n'ont pas à y être incluses (en ce sens, s'agissant d'indemnités de repas, de salissure et de remboursement de frais de transport, Cass. soc. 23-1-2019 n° 17-18.771 F-D). Le salaire versé ouvre droit à une indemnité de congés payés et, le cas échéant, à une prime de vacances (Cass. soc. 5-12-2018 n° 17-18.170 F-D).

En l'absence d'une disposition conventionnelle expresse en ce sens, aucune **réduction** du salaire dû au salarié inapte ne peut être opérée : on ne peut en déduire ni les indemnités journalières de sécurité sociale (Cass. soc. 1-3-2023 n° 21-19.956 F-B) ni les prestations de sécurité sociale et de prévoyance versées à l'intéressé (Cass. soc. 16-2-2005 n° 02-43.792 FS-PBRI ; 18-12-2013 n° 12-16.460 FS-D).

Faute de précision dans les textes, on peut penser que le salaire doit être versé aux **échéances** normales de la paie.

La rémunération ainsi versée devrait être soumise au **régime** fiscal et social exposé nos 62180 s.

CONSEIL

À notre sens, le salaire maintenu doit tenir compte des éventuelles **augmentations conventionnelles ou réglementaires** correspondant à l'emploi antérieur du salarié, intervenues au cours de la suspension de son contrat (Smic, minimum conventionnel, augmentation générale des salaires dans l'entreprise).

3. INDEMNITÉS EN CAS DE RUPTURE DU CONTRAT

MALADIE OU ACCIDENT NON PROFESSIONNELS

Contrat à durée indéterminée Le **licenciement** du salarié en contrat à durée indéterminée déclaré inapte à la suite d'un accident ou d'une maladie d'origine non professionnelle et non reclassé prend effet à la date de sa notification : le **préavis** n'est donc pas exécuté, et le salarié n'a pas droit à l'indemnité compensatrice de préavis. L'indemnité légale de licenciement (voir nos 63320 s.) est calculée compte tenu de l'ancienneté du salarié incluant la durée « théorique » du préavis (Cass. soc. 22-11-2017 n° 16-13.883 F-D). L'indemnité conventionnelle de licenciement est due dès lors qu'elle est plus favorable, la convention collective ne pouvant pas exclure de son bénéfice le salarié licencié pour inaptitude physique (Cass. soc. 8-10-2014 n° 13-11.789 FS-PB ; 9-12-2020 n° 19-17.092 FS-PB). Sur le salaire à retenir pour calculer l'indemnité de licenciement lorsque le salarié a été en arrêt de travail, voir n° 63450. 62870

Sur le **régime fiscal et social** de l'indemnité de licenciement, voir nos 63800 s.

Les indemnités dues au titre du licenciement pour inaptitude d'origine non professionnelle du salarié peuvent être prises en charge soit directement par l'employeur, soit au titre des garanties qu'il a souscrites au fonds de mutualisation géré par l'AGS (C. trav. art. L 1226-4-1).

EXEMPLE

Un salarié embauché le 1-2-2018 est en arrêt de maladie du 1-7-2022 au 22-3-2023, date à laquelle la suspension de son contrat de travail prend fin, et est reconnu physiquement inapte à son emploi le 6-4-2023. Il est licencié pour inaptitude et impossibilité de reclassement le 22-5-2023. Son ancienneté à retenir pour calculer son indemnité de licenciement est de 4 ans et 9 mois (4 ans et 5 mois d'activité + les 2 mois suivant la fin de la suspension du contrat de travail + 2 mois de préavis légal, la période de suspension du contrat pour maladie n'étant pas à prendre en compte).

Contrat à durée déterminée En cas de rupture anticipée du contrat à durée déterminée d'un salarié déclaré inapte à la suite d'une maladie ou d'un accident d'origine non professionnelle et non reclassé dans l'entreprise, l'employeur doit lui verser une indemnité d'un montant au moins égal à celui de l'indemnité légale de licenciement (C. trav. art. L 1226-4-3) : n° 63490. Celle-ci est due sans condition d'ancienneté : elle doit donc être proratisée pour toute durée d'emploi inférieure à 8 mois (Rapport AN n° 302). Elle s'ajoute, le cas échéant, à l'indemnité de fin de contrat (nos 76330 s.) et est versée selon les mêmes modalités que cette dernière (n° 76360). 62880

ACCIDENT DU TRAVAIL OU MALADIE PROFESSIONNELLE

Contrat à durée indéterminée Lorsque l'employeur licencie un salarié inapte à la suite d'un accident du travail ou d'une maladie professionnelle, il doit lui verser une **indemnité compensatrice** d'un montant égal à l'indemnité compensatrice de préavis légale (C. trav. 62890 art. L 1226-14) : voir n°s 66150 s. L'indemnité conventionnelle de préavis n'est pas applicable dans ce cas (Cass. soc. 12-7-1999 n° 97-43.641 P ; 2-7-2014 n° 12-29.677 F-D).

Cette indemnité se **calcule** sur la même base que celle servant au calcul de l'indemnité spéciale de licenciement, voir n°s 62910 s. Pour le calcul des **allègements généraux** (réduction générale et réduction du taux des cotisations maladie et allocations familiales), les sommes versées au titre de l'indemnité compensatrice sont rattachées à la dernière période d'emploi effectivement travaillée (BOSS-All. gén.-620-1630). L'employeur ne peut pas déduire de son montant les indemnités journalières perçues par le salarié (Cass. soc. 18-5-1999 n° 97-40.699 P).

Ne s'agissant pas d'un salaire, son versement n'a pas pour effet de reporter la **date de cessation du contrat** de travail (Cass. soc. 15-6-1999 n° 97-15.328 P ; 12-12-2018 n° 17-20.801 FS-PB) ; de même, le salarié n'a pas droit à l'indemnité compensatrice de congés payés sur préavis (Cass. soc. 4-12-2001 n° 99-44.677 FS-P ; 23-11-2016 n° 15-21.470 F-D).

L'indemnité est assujettie aux **cotisations sociales** (Cass. soc. 4-10-1990 n° 88-16.990 P ; 11-1-2017 n° 15-19.959 F-D ; Circ. Acoss 22 du 25-1-2001) et soumise à l'**impôt sur le revenu** dans la catégorie des salaires (en ce sens, lettre SLF à la Fédération nationale du bâtiment du 11-9-1981 n° 806/81/2).

ATTENTION

Le salarié reconnu **handicapé** n'a pas droit au doublement de cette indemnité compensatrice, l'article L 5213-9 du Code du travail (n° 65970) n'étant pas applicable dans ce cas (Cass. soc. 10-3-2009 n° 08-42.249 FS-PB).

62900 Le salarié a par ailleurs droit, sans condition d'ancienneté (Cass. soc. 25-5-1994 n° 91-40.442 D), à une **indemnité spéciale de licenciement** qui, sauf dispositions conventionnelles plus favorables, est égale au double de l'indemnité légale de licenciement (C. trav. art. L 1226-14). Il ne peut pas être alloué au salarié une indemnité conventionnelle d'un montant moins élevé que l'indemnité légale doublée (Cass. soc. 10-5-2005 n° 03-44.313 F-PB).

Sauf dispositions conventionnelles contraires, le salarié ne peut pas prétendre au double de l'indemnité conventionnelle de licenciement (Cass. soc. 22-2-2000 n° 98-40.137 D ; 25-3-2009 n° 07-41.708 F-PB).

> Précisions L'indemnité spéciale et l'indemnité compensatrice (n° 62890) ne sont pas dues si l'employeur établit que le **refus par le salarié** du reclassement qui lui est proposé est abusif (C. trav. art. L 1226-14, al. 2). Dans ce cas, l'intéressé a seulement droit à l'indemnité légale ou conventionnelle de licenciement de droit commun (Cass. soc. 19-7-1994 n° 90-41.362 P ; 23-1-2001 n° 98-40.651 FS-P). Il en est de même lorsque le licenciement fait suite au refus par un salarié, déclaré apte, du poste proposé par l'employeur lors de la reprise du travail (Cass. soc. 8-4-2009 n° 07-45.234 FS-PB ; 28-4-2011 n° 09-68.134 F-D). En revanche, ces indemnités sont dues en cas de **mise à la retraite** du salarié déclaré inapte, que cette mesure soit motivée par l'impossibilité de reclasser l'intéressé (Cass. soc. 4-6-1998 n° 95-41.832 PB) ou par la seule circonstance que celui-ci remplissait les conditions requises pour être mis à la retraite (Cass. soc. 29-1-2002 n° 99-41.028 FS-PB).

62910 L'indemnité spéciale de licenciement est **calculée** sur la base du salaire moyen (y compris primes, avantages de toute nature, indemnités et gratifications composant le revenu) qui aurait été perçu par l'intéressé au cours des 3 derniers mois s'il avait continué à travailler au poste occupé avant l'arrêt de travail (C. trav. art. L 1226-16).

Doivent être pris en compte notamment :
– les **frais de déplacement** ne correspondant pas à des remboursements de frais réellement exposés (Cass. soc. 20-1-1988 n° 85-41.882 D) ;
– l'**indemnité pour intempéries** destinée à compenser dans une certaine limite la perte de salaire subie par le salarié durant une période d'intempéries (Cass. soc. 17-10-1990 n° 88-41.104 P).

EXEMPLE

Un salarié victime d'un accident du travail est licencié pour inaptitude physique et impossibilité de reclassement. À la date de notification du licenciement, il compte 13 ans d'ancienneté et perçoit une rémunération mensuelle brute de 1 800 € assortie d'un treizième mois. Son salaire mensuel moyen est de : (1 800 × 3) + (1 800/12 × 3) × 1/3 = 1 950 €. Il a droit à :
– une **indemnité spéciale** de licenciement de : ([1 950 € × 1/4 × 10] + [1 950 € × 1/3 × 3]) × 2 = (4 875 € + 1 950 €) × 2 = 13 650 € bruts ;
– une **indemnité compensatrice** de 2 mois de salaire, soit 3 900 € bruts.

62920 L'indemnité spéciale de licenciement ne se **cumule pas** avec :
– l'indemnité conventionnelle de licenciement (Cass. soc. 17-10-1990 n° 88-41.104 P) ;
– les avantages de même nature prévus par des dispositions conventionnelles ou contractuelles en vigueur au 7 janvier 1981 et destinés à compenser le préjudice résultant de la perte de l'emploi consécutive à l'accident du travail ou à la maladie professionnelle (C. trav. art. L 1226-14, al. 3).

Contrat à durée déterminée En cas de rupture anticipée du contrat à durée déterminée d'un salarié déclaré inapte à la suite d'un accident du travail ou d'une maladie professionnelle et non reclassé dans l'entreprise, l'employeur doit lui verser une indemnité d'un montant au moins égal au double de l'indemnité légale de licenciement : nº 63490 (C. trav. art. L 1226-20). Celle-ci est due sans condition d'ancienneté : elle doit donc être proratisée pour toute durée d'emploi inférieure à 8 mois (Rapport AN nº 302). Elle s'ajoute, le cas échéant, à l'indemnité de fin de contrat (nºs 76330 s.) et est versée selon les mêmes modalités que cette dernière (nº 76360). 62930

EXEMPLE

Le CDD conclu en vue du remplacement d'un salarié absent est rompu en raison de l'inaptitude de son titulaire et de l'impossibilité de le reclasser. Le salarié perçoit un salaire de 1 800 € bruts et compte 9 mois d'ancienneté à la date de la rupture. Il a droit à :
– une **indemnité spéciale** de rupture de : ([1 800 € × 1/4] × 9/12) × 2 = 675 € bruts ;
– une **indemnité de fin de contrat** de : (1 800 € × 9) × 1/10 = 1 620 € bruts.

SECTION 3 MATERNITÉ ET PATERNITÉ

A. Grossesse

Sont interdites les **mesures discriminatoires,** notamment en matière de rémunération, fondées sur l'état de grossesse d'une salariée (C. trav. art. L 1142-1). La preuve d'une telle discrimination peut être rapportée dans les conditions visées nº 3300. Les manquements à cette règle sont passibles de sanctions pénales (C. trav. art. L 1146-1) ; voir nº 3500. 63000

Si son état de santé le nécessite, la salariée enceinte peut être **affectée temporairement à un autre poste.** Ce changement d'affectation ne doit entraîner aucune diminution de rémunération (C. trav. art. L 1225-7). En attendant de trouver un poste adapté, l'employeur ne peut pas suspendre la rémunération de l'intéressée (Cass. soc. 17-12-1997 nº 94-44.833 D ; 19-1-1999 nº 96-44.976 P).

Ce reclassement s'applique également à la salariée enceinte ou allaitante mutée en raison de son exposition à des risques particuliers énumérés à l'article R 1225-4 du Code du travail (C. trav. art. L 1225-12 s.) ou transférée d'un poste de nuit à un poste de jour (C. trav. art. L 1225-9 s.).

Dans ces deux derniers cas, si la mutation est impossible, le contrat de travail est suspendu et la salariée bénéficie, pendant toute cette **période de suspension** et jusqu'au début du congé de maternité (nº 63010), d'une garantie de rémunération composée d'une allocation journalière versée par la sécurité sociale et d'une indemnité complémentaire à la charge de l'employeur (C. trav. art. L 1225-10 et L 1225-14). Cette indemnité complémentaire est due selon les mêmes modalités que celles prévues par les dispositions sur la mensualisation (nºs 61810 s.), hormis la condition d'ancienneté (C. trav. art. L 1225-10 et L 1225-14).

B. Congés de maternité, de paternité et d'accueil de l'enfant

INDEMNITÉS JOURNALIÈRES DE SÉCURITÉ SOCIALE

Conditions d'attribution Le congé de maternité ou d'adoption ainsi que le congé de paternité et d'accueil de l'enfant (à ne pas confondre avec le congé de naissance : nº 72100) ouvrent droit aux indemnités journalières de sécurité sociale. Le salarié doit être immatriculé à la sécurité sociale, à titre personnel (Cass. 2e civ. 24-6-2021 nº 20-14.704 F-B), depuis au moins 10 mois et remplir des conditions d'activité antérieures identiques à celles prévues pour la maladie : voir nº 61500 (CSS art. L 313-1 et R 313-3 pour la maternité ; L 331-8 pour la paternité ; L 161-6 pour l'adoption). 63010

› Précisions a. L'indemnisation du congé est subordonnée à la cessation de toute activité salariée ou assimilée. Par suite, aucune indemnisation n'est due au salarié travaillant à temps partiel pour deux employeurs et conservant l'un de ses deux emplois au cours du **congé de paternité** et d'accueil de l'enfant (Cass. 2e civ. 17-1-2007 nº 06-10.372 F-D). De même, aucune indemnisation n'est due en cas de reprise du travail avant la fin d'un **congé de maternité,** même si cette reprise était nécessaire pour éviter l'annulation de la formation de la salariée et n'a eu lieu qu'un seul jour avant l'expiration du congé (Cass. 2e civ. 17-1-2008 no 06-14.082 F-D).

b. Les indemnités journalières sont allouées à l'assurée au titre de son congé de maternité même si l'**enfant** n'est **pas né vivant** à condition qu'il soit né au terme de 22 semaines d'aménorrhée (CSS art. R 331-5). Les indemnités sont également versées au bénéficiaire du congé de paternité et d'accueil de l'enfant qui prend le **congé supplémentaire,** d'une durée maximale de 30 jours consécutifs, prévu en cas d'**hospitalisation du nouveau-né** dans une unité de soins spécialisée (C. trav. art. D 1225-8-1 ; CSS art. L 331-8, D 331-3 et D 331-6).

c. Le **report du congé de paternité** et d'accueil de l'enfant au-delà du délai imparti par l'article D 1225-8 du Code du travail, pour une raison non prévue par les textes, fait obstacle à l'indemnisation (Cass. 2e civ. 10-11-2009 no 08-19.510 FS-PB).

63020 **Montant** L'indemnité journalière est **égale** au revenu d'activité antérieur calculé comme indiqué no 61510. Toutefois, le salaire servant de base à ce calcul est pris en compte dans la limite du plafond mensuel de la sécurité sociale en vigueur le dernier jour du mois civil précédant l'arrêt de travail, après application d'un abattement forfaitaire de 21 % représentatif des cotisations et contributions salariales. Il ne peut pas être inférieur à 1/365 de la pension d'invalidité (CSS art. R 331-5 ; Arrêtés du 22-12-1955 et BUDS1304319A du 28-3-2013). Le montant minimal et maximal de l'indemnité journalière est donné no 96220. Un simulateur de calcul de ces indemnités est disponible sur www.ameli.fr.

Le salarié en congé doit **percevoir** le montant intégral des indemnités journalières de sécurité sociale, si celui-ci est plus élevé que le montant du salaire que doit maintenir l'employeur en application de la convention collective (Cass. soc. 19-12-1990 no 87-43.705 P).

Les indemnités journalières versées par la sécurité sociale ont les mêmes **régimes** social (nos 62110 s.) et fiscal (no 62140) que celles versées au titre de la maladie.

EXEMPLE

Une salariée mensualisée, dont les salaires moyens de février, mars et avril 2023 se sont élevés chacun à 1 800 € bruts, part en congé maternité en mai 2023. La base de calcul de ses indemnités journalières est égale à : (3 × 1 800 €) – 21 % = 4 266 €. Le montant de l'indemnité journalière est de 4 266 €/91,25 = 46,75 € avant précompte de la CSG et de la CRDS.

Pour une salariée dont la rémunération moyenne s'élève à 4 000 € bruts mensuels, soit un montant supérieur au plafond mensuel de la sécurité sociale (3 666 € en 2023), l'indemnité journalière est plafonnée au montant maximal, soit : (3 666 € – 21 %) × 3/91,25 = 95,22 € avant précompte de la CSG et de la CRDS.

MAINTIEN DE SALAIRE

63030 La loi n'oblige pas l'employeur à maintenir tout ou partie du salaire pendant les congés de maternité, de paternité et d'adoption. En revanche, cette obligation peut être prévue par les **conventions ou accords collectifs** ou les usages (il en est ainsi fréquemment pour le congé de maternité). Dans ce cas, voir nos 61700 s. les modalités pratiques du maintien du salaire, les précisions fournies à propos de la maladie valant également pour la maternité. S'agissant du cas du salarié bénéficiant d'une **rémunération variable,** voir no 58540.

Pour le traitement comptable des périodes de maternité ou de paternité, voir nos 92230 s.

ATTENTION

Toute stipulation d'une convention ou d'un accord collectif de travail comportant en faveur des salariées en congé de maternité un avantage lié à la naissance s'applique de plein droit aux salariés en congé d'**adoption** (C. trav. art. L 1225-45).

63040 Concernant le paiement des **primes,** comme en ce qui concerne la maladie, il convient de se reporter aux dispositions conventionnelles relatives à la prime concernée (voir nos 45300 s.). Il a par ailleurs été jugé qu'en présence d'un usage d'entreprise de pratiquer un abattement sur le montant d'une prime à partir d'un certain nombre de jours d'absence, la réduction de la prime d'une salariée en congé de maternité n'était ni illégale ni discriminatoire (Cass. soc. 11-4-1991 no 87-41.975 P).

GARANTIE D'ÉVOLUTION DE LA RÉMUNÉRATION

63050 En l'absence d'accord collectif de branche ou d'entreprise prévoyant des garanties d'évolution de la rémunération au moins aussi favorables, les **salariés en congé de maternité ou d'adoption** bénéficient, à la suite de leur congé, d'un mécanisme légal de rattrapage salarial.

Ce dispositif est d'**ordre public.** En conséquence, il ne peut pas y être dérogé, même d'un commun accord entre les parties. L'employeur ne peut, notamment, pas remplacer l'augmentation de salaire due en vertu de la loi par une prime exceptionnelle (Cass. soc. 14-2-2018 n° 16-25.323). Le non-respect du dispositif peut être jugé discriminatoire (CA Versailles 20-6-2019 n° 18-01884).

Les accords collectifs de branche ou d'entreprise conclus avant le 25-3-2006 sont applicables même s'ils prévoient un mécanisme moins favorable que celui issu de la loi applicable au salarié (C. trav. art. L 1225-26 et L 1225-44).

À l'issue du congé, le salarié doit bénéficier de son précédent emploi ou d'un emploi équivalent assorti d'une rémunération, au sens de l'article L 3221-3 du Code du travail (n° 3380), majorée des augmentations générales ainsi que de la moyenne des augmentations individuelles perçues pendant la durée du congé par les salariés relevant de la même catégorie professionnelle ou, à défaut, de la moyenne des augmentations individuelles dans l'entreprise (C. trav. art. L 1225-26 et L 1225-44). 63055

La détermination des salariés relevant de la **même catégorie professionnelle** s'effectue à la date du départ en congé de maternité ou d'adoption du salarié concerné. Doivent être pris en compte les salariés relevant du même coefficient dans la classification applicable à l'entreprise pour le même type d'emploi et, s'il n'y a pas au moins deux personnes répondant à ces conditions, les salariés relevant du même niveau dans la classification ou, à défaut, de la même catégorie socioprofessionnelle (ouvriers, employés, professions intermédiaires, cadres). Les salariés de la même catégorie n'ayant pas eu d'augmentation sont inclus dans le calcul de la moyenne des augmentations à appliquer.

Le rattrapage salarial est **dû à compter** du retour du congé de maternité ou d'adoption. Si un congé parental d'éducation y succède, seules les augmentations intervenues pendant le congé de maternité ou d'adoption sont à prendre en compte (Circ. du 19-4-2007).

EXEMPLE

Dans une entreprise, les salariés A, B, C, D, E, X et Y appartiennent à une même catégorie professionnelle. X et Y sont en congé de maternité à la date des **augmentations collectives et individuelles.** X bénéficie d'une prime de poste. Pendant le congé, les salariés ont bénéficié :
- d'une augmentation générale de 3 % sur le salaire de base ;
- d'augmentations individuelles : 3 % pour C, 1 % pour D ;
- d'augmentations individuelles de la prime de poste : 1 % pour A, 2 % pour B et 3 % pour C.

À leur retour de congé de maternité, les salariées X et Y bénéficient de l'augmentation collective et de la moyenne des augmentations individuelles, soit : 3 + ([3 + 1]/5) = 3,8 %.

La salariée X bénéficie, en outre, de l'augmentation de la prime de poste, soit : (1 + 2 + 3)/3 = 2 %.

C. Congé parental d'éducation

Prévu par les articles L 1225-47 à L 1225-59 du Code du travail, le congé parental d'éducation permet au salarié, mère ou père, de cesser de travailler ou de travailler à temps partiel pendant une certaine période et, sauf exceptions (naissances multiples notamment), au plus tard jusqu'aux 3 ans de l'enfant, ou jusqu'à l'expiration d'un délai de 3 ans à compter de l'arrivée de l'enfant au foyer en cas d'adoption. 63100

Il ne donne pas lieu à rémunération, sauf dispositions conventionnelles contraires, mais permet :
- de bénéficier de la prestation partagée d'éducation de l'enfant ;
- d'utiliser un compte épargne-temps : voir n°s 72230 s.

La durée du congé parental à temps plein est prise en compte pour moitié dans la détermination des avantages liés à l'ancienneté. Celle du congé parental à temps partiel est assimilée à une période de travail effectif pour la détermination des droits liés à l'ancienneté. Le salarié conserve le bénéfice de tous les avantages acquis avant le début du congé (C. trav. art. L 1225-54).

Voir, en ce qui concerne :
- les congés payés, n° 59780 ;
- l'indemnité de licenciement, n° 63450 ;
- l'indemnité de préavis, n° 66190 ;
- la retraite complémentaire, n° 30480.

CHAPITRE 4

RUPTURE DU CONTRAT DE TRAVAIL

SOMMAIRE

SECTION 1
LICENCIEMENT 63260
A. Droit à l'indemnité de licenciement 63260
B. Indemnité minimale légale 63320
1. Conditions d'attribution 63340
2. Montant 63400
3. Paiement 63520
C. Indemnité conventionnelle 63600
1. Conditions d'attribution 63610
2. Calcul 63640
3. Paiement 63740
D. Régime social et fiscal de l'indemnité 63800
1. Indemnité prévue par la loi ou la convention de branche 63810
a. Régime social 63810
b. Régime fiscal 63850
2. Indemnité d'un montant plus élevé 63900
a. Régime social 63910
b. Régime fiscal 63950
3. Indemnité de licenciement dans le cadre d'un PSE 64000
4. Cumul d'indemnités 64070
5. Illustrations 64100

SECTION 2
DÉPART VOLONTAIRE 64180
A. Rupture conventionnelle homologuée 64200
1. Montant et versement de l'indemnité 64220
2. Régime social et fiscal de l'indemnité 64240
B. Congé de mobilité ou rupture conventionnelle collective 64260
C. Départ volontaire dans le cadre d'un PSE 64300
D. Démission 64370
1. Principe d'assujettissement 64370
2. Sommes réparant un préjudice 64420
E. Bulletin de paie et DSN 64500

SECTION 3
DÉPART OU MISE À LA RETRAITE 64620
A. Rupture à l'initiative de l'employeur 64650
1. Mise à la retraite 64650
a. Droit à une indemnité 64650
b. Régime social et fiscal de l'indemnité 64680
2. Rupture du contrat s'analysant en un licenciement 64800
B. Départ volontaire 64900
1. Attribution et montant de l'indemnité de départ 64900
2. Régime social et fiscal 64970
a. Principe d'assujettissement 64970
b. Plan de sauvegarde de l'emploi 65040
c. Calcul et paiement des cotisations 65130
d. Bulletin de paie et DSN 65150

SECTION 4
AUTRES CAS DE RUPTURE 65230

SECTION 5
LITIGE RELATIF À LA RUPTURE DU CONTRAT 65450
A. Transaction 65450
1. Conclusion d'une transaction 65455
2. Régime social et fiscal de l'indemnité 65590
a. Régime social 65590
b. Régime fiscal 65620
B. Conciliation prud'homale 65680
C. Licenciement irrégulier, sans cause réelle et sérieuse ou nul 65760
D. Clause de garantie d'emploi 65840

SECTION 6
PRÉAVIS 65900
A. Caractère obligatoire 65900
B. Durée du préavis 65950
C. Rémunération en cas d'exécution du préavis 66030
D. Inexécution du préavis 66150
E. Régime social et fiscal 66300
1. Assujettissement aux charges sociales et fiscales 66320
2. Calcul et paiement des cotisations 66350
3. Bulletin de paie et DSN 66470

SECTION 7
OBLIGATIONS POSTÉRIEURES À LA RUPTURE 66570
A. Certificat de travail 66600
B. Attestation Pôle emploi 66660
C. Reçu pour solde de tout compte 66730
D. Indemnité compensatrice de non-concurrence 66800
E. Maintien de la couverture santé et prévoyance 67030

SECTION 8
RÉINSERTION DU SALARIÉ 67130

SECTION 9
TABLEAUX RÉCAPITULATIFS 67210

PRÉSENTATION GÉNÉRALE

Sont examinés ici les modalités de calcul et le régime social et fiscal des indemnités dues aux salariés à l'occasion de la rupture du contrat de travail. Sont visées les ruptures suivantes : licenciement, rupture conventionnelle, départ volontaire, retraite, rupture de la période d'essai, prise d'acte de la rupture du contrat, résiliation judiciaire du contrat, rupture du contrat d'un étranger en situation irrégulière. **63200**

Sont également examinées les sommes et indemnités versées en cas de litige né à l'occasion de la rupture du contrat (transaction, indemnités versées en cas de conciliation prud'homale et en cas de licenciement abusif, irrégulier ou nul, sommes versées en cas de violation d'une clause de garantie d'emploi).

Sont traitées enfin les obligations de l'employeur en matière de préavis ainsi que celles relatives à la fin du contrat : reçu pour solde de tout compte, non-concurrence, maintien de la couverture prévoyance… Sont toutefois traitées ailleurs les indemnités compensatrices de congés payés (n°s 59150 s.) et de départ en préretraite (n°s 86160 s.).

> **Précisions** **a.** Les indemnités de rupture attachées à un **statut particulier** sont étudiées avec ce statut : salariés en contrat à durée déterminée (n°s 76280 s.), VRP (n°s 81650 s.), dirigeants de sociétés (n°s 77870 s.), journalistes professionnels (n°s 88370 s.), etc.
> **b.** Sur le montant de l'indemnité due au **salarié inapte** : à la suite d'un accident du travail ou d'une maladie professionnelle, voir n° 62900 ; à la suite d'un accident ou d'une maladie non professionnels, voir n° 62870.
> **c.** S'agissant des **rappels de salaire versés après la cessation du contrat** de travail, on se reportera aux n°s 53520 s. ; pour les primes à versement différé (intéressement, prime de bilan versée à N + 1, etc.), voir n°s 18770 s.
> **d.** Sur le droit à une **gratification annuelle** des salariés quittant l'entreprise avant la date de son versement, voir n°s 45400 s. Sur le versement de commissions au-delà de la cessation du contrat en application d'une clause de bonne fin, voir n° 58190.

SECTION 1 LICENCIEMENT

A. Droit à l'indemnité de licenciement

SALARIÉS VISÉS

L'indemnité de licenciement résulte de la loi, des conventions collectives ou du contrat de travail. Elle est due à tout salarié appartenant au **secteur privé ou public** (exception faite des fonctionnaires), quel que soit l'**effectif** de l'entreprise (C. trav. art. L 1211-1 et L 1234-14). **63260**

DATE D'APPRÉCIATION

Le droit du salarié à l'indemnité de licenciement s'apprécie à la date à laquelle l'employeur notifie au salarié la **rupture** de son contrat de travail, c'est-à-dire le jour de l'envoi ou de la remise en main propre de la lettre de licenciement (Cass. soc. 26-9-2007 n° 06-13.033 FS-PB ; 3-2-2010 n° 08-41.842 FS-D), sauf clause expresse contraire de la convention ou du contrat (Cass. soc. 16-12-2003 n° 01-45.991 F-P). **63270**

Ce droit à l'indemnité est régi par les **dispositions légales ou conventionnelles applicables** à cette date ; sauf clause contraire, les modifications apportées à ces dispositions au cours du préavis ne peuvent pas le diminuer ou l'augmenter (Cass. soc. 19-1-1994 n° 89-41.245 P ; 11-1-2006 n° 03-44.461 FS-PB). Sur la date à laquelle il faut se placer pour apprécier le montant de l'indemnité, voir n° 63410.

> **Précisions** Le droit à l'indemnité s'appréciant à la date du licenciement, les événements postérieurs n'ont pas d'incidence sur son versement. Le salarié **conserve** donc **l'indemnité** de licenciement en cas :
> – d'**interruption du préavis** par l'une ou l'autre des parties (Cass. soc. 11-3-1976 n° 74-40.775 P ; 12-12-1984 n° 82-41.954 S) ;
> – de **faute grave ou lourde** commise pendant le préavis (Cass. soc. 23-10-1991 n° 88-43.008 P ; 8-7-1992 n° 89-40.619 P) ;
> – de faute grave ou lourde **commise avant la notification** du licenciement mais **révélée après** à l'employeur (Cass. soc. 7-3-1990 n° 86-45.685 P ; 12-7-2004 n° 03-43.293 F-D).

B. Indemnité minimale légale

63320 Le salarié en contrat de travail à durée indéterminée et licencié alors qu'il compte au moins 8 mois d'ancienneté ininterrompue au service du même employeur a **droit,** sauf en cas de faute grave ou lourde, à l'indemnité légale de licenciement (C. trav. art. L 1234-9).

L'indemnité légale ne constitue qu'un minimum auquel se substitue, le cas échéant, l'indemnité prévue par la convention collective, le contrat de travail ou les usages si celle-ci est d'un montant supérieur (nos 63600 s.). Elle est nécessairement due, car ni l'employeur ni le salarié ne peut renoncer par avance au droit de se prévaloir des règles relatives au licenciement (C. trav. art. L 1231-4).

L'indemnité légale de licenciement ne se **cumule** pas avec les indemnités de même nature (C. trav. art. R 1234-5), notamment l'indemnité conventionnelle de licenciement (no 63640), l'indemnité de départ ou de mise à la retraite (voir nos 64620 s.) et l'indemnité de clientèle attribuée aux VRP (voir no 81950).

1. CONDITIONS D'ATTRIBUTION

RUPTURE DU CONTRAT DE TRAVAIL

63340 L'indemnité minimale légale n'est due qu'en cas de **licenciement** d'un salarié en contrat à durée indéterminée. Elle n'est pas versée en cas de démission ou de force majeure sauf si cette dernière résulte d'un sinistre (C. trav. art. L 1234-13).

Elle est versée quel que soit le **motif** du licenciement – économique ou personnel –, y compris en cas d'adhésion du salarié à un contrat de sécurisation professionnelle (CSP) (C. trav. art. L 1233-67) ou de cessation de l'entreprise, sauf force majeure (C. trav. art. L 1234-12).

Toutefois, l'indemnité n'est pas due en cas de **faute grave ou lourde** du salarié. Sur l'incidence d'une faute grave ou lourde commise ou révélée pendant le préavis, voir no 63270.

ANCIENNETÉ DU SALARIÉ

63350 Pour avoir droit à l'indemnité légale, le salarié doit justifier d'au moins 8 mois d'ancienneté ininterrompue au service du **même employeur** (C. trav. art. L 1234-9, al. 1). Celle-ci s'apprécie à la **date** de notification du licenciement, c'est-à-dire la date d'envoi de la lettre de licenciement et sans tenir compte du préavis, sauf clause expresse contraire de la convention collective ou du contrat de travail (Cass. soc. 25-11-1997 no 94-45.010 P).

Les **périodes de suspension** du contrat de travail n'interrompent pas l'ancienneté du salarié. Mais elles ne sont pas retenues pour calculer la durée d'ancienneté exigée pour bénéficier de l'indemnité légale de licenciement (C. trav. art. L 1234-11), sauf si elles sont assimilées par la loi ou la jurisprudence à des périodes de travail effectif.

› Précisions Les **périodes d'absence** suivantes sont assimilées à du travail effectif et **retenues** dans le calcul de l'ancienneté :
– absence à la suite d'un accident du travail ou d'une maladie professionnelle ;
– congé de maternité, de paternité et d'accueil de l'enfant ou d'adoption ;
– congés payés annuels (Cass. soc. 16-2-1987 no 84-41.785 D) ;
– congé de formation professionnelle, congés de formation économique, sociale, syndicale et environnementale, des cadres et animateurs pour la jeunesse, des administrateurs de mutuelle et des conseillers prud'hommes ;
– congés de présence parentale ;
– congé parental d'éducation à temps plein, pour moitié, et congé parental d'éducation à temps partiel, en totalité ;
– congé de solidarité internationale, de solidarité familiale et de proche aidant ;
– absence des candidats et titulaires d'un mandat parlementaire, des élus locaux, des représentants d'une association familiale, d'une association ou d'une mutuelle, des sapeurs-pompiers volontaires ;
– absence des conseillers prud'hommes pour exercer leurs missions ;
– service dans la réserve opérationnelle, la réserve civile de la police nationale, la réserve de sécurité civile, la réserve sanitaire ou la réserve de protection judiciaire de la jeunesse ;
– participation des sapeurs-pompiers volontaires à des missions opérationnelles, des activités de formation ou des réunions des instances dont ils sont membres ;
– participation aux séances d'un Conseil de l'Ordre.

Ne doivent **pas** être **prises en compte** les périodes d'absence pour maladie (Cass. soc. 10-2-1999 no 95-43.561 PB ; 16-9-2009 no 08-41.999 FD), les périodes de suspension du contrat liées à l'exécution d'un mandat social (no 14340). S'agissant des périodes d'activité partielle ou d'APLD, voir nos 67950 s.

63355

EXEMPLE

Un salarié recruté le 2-11-2022 est licencié le 6-7-2023. Il a été en **arrêt de travail** pendant 15 jours en raison d'un **accident du travail.** Cette période étant assimilée à du travail effectif pour le calcul de l'ancienneté, il justifie de l'ancienneté minimale de 8 mois et peut prétendre à l'indemnité légale de licenciement.

Si en revanche il a été en arrêt de travail en raison d'une **maladie non professionnelle,** son ancienneté est inférieure à 8 mois à la date du licenciement : il n'a pas droit à l'indemnité légale.

2. MONTANT

Le montant de l'indemnité de licenciement, calculé en fonction des années de service dans l'entreprise, est le même quel que soit le motif du licenciement. Ce montant est déterminé en **multipliant** le salaire de référence par un taux qui varie en fonction de l'ancienneté du salarié. 63400

DÉTERMINATION DES ANNÉES ET MOIS DE SERVICE

Périodes retenues L'indemnité est calculée en tenant compte des **années** pleines et des **mois** de service **complets** (C. trav. art. R 1234-1). Ainsi, une année incomplète est prise en compte comme suit : nombre de mois de présence/12. 63410

La période de **préavis** doit être prise en compte pour déterminer l'ancienneté à retenir pour le calcul de l'indemnité, y compris en cas de dispense à l'initiative de l'employeur (Cass. soc. 30-3-2005 nº 03-42.667 F-PB) ou d'adhésion du salarié au contrat de sécurisation professionnelle (C. trav. art. L 1233-67). En revanche, le contrat prend fin immédiatement en cas de dispense de préavis à la demande du salarié acceptée par l'employeur (nº 66180) ou de faute grave commise pendant le préavis (Cass. soc. 11-9-2019 nº 18-12.606 F-PB) : la période de préavis postérieure n'est pas prise en compte.

Les **périodes de suspension du contrat** de travail ne sont pas prises en compte pour le calcul de l'indemnité légale (Cass. soc. 5-5-1982 nº 80-40.698 D), à moins qu'elles ne soient assimilées à un travail effectif pour le calcul de l'ancienneté (nº 63350). Il ne faut pas non plus tenir compte de la durée des congés non pris correspondant à l'indemnité compensatrice de congés payés (Cass. soc. 19-2-1991 nº 88-42.460 D).

EXEMPLE

Pour un salarié totalisant 5 ans, 3 mois et 15 jours d'ancienneté à la fin du préavis, l'indemnité légale de licenciement est calculée en retenant une ancienneté de : 5 + (3/12) = 5,25 années. Le mois incomplet n'est pas pris en compte.

Si ce salarié a été absent pendant 6 mois pour une maladie non professionnelle, et pendant 3 mois en raison d'un accident du travail, l'indemnité est calculée en retenant une ancienneté de : 5 + (3/12) – (6/12) = 4,75. L'arrêt de travail lié à un accident du travail est pris en compte dans l'ancienneté, mais pas l'arrêt de travail pour une maladie non professionnelle.

Succession de contrats ou d'employeurs Lorsque plusieurs contrats de travail se sont succédé **sans interruption** avec le même employeur, l'ancienneté acquise au titre des contrats antérieurs doit être prise en compte, sauf si les indemnités de rupture ont été réglées à l'issue de chaque contrat. Ainsi, lorsqu'au terme d'un CDD, la relation contractuelle se poursuit en CDI (par transformation du contrat initial ou conclusion sans délai d'un CDI), l'ancienneté acquise au terme du CDD est prise en compte pour le calcul de l'indemnité de licenciement (C. trav. art. L 1243-11). 63440

En revanche, lorsque les contrats sont séparés par une **période d'interruption,** l'ancienneté à retenir est celle acquise au titre du dernier contrat de travail, sauf disposition conventionnelle ou contractuelle contraire (Cass. soc. 7-1-1988 nº 85-40.519 D ; 27-10-1993 nº 90-41.281 D).

> Précisions **a.** Sur la prise en compte de l'ancienneté acquise au titre d'une période d'**apprentissage,** voir nº 84070.

b. L'ancienneté doit être calculée à compter de la date d'embauche lorsque le salarié est passé successivement au service de **plusieurs sociétés** du même groupe (Cass. soc. 12-12-1985 nº 83-41.868 S) ou dirigées par le même employeur (Cass. soc. 26-5-2004 nº 01-44.814 F-D) ou en cas de succession d'un contrat de gérance et d'un contrat de franchise, sans modification des conditions d'exploitation du magasin objet du contrat (Cass. soc. 25-3-2009 nº 07-41.242 FS-PB).

c. S'agissant de la détermination des années de service en cas de :
– changement d'employeur consécutif à une **modification de sa situation juridique** (fusion, succession, vente...), voir nº 70360 ;
– **mise à la disposition d'une filiale étrangère** par la société mère, voir nºs 71090 s.

SALAIRE DE RÉFÉRENCE

63450 **Période retenue** Le salaire servant de base au calcul de l'indemnité minimale légale est égal, selon la formule la plus avantageuse pour le salarié (C. trav. art. L 1234-9 et R 1234-4 ; Cass. soc. 11-3-2009 nos 07-40.146 F-D et 07-42.209 F-D) :
– soit au douzième de la rémunération brute des 12 mois précédant l'envoi de la lettre de licenciement. Si l'ancienneté du salarié est inférieure à 12 mois, on prend en compte la moyenne mensuelle de la rémunération de l'ensemble des mois précédant le licenciement. Selon nous, il faut prendre en compte les salaires des mois entiers ;
– soit au tiers de la rémunération brute des 3 derniers mois.

Si le salarié est en **arrêt de travail pour maladie ou accident** au moment du licenciement, le salaire de référence est celui des 12 ou 3 derniers mois précédant l'arrêt de travail (Cass. soc. 23-5-2017 nº 15-22.223 FS-PBRI). Ainsi, il n'y a pas lieu de reconstituer fictivement le salaire qui aurait été perçu si le salarié n'avait pas été malade. La même solution devrait, selon nous, être retenue pour le salarié en **congé parental d'éducation** à **temps plein** au moment du licenciement (voir, en ce sens, CA Aix-en-Provence 15-2-2014 nº 13-14322). Pour les salariés en **congé parental d'éducation à temps partiel,** l'indemnité de licenciement doit être calculée en tenant compte du salaire qui aurait été perçu si le salarié n'avait pas été en congé (C. trav. art. L 1225-54, al. 2 ; CJUE 8-5-2019 aff. 486/18 ; Cass. soc. 18-3-2020 nº 16-27.825 FP-PB).

En cas de mise en **activité partielle** (ou, selon nous, en activité partielle de longue durée) pendant la période de référence, il convient, selon la Cour de cassation, de se référer au salaire qu'aurait perçu le salarié selon sa durée habituelle de travail (Cass. soc. 5-5-1988 nº 85-45.334 D ; 9-3-1999 nº 96-44.439 P). L'administration, pour sa part, préconise de retenir les derniers mois de pleine activité (Rép. Vennin 27-6-1983).

Pour les entreprises à **activité saisonnière,** l'administration préconise de retenir comme salaire de base les 3 ou les 12 derniers mois d'activité et non les 3 ou les 12 derniers mois antérieurs à la fin du contrat (Rép. Bernard 24-3-1979).

Sur le salaire à prendre en compte lorsqu'un salarié a été occupé successivement à temps plein et à **temps partiel** (ou inversement), voir nos 74740 s.

CONSEIL

Il a été jugé qu'un salarié licencié pendant une période de travail en **temps partiel thérapeutique** ne peut pas prétendre à une indemnité de licenciement calculée sur la base des salaires qu'il aurait perçus s'il n'avait pas travaillé dans le cadre de ce temps partiel (Cass. soc. 26-1-2011 nº 09-66.453 F-D). Nous conseillons toutefois aux employeurs de calculer l'indemnité de licenciement sur la base des salaires antérieurs à la période de temps partiel thérapeutique ou antérieurs à l'arrêt de travail si la période de temps partiel thérapeutique y fait suite pour éviter tout risque contentieux : la prise en compte du salaire à temps partiel pourrait, selon nous, caractériser une discrimination fondée sur l'état de santé.

63460 **Assiette de calcul** L'indemnité est calculée en fonction de la **rémunération effective,** seules pouvant être déduites les sommes correspondant à des **remboursements de frais** (Cass. soc. 3-2-2021 nº 19-15.556 F-D).

Lorsque le calcul s'effectue sur la base du salaire moyen des 3 derniers mois, toute **prime** ou gratification de caractère annuel ou exceptionnel versée pendant cette période n'est prise en compte que prorata temporis (C. trav. art. R 1234-4). Interprétée strictement, cette règle exclut la prise en compte de primes qui ne seraient pas versées dans les 3 derniers mois. Mais si une **prime annuelle** a été perçue hors de cette période, il est possible d'ajouter 1/12e du montant de cette prime à chacun des 3 derniers mois de salaire, avant de comparer ce montant au salaire moyen des 12 derniers mois.

S'agissant des **avantages en nature,** il semble qu'ils doivent être pris en compte, la Cour de cassation l'ayant admis pour le calcul d'une indemnité conventionnelle (Cass. soc. 11-12-1991 nº 88-40.330 D).

› Précisions a. Seules les **primes ou gratifications** de caractère annuel ou exceptionnel ayant le caractère de **salaire** doivent être prises en compte dans l'assiette de l'indemnité légale de licenciement. Ainsi, sont pris en compte le **bonus** versé à un salarié tous les ans depuis 10 ans, dont seul le montant annuel est variable et discrétionnaire (Cass. soc. 28-1-2015 nº 13-23.421 F-D) ou une **prime de partage de la valeur** dont le versement est récurrent et régulier (Inst. du 10-10-2022 point 3.9 publiée au BOSS), mais pas la gratification bénévole dont l'employeur fixe discrétionnairement le montant et qui est attribuée à l'occasion d'un évènement unique (Cass. soc. 14-10-2009 nº 07-45.587 FP-PBR).
b. Lorsque le calcul s'effectue sur la base du salaire moyen des 3 derniers mois, le **prorata** des **primes de fin d'année et de vacances** doit

s'appliquer entre la date du dernier versement de la prime et la date de la rupture (Cass. soc. 11-3-2009 n° 07-42.209 F-D). Par exemple, pour un licenciement notifié le 1er février d'une année N et un treizième mois versé en décembre de l'année N – 1, le treizième mois doit selon nous être proratisé selon la règle suivante : montant de la prime × 1/12.

c. Si les remboursements de frais doivent être déduits du salaire de référence, il n'y a pas lieu d'en exclure la **déduction fiscale pour frais professionnels** dont bénéficie éventuellement le salarié (Cass. soc. 29-5-1991 n° 87-44.297 D ; 22-10-1991 n° 89-44.704 D) ni les sommes prélevées par l'employeur au titre de l'**impôt sur le revenu** dû par le salarié (Cass. soc. 8-12-2021 n° 20-11.738 FS-B).

d. L'indemnité de licenciement ne peut pas être calculée à partir d'une rémunération incluant à la fois des **commissions** perçues pendant la période de référence et des commissions perçues postérieurement au titre de l'activité exercée pendant cette période (Cass. soc. 10-3-1988 n° 85-43.330 D). Par ailleurs, il faut exclure de l'assiette de calcul de l'indemnité les commissions perçues pendant la période de référence mais relatives à des affaires très anciennes (Cass. soc. 13-3-1990 n° 87-41.500 D).

e. Lorsqu'un **rappel de salaire** correspondant à la période de référence est accordé au salarié, il doit être intégré dans la base de calcul de l'indemnité de licenciement (Cass. soc. 30-4-2003 n° 00-44.789 F-D ; 15-3-2023 n° 20-23.694 FS-B).

f. Les **bonus récupérables des preneurs de risques** travaillant au sein des établissements de crédit, sociétés de gestion de portefeuille et entreprises d'investissement sont exclus du calcul de l'indemnité de licenciement (C. mon. fin. art. L 511-84-1).

Les **indemnités de congés payés** rémunérant les périodes de congés prises doivent être retenues, qu'elles soient versées par l'employeur ou par une caisse de congés payés (Rép. Richard 17-2-1992). En revanche, il semble que ne doit pas être prise en compte l'indemnité compensatrice de congés payés non pris, la Cour de cassation l'ayant exclue pour le calcul de l'indemnité conventionnelle de licenciement (Cass. soc. 14-12-2005 n° 03-45.318 F-D). **63470**

N'entrent pas non plus en compte l'**indemnité compensatrice de préavis** (Cass. soc. 11-3-2009 n° 07-40.146 D), l'indemnité versée pour compenser la perte des stock-options (Cass. soc. 20-3-2007 n° 04-48.332 F-D) ni les sommes versées au titre d'un régime légal d'**intéressement** (n° 48270) ou de participation (n° 47780) (Cass. soc. 8-7-1981 n° 79-40.929 ; 12-7-2007 n° 06-41.777 F-D). S'agissant toutefois du calcul d'une indemnité conventionnelle de licenciement, voir n° 63680.

Pour un travailleur rémunéré par des **pourboires directs,** l'indemnité de licenciement doit être calculée sur la base soit du Smic, soit du salaire minimal conventionnel si celui-ci est supérieur au Smic. Dans le cas où le montant des pourboires excède ces minima, c'est le salarié qui doit en apporter la preuve (Circ. 21-3-1968). **63480**

Lorsque les pourboires sont **centralisés** par l'employeur (ou un salarié ayant reçu délégation à cet effet), l'indemnité doit être calculée en tenant compte des sommes perçues au titre du pourcentage pour service (Cass. soc. 21-2-1980 n° 78-41.528 P).

TAUX DE L'INDEMNITÉ

L'indemnité est égale à 1/4 de mois de salaire par année d'ancienneté, pour les années jusqu'à 10 ans, et à 1/3 mois par année d'ancienneté pour les années au-delà de 10 ans (C. trav. art. R 1234-2). **63490**

EXEMPLE

Pour un salarié ayant **25 ans d'ancienneté,** et dont le salaire de référence est évalué à 3 000 €, l'indemnité est calculée de la façon suivante :

(3 000 × 1/4 × 10) + (3 000 × 1/3 × 15) = 7 500 + 15 000 = 22 500 €.

INDEMNITÉ DE LICENCIEMENT : CALCUL

EXEMPLE **63500**

Soit un salarié ayant 15 ans et 3 mois et 15 jours d'ancienneté dans l'entreprise, à qui le licenciement est notifié un 15 février d'une année N et dont le départ de l'entreprise a lieu un 15 avril à l'issue de 2 mois de préavis.

Salaire mensuel brut de l'intéressé : 1 900 € jusqu'au 30 novembre ; 2 000 € à compter du 1er décembre.

Prime de vacances : 800 € versés en juillet.

Treizième mois versé en décembre de l'année N – 1 : 2 000 €.

Heures supplémentaires effectuées en décembre : 190 €.

Rappel de salaire versé en décembre N – 1 au titre de l'année N – 2 : 500 €.

a. Salaire de référence

Salaire de référence : 1/3 du salaire des 3 mois précédant la notification du licenciement (novembre à janvier) ou salaire moyen brut des 12 mois précédant la notification du licenciement s'il est plus avantageux pour le salarié (février de l'année N – 1 à janvier). Le 13e mois inclus dans la période de référence est proratisé comme indiqué n° 63460, a.

Le salaire moyen brut des 3 mois précédant la notification du licenciement est égal à : [1 900 € + 2 000 € + 2 000 € + (190 € = heures supplémentaires) + (2 000 €/12 = 13^{e} mois proratisé)] × 1/3 = 2 085,56 €. Il n'est pas tenu compte du rappel de salaire versé en décembre, qui ne se rapporte pas à la période de référence.

Le salaire moyen brut des 12 mois précédant le licenciement est égal à : 1/12 × [(1 900 € × 10) + (2 000 € × 2) + (800 € = prime de vacances) + (2 000 € = treizième mois versé en décembre) + (190 € = heures supplémentaires)] = 2 165,83 €. Il n'est pas tenu compte du rappel de salaire versé en décembre, qui ne se rapporte pas à la période de référence.

Le salaire de référence le plus avantageux pour le salarié est par conséquent le salaire moyen des 12 mois précédant la notification du licenciement, soit 2 165,83 €.

b. Calcul de l'indemnité de licenciement

Indemnité de licenciement : 1/4 de mois pour les 10 premières années, plus 1/3 de mois pour les années d'ancienneté suivantes, soit : [2 165,83 € × 1/4 × 10] + [2 165,83 × 1/3 × 5] + [2 165,83 × 1/3 × (3/12)] = 9 204,78 €.

3. PAIEMENT

DATE DU PAIEMENT

63520 L'indemnité légale de licenciement, comme l'indemnité conventionnelle, est due en principe à l'**expiration du contrat de travail,** c'est-à-dire à la fin du préavis, y compris en cas de dispense par l'employeur.

En cas d'inexécution du préavis, l'employeur peut toutefois payer cette indemnité au moment où le salarié **quitte effectivement l'entreprise** (Lettre min. : Bull. doc. 5-1974 n° 66).

S'agissant de l'incidence de la dispense de préavis sur le montant de l'indemnité de licenciement, voir n° 63410.

BULLETIN DE PAIE

63530 L'indemnité de licenciement figure :

– en bas du bulletin de salaire dans la mesure où elle est exonérée des cotisations sociales, de la CSG et de la CRDS. L'article R 3243-1, 8° du Code du travail impose de mentionner sur le bulletin de paie la nature et le montant des sommes s'ajoutant à la rémunération et non soumises aux cotisations. Ce texte ne distinguant pas entre les sommes ayant la nature d'un salaire et les dommages et intérêts, l'indemnité de licenciement est en conséquence, selon nous, comprise dans les sommes devant apparaître sur le bulletin (pour un **modèle,** voir n°s 94850 s.) ;

– pour la fraction éventuellement soumise à cotisations sociales (voir n°s 63810 s.), dans la base brute, en application de l'article R 3243-1, 6° du Code du travail, faisant obligation de mentionner la nature et le montant des accessoires de salaire soumis aux cotisations sociales ;

– pour la fraction éventuellement soumise à CSG et à CRDS, dans l'assiette de ces prélèvements, en application de l'article R 3243-1, 6° du Code du travail.

On trouvera, n° 94860, un **modèle de bulletin de paie** comportant une indemnité de licenciement dépassant la limite sociale et fiscale d'exonération.

S'agissant de la mention sur le bulletin d'un **net imposable négatif** lorsque l'indemnité de licenciement, affranchie en totalité d'impôt sur le revenu, est soumise aux cotisations et contributions sociales pour un montant excédant le revenu d'activité du mois, voir n° 63960.

DSN

63540 Le départ du salarié doit être signalé dans la déclaration sociale nominative (DSN) (voir n° 36460). L'indemnité de licenciement doit normalement apparaître dans la **partie sociale** de la DSN pour la fraction éventuellement assujettie aux cotisations de sécurité sociale, à la CSG et à la CRDS, dans le bloc Prime, gratification et indemnité. De même, dans la **partie fiscale** (rubriques Rémunération nette fiscale et Montant soumis au PAS du bloc 50 Versement individu), elle ne doit être déclarée que pour son éventuelle fraction imposable : voir n° 63960. Sur les sanctions pour erreur ou omission, voir n° 36490.

Le montant imposable de l'indemnité, s'il existe, doit être déclaré en totalité dans la DSN du mois de son versement, y compris dans le cas où le salarié a demandé le bénéfice du quotient en matière d'impôt sur le revenu (nº 35390).

C. Indemnité conventionnelle

Les conventions collectives accordent souvent une indemnité de licenciement au salarié. 63600
Cette indemnité peut également être prévue dans le **contrat de travail** (Cass. soc. 9-11-1983 nº 81-41.256 P). L'indemnité conventionnelle ou contractuelle doit être versée si elle est plus favorable que l'indemnité légale. Dans ce cas, seule cette indemnité est due, le **cumul** avec l'indemnité légale n'étant pas possible : voir nº 63640.

Sur l'incidence des **modifications** apportées aux **dispositions** conventionnelles **au cours du préavis,** voir nº 63270.

S'agissant des concours de conventions collectives, voir nºs 962 s.

ATTENTION

L'**indemnité de licenciement prévue par le contrat de travail** a le caractère d'une clause pénale. Le juge peut donc, en cas de litige, en réduire le montant s'il est excessif (notamment, Cass. soc. 20-12-2006 nº 05-43.409 F-D). Il en va de même lorsque le contrat de travail renvoie, pour son calcul, aux modalités prévues par une convention collective non applicable dans l'entreprise (Cass. soc. 16-3-2016 nº 14-23.861 FS-PB).

En revanche, le juge ne peut pas moduler le montant d'une indemnité de licenciement fixée en application de la **convention collective** applicable dans l'entreprise (notamment, Cass. soc. 22-2-1995 nº 93-44.268 P) ou d'un **engagement unilatéral** de l'employeur (Cass. soc. 26-5-1999 nº 96-43.614 P). Il ne peut pas non plus réduire le montant d'une indemnité lorsqu'elle résulte de l'application volontaire, par une clause du contrat de travail, de toutes les dispositions d'une convention collective non applicable dans l'entreprise (Cass. soc. 9-11-2011 nº 09-43.528 FS-PB).

1. CONDITIONS D'ATTRIBUTION

Les conditions d'attribution de l'indemnité conventionnelle sont fixées par la **convention** 63610
collective ou par le **contrat de travail** et varient donc d'un texte à l'autre ; il convient par conséquent de se référer à celui-ci dans chaque cas d'espèce.

Toutefois, des principes généraux ont été dégagés par la jurisprudence.

ATTENTION

La **référence** à une convention collective ou à un statut **dans le contrat de travail** fait bénéficier le salarié de l'indemnité de licenciement prévue par ce texte (Cass. soc. 2-12-2003 nº 01-46.079 FS-P).

DATE D'APPRÉCIATION

Le droit à l'indemnité de licenciement naît à la date à laquelle l'employeur envoie la lettre 63620
recommandée notifiant la rupture : voir nº 63270. Ainsi, c'est à cette date que doivent être appréciées la **condition d'ancienneté** fixée par la convention collective pour ouvrir droit à l'indemnité de licenciement (Cass. soc. 26-10-1999 nº 97-42.411 D) ou la **condition d'âge** prévue pour que le salarié ait droit à une indemnité majorée (Cass. soc. 5-6-1996 nº 92-42.034 P ; 6-2-2008 nº 06-45.219 F-D) ou minorée (Cass. soc. 16-12-2003 nº 01-45.991 F-P). De même, l'indemnité conventionnelle majorée pour **travailleur handicapé** ne peut pas être attribuée si la reconnaissance de ce statut intervient postérieurement à cette date (Cass. soc. 26-9-2007 nº 06-43.033 FS-PB).

MOTIF DE LA RUPTURE

La convention collective peut prévoir des **indemnités différentes selon le motif** du licencie- 63630
ment (Cass. soc. 3-7-2013 nº 12-13.612 FS-PB). Si elle (ou le contrat de travail) ne prévoit le versement de l'indemnité qu'en cas de licenciement pour l'une des causes qu'elle définit, le salarié ne peut prétendre qu'à l'indemnité conventionnelle correspondant au motif de son licenciement (Cass. soc. 4-6-2009 nº 07-43.198 FS-PB).

Ces dispositions sont nécessairement applicables si le **licenciement** est déclaré **sans cause réelle ni sérieuse** (Cass. soc. 15-5-2002 nº 00-42.279 F-P ; Cass. ass. plén. 30-11-2007 nº 06-45.365 PBRI). Ainsi, si la convention collective prévoit que l'indemnité est versée en cas de licenciement pour insuffisance professionnelle, un salarié qui a refusé une modification de son contrat de travail fondée sur ce motif est en droit d'y prétendre (Cass. soc. 12-3-1997 nº 94-42.465 P), même si, finalement, l'insuffisance s'avère non établie (Cass. soc. 5-5-1998 n° 95-42.545 P). De même, le salarié dont le licenciement disciplinaire est jugé sans cause réelle et sérieuse a droit à l'indemnité conventionnelle versée en cas de licenciement non disciplinaire (Cass. soc. 16-1-2019 n° 17-10.421 FS-D).

Le salarié dont la résiliation du contrat de travail a été prononcée en raison des manquements de son employeur à ses obligations, suffisamment graves pour rendre impossible la poursuite du contrat de travail, ne peut prétendre qu'à l'indemnité conventionnelle prévue en cas de licenciement pour motif personnel non disciplinaire (Cass. soc. 26-10-2016 n° 15-15.923 FS-PB).

Sur l'indemnité à verser en cas de **mise à la retraite** dans le cadre d'un plan de sauvegarde de l'emploi, voir n° 64660 ; en cas de **rupture conventionnelle** homologuée, voir n° 64220, a.

S'agissant du licenciement d'un salarié déclaré physiquement **inapte** à son emploi, voir n°s 62870 s.

ATTENTION

En cas de **faute grave,** l'indemnité conventionnelle ou contractuelle n'est pas due (Cass. soc. 12-7-1989 n° 86-44.929 D), sauf si la convention collective ou le contrat de travail prévoit le versement de cette indemnité quelle que soit la cause de licenciement (Cass. soc. 4-7-1990 n° 87-40.433 PF). Le contrat se bornant à renvoyer aux règles générales du licenciement exclut le versement de l'indemnité contractuelle en cas de faute grave du salarié (Cass. soc. 31-3-2009 n° 07-44.564 FS-PB).

2. CALCUL

63640 Les modalités de calcul de l'indemnité conventionnelle sont prévues par les conventions collectives ou le contrat de travail. À défaut, selon la jurisprudence, les règles de calcul de l'indemnité légale (nos 63400 s.) sont transposables (Cass. soc. 19-7-1988 n° 85-45.003 P). En revanche, compte tenu de la règle de non-cumul, une application cumulative des dispositions conventionnelles et légales est impossible (Cass. soc. 8-11-2011 n° 10-12.120 F-D ; 31-10-2012 n° 11-21.822 FS-PB).

Le calcul de l'indemnité de licenciement obéit aux règles fixées par la convention collective applicable au **moment de la rupture** et non à celles découlant de la convention en vigueur au moment de l'embauche du salarié (Cass. soc. 14-11-1991 n° 90-42.916 D).

ATTENTION

Lorsqu'un employeur retient, en toute connaissance de cause, un **mode de calcul** d'indemnité de licenciement **favorable** au salarié, sa volonté de verser une indemnité conventionnelle d'un montant plus élevé que celui auquel il avait droit est ainsi établie. En conséquence, son **action en répétition de l'indu** ne peut pas être admise (Cass. soc. 13-10-1999 n° 97-42.875 D).

DÉTERMINATION DE L'ANCIENNETÉ

63650 **Règles de calcul** Dans la plupart des conventions collectives, l'ancienneté constitue l'un des éléments de calcul du **montant** de l'indemnité.

Certaines conventions prévoient que l'indemnité conventionnelle de licenciement se calcule par année d'ancienneté, année de présence ou de service sans autres précisions. D'autres définissent très précisément la notion d'ancienneté ou d'années de présence ou de service. Il convient donc de se reporter aux dispositions de la convention collective ou du contrat de travail.

Dans le **silence des textes,** les modalités de détermination des années de service retenues pour le calcul de l'indemnité légale de licenciement (nos 63410 s.) s'appliquent. Par exemple, l'indemnité est calculée en tenant compte du préavis même en cas de dispense d'exécution par l'employeur (Cass. soc. 8-10-1992 n° 91-42.037 ; 30-3-2005 n° 03-42.667), et les années de présence incomplètes sont retenues au prorata du nombre de mois accomplis (Cass. soc. 16-3-1994 n° 88-40.915 P ; 22-2-2006 n° 03-47.649 F-P).

63660 **Changement de catégorie professionnelle** Lorsque la convention collective ou le contrat de travail prévoit des indemnités de licenciement différentes selon les catégories professionnelles, la question se pose de savoir, en cas de changement de catégorie **en cours de carrière,** si le point de départ de l'ancienneté est l'entrée du salarié dans l'entreprise ou bien la date à laquelle il a changé de catégorie professionnelle. Cette question pose un problème d'**interprétation** des termes de la convention collective ou du contrat de travail.

ILLUSTRATIONS

Sauf disposition contraire, l'indemnité conventionnelle de licenciement due au salarié est celle prévue pour la catégorie à laquelle il appartient **au moment de la rupture,** en prenant en compte la **totalité de son ancienneté** dans l'entreprise (Cass. soc. 17-7-1996 n° 93-43.492 P).

De même, lorsqu'une convention collective accorde aux cadres une indemnité de licenciement fixée en fonction de la **durée de présence** dans l'entreprise, l'ancienneté à retenir a pour point de départ l'entrée dans l'entreprise, même si, à cette date, le salarié n'avait pas la qualité de cadre (Cass. soc. 24-3-1988 n° 85-45.169 P). Lorsque la convention collective prévoit une indemnité calculée en fonction de l'ancienneté acquise en qualité de cadre dans l'entreprise, les périodes durant lesquelles le salarié ne bénéficiait pas de ce statut doivent être exclues (Cass. soc. 21-6-2006 n° 04-44.866 F-D) ; mais l'intéressé devrait pouvoir prétendre, en plus, à l'indemnité conventionnelle de licenciement correspondant à la catégorie professionnelle à laquelle il appartenait auparavant. En revanche, lorsque la convention collective prévoit que l'indemnité de licenciement due au salarié ayant exercé la fonction de cadre, d'**agent de maîtrise** ou assimilé pendant au moins 2 ans est **majorée** à raison de l'**occupation préalable** dans l'entreprise d'une **fonction d'ouvrier** ou d'employé, les 2 périodes d'emploi doivent être distinguées (Cass. soc. 16-10-2001 n° 99-43.940 F-P) et l'intéressé qui a successivement occupé des postes dans la catégorie ouvriers et agents de maîtrise ne peut pas prétendre **cumuler** l'indemnité susvisée ainsi majorée avec celle due aux ouvriers pour le temps où il a eu le statut d'ouvrier (Cass. soc. 31-1-1996 n° 91-45.176 P).

PÉRIODE DE RÉFÉRENCE

La période de référence servant de base au calcul de l'indemnité conventionnelle de licenciement varie selon les conventions collectives. 63670

Certaines conventions (ou contrats de travail) prévoient que l'indemnité de licenciement est calculée sur la base de la moyenne de la rémunération totale perçue au cours des 12 (ou des 3) derniers mois précédant le préavis. D'autres, au contraire, prévoient expressément que lorsque le salarié est autorisé à ne pas effectuer son préavis, le calcul des 12 (ou 3) derniers mois de salaire servant de base au calcul de l'indemnité s'effectue à compter de la date normale de fin de préavis.

Enfin, d'autres textes conventionnels sont muets sur la période de référence à retenir en cas de préavis non effectué. L'examen de la jurisprudence permet de dégager un certain nombre de **principes d'interprétation** des conventions collectives et des contrats de travail en la matière.

ILLUSTRATIONS

En prévoyant que l'indemnité de licenciement se calcule sur la base des **12 derniers mois de présence** dans l'entreprise, une convention collective n'exclut pas la durée du **préavis non effectué** de cette période de référence ; en effet, la dispense de préavis par l'employeur n'a pas pour conséquence d'avancer la date à laquelle le contrat prend fin (Cass. soc. 5-10-1983 n° 81-40.510 ; 22-6-2011 n° 09-68.762 FS-PB).

Lorsque la base de calcul de l'indemnité de licenciement est conventionnellement fixée à 1/12e de la rémunération perçue par le salarié au cours des **12 derniers mois précédant le licenciement,** il convient de prendre en compte la période précédant la **date de notification** du licenciement et non celle précédant la date de la fin du préavis (Cass. soc. 16-2-1989 n° 86-44.065 P).

Lorsque la convention collective vise les **12 derniers mois d'activité précédant celui du départ,** le mois du départ, qui doit être entendu comme le dernier mois du préavis effectué ou non, ne doit pas être inclus dans la base de calcul de l'indemnité (Cass. soc. 13-11-2002 n° 00-45.706 F-D).

SALAIRE DE RÉFÉRENCE

Une convention collective ou un contrat de travail peut déterminer et éventuellement limiter l'assiette de calcul de l'indemnité de licenciement qu'elle prévoit. Des problèmes d'**interprétation** peuvent toujours se poser. 63680

Sauf disposition contraire expresse, l'indemnité conventionnelle doit être calculée à partir de la **rémunération brute** du salarié (Cass. soc. 19-7-1988 n° 85-45.003 P). Ainsi jugé lorsque la convention collective prévoit que l'indemnité est calculée sur la base du **salaire gagné** ou du salaire **perçu,** ces expressions devant s'entendre du salaire brut (Cass. soc. 4-11-1988 n° 86-41.406 D ; 20-2-1990 n° 87-40.868 P).

Si le salarié est en **arrêt de travail pour maladie ou accident** au moment du licenciement, le salaire de référence est, selon la formule la plus avantageuse pour l'intéressé, celui des 12 ou 3 derniers mois précédant l'arrêt de travail (Cass. soc. 23-5-2017 n° 15-22.223 FS-PBRI). Sur le salarié en congé parental d'éducation, voir n° 63450. Si toutefois les modalités de calcul prévues par la convention collective s'avèrent plus favorables au salarié, comme ce pourrait être le cas pour une convention stipulant expressément la reconstitution du salaire qu'aurait perçu le salarié pendant son arrêt de travail, elles doivent selon nous être appliquées.

Sur le salaire à prendre en compte lorsqu'un salarié a été occupé successivement à temps plein et à **temps partiel** (ou inversement), voir nos 74740 s.

> Précisions a. Lorsque la convention collective prévoit que l'indemnité de licenciement est calculée sur la **moyenne des appointements et indemnités** perçus au cours des **12 derniers mois,** s'y ajoutant obligatoirement le montant de la **gratification de fin d'année au prorata des mois écoulés** au moment du licenciement, cette dernière est incluse dans les appointements perçus au cours de la **période de référence** au prorata de la portion de prime afférente à cette période (Cass. soc. 26-5-1988 n° 87-42.139 P ; 28-3-1995 n° 92-42.332 D). De même, lorsque l'indemnité est calculée sur la rémunération d'une période déterminée (le mois précédant le préavis par exemple), les **primes et gratifications** dont la périodicité est supérieure (annuelle notamment) sont comptabilisées prorata temporis et les sommes ne répondant à aucune périodicité sont exclues (Cass. soc. 10-7-2013 n° 12-18.273 FS-PB).

b. Si, selon la convention collective, l'indemnité de licenciement est calculée sur la base de la rémunération totale mensuelle, prenant notamment en compte la **participation au chiffre d'affaires ou aux résultats,** la participation légale aux résultats de l'entreprise versée au salarié doit être incluse dans la rémunération totale mensuelle, peu important qu'elle constitue ou non un **élément du salaire** (Cass. soc. 30-6-1998 n° 96-42.777 D).

c. Lorsque la convention prévoit que l'indemnité est calculée en fonction du salaire brut ayant fait l'objet de la déclaration fiscale, les **indemnités journalières** étant soumises à l'impôt sur le revenu doivent être intégrées dans le salaire de référence (Cass. soc. 26-9-2007 n° 06-44.584 F-P).

d. Lorsque la convention prévoit que seules doivent être prises en considération les **rémunérations et gratifications conventionnelles,** les suppléments, tels que l'indemnité d'expatriation, accordés par le contrat de travail et non par la convention collective doivent être exclus de cette assiette. C'est l'indemnité conventionnelle ainsi calculée qui doit être versée au salarié, dès lors qu'elle reste **supérieure à l'indemnité légale** (Cass. soc. 29-1-1997 n° 94-45.309 P). En revanche, les **primes et indemnités d'expatriation** versées au cours des 12 derniers mois sont prises en compte lorsque la convention collective retient comme base de calcul de l'indemnité la rémunération versée au salarié pour le dernier mois ayant précédé la rupture, augmentée, en cas de rémunération variable, du douzième du total des sommes ayant constitué cette rémunération au titre des 12 derniers mois (Cass. soc. 14-5-2014 n° 12-27.928 FS-PB).

e. S'agissant de l'**indemnité compensatrice de congés payés,** la jurisprudence l'a parfois exclue de la base de calcul au motif qu'elle ne constituait pas un élément du salaire se rapportant à la période de référence (Cass. soc. 7-3-2000 n° 98-40.188 D ; 14-12-2005 n° 03-45.318 F-D). En revanche, si la convention collective stipule que la base de calcul de l'indemnité est la rémunération mensuelle du salarié au moment de la fin du préavis et le douzième des autres rémunérations acquises au titre des 12 derniers mois, à l'exclusion des frais de déplacement et des indemnités et rémunérations n'ayant pas le caractère de salaire, l'indemnité compensatrice de congés payés ayant un caractère salarial et étant acquise mois par mois doit être intégrée (Cass. soc. 20-12-2006 n° 04-47.847 F-D). Il en est de même de l'indemnité compensatrice de **réduction du temps de travail,** lorsque la convention collective vise la rémunération effective totale mensuelle gagnée le mois précédant le préavis, et qu'elle énumère les sommes exclues de l'assiette de calcul (Cass. soc. 9-1-2008 n° 06-44.407 F-D).

f. L'indemnité doit être calculée sur la base du salaire que le salarié aurait dû percevoir, et non sur celui effectivement perçu du fait des **manquements de l'employeur à ses obligations** (Cass. soc. 22-3-2006 n° 04-43.933 F-P ; 22-6-2016 n° 15-10.513 F-D).

3. PAIEMENT

63740 Sauf dispositions particulières de la convention collective ou du contrat de travail, l'indemnité conventionnelle ou contractuelle de licenciement est versée soit à la date d'expiration du contrat de travail, c'est-à-dire à la fin du préavis, soit au jour où le salarié quitte effectivement l'entreprise, par exemple en cas de dispense de préavis.

Sur les mentions à porter sur le **bulletin de paie** et ses modalités de déclaration, voir nos 63520 s.

Pour des **modèles,** voir nos 94850 s.

D. Régime social et fiscal de l'indemnité

Est exposé ici le régime social et fiscal de l'indemnité de licenciement, qu'il s'agisse de l'indemnité légale, d'une indemnité d'un montant plus élevé fixé par la convention collective applicable, une décision unilatérale de l'employeur ou le contrat de travail, ou de l'indemnité spéciale des salariés accidentés du travail devenus inaptes. 63800

Le régime fiscal de l'indemnité de licenciement n'est traité ci-après que sous l'angle de l'impôt sur le revenu et des taxes et participations assises sur les salaires. Les règles de déduction du **résultat de l'entreprise** sont, pour leur part, exposées nº 34420. Pour le cas particulier des indemnités de licenciement versées aux **dirigeants de sociétés anonymes cotées,** voir nº 34680.

1. INDEMNITÉ PRÉVUE PAR LA LOI OU LA CONVENTION DE BRANCHE

a. Régime social

COTISATIONS SOCIALES, CSG ET CRDS

Limites d'exonération Sont **exclues** de l'assiette des cotisations de sécurité sociale, de la CSG et de la CRDS, dans la **limite** d'un montant égal à 2 fois le plafond annuel de la sécurité sociale, soit 87 984 € en 2023, apprécié comme indiqué nº 64070 (CSS art. L 242-1, II-7º et L 136-1-1, III-5º ; Ord. 96-50 24-1-1996 art. 14-II ; BOSS-Ind. rupture-320-360) : 63810

– l'**indemnité légale** de licenciement prévue par l'article L 1234-9 du Code du travail (nºs 63320 s. ; BOSS-Ind. rupture-250 s.) et l'**indemnité spéciale** de licenciement prévue en faveur des **salariés inaptes** à la suite d'un accident du travail ou d'une maladie professionnelle par l'article L 1226-14 du même Code (nº 62900 ; BOSS-Ind. rupture-290) ;

– l'indemnité de licenciement prévue par la **convention collective de branche, l'accord professionnel ou interprofessionnel** (BOSS-Ind. rupture-280).

Ces indemnités sont exonérées, dans la même limite :

– des prélèvements dont l'assiette est alignée sur celle des cotisations de sécurité sociale : cotisations ou contributions solidarité autonomie, Fnal, dialogue social, chômage, AGS, retraite complémentaire Agirc-Arrco, formation et alternance (contributions à la formation professionnelle, CPF-CDD, supplémentaire à l'apprentissage et taxe d'apprentissage), versement mobilité et participation-construction ;

– de la taxe sur les salaires, compte tenu du principe d'alignement de son assiette sur celle de la CSG (BOI-TPS-TS-20-10).

› Précisions a. Lorsqu'une indemnité de licenciement est versée par l'employeur à un **salarié n'atteignant pas l'ancienneté requise** (nº 63350), elle est exonérée de **cotisations de sécurité sociale** dans les mêmes conditions que l'indemnité de licenciement versée aux salariés remplissant la condition d'ancienneté. Si, en outre, le licenciement n'est pas motivé par une faute grave imputable au salarié, l'indemnité est exonérée de **CSG et de CRDS,** dans la limite de 2/10e de la rémunération mensuelle par mois travaillés, ou de la rémunération de 40 heures pour les salariés rémunérés à l'heure, sans que ces limites puissent excéder la fraction de l'indemnité exclue de l'assiette des cotisations sociales (BOSS-Ind. rupture-400-410).

b. L'article L 242-1, II-7º du CSS n'exonère de cotisations de sécurité sociale que les **indemnités de rupture non imposables** à l'impôt sur le revenu en application de l'article 80 duodecies du CGI. Toutefois, dans la mesure où les indemnités légales et conventionnelles (convention de branche, accord professionnel ou interprofessionnel) de licenciement ne sont jamais soumises à cet impôt (nº 63850), cette règle n'est pas nécessaire pour déterminer l'assiette des cotisations.

Elle n'est pas prévue pour la CSG et la CRDS dont l'assiette, s'agissant des indemnités versées à l'occasion de la rupture du contrat de travail, est déterminée « indépendamment de leur assujettissement à l'impôt sur le revenu » (CSS art. L 136-1-1, III-5º-a ; Ord. 96-50 du 24-1-1996 art. 14-I).

Conditions d'exonération L'exonération de cotisations de sécurité sociale, de CSG et de CRDS ne joue que si le montant de l'indemnité versée n'excède pas **10 fois le plafond annuel de la sécurité sociale** (Pass), soit 439 920 € en 2023. Dans le cas contraire, l'indemnité est intégralement assujettie à ces prélèvements (CSS art. L 242-1, II-7º ; L 136-1-1, III-5º ; Ord. 24-1-1996 art. 14-II ; BOSS-Ind. rupture-340-370), y compris lorsque ce montant correspond aux indemnités légales ou conventionnelles. Sur l'appréciation de ce seuil en cas de **pluralité d'indemnités** liées à la rupture du contrat de travail, voir nº 64070 et en cas de cumul d'un contrat de travail et d'un **mandat social,** voir nº 77080. 63820

Pour l'indemnité de licenciement versée à un **salarié ne remplissant pas la condition d'ancienneté** requise, voir nº 63810.

63830 **Calcul des cotisations et contributions** Lorsque l'indemnité est passible des cotisations en tout ou partie, celles-ci sont calculées suivant les **modalités** de droit commun.

Pour celles dont l'assiette est plafonnée, la rupture du contrat en cours d'année impose de régulariser les cotisations de sécurité sociale sur la base d'un **plafond régularisateur** (nos 18230 s.) tenant compte des seules périodes d'emploi. En cas de rupture du contrat en cours de mois, le plafond de ce mois est réduit comme exposé no 18045. Si l'indemnité est versée avec la dernière paie, elle entre dans les rémunérations à comparer au plafond régularisateur pour déterminer l'éventuel versement de régularisation. Si elle est versée ultérieurement, elle est traitée comme un rappel de salaire (nos 53550 s.). La réduction de plafond joue dans les mêmes conditions pour le calcul du plafond d'assiette des contributions **chômage** et AGS et pour celui des plafonds des cotisations et contributions de **retraite complémentaire** Agirc-Arrco.

L'éventuelle part d'indemnité passible de la **CSG et de la CRDS** est exclue du champ d'application de la **déduction forfaitaire pour frais** professionnels applicable aux salaires (nos 28650 s.).

La régularisation des réductions de taux des **cotisations maladie et d'allocations familiales** se fait dans les conditions de droit commun, voir nos 22700 s. Sur la régularisation de la **réduction générale** de cotisations patronales, voir nos 22350 s.

FORFAIT SOCIAL

63840 Les indemnités de licenciement sont exonérées du forfait social (CSS art. L 137-15), y compris pour leur part éventuellement affranchie de cotisations de sécurité sociale mais soumise à CSG et CRDS (BOSS-Ind. rupture-380). Cette solution vaut aussi bien pour l'indemnité prévue par la loi que pour celle prévue par la convention collective de branche ou l'accord professionnel ou interprofessionnel.

b. Régime fiscal

63850 Lorsqu'elles n'excèdent pas le montant prévu par la convention collective de branche, par l'accord professionnel ou interprofessionnel ou, à défaut, par la loi, les indemnités de licenciement sont exonérées en totalité d'impôt sur le revenu (CGI art. 80 duodecies, 1-3°-b). Elles ne sont pas concernées par les limitations indiquées no 63950.

L'indemnité de licenciement prévue par la loi s'entend de l'**indemnité légale** de licenciement prévue par l'article L 1234-9 du Code du travail (nos 63320 s.), mais aussi, selon l'administration, de l'indemnité égale au double de l'indemnité légale de licenciement due en application de l'article L 1226-14 du Code du travail (voir no 62900) au salarié rendu inapte par un **accident du travail** ou une maladie professionnelle qui est licencié pour impossibilité de reclassement ou refus du reclassement proposé (BOI-RSA-CHAMP-20-40-10-30 no 140).

> **Précisions** **a.** L'exonération de plein droit de l'indemnité de licenciement fixée par la convention collective, ou à défaut par la loi (ou de l'indemnité plus élevée dans les conditions ci-après no 63950), ne devrait pas jouer au cas où, bien que prenant la forme d'un licenciement, la rupture constitue en fait un **départ volontaire déguisé.** Mais c'est alors à l'administration d'apporter la preuve du caractère fictif du licenciement (en ce sens notamment, CAA Lyon 29-1-1991 no 1993 et 28-2-1991 no 623).
> **b.** Lorsque l'évaluation du **montant de l'indemnité fixée par la convention collective** prête à discussion, le juge de l'impôt est compétent pour trancher, sans être tenu de saisir le juge judiciaire par voie de question préjudicielle (CE 23-1-2015 no 360396).
> **c.** L'indemnité de rupture d'un salarié résidant en France mais travaillant pour un **employeur établi dans un autre État de l'Union européenne** doit être qualifiée au regard du droit français pour déterminer son régime fiscal : voir no 64030.

2. INDEMNITÉ D'UN MONTANT PLUS ÉLEVÉ

63900 Sont **visées** les indemnités de licenciement allouées au salarié en application d'un accord d'entreprise, d'une décision unilatérale de l'employeur ou du contrat de travail.

> **Précisions** Pour celles versées dans le cadre d'une **transaction,** voir nos 65590 s.

a. Régime social

COTISATIONS SOCIALES, CSG ET CRDS

63910 **Limites d'exonération** Lorsque le montant de l'indemnité de licenciement est supérieur à celui prévu par la convention collective de branche, l'accord professionnel et

interprofessionnel ou, à défaut, par la loi, l'indemnité est exonérée des **cotisations de sécurité sociale,** dans la **limite** d'un montant égal à 2 fois le plafond annuel de la sécurité sociale, soit 87 984 € en 2023, apprécié comme indiqué n° 64070, à hauteur de l'indemnité non imposable à l'impôt sur le revenu, c'est-à-dire à hauteur du plus élevé des **seuils** suivants (CSS art. L 242-1, II-7°) :
– montant de l'indemnité prévu par la convention collective de branche, par l'accord professionnel ou interprofessionnel ou, à défaut, par la loi ;
– moitié du montant total de l'indemnité versée ;
– 2 fois le montant du salaire annuel brut perçu par le salarié l'année civile précédant la rupture du contrat.

L'exonération s'étend, dans les mêmes limites, aux **prélèvements dont l'assiette est alignée** sur celle des cotisations de sécurité sociale : cotisations ou contributions solidarité autonomie, Fnal, dialogue social, chômage, AGS, retraite complémentaire Agirc-Arrco, formation et alternance (contributions à la formation professionnelle, CPF-CDD, supplémentaire à l'apprentissage et taxe d'apprentissage), versement mobilité et participation-construction.

Pour le **calcul des cotisations** dues sur la fraction éventuellement assujettie de l'indemnité, voir n° 63830.

Sur l'indemnité de licenciement versée à un **salarié ne remplissant pas la condition d'ancienneté** requise pour l'octroi de l'indemnité légale, voir n° 63810.

› Précisions Pour le calcul de la **limite d'exonération** égale au **double de la rémunération annuelle brute** de l'année précédente :
– le salaire brut à considérer est le **salaire imposable** à l'impôt sur le revenu avant déduction des cotisations salariales et de la CSG déductible (BOSS-Ind. rupture-120) et avant application, le cas échéant, de la déduction forfaitaire spécifique pour frais (BOSS-Ind. rupture-140). Cette rémunération intègre les revenus exclus de l'assiette des cotisations mais soumis à l'impôt sur le revenu, tels que les primes d'intéressement non affectées à un plan d'épargne entreprise (BOSS-Ind. rupture-120) ;
– en cas de **période de référence incomplète** (salarié en congé maladie, de maternité, pour convenances personnelles non rémunéré, par exemple), il convient de retenir le salaire effectivement perçu par le salarié au cours de l'année civile antérieure et non pas le salaire théorique qu'il aurait perçu s'il avait effectivement travaillé (Cass. 2e civ. 21-9-2017 n° 16-20.580 F-PB ; BOSS-Ind. rupture-130) ;
– les **indemnités de congés payés,** y compris celles versées par une caisse de congés payés doivent être prises en compte. En cas de pluralité d'employeurs au cours de l'année antérieure à la rupture du contrat de travail et à défaut de pouvoir déterminer la quote-part des indemnités de congés payés liées au contrat avec l'employeur qui procède au licenciement, la totalité du montant des indemnités de congés payés perçues dans l'année par le salarié est prise en compte (BOSS-Ind. rupture-180-190) ;
– en cas de **pluralité d'employeurs** au cours de l'année précédant la rupture du contrat de travail, la rémunération annuelle brute de référence est celle déclarée par l'employeur qui a procédé au licenciement. Lorsque le salarié est lié par plusieurs contrats de travail avec plusieurs sociétés d'un même groupe, c'est le montant global des indemnités perçues au titre de la rupture des contrats qui doit être comparé au double des rémunérations perçues l'année précédente dans le cadre de ces contrats (BOSS-Ind. rupture-210) ;
– lorsque le contrat de travail du **salarié muté ou transféré** au sein d'une même entité économique et sociale est maintenu – et non rompu – la rémunération annuelle brute de référence est constituée de l'ensemble des rémunérations perçues par l'intéressé au cours de l'année précédant la rupture du contrat de travail dans le cadre de son contrat qui s'est poursuivi entre ses employeurs successifs avant d'être rompu (BOSS-Ind. rupture-230).

L'indemnité de licenciement est exclue de la **CSG et de la CRDS,** indépendamment de son 63920
assujettissement à l'impôt sur le revenu, dans la limite du plus petit des montants suivants (CSS art. L 136-1-1, III-5° ; Ord. 24-1-1996 art. 14-I) :
– le montant prévu par la convention collective de branche, l'accord professionnel ou interprofessionnel ou la loi si ce dernier est plus élevé ;
– le **montant exclu des cotisations** de sécurité sociale.

Autrement dit, l'indemnité est assujettie à la CSG et à la CRDS, sans application de la **déduction forfaitaire pour frais** professionnels (nos 28650 s.), pour la **fraction qui excède** soit le montant de l'indemnité légale ou conventionnelle de licenciement, soit la limite de 2 fois le plafond annuel de la sécurité sociale, soit 87 984 € en 2023, évaluée comme indiqué n° 64070, si cette limite est inférieure (voir pour un exemple, n° 64100, d).

Les mêmes règles s'appliquent à la **taxe sur les salaires,** compte tenu du principe d'alignement de son assiette sur celle de la CSG (BOI-TPS-TS-20-10).

63930 **Conditions d'exonération** L'exonération de cotisations de sécurité sociale, de CSG et de CRDS ne joue que si le montant de l'indemnité versée n'excède pas **10 fois le plafond annuel de la sécurité sociale** (Pass), soit 439 920 € en 2023. Dans le cas contraire, l'indemnité est intégralement assujettie à ces prélèvements, sans application, s'agissant de la CSG et de la CRDS, de la déduction forfaitaire pour frais professionnels applicable aux salaires (CSS art. L 242-1, II-7° et L 136-1-1, III-5° ; Ord. 24-1-1996 art. 14-II). Sur l'appréciation de ce seuil en cas de **pluralité d'indemnités** liées à la rupture du contrat de travail, voir n° 64070 et en cas de cumul d'un contrat de travail et d'un **mandat social,** voir n° 77080.

FORFAIT SOCIAL

63940 Les indemnités de licenciement sont exonérées du forfait social (CSS art. L 137-15), y compris pour leur part éventuellement affranchie de cotisations de sécurité sociale mais soumise à CSG et CRDS.

b. Régime fiscal

63950 Lorsqu'elles excèdent le montant prévu par la convention collective de branche, par l'accord professionnel ou interprofessionnel ou, à défaut, par la loi, les indemnités versées en dehors d'un plan de sauvegarde de l'emploi sont exonérées d'**impôt sur le revenu** dans la limite du plus élevé des 3 montants suivants (CGI art. 80 duodecies, 1-3°) :

– montant prévu par la convention collective de branche, l'accord professionnel ou interprofessionnel ou, à défaut, par la loi ;

– dans la limite de 6 fois le plafond annuel de la sécurité sociale en vigueur au moment du versement des indemnités (soit 263 952 € pour celles perçues en 2023) : moitié du montant de l'indemnité de licenciement perçue ou double du montant de la rémunération annuelle brute perçue par le salarié au cours de l'année civile précédant la rupture de son contrat de travail.

> Précisions **a.** Pour l'application de ces dispositions, la **date de la rupture** du contrat de travail s'entend de la date à laquelle le contrat de travail prend fin, c'est-à-dire la date à laquelle, à l'expiration de la période de préavis, le salarié doit recevoir de l'employeur son certificat de travail et le reçu pour solde de tout compte (BOI-RSA-CHAMP-20-40-10-30 n° 80).

b. La rémunération annuelle brute perçue par le salarié au cours de l'année civile précédant la rupture de son contrat de travail s'entend de la rémunération annuelle déclarée par l'employeur qui procède au licenciement pour être soumise à l'impôt sur le revenu établi au nom de l'intéressé, avant déduction de la part salariale des cotisations sociales et de la fraction de la CSG qui sont fiscalement déductibles (BOI-RSA-CHAMP-20-40-10-30 n° 90). Pour les salariés embauchés au cours de l'année précédant le licenciement, la rémunération à considérer exclut celle versée par le précédent employeur (CAA Versailles 7-3-2006 n° 05-501), sauf si les deux employeurs successifs appartiennent au même groupe et si l'indemnité versée a été calculée en fonction de l'ancienneté dans le groupe (CAA Lyon 21-7-2011 n° 09-836). Il est également tenu compte des rémunérations versées par les filiales étrangères aux expatriés du groupe qu'elles ont employés pour calculer la part exonérée de l'indemnité de licenciement versée par la holding, tenant compte des périodes d'expatriation (TA Montreuil 11-5-2017 n° 1603031).

c. Lorsque le versement de l'indemnité afférente à un même licenciement s'effectue sur **2 années civiles** successives, les limites d'exonération s'apprécient en faisant masse de l'ensemble des versements. Par exemple, si un salarié a perçu en N – 1 un acompte de 150 000 € sur l'indemnité de licenciement (dont le montant est supérieur au montant résultant des dispositions de la convention collective applicable) et si le solde, d'un montant de 170 000 €, lui est versé en N lors de la rupture de son contrat de travail, le montant exonéré est déterminé en comparant l'indemnité totale, soit 320 000 €, au double de la rémunération annuelle brute de l'année N – 1 et est globalement plafonné en tout état de cause à 6 fois le montant annuel du plafond de la sécurité sociale de l'année N. La fraction taxable de l'indemnité est imposée au titre de l'année N, sous réserve du cas où l'acompte perçu en N – 1 est d'un montant supérieur à la fraction exonérée de l'indemnité de licenciement telle qu'elle est déterminée en N, et qui, à concurrence de l'excédent constaté, doit être imposée au titre des revenus de l'année N – 1 (BOI-RSA-CHAMP-20-40-10-30 n° 100).

d. Les indemnités versées à l'occasion de la rupture du contrat de travail étant soumises aux règles posées par l'article 80 duodecies du CGI, il n'est pas possible de revendiquer une **exonération plus avantageuse au titre d'une autre disposition,** comme celle prévue à hauteur d'un million d'euros par l'article 80, al. 4 du CGI pour les indemnités pour préjudice moral fixées par décision de justice (TA Cergy-Pontoise 4-10-2017 n° 150405).

e. L'indemnité de rupture d'un salarié résidant en France mais travaillant pour un **employeur établi dans un autre État de l'Union européenne** doit être qualifiée au regard du droit français pour déterminer son régime fiscal : voir n° 64030. À cette fin, la charge de la preuve que l'indemnité perçue entre bien dans les cas d'exonération prévus par la loi française incombe à l'intéressé, qui, en cas de litige avec l'administration française, doit fournir au juge de l'impôt les documents qu'il est seul à détenir sur la nature de l'indemnité qui lui a été versée lorsque celle-ci n'a pas été qualifiée (CAA Paris 26-11-2019 nº 18PA02026 ; CE (na) 21-10-2020 nº 437999).

La fraction imposable des indemnités de licenciement peut, à la demande du salarié, et quel qu'en soit le montant, bénéficier de l'imposition selon le système du **quotient** prévu par l'article 163-0 A du CGI pour atténuer les effets de la progressivité de l'impôt sur le revenu sur les revenus exceptionnels ou différés : voir nº 35390 (BOI-IR-LIQ-20-30-20 nº 170). Cette option est sans incidence sur les obligations de l'employeur. Même si elle est exercée, les taxes et participations sur les salaires éventuellement dues sont exigibles dans les conditions de droit commun. 63960

Les modalités de déclaration sur la déclaration sociale nominative (**DSN**) de l'éventuelle fraction imposable de l'indemnité de licenciement sont indiquées nº 63540.

› Précisions **a.** À défaut de disposition spécifique la concernant, la fraction imposable de l'indemnité de licenciement est soumise au **prélèvement à la source** de l'impôt sur le revenu opéré par la partie versante.
L'option du salarié pour le mécanisme du quotient prévu à l'article 163-0 A du CGI n'emporte aucune conséquence sur l'assiette du prélèvement à la source (BOI-IR-PAS-20-10-10 nº 10).
b. Dans l'hypothèse où l'indemnité de licenciement est **totalement exonérée d'impôt** sur le revenu mais partiellement **assujettie à cotisations** et contributions sociales, les cotisations et la part déductible de la CSG dues sur l'indemnité sont fiscalement déductibles nonobstant le caractère non imposable de celle-ci. En pareil cas, la déduction s'opère sur les éléments imposables de la rémunération ou, à défaut, génère un net imposable négatif sur le bulletin de paie (nº 35360), ce qui entraîne un prélèvement à la source d'un montant nul (voir nº 35485).
À notre avis, en effet, la déduction fiscale des cotisations sociales dues sur la fraction de l'indemnité qui y est assujettie est de droit, sur le fondement de l'article 83 du CGI. Ce texte, en effet, ne subordonne pas la déductibilité des cotisations sociales au caractère imposable à l'impôt sur le revenu des éléments de rémunération sur lesquelles elles portent. La CSG constitue, il est vrai, un cas particulier, puisque, sous réserve d'exceptions, l'administration fiscale n'admet pas la déduction partielle de cette contribution précomptée sur les éléments de rémunération qui sont exclus à la fois de l'assiette de l'impôt sur le revenu et des cotisations de sécurité sociale. Et elle en a précisément tiré pour conséquence que la déduction partielle de la CSG ne saurait à son avis jouer sur la fraction d'une indemnité de rupture du contrat de travail ou du mandat social exonérée à la fois d'impôt sur le revenu et de cotisations de sécurité sociale (nº 28520, c). Cela étant, cette doctrine administrative est dépourvue de fondement législatif et est, dès lors, sujette à discussion. L'article 154 quinquies, I du CGI, qui pose en principe la déduction d'une partie de la CSG du revenu imposable, ne prévoit en effet aucune restriction de cette nature.

3. INDEMNITÉ DE LICENCIEMENT DANS LE CADRE D'UN PSE

RÉGIME SOCIAL

Cotisations de sécurité sociale Les indemnités de licenciement versées dans le cadre d'un plan de sauvegarde de l'emploi (PSE) au sens des articles L 1233-32 et L 1233-61 à L 1233-64 du Code du travail sont **exclues** de l'assiette des cotisations de sécurité sociale dans la limite d'un montant égal à 2 fois le plafond annuel de la sécurité sociale (Pass), soit 87 984 € en 2023. Cette exonération ne joue que si le montant total versé **n'excède pas 10 Pass,** soit 439 920 € en 2023. Dans le cas contraire, l'indemnité est intégralement assujettie à cotisations (CGI art. 80 duodecies ; CSS art. L 242-1, II-7° ; BOSS-Ind. rupture-640). 64000

Sur l'appréciation de ces seuils de 2 ou 10 Pass en cas de **pluralité d'indemnités** liées à la rupture du contrat de travail, voir nº 64070 et en cas de cumul d'un contrat de travail et d'un **mandat social,** voir nº 77080.

L'exonération s'étend, dans les mêmes conditions et limites, aux **prélèvements dont l'assiette est alignée** sur celle des cotisations de sécurité sociale : cotisations ou contributions solidarité autonomie, Fnal, dialogue social, chômage, AGS, retraite complémentaire Agirc-Arrco, formation et alternance (contributions à la formation professionnelle, CPF-CDD, supplémentaire à l'apprentissage et taxe d'apprentissage), versement mobilité et participation-construction.

Pour le **calcul des cotisations** dues sur la fraction de l'indemnité éventuellement assujettie, voir nº 63830.

> **Précisions a.** Sont visées par ces règles les mesures prévues par un plan de sauvegarde de l'emploi dont la conclusion est obligatoire dans les entreprises d'**au moins 50 salariés,** ainsi que celles adressées par l'employeur aux représentants du personnel pour les entreprises de **moins de 50 salariés** (BOSS-Ind. rupture-610).
> **b.** Sont **concernées** par le dispositif d'exonération l'ensemble des **indemnités** inscrites à un plan de sauvegarde de l'emploi, quel que soit le mode de rupture du contrat de travail. Il s'agit non seulement des indemnités dues en application des dispositions légales ou conventionnelles (indemnités de licenciement ou de départ volontaire) mais aussi, quelle que soit leur appellation, celles qui s'y ajoutent (indemnité d'aide au départ, d'aide à la réinsertion professionnelle, d'incitation au reclassement, de garantie temporaire de rémunération en cas de reclassement dans un emploi moins rémunéré, d'aide à la création d'entreprise, ou liée au rachat de trimestres d'assurance vieillesse… : BOSS-Ind. rupture-620).
> **c.** Demeurent **soumises à cotisations** et contributions sociales dans les conditions du droit commun, qu'elles soient prévues ou non par un plan de sauvegarde de l'emploi, les indemnités qui, par nature, constituent des éléments de salaire, telles que l'indemnité compensatrice de congés payés, l'indemnité compensatrice de préavis... (BOSS-Ind. rupture-630).
> **d.** L'article L 242-1, II-7° du CSS n'exonère de cotisations de sécurité sociale que les **indemnités de rupture non imposables** à l'impôt sur le revenu, en application de l'article 80 duodecies du CGI. Toutefois, dans la mesure où les indemnités de licenciement versées dans le cadre d'un PSE ne sont jamais imposables à cet impôt (n° 64030), cette règle n'est pas nécessaire pour déterminer l'assiette des cotisations.
> **e.** Sur les **indemnités de mise à la retraite,** dont le régime social ne varie pas selon qu'elles sont versées dans le cadre ou en dehors d'un plan de sauvegarde de l'emploi, voir n°s 64680 s.
> Sur la remise en cause des exonérations appliquées, en cas d'**irrégularités** de la procédure de licenciement économique collectif, voir n° 65770.

64010 **CSG et CRDS** L'indemnité est **exclue** de la CSG et de la CRDS, indépendamment de son assujettissement à l'impôt sur le revenu, dans la limite du plus petit des montants suivants (CSS art. L 136-1-1, III-5° ; Ord. 24-1-1996 art. 14-I ; BOSS-Ind. rupture-640) :
– le montant prévu par la **convention collective** de branche, l'accord professionnel ou interprofessionnel ou la loi si ce dernier est plus élevé ;
– le **montant exclu des cotisations** de sécurité sociale.

Autrement dit, l'indemnité est assujettie à la CSG et à la CRDS, sans application de la **déduction forfaitaire pour frais professionnels** (n°s 28650 s.), pour la **fraction qui excède** soit le montant de l'indemnité légale ou conventionnelle de licenciement, soit la limite de 2 fois le plafond annuel de la sécurité sociale, si cette limite est inférieure.

L'exonération ne joue qu'à la condition que le montant de l'indemnité versée n'excède pas **10 fois le plafond annuel de la sécurité sociale** (Pass), soit 439 920 € en 2023. Dans le cas contraire, l'indemnité est intégralement assujettie à ces contributions (CSS art. L 136-1-1, III-5° ; Ord. 24-1-1996 art. 14-II ; BOSS-Ind. rupture-640).

Sur l'appréciation de ces seuils de 2 ou 10 Pass en cas de **pluralité d'indemnités** liées à la rupture du contrat de travail, voir n° 64070 et en cas de cumul d'un contrat de travail et d'un **mandat social,** voir n° 77080.

Les mêmes règles s'appliquent à la **taxe sur les salaires,** dont l'assiette est en principe alignée sur celle de la CSG (BOI-TPS-TS-20-10 n° 10).

64020 **Forfait social** Les indemnités de licenciement versées dans le cadre d'un plan de sauvegarde de l'emploi sont exonérées du forfait social (CSS art. L 137-15 ; BOSS-Ind. rupture-650), y compris pour leur part éventuellement affranchie de cotisations de sécurité sociale mais soumise à CSG et CRDS.

RÉGIME FISCAL

64030 Les indemnités de licenciement versées dans le cadre d'un plan de sauvegarde de l'emploi (PSE) au sens des articles L 1233-32 et L 1233-61 à L 1233-64 du Code du travail sont exonérées en totalité d'impôt sur le revenu (CGI art. 80 duodecies, 1-2°).

Ces indemnités ne sont donc pas concernées par les limites d'exonération prévues n° 63950.

> **Précisions a.** L'exonération s'applique non seulement aux indemnités dues aux salariés concernés aux termes des dispositions légales ou conventionnelles qui, selon le mode de rupture de leur contrat de travail, leur sont applicables, mais aussi, quelle que soit leur appellation, à **celles qui s'y ajoutent** : primes ou indemnités d'aide au départ volontaire, d'aide à la réinsertion professionnelle, d'incitation au reclassement, d'aide à la création d'entreprise, etc. (BOI-RSA-CHAMP-20-40-10-30 n° 450). Cette doctrine administrative est plus favorable que l'interprétation littérale du texte faite par le juge fiscal, qui s'en tient aux seules indemnités de rupture proprement dites (en ce sens, CE 12-2-2020 n° 423914). Mais l'exonération des indemnités s'y ajoutant peut être

obtenue sur le fondement de la doctrine administrative opposable aux services des impôts (en ce sens, pour les allocations temporaires dégressives mentionnées nº 67140, versées dans le cadre d'un PSE en cas de reclassement externe pour compenser la moindre rémunération du nouvel emploi, CAA Marseille 2-7-2020 nº 18MA04615).

b. Bien entendu, les indemnités qui, par nature, constituent des **éléments de salaire** (indemnité compensatrice de congés payés, indemnité compensatrice de préavis, etc.) restent imposables dans les conditions de droit commun (BOI-RSA-CHAMP-20-40-10-30 nº 450).

c. Le régime fiscal des indemnités spéciales pouvant être accordées par le juge aux salariés dont le licenciement économique a été déclaré nul en raison de la **nullité du plan de sauvegarde de l'emploi** est examiné nº 65810.

d. L'indemnité de rupture d'un salarié résidant en France mais travaillant pour un **employeur établi dans un autre État de l'Union européenne** doit être qualifiée au regard du droit français pour déterminer son régime fiscal, ce qui implique d'apprécier si la procédure de licenciement dont il a fait l'objet dans l'autre État membre aurait dû donner lieu en France à un PSE et, dans l'affirmative, de l'exonérer d'impôt en France (CE 3e-8e ch. 6-6-2018 nos 399990, 399991, 399992 et 399994). La solution est la même lorsque le salarié résidant en France travaille pour un **employeur établi à Monaco** (TA Versailles 8-10-2020 nº 1800476).

4. CUMUL D'INDEMNITÉS

COTISATIONS ET CONTRIBUTIONS SOCIALES

Pour apprécier la **limite d'exclusion** d'assiette égale à **2 plafonds annuels de la sécurité sociale** (Pass), soit 87 984 € en 2023, il faut faire masse de l'ensemble des indemnités versées au salarié visées par l'article 80 duodecies du CGI, y compris les indemnités transactionnelles (BOSS-Ind. rupture-340-640-1700-1850). À l'inverse, ne sont pas prises en compte les indemnités qui, par nature, constituent un élément de rémunération et sont donc intégralement soumises à cotisations (Circ. DSS 145 du 14-4-2011). Ces mêmes règles s'appliquent pour l'appréciation de la **condition d'exclusion** d'assiette liée au versement d'indemnités ne dépassant pas **10 Pass** (Circ. DSS 210 du 10-7-2009), soit 439 920 € en 2023. En cas de cumul d'un contrat de travail et d'un **mandat social** dans la même société ou dans plusieurs sociétés d'un même groupe, voir nº 77080. 64070

Si un **complément d'indemnisation** est accordé, notamment par décision de justice, une **année différente** de celle de l'indemnité d'origine, on applique les taux et plafonds en vigueur lors de la dernière période de travail (nº 18770, a). Ainsi, en cas de versements successifs d'indemnités de rupture, il faut faire masse des sommes et le régime social, les taux et plafonds applicables sont ceux en vigueur à la date de versement de l'indemnité initiale au moment de la rupture du contrat de travail.

IMPÔT SUR LE REVENU

Au regard de l'impôt sur le revenu, lorsqu'un salarié perçoit des indemnités de **plusieurs employeurs,** les limites d'exonération mentionnées nº 63950 s'appliquent au montant global perçu, hors, bien entendu, les primes et indemnités imposables par nature, telles que les indemnités de non-concurrence, les indemnités compensatrices de congés payés, les indemnités de préavis et les indemnités compensatrices de préavis (BOI-RSA-CHAMP-20-40-10-30 nº 70), ce qui implique, corrélativement, que la limite du double de la rémunération de l'année civile précédant le licenciement soit déterminée à partir de la somme des rémunérations versées par tous ces employeurs. 64080

Chacune des indemnités de licenciement perçues au titre des divers contrats peut bénéficier de l'exonération à hauteur du montant légal ou conventionnel, même si ce dernier excède 6 fois le plafond annuel de sécurité sociale.

Ces solutions valent aussi, à plus forte raison, en cas de versement de plusieurs indemnités par le **même employeur.**

Pour le cas de cumul de contrats de travail et de **mandats sociaux** au sein d'une même société ou dans plusieurs sociétés d'un même groupe, voir nº 77910.

5. ILLUSTRATIONS

On trouvera ci-après plusieurs exemples illustrant l'application aux indemnités de licenciement des dispositions légales en matière de cotisations de sécurité sociale, de CSG et de CRDS et d'impôt sur le revenu. On rappelle que les indemnités de licenciement sont exclues dans leur totalité de l'assiette du forfait social. 64100

64100 (suite) On suppose que les licenciements ont été notifiés en 2023 et, s'agissant de ceux intervenant dans le cadre d'un plan de sauvegarde de l'emploi, que la réunion unique d'information-consultation (C. trav. art. L 1233-8) ou la première réunion (C. trav. art. L 1233-29 ou L 1233-30) du CSE s'est tenue à compter du 1-1-2023.

EXEMPLES

a. Indemnité de licenciement perçue en 2023 en dehors d'un plan de sauvegarde de l'emploi : 15 250 €.

Rémunération brute annuelle de 2022 : 61 000 €.

Les seuils d'exonération s'établissent, en l'espèce, à :
– 12 200 € (montant de l'indemnité prévue par la convention collective de branche) ;
– 7 625 € (50 % de l'indemnité perçue) ;
– 122 000 € (double de la rémunération brute de 2022).

L'indemnité de 15 250 € est exonérée en totalité d'impôt sur le revenu et de cotisations sociales, puisqu'elle n'excède ni le seuil de 122 000 € ni, s'agissant des cotisations sociales, celui de 87 984 € (soit 2 fois le plafond de sécurité sociale en vigueur en 2023). Elle est, en revanche, passible de la CSG, et de la CRDS pour la fraction excédant 12 200 € (soit en l'espèce sur 3 050 €).

b. Indemnité de licenciement perçue en 2023 en dehors d'un plan de sauvegarde de l'emploi : 305 000 €.

Rémunération brute annuelle de 2022 : 68 000 €.

Les seuils d'exonération s'établissent, en l'espèce, à :
– 102 000 € (montant de l'indemnité prévue par la convention collective de branche), limités à 87 984 € (soit 2 fois le plafond annuel de sécurité sociale en vigueur en 2023) s'agissant des cotisations sociales ;
– 152 500 € (50 % de l'indemnité perçue), limités à 87 984 € s'agissant des cotisations sociales ;
– 136 000 € (double de la rémunération brute de 2022), limités à 87 984 € s'agissant des cotisations sociales.

L'indemnité est exonérée d'impôt sur le revenu à hauteur de 152 500 € (et donc imposable pour le surplus, soit 152 500 €). L'exonération de cotisations sociales est plafonnée à 87 984 €, le surplus, égal à 217 016 €, étant assujetti. La même limite d'exonération s'applique à la CSG et à la CRDS.

c. Indemnité de licenciement perçue en 2023 en dehors d'un plan de sauvegarde de l'emploi : 144 000 €.

Rémunération brute annuelle de 2022 : 34 000 €.

Les seuils d'exonération s'établissent, en l'espèce, à :
– 73 000 € (montant de l'indemnité prévue par la convention collective de branche) ;
– 72 000 € (50 % de l'indemnité perçue) ;
– 68 000 € (double de la rémunération brute de 2022).

L'indemnité est exonérée d'impôt sur le revenu, de cotisations sociales, de CSG et de CRDS à hauteur de 73 000 €. Elle est assujettie à ces prélèvements pour le surplus, soit 71 000 €.

d. Indemnité de licenciement perçue en 2023 en dehors d'un plan de sauvegarde de l'emploi : 300 000 €.

Rémunération brute annuelle de 2022 : 191 000 €.

Les seuils d'exonération s'établissent, en l'espèce, à :
– 70 000 € (montant de l'indemnité prévue par la convention collective de branche) ;
– 150 000 € (50 % de l'indemnité perçue) limités à 87 984 € (soit 2 fois le plafond annuel de sécurité sociale en vigueur en 2023) s'agissant des cotisations sociales ;
– 382 000 € (double de la rémunération brute de 2022), limités à 87 984 € s'agissant des cotisations sociales et à 263 952 € s'agissant de l'impôt sur le revenu (soit 6 fois le plafond de sécurité sociale en vigueur en 2023).

L'indemnité ne peut donc être affranchie de l'impôt sur le revenu qu'à hauteur de 263 952 €, le surplus (soit 36 048 €) étant imposable. L'exonération de cotisations sociales est plafonnée à 87 984 €, si bien que l'indemnité est assujettie à hauteur de 212 016 €. Au regard de la CSG et de la CRDS, l'indemnité n'est exonérée qu'à concurrence de 70 000 €, le surplus (soit 230 000 €) étant assujetti.

e. Indemnité de licenciement perçue en 2023 en dehors d'un plan de sauvegarde de l'emploi : 265 000 €.

Rémunération brute annuelle de 2022 : 150 000 €. Les seuils d'exonération s'établissent, en l'espèce, à :
– 240 000 € (montant de l'indemnité prévue par la convention collective de branche), limités à 87 984 € (soit 2 fois le plafond de sécurité sociale en vigueur en 2023) s'agissant des cotisations sociales ;
– 132 500 € (50 % de l'indemnité perçue), limités à 87 984 € s'agissant des cotisations sociales ;

– 300 000 € (double de la rémunération brute de 2022), limités à 87 984 € s'agissant des cotisations sociales et à 263 952 € (soit 6 fois le plafond de sécurité sociale en vigueur en 2023) s'agissant de l'impôt sur le revenu.

L'indemnité est exonérée d'impôt sur le revenu à hauteur de 263 952 € et imposable pour le surplus, soit 1 048 €. Elle est affranchie de cotisations sociales, de CSG et de CRDS à hauteur de 87 984 € et assujettie à ces prélèvements pour le surplus, soit 177 016 €.

f. Indemnité de licenciement perçue en 2023, au titre d'un licenciement intervenant dans le cadre d'un plan de sauvegarde de l'emploi : 282 000 € (indemnité prévue par la convention collective de branche).

L'indemnité est exonérée en totalité d'impôt sur le revenu. Elle est exonérée de cotisations sociales, de CSG et de CRDS dans la limite de 87 984 € (2 fois le plafond de sécurité sociale en vigueur en 2023), et assujettie à ces prélèvements pour le surplus, soit 194 016 €.

g. Indemnité de licenciement perçue en 2023, au titre d'un licenciement intervenant dans le cadre d'un plan de sauvegarde de l'emploi : 68 000 €.

L'indemnité est exonérée en totalité d'impôt sur le revenu et de cotisations sociales. Elle est exonérée de CSG et de CRDS à hauteur du montant légal ou conventionnel.

h. Indemnité de licenciement hors plan de sauvegarde de l'emploi et indemnité de cessation forcée du mandat social perçues en 2023 au titre d'une rupture notifiée en 2023 par une même société ou plusieurs sociétés d'un même groupe, respectivement égales à 300 000 € et à 880 000 €.

Rémunérations brutes annuelles perçues en 2022 : 180 000 € au titre du contrat de travail et 250 000 € au titre du mandat social. Indemnité prévue par la convention collective de branche : 140 000 €.

Le montant total des indemnités (1 180 000 €) excédant la limite de 5 fois le plafond annuel de la sécurité sociale en vigueur en 2023 (219 960 €), ces indemnités sont assujetties aux cotisations sociales, à la CSG et à la CRDS pour la totalité de leur montant.

En matière d'impôt sur le revenu, l'application de l'interprétation administrative, au demeurant contestable, mentionnée n° 77910 conduit à faire masse des 2 indemnités et à l'exonérer à hauteur de 3 fois le plafond annuel de la sécurité sociale en vigueur en 2023 (131 976 €). La somme totale perçue de 1 180 000 € est donc exonérée à hauteur de 131 976 € et imposable pour le surplus, soit 1 048 024 €.

SECTION 2 DÉPART VOLONTAIRE

Sont examinées ci-après les indemnités versées au salarié dans le cadre de la rupture conventionnelle individuelle ou collective du contrat de travail et des autres formes de départ volontaire du salarié ainsi que leur régime fiscal et social, à l'exception des indemnités de départ volontaire à la **retraite** (n°s 64900 s.) ou en **préretraite** (n°s 86160 s.). 64180

On trouvera n°s 67210 s. des **tableaux** récapitulant le régime des principales indemnités de rupture au regard des prélèvements sociaux et fiscaux.

A. Rupture conventionnelle homologuée

L'employeur et le salarié peuvent négocier une convention de rupture soumise à homologation ou, si le salarié est protégé, à autorisation administrative, dans les conditions prévues par les articles L 1237-11 à L 1237-16 du Code du travail. 64200

ATTENTION

La rupture conventionnelle est le **seul mode de rupture amiable** du contrat de travail, sauf dispositions légales contraires (Cass. soc. 15-10-2014 n° 11-22.251 FS-PBR), telles que celles prévues notamment en cas de rupture d'un CDD ou d'un contrat d'apprentissage. En clair, il n'est pas possible de rompre à l'amiable un CDI hors rupture conventionnelle homologuée, même en cas de difficultés économiques ou pour réduire la pyramide des âges. Dans le cadre d'un plan de sauvegarde pour l'emploi, seuls les départs négociés, hors rupture conventionnelle, sont possibles (n°s 64300 s.). S'agissant de la rupture d'un commun accord du contrat de travail dans le cadre d'un congé de mobilité ou d'un accord de rupture conventionnelle collective, voir n°s 64260 s.

1. MONTANT ET VERSEMENT DE L'INDEMNITÉ

64220 L'indemnité spécifique de rupture conventionnelle, fixée par la convention de rupture, est au moins égale à l'indemnité légale de **licenciement** visée nos 63320 s. (C. trav. art. L 1237-13, al. 1) ou, dans les seules entreprises relevant de branches d'activité représentées par le Medef, la CGPME ou l'UPA, à l'indemnité conventionnelle de licenciement si celle-ci lui est supérieure (Avenant n° 4 à l'ANI du 11-1-2008 étendu par arrêté MTST0928313A du 26-11-2009 ; Inst. DGT 25 du 8-12-2009). N'ont donc droit qu'à l'indemnité légale les salariés de l'audiovisuel (Cass. soc. 27-6-2018 n° 17-15.948 F-D), de l'édition (CA Nancy 30-8-2017 n° 16-02668), ainsi que ceux travaillant pour des professions libérales, des particuliers employeurs, dans l'agriculture et le secteur sanitaire et social (Inst. DGT 25 du 8-12-2009).

L'employeur et le salarié ne peuvent pas **renoncer** par avance à se prévaloir de cette indemnité (CA Angers 5-1-2010 n° 09-1048). S'il n'a pas obtenu le montant minimal de l'indemnité spécifique de rupture, le salarié peut saisir le juge d'une demande en paiement d'un **complément d'indemnité** (Cass. soc. 10-12-2014 n° 13-22.134 FS-PB), cette circonstance ne suffisant pas à elle seule à justifier l'**annulation** de la convention (Cass. soc. 8-7-2015 n° 14-10.139 FS-PB).

L'indemnité est versée lors de la rupture effective du contrat, sauf si les parties en décident autrement. La **date de rupture** est définie par la convention sans pouvoir être fixée avant le lendemain du jour de l'homologation (C. trav. art. L 1237-13, al. 2) ou du jour de l'autorisation administrative de licenciement si le salarié est un **salarié protégé** (C. trav. art. L 1237-15).

› Précisions a. L'indemnité spécifique de rupture conventionnelle est au moins égale à l'indemnité conventionnelle de licenciement, peu important que la **convention collective réserve le versement** de cette dernière à certains motifs de licenciement (Cass. soc. 5-5-2021 n° 19-24.650 FS-P).

b. Selon l'administration, lorsqu'une **convention collective** prévoit **deux indemnités** de licenciement, l'une pour motif personnel, l'autre pour motif économique, l'indemnité spécifique doit être au moins égale à :

– l'indemnité légale si au moins une des indemnités conventionnelles est inférieure à l'indemnité légale ;

– l'indemnité conventionnelle la plus faible si les deux indemnités conventionnelles sont supérieures à l'indemnité légale (Inst. DGT 25 du 8-12-2009).

Cette position visant à retenir systématiquement le montant le plus faible est discutable et ne préjuge en rien la décision des tribunaux.

c. L'administration considère que le **salaire de référence** à retenir pour le calcul de l'indemnité est égal à la moyenne des 12 ou 3 derniers mois précédant la fin du contrat, selon la formule la plus avantageuse pour le salarié. Toutefois, dans la mesure où le montant de l'indemnité est fixé au moment où les parties négocient la convention de rupture, si, à la date de rupture effective du contrat, la base de calcul de cette indemnité a changé, le salarié peut prétendre à une **réévaluation** du montant initialement convenu (Circ. DGT 4 du 17-3-2009).

d. Selon l'administration, le salarié qui ne remplit pas la **condition d'ancienneté** de 8 mois pour bénéficier de l'indemnité de licenciement peut néanmoins prétendre à une indemnité, calculée au prorata du nombre de mois de présence. Par exemple, sauf dispositions conventionnelles plus favorables, un salarié ayant 7 mois d'ancienneté peut prétendre à une indemnité spécifique de rupture égale à son salaire brut mensuel moyen multiplié par 1/4 multiplié par 7/12 (Circ. DGT 4 du 17-3-2009). L'ancienneté du salarié **s'apprécie à la date** envisagée de la rupture du contrat et les années incomplètes doivent être prises en compte (Cons. prud'h. Bobigny 6-4-2010 n° 08-4910).

e. L'indemnité spécifique de rupture conventionnelle se **calcule** selon les **modalités** fixées par le Code du travail pour l'indemnité légale de licenciement, y compris lorsqu'il existe, dans certaines professions, des modalités réglementaires particulières pour le calcul de cette dernière indemnité (par exemple, pour les salariés d'un office public de l'habitat : Cass. soc. 30-9-2020 n° 19-15.675 FS-PB).

f. Sur le calcul de l'indemnité de rupture versée à un salarié occupé **successivement à temps complet et à temps partiel,** voir nos 74740 s. Sur l'indemnité de rupture due à un **journaliste,** voir n° 88410.

g. La **demande en paiement** de l'indemnité spécifique de rupture conventionnelle est soumise au délai légal de **prescription** spécifique de 12 mois courant à compter de l'homologation de la convention (Cass. soc. 20-11-2019 n° 18-10.499 FS-D).

h. Le **décès du salarié** intervenu après l'homologation de la rupture conventionnelle, mais avant la date de rupture du contrat de travail, ne permet pas à l'employeur de s'exonérer du versement de l'indemnité aux ayants droit du salarié (Cass. soc. 11-5-2022 n° 20-21.103 FS-B).

2. RÉGIME SOCIAL ET FISCAL DE L'INDEMNITÉ

DROITS À LA RETRAITE NON ENCORE OUVERTS

64240 € Lorsque le salarié n'est pas en droit de bénéficier d'une pension de retraite d'un régime légalement obligatoire, l'indemnité de rupture conventionnelle homologuée obéit au même **régime fiscal** que l'indemnité de licenciement (CGI art. 80 duodecies, 1-6°).

L'alignement sur le régime de l'indemnité de licenciement vaut également, dans les mêmes conditions : **64240** (suite)

– pour les **cotisations** de sécurité sociale (CSS art. L 242-1, II-7° ; BOSS-Ind. rupture-940 s.) et pour l'ensemble des **prélèvements** dont l'assiette est **alignée** sur celle de ces cotisations : contributions chômage et AGS, contributions solidarité autonomie, Fnal et dialogue social, versement mobilité, cotisations et contributions de retraite complémentaire Agirc-Arrco, contributions à la formation et à l'alternance (contributions à la formation professionnelle, CPF-CDD, supplémentaire à l'apprentissage et taxe d'apprentissage) et participation-construction ;

– pour la **CSG,** et par conséquent, la **taxe sur les salaires,** et la **CRDS** (CSS art. L 136-1-1, III-5° ; Ord. 24-1-1996 art. 14-II ; BOI-TPS-TS-20-10 ; BOSS-Ind. rupture-970 s.).

Pour connaître le régime de l'indemnité de rupture conventionnelle au regard de ces différents prélèvements fiscaux et sociaux, on se reportera donc aux n°s 63800 s.

En revanche, contrairement à l'indemnité de licenciement, exonérée de **forfait social** en totalité, l'indemnité de rupture conventionnelle versée au salarié ne pouvant pas partir à la retraite est soumise à ce prélèvement pour sa part exclue de l'assiette des cotisations de sécurité sociale (CSS art. L 137-15 ; BOSS-Ind. rupture-1000).

Pour un **modèle de bulletin de paie,** voir n° 94910.

› Précisions a. Pour l'**administration fiscale,** la condition relative au **droit à liquidation d'une pension** de retraite doit **s'apprécier au jour** de la rupture effective du contrat de travail, c'est-à-dire à la date prévue dans la convention de rupture établie conformément aux dispositions du Code du travail. Dès lors qu'elle est postérieure à la date de rupture effective du contrat de travail, l'ouverture du droit à pension qui interviendrait au cours de la même année ne remettrait pas en cause le bénéfice de l'exonération d'impôt sur le revenu (BOI-RSA-CHAMP-20-40-10-30 n° 180). Pour l'**administration sociale,** cette condition s'apprécie à la date de rupture du contrat de travail. Elle est considérée comme remplie si, à la date de rupture effective du contrat de travail, le salarié a atteint l'âge légal de départ à la retraite correspondant à son année de naissance. Par ailleurs elle s'apprécie au regard du **régime de base dont relève l'intéressé** au titre de l'emploi occupé **au moment** de la rupture conventionnelle ; il ne doit donc pas être tenu compte, pour l'appréciation de cette condition, des droits acquis auprès des régimes de retraite **complémentaire** obligatoires (BOSS-Ind. rupture-900-910).

b. L'employeur doit pouvoir présenter à l'occasion d'un contrôle un **document attestant de la situation** du salarié au regard de ses droits à la **retraite de base,** cette vérification n'incombant pas à l'agent de contrôle (CA Rouen 15-5-2019 n° 16/04788). À ce titre, l'employeur peut demander au salarié avec lequel il envisage de conclure une rupture conventionnelle de lui fournir copie de ce document. Pour l'administration, est valide tout document relatif à la situation du salarié au regard de ses droits à la retraite, à la condition que le ou les documents produits attestent la situation du salarié au regard de ses droits à la retraite de base, et permettent de donner l'**assurance raisonnable** qu'il est en droit ou non de bénéficier d'une pension de retraite d'un régime légalement obligatoire. Tel est le cas du **relevé de carrière** ou du **document « Obtenir mon âge de départ »** téléchargeable sur le site internet de l'assurance retraite (BOSS-Ind. rupture-920). Il a toutefois été jugé qu'un relevé de carrière ne constituait pas une attestation de situation suffisante pour prouver que le salarié ne pouvait pas bénéficier d'une retraite à taux plein (CA Rouen 15-5-2019 n° 16/04788).

À défaut de détention de ces justificatifs probants, le régime applicable est celui de l'indemnité de rupture conventionnelle individuelle des salariés en droit de bénéficier d'une pension de retraite d'un régime légalement obligatoire prévu n° 64250 (BOSS-Ind. rupture-930).

c. Si le **salarié** partie à la rupture conventionnelle **ne remplit pas la condition d'ancienneté** de 8 mois dans l'entreprise pour bénéficier de l'**indemnité légale de licenciement,** l'indemnité spécifique de rupture conventionnelle qui lui est due est exclue de l'assiette des **cotisations** sociales à hauteur de la part non imposable, dans les conditions mentionnées ci-dessus. L'indemnité est également exonérée de **CSG et de CRDS** dans la limite du montant de l'indemnité due au prorata du nombre de mois de présence dans l'entreprise et du montant de l'indemnité exonérée de cotisations sociales (BOSS-Ind. rupture-1010 s.).

d. La **fraction imposable** éventuelle des indemnités de rupture conventionnelle est soumise au **prélèvement à la source** de l'impôt sur le revenu opéré par la partie versante, donc l'employeur. Celui-ci doit également la faire figurer au montant porté en montant net imposable du bulletin de paie. Elle bénéficie, quel qu'en soit le montant, sur option du salarié, de l'**imposition selon le système du quotient** destiné à atténuer les effets de la progressivité du barème de l'impôt sur le revenu (n° 35390) (BOI-IR-LIQ-20-30-20 n° 170), mais cette option n'emporte aucune conséquence sur l'assiette du prélèvement à la source (BOI-IR-PAS-20-10-10 n° 10).

e. La demande de l'employeur en **remboursement par le salarié des cotisations salariales** afférentes à son indemnité de rupture conventionnelle est soumise au délai de **prescription** de 12 mois à compter de l'homologation de la convention (CA Nîmes 8-9-2020 n° 18/00297).

f. Sur les conséquences du **défaut de remise au salarié d'un exemplaire de la convention** signé des deux parties sur le traitement fiscal d'une indemnité versée en exécution d'une transaction postérieure, voir n° 65810.

DROITS À LA RETRAITE OUVERTS

64250 La loi ne définit pas le régime social et fiscal de l'indemnité de rupture conventionnelle homologuée versée lorsque le salarié peut prétendre à une pension de retraite d'un régime légalement obligatoire (sur les cas visés voir ci-dessus nº 64240).

Selon l'administration sociale, l'indemnité versée dans cette situation est intégralement soumise aux **cotisations** de sécurité sociale, à la CSG et à la CRDS sans application de la **déduction forfaitaire pour frais** professionnels visée nº 28650, dès le premier euro, que la pension puisse être liquidée sur la base d'un taux plein ou non. Tel est le cas de tous les salariés ayant atteint l'âge minimum légal de liquidation de la retraite (BOSS-Ind. rupture-1040).

L'indemnité est en conséquence assujettie aux **prélèvements** dont l'assiette est alignée sur celle des cotisations de sécurité sociale (voir nº 64240) et à la **taxe sur les salaires,** dont l'assiette est en principe alignée sur celle de la CSG (BOI-TPS-TS-20-10 nº 10).

Elle n'est, en revanche, pas soumise au **forfait social** (CSS art. L 137-15 ; BOSS-Ind. rupture-1040).

Sur le **calcul des cotisations,** voir nº 63830.

L'indemnité versée dans cette situation est, selon la doctrine de l'administration fiscale, intégralement soumise à l'**impôt sur le revenu** dans la catégorie des traitements et salaires. Cette solution découle implicitement de l'indication donnée nº 64240, a. Elle est donc soumise au prélèvement à la source de l'impôt sur le revenu opéré par la partie versante et doit figurer au montant porté en montant net imposable du bulletin de paie. Elle bénéficie, quel qu'en soit le montant, sur option du salarié, de l'imposition selon le système du quotient destiné à atténuer les effets de la progressivité du barème de l'impôt sur le revenu (nº 35390) (BOI-IR-LIQ-20-30-20 nº 170), mais cette option n'emporte aucune conséquence sur l'assiette du prélèvement à la source (BOI-IR-PAS-20-10-10 nº 10).

Sur le délai de **prescription** de la demande de l'employeur en remboursement des cotisations salariales afférentes à l'indemnité de rupture conventionnelle, voir nº 64240, d.

Pour un **modèle de bulletins de paie,** voir nº 94920.

ATTENTION

Lorsque l'indemnité spécifique de rupture conventionnelle individuelle est versée à un salarié exerçant son activité dans le cadre du dispositif de **retraite progressive** et que le salarié n'est pas en droit de bénéficier d'une pension de retraite d'un régime légalement obligatoire, le régime social prévu nº 64240 s'applique (BOSS-Ind. rupture-1050).

B. Congé de mobilité ou rupture conventionnelle collective

CONGÉ DE MOBILITÉ

64260 Toute entreprise, sans condition d'effectif, peut définir les conditions et modalités de la rupture d'un commun accord du contrat de travail, exclusive d'un licenciement ou d'une démission, dans le cadre d'un congé de mobilité prévu soit par un **accord collectif** portant sur la gestion des emplois et des compétences (GPEC), soit par un accord portant rupture conventionnelle collective conclu dans les conditions visées nº 64270. Le congé, qui a pour objet de favoriser le retour à un emploi stable par des mesures d'accompagnement, des actions de formation et des périodes de travail en CDI ou en CDD, obéit aux règles fixées par l'accord collectif (C. trav. art. L 1237-17 et L 1237-18). L'acceptation par le salarié de la proposition de congé emporte rupture du contrat de travail d'un commun accord des parties à l'issue de celui-ci, sous réserve pour les salariés protégés et les médecins du travail de l'autorisation préalable de l'inspecteur du travail (C. trav. art. L 1237-18-4).

Les **indemnités de rupture** à verser au salarié sont fixées par l'accord collectif, sans pouvoir être inférieures à l'indemnité légale de licenciement (C. trav. art. L 1237-18-2, 7º).

> **Précisions** Un accord d'entreprise peut prévoir le versement de cotisations de **retraite complémentaire** au régime Agirc-Arrco pour la durée du congé qui excède celle du préavis ou dès le début du congé si celui-ci ne prévoit pas de préavis (Circ. Agirc-Arrco 12 DJR du 23-6-2021).

64265 Le salarié bénéficie, **pendant le congé** de mobilité, d'une **rémunération** dont le montant, fixé par l'accord collectif, est au moins égal à celui de l'allocation de conversion (au moins 65 % de la rémunération brute moyenne des 12 derniers mois précédant le congé) sans pouvoir être inférieur à 85 % du Smic.

Les salariés en congé de mobilité peuvent bénéficier, sous certaines conditions, du **dispositif « Transco – congé de mobilité »** destiné à soutenir leur reconversion professionnelle vers des métiers porteurs. L'**allocation** versée au salarié inscrit dans ce dispositif est égale à 79,15 % de sa rémunération brute antérieure. Elle est prise en charge par l'employeur à hauteur d'un montant égal à 65 % minimum de cette rémunération. La part excédant ce dernier montant est prise en charge par l'État dans la limite de 14,15 % de ladite rémunération. Elle est remboursée par l'AT Pro dans le délai maximum d'un mois à compter de la réception par cette dernière d'une copie du bulletin de salaire et des justificatifs prouvant l'assiduité du bénéficiaire (Inst. DGEFP 35 du 7-2-2022, opposable).

Les rémunérations versées dans le cadre d'un congé de mobilité ou du dispositif « Transco – congé de mobilité » sont soumises dans la limite des 12 premiers mois du congé, pouvant être portés à 24 mois en cas de formation de reconversion professionnelle, au même **régime social** que celui de l'allocation versée au bénéficiaire du congé de reclassement visé nº 66240 (C. trav. art. L 1237-18-3). À défaut d'exonération spécifique, ces rémunérations sont soumises au **régime fiscal** des salaires et donnent lieu à prélèvement à la source opéré par l'employeur.

› Précisions Lorsqu'une évaluation préalable a été réalisée, son coût et le coût afférent à la rémunération du salarié concerné, incluant les charges sociales légales et conventionnelles assises sur cette dernière sont pris en charge par l'AT Pro (Inst. DGEFP 35 du 7-2-2022, opposable).

RUPTURE CONVENTIONNELLE COLLECTIVE

Un accord collectif validé par la Dreets peut déterminer le contenu d'une rupture conventionnelle collective (RCC) excluant tout licenciement pour atteindre les objectifs qui lui sont assignés en termes de suppression d'emplois (C. trav. art. L 1237-19 et L 1237-19-3). **64270**

L'acceptation par l'employeur de la candidature du salarié au départ volontaire emporte rupture du contrat de travail d'un commun accord des parties, sous réserve pour les salariés protégés et les médecins du travail de l'autorisation préalable de l'inspecteur du travail (C. trav. art. L 1237-19-2). La rupture ouvre droit pour les salariés aux **indemnités de rupture** fixées par l'accord sans pouvoir être inférieures aux indemnités légales dues en cas de licenciement (C. trav. art. L 1237-19-1, 5º).

En cas de **suppression d'emplois de grande ampleur** affectant l'équilibre du bassin d'emploi, les entreprises d'au moins 1 000 salariés notamment sont tenues à une obligation de revitalisation dudit bassin selon des modalités fixées par les articles L 1237-19-9 à L 1237-19-14 du Code du travail et similaires à celles prévues en matière de licenciement économique.

RÉGIME FISCAL ET SOCIAL DES INDEMNITÉS DE RUPTURE

Impôt sur le revenu Les indemnités versées dans le cadre d'une rupture de contrat à la suite d'un congé de mobilité ou d'une rupture conventionnelle collective sont intégralement **exonérées** d'impôt sur le revenu. En cas d'acceptation d'une rupture conventionnelle collective, cette exonération s'étend aussi aux indemnités versées dans le cadre des mesures visant à **faciliter l'accompagnement et le reclassement** externe des salariés sur des emplois équivalents prévues au 7º de l'article L 1237-19-1 du Code du travail (CGI art. 80 duodecies, 1-1º), telles les actions de formation, de validation des acquis de l'expérience ou de reconversion ou les actions de soutien à la création d'activités nouvelles ou à la reprise d'activités existantes par les salariés (Rapport Sén. nº 147). **64280**

À l'instar de ce qui s'applique aux indemnités de départ volontaire versées dans le cadre d'un plan de sauvegarde de l'emploi, ne sont pas visées par cette exonération les indemnités qui, par nature, constituent des **éléments de salaire** (indemnité compensatrice de congés payés, indemnité compensatrice de préavis, indemnité de non-concurrence) et qui demeurent imposables dans les conditions de droit commun.

Cotisations de sécurité sociale et prélèvements alignés Les indemnités versées dans le cadre d'une rupture de contrat à la suite d'un congé de mobilité ou d'une rupture conventionnelle collective, y compris les indemnités d'accompagnement et de reclassement externe des salariés, sont **exclues** de l'assiette des cotisations de sécurité sociale dans la **limite** d'un montant fixé à 2 fois la valeur du plafond annuel de la sécurité sociale, soit 87 984 € en 2023, cette exonération ne jouant que si le montant total n'excède pas **10 Pass,** soit 439 920 € en 2023. Dans le cas contraire, elles sont intégralement assujetties à cotisations (CSS art. L 242-1, II-7º ; CGI art. 80 duodecies, 1-1º ; BOSS-Ind. rupture-830-1070 s.). Aucune distinction ne doit être opérée entre les salariés en âge de bénéficier d'une pension de retraite d'un régime légalement obligatoire et les autres (BOSS-Ind. rupture-1110). **64285**

Sur l'appréciation de ces seuils de 2 ou 10 Pass en cas de **pluralité d'indemnités** liées à la rupture du contrat de travail, voir n° 64070 et en cas de cumul d'un contrat de travail et d'un **mandat social,** voir n° 77080.

Ces indemnités sont exonérées dans les mêmes conditions des prélèvements dont l'assiette est alignée sur celle des cotisations de sécurité sociale : cotisations ou contributions solidarité autonomie, Fnal, dialogue social, chômage, AGS, retraite complémentaire Agirc-Arrco, formation et alternance (contributions à la formation professionnelle, CPF-CDD, supplémentaire à l'apprentissage et taxe d'apprentissage), versement mobilité et participation-construction.

64290 **Forfait social, contributions sociales et taxe sur les salaires** Les indemnités visées n° 64285 sont exemptées de l'assiette du **forfait social,** y compris donc pour la part exclue de l'assiette des cotisations de sécurité sociale (CSS art. L 137-15, 3°). Elles sont exemptées de **CSG et de CRDS** (et donc de **taxe sur les salaires** pour les employeurs qui en sont encore redevables) dans la limite du plus petit des montants suivants (CSS art. L 136-1-1, III-5° ; Ord. 96-50 du 24-1-1996, art. 14, I ; BOSS-Ind. rupture-830-1120) :

– le montant affranchi de cotisations de sécurité sociale, c'est-à-dire 2 fois le Pass ;
– le montant prévu par la convention collective de branche, l'accord professionnel ou interprofessionnel ou, à défaut, par la loi si ce montant est plus élevé ;
– ou, en l'absence de montant légal ou conventionnel pour ce motif, pour la fraction qui excède l'indemnité légale ou conventionnelle de licenciement.

Attention, si les indemnités sont supérieures à 10 Pass, soit 439 920 € en 2023, elles sont **intégralement** soumises à ces contributions (CSS art. L 136-1-1, III-5°). Sur l'appréciation de ce seuil en cas de **pluralité d'indemnités** liées à la rupture du contrat de travail, voir n° 64070.

> **› Précisions** L'administration semble déduire de l'article L 1237-19-1 du Code du travail, selon lequel l'indemnité de rupture collective ne doit pas être inférieure aux « indemnités légales dues en cas de licenciement », qu'il existe un **montant légal** d'indemnité de rupture collective (en ce sens, BOSS-Ind. rupture-1130). En conséquence, l'indemnité de rupture conventionnelle collective est exemptée de CSG-CRDS pour sa part inférieure au montant de l'**indemnité légale de licenciement** (et non pas pour sa part inférieure au montant de l'indemnité conventionnelle de licenciement) ou pour sa part correspondant au montant affranchi de cotisations de sécurité sociale, si celui-ci lui est inférieur.

64297 **EXEMPLE**

Indemnité de rupture versée en 2023 à un salarié dans le cadre d'un accord collectif portant rupture conventionnelle collective : 101 250 €.

Rémunération mensuelle du salarié : 4 500 €.

Ancienneté du salarié : 15 ans.

Montant de l'indemnité légale de licenciement : 18 750 € ([4 500/4 × 10] + [4 500/3] × 5).

L'indemnité est exonérée en totalité d'**impôt sur le revenu.** Elle est exonérée de **cotisations de sécurité sociale** dans la limite de 87 984 € (2 fois le Pass) et donc assujettie à hauteur de 13 266 € (101 250 – 87 984).

Elle est assujettie à la **CSG-CRDS** pour sa part excédant le montant de l'indemnité légale de licenciement, soit 82 500 € (101 250 – 18 750).

L'indemnité est exemptée en totalité de **forfait social.**

C. Départ volontaire dans le cadre d'un PSE

RÉGIME SOCIAL

64300 Les indemnités de départ volontaire versées dans le cadre d'un plan de sauvegarde de l'emploi (PSE) sont, comme les indemnités de licenciement versées dans ce cadre, exclues de l'assiette des **cotisations de sécurité sociale** dans la limite d'un montant fixé à 2 fois la valeur du plafond annuel de la sécurité sociale (Pass), soit 87 984 € en 2023. Cette exonération ne joue que si le montant total n'excède pas **10 Pass,** soit 439 920 € en 2023. Dans le cas contraire, elles sont intégralement assujetties à cotisations (CSS art. L 242-1, II-7° ; CGI art. 80 duodecies, 1-2° ; BOSS-Ind. rupture-620-640). Sur le **calcul** et le **paiement** des cotisations, voir n° 63830.

Ces indemnités sont exonérées dans les mêmes conditions des **prélèvements** dont l'assiette est alignée sur celle des cotisations de sécurité sociale : cotisations ou contributions solidarité autonomie, Fnal, dialogue social, chômage, AGS, retraite complémentaire Agirc-Arrco, formation et alternance (contributions à la formation professionnelle, CPF-CDD, supplémentaire à l'apprentissage et taxe d'apprentissage), versement mobilité et participation-construction.

Elles sont assujetties à la **CSG** et à la **CRDS,** sans application de la **déduction forfaitaire pour frais** professionnels (nos 28650 s.), pour la **fraction qui excède,** soit le montant de l'indemnité légale ou conventionnelle de licenciement, soit 2 Pass si cette seconde limite est inférieure (CSS art. L 136-1-1, III-5° ; Ord. 96-50 du 24-1-1996 art. 14-I). Cette solution vaut aussi pour la **taxe sur les salaires,** lorsque celle-ci est encore due, son assiette étant identique à celle de la CSG (BOI-TPS-TS-20-10).

Sur l'appréciation de ces seuils de 2 ou 10 Pass en cas de **pluralité d'indemnités** liées à la rupture du contrat de travail, voir n° 64070 et en cas de cumul d'un contrat de travail et d'un **mandat social,** voir n° 77080.

Enfin, ces indemnités sont exclues de l'assiette du **forfait social** (CSS art. L 137-15, 3° ; BOSS-Ind. rupture-650), y compris donc pour la part, le cas échéant, exclue de l'assiette des cotisations de sécurité sociale et assujettie à CSG.

Sur la remise en cause des exonérations appliquées en cas d'**irrégularité de la procédure** de licenciement économique collectif, voir n° 65770.

RÉGIME FISCAL

Les indemnités de départ volontaire, que celui-ci s'effectue sous la forme d'une démission, d'un départ à la retraite ou en préretraite, intervenant dans le cadre d'un plan de sauvegarde de l'emploi au sens des articles L 1233-32 et L 1233-61 à L 1233-64 du Code du travail, sont exonérées pour leur montant total (CGI art. 80 duodecies, 1-2°). **64310**

Sont ainsi exonérées de l'impôt sur le revenu non seulement les **indemnités** dues aux salariés concernés en vertu des dispositions légales ou conventionnelles qui, selon le mode de rupture de leur contrat de travail, leur sont applicables, mais aussi, quelle que soit leur appellation, celles **qui s'y ajoutent** – primes ou indemnités d'aide au départ volontaire, d'aide à la réinsertion professionnelle, d'incitation au reclassement, d'aide à la création d'entreprise, etc. (BOI-RSA-CHAMP-20-40-10-30 n° 450). Sur la portée de ce principe, voir n° 64030.

En revanche, les indemnités qui, par nature, constituent des **éléments de salaire** (indemnité compensatrice de congés payés, indemnité compensatrice de préavis…) demeurent imposables dans les conditions de droit commun (BOI-RSA-CHAMP-20-40-10-30 n° 450). Elles doivent donc donner lieu au prélèvement à la source de l'impôt sur le revenu et figurer dans le montant porté en rémunération nette fiscale du bulletin de paie.

D. Démission

1. PRINCIPE D'ASSUJETTISSEMENT

RÉGIME SOCIAL

Il arrive que des indemnités soient versées par l'employeur aux salariés démissionnaires, bien qu'il n'existe à cet égard aucune obligation légale. Ces sommes n'ont pas la nature de dommages-intérêts, mais constituent des éléments de **rémunération** soumis aux **cotisations de sécurité sociale** (Cass. soc. 6-1-1998 n° 94-21.159 PB ; BOSS-Ind. rupture-1790), ainsi qu'aux prélèvements dont l'assiette est harmonisée avec celle de ces cotisations : cotisations ou contributions solidarité autonomie, Fnal, dialogue social, chômage, AGS, retraite complémentaire Agirc-Arrco, formation et alternance (contributions à la formation professionnelle, CPF-CDD, supplémentaire à l'apprentissage et taxe d'apprentissage), versement mobilité et participation-construction. **64370**

De même, ces sommes sont assujetties à la **CSG** et à la **CRDS** (CSS art. L 136-1-1, III-5° ; Ord. 24-1-1996 art. 14-I), sans application de la déduction forfaitaire pour frais professionnels propre à ces contributions, et à la **taxe sur les salaires,** dont l'assiette est en principe alignée sur celle de la CSG (BOI-TPS-TS-20-10).

Elles ne sont en revanche pas soumises au **forfait social** (CSS art. L 137-15).

Sur le **calcul des cotisations,** voir n° 63830.

RÉGIME FISCAL

64380 L'article 80 duodecies, 1 du CGI prévoit que toute indemnité versée à l'occasion de la rupture du contrat de travail constitue, en principe, une rémunération imposable : tel est notamment le cas des indemnités de départ éventuellement allouées en cas de **démission.**

Les seules exceptions à la taxation prévue par l'article 80, 1 précité concernent le départ du salarié dans le cadre :
– d'un **plan de sauvegarde de l'emploi** : voir n° 64310 ;
– d'une **rupture conventionnelle homologuée** : voir n° 64240 ;
– d'un **congé de mobilité** ou d'une **rupture conventionnelle collective** : voir n° 64280 ;
– d'un départ volontaire **provoqué par l'employeur** : voir n° 64450.

ATTENTION

S'agissant de **l'obligation de l'employeur** de **renseigner de bonne foi le salarié** sur le régime fiscal d'une indemnité versée en cas de départ volontaire, voir n° 65460, b.

Sur le cas particulier des indemnités de départ versées aux **dirigeants de sociétés anonymes cotées,** voir n° 34680.

64390 Lorsque l'indemnité de départ volontaire est imposable, le bénéficiaire peut, quel qu'en soit le montant, **demander à bénéficier du système du quotient** prévu par l'article 163-0 A du CGI pour atténuer les effets de la progressivité de l'impôt sur le revenu, sur les revenus exceptionnels ou différés : voir n° 35390 (BOI-RSA-CHAMP-20-40-10-20 n° 30).

Cette option est sans incidence sur les obligations de l'employeur. Même si elle est exercée, l'intégralité du montant imposable de l'indemnité est soumise au **prélèvement à la source** de l'impôt sur le revenu opéré par la partie versante (BOI-IR-PAS-20-10-10 n° 10), doit figurer au montant porté en montant net imposable du **bulletin de paie** et est passible des **taxes et participations sur les salaires** dans les conditions exposées n° 64370. En ce qui concerne le **montant à déclarer** sur la DSN, voir n° 64510.

ATTENTION

Sur le cas particulier des indemnités de départ versées aux **dirigeants de sociétés anonymes cotées,** voir n° 34680.

2. SOMMES RÉPARANT UN PRÉJUDICE

RÉGIME SOCIAL

64420 Les indemnités versées à des salariés dans le cadre d'un départ volontaire, et plus précisément d'une démission, peuvent échapper aux cotisations de sécurité sociale si l'employeur prouve qu'elles réparent en réalité un préjudice. En effet, selon la jurisprudence, les indemnités transactionnelles versées au salarié lors de la rupture du contrat de travail autres que les **indemnités énumérées à l'article 80 duodecies du CGI** sont comprises dans l'assiette des cotisations de sécurité sociale, sauf si l'employeur rapporte la preuve qu'elles concourent, pour tout ou partie de leur montant, à l'indemnisation d'un préjudice (n°s 65590 s.).

De même, l'**administration** admet qu'en cas de démission, les sommes versées à cette occasion peuvent présenter le caractère de dommages et intérêts, si l'employeur prouve d'abord, qu'il a provoqué la rupture du contrat de travail et ensuite, que les indemnités versées ont eu pour objet de réparer le préjudice né de la perte d'emploi. Attention cependant, elle semble subordonner cette tolérance à la conclusion d'une transaction entre l'employeur et le salarié (BOSS-Ind. rupture-1800).

Si l'employeur apporte la preuve que les indemnités de départ volontaire ou versées dans le cadre d'une démission réparent un préjudice, on peut penser qu'elles pourraient suivre le régime des indemnités de licenciement versées hors plan de sauvegarde de l'emploi pour ce qui concerne les prélèvements dont l'assiette est alignée sur celle des cotisations de sécurité sociale, la CSG, la CRDS, la taxe sur les salaires et le forfait social. Sur ce régime, voir n°s 63810 s.

RÉGIME FISCAL

64450 Si la rupture du contrat de travail est due, en fait, à l'initiative de l'employeur (départ du salarié motivé par les contraintes de l'employeur), il ne s'agit pas d'un départ volontaire, mais d'un licenciement. Le régime fiscal des indemnités de licenciement hors plan de sauvegarde de l'emploi (n°s 63850 s. et 63950 s.) est alors applicable à l'indemnité de rupture éventuellement versée par l'employeur, soit au moment de la rupture, soit ultérieurement, en application d'un jugement ou d'une transaction.

> Précisions Ce principe, constamment admis par la doctrine administrative, a été confirmé par le juge constitutionnel, pour lequel, en cas de transaction, il appartient à l'administration, sous le contrôle du juge, de **rechercher l'exacte qualification** à donner aux indemnités versées (Cons. const. 20-9-2013 n° 2013-340 QPC). Prenant acte de cette décision, le juge fiscal admet que les sommes perçues en exécution d'une transaction consécutive à une démission soient exonérées dans les conditions applicables aux indemnités de licenciement s'il est établi que la démission, en raison des conditions dans lesquelles elle a été donnée, revêt le caractère d'un licenciement (CE 24-1-2014 n° 352949). Le juge procède à cette recherche au vu des éléments figurant au dossier d'instruction sans mettre la preuve à la charge du salarié ou de l'administration (CE 5-7-2018 n° 401157 ; 30-1-2019 n° 414136), en se conformant à la jurisprudence établie par le juge du travail (CE 13-3-2019 n° 408498). Il incombe toutefois au salarié, en application de l'article R 194-1 du LPF, d'apporter la preuve du caractère abusif du licenciement lorsque l'indemnité transactionnelle a été imposée conformément à sa déclaration d'impôt sur le revenu (CAA Paris 10-12-2019 n° 18PA02573 ; CE (na) 21-10-2020 n° 438399).

Bien qu'énoncées à propos d'indemnités transactionnelles, ces solutions revêtent à notre sens une portée générale et valent pour toute indemnité, versée ou non en exécution d'une transaction, ayant pour objet de réparer les conséquences d'une rupture prenant la forme d'une démission mais qui trouve en fait sa cause dans des contraintes exercées par l'employeur.

E. Bulletin de paie et DSN

Lorsque l'indemnité de départ volontaire est passible des cotisations sociales, elle doit figurer distinctement sur le **bulletin de paie,** en application de l'article R 3243-1, 6° du Code du travail, faisant obligation d'y mentionner la nature et le montant des accessoires de salaire soumis aux cotisations sociales. **64500**

CONSEIL

Lorsque l'indemnité est versée dans des conditions lui permettant d'échapper aux cotisations de sécurité sociale, elle doit selon nous, dans ce cas également, figurer sur le bulletin de paie sur une ligne particulière en bas du bulletin après le calcul des cotisations, en application de l'article R 3243-1, 8° du Code du travail.

Elle ne doit figurer dans le montant à porter en montant net imposable du bulletin de paie que dans la mesure où elle est soumise à l'impôt sur le revenu.

Le départ du salarié doit être signalé dans la **DSN** (voir n° 36460). L'indemnité de départ volontaire doit être comprise dans la rémunération à déclarer dans la **partie sociale** de la déclaration, dans le bloc Prime, gratification et indemnité, sauf si elle échappe aux cotisations de sécurité sociale. Elle doit apparaître dans la base de la CSG et de la CRDS. **64510**

Dans la **partie fiscale** de la DSN, elle doit être incorporée aux salaires à déclarer en Rémunération nette fiscale et en Montant soumis au PAS du bloc Versement individu, sauf si elle n'est pas imposable. La DSN concernée est celle du mois de versement de l'indemnité, y compris dans le cas où le salarié a demandé le bénéfice du quotient prévu à l'article 163-0 A du CGI en matière d'impôt sur le revenu (n° 35390).

SECTION 3 DÉPART OU MISE À LA RETRAITE

Le départ à la retraite du salarié s'effectue, dans les conditions définies par la loi, soit : **64620**

– à l'**initiative de l'employeur** : il s'agit d'une mise à la retraite. Pour pouvoir rompre le contrat de travail du salarié, l'employeur doit respecter les conditions d'âge et de procédure prévues par l'article L 1237-5 du Code du travail. Si les conditions légales ne sont pas remplies, la rupture s'analyse en un licenciement et donne droit à l'indemnité de licenciement (voir nos 64800 s.). Les conséquences indemnitaires dépendent donc de la qualification de cette rupture ;

– à la **demande du salarié** : ce départ volontaire à la retraite donne lieu, en principe, au versement d'une indemnité spécifique (voir nos 64900 s.).

Des dispositions conventionnelles peuvent également fixer les modalités de départ à la retraite du salarié. Elles ne s'appliquent toutefois que dans la mesure où elles ne sont pas contraires aux règles légales et sont plus favorables au salarié.

Le régime fiscal et social des indemnités versées varie selon qu'il s'agit d'un départ volontaire du salarié ou d'une mise à la retraite par l'employeur.

› Précisions S'agissant du régime :
– des **indemnités versées par** le **comité social et économique** à l'occasion du départ à la retraite, voir nº 41210 ;
– des **primes** versées par les employeurs pour le financement de contrats d'**indemnités de fin de carrière,** voir nºs 44360 s. ;
– applicable à un salarié dont le contrat de travail était suspendu en raison d'un classement en **invalidité** et qui atteint l'âge de la retraite, voir nº 64900, b.

A. Rupture à l'initiative de l'employeur

1. MISE À LA RETRAITE

a. Droit à une indemnité

INDEMNITÉ LÉGALE

64650 Lorsque les conditions de la mise à la retraite sont réunies, le salarié a droit, sauf dispositions conventionnelles plus favorables, au versement d'une indemnité de mise à la retraite au moins égale à l'**indemnité** minimale **de licenciement** prévue à l'article L 1234-9 du Code du travail (C. trav. art. L 1237-7). Sur le **montant** et les modalités de **calcul** de cette indemnité, voir nºs 63400 s.

L'indemnité est calculée conformément aux dispositions en vigueur à la **date** de la mise à la retraite, même si le contrat de travail est suspendu en application d'un dispositif de cessation anticipée d'activité (Cass. soc. 11-6-2013 nº 11-27.359 FS-D ; 14-2-2018 nº 16-16.617 FS-PB).

S'agissant du salarié occupé **successivement à temps plein et à temps partiel,** voir nºs 74740 s.

INDEMNITÉ CONVENTIONNELLE

64660 L'indemnité légale n'est attribuée que s'il n'existe pas de dispositions plus favorables en matière de départ à la retraite contenues, le cas échéant, dans une convention ou un accord collectif de travail ou encore dans le contrat de travail. Le **montant** de l'indemnité est déterminé par les dispositions conventionnelles en vigueur au jour de la rupture du contrat de travail résultant de la mise à la retraite (Cass. soc. 30-9-2009 nº 08-40.353 FS-PB).

En principe, les dispositions conventionnelles auxquelles il convient de se référer sont celles concernant l'indemnité conventionnelle de **départ à la retraite** et non pas l'indemnité conventionnelle de **licenciement** (Cass. soc. 3-3-2009 nº 08-41.112 F-D). Si la convention collective prévoit le versement d'une indemnité de licenciement **sans limite d'âge** et **n'envisage pas le cas de la mise à la retraite,** le salarié perçoit l'indemnité légale de licenciement. Si la convention collective prévoit qu'**à partir d'un certain âge** l'indemnité conventionnelle de licenciement n'est plus versée mais est remplacée par une indemnité qualifiée selon les cas d'**indemnité de départ à la retraite** ou d'indemnité de **fin de carrière** et dont le mode de calcul est généralement moins favorable au salarié, c'est alors cette indemnité qui est due, à condition que son attribution soit plus favorable au salarié que l'octroi de l'indemnité légale de licenciement.

ATTENTION

La mise à la retraite n'entraînant pas les effets d'un licenciement, les salariés mis à la retraite dans le cadre d'un **plan de sauvegarde de l'emploi** ne peuvent prétendre à l'indemnité conventionnelle de licenciement que si ce plan leur en étend expressément le bénéfice (Cass. soc. 18-3-2008 nº 07-40.269 FS-PBR).

b. Régime social et fiscal de l'indemnité

RÉGIME SOCIAL

64680 Les règles présentées ci-après s'appliquent à toutes les indemnités de mise à la retraite, qu'elles soient versées dans le cadre d'un **plan de sauvegarde de l'emploi** ou en dehors. Des **tableaux** récapitulent le régime des différentes indemnités de rupture : voir nºs 67210 s.

Cotisations sociales L'indemnité de mise à la retraite est exonérée des cotisations de sécurité sociale dans la **limite** de 2 fois le plafond annuel de la sécurité sociale (Pass), soit 87 984 € en 2023, **à hauteur** de l'indemnité non imposable à l'impôt sur le revenu, c'est-à-dire à hauteur du plus élevé des 3 montants suivants (CGI art. 80 duodecies ; CSS art. L 242-1, II-7° ; BOSS-Ind. rupture-1640) : 64690
– montant de l'indemnité prévu par la convention collective de branche, par l'accord professionnel ou interprofessionnel ou, à défaut, par la loi ;
– moitié du montant total de l'indemnité versée ;
– deux fois le montant du salaire annuel brut perçu par le salarié l'année civile précédant la rupture du contrat.

Cette exonération ne joue que si le montant total n'excède pas **10 Pass,** soit 439 920 € en 2023. Dans le cas contraire, elle est intégralement assujettie à cotisations (CGI art. 80 duodecies ; CSS art. L 242-1, II-7°).

Sur l'appréciation de ces seuils de 2 ou 10 Pass en cas de **pluralité d'indemnités** liées à la rupture du contrat de travail, voir n° 64070 et en cas de cumul d'un contrat de travail et d'un **mandat social,** voir n° 77080.

Ces règles valent également pour les **prélèvements dont l'assiette est harmonisée** avec celle des cotisations de sécurité sociale : cotisations ou contributions solidarité autonomie, Fnal, dialogue social, chômage, AGS, retraite complémentaire Agirc-Arrco, formation et alternance (contributions à la formation professionnelle, CPF-CDD, supplémentaire à l'apprentissage et taxe d'apprentissage), versement mobilité et participation-construction.

Sur le **calcul** des cotisations, voir n° 63830.

CSG, CRDS et taxe sur les salaires L'indemnité de mise à la retraite est exclue de la **CSG** et de la **CRDS,** indépendamment de son assujettissement à l'impôt sur le revenu, dans la limite du plus petit des montants suivants (CSS art. L 136-1-1, III-5° ; Ord. 96-50 du 24-1-1996 art. 14-I ; BOSS-Ind. rupture-1650) : 64700
– le montant prévu par la convention collective de branche, l'accord professionnel ou interprofessionnel ou, à défaut, par la loi ;
– le **montant exclu des cotisations** de sécurité sociale.

Autrement dit, l'indemnité est assujettie à la CSG et à la CRDS, sans application de la **déduction forfaitaire pour frais professionnels** (n°s 28650 s.), pour la **fraction qui excède,** soit le montant de l'indemnité légale ou conventionnelle de licenciement, soit 2 fois le plafond annuel de la sécurité sociale (Pass), soit 87 984 € en 2023, si cette limite est inférieure.

L'exonération ne joue que si le montant total de l'indemnité versée n'excède pas **10 Pass** (439 920 € en 2023). Dans le cas contraire, l'indemnité est intégralement assujettie à ces contributions (CSS art. L 136-1-1, III-5° ; Ord. 96-50 du 24-1-1996 art. 14-I).

Sur l'appréciation de ces seuils de 2 ou 10 Pass en cas de **pluralité d'indemnités** liées à la rupture du contrat de travail, voir n° 64070 et en cas de cumul d'un contrat de travail et d'un **mandat social,** voir n° 77080.

Ces dispositions s'appliquent à la **taxe sur les salaires,** lorsque celle-ci est encore due, compte tenu du principe d'alignement de son assiette sur celle de la CSG (BOI-TPS-TS-20-10 nos 10 s.).

Autres prélèvements L'indemnité de mise à la retraite est exonérée du **forfait social** (CSS art. L 137-15), y compris donc pour la part, le cas échéant, exclue de l'assiette des cotisations de sécurité sociale et assujettie à CSG. 64710

Elle est assujettie à une **contribution patronale** spécifique, qui doit être versée pour toute mise à la retraite, quel que soit l'âge du salarié. Le taux de cette contribution est de 50 % (CSS art. L 137-12).

L'assiette de cette contribution est constituée du montant total des indemnités versées dans le cadre d'une mise à la retraite, que celles-ci résultent de la loi, de dispositions conventionnelles, du contrat de travail ou d'une transaction. Il importe peu qu'une partie de ces indemnités soit soumise, par ailleurs, aux cotisations et/ou contributions sociales en tant qu'elles dépassent les limites d'exonération (BOSS-Ind. rupture-1660).

Bulletin de paie et DSN Pour le bulletin de paie et la DSN, les indications données à propos de l'indemnité de licenciement sont transposables à l'indemnité de mise à la retraite (voir nos 63530 s.). 64720

Pour un **modèle** de bulletin de paie, voir n° 94890.

RÉGIME FISCAL

64730 Les indemnités de mise à la retraite sont soumises à un régime fiscal comparable à celui prévu pour les indemnités de licenciement (CGI art. 80 duodecies, 1-4°).

Le régime fiscal de l'indemnité de mise à la retraite n'est traité ci-après que sous l'angle de l'**impôt sur le revenu.** Sur le cas particulier des indemnités versées aux **dirigeants de sociétés anonymes cotées,** voir n° 34680.

En ce qui concerne les contributions à la formation et à l'alternance, la participation-construction et la taxe sur les salaires, voir nos 64690 et 64700.

Des **tableaux** récapitulent le régime des différentes indemnités de rupture : voir nos 67210 s.

64740 Lorsqu'elles **n'excèdent pas** le montant prévu par la **convention** collective de branche, par l'accord professionnel ou interprofessionnel ou, à défaut, par la loi, les indemnités de mise à la retraite sont exonérées en totalité (CGI art. 80 duodecies, 1-4°-b).

Lorsqu'elles **excèdent** le montant prévu par la convention collective de branche, par l'accord professionnel ou interprofessionnel ou, à défaut, par la loi, les indemnités sont exonérées, dans la limite de 5 fois le plafond annuel de la sécurité sociale en vigueur à la date du versement des indemnités (219 960 € pour celles perçues en 2023), à hauteur du plus élevé des deux montants suivants (CGI art. 80 duodecies, 1-4°-a) :
– moitié de l'indemnité de mise à la retraite perçue ;
– double du montant de la rémunération annuelle brute perçue par le salarié l'année civile précédant sa mise à la retraite.

> **Précisions** **a.** Le mécanisme applicable aux indemnités de mise à la retraite est analogue à celui des indemnités de licenciement et fonctionne de la même façon. On peut donc se reporter aux **exemples** donnés n° 64100, sauf à tenir compte de la différence de montant pour la limite fixée par référence au plafond de la sécurité sociale.
> **b.** On notera, outre cette différence, que l'alignement du régime des indemnités de mise à la retraite sur celui des indemnités de licenciement n'est pas total dans la mesure où les règles applicables aux indemnités de mise à la retraite ne réservent pas de sort particulier aux indemnités qui seraient versées dans le cadre d'un **plan de sauvegarde de l'emploi** (l'article 80 duodecies, 1-2° du CGI ne vise, en effet, expressément que les indemnités de licenciement ou de départ volontaire versées dans le cadre d'un plan de sauvegarde de l'emploi). Qu'elles soient ou non versées dans le cadre d'un tel plan, les indemnités de mise à la retraite ne sont donc exonérées que dans les limites visées ci-dessus (BOI-RSA-CHAMP-20-40-10-30 n° 450).
> **c.** La fraction imposable éventuelle des indemnités de mise à la retraite entre dans la base du **prélèvement à la source** à opérer par l'employeur et ouvre droit, sur option du bénéficiaire, à l'**imposition selon le système du quotient** prévu, pour les revenus exceptionnels ou différés, par l'article 163-0 A du CGI, quel qu'en soit le montant imposable : voir n° 35390. Elle doit figurer dans le montant à porter en montant net imposable du **bulletin de paie.**

2. RUPTURE DU CONTRAT S'ANALYSANT EN UN LICENCIEMENT

DROIT À L'INDEMNITÉ DE LICENCIEMENT

64800 Lorsque les conditions de mise à la retraite visées n° 64620 ne sont pas réunies (C. trav. art. L 1237-8) ou lorsque, bien qu'elles soient réunies, l'employeur invoque de façon erronée un autre motif à l'appui de sa décision (Cass. soc. 9-3-1999 n° 96-44.312 P), la rupture du contrat par l'employeur ne s'analyse pas en une mise à la retraite, mais en un licenciement. Celui-ci est **abusif** (Cass. soc. 28-2-2006 n° 04-40.303 FS-PB), voire **nul** si le salarié invoque une discrimination liée à l'âge (Cass. soc. 21-12-2006 n° 05-12.816 FP-PBRI ; 16-2-2011 n° 10-10.465 FS-PBR). Ce dernier a droit aux dommages et intérêts dus dans ces cas-là, ainsi qu'à l'**indemnité légale de licenciement** ou conventionnelle si elle est plus favorable (nos 63260 s.). En revanche, il ne peut pas **cumuler** les avantages liés au départ à la retraite (indemnité, congés payés supplémentaires) et ceux dus au titre du licenciement (Cass. soc. 8-7-2003 n° 01-16.099 FS-P ; 19-12-2007 n° 06-43.574 F-D).

Aucune indemnité compensatrice de **préavis** n'est due au salarié, si la mise à la retraite a été précédée d'un préavis d'une durée au moins égale au préavis de licenciement (Cass. soc. 30-6-2010 n° 09-41.349 FS-PBR ; 22-6-2011 n° 09-70.999 F-D).

RÉGIME SOCIAL ET FISCAL DE L'INDEMNITÉ

64810 En cas de requalification de la mise à la retraite en licenciement dans les conditions exposées ci-dessus, l'indemnité versée suit le même régime social (nos 63810 s.) et fiscal (nos 63850 s.) que l'indemnité de licenciement.

ATTENTION

Au regard de l'**impôt,** il a été admis que la requalification de la mise à la retraite en licenciement peut également intervenir lorsque la mise à la retraite satisfait aux conditions légales mais est prononcée en méconnaissance d'un **usage d'entreprise** déterminant des conditions plus restrictives à l'avantage des salariés. Dans cette situation, l'indemnité transactionnelle versée afin de compléter à hauteur de l'indemnité de licenciement fixée par la convention collective de branche l'indemnité conventionnelle de mise à la retraite initialement payée est exonérée en totalité d'impôt sur le revenu (CAA Versailles 15-5-2014 n° 12VE00846 rectifié par ord. du 17-6-2014).

B. Départ volontaire

1. ATTRIBUTION ET MONTANT DE L'INDEMNITÉ DE DÉPART

CONDITIONS D'ATTRIBUTION

Tout salarié quittant volontairement l'entreprise pour bénéficier d'une pension de vieillesse a droit, sous réserve des dispositions plus favorables d'une convention ou d'un accord collectif de travail ou du contrat de travail (n° 64920), à une indemnité de départ en retraite (C. trav. art. L 1237-9). **64900**

Il résulte de la généralité des termes de la loi que :

– le **bénéfice** de l'indemnité de départ à la retraite est accordé à **tout salarié** qui entre dans le champ d'application du Code du travail ;

– l'indemnité légale est due au salarié quittant volontairement l'entreprise pour faire valoir son droit à pension de vieillesse. Dès lors que cette condition est remplie (Cass. soc. 23-9-2009 n° 08-41.397 FS-PB), cette indemnité doit être versée, même si le salarié relève d'un régime particulier de sécurité sociale fixant un âge inférieur à celui prévu par le régime général pour l'ouverture du droit à pension de vieillesse ou ne fixant pas de condition d'âge (Circ. DRT 8-9-1987). Il en est de même s'il peut prétendre à une **retraite anticipée** ;

– le droit à l'indemnité de départ à la retraite n'est pas subordonné à la possibilité de bénéficier d'une **pension à taux plein.**

› Précisions a. L'**usage dit « du coup de chapeau »** pratiqué par l'employeur en faveur de salariés n'ayant pas atteint le dernier échelon indiciaire et leur permettant de bénéficier, plusieurs mois avant leur départ à la retraite, à la fois d'une **augmentation de salaire** et d'une majoration consécutive du montant de leur retraite et l'indemnité légale de départ à la retraite n'ont pas le même objet et peuvent donc se cumuler (Cass. soc. 20-11-2019 n° 18-19.578 FS-PB). Il en va différemment du **capital** versé à un salarié au moment de son départ à la retraite dans le cadre d'un **contrat d'assurance groupe** souscrit par l'employeur (Cass. soc. 8-7-2003 n° 01-16.099 FS-P).

b. Lors de la **substitution d'une pension de vieillesse** à la pension d'invalidité du salarié, en application de la législation de la sécurité sociale, ce dernier ne peut prétendre qu'à une indemnité de départ à la retraite, et non à une indemnité de mise à la retraite (Cass. soc. 27-1-1998 n° 95-44.168 D).

MINIMUM LÉGAL

L'indemnité de départ à la retraite est **fixée** comme suit (C. trav. art. D 1237-1) : **64910**

– 1/2 mois de salaire après 10 ans d'ancienneté ;

– 1 mois de salaire après 15 ans d'ancienneté ;

– 1 mois 1/2 de salaire après 20 ans d'ancienneté ;

– 2 mois de salaire après 30 ans d'ancienneté.

Le **salaire** à prendre en considération pour le calcul de l'indemnité de départ en retraite est, selon la formule la plus avantageuse pour l'intéressé, soit le douzième de la rémunération des 12 derniers mois précédant le départ à la retraite, soit le tiers des 3 derniers mois (voir n°s 63450 s.) ; dans ce cas, toute prime ou autre élément de salaire annuel ou exceptionnel qui aurait été versé au salarié pendant cette période est pris en compte à due proportion (C. trav. art. D 1237-2).

S'agissant du **salarié occupé successivement à temps complet et à temps partiel,** voir n°s 74740 s.

MONTANT SUPÉRIEUR

L'indemnité légale est un minimum. Le salarié peut bénéficier, le cas échéant, d'une indemnité plus favorable prévue dans une **convention,** un **accord collectif** ou le contrat de travail (Circ. DRT 8-9-1987). **64920**

Pour en bénéficier, le salarié doit remplir les **conditions d'attribution** conventionnelles. Ainsi jugé que le salarié liquidant avant 60 ans une retraite anticipée pour longue carrière ne peut pas prétendre à l'indemnité conventionnelle dont le bénéfice est expressément réservé aux salariés âgés d'au moins 60 ans (Cass. soc. 4-7-2007 n°s 06-40.114 FS-PB et 06-42.322 FS-D).

ATTENTION

Le départ volontaire à la retraite constitue une rupture à l'initiative du salarié et n'ouvre pas droit à l'**indemnité de licenciement,** même dans le cadre d'un **plan de sauvegarde de l'emploi** (Cass. soc. 25-6-2002 n° 00-18.907 FS-PBRI ; 9-7-2003 n° 01-43.298 F-D).

2. RÉGIME SOCIAL ET FISCAL

a. Principe d'assujettissement

RÉGIME SOCIAL

64970 L'indemnité de départ à la retraite versée à un salarié qui décide de quitter son emploi pour faire liquider sa retraite est assujettie aux **cotisations de sécurité sociale,** à la **CSG** et à la **CRDS** (sans application de l'abattement pour frais professionnels). Cette solution, qui se déduit de l'absence d'exonération légale, a été confirmée par la jurisprudence (Cass. soc. 6-1-1988 n° 85-16.642 D ; 18-5-1988 n°s 85-18.651 D et 86-11.843 D ; 19-3-1992 n° 89-21.679 D ; 24-2-1994 n° 91-21.140 D) et par l'administration (BOSS-Ind. rupture-1560).

Elle est transposable aux **prélèvements dont l'assiette est harmonisée** avec celle des cotisations de sécurité sociale : cotisations ou contributions solidarité autonomie, Fnal, dialogue social, chômage, AGS, retraite complémentaire Agirc-Arrco, formation et alternance (contributions à la formation professionnelle, CPF-CDD, supplémentaire à l'apprentissage et taxe d'apprentissage), versement mobilité et participation-construction.

Elle vaut également pour la **taxe sur les salaires,** lorsque celle-ci est encore due, l'assiette de cette taxe étant alignée sur celle de la CSG (BOI-TPS-TS-20-10 n° 10).

Étant assujettie aux cotisations de sécurité sociale et à la CSG, cette indemnité est affranchie de **forfait social** (CSS art. L 137-15).

Ces solutions valent aussi pour l'indemnité servie à des salariés acceptant de partir à la retraite sur proposition de l'employeur pour un **motif économique** en dehors d'un **plan de sauvegarde de l'emploi** (BOSS-Ind. rupture-1580), mais pas pour celles servies au titre d'un départ volontaire à la retraite dans le cadre d'un tel plan : voir n°s 65040 s.

RÉGIME FISCAL

64980 Les indemnités de départ volontaire à la retraite versées hors plan de sauvegarde de l'emploi sont intégralement imposables à l'**impôt sur le revenu** dans la catégorie des traitements et salaires. À ce titre elles donnent lieu au prélèvement à la source de l'impôt sur le revenu opéré par la partie versante et figurent dans le montant à porter en montant net imposable du bulletin de paie.

Pour les indemnités versées dans le cadre d'un plan de sauvegarde de l'emploi (**PSE**) : voir n° 65060.

Sur le cas particulier des indemnités de départ volontaire à la retraite versées aux **dirigeants de sociétés anonymes cotées,** voir n° 34680.

ATTENTION

S'il est établi que le départ du salarié revêtant la forme d'un départ volontaire à la retraite a été en réalité **provoqué par l'employeur,** l'indemnité versée dans ces conditions devrait à notre sens bénéficier du régime fiscal de l'indemnité de licenciement versée hors plan de sauvegarde de l'emploi.

Il y a lieu, en pareil cas, en effet, d'appliquer le principe général énoncé par le juge constitutionnel faisant obligation aux services fiscaux de rechercher, sous le contrôle du juge de l'impôt, l'exacte qualification à donner aux indemnités versées : voir ce qui est dit à ce sujet n° 64450 à propos de la démission forcée, qui vaut tout autant pour le départ à la retraite.

Si, à l'inverse, il apparaît que le licenciement prononcé revêt en réalité le caractère d'un départ volontaire à la retraite, l'indemnité transactionnelle versée à l'occasion de la rupture doit être requalifiée en indemnité de départ volontaire à la retraite intégralement imposable dans la catégorie des traitements et salaires (CAA Nantes 10-9-2020 n° 18NT04344).

64990 Pour atténuer les effets de la progressivité de l'**impôt sur le revenu,** le salarié peut opter pour le système du **quotient** prévu, pour les revenus exceptionnels ou différés, par l'article 163-0 A du CGI, ouvert aux indemnités de départ volontaire à la retraite, de mise à la retraite par l'employeur et de départ en préretraite, quel qu'en soit le montant imposable : voir n° 35390.

Cette option est **sans incidence sur les obligations de l'employeur.** Même si elle est exercée, l'intégralité du montant imposable de l'indemnité doit être soumise au prélèvement à la source (BOI-IR-PAS-20-10-10 nº 10), figurer dans le montant porté en montant net imposable du bulletin de paie et être déclarée sur la DSN du mois où elle a été payée.

b. Plan de sauvegarde de l'emploi

RÉGIME SOCIAL

Les indemnités versées en cas de départ volontaire à la retraite intervenant dans le cadre d'un plan de sauvegarde de l'emploi (PSE) sont, comme les indemnités de licenciement versées dans ce cadre, exonérées de **cotisations de sécurité sociale** dans la limite d'un montant fixé à 2 fois la valeur du plafond annuel de la sécurité sociale (Pass), soit 87 984 € en 2023. Cette exonération ne joue que si le montant total n'excède pas **10 Pass,** soit 439 920 € en 2023. Dans le cas contraire, elles sont intégralement assujetties à cotisations (CSS art. L 242-1, II-7º ; CGI art. 80 duodecies, 1-2º ; BOSS-Ind. rupture-1570 s.). **65040**

Sur l'appréciation de ces seuils de 2 ou 10 Pass en cas de **pluralité d'indemnités** liées à la rupture du contrat de travail, voir nº 64070 et en cas de cumul d'un contrat de travail et d'un **mandat social,** voir nº 77080.

Elles sont exonérées dans les mêmes conditions des **prélèvements** dont l'assiette est alignée sur celle des cotisations de sécurité sociale : cotisations ou contributions solidarité autonomie, Fnal, dialogue social, chômage, AGS, retraite complémentaire Agirc-Arrco, formation et alternance (contributions à la formation professionnelle, CPF-CDD, supplémentaire à l'apprentissage et taxe d'apprentissage), versement mobilité et participation-construction.

L'exonération de cotisations concerne l'ensemble des **indemnités** versées dans le cadre d'un **PSE.** Pour plus de précisions, on se reportera aux développements consacrés à l'indemnité de licenciement versée dans ce cadre : voir nºs 64000 s.

Sur le régime des indemnités versées aux salariés acceptant de partir à la retraite sur **proposition de l'employeur** pour un **motif économique** mais **en dehors d'un PSE,** voir nº 64970.

Les indemnités de départ volontaire à la retraite versées dans le cadre d'un PSE sont exclues de l'assiette de la **CSG** et de la **CRDS,** indépendamment de leur assujettissement à l'impôt sur le revenu, dans la limite du plus petit des montants suivants (CSS art. L 136-1-1, III-5º ; Ord. 96-50 du 24-1-1996 art. 14-I) : **65050**

– le montant prévu par la **convention collective** de branche, l'accord professionnel ou interprofessionnel ou, à défaut, par la loi ;

– le **montant exclu des cotisations** de sécurité sociale.

Autrement dit, les indemnités sont assujetties à la CSG et à la CRDS pour la **fraction qui excède,** soit le montant de l'indemnité légale ou conventionnelle de licenciement, soit 2 fois le plafond annuel de la sécurité sociale (87 984 € en 2023), si celle-ci est inférieure.

L'exonération plafonnée ne joue que si le montant total des indemnités versées ne dépasse pas 10 Pass, soit 439 920 € en 2023. Dans le cas contraire, elles sont intégralement assujetties à ces contributions (CSS art. L 136-1-1, III-5º ; Ord. 24-1-1996 art. 14-I).

Sur l'appréciation de ces seuils de 2 ou 10 Pass en cas de **pluralité d'indemnités** liées à la rupture du contrat de travail, voir nº 64070 et en cas de cumul d'un contrat de travail et d'un **mandat social,** voir nº 77080.

Ces principes valent également, lorsqu'elle est encore due, pour la **taxe sur les salaires,** dont l'assiette est alignée sur celle de la CSG (BOI-TPS-TS-20-10 nº 10).

Ces indemnités sont en revanche exclues en totalité de l'assiette du **forfait social** (CSS art. L 137-15, 3º), y compris donc pour la part, le cas échéant, exclue de l'assiette des cotisations de sécurité sociale et assujettie à CSG.

Sur le régime des indemnités versées aux salariés acceptant de partir à la retraite sur **proposition de l'employeur** pour un **motif économique** mais **en dehors d'un PSE,** voir nº 64970.

RÉGIME FISCAL

Les indemnités versées en cas de départ volontaire intervenant dans le cadre d'un plan de sauvegarde de l'emploi au sens des articles L 1233-32 et L 1233-61 à L 1233-64 du Code du travail sont exonérées d'**impôt sur le revenu** pour leur montant total (CGI art. 80 duodecies, 1-2º). **65060**

La portée de ces dispositions qui concernent non seulement le départ volontaire à la retraite, mais également la démission ou le départ en préretraite est étudiée nº 64310.

Sur le cas particulier des indemnités de départ à la retraite versées aux **dirigeants de sociétés anonymes cotées,** voir nº 34680.

c. Calcul et paiement des cotisations

65130 Lorsqu'elle est passible des cotisations de sécurité sociale, l'indemnité de départ à la retraite est assujettie suivant les règles applicables aux salaires.

Si le départ à la retraite a lieu en cours d'année, le calcul des cotisations plafonnées se fait sur la base d'un **plafond régularisateur** (nos 18230 s.) tenant compte des seules périodes d'emploi. En cas de départ en cours de mois, le plafond de ce mois est réduit comme exposé no 18045. Si l'indemnité est versée avec la dernière paie et si elle est passible des cotisations, elle entre dans les rémunérations à comparer au plafond régularisateur pour déterminer le montant de cotisations dû. Si elle est versée ultérieurement, elle est traitée comme un rappel de salaire (nos 53550 s.). La réduction de plafond joue dans les mêmes conditions pour le calcul du plafond d'assiette des contributions **chômage** et AGS et pour celui des plafonds des cotisations et contributions de **retraite complémentaire** Agirc-Arrco.

La régularisation des **cotisations d'allocations familiales** et d'**assurance maladie** se fait dans les conditions de droit commun, voir nos 22700 s. S'agissant de la régularisation de la **réduction générale** de cotisations patronales, voir nos 22350 s.

d. Bulletin de paie et DSN

65150 L'indemnité de départ volontaire à la retraite doit figurer distinctement sur le **bulletin** de paie, en application de l'article R 3243-1, 6° du Code du travail, faisant obligation de mentionner sur ce document la nature et le montant des accessoires du salaire soumis aux cotisations sociales.

C'est le **montant** intégral de l'indemnité qu'il faut porter sur le bulletin. Mais l'indemnité ne doit entrer dans le **net imposable** que si elle est versée hors PSE (voir no 64980).

Pour un **modèle** de bulletin de paie, voir no 94900.

65160 Le départ du salarié doit être signalé dans la **DSN** (voir no 36460). L'indemnité de départ à la retraite doit être comprise dans la rémunération à déclarer dans la **partie sociale** de la DSN, dans le bloc Prime, gratification et indemnité.

En cas d'exonération partielle, seule la fraction assujettie à cotisations doit être mentionnée. La règle est la même pour la base de la CSG et de la CRDS.

L'indemnité de départ volontaire à la retraite – versée hors plan de sauvegarde de l'emploi (PSE) – doit être portée dans les rubriques Rémunération nette fiscale et Montant soumis au PAS du bloc Versement individu de la DSN pour son montant total. Elle doit être déclarée en totalité le mois de son versement, y compris lorsque le salarié a opté pour le système du quotient en matière d'impôt sur le revenu (no 64990).

En revanche, l'indemnité de départ volontaire à la retraite versée dans le cadre d'un PSE ne doit pas être comprise dans le montant à déclarer dans ces rubriques fiscales de la DSN.

Sur le cas particulier des indemnités de départ à la retraite versées aux **dirigeants de sociétés anonymes cotées,** voir no 34680.

SECTION 4 AUTRES CAS DE RUPTURE

65230 Une indemnisation peut être due au salarié en cas de rupture de la période d'essai, de prise d'acte de la rupture du contrat ou de résiliation judiciaire de ce dernier aux torts de l'employeur. Par ailleurs, lors de la rupture de son contrat, un salarié dissimulé ou un étranger non autorisé à travailler peut prétendre à différentes sommes tant au titre de cette rupture que de la période d'emploi illicite. Sont examinées ci-après les modalités de ces indemnisations et les charges sociales auxquelles elles sont soumises.

En cas de **décès** du salarié, voir nos 73440 s.

RUPTURE DE LA PÉRIODE D'ESSAI

65240 **Versement d'une indemnité compensatrice** L'employeur rompant la période d'essai **sans respecter le délai de prévenance** fixé à l'article L 1221-25 du Code du travail ou celui prévu par le contrat de travail si celui-ci est plus long (Cass. soc. 15-4-2016 no 15-12.588 F-D) est redevable envers le salarié d'une indemnité compensatrice, sauf si ce dernier a commis une faute grave. De même, l'employeur doit verser au salarié une indemnité compensatrice s'il le **dispense** de l'exécution de son « préavis » (Cass. soc. 16-9-2015 nº 14-16.713 FS-PB).

L'indemnité compensatrice est **égale** au montant des salaires et avantages que le salarié aurait perçus s'il avait accompli son travail jusqu'à l'expiration du délai de préavis, indemnité compensatrice de congés payés comprise (C. trav. art. L 1221-25).

› Précisions Pour toute période d'essai d'au moins une semaine, le salarié doit être prévenu dans un **délai qui ne peut être inférieur** à (C. trav. art. L 1221-25) :
– 24 heures en deçà de 8 jours de présence ;
– 48 heures entre 8 jours et 1 mois de présence ;
– 2 semaines après 1 mois de présence ;
– 1 mois après 3 mois de présence.

Régime social et fiscal À défaut de disposition prévoyant une exonération, la somme est soumise aux **cotisations** et contributions sociales : cotisations ou contributions de sécurité sociale, solidarité autonomie, Fnal, dialogue social, chômage, AGS, retraite complémentaire Agirc-Arrco, formation et alternance (contributions à la formation professionnelle, CPF-CDD, supplémentaire à l'apprentissage et taxe d'apprentissage), versement mobilité et participation-construction. Elle est également soumise à la CSG, à la CRDS ainsi que, par voie de conséquence, aux taxes et participations assises sur les salaires. 65250

Cette indemnité présente à notre avis la nature d'un salaire imposable à l'**impôt** sur le revenu puisqu'elle a pour objet de compenser une perte de salaire. Elle doit donc donner lieu au prélèvement à la source de l'impôt sur le revenu opéré par la partie versante.

Ces précisions valent en cas de rupture de la période d'essai d'un **contrat à durée indéterminée ou déterminée.**

Assujettie aux cotisations sociales, à la CSG et à la CRDS, l'indemnité doit figurer sur le **bulletin de paie** et dans le net imposable de celui-ci. 65260

La fin du contrat doit être signalée à Pôle emploi via la **DSN,** voir nº 36460. L'indemnité doit être comprise dans la rémunération à déclarer dans la **partie sociale** de la DSN, dans le bloc Prime, gratification et indemnité, et aux rubriques Rémunération nette fiscale et Montant soumis au PAS du bloc Versement individu de cette déclaration.

PRISE D'ACTE DE LA RUPTURE DU CONTRAT

Motifs et effets Le salarié qui reproche à l'employeur de graves **manquements** à ses obligations peut prendre acte de la rupture de son contrat de travail. La prise d'acte entraîne la **cessation immédiate** du contrat (Cass. soc. 20-1-2010 nºs 08-43.471 FS-PB et 08-43.476 FS-PB), de sorte que le salarié n'est pas tenu d'exécuter un préavis (Cass. soc. 28-9-2011 nº 09-67.510 FS-PB). Il lui appartient ensuite de saisir le **juge** qui doit statuer dans le délai d'un mois (C. trav. art. L 1451-1) sur les effets de la rupture. 65270

Lorsque les manquements invoqués par le salarié sont **suffisamment graves** pour empêcher la poursuite du contrat de travail, la prise d'acte produit les effets d'un licenciement sans cause réelle et sérieuse (Cass. soc. 19-1-2005 nº 03-45.018 FS-PBRI ; 30-3-2010 nº 08-44.236 FS-PB) ou nul en cas de harcèlement (Cass. soc. 20-2-2013 nº 11-26.560 F-PB ; 28-3-2018 nº 16-20.020 F-D), de discrimination (CA Versailles 10-1-2012 nº 10-04996) ou si le salarié est protégé. Dans le cas contraire, elle produit les effets d'une démission (Cass. soc. 25-6-2003 nº 01-42.335 FP-PBRI), le salarié pouvant être condamné à verser à l'employeur une indemnité pour non-respect du **préavis** (voir nº 66180).

Sur le droit à une prime de vacances versée postérieurement à une prise d'acte, voir nº 45450.

Pour plus de précisions, voir Mémento social nºs 69150 s.

Indemnités Lorsqu'elle produit les **effets d'un licenciement sans cause réelle et sérieuse,** la prise d'acte ouvre droit pour le salarié à l'indemnité prévue dans ce cas par la loi (voir nº 65760). Lorsque la prise d'acte produit les **effets d'un licenciement nul,** le salarié a droit à l'indemnité visée nº 65764, quelle que soit la date de notification de la prise d'acte. 65280

Dans tous les cas, le juge accorde au salarié l'indemnité compensatrice de **préavis** (voir nº 66150, b), l'**indemnité de licenciement** et, le cas échéant, des **dommages et intérêts** en raison des circonstances vexatoires de la rupture (Cass. soc. 16-3-2010 nº 08-44.094 FS-PB) ou de la perte de chance de bénéficier des informations relatives à la portabilité de la prévoyance (Cass. soc. 2-3-2016 nº 14-18.334 F-D). Le salarié n'a pas droit en revanche à l'indemnité pour non-respect de la procédure de licenciement (Cass. soc. 4-4-2007 n° 05-42.847 F-D ; 19-10-2016 n° 14-25.067 F-PB).

S'agissant de l'**indemnité conventionnelle de licenciement** à laquelle le salarié peut prétendre, voir n° 63630.

65285 Au regard de l'**impôt** sur le revenu, les indemnités versées au salarié en cas de prise d'acte aux torts de l'employeur suivent le même régime que les indemnités pouvant être versées à la suite d'un licenciement (CE 1-4-2015 n° 365253). Cette solution devrait également valoir, à notre avis, pour le **régime social** de ces indemnités.

Pour le régime social et fiscal des indemnités versées à l'occasion d'un licenciement, voir n°s 66300 s. (indemnité de préavis), 63800 s. (indemnité de licenciement), et 65770 s. (indemnités pour licenciement abusif ou nul).

RÉSILIATION JUDICIAIRE DU CONTRAT

65290 **Motifs et effets** Le salarié peut saisir le **juge prud'homal** d'une demande de résiliation judiciaire de son contrat en cas de manquements de l'employeur à ses obligations. Une telle action judiciaire implique la **poursuite des relations contractuelles** dans l'attente de la décision du juge. Si ce dernier estime que les manquements de l'employeur sont suffisamment graves pour empêcher la poursuite du contrat de travail, il prononce la résiliation du contrat à la date du jugement, sauf si le contrat a déjà été interrompu (Cass. soc. 21-1-2014 n° 12-28.237 FS-PB). Cette rupture produit les effets d'un **licenciement sans cause réelle et sérieuse** (Cass. soc. 20-1-1998 n° 95-43.350 PF) ou **nul** en cas de harcèlement (Cass. soc. 20-2-2013 n° 11-26.560 F-PB) ou si le salarié est protégé (Cass. soc. 26-9-2006 n° 05-41.890 F-D). Dans le cas contraire, la relation contractuelle se poursuit (Cass. soc. 26-9-2007 n° 06-42.551 FS-PB).

Lorsque le salarié, au jour de jugement, n'est plus à la disposition de l'employeur, mais s'est engagé au service d'un autre employeur, la date de la rupture du contrat doit être fixée à la date de cet engagement (Cass. soc. 21-9-2016 n° 14-30.056 FS-PB) ; s'il a été licencié ou a pris acte de la rupture de son contrat, à la date d'envoi de la lettre de licenciement (Cass. soc. 15-5-2007 n° 04-43.663 FS-PBR) ou de celle de la prise d'acte (Cass. soc. 9-5-2007 n° 05-45.218 F-D).

Pour plus de précisions, voir Mémento social n°s 69180 s.

65300 **Indemnités** Lorsqu'elle produit les effets d'un **licenciement sans cause réelle et sérieuse,** la résiliation judiciaire ouvre droit pour le salarié à l'indemnité prévue dans ce cas (voir n° 65760) ; lorsque la résiliation produit les effets d'un **licenciement nul,** le salarié a droit à l'indemnité visée n° 65764 (C. trav. art. L 1235-3-2).

Dans tous les cas, le juge octroie au salarié l'**indemnité de licenciement** et l'indemnité compensatrice de **préavis** (Cass. soc. 28-4-2011 n° 09-40.708 FS-PB), mais pas l'indemnité pour **non-respect de la procédure** de licenciement (Cass. soc. 20-6-2012 n° 11-14.660 F-D).

S'agissant de l'**indemnité conventionnelle de licenciement** à laquelle le salarié peut prétendre, voir n° 63630.

65305 Les indemnités versées au salarié en cas de résiliation judiciaire aux torts de l'employeur suivent, selon nous, le même **régime social et fiscal** que les indemnités pouvant être versées à la suite d'un licenciement. S'agissant de l'indemnité de préavis, voir n°s 66300 s., de l'indemnité de licenciement, voir n°s 63800 s., des indemnités pour licenciement abusif ou nul, voir n°s 65770 s.

RUPTURE DU CONTRAT D'UN ÉTRANGER NON AUTORISÉ À TRAVAILLER

65310 La rupture du contrat d'un travailleur étranger, durant la période de validité du titre l'autorisant à exercer une activité salariée en France, obéit aux règles de droit commun (démission, licenciement, rupture conventionnelle homologuée, rupture anticipée du contrat à durée déterminée…).

En revanche, des règles particulières s'appliquent lorsque l'employeur rompt, comme il en a l'obligation (C. trav. art. L 8251-1), le contrat d'un étranger non autorisé à travailler. Sont examinées ci-après les règles spécifiques concernant les **droits et** l'**indemnisation** de l'intéressé. Sur les modalités de la rupture du contrat, voir Mémento social n° 35960.

65320 **Sommes dues au titre de la période d'emploi illicite** Pour la période d'emploi illicite, l'étranger est assimilé à un salarié régulièrement engagé au regard de différents droits, notamment en matière de durée du travail, de repos, de congés et de prise en compte de son ancienneté dans l'entreprise. Il doit bénéficier du Smic ou du **salaire** conventionnel applicable, des **primes** et indemnités diverses, des majorations pour **heures supplémentaires** s'il y a lieu, et des indemnités de **congés payés** (C. trav. art. L 8252-1 et L 8252-2, 1°).

> Précisions **a.** Sauf preuve contraire, que l'intéressé peut apporter par tous moyens, la **période d'emploi** illicite, et par conséquent celle sur laquelle les droits de l'étranger sont calculés, est présumée égale à 3 mois (C. trav. art. L 8252-2 1°).
b. Le travailleur étranger **mis à pied à titre conservatoire** avant la rupture de son contrat de travail pour défaut de titre de séjour a droit à un rappel de salaire pour cette période dans la mesure où, l'employeur n'invoquant aucune faute grave, il se trouvait alors en situation d'emploi illicite (Cass. soc. 23-11-2022 n° 21-12.125 FS-B).

Indemnités dues au titre de la rupture du contrat Lors de la rupture du contrat, l'étranger non autorisé à travailler a droit, quelle que soit son ancienneté, à une **indemnité forfaitaire** égale à 3 mois de salaire **ou,** si elles sont **plus favorables,** aux indemnités légale, conventionnelle ou contractuelle de préavis et de licenciement, ou à l'indemnité de rupture anticipée ou de fin de contrat à durée déterminée (C. trav. art. L 8252-2, 2°). L'indemnité de préavis, due même si celui-ci ne peut pas être exécuté, ne se cumule pas avec l'indemnité forfaitaire : seule la plus élevée est due (Cass. soc. 29-1-2008 n° 06-44.983 F-P ; 13-2-2013 n° 11-23.920 F-PB). 65330

Si l'étranger a été employé dans le cadre d'un **travail dissimulé,** il peut prétendre soit à ces indemnisations, soit à l'indemnité forfaitaire visée n° 65380 si elle lui est plus favorable (C. trav. art. L 8252-2, al. 5 ; Cass. soc. 14-2-2018 n° 16-22.335 FS-PB), compte tenu des créances salariales qui s'ajoutent à cette dernière (Cass. soc. 18-3-2020 n° 18-24.982 F-PB).

ATTENTION

Ni l'indemnité forfaitaire ni les indemnités de rupture ne sont dues à l'étranger dont le contrat est rompu non pas au seul motif de l'irrégularité de sa situation, mais en raison d'une **faute grave,** telle que la présentation d'un titre de travail falsifié, dès lors que l'employeur n'a commis aucune faute dans la vérification de ce titre (Cass. soc. 18-2-2014 n° 12-19.214 FS-PB).

Documents à délivrer Lors de la rupture de la relation de travail, l'employeur doit délivrer à l'étranger non autorisé à travailler les bulletins de salaire correspondant à sa période d'emploi dans l'entreprise, un certificat de travail et le solde de tout compte (C. trav. art. R 8252-6, al. 2). Mais il n'a pas à lui remettre l'attestation Pôle emploi (Cass. soc. 8-12-2009 n° 08-42.100 F-D). 65340

Paiement des sommes dues Les sommes dues au travailleur étranger non autorisé à travailler doivent lui être **versées,** par tout moyen, dans les 30 jours suivant la constatation de l'infraction. Si l'intéressé a entre-temps été placé en rétention administrative ou assigné à résidence ou s'il n'est plus sur le territoire national, l'employeur doit les déposer, dans ce même délai, à l'Office français de l'immigration et de l'intégration (Ofii) qui les reversera au travailleur étranger. Les **frais d'envoi** de ces sommes vers le pays où l'étranger est parti ou a été reconduit sont en principe à la charge de l'employeur (C. trav. art. L 8252-2, 3°, L 8252-4, R 8252-4 à R 8252-8). 65350

Les sommes dues au titre de la période d'emploi illicite et de la rupture du contrat de l'étranger non autorisé à travailler sont couvertes par la **garantie de l'AGS** et le privilège et le superprivilège des salaires (C. trav. art. L 8252-3). 65360

ATTENTION

Le texte précité dispose que les intéressés sont couverts par l'**assurance des créances des salariés** pour les sommes qui leur sont dues en application de l'article L 8252-1 du Code du travail. Le renvoi à ce dernier texte, plutôt qu'à celui fixant les sommes dues au titre de la période d'emploi illicite et de la rupture du contrat (comme le prévoyait l'ancien Code du travail), résulte à notre sens d'une erreur lors de la recodification de la partie législative de ce Code.

Régime social et fiscal Pour les **salaires, primes et accessoires** dus au titre de la période d'emploi illicite (n° 65320), l'intéressé étant pour cette période assimilé à un travailleur régulièrement engagé et lesdites sommes devant donner lieu à la délivrance de bulletins de paie. Elles doivent donc supporter l'ensemble des charges sociales et fiscales assises sur les salaires. 65370

Le sort de l'**indemnité forfaitaire** due au titre de la **rupture** de la relation de travail (n° 65330) est plus délicat. Doit-elle suivre le régime social et fiscal des indemnités de rupture auxquelles elle se substitue lorsqu'elle est plus favorable ?

Concernant le régime social et fiscal de ces **indemnités de rupture,** voir respectivement n°s 63800 s. (indemnité de licenciement), 66300 s. (indemnité de préavis), 76370 (indemnité de fin de contrat à durée déterminée) et 76440 s. (indemnité de rupture anticipée d'un contrat à durée déterminée).

RUPTURE DE LA RELATION DE TRAVAIL D'UN SALARIÉ DISSIMULÉ

65380 En cas de rupture de la relation de travail (licenciement, démission, rupture conventionnelle, rupture anticipée ou fin d'un CDD…), le salarié auquel l'employeur a eu volontairement recours en violation de l'interdiction de travail dissimulé a droit à une **indemnité forfaitaire** égale à 6 mois de salaire (C. trav. art. L 8223-1), même si la durée de la relation de travail a été moindre (Cass. soc. 14-4-2010 nº 08-43.124 FS-PB). Elle est **calculée** en prenant en compte les heures supplémentaires accomplies par le salarié pendant les 6 mois précédant la rupture (Cass. soc. 18-10-2006 nº 05-40.464 F-D ; 26-4-2017 nº 16-11.660 F-D).

Cette indemnité a la nature d'une **sanction civile** et n'est donc pas soumise à **cotisations sociales** (Cass. soc. 20-2-2008 nº 06-44.964 F-P). De ce fait, elle n'est pas prise en compte dans le cumul des indemnités de rupture pour apprécier la limite d'exonération visée nº 63820.

Cette indemnité **se cumule** avec les indemnités de toute nature auxquelles le salarié a droit en cas de rupture de la relation de travail (Cass. soc. 6-2-2013 nº 11-23.738 FP-PB), notamment les indemnités de licenciement, de mise à la retraite, de préavis, de requalification d'un CDD en CDI, pour licenciement abusif ou irrégulier, pour violation de l'ordre des licenciements. Sur le cumul de cette indemnité avec celle due en cas de rupture du contrat de travail d'un **étranger non autorisé à travailler,** voir nº 65330.

Sa situation au regard de l'**impôt sur le revenu** n'a fait l'objet, à ce jour, d'aucune précision.

SECTION 5

LITIGE RELATIF À LA RUPTURE DU CONTRAT

A. Transaction

65450 La transaction, régie par les articles 2044 à 2052 du Code civil, permet à l'employeur et au salarié de régler ou de prévenir toute **contestation** relative à la **rupture** du contrat de travail (Cass. soc. 10-3-1998 nº 95-43.094 P). Elle comporte des **concessions réciproques** de la part des signataires, souvent sous la forme d'une indemnité soumise à un régime social et fiscal spécifique (voir nºs 65590 s.).

La transaction peut également être conclue en cours d'**exécution** du contrat de travail, et donner lieu au versement d'une indemnité étudiée nº 55000.

Sur la possibilité pour les parties de conclure une transaction au cours d'un litige devant le **conseil de prud'hommes** et de s'accorder sur une indemnité forfaitaire, voir nºs 65680 s.

1. CONCLUSION D'UNE TRANSACTION

CONDITIONS DE VALIDITÉ

65455 **Objet de la transaction** La transaction peut mettre fin à un **différend** existant ou potentiel entre l'employeur et le salarié (Cass. soc. 2-12-1997 nº 95-42.981 PF ; 15-12-2010 nº 09-40.701 F-PB), mais n'a pas vocation à déterminer l'**auteur** de la rupture du contrat de travail (Cass. soc. 16-7-1997 nº 94-42.283 PB ; 21-3-2000 nº 97-45.245 D) ou à **rompre** celui-ci (Cass. soc. 5-12-2012 nº 11-15.471 FP-PB).

L'objet de la transaction doit être **licite** : elle ne peut pas par exemple qualifier rétroactivement et artificiellement de période d'essai une période au cours de laquelle le contrat était devenu définitif (Cass. soc. 18-6-1996 nº 92-44.729 P) ou empêcher le salarié victime d'une maladie professionnelle d'invoquer une faute inexcusable de l'employeur (Cass. 2e civ. 1-6-2011 nº 10-20.178 F-PB).

ATTENTION

Si la transaction a pour objet de **clore un litige relatif à la rupture du contrat,** elle doit être **conclue,** sous peine de nullité, une fois la rupture intervenue et définitive (Cass. soc. 29-5-1996 nº 92-45.115 PBR ; 15-1-1997 nº 93-44.010 P), c'est-à-dire :

– en cas de **licenciement,** après réception par le salarié de la lettre recommandée avec accusé de réception lui notifiant la rupture (Cass. soc. 18-2-2003 nº 00-42.948 FS-PBI ; 14-6-2006 nº 04-43.123 FS-PB ; 10-10-2018 nº 17-10.066 FS-PB), peu important que l'effet de celle-ci soit différé du fait de la signature d'un contrat de sécurisation professionnelle (Cass. soc. 31-5-2011 nº 10-14.313 FS-PB). La transaction

n'est donc pas valable si la lettre de rupture a été remise en main propre (Cass. soc. 21-1-2015 n° 13-23.603 F-D) ;
– en cas de **démission,** après sa notification (Cass. soc. 1-12-2004 n° 02-46.341 FS-PB), à condition que la volonté du salarié de démissionner soit claire et non équivoque (Cass. soc. 15-3-2006 n° 03-45.875 F-P) ; elle n'est soumise à aucun formalisme.

Concessions réciproques La transaction doit comporter des concessions réciproques (C. civ. art. 2044) dont l'**existence** s'apprécie à la date de sa conclusion (Cass. soc. 15-4-1992 n° 89-41.977 D). Elles n'ont pas à être exactement **proportionnelles** (Cass. soc. 13-5-1992 n° 89-40.844 P), mais ne doivent pas pour autant être **dérisoires** (Cass. soc. 10-7-2001 n° 99-43.376 F-D). 65460

€

Les concessions de l'employeur prennent le plus souvent la forme d'un **dédommagement financier** (régime social et fiscal : voir n°s 65590 s.) censé représenter les indemnités éventuellement dues au salarié (indemnités de licenciement, de préavis, de congés payés, de non-concurrence…) et des dommages-intérêts, en contrepartie de l'abandon par l'intéressé de toute possibilité de contester ultérieurement la rupture de son contrat de travail.

L'indemnité transactionnelle est, selon nous, comprise dans les sommes devant apparaître sur le **bulletin de paie** (pour des modèles, voir nos 94860 s.).

CONSEIL

La transaction peut stipuler une indemnité **globale** ou au contraire **détailler** les sommes versées. Pour éviter toute discussion ultérieure, et eu égard au fait que les sommes incluses dans la transaction peuvent relever de régimes sociaux et fiscaux différents, il est néanmoins conseillé de détailler ces sommes (en ce sens, Cass. soc. 16-6-1998 n° 96-41.768 P).

ILLUSTRATIONS 65470

Constituent une **transaction valable** avec des concessions réciproques :
– le versement d'indemnités de rupture à un salarié dont le comportement était de nature à caractériser une faute grave, par définition privative de ces indemnités (Cass. soc. 5-4-1995 n° 93-44.839 D) ;
– la renonciation de l'employeur à la clause de non-concurrence et le versement d'une indemnité transactionnelle au salarié licencié pour un motif susceptible de constituer une faute grave (Cass. soc. 29-11-2007 n° 04-45.211 F-D) ;
– la dispense par l'employeur de l'exécution du préavis de démission et du respect de la clause de non-concurrence, le salarié renonçant quant à lui à l'indemnité compensatrice de congés payés (Cass. soc. 1-12-2004 n° 02-46.341 F-PB) ;
– en présence de faits susceptibles d'être qualifiés de faute grave, le versement d'une indemnité globale correspondant à l'indemnité de licenciement et 2 mois de salaire (Cass. soc. 8-6-2016 n° 15-12.862 F-D).

En revanche, ne peut **pas valoir transaction** pour défaut de concessions réciproques l'acte signé entre le salarié et l'employeur si ce dernier :
– sans reprocher à l'intéressé une faute grave ou lourde, lui verse les indemnités de rupture (Cass. soc. 3-12-1987 n° 85-40.011 D ; 17-10-1996 n° 93-43.874 D) ou une somme inférieure à l'indemnité conventionnelle de licenciement (Cass. soc. 18-2-1998 n° 95-42.500 P) ;
– verse les indemnités de rupture au salarié licencié pour faute grave alors que les faits ne peuvent pas être qualifiés comme tels, notamment lorsque l'employeur reconnaît au salarié un droit au préavis mais l'en dispense (Cass. soc. 4-7-2001 n° 99-43.892 F-D) ou lorsque le préavis est exécuté (Cass. soc. 27-2-1997 n° 94-41.463 D), si les faits sont prescrits à la date du licenciement (Cass. soc. 30-11-2010 n° 09-67.533 F-D), ou lorsqu'il est reproché au salarié une incompétence ou une insuffisance professionnelle (Cass. soc. 27-3-1996 n° 92-40.448 P ; 6-4-1999 n° 96-43.467 PB) ou des absences injustifiées alors que son contrat de travail était suspendu par un congé parental d'éducation (Cass. soc. 13-12-2007 n° 06-46.302 FS-PB) ;
– dispense le salarié de son préavis sans lui verser d'indemnité compensatrice (Cass. soc. 23-4-1997 n° 94-40.349 D) ;
– renonce seulement à porter plainte pour vol contre le salarié licencié pour faute grave et privé de toute indemnité (Cass. soc. 13-10-2011 n° 09-71.829 F-D) ;
– ne verse au salarié licencié pour motif économique qu'une partie de l'indemnité de préavis qui lui était due et le prive de son indemnité de licenciement (Cass. soc. 18-10-1989 n° 86-44.145 P) ;
– n'accorde pas de concession appréciable en allouant au salarié qu'une somme légèrement supérieure à l'indemnité conventionnelle à laquelle il avait droit (Cass. soc. 19-2-1997 n° 95-41.207 P), ou lui accorde une indemnité d'un montant dérisoire (Cass. soc. 28-11-2000 n° 98-43.635 FS-P) ;
– ne verse qu'une somme équivalente aux dommages-intérêts qui seraient dus en cas de licenciement sans cause réelle et sérieuse, alors que l'employeur s'est abstenu d'énoncer les motifs à l'appui du licenciement (Cass. soc. 27-2-1996 n° 92-44.997 D ; 13-10-1999 n° 97-42.027 P), ou n'a pas précisé la cause économique du licenciement (Cass. soc. 13-3-2002 n° 00-40.627 F-D ; 3-4-2013 n° 11-28.812 F-D).

65480 **Obligation d'information** L'employeur est tenu d'une obligation de renseignement de bonne foi. Ainsi, sa **responsabilité** peut être engagée s'il ne communique pas au salarié une lettre adressée par l'administration indiquant le régime fiscal de l'indemnité versée (Cass. soc. 2-4-1996 n° 92-44.292 D) ou s'il a affirmé que la majoration de l'indemnité conventionnelle de licenciement n'était pas imposable, dès lors que cette information erronée a été déterminante dans la décision du salarié de signer la transaction (Cass. soc. 7-6-1995 n° 91-44.294 P ; 15-4-1996 n° 92-44.826 D). Dans cette hypothèse, il ne peut pas être reproché au salarié de n'avoir pas contrôlé les affirmations de son employeur (CA Paris 31-10-1991).

ATTENTION

Si la transaction prévoit que le salarié accepte de faire son affaire personnelle de l'imposition des sommes perçues, l'intéressé ne peut pas obtenir réparation de l'**erreur de calcul** de l'employeur sur ces sommes même si cette erreur a entraîné un **redressement fiscal** (Cass. soc. 16-6-2021 n° 20-13.256 F-D).

65500 **Absence de vice du consentement** Le consentement des parties ne doit ni être affecté par une **erreur** sur l'objet de la contestation, ni être obtenu par des **manœuvres frauduleuses** ou par la **violence.** Ainsi, l'engagement de renoncer à toute action contre l'employeur ne prive pas le salarié de la possibilité d'invoquer les manœuvres dolosives dont il dit avoir été victime lors des **actes préparatoires** à la conclusion de la transaction, afin d'obtenir la réparation du préjudice subi (Cass. soc. 7-6-1995 n° 91-44.294 P ; 15-4-1996 n° 92-44.826 D) ; voir aussi n° 65480.

Pour éviter tout contentieux, il importe donc d'éclairer le salarié sur la **portée** de son engagement et de lui laisser le temps de la réflexion.

Par ailleurs, la mention de **réserves** par le salarié est exclusive de son accord pour transiger sur ses droits (Cass. soc. 11-2-1997 n° 94-45.431 D).

ILLUSTRATIONS

N'est **pas valable** la transaction signée par un salarié illettré (CA Paris 13-3-1984 n° 82-25925), ne sachant pas lire le français (Cass. soc. 14-1-1997 n° 95-40.287 D) ou ne maîtrisant pas, en raison de ses origines étrangères, le vocabulaire juridique (CA Nancy 17-4-2001 n° 99-2928). En effet, le salarié est incapable, dans ces situations, d'en apprécier la signification et la portée.

La transaction est en revanche **valable** lorsque le salarié éprouvant des difficultés à écrire le français a disposé d'un long délai pour prendre conseil avant de signer l'acte (Cass. soc. 23-11-2011 n° 10-11.277 F-D).

Les **mensonges** du salarié incitant l'employeur à l'octroi de concessions plus avantageuses ne constituent une cause de nullité de la transaction pour dol que si, sans ces mensonges, il est évident que l'employeur n'aurait pas signé la transaction (Cass. soc. 12-2-1997 n° 93-44.042 P ; 8-9-2021 n° 20-15.730 F-D).

FORME

65510 L'**écrit** ne constitue pas une condition de validité de la transaction, mais est exigé comme **preuve** (Cass. soc. 29-2-1984 n° 81-42.623). Certains éléments de preuve permettent d'établir l'existence d'une transaction : remise d'un chèque contre reçu, échange de lettres, procès-verbal de conciliation.

Il faut également établir l'existence d'une contestation, l'intention de transiger et l'existence de concessions réciproques : voir nos 65460 s.

Le recours à un écrit précisant ces différents points, établi en **double exemplaire,** signé par l'employeur et le salarié, est donc vivement recommandé. Cet écrit permettra aussi de préciser la portée de la transaction et de minimiser ainsi le risque de litige ultérieur : voir nos 65520 s.

> **Précisions a.** Pour qu'une transaction rédigée par écrit soit valable, elle doit être **datée** (CA Versailles 24-1-2003 n° 00-3613), mais il n'est pas nécessaire qu'y figurent la mention « **lu et approuvé** », la mention « **bon pour accord** » ou l'indication du **nombre d'exemplaires** signés (Cass. soc. 19-3-1991 n° 87-44.470 D).
b. Le bureau de conciliation et d'orientation du **conseil de prud'hommes** peut homologuer la transaction, même si les parties n'ont pas eu recours à une médiation, une conciliation ou une procédure participative. Il est saisi par la partie la plus diligente ou l'ensemble des parties (C. trav. art. R 1471-1). Toutefois, l'homologation n'est pas, à notre avis, une condition de validité de la transaction.

EFFETS DE LA TRANSACTION

65520 **Entre les parties** La transaction fait **obstacle** à l'introduction ou à la poursuite entre les parties d'une action en justice ayant le même objet (C. civ. art. 2052). Elle ne peut pas être unilatéralement dénoncée par l'une d'elles et chacune doit respecter ses engagements (versement d'indemnités : voir n° 65460 ; obligation de non-concurrence...), sans que le salarié puisse invoquer une **inégalité de traitement** par rapport à d'autres salariés ayant également signé une transaction (Cass. soc. 30-11-2011 n° 10-21.119 FS-PB).

La transaction **éteint** définitivement les contestations qui en font l'objet, mais elle n'éteint que ces seules contestations (C. civ. art. 2048 et 2049). Toutefois, la jurisprudence admet que la transaction rédigée en **termes généraux** a une portée étendue.

ILLUSTRATIONS

Une transaction, comportant la renonciation du salarié à « **toutes réclamations** relatives tant à l'exécution qu'à la rupture de son contrat de travail », englobe la prime d'intéressement (Cass. ass. plén. 4-7-1997 n° 93-43.375 P). De même, il a été jugé que le salarié déclarant n'avoir plus rien à réclamer à l'employeur à « **quelque titre** que ce soit et pour **quelque cause** que ce soit, tant en raison de l'exécution que de la rupture du contrat de travail », ne peut plus :

– prétendre au paiement de **salaires** et d'une **indemnité compensatrice de préavis** (Cass. soc. 5-11-2014 n° 13-18.984 FS-PB) ;

– demander l'indemnisation d'un **préjudice,** même reconnu postérieurement à la signature de la transaction (Cass. soc. 11-1-2017 n° 15-20.040 FS-PB ; 6-10-2017 n° 16-23.891 F-D) ;

– prétendre à des droits en matière de **retraite supplémentaire** (Cass. soc. 30-5-2018 n° 16-25.426 FS-PB) ;

– invoquer la violation par l'employeur de son **obligation de réembauche** en cas de licenciement économique (Cass. soc. 20-2-2019 n° 17-19.676 FS-PB) ;

– demander le paiement de la **contrepartie financière** à la clause de non-concurrence non levée par l'employeur au moment du licenciement (Cass. soc. 17-2-2021 n° 19-20.635 FS-PI).

En revanche, la renonciation du salarié à des droits nés ou à naître et à toute instance relative à l'exécution du contrat de travail ne rend pas irrecevable une demande portant sur des faits survenus pendant la période d'**exécution du contrat** de travail **postérieure** à la transaction (Cass. soc. 16-10-2019 n° 18-18.287 FS-PB ; 23-9-2020 n° 18-19.684 FS-D).

À l'inverse, la transaction n'envisageant que **certaines sommes** a en principe une portée limitée à celles-ci. **65525**

ILLUSTRATIONS

Si la transaction est limitée aux sommes dues au titre de la **rupture du contrat,** le salarié peut réclamer un rappel de rémunération (Cass. soc. 2-2-1994 n° 90-40.059 P) ou formuler des demandes relatives à une discrimination (Cass. soc. 24-4-2013 n° 11-15.204 FS-PB). De même, la transaction ayant pour seul objet de fixer le montant du **préjudice** subi par le salarié résultant de la rupture de son contrat de travail ne fait pas obstacle à une demande portant sur un complément d'indemnité conventionnelle de licenciement (Cass. soc. 2-12-2009 n° 08-41.665 F-PB). Celle portant sur des demandes de **salaires et accessoires** pour une période de 2 mois ne fait pas obstacle à des demandes relatives à d'autres périodes (Cass. soc. 30-1-1996 n° 92-45.226 D) et celle relative au paiement d'**heures supplémentaires** et de **repos compensateurs** rend recevable la demande du salarié de rappel de salaires et de primes conventionnelles (Cass. soc. 13-5-2003 n° 01-42.826 F-D).

À l'égard des tiers À l'égard des tiers, la transaction a un **effet relatif** : elle ne les lie pas et ils ne peuvent pas s'en prévaloir (C. civ. art. 2051). Ils peuvent néanmoins invoquer la **renonciation à un droit** que renferme cette transaction (Cass. soc. 14-5-2008 n° 07-40.946 FS-PB). **65530**

Ainsi, un **cessionnaire** peut opposer à une personne licenciée par l'entreprise cédante avant la cession la renonciation à toute contestation relative à la rupture de son contrat consentie par elle dans la transaction conclue avec son précédent employeur (Cass. soc. 20-11-2013 n° 10-28.582 FS-PB), sous réserve de l'absence de fraude de l'une ou l'autre de ces sociétés (Cass. soc. 25-9-2013 n° 12-17.863 F-D).

Le **cédant** peut opposer la transaction conclue entre le cessionnaire et les salariés si celle-ci fait clairement référence au transfert d'entreprise (Cass. soc. 22-9-2016 n° 14-24.358 F-D). Mais en l'absence d'application de l'article L 1224-1 du Code du travail, il ne peut pas se prévaloir de la transaction conclue entre les salariés et le cessionnaire à la suite des licenciements dont ce dernier a pris l'initiative, pour échapper à la contestation des conditions dans lesquelles il avait rompu les contrats de travail (Cass. soc. 10-6-2015 n° 13-27.144 FS-PB).

ATTENTION

Les salariés n'ayant pas délivré au représentant des salariés, désigné dans le cadre d'une procédure collective, un **mandat spécial pour transiger** en leur nom ne sont pas liés par la transaction, fût-elle homologuée par le tribunal de commerce, conclue par celui-ci avec le mandataire-liquidateur et l'AGS (Cass. soc. 31-3-2009 n° 06-46.378 FS-PB).

INEXÉCUTION DES ENGAGEMENTS

65570 L'employeur ne peut **opposer** la transaction aux demandes du salarié consécutives à la rupture du contrat de travail que s'il en a respecté les conditions. Dans le cas contraire, le salarié peut en demander la **résolution** (Cass. soc. 7-6-1989 n° 86-42.942 D). Ainsi, si l'employeur n'a pas versé au salarié l'indemnité transactionnelle, il ne peut pas exiger l'application de la transaction (Cass. soc. 11-5-2005 n° 03-40.421 F-D).

> **Précisions** **a.** L'**encaissement** par le salarié d'un chèque représentant le montant de l'indemnité transactionnelle ne lui interdit pas de contester la validité de la transaction (Cass. soc. 9-5-2001 n° 98-44.579 FS-P).
> **b.** La remise par l'employeur d'un **chèque sans provision** en paiement d'une somme convenue par la transaction constitue une **difficulté d'exécution** qu'il appartient au salarié de soumettre au tribunal compétent après avoir tenté une **exécution forcée,** ce que lui permet la transaction valant titre (CA Douai 23-7-1987 n° 50101).
> **c.** Les **intérêts moratoires** des sommes dues au titre d'une transaction et constatées par le juge courent à compter de la date de réception par le défendeur de la convocation en conciliation (Cass. soc. 19-10-2005 n° 03-45.163 F-D).

2. RÉGIME SOCIAL ET FISCAL DE L'INDEMNITÉ

a. Régime social

RÈGLES GÉNÉRALES

65590 **Cotisations de sécurité sociale** La transaction conclue entre l'employeur et le salarié pour régler les conséquences financières de la rupture du contrat de travail, le plus souvent d'un licenciement, peut prévoir le versement d'une indemnité dite « transactionnelle ». Celle-ci peut être exonérée de cotisations pour sa fraction représentative d'une indemnité elle-même susceptible d'être exonérée, notamment toutes celles **visées à l'article 80 duodecies du CGI,** comme par exemple la fraction correspondant à une indemnité de licenciement. L'indemnité transactionnelle obéit ainsi au même régime social que celui de l'indemnité qu'elle vient compléter, les limites d'exonération s'appliquant alors au montant global versé (BOSS-Ind. rupture-1690-1700).

Mais une somme non mentionnée par ce texte peut aussi être exonérée si l'employeur prouve qu'elle concourt, pour tout ou partie de son montant, à l'**indemnisation d'un préjudice** (moral ou personnel) autre que la perte de salaire. Il en va ainsi lorsqu'une décision de justice constate la réalité de ce préjudice et considère que les sommes versées constituent des dommages-intérêts (BOSS-Ind. rupture-1720).

La règle d'exonération vaut également pour les **prélèvements dont l'assiette est alignée** sur celle des cotisations de sécurité sociale : cotisations ou contributions solidarité autonomie, Fnal, dialogue social, chômage, AGS, retraite complémentaire Agirc-Arrco, formation et alternance (contributions à la formation professionnelle, CPF-CDD, supplémentaire à l'apprentissage et taxe d'apprentissage), versement mobilité et participation-construction.

Une **limite d'exonération,** égale à 2 fois le plafond annuel de sécurité sociale, s'applique à la masse des indemnités versées au salarié au titre de la même rupture du contrat, y compris lorsqu'elles sont versées au cours d'années différentes, voir n° 64070. Par ailleurs, l'exonération plafonnée est subordonnée au fait que le montant de l'indemnité versée n'excède pas **10 fois le plafond annuel de la sécurité sociale,** voir n° 65600.

Des **tableaux** récapitulent le régime des différentes indemnités de rupture : voir n°s 67210 s.

> **Précisions** Dans le cas particulier d'un **salarié licencié qui ne peut bénéficier d'aucune indemnité de licenciement,** il est admis que l'indemnité versée au salarié dans le cadre d'une transaction et destinée à éviter tout contentieux est exonérée de cotisations de sécurité sociale dans les conditions et limites applicables à l'indemnité de licenciement hors PSE (BOSS-Ind. rupture-1710).

65595 ILLUSTRATIONS

Bien que non mentionnées à l'article 80 duodecies du CGI, sont affranchies de cotisations car **indemnisant un préjudice** autre que la perte de salaire les sommes suivantes :

– l'indemnité transactionnelle versée à un salarié licencié pour faute grave si l'employeur démontre qu'il n'a pas renoncé à se prévaloir de cette faute et si aucun préavis n'a été exécuté dans les faits (Cass. 2e civ. 15-3-2018 n° 17-10.325 F-PB) ;

– l'indemnité transactionnelle versée à un salarié licencié pour faute grave, lorsque son montant est inférieur à l'addition des indemnités de préavis, de licenciement et de licenciement abusif et que le versement de cette somme en contrepartie de la renonciation du salarié à une action contentieuse ne vaut pas reconnaissance du bien-fondé de ses prétentions (Cass. 2e civ. 12-7-2018 n° 17-23.345 F-D) ;

– l'indemnité destinée à clore le contentieux judiciaire en résiliation des contrats de travail aux torts de l'employeur à la suite d'un manquement à ses obligations en matière de santé et de sécurité au travail, notamment du non-respect des temps de repos et des règles relatives aux congés payés (Cass. 2e civ. 17-2-2022 n° 20-19.516 F-D).

CSG et CRDS Si elles sont allouées dans le cadre d'une procédure de **licenciement,** les indemnités transactionnelles sont exonérées de CSG et de CRDS à hauteur de l'indemnité légale ou conventionnelle de licenciement ou du montant exonéré de cotisations de sécurité sociale, s'il est inférieur (Cass. 2e civ. 19-4-2005 n° 03-30.759 FS-PB), cette limite s'appliquant y compris si le salarié a été licencié pour faute grave (Cass. 2e civ. 5-6-2008 n° 07-14.408 F-PB). Pour plus de détails sur la transaction conclue dans le cadre d'un licenciement pour faute grave, voir n° 65615. 65600

ATTENTION

L'exonération plafonnée de **cotisations** de sécurité sociale, de CSG et CRDS ne joue que si le montant de l'indemnité versée n'excède pas **10 fois le plafond annuel de la sécurité sociale,** soit 439 920 € en 2023. Dans le cas contraire, l'indemnité est intégralement assujettie à ces cotisations et contributions (CSS art. L 242-1, II-7° et L 136-1-1, III-5° ; Ord. 24-1-1996 art. 14-II). Sur l'appréciation de ce seuil en cas de **pluralité d'indemnités** liées à la rupture du contrat de travail, voir n° 64070 et en cas de cumul d'un contrat de travail et d'un **mandat social,** voir n° 77080.

Forfait social L'indemnité transactionnelle échappe, selon nous, au **forfait social,** dans la mesure où elle ne répond pas à la double condition d'exclusion de l'assiette des cotisations de sécurité sociale et d'assujettissement à la CSG. 65605

TRANSACTION INCLUANT DES ÉLÉMENTS DE SALAIRE OU PRÉVOYANT UNE INDEMNITÉ FORFAITAIRE

Lorsque la transaction prévoit le versement d'**éléments à caractère de salaire,** tels des accessoires et rappels de salaire ou une indemnité compensatrice de préavis, ces composantes salariales de l'indemnité transactionnelle doivent être soumises aux cotisations (Cass. soc. 11-7-1991 n° 89-11.440) et l'employeur est fondé à déduire les cotisations salariales correspondantes de la somme due au salarié, sauf si la transaction en dispose autrement (Cass. soc. 9-5-1979 n° 77-41.762). 65610

La recherche des composantes salariales de l'indemnité transactionnelle s'avère délicate lorsque la transaction se borne à prévoir une **indemnité globale,** sans préciser la nature et le montant des éléments qui la composent. En cas de différend entre l'employeur et l'Urssaf, il appartient au juge de trancher (Cass. 2e civ. 30-6-2011 n° 10-21.274 F-D ; 26-5-2016 n° 15-20.065 F-D) en s'appuyant sur les termes de la transaction (Cass. 2e civ. 23-3-2004 n° 01-21.430 FS-D) et sans se fonder sur les énonciations d'une circulaire administrative dépourvue de portée, en l'espèce une circulaire de l'administration fiscale (Cass. 2e civ. 7-5-2015 n° 14-14.956 F-PB).

En cas de versement d'une indemnité globale dans le cadre d'un licenciement pour faute grave ou lourde du salarié, voir n° 65615.

LICENCIEMENT POUR FAUTE GRAVE OU LOURDE

L'indemnité versée au salarié licencié pour faute grave ou lourde dans le cadre d'une transaction conclue dans le but d'éviter tout contentieux est exonérée de cotisations de sécurité sociale dans les conditions et limites applicables à l'indemnité de licenciement hors PSE (BOSS-Ind. rupture-1730). 65615

L'Urssaf n'est pas fondée à assujettir systématiquement aux cotisations une fraction de l'indemnité transactionnelle au titre de l'**indemnité compensatrice de préavis** (Cass. soc. 8-2-1989 n° 86-11.022 P ; 2-11-1989 n° 87-11.117 P). Si les termes de la transaction sont clairs, précis et sans ambiguïté sur le **maintien de la faute grave,** une telle indemnité n'est pas due. L'exclusion de l'indemnité transactionnelle versée de l'assiette des cotisations sociales et de la CSG et de la CRDS est admise dans les conditions et limites applicables à l'indemnité de licenciement en l'absence de PSE. La part de l'indemnité transactionnelle supérieure à la limite d'exonération applicable est soumise à cotisations (BOSS-Ind. rupture-1750).

S'il résulte de la transaction que l'employeur **abandonne la notion de faute grave** et que le salarié reconnaît le caractère réel et sérieux du licenciement, la fraction de l'indemnité transactionnelle correspondant au préavis est assujettie à cotisations (Cass. 2e civ. 4-4-2019 n° 18-12.898 F-D), l'indemnité de préavis étant due au salarié. Peu importe la présence ou non dans la transaction d'une renonciation expresse du salarié à percevoir l'indemnité de préavis. Le reliquat sera exonéré dans les conditions et limites applicables à l'indemnité de licenciement hors PSE (Cons. const. 2-3-2016 n° 2015-523 QPC ; BOSS-Ind. rupture-1760).

En cas de versement d'une **indemnité transactionnelle forfaitaire et globale** et lorsque le motif du licenciement est la faute grave ou la faute lourde du salarié, l'indemnité compensatrice de congés payés, dès lors qu'elle n'a pas été versée par ailleurs, doit être considérée comme comprise dans l'indemnité transactionnelle et, en tant qu'élément de rémunération, être assujettie aux cotisations et contributions sociales. Dans les deux cas, l'employeur pourra, en cas de litige, apporter la preuve que l'indemnité transactionnelle a un caractère totalement indemnitaire (BOSS-Ind. rupture-1770-1780).

b. Régime fiscal

65620 Les indemnités versées en exécution d'une transaction visant à régler les conséquences financières de la rupture du contrat de travail peuvent être exonérées d'**impôt sur le revenu** à hauteur de la part représentative d'indemnités exonérées.

Ainsi, par exemple :

– la part correspondant à une indemnité de licenciement est exonérée d'impôt dans les conditions et limites visées nos 63800 s. ;

– la part correspondant à une indemnité exonérée en totalité eu égard à sa nature (indemnité pour licenciement irrégulier, abusif ou jugé nul pour motif discriminatoire) est exonérée en totalité : voir no 65810.

En cas de versement d'une indemnité transactionnelle globale, il y a donc lieu d'évaluer chacune de ses composantes pour les exonérer (indemnité de licenciement) ou les imposer (indemnité de non-concurrence, préavis, congés payés…) (BOI-RSA-CHAMP-20-40-10-30 no 40 ; BOI-RSA-CHAMP-20-40-20 no 140).

Les indemnités versées en application d'une transaction qui sont susceptibles d'être exonérées d'impôt sur le revenu ne se limitent pas à celles conclues en vue de régler les conséquences financières d'un licenciement. Toute forme de rupture du contrat peut donner lieu au versement d'indemnités fiscalement exonérées s'il peut être établi, au vu des circonstances de fait, que la rupture trouve son origine dans une décision de l'employeur. En cas de transaction, il appartient donc à l'administration, sous le contrôle du juge, de rechercher l'exacte qualification à donner aux indemnités versées : voir no 64450.

Au regard des **taxes et participations assises sur les salaires,** l'indemnité suit les règles applicables aux cotisations de sécurité sociale (no 65590) pour les contributions à la formation et à l'alternance (contributions à la formation professionnelle, CPF-CDD, supplémentaire à l'apprentissage et taxe d'apprentissage) et la participation-construction et celles applicables à la CSG et à la CRDS (nos 65600 et 65610) pour la taxe sur les salaires, lorsque celle-ci est encore due.

› Précisions a. Des **tableaux** récapitulent le régime des différentes indemnités de rupture : voir nos 67210 s.

b. Les salariés ayant **moins de 8 mois d'ancienneté ou licenciés pour faute grave ou lourde** ne peuvent bénéficier d'une indemnité légale ou, sauf exception, conventionnelle. Toutefois, une transaction donnant lieu au versement d'une indemnité peut être conclue avec l'employeur. L'indemnité transactionnelle ainsi versée peut être exonérée d'impôt sur le revenu dans la limite du montant le plus élevé des 2 suivants : double de la rémunération annuelle brute perçue au cours de l'année civile précédant la rupture du contrat de travail ou 50 % du montant de l'indemnité. L'exonération ainsi déterminée est elle-même limitée à 6 plafonds annuels de sécurité sociale en vigueur lors du versement de l'indemnité (BOI-RSA-CHAMP-20-40-10-30 no 30).

c. La conclusion d'une transaction peut être l'occasion d'**indemnités ayant un objet distinct de la réparation de la rupture** du contrat de travail, comme celles versées non à raison de la rupture du contrat de travail, mais à raison de l'exécution de ce dernier. Le régime fiscal de telles indemnités n'a donc pas à être déterminé par application de l'article 80 duodecies du CGI. C'est ainsi qu'une indemnité transactionnelle versée à l'occasion du départ à la retraite d'un salarié en vue de l'indemniser de la **discrimination syndicale** dont il a été victime durant sa carrière est exonérée d'impôt sur le revenu pour sa part réparant le préjudice moral et imposable pour le surplus, alloué au titre du préjudice de carrière constitué par la perte de chance d'avancement, qui constitue la compensation d'une perte de revenu (CAA Versailles 12-2-2019 no 17VE03591). En revanche, les indemnités couvrant des préjudices causés par la rupture du contrat et s'ajoutant à une indemnité de licenciement ne peuvent être exonérées, quelle que soit leur nature, dès lors que le licenciement a été prononcé pour une cause réelle et sérieuse (CAA Bordeaux 20-12-2018 no 16BX01978 ; CE 3-4-2020 no 428262).

B. Conciliation prud'homale

INDEMNITÉ FORFAITAIRE

65680 Sauf exceptions, lorsqu'un litige est porté devant le conseil de prud'hommes, la procédure de jugement est obligatoirement précédée d'une phase de conciliation. Dans ce cadre, en cas de **contestation d'un licenciement,** il peut être mis fin au litige moyennant le versement par l'employeur d'une indemnité forfaitaire au profit du salarié, établie selon le barème suivant (C. trav. art. D 1235-21) :

Ancienneté	Mois de salaire
inférieure à 1 an	2
1 an	3
2 ans	4
3 ans	5
4 ans	6
5 ans	7
6 ans	8
7 ans	9
8 à 11 ans	10
12 à 14 ans	12
15 à 18 ans	14
19 à 22 ans	16
23 à 25 ans	18
26 à 29 ans	20
30 ans et plus	24

Cette indemnité s'ajoute aux indemnités légales, conventionnelles ou contractuelles éventuellement dues au salarié (notamment indemnité de licenciement, compensatrice de préavis et de congés payés, indemnité de non-concurrence).

En cas d'accord, un **procès-verbal** le constatant met fin au litige. Il vaut renonciation des parties à toutes réclamations et indemnités relatives à la rupture du contrat prévues aux articles L 1235-1 à L 1235-17 du Code du travail, à savoir notamment les indemnités pour licenciement irrégulier ou abusif, voir nos 65760 s. (C. trav. art. L 1235-1, al. 1 et 2 et D 1235-21).

RÉGIME SOCIAL DE L'INDEMNITÉ

L'indemnité forfaitaire de conciliation prud'homale est exonérée des **cotisations de sécurité sociale,** de CSG et de CRDS à hauteur du montant fixé dans le barème réglementaire, dans la limite de 2 fois la valeur du plafond annuel de la sécurité sociale (CGI art. 80 duodecies ; CSS art. L 242-1, II-7° et L 136-1-1, III-5°-a ; Ord. 96-50 24-1-1996 art. 14-II ; BOSS-Ind. rupture-1840 s.). **65690**

Ces règles valent pour les prélèvements dont l'assiette est alignée sur celle des cotisations : cotisations ou contributions solidarité autonomie, Fnal, dialogue social, chômage, AGS, retraite complémentaire Agirc-Arrco, formation et alternance (contributions à la formation professionnelle, CPF-CDD, supplémentaire à l'apprentissage et taxe d'apprentissage), versement mobilité et participation-construction (BOSS-Ind. rupture-1840 s.).

L'indemnité forfaitaire de conciliation prud'homale échappe au **forfait social,** dans la mesure où elle ne répond pas à la double condition d'exclusion de l'assiette des cotisations de sécurité sociale et d'assujettissement à la CSG (BOSS-Ind. rupture-1870).

Toutefois, la part de l'indemnité **excédant le barème réglementaire** est soumise à la CSG et à la CRDS, sans application de l'abattement forfaitaire pour frais professionnels (BOSS-Ind. rupture-1860). Elle est également soumise au forfait social sur la fraction exclue de l'assiette des cotisations et soumise à la CSG et à la CRDS (BOSS-Ind. rupture-1870).

> **Précisions** L'exonération de cotisations de sécurité sociale, **CSG** et de **CRDS** ne joue que si le montant de l'indemnité versée n'excède pas **10 fois le plafond annuel de la sécurité sociale** (Pass). Dans le cas contraire, l'indemnité versée est intégralement assujettie à ces prélèvements (CGI art. 80 duodecies ; CSS art. L 242-1, II-7° et L 136-1-1, III-5°-a ; Ord. 96-50 du 24-1-1996 art. 14-II). Pour l'appréciation de ces 2 seuils de 2 ou 10 Pass en cas de **pluralité d'indemnités** de rupture du contrat de travail, y compris lorsqu'elles sont versées au cours d'années différentes, voir n° 64070 et en cas de cumul d'un contrat de travail et d'un mandat social, voir n° 77080.

RÉGIME FISCAL DE L'INDEMNITÉ

65710 L'indemnité de conciliation prud'homale visée à l'article L 1235-1 du Code du travail est exonérée d'impôt sur le revenu dans la limite du barème réglementaire (CGI art. 80 duodecies, 1-1° ; BOI-RSA-CHAMP-20-40-10-30 n° 13).

C. Licenciement irrégulier, sans cause réelle et sérieuse ou nul

INDEMNISATION

65760 **Licenciement sans cause réelle et sérieuse** En cas de licenciement sans cause réelle et sérieuse, le juge octroie au salarié une indemnité fixée selon un **barème obligatoire,** comprise entre un montant minimal et un montant maximal, exprimée en mois de salaire brut, qui varie selon l'ancienneté du salarié. Si ce dernier travaille dans une entreprise employant habituellement moins de 11 salariés, au sens du Code du travail, les montants minimaux sont inférieurs pour les 10 premières années d'ancienneté (C. trav. art. L 1235-3).

Ancienneté du salarié (en années complètes)	Indemnité minimale (en mois de salaire brut)	Indemnité maximale (en mois de salaire brut)	Ancienneté du salarié (en années complètes)	Indemnité minimale (en mois de salaire brut)	Indemnité maximale (en mois de salaire brut)	Ancienneté du salarié (en années complètes)	Indemnité minimale (en mois de salaire brut)	Indemnité maximale (en mois de salaire brut)
0	Sans objet	1	**10**	3[5]	10	**20**	3	15,5
1	1[1]	2	**11**	3	10,5	**21**	3	16
2	3[1]	3,5	**12**	3	11	**22**	3	16,5
3	3[2]	4	**13**	3	11,5	**23**	3	17
4	3[2]	5	**14**	3	12	**24**	3	17,5
5	3[3]	6	**15**	3	13	**25**	3	18
6	3[3]	7	**16**	3	13,5	**26**	3	18,5
7	3[4]	8	**17**	3	14	**27**	3	19
8	3[4]	8	**18**	3	14,5	**28**	3	19,5
9	3[5]	9	**19**	3	15	**29 et au-delà**	3	20

1. Indemnité minimale : 0,5 mois de salaire brut si l'entreprise emploie habituellement moins de 11 salariés.
2. Indemnité minimale : 1 mois de salaire brut si l'entreprise emploie habituellement moins de 11 salariés.
3. Indemnité minimale : 1,5 mois de salaire brut si l'entreprise emploie habituellement moins de 11 salariés.
4. Indemnité minimale : 2 mois de salaire brut si l'entreprise emploie habituellement moins de 11 salariés.
5. Indemnité minimale : 2,5 mois de salaire brut si l'entreprise emploie habituellement moins de 11 salariés.

› Précisions L'**ancienneté** du salarié et l'**effectif** de l'entreprise s'apprécient à la date d'envoi de la lettre de licenciement (Cass. soc. 26-9-2006 n° 05-43.841 F-PB).

65762 **Licenciement irrégulier** En cas de licenciement irrégulier, lié notamment aux règles de convocation, de déroulement et d'assistance du salarié à l'entretien préalable au licenciement (qu'il s'agisse d'un licenciement pour motif personnel ou d'un licenciement pour motif économique, individuel ou de moins de 10 salariés sur 30 jours), le salarié a droit à une **indemnité maximale** d'un mois de salaire (C. trav. art. L 1235-2, al. 5).

65764 **Licenciement nul** Le salarié qui ne demande pas la poursuite de son contrat de travail ou dont la réintégration est impossible a droit à une indemnité au moins égale aux salaires des 6 derniers mois en cas de nullité de son licenciement, c'est-à-dire lorsque celui-ci a été prononcé en violation d'une **liberté fondamentale** ou en méconnaissance des dispositions relatives à la **non-discrimination,** la **dénonciation** d'un crime ou d'un délit, ainsi qu'à la **protection** dont bénéficient certains salariés (à la suite d'une action en justice en matière d'égalité professionnelle entre hommes et femmes ou de discrimination ; en raison de la grossesse, la maternité, la paternité, l'adoption et l'éducation des enfants ; victimes ou témoins de harcèlement moral ou sexuel ; représentants du personnel ; victimes d'accidents du travail et de maladies professionnelles pendant les périodes de suspension de leur contrat de travail).

À l'indemnité s'ajoute le **paiement du salaire** qui aurait été perçu pendant la période couverte par la nullité, lorsqu'il est dû en application des dispositions du Code du travail relatives à la grossesse et la maternité et du statut protecteur des représentants du personnel, et, le cas échéant, de l'**indemnité de licenciement** légale, conventionnelle ou contractuelle (C. trav. art. L 1235-3-1).

Licenciement économique En cas de licenciement économique d'au moins 10 salariés sur 30 jours, dans les entreprises d'au moins 50 salariés, le salarié dont le licenciement est nul pour irrégularité du **plan de sauvegarde de l'emploi** (absence de décision de validation ou d'homologation, décision négative, annulation d'une décision pour absence ou insuffisance du plan) a droit à une indemnité au moins égale aux 6 derniers mois de salaire s'il a au moins 2 ans d'ancienneté (C. trav. art. L 1235-11), à la réparation du préjudice subi dans le cas contraire (C. trav. art. L 1235-14). 65766

RÉGIME SOCIAL DES INDEMNITÉS

Cotisations de sécurité sociale, CGS et CRDS Sont **exclues** de l'assiette des **cotisations de sécurité sociale,** dans la **limite** de 2 fois la valeur du plafond annuel de la sécurité sociale, soit 87 984 € en 2023, les indemnités (CGI art. 80 duodecies ; CSS art. L 242-1, II-7° ; BOSS-Ind. rupture-1890 s.) : 65770
– pour licenciement irrégulier, abusif ou nul ;
– pour non-respect de la priorité de réembauche en cas de licenciement économique ;
– pour licenciement économique nul prévu aux articles L 1235-10 et L 1235-11 du Code du travail (absence de validation ou d'homologation ou décision négative, ou annulation de la décision pour absence ou insuffisance du plan de sauvegarde de l'emploi) ;
– pour non-respect de l'obligation de consulter les représentants du personnel ou d'informer l'autorité administrative en cas de licenciement économique.

Pour déterminer la limite d'exonération, il convient de faire masse des indemnités versées au salarié au titre de la même rupture du contrat, y compris lorsqu'elles sont versées au cours d'années différentes, voir n° 64070.

Ces règles valent pour les **prélèvements sociaux** ayant la même assiette que les cotisations de sécurité sociale : cotisations ou contributions solidarité autonomie, Fnal, dialogue social, chômage, AGS, retraite complémentaire Agirc-Arrco, formation et alternance (contributions à la formation professionnelle, CPF-CDD, supplémentaire à l'apprentissage et taxe d'apprentissage), versement mobilité et participation-construction.

› Précisions **a.** Même si elles ne sont pas expressément visées par l'exonération partielle de cotisations, les indemnités de rupture allouées par le juge en cas de **licenciement économique** en application des articles L 1235-14 (indemnité en cas de licenciement abusif d'un salarié de moins de 2 ans d'ancienneté ou opéré par un employeur de moins de 11 salariés), L 1235-15 (indemnité en cas de procédure de licenciement économique dans une entreprise n'ayant pas mis en place de CSE) et L 1235-16 (indemnité en cas de licenciement économique en l'absence de décision de validation ou d'homologation de l'administration ou si une décision négative a été rendue) du Code du travail devraient pouvoir être exonérées dans les mêmes conditions que celles visées par le CGI. En effet, sur le site internet des Urssaf, il est spécifié que le dispositif d'exonération s'applique « notamment » aux indemnités listées ci-dessus, ce qui laisse à penser que d'autres indemnités non expressément visées peuvent être partiellement exonérées. Par ailleurs, ces indemnités réparent un préjudice et pourraient se voir appliquer la solution jurisprudentielle énoncée à propos des indemnités transactionnelles (voir n° 65590).
b. En cas de **licenciement nul,** la somme allouée au salarié réintégré, en réparation du préjudice subi entre le licenciement et la réintégration, est soumise à cotisations (Cass. soc. 16-10-2019 n° 17-31.624 FS-PB).

Les sommes versées à l'occasion de la rupture du contrat de travail (indemnité de licenciement et indemnité octroyée par le juge) sont exonérées de **CSG et de CRDS,** indépendamment de leur assujettissement à l'impôt sur le revenu, dans la limite du plus petit des montants suivants (CSS art. L 136-1-1, III-5° ; Ord. 24-1-1996 art. 14-I ; BOSS-Ind. rupture-1900) : 65780
– le montant prévu par la **convention collective** de branche, l'accord professionnel ou interprofessionnel ou à défaut par la loi ;
– le **montant affranchi de cotisations** de sécurité sociale.

Autrement dit, l'indemnité est assujettie à la CSG et à la CRDS pour la **fraction qui excède** le montant de l'indemnité légale ou conventionnelle de licenciement ou qui correspond à 2 fois le plafond annuel de la sécurité sociale, évalué comme indiqué n° 64070, si celle-ci est inférieure.

Les dommages et intérêts dus sur décisions des tribunaux en cas de licenciement **sans cause réelle et sérieuse** sont exonérés de CSG et de CRDS dans la limite de 2 fois le plafond annuel de la sécurité sociale (BOSS-Ind. rupture-1901).

65790 L'exonération de cotisations de sécurité sociale, de CSG et de CRDS ne joue que si le montant de l'indemnité versée n'excède pas **10 fois le plafond annuel de la sécurité sociale,** soit 439 920 € en 2023. Dans le cas contraire, l'indemnité est intégralement assujettie à ces prélèvements (CSS art. L 242-1, II-7° et L 136-1-1, III-5° ; Ord. 24-1-1996 art. 14-II). Sur l'appréciation de ce seuil en cas de **pluralité d'indemnités** liées à la rupture du contrat de travail, voir nº 64070 et en cas de cumul d'un contrat de travail et d'un **mandat social,** voir nº 77085.

65800 **Forfait social** Les indemnités pour licenciement irrégulier, abusif ou nul sont exclues du champ du forfait social au même titre que les indemnités de rupture (CSS art. L 137-15 ; BOSS-Ass. gén.-410).

RÉGIME FISCAL DES INDEMNITÉS

65810 Sont exonérées d'impôt sur le revenu pour la totalité de leur montant, en raison de leur nature, les indemnités suivantes allouées par le juge (CGI art. 80 duodecies, 1-1°) :
– indemnité pour licenciement **irrégulier** visée à l'article L 1235-2 du Code du travail ;
– indemnité pour licenciement **sans cause réelle et sérieuse** visée à l'article L 1235-3 du Code du travail ;
– indemnités prévues par l'article L 1235-3-1 du Code du travail en réparation du préjudice subi du fait de licenciements **nuls** pour avoir été prononcés pour certains **motifs illicites** (nº 65764) ;
– indemnités pour **licenciements économiques** portant sur au moins 10 salariés dans une même période de 30 jours dans les cas suivants : 1°) le salarié a été licencié alors que le licenciement est nul à défaut de validation de l'accord collectif déterminant le contenu du plan de sauvegarde de l'emploi ou d'homologation du document établi par l'employeur à défaut d'un tel accord ou d'annulation de la décision d'homologation ou de validation (C. trav. art. L 1235-11) ; 2°) l'employeur n'a pas respecté les procédures de consultation des représentants du personnel ou d'information de l'autorité administrative (C. trav. art. L 1235-12) ; 3°) la priorité d'embauche prévue à l'article L 1233-45 du Code du travail n'a pas été respectée (C. trav. art. L 1235-13).

Ces indemnités, à caractère de dommages-intérêts, s'ajoutent aux indemnités de licenciement proprement dites, lesquelles sont exonérées dans les conditions et limites exposées nº 63800 s.(BOI-RSA-CHAMP-20-40-10-30 nº 15).

› Précisions **a.** L'exonération totale des indemnités listées ci-dessus s'applique de la même manière, que l'indemnité soit **allouée par un jugement, une sentence arbitrale ou une transaction** (Cons. const. 20-9-2013 nº 2013-340 QPC).
b. En cas de **transaction,** il appartient à l'administration, sous le contrôle du juge, de rechercher l'exacte qualification à donner aux indemnités versées (Cons. const. 20-9-2013 nº 2013-340 QPC). Le juge procède à cette recherche au vu des éléments figurant au dossier d'instruction sans mettre la preuve à la charge du salarié ou de l'administration (CE 5-7-2018 nº 401157 ; 30-1-2019 nº 414136) et a le pouvoir d'ordonner, s'il en est besoin, un supplément d'instruction (TA Strasbourg 26-10-2021). Il doit mener cette recherche en se conformant à la jurisprudence établie par le juge du travail (CE 13-3-2019 nº 408498). Il appartient à l'administration et, lorsqu'il est saisi, au juge de l'impôt, au vu de l'instruction, de rechercher si les sommes objet de la transaction ont entendu couvrir, au-delà des indemnités accordées au titre du licenciement, la réparation de préjudices distincts, afin de déterminer dans quelle proportion ces sommes sont susceptibles d'être exonérées (CE 7-6-2019 nº 419455). Si en principe la recherche des éléments permettant la qualification de l'indemnité transactionnelle est menée par le juge sans que la **charge de la preuve** ne pèse sur le salarié ou l'administration, il est parfois dérogé à cette règle. Ainsi, en cas de prise d'acte de la rupture, c'est au salarié qu'il incombe, en conformité à la jurisprudence sociale, d'établir les faits de nature à justifier la rupture du contrat aux torts de l'employeur (CE 1-4-2015 nº 365253 : RJF 6/15 nº 487). De même, lorsque l'indemnité transactionnelle de licenciement a été imposée conformément à la déclaration d'impôt sur le revenu souscrite par le salarié, c'est à celui-ci, en application de l'article R 194-1 du LPF, d'apporter la preuve du caractère abusif du licenciement (CAA Paris 10-12-2019 nº 18PA02573 ; CE (na) 21-10-2020 nº 438399).
c. L'indemnité pour licenciement sans cause réelle et sérieuse prononcée par un **arbitre statuant en droit** sur le fondement de l'article L 122-14-4 du Code du travail (devenu article L 1235-3), c'est-à-dire par une sentence revêtant un caractère juridictionnel, et non en tant qu'amiable compositeur, est totalement exonérée d'impôt en application de l'article 80 duodecies, 1-1° du CGI (CE 20-6-2012 nº 345120). La qualification des indemnités prévue dans la sentence arbitrale s'impose aux parties comme au juge de l'impôt.

ILLUSTRATIONS 65815

L'indemnité versée en application d'une transaction passée entre un salarié et son ancien employeur afin de mettre un terme à une **action judiciaire pour licenciement sans cause réelle et sérieuse** est exonérée en totalité en tant qu'indemnité pour licenciement abusif si les faits sont de nature à justifier la rupture du contrat aux torts de l'employeur (CE 1-4-2015 n° 365253). Dans l'affaire jugée le 1-4-2015, le salarié avait pris acte de la rupture de son contrat avant de saisir le juge prud'homal, mais la solution aurait été la même s'il avait été licencié ou avait donné sa démission sous la contrainte de l'employeur. Voir, pour une affaire où le caractère abusif du licenciement n'a pas été considéré comme établi, un arrêt de la cour administrative d'appel de Nantes (CAA Nantes 29-10-2015 n° 14NT02241).

Le défaut de remise au salarié d'un exemplaire de la convention de **rupture conventionnelle homologuée** signé des deux parties permet de qualifier fiscalement en indemnité de licenciement sans cause réelle et sérieuse intégralement exonérée d'impôt une indemnité versée en exécution d'une transaction postérieure (en ce sens, CE 21-6-2021 n° 438532).

Lorsque la sentence rendue par un **arbitre** statuant en droit en application de l'article L 1235-3 du Code du travail distingue deux dommages et octroie expressément pour les réparer deux indemnités, l'une pour licenciement sans cause réelle et sérieuse et l'autre à titre d'indemnité compensatrice pour départ anticipé sur le fondement des articles 1134 et 1382 du Code civil (en l'espèce, perte de chance de bénéficier d'un complément de retraite), seule la première est exonérée (TA Bordeaux 21-12-2018 n° 1700633 ; CAA Bordeaux 3-6-2021 n° 19BX00709 ; CE (na) 3-3-2022 n° 455241).

D. Clause de garantie d'emploi

SOMMES À VERSER EN CAS DE VIOLATION DE LA CLAUSE

Le contrat de travail comportant une clause de garantie d'emploi ne peut pas être rompu pendant la période couverte par la garantie (Cass. soc. 21-3-1990 n° 87-41.081 D ; 16-5-1990 n° 87-40.904 D), sauf accord des parties, faute grave ou lourde du salarié ou force majeure (Cass. soc. 15-4-2015 n° 13-21.306 FS-PB), démission (Cass. soc. 30-11-2005 n° 04-41.709 F-D) ou départ volontaire du salarié (Cass. soc. 13-5-2014 n° 13-10.781 FS-PB). Le **non-respect** d'une clause de garantie d'emploi ne prive pas à lui seul le licenciement de cause réelle et sérieuse (Cass. soc. 21-12-2006 n° 04-40.793 F-D ; 13-11-2008 n° 07-42.640 FP-PBR), mais oblige l'employeur à verser au salarié les salaires restant dus jusqu'au terme de la période garantie (Cass. soc. 10-7-2001 n° 99-44.762 F-D). La clause peut prévoir l'indemnité à verser au salarié dans le cas de sa violation (Cass. soc. 15-4-2015 n° 13-21.306 FS-PB). Sauf si elle a pour but de préserver le salarié difficilement reclassable de la perte de son emploi (Cass. soc. 23-10-2007 n° 06-42.994 FS-PB), il s'agit d'une clause pénale qui peut être réduite par le juge. 65840

RÉGIME SOCIAL ET FISCAL

La somme versée par un employeur à un ancien salarié en exécution d'une clause contractuelle de garantie d'emploi n'étant pas parmi la liste des sommes limitativement énumérées par l'article 80 duodecies du CGI auquel renvoie l'article L 242-1 du CSS définissant les indemnités de rupture du contrat de travail exonérées de **cotisations de sécurité sociale,** elle est assujettie à ces cotisations (Cass. 2e civ. 13-3-2014 n° 13-12.381 F-D). La somme est également assujettie à la **CSG** et à la **CRDS** (voir nos 28620 s.) ainsi qu'à tous les **prélèvements sociaux** ayant la même assiette que les cotisations de sécurité sociale : cotisations ou contributions solidarité autonomie, Fnal, dialogue social, chômage, AGS, retraite complémentaire Agirc-Arrco, formation et alternance (contributions à la formation professionnelle, CPF-CDD, supplémentaire à l'apprentissage et taxe d'apprentissage), versement mobilité et participation-construction. 65845

Il n'existe pas à notre connaissance de solution relative au régime fiscal de ces sommes. On peut penser qu'elles sont assujetties à l'**impôt sur le revenu.** Deux arguments militent en ce sens. D'abord, elles ne sont pas au nombre des indemnités de rupture du contrat exonérées par l'article 80 duodecies du CGI. Ensuite, dans le cas où leur montant est fixé par le juge, celui-ci les évalue au cumul des salaires restant dus jusqu'au terme de la période de garantie d'emploi, ce qui donne à penser qu'elles visent à réparer une perte de salaire. Pour l'employeur, elles constituent, à notre avis, des charges de personnel déductibles du **résultat imposable** aux mêmes conditions que les indemnités de licenciement. Elles entrent dans la base du prélèvement à la source de l'impôt sur le revenu et dans le net imposable du **bulletin de paie.**

SECTION 6

PRÉAVIS

A. Caractère obligatoire

65900 Le préavis est la période durant laquelle le **contrat de travail continue** de produire ses effets bien que l'une des parties **ait notifié** à l'autre sa **décision de le rompre.** Il est dû quel que soit l'auteur de la rupture et les parties ne peuvent pas y renoncer par avance (C. trav. art. L 1231-4). Il doit être observé pour toute rupture d'un contrat à durée indéterminée même en cas de cessation de l'entreprise (C. trav. art. L 1234-7), quel que soit l'horaire de travail du salarié (Cass. soc. 15-3-1983 n° 80-41.980) ou le caractère saisonnier de l'activité (Cass. soc. 29-3-1957 n° 4066) et même s'il s'agit d'un travail à la tâche (Cass. soc. 24-4-1985 n° 84-44.061 S).

S'agissant de l'indemnité due au salarié dispensé d'exécuter son préavis, voir n°s 66150 s.

En cas de **licenciement économique,** des règles spécifiques sont prévues pour les salariés adhérant à un contrat de sécurisation professionnelle ou bénéficiant d'un congé de reclassement (n°s 66220 s.).

Sur le **régime social et fiscal** des sommes versées au titre du préavis, voir n°s 66300 s.

65910 En revanche, **aucun préavis** n'est à observer dans les cas suivants :

– faute grave (C. trav. art. L 1234-1) ou lourde, sauf disposition conventionnelle contraire (Cass. soc. 28-2-2001 n° 98-44.454 D ; 25-9-2013 n° 12-19.487 F-PB) ;

– force majeure (C. trav. art. L 1234-12) sauf si elle résulte d'un sinistre (C. trav. art. L 1234-13) ;

– exonération pour les femmes enceintes (C. trav. art. L 1225-34), les salariés souhaitant élever leur enfant à l'issue d'un congé de maternité ou d'adoption (C. trav. art. L 1225-66), et pour les salariés rompant leur contrat à l'issue d'un congé pour création d'entreprise (C. trav. art. L 3142-109).

S'agissant de l'incidence d'une prise d'acte par le salarié de la rupture de son contrat, voir n°s 66150 (prise d'acte produisant les effets d'un licenciement sans cause réelle et sérieuse) et 66180 (prise d'acte produisant les effets d'une démission).

ATTENTION

Dans certains cas, l'**exécution** du préavis est rendue **impossible** parce que le salarié est dans l'incapacité d'exécuter son travail. L'employeur n'est alors pas tenu d'indemniser le salarié. Tel est le cas par exemple lorsque le salarié est en arrêt de travail pour maladie non professionnelle (n° 66060) ou si son permis de conduire est suspendu (Cass. soc. 28-2-2018 n° 17-11.334 FS-D) ou s'il se voit retirer son autorisation préfectorale d'accès à la zone sécurisée d'un aéroport (Cass. soc. 28-11-2018 n° 17-13-199 FP-PB) lorsque ces éléments sont nécessaires à l'exercice des fonctions.

B. Durée du préavis

65950 La durée du préavis diffère selon que le contrat est rompu par une démission ou par un licenciement.

S'agissant des mentions du **bulletin de paie** sur ce point, voir n°s 13200 s.

Sauf disposition plus favorable prévue par convention ou accord collectif, le **point de départ** du préavis est la date à laquelle l'une des parties notifie à l'autre sa décision de considérer le contrat de travail comme rompu (notamment, Cass. soc. 7-11-2006 n° 05-42.323 FS-PB). Les **droits du salarié** aux indemnités de préavis et de licenciement s'apprécient à cette date (Cass. soc. 5-6-1996 n° 92-42.034 P ; 9-7-2003 n° 01-43.410 F-D). L'intervention de dispositions légales ou conventionnelles nouvelles au cours du préavis est sans incidence sur ceux-ci (voir n° 63270).

› Précisions En cas de **licenciement,** le préavis court à partir de la date de présentation de la lettre recommandée le notifiant (C. trav. art. L 1234-3), même si le salarié est alors absent pour maladie (Cass. soc. 6-2-1967 n° 66-40.188) ou s'il effectue un stage (Cass. soc. 14-6-1984 n° 82-40.456). L'employeur doit donc continuer à lui verser son salaire jusqu'à cette date, même si l'intéressé ne peut pas exécuter de préavis en raison, notamment, de son inaptitude physique (Cass. soc. 17-3-2010 n° 07-44.747 FS-D ; 12-12-2018 n° 17-20.801 FS-PB). Le point de départ est toutefois reporté lorsque le salarié, au moment de la rupture, est en congés payés, en congé de maternité, en congé pour création d'entreprise ou participe à une grève.

DÉMISSION

65960 La loi ne fixe la durée du préavis en cas de démission que pour certaines catégories de salariés, notamment les journalistes professionnels (n° 88350) et les VRP (n° 81490).

L'existence et la durée du préavis sont fixées par **convention ou accord collectif** ou, à défaut, des **usages** pratiqués dans la localité du lieu de travail et établis pour les fonctions réellement exercées par le salarié à la date de sa démission (C. trav. art. L 1237-1).

› Précisions L'**usage** ne s'applique qu'à défaut de dispositions spécifiques dans la convention ou l'accord collectif (Cass. soc. 10-2-1998 n° 95-41.630 D). Par ailleurs, la durée du préavis et son existence ne pouvant pas résulter du seul **contrat de travail** (Cass. soc. 3-2-1998 n° 94-44.503 P), le juge ne peut pas imposer au salarié un délai de préavis contractuel sans rechercher, en l'absence de dispositions légales et conventionnelles, s'il existe en la matière des usages pratiqués dans la localité et dans la profession (Cass. soc. 25-11-2009 n° 08-41.219 FS-PB) ; le préavis contractuel est toutefois applicable s'il est plus favorable que celui fixé par l'une des sources légalement prévues (Cass. soc. 3-2-1998 n° 94-44.503 P ; 28-2-2001 n° 98-44.454 F-D).

LICENCIEMENT

Dans le cas d'un licenciement pour un motif autre qu'une faute grave ou lourde, le salarié a droit à un préavis dont la durée **varie en fonction de l'ancienneté** (C. trav. art. L 1234-1) : 65970
- moins de 6 mois : la durée est fixée, comme pour la démission (n° 65960), par la loi, la convention collective ou les usages ;
- au moins 6 mois et moins de 2 ans : 1 mois ;
- au moins 2 ans : 2 mois.

Les durées prévues dans ces 2 derniers cas ne sont applicables que si la loi, la convention ou l'accord collectif de travail, le contrat de travail ou les usages ne prévoient pas un préavis ou une condition d'ancienneté de services plus favorable pour le salarié.

Toute clause d'un **contrat individuel** fixant une durée inférieure à la durée légale ou une condition d'ancienneté plus longue est nulle (C. trav. art. L 1234-2).

La durée du préavis est doublée pour les **travailleurs handicapés** sans pouvoir excéder 3 mois (C. trav. art. L 5213-9). Cette règle s'impose à toutes les entreprises, soumises ou non à l'obligation d'emploi de travailleurs handicapés (Cass. soc. 4-6-2009 n° 08-40.666 F-D).

S'agissant des VRP, voir n° 81490.

› Précisions Le critère retenu pour la détermination de la durée minimale légale du préavis est l'ancienneté de **services continus chez un même employeur,** sauf dispositions conventionnelles plus favorables pour le salarié (Cass. soc. 3-3-1998 n° 95-43.501 P ; 14-2-2007 n° 05-43.407 F-D). Sur la notion de continuité de service, voir n° 63440.

L'ancienneté **s'apprécie à la date** du licenciement, c'est-à-dire à la date de l'envoi de la lettre recommandée, et non à l'expiration du préavis (Cass. soc. 15-3-2006 n° 04-40.018 F-D).

Certaines périodes d'absences doivent être prises en compte comme du travail effectif pour le calcul de l'ancienneté (voir n° 63350).

Sur l'appréciation de l'ancienneté en cas de licenciement pour inaptitude d'origine non professionnelle, voir n° 62870.

C. Rémunération en cas d'exécution du préavis

NON-DISCRIMINATION

Durant la période de préavis, les relations de travail se poursuivent et chaque partie doit continuer à exécuter les **obligations découlant du contrat.** 66030

L'employeur doit en particulier maintenir le montant et le mode de rémunération du salarié et les avantages dont il bénéficiait. Ainsi, ne sont pas valables des clauses :
- écartant du bénéfice d'une **prime de fin d'année** des salariés au seul motif qu'ils sont en cours de préavis (Cass. soc. 5-7-1995 n° 93-46.720 P) ;
- privant les salariés en préavis du montant d'une **prime annuelle** de comportement et d'assiduité (Cass. soc. 7-6-2000 n° 97-43.953 F-D).

S'agissant des salariés **expatriés,** voir n° 71120.

Sur le complément de salaire en cas de **maladie,** voir n° 66060. Sur le montant de l'indemnité en cas de **manquements de l'employeur** à ses obligations, voir n° 63680.

ILLUSTRATIONS

L'employeur ne peut pas :
- priver le salarié d'une **augmentation** de salaire uniforme et accordée à l'ensemble du personnel (Cass. soc. 12-3-1987 n° 84-41.477 S) ;
- ne pas appliquer la clause du contrat de travail prévoyant, sans réserve, une **augmentation** de salaire à une date déterminée (Cass. soc. 6-2-1992 n° 89-43.655 D) ;

– supprimer une **indemnité de transport** à un salarié licencié exécutant effectivement son préavis au motif que les règles de calcul de l'indemnité compensatrice de préavis excluent les indemnités représentant des remboursements de frais (Cass. soc. 15-11-1972 n° 71-40.538) ;
– demander la restitution d'un **véhicule de fonction** (CA Versailles 16-3-1994) ou d'une **carte de stationnement** et d'une **clef** d'accès au parking, ce qui présente pour le salarié un caractère vexatoire et injustifié (Cass. soc. 5-3-1987 n° 84-44.402 S) ;
– priver un inspecteur commercial d'un **voyage** aux États-Unis avec son épouse, gagné à la suite d'une épreuve de classement national des meilleurs chefs de vente organisée par l'entreprise : le salarié doit alors être indemnisé (CA Paris 24-9-1984).

HORAIRE DE TRAVAIL

66040 Le préavis doit être effectué selon l'horaire normal appliqué dans l'entreprise. Il en résulte que la **réduction de la durée collective du travail** pendant cette période justifie une réduction de la rémunération (Cass. soc. 17-4-1980 n° 79-40.040), sauf si l'horaire de travail devient inférieur à la durée légale (voir n° 66190).

En cas de **grève** dans l'entreprise pendant le préavis, voir n° 67575.

ABSENCES POUR RECHERCHE D'EMPLOI

66050 Les conventions et accords collectifs ou le contrat de travail accordent souvent au salarié la possibilité de s'absenter pour rechercher un emploi (voir, par exemple, s'agissant des journalistes, n° 88360, ou des hôtels-cafés-restaurants, n° 85520).

Les heures d'absence pour recherche d'emploi sont en principe **rémunérées** (certaines conventions collectives limitent toutefois les cas d'indemnisation : minimum d'ancienneté requis, restriction à certains cas de licenciement…). Si la convention ou l'accord collectif garantit au salarié le maintien de sa rémunération durant lesdites heures, l'intéressé a droit pour cette période aux titres-restaurant, ces derniers constituant un avantage en nature entrant dans ladite rémunération (Cass. soc. 18-12-2013 n° 12-22.752 F-D).

Les **heures non utilisées** ne sont pas rémunérées sauf stipulations conventionnelles contraires (Cass. soc. 3-5-1994 n° 92-43.472 D), et le salarié ne peut pas obtenir d'indemnité compensatrice (notamment, Cass. soc. 5-11-1992 n° 89-45.552 D), sauf s'il n'a pas pu utiliser ces heures du fait de l'employeur (Cass. soc. 7-5-1986 n° 85-41.659 P).

Si l'employeur parvient à prouver l'**inutilité des heures** pour recherche d'emploi, il peut se dispenser de les accorder au salarié ou de lui payer l'indemnité compensatrice correspondante (Cass. soc. 9-4-1987 n° 84-44.888 S), sauf si ces heures ont été cumulées et regroupées en fin de préavis (Cass. soc. 21-1-2003 n° 01-40.529 F-P).

ABSENCES POUR MALADIE

66060 **Impossibilité pour le salarié d'effectuer le préavis** Sauf si une convention ou un accord collectif en dispose autrement (Cass. soc. 24-6-1992 n° 88-45.263 P ; 11-5-2005 n° 03-41.927 F-P), le salarié se trouvant dans l'impossibilité d'effectuer son préavis en raison d'une maladie n'a droit à aucune **indemnité compensatrice** (notamment, Cass. soc. 11-7-2000 n° 98-45.471 FS-P). En revanche, il a droit au **complément légal ou conventionnel de salaire** pour maladie (Cass. soc. 29-5-1986 n° 85-42.080 P), mais seulement jusqu'à l'expiration du préavis, sauf stipulation conventionnelle plus favorable (Cass. soc. 18-12-1991 n° 90-42.329 PF).

> **Précisions** **a.** Si le **salarié se rétablit** avant la fin du préavis, il reprend le travail jusqu'au terme du préavis ou perçoit, si l'employeur, averti de l'aptitude du salarié, ne souhaite pas qu'il reprenne le travail, une indemnité compensatrice pour la période de préavis restante (notamment Cass. soc. 12-11-1997 n° 94-42.347 P).
b. Si le **licenciement** du salarié malade est ultérieurement jugé **dépourvu de cause réelle et sérieuse,** le salarié qui le demande a droit à l'indemnité compensatrice de préavis et aux congés payés afférents (Cass. soc. 17-11-2021 n° 20-14.848 FS-PB).

66070 La loi reconnaît au **salarié déclaré inapte** par le médecin du travail après un accident du travail ou une maladie professionnelle le droit à une indemnité compensatrice (voir n° 62890), mais l'exclut pour celui dont l'inaptitude a une origine non professionnelle (voir n° 62870).

Toutefois, la jurisprudence admet le droit pour ce dernier à une telle indemnité dans les cas suivants :
– inaptitude résultant d'un comportement fautif de l'employeur, tel qu'un harcèlement moral (Cass. soc. 20-9-2006 n° 05-41.385 FS-PB ; 22-6-2011 n° 09-71.234 F-D) ;
– licenciement pour inaptitude déclaré sans cause réelle et sérieuse en raison d'un manquement de l'employeur à son obligation de reclassement (Cass. soc. 26-11-2002 n° 00-41.633 FS-PBRI ; 7-12-2017 n° 16-22.276 F-PB) ;

– résiliation judiciaire du contrat prononcée aux torts d'un employeur n'ayant pas repris le versement des salaires à l'issue du délai visé nos 62800 s. (Cass. soc. 24-6-2009 no 08-42.618 F-PB). Cette solution devrait aussi valoir lorsque la prise d'acte par le salarié de la rupture de son contrat, pour le même manquement de l'employeur, est jugée justifiée.

66080 **Maladie survenant en cours d'exécution du préavis** La maladie en cours de préavis n'a pas pour effet de reporter la **date de cessation du contrat** (notamment, Cass. soc. 14-12-2005 no 03-45.558 F-D). En revanche, l'arrêt de travail consécutif à un accident du travail suspend le préavis (Cass. soc. 18-7-1996 no 93-43.581 PB). Sur la date d'effet de la rupture du contrat en cas de licenciement consécutif à une inaptitude non professionnelle, voir no 62870.

ABSENCE POUR CONGÉS PAYÉS

66090 Si l'**employeur a demandé** au salarié de prendre ses congés au cours du préavis, le salarié a droit à une indemnité complémentaire de préavis (Cass. soc. 24-11-1988 no 85-44.808 D). De même, la **fermeture de l'entreprise** pour congés payés ne suspend pas le préavis : le salarié doit donc bénéficier de l'indemnité compensatrice de préavis et de l'indemnité de congés payés correspondant à la durée des congés (CA Versailles 14-12-2005). En revanche, si c'est le **salarié qui a demandé** et pris son congé avec l'accord de l'employeur, il ne peut pas obtenir d'indemnité complémentaire (Cass. soc. 7-5-1987 no 84-40.839 S ; Cass. ass. plén. 5-3-1993 no 88-45.233 P).

ATTENTION

La rémunération correspondant à la durée du congé payé pris est une **indemnité de congés payés** et non de préavis. Il faut donc appliquer les modalités de calcul spécifiques à cette indemnité : voir nos 59350 s. (Cass. soc. 23-3-1989 no 87-41.533 D).

INTERRUPTION DU PRÉAVIS POUR FAUTE

66100 L'interruption du préavis par l'employeur à la suite d'une faute lourde (ou grave) ne rend pas le salarié redevable de l'indemnité de préavis (Cass. soc. 14-3-1984 no 81-42.643). L'employeur est seulement libéré de ses obligations pour le **préavis à venir,** le préavis d'ores et déjà effectué restant dû (Cass. soc. 23-10-1991 no 88-43.008 P ; 12-12-2001 no 99-45.290 F-D). Le salarié ayant commis une faute lourde peut toutefois être condamné à verser à ce dernier des **dommages-intérêts** en réparation du préjudice subi (Cass. soc. 22-5-2002 no 00-40.446 FS-P).

S'agissant de l'incidence de l'interruption du préavis pour faute grave sur l'**indemnité de licenciement,** voir no 63410.

D. Inexécution du préavis

DROIT À L'INDEMNITÉ COMPENSATRICE

66150 **Inexécution imputable à l'employeur** L'inobservation du préavis ouvre droit, sauf faute grave (ou lourde), à une indemnité compensatrice ne se confondant ni avec l'indemnité de licenciement ni avec des dommages et intérêts (C. trav. art. L 1234-5). L'employeur est tenu au paiement de cette indemnité lorsqu'il a unilatéralement décidé de dispenser le salarié d'exécuter le préavis ou lorsque cette inexécution lui est imputable (Cass. soc. 28-1-2005 no 03-47.403 F-PB ; 7-12-2022 no 21-16.000 F-B).

Pour un **modèle de bulletin de paie,** voir no 94850.

› Précisions **a.** Le licenciement pour **faute grave** prive le salarié de son préavis. Toutefois, lorsque le licenciement a été prononcé pour faute grave **à tort,** le salarié a droit à une indemnité compensatrice de préavis, même si, en tout état de cause, il n'aurait pas pu l'exécuter en raison de son incarcération (Cass. soc. 8-2-2000 no 97-45.553 D), de sa maladie (Cass. soc. 12-3-1991 no 87-40.348 PF ; 20-12-2006 no 04-48.235 F-D) ou d'un accident du travail (Cass. soc. 9-10-2001 no 99-43.518 F-P ; 10-12-2002 no 00-44.777 F-D). Dans ces deux derniers cas, le salarié a droit à l'intégralité de l'indemnité compensatrice, sans déduction des **indemnités journalières** de sécurité sociale perçues le cas échéant. Il en est de même en cas de licenciement nul (Cass. soc. 10-5-2006 no 04-40.901 FS-PB) ou lorsque l'intéressé, en arrêt de travail pour maladie, a été dispensé par l'employeur de l'exécution de son préavis (Cass. soc. 4-4-2012 nos 10-23.536 et 11-11.616 FS-D ; 31-10-2012 no 11-12.810 FS-PB).

b. L'indemnité compensatrice de préavis est due lorsque la **prise d'acte** par le salarié de la rupture de son contrat aux torts de l'employeur, qui entraîne la rupture immédiate du contrat (Cass. soc. 4-6-2008 no 06-45.757 FS-PB), produit les effets d'un licenciement sans cause réelle et sérieuse (Cass. soc. 19-12-2007 no 05-41.554 F-D). Il importe peu que le salarié ait été malade au moment de la prise d'acte (Cass. soc. 20-1-2010 n° 08-43.476 FS-PB ; 11-12-2015 n° 14-15.670 F-D) ou ait été déclaré physiquement inapte (n° 66070). Le salarié a droit à une indemnité correspondant au solde du préavis non effectué s'il l'a partiellement exécuté (Cass. soc. 2-6-2010 n° 09-40.215 FS-PBR).

Le salarié a droit à l'indemnité compensatrice même si, bien que n'étant pas tenu d'exécuter un préavis en cas de prise d'acte, il a demandé expressément à en être dispensé et a obtenu cette dispense (Cass. soc. 20-1-2010 n° 08-43.471 FS-PB). En revanche, n'a pas droit à une indemnité compensatrice le salarié qui, bien qu'ayant pris acte de la rupture de son contrat et ne devant aucun préavis, l'a exécuté (Cass. soc. 21-1-2015 n° 13-16.896 F-PB).

66160 L'employeur qui **dispense** de préavis le salarié licencié doit lui verser l'indemnité compensatrice.

L'employeur pouvant imposer au salarié, licencié pour s'être opposé à un simple changement des conditions de travail (comme la mise en œuvre d'une clause de mobilité), d'effectuer son préavis aux nouvelles conditions, l'intéressé n'a pas droit à l'indemnité compensatrice de préavis en cas de refus (Cass. soc. 31-3-2016 n° 14-19.711 FS-PB).

La dispense de préavis par l'employeur s'impose au salarié : il ne peut prétendre à aucune indemnité supplémentaire s'il reste en fonctions sans l'accord de l'employeur (Cass. soc. 2-2-1983 n° 80-41.176).

Sur la dispense de préavis en cas d'adhésion du salarié à un **contrat de sécurisation professionnelle,** voir n° 66220.

66170 L'inexécution du préavis n'a pas pour effet d'avancer la **date** à laquelle le contrat prend fin (C. trav. art. L 1234-4) ; voir toutefois n° 62870 en cas de licenciement consécutif à une inaptitude non professionnelle.

Par ailleurs, l'indemnisation du préavis est définitivement acquise au salarié qui a été dispensé par l'employeur de l'exécuter. Ainsi, plus **aucune faute** ne peut lui être reprochée (que celle-ci soit grave ou lourde, antérieure ou postérieure à la notification du licenciement) et il conserve dans tous les cas l'indemnité compensatrice (Cass. soc. 22-5-2002 n° 00-40.446 FS-P ; 31-1-2006 n° 04-43.141 F-D). Sur les conséquences du **décès** du salarié au cours du préavis dont il a été dispensé, voir n° 73450.

Le salarié est dégagé d'un certain nombre d'**obligations afférentes à son contrat de travail** (devoir de réserve, obligation de loyauté, de fidélité) : il peut travailler dans une autre entreprise (Cass. soc. 27-11-1991 n° 88-43.917 PF), même concurrente (Cass. soc. 1-10-1996 n° 93-44.978 D), sous réserve de respecter la clause de non-concurrence prévue, le cas échéant, par son contrat. Il peut également s'inscrire comme demandeur d'emploi (Cass. soc. 2-7-1984 n° 82-40.273 B) sans perdre son droit à l'indemnité compensatrice de préavis.

S'agissant du sort de l'indemnité de licenciement, voir n° 63270.

ATTENTION

L'application du principe du maintien du contrat de travail peut avoir des conséquences sur :
- le calcul et la date de versement des **indemnités de rupture** : indemnité compensatrice de préavis (n° 66210), indemnité de licenciement (n° 63270) ; pour l'indemnité compensatrice de congés payés, voir n° 60230 ;
- le paiement des **gratifications** (n° 45420) ;
- le calcul des **cotisations de sécurité sociale** (n° 66370).

66180 **Inexécution imputable au salarié** Si le **salarié demande à être dispensé** de son préavis et que l'employeur l'accepte, le contrat est rompu dès qu'il donne son accord et aucune des parties n'a à verser d'indemnité (Cass. soc. 3-3-1993 n° 90-41.633 D ; 6-10-2010 n° 09-65.297 F-D).

En revanche, le salarié n'exécutant pas le préavis auquel il est tenu, sans accord de l'employeur, peut être condamné à lui verser l'indemnité compensatrice, même si ce dernier n'a subi aucun préjudice (Cass. soc. 18-6-2008 n° 07-42.161 FS-PB ; 23-5-2013 n° 12-13.891 F-D). Il en est de même en cas d'inexécution du préavis par le salarié en raison de la **prise d'acte** de la rupture de son contrat lorsque celle-ci produit les effets d'une **démission** (Cass. soc. 2-7-2008 n° 07-42.299 F-D ; 8-6-2011 n° 09-43.208 FS-PB), peu importe la suspension du contrat pour maladie lors de cette prise d'acte (Cass. soc. 31-3-2016 n° 14-28.217 F-D). Toutefois, aucune indemnité n'est due par le salarié s'il a proposé d'effectuer son préavis et que l'employeur l'en a dispensé (Cass. soc. 19-5-2015 n° 13-25.615 FS-D).

Le salarié peut être en outre condamné à verser à l'employeur une **indemnité pour brusque rupture** en cas d'abus ou d'intention de nuire (Cass. soc. 16-11-2004 n° 02-46.135 F-D).

> **Précisions a.** Le salarié ne peut pas valablement **renoncer** au préavis et au paiement de l'indemnité compensatrice avant la notification de son licenciement (Cass. soc. 18-5-1999 n° 97-40.686 D ; 7-12-2022 n° 21-16.000 F-B).
> **b.** Si l'employeur a **refusé** de dispenser un salarié démissionnaire de son préavis, il ne peut pas ensuite revenir sur cette décision et **interrompre le préavis** sans payer à l'intéressé une indemnité compensatrice (Cass. soc. 20-6-1990 n° 87-41.136 P).
> **c.** Le salarié qui a proposé d'**écourter** son préavis ne peut plus se rétracter si l'employeur l'a accepté (Cass. soc. 22-5-1991 n° 88-40.505 D).
> **d.** Sur l'**impossibilité** pour le salarié d'effectuer son préavis en raison d'une maladie, voir n° 66060 ; pour d'autres raisons non imputables à l'employeur, voir n° 65910.

MONTANT DE L'INDEMNITÉ COMPENSATRICE

Caractère forfaitaire L'indemnité compensatrice de préavis a un caractère **forfaitaire.** Elle est proportionnelle à la durée du préavis non exécuté. Elle est calculée sur la base des **salaires et avantages** auxquels aurait pu prétendre le salarié s'il avait travaillé pendant le préavis, indemnité de congés payés comprise (C. trav. art. L 1234-5, al. 2), en prenant en compte leur **montant brut** (Cass. soc. 21-2-1990 n° 85-43.285 P ; 2-4-2003 n° 01-16.944 F-D). 66190

Si en principe l'indemnité compensatrice de préavis est d'un montant identique quel que soit le **débiteur** (Cass. soc. 17-12-1987 n° 85-42.089 P), celle due par le salarié n'ouvre pas droit à des congés payés au profit de l'employeur et ne peut donc pas être assortie d'une indemnité compensatrice de congés payés s'y rapportant (Cass. soc. 22-11-2017 n° 16-12.524 FS-PB).

> **Précisions a.** Si le préavis a lieu à un moment où le **salarié n'aurait pas travaillé** de toute façon, aucune indemnité n'est due, par exemple :
> – en cas d'activité saisonnière (Cass. soc. 8-10-1987 n° 84-42.890 D) ;
> – à un salarié en congé parental d'éducation lors de son licenciement et ne justifiant pas des conditions permettant une reprise anticipée de son activité (Cass. soc. 9-3-1989 n° 86-45.457 P ; CA Paris 28-4-2004 n° 03-30549).
> Toutefois, en cas d'inexécution totale ou partielle du préavis résultant soit de la **fermeture temporaire ou définitive** de l'établissement, soit de la **réduction de l'horaire** de travail habituellement pratiqué dans l'établissement **en deçà de la durée légale** de travail, le salaire à prendre en considération est celui correspondant à l'horaire applicable à l'entreprise ou l'horaire fixé par le contrat de travail des salariés (C. trav. art. L 1234-6).
> **b.** L'employeur ayant dispensé le salarié de l'exécution de son préavis et ayant donc exclu toute possibilité de **récupération** des heures rémunérées mais non encore travaillées dans le cadre de l'**annualisation du temps de travail** doit calculer l'indemnité sur la base de la rémunération lissée sans soustraire le salaire versé au titre de ces heures (Cass. soc. 20-9-2005 n° 03-45.291 F-D).
> S'agissant du montant de l'indemnité compensatrice en cas de **manquement de l'employeur** à ses obligations, voir n° 63680.

Assiette Doivent être retenus tous les éléments de rémunération fixes et variables (Cass. soc. 5-12-1995 n° 92-43.591 D) ayant le caractère de salaire. Toute clause contraire est illicite (Cass. soc. 6-12-1990 n° 88-44.578 D). Si la rémunération est composée d'une **partie fixe** et d'une **partie variable,** on peut se référer à la moyenne annuelle des salaires (Cass. soc. 7-2-1990 n° 86-43.413 P ; 2-7-2003 n° 01-43.113 F-D). Lorsque la partie variable est proportionnelle au chiffre d'affaires réalisé sur l'année, il doit être tenu compte, le cas échéant, de la régularisation des commissions effectuée en fin d'année dont le salarié aurait bénéficié s'il avait exécuté son préavis (Cass. soc. 2-3-2011 n° 09-67.025 F-D). 66200

Lorsqu'un **rappel de salaire** est accordé au salarié pendant la période de référence, il doit être intégré dans la base de calcul de l'indemnité compensatrice (Cass. soc. 30-4-2003 n° 00-44.789 F-D).

S'agissant du droit du salarié au paiement d'une **prime annuelle,** voir n° 45420. Sur le cas particulier des salariés travaillant **à l'étranger,** voir n° 71120. S'agissant des travailleurs **à domicile,** voir n° 87570.

ILLUSTRATIONS

Doivent notamment être comprises dans l'assiette de calcul de l'indemnité :
– les **primes de rendement** ou de productivité (Cass. soc. 7-5-1986 n° 83-42.943 S) ;
– les primes d'**assiduité** (Cass. soc. 27-6-2001 n° 98-45.711 F-D) ;
– les **primes d'objectif** (Cass. soc. 14-11-1990 n° 87-41.134 D ; 17-5-2007 n° 15-20.094 FS-PB) ;
– les primes d'**intéressement** (Cass. soc. 7-5-1991 n° 87-44.178 D) : un accord d'intéressement ne peut pas limiter le bénéfice de celui-ci au temps effectivement travaillé à l'exclusion des périodes non travaillées (Cass. soc. 28-1-1998 n° 95-42.250 P) ;
– les **heures supplémentaires** si elles se présentent comme un élément stable et constant de la rémunération sur lequel le salarié était en droit de compter (Cass. soc. 20-4-2005 n° 04-45.683 FS-PBRI ; 31-5-2017 n° 15-25.538 F-D) ;
– l'indemnité compensatrice des **jours de RTT** auxquels le salarié aurait pu prétendre s'il avait travaillé pendant le préavis (Cass. soc. 8-4-2009 n° 07-44.068 FS-PB ; 17-4-2013 n° 11-29.010 F-D) ;

– la **prime de résultat,** lorsque son versement intervient pendant la durée du préavis (Cass. soc. 25-5-1994 n° 91-40.446 D) ;
– la **prime de vacances** (Cass. soc. 9-6-1983 n° 81-40.891).
En revanche, il n'y a pas lieu de déduire de l'assiette de calcul de l'indemnité compensatrice les sommes prélevées par l'employeur au titre de l'**impôt sur le revenu** dû par le salarié (Cass. soc. 8-12-2021 n° 20-11.738 FS-B).

66205 Seuls sont **exclus** de l'assiette de calcul de l'indemnité de préavis les **remboursements de frais** non exposés par le salarié en raison de l'inexécution du préavis (Cass. soc. 18-10-1990 n° 88-44.279 D ; 8-12-2021 n° 20-11.738 FS-B), tels que l'indemnité versée au titre de l'utilisation faite par l'intéressé de son **véhicule personnel** pour les besoins de sa fonction (Cass. soc. 22-10-1997 n° 94-45.186 P). En revanche, il peut conserver jusqu'à la fin du préavis la police d'**assurance** souscrite par l'employeur et couvrant les **risques professionnels et privés** de son véhicule personnel (Cass. soc. 8-12-1993 n° 90-21.496 D).

Le salarié dispensé de l'exécution du préavis a le droit de conserver jusqu'à la fin de ce dernier le **véhicule de fonction** dont il disposait pour un **usage professionnel et personnel,** (Cass. soc. 8-3-2000 n° 99-43.091 P ; 2-7-2003 n° 01-41.728 F-D), même s'il a signé une clause contractuelle par laquelle il s'engageait, en cas de dispense de préavis, à restituer sa voiture de fonction dès la date de notification de la rupture du contrat (Cass. soc. 11-7-2012 n° 11-15.649 FS-PB). Si le véhicule de fonction est restitué avant la fin du préavis, l'indemnité compensatrice doit inclure la valeur de l'**avantage en nature** lié à la mise à disposition du véhicule de fonction (Cass. soc. 16-12-2020 n° 19-12.760 F-D).

Par ailleurs, lorsqu'il dispose d'un **téléphone portable** dont l'abonnement est payé par l'employeur, celui-ci est tenu de prendre en charge les frais afférents au **délai de résiliation** prévu par l'opérateur (Cass. soc. 18-10-2006 n° 03-48.370 FS-PB).

En revanche, il ne peut pas obtenir une indemnité compensant les **heures pour recherche d'emploi** (n° 66050) dont il aurait bénéficié s'il avait exécuté son préavis (Cass. soc. 7-6-1974 n° 73-40.225).

PAIEMENT DE L'INDEMNITÉ COMPENSATRICE

66210 La loi est muette sur les **modalités** de paiement de l'indemnité compensatrice de préavis, qu'elle soit due par l'employeur ou par le salarié. La **preuve** du paiement doit être rapportée par le débiteur (Cass. soc. 17-4-1986 n° 83-46.168 S).

L'indemnité compensatrice de préavis **due au salarié** a le caractère d'un substitut de salaire. Elle peut être versée en plusieurs fois selon la périodicité des salaires qu'elle remplace.

L'action en paiement de cette indemnité se prescrit comme pour les salaires : n°s 15900 s. (Cass. soc. 15-1-2014 n° 12-28.238 F-D), y compris lorsqu'elle est due à la suite d'une requalification de contrat à durée déterminée en contrat à durée indéterminée (Cass. soc. 16-12-2015 n° 14-15.999 FS-D).

Sur l'établissement du ou des **bulletins de paie,** voir n° 66470.

CONSEIL

Il est fortement **déconseillé de verser l'indemnité compensatrice de préavis en une seule fois** lors de la cessation effective du travail. En effet, en cas d'augmentation générale des salaires ou de modification des règles de calcul des cotisations et contributions sociales au cours du préavis non effectué, le bulletin de paie établi lors du départ du salarié ne serait plus adapté. Il faudrait alors soit verser un complément de rémunération au salarié (augmentation générale), soit rectifier le bulletin établi lors du départ de l'intéressé (modification des règles de calcul des cotisations et contributions sociales). Il est en outre très difficile, voire impossible, de déclarer en DSN une indemnité compensatrice versée avant le terme du préavis. Signalons par ailleurs que la DSN mensuelle doit continuer de porter le contrat jusqu'au terme de celui-ci (net-entreprises, fiche n° 1264).

66215 L'indemnité **due** à l'employeur **par le salarié** est à notre sens d'une nature juridique différente. En pratique, elle sera rarement spontanément payée par l'intéressé mais sera ordonnée par le juge dans le cadre d'un contentieux.

Sur la possibilité pour l'employeur d'effectuer une **compensation** entre les sommes qu'il reste devoir au salarié et l'indemnité de préavis dont ce dernier est débiteur, voir n° 15010.

CAS PARTICULIERS

66220 **Salarié adhérant à un contrat de sécurisation professionnelle** Dans les **entreprises ou groupes d'entreprises de moins de 1 000 salariés** ou dans **celles en redressement ou en liquidation judiciaire,** quelle que soit leur taille, les salariés menacés de licenciement économique et répondant à certaines conditions ont la possibilité de bénéficier d'un contrat de sécurisation professionnelle (CSP).

L'adhésion du salarié au CSP emporte rupture du contrat de travail, sans exécution du préavis. Pour les bénéficiaires ayant **au moins un an d'ancienneté,** l'employeur contribue au financement de la mesure en s'acquittant, auprès de l'organisme compétent pour recouvrer les contributions d'assurance chômage (voir nº 29570), du paiement d'une somme égale à ce qu'aurait été l'indemnité compensatrice de préavis dans la limite de 3 mois de salaire. Cette **contribution** comprend l'ensemble des charges patronales et salariales. Dans le cas où l'indemnité de préavis que le salarié aurait perçue s'il n'avait pas bénéficié d'un CSP est supérieure à 3 mois de salaire, la **fraction** excédant ce montant est versée à l'intéressé dès la rupture du contrat. Les bénéficiaires qui, ayant **moins d'un an d'ancienneté,** auraient eu droit à une indemnité de préavis perçoivent une somme équivalente dès la rupture du contrat (C. trav. art. L 1233-65 à L 1233-70 ; Convention Unédic du 26-1-2015 prolongée jusqu'au 31-12-2023 ; Circ. Unédic 2022-04 du 28-2-2022).

Salarié bénéficiant d'un congé de reclassement Les salariés des entreprises ou groupes d'**entreprises d'au moins 1 000 salariés** dont l'emploi va être supprimé ont la possibilité de bénéficier d'un congé de reclassement, d'une **durée** de 4 à 12 mois pour bénéficier d'un accompagnement personnalisé dans leur recherche d'emploi, et jusqu'à 24 mois en cas d'action de formation ou de reconversion professionnelle. Ce congé s'impute sur le préavis que l'intéressé est dispensé d'exécuter et, lorsque sa durée excède celle du préavis, le terme de ce dernier est reporté d'autant (C. trav. art. L 1233-71 à L 1233-76). 66230

Durant ce congé, la **rémunération du salarié** est prise en charge par l'employeur. Pendant la période correspondant à la durée du préavis, elle est égale à la rémunération que le salarié aurait perçue s'il avait travaillé. Pour la période excédant la durée du préavis, le salarié bénéficie d'une rémunération mensuelle à la charge de l'employeur, dont le montant est au moins égal à 65 % de sa rémunération mensuelle brute moyenne soumise au régime d'assurance chômage au titre des 12 derniers mois précédant la notification du licenciement. Lorsqu'au cours de ces 12 mois le salarié a exercé son emploi à temps partiel dans le cadre d'un congé parental d'éducation, d'un congé de proche aidant, de présence parentale ou de solidarité familiale, il est tenu compte, pour le calcul de la rémunération brute moyenne, du salaire qui aurait été le sien s'il avait exercé son activité à temps plein sur l'ensemble de la période. Ce montant ne peut pas être inférieur à un salaire mensuel égal à 85 % du produit du Smic par le nombre d'heures correspondant à la durée collective de travail fixée dans l'entreprise (C. trav. art. R 1233-32, al. 1 à 4). L'employeur doit remettre chaque mois au salarié un **bulletin** précisant le montant et les modalités de calcul de la rémunération (C. trav. art. R 1233-32, al. 5).

S'agissant du minimum garanti par référence au Smic, il s'apprécie en fonction de l'**horaire** normalement pratiqué dans l'établissement où travaillait le salarié ou, le cas échéant, en fonction de l'horaire particulier du salarié si celui-ci pratiquait avant son entrée en congé de reclassement une durée du travail inférieure à la durée fixée conventionnellement pour l'entreprise lorsque celle-ci est inférieure à la durée légale (Circ. DGEFP/DRT/DSS 2002-015-5-2002).

Pour la **participation,** les salariés en congé de reclassement en bénéficient jusqu'à l'issue de ce congé, même si leur rémunération n'est pas prise en compte pour le calcul de la réserve spéciale de participation (nº 46600).

ATTENTION

En cas de **nullité du congé de reclassement** en l'absence de cause réelle et sérieuse du licenciement, le salarié n'a droit au paiement d'une **indemnité de préavis** et de l'indemnité de congés payés s'y rapportant que sous déduction des sommes reçues à ce titre pendant la durée du congé (Cass. soc. 17-12-2013 nº 12-27.202 FS-PB).

Pendant la période de préavis proprement dite, la rémunération du salarié entre normalement dans l'assiette des **cotisations** de sécurité sociale. Une fois la durée de son préavis écoulée, la rémunération réduite perçue par le salarié dont le congé de reclassement se poursuit est soumise au même régime social que l'indemnité d'activité partielle, visé nºs 68050 s. (C. trav. art. L 1233-71). À ce titre, la rémunération, cessible et saisissable comme les salaires, est exonérée de **cotisations et contributions sociales** mais assujettie à **CSG et CRDS** aux taux applicables aux revenus de remplacement, soit respectivement 6,20 et 0,5 % après abattement d'assiette de 1,75 %. Le salarié en congé bénéficie, en outre, du dispositif d'**écrêtement** de CSG et CRDS. 66240

> **Précisions** **a.** Pour le calcul de la **déduction forfaitaire représentative de frais professionnels** sur l'assiette de la CSG et de la CRDS (nos 28650 s.), il y a lieu de neutraliser le plafond se rapportant à la période indemnisée dépassant la durée du préavis comprise entre deux échéances de paie. Exemple : soit un salarié licencié le 15 février, dont le préavis prend fin au 15 mai et le congé de reclassement au 23 juillet ; des indemnités soumises à CSG-CRDS au taux de 6,7 % lui sont versées ; les plafonds mensuels doivent être pris en compte jusqu'à mai inclus. Au regard de l'assiette de la CSG-CRDS (et puisqu'il y a ainsi 5 échéances de paie entre janvier et mai), l'abattement pour frais professionnels sera pratiqué à hauteur de 20 plafonds mensuels (4 × 5). Le montant cumulé des salaires et indemnités de reclassement (et tout autre élément entrant dans l'assiette de la CSG-CRDS) qui dépasserait ce seuil ne bénéficiera pas de l'abattement de 1,75 %. Les indemnités de reclassement versées au-delà de 12 mois, durée maximale du congé de reclassement, obéissent au régime des indemnités de rupture du contrat de travail : elles sont donc exclues de l'abattement de 1,75 % (Circ. Acoss du 19-3-2012).
>
> **b.** Le régime Agirc-Arrco offre aux entreprises la possibilité de permettre à leurs salariés d'obtenir, pour la durée du congé de reclassement qui excède le préavis, des **points de retraite complémentaire,** moyennant le versement de cotisations calculées comme si les intéressés avaient poursuivi leur activité dans des conditions normales. La décision d'utiliser cette faculté doit résulter d'un accord au sein de l'entreprise. Elle s'impose alors à tous les salariés concernés par un tel congé (ANI 17-11-2017 art. 81, étendu et élargi par arrêté SSAS1811630A du 24-4-2018).
>
> **c.** Pour les assurés d'**Alsace-Moselle** et les **non-résidents,** les cotisations maladies spécifiques (nº 68085) sont dues mais elles sont, le cas échéant, écrêtées dans les conditions exposées nº 68095.
>
> **d.** Dans la **DSN,** en cas d'écrêtement de la CSG/CRDS et/ou des cotisations maladie visées au c, le montant total écrêté est déclaré sous le CTP de déduction 616. Ce CTP est associé au qualifiant 921 dans la rubrique 21.G00.23.002 et valorisé en « montant de cotisation » dans la rubrique S21.G00.23.005 (Doc. Urssaf au 17-3-2023).

E. Régime social et fiscal

66300 Lorsque le préavis est **exécuté** par le salarié, le salaire de cette période est traité comme un salaire normal d'activité au regard des charges sociales et fiscales sur salaires.

L'indemnité compensatrice de préavis due au salarié **dispensé d'effectuer** son préavis appelle en revanche des développements particuliers, que l'on trouvera ci-après.

S'agissant du caractère **saisissable ou cessible** de ces sommes, voir nº 15180.

1. ASSUJETTISSEMENT AUX CHARGES SOCIALES ET FISCALES

66320 L'indemnité compensatrice de préavis non effectué, y compris la fraction d'indemnité versée, le cas échéant, au bénéficiaire du contrat de sécurisation professionnelle visé nº 66220 (C. trav. art. L 1233-67), constitue un élément de salaire et est assujettie comme tel :

– aux cotisations de **sécurité sociale** (Cass. ass. plén. 18-6-1963 nº 58-50.474), à la **CSG** et à la **CRDS.** La solution est transposable aux prélèvements dont l'assiette est alignée sur celle des cotisations de sécurité sociale : cotisations ou contributions solidarité autonomie, Fnal, dialogue social, **chômage,** AGS, **retraite complémentaire** Agirc-Arrco, formation et alternance (contributions à la formation professionnelle, CPF-CDD, supplémentaire à l'apprentissage et taxe d'apprentissage), versement mobilité et participation-construction. L'assujettissement à la CSG a pour conséquence de soumettre ces sommes à la taxe sur les salaires, lorsque celle-ci est due (BOSS-Ind. rupture-730) ;

– à l'**impôt** sur le revenu dans la catégorie des traitements et salaires (CE 15-6-1988 nº 57314 ; 6-11-1991 nº 71696 ; BOI-RSA-CHAMP-20-40-10-20 nº 60) l'année de son versement, même si le préavis est « à cheval » sur 2 années civiles, et doit donner lieu à prélèvement à la source par l'employeur.

L'indemnité compensatrice de préavis échappe en revanche selon nous au **forfait social,** puisqu'elle ne répond pas au double critère d'exonération de cotisations et d'assujettissement à CSG retenu pour la détermination de l'assiette de ce prélèvement.

> **Précisions** **a.** Lorsque le salarié perçoit une **somme globale** représentant à la fois l'indemnité compensatrice de préavis et une indemnité exonérée (indemnité de licenciement n'excédant pas le montant prévu par la convention collective de branche, par exemple), il faut, pour déterminer le montant imposable de cette somme, ventiler la somme versée entre ces deux éléments en tenant compte de la durée du préavis auquel peut prétendre l'intéressé (BOI-RSA-CHAMP-20-40-10-20 nº 60).
> En matière de sécurité sociale, la jurisprudence retient la même solution, tout en précisant que, l'employeur et le salarié ayant la possibilité de renoncer au préavis de façon réciproque et sans

indemnité, la somme globale fixée par voie de transaction sans indication de ses composantes n'inclut pas nécessairement une indemnité compensatrice de préavis soumise aux cotisations : voir nos 65590 s.

b. Sur le régime de l'indemnité compensatrice de préavis versée en cas de licenciement d'un salarié victime d'un **accident du travail ou d'une maladie professionnelle,** voir no 62890.

2. CALCUL ET PAIEMENT DES COTISATIONS

L'indemnité compensatrice de préavis est passible de cotisations calculées suivant les règles applicables aux salaires. Sauf indication contraire, les précisions qui suivent sont communes aux cotisations de sécurité sociale et prélèvements alignés, aux contributions chômage et AGS, aux cotisations et contributions de retraite complémentaire Agirc-Arrco, à la CSG et à la CRDS. 66350

S'agissant de la régularisation de la **réduction générale** de cotisations patronales, voir nos 22350 s. ; de la **cotisation d'allocations familiales,** voir nos 22700 s.

PRINCIPES

Les taux et plafond en vigueur lors d'une paie sont également appliqués aux rémunérations rattachées à cette paie dues au titre d'autres périodes (no 18770). Pour l'indemnité compensatrice de préavis, les cotisations sont donc **calculées selon les règles** d'assiette, de taux et de plafonnement **applicables à la paie du mois** au cours duquel cette indemnité doit être versée (BOSS-Ass. gén.-450). 66360

Les cotisations plafonnées sont calculées sur la base d'un **plafond régularisateur** (nos 18230 s.), tenant compte de toutes les périodes d'emploi. Le **préavis non effectué** sur dispense de l'employeur n'ayant pas pour conséquence d'avancer la date de fin du contrat de travail, ce plafond régularisateur tient compte de la période comprise entre la date de cessation d'activité et la date effective de la rupture du contrat (Inst. Acoss 3 du 17-1-1974 ; Cass. soc. 21-6-1979 no 77-15.716 ; 6-5-1987 no 87-17.882 S). Si le préavis prend fin en cours de mois, le plafond de ce mois est réduit comme exposé no 18045.

En pratique, si l'indemnité est **versée par fractions,** suivant la même périodicité que le salaire, ces fractions donnent lieu aux cotisations comme un salaire d'activité, dans la limite du plafond correspondant à la paie avec laquelle elles sont versées.

REPRISE D'EMPLOI ET PRÉAVIS

Lorsque le salarié dispensé par l'employeur d'effectuer son préavis reprend avant son terme une activité salariée, les dispositions prévues pour les assurés travaillant pour plusieurs employeurs sont applicables à la période comprise entre la reprise d'activité et le terme du préavis non effectué, pour le calcul des **cotisations plafonnées** de sécurité sociale (Inst. Acoss 3 du 17-1-1974). 66370

Ces cotisations peuvent donc être calculées au prorata des rémunérations versées par chacun des employeurs (nos 68870 s.). À défaut, le salarié peut demander à l'Urssaf le remboursement des cotisations précomptées au-delà du plafond annuel (Inst. Acoss du 17-1-1974 précitée). Ces règles trouvent aussi à s'appliquer aux cotisations d'assurance chômage.

3. BULLETIN DE PAIE ET DSN

L'indemnité compensatrice de préavis non effectué doit figurer distinctement sur le bulletin de paie, en application de l'article R 3243-1, 6o du Code du travail, faisant obligation d'y mentionner la nature et le montant des accessoires du salaire soumis aux cotisations sociales et figurer dans le montant porté en net fiscal du bulletin. Il en va ainsi, qu'elle soit versée par fractions à chaque échéance habituelle de paie ou en une seule fois au départ du salarié. 66470

Sur l'obligation de mentionner dans le bulletin de paie la durée des délais de préavis, voir no 13320.

Pour un **modèle** de bulletin de paie, voir no 94850.

L'indemnité compensatrice de préavis non effectué doit être comprise dans la rémunération à déclarer dans la **partie sociale** de la déclaration sociale nominative (**DSN**). Si le préavis est à cheval sur 2 années civiles, l'indemnité versée en une seule fois est à répartir sur les 2 périodes concernées, pour tenir compte des modalités de régularisation indiquées au no 66360. 66480

Elle doit être également incorporée, le mois de son versement, pour la totalité de son montant aux salaires à déclarer dans la **partie fiscale** de la déclaration.

SECTION 7

OBLIGATIONS POSTÉRIEURES À LA RUPTURE

66570 L'employeur et le salarié doivent procéder à la liquidation de leurs droits et obligations réciproques lorsqu'ils rompent le contrat de travail, que celui-ci soit à **durée indéterminée ou** à durée **déterminée.**

Outre le versement des indemnités de rupture (voir notamment n°s 63260 s. pour l'indemnité de licenciement, n°s 60070 s. pour l'indemnité compensatrice de congés payés, n°s 76330 s. pour l'indemnité de fin de CDD et n°s 81760 s. pour l'indemnité de clientèle des VRP), l'employeur doit délivrer au salarié un certificat de travail, une attestation pour l'assurance chômage et un reçu pour solde de tout compte.

Sur la remise de ces documents en cas de rupture du contrat d'un **étranger** en situation irrégulière, voir n° 65340.

ATTENTION

L'employeur peut être amené à **verser** au salarié des **sommes après** son **départ** de l'entreprise. Sur le calcul des cotisations de sécurité sociale et contributions sur ces sommes, voir n°s 53550 s. (rappels de salaire) et 18770 s. (autres sommes).

A. Certificat de travail

CONTENU

66600 À l'expiration du contrat de travail, c'est-à-dire à l'issue du préavis exécuté ou non, l'employeur doit délivrer au salarié un certificat de travail (C. trav. art. L 1234-19), quels que soient la nature, la durée, la forme du contrat et le motif de la rupture. Il **doit mentionner** la date d'entrée du salarié et celle de sa sortie (issue du préavis, même non exécuté), la nature de l'emploi ou des emplois successivement occupés, et les périodes pendant lesquelles ces emplois ont été tenus (C. trav. art. D 1234-6), ainsi que la qualification exacte des fonctions réellement remplies par le salarié (Cass. soc. 2-6-2004 n° 02-41.024 F-D).

D'autres **mentions** sont **facultatives** et peuvent nécessiter l'accord du salarié (Cass. soc. 4-3-1992 n° 88-41.014 P, à propos d'une obligation de non-concurrence). Le certificat ne doit comporter aucune mention discriminatoire ou susceptible de porter préjudice au salarié (Cass. crim. 14-10-1986 n° 85-96.369 P).

Sur l'obligation de signaler la **portabilité** des couvertures complémentaires frais de santé et prévoyance, voir n° 67040.

ATTENTION

La formule **« libre de tout engagement »** inscrite sur le certificat de travail est dépourvue de portée pratique : elle ne prouve pas à elle seule une dispense de préavis (Cass. soc. 10-11-1993 n° 90-40.008 D) ou la renonciation à l'application d'une clause de non-concurrence (Cass. soc. 25-10-1995 n° 93-45.442 D), ou d'une clause de dédit-formation (Cass. soc. 4-7-2001 n° 99-43.520 F-D).

SANCTIONS

66610 Le fait de ne pas délivrer un certificat de travail est puni de la peine d'amende prévue pour les contraventions de 4e classe (C. trav. art. R 1238-3) : voir n° 96470.

En cas de **non-remise** du certificat, d'**omission** de mention ou de **mention inexacte,** le salarié peut intenter devant le conseil de prud'hommes une action en délivrance du certificat de travail, au besoin sous astreinte (C. trav. art. R 1454-14). Si le salarié prouve que la remise tardive du certificat lui a causé un préjudice, il peut prétendre à des dommages-intérêts (Cass. soc. 11-1-2006 n° 03-46.055 FS-PB ; 13-4-2016 n° 14-28.293 FS-PBR).

Si le certificat de travail doit en principe être tenu à la disposition du salarié, l'employeur condamné à le remettre est tenu de le lui faire parvenir (Cass. soc. 12-11-2002 n° 01-40.047 F-D). Il doit pouvoir apporter la preuve qu'il a exécuté son obligation (Cass. soc. 14-12-2005 n° 04-40.561 F-PB).

B. Attestation Pôle emploi

FORMALITÉS

66660 À l'expiration du contrat de travail, l'employeur doit délivrer au salarié une attestation lui permettant de faire valoir ses droits aux prestations d'assurance chômage. Il transmet également sans délai les informations nécessaires à Pôle emploi (C. trav. art. R 1234-9). Sauf exception, ces formalités sont accomplies via la **DSN** (nº 36460).

Ces obligations s'imposent quels que soient le **motif** et le **mode de rupture** (par exemple, en cas de démission : Cass. soc. 15-3-2017 nº 15-21.232 FS-PB ; ou en cas de prise d'acte de la rupture du contrat de travail aux torts de l'employeur : Cass. soc. nº 06-45.757 FS-PB).

L'attestation Pôle emploi contient notamment les **informations** suivantes : durée d'emploi, statut dans l'entreprise, éléments relatifs aux derniers salaires, motif exact de la rupture du contrat de travail.

Elle doit être **mise à la disposition** du salarié (Cass. soc. 5-10-2004 nº 02-44.487 F-D ; 1-7-2015 nº 13-26.850 F-D) le jour de la fin de son contrat de travail, c'est-à-dire celui de la fin du préavis, exécuté ou non (Cass. soc. 20-9-2006 nº 05-44.259 FS-D).

ATTENTION

Depuis le 1-1-2022, il n'est plus possible de produire des attestations employeur par le canal de l'AE dématérialisée (AED), ou par le signalement de fin de contrat de travail (FCT) de la DSN. Sauf exception, la seule modalité déclarative acceptée est la transmission du signalement de fin de contrat de travail unique (FCTU) véhiculé par la DSN (www.net-entreprises.fr).

SANCTIONS

Le fait de ne pas délivrer l'attestation Pôle emploi est puni de la peine d'amende prévue pour les contraventions de 5e classe (C. trav. art. R 1238-7) : voir nº 96470. **66680**

En cas de **non-remise** ou de **remise tardive** de l'attestation, ou quand elle comporte des **indications erronées** ou une présentation inexacte, équivoque ou tendancieuse du motif de la rupture, le salarié peut prétendre à des dommages-intérêts s'il justifie avoir subi un préjudice (Cass. soc. 14-9-2016 nº 15-21.794 FS-PB).

Le salarié peut également demander au conseil de prud'hommes de **rechercher** son **véritable salaire** s'il conteste le montant de la rémunération indiqué sur l'attestation (Cass. soc. 22-2-2000 nº 98-16.492 PB).

C. Reçu pour solde de tout compte

OBJET

Le solde de tout compte, établi par l'employeur et dont le salarié lui donne reçu, fait l'inventaire des sommes versées à ce dernier lors de la rupture du contrat de travail (C. trav. art. L 1234-20, al. 1). **66730**

Pour l'administration, ce document revêt un **caractère obligatoire** (Circ. DGT 5 du 17-3-2009).

FORMALITÉS

Le reçu pour solde de tout compte doit être établi en **double exemplaire** (mention en est faite sur le reçu), dont l'un est **remis** au salarié (C. trav. art. D 1234-7) à la fin du contrat de travail. **66740**

Il peut être **délivré** le jour de son départ de l'entreprise en cas de dispense de préavis (Cass. soc. 17-1-1996 nº 92-42.734 D).

ATTENTION

Pour tenir lieu de **preuve** du paiement des sommes qui y sont mentionnées, le reçu doit être **signé** par le salarié (Cass. soc. 27-3-2019 nº 18-12.792 F-D). Mais l'employeur n'a pas le droit de conditionner le versement des sommes mentionnées sur le reçu à la signature du salarié.

PORTÉE

Le salarié peut, sans avoir à se justifier (Cass. soc. QPC 18-9-2013 nº 13-40.042 FS-PB), **dénoncer,** par lettre recommandée, le reçu pour solde de tout compte dans le délai de 6 mois suivant sa signature (C. trav. art. D 1234-8). Pour faire courir le délai, le reçu doit comporter la **date** de la signature du salarié, peu important que celle-ci ne soit pas écrite de la main du salarié, dès l'instant qu'elle est **certaine** (Cass. soc. 20-2-2019 nº 17-27.600 FS-PB). **66750**

Le reçu devient **libératoire** passé ce délai, même si ce dernier n'est pas indiqué sur le reçu (Cass. soc. 4-11-2015 nº 14-10.657 FS-PB). Le reçu est libératoire pour l'employeur uniquement pour les sommes qui y sont mentionnées (C. trav. art. L 1234-20, al. 2), y compris s'il est rédigé en termes généraux (Cass. soc. 18-12-2013 nº 12-24.985 FS-PB ; 11-12-2014 nº 13-17.277 F-D). N'a pas d'effet libératoire, en revanche, le reçu faisant état d'une somme globale et renvoyant pour le détail des sommes versées au bulletin de paie annexé (Cass. soc. 14-2-2018 nº 16-16.617 FS-PB ; 28-6-2018 nº 16-25.823 F-D).

ATTENTION

La **saisine du conseil de prud'hommes** vaut dénonciation du reçu et le prive d'effet libératoire (Cass. soc. 1-3-1989 n° 87-41.719 P), à condition que l'employeur reçoive sa convocation devant le bureau de conciliation pendant le délai de dénonciation de 6 mois (Cass. soc. 7-3-2018 n° 16-13.194 FS-PB).

D. Indemnité compensatrice de non-concurrence

66800 Afin de limiter les actes de concurrence de la part d'un salarié quittant l'entreprise, le contrat de travail ou la convention collective peut prévoir, sous certaines conditions, une clause de non-concurrence. Cette clause, applicable **après la cessation du contrat,** doit être assortie de l'obligation pour l'employeur de verser à son ancien salarié une indemnité compensatrice.

Sont développés ci-après les conditions du droit à l'indemnité, sa nature juridique, son montant et ses modalités de versement, ainsi que son régime social et fiscal.

Pour les conditions de validité et la mise en œuvre des clauses de non-concurrence, on se reportera au Mémento social n°s 69625 s.

S'agissant de la clause de non-concurrence propre aux **VRP,** voir n°s 82530 s.

Sur la question de savoir si une **transaction** conclue en termes généraux après la rupture du contrat met fin ou non à tout litige lié à l'application de la clause de non-concurrence, voir n° 65520.

DROIT À L'INDEMNITÉ COMPENSATRICE

66805 **Caractère obligatoire** Lorsque le salarié est assujetti à une clause de non-concurrence, il doit bénéficier d'une contrepartie financière (Cass. soc. 10-7-2002 n°s 00-45.135 FP-PBRI, 00-45.387 FP-PBRI et 99-43.334 FP-PBRI ; 17-12-2004 n° 03-40.008 FS-PBRI).

À **défaut d'indemnité** compensatrice, la clause de non-concurrence est illicite (Cass. soc. 29-1-2003 n° 00-44.882 FS-P ; 29-4-2003 n° 01-42.026 FS-P), et le salarié peut prétendre à des dommages-intérêts s'il justifie avoir subi un préjudice (Cass. soc. 25-5-2016 n° 14-20.578 F-PB).

ATTENTION

Le salarié qui **viole la clause** de non-concurrence (Cass. soc. 5-5-2004 n° 01-46.261 FS-PB) doit **rembourser** à son employeur l'indemnité compensatrice qu'il a perçue (Cass. soc. 30-10-1991 n° 88-41.082 D ; 6-12-1995 n° 92-41.812 D). S'il n'a violé la clause qu'à partir d'une certaine date, il a droit à l'indemnité pour la période antérieure à cette date (Cass. soc. 27-3-1996 n° 92-41.992 P ; 25-2-2003 n° 00-46.263 FS-PBRI). Le remboursement ne porte que sur les sommes correspondant à la période postérieure (Cass. soc. 9-4-2008 n° 06-46.523 F-D).

66810 **Montant de l'indemnité** Le montant de l'indemnité compensatrice de non-concurrence est généralement **proportionnel** à la rémunération du salarié et à l'étendue de l'obligation de non-concurrence. Sur le montant de cette indemnité pour les VRP, voir n° 82560.

Les conventions collectives prévoient le plus souvent un **versement mensuel minimum,** fixé au prorata du salaire, pendant une période correspondant à l'interdiction faite au salarié. Pour le calcul de l'indemnité, il convient de prendre en compte le salaire brut et non le salaire net, sauf clause expresse contraire (Cass. soc. 12-10-1993 n° 90-42.120 D ; 13-1-1998 n° 95-41.467 P), et d'exclure l'indemnité compensatrice de congés payés versée au salarié (Cass. soc. 30-3-2011 n° 09-41.583 FS-PB).

Certains contrats ou conventions envisagent aussi une **revalorisation** de l'indemnité.

Sur la possibilité d'inclure l'**indemnité de congés payés** afférents à la contrepartie financière dans le montant de celle-ci, voir n° 59980 c.

› Précisions Une **contrepartie financière dérisoire** équivaut à une absence de contrepartie (Cass. soc. 15-11-2006 n° 04-46.721) et justifie l'annulation de la clause de non-concurrence (mais pas la fixation par le juge de la contrepartie qu'il estime justifiée : Cass. soc. 16-5-2012 n° 11-10.760 F-PB). Pour apprécier le caractère dérisoire ou non de l'indemnité, seul doit être pris en considération le montant qu'il est prévu de verser après la rupture du contrat de travail (Cass. soc. 22-6-2011 n° 09-71.567 FS-PB), le paiement de la contrepartie financière ne pouvant pas intervenir pendant l'exécution du contrat (voir n° 66860).

66820 **Conditions d'application** Les modalités de **calcul,** la **périodicité** et la **durée** de versement de la contrepartie financière de la clause sont fixées par le contrat de travail. À défaut, ce sont les modalités fixées par la convention collective qui s'appliquent si le contrat s'y réfère expressément (Cass. soc. 10-3-2004 n° 02-40.108 F-PB ; 21-10-2020 n° 19-18.387 F-D).

Le paiement de l'indemnité compensatrice de non-concurrence est lié à la rupture du contrat de travail, à l'absence de renonciation de l'employeur à la clause et au respect par le salarié de son interdiction de concurrence. Le droit à l'indemnité n'est pas affecté par les **circonstances de la rupture** du contrat de travail, en particulier par la possibilité ou non pour le salarié de reprendre une activité concurrentielle (Cass. soc. 8-10-1996 n° 95-40.405 P-F ; 30-4-2003 n° 01-41.874 F-D).

Si l'application de la clause de non-concurrence peut, le cas échéant, être limitée à certains **cas de rupture** (Cass. soc. 1-4-1992 n° 88-41.466 D ; 6-1-2010 n° 08-41.357 F-D), la contrepartie financière est due dans tous les cas où l'obligation de non-concurrence s'impose, les conditions d'ouverture de celle-ci ne pouvant pas être dissociées de celles de son indemnisation (Cass. soc. 27-2-2007 n° 05-44.984 FP). L'indemnité de non-concurrence ne peut donc pas être réservée à certains modes ou **motifs** de rupture et être exclue pour d'autres, comme le licenciement pour faute grave (Cass. soc. 28-6-2006 n° 05-40.990 F-PB ; 4-6-2008 n° 04-40.609 FS-PB) ou la démission (Cass. soc. 28-9-2011 n° 09-68.537 FS-PB). Elle doit par exemple être allouée en cas de rupture conventionnelle homologuée, même si la convention collective ne prévoit son versement qu'en cas de licenciement ou de démission (Cass. soc. 18-1-2018 n° 15-24.002 FS-PB), de rupture en cours de période d'essai (Cass. soc. 23-5-2007 n° 06-41.338 F-D), de départ en retraite (Cass. soc. 24-9-2008 n° 07-40.098 F-PB) ou en préretraite (Cass. soc. 19-10-2005 n° 03-46.592 F-P), dès lors que l'obligation de non-concurrence s'applique.

La clause de non-concurrence ne peut pas non plus prévoir une **variation** du montant de la contrepartie financière en fonction du mode ou du motif de rupture du contrat, par exemple en cas de démission ou de licenciement pour faute. Dans de telles hypothèses, la clause n'est pas nulle, mais ses dispositions minorant la contrepartie sont réputées non écrites et sont donc inapplicables (Cass. soc. 8-4-2010 n° 08-43.056 FS-PB ; 25-1-2012 n° 10-11.590 FS-PB ; 9-4-2015 n° 13-25.847 FS-PB ; 14-4-2016 n° 14-29.679 F-PB).

En revanche, l'**indemnité** n'est **pas due** :
- en cas de rupture du contrat de travail par suite du décès du salarié (Cass. soc. 29-10-2008 n° 07-43.093 FS-P) ;
- lorsque l'employeur a utilisé la faculté de renonciation qui lui est donnée, le cas échéant, par les dispositions conventionnelles ou contractuelles (voir n° 66830) ;
- au-delà de la première année lorsque l'interdiction de concurrence d'un an **renouvelable** n'a pas été renouvelée (Cass. soc. 7-3-2018 n° 16-23.705 FS-PB ; 21-9-2022 n° 20-18.511 FS-B) ;
- dans le cas où la clause est, à la demande du seul salarié (Cass. soc. 25-1-2006 n° 04-43.646 F-P), déclarée nulle ou caduque par le juge.

> **Précisions** **a.** Une contrepartie financière s'impose au salarié **actionnaire ou associé** de la société qui l'emploie, même si la clause de non-concurrence est prévue, non par son contrat de travail mais par le pacte d'actionnaires (Cass. com. 15-3-2011 n° 10-13.824 F-PB).
> **b.** La validité de la clause de non-concurrence s'apprécie à la date de sa conclusion. Le salarié peut se prévaloir de la nullité d'une clause contractuelle ne prévoyant de contrepartie financière qu'en cas de rupture à l'initiative de l'employeur, alors même qu'un **avenant à la convention collective** postérieur au contrat de travail a prévu cette contrepartie dans tous les cas de rupture (Cass. soc. 28-9-2011 n° 09-68.537 FS-PB).
> **c.** Le **transfert de l'entreprise** ne fait pas disparaître l'obligation de non-concurrence, ni le droit à indemnité. En cas de **mutation intragroupe,** la clause de non-concurrence conclue avec la première entreprise ne s'applique pas pendant que le salarié exerce son activité au sein de la seconde. Elle reprend ses effets à compter de la rupture du contrat conclu avec cette dernière, sans que sa durée soit prorogée (Cass. soc. 12-9-2018 n° 17-10.853 FS-PB).

RENONCIATION À LA CLAUSE DE NON-CONCURRENCE

Conditions L'employeur peut renoncer **unilatéralement** à l'application de la clause de non-concurrence si le contrat de travail ou la convention collective lui en donne expressé- 66830
ment la possibilité (Cass. soc. 4-6-1998 n° 95-41.832 PB ; 28-3-2007 n° 06-40.293 F-D ; 11-3-2015 n° 13-22.257 FS-PB). Si ce n'est pas le cas, la renonciation n'est possible qu'avec l'**accord** exprès du salarié (Cass. soc. 17-2-1993 n° 89-43.658 P ; 28-11-2001 n° 99-46.032 F-D).

Lorsqu'elle est possible, la renonciation unilatérale doit être explicite et **non équivoque** (Cass. soc. 12-7-1989 n° 86-41.668 P ; 30-5-1990 n° 87-40.485 P), et notifiée individuellement au salarié (Cass. soc. 21-10-2009 n° 08-40.828 FS-PB). Elle ne saurait notamment résulter de la mention « libre de tout engagement » portée sur le **certificat de travail** (Cass. soc. 25-10-1995 n° 93-45.442 D), ni de l'indication dans le plan de sauvegarde de l'emploi de la levée systématique de l'obligation de non-concurrence des salariés licenciés (Cass. soc. 23-9-2008 n° 07-41.649 F-D). Ne vaut pas non plus renonciation une formule générale dans l'**accord de rupture conventionnelle** par laquelle le salarié se déclare rempli de l'intégralité de ses droits au titre de la formation, de l'exécution et la rupture du contrat de travail, ainsi que de toute relation de fait ou de droit ayant existé entre les parties (Cass. soc. 6-2-2019 n° 17-27.188 F-D). Renoncer à la clause de non-concurrence dans la **lettre de licenciement** est possible dès lors que le contrat de travail ne fait pas obligation à l'employeur d'adresser une lettre distincte de celle notifiant la rupture (Cass. soc. 7-3-2012 n° 10-17.712 F-D ; 24-4-2013 n° 11-26.007 FS-PB).

> Précisions a. Si la renonciation à la clause de non-concurrence doit, en application du **contrat,** faire l'objet d'un accord des deux parties, la cour d'appel, retenant que l'envoi de la lettre de dénonciation par l'employeur n'était pas établi, a pu constater que cet accord n'était devenu parfait qu'à partir de la lettre de l'avocat du salarié acceptant cette renonciation (Cass. soc. 6-5-1998 n° 96-40.234 P).

b. Si l'employeur se prévaut de la possibilité de renonciation prévue par la **convention collective** ou le **contrat de travail,** il doit respecter les **conditions** fixées par ce texte (Cass. soc. 19-7-2000 n° 98-42.290 F-D). Il ne peut, par exemple, renoncer partiellement à l'application de la clause si les dispositions conventionnelles ou contractuelles ne prévoient pas cette possibilité (Cass. soc. 13-7-1988 n° 84-43.862 P) ou se dispenser d'adresser une lettre recommandée avec accusé de réception si ce mode de notification est exigé (Cass. soc. 21-10-2020 n° 19-18.399 F-D).

66840 **Délai** En l'**absence de disposition conventionnelle** ou contractuelle fixant valablement le délai de renonciation, l'employeur n'est dispensé de verser la contrepartie financière que s'il libère le salarié de son obligation de non-concurrence au moment du licenciement (Cass. soc. 13-7-2010 n° 09-41.626 FS-PBR).

En présence de disposition conventionnelle ou contractuelle prévoyant que la renonciation doit intervenir dans un certain délai après la notification de la rupture du contrat, ce délai a pour **point de départ** la date d'envoi de la lettre mettant fin au contrat (Cass. soc. 30-3-2011 n° 09-41.583 FS-PB). En cas de résiliation judiciaire du contrat, ce délai court à compter du jugement (Cass. soc. 6-5-2009 n° 07-44.692 F-PB). En cas de rupture conventionnelle, le point de départ du délai est la date de rupture fixée dans la convention (Cass. soc. 29-1-2014 n° 12-22.116 FS-PB ; 3-3-2015 n° 13-20.549 FP-PB).

Le délai de renonciation est **calculé** de date à date, sans déduction des samedis, dimanches et jours fériés (Cass. soc. 30-3-2011 n° 09-41.583 FS-PB).

Pour apprécier si le délai est respecté, il convient de se placer à la date d'envoi de la lettre de renonciation à la clause (Cass. soc. 25-11-2009 n° 08-41.219 FS-PB ; 30-3-2011 n° 09-41.583 FS-PB), peu importe que le salarié ne l'ait pas reçue dès lors que l'employeur apporte la preuve de son envoi (Cass. soc. 10-7-2013 n° 12-14.080 FS-PB ; 3-2-2021 n° 19-16.695 F-D).

Même en présence de dispositions ou stipulations contraires, la renonciation doit intervenir, en cas de **rupture conventionnelle,** au plus tard à la date de rupture fixée par la convention (Cass. soc. 26-1-2022 n° 20-15.755 FS-B), et au plus tard à la date du départ effectif du salarié de l'entreprise en cas de **dispense de préavis** (Cass. soc. 13-3-2013 n° 11-21.150 FS-PB ; 21-1-2015 n° 13-24.471 FS-PB), ou d'adhésion du salarié à un **contrat de sécurisation professionnelle** (Cass. soc. 2-3-2017 n° 15-15.405 F-D), le salarié ne devant pas être laissé dans l'incertitude quant à sa liberté d'exercer ou non son travail à la suite de la rupture de son contrat. En revanche, l'employeur qui **n'a pas dispensé le salarié** d'exécuter son préavis peut renoncer à la clause au cours de l'exécution de celui-ci, peu importe que l'intéressé cesse de venir travailler (Cass. soc. 21-3-2018 n° 16-21.021 FS-PB).

En cas de **renonciation tardive,** l'employeur est redevable de l'indemnité compensatrice pour la période pendant laquelle le salarié respecte la clause (Cass. soc. 13-9-2005 n° 02-46.795 FS-PB), sans que ce dernier ait à invoquer un préjudice (Cass. soc. 27-3-2008 n° 07-40.195 FS-D).

CONSEIL

Il arrive que le contrat de travail ou la convention collective autorise l'employeur à renoncer à la clause de non-concurrence dans un certain **délai après le terme du préavis.** Toutefois, le salarié devant, selon la jurisprudence, avoir une connaissance précise de l'étendue exacte de sa liberté de travailler au moment où il quitte l'entreprise, il appartient à l'employeur, s'il souhaite renoncer à la clause, de le faire au plus tard à la date d'expiration du préavis.

PAIEMENT ET OBLIGATIONS DÉCLARATIVES

66860 **Durée de versement** Le droit à l'indemnité commence en même temps que l'obligation de non-concurrence pesant sur le salarié, c'est-à-dire à partir de la **cessation du contrat de travail** (n° 66820). C'est seulement à partir de cette date que l'ancien employeur est tenu de verser l'indemnité.

En cas de **dispense de préavis,** le salarié est lié par l'obligation de non-concurrence dès son départ effectif de l'entreprise. Il est donc en droit de prétendre dès cette date au versement de l'indemnité (Cass. soc. 19-6-1991 n° 86-45.504 P-F ; 22-6-2011 n° 09-68.762 FS-PB).

L'indemnité est versée pendant la **durée stipulée par la clause** de non-concurrence, étant toutefois précisé que la **violation** par l'ancien salarié de son obligation de non-concurrence met fin au versement de l'indemnité.

Sur la durée de versement de l'indemnité lorsque l'interdiction de concurrence est **renouvelable,** voir n° 66820.

ATTENTION

Le paiement de la contrepartie financière ne peut pas intervenir avant la rupture du contrat (Cass. soc. 7-3-2007 n° 05-45.574 F-PB).

La clause prévoyant le paiement de la contrepartie financière pendant l'exécution du contrat de travail est nulle. Un tel paiement équivaut alors à un complément de salaire dont l'employeur ne peut obtenir la restitution (Cass. soc. 17-11-2010 n° 09-42.389 FS-PB), même s'il renonce à l'application de la clause (Cass. soc. 15-1-2014 n° 12-19.472 FS-PB).

Périodicité du paiement Les modalités de versement de l'indemnité sont fixées par la convention collective ou le contrat de travail, ou, à défaut, par accord du salarié et de l'employeur. 66870

Le paiement par **versements périodiques** étalés sur la durée de l'engagement de non-concurrence est le plus fréquemment retenu. Un versement en **capital** est possible à condition que la convention collective (ou le contrat de travail) ne prévoie pas le versement de la contrepartie financière sous forme d'une indemnité mensuelle : dans ce cas, en effet, l'indemnité prend naissance mois par mois (Cass. soc. 16-12-2015 n° 14-21.890 F-D).

Non-paiement par l'employeur La contrepartie financière de l'obligation de non-concurrence a la nature d'une indemnité compensatrice de salaire dont l'**action en paiement** est soumise à la prescription visée n° 15900 (Cass. soc. 26-9-2002 n° 00-40.461 FS-PB). Il en résulte également que le jugement qui ordonne le paiement d'une provision sur cette contrepartie est de droit exécutoire à titre provisoire (Cass. soc. 22-9-2011 n° 09-72.876 F-D). 66890

En cas de non-paiement par l'employeur de l'indemnité, le salarié peut prétendre à des dommages-intérêts en réparation du préjudice subi (Cass. soc. 25-2-2003 n° 00-46.263 FS-PBRI).

Bulletin de paie et DSN Assujetties aux cotisations sociales, à la CSG et à la CRDS, les indemnités compensatrices de non-concurrence doivent figurer sur le bulletin de paie. Il y a lieu d'émettre un bulletin à chaque versement. 66900

Les indemnités doivent également figurer parmi les salaires à déclarer sur la déclaration sociale nominative (DSN).

RÉGIME SOCIAL ET FISCAL DE L'INDEMNITÉ

Les développements qui suivent prennent uniquement en compte les indemnités de non-concurrence payées par **versements périodiques** pendant toute la durée de l'engagement de non-concurrence. Cette modalité de versement, la plus fréquente, permet à l'employeur d'interrompre le paiement de l'indemnité en cas de violation de la clause. 66950

Cela dit, il peut arriver, notamment dans le cadre d'une transaction conclue à l'occasion de la rupture du contrat, qu'un salarié souscrive un engagement de non-concurrence et perçoive, en contrepartie, une somme **versée en une seule fois,** comprise dans une indemnité globale ou payée séparément. Cette situation n'est pas examinée ici.

Prélèvements fiscaux et sociaux applicables L'indemnité de non-concurrence est assujettie en tant que salaire aux prélèvements suivants, quelle que soit la cause de la rupture (licenciement, démission, rupture conventionnelle, etc.) : 66960

– cotisations de **sécurité sociale** (Cass. soc. 8-6-1999 n° 96-45.616 D ; 6-7-2000 n° 98-15.307 FS-D), même si son bénéficiaire s'installe à l'étranger (Cass. soc. 20-9-2018 n° 17-23.096 D), **CSG** (CSS art. L 136-1-1, al. 1) et **CRDS,** dès le premier euro (BOSS-Ind.rupture-1980). Cette solution est transposable aux **prélèvements** dont l'**assiette** est harmonisée avec celle des **cotisations de sécurité sociale** : cotisations ou contributions solidarité autonomie, Fnal, dialogue social, chômage, AGS, retraite complémentaire Agirc-Arrco, formation et alternance (contributions à la formation professionnelle, CPF-CDD, supplémentaire à l'apprentissage et taxe d'apprentissage), versement mobilité et participation-construction. Elle vaut également pour la taxe sur les salaires, puisque l'assiette de cette taxe est alignée sur celle de la CSG (BOI-TPS-TS-20-10 n° 10) ;

– **impôt sur le revenu** (CE 9-1-1946 n° 78761 ; 19-3-1986 n° 46948), ce qui implique l'obligation pour l'ancien employeur de pratiquer le prélèvement à la source de l'impôt sur le revenu sur les sommes correspondantes.

En cas de versement au salarié licencié d'une indemnité transactionnelle (exonérée en tout ou partie : voir n°s 65590 s.) assortie d'une clause de non-concurrence, la contrepartie financière de

cette dernière demeure toujours imposable et il y a lieu, le cas échéant, de l'évaluer si son montant n'est pas prédéterminé (BOI-RSA-CHAMP-20-40-10-30 n° 40 ; BOI-RSA-CHAMP-20-40-20 n° 140).
L'indemnité de non-concurrence échappe en revanche selon nous au **forfait social,** puisqu'elle ne répond pas au double critère d'exonération de cotisations et d'assujettissement à CSG retenu pour la détermination de l'assiette de ce prélèvement.
Sur le cas particulier de l'indemnité de non-concurrence versée aux **dirigeants de sociétés anonymes cotées,** voir n° 34680.

› Précisions a. Selon la Cour de cassation, les indemnités de non-concurrence ont la **nature de salaire** parce qu'elles sont allouées en raison et à l'occasion du travail antérieur, comme conséquence de la relation de travail ayant existé et dont les effets se trouvent à cet égard prolongés (jurisprudence constante, voir notamment, Cass. soc. 26-9-2002 n° 00-40.461 FS-PB). Sur la prise en compte de cette indemnité pour le calcul de la **réduction générale** de cotisations, voir n° 22230, c.

b. Le Conseil d'État juge que l'indemnité versée au titre d'un engagement de non-concurrence au **dirigeant** d'une société qui cède le contrôle de celle-ci et quitte ses fonctions de direction ne revêt pas un caractère indemnitaire et est, dès lors, imposable à l'**impôt sur le revenu,** alors que l'intéressé, qui a continué d'exercer des fonctions dans la société, n'a au demeurant pas subi de trouble particulier dans ses conditions d'existence (CE 17-10-2008 n° 296847).

La **nature catégorielle** au regard de l'impôt sur le revenu de l'indemnité de non-concurrence dépend du contrat qui liait les parties avant leur séparation : nature salariale en général (CE 19-3-1986 n° 46948), mais aussi bénéfices industriels ou commerciaux (CE 4-7-1984 n° 34988). Jugé à cet égard que :

– la majoration du prix de vente d'actions cédées correspondant à un engagement de non-concurrence est imposable dans la catégorie des traitements et salaires, et non comme des gains en capital (CAA Lyon 25-1-2007 n° 03-812 ; CE (na) 14-5-2008 n° 304103) ;

– l'indemnité de non-concurrence versée par une société à un salarié se rattache en totalité à la seule catégorie des traitements et salaires, dès lors qu'elle représente la rémunération d'un service rendu à cette société en exécution d'un contrat de travail, alors même que l'exécution de l'engagement de non-concurrence emporterait pour l'intéressé l'impossibilité d'exercer également une activité non salariée dans le secteur économique en cause (CE 17-10-2008 n° 296847).

c. L'indemnité de non-concurrence peut être considérée comme un **revenu exceptionnel,** ce qui lui permet de bénéficier du système du quotient prévu par l'article 163-0 A du CGI si la condition de montant requise par ce texte est satisfaite (n° 35390).

66970 **Modalités de calcul et de versement des prélèvements sociaux** Le montant de l'indemnité qui doit supporter les cotisations sociales est déterminé selon les règles d'**assiette** de droit commun de chaque cotisation.

Les sommes versées après le départ du salarié sont soumises aux **taux et plafonds** applicables lors de la dernière période de travail de celui-ci (CSS art. R 242-1). L'administration estime que ce principe s'applique aux indemnités de non-concurrence (BOSS-Ass. gén.-525 ; Circ. Agirc-Arrco 2022-11 du 13-12-2022).

Dans le cadre législatif en vigueur avant le 1-1-2018, il a été jugé que lorsqu'elle est **versée périodiquement,** l'indemnité de non-concurrence ne peut pas être rattachée à la dernière période de travail (Cass. soc. 19-3-1974 n° 73-10.799). Il semble toutefois que l'administration de la sécurité sociale considère implicitement ce principe comme désormais obsolète.

E. Maintien de la couverture santé et prévoyance

67030 Les salariés garantis collectivement en matière de frais de santé, de maternité, d'incapacité de travail, d'invalidité ou de décès ont droit, sous certaines conditions, au maintien temporaire et gratuit de cette couverture.

ATTENTION

Les développements ci-dessous **portent uniquement** sur le dispositif de maintien de la couverture santé et prévoyance prévu par l'article L 911-8 du CSS. Le dispositif de portabilité prévu par la loi 89-1009 du 31-12-1989, dite « loi Évin », financé exclusivement par les anciens salariés, n'est pas abordé ici. Pour une présentation de ce dispositif, voir Mémento social n° 59260.

EMPLOYEURS ET SALARIÉS CONCERNÉS

67040 Le maintien des garanties concerne **tous les employeurs** au titre de la couverture collective obligatoire des frais de santé. Ceux ayant mis en place une couverture collective contre les risques décès, maternité, incapacité ou invalidité sont également concernés au titre de celle-ci (CSS art. L 911-8, al. 1).

Peuvent prétendre au maintien des garanties tous les **salariés,** sous contrat à durée indéterminée ou déterminée, apprentis compris, à la double condition (CSS art. L 911-8) :
– de s'être ouvert des droits à couverture complémentaire chez le dernier employeur ;
– et que la cessation du contrat de travail, non consécutive à une faute lourde, ouvre droit à prise en charge par le régime d'assurance chômage (sont donc concernés les salariés ayant accepté un contrat de sécurisation professionnelle : Circ. Acoss 36 du 24-3-2011).

Le maintien gratuit de la couverture est applicable dans les mêmes conditions aux **ayants droit** du salarié qui bénéficient effectivement des garanties à la date de la cessation du contrat de travail (CSS art. L 911-8, al. 8).

Sur la possibilité de remplacer le maintien de la couverture par un **versement santé,** voir nº 28050.

ATTENTION

L'**employeur** doit signaler le maintien des garanties dans le **certificat de travail** et **informer l'organisme assureur** de la cessation du contrat de travail (CSS art. L 911-8, 6º).

Il incombe en revanche à l'**ancien salarié** de justifier auprès de son **organisme assureur,** à l'ouverture et au cours de la période de maintien des garanties, qu'il remplit les conditions requises pour bénéficier du dispositif (CSS art. L 911-8, 5º).

Les anciens salariés licenciés d'un employeur placé en **liquidation judiciaire** bénéficient du maintien gratuit de leur couverture prévoyance et frais de santé si le contrat ou l'adhésion liant l'employeur à l'organisme assureur n'est pas résilié (Cass. avis 6-11-2017 nºs 17013 à 17017 ; Cass. 2e civ. 10-3-2022 nº 20-20.898 F-B), même en l'absence de dispositif assurant le financement de ce maintien (Cass. 2e civ. 5-11-2020 nº 19-17.164 FS-PBI).

CONTENU ET DURÉE DU MAINTIEN DES GARANTIES

Les **garanties maintenues** sont celles en vigueur dans l'entreprise. Leur maintien ne peut pas conduire l'ancien salarié à percevoir des indemnités d'un montant supérieur à celui des allocations chômage qu'il aurait perçues au titre de la même période (CSS art. L 911-8, 3º et 4º). 67050

Le maintien des garanties est applicable à compter de la date de cessation du contrat de travail et pendant une **durée** égale à la période d'indemnisation du chômage, dans la limite de la durée du dernier contrat de travail ou, le cas échéant, des derniers contrats de travail consécutifs chez le même employeur. Cette durée, appréciée en mois, est arrondie au nombre supérieur, dans la limite de 12 mois (CSS art. L 911-8, 1º).

FINANCEMENT

Le maintien des garanties doit être **gratuit** pour les ex-salariés (CSS art. L 911-8, al. 1). Cela signifie, en pratique, que le financement du dispositif est soit **mutualisé** (coût supporté par l'entreprise et les salariés en activité), soit financé exclusivement par l'employeur. 67060

Les contributions patronales finançant le maintien des garanties suivent le **régime social** (nºs 42640 s.) **et fiscal** (nºs 43720 s.) applicable à celles de prévoyance complémentaire. Ce régime s'applique, que le maintien des garanties soit financé exclusivement par l'employeur ou partagé avec les salariés en activité.

SECTION 8 RÉINSERTION DU SALARIÉ

Les aides diverses pouvant être accordées aux salariés qui, tout en **restant dans l'entreprise,** subissent un déclassement avec perte de rémunération ou une réduction du volume d'activité ou des responsabilités sont traitées nºs 53240 s. 67130

Pour les aides ou indemnités diverses versées dans le cadre d'un **plan de sauvegarde de l'emploi,** voir : en cas de licenciement, nºs 64000 (régime social) et 64030 (régime fiscal) ; en cas de départ volontaire, nºs 64300 (régime social) et 64310 (régime fiscal) ; en cas de poursuite du contrat de travail, nºs 53240 s.

CONVENTIONS D'ALLOCATIONS TEMPORAIRES DÉGRESSIVES

Le salarié licencié pour **motif économique** et **reclassé** dans les 12 mois dans une entreprise différente, dans un emploi comportant une rémunération inférieure à sa rémunération antérieure, peut percevoir une allocation temporaire dégressive (ATD) si son précédent employeur a signé une convention avec l'État (C. trav. art. L 5123-2, 1º et R 5123-9 s.). 67140

La **participation financière** de l'entreprise est fixée par la convention. Les entreprises dans l'incapacité d'assurer cette charge peuvent être exonérées (Arrêté SOCF0411144A du 26-5-2004, art. 4). La contribution de l'entreprise est **exonérée** de la taxe sur les salaires, des cotisations et des contributions de sécurité sociale (C. trav. art. L 5123-5). L'exonération est également applicable aux prélèvements dont l'assiette est harmonisée : cotisations ou contributions solidarité autonomie, Fnal, dialogue social, chômage, AGS, retraite complémentaire Agirc-Arrco, formation et alternance (contributions à la formation professionnelle, CPF-CDD, supplémentaire à l'apprentissage et taxe d'apprentissage), versement mobilité et participation-construction.

PRISE EN CHARGE DES DÉPENSES D'« OUT-PLACEMENT »

67160 Les employeurs accordent parfois aux salariés quittant l'entreprise des aides à la **réinsertion** ou à la **réorientation professionnelle** en vue de faciliter leur reclassement, en principe dans le cadre des mesures d'accompagnement prévues par les plans de réduction des effectifs.

› Précisions **a.** Les dépenses correspondant au prix des prestations de conseil en réinsertion professionnelle effectuées par des cabinets spécialisés pour le compte d'une entreprise qui envisage le licenciement de certains de ses salariés constituent, pour la détermination du **bénéfice imposable** de l'entreprise qui les supporte, des charges déductibles dans les conditions de droit commun. En ce qui concerne le salarié, la somme versée directement par l'entreprise au cabinet de placement n'est pas un complément de rémunération. Elle n'a donc pas à être portée par le salarié sur sa **déclaration annuelle de revenus** ni à être comprise par l'entreprise dans l'assiette des **taxes et participations assises sur les salaires** (taxe sur les salaires, taxe d'apprentissage, participations au financement de la formation professionnelle et à l'effort de construction) dont elle est redevable (BOI-RSA-CHAMP-20-50-50 n° 460).
b. Les sommes directement versées par l'entreprise au cabinet de placement ne sont pas assujetties aux **cotisations de sécurité sociale** ni à la **CSG** (Lettre min. du 30-7-1992, conservant, à notre sens, une valeur indicative). Cette solution est transposable, à notre sens, à la CRDS et aux autres prélèvements alignés : cotisations ou contributions solidarité autonomie, Fnal, dialogue social, chômage, AGS, retraite complémentaire Agirc-Arrco, versement mobilité. Pour les taxes et participations assises sur les salaires, voir ci-dessus précision a.

AIDES À LA CRÉATION D'ENTREPRISE

67170 En principe, les sommes versées par les employeurs aux salariés pour les aider à créer ou à reprendre une entreprise sont assujetties aux cotisations de sécurité sociale. La jurisprudence considère en effet que, allouées en raison de leur seule appartenance à l'entreprise, elles constituent un **complément de rémunération** passible de ces cotisations. Il en va autrement toutefois en présence de **prêts remboursables,** seul l'avantage constitué par un taux d'intérêt nul ou préférentiel étant alors, le cas échéant, susceptible d'entrer dans l'assiette des cotisations de sécurité sociale en application des règles indiquées n° 53990.

› Précisions **a.** Ainsi, dans le cas d'une société ayant décidé de consentir aux salariés bénéficiant du congé légal pour création d'entreprise des prêts remboursables en cas d'échec du projet et de retour de l'intéressé dans la société dans le délai de 2 ans prévu par la loi, mais non remboursables en cas de succès du projet et de départ définitif de la société, il a été jugé que ce prêt était assujetti aux **cotisations de sécurité sociale** dans le cas d'un salarié n'ayant pas sollicité sa réintégration au terme du congé, ainsi que dans celui d'un autre salarié ayant finalement démissionné de la société au lieu de prendre son congé pour création d'entreprise. Dans ces deux cas, les situations susceptibles d'entraîner le remboursement du prêt ne s'étant pas présentées, les sommes en cause étaient devenues définitivement acquises aux intéressés (Cass. soc. 18-7-1997 n° 94-20.586 D).
b. Par principe, sont **imposables** toutes les sommes versées à l'occasion de la rupture d'un contrat de travail et ne faisant pas l'objet d'une exonération spécifique. Sur les aides à la création d'entreprise versées dans le cadre d'un plan de sauvegarde de l'emploi, voir toutefois nos 64310 (départ volontaire) et 64030 (licenciement). Sur le régime fiscal des prêts accordés par l'employeur aux salariés, voir nos 34850 et 35000 (situation de l'employeur) et 40650 (situation du salarié).

AIDE AU RETOUR DES TRAVAILLEURS IMMIGRÉS

67190 Les aides versées par les employeurs, le cas échéant en exécution d'une convention conclue avec l'Offi (Office français de l'immigration et de l'intégration), en complément de l'aide publique à la réinsertion des travailleurs étrangers dans leur pays d'origine doivent être exclues de l'assiette de l'**impôt sur le revenu,** des **cotisations de sécurité sociale** et des **taxes et participations assises sur les salaires** (taxe sur les salaires, taxe d'apprentissage, participations au financement de la formation professionnelle et à l'effort de construction) (BOI-RSA-CHAMP-20-20 n° 260 ; Circ. Acoss 86-13 du 10-2-1986). À notre sens, ces aides sont également exonérées de CSG-CRDS et des prélèvements dont l'assiette est alignée sur celle des cotisations sociales : cotisations ou contributions solidarité autonomie, Fnal, dialogue social, chômage, AGS, retraite complémentaire Agirc-Arrco, formation et alternance (contributions à la formation professionnelle, CPF-CDD, supplémentaire à l'apprentissage et taxe d'apprentissage), versement mobilité et participation-construction.

SECTION 9

TABLEAUX RÉCAPITULATIFS

Les tableaux ci-après récapitulent le régime des différentes indemnités de rupture, résultant de l'application des dispositions légales. 67210

LICENCIEMENT

67220

Indemnités		Cotisations sociales[1]	CSG-CRDS[2]	Forfait social	Impôt sur le revenu[3]
Hors plan de sauvegarde de l'emploi	Indemnité légale ou conventionnelle	Exonération dans la limite de 2 fois le plafond annuel de la sécurité sociale, soit 87 984 € en 2023[4 et 5]	Exonération dans la limite de 2 fois le plafond annuel de la sécurité sociale, soit 87 984 € en 2023[4 et 5]	Non assujettie	Exonération dans la limite la plus élevée des deux suivantes[6] : – double de la rémunération brute de l'année civile précédant la rupture ou moitié de l'indemnité versée, sans pouvoir excéder 6 fois le plafond annuel de la sécurité sociale (263 952 € en 2023) – montant conventionnel ou, à défaut, légal de l'indemnité de licenciement
	Indemnité dépassant le montant légal ou conventionnel	Exonération dans la limite de 2 fois le plafond annuel de la sécurité sociale[4 et 5] à hauteur du plus élevé des montants suivants : – double de la rémunération brute de l'année civile précédant la rupture – moitié de l'indemnité versée – montant légal ou conventionnel de l'indemnité de licenciement	Exonération à hauteur du montant légal ou conventionnel de l'indemnité de licenciement, dans la limite de 2 fois le plafond annuel de la sécurité sociale[4 et 5]	Non assujettie	
Plan de sauvegarde de l'emploi[7]		Exonération dans la limite de 2 fois le plafond annuel de la sécurité sociale[4 et 5]	Exonération à hauteur du montant légal ou conventionnel de l'indemnité, dans la limite de 2 fois le plafond annuel de la sécurité sociale[4 et 5]	Non assujettie	Exonération totale

1. Cotisations de sécurité sociale et prélèvements alignés : cotisations ou contributions solidarité autonomie, Fnal, dialogue social, chômage, AGS, retraite complémentaire Agirc-Arrco, formation et alternance (contributions à la formation professionnelle, CPF-CDD, supplémentaire à l'apprentissage et taxe d'apprentissage), versement mobilité et participation-construction.
2. Les indemnités ou la part des indemnités passibles de la CSG et de la CRDS sont exclues du champ d'application de la déduction forfaitaire pour frais professionnels applicable aux salaires (n°s 28650 s.). Les solutions indiquées pour ces deux contributions valent aussi pour la taxe sur les salaires, lorsqu'elle est encore due.
3. Pour le cas particulier des indemnités de licenciement versées aux dirigeants de sociétés anonymes cotées, voir n° 34680.
4. La limite de 2 fois le plafond annuel de la sécurité sociale s'applique au montant cumulé des indemnités exonérées. Sur le cumul avec une indemnité de cessation forcée d'un mandat social, voir n° 77080.
5. Exonération subordonnée au versement d'une ou de plusieurs indemnités ne dépassant pas, au total, 10 plafonds annuels de la sécurité sociale, soit 439 920 € en 2023.
6. Sur le cumul avec une indemnité de cessation forcée d'un mandat social, voir n° 77910.
7. Y compris les indemnités complémentaires : voir n°s 64000 et 64030.

DÉPART VOLONTAIRE DU SALARIÉ

67230

Indemnités		Cotisations sociales[1]	CSG-CRDS[2]	Forfait social	Impôt sur le revenu[3]
Rupture conventionnelle homologuée	Droits à la retraite non encore ouverts	Exonération dans la limite de 2 fois le plafond annuel de la sécurité sociale, soit 87 984 € en 2023[5] à hauteur du plus élevé des montants suivants : – double de la rémunération brute de l'année civile précédant la rupture – moitié de l'indemnité versée – montant légal ou conventionnel de l'indemnité de licenciement	Exonération à hauteur du montant légal ou conventionnel de l'indemnité de licenciement, dans la limite de 2 fois le plafond annuel de la sécurité sociale, soit 87 984 € en 2023[4 et 5]	Assujettie pour la part exclue de l'assiette des cotisations de sécurité sociale	Exonération dans la limite la plus élevée des deux suivantes : – double de la rémunération brute de l'année civile précédant la rupture ou moitié de l'indemnité versée, sans pouvoir excéder 6 fois le plafond annuel de la sécurité sociale (263 952 € en 2023) – montant conventionnel ou, à défaut, légal de l'indemnité de licenciement
Rupture conventionnelle homologuée	Droits à la retraite ouverts	Assujettissement total	Assujettissement total	Non assujettie	Assujettissement total
Indemnité de rupture conventionnelle collective ou de fin de congé de mobilité		Exonération dans la limite de 2 fois le plafond annuel de la sécurité sociale[4 et 5]	Exonération à hauteur du montant légal de l'indemnité, dans la limite de 2 fois le plafond annuel de la sécurité sociale[4 et 5]	Non assujettie	Exonération totale
Plan de sauvegarde de l'emploi		Exonération dans la limite de 2 fois le plafond annuel de la sécurité sociale[4 et 5]	Exonération à hauteur du montant légal ou conventionnel de l'indemnité, dans la limite de 2 fois le plafond annuel de la sécurité sociale[4 et 5]	Non assujettie	Exonération totale
Démission[6]		Assujettissement total	Assujettissement total	Non assujettie	Assujettissement total

1. Cotisations de sécurité sociale et prélèvements alignés : n° 67220.
2. Les indemnités ou la part des indemnités passibles de la CSG et de la CRDS sont exclues du champ d'application de la déduction forfaitaire pour frais professionnels applicable aux salaires (nos 28650 s.). Les solutions indiquées pour ces deux contributions valent aussi pour la taxe sur les salaires, lorsqu'elle est encore due.
3. Pour le cas particulier des indemnités versées aux dirigeants de sociétés anonymes cotées, voir n° 34680.
4. La limite de 2 fois le plafond annuel de la sécurité sociale s'applique au montant cumulé des indemnités exonérées. Sur le cumul avec une indemnité de cessation forcée d'un mandat social, voir n° 77080.
5. Exonération subordonnée au versement d'une ou de plusieurs indemnités ne dépassant pas, au total, 10 plafonds annuels de la sécurité sociale, soit 439 920 € en 2023.
6. Si la démission est en réalité provoquée par l'employeur, voir nos 64420 s. (régime social et fiscal).

DÉPART OU MISE À LA RETRAITE

67240

Indemnités		Cotisations sociales[1]	CSG-CRDS[2]	Forfait social	Impôt sur le revenu[3 et 4]
Mise à la retraite par l'employeur[5]	Indemnité légale (indemnité de licenciement) ou conventionnelle (indemnité de mise à la retraite)	Exonération dans la limite de 2 fois le plafond annuel de la sécurité sociale[6], soit 87 984 € en 2023	Exonération dans la limite de 2 fois le plafond annuel de la sécurité sociale, soit 87 984 € en 2023[6 et 7]	Non assujettie	Exonération totale
	Indemnité dépassant le montant légal (indemnité de licenciement) ou conventionnel (indemnité de mise à la retraite)	Exonération dans la limite de 2 fois le plafond annuel de la sécurité sociale[6 et 7] à hauteur du plus élevé des montants suivants : – double de la rémunération brute de l'année civile précédant la rupture – moitié de l'indemnité versée – montant légal (indemnité de licenciement) ou conventionnel (indemnité de mise à la retraite)	Exonération à hauteur du montant légal (indemnité de licenciement) ou conventionnel (indemnité de mise à la retraite), dans la limite de 2 fois le plafond annuel de la sécurité sociale[6 et 7]	Non assujettie	Exonération dans la limite la plus élevée des deux suivantes : – double de la rémunération brute de l'année civile précédant la rupture ou moitié de l'indemnité versée, sans pouvoir excéder 5 fois le plafond annuel de la sécurité sociale (219 960 € en 2023) – montant conventionnel ou, à défaut, légal de l'indemnité de mise à la retraite
Départ volontaire à la retraite du salarié	Hors plan de sauvegarde de l'emploi	Assujettissement total	Assujettissement total	Non assujettie	Assujettissement total
	Plan de sauvegarde de l'emploi[8]	Exonération dans la limite de 2 fois le plafond annuel de la sécurité sociale[6 et 7]	Exonération à hauteur du montant légal ou conventionnel de l'indemnité, dans la limite de 2 fois le plafond annuel de la sécurité sociale[6 et 7]	Non assujettie	Exonération totale

1. Cotisations de sécurité sociale et prélèvements alignés : n° 67220.
2. Les indemnités ou la part des indemnités passibles de la CSG et de la CRDS sont exclues du champ d'application de la déduction forfaitaire pour frais professionnels applicable aux salaires (nos 28650 s.). Les solutions indiquées pour ces deux contributions valent aussi pour la taxe sur les salaires, lorsqu'elle est encore due.
3. Pour le cas particulier des indemnités versées aux dirigeants de sociétés anonymes cotées, voir n° 34680.
4. Sur le régime fiscal des indemnités de mise à la retraite d'un salarié par ailleurs mandataire social, voir n° 77910.
5. Sur la contribution patronale spécifique, voir n° 64710.
6. Exonération subordonnée au versement d'une ou de plusieurs indemnités ne dépassant pas, au total, 10 plafonds annuels de la sécurité sociale.
7. La limite de 2 fois le plafond annuel de la sécurité sociale s'applique au montant cumulé des indemnités exonérées. Sur le cumul avec une indemnité de cessation forcée d'un mandat social, voir n° 77080.
8. Y compris les indemnités complémentaires : voir nos 64000 et 64030.

AUTRES INDEMNITÉS VERSÉES AUX SALARIÉS

67250

Indemnités	Cotisations sociales[1]	CSG-CRDS[2]	Forfait social	Impôt sur le revenu[3 et 4]
Indemnité pour rupture de la période d'essai sans respect du délai de prévenance	Assujettissement total	Assujettissement total	Non assujettie	Assujettissement total
Indemnité transactionnelle[5]	Exonération dans la limite de 2 fois le plafond annuel de la sécurité sociale, soit 87 984 € en 2023[6 et 7] à hauteur du plus élevé des montants suivants : – double de la rémunération brute de l'année civile précédant la rupture – moitié de l'indemnité versée – montant légal ou conventionnel de l'indemnité de licenciement	Exonération à hauteur du montant légal ou conventionnel de l'indemnité, dans la limite de 2 fois le plafond annuel de la sécurité sociale, soit 87 984 € en 2023[6 et 7]	Non assujettie	Exonération dans la limite la plus élevée des deux suivantes : – double de la rémunération brute de l'année civile précédant la rupture ou moitié de l'indemnité versée, sans pouvoir excéder 6 fois le plafond annuel de la sécurité sociale (263 952 € en 2023) – montant conventionnel ou, à défaut, légal de l'indemnité de licenciement
Indemnité de conciliation prud'homale	Exonération à hauteur du montant fixé par le barème réglementaire, dans la limite de 2 fois le plafond annuel de la sécurité sociale[6 et 7]	Exonération à hauteur du montant fixé par le barème réglementaire, dans la limite de 2 fois le plafond annuel de la sécurité sociale[6 et 7]	Non assujettie	Exonération à hauteur du montant fixé par le barème réglementaire

1. Cotisations de sécurité sociale et prélèvements alignés : nº 67220.
2. Les indemnités ou la part des indemnités passibles de la CSG et de la CRDS sont exclues du champ d'application de la déduction forfaitaire pour frais professionnels applicable aux salaires (nos 28650 s.). Les solutions indiquées pour ces deux contributions valent aussi pour la taxe sur les salaires, lorsqu'elle est encore due.
3. Pour le cas particulier des indemnités de licenciement versées aux dirigeants de sociétés anonymes cotées, voir nº 34680.
4. Sur le cumul d'une indemnité transactionnelle correspondant à une indemnité de licenciement versée au titre d'un contrat de travail et d'une indemnité de cessation forcée d'un mandat social, voir nº 77910.
5. La situation envisagée est celle où l'indemnité versée correspond à une indemnité de licenciement hors plan de sauvegarde de l'emploi. Pour d'autres cas, voir nos 65590 s.
6. La limite de 2 fois le plafond annuel de la sécurité sociale s'applique au montant cumulé des indemnités exonérées. Sur le cumul avec une indemnité de cessation forcée d'un mandat social, voir nº 77080.
7. Exonération subordonnée au versement d'une ou de plusieurs indemnités ne dépassant pas, au total, 10 plafonds annuels de la sécurité sociale, soit 439 920 € en 2023.

LICENCIEMENT : CUMUL D'INDEMNITÉS ET APPRÉCIATION DES LIMITES D'EXONÉRATION

67260

<table>
<tr><th>Indemnités[1]</th><th colspan="2">Exonération de cotis. SS[2]</th><th colspan="2">Exonération CSG-CRDS[2]</th><th>Exonération du forfait social</th><th colspan="2">Exonération d'impôt sur le revenu</th></tr>
<tr><td>Indemnité de licenciement inférieure ou égale au montant légal ou conventionnel (nos 63810 s.)</td><td colspan="2">Totalité</td><td colspan="2">Totalité</td><td>Totalité</td><td colspan="2">Totalité</td></tr>
<tr><td>Indemnité de licenciement dépassant le montant conventionnel ou, à défaut, légal (nos 63910 s.)[3]</td><td>Exonération à hauteur du plus élevé des montants suivants :
– double de la rémunération brute de l'année civile précédant la rupture
– moitié de l'indemnité versée
– montant légal ou conventionnel de l'indemnité de licenciement</td><td rowspan="4">Limite de 2 fois le plafond annuel de la sécurité sociale</td><td>Montant légal ou conventionnel de l'indemnité de licenciement</td><td rowspan="4">Limite de 2 fois le plafond annuel de la sécurité sociale</td><td>Totalité</td><td>Exonération à hauteur du plus élevé des montants suivants :
– double de la rémunération brute de l'année civile précédant la rupture
– moitié de l'indemnité versée
– montant conventionnel ou, à défaut, légal de l'indemnité de licenciement</td><td>Limite de 6 fois le plafond annuel de la sécurité sociale</td></tr>
<tr><td>Indemnité de conciliation prud'homale (nos 65690 s.)</td><td>Barème réglementaire</td><td>Barème réglementaire</td><td>Totalité</td><td colspan="2">Barème réglementaire</td></tr>
<tr><td>Transaction (nos 65590 s.)[3]</td><td>Exonération à hauteur du plus élevé des montants suivants :
– double de la rémunération brute de l'année civile précédant la rupture
– moitié de l'indemnité versée
– montant conventionnel ou, à défaut, légal de l'indemnité de licenciement</td><td>Montant légal ou conventionnel de l'indemnité de licenciement</td><td>Totalité</td><td colspan="2">À hauteur de la part représentative d'indemnités exonérées</td></tr>
<tr><td>Indemnité pour licenciement irrégulier, abusif ou nul (nos 65770 s.)</td><td>Montant prévu par les textes[4]</td><td>Montant prévu par les textes[4]</td><td>Totalité</td><td colspan="2">Totalité</td></tr>
<tr><td>Dommages-intérêts pour préjudice distinct (conditions vexatoires, etc.)</td><td colspan="2">Totalité</td><td colspan="2">Totalité</td><td>Totalité</td><td colspan="2">Totalité</td></tr>
</table>

1. S'agissant du régime social, on suppose que la rupture du contrat a été notifiée à compter du 1-1-2017.
2. Exonération subordonnée au versement d'une ou de plusieurs indemnités ne dépassant pas, au total, 10 plafonds annuels de la sécurité sociale.
3. La situation envisagée est celle où l'indemnité versée correspond à une indemnité de licenciement hors plan de sauvegarde de l'emploi.
4. Application de l'arrêt de la Cour de cassation du 19-4-2005 (voir n° 65780).

INDEMNITÉS DE CESSATION DU MANDAT SOCIAL

67270

Indemnités	Cotisations sociales[1]	CSG-CRDS[2]	Forfait social	Impôt sur le revenu[3]
Cessation forcée	Exonération dans la limite de 2 fois le plafond annuel de la sécurité sociale, soit 87 984 € en 2023[4 et 5]		Exonérée	Exonération dans la limite de 3 fois le plafond annuel de la sécurité sociale, soit 131 976 € pour les indemnités perçues en 2023
Autres cas (démission, départ volontaire à la retraite, rupture d'un commun accord)	Assujettissement		Exonérée	Assujettissement

1. Cotisations de sécurité sociale et prélèvements alignés : n° 67220.
2. Les indemnités ou la part des indemnités passibles de la CSG et de la CRDS sont exclues du champ d'application de la déduction forfaitaire pour frais professionnels applicable aux salaires (nos 28650 s.). Les solutions indiquées pour ces deux contributions valent aussi pour la taxe sur les salaires, lorsqu'elle est encore due.
3. Pour le cas particulier des indemnités de licenciement versées aux dirigeants de sociétés anonymes cotées, voir n° 34680.
4. Exonération subordonnée au versement d'une ou de plusieurs indemnités ne dépassant pas, au total, 5 plafonds annuels de la sécurité sociale, soit 219 960 € en 2023.
5. La limite de 2 fois le plafond annuel de la sécurité sociale s'applique au montant cumulé des indemnités exonérées.

CHAPITRE 5

GRÈVE

SOMMAIRE

A. Salaire des grévistes 67380
1. Non-paiement du salaire 67390
2. Réduction ou suppression de prime 67520
3. Autres conséquences 67560
B. Salaire des non-grévistes 67600
C. Fermeture de l'entreprise 67720
D. Régime des sommes versées 67830

PRÉSENTATION GÉNÉRALE

Droit constitutionnellement reconnu (Constitution du 4-10-1958, préambule), le droit de grève ne peut pas justifier la rupture du contrat de travail, sauf faute lourde imputable au salarié (C. trav. art. L 2511-1, al. 1). 67370

Un arrêt de travail collectif dans une entreprise emporte, en revanche, de nombreuses conséquences sur la rémunération du personnel, différentes selon que les salariés participent ou non au mouvement.

Les **principes** sont a priori relativement simples : la suspension du contrat de travail des grévistes permet de retenir sur leur salaire une somme correspondant à la durée de l'arrêt de travail ; l'exécution du contrat par les non-grévistes doit normalement conduire au maintien de leur salaire. Pourtant, comme le démontre le contentieux, nombreuses sont les **difficultés** pratiques pouvant venir se greffer sur ces deux principes. Quelles sont les limites et les modalités du calcul de la retenue sur le salaire des grévistes ? Comment rédiger leurs bulletins de paie ? Existe-t-il des situations de nature à remettre en cause la règle du non-paiement de leurs salaires ? Les non-grévistes empêchés de travailler doivent-ils être rémunérés ? L'employeur peut-il reporter la reprise du travail des grévistes, voire fermer son entreprise en raison des difficultés d'approvisionnement ou des risques sur la sécurité des personnes et des biens pouvant résulter de la grève ?

Ces questions et, de manière plus générale, les conséquences de la grève (interne ou externe à l'entreprise) ainsi que du lock-out sur la rémunération du personnel sont examinées ci-après. Pour une étude complète de la grève, voir Mémento social nos 10700 s.

A. Salaire des grévistes

La grève emporte les conséquences suivantes sur la rémunération des salariés participant au mouvement collectif : 67380

– le **contrat de travail** est **suspendu,** ce qui permet à l'employeur de réduire ou de supprimer, proportionnellement au temps de travail non exécuté, le salaire proprement dit ainsi que certains avantages salariaux liés à l'exécution du contrat de travail ;

– les **mesures discriminatoires** en matière de rémunération et d'avantages sociaux à raison de l'exercice du droit de grève sont interdites (C. trav. art. L 2511-1, al. 2) ;

– les **sanctions pécuniaires** sont interdites par l'article L 1331-2 du Code du travail, qui condamne certaines formes de retenues sur la rémunération des grévistes.

Le contrat de travail des salariés grévistes n'étant pas rompu mais simplement suspendu, ces derniers bénéficient en outre du maintien de certaines garanties.

S'agissant des effets de la grève sur le paiement des **heures de délégation des représentants du personnel,** voir n° 79040.

1. NON-PAIEMENT DU SALAIRE

La grève suspend l'exécution du contrat de travail, de sorte que l'employeur n'est pas tenu de rémunérer le personnel en grève pour la **période** de cessation collective du travail (jurisprudence constante, notamment, Cass. soc. 21-12-1977 n° 76-40.474). 67390

Le salarié participant à une grève doit être légalement considéré comme gréviste pendant toute la durée du mouvement, sauf s'il apporte la preuve contraire. Il ne peut prétendre à aucune rémunération pour cette période, même pour les jours où il aurait dû normalement être en **repos** (Cass. soc. 24-6-1998 n° 97-43.876 PBR). Pour les **jours fériés,** voir n° 61900.

Ces principes peuvent être remis en cause dans certaines circonstances, voir n°s 67440 s.

RETENUE PROPORTIONNELLE À L'ARRÊT DE TRAVAIL

67400 L'abattement que l'employeur est en droit d'opérer sur la rémunération des salariés grévistes doit être strictement proportionnel à l'arrêt de travail (jurisprudence constante, notamment, Cass. soc. 8-7-1992 n° 89-42.563 P).

Il en est ainsi même en cas d'**arrêts de travail répétés** et de courte durée, par exemple des arrêts de travail d'un quart d'heure toutes les heures pendant 10 jours (Cass. soc. 10-7-1991 n° 89-43.147 P).

Pour les **salariés au forfait jours** participant à une **grève d'une durée inférieure à la journée ou la demi-journée,** la retenue opérée doit être identique à celle pratiquée pour toute autre absence de même durée.

Sur le **calcul** de la retenue, voir n°s 11100 s. (cas général) et 8930 (salariés au forfait jours).

67410 **Indemnités concernées** L'employeur étant délié de son obligation de payer tant le salaire que ses accessoires, les grévistes ne peuvent pas prétendre au paiement des indemnités qui, en temps normal, leur sont versées en raison de l'exécution du travail.

ILLUSTRATIONS

Sont justifiées les retenues opérées par l'employeur, proportionnellement aux jours de grève, sur le montant de :

– l'**indemnité de séjour** allouée aux salariés en grand déplacement, peu important que lors du déclenchement de la grève à laquelle ils ont participé en cessant leur travail, les salariés concernés, en déplacement à l'extérieur de l'entreprise, aient de ce fait été conduits à des dépenses particulières (Cass. soc. 21-2-1990 n° 89-40.563 P ; 2-6-1992 n° 91-40.614 D) ;

– l'indemnité correspondant à l'utilisation par le salarié de son **véhicule personnel,** même si elle comporte une partie forfaitaire non liée au nombre de jours travaillés mensuellement et correspondant à des frais annuels tels que garage, vignette et perte à la revente (Cass. soc. 10-1-1985 n° 82-42.829 S) ;

– l'**indemnité dite « de casse-croûte »** instituée par la convention collective en faveur des salariés effectuant leur travail journalier d'une seule traite et consistant en une demi-heure d'arrêt de travail payé (Cass. soc. 31-5-1965 n° 64-40.459 ; 7-12-1995 n° 92-41.495 D).

En revanche, les salariés grévistes ne peuvent subir aucune retenue sur la prime de casse-croûte dès lors que, pour son paiement, les **absences autorisées,** rémunérées ou non, sont considérées comme du temps de travail (Cass. soc. 19-11-1986 n° 83-43.516 P).

67420 **Retenue possible au seul titre de l'arrêt de travail** Tout **travail accompli avant** le début de la **grève ou après** la cessation de celle-ci doit être rémunéré au salaire convenu. Ainsi, les heures exécutées avant le déclenchement de la grève pour la préparation d'un quotidien doivent être payées même si le mouvement collectif a finalement empêché la parution de ce journal (Cass. soc. 16-5-1989 n° 86-43.399 P ; 6-11-1991 n° 89-40.450 D).

Par ailleurs, ni la **perte de production** résultant du mouvement de grève ni la **baisse de rendement** reprochée aux salariés lors de la reprise du travail ne peuvent justifier une retenue supplémentaire.

La retenue effectuée par un employeur de presse sur la rémunération de grévistes, différant selon que les salariés travaillaient au sein de publications parues à temps ou en retard, constitue une discrimination indirecte en raison de l'exercice normal du droit de grève (Cass. soc. 9-7-2015 n° 14-12.779 FS-PB).

› Précisions Le temps consacré à la **remise en marche des machines** à l'issue d'un mouvement de grève, même répété, ne peut pas justifier une retenue supérieure à la durée de l'arrêt de travail, au motif de la perte de production consécutive au mouvement (Cass. soc. 6-6-1989 n° 85-46.435 P ; 7-10-1992 n° 90-43.605 D).

Constitue, par ailleurs, une sanction pécuniaire prohibée (voir n°s 72350 s.) la retenue sur salaire dépassant le temps exact d'un arrêt de travail sous forme de débrayages répétés, au motif d'une **baisse** volontaire de **rendement** des salariés durant les périodes de reprise du travail (Cass. soc. 17-4-1991 n°s 89-43.127 D et 89-43.128 P).

Il en résulte que, même en cas de mouvement illicite sous forme de **« grève perlée »,** consistant en une exécution du travail au ralenti sans interruption véritable de l'activité, la retenue sur la rémunération des salariés concernés sera jugée illicite (en ce sens, Cass. soc. 12-4-1995 n° 91-40.593 P).

Bulletin de paie L'exercice du droit de grève ne doit pas être **mentionné** sur le bulletin de paie (C. trav. art. R 3243-4). 67430

€

Le montant des **retenues** pour grève est donc indiqué sur le bulletin sans préciser leur origine mais en utilisant une expression neutre telle qu'« absence non rémunérée » (Circ. du 24-8-1988).

Pour un **modèle** de bulletin de paie, voir n° 95100.

› Précisions **a.** Lorsque l'**utilisation de moyens informatiques** conduit l'entreprise à transcrire les mentions du bulletin de paie sous la forme d'une codification chiffrée, les conditions visées ci-dessus sont remplies dès lors qu'il n'est pas fait mention sur ce bulletin de l'exercice du droit de grève, que la codification chiffrée est propre à l'entreprise et connue d'elle seule et du salarié et qu'une **fiche explicative** est remise au salarié lui permettant d'identifier les rubriques codifiées et notamment les heures de grève (Circ. du 24-8-1988 précitée).

b. Lorsque l'employeur **rémunère les heures de grève** (n° 67440), celles-ci ne doivent pas apparaître distinctement des heures travaillées sur le bulletin de paie.

COMPENSATION DE LA PERTE DE SALAIRE

La perte de salaire subie par les salariés grévistes peut, dans certaines circonstances, être compensée en tout ou partie. Le paiement d'une partie, voire de la totalité, des rémunérations correspondant au temps de grève peut ainsi être prévu dans le cadre d'un **accord de fin de grève** conclu entre l'employeur et les salariés grévistes. En dehors de cette hypothèse, qui n'appelle pas d'observations particulières, le paiement du salaire au personnel en grève peut s'imposer à l'employeur en tant que conséquence d'une faute contractuelle de sa part, ou en raison de l'exécution volontaire d'une mission de sécurité par un ou plusieurs salariés grévistes. 67440

S'agissant de la **récupération des heures perdues** par suite de grève, voir n° 67570.

Sur le **régime social et fiscal** des sommes versées, voir n°s 67830 s.

Faute de l'employeur Une indemnité compensatrice des salaires perdus peut être mise à la charge de l'employeur si les grévistes ont été **contraints de cesser le travail** du fait d'un **manquement grave et délibéré** de celui-ci à ses obligations (Cass. soc. 20-2-1991 n° 89-41.148 P ; 29-5-1996 n° 94-41.948 P). 67450

Cette notion est d'interprétation stricte : la condition n'est pas remplie lorsque l'employeur respecte ses obligations **partiellement** (Cass. soc. 5-1-2005 n° 03-40.075 F-D).

ILLUSTRATIONS

Peuvent prétendre à être indemnisés des salaires perdus les grévistes ayant cessé le travail pour les motifs suivants :

– obtenir le paiement régulier de leurs **rémunérations** (Cass. soc. 14-3-1979 n° 76-41.143 ; 7-6-2006 n° 04-46.587 F-PB) ou de leurs heures supplémentaires, peu important l'accord de fin de grève prévoyant que l'employeur ne serait pas tenu au paiement des salaires perdus (Cass. soc. 3-5-2007 n° 05-44.776 FS-PB) ;

– la défaillance de l'employeur dans l'**exécution du protocole d'accord** ayant mis fin à une précédente grève, le chef d'entreprise ayant en fait enlevé tous les moyens permettant à l'entreprise de fonctionner normalement, privant ainsi les salariés de la possibilité d'accomplir leur prestation de travail (Cass. soc. 26-2-1992 n° 90-40.760 P) ;

– la **réduction unilatérale** du temps de travail et de la rémunération, même à titre de test, contrairement aux dispositions d'un contrat de progrès (Cass. soc. 24-4-2003 n° 01-46.969 F-D) ;

– le **refus d'appliquer la convention collective** dont relève l'entreprise, l'employeur ne s'y étant résolu qu'à l'issue de la grève et après la visite de l'inspecteur du travail (Cass. soc. 4-12-2007 n° 06-42.463 FS-D).

En revanche, ne constitue pas un manquement de l'employeur à ses obligations essentielles, de nature à contraindre les salariés à se mettre en grève :

– le **retard dans le paiement** de salaires et primes, alors que l'entreprise, connaissant des **difficultés financières,** a été placée en redressement judiciaire (Cass. soc. 28-10-1997 n° 96-41.776 PF ; rectif. 9-12-1997 n° 96-41.776 D ; 26-1-2000 n° 98-44.177 P), ou en liquidation judiciaire (Cass. soc. 14-10-2020 n° 18-24.765 F-D) ;

– la non-consignation par écrit, sous forme de procès-verbal, de l'**accord de fin de grève** intervenu entre la direction et les salariés grévistes (Cass. soc. 20-1-1993 n° 90-44.074 P) ;

– le non-respect de la **procédure de licenciement** à l'égard d'un salarié de l'entreprise (Cass. soc. 20-2-1991 n° 89-41.148 P) ;

– la **mesure discriminatoire** prise par l'employeur qui, à la suite d'une grève, a décidé d'accorder aux salariés non grévistes une prime de reprise du travail d'un montant plus élevé que celle allouée au personnel gréviste (Cass. soc. 2-3-1994 n° 92-41.134 P). Sur les conséquences d'une telle mesure, voir n° 67670.

Aucune indemnité compensatrice des salaires perdus du fait de la grève n'est due dans ces dernières hypothèses.

67460 La grève trouvant son origine dans une faute commise par l'employeur en matière de **sécurité du travail** peut également justifier, le cas échéant, sa condamnation à une indemnité couvrant les salaires perdus.

ILLUSTRATIONS

L'employeur peut être condamné à payer les salaires lorsque des salariés se sont mis en grève à la suite d'un **accident du travail** provoqué par une machine, jusqu'à l'intervention d'un contrôle de sécurité auquel l'employeur n'a fait procéder que 6 jours après l'accident, alors qu'il lui appartenait de faire vérifier cette machine dès le lendemain de l'accident avant de la remettre en marche (Cass. soc. 11-12-1985 n° 83-45.566 P). Constitue également une situation contraignante, obligeant les salariés à cesser le travail, le refus de l'employeur de supprimer une **prime contraire aux prescriptions** en matière **de sécurité** du travail dans les transports routiers, en ce qu'elle incite les salariés, dont la rémunération est proportionnelle au chiffre d'affaires réalisé, à dépasser la durée normale de travail et les temps de conduite autorisés (Cass. soc. 21-5-1997 n° 95-42.542 P).

En revanche, n'ont pas à être indemnisés les salariés se mettant en grève à la suite d'un **accident mortel** du travail survenu dans l'entreprise au motif que l'employeur n'avait pas exécuté les travaux nécessaires pour garantir leur sécurité, alors qu'aucun manquement aux obligations prescrites en la matière ne pouvait être reproché à l'employeur, l'inspecteur du travail n'ayant d'ailleurs relevé aucune infraction à son encontre (Cass. soc. 10-12-1986 n° 83-41.502 P).

67470 **Travail des grévistes** L'**employeur ne peut** pas **imposer** à un gréviste d'assurer, contre rémunération, un service minimum de sécurité, même si celui-ci est prévu par le règlement intérieur de l'entreprise ou par une clause de la convention collective applicable. En effet, sauf dispositions législatives contraires (qui n'existent en pratique que dans le secteur public), l'employeur ne peut en aucun cas s'arroger le pouvoir de réquisitionner des salariés grévistes (Cass. soc. 15-12-2009 n° 08-43.603 FS-PB).

> **Précisions** En revanche, le salarié gréviste ayant **accompli de lui-même une mission de sécurité** qui s'avérait nécessaire et dont il pouvait se croire légitimement investi dans la mesure où elle entrait dans le cadre habituel de ses fonctions peut prétendre au paiement d'une partie de son salaire (Cass. soc. 23-6-1988 n° 83-45.398 D).

2. RÉDUCTION OU SUPPRESSION DE PRIME

67520 L'interdiction de toute mesure discriminatoire envers les grévistes en matière de rémunération et d'avantages sociaux (n° 67380) ne fait pas forcément obstacle à la suppression ou réduction d'une prime aux salariés grévistes. Tout dépend du motif pour lequel cette prime a été instituée.

PRIME D'ASSIDUITÉ OU DE FIN D'ANNÉE

67530 Les primes liées à une **condition de présence** dans l'entreprise (prime d'assiduité ou de fin d'année notamment) peuvent être réduites du fait de la suspension du contrat pendant la grève, à condition que toutes les absences, hormis celles légalement assimilées à un temps de travail effectif, entraînent les mêmes conséquences sur son attribution (Cass. soc. 23-6-2009 n°s 07-42.677 FS-PB et 08-42.154 FS-PB ; 23-11-2011 n° 10-15.644 F-D ; 7-11-2019 n° 17-15.833 F-PB).

Sur la licéité des **primes exceptionnelles** attribuées aux **non-grévistes,** voir n° 67670.

ILLUSTRATIONS

Une prime d'assiduité mensuelle subordonnée à la présence du salarié dans le mois de référence peut être supprimée en cas de participation à une grève, dès lors qu'elle n'est due pour aucune absence, autorisée ou non, à l'exception de celles correspondant aux RTT, aux congés payés et congés de formation économique, sociale, environnementale et syndicale (Cass. soc. 23-6-2009 n° 08-42.154 FS-PB).

Est, en revanche, illicite la décision de supprimer ou de réduire la prime d'assiduité des salariés grévistes alors que les dispositions de la convention collective ou de la note de service en autorisent le maintien ou prévoient un **abattement moindre pour d'autres cas d'absence** non légalement assimilés à un temps de travail effectif.

Constituent des **mesures discriminatoires** portant atteinte au droit de grève :
– l'assimilation de la grève à une absence injustifiée pour appliquer l'abattement prévu dans ce cas sur une prime de fin d'année ou une prime d'assiduité (Cass. soc. 3-7-1982 n° 80-40.282 ; 24-7-1984 n° 82-40.639), ou pour supprimer la prime d'assiduité (Cass. soc. 2-7-1987 n° 84-44.043 P) ;
– la suppression ou réduction d'une prime d'assiduité à l'encontre des salariés grévistes, alors que la note de service ou la convention collective applicable dans l'entreprise prévoit le maintien de cette prime en cas d'absence résultant de jours d'ancienneté conventionnels (Cass. soc. 16-1-2008 n° 06-42.983 FS-PB).

PRIME DE RÉSULTAT

Dès lors qu'elle est uniquement liée à la réalisation d'un certain résultat ou bénéfice, sans tenir compte du **nombre d'heures travaillées,** la prime de résultat ne peut pas être réduite au seul motif de la participation du salarié à une grève (Cass. soc. 6-1-1983 nº 81-41.722). 67540

À supposer qu'elle puisse donner lieu à **retenue en cas d'absence** injustifiée, une telle retenue ne peut pas être appliquée en cas d'absence pour grève (voir nº 67530).

S'agissant de l'incidence de l'absence pour grève sur les régimes de **participation et d'intéressement,** voir nº 48190.

3. AUTRES CONSÉQUENCES

DROITS DU SALARIÉ

La grève emporte des conséquences sur certains avantages liés au contrat de travail ainsi que sur certains droits du salarié en qualité d'assuré social. 67560

Sur la rémunération des **jours fériés** compris dans une période de grève, voir nº 61040 ; s'agissant d'une grève durant la **journée de solidarité,** voir nº 71920.

Ancienneté Constitue une mesure discriminatoire illégale le fait de prendre en considération la suspension du contrat de travail en raison de la grève, pour retarder l'ancienneté du salarié et le bénéfice de l'**augmentation de salaire liée** à celle-ci, alors que selon la convention collective, aucune absence, payée ou non, ne suspend le droit à un avancement à l'ancienneté (Cass. soc. 9-2-2000 nº 97-40.724 P). 67565

Maladie Le salarié en **arrêt** maladie **au moment du déclenchement d'une grève** peut prétendre à l'indemnisation pour la totalité de son absence sans qu'il y ait lieu de déduire de celle-ci les heures de grève (notamment, Cass. soc. 16-7-1987 nº 85-44.490 D), sauf s'il est établi que l'employeur a été dans l'impossibilité de fournir du travail aux salariés non grévistes, en raison, par exemple, d'entraves à la liberté du travail commises par les grévistes (en ce sens, Cass. soc. 17-1-1996 nº 91-43.218 D). 67570

Dans ce cas, en effet, le salarié malade doit être traité comme il l'aurait été s'il avait été valide (Cass. soc. 8-12-1983 nº 81-40.860). À l'inverse, lorsque le salarié a pris part à la **grève avant** de tomber malade, il y a lieu de déduire de la période indemnisée les heures de grève incluses dans cette période (notamment, Cass. soc. 17-6-1982 nº 80-40.973).

S'agissant du salarié malade le jour de la récupération des heures perdues du fait de la grève, voir nº 9370.

Préavis Le préavis **notifié avant** le début de la grève continue à courir (Cass. soc. 3-10-1968 nº 67-40.226). 67575

En cas d'**exécution** du préavis, le salarié en grève au cours de cette période ne peut pas prétendre à l'indemnité de préavis, la grève n'ayant pas pour effet de prolonger l'existence du contrat de travail (Cass. soc. 3-10-1968 nº 67-40.226).

En revanche, la participation à une grève d'un salarié **dispensé** d'exécuter le préavis ne libère pas l'employeur de son obligation de payer l'indemnité compensatrice, l'intéressé ne pouvant en être privé qu'en cas de faute grave ou lourde (Cass. soc. 13-11-1980 nº 79-40.414).

RÉCUPÉRATION DES HEURES PERDUES

Les heures de travail perdues à la suite d'une **grève** dans l'entreprise ou d'un **lock-out** (nºs 67720 s.) sont en principe non récupérables. 67580

L'employeur commet une infraction en imposant la récupération des heures perdues par suite d'une **grève nationale** tendant à la satisfaction de certaines revendications d'ordre social et professionnel qui, même générales et communes à un très grand nombre de travailleurs, sont de nature à intéresser les salariés de l'entreprise (Cass. crim. 12-1-1971 nº 70-90.753). Toutefois, si l'employeur ne peut pas imposer leur récupération au taux normal, rien ne lui interdit de conclure un **accord** sur l'accomplissement d'heures supplémentaires, rémunérées comme telles (Cass. soc. 25-4-1979 nº 78-40.058).

B. Salaire des non-grévistes

67600 Le mouvement de grève n'est pas nécessairement suivi par la totalité du personnel. La question se pose alors de savoir quelles sont les obligations de l'employeur envers les non-grévistes.

En **principe,** il incombe à l'employeur de mettre ce personnel en mesure de travailler. Seules des circonstances exceptionnelles peuvent le libérer de cette obligation et de celle, corrélative, de leur verser le salaire convenu. À défaut de telles circonstances, le droit au salaire des non-grévistes subsiste même s'ils n'ont pas pu travailler.

S'agissant de la **récupération** des heures de travail perdues en cas de fermeture de l'entreprise en raison d'une grève extérieure, voir n°s 67760 s.

MAINTIEN DU SALAIRE

67610 **Principe** Le contrat de travail des non-grévistes n'étant pas suspendu, l'employeur reste en principe tenu de leur fournir du travail et le salaire correspondant. Ce principe ne constitue pas une mesure discriminatoire envers les salariés grévistes (Cass. soc. 19-12-1983 n° 80-42.067).

ATTENTION

Une **avance permanente sur salaire** mise en place durant un conflit social en contrepartie de l'engagement du salarié de ne pas cesser le travail est en revanche une mesure illicite visant à contourner le droit de grève (Cass. soc. 16-2-2011 n° 09-43.532 FS-D).

67620 **Salariés visés** Seuls les non-grévistes qui se tiennent **à la disposition de l'entreprise** et manifestent leur **intention** de travailler (en se présentant au poste de travail notamment) peuvent prétendre au maintien de leur salaire. Les salariés qui, bien que ne participant pas au mouvement de grève, ne se mettent pas réellement à la disposition de l'employeur peuvent, le cas échéant, subir une retenue sur salaire.

ILLUSTRATIONS

Est justifiée la retenue correspondant à la journée non travaillée par le salarié empruntant habituellement le système de transport collectif organisé par l'employeur et ne s'étant pas rendu à son travail en raison d'une **grève des chauffeurs de l'entreprise** chargés d'assurer ledit transport, dès lors que l'employeur, prévenu le matin seulement de la grève des chauffeurs, avait fait assurer le transport des ouvriers par des cars de remplacement, la majorité d'entre eux ayant ainsi pu se rendre au travail (Cass. soc. 23-5-1979 n° 78-41.063).

En revanche, lorsque le personnel d'une entreprise est en grève, les **salariés mis à sa disposition par une autre entreprise** doivent être rémunérés par leur employeur, même s'ils n'ont pas pu exercer leur mission, dès lors qu'ils se sont présentés au poste de travail (Cass. soc. 4-1-1978 n° 76-40.285). Il en est de même des **intérimaires** mis à disposition par une entreprise de travail temporaire ; cette dernière doit, en cas d'occupation de l'entreprise utilisatrice, continuer à rémunérer les intéressés, et ce, le cas échéant, jusqu'à la date limite assignée par le juge des référés aux grévistes pour évacuer les locaux (Cass. soc. 27-5-1998 n° 96-42.303 P).

67630 **Réduction du temps de travail** Lorsque les circonstances le justifient, l'employeur peut réduire les horaires de travail du personnel non gréviste, dont le salaire sera diminué en conséquence. Cette pratique a été admise, en tant que **mesure proportionnée** à la gravité de la situation, dans un cas où la prolongation de la grève dans le secteur le plus important de l'entreprise avait entraîné la paralysie des autres secteurs (Cass. soc. 26-1-1983 n° 80-41.040).

ATTENTION

En revanche, l'employeur ne peut pas réduire le salaire des non-grévistes ayant travaillé pendant l'horaire prévu en invoquant la **diminution du volume de la production** consécutive à la grève (Cass. soc. 22-4-1985 n° 82-41.861 P), ou leur affectation à un **travail différent** de celui habituellement accompli (Cass. soc. 4-10-2000 n° 98-43.475 F-P).

NON-PAIEMENT DU SALAIRE EN CAS D'IMPOSSIBILITÉ DE FOURNIR DU TRAVAIL

67640 L'employeur peut être libéré de son obligation de payer les non-grévistes en cas d'occupation ou de blocage des lieux de travail s'il justifie qu'il s'est trouvé dans une **situation contraignante** l'ayant empêché de fournir du travail aux salariés (Cass. soc. 8-4-1992 n° 89-40.967 P). L'étude de la jurisprudence montre qu'il doit s'agir d'une impossibilité quasi absolue.

> Précisions L'employeur n'est pas libéré de son obligation de payer les non-grévistes s'il n'a intenté aucune **action en justice** tendant à faire cesser l'occupation des locaux (Cass. soc. 8-4-1992 n° 89-40.967 P) ou s'il a simplement dénoncé l'occupation des locaux de travail aux autorités judiciaires et administratives compétentes, sans saisir le juge des référés aux fins d'obtenir une ordonnance d'**expulsion** des grévistes (Cass. soc. 18-10-1952 n° 1587) ou encore si, ayant obtenu une telle ordonnance, il a attendu plusieurs mois avant de requérir le concours de la force publique malgré le caractère exécutoire de cette décision (CA Versailles 19-3-1987 n° 86-1504 ; 11-6-1987 n° 86-5360).
En revanche, le personnel non gréviste n'a pas à être indemnisé des salaires perdus lorsque, l'employeur ayant saisi le préfet pour faire lever les piquets de grève interdisant l'accès de l'usine, ce dernier s'abstient d'agir et de recourir à la force publique pour faire évacuer les locaux occupés (Cass. soc. 6-10-1971 n° 71-40.105). Il en est de même lorsque les mesures prises par l'autorité préfectorale pour faire face à la grève (en l'espèce, surveillance des ateliers et dépôts d'une société de transports publics pendant plusieurs jours par les forces du maintien de l'ordre et recours à l'armée et à des transporteurs routiers à la suite de l'arrêt des transports publics) se sont imposées à l'employeur, constituant un cas de force majeure (Cass. soc. 18-5-1953 n° 2097).

CHÔMAGE TECHNIQUE

La possibilité de mettre en chômage technique une partie du personnel non gréviste, sans qu'il y ait pour autant fermeture de l'entreprise (dans ce dernier cas, voir n° 67740), est également subordonnée à la **preuve** de l'existence d'une **situation contraignante** (Cass. soc. 6-10-1983 n° 82-10.511 ; 26-2-1992 n° 89-41.673 P). À défaut, l'employeur reste tenu au paiement des salaires même si aucun travail n'a été fourni par le personnel concerné. 67650

ILLUSTRATIONS

L'employeur se trouve dans une situation contraignante justifiant une mesure de chômage technique lorsque la négociation au niveau de l'établissement est impossible et que la grève a entraîné la paralysie de l'entreprise (Cass. soc. 4-7-2000 n° 98-20.537 FS-PB).

En revanche, a été jugé injustifié le chômage technique survenu dans les conditions suivantes :
– mesure affectant un poste de travail situé en amont de celui des ouvriers grévistes, peu important le surcroît de stockage résultant de cette situation (Cass. soc. 5-11-1986 n° 84-40.230 S) ;
– mesure imposée à un salarié au motif que la grève des agents de maîtrise rendait impossible l'encadrement du personnel ouvrier et obligeait l'employeur à fermer certains ateliers alors que les machines ont continué à fonctionner normalement dans l'atelier du salarié concerné et que celui-ci, en temps normal, effectuait le plus souvent son travail sous sa propre responsabilité (Cass. soc. 1-10-1975 n° 74-40.427) ;
– mesure prise par l'employeur au motif que la présence de piquets de grève empêchait l'approvisionnement de l'usine et la sortie des produits alors que la preuve n'est pas rapportée d'un blocage de tous les accès à l'entreprise faisant obstacle à la liberté du travail et à la libre disposition par l'employeur de ses locaux et marchandises (Cass. soc. 26-2-1992 n° 89-41.673 P).

La question se pose de savoir si les salariés mis en chômage technique par l'employeur dans la situation visée n° 67650 (ainsi que dans celles visées n°s 67730 s.) peuvent être **indemnisés** dans le cadre du **régime d'activité partielle** (n°s 67950 s.). 67660

Selon l'article R 5122-8 du Code du travail, **cette indemnisation** n'est pas ouverte aux personnes dont le chômage est provoqué par un différend collectif du travail intéressant l'établissement qui les emploie. Le versement des allocations peut toutefois être autorisé, par décision du ministre chargé de l'emploi, dans le cas d'une fermeture de l'entreprise ou d'un service décidée par l'employeur suite à une grève et se prolongeant plus de 3 jours.

> Précisions En **pratique,** l'**administration** distingue selon que le chômage des salariés résulte d'un conflit du travail interne ou externe à l'entreprise (Circ. CDE 39 du 15-7-1985) :
– dans l'**établissement où se produit le conflit,** les allocations de chômage partiel ne sont pas versées aux salariés grévistes ou non grévistes pendant la durée du conflit ;
– **après la cessation du conflit,** si des décalages se produisent pour des raisons techniques entre la fin du conflit et les dates de reprise de l'activité dans les différents ateliers, les allocations de chômage partiel peuvent être attribuées aux salariés affectés par ces décalages ;
– lorsque des **établissements distincts** de la société en grève, ou des entreprises **fournisseurs ou clients** de ladite société, subissent une réduction d'activité du fait du conflit, les allocations de chômage partiel sont accordées, y compris pendant la durée du conflit ;
– de même, les salariés n'appartenant pas à l'entreprise en grève mais à des **entreprises sous-traitantes** qui y travaillaient lorsque le conflit a éclaté peuvent être indemnisés au titre du chômage partiel.
S'agissant de l'exclusion de l'attribution de l'allocation spécifique de chômage partiel en cas de « conflit du travail intéressant l'établissement », le **Conseil d'État** a jugé que l'administration ne

pouvait en refuser l'attribution à une entreprise au motif que cette dernière et l'entreprise en grève constitueraient une **unité économique et sociale** (CE 9-10-1992 n° 86977).

Ces solutions rendues à propos du dispositif de chômage partiel antérieur au régime d'activité partielle nous paraissent transposables dans le cadre de ce dernier (n°s 67950 s.).

PRIME EXCEPTIONNELLE

67670 Pour être licite, l'octroi d'une prime exceptionnelle au personnel non gréviste ne doit pas apparaître comme une mesure discriminatoire envers les salariés grévistes. Cette prime doit correspondre à un **surcroît réel de travail** imposé par l'employeur aux non-grévistes et ne peut pas simplement viser à compenser des conditions de travail plus pénibles (Cass. soc. 3-5-2011 n° 09-68.297 FS-D).

ILLUSTRATIONS

Constitue une **mesure discriminatoire** la décision prise après la grève de créer une prime et d'en faire varier le montant selon que les salariés ont fait grève ou non, peu important que cette mesure soit présentée comme la contrepartie de la prestation supplémentaire de travail demandée par l'employeur aux non-grévistes (Cass. soc. 15-10-1981 n° 79-40.861 ; 1-6-2010 n° 09-40.144 FS-PB).
Est également illicite la décision de même nature prise après le déclenchement de la grève, alors que la quantité de tâches demandée aux non-grévistes n'a pas été plus importante qu'à l'accoutumée. Le personnel gréviste ainsi lésé peut en conséquence prétendre à un complément de prime (Cass. soc. 2-3-1994 n° 92-41.134) ou à des dommages-intérêts (Cass. soc. 3-3-2009 n° 07-44.676 F-D).

C. Fermeture de l'entreprise

GRÈVE INTERNE À L'ENTREPRISE

67720 Sauf lorsque la fermeture temporaire de l'entreprise (ou lock-out) est décidée alors que la grève a déjà été déclenchée (cette mesure n'ayant, en principe, d'incidences que sur la situation des non-grévistes), la fermeture intervenant en prévision d'une grève ou postérieurement à celle-ci comporte des **incidences** pour l'ensemble des salariés : les non-grévistes seront empêchés de travailler ; les salariés ayant l'intention de se mettre en grève (lock-out préventif) ou souhaitant reprendre le travail à l'issue de la grève (lock-out postérieur) ne seront plus en situation de le faire.
Concrètement, pendant un lock-out, les **contrats de travail** de tous les salariés concernés par la mesure sont suspendus. L'employeur est-il de ce fait dégagé de son obligation de payer les salaires ? Ce peut être le cas s'il est en mesure de prouver que la fermeture temporaire de l'entreprise répond à une situation de force majeure ou à une situation contraignante de nature à le libérer de son obligation de fournir du travail aux salariés. À défaut, le lock-out est assimilé à une faute contractuelle et l'employeur est tenu de leur verser une indemnité compensatrice des salaires perdus malgré l'absence de prestation de travail.
Sur le **régime fiscal et social** des sommes versées à titre de compensation des salaires perdus, voir n°s 67830 s. S'agissant par ailleurs de la récupération des heures de travail perdues par suite de lock-out, voir n° 67570.
Sur la question de savoir si les salariés peuvent être indemnisés au titre du **régime d'activité partielle** pendant la fermeture de l'entreprise, voir n° 67660.

67730 **Lock-out préventif** Le lock-out préventif, c'est-à-dire la décision de fermeture d'un atelier ou d'un établissement à l'annonce d'une grève, et avant son déclenchement, n'est généralement pas licite. Seules des circonstances très particulières peuvent justifier le lock-out préventif et le non-paiement des heures de travail perdues.

ILLUSTRATIONS

Commet une **faute** l'obligeant à réparer la perte de salaire subie par ses ouvriers l'employeur décidant de fermer l'entreprise dès l'annonce de la décision de représentants du personnel d'organiser une grève pour le lendemain, sans savoir si l'ampleur du mouvement collectif serait de nature à empêcher le fonctionnement de l'usine et si tous les ouvriers y participeraient (Cass. soc. 24-1-1968 n° 67-40.114). Il en est de même de celui fermant ses ateliers à l'annonce d'une grève éventuelle du personnel d'encadrement et des agents de maîtrise, alors qu'il n'était pas encore établi avec certitude que cette grève ne lui permettrait pas d'assurer la **sécurité** nécessaire dans l'entreprise (Cass. soc. 20-3-1985 n° 81-40.923 P).
L'employeur qui, sans avoir aucune faute à reprocher à son personnel, ferme son entreprise en raison de **grèves** ayant éclaté **dans des entreprises similaires,** par esprit de solidarité et pour obéir aux consignes données par le syndicat patronal, doit être condamné au paiement d'une indemnité égale aux salaires perdus (Cass. soc. 5-5-1959 n°s 1005 et 1061).

Ne commet, en revanche, aucune faute contractuelle l'employeur qui, dans le cadre d'un conflit mené sous forme de débrayages répétés, décide de fermer son établissement afin d'assurer la **sécurité** des personnes et des biens après que des actes de violence et de graves déprédations ont été commis et alors qu'il avait reçu un tract glorifiant ces actes et annonçant la poursuite de l'action dans l'entreprise sous des formes différentes pour le lendemain (Cass. soc. 8-12-1977 n° 76-40.594).

Lock-out concomitant à la grève L'employeur décide parfois de fermer son établissement ou une partie de celui-ci au motif que la grève ne lui permet pas de fournir du travail aux salariés demeurés à sa disposition. Lorsqu'elle est décidée après le déclenchement de la grève et se termine avant la reprise du travail, cette mesure de lock-out, à la différence de celles visées nos 67730 et 67750, ne peut avoir d'**effet** que sur le contrat de travail des non-grévistes, puisque le contrat des grévistes est quant à lui déjà suspendu du fait de la grève. 67740

Tout comme la pratique du chômage technique imposée à une partie du personnel non gréviste indépendamment de toute fermeture de l'établissement (voir n° 67650), le chômage technique résultant d'un lock-out concomitant à la grève ne libère l'employeur de son obligation de payer les salariés non grévistes que s'il justifie d'un cas de **force majeure** (Cass. soc. 26-2-1975 nos 73-40.854 et 74-40.106) ou d'une situation contraignante, le mettant dans l'**impossibilité** (Cass. soc. 30-9-2005 n° 04-40.193 FS-PB) ou dans l'impossibilité absolue (Cass. soc. 31-10-1989 n° 88-41.229 D ; 11-3-1992 n° 90-42.817 P) **de leur fournir du travail.**

ILLUSTRATIONS

L'impossibilité de fournir du travail n'est pas rapportée lorsque la décision de fermer les ateliers ou services non intéressés par la grève est prise par l'employeur au seul motif des **incidences financières** de leur maintien en activité (Cass. soc. 10-1-1973 n° 71-40.803). Elle ne l'est pas non plus lorsqu'aucun trouble ni aucune agitation de nature à compromettre la marche et la **sécurité** de l'entreprise ne paraît imposer une telle mesure (Cass. soc. 26-1-1972 n° 70-40.513 ; 17-12-2013 n° 12-23.006 FS-PB).

La fermeture d'un atelier ou d'un établissement, entraînant la mise en chômage technique du personnel non gréviste, peut en revanche être justifiée lorsque la grève a entraîné une **paralysie** dans le fonctionnement de l'entreprise. Cette pratique a été admise dans les situations suivantes :
– grève inopinée, excluant toute possibilité de négociation, déclenchée par le personnel chargé de la manœuvre des ponts roulants alimentant les machines, dont le travail était vital pour le fonctionnement de l'usine (Cass. soc. 18-1-1979 n° 77-40.982) ;
– grève déclenchée dans un secteur vital de l'entreprise, ayant entraîné une paralysie croissante de la fabrication puis l'**arrêt total de l'atelier** dans lequel devait travailler le personnel non gréviste, auquel l'employeur ne pouvait fournir aucun travail de remplacement (Cass. soc. 26-10-1976 n° 75-40.682 ; 9-10-1985 n° 82-41.952 S) ;
– grève avec blocage des accès à l'usine, malgré une ordonnance de référé faisant défense à quiconque de s'opposer à la libre circulation des marchandises et des fournitures, entraînant une baisse très importante de la moyenne de fabrication, l'impossibilité de réalimentation de l'usine, des **risques** de défauts de fabrication ainsi que des risques d'accidents (Cass. soc. 11-7-1989 n° 86-42.020 D) ;
– grève totale du secteur de production, entraînant progressivement la **paralysie** du secteur « travaux » empêchant le maintien des tâches d'exécution (Cass. soc. 22-2-2005 n° 02-45.879 F-PB).

Lock-out postérieur à la grève La fermeture de l'entreprise faisant obstacle à la reprise du travail par les grévistes n'est licite que si l'employeur justifie d'une **situation contraignante** de nature à le libérer de son obligation de fournir du travail à ses salariés (jurisprudence constante, notamment, Cass. soc. 14-11-1984 n° 84-43.308 ; 26-3-2014 n° 12-26.600 FS-PB). À défaut, les retenues sur salaire correspondant à la période de fermeture ne sont pas justifiées ; l'employeur ne peut pas non plus imputer le montant des salaires dus pour la période d'arrêt de travail imposée aux salariés sur le montant de leur indemnité de congés payés (Cass. soc. 5-7-1995 n° 93-20.402 P). 67750

Est notamment **abusive** la décision de l'employeur de maintenir son magasin fermé jusqu'à l'heure normale de fermeture, soit 19h15, à la suite d'une grève déclenchée de 17 à 18 heures, alors que les juges du fond ont constaté que l'**établissement pouvait être rouvert** une demi-heure après la fin de la grève (Cass. soc. 7-2-1990 n° 87-43.566 P). 67752

Jugé de même en cas de fermeture de l'entreprise décidée de manière hâtive par l'employeur à la suite d'un mouvement de grève sous forme de débrayages répétés n'entraînant **aucune charge insurmontable,** alors que ni la sécurité de l'entreprise ni la nécessité de maintenir l'**ordre** n'imposaient une telle mesure (Cass. soc. 28-6-1972 n° 71-40.459). Les raisons de **sécurité** éventuellement invoquées pour justifier la fermeture de l'entreprise doivent être vérifiables. Les juges sont à cet égard vigilants et peuvent, par exemple, rejeter ce motif comme étant discutable après avoir constaté qu'à la suite d'une grève identique le travail avait pu reprendre dès la fin du mouvement collectif (Cass. soc. 25-1-1978 n° 76-40.819).

67754 L'employeur peut en revanche être **libéré du paiement** des salaires lorsque la fermeture de l'entreprise correspond à une impossibilité absolue de fournir un travail normal aux salariés (Cass. soc. 7-2-1979 n° 77-40.794 ; 25-2-1988 n° 85-46.371 P). Ces conditions étant remplies, la décision de retarder la **remise en marche des installations** en fin de grève peut constituer une mesure de lock-out justifiée (Cass. soc. 25-2-1988 n° 85-46.371 précité).

Le cas échéant, la fermeture temporaire de l'entreprise peut aussi être justifiée par la nécessité de maintenir la **sécurité et l'ordre.** C'est ce qui a été admis pour une fermeture décidée à la suite d'un conflit collectif au cours duquel les agissements de certains salariés (interdiction d'accès des véhicules, séquestration des dirigeants, dégradation de biens) avaient entraîné l'intervention de la force publique en vue du rétablissement de la liberté du travail (Cass. soc. 21-3-1990 n° 86-44.190 P).

Ont été également admis la fermeture de l'entreprise et le transfert par l'employeur de son activité dans d'autres locaux dans un cas où la reprise du travail, après accord partiel entre la direction et les salariés grévistes sur certaines revendications, s'était effectuée dans des conditions anormales d'exécution des contrats de travail, les salariés ayant refusé de se soumettre à l'autorité de leur employeur qui n'avait plus ni la **maîtrise des outils** comptables de l'entreprise ni le libre **accès à ses locaux** (Cass. soc. 26-3-2014 n° 12-26.600 FS-PB).

GRÈVE EXTÉRIEURE À L'ENTREPRISE

67760 **Fermeture de l'entreprise** Sous réserve du cas où la grève s'inscrit dans le cadre plus large d'une journée nationale d'action à laquelle les salariés de l'entreprise entendent s'associer (voir n° 67790), la jurisprudence admet que, à l'annonce d'une grève extérieure à l'entreprise, le plus généralement dans les services publics (électricité, transport), l'employeur puisse, en prévision des perturbations susceptibles d'affecter le fonctionnement de son entreprise, prendre la décision de fermer cette dernière et, le cas échéant, de faire récupérer les heures ainsi perdues.

Estimant qu'il ne s'agit pas d'un lock-out, elle considère que l'employeur agit dans les limites de son **pouvoir d'organisation** de l'entreprise en modifiant son horaire dans le souci légitime de parer aux conséquences de la grève d'une entreprise extérieure (Cass. soc. 6-2-1980 n° 78-41.263 ; 9-7-1986 n° 85-45.795 P).

Il appartient à l'employeur, dans l'exercice de son pouvoir normal d'organisation de l'entreprise, d'apprécier l'opportunité d'une **modification d'horaire ou** d'une **fermeture** totale ou partielle et les juges ne peuvent pas substituer leur appréciation à la sienne, sauf preuve qu'il s'est déterminé en fonction d'un intérêt autre que celui de l'entreprise (Cass. soc. 21-7-1981 n° 79-42.429).

› Précisions La décision de fermeture, accompagnée ou non de la récupération, ne revêt pas un caractère fautif du seul fait que la **grève extérieure** n'a **pas** eu **lieu** (Cass. soc. 25-10-1960 n° 59-40.525) ou n'a **pas entraîné** en fait de **perturbation** dans le fonctionnement de l'entreprise, dès lors qu'il était impossible de prévoir si l'usine serait ou non alimentée en électricité en raison de la grève (Cass. soc. 26-10-1979 n° 78-40.571).
En revanche, l'employeur ne peut pas justifier la fermeture de l'entreprise pendant une journée d'action nationale par les **risques de coupures d'électricité** alors qu'il n'était nullement question d'arrêt de travail d'EDF, aucun préavis de grève n'ayant été déposé en ce sens, et qu'il n'existait pas dans l'entreprise de matériels sur lesquels des interruptions de courant pouvaient entraîner des conséquences graves (Cass. soc. 26-10-1977 n° 75-40.664).

67770 La **décision** de l'employeur de **modifier l'horaire** de travail doit, en principe, être prise avant le **jour** de l'interruption collective et donner lieu à certaines **formalités** préalables (voir Mémento social n° 29815). Toutefois, dans un cas où les répercussions d'une grève d'EDF sur le fonctionnement de l'entreprise étaient incertaines, il a été admis que l'employeur puisse décider de fermer l'entreprise le jour même de la grève et inviter le personnel à quitter les lieux du travail, ce dernier ne pouvant pas être assuré en raison d'une coupure persistante d'électricité. En effet, dans ces conditions, il ne pouvait être reproché à l'employeur de n'avoir pas prévu, par anticipation, la fermeture de l'entreprise (Cass. soc. 9-7-1986 n° 85-45.795).

67780 **Récupération des heures perdues** La récupération est une simple **faculté** pour l'employeur. Dans la mesure où il n'a pas commis de faute en prenant, dans l'organisation de l'entreprise, les mesures s'imposant du fait d'une coupure de courant, avec récupération des heures perdues, cette récupération **s'impose** à l'ensemble des salariés (voir n°s 9160 s.).

L'employeur n'est pas tenu de distinguer entre les salariés utilisant directement ou indirectement le courant et les autres. Il ne peut donc pas être condamné à indemniser un salarié ayant refusé d'effectuer la récupération, au motif que sa tâche n'était pas tributaire du courant électrique (Cass. soc. 16-1-1966 n° 64-40.052).

Si, en principe, l'employeur est fondé à fermer l'entreprise lorsque la bonne marche de celle-ci l'exige, notamment pour parer aux conséquences d'une grève annoncée par EDF (voir n° 67760), il en va différemment lorsque ce mouvement s'inscrit dans le cadre d'une journée de **grève nationale** dont l'employeur était averti. En effet, dans cette hypothèse, la fermeture de l'entreprise est, hors cas de force majeure caractérisée, considérée comme abusive car elle aboutit à empêcher les salariés d'exercer leur droit de grève. Ceux-ci peuvent donc refuser la récupération de cette journée et ont droit au paiement du salaire correspondant (Cass. soc. 30-3-1971 n° 69-40.333 ; 27-6-1989 n° 86-45.096 P). 67790

D. Régime des sommes versées

RÉGIME SOCIAL

L'assujettissement ou non aux **cotisations de sécurité sociale** des sommes éventuellement allouées aux salariés grévistes ou aux salariés non grévistes empêchés de travailler en raison de la grève ou d'une mesure de lock-out décidée par l'employeur dépend de la qualification juridique de ces sommes : celles ayant la nature juridique d'un salaire doivent être assujetties alors que, à l'inverse, celles ayant la nature de secours ou de dommages-intérêts sont en principe exclues de l'assiette des cotisations de sécurité sociale. 67830

Les sommes ayant un caractère de salaire doivent figurer sur la **DSN** parmi ceux-ci.

Sommes allouées par l'employeur Les sommes versées par l'employeur en application d'un **accord de fin de grève** et compensant tout ou partie des salaires perdus du fait de l'arrêt collectif de travail sont soumises au régime juridique des salaires et doivent en conséquence être assujetties aux cotisations de sécurité sociale. 67840

> **Précisions** Il a été jugé que doit être considérée comme versée à l'occasion du travail, bien qu'elle soit exceptionnelle et motivée par des circonstances particulières, l'**allocation de soutien attribuée par l'employeur** à des salariés réduits à l'inactivité du fait d'une grève de la SNCF (Cass. soc. 7-12-1972 n° 71-13.481).
Cette solution est-elle transposable aux **sommes allouées** aux salariés grévistes **par le CSE** ? Selon la doctrine administrative, toutes les sommes destinées à compenser une perte de salaire devant être assujetties aux cotisations de la sécurité sociale, le salaire maintenu en tout ou partie par le CSE en cas de grève doit en conséquence donner lieu au versement de ces cotisations (Circ. Acoss du 14-2-1986). Sur la déclaration de ces sommes sur la DSN, voir n° 41920.
Cette position nous paraît appeler certaines réserves, du moins dans les situations où le CSE alloue aux salariés une somme dont il apparaît clairement qu'elle n'a pas pu être consentie pour le compte de l'employeur.
En toute hypothèse, les sommes versées aux salariés en grève, tant par l'employeur que par le CSE, sont exclues de l'assiette des cotisations dès lors qu'elles revêtent la nature d'un **secours** au sens indiqué n° 41710.

Les solutions ci-dessus visées devraient valoir également pour la **CSG** et la **CRDS** ainsi que pour les **autres prélèvements** calculés sur la même assiette que les cotisations de sécurité sociale : cotisations ou contributions solidarité autonomie, Fnal, dialogue social, chômage, AGS, retraite complémentaire Agirc-Arrco, formation et alternance (contributions à la formation professionnelle, CPF-CDD, supplémentaire à l'apprentissage et taxe d'apprentissage), versement mobilité et participation-construction. Elles devraient également être applicables à la taxe sur les salaires du fait de l'alignement de l'assiette de cette dernière sur celle de la CSG (BOI-TPS-TS-20-10 n°s 10 s.). 67850

Sommes allouées par décision de justice Les **indemnités** que l'employeur est condamné à verser aux salariés en réparation de leur préjudice résultant d'un **lock-out irrégulier** (n°s 67640 et 67720 s.) ont le caractère de dommages-intérêts et n'entrent pas dans l'assiette des cotisations de sécurité sociale (Cass. soc. 23-10-1997 n° 95-19.444 D). 67860

> **CONSEIL**
> Cette solution est, à notre sens, transposable à l'**indemnité compensatrice des salaires perdus** susceptible d'être attribuée aux salariés contraints de recourir à la grève par suite d'une faute de l'employeur (n°s 67450 s.).

RÉGIME FISCAL

Dès lors qu'elles visent à compenser une **perte de salaire,** les sommes versées par l'employeur définies n° 67840 sont imposables dans la catégorie des traitements et salaires et doivent donner lieu au prélèvement à la source. 67870

67870 (suite) Cette solution vaut aussi :

– pour les sommes versées par des syndicats à leurs adhérents grévistes, prélevées sur leurs caisses de solidarité ou provenant de « cagnottes » (Rép. Bizet : Sén. 5-11-2020 nº 13899) ;

– et pour les indemnités compensatrices des salaires perdus versées par l'employeur en exécution d'une décision de justice (nº 67860), sauf à établir qu'elles visent à réparer un préjudice autre que la perte du salaire.

CONSEIL

Les sommes versées à l'occasion d'une grève peuvent toutefois être exonérées de toute imposition lorsqu'elles n'ont pas le caractère d'un salaire mais d'un **secours** au sens indiqué nº 41710.

CHAPITRE 6

ACTIVITÉ PARTIELLE

SOMMAIRE

SECTION 1
RÉGIME DE DROIT COMMUN 67950
A. Mise en place et renouvellement 67955
1. Formalités initiales 67955
2. Formalités à l'issue de l'autorisation 67985
B. Salariés concernés 68000
C. Indemnisation 68020
1. Heures indemnisables 68020
2. Indemnité versée au salarié 68050
a. Montant 68050
b. Régime social de l'indemnité légale 68075
c. Régime social de l'indemnité complémentaire 68110
d. Régime fiscal des indemnités 68120
e. Bulletin de paie et DSN 68125
3. Allocation perçue par l'employeur 68150
a. Montant 68150
b. Procédure d'indemnisation 68250
D. Incidences sur le salaire d'activité 68265

SECTION 2
ACTIVITÉ PARTIELLE DE LONGUE DURÉE (APLD) 68350
A. Mise en place et renouvellement 68350
B. Indemnité versée au salarié 68360
C. Allocation perçue par l'employeur 68370
D. Articulation avec l'activité partielle de droit commun 68385

SECTION 3
CHÔMAGE INTEMPÉRIES DANS LE BTP 68390
A. Présentation du régime 68390
B. Indemnisation 68395

SECTION 4
GARANTIE D'UNE RÉMUNÉRATION MENSUELLE MINIMALE 68400
A. Champ d'application 68405
B. Montant garanti 68425
C. Allocation complémentaire 68430

SECTION 5
TABLEAUX RÉCAPITULATIFS ACTIVITÉ PARTIELLE ET APLD 68450

PRÉSENTATION DES RÉGIMES

Plusieurs dispositifs d'activité partielle (ex-chômage partiel) coexistent. Le régime de **droit commun** vise à aider les entreprises rencontrant des difficultés conjoncturelles (n°s 67950 s.). Celles rencontrant des difficultés de plus long terme, mais dont la pérennité n'est pas compromise, peuvent recourir, sous certaines conditions, au régime d'**activité partielle de longue durée** (n°s 68350 s.). 67930

Le secteur du BTP bénéficie d'un régime spécifique de **chômage intempéries** (n°s 68390 s.).

Dans tous les cas, l'employeur perçoit une **allocation** et doit verser au salarié :
– pour chaque heure chômée, une indemnité fixée en pourcentage de son salaire ;
– pour chaque mois civil, une **rémunération mensuelle minimale** (RMM) globale (indemnité + salaire) au moins égale au Smic (n°s 68400 s.).

> **Précisions** Il existe aussi un régime, non étudié ici, d'indemnité de garantie pour les **dockers professionnels** (C. transports art. L 5343-18 à L 5343-20, R 5343-20 et R 5343-21).

SECTION 1

RÉGIME DE DROIT COMMUN

L'employeur peut recourir au dispositif d'activité partielle lorsqu'il est contraint par des difficultés économiques, des difficultés d'approvisionnement, la transformation de l'entreprise, un sinistre, des intempéries ou toute autre circonstance exceptionnelle de **réduire les** 67950

horaires (journaliers ou hebdomadaires) du travail des salariés ou d'**interrompre temporairement l'activité** de son établissement (C. trav. art. R 5122-1).

Après avoir brièvement rappelé les **formalités** de mise en place de ce dispositif, nous détaillerons les modalités d'**indemnisation** des salariés et de l'employeur ainsi que ses **autres conséquences sur la paie.**

> **› Précisions** **a.** Le régime d'activité partielle est en principe réservé aux entreprises du **secteur privé** implantées **en France.** Il est toutefois aussi ouvert (C. trav. art. L 5122-1) :
> – sous certaines conditions, aux salariés de droit privé des employeurs du **secteur public** ayant une activité industrielle et commerciale pour laquelle ils ont adhéré au régime d'assurance chômage ;
> – aux salariés des entreprises **sans établissement en France** s'ils cotisent aux régimes français de sécurité sociale et de chômage.
> **b.** Une **procédure de rescrit « aides à l'emploi »** permet à tout employeur d'interroger le préfet sur ses droits aux aides à l'emploi et à l'allocation d'activité partielle. L'administration doit lui répondre de façon motivée et l'employeur peut ensuite opposer cette réponse à l'administration (C. trav. art. L 5112-1-1, R 5112-23 et D 5112-24).
> **c.** Le fait de bénéficier ou de tenter de bénéficier **frauduleusement** du système d'indemnisation de l'activité partielle est puni de 2 ans d'emprisonnement et de 30 000 € d'amende. Le fait de le faire obtenir ou de tenter de le faire obtenir frauduleusement est passible des mêmes peines (C. trav. art. L 5124-1 ; C. pén. art. 441-6).

A. Mise en place et renouvellement

1. FORMALITÉS INITIALES

FORMALITÉS INTERNES À L'ENTREPRISE

67955 **Consultation du CSE et affichage** Le placement en activité partielle constituant une modification de l'horaire de travail, l'employeur doit :
– lorsque l'entreprise compte au moins 50 salariés, consulter le **CSE** avant de déposer la demande préalable d'autorisation à l'administration. Par dérogation, en cas de sinistres ou d'intempéries ou en cas de circonstances de caractère exceptionnel, l'avis du CSE peut être recueilli postérieurement à la demande d'autorisation et transmis dans un délai d'au plus de 2 mois à compter de cette demande (C. trav. art. R 5122-2) ;
– **afficher** dans l'entreprise, avant son application, le nouvel horaire collectif de travail (C. trav. art. D 3171-3).

67960 **Faut-il obtenir l'accord des salariés ?** Le placement en activité partielle pendant la période autorisée par le préfet (n° 67975) ne constitue pas une modification du contrat de travail que les **salariés non protégés** pourraient refuser. Cette mesure s'impose donc à eux (Cass. soc. 18-6-1996 n° 94-44.654 D).

En revanche, aucun changement de ses conditions de travail ne pouvant être imposé à un **salarié protégé,** l'employeur doit obtenir l'accord de l'intéressé pour le placer en activité partielle. À défaut, il reste tenu de lui verser la partie du salaire perdue du fait de la mesure d'activité partielle appliquée sans son accord (Cass. soc. 18-6-1996 n° 94-44.653 D).

AUTORISATION ADMINISTRATIVE

67965 **Moment de la demande** L'employeur qui envisage de réduire ou de cesser temporairement son activité doit faire une demande **préalable** auprès de l'administration (C. trav. art. R 5122-2). Toutefois, par **dérogation,** en cas de suspension d'activité due à un sinistre ou à des intempéries, ou en cas de circonstance de caractère exceptionnel, l'employeur a 30 jours à compter du placement des salariés en activité partielle pour adresser sa demande par tout moyen conférant une date certaine à sa réception (C. trav. art. R 5122-3).

> **› Précisions** Les entreprises dont l'activité est ralentie ou arrêtée du fait du **conflit en Ukraine,** de la **hausse des prix de l'énergie,** ou d'un **délestage électrique,** peuvent, sous certaines conditions, bénéficier du délai de 30 jours (QR min. trav. du 9-3-2023).

67970 **Modalités de la demande** La demande est adressée au préfet du département où est implanté l'établissement (C. trav. art. R 5122-2) via un **portail internet** sécurisé et confidentiel (activitepartielle.emploi.gouv.fr). Au préalable, l'employeur doit **adhérer au service en ligne** en fournissant les informations nécessaires à son identification, le nom de la personne chargée des demandes d'autorisation d'activité partielle et une adresse électronique (C. trav. art. R 5122-26).

La demande **précise** (C. trav. art. R 5122-2) :
– les motifs justifiant le recours à l'activité partielle ;
– la période prévisible de sous-activité. L'entreprise qui ne peut pas anticiper avec précision la durée de ses difficultés est invitée à demander la période maximale visée nº 67980 (Circ. DGEFP 12 du 12-7-2013, fiche 8) ;
– le nombre de salariés concernés.

Elle est **accompagnée,** le cas échéant, de l'avis rendu par le CSE (C. trav. art. R 5122-2). En cas d'avis défavorable du CSE, l'employeur joint à sa demande l'ensemble des éléments qui lui ont été présentés (Doc. DGEFP du 8-2013).

Si l'employeur a déjà placé ses salariés en activité partielle auparavant, il doit souscrire des engagements : voir nº 67995.

› Précisions Lorsque la demande d'autorisation préalable d'activité partielle et, le cas échéant, la demande de renouvellement d'autorisation portent, pour le même motif et la même période, sur **au moins 50 établissements implantés dans plusieurs départements,** l'employeur peut adresser une demande unique au titre de l'ensemble des établissements au préfet du département où est implanté l'un quelconque des établissements concernés. Dans ce cas, le contrôle de la régularité des conditions de placement en activité partielle des salariés est confié au représentant de l'État dans le département où est implanté chacun des établissements concernés (C. trav. art. R 5122-2).

Décision de l'administration La décision signée par le préfet est notifiée à l'employeur, via le site activitepartielle.emploi.gouv.fr, dans les **15 jours calendaires** suivant la date de réception de la demande de placement en activité partielle, l'**absence de réponse** dans ce délai valant acceptation implicite (C. trav. art. R 5122-4). **67975**

La décision de **refus** doit être motivée (C. trav. art. R 5122-4).

Dès réception de la décision, l'employeur doit en informer le **CSE** (C. trav. art. R 5122-4).

› Précisions **a.** Le délai d'instruction de la demande d'autorisation démarre à compter du moment où le dossier est réputé complet. L'employeur reçoit alors un **accusé de réception** récapitulant l'ensemble des informations relatives à la demande et la date d'échéance du délai d'instruction (Circ. DGEFP 12 du 12-7-2013).
b. En cas d'**autorisation tacite,** l'employeur peut placer ses salariés en activité partielle suivant les conditions précisées dans le récapitulatif de sa demande, qui mentionne notamment la période prévisionnelle d'activité partielle, le nombre total d'heures demandées, le nombre de salariés concernés et les éventuels engagements proposés par l'employeur (Circ. DGEFP 12 du 12-7-2013).
c. En cas d'**autorisation expresse,** la décision précise notamment les coordonnées bancaires de l'employeur (C. trav. art. R 5122-4).

Durée maximale d'autorisation L'autorisation peut être accordée pour une durée maximale de 3 mois, ou de 6 mois en cas de sinistres ou d'intempéries de caractère exceptionnel (C. trav. art. R 5122-9). **67980**

Elle peut être renouvelée sous les conditions et limites indiquées nºs 67990 s.

2. FORMALITÉS À L'ISSUE DE L'AUTORISATION

INFORMATION DU CSE

Dans les entreprises d'au moins 50 salariés, l'employeur est tenu d'informer le CSE, à l'**échéance de chaque autorisation,** des conditions dans lesquelles l'activité partielle a été mise en œuvre (C. trav. art. R 5122-2, al. 7). **67985**

DEMANDE DE RENOUVELLEMENT

Durée maximale du renouvellement L'autorisation est renouvelable dans la limite de **6 mois,** consécutifs ou non, sur une période de référence de 12 mois consécutifs. Elle est toutefois renouvelable **sans limites** en cas de sinistre ou d'intempéries de caractère exceptionnel (C. trav. art. R 5122-9). **67990**

La période de 12 mois s'apprécie de manière glissante en se plaçant au dernier jour de la période d'autorisation demandée (QR min. trav. du 27-2-2023).

Conditions Si l'employeur a déjà placé ses salariés en activité partielle **au cours des 36 mois précédant** le dépôt d'une nouvelle demande d'autorisation, il doit souscrire des **engagements** spécifiques. Ces engagements peuvent notamment porter sur (C. trav. art. R 5122-9, II) : **67995**
– le maintien dans l'emploi des salariés pendant une durée pouvant atteindre le double de la période d'autorisation ;

– des actions spécifiques de formation pour les salariés en activité partielle ;
– des actions en matière de gestion prévisionnelle des emplois ou des compétences ;
– des actions visant à rétablir la situation économique de l'entreprise.

L'employeur mentionne dans sa nouvelle demande d'autorisation les engagements qu'il propose de souscrire.

L'**administration fixe** les engagements mis à la charge de l'employeur dans la décision d'autorisation qu'elle lui notifie, en tenant compte de la situation de l'entreprise, de la récurrence du recours à l'activité partielle dans l'établissement ainsi que du contenu d'un éventuel accord collectif sur les conditions du recours à l'activité partielle ou, à défaut, des propositions figurant dans la demande d'autorisation (C. trav. art. R 5122-9, II).

L'administration tient également compte de l'avis du CSE (n° 67955), ainsi que, le cas échéant, des engagements précédemment pris par l'entreprise lors d'une demande antérieure et de leur exécution (Circ. DGEFP 12 du 12-7-2013).

Sur les conséquences du **non-respect** des engagements, voir n° 68380.

B. Salariés concernés

68000 Le placement en activité partielle est une **mesure collective** (Cass. soc. 19-7-1995 n° 91-45.676 PFR). Il doit donc concerner tous les salariés d'un établissement ou d'une partie d'établissement (tel qu'un atelier ou un service).

En cas de réduction collective de l'horaire de travail, les jours où l'horaire est réduit peuvent différer selon les salariés. En effet, dans ce cas, le Code du travail autorise l'employeur à placer les salariés en position d'activité partielle individuellement et alternativement (C. trav. art. L 5122-1).

Tous les **salariés** de l'établissement (ou partie d'établissement) concerné **bénéficient du régime légal d'indemnisation** de l'activité partielle, y compris ceux à temps partiel ou à domicile (Cass. soc. 22-6-1994 n° 89-42.461 P), les apprentis, les titulaires d'un contrat de professionnalisation et les salariés soumis à certains régimes spécifiques de détermination du temps de travail (VRP, pigistes, etc.).

Les **cadres dirigeants** au sens défini n° 6180 n'en bénéficient qu'en cas de fermeture temporaire de leur établissement (C. trav. art. L 5122-3).

> **Précisions** **a.** Peuvent prétendre aux indemnités d'activité partielle :
> – les **salariés intermittents** (dans les conditions prévues n° 10800), ainsi que les salariés dont la **durée du travail est aménagée** sur une période supérieure à la semaine (Circ. DGEFP 12 du 12-7-2013) ;
> – les **fonctionnaires détachés** dans une entreprise privée (CE 9-10-2002 n° 233596).
> **b.** Bien que les **travailleurs saisonniers** ne soient plus expressément exclus par le Code du travail du bénéfice de l'activité partielle, le chômage saisonnier durant la **morte-saison,** revêtant un caractère structurel, ne devrait pas ouvrir droit à indemnisation.

C. Indemnisation

1. HEURES INDEMNISABLES

VOLUME ANNUEL INDEMNISABLE

68020 L'allocation d'activité partielle peut être attribuée pour toute heure non travaillée au-dessous de la durée du travail applicable dans l'entreprise, dans la limite d'un **contingent annuel** d'heures fixé, par année civile et par salarié, à 1 000 heures. Au sein de ce contingent, 100 heures sont indemnisables en cas de transformation, restructuration ou modernisation de l'entreprise (C. trav. art. R 5122-6, al. 1 et R 5122-7, al. 1 ; Arrêté du 26-8-2013).

Ces contingents peuvent être **dépassés** dans des cas exceptionnels résultant de la situation particulière de l'entreprise, sur décision conjointe des ministres chargés de l'emploi et du budget, ou du préfet et du directeur départemental des finances publiques en cas de transformation, restructuration ou modernisation de l'entreprise (C. trav. art. R 5122-6, al. 2 et R 5122-7, al. 2).

VOLUME HEBDOMADAIRE INDEMNISABLE

68025 Le nombre d'heures pouvant être indemnisées correspond à la différence entre la **durée légale du travail** sur la période considérée (soit 35 heures hebdomadaires ou 151,67 heures mensuelles) **ou, lorsqu'elle est inférieure,** la durée collective ou stipulée au contrat de travail, et le nombre d'heures travaillées sur cette période. La durée légale du travail et la durée stipulée au contrat sont définies sur la période considérée en tenant compte du nombre de mois entiers, du nombre de semaines entières et du nombre de jours ouvrés (C. trav. art. R 5122-19).

Sauf dérogations exposées n°s 68165 s., les **heures supplémentaires** non travaillées n'ouvrent pas droit à indemnisation au titre de l'activité partielle (C. trav. art. R 5122-11).

Pour les salariés relevant d'une convention de **forfait en jours,** voir n° 68170. Pour les **horaires d'équivalence,** voir n° 68175. Pour les salariés **non soumis à la réglementation sur la durée du travail,** voir n°s 68190 s.

HEURES CHÔMÉES INDEMNISABLES

Le nombre d'heures indemnisables se détermine en déduisant les **heures effectivement travaillées** de celles qui l'auraient été (dans la limite de la durée légale ou, lorsqu'elle est inférieure, la durée collective du travail ou la durée stipulée au contrat) si l'entreprise n'avait pas réduit son activité. **68030**

Ainsi, les **temps de casse-croûte et de pause** ne sont pas pris en compte pour déterminer les heures à indemniser, peu important que l'employeur maintienne ou non leur rémunération pendant les périodes d'activité partielle (Rép. Collomb 1-7-1985).

Pour les **jours fériés,** il convient de distinguer selon que celui-ci est habituellement chômé ou non. Les jours fériés **non habituellement chômés** sont indemnisables au titre de l'activité partielle lorsqu'ils sont chômés en raison de la mise en place de ce dispositif (Circ. DGEFP 12 du 12-7-2013, fiche 5). En revanche, les jours fériés **habituellement chômés,** ce qui est en principe le cas du 1er mai, ne sont pas pris en charge par le régime d'activité partielle. L'employeur ne peut donc pas prétendre à l'allocation d'activité partielle (Circ. DGEFP 12 du 12-7-2013, fiche 5). Le salarié totalisant au moins 3 mois d'ancienneté a quant à lui droit au paiement de son salaire habituel, en vertu du principe légal (exposé n° 60880) selon lequel le chômage des jours fériés ne peut pas entraîner de diminution de la rémunération des salariés (QR min. trav. mis à jour le 27-2-2023). **68035**

Il n'est pas possible de recourir à l'activité partielle pendant la **journée de solidarité** (Circ. DGEFP 12 du 12-7-2013, fiche 5).

CONSEIL

Selon une jurisprudence ancienne, l'employeur n'a pas à rémunérer le **jour férié habituellement chômé** au taux normal habituel mais à celui de l'activité partielle (notamment : Cass. soc. 4-6-1987 n° 84-43.867 S ; 17-2-1993 n° 89-44.002 D). Pour les employeurs qui souhaiteraient mettre en œuvre ce principe, il est conseillé, à tout le moins, de maintenir un montant net de salaire équivalent au montant net d'indemnité d'activité partielle auquel aurait pu prétendre le salarié si le jour férié avait été un jour ouvré chômé au titre de l'activité partielle. En effet, les charges sociales sur salaire étant plus élevées que les charges sociales sur indemnités d'activité partielle, rémunérer le jour férié en se référant au taux brut horaire de l'indemnité d'activité partielle contreviendrait, selon nous, au principe selon lequel le chômage des jours fériés ne peut entraîner de perte de salaire.

2. INDEMNITÉ VERSÉE AU SALARIÉ

a. Montant

INDEMNITÉ LÉGALE

Le montant de l'indemnité est fixé suivant les règles ci-dessous. Pour un résumé, voir **tableau récapitulatif** n° 68450. **68050**

Taux et assiette En **principe,** le salarié en activité partielle perçoit de l'employeur une **indemnité horaire** correspondant à **60 %** de sa rémunération horaire brute de référence. **68055**

La rémunération servant d'assiette au calcul de l'indemnité d'activité partielle, aussi appelée **rémunération brute de référence,** est identique à celle servant d'assiette à l'indemnité de congés payés suivant la règle du maintien de salaire, au sens visé n° 59690 (C. trav. art. R 5122-18). La rémunération à prendre en compte est donc celle que le salarié aurait perçue dans le mois s'il n'avait pas été en activité partielle, incluant les majorations (travail de nuit, le dimanche…) de ce salaire, hors heures supplémentaires et leur majoration, et les primes calculées en fonction du temps de présence du salarié et affectées par l'activité partielle telles que des primes de pause (QR min. trav. fiche de calcul du. taux horaire).

Le **taux horaire de référence** est déterminé comme suit (C. trav. art. R 5122-18) :

Rémunération brute de référence/durée légale du travail
(ou, si elle est inférieure, durée collective ou contractuelle de travail)

.

Pour un **exemple** de calcul, voir nº 68155.
Pour des modèles de **bulletins de paie,** voir nºs 95050 s.

> Précisions **a.** Depuis le 1-1-2023, si des actions de **formation** sont mises en œuvre pendant les heures chômées, l'indemnité horaire est portée à 100 % de la rémunération nette antérieure du salarié (C. trav. art. R 5122-18, al. 4).
b. Pour les salariés bénéficiant d'éléments de **rémunération variables** (commissions, pourboires, primes mensuelles variant de manière importante d'un mois sur l'autre, etc.) ou de primes versées selon une **périodicité non mensuelle** (mais calculées en fonction du temps de présence et donc affectées par l'activité partielle), le salaire de référence servant au calcul de l'indemnité tient compte de la moyenne de ces éléments de rémunération perçus au cours des 12 mois civils, ou sur la totalité des mois travaillés si le salarié a travaillé moins de 12 mois civils, précédant le premier jour de placement en activité partielle de l'entreprise (C. trav. art. R 5122-18).
c. Pour les modalités de prise en compte des **heures supplémentaires** indemnisables et des heures d'**équivalence,** voir nºs 68165 s.
d. Pour les salariés **non rémunérés selon un nombre d'heures,** voir nºs 68170 s.

68060 **Plafond d'indemnisation** La rémunération maximale prise en compte pour le calcul de l'**indemnité brute** horaire est égale à 4,5 fois le taux horaire du Smic (C. trav. art. R 5122-18). Pour le montant effectif de ce plafond, voir tableau récapitulatif nº 68450.

En outre, l'**indemnité nette** versée par l'employeur ne peut pas excéder la rémunération nette horaire habituelle du salarié ; l'indemnité et la rémunération nettes s'entendant après déduction des cotisations et contributions obligatoires retenues par l'employeur (C. trav. art. R 5122-18).

> Précisions L'employeur peut décider de verser une **indemnité excédant le plafond de 4,5 Smic** (voir nº 68070).

68065 **Plancher d'indemnisation** Pour les **salariés à temps partiel,** les **apprentis** et les **contrats de professionnalisation** (C. trav. art. L 5122-5 et R 5122-18) :
– si la rémunération de l'intéressé est inférieure au Smic, le taux horaire de l'indemnité est égal à son taux horaire de rémunération ;
– si sa rémunération est supérieure ou égale au Smic, le taux de l'indemnité ne peut pas être inférieur au taux horaire du Smic ;

À noter : compte tenu de la règle selon laquelle l'indemnité nette ne peut pas excéder la rémunération nette habituelle (nº 68060), pour les salariés à temps partiel, les apprentis et les contrats de professionnalisation, le taux horaire minimal de l'indemnité est égal au taux horaire net de rémunération s'il est inférieur au Smic ou, pour les salariés au Smic, au taux horaire net du Smic (sur ce taux, voir nº 68150).

Pour un modèle de bulletin de paie concernant un salarié à temps partiel, voir nº 95060.

ATTENTION

Les **autres salariés** bénéficient du mécanisme de la rémunération mensuelle minimale garantie, voir nºs 68400 s.

INDEMNITÉ COMPLÉMENTAIRE

68070 L'employeur peut être tenu, en application d'un **accord collectif** ou d'une **décision unilatérale** de sa part, de verser aux salariés une indemnité complémentaire. Dans ce cas, celle-ci reste intégralement à sa charge. En outre, contrairement à l'indemnité légale, elle ne bénéficie pas d'un régime social favorable (nº 68110).

b. Régime social de l'indemnité légale

68075 L'indemnité légale d'activité partielle, destinée à permettre au salarié de percevoir un **revenu de remplacement** en cas de réduction de son horaire de travail, ne constitue pas à proprement parler un salaire.

Elle est néanmoins **cessible et saisissable** dans les mêmes conditions et limites que les salaires (C. trav. art. L 5122-4) et, sauf si les garanties sont maintenues à titre gratuit, soumise à cotisation au(x) régime(s) de **prévoyance** institué(s) dans l'entreprise (voir nºs 42880 s.).

En revanche, s'agissant des **cotisations, contributions et taxes** sociales, elle relève d'un régime particulier exposé ci-après.

ATTENTION
Les sommes versées pour l'indemnisation d'heures chômées **non indemnisables** au titre du régime d'activité partielle restent assujetties aux cotisations et contributions sur salaire dans les conditions de droit commun.

COTISATIONS ET TAXES SOCIALES

L'indemnité légale d'activité partielle échappe aux **cotisations de sécurité sociale** (C. trav. art. L 5428-1). **68080**

Cette exonération est également applicable aux **prélèvements dont l'assiette est alignée** : cotisations ou contributions solidarité autonomie, Fnal, dialogue social, chômage, AGS, retraite complémentaire Agirc-Arrco, formation et alternance (contributions à la formation professionnelle, CPF-CDD, supplémentaire à l'apprentissage et taxe d'apprentissage), versement mobilité et participation-construction.

L'indemnité légale d'activité partielle est par ailleurs expressément exonérée de **taxe sur les salaires** (CGI art. 231 bis D ; C. trav. art. L 5428-1).

Pour les salariés relevant du régime local d'**Alsace-Moselle,** l'indemnité légale d'activité partielle est soumise à la cotisation d'assurance maladie spécifique à ce régime. Cette cotisation, dont le taux est fixé à 1,30 % (n° 96130, note 1), a, selon une décision du conseil d'administration du régime local, la même assiette que la CSG mais sans application de l'abattement de 1,75 % pour frais professionnels (regime-local.fr). **68085**

Lorsqu'elle est versée à un salarié **domicilié fiscalement hors de France,** mais relevant à titre obligatoire d'un régime français d'assurance maladie, l'indemnité légale est soumise à une cotisation spéciale d'assurance maladie (CSS art. L 131-9), au taux de 2,80 % (CSS art. D 242-12).

ATTENTION
Ces deux cotisations ne peuvent pas ramener la rémunération globale mensuelle du salarié en deçà du Smic brut. À défaut, elles doivent être **écrêtées,** voir n° 68095.

CSG ET CRDS

Taux et assiette L'indemnité légale d'activité partielle est assujettie à la **CSG** au taux spécifique de 6,20 %, dont 3,80 % déductibles de l'impôt sur le revenu (CSS art. L 136-8, II-1°, a et CGI art. 154 quinquies, I). Elle est en revanche soumise à la **CRDS** au taux de droit commun (0,50 %). **68090**

La **réduction de 1,75 % pour frais professionnels** propre à ces contributions s'applique à l'indemnité d'activité partielle (nos 28650 s.).

Pour des modèles de **bulletins de paie,** voir nos 95050 s.

ATTENTION
La CSG et la CRDS sur les indemnités d'activité partielle ne peuvent pas ramener la rémunération globale mensuelle du salarié en deçà du Smic brut. À défaut, elles doivent être **écrêtées,** voir n° 68095.

Écrêtement La **CSG** et la **CRDS** pesant sur les indemnités d'activité partielle ne peuvent pas avoir pour effet de réduire le montant cumulé de la rémunération nette d'activité et de l'indemnité nette perçue en deçà du montant du Smic brut (CSS art. L 136-1-2, II-4° ; Ord. 96-50 du 24-1-1996 art. 14). Selon le site des Urssaf, il en va de même de la cotisation maladie due par les salariés **non-résidents fiscaux** en France et celle due par les assurés du régime local d'**Alsace-Moselle** (Doc. Urssaf du 2-3-2023). **68095**

En conséquence, si nécessaire, ces contributions sont **écrêtées,** c'est-à-dire réduites.

Pour calculer le **seuil d'écrêtement,** il est tenu compte d'un Smic brut temps plein. Ce seuil n'est jamais proratisé, quels que soient la durée de travail ou de présence du salarié sur le mois (QR min. trav. mis à jour le 27-2-2023) ou le nombre d'heures indemnisées au titre de l'activité partielle (Doc. Urssaf précité).

L'écrêtement est réalisé dans l'**ordre** suivant : cotisation maladie, CRDS, CSG non déductible et CSG déductible (Doc. Urssaf précité). Il ne peut pas excéder le montant de ces cotisations ou contributions.

Pour des **modèles de bulletins** de paie sur l'**écrêtement** de la CSG et de la CRDS, voir nos 95055 s. (salarié au Smic) et n° 95065 (salarié ayant une rémunération supérieure).

› Précisions La **rémunération à comparer au seuil** d'écrêtement est constituée du cumul de l'indemnité nette d'**activité partielle** et, le cas échéant, de la rémunération nette d'activité. Cette **rémunération d'activité** s'entend de toutes les sommes ayant la nature d'un salaire au regard des cotisations de sécurité sociale (après déduction de la part salariale des cotisations). Il n'y a pas lieu d'en déduire, le cas échéant, le montant des abattements forfaitaires pour **frais professionnels,** mais les indemnités de frais professionnels doivent être exclues (Inst. du 30-6-1983). L'Urssaf Caisse nationale nous a confirmé qu'il convient de tenir compte de la rémunération d'activité **effectivement perçue** sur le mois. Pour un salarié à **temps partiel,** il n'y a donc pas lieu de reconstituer une rémunération temps plein.

Il n'est pas tenu compte des **autres revenus** comme, par exemple, les retraites.

68100 EXEMPLE

Soit une entreprise située en Île-de-France appliquant la durée légale de 35 heures par semaine. Au 1-1-2023, le seuil d'écrêtement s'établit, jusqu'au prochain relèvement du Smic, à : 11,27 € (Smic horaire) × 151,67 = 1 709,32 €.

Le salarié a un salaire mensuel habituel de 2 426,72 € (pour 151,67 heures). Par hypothèse, les cotisations salariales sur cette rémunération, y compris la prévoyance (0,70 % part salariale et part patronale) et la CSG sur la prévoyance patronale, sont de 21,60815 %. L'entreprise calcule la retenue sur salaire (nº 68265) selon la méthode forfaitaire horaire.

a. Si le mois de mars 2023 comporte 40 heures d'activité partielle :
– le salaire d'activité est de 2 426,72 – [(2 426,72/151,67) × 40)] = 1 786,72 brut, soit 1 400,64 € net ;
– l'indemnité d'activité partielle est de [(2 426,72/151,67) × 60 %] × 40 = 384,00 € brut. Soit en net : 384 – (CSG sur indemnité + cotisation salariale prévoyance sur indemnité + CSG/CRDS sur la cotisation patronale prévoyance sur indemnité) = 384,00 – [(384,00 × 98,25 % × 6,70 % = 25,28) + (384,00 × 0,70 % = 2,69) + (384,00 × 0,70 % × 9,70 % = 0,26)] = 355,77 € ;
– le total net est de : 1 400,64 + 355,77 = 1 756,41, montant supérieur à 1 709,32, il n'y a donc pas lieu à écrêtement.

b. Si le mois de mars 2023 comporte 60 heures d'activité partielle :
– le salaire d'activité est de 2 426,72 – [(2 426,72/151,67) × 60] = 1 466,72 € brut, soit 1 149,79 € net ;
– l'indemnité d'activité partielle est de [(2 426,72/151,67) × 60 %] × 60 = 576,00 € brut. Elle est soumise aux prélèvements suivants : (576,00 × 98,25 % × 3,80 %) = 21,50 € de CSG déductible, (576,00 × 98,25 % × 2,40 %) = 13,58 € de CSG non déductible, (576,00 × 98,25 % × 0,50 %) = 2,83 € de CRDS, (576,00 × 0,70 %) = 4,03 € de prévoyance et (576,00 × 0,70 % × 9,70 %) = 0,39 € de CSG/CRDS sur la cotisation patronale de prévoyance. L'indemnité nette est donc de 533,67 € ;
– le total net est de : 1 149,79 + 533,67 = 1 683,46, montant inférieur à 1 709,32. Il y a donc lieu à écrêtement à hauteur de 1 709,32 – 1 683,46 = 25,86 €. Cet écrêtement est réparti comme suit : d'abord la CRDS pour 2,83, puis la CSG non déductible pour 13,58 et enfin la CSG déductible pour 25,86 – (2,83 + 13,58) = 9,45. Seul sera prélevé un montant de 21,50 – 9,45 = 12,05 € au titre de la CSG déductible.

c. Si le mois comporte 95 heures d'activité partielle :
– le salaire d'activité est de 2 426,72 – [(2 426,72/151,67) × 95)] = 906,72 € brut, soit 710,79 € net ;
– l'indemnité d'activité partielle est de [(2 426,72/151,67) × 60 %] × 95 = 912,00 brut soit en net : 912,00 – [(912,00 × 98,25 % × 6,70 % = 60,03) + (912,00 × 0,70 % = 6,38) + (912,00 × 0,70 % × 9,70 % = 0,62)] = 844,97 € ;
– le total net est de : 710,79 + 844,97 = 1 555,76 €, montant inférieur à 1 709,32 pour un montant de 1 709,32 – 1 555,76 = 153,56 €. La totalité des 60,03 € de CSG/CRDS sur indemnité est donc écrêtée.

TABLEAU RÉCAPITULATIF

68105 Le tableau ci-après récapitule le régime social applicable à l'indemnité légale d'activité partielle.

Contributions/Cotisations	Assiette	Taux	Écrêtement
CSG	98,25 %	6,20 % (dont 3,80 % déductibles et 2,40 non déductibles)	Si cumul salaire net + indemnité nette < Smic brut
CRDS	98,25 %	0,50 %	
Cotisation maladie Alsace-Moselle	Totalité	1,30 %	
Cotisations maladie pour les non-résidents fiscaux en France	Totalité	2,80 %	
Prévoyance	Assiette et taux différents selon les entreprises, voir nos 42880 s.		Non

c. Régime social de l'indemnité complémentaire

Depuis le 1-1-2023, les indemnités complémentaires aux indemnités d'activité partielle sont **assujetties** à cotisations et contributions sociales et déclarées **comme des salaires.** Depuis cette date, ces indemnités sont donc soumises à la CSG au taux de 9,20 % (dont 6,80 % déductibles), à la CRDS au taux de 0,50 % et aux cotisations sociales dès le premier euro (Communiqué BOSS du 28-11-2022). 68110

L'indemnité complémentaire reste **cessible et saisissable** dans les mêmes conditions et limites que les salaires (C. trav. art. L 5122-4) et soumise à cotisation au(x) régime(s) de **prévoyance** de l'entreprise dans les conditions exposées nos 42880 s.

d. Régime fiscal des indemnités

Les indemnités d'activité partielle sont intégralement soumises à l'**impôt sur le revenu** dans la catégorie des traitements et salaires (CGI art. 158, 5° sur renvoi de C. trav. art. L 5428-1). 68120
Ces indemnités sont soumises au **prélèvement à la source** opéré par l'employeur.
Pour ce qui concerne les **taxes et participations assises sur les salaires,** voir n° 68080 pour l'indemnité légale. L'indemnité complémentaire est exonérée de taxe sur les salaires par les mêmes textes que l'indemnité légale, mais elle est assujettie aux autres taxes et participation sur les salaires.

e. Bulletin de paie et DSN

PAIEMENT DES INDEMNITÉS

Les indemnités d'activité partielle sont versées par l'employeur aux salariés à la **date** normale de la paie (C. trav. art. R 5122-14). 68125
Le nombre d'heures indemnisées, les taux appliqués et les sommes versées au titre de la période considérée doivent figurer sur le **bulletin de paie** (C. trav. art. R 3243-1, 16°). Le montant de l'indemnité est intégré aux sommes déclarées sur la ligne net social (n° 13730). Pour des **modèles** de bulletins de paie, voir nos 95050 s.

En cas d'impossibilité pour l'employeur de verser les indemnités en raison de **difficultés financières,** voir n° 68255.

DSN

Les périodes d'activité partielle et les indemnités versées à ce titre sont à déclarer par l'employeur sur la déclaration sociale nominative (DSN) (net-entreprises, fiche n° 2309). 68130
Le montant à déclarer s'entend de celui des sommes versées par l'employeur au salarié, sans qu'il y ait lieu d'en déduire le remboursement reçu.

ATTENTION
L'ASP (n° 68250) peut utiliser les données de la DSN à des fins de **contrôles.**

3. ALLOCATION PERÇUE PAR L'EMPLOYEUR

a. Montant

RÈGLES GÉNÉRALES

En contrepartie des indemnités qu'il verse au salarié, l'employeur a droit, pour chaque heure indemnisée, à une allocation d'activité partielle dont le taux horaire est **égal à** 36 % de la rémunération horaire brute de référence (n° 68055), limitée à 4,5 Smic (C. trav. art. R 5122-12 et D 5122-13). 68150

Ce taux horaire ne peut pas être inférieur à un **plancher** revalorisé lors de chaque augmentation du Smic.

Les **montants effectifs** du taux plancher et du taux maximum sont donnés n° 68450.

› Précisions Le plancher ne s'applique pas, lorsque leur rémunération est inférieure au Smic, aux **pigistes,** aux **VRP,** aux contrats d'**apprentissage** et de **professionnalisation** (C. trav. art. D 5122-13). Pour les contrats d'apprentissage et de professionnalisation dont la rémunération est inférieure au Smic, le montant de l'allocation est égal au montant de l'indemnité versée au salarié. Pour ceux dont la rémunération est supérieure ou égale au Smic, l'allocation est fixée dans les conditions de droit commun (C. trav. art. L 5122-5).

68155 EXEMPLE

Soit un salarié d'une entreprise dont l'horaire de travail correspond à la durée légale, percevant une rémunération brute mensuelle égale à 2 450 € et mis en activité partielle pendant 30 heures en mars 2023.

Taux horaire de la rémunération du salarié : 2 450 €/151,67 h = 16,15 €.

Montant de l'indemnité horaire d'activité partielle : 60 % × 16,15 € = 9,69 €.

L'employeur doit verser au salarié 290,70 € pour 30 heures d'activité partielle (30 × 9,69 €).

Montant de l'allocation horaire d'activité partielle : 36 % × 16,15 € = 5,81 €.

Ce montant étant inférieur au montant minimum égal à 8,03 € en mars 2023 (voir nº 68450), c'est ce dernier montant qui est retenu. L'employeur se fait rembourser par l'État la somme de 240,90 € (30 × 8,03 €). Le reste à charge pour l'entreprise est donc de 49,80 € (290,70 € – 240,90 €).

HEURES SUPPLÉMENTAIRES STRUCTURELLES

68165 Pour les salariés ayant conclu une convention individuelle de **forfait en heures** incluant des heures supplémentaires, ainsi que pour les salariés dont la **durée collective du travail** est supérieure à la durée légale en application d'une convention ou d'un accord collectif de travail, en cas de réduction de l'horaire de travail pratiqué dans l'établissement ou partie d'établissement, le salarié peut être placé en position d'**activité partielle s'il subit une perte de rémunération** imputable à la réduction de son horaire de travail en deçà de la durée stipulée, selon le cas, dans la convention individuelle de forfait ou dans l'accord collectif (C. trav. art. L 5122-3-I, 1º).

Pour le **calcul de l'indemnité et de l'allocation,** le nombre d'heures non travaillées est déterminé en tenant compte des heures supplémentaires prévues par la convention individuelle de forfait en heures ou par la convention ou l'accord collectif (C. trav. art. L 5122-3, II-1).

Le **taux horaire de référence** servant d'assiette au calcul de l'allocation et de l'indemnité d'activité partielle est donc égal à :

$$\frac{\text{Rémunération brute de référence incluant}}{\text{les heures supplémentaires/durée de travail prévue par la convention collective ou la convention individuelle de forfait}}$$

Pour plus de précisions sur la rémunération brute de référence, voir nº 68055.

EXEMPLE

Soit un salarié soumis à une durée conventionnelle de travail de 39 heures et ayant un salaire mensuel de 3 467 €. En mars 2023, il est placé en activité partielle pendant 91 heures.

Détermination du taux horaire brut de référence du salarié : 3 467 €/169 h = 20,51 €.

Montant de l'indemnité versée au salarié : (60 % × 20,51 €) × 91 h = 1 120,21 €.

Montant de l'allocation horaire due à l'employeur : 36 % × 20,51 € = 7,38 €.

Ce montant étant inférieur au montant minimum égal à 8,03 € en mars 2023 (voir nº 68450), c'est ce dernier montant qui est retenu. L'employeur se fait rembourser par l'État la somme de 730,73 € (91 × 8,03 €). Le reste à charge pour l'entreprise est donc de 389,48 € (1 120,21 € – 730,73 €).

FORFAIT JOURS

68170 Pour les salariés dont la durée du travail est décomptée en jours, la **détermination du nombre d'heures** prises en compte pour l'indemnité et l'allocation d'activité partielle est effectuée en convertissant en heures le nombre de jours ou de demi-journées non travaillés selon les modalités suivantes (C. trav. art. L 5122-3, II-3º et D 5122-15) :
- une demi-journée non travaillée correspond à 3 h 30 non travaillées ;
- un jour non travaillé correspond à 7 heures non travaillées ;
- une semaine non travaillée correspond à 35 heures non travaillées.

Il faut déduire de ces heures les jours de congés payés et de repos pris au cours de la période, ainsi que les jours fériés non travaillés qui correspondent à des jours ouvrés, après avoir converti ces jours en heures selon les mêmes modalités (C. trav. art. D 5122-15).

EXEMPLE

Soit une entreprise ayant fermé 3 semaines en avril 2023 au titre de l'activité partielle et un salarié en **forfait jours annuel** ayant été, durant cette période, en congé pendant 3 jours et n'ayant pas travaillé le lundi 10-4-2023, jour férié chômé dans l'entreprise.

Calcul du nombre d'heures indemnisables sur la période : 3 × 35 h = 105 h.

Déduction des jours de congés et jours fériés : 4 × 7 h = 28 h.

Nombre total d'heures indemnisables sur la période : 105 – 28 = 77 h.

68172 S'agissant du **taux horaire de référence** des salariés en forfait jours, l'administration a apporté les précisions suivantes (fiche modalités de prise en charge des forfaits annuels en jours).
Le taux horaire de **base** est déterminé comme suit :

Salaire journalier de base/7

Le salaire journalier de base est égal à la valeur d'une journée d'absence telle que prévue par la convention ou l'accord collectif applicable.
Le taux horaire des éléments de **rémunération variable** est déterminé comme suit :

Moyenne des rémunérations variables/nombre moyen mensuel de jours ouvrés (soit 22 pour un forfait de 218 jours)/7

Pour plus de précisions sur la moyenne des révisions variables, voir nº 68055, a.

> **Précisions** **a.** En l'**absence de disposition conventionnelle,** le salaire journalier de base correspond au montant du salaire mensuel auquel le salarié peut prétendre pour un mois de travail complet divisé par 22 (nombre de jours ouvrés mensuels moyen).
> **b.** En cas de forfait **inférieur à 218,** il convient de corriger le nombre moyen mensuel de jours ouvrés (à savoir 22) du rapport entre le nombre de jours prévu par le forfait divisé par 218. Le résultat est arrondi au nombre entier le plus proche.

68173 **EXEMPLE**

Salarié ayant un forfait jours de 218 jours et percevant une rémunération mensuelle de 3 500 € (hors primes et éléments variables). Il a aussi perçu 5 000 € d'éléments variables au cours des 12 derniers mois civils précédant la mise en activité partielle, ces éléments étant fonction du temps de présence et affectées par la mise en activité partielle. L'accord collectif instituant le forfait annuel en jours ne prévoit pas la valorisation d'une journée.

Valeur d'une journée = 3 500/22 = 159,09 €.

Taux horaire de base = 159,09/7 = 22,73 €.

Valeur mensuelle moyenne des primes : 5 000/12 = 416,67 €.

Valeur des primes pour une journée : 416,67/22 = 18,94 €.

Taux horaire des primes = 18,94/7 = 2,70 €.

Taux horaire global : 22,73 + 2,70 = 25,43 €.

Pour chaque heure d'activité partielle, le salarié perçoit une indemnité égale à 25,43 × 60 % = 15,26 € et l'employeur une allocation égale à 25,43 × 36 % = 9,15 €. Le reste à charge horaire pour l'entreprise est donc égal à 15,26 – 9,15 = 6,11 €.

RÉGIME D'ÉQUIVALENCE

68175 Pour les salariés dont le temps de travail est décompté selon un régime d'équivalence, en cas de réduction de l'horaire de travail pratiqué dans l'établissement ou partie d'établissement, le salarié **peut être placé en position d'activité partielle s'il subit** une perte de rémunération imputable à la réduction de son horaire de travail en deçà de la durée équivalant à la durée légale du travail (C. trav. art. L 5122-3, I-2º).
Pour le **calcul de l'indemnité et de l'allocation,** il est tenu compte des heures d'équivalence rémunérées (C. trav. art. L 5122-3, II-2).
Le **taux horaire de référence** servant d'assiette au calcul de l'allocation et de l'indemnité d'activité partielle est donc égal à :

Rémunération brute de référence incluant la rémunération des heures d'équivalence/durée d'équivalence

Pour plus de précision sur la rémunération brute de référence, voir nº 68055.

EXEMPLE

Soit un salarié d'une entreprise de transport routier de marchandises ayant une durée d'équivalence de 43 heures par semaine (soit 186,33 heures par mois sur l'année) et une rémunération mensuelle brute égale à 2 580 €.

Si en mars 2023, son horaire est ramené à 33 heures par semaine : le nombre d'heures indemnisables est de 43 – 33 = 10 heures par semaine ;

Détermination du taux horaire brut de référence du salarié : 2 580 €/186,33 h = 13,85 €.

Calcul du montant hebdomadaire de l'indemnité : (60 % × 13,85 €) × 10,00 h = 83,10 €.

Montant de l'allocation horaire due à l'employeur : 36 % × 13,85 € = 4,99 €.

Ce montant étant inférieur au montant minimum égal à 8,03 € en mars 2023 (voir nº 68450), c'est ce dernier montant qui est retenu. Pour chaque semaine, l'employeur se fait rembourser par l'État la somme de 80,30 € (10 × 8,03 €). Le reste à charge hebdomadaire pour l'entreprise est donc de 2,80 € (83,10 € – 80,30 €).

SALARIÉS HORS CHAMP DE LA DURÉE DU TRAVAIL

68190 Pour les salariés non soumis aux dispositions légales ou conventionnelles relatives à la durée du travail, les modalités de calcul de l'indemnité et de l'allocation sont déterminées selon les modalités ci-dessous. Outre ces situations, des mesures spécifiques sont aussi prévues pour les **VRP** (nº 81400) et le **personnel navigant** (C. trav. art. D 5122-15, I-2º).

ATTENTION

Dans tous les cas, le **nombre d'heures indemnisées** ne peut pas excéder la durée légale du temps de travail (C. trav. art. D 5122-15, III).

68195 **Cadre dirigeant** Pour les cadres dirigeants (au sens indiqué nº 6180), le placement en activité partielle n'est possible qu'en cas de **fermeture temporaire** (nº 68000). Les modalités du calcul de l'indemnité et de l'allocation d'activité partielle sont alors les suivantes (C. trav. art. L 5122-3, I-2º et D 5122-15, II-5º) :

– la **rémunération mensuelle de référence** correspond à la moyenne des rémunérations brutes perçues au cours des 12 derniers mois civils, ou le cas échéant de la totalité des mois civils travaillés si le salarié a travaillé moins de 12 mois, précédant le premier jour de placement en activité partielle de l'entreprise ou de l'établissement ;

– le **montant horaire de référence** servant au calcul de l'indemnité et de l'allocation est déterminé en rapportant le trentième du montant de la rémunération mensuelle de référence à 7 heures ;

– le **nombre d'heures** non travaillées indemnisables, dans la limite de la durée légale du travail, est obtenu selon les modalités de conversion en heures prévue pour les conventions de forfait (nº 68170).

EXEMPLE

Soit un cadre dirigeant dont la rémunération mensuelle moyenne est égale à 15 000 €. En mars 2023 l'entreprise ferme durant une semaine ne comportant pas de jour férié (soit 5 jours ouvrés) dans le cadre d'un plan d'activité partielle.

Montant horaire de référence : (15 000/30)/7 = 71,43 €.

Nombre d'heures à indemniser : 5 jours × 7 h = 35,00 h.

Taux horaire théorique de l'indemnité versée au dirigeant : 60 % × 71,43 € = 42,86 €.

Ce montant excédant le plafond d'indemnisation égal à 30,43 € en mars 2023 (voir nº 68450), l'indemnité due au dirigeant est égale à : 30,43 × 35,00 h = 1 065,05 €.

Taux horaire théorique de l'allocation due à l'entreprise : 36 % × 71,43 € = 25,71 €.

Ce montant excédant le plafond prévu pour l'allocation, égal à 18,26 € en mars 2023 (voir nº 68450), l'allocation due à l'employeur est égale à : 18,26 × 35,00 h = 639,10 €.

Le reste à charge est donc de 425,95 (1 065,05 – 639,10)

68205 **Travail à domicile** Pour les travailleurs à domicile, les modalités de calcul de l'indemnité et de l'allocation d'activité partielle sont les suivantes (C. trav. art. D 5122-15, II-2º et IV) :

– la **rémunération mensuelle de référence** correspond à la moyenne des rémunérations brutes perçues au cours des 12 derniers mois civils, ou, le cas échéant, de la totalité des mois civils travaillés si la première fourniture de travail au salarié est intervenue il y a moins de 12 mois, précédant le premier jour de placement en activité partielle de l'entreprise ou de l'établissement, à l'exclusion des frais d'atelier, des frais accessoires (nº 87260), des heures supplémentaires, des sommes représentatives de frais professionnels et des éléments de rémunération qui, bien qu'ayant le caractère de salaire, ne sont pas la contrepartie du travail effectif ou ne sont pas affectés par la réduction ou l'absence d'activité et sont alloués pour l'année ;

– le **montant horaire de référence** sur lequel sont calculées l'indemnité et l'allocation correspond au taux conventionnel ou préfectoral (nº 87100) ou, s'il est plus favorable, au taux appliqué par l'employeur ;

– la **perte de rémunération** correspond à la différence entre la rémunération mensuelle de référence et la rémunération mensuelle effectivement perçue ;

– le **nombre d'heures non travaillées indemnisables** correspond, dans la limite de la durée légale du travail ou, lorsqu'elle est inférieure, la durée stipulée au contrat de travail, à la perte de rémunération rapportée au montant horaire de référence.

> **Précisions a.** Le bénéfice de ces dispositions n'est pas cumulable avec le dispositif (visé n° 87560) de versement direct par le préfet d'une allocation visant à atteindre la **rémunération mensuelle minimale** (C. trav. art. D 5122-15, II-2°).
> **b.** Lorsque la **rémunération inclut** une fraction de l'indemnité de **congés payés,** cette fraction est déduite de l'assiette permettant le calcul de l'indemnité et de l'allocation (C. trav. art. D 5122-15, IV).

Pigiste Pour les journalistes pigistes réguliers, présumés titulaires d'un contrat de travail mais non soumis aux dispositions légales ou conventionnelles relatives à la durée du travail, les modalités de calcul de l'indemnité et de l'allocation d'activité partielle sont les suivantes s'ils ont bénéficié au minimum de 3 bulletins mensuels de pige sur les 12 mois civils précédant la date du placement en activité partielle (dont 2 dans les 4 mois précédant cette même date) ou, dans le cas d'une publication trimestrielle, s'ils ont collaboré à la dernière parution (C. trav. art. D 5122-15, II-3°) : 68210

– la **rémunération mensuelle de référence** correspond à la moyenne des rémunérations brutes des piges réalisées au cours des 12 mois civils, ou le cas échéant de la totalité des mois civils travaillés si le salarié a travaillé moins de 12 mois, précédant le premier jour de placement en activité partielle de l'entreprise ou de l'établissement, à l'exclusion des frais professionnels et des éléments de salaire non pris en compte (n° 68190) ;
– un **coefficient de référence** est déterminé en rapportant le montant de la rémunération mensuelle de référence au salaire minimum mensuel de rédacteur du barème applicable dans l'entreprise concernée ou, à défaut, dans la forme de presse considérée au titre de la même période de référence ou, à défaut, par le Smic. Ce coefficient de référence ne peut pas être supérieur à 1 ;
– le **montant horaire de référence** sur lequel sont calculées l'indemnité et l'allocation est déterminé en rapportant le montant de la rémunération mensuelle de référence à la durée légale du temps de travail à laquelle est appliqué, s'il y a lieu, le coefficient de référence ;
– la **perte de rémunération** correspond à la différence entre la rémunération mensuelle de référence et la rémunération mensuelle effectivement perçue au cours de la même période ;
– le **nombre d'heures non travaillées** indemnisables correspond, dans la limite de la durée légale du travail après application, s'il y a lieu, du coefficient de référence, à la perte de rémunération rapportée au montant horaire de référence.

> **Précisions** L'**assiette de calcul** de l'indemnité et de l'allocation **ne comprend pas** les sommes représentatives de frais professionnels et les éléments de rémunération qui, bien qu'ayant le caractère de salaire, ne sont pas la contrepartie du travail effectif ou ne sont pas affectés par la réduction ou l'absence d'activité et sont alloués pour l'année. Lorsque la rémunération inclut une fraction de l'indemnité de congés payés, cette fraction est déduite de l'assiette permettant le calcul de l'indemnité et de l'allocation (C. trav. art. D 5122-15, IV).

b. Procédure d'indemnisation

DEMANDE D'INDEMNISATION

Pour percevoir l'allocation d'activité partielle, l'employeur adresse une demande d'indemnisation à l'Agence de services et de paiement (ASP) via le site **internet** visé n° 67970. 68250

Cette demande comporte (C. trav. art. R 5122-5) :
– des **informations** relatives à l'identité de l'employeur ;
– la liste nominative des salariés concernés ainsi que leur numéro d'inscription au répertoire national d'identification des personnes physiques ;
– les états nominatifs précisant notamment le nombre d'heures chômées par salarié.

Pour les établissements appliquant un **accord d'aménagement du temps de travail** sur une période supérieure à la semaine et inférieure à l'année, l'employeur y joint, dans le cas où il ne souhaite pas un remboursement à la fin de cette période, une demande de remboursement mensuel (C. trav. art. R 5122-5).

> **Précisions** La demande d'indemnisation de l'employeur doit être effectuée, sous peine de **prescription,** dans le délai de 6 mois suivant le terme de l'autorisation de recours à l'activité partielle ou, pour les employeurs ayant mis en place un dispositif d'aménagement du temps de travail sur une période de référence supérieure à 6 mois, dans les 6 mois suivant cette période de référence (C. trav. art. L 5122-1, IV). Sont concernés les dispositifs d'aménagement du temps de travail ayant un caractère collectif (modulation, annualisation, cycle, etc.) mais pas les forfaits individuels en heures ou en jours (QR min. trav. mis à jour le 27-2-2023).

VERSEMENT DE L'ALLOCATION

68255 Après vérification de la demande d'indemnisation, l'allocation d'activité partielle est versée mensuellement **à l'employeur** par l'ASP (C. trav. art. R 5122-5 et R 5122-14).

Par **exception,** en cas de procédure de sauvegarde ou de redressement ou de liquidation judiciaire ou de difficultés financières de l'employeur, l'ASP verse les allocations soit **directement aux salariés,** soit, le cas échéant, au **mandataire judiciaire ou à l'AGS.** Dans ces cas, si l'entreprise est dans l'impossibilité d'assurer le paiement mensuel des indemnités, l'allocation peut être liquidée par l'ASP avant l'échéance du mois. La procédure de paiement direct par l'ASP peut également servir à indemniser les travailleurs à domicile à employeurs multiples (C. trav. art. R 5122-16). L'ASP doit, dans ces situations, remettre aux salariés un document comportant les mentions indiquées n° 68125 (C. trav. art. R 5122-17).

› Précisions Le versement ne peut pas être **refusé** au motif que l'employeur n'a pas recherché de **solutions alternatives** (réorganisation du travail, prise de congés ou repos par les salariés par exemple) avant la mise en activité partielle (CE 23-7-2003 n° 241874).

REMBOURSEMENT

68260 En cas de trop-perçu ou de non-respect par l'entreprise, sans motif légitime, des engagements mentionnés n° 67995, le **Dreets demande à l'employeur de rembourser,** dans un délai qui ne peut pas être inférieur à 30 jours, les sommes versées au titre de l'allocation d'activité partielle. Ce remboursement peut ne pas être exigé s'il est incompatible avec la situation économique et financière de l'entreprise (C. trav. art. R 5122-10).

L'entreprise qui, bien que non sollicitée par le Dreets, souhaite **régulariser spontanément** sa situation (reversement, hors délai d'un trop-perçu ou reconnaissance d'une situation irrégulière) doit se rapprocher de la direction départementale de l'emploi, du travail et des solidarités (DDETS) dont elle dépend (QR min. trav. mis à jour le 10-3-2022).

D. Incidences sur le salaire d'activité

SALAIRE DU MOIS EN COURS

68265 **Retenue sur salaire** La mise en activité partielle constitue une **dérogation** au principe selon lequel l'employeur qui ne remplit pas son obligation de fournir du travail au salarié est tenu de verser le salaire convenu (n°s 5390 s.).

En effet, la mise en activité partielle répondant aux conditions légales suspend l'exécution du contrat de travail et ouvre droit non au paiement du salaire habituel mais à l'**indemnité** prévue à l'article L 5122-1 du Code du travail (Cass. soc. 11-10-2005 n° 03-41.617 F-D).

› Précisions Si les **conditions** de l'activité partielle ne sont **pas remplies** ou si l'employeur n'a pas obtenu l'autorisation administrative de placement en activité partielle, il doit régler leur rémunération aux salariés pour la période où ils ont été placés en activité partielle (notamment, Cass. soc. 26-11-1987 n° 85-41.426 P ; 30-6-1998 n° 96-42.566 D). De même, lorsque la période d'activité partielle **prend fin,** l'employeur est tenu de fournir du travail à son personnel et de payer les salaires convenus. À défaut, il doit indemniser les intéressés pour la perte de rémunération subie depuis la date à laquelle a pris fin l'indemnisation (Cass. soc. 11-10-2005 n° 03-41.617 F-D).

68270 Les textes ne précisent pas quelle **méthode** retenir **pour calculer la retenue sur le salaire** au titre de l'activité partielle. Il semble possible d'appliquer la méthode admise par la Cour de cassation pour les salariés absents, à savoir celle de l'horaire réel (voir n° 11130). Toutefois, certaines entreprises préfèrent opter pour la méthode forfaitaire horaire car elle permet de retenir un taux horaire identique pour le calcul de la retenue pour absence et pour le calcul du montant de l'indemnité et de l'allocation d'activité partielle (ces dernières étant calculées sur la base d'un taux horaire déterminé à partir du salaire mensuel/151,67 heures). C'est pourquoi nous l'avons aussi utilisée dans nos **modèles de bulletins de paie** (voir n°s 95050 s.).

CONSEIL

La **méthode forfaitaire horaire** présente l'**inconvénient,** en cas de fermeture de l'entreprise tout le mois, de conduire, pour les mois comportant au moins 22 jours ouvrés, à un montant de salaire négatif. Pour éviter cette difficulté, il est conseillé, en cas de fermeture de l'entreprise sur un mois complet, de bloquer le nombre d'heures d'absence à 151,67 heures.

Plafond de sécurité sociale Selon le CSS, le plafond de la sécurité sociale est **réduit** pour tenir compte des périodes d'activité partielle (CSS art. R 242-2). Selon l'administration (BOSS-Ass. gén.-1100-1120) : 68275
– en cas de **fermeture** pour activité partielle, le plafond est réduit en appliquant les règles de droit commun prévues pour les cas d'absence sans maintien de rémunération par l'employeur ;
– en cas de **réduction de l'horaire de travail,** le plafond est réduit en application des règles de droit commun applicables en cas de recours au temps partiel.

Toutefois, selon l'administration, en cas de versement d'une **indemnité complémentaire soumise à cotisations,** il n'y a pas lieu, comme en cas d'absence avec maintien de rémunération, de procéder à la réduction du plafond (BOSS-Ass. gén.-1120).

EXEMPLE

Soit un salarié mensualisé à temps plein travaillant dans une entreprise appliquant la durée légale du travail et mettant en œuvre un plan d'activité partielle du 1er février au 15-3-2023.

a. Si l'entreprise **ferme temporairement,** le plafond est égal à :
– pour le mois de février : plafond mensuel × (0 jour/28 jours), soit un plafond égal à 0,00 ;
– pour le mois de mars : plafond mensuel × (16 jours/31 jours).

b. Si l'entreprise **réduit son activité** de 50 % et passe à 75,835 heures, le plafond est égal à :
– pour le mois de février : plafond mensuel × 75,835 h/151,67 h ;
– pour le mois de mars : (plafond mensuel × 75,835 h/151,67 h × 15/31) + (plafond mensuel × 16/31).

c. Dans toutes ces situations, si l'employeur verse une **indemnité d'activité partielle supérieure au montant légal,** le plafond de février est égal au plafond mensuel entier et il en va de même du plafond de mars.

Pour un salarié travaillant **habituellement à temps partiel** (BOSS-Ass. gén.-1110-1120) : 68280
– si la fermeture de l'entreprise n'a pas d'incidence sur sa durée du travail, le plafond n'est pas réduit au titre de l'activité partielle (mais reste réduit au titre du temps partiel) ;
– si la fermeture a un effet sur sa durée de travail, la réduction du plafond au titre du temps partiel continue à être applicable durant la période d'absence en plus de la réduction au titre de l'activité partielle ;
– en cas de réduction de l'horaire de travail de l'entreprise, si l'horaire de travail du salarié à temps partiel est réduit de ce fait, la réduction du plafond doit prendre en compte la totalité de l'écart par rapport à la durée légale de travail.

EXEMPLE

Soit un salarié ne travaillant pas le lundi (soit un salarié à 80 % ou 121,33 h/mois) dans une entreprise appliquant la durée légale du travail et plaçant ses salariés en activité partielle en mars.

a. Si l'activité partielle n'a pas d'incidence sur l'horaire pratiqué par le salarié, le plafond de mars est égal à : plafond mensuel × (121,33/151,67 h).

b. Si l'entreprise ferme une semaine, le plafond de mars est égal à : plafond mensuel × (24 jours/31 jours) × (121,33/151,67 h).

c. Si le salarié passe à 40 % (soit 60,66 h) sur tout le mois de mars, le plafond de mars est égal à : plafond mensuel × (60,666/151,67 h).

d. Si le salarié passe à 40 % (soit 60,66 h) du 1er au 15 mars, le plafond de mars est égal à : [plafond mensuel × (60,666/151,67 h) × (15 jours/31 jours)] + [plafond mensuel × (121,33/151,67 h) × (16 jours/31 jours)].

AUTRES INCIDENCES

Lorsque les **congés payés** sont dus sous la forme d'une **indemnité compensatrice,** cette indemnité est versée en sus de l'indemnité d'activité partielle (C. trav. art. R 5122-11, al. 2). 68285

Sur l'incidence de l'activité partielle :
– sur le **nombre** de jours de congés payés, voir n° 59170 ; sur le calcul de l'**indemnité de congés payés,** voir n° 59710 ;
– sur l'indemnisation des **salariés malades,** voir n° 61890 ;
– sur la répartition de la **participation** et de l'intéressement en fonction des salaires, voir n° 46660 ;
– sur le calcul de la **prime d'ancienneté,** voir n° 45550 ; de l'indemnité de **licenciement,** voir n° 63450.

SECTION 2

ACTIVITÉ PARTIELLE DE LONGUE DURÉE (APLD)

A. Mise en place et renouvellement

68350 **Jusqu'au 31-12-2022,** les entreprises, quels que soient leur taille et leur secteur d'activité, confrontées à des **difficultés économiques durables,** mais dont la pérennité n'était pas compromise, pouvaient recourir à un dispositif spécifique et **temporaire,** dénommé « activité partielle de longue durée » (APLD). Celui-ci était mis en oeuvre (Loi 2020-734 du 17-6-2020 art. 53) :
– soit par le biais d'un **document unilatéral** élaboré par l'employeur (DU) dans le cadre défini par un accord de branche étendu et homologué par l'administration ;
– soit par la voie d'un **accord** d'établissement, d'entreprise ou de groupe validé par l'administration.

ATTENTION

Depuis le 1-1-2023, il n'est plus possible pour de nouvelles entreprises d'entrer dans le dispositif. Mais, s'ils sont dûment validés ou homologués, les **accords ou documents existants s'appliquent jusqu'à leur terme** et peuvent être modifiés par avenant transmis à l'administration pour validation ou homologation (Loi 2020-734 du 17-6-2020 art. 53, IX).

Cela permet aux entreprises d'adapter leur dispositif jusqu'à la fin de sa période d'application.

DURÉE DE MISE EN ŒUVRE

68352 L'autorisation de recourir à l'APLD est accordée pour une **durée de 6 mois, renouvelable** pour une période équivalente au vu d'un bilan fourni par l'employeur, dans la **limite** de 36 mois, consécutifs ou non, sur une période de référence de 48 mois consécutifs. La période comprise entre le 1-11-2020 et le 30-6-2021 n'est toutefois pas prise en compte pour apprécier la limite de 36 mois sous réserve, s'agissant des dispositifs validés ou homologués avant le 16-12-2021 pour une activité n'impliquant pas l'accueil du public, d'une modification en ce sens de l'accord ou du document unilatéral (Décret 2020-926 du 28-7-2020 art. 3, 5 et 9). La demande de neutralisation peut accompagner la demande de renouvellement. Elle ne repousse pas la date de fin de l'accord ou du document unilatéral d'APLD et ne dispense pas l'employeur de respecter ses engagements en matière d'emploi et de formation (QR min. trav., fiche procédure de neutralisation).

› Précisions Si l'accord collectif et/ou le document unilatéral prévoient une **durée maximale inférieure à 36 mois sur 48 mois,** le dépassement de la durée initialement prévue suppose une modification préalable de l'accord et/ou du DU.

CONTENU DE L'ACCORD COLLECTIF ET/OU DU DOCUMENT UNILATÉRAL

68355 **Accord collectif** L'accord collectif d'établissement, d'entreprise, de groupe ou de branche doit **obligatoirement** comporter (Loi 2020-734 du 17-6-2020 art. 53, I ; Décret 2020-926 du 28-7-2020 art. 1, I) :
– un préambule présentant un diagnostic sur la situation économique et les perspectives d'activité, selon le cas, de l'établissement, de l'entreprise, du groupe ou de la branche. Le diagnostic peut retracer les difficultés rencontrées (perte de chiffres d'affaires, baisse des commandes, menaces pesant sur l'emploi…) ;
– la date de début et la durée d'application du dispositif d'APLD ;
– les activités et salariés auxquels s'applique ce dispositif. Les activités et secteurs concernés doivent être clairement identifiés, mais il n'est pas nécessaire de désigner nommément les salariés concernés ;
– la réduction maximale de l'horaire de travail en deçà de la durée légale ;
– les engagements en matière d'emploi et de formation professionnelle ;
– les modalités d'information des organisations syndicales de salariés signataires et des institutions représentatives du personnel sur la mise en œuvre de l'accord, cette information devant avoir lieu au moins tous les 3 mois.

› Précisions **a.** La **réduction** de l'horaire de travail **ne peut pas être supérieure à 40 %** de la durée légale du travail. Ce volume s'apprécie par salarié sur la durée totale d'application du dispositif prévu par l'accord collectif ou le document unilatéral, en excluant la période non prise en compte pour l'appréciation de la limite de 36 mois visée nº 68352 (Décret 2020-926 du 28-7-2020 art. 4 et 9). Son application peut conduire à la suspension temporaire de l'activité (Décret 2020-926 du 28-7-2020 art. 4). Il est possible d'**alterner des périodes** de faible réduction d'activité et des périodes de forte réduction, voire de suspension temporaire de l'activité, dans le respect du plafond de 40 % sur toute la durée d'application du dispositif.

La limite de 40 % peut être **portée à 50 % dans des cas exceptionnels** résultant de la situation particulière de l'entreprise, si l'accord collectif le prévoit et sur décision du Dreets (Décret 2020-926 du 28-7-2020 art. 4). **Attention,** ce dépassement ne peut pas être mis en place unilatéralement par l'employeur si l'accord de branche ne le prévoit pas.

b. Un **lissage** du montant de l'indemnité APLD et de la rémunération du salarié peut être envisagé pour limiter l'impact sur sa rémunération mensuelle (QR min. trav. mis à jour le 19-1-2023).

c. L'accord peut concerner les **saisonniers** bénéficiant d'une garantie de reconduction contractuelle ou conventionnelle ou travaillant dans une branche où l'emploi saisonnier est particulièrement développé (branches listées par l'arrêté ETST1713866A du 5-5-2017) et ont effectué, ou sont en train d'effectuer, au moins 2 mêmes saisons dans la même entreprise sur 2 années consécutives (Ord. 2021-1214 du 22-9-2021).

d. Si l'entreprise est couverte par un **accord de branche,** il est possible de conclure un **accord d'entreprise** ou d'établissement et ce dernier peut déroger à l'accord de branche (QR min. trav. mis à jour le 19-1-2023).

Outre les clauses obligatoires ci-dessus, l'accord collectif peut **également prévoir** (liste non limitative) (Décret 2020-926 du 28-7-2020 art. 1, II) : **68357**

– les conditions dans lesquelles les dirigeants salariés, les mandataires sociaux et les actionnaires, dans le respect des compétences des organes d'administration et de surveillance, fournissent des efforts proportionnés à ceux demandés aux salariés pendant la durée de recours au dispositif ;
– les conditions dans lesquelles les salariés prennent leurs congés payés et utilisent leur compte personnel de formation, avant ou pendant la mise en œuvre du dispositif ;
– les moyens de suivi de l'accord par les organisations syndicales.

Document unilatéral Le document unilatéral élaboré par l'employeur doit préciser les conditions de mise en œuvre, au niveau de l'entreprise ou de l'établissement, des stipulations de l'accord de branche étendu. Il doit comporter les mêmes éléments que ceux devant obligatoirement figurer dans l'accord collectif et, en particulier, les engagements spécifiques souscrits par l'employeur en matière d'emploi (Loi 2020-734 du 17-6-2020 art. 53, II ; Décret 2020-926 du 28-7-2020 art. 1, III). **68359**

B. Indemnité versée au salarié

MONTANT

Y compris s'il est en formation, le salarié en APLD reçoit une **indemnité horaire** correspondant à **70 % de son taux horaire** brut de référence (nº 68055) (Décret 2020-926 du 28-7-2020 art. 8, al. 1). Toutefois, ce taux horaire brut de référence étant pris en compte au **maximum** à hauteur de 4,5 fois le taux horaire du Smic (Décret 2020-926 du 28-7-2020 art. 8, al. 2), l'indemnité horaire **brute** ne peut pas excéder un montant égal à 4,5 Smic horaire × 70 %. Pour son montant effectif, voir tableau récapitulatif au nº 68450. **68360**

L'indemnité **nette** ne peut quant à elle pas excéder la rémunération nette horaire habituelle du salarié (C. trav. art. R 5122-18).

ATTENTION

Pour les salariés à temps partiel, les apprentis et les contrats de professionnalisation, il faut respecter les **planchers d'indemnisation** de droit commun (nº 68065). Pour les salariés à temps plein, il convient de respecter la réglementation sur la rémunération mensuelle minimale, voir nºs 68400 s.

PAIEMENT ET RÉGIME SOCIAL ET FISCAL DE L'INDEMNITÉ

L'indemnité d'APLD est **payée par** l'employeur selon des **modalités** identiques à celles de l'indemnité d'activité partielle de droit commun (Décret 2020-926 du 28-7-2020 art. 9, II) (voir nº 68125). Le **régime social** de l'indemnité APLD est aussi identique à celui de l'indemnité de droit commun (nºs 68075 s.), tant en ce qui concerne l'indemnité légale que, le cas échéant, l'indemnité complémentaire versée par l'employeur. Le **régime fiscal** de l'indemnité d'APLD est également le même que celui de l'indemnité de droit commun (nº 68120). **68365**

C. Allocation perçue par l'employeur

MONTANT

68370 Le taux horaire de l'allocation APLD versée à l'employeur est égal, pour chaque salarié, à **60 % de son taux horaire** brut de référence (nº 68055).

Le taux horaire brut de référence étant pris en compte au **maximum** à hauteur de 4,5 fois le taux horaire du Smic, l'allocation ne peut pas excéder un montant égal à 4,5 Smic horaire × 60 %.

Le taux horaire ne peut pas être inférieur à un **montant plancher** (revalorisé lors de chaque hausse du Smic), sauf pour les apprentis, les salariés en contrat de professionnalisation, les VRP et les pigistes dont la rémunération est inférieure au Smic (Décret 2020-926 du 28-7-2020 art. 7).

Sur le **montant effectif** du taux maximum et du taux plancher, voir tableau récapitulatif nº 68450.

DEMANDE ET VERSEMENT

68375 La demande et le versement de l'allocation APLD s'effectuent selon les mêmes modalités que celles prévues pour l'allocation d'activité partielle de droit commun (voir nos 68250 s.) (Décret 2020-926 du 28-7-2020 art. 9, II).

REMBOURSEMENT ET INTERRUPTION DE VERSEMENT

68380 Sur demande de l'administration, l'employeur **rembourse** à l'État (Décret 2020-926 du 28-7-2020 art. 2, 4 et 8 bis) :

– les sommes perçues pour chaque salarié bénéficiaire de l'APLD **licencié pour motif économique** pendant la durée de recours au dispositif ;

– en cas de licenciement pour motif économique d'un salarié non bénéficiaire du dispositif mais que l'employeur s'était engagé à maintenir dans l'emploi : une somme égale, pour chaque rupture, au rapport entre le total des allocations APLD qu'il a reçues et le nombre de salariés placés en APLD ;

– en cas de **non-respect de la réduction maximale** de l'horaire de travail prévue par l'accord ou le document unilatéral : les sommes perçues pour chaque salarié placé en APLD au-delà de cette durée ;

– les **sommes trop perçues** (notamment dans le cas où les autres conditions mises à l'octroi de l'APLD n'ont pas été respectées).

En outre, en cas de non-respect par l'employeur des engagements en matière d'emploi et de formation prévus dans l'accord ou le document unilatéral, l'administration peut **interrompre** le versement de l'allocation.

› Précisions **a.** Sauf en cas de trop-perçu, le remboursement dû par l'employeur **n'est pas exigible** (Décret 2020-926 du 28-7-2020 art. 2 et 4) :
– s'il est **incompatible** avec la situation économique et financière de l'établissement, de l'entreprise ou du groupe, selon le niveau de l'accord ou du document élaboré par l'employeur ;
– et, s'agissant des remboursements dus à des licenciements, si, au moment où l'employeur a procédé aux licenciements économiques, les **perspectives d'activité se sont dégradées** par rapport à celles prévues dans l'accord collectif ou le document unilatéral de l'employeur.

b. En cas de **dispense de remboursement** de tout ou partie des sommes dues en raison de licenciements économiques, l'employeur doit en **informer** le CSE et, le cas échéant, les organisations syndicales signataires de l'accord (Décret 2020-926 du 28-7-2020 art. 2).

D. Articulation avec l'activité partielle de droit commun

68385 L'APLD ne peut pas être **cumulée,** sur une même période et pour un même salarié, avec le dispositif d'activité partielle de droit commun. Pour autant, un employeur bénéficiant de l'APLD au titre d'une partie de ses salariés peut concomitamment bénéficier pour d'autres salariés de l'activité partielle de droit commun pour tout autre motif que celui relatif à la situation économique de l'entreprise (Décret 2020-926 du 28-7-2020 art. 9, I).

Les **règles** de l'activité partielle de droit commun **s'appliquent** au dispositif d'APLD, à l'exception des dispositions expressément exclues (Loi 2020-734 du 17-6-2020 art. 53, VIII).

Ainsi, les règles suivantes prévues pour l'activité partielle de droit commun **s'appliquent** à l'APLD : assiette de l'indemnité, durée légale du travail à prendre en compte pour déterminer les heures indemnisables, principe d'indemnisation des heures d'équivalence, des salariés en forfait jours et des apprentis et salariés en contrat de professionnalisation, prise en compte des heures chômées pour l'acquisition des congés payés et la répartition de la participation et de l'intéressement, modalités de versement de l'indemnité et de l'allocation… (Décret 2020-926 du 28-7-2020 art. 9, II).

A contrario, ne sont **pas applicables** à l'APLD les règles suivantes : majoration du taux d'indemnité versée au salarié en formation pendant les heures chômées, stipulations conventionnelles relatives à l'activité partielle conclues avant le 19-6-2020 (concrètement, cela signifie que les indemnités conventionnelles plus favorables en cas d'activité partielle ne sont pas applicables dans le cadre de l'APLD), formalités relatives à la demande d'autorisation préalable, contingent des heures indemnisables, remboursement de l'allocation en cas de trop-perçu (Loi 2020-734 du 17-6-2020 art. 53, VIII ; Décret 2020-926 du 28-7-2020 art. 9, II).

> **Précisions** Le dispositif d'activité partielle mis en place, pendant la crise sanitaire liée à l'épidémie de Covid-19, pour le **salarié vulnérable ou tenu de garder son enfant** est indépendant du dispositif APLD. Ainsi, si un salarié inclus dans le périmètre APLD a été placé en « activité partielle garde d'enfants/vulnérables », la durée de son placement dans ce dispositif n'est pas comptabilisée dans le décompte de la réduction d'activité plafonnée à 40 % (QR min. trav. mis à jour le 19-1-2023).

SECTION 3 CHÔMAGE INTEMPÉRIES DANS LE BTP

A. Présentation du régime

Les salariés du BTP, y compris les apprentis, bénéficient d'un dispositif particulier d'indemnisation en cas d'arrêt de travail pour intempéries (conditions atmosphériques et inondations rendant l'accomplissement du travail dangereux ou impossible), s'ils justifient qu'ils ont **accompli au moins 200 heures** de travail au cours des 2 mois précédents (C. trav. art. L 5424-6, L 5424-8, L 5424-11 et D 5424-11). **68390**

L'employeur décide l'**arrêt du travail** après consultation du CSE (C. trav. art. L 5424-9).

> **Précisions** Le dispositif est financé par une **cotisation des employeurs** du BTP à la caisse de congés payés. Pour la période du 1-4-2022 au 31-3-2023, son taux est fixé à 0,68 % pour les entreprises du gros œuvre et des travaux publics et à 0,13 % pour les autres entreprises tandis que son assiette est constituée de l'ensemble des salaires pris en compte pour le calcul des cotisations de sécurité sociale, déduction faite d'un abattement de 84 564,00 € (Arrêté du 21-10-2022).

B. Indemnisation

Les salariés concernés ont droit, pour chaque heure perdue à partir de la 2e dans la limite de 9 heures par jour et 45 heures par semaine, à une **indemnité** horaire égale à 75 % de leur salaire horaire brut perçu à la veille de l'interruption du travail (C. trav. art. D 5424-12 et D 5424-13). **68395**

L'**employeur** se fait ensuite rembourser partiellement par la caisse de congés payés à laquelle il doit adresser, dans le mois suivant la reprise du travail, un bordereau unique de déclaration conforme à un modèle fixé par la caisse de surcompensation du BTP (C. trav. art. D 5424-25 à D 5424-28).

> **Précisions** **a.** L'**indemnité** est payée au salarié par son entreprise à l'**échéance** normale de la paie dans les mêmes conditions que cette dernière (C. trav. art. L 5424-13). Elle n'est pas considérée comme un salaire et échappe donc au versement de **cotisations** de sécurité sociale, à l'exception de celle due à la caisse de congés payés (C. trav. art. L 5424-14, al. 1) et, le cas échéant, de la cotisation spéciale d'assurance maladie visée n° 68085. L'indemnité est soumise à la **CSG** et à la **CRDS** dans les mêmes conditions que l'indemnité d'activité partielle (nos 68090 s.). Elle est soumise à l'**impôt sur le revenu** dans la catégorie des traitements et salaires (BOI-RSA-CHAMP-20-30-10-10 n° 130) et donne lieu au prélèvement à la source opéré par l'employeur. Elle entre dans le montant à porter en net imposable du bulletin de paie.
> **b.** Les périodes d'absence indemnisées par le régime de chômage intempéries donnent lieu, pour le calcul des cotisations plafonnées, à réduction du **plafond de la paie** (CSS art. R 242-2). À défaut de précision dans les textes, il nous semble qu'il convient de procéder comme en cas d'activité partielle, voir nos 68275 s.

SECTION 4

GARANTIE D'UNE RÉMUNÉRATION MENSUELLE MINIMALE

68400 La loi garantit les salariés à temps plein contre les **réductions d'horaire** en leur assurant une rémunération mensuelle minimale (RMM) nette au moins égale au Smic net pour un temps plein. La garantie prend la forme d'une **allocation complémentaire** aux sommes perçues, salaires ou indemnités d'activité partielle, de manière à atteindre cette rémunération mensuelle minimale. Cette allocation est entièrement à la charge de l'employeur (C. trav. art. L 3232-7). Elle a un **caractère automatique.**

A. Champ d'application

BÉNÉFICIAIRES

68405 Ont droit à la rémunération mensuelle minimale les salariés dont le **contrat de travail** comporte un **horaire** au moins égal à la durée légale hebdomadaire de travail (C. trav. art. L 3232-1), soit 35 heures.

La **garantie s'applique,** sous réserve d'adaptations, le cas échéant, aux travailleurs agricoles, travailleurs du bâtiment et des travaux publics, travailleurs à domicile ou intermittents, travailleurs saisonniers pendant la période normale d'activité, marins professionnels, dockers professionnels (C. trav. art. L 3232-9), jeunes travailleurs (Circ. du 29-5-1973).

Pour les **travailleurs saisonniers,** les réductions de l'horaire de l'établissement qui les emploie se produisant pour la 3e année consécutive à la même époque sont considérées comme se situant en dehors de leur **période normale d'activité** (C. trav. art. R 3232-10) et ne peuvent pas donner lieu à l'application de la garantie (Circ. du 29-5-1973).

S'agissant des modalités particulières concernant les **travailleurs à domicile occupés par plusieurs employeurs,** voir n° 87560.

68410 Sont exclus de la garantie mensuelle minimale les travailleurs à **temps partiel** (Cass. soc. 12-1-1989 n° 86-40.554 D ; Circ. DGEFP 12 du 12-7-2013, fiche 6), les **apprentis** (C. trav. art. L 3232-1) et les **VRP** (Circ. du 29-5-1973).

Sur les minima auxquels peuvent prétendre les salariés à temps partiel et les salariés sous contrat d'apprentissage, voir n° 68065.

> **› Précisions** Par **exception,** en **outre-mer** (Guadeloupe, Guyane, Martinique, Mayotte, La Réunion, Saint-Barthélemy et Saint-Martin), le bénéfice du dispositif de rémunération mensuelle minimale est ouvert à tous les salariés dont l'horaire hebdomadaire normal de travail est au moins égal à 20 heures, quel que soit leur contrat (apprentissage, contrat d'accès à l'emploi, etc.), à la condition de ne pas percevoir d'allocations légales ou conventionnelles correspondant à cette réduction (C. trav. art. L 3423-5 et L 3423-6).

CAS D'INTERVENTION DE LA GARANTIE

68415 La garantie s'applique dans tous les cas de réduction d'horaire en dessous de la durée légale du travail notamment en cas de manque de débouchés ou d'approvisionnement, sinistre, intempéries ou autres circonstances (Circ. du 29-5-1973). Elle s'applique donc en cas d'activité partielle, d'APLD ou de chômage intempéries. Elle est mise en œuvre aussi longtemps que la réduction d'horaire se prolonge.

B. Montant garanti

MONTANT NORMAL

68425 La rémunération mensuelle minimale est égale au produit du Smic horaire par le nombre d'heures correspondant à la durée légale du travail pour le mois considéré, sans pouvoir dépasser, après déduction des cotisations salariales obligatoires, la rémunération nette qui aurait été perçue pour un travail effectif de même durée payé au taux du Smic (C. trav. art. L 3232-3).

Le produit du Smic par le nombre d'heures correspondant à la durée légale du travail est **diminué** du montant des **cotisations salariales obligatoires** qui seraient prélevées sur un salaire équivalent. Sinon, en effet, un salarié ayant chômé une partie du mois recevrait une rémunération minimale supérieure au salaire net dû pour un travail effectif couvrant toute la durée légale et payé au taux du Smic (Circ. du 29-5-1973).

Pour les **jeunes travailleurs,** la rémunération mensuelle minimale est calculée en tenant compte des **abattements** effectués sur le taux du Smic, visés n° 1470 (Circ. du 29-5-1973).

ATTENTION

Le paiement d'une **rémunération inférieure** à la rémunération mensuelle minimale est passible des mêmes **sanctions** que le non-respect du Smic (C. trav. art. R 3233-1) : voir n° 2060.

CAS DE RÉDUCTION

La rémunération mensuelle minimale est réduite à due concurrence lorsque, au cours du mois considéré (C. trav. art. L 3232-4) : 68427

– le salarié a accompli un nombre d'heures inférieur à celui correspondant à la durée légale hebdomadaire du fait de la **suspension du contrat** de travail ;

– le contrat de travail a **débuté** ou s'est **terminé.**

La fermeture pour **congés payés** entraîne une réduction de la rémunération minimale (Cass. soc. 2-4-1992 n° 88-42.817 P).

C. Allocation complémentaire

CALCUL

Si nécessaire, la garantie est apportée sous la forme d'une allocation complémentaire égale à la **différence** entre : 68430

– le montant de la rémunération minimale définie n°s 68425 s. ;

– et le montant cumulé du salaire perçu pour le travail effectivement accompli et de l'indemnité d'activité partielle ou d'APLD (C. trav. art. L 3232-5) ou de l'indemnité de chômage intempéries des travailleurs du bâtiment et des travaux publics (C. trav. art. L 3232-5, al. 2).

Pour un **exemple** de calcul, voir le **modèle de bulletin de paie** n° 95055.

› Précisions Le **salaire à prendre en compte** est le salaire net effectivement perçu (Circ. du 29-5-1973).

Sont considérés comme éléments constitutifs du salaire (C. trav. art. R 3232-1) :

– les **avantages en nature** ;

– les majorations diverses ayant le caractère de fait d'un **complément de salaire** (notamment les majorations pour heures supplémentaires : Circ. du 29-5-1973), à l'exclusion des sommes versées à titre de **remboursement de frais** et de prise en charge des frais de **transport.**

RÉGIME SOCIAL ET FISCAL

L'allocation complémentaire versée au salarié pour lui assurer la rémunération mensuelle minimale est soumise au **même régime social et fiscal que l'indemnité légale** d'activité partielle (C. trav. art. L 3232-6). Elle est donc exonérée des cotisations de sécurité sociale de droit commun et des prélèvements alignés (voir n°s 68080 s.) et théoriquement assujettie à la CSG et à la CRDS ainsi que, le cas échéant, aux cotisations spécifiques maladie d'Alsace-Moselle ou des non-résidents. Toutefois, en pratique, elle échappe aussi systématiquement à ces cotisations et contributions par le jeu du mécanisme d'écrêtement exposé n° 68095. 68432

Elle est imposable à l'impôt sur le revenu dans la catégorie des traitements et salaires (et donc intégrée au net imposable mentionné sur le bulletin de paie) et donne lieu au prélèvement à la source opéré par l'employeur. Elle est exonérée de taxe sur les salaires (CGI art. 231 bis D ; C. trav. art. L 3232-6). Elle échappe aux autres taxes et participations sur les salaires par l'effet de son exonération de cotisations sociales.

FORMALITÉS

L'employeur doit **remettre à chaque salarié,** à l'occasion du paiement de l'allocation, un **document** indiquant le taux du Smic, la durée légale du travail, les déductions obligatoires, les montants du salaire et des allocations constituant les éléments de la rémunération 68435 minimale versée au salarié (C. trav. art. R 3232-2). Ce document peut consister éventuellement en un **complément au bulletin de salaire** (Circ. du 29-5-1973).

En cas d'activité partielle, l'allocation versée au titre de la rémunération minimale garantie doit figurer sur le **bulletin de paie,** aux côtés de l'indemnité d'activité partielle : voir un modèle nº 95055. Elle est intégrée aux sommes déclarées sur la ligne **net social** (nº 13730).

SECTION 5

TABLEAUX RÉCAPITULATIFS ACTIVITÉ PARTIELLE ET APLD

68450

Indemnisation de l'activité partielle en 2023

Régimes concernés	Périodes concernées	Indemnité versée au salarié			Allocation perçue par l'employeur		
		Taux	Plancher[1]	Plafond[2]	Taux	Plancher[3]	Plafond
Activité partielle de droit commun	Du 1-1-2023 jusqu'à la prochaine revalorisation du Smic	60 %		4,5 Smic × 60 % (soit 30,43 €)	36 %	8,03 €	4,5 Smic × 36 % (soit 18,26 €)
Activité partielle de longue durée (APLD)	Du 1-1-2023 jusqu'à la prochaine revalorisation du Smic	70 %		4,5 Smic × 70 % (soit 35,50 €)	60 %	8,92 €	4,5 Smic × 60 % (soit 30,43 €)

1. L'**indemnité** doit respecter les **minima** suivants :
– pour le salarié à temps plein, le cumul de la rémunération et de l'indemnité d'activité partielle ne peut pas être inférieur à la rémunération mensuelle minimale (RMM) (Smic net mensuel) : voir nos 68400 s. ;
– pour les salariés à temps partiel, les contrats d'apprentissage et de professionnalisation et les intérimaires, le taux horaire de l'indemnité ne peut pas être inférieur au Smic net horaire (soit environ 8,92 €) ou, s'il est inférieur, au taux horaire net de la rémunération : voir nos 68065 (activité partielle) et 68360 (APLD).
2. L'**indemnité nette** ne doit pas excéder la rémunération nette (nº 68060).
3. **Plancher** d'allocation non applicable aux contrats d'apprentissage et de professionnalisation, aux journalistes pigistes et aux VRP dont la rémunération est inférieure au Smic : voir nos 68150 (activité partielle) et 68370 (APLD).

CHAPITRE 7

ACCORDS DE PERFORMANCE COLLECTIVE

SOMMAIRE

1. Contenu **68510**
2. Mise en œuvre **68580**

68500 Les employeurs souhaitant s'adapter plus facilement à leur environnement économique peuvent négocier et conclure des « accords de performance collective » (APC) afin de répondre aux nécessités de fonctionnement de l'entreprise ou en vue de préserver ou de développer l'emploi. Ces accords ne sont pas conditionnés à l'existence de difficultés économiques ni à des seuils d'effectifs. De façon générale, ils ont pour finalité de permettre à l'entreprise d'anticiper et de s'adapter rapidement aux évolutions à la hausse ou à la baisse du marché et, en cas de situation économique difficile, de proposer une alternative au licenciement.

Dans la mesure où leurs stipulations vont s'imposer aux salariés (nº 68590), ces accords peuvent avoir une **incidence directe sur le contrat de travail** et nécessiter, le cas échéant, de **modifier les paramètres de paie.**

Les modalités de conclusion de ces accords et leur durée sont exposées dans le Mémento social nos 17560 s.

ATTENTION

Un APC **peut prévoir** une mobilité des salariés pour faire face à la nécessité de redéployer du personnel sur les sites de production de l'entreprise, une augmentation du temps de travail pour faire face à un surcroît durable d'activité ou encore une harmonisation des règles de rémunération pour rationaliser la gestion du personnel. Il **ne peut pas**, en revanche, se substituer à un **PSE** (QR min. trav. 7-2020 nº 2).

1. CONTENU

68510 Pour répondre à ses objectifs, qui doivent être définis dans son préambule, l'accord peut (C. trav. art. L 2254-2, I) :

– aménager la **durée du travail,** ses modalités d'organisation et de répartition ;

– aménager la **rémunération** au sens de l'article L 3221-3 du Code du travail dans le respect des salaires minima hiérarchiques conventionnels ;

– déterminer les conditions de la **mobilité** professionnelle ou géographique interne à l'entreprise.

S'agissant des accords de **modulation du temps de travail,** voir également nº 68540.

› Précisions La liste des **aménagements envisageables** est donc vaste et rien ne semble interdire de les combiner entre eux. Sous réserve du **respect des dispositions d'ordre public** (notamment en matière de durée du travail ou de salaires minima conventionnels), ces thèmes laissent également une latitude certaine pour atteindre l'objectif fixé.

ACCORDS MODIFIANT LA RÉMUNÉRATION

68520 L'APC peut notamment réduire la rémunération des salariés, à condition toutefois de **respecter** le Smic ou les salaires minima hiérarchiques fixés par la branche.

La rémunération est entendue au sens large, à savoir le salaire de base (horaire, mensuel ou annuel) et ses accessoires.

ILLUSTRATIONS

S'agissant du **salaire de base,** un APC peut prévoir une baisse du salaire horaire et une augmentation parallèle du temps de travail afin de garantir aux salariés le maintien de leur salaire mensuel. Dans cette hypothèse, le montant du nouveau salaire horaire (dans le respect du Smic et des minima conventionnels hiérarchiques) doit tenir compte de l'obligation de majorer toute heure excédant la durée légale, sauf si l'accord prévoit une compensation des heures supplémentaires en temps de repos (nos 7260 s.). L'APC peut aussi réduire le taux de majoration des heures supplémentaires, mais dans la limite du taux minimal légal de 10 % (n° 6970) (QR min. trav. 7-2020 n° 12). Autres aménagements possibles, le gel de toute augmentation de salaire ou la suspension de toute rémunération variable pour une période déterminée.

Au titre des accessoires de salaire, les **primes,** ne faisant pas partie du bloc de primauté de la branche (n° 970), peuvent être supprimées par un APC. Il peut en être ainsi d'un 13e mois, d'une prime de vacances ou d'ancienneté. Sur le cas particulier des primes pour travaux dangereux ou insalubres instituées au niveau de la branche, voir n° 974. De même, l'accord peut revenir sur un **avantage en nature** (nos 38000 s.).

ACCORDS AMÉNAGEANT LA DURÉE DU TRAVAIL

68530 **Durée « classique »** Un APC peut augmenter la durée hebdomadaire ou quotidienne de travail, la diminuer, prévoir une nouvelle répartition des heures travaillées au sein de la journée ou de la semaine, sous réserve de respecter les règles légales sur la durée du travail : durée légale, heures supplémentaires, durées maximales de travail, repos (quotidien, hebdomadaire et dominical), temps de pause, travail de nuit, temps partiel, etc.

ILLUSTRATIONS

Dans le respect de ces dispositions, un APC peut notamment (QR min. trav. 7-2020 n° 11) :
– prévoir une durée maximale quotidienne de 12 heures par jour dans la limite de 46 heures par semaine en moyenne, toute heure travaillée au-delà de 35 étant majorée et compensée comme heure supplémentaire, sauf mise en place d'un aménagement pluri-hebdomadaire du temps de travail (nos 9550 s.) ;
– répartir le temps de travail sur 6 jours au lieu de 5 dès lors qu'il respecte les règles du repos hebdomadaire et du repos dominical ;
– décider de ne plus faire chômer les jours fériés, à l'exception du 1er mai (sur la rémunération des jours fériés ordinaires travaillés, voir nos 61110 s.) ;
– supprimer ou diminuer le nombre de congés conventionnels, dans la limite des 5 semaines de congés payés ;
– mettre en place un dispositif d'aménagement du temps de travail sur une période de référence supérieure à la semaine ou modifier les termes d'un accord préexistant (n° 68540) ;
– mettre en place un dispositif de forfait annuel du temps de travail (n° 68550).

68540 **Aménagement pluri-hebdomadaire du temps de travail** Si l'accord met en place ou modifie un dispositif d'aménagement du temps de travail sur une **période de référence supérieure à la semaine,** les règles légales correspondantes s'appliquent (C. trav. art. L 2254-2, II).

En pratique, doivent donc être respectés les dispositions relatives au décompte des heures supplémentaires (C. trav. L 3121-41), à l'information des salariés sur le changement dans la répartition de leur durée du travail (C. trav. L 3121-42), au contenu des accords (C. trav. L 3121-44) et au délai de prévenance des salariés en cas de changement de durée ou d'horaires lorsque l'accord ne stipule rien sur ce point (C. trav. L 3121-47).

68550 **Conventions de forfait** La signature d'un APC ne permet pas de contourner les règles de mise en place des conventions de forfait. Ainsi les articles L 3121-53 à L 3121-66 du Code du travail s'appliquent si l'accord met en place ou modifie un dispositif de forfait annuel. En revanche, certaines de ces règles sont écartées en cas de **simple modification** du dispositif (C. trav. art. L 2254-2, II).

› Précisions a. Ne sont **pas applicables,** en cas de simple modification :
– l'article L 3121-55, selon lequel la forfaitisation de la durée du travail doit faire l'objet de l'accord du salarié et d'une convention individuelle de forfait établie par écrit ;
– le 5° du I de l'article L 3121-64 aux termes duquel l'accord prévoyant la conclusion de conventions individuelles de forfait en heures ou en jours sur l'année doit déterminer les caractéristiques principales des conventions individuelles, en particulier le nombre d'heures ou de jours compris dans le forfait.

b. À titre d'**exemples,** un APC peut modifier un dispositif de forfait annuel en prévoyant (QR min. trav. 7-2020 n° 17) :
– d'augmenter le plafond d'heures travaillées, dans la limite des durées maximales de travail ;
– d'augmenter le plafond de jours travaillés, dans la limite de 218 jours ;

– de baisser le taux de majoration des heures supplémentaires en cas de dépassement du plafond, dans la limite basse de 10 % (nº 6970) ;
– de modifier la période de référence du forfait (en la calant par exemple sur celle des congés payés quand ce n'est pas le cas), dont la durée doit être de 12 mois consécutifs (nº 8700) ;
– de modifier les catégories de salariés éligibles, dans le respect des règles fixées par les articles L 3121-56 et L 3121-58 du Code du travail, en permettant notamment l'application du forfait annuel aux salariés non-cadres si l'accord préexistant le réservait aux cadres. Dans cette hypothèse, cependant, les salariés nouvellement éligibles au forfait ne peuvent pas se voir imposer une convention individuelle de forfait (nºs 8750 et 8890).

c. Lorsque l'APC modifie un dispositif de forfait annuel, l'acceptation par le salarié de l'application de cet accord entraîne de plein droit l'application des stipulations de celui-ci relatives au dispositif de forfait annuel (C. trav. art. L 2254-2, II). Autrement dit, si le salarié a **déjà conclu** une convention individuelle de forfait et qu'un APC qu'il a accepté vient **modifier** l'accord collectif mettant en place le forfait, ces modifications s'imposent à lui. Le refus par le salarié de la modification de sa convention individuelle de forfait vaut refus de ce dernier et ouvre la voie au licenciement visé nº 68610.

2. MISE EN ŒUVRE

INFORMATION DES SALARIÉS

L'employeur doit informer les salariés, par tout moyen conférant date certaine et précise, de l'existence et du contenu de l'accord, ainsi que du droit de chacun d'eux d'accepter ou de refuser l'application de cet accord à son contrat de travail (C. trav. art. L 2254-2, IV). **68580**

S'agissant de l'information des salariés **tout au long de l'application** de l'accord, voir nº 68530.

ACCEPTATION DU SALARIÉ

Si le salarié accepte l'application de l'accord, les stipulations de ce dernier se substituent de plein droit aux clauses contraires et incompatibles de son **contrat de travail,** y compris en matière de rémunération (sous réserve du respect du Smic et des minima hiérarchiques conventionnels), de durée du travail et de mobilité professionnelle ou géographique interne à l'entreprise (C. trav. art. L 2254-2, III). **68590**

Le salarié peut donner son accord exprès mais son accord est **tacite** à défaut de refus exprimé dans la forme et le délai visés nº 68600.

Sur les conséquences de l'acceptation de l'accord dans le cas où celui-ci modifie un dispositif de forfait annuel, voir nº 68540.

CONSEIL

La substitution aux clauses du contrat de travail soulève certaines questions. Que se passe-t-il à l'issue de la période d'application de l'accord ? Le contrat de travail dans ses composantes (durée du travail, salaire, lieu de travail, notamment) a-t-il vocation à reprendre son cours antérieur ? Cette réactivation du contrat, quelle que soit la période d'application de l'accord, peut s'avérer impossible, par exemple si le lieu de travail a disparu après la réorganisation de l'entreprise. Par ailleurs, peut se poser le problème des salariés recrutés pendant la période d'application de l'accord. Leur contrat de travail sera-t-il conclu conformément au contenu de l'accord ? Si oui, quel sera leur sort à l'issue de l'application de celui-ci ? Autant de questions qu'il sera bon d'aborder en phase de négociation et de préciser dans l'accord ainsi que le suggère l'article L 2254-2 du Code du travail (nº 68530).

REFUS DU SALARIÉ

Le salarié dispose d'un **délai** d'un mois à compter de la date à laquelle il a été informé de l'existence et du contenu de l'accord pour faire connaître son refus à l'employeur par **écrit** (C. trav. art. L 2254-2, III-al. 2 et IV). **68600**

Le salarié qui refuse peut être **licencié.** Son licenciement repose sur un **motif** spécifique, ni économique ni personnel, constituant une cause réelle et sérieuse. **68610**

L'employeur dispose d'un délai de 2 mois à compter de la notification du refus du salarié pour engager une **procédure** de licenciement individuel pour motif personnel définie par les articles L 1232-2 à L 1232-14 du Code du travail. Il doit aussi observer les dispositions suivantes du Code du travail relatives à la rupture du contrat (C. trav. art. L 2254-2, V) : articles L 1234-1 à L 1234-11 (préavis, indemnité compensatrice de préavis et indemnité de licenciement), L 1234-14 (règles spécifiques à certains salariés du secteur public), L 1234-18 (dispositions d'application réglant les conséquences du licenciement), L 1234-19 et L 1234-20 (certificat de travail et reçu pour solde de tout compte).

68610 (suite)

› Précisions **a.** Les salariés sous **contrat à durée déterminée** ne peuvent être licenciés pour avoir refusé la modification de leur contrat de travail consécutive à l'application de l'APC (QR min. trav. 7-2020 nº 23), la rupture anticipée d'un CDD ne pouvant intervenir que dans certains cas limitativement prévus par la loi.
b. Le salarié licencié pour avoir refusé l'application de l'accord a droit à l'**indemnité légale ou conventionnelle de licenciement.** Sur les mentions à porter sur le bulletin de paie et les modalités de déclaration de l'indemnité, voir nºs 63520 s. ; sur son régime social et fiscal, voir nºs 63810 s. et 67220.
c. Le salarié licencié peut s'inscrire et être accompagné comme demandeur d'emploi. Il est indemnisé selon les règles relatives à l'**assurance chômage** et bénéficie, sauf stipulations plus favorables de l'accord de performance collective, d'un abondement par l'employeur de son **compte personnel de formation** d'un montant minimal de 3 000 €, qui n'entre en compte ni dans le calcul des droits crédités annuellement sur le CPF ni dans le décompte du plafond de ce compte (C. trav. art. L 2254-2, VI et R 6323-3-2, I).

CHAPITRE 8

PLURALITÉ D'EMPLOYEURS

SOMMAIRE

SECTION 1
RÈGLES COMMUNES AUX SALARIÉS MULTI-EMPLOYEURS 68860
A. Sécurité sociale 68860
1. Plafond de sécurité sociale 68860
a. Principe du prorata 68870
b. Cumul de régimes sociaux distincts 69020
2. Autres incidences du cumul d'emplois 69080
B. CSG-CRDS 69130
C. Chômage et AGS 69150
D. Retraite complémentaire 69190
E. Régime fiscal 69320
F. Statut des salariés 69390

SECTION 2
ARTISTES DU SPECTACLE 69460
A. Définition 69465
B. Cotisations et contributions sociales 69470
1. Sécurité sociale 69480
2. CSG-CRDS 69680
3. Chômage et AGS 69690
4. Retraite complémentaire 69760
5. Contributions à la formation professionnelle et à l'alternance 69770
C. Statut du salarié 69780
1. Congés payés 69780
2. Paiement du salaire 69840
D. Guso 69870

SECTION 3
PROFESSIONS MÉDICALES 69940

PRÉSENTATION

Sont abordées, dans un premier temps, les règles applicables à tous les salariés cumulant **plusieurs emplois salariés** puis, dans un second temps, celles propres aux artistes du spectacle et aux professions médicales. 68800

D'**autres régimes particuliers** font l'objet d'exposés distincts. Il s'agit des VRP multicartes (n°s 82660 s.), des journalistes professionnels (n°s 88510 s.), des travailleurs à domicile (n°s 87750 s.) et des formateurs occasionnels (n°s 90420 s.).

SECTION 1

RÈGLES COMMUNES AUX SALARIÉS MULTI-EMPLOYEURS

A. Sécurité sociale

1. PLAFOND DE SÉCURITÉ SOCIALE

En cas d'exercice simultané de plusieurs activités salariées, le plafond de la sécurité sociale est déterminé selon un principe de **prorata** pour le calcul des cotisations plafonnées. Des règles spécifiques s'appliquent si ces activités relèvent de régimes de sécurité sociale différents. 68860

a. Principe du prorata

Si le salarié travaille régulièrement et **simultanément** pour le compte de deux ou plusieurs employeurs, la part des **cotisations plafonnées** incombant à chacun d'eux est déterminée au prorata des rémunérations qu'ils ont respectivement versées dans la limite du plafond de la sécurité sociale (CSS art. L 242-3, al. 1). 68870

Cette règle a pour objet de compenser l'inégalité qui, faute de correctif, pourrait apparaître lors du calcul des cotisations plafonnées entre un salarié à employeur unique et un salarié à employeurs multiples percevant des salaires bruts d'un montant identique.

EXEMPLE

Pour un même salaire mensuel de 4 200 € par mois, les cotisations plafonnées, si la règle du prorata n'était pas appliquée, seraient calculées sur les bases suivantes en 2023 :
– pour le salarié à employeur unique, sur la base de 3 666 € (plafond mensuel applicable en 2023), soit une fraction de rémunération exonérée de cotisations plafonnées égale à : 4 200 € – 3 666 € = 534 € ;
– pour un salarié percevant une rémunération de 2 500 € d'un employeur A, de 1 000 € d'un employeur B et 700 € d'un employeur C, sur la base de : 2 500 € chez A, 1 000 € chez B et 700 € chez C, soit la totalité des rémunérations perçues par l'intéressé, qui sont pourtant d'un même montant total que dans le cas précédent.
La disparité résultant de ces deux situations justifiait le recours à un correctif. Tel est le rôle de la règle du prorata : voir nº 68930 le résultat de l'application de cette règle au cas particulier.

SALARIÉS CONCERNÉS

68880 **Généralités** Le prorata concerne tout assuré occupé par plusieurs employeurs **régulièrement et simultanément** (CSS art. L 242-3, al. 1), c'est-à-dire de façon habituelle à l'intérieur de la période de paie, dont la **rémunération** globale tous emplois confondus est supérieure au plafond de la sécurité sociale (Cass. soc. 17-4-1996 nº 94-12.939 D).

Les personnes travaillant de **façon occasionnelle** pour plusieurs employeurs sont donc exclues.

Sont également **exclus** les salariés ou assimilés travaillant régulièrement et simultanément pour le compte de deux ou plusieurs employeurs mais dont les cotisations sont calculées soit sur une **base forfaitaire** (Cass. soc. 6-5-1987 nº 85-11.574 P), soit en appliquant des **taux de cotisation réduits** (BOSS-Ass. gén.-1130).

Pour les salariés à **temps partiel** à employeurs multiples, les employeurs peuvent opter soit pour le mécanisme de prorata, soit pour le dispositif propre au temps partiel visé nºs 74910 s. Pour une comparaison des effets de l'application de ces deux dispositifs, voir nº 68980.

Pour le cas du salarié reprenant une activité alors qu'il est en situation de dispense de **préavis** chez son précédent employeur, voir nº 66370.

68900 **Mandataires sociaux** Le prorata concerne-t-il les mandataires sociaux cumulant **plusieurs mandats** soumis aux cotisations du régime général de sécurité sociale (président de SA, dirigeant de SAS, gérant minoritaire ou égalitaire de SARL…) ou cumulant un **contrat de travail** avec un tel mandat ? À notre avis, rien ne l'exclut puisque l'article L 242-3 du CSS vise « tout assuré ». De plus, en pratique, on ne voit pas ce qui pourrait justifier que les mandataires sociaux soient tenus de cotiser à l'assurance vieillesse sur un montant de rémunération supérieur au plafond alors que, pour le calcul de leur pension, leur rémunération globale ne sera retenue, comme pour les salariés, que dans la limite du plafond.

COTISATIONS VISÉES

68910 La règle du prorata ne concerne que les cotisations dont l'**assiette** est limitée au **plafond** de la sécurité sociale, c'est-à-dire une partie des cotisations d'assurance vieillesse et la contribution Fnal due à 0,10 %.

Les cotisations de sécurité sociale calculées sur la totalité de la rémunération (cotisations déplafonnées) doivent être acquittées par chaque employeur sur la totalité de la rémunération qu'il verse au salarié.

MISE EN ŒUVRE

68920 **Calcul du plafond proratisé** Le calcul du prorata consiste à fixer la part des cotisations plafonnées incombant à chaque employeur à proportion de la part représentée par les rémunérations qu'il verse dans le total des rémunérations perçues par le salarié.

En pratique, le calcul du prorata pour les cotisations plafonnées revient à établir un **plafond proportionnel,** à partir du plafond normal, en fonction du montant représenté par chaque rémunération par rapport au total des rémunérations versées.

Le plafond est donc réduit par chaque employeur à due proportion de la rémunération versée par rapport à la rémunération totale (tous employeurs confondus), selon la formule suivante (BOSS-Ass. gén.-1010) :

$$\text{Valeur mensuelle du plafond} \times \left(\frac{\text{Salaire versé par l'employeur concerné}}{\text{Totalité des salaires versés par l'ensemble des employeurs}}\right)$$

> Précisions En cas de **désaccord entre le salarié et ses employeurs,** l'Urssaf fixe, pour chaque employeur, la fraction de la rémunération sur laquelle doivent être calculées les cotisations plafonnées de sécurité sociale. En cas de carence de l'organisme, la décision est prise par le responsable du service national de contrôle des organismes locaux et régionaux de sécurité sociale (CSS art. R 242-4).

EXEMPLE 68930

En reprenant les termes de l'exemple donné n° 68870, pour un salarié occupé en janvier 2023 chez trois employeurs qui lui versent respectivement 2 500 € (A), 1 000 € (B), 700 € (C), le **prorata du plafond applicable par chaque employeur** est égal à :
– Employeur A : 3 666 × 2 500/4 200 = 2 182,14 € ;
– Employeur B : 3 666 × 1 000/4 200 = 872,86 € ;
– Employeur C : 3 666 × 700/4 200 = 611,00 €.

La base globale sur laquelle sont calculées les cotisations plafonnées s'élève à : 2 182,14 + 872,86 + 611,00 = 3 666 €.

La fraction de la rémunération non assujettie à cotisations plafonnées est égale à : 317,86 + 127,14 + 89 = 534 €.

La comparaison de ce résultat avec les montants précisés dans l'exemple donné n° 68870, pour le salarié à employeur unique, montre que la règle du prorata met à égalité ce salarié et le salarié à employeurs multiples pour le calcul des cotisations plafonnées.

Pour une transcription des données relatives à l'employeur B sur le **bulletin de paie,** voir n° 95140.

Prise en compte des absences L'ajustement du plafond pour les salariés à employeurs multiples est cumulable avec la réduction de plafond pour **absence non rémunérée** (n°s 18050 s.) (BOSS-Ass. gén.-1040). 68935

Afin d'imputer correctement l'absence non rémunérée, le calcul est effectué en deux temps : il faut, d'abord, ajuster le plafond multi-employeurs, qui permet de répartir la valeur mensuelle du plafond à due proportion des rémunérations perçues, puis réduire le plafond de l'employeur concerné par l'absence non rémunérée (BOSS-Ass. gén.-1050).

Formalités En cas d'application du prorata, les salariés à employeurs multiples doivent **déclarer à chacun de leurs employeurs,** à la fin de chaque mois ou de chaque trimestre, le total de la rémunération qu'ils ont reçue au cours de cette période (CSS art. R 242-3, al. 1). 68950

Cette déclaration a pour but de fournir les éléments de calcul des cotisations dues par chaque employeur. Sa périodicité mensuelle ou trimestrielle est donc déterminée par la périodicité de versement des cotisations applicable à l'employeur.

> Précisions **a.** Selon le Code de la sécurité sociale, elle doit être faite sur un **imprimé spécial** (CSS art. R 242-3, al. 1). Dans les faits, cet imprimé n'existant plus, le salarié fait seulement connaître à l'employeur, par écrit, le montant total des rémunérations reçues au cours de la période.

b. L'employeur doit **conserver les déclarations** du salarié afin d'être en mesure de les produire en cas de **contrôle** de l'Urssaf (Cass. soc. 5-3-1992 n° 90-11.384 P ; 16-3-1995 n° 92-16.972 D ; Cass. 2e civ. 16-12-2011 n° 10-17.050 F-D).

c. À **défaut de déclaration,** l'employeur doit calculer les cotisations plafonnées sur la base de la rémunération qu'il verse dans la limite du plafond (CSS art. R 242-3, al. 4), sauf s'il a appliqué le dispositif propre aux salariés à temps partiel visé n°s 74910 s. Mais il peut, tout comme le salarié, obtenir ultérieurement le remboursement des cotisations indûment versées : voir n° 68970.

Remboursement des indus Une demande de remboursement des cotisations versées en trop peut être présentée par toute **personne intéressée** (CSS art. R 242-3, al. 4), et donc par l'employeur ou le salarié. 68970

Pour être recevable, elle doit être formulée dans le **délai** de 3 ans suivant la date de versement des cotisations versées en trop (CSS art. L 243-6, I).

> Précisions **a.** En cas de **demande du salarié,** si celui-ci fournit les éléments permettant de vérifier les salaires ayant effectivement donné lieu à cotisations, rien ne s'oppose au remboursement, à son profit, de la fraction des cotisations salariales plafonnées versées en trop. Ce remboursement n'entraîne pas automatiquement la régularisation des cotisations patronales si aucune demande en ce sens n'a été formulée par les différents employeurs (Guide Acoss du recouvrement n° 101 p. 47).

b. En cas de **demande d'un ou de plusieurs employeurs,** dans la mesure où celui-ci ou ceux-ci justifie(nt) du montant total des rémunérations perçues par le salarié, la fraction des cotisations salariales et patronales versée en trop peut lui ou leur être remboursée, à charge pour l'organisme de recouvrement de s'assurer que la cotisation précomptée à tort fait bien l'objet d'un reversement par l'employeur au profit du salarié (par exemple, au moyen d'une attestation sur l'honneur établie par l'employeur). La demande de remboursement formulée par l'un des employeurs, suivie du remboursement en sa faveur des cotisations versées en trop, n'entraîne pas la régularisation d'office de la situation des autres employeurs n'ayant pas formulé une telle demande (Guide Acoss du recouvrement n° 101 p. 47).

COMPARAISON DU PRORATA ET DE L'ABATTEMENT TEMPS PARTIEL

68980 L'employeur d'un salarié à temps partiel occupant un ou plusieurs autres emplois salariés applique soit la proratisation du plafond des salariés à employeurs multiples, soit le correctif propre aux salariés à temps partiel exposé nos 74910 s.

Selon nous, si le salarié ouvre droit aux deux dispositifs, rien ne s'oppose à ce que les employeurs d'un même salarié optent pour des dispositifs différents.

L'abattement temps partiel est souvent privilégié, car il dispense l'employeur de devoir demander au salarié de lui déclarer les rémunérations qu'il perçoit de ses autres employeurs. Mais, selon les cas, il peut s'avérer plus ou moins avantageux financièrement.

EXEMPLE

Soit un salarié travaillant :
– à mi-temps chez un employeur A payé 2 500 € ;
– 11 heures par semaine chez l'employeur B payées 1 050 € ;
– 6 heures par semaine chez l'employeur C payées 500 €.

La rémunération globale du salarié est égale à 2 500 + 1 050 + 500 = 4 050 € et la durée mensuelle de travail applicable dans les trois entreprises est de 151,67 heures (soit 35 heures par semaine).

En cas d'application du prorata, le plafond proportionnel applicable par l'employeur concerné est égal à :
– Employeur A : 3 666 × 2 500/4 050 = 2 262,96 € ;
– Employeur B : 3 666 × 1 050/4 050 = 950,44 € ;
– Employeur C : 3 666 × 500/4 050 = 452,59 €.

En cas d'option pour l'abattement d'assiette des salariés à temps partiel, le plafond applicable par chaque employeur concerné est égal à :
– Employeur A : 3 666 × 17,5/35 = 1 833,00 € ;
– Employeur B : 3 666 × 11/35 = 1 152,17 € ;
– Employeur C : 3 666 × 6/35 = 628,46 €.

Pour les employeurs B et C, le plafond applicable excédant celui de la rémunération, les cotisations plafonnées seront calculées sur 1 050 € pour l'employeur B et 500 € pour l'employeur C.

On constate ainsi que ce dispositif s'avère plus avantageux que le prorata pour l'employeur A qui cotise sur une base égale à 1 833,00 € au lieu de 2 262,96 € mais non pour les employeurs B et C.

b. Cumul de régimes sociaux distincts

69020 Les personnes exerçant simultanément des activités relevant de régimes de sécurité sociale différents relèvent de règles spécifiques exposées ci-après.

RÉGIME GÉNÉRAL ET RÉGIME SPÉCIAL

69030 **Salariés concernés** Sont concernés les travailleurs exerçant **simultanément** une activité salariée ou assimilée relevant du régime général de la sécurité sociale et une activité dans une branche d'activité ou une entreprise soumise à un régime spécial (CSS art. D 171-2). La **liste des branches et entreprises** soumises à un régime spécial est la suivante (CSS art. R 711-1 et R 711-24 ; Guide Acoss du recouvrement n° 115) :

1. Les administrations, services, offices, établissements publics et industriels de l'État et l'Imprimerie nationale, pour les fonctionnaires, les magistrats et les ouvriers de l'État ;

2. Les régions, les départements et communes ;

3. Les établissements publics départementaux et communaux n'ayant pas le caractère industriel ou commercial ;

4. Les activités qui entraînent l'affiliation au régime d'assurance des marins français ;

5. Les entreprises minières et les entreprises assimilées, définies par le décret 46-2769 du 27-11-1946, à l'exclusion des activités se rapportant à la recherche ou à l'exploitation des hydrocarbures liquides ou gazeux ;

6. La Société nationale des chemins de fer français ;

7. Les chemins de fer d'intérêt général secondaire et d'intérêt local et les tramways ;

8. Les exploitations de production, de transport et de distribution d'énergie électrique et de gaz ;

9. La Banque de France ;

10. Le Théâtre national de l'Opéra de Paris et la Comédie-Française ;

11. Les notaires (pour leurs clercs et employés) ;

12. La RATP ;

13. Les militaires.

Ne sont en revanche pas concernées les **activités accessoires au service d'un établissement public,** de l'État, d'un département ou d'une commune par des fonctionnaires de l'État ou par des agents permanents des collectivités locales ne relevant pas, au titre de leur activité principale, du régime général de la sécurité sociale pour l'assurance des accidents du travail. Dans ces hypothèses, aucune cotisation n'est due au titre de l'activité accessoire (CSS art. D 171-11). **69040**

Il est toutefois fait exception à cette règle pour les membres des comités de protection des personnes (Décret 2016-744 du 2-6-2016 art. 2), lesquels cotisent donc dans les conditions exposées ci-après.

Calcul des cotisations

Chaque employeur verse les cotisations auprès du régime dont il relève. **69050**

Les cotisations dues au **régime général** sont calculées sur la base des rémunérations perçues au titre de l'activité relevant de ce régime.

Le **plafond** des cotisations dues à ce régime est fixé en appliquant la règle du prorata des salariés à employeurs multiples et en tenant compte des rémunérations soumises à cotisations dans l'ensemble des régimes salariés (CSS art. D 171-3) ou en appliquant, si le salarié y ouvre droit, le dispositif propre aux salariés à temps partiel (nos 74910 s.).

EXEMPLE

Soit un fonctionnaire rémunéré 4 000 € par mois, employé, en janvier 2023, dans une entreprise privée pour un salaire de 3 000 €. Si l'employeur applique la règle du prorata, le plafond proportionnel applicable chez l'employeur privé est égal à :

3 666 × 3 000/(4 000 + 3 000) = 1 571,14 €.

RÉGIME AGRICOLE ET RÉGIME GÉNÉRAL

Lorsque deux activités salariées relevant l'une du régime des salariés agricoles et l'autre du régime général de sécurité sociale sont exercées simultanément, les cotisations sont dues dans chacun de ces régimes sous réserve des règles de **plafonnement** suivantes. **69060**

En ce qui concerne les **cotisations patronales,** le plafond s'applique séparément aux salaires agricoles et aux salaires non agricoles (C. rur. art. L 741-11).

En revanche, la **cotisation salariale** est calculée en appliquant le plafond à l'ensemble des rémunérations perçues par le salarié. L'excédent des cotisations salariales éventuellement perçues est remboursé annuellement à l'assuré (C. rur. art. L 741-11).

L'employeur peut, par dérogation à la règle du prorata, calculer les cotisations plafonnées en appliquant le dispositif propre aux salariés à temps partiel si le salarié y ouvre droit (nos 74910 s.) (C. rur. art. L 741-12).

2. AUTRES INCIDENCES DU CUMUL D'EMPLOIS

La **déduction spécifique pour frais** professionnels, à laquelle ont droit certains salariés dans les conditions exposées nos 55460 s., est limitée à 7 600 € par an et par salarié concerné. Si le salarié exerce son activité pour plusieurs employeurs, cette limite peut être appréciée séparément, au niveau de chaque employeur, cette tolérance pouvant toutefois être remise en cause en cas d'abus manifeste, notamment lorsque les employeurs relèvent d'un même groupe. Lorsqu'un salarié exerce plusieurs professions dont certaines ouvrent droit à une déduction, il y a lieu de considérer séparément les revenus tirés de chacune des activités et de leur appliquer le régime d'imposition qui leur est propre (BOSS-FP-2160). **69080**

Sur la rémunération à retenir pour évaluer forfaitairement l'avantage en nature **logement,** voir no 39310. **69090**

Sur le plafond de référence à retenir pour l'appréciation des limites d'exonération des **contributions patronales de retraite** supplémentaire et de **prévoyance** complémentaire, voir no 43165.

Pour le calcul de la limite d'exonération de la contribution de l'employeur aux **chèques-vacances,** voir no 53080.

S'agissant du calcul des **cotisations d'assurance vieillesse** sur le salaire équivalent temps plein, voir nos 75230 (accès au dispositif) et 75340 (modalités).

B. CSG-CRDS

69130 Lorsque le plafond est proratisé pour le calcul des cotisations sociales, il l'est également pour l'application de la déduction forfaitaire pour frais professionnels pratiquée sur l'assiette de la CSG et de la CRDS (Circ. Acoss 32 du 19-3-2012). L'assiette de cette déduction (nos 28650 s.) est en effet limitée à 4 plafonds de sécurité sociale.

EXEMPLE

Pour un salarié ayant 2 employeurs et dont la rémunération globale 2023 est de 190 000 €, dont 130 000 € chez l'employeur A, le plafond annuel 2023 (égal à 43 992 €) s'élève chez cet employeur à : 43 992 × 130 000/190 000 = 30 099,79 €.

L'assiette de la déduction forfaitaire CSG-CRDS est donc plafonnée, chez l'employeur A, à 4 fois ce montant, soit 120 399,16 €.

L'assiette annuelle de la CSG et de la CRDS du salarié chez l'employeur A est calculée comme suit : (120 399,16 × 98,25 %) + (130 000 − 120 399,16).

C. Chômage et AGS

69150 La fraction des rémunérations excédant 4 fois le **plafond** de la sécurité sociale est exclue de l'assiette des contributions chômage et AGS (no 29360). Pour calculer cette limite, il convient de retenir le même mécanisme que pour les cotisations de sécurité sociale, c'est-à-dire soit le prorata, soit le dispositif propre aux salariés à temps partiel (no 75130).

Pour le cas particulier des **VRP multicartes,** voir no 82950.

69160 **EXEMPLE**

Un salarié perçoit de 3 employeurs les salaires suivants au mois de novembre 2023 :

– Employeur A	6 000 € ;
– Employeur B	5 000 € ;
– Employeur C	6 000 € ;
– Total	17 000 €.

Plafond mensuel de la sécurité sociale en 2023 : 3 666 € ; plafond mensuel de calcul des cotisations d'assurance chômage : 3 666 × 4 = 14 664 €. Si pour le calcul des cotisations plafonnées de sécurité sociale l'employeur applique le prorata, le plafond des contributions chômage et AGS est déterminé comme suit.

Proratisation du plafond de calcul des contributions chômage et AGS :
- Employeur A : 14 664 × 6 000/17 000 € = 5 175,53 € ;
- Employeur B : 14 664 × 5 000/17 000 € = 4 312,94 € ;
- Employeur C : 14 664 × 6 000/17 000 € = 5 175,53 €.

La **fraction exonérée** des contributions chômage et AGS est égale à :
- Employeur A : 6 000 € − 5 175,53 € = 824,47 € ;
- Employeur B : 5 000 € − 4 312,94 € = 687,06 € ;
- Employeur C : 6 000 € − 5 175,53 € = 824,47 €.

D. Retraite complémentaire

69190 Les règles générales prévues par l'Agirc-Arrco (nos 29900 s.) s'appliquent, sous réserve des règles propres aux salariés à employeurs multiples exposées ci-après.

Des règles spécifiques sont prévues pour les **VRP** (voir no 83000), les salariés **rémunérés à la vacation** (voir no 30200, b) et les **journalistes pigistes** (voir no 88650).

AFFILIATION

69200 **Chaque employeur** est **responsable** de la déclaration de l'emploi et des rémunérations qu'il verse. Le salarié travaillant pour le compte de plusieurs entreprises doit donc être affilié auprès de la caisse Agirc-Arrco de chaque employeur.

COTISATIONS

69205 Les cotisations au régime unique de retraite complémentaire Agirc-Arrco sont calculées, pour tous les salariés (cadres ou non cadres), sur les 2 tranches de rémunération suivantes : la **tranche 1** (T1) constituée de la fraction de la rémunération dont le montant n'excède pas le plafond de sécurité sociale et la **tranche 2** (T2) constituée de la fraction comprise entre 1 et 8 fois ce même plafond.

Pour les salariés à employeurs multiples, ces tranches de rémunération sont donc déterminées, pour chaque emploi, suivant le principe adopté par le **régime général** de la sécurité sociale : soit au prorata du salaire versé par chaque employeur relevant du régime général ou des assurances sociales agricoles par rapport à l'ensemble des rémunérations perçues par l'intéressé, soit selon le dispositif applicable au temps partiel exposé n°s 74910 s. (Circ. Agirc-Arrco 1 du 9-1-2019).

EXEMPLE

Soit un salarié cumulant 2 emplois percevant en 2023 une rémunération mensuelle globale de 27 000 € (20 000 € chez l'employeur A et 7 000 € chez l'employeur B). Les employeurs appliquant le prorata des salariés à employeurs multiples, la tranche 1 est déterminée comme suit :
– employeur A : 3 666 × 20 000/27 000 = 2 715,56 € ;
– employeur B : 3 666 × 7 000/27 000 = 950,44 €.

La limite supérieure de la tranche 2 est quant à elle déterminée comme suit :
– employeur A : 2 715,56 × 8 = 21 724,48 € ;
– employeur B : 950,44 × 8 = 7 603,52 €.

E. Régime fiscal

IMPÔT SUR LE REVENU

Les salariés à employeurs multiples sont imposables dans les conditions de **droit commun** des traitements et salaires sur la totalité des rémunérations qu'ils perçoivent de leurs différents employeurs. 69320

Quelques remarques peuvent toutefois être faites en matière d'évaluation des avantages en nature logement, de déduction des cotisations de **protection sociale complémentaire,** de versements obligatoires aux plans d'épargne retraite d'entreprise, de déduction des **frais professionnels** et de **prélèvement à la source** de l'impôt sur le revenu.

Sur la détermination de la limite d'exonération fiscale de la contribution de l'employeur à l'acquisition de **chèques-vacances,** en cas de pluralité d'employeurs, voir n° 53080 ; sur la détermination de la part exonérée des indemnités de **licenciement,** voir n° 64080.

Logement L'employeur qui opte pour l'**évaluation forfaitaire** de l'avantage en nature logement n'a pas à tenir compte, pour le calcul du forfait, des rémunérations versées à ses salariés par d'autres employeurs. 69330

En effet, le principe d'alignement des règles d'évaluation des avantages en nature sur celles prévues pour le calcul des cotisations de sécurité sociale (CGI art. 82) conduit à adopter pour l'impôt sur le revenu une règle identique à celle appliquée à ces cotisations. Or, en matière sociale, en cas de pluralité d'employeurs, il est tenu compte uniquement de la rémunération perçue chez l'employeur qui alloue l'avantage logement (n° 39310).

Pour une étude complète de l'évaluation des avantages en nature, voir n°s 40450 s.

Retraite et prévoyance La déduction des **cotisations** aux régimes obligatoires et collectifs d'entreprise de **retraite supplémentaire et** de **prévoyance complémentaire** et des versements obligatoires aux plans d'épargne retraite d'entreprise est autorisée dans la limite de plafonds déterminés pour chaque salarié en fonction de sa rémunération (voir n°s 43860 s.). 69340

En l'absence de toute précision contraire des textes et de la doctrine administrative, il y a lieu de considérer, à notre avis, que ces limites de déduction doivent être calculées par chaque employeur en fonction des seules rémunérations qu'il verse.

Prélèvement à la source Pour la mise en œuvre du prélèvement à la source de l'impôt sur le revenu, chaque employeur applique aux rémunérations qu'il verse le **taux** qui lui a été communiqué par les services fiscaux ou, à défaut, le taux déterminé en application des grilles de taux par défaut en fonction des seules rémunérations qu'il a versées. 69345

Frais professionnels Pour la déduction des frais professionnels, les salariés à employeurs multiples doivent, lors de la souscription de leur **déclaration d'impôt,** opérer un choix global entre déduction forfaitaire de 10 % et déduction des frais réels, c'est-à-dire que l'option retenue vaut pour l'ensemble des rémunérations reçues de leurs différents employeurs (CE 30-9-1981 n° 16601 ; 12-1-2004 n° 254552). 69350

En cas d'option pour la déduction forfaitaire, les limites inférieures et supérieures de la déduction de 10 % s'appliquent au total des rémunérations reçues des différents employeurs (BOI-RSA-BASE-30-50-20 nº 210).

TAXES SUR LES SALAIRES

69360 Pour calculer les **taux** majorés de la taxe sur les salaires, chaque employeur prend en compte les rémunérations qu'il a lui-même versées au salarié, et non le total reçu par celui-ci de ses différents employeurs : voir nº 31700.

F. Statut des salariés

DURÉE DU TRAVAIL

69390 Un salarié peut exercer plusieurs activités professionnelles au service d'employeurs différents, de manière occasionnelle ou régulière, à condition toutefois que la durée totale de ses travaux rémunérés ne dépasse pas les **durées maximales du travail.** À défaut, il doit régulariser sa situation en abandonnant un de ses emplois. L'inertie du salarié invité à régulariser sa situation par un de ses employeurs autorise celui-ci à mettre en œuvre la procédure de licenciement (Cass. soc. 25-10-1990 nº 86-44.212 PF), mais ne le libère pas de son obligation de paiement des salaires correspondant aux heures de travail effectuées (Cass. soc. 31-1-1996 nº 92-40.944 P).

En ce qui concerne : les **heures supplémentaires,** voir nº 6520 ; la **journée de solidarité,** voir nº 71900.

RÉMUNÉRATION

69420 Lorsqu'un salarié faisant l'objet d'une **saisie** des rémunérations perçoit plusieurs rémunérations, le greffier du tribunal judiciaire détermine les employeurs chargés d'opérer les retenues. Si l'un des employeurs est en mesure de verser la totalité de la fraction saisissable, la saisie peut être pratiquée entre ses mains (C. trav. art. L 3252-4 et R 3252-40).

S'agissant du remboursement des **frais de transport public** domicile-lieu de travail, voir nº 57595.

Sur l'étendue du droit à déblocage de la **participation** en cas de cessation d'un des contrats de travail, voir nº 47300.

SECTION 2 ARTISTES DU SPECTACLE

69460 Les artistes du spectacle sont soumis à des **règles spécifiques en matière** de protection sociale, de congés payés et de paiement du salaire.

Un guichet unique, le Guso, facilite les démarches des organisateurs non professionnels de spectacles vivants.

A. Définition

69465 Sont notamment définis comme artistes du spectacle : l'artiste lyrique, dramatique ou chorégraphique, l'artiste de variétés, le musicien, le chansonnier, l'artiste de complément, le chef d'orchestre, l'arrangeur-orchestrateur, l'artiste de cirque, le marionnettiste, celui dont l'activité est reconnue comme un métier d'artiste-interprète par une convention collective du spectacle vivant étendue, ainsi que, pour l'exécution matérielle de leur conception artistique, le metteur en scène, le réalisateur et le chorégraphe (C. trav. art. L 7121-2).

N'ont pas, en revanche, la qualité d'artiste les animateurs radio (Cass. 2e civ. 9-7-2015 nº 14-19.114 F-D) et les sportifs, quelles que soient les conditions d'exercice de leur activité (Circ. DSS 91 du 4-12-1992). Sur les régimes particuliers de cotisations applicables aux sportifs, voir nos 24560 s.

B. Cotisations et contributions sociales

Les cotisations et contributions sociales dues pour les artistes du spectacle sont calculées dans les conditions exposées ci-après. Sauf recours au **Guso** (nos 69870 s.), leurs rémunérations sont déclarées via la **DSN.** 69470

1. SÉCURITÉ SOCIALE

Les artistes du spectacle (au sens indiqué no 69465) dépendent du régime général de la sécurité sociale (CSS art. L 311-3, 15o). Pour le calcul des cotisations, ils relèvent de dispositifs dérogatoires. Les **techniciens du spectacle** ne bénéficient pas de ces dispositifs sauf si leur activité revêt un caractère artistique (en ce sens, Cass. soc. 5-5-1994 no 91-13.776 D ; 8-7-1999 no 97-14.487 PB). Les **acteurs de complément** font l'objet de règles propres. 69480

Sur la prise en compte des artistes dans l'**effectif** sécurité sociale, voir no 18846.

CAS GÉNÉRAL

Taux réduits de cotisations Pour les artistes du spectacle (au sens indiqué no 69465), les cotisations de sécurité sociale sont dues à taux réduits en vertu d'un **arrêté du 24-1-1975,** modifié par les arrêtés du 30-10-1980 et du 12-12-2006. 69560

> **Précisions** Des règles particulières s'appliquent aux artistes-interprètes de **films publicitaires.** Elles ne sont pas abordées ici.

Sont **concernés** par les taux réduits les **cotisations** de maladie, maternité, invalidité, décès, vieillesse et d'accidents du travail, les allocations familiales, la contribution Fnal et le versement mobilité (Arrêté du 24-1-1975 modifié ; Circ. Acoss 16 du 25-2-1975 ; Doc. Urssaf au 8-2-2022). Cette réduction concerne tant la part salariale que la part patronale des cotisations et s'applique aux cotisations déplafonnées et plafonnées (Circ. Acoss 16 du 25-2-1975 ; Doc. Urssaf au 8-2-2022). 69590

En revanche, elle **ne s'applique pas** à la CSG, à la CRDS, à la contribution solidarité autonomie (Circ. Acoss 89 du 9-8-2000 ; Circ. DSS 26 du 31-1-2020, opposable), ni aux contributions chômage et AGS (no 69700), ni à la contribution au dialogue social.

> **Précisions** **a.** La réduction s'applique à la cotisation maladie majorée à laquelle sont assujettis les **artistes-interprètes résidant fiscalement à l'étranger.** La somme correspondante est versée par le producteur à l'organisme de recouvrement dont il dépend ou, s'il ne possède pas d'établissement en France, à l'Urssaf Service firmes étrangères (Circ. DSS 161 du 20-4-2012) : www.foreign-companies.urssaf.eu.
> **b.** Sur la contribution Fnal et le versement mobilité dus par les employeurs affiliés à des **caisses de congés payés,** voir no 60370.

Les cotisations concernées sont dues à un **taux réduit** fixé à 70 % des taux applicables aux autres salariés (Arrêté du 24-1-1975 modifié). Chaque **modification** de l'un des taux du régime général entraîne donc celle des taux réduits (Circ. Acoss 16 du 25-2-1975). 69600

Le cas échéant, la réduction de 30 % propre aux artistes se cumule avec la réduction du taux de la cotisation d'**allocations familiales** pour les salaires n'excédant pas 3,5 Smic (no 22670) et avec la réduction du taux de la cotisation **maladie** pour les salaires n'excédant pas 2,5 Smic (nos 22650 s.). Les cotisations d'allocations familiales et maladie sont donc fixées respectivement à 2,42 et 4,9 %.

Si la rémunération excède 3,5 Smic, s'y ajoute un **taux complémentaire** de 1,26 % au titre de la cotisation d'allocations familiales, déclaré en DSN à l'aide du CTP 432 « Complt AF abatt. 30 % ». De même, si la rémunération excède 2,5 Smic, un taux complémentaire de 4,2 % est dû pour la cotisation maladie. Il est alors déclaré à l'aide du CTP 636 « Complt maladie abatt. 30 % » (Circ. Agirc-Arrco 2019-19 du 23-12-2019, QR 1.9 ; Doc. Urssaf au 8-2-2022).

Assiette des cotisations **Chaque employeur** calcule les cotisations en appliquant les **taux** réduits à l'ensemble des cachets qu'il verse, quel que soit le nombre de cachets effectués, au cours de la même période, pour le compte d'un ou de plusieurs autres employeurs (Arrêté du 24-1-1975 modifié art. 3). 69610

Pour les **périodes d'engagement continu inférieures à 5 jours,** le plafond à retenir pour le calcul des **cotisations plafonnées** (vieillesse et Fnal versé par les entreprises visées no 26450) applicable à chaque journée de travail accomplie par un artiste du spectacle pour un même employeur est égal, quels que soient le nombre d'heures et la nature du travail effectués dans ladite journée, à 12 fois le plafond horaire (Arrêté du 24-1-1975 modifié art. 3), soit en 2023 à 324 € par jour d'engagement. Les cotisations et contributions **déplafonnées** doivent, en revanche, être calculées sur l'ensemble de la rémunération (Circ. Acoss 46 du 1-3-2007 ; Circ. DSS 26 du 31-1-2020, opposable).

Pour un **engagement égal ou supérieur à 5 jours,** le plafond est déterminé selon les règles de droit commun (nos 18020 s.).

> **Précisions** **a.** L'**engagement continu** représente la durée d'engagement de l'artiste figurant dans son contrat de travail, quels que soient le nombre et la répartition des jours de travail durant cette période, peu important le nombre de répétitions, d'enregistrements ou de représentations prévus au contrat et le nombre et la périodicité des cachets versés. La scission artificielle du contrat de l'artiste en différents contrats d'une durée inférieure à 5 jours ne permet pas de bénéficier du statut particulier et dérogatoire prévu par l'arrêté de 1975 (Cass. 2e civ. 18-2-2010 no 08-70.212 F-PB).
> **b.** Les **rémunérations** auxquelles s'appliquent les taux réduits s'entendent de celles définies par l'article L 242-1 du CSS, le cas échéant, après application des déductions forfaitaires spécifiques pour frais professionnels visées nos 55460 s. (Circ. DSS 26 du 31-1-2020, opposable). Certains artistes peuvent cumuler cette déduction avec les indemnités et remboursements de frais qui leur sont alloués à l'occasion de tournées, d'activités saisonnières ou de déplacements professionnels, voir no 55550.
> **c.** L'application des taux réduits conduit à exclure les artistes concernés du champ d'application de la règle du **prorata** employeurs multiples (voir no 68880) et de la **réduction générale** de cotisations patronales (voir no 21840).
> **d.** Les employeurs appliquant les taux réduits n'ont pas à procéder à la **régularisation** des cotisations vieillesse et Fnal plafonnées (voir no 18200).

69630 **Utilisation secondaire du travail enregistré** Les sommes dues aux artistes à l'occasion de la vente ou de l'exploitation de l'enregistrement de leur interprétation sont des redevances de **nature non salariale** si les conditions suivantes sont réunies (CE 23-9-1983 no 29465) :

– elles sont calculées à partir du produit de la vente ou de l'exploitation (et non pas en fonction du salaire initialement perçu à l'occasion de la réalisation de l'enregistrement) ;

– la présence physique de l'artiste n'est plus requise.

Si ces conditions ne sont pas réunies, ces sommes constituent un **salaire** soumis aux cotisations et contributions sociales assises sur les salaires. Celles-ci sont alors dues à taux réduits (nos 69560 s.) et déterminées selon des règles particulières pour le calcul des cotisations plafonnées (no 69640). Elles sont acquittées aux échéances de droit commun : voir no 19500 (Circ. Acoss 57 du 3-12-1980).

> **Précisions** **a.** Bien que les **redevances** de nature non salariale soient soumises aux **contributions** sociales dues au titre des revenus du patrimoine (CSG, CRDS et prélèvements s'y ajoutant), elles sont précomptées par l'employeur ou l'utilisateur de l'enregistrement et reversées par lui aux Urssaf (CSS art. L 136-6, IV).
> En cas de résidence fiscale de l'artiste à l'étranger, les redevances sont soumises à la **cotisation maladie** des **non-résidents** (CSS art. L 131-9 et D 242-3, al. 2). Mais celle-ci étant due à taux réduit (Circ. DSS 161 du 20-4-2012), son taux global s'élève à 18,50 × 70 % = 12,95 % si le salaire est supérieur à 2,5 Smic et à 12,50 × 70 % = 8,75 % si le salaire est inférieur ou égal à 2,5 Smic.
> **b.** La société civile pour l'administration des droits des artistes et musiciens interprètes (**Adami**) peut se substituer à l'employeur en ce qui concerne le versement des charges sociales afférentes aux rémunérations. En ce cas, les cotisations sont versées aux Urssaf et caisses compétentes (www.adami.fr).

69640 Lorsque les sommes versées sont passibles des cotisations et contributions sociales assises sur les salaires, pour chaque utilisation secondaire, le **plafond à retenir** pour le calcul des cotisations plafonnées est égal au produit de 12 fois le plafond horaire de la sécurité sociale par le nombre fictif de jours d'engagement correspondant (Arrêté du 24-1-1975 modifié art. 3 bis).

Ce nombre s'obtient en multipliant le nombre de jours de l'engagement initial par le rapport de la rémunération secondaire à la rémunération initiale revalorisée en fonction de l'évolution de l'indice des prix à la consommation des ménages observée entre la date du versement du cachet initial et la date de la rediffusion ou de la cession commerciale. Lors de chaque versement, le nombre fictif de jours d'engagement est arrondi au nombre entier supérieur, quel que soit le nombre d'engagements initiaux auquel se rapportent les rémunérations secondaires versées (Arrêté du 24-1-1975 modifié art. 3 bis).

Lorsque l'**un des éléments** nécessaires au calcul du nombre fictif de jours d'engagement **fait défaut,** le plafond à retenir est le plafond annuel de la sécurité sociale (Arrêté du 24-1-1975 modifié art. 3 bis).

EXEMPLE

Cachet initial de l'artiste : 1 500 € pour une période d'engagement de 2 jours.

Cachet revalorisé à la date de la rediffusion ou de la cession commerciale : 1 700 €.

Rémunération secondaire : 100 €.

Le nombre fictif de jours d'engagement est déterminé comme suit :
2 × 100/1 700 = 0,12 (arrondi à 1).

Le plafond est égal au produit du nombre fictif de jours d'engagement par 12 fois le plafond horaire en vigueur lors du versement de la rémunération secondaire. En supposant que les 100 € ont été versés le 1-2-2023, le plafond est égal à :

1 × 12 × 27 (plafond horaire applicable en 2023), soit 324 €.

La rémunération secondaire (100 €) étant inférieure au plafond (324 €), elle est intégralement soumise aux cotisations plafonnées.

ACTEURS DE COMPLÉMENT

Pour les acteurs de complément (aussi appelés « figurants ») engagés à la journée lors de **productions cinématographiques** dont la rémunération brute journalière n'excède pas 6 % du plafond mensuel de la sécurité sociale en vigueur durant la période d'emploi, les cotisations sont calculées par jour de tournage en appliquant les taux réduits visés nos 69560 s. sur une base forfaitaire égale à 9 fois la valeur horaire du Smic en vigueur au 1er janvier de l'année civile en cours (Arrêté du 9-1-1989 art. 1er et 2). La **rémunération brute journalière** s'entend du montant du cachet avant tout abattement ou majoration pour frais professionnels (Guide Acoss du recouvrement no 101 p. 92-29). 69670

Les cotisations peuvent, d'un commun accord entre l'employeur et le salarié, être calculées conformément au **droit commun** sur le montant des rémunérations versées (Arrêté du 9-1-1989 art. 3).

2. CSG-CRDS

Pour les artistes du spectacle, la CSG et la CRDS sont dues au **taux** de droit commun (voir no 69590). 69680

L'assiette plafonnée de la **déduction forfaitaire pour frais** professionnels (nos 28650 s.) est calculée de la manière suivante (Circ. Acoss du 19-3-2012, QR no 14) :

– si l'engagement est inférieur à 5 jours continus, le plafond est de 12 × 4 plafonds horaires par jour d'engagement (soit, en 2023, 1 296 € par jour d'engagement) ;

– si l'engagement est supérieur ou égal à 5 jours, le plafond est déterminé selon les règles de droit commun.

EXEMPLE

Pour un artiste engagé 4 jours moyennant un cachet journalier de 1 500 €, l'assiette de la CSG et de la CRDS est déterminée comme suit en 2023 : 4 jours × [(1 296 × 98,25 %) + (1 500 – 1 296)].

3. CHÔMAGE ET AGS

Les artistes du spectacle (au sens indiqué no 69465) engagés sous CDD bénéficient du régime d'assurance chômage des **intermittents** du spectacle prévu, pour ce qui les concerne, par l'annexe X au règlement d'assurance chômage annexé au décret 2019-797 du 26-7-2019. Des règles similaires s'appliquent aux **ouvriers et techniciens** du spectacle ou de la production cinématographique ou audiovisuelle relevant de ce régime. La liste des emplois concernés, fixée à l'article 71 de l'annexe VIII au règlement précité, est disponible sur le site de Pôle emploi : www.pole-emploi.fr. 69690

La rémunération des intermittents du spectacle est soumise aux contributions chômage et AGS même si les intéressés ont **moins de 16 ans** (Circ. Unédic 1 du 5-1-2017).

COTISATIONS

Taux Les employeurs d'intermittents du spectacle sont redevables de la **contribution chômage de droit commun** (no 29450). Employeurs et intermittents du spectacle sont en outre redevables d'une **contribution additionnelle** destinée à financer les spécificités de leur régime. Le taux de cette cotisation additionnelle est de 7,40 % (5 % employeur et 2,40 % salarié) (Règl. annexé au décret 2019-797 du 26-7-2019 ann. X art. 50 ; Circ. Unédic 11 du 14-10-2019). 69700

La contribution **AGS** est due au taux de droit commun.

> **Précisions** Pour les **CDD d'usage** d'une durée inférieure ou égale à 3 mois conclus avec un intermittent du spectacle, la contribution patronale de droit commun est majorée de 0,5 %, ce qui la porte à 4,55 %. La majoration n'est pas due pour les emplois saisonniers. L'employeur peut en obtenir le remboursement s'il embauche le salarié en CDI à l'issue du CDD (Décret 2019-797 du 26-7-2019 ann. X art. 50 ; Circ. Unédic 11 du 14-10-2019).

69710 **Assiette** Les contributions chômage et AGS sont assises sur les rémunérations brutes, le cas échéant, converties en euros sur la base du taux officiel du change lors de leur perception (Règl. annexé au décret 2019-797 du 26-7-2019 ann. X art. 49). Cette règle vaut pour tous les salariés concernés : il n'est pas fait application des bases forfaitaires éventuellement retenues pour le calcul des cotisations de sécurité sociale (Circ. Unédic 4 du 7-2-2018).

Sont **exclues** de l'assiette des contributions les rémunérations dépassant 4 fois le plafond de la sécurité sociale (Règl. annexé au décret 2019-797 du 26-7-2019 ann. X art. 49).

> **Précisions** **a.** En l'absence de dispositions contraires, la **limite de 4 plafonds** doit, selon nous, être déterminée selon les mêmes modalités que le plafond des cotisations de sécurité sociale. Les dispositions spécifiques au plafond des cotisations de sécurité sociale des artistes sont donc, à notre sens, applicables aux contributions d'assurance chômage.
> **b.** Les **déductions forfaitaires spécifiques pour frais** professionnels dont bénéficient certains intermittents pour le calcul des cotisations de sécurité sociale (n° 96360) ne sont pas appliquées pour le calcul des contributions chômage et AGS (Règl. annexé au décret 2019-797 du 26-7-2019 ann. X art. 49).
> **c.** Les rémunérations versées par des **tiers** pour le compte de l'employeur entrent dans l'assiette des contributions chômage et AGS. Sont notamment concernés les **indemnités de congés payés** versées par la caisse des congés spectacles (n° 69780) ainsi que les **compléments de rémunération** versés par les sociétés de perception et de répartition des droits aux artistes-interprètes, en vertu d'accords collectifs ou spécifiques et calculés au prorata du cachet initial de l'artiste (Circ. Unédic 11 du 14-10-2019).

DÉCLARATION ET PAIEMENT

69730 **Organisme compétent** Les opérations d'affiliation et de recouvrement des contributions chômage et AGS dues par les employeurs d'intermittents du spectacle sont gérées par un **centre unique** dont les coordonnées sont les suivantes : Pôle emploi services – Centre de recouvrement cinéma spectacle, TSA 70113, 92891 Nanterre cedex 09, tél. : 39-95 (composer le département 99). Par exception au principe du recouvrement des contributions chômage et AGS par les Urssaf, Pôle emploi est, en effet, resté compétent pour le recouvrement de celles dues pour les intermittents du spectacle (C. trav. art. L 5427-1, e).

> **Précisions** **a.** Les **employeurs non professionnels** du spectacle vivant – c'est-à-dire ceux n'ayant pas le spectacle pour activité principale – doivent effectuer leurs déclarations et versements auprès du guichet unique du spectacle occasionnel visé n° 69870.
> **b.** Les contributions chômage dues sur les indemnités de congés payés versées par la **caisse des congés spectacles** (n° 69780) sont réglées par celle-ci (voir n° 60380).
> **c.** Les **employeurs monégasques** doivent être affiliés et régler les contributions dues au titre de l'emploi d'intermittents du spectacle auprès de l'institution visée n° 29570.

69735 **Modalités** L'employeur doit **verser** les contributions chômage et AGS au plus tard le 15 du mois suivant celui au cours duquel les rémunérations sont versées (Règl. annexé au décret 2019-797 du 26-7-2019 ann. X art. 53) sauf s'il occupe moins de 11 salariés, auquel cas, un paiement trimestriel est admis. Il peut opter pour le prélèvement Sepa et saisir un mandat sur le site www.net-entreprises.fr en indiquant le numéro ICS FR17ZZZ548627 (identifiant Sepa Pôle emploi) (Actualité net-entreprises du 12-8-2021).

Quelle que soit la périodicité de paiement des contributions, l'employeur doit **déclarer** chaque mois à Pôle Emploi via la DSN les informations nécessaires au calcul des contributions (net-entreprises, fiche n° 2417), sauf s'il relève du champ d'application du Guso (n° 69880).

> **Précisions** Le défaut de paiement des contributions à la date limite d'exigibilité est passible des mêmes **majorations de retard** que les cotisations Urssaf (n° 19600) (Règl. annexé au décret 2019-797 du 26-7-2019 ann. X art. 53). D'autres majorations peuvent s'ajouter si l'employeur n'a pas adressé une ou plusieurs attestations mensuelles (voir n° 69740, b).

69740 En parallèle de la DSN, l'employeur doit, pour chaque salarié concerné, établir une **attestation employeur mensuelle** (AEM) au titre du mois au cours duquel la rémunération est versée, pour toute période d'activité, quelle que soit sa durée et au plus tard pour le 15 du mois suivant le versement de la rémunération (notice AEM : www.pole-emploi.fr). Un exemplaire doit être **remis au salarié** afin qu'il puisse faire valoir ses droits auprès de Pôle emploi (Circ. Unédic 4 du 7-2-2018).

Cette attestation doit mentionner la période d'emploi de l'intéressé, les rémunérations afférentes à cette période qui ont été soumises à contributions (Règl. annexé au décret 2019-797 du 26-7-2019 ann. X art. 49), ainsi que les numéros d'affiliation (à ne pas confondre avec le numéro de dossier de recouvrement, adressé lors du passage du recouvrement des contributions en DSN : www.pole-emploi.fr) et d'objet communiqués par le centre de recouvrement cinéma spectacle. Si la période d'emploi dépasse le mois, l'employeur doit indiquer dans la première attestation mensuelle la date de début du contrat de travail et cocher la case « contrat en cours », puis établir chaque mois suivant une **attestation complémentaire** en rappelant le numéro de l'attestation initiale (notice AEM : www.pole-emploi.fr).

L'employeur peut saisir les AEM **en ligne,** en accédant à son compte, à partir de son espace authentifié sur www.pole-emploi.fr (service Pôle emploi spectacle). Il peut aussi les envoyer à l'adresse indiquée n° 69730 (www.pole-emploi.fr). Les AEM seront remplacées par la **DSN** (Décret 2019-613 du 19-6-2019 art. 5) lorsque la qualité des données DSN sera satisfaisante (www.pole-emploi.fr).

› Précisions a. Avant le démarrage de toute **nouvelle activité** relevant de l'annexe X (nouvelle production, nouveau spectacle...), l'employeur doit demander, pour celle-ci, l'attribution d'un numéro d'affiliation et d'un numéro d'**objet.** Ces numéros, qui peuvent être obtenus à partir du site www.pole-emploi.fr (service Pôle emploi spectacle), doivent être reportés sur les AEM (notice AEM : www.pole-emploi.fr).
Le numéro d'objet doit, en outre, être mentionné sur les bulletins de salaire, ainsi que, chaque fois que cela est possible, sur les contrats de travail. L'absence de ce numéro sur les AEM est passible d'une **pénalité** identique à celle applicable en cas de défaut de production de la déclaration de régularisation annuelle : voir n° 69745 (Règl. annexé au décret 2019-797 du 26-7-2019 ann. X art. 47).
b. L'**absence de déclaration** des périodes d'emploi lors du versement mensuel des contributions est passible d'une majoration spécifique de 10 % du montant des contributions à laquelle s'ajoute, à compter du 4e mois suivant la date d'exigibilité, une majoration de 2 % par trimestre. Ces majorations sont dues pour toute période trimestrielle, même si elles sont incomplètes (Règl. annexé au décret 2019-797 du 26-7-2019 ann. X art. 49). Elles se cumulent avec celles visées n° 69735 si, à la date d'exigibilité, l'employeur n'a pas réglé les cotisations (Circ. Unédic 4 du 7-2-2018).

À l'expiration de chaque année civile, l'employeur doit remplir une **déclaration de régularisation annuelle** qui comporte, d'une part, l'ensemble des rémunérations payées à ses salariés et soumises à contributions, compte tenu des règles de régularisation annuelle applicables, d'autre part, l'indication des renseignements sur l'effectif du personnel au 31 décembre de l'année considérée. Il doit l'adresser à Pôle emploi au plus tard le 31 janvier suivant. À défaut, il s'expose à une **pénalité** de 7,50 € par salarié et par mois, plafonnée à 750 € par mois de retard (Règl. annexé au décret 2019-797 du 26-7-2019 ann. X art. 49 et 53). **69745**

4. RETRAITE COMPLÉMENTAIRE

Toute nouvelle **entreprise de spectacle** (y compris s'il s'agit d'une association) doit adhérer à l'Alliance professionnelle Agirc-Arrco (Avenant n° 4 à l'ANI du 17-11-2017 ann. B art. 3, diffusé par Circ. Agirc-Arrco 2019-18-DRJ du 23-12-2019) section Audiens (www.agirc-arrco.fr) et lui verser les cotisations de retraite complémentaire. Pour les employeurs **non professionnels** du spectacle vivant organisant une manifestation occasionnelle, cette obligation est accomplie via le guichet unique du spectacle occasionnel (Guso) : nos 69870 s. **69760**

Les **cotisations** de retraite complémentaire sont assises sur la rémunération réelle, même si les cotisations de sécurité sociale sont calculées forfaitairement (ANI du 17-11-2017 art. 30). Les rémunérations versées aux intermittents du spectacle (artistes ou techniciens) par chaque employeur sont traitées de façon distincte dans les limites annuelles des tranches 1 et 2, quelle que soit la durée de l'activité sur l'année (ANI du 17-11-2017 ann. A art. 1).

La **déduction forfaitaire spécifique** pour frais professionnels visée n° 96360 s'applique dans les mêmes conditions sur l'assiette sécurité sociale et l'assiette retraite complémentaire (sur ces conditions, voir nos 55460 s.).

› Précisions Les cotisations de retraite complémentaire sont **déclarées** et **payées** selon les mêmes modalités que la cotisation « Congés spectacles » (voir n° 69780).

5. CONTRIBUTIONS À LA FORMATION PROFESSIONNELLE ET À L'ALTERNANCE

69770 Les employeurs d'intermittents du spectacle doivent verser la taxe d'apprentissage et la contribution supplémentaire à l'apprentissage selon les règles visées n°s 31110 s. (cas général) et 60370 (employeurs affiliés à la caisse des congés spectacles).

Ils ne sont redevables ni de la contribution à la **formation professionnelle** (CFP), ni de la contribution spécifique due, en principe, par les employeurs de salariés sous CDD (CPF-CDD), mais d'une contribution unique spécifique prévue par voie conventionnelle, dont le taux global ne peut pas être inférieur à 2 % des rémunérations versées aux intermittents du spectacle et dont la répartition minimale est la suivante : 0,35 % au titre du compte personnel de formation ; 1,10 % au titre du développement des compétences ; 0,10 % au titre de la formation des demandeurs d'emploi (C. trav. art. L 6331-55 et L 6331-56). Actuellement, l'accord interbranche du 25-9-2014 fixe un taux global de 2 %. Calculée sur la même assiette que celle retenue pour les cotisations de sécurité sociale, la contribution est **recouvrée** soit par l'Urssaf (C. trav. art. R 6331-73), soit par le Guso pour les employeurs en relevant (Accord interbranche du 25-9-2014, étendu par arrêté du 16-3-2015) : voir n°s 69870 s.

À cette contribution s'ajoutent une cotisation conventionnelle de 0,10 %, calculée sur la même assiette, et une contribution forfaitaire annuelle de 50 € par entreprise, qui sont collectées par l'opérateur de compétences du secteur (Afdas) (Accord interbranche du 25-9-2014, étendu par arrêté du 16-3-2015).

C. Statut du salarié

1. CONGÉS PAYÉS

69780 **Gestion des congés et cotisation** Les employeurs d'intermittents du spectacle (artistes ou techniciens) sont tenus de s'affilier à la **caisse des congés spectacles** gérée par le groupe de protection sociale Audiens.

À ce titre, l'employeur est redevable d'une cotisation (C. trav. art. D 7121-44) **assise** sur la rémunération brute versée au salarié pendant la période de référence avant application de toute déduction forfaitaire spécifique pour frais professionnels et toute retenue. Son taux est fixé à 15,40 % (Circ. DSS 26 du 31-1-2020, opposable).

Au même titre que les cotisations de retraite complémentaire, cette cotisation patronale doit être déclarée mensuellement via la DSN et réglée pour un mois M le 25 du mois M + 1 ou, en cas d'échéance trimestrielle (entreprises de moins de 11 salariés), le 25 du mois suivant le dernier mois du trimestre. Son paiement et celui des cotisations de retraite complémentaire s'effectuent, en principe, au moyen du prélèvement Sepa, inclus dans le fichier DSN. Les modalités de déclaration et de paiement des cotisations sont détaillées par Audiens sur son site internet (www.audiens.org).

> **Précisions** **a.** Pour les **employeurs professionnels** du spectacle, l'adhésion à la caisse des congés spectacles est automatique s'ils sont adhérents à Audiens pour la retraite complémentaire ; pour les employeurs **non professionnels** du spectacle vivant, les formalités liées aux congés, comme les autres, sont accomplies auprès du Guso (www.audiens.org) : n°s 69870 s.
> **b.** Le **dépôt du fichier DSN** peut être effectué via net-entreprises ou sur le guichet Izilio mis gracieusement à disposition des entreprises clientes d'Audiens. Izilio permet aux employeurs équipés d'un logiciel de paie compatible DSN de transférer un fichier DSN de manière sécurisée et de bénéficier de services complémentaires (www.audiens.org).
> **c.** Sur la contribution **Fnal** et le **versement mobilité** dus par les employeurs affiliés à des caisses de congés payés, voir n° 60370.

69800 **Prise des congés** La **période de référence** des congés payés des intermittents du spectacle court du 1er avril d'une année N au 31 mars de l'année N + 1 (C. trav. art. R 3141-4, al. 2).

L'employeur est tenu de délivrer au salarié qu'il cesse d'occuper ou qui peut bénéficier de son congé annuel un **certificat d'emploi** lui permettant de faire valoir ses droits à congés. Ce certificat indique la durée des engagements ou le nombre des cachets effectués à son compte dans les 12 mois qui précèdent, le montant de la rémunération versée pendant la période envisagée, ainsi que la raison sociale et l'adresse de la caisse de congés payés (C. trav. art. D 7121-32). Un second exemplaire est transmis à Audiens via la DSN (www.audiens.org).

Pour bénéficier des **indemnités de congé,** le salarié doit adresser sa demande de congé 15 jours au moins avant son départ en congé (C. trav. art. D 7121-36) et au plus tard le 31 mars de l'année suivante, soit via son espace personnel en ligne, soit par voie postale en retournant le formulaire prérempli adressé par Audiens. Audiens procède ensuite au virement de l'indemnité de congés payés sur le compte du salarié et lui délivre une attestation de paiement qu'il doit conserver sans limitation de durée (www.audiens.org). S'agissant du régime social de ces indemnités, voir nos 60360 s.

> **Précisions** **a.** Le salaire qui sert de base au **calcul de la cotisation** visée n° 69780 est indiqué sur le certificat d'emploi. Il comprend les heures supplémentaires ainsi que les avantages en nature et certaines primes et indemnités, et non les remboursements pour frais professionnels. Si la convention collective applicable dans l'entreprise définit un salaire minimum, l'entreprise peut plafonner la base de calcul au triple du montant du salaire minimum de la catégorie professionnelle concernée (Mode d'emploi employeur janvier 2019 Audiens).
> **b.** En pratique, l'employeur peut émettre le **certificat d'emploi** en se connectant à son espace sécurisé, accessible depuis ce lien : adherents.audiens.org. Pour les employeurs non professionnels du spectacle vivant, cette formalité, comme les autres, est accomplie auprès du Guso : voir nos 69870 s.
> **c.** En cas de première demande de congés, le salarié doit solliciter son **immatriculation** en complétant un formulaire en ligne, accessible depuis ce lien : congés-spectacles.audiens.org. Toutefois, s'il s'agit d'un salarié étranger, il appartient à l'employeur de l'immatriculer (www.audiens.org).
> **d.** Pour les **activités en cours au 31 mars,** l'employeur établit deux certificats d'emploi : le premier, pour la période de travail se terminant le 31 mars, doit être remis au salarié avant qu'il ne prenne son congé ; le second, pour la période de travail débutant le 1er avril, doit être remis à l'intéressé lorsqu'il quitte son emploi (Mode d'emploi employeur janvier 2019 Audiens).

2. PAIEMENT DU SALAIRE

Les employeurs relevant du Guso n'ont pas à établir de bulletin de paie (voir n° 69890). **69840**

Les autres employeurs doivent remettre un bulletin de paie aux artistes du spectacle qu'ils emploient et y indiquer notamment la période et le nombre d'heures de travail auxquels se rapporte le salaire ou, si la base de calcul du salaire n'est pas la durée du travail, la nature de cette base (C. trav. art. R 3243-1, 5°).

En ce qui concerne le versement du salaire des **enfants du spectacle,** voir nos 12060 s.

D. Guso

Le guichet unique du spectacle occasionnel (Guso) est un service gratuit de simplification administrative géré par Pôle emploi. Il s'adresse à tous les organisateurs **non professionnels** de spectacles vivants. **69870**

Il leur permet de remplir en **une seule fois** l'ensemble de leurs obligations légales auprès des organismes de protection sociale (Urssaf, Pôle emploi, caisses de retraite complémentaire, de congés payés, etc.) et d'effectuer le prélèvement à la source de l'impôt sur le revenu.

Le recours au Guso est **obligatoire** pour les employeurs concernés. L'**adhésion** se fait via un formulaire en ligne (www.guso.fr).

> **Précisions** **a.** Les employeurs entrant dans le champ d'application du Guso ne peuvent pas utiliser les dispositifs du **titre emploi-service entreprises,** du **titre firmes étrangères** et du **chèque emploi associatif** pour se libérer de leurs obligations liées à l'emploi d'intermittents du spectacle (Circ. DSS 26 du 31-1-2020, opposable).
> **b.** L'organisateur occasionnel de spectacles vivants relevant du Guso étant assimilé à un employeur occupant moins de 50 salariés, l'administration considère qu'il n'est redevable ni du **versement mobilité,** ni de la contribution **Fnal** déplafonnée (Circ. DSS 26 du 31-1-2020 art. 5, opposable).

CHAMP D'APPLICATION

Le Guso **concerne** les personnes physiques (particulier, commerçant, profession libérale…) et morales (association, entreprise, comité social et économique, hôtel, café, restaurant, collectivité territoriale…) qui emploient sous CDD des artistes du spectacle (au sens indiqué n° 69465) ou des techniciens qui concourent au spectacle vivant. Ce champ comprend (C. trav. art. L 7122-22 ; Circ. DSS 26 du 31-1-2020, opposable) : **69880**

– les groupements d'artistes amateurs bénévoles faisant occasionnellement appel à un ou plusieurs artistes du spectacle percevant une rémunération ;

– les structures qui n'ont pas pour activité principale ou pour objet l'exploitation de lieux de spectacles, de parcs de loisirs ou d'attractions, la production ou la diffusion de spectacles.

N'entrent pas dans le champ d'application du Guso, outre les entreprises ne répondant pas aux critères ci-dessus (Circ. DSS 26 du 31-1-2020, opposable) :
– les discothèques et les casinos ;
– les activités liées à l'enseignement et à la pédagogie ainsi que les animations événementielles et les ateliers participatifs ;
– les entreprises de portage salarial ;
– les employeurs de toreros.

Au besoin, l'activité principale est définie par le Guso à partir du **code APE** (Circ. DSS 26 du 31-1-2020, opposable).

Les entreprises ou associations ayant pour activité exclusive ou partielle d'assurer, à titre d'**intermédiaire,** les formalités pour le compte des employeurs entrant dans le champ d'application du guichet unique doivent utiliser le Guso pour accomplir, dans le cadre de ce service, les obligations au nom de ces employeurs (Circ. DSS 26 du 31-1-2020, opposable).

› Précisions Le **nombre de représentations** n'est pas un critère d'éligibilité au Guso. Toutefois, si l'employeur organise plus de 6 représentations par an, il doit être titulaire d'une licence ou d'un récépissé de déclaration d'activité d'entrepreneur de spectacles vivants valant licence (www.guso.fr ; Circ. DSS 26 du 31-1-2020, opposable).

MISE EN ŒUVRE

69890 Le Guso permet à l'employeur d'effectuer la déclaration préalable à l'embauche (**DPAE**) et de s'acquitter des **autres obligations** déclaratives et contributives au moyen de la déclaration unique et simplifiée (**DUS**) (C. trav. art. R 7122-14 à R 7122-18 ; Circ. DSS 26 du 31-1-2020, opposable).

Sauf exception, ces déclarations obligatoires doivent être effectuées auprès du Guso par **voie dématérialisée,** sous peine de sanctions (voir nº 69920).

Le Guso est habilité à remettre au salarié une **attestation mensuelle d'emploi** par laquelle il l'informe du montant déclaré aux organismes de protection sociale et à l'administration fiscale (www.guso.fr). La remise de cette attestation dispense l'employeur d'établir un **bulletin de paie** (Circ. DSS 26 du 31-01-2020 ; www.guso.fr).

› Précisions **a.** En pratique, la DUS comporte **deux volets** : un premier volet valant DPAE ; un second permettant de satisfaire aux autres obligations déclaratives et contributives (C. trav. art. R 7122-17).
b. La DUS doit comporter certains **renseignements** relatifs à l'entreprise, au salarié, à son embauche, à son emploi, ainsi qu'à l'exécution et à la cessation de son contrat de travail (C. trav. art. R 7122-18). La DUS doit aussi mentionner le numéro Guso du salarié. Si le salarié a déjà adhéré au Guso, l'employeur doit alors lui demander de lui communiquer son numéro, qui figure sur les attestations mensuelles d'emploi du Guso. Dans le cas contraire, le salarié doit adhérer au Guso depuis l'espace salarié, muni de son numéro de sécurité sociale (www.associations.gouv.fr/guichet-unique-du-spectacle-occasionnel-guso.html ; www.guso.fr).
c. La DUS peut être **saisie** par l'employeur sur le site internet du Guso jusqu'à 2 heures **avant** le spectacle, avec une anticipation d'un mois maximum (www.guso.fr).
d. Dès lors que le second volet de la DUS a valeur de contrat de travail (bien que les parties conservent la faculté d'établir un CDD sur un autre document : Circ. DSS 26 du 31-1-2020, opposable ; www.guso.fr), d'attestation Pôle emploi, de certificat de travail et de certificat justificatif du droit au congé (nº 69800), l'employeur doit en remettre un **exemplaire** au **salarié** au plus tard dans les 2 jours suivant son embauche (C. trav. art. R 7122-21), ainsi qu'au terme de son contrat de travail (C. trav. art. R 7122-22).

COTISATIONS ET PRÉLÈVEMENT À LA SOURCE

69900 **Calcul** Les assiettes et taux applicables au calcul des **cotisations et contributions sociales** sont ceux en vigueur au moment de la période d'emploi (Circ. DSS 26 du 31-1-2020 art. 5, opposable).

Pour les **artistes,** les cotisations de sécurité sociale sont calculées comme indiqué nᵒˢ 69480 s.

Pour les **ouvriers et techniciens,** elles sont calculées sur la rémunération réelle (Circ. DSS 26 du 31-1-2020, opposable).

Pour les **autres cotisations,** voir nᵒˢ 69690 s. (chômage et AGS), 69760 (retraite complémentaire) et 69780 (congés payés). Pour le prélèvement à la source de l'**impôt** sur le revenu, voir nᵒˢ 35460 s.

69920 **Déclarations et recouvrement** Le premier volet de la DUS (nº 69890) est **exigible au plus tard** lors de l'embauche, tandis que le second volet de la DUS (nº 69890), les cotisations et contributions sociales, ainsi que le prélèvement à la source de l'impôt sur le revenu le sont au plus tard 15 jours après la fin du contrat de travail. Ces éléments sont adressés globalement au

Guso, qui transmet aux organismes destinataires (CSS. art. L 133-9-2 ; C. trav. art. R 7122-19, R 7122-20 et R 7122-23). Les employeurs doivent effectuer ces formalités auprès du Guso par **voie dématérialisée** mais pas via la DSN car ils en sont exclus. Par exception, ceux ne disposant pas d'un accès internet peuvent opter pour la voie postale ou la télécopie (CSS art. L 133-9 ; C. trav. art. R 7122-24).

Les **litiges** relèvent du contentieux général de la sécurité sociale, à l'exception de ceux portant sur le prélèvement à la source de l'impôt sur le revenu (CSS art. L 133-9-4).

ATTENTION

Une **majoration de retard** de 6 % est appliquée sur le montant des sommes non versées à la date d'exigibilité. Elle est augmentée de 1 % du montant des sommes dues par mois ou fraction de mois écoulé après l'expiration d'un délai de 3 mois à compter de la date limite d'exigibilité (CSS. art. L 133-9-2). En outre, la méconnaissance de l'obligation de procéder aux déclarations et paiements par voie dématérialisée auprès du Guso entraîne l'application d'une majoration égale à 0,2 % des sommes dont la déclaration et/ou le versement ont été effectués par une autre voie (CSS art. L 133-9-2). Le directeur du Guso statue sur les demandes de **remise** des majorations de retard formulées par lettre dûment motivée par les employeurs. Ces demandes sont recevables dans les conditions visées n° 19625 (CSS art. L 133-9-2 et R 133-35).

SECTION 3 PROFESSIONS MÉDICALES

Pour les membres des professions médicales exerçant une activité à **temps partiel** rémunérée pour le compte de plusieurs employeurs, la **cotisation plafonnée d'assurance vieillesse** est due à un **taux réduit** égal à 70 % du taux de droit commun. Ce taux est appliqué par chaque employeur sur la rémunération qu'il verse au praticien dans la limite du plafond (Arrêté du 3-2-1975 modifié art. 1 et 2). **69940**

Le **plafond** à retenir pour le calcul de cette cotisation est celui correspondant à la périodicité de la paie (n°s 18020 s.) sans application du prorata employeurs multiples (n°s 68870 s.) ni du correctif temps partiel (voir n° 74920). Mais pour les assurés rémunérés à la vacation, il est possible de retenir, pour chaque vacation, un plafond égal à : plafond horaire de sécurité sociale × nombre d'heures comprises dans le montant de la vacation (Arrêté du 3-2-1975 modifié art. 2).

Dans tous les cas, le plafond utilisé pour le calcul de la cotisation plafonnée d'assurance vieillesse vaut aussi pour le calcul de l'abattement pour frais professionnels sur l'assiette de la **CSG et de la CRDS** (Circ. Acoss du 19-3-2012) ainsi que, selon nous, pour déterminer le montant des assiettes ou tranches sur lesquelles sont assises la contribution de 0,10 % au **Fnal,** les contributions **chômage et AGS** et les cotisations de retraite complémentaire **Agirc-Arrco.**

L'application du taux réduit dispense l'employeur de procéder à la **régularisation** des cotisations plafonnées (voir nos 18200 s.) et de l'abattement pour frais professionnels sur l'assiette de la CSG et de la CRDS (Circ. Acoss du 19-3-2012).

> Précisions **a.** Les **cotisations et contributions autres** que la cotisation d'assurance vieillesse plafonnée, notamment la contribution de 0,10 % au Fnal (Circ. Acoss 2015-19 du 13-4-2015), sont dues aux taux de droit commun.

b. L'application du taux réduit est compatible avec la **réduction générale** de cotisations patronales de sécurité sociale (voir n° 21840) et la **réduction du taux** des cotisations d'allocations familiales (voir n° 22670) et maladie (n° 22670). Elle est aussi cumulable avec les exonérations propres aux **zones** de revitalisation rurale (n° 23460), aux zones de restructuration de la défense (n° 24500) et aux bassins d'emploi à redynamiser (n° 24330).

c. Si le salarié et l'employeur **renoncent** d'un commun accord à l'application du taux réduit, le **plafond** est déterminé dans les conditions de droit commun avec application, selon le cas, du prorata multi-employeurs ou du correctif temps partiel (Arrêté du 3-2-1975 modifié art. 3) et donne lieu à régularisation au mois le mois. Ce principe vaut non seulement pour le calcul de la cotisation vieillesse déplafonnée, mais aussi pour celui de l'abattement pour frais sur l'assiette de la CSG et de la CRDS (Circ. Acoss du 19-3-2012) ainsi que, selon nous, pour la contribution de 0,10 % au Fnal, les contributions chômage et AGS et les cotisations de retraite complémentaire Agirc-Arrco.

CHAPITRE 9

TRANSFERT D'ENTREPRISE

SOMMAIRE

SECTION 1
INCIDENCES SUR LA RÉMUNÉRATION 70000
I. Transfert légal des contrats de travail 70040
A. Répartition des dettes 70070
1. Dettes nées avant le transfert 70080
a. Obligations du nouvel employeur 70100
b. Recours du nouvel employeur contre l'ancien 70160
2. Dettes nées après le transfert 70180
3. Classement des dettes 70200
4. Répartition conventionnelle 70270
B. Rémunération après le transfert 70300
II. Maintien des contrats de travail en dehors du cadre légal 70400
III. Épargne salariale 70480
SECTION 2
OBLIGATIONS SOCIALES ET FISCALES 70600
A. Cotisations de sécurité sociale 70600
B. Retraite complémentaire 70700
C. Aspects fiscaux du transfert 70850

SECTION 1

INCIDENCES SUR LA RÉMUNÉRATION

70000 En cas de transfert d'entreprise s'accompagnant d'une reprise des salariés par le cessionnaire, certaines questions se posent en matière de **rémunération** : répartition des dettes salariales entre les employeurs successifs, montant du salaire à verser après le transfert, etc. Ces questions sont réglées de façon distincte selon que la reprise des salariés résulte d'une obligation légale ou conventionnelle.

Le transfert d'entreprise conduit aussi à s'interroger sur le sort des systèmes d'**épargne salariale** mis en place par le cédant.

I. TRANSFERT LÉGAL DES CONTRATS DE TRAVAIL

70040 Cette partie est consacrée aux opérations de transfert d'entreprise donnant lieu à application de l'article L 1224-1 du Code du travail. Elle concerne donc toute **modification dans la situation juridique de l'employeur,** notamment par succession, vente, fusion, transformation du fonds, mise en société, ayant pour effet de faire peser sur le cessionnaire de l'entreprise une obligation légale de poursuivre les contrats de travail en cours au jour de la modification.

› Précisions Concernant le champ d'application et les **conditions** de mise en œuvre de l'article L 1224-1 du Code du travail : voir Mémento social n°s 74500 s.

Transfert et licenciement 70050

Le principe de la **continuité du contrat de travail** avec le nouvel employeur a pour conséquence d'écarter les règles du licenciement. L'employeur initial n'a pas à licencier le salarié dont le contrat se poursuit de plein droit par l'effet de la loi avec le nouvel employeur et le salarié ne peut pas prétendre à une indemnité de licenciement.

Si le cédant procède au licenciement économique du salarié, ce licenciement prononcé à l'occasion du transfert d'une entité économique autonome dont l'activité est poursuivie est privé d'effet (jurisprudence constante). Plusieurs options sont ouvertes au salarié licencié dans ces conditions et non repris par le cessionnaire. Il peut :

– demander l'**indemnisation du préjudice** qui découle de la rupture en s'adressant directement à l'auteur du licenciement, c'est-à-dire au cédant (Cass. soc. 20-3-2002 n° 00-41.651 FS-PBR ; 19-5-2010 n° 09-40.405 F-D), ou au cessionnaire, s'il s'est opposé à la poursuite du contrat rompu, et a ainsi contribué à son préjudice (Cass. soc. 20-10-2004 n° 02-43.057 F-D ; 10-4-2008 n° 06-46.073 F-D), ou encore aux deux employeurs successifs en vue de leur condamnation solidaire (Cass. soc. 12-4-2005 n° 03-41.399 F-D ; 13-5-2009 n° 08-41.434 F-D) ;

– solliciter la **poursuite de son contrat de travail** avec le cessionnaire (Cass. soc. 20-3-2002 n° 00-41.651 FS-PBR), en demandant au juge d'ordonner sa **réintégration** chez cet employeur (Cass. soc. 15-2-2006 n° 04-43.923 FS-PB ; 13-5-2009 n° 07-44.671 F-D) avec un rappel de salaires et de lui allouer des dommages-intérêts en réparation du préjudice résultant de son éviction temporaire de l'entreprise (Cass. soc. 13-5-2008 n°s 07-40.276 F-D et 07-40.256 F-D ; 31-3-2009 n° 07-45.029 F-D) ;

– saisir le juge d'une demande de **résiliation du contrat de travail** aux torts du nouvel employeur afin d'obtenir le paiement des salaires dus jusqu'au jour de la résiliation fixé par le juge ainsi que des indemnités de rupture et des dommages-intérêts (Cass. soc. 2-11-2005 n° 03-47.215 F-D).

En revanche, dès lors qu'il est effectivement passé au service du cessionnaire, le salarié licencié par le cédant ne peut plus exiger de celui-ci, sauf en cas de collusion frauduleuse, l'indemnisation du préjudice lié à la perte de son emploi, consécutive au refus des modifications que le cessionnaire a unilatéralement apportées à son contrat de travail (Cass. soc. 13-5-2009 n° 08-40.447 FS-PB ; 27-11-2013 n° 12-18.470 F-D).

A. Répartition des dettes

S'interroger sur la répartition des dettes de salaire **entre les employeurs successifs** conduit à se poser les questions suivantes : 70070

– à qui incombe le paiement des dettes salariales nées avant et après le transfert d'entreprise ?
– comment déterminer si une telle dette est née avant ou après le transfert ?
– les employeurs successifs peuvent-ils déroger aux règles de répartition des dettes de salaire fixées par la loi et la jurisprudence ?

1. DETTES NÉES AVANT LE TRANSFERT

Le nouvel employeur est tenu, à l'égard des salariés dont les contrats de travail subsistent, aux obligations qui incombaient à l'ancien employeur à la date du transfert, à charge pour ce dernier de rembourser les sommes ainsi acquittées par le nouveau (C. trav. art. L 1224-2). 70080

ATTENTION

Cette disposition ne fait pas obstacle à ce que le **salarié** exerce son **action** en paiement directement **à l'encontre de son précédent employeur** (Cass. soc. 3-4-1991 n° 88-41.786 P ; 10-3-2010 n° 08-45.159 F-D).

a. Obligations du nouvel employeur

TRANSFERTS CONCERNÉS

Le transfert au nouvel employeur des obligations incombant à l'ancien à la date du transfert s'applique à tous les transferts légaux d'entreprise, sauf en cas de transfert d'entreprise dans le cadre d'une procédure collective ou de substitution d'employeurs intervenue sans qu'il y ait eu de convention entre ceux-ci. 70100

› Précisions **a.** Le principe du transfert au nouvel employeur des obligations de son prédécesseur joue en cas de **rétrocession d'entreprise.** Ainsi, l'employeur reprenant une entreprise après l'avoir cédée à un tiers est tenu au paiement non seulement des obligations nées avant la cession mais encore de celles contractées postérieurement à cette date par le tiers acquéreur qui lui a rétrocédé cette entreprise (Cass. soc. 31-10-1989 n° 88-44.574 D).
b. En cas de **transmission successorale,** les obligations du nouvel exploitant sont déterminées par les règles du droit successoral.

70110 **Sauvegarde, redressement ou liquidation judiciaire** En cas de transfert dans le cadre d'une procédure de sauvegarde, de redressement ou de liquidation judiciaire, le nouvel employeur n'est pas tenu aux obligations qui incombaient au précédent employeur (C. trav. art. L 1224-2). Ainsi, par exemple, la société cessionnaire n'est pas tenue, au titre d'une période antérieure au transfert, au paiement de salaires et de dommages-intérêts pour manquement aux obligations nées du contrat de travail et à la souscription d'une assurance de groupe (Cass. soc. 31-3-2015 n° 13-25.537 FS-D).

Dans ce cas, les salariés sont garantis du paiement de tout ou partie de leurs créances par le jeu du régime d'**assurance des créances des salariés** (n°s 29100 s.).

Si, par convention, le **nouvel employeur s'est engagé** envers l'ancien **à supporter la charge des créances** antérieures à la cession, les salariés peuvent s'en prévaloir comme d'une stipulation pour autrui en leur faveur (Cass. soc. 12-2-1992 n° 89-42.276 D ; 30-6-2016 n° 14-26.172 FS-PB).

> **Précisions** **a.** Lorsque la **procédure collective** contre le cédant n'est **ouverte qu'après le transfert** d'entreprise, le nouvel employeur est tenu au paiement des créances de salaire nées avant le transfert (Cass. soc. 12-2-1992 n° 90-45.369 D).
> **b.** En cas de **résolution du plan de cession,** les obligations du cessionnaire à l'égard des salariés passés à son service demeurent à sa charge jusqu'au jour de la résolution du plan (Cass. soc. 4-7-2018 n° 17-14.587 FS-PB).
> **c.** En cas de **substitution d'un cessionnaire** au repreneur initial qui avait présenté une offre comprenant un engagement de ne pas prononcer de licenciement pendant une certaine durée, le repreneur initial demeure légalement garant personnellement ou solidairement des engagements qu'il a souscrits (respectivement Cass. soc. 14-3-2012 n° 07-44.941 F-D ; 14-9-2016 n° 15-15.335 F-D).

70120 **Substitution d'employeurs sans convention** En l'absence de convention entre les employeurs successifs, le premier employeur reste seul tenu du paiement des dettes nées avant le transfert. Cette hypothèse vise notamment le **changement de prestataires** (Cass. soc. 24-9-2002 n° 00-44.923 FS-D) ou de **concessionnaires** résultant d'une décision unilatérale du concédant (Cass. soc. 18-11-1992 n° 89-42.281 PF). Il en va de même en cas de succession sans interruption de **locataires-gérants** lorsque le fonds est transmis directement au nouveau locataire-gérant sans faire retour au bailleur (Cass. soc. 18-6-2002 n° 00-44.134 F-D).

SALARIÉS VISÉS

70130 Le transfert des dettes de l'ancien employeur au nouveau s'opère à l'égard des salariés dont le **contrat de travail subsiste** avec ce dernier. Le nouvel employeur n'est donc pas tenu, en principe, au paiement de sommes pour le compte de son prédécesseur pour les salariés dont le contrat est **définitivement rompu** à la date du transfert d'entreprise.

> **Précisions** **a. Préavis en cours au moment du transfert.** Le contrat de travail se poursuivant avec le nouvel exploitant jusqu'à la fin du préavis, la question se pose de savoir s'il est tenu de respecter les obligations de l'ancien employeur, notamment de verser les **indemnités de rupture.** Une application littérale de l'article L 1224-2 du Code du travail pourrait conduire à cette solution (sauf transfert consécutif à une procédure collective ou substitution d'employeurs sans convention entre eux) puisque le contrat subsiste avec le nouvel employeur. À notre connaissance, la Cour de cassation ne s'est jamais prononcée sur cette question.
> **b. Salarié illégalement licencié avant le transfert.** En cas de **collusion frauduleuse** entre l'ancien et le nouvel exploitant en vue de faire échec au droit des salariés d'être repris, ou si les deux employeurs successifs ont par leur action commune causé la rupture du contrat, ils peuvent être condamnés solidairement à verser des dommages-intérêts au salarié abusivement licencié (respectivement Cass. soc. 23-2-1994 n° 91-45.263 D ; 28-1-2015 n° 13-16.719 FS-PB). Indépendamment de toute fraude, le repreneur peut être condamné solidairement avec le cédant s'il refuse de reprendre le salarié illégalement licencié par celui-ci (voir n° 70050).
> **c. Salarié protégé.** En cas de licenciement d'un salarié protégé avant le transfert en application d'une **autorisation administrative ultérieurement annulée,** le nouvel employeur est tenu d'indemniser le salarié du préjudice subi du fait de son licenciement dès lors que l'annulation est intervenue à une date où il s'était substitué au précédent, hors toute procédure collective, et dans le cadre d'une convention (Cass. soc. 13-11-2001 n° 99-42.467 FS-D). La solution est différente si le transfert s'est opéré dans le cadre d'un **redressement judiciaire** : si le salarié protégé irrégulièrement licencié par le cédant demande sa réintégration, le repreneur doit lui verser une indemnité égale au montant des salaires qu'il aurait perçus entre la date de la cession (ou de la demande de réintégration si elle est postérieure à la cession) et celle de sa réintégration ; il en résulte que, si la réintégration a été demandée avant la cession, le repreneur n'a aucune obligation pour la période comprise entre la date de la demande de réintégration et celle de la cession (Cass. soc. 27-5-2009 n° 08-41.096 FS-PB).

CRÉANCES CONCERNÉES

Le nouvel employeur est tenu aux obligations incombant à l'ancien employeur à la date du transfert d'entreprise (C. trav. art. L 1224-2). Le terme **« obligations »** recouvre notamment l'ensemble des créances salariales : salaire proprement dit, primes, commissions, indemnités de congés payés, repos compensateur, etc. Il est suffisamment général pour recouvrir toute dette de l'ancien employeur envers le salarié telle que notamment les compléments **d'indemnités journalières** ou de **rentes** d'accident du travail. 70140

ILLUSTRATIONS

Le salarié peut demander au nouvel employeur la fraction de **dommages-intérêts** portant sur la période où il était au service du cédant et trouvant leur origine dans un manquement de celui-ci aux obligations résultant du contrat de travail (Cass. soc. 14-5-2008 n° 07-42.341 FS-PB) ou encore la réparation des **conséquences financières** de la **prise d'acte** de la rupture de son contrat pour des **manquements imputables au précédent employeur,** dès lors que cette prise d'acte s'analyse en un licenciement sans cause réelle et sérieuse (Cass. soc. 20-2-2013 n° 11-28.340 F-D).

b. Recours du nouvel employeur contre l'ancien

Le premier employeur est tenu de **rembourser** les sommes acquittées par le nouvel employeur au titre d'obligations lui incombant, sauf s'il en a été tenu compte dans la **convention** intervenue entre eux : voir n° 70270 (C. trav. art. L 1224-2). 70160

Le nouvel employeur condamné à payer une somme incombant à son prédécesseur peut appeler ce dernier en garantie (Cass. soc. 7-11-2006 n° 05-41.723 FS-PB).

2. DETTES NÉES APRÈS LE TRANSFERT

Sauf collusion frauduleuse entre les employeurs successifs, le **nouvel employeur** est seul tenu de payer au salarié les sommes dues au titre de la poursuite du contrat de travail nées après le transfert (Cass. soc. 27-5-2020 n° 19-12.471 F-PB). Il peut néanmoins se faire **rembourser** par son prédécesseur la fraction d'indemnité correspondant à la période antérieure au transfert (Cass. soc. 16-10-1985 n° 82-42.578 S ; 28-3-1989 n° 86-42.046 P). 70180

EXEMPLE

Une entreprise A est cédée à une entreprise B le 30-6-2023. En application de l'article L 1224-1 du Code du travail, les salariés de l'entreprise A sont transférés à l'entreprise B. La prime de fin d'année versée avec le salaire de décembre 2023 devra être payée en totalité aux salariés par l'entreprise B, mais celle-ci pourra se faire rembourser par l'entreprise A la partie de l'indemnité correspondant au premier semestre 2023.

3. CLASSEMENT DES DETTES

La jurisprudence a dégagé certains principes permettant de déterminer la **date à laquelle naît une dette de salaire.** Ces solutions sont classées ci-après par nature de dettes concernées. S'agissant des commissions dues à un **VRP** en cas d'application d'une clause de bonne fin, voir n° 58190. 70200

ATTENTION

Seule la « date de naissance » de la dette de salaire doit être prise en compte pour déterminer l'employeur qui en est redevable. La date à laquelle la dette doit être ou est **effectivement payée** est en revanche sans incidence, sauf bien entendu si elle correspond à la date de naissance de cette dette.

PRIMES

Les primes sont dues par l'employeur au service duquel le salarié se trouve à la date où naît le droit à la prime. Lorsque ce droit naît après le transfert, le nouvel employeur est tenu de payer l'intégralité de la prime. Il dispose d'un recours contre le précédent employeur pour la fraction de la prime correspondant au temps pendant lequel le salarié était au service de celui-ci. 70210

ILLUSTRATIONS

Une prime de **fin d'année** ou de 13e mois naît en principe le 31 décembre, sauf disposition contraire dont il incombe au salarié de rapporter la preuve (Cass. soc. 11-3-1992 n° 88-43.447 PF ; 14-5-1997 n° 94-45.109 P).

Une prime de **vacances** payable avec le salaire de septembre naît le 30 septembre (Cass. soc. 18-11-1992 n° 90-44.392 D).

Une prime **due** au titre de la période du 1er juin au 31 mai de l'année suivante aux salariés présents **à la date d'ouverture de la période** des congés payés (1er mai) naît le 31 mai, peu important qu'elle ne soit payable qu'au moment de la prise des congés payés (Cass. soc. 12-7-1994 nº 91-43.325 D).

CONGÉS PAYÉS

70220 L'indemnité de congés payés et l'indemnité compensatrice de congés payés naissent **mois par mois** même si elles ne sont exigibles qu'ultérieurement. Le nouvel employeur ne peut donc pas limiter le calcul de l'indemnité de congés payés à la période pendant laquelle le salarié était à son service (Cass. soc. 6-2-1996 nº 92-45.013 D), mais il est fondé à réclamer à l'employeur précédent la part d'indemnité proportionnelle au temps pendant lequel, au cours de la période de référence, le salarié était au service de celui-ci (Cass. soc. 14-5-1987 nº 85-13.287 P). Il en va autrement en cas de substitution d'employeurs intervenue dans le cadre d'une procédure collective ou sans qu'il existe de convention entre eux : dans ces cas, le nouvel employeur n'est pas redevable de l'indemnité de congés payés afférente à la période antérieure à la reprise (Cass. soc. 9-10-2001 nº 99-43.217 F-P ; 4-12-2002 nº 00-44.328 F-D).

INDEMNITÉS DE RUPTURE

70230 Les indemnités liées à la rupture du contrat de travail naissent **à la date de celle-ci** et incombent à l'employeur qui l'a prononcée (Cass. soc. 7-11-2006 nº 05-41.723 FS-PB ; 28-1-2015 nº 14-12.603 FS-D ; 29-6-2017 nº 15-21.672 FS-D). Il en est également ainsi d'une indemnité pour travail dissimulé qui, si elle est due en raison de l'inexécution par l'employeur de ses obligations, n'est exigible qu'en cas de rupture de la relation de travail (Cass. soc. 11-5-2016 nº 14-17.496 FS-PB).

REQUALIFICATION D'UN CONTRAT À DURÉE DÉTERMINÉE

70240 L'indemnité allouée par le juge lorsqu'il procède à la requalification du CDD en CDI naît dès la **conclusion du contrat** en méconnaissance de la loi et pèse sur l'employeur l'ayant conclu (Cass. soc. 7-7-2010 nº 09-42.729 F-D). Les salariés peuvent toutefois exercer leur recours contre leur nouvel employeur (Cass. soc. 16-3-2011 nº 09-69.945 FS-PB ; 20-2-2013 nº 11-27.035 F-D). Ce dernier, condamné à l'échéance du terme du contrat au paiement de cette indemnité, est ensuite fondé à appeler en garantie le précédent employeur ayant conclu le contrat dont la requalification est encourue (Cass. soc. 7-11-2006 nº 05-41.723 FS-PB).

Il en va différemment de l'**indemnité de licenciement** sans cause réelle et sérieuse découlant de la rupture du **contrat** ainsi **requalifié** : celle-ci doit rester à la charge du nouvel employeur, en application de la règle énoncée nº 70230.

ACCIDENTS DU TRAVAIL

70250 Les compléments d'indemnités journalières et de rentes réparant un accident du travail survenu avant la cession sont nés avant celle-ci, à la **date de l'accident** (Cass. soc. 8-7-1982 nº 80-41.088).

4. RÉPARTITION CONVENTIONNELLE

70270 Les employeurs successifs peuvent convenir de répartir entre eux les charges salariales selon des modalités différentes de celles prévues par la loi ou la jurisprudence. Ces conventions, jouant uniquement dans les rapports entre les employeurs, sont valables si elles ne portent pas atteinte au **droit des salariés** de demander le paiement :

– des créances nées antérieurement au transfert, à sa convenance, soit à l'ancien employeur, soit, dans les cas visés nºs 70080 s., au nouvel employeur ;

– des créances nées postérieurement au transfert au nouvel employeur.

› Précisions a. La **convention** par laquelle les employeurs successifs décident de faire rétroagir la cession à une date antérieure à celle-ci **ne peut pas** avoir pour effet de décharger le cédant du paiement des sommes dues au salarié en raison du travail effectué avant la cession (Cass. soc. 13-10-1988 nº 85-46.063 P).

b. Une convention **peut valablement** permettre aux salariés d'exiger le paiement de leurs créances au nouvel employeur qui n'y aurait pas été tenu en l'absence de cette convention, les intéressés pouvant s'en prévaloir comme d'une stipulation pour autrui en leur faveur (Cass. soc. 12-2-1992 nº 89-42.276 D).

B. Rémunération après le transfert

Après le transfert de l'entreprise, le contrat continue de s'exécuter dans les mêmes conditions. 70300
Ainsi, le salarié conserve son **ancienneté** (n° 70360) et sa **rémunération** antérieure (salaire, primes et accessoires divers), quelle qu'en soit la source : contrat de travail, usages (Cass. soc. 23-9-1992 n° 89-45.656 PF ; 9-10-2001 n° 99-43.661 FS-PB), engagements unilatéraux (Cass. soc. 4-2-1997 n° 95-41.468 P ; 16-9-2015 n° 14-16.158 F-D) ou accords atypiques (Cass. soc. 16-12-1992 n° 88-43.834 P ; 23-2-1994 n° 91-42.947 D), conventions et accords collectifs proprement dits. Toutefois, le nouvel employeur ne peut pas avoir plus d'obligations que son prédécesseur : il n'est pas tenu de verser aux salariés repris **les primes et gratifications bénévoles** dont l'octroi et le montant dépendaient du bon vouloir de l'employeur précédent (Cass. soc. 7-6-1979 n° 78-40.245 P). Sur la notion de primes et gratifications bénévoles, voir n°s 44740.

Le salarié ne peut pas prétendre au maintien de sa rémunération s'il a bénéficié d'une **augmentation de salaire avant le transfert** de l'entreprise en fraude aux droits de l'acquéreur : le cessionnaire n'est alors pas redevable de la majoration de salaire (Cass. soc. 15-12-1993 n° 91-44.311 D).

ATTENTION

L'obligation à laquelle est légalement tenu le nouvel employeur de maintenir, au profit des salariés transférés, les droits issus de leurs contrats de travail, d'un usage ou d'un engagement unilatéral en vigueur au jour du transfert justifie la **différence de traitement** qui en résulte par rapport à ses autres salariés en poste (Cass. soc. 28-10-2008 n° 07-42.718 F-D ; 11-1-2012 n° 10-14.614 FS-PB) ou à ceux embauchés ultérieurement (Cass. soc. 7-12-2005 n° 04-44.594 FS-PBRI).

Le **principe du maintien de la rémunération** après le transfert d'entreprise doit être **tempéré.** 70310
En effet, le nouvel employeur peut :
– procéder à une **modification de la rémunération individuelle** du salarié dans les conditions visées n°s 4550 s. (Cass. soc. 13-11-2001 n° 99-43.016 FS-P), sachant que les modifications concomitantes au transfert sont suspectes de fraude à l'article L 1224-1. Ainsi, lorsque le nouvel employeur subordonne la poursuite du contrat de travail du salarié à une diminution de sa rémunération, ce dernier peut, même s'il accepte, réclamer ensuite un rappel de salaire (Cass. soc. 9-3-2004 n° 02-42.140 F-D) ; si, au contraire, il refuse cette modification, il peut se considérer comme licencié sans cause réelle et sérieuse par son nouvel employeur et lui réclamer réparation du préjudice en résultant (Cass. soc. 18-9-2007 n° 06-42.263 F-D) ;
– **dénoncer les usages, engagements unilatéraux et accords atypiques** en vigueur chez son prédécesseur en respectant la procédure visée n°s 4440 s. (Cass. soc. 23-9-1992 n° 89-45.656 PF ; 21-9-2005 n° 03-43.532 F-PB).
En outre, le maintien des **conventions et accords collectifs** proprement dits est limité dans le temps (voir ci-après).

CONVENTIONS ET ACCORDS COLLECTIFS

Survie provisoire Lorsque, à la suite d'un transfert légal d'entreprise ou d'un changement d'activité, les conventions et accords collectifs auxquels l'entreprise était soumise ne sont plus applicables, leur **mise en cause** résulte de plein droit de la modification intervenue sans qu'il soit besoin d'une dénonciation (Cass. soc. 9-2-1994 n° 90-45.483 D ; 24-3-2021 n° 19-15.920 FS-PI). 70320
Ces textes **continuent** toutefois **de produire effet** (C. trav. art. L 2261-14, al. 1) :
– jusqu'à l'entrée en vigueur de l'accord ou de la convention qui lui est substitué dans les conditions exposées n° 70330 ;
– ou, à défaut, pendant un an à compter de l'expiration du délai de préavis de dénonciation (et non pas à compter de la date de la cession : Cass. soc. 22-6-1993 n° 91-41.983 P) fixé par l'article L 2261-9 alinéa 2 du Code du travail, sauf clause prévoyant une durée supérieure.

Le maintien provisoire des conventions et accords collectifs concerne seulement les **salariés** qui étaient **employés par le cédant à la date du transfert** d'entreprise (Cass. soc. 24-2-1993 n° 90-40.104 P ; 10-10-2007 n° 06-42.962 F-D).

ATTENTION

Tant qu'elle leur demeure applicable, les salariés transférés peuvent exiger que la convention collective dont ils relevaient chez leur ancien employeur soit mentionnée sur leurs **bulletins de paie** en application des règles exposées n°s 13320 s. (Cass. soc. 3-11-1994 n° 93-41.866 D).

Dès qu'ils sont passés au service du nouvel employeur, et tant qu'un nouvel accord n'a pas été signé, les salariés transférés peuvent également se prévaloir des conventions et accords collectifs applicables chez ce dernier. Il en résulte que, pendant la période de survie 70325 provisoire de l'ancien statut collectif, il y a lieu d'appliquer aux salariés transférés les dispositions les plus favorables des conventions et **accords de l'ancien et du nouvel employeur** en faisant application des règles exposées nos 1040 s. (Cass. soc. 24-1-1996 no 93-40.745 D ; 10-2-2010 no 08-44.454 FS-PBR). Sur les règles applicables en présence d'accords conclus à différents niveaux, voir nos 962 s.

Si l'entreprise cédée n'est soumise à **aucun texte conventionnel**, le repreneur doit appliquer, dès la cession, aux salariés repris les conventions et accords collectifs auxquels il est lié sous réserve, bien entendu, que l'activité de ces salariés relève du champ d'application de ces textes.

70330 **Conclusion d'un accord** Pour remédier à la mise en cause des textes conventionnels applicables aux salariés transférés, il peut être négocié plusieurs types de conventions ou d'accords collectifs.

1. Accord de transition. La négociation d'un tel accord se déroule dès que l'opération de transfert est **envisagée** ; ce texte est conclu entre les employeurs des entreprises concernées et les organisations syndicales représentatives dans la seule entreprise employant les salariés susceptibles d'être transférés (entreprise d'origine), pour une durée maximale de 3 ans ; l'accord entre en vigueur à la date de réalisation de l'événement ayant entraîné la mise en cause et s'applique à l'exclusion des stipulations ayant le même objet des conventions et accords applicables dans l'établissement ou l'entreprise cessionnaire ; ces derniers textes s'appliquent entièrement aux salariés transférés dès l'expiration de l'accord de transition (C. trav. art. L 2261-14-2).

2. Accord de substitution. Comme le précédent, cet accord est négocié, de manière **anticipée**, avant même la réalisation effective du transfert d'entreprise ; conclu par les employeurs et les organisations syndicales de salariés représentatives dans les entreprises ou établissements concernés (entreprises d'origine et d'accueil), ce texte a pour objet de **se substituer** aux conventions et accords mis en cause et de **réviser** les conventions et accords applicables dans l'entreprise ou l'établissement dans lequel les contrats de travail sont transférés ; d'une durée de 5 ans, sauf s'il en dispose autrement, il entre en vigueur à la date de réalisation de l'événement ayant entraîné la mise en cause (C. trav. art. L 2261-14-3).

3. Accord d'adaptation. À défaut d'accord anticipé ci-dessus, une nouvelle négociation doit s'engager dans l'entreprise d'accueil, même si une convention ou un accord collectif y existe déjà (Cass. soc. 19-10-1999 no 97-45.907 P), à la demande de l'une des parties intéressées, dans les 3 mois suivant la mise en cause de l'accord ou de la convention applicable aux salariés transférés, soit pour l'adaptation aux dispositions conventionnelles nouvellement applicables, soit pour l'élaboration de nouvelles dispositions (C. trav. art. L 2261-14, al. 7) ; ce nouvel accord conclu pendant la période de survie provisoire du statut conventionnel antérieur met fin à celui-ci, même s'il ne prévoit pas de dispositions plus favorables aux salariés que l'accord mis en cause (Cass. soc. 3-3-1998 no 96-11.115 P).

> **Précisions** **a.** Ne méconnaît pas le principe **« à travail égal, salaire égal »** l'accord d'adaptation qui réserve aux seuls salariés transférés un avantage acquis (en l'espèce, une prime trimestrielle de restauration) qu'ils tenaient de leur ancien statut collectif (Cass. soc. 4-12-2007 no 06-44.041 FS-PB), ou celui qui leur octroie une prime pour compenser le préjudice résultant de la perte de congés dont ils bénéficiaient avant le transfert (Cass. soc. 28-10-2008 no 07-42.718 F-D).
> **b.** Le repreneur de l'entité transférée ne peut pas **subordonner** le bénéfice, dans l'entreprise d'accueil, des avantages collectifs, qu'ils soient instaurés par voie d'accords collectifs, d'usages ou d'un engagement unilatéral de l'employeur, à la condition que les **salariés transférés renoncent** aux droits qu'ils tirent des effets légaux du transfert (Cass. soc. 13-10-2016 no 14-25.411 FS-PB).

70340 **Absence d'accord** **Passé la période de survie provisoire** de la convention ou de l'accord collectif, et en l'absence de nouvel accord, les salariés transférés bénéficient en principe uniquement de la **garantie de rémunération** prévue à l'article L 2261-14 du Code du travail : voir no 4340.

Toutefois, le nouvel employeur peut maintenir, en vertu d'un **engagement unilatéral**, tout ou partie des dispositions conventionnelles en vigueur dans l'entreprise absorbée, sous réserve, s'agissant d'avantages ayant le même objet ou la même cause, que les stipulations conventionnelles maintenues soient plus favorables que celles applicables au sein de l'entreprise absorbante (Cass. soc. 24-3-2021 no 19-15.920 FS-PI).

> **Précisions** L'application aux salariés transférés de la **garantie légale de rémunération** ne saurait constituer à elle seule, pour les autres salariés de l'entreprise auxquels elle n'est pas appliquée, une **pratique discriminatoire** (en ce sens, Cass. soc. 11-1-2005 no 02-45.608 FS-P).

EXEMPLE

Soit une entreprise soumise à un accord collectif à durée indéterminée prévoyant un délai de préavis de 3 mois en cas de dénonciation et cédée à un tiers le 1-1-2023. Si le repreneur n'est pas lui-même soumis à cet accord et si aucune négociation n'est engagée après le transfert pour conclure l'un des accords visés nº 70330, ou si les négociations n'aboutissent pas, cet accord continuera de s'appliquer aux salariés transférés durant 3 mois + 12 mois, soit pendant 15 mois, c'est-à-dire jusqu'au 31-3-2024.

Après le 31-3-2024, les salariés transférés devront bénéficier d'une rémunération au moins égale à celle indiquée nº 4340.

Par ailleurs, dès le 1-1-2023, les salariés transférés peuvent se prévaloir des dispositions plus avantageuses des conventions et accords collectifs en vigueur chez le repreneur dans les conditions applicables en cas de concours de conventions ou d'accords collectifs.

70345

ANCIENNETÉ

Tous les droits du salarié qui sont fonction de son ancienneté dans l'entreprise sont calculés d'après la totalité des années de service accomplies depuis la date à laquelle il a été embauché par le précédent employeur. Il en est ainsi notamment de la **prime d'ancienneté** (Cass. soc.18-12-1991 nº 88-43.550 P), de l'**indemnité de congés payés** (Cass. soc. 12-1-1956 nº 829) et des **indemnités de rupture du contrat** : indemnité compensatrice de préavis (Cass. soc. 19-1-1966 nº 64-40.652 ; 10-7-1991 nº 89-44.792 D), indemnité de départ à la retraite (Cass. soc. 30-6-1960 nº 59-40.233 P), indemnité de licenciement (Cass. soc. 23-1-1974 nº 73-40.207 P ; 25-11-1982 nº 80-41.406). De même, pour l'application de la **convention collective** chez le nouvel employeur, il convient de prendre en compte l'ancienneté acquise depuis la date d'embauche par le précédent employeur (Cass. soc. 10-7-1991 nº 89-44.792 D). 70360

II. MAINTIEN DES CONTRATS DE TRAVAIL EN DEHORS DU CADRE LÉGAL

Lorsque **l'application de l'article L 1224-1** n'est **pas obligatoire,** les exploitants successifs peuvent néanmoins convenir que le cessionnaire reprendra les salariés. Cette reprise peut être imposée dans certains secteurs d'activité en vertu de **conventions ou d'accords collectifs**. 70400

Les **conséquences** de la reprise des salariés de l'ancien employeur diffèrent selon que le nouvel exploitant reprend ou non le contrat de travail des salariés concernés.

ABSENCE DE TRANSFERT DES CONTRATS

Dans ce cas, le **contrat de travail conclu avec l'ancien employeur** est rompu dans les conditions de droit commun : le salarié licencié peut notamment prétendre aux indemnités de rupture. 70410

Le contrat de travail conclu **avec le nouvel employeur** est un contrat distinct de l'ancien : le salarié ne peut pas prétendre au maintien de son ancienneté ou d'avantages prévus par le contrat de travail précédent.

Rien n'empêche toutefois d'insérer dans le nouveau contrat une **clause de reprise d'ancienneté.** Les juges du fond interprètent strictement ces clauses. Ainsi, celle prévoyant que l'ancienneté du salarié serait décomposée dans son salaire après un an de travail effectif doit être considérée comme faisant seulement état d'une prise en compte distincte de l'ancienneté dans le salaire et non d'une reprise de l'ancienneté pour l'ensemble des droits (CA Versailles 16-10-1995 nº 94-21329).

TRANSFERT DES CONTRATS

Sont visés ici les transferts de contrats intervenant en cas d'**application volontaire** de l'article L 1224-1 du Code du travail et ceux intervenant en application de conventions collectives de branche organisant la succession de prestataires sur un marché dans certains secteurs d'activités (**transfert conventionnel**). 70415

Obligations des employeurs successifs Dans ces cas, le contrat de travail conclu avec le premier employeur n'est pas rompu. Il se poursuit avec le nouvel employeur. En conséquence : 70420

– l'**ancien employeur** n'a pas à verser d'**indemnités de rupture** au salarié transféré (Cass. soc. 12-12-1990 nº 87-41.951 D ; 17-3-1993 nº 90-41.996 PF) ;

– le **nouvel employeur** doit prendre en compte l'**ancienneté** acquise par le salarié chez l'ancien employeur (Cass. soc. 16-5-1991 n° 89-44.042 D) et demeure tenu par les **clauses du contrat de travail** qu'il a poursuivi (Cass. soc. 10-10-1990 n° 87-45.655 P), sauf à les modifier dans les conditions visées n°s 4550 s.

En revanche, le nouvel employeur n'est pas tenu par les **usages** en vigueur chez le précédent employeur (Cass. soc. 10-10-1990 n° 87-45.655 P ; 17-11-2010 n° 09-67.918 F-D), ni par les **engagements unilatéraux ou accords atypiques** pris ou conclus par celui-ci.

Il devrait en aller de même des **conventions et accords collectifs** de travail proprement dits applicables chez l'ancien employeur, l'article L 2261-14 du Code du travail s'appliquant principalement en cas de transfert légal d'entreprise ou de changement d'activité (n° 70320) même sans changement d'employeur.

ATTENTION

Le **salarié licencié en méconnaissance des dispositions conventionnelles** organisant le transfert des contrats de travail peut, à son choix, solliciter le repreneur en vue de la reprise de son contrat ou demander à l'entrepreneur sortant, qui a pris l'initiative de la rupture, la réparation de son préjudice (Cass. soc. 10-11-2021 n° 19-24.302 FS-B). Dans le même esprit, le représentant du personnel, dont l'**autorisation administrative de licenciement** a été **annulée,** ne peut pas obtenir le paiement d'une indemnité pour licenciement sans cause réelle et sérieuse s'il a été réintégré chez le repreneur (Cass. soc. 10-11-2021 n° 19-24.301 FS-D).

70425 **Égalité de rémunération** Lorsqu'un **accord de branche étendu** prévoit et organise la poursuite des contrats de travail en cas de succession d'entreprises dans l'exécution d'un marché, les salariés de l'entreprise entrante ne peuvent pas invoquer utilement les **différences de rémunération** résultant d'avantages obtenus, avant le changement de prestataire, par les salariés transférés (C. trav. art. L 1224-3-2). En effet, une telle différence de traitement, qui résulte de l'obligation à laquelle est tenu l'employeur entrant de maintenir au bénéfice des salariés transférés les droits qui leur étaient reconnus chez leur ancien employeur, n'est pas étrangère à toute considération professionnelle et est **justifiée** au regard du principe de l'égalité de traitement (Cass. soc. 30-11-2017 n° 16-20.532 FS-PBRI ; 28-2-2018 n° 15-26.260 FS-D ; 10-4-2019 n° 17-20.822 F-D). Pour **réduire les disparités** entre les salariés exerçant un travail de même valeur sur un même site, le nouvel employeur peut octroyer, par **engagement unilatéral,** les avantages maintenus aux salariés transférés à ceux engagés postérieurement au transfert sur le site en cause. Dans ce cas, la différence de traitement entre les salariés de ce site et ceux travaillant sur un autre site de l'entreprise est justifiée par des raisons objectives (Cass. soc. 23-6-2021 n° 19-21.771 FS-B).

En cas d'**application volontaire** par le nouvel employeur de l'article L 1224-1 du Code du travail, ce dernier peut décider de maintenir leurs avantages aux salariés transférés **sans avoir à justifier** la différence de traitement qui en résulte vis-à-vis de ses autres salariés (Cass. soc. 23-6-2021 n°s 18-24.809 FS-B et 18-24.810 FS-B).

70430 **Répartition des dettes de salaire** Si la poursuite d'un contrat de travail résulte de la seule **application de dispositions conventionnelles** ne prévoyant pas que le nouveau prestataire est tenu des obligations qui incombaient à l'ancien au moment du transfert, l'entreprise entrante n'est pas tenue de payer les **sommes dues par l'entreprise sortante,** telles que des indemnités de requalification du contrat à durée déterminée en contrat à durée indéterminée (Cass. soc. 27-5-2015 n° 14-11.155 FS-PBR).

En cas d'application volontaire de l'article L 1224-1 du Code du travail, les **dettes** de salaire **nées avant le transfert** du contrat de travail doivent être réglées au salarié par le premier employeur. Le nouvel employeur peut toutefois s'engager à prendre en charge les dettes de celui-ci. Par analogie avec les règles applicables en cas de transfert obligatoire des contrats de travail (n° 70270), un tel engagement ne prive pas, selon nous, les salariés du droit de demander le paiement de ces sommes à leur employeur initial s'ils y ont intérêt. Les **dettes nées après le transfert** doivent être réglées par le nouvel employeur, même si elles correspondent pour tout ou partie à une période de travail accompli chez l'ancien. Le nouvel employeur peut alors se faire rembourser par son prédécesseur la fraction des sommes correspondant à cette période (Cass. soc. 7-3-1990 n° 86-43.823 D). Pour ces dettes, les règles applicables sont donc les mêmes qu'en cas de transfert légal des contrats de travail (voir n° 70180). Sur les règles permettant de déterminer à quelle date « naît » une dette de salaire, voir n°s 70200 s.

III. ÉPARGNE SALARIALE

PARTICIPATION AUX RÉSULTATS DE L'ENTREPRISE

L'incidence d'une modification dans la situation juridique de l'entreprise sur l'application de l'accord de participation de l'activité transférée est définie par l'article L 3323-8 du Code du travail. Mais ce texte ne concerne que les modalités d'acquisition des droits à participation chez le nouvel employeur au titre de la période postérieure à la modification. Il ne règle pas le sort des droits acquis chez le précédent employeur avant cette modification. Cette question a, en revanche, été abordée par la doctrine administrative. **70480**

Des précisions ont été apportées sur le calcul de la participation due au titre de l'année au cours de laquelle est intervenue une **fusion à effet rétroactif** : voir n° 46320.

Lorsque survient une modification dans la situation juridique de l'entreprise, par fusion, cession ou scission, rendant impossible l'application d'un **accord** de participation, cet accord cesse de produire effet entre le nouvel employeur et le personnel de l'entreprise (C. trav. art. L 3323-8). **70490**

> **Précisions** Selon la doctrine administrative (Guide épargne salariale juillet 2014 p. 70) :
> – l'**impossibilité d'appliquer l'accord** s'apprécie indépendamment de la volonté de l'employeur. Elle doit résulter de modifications dans la structure juridique, technique ou financière de l'entreprise rendant inopérantes les dispositions de l'accord ;
> – le constat par les partenaires sociaux de l'impossibilité d'appliquer l'accord de participation couvrant les salariés dans l'entreprise d'origine entraîne l'**ouverture de la négociation** prévue par la loi en vue de la conclusion éventuelle d'un nouvel accord ;
> – lorsque le **nouvel employeur** est **déjà couvert** par un accord, les règles relatives à la participation ne permettent pas la poursuite de l'accord d'origine pour les salariés transférés. Ceux-ci bénéficient immédiatement de l'accord applicable dans leur nouvelle entreprise ;
> – que l'accord de participation se poursuive ou non, la garantie de la gestion des **droits à participation déjà affectés** des salariés transférés jusqu'au terme de la période d'indisponibilité doit être assurée. Les modifications de la situation juridique de l'entreprise ne peuvent avoir pour effet de remettre en cause les règles légales d'**indisponibilité.** Il est donc souhaitable que la **convention** intervenant entre l'ancien et le nouvel employeur envisage l'éventualité que la gestion de ces droits incombe au nouvel employeur, notamment en ce qui concerne la participation placée en comptes courants bloqués que le salarié transféré pourrait ne pas recouvrer en cas de défaillance de son ancien employeur (voir n°s 46950 s.).

Si l'accord de participation dont bénéficiaient les salariés transférés chez l'ancien employeur ne peut plus leur être appliqué après le transfert, et en l'**absence d'accord** de participation applicable à la **nouvelle entreprise,** les salariés transférés vont cesser de bénéficier de la participation, à moins que le nouvel employeur ne la mette en place dans son entreprise à cette occasion. Pour l'y inciter, l'article L 3323-8 du Code du travail lui fait **obligation d'engager une négociation** en vue de la conclusion d'un nouvel accord. Cette négociation, qui se déroule suivant l'un des modes de négociation des accords de participation autorisés par la loi, doit être engagée dans un **délai** de 6 mois à compter de la clôture de l'exercice au cours duquel est intervenue la modification dans la situation juridique de l'employeur. **70500**

Même si cette négociation aboutit à la conclusion d'un **nouvel accord,** celui-ci n'a d'autre objet que de définir le régime de participation applicable aux périodes postérieures au changement d'employeur. Pour ce qui concerne les droits antérieurs, voir n° 70490.

Selon l'administration, **sur le plan fiscal,** les conséquences du transfert d'entreprise sont les suivantes, que l'opération soit ou non placée sous le régime de faveur des fusions prévu aux articles 210 A et 210 B du CGI : **70510**

– la société bénéficiaire du transfert doit faire figurer au passif de son bilan la **réserve spéciale de participation** correspondant aux droits des salariés transférés (BOI-BIC-PTP-10-20-20 n° 70) ;

– des solutions administratives sont prévues en ce qui concerne la **provision pour investissement** constituée par la société qui a réalisé le transfert. Elles n'intéressent que les sociétés coopératives de production (Scop) seules autorisées à constituer de telles provisions (BOI-BIC-PTP-10-20-20 n°s 80 s.).

Dans le cas exceptionnel où le transfert entraîne une **rupture de contrat de travail,** les règles relatives à la participation en cas de cessation d'activité (n° 47650) sont appliquées, à concurrence des sommes affectées aux emplois concernés.

Sur l'incidence d'un **transfert de déficits** sur le calcul de la réserve de participation, voir n° 46320.

INTÉRESSEMENT DES SALARIÉS

70520 En cas de modification survenue dans la situation juridique de l'entreprise, notamment par fusion, cession ou scission, nécessitant la **mise en place** de **nouvelles institutions représentatives du personnel,** l'accord d'intéressement se poursuit ou peut être renouvelé suivant l'un des modes de négociation des accords d'intéressement prévus à l'article L 3312-5 du Code du travail (C. trav. art. L 3313-4, al. 1). L'administration est venue préciser que l'avenant de prolongation peut être conclu sous une autre forme que l'accord initial qu'il prolonge. Ainsi, un accord d'intéressement initialement conclu entre le CSE et l'entreprise peut être poursuivi ou renouvelé après accord à la majorité des deux tiers des salariés avant que de nouvelles élections soient organisées dans l'entreprise (Inst. intermin. 2019-252 du 19-12-2019 n° 23 opposable).

Lorsque cette modification rend **impossible l'application de l'accord,** il cesse de produire effet entre le nouvel employeur et les salariés de l'entreprise (C. trav. art. L 3313-4, al. 2). En l'**absence d'accord** d'intéressement **applicable à la nouvelle entreprise,** celle-ci engage dans un délai de 6 mois une négociation en vue de la conclusion éventuelle d'un nouvel accord, qui se déroule selon les modalités de négociation prévues par la loi (C. trav. art. L 3313-4, al. 3). Le délai de 6 mois court à compter de la clôture de l'exercice au cours duquel est intervenue la modification (Rapport Sén. du 18-5-1994 n° 430 p. 57).

› Précisions Selon la doctrine administrative :
– l'**impossibilité d'appliquer les accords** s'apprécie indépendamment de la volonté de l'employeur. Elle peut résulter de modifications substantielles dans la structure juridique, technique ou financière de l'entreprise rendant inopérantes les dispositions de ces accords (Inst. intermin. 2019-252 du 19-12-2019 n° 23 opposable ; Guide épargne salariale juillet 2014 p. 21) ;
– lorsque le **nouvel employeur** est **déjà couvert** par un accord, les salariés transférés bénéficient de l'accord de leur nouvel employeur (Guide épargne salariale juillet 2014 p. 21).

70530 Trois hypothèses sont donc à envisager :
– le nouvel employeur est **déjà couvert par un accord** : les salariés transférés bénéficient immédiatement de cet accord ;
– le nouvel employeur n'est **pas déjà couvert par un accord** et l'application de l'accord dont bénéficiaient les salariés transférés chez le précédent employeur est possible. L'application de cet accord **peut être poursuivie** après le transfert, même si de nouvelles institutions représentatives du personnel doivent être mises en place dans l'entreprise cessionnaire. Les salariés concernés vont continuer à acquérir des droits à intéressement conformément aux dispositions de l'accord. Les obligations respectives des deux employeurs successifs au regard des droits acquis au titre de l'exercice du transfert, avant la date d'effet de celui-ci, sont définies par l'article L 1224-2 du Code du travail, dans les cas où il s'applique (n°s 70080 s.) ;
– le nouvel employeur n'est **pas déjà couvert par un accord,** mais l'accord d'intéressement dont les salariés bénéficiaient chez l'ancien employeur **ne peut plus leur être appliqué** après le transfert : les salariés vont cesser de bénéficier de l'intéressement, à moins qu'un nouvel accord d'intéressement ne soit conclu après qu'une négociation ait été engagée dans le délai de 6 mois.

PLANS D'ÉPARGNE D'ENTREPRISE ET D'ÉPARGNE RETRAITE

70540 En cas de modification survenue dans la situation juridique d'une entreprise ayant mis en place un plan d'épargne d'entreprise, notamment par fusion, cession, absorption ou scission, rendant **impossible la poursuite de l'ancien plan,** les **signataires de l'accord** ou, lorsque le plan n'a pas été mis en place en application d'un accord, l'**employeur,** peuvent décider, après information des représentants du personnel, de transférer les avoirs des salariés dans le **plan d'épargne de la nouvelle entreprise,** si celui-ci comporte des organismes de placement collectif en valeurs mobilières ou des placements collectifs dont les caractéristiques sont identiques à celles des organismes ou des placements collectifs prévus dans le plan d'origine. Dans ce cas, le **délai d'indisponibilité** écoulé des sommes transférées s'impute sur la durée de blocage prévue par le nouveau plan (C. trav. art. L 3335-1 et R 3332-20).

Le nouvel employeur n'a ni à poursuivre le plan mis en place par l'ancien employeur, ni à en mettre un en place si l'entreprise n'en est pas dotée (Cass. soc. 19-5-2016 n° 14-29.786 FS-PB).

De même, en cas de modification dans la situation juridique d'une entreprise rendant impossible la poursuite d'un PER d'entreprise (**Pereco** ou **Pero**), les signataires de l'accord ou, lorsque le plan n'a pas été mis en place par accord, l'employeur, peuvent décider de transférer les avoirs qui y étaient affectées dans le PER de la nouvelle entreprise, les représentants du personnel devant être informés du transfert (C. mon. fin. art. L 224-12 et R 224-7).

> Précisions **a.** En cas d'impossibilité juridique de réunir les signataires initiaux, le transfert peut être mis en place par un **accord avec le personnel** ou les **CSE** concernés (C. trav. art. R 3332-20 ; C. mon. fin. art. R 224-7).
Pour le PEE, lorsque le plan n'a pas été institué en application d'un accord avec le personnel, le CSE, s'il existe, est consulté sur le projet de transfert au moins 15 jours avant sa réalisation effective (C. trav. art. R 3332-21).
Ce cas de transfert collectif de l'épargne salariale peut s'appliquer avec ou sans rupture du contrat de travail des salariés concernés (Guide épargne salariale juillet 2014 p. 289 et 290).
b. Les précisions de la circulaire abrogée du 22-11-2001 (Dossier plan d'épargne entreprise, fiche 2, V) selon lesquelles, en l'**absence de plan** accessible dans la **nouvelle configuration de l'entreprise,** les sommes en cause sont maintenues dans le plan d'origine jusqu'à l'expiration du délai d'indisponibilité nous semblent toujours valables.

SECTION 2

OBLIGATIONS SOCIALES ET FISCALES

A. Cotisations de sécurité sociale

La cession d'entreprise entraîne l'exigibilité des cotisations en cours et l'obligation d'effectuer les opérations de régularisation. Le cédant et le cessionnaire sont chacun redevables des cotisations pour la période où ils ont payé les rémunérations (Cass. soc. 9-11-1995 n° 93-21.463 P), y compris en cas de cession rétroactive (Cass. 2e civ. 6-11-2014 n° 13-23.571 F-PB) ou de résolution de la vente (Cass. soc. 24-6-1987 n° 85-10.550 P). **70600**

La cession emporte également des conséquences en matière de cotisations d'accidents du travail : voir n° 70650.

ANCIEN EMPLOYEUR

Pour les employeurs de moins de 11 salariés ayant **opté pour le versement trimestriel** des cotisations, en cas de cession de l'entreprise ou de l'un de ses établissements, le **versement des cotisations** dues par le cédant est exigible lors de la première échéance mensuelle suivant le jour où (CSS art. R 243-7) : **70610**

– la vente ou la cession a été publiée dans le Bulletin officiel des annonces civiles et commerciales en cas de vente ou de **cession d'un fonds de commerce** ;

– l'acquéreur ou le cessionnaire a pris effectivement la direction des exploitations en cas de vente ou de cession d'**autres entreprises.**

Le versement doit être effectué **au plus tard** le 15 du mois (CSS art. R 243-6, II-2° et R 243-7).

Pour les **autres employeurs,** à défaut de dispositions spécifiques les concernant, les cotisations dues par le cédant sont exigibles aux échéances habituelles (n° 19500).

Aucun signalement « Fin de contrat de travail » ou bloc Fin de contrat n'est à déclarer sur la DSN du mois du transfert par l'ancien employeur (net-entreprises, fiche n° 419).

NOUVEL EMPLOYEUR

Le nouvel employeur doit signaler le transfert du contrat de travail du salarié dans son entreprise en utilisant la **DSN** et procéder à la **régularisation** des cotisations sociales. En outre, comme tout employeur, le nouvel employeur peut prétendre aux **exonérations** de cotisations dans les conditions de droit commun. **70615**

Sur la reprise par le nouvel employeur du droit à l'exonération de cotisations applicable en zone de restructuration de la défense (ZRD) dont a bénéficié le précédent employeur, voir n° 24490.

Régularisation des cotisations Le nouvel employeur procède à la régularisation progressive des cotisations à compter du transfert de l'entreprise selon les modalités de droit commun (nos 18200 s.), comme s'il avait été l'employeur du salarié depuis le début de l'exercice. **70620**

Dans la première DSN mensuelle qui suit le transfert, le nouvel employeur doit avoir recours à la déclaration d'un bloc Changements contrat contenant la rubrique « SIRET ancien établissement d'affectation » (net-entreprises, fiche n° 786) afin d'indiquer le changement d'établissement du salarié et de permettre la récupération de l'historique de données du salarié.

70650 **Cotisation accidents du travail** Le transfert d'entreprise ou d'établissement n'a pas d'incidence sur la tarification lorsque le nouvel exploitant continue d'exercer une **activité similaire** avec les mêmes **moyens de production** et a repris au moins la **moitié du personnel** (CSS art. D 242-6-17), cette dernière condition s'appréciant à la **date de cession** de l'établissement (Cass. 2e civ. 21-1-2016 n° 14-28.981 F-PB). Ces critères sont cumulatifs (Cass. 2e civ. 24-1-2013 n° 11-27.389 F-PB).

Dans ce cas, si le nouvel exploitant relève d'un système de **tarification individuelle ou mixte,** le taux applicable à l'entreprise ou l'établissement transféré est, en effet, déterminé en fonction de la valeur du risque de cette entreprise ou de cet établissement pendant la période triennale de référence (jurisprudence constante). Le taux de la cotisation d'accidents du travail applicable après le transfert dépend donc en partie des **accidents survenus avant** ce transfert.

Le nouvel exploitant ne peut pas se prévaloir, pour faire échec à cette règle, des **mesures de prévention** qu'il a adoptées **après le transfert** (Cass. soc. 12-12-1983 n° 82-15.794 P). Ces mesures ne seront toutefois pas dépourvues d'effets si elles se traduisent par une baisse des accidents puisque les taux de cotisations des exercices ultérieurs en tiendront compte. De plus, ces mesures peuvent éventuellement donner lieu à l'obtention d'une **ristourne** (n° 18730, c).

Si les **critères** de l'article D 242-6-17 du CSS ne sont **pas réunis,** l'établissement repris est considéré comme nouveau. Il est alors soumis à tarification collective sauf si le cessionnaire a opté pour un taux unique pour l'ensemble de ses établissements relevant d'un risque de même catégorie, auquel cas il est soumis à ce taux s'il relève de ce risque (CSS art. D 242-6-17).

ATTENTION

Le repreneur doit informer la Carsat de toute circonstance de nature à aggraver les risques, notamment en cas d'absorption d'une société. À défaut, le taux de cotisation peut être rétroactivement modifié (Cass. 2e civ. 7-7-2022 n° 21-11.821 F-B).

B. Retraite complémentaire

70700 La modification de la situation juridique de l'entreprise a des conséquences en matière de retraite complémentaire Agirc-Arrco.

ADHÉSION À UNE INSTITUTION

70710 Les changements d'institutions de retraite complémentaire sont **autorisés** en cas d'opérations entre des entreprises adhérentes d'institutions différentes (ANI du 17-11-2017 ann. B art. 4, étendu par arrêté SSAS1922276A du 25-7-2019) :

a. Fusions d'entreprises, **absorptions** totales ou partielles d'une entreprise par une autre, ou **cessions** d'un établissement, mettant en présence plusieurs entreprises ou établissements adhérant à des institutions différentes pour une même catégorie de salariés, y compris cessions ou restructurations nées d'un plan de redressement arrêté par un tribunal de commerce ; **transferts** d'une association à une autre de la gestion d'un établissement indépendamment d'une transformation juridique, dans la mesure où ces associations adhèrent à des institutions différentes. Le regroupement des adhésions est **obligatoire** dans les cas donnant lieu à un regroupement des entreprises en présence qui ne constituent plus qu'un seul établissement ;

b. Prises de participations financières à hauteur d'au moins 34 % du capital, entraînant des modifications quant aux personnes physiques ou morales contrôlant les entreprises et s'accompagnant de transformations des conditions d'emploi des personnels ;

c. Prises en location-gérance d'une entreprise par une entreprise préexistante, sous réserve que cette opération soit le prélude à une fusion ;

d. Constitutions d'un **groupe économique** d'entreprises lorsqu'une unité économique et sociale (UES) est reconnue entre ces entreprises.

70715 S'il est facultatif, le **transfert d'adhésion** doit être expressément **demandé** au plus tard le 31 décembre de l'année qui suit la date du fait générateur. Il est subordonné à la mise en place d'un **statut commun** du personnel en matière de retraite complémentaire et ne peut intervenir qu'après **régularisation** de la situation financière de l'entreprise concernée au regard de l'institution destinée à être quittée, c'est-à-dire du règlement des cotisations et de toute somme due (ANI du 17-11-2017 ann. B art. 4, étendu par arrêté SSAS1922276A du 25-7-2019).

La désignation de l'**institution** d'adhésion obéit à des règles non détaillées ici (ANI du 17-11-2017 ann. B art. 5, étendu par arrêté SSAS1922276A du 25-7-2019).

COTISATIONS

En cas de transformation juridique de l'employeur, l'**unification des assiettes et du taux** de cotisation est (ANI du 17-11-2017 art. 40, étendu par arrêté SSAS1922276A du 24-4-2018) : 70720
– obligatoire en cas de **fusion, absorption ou cession d'entreprise** donnant lieu à la création d'un seul et même établissement ;
– possible en cas d'**unité économique et sociale** reconnue, sauf si les entreprises relèvent d'une convention de branche en vigueur avant le 1-1-1993 prévoyant un taux de cotisation supérieur au taux de calcul des points obligatoires de la T1 ; pour cela, les entreprises peuvent demander à constituer un groupe économique, qui implique l'unification des taux et assiettes de cotisation ; il en est de même en cas de création d'un **comité de groupe** et de fusion entre **holdings** en ce qui concerne les entreprises contrôlées par ces holdings ;
– possible dans les cas de fusion avec maintien d'**établissements distincts** ou de **prise de participation financière** ou en **location-gérance** à définir par les commissions paritaires des anciens régimes Agirc et Arrco ; elle est cependant obligatoire si elle s'accompagne d'un changement d'institution de retraite complémentaire.

Cette unification doit s'effectuer par la voie de l'adoption du **taux moyen** correspondant au taux, arrondi au multiple de 0,05 supérieur, qui permet d'obtenir un volume de cotisations identique à la somme des cotisations versées antérieurement sur la base des anciens taux. Les droits inscrits antérieurement à la transformation sont maintenus (ANI du 17-11-2017 art. 40, étendu par arrêté SSAS1922276A du 24-4-2018). 70730

Si le taux moyen sur T1 ou T2 est **supérieur** au taux obligatoire, l'alignement peut intervenir sur la base de ce dernier taux, selon différentes modalités techniques fixées par les articles 40 à 43 de l'ANI du 17-11-2017.

S'agissant des règles de répartition de la **prise en charge** des cotisations entre les employeurs et les salariés, voir n° 30320.

C. Aspects fiscaux du transfert

Seront successivement examinées les conséquences fiscales du transfert d'entreprise en matière d'impôt sur les résultats et de taxes et participations assises sur les salaires. 70850

Les incidences sur la DSN sont exposées nos 70610 (obligations du cédant) et 70620 (obligations du cessionnaire).

IMPÔT SUR LES RÉSULTATS

Situation du cédant Pour l'entreprise qui réalise le transfert, l'opération se traduit fiscalement par une cession ou une cessation d'entreprise, d'où l'**imposition immédiate** des bénéfices d'exploitation non encore taxés, des plus-values d'actif et de tous les bénéfices en sursis d'imposition, tels que, notamment, les provisions précédemment constituées lorsqu'elles deviennent sans objet du fait du transfert (CGI art. 201, 1). 70860

Les résultats qui font l'objet de l'imposition immédiate sont déterminés dans les conditions de droit commun. En particulier sont déductibles des résultats toutes les sommes dues au personnel à titre de salaires, primes, gratifications (voir nos 34200 s.). De même, des **provisions** peuvent en principe être déduites du **dernier exercice d'exploitation** par le cédant à la double condition :
– qu'elles soient destinées à faire face à des charges de personnel nettement précisées et que des événements en cours rendent probables ;
– que ces charges incombent au cédant. Si, au contraire, l'acte de cession les met à la charge du cessionnaire, c'est à ce dernier qu'il appartiendra de constituer les provisions nécessaires (BOI-BIC-CESS-30-20 n° 100).

Les provisions constituées à la clôture d'**exercices antérieurs** à celui du transfert doivent en principe être rapportées au résultat imposable du dernier exercice du cédant lorsque, du fait même de ce transfert, elles deviennent sans objet. Par exception, ce rapport n'a pas lieu d'être en cas de fusion ou d'opération assimilée réalisée sous le régime de faveur des articles 210 A à 210 C du CGI (BOI-BIC-CESS-30-20 n° 110).

> **Précisions** La cession ou l'apport d'une **entreprise individuelle** à une société fait l'objet de dispositions spécifiques en application desquelles aucune provision nouvelle ne peut être constituée dans le bilan de clôture établi avant la cession ou l'apport de l'entreprise (CE 3-6-2013 n° 338976). Cette dérogation se justifie par le fait que les dettes contractées dans le cadre de

l'activité individuelle cédée deviennent des dettes personnelles de l'ancien entrepreneur (CE 29-4-1985 n° 39729), qui pourra, s'il vient à subir effectivement la perte ou charge en vue de laquelle la provision avait été constituée, déduire celle-ci dans la catégorie de revenus correspondant à son ancienne activité professionnelle (en ce sens, CE 10-1-2007 n°s 267947 et 272187).

Elle ne s'applique pas, cependant, dans le régime de faveur de l'article 151 octies du CGI, ce texte autorisant, en cas d'apport en société d'une entreprise individuelle, le report d'imposition des provisions afférentes aux éléments transférés qui ne sont pas devenues sans objet, à condition qu'elles soient reprises au passif de son bilan par la société bénéficiaire de l'apport.

70870 **Situation du bénéficiaire du transfert** L'entreprise bénéficiaire du transfert prend en compte dans ses résultats les charges du personnel dont les contrats de travail ont été transférés en application de la législation sociale (n° 70040) et doit remplir ses obligations déclaratives dans les conditions de droit commun. Lorsque les intéressés sont convenus de transferts de charges, la déductibilité de celles-ci s'analyse au regard des conditions générales de déductibilité mentionnées n°s 34620 s.

› Précisions Ainsi jugé qu'une société, ayant repris l'une des activités d'une autre entreprise, ne commet pas d'acte anormal de gestion en **remboursant** à cette dernière **une partie des indemnités de licenciement** qu'elle a versées à un salarié qui exerçait ses fonctions dans le cadre de **l'activité transférée** (CE 21-12-1994 n° 128895).

En ce qui concerne les conséquences fiscales du transfert sur les droits à **participation des salariés** afférents aux périodes antérieures au transfert, voir n° 70510.

Jugé qu'en cas de transfert des contrats de travail à un nouvel employeur, ce dernier, substitué en vertu du Code du travail à l'employeur précédent et tenu à ce titre au paiement de toutes les sommes ou indemnités se rattachant au contrat de travail, est en droit d'inclure les **indemnités de congés payés** dans les charges déductibles des résultats de l'exercice au cours duquel elles ont été versées, bien que les droits à congé aient pris naissance avant ledit transfert, la circonstance que les salariés concernés soient susceptibles d'exiger le paiement de ces indemnités de leur ancien employeur n'étant pas de nature à remettre en cause l'obligation qui pèse sur le nouvel employeur (CAA Bordeaux 18-3-2004 n° 00-1320). Cette dérogation à la règle selon laquelle l'indemnité de congé payé est incluse dans les charges de l'exercice au cours duquel naît le droit à congé méritera d'être confirmée, car le dernier alinéa de l'article L 1224-2 du Code du travail met à la charge du premier employeur l'obligation de rembourser les sommes acquittées par son successeur à raison des congés acquis par les salariés alors qu'ils étaient à son service.

TAXES ET PARTICIPATIONS

70890 **Taxe sur les salaires** La cession (ou cessation) d'entreprise motive la souscription d'une **déclaration annuelle de liquidation et de régularisation** et le **paiement** de taxe y afférent. Ces obligations s'effectuent par l'intermédiaire de la DSN, dans les conditions et délais indiqués n° 31920.

Les **absorptions ou scissions de sociétés** entraînant cession ou cessation d'activité suivent les règles applicables à ces dernières.

70900 **Autres taxes assises sur les salaires** En ce qui concerne l'incidence du transfert d'entreprise emportant transfert légal des contrats de travail sur l'**effectif** à retenir au regard des contributions à la formation et à l'alternance et de la participation-construction, voir n° 18832.

La cession de l'entreprise a également des conséquences sur les **obligations des employeurs** en matière de participation-construction, tant pour le cédant que pour le cessionnaire : voir n°s 33820 s.

CHAPITRE 10 TRAVAIL À L'ÉTRANGER

SOMMAIRE

I. Rémunération 71020
II. Charges sociales 71140
A. Salariés détachés 71160
B. Salariés expatriés 71300
III. Régime fiscal 71540
A. Impôt sur le revenu 71550
1. Salariés détachés à l'étranger 71590
2. Salariés expatriés 71650
B. Taxe sur les salaires 71670
C. Déclaration sociale nominative (DSN) 71690

71000 Sont examinées dans ce chapitre les règles applicables à la rémunération des salariés travaillant à l'étranger ainsi que les régimes sociaux et fiscaux des sommes versées aux intéressés.

I. RÉMUNÉRATION

FIXATION

71020 La rémunération est **librement fixée** par les parties, **sous réserve** du respect des dispositions de la convention collective, des usages d'entreprise ou engagements unilatéraux de l'employeur. Les parties peuvent convenir qu'elle sera versée en **monnaie locale** (nos 12230 s.).

INFORMATION DU SALARIÉ

71030 Certaines informations doivent **obligatoirement** être communiquées par **écrit** au salarié envoyé à l'étranger pour une durée supérieure à un mois (no 4780).

En outre, il est **recommandé** de préciser dans le contrat de travail de l'intéressé, ou dans un avenant à celui-ci, les modalités de sa rémunération, le maintien de ses droits acquis en matière d'ancienneté (notamment pour le calcul des droits à retraite complémentaire et des indemnités en cas de départ de l'entreprise), la charge et les modalités des frais de déplacement du travailleur et, éventuellement, de sa famille, ainsi que des frais entraînés par un brusque retour de l'intéressé, en cas de rupture du contrat de travail notamment.

ÉLÉMENTS DE RÉMUNÉRATION

71040 **Primes d'expatriation** Le salarié peut bénéficier de **suppléments de rémunération** liés à l'expatriation, en général versés sous la forme de primes.

Sauf pour les indemnités de rupture (nos 71090 s.), la question de la prise en compte des suppléments de rémunération liés à l'expatriation pour le calcul des **différentes indemnités** ou **majorations** est exposée dans l'étude consacrée à chacune de celles-ci (indemnités de congés payés, majorations pour heures supplémentaires, etc.). Il en va de même de leur prise en compte dans le calcul du **Smic** ou du **salaire minimum conventionnel.**

S'agissant de l'**assujettissement** de ces suppléments aux cotisations de sécurité sociale d'une part, à la CSG et à la CRDS d'autre part, en cas de maintien du salarié au régime français de sécurité sociale, voir respectivement nos 71180 et 71140.

> **Précisions** **a.** Lorsque les parties sont convenues d'une **somme forfaitaire** en contrepartie de l'éloignement et de la perte d'allocations de sécurité sociale, le salarié ne peut pas ensuite réclamer une somme représentant la **différence** entre les allocations familiales qu'il aurait perçues si sa famille était restée en France et celles moins élevées servies par le pays d'accueil (Cass. soc. 22-10-1981 no 79-41.964 P).
> **b.** Les **indemnités conventionnelles de départ et d'installation** allouées à un salarié lors de sa mutation, en contrepartie de l'abandon du mode de vie habituel et de l'adaptation à des conditions nouvelles d'existence, n'ont pas à être

versées de nouveau lors de son retour en France dans la mesure où il retrouve son cadre de vie initial (en ce sens, Cass. soc. 29-11-1984 nº 82-40.649 S). De même, l'**indemnité** destinée à **compenser les sujétions** imposées par un séjour à l'étranger n'a pas à être maintenue à l'expiration de ce séjour (Cass. soc. 28-3-1989 nº 85-41.776 P) et le salarié, percevant à l'étranger un « salaire fantôme » ayant pour but de maintenir à un niveau normal les **avantages sociaux** du pays d'origine, ne peut pas prétendre, lors de son rapatriement, à un salaire identique (CA Versailles 28-3-1990).

71080 **Participation aux résultats** Le salarié travaillant à l'étranger bénéficie de la participation aux résultats de son entreprise établie en France s'il demeure **juridiquement lié** par un contrat de travail avec elle, peu important que ce contrat soit soumis à une loi étrangère ou que sa rémunération n'entre pas de plein droit dans le calcul de la participation (nº 46390). Doit ainsi être tenue pour **non écrite** la clause d'un accord de participation excluant son application aux salariés expatriés (Cass. soc. 29-10-2002 nº 00-14.787 FS-PI ; 6-6-2018 nº 17-14.372 FS-PB).

› Précisions a. Pour le calcul et la répartition de la réserve spéciale de participation, il ne peut pas être institué des **modalités différentes** selon que les salariés travaillent en France ou à l'étranger (Cass. soc. 29-10-2002 nº 00-14.787 FS-PI).
b. Le fait que la rémunération des salariés travaillant à l'étranger, lorsqu'elle est prise en compte dans le calcul et la répartition de la réserve, comprenne des **primes d'expatriation** et des **avantages particuliers** justifiés par les sujétions de leur situation ne constitue pas une **discrimination** au détriment des salariés travaillant en France. Les premiers contribuent en effet à la formation de la réserve en proportion de leur salaire, dont font partie les primes d'expatriation. Le principe de l'équivalence des avantages, posé par l'article L 3324-2 du Code du travail, est en conséquence respecté (CA Paris 4-12-1998).

FIN DE L'EXPATRIATION

71090 **Rupture du contrat de travail** Le salarié mis à la disposition d'une filiale étrangère, ayant conclu un contrat de travail avec elle et licencié par celle-ci, doit en principe être **réintégré** par la société mère dans un nouvel emploi correspondant aux fonctions qu'il exerçait précédemment chez elle, dès lors que cette dernière exerce toujours son contrôle sur la filiale au moment du licenciement (Cass. soc. avis 8-7-2021 nº 21-70.012). Si la société mère entend **licencier** l'intéressé, le temps passé par ce dernier au service de la filiale est pris en compte pour le calcul du préavis et de l'indemnité de licenciement (C. trav. art. L 1231-5).

En l'**absence d'offre de réintégration** sérieuse, précise et compatible avec l'importance des précédentes fonctions, la société mère est tenue, si le salarié s'est tenu à sa disposition, et jusqu'à la rupture du contrat de travail, au paiement des salaires et des accessoires de rémunération correspondant au dernier emploi (Cass. soc. 14-10-2020 nº 19-12.275 F-PB).

ATTENTION

Ces dispositions s'appliquent même si :
– le salarié n'a pas exercé de **fonctions effectives** au sein de la société mère **avant son détachement** (Cass. soc. 7-12-2011 nº 09-67.367 FS-PB ; 9-1-2013 nº 11-20.013 F-D ; 23-1-2019 nº 17-17.244 F-D). Un salarié embauché par la société mère et mis aussitôt à disposition de la filiale peut donc en bénéficier ;
– le **contrat de travail initialement conclu** entre la maison mère et le salarié, qu'il soit à durée indéterminée ou à durée déterminée, n'a **pas été maintenu** lors de la mise à disposition de l'intéressé auprès de la filiale étrangère (Cass. soc. 13-11-2008 nº 07-41.700 FS-PBR ; 30-3-2011 nº 09-70.306 FS-PBR) ;
– le contrat entre la filiale étrangère et le salarié est soumis au **droit étranger** (Cass. soc. 30-3-2011 nº 09-70.306 FS-PBR).

Peu importe en outre la **cause de la rupture** du contrat par la filiale (Cass. soc. 26-5-2016 nº 15-12.448 F-D).

En revanche, ne peut **pas se prévaloir** de ces dispositions le salarié engagé non par la société mère, mais par une autre société devenue postérieurement filiale de la société mère (Cass. soc. 15-3-1994 nº 91-40.869 D).

71100 **Indemnités de rupture** En cas de **licenciements successifs,** par la filiale étrangère puis par la société mère, le salarié a droit à des indemnités distinctes au titre de ces deux licenciements. Mais il ne peut **pas cumuler,** pour une même période d'emploi et pour un même travail, des indemnités ayant le même objet (Cass. soc. 20-1-1993 nº 89-43.873 D).

Si la filiale a versé au salarié des indemnités de **licenciement** et de **préavis** calculées sur l'**ensemble de sa carrière,** la société mère n'a pas, en principe, à verser d'indemnités complémentaires (Cass. soc. 4-12-1985 nº 83-41.913 P). À l'inverse, si elles ont été calculées en fonction de la **seule durée de mise à disposition,** la société mère doit verser une indemnité complémentaire correspondant à la période d'emploi antérieure à la mise à disposition (Cass. soc. 20-1-1993 nº 89-43.873 D).

> Précisions **a.** Jugé toutefois que les **indemnités de préavis** versées par la filiale et la société mère étant afférentes à des licenciements distincts n'ayant pas la même cause et s'appliquant à des périodes différentes, la société mère doit payer cette indemnité même si la filiale, dépassant ses propres obligations, en a déjà versé une, calculée sur l'ensemble de la carrière du salarié (Cass. soc. 15-11-1989 nº 86-43.866 P).

b. La société mère n'est pas tenue au paiement de l'**indemnité compensatrice de congés payés** correspondant à la période d'exécution du contrat au service de la filiale étrangère (Cass. soc. 2-4-1992 nº 88-45.274 P).

Les **indemnités de rupture** dues au salarié au titre de son licenciement par la société mère, intervenu après que la filiale a mis fin à son détachement, doivent être **calculées** d'après les salaires perçus par l'intéressé dans son dernier emploi (Cass. soc. 27-10-2004 nº 02-40.648 FS-PB ; 17-5-2017 nº 15-17.750 F-D ; 14-10-2020 nº 19-12.275 F-PB). **71120**

Jugé toutefois qu'un salarié ne peut pas prétendre à une **indemnité de préavis** calculée d'après le salaire qu'il percevait à l'étranger, s'il est rapatrié puis licencié alors que son détachement a pris fin depuis plusieurs mois (Cass. soc. 26-1-1983 nº 81-41.925).

> Précisions En principe, sont **comprises** dans l'**assiette de calcul** des indemnités de rupture les sommes constituant un complément de rémunération ou un avantage en nature (Cass. soc. 4-2-1993 nº 89-40.473 D pour une prime de mission ; Cass. soc. 2-7-2014 nº 13-15.884 F-D pour la prise en charge par l'employeur du coût du logement du salarié durant son expatriation).

En revanche, doivent être **exclues** de l'assiette les sommes ayant le caractère de frais professionnels, perçues à l'étranger pour compenser des frais que le salarié n'a pas à exposer en France (Cass. soc. 20-10-1988 nº 85-45.544 D) : frais de **scolarité** des enfants (Cass. soc. 2-7-2014 nº 13-15.884 F-D) ou frais de **voyage annuel** engagés par l'intéressé, pour lui-même et sa famille, afin de revenir en France durant ses congés payés (Cass. soc. 31-1-2012 nº 10-24.388 FS-PB). Sur la distinction entre indemnité ou prime d'expatriation et frais professionnels, voir nºs 56640 s.

II. CHARGES SOCIALES

Les règles concernant la protection sociale ont un **caractère territorial** : le travailleur envoyé à l'étranger est donc en principe soumis à la législation de sécurité sociale du pays d'accueil et n'a pas à verser de cotisations au régime français. Mais le maintien à ce régime est possible dans le cadre du **détachement** : les cotisations prévues par la loi française doivent alors être versées par l'employeur. Sur la possibilité d'une double affiliation, voir nº 71160. **71140**

En revanche, pour le salarié **expatrié,** il n'existe en principe aucune obligation vis-à-vis du régime français de sécurité sociale. Mais des cotisations peuvent être dues en cas d'assurance volontaire à ce régime (nºs 71310 s.), en matière d'assurance chômage (nºs 71430 s.) ou de retraite complémentaire (nº 71500).

ATTENTION

Lorsqu'elles sont dues par les salariés occupés hors de France (sur les conditions, voir nºs 28400 s.), la **CSG** et la **CRDS** sont assises sur l'intégralité de leur salaire, après application de la réduction représentative de frais professionnels (nº 28650).

Les règles d'assiette applicables en matière d'**impôt sur le revenu** sont sans incidence sur l'assiette de la CSG et de la CRDS.

Il s'ensuit que les rémunérations ouvrant droit aux **exonérations** totales ou partielles d'impôt sur le revenu dont bénéficient les salariés détachés par application de l'article 81 A du CGI (nºs 71600 s.) entrent dans l'assiette de la CSG et de la CRDS (Circ. DSS 29-3-1991, opposable), avec application, pour les suppléments de rémunération exonérés d'impôt sur le revenu sur le fondement du II de l'article 81 A du CGI (nº 71620), de la déductibilité de la CSG du revenu imposable à hauteur de 6,8 % (BOI-RSA-BASE-30-30 nº 60). Peuvent en revanche en être exclues, dans les conditions exposées nºs 56640 s., les indemnités couvrant les frais professionnels liés à la mobilité internationale (Circ. DSS 29-3-1991, opposable).

A. Salariés détachés

Le maintien au régime français du travailleur détaché à l'étranger implique obligatoirement le versement par l'employeur de la **totalité des cotisations ou contributions** prévues par ce régime : sécurité sociale, solidarité autonomie (nº 71960, e), Fnal, dialogue social (nº 27470), chômage, AGS (nº 71200), retraite complémentaire Agirc-Arrco (nº 71240), formation et alternance **71160** €

(contributions à la formation professionnelle, CPF-CDD, supplémentaire à l'apprentissage et taxe d'apprentissage : n°s 30950 s.), versement mobilité (n° 27100) et participation-construction (n° 33340).

La situation de ces salariés et les **formalités** à accomplir diffèrent selon le pays d'accueil, selon qu'il est lié à la France par un accord international de sécurité sociale (règlements européens de coordination, accord UE-Suisse ou UE-Espace économique européen, conventions bilatérales) ou non. Pour un exposé détaillé des règles applicables, voir Mémento social n°s 78680 s.

Le détachement dans le cadre d'un **accord international** de sécurité sociale emporte exonération du paiement des cotisations au régime du pays d'accueil. En revanche, en l'absence d'accord (ou au-delà de la durée maximale de détachement prévue par les textes), les cotisations sont dues au régime français et au régime du pays d'emploi si la législation de ce dernier le prévoit. Le salarié se trouve alors dans une situation de **double affiliation.**

Pour un modèle de **bulletin de paie** concernant un salarié détaché ayant conservé son domicile fiscal en France, voir n° 95105.

› Précisions Au sens du **Code de la sécurité sociale,** le travailleur détaché est envoyé temporairement à l'étranger par son employeur pour y exercer une activité salariée ou assimilée ; il est maintenu pendant la période correspondante au régime français de sécurité sociale des travailleurs salariés. Restent ainsi soumis à ce régime les salariés détachés dans un pays lié avec la France par une convention ou un règlement de coordination permettant le maintien au régime français pour une durée déterminée (CSS art. L 761-1), ou, à défaut d'un tel texte, lorsque l'employeur s'engage à s'acquitter de l'intégralité des cotisations dues au régime français (CSS art. L 761-2). Dans ce second cas, le maintien au régime français ne peut pas excéder 3 ans, durée renouvelable une fois (CSS art. R 761-1).

SÉCURITÉ SOCIALE

71180 Les **cotisations** dues au régime français sont **calculées** sur l'intégralité du salaire du salarié détaché même si une partie est versée à l'étranger en monnaie locale (n°s 12230 s.), selon les **taux** de droit commun. Pour les détachés n'ayant pas leur domicile fiscal en France, le taux de la cotisation salariale d'assurance maladie est plus élevé (n° 96130) du fait de leur exonération de CSG et de CRDS (n° 28410).

Les **suppléments de rémunération** liés au détachement entrent dans l'assiette des cotisations dès lors qu'ils n'ont pas le caractère de frais professionnels. Les indemnités destinées à couvrir les **frais professionnels** (frais de transport, de logement et autres) peuvent être déduites de l'assiette des cotisations dans les limites et conditions fixées par l'arrêté du 20-12-2002 (n°s 56640 s.).

S'agissant des limites spéciales d'exonération applicables aux **indemnités forfaitaires de grand déplacement** à l'étranger, voir n°s 55360 s.

ATTENTION

Les **règles d'imposition** en France des revenus de source française perçus à l'étranger n'ont aucune incidence sur l'assiette des cotisations de sécurité sociale (Cass. soc. 24-6-1993 n° 91-13.527 P).

ASSURANCE CHÔMAGE ET AGS

71200 Les **contributions** au régime d'assurance chômage sont **obligatoires** pour les employeurs des salariés détachés à l'étranger (C. trav. art. L 5422-13). Elles doivent être **versées** à l'Urssaf selon les conditions (n°s 29570 s.), taux (n° 96130) et assiette (n°s 29350 s.) de droit commun.

De même, le salarié détaché bénéficie du régime d'**assurance des créances des salariés** (C. trav. art. L 3253-6). La **cotisation** AGS est donc due (Décision AGS n° 15 du 11-12-1985), selon les modalités de droit commun (n°s 29340 s.).

RETRAITE COMPLÉMENTAIRE

71240 Les **cotisations** aux régimes de retraite complémentaire **Agirc-Arrco** doivent obligatoirement être versées pour le compte des salariés détachés à l'étranger bénéficiant du maintien au régime français de sécurité sociale (ANI du 17-11-2017 art. 10). L'employeur est **responsable** du versement des cotisations auprès de l'organisme de retraite français, dans les conditions de droit commun (n°s 30380 s.). Les cotisations sont **calculées** sur la base du nombre de points annuels, dépendant du salaire lié à la fonction du salarié et tenant compte éventuellement de tout ou partie des primes et avantages en nature, sur la base des tranches et taux de droit commun visés n°s 30200 s. (ANI du 17-11-2017 art. 31, 32 et 35).

ATTENTION

L'**indemnité d'expatriation** qui, uniquement calculée en fonction du salaire, a pour effet de doubler le montant de celui-ci est assujettie aux cotisations de retraite complémentaire (Cass. soc. 18-4-1991 n° 88-14.140 P).

PRÉVOYANCE

Les salariés détachés temporairement au sein de l'Union européenne ou de l'Espace économique européen, en application des règlements européens de sécurité sociale, doivent pouvoir demeurer soumis au régime de **protection sociale complémentaire** d'invalidité, de retraite ou de décès applicable à leur entreprise d'origine (CSS art. L 914-4). Les **contributions** à ces régimes doivent donc continuer à être versées pendant la période de détachement. 71250

B. Salariés expatriés

En principe, l'employeur d'un salarié expatrié ne cotise pas au régime français de sécurité sociale car le salarié doit en général être affilié au **régime du pays d'emploi** et l'employeur peut être conduit à assumer la charge des cotisations prévues par ce régime (n° 71305). Cependant, des cotisations sont dues au régime français en cas d'**assurance volontaire** à la Caisse des Français à l'étranger (n°s 71310 s.). 71300

Par ailleurs, l'affiliation aux régimes d'assurance **chômage** et à l'**AGS** est obligatoire pour les salariés expatriés hors UE par une entreprise située en France (n°s 71430 s. et 71480).

Enfin, les salariés expatriés peuvent être assujettis au régime de **retraite complémentaire** (n° 71500).

Sur les contributions à la **formation professionnelle et à l'alternance,** voir n° 30830, c ; **solidarité autonomie,** voir n° 71960, e ; au **dialogue social,** voir n° 27470, d. Sur le **versement mobilité,** voir n° 27100.

Sur la prise en compte des expatriés dans l'**effectif** sécurité sociale, voir n° 18837.

ATTENTION

Constituent des **compléments de rémunération** soumis aux cotisations sociales du régime français les sommes représentatives d'indemnités de **congés payés** ou de **repos compensateur** allouées à des salariés partant en expatriation ou en revenant, les intéressés se trouvant alors soumis au régime général de sécurité sociale. Il en est de même des **indemnités forfaitaires** allouées à ces mêmes salariés en raison de changement de résidence, transfert de domicile ou charges de loyers supplémentaires imposées par leur mutation à l'étranger, ces indemnités étant en relation avec la clause de mobilité inscrite dans leur contrat de travail (Cass. 2e civ. 25-5-2004 n° 02-31.083 FS-PB).

RÉGIME DU PAYS D'EMPLOI

Le salarié expatrié est généralement soumis **à titre obligatoire** à la législation de sécurité sociale du pays où il travaille, sauf dérogations prévues par cette législation. Par conséquent, son employeur peut avoir à assumer la charge des **cotisations** prévues par le régime étranger. 71305

> **Précisions** **a.** L'article 21 du règlement européen de sécurité sociale 987/2009 du 16-9-2009 prévoit que l'employeur n'ayant **pas de siège d'activités** dans l'État membre dont la législation est applicable peut convenir avec le salarié concerné que ce dernier exécutera pour son compte ses obligations concernant le versement des cotisations, sans préjudice des obligations de base de l'employeur. L'accord ainsi conclu doit être notifié par ce dernier à l'institution compétente de cet État membre.
> **b.** N'étant pas assujetti au régime français de sécurité sociale, l'employeur ne bénéficie pas de la **réduction générale** visée n°s 21780 s., sauf, le cas échéant, au titre des contributions d'assurance chômage : voir n° 71430.

ASSURANCE VOLONTAIRE

Les salariés ressortissants d'un État membre de l'UE, de l'EEE ou de la Suisse, exerçant leur activité en dehors de ces zones, ont la faculté de s'assurer, moyennant cotisations en principe à leur charge, contre les risques maladie, maternité, invalidité, accidents du travail, maladies professionnelles et vieillesse, auprès de la **Caisse des Français de l'étranger** (www.cfe.fr) (CSS art. L 762-1). Si l'employeur prend en charge tout ou partie des cotisations et qu'il effectue les formalités nécessaires à l'adhésion aux assurances volontaires ou à certaines d'entre elles, il doit informer expressément la CFE de sa volonté de se substituer aux salariés pour le paiement de tout ou partie des cotisations (CSS art. L 762-2). 71310

Les salariés concernés peuvent également adhérer au régime de **retraite complémentaire** Agirc-Arrco (n° 71500).

› Précisions **a.** Les **cotisations** sont **dues** à compter de la date d'effet de l'adhésion et font l'objet de **paiements réguliers** fixés par la caisse qui peuvent être mensuels, trimestriels ou annuels. Toutefois, même si la périodicité est inférieure au trimestre, tout trimestre entamé est dû, sauf lorsque les personnes informent la caisse qu'elles cotisent à un régime obligatoire de base en cas de retour en France. Les cotisations sont exigibles et payables en euros à la caisse avant le dernier jour précédant la période à laquelle elles se rapportent (CSS art. R 762-1, al. 5 et 6).

b. Lorsque les cotisations n'ont **pas été versées** à l'échéance prescrite, la CFE invite le redevable à régulariser sa situation dans le mois suivant. L'intéressé encourt la radiation lorsque les cotisations n'ont pas été acquittées dans le mois suivant la mise en demeure. Lorsque l'employeur prend en charge les cotisations, les dispositions du CSS relatives aux **pénalités** et **majorations de retard** sont applicables : voir n°s 19600 s. (CSS art. R 762-12).

c. L'adhésion à la CFE ne permet pas d'échapper à l'application de la **législation** de sécurité sociale de l'**État d'expatriation** lorsque celle-ci est **obligatoire.**

d. Moyennant cotisations supplémentaires, les affiliés peuvent bénéficier de **prestations supplémentaires** (CSS art. L 762-4). Les développements qui suivent ne concernent cependant que les assurances volontaires « de base ».

71320 **Maladie et maternité** La **cotisation** maladie et maternité est forfaitaire et trimestrielle. Son **montant** dépend de deux critères principaux (C. trav. art. L 762-6-4 ; Arrêté SSAS1900252A du 3-1-2019 modifié) :

– l'**âge** de l'assuré : moins de 30 ans ; 30-34 ans ; 35-39 ans ; 40-44 ans ; 45-49 ans ; 50-54 ans ; 55-59 ans ; plus de 60 ans ;

– la **couverture** ou non des membres de sa **famille.**

Ce montant peut également être modulé en fonction des **ressources** de l'assuré et du **nombre de salariés** appartenant à une même entreprise concernés par l'assurance volontaire.

Sur la prise en charge de tout ou partie de ces cotisations par l'**employeur,** voir n° 71310.

71330 **Incapacité de travail et invalidité** La CFE peut offrir aux travailleurs des prestations supplémentaires, notamment des **indemnités journalières** et la **prestation d'invalidité** (CSS art. L 762-7).

La **cotisation** est calculée de la façon suivante : pour une rémunération inférieure aux 2/3 du plafond de la sécurité sociale (n° 96180), la cotisation est assise sur la moitié de ce plafond ; pour une rémunération supérieure ou égale aux 2/3 du plafond de la sécurité sociale et inférieure à ce plafond, la cotisation est assise sur les 2/3 du plafond ; pour une rémunération égale ou supérieure au plafond de la sécurité, la cotisation est assise sur ce plafond (CSS art. D 762-10).

71350 **Accidents du travail et maladies professionnelles** Les **cotisations** d'assurance volontaire accidents du travail et maladies professionnelles sont calculées sur la **base** d'un salaire déclaré annuellement par les assurés à la CFE, compris entre un minimum (montant en vigueur au 1er janvier du salaire minimal servant de base au calcul des rentes d'accidents du travail prévu par l'article L 434-16 du CSS) et un maximum (8 fois ce montant) (CSS art. L 762-10 et R 762-24).

Le **taux** de la cotisation est fixé à 1,15 %. Il peut être réduit suivant le nombre de contrats souscrits par l'employeur (CSS art. D 763).

Par ailleurs, la CFE peut accorder des **ristournes** sur le taux des cotisations d'assurance volontaire accidents du travail et maladies professionnelles dues par les salariés d'entreprises mandataires d'au moins 10 adhérents pour ce risque durant 3 années civiles consécutives. L'effectif s'entend de la moyenne annuelle du nombre de salariés cotisant au premier jour de chaque trimestre civil. Ces ristournes ne peuvent dépasser 25 % du taux de la cotisation (CSS art. L 762-10, D 763-1 et D 763-2).

71380 **Vieillesse** Les expatriés adhérant à l'assurance volontaire vieillesse cotisent selon un **barème** (25, 50, 75, 100 % du plafond de la sécurité sociale visé n° 96180) en fonction de leurs **revenus professionnels** (catégories 1 à 3) ou de leur **âge** (catégorie 4 pour les moins de 22 ans) (CSS art. L 742-1, R 742-4 et R 742-30 ; Arrêté 1-2-1963 modifié).

Le **taux** de la cotisation est de 17,75 % pour 2023.

La cotisation est **payable** d'avance dans les 15 premiers jours de chaque trimestre civil à la CFE ; elle peut être réglée d'avance pour l'année civile entière (CSS art. R 742-6).

ASSURANCE CHÔMAGE

71430 Les salariés expatriés dans un pays de l'Union européenne (**UE**), de l'Espace économique européen (**EEE**) ou en **Suisse** doivent obligatoirement et uniquement être affiliés au régime d'assurance chômage du **pays d'emploi** (Règl. 883/2004 du 29-4-2004 art. 11).

Pour les **autres salariés,** quelle que soit leur nationalité, tout employeur établi en France doit obligatoirement les affilier au régime d'assurance chômage **français** (C. trav. art. L 5422-13 ; Conv. Unédic du 14-4-2017 art. 5-2 ; Règl. Unédic ann. IX ; Circ. Unédic 2018-06 du 20-2-2018, fiche n° 7). Il doit donc verser les contributions à ce régime, même si le salarié est par ailleurs obligatoirement assuré auprès d'un régime d'assurance chômage étranger, peu important l'existence de deux contrats de travail : l'un avec la société mère établie en France et l'autre avec la filiale étrangère (Cass. soc. 1-4-2003 n° 00-44.231 FS-P).

L'employeur peut, au seul titre des contributions d'assurance chômage, bénéficier de la **réduction générale** visée n°s 21780 s. (BOSS-All. gén.-1340).

En revanche, le versement des contributions est **facultatif** pour les entreprises non comprises dans le champ d'application territorial du régime Unédic : employeurs établis à l'étranger (hors UE, EEE et Suisse) dont la nature juridique leur permettrait, en France, d'être assujettis au régime d'assurance chômage. Ces employeurs peuvent affilier les salariés expatriés qu'ils occupent, sous réserve que les intéressés ne soient pas considérés comme agents fonctionnaires, agents titulaires ou agents statutaires au regard de la législation française ou étrangère applicable. Les salariés non garantis dans ces conditions peuvent demander une **adhésion individuelle** (Règl. Unédic ann. IX ; Circ. Unédic 2018-06 du 20-2-2018, fiche n° 7).

Que l'affiliation soit obligatoire ou facultative, les **contributions** sont assises (Règl. Unédic ann. IX ; Circ. Unédic 2018-06 du 20-2-2018, fiche n° 7) : **71440**

– soit sur l'ensemble des rémunérations brutes plafonnées, converties en euros sur la base du taux officiel de change lors de leur perception, et entrant dans l'assiette des cotisations de sécurité sociale ;

– soit, après accord de la majorité des salariés concernés, sur les rémunérations brutes plafonnées entrant dans l'assiette des cotisations de sécurité sociale qui seraient perçues par le salarié pour des fonctions correspondantes exercées en France. Cette dernière option ne peut s'exercer qu'au moment de l'affiliation et à titre définitif.

Le **taux** des contributions est celui de droit commun (n° 96130). Elles sont **recouvrées** par Pôle emploi et non par les Urssaf (C. trav. art. L 5427-1, a). Elles doivent être **versées** à Pôle emploi services selon les modalités de droit commun (n°s 29580 s.).

> **Précisions** En cas d'**adhésion individuelle,** il n'y a pas d'option possible : seule la première assiette définie ci-dessus doit être retenue. Le règlement doit intervenir dans les 15 premiers jours de chaque trimestre civil, au titre des rémunérations perçues pendant le trimestre civil précédent (Règl. Unédic ann. IX ; Circ. Unédic 2018-06 du 20-2-2018, fiche n° 7).

AGS

Le salarié expatrié, s'il doit obligatoirement être affilié au régime Unédic, bénéficie également du régime d'assurance des créances des salariés (C. trav. art. L 3253-6). L'employeur doit donc s'acquitter de la **cotisation** AGS (Décision AGS 15 du 11-12-1985 ; Cass. soc. 21-11-1990 n° 89-41.892 P), selon les modalités de droit commun (n°s 29340 s.), sauf qu'il doit la verser à Pôle emploi (n° 71440). **71480**

RETRAITE COMPLÉMENTAIRE

Le régime obligatoire Agirc-Arrco peut faire l'objet d'une **extension territoriale** pour les salariés expatriés. L'**affiliation** peut être effectuée par l'entreprise établie en France, avec l'accord individuel du salarié, sur demande adressée à son institution d'adhésion ou à « Malakoff Humanis International Agirc-Arrco » (www.malakoffhumanis.com), ou par le travailleur lui-même, sur demande adressée à ce dernier organisme (Circ. Agirc-Arrco 2018-09-DC du 19-12-2018). Le salarié s'affiliant lui-même supporte la totalité des cotisations (ANI du 17-11-2017 art. 12 ; Circ. Agirc-Arrco 2019-1 du 9-1-2019, III, 3.1.2 et III, 3.1.3). **71500**

Les **cotisations** (recouvrées par Humanis International Agirc-Arrco) sont calculées, selon les taux et sur les tranches de droit commun : si l'adhésion est réalisée par l'**employeur,** sur la base du salaire qui aurait été perçu en France pour des fonctions correspondantes, éventuellement augmenté de tout ou partie des primes et avantages en nature, ainsi que prévu dans le contrat d'expatriation ; en cas d'adhésion volontaire du **salarié,** sur la base du nombre de points annuels dépendant du salaire lié à la fonction de l'expatrié et tenant compte éventuellement de tout ou partie des primes et avantages en nature (ANI du 17-11-2017 art. 31, 32 et 35).

> **Précisions** **a.** Dans les deux cas, l'intéressé doit déjà avoir des **droits inscrits** auprès du régime au titre d'une activité antérieure d'une durée d'au moins 6 mois ou doit être **affilié** à la Caisse des Français de l'étranger pour le risque vieillesse au titre de l'emploi visé par l'extension territoriale (Circ. Agirc-Arrco 2019-1 du 9-1-2019, III, 3.1.2 et III, 3.1.3).

b. Les **modalités pratiques** du maintien de l'affiliation ne sont pas précisées par les textes, qui prévoient seulement que celle-ci prend effet au premier jour de l'année civile au cours de laquelle la demande est présentée (Circ. Agirc-Arrco 1 du 9-1-2019, III, 3.1.2 et III, 3.1.3).

III. RÉGIME FISCAL

71540 Sont exposées ci-après les règles applicables à l'impôt sur le revenu, à la taxe sur les salaires et à l'établissement de la déclaration sociale nominative (DSN) concernant les rémunérations versées à des salariés travaillant à l'étranger.

S'agissant de la contribution formation et de la taxe d'apprentissage, on se reportera aux indications fournies n° 30830, c.

ATTENTION

Ne sont abordées que les dispositions intéressant les entreprises stricto sensu, à l'**exclusion** par conséquent des règles spécifiques d'imposition des agents de l'État en service à l'étranger ou encore de l'exonération de taxe sur les salaires dont bénéficient les organismes internationaux.

A. Impôt sur le revenu

71550 Pour déterminer si les salaires reçus en contrepartie d'un travail effectué à l'étranger sont soumis à l'impôt en France et, le cas échéant, selon quelles modalités, il faut distinguer selon que les bénéficiaires ont leur **domicile fiscal** en France ou hors de France.

Alors que, dans le premier cas, l'impôt atteint en principe l'ensemble des revenus d'origine française ou étrangère du contribuable, seuls les revenus de source française sont normalement retenus dans le second cas (CGI art. 4 A). Ces règles ne s'appliquent toutefois que sous réserve des **conventions internationales** destinées à éviter les doubles impositions, la plupart de ces conventions réservant le droit d'imposer les salaires à l'État dans lequel est exercée l'activité, avec toutefois des exceptions pour les emplois de courte durée.

La série INT de la **Documentation fiscale Francis Lefebvre** est spécialement consacrée à l'étude de l'ensemble des conventions conclues, en matière fiscale, entre la France et les pays étrangers. On se reportera à cette Documentation lorsqu'il s'agit de déterminer si un revenu normalement passible de l'impôt suivant les règles du droit interne est ou non susceptible de se trouver affranchi de cet impôt par l'effet de la convention fiscale.

71560 Après avoir défini la notion de domicile fiscal, on étudiera successivement les régimes applicables aux salariés détachés à l'étranger au sens fiscal (salariés domiciliés en France) et aux salariés expatriés (salariés domiciliés hors de France) en y comprenant le détail des obligations des employeurs relatives au prélèvement à la source de l'impôt sur le revenu.

DOMICILE FISCAL EN FRANCE

71570 Une personne est considérée comme ayant en France son domicile fiscal lorsqu'elle se trouve dans l'un des **quatre cas** indiqués ci-après (CGI art. 4 B).

1. La personne a son **foyer en France.** D'une manière générale, le foyer s'entend du lieu où la personne ou sa famille habite normalement, c'est-à-dire du lieu de la résidence habituelle, sans qu'il soit tenu compte des séjours effectués temporairement ailleurs en raison des nécessités de la profession ou de circonstances exceptionnelles, et a le centre de ses intérêts familiaux (CE 3-11-1995 n° 126513 ; 17-3-2016 n° 383335).

Pour l'appréciation de ce critère de domiciliation, la famille s'entend du conjoint, des enfants ou encore (CE 27-1-2010 n° 319897) du (ou de la) concubin(e). Elle n'englobe pas, en revanche, les autres proches (parents, frères et sœurs). Aussi, lorsque le contribuable est célibataire et sans charge de famille, le foyer est déterminé à partir du lieu où l'intéressé habite normalement en dehors de ses déplacements professionnels et a le centre de sa vie personnelle (CE 17-3-2010 n°s 299770 et 300090).

2. La personne a son **lieu de séjour principal en France.** Contrairement au premier critère, on retient uniquement ici le lieu de séjour de la personne elle-même (quelles que soient les conditions de ce séjour : vie à l'hôtel, par exemple), sans s'attacher au lieu de séjour de sa famille.

D'une manière générale, il suffit qu'une personne ait séjourné en France plus de 183 jours au cours d'une même année pour qu'elle soit réputée avoir eu son séjour principal dans notre pays au titre de l'année en cause.

3. La personne exerce une **activité professionnelle en France.** Ce critère s'applique aux personnes qui exercent en France une activité professionnelle, salariée ou non, à moins qu'elles ne justifient que cette activité y est exercée à titre accessoire.

4. La personne a le **centre de ses intérêts économiques en France.** Il s'agit du lieu où l'intéressé a effectué ses principaux investissements, où il possède le siège de ses affaires, d'où il administre ses biens. Ce peut être également le lieu où il a le centre de ses activités professionnelles ou d'où il tire la majeure partie de ses revenus.

> **Précisions** **a.** Les deux premiers critères visés ci-dessus sont d'ordre personnel, le troisième étant d'ordre professionnel et le quatrième d'ordre économique. Il suffit de répondre à l'**un de ces critères** pour être imposable en tant que contribuable domicilié en France. Toutefois, le deuxième critère (lieu de séjour principal) ne peut déterminer le domicile fiscal que dans l'hypothèse où le contribuable ne dispose pas de foyer (CE 3-11-1995 n° 126513).
> **b.** S'agissant des **mandataires sociaux,** l'administration a apporté les précisions suivantes (BOI-IR-CHAMP-10 n°s 180 et 230) :
> – pour les mandataires sociaux d'une société dont le siège social ou le siège de direction effective est situé en France, cette situation implique, en principe, l'exercice en France du mandat social. Cette doctrine administrative a été confortée par un texte de loi instituant une présomption simple de résidence fiscale en France des dirigeants « exécutifs » des grandes entreprises y ayant leur siège : voir n° 77500 ;
> – pour les titulaires de mandats sociaux au sein de plusieurs sociétés dont les sièges sociaux ou de direction effective respectifs sont situés dans différents pays, le centre des intérêts économiques est recherché, selon les circonstances propres à chaque espèce, en tenant compte des liens entre les mandats sociaux exercés.
> **c.** Pour apprécier si une personne a son domicile fiscal en France, **le terme « France » désigne** (BOI-IR-CHAMP-10 n° 50) :
> – d'une part, les départements métropolitains (y compris la Corse et les îles du littoral) ;
> – d'autre part, les départements d'outre-mer (Guadeloupe, Guyane, Martinique, La Réunion et Mayotte).
> En revanche ne sont pas concernées les collectivités territoriales d'outre-mer (Nouvelle-Calédonie, Saint-Pierre-et-Miquelon, etc.), ces collectivités disposant d'une compétence propre en matière fiscale (BOI-IR-CHAMP-10 n° 50).
> **d.** Dans le cas des **contribuables mariés ou partenaires d'un Pacs,** si l'un des époux ou partenaires seulement répond aux critères de domiciliation en France, l'obligation fiscale du couple ne porte que sur l'ensemble des revenus de l'époux ou du partenaire domicilié en France et sur les revenus de source française de l'autre époux ou partenaire. De même, si l'un des **enfants** ou personnes à charge ne répond pas aux mêmes critères, seuls ses revenus de source française sont compris dans l'imposition commune (BOI-IR-CHAMP-10 n° 90).

1. SALARIÉS DÉTACHÉS À L'ÉTRANGER

La situation envisagée ici est celle de salariés qui, bien que travaillant à l'étranger, ont conservé leur **domicile fiscal en France,** par exemple parce que leur foyer fiscal y est demeuré fixé (n° 71570). **71590**

Sous réserve de l'application des conventions internationales, ces salariés sont imposables en France sur l'ensemble de leurs **revenus français et étrangers,** y compris par conséquent sur la rémunération de leur activité à l'étranger (CGI art. 4 A, al. 1).

Toutefois, les salariés fiscalement domiciliés en France au sens de l'article 4 B du CGI (voir n° 71570), envoyés par un employeur dans un État autre que la France et que celui du lieu d'établissement de cet employeur, sont susceptibles d'être **exonérés,** en France, sur **tout** (n° 71610) **ou partie** (n° 71620) des salaires perçus en rémunération de l'activité exercée dans l'État où ils sont envoyés (CGI art. 81 A). **71600**

L'**employeur** doit être établi en France, dans un autre État membre de l'Union européenne, ou dans un autre État partie à l'accord sur l'Espace économique européen ayant conclu avec la France une convention d'assistance administrative en vue de lutter contre la fraude et l'évasion fiscales (CGI art. 81 A), ces États étant actuellement l'Islande, la Norvège et le Liechtenstein (BOI-RSA-GEO-10-10 n° 90).

Peu importe que la **rémunération** soit versée en France ou à l'étranger et qu'elle soit supportée par l'employeur ou par l'un de ses établissements ou l'une de ses filiales à l'étranger (BOI-RSA-GEO-10-10 n° 120).

Les exonérations (totale ou partielle) étant réservées aux salariés au sens du droit du travail, les **mandataires sociaux,** même imposés dans la catégorie des traitements et salaires, en sont exclus. Il est toutefois admis qu'elles s'appliquent aux mandataires sociaux titulaires d'un contrat de travail à raison de fonctions techniques, pour les rémunérations perçues au titre de l'exercice de ces fonctions à l'étranger (BOI-RSA-GEO-10-10 n°s 40 à 70). Ne pouvant pas cumuler un contrat de travail avec leur mandat social, les gérants majoritaires de SARL ne sauraient en revanche bénéficier de ces exonérations (BOI-RSA-GER-10-20 n° 50).

> Précisions **a.** Ne visant que l'impôt sur le revenu, les exonérations (totale ou partielle) de l'article 81 A du CGI sont sans effet à l'égard de la taxe sur les salaires (n° 71670). Il en va de même pour les autres taxes et participations assises sur les salaires.

b. La **qualité d'employeur** est reconnue, au regard des circonstances propres à chaque cas et des justifications présentées par l'intéressé, à la personne physique ou morale à laquelle le salarié est lié, c'est-à-dire qui recrute le salarié, assume la charge financière du salaire, définit la tâche du salarié et exerce sur lui un pouvoir hiérarchique. Au sein d'un **groupe,** une filiale détient la qualité d'employeur dès lors qu'elle en exerce les prérogatives, même lorsque la politique sociale et la gestion du personnel relèvent du groupe et que ce dernier exerce un contrôle économique sur ses filiales (Rép. Blondin : Sén. 9-1-2020 n° 10699). À défaut de contrat écrit, la qualité d'employeur est établie par la méthode dite du « faisceau d'indices » et le salarié concerné est tenu de fournir, à la demande des services fiscaux, tout document permettant de justifier l'origine des ordres et directives qu'il reçoit afin de déterminer l'entité du groupe devant être considérée comme son employeur (Rép. Habib : AN 26-11-2019 n° 20309).

c. Un salarié envoyé hors de France par un employeur établi en France a droit aux exonérations prévues par l'article 81 A du CGI même s'il est également lié par un contrat de travail avec une société établie hors de France (CE (na) 1-10-2019 n° 423662).

d. Les mesures d'allégement bénéficient à l'ensemble des salariés, quelle que soit leur nationalité, à l'exception des travailleurs **frontaliers.** Ces travailleurs, qui exercent leur activité à l'étranger durant la journée et rentrent quotidiennement à leur domicile en France, ne sont pas, en effet, réputés détachés à l'étranger par leur employeur (BOI-RSA-GEO-10-10 n° 150).

e. Le Royaume-Uni étant depuis le 1-1-2021 un État tiers à l'UE et à l'EEE, les salariés d'**employeurs britanniques,** domiciliés fiscalement en France et envoyés à l'étranger, n'entrent plus dans le champ d'application de l'exonération prévue à l'article 81 A, I du CGI. Il n'est pas envisagé de faire évoluer cette situation (Rép. Renaud-Garabedian : Sén. 21-4-2022 n° 25103).

f. Sur la **déductibilité de la CSG** assise sur les primes d'expatriation exonérées d'impôt en application de l'article 81 A, II du CGI, voir n° 71140.

EXONÉRATION TOTALE

71610 La rémunération de l'activité à l'étranger est totalement exonérée de l'impôt français lorsque l'intéressé est placé dans l'un des **cas** suivants (CGI art. 81 A, I) :

a. Lorsqu'elle est effectivement soumise, dans l'État où s'exerce l'activité, à un **impôt** sur le revenu au **moins égal aux deux tiers** de celui qu'elle supporterait en France sur la même base d'imposition ;

b. Lorsqu'elle est versée en contrepartie de l'**exercice à l'étranger,** pendant une durée supérieure à **183 jours** au cours d'une période de 12 mois consécutifs, d'une activité se rapportant aux **secteurs suivants** :
– chantiers de construction (chantiers de travaux publics, y compris construction d'établissements scolaires, mais aussi chantiers de construction privée ou chantiers navals) ou de montage, installation et mise en route d'ensembles industriels, exploitation et ingénierie (études préliminaires notamment) y afférentes,
– recherche (y compris la prospection) ou extraction de ressources naturelles (produits du sol et du sous-sol),
– navigation à bord de navires armés au commerce (ce qui exclut les navires de pêche professionnelle armés à la grande pêche) et immatriculés au registre international français (quelle que soit la fonction exercée à bord par le marin) ;

c. Lorsqu'elle se rapporte à des activités de **prospection commerciale** exercées à l'étranger pendant une durée supérieure à **120 jours** au cours d'une période de 12 mois consécutifs. Sont visées les activités dédiées au développement de l'activité d'exportation de l'entreprise ou en relation directe avec l'essor de l'entreprise à l'étranger, qui se traduisent par des actions concrètes dans les États étrangers (visites, réunions, salons…).

En cas d'application de l'une des trois exonérations visées ci-dessus, l'impôt dû en France sur les **revenus autres que la rémunération** exonérée est calculé au taux correspondant à l'ensemble des revenus, imposables et exonérés, du contribuable (règle dite du « taux effectif »).

> Précisions **a.** La doctrine administrative accorde le bénéfice de l'exonération visée au b ci-dessus aussi bien aux personnels techniques qu'aux **personnels administratifs** qui les accompagnent, que ces personnels soient employés par les entreprises qui réalisent le chantier ou par des entreprises sous-traitantes (BOI-RSA-GEO-10-20 n° 140).

b. Le **décompte des périodes** de 183 et de 120 jours s'effectue par rapport à la durée de la mission à l'étranger, c'est-à-dire la période écoulée entre le premier départ et le retour définitif, en défalquant seulement les périodes pendant lesquelles le salarié est revenu en France pour y exercer une activité. Les jours de repos hebdomadaire se rapportant à l'activité exercée à l'étranger, la durée des congés de récupération (même placés sur un compte épargne-temps : CE 24-6-2019 n° 419679) et congés payés auxquels donne droit l'activité exercée à l'étranger, les congés pour accident du travail ou pour maladie consécutifs à cette activité, même si ces différents congés sont pris en France, sont assimilés à l'activité exercée à l'étranger (BOI-RSA-GEO-10-20 n°s 210, 220 et 360). En cas de discontinuité de l'activité, seuls sont exonérés les salaires versés en rémunération de l'activité exercée à l'étranger qui se rapportent à la période de 12 mois consécutifs. Lorsque la mission exercée à l'étranger chevauche 2 années civiles, le décompte de la durée s'effectue en glissement. Dans cette hypothèse, la plus fréquente, il y a lieu de surseoir à l'imposition de la rémunération perçue à l'étranger. Le salarié doit être en mesure de fournir, à la demande de l'administration, une attestation de son employeur indiquant la durée probable de son activité à l'étranger ainsi que celle du chantier (BOI-RSA-GEO-10-20 n°s 230, 240 et 370).
Pour les navigants, la durée d'activité de 183 jours à l'étranger correspond au temps effectivement passé à bord. Lorsqu'un navire demande son immatriculation au Rif, le point de départ de ce délai est constitué par la date de dépôt de la demande d'enregistrement du navire au Rif ou de la demande de son transfert à ce registre, lorsque la demande est acceptée (BOI-RSA-GEO-10-20 n°s 260 et 270).
c. S'agissant de la détermination de la **rémunération se rapportant à l'activité exercée à l'étranger,** il a été jugé que le treizième mois en est exclu s'il n'est pas établi qu'une partie de son montant se rapporte à l'activité du contribuable exercée à l'étranger (TA Lille 16-12-2016 n° 1401721).

EXONÉRATION PARTIELLE

Lorsque l'intéressé ne peut pas bénéficier d'une exonération totale (voir n° 71610), la rémunération perçue pour l'activité à l'étranger n'est cependant imposable en France qu'à concurrence de celle que le bénéficiaire aurait eue en France pour la même activité. **71620**

Les **suppléments de rémunération** directement liés à l'exercice de la profession à l'étranger (majorations de salaires ou de commissions, primes ou indemnités journalières destinées à compenser les sujétions liées à l'éloignement familial ou aux difficultés de travail dans certains pays) ne sont **pas imposés,** sous réserve de respecter les **conditions** exposées n° 71630.

> **Précisions a.** Pour le cas où le salarié détaché à l'étranger remplit également les conditions du dispositif prévu en faveur des « **impatriés** » : voir n° 56845.
> **b.** Les **marins pêcheurs** exerçant leur activité hors des eaux territoriales françaises (en pratique, au-delà de la limite des 12 milles) bénéficient du dispositif d'exonération partielle selon des modalités particulières (BOI-RSA-GEO-10-30-20 n° 10).
> **c.** En cas de **déplacements inter-États,** la durée de séjour est décomptée à partir de l'arrivée dans le premier État et s'achève au départ du dernier État (BOI-RSA-GEO-10-30-10 n° 80).

Pour bénéficier de l'exonération partielle, les suppléments de rémunération doivent répondre aux **conditions suivantes** (CGI art. 81 A, II) : **71630**
– être versés en contrepartie de séjours effectués dans l'intérêt direct et exclusif de l'employeur. Répondent aussi à cette condition les déplacements au sein du groupe auquel appartient l'entreprise employant le salarié, comme ceux à caractère commercial, administratif ou institutionnel, les missions d'audit ou encore les réunions d'information ou ayant pour objet la formation interne (BOI-RSA-GEO-10-30-10 n° 60) ;
– être justifiés par un déplacement nécessitant une résidence d'une durée effective d'au moins 24 heures dans un autre État ;
– être déterminés dans leur montant préalablement aux séjours dans un autre État (soit dans les ordres de mission, en cas de déplacements ponctuels de courte durée, soit dans le contrat de travail ou l'avenant au contrat) ;
– être en rapport, d'une part, avec le nombre, la durée et le lieu de ces séjours et, d'autre part, avec la rémunération fixe ou variable (primes, bonus ou intéressement, etc.), hors suppléments de rémunération susvisés, versée au salarié, sans pouvoir excéder 40 % de cette rémunération. La rémunération servant au calcul de ce plafond n'a pas à être réduite au prorata du nombre de jours passés à l'étranger (CE 10-4-2015 n° 365851, plén.).

Les suppléments de rémunération exonérés d'impôt sont retenus pour le calcul du « **taux effectif** » auquel sont soumis les autres revenus imposables du contribuable.

À défaut de remplir ces conditions, les indemnités ou primes sont considérées comme un supplément de salaire imposable.

EXEMPLE

Soit un salarié dont la rémunération annuelle de référence s'élève à 200 000 € et qui justifie de 100 jours d'activité à l'étranger sur une durée d'activité effective annuelle de 220 jours. Sous réserve que le calcul des suppléments de rémunération tienne compte de la destination et du nombre des déplacements, le montant maximum des majorations de salaire susceptibles de bénéficier de l'exonération d'impôt sur le revenu s'élève à : 200 000 × 0,4 = 80 000 € (BOI-RSA-GEO-10-30-10 n° 190).

PRÉLÈVEMENT À LA SOURCE

71635 Les salaires de source étrangère, c'est-à-dire ceux perçus en contrepartie d'une activité exercée à l'étranger, versés à un contribuable domicilié fiscalement en France donnent lieu, sous réserve des conventions fiscales internationales, à l'application du prélèvement à la source de l'impôt sur le revenu dès lors qu'ils sont effectivement imposables en France et qu'ils sont versés par un débiteur établi en France (BOI-IR-PAS-10-10-10 n° 90).

Mais les rémunérations exonérées par l'article 81 A du CGI ne sont pas comprises dans l'assiette du prélèvement (BOI-IR-PAS-20-10-10 n° 40).

En pratique :

– lorsque la durée d'expatriation connue par l'employeur au moment du paiement des sommes est supérieure aux seuils de 183 jours ou de 120 jours, prévus en cas d'exercice des activités visées n° 71610, sans que cette situation ne remette en cause la domiciliation fiscale en France du bénéficiaire, il est admis de ne pas appliquer le prélèvement à la source aux rémunérations versées en contrepartie de ces activités ;

– lorsque la durée d'expatriation est inférieure à ces seuils et que les éléments dont a connaissance l'employeur ne remettent pas en cause la domiciliation fiscale en France du bénéficiaire, il est admis de ne pas appliquer le prélèvement à la source aux suppléments de rémunération versés au titre du séjour à l'étranger (n° 71620) dès lors qu'ils n'excèdent pas 40 % de la rémunération (BOI-IR-PAS-20-10-10 n° 40).

2. SALARIÉS EXPATRIÉS

71650 Les contribuables français ou étrangers domiciliés hors de France ne sont passibles de l'impôt sur le revenu en France que sur leurs revenus de source française (CGI art. 4 A, al. 2). Les salariés dont l'activité est exercée hors de France et qui ne sont pas domiciliés en France ne sont donc pas a priori concernés par l'impôt sur le revenu français (sauf autres revenus de source française). Même lorsqu'il est établi en France, l'employeur de ces salariés n'est donc pas tenu de pratiquer le **prélèvement à la source** de l'impôt sur le revenu (BOI-IR-PAS-10-10-10 n° 110).

› Précisions **a.** Par exception, les employeurs établis en France doivent appliquer le prélèvement à la source sur les rémunérations de source étrangère dont l'imposition est attribuée à la France par les **conventions internationales** et l'article 165 bis du CGI sans être soumis à une retenue à la source spécifique. Il s'agit par exemple des rémunérations des personnels navigants (BOI-IR-PAS-10-10-10 n° 110). En revanche, ni le prélèvement à la source généralisé de l'article 204 A du CGI, ni la retenue à la source de l'article 182 A du CGI ne doivent être pratiqués sur les rémunérations de source étrangère dont l'imposition est attribuée par une convention internationale au pays d'exercice de l'activité, et ce même si le bénéficiaire est réputé domicilié en France par l'article 4 B du CGI, comme, notamment, les dirigeants des grandes entreprises ayant leur siège en France (n° 77500).
b. Les personnes fiscalement domiciliées dans un autre État de l'Union européenne, en Islande, en Norvège ou au Liechtenstein et qui tirent l'essentiel de leurs revenus de la France peuvent, sous certaines conditions, demander lors de la souscription de leur déclaration de revenus à être imposées selon les règles applicables aux personnes fiscalement domiciliées en France, **non-résidents dits « Schumacker »** (BOI-IR-DOMIC-40).

B. Taxe sur les salaires

71670 Les rémunérations payées à des personnes qui exercent leur activité hors de France pour un **employeur établi en France** et redevable de la taxe sur les salaires entrent dans l'assiette de cette taxe, quel que soit le lieu du domicile des salariés concernés, à moins que l'employeur ne dispose d'un centre d'activité à l'étranger au sens indiqué n° 31370 (BOI-TPS-TS-10-10-10 n° 120). Le Conseil d'État a confirmé que, lorsque l'employeur est établi en France, la taxe sur les salaires est due sur la **totalité des salaires versés,** quels que soient notamment les lieux du domicile des bénéficiaires ou ceux où ils exerceraient leur activité (CE 13-7-2022 n° 460386) et alors même que, pour l'exécution des prestations fournies, l'employeur aurait eu recours aux services de mandataires à l'étranger (CE 4-2-1974 n° 82955).

› **Précisions** **a.** Les critères de territorialité de la taxe sur les salaires sont **indépendants des règles applicables à l'impôt sur le revenu et aux cotisations ou contributions sociales.** Ainsi, l'alignement de l'assiette de la taxe sur les salaires sur celle de la CSG n'a pas eu pour effet de rendre applicable à la taxe sur les salaires la double condition d'assujettissement à la CSG d'avoir sa résidence fiscale en France et d'être à la charge, à quelque titre que ce soit, d'un régime obligatoire français d'assurance maladie. Par ailleurs, le champ d'application des **conventions internationales** tendant à éviter les doubles impositions ne concerne pas la taxe sur les salaires.

b. Les **exonérations** totales ou partielles d'impôt sur le revenu des salariés détachés ou expatriés (n°s 71550 s.) ne s'appliquent pas à la taxe sur les salaires. Échappent en revanche à cette taxe, dans les conditions exposées n°s 56640 s., les sommes versées en couverture des frais en rapport avec la mobilité professionnelle à l'étranger.

c. Sur les sommes à porter sur la **DSN,** voir n° 71690.

d. S'agissant de la **contribution formation, de la participation-construction et de la taxe d'apprentissage,** on se reportera aux indications fournies n° 30830.

C. Déclaration sociale nominative (DSN)

Il résulte de l'article 87 du CGI que les rémunérations à déclarer sont les rémunérations imposables à l'impôt sur le revenu. 71690

Cette disposition devrait impliquer que n'ont pas à être déclarées les rémunérations versées à des salariés travaillant à l'étranger dans la mesure où elles ne sont pas passibles en France de l'impôt sur le revenu, ce qui est le cas des rémunérations bénéficiant des exonérations d'impôt sur le revenu détaillées n°s 71600 s. (salariés détachés hors de France) et n° 71650 (salariés expatriés).

L'administration estime toutefois que ces rémunérations exonérées doivent lui être déclarées dans la DSN, notamment à des fins de contrôle de l'assiette des taxes et participations assises sur les salaires, dans des zones spécialement prévues à cet effet (notamment BOI-RSA-GEO-10-40 n° 20, pour les salariés exonérés en application de l'article 81 A du CGI). L'article 39 de l'annexe III au CGI prescrit de déclarer sur la DSN les rémunérations brutes au sens des cotisations de sécurité sociale et non plus, comme auparavant, de la taxe sur les salaires. Mais le 2°-g du même article ajoute à cette disposition générale une obligation propre aux établissements assujettis à la taxe sur les salaires qui est de mentionner aussi sur la DSN le montant brut des rémunérations servant de base à cette taxe.

En pratique, dans le bloc versement individu de la DSN :

– s'agissant de l'impôt sur le revenu : dans la DSN mensuelle, les éléments exonérés en application de l'article 81 A du CGI ne sont pas inclus dans la rubrique Montant soumis au PAS (S21.G00.50.013), ce qui permet de ne soumettre au prélèvement à la source que la part imposable de la rémunération. En revanche, ces éléments doivent être intégrés dans la rubrique Rémunération nette fiscale (S21.G00.50.002). Ainsi, la déclaration de revenus du salarié sera préremplie du montant intégral de sa rémunération nette fiscale, y compris de la part de revenus exonérée, et il lui appartiendra, le cas échéant, de la corriger afin de bénéficier de l'exonération prévue par l'article précité (net-entreprises, fiche n° 2377) ;

– s'agissant des taxes annexes assises sur les salaires : leur assiette, qui inclut les éléments exonérés en application de l'article 81 A du CGI, est déclarée, annuellement pour chaque établissement de l'entreprise, dans le bloc 44 (S21.G.44). Ce bloc n'est à remplir qu'une fois par an, sur la dernière DSN de l'année civile (déposée en janvier N + 1), quelle que soit la date de clôture de l'exercice fiscal. Par tolérance, il est toutefois admis de déclarer les données relatives à cet assujettissement jusqu'au début février de l'année N + 1 (via la DSN de janvier). En cas d'anomalie dans la déclaration, il ne faut pas reporter le montant corrigé sur la DSN d'un mois suivant. Il convient de signaler cette erreur au service des impôts des entreprises gestionnaires du dossier et lui communiquer la base assujettie corrigée (net-entreprises, fiche n° 808).

Les salariés travaillant hors de France doivent être signalés sur la DSN mensuelle :

– dans le bloc 30 : à la rubrique Statut à l'étranger au sens fiscal (S21.G00.30.022) à l'aide du code 02 – travail à l'étranger ;

– dans le bloc 85 : le lieu de travail à l'étranger est indiqué à l'aide du code pays (rubrique S21.G00.85.006), tandis que la rubrique Code Insee commune (S21.G00.85.011) n'a pas à être renseignée (net-entreprises, fiches n°s 942 et 953).

71690 (suite)

> Précisions **a.** À des fins de simplification, il est proposé que les employeurs ne soumettent pas au **prélèvement à la source** les sommes concernées s'ils savent par avance que les missions que le salarié va réaliser entrent dans le champ de l'exonération. À défaut de connaître avec certitude les missions exercées pour l'année à venir, il est admis que l'employeur se base sur les missions réalisées l'année précédente (net-entreprises, fiche n° 2377).

b. Ainsi, l'employeur sachant que le salarié répondait aux conditions d'exonération l'année précédente et ayant l'assurance raisonnable que sa situation ne changera pas peut ne pas soumettre au prélèvement à la source les revenus présumés exonérés. Mais s'il se rend compte en cours d'année que les conditions de l'exonération ne sont pas réunies, il peut régulariser pour soumettre au prélèvement à la source les revenus qui en ont été précédemment exclus, avant la fin de l'année civile et par tolérance jusqu'au dépôt de la déclaration de mois principal déclaré janvier N + 1. Il est préférable que la régularisation se fasse mois par mois afin de pouvoir utiliser le taux de PAS de chaque mois puisque celui-ci peut varier. Par tolérance, il est accepté une régularisation unique sur la base du taux le plus récent. Cette régularisation, qui n'est pas obligatoire, s'effectue par bloc 56 de type d'erreur 01 – régularisation d'assiette, en rectifiant le montant soumis au PAS et le montant de PAS. Le montant de la régularisation de la rémunération nette fiscale est alors égal à zéro (net-entreprises, fiche n° 2377).

c. A contrario, l'employeur n'ayant pas l'assurance raisonnable que le salarié répondra aux conditions de l'article 81 A du CGI doit appliquer le prélèvement à la source. Toutefois, il est invité à exonérer ces revenus si le salarié répond, en cours d'année, aux conditions de ce texte et en pareil cas, à régulariser le prélèvement opéré précédemment, avant la fin de l'année civile et par tolérance jusqu'au dépôt de la déclaration de mois principal déclaré janvier N + 1. Cette régularisation, qui n'est pas obligatoire, s'effectue par bloc 56 de type d'erreur 01 – régularisation d'assiette, en rectifiant le montant soumis au PAS et le montant de PAS. Le montant de la régularisation de la rémunération nette fiscale est alors égal à zéro (net-entreprises, fiche n° 2377).

CHAPITRE 11

JOURNÉE DE SOLIDARITÉ

SOMMAIRE

A. Travail d'une journée supplémentaire 71820
B. Contribution solidarité autonomie 71950

La journée de solidarité instituée en vue d'assurer le financement des actions en faveur de l'autonomie des personnes âgées et handicapées prend la forme d'une journée supplémentaire de travail non rémunérée pour les salariés et de la contribution solidarité autonomie assise sur les salaires pour les employeurs (C. trav. art. L 3133-7). 71800

A. Travail d'une journée supplémentaire

Sont concernés tous les **salariés** relevant du Code du travail, à temps plein ou partiel, y compris les catégories particulières visées dans la septième partie de ce Code (VRP, travailleurs à domicile, journalistes, etc.) (Circ. DRT 10 du 16-12-2004). Une exception : si elle est fixée un jour férié, la journée de solidarité ne concerne pas les jeunes travailleurs et apprentis de **moins de 18 ans,** sauf dérogation à l'interdiction de faire travailler les mineurs les jours fériés. 71820

CHOIX DE LA JOURNÉE

Les modalités d'accomplissement de la journée de solidarité sont fixées par **accord** d'entreprise ou d'établissement ou, à défaut, par accord ou convention de branche. Cet accord peut prévoir : 71830

– le travail d'un **jour férié** précédemment chômé autre que le 1er mai ;
– le travail d'un **jour de repos** accordé au titre d'un accord collectif répartissant la durée du travail sur une période supérieure à la semaine (nos 9600 s.) ;
– ou toute **autre modalité** permettant le **travail de 7 heures** précédemment non travaillées en application de stipulations conventionnelles ou des modalités d'organisation des entreprises (C. trav. art. L 3133-11). Il peut s'agir, par exemple, d'un samedi, mais non d'un dimanche (Circ. DRT 10 du 16-12-2004) ou d'un jour de congé supplémentaire conventionnel, mais non d'un jour de congé légal. Il ne peut pas s'agir d'un jour de repos acquis au titre du repos compensateur de remplacement ou de la contrepartie obligatoire en repos (Circ. DRT 14 du 22-11-2005).

Si **aucun accord** d'entreprise ou d'établissement et aucun accord ou convention ou de branche ne fixe les modalités d'accomplissement de la journée de solidarité, ces modalités sont définies par l'employeur, après consultation du CSE (C. trav. art. L 3133-12).

Les **clauses des accords ou conventions** qui prévoiraient le **chômage** de la journée de solidarité sont expressément neutralisées par la loi (Loi 2004-626 du 30-6-2004 art. 4).

ATTENTION

Dans les **départements de la Moselle, du Haut-Rhin et du Bas-Rhin,** l'accord ou la décision de l'employeur ne peut désigner comme date de la journée de solidarité ni le premier ni le second jour de Noël ni, indépendamment de la présence d'un temple protestant ou d'une église mixte dans les communes, le Vendredi saint (C. trav. art. L 3134-16).

Lorsqu'un accord d'entreprise prévoit le bénéfice de **deux ponts annuels payés,** l'employeur ne peut pas fixer la journée de solidarité le jour de l'un de ces deux ponts (Cass. soc. 12-6-2013 n° 10-26.175 FP-D).

71840 Il est **possible de fractionner** la journée de solidarité en heures. Des modalités spécifiques doivent alors être prévues pour certains salariés, notamment ceux sous convention annuelle de forfait jours ou heures ou ceux à temps partiel (Circ. DRT 14 du 22-11-2005).

La journée de solidarité est **nécessairement** fractionnée lorsque :
– les salariés travaillent 6 jours sur 7 sans jours fériés chômés ni jours de réduction du temps de travail et bénéficient des seuls congés payés légaux ;
– les 7 heures au titre de la journée de solidarité ne sont pas accomplies en une seule fois par des salariés effectuant des prestations auprès de plusieurs entreprises utilisatrices (cas des entreprises de nettoyage intervenant pour le compte de plusieurs sociétés) ;
– les modalités de prise du repos hebdomadaire conduisent à y inclure le lundi matin, dans les cas où la journée de solidarité correspond au lundi de Pentecôte (Circ. DRT du 20-4-2005).

> **Précisions** Le salarié **mis à la disposition d'une entreprise utilisatrice** dans le cadre d'une prestation de services (gardiennage, restauration, entretien...) accomplit en principe la journée de solidarité dans cette entreprise. Si les 7 heures dues au titre de la journée de solidarité sont accomplies en une seule fois dans une seule entreprise utilisatrice, le salarié est dégagé de son obligation au titre de la journée de solidarité vis-à-vis des heures de travail accomplies au sein des autres entreprises. Si les 7 heures sont accomplies en plusieurs fois auprès de plusieurs entreprises utilisatrices, la solution passe nécessairement par l'accomplissement fractionné de la journée de solidarité, comme pour les salariés à temps partiel pluriemployeurs, voir n° 71900 (Circ. DRT du 20-4-2005).

INCIDENCE SUR LA RÉMUNÉRATION

71850 Le travail de la journée de solidarité n'est **pas rémunéré** (C. trav. art. L 3133-7).

Pour les salariés dont la rémunération est **mensualisée** (n°s 10900 s.), le travail accompli, dans la limite de 7 heures, durant cette journée ne donne pas lieu à rémunération (C. trav. art. L 3133-8). Ainsi, pour ces salariés, un jour supplémentaire est travaillé (jour férié, jour de RTT, samedi…), mais sans modification de la rémunération par rapport à la situation antérieure (Circ. DRT 10 du 16-12-2004).

Cette neutralité de la journée de solidarité ne joue que **dans la limite de 7 heures.** Les heures travaillées au-delà doivent être rémunérées.

Les **majorations** de salaire (ou repos compensateurs) prévues par convention ou accord collectif pour le **travail des jours fériés** ne s'appliquent pas (Circ. DRT 10 du 16-12-2004).

Pour les salariés au **forfait annuel en jours,** le travail accompli durant la journée de solidarité, dans la limite de la valeur d'une journée de travail, ne donne pas lieu à rémunération.

Pour les salariés à **temps partiel,** voir n° 71900.
Sur les règles particulières applicables aux salariés effectuant une **seconde journée de solidarité** au titre de la même année, voir n° 71910.

> **CONSEIL**
> Il est recommandé de faire apparaître clairement la journée de solidarité sur le **bulletin de paie** de manière à apporter la preuve que celle-ci a été effectuée (Circ. DRT 10 du 16-12-2004).

71860 Les **salariés exclus du champ de la mensualisation** (travailleurs à domicile, temporaires, saisonniers et intermittents) sont astreints à la journée de travail supplémentaire, mais doivent être rémunérés normalement pour le travail accompli à ce titre. Toutefois, si la date de la journée de solidarité correspond à un jour férié précédemment chômé, les majorations de salaire ou repos compensateurs prévus par convention ou accord collectif pour le travail des jours fériés ne s'appliquent pas (Circ. DRT 10 du 16-12-2004). Ainsi, l'employeur doit rémunérer les heures effectuées par ces salariés au titre de la journée de solidarité et est assujetti au versement de la contribution solidarité autonomie sur les rémunérations qui leur sont versées.

INCIDENCE SUR LES HEURES SUPPLÉMENTAIRES

71880 Dans la limite de 7 heures, les heures correspondant à la journée de solidarité ne s'imputent pas sur le **contingent annuel** d'heures supplémentaires et ne donnent pas lieu à **contrepartie obligatoire en repos** (C. trav. art. L 3133-9).

La question de l'impact de la journée de solidarité sur l'application des **majorations** pour heures supplémentaires doit être résolue, selon nous, en appliquant le principe de la neutralité de cette journée au regard de la rémunération pour les salariés mensualisés : le travail de la journée de solidarité (dans la limite de 7 heures) ne crée pas de droit à rémunération supplémentaire, mais il ne doit pas non plus conduire le salarié à percevoir une rémunération inférieure à celle qu'il percevait lorsque ce jour était chômé. Ainsi, si la journée de solidarité s'effectue dans le cadre de l'horaire habituel du salarié et que cet horaire est supérieur à la durée légale, les majorations pour heures supplémentaires comprises dans la rémunération habituelle du salarié restent dues (voir 1er exemple ci-dessous). En revanche, si la journée est effectuée en sus de l'horaire habituel, les heures correspondantes ne sont pas prises en compte pour la détermination des droits et le montant des majorations pour heures supplémentaires (2e exemple).

Sur les règles particulières applicables aux salariés effectuant une **seconde journée de solidarité** au titre de la même année, voir no 71910.

EXEMPLES

1. Soit une entreprise où la durée collective est fixée à 37 heures, réparties sur 5 jours (du lundi au vendredi), à raison de 7,4 h par jour. Si la journée de solidarité est effectuée le lundi de la Pentecôte, le salarié aura effectué 7 heures au titre de la journée de solidarité et 29,6 h le reste de la semaine (7,4 × 4). Au total, il aura donc travaillé cette semaine-là 36,6 h. Aucune heure ne doit s'imputer sur le contingent annuel puisque le nombre d'heures effectuées, hors journée de solidarité, est de 29,6 h. Le salarié percevra sa rémunération habituelle, calculée sur la base de l'horaire hebdomadaire de 37 heures, laquelle inclut 2 heures ouvrant droit à majoration pour heures supplémentaires.

2. Soit une entreprise où la durée collective est fixée à 35 heures, réparties sur 5 jours (du lundi au vendredi). Si la journée de solidarité est effectuée en sus de l'horaire habituel un samedi, le salarié aura travaillé au total 42 heures, dont 7 heures au titre de la journée de solidarité. Bien qu'effectuées au-delà de la durée légale, ces 7 heures ne s'imputent pas sur le contingent annuel et n'ouvrent pas droit à contrepartie obligatoire en repos. Elles n'ont pas non plus à être rémunérées. Le salarié reste rémunéré sur la base de 35 heures et aucune majoration pour heures supplémentaires n'est due.

IMPACT SUR LES JOURS DE RTT

Les heures effectuées au titre de la journée de solidarité sont décomptées comme des heures normales pour l'acquisition des jours de réduction du temps de travail (Circ. DRT du 20-4-2005). 71890

SALARIÉS À TEMPS PARTIEL

Pour les salariés à temps partiel, la journée de solidarité, fixée comme indiqué nos 71830 s., doit être effectuée au prorata du nombre d'heures prévu au contrat de travail. 71900

La limite de 7 heures est réduite proportionnellement à la durée contractuelle (C. trav. art. L 3133-8, al. 4). Dans cette limite, les heures accomplies au titre de la journée de solidarité ne donnent **pas lieu à rémunération** pour les salariés mensualisés. Elles ne s'imputent pas sur le nombre des **heures complémentaires** prévu au contrat de travail (C. trav. art. L 3133-9).

Il est fait exception à ces règles lorsque le salarié a déjà effectué une journée de solidarité au titre de la même année, voir no 71910.

EXEMPLES

1. Un salarié à temps partiel ayant un **horaire** contractuel de 25 heures **par semaine** devra effectuer 7/35 × 25, soit 5 heures au titre de la journée de solidarité.

2. Pour les salariés à temps partiel dont le contrat de travail comporte une **référence horaire mensuelle,** il convient de se référer à la durée hebdomadaire moyenne en rapportant l'horaire mensuel à 4,33 semaines, chiffre qui correspond au nombre moyen de semaines par mois (Circ. DRT 10 du 16-12-2004).

3. En cas de **cumul de deux temps partiels,** il convient de distinguer deux situations :
– le cumul des deux emplois ne dépasse pas la durée légale : dans ce cas, le mécanisme de la proratisation défini ci-dessus s'applique ;
– le cumul des deux emplois dépasse la durée légale : les 7 heures sont dues à l'un et l'autre des employeurs au prorata de la durée contractuelle respective.

4. Dans le cas particulier du cumul d'emplois d'un **salarié ayant simultanément une activité à temps plein et une activité à temps partiel,** la journée de solidarité ne devra être effectuée que dans l'entreprise où le salarié exerce son activité à temps plein. En effet, le salarié aura, dans ces conditions, satisfait à son obligation (Circ. DRT 10 du 16-12-2004).

EMBAUCHE ET CHANGEMENT D'EMPLOYEUR

Si le salarié, ayant **déjà accompli** au titre de l'année en cours une **journée de solidarité,** doit en effectuer une autre en raison d'un changement d'employeur, les heures travaillées ce jour doivent être **rémunérées,** le cas échéant en heures supplémentaires. Elles s'imputent 71910 sur le contingent annuel d'heures supplémentaires ou sur le nombre d'heures complémentaires et ouvrent droit, le cas échéant, à contrepartie obligatoire en repos. Toutefois, le salarié peut aussi **refuser de travailler** cette journée supplémentaire, sans que ce refus constitue une faute ou un motif de licenciement (C. trav. art. L 3133-10).

ATTENTION

Le **salarié entrant** n'a pas à effectuer la journée de solidarité si elle a déjà été effectuée dans l'entreprise. Si l'embauche a lieu en cours d'année avant l'accomplissement de la journée de solidarité, elle est due sans qu'il y ait lieu de proratiser le nombre d'heures (Circ. DRT du 20-4-2005). Toutefois, le salarié ayant déjà accompli, au titre de la même période, une journée de solidarité chez un précédent employeur peut refuser d'effectuer une nouvelle journée de solidarité ou se la faire payer comme indiqué ci-dessus.

NON-EXÉCUTION DE LA JOURNÉE DE SOLIDARITÉ

71920 Sauf dans le cas visé n° 71910, le **refus du salarié** d'effectuer la journée de solidarité autorise l'employeur à pratiquer une retenue sur salaire, comme en cas de refus de venir travailler un jour férié non chômé (n° 61120), même si le salarié est mensualisé. Le fait d'être ce jour-là en grève ou en absence injustifiée autorise une telle retenue, qui ne constitue pas une sanction pécuniaire (Cass. soc. 16-1-2008 n° 06-43.124 FS-PBRI). La retenue par heure d'absence d'un salarié payé au mois est calculée comme indiqué n°s 11100 s. (Circ. DRT du 20-4-2005).

En cas d'absence pour **maladie ou accident,** le droit commun s'applique. L'employeur est dégagé de son obligation de verser le salaire. Toutefois, en vertu des règles légales ou conventionnelles, il peut être tenu de verser, en sus de l'indemnité journalière de la sécurité sociale, des indemnités journalières complémentaires : n°s 61810 s. (Circ. DRT du 20-4-2005).

B. Contribution solidarité autonomie

71950 La mise en place du dispositif de solidarité pour l'autonomie des personnes âgées et handicapées s'est accompagnée de la création d'une contribution assise sur les salaires, à la charge des employeurs.

CHAMP D'APPLICATION

71960 L'assiette de la contribution solidarité autonomie étant alignée sur celle de la **cotisation patronale d'assurance maladie,** l'administration en déduit que la contribution est due par l'ensemble des employeurs, publics ou privés, au titre des personnes pour lesquelles ils sont redevables d'une cotisation patronale destinée au financement d'un **régime français de base** d'assurance maladie applicable en **métropole** ou dans les **départements d'outre-mer** : régime général, régime des salariés agricoles, régimes spéciaux visés n° 69030 (Circ. DSS 307 du 1-7-2004, opposable).

Le versement de la contribution n'est, en particulier, pas lié à l'application de la journée de solidarité (Circ. DSS 622 du 22-12-2004, opposable).

› Précisions **a.** Sont considérées comme **employeurs** les personnes auxquelles incombe le paiement des cotisations patronales d'assurance maladie, indépendamment de l'existence d'un lien de subordination avec l'assuré. Sont notamment assujetties à la contribution les sommes versées aux **stagiaires** pour lesquels l'entreprise d'accueil est redevable de la cotisation patronale d'assurance maladie, les rémunérations versées aux **dirigeants** affiliés au régime général, aux titulaires d'un contrat de **travail temporaire,** aux travailleurs **saisonniers,** aux travailleurs **intermittents** ou aux travailleurs à **domicile** (Circ. DSS 307 du 1-7-2004, opposable ; Circ. Acoss 160 du 6-12-2004 ; Circ. DSS 622 du 22-12-2004, opposable).

b. Ne sont pas assujetties les rémunérations versées aux salariés affiliés à un régime de sécurité sociale **étranger** ou à l'un des régimes français **autonomes** de sécurité sociale applicables en Nouvelle-Calédonie, à Saint-Pierre-et-Miquelon, à Mayotte et en Polynésie française (Circ. DSS 307 du 1-7-2004, précitée).

c. Lorsque le salarié ou assimilé relève de **plusieurs régimes** de sécurité sociale de base au titre de la même activité, la contribution solidarité autonomie est due au régime destinataire de la cotisation patronale d'assurance maladie (Circ. DSS 307 du 1-7-2004, précitée).

d. En cas de **changement** d'employeur en cours d'année, chacun des employeurs est redevable de la contribution (Circ. DSS 622 du 22-12-2004, précitée).

e. En cas de **détachement** à l'étranger avec maintien au régime français, les rémunérations versées pendant la durée du détachement sont assujetties à la contribution solidarité autonomie (Circ. DSS 307 du 1-7-2004, précitée). En revanche, si le salarié n'est plus soumis à la législation française de sécurité sociale, sa rémunération ne donne pas lieu à contribution (Circ. DSS 622 du 22-12-2004, précitée).

TAUX ET ASSIETTE

Le taux de la contribution est de **0,3 %.** 71970

Elle est calculée sur la même assiette que la **cotisation patronale d'assurance maladie** due au titre du salarié considéré (CSS art. L 137-40).

Lorsque les cotisations patronales d'assurance maladie sont calculées sur la base d'une **assiette forfaitaire,** la contribution solidarité autonomie est calculée sur cette base (Circ. DSS 307 du 1-7-2004, opposable).

Lorsque l'employeur et/ou le salarié ont la faculté d'**opter** entre une base forfaitaire et la rémunération réelle, la même option doit prévaloir pour la cotisation patronale d'assurance maladie et la contribution solidarité autonomie (Circ. DSS 307 du 1-7-2004, précitée).

Lorsque le **montant des cotisations** de sécurité sociale est **fixé forfaitairement,** le montant de la contribution est considéré comme inclus dans celui de la cotisation forfaitaire à la charge de l'employeur, qui demeure donc inchangé (Circ. DSS 307 du 1-7-2004, précitée).

EXONÉRATIONS

Les exonérations de **cotisations patronales de sécurité sociale** ne sont pas applicables à la contribution solidarité autonomie (Circ. DSS du 1-7-2004, opposable). En revanche, la réduction générale porte notamment sur cette contribution : voir n° 21830. Il en va de même de l'exonération de cotisations accordée aux employeurs de droit privé exerçant une activité de services à la personne, voir n° 25810. 71980

Tous les employeurs sont redevables de la contribution sur les rémunérations versées à leurs **apprentis** dans les conditions de droit commun : voir n° 84120. Sont également assujetties les rémunérations des salariés sous **contrat initiative-emploi,** contrat d'**accompagnement dans l'emploi** et contrat de **professionnalisation** (Circ. Acoss 127 du 9-9-2004 ; 172 du 27-12-2004 ; Circ. DSS 622 du 22-12-2004, opposable).

RECOUVREMENT

La contribution solidarité autonomie est recouvrée dans les mêmes conditions et sous les mêmes garanties que la **cotisation patronale d'assurance maladie** dont l'employeur est redevable au titre du salarié considéré : voir n°s 18850 s. (CSS art. L 137-40). Elle doit figurer dans le montant global des charges patronales inscrit à la rubrique Autres contributions dues par l'employeur du **bulletin de paie** (Arrêté FCPS1604433A du 25-2-2016, art. 3). 72000

CHAPITRE 12

AUTORISATIONS D'ABSENCE ET CONGÉS DIVERS

72050 La **loi** accorde aux salariés des autorisations d'absence et des congés divers leur permettant de se consacrer à des activités extraprofessionnelles, avec la garantie de ne pas perdre leur emploi et parfois le maintien de leur **rémunération** pendant la période de suspension de leur contrat de travail. Dans cette hypothèse, l'employeur peut, dans certains cas, en obtenir un **remboursement** partiel ou total.

Les **dispositions conventionnelles** ou les **usages** éventuellement applicables peuvent contenir des mesures plus favorables : congés non prévus par la loi ou versement d'allocations aux salariés bénéficiant d'un congé légal dont la rémunération n'est pas envisagée par la loi. Ainsi, le compte épargne-temps, prévu par le Code du travail mais devant être mis en place par convention ou accord collectif, permet notamment aux salariés de bénéficier d'une indemnisation en cas de prise de congé sans solde (n°s 72230 s.).

Les **tableaux** figurant ci-dessous récapitulent les principales autorisations d'absence prévues par la loi et précisent leur régime au regard de la rémunération tout en renvoyant, pour un exposé complet, soit au Mémento Paie, soit au Mémento social (MS).

Au plan **social et fiscal,** les rémunérations versées sont, sauf indication contraire dans les tableaux ci-après, assujetties aux cotisations de sécurité sociale et aux taxes et participations sur les salaires, à la CSG et à la CRDS, et imposables dans la catégorie traitements et salaires dans les conditions de droit commun.

ATTENTION

Les congés et autorisations d'absence visés ci-après peuvent être soumis à des conditions d'octroi liées notamment à l'**ancienneté** du salarié dans l'entreprise. En revanche, ils bénéficient aussi bien aux salariés en **CDI** qu'aux salariés en **CDD,** sous réserve, dans certains cas, d'adaptations dues à leur situation (en matière de congés payés notamment).

CONGÉS PAYÉS

72090

Bénéficiaires	Tout salarié dès l'embauche (C. trav. art. L 3141-1 s.).
Modalités des départs en congés	Sauf accord collectif, la période de prise des congés payés, l'ordre et les dates de départs sont fixés par l'employeur après avis du comité social et économique. Dans ce cas, la période des congés peut s'étendre sur toute l'année mais doit obligatoirement comprendre la période allant du 1er mai au 31 octobre. La période des congés doit être portée à la connaissance des salariés au moins 2 mois avant son ouverture et l'ordre et les dates de départ en congés payés doivent être communiqués au salarié individuellement au moins 1 mois à l'avance.
Report du congé	Possibilité de report en cas de congé de maternité ou d'adoption, de maladie avant le départ en congés, d'annualisation du temps de travail ou d'accord des parties.
Durée	5 semaines de congé (ou 30 jours ouvrables ou 25 jours ouvrés) par an pour le salarié ayant travaillé une année complète. Impossibilité pour le salarié de prendre plus de 4 semaines consécutives de congés, sauf dérogation pour les salariés justifiant de contraintes géographiques particulières ou ayant la charge d'une personne handicapée ou en perte d'autonomie. Possibilité de prendre la 5e semaine de congés en dehors de la période de prise des congés (si celle-ci n'est pas étendue sur l'année entière).
Rémunération	Indemnité de congés payés : n°s 59150 s.

Absence assimilée à du travail effectif pour l'acquisition des congés payés	Oui
Congés supplémentaires	– pour les salariés jeunes ayant des enfants à charge : indemnités de congés payés (MS nos 13350 et 45515) (C. trav. art. L 3141-8) ; – pour les travailleurs et apprentis de moins de 21 ans : non rémunéré (MS no 45515) (C. trav. art. L 3164-9).

CONGÉS POUR RAISONS FAMILIALES

72100

Mariage ou conclusion d'un Pacs (C. trav. art. L 3142-1 s.)	
Bénéficiaires	Tout salarié qui se marie, se remarie ou conclut un Pacs et qui n'est pas déjà en congé au moment du mariage ou du Pacs.
Refus ou report du congé	Non
Durée	4 jours ouvrables.
Rémunération	Maintien par l'employeur : MS nos 11930 s.
Absence assimilée à du travail effectif pour l'acquisition des congés payés	Oui
Mariage d'un enfant (C. trav. art. L 3142-1 s.)	
Bénéficiaires	Tout salarié dont l'enfant se marie ou se remarie et qui n'est pas déjà en congé au moment du mariage de l'enfant.
Refus ou report du congé	Non
Durée	1 jour ouvrable.
Rémunération	Maintien par l'employeur : MS nos 11930 s.
Absence assimilée à du travail effectif pour l'acquisition des congés payés	Oui
Naissance ou adoption (C. trav. art. L 3142-1)	
Bénéficiaires	Tout salarié parent d'un enfant venant de naître ou d'être adopté, ou conjoint, concubin ou personne liée par un Pacs à la mère d'un enfant venant de naître, et qui n'est pas déjà en congé au moment de la naissance ou de l'adoption.
Refus ou report du congé par l'employeur	Non
Durée	3 jours ouvrables pour chaque naissance ou pour l'arrivée d'un enfant placé en vue de son adoption. Les 3 jours pour la naissance d'un enfant, pris obligatoirement à compter du jour de la naissance ou du premier jour ouvrable suivant, sont accolés aux 4 premiers jours obligatoires du congé de paternité et d'accueil de l'enfant (voir no 72105).
Rémunération	Maintien par l'employeur : MS nos 11930 s.
Absence assimilée à du travail effectif pour l'acquisition des congés payés	Oui

72100 (suite)

Décès d'un enfant (C. trav. art. L 3142-1 s.)	
Bénéficiaires	Tout salarié en cas de décès de son enfant ou d'un jeune à sa charge âgé de moins de 25 ans, ou de décès à tout âge de son enfant qui est lui-même parent, et qui n'est pas déjà en congé au moment du décès.
Refus ou report du congé	Non
Durée	5 jours ouvrables. 7 jours ouvrés lorsque l'enfant ou la personne à la charge effective et permanente du salarié a moins de 25 ans ou si l'enfant était lui-même parent, quel que soit son âge.
Rémunération	Maintien par l'employeur : MS nos 11930 s.
Absence assimilée à du travail effectif pour l'acquisition des congés payés	Oui
Autre	Voir également le congé de deuil no 72105.
Décès du conjoint, du partenaire lié par un Pacs, du concubin, du père, de la mère, du beau-père, de la belle-mère, d'un frère ou d'une sœur (C. trav. art. L 3142-1 s.)	
Bénéficiaires	Tout salarié dont le conjoint, le partenaire de Pacs, le concubin, le père, la mère, un beau-parent, un frère ou une sœur décède, et qui n'est pas déjà en congé au moment du décès.
Refus ou report du congé	Non
Durée	3 jours ouvrables.
Rémunération	Maintien par l'employeur : MS nos 11930 s.
Absence assimilée à du travail effectif pour l'acquisition des congés payés	Oui
Annonce de la survenue d'un handicap ou d'une pathologie chronique ou d'un cancer chez l'enfant (C. trav. art. L 3142-1 s.)	
Bénéficiaires	Tout salarié parent d'un enfant diagnostiqué comme victime d'un handicap, d'une pathologie chronique ou d'un cancer, et qui n'est pas déjà en congé au moment de l'annonce.
Refus ou report du congé	Non
Durée	2 jours ouvrables.
Rémunération	Maintien par l'employeur : MS nos 11930 s.
Absence assimilée à du travail effectif pour l'acquisition des congés payés	Oui

72105

Congé de maternité (C. trav. art. L 1225-17 s.)	
Bénéficiaires	Toute salariée avant et après l'accouchement.
Refus ou report du congé	Non
Durée	16 semaines en cas de naissance unique (26 semaines à partir du 3e enfant). 34 semaines en cas de naissance de jumeaux. 46 semaines en cas de naissance de triplés ou plus.
Rémunération	Non rémunéré, sauf stipulation conventionnelle contraire (nº 63030). Possibilité pour la salariée de percevoir des indemnités journalières de la sécurité sociale.
Absence assimilée à du travail effectif pour l'acquisition des congés payés	Oui
Congé d'adoption (C. trav. art. L 1225-37 s.)	
Bénéficiaires	Tout salarié au moment de l'arrivée de l'enfant au foyer, le congé pouvant débuter une semaine avant.
Refus ou report du congé	Non
Durée	16 semaines pour les 2 premiers enfants arrivant au foyer. 18 semaines en cas d'adoption portant le nombre d'enfants au foyer à 3 ou plus. 22 semaines en cas d'adoptions multiples, quel que soit le nombre d'enfants du foyer. En cas de partage du congé entre les 2 parents, la durée maximale du congé est augmentée de 25 jours (32 jours en cas d'adoptions multiples), avec un minimum de 25 jours consécutifs d'absence par parent.
Rémunération	Non rémunéré, sauf stipulation conventionnelle contraire (nº 63030). Possibilité pour le salarié de percevoir des indemnités journalières de la sécurité sociale.
Absence assimilée à du travail effectif pour l'acquisition des congés payés	Oui
Congé en vue d'une adoption hors métropole ou à l'étranger (C. trav. art. L 1225-46 s.)	
Bénéficiaires	Tout salarié titulaire d'un agrément délivré par le service d'aide sociale à l'enfance.
Refus ou report du congé	Non
Durée	6 semaines.
Rémunération	Non rémunéré (MS nº 11985).
Absence assimilée à du travail effectif pour l'acquisition des congés payés	Oui
Congé de paternité et d'accueil de l'enfant (C. trav. art. L 1225-35 s.)	
Bénéficiaires	Tout salarié parent d'un enfant venant de naître, ou conjoint, concubin ou personne liée par un Pacs à la mère d'un enfant venant de naître.
Refus ou report du congé	Non

72105 (suite)

Congé de paternité et d'accueil de l'enfant (C. trav. art. L 1225-35 s.)	
Durée	25 jours calendaires ou 32 jours calendaires en cas de naissances multiples : une première période de 4 jours calendaires consécutifs obligatoires, prise immédiatement après le congé de naissance (n° 72100), et une seconde période facultative de 21 jours calendaires ou 28 jours calendaires en cas de naissances multiples, fractionnable en 2 périodes d'au moins 5 jours chacune et prise immédiatement ou dans les 6 mois suivant la naissance. Jusqu'à 30 jours supplémentaires en cas d'hospitalisation du nouveau-né.
Rémunération	Non rémunéré, sauf stipulation conventionnelle contraire (n° 63030). Possibilité pour le salarié de percevoir des indemnités journalières de la sécurité sociale.
Absence assimilée à du travail effectif pour l'acquisition des congés payés	Oui
Congé pour enfant malade (C. trav. art. L 1225-61)	
Bénéficiaires	Tout salarié ayant un enfant à charge de moins de 16 ans malade ou ayant été victime d'un accident constaté par certificat médical.
Refus ou report du congé	Non
Durée	3 jours par an (5 jours si l'enfant est âgé de moins d'un an ou si le salarié assume seul la charge de 3 enfants ou plus âgés de moins de 16 ans).
Rémunération	Non rémunéré : MS n° 11960.
Absence assimilée à du travail effectif pour l'acquisition des congés payés	Non
Congé de présence parentale (C. trav. art. L 1225-62 s.)	
Bénéficiaires	Tout salarié ayant un enfant à charge de moins de 20 ans atteint d'une maladie, d'un handicap ou victime d'un accident d'une particulière gravité rendant indispensable une présence soutenue et des soins contraignants et attestés par un certificat médical.
Refus ou report du congé	Non
Durée	310 jours ouvrés (environ 14 mois) au maximum sur une période maximale de 3 ans renouvelable après le terme de cette période, ou avant sous certaines conditions, avec possibilité de fractionner en demi-journée.
Rémunération	Non rémunéré. Possibilité pour le salarié de percevoir de la Caf l'allocation journalière de présence parentale qui peut être versée par demi-journée, ainsi qu'un complément pour frais (MS n° 11975).
Absence assimilée à du travail effectif pour l'acquisition des congés payés	Non
Autres	Possibilité d'obtenir un don de jours de repos de la part de collègues : MS n° 11965 (C. trav. art. L 1225-65-1 s.). Sur la retraite complémentaire, voir n° 30480.

72105 (suite)

Congé parental d'éducation (C. trav. art. L 1225-47 s.)	
Bénéficiaires	Tout salarié justifiant d'un an d'ancienneté à la date de la demande.
Refus ou report du congé	Non
Durée	1 an avec possibilité de le renouveler 2 fois, jusqu'au jour du 3e anniversaire de l'enfant ou, en cas d'adoption, jusqu'au 3e anniversaire de l'arrivée de l'enfant au foyer s'il a moins de 3 ans ou jusqu'au 1er anniversaire dans le cas contraire. Le congé peut se poursuivre jusqu'à la date d'entrée en maternelle en cas de naissance ou d'adoption de jumeaux ou jusqu'au jour du 6e anniversaire en cas de naissance ou d'adoption de triplés. Ce congé peut être pris à temps partiel.
Rémunération	Non rémunéré : nº 63100. Possibilité pour le salarié de percevoir de la Caf la PreParE (MS nº 58105 s.).
Absence assimilée à du travail effectif pour l'acquisition des congés payés	Non
Autre	Sur la retraite complémentaire, voir nº 30480.
Congé de solidarité familiale (C. trav. art. L 3142-6 s.)	
Bénéficiaires	Tout salarié dont un ascendant, un descendant, un frère, une sœur ou une personne de confiance est atteint d'une maladie mettant en jeu son pronostic vital ou est en phase avancée ou terminale d'une affection grave et incurable attestée par certificat médical.
Refus ou report du congé	Non
Durée	Fixée par le salarié dans la limite de 3 mois renouvelable une fois. Avec l'accord de l'employeur, possibilité de le transformer en travail à temps partiel ou de le fractionner.
Rémunération	Non rémunéré. Possibilité pour le salarié de percevoir l'allocation journalière d'accompagnement d'une personne en fin de vie : MS nº 11990.
Absence assimilée à du travail effectif pour l'acquisition des congés payés	Non
Autre	Sur la retraite complémentaire, voir nº 30480
Congé de proche aidant (C. trav. art. L 3142-16 s.)	
Bénéficiaires	Tout salarié souhaitant s'occuper d'un proche présentant un handicap ou une perte d'autonomie résidant en France.
Refus ou report du congé	Non
Durée	3 mois maximum, renouvelable dans la limite d'un an sur l'ensemble de la carrière du salarié. Avec l'accord de l'employeur, possibilité de transformer ce congé en temps partiel ou de le fractionner par demi-journée.
Rémunération	Non rémunéré. Possibilité de percevoir des allocations journalières de la Caf dans la limite de 22 par mois et 66 sur l'ensemble de la carrière : MS nº 11997. Possibilité pour le salarié d'être indemnisé par la sécurité sociale en qualité d'aidant familial.
Absence assimilée à du travail effectif pour l'acquisition des congés payés	Non
Autre	Possibilité de bénéficier de dons de jours de repos de la part de collègues : MS nº 12000. Sur la retraite complémentaire, voir nº 30480.

Congé de deuil (C. trav. art. L 3142-1-1 s.)	
Bénéficiaires	Tout salarié dans un délai d'un an à compter du décès d'un enfant de moins de 25 ans ou d'une personne de moins de 25 ans à sa charge effective et permanente.
Refus ou report du congé	Non
Durée	8 jours fractionnables en 2 périodes d'une durée minimale d'une journée.
Rémunération	Maintien du salaire par l'employeur avec un coût partagé entre celui-ci et la sécurité sociale qui verse une indemnité journalière équivalente à celle prévue en cas de congé de maternité ou de paternité : n° 73710.
Absence assimilée à du travail effectif pour l'acquisition des congés payés	Oui
Autre	Ce congé est cumulable avec le congé pour décès d'un enfant visé n° 72100. Si l'enfant est né mort ou décède après la naissance mais était viable, le salarié peut également bénéficier du congé de paternité et d'accueil de l'enfant mais il ne peut pas être cumulé sur la même période que le congé de deuil.
Autre absence liée à un événement familial	
Congé allaitement	Maintien de la rémunération : MS n° 51445 (C. trav. art. L 1225-30).

CONGÉS ET ABSENCES LIÉS À LA SANTÉ

72110

Absence pour maladie ou accident (C. trav. art. L 1226-1 s. et L 1226-7 s.)	
Bénéficiaires	Tout salarié se voyant prescrire un arrêt de travail par le médecin.
Refus ou report du congé	Non
Rémunération	Possibilité pour le salarié de percevoir des indemnités journalières de la sécurité sociale (nos 61500 s.) et un complément de salaire légal ou conventionnel (nos 61700 s.).
Absence assimilée à du travail effectif pour l'acquisition des congés payés	Non pour les absences résultant d'un accident ou d'une maladie non professionnels. Oui dans la limite d'une durée ininterrompue d'un an pour les absences résultant d'un accident du travail ou d'une maladie professionnelle.
Autorisation d'absence pour se rendre aux 7 examens médicaux obligatoires de grossesse (C. trav. art. L 1225-16)	
Bénéficiaires	Toute salariée enceinte. Le conjoint, le partenaire de Pacs ou le concubin de la mère bénéficie également d'une autorisation d'absence pour se rendre à 3 de ces examens.
Refus ou report du congé	Non
Rémunération	Maintien par l'employeur : MS n° 51245.
Absence assimilée à du travail effectif pour l'acquisition des congés payés	Oui
Absence pour surveillance médicale du salarié par le service de prévention et de santé au travail (C. trav. art. R 4624-10 s.)	
Bénéficiaires	Tout travailleur.
Refus ou report du congé	Non

Absence pour surveillance médicale du salarié par le service de prévention et de santé au travail (C. trav. art. R 4624-10 s.)	
Rémunération	Rémunération comme temps de travail et remboursement des frais de transport : MS n° 72480.
Absence assimilée à du travail effectif pour l'acquisition des congés payés	Oui
Autres absences liées à la santé	
Absence pour maladie grave	Non précisé par le Code du travail : MS n° 49740, a (C. trav. art. L 1226-5).
Absence pour vaccination contre la Covid-19	Maintien de la rémunération par l'employeur : MS n° 12515 (Loi 2021-1040 du 5-8-2021 art. 17 ; Cons. const. 5-8-2021 n° 2021-824 DC : JO 6).
Absence pour actes nécessaires dans le cadre d'un parcours de procréation médicale assistée	Maintien de la rémunération par l'employeur : MS n° 51245, a (C. trav. art. L 1225-16).
Absence pour stimulation ovarienne et prélèvement d'ovocytaire (don d'ovocytes)	Maintien de la rémunération par l'employeur (CSP art. L 1244-5).
Cure thermale	Même prescrite par un médecin et acceptée par la sécurité sociale : pas de maintien de rémunération, sauf incapacité de travail ou prise en charge expressément prévue par la convention collective (n° 62000).

CONGÉS POUR CONVENANCE PERSONNELLE

72120

Congé sabbatique (C. trav. art. L 3142-28 s.)	
Bénéficiaires	Tout salarié : – ayant une ancienneté d'au moins 36 mois, consécutive ou non, dans l'entreprise et 6 ans d'activité professionnelle ; – n'ayant pas déjà bénéficié dans l'entreprise, dans les 6 ans précédant sa demande, soit d'un autre congé sabbatique, soit d'un congé pour création d'entreprise, soit d'un projet de transition professionnelle d'au moins 6 mois.
Refus ou report du congé	Possibilité pour l'employeur, dans les seules entreprises de moins de 300 salariés, de refuser le congé s'il estime, après avis du comité social et économique, que l'absence de l'intéressé pourrait avoir des conséquences préjudiciables à la production et à la marche de l'entreprise. Possibilité pour l'employeur, dans toutes les entreprises, de reporter le départ en congé sabbatique : – pendant 9 mois maximum à compter de la demande (6 mois dans les entreprises d'au moins 300 salariés) afin d'éviter que le pourcentage de salariés simultanément absents au titre du congé sabbatique dépasse le taux fixé par accord ou, à défaut, 1,5 % de l'effectif ou si le nombre de jours d'absence au titre de ce congé dépasse un nombre total des jours de travail effectués défini par accord ou, à défaut, 1,5 % du nombre total des jours de travail effectués dans les 12 mois précédant le départ en congé ; – afin d'éviter que le pourcentage de salariés simultanément absents au titre de ce congé et du congé pour création ou reprise d'entreprise dépasse le taux fixé par accord ou, à défaut, 2 % de l'effectif de l'entreprise ; – afin d'éviter que le nombre de jours d'absence prévu au titre de ce congé et du congé pour création ou reprise d'entreprise dépasse le taux fixé par accord ou, à défaut, 2 % du nombre total des jours de travail effectués dans les 12 mois précédant le départ en congé.

72120 (suite)

Congé sabbatique (C. trav. art. L 3142-28 s.)	
Durée	6 mois minimum et 11 mois maximum.
Rémunération	Non rémunéré. Possibilité pour le salarié de reporter ses congés payés (MS nº 12275) ou d'utiliser son compte épargne-temps (MS nº 72230).
Absence assimilée à du travail effectif pour l'acquisition des congés payés	Non
Congé sans solde	
Bénéficiaires	Tout salarié, sauf dispositions conventionnelles contraires.
Refus ou report du congé	Possible, sauf dispositions conventionnelles contraires.
Durée	Selon accord des parties.
Rémunération	Non rémunéré, sauf dispositions conventionnelles contraires, mais possibilité d'utiliser un compte épargne-temps : nᵒˢ 72230 s.
Absence assimilée à du travail effectif pour l'acquisition des congés payés	Non
Période de mobilité volontaire sécurisée (C. trav. art. L 1222-12 s.)	
Bénéficiaires	Tout salarié d'une entreprise d'au moins 300 salariés, justifiant d'une ancienneté minimale de 24 mois.
Refus ou report du congé	Possibles. Mais si l'employeur oppose 2 refus successifs à la demande de mobilité, l'accès au congé de transition professionnelle (voir nº 72130) est de droit, sans que puisse être opposés au salarié la durée d'ancienneté requise, ni le délai de demande, ni les conditions de report, ni l'ordre de priorité.
Durée	Selon accord des parties.
Rémunération	Non rémunéré.
Absence assimilée à du travail effectif pour l'acquisition des congés payés	Non
Congé d'enseignement ou de recherche (C. trav. art. L 3142-125 s.)	
Bénéficiaires	Sous réserve de remplir la condition d'ancienneté fixée par accord collectif ou, à défaut, d'un tel accord, de justifier d'un an d'ancienneté en cas d'accord de l'employeur et de 24 mois, consécutifs ou non, dans l'entreprise dans le cas contraire, tout salarié souhaitant à temps plein ou à temps partiel : – soit dispenser un enseignement technologique, professionnel ou supérieur en formation initiale ou continue ; – soit se livrer à une activité de recherche et d'innovation dans un établissement public de recherche, une collectivité territoriale, une entreprise publique ou privée.
Refus ou report du congé	Possibilité pour l'employeur de refuser le congé de recherche s'il établit que l'exercice de ce droit par le salarié compromet directement la politique de recherche, d'innovation et de développement technologique de l'entreprise. Possibilité pour l'employeur de reporter les 2 congés : – dans les entreprises de 300 salariés et plus, lorsque le départ en congé aurait pour effet de porter le pourcentage de salariés simultanément absents à ce titre à un niveau excessif, fixé par accord collectif, au regard de l'effectif total de l'entreprise (2 % à défaut d'accord) ; – dans les entreprises de moins de 300 salariés, lorsque le départ en congé aurait pour effet de porter le nombre d'heures de congé à un niveau excessif, fixé par accord collectif, au regard du nombre total d'heures travaillées dans l'année (2 % à défaut d'accord).

Congé d'enseignement ou de recherche (C. trav. art. L 3142-125 s.)	
Durée	Un an maximum à défaut d'accord collectif fixant la durée, avec prolongation possible.
Rémunération	Non rémunéré.
Absence assimilée à du travail effectif pour l'acquisition des congés payés	Non

CONGÉS LIÉS À UNE FORMATION

72130

Projet de transition professionnelle (PTP) ou CPF de transition professionnelle (C. trav. art. L 6323-17-1 s.)	
Bénéficiaires	Tout salarié : – remplissant la condition d'ancienneté suivante : • avoir une activité salariée d'au moins 24 mois, consécutifs ou non, dont 12 mois dans la même entreprise, quelle que soit la nature des contrats successifs, • ou avoir une activité salariée d'au moins 24 mois, consécutifs ou non, quelle que soit la nature des contrats successifs, au cours des 5 dernières années dont 4 mois en CDD au cours des 12 derniers mois. Cette condition d'ancienneté ne s'applique pas au travailleur handicapé, au salarié ayant changé d'emploi à la suite d'un licenciement économique ou pour inaptitude et qui n'a pas suivi d'action de formation entre son licenciement et son réemploi, à celui ayant connu, dans les 24 mois ayant précédé sa demande de PTP, une absence au travail résultant d'une maladie professionnelle ou une absence au travail d'au moins 6 mois, consécutifs ou non, résultant d'un accident du travail, d'une maladie ou d'un accident non professionnel ; – n'ayant pas déjà mobilisé un CPF-TP dans la même entreprise depuis un délai, exprimé en mois, égal à 10 fois la durée du congé précédemment effectué, ce délai ne pouvant être ni inférieur à 6 mois ni supérieur à 6 ans.
Refus ou report du congé	Possibilité pour l'employeur de reporter de 9 mois maximum la date de départ en congé du salarié s'il estime, après avis du comité social et économique, que l'absence de l'intéressé pourrait avoir des conséquences préjudiciables à la production et à la marche de l'entreprise. Possibilité de reporter le congé afin d'éviter que le pourcentage de salariés simultanément absents au titre de ce congé dépasse 2 % de l'effectif total dans un établissement d'au moins 100 salariés ou que le nombre de salariés absents à ce titre soit supérieur à 1 dans les entreprises de moins de 100 salariés.
Rémunération	Maintien de la rémunération par l'employeur puis remboursement par l'association Transitions Pro (ATpro) (des avances pouvant être accordées aux entreprises de moins de 50 salariés) (n°s 72720 s.) : – total pour les salariés dont le salaire moyen de référence est inférieur ou égal à 2 Smic ; – partiel lorsque le salaire moyen de référence est supérieur à 2 Smic (90 % du SMR la première année ou pour les premières 1 200 heures, puis 60 % au-delà, sans pouvoir être inférieur à 2 Smic).
Absence assimilée à du travail effectif pour l'acquisition des congés payés	Oui

72130 (suite)

Congé de formation économique, sociale, environnementale et syndicale (C. trav. art. L 2145-5 s. et R 2145-3 s.)	
Bénéficiaires	Tout salarié souhaitant participer à des stages ou sessions de formation économique, sociale et environnementale ou syndicale et les salariés appelés à exercer des fonctions syndicales.
Refus ou report du congé	Possibilité pour l'employeur de refuser le congé s'il estime, après avis conforme du comité social et économique, que l'absence de l'intéressé pourrait avoir des conséquences préjudiciables à la production et à la marche de l'entreprise. Le refus doit être notifié au salarié dans les 8 jours suivant la réception de sa demande. Possibilité pour l'employeur de reporter le congé en cas de dépassement au cours de l'année soit d'un contingent global de jours de congés, soit d'un nombre d'absences simultanées de salariés au titre de ce congé, fixés par l'arrêté du 7 mars 1986 (JO du 14-3-1986) en fonction de l'effectif de l'entreprise.
Durée	12 jours par an maximum (18 jours pour les animateurs de stages et sessions).
Rémunération	Maintien de la rémunération : MS nº 12360.
Absence assimilée à du travail effectif pour l'acquisition des congés payés	Oui
Congé de formation de cadres et d'animateurs pour la jeunesse (C. trav. art. L 3142-54 s. et R 3142-36 s.)	
Bénéficiaires	Tout salarié âgé de moins de 25 ans encadrant ou animateur de jeunesse.
Refus ou report du congé	Possibilité pour l'employeur de refuser le congé : – si l'employeur estime, après avis du comité social et économique, que l'absence de l'intéressé pourrait avoir des conséquences préjudiciables à la production et à la marche de l'entreprise ; – si un nombre de salariés, fixé en fonction de la taille de l'établissement par un accord ou, à défaut, par l'article R 3142-44 du Code du travail, est déjà bénéficiaire du congé durant l'année en cours. Le refus doit être notifié au salarié dans les 8 jours suivant la réception de sa demande.
Durée	6 jours par an maximum, pris en 1 ou 2 fois.
Rémunération	Non rémunéré : MS nº 12420.
Absence assimilée à du travail effectif pour l'acquisition des congés payés	Oui
Congé de formation des conseillers prud'homaux (C. trav. art. L 1442-1 s. et D 1442-4 s.)	
Bénéficiaires	Tout salarié membre d'un conseil de prud'hommes.
Refus ou report du congé	Non
Durée	5 jours au titre de la formation initiale pour les nouveaux conseillers prud'homaux n'ayant jamais exercé. 6 semaines maximum de formation pendant le mandat.
Rémunération	Maintien de la rémunération : MS nº 14535.
Absence assimilée à du travail effectif pour l'acquisition des congés payés	Oui

72130 (suite)

Autres congés liés à une formation	
• Compte personnel de formation	Maintien de la rémunération : nº 72655 (C. trav. art. L 6323-1 s.).
• Congé examen apprentis	Maintien de la rémunération : MS nº 3365, a (C. trav. art. L 6222-35).
• Congé pour validation des acquis de l'expérience	Maintien de la rémunération : nº 72800 (C. trav. art. L 6422-1 s. et R 6422-1 s.).
• Congé de conversion	Allocation d'un montant minimum de 65 % de la rémunération brute moyenne des 12 mois précédant l'entrée en congé et 85 % du Smic. Si au cours des 12 derniers mois le salarié a exercé son emploi à temps partiel dans le cadre d'un congé parental d'éducation, d'un congé de proche aidant, d'un congé de présence parentale ou d'un congé de solidarité familiale, la rémunération brute moyenne prise en compte est celle qu'il aurait perçue s'il avait exercé son activité à temps plein sur l'ensemble de la période. Exonération des cotisations sociales et de la taxe sur les salaires. Prise en charge partielle par l'État de l'allocation (C. trav. art. L 5123-2 et R 5123-2).
• Congé de reclassement	Maintien de la rémunération pendant une durée équivalente à celle du préavis, puis allocation d'un montant minimum de 65 % de la rémunération brute moyenne des 12 mois précédant l'entrée en congé et 85 % du Smic. Si au cours des 12 derniers mois le salarié a exercé son emploi à temps partiel dans le cadre d'un congé parental d'éducation, d'un congé de proche aidant, d'un congé de présence parentale ou d'un congé de solidarité familiale, la rémunération brute moyenne prise en compte est celle qu'il aurait perçue s'il avait exercé son activité à temps plein sur l'ensemble de la période : nº 66230 (C. trav. art. L 1233-71 s. et R 1233-32).
• Congé de mobilité	Allocation d'un montant minimum de 65 % de la rémunération brute moyenne des 12 mois précédant l'entrée en congé et 85 % du Smic : nº 64265 (C. trav. art. L 1237-18 s. et D 1237-4 s.).
• Congé de formation des représentants du personnel	Voir nº 72150.
• Congé de formation des représentants des salariés dans les conseils d'administration et de surveillance des sociétés anonymes	Voir nº 72150.
• Congé de formation des administrateurs d'une mutuelle	Voir nº 72180
• Congé de formation des membres d'un conseil municipal, régional ou départemental	Voir nº 72190

CONGÉS ET ABSENCES POUR RAISONS PROFESSIONNELLES

72140

Congé pour création ou reprise d'entreprise (C. trav. art. L 3142-105 s.)	
Bénéficiaires	Tout salarié ayant une ancienneté de 24 mois, consécutive ou non, dans l'entreprise ou dans toute entreprise du groupe.
Refus ou report du congé	– Possibilité pour l'employeur dans les seules entreprises de moins de 300 salariés, de refuser le congé : • s'il estime, après avis du comité social et économique, que l'absence de l'intéressé pourrait avoir des conséquences préjudiciables à la production et à la marche de l'entreprise ; • si le salarié demande ce congé moins de 3 ans après une précédente création ou reprise d'entreprise. – Possibilité pour l'employeur, dans toutes les entreprises, de reporter le départ en congé pour création ou reprise d'entreprise : • de 6 mois maximum de manière discrétionnaire ; • afin d'éviter que le pourcentage de salariés simultanément absents au titre de ce congé et du congé sabbatique dépasse le taux fixé par accord collectif ou, à défaut, 2 % de l'effectif de l'entreprise ; • afin d'éviter que le nombre de jours d'absence prévu au titre de ce congé et du congé sabbatique ne dépasse pas le taux fixé par accord collectif ou, à défaut, 2 % du nombre total des jours de travail effectués dans les 12 mois précédant le départ en congé. L'employeur doit informer le salarié du refus ou du report du congé dans un délai de 30 jours suivant la réception de la demande de ce dernier.
Durée	1 an avec possibilité de prolonger d'une année supplémentaire sauf accord d'entreprise ou, à défaut, de branche fixant des dispositions différentes. Ce congé peut être transformé en période de travail à temps partiel.
Rémunération	Non rémunéré. Possibilité pour le salarié de reporter ses congés payés (MS nº 12190), de demander un déblocage anticipé de son épargne salariale ou d'utiliser son compte épargne-temps (nºs 72230 s.).
Absence assimilée à du travail effectif pour l'acquisition des congés payés	Non
Autre absence pour raison professionnelle	
• Heures pour recherche d'emploi	Maintien de la rémunération : nº 66050.

ABSENCES LIÉES AUX ACTIVITÉS DE REPRÉSENTATION DU PERSONNEL

72150

Liste des absences liées aux activités de représentation du personnel	
• Crédit d'heures	Maintien de la rémunération : nºs 79130 s. (C. trav. art. L 2142-1-3 s. (représentant de section syndicale) ; L 2143-13 s. (délégué syndical) ; L 2315-7 s. (comité social et économique) ; L 2343-15 s. (comité d'entreprise européen)).
• Réunions non imputables sur le crédit d'heures (hors comité social et économique)	Maintien de la rémunération : nºs 79300 s. (C. trav. art. L 2143-18 (délégué syndical) ; L 2343-16 (comité d'entreprise européen) ; L 2353-25 (comité de la société européenne)).
• Réunions du comité social et économique non imputables sur le crédit d'heures	Maintien de la rémunération : nº 79350 (C. trav. art. L 2315-11 s.).
• Participation aux commissions internes du comité social et économique	Maintien de la rémunération : nº 79365 (C. trav. art. L 2315-11).

72150 (suite)

Liste des absences liées aux activités de représentation du personnel	
• Participation à la commission de contrôle du service de santé interentreprises	Maintien de la rémunération : MS n° 72240. Remboursement par le service de prévention et de santé au travail inter-entreprises (C. trav. art. D 4622-43).
• Formation des membres du comité social et économique	Maintien de la rémunération : n° 79370 (C. trav. art. L 2315-16 ; L 2315-18 et L 2315-63).
• Enquêtes du comité social et économique dans une situation d'urgence ou de gravité	Maintien de la rémunération : n° 79365 (C. trav. art. L 2315-11).
• Négociation d'accords d'entreprise par les membres élus du conseil d'entreprise	Maintien de la rémunération : n° 79195 (C. trav. art. L 2321-4 s. ; C. trav. art. L 2143-16).
• Négociation collective dans l'entreprise	Maintien de la rémunération : nos 79320 s.
• Négociation collective dans la branche	Maintien de la rémunération : n° 79340. Prise en charge par le fonds paritaire de financement du dialogue social pour les entreprises de moins de 50 salariés (C. trav. art. L 2232-8).
• Négociation pour la mise en place d'un comité d'entreprise européen	Rémunérée : n° 79430 (C. trav. art. L 2342-6).
• Représentation des salariés dans les conseils d'administration et de surveillance des sociétés anonymes	Crédit d'heures : maintien de la rémunération (MS n° 62420) (C. com. art. R 225-34-2 et R 225-60-2). Formation : maintien de la rémunération (MS n° 62420) (C. com. art. L 225-30-2, R 225-34-4 et R 225-60-2).
• Représentation des salariés actionnaires dans les conseils d'administration et de surveillance des sociétés anonymes	Exécution du mandat : maintien de la rémunération (MS n° 62425) (C. com. art. L 22-10-5, L 225-23, L 225-71 et R 225-34-2). Formation économique : maintien de la rémunération (MS n° 62425) (C. com. art. R 225-34-4).
• Représentation des salariés actionnaires dans les assemblées générales	Non rémunérée : MS n° 62425 (C. trav. art. D 3341-1 s.).
• Représentation des salariés lors de la procédure de redressement ou de liquidation judiciaires	Maintien de la rémunération (C. com. art. L 625-2 ; art. L 621-4).
• Conseiller du salarié lors de l'entretien préalable au licenciement :	Crédit d'heures : maintien de la rémunération, le conseiller devant remettre à l'employeur les attestations des salariés ayant bénéficié de son assistance (MS n° 47600) et remboursement par l'État du salaire maintenu et des charges et avantages y afférents (MS n° 47600) (C. trav. art. L 1232-8 s. et D 1232-9 s.). Formation : maintien de la rémunération (MS n° 12360) (C. trav. art. L 1232-12).

CONGÉS ET ABSENCES LIÉS À DES ACTIVITÉS D'ORDRE JUDICIAIRE

72160

Exercice des fonctions prud'homales (C. trav. art. L 1442-1 s., R 1423-55 s. et D 1442-1 s.)	
Bénéficiaires	Tout salarié nommé conseiller prud'hommes participant à des activités liées à la fonction prud'homale sur le temps de travail.
Refus ou report du congé	Non
Rémunération	Maintien de la rémunération par l'employeur (MS n° 14525), puis remboursement par l'État (charge des majorations pour heures supplémentaires répartie entre l'État et l'employeur).
Absence assimilée à du travail effectif pour l'acquisition des congés payés	Oui
Formation	Voir n° 72130.
Témoins, jurés d'assise ou assesseurs	
Bénéficiaires	Tout salarié exerçant des fonctions de témoin, de juré d'assises ou de citoyen assesseur devant les tribunaux correctionnels.
Refus ou report du congé	Non
Rémunération	Congé non rémunéré par l'employeur. Versement d'une indemnité au salarié par l'État (CPP art. R 139 s.).
Absence assimilée à du travail effectif pour l'acquisition des congés payés	Non
Autres congés et absences liés à des activités d'ordre judiciaire	
• Assesseur salarié au tribunal judiciaire en matière de sécurité sociale	Non rémunéré. Indemnité versée par l'État à l'intéressé (C. org. jud. art. L 218-7 et R 218-11).
• Défenseur syndical : – assistance ou représentation des parties – formation	Maintien de la rémunération : MS n° 14750. Remboursement mensuel par l'État du salaire maintenu et des charges et avantages y afférents ; charge des majorations pour heures supplémentaires répartie entre l'État et l'employeur (C. trav. art. L 1453-5 s. et D 1453-2-10 s.). Maintien de la rémunération : MS n° 14750 (C. trav. art. L 1453-7).

ABSENCES LIÉES À DES ACTIVITÉS CIVIQUES ET SOCIALES

72170

Congé pour l'exercice de responsabilités associatives (C. trav. art. L 3142-54-1 s.)	
Bénéficiaires	Tout salarié : – siégeant à titre bénévole dans l'organe de direction d'une association ou y exerçant à titre bénévole des fonctions de direction ou d'encadrement ; – membre d'un conseil citoyen ; – apportant à une mutuelle, union ou fédération, en dehors de tout contrat de travail, un concours personnel et bénévole dans le cadre d'un mandat.
Refus ou report du congé	Possibilité pour l'employeur de refuser le congé : – si l'employeur estime, après avis du comité social et économique, que l'absence de l'intéressé pourrait avoir des conséquences préjudiciables à la production et à la marche de l'entreprise ; – si un nombre de salariés, fixé en fonction de la taille de l'établissement par un accord ou, à défaut, par l'article R 3142-44 du Code du travail, est déjà bénéficiaire du congé durant l'année en cours.

72170 (suite)

Congé pour l'exercice de responsabilités associatives (C. trav. art. L 3142-54-1 s.)	
Durée	6 jours par an maximum, pris en 1 ou 2 fois, avec possibilité de fractionner en demi-journée.
Rémunération	Non rémunéré.
Absence assimilée à du travail effectif pour l'acquisition des congés payés	Oui
Congé de solidarité internationale (C. trav. art. L 3142-67 s. et D 3142-54 s.)	
Bénéficiaires	Tout salarié ayant une ancienneté de 12 mois dans l'entreprise, consécutive ou non, et participant à une mission hors de France pour le compte d'une association humanitaire ou d'une organisation internationale.
Refus ou report du congé	Possibilité pour l'employeur de refuser le congé, dans un délai de 15 jours suivant réception de sa demande : – s'il estime, après avis du comité social et économique, que l'absence de l'intéressé pourrait avoir des conséquences préjudiciables à la production et à la marche de l'entreprise ; – si un nombre de salariés fixé en fonction de la taille de l'établissement par un accord ou par l'article D 3142-57 du Code du travail, bénéficie déjà de ce congé à la date de départ envisagé par le salarié demandeur.
Durée	6 mois maximum.
Rémunération	Non rémunéré (MS n° 12505), mais possibilité d'utiliser un compte épargne-temps (n°s 72230 s.).
Absence assimilée à du travail effectif pour l'acquisition des congés payés	Non
Congé pour catastrophe naturelle (C. trav. art. L 3142-48 s. et R 3142-33 s.)	
Bénéficiaires	Tout salarié résidant ou habituellement employé dans une zone touchée par une catastrophe naturelle constatée par arrêté ministériel pour venir en aide aux victimes via un organisme dédié.
Refus ou report du congé	Possibilité pour l'employeur de refuser le congé s'il estime, après avis du comité social et économique, que l'absence de l'intéressé pourrait avoir des conséquences préjudiciables à la production et à la marche de l'entreprise.
Durée	21 jours par an maximum.
Rémunération	Non rémunéré.
Absence assimilée à du travail effectif pour l'acquisition des congés payés	Non
Autres congés ou absence liés à une activité civique et sociale	
• Journée défense et citoyenneté (anciennement appel de préparation à la défense)	Maintien de la rémunération : MS n° 45515 (C. trav. art. L 3142-97).
• Service dans la réserve opérationnelle	Non rémunéré (C. trav. art. L 3142-89 s.).
• Service dans la réserve civile de la police nationale	Non rémunéré, mais indemnité à la charge de l'État (Code de la sécurité intérieure art. L 411-12 s.).
• Service dans la réserve de sécurité civile ou participation à des opérations de secours	Non rémunéré (C. trav. art. L 3142-102 s., Code de la sécurité intérieure art. L 724-7 s. et L 725-7 s.).

Autres congés ou absence liés à une activité civique et sociale	
• Service dans le corps de réserve sanitaire	Maintien de la rémunération. Remboursement par l'Agence nationale de santé publique sur la base d'un barème (C. trav. art. L 3142-104, CSP art. L 3133-1 s. et D 3133-1 s.).
• Congé pour acquisition de la nationalité	Non rémunéré (C. trav. art. L 3142-75 s.).
• Mission et formation des sapeurs-pompiers volontaires	Non rémunérées. En cas de maintien volontaire du salaire, les vacations remboursées à l'employeur ne sont assujetties à aucun prélèvement social ni soumises à aucun impôt (Code de la sécurité intérieure art. L 723-12 s., Loi 96-370 du 3-5-1996).
• Assistant du salarié lors de l'entretien préalable à une sanction	Maintien de la rémunération et remboursement des frais de transport : MS n° 56240, d (C. trav. art. L 1332-2, al. 2).

PARTICIPATION À DES INSTANCES D'ORDRE PUBLIC OU PARAPUBLIC, SOCIAL OU PROFESSIONNEL

72180

• Instances de l'emploi et de la formation professionnelle ou membre d'un jury d'examen ou de validation des acquis de l'expérience	Maintien de la rémunération et paiement des frais de déplacement (MS n° 12495), remboursement partiel par l'administration ou l'organisme dans les conditions fixées par le décret 79-251 du 27-3-1979 modifié (C. trav. art. L 3142-42 s. et R 3142-30 s.).
• Membres élus des chambres d'agriculture	Maintien de la rémunération, remboursement par la chambre d'agriculture (C. rur. art. L 515-2 s., D 511-55 et D 511-85).
• Administrateur ou membre d'un conseil d'un organisme de sécurité sociale	Maintien de la rémunération, remboursement par l'organisme (CSS art. L 231-9 s.).
• Représentant d'association familiale	Maintien de la rémunération, remboursement par l'organisme (CASF art. L 211-13).
• Membre d'une commission d'agrément en vue de l'adoption d'un enfant pupille de l'État	Non rémunéré, sauf si le salarié représente l'association des pupilles ou anciens pupilles de l'État, remboursement par l'association des pupilles ou anciens pupilles de l'État si le salarié la représente (CASF art. L 225-8).
• Représentant d'une association ou d'une mutuelle	Non rémunéré, sauf décision de l'employeur de maintenir tout ou partie du salaire : MS n° 12500. Vacation directement payée au salarié par l'État. Lorsque l'employeur décide de maintenir la rémunération en totalité ou en partie, au-delà de l'indemnité compensatrice, les sommes versées peuvent faire l'objet d'une déduction fiscale, dans les conditions fixées à l'article 238 bis du CGI (C. trav. art. L 3142-60 s. et R 3142-49 s.).
• Congé de formation des administrateurs d'une mutuelle	Non rémunéré (C. trav. art. L 3142-36 s. et R 3142-22 s.).
• Représentant des immigrés dans les instances consultatives	Maintien de la rémunération, remboursement par le fonds d'action sociale ou l'État (Loi 85-772 du 25-7-1985 art. 38).
• Membres d'un conseil des comités nationaux ou régionaux de prévention du BTP (OPPBTP)	Maintien de la rémunération, paiement direct par l'organisme ou remboursement de l'employeur (C. trav. art. R 4643-29).

• Salarié siégeant au conseil d'administration ou de surveillance d'un organisme HLM	Non rémunéré, indemnité forfaitaire versée par l'organisme (CCH art. L 423-13).
• Conseil de l'Ordre des pharmaciens et des professions médicales	Maintien de la rémunération (CSP art. L 4233-4 et L 4125-3).
• Membres de la commission de contrôle des services de santé au travail interentreprises	Voir nº 72150.

ABSENCES LIÉES À DES ACTIVITÉS POLITIQUES

72190

• Candidat à un mandat au Parlement européen, à l'Assemblée nationale, au Sénat, au conseil municipal, au conseil départemental, au conseil régional, à l'assemblée de Corse et au conseil de la métropole de Lyon	Non rémunéré, mais possibilité de récupération ou d'imputation sur les congés payés : MS nº 12485 (C. trav. art. L 3142-79 s.).
• Titulaire d'un mandat parlementaire	Non rémunéré : MS nº 12485 (C. trav. art. L 3142-83 s.).
• Membre d'un conseil municipal, régional, départemental ou de la communauté de communes :	
– participation aux réunions (séances plénières, commissions, représentation aux assemblées délibérantes, bureaux des organismes et assemblées, bureaux et commissions spécialisées des organismes nationaux)	Non rémunérée (MS nº 12490), compensation financière limitée versée par la municipalité au membre du conseil municipal, sur justificatif (CGCT art. L 2123-1, L 3123-1, L 4135-1 et L 5214-8).
– crédit d'heures	Non rémunéré : MS nº 12490 (CGCT art. L 2123-2, L 3123-2, L 4135-2 et L 5214-8).
– congé de formation	Non rémunéré : MS nº 12490 CGCT art. L 2123-12 s., L 3123-10 s., L 4135-10 s. et L 5214-8
– congé pour exercice du mandat de président ou vice-président de conseil régional ou départemental, de maire et d'adjoint au maire, y compris au sein d'une communauté de communes	Non rémunéré : MS nº 12490 (CGCT art. L 2123-9, L 3123-7, L 4135-7 et L 5214-8).

CHAPITRE 13 COMPTE ÉPARGNE-TEMPS

72230 Un compte épargne-temps (CET) peut être mis en place par **convention ou accord d'entreprise ou d'établissement** ou, à défaut, par convention ou accord de **branche,** afin de permettre au salarié d'accumuler des droits à **congé** rémunéré ou de bénéficier d'une **rémunération,** immédiate ou différée, en contrepartie des périodes de congé ou de repos non pris ou des sommes qu'il y a affectées (C. trav. art. L 3151-1 et L 3151-2).

ALIMENTATION

72240 Les conditions et limites dans lesquelles le CET peut être alimenté en **temps** ou en **argent** à l'initiative du **salarié** ou, pour les heures accomplies au-delà de la durée collective, à l'initiative de l'**employeur** sont fixées par la convention ou l'accord collectif ayant institué le compte (C. trav. art. L 3152-1). Peuvent, par **exemple,** être affectés au compte à l'initiative du salarié, côté temps de travail, la 5e semaine de congés payés annuels (le congé payé annuel ne pouvant être affecté au CET que pour sa durée excédant 24 jours ouvrables : C. trav. art. L 3151-2), les congés supplémentaires pour fractionnement ou conventionnels, les jours de RTT et, côté rémunération, les primes, 13e mois, ancienneté…

Les textes propres à l'**épargne salariale** disposent que peuvent être affectés au compte épargne-temps (C. trav. art. L 3343-1) :

– tout ou partie des primes d'intéressement lorsque l'accord d'intéressement le prévoit ; il doit alors préciser les modalités selon lesquelles le choix du salarié s'effectuera lors de la répartition de l'intéressement ;

– à l'issue de leur période d'indisponibilité, tout ou partie des sommes issues de la répartition de la réserve de participation, ainsi que celles versées par le salarié et/ou l'employeur dans un plan d'épargne salariale (d'entreprise, interentreprises ou Perco).

La convention ou l'accord ayant institué le CET peut prévoir un **abondement de l'employeur** en temps ou en argent complétant les temps ou les sommes affectés par les salariés.

> **Précisions a.** Lorsque l'**accord d'entreprise** autorise les **salariés** à **affecter librement** au CET, dans les proportions qu'il détermine, les jours de repos acquis au titre de la réduction du temps de travail et les jours de congés payés, l'employeur ne peut pas s'opposer à cette affectation (Cass. soc. 8-6-2011 n° 10-11.979 FS-PB).
>
> **b.** En cas de **litige** relatif à l'existence d'un CET et à son alimentation en jours de congés annuels et en jours de réduction du temps de travail effectués par le salarié au-delà d'une convention de forfait jours, les règles de **preuve** prévues par l'article L 3171-4 du Code du travail sont applicables (Cass. soc. 10-2-2010 n° 08-45.361 F-D) : voir n°s 6600 s.

GESTION

72250 Les modalités de gestion du CET sont fixées par la convention ou l'accord collectif l'ayant institué (C. trav. art. L 3152-2), notamment les modalités de **valorisation en temps et en argent** des éléments affectés au compte et de **revalorisation** des droits.

> ATTENTION
>
> Le régime social et fiscal des **sommes provenant de l'épargne salariale,** différent de celui des autres sources d'alimentation du CET (n°s 72300 s.), nécessite de les isoler dans la gestion du compte dans un **compartiment spécifique.** À défaut, la totalité des indemnités compensatrices ou financières versées au salarié, notamment au moment de la prise de congés, serait soumise à l'ensemble des cotisations et contributions sociales et à l'impôt sur le revenu (Circ. intermin. 6-4-2005 ; BOI-RSA-CHAMP-20-30-40 n° 80).
>
> À notre avis, il convient également de prévoir un compartiment spécifique afin d'isoler :
>
> – les **abondements** de l'employeur au compte épargne-temps, ceux-ci bénéficiant d'exonérations spécifiques en cas d'affectation des droits correspondant à l'épargne retraite (n° 72310) ;
>
> – la cinquième semaine de **congés payés,** qui ne peut pas être monétisée (n° 72260).

UTILISATION

72260 Tout salarié peut, sur sa demande et en accord avec l'employeur, utiliser les droits affectés sur le CET pour compléter sa **rémunération** ou **cesser de manière progressive son activité,** étant précisé que la 5e semaine de congés payés ne peut pas être monétisée (C. trav. art. L 3151-3).

Les **autres conditions** d'utilisation du CET sont déterminées par la convention ou l'accord collectif l'ayant institué (C. trav. art. L 3152-2).

La convention ou l'accord peut prévoir l'utilisation des droits inscrits aux CET pour alimenter un **plan d'épargne retraite d'entreprise** collectif, en abrégé Pereco (C. mon. fin. art. L 224-20) ou obligatoire, en abrégé Pero (C. mon. fin. art. L 224-25).

EXEMPLE

Les salariés peuvent utiliser le compte pour se faire **indemniser des périodes d'absence** non rémunérées (formation en dehors du temps de travail, congé sans solde, passage à temps partiel, cessation totale d'activité, etc.) ou alimenter leur épargne retraite, notamment le Pereco (n° 50222) et le Pero.

DÉPART DU SALARIÉ

La **convention ou l'accord collectif** détermine les conditions de liquidation et de transfert des droits d'un employeur à un autre (C. trav. art. L 3152-2). À défaut de stipulations conventionnelles prévoyant les conditions de transfert des droits, le salarié peut (C. trav. art. L 3153-2) : 72270

– percevoir, en cas de rupture du contrat de travail, une **indemnité** correspondant à la conversion monétaire de l'ensemble des droits qu'il a acquis ;

– demander, en accord avec l'employeur, la **consignation** auprès de la Caisse des dépôts et consignations de l'ensemble des droits, convertis en unités monétaires, qu'il a acquis ; l'employeur transfère les sommes à la Caisse, en joignant la demande écrite du salarié et une déclaration de consignation renseignée par lui ; la Caisse lui remet un récépissé, ce dont il informe le salarié ; les sommes sont rémunérées selon les mêmes modalités que les autres sommes consignées à la Caisse et sont soumises à la prescription trentenaire (C. trav. art. D 3154-5).

GARANTIE DES DROITS

Lorsque l'entreprise fait l'objet d'une procédure de redressement ou de liquidation judiciaire, les droits détenus par ses salariés dans le CET sont garantis par l'assurance des créances des salariés ou **AGS** (C. trav. art. L 3151-4). 72280

Pour les **droits** acquis, convertis en unités monétaires, **excédant le plus élevé des plafonds de l'AGS** (6 fois le plafond mensuel des cotisations d'assurance chômage), ainsi que pour les cotisations obligatoires afférentes, la convention ou l'accord collectif ayant institué le CET doit, en principe, prévoir un **dispositif d'assurance ou de garantie** financière (C. trav. art. L 3152-3). À défaut de texte conventionnel, le dispositif est mis en place par l'employeur, suivant des modalités fixées par les articles D 3154-2 s. du Code du travail. Dans l'**attente de la mise en place** d'un dispositif de garantie, lorsque les droits acquis, convertis en unités monétaires, excèdent le plafond, une indemnité correspondant à la conversion monétaire des droits supérieurs au plafond est versée aux salariés (C. trav. art. L 3153-1 et D 3154-1).

› Précisions Pour des détails sur l'étendue de la **garantie** fournie par l'**AGS,** voir Mémento social, n°s 70900 s.

RÉGIME FISCAL POUR L'EMPLOYEUR

Les **provisions** comptabilisées par les entreprises en raison d'un accord collectif relatif à un CET sont déductibles dans les conditions de droit commun : les dépenses de personnel non encore réglées à la clôture d'un exercice peuvent être déduites du résultat de cet exercice à la condition que l'entreprise ait contracté un engagement ferme et irrévocable à l'égard des salariés (voir n° 34870). 72290

Il en résulte en particulier que des provisions peuvent en principe être déduites du résultat imposable lorsque le compte épargne-temps est **alimenté sous la forme d'éléments monétaires.** Toutefois, l'administration a indiqué que dans l'hypothèse où les salariés ne peuvent utiliser leurs droits que pour un **congé de fin de carrière,** ces provisions entrent dans le champ d'application des dispositions de l'article 39, 1-5° du CGI aux termes desquelles ne sont pas déductibles les provisions constituées par une entreprise en vue de faire face au versement d'allocations en raison du départ à la retraite ou préretraite des membres ou anciens membres de son personnel, ou de ses mandataires sociaux (Rép. Gantier : AN 19-2-2001 non reprise au Bofip).

Lorsque le compte épargne-temps est **alimenté sous la forme de jours de congés,** une provision correspondant aux droits acquis n'est à notre avis déductible que si l'entreprise s'est placée sous le régime de droit commun de déduction des indemnités de congés payés, et non sous le régime optionnel prévu à l'article 39, 1-1° bis du CGI suivant lequel les indemnités de congés payés sont déductibles au titre de l'exercice de leur versement.

RÉGIME SOCIAL ET FISCAL POUR LE SALARIÉ

72300 Les sommes retirées d'un CET (correspondant à l'indemnisation d'un congé ou à la monétisation de droits) ont la nature d'un élément de rémunération et sont donc soumises aux **cotisations** de sécurité sociale, aux prélèvements assimilés et aux taxes et participations sur les salaires autres que la taxe sur les salaires (Circ. Acoss 88 du 19-12-2008), y compris lorsqu'elles proviennent de la participation, de l'intéressement ou du plan d'épargne d'entreprise (C. trav. art. L 3343-1).

Elles supportent également la **CSG** et la **CRDS,** sauf lorsqu'elles proviennent :
– de la participation ou de l'intéressement, les deux contributions ayant déjà été prélevées lors de la répartition des droits entre les salariés (n° 72250) ;
– de l'abondement de l'employeur à un plan d'épargne d'entreprise, lequel a été soumis à la CSG et à la CRDS au moment de son versement (Guide épargne salariale juillet 2014 p. 325).

Ces règles devraient, à notre sens, être valables pour la **taxe sur les salaires,** compte tenu de l'alignement de l'assiette de cette taxe sur celle de la CSG.

Les sommes provenant d'un CET sont imposables à l'**impôt sur le revenu** et doivent à ce titre donner lieu au prélèvement à la source de l'impôt sur le revenu opéré par l'employeur. En contrepartie de leur imposition lors de leur sortie du compte, les rémunérations ne sont pas imposées lors de leur affectation au compte, afin d'éviter une double imposition (BOI-RSA-CHAMP-20-30-40 n° 10).

Par exception, les sommes issues de la participation ou du plan d'épargne d'entreprise affectées au CET au terme de l'indisponibilité sont exonérées d'impôt sur le revenu tant lors de leur entrée dans le CET qu'à la sortie de ce compte (C. trav. art. L 3343-1), ce qui les fait échapper au prélèvement à la source de l'impôt sur le revenu.

Lorsqu'elles sont affectées au CET sans avoir au préalable été affectées à un plan d'épargne salariale, les sommes issues de la participation aux résultats de l'entreprise et les primes d'intéressement constituent un cas particulier : elles sont imposables l'année de leur versement et les droits correspondants sont exonérés l'année de leur sortie du compte (C. trav. art. L 3343-1 et BOI-RSA-CHAMP-20-30-40 n°s 40 à 70). C'est donc uniquement au moment de leur affectation au CET qu'elles doivent donner lieu au prélèvement à la source de l'impôt sur le revenu.

ATTENTION

Lorsqu'elles sont imposables à la sortie du compte, les sommes provenant d'un CET ne peuvent pas, selon l'administration, donner lieu à l'application du système du quotient prévu par l'article 163-0 A du CGI pour l'imposition des **revenus exceptionnels ou différés** (BOI-RSA-CHAMP-20-30-40 n° 20). Prenant le contre-pied de cette doctrine, une décision de justice a admis qu'elles puissent être regardées comme des revenus différés au sens de cette disposition lorsque leur monétisation est demandée par un salarié à l'occasion de son licenciement (TA Orléans 22-3-2016 n° 1504038).

72310 **Droits affectés aux plans d'épargne salariale** Par exception, les droits provenant d'un CET qui sont affectés, à l'initiative des salariés, pour alimenter un Perco, un Pereco ou financer des prestations de retraite à caractère collectif et obligatoire (Pero ou contrat « art. 83 ») ouvrent droit, lors de ce transfert, à des **exonérations** qui diffèrent selon l'origine des droits.

Les **droits provenant d'un abondement** en temps ou en argent de l'employeur au CET sont assimilés, selon le cas, à un abondement de l'employeur au Perco ou au Pereco, à un versement obligatoire de ce dernier au Pero ou au Pereco ou à des contributions patronales aux régimes de retraite précités et sont donc exonérés de cotisations sociales et d'impôt sur le revenu dans les mêmes conditions et limites que ces avantages (C. trav. art. L 3152-4 et CGI art. 81, 18°-a bis et 18°-a ter).

Les droits **ne provenant pas d'un abondement** de l'employeur sont (CGI art. 81, 18°-b bis ; C. trav. art. L 3152-4 et CSS art. L 242-4-3) :
– dans la limite de 10 jours par an, exonérés de **cotisations de sécurité sociale,** salariales et patronales, à l'exception de la cotisation accident du travail ;
– dans la même limite, soit exonérés d'**impôt sur le revenu** (affectation au Perco ou au Pereco), soit assimilés à des cotisations de retraite supplémentaire déductibles du salaire imposable dans les conditions et limites de l'article 83, 2° du CGI : voir n° 43870 (cas d'affectation à un régime collectif et obligatoire de retraite « art. 83 » ou à un PER d'entreprise obligatoire) ;
– assujettis à la **CSG** et à la **CRDS** (avec abattement forfaitaire d'assiette de 1,75 %), ainsi qu'aux **prélèvements** suivants : cotisations ou contributions solidarité autonomie, Fnal,

dialogue social, chômage, AGS, retraite complémentaire Agirc-Arrco, formation et alternance (contributions à la formation professionnelle, CPF-CDD, supplémentaire à l'apprentissage et taxe d'apprentissage), versement mobilité et participation-construction, et, lorsqu'elle reste due, taxe sur les salaires. **72310** (suite)

Ils échappent au **forfait social,** y compris pour les droits affectés dans la limite de 10 jours par an, par analogie avec la solution admise par l'administration pour les jours de congés payés non pris affectés à un Perco en l'absence de CET (en ce sens Circ. DGT 19-4-2012).

> **Précisions** **a.** Lorsqu'elles ne correspondent **pas** à un **abondement** de l'employeur au CET, les sommes transférées d'un CET vers un **Perco ou un PER d'entreprise au-delà de la limite de 10 jours** sont imposables et soumises au prélèvement à la source de l'impôt sur le revenu ; elles peuvent toutefois bénéficier, sur option du contribuable, du système du quotient prévu par l'article 163-0 A du CGI et décrit n° 35390. Cette option est également ouverte au contribuable pour les sommes (correspondant ou non à un abondement de l'employeur) transférées d'un CET vers un **plan d'épargne d'entreprise,** à condition qu'elles servent à l'acquisition de titres ou parts énumérés à l'article L 3332-10, al. 3 du Code du travail (actions de l'entreprise ou titres assimilés).
>
> **b.** Les droits inscrits sur un CET et transférés vers un **plan d'épargne salariale** constituent un versement individuel à ce plan. Ils sont donc pris en compte pour l'appréciation du **plafonnement annuel des versements** du participant (voir n° 49430), sauf lorsqu'ils sont utilisés :
> – pour alimenter un Perco ;
> – pour alimenter un plan d'épargne d'entreprise, à condition qu'ils servent à l'acquisition de titres de l'entreprise, ou d'une entreprise qui lui est liée, ou encore de parts de fonds communs de placement d'actionnariat salarié ou d'actions de Sicav d'actionnariat salarié régies par les articles L 214-165 et L 214-166 du Code monétaire et financier (C. trav. art. L 3332-10).

CHAPITRE 14

RÉDUCTIONS OU RETENUES SUR SALAIRE

SOMMAIRE

A. Retenues sur salaire ou sur prime **72390**
B. Réduction de salaire en cas de modification du contrat **72480**
C. Remboursement de sommes à l'employeur **72500**

72350 L'article L 1331-2 du Code du travail interdit les amendes ou autres **sanctions pécuniaires** et précise que toute disposition ou stipulation contraire est réputée non écrite.

Il n'existe pas de **définition** légale de la sanction pécuniaire prohibée. La jurisprudence tend à considérer comme telle toute mesure affectant, directement ou indirectement, la rémunération du salarié, prise en considération d'un manquement professionnel de celui-ci, et pas seulement d'une faute disciplinaire au sens strict. Sont ainsi prohibées les retenues sur salaire, la réduction ou la suppression d'une prime, d'un avantage permettant au salarié de réaliser une économie, décidées en raison d'un manquement à la discipline, mais aussi d'une baisse de rendement, d'une mauvaise exécution par le salarié de ses obligations contractuelles (n°s 72450 s.) ou de la non-réalisation de ses objectifs (n° 72360).

En revanche n'entrent pas, en principe, dans le champ de l'interdiction des sanctions pécuniaires les mesures salariales relevant du **pouvoir de direction** de l'employeur, celles fondées sur l'**appréciation des qualités professionnelles** du salarié, celles résultant d'une inexécution par celui-ci de sa prestation de travail, ou encore la demande de remboursement d'une somme indûment perçue par lui.

ATTENTION

Cette définition de la sanction pécuniaire doit être nuancée. En effet, il n'est pas toujours facile de situer la frontière entre les mesures fondées sur les mérites professionnels du salarié et celles visant à sanctionner un comportement fautif. Il faut aussi noter le caractère licite de certaines « **sanctions pécuniaires indirectes** » : retenue ou diminution de salaire faisant suite à une mise à pied (n° 72420) ou à une rétrogradation disciplinaire (n° 72480), interdiction de toute opération de bourse aux collaborateurs d'un prestataire de services d'investissements ayant enfreint les clauses du règlement intérieur d'entreprise (CE 18-3-1998 n° 157607).

De même, en cas de **licenciement pour faute** du salarié, les conséquences pécuniaires susceptibles d'en résulter – telle la privation d'indemnités de licenciement et de préavis en cas de faute grave – ne sont pas assimilables à une sanction pécuniaire interdite (en ce sens, Rép. Dupilet : AN 23-5-1983).

Il est également prévu que le montant de la rémunération variable des **preneurs de risques des établissements financiers** peut, en tout ou partie, être réduit ou donner lieu à restitution en cas notamment de méconnaissance de leurs obligations en matière de prise de risques financiers (C. mon. fin. art. L 511-84).

72360 L'article L 1331-2 du Code du travail prévoyant que toute **disposition ou stipulation contraire à l'interdiction** des sanctions pécuniaires prohibées est réputée non écrite, toute clause du **contrat de travail** ou de la **convention collective** subordonnant l'attribution d'une prime ou d'un complément de rémunération à l'absence de faute du salarié doit en principe être considérée comme nulle et de nul effet.

ILLUSTRATIONS

Sont illicites et ne peuvent pas être appliquées :
– une clause contractuelle autorisant l'employeur à procéder à une retenue sur salaire au titre du véhicule de fonction en cas de non-réalisation par le salarié de ses objectifs (Cass. soc. 20-10-2010 n° 09-42.896 F-PB) ;

– la disposition conventionnelle prévoyant la privation d'une prime de fin d'année en cas de faute grave (Cass. soc. 11-2-2009 n° 07-42.584 FS-PBR) ou d'une prime de non-accident uniquement si le salarié est reconnu responsable au moins pour moitié d'un accident de la circulation (Cass. soc. 3-3-2015 n° 13-23.857 FS-D) ;
– la clause du **règlement intérieur** autorisant la suppression ou la réduction d'une prime pour les fautes éventuellement commises par les salariés (CE 12-6-1987 n° 81252) ;
– celle d'un **plan de stock-options** prévoyant de priver les salariés licenciés pour faute grave de la faculté de lever les options (Cass. soc. 21-10-2009 n° 08-42.026 FS-PB).

En revanche est licite et ne constitue pas une sanction pécuniaire la clause d'un **pacte d'actionnaires** par laquelle le salarié détenant des actions de la société qui l'emploie, dont une partie lui a été remise à titre gratuit, s'engage à céder ses titres à un prix minoré s'il est licencié, dès lors que, s'appliquant également au licenciement autre que disciplinaire, elle ne vise pas à sanctionner une faute (Cass. com. 7-6-2016 n° 14-17.978 FS-PB).

Au plan pénal, toute **infraction** à l'interdiction des amendes et sanctions pécuniaires prohibées est passible d'une amende (C. trav. art. L 1334-1) : 3 750 € au maximum pour les personnes physiques, 18 750 € au maximum pour les personnes morales. 72370

A. Retenues sur salaire ou sur prime

La **validité** d'une retenue sur salaire ou sur prime s'apprécie au regard du motif pour lequel cette mesure est envisagée. 72390

Comme indiqué n° 72350 est en principe prohibée toute retenue fondée sur un **manquement professionnel** du salarié. La jurisprudence a été amenée à préciser si cette condition était ou non remplie pour un certain nombre de situations particulières examinées ci-après : absence ou retard, mise à pied, insuffisance professionnelle (n°s 72400 s.).

Jugé aussi que constitue une sanction pécuniaire illicite la retenue sur salaire au seul motif d'un dépassement par le salarié du **forfait téléphonique** attaché à son téléphone professionnel (Cass. soc. 15-5-2014 n° 12-30.148 F-D).

› Précisions Indépendamment du salaire lui-même, tous ses **accessoires** (primes et gratifications diverses, mais aussi avantages en nature) peuvent être concernés par l'interdiction des sanctions pécuniaires. Ainsi, le fait pour une compagnie d'aviation d'écarter le salarié ayant commis une faute du bénéfice de **billets d'avion à tarif réduit** constitue une sanction pécuniaire prohibée (Cass. soc. 22-10-1996 n° 93-42.390 D ; 7-7-2010 n° 09-41.281 F-D), sauf si cette mesure sanctionne uniquement le non-respect des règles applicables à tout passager en vertu du contrat de transport (Cass. soc. 18-1-2017 n° 15-21.802 FS-D). Est également une sanction illicite la suppression pour faute d'un **véhicule d'entreprise** (Cass. soc. 12-12-2000 n° 98-44.760 FS-P) ou d'une **carte d'essence** (Cass. soc. 23-6-2010 n° 09-40.825 F-D) substitués par l'employeur à sa participation aux frais engagés par le salarié.

S'agissant d'une clause contractuelle prévoyant une retenue sur salaire au titre du véhicule de fonction en cas de non-réalisation par le salarié de ses objectifs, voir n° 72360.

ABSENCE OU RETARD

La retenue sur **salaire** pratiquée en raison d'une absence ou d'un retard injustifié du salarié est légitime et ne constitue pas une sanction pécuniaire prohibée. En effet, sous réserve de certaines dispositions légales ou conventionnelles, aucun salaire n'est dû en cas d'**inexécution** de la **prestation de travail** (voir n°s 5350 s.) ; dans ce cas, c'est l'absence du salarié qui rend la retenue licite, et le caractère éventuellement fautif de cette absence, du fait qu'elle est injustifiée, ne remet pas en cause ce principe. Ainsi jugé que ne constitue pas une sanction pécuniaire prohibée la réduction de salaire correspondant à des retards injustifiés (Cass. soc. 21-3-2012 n° 10-21.097 F-D) ou au débit d'heures constaté en fin de mois sur le compte d'un salarié soumis à un horaire de travail individualisé (Cass. soc. 10-11-1988 n° 86-43.014 P). 72400

Est également légitime la retenue opérée sur la rémunération d'un salarié ayant exercé son **droit de retrait** individuel alors que les conditions de celui-ci n'étaient pas réunies, sans que l'employeur soit tenu de saisir préalablement le juge sur l'appréciation du bien-fondé de l'exercice de ce droit (Cass. soc. 11-7-1989 n° 86-43.497 P ; Cass. crim. 25-11-2008 n° 07-87.650 F-PF). En cas de litige sur la légitimité d'une telle retenue, il appartient en principe aux juges du fond, et non au juge des référés, d'apprécier si le salarié avait un motif raisonnable d'exercer son droit de retrait (Cass. soc. 30-5-2012 n° 10-15.992 F-D). Jugé toutefois que le juge des référés peut allouer à des salariés une provision sur salaire dès lors que l'existence d'un danger grave et imminent d'exposition des travailleurs à l'amiante a été constatée par les représentants du personnel et que le recours de l'employeur en contestation de la procédure d'alerte initiée par le comité n'a toujours pas abouti (Cass. soc. 31-3-2016 nº 14-25.237 FS-PB).

S'agissant des modalités de **calcul** des retenues pour absences, voir nºs 11100 s.

Sur le cas de la retenue sur **allocations complémentaires de maladie** en raison de l'absence du salarié lors de la contre-visite médicale organisée par l'employeur, voir nº 61430.

ATTENTION

Toute **retenue** sur salaire doit être strictement **proportionnelle** à la durée de l'absence ou du retard du salarié. Constitue une sanction pécuniaire prohibée celle excédant le temps non travaillé (Cass. soc. 24-11-1992 nº 90-42.520 D). Sur l'application de cette règle en cas d'absences pour participation à une grève, voir nºs 67400 s.

72410 La suppression ou la réduction d'une **prime d'assiduité** en raison de l'absence du salarié ne constitue pas en principe une sanction pécuniaire prohibée. Rien n'interdit en effet à l'employeur de subordonner l'attribution d'une prime à la condition d'un défaut d'absence du salarié (Cass. soc. 10-6-1992 nº 88-44.717 P). Une prime d'assiduité peut ainsi être réduite compte tenu de l'absence du salarié consécutive à sa **mise à pied disciplinaire** (Cass. soc. 19-7-1994 nº 90-43.785 P). Elle peut également l'être, sous certaines conditions, en cas d'**absence pour grève** (voir nº 67530).

MISE À PIED

72415 La mise à pied consiste à écarter provisoirement le salarié de l'entreprise. Les répercussions de cette mesure de suspension temporaire du contrat de travail sur la rémunération du salarié diffèrent selon qu'elle est prononcée à titre de sanction disciplinaire ou à titre de mesure conservatoire dans le cadre d'une procédure disciplinaire.

72417 **Mesures Covid-19**

Les salariés travaillant dans les **secteurs médico-sociaux** restent soumis à l'**obligation vaccinale** (sauf contre-indication médicale ou présentation d'un certificat de rétablissement) jusqu'à ce qu'un décret lève celle-ci. À défaut de pouvoir justifier de leur vaccination, leur contrat de travail peut être suspendu et leur rémunération interrompue (Loi 2022-1089 du 30-7-2022 : voir FRS 16/22 inf. 12 p. 30). Un salarié a toutefois obtenu sa réintégration en référé au motif que l'employeur n'avait pas recherché les possibilités de maintien de l'emploi (Cons. prud'h. Paris 9-6-2022 nº 21/01275 ; CA Paris 1-12-2022 nº 22/12479).

72420 **Mise à pied disciplinaire** Bien qu'elle soit une conséquence indirecte d'un comportement fautif du salarié, la retenue sur salaire correspondant à la durée d'une mise à pied disciplinaire ne constitue pas une sanction pécuniaire prohibée. Dans ce cas, en effet, la **retenue** se justifie essentiellement par le temps de travail non effectué et **se calcule** selon les règles exposées nºs 11100 s.

Jugé que le salarié ayant fait l'objet d'une mise à pied disciplinaire justifiée et **refusant de se soumettre** à cette mesure n'a pas à être rémunéré pour le travail accompli durant la période où la mise à pied était censée s'appliquer (Cass. soc. 7-5-1987 nº 82-43.479 S).

S'agissant des conséquences de la mise à pied disciplinaire sur l'attribution d'une **prime d'assiduité,** voir nº 72410.

Concernant l'incidence de la mise à pied disciplinaire sur les **heures de délégation** des représentants du personnel, voir nº 79040.

72425 **Mise à pied conservatoire** S'inscrivant dans le cadre de la procédure disciplinaire, la mise à pied conservatoire prévue par l'article L 1332-3 du Code du travail est une mesure provisoire qui permet à l'employeur d'écarter le salarié de l'entreprise dans l'attente du prononcé de la sanction.

Elle n'emporte perte du salaire correspondant que si la sanction prononcée est un licenciement pour **faute grave ou lourde.** Si la faute grave est écartée, l'employeur doit verser au salarié licencié pour faute simple la rémunération correspondant à la période de mise à pied conservatoire (notamment, Cass. soc. 3-2-2004 nº 01-45.989 F-D ; 18-12-2013 nº 12-18.548 F-D). Il en est de même a fortiori s'il renonce à licencier l'intéressé et prononce une sanction moindre telle qu'un avertissement. Toutefois, si la sanction finalement retenue est une **mise à pied disciplinaire,** la durée de la mise à pied conservatoire s'impute sur celle de la mesure disciplinaire (notamment, Cass. soc. 5-7-2006 nº 03-46.361 FS-PB).

Le licenciement pour faute grave ou lourde doit en outre être justifié par les mêmes faits que ceux ayant motivé la mise à pied conservatoire. À défaut, le salarié a droit à un rappel de salaire pour la période de mise à pied (Cass. soc. 20-3-1996 n° 93-40.553 P).

INSUFFISANCE PROFESSIONNELLE

En principe, l'insuffisance professionnelle du salarié ne constitue pas une faute, sauf volonté délibérée de l'intéressé de mal exécuter sa prestation de travail. Les mesures fondées sur la seule appréciation des qualités professionnelles du salarié ne relèvent pas du pouvoir disciplinaire de l'employeur mais de son pouvoir de direction. 72430

En conséquence, le seul fait d'accorder à certains salariés une **augmentation individuelle de salaire** en raison de leurs qualités professionnelles ne constitue pas une sanction pécuniaire prohibée à l'égard des autres salariés (Cass. crim. 26-4-1988 n° 87-83.867 P ; Cass. soc. 29-5-1990 n° 87-40.512 P). De même, le refus de l'employeur d'accorder un **avancement** statutairement fondé sur un critère de choix, et donc facultatif, n'étant pas une sanction disciplinaire (Cass. soc. 18-3-1992 n° 88-45.745 PF), l'absence d'augmentation de salaire susceptible d'en résulter ne constitue pas une sanction pécuniaire illicite.

Sur le cas des retenues sur salaire en cas de **baisse de rendement** du salarié, voir n° 72460.

ATTENTION

La **retenue sur salaire** pour insuffisance professionnelle non fautive n'est pas pour autant licite. Le salaire est dû en effet dès lors que la prestation de travail convenue est fournie. L'employeur est toutefois en droit de tirer les conséquences de cette insuffisance professionnelle par d'autres moyens : absence d'augmentation de salaire comme indiqué ci-dessus, déclassement professionnel dans les conditions visées n°s 4550 s., voire licenciement pour cause réelle et sérieuse.

Si l'employeur est en droit d'accorder une augmentation de rémunération visant à récompenser ou à stimuler les qualités professionnelles de certains salariés, sans que les autres puissent se plaindre d'avoir subi une sanction, constitue en revanche une sanction pécuniaire illicite le fait d'écarter certains salariés, en raison de leur comportement jugé critiquable, du bénéfice d'une **augmentation de salaire** ayant le caractère d'une **mesure générale,** applicable à l'ensemble du personnel (Cass. soc. 19-7-1995 n° 91-45.401 D). 72440

EXÉCUTION DÉFECTUEUSE DU TRAVAIL

La retenue sur salaire en raison d'une **mauvaise exécution volontaire** par le salarié de ses obligations contractuelles constitue une sanction pécuniaire prohibée (Cass. soc. 17-4-1991 n° 89-43.127 D ; 17-7-1996 n° 93-43.963 P). Ainsi jugé en cas de **refus** d'exécuter le **travail** prévu au contrat par des contrôleurs de la SNCF qui, à titre individuel, s'étaient volontairement abstenus de contrôler les titres de transport des voyageurs (Cass. soc. 20-2-1991 n° 90-41.119 P ; 16-3-1994 n° 91-43.349 P). Jugé de même pour un refus de participation à une réunion, les salariés étant toutefois restés dans l'atelier où ils étaient affectés (Cass. soc. 19-11-1997 n° 95-44.309 P). 72450

Cette situation est à distinguer du cas de l'**inexécution contractuelle** correspondant à une absence totale de travail (voir exemple n° 72400).

Constitue une sanction pécuniaire prohibée la **suppression** ou la **réduction** d'une **prime de rendement ou de productivité** en raison de faits qualifiés de fautifs par l'employeur (Cass. soc. 7-5-1991 n° 87-43.350 P ; 4-6-1998 n° 95-45.167 P). 72460

Cette jurisprudence ne remet pas en cause la validité des clauses subordonnant l'attribution d'une prime à des critères de productivité ou de rendement. Elle signifie que l'employeur n'a pas le droit de faire usage de ces clauses à des fins disciplinaires. Il ne peut pas, par exemple, réduire ou supprimer une prime de productivité au motif que le salarié a fait l'objet d'observations répétées pour abandon de son poste de travail (en ce sens, Cass. soc. 22-11-1995 n° 91-43.809 P) ou en se fondant sur le refus, par le salarié non gréviste, d'occuper le poste de travail d'un salarié en grève (Cass. soc. 16-2-1994 n° 90-45.915 P).

ATTENTION

La réduction du salaire pour **baisse de la production** s'analyse en une sanction pécuniaire prohibée, sauf si le salarié est **rémunéré en fonction du rendement** (Cass. soc. 12-4-1995 n° 91-40.593 P). Dans ce dernier cas, la rémunération peut être diminuée, même si la baisse de la production est volontaire et donc fautive, proportionnellement à la baisse de rendement constatée.

Sur les conséquences d'une baisse de rendement à la reprise du travail après une grève, voir n° 67420.

B. Réduction de salaire en cas de modification du contrat

72480 L'employeur peut décider d'affecter le salarié à un **poste hiérarchiquement inférieur** ou de modifier ses **horaires de travail** soit pour des motifs d'organisation interne notamment, soit pour des motifs disciplinaires. La diminution de rémunération ou la perte d'un avantage financier lié aux anciennes fonctions du salarié ne constitue pas, dans ce cas, une sanction pécuniaire prohibée, à condition de respecter les **conditions** cumulatives suivantes :
– lorsque la rétrogradation est décidée à titre disciplinaire, cette sanction doit être **justifiée et proportionnée** aux faits commis ;
– la baisse de rémunération accompagnant la rétrogradation doit correspondre à une **modification des fonctions** et à une **diminution des responsabilités** du salarié (jurisprudence constante). Dans l'hypothèse d'une sanction disciplinaire, la perte de salaire pourra ainsi être considérée comme une conséquence du déclassement professionnel et non comme une conséquence directe de la faute du salarié ;
– enfin, cette modification du contrat de travail doit nécessairement avoir été **acceptée par le salarié.** Ainsi jugé pour des mesures disciplinaires (Cass. soc. 16-6-1998 n° 95-45.033 PBR ; 15-6-2000 n° 98-43.400 P) ; pour les modifications du contrat décidées à un autre titre, voir Mémento social n°s 17300 s.

› Précisions a. Le salarié est donc toujours en **droit de refuser** une modification de son contrat pour motif disciplinaire. En cas de refus, l'employeur n'a que deux options : prononcer une autre sanction au lieu et place de la sanction refusée (Cass. soc. 16-6-1998 n° 95-45.033 PBR ; 7-7-2004 n° 02-44.476 F-PB) ou rétablir le salarié dans ses conditions de travail antérieures (Cass. soc. 15-6-2000 n° 98-43.400 P).
b. S'agissant de la condition relative à la modification des fonctions, il a été jugé que constitue une sanction pécuniaire illicite la diminution de salaire faisant suite au prononcé d'une **rétrogradation** disciplinaire, alors qu'aucun changement des fonctions antérieures du salarié n'était constaté (Cass. soc. 28-4-1993 n° 89-41.688 D ; 23-2-1994 n° 90-45.000 D). Jugé de même à propos de la diminution de salaire consécutive à une **réduction,** à titre disciplinaire, des **horaires de travail** du salarié, dès lors que cette mesure ne correspond ni à un déclassement ni à un changement d'affectation (Cass. soc. 24-10-1991 n° 90-41.537 D).
c. Sur le **régime social** d'une **indemnité** visant à maintenir provisoirement le niveau antérieur de la rémunération d'un salarié déclassé à titre disciplinaire, voir n° 53360.

C. Remboursement de sommes à l'employeur

SOMMES INDÛMENT PERÇUES

72500 La **réclamation au salarié** de sommes indûment perçues par lui ne constitue pas une sanction pécuniaire prohibée (Cass. soc. 8-7-1997 n° 94-44.513 D). L'employeur peut ainsi demander le remboursement des augmentations de rémunération qu'un salarié, disposant de pouvoirs de gestion, s'est abusivement octroyées sans son accord (Cass. soc. 18-11-1992 n° 90-40.010 P).

RESPONSABILITÉ CIVILE DU SALARIÉ

72510 L'interdiction légale des amendes et sanctions pécuniaires s'oppose à ce que l'employeur **décide unilatéralement une retenue sur salaire** ou sur prime visant à compenser le dommage financier dont il estime le salarié responsable.

Ainsi, constituent une sanction pécuniaire illicite la retenue sur salaire opérée par l'employeur pour compenser les frais de réparation d'un véhicule de fonction rendue nécessaire à la suite d'un accident dont le salarié était responsable (CA Aix-en-Provence 26-10-2017 n° 15/15918) et la **retenue sur prime de véhicule** compensant le montant de la franchise due à l'assurance suite au dommage causé lors d'un **accident** au véhicule de la société conduit par le salarié (CA Dijon 23-5-1995 n° 1390-94). De même, il est interdit à l'employeur de récupérer sur la rémunération due au salarié, directeur de cinéma, la moitié de la **recette dérobée** (CA Besançon 4-6-1993 n° 262-93).

Sur les conditions de la compensation entre les salaires et les sommes dues par le salarié à son employeur, voir n°s 14700 s.

72520 L'interdiction des sanctions pécuniaires prohibées ne fait pas en elle-même obstacle à la possibilité d'une mise en jeu de la **responsabilité pécuniaire du salarié** devant les juges.

Bien qu'en principe il n'ait pas à répondre envers l'employeur des risques de l'exploitation (jurisprudence constante), le salarié peut voir sa responsabilité engagée s'il a commis une

faute préjudiciable à l'entreprise lors de l'exécution de son contrat (par exemple : vol ou perte d'objets soumis à sa surveillance, détérioration ou perte du matériel professionnel, déficit de caisse ou d'inventaire), à la **condition** qu'il s'agisse d'une faute lourde, c'est-à-dire commise dans l'intention de nuire à l'employeur ou à l'entreprise (Cass. soc. 31-5-1990 n° 88-41.419 P ; 21-10-2008 n° 07-40.809 FS-PB).

L'exigence d'une faute lourde s'applique même dans les cas où la **compensation est légalement autorisée.**

ILLUSTRATIONS

Si une **clause de responsabilité financière** est inscrite dans le contrat de travail, elle ne pourra produire d'effet, quels qu'en soient les termes, qu'en cas de faute lourde de l'intéressé (Cass. soc. 10-11-1992 n° 89-40.523 P). Ainsi jugé pour des clauses prévoyant la responsabilité du salarié en cas de déficits de gestion, d'inventaires ou manquants de dépôts (Cass. soc. 31-10-1989 n° 87-13.376 P ; 23-1-1992 n° 88-43.275 PF). Il en est de même de la clause prévoyant le remboursement à l'employeur des frais de remise en état du véhicule de fonction (Cass. soc. 19-10-1995 n° 94-41.146 D) ou mettant à la charge du salarié une franchise en cas d'accident de la circulation survenu avec le véhicule de l'entreprise (Cass. soc. 11-4-1996 n° 92-42.847 P ; 6-5-2009 n° 07-44.485 F-PB).

Jugé de même qu'un salarié ne peut pas être condamné à payer à son employeur le montant de la **reconnaissance de dette** souscrite en garantie de la disparition d'une somme d'argent dans la caisse dont il avait la responsabilité (Cass. soc. 12-4-1995 n° 92-12.373 P) ou pour l'**indemnisation des** clients **victimes** des détournements de fonds commis par l'intéressé (Cass. soc. 2-6-2017 n° 15-28.496 F-D), dès lors que sa faute lourde n'est pas caractérisée. Notons toutefois que l'action de l'employeur en **restitution de sommes détournées** par le salarié à son profit est recevable sans nécessité d'établir une faute lourde (Cass. soc. 19-11-2002 n° 00-46.108 FS-PBR).

INFRACTIONS AU CODE DE LA ROUTE

L'**employeur** qui **s'est acquitté des amendes** dues pour des contraventions commises par le salarié avec un véhicule appartenant à l'entreprise ou loué par elle et mis à la disposition de l'intéressé pour son travail ne peut pas lui en imposer le **remboursement.** Engager à cette fin une procédure disciplinaire est une sanction prohibée (CA Paris 31-5-1995 n° 37500-93) et la retenue sur salaire opérée à ce titre est illégale, même si elle est prévue par le contrat de travail (Cass. soc. 11-1-2006 n° 03-43.587 F-P). Sauf faute lourde, seule susceptible d'engager la responsabilité civile d'un salarié (n° 72520), l'employeur ne peut pas non plus obtenir la condamnation de l'intéressé à lui rembourser ces sommes (Cass. soc. 17-4-2013 n° 11-27.550 F-D). 72530

> **Précisions** En tant que **titulaire du certificat d'immatriculation** d'un véhicule, ou représentant de la personne morale au nom de laquelle ce certificat est établi, l'employeur est pécuniairement responsable des amendes encourues au titre de certaines infractions dont la liste est fixée par décret (excès de vitesse, non-respect des règles de stationnement ou des distances de sécurité, défaut de port d'une ceinture de sécurité...). Mais si ces infractions sont commises par un salarié avec un véhicule de l'entreprise, il a l'**obligation de communiquer,** selon des modalités précisées par arrêté, l'identité, l'adresse et les références du permis de conduire de l'intéressé à l'autorité mentionnée sur l'avis de contravention, dans les 45 jours à compter de l'envoi ou de la remise de cet avis, à moins qu'il n'établisse l'existence d'un vol, d'une usurpation de plaque d'immatriculation ou de tout autre événement de force majeure (C. route art. L 121-3, L 121-6, R 130-11, A 121-1 à A 121-3). Si l'employeur respecte cette obligation, l'amende doit être acquittée par le salarié auteur de l'infraction. S'il ne la respecte pas, il reste redevable de la charge du paiement de l'amende pour l'infraction commise, et l'entreprise, personne morale, encourt une peine d'amende de 4e classe dont le montant est indiqué n° 96470. Sur le **régime social** applicable à la prise en charge par l'employeur des amendes dues au titre des infractions au Code de la route commises par le salarié, voir n° 45930.

CLAUSES PÉNALES

L'interdiction des sanctions pécuniaires est sans effet sur la validité des clauses pénales sanctionnant une **obligation de non-concurrence** prévue au contrat de travail (CA Paris 26-9-1986 n° 84-37496). 72540

ATTENTION

On peut se demander si cette solution est transposable à toutes les clauses pénales. Dans la mesure où elles ont pour objet de prévoir une indemnisation forfaitaire en cas de violation d'une **obligation contractuelle** précise, les clauses pénales devraient en principe demeurer hors du champ d'application de l'article L 1331-2 du Code du travail, ce texte ayant a priori vocation à prohiber les sanctions pécuniaires pour **manquement à la discipline.** L'élargissement par la jurisprudence de la notion de sanction pécuniaire (voir n° 72350) impose toutefois une certaine prudence quant au sort susceptible d'être réservé par les juges à des clauses pénales visant à sanctionner la violation d'obligations contractuelles autres que celle de non-concurrence.

CHAPITRE 15

FORMATION PROFESSIONNELLE

SOMMAIRE

A. Plan de développement des compétences	72610	2. Congé pour validation des acquis de l'expérience	72800
B. Compte personnel de formation	72650	D. Reconversion ou promotion par alternance	72900
C. Congés de formation	72700	E. Régime fiscal	72950
1. Congé de transition professionnelle	72710		

72600 Les salariés suivant une action de formation professionnelle peuvent, sous certaines conditions, prétendre à une **rémunération** pendant leur stage. Sont étudiés ci-après les **modalités** de cette rémunération, différentes selon le dispositif de formation, et son **régime fiscal,** commun aux différentes situations.

Le financement des dispositifs de formation est assuré notamment par l'employeur qui verse les **contributions** à la formation professionnelle et à l'alternance selon les modalités exposées n°s 30800 s.

A. Plan de développement des compétences

72610 L'employeur est tenu à une **obligation générale de formation** de ses salariés (C. trav. art. L 6321-1). En principe, les actions de formation qu'il programme à cet effet sont rassemblées dans le plan de développement des compétences établi par l'entreprise.

RÉMUNÉRATION PENDANT LA FORMATION

72615 L'envoi d'un salarié en stage de formation dans le cadre du plan de développement des compétences constitue une **modalité particulière** d'exécution du contrat de travail qui peut être assimilée à l'exécution d'une mission professionnelle. Pendant cette période, son contrat n'étant pas suspendu, l'intéressé reste sous la **subordination** juridique de son employeur. Les conditions de rémunération du stagiaire varient selon que l'action de formation constitue ou non un temps de travail effectif.

S'agissant de l'indemnisation du salarié suivant une formation au cours d'une **période d'activité partielle,** voir nº 68055, a.

72620 **Formations conditionnant l'exercice d'une activité ou d'une fonction**
Toute action de formation qui conditionne l'exercice d'une activité ou d'une fonction, en application d'une convention internationale ou de dispositions légales et réglementaires, constitue un temps de travail effectif et donne lieu pendant sa réalisation au **maintien de la rémunération** (C. trav. art. L 6321-2).

Le versement du salaire et la délivrance du **bulletin de paie** correspondant doivent intervenir dans les conditions et selon les modalités habituelles et à l'**échéance** normale de la paie. De même, les **cotisations sociales** légales et conventionnelles afférentes à cette rémunération sont versées normalement par l'employeur aux organismes sociaux.

› Précisions **a.** Outre le salaire de base, la rémunération du salarié en formation comprend les **avantages en nature** et les **primes** qui présentent un caractère de généralité (prime d'assiduité, de rendement, etc.). En revanche, les sommes normalement allouées à titre de **remboursement de frais** et les primes se rapportant à des conditions particulières de travail ou à des circonstances exceptionnelles (prime de pénibilité, d'intempéries, etc.) n'ont pas, à notre sens, à être versées dès lors que l'intéressé n'y est plus soumis durant le stage. Par ailleurs, si la formation entraîne un dépassement de la durée du travail légale ou conventionnelle, les **heures supplémentaires**

doivent être payées selon les conditions de droit commun. De son côté, le salarié à temps partiel suivant un stage d'une durée supérieure à son horaire habituel a droit au paiement des **heures complémentaires.**

b. Les **taux de cotisations** sociales sont ceux du régime dont relève le stagiaire, appliqués aux rémunérations maintenues pendant le stage. Toutefois, lorsque le salarié poursuit sa formation dans un centre de formation, le taux de cotisation **accidents du travail** applicable est celui auquel sont soumis les stagiaires des centres de formation professionnelle (taux forfaitaire fixé à 2,24 % pour 2023 : arrêté du 26-12-2022). Lorsque la formation est donnée dans une entreprise, le taux applicable est celui auquel est soumise cette dernière.

Autres formations En **principe,** les actions de formation, autres que celles visées ci-dessus, constituent également un temps de travail effectif et donnent lieu pendant leur déroulement au **maintien de la rémunération** selon les règles mentionnées n° 72620. 72625

Par **dérogation,** il est possible de suivre, en tout ou partie, **hors du temps de travail,** des actions de formation (C. trav. art. L 6321-6) :

– déterminées par **accord collectif** d'entreprise ou, à défaut, de branche et dans une limite horaire ou correspondant à un pourcentage du forfait en jours par salarié fixée par cet accord ; celui-ci peut également prévoir des contreparties pour compenser les charges induites par la garde d'enfant ;

– en l'**absence d'accord** collectif, dans la limite annuelle de 30 heures par salarié ou, pour celui dont la durée du travail est fixée par une convention de forfait en jours ou en heures sur l'année, de 2 % de son forfait ; pour cela, le salarié doit donner son accord par écrit, qu'il peut dénoncer dans un délai de 8 jours (C. trav. art. R 6321-4).

La période de formation accomplie en dehors du temps de travail ne donne lieu à **aucune rémunération supplémentaire** ; le salarié perçoit seulement sa rémunération habituelle correspondant à son temps de travail. Il bénéficie toutefois, pendant toute la période de formation, de la législation de la sécurité sociale relative à la protection en matière d'**accidents du travail** et de maladies professionnelles (C. trav. art. L 6321-8).

FRAIS ENGAGÉS PENDANT LA FORMATION

Prise en charge Les frais afférents aux actions de formation suivies par les salariés dans le cadre du plan de développement des compétences sont en principe supportés par l'**employeur.** Il ne peut en aucun cas les imputer sur la rémunération du salarié, lorsqu'elle est maintenue. 72630

Si l'entreprise occupe **moins de 50 salariés,** l'employeur peut toutefois demander à son **opérateur de compétences** (Opco) la prise en charge ou le remboursement du coût des actions de formation (coûts des diagnostics et d'accompagnement inclus), des frais annexes (notamment : transport, repas, hébergement, garde d'enfant) ainsi que de la rémunération des salariés (charges sociales légales et conventionnelles comprises) dans la limite du coût horaire du Smic par heure de formation (C. trav. art. L 6332-17 et D 6332-39).

ATTENTION

Il appartient à l'employeur de prendre les mesures nécessaires pour que le déroulement du stage ne soit pas préjudiciable à l'intéressé sur le plan financier. Ainsi, à défaut de mettre en place un **transport** collectif des stagiaires de leur lieu de travail à leur lieu de formation, il doit compenser les frais de transport par l'octroi d'une indemnité (CA Reims 11-1-1995 n° 93-3232).

Clause de dédit-formation En contrepartie des dépenses de formation consenties par l'employeur, ce dernier peut insérer dans le contrat de travail, ou dans un avenant au contrat, une **clause financière** dite « de dédit-formation » faisant obligation au salarié de rester au service de l'entreprise pendant une certaine durée ou de verser une indemnité en cas de départ anticipé non imputable à l'employeur (Cass. soc. 11-1-2012 n° 10-15.481 F-PB). Cette clause doit faire l'objet d'une convention particulière conclue **avant le début de la formation** précisant la date, la nature, la durée de la formation et son coût réel pour l'employeur ainsi que le montant et les modalités de remboursement à la charge du salarié (Cass. soc. 4-2-2004 n° 01-43.651 FS-PB). 72635

› Précisions **a.** La clause est **licite** dès lors que la formation entraîne des frais réels au-delà des dépenses imposées par la loi ou la convention collective (Cass. soc. 17-7-1991 n° 88-40.201 PF ; 5-1-1995 n° 90-45.374 D), que le montant de l'indemnité est proportionné aux frais de formation engagés (Cass. soc. 5-6-2002 n° 00-44.327 F-P) et qu'elle n'a pas pour effet de priver le salarié de la faculté de démissionner (Cass. soc. 17-7-1991 n° 88-40.201 PF ; 21-5-2002 n° 00-42.909 F-P).

b. La clause est **nulle** et inapplicable dès lors qu'elle prévoit le remboursement des salaires perçus durant la formation (Cass. soc. 23-10-2013 n° 11-16.032 FS-PB) ou qu'elle est imprécise sur le montant des frais à rembourser (Cass. soc. 20-11-2013 n° 12-15.405 FS-D).

AIDES DE L'ÉTAT

72640 Lorsque la **formation** est **agréée** par l'État, ce dernier rembourse à l'employeur une fraction de la rémunération maintenue au salarié (C. trav. art. L 6341-2). Le taux de **remboursement,** fixé par l'autorité qui agrée le stage, ne peut pas dépasser (C. trav. art. R 6341-32-1) :
– 50 % de la rémunération dans le cas de création d'emploi, de modification du processus de production ou d'actions d'adaptation inscrites dans une convention FNE-formation ;
– 70 % dans le cas de réduction d'effectif ou de cessation d'activité ou dans le cas d'actions de formation inscrites dans une convention FNE-formation.

L'État participe également aux **cotisations** de sécurité sociale dans les mêmes proportions (C. trav. art. L 6342-2).

> **Précisions a.** L'employeur doit adresser sa **demande de remboursement** à la Dreets. Le remboursement est effectué, selon le cas, par le préfet du département du lieu du stage, par le président du conseil régional ou par le directeur de l'Agence de services et de paiement (C. trav. art. R 6341-44).
> **b.** En cas d'**absences non justifiées du stagiaire** aux séances de formation, les rémunérations et les cotisations de sécurité sociale remboursées à l'employeur font l'objet de retenues proportionnelles à la durée de ces absences (C. trav. art. R 6341-45).
> **c.** Sauf remise partielle ou totale de dette, les fractions de rémunération et de cotisations sociales prises en charge par l'État doivent être reversées en totalité à ce dernier lorsque le stagiaire **abandonne** le stage sans motif légitime ou fait l'objet d'un **renvoi** pour faute lourde (C. trav. art. R 6341-47).

B. Compte personnel de formation

72650 Chaque personne dispose dès son entrée sur le marché du travail d'un compte personnel de formation (CPF) permettant à son titulaire de suivre, à son initiative, des actions de formation. Le CPF des salariés est **alimenté en euros** par un crédit annuel et par des abondements accordés par des organismes financeurs sous certaines conditions.

S'agissant de la mobilisation du CPF pour financer un congé de **transition professionnelle,** voir n°s 72710 s.

RÉMUNÉRATION PENDANT LA FORMATION

72655 Lorsque la formation financée dans le cadre du CPF est suivie en tout en partie **pendant le temps de travail,** le salarié doit demander à son employeur une autorisation d'absence (C. trav. art. L 6323-17 et D 6323-4). Dès lors que cette autorisation est obtenue, les heures consacrées à la formation pendant le temps de travail donnent lieu au maintien par l'employeur de la rémunération du salarié selon les modalités visées n° 72620 (C. trav. art. L 6323-18).

Si le stage se déroule **en dehors du temps de travail,** le salarié n'a pas à solliciter d'autorisation d'absence. La période de formation hors temps de travail ne donne lieu à aucune rémunération supplémentaire.

Dans tous les cas, le salarié bénéficie du régime de sécurité sociale relatif à la protection en matière d'**accidents du travail** et de maladies professionnelles (C. trav. art. L 6323-19).

FRAIS ENGAGÉS PENDANT LA FORMATION

72660 Les frais pédagogiques et ceux liés à la validation des compétences et des connaissances afférents à la formation sont pris en charge par la **Caisse des dépôts et consignations** dans le cadre des fonds affectés au financement du CPF (C. trav. art. L 6323-20 et D 6323-5). En tout état de cause, cette prise en charge s'effectue dans la **limite** du crédit inscrit sur le CPF.

À compter de 2023, le salarié doit **participer au financement** de la formation, même s'il dispose sur son compte d'un **crédit suffisant** pour couvrir l'intégralité du coût de la formation. Ce reste à charge peut être proportionnel au coût de la formation, dans la limite d'un plafond, ou fixée à une somme forfaitaire, selon des modalités précisées par décret (à paraître). Toutefois, le salarié bénéficiant d'un abondement sur son CPF de la part de son employeur est exonéré de cette obligation financière (C. trav. art. L 6323-7).

> **Précisions** Pour les **entreprises de moins de 50 salariés,** le conseil d'administration d'un **Opco** peut décider la prise en charge de la rémunération au titre du plan de développement des compétences selon les règles visées n° 72630.

C. Congés de formation

Tout salarié peut, sous certaines conditions, bénéficier d'un congé pour mener un projet de **transition professionnelle** ou faire **valider les acquis de son expérience,** dont les incidences sur la rémunération sont exposées ci-après. 72700

Des **congés** de formation, permettant d'acquérir des compétences **spécifiques** (congé de formation économique, sociale, environnementale et syndicale, congés destinés aux salariés désirant dispenser un enseignement, aux cadres et animateurs pour la jeunesse, aux conseillers du salarié ou encore aux élus du comité social et économique), sont étudiés nos 72050 s.

1. CONGÉ DE TRANSITION PROFESSIONNELLE

Le projet de transition professionnelle (PTP) est un dispositif de formation par lequel le salarié mobilise les **droits inscrits sur son CPF** pour financer, sous certaines conditions, une action de formation certifiante destinée à lui permettre de changer de métier ou de profession. Il bénéficie à cet effet d'un congé de transition professionnelle (CTP) subordonné à l'obtention auprès de son employeur d'une **autorisation d'absence** lorsqu'il suit cette action en tout ou partie durant son temps de travail (C. trav. art. L 6323-17-1). 72710

La réalisation du PTP nécessite sa **validation** par l'association Transitions Pro (ATpro) compétente, qui est chargée notamment de prendre en charge le financement de ce projet. Le salarié ayant obtenu cet accord a droit, pendant la durée de son congé, à une **rémunération** calculée sur la base des salaires qu'il a perçus antérieurement.

› Précisions a. Le salarié doit bénéficier d'une action de positionnement réalisée à titre gratuit par le prestataire de formation avant toute **demande de prise en charge financière.** Celle-ci est ensuite adressée par l'intéressé à l'ATpro de son lieu de résidence principale ou de son lieu de travail et doit être accompagnée des pièces justificatives requises, dont la liste est fixée par un arrêté du 17-3-2021 (C. trav. art. R 6323-11 à R 6323-13). L'ATpro procède à l'examen du dossier du salarié et donne sa **réponse** selon les modalités visées aux articles R 6323-14 à R 6323-14-2 du Code du travail. En cas de refus de prise en charge notifié par l'ATpro, le salarié peut former un recours gracieux contre la décision dans un délai de 2 mois à compter de la date d'envoi de la notification du rejet et/ou solliciter une médiation de France compétences (C. trav. art. R 6323-15 à R 6323-16).

b. La durée du PTP ne peut pas être imputée sur la durée du **congé payé annuel.** Ce projet est en outre assimilé à une période de travail pour la détermination des droits des intéressés en matière de congé payé annuel ainsi qu'à l'égard des droits que le salarié tient de son **ancienneté** dans l'entreprise (C. trav. art. L 6323-17-4).

c. Les associations Transitions Pro **(ATpro)** sont les commissions paritaires interprofessionnelles régionales (CPIR) en charge de la gestion du PTP. Chaque région dispose d'une telle commission désignée sous l'appellation « Association Transitions Pro » suivie du nom de la région (ANI 15-3-2019). Par exemple, la CPIR compétente pour gérer les PTP à Lyon est l'association Transitions Pro Auvergne-Rhône-Alpes ou ATpro ARA.

RÉMUNÉRATION PENDANT LE CONGÉ

Droit à rémunération Le salarié bénéficiaire d'un CTP a droit, dès lors qu'il a obtenu l'accord de l'ATpro, à une rémunération minimale égale à tout ou partie de son **salaire moyen de référence** (SMR), calculé sur la base des salaires perçus au cours des 12 mois précédant la formation pour un **CDI** ou au cours des 4 derniers mois pour un **CDD** (C. trav. art. L 6323-17-5 et D 6323-18-3). 72720

Lorsque le SMR est inférieur ou égal à 2 fois le Smic, la rémunération est égale à 100 % de ce SMR. Lorsque celui-ci est supérieur à 2 fois le Smic, la rémunération, qui ne peut être inférieure à 2 fois le Smic, est égale à (C. trav. art. D 6323-18-4) :

– 90 % du SMR lorsque la formation n'excède pas un an ou 1 200 heures en cas de formation discontinue ou à temps partiel ;

– 90 % du SMR la première année (ou pour les premières 1 200 heures en cas de formation discontinue ou à temps partiel) puis 60 % au-delà lorsque la formation dépasse ces durées.

› Précisions a. Les pourcentages indiqués ci-dessus ne sont que des **minima** obligatoires, chaque ATpro pouvant fixer des taux plus avantageux, notamment lorsque le salarié fait état de circonstances particulières. L'employeur peut également décider de compléter cette rémunération, voire de maintenir au salarié la totalité de son salaire.

b. En application d'un arrêt rendu par la Cour de cassation en matière de congé individuel de formation, mais qui, selon nous, devrait être applicable au CTP, le **salarié à temps partiel** qui suit une formation à temps plein ne devrait pas pouvoir prétendre à une rémunération à temps plein (Cass. soc. 4-2-2004 n° 01-47.296 F-D).

c. Le salarié bénéficie de la rémunération pendant son CTP, **sous réserve de son assiduité** à l'action de formation ou au stage en entreprise nécessaire à l'obtention de la certification prévue par le PTP (C. trav. art. D 6323-18-1, I).

72730 **Calcul de la rémunération** Le **salaire de référence** servant de base au calcul de la rémunération du salarié pendant son CTP doit prendre en compte, selon nous, tous les éléments ayant le caractère d'un salaire, à savoir :
– le **salaire de base** (n° 37830), y compris, le cas échéant, les majorations pour heures supplémentaires et les indemnités pour travail de nuit, dimanches et jours fériés ;
– les **avantages en nature** (nos 38000 s.) ;
– les **primes** à échéance mensuelle ayant le caractère d'un salaire (nos 44740 s.).

En revanche, n'ont pas à être prises en compte :
– les sommes n'ayant pas le caractère de salaire et donc les **gratifications bénévoles** (nos 44740 s.) ;
– les sommes résultant des régimes d'**intéressement** et de **participation** (nos 46210 s.) ;
– les sommes versées à titre de remboursement de **frais professionnels** (nos 55200 s.) ;
– les **primes** à périodicité **autre que mensuelle** (prime de vacances, 13e mois, etc.) ; ces primes sont versées au salarié en totalité et à échéance normale et l'ATpro remboursera à l'employeur la partie correspondant à la période pendant laquelle le salarié était en congé de formation ;
– la **prime d'assiduité** dès lors qu'il est prévu de ne pas la verser en cas d'absence, quel que soit le motif, justifié ou non (Cass. soc. 2-7-1987 n° 84-44.288).

72740 **Versement de la rémunération** Il appartient à l'employeur de **verser mensuellement** la rémunération et les cotisations sociales légales et conventionnelles puis de **se faire rembourser** par l'ATpro dans le délai maximum d'un mois à compter de la présentation du bulletin de paie, des attestations d'assiduité et des justificatifs relatifs aux cotisations sociales légales et conventionnelles (C. trav. art. D 6323-18-1, II).

> **Précisions** **a.** Les **entreprises de moins de 50 salariés** peuvent bénéficier d'un **mécanisme d'avances de trésorerie,** dont le montant total ne peut excéder 90 % du montant total des rémunérations mensuelles et des cotisations sociales légales et conventionnelles y afférentes dues par l'employeur pendant le PTP. La première avance est versée à l'employeur par l'ATpro au plus tard 30 jours après la réception de la facture comprenant le montant total des rémunérations et cotisations. Le solde est versé, après la réception des justificatifs, à la fin du PTP. En cas d'abandon du salarié ou d'absence supérieure à un mois, le paiement est réalisé prorata temporis. En principe, le taux et les conditions de versement des avances sont définis conjointement par l'ATpro et l'employeur et peuvent s'appliquer pour l'ensemble des salariés bénéficiaires d'un PTP dans l'entreprise au cours d'une période définie. À défaut d'accord, les avances mensuelles sont égales à 90 % du montant total de la rémunération, y compris les charges sociales, et sont versées à l'employeur au plus tard le 20 de chaque mois. Les éléments permettant de justifier un événement survenu durant la formation du salarié doivent être transmis au plus tard le 10 de chaque mois (Arrêté du 26-2-2020). L'employeur informe l'ATpro de la survenance de tout événement pouvant avoir des conséquences sur le suivi par le salarié de l'action de formation ou le montant de la rémunération et des cotisations sociales légales et conventionnelles et adresse les justificatifs avant le versement de l'avance suivante ou du solde, sous peine de suspension des avances. En cas de trop-perçu, l'employeur rembourse l'ATpro au plus tard 30 jours après la constatation du trop-perçu (C. trav. art. D 6323-18-1, III).
> **b.** Pendant la durée de son PTP, le **salarié en CDD** exerçant son action de formation après le terme de son contrat a la qualité de stagiaire de la formation professionnelle et bénéficie, comme les autres salariés, de la rémunération ci-dessus qui est versée par l'ATpro. Il a également droit au maintien du régime de protection sociale dont il bénéficiait lorsqu'il était titulaire d'un CDD, en matière de sécurité sociale, d'assurance chômage et de retraite complémentaire. C'est l'ATpro qui verse aux régimes concernés les cotisations sociales afférentes à ces garanties (C. trav. art. R 6323-14-1, II et D 6323-18-2).

FRAIS ENGAGÉS PENDANT LA FORMATION

72750 L'ATpro prend en charge (C. trav. art. L 6323-20, al. 2 et R 6323-14-3, I) :
– les **frais pédagogiques** et les frais de validation des compétences et des connaissances liés à la réalisation de l'action de formation ;
– les **frais annexes,** composés des frais de transport, de repas et d'hébergement occasionnés par la formation ;
– la **rémunération** du salarié ainsi que les **cotisations** de sécurité sociale y afférentes et les **charges** légales et conventionnelles assises sur celle-ci.

Pour financer la prise en charge de ces frais, l'ATpro mobilise prioritairement les **droits inscrits sur le CPF** du salarié puis les compléments de financement accordés par les organismes financeurs au titre des abondements (C. trav. art. R 6323-14-4).

> **Précisions** Sous réserve de la transmission par le salarié du justificatif matérialisant la décision de **rompre le contrat de travail postérieurement à l'accord de prise en charge** de l'ATpro, cette prise en charge est maintenue en cas de rupture par l'employeur ou par l'intéressé lui-même, à la condition, dans ce dernier cas, d'avoir conclu un nouveau contrat de travail dans un délai d'un mois à compter de la date de fin de préavis et de l'accord donné par le nouvel employeur à la demande de CTP (C. trav. art. R 6323-14-3, II).

2. CONGÉ POUR VALIDATION DES ACQUIS DE L'EXPÉRIENCE

Lorsqu'il remplit les conditions légales requises, le salarié souhaitant faire valider les acquis de son expérience (VAE) peut bénéficier d'un congé à cet effet sur autorisation de l'employeur. 72800

Les heures consacrées à la VAE dans le cadre du congé constituent du temps de travail effectif et donnent donc lieu au maintien de la **rémunération** égale à celle qu'il aurait perçue s'il était resté à son poste de travail, dans la limite de 48 heures (sauf durée supérieure prévue par convention ou accord collectif), continues ou discontinues, par validation (C. trav. art. D 6422-8 et R 6422-8-1). Sur les modalités de calcul de cette rémunération, voir nº 72620.

Le salarié en congé pour VAE bénéficie également du régime de sécurité sociale relatif à la protection en matière d'**accidents du travail** et de maladies professionnelles (C. trav. art. L 6422-3 et R 6422-8-1).

Les **frais** de procédure et d'accompagnement relatifs à la VAE, qui peuvent être **pris en charge** par l'employeur, les opérateurs de compétences ou encore, à compter d'une date et selon des modalités fixées par décret (à paraître), les Associations Transition pro, comprennent les frais de transport, de repas, d'hébergement, d'examen du dossier de recevabilité, d'accompagnement du candidat ainsi que de ceux occasionnés par les formations obligatoires ou complémentaires recommandées et les sessions d'évaluation. Toutefois, ils peuvent refuser cette prise en charge en l'absence de transmission, par le candidat, d'un document attestant de la recevabilité de sa demande de VAE ou lorsque les demandes de prise en charge ne peuvent être toutes simultanément satisfaites (C. trav. art. L 6422-4, L 6422-5, R 6422-10 et R 6422-11). Dans ce cas, il appartient au salarié de prendre en charge les frais de la VAE.

D. Reconversion ou promotion par alternance

La reconversion ou promotion par alternance, dite « **Pro-A** », permet à certains salariés de suivre des actions de formation ou de VAE en alternance soit pour une promotion interne, soit pour une reconversion professionnelle. 72900

Le contrat de travail du salarié en Pro-A doit faire l'objet d'un **avenant** qui précise la durée et l'objet des actions mises en œuvre (C. trav. art. L 6324-6). Celles-ci peuvent se dérouler :
– pour tout ou partie **en dehors du temps de travail** à l'initiative soit du salarié, soit de l'employeur après accord écrit de l'intéressé selon les règles applicables au plan de développement des compétences (nº 72625) ; la période de formation ou de VAE hors temps de travail ne donne lieu à aucune rémunération supplémentaire (C. trav. art. L 6324-7) ;
– **pendant le temps de travail** ; elles donnent lieu, dans ce cas, au maintien par l'employeur de la rémunération du salarié selon les modalités visées nº 72620 (C. trav. art. L 6324-8).

Les **frais pédagogiques et annexes** d'une action de Pro-A sont pris en charge par l'Opco au titre de la section financière dédiée à l'alternance (C. trav. art. L 6324-5 et L 6332-14).

Pendant la durée de l'action, le salarié bénéficie de la législation de la sécurité sociale sur les **accidents du travail** et maladies professionnelles (C. trav. art. L 6324-9).

> **Précisions** **a.** La **rémunération** du salarié versée pendant sa formation et les **charges sociales** légales et conventionnelles y afférentes sont en principe **à la charge de** l'employeur. Toutefois, l'accord collectif de branche étendu fixant la liste des certifications éligibles à la Pro-A peut prévoir la prise en charge de ces éléments par l'Opco sans que le montant total pris en charge n'excède le coût horaire du Smic par heure (C. trav. art. L 6324-3, L 6324-5 et D 6332-89).

b. Fixé soit par accord de branche, soit par accord conclu entre les organisations d'employeurs et de salariés signataires de l'accord constitutif de l'Opco, le **niveau de la prise en charge des frais** correspond à un montant forfaitaire couvrant tout ou partie des frais pédagogiques ainsi que des frais de transport et d'hébergement engagés pendant la formation. À défaut d'accord, ce montant est égal à 9,15 € par heure de formation (C. trav. art. D 6332-89 et D 6332-90).

c. Les dépenses exposées par les **employeurs de moins de 50 salariés** au-delà du montant forfaitaire peuvent être financées par l'Opco au titre des fonds affectés au développement des compétences (C. trav. art. D 6332-91).

E. Régime fiscal

IMPÔT SUR LE REVENU

72950 Toutes les rémunérations et indemnités servies aux stagiaires de la formation professionnelle sont soumises à l'impôt sur le revenu dans la **catégorie des traitements et salaires,** sans qu'il y ait lieu de distinguer selon que les sommes correspondantes sont versées par l'employeur ou par la commission paritaire interprofessionnelle régionale (ATpro) (BOI-RSA-CHAMP-10-20-30 n° 60). L'employeur opère le prélèvement à la source sur les sommes qu'il verse au salarié en formation et les fait figurer dans le montant porté en montant net imposable du bulletin de paie.

L'exonération de l'article 81, 36° du CGI (n° 89500) ne s'applique pas aux stagiaires de la formation professionnelle (BOI-RSA-CHAMP-10-20-30 n° 80).

› Précisions Corrélativement, les **dépenses de formation supportées par le salarié** en activité sont assimilées à des frais professionnels déductibles du revenu imposable (à condition de renoncer à la déduction forfaitaire de 10 %), dès lors qu'elles visent à l'acquisition d'un diplôme ou d'une qualification lui permettant d'améliorer sa situation au sein de sa profession ou d'obtenir un nouvel emploi dans un autre domaine professionnel (CE 11-5-1984 n° 36156 ; BOI-RSA-BASE-30-50-30-40 n° 1). Ces dépenses sont déductibles même si l'intéressé ne perçoit de son employeur aucune rémunération au titre des périodes de formation (CAA Paris 16-11-1993 n° 92-1103).

TAXES ET PARTICIPATIONS SUR LES SALAIRES

72960 L'assiette des contributions formation et alternance (contributions à la formation professionnelle, CPF-CDD, supplémentaire à l'apprentissage et taxe d'apprentissage) et de la participation-construction est alignée sur celle des cotisations de sécurité sociale. Celle de la taxe sur les salaires est alignée sur l'assiette de la CSG. En conséquence, dès lors que les rémunérations versées aux stagiaires par l'employeur entrent dans l'assiette de ces cotisations et contributions sociales, elles sont passibles des taxes et participations sur les salaires.

Lorsque tout ou partie des rémunérations ainsi versées par l'employeur lui est remboursé par l'État ou un organisme collecteur ou financier, ce **remboursement** couvre non seulement les rémunérations proprement dites, mais aussi les charges légales et contractuelles assises sur celles-ci, parmi lesquelles les taxes et participations assises sur les salaires.

DÉCLARATION SOCIALE NOMINATIVE (DSN)

72970 Les sommes versées par l'employeur au salarié, étant imposables à l'impôt sur le revenu dans la catégorie des traitements et salaires, doivent être portées sur le bloc Versement individu de la déclaration sociale nominative (DSN) au titre de la Rémunération nette fiscale du salarié et du Montant soumis au PAS.

L'employeur doit porter sur la DSN la totalité des sommes qu'il a versées au salarié, y compris la part susceptible de lui être ultérieurement remboursée. La solution est la même pour le montant net imposable du bulletin de paie.

CHAPITRE 16 TRAVAIL LE DIMANCHE

En principe, dans l'intérêt des salariés, le repos hebdomadaire doit être donné le dimanche (C. trav. art. L 3132-3). 73050

Le Code du travail prévoit cependant plusieurs dérogations à cette règle, ce qui pose la question des conditions dans lesquelles les salariés travaillant le dimanche doivent être rémunérés et des régimes fiscal et social de cette rémunération.

Sur la règle du repos dominical et les cas de dérogations, voir Mémento social n°s 30860 s.

COMPENSATION DU TRAVAIL DOMINICAL

La **loi** ne prévoit pas de supplément de salaire en cas de travail le dimanche, sauf dans certains établissements (n°s 73080 s.) ou pour les équipes de suppléance (n°s 73180 s.). 73060

Hormis ces cas et à défaut de stipulation plus favorable résultant de la convention ou de l'accord collectif, du contrat de travail ou d'un usage en vigueur dans l'entreprise, les heures de travail effectuées le dimanche sont donc rémunérées comme des heures normales (sous réserve de l'application des majorations pour heures supplémentaires pour les heures effectuées au-delà de la durée légale hebdomadaire).

En pratique, de nombreuses **conventions collectives** prévoient l'octroi de majorations de salaire ou de primes pour les heures effectuées le dimanche.

En principe, les majorations doivent être **payées** avec le salaire du mois considéré : voir n° 12500, a. 73070

Sur le droit à la majoration pour travail le dimanche lorsque ce jour n'a pas été travaillé en raison d'un **jour férié,** voir n°s 60940 s.

S'agissant de la question du **cumul** de la majoration pour travail le dimanche avec d'**autres majorations,** voir :

– pour la majoration accordée pour le travail des **jours fériés** lorsqu'un jour férié tombe un dimanche, n°s 61114 (jours fériés ordinaires) ou 61180 (1er mai) ;

– pour les majorations pour **heures supplémentaires** pour les heures effectuées au-delà de la durée légale du travail, n°s 6950 s. ;

– pour la majoration propre aux salariés des **équipes de suppléance,** n° 73200.

Concernant les **travailleurs à domicile,** voir n° 87210 ; les **cadres dirigeants,** voir n° 6180.

ILLUSTRATIONS

La **majoration de salaire** prévue par la convention collective pour travaux exceptionnels du dimanche n'est pas due à un **salarié travaillant habituellement** ce jour-là (Cass. soc. 26-2-2003 n°s 01-43.906 FS-PBI et 00-46.726 FS-P). De même, le travail habituel du dimanche étant expressément prévu dans son contrat de travail, conformément à la convention collective applicable, un salarié ne peut pas réclamer à son employeur une majoration salariale pour le travail accompli ce jour-là (Cass. soc. 11-5-2016 n° 14-20.826 FS-PB). Pareillement, la majoration conventionnelle d'incommodité pour les heures de travail effectuées exceptionnellement le jour du repos hebdomadaire n'est pas due au salarié à temps partiel embauché spécialement pour travailler le samedi et le dimanche (CA Versailles 26-10-1993). En revanche, la majoration prévue par la convention collective au titre des heures effectuées occasionnellement le dimanche est due au salarié travaillant environ un dimanche matin sur 5 (Cass. soc. 23-4-1997 n° 94-42.034 D).

Par ailleurs, les contreparties légales ou conventionnelles accordées au salarié travaillant le dimanche ne sont pas applicables lorsqu'il travaille ce jour-là **en infraction aux dispositions légales et réglementaires** sur le repos dominical ; il ne peut en effet solliciter que la réparation du préjudice subi à raison du travail illégal le dimanche (Cass. soc. 17-2-2021 n° 19-21.897 FS-P).

Commerces et services de détail Les salariés des commerces de détail **alimentaire** dont la **surface de vente est supérieure à 400 m²** privés du repos dominical bénéficient d'une rémunération majorée d'au moins 30 % par rapport à la rémunération normalement due pour une durée équivalente (C. trav. art. L 3132-13, al. 4). 73080

> **› Précisions** Dans les branches couvrant des commerces ou services de détail et dans les commerces ou services de détail où des dérogations administratives au repos dominical sont applicables, la loi **impose** aux organisations professionnelles ou à l'employeur et aux organisations syndicales représentatives d'engager des **négociations** en vue d'un accord relatif aux **contreparties** accordées aux salariés privés de repos dominical, lorsque la branche ou l'entreprise n'est pas déjà couverte par un accord (Loi 2009-974 du 10-8-2009 art. 2-IV).

73090 **Dimanches du maire** Douze fois par an, au maximum, dans les établissements de commerce de détail où le **repos hebdomadaire a lieu normalement le dimanche,** ce repos peut être supprimé par arrêté du maire, dans certaines conditions (C. trav. art. L 3132-26).

Dans ce cas, chaque salarié privé de repos dominical perçoit une **rémunération** au moins égale au double de celle normalement due pour une durée équivalente, ainsi qu'un **repos compensateur** équivalent en temps. L'arrêté du maire doit déterminer les conditions dans lesquelles ce repos est accordé soit collectivement, soit par roulement dans la quinzaine qui précède ou suit la suppression du repos (C. trav. art. L 3132-27).

> Précisions a. L'employeur ne peut **pas substituer** une prime exceptionnelle au repos compensateur et à la majoration de salaire prévus par l'article L 3132-27 (Cass. soc. 12-11-1991 nº 90-42.944 P).

b. La **rémunération mensualisée** normalement versée au salarié n'a pas à être prise en compte pour vérifier si l'obligation de rémunérer à 200 % le travail le dimanche et d'octroyer un repos compensateur équivalent est respectée (Cass. crim. 22-9-2015 nº 13.82.284 FS-PBI).

c. Des salariés ayant travaillé plusieurs dimanches sans avoir bénéficié de repos compensateur dans les 15 jours ayant précédé ou suivi la suppression du repos dominical ont droit à des **indemnités de repos,** même si l'**arrêté du maire** autorisant les entreprises à travailler ces jours-là **ne précise pas les modalités d'octroi du repos** compensateur (Cass. soc. 16-3-2011 nº 09-41.176 F-D).

73100 **Entreprises situées dans certaines zones géographiques** Le repos hebdomadaire peut être accordé **par roulement** par les entreprises de commerce de vente au détail qui mettent à disposition des biens et services situées dans les :

– **zones touristiques internationales** (ZTI), c'est-à-dire des zones considérées comme d'intérêt national sur le plan touristique et économique, notamment en raison de l'affluence exceptionnelle de touristes étrangers et de l'importance de leurs achats. L'**emplacement précis** des ZTI est fixé par arrêté interministériel après avis du maire et, le cas échéant, du président de l'établissement public de coopération intercommunale à fiscalité propre dont la commune est membre ainsi que de celui des organisations professionnelles d'employeurs et des organisations syndicales de salariés intéressées (C. trav. art. L 3132-24 et R 3132-21-1) ;
– zones **touristiques** caractérisées par une affluence particulièrement importante de touristes (C. trav. art. L 3132-25 et R 3132-20) ;
– zones **commerciales** caractérisées par une offre commerciale et une demande potentielle particulièrement importantes, le cas échéant, en tenant compte de la proximité immédiate d'une zone frontalière (C. trav. art. L 3132-25-1 et R 3132-20-1) ;
– **gares** comprises dans les ZTI ainsi que certaines gares « hors zone » connaissant une affluence exceptionnelle de passagers (C. trav. art. L 3132-25-6). La liste de ces gares est fixée par arrêté (Arrêté EINI1524191A du 9-2-2016 : JO 11).

ATTENTION

Les établissements concernés ne peuvent faire usage de cette faculté qu'à condition d'être couverts soit par un **accord** d'entreprise ou d'établissement ou, à défaut, un accord collectif de branche, soit par un accord conclu à un niveau territorial. L'accord doit fixer des **contreparties,** en particulier **salariales,** en faveur des salariés privés du repos dominical (C. trav. art. L 3132-25-3, II).

Dans les établissements de **moins de 11 salariés** situés dans les zones énumérées ci-dessus, le travail du dimanche est possible, **à défaut d'accord** collectif ou d'accord conclu à un niveau territorial, après **consultation** par l'employeur des salariés concernés sur les contreparties, notamment salariales, proposées et approbation de la majorité d'entre eux. En cas de **franchissement du seuil** de 11 salariés, la conclusion d'un accord collectif ou d'un accord territorial fixant les contreparties à l'ouverture dominicale est obligatoire seulement à compter de la troisième année consécutive au cours de laquelle l'effectif de l'établissement employé dans la zone atteint ce seuil (C. trav. art. L 3132-25-3, II).

73110 **Entreprises dont la fermeture est préjudiciable au public** Les dérogations au repos dominical pour les établissements dont la fermeture le dimanche est préjudiciable au public ou compromet le **fonctionnement normal** de ces établissements sont accordées par le préfet du département au vu d'un **accord collectif** ou, à défaut, d'une **décision unilatérale** de l'employeur prise après avis du CSE, s'il existe, et approuvée par **référendum** organisé auprès des salariés concernés par cette dérogation (C. trav. art. L 3132-20 et L 3132-25-3, I-al. 1).

L'accord collectif doit notamment fixer les **contreparties** accordées aux salariés privés du repos dominical (C. trav. art. L 3132-25-3, I-al. 2).

À défaut d'accord, ces contreparties doivent comporter, au minimum, un **repos** compensateur et le versement, pour chaque dimanche travaillé, d'une **rémunération** au moins égale au double de celle normalement due pour une durée équivalente. Si un accord collectif intervient après la décision de l'employeur, les contreparties qu'il prévoit remplacent celles prévues par l'employeur (C. trav. art. L 3132-25-3, I-al. 3 et 4).

BULLETIN DE PAIE

Lorsque les heures de travail effectuées le dimanche donnent lieu à un supplément de salaire sous forme d'une **prime** ou d'une indemnité ou d'une **rémunération à taux majoré,** le bulletin de paie doit faire apparaître cette somme sur une ligne distincte, en précisant, dans ce dernier cas, le nombre d'heures concernées et le taux applicable (C. trav. art. R 3243-1, 5°). Elle est comprise dans la rémunération nette imposable. **73120**

RÉGIME SOCIAL ET FISCAL

Les **majorations,** primes ou indemnités pour travail le dimanche ont le caractère d'un salaire et sont assujetties à ce titre : **73130**

– aux **cotisations de sécurité sociale,** à la CSG et, par conséquent, à la taxe sur les salaires, lorsque celle-ci est encore due (BOI-TPS-TS-20-10 nos 10 à 80), à la CRDS et aux **autres prélèvements** dont l'assiette est alignée sur celle des cotisations de sécurité sociale : cotisations ou contributions solidarité autonomie, Fnal, dialogue social, chômage, AGS, retraite complémentaire Agirc-Arrco, formation et alternance (contributions à la formation professionnelle, CPF-CDD, supplémentaire à l'apprentissage et taxe d'apprentissage), versement mobilité, et participation-construction ;

– à l'**impôt sur le revenu** (BOI-RSA-CHAMP-20-30-10-10 n° 150). À ce titre, elles entrent dans l'assiette du prélèvement à la source opéré par l'employeur.

Elles constituent pour l'entreprise une **charge de personnel** déductible dans les conditions de droit commun (nos 34200 s.).

Enfin, elles doivent être comprises dans les salaires à mentionner sur la déclaration sociale nominative (**DSN**) souscrite par l'employeur (notamment blocs Rémunération S21.G00.51 et Base assujettie S21.G00.78, ainsi que dans les rubriques Rémunération nette fiscale S21.G00.50.002 et Montant soumis au PAS S21.G00.50.013 du bloc Versement individu).

CHAPITRE 17

ÉQUIPES DE SUPPLÉANCE

73180 Les **entreprises industrielles** peuvent mettre en place des équipes de suppléance ayant pour objet de remplacer l'équipe habituelle pendant les jours de repos collectif – repos de fin de semaine, jours fériés, congés payés annuels (C. trav. art. L 3132-16).

Sont seules exposées ici les dispositions ayant trait à la rémunération de ces équipes.

Pour une étude complète de ce régime, voir Mémento social nos 30425 s.

MONTANT DE LA RÉMUNÉRATION

73190 La rémunération des salariés de l'équipe de suppléance doit être **majorée** d'au moins 50 % par rapport à celle qui serait due pour une durée équivalente effectuée suivant l'horaire normal de l'entreprise (C. trav. art. L 3132-19).

EXEMPLE

Soit une entreprise dont l'horaire normal est de 35 heures. Les salariés occupant en semaine les postes occupés par les salariés de l'équipe de suppléance perçoivent une rémunération horaire de 13 €. Si ces derniers sont employés 8 heures le samedi et 8 heures le dimanche, ils devront percevoir (13 € + 6,50 €) × 16 h = 312 € au minimum.

73200 La majoration concerne toutes les **heures** effectuées en **fin de semaine,** quels que soient les jours concernés (vendredi, samedi, dimanche ou lundi), ainsi que les **jours fériés** effectués en plus. Elle ne s'applique pas, en revanche, lorsque les salariés de l'équipe de suppléance remplacent pendant la semaine les salariés en congés payés (C. trav. art. L 3132-19).

Sur l'application de la majoration aux **heures de délégation** utilisées pendant la semaine par un représentant du personnel membre d'une équipe de suppléance, voir n° 79180.

> **Précisions** Si les salariés affectés aux équipes de semaine de nuit bénéficient d'une majoration de leur taux horaire, cette majoration doit être intégrée dans l'**assiette de calcul** de la majoration de 50 % due aux salariés des équipes de suppléance (Cass. soc. 17-5-2018 nos 17-11.375 F-D et 17-11.377 F-D ; 5-5-2021 n° 19-20.547 FS-P).

73205 S'ils sont à **temps partiel,** les salariés des équipes de suppléance bénéficient du principe de proportionnalité de leur rémunération avec celle des salariés à temps complet examiné n° 74510 (Cass. soc. 16-5-2007 n° 05-44.299 F-PB).

Sur le point de savoir si le principe d'**égalité de traitement** s'applique s'agissant des salariés des équipes de suppléance et ceux des équipes de semaine, voir n° 3770.

BULLETIN DE PAIE

73210 Conformément aux dispositions de l'article R 3243-1, 5° du Code du travail, le bulletin de paie doit distinguer les heures payées au taux normal et celles payées selon un taux majoré en mentionnant les taux applicables aux heures correspondantes.

RÉGIME FISCAL ET SOCIAL

73220 La rémunération majorée des équipes de suppléance est assujettie en tant que salaire :

– aux **cotisations de sécurité sociale,** à la CSG, à la CRDS et aux **autres prélèvements** dont l'assiette est alignée sur celle des cotisations de sécurité sociale : cotisations ou contributions solidarité autonomie, Fnal, dialogue social, chômage, AGS, retraite complémentaire Agirc-Arrco, formation et alternance (contributions à la formation professionnelle, CPF-CDD, supplémentaire à l'apprentissage et taxe d'apprentissage), versement mobilité et participation-construction ;

– à l'**impôt sur le revenu,** ce qui la fait entrer dans l'assiette du prélèvement à la source (PAS) opéré par l'employeur et dans la rémunération nette fiscale mentionnée au bulletin de paie.

Étant assujettie à la CSG, la rémunération majorée des équipes de suppléance entre également dans l'assiette de la **taxe sur les salaires,** lorsque celle-ci est due.

Elle constitue pour l'entreprise une **charge de personnel** déductible dans les conditions de droit commun (nos 34200 s.).

CHAPITRE 18

TRAVAIL DE NUIT ET EN SOIRÉE

SOMMAIRE

A. Travail de nuit **73270**
B. Travail en soirée **73350**

A. Travail de nuit

Seules sont développées ici la **définition** du travail de nuit et les **compensations** dont il doit faire l'objet. Pour les cas de recours, les conditions de mise en place du travail de nuit et les durées maximales spéciales de travail, voir Mémento social n°s 30455 s. **73270**

Les conditions d'**exonération des primes de repas** versées aux travailleurs de nuit sont exposées n°s 56240 s. (cotisations de sécurité sociale et prélèvements alignés, CSG et CRDS) et 56250 (impôt sur le revenu).

DÉFINITIONS

Le **travail de nuit** est défini par **accord d'entreprise ou d'établissement** ou, à défaut, par **convention ou accord collectif de branche** dans les limites suivantes (C. trav. art. L 3122-15) : doit être considéré comme tel tout travail effectué au cours d'une période d'au moins 9 heures consécutives comprenant l'intervalle entre minuit et 5 heures, commençant au plus tôt à 21 heures et s'achevant au plus tard à 7 heures (C. trav. art. L 3122-2). **73280**

À **défaut de convention ou d'accord,** est considéré comme travail de nuit tout travail accompli entre 21 et 6 heures (C. trav. art. L 3122-20). Lorsque les caractéristiques particulières de l'activité de l'entreprise le justifient, l'inspecteur du travail peut toutefois autoriser la définition d'une période différente, dans le respect de l'article L 3122-2 ci-dessus, après consultation des délégués syndicaux et avis du CSE (C. trav. art. L 3122-22). Le silence gardé par l'administration au-delà de 30 jours vaut acceptation de la demande (Décret 2014-1290 du 23-10-2014).

> **Précisions** **a.** Pour les activités de production rédactionnelle et industrielle de **presse,** de **radio,** de **télévision,** de **production et d'exploitation cinématographiques,** de **spectacles vivants** et de **discothèque,** la période de travail de nuit est d'au moins 7 heures consécutives comprenant l'intervalle entre minuit et 5 heures (C. trav. art. L 3122-3). À défaut d'accord collectif, tout travail accompli entre minuit et 7 heures est considéré comme du travail de nuit (C. trav. art. L 3122-20). Les contreparties au travail de nuit ne sont pas obligatoirement données sous forme de repos compensateur lorsque la durée effective du travail de nuit est inférieure à la durée légale de 35 heures (C. trav. art. L 3122-9).
> **b.** Dans les **établissements de vente au détail** situés dans des **zones touristiques internationales,** le début de la période de travail de nuit peut être reporté jusqu'à 24 heures n°s 73350 s. Lorsqu'elle est fixée au-delà de 22 heures, la période de nuit est d'au moins 7 heures consécutives comprenant l'intervalle entre minuit et 7 heures (C. trav. art. L 3122-4).

Le **travailleur de nuit** est un salarié qui accomplit (C. trav. art. L 3122-5) : **73290**
– soit au moins 2 fois par semaine, selon son horaire de travail habituel, au moins 3 heures de travail de nuit quotidiennes ;
– soit au cours d'une période de référence, un nombre minimal d'heures de travail de nuit. Ce nombre d'heures et cette période de référence sont fixés par convention ou accord collectif étendu (C. trav. art. L 3122-16). À défaut, est considéré comme travailleur de nuit le salarié qui accomplit au moins 270 heures de travail de nuit sur 12 mois consécutifs (C. trav. art. L 3122-23).

> **Précisions** **a.** Pour l'appréciation de la qualité de travailleur de nuit, doit être pris en compte non le total des heures effectivement réalisées la nuit, mais l'**horaire habituel du salarié,** ce qui implique de ne pas déduire les congés, les jours de formation, les jours fériés, la participation aux réunions du CSE, les crédits d'heures (Cass. soc. 7-3-2012 n° 10-21.744 FS-PBR).
>
> **b.** Sur la possibilité pour un **accord d'entreprise** de déroger à l'accord de branche étendu fixant le nombre minimal d'heures de travail de nuit sur une période de référence, voir nos 970 s.
>
> **c.** Sur la prise en compte des heures de **travail en soirée** pour la qualité de travailleur de nuit, voir n° 73350.

CONTREPARTIES

73300 Le travailleur de nuit bénéficie, au titre des périodes de travail de nuit pendant lesquelles il est employé, d'une contrepartie sous forme de **repos compensateur rémunéré** à laquelle peut s'ajouter – mais ce n'est pas obligatoire – une **compensation salariale** (C. trav. art. L 3122-8). Il convient dans tous les cas de prévoir une contrepartie en repos, une majoration de salaire pouvant s'y ajouter, mais pas s'y substituer (Cass. soc. 16-5-2018 n° 16-20.691 F-D ; 31-5-2018 n° 16-25.038 F-D).

Ces contreparties doivent être prévues par accord d'entreprise ou d'établissement ou, à défaut, par **convention ou accord** collectif de branche (C. trav. art. L 3122-15, 3°). À défaut de convention ou d'accord, elles sont définies par décision unilatérale de l'employeur sur autorisation de l'**inspecteur du travail,** après consultation des délégués syndicaux et avis du CSE ; dans ce cas, l'existence de contreparties doit être justifiée, de façon circonstanciée, dans la demande d'autorisation de mise en place du travail de nuit (C. trav. art. L 3122-21 et R 3122-9).

Sur les contreparties données au travail de nuit dans les **médias et professions du spectacle,** voir n° 73280, a.

Sur la prise en compte des **primes de nuit** dans le calcul du **salaire** à maintenir au titre des **jours fériés chômés,** voir nos 60950.

ILLUSTRATIONS

N'étant pas imposées par la loi, les contreparties salariales du travail de nuit peuvent être accordées pour une **période plus restreinte** que celle correspondant à la **définition légale** du travail de nuit (Cass. soc. 21-6-2006 nos 05-42.073 FP-PBRI et 05-42.307 FP-PBRI ; 12-7-2006 n° 04-45.441 FS-PB). Si, par exemple, une convention collective prévoit une majoration de salaire pour les heures effectuées entre 22 et 5 heures du matin, les salariés ne peuvent pas y prétendre pour les heures effectuées entre 21 et 22 heures et entre 5 et 6 heures du matin. Dans le cas toutefois où l'**accord collectif** ne définit pas la **plage horaire** à laquelle s'applique la majoration, il faut appliquer la définition légale du travail de nuit (Cass. soc. 24-1-2007 n° 04-45.585 FS-PB).

BULLETIN DE PAIE

73310 Lorsque les heures de travail de nuit ouvrent droit à une compensation salariale sous forme d'une **indemnité** ou d'une **rémunération à taux majoré,** le bulletin de paie doit faire apparaître sur une ligne distincte cette indemnité ou cette majoration en précisant dans ce dernier cas le nombre d'heures concernées et le taux applicable (C. trav. art. R 3243-1, 5°). Elle est comprise dans la rémunération nette imposable.

RÉGIME SOCIAL ET FISCAL

73320 Les majorations, primes ou indemnités versées, le cas échéant, pour travail de nuit ont le caractère d'un salaire et sont assujetties à ce titre :

– aux **cotisations de sécurité sociale,** à la CSG, et par conséquent à la taxe sur les salaires (BOI-TPS-TS-20-10 nos 10 à 80), à la CRDS et aux **autres prélèvements** dont l'assiette est alignée sur celle des cotisations de sécurité sociale : cotisations et contributions solidarité autonomie, Fnal, dialogue social, chômage, AGS, retraite complémentaire Agirc-Arrco, formation et alternance (contributions à la formation professionnelle, CPF-CDD, supplémentaire à l'apprentissage et taxe d'apprentissage), versement mobilité et participation-construction ;

– à l'**impôt sur le revenu.** À ce titre, elles entrent dans l'assiette du prélèvement à la source opéré par l'employeur dans la catégorie des traitements et salaires.

Elles constituent pour l'entreprise une **charge de personnel** déductible dans les conditions de droit commun (nos 34200 s.).

Enfin, elles doivent être comprises dans les salaires à mentionner sur la déclaration sociale nominative (**DSN**) à souscrire par l'employeur (notamment dans les blocs Rémunération S21.G00.51, Base assujettie S21.G00.78 et Versement individu S21.G00.50, aux rubriques Rémunération nette fiscale S21.G00.50.002 et Montant soumis au PAS S21.G00.50.013).

B. Travail en soirée

DÉFINITION

Par dérogation au travail de nuit, les **établissements de vente au détail** mettant à disposition des biens et des services et situés dans des **zones touristiques internationales** (ZTI) (n° 73100) peuvent reporter jusqu'à minuit le début de la période de travail de nuit (C. trav. art. L 3122-4). Le travail en soirée correspond aux heures de travail effectuées **entre 21 heures et minuit.** Elles donnent lieu à des contreparties spécifiques. **73350**

Seules sont examinées ici la définition du travail en soirée et les contreparties dont il doit faire l'objet. Pour la mise en place et la réversibilité du travail en soirée, voir Mémento social nos 30472 et 30474.

› Précisions a. Le travail en soirée doit être autorisé soit par un **accord collectif** d'entreprise ou d'établissement ou, à défaut, par un accord collectif de branche, soit par un accord conclu à un niveau territorial (C. trav. art. L 3122-19, al. 1er).
b. Les heures de travail en soirée se cumulent avec les heures de **travail de nuit** effectuées au cours d'une même période de référence pour la reconnaissance du statut de travailleur de nuit (C. trav. art. L 3122-4, al. 5).

CONTREPARTIES

Chaque heure de travail effectuée entre 21 heures et le début de la période de travail de nuit (C. trav. art. L 3122-4, al. 3) : **73360**
- est rémunérée au moins le double de la **rémunération** normalement due ;
- et donne lieu à un **repos compensateur** équivalent en temps.

ILLUSTRATIONS

L'accord collectif qui ne prévoit qu'une majoration progressive du salaire de 25 à 70 % de 21 à 5 heures et un choix pour les salariés à temps complet entre la majoration salariale et le repos compensateur n'est pas conforme aux exigences légales sur la rémunération du travail en soirée (CA Paris 7-9-2018 n° 17/16450).

En outre, l'accord collectif autorisant le travail en soirée doit prévoir (C. trav. art. L 3122-19, al. 2 à 5) : **73370**
- la mise à disposition d'un moyen de **transport** pris en charge par l'employeur qui permet au salarié de regagner son lieu de résidence ;
- des mesures destinées à faciliter l'articulation entre vies professionnelle et personnelle des salariés et, en particulier, les mesures de compensation des **charges liées à la garde d'enfants** ou à la prise en charge d'une **personne dépendante** ;
- la fixation des conditions de prise en compte par l'employeur de l'**évolution de la situation personnelle** des salariés, en particulier de leur souhait de ne plus travailler après 21 heures.

Les règles relatives à la mention de la compensation salariale du travail de nuit sur le **bulletin de paie** ainsi que les **régimes social et fiscal** de cette compensation sont à notre sens applicables à la majoration de rémunération pour travail en soirée : voir nos 73310 s. **73380**

CHAPITRE 19 DÉCÈS

SOMMAIRE

I. Décès du salarié	73440
A. Paiement du salaire	73450
B. Droits liés à l'épargne dans l'entreprise	73470
C. Sommes versées au titre de la prévoyance	73590
1. Capitaux décès ou invalidité	73590
2. Rentes servies aux ayants droit	73650
II. Décès d'un proche du salarié	73700
A. Droit à congé	73700
B. Octroi d'avantages	73720
C. Droits liés à l'épargne dans l'entreprise	73740
III. Décès de l'employeur	73780
A. Paiement des salaires	73810
B. Paiement des cotisations et taxes	73830
C. Déclarations obligatoires	73880

73420 Quelles sont les obligations et formalités en cas de décès du salarié ? Le salarié touché par le décès d'un proche bénéficie-t-il de droits particuliers ? Quelles sont les conséquences pratiques du décès de l'employeur ?

I. DÉCÈS DU SALARIÉ

73440 Le décès du salarié constitue un cas de **force majeure** qui met fin au contrat de travail, sans qu'il s'agisse ni d'une démission, ni d'un licenciement. L'employeur doit solder les comptes du salarié et effectuer toutes les radiations nécessaires auprès des différents organismes. Il doit notamment informer les caisses de retraite, la médecine du travail et les organismes sociaux.

L'employeur est tenu de remettre un **certificat de travail** aux ayants droit (Cass. soc. 20-1-1960 nº 54-40.187 P ; Cass. crim. 5-12-1989 nº 87-91.824 P). Il doit faire figurer le décès du salarié sur le **registre du personnel.**

A. Paiement du salaire

73450 En cas de décès du salarié, les sommes lui restant dues doivent être versées à la succession. Le versement doit s'accompagner de la remise d'un **bulletin de paie** (Cass. crim. 5-12-1989 nº 87-91.824 P) et être déclaré via la déclaration sociale nominative (**DSN**).

Il s'agit du salaire proprement dit mais aussi des éléments qui y sont liés : indemnité compensatrice de **congés payés** (C. trav. art. L 3141-28, al. 3 ; Cass. soc. 28-3-1979 nº 77-13.647 P), indemnité compensatrice de **préavis** en cas de décès du salarié au cours du préavis dont il a été dispensé, le décès étant sans effet sur le montant de l'indemnité (Cass. soc. 26-11-2002 nº 00-41.764 FS-D) et, le cas échéant, les indemnités dues au titre des **droits à repos liés aux heures supplémentaires** non encore pris à la date du décès : repos compensateurs remplaçant les majorations (nºs 7260 s.) ou contrepartie obligatoire en repos correspondant aux heures supplémentaires accomplies au-delà du contingent annuel (nº 7580).

Lorsque la succession est ouverte devant un **notaire,** l'employeur doit verser les sommes au notaire sur présentation d'un acte de notoriété délivré par celui-ci. À défaut de notaire, l'employeur vérifie la qualité d'héritier de la personne qui réclame les salaires, en se fondant par exemple sur les justificatifs listés par l'administration pour l'épargne salariale (Guide épargne salariale juillet 2014 p. 275 et 276), voir nº 51270.

> **Précisions** **a.** Il convient de procéder à une **DSN événementielle** en mentionnant le code motif de rupture 66 dans le bloc Fin de contrat (S21.G00.62.002) et le code 90 (pas de clause de préavis applicable) dans le bloc Préavis de fin de contrat (S21.G00.63.001) (net-entreprises, fiche n° 1264).
> **b.** En cas d'adhésion à une **caisse de congés payés,** il appartient à la caisse et non à l'employeur de déclarer l'indemnité compensatrice de congés payés allouée aux ayants droit du salarié décédé avant d'avoir pris ses congés.

B. Droits liés à l'épargne dans l'entreprise

ÉPARGNE SALARIALE ET ACTIONNARIAT

Le décès du salarié permet de demander la liquidation de ses droits pour les différents dispositifs d'épargne salariale dont il bénéficiait. Sur les **formalités** à respecter, voir n° 51270. **73470**

Il entraîne la clôture du plan d'épargne retraite (C. mon. fin. art. L 224-4, II).

Participation Le décès du salarié permet le **déblocage immédiat** de la participation (C. trav. art. R 3324-22). La demande de déblocage anticipé peut être présentée à tout moment par les ayants droit (C. trav. art. R 3324-23). Elle concerne non seulement les droits des exercices clos, immédiatement déblocables, mais également ceux de l'exercice en cours, qui pourront être débloqués dès qu'aura été déterminée, au début de l'exercice suivant, la quote-part de l'intéressé (Guide épargne salariale juillet 2014 p. 267). **73480**

ATTENTION

Si la liquidation des droits n'est conditionnée à aucun délai, les héritiers peuvent avoir intérêt au **plan fiscal** à la demander dans les 6 mois qui suivent le décès. Passé ce délai, en effet, les droits liquidés cessent de bénéficier de l'exonération d'impôt sur les plus-values de cession (C. trav. art. D 3324-39). La part de la plus-value réalisée entre le rachat des droits et leur valeur liquidative au 1er jour du 7e mois est alors imposable à l'impôt sur le revenu au titre des plus-values de cession de valeurs mobilières (Guide épargne salariale juillet 2014 fiche 4 tableau « participation, PEE, PEI » p. 275).

Plan d'épargne salariale Les actions ou parts placées dans le plan deviennent **disponibles** en cas de décès du salarié (C. trav. art. R 3332-28), y compris pour les droits affectés à une opération de rachat d'entreprise par ses salariés (C. trav. art. R 3332-29). **73490**

Les droits liquidés cessent de bénéficier de l'**exonération d'impôt** sur les plus-values de cession à compter du 7e mois suivant le décès (C. trav. art. R 3332-29). Sur les conséquences de ce délai, voir n° 73480.

> **Précisions** En cas de liquidation antérieure des droits pour lever des **options sur actions,** elles-mêmes versées sur le plan (n° 49610), le délai d'indisponibilité de ces actions est supprimé : les héritiers du bénéficiaire ont la disposition des titres dès que la déclaration de succession est déposée auprès de la direction départementale des finances publiques compétente (Guide épargne salariale juillet 2014 p. 173).

Perco, Pero et Pereco Le Perco peut être **liquidé** avant son terme en cas de décès du bénéficiaire. La demande peut être présentée à tout moment par les ayants droit, mais les droits cessent de bénéficier de l'**exonération d'impôt** sur les plus-values de cession à compter du 7e mois suivant le décès (C. trav. art. R 3334-4). Sur les conséquences de ce délai, voir n° 73480. **73500**

Le décès du titulaire d'un Pero ou d'un Pereco entraîne la **clôture** du plan (C. mon. fin. art. L 224-4, II). Les sommes acquises sont transmises, sous forme de capital ou de rente, aux héritiers ou aux bénéficiaires désignés dans le contrat. S'il s'agit d'un plan ouvert sous la forme d'un compte-titres auprès d'un gestionnaire d'actifs, l'épargne est intégrée à la succession. S'il s'agit d'un plan qui a donné lieu à l'adhésion d'un contrat d'assurance de groupe, l'épargne est versée aux bénéficiaires désignés dans le contrat selon les règles de l'assurance-vie (www.service-public.fr).

Attribution d'actions gratuites Le décès du bénéficiaire d'une attribution d'actions gratuites (nos 50970 s.) permet aux héritiers de demander l'attribution des actions dans un délai de 6 mois à compter du décès, sans respect du délai d'**acquisition** en cours ou de la **période de conservation** des actions, celles-ci pouvant donc être cédées immédiatement après le décès (C. com. art. L 225-197-3). **73510**

73520 **Options de souscription ou d'achat d'actions** En cas de décès du bénéficiaire d'options de souscription ou d'achat d'actions (nos 50300 s.), ses héritiers disposent d'un délai de 6 mois à compter du décès pour exercer les options (C. com. art. L 225-183, al. 3).

COMPTE ÉPARGNE-TEMPS

73530 L'employeur doit **liquider** au profit des héritiers les droits détenus par le salarié décédé, dans les conditions fixées par l'accord régissant le compte épargne-temps en cas de rupture du contrat de travail : voir n° 72270.

C. Sommes versées au titre de la prévoyance

1. CAPITAUX DÉCÈS OU INVALIDITÉ

RÉGIME SOCIAL

73590 Les capitaux décès ou invalidité **versés par l'employeur** aux ayants droit d'un salarié décédé sont assujettis aux cotisations de sécurité sociale en tant que complément de salaire, même s'ils sont versés après la rupture du contrat de travail (Cass. ass. plén. 26-1-2001 nos 99-11.758 P et 99-13.397 P ; Cass. soc. 12-10-1995 n° 93-16.993 P). Ces sommes échappent donc aux cotisations et contributions assises sur les avantages de retraite.

Le capital décès **versé par une société d'assurance, une mutuelle ou un organisme de retraite** ne doit être soumis ni à la CSG, ni à la CRDS, ni aux cotisations de sécurité sociale (Lettre min. du 4-11-1997 diffusée par circ. Acoss 97-75 du 28-11-1997). S'agissant des mutuelles, cette position administrative a été expressément confirmée par la jurisprudence (n° 52160).

> **Précisions** **a.** L'assimilation à un complément de salaire des capitaux décès versés par l'employeur vaut aussi pour la **CSG** et la **CRDS,** ainsi que pour les **cotisations** et **contributions** solidarité autonomie, Fnal, dialogue social, chômage, AGS, retraite complémentaire Agirc-Arrco, formation et alternance (contributions à la formation professionnelle, CPF-CDD, supplémentaire à l'apprentissage et taxe d'apprentissage), versement mobilité et participation-construction.
> **b.** La somme versée à la veuve d'un salarié pour **compenser l'inexécution** par l'employeur de son obligation d'adhérer à un régime de prévoyance et directement due en vertu de la Convention nationale des cadres du 14-3-1947 constitue un **avantage en argent** alloué en raison de l'appartenance du salarié à l'entreprise et à l'occasion du travail précédemment accompli par lui. Elle entre donc dans l'assiette des cotisations en tant que rémunération (Cass. soc. 24-4-1997 n° 95-18.039). Cette précision reste selon nous valable dans le cadre juridique issu de l'ANI du 17-11-2017 relatif à la prévoyance des cadres.

RÉGIME FISCAL

73610 Les capitaux décès ou invalidité échappent à l'**impôt sur le revenu.** Il n'existe pas sur ce point de solution administrative ou jurisprudentielle de portée générale, mais il y a lieu d'appliquer le principe selon lequel les versements en capital ne sont en principe pas assujettis à l'impôt sur le revenu, sauf disposition expresse contraire. Il n'y a donc pas lieu de leur appliquer le prélèvement à la source.

Cette solution a été confirmée par la loi pour les capitaux versés en cas de décès ou d'invalidité totale et définitive par le régime obligatoire de prévoyance des footballeurs professionnels (CGI art. 80 decies) et par l'administration pour les capitaux décès versés aux ayants droit des assurés par les régimes complémentaires obligatoires des travailleurs indépendants non agricoles (BOI-RSA-PENS-10-20-20 n° 100).

73620 Les capitaux décès ou invalidité échappent à la **taxe sur les salaires,** qu'ils soient ou non assujettis à la CSG (BOI-TPS-TS-20-10 n° 80).

Pour les **autres taxes et participations** sur les salaires, la règle d'alignement sur l'assiette des cotisations de sécurité sociale doit conduire à leur appliquer les solutions exposées n° 73590.

DÉCLARATIONS

73630 Les capitaux décès ou invalidité doivent figurer sur le **bulletin de paie,** sur une ligne particulière, en application de l'article R 3243-1, 6° du Code du travail, ce texte faisant obligation d'indiquer la nature et le montant des accessoires du salaire soumis aux cotisations sociales. Ils doivent être incorporés dans les rémunérations à déclarer dans la partie sociale et dans l'assiette de la CSG et de la CRDS de la déclaration sociale nominative (**DSN**) mais n'ont pas à apparaître dans la rémunération nette fiscale et dans le montant soumis au PAS du bloc Versement individu de cette déclaration, ni dans le net imposable du bulletin de paie.

2. RENTES SERVIES AUX AYANTS DROIT

Certaines entreprises sont tenues par accord collectif, usage d'entreprise ou engagement unilatéral de l'employeur de verser une rente au **conjoint survivant** ou aux **orphelins** de leurs salariés après le décès de ceux-ci. 73650

RÉGIME SOCIAL

Les sommes versées par l'employeur aux ayants droit des salariés décédés constituent, quelles que soient leurs modalités de calcul et de versement, des **avantages en argent** procurés à l'occasion du travail. Ces avantages ont la nature de **prestations de prévoyance** et non d'avantages de retraite et sont à ce titre soumis aux **cotisations sociales** comme du salaire. 73660

Ainsi jugé pour les **rentes d'orphelin** et les **rentes de veuve** allouées sans condition d'âge (Cass. soc. 26-9-2002 nº 00-19.250 FS-P).

› Précisions L'assujettissement des rentes d'orphelin aux cotisations sociales comme salaires a une portée générale, confirmée même dans le cas où le salarié décédé n'était pas rattaché au régime général de la sécurité sociale du fait de son statut. Pour une application de ce principe à un gérant non rémunéré de SARL, voir nº 77060.

RÉGIME FISCAL

En matière d'**impôt sur le revenu,** les rentes versées au conjoint du salarié décédé ou aux orphelins (rente éducation, rente d'orphelin), dans le cadre de régimes de prévoyance complémentaire, sont imposables dans la catégorie des **pensions** et doivent donc être portées sur la déclaration nº 2466. L'entité versante doit opérer le prélèvement à la source sur ces sommes. 73670

Ces rentes échappent à la **taxe sur les salaires,** qu'elles soient ou non assujetties à la CSG (BOI-TPS-TS-20-10 nº 80).

Pour les **autres taxes et participations** sur les salaires, la règle d'alignement sur l'assiette des cotisations de sécurité sociale doit conduire à leur appliquer les solutions exposées nº 73660.

› Précisions S'agissant des rentes servies aux ayants droit de victimes d'**accidents du travail** ou de maladies professionnelles, voir nº 62170.

II. DÉCÈS D'UN PROCHE DU SALARIÉ

A. Droit à congé

CONGÉ AU MOMENT DU DÉCÈS

Le salarié a droit, sans condition d'ancienneté dans l'entreprise, au moment de la survenance du décès de certains proches, à un congé **rémunéré** dont la **durée** est déterminée par accord d'entreprise ou, à défaut, convention ou accord de branche, sans pouvoir être inférieure à (C. trav. art. L 3142-2 et L 3142-4) : 73700

– 3 jours ouvrables pour le décès du conjoint, du partenaire lié par un Pacs, du concubin, du père, de la mère, du beau-père ou de la belle-mère entendus comme le père ou la mère du conjoint (Cass. soc. 27-9-2006 nº 04-46.708 F-D), du frère ou de la sœur ;

– 5 jours ouvrables pour le décès d'un enfant, cette durée étant portée à 7 jours ouvrés pour le décès d'un enfant âgé de moins de 25 ans ou, quel que soit son âge, lui-même parent, ou pour le décès d'une personne âgée de moins de 25 ans à la charge effective et permanente du salarié.

Pour les **VRP,** voir nº 80900 ; pour les **journalistes,** nº 88210 ; pour les salariés en **CDD,** nº 76030.

› Précisions En cas de décès d'un enfant, le salarié peut également bénéficier d'un congé de deuil (nº 73710) et d'un don de jours de repos (Mémento social nº 11965).

CONGÉ DE DEUIL D'UN ENFANT

Par ailleurs, indépendamment du congé pour décès d'un enfant visé nº 73700, tout salarié a droit, dans un **délai** d'un an à compter du décès de son enfant âgé de moins de 25 ans ou d'une personne âgée de moins de 25 ans à sa charge effective et permanente, et sur justification, à un congé de deuil de 8 jours (C. trav. art. L 3142-1-1). Le congé n'entraîne pas de réduction de la rémunération, mais il ouvre droit à une **indemnité journalière** versée par la sécurité sociale équivalente à celle versée en cas de congé de maternité ou de paternité 73710 (n° 63020) que l'employeur doit donc compléter. L'employeur qui maintient le salaire de son salarié pendant le congé est subrogé dans les droits de ce dernier à l'indemnité journalière.

Le congé de deuil peut être **fractionné** en 2 périodes, chacune étant d'une durée minimale d'une journée (C. trav. art. D 3142-1-1), l'indemnité journalière étant fractionnable selon les mêmes modalités (CSS art. D 331-6).

Le congé de deuil est assimilé à du **temps de travail effectif** pour la détermination de la **durée du congé payé** annuel et sa durée ne peut être imputée sur celle du congé payé annuel (C. trav. art. 3142-2). Sur les conséquences du congé de deuil sur le calcul de la participation et de l'intéressement, voir n°s 46660 et 48190.

› Précisions **a.** Ce congé est également ouvert lorsque l'**enfant** n'est pas né vivant mais a atteint 22 semaines d'aménorrhée ou 500 g. La personne décédée peut aussi être l'enfant du conjoint, du concubin, le petit-enfant, le concubin ou le conjoint lui-même ou toute autre personne à la charge effective et permanente du salarié de moins de 25 ans sans lien de filiation (Circ. Cnamts 31/2020 du 15-12-2020).
b. Lorsqu'il présente sa **demande** de congé de deuil, le salarié doit faire la preuve du lien de filiation ou de la charge effective et permanente. L'employeur doit de son côté adresser à son organisme de sécurité sociale de rattachement le formulaire d'**attestation de salaire** rempli, pour permettre le paiement des indemnités (Circ. Cnamts 31/2020 du 15-12-2020).
c. L'**indemnité journalière** n'est pas cumulable avec les indemnités relatives aux congés maladie, maternité, paternité et d'accueil de l'enfant, ni avec les indemnités journalières versées en cas d'accident du travail ou de maladie professionnelle, ni avec l'indemnisation par l'assurance chômage ou le régime de solidarité (Circ. Cnamts 31/2020 du 15-12-2020).

B. Octroi d'avantages

73720 Les avantages servis par le comité social et économique (CSE) à l'occasion du décès d'un proche du salarié constituent, en règle générale, des gratifications passibles de l'**impôt sur le revenu** dans la catégorie des traitements et salaires et des **cotisations** et **contributions sociales,** à moins qu'ils ne revêtent le caractère de secours exonéré de ces prélèvements. Sur la notion de **secours,** voir n°s 41260 s. (cotisations sociales) et 41710 (impôt sur le revenu).

ATTENTION

Par parallélisme avec la position adoptée en cas de somme versée par l'employeur en cas de décès du salarié (n° 73590), la Cour de cassation ne reconnaît le caractère de secours qu'aux sommes versées **exceptionnellement** à l'occasion du décès d'un membre de la famille du salarié. Si le CSE verse systématiquement une somme d'argent aux salariés perdant un membre de leur famille, elle soumet ces sommes à cotisations sociales (Cass. 2e civ. 16-9-2010 n° 09-10.346 FS-D). L'Urssaf Caisse nationale admet quant à elle que la somme allouée à l'occasion du décès d'un membre de la famille du salarié, assimilée à un **secours exceptionnel,** soit exonérée des cotisations de sécurité sociale (Circ. Acoss 86-17 du 14-2-1986).

C. Droits liés à l'épargne dans l'entreprise

73740 Les droits indisponibles acquis au titre de la **participation** (C. trav. art. R 3324-22), des **plans d'épargne d'entreprise** (C. trav. art. R 3332-28), du **Perco** (C. trav. art. R 3334-4), d'un **Pereco** ou d'un **Pero** (C. mon. fin. art. L 224-4) peuvent être liquidés avant leur terme en cas de décès du conjoint du bénéficiaire ou de la personne qui lui est liée par un Pacs. Sur les **documents** à présenter, voir n° 51270.

III. DÉCÈS DE L'EMPLOYEUR

73780 Les précisions qui suivent ne concernent que le cas de décès de l'employeur **exploitant individuel.** Lorsque l'entreprise est constituée en **société,** donc dotée de la personnalité morale, le décès du chef d'entreprise n'emporte aucune conséquence : dans ce cas, en effet, l'employeur et le redevable des obligations sociales et fiscales est la personne morale et non la personne physique qui la dirige en tant que mandataire social.

Le décès de l'employeur constitue une modification de la situation juridique de l'employeur imposant à la succession le **maintien des contrats de travail** et les obligations qui en découlent (C. trav. art L 1224-1).

A. Paiement des salaires

Les obligations liées aux contrats de travail, dont le paiement des salaires, sont transmises aux **héritiers** de l'employeur décédé, sauf renonciation de ces derniers à la succession. En cas de renonciation, celle-ci est rétroactive au jour de l'ouverture de la succession (C. civ. art. 776 ; Rép. Laucournet : Sén. 26-3-1981). 73810

Le transfert des obligations à la succession s'applique même en cas de **disparition de l'entreprise** (Cass. soc. 6-11-2013 n° 12-19.572 F-D). Ainsi, les héritiers sont tenus de verser aux salariés les indemnités de préavis et de licenciement (Cass. soc. 16-11-1977 n° 76-40.477 P), le décès de l'employeur n'étant pas considéré comme un cas de force majeure dispensant la succession du paiement aux salariés des indemnités de rupture.

B. Paiement des cotisations et taxes

À l'expiration des délais d'inventaire de la succession, les héritiers qui n'y ont pas renoncé sont redevables des **cotisations sociales.** À défaut de paiement, ils peuvent faire l'objet d'une mise en demeure puis d'une contrainte. La situation de l'employeur n'a aucune incidence sur la possibilité de contrôle Urssaf : sa validité n'est pas remise en cause par le changement d'employeur suite au décès (Cass. soc. 23-11-1988 n° 86-11.586 P). 73830

Concernant la **taxe sur les salaires,** la déclaration annuelle de liquidation et de régularisation modèle n° 2502-SD doit être souscrite par télédéclaration auprès des services fiscaux dans les 6 mois du décès et au plus tard le 15 janvier de l'année suivante accompagnée du versement y afférent (CGI ann. III art. 369, 4-c). La déclaration de l'assiette de la taxe sur les salaires aux différents taux dans la DSN ne dispense pas de cette obligation déclarative (net-entreprises, fiche n° 793).

Sur les conséquences du décès de l'employeur sur la **participation-construction** dont l'entreprise est redevable, voir n°s 33820 s.

C. Déclarations obligatoires

En cas de décès de l'employeur, la dernière déclaration sociale nominative (**DSN**) des salaires payés par le défunt doit être produite par les héritiers dans les 6 mois du décès et, au plus tard, le 31 janvier de l'année suivante (CGI art. 89, al. 3). S'il y a lieu, la déclaration des pensions et rentes viagères payées par le défunt pendant l'année de son décès doit être produite par les héritiers dans le même délai. 73880

Les **organismes** auxquels l'entreprise a adhéré (caisses de retraite, médecine du travail, etc.) doivent être informés du décès de l'employeur.

PARTIE 5

Statuts ou régimes particuliers

Pour certaines catégories de salariés, des règles spécifiques s'appliquent en raison, soit de la nature de leur contrat (contrat à durée déterminée, contrats de formation ou d'insertion...), soit de leurs fonctions dans l'entreprise (dirigeants, représentants du personnel...), soit des conditions particulières d'exécution de leur travail (représentants de commerce, personnel des hôtels, cafés, restaurants, journalistes...). **74400**

Les dispositions spécifiques à ces catégories en matière de salaire sont exposées dans cette cinquième partie.

CHAPITRE 1

TRAVAIL À TEMPS PARTIEL

SOMMAIRE

SECTION 1
TRAVAIL À TEMPS PARTIEL **74450**
I. Statut du salarié **74470**
A. Principe d'égalité de traitement **74470**
B. Rémunération **74510**
C. Jours fériés **74690**
D. Congés payés **74720**
E. Indemnités de rupture **74740**
F. Prise en compte dans l'effectif **74770**
G. Aménagement du temps de travail **74800**
II. Cotisations sociales **74880**
A. Réduction du plafond **74910**
1. Cotisations de sécurité sociale **74910**
a. Champ d'application **74910**
b. Mise en œuvre du plafond réduit **74950**
2. CSG et CRDS **75060**
3. Cotisations de retraite complémentaire **75100**
4. Contributions chômage et AGS **75130**
B. Maintien des cotisations sur un temps plein **75200**
1. Retraite de base **75220**
2. Retraite complémentaire **75410**
III. Régime fiscal **75500**
SECTION 2
TEMPS PARTIEL THÉRAPEUTIQUE **75570**

SECTION 1

TRAVAIL À TEMPS PARTIEL

DÉFINITION

Le salarié à temps partiel est un salarié dont la **durée de travail** est **inférieure** : **74450**
– soit à la durée légale du travail ;
– soit, lorsqu'elles sont inférieures, à la durée du travail fixée conventionnellement pour la branche ou l'entreprise ou à la durée applicable dans l'établissement.

La durée du travail peut s'apprécier dans le **cadre** de la semaine ou, dans certains cas, dans le cadre du mois ou de l'année. Dans le cadre annuel, la durée légale à retenir pour le temps plein est fixée à 1 607 heures, journée de solidarité comprise (C. trav. art. L 3123-1).

Les modalités de mise en place, l'organisation du temps de travail et les spécificités des contrats de travail à temps partiel ne sont exposées ici que dans la mesure où elles ont un lien avec la paie. Pour une étude complète sur ces questions, voir Mémento social n°s 77060 s.

ATTENTION

La qualification de travail à temps partiel et le formalisme afférent ne sont pas liés à la **durée du contrat de travail,** mais s'apprécient au regard de la durée de travail du salarié concerné. La réglementation relative au temps partiel peut donc concerner les contrats d'une durée inférieure à la semaine (Cass. soc. 9-12-2020 n°s 19-16.138 FS-PB et 19-20.319 FS-PB).

Par ailleurs, les salariés titulaires d'une convention de **forfait en jours** ne sont pas des salariés à temps partiel au sens du Code du travail (Circ. DRT 7 du 6-12-2000 QR durée du travail n° 21 ; Circ. Acoss 136 du 8-10-2004 3.1). Il en est ainsi même si la convention de forfait prévoit moins de 218 jours de travail dans l'année (Cass. 2e civ. 28-5-2015 n° 14-15.695 F-D ; Cass. soc. 27-3-2019 n° 16-23.800 FS-PB), ce nombre constituant non pas la durée de travail à temps plein, mais le nombre maximum de jours pouvant être travaillés dans l'année (Cass. 2e civ. QPC 11-7-2013 n° 13-40.025 F-D ; Cass. 2e civ. 2-4-2015 n° 14-14.048 F-D).

I. STATUT DU SALARIÉ

A. Principe d'égalité de traitement

IDENTITÉ DE DROITS AVEC LE SALARIÉ À TEMPS COMPLET

74470 Le salarié à temps partiel bénéficie des droits reconnus au salarié à temps complet par la loi, les conventions et les accords d'entreprise ou d'établissement sous réserve, en ce qui concerne les droits conventionnels, de modalités spécifiques prévues par une convention ou un accord collectif (C. trav. art. L 3123-5, al. 1).

Dans le cadre de l'exécution de son contrat de travail, le salarié à temps partiel doit ainsi bénéficier de droits identiques à ceux du salarié à temps plein. En conséquence, il ne peut ni avoir moins de droits, ni, sauf dispositions contraires plus favorables, se voir reconnaître des **droits supérieurs.**

ATTENTION

Le Code du travail ne permet de prévoir que des modalités spécifiques d'application des droits conventionnels pour le salarié à temps partiel. Ce dernier ne peut donc pas être **exclu du bénéfice de la convention collective** applicable à l'entreprise (Cass. soc. 15-1-2002 n° 99-42.546 FS-P ; 7-5-2002 n° 99-45.036 FS-P ; 24-6-2003 n° 00-42.766 FS-PBRI).

CALCUL DE L'ANCIENNETÉ

74480 Pour la détermination des droits liés à l'ancienneté, la durée de celle-ci est décomptée comme si le salarié à temps partiel avait été occupé à temps complet, les périodes non travaillées étant prises en compte en totalité (C. trav. art. L 3123-5, al. 4).

Ainsi, par exemple, un salarié embauché depuis 3 ans a une ancienneté de 3 ans, peu important qu'il travaille à temps complet ou à temps partiel.

ATTENTION

Il n'est pas possible de **déroger à ce principe** : dans une entreprise où il était d'usage de revaloriser le taux horaire du salaire lorsque le salarié avait acquis une pratique professionnelle de 10 140 heures équivalant, à l'époque, à 5 années de travail à temps plein, la Cour de cassation a jugé que le salarié à temps partiel ayant 5 ans d'ancienneté avait droit à cette revalorisation (Cass. soc. 29-1-2002 n° 99-44.376 FS-P).

B. Rémunération

FIXATION DU SALAIRE

74510 **Critères** La rémunération du salarié à temps partiel, dont les éléments doivent être **mentionnés** dans le **contrat de travail** (C. trav. art. L 3123-6), est fixée compte tenu (C. trav. art. L 3123-5, al. 3) :

– de son **temps de travail** ;

– de la **rémunération** versée au salarié à **temps plein** ayant une qualification égale et occupant un emploi équivalent dans l'établissement ou l'entreprise. Elle doit lui être proportionnelle. Sur ce principe dit « de proportionnalité des rémunérations » qui, en pratique, est plus souvent mis en avant en matière de primes, voir n° 74630 ;

– de son **ancienneté** dans l'entreprise, celle-ci étant décomptée comme s'il avait été occupé à temps complet (voir n° 74480).

On notera également que le principe de **non-discrimination entre les femmes et les hommes** s'applique au salarié à temps partiel, voir n° 3270.

ATTENTION

La référence à la rémunération d'un salarié à temps plein implique qu'il existe, dans l'entreprise, un poste équivalent occupé par un tel salarié : si le poste du salarié à temps partiel est un **poste spécifique sans équivalent dans l'entreprise** ou s'il appartient à une **catégorie professionnelle** dont il est l'**unique représentant,** la rémunération est fixée sur le plan purement contractuel, sous réserve du respect du Smic et des minima conventionnels éventuellement applicables (Rép. Évin : AN 11-5-1981 n° 43670).

74520 **Durée à rémunérer** Le **contrat de travail** du salarié à temps partiel doit mentionner la durée de travail hebdomadaire prévue et, sauf pour les associations et entreprises d'aide à domicile et en cas d'aménagement du temps de travail sur une période supérieure à la semaine, la répartition de cette durée entre les jours de la semaine (C. trav. art. L 3123-6).

Cette durée ne peut pas, sauf exceptions, être inférieure à la durée minimale de travail hebdomadaire fixée par convention ou accord de branche étendu ou, à défaut d'accord, à **24 heures par semaine** (C. trav. art. L 3123-7, L 3123-19 et L 3123-27).

Comme celle des salariés à temps plein, la rémunération des salariés à temps partiel est mensualisée, le salaire mensuel étant indépendant du **nombre de jours du mois,** voir nos 10950 s.

Sur les heures accomplies au titre de la **journée de solidarité,** voir no 71900.

> **Précisions** La **durée minimale de travail** n'est applicable ni aux contrats d'une durée au plus égale à **7 jours,** ni à ceux conclus pour **remplacer un salarié** qu'il s'agisse d'un CDD ou d'un contrat de travail temporaire. Elle n'est pas non plus applicable sous certaines conditions en cas de cumul d'un CDI à temps partiel avec un CDD d'insertion conclu avec une entreprise d'insertion, une **association intermédiaire** ou un atelier et chantier d'insertion (C. trav. art. L 3123-7).
> Lorsqu'elle est applicable, il peut y être **dérogé** sur **demande écrite et motivée** du salarié répondant aux conditions prévues par l'article L 3123-7 du Code du travail.

Durée mensuelle de travail Plutôt qu'une durée de travail hebdomadaire, le contrat de travail du salarié à temps partiel peut mentionner une durée mensuelle et sa répartition entre les semaines du mois (C. trav. art. L 3123-6). Dans ce cas : 74530

– la durée du travail est décomptée dans le cadre du mois. Voir, pour les **heures complémentaires,** nos 74560 s. ;

– à défaut de convention ou d'accord de branche étendu, la **durée minimale** de travail est fixée à l'équivalent mensuel de 24 heures par semaine (C. trav. art. L 3123-27), c'est-à-dire à 104 heures par mois.

L'appréciation mensuelle de la durée du travail présente l'intérêt d'autoriser une **répartition inégale** de cette durée **entre les semaines** du mois. Selon une position ancienne de l'administration, il est possible de prévoir des semaines non travaillées, à condition que cette organisation se répète d'un mois sur l'autre (Circ. DRT 4 du 21-4-1994). Toutefois, en pratique, le temps partiel mensuel est difficile à mettre en œuvre. En effet, d'une part, les semaines travaillées ne doivent pas l'être à temps complet (voir no 74560). D'autre part, selon nous, la durée du travail ne peut être calculée sur le mois que si le salarié est contractuellement tenu d'effectuer le même nombre d'heures chaque mois. Or, cette condition est souvent difficile à remplir dans la mesure où les mois ne comportent pas un nombre entier de semaines.

> **CONSEIL**
> À notre avis, les employeurs souhaitant répartir la durée du travail du salarié à temps partiel sur une période supérieure à la semaine ont plutôt intérêt à recourir à l'un des modes d'aménagement du temps de travail exposés nos 74800 s.

Horaires d'équivalence Les horaires d'équivalence prévus dans certaines professions (nos 5840 s.) ne s'appliquent pas aux salariés à temps partiel : chaque heure de présence doit être considérée comme une heure entière et rémunérée comme telle (Cass. soc. 8-6-1994 no 90-41.895 P ; 24-4-2001 no 98-45.366 FS-PB ; 28-1-2005 no 03-40.381 F-PB). Cette règle s'applique en particulier pour le calcul du Smic (Cass. crim. 19-1-1978 no 76-91.963 ; 11-5-1984 no 83-92.887 ; Cass. soc. 17-10-1984 no 81-40.292). 74540

Défaut de contrat écrit ou de mention de la durée du travail En l'absence de contrat écrit ou de mention de la durée du travail et de sa **répartition** dans le contrat (sauf cas où cette mention n'est pas obligatoire), le salarié peut revendiquer la reconnaissance, non pas d'un travail à temps complet, mais d'un horaire de travail à temps partiel et prétendre au maintien du salaire correspondant à la **durée** du travail **effectuée en début d'activité** (Cass. soc. 30-4-2014 no 12-21.041 FS-PB). 74550

Il peut aussi saisir le juge d'une demande de **requalification** de son contrat en contrat à temps plein, avec versement des salaires correspondants (Cass. soc. 21-3-2012 no 10-23.650 F-D ; 3-7-2019 no 17-15.884 FS-PB ; 17-11-2021 no 20-10.734 FS-B). Pour échapper à cette requalification, l'employeur doit apporter la preuve, d'une part, de la durée exacte hebdomadaire ou mensuelle convenue, d'autre part, que le salarié n'est pas placé dans l'impossibilité de prévoir à quel rythme il doit travailler et qu'il n'a pas à se tenir constamment à sa disposition (Cass. soc. 9-4-2008 no 06-41.596 FS-PB).

> **ATTENTION**
> L'exigence d'un écrit pour les mentions relatives à la durée et à la répartition du temps de travail s'applique non seulement au **contrat initial** mais aussi à ses **avenants ultérieurs** (Cass. soc. 20-6-2013 no 10-20.507 FS-PB), même s'ils sont temporaires et prévus par une convention collective (Cass. soc. 23-11-2016 no 15-18.093 FS-PB). Si la durée du travail prévue par le contrat initial est

réduite sans avenant écrit ou sans avenant signé du salarié, l'employeur reste donc redevable de la rémunération correspondant à la durée de travail antérieurement convenue, sans pouvoir l'ajuster à la durée réduite (Cass. soc. 19-9-2013 n° 12-14.872 F-D ; 27-11-2014 n° 13-22.121 F-D).

HEURES COMPLÉMENTAIRES

74560 **Définition et plafond** Les heures complémentaires sont celles accomplies au-delà de la durée de travail fixée par le **contrat de travail.** Celui-ci doit **mentionner** les limites dans lesquelles elles peuvent être effectuées (C. trav. art. L 3123-6, 4°) dans le respect des plafonds suivants :

– en l'absence de disposition conventionnelle sur ce point, le **nombre** d'heures complémentaires effectuées au cours d'une même semaine ou d'un même mois ne peut pas être supérieur à 1/10e de la durée hebdomadaire ou mensuelle de travail prévue au contrat (C. trav. art. L 3123-28). Une convention ou un accord d'entreprise ou d'établissement ou, à défaut, une convention ou un accord de branche étendu peut porter ce nombre d'heures jusqu'au tiers de cette durée (C. trav. art. L 3123-20) ;

– les heures complémentaires ne peuvent pas avoir pour effet de porter la durée du travail du salarié au niveau de la **durée légale** ou, si elle est inférieure, de la **durée conventionnelle** du travail (C. trav. art. L 3123-9). Attention : l'atteinte ou le dépassement de la durée légale de travail s'apprécie dans le cadre de la semaine, même si la durée de travail prévue au contrat est fixée mensuellement (Cass. soc. 15-9-2021 n° 19-19.563 FS-B).

Sauf cas particulier, les heures accomplies au titre de la **journée de solidarité** ne sont pas considérées comme des heures complémentaires : voir n° 71900.

CONSEIL

Si un accord de branche étendu l'y autorise, et si le salarié donne son accord, il est en général moins coûteux pour l'employeur de recourir aux **compléments d'heures** qu'aux heures complémentaires, voir nos 74620.

74565 **EXEMPLES**

1. À défaut d'accord d'entreprise ou de branche étendu, si le contrat de travail fixe la **durée hebdomadaire de travail à 30 heures,** il peut prévoir au plus 30 × 1/10 = 3 heures complémentaires par semaine.

Si un accord d'entreprise ou de branche étendu le permet, cette limite peut en théorie être portée à 30 × 1/3 = 10 heures complémentaires par semaine. Mais elle est ramenée à 4 heures complémentaires par semaine afin que la durée du travail du salarié ne soit pas portée au niveau de la durée légale de travail.

2. À défaut d'accord d'entreprise ou de branche étendu, si le contrat de travail fixe la **durée mensuelle de travail à 130 heures,** il peut prévoir au plus 13 heures complémentaires par mois.

Si un accord d'entreprise ou de branche étendu le permet, cette limite peut en théorie être portée à 130 × 1/3 = 43 heures complémentaires par mois. Mais elle est ramenée à 20 heures complémentaires par mois afin que la durée du travail du salarié ne soit pas portée au niveau de la durée légale de travail.

Dans les deux cas, l'accomplissement des heures complémentaires ne doit pas permettre d'atteindre la limite de 35 heures de travail par semaine.

74570 **Rémunération** L'employeur ne peut pas se dispenser de payer les heures complémentaires en octroyant un repos de **récupération** (Cass. soc. 17-2-2010 n° 08-42.828 FS-PB).

Chacune des heures complémentaires accomplies donne lieu à une **majoration** de salaire (C. trav. art. L 3123-8). Son taux peut être fixé par une convention ou un accord de branche étendu, sans pouvoir être inférieur à 10 % (C. trav. art. L 3123-21). À défaut, il est égal à (C. trav. art. L 3123-29) :

– 10 % pour les heures complémentaires n'excédant pas 1/10 des heures prévues au contrat ;

– 25 % pour celles excédant cette limite.

ATTENTION

En cas de **non-respect de la règle limitant les heures complémentaires** au tiers de la durée contractuelle de travail, les heures excédentaires ouvrent droit à la majoration légale de 25 % (Cass. soc. 2-7-2014 n° 13-15.954 FS-PB).

74580 **EXEMPLES**

1. Si le contrat de travail fixe une **durée hebdomadaire de 30 heures** avec possibilité d'accomplir 4 heures complémentaires par semaine, les heures complémentaires sont majorées comme suit, sauf taux différents d'au moins 10 % prévus par convention ou accord de branche étendu :

– les 3 premières heures ouvrent droit à la majoration de 10 % ;

– la 4e heure complémentaire ouvre droit à la majoration de 25 %.

2. Si la durée du travail est décomptée mensuellement et que le contrat de travail fixe une **durée mensuelle de travail de 130 heures** avec possibilité d'accomplir 20 heures complémentaires, les heures complémentaires sont majorées comme suit, sauf taux différents d'au moins 10 % prévus par convention ou accord de branche étendu :
– les 13 premières heures ouvrent droit à la majoration de 10 % ;
– la 14e heure complémentaire et les suivantes ouvrent droit à la majoration de 25 %.

Recours prolongé aux heures complémentaires En cas d'utilisation régulière d'heures complémentaires sur une période d'**au moins 12 semaines consécutives,** ou pendant **12 semaines** au cours d'une **période de 15 semaines,** l'employeur doit modifier le contrat en ajoutant à l'horaire antérieurement fixé la différence entre cet horaire et l'horaire moyen réellement effectué. Cette modification du contrat suppose (C. trav. art. L 3123-13) : 74590
– que l'horaire moyen réellement effectué par le salarié ait dépassé d'au moins 2 heures par semaine l'horaire prévu au contrat (ou l'équivalent mensuel de cette durée, égale à 8 heures par mois selon l'administration : Circ. Cab 3 du 3-3-2000 fiche n° 13). Ce dépassement est calculé en fonction de l'horaire moyen réalisé par le salarié sur toute la période de référence (Cass. soc. 4-11-2015 n° 14-16.338 FS-PBR) ;
– qu'un préavis de 7 jours soit respecté et que le salarié ne refuse pas la modification.

EXEMPLES

(Circ. Cab 3 du 3-3-2000) :
– pour un salarié travaillant sur une **base hebdomadaire de 20 heures** : l'horaire est modifié dès lors que la durée hebdomadaire moyenne a été de 22 heures pendant 12 semaines consécutives (ou 12 semaines non consécutives sur une période de 15 semaines) ;
– pour un salarié travaillant sur une **base mensuelle de 100 heures** : la totalité des heures complémentaires effectuées est ajoutée à l'horaire prévu au contrat dès lors que l'horaire effectué sur 12 semaines consécutives (ou sur 12 semaines non consécutives sur une période de 15 semaines) dépasse 108 heures par mois.

COMPLÉMENT D'HEURES

Si une convention ou un accord de branche étendu le permet, la **durée contractuelle** de travail peut être **temporairement augmentée** par un avenant au contrat (C. trav. art. L 3123-22). 74600

L'avenant doit préciser les modalités selon lesquelles le complément d'heures est accompli (C. trav. art. L 3123-6). Il doit donc a minima indiquer sa durée d'application, le nombre d'heures concernées, la nouvelle répartition des heures entre les jours de la semaine ou les semaines du mois (Déb. AN – Rapport n° 847) ainsi que, le cas échéant, la limite dans laquelle des heures complémentaires peuvent être effectuées au-delà de la nouvelle durée contractuelle de travail. Il est en outre recommandé d'y mentionner les modalités de rémunération du complément et des éventuelles heures complémentaires.

Sauf dispositions conventionnelles ou contractuelles plus favorables, les compléments d'heures sont **rémunérés** au taux normal. En revanche, les heures complémentaires accomplies au-delà donnent lieu à une majoration de salaire au moins égale à 25 % (C. trav. art. L 3123-22).

Le **nombre maximal d'avenants** pouvant être conclu par an et par salarié est fixé par la convention ou l'accord de branche (dans la limite de 8 par an). Toutefois, cette limite ne s'applique pas aux avenants conclus en vue du remplacement d'un salarié absent nommément désigné (C. trav. art. L 3123-22).

ATTENTION

Le complément d'heures ne doit pas avoir pour effet de porter la durée du travail convenue au niveau du **travail à temps plein** (Cass. soc. 21-9-2022 n° 20-10.701 FS-B). À défaut, le contrat de travail peut être requalifié en contrat à temps plein, les salaires étant alors dus sur la base d'un temps plein, même pour la période où le salarié est repassé à temps partiel.

Si des **heures complémentaires** sont accomplies au-delà du complément d'heures, il faut aussi veiller à ce que la durée du travail n'atteigne pas le temps plein. La loi interdit en effet expressément aux heures complémentaires de porter la durée du travail à ce niveau : voir n° 74560.

EXEMPLES 74610

1. Si le contrat de travail initial fixe la **durée hebdomadaire de travail à 30 heures** et qu'un avenant est conclu pour un **complément d'heures de 3 heures par semaine** avec possibilité d'effectuer une heure complémentaire par semaine :
– les 30 premières heures hebdomadaires sont rémunérées au taux normal ;
– les 3 heures suivantes sont aussi rémunérées au taux normal (sauf dispositions conventionnelles ou contractuelles plus favorables au salarié) ;
– si elle est effectuée, l'heure complémentaire est majorée d'au moins 25 %.

2. Si le contrat de travail fixe la **durée mensuelle de travail à 130 heures** et qu'un avenant est conclu pour un **complément d'heures mensuel de 13 heures** avec possibilité d'effectuer une heure complémentaire sur le mois :
– les 130 premières heures sont rémunérées au taux normal ;
– les 13 heures suivantes sont aussi rémunérées au taux normal (sauf dispositions conventionnelles ou contractuelles plus favorables au salarié) ;
– si elle est effectuée, l'heure complémentaire est majorée d'au moins 25 %.

74620 Avantage du recours au complément d'heures

€

EXEMPLE

La **durée hebdomadaire de travail** d'un salarié est de **25 heures** avec possibilité d'effectuer des **heures complémentaires dans la limite de 8 heures** par semaine.

Les parties signent ensemble un **avenant fixant temporairement la durée** hebdomadaire de travail du salarié à **30 heures** et prévoyant qu'il pourra accomplir des **heures complémentaires** au-delà, à raison de **3 heures** par semaine. Sur une semaine de 33 heures, 5 heures sont des heures de complément et 3 heures sont hors complément.

Avec un accord de branche étendu prévoyant : – 10 % de majoration pour les heures complémentaires n'excédant pas 1/10 de la durée contractuelle – 20 % de majoration pour celles accomplies entre 1/10 et 1/3 – 5 % de majoration pour le complément d'heures		Sans avenant de complément d'heures	Avec avenant de complément d'heures pour 30 heures par semaine	
Durée hebdomadaire contractuelle de 25 heures, taux horaire de 15 €		Taux normal : 25 × 15 = 375 €		
Heures complémentaires	Jusqu'à 1/10 : 2,5 heures	Majoration de 10 % : 2,5 × 16,50 = 41,25 €	Complément d'heures : 5 heures	Majoration de 5 % : 5 × 15,75 = 78,75 €
	Au-delà de 1/10 : 5,5 heures	Majoration de 20 % : 5,5 × 18 = 99 €	Heures complémentaires possibles au-delà : 3 heures	Majoration de 25 % : 3 × 18,75 = 56,25 €
Coût de 8 heures complémentaires par semaine		140,25 €		135 €

Pour un modèle de **bulletin de paie** avec des heures complémentaires et un complément d'heures, voir n° 95130.

PRIMES

74630 Le salarié à temps partiel bénéficiant des **mêmes droits** que le salarié à temps plein, il ne peut pas se voir priver d'une prime au motif qu'il travaille à temps partiel (Cass. soc. 2-12-1992 n° 91-40.655 P ; 13-4-1999 n° 97-41.171 P).

Sa rémunération est proportionnelle à celle du **salarié** qui, à qualification égale, occupe **à temps complet** un emploi équivalent dans l'établissement ou l'entreprise (C. trav. art. L 3123-5, al. 3).

La **règle de proportionnalité** des rémunérations visant tous les éléments de la rémunération, y compris ceux présentant un caractère complémentaire (Circ. DRT 4 du 21-4-1994 IV. 2-3), le salarié à temps partiel ne doit être ni lésé ni favorisé par rapport à celui occupé à temps plein.

Ainsi, pour qu'un salarié à temps partiel ait droit au versement de l'intégralité du complément de salaire prévu par une convention collective, celle-ci doit comporter une mention expresse en ce sens. À défaut, ce complément est proratisé en fonction de sa durée de travail (Cass. soc. 1-6-1999 n° 97-41.430 P ; 2-7-2014 n° 13-14.972 FS-PB ; 7-9-2017 n° 16-19.528 FS-PB).

ILLUSTRATIONS

L'employeur ne peut pas subordonner le versement d'une prime à la réalisation d'un **même chiffre d'affaires** pour les salariés à temps plein et ceux à temps partiel (Cass. soc. 4-12-1990 nº 87-42.341 PF).

Une gratification de fin d'année assise sur l'horaire de base doit, pour le salarié à temps partiel, être calculée en prenant en compte les **heures complémentaires** éventuellement effectuées par l'intéressé sans qu'il y ait lieu de rechercher si, pour les salariés à temps complet, les heures supplémentaires sont ou non exclues de l'assiette de cette gratification (Cass. soc. 21-5-2002 nº 00-42.286 FS-PB).

La base de calcul d'une prime de vacances pour un **salarié passé à mi-temps au cours du mois** de mai, dès lors que la convention collective prévoit le versement de cette prime sur la base du salaire perçu en mai, est constituée par la rémunération réellement perçue en mai et non le salaire à mi-temps applicable à la fin du mois (Cass. soc. 5-6-2001 nº 99-41.066 F-P).

AUTRES ÉLÉMENTS

Majorations pour sujétion Les majorations pour sujétion particulière éventuellement prévues par la convention collective (travail de nuit, circonstances exceptionnelles…) s'appliquent de plein droit aux salariés à temps partiel (JO déb. Sén. 5-11-1980). **74640**

Sur le droit aux majorations pour travail des **jours fériés** ou du **dimanche,** pour les salariés embauchés spécialement pour travailler ces jours-là, voir respectivement nºs 61112 et 73070.

Sur la rémunération des travailleurs à temps partiel en **équipe de suppléance,** voir nº 73205.

Rémunération des périodes de formation Sur la rémunération du salarié à temps partiel : **74650**

– bénéficiant d'un **congé de transition professionnelle,** voir nº 72720, b ;
– pendant une formation suivie **sur le temps de travail,** voir nº 72620, a ;
– **membre du comité social et économique** au titre du temps consacré à la formation prévue pour l'exercice de sa mission, voir nº 79370.

Avantages particuliers Un même salarié ne peut recevoir qu'un **titre-restaurant** par repas compris dans son horaire journalier. En conséquence, le salarié dont les horaires de travail ne recouvrent pas l'interruption utilisée habituellement pour prendre un repas n'y a pas droit. Il en est ainsi s'il termine son travail quotidien en fin de matinée ou s'il le commence en début d'après-midi (Rép. Bêche : AN 20-7-1987 nº 19169). En revanche, si le salarié reprend son activité après la coupure du milieu de journée, il bénéficie de titres-restaurant (Cass. soc. 20-2-2013 nº 10-30.028 FS-PB). **74660**

Un accord collectif peut valablement réserver la distribution de titres-restaurant aux salariés dont l'horaire comprend la tranche 12 heures-13 heures 30 (CA Paris 3-3-1989 nº 88-35510).

Sur la prise en charge des frais de **transport public domicile-lieu de travail** pour les salariés à temps partiel, voir nº 57590.

Sur l'**indemnisation du salarié malade** qui a travaillé successivement à temps plein et à temps partiel, voir nº 61880.

C. Jours fériés

Bénéfice des jours fériés chômés Le salarié à temps partiel bénéficie des jours fériés chômés dans l'entreprise, dans les mêmes conditions que le salarié à temps plein (nºs 60870 s.). **74690**

S'agissant de la **rémunération** du jour férié chômé :

– lorsque le jour férié tombe un jour normalement travaillé par le salarié à temps partiel, il a droit à une rémunération calculée à partir de l'horaire qu'il aurait dû normalement accomplir ce jour-là (Cass. soc. 19-3-1987 nº 84-41.658 P ; 10-11-1993 nº 89-45.049 P) ;
– lorsque le jour férié tombe un jour normalement travaillé dans l'entreprise mais de repos pour le salarié à temps partiel, il n'a droit à aucune indemnité spécifique pour ce jour (Circ. DRT 4 du 21-4-1994 IV. 2-3).

En pratique, le salarié **mensualisé** perçoit dans les deux cas son salaire normal comme le salarié à temps plein. Le salarié **non mensualisé** perçoit une indemnité seulement s'il travaille effectivement le jour en question.

EXEMPLE

Un salarié mensualisé travaillant 6 h 50 du lundi au jeudi inclus perçoit son salaire mensuel normal quel que soit le jour de la semaine où tombe le jour férié. Le même salarié, non mensualisé, perçoit le salaire correspondant à une journée de travail (soit salaire horaire × 6 h 50) si le jour férié tombe un lundi, un mardi, un mercredi ou un jeudi. Aucune indemnité ne lui est due si le jour férié tombe un vendredi.

74700 **Jours de récupération** Si des jours de récupération sont accordés en remplacement des jours fériés, l'employeur peut les **rémunérer** sur la base de la durée théorique journalière de travail du salarié à temps partiel (Cass. soc. 5-6-2008 n° 06-41.203 FS-PBR).

D. Congés payés

74720 Le salarié à temps partiel bénéficie de congés payés dans les mêmes **conditions** que le salarié à temps plein.

L'**indemnité** de congés payés se calcule par application soit de la règle du 1/10 de la rémunération perçue au cours de la période de référence, soit de la règle du maintien du salaire (voir n°s 59350 s.).

E. Indemnités de rupture

MODALITÉS DE CALCUL

74740 Les indemnités de licenciement ou de départ ou mise à la retraite se calculent, pour le salarié à temps partiel, dans les conditions de droit commun exposées respectivement n°s 63260 s. et 64620 s. Toutefois, pour le salarié ayant été employé **à temps plein et à temps partiel dans la même entreprise,** ces indemnités sont calculées proportionnellement aux périodes d'emploi effectuées selon l'une et l'autre de ces modalités depuis son entrée dans l'entreprise (C. trav. art. L 3123-5, al. 5). Ce mode de calcul vaut aussi bien en cas de temps plein suivi d'un temps partiel que dans le cas inverse (Cass. soc. 16-2-1994 n° 90-40.362 D).

Cette règle a pour objet de ne pas pénaliser le salarié qui exerce son activité à temps partiel au moment de la rupture du contrat (licenciement, départ ou mise à la retraite) mais aussi, à l'inverse, de tenir compte des périodes d'activité à temps partiel pour celui qui exerce son activité à temps complet lors de la rupture.

Elle s'applique non seulement à l'indemnité légale, mais aussi, sauf disposition conventionnelle contraire (Cass. soc. 26-9-2018 n° 17-11.102 FS-PB), à l'indemnité conventionnelle de licenciement (Cass. soc. 10-3-1988 n° 86-41.628 P ; 1-4-2003 n° 00-41.428 FS-D) et à l'indemnité spécifique de rupture conventionnelle homologuée (Cons. prud'h. Valence 6-11-2008 n° 08/00642).

› Précisions a. Lorsque la convention collective se borne à fixer le **taux de l'indemnité conventionnelle de licenciement,** il doit être fait application du mécanisme prévu pour les salariés employés successivement à temps complet et à temps partiel et du taux prévu par la convention collective (Cass. soc. 13-3-1991 n° 87-45.217 P ; 30-9-1992 n° 89-40.267 P).

Lorsque la convention collective applicable fixe un **plafond** pour le montant de l'indemnité conventionnelle, ce plafond n'a pas à être proratisé dans le cas d'un salarié employé successivement à temps plein puis à temps partiel dès lors que l'indemnité elle-même a été calculée proportionnellement aux périodes de travail à temps plein et de travail à temps partiel (Cass. soc. 7-12-2011 n° 10-13.891 FS-D ; 26-9-2018 n° 17-11.102 précité).

b. Si le **plan de sauvegarde de l'emploi** prévoit que le montant de l'indemnité de licenciement doit être évalué, pour les salariés à temps partiel, en fonction de la proportionnalité de leur **horaire contractuel réel,** il résulte de cette disposition que le montant de cette indemnité est fonction de la durée de service des salariés tant à temps complet qu'à temps partiel, les périodes de travail à temps partiel étant prises en compte au prorata du rapport entre l'horaire à temps partiel et l'horaire à temps complet (Cass. soc. 4-1-2000 n° 97-44.923 P).

En revanche, si le plan de sauvegarde de l'emploi prévoit le paiement, aux salariés licenciés et aux salariés volontaires dont le départ permettrait un reclassement, d'une **indemnité complémentaire** d'un certain montant variable selon l'ancienneté dans l'entreprise sans distinguer entre les salariés à temps plein ou à temps partiel, cette indemnité a un caractère forfaitaire. Seule doit être prise en compte la durée d'ancienneté dans l'entreprise (Cass. soc. 12-2-2003 n° 02-40.526 FS-P).

EXEMPLE 74750

Soit un salarié ayant travaillé pendant 6 ans à temps plein et pendant 3 ans à mi-temps. La rémunération mensuelle moyenne des 3 mois précédant le licenciement est égale à 2 500 € (soit un salaire de base de 5 000 € pour les années à temps plein).

L'indemnité minimum légale de licenciement sera égale à :
– pour les années à temps plein : 5 000 × 6 × 1/4 = 7 500 € ;
– pour les années à temps partiel : 2 500 × 3 × 1/4 = 1 875 €, soit au total 9 375 €.

F. Prise en compte dans l'effectif

Certaines obligations en matière de droit du travail ou de la sécurité sociale sont subordonnées à l'emploi d'un effectif minimum de salariés. 74770

Pour l'application des obligations dont l'effectif est régi par les règles prévues par le **Code du travail,** les salariés à temps partiel, quelle que soit la nature de leur contrat de travail, sont pris en compte en divisant la somme totale des horaires inscrits dans leurs contrats par la durée légale ou conventionnelle du travail (C. trav. art. L 1111-2, 3°).

La même règle s'applique pour le calcul de l'effectif régi par le **Code de la sécurité sociale** : voir n° 18840.

G. Aménagement du temps de travail

TEMPS PARTIEL AMÉNAGÉ SUR UNE PÉRIODE SUPÉRIEURE À LA SEMAINE

Mise en place et statut du salarié Un **accord** d'entreprise ou d'établissement ou, à défaut, une convention ou un accord de branche peut définir les modalités d'aménagement du temps de travail et organiser la répartition de la durée du travail sur une période supérieure à la semaine (voir nos 9600 s.). Cet accord peut concerner les salariés à temps partiel. 74800

Ceux-ci bénéficient alors du statut exposé nos 74470 s. sous réserve des particularités suivantes :
– la convention ou l'accord collectif peut aménager la période de référence et/ou organiser un système de report des **congés payés** : voir n° 9680 ;
– un **lissage** de la rémunération est possible : voir n° 9660 ;
– la **durée du travail** est calculée selon les modalités exposées n° 74810.

Calcul de la durée du travail Le contrat à temps partiel aménagé sur une période supérieure à la semaine doit être conclu par **écrit** et comporter certaines **clauses obligatoires,** dont notamment la durée hebdomadaire ou mensuelle de travail prévue ainsi que les limites dans lesquelles peuvent être accomplies des heures complémentaires (C. trav. art. L 3123-6). Sur ces deux questions, il relève des mêmes règles que celles applicables aux autres salariés à temps partiel sous la réserve suivante : le volume des heures effectuées est constaté en fin de période, c'est-à-dire à la fin de la période sur laquelle l'accord collectif répartit la durée du travail. En conséquence : 74810
– la **durée minimale de travail** visée n° 74520 est fixée par convention ou accord de branche étendu ou, à défaut d'accord, à l'équivalent de 24 heures par semaine calculé sur la période (C. trav. art. L 3123-7, L 3123-19 et L 3123-27) ;
– le volume des **heures complémentaires** effectuées est constaté en fin de période (C. trav. art. L 3123-20 et L 3123-28) ;
– si la période excède 15 semaines, le mécanisme de réajustement de la durée du travail en cas d'utilisation régulière des heures complémentaires (n° 74590) s'apprécie sur cette période (C. trav. art. L 3123-13) ;
– un **document** doit être remis **en fin de période** informant le salarié du nombre d'heures effectuées, voir n° 9700.

EXEMPLE

Soit un contrat à temps partiel aménagé sur une période de 16 semaines prévoyant une durée hebdomadaire de travail de 25 heures.

La durée de travail prévue sur la période est donc de 16 semaines × 25 heures = 400 heures.

Le régime des **heures complémentaires** sera applicable aux heures constatées en fin de période excédant cette durée.

Le 1/10 de la durée de travail prévue au contrat s'élevant à 40 heures (= 400 × 1/10) :
– le régime des heures n'excédant pas le 1/10 de la durée de travail prévue au contrat s'appliquera de la 401e heure à la 440e heure ;
– le régime des heures excédant le 1/10 s'appliquera à compter de la 441e heure.

Si à la fin de la période de 16 semaines, le nombre d'heures complémentaires constaté atteint 16 × 2 = 32 heures ou plus, la durée contractuelle de travail sera, sauf refus du salarié, réajustée en totalisant les heures complémentaires effectuées et la durée initiale prévue. Ainsi, pour 32 heures complémentaires, la durée réajustée sera de (400 + 32)/16 = 27 heures hebdomadaires.

TEMPS PARTIEL POUR RAISONS PERSONNELLES

74830 Le salarié peut demander à bénéficier d'une réduction de la durée du travail sous forme d'une ou de plusieurs périodes d'au moins une semaine en raison des besoins de sa vie personnelle (C. trav. art. L 3123-2).

Cette forme d'aménagement du temps de travail sur l'année a pour objet, notamment, de lui permettre d'être auprès de ses enfants pendant les périodes de congés scolaires (Circ. Cab 3 du 3-3-2000 fiche n° 15).

Elle suppose la conclusion d'un **avenant** au contrat de travail précisant la ou les périodes non travaillées et, le cas échéant, un **lissage de la rémunération.** Pendant les **périodes travaillées,** le salarié est occupé selon l'horaire collectif applicable dans l'entreprise ou l'établissement, ce qui exclut qu'il puisse l'être à temps partiel. Les heures effectuées au cours d'une semaine au-delà de la durée légale du travail ou, en cas d'application d'un accord d'aménagement du temps de travail sur une période supérieure à la semaine, au-delà des limites fixées par cet accord donnent lieu à l'application du régime des **heures supplémentaires** (C. trav. art. L 3123-2).

TEMPS PARTIEL MODULÉ

74840 Le temps partiel modulé a pour objet de permettre, dans certaines limites, sur tout ou partie de l'année, de faire **varier la durée hebdomadaire ou mensuelle de travail** fixée dans le contrat de travail à condition que, sur un an, cette durée n'excède pas, en moyenne, la durée stipulée au contrat (C. trav. ancien art. L 3123-25).

La **rémunération** doit figurer au contrat. Elle peut être **lissée** sur l'année si l'accord de modulation le prévoit. La rémunération versée mensuellement aux salariés est alors indépendante de l'horaire réel et doit être calculée dans les conditions prévues par l'accord (C. trav. ancien art. L 3123-27). Les trop-perçus constatés en fin d'année sont récupérés dans les conditions indiquées n° 9660.

L'accomplissement d'**heures complémentaires** n'est pas prévu dans le cadre du temps partiel modulé, les heures accomplies au-delà de la durée contractuelle étant compensées par les heures effectuées en deçà (Circ. DRT 7 du 6-12-2000 ; QR durée du travail n° 29).

ATTENTION

Le temps partiel modulé ne peut être **mis en place** que si une convention ou un accord collectif étendu ou un accord d'entreprise ou d'établissement (C. trav. ancien art. L 3123-25) conclu avant la publication de la loi 2008-789 du 20-8-2008 le prévoit. Cette loi a en effet abrogé ce dispositif tout en maintenant expressément en vigueur les accords conclus avant son abrogation.

II. COTISATIONS SOCIALES

74880 Le calcul des cotisations sociales des salariés travaillant à temps partiel fait l'objet de dispositions spécifiques étudiées ci-après :
– réduction du **plafond de la sécurité sociale** ;
– possibilité d'opter pour le calcul de certaines **cotisations sur le salaire à temps plein.**

Sont étudiées par ailleurs :
– les modalités d'application aux salariés à temps partiel de la **réduction générale** de cotisations patronales (n° 22160) et la réduction de cotisations salariales d'assurance vieillesse sur la rémunération des **heures complémentaires** (nos 7770 s.) ;
– leur prise en compte dans les **effectifs** pour l'application de la législation de la sécurité sociale (n° 18840) ;
– la possibilité d'appliquer la réduction de cotisations salariales aux **compléments d'heures** (n° 7750).

A. Réduction du plafond

1. COTISATIONS DE SÉCURITÉ SOCIALE

a. Champ d'application

SALARIÉS CONCERNÉS

Les **cotisations plafonnées** peuvent être calculées, pour les salariés à temps partiel, dans la limite d'un plafond réduit afin de compenser la différence entre le montant des cotisations dues au titre de chacun d'eux et le montant de celles qui seraient dues pour une durée de travail identique dans le cas où chacun d'eux travaillerait à temps complet (CSS art. L 242-8). 74910

La **réduction** s'effectue **à due proportion** de la durée du travail des salariés à temps partiel, quel que soit leur niveau de rémunération (BOSS-Ass. gén.-800).

Les salariés concernés par l'abattement d'assiette (ou plafond réduit) sont ceux remplissant deux conditions :

– la **durée effective de travail** ne doit pas excéder, heures complémentaires comprises, la durée fixée par l'article L 3123-1 du Code du travail (CSS art. L 242-8), ce qui limite ce dispositif aux seuls salariés dont la durée du travail est fixée en heures à un niveau inférieur à la durée légale ou conventionnelle (Circ. Acoss 136 du 8-10-2004 3.1).

En tout état de cause, la réduction d'assiette n'est pas maintenue lorsque le salarié accomplit au-delà de la durée fixée par le contrat de travail un nombre d'heures complémentaires tel que la durée hebdomadaire effective est égale à la durée normale de travail dans l'établissement (CSS art. L 242-9, al. 2).

Si aucun salarié n'est employé à temps complet dans l'entreprise, la durée du travail à prendre en considération est la durée légale (Cass. soc. 14-2-1991 n° 88-15.148 D ; 9-2-1995 n° 93-10.003 D) ;

– l'horaire de travail à temps partiel doit en principe résulter d'un **contrat de travail écrit** (l'article L 242-9 du CSS y faisant référence), ce qui permet de justifier du caractère permanent et non pas occasionnel du temps partiel. L'abattement d'assiette peut néanmoins être opéré, à défaut de contrat écrit, ou si celui-ci ne mentionne pas la durée du travail et sa répartition sur la semaine ou le mois, dès lors que l'employeur est en mesure de détruire la présomption de travail à temps complet en résultant (Cass. soc. 19-9-1991 n° 89-14.573 P ; 5-7-1995 n° 93-17.198 D).

CATÉGORIES PARTICULIÈRES

Peuvent ouvrir droit à la réduction du plafond, si les conditions ci-dessus sont remplies : 74920

– le salarié à employeurs multiples sauf option pour le mécanisme de proratisation du plafond visé n°s 68870 s. (CSS art. L 242-3 et L 242-10). Pour une comparaison des dispositifs de correction du plafond prévus pour les salariés à temps partiel et les salariés à employeurs multiples, voir n° 68980 ;

– le salarié en temps partiel thérapeutique (voir n° 75610) ou qui travaille à temps partiel, tout en percevant une pension d'invalidité (Inst. Acoss du 1-10-1981 3.1) ;

– le salarié en retraite progressive ;

– le salarié ayant une rémunération variable, avec ou sans fixe, s'il est soumis à un horaire de travail contrôlable (Cass. soc. 9-2-1995 n° 93-10.003 D) ;

– le salarié dont la rémunération est constituée en totalité ou partiellement de pourboires, dans le cas où l'employeur cotise sur une base réelle.

Sont en revanche **exclues** de la réduction d'assiette les catégories suivantes :

– les salariés dont l'assiette ou le montant des cotisations sont déterminés forfaitairement (CSS art. L 242-10, 1°) ;

– les salariés cotisant sur la base de taux spécifiques (CSS art. L 242-10, 1°) ;

– les travailleurs temporaires (CSS art. L 242-10) ;

– les salariés concernés par une réduction d'horaire ouvrant droit à indemnisation au titre de l'activité partielle (CSS art. L 242-10). Sur les modalités de calcul du plafond dans ce cas, voir n° 68280 ;

– les salariés pour lesquels il a été décidé d'opter pour le calcul des cotisations vieillesse sur le salaire à temps plein, voir n° 75350.

Pour les salariés en **forfait-jours,** voir n°s 8975 s. Pour les **dirigeants de société,** voir n° 77110. Pour les **travailleurs à domicile,** voir n° 87760.

COTISATIONS CONCERNÉES

74940 L'abattement d'assiette concerne les cotisations plafonnées de sécurité sociale : cotisations patronale et salariale **vieillesse** (n° 96130) et contribution **Fnal** due par les employeurs de moins de 50 salariés (n°s 26450 s.).

S'agissant des cotisations d'assurance **chômage** et de **retraite complémentaire,** voir n°s 75100 s.

Pour la **CSG** et la CRDS, voir n° 75060.

b. Mise en œuvre du plafond réduit

74950 L'abattement doit être pratiqué **à chaque échéance** des cotisations (CSS art. L 242-9) et fait l'objet d'une **régularisation** progressive (voir n°s 74990 s.).

> **Précisions** Dans la DSN, le montant du plafond réduit est déclaré dans un bloc 79 où la rubrique Type de composant de base assujettie (S21.G00.79.001) est renseigné avec la valeur 07 (net-entreprises, fiche n° 2621).

CALCUL DU PLAFOND RÉDUIT LORS DE LA PAIE

74960 L'employeur peut **corriger** le plafond de la paie, sans pouvoir augmenter sa valeur mensuelle, **à due proportion** de la durée du travail inscrite au contrat de travail du salarié à temps partiel au titre de la période où il est présent dans l'entreprise rapportée à la durée de travail à temps plein (CSS art. R 242-2, I).

En pratique, le plafond s'obtient par la formule suivante :

Plafond mensuel × durée du travail à temps partiel/durée du travail à temps complet

74970 **Durée du travail à temps partiel** La durée du travail du salarié prise en compte pour le calcul du plafond est majorée des **heures complémentaires** effectuées par le salarié au cours du mois (CSS art. R 242-2, I).

Pour les entreprises prenant en compte de manière habituelle et régulière les heures complémentaires, lors de la rémunération de l'activité du ou des mois suivants, il est admis que l'effet de ces heures sur le plafond soit déterminé comme si ces heures avaient eu lieu au cours du mois lors duquel elles sont prises en compte. Toutefois, si le salarié repasse à temps plein lors d'un mois au cours duquel des heures complémentaires auraient dues être prises en compte, ces heures ne sont pas prises en compte dans le calcul du plafond (BOSS-Ass. gén.-840).

EXEMPLE

Soit un salarié employé, en février 2023, sur la base d'une durée mensuelle de travail de 121,33 h dans une entreprise appliquant la durée légale du travail.

Le plafond de février est ajusté selon la formule suivante : 3 666 € × 121,33 h/151,67 h.

Si le même salarié effectue 4 heures complémentaires dans le mois, le plafond de février est ajusté selon la formule suivante : 3 666 € × [(121,33 h + 4 h)/151,67 h].

Si les heures complémentaires sont prises en compte sur la paie du mois suivant, c'est le plafond du mois de mars qui est ainsi ajusté (sauf si le salarié est repassé à temps plein en mars).

74980 **Durée du travail à temps complet** La durée du travail à temps plein à retenir pour le calcul du plafond est celle correspondant à **la plus courte** des durées suivantes (CSS art. R 242-2, I) :
- durée légale du travail ;
- durée du travail fixée conventionnellement pour la branche ou l'entreprise ;
- durée du travail applicable dans l'établissement.

EXEMPLES

Soit un salarié dont le contrat prévoit une durée mensuelle de travail de 130 heures par mois. Le plafond réduit de janvier 2023 est calculé comme suit :

1. Si la durée mensuelle de travail applicable dans l'entreprise est de 151,67 heures, le plafond réduit est égal à 3 666 € × 130/151,67 = 3 142,22 €.

2. Si la durée mensuelle de travail applicable dans l'entreprise est de 156 heures, le plafond réduit est égal à 3 666 € × 130/151,67 = 3 142,22 €.

3. Si le salarié effectue 6 heures complémentaires au cours du mois et si la durée mensuelle de travail applicable dans l'entreprise est de 151,67 heures, le plafond réduit est égal à 3 666 € × (130 + 6)/151,67 = 3 287,24 €.

4. Si la durée mensuelle de travail applicable dans l'entreprise est de 147,33 heures, le plafond réduit est égal à 3 666 € × 130/147,33 = 3 234,78 €.

5. Si le salarié effectue 6 heures complémentaires au cours du mois et si la durée mensuelle de travail applicable dans l'entreprise est de 147,33 heures, le plafond réduit est égal à 3 666 € × (130 + 6)/147,33 = 3 384,08 €.

Entrée ou sortie en cours de mois, absences En cas d'**embauche** ou **fin de** 74985
contrat en cours de mois ou d'**absence,** le plafond du mois est calculé, dans les cas et sous les conditions de droit commun (n°s 18045 s.), à due proportion du nombre de jours de la période d'emploi. Cette réduction peut être cumulée avec celle prévue pour les salariés à temps partiel (BOSS-Ass. gén.-790-950).

Pour les entreprises prenant en compte les absences, de manière habituelle et régulière, lors de la rémunération de l'activité du ou des mois suivants, il est admis que l'effet de ces absences sur le plafond soit déterminé comme si elles avaient eu lieu au cours du mois lors duquel elles sont prises en compte (BOSS-Ass. gén.-970).

En cas d'**activité partielle,** voir n° 68280.

EXEMPLES

1. Un salarié est employé en CDD du 3-3-2023 au 14-3-2023 sur la base de 28 h/semaine (soit 121,33 h/mois) dans une entreprise appliquant la durée légale du travail. Le plafond est ajusté comme suit : 3 666 € × (121,33 h/151,67 h) × (12 jours/31 jours).

2. Un salarié employé sur la base de 28 h/semaine (soit 121,33 h/mois) dans une entreprise appliquant la durée légale du travail est absent sans maintien de salaire du vendredi 3-2-2023 au lundi 6-2-2023 inclus. Le plafond est ajusté comme suit afin de prendre en compte 4 jours d'absence : 3 666 € × (121,33 h/151,67 h) × (24 jours/28 jours).

3. Soit un salarié employé sur la base de 28 h/semaine (soit 121,33 h/mois) dans une entreprise appliquant la durée légale du travail et comptabilisant habituellement les heures complémentaires et les absences sur le mois suivant :

– s'il est absent les 6 et 7-3-2023, le plafond du mois d'avril est ajusté comme suit : 3 666 × [(121,33 h)/151,67 h] × (29 jours/31 jours) ;

– s'il effectue 4 heures complémentaires au cours du mois de mars et est absent les 6 et 7-3-2023, le plafond du mois d'avril est ajusté comme suit : 3 666 × [(121,33 h + 4 h)/151,67 h] × (29 jours/31 jours).

RÉGULARISATION

Conformément au droit commun (n°s 18200 s.), les cotisations plafonnées font l'objet d'une régu- 74990
larisation progressive (au mois le mois) dans le cadre de l'année civile. Ainsi, en présence au cours d'un **même exercice** de périodes de travail à **temps partiel** ouvrant droit à réduction de plafond et de périodes de travail **à temps complet,** l'assiette plafonnée de l'exercice est déterminée en totalisant les plafonds applicables au cours de chacune des périodes (Circ. Acoss 16 du 26-1-1987 II).

EXEMPLE 75020

L'exemple suivant porte sur une **régularisation** en 2023 pour un salarié à mi-temps payé 1 800 € qui a perçu une prime de résultat de 500 € au mois de mars 2023 et qui est en congé sans solde à compter du 1-5-2023. Durée mensuelle de travail applicable dans l'entreprise : 151,67 heures.

Le plafond de la sécurité sociale est réduit à : 3 666 € × 75,83/151,67 = 1 832,88 €.

Mois	Rémunération		Plafond		Assiette des cotisations plafonnées	
	du mois	cumul	du mois	cumul	du mois	cumul
Janvier	1 800	1 800	1 832,88	1 832,88	1 800	1 800
Février	1 800	3 600	1 832,88	3 665,76	1 800	3 600
Mars	2 300	**5 900**	1 832,88	**5 498,64**	1 898,64	**5 498,64**
Fin mars, cumul des salaires (5 900) > cumul des plafonds (5 498,64). Le salarié ayant cotisé à hauteur de 3 600 fin février, son assiette plafonnée de mars = 5 498,64 – 3 600 = 1 898,64.						
Avril	1 800	**7 700**	1 832,88	**7 331,52**	1 832,88	**7 331,52**
Fin avril, cumul des salaires (7 700) > cumul plafonds (7 331,52). Le salarié ayant cotisé à hauteur de 5 498,64 fin mars, son assiette plafonnée d'avril = 7 331,52 – 5 498,64 = 1 832,88.						

2. CSG ET CRDS

75060 La **réduction représentative de frais professionnels** applicable à l'assiette de la CSG et de la CRDS est limitée à 4 plafonds de sécurité sociale (voir nos 28650 s.).

Ce seuil est réduit en cas d'application de la réduction de plafond prévue pour les salariés à temps partiel.

En revanche, si l'employeur opte pour le calcul de la cotisation vieillesse sur le salaire à temps plein visé nos 75200 s., le seuil de 4 plafonds n'est pas réduit (Circ. Acoss 32 du 19-3-2012 question n° 4).

EXEMPLES

1. Application du plafond réduit.

Pour un salarié à mi-temps payé 8 000 € en janvier 2023 dans une entreprise dont la durée mensuelle de travail est de 151,67 heures, le plafond de la sécurité sociale est réduit à : 3 666 € × 75,83/151,67 = 1 832,88 €.

Le plafond d'abattement sur l'assiette de la CSG-CRDS pour la même période de paie est réduit comme suit : (3 666 € × 4) × 75,83/151,67 = 7 331,52 €.

L'assiette de la CSG-CRDS de ce salarié s'établit donc comme suit en janvier 2023 : (7 331,52 × 98,25 %) + (8 000 – 7 331,52).

2. Maintien de la cotisation vieillesse sur le salaire à temps plein.

Pour le même salarié cotisant à l'assurance vieillesse sur son salaire à temps plein, le plafond de la sécurité sociale reste fixé à 3 666 €.

Le plafond d'abattement sur l'assiette de la CSG-CRDS pour la même période de paie reste fixé à : 3 666 × 4 = 14 664 €.

L'assiette de la CSG-CRDS du salarié s'établit donc comme suit en janvier 2023 : 8 000 × 98,25 %.

3. COTISATIONS DE RETRAITE COMPLÉMENTAIRE

75100 Dans le cadre du régime Agirc-Arrco, les limites des tranches des cotisations sont définies de la manière suivante (Circ. Agirc-Arrco 1 du 9-1-2019 fiche n° 3 II.1.2) :

– la tranche 1 (T1) coïncide avec le plafond réduit retenu pour calculer les cotisations de sécurité sociale plafonnées ;

– la limite supérieure de la tranche 2 (T2) est égale à 8 fois le plafond réduit de calcul des cotisations de sécurité sociale plafonnées.

› Précisions Sur le calcul des cotisations de retraite complémentaire des **médecins rémunérés à la vacation** : voir n° 30200, b.

75105 EXEMPLE

Pour un salarié dont le contrat de travail prévoit un temps de travail de 80 heures mensuelles et qui réalise 3 heures complémentaires, le plafond de la tranche 1 sera fixé à : Plafond mensuel de la sécurité sociale × [(80 + 3)/151,67] (Circ. Agirc-Arrco 1 du 9-1-2019 II 1.2.3).

4. CONTRIBUTIONS CHÔMAGE ET AGS

75130 Si le plafond de la sécurité sociale est réduit, le **plafond des contributions** chômage et AGS doit être réduit comme suit :

4 Plafonds mensuels × durée du travail à temps partiel/durée du travail à temps complet

B. Maintien des cotisations sur un temps plein

75200 Pour les salariés à temps partiel, les cotisations d'assurance **vieillesse** et de **retraite complémentaire** sont en principe calculées sur la rémunération à temps partiel. Toutefois, il est possible d'opter pour un calcul de ces cotisations sur le temps plein. La même option est ouverte pour les salariés dont la rémunération n'est pas déterminée selon un nombre d'heures travaillées.

Le calcul des cotisations sur le salaire à temps plein a pour but de permettre aux intéressés de maintenir le niveau de leur retraite. Il n'a pas d'incidence sur la qualité de salarié à temps partiel.

1. RETRAITE DE BASE

Les cotisations d'assurance vieillesse des salariés à temps partiel ainsi que celles des salariés dont la rémunération n'est pas déterminée selon un nombre d'heures travaillées peuvent être calculées, dans certaines conditions, sur le salaire correspondant à un temps plein (CSS art. L 241-3-1). **75220**

SALARIÉS CONCERNÉS

L'option pour le calcul des cotisations d'assurance vieillesse sur le salaire correspondant au temps plein est ouverte aux salariés titulaires (CSS art. L 241-3-1 et R 241-0-1, I) : **75230**

– soit d'un contrat à **temps partiel** au sens défini par l'article L 3123-1 du Code du travail (n° 74450) ;

– soit d'un contrat de travail donnant lieu au versement d'une **rémunération non déterminée en fonction du nombre d'heures** de travail effectuées, à condition que cette rémunération soit inférieure à celle correspondant à une activité exercée à temps plein. Pour la détermination de cette dernière et des exemples, voir n° 75320.

L'option est également ouverte au profit :

– des salariés en **retraite progressive** ;

– des salariés à **employeurs multiples.** Toutefois, ce maintien n'a d'intérêt que si le salarié ne cotise pas déjà, tous emplois confondus, à hauteur du plafond mensuel temps plein.

En revanche, les salariés pour lesquels il est fait application d'une **assiette ou de montants forfaitaires de cotisations** ne peuvent pas bénéficier du calcul des cotisations vieillesse sur le salaire à temps plein : voir n° 75350.

> **Précisions** **a.** La **catégorie** des salariés dont la rémunération n'est pas déterminée en fonction du nombre d'heures de travail effectuées **recouvre** ceux dont la durée du travail est fixée par une convention individuelle de forfait en heures, les travailleurs à domicile et d'autres salariés non rémunérés selon un nombre d'heures, notamment ceux rémunérés sur la base d'un forfait annuel en jours. Dans ce dernier cas, le dispositif n'est applicable que si le forfait annuel du salarié est fixé à un niveau inférieur au nombre de jours défini par la convention ou l'accord collectif prévoyant la conclusion de conventions de forfait en jours (Circ. Acoss 176 du 14-12-2005 1.2).
> **b.** Les salariés placés en **congé de fin de carrière** sont exclus du dispositif, car ils ne constituent ni des salariés en activité non rémunérés selon un nombre d'heures, ni des salariés à temps partiel (Cass. 2e civ. 26-11-2015 n° 14-26.017 F-PB).

EXERCICE DE L'OPTION

Le maintien de l'assiette des cotisations d'assurance vieillesse à la hauteur de la rémunération correspondant au temps plein suppose un **accord** écrit entre le salarié et l'employeur, daté et signé par les parties. **75250** €

Cet accord figure dans le contrat de travail initial ou dans un **avenant** postérieur (CSS art. R 241-0-3, I).

En cas de **prise en charge par l'employeur** du supplément de cotisations salariales, l'accord fixe la proportion, la durée et les modalités de cette prise en charge (CSS art. R 241-0-3, II).

L'accord peut aussi contenir des dispositions relatives à la **dénonciation de l'option** (n° 75360).

> ATTENTION
> Lorsque l'**employeur prend en charge** le supplément de cotisation salariale induit par le calcul des cotisations d'assurance vieillesse sur la rémunération à temps plein, cette prise en charge n'est pas soumise à **CSG-CRDS** (CSS art. L 136-1-1, III-2°-d et L 241-3-1), ni donc à **cotisations** de sécurité sociale, ni, par voie de conséquence, au forfait social. Sur le régime social de la prise en charge par l'employeur du supplément de cotisations salariales de retraite complémentaire, voir n° 75410.
> Pour un modèle de **bulletin de paie** avec prise en charge du supplément de cotisation salariale, voir n° 95160.

En cas de transformation d'un contrat de travail à temps plein en contrat à temps partiel constituant une **alternative à un licenciement collectif pour motif économique,** le maintien d'assiette doit être proposé dans les mêmes termes par l'employeur à l'ensemble des salariés concernés (CSS art. R 241-0-4, al. 1). **75260**

La **proposition comporte,** le cas échéant, les modalités de prise en charge par l'employeur du supplément de cotisations salariales. Elle est **notifiée** à chacun des salariés concernés par lettre recommandée avec accusé de réception (CSS art. R 241-0-4, al. 2).

Le salarié peut la **refuser** par une mention expresse portée dans l'avenant de transformation en contrat de travail à temps partiel (CSS art. R 241-0-4, al. 2 et 3). Autrement dit, l'accord du salarié est réputé acquis à défaut de refus exprès de sa part mentionné dans cet avenant.

DATE D'EFFET DE L'OPTION

75270 Lorsque l'**accord ou l'avenant fixe une date d'entrée en vigueur** au premier jour d'un mois, l'option s'applique au calcul des cotisations dues au titre des rémunérations versées à compter de cette date sous réserve que le salarié remplisse les conditions requises et que cette date ne soit pas antérieure à la date de conclusion de l'accord ou de l'avenant. Si la date prévue ne correspond pas au premier jour d'un mois, l'option s'applique au calcul des cotisations dues au titre des rémunérations versées à compter du premier jour du mois suivant (CSS art. R 241-0-6, I).

Lorsque l'accord ou l'avenant **ne fixe pas** de date, l'option s'applique au calcul des cotisations dues au titre des rémunérations versées à compter du premier jour du mois suivant sa date de conclusion ou bien à compter du premier jour du mois suivant la date à laquelle le salarié remplit les conditions requises si cette date est postérieure à la conclusion ou à la notification de l'accord ou de l'avenant (CSS art. R 241-0-6, I).

En cas de **transformation d'un contrat de travail à temps complet** en contrat de travail à temps partiel, la date de mise en œuvre de l'option est reculée d'un mois lorsque la rémunération afférente à la période de travail à temps complet est versée postérieurement à la date d'effet du passage à temps partiel (CSS art. R 241-0-6, II).

EXEMPLES

1. Soit un **accord ou un avenant fixant son entrée en vigueur** au 1er septembre : l'assiette temps plein peut être retenue pour le calcul des cotisations dues sur les rémunérations versées à compter de cette date (sous réserve que le salarié remplisse les conditions requises).

Soit un accord ou un avenant fixant son entrée en vigueur au 15 septembre : l'assiette temps plein peut être retenue, sous la même réserve, pour le calcul des cotisations dues à raison des rémunérations versées à compter du 1er octobre.

2. Soit un accord ou un avenant conclu un 15 septembre mais **ne fixant pas de date d'entrée en vigueur** : l'assiette temps plein peut être retenue pour le calcul des cotisations dues à raison des rémunérations versées à compter du 1er octobre ou, si le salarié vient à remplir les conditions requises au cours du mois d'octobre, du 1er novembre.

3. Soit un **contrat à temps plein transformé en contrat à temps partiel** prévoyant une date d'effet au 1er septembre. Si la rémunération du mois d'août (c'est-à-dire correspondant à la période d'activité à temps plein précédant la transformation du contrat) est versée au plus tard le 1er septembre, l'assiette temps plein peut être retenue pour le calcul des cotisations vieillesse dues au titre des rémunérations versées à compter du 1er septembre (sous réserve que le salarié remplisse bien à cette date les conditions requises).

Si la rémunération afférente au mois d'août est versée après le 1er septembre, l'assiette temps plein peut être retenue pour le calcul des cotisations vieillesse dues au titre des rémunérations versées à compter du 1er octobre.

CALCUL DES COTISATIONS VIEILLESSE

75280 Les cotisations d'assurance vieillesse (part patronale et part salariale) sont calculées selon les **taux** de droit commun sur la rémunération correspondant à l'activité exercée à temps complet.

Cette **rémunération** est égale au produit de la rémunération mensuelle du salarié et du rapport entre, d'une part, la durée du travail à temps plein et, d'autre part, le nombre d'heures rémunérées au cours du mois ou, le cas échéant, le nombre d'heures considéré comme correspondant à la rémunération mensuelle versée (CSS art. R 241-0-2, I).

En pratique, l'assiette des cotisations d'assurance vieillesse est obtenue par la formule suivante :

> Rémunération à temps plein = rémunération perçue par le salarié × [nombre d'heures correspondant au temps complet/nombre d'heures rémunérées (ou nombre d'heures considéré comme correspondant à la rémunération mensuelle versée)]

La **rémunération perçue par le salarié** correspond à la rémunération mensuelle brute assujettie à cotisations de sécurité sociale, versée au salarié au cours du mois civil correspondant (CSS art. R 241-0-2, II et D 241-1-1). Pour les rappels de salaire, voir n° 75300.

La **durée de travail à temps plein** s'entend de la durée légale de travail calculée sur le mois ou, si elle lui est inférieure, de la durée mensuelle de travail fixée pour la branche ou l'entreprise ou de la durée mensuelle de travail applicable dans l'établissement (CSS art. R 241-0-1, II).

Le nombre d'heures rémunérées, ou le nombre d'heures considéré comme correspondant à la rémunération mensuelle versée, est déterminé comme suit.

Salariés à temps partiel Pour les salariés à temps partiel, le **nombre d'heures rémunérées** correspond à l'ensemble des heures rémunérées au cours du mois, y compris les heures complémentaires (Circ. Acoss 176 du 14-12-2005 2.1). 75290

Toute **modification de la durée** du travail à temps partiel entraîne parallèlement une modification de l'assiette de calcul des cotisations d'assurance vieillesse (Circ. Acoss du 17-2-1995 n° 4511).

EXEMPLES

1. Salarié dont le contrat à temps partiel prévoit une durée de travail de 130 heures rémunérées 3 250 €. Durée mensuelle de travail applicable dans l'entreprise : 151,67 heures. Rémunération à temps plein : 3 250 × 151,67/130 = 3 791,75 €. Supplément d'assiette : 3 791,75 – 3 250 = 541,75 €.

Sur la transcription des données de cet exemple sur le **bulletin de paie,** voir n° 95150.

2. Le salarié effectue 3 heures complémentaires en juillet 2023 majorées à 10 % et perçoit donc 3 332,50 €. Rémunération à temps plein : 3 332,50 × 151,67/133 = 3 800,30 €. Supplément d'assiette : 3 800,30 – 3 332,50 = 467,80 €.

3. Dans ces exemples, la cotisation vieillesse de base plafonnée sera calculée sur 3 666 € et la cotisation vieillesse de base déplafonnée sur 3 791,75 € (exemple 1) ou sur 3 800,30 € (exemple 2). En cas d'extension de l'option à la retraite complémentaire, les cotisations de retraite complémentaire seront dues sur 3 791,75 – 3 666 = 125,75 € (exemple 1) ou sur 3 800,30 – 3 666 = 134,30 € (exemple 2).

Le montant d'un **rappel de salaire** portant sur une période ayant donné lieu à maintien du calcul des cotisations d'assurance vieillesse sur la rémunération correspondant au temps plein doit être intégré à la rémunération perçue à temps partiel sur le mois considéré ; il n'y a pas lieu de modifier le nombre d'heures rémunérées pour la période considérée. 75300

En revanche, un rappel se rapportant à une période ayant donné lieu à cotisations sur le salaire réel n'a aucune incidence sur le niveau de la rémunération correspondant au temps partiel et n'est donc pas pris en compte pour la reconstitution du salaire à temps complet (Circ. Acoss 176 du 14-12-2005 2.5).

L'employeur peut choisir l'une ou l'autre des méthodes décrites ci-dessus, lorsque le rappel concerne à la fois des périodes ayant donné lieu à cotisations sur le salaire réel et des périodes ayant donné lieu à maintien du calcul des cotisations d'assurance vieillesse à hauteur de la rémunération correspondant au temps plein (Circ. Acoss du 14-12-2005 précitée).

EXEMPLES 75310

1. Rémunération de 3 000 € pour 130 heures à laquelle s'ajoute un rappel de 100 € portant sur une période ayant donné lieu à maintien du calcul des cotisations d'assurance vieillesse à hauteur de la rémunération correspondant au temps plein.

La rémunération correspondant au temps plein sera de : (3 000 + 100) × 151,67/130 = 3 616,75 €.

Le supplément d'assiette sera de 3 616,75 – 3 100 = 516,75 €.

2. Si le rappel se rapporte à une période non concernée par le maintien d'assiette, la rémunération correspondant au temps plein sera de : (3 000 × 151,67/130) + 100 = 3 500,08 + 100 = 3 600,08 €.

Le supplément d'assiette sera de 3 600,08 – 3 100 = 500,08 €.

Salariés non rémunérés selon une base horaire Pour les salariés dont la rémunération, en application de dispositions réglementaires, conventionnelles ou du contrat de travail, n'est pas déterminée selon un nombre d'heures de travail effectuées, le salaire correspondant à l'activité exercée à temps plein est calculé en fonction d'un nombre d'heures considéré comme correspondant à la rémunération mensuelle versée. Ce nombre d'heures est égal : 75320

– pour les salariés dont la durée de travail est fixée par une convention individuelle de **forfait annuel** en heures, à 52/12e du rapport entre ce forfait et 45,7 ;

– pour les **travailleurs à domicile,** au rapport entre la rémunération mensuelle versée au cours du mois civil considéré et le taux horaire du Smic ;

– pour les **autres salariés,** au rapport entre la rémunération mensuelle versée au cours du mois civil considéré et le taux horaire du Smic majoré de 70 %.

Pour l'application de ces dispositions, le Smic est pris en compte pour sa valeur la plus élevée en vigueur au cours de la période d'emploi rémunérée (CSS art. D 241-1-1).

EXEMPLES

1. Salarié au **forfait annuel en heures** de 1 508 heures percevant une rémunération mensuelle de 1 570 €.

Nombre d'heures équivalant à la rémunération mensuelle : 1 508/45,7 × 52/12 = 142,99 heures.

La rémunération à temps plein du mois est égale à : 1 570 × 151,67/142,99 = 1 665,30 €.

Le supplément d'assiette est égal à 1 665,30 € – 1 570 € = 95,30 €.

2. **Travailleur à domicile** percevant une rémunération de 1 057 € en mars 2023.

Nombre d'heures équivalant à la rémunération mensuelle de mars 2023 : 1 057/11,27 (Smic horaire) = 93,79 heures.

La rémunération à temps plein du mois de mars 2023 est égale à : 1 057 € × 151,67/93,79 = 1 709,30 €.

Le supplément d'assiette de mars 2023 est égal à 1 709,30 € – 1 057 € = 652,30 €.

3. Salarié au **forfait annuel en jours** de 190 jours percevant une rémunération de 2 000 € en mars 2023.

Le Smic horaire majoré de 70 % est égal en mars 2023 à 19,16 € (11,27 × 1,7).

Le nombre d'heures équivalent est de : 2 000/19,16 = 104,38 heures.

La rémunération à temps plein du mois de mars 2023 est égale à : 2 000 € × 151,67/104,38 = 2 906,11 €.

Le supplément d'assiette est égal à 2 906,11 € – 2 000 € = 906,11 €.

4. Salarié au **forfait annuel en jours** de 190 jours percevant une rémunération de 3 000 € en mars 2023.

Le Smic horaire majoré de 70 % est égal en mars 2023 à 19,16 € (11,27 × 1,7).

Le nombre d'heures équivalent est de : 3 000/19,16 = 156,58 heures.

La rémunération à temps plein du mois de mars 2023 est égale à : 3 000 € × 151,67/156,358 = 2 905,93 €.

La rémunération du salarié étant supérieure à celle correspondant à une activité exercée à temps plein, l'option pour le calcul des cotisations d'assurance vieillesse sur le salaire correspondant au temps plein ne pourra pas être exercée.

75330 **Suspension du contrat de travail** En cas de suspension du contrat de travail avec **maintien total ou partiel de la rémunération** mensuelle, le nombre d'heures rémunérées pris en compte au titre des périodes de suspension est égal au produit de la durée de travail que le salarié aurait effectuée s'il avait continué à travailler ou, le cas échéant, du nombre d'heures considéré comme correspondant à la rémunération mensuelle qui lui aurait été versée, par le pourcentage de la rémunération demeuré à la charge de l'employeur et soumis à cotisation (CSS art. R 241-0-2, I).

En pratique, ce nombre d'heures sera donc déterminé par application de la formule suivante :

– pour les **salariés rémunérés sur une base horaire** :

> Nombre d'heures rémunérées = (durée mensuelle de travail que le salarié aurait dû effectuer) × (rémunération soumise à cotisations/rémunération que le salarié aurait perçue en l'absence de suspension du contrat)

– pour les salariés **non rémunérés sur une base horaire** :

> Nombre d'heures rémunérées = (nombre d'heures considéré comme équivalant à la rémunération mensuelle qui aurait dû être versée) × (rémunération soumise à cotisations/rémunération que le salarié aurait perçue en l'absence de suspension du contrat)

75340 **Salariés à employeurs multiples** L'employeur qui maintient l'assiette des cotisations d'assurance vieillesse doit reconstituer la rémunération à temps plein selon les modalités précisées n°s 75290 s. (salarié à temps partiel) ou 75320 (salarié non rémunéré selon un nombre d'heures).

Si le cumul des rémunérations reconstituées à temps plein (lorsque l'employeur maintient l'assiette) et des rémunérations versées (lorsque l'employeur ne la maintient pas) atteint ou excède le plafond de la sécurité sociale, il convient de mettre en œuvre les dispositions de l'article L 242-3 du CSS (n°s 68870 s.) afin que les cotisations plafonnées soient réparties entre les différents employeurs au prorata des rémunérations. Dans ce cas, chaque employeur, qu'il ait accepté de surcotiser ou non, doit déterminer son **assiette plafonnée** selon la **formule** suivante (Circ. Acoss 176 du 14-12-2005 2.3) :

> Assiette plafonnée = plafond × (assiette des cotisations retenue par l'employeur concerné/total des assiettes vieillesse retenues par chaque employeur)

INCIDENCE SUR D'AUTRES DISPOSITIFS

L'employeur peut bénéficier de la **réduction générale** de cotisations patronales et de la 75350
réduction de taux des **cotisations d'allocations familiales et d'assurance maladie.**

En revanche, le mécanisme de maintien de l'assiette des cotisations d'assurance vieillesse sur le salaire temps plein est incompatible avec l'application d'une assiette ou de **montants forfaitaires** de cotisations (CSS art. R 241-0-2, IV).

Il emporte aussi renonciation à l'application du mécanisme de **plafond réduit** prévu par l'article L 242-8 du CSS (nos 74910 s.) (CSS art. R 241-0-2, V). Cette renonciation concerne non seulement le calcul des cotisations plafonnées d'assurance vieillesse, mais aussi celui de la contribution Fnal due par les employeurs de moins de 50 salariés (Circ. Acoss 176 du 14-12-2005 1.3). Sur son incidence au regard de la réduction forfaitaire de frais professionnels applicable sur l'assiette de la **CSG-CRDS,** voir no 75060.

Sur le calcul du plafond pour les salariés à **employeurs multiples,** voir no 75340.

DURÉE D'APPLICATION

L'option prend fin pour les rémunérations versées à partir du premier jour du mois au cours 75360
duquel intervient l'une des **circonstances suivantes** : dénonciation de l'accord par l'une des parties, fin du contrat de travail, conditions requises cessant d'être remplies par le salarié (CSS art. R 241-0-6, III).

La **dénonciation** par l'employeur ne peut pas intervenir avant l'expiration d'un délai d'un an à compter de la date d'effet de l'option (CSS art. R 241-0-5, al. 2) ou d'un délai supérieur prévu par les parties et figurant dans le contrat de travail ou l'avenant (no 75250) (CSS art. R 241-0-5, al. 3). Il ressort de cet article qu'aucun délai de dénonciation ne s'impose, en revanche, au salarié.

La dénonciation de l'accord par l'une des parties est notifiée à l'autre partie et mentionnée dans un avenant au contrat de travail (CSS art. R 241-0-5, al. 4).

Quel qu'en soit l'auteur, elle **interdit** la conclusion d'un nouvel accord entre les parties au titre du même contrat de travail avant l'expiration d'un délai de 5 ans à compter de sa date d'effet (CSS art. R 241-0-5, al. 5).

DSN ET BULLETIN DE PAIE

L'adoption d'une assiette différente pour le calcul des cotisations d'assurance vieillesse et 75370
pour le calcul des autres cotisations oblige à **distinguer** dans le bulletin de paie et la DSN les **cotisations** d'assurance vieillesse calculées sur la **rémunération réelle** correspondant au temps partiel de celles calculées sur le **supplément d'assiette.**

Pour des **modèles de bulletin de paie** avec maintien de la cotisation vieillesse sur le salaire temps plein, voir nos 95150 s.

2. RETRAITE COMPLÉMENTAIRE

Lorsqu'elle est exercée, la faculté de maintenir le calcul de la cotisation d'assurance vieillesse 75410
de sécurité sociale sur un salaire à temps complet peut être étendue aux cotisations de retraite complémentaire Agirc-Arrco (ANI du 17-11-2017 art. 75 étendu et élargi par arrêté SSAS1811630A du 24-4-2018).

Cette **faculté est ouverte pour** tous les salariés pour lesquels il a été opté pour un maintien des cotisations de vieillesse de base sur le salaire à temps complet, y compris ceux en retraite progressive (Circ. Agirc-Arrco 1 du 10-1-2011).

La décision a un caractère individuel et nécessite donc l'**accord** de l'employeur et de chaque salarié concerné (ANI du 17-11-2017 art. 75 précité étendu et élargi par arrêté SSAS1811630A du 24-4-2018).

La rémunération à considérer pour déterminer l'**assiette des cotisations** est la rémunération reconstituée selon les modalités exposées nos 75280 s.

Pour des modèles de **bulletins de paie** avec maintien des cotisations vieillesse de retraite complémentaire sur le salaire temps plein, voir nos 95150 (supplément de cotisations salariales non pris en charge par l'employeur) et 95160 (supplément pris en charge par l'employeur).

Pour les salariés en **congés familiaux,** un dispositif spécifique permet de surcotiser aux régimes de retraite complémentaire, voir n° 30480. Cette faculté n'est pas prévue pour l'assurance vieillesse de la sécurité sociale.

ATTENTION
La **prise en charge par l'employeur,** pour le salarié employé à temps partiel, de la **part salariale** des cotisations Agirc-Arrco calculées sur la fraction de la rémunération reconstituée pour correspondre à un temps plein est exclue de l'assiette de la CSG (BOSS-Ass. gén.-210) et donc exclue de celle de la CRDS et des cotisations de sécurité sociale. Elle n'est pas non plus soumise à forfait social (BOSS-Ass. gén.-400).

III. RÉGIME FISCAL

75500 Contrairement aux règles applicables en matière de sécurité sociale, le régime fiscal des salariés à temps partiel comporte peu de spécificités. En effet, en dehors des règles de **décompte des effectifs** à retenir pour la contribution formation, la participation-construction et la contribution supplémentaire à l'apprentissage (n° 74770), la durée du temps de travail n'a pas d'incidence sur l'imposition des rémunérations correspondantes.

Quelques précisions peuvent toutefois être apportées en matière d'impôt sur le revenu et de taxe sur les salaires.

IMPÔT SUR LE REVENU

75510 Sous réserve de l'exonération plafonnée de la rémunération des heures complémentaires (n° 8170), le salarié à temps partiel est imposable dans les conditions de droit commun de la catégorie des traitements et salaires.

Quelques remarques peuvent toutefois être faites sur les points suivants.

75515 **Logement** L'employeur qui opte pour l'**évaluation forfaitaire** de l'avantage en nature logement n'a pas à réduire les limites du barème, exprimées en fonction du plafond annuel de sécurité sociale, au prorata de la durée du travail du salarié à temps partiel bénéficiant du logement.

En effet, le principe d'alignement des règles d'évaluation des avantages en nature sur celles prévues pour le calcul des cotisations de sécurité sociale (CGI art. 82) conduit à adopter pour l'impôt sur le revenu une règle identique à celle appliquée à ces cotisations. Or, en matière sociale, aucune proratisation des limites du barème n'est imposée.

75520 **Retraite et prévoyance** Les **cotisations** aux régimes obligatoires et collectifs d'entreprise de **retraite supplémentaire et** de **prévoyance complémentaire** et les versements obligatoires aux plans d'épargne retraite d'entreprise sont déductibles du salaire imposable dans des limites déterminées pour chaque salarié en fonction de sa rémunération et en pourcentage du plafond annuel de sécurité sociale (n°s 43860 s.). En l'absence de toute précision contraire des textes et de la doctrine administrative, il y a lieu de considérer, à notre avis, que les limites de déduction déterminées en pourcentage du plafond annuel de sécurité sociale n'ont pas à être réduites au prorata de la durée du travail des salariés à temps partiel.

75525 **Indemnités de rupture du contrat** Certaines indemnités de rupture du contrat de travail (indemnités de licenciement et de mise à la retraite) ou de cessation forcée du mandat social sont exonérées d'impôt sur le revenu dans des limites dont certaines sont exprimées en multiple du plafond annuel de sécurité sociale. En l'absence de toute précision contraire des textes et de la doctrine administrative, il y a lieu de considérer, à notre avis, que ces limites n'ont pas à être réduites au prorata de la durée du travail des salariés à temps partiel.

75530 **Prélèvement à la source** Pour calculer le prélèvement à la source de l'impôt sur le revenu, l'employeur, applique le taux notifié par les services fiscaux à la rémunération qu'il verse. Cette règle générale trouve à s'appliquer que le salarié soit à temps complet ou à temps partiel.

L'employeur ne disposant pas de taux notifié par les services fiscaux fait application aux salariés payés au mois du **taux par défaut** qu'il détermine à partir du barème donné n° 96420 sans aucun ajustement des limites mensuelles en fonction de la durée du travail (BOI-IR-PAS-20-20-30-10 n° 150).

Frais professionnels Pour la déduction de leurs frais professionnels, les salariés à temps partiel doivent, comme tous les salariés, opérer lors de la souscription de leur déclaration d'impôt un choix entre déduction forfaitaire de 10 % et déduction des frais réels. 75535

En cas d'option pour la **déduction forfaitaire,** l'administration considère que le montant minimal de la déduction n'a pas à être réduit au prorata du temps de travail lorsque l'activité est exercée à temps incomplet (BOI-RSA-BASE-30-50-20 n° 80). Cette règle nous semble également applicable au montant maximal de ladite déduction.

TAXES SUR LES SALAIRES

À notre sens, les seuils d'application des **taux majorés** de la taxe ne doivent pas être réduits au prorata du temps de travail pour les salariés à temps partiel. Bien que non expressément énoncée par la doctrine administrative, cette solution est le pendant logique de celle applicable aux salariés à employeurs multiples (n° 31700). 75545

SECTION 2 TEMPS PARTIEL THÉRAPEUTIQUE

Le travail à temps partiel pour motif thérapeutique – qui ne correspond pas nécessairement à un mi-temps – permet au salarié malade de poursuivre (absence d'arrêt de travail), ou de reprendre (après un arrêt de travail), une activité à temps partiel ou aménagée de façon temporaire (CSS art. L 323-3 et L 433-1). 75570

MISE EN PLACE

La mise en place d'un temps partiel thérapeutique est proposée par le **médecin traitant** au salarié qui dépose alors une demande auprès de sa caisse primaire d'assurance maladie accompagnée de l'accord de l'employeur. 75580

Celui-ci doit organiser une visite médicale de reprise auprès du **médecin du travail** lorsque le temps partiel fait suite à un arrêt de travail imposant une telle visite. S'il juge le salarié apte à reprendre ou poursuivre une activité, le médecin du travail définit les modalités concrètes de mise en œuvre du temps partiel thérapeutique.

Après avis du médecin du travail, le **médecin-conseil** de la caisse donne son accord.

La conclusion d'un **avenant au contrat de travail** n'est pas obligatoire mais elle est souhaitable pour y mentionner sa cause et son caractère par nature temporaire et ainsi éviter tout contentieux ultérieur. Il peut aussi être utile d'y préciser que le retour au contrat de travail initial aura lieu dès que la caisse cessera le versement des indemnités journalières et que le médecin du travail aura levé ses réserves sur l'aptitude du salarié.

Sur la **reprise du paiement du salaire** au salarié déclaré apte à reprendre le travail à temps partiel thérapeutique, voir n° 75600.

CONSEIL

Dès lors que le salarié sollicite la mise en place d'un temps partiel thérapeutique, il est conseillé de saisir le médecin du travail même si les conditions juridiques imposant l'organisation d'une **visite de reprise** ne sont pas réunies.

STATUT DANS L'ENTREPRISE

Le statut dans l'entreprise du salarié à temps partiel thérapeutique ne fait l'objet d'**aucune réglementation spécifique.** Son contrat de travail n'étant pas suspendu (Cass. soc. 21-3-2007 n° 06-40.891 FS-D), il bénéficie, selon nous, de tous les droits liés à la présence effective au sein de l'entreprise : calcul de l'ancienneté, des congés payés, droit aux titres-restaurant, etc. 75590

Pour le calcul de l'indemnité de congés payés, il y a lieu à notre sens d'appliquer les règles exposées n° 74720.

Pour le calcul de l'indemnité de licenciement, voir n° 63450.

RÉMUNÉRATION

Le salarié en temps partiel thérapeutique cumule la rémunération versée par l'employeur et les **indemnités journalières** versées par la sécurité sociale sans délai de carence (CSS art. L 323-3 et L 433-1). L'indemnité journalière est calculée selon les règles de droit commun de 75600 l'assurance maladie (voir nº 61510), mais son montant ne peut pas être supérieur à la perte de gain journalière résultant du passage à temps partiel thérapeutique (CSS art. L 323-3 et R 323-3).

En cas de **maladie ou** d'**accident non professionnel,** l'indemnité est versée pour une durée ne pouvant pas excéder d'un an le délai maximal de 3 ans visé nº 61520.

Sauf disposition conventionnelle ou usage contraire, en cas de passage à temps partiel thérapeutique, l'employeur n'est pas tenu de pratiquer la **subrogation** (paiement des indemnités journalières au salarié puis récupération de celles-ci auprès de la caisse).

Le salarié est **rémunéré** par l'employeur **en fonction** de sa durée du travail. Pendant les périodes non travaillées, il ne peut pas prétendre au maintien du salaire prévu par la convention collective, sauf si celle-ci prévoit expressément ce maintien en cas de temps partiel thérapeutique (Cass. soc. 21-3-2007 nº 06-40.891 FS-D).

Les textes étant muets sur les modalités de détermination de la rémunération, deux **méthodes** semblent possibles : soit traiter le temps non travaillé comme une absence, soit mensualiser le salaire sur la base de la nouvelle durée de travail du salarié. Cette seconde méthode semble préférable, car elle rend plus aisée la gestion des congés payés et le calcul des charges sociales.

ATTENTION

Si le salarié a été **déclaré apte à reprendre** le travail **à temps partiel thérapeutique** par le médecin du travail, l'employeur doit reprendre le paiement du salaire dès la fin de la suspension du contrat de travail, même s'il n'a pas encore mis en place ce temps partiel et/ou s'il exerce un recours contre la décision du médecin du travail (Cass. soc. 3-2-2021 nº 19-24.102 F-D).

CHARGES SUR SALAIRE

75610 Le **BOSS** précise que le plafond applicable aux salariés placés en temps partiel thérapeutique peut être réduit dans les mêmes conditions que pour les salariés à temps partiel. La formule applicable est alors la suivante (BOSS-Ass. gén.-835) :

> Valeur mensuelle du plafond × (durée de travail effectuée dans le cadre du temps partiel thérapeutique/durée légale du travail – ou conventionnelle si inférieure)

À notre avis, deux situations doivent être distinguées.

Si la rémunération du salarié est fixée en fonction de la nouvelle durée du travail, le salarié à temps partiel thérapeutique se voit appliquer toutes les règles de droit commun des salariés à **temps partiel,** et notamment celles concernant la réduction du plafond au prorata de la rémunération et la proratisation du Smic pris en compte pour le calcul de la réduction générale de cotisations patronales et l'appréciation des seuils d'application des réductions de taux des cotisations d'allocations familiales et d'assurance maladie (nº 22160).

Selon nous, comme le préconisait une ancienne instruction de l'Acoss (Inst. Acoss 81-3 du 1-10-1981 3.1), il est préférable de réserver ce traitement au cas où le travail à temps partiel a été formalisé dans un écrit mentionnant la durée hebdomadaire de travail et sa répartition.

Si le temps non travaillé est traité comme une **absence,** ce sont les règles prévues pour les absences qui seront appliquées notamment pour la réduction du plafond (nºs 18050 s.) et le Smic pris en compte pour la réduction générale et les réductions de taux (nº 22170).

Dans tous les cas, les **indemnités journalières** de sécurité sociale ne seront pas prises en compte pour déterminer l'éligibilité à la réduction générale et aux réductions des taux maladie et allocations familiales (nº 22230).

Sur le point de savoir si, en cas de subrogation, l'employeur doit opérer le **prélèvement à la source de l'impôt sur le revenu** sur ces indemnités, voir nº 62265.

> Précisions Les entreprises qui le souhaitent peuvent, sous réserve de remplir certaines conditions, transmettre les informations sur le temps partiel thérapeutique à la caisse d'assurance maladie via la **DSN** mensuelle (à l'aide du bloc 66). Les entreprises ayant opté pour cette transmission n'ont plus de signalement arrêt de travail à effectuer pour leurs salariés en temps partiel thérapeutique (net-entreprises, fiches nºs 911 et 2533).

CHAPITRE 2

CONTRAT À DURÉE DÉTERMINÉE

SOMMAIRE

I. Statut du salarié 75950
A. Rémunération 75950
1. Égalité de rémunération 75950
2. Périodes non travaillées 76020
3. Épargne salariale 76110
4. Paiement, régime social et fiscal 76200
B. Prise en compte dans les effectifs 76250
II. Rupture du contrat 76280
A. Indemnité compensatrice de congés payés 76300
B. Indemnité de fin de contrat 76330
C. Rupture anticipée du contrat par l'employeur 76420
III. Requalification du CDD en CDI 76510

Les développements qui suivent sont consacrés au **statut du salarié** sous contrat à durée déterminée (CDD) dans l'entreprise, notamment en termes de rémunération, ainsi qu'aux sommes versées à la fin du contrat et en cas de requalification du contrat en contrat à durée indéterminée (CDI). 75800

Une étude particulière est dédiée au **contrat d'apprentissage** et aux contrats conclus dans le cadre de la **politique de l'emploi** : voir n°s 83840 s.

› Précisions Pour un exposé général des conditions de conclusion et d'exécution des CDD, voir Mémento social n°s 19500 s.

I. STATUT DU SALARIÉ

A. Rémunération

1. ÉGALITÉ DE RÉMUNÉRATION

PORTÉE DU PRINCIPE

La rémunération perçue par le salarié titulaire d'un CDD ne peut pas être inférieure à celle que percevrait dans la même entreprise, après période d'essai, un salarié bénéficiant d'un **CDI** de **qualification professionnelle** équivalente et occupant les mêmes **fonctions** (C. trav. art. L 1242-15). 75950

Cette règle s'applique à tous les salariés employés en CDD, qu'ils soient soumis ou non à une **période d'essai.** Elle s'applique donc dès le premier jour de leur engagement (Cass. soc. 17-12-1996 n° 94-41.460 PB).

À l'inverse, elle n'interdit pas nécessairement de consentir aux titulaires de CDD une **rémunération supérieure** à celle perçue par un salarié sous CDI de qualification équivalente et occupant les mêmes fonctions (n° 3840).

ATTENTION

Le non-respect du principe d'égalité de rémunération est puni d'une **amende** de 3 750 €, doublée et assortie d'un **emprisonnement** de 6 mois en cas de récidive (C. trav. art. L 1248-8).

À cette sanction pénale peut s'ajouter une **sanction civile** : l'obligation d'accorder des compléments de rémunération au salarié à sa demande.

SALAIRE DE RÉFÉRENCE

75960 Le principe d'égalité de rémunération ne s'applique qu'aux éléments de rémunération attachés au **poste de travail.** Ainsi, si une partie de la rémunération est versée en fonction de l'**ancienneté,** le salarié en CDD ne peut y prétendre que s'il remplit lui-même cette condition d'ancienneté (Circ. DRT 18 du 30-10-1990 n° 4.1.1). Dans le cas contraire, l'ancienneté peut justifier une différence de traitement entre ce salarié et un de ses collègues en CDI sauf si elle est déjà prise en compte par une prime d'ancienneté distincte du salaire de base (Cass. soc. 17-3-2010 n° 08-43.135 F-D).

Si le salarié embauché en CDD pour assurer un **remplacement** n'accomplit pas l'intégralité des tâches du salarié remplacé, sa rémunération peut être réduite en conséquence (Cass. soc. 15-10-2002 n° 00-40.623 FS-P), à condition de préciser dans le contrat les tâches qu'il n'a pas à exécuter (Lettre DRT du 12-7-1982).

S'il n'existe pas dans l'entreprise de salarié ayant une **qualification professionnelle équivalente** à celle du salarié embauché en CDD, le principe d'égalité s'apprécie par référence au salaire que verserait l'entreprise à un salarié de même qualification professionnelle qu'elle embaucherait pour une durée indéterminée (CA Paris 14-12-1988 n° 88-31784).

Sur les compléments différentiels de salaire compensant les effets de la **réduction du temps de travail,** voir n° 53730.

75970 La rémunération à prendre en compte pour vérifier ce principe d'égalité est celle définie n° 3380. Elle n'inclut pas l'**indemnité de fin de contrat** (Cass. soc. 10-10-2012 n° 10-18.672 FS-PB).

Si une **réévaluation des salaires** a lieu dans l'entreprise, elle doit être répercutée dans la rémunération du salarié en CDD (Circ. DRT 18 du 30-10-1990 n° 4.1.1).

Le montant de la rémunération et de ses différentes composantes, y compris, s'il en existe, les primes et accessoires de salaire, doit figurer dans le **contrat de travail** (C. trav. art. L 1242-12, 7°).

> **› Précisions a.** Le salarié en CDD a droit à tous les **avantages** dont bénéficient les autres salariés (titres-restaurant, prestations du comité social et économique, primes diverses...) s'il remplit les conditions de leur attribution, comme, par exemple, la durée de présence dans l'entreprise requise pour l'octroi d'une **prime de 13e mois** (Cass. soc. 29-11-2006 n° 05-40.755 FS-PB) ou d'une **prime de vacances** (Cass. soc. 16-7-1987 n° 84-45.003 P).
>
> **b.** Une entreprise ou un établissement dont le personnel est régi à la fois par un **statut** et par le Code du travail ne peut pas se prévaloir du fait que certains avantages (par exemple, sursalaire familial, tarif préférentiel) sont expressément prévus par le statut pour les exclure de la rémunération de référence (Circ. DRT 14 du 29-8-1992 n° 43).

75990 **Principe d'égalité de traitement**

Les **dispositions légales et conventionnelles** et celles résultant des **usages** applicables aux salariés en CDI s'appliquent aussi aux salariés en CDD, sauf pour les dispositions sur la rupture du contrat de travail (C. trav. art. L 1242-14).
Le principe d'**égalité des droits** entre salariés en CDD et salariés en CDI s'applique donc à la rémunération, mais pas aux sommes dues à la rupture du contrat de travail.

2. PÉRIODES NON TRAVAILLÉES

CONGÉS PAYÉS

76020 Les règles de calcul de l'indemnité compensatrice de congés payés ont été aménagées pour tenir compte des contrats de courte durée (voir n° 76300). Sous cette réserve, les règles de droit commun s'appliquent aux salariés en CDD. Ainsi, ils peuvent prendre leurs congés comme les autres salariés de l'entreprise s'ils remplissent les conditions d'acquisition (voir nos 59150 s.).

ATTENTION

La suspension du contrat de travail pendant la durée de **fermeture de l'entreprise** pour cause de congés payés est possible à condition d'être expressément prévue dans le contrat (Circ. DRT 18 du 30-10-1990 n° 2.5). Mais elle ne permet pas de conclure un CDD dont la durée, période de fermeture comprise, excède la durée maximale prévue par la loi (Cass. soc. 9-10-1990 n° 87-41.109 PF ; 25-2-2004 n° 01-43.072 FS-PB).

AUTRES CONGÉS

Le salarié en CDD peut, s'il en remplit les conditions, prétendre aux congés pour **événements familiaux** légaux ou conventionnels (voir n° 72100). 76030

Il peut en outre bénéficier d'un congé de transition professionnelle (nos 72710 s.), d'un congé pour validation des acquis de l'expérience (VAE) (n° 72800) et du compte personnel de **formation** (nos 72650 s.).

JOURS FÉRIÉS

Le salarié en CDD peut prétendre au paiement des jours fériés dans les mêmes conditions que les autres salariés de l'entreprise (voir nos 60870 s.). Sur le cas particulier du salarié en CDD **saisonnier** dans les **hôtels, cafés, restaurants,** voir n° 85490. 76040

S'agissant des conséquences, sur la rémunération, du travail d'un jour férié au titre de la **journée de solidarité,** voir nos 71820 s.

MALADIE OU ACCIDENT

En cas de maladie ou d'accident, professionnels ou non, le salarié en CDD a droit au **maintien du salaire** prévu par la loi (sauf s'il occupe un emploi saisonnier l'excluant du champ d'application de la mensualisation, voir n° 10950) ou, le cas échéant, par la convention collective s'il remplit les conditions (notamment d'ancienneté) pour en bénéficier (voir nos 61420 s.). 76050

Le salarié en CDD déclaré **inapte** à son emploi par le médecin du travail peut prétendre, en l'absence de reclassement ou de rupture anticipée de son contrat dans un certain délai, à la reprise du versement du salaire, voir nos 62700 s. Sur les indemnités dues par l'employeur en cas de rupture anticipée du CDD dans cette situation, voir nos 62880 (inaptitude non professionnelle) et 62930 (inaptitude professionnelle).

S'agissant de l'incidence de la maladie ou de l'accident sur le calcul de l'**indemnité de fin de contrat,** voir n° 76355.

3. ÉPARGNE SALARIALE

Sous réserve de remplir la condition d'ancienneté dans l'entreprise prévue, le cas échéant, par l'accord de **participation** aux résultats ou l'accord d'**intéressement** (voir n° 46610), les salariés sous CDD bénéficient des sommes versées à ce titre comme les autres salariés de l'entreprise. Ils peuvent aussi participer aux **plans d'épargne salariale** (PEE, PEI, Perco et Pereco) dans les mêmes conditions. 76110

L'application de ces régimes aux salariés en CDD appelle certaines précisions.

CALCUL DES DROITS

Si le salarié n'a pas accompli une année entière dans la même entreprise, le plafond des droits individuels à participation ainsi que le montant maximal du salaire à prendre en compte pour la répartition proportionnelle de la réserve spéciale de **participation** doivent être proratisés : voir n° 46670. 76130

Il en va de même, selon l'administration, du plafond des droits individuels à **intéressement** : voir n° 48080, b.

FIN DU CONTRAT

L'arrivée du terme du CDD ou sa cessation anticipée autorise le salarié à demander le **déblocage anticipé** de ses droits au titre de la participation et de l'intéressement, ainsi que des sommes affectées aux plans d'épargne d'entreprise ou interentreprises, mais pas du Perco ni du Pereco : voir n° 47300. 76140

4. PAIEMENT, RÉGIME SOCIAL ET FISCAL

GÉNÉRALITÉS

En principe compris dans le champ d'application de la **mensualisation,** sauf en cas de contrat saisonnier (voir n° 10950), le salarié en CDD bénéficie à ce titre d'un salaire mensuel forfaitaire. 76200

Le versement du salaire s'accompagne de la remise au salarié d'un **bulletin de paie** dans les conditions de droit commun.

La rémunération du salarié sous CDD est assujettie aux **cotisations** et contributions sociales, à l'**impôt** sur le revenu et aux taxes et participations sur les salaires dans les conditions de droit commun, sous les réserves suivantes :

– le compte personnel de formation des CDD (CPF-CDD) est financé par une contribution spécifique : voir nº 31050 ;

– la base du prélèvement à la source de l'impôt (PAS) est abattue pour les CDD courts sans taux personnalisé : voir nºs 76220 s. ;

– les cotisations plafonnées se calculent en totalisant les contrats (voir nº 76210) alors que les réductions de cotisations patronales se calculent par contrat : voir nº 76215 ;

– les exonérations en zones de revitalisation rurale et en zones franches urbaines sont réservées aux contrats d'une certaine durée, voir respectivement nºs 23130 et 23860.

> **› Précisions** Pour les **CDD saisonniers ou d'usage** de **moins d'un mois** à cheval sur 2 mois, un seul bulletin de paie est émis par l'employeur (C. trav. art. L 1242-2, 3º). Dans ce cas, les règles d'assiette, de taux et de plafonnement sont celles en vigueur le dernier jour de la période d'emploi considérée. Deux déclarations sont néanmoins nécessaires afin de garantir l'acquisition des droits des salariés (BOSS-Ass.gén.-510). Pour un salarié non mensualisé, lorsque la période d'emploi débute après une échéance de paie et s'achève avant l'échéance suivante, par exception, une seule déclaration sociale peut être établie (BOSS-Ass.gén.-520).

FAIT GÉNÉRATEUR DES COTISATIONS

76205 Les sommes versées aux salariés sous CDD sont soumises aux règles de droit commun en matière de fait générateur des cotisations (nºs 18760 s.), y compris en cas de **succession de CDD** (BOSS-Ass.gén.-530).

Ainsi, si le **salarié** est **toujours dans l'entreprise** après la fin de précédents CDD (BOSS-Ass.gén.-530) :

– pour l'élément de rémunération versé selon une périodicité non mensuelle en vertu d'un accord collectif ou du contrat de travail : les règles d'assiette, de taux et de plafonnement applicables sont celles du mois au cours duquel cet élément devait être versé, même si cet élément est dû en application du précédent contrat ;

– pour les sommes versées pour corriger une erreur de paie : les règles à retenir sont celles de la paie rectifiée.

Si le salarié n'est **plus dans l'effectif** de l'entreprise, le principe du rattachement à la dernière période d'emploi s'applique : les cotisations et contributions sont calculées selon les règles d'assiette, de taux et de plafonnement applicables lors de la dernière période de travail du contrat auquel se rattache l'élément de rémunération concerné (BOSS-Ass.gén.-540).

Pour le cas où **un seul bulletin de paie** est établi **pour deux contrats,** voir nº 76200.

EXEMPLE

Un salarié a eu avec le même employeur un contrat A en novembre 2022, un contrat B en février 2023 et un contrat C, de mai à juin 2023. Il reçoit :

– en mai 2023, un rappel de rémunération au titre du contrat de travail B : les règles d'assiette, de taux et de plafonnement sont celles en vigueur le mois concerné par cette rectification, soit février 2023 ;

– en juin 2023, au titre du contrat de travail B, une prime annuelle versée habituellement en juin : les règles applicables sont celles en vigueur au moment du versement du salaire de juin 2023 (comme pour les autres salariés) ;

– en juillet 2023, une prime annuelle versée habituellement en juillet au titre du contrat B et un rappel de salaire au titre du contrat A : les règles applicables à la prime sont celles en vigueur au moment de la dernière période de travail du contrat B et celles applicables au rappel de salaire sont celles applicables au moment de la dernière période de travail du contrat A.

CALCUL DES COTISATIONS PLAFONNÉES

76210 Pour la régularisation des cotisations plafonnées de sécurité sociale, l'entreprise qui a conclu au cours de l'année avec un salarié **plusieurs CDD non consécutifs** doit lui appliquer un plafond réduit tenant compte des seules périodes d'emploi (Cass. soc. 9-2-1978 nº 76-12.151 P ; 11-3-1987 nº 84-16.975 P ; 13-2-1992 nº 90-13.793 P). Dans ce cas, il convient d'effectuer la régularisation en tenant compte des sommes versées depuis la date d'embauche du premier contrat (BOSS-Ass.gén.-1211). Ces principes s'appliquent également aux limites des tranches de rémunération soumises aux cotisations chômage et AGS et aux cotisations de retraite complémentaire du régime Agirc-Arrco. Pour les médecins payés à la **vacation,** voir nºs 69940 et 30200, b.

> **› Précisions** Comme pour les salariés en CDI, en **cas d'embauche ou de départ** du salarié **en cours de mois,** le plafond de sécurité sociale est réduit, voir nº 18045.

RÉDUCTIONS DE COTISATIONS PATRONALES

Pour les salariés en CDD auprès d'un même employeur, le coefficient de la **réduction générale** de cotisations patronales est déterminé pour chaque contrat (CSS art. D 241-7). Il en va de même pour le calcul de la réduction du taux de la **cotisation d'allocations familiales** (CSS art. D 241-3-2) et de celui de la cotisation d'**assurance maladie** (Inst. DSS 141 du 19-6-19, opposable). 76215

Si le CDD est renouvelé ou transformé en contrat à durée indéterminée, ces réductions se calculent sur l'ensemble de la période couverte par lesdits contrats. En cas de poursuite du contrat sur l'année suivante, le calcul est effectué pour la part de la rémunération versée chaque année (Circ. DSS 99 du 1-1-2015, opposable ; Inst. DSS 141 du 19-6-19, opposable).

PRÉLÈVEMENT À LA SOURCE DES CDD COURTS

Pour les CDD, dits CDD courts, dont le terme initial (ou la durée minimale en cas de CDD sans terme précis) n'excède pas **2 mois,** si l'employeur ne dispose **pas** d'un **taux personnalisé** pour le prélèvement à la source de l'impôt sur le revenu du salarié, il applique, dans la limite des 2 premiers mois d'embauche, un **abattement** sur la base du prélèvement égal à la moitié du montant mensuel du Smic (CGI art. 204 H, III-1° d, al. 2). La base abattue est ensuite comparée aux limites mensuelles de revenus de la grille de taux par défaut (aussi appelée grille de taux neutre) afin de déterminer le taux à appliquer à la base abattue (BOI-IR-PAS-20-20-30-10 n° 270). Pour un **modèle de bulletin de paie** illustrant cette situation, voir n° 94334. 76220 €

> Précisions a. Le **décompte** de la durée de **2 mois** s'effectue de date à date. Par exemple, un CDD commençant le 15 janvier et prenant fin le 14 mars inclus est un contrat court, contrairement à un contrat débutant le 15 janvier et s'achevant le 15 mars (BOI-IR-PAS-20-20-30-10 n° 250).

b. Le montant mensuel du **Smic** s'entend de son montant net imposable. S'il faut en principe appliquer le montant d'abattement en vigueur au moment du versement du salaire, il est admis que le montant en vigueur au 1er janvier soit utilisé pour tous les salaires versés pendant l'année (BOI-IR-PAS-20-20-30-10 n° 260). Le **montant applicable** au 1-1-2023 s'élève à 701 € (BOI-BAREME-000037 n° 30 ; net-entreprises, fiche n° 2454). Il sera à nouveau majoré en cas de nouveau relèvement du Smic avant la fin de l'année 2023.

c. Bien que la grille de taux par défaut soit établie en fonction de bases mensuelles de prélèvement, elle s'applique dans tous les cas, y compris pour des revenus versés avec une **périodicité** usuelle **de versement différente du mois** ou versés au titre d'une **période inférieure** (BOI-IR-PAS-20-20-30-10 n° 270). Par exemple, pour un CDD de 3 semaines en avril 2023, si le salarié est domicilié en métropole et perçoit un salaire imposable de 1 500 €, l'assiette du prélèvement après abattement est de 799 € (1 500 – 701). Aucun prélèvement à la source ne doit être effectué puisque le taux par défaut pour un revenu imposable de 799 € est nul. En prenant les mêmes données mais avec un salaire imposable de 2 300 €, il sera procédé à un prélèvement à la source égal à 1,3 % de (2 300 – 701), soit 20,79 €.

d. Sur la **DSN,** la rémunération abattue est déclarée dans la rubrique Montant soumis au PAS (S21.G00.50.013) et la rémunération non abattue dans la rubrique RNF (S21.G00.50.002). Si la rémunération nette fiscale du salarié est inférieure au montant de l'abattement, le montant à renseigner dans la rubrique Montant soumis au PAS est de 0 € (et non pas un montant négatif) (net-entreprises, fiche n° 1389). À notre avis, sur le bulletin de paie, le montant abattu est indiqué dans la base du PAS et le montant non abattu dans la case Rémunération nette fiscale.

Contrat débutant en cours de mois Pour les contrats courts qui débutent en cours de mois, l'abattement s'applique sur les salaires versés au titre des **mois civils concernés** par les 2 premiers mois du contrat (BOI-IR-PAS-20-20-30-10 n° 290). Dans le cas où le contrat n'excède pas 2 mois mais est à cheval sur 3 mois, l'abattement peut donc être pratiqué sur chacun de ces 3 mois (net-entreprises, fiche n° 1389). 76225

EXEMPLE

Soit un salarié recruté en métropole le 25 du mois M de 2023 en CDD prenant fin le 20 du mois M + 2, avec un salaire imposable de 800 € au titre du mois M, de 2 300 € au titre du mois M + 1 et de 1 500 € au titre du mois M + 2. S'il ne dispose pas du taux personnalisé du salarié, l'employeur n'opère aucun prélèvement à la source au titre du mois M puisque le taux par défaut pour un revenu mensuel imposable de 99 € (800 – 701) est nul. Au titre du mois M + 1, s'il ne dispose toujours pas du taux personnalisé du salarié, l'employeur opère un prélèvement à la source de 20,79 € (1 599 × 1,3 %). Au titre du mois M + 2, s'il ne dispose toujours pas du taux personnalisé du salarié, l'employeur n'opère aucun prélèvement à la source puisque le taux par défaut pour un revenu mensuel imposable de 799 € (1 500 – 701) est nul (d'après BOI-IR-PAS-20-20-30-10 n° 290).

76230 **Poursuite du contrat ou réembauche** En cas d'**interruption** entre 2 CDD, le décompte du délai de 2 mois est effectué séparément pour chaque contrat (BOI-IR-PAS-20-20-30-10 n° 250).

Si, au cours d'un même mois, un CDD court s'achève et un autre contrat (**CDD non court ou CDI**) commence, le CDD court donne lieu à abattement mais pas le nouveau contrat (net-entreprises, fiche n° 1751).

En cas de **renouvellement** ou de **prolongation** du CDD, l'abattement reste limité aux 2 premiers mois de salaire (BOI-IR-PAS-20-20-30-10 n° 250).

Attention : dans tous les cas, la grille de taux par défaut et l'abattement **cessent de s'appliquer dès** que l'employeur dispose du taux personnalisé du salarié, c'est-à-dire du taux propre au salarié calculé et transmis par l'administration fiscale (BOI-IR-PAS-20-20-30-10 n° 250).

EXEMPLE

Cas d'un CDD conclu le 25 du mois M avec terme imprécis assorti d'une durée minimale d'un mois pour lequel l'employeur ne dispose pas, jusqu'au terme du contrat, du taux personnalisé du salarié.

Si le contrat prend fin le 15 du mois M + 2, l'abattement est appliqué sur les paies des mois M, M + 1 et M + 2.

Si le contrat prend fin le 31 du mois M + 2, l'abattement est appliqué sur les paies des mois M et M + 1 mais pas sur la paie du mois M + 2 (d'après BOI-IR-PAS-20-20-30-10 n° 290).

76235 **Pluralité de versements sur le mois** En cas de versements distincts au cours d'un même mois à un salarié pour lequel l'employeur ne dispose pas du taux personnalisé, si chacun donne lieu, conformément à la périodicité usuelle de versement, à l'établissement d'un **bulletin de paie distinct,** la grille de taux mensuelle et l'abattement s'appliquent séparément à chaque versement. À l'inverse, si **un seul bulletin** de salaire est établi, la grille de taux mensuelle et l'abattement s'appliquent en prenant en compte la totalité du versement. Dans ce cas, un seul et unique abattement sera appliqué au montant global correspondant au versement (BOI-IR-PAS-20-20-30-10 n° 280 ; net-entreprises, fiche n° 2041).

EXEMPLES

1. Pour un contrat saisonnier de 3 semaines donnant lieu chaque semaine au versement de la rémunération et à l'établissement d'un bulletin de paie, l'abattement et la grille de taux mensuelle s'appliquent à chaque versement sans tenir compte des autres versements effectués au cours du même mois.

2. Si un employeur emploie un salarié en CDD à plusieurs reprises au cours d'un même mois et établit un seul bulletin de paie pour le mois, l'abattement et la grille de taux mensuelle s'appliquent à la totalité du versement en faisant masse de l'ensemble des rémunérations dues au titre de chacun des contrats (BOI-IR-PAS-20-20-30-10 n° 280).

B. Prise en compte dans les effectifs

76250 Les salariés en CDD entrent dans l'effectif de l'entreprise pour la mise en œuvre du **Code du travail** au **prorata** de leur temps de présence au cours des 12 mois précédents. Par exception, sont exclus ceux qui remplacent un salarié absent ou dont le contrat de travail est suspendu (C. trav. art. 1111-2, 2°).

Pour leur prise en compte dans l'effectif de l'entreprise au titre de la législation de la **sécurité sociale,** voir nos 18800 s.

II. RUPTURE DU CONTRAT

76280 Le salarié sous CDD ne bénéficie pas des dispositions relatives à la rupture des CDI (C. trav. art. L 1242-14). Il n'a donc pas droit aux indemnités visées aux nos 63200 s.

En revanche, dans certains cas, à l'arrivée du terme il a droit à une **indemnité de fin de contrat** destinée à compenser la précarité de sa situation (nos 76330 s.).

Par ailleurs, il peut prétendre à des dommages-intérêts en cas de **rupture anticipée** du contrat par l'employeur. Le **salarié déclaré inapte** par le médecin du travail a droit dans ce cas à des indemnités particulières : voir nos 62880 (inaptitude non professionnelle) et 62930 (inaptitude professionnelle).

Dans tous les cas de rupture de la relation contractuelle, le salarié perçoit une indemnité compensatrice de **congés payés** s'il lui reste à son départ des congés non pris.
Sur l'indemnité due : au titre des droits à **contrepartie obligatoire en repos** pour heures supplémentaires, voir nº 7580 ; en cas de rupture de la période d'essai par l'employeur sans respect du **délai de prévenance,** voir nºˢ 65240 s.

A. Indemnité compensatrice de congés payés

Le salarié sous CDD a droit à une indemnité compensatrice de congés payés au titre du travail effectivement accompli durant ce contrat, **quelle qu'ait été sa durée,** dès lors que le régime des congés applicable dans l'entreprise ne lui permet pas de les prendre effectivement (C. trav. art. L 1242-16, al. 1). 76300
La durée des congés est **calculée** selon les règles de droit commun.
Le montant de l'indemnité, calculé en fonction de la durée du contrat, ne peut pas être inférieur au dixième de la rémunération totale brute perçue par le salarié pendant cette durée (C. trav. art. L 1242-16, al. 2), y compris l'indemnité de fin de contrat (Circ. DRT 14 du 29-8-1992 nº 59), ou à la rémunération que le salarié aurait perçue s'il avait travaillé pendant ses congés. S'agissant de la comparaison entre ces deux modes de calcul, voir nºˢ 59350 s. Pour un exemple de calcul en application de la règle du 10ᵉ, voir nº 76355.
Sur le **régime fiscal et social** de l'indemnité compensatrice de congés payés, voir nºˢ 60620 s.

ATTENTION

En cas d'**abus de l'employeur** quant à la fixation des **dates de congés,** le salarié qui a néanmoins pu bénéficier de congés payés et perçu la rémunération correspondante ne peut pas prétendre au versement d'une indemnité compensatrice de congés payés mais seulement à l'indemnisation de son préjudice (Cass. soc. 4-1-2000 nº 97-41.374 PB).

B. Indemnité de fin de contrat

CAS DE VERSEMENT

Motifs de recours au CDD L'indemnité de fin de contrat, aussi appelée « indemnité de précarité », est due si le CDD est conclu dans les **cas suivants** : 76330
– remplacement d'une personne absente ou d'un salarié passé provisoirement à temps partiel ou dont le contrat est suspendu, du salarié ayant quitté définitivement l'entreprise avant la suppression de son poste, ou du nouveau titulaire du poste dans l'attente de son entrée en service ;
– accroissement temporaire de l'activité de l'entreprise, y compris si cet accroissement a pour origine la réalisation d'une tâche occasionnelle, l'exécution de travaux urgents ou une commande exceptionnelle à l'exportation.
L'indemnité de fin de contrat n'est **pas due** à l'issue d'un CDD conclu dans l'un des cas suivants (C. trav. art. L 1243-10) :
– emploi saisonnier ou d'usage, sauf dispositions conventionnelles plus favorables ;
– contrat conclu dans le cadre de la politique de l'emploi ou pour assurer un complément de formation, sauf dispositions conventionnelles plus favorables. Par dérogation, l'indemnité est due pour les CDD « seniors » conclus dans toutes les professions autres qu'agricoles (Avenant du 9-3-2006 à l'ANI du 9-3-2006, étendu par arrêté SOCT0611524A du 12-7-2006 et élargi par arrêté SOCT0611667A du 26-7-2006 modifié) ;
– contrat conclu avec un jeune pour une période comprise dans ses vacances scolaires ou universitaires.

ATTENTION

Le non-respect des dispositions relatives à l'indemnité de fin de contrat est passible de **sanctions pénales** : voir nº 250.

Pour les contrats conclus pour les **vacances,** l'indemnité n'est pas due si le contrat est exécuté pendant les vacances scolaires ou universitaires avec un jeune, mineur ou majeur, suivant effectivement un cursus scolaire. Elle est due en revanche si le jeune vient d'achever sa scolarité ou ses études universitaires ou si le contrat est conclu pour une période excédant celle des vacances (Circ. DRT 14 du 29-8-1992 nº 53).

76340 **Fin de contrat** Quel que soit le motif de conclusion du CDD, l'indemnité de fin de contrat n'est pas due dans les situations suivantes (C. trav. art. L 1243-8, L 1243-10 et L 1242-11) :
– **poursuite** des relations contractuelles sous forme de **CDI** ;
– **refus** par le salarié d'un CDI pour occuper le même **emploi** ou un emploi similaire assorti d'une rémunération au moins équivalente ;
– **rupture anticipée** due à l'initiative du salarié, à sa faute grave ou à un cas de force majeure ;
– rupture au cours de la **période d'essai.**

> Précisions a. L'indemnité de fin de contrat n'est pas due en cas de **poursuite de la relation contractuelle** sans interruption après l'échéance du terme, qu'elle soit ou non formalisée dans un contrat écrit (Cass. soc. 7-7-2015 n° 13-17.195 FS-PB). Elle l'est en revanche lorsque aucun CDI pour occuper le même emploi ou un emploi similaire n'a été proposé au salarié à l'issue du CDD (Cass. soc. 3-10-2007 n° 05-44.959 FS-D) ou lorsque le CDD et le CDI sont séparés par une période d'interruption, même de quelques jours, ou en cas de poursuite de la relation contractuelle sous la forme d'un nouveau CDD (Circ. DRT 14 du 29-8-1992 n° 51). Il convient dans ce dernier cas de verser l'indemnité de fin de contrat à l'issue de chaque contrat y ouvrant droit (Circ. DRT 18 du 30-10-1990 n° 422). En cas de succession de CDD suivis d'une embauche définitive, seule l'indemnité se rapportant au dernier contrat n'est pas due (Cass. soc. 5-2-1992 n° 88-40.965 PF).

b. Par **« emploi identique ou similaire »,** il faut entendre un emploi ne comportant pas de modifications substantielles en matière de qualification, d'horaire de travail et de temps de transport (Circ. DRT 14 du 29-8-1992 n° 54). Selon l'administration, la conclusion du CDI doit être proposée par écrit avant la survenance du terme ou immédiatement après (Circ. DRT 14 du 29-8-1992 n° 54). La Cour de cassation a, quant à elle, jugé que le **refus par le salarié** d'une embauche définitive proposée postérieurement à l'expiration de son contrat ne peut pas le priver de l'indemnité (Cass. soc. 3-12-1997 n° 95-45.093 D).

c. En cas de **renouvellement du contrat,** l'indemnité n'est due qu'à l'issue de la période de renouvellement (Circ. DRT 14 du 29-8-1992 n° 50). Le **refus** du renouvellement par le salarié ne lui fait pas perdre son droit à l'indemnité de fin de contrat, sauf insertion dans le contrat d'une clause de renouvellement automatique liant les parties. En revanche, la rupture du contrat par le salarié au cours du renouvellement lui fait perdre la totalité de son droit à indemnité (Circ. DRT 14 du 29-8-1992 n° 50).

d. Le salarié qui refuse de poursuivre son **contrat sans terme précis** au-delà de la durée minimale prévue au contrat ne perd pas le bénéfice de l'indemnité de fin de contrat (Circ. DRT 14 du 29-8-1992 n° 49).

e. En cas de **requalification du contrat après son terme,** le salarié n'a pas à restituer l'indemnité déjà perçue (Cass. soc. 24-6-2003 n° 00-42.766 FS-PBRI ; 30-3-2005 n° 03-42.667 F-PB).

76345 **CDD à objet défini**

En cas de CDD à objet défini, l'indemnité de fin de contrat est due dans les mêmes conditions que pour les CDD de droit commun (nos 76330 s.) mais aussi :
– en cas de rupture à l'initiative de l'employeur, pour un motif réel et sérieux, au bout de 18 mois (Circ. DGT 5 du 17-3-2009, opposable) ou à la date anniversaire de sa conclusion ;
– en cas d'acceptation par le salarié, au terme du contrat, d'un CDI à des conditions moins avantageuses (ANI 11-1-2008, étendu par arrêté du 23-7-2008).

MONTANT

76350 **Taux** L'indemnité de fin de contrat est égale à 10 % de la rémunération brute versée au salarié pendant toute la durée du contrat (C. trav. art. L 1243-8, al. 2).
Le taux de l'indemnité de fin de contrat peut être **réduit** à 6 % par convention ou accord de branche étendu ou par convention ou accord d'entreprise ou d'établissement offrant des **contreparties en termes de formation professionnelle** (C. trav. art. L 1243-9).

ATTENTION
Cette réduction suppose que l'employeur **propose individuellement** au salarié concerné un accès à la formation professionnelle (Cass. soc. 11-7-2007 n° 06-41.765 FS-PBRI ; 23-1-2008 n° 06-44.190 FS-PB). Le simple rappel dans le contrat de travail du dispositif général dans lequel peut s'inscrire une formation demandée par le salarié ne suffit pas (Cass. soc. 3-7-2012 n° 11-16.269 FP-PB).

76355 **Assiette** L'assiette de l'indemnité comprend la **rémunération brute,** c'est-à-dire y compris les majorations, indemnités et primes diverses telles que primes de vacances, de fin d'année, de 13e mois, etc., perçues par le salarié sous CDD (Circ. DRT 14 du 29-8-1992 n° 47). Sur l'assiette de calcul de l'indemnité en cas de rupture anticipée du CDD aux torts de l'employeur, voir n° 76460.

Le salarié victime d'un **accident du travail** en cours d'exécution du CDD a droit à une indemnité de fin de contrat, calculée sur la base de la rémunération déjà perçue et de celle qu'il aurait perçue jusqu'au terme de son contrat (Cass. soc. 9-10-1990 n° 87-43.347 PF).

En cas de **suspension** du contrat de travail pour un **autre motif** (maladie ou accident ordinaire, maternité, etc.), l'indemnité de fin de contrat ne doit être calculée que sur la base de la rémunération effectivement perçue pendant la durée du contrat, c'est-à-dire de la rémunération versée par l'employeur au titre de la période travaillée à laquelle peut éventuellement s'ajouter le complément de salaire versé par l'employeur en application d'une convention collective et correspondant à la période de suspension du contrat. Les indemnités journalières de sécurité sociale versées au salarié pendant ladite période sont en revanche **exclues** de la base de calcul de l'indemnité (Circ. DRT 14 du 29-8-1992 n° 48).

Sont également exclues les sommes versées pour l'indemnisation des frais professionnels, comme, par exemple, les indemnités de grand déplacement à l'étranger (Cass. soc. 16-6-2004 n° 03-43.928 F-P).

Sur l'absence de prise en compte de la **prime de partage de la valeur** (PPV) dans l'assiette de l'indemnité de fin de contrat, voir n° 45623.

L'**indemnité compensatrice de congés payés** est exclue de l'assiette de calcul de l'indemnité de fin de contrat (Circ. DRT 18 du 30-10-1990 n° 4.2.3), alors que cette dernière est prise en compte pour le calcul de l'indemnité compensatrice de congés payés : voir n° 76300.

EXEMPLE

Soit un salarié ayant perçu, pendant la durée de son CDD, une rémunération de 12 000 € ainsi qu'une prime de 13e mois s'élevant à 1 000 €.

L'indemnité de fin de contrat s'élève à (12 000 € + 1 000 €) × 10 %, soit 1 300 €. La prime de 13e mois n'étant pas incluse dans l'assiette de l'indemnité compensatrice de congés payés, celle-ci est égale à (12 000 € + 1 300 €) × 10 % = 1 330 €. Le salarié perçoit au total, en plus de sa rémunération, 1 300 € + 1 330 €, soit 2 630 €.

PAIEMENT, RÉGIME SOCIAL ET FISCAL

L'indemnité de fin de contrat, qui s'ajoute à la rémunération totale brute due au salarié, est 76360
versée à l'issue du contrat en même temps que le dernier salaire et figure sur le **bulletin de paie** correspondant (C. trav. art. L 1243-8, al. 3).

En cas de CDD successifs, elle doit être versée à l'issue de chaque contrat (n° 76340, a).

Pour un **modèle de bulletin de paie,** voir n° 95180.

L'indemnité de fin de contrat constitue un **complément de salaire** et est soumise en tant 76370
que tel :

– aux **cotisations** de sécurité sociale (CSS art. L 242-1 ; Circ. DRT 14 du 29-8-1992 n° 45) ;

– aux **prélèvements** dont l'assiette est alignée sur celle de ces cotisations : cotisations ou contributions solidarité autonomie, Fnal, dialogue social, chômage, AGS, retraite complémentaire Agirc-Arrco, formation et alternance (contributions à la formation professionnelle, CPF-CDD, supplémentaire à l'apprentissage et taxe d'apprentissage), versement mobilité et participation-construction ;

– à la **CSG** et à la **CRDS,** après application de la déduction forfaitaire spécifique pour frais professionnels propre à ces contributions (Circ. DSS 495 du 30-12-2011), ainsi qu'à la **taxe sur les salaires** (BOI-TPS-TS-20-10 nos 10 à 80) ;

– à l'**impôt sur le revenu** (CGI art. 80 duodecies ; BOI-RSA-CHAMP-20-40-10-20 n° 10) sous forme de prélèvement à la source opéré par l'employeur. Elle entre dans le montant porté en Montant net imposable du bulletin de paie.

Sur la **saisie** et la cession de cette indemnité, voir nos 15120 s.

C. Rupture anticipée du contrat par l'employeur

INDEMNISATION DU SALARIÉ

Lorsque l'employeur met fin au CDD avant son terme **en dehors des cas autorisés** par la loi 76420
(accord des parties, faute grave du salarié, force majeure ou inaptitude physique constatée par le médecin du travail), il est redevable de dommages-intérêts dont le montant est fixé par le juge sans pouvoir être inférieur aux rémunérations que le salarié aurait perçues jusqu'au terme du contrat (C. trav. art. L 1243-4, al. 1). Ce montant légal constitue seulement un **minimum** (Cass. soc. 3-7-2019 n° 18-12.306 FS-PB ; 15-9-2021 n° 19-21.311 FS-B).

L'employeur et le salarié peuvent décider de régler à l'amiable les conséquences financières de la rupture anticipée. Il est alors conseillé de conclure une **transaction** (nos 65450 s.). Le montant de l'indemnité allouée au salarié est librement fixé par les parties, mais il va de soi que la réparation minimale fixée par la loi, à laquelle s'ajoutent les sommes mentionnées n° 76460, fournit une base de discussion essentielle.

Sur la mention des dommages-intérêts sur le **bulletin de paie,** voir n° 76440.

> **Précisions** **a.** Les dommages-intérêts prévus par la loi sont également dus en cas de rupture anticipée du contrat en raison d'un **sinistre** relevant de la force majeure (C. trav. art. L 1243-4, al. 2).
> **b.** Le **montant minimum** légal des dommages-intérêts :
> – peut être **dépassé par le juge** s'il considère que le salarié a subi un préjudice supérieur au simple préjudice matériel constitué par la privation des salaires restant dus jusqu'à l'échéance du contrat (Cass. soc. 3-7-2019 n° 18-12.306 FS-PB ; 15-9-2021 n° 19-21.311 FS-B) ;
> – ne peut pas en revanche être **réduit** du montant des allocations chômage au motif que ces sommes ne sont pas cumulables (Cass. soc. 27-2-2001 n° 98-45.140 FS-PB) ;
> – se calcule en fonction de la **rémunération brute** (et non du net) dont le salarié aurait bénéficié si le contrat avait été mené à son terme (Cass. soc. 7-10-1992 n° 89-43.282 P ; 13-12-1995 n° 93-40.436 D) ;
> – s'apprécie, pour les **contrats sans terme précis,** par référence à la durée prévisible du contrat (Cass. soc. 13-5-1992 n° 89-40.044 D ; 13-12-2006 n° 05-41.232 FS-PB).

76440 **Régime social** L'indemnité due par l'employeur en cas de rupture anticipée du CDD en dehors des cas autorisés est assujettie aux **cotisations de sécurité sociale** pour sa part correspondant aux rémunérations que le salarié aurait perçues jusqu'au terme du contrat, le surplus étant exonéré dans les mêmes conditions et limites que les indemnités versées en cas de licenciement dans les conditions définies à la section 2 du chapitre 3 (BOSS-Ind.rupture-1280), c'est-à-dire les cas de licenciement pour motif économique dans le cadre d'un plan de sauvegarde de l'emploi (PSE). Sur ce régime, voir n° 64000 s.

Les mêmes règles valent pour les **prélèvements** dont l'assiette est **alignée** sur celle des cotisations : cotisations ou contributions solidarité autonomie, Fnal, dialogue social, chômage, AGS, retraite complémentaire Agirc-Arrco, formation et alternance (contributions à la formation professionnelle, CPF-CDD, supplémentaire à l'apprentissage et taxe d'apprentissage), versement mobilité et participation-construction.

Les dommages-intérêts sont soumis en totalité à la **CSG** et à la **CRDS** (Cass. 2e civ. 7-6-2006 n° 04-10.326 FS-PBRI), même si leur montant dépasse celui des rémunérations que le salarié concerné aurait perçues jusqu'au terme du contrat (BOSS-Ind.rupture-1290). La déduction forfaitaire spécifique pour frais professionnels (n° 28650) ne s'applique pas (CSS art. L 136-2, I-1°). Étant soumis à la CSG, ils le sont aussi à la taxe sur les salaires (BOI-TPS-TS-20-10 nos 10 à 70). Toutefois, si une convention collective de branche ou un accord professionnel ou interprofessionnel prévoit une indemnité d'un montant supérieur aux salaires restant dus, la fraction excédentaire peut être exonérée de CSG et de CRDS à hauteur du montant conventionnel et dans la limite du montant de l'indemnité exclue de l'assiette des cotisations, le surplus restant soumis à ces contributions sans application de l'abattement forfaitaire pour frais professionnels (BOSS-Ind.rupture-1290).

> **Précisions** **a.** Assujettie à cotisations, tout au moins en partie, l'indemnité due par l'employeur en cas de rupture abusive du contrat à durée déterminée doit, selon nous, figurer sur le **bulletin de paie,** en application des articles R 3243-1 et suivants du Code du travail, malgré la position contraire retenue par la Cour de cassation dans un arrêt rendu en formation restreinte (Cass. soc. 6-5-2015 n° 13-24.261 F-D).
> **b.** Lorsque l'**indemnité transactionnelle** est versée et comprend aussi d'**autres composantes** que l'indemnité de rupture abusive, celles-ci sont en tout état de cause assujetties à ces cotisations et prélèvements si elles ont le caractère d'un salaire. Tel est le cas de l'indemnité de fin de contrat, de l'indemnité compensatrice de congés payés ainsi que, le cas échéant, des rappels de salaire et autres rémunérations.

76450 **Régime fiscal** L'**indemnité** prévue à l'article L 1243-4 du Code du travail due au salarié en cas de **rupture anticipée** de son contrat de travail à durée déterminée en dehors des cas où la loi l'autorise (n° 76420) ne constitue pas une indemnité de licenciement exonérée totalement ou partiellement d'**impôt sur le revenu** par l'article 80 duodecies, 1 du CGI ; elle est donc imposable en totalité en vertu du principe général d'imposition posé par cet article (en ce sens, CE 5-5-2010 n° 309803) et, par voie de conséquence, soumise au prélèvement à la source et entre dans le montant porté en Montant net imposable du bulletin de paie.

Toutefois, l'administration admet que l'**excédent éventuel** (c'est-à-dire la part de l'indemnité qui est supérieure au montant des rémunérations que le salarié aurait perçues jusqu'au terme du contrat) soit soumis au régime des indemnités de licenciement et soit donc exonéré dans les conditions et limites exposées nos 63850 et 63950 s. (BOI-RSA-CHAMP-20-40-10-20 n° 10). Cet excédent n'entre pas dans le montant porté en Montant net imposable du bulletin de paie.

Si l'indemnité transactionnelle comprend d'**autres éléments** que l'indemnité prévue à l'article L 1243-4 du Code du travail, leur caractère imposable ou non dépend de leur nature : sont notamment imposables l'indemnité de fin de contrat, dans les cas où elle est due (n° 76330), ainsi que les indemnités compensatrices de congés payés.

AUTRES SOMMES DUES AU SALARIÉ

Le Code du travail garantit également au salarié dont le CDD est rompu par l'employeur avant le terme convenu, sans son accord et en dehors des cas autorisés : 76460

– l'**indemnité de fin de contrat,** si le contrat a été conclu dans une hypothèse y ouvrant droit (n° 76330), calculée sur la base de la rémunération déjà perçue et de celle qu'il aurait perçue jusqu'au terme du contrat (Cass. soc. 3-5-2018 n° 16-22.455 FS-D). Pour plus de détails sur cette indemnité, voir nos 76350 s. ;

– l'indemnité compensatrice de **congés payés,** voir n° 76300.

III. REQUALIFICATION DU CDD EN CDI

INDEMNITÉ DE REQUALIFICATION

Montant et cumul Lorsque le juge ordonne la requalification du CDD en CDI, il accorde au salarié une indemnité, à la charge de l'employeur, **au moins égale** à un mois de salaire (C. trav. art. L 1245-2, al. 2). 76510

Cette indemnité est **cumulable,** le cas échéant, avec l'indemnité de fin de contrat déjà perçue (Cass. soc. 9-5-2001 n° 98-46.205 FS-PB ; 30-3-2005 n° 03-42.667 F-PB ; Rép. Braillard : AN 5-3-2013 n° 9599), avec les indemnités de préavis, de licenciement et éventuellement de licenciement sans cause réelle et sérieuse dues en cas de rupture du CDI (Cass. soc. 7-1-1998 n° 95-43.808 D ; 10-6-2003 n° 01-40.808 FS-PB) et avec des rappels de salaire (Cass. soc. 24-6-2003 n° 00-42.766 FS-PBRI ; 30-11-2010 n° 09-40.160 F-D). Le salarié ne peut pas en revanche réclamer en sus les indemnités pour rupture abusive du CDD (Cass. soc. 25-5-2005 n° 03-43.146 FS-PBRI).

> **Précisions** **a.** La requalification donne lieu au versement d'une **indemnité unique** même si le juge requalifie une succession de CDD (Cass. soc. 25-5-2005 n° 02-44.468 FS-PBRI).
> **b.** Le **montant de l'indemnité** est souverainement apprécié par les juges du fond (Cass. soc. 23-2-2005 n° 02-46.363 FS-D). Il est **au moins égal** à la dernière moyenne du salaire mensuel (Cass. soc. 20-11-2013 n° 12-25.459 F-D) dû au titre du contrat dans le dernier état de la relation de travail avant saisine de la juridiction (Cass. soc. 8-2-2023 n° 21-16.824 FS-B). Il ne peut pas, non plus, être inférieur au dernier salaire mensuel perçu avant cette saisine (Cass. soc. 17-6-2005 n° 03-44.900 FS-PBRI ; 17-3-2010 n° 09-40.266 F-D), éventuellement réévalué en raison de la reclassification du salarié décidée par le juge (Cass. soc. 26-4-2017 n° 15-23.311 F-D).
> L'indemnité doit être **calculée** en tenant compte de l'ensemble des éléments de salaire, tels que les heures supplémentaires accomplies par le salarié (Cass. soc. 10-6-2003 n° 01-40.779 FS-PB) et les accessoires du salaire (Cass. soc. 3-5-2016 n° 14-29.739 FS-PB) y compris ceux ayant une périodicité supérieure au mois (Cass. soc. 8-2-2023 n° 21-16.824 FS-B), mais en excluant l'indemnité de fin de contrat (Cass. soc. 18-12-2013 n° 12-15.454 FS-PB).
> **c.** En cas de **poursuite des relations contractuelles** à l'issue du CDD, soit de fait, sans nouveau contrat, soit en CDI, l'indemnité est due en cas d'irrégularité du CDD initial ou de ceux qui lui ont fait suite (Cass. soc. 22-3-2006 nos 04-48.264 FS-PBRI et 04-45.411 FS-PBRI ; 29-6-2011 n° 10-12.884 FS-PB).
> **d.** Sur l'employeur redevable de l'indemnité en cas de **transfert d'entreprise** en vertu de l'article L 1224-1 du Code du travail, voir n° 70240 ; en vertu de dispositions conventionnelles, voir n° 70430.

Régime social et fiscal Selon l'**administration,** ayant la nature de dommages-intérêts, l'indemnité de requalification n'est pas soumise aux charges sociales et fiscales (Circ. DRT 14 du 29-8-1992 n° 75). Au regard de l'**impôt sur le revenu,** cette position du ministère chargé du travail est antérieure à l'article 80 duodecies du CGI régissant actuellement le statut fiscal des indemnités de rupture du contrat. Ce texte qualifie de rémunération imposable toute indemnité versée à l'occasion de la rupture du contrat de travail, sous réserve d'exceptions parmi lesquelles ne figure pas l'indemnité de requalification visée à l'article L 1245-2 du Code du travail. Cela étant, l'indemnité de requalification, même si elle est le plus souvent versée après la rupture de la relation contractuelle, n'est pas à notre sens une 76515 indemnité de rupture du contrat. Il nous paraît donc possible de soutenir, aujourd'hui encore, qu'elle échappe à l'impôt sur le revenu en tant que réparation du préjudice subi par le salarié du fait de la mauvaise application qui a été faite de la législation relative au CDD.

RAPPELS DE SALAIRES AU TITRE DES PÉRIODES INTERCONTRATS

76520 En cas de requalification de **CDD successifs** en CDI, le salarié peut, outre l'indemnité de requalification, prétendre à des rappels de salaire s'il a dû se tenir à la disposition de l'entreprise durant les périodes séparant ses contrats (Cass. soc. 10-11-2009 n° 08-40.088 FS-PB ; 3-6-2015 n° 14-15.587 F-D). Ces rappels de salaire ne peuvent concerner que les périodes postérieures à la requalification (Cass. soc. 9-12-2020 n° 19-16.138 FS-PB). Ils doivent être **calculés** en tenant compte de la situation réelle de chaque période interstitielle telle que résultant de chacun des contrats à durée déterminée l'ayant précédée (Cass. soc. 2-6-2021 n° 19-16.183 FS-P). Autrement dit, pour le rappel de salaire correspondant à une période interstitielle donnée, il convient de prendre en compte le salaire et la durée du travail propres au CDD l'ayant précédée.

Pour le calcul des **prélèvements sociaux et fiscaux** dus au titre de ces rappels de salaires, voir n°s 53550 s.

> **Précisions** Le salarié demandant la requalification de son **CDD à temps partiel** en CDI à temps plein ne peut pas invoquer la présomption de travail à temps complet pour se dispenser d'apporter la preuve qu'il s'est tenu à la disposition de l'employeur pendant les périodes intercontrats (Cass. soc. 10-12-2014 n° 13-22.422 FS-PB).
> L'inscription au **chômage** entre deux CDD n'exclut pas que le salarié se soit tenu à la disposition de l'employeur (Cass. soc. 25-6-2013 n° 11-22.646 FS-PB) mais ne le prouve pas non plus (Cass. soc. 21-9-2017 n° 16-20.460 FS-PB). Le rappel de salaire n'est pas réduit du montant des allocations chômage perçues (Cass. soc. 16-3-2016 n° 15-11.396 FS-PB ; 9-6-2017 n° 16-17.634 F-D).

CHAPITRE 3

DIRIGEANTS DE SOCIÉTÉS

SOMMAIRE

SECTION 1
STATUT DANS LA SOCIÉTÉ 76600
A. Mandat social 76600
B. Exercice de fonctions salariées dans la société 76720

SECTION 2
COTISATIONS SOCIALES 76850
A. Sécurité sociale 76850
1. Dirigeants assimilés à des salariés 76850
2. Calcul des cotisations, exonérations, formalités 77030
B. Assurance chômage 77250
C. Retraite complémentaire 77350

SECTION 3
RÉGIME FISCAL DES RÉMUNÉRATIONS VERSÉES AUX DIRIGEANTS 77450
A. Impôt sur le revenu 77500
1. Catégorie d'imposition 77550
2. Règles d'imposition des sommes allouées aux dirigeants 77660
a. Rémunérations 77660
b. Indemnités pour frais professionnels 77710
c. Avantages en nature 77780
d. Gains sur titres de sociétés 77825
3. Sommes versées lors du départ du dirigeant 77870
B. Taxes et participations assises sur les salaires 78000

Les fonctions de dirigeant exercées dans le cadre d'un **mandat social** échappent au **droit du travail.** Le dirigeant social peut toutefois bénéficier de la qualité de salarié au titre d'un contrat de travail le liant à la société pour l'exercice de fonctions rémunérées distinctes de son mandat. 76550

Le droit de la **sécurité sociale** et la **législation fiscale** assimilent certains dirigeants sociaux à des salariés en raison de leur mandat indépendamment d'éventuelles fonctions salariées dans l'entreprise.

Les développements ci-dessous présentent la situation du dirigeant social suivant qu'il **cumule ou non** son mandat avec des fonctions salariées et selon que les régimes social et fiscal des salariés lui sont applicables.

Sur la prise en compte ou non des mandataires sociaux dans l'**effectif** de l'entreprise pour l'appréciation des seuils prévus par le CSS, voir n° 18837.

SECTION 1

STATUT DANS LA SOCIÉTÉ

A. Mandat social

Le dirigeant, en tant que mandataire social, ne bénéficie pas des règles protectrices prévues par le **Code du travail** ou par les **conventions et accords collectifs** de travail, notamment celles concernant le salaire, la durée du travail, les congés, l'indemnité de licenciement, le régime Unédic d'assurance chômage, etc. 76600

De même, l'exercice d'un mandat social ne permet pas de bénéficier des dispositifs d'**épargne salariale** et d'actionnariat salarié. Des exceptions sont toutefois prévues pour certains dirigeants et leurs conjoints ou partenaires de Pacs : voir pour la participation aux résultats de l'entreprise n° 46640, l'intéressement n° 48160, les plans d'épargne salariale n° 49310, les plans d'options sur **actions** n° 50300, ceux d'attributions d'actions gratuites n°s 50970 s. et de bons de souscription des parts de créateur d'entreprise n° 51180. Sur les bons de souscription d'actions alloués en dehors des régimes légaux d'actionnariat des salariés, voir n°s 77075 (régime social) et 77825 (régime fiscal).

Sur les garanties de **prévoyance** complémentaire et de **retraite supplémentaire,** voir n° 42785.

RÉMUNÉRATION

76650 La rémunération du mandat social n'est pas soumise à la réglementation du **Smic,** le mandat social pouvant même être exercé à titre gratuit. Elle est **fixée** selon les règles propres à chaque type de société.

> **Précisions** Si le dirigeant social est assimilé à un salarié pour l'application de la législation de la sécurité sociale, la rémunération de son mandat est soumise aux cotisations salariales et patronales de sécurité sociale. Dans ce cas, il convient d'accompagner le versement de la rémunération d'un **document écrit** faisant apparaître son montant et ses différentes composantes ainsi que le montant des précomptes sociaux, de la CSG, de la CRDS et du net imposable. La société peut, par commodité, en calquer la présentation sur celle du **bulletin de paie** des salariés. Pour un modèle de document, voir n° 95190. Dans le cas où le dirigeant est en outre titulaire d'un contrat de travail, voir n° 76730.

DIRIGEANTS DE SCOP

76670 Une **dérogation** au principe énoncé n° 76600 est prévue pour les gérants, les directeurs généraux, les présidents du conseil d'administration et les membres du directoire des sociétés coopératives de production (Scop) lorsqu'ils perçoivent une rémunération au titre de leurs fonctions. Ceux-ci sont, au regard de la législation du travail, considérés comme salariés de l'entreprise, s'ils ne le sont pas déjà à un autre titre (Loi 78-763 du 19-7-1978 art. 17).

Ils peuvent prétendre, en cas de révocation – sauf faute grave –, de non-renouvellement de leur mandat, de cessation de celui-ci pour départ à la retraite ou de cessation de l'entreprise, au **préavis** et à l'**indemnité** prévus par la convention collective applicable dans l'entreprise ou, à défaut de convention, au préavis et à l'indemnité de licenciement ou de départ à la retraite prévus aux articles L 1234-1, L 1234-9, L 1234-10 et L 1237-9 du Code du travail (Loi 78-763 du 19-7-1978 art. 17).

> **Précisions** Ces dispositions s'appliquent même à **défaut d'inscription** de la société sur la liste dressée par le ministère du travail conformément à l'article 54 de la loi du 19-7-1978 (Cass. soc. 5-7-1995 n° 93-20.670 P).

B. Exercice de fonctions salariées dans la société

CONDITIONS DU CUMUL

76720 Certains dirigeants peuvent cumuler leur mandat social avec un contrat de travail si celui-ci correspond à un **emploi effectif.** Cette condition suppose la réunion des éléments suivants : des fonctions techniques distinctes du mandat social, leur accomplissement dans le cadre d'un lien de subordination à l'égard de la société, le versement d'une rémunération spécifique et l'absence de fraude à la loi.

> **ATTENTION**
>
> **a.** Outre l'exigence, commune à toutes les sociétés, d'un emploi effectif, le cumul d'un contrat de travail avec un mandat social peut être subordonné à des **conditions spécifiques** à certains types de sociétés. Il est ainsi soumis dans les **sociétés anonymes,** sauf exceptions, à la règle d'antériorité du contrat de travail sur le mandat social pour les administrateurs et à celle du tiers qui limite le nombre des administrateurs en situation de cumul à un tiers du conseil d'administration. Pour une étude complète des conditions du cumul, voir Mémento social n°s 28070 s.
>
> **b.** Dans les **sociétés par actions et les SARL,** la **procédure de contrôle** des conventions réglementées imposée par le droit des sociétés s'applique à la conclusion d'un contrat de travail entre la société et le dirigeant social lorsque celle-ci est possible (dirigeant n'ayant pas la qualité d'administrateur) ainsi qu'à la modification de ce contrat de travail, notamment en cas d'augmentation individuelle de salaire (voir Mémento Sociétés commerciales, n°s 39217 et 43576 pour les sociétés anonymes, 31061 pour les SARL et 60431 pour les sociétés par actions simplifiées).

STATUT DE SALARIÉ

76725 Si les conditions de cumul du mandat social avec un contrat de travail sont remplies, le dirigeant social bénéficie, au titre de ce contrat, des dispositions du Code du travail et des conventions et accords collectifs de travail, notamment celles concernant le salaire, la durée du travail (sauf s'il s'agit d'un cadre dirigeant au sens exposé n° 6180), les congés, l'indemnité de licenciement, la participation aux résultats de l'entreprise, l'intéressement, les plans d'épargne salariale, etc. Il relève du régime d'assurance chômage géré par l'Unédic (n°s 77250 s.).

L'application de ces dispositions ne concerne toutefois que les fonctions techniques exercées dans le cadre du contrat de travail et ne s'étend pas au mandat social, celui-ci restant régi par les règles qui lui sont propres.

RÉMUNÉRATION

La rémunération perçue par le dirigeant au titre de son contrat de travail constitue un salaire au sens du Code du travail. Elle doit donc respecter la législation sur le Smic et, le cas échéant, les **minima** prévus par les conventions ou accords collectifs applicables dans l'entreprise. Elle est soumise aux règles applicables au salaire, notamment en ce qui concerne la périodicité de **paiement,** la remise d'un bulletin de paie, le régime de la **saisie** et de la **cession,** la **prescription** applicable, etc. 76730

La **modification** de la rémunération (comme plus généralement la modification du contrat de travail, voir n° 76720, b) est soumise, dans certains cas, à la procédure de contrôle applicable aux conventions passées entre la société et ses dirigeants et mandataires sociaux.

CONSEIL

Il est recommandé de ne mentionner dans le **bulletin de paie** que la rémunération versée au titre du contrat de travail et d'établir un **document distinct** pour la rémunération du mandat social (n° 76650). L'établissement de deux documents présente l'avantage de souligner le caractère bien distinct de la rémunération du contrat de travail et de celle du mandat social, condition indispensable (mais non suffisante) pour que le cumul d'un contrat de travail avec un mandat social soit reconnu.

SUSPENSION DU CONTRAT DE TRAVAIL PENDANT LE MANDAT SOCIAL

Le contrat de travail du **salarié accédant à des fonctions de mandataire social** sans remplir les conditions du cumul (en l'absence de lien de subordination notamment) est suspendu et non rompu, sauf convention contraire (Cass. soc. 8-10-2003 n° 01-43.556 F-P ; 12-11-2008 n° 07-44.636 F-D ; 9-5-2012 n° 11-23.299 F-D). 76740

Pour le calcul de l'**ancienneté** du salarié, il y a lieu, dans ce cas, de neutraliser la période de suspension du contrat de travail (Cass. soc. 26-4-1979 n° 78-40.201). Le salarié ne peut pas invoquer de **créance salariale** à ce titre (Cass. soc. 9-5-2006 n° 04-48.042 F-D).

Sauf stipulation conventionnelle contraire, cette période n'est pas prise en compte pour les conditions d'attribution et les modalités de calcul de l'**indemnité de licenciement** (Cass. soc. 21-10-2009 n° 08-42.544 F-D). En revanche, l'ancienneté acquise avant la suspension du contrat doit être ajoutée à celle obtenue depuis la reprise des fonctions salariées (Cass. soc. 11-3-1992 n° 87-45.641 P). En cas de **transfert d'entreprise** entraînant transfert des contrats de travail, cette solution conduit le cessionnaire à prendre en compte l'ancienneté acquise chez le cédant (Cass. soc. 30-10-2001 n° 99-45.300 F-D).

SECTION 2 COTISATIONS SOCIALES

A. Sécurité sociale

1. DIRIGEANTS ASSIMILÉS À DES SALARIÉS

L'article L 311-3 du CSS assimile, pour l'application de la législation de sécurité sociale, certains dirigeants sociaux à des salariés en raison de leur mandat. Dès lors que celui-ci est rémunéré, ces dirigeants relèvent du **régime général** en tant que salariés. S'ils exercent en outre des **fonctions salariées,** ils sont affiliés à ce régime au titre de leur mandat social et de leur contrat de travail. 76850

Les **dirigeants non visés** par l'article L 311-3 du CSS – notamment les gérants majoritaires de SARL ou de Selarl – relèvent, au titre de leur mandat social, du régime général comme **travailleurs indépendants.** La rémunération de leur mandat est soumise à des cotisations spécifiques dont ils sont personnellement redevables. Pour une étude complète de celles-ci, voir Mémento social n°s 80100 s. Ces dirigeants peuvent toutefois relever du régime général comme salarié au titre d'un contrat de travail qu'ils cumuleraient, le cas échéant, avec leur mandat social. Les administrateurs ou membres du conseil de surveillance de SA peuvent cotiser comme travailleur indépendant sur les rémunérations exceptionnelles pour mission ou mandat, mais pas sur leurs jetons de présence qui, étant fiscalement des revenus mobiliers, ne sont soumis à aucune cotisation sociale.

ATTENTION

Le **régime général de la sécurité sociale** concerne aussi bien les salariés ou assimilés salariés que les travailleurs indépendants. Par commodité, dans les développements ci-après, les termes « régime des salariés » désignent l'affiliation au régime général de la sécurité sociale en tant que salarié (ou assimilé) et ceux de « régime des indépendants » désignent l'affiliation à ce même régime en tant que travailleur indépendant. Par ailleurs, les cotisations de sécurité sociale du régime général dues en tant que salarié ou assimilé sont désignées sous le nom de « cotisations sur les salaires ».

EXISTENCE D'UNE RÉMUNÉRATION

76880 L'existence d'une rémunération conditionne l'affiliation de certains dirigeants au régime des salariés du seul fait de leur mandat social.

> **Précisions a.** Ainsi, ne relèvent pas de ce régime les **gérants minoritaires de SARL** non rémunérés (Cass. ch. réunies 24-6-1966 n° 63-13.821) ou le **président-directeur général** non rémunéré d'une société anonyme (Cass. soc. 1-3-1967 n° 65-13.775 ; 23-2-1983 n° 80-11.673).
b. Le versement aux mandataires sociaux d'une rémunération d'un **faible montant,** inférieur au Smic, ne s'oppose pas en principe à leur affiliation au régime des salariés et donne lieu au paiement des cotisations dues sur les salaires sur le montant de la rémunération perçue. En effet, n'étant pas soumis à la réglementation du Smic, les mandataires sociaux ne sont pas concernés par l'assiette minimum des cotisations sur les salaires. Toutefois, la rémunération ne doit pas apparaître **dérisoire,** compte tenu du temps consacré par l'intéressé à la société, de ses responsabilités dans celle-ci et des résultats de la société. En effet, une telle rémunération pourrait être assimilée à une absence de rémunération et conduire les organismes de sécurité sociale à refuser l'assujettissement au régime des salariés (en ce sens, Cass. soc. 24-2-1971 n° 70-10.256 P ; 24-2-1988 n° 86-10.080 P).

SOCIÉTÉS ANONYMES

76890 **Président du conseil d'administration, directeur général et membre du directoire** Relèvent du régime des salariés, du seul fait de l'exercice de leur mandat social et sous réserve du versement d'une rémunération :
– les présidents, directeurs généraux et directeurs généraux délégués de sociétés anonymes (SA) et de sociétés d'exercice libéral à forme anonyme (Selafa) (CSS art. L 311-3, 12°) ;
– les membres du directoire (Lettre Cnamts du 8-11-1972), de même que le directeur général unique nommé au lieu et place du directoire par le conseil de surveillance (CA Paris 26-1-1990).
L'ensemble des rémunérations perçues par ces dirigeants entre dans l'**assiette des cotisations** de sécurité sociale sur les salaires (Cass. 2e civ. 3-4-2003 n° 01-20.935 F-D ; 14-9-2006 n° 05-12.464 F-D), sauf si la société établit qu'elles se rattachent à une activité indépendante et distincte du mandat social, tel un contrat de prestation de services (Cass. 2e civ. 15-11-2005 n° 04-30.409 F-D).

> **Précisions a.** Entrent ainsi dans l'assiette des cotisations sur les salaires les rémunérations prévues aux articles L 225-45 et L 225-83 du Code de commerce (anciennement appelées **jetons de présence**) servant à rétribuer la présence aux séances du conseil d'administration ou de surveillance (Cass. soc. 7-2-1980 n° 78-13.425 ; 17-11-1994 n° 92-13.066 D ; Cass. 2e civ. 14-2-2007 n° 05-21.106 F-D).
b. En cas de cumul de leur mandat avec un contrat de travail, la rémunération des **fonctions techniques** entre également dans l'assiette des cotisations sur les salaires (Cass. 2e civ. 3-4-2003 n° 01-20.935 F-D ; 14-9-2006 n° 05-12.464 F-D).
c. Les dirigeants de **SA étrangères** ayant des succursales en France sont assujettis au régime des salariés s'ils exercent leur activité en France et reçoivent une rémunération à ce titre (Cass. soc. 18-3-1999 n° 97-18.829 P).

76900 **Membres des conseils d'administration et de surveillance** Les membres du conseil de surveillance ou d'administration autres que ceux visés n° 76890 n'ont pas en tant que tels la qualité de salariés au regard de la sécurité sociale. Les sommes versées dans le cadre de leur mandat ne sont donc pas soumises aux cotisations dues sur les salaires (en ce sens, s'agissant des membres du conseil d'administration, Cass. soc. 26-5-1987 n° 85-12.333 P). Ils peuvent cependant être redevables de ces cotisations sur les rémunérations versées au titre d'éventuelles **fonctions salariées** dans la société.

Sont ainsi exclus de l'assiette des cotisations dues sur les salaires les rémunérations prévues aux articles L 225-45 et L 225-83 du Code de commerce (anciennement appelées **jetons de présence**) servant à rétribuer la présence aux séances du conseil d'administration ou de surveillance versées à des administrateurs également liés à la société par un contrat de travail, chaque fois qu'ils rémunèrent le mandat des intéressés et non leur travail salarié (Cass. soc. 16-3-1976 n° 74-13.824 ; 19-10-1995 n° 94-11.752 D). En revanche, sont soumises à ces cotisations les sommes qui, versées sous la dénomination de « jetons de présence spéciaux », constituent en réalité un **complément de salaire** alloué au titre des fonctions salariées exercées par l'administrateur (Cass. soc. 12-12-1991 n° 89-16.730 D).

Lorsqu'elles ne sont pas assujetties aux cotisations de sécurité sociale en tant que contrepartie d'un travail salarié, les rémunérations anciennement appelées jetons de présence et les rémunérations spéciales sont exonérées de **CSG-CRDS** mais soumises à la contribution sociale sur les revenus de patrimoine (CSS art. L 136-1-1) et donnent lieu au prélèvement, par la société, du **forfait social** au taux de 20 % (CSS art. L 137-15). Ce prélèvement est dû même si les sommes sont abandonnés à un tiers, tel qu'un syndicat (Cass. 2e civ. 13-10-2022 n° 21-11.754F-B).

› Précisions Lorsqu'un administrateur accomplit une **mission dépassant le cadre** de son **mandat social,** la question du régime social des sommes qu'il perçoit à ce titre doit être résolue de la façon suivante :
– n'est pas assujettie aux cotisations dues sur les salaires la rémunération d'une mission d'études ponctuelle accomplie par un administrateur non lié à la société par un contrat de travail (Cass. soc. 26-5-1987 n° 85-12.333 P) ;
– en revanche, est soumise à ces cotisations la rémunération versée sous forme d'honoraires de l'activité de conseiller technique exercée par un administrateur dans le cadre d'un lien de subordination à l'égard de la société (Cass. soc. 17-10-1991 n° 89-14.246 D). La même solution vaut pour un ancien P-DG soumis aux directives et au contrôle de la société pour ses fonctions de consultant (voir ci-après n° 76910).

Anciens dirigeants Les anciens présidents et directeurs généraux continuant d'exercer une **activité professionnelle** dans la société moyennant une rémunération fixe relèvent en principe du régime des salariés, même s'ils jouissent dans leurs fonctions d'une liberté très large en raison de leur ancienne qualité (Cass. soc. 3-3-1994 n° 91-13.974 ; 26-5-1994 n° 91-16.790 D) et quelle que soit leur situation fiscale (Cass. soc. 20-12-1990 n° 88-12.414 D). 76910

Les sommes perçues au titre de cette activité sont en conséquence soumises aux cotisations sur les salaires.

ILLUSTRATIONS

Ainsi jugé pour :
– la rémunération en pourcentage des affaires perçue au titre d'une activité de **conseiller technique** chargé de la recherche de nouveaux dossiers et du règlement de ceux en litige, exercée pour le compte exclusif de la société, par un ancien directeur général (Cass. soc. 14-5-1992 n° 88-11.251 D) ;
– la rémunération attribuée à un ancien P-DG au titre de **fonctions de consultant** pour lesquelles il est soumis aux directives et au contrôle de la société (Cass. 2e civ. 14-2-2007 n° 05-21.839 FS-D) ;
– les indemnités versées à un administrateur qui, après sa démission des fonctions de P-DG, s'est vu confier par le conseil d'administration un **rôle d'assistance et de conseil** auprès des nouveaux dirigeants dépassant largement les attributions d'un simple administrateur et donnant lieu à une **rémunération fixe mensuelle,** en sorte que cette activité s'exerce pour le compte de la société qui est son employeur (Cass. soc. 12-10-1989 n° 87-11.195 P).

En revanche, ne sont **pas soumises** aux cotisations sur les salaires :
– les sommes attribuées en contrepartie du **concours exceptionnel et temporaire** librement apporté par un ancien directeur général adjoint pour la réalisation de certaines opérations de la société. Un tel concours, qui ne constitue pas un prolongement de l'activité antérieure du dirigeant, ne peut pas en effet permettre de considérer l'intéressé comme salarié de la société (Cass. soc. 26-5-1987 n° 85-12.333 P) ;
– celle allouée pour une **activité de conseil** exercée de manière **épisodique,** en toute indépendance et sans qu'aucune obligation ne lui soit imposée, par l'ancien président du conseil d'administration d'une société anonyme (Cass. soc. 9-12-1993 n° 91-13.124 D).

SOCIÉTÉS PAR ACTIONS SIMPLIFIÉES

Les présidents et dirigeants de sociétés par actions simplifiées (SAS) et de sociétés d'exercice libéral par actions simplifiées (Selas) sont obligatoirement assujettis au régime des salariés au titre de leur mandat social (CSS art. L 311-3, 23°). 76920

ATTENTION

À notre avis, l'obligation d'affiliation ne concerne que les dirigeants de SAS et Selas percevant à ce titre une **rémunération.** La jurisprudence refusant aux PDG de SA ou aux gérants minoritaires ou égalitaires de SARL non rémunérés l'affiliation au régime des salariés (nº 76880) nous semble en effet transposable au cas de dirigeants de SAS et Selas. Signalons toutefois un arrêt isolé qui a admis l'affiliation à ce régime d'un dirigeant de Selas non rémunéré. Les circonstances de l'espèce, notamment le caractère temporaire de l'absence de rémunération liée au démarrage de l'activité de la société, plaident, selon nous, pour une portée limitée de cette solution (Cass. 2e civ. 24-5-2017 nº 16-18.834 F-PB).

SOCIÉTÉS À RESPONSABILITÉ LIMITÉE

76930 **Gérants** Relèvent du régime des salariés les gérants de SARL et de sociétés d'exercice libéral à responsabilité limitée (Selarl) ne possédant pas ensemble plus de la moitié du capital social (CSS art. L 311-3, 11º). Sont visés les gérants **minoritaires ou égalitaires** et les gérants, associés ou non, appartenant à un collège de gérance minoritaire ou égalitaire. Cette affiliation concerne les seuls gérants **de droit,** à l'exclusion des gérants de fait. Les sommes perçues au titre de leur mandat entrent dans l'assiette des cotisations sur les salaires.

Ne relèvent pas de ce régime les gérants **non rémunérés,** qu'ils soient non associés, associés minoritaires ou égalitaires (nº 76880), les gérants **majoritaires,** rémunérés ou non (Cass. 2e civ. 19-1-2017 nº 16-10.744 F-D), ainsi que les membres d'un collège de gérance majoritaire même non porteurs de parts (Cass. 2e civ. 31-5-2018 nº 17-17.518 F-PB).

76940 Pour l'**évaluation de la participation au capital** de la SARL, sont prises en compte les parts détenues en pleine propriété ou en usufruit par le (ou les) gérant(s), par son conjoint ou partenaire de Pacs et par ses enfants mineurs non émancipés (CSS art. L 311-3, 11º). Les parts appartenant au conjoint sont prises en considération, quel que soit le régime matrimonial des époux même en cas de séparation de biens (CA Bordeaux 19-9-1997) ou même si les époux, en instance de divorce, sont en conflit d'intérêts (Cass. soc. 22-3-1990 nº 87-16.376).

Sont **exclues,** en revanche, les parts :

– rémunérant l'apport en industrie du conjoint du gérant (Rép. Madelin : AN 25-9-1989) ;

– détenues par le concubin du gérant (Cass. soc. 12-5-1971 nº 70-10.112 ; 13-3-1985 nº 83-11.326) ;

– détenues en nue-propriété par le gérant, sauf si celui-ci s'est vu attribuer statutairement les droits normalement réservés à l'usufruitier (Lettre Cnamts du 7-3-1980 ; Lettre Organic du 8-8-2001) ;

– détenues en indivision (Cass. soc. 24-3-1977 nº 75-14.803). Par référence à la jurisprudence fiscale (nº 77560), l'administration estime toutefois que ces parts sont à retenir pour leur fraction détenue par le gérant dans l'indivision (Circ. Acoss du 13-9-1978) ;

– détenues par le cogérant de fait (Cass. 2e civ. 6-12-2006 nº 05-20.016 F-PB).

› Précisions **a.** Il peut être tenu compte des participations détenues par l'intermédiaire d'une **société associée dans la SARL,** dont le ou les gérants ont le contrôle. Ainsi, ne relève pas du régime des salariés le gérant statutaire d'une SARL qui possède la moitié des parts de celle-ci, dès lors qu'il détient avec son conjoint, en qualité d'actionnaires majoritaires, le contrôle d'une société anonyme possédant 250 parts de la SARL (Cass. soc. 28-1-1993 nº 90-11.859 D).

b. Le gérant doit être considéré comme majoritaire bien qu'il ne soit pas lui-même porteur de parts s'il a été nommé à cette fonction et agit non à titre personnel, mais ès qualités de la société anonyme qui détient la majorité des parts de la SARL et dont il est le PDG (Cass. soc. 12-5-1971 nº 69-13.556).

76950 **Associés non gérants** Les sommes allouées aux associés non gérants en contrepartie d'une **activité professionnelle subordonnée** exercée dans la société entrent dans l'assiette des cotisations sur les salaires. En effet, pour la Cour de cassation, aucune disposition légale ne prohibe l'affiliation au régime des salariés d'un associé non gérant d'une SARL, fût-il **majoritaire,** lorsqu'il occupe un emploi salarié qui le place dans un état de dépendance effective à l'égard du gérant qui assume seul la responsabilité de l'entreprise (Cass. soc. 18-2-1976 nº 74-13.883 ; 9-11-1981 nº 80-12.106). Il en va autrement, en revanche, de l'associé qui, outrepassant ses fonctions techniques, **s'immisce dans la gestion** de la société.

ILLUSTRATIONS

Doit être soumise aux cotisations dues sur les salaires la rémunération perçue en qualité de **comptable** de la société par l'associé d'une SARL possédant les 3/4 du capital social, dès lors que l'intéressé n'assume pas la gestion générale de la société, laquelle incombe à son fils, qui assume seul le contact direct avec les clients, la direction du personnel et la responsabilité de la marche de l'entreprise (Cass. soc. 10-2-1977 nº 75-14.479). Même solution pour les rémunérations versées à l'associé, **conjoint du gérant,** avec qui il détient la totalité des parts sociales, pour des fonctions techniques exercées sous le contrôle et la responsabilité du gérant et sans délégation de sa part (Cass. 2e civ. 14-9-2004 no 02-31.230 F-D).

Ne relève pas, en revanche, du régime général comme salarié l'associé majoritaire exerçant les fonctions de chef de travaux et ayant reçu du gérant une **délégation générale** lui donnant pouvoir de contrôle sur la marche de l'entreprise (Cass. soc. 25-5-1977 no 76-10.403).

SARL ayant opté pour le régime fiscal des sociétés de personnes Dans les SARL ayant opté pour le régime fiscal des sociétés de personnes, les dirigeants relèvent du régime des salariés ou de celui des travailleurs indépendants selon les mêmes distinctions que dans les SARL soumises à l'impôt sur les sociétés. En effet, l'option pour ce régime fiscal est sans incidence en matière sociale. 76960

Les sommes versées aux **gérants rémunérés minoritaires ou égalitaires** au sens indiqué no 76940, ainsi qu'aux **associés non gérants** qui exercent une **activité salariée** au sein de la société, sont, en conséquence, assujetties aux cotisations sur les salaires (Lettre circ. Acoss 89-61 du 28-11-1989).

Ces **cotisations** sont dues par la société sur les appointements, émoluments ou salaires mais pas sur les droits aux résultats bénéficiaires, ceux-ci ne revêtant pas la nature d'un salaire (Rép. Prouvost : AN 4-10-1982 ; Rép. Vidalies : AN 30-1-1989).

> Précisions Ces règles s'appliquent, quelle que soit la **date de l'option.** Le fait que la société ait opté pour le régime fiscal des sociétés de personnes dès sa constitution n'a pas pour effet de conférer aux associés exerçant une activité salariée dans la société la qualité de travailleurs indépendants (Cass. soc. 23-1-1992 no 89-20.651 P) et ne peut donc motiver le refus d'affiliation d'un gérant minoritaire rémunéré au régime des salariés (Cass. soc. 14-6-1989 no 86-16.549 ; 27-6-1991 no 89-10.616 D). La décision de radiation de ce régime des gérants minoritaires d'une SARL ayant exercé l'option dès sa constitution peut entraîner la condamnation de la caisse au paiement de dommages et intérêts à raison du préjudice résultant du défaut de couverture sociale des intéressés (Cass. soc. 5-3-1992 no 90-13.525 D).

AUTRES SOCIÉTÉS

Doivent être soumises aux cotisations sur les salaires les sommes versées aux membres des **sociétés coopératives de production (Scop)** ainsi qu'aux gérants, directeurs généraux, présidents du conseil d'administration et membres du directoire n'ayant pas la qualité de salariés de l'entreprise à un autre titre (CSS art. L 311-3, 13° ; Loi 78-763 du 19-7-1978 art. 17). Les jetons de présence versés aux administrateurs d'une Scop, dont ils sont salariés, entrent dans l'assiette des cotisations dues sur les salaires (Cass. soc. 6-3-2003 no 01-21.307 F-D). 76970

Dans les **sociétés en nom collectif et en commandite,** seule la rémunération allouée aux gérants pris en dehors de la société est susceptible d'entrer dans l'assiette des cotisations dues sur les salaires.

Dans les entreprises unipersonnelles à responsabilité limitée (**EURL**), les rémunérations versées au gérant non associé sont assujetties aux cotisations dues sur les salaires, sauf si l'associé est son conjoint (Lettre Acoss du 22-11-1991) ou est cogérant (Cass. soc. 3-12-1998 no 96-13.463 D). Les sommes perçues par le conjoint de l'associé au titre d'une activité professionnelle rémunérée dans l'entreprise sont assujetties aux cotisations dues sur les salaires si ce conjoint n'est pas gérant et a opté pour le statut de salarié (C. com. art. L 121-4 ; Lettre Acoss du 22-11-1991).

Dans les groupements d'intérêt économique (**GIE**), seuls les membres du groupement, administrateurs ou non, y exerçant une activité salariée peuvent se voir reconnaître la qualité de salariés au titre de cette activité, à condition que cette dernière constitue une profession autonome détachable de l'objet du groupement. La rémunération perçue devrait, dans ce cas, être soumise aux cotisations dues sur les salaires (Lettre Cnamts du 28-8-1974).

> Précisions Les sommes perçues par les **autres dirigeants** (associés, gérants ou non, des sociétés en nom collectif, associés commandités des sociétés en commandite simple ou par actions, membres d'un GIE, associé unique, gérant ou non, d'une EURL) ne constituent pas des salaires soumis aux cotisations dues à ce titre. Sur le régime applicable à ces sommes, voir Mémento social nos 80100 s.

2. CALCUL DES COTISATIONS, EXONÉRATIONS, FORMALITÉS

Sous réserve des particularités exposées ci-après, les dirigeants relevant du régime des salariés en raison de leur mandat social sont redevables des cotisations d'**assurances sociales** (maladie, maternité, invalidité, vieillesse et décès), d'**accident du travail** et d'**allocations** 77030

familiales ainsi que de la contribution **solidarité autonomie** suivant les mêmes règles que celles applicables aux salariés : taux, plafond, précompte de la part salariale des cotisations, date de versement, etc. Il en va de même pour la **CSG** et la **CRDS.**

Le **versement mobilité** n'est quant à lui exigible, le cas échéant, que si le dirigeant est titulaire d'un contrat de travail (Cass. 2e civ. 9-5-2019 no 18-11.158 F-PBI, solution rendue pour des formateurs occasionnels et transposable aux dirigeants).

S'agissant de la contribution au **dialogue social,** voir no 27470.

Sur les conséquences d'un **abandon de rémunération,** voir no 18920.

SOMMES ASSUJETTIES

77040 L'assiette des cotisations de sécurité sociale, de la CSG et de la CRDS des **dirigeants relevant du régime des salariés** en leur qualité de mandataire social est constituée :

– de la rémunération du mandat social. En principe, toutes les rémunérations, quelle qu'en soit la nature, versées au titre des **fonctions de dirigeant** doivent être incluses dans cette assiette. Il en est ainsi notamment pour les rémunérations prévues aux articles L 225-45 et L 225-83 du Code de commerce (anciennement appelées **jetons de présence**) servant à rétribuer la présence aux séances du conseil d'administration ou de surveillance allouées aux présidents, directeurs généraux et membres du directoire de SA (voir no 76890) et aux administrateurs des Scop constituées en SA (voir no 76970) ;

– et, lorsqu'ils cumulent leur mandat avec des fonctions salariées dans la société, des rémunérations attachées au mandat social et au **contrat de travail.** Lorsque le versement de chaque rémunération s'accompagne de la remise d'un document distinct comme préconisé no 76730, il y a lieu à notre sens, pour le calcul des **cotisations plafonnées,** de procéder comme pour les salariés à employeurs multiples, en appliquant la règle du prorata (nos 68860 s.).

S'agissant de la déduction forfaitaire spécifique pour frais professionnels applicable pour le calcul de la **CSG** et de la **CRDS**, il est fait masse, pour l'appréciation du plafond, des sommes perçues au titre des fonctions de mandataire et de salarié (BOSS-Ass. gén.-290).

› Précisions a. La circonstance qu'une partie de la **rémunération** des dirigeants soit **considérée fiscalement comme excessive** et perde au regard de l'impôt le caractère de salaire est sans incidence en matière de sécurité sociale. Elle ne permet donc pas de réclamer le remboursement des cotisations qui ont été versées à raison de cette fraction de la rémunération (Cass. soc. 14-1-1993 nos 90-15.103 D et 90-15.106 D).

b. Ne constituent pas une rémunération entrant dans cette assiette les **honoraires** versés par une SARL, à l'occasion d'une transaction immobilière, à son gérant non majoritaire, marchand de biens de profession, dès lors que :

– ces sommes ont été soumises à la TVA et à l'impôt sur les bénéfices industriels et commerciaux ;

– le gérant a traité en qualité d'intermédiaire, dans le cadre de son activité de marchand de biens, avec la société qu'il dirigeait (Cass. soc. 5-12-1991 nos 89-20.883 D et 89-20.884 D).

Sur le régime social des sommes versées à un administrateur au titre des **missions excédant son mandat** social, voir no 76900.

c. Les titulaires de certains mandats sociaux peuvent être assujettis aux cotisations et contributions sociales sur les **redevances** que leur verse la société au titre de la location d'un fonds dont ils sont propriétaires : voir nos 54750 s.

77045 Pour les **mandataires** sociaux **assujettis au régime des salariés** non au titre de leur mandat mais uniquement au titre d'un **contrat de travail,** l'assiette des cotisations dues sur les salaires est constituée de la seule rémunération se rapportant aux fonctions salariées, à l'exclusion de celle du mandat social.

L'assujettissement au **versement mobilité** supposant l'existence d'un contrat de travail (no 77030), il n'est dû, selon nous, qu'au titre de la rémunération des fonctions techniques salariées.

77050 **Avance en compte courant** L'avance en compte courant, consentie par la société au gérant, constitue un avantage en espèces au sens de l'article L 242-1 du CSS et doit, à ce titre, être intégrée dans l'assiette des cotisations dues sur les salaires (Cass. soc. 23-5-1996 no 94-12.010 D ; Cass. 2e civ. 10-5-2005 no 03-30.657 F-D), sauf s'il s'agit de dividendes ou d'avances sur dividendes (Cass. 2e civ. 25-5-2004 no 03-30.030 FS-PB) ou de remboursements de dettes de la société envers le gérant (Cass. 2e civ. 6-12-2006 no 05-20.016 F-PB). Peu importe que les sommes aient été ultérieurement restituées à la société (Cass. 2e civ. 14-3-2007 no 06-11.619 FS-D).

S'agissant de l'assujettissement des **sommes inscrites à un compte personnel** ouvert au nom du dirigeant dans les écritures de la société, voir no 18860.

Prestations sociales Les **cotisations** à un régime d'**assurance chômage volontaire** (nº 77250) versées par l'entreprise sont intégrées dès le premier euro dans l'assiette des cotisations dues sur les salaires (Cass. soc. 18-3-1999 nº 97-19.231 D). 77060

Les mandataires sociaux peuvent participer, même sans être titulaires d'un contrat de travail, au régime de **prévoyance complémentaire ou de retraite supplémentaire** mis en place au profit des salariés de la société. La contribution patronale versée pour eux par la société est alors exonérée de cotisations sociales dans les mêmes conditions et limites que celle versée pour les salariés (Cass. 2e civ. 19-12-2013 nº 12-28.429 F-PB). Cette question a donné lieu à des précisions administratives, voir nº 42785.

Les **rentes d'orphelins** versées aux ayants droit d'un mandataire social décédé en activité, allouées en raison de sa seule appartenance à l'entreprise, doivent être considérées comme versées en contrepartie ou à l'occasion du travail, même si le mandataire n'a pas été affilié, de son vivant, au régime général comme salarié, faute de rémunération. Ces rentes, qui ont la nature de prestations de prévoyance et non d'avantages de retraite, sont soumises aux cotisations sociales comme un salaire (Cass. 2e civ. 14-1-2010 nº 09-12.361 F-D).

Sur le régime des **compléments de retraite** versés directement par la société à ses anciens dirigeants ou à leurs ayants droit, voir nº 52250.

Frais professionnels Il est opéré une distinction entre allocations forfaitaires et remboursements de frais réels. Les **allocations forfaitaires** pour frais professionnels versées aux mandataires sociaux relevant du régime des salariés sont soumises aux cotisations sur les salaires ainsi qu'à la CSG et à la CRDS (Arrêté du 20-12-2002 art. 1 ; BOSS-FP-90). Par exception, les gérants minoritaires ou égalitaires de SARL ou de Selarl, les présidents-directeurs généraux de SA et les présidents et dirigeants de SAS peuvent bénéficier, en franchise de cotisations, des indemnités forfaitaires kilométriques annuellement publiées par l'administration fiscale (nº 96230) pour le remboursement des frais liés à l'utilisation de leur **véhicule** personnel à des fins professionnelles (BOSS-FP-130). 77070

En cas de **cumul** du mandat social avec un contrat de travail, seules les allocations forfaitaires exclusivement rattachées aux fonctions salariées peuvent être exclues de l'assiette des cotisations sociales, aux mêmes conditions que pour les autres salariés, voir nº 55430 (Cass. soc. 13-2-2003 nº 01-21.194 F-D ; BOSS-FP-140).

Les **remboursements de frais réels** sont, pour leur part, dans tous les cas exonérés dans les conditions de droit commun (BOSS-FP-50) : voir nºs 55360 s. C'est pourquoi, en **pratique,** le remboursement des frais engagés par les dirigeants assimilés à des salariés s'effectue généralement sur justificatifs et non pas forfaitairement.

> **Précisions** La **déduction forfaitaire spécifique** pour frais professionnels peut être attribuée à un mandataire social dès lors que l'activité exercée correspond à une profession y ouvrant droit, que le mandataire social soit titulaire d'un contrat de travail distinct de son mandat social pour son activité professionnelle spécifique et qu'il perçoive deux rémunérations distinctes (BOSS-FP-2170 ; Cass. soc. 18-6-1986 nº 84-14.131 S ; Cass. 2e civ. 21-9-2004 nº 03-30.293 F-D). La déduction est alors appliquée à la seule rémunération résultant du contrat de travail selon les règles de droit commun exposées nºs 55460 s.

Bons de souscription d'actions Fréquemment proposés aux dirigeants d'entreprise dans le cadre d'opération de LBO (« leverage buy out »), les bons de souscription d'actions (BSA) permettent à leurs porteurs d'acheter des actions de la société à un prix prévu à l'avance, sur une période donnée, parfois sous conditions. Selon la Cour de cassation, lorsqu'ils sont proposés aux dirigeants en **contrepartie ou à l'occasion du travail** et acquis par ceux-ci à des conditions préférentielles, les BSA constituent un avantage inclus dans l'**assiette des cotisations** dues sur les salaires. Tel est le cas lorsqu'un contrat d'investissement prévoit que, en cas de départ des dirigeants ou de non-renouvellement de leur mandat social, ces derniers s'engagent à céder à la société leurs BSA, cette condition établissant un lien entre l'attribution et le maintien des BSA et l'existence et le maintien du contrat de travail ou du mandat social de leurs bénéficiaires (Cass. 2e civ. 4-4-2019 nº 17-24.470 FS-PBRI). Cette solution n'est pas réservée aux BSA attribués aux dirigeants, mais concerne l'ensemble des travailleurs susceptibles d'en bénéficier. Elle vaut également, à notre sens, pour la **CSG** et la **CRDS.** 77075

> **Précisions** **a.** Le **fait générateur** des cotisations sociales afférentes à l'avantage constitué par les BSA est la mise à disposition effective de l'avantage aux bénéficiaires (Cass. 2e civ. 4-4-2019 nº 17-24.470 FS-PBRI).

b. L'avantage doit être **évalué** selon la valeur des BSA à la date à laquelle leurs bénéficiaires en ont obtenu la libre disposition (Cass. 2e civ. 4-4-2019 no 17-24.470 FS-PBRI).

c. Les BSA entrant dans l'assiette des cotisations dues sur les salaires sont, selon nous, soumis à l'**ensemble des prélèvements** dont l'assiette est harmonisée sur cette base (no 77030).

d. Sur le **régime fiscal** des BSA, voir no 77825.

77080 **Sommes versées à la cessation du mandat** En principe, les indemnités versées aux dirigeants à l'occasion de la cessation de leur mandat social sont intégralement assujetties aux cotisations dues sur les salaires et aux prélèvements alignés, ainsi qu'à la CSG et à la CRDS : voir tableau no 67270.

Par exception, les indemnités versées en cas de **cessation forcée** du mandat social, au sens indiqué no 77890, sont exonérées de cotisations sociales, ainsi que de CSG et de CRDS dans la limite de 2 fois le plafond annuel de la sécurité sociale (Pass) en vigueur au moment de leur versement, soit 87 984 € en 2023. Toutefois, les indemnités excédant 5 fois ce plafond, soit 219 960 € en 2023, sont assujetties dès le premier euro (CSS art. L 242-1, II-7o et L 136-1-1, III-5o-b).

Cette règle d'assujettissement s'applique à l'ensemble des dirigeants de sociétés visés à l'article 80 ter du CGI, c'est-à-dire des dirigeants de droit ou de fait soumis au régime fiscal des salariés (BOSS-Ind. rupture-1340). Sur les **dirigeants concernés,** voir no 77720.

> Précisions a. Les indemnités de cessation du mandat social ou la fraction des indemnités de cessation forcée du mandat assujetties à la **CSG** et à la **CRDS** le sont sans application de la déduction forfaitaire spécifique pour frais professionnels propre à ces contributions (CSS art. L 136-2, I-1o).

b. Si le **versement** des indemnités de cessation forcée est **fractionné sur plusieurs années,** en raison du versement d'un acompte, le plafond d'exonération s'applique sur l'ensemble des versements (BOSS-Ind. rupture-1430).

77085 En cas de **cumul d'un contrat de travail** avec un mandat social au sein de la même société ou de plusieurs sociétés du même groupe, les limites d'exonération s'appliquent au montant global des indemnités perçues au titre de la rupture de l'ensemble des fonctions exercées (CSS art. L 242-1, II-7o et L 136-1-1, III-5o-b ; BOSS-Ind. rupture-1440).

Lorsqu'il est ainsi fait masse des indemnités de rupture du contrat de travail et de révocation du mandat social, le **seuil** à retenir pour l'**assujettissement dès le premier euro** est celui applicable aux indemnités versées aux mandataires sociaux, soit 5 Pass (CSS art. L 136-1-1 ; BOSS-Ind. rupture-1450).

EXEMPLE

Soit un dirigeant lié à sa société par un contrat de travail et ayant reçu en **2023,** à l'occasion de la cessation forcée de ses fonctions, une indemnité conventionnelle de licenciement égale à 3 Pass et une indemnité de cessation de mandat égale à 1 Pass. Le montant versé sera exonéré de cotisations sociales, de CSG et de CRDS à hauteur de 2 Pass, le solde – 2 plafonds – étant soumis à ces prélèvements.

BASE DE CALCUL

77110 Pour le calcul des cotisations dues sur la rémunération du mandat social, l'**assiette minimum** des cotisations visée nos 17900 s. n'est pas applicable, la législation sur le Smic ne l'étant pas (Cass. soc. 28-3-1984 no 82-12.800).

De même, l'abattement d'assiette des cotisations plafonnées prévue pour les salariés à **temps partiel** est écarté, faute de contrat de travail (CA Paris 1-3-1995).

Seuls les dirigeants exerçant parallèlement à leur mandat social une **activité salariée** dans la société peuvent être concernés par ces règles pour les sommes perçues au titre de leur contrat de travail. Ainsi jugé à propos de l'abattement d'assiette des cotisations plafonnées dans le cas d'un gérant minoritaire ou égalitaire de SARL cumulant son mandat social avec un contrat de travail à temps partiel (CA Paris 20-3-1997).

Sur l'assiette du **versement mobilité,** voir no 77045.

77120 **Évaluation des avantages en nature** Les dirigeants titulaires d'un **contrat de travail,** percevant à ce titre une rémunération distincte de celle de leur mandat et relevant du régime Unédic d'assurance chômage peuvent bénéficier, pour cette rémunération, de l'évaluation forfaitaire de leurs avantages en nature dans les conditions de droit commun exposées nos 38800 s. (en ce sens, Circ. DSS 2003-07 du 7-1-2003 abrogée). Pour l'évaluation de l'avantage en nature logement, c'est la seule rémunération brute versée au titre du contrat de travail qui doit être prise en compte, et pas celle afférente au mandat social (BOSS-AN-330).

En l'**absence de cumul** d'un contrat de travail avec leur mandat social, les dirigeants assujettis au régime des salariés peuvent bénéficier de l'évaluation forfaitaire pour l'avantage en nature véhicule, les outils issus des nouvelles technologies de l'information et de la communication, et la nourriture (BOSS-AN-40-120). Sur l'évaluation de ces avantages, voir nos 39000 s. (nourriture), 39450 s. (véhicule) et 39650 s. (informatique et communication). En revanche, cette évaluation forfaitaire est écartée pour l'avantage en nature logement, celui-ci devant être évalué pour sa valeur réelle (Arrêté SANS0224281A du 10-12-2002 art. 5 ; BOSS-AN-50).

Neutralisation des absences La jurisprudence semble n'admettre la réduction du **plafond de la sécurité sociale** pour tenir compte des absences non rémunérées du dirigeant social que si celles-ci ont eu une incidence sur l'exercice du mandat social. 77130

Ainsi, la période d'arrêt consécutive à un **accident du travail,** au cours de laquelle le dirigeant n'a perçu aucune rémunération en dehors des indemnités journalières de sécurité sociale et a donné une procuration générale pour diriger la société, peut être neutralisée (Cass. soc. 11-4-1991 no 88-16.932 P). En revanche, la période de **fermeture saisonnière** d'un établissement n'affectant pas l'exercice du mandat ne peut pas être neutralisée, même si le dirigeant n'a perçu aucune rémunération durant celle-ci (Cass. soc. 4-2-1993 no 91-12.164 D). Même solution pour la période de congés payés indemnisée par une caisse professionnelle de congés payés (Cass. soc. 11-7-2002 no 01-20.232 F-D).

EXONÉRATIONS ET ALLÉGEMENTS DE COTISATIONS

Pour la **Cour de cassation,** l'assimilation des dirigeants sociaux au titre de leur mandat à des salariés pour la législation de la sécurité sociale ne fait pas d'eux des salariés au sens du Code du travail. Ceux-ci ne peuvent donc pas bénéficier, en leur seule qualité de mandataires sociaux, des mesures d'exonération totale ou partielle de cotisations applicables aux salariés sauf s'ils cumulent leur mandat social avec un contrat de travail pour lequel ils relèvent du régime Unédic d'assurance chômage (Cass. 2e civ. 26-11-2015 no 14-26.353 F-D). 77140

L'**administration** retient la même position en écartant les dirigeants non titulaires d'un contrat de travail de :

– la **réduction générale** de cotisations patronales (BOSS-All. gén.-170). Il en va ainsi, par exemple, des associés égalitaires de SARL (Décision de rescrit social du 15-4-2013) ;

– la réduction du taux de la **cotisation** patronale **maladie** et celle du taux de la cotisation d'**allocations familiales** (BOSS-All. gén.-1540) ;

– l'exonération de cotisations patronales de sécurité sociale propre à l'emploi en **zone franche urbaine** (ZFU) (Circ. DSS 1997-200 du 17-3-1997 abrogée) ;

– l'exonération de cotisations patronales de sécurité sociale liée aux embauches en **zone de revitalisation rurale** (Circ. DGEFP du 16-5-1997).

> **Précisions** **a.** La règle vaut aussi, à notre sens, pour la déduction forfaitaire de cotisations patronales portant sur la rémunération des **heures supplémentaires** dans les entreprises de moins de 20 salariés et la réduction de cotisations salariales sur ces mêmes heures.
> **b.** S'agissant des mandataires sociaux ouvrant droit à l'exonération de charges sociales patronales pour les **jeunes entreprises innovantes,** voir no 22870.

En cas de **cumul** d'un contrat de travail avec un mandat social, les allégements de cotisations sociales ne s'appliquent qu'à la rémunération versée au titre de ce contrat, l'employeur devant être en mesure de justifier que l'intéressé relève du régime des salariés par le biais d'une attestation Pôle emploi (en ce sens, à propos des ZFU, Circ. Acoss du 26-1-1998). 77145

L'administration écarte ainsi les dirigeants sociaux en situation de cumul, pour leurs rémunérations afférentes à leur mandat social, des exonérations de cotisations patronales de sécurité sociale liées aux embauches en **zone de revitalisation rurale** (BOSS-Exo. zonées-100-360), en **zone de restructuration de la défense** (BOSS-Exo. zonées-610), dans les **bassins d'emploi à redynamiser** (BOSS-Exo. zonées-870) ainsi que du dispositif dit « Loedom » mis en place en faveur des employeurs implantés en **outre-mer** (BOSS-Exo. zonées-1110).

Les **gérants de Scop,** titulaires d'un contrat de travail distinct, ouvrent droit, au titre de ce contrat, aux exonérations et allégements de cotisations sociales applicables aux salariés (Circ. Acoss du 26-1-1998).

CRÉATION OU REPRISE D'ENTREPRISE

Toute personne créant ou reprenant une entreprise sous forme de société et en exerçant effectivement le contrôle peut bénéficier, sous condition de revenus, du dispositif d'**exonération de début d'activité** de création ou de reprise d'entreprise, qu'elle relève du régime général comme salarié ou comme travailleur indépendant (CSS art. L 131-6-4 et D 131-6-4). 77150

> Précisions **a.** La **demande** d'aide doit être adressée au centre de formalités des entreprises (CFE) (puis au guichet unique électronique se substituant aux CFE à compter du 1-1-2023), qui la transmet à l'Urssaf, seule compétente pour statuer (Cass. 2e civ. 10-11-2011 no 10-23.100 F-PB). Elle peut être introduite dès le dépôt de la déclaration de création ou de reprise d'entreprise et au plus tard le 45e jour suivant ce dépôt (C. trav. art. R 5141-8). Elle est accompagnée d'un dossier comprenant, d'une part, le formulaire de déclaration de l'entreprise au CFE ou sa copie et, d'autre part, le feuillet spécifique de demande d'aide valant attestation sur l'honneur de non-bénéfice de l'aide depuis 3 ans. Le dossier doit en outre comporter des documents spécifiques justifiant de la situation du demandeur (Arrêté ECED0767095A du 8-11-2007) (notification d'ouverture de droits aux allocations ou titre du dernier paiement, par exemple).

b. Les dirigeants de société assimilés à des salariés par l'article L 311-3 du CSS et **ne pouvant pas bénéficier** de ce dispositif ouvrent droit à un **report du paiement** des cotisations dues en début d'activité. Dans ce cas, sans perte du droit aux prestations correspondantes, la date limite de paiement des cotisations patronales et salariales afférentes aux rémunérations perçues au cours des 12 premiers mois d'activité de l'entreprise est reportée, sur demande de l'employeur, au plus tôt au début du 13e mois suivant la date de création ou de reprise d'entreprise. La **demande de report** doit être faite par écrit avant la date d'échéance des cotisations se rapportant à la première rémunération de l'intéressé (CSS art. L 243-1-1 et R 243-1-1).

Les cotisations ainsi reportées sont en principe exigibles à la première échéance de versement des cotisations afférentes aux rémunérations perçues à compter du 13e mois d'activité de l'entreprise. Elles peuvent faire l'objet d'un paiement par fractions annuelles sur une période d'au plus 5 ans. Cet **étalement** doit être demandé par écrit avant la fin du 12e mois d'activité de l'entreprise. Chaque fraction annuelle doit représenter au moins 20 % du total et est recouvrée par quarts ou douzièmes égaux en sus des cotisations courantes aux mêmes échéances trimestrielles ou mensuelles que celles-ci (CSS art. L 243-1-1 et R 243-1-1 ; Circ. DSS 2004-224 du 17-5-2004, opposable).

c. Les dirigeants relevant du régime des **indépendants** et du régime micro-social ne peuvent bénéficier de l'exonération de début d'activité qu'à condition d'appartenir à l'une des **catégories** listées à l'article L 131-6-4 du CSS.

77155 L'**exonération** de début d'activité **porte sur** les cotisations patronales et salariales finançant les assurances sociales (maladie, maternité, invalidité, décès, vieillesse) ainsi que sur les cotisations d'allocations familiales pendant 12 mois (CSS art. D 131-6-1).

> Précisions **a.** **Restent dus** la cotisation d'accidents du travail, le versement mobilité, la contribution Fnal (Circ. Acoss du 29-12-1998), la CSG et la CRDS (Circ. Acoss du 11-10-1996) et la cotisation solidarité autonomie. Sur les cotisations de retraite complémentaire, voir no 77165.

b. En cas d'embauche de salariés par le créateur ou repreneur d'entreprise, l'exonération de cotisations est **cumulable,** le cas échéant, avec les aides à l'embauche ou à l'emploi.

77160 L'**exonération** de début d'activité est (CSS art. D 131-6-1) :
– **totale** si les revenus ou rémunérations annuels sont inférieurs ou égaux à 75 % du plafond annuel de la sécurité sociale (Pass) (32 994 € en 2023) ;
– **dégressive** s'ils sont supérieurs à 75 % et inférieurs à 100 % du Pass (plus de 32 994 € et moins de 43 992 € en 2023) ;
– **nulle** s'ils sont au moins égaux au Pass (43 992 € en 2023).

Le montant dégressif de l'exonération est calculé en appliquant la formule suivante (CSS art. D 131-6-1) :

(Montant total des cotisations dues pour un revenu égal à 0,75 Pass/0,25 Pass) ×
(Pass – rémunération du dirigeant de société)

> Précisions Le **plafond** de la sécurité sociale **à retenir** pour l'application de ces règles est celui en vigueur au 1er janvier de l'année au titre de laquelle les cotisations sont dues. En cas de période d'affiliation inférieure à un an, la valeur du plafond est réduite au prorata de la durée d'affiliation (CSS art. D 131-6-1).

77165 Pour leurs cotisations de **retraite complémentaire** Agirc-Arrco, les dirigeants assimilés à des salariés par l'article L 311-3 du CSS et bénéficiant de l'aide à la création ou à la reprise d'entreprise appelée « Nacre » ont le **choix,** pendant les 12 mois du dispositif, entre :
– verser les cotisations assises sur le salaire issu de la nouvelle activité calculées dans les conditions de droit commun (nos 30150 s.) ;
– ou payer une somme leur permettant d'acquérir, pendant 12 mois, les points qui leur auraient été attribués au titre du dispositif de validation des périodes de maladie.

Les dirigeants concernés sont redevables de l'ensemble des cotisations patronales et salariales dont le versement conditionne l'inscription de points de retraite complémentaire à leur compte. Le choix à opérer entre ces deux options doit être effectué au plus tard dans l'année civile suivant celle de l'activité concernée. Si la période de l'exonération chevauche 2 années civiles (N et N + 1), le choix doit être effectué au plus tard au cours de l'année N + 2 (ANI Agirc-Arrco du 17-11-2017 ann. A art. 7).

› Précisions Les catégories de **personnes concernées** par le dispositif « Nacre » sont listées à l'article L 5141-1 du Code du travail. Sont notamment visés les bénéficiaires du revenu de solidarité active, demandeurs d'emploi indemnisés et, sous réserve de conditions particulières, ceux non indemnisés.

DÉCLARATION SOCIALE NOMINATIVE (DSN)

Les mandataires sociaux constituent l'une des 3 catégories de personnes physiques dont les données personnelles d'identification doivent être renseignées dans le **bloc Individus** (S21.G00.30) de la DSN. Leur statut de mandataire social est signalé, dans la rubrique Nature du contrat (S21.G00.40.007) du **bloc Contrat** (S21.G00.40), par le code 80 Mandat social. **77190**

Les rémunérations des mandataires sociaux assimilées à des salaires au regard des cotisations sociales sont déclarées :

– au **niveau agrégé,** en renseignant 2 blocs Cotisations agréées (S21.G00.23) de la DSN avec le CTP 863 dans la rubrique Code de cotisation (S21.G00.23.001), le premier avec le qualifiant d'assiette plafonnée (921) et le second avec celui d'assiette « autre » (920) ;

– au **niveau nominatif,** en complétant 2 blocs Base assujettie (S21.G00.78) de la DSN, l'un avec le code de base assujettie 02 – Assiette brute plafonnée et le second avec le code 03 – Assiette brute déplafonnée.

Les rémunérations renseignées dans les blocs Cotisations agréées doivent être équivalentes en principe avec celles indiquées dans les blocs Base assujettie (Guide Urssaf du 17-2-2022).

› Précisions a. Les rémunérations prévues aux articles L 225-45 et L 225-83 du Code de commerce (anciennement appelées **jetons de présence**) servant à rétribuer la présence aux séances du conseil d'administration ou de surveillance doivent être prises en compte dans les montants déclarés dans les blocs nominatifs Base assujettie S21.G00.78 ainsi que dans les blocs d'agrégats Code de cotisation S21.G00.23.001 et Bordereau de cotisation due S21.G00.22 avec le CTP 100 pour les sommes correspondent à des **rémunérations exceptionnelles** versées aux membres du conseil d'administration ou de surveillance des SA en contrepartie d'une **activité salariée** (net-entreprises, fiche n° 383 ; Doc. Urssaf du 6-2-2020).

En revanche, si elles correspondent à des rémunérations versées à des personnes physiques en contrepartie de l'exercice d'un **mandat social** sans relation avec une activité salariée, ils ne doivent pas être déclarés dans la partie nominative de la DSN (blocs Base assujettie). Elles sont prises en compte dans l'établissement des montants déclarés dans les blocs d'agrégats Cotisation agrégée S21G00.23 et Bordereau de cotisation due S21.G00.22 à destination des Urssaf via le CTP 863. De plus, elles sont déclarées de manière nominative auprès de **l'administration fiscale** au sein du bloc Rémunération S89.G00.43.

b. Pour le prélèvement à la source de l'impôt sur le revenu, la rémunération des associés gérants minoritaires ou égalitaires de **SARL ayant opté pour le régime fiscal des sociétés de personnes** est soumise au régime des acomptes (acomptes calculés sur la base des BIC/BNC/BA déclarés au titre de N-2 et directement prélevés par l'administration fiscale sur le compte bancaire du contribuable). Elle ne doit donc pas faire l'objet d'un prélèvement à la source par l'entreprise. En pratique, dans cette situation, afin d'éviter un double prélèvement (retenue à la source par l'entreprise et acompte prélevé par l'administration fiscale), l'entreprise ne doit pas renseigner la rubrique rémunération nette fiscale de la DSN. Cette rémunération sera renseignée directement par le gérant sur sa déclaration de revenus (net-entreprises, fiche n° 380).

B. Assurance chômage

EXIGENCE D'UN CONTRAT DE TRAVAIL

Le régime d'assurance chômage géré par l'Unédic s'appliquant aux titulaires d'un contrat de travail, le dirigeant de société ayant qualité de mandataire social en est exclu, alors même qu'il peut être affilié comme salarié au régime général, dont les critères sont plus larges (Cass. 2e civ. 9-5-2019 n° 18-11.158 F-PBI, solution rendue à propos de formateurs occasionnels et transposable aux dirigeants). Ce n'est donc que dans le cas de **cumul** du mandat social avec un emploi salarié, et exclusivement au titre du contrat de travail correspondant à cet emploi, qu'il peut participer au régime (Circ. Unédic 2011-14 du 9-3-2011). **77250**

Les contributions chômage et AGS sont alors dues sur le seul salaire versé au titre du contrat de travail, à l'exclusion des sommes allouées au titre du mandat social (anciens jetons de présence, rémunérations exceptionnelles pour mission ponctuelle, etc.).

Par dérogation, certains **dirigeants de Scop** peuvent bénéficier du régime d'assurance chômage de l'Unédic au titre de leurs seules fonctions de mandataires (n° 76670).

CONSEIL

Les dirigeants de sociétés peuvent se garantir contre la perte de l'emploi lié aux fonctions sociales en souscrivant à l'un des **régimes d'assurance volontaire** créés à cet effet par les syndicats patronaux : régime de garantie sociale des chefs et dirigeants d'entreprise (GSC ; www.gsc.asso.fr) ; régime d'assurance chômage géré par l'association pour la protection des patrons indépendants (Appi ; www.appi-asso.fr) ou garantie chômage des dirigeants **April** (www.april.fr). Pour plus de précisions sur ces régimes, voir Mémento social n° 28665. La prise en charge par la société des cotisations versées à ces régimes fait apparaître un avantage passible des **cotisations sociales** : voir n° 77060.

DIRIGEANTS CONCERNÉS

77260 Le bénéfice de l'assurance chômage du régime Unédic au titre du contrat de travail détenu par un dirigeant dans la société où il exerce son mandat suppose que soient remplies les conditions du cumul des fonctions de mandataire et de salarié (n° 76720).

Selon l'Unédic (Fiche thématique Unédic 2-2020), peuvent en principe être admis au bénéfice du régime lorsqu'ils sont titulaires d'un **contrat de travail** :

– les gérants de **SARL** : gérant non associé, gérant associé minoritaire ou égalitaire (Rép. Procaccia : Sén. 14-4-2011) et associé non gérant, quel que soit le régime fiscal adopté par la société ;

– les dirigeants de **sociétés anonymes** : administrateur (notamment président-directeur), directeur général, membres du directoire, membres du conseil de surveillance ;

– les dirigeants de **sociétés par actions simplifiées** : président non associé ou minoritaire et dirigeant non associé ou minoritaire.

En revanche, le gérant majoritaire de SARL et les gérants associés de **sociétés en nom collectif et commandite simple** ne peuvent, selon l'Unédic, en aucun cas participer au régime (Fiche thématique Unédic 2-2020).

› Précisions Les dirigeants de sociétés involontairement privés d'emploi suite au redressement ou à la liquidation judiciaire de l'entreprise peuvent bénéficier d'une allocation forfaitaire dénommée **allocation des travailleurs indépendants.** Sont notamment concernés par cette allocation : les dirigeants sociaux relevant du régime général en tant qu'indépendants, les présidents et dirigeants de SAS et de Selas, les dirigeants de SA et de Selafa visés à l'article L 311-3 du CSS (n° 76890), les gérants de SARL et de Selarl relevant au titre de leur mandat social du régime général des salariés (n° 76930) (C. trav. art. L 5424-24). Cette allocation est financée exclusivement par l'impôt (C. trav. art. L 5422-9, 4° et L 5424-28). Pour plus de détails, voir Mémento social n° 81630.

RESCRIT ET DEMANDE PRÉALABLE

77270 Le versement des contributions chômage au titre d'un contrat de travail ne vaut pas reconnaissance d'un droit à allocations d'assurance chômage. Pôle emploi peut en refuser le bénéfice au dirigeant malgré le paiement des contributions, si celui-ci ne fait pas la preuve d'un contrat de travail réel et sérieux le liant à la société.

Afin de prévenir cette situation, l'**employeur** peut demander à Pôle emploi services, dans le cadre d'une procédure de rescrit, de se prononcer de manière explicite sur l'assujettissement de ses dirigeants sociaux à l'assurance chômage. Pôle emploi services doit alors se prononcer dans un délai de 2 mois. Sa décision vaut seulement pour le dirigeant visé par la demande. Elle est **opposable** à l'avenir à l'employeur, à Pôle emploi et à l'Urssaf tant que la situation de fait ou la législation applicable n'ont pas été modifiées (C. trav. art. L 5312-12-2). Si Pôle emploi entend modifier sa réponse pour l'avenir en raison d'un **changement de la situation** de fait ou de l'analyse de cette dernière, il doit notifier sa décision à l'employeur. Cette modification prend effet à la date du changement de la situation de fait ou, s'agissant d'un changement d'analyse de cette situation, à la date de sa notification (C. trav. art. R 5312-5-2).

› Précisions L'employeur peut également obtenir l'**avis** de Pôle emploi services dans le cadre d'une étude préalable. L'avis donné est opposable à Pôle emploi si la situation de l'intéressé ne subit aucune modification sous réserve de l'appréciation souveraine des tribunaux (Fiche thématique Unédic 2-2020).

77280 Les **dirigeants** d'entreprise désirant connaître leur situation au regard des allocations chômage peuvent s'informer auprès de Pôle emploi, qui doit donner un avis engageant sa responsabilité (Dir. Unédic 36 du 31-7-2002). L'encaissement par Pôle emploi de contributions chômage ne constitue pas reconnaissance tacite d'un droit aux prestations. La demande de renseignements est formulée par le dirigeant lui-même, au moment de sa demande d'allocations, au moyen d'un questionnaire téléchargé en ligne sur le site www.pole-emploi.fr.

Un **avis positif,** c'est-à-dire la reconnaissance de l'existence d'un contrat de travail se cumulant avec le mandat social, permet à l'intéressé d'être éligible aux allocations servies par l'assurance chômage sous réserve des autres conditions d'attribution de celles-ci.

Si Pôle emploi constate, au moment où il est saisi pour avis, que l'intéressé est titulaire d'un contrat de travail et que les contributions n'ont pas été versées, il y a lieu de régulariser cette situation en demandant à la société de verser les contributions correspondant aux 3 dernières années. En cas d'**avis négatif,** les intéressés peuvent obtenir le remboursement, dans la limite de la prescription légale, des cotisations qu'ils auraient versées à tort (Dir. Unédic 36 du 31-7-2002).

C. Retraite complémentaire

DIRIGEANTS AFFILIÉS AU RÉGIME GÉNÉRAL

Les dirigeants sociaux assimilés à des salariés par l'article L 311-3 du CSS doivent être affiliés au régime de retraite complémentaire Agirc-Arrco (ANI Agirc-Arrco du 17-11-2017 art. 5 ; Circ. Agirc-Arrco 2019-1 DRJ du 9-1-2019, fiche 1). La rémunération de leur mandat social est soumise aux **cotisations** de ce régime aux conditions applicables aux salariés de la société, sous réserve des particularités signalées nos 77110 s., par alignement avec l'assiette des cotisations de sécurité sociale (no 77040). **77350**

En cas de **cumul d'un contrat de travail** et d'un mandat social de dirigeant visé par l'article L 311-3 du CSS, les cotisations sont dues sur les rémunérations cumulées du contrat de travail et du mandat social.

> **Précisions a.** Les dirigeants relevant du **régime d'assurance chômage GSC** (garantie sociale des chefs et dirigeants d'entreprise) peuvent faire valider les périodes indemnisées par ce régime dans la limite globale d'un an et sous réserve de ne pas dépasser la date à laquelle ils remplissent les conditions pour bénéficier d'une retraite à taux plein. Cette possibilité, ouverte aux dirigeants relevant du régime Agirc-Arrco à la date de cessation de leurs fonctions, est subordonnée au versement d'une cotisation. Le nombre de points pouvant être acquis dans ce cadre est limité. La demande de validation doit être présentée à l'institution au plus tard le 31 décembre de l'année civile suivant celle à laquelle elle se rapporte (ANI Agirc-Arrco du 17-11-2017 art. 49 ; Circ. Agirc-Arrco 2020-02 DRJ du 20-1-2020, fiche 2).
> **b.** En ce qui concerne les **créateurs ou repreneurs d'entreprise,** voir no 77165.

La société doit faire bénéficier ses dirigeants sociaux assimilés à des salariés par l'article L 311-3 du CSS d'une **garantie décès** dans les conditions exposées no 30570 (ANI relatif à la prévoyance des cadres du 17-11-2017 art. 2.1). **77360**

PROFESSIONS LIBÉRALES

L'affiliation aux **régimes complémentaires** des professions libérales en sus du régime complémentaire Agirc-Arrco des dirigeants de sociétés exerçant une profession libérale et relevant des régimes des salariés du fait de leur statut juridique peut être rendue obligatoire par décret sur demande de la caisse nationale d'assurance vieillesse des professions libérales (CSS art. L 644-3). **77370**

Sont visés les dirigeants suivants : gérants minoritaires ou égalitaires de SARL et de Selarl, présidents-directeurs et directeurs généraux des sociétés anonymes et des Selafa, présidents et dirigeants des sociétés par actions simplifiées. Les **cotisations** dues aux régimes complémentaires des professions libérales par ces personnes sont calculées dans les conditions fixées par les statuts de ces régimes.

Cette double affiliation a été décidée pour les **notaires,** les **vétérinaires** et les **agents généraux d'assurance.** Elle permet aux intéressés de se constituer des droits dans chacun des régimes auxquels ils cotisent.

SECTION 3

RÉGIME FISCAL DES RÉMUNÉRATIONS VERSÉES AUX DIRIGEANTS

PRÉSENTATION GÉNÉRALE

77450 Comme en matière de sécurité sociale, certains dirigeants sont considérés, par une disposition expresse de la loi fiscale, comme des salariés pour les rémunérations versées à raison de leur mandat social. Les autres sont imposables selon le régime défini par l'article 62 du CGI (gérants majoritaires de SARL n'ayant pas opté pour le régime fiscal des sociétés de personnes, par exemple) ou selon la catégorie d'imposition dont relève la société qu'ils dirigent (sociétés de personnes exerçant une activité imposable à l'impôt sur le revenu dans la catégorie des bénéfices industriels et commerciaux, par exemple).

Les développements qui suivent n'abordent que la situation des dirigeants **considérés fiscalement comme des salariés** et dont les rémunérations sont **imposables en France.**

Celle-ci sera examinée successivement au regard de l'impôt sur le revenu (n°s 77500 s.) et des taxes et participations sur salaires (n°s 78000 s.). Les modalités d'établissement de la **DSN** sont précisées n° 77190.

Le régime d'imposition des **compléments de retraite** versés à d'anciens dirigeants est examiné à part : voir n°s 52750 s.

Option pour le régime fiscal des sociétés de personnes

Certaines sociétés normalement assujetties à l'impôt sur les sociétés sont autorisées à opter pour le régime fiscal des sociétés de personnes. Il s'agit des **SA, SAS, SARL, Selarl, Selafa et Selas** non cotées et répondant à des conditions d'activité, d'effectif, de chiffre d'affaires et d'ancienneté. La durée de cette option est limitée à 5 exercices, sans renouvellement possible (CGI art. 239 bis AB).

En cas d'option, les rémunérations versées aux **associés, dirigeants ou non,** ne constituent pas une charge déductible des résultats de la société mais sont rapportées au bénéfice social pour l'établissement de l'impôt dû personnellement par chacun d'eux dans la catégorie de revenus (BIC, BA ou BNC) dont relève l'activité de la société (BOI-RSA-GER-10-30 n° 400 ; BOI-IS-CHAMP-20-20-20-20 n° 170). Fiscalement, cette rémunération est considérée comme une répartition des bénéfices, à la différence des règles retenues en matière sociale (n° 76960). Les rémunérations versées aux **dirigeants non associés** sont, quant à elles, déductibles selon les règles de droit commun et imposables dans la catégorie des traitements et salaires, avec prélèvement à la source par la société (dans le cas des SARL et des Selarl, il n'en est ainsi qu'à la condition que l'intéressé ne soit pas membre d'un collège de gérance majoritaire).

A. Impôt sur le revenu

77500 Après avoir déterminé les dirigeants imposables dans la catégorie des traitements et salaires, seront précisées les modalités d'imposition des sommes ou éléments de rémunération perçus à raison du mandat social ou à raison d'une activité salariée, ainsi que le sort des sommes versées lors du départ du dirigeant.

> **Précisions** **a.** Le fait générateur de l'imposition, c'est-à-dire la date à laquelle une rémunération est imposable entre les mains de son bénéficiaire, peut soulever des difficultés dans le cas de **rémunérations portées au crédit d'un compte ouvert à son nom ou inscrites en charges à payer** : cette question est examinée n°s 35230 s.
> **b.** En ce qui concerne l'incidence de la rémunération des dirigeants au regard du régime légal de **participation aux résultats** de l'entreprise, voir n°s 46390 (calcul de la RSP) et 46660 s. (répartition entre bénéficiaires et plafonnement des droits individuels).

Dirigeants des grandes entreprises établies en France

Les dirigeants des entreprises dont le siège est situé en France et qui y réalisent un chiffre d'affaires annuel supérieur à 250 millions d'euros sont considérés comme exerçant en France leur activité professionnelle à titre principal, à moins qu'ils ne rapportent la preuve contraire. Pour les entreprises qui contrôlent d'autres entreprises dans les conditions définies à l'article L 233-16 du Code de commerce, le chiffre d'affaires s'entend de la somme de leur chiffre d'affaires et de celui des entreprises qu'elles contrôlent. Les dirigeants concernés s'entendent du président du conseil d'administration lorsqu'il assume la direction générale de la société, du directeur général, des directeurs généraux délégués, du président du directoire et des autres membres du directoire, des gérants et des autres dirigeants ayant des fonctions analogues (CGI art. 4 B).
Cette disposition, qui déroge aux règles générales de **domiciliation fiscale en France,** conduit en théorie à présumer, sauf preuve contraire, les dirigeants concernés comme fiscalement domiciliés en France, soumis en tant que tels à l'impôt sur le revenu en France sur l'ensemble de leurs revenus, qu'ils soient réalisés en France ou à l'étranger.
Sa portée est toutefois réduite par l'incidence des conventions fiscales internationales, dont les dispositions contraires prévalent sur ce texte de droit interne. Par exemple, les conventions de type OCDE attribuent l'imposition à l'État d'exercice de l'activité, ce qui fait obstacle à l'imposition en France des revenus d'activité de source étrangère, c'est-à-dire correspondant à une activité exercée hors de France. Dans cette situation, la société établie en France n'est tenue de pratiquer aucune retenue à la source sur ces rémunérations, que ce soit le prélèvement généralisé de l'article 204 A du CGI ou la retenue à la source de l'article 182 A du CGI.

1. CATÉGORIE D'IMPOSITION

SOCIÉTÉS ANONYMES ET SOCIÉTÉS PAR ACTIONS SIMPLIFIÉES

Dans les sociétés anonymes (sauf option pour le régime fiscal des sociétés de personnes : n° 77450), sont imposables dans la catégorie des traitements et salaires le **président** du conseil d'administration, le **directeur général,** le ou les directeurs généraux délégués et l'administrateur provisoirement délégué ainsi que les **membres du directoire** pour leurs rémunérations correspondant à leurs fonctions de direction : traitements fixes ou proportionnels, avantages divers (pour les rémunérations reçues en tant qu'administrateur ou de membre du conseil de surveillance, voir n° 77670). **77550**

Par assimilation, les rémunérations des dirigeants des **sociétés par actions simplifiées** (n'ayant pas opté pour le régime fiscal des sociétés de personnes : n° 77450) sont également imposables dans la catégorie des traitements et salaires (BOI-RSA-CHAMP-10-30-20 n° 260 ; BOI-RSA-GER-10-30 n° 180). Cette solution vaut aussi, à notre avis, pour les présidents de sociétés par actions simplifiées unipersonnelles.

SARL

Sont imposables dans la catégorie des traitements et salaires les **gérants** minoritaires ou égalitaires de SARL (n'ayant pas opté pour le régime fiscal des sociétés de personnes : n° 77450), ainsi que les gérants non associés (c'est-à-dire ne possédant aucune part sociale, ni directement ni indirectement), sauf s'ils appartiennent à un collège de gérance majoritaire (BOI-RSA-GER-10-30 n°s 210 et 220). **77560**

› Précisions **a.** Est considéré comme **gérant majoritaire** de SARL l'associé gérant qui possède à lui seul, en toute propriété ou en usufruit, plus de la moitié des parts sociales ou appartient à une gérance collégiale dont les membres possèdent ensemble cette majorité. Il est tenu compte des parts détenues dans la SARL par une société qu'il contrôle (fonction de direction et possession de plus de 50 % du capital social) ainsi que, selon l'administration, des parts appartenant, en toute propriété ou en usufruit, à son conjoint (même séparé de biens) ou à son partenaire lié par un Pacs et faisant l'objet d'une imposition commune (BOI-RSA-GER-10-10-10-10 n° 160) ou à ses enfants mineurs et non émancipés. Les parts détenues par le conjoint, le partenaire lié par un Pacs ou les enfants du gérant par l'intermédiaire de sociétés interposées ne sont pas prises en considération même s'ils assurent la direction de la société interposée (CE 28-6-1989 n° 59306 ; 26-1-1990 n° 62766).

b. Contrairement à la jurisprudence de la Cour de cassation rendue en matière de sécurité sociale (n° 76940), le Conseil d'État et l'administration considèrent qu'il y a lieu de prendre en compte les parts possédées par le gérant en **indivision,** sauf s'il y a désaccord entre les associés sur l'exercice de leurs droits dans l'indivision. Mais il doit être établi que le gérant représente l'indivision en vertu d'un mandat (exprès ou tacite) ou qu'il s'est comporté vis-à-vis des tiers comme le représentant de fait de celle-ci (CE 19-11-1984 n° 38069).

c. Exemple de gérance majoritaire. Soit une SARL au capital de 3 000 parts comprenant deux gérants (A et B). A détient 200 parts et B 600 parts ; mais en outre, B est P-DG d'une société anonyme dont il possède 55 % des actions, laquelle société est elle-même propriétaire de 1 500 parts de la SARL : les deux gérants possèdent ainsi, directement et indirectement, plus de la moitié des parts sociales.

77570 Les rémunérations des **associés non gérants** (ni en droit ni en fait) d'une SARL (n'ayant pas opté pour le régime fiscal des sociétés de personnes : n° 77450) sont traitées fiscalement comme des salaires, si elles correspondent à un travail effectif accompli dans un état de subordination vis-à-vis de la société et si leur montant n'est pas excessif.

Mais la jurisprudence traite comme des gérants (**gérants de fait**) les associés qui, juridiquement et statutairement, n'ont pas cette qualité mais qui exercent les fonctions correspondantes, soit en participant étroitement avec les pouvoirs les plus étendus à la direction de l'affaire, soit en exerçant un contrôle constant et effectif sur la marche commerciale de la société. Dans ce cas, s'il est associé majoritaire ou forme un collège de gérance majoritaire avec le gérant statutaire, sa rémunération est imposée non dans la catégorie des traitements et salaires, mais au titre de l'article 62 du CGI.

Par ailleurs, le Conseil d'État admet l'imposition dans la catégorie des traitements et salaires de la rémunération allouée à un gérant de fait majoritaire pour des **fonctions techniques distinctes** de la gérance (CE 27-6-1990 n° 64710 ; 29-4-2002 n° 212408).

SOCIÉTÉS EN COMMANDITE, EURL, SNC

77590 Les rémunérations des **gérants non associés** des sociétés en commandite par actions sont imposables dans la catégorie des traitements et salaires (BOI-RSA-GER-10-30 n° 270). Il en est de même de la rémunération des gérants non associés des EURL (BOI-IS-CHAMP-20-10-20 n°s 610 et 620), des sociétés en commandite simple et des SNC, que ces sociétés aient opté ou non pour l'impôt sur les sociétés.

ATTENTION

Dans les EURL n'ayant pas opté pour l'IS, la rémunération du gérant non associé marié à l'associé unique non gérant obéit aux dispositions de l'article 154 du CGI, relatif au salaire du conjoint de l'exploitant : voir n° 53870 (BOI-IS-CHAMP-20-10-20 n° 610).

SOCIÉTÉS CIVILES

77600 Les **gérants salariés non associés** relèvent en principe de la catégorie des traitements et salaires, que la société civile soit soumise à l'impôt sur le revenu ou à l'impôt sur les sociétés.

EARL

77610 Les rémunérations allouées aux associés gérants majoritaires ou minoritaires des **EARL ayant opté pour l'IS** ne sont pas imposées dans la catégorie des traitements et salaires, mais relèvent de l'article 62 du CGI (BOI-RSA-GER-10-10 n° 1 ; BOI-RSA-GER-10-10-20 n° 120).

77620

Cas particulier des sociétés d'exercice libéral (SEL)

Les rémunérations des **associés dirigeants ou non** de Selafa, Selas, Selarl et de Selca n'ayant pas opté pour le régime fiscal des sociétés de personnes, allouées à raison de l'exercice de leur **activité libérale** dans ces mêmes sociétés sont en principe imposables dans la catégorie des BNC, conformément au 1 de l'article 92 du CGI. En revanche, lorsqu'il est établi qu'un lien de subordination existe entre l'associé et la SEL au titre de l'exercice de cette activité, ces rémunérations sont imposées dans la catégorie des traitements et salaires.

Pour les gérants majoritaires de Selarl et les associés gérants de Selca, ces règles s'appliquent aux rémunérations qui leur sont allouées à raison de l'exercice d'une activité libérale, lorsqu'elles peuvent être distinguées des rémunérations qu'ils perçoivent au titre de leurs fonctions de gérant. Dans le cas contraire, elles demeurent imposées dans les conditions prévues à l'article 62 du CGI.

À titre de mesure de tempérament, il est cependant admis que les associés de SEL peuvent revendiquer, jusqu'à l'imposition des revenus de l'année **2023,** l'imposition des rémunérations qu'ils perçoivent à raison de l'exercice de leur activité libérale dans ces sociétés dans la catégorie des traitements et salaires ou, pour ce qui concerne les gérants majoritaires de Selarl et les associés gérants de Selca, dans les conditions prévues à l'article 62 du CGI. Ce n'est donc qu'à partir de l'imposition des revenus de 2024 que ces rémunérations seront de plein droit imposées dans la catégorie des BNC (BOI-RSA-GER-10-30 n° 520 ; BOI-BNC-DECLA-10-10 n° 110).

2. RÈGLES D'IMPOSITION DES SOMMES ALLOUÉES AUX DIRIGEANTS

a. Rémunérations

Les rémunérations de toute nature versées aux dirigeants imposables dans la catégorie des traitements et salaires sont assujetties, entre les mains des bénéficiaires, à l'**impôt sur le revenu** selon, en principe, les mêmes modalités que les salariés, sous réserve de dispositions particulières intéressant les allocations pour frais d'emploi (nos 77710 s.) ou l'évaluation des avantages en nature (no 77790). À ce titre, elles font l'objet d'un prélèvement à la source opéré par la société débitrice des rémunérations. **77660**

Ces rémunérations sont, par ailleurs, déductibles des **bénéfices imposables de la société** dans la mesure où elles correspondent à un travail effectif et où leur montant global n'excède pas la rétribution normale des fonctions exercées (no 77680). À noter toutefois que les rémunérations différées versées par les sociétés anonymes cotées à leurs dirigeants sont soumises à une limite spéciale de déduction du résultat imposable (no 34680).

RÉMUNÉRATIONS DES ADMINISTRATEURS OU MEMBRES DU CONSEIL DE SURVEILLANCE DES SOCIÉTÉS ANONYMES

On distingue deux catégories de rémunérations pouvant être versées aux administrateurs ou aux membres du conseil de surveillance des sociétés anonymes : celles prévues aux articles L 225-45 et L 225-83 du Code de commerce (anciennement appelées « jetons de présence ») et les rémunérations exceptionnelles prévues aux articles L 225-46 et L 225-84 de ce Code. **77670**

Les rémunérations antérieurement appelées « **jetons de présence** » sont en principe destinées à rémunérer la participation aux conseils d'administration ou de surveillance (anciens jetons de présence ordinaires), mais leur répartition pouvant être inégale entre les administrateurs ou les membres du conseil de surveillance, certains d'entre eux peuvent percevoir une part plus élevée en rémunération de fonctions particulières, comme, par exemple, la participation à des comités d'études ou l'exercice de fonctions spéciales, comme celles de président du conseil, de vice-président ou de directeur général de la société (ces suppléments étaient antérieurement qualifiés de jetons de présence spéciaux).

Dans la mesure où elles n'excèdent pas la rétribution normale des services rendus, les rémunérations antérieurement qualifiées de jetons de présence spéciaux allouées au titre d'un exercice aux membres du conseil d'administration ou du conseil de surveillance de SA n'ayant pas opté pour le régime fiscal des sociétés de personnes sont en principe soumises au régime fiscal des salaires lorsque l'activité est exercée dans les conditions d'une activité salariée telles que définies no 77550 (BOI-RSA-GER-10-30 nos 110 et 160), à la différence des rémunérations antérieurement appelées « jetons de présence ordinaires » qui sont imposables dans la catégorie des revenus mobiliers (BOI-RSA-GER-10-30 nos 100 et 140 ; BOI-RSA-CHAMP-10-30-20 nos 150 et 210). Ces rémunérations (anciens jetons de présence ordinaires ou spéciaux) ne sont déductibles des résultats de la société qu'à la condition de rémunérer une activité effective, et leur déduction est plafonnée : voir ci-après précision b.

Quant aux **rémunérations exceptionnelles** pouvant être attribuées aux administrateurs ou aux membres du conseil de surveillance pour les missions ou mandats qui leurs sont confiés ou des prestations qu'ils seraient amenés à fournir à la société (études de marché, voyages d'étude à l'étranger, conseils juridiques ou fiscaux, ingénieur-conseil, etc.), elles sont imposables entre les mains des bénéficiaires, soit comme salaire, soit comme bénéfice non commercial, selon les conditions d'exercice de l'activité, pour autant qu'elles correspondent à un travail effectif et ne sont pas excessives eu égard à l'importance du service rendu (BOI-RSA-GER-10-30 nos 110 et 160 ; BOI-RSA-CHAMP-10-30-20 nos 140, 150 et 210). À ces conditions, elles sont déductibles sans limitation des résultats de la société.

Sur les sommes à porter sur la **DSN,** voir no 77190.

> Précisions a. Les rémunérations antérieurement qualifiées de jetons de présence (ordinaires ou spéciaux) ne sont déductibles des **résultats de la société** que s'il est justifié de l'exercice d'une activité effective des administrateurs se traduisant par leur participation réelle au conseil d'administration ou par l'accomplissement d'une mission dans le cadre de leur mandat (CAA Versailles 15-7-2010 no 09-1944 ; confirmé par CE 14-12-2011 no 344158).

b. Sous réserve de la condition exposée no 77670, a ci-dessus, les rémunérations antérieurement qualifiées de jetons de présence (ordinaires ou spéciaux) allouées au titre d'un exercice ne sont déductibles de l'assiette de l'impôt sur les sociétés que dans une **limite globale**

égale à autant de fois 5 % de la rémunération moyenne déductible attribuée au cours de cet exercice aux personnes les mieux rémunérées de l'entreprise (au sens indiqué n° 96440) qu'il y a d'administrateurs ou de membres du conseil de surveillance. Dans les sociétés employant moins de 5 personnes, cette limite est fixée au produit du nombre d'administrateurs ou de membres du conseil de surveillance par 457 € (CGI art. 210 sexies).

c. La réintégration dans les bénéfices sociaux imposables d'une fraction des sommes anciennement qualifiées de jetons de présence ordinaires ou spéciaux est, selon l'administration, sans incidence sur le régime d'**imposition des bénéficiaires** : ceux-ci restent imposables, sur les rémunérations ainsi réintégrées, dans la catégorie des revenus de capitaux mobiliers ou des traitements et salaires selon les règles indiquées ci-dessus. Il résulte de cette doctrine administrative que les jetons de présence anciennement qualifiés de spéciaux attribués au titre d'activités salariées qui ne peuvent être déduits du bénéfice social, que ce soit pour dépassement de la limite globale de déductibilité fixée par l'article 210 sexies, ou parce qu'ils ne correspondent pas à une activité salariée effective n'en doivent pas moins être imposés entre les mains des bénéficiaires selon les règles applicables aux salaires (BOI-RPPM-RCM-10-20-20-60 n°s 120 et 130).

RÉMUNÉRATIONS EXCESSIVES OU NE CORRESPONDANT PAS À UN TRAVAIL EFFECTIF

77680 Les rémunérations qui présentent un caractère excessif ou ne correspondent pas à un travail effectif sont jugées anormales et ne sont, en conséquence, pas déductibles des résultats de l'entreprise (n°s 34650 s.). Bien que de portée générale, ces règles s'appliquent tout spécialement aux dirigeants de sociétés.

C'est ainsi que les rémunérations jugées anormales des dirigeants des sociétés n'ayant pas opté pour le régime fiscal des sociétés de personnes sont rapportées au **bénéfice imposable** de l'entreprise.

Pour les **intéressés,** elles sont taxées comme un revenu mobilier, même pour ceux qui n'ont pas la qualité d'associé. Concrètement, ces sommes sont soumises pour leur montant majoré de 25 % soit au prélèvement forfaitaire libératoire (PFU), soit, sur option, au barème progressif (sans abattement de 40 %) (CGI art. 158, 7-2°), cette majoration de 25 % ne valant que pour l'assiette de l'impôt sur le revenu, à l'exclusion des contributions sociales sur les revenus du patrimoine (Cons. const. 10-2-2017 n° 2016-610 ; 7-7-2017 n° 2017-643 QPC ; BOI-RPPM-RCM-20-10-20-10 n° 160).

L'administration dispose d'un droit de **contrôle** sur l'ensemble des rémunérations directes ou indirectes versées par les entreprises. Pour les personnes les mieux rémunérées, ce droit s'exerce au vu du **relevé détaillé de certains frais généraux,** que les sociétés doivent fournir chaque année à l'appui de leurs déclarations de résultats (n°s 36820 s.).

> Précisions a. Parmi les **critères** habituellement retenus par la jurisprudence du Conseil d'État dans le cas des dirigeants et auxquels se réfère également l'administration, on peut citer notamment, outre la qualification professionnelle et l'importance de l'activité déployée par l'intéressé, les rémunérations des personnes occupant des emplois analogues dans des entreprises similaires de la région, l'importance de la rémunération par rapport aux bénéfices ou aux salaires des autres membres du personnel. Le plus souvent, il est tenu compte des circonstances propres à chaque entreprise (niveau et évolution du chiffre d'affaires, comparaison de cette évolution avec celle du salaire du dirigeant, rôle personnel joué par celui-ci, éventuellement sa part du capital, etc.), de sorte qu'à défaut d'accord amiable avec le service des impôts l'avis de la commission des impôts directs et des taxes sur le chiffre d'affaires est fréquemment sollicité.

b. Les **rémunérations différées versées par les sociétés anonymes cotées** à leurs dirigeants sont soumises à une limite spéciale de déduction du résultat imposable : voir n° 34680.

b. Indemnités pour frais professionnels

77710 Pour les défrayer des dépenses supportées dans l'exercice de leurs fonctions, les dirigeants et les cadres reçoivent fréquemment de leur société des indemnités qui sont **déductibles des bénéfices sociaux** sauf si, ajoutées aux autres rémunérations des intéressés, elles présentent un caractère excessif.

Les indemnités, remboursements et allocations **forfaitaires** pour frais versés aux dirigeants de sociétés sont, quel que soit leur objet, soumis à l'impôt sur le revenu entre les mains des intéressés (n° 77720), alors que les remboursements de frais **réels** qui leur sont alloués en sont exonérés (n° 77730).

> Précisions En application de la **règle du non-cumul** des indemnités forfaitaires pour frais d'emploi et des remboursements de frais visée aux articles 39, 3 et 211 bis du CGI, sont exclues des charges déductibles les allocations forfaitaires allouées par une société à ses dirigeants ou cadres pour frais de représentation et de déplacement lorsque, parmi ces charges, figurent déjà des frais habituels de cette nature remboursés aux intéressés ; corrélativement, les sommes réintégrées sont taxées, en principe, comme des revenus mobiliers entre les mains des bénéficiaires si la société versante est soumise à l'impôt sur les sociétés. La portée de cette règle est réduite car l'administration ne l'applique pas aux dirigeants salariés visés à l'article 80 ter, b du CGI, dès lors que les indemnités forfaitaires sont imposables comme des salaires (BOI-IS-BASE-30-20-10 n° 150). Mais cette règle s'applique aux autres dirigeants et aux cadres à l'exclusion de ceux occupant un emploi salarié et dont la rémunération excède la plus faible des rémunérations allouées aux dirigeants de l'entreprise (également visés par CGI art. 80 ter, b).

INDEMNITÉS FORFAITAIRES

Les indemnités ou allocations forfaitaires pour frais versées aux dirigeants salariés de sociétés sont, quel que soit leur objet, assimilées à une **rémunération imposable** pour l'assiette de l'impôt sur le revenu dû par le bénéficiaire (CGI art. 80 ter, a). 77720

Corrélativement, elles sont déductibles des **résultats de la société** versante (n° 34410), sauf si elles portent le total des sommes perçues à un montant excessif (n° 77680).

Les **dirigeants concernés** par cette mesure s'entendent d'abord des dirigeants de droit de sociétés n'ayant pas opté pour le régime fiscal des sociétés de personnes et visés à l'article 80 ter, b du CGI, c'est-à-dire :

– dans les sociétés anonymes, le président du conseil d'administration, le directeur général, les directeurs généraux délégués, l'administrateur provisoirement délégué, tout administrateur ou membre du conseil de surveillance chargé de fonctions spéciales (directeur commercial…), les membres du directoire ;

– dans les sociétés par actions simplifiées, les dirigeants tels qu'ils sont définis par les statuts ;

– dans les sociétés à responsabilité limitée, les gérants non majoritaires ;

– dans les autres entreprises ou établissements passibles de l'impôt sur les sociétés, les dirigeants soumis au régime fiscal des salariés.

Mais est également concernée par cette disposition, dans les sociétés effectivement soumises à l'impôt sur les sociétés et les sociétés de personnes à objet industriel ou commercial, toute personne occupant un emploi **salarié** – sauf s'il ne s'agit pas de toute évidence d'un dirigeant de fait – dont la rémunération totale excède la plus faible des rémunérations allouées aux dirigeants de l'entreprise (soumis ou non au régime fiscal des salariés), abstraction faite des rémunérations versées aux administrateurs et membres du conseil de surveillance chargés de fonctions spéciales (CGI art. 80 ter, b-4). N'est, de toute évidence, pas un dirigeant de fait le salarié dont la rémunération excède celle du dirigeant de droit s'il apparaît que ce dernier assume seul la direction de l'entreprise et que la faiblesse de sa rémunération s'explique seulement par un contexte particulier, par exemple l'exercice de fonctions dirigeantes dans plusieurs sociétés du même groupe (BOI-RSA-CHAMP-20-40-20 n° 40).

Sur les sommes à porter sur la **DSN,** voir n° 77190.

> **› Précisions** Les dirigeants exerçant au sein de la société une **activité salariée distincte** donnant lieu à une rémunération séparée peuvent bénéficier à ce titre d'allocations forfaitaires affranchies d'impôt sur le revenu (CE 14-12-1984 n° 42356). La solution ne vaut, bien entendu, que si l'activité salariée considérée ne confère pas aux intéressés la qualité de dirigeant de fait.

REMBOURSEMENTS DE FRAIS RÉELS

Situation du bénéficiaire Les remboursements de frais réels alloués aux dirigeants salariés (n° 77720) sont exonérés d'impôt sur le revenu chez le bénéficiaire en application de l'article 81, 1° du CGI lorsque les conditions requises par ce texte sont remplies, ce qui implique notamment qu'ils soient utilisés conformément à leur objet et appuyés de justifications suffisantes : voir n°s 55800 s. 77730

Comme pour l'ensemble des salariés, l'exonération des remboursements de frais réels dépend également du choix effectué par le dirigeant pour les frais professionnels : s'il opte pour la déduction forfaitaire de 10 %, l'exonération vaut seulement pour les frais non couverts par cette déduction (n° 55800) ; s'il opte pour les frais réels, la totalité des allocations et remboursements de frais entre dans son revenu imposable.

Les indemnités de **frais de voiture,** calculées sur la base du barème kilométrique de l'administration (n°s 96230 s.), ont la nature de remboursements réels et non d'allocations forfaitaires à condition que le nombre de kilomètres parcourus à titre professionnel puisse être justifié et que l'intéressé soit en mesure d'indiquer la date, l'objet et l'importance des déplacements effectués (CE 14-12-1984 n° 42356). À cet égard, le président-directeur général d'une société peut justifier du kilométrage parcouru en indiquant l'identité des clients rencontrés, ainsi que les dates et lieux des rencontres (CE 10-12-1999 n° 180247). La même règle s'applique aux indemnités de frais de moto (ou de scooter ou de vélomoteur) calculées sur la base du barème kilométrique propre à ces véhicules (nos 96240 s.).

77740 **Situation de la société versante** Pour la société versante, ces remboursements de frais sont déductibles des bénéfices imposables dès lors qu'ils correspondent à des dépenses professionnelles effectives et justifiées. Dans le cas contraire, ils sont également déductibles en tant que supplément de rémunération.

Par exception, ils ne constituent pas une charge déductible (et sont imposés comme revenus mobiliers entre les mains de l'intéressé si la société est soumise à l'impôt sur les sociétés) :
– s'il apparaît qu'il s'agit en réalité de dépenses exposées, non pour les besoins de l'exploitation, mais dans l'intérêt exclusif du bénéficiaire (**acte de gestion anormal**). Dans cette situation, ils ne sont pas déductibles du résultat imposable de la société et sont imposés comme revenus mobiliers entre les mains de l'intéressé sans qu'il y ait lieu de rechercher si les véritables rémunérations directes et indirectes perçues par ailleurs sont ou non exagérées, cas, par exemple, de remboursement de frais de voyage dont ni le caractère professionnel, ni le montant exact ne sont justifiés (CE 18-5-1979 n° 6799 ; 29-7-1983 n° 35273) ;
– ou si la rémunération globale de l'intéressé (y compris les remboursements) présente un caractère **excessif.** Dans ce cas, la fraction jugée excessive obéit aux règles indiquées n° 77680 (en ce sens, CE 28-4-1982 n° 14954).

c. Avantages en nature

77780 Les entreprises accordent souvent des avantages en nature à leurs dirigeants (notamment, mise à disposition gratuite d'un logement, usage personnel d'un véhicule aux frais de la société, prise en charge de primes d'assurance-vie ou de cotisations sociales…). La définition des avantages en nature est celle retenue pour l'ensemble des salariés, telle qu'exposée nos 40140 s.

Deux situations peuvent se présenter dans les sociétés soumises à l'impôt sur les sociétés.

a. Les avantages alloués en **contrepartie des fonctions de dirigeant** constituent un supplément de rémunération. Au même titre que la rémunération principale, ils sont alors déductibles des bénéfices sociaux et imposables au nom du bénéficiaire dans la catégorie des traitements et salaires s'il s'agit d'un dirigeant salarié.

Si la rémunération globale (avantages en nature compris) est excessive par rapport au service rendu, la fraction exagérée est réintégrée dans les bénéfices sociaux et imposée au nom du dirigeant comme un revenu distribué (n° 77680).

b. Les avantages en nature ne constituent pas une véritable rémunération des fonctions exercées par le dirigeant mais présentent en réalité le caractère d'une **libéralité** ou d'un acte anormal de gestion ; ils sont réintégrés dans les bénéfices sociaux et taxés au nom de l'intéressé comme des revenus distribués sans rechercher si les véritables rémunérations directes et indirectes perçues par ailleurs sont ou non exagérées.

ATTENTION

Les avantages en nature versés aux dirigeants doivent en principe être inscrits en tant que tels dans la **comptabilité** de l'entreprise (sur la portée concrète de cette obligation et la tolérance administrative, voir n° 34430) et portés sur le **relevé de frais généraux** au titre des rémunérations directes ou indirectes (n° 36820).

ÉVALUATION

77790 En principe, les avantages en nature consentis aux personnes qui ne sont pas liées à l'entreprise uniquement par un contrat de travail telles que les dirigeants sont évalués, quel que soit le montant de la rémunération des intéressés, pour leur **montant réel** (BOI-RSA-BASE-20-20 n° 30).

Par exception, toutefois :

a. L'avantage en nature **nourriture** est toujours évalué selon le forfait social (n° 39000) pour les dirigeants, même non liés à la société par un contrat de travail, qui sont mentionnés aux 11°, 12° et 23° de l'article L 311-3 du CSS : gérants minoritaires ou égalitaires de SARL ou de Selarl, présidents du conseil d'administration, directeurs généraux et directeurs généraux délégués de sociétés anonymes et de Selafa, présidents et dirigeants de SAS et de Selas (BOI-RSA-BASE-20-20 n° 50) ;

b. L'avantage en nature consistant en la mise à disposition d'un **véhicule** de l'entreprise à un dirigeant qui l'utilise à des fins à la fois privées et professionnelles ou en l'utilisation à titre privé par un dirigeant d'outils issus des nouvelles technologies de l'information (**NTIC**) peut, même en l'absence de cumul d'un contrat de travail avec le mandat social, faire l'objet d'une évaluation forfaitaire dans les mêmes conditions que pour les salariés : voir respectivement n°s 39520 et 39710. Cette mesure de tempérament concerne les gérants minoritaires ou égalitaires de SARL ou de sociétés d'exercice libéral à responsabilité limitée (Selarl), les présidents-directeurs et directeurs généraux de SA et de sociétés d'exercice libéral à forme anonyme (Selafa) et les présidents et dirigeants de sociétés par actions simplifiées (BOI-RSA-BASE-20-20 n°s 280 et 300). S'agissant des SA, SAS et SARL, ne sont à notre avis concernées que celles n'ayant pas opté pour le régime des sociétés de personnes.

S'agissant de l'avantage en nature **logement,** il est admis que les dirigeants mentionnés aux 1°, 2° et 3° du b de l'article 80 ter du CGI et aux 11°, 12° et 23° de l'article L 311-3 du CSS qui cumulent un mandat social et un contrat de travail puissent bénéficier de l'évaluation forfaitaire de cet avantage selon le forfait social (n°s 39280 s.) au titre de leur rémunération résultant du contrat de travail sous réserve de justifier, le cas échéant, de la régularité du cumul du contrat de travail et du mandat social invoqué (notamment, contrat de travail correspondant à un emploi effectif, caractérisé par l'exercice, dans un lien de subordination à l'égard de la société, de fonctions techniques distinctes de celles exercées dans le cadre du mandat social et donnant lieu à rémunération séparée) (BOI-RSA-BASE-20-20 n° 210).

ATTENTION

À la différence de la position retenue en matière de cotisations sociales (n° 77120), l'administration fiscale précise que, pour l'évaluation de l'**avantage de logement** imposable à l'impôt sur le revenu, c'est l'ensemble de la rémunération, servie tant au titre du contrat de travail que du mandat social, qui doit être retenu pour l'application du forfait social, dès lors en effet que la concession du logement se rapporte indistinctement à l'ensemble des fonctions – dirigeantes et salariées – des bénéficiaires (BOI-RSA-BASE-20-20 n° 210).

d. Gains sur titres de sociétés

OPTIONS OU BSA

On désigne sous le nom de « management package » les outils visant à lier la rémunération 77825
des dirigeants ou de l'encadrement salarié à l'évolution de la valeur du capital social afin d'aligner leurs intérêts sur ceux des actionnaires. Ils sont fréquemment utilisés à l'occasion d'opérations de rachat de sociétés à effet de levier (LBO), consistant en l'acquisition des titres d'une société, dite « société cible », grâce à l'endettement d'une société holding créée à cet effet. Le succès d'un tel schéma dépendant en particulier de la capacité des dirigeants et principaux collaborateurs à créer de la valeur au niveau de la société cible, ceux-ci sont généralement financièrement intéressés aux côtés des investisseurs financiers.

Parmi les outils employés à cette fin, certains ont fait l'objet d'un encadrement légal assorti d'un régime fiscal spécifique : **options** de souscription ou d'achat d'actions, **attributions gratuites** d'actions, **bons de souscription de parts de créateurs** d'entreprises : voir n°s 50300 s.

Mais il peut aussi être fait recours à d'**autres instruments,** tels les options d'achat ou de souscription d'actions consenties en dehors des prévisions de la loi ou les bons de souscription d'actions (BSA) émis par les sociétés par actions en vertu de l'article L 228-91 du Code de commerce. Après avoir donné lieu à une jurisprudence hésitante, le traitement fiscal des gains ainsi obtenus a été redéfini par plusieurs arrêts de principe du **Conseil d'État** en date du 13-7-2021 (CE plén. 13-7-2021 n°s 428506, 437498 et 435452). Rendus à propos de gains réalisés, dans le contexte de LBO, grâce à des BSA ou à des options d'achat consenties en dehors des régimes légaux d'actionnariat du personnel, ces arrêts ont permis de dissiper les ambiguïtés des précédentes décisions.

La nouvelle jurisprudence conduit à distinguer trois types de gains dans le cas où l'avantage 77827
prend la forme d'options ou de BSA :

– le **gain d'entrée,** résultant du prix préférentiel auquel les options ou les BSA ont été acquis ou souscrits au regard de leur valeur réelle à la date de l'acquisition ou de la souscription. Ce gain est imposable au titre de l'année d'acquisition ou de souscription des options ou des BSA ;

– le **gain d'exercice,** résultant de la levée de l'option ou de l'exercice des BSA. Ce gain est égal à la différence entre la valeur réelle des actions à cette date et le prix de souscription ou d'achat (majoré du montant acquitté pour acquérir l'option ou le BSA et, le cas échéant, du gain d'entrée déjà imposé). Ce gain est imposable au titre de l'année de la levée de l'option ou de l'exercice des BSA ;

– le **gain de cession** des BSA ou des actions souscrites (différence entre le prix de cession et les sommes versées en amont majorées des gains d'entrée et d'exercice antérieurement imposés). Ce gain est imposable au titre de l'année de la cession.

La règle est l'**autonomie de chacun des gains successifs** au regard de sa qualification fiscale (salaire ou plus-value) et de son fait générateur d'imposition. Mais leur qualification fiscale est déterminée par un **critère unique** : le rattachement ou non aux fonctions de dirigeant ou de salarié du gain réalisé.

Les gains ayant la nature d'un salaire doivent être soumis, dès leur réalisation, au **prélèvement à la source** de l'impôt sur le revenu opéré par la société débitrice et constituent une **charge déductible pour la société débitrice,** sous réserve du dispositif de contrôle des rémunérations excessives, susceptible d'entraîner leur requalification partielle en revenus distribués non déductibles.

CONSEIL

Les **gains d'acquisition** (d'entrée et d'exercice) n'étant pas pour leur bénéficiaire la contrepartie de la cession d'un élément de patrimoine, la qualification de plus-value est exclue. Dès lors, si les conditions dans lesquelles et sous lesquelles ils sont octroyés révèlent qu'ils visent à rétribuer l'exercice par l'intéressé de fonctions de dirigeant ou de salarié, ce qui est fréquemment le cas, ils doivent être regardés comme un complément de rémunération imposable comme salaire.

Les **gains de cession,** en revanche, relèvent en principe, par nature, de la taxation des plus-values sur valeurs mobilières, y compris lorsque les instruments ont été acquis ou souscrits auprès d'une société dont l'intéressé était alors dirigeant ou salarié, ou auprès d'une société du même groupe. Il n'en va autrement et par exception que si, eu égard à ses conditions de réalisation, le gain de cession doit être regardé comme la contrepartie de fonctions de salarié ou de dirigeant, taxable comme salaire, et non un gain réalisé en tant qu'investisseur. Ne suffisent pas à justifier une telle requalification en salaire la minoration du prix d'acquisition de l'option ou du BSA par rapport à leur valeur réelle de l'époque, la faiblesse du risque encouru par le souscripteur, la garantie de revendre à un prix déterminé en l'absence de cause de cette garantie dans les fonctions de dirigeant ou de salarié, la concomitance entre l'octroi de l'option d'achat d'actions ou des BSA à un dirigeant et son recrutement pour restructurer et redresser l'entreprise. Jugé que peuvent, à l'inverse, conduire à regarder le gain de cession comme un salaire un mécanisme garantissant le prix de cession des BSA en contrepartie des fonctions de dirigeant ou de salarié (CE 13-7-2021 n° 437498), ou la situation dans laquelle l'option ou le BSA n'est que l'habillage donné par les associés au partage de la plus-value qui sera réalisée lors de la revente de la société : en pareil cas, en effet, le coût d'attribution des BSA ou des options n'est que le ticket d'entrée dans un pur système de bonus (CE 13-7-2021 n° 435452). Les services fiscaux sont fondés à écarter, sur le fondement de l'abus de droit, l'**interposition d'une société** ayant acquis les actions du bénéficiaire avant de les revendre ensuite avec plus-value dès lors que cette société était dénuée de substance économique et que sa création ne répondait pas à un motif économique, financier ou patrimonial. En pareil cas, le salarié ou dirigeant est réputé avoir perçu lui-même gain de cession réalisé par la société interposée. Ce gain est alors imposable entre ses mains au titre de l'année de revente des actions par la société interposée comme un complément de salaire si les conditions de l'obtention des actions font apparaître qu'il les a acquises en contrepartie de ses fonctions (CE 28-1-2022 n° 433965).

En pratique, et c'est le cas le plus fréquent, le gain de cession est faible ou nul chaque fois que la cession des BSA ou des actions intervient dans la foulée de la levée de l'option ou de l'exercice des BSA, sans que leur valeur n'ait significativement évolué entre-temps.

Appelé à se prononcer sur la **situation de la société** ayant consenti l'avantage, le juge fiscal a fixé le cadre d'appréciation de l'**acte anormal de gestion** au cas particulier des promesses de cessions futures d'actions à un prix prédéterminé consenties par les sociétés à leurs cadres et dirigeants en décidant que l'intérêt de la société doit s'apprécier à la date de la promesse et non à celle de l'exercice de l'option. Si, à la date de la promesse, la société avait intérêt à la consentir dans la mesure où elle incitait son bénéficiaire à développer le chiffre d'affaires de la filiale, ce dont il résultait une valorisation de sa propre participation, il n'y a pas de libéralité constitutive d'un acte anormal de gestion permettant au service des impôts de réintégrer le gain d'acquisition réalisé par le bénéficiaire dans les bases de l'impôt sur les sociétés (CE 11-3-2022 n° 453016).

ACHAT D'ACTIONS À PRIX PRÉFÉRENTIEL

77828 De la même manière, lorsque l'avantage consiste en la possibilité donnée au salarié ou dirigeant travaillant dans un groupe de sociétés d'acquérir des actions à prix préférentiel, la catégorie d'imposition de l'avantage ainsi obtenu dépend de la question de savoir s'il vise à caractère d'un versement incitatif visant à rétribuer l'exercice effectif de ses fonctions au sein du groupe. Si la réponse est positive, l'avantage est imposable dans la catégorie des traitements et salaires.

ILLUSTRATIONS

L'avantage correspondant à l'attribution à prix préférentiel d'actions de la société mère d'un groupe à un cadre salarié d'une de ses filiales, par ailleurs mandataire social de plusieurs entités du groupe, est imposable dans la catégorie des traitements et salaires s'il vise à rétribuer l'exercice effectif de fonctions dirigeantes au sein du groupe par le bénéficiaire. Peu importe que cet avantage ait été consenti, non par la société mère mais par une autre de ses filiales, ainsi que par une personne physique actionnaire de référence du groupe (CE 19-7-2022 nº 456671).

DOCTRINE ADMINISTRATIVE

De son côté, l'administration a indiqué qu'elle se réserve le droit de requalifier les gains de management package dans la catégorie des salaires ou de l'article 62 du CGI (si la prestation rendue en contrepartie de l'offre des titres peut être rattachée à l'exécution d'un contrat de travail ou à l'exercice de fonctions dirigeantes dont la rémunération est imposable dans cette catégorie), soit en BNC (lorsqu'ils sont la contrepartie d'une activité déployée à titre personnel, telle qu'entremise ou négociation), soit même comme revenu distribué (si l'avantage est occulte ou résulte d'un acte de gestion anormal de la société ou porte la rémunération du bénéficiaire à un montant exagéré) (BOI-RSA-ES-20-10-20-50 nºs 1 à 20). 77830

3. SOMMES VERSÉES LORS DU DÉPART DU DIRIGEANT

L'entreprise peut verser des indemnités lors du départ du dirigeant, soit lors de son départ volontaire de la société, soit lors de la révocation de son mandat social, qu'il reste ou non salarié de la société. 77870

L'article 80 duodecies, 2 du CGI pose le principe de l'assujettissement à l'impôt sur le revenu, comme salaires, de l'ensemble des indemnités versées aux dirigeants et personnes visées à l'article 80 ter du CGI à l'occasion de la cessation de leurs fonctions. Par exception, ces indemnités sont toutefois exonérées, dans une limite, lorsque la cessation des fonctions revêt pour les intéressés un caractère forcé (nºs 77890 s.).

La situation des dirigeants qui cumulent un mandat social et un contrat de travail est abordée ensuite nº 77910.

Sur le cas particulier des **« parachutes dorés » versés par les sociétés anonymes cotées** à leurs dirigeants, voir nº 34680.

PRINCIPE D'ASSUJETTISSEMENT

Les indemnités versées aux mandataires sociaux, dirigeants et personnes visées à l'article 80 ter du CGI à l'occasion de la cessation de leurs fonctions constituent une rémunération imposable. 77880

Cette règle d'imposition est applicable sans distinguer notamment selon (BOI-RSA-CHAMP-20-40-20 nº 10) :

– le **mode de rupture** du mandat social ou du contrat de travail (sous réserve de l'hypothèse, envisagée ci-après, de la cessation réellement forcée des fonctions) : démission, licenciement, départ ou mise à la retraite, non-renouvellement du mandat, atteinte de la limite d'âge, rupture négociée ou amiable… ;

– le **fondement juridique des indemnités** versées : il peut s'agir, par exemple, d'une indemnité contractuelle, c'est-à-dire négociée par le mandataire ou le dirigeant dès sa prise de fonctions, ou d'une indemnité transactionnelle, c'est-à-dire versée par l'entreprise à l'intéressé dans le cadre d'un accord conclu en vue de régler les conséquences financières de la rupture, préalablement intervenue, du mandat social ou du contrat de travail.

Les **personnes concernées** par cette règle d'imposition s'entendent de l'ensemble des dirigeants de sociétés visés à l'article 80 ter du CGI, c'est-à-dire des dirigeants, de droit ou de fait, soumis au régime fiscal des salariés (nº 77720).

EXCEPTION : CESSATION FORCÉE DES FONCTIONS

La cessation forcée des fonctions s'entend notamment de la révocation du dirigeant (CGI art. 80 duodecies, 2). S'agissant d'une exception à un principe général d'imposition, l'appréciation du caractère forcé de la cessation des fonctions au sens de l'article précité repose, au-delà des apparences juridiques, sur l'**examen des circonstances de fait** (BOI-RSA-CHAMP-20-40-20 nº 70). 77890

Ainsi, l'exonération est susceptible de s'appliquer aux indemnités versées à un dirigeant :

– faisant l'objet d'une **révocation** dans les conditions prévues par le Code de commerce, qui constitue une cessation forcée des fonctions de l'intéressé, sauf preuve contraire apportée par l'administration au vu des circonstances de fait (BOI-RSA-CHAMP-20-40-20 nº 110) ;

– lorsque, en l'**absence de révocation formelle** par l'organe social compétent, le dirigeant concerné peut apporter la preuve de la cessation forcée de ses fonctions, par exemple si, en raison du changement de contrôle de la société, il ne peut être maintenu dans ses fonctions pour des raisons objectives explicitées par les parties, ayant ainsi cédé à la **contrainte** en présentant sa démission. Sont ainsi visées les situations dans lesquelles il apparaît que, sous les apparences d'un départ de plein gré, le dirigeant a en fait été contraint de quitter ses fonctions : dans ce cas, le « départ volontaire » est assimilé à une cessation forcée (BOI-RSA-CHAMP-20-40-20 nos 100 et 110). L'administration réserve toutefois le cas où l'examen de la situation de fait révèle, à l'inverse, que la révocation dissimule en réalité un **départ négocié** ou à l'amiable : si tel est le cas, le dirigeant concerné ne pourra se prévaloir des dispositions précitées pour obtenir, dans la limite applicable, l'exonération des indemnités d'éviction perçues en exécution, par exemple, des clauses du contrat de mandat ou du contrat de travail ou des termes d'une transaction (BOI-RSA-CHAMP-20-40-20 n° 80).

ILLUSTRATIONS

Ne peut être qualifiée de cessation forcée des fonctions au sens de l'article 80 duodecies, 2 du CGI :
– la démission du président du conseil d'administration ayant atteint l'âge limite d'exercice de cette fonction, compte tenu des dispositions de l'article L 225-48 du Code de commerce prévoyant qu'un président de conseil d'administration est réputé démissionnaire d'office lorsqu'il atteint la limite d'âge pour l'exercice de ses fonctions (CAA Lyon 13-12-2007 n° 07-1193) ;
– la démission donnée par le président-directeur général à la suite d'un changement de contrôle de la société, sachant qu'il avait été immédiatement embauché par une autre société du groupe. Dans ces conditions, la baisse de sa rémunération et la diminution de ses responsabilités ne suffisaient pas à établir le caractère forcé de la cessation de ses fonctions (CAA Paris 30-11-2010 n° 09-5591).

Constitue en revanche une cessation forcée des fonctions du président-directeur général d'une SAS sa révocation par décision unilatérale de l'assemblée générale de la société au motif d'un profond désaccord intervenu entre l'intéressé et un partenaire financier de la SAS, dès lors que n'étant pas associé majoritaire, il ne pouvait s'opposer à cette décision. Il en est ainsi alors même qu'il aurait conservé ou repris des fonctions dans les organes de gestion de la société (CAA Marseille 26-3-2020 n° 19MA00096).

77895 **Conditions de révocation des dirigeants**

Selon le Code de commerce, certains dirigeants sont **révocables ad nutum** (sans préavis, ni précision de motif, ni indemnité) : sont notamment concernés le président du conseil d'administration, le directeur général, les administrateurs et les membres du conseil de surveillance de SA. Toutefois, la chambre commerciale de la Cour de cassation reconnaît aux intéressés le droit à des dommages-intérêts lorsque cette révocation intervient dans des conditions abusives, peu important la nature des griefs formulés par la société, c'est-à-dire dans des circonstances, notamment vexatoires ou injurieuses, de nature à nuire à l'honneur ou à la réputation du dirigeant concerné ou si elle a été décidée brutalement sans respecter le principe du contradictoire, c'est-à-dire sans que l'intéressé n'ait été mis en mesure de présenter ses observations (en ce sens, Cass. com. 26-4-1994 n° 92-15.884 P ; 26-11-1996 n° 94-15.661 P).
Les autres dirigeants (gérants minoritaires de SARL, membres du directoire des SA) ne peuvent être révoqués par l'organe compétent que pour **juste motif.**

77900 **Montant de l'exonération** En cas de cessation forcée des fonctions, notamment de révocation, des dirigeants fiscalement assimilés à des salariés, seule est imposable la fraction des indemnités qui excède 3 fois le plafond annuel de sécurité sociale (Pass), soit 131 976 € pour les indemnités perçues en 2023 (CGI art. 80 duodecies, 2). Le plafond de sécurité sociale à considérer est celui en vigueur lors du versement de l'indemnité (BOI-RSA-CHAMP-20-40-20 n° 120).

Lorsque le versement des indemnités afférentes à une même cessation forcée de fonctions s'effectue sur **deux années** civiles successives, le plafond d'exonération s'apprécie en faisant masse de l'ensemble des versements (BOI-RSA-CHAMP-20-40-20 n° 120). Sur le plafond de sécurité sociale à retenir dans cette hypothèse et l'année d'imposition des sommes perçues, voir n° 77920, exemples 3 et 4.

Pour les **dirigeants de fait,** il est précisé que lorsque l'indemnité de licenciement ou de mise à la retraite est supérieure au montant légal ou conventionnel, la fraction de cette indemnité qui excède 3 fois le montant annuel du plafond de la sécurité sociale est imposable (BOI-RSA-CHAMP-20-40-20 n° 120).

Les sommes imposables peuvent bénéficier, sur demande, du système du **quotient** prévu à l'article 163-0 A du CGI (n° 35390).

EXEMPLE

Le P-DG d'une société anonyme a perçu en 2023, dans le cadre d'une transaction conclue à la suite de sa révocation, une indemnité de 200 000 €. Cette indemnité est exonérée à hauteur de 131 976 € et imposable pour le surplus, soit à hauteur de 68 024 €.

Cumul du contrat de travail et du mandat social ou pluralité de mandats sociaux En cas d'exercice, au sein d'une même société ou de plusieurs sociétés d'un même groupe, au sens de l'article L 225-180 du Code de commerce, de fonctions de mandataire social et de salarié, l'administration considère que la limite de 3 plafonds de sécurité sociale s'applique au montant global perçu au titre de la rupture de l'ensemble de ces fonctions. Il en est de même en cas d'exercice d'une pluralité de mandats sociaux auprès de sociétés d'un même groupe (BOI-RSA-CHAMP-20-40-20 n° 130). 77910

En tant qu'elle soumet la somme des indemnités de rupture du mandat social et du contrat de travail à la limite d'exonération des indemnités versées à l'occasion de la cessation forcée du mandat social, cette position de l'administration reprend celle qui s'appliquait dans le régime antérieur à 2015, où les textes prévoyaient une limite d'exonération d'égal montant pour les indemnités de licenciement et les indemnités de révocation du mandat social, le juge fiscal ayant alors estimé cette limite applicable au total des indemnités, quelle qu'en soit la nature, versées à l'occasion de la cessation au même moment des contrats de travail et des mandats sociaux exercés dans des sociétés du même groupe (CE 30-12-2009 n° 316730 ; 7-4-2010 n° 318885). Le maintien de cette position de l'administration dans le dispositif actuel prévoyant depuis 2015 des plafonds différents pour les indemnités de révocation du mandat social et pour les indemnités de licenciement peut à notre avis être discuté. On peut surtout s'interroger sur la portée générale donnée à cette règle par la doctrine administrative, alors que la jurisprudence issue de l'arrêt précité du 30 décembre 2009 est plus nuancée. Il résulte en effet de cette jurisprudence que l'application à l'ensemble des indemnités de rupture de la limite du 2 de l'article 80 duodecies du CGI (3 plafonds de sécurité sociale) est une dérogation, visant à prévenir des abus, à la règle selon laquelle les fonctions de salarié et de dirigeant doivent être distinguées. Cette dérogation est admise seulement en cas d'unité des fonctions exercées sous couvert de plusieurs emplois et modes de rémunération différents. Cette condition implique que les débiteurs des rémunérations soient, sinon la même personne morale, du moins des personnes étroitement liées entre elles, soit d'un point de vue juridique, soit d'un point de vue économique. Il faut également que les tâches accomplies ou les responsabilités exercées sous chacune des casquettes soient unies par un lien de connexité ou de complémentarité. Enfin, la rupture des différents contrats de travail et la révocation des fonctions de mandataire social doivent être simultanées, ou en tout cas rapprochées dans le temps, et procéder d'une même cause. C'est au juge fiscal qu'il appartiendra de trancher cette question.

Quoi qu'il en soit, l'indemnité pour **licenciement sans cause réelle et sérieuse** accordée par le juge du contrat de travail est toujours intégralement exonérée d'impôt, même si celui qui la perçoit a exercé, en même temps que son activité salariée, des fonctions de mandataire social dans d'autres sociétés du groupe (CE 22-5-2017 n° 395440).

Lorsque le dirigeant reçoit des indemnités non seulement de l'entreprise dont il est mandataire social ou salarié mais également d'**entreprises tierces,** la limite de 3 plafonds de sécurité sociale s'applique, selon l'administration, au total des indemnités versées. Cette situation peut se présenter, par exemple, dans un groupe où l'indemnité est versée pour partie par la société dont l'intéressé est mandataire social ou salarié et pour partie par une autre société du groupe ou dans le cas où, à l'issue d'une offre publique hostile d'achat ou d'échange se traduisant par la cessation forcée des fonctions de l'intéressé, la charge de l'indemnité de rupture versée au dirigeant de la société cible est partagée par cette société avec le nouvel actionnaire majoritaire (BOI-RSA-CHAMP-20-40-20 n° 120).

ATTENTION

En cas de versement d'une **indemnité transactionnelle** assortie d'une clause de **non-concurrence,** la contrepartie financière de cette dernière est toujours imposable, et il convient de l'évaluer si son montant n'est pas déterminé. Il en est de même si l'indemnité comprend des primes ou indemnités imposables (**préavis, indemnité compensatrice de congés payés, primes annuelles ou treizième mois,** etc.) (BOI-RSA-CHAMP-20-40-20 n° 140).

EXEMPLES 77920

On trouvera ci-après des exemples d'application de la limite d'exonération des indemnités de cessation forcée du mandat social fournis par l'administration (BOI-RSA-CHAMP-20-40-20 n° 170). L'exemple n° 2 appelle les réserves détaillées n° 77910.

1. Le P-DG d'une société anonyme a perçu en **2023,** suite à sa révocation, une indemnité de 200 000 €. La limite d'exonération correspond à 3 fois le montant annuel du plafond de la sécurité sociale en vigueur à la date du versement des indemnités, soit 131 976 €.

En conséquence, l'indemnité est exonérée à hauteur de 131 976 € et imposable pour le surplus, soit à hauteur de 68 024 €, selon les règles des traitements et salaires, avec application, sur demande du bénéficiaire, du système du quotient prévu à l'article 163-0 A du CGI.

2. Le P-DG d'une société anonyme exerce des fonctions de mandataire social ainsi que des fonctions techniques, ces dernières étant dans un état de subordination à l'égard de la société. L'intéressé a perçu en **2023,** suite à sa révocation et à son licenciement, une indemnité d'un montant de 330 000 €, dont 200 000 € au titre de sa révocation et 130 000 € au titre de son licenciement. La limite d'exonération correspond, selon la doctrine administrative, à 3 fois le montant annuel du plafond de la sécurité sociale en vigueur à la date du versement des indemnités, soit 131 976 €.

En conséquence, les indemnités sont, selon la doctrine administrative, exonérées à hauteur de 131 976 € et imposables pour le surplus, soit à hauteur de 198 024 €, selon les règles des traitements et salaires, avec application, sur demande du bénéficiaire, du système du quotient prévu à l'article 163-0 A du CGI.

3. Le P-DG d'une société anonyme a perçu en **2022,** suite à sa révocation, un acompte d'indemnité de 100 000 €. L'intéressé a perçu en **2023** le solde de cette indemnité, d'un montant de 70 000 €. La limite d'exonération correspond à 3 fois le montant annuel du plafond de la sécurité sociale en vigueur à la date du versement des indemnités, soit 131 976 €.

En conséquence, les indemnités sont exonérées à hauteur de 131 976 € et imposables pour le surplus au titre des revenus de l'année 2023, soit à hauteur de 38 024 €, selon les règles des traitements et salaires, avec application, sur demande du bénéficiaire, du système du quotient prévu à l'article 163-0 A du CGI.

Remarque : si l'acompte perçu en 2022 avait été supérieur à 3 fois le montant annuel du plafond de sécurité sociale en vigueur en 2023, la fraction de cet acompte excédant cette limite aurait été imposée au titre des revenus de l'année 2022 et le solde aurait été imposable en totalité au titre des revenus de l'année 2023.

4. Le P-DG d'une société anonyme a perçu en **2022,** à la suite de sa révocation, un acompte d'indemnité de 100 000 €. L'intéressé a perçu en **2023,** dans le cadre d'une transaction conclue à la suite de sa révocation, une indemnité d'un montant de 200 000 €. La limite d'exonération correspond à 3 fois le montant annuel du plafond de la sécurité sociale en vigueur à la date du versement des indemnités, soit 131 976 €.

En conséquence, les indemnités sont exonérées à hauteur de 131 976 € et imposables pour le surplus au titre des revenus de l'année 2023, soit à hauteur de 168 024 €, selon les règles des traitements et salaires, avec application, sur demande du bénéficiaire, du système du quotient prévu à l'article 163-0 A du CGI.

Si l'indemnité perçue en 2022 avait été supérieure à 3 fois le montant annuel du plafond de sécurité sociale en vigueur en 2023, la fraction de cette indemnité excédant cette limite aurait été imposée au titre des revenus de l'année 2022 et l'indemnité transactionnelle aurait été imposable en totalité au titre des revenus de l'année 2023.

B. Taxes et participations assises sur les salaires

ASSIETTE

78000 Entrent dans l'assiette des taxes et participations sur les salaires les rémunérations des mandataires sociaux qui sont obligatoirement affiliés au **régime général de la sécurité sociale,** peu important qu'ils n'aient pas la qualité de salariés au sens du droit du travail. Il s'agit de ceux mentionnés à l'article L 311-3 du CSS, tels notamment les présidents du conseil d'administration, directeurs généraux et directeurs généraux délégués de SA, gérants minoritaires de SARL et présidents et dirigeants de SAS (CE 21-1-2016 n°s 388676 et 388989 ; BOI-TPS-TS-20-10 n° 40), mais aussi de ceux qui, tels les membres du directoire, leur sont assimilés (CE 19-6-2017 n° 406064).

ATTENTION

S'agissant de la taxe sur les salaires, l'assujettissement des rémunérations des dirigeants ne porte des effets concrets que dans les sociétés qui ne sont pas assujetties à la TVA sur au moins 90 % de leur chiffre d'affaires. Cette règle a donné lieu à des solutions visant les dirigeants de sociétés **holdings mixtes,** c'est-à-dire comportant un secteur financier assujetti à la TVA et un secteur commercial exonéré de cette taxe : voir n° 31430.

DÉPENSES ENGAGÉES EN FAVEUR DES DIRIGEANTS

78010 Sur la question de savoir si les dépenses d'investissement direct sont libératoires de la **participation-construction** lorsqu'elles bénéficient aux dirigeants, voir n° 33660.

CHAPITRE 4

REPRÉSENTANTS DU PERSONNEL

SOMMAIRE

A. Crédit d'heures de délégation	**79000**
1. Nombre d'heures allouées	**79000**
2. Rémunération	**79130**
B. Autres activités rémunérées	**79300**
C. Formalités	**79530**
D. Protection dans l'exercice du mandat	**79650**

A. Crédit d'heures de délégation

1. NOMBRE D'HEURES ALLOUÉES

Les représentants du personnel disposent d'un crédit d'heures de délégation légal variable selon les instances représentatives et l'effectif de l'entreprise ou de l'établissement. Il est récapitulé nos 79095 (membres du CSE) et 79100 (représentants syndicaux). Il peut être augmenté par convention ou accord collectif. Sur le crédit d'heures des membres du conseil d'entreprise, voir no 79195. **79000**

BÉNÉFICIAIRES

Des heures de délégation sont accordées aux : **79005**
– membres **titulaires** de la délégation du personnel du **comité social et économique** (CSE), représentants syndicaux au CSE dans les entreprises d'au moins 501 salariés et représentants syndicaux au CSE central d'entreprise dans les entreprises d'au moins 501 salariés dont aucun établissement distinct n'atteint ce seuil ;
– délégués **syndicaux** (DS) et représentants de section syndicale (RSS), ainsi qu'au délégué syndical central ;
– membres des commissions paritaires régionales interprofessionnelles (**CPRI**) ;
– représentants des salariés dans les **sociétés anonymes.**

› Précisions **a.** Les membres **suppléants** du CSE n'ont pas de crédit d'heures spécifique (C. trav. art. L 2315-7). Toutefois, le suppléant remplaçant un titulaire a droit à des heures de délégation qui s'imputent sur le crédit d'heures de ce dernier.

Sur la possibilité, pour les titulaires du CSE, de **mutualiser leurs heures** de délégation entre eux ou avec les suppléants, voir no 79020.

b. Le Code du travail ne précise pas l'effet des **variations d'effectif** au-delà ou en deçà des seuils prévus pour la fixation du crédit d'heures. Il a été jugé, à propos du CHSCT, que les variations doivent être prises en compte dès le mois suivant (Cass. soc. 6-11-1991 no 88-42.895 PF ; 7-10-1992 no 89-40.821 D). Cette solution vaut, à notre sens, pour les représentants syndicaux, mais pas nécessairement pour les membres de la délégation du personnel au CSE. Pour eux, en effet, les articles L 2315-7 et R 2314-1 du Code du travail lient le nombre d'heures de délégation au nombre de membres de l'institution, ce qui pourrait signifier que le crédit d'heures est attribué pour la durée de leur mandat.

c. Dans le cas du **comité d'entreprise européen** mis en place en l'absence d'accord entre l'employeur et le groupe spécial de négociation, seuls le secrétaire et les membres du bureau disposent d'un crédit d'heures fixé individuellement à 120 heures par an (C. trav. art. L 2343-15).

CALCUL

Durée mensuelle Sauf pour les RSS, pour lesquels le crédit d'heures est un minimum, le crédit d'heures des représentants du personnel est le **nombre** d'heures **maximal** (sauf circonstances exceptionnelles) qu'ils peuvent utiliser chaque mois pour l'exercice de leur mandat. Cette durée mensuelle ne peut pas être réduite en raison d'absences du salarié : par exemple, en cas de congés payés (Cass. crim. 14-2-1978 no 76-93.406 P), d'activité partielle (Cass. soc. 10-1-1989 no 86-40.350 D) ou de grève (Cass. soc. 27-2-1985 no 82-40.173 P). **79010**

Il ne peut pas non plus être appliqué de réduction prorata temporis en cas d'**élection en cours de mois,** sous réserve d'une utilisation effective des heures (Lettre min. du 7-8-1975). En revanche, la réélection en cours de mois n'ouvre pas droit à un deuxième crédit d'heures (Cass. soc. 13-12-1979 n° 78-41.277 P).

> **Précisions a.** Les heures de délégation peuvent être **groupées** ou **fractionnées** en fonction des besoins du mandat (Rép. David : Sén. 13-6-1962 ; Cass. soc. 11-12-2001 n° 99-43.650 FS-D).
> **b.** Sauf accord collectif contraire, le crédit d'heures des représentants du personnel sous **forfait annuel en jours** est regroupé en demi-journées venant en déduction du nombre annuel de jours travaillés fixé dans la convention individuelle du salarié, une demi-journée correspondant à 4 heures de mandat. Lorsque le crédit d'heures restant est inférieur à 4 heures, les intéressés disposent d'une demi-journée venant, elle aussi, en déduction du nombre annuel de jours travaillés. Sont concernés les élus au CSE (C. trav. art. R 2315-3), les représentants syndicaux au CSE (C. trav. art. R 2315-4), les délégués syndicaux (C. trav. art. L 2143-15 et R 2143-3-1), les délégués syndicaux centraux (C. trav. art. L 2143-15 et R 2143-3-1) et les représentants de section syndicale (C. trav. art. L 2142-1-3 et R 2142-1).

79015 **Report des heures** En **principe,** les heures de délégation non utilisées au cours d'un mois civil ne peuvent pas être reportées sur le mois suivant.

Par exception, les élus et les représentants syndicaux au **CSE** peuvent reporter une partie de leur crédit d'heures mensuel d'un mois sur l'autre, dans la limite de 12 mois, sans toutefois pouvoir disposer, dans le mois, de plus d'une fois et demie le crédit d'heures de délégation dont ils bénéficient, et à condition d'informer l'employeur au plus tard 8 jours avant la date prévue pour l'utilisation des heures ainsi cumulées (C. trav. art. L 2315-8 et R 2315-5). Une dérogation identique s'applique aux membres des CPRI (C. trav. art. L 23-114-1).

CONSEIL

Le Code du travail ne précise pas comment s'apprécie le **délai de 12 mois** dans lequel peut s'exercer le report des heures de délégation. Selon nous, il faut appliquer les règles de droit commun prévues par les articles 640 et suivants du CPC et calculer ce délai non pas en année civile, mais en année glissante. Par **exemple,** un élu du CSE qui n'utiliserait pas la totalité des heures de délégation dont il dispose au cours du mois d'octobre de l'année N pourrait reporter le reliquat d'heures et les utiliser jusqu'au mois d'octobre de l'année N + 1.

Le Code du travail ne précise pas non plus dans quel **ordre** doivent être consommées les heures de délégation en cas de report. Selon toute vraisemblance, les heures allouées au titre du crédit d'heures mensuel devraient être consommées les premières, avant les heures transférées. Par conséquent, s'il reste un **reliquat d'heures reportées et non consommées** au terme du délai de 12 mois, une analyse stricte des textes laisse à penser que ces heures sont perdues.

CARACTÈRE INDIVIDUEL

79020 En **principe,** le crédit d'heures est individuel. Un accord ne peut donc pas prévoir une répartition entre représentants titulaires des heures de délégation dont ils disposent (Cass. soc. 22-10-1984 n° 81-42.709) ou entre représentants titulaires et suppléants (Cass. crim. 20-6-1985 n° 84-90.910 ; Cass. soc. 10-12-1996 n° 95-45.453 P).

Ce principe supporte d'importantes **exceptions.** Ainsi :

– les élus titulaires du **CSE** peuvent mutualiser leurs heures de délégation entre eux et entre titulaires et suppléants, sans pouvoir disposer, dans le mois, de plus d'une fois et demie le crédit dont bénéficie un titulaire ; les titulaires doivent informer l'employeur, au plus tard 8 jours avant la date prévue de l'utilisation des heures mutualisées, par un document écrit précisant leur identité ainsi que le nombre d'heures mutualisées pour chacun d'eux (C. trav. art. L 2315-9 et R 2315-6) ;

– les **délégués syndicaux** désignés par un même syndicat peuvent répartir entre eux le temps dont ils disposent ; ils en informent l'employeur (C. trav. art. L 2143-14) chaque mois (Circ. DRT du 25-10-1983) ; cette faculté ne concerne pas le délégué central d'entreprise (Cass. soc. 3-3-1993 n° 89-43.497 PF).

ATTENTION

Le Code du travail ne précise pas les modalités d'utilisation des heures de délégation mutualisées. Selon nous, le membre titulaire du CSE ayant bénéficié d'un tel transfert devrait consommer en priorité ses propres heures de délégation, avant d'utiliser le quota d'heures transférées. S'il reste un **reliquat d'heures transférées et non consommées,** une analyse stricte des textes laisse à penser que ces heures sont perdues : elles ne pourraient ni être restituées à leur détenteur d'origine, ni être elles-mêmes transférées à un autre représentant du personnel. Mais cela reste à confirmer.

CUMUL DES CRÉDITS D'HEURES

Le cumul des mandats étant en principe possible, celui des crédits d'heures l'est également. 79030

Le membre de la délégation du personnel au CSE désigné, dans les entreprises de moins de 50 salariés, comme **délégué syndical** ou **représentant de la section syndicale** ne dispose pas, sauf stipulation conventionnelle, d'un crédit d'heures propre au titre de ce dernier mandat, mais il peut utiliser le crédit d'heures dont il dispose en tant que membre du CSE indifféremment pour l'exercice de cette fonction et de son mandat syndical (C. trav. art. L 2143-6 et L 2142-1-4).

Il en va de même du **délégué syndical central d'entreprise** s'il a également la qualité de délégué syndical d'établissement (C. trav. art. L 2143-15).

SUSPENSION DU CONTRAT DE TRAVAIL

En règle générale, la suspension du contrat de travail n'entraîne pas celle du mandat représentatif. Même prises pendant ces périodes, les heures consacrées à l'exercice des fonctions représentatives s'imputent donc sur le crédit d'heures et doivent être payées à l'échéance normale. Ainsi jugé pour les périodes : 79040

– de **grève** (Cass. soc. 27-2-1985 n° 82-40.173 P), laquelle peut justifier un dépassement du crédit d'heures (n° 79080) ;

– d'**activité partielle** (Cass. crim. 25-5-1983 n° 82-91.538 B) et, selon nous, d'activité partielle de longue durée (APLD) ;

– d'arrêt de travail pour **maladie ou accident.** L'employeur n'ayant pas convoqué à une réunion du comité un membre suppléant hospitalisé peut, en effet, être condamné pour délit d'entrave (Cass. crim. 16-6-1970 n° 69-93.132). Dans une telle situation, le paiement des heures de délégation du salarié est toutefois subordonné à l'**autorisation préalable,** par son médecin traitant, d'exercer son mandat (Cass. ch. mixte 21-3-2014 n° 12-20.002 PBRI) : sans cette autorisation, le représentant du personnel ne bénéficie pas des indemnités journalières de sécurité sociale (Cass. 2e civ. 2-6-2022 n° 20-22.469 F-D) ;

– de **mise à pied,** disciplinaire (Cass. soc. 23-6-1999 n° 97-41.121 P) ou conservatoire (Cass. soc. 2-3-2004 n° 02-16.554 FS-PBRI ; Cass. crim. 11-9-2007 n° 06-82.410 F-PF). L'employeur ne peut donc pas s'opposer à l'exercice du mandat au sein de l'entreprise pendant la mise à pied, le représentant du personnel ayant droit à des heures de délégation pendant cette période.

ATTENTION

Un représentant du personnel utilisant son crédit d'heures pendant ses **congés payés** ne peut pas cumuler indemnité de congés payés et rémunération des heures de délégation prises pendant le congé (Cass. soc. 19-10-1994 n° 91-41.097 D ; également en ce sens, Cass. soc. 8-12-2016 n° 13-27.913 FS-PB).

TEMPS PARTIEL ET RÉDUCTION DE L'HORAIRE DE TRAVAIL

Le temps de travail mensuel d'un salarié à temps partiel ne peut pas être **réduit de plus d'un tiers** par l'utilisation du crédit d'heures auquel il peut prétendre pour l'exercice de mandats qu'il détient au sein d'une entreprise. Le solde éventuel de ce crédit d'heures payées peut être utilisé en dehors des heures de travail de l'intéressé (C. trav. art. L 3123-14). 79060

Dans le même ordre d'idées, il a été précisé que la réduction de l'horaire collectif de travail est sans incidence sur la durée du crédit d'heures des représentants du personnel (Rép. Calvo : AN 23-12-1996). Par ailleurs, un accord collectif assimilant à un travail effectif la **durée des pauses** accordées au salarié en situation de travail n'augmente pas le crédit d'heures des représentants du personnel (Cass. soc. 9-12-2014 n° 13-18.005 FP-PB).

DÉPASSEMENT DU CRÉDIT D'HEURES

Représentants concernés En cas de circonstances exceptionnelles, le crédit d'heures peut être dépassé. Cette possibilité est prévue par les textes pour : 79070

– les délégués syndicaux d'entreprise et d'établissement (C. trav. art. L 2143-13), mais pas pour les délégués syndicaux centraux, ni pour les représentants de section syndicale ;

– les membres de la délégation du personnel et les représentants syndicaux au CSE et au CSE central d'entreprise (C. trav. art. R 2314-1 et R 2315-4) ;

– le secrétaire et les membres du bureau du comité d'entreprise européen (C. trav. art. L 2343-15).

Conditions En l'absence de définition légale des **circonstances exceptionnelles** justifiant un dépassement du crédit d'heures, la jurisprudence a précisé qu'il s'agit de situations inhabituelles, nécessitant, de la part des représentants, un surcroît de démarches et d'activité 79080 débordant le cadre de leurs tâches coutumières, en raison, notamment, de la soudaineté de l'événement ou de l'urgence des mesures à prendre (Cass. crim. 3-6-1986 nº 84-94.424).

Le dépassement du crédit d'heures en l'**absence de circonstances exceptionnelles** constitue un manquement aux obligations professionnelles (CE 16-4-1982 nº 19530), voire une faute grave (CE 17-12-1993 nº 116531) justifiant le licenciement de l'intéressé.

ILLUSTRATIONS

Constitue une circonstance exceptionnelle une **grève** affectant plusieurs usines éloignées et ayant entraîné un nombre d'heures important consacré au contact et aux déplacements des représentants du personnel (Cass. soc. 27-6-1979 nº 78-40.229), mais pas une courte grève de 3 jours ayant concerné un seul service et une petite fraction du personnel de l'entreprise (Cass. soc. 19-2-1975 nº 73-40.684).

Il y a circonstances exceptionnelles :
– lorsque le **projet de restructuration** régionale d'une entreprise entraîne un accroissement inhabituel de l'activité des membres du comité d'établissement (Cass. soc. 6-7-1994 nº 93-41.705 P) ;
– en cas de **menace sur les effectifs** en raison de la mise en place d'un « plan de repositionnement » assimilable à un plan de sauvegarde de l'emploi (Cass. soc. 10-12-2003 nº 01-41.658 FS-P) ;
– lorsque le délégué syndical a effectué des démarches en raison de la **possible délocalisation de l'entreprise à l'étranger** et du contingent de licenciement qui en aurait résulté (Cass. soc. 6-3-2002 nº 99-45.134 F-D) ;
– en cas d'**absence** de **plusieurs membres** du comité, notamment le trésorier adjoint (Cass. soc. 12-5-2021 nº 19-21.124 F-D).

TABLEAUX RÉCAPITULATIFS

79095 **Nombre d'élus au CSE et crédits d'heures mensuels** Le tableau ci-après récapitule le nombre de membres de la délégation du personnel au CSE et le nombre d'heures de délégation (mensuel et total) dont ils bénéficient, déterminés en fonction de l'effectif de l'entreprise ou de l'établissement.

Effectif (nombre de salariés)[1]	Nombre de titulaires[2]	Nombre mensuel d'heures de délégation[3]	Total heures de délégation
1 à 24	1	10	10
25 à 49	2	10	20
50 à 74	4	18	72
75 à 99	5	19	95
100 à 124	6	21	126
125 à 149	7	21	147
150 à 174	8	21	168
175 à 199	9	21	189
200 à 249	10	22	220
250 à 299	11	22	242
300 à 399	11	22	242
400 à 499	12	22	264
500 à 599	13	24	312
600 à 699	14	24	336
700 à 799	14	24	336
800 à 899	15	24	360
900 à 999	16	24	384
1 000 à 1 249	17	24	408
1 250 à 1 499	18	24	432
1 500 à 1 749	20	26	520
1 750 à 1 999	21	26	546
2 000 à 2 249	22	26	572

79095 (suite)

Effectif (nombre de salariés)[1]	Nombre de titulaires[2]	Nombre mensuel d'heures de délégation[3]	Total heures de délégation
2 250 à 2 499	23	26	598
2 500 à 2 749	24	26	624
2 750 à 2 999	24	26	624
3 000 à 3 249	25	26	650
3 250 à 3 499	25	26	650
3 500 à 3 749	26	27	702
3 750 à 3 999	26	27	702
4 000 à 4 249	26	28	728
4 250 à 4 499	27	28	756
4 500 à 4 749	27	28	756
4 750 à 4 999	28	28	784
5 000 à 5 249	29	29	841
5 250 à 5 499	29	29	841
5 500 à 5 749	29	29	841
5 750 à 5 999	30	29	870
6 000 à 6 249	31	29	899
5 250 à 6 499	31	29	899
6 500 à 6 749	31	29	899
6 750 à 6 999	31	30	930
7 000 à 7 249	32	30	960
7 250 à 7 499	32	30	960
7 500 à 7 749	32	31	992
7 750 à 7 999	32	32	1 024
8 000 à 8 249	32	32	1 024
8 250 à 8 499	33	32	1 056
8 500 à 8 749	33	32	1 056
8 750 à 8 999	33	32	1 056
9 000 à 9 249	34	32	1 088
9 250 à 9 499	34	32	1 088
9 500 à 9 749	34	32	1 088
9 750 à 9 999	34	34	1 156
à partir de 10 000	35	34	1 190

1. L'effectif à prendre en compte est, selon le niveau de mise en place de l'institution, soit l'entreprise, soit l'établissement distinct, soit l'unité économique et sociale.
2. La délégation du personnel comporte un nombre égal de titulaires et de suppléants (C. trav. art. L 2314-1). Le nombre de titulaires et le nombre mensuel d'heures de délégation par titulaire figurant dans le tableau ci-dessus sont fixés par l'article R 2314-1 du Code du travail. Le protocole préélectoral peut les modifier, mais à condition que le volume global des heures de délégation, au sein de chaque collège, soit au moins égal à celui résultant des dispositions légales au regard de l'effectif de l'entreprise (C. trav. art. L 2314-7).
3. Voir note 2.

79100 Crédits d'heures mensuels des représentants syndicaux

Effectif	Représentant syndical au CSE[1] (C. trav. art. L 2325-6)	Délégués syndicaux[2] (C. trav. art. L 2143-13)	Représentants de section syndicale[3] (C. trav. art. L 2142-1-3)
Moins de 11	-	-	-
11 à 49	-	-	-
50 à 74	-	12	4
75 à 99	-	12	4
100 à 150	-	12	4
151 à 199	-	18	4
200 à 299	-	18	4
300 à 499	-	18	4
500	-	24	4
501 à 999	20	24	4
1 000 à 1 499	20	24	4
1 500 à 1 999	20	24	4
2 000 et plus	20	24	4

1. Dans les entreprises d'au moins 501 salariés dont aucun établissement n'atteint ce seuil, un crédit d'heures de 20 heures est également alloué aux représentants syndicaux au CSE central d'entreprise.
2. Effectif apprécié dans le cadre de l'entreprise, de l'établissement ou de l'unité économique et sociale.
3. Dans les entreprises d'au moins 2 000 salariés, les délégués centraux n'ayant pas la qualité de délégué syndical d'établissement disposent d'un crédit d'heures mensuel de 24 heures (C. trav. art. L 2143-15).

2. RÉMUNÉRATION

79130 Le temps alloué pour l'exercice des fonctions représentatives est de plein droit considéré comme **temps de travail** et **payé à l'échéance normale.** L'employeur qui conteste l'utilisation faite du temps ainsi alloué doit saisir le juge prud'homal (C. trav. art. L 2315-10, L 2142-1-3 et L 2143-17).

Assimilées à du travail effectif, les heures de délégation entrent dans le décompte des **heures supplémentaires** et, le cas échéant, de la contrepartie obligatoire en repos (Circ. du 4-10-1976 et note du 2-6-1997).

Pour le paiement des heures de délégation utilisées pendant un **arrêt maladie,** voir n° 79040 ; pendant une contrepartie obligatoire en **repos,** voir n° 79180.

CONTESTATION DU DROIT À RÉMUNÉRATION

79140 **Heures prises dans le cadre du crédit d'heures** La loi institue une **présomption de bonne utilisation** des heures de délégation prises dans le cadre du crédit d'heures : l'employeur doit les payer avant de contester leur utilisation, y compris lorsque ces heures ont été prises en dehors du temps de travail (n° 79180).

À **défaut de paiement préalable,** l'employeur peut être condamné à payer les heures en cause sans pouvoir se prévaloir de leur utilisation irrégulière (Cass. soc. 9-12-1985 n° 84-44.252 P). Le juge des référés prud'homal est compétent pour ordonner le paiement (Cass. soc. 23-6-1988 n° 85-45.086 ; 19-5-2016 n° 14-26.967 FS-PB), même quand l'employeur conteste la validité du mandat (Cass. soc. 28-9-2005 n° 05-40.945 F-D) ou le nombre d'heures de délégation auxquelles le salarié a droit (Cass. soc. 1-6-2022 n° 20-16.836 FS-PB). En effet, le refus de paiement des heures de délégation à l'échéance normale constitue un trouble manifestement illicite. Le non-paiement de ces heures peut, par ailleurs, constituer un manquement justifiant une **prise d'acte** par le représentant de la rupture de son contrat de travail produisant les effets d'un licenciement sans cause réelle et sérieuse (Cass. soc. 17-12-2014 n° 13-20.703 F-D).

ATTENTION

Le principe du paiement avant contestation s'applique aux heures **légales et conventionnelles** de délégation (Cass. crim. 26-5-1987 n° 85-92.193 ; Cass. soc. 30-4-1987 n° 83-44.569 P ; 9-5-1989 n° 86-40.375 P), aux **crédits individuels** et aux fractions de crédits **collectifs** (Circ. DRT 25-10-1983) et aux heures prises par un **suppléant** remplaçant un titulaire (Cass. soc. 30-5-1990 n° 86-43.583 P).

Après paiement, l'employeur souhaitant contester l'utilisation du crédit d'heures doit, au préalable, demander au salarié d'**indiquer l'usage fait des heures** de délégation, au besoin par voie judiciaire (Cass. soc. 21-11-1990 n° 88-40.133 PF ; 15-12-1993 n° 91-44.481 P). Il peut saisir à cette fin le conseil de prud'hommes en référé (Cass. soc. 4-2-2004 n° 01-46.478 FS-P). Le représentant du personnel ne peut pas alors se borner à affirmer qu'il a utilisé ses heures de délégation dans le cadre de son mandat (Cass. soc. 16-3-1994 n° 92-42.234 P) ou se contenter de transmettre à l'employeur ses bons de délégation (Cass. soc. 16-2-2022 n° 20-19.194 F-D), mais doit indiquer la nature des activités exercées ; à défaut, il s'expose à devoir rembourser à l'employeur les sommes versées au titre des heures de délégation (Cass. soc. 30-11-2004 n° 03-40.434 FS-PB ; CA Caen 7-7-2022 n° 21/00097). C'est en revanche à l'employeur de **prouver la non-conformité** de l'utilisation du temps de délégation avec l'objet du mandat (Cass. soc. 28-3-1989 n° 86-42.248 P ; 1-12-1993 n° 89-44.297 D). 79150

ATTENTION

Le temps passé à l'**audience** par un représentant du personnel pour assurer sa propre défense s'impute sur le crédit d'heures (Cass. ass. plén. 31-10-1996 n° 91-44.770 P ; Cass. soc. 17-5-2006 n° 04-41.600 F-D).

Dépassement d'heures pour circonstances exceptionnelles L'obligation de **payer** les heures de délégation **à l'échéance normale** ne s'applique pas aux heures résultant d'un dépassement pour circonstances exceptionnelles. Le salarié doit donc établir l'existence de telles circonstances préalablement à tout paiement, ainsi que la conformité de l'utilisation de ces heures eu égard au mandat dont il est investi (jurisprudence constante, notamment, Cass. soc. 25-11-1997 n° 95-43.412 P). 79160

Si elles ne sont pas justifiées, les heures de dépassement ne sont en principe pas rémunérées. L'existence d'un usage obligatoire contraire ne peut pas résulter du fait que, depuis 7 ans, l'employeur les a rémunérées (Cass. soc. 1-6-1978 n° 76-41.284).

L'employeur ayant indûment rémunéré les heures de dépassement d'un représentant du personnel peut se rembourser en opérant des **retenues sur le salaire** de l'intéressé (Cass. soc. 8-7-2009 n° 08-42.546 F-D).

CALCUL DE LA RÉMUNÉRATION

Le temps de délégation est payé comme **temps de travail,** qu'il soit pris dans le cadre du crédit d'heures ou en sus, en raison de circonstances exceptionnelles. 79170

Les intéressés ne doivent subir aucune **perte de salaire** du fait de l'exercice de leurs fonctions (jurisprudence constante, notamment, Cass. soc. 19-9-2018 n° 17-11.638 FS-PB), et ce même s'ils sont payés, en tout ou en partie, par des **commissions** (Cass. soc. 29-5-2001 n° 98-45.758 FS-P).

Sur le principe de **non-discrimination,** voir n° 79650.

> **Précisions** **a.** Les **primes et accessoires du salaire** doivent être pris en compte, notamment les primes d'insalubrité (Cass. crim. 4-5-1979 n° 78-91.710), de salissure (Cass. soc. 28-4-1982 n° 89-40.665) ou de douche (Cass. soc. 2-6-1992 n° 88-45.662 P). De même, une prime calculée en fonction du temps de présence ne peut pas être réduite au titre des heures de délégation (Cass. soc. 28-6-2006 n° 05-41.350 F-D). En revanche, les primes représentant un remboursement de frais sont exclues : voir n° 79190.

b. Une **pause rémunérée** accordée aux salariés travaillant 8 heures consécutives bénéficie aux représentants du personnel lorsqu'ils accomplissent 8 heures consécutives de délégation ou de travail (Cass. soc. 26-6-2001 n° 98-46.387 FS-P).

c. La rémunération des heures de délégation d'un **VRP** doit être calculée en prenant en compte l'intégralité des commissions qu'il a perçues, peu important qu'elles aient été générées par des ordres directs ou des ordres indirects (Cass. soc. 15-12-2016 n° 15-13.367 F-D).

d. Si le salarié est **entièrement ou pour partie rémunéré à la commission,** le taux horaire applicable aux heures de délégation est égal à la totalité des commissions générées annuellement divisée par le nombre d'heures travaillées (Cass. soc. 27-11-2013 n° 12-23.589 FS-D ; 23-3-2016 n° 14-26.885 F-D).

e. Voir, sur le calcul de la rémunération des heures de délégation des **journalistes pigistes,** n° 88300 et, s'agissant de l'imputation du paiement de ces heures sur la masse des **pourboires,** n° 54470.

Heures prises hors temps de travail Le crédit d'heures peut être pris en dehors de l'horaire normal de travail si les nécessités du mandat le justifient (Cass. soc. 28-2-1989 n° 85-45.488 P ; 19-5-2016 n° 14-26.967 FS-PB), et ce même en cas d'horaire variable (Cass. soc. 20-1-1993 n° 89-41.560 D), ce qu'il appartient au salarié de prouver (Cass. soc. 14-10-2020 n° 18-24.049 F-D ; 16-12-2020 n° 19-19.685 F-D). 79180

Le paiement des heures de délégation prises en dehors de l'horaire normal de travail en raison des nécessités du mandat se fait en **heures supplémentaires** pour celles excédant la durée légale du travail (Cass. soc. 12-2-1991 nº 88-42.353 PF ; 18-5-1993 nº 90-43.453 D) ; ces heures ouvrent droit, en cas de dépassement du contingent annuel, à la contrepartie obligatoire en repos visée nºs 7400 s. (Cass. soc. 13-12-1995 nº 92-44.389 D).

Les heures de délégation prises sur des **jours de repos** ouvrent droit à une compensation financière (Cass. soc. 20-5-1992 nº 89-43.103 PF). Si toutefois le représentant du personnel utilise ses heures de délégation sur le temps de repos dont il bénéficie en **contrepartie d'heures supplémentaires,** il ne peut pas prétendre au paiement de ces heures de délégation, mais seulement à un report de son temps de repos (Cass. soc. 23-5-2017 nº 15-25.250 FP-PBR).

› Précisions **a.** Pour les **salariés à temps partiel,** les heures de délégation prises en dehors du temps de travail normal en raison des nécessités du mandat doivent être rémunérées comme du temps de travail effectif. Ainsi, un **VRP** à temps partiel rémunéré au fixe et à la commission a droit, outre à sa part des commissions, à la part fixe de son salaire calculée au prorata des heures de délégation accomplies (Cass. soc. 21-1-2004 nº 01-43.229 FS-P).

b. L'employeur ne peut pas imputer les heures de délégation et le temps passé aux réunions sur la durée du travail d'un **travailleur de nuit** (Cass. soc. 11-6-2008 nº 07-40.823 F-PB). La majoration pour travail de nuit s'applique aux heures de délégation prises de jour par un représentant du personnel travaillant habituellement la nuit (Cass. soc. 14-3-1989 nº 86-41.648 P). De même, le représentant du personnel travaillant habituellement le week-end (**équipe de suppléance**) et bénéficiant à ce titre de majorations horaires doit bénéficier de ces majorations lorsqu'il effectue des heures de délégation pendant la semaine en raison des nécessités de son mandat (Cass. soc. 28-10-2008 nº 07-40.524 F-D).

c. Si le salarié est **dispensé d'activité avec maintien de sa rémunération,** il faut se référer aux horaires qu'il aurait dû suivre s'il avait travaillé et il peut prétendre au paiement des heures de délégation prises en dehors du temps de travail résultant de son planning théorique ; si l'employeur n'a pas défini un tel planning, le salarié peut prétendre au paiement des heures de délégation en plus de sa rémunération (Cass. soc. 3-3-2021 nº 19-18.150 F-P).

d. Pour déterminer si les heures de délégation d'**enseignants** d'établissements privés ont été prises en dehors du temps de travail calculé sur la durée légale du travail, il faut tenir compte à la fois des heures de cours et du temps de préparation et de correction qui en est le complément nécessaire et qui, pour des raisons pratiques, est calculé forfaitairement (Cass. soc. 6-10-1993 nºs 91-43.313 P et 91-41.859 P ; 20-10-1994 nº 93-42.365 D). Par ailleurs, sauf circonstances exceptionnelles ou réunions organisées à l'initiative de l'établissement, l'enseignant ne peut pas cumuler le traitement maintenu pendant les **vacances scolaires** en l'absence d'obligations hebdomadaires de service avec les sommes dues au titre des heures de délégation utilisées pendant la période afférente (Cass. soc. 8-12-2016 nº 13-27.913 FS-PB ; 1-7-2020 nº 18-23.241 F-D).

79190 **Frais** Le représentant du personnel a droit aux **titres-restaurant** comme s'il avait accompli l'horaire de travail auquel se réfère la réglementation pour l'attribution de ces titres (Cass. soc. 3-7-1980 nº 79-40.469 ; 9-6-1988 nº 85-43.379 P).

Il ne peut pas prétendre aux indemnités et primes destinées à compenser des frais qu'il n'a **pas exposés** du fait de l'exercice de son mandat (Cass. soc. 9-6-1988 nº 85-43.379 P ; 3-2-2016 nº 14-18.777 FS-PB ; 1-6-2016 nº 15-15.202 FS-PB).

Concernant les **déplacements pendant les heures de délégation,** en l'absence de convention ou d'usage en ce sens, l'employeur n'a pas à prendre en charge les frais engagés par les représentants du personnel pour se déplacer hors de l'entreprise (Cass. soc. 20-10-1988 nº 85-43.763 ; 14-2-1989 nº 85-41.075 P). En cas de prise en charge, en application du principe d'égalité de traitement exposé nºs 3760 s., le seul statut de représentant du personnel ne justifie pas l'attribution d'un taux d'**indemnités kilométriques** plus élevé que celui consenti aux salariés n'ayant pas ce statut (Cass. soc. 6-7-2011 nº 09-65.554 F-D).

› Précisions Le représentant du personnel a droit aux indemnités et **primes destinées à compenser des contraintes ou sujétions** particulières. Ainsi jugé pour une indemnité allouée en fonction de l'horaire de travail et attribuée en compensation du transfert du siège social et des contraintes en ayant résulté pour le personnel (Cass. soc. 7-2-1990 nº 87-40.289 P) ; une prime de panier allouée aux travailleurs qui, en raison de l'horaire continu du travail, sont contraints de prendre une collation ou un repas supplémentaire (Cass. soc. 1-4-1992 nº 88-40.108 P) ; les indemnités forfaitaires de petit déplacement prévues par les conventions collectives du bâtiment pour les salariés non sédentaires, ces indemnités ayant pour objet de compenser une sujétion particulière de leur emploi (Cass. soc. 4-12-2002 nº 00-45.569 F-D ; 17-5-2006 nº 04-41.600 F-D).

En revanche, le représentant du personnel n'a pas droit aux **indemnités,** mêmes **forfaitaires,** qui compensent les frais supplémentaires de déplacement spécifiques exposés par des ouvriers déplacés ou non sédentaires (Cass. soc. 19-9-2018 nº 16-24.041 FS-PB) ou le surcoût de repas consécutif à un déplacement effectif (Cass. soc. 19-9-2018 nº 17-11.514 FS-PB).

79195

Conseil d'entreprise : heures de délégation et frais de déplacement

L'accord instaurant le conseil d'entreprise doit prévoir le nombre d'heures de délégation dont bénéficient les élus du conseil pour participer aux négociations (C. trav. art. L 2321-4). À défaut d'accord, chaque élu participant à une négociation dispose d'un **nombre d'heures** de délégation s'ajoutant à celles dont il bénéficie en tant que membre du CSE. Cette durée doit être au moins égale à 12 heures par mois dans les entreprises employant jusqu'à 149 salariés, 18 heures dans les entreprises de 150 à 499 salariés et 24 heures dans celles d'au moins 500 salariés (C. trav. art. R 2321-1). Le temps passé à la négociation est de plein droit considéré comme du temps de travail et **payé** à l'échéance normale (C. trav. art. L 2321-5).

L'accord instaurant le conseil d'entreprise doit également contenir des stipulations relatives à l'indemnisation des **frais** de déplacement (C. trav. art. L 2321-6).

RÉGIME SOCIAL

Les sommes versées par les employeurs en paiement des heures de délégation des représentants du personnel constituent un élément de rémunération passible des **cotisations de sécurité sociale** (Cass. soc. 14-6-1978 n° 77-10.448 P), de la **CSG** et de la **CRDS.** 79200

Il en va de même pour les **prélèvements dont l'assiette est alignée** sur celle des cotisations de sécurité sociale : cotisations ou contributions solidarité autonomie, Fnal, dialogue social, chômage, AGS, retraite complémentaire Agirc-Arrco, formation et alternance (contributions à la formation professionnelle, CPF-CDD, supplémentaire à l'apprentissage et taxe d'apprentissage), versement mobilité et participation-construction ; ou sur celle de la CSG : taxe sur les salaires.

Pour les salariés dont les cotisations de sécurité sociale sont calculées sur une **base forfaitaire,** la rémunération des heures de délégation est passible des cotisations en sus de l'assiette forfaitaire, que ces heures soient prises dans l'horaire de travail ou en dehors (Cass. soc. 14-6-1978 n° 77-10.448 P).

RÉGIME FISCAL

Les sommes versées par les employeurs en paiement des heures de délégation des représentants du personnel sont imposables à l'**impôt sur le revenu** dans la catégorie des traitements et salaires. 79210

Ces rémunérations ne sont pas distinguées de la rémunération qui leur est versée au titre de leur travail. Elles ne justifient donc pas de traitement spécifique au regard du prélèvement à la source de l'impôt sur le revenu opéré par l'employeur.

› Précisions a. Les **dépenses exposées par les salariés** pour les besoins de l'exercice du mandat de représentation du personnel dont ils peuvent être investis dans l'entreprise ont le caractère de frais professionnels. En conséquence, un représentant du personnel qui a opté pour la déduction des frais réels peut déduire ces dépenses pour leur montant exact, sous réserve d'en justifier. Bien entendu, l'ensemble des allocations pour frais ou remboursements de frais éventuellement perçus de l'employeur ou du syndicat doit alors être rapporté par les intéressés à leur rémunération imposable. Lorsque le salarié n'opte pas pour la déduction de ses frais réels, les allocations spéciales destinées à couvrir les dépenses entraînées par l'activité de représentation du personnel et utilisées conformément à leur objet sont exonérées d'impôt sur le revenu en vertu des dispositions du 1° de l'article 81 du CGI (BOI-RSA-BASE-30-50-30-40 n° 280).

b. Les rémunérations dues en application des articles L 225-45 ou L 225-83 du Code de commerce (nouvelle dénomination des **jetons de présence**) aux représentants du personnel siégeant au conseil d'administration ou de surveillance des sociétés sont exonérées d'impôt sur le revenu si les conditions suivantes sont réunies : le représentant salarié les abandonne à l'organisation syndicale à laquelle il est affilié ; l'abandon porte sur l'intégralité de ces rémunérations ; il est consenti dès la prise de fonctions de l'intéressé et pour toute la durée de son mandat ; les sommes en cause sont versées directement par la société à l'organisation syndicale au profit de laquelle l'abandon est consenti. L'établissement payeur verse alors à l'organisation syndicale un montant net des prélèvements sociaux, mais n'a pas à opérer le prélèvement forfaitaire prévu à l'article 117 quater du CGI. Cette exonération d'impôt sur le revenu est applicable aux représentants du personnel salarié élus ou désignés en application du III-1° à 3° des articles L 225-27-1 et L 225-79-2 du Code de commerce et aux représentants des salariés actionnaires élus par l'assemblée générale des actionnaires en vertu des articles L 225-23 et L 225-71 du Code de commerce pour siéger ès qualités au conseil d'administration ou de surveillance. Cette exonération est strictement réservée aux rémunérations de l'espèce abandonnées au profit de l'organisation syndicale à laquelle l'intéressé est affilié. Elle ne saurait donc s'appliquer aux sommes qui seraient reversées à une association de salariés actionnaires ou à un comité social ou économique (BOI-RPPM-RCM-10-20-20-60 n°s 40 à 70).

B. Autres activités rémunérées

79300 En plus du crédit d'heures légal, certaines heures que les représentants du personnel consacrent, dans le cadre de leur mandat, à des activités déterminées (réunions, négociation, formation, enquêtes) leur sont payées.

Le **régime social et fiscal** des sommes versées par l'employeur au titre de ces heures est le même que celui des heures de délégation, voir nos 79200 s.

> **Précisions** **a.** Dans les **entreprises sans délégué syndical,** le temps passé aux **négociations** n'est pas imputable sur les heures de délégation des **élus.** Chaque membre de la délégation du personnel au CSE appelé à participer à une négociation et chaque **salarié non élu mandaté** disposent du temps nécessaire dans la limite, sauf circonstances exceptionnelles, de 10 heures par mois. Ces heures sont de plein droit considérées comme temps de travail et payées à l'échéance normale. L'employeur qui entend en contester l'utilisation saisit le juge judiciaire (C. trav. art. L 2232-27). Sur le régime du temps passé à la négociation lorsqu'un **conseil d'entreprise** est mis en place, voir no 79195.
> **b.** Les actions de **formation** nécessaires à l'obtention de la **certification** relative aux **compétences** acquises dans l'exercice de son **mandat** par le représentant du personnel constituent un temps de travail effectif et donnent lieu, pendant leur déroulement, au maintien de la rémunération par l'employeur dans les conditions visées no 72625 (C. trav. art. L 6112-4 et D 6112-2).

DÉLÉGUÉS SYNDICAUX

79310 **Réunion à l'initiative de l'employeur** Les heures utilisées par les délégués syndicaux pour participer à des réunions organisées par l'employeur ne sont **pas imputables sur leur crédit d'heures** (C. trav. art. L 2143-18).

Le temps passé à ces réunions doit donc être **payé comme temps de travail.** Sur le calcul de la rémunération, les solutions concernant les élus au CSE sont, à notre avis, transposables aux délégués syndicaux. Sur la question des **temps de trajet** pour se rendre aux réunions et des frais de **transport et d'hébergement,** voir nos 79355 s.

> **Précisions** Pour un délégué syndical, n'est pas assimilable à une réunion organisée par l'employeur l'**audience d'une juridiction** statuant sur une instance introduite par celui-ci pour faire statuer sur la représentativité d'un syndicat autre que celui qu'il représente (Cass. soc. 9-4-1987 no 83-41.673 P).

79320 **Négociation collective dans l'entreprise** Chaque **section syndicale** dispose, au profit de son ou ses délégués syndicaux et des salariés de l'entreprise appelés à négocier la convention ou l'accord d'entreprise, d'un crédit global supplémentaire de 12 heures par an dans les entreprises occupant au moins 500 salariés et de 18 heures par an dans celles occupant au moins 1 000 salariés, en vue de **préparer la négociation** (C. trav. art. L 2143-16). Ce temps est de plein droit considéré comme temps de travail et payé à l'échéance normale. En cas de contestation par l'employeur de l'usage qui en est fait, il lui appartient de saisir la juridiction compétente, voir nos 79140 s.

> **Précisions** Ce crédit d'heures est **réparti** à l'initiative du ou des délégués syndicaux entre eux et les salariés appelés à participer à la négociation (Circ. DRT du 25-10-1983), à charge pour les intéressés d'en informer l'employeur (Cass. soc. 2-6-2004 no 01-44.474 FS-PB). Attribué annuellement, il ne peut pas être dépassé, quel que soit le nombre d'accords conclus au cours d'une même année (Cass. soc. 2-6-2004 no 01-44.474 FS-PB).
> Le paiement des heures utilisées à cette occasion par les **salariés ne détenant pas de mandat** doit s'effectuer selon les mêmes modalités que pour le temps de délégation des délégués syndicaux (Circ. DRT du 25-10-1983).

79330 Le temps passé par les membres de la délégation syndicale à la négociation des conventions et accords collectifs d'entreprise est payé comme temps de travail à échéance normale (C. trav. art. L 2232-18) et indemnisé comme suit (Circ. DRT du 25-10-1983) :

– pour les membres de la délégation qui disposent d'un **crédit d'heures** (délégués syndicaux et salariés titulaires d'un autre mandat), le temps passé à la négociation ne s'impute pas sur ce crédit ;
– il doit être payé même si la négociation a lieu **en dehors des heures de travail** ;
– doivent être rémunérées comme **heures supplémentaires** les heures passées à la négociation au-delà de la durée légale du travail ou de la durée assimilée pour le calcul des majorations pour heures supplémentaires (nos 6430 s.).

Lorsque la négociation nécessite un **déplacement** des membres de la délégation syndicale, les frais correspondants doivent être pris en charge par l'employeur. En outre, lorsque les conditions de réunion imposent que le temps de trajet soit pris en totalité ou pour partie sur le temps de travail, la durée de l'absence qui en résulte doit être assimilée à du temps passé à la négociation (Circ. DRT du 25-10-1983).

Conventions de branche Les conventions de branche et les **accords professionnels ou interprofessionnels** doivent comporter des stipulations relatives aux modalités d'exercice du droit de s'absenter, à la compensation des pertes de salaires ou au maintien de ceux-ci, ainsi qu'à l'indemnisation des frais de déplacement de salariés d'entreprises appelés à participer aux négociations, de même qu'aux réunions des instances paritaires qu'ils instituent (C. trav. art. L 2232-3 et L 2232-8). 79340

Les absences des délégués syndicaux appelés à participer à des **négociations** ou à des **concertations** à un autre niveau que celui de l'entreprise ou aux **réunions d'instances** organisées dans l'intérêt des salariés de l'entreprise ou de la branche peuvent s'imputer sur le crédit d'heures (C. trav. art. L 2143-16-1).

Les **entreprises de moins de 50 salariés** bénéficient d'une **prise en charge,** par le fonds paritaire de financement du dialogue social, de la rémunération et des cotisations et contributions sociales afférentes des salariés participant aux négociations de branche et professionnelles (C. trav. art. L 2232-8 et art. R 2232-1-3 à R 2232-1-5). Cette prise en charge s'effectue sur la base d'un montant forfaitaire fixé à 69 € par demi-journée et 138 € par journée de négociation (Arrêté MTRT1915162A du 23-5-2019).

COMITÉ SOCIAL ET ÉCONOMIQUE

Réunions du CSE Le temps passé aux réunions **avec l'employeur** par les membres de la délégation du personnel et les représentants syndicaux au CSE est rémunéré comme temps de travail effectif. Il n'est pas déduit des heures de délégation pour ceux qui y ont droit (n° 79005) (C. trav. art. L 2315-11, 1° et L 2315-12). Sur cette question, voir n° 79365. 79350

La circonstance que les réunions aient lieu **en dehors de l'horaire de travail** des membres du comité est sans incidence sur l'obligation de rémunération (Cass. soc. 23-10-1958 n° 6210). Les heures de réunion **dépassant les heures normales** de travail doivent être rémunérées en heures supplémentaires (CA Paris 24-4-1997 n° 37641/95).

Sous réserve des dispositions applicables aux commissions internes (nos 79365 s.), les règles suivantes s'appliquent aux réunions consacrées à la **préparation des séances** du comité :
– ces réunions ne sont pas assimilables aux séances elles-mêmes et ne peuvent pas être rémunérées à ce titre (Cass. soc. 16-11-1983 n° 81-42.984 ; 13-11-1985 n° 82-41.701) ;
– le temps passé à ces réunions peut être imputé sur les heures de délégation des membres titulaires et être payé à ce titre (Cass. soc. 3-7-1973 n° 72-40.491) ; en revanche, les membres suppléants, ne disposant pas d'un crédit d'heures, ne peuvent pas légalement prétendre à une rémunération.
De même, le temps passé par le **secrétaire du comité** à établir le **compte rendu** ne peut pas être assimilé au temps passé en séance (Cass. soc. 9-5-1979 n° 77-41.308 P).

Sur l'imputation du temps passé en réunion sur la durée du travail d'un **travailleur de nuit,** voir n° 79180. Sur la prise en compte de ce temps pour l'appréciation de la qualité de travailleur de nuit, voir n° 73290, a.

Lorsqu'il est compris dans l'**horaire normal** de travail, le **temps de trajet** effectué en exécution des fonctions représentatives des salariés ne peut pas donner lieu à retenue sur salaire (Cass. soc. 20-2-2002 n° 99-44.760 F-D). En l'absence de prévision contraire par la loi, un usage ou un engagement unilatéral de l'employeur, il s'impute sur les heures de délégation (Cass. soc. 9-12-2014 n° 13-22.212 FP-PB), sauf s'il est utilisé pour se rendre aux réunions organisées par l'employeur et en revenir. 79355

Le temps de trajet est rémunéré comme du temps de travail effectif lorsqu'il est **pris en dehors** de cet horaire et dépasse en durée le temps normal de déplacement entre le domicile et le lieu de travail (Cass. soc. 5-11-2003 n° 01-43.109 FS-PBRI ; 12-6-2013 n° 12-12.806 FP-PB ; 21-4-2022 n° 20-17.038 F-D), y compris s'il s'inscrit dans un dépassement de crédit d'heures pour circonstances exceptionnelles (Cass. soc. 10-12-2003 n° 01-41.658 FS-P). Il doit être pris en compte pour déterminer l'existence, le cas échéant, d'heures supplémentaires donnant lieu à majorations (Cass. soc. 27-1-2021 n° 19-22.038 F-P).

La rémunération du temps de trajet n'est pas imputable sur la **subvention de fonctionnement** du comité (Cass. soc. 30-9-1997 n° 95-40.125 PB).

Un **accord collectif** peut fixer des conditions à la prise en charge des **frais de déplacement** des membres du CSE, sous réserve qu'elles soient compatibles avec l'exercice des mandats, n'imposent aucune sujétion injustifiée et ne laissent subsister aucune dépense à la charge du salarié (Cass. soc. 11-9-2019 n° 17-14.623 F-D). À défaut de stipulations conventionnelles, les frais de déplacement des membres du CSE pour se rendre aux réunions n'entrent pas dans ses 79360 dépenses de fonctionnement et sont à la charge de l'employeur, qu'il s'agisse de réunions organisées à l'initiative de ce dernier (Cass. soc. 28-5-1996 nº 94-18.797 PB ; 20-2-2002 nº 99-44.760 F-D) ou demandées à la majorité des membres du comité (Cass. soc. 22-5-2002 nº 99-43.990 FS-PBI).

Il en va de même des frais de déplacement engagés, pour se rendre aux réunions organisées à l'initiative de l'employeur, par les membres du **comité central** (Cass. soc. 15-6-1994 nº 92-14.985 PBBS) et, selon nous, par les délégués syndicaux.

A contrario, l'employeur n'a pas à prendre en charge les frais engagés par les représentants du personnel pour se rendre aux réunions qui ne sont ni légalement obligatoires ni organisées à son initiative (Cass. soc. 17-10-2018 nº 17-13.256 FS-PB).

ATTENTION

Sur le plan pénal, le refus de l'employeur de prendre en charge les frais de déplacement occasionnés par les réunions qu'il organise au siège social de l'entreprise l'expose aux **sanctions** pour **délit d'entrave,** dès lors que, du fait de l'éloignement entre le siège social et le lieu de travail des représentants du personnel, ce refus a pour effet de restreindre les déplacements des intéressés et donc leur participation auxdites réunions (Cass. crim. 22-11-2005 nº 04-87.451 F-PF).

79365 **Commissions et enquêtes** Est payé comme temps de travail effectif et non déduit des heures de délégation des élus titulaires le temps passé par les membres élus du CSE (C. trav. art. L 2315-11) :

– aux **réunions de la commission santé, sécurité et conditions de travail** ; à défaut d'accord d'entreprise, le temps passé par les membres du CSE aux réunions et séances des **autres commissions** est payé comme du travail effectif, dans la limite d'une durée annuelle globale fixée par l'accord d'entreprise ou, à défaut, à 30 heures dans les entreprises de 300 à 1 000 salariés et à 60 heures dans celles d'au moins 1 000 salariés ; l'effectif est apprécié une fois par an, à compter du 1er mois suivant celui de l'élection du comité, sur les 12 mois précédents (C. trav. art. R 2315-7) ;

– à la recherche de **mesures préventives** dans toute situation d'urgence et de gravité, notamment lors de la mise en œuvre de la procédure de danger grave et imminent prévue à l'article L 4132-2 du Code du travail ;

– aux enquêtes menées après un **accident du travail grave ou des incidents répétés** ayant révélé un risque grave ou une **maladie professionnelle** ou à caractère professionnel grave.

› Précisions a. La rédaction de l'article L 2315-11 du Code du travail est ambiguë : ce texte dispose en effet qu'est payé comme temps de travail effectif et n'est pas déduit des heures de délégation le temps passé « aux réunions du comité et de ses commissions, dans ce cas dans la **limite** d'une durée globale fixée par accord ou, à défaut, par décret en Conseil d'État ». Cette limite s'applique-t-elle aux **réunions du CSE et de ses commissions** ou seulement à **celles de ses commissions ?** Si l'on s'attache au droit antérieur applicable au comité d'entreprise et au CHSCT et à la rédaction initiale de l'article L 2315-11 issue de l'ordonnance 2017-1386 du 22 septembre 2017 (qui ne démontrait pas la volonté du législateur de durcir le régime des heures passées en réunion avec l'employeur), on peut penser que la limite ne s'applique qu'aux réunions des commissions du CSE. L'administration du travail a d'ailleurs pris position en ce sens (QR min. trav. 16-1-2020 nº 81).

b. Jugé que les **inspections d'atelier** auxquelles le comité procède à intervalles réguliers n'entrent pas dans les prévisions du texte en vertu duquel le temps passé par les membres du comité aux réunions, aux enquêtes en matière d'accidents du travail ou de maladies professionnelles et aux recherches de mesures préventives n'est pas imputable sur le crédit d'heures et doit être payé comme temps de travail effectif. En cas de coïncidence entre la réunion du comité et les visites d'atelier (celles-ci figurant, par exemple, à l'ordre du jour de la réunion), le temps consacré à ces dernières doit être déduit du temps de la réunion et imputé sur les heures de délégation (Cass. crim. 17-2-1998 nº 96-82.118 PF). De même, le temps consacré par les membres du comité aux **contrôles** avec les sociétés chargées de l'**entretien et de la réparation des bâtiments** s'impute sur les heures de délégation (Cass. soc. 20-12-2006 nº 05-42.507 F-P).

c. L'employeur doit rembourser les **frais de déplacement** engagés par un représentant auquel il a refusé de fournir un véhicule pour se rendre sur les lieux où lui a été signalée l'existence d'un **danger imminent** (Cass. soc. 10-10-1989 nº 86-44.112 P), mais un représentant ne peut pas demander la prise en charge des frais de déplacement engagés dans le cadre d'une **mission** s'il ne justifie ni s'être rendu sur les lieux d'un danger imminent, ni d'une mission individuelle à lui confiée par le comité (Cass. soc. 21-7-1993 nº 91-42.384).

Si, en raison de l'horaire et du lieu de la **réunion du comité,** le départ la veille s'impose, l'employeur doit rembourser les frais de déplacement, d'hôtel et de repas engagés par un représentant du personnel qui s'est rendu à cette réunion avec son **véhicule personnel.** Peu importe que l'employeur ait mis à la disposition des salariés concernés un **véhicule de service** chargé de les conduire le matin même sur le lieu de cette réunion (Cass. soc. 5-10-1999 nº 97-41.590 P).

S'agissant du refus de l'employeur de prendre en charge les frais de déplacement supportés par les membres du comité pour se rendre aux réunions organisées par l'entreprise, voir nº 79360.

Formations Le temps consacré aux formations des membres du CSE est pris sur le temps de travail et est rémunéré comme tel. Il n'est **pas déduit** des heures de délégation (C. trav. art. L 2315-16). Les formations sont **renouvelées** lorsque les représentants ont exercé leur mandat pendant 4 ans, consécutifs ou non (C. trav. art. L 2315-17). 79370

Dans les **entreprises d'au moins 50 salariés,** les élus titulaires du CSE **élus pour la première fois** bénéficient d'un stage de formation économique d'une durée maximale de 5 jours. Le financement de la formation (frais d'inscription, de formation et de déplacement) est pris en charge par le CSE sur sa subvention de fonctionnement. La formation est imputée sur la durée du congé de formation, économique, sociale, environnementale et syndicale prévu aux articles L 2145-5 s. du Code du travail (C. trav. art. L 2315-63). Ce congé est de droit, sauf si l'employeur estime, après avis conforme du CSE, que cette absence pourrait avoir des conséquences préjudiciables à la production et à la bonne marche de l'entreprise. Dans ce cas, le **refus de l'employeur** est motivé et doit être notifié dans les 8 jours suivant la réception de la demande du salarié (C. trav. art. L 2145-11 et R 2145-5).

Les membres du CSE bénéficient de la formation nécessaire à l'exercice de leurs missions en matière de **santé, de sécurité et de conditions de travail** dans des conditions définies aux articles R 2315-9 à R 2315-22 du Code du travail (C. trav. art. L 2315-18).

L'employeur prend en charge (C. trav. art. R 2315-20) :
– les **frais de déplacement** à concurrence du tarif seconde classe SNCF applicable au trajet le plus direct depuis le siège de l'établissement jusqu'au lieu de formation ;
– les **frais de séjour** à concurrence de l'indemnité de mission applicable aux déplacements temporaires des fonctionnaires.

S'agissant de la formation relative à la certification des compétences acquises pendant l'exercice du mandat, voir n° 79300, b.

› Précisions Le salarié participant, à sa demande, à l'une de ces formations ne peut pas prétendre à une rémunération supérieure à celle qu'il aurait perçue s'il ne l'avait pas suivie (Cass. soc. 15-6-2010 n° 09-65.180 FS-PB). L'employeur n'a donc pas à prendre en charge la rémunération du temps consacré à ces formations excédant la durée hebdomadaire prévue par le contrat de travail à **temps partiel** (Rép. Forni : AN 25-2-1991 ; Cass. soc. 15-6-2010 n° 09-65.180 FS-PB).
Cette position pose un problème de compatibilité avec le principe d'égalité de rémunération entre hommes et femmes (n°s 3150 s.) prévu par le droit européen. En effet, se prononçant dans le cadre de la législation allemande, la CJCE a jugé qu'à défaut d'être justifiée par des facteurs objectifs étrangers à toute discrimination fondée sur le sexe, une telle disposition était contraire au principe d'égalité, lorsque la catégorie des travailleurs à temps partiel comprend un nombre considérablement plus élevé de femmes que d'hommes (CJCE 7-3-1996 aff. 278/93).

COMITÉ DE GROUPE

Le temps passé par les représentants du personnel aux **séances** du comité de groupe leur est payé comme temps de travail (C. trav. art. L 2334-2). 79420

COMITÉ D'ENTREPRISE EUROPÉEN

Le temps passé en réunion par les membres du **groupe spécial de négociation** chargé de mettre en place un comité d'entreprise européen ou une procédure d'information, d'échange de vues et de dialogue est considéré comme temps de travail et payé à l'échéance normale. Les dépenses nécessaires à l'exécution de la mission de ce groupe spécial sont à la charge de l'entreprise ou de l'entreprise dominante du groupe d'entreprises (C. trav. art. L 2342-6). 79430

Le temps passé en réunion par les membres du comité d'entreprise européen mis en place en l'**absence d'accord** est considéré comme temps de travail et payé à l'échéance normale. Le temps passé par le secrétaire et les membres du bureau aux séances du comité et aux réunions du bureau n'est pas déduit du crédit d'heures qui leur est alloué. L'entreprise prend en charge également, sauf s'il en a été convenu autrement, les frais de séjour et de déplacement des membres du comité d'entreprise européen et du bureau (C. trav. art. L 2343-14 à L 2343-16).

ATTENTION

La loi ne prévoit pas de disposition identique en cas de mise en place par **voie conventionnelle** d'un comité d'entreprise européen ou de la procédure d'information précitée. C'est aux partenaires sociaux de régler ces questions dans l'accord applicable.

C. Formalités

79530 Le service paie de l'entreprise doit être informé du temps consacré par les salariés à leur activité de représentation, par une information recueillie globalement lors de la préparation de la paie ou ponctuellement, par le biais de bons de délégation.

Sur l'information préalable de l'employeur en cas de report d'un mois à l'autre ou de mutualisation des heures de délégation, voir n°s 79010 s.

INFORMATION DU SERVICE PAIE

79540 L'information du service paie peut être réalisée au moyen de **fiches** diffusées auprès des représentants par leur supérieur hiérarchique au moment de la préparation de la paie. Il peut être demandé aux représentants de porter sur ces fiches, par ordre de date, le temps consacré aux activités de représentation avec indication d'horaire et imputation du temps passé sur le crédit d'heures légal ou sur les différentes activités ouvrant droit à des heures supplémentaires de représentation (réunions avec l'employeur, commissions du comité, négociation dans l'entreprise…). Il peut être demandé au représentant de justifier l'éventuel dépassement du crédit d'heures légal dans l'entreprise. Ces fiches sont signées par le représentant et son supérieur hiérarchique et transmises au service paie.

CONSEIL

La question se pose de savoir si la mise en place d'un système d'information du service paie nécessite une procédure de **concertation préalable avec les représentants du personnel,** comme cela a été jugé pour les bons de délégation (n° 79550). Dans le doute, il paraît prudent d'organiser une telle concertation.

BONS DE DÉLÉGATION

79550 Les bons de délégation permettent de comptabiliser les heures de délégation prises par les représentants et d'assurer le respect des consignes de sécurité. Bien que non prévue par le Code du travail, cette pratique a été entérinée par les tribunaux, qui la soumettent à des conditions très strictes.

L'usage du crédit d'heures ne peut être soumis à l'emploi de bons de délégation qu'après **consultation des intéressés** et non par décision unilatérale de l'employeur (Cass. crim. 27-6-1979 n° 78-91.427 ; 10-1-1989 n° 87-80.048).

CONSEIL

Compte tenu des limites fixées par les tribunaux, il est possible de proposer les règles pratiques suivantes :

– limités dans leur **objet** à l'information préalable de la hiérarchie sur les déplacements dans ou hors de l'entreprise envisagés par les représentants du personnel, les bons de délégation ne peuvent pas être exigés pour d'autres fins, comme, pour fournir une information sur le temps passé aux **communications téléphoniques** entre représentants du personnel (Cass. soc. 10-5-2006 n° 05-40.802 FS-PB) ;

– le bon est délivré par le **supérieur hiérarchique** au représentant à la demande de celui-ci. Il comporte l'identification du représentant (nom, prénom, mandat, service), l'heure du départ, le visa du supérieur. À son retour, le représentant remet le bon à son supérieur. L'heure du retour est alors portée sur le bon, qui est transmis au service paie ;

– le recours au bon de délégation impose seulement au représentant de prévenir de son absence. Il ne saurait avoir pour conséquence de subordonner l'usage des heures de délégation à une **autorisation préalable** ou à un **contrôle a priori** de l'emploi du temps des représentants, ce qui constituerait un délit d'entrave (jurisprudence constante, notamment : Cass. crim. 10-1-1989 n° 87-80.048 P) ;

– le bon de délégation ne doit pas être utilisé comme un moyen d'imposer au représentant de faire connaître le **motif précis** de son absence (Cass. crim. 12-4-1988 n° 87-84.148 P). À notre sens, cela n'interdit pas de demander au représentant si l'activité pour laquelle le bon est demandé donnera lieu à imputation du temps passé sur le crédit d'heures ou relève de celles devant être rémunérées en sus de ce crédit ;

– un **délai de prévenance** peut être prévu dans la mesure où il est en pratique laissé à l'appréciation du représentant (Cass. crim. 28-3-1979 n° 77-92.961 P). Toutefois, l'absence d'un représentant en vue de l'exercice de ses fonctions ne peut pas donner lieu à rémunération dès lors que, sachant depuis 20 jours qu'il serait amené à les exercer le jour dit, il n'en a averti l'employeur que le matin même : par son caractère soudain et inopiné, cette absence était de nature à nuire à l'organisation du travail dans l'entreprise (Cass. soc. 12-2-1985 n° 82-41.647 P). Sur la procédure de contestation des heures de délégation, voir n° 79150 ;

– le **refus d'utiliser** les bons de délégation institués dans des conditions licites peut justifier une **sanction disciplinaire** (Cass. crim. 31-3-1981 n° 80-90.962 ; Cass. soc. 10-5-2006 n° 05-40.802 FS-PB ; 13-1-2021 n° 19-20.781 F-D). Mais il ne permet pas de refuser de **rémunérer** les heures de délégation d'un représentant du personnel qui a averti verbalement son chef de service de son départ et de son retour et dont l'employeur ne conteste ni les motifs de l'absence ni le montant des sommes réclamées (Cass. soc. 4-10-1979 n° 78-40.270).

BULLETIN DE PAIE ET FICHE ANNEXE

Il est interdit de faire mention sur le bulletin de paie de l'activité de représentation des salariés. La nature et le montant de la rémunération de cette activité figurent sur une fiche annexée au bulletin de paie qui a le même régime juridique que celui-ci et que l'employeur établit et fournit au salarié (C. trav. art. R 3243-4). 79560

Un **modèle** de bulletin de paie est présenté n° 95200.

Champ d'application L'article R 3243-4 du Code du travail visant d'une manière générale l'activité de représentation, la fiche annexée au bulletin de paie concerne tant les **heures** prises dans le cadre du crédit légal (n°s 79000 s.) que celles consacrées dans le cadre du mandat à certaines activités particulières (n°s 79300 s.). 79570

Par ailleurs, selon l'administration (Circ. DRT du 30-3-1989) :

– les **conseillers prud'homaux** et les **représentants des salariés** aux **conseils d'administration** des **organismes de sécurité sociale** bénéficient d'absences autorisées et rémunérées (remboursement à l'employeur par l'État ou les organismes de sécurité sociale) ; aucune mention ne doit donc apparaître sur le bulletin de paie ;

– les représentants des salariés dans les conseils d'administration et de surveillance des **sociétés anonymes** bénéficient de dispositions similaires ;

– les représentants des salariés dans les **entreprises publiques** disposent d'un crédit d'heures considéré comme temps de travail et payé à l'échéance normale (Loi 83-675 du 26-7-1983) ; les dispositions de l'article R 3243-4 du Code du travail leur sont donc applicables.

Portée Aucune mention du bulletin de paie ne doit permettre d'établir une **distinction entre heures travaillées et heures de délégation** (Cass. soc. 3-2-1993 n° 90-45.619 ; 18-2-2004 n° 01-46.565 FS-PB). Dans ces espèces, l'un des employeurs faisait apparaître sur le bulletin une rubrique « heures assimilées » ou « heures travaillées II » distincte de la rubrique « heures travaillées », le second ventilant les heures entre les rubriques « heures rémunérées » et « heures de présence ». Les juges ont estimé ces pratiques contraires à la loi. Il résulte de ces arrêts que : 79580

– la rémunération des heures de délégation prises sur l'**horaire normal** doit, sur le bulletin de paie, être confondue avec la rémunération des heures travaillées ;

– la rémunération des heures de délégation prises **hors de l'horaire normal** et faisant l'objet du taux majoré des heures supplémentaires doit être confondue avec la rémunération des heures supplémentaires travaillées sujettes au même taux de majoration.

Par ailleurs, si le salarié perçoit des **indemnités journalières** de sécurité sociale dans le cadre d'un temps partiel thérapeutique, l'employeur n'a pas à distinguer heures de délégation et heures travaillées sur l'**attestation de salaire** transmise à la caisse d'assurance maladie (Cass. soc. 20-4-2017 n° 16-10.312 F-D).

ATTENTION

La Cour de cassation semble condamner la position de l'administration selon laquelle, dans le cas où les mentions du bulletin de paie sont transcrites sous la forme d'une **codification chiffrée,** les conditions prévues par l'article R 3243-4 du Code du travail sont remplies s'il n'est pas fait mention sur ce bulletin de l'exercice de l'activité de représentation des salariés, si la codification chiffrée est propre à l'entreprise et connue d'elle seule et du salarié, et si une **fiche explicative** est remise au salarié lui permettant d'identifier les rubriques codifiées et notamment les heures de représentation du personnel (Circ. DRT du 24-8-1988).

Lorsqu'il existe, dans certaines entreprises, un consensus entre les partenaires sociaux pour que l'activité des représentants du personnel ne fasse pas l'objet de **contrôle,** peuvent figurer, sur la fiche annexe, les mentions suivantes : « crédit d'heures légal » ou « crédit d'heures conventionnel » (Circ. DRT du 13-12-1988). 79590

S'agissant du **montant de la rémunération, deux situations** sont à distinguer (Circ. DRT du 13-12-1988) :

– les **heures** sont **prises sur l'horaire de travail** légal ou conventionnel : elles donnent simplement lieu à maintien du salaire et il n'est pas nécessaire de faire apparaître distinctement le montant de leur rémunération sur la fiche annexe. La mention « Maintien du salaire » suffit ;

– les heures sont prises **en dehors de la durée du travail** légale ou conventionnelle : elles figurent sur le bulletin de paie sous la rubrique « Autres heures » et le montant de leur rémunération doit être reporté sur la fiche annexe.

Si le représentant du personnel **n'utilise pas de crédit d'heures,** il n'y a pas de fiche annexe à prévoir ; s'il n'utilise qu'une **partie du crédit d'heures,** seules les heures réellement prises sont à indiquer (Circ. DRT du 30-3-1989).

La fiche annexe n'a pas à être **signée** par le salarié (Circ. DRT du 30-3-1989).

Lorsque la paie d'un mois est calculée, par exemple, le 25 du mois, les heures de représentation prises après cette date sont prises en compte dans la paie suivante.

D. Protection dans l'exercice du mandat

NON-DISCRIMINATION

79650 Il est interdit à l'employeur de prendre en considération l'appartenance à un **syndicat** ou l'exercice d'une activité syndicale pour arrêter ses décisions en matière notamment de rémunération et d'octroi d'avantages sociaux (C. trav. art. L 2141-5).

La jurisprudence a étendu la portée de ces dispositions à l'ensemble des **représentants du personnel,** sans condition d'appartenance à un syndicat (Cass. soc. 11-6-1997 n° 94-44.958 D).

Les salariés peuvent, sur le fondement de ce texte, obtenir en justice des **dommages-intérêts.** Cette action se **prescrit** par 5 ans (C. trav. art. L 1134-5).

Les discriminations salariales dont sont victimes les salariés syndiqués ou les représentants du personnel peuvent aussi être condamnées sur le fondement de la règle « **à travail égal, salaire égal** » exposée nos 3760 s. (Cass. soc. 15-12-1998 n° 95-43.630 P) ou des articles L 1132-1 à L 1132-4 du Code du travail (n° 3650).

Le salarié n'a pas à apporter la **preuve** de la discrimination. Il doit soumettre au juge les éléments de fait susceptibles de la caractériser, l'employeur devant établir que cette mesure est justifiée par des éléments objectifs étrangers à l'appartenance syndicale (Cass. soc. 26-4-2000 n° 98-42.643P ; 28-3-2000 n° 97-45.258 PB ; 6-7-2010 n° 09-41.354 FS-PBR). C'est donc au juge de trancher au terme d'un débat contradictoire.

Au plan pénal, la chambre criminelle de la Cour de cassation estime que le **délit d'entrave** n'est pas caractérisé lorsque la prime dont l'intéressé a été privé partiellement ne réunit pas les caractères de généralité, constance et fixité (Cass. crim. 6-3-1984 ; 10-6-1997 n° 95-83.892 PF).

79660 **ILLUSTRATIONS**

Ont été jugées discriminatoires :

– la prise en compte des absences liées aux activités syndicales d'un salarié pour arrêter des décisions relatives notamment à son **avancement** et à sa **rémunération** (Cass. soc. 20-2-2013 n° 10-30.028 FS-PB) ;

– la **privation d'une augmentation au mérite** alors que l'intéressé n'a jamais fait l'objet de reproches (Cass. soc. 28-6-1994 n° 91-42.290 D) ;

– la privation d'un **avancement** auquel le salarié avait droit en application du statut du personnel, l'employeur pouvant alors être condamné à procéder au reclassement de l'intéressé avec reconstitution de sa carrière (Cass. soc. 23-11-2005 n° 03-40.826 FS-PB) ;

– la privation d'une **prime d'assiduité** dès lors que les absences de l'intéressé, autorisées par la convention collective, sont liées à l'exercice de son mandat (Cass. soc. 2-6-2004 n° 01-44.474 FS-PB) ;

– la non-attribution à un **permanent syndical,** en l'absence de toute activité salariée, d'une **prime** calculée en fonction de la contribution des salariés au développement de l'activité et du chiffre d'affaires (Cass. soc. 18-12-2013 n° 12-20.613 F-D) ou en considération de la compétence et de l'expérience professionnelles des salariés (Cass. soc. 24-2-1993 n° 89-44.826 D) ;

– la privation d'une **prime exceptionnelle** en raison du caractère contestataire de l'intéressé (Cass. soc. 7-11-1990 n° 87-44.292 D). Dans le cas où le **montant** de la prime dont le représentant du personnel a été privé dépend d'éléments subjectifs appréciés par l'employeur, l'intéressé ne peut pas prétendre au montant moyen de la prime, mais seulement à des dommages et intérêts (Cass. soc. 7-11-1990 n° 87-44.292 D). Si, en revanche, il s'agit d'un avantage alloué de façon identique à l'ensemble du personnel, l'employeur peut être condamné à verser cet avantage.

Lorsque le montant d'une **prime** est fonction de la réalisation, par les salariés, d'**objectifs quantitatifs,** le titulaire de mandats représentatifs doit percevoir au titre de celle-ci :

– pour la part de son activité correspondant à ses mandats, une somme fixée en tenant compte du montant moyen de cette prime versée, pour un temps équivalent, aux autres salariés ;

– pour la part correspondant à son temps de production, une somme calculée sur la base d'objectifs réduits à la mesure de ce temps (Cass. soc. 6-7-2010 n° 09-41.354 FS-PBR).

L'appréciation défavorable portée sur un salarié syndiqué à l'occasion de son **entretien annuel d'évaluation,** si elle est motivée par le temps passé aux activités syndicales, ouvre droit à dommages-intérêts sur le fondement de l'article L 2141-5 du Code du travail, même s'il n'est pas établi qu'elle a conduit à une différence de traitement défavorable en matière de rémunération et d'avancement (Cass. soc. 17-10-2006 n° 05-40.393 F-PB).

En revanche, un permanent syndical ne peut pas invoquer l'existence d'une discrimination vis-à-vis d'autres permanents syndicaux au titre de **modalités de progression salariale** différentes, l'accès à ce mandat étant, sauf accord collectif en disposant autrement, sans incidence sur l'appartenance des salariés à une catégorie professionnelle (Cass. soc. 24-9-2014 n° 13-11.782 FS-PB).

Sur une **différence de traitement au bénéfice** des représentants du personnel fondée sur leur qualité de représentant, voir n° 79190.

MODIFICATION DE LA RÉMUNÉRATION

Aucune modification de sa rémunération ou de sa durée du travail ne peut être **imposée** à un salarié protégé (jurisprudence constante, notamment Cass. soc. 5-5-2010 n° 08-44.895 F-D). Par exemple, l'employeur ne peut pas mettre un salarié protégé en disponibilité avec maintien de sa rémunération contre son gré (Cass. soc. 28-6-2006 n° 05-41.340 F-D), même si cette possibilité est prévue par le contrat de travail (Cass. soc. 14-11-2000 n° 99-43.270 F-P). 79680

En cas de **refus** d'une telle modification, l'employeur doit maintenir l'intéressé dans ses fonctions ou engager la procédure spéciale de licenciement (Cass. soc. 22-6-1993 n° 91-41.983 P ; 21-11-2006 n° 04-47.068 FS-D). L'employeur sollicitant une autorisation de licenciement est tenu de **rémunérer** le salarié jusqu'à l'obtention de cette autorisation qui n'est pas rétroactive (Cass. soc. 15-12-2011 n° 10-20.093 F-D).

Le salarié protégé qui se voit imposer une modification de son contrat ou de ses conditions de travail peut exiger d'être **réintégré dans son emploi,** si besoin devant le juge des référés (Cass. soc. 28-6-2006 n° 05-41.340 F-D). Il a droit, le cas échéant, à un rappel de salaire (Cass. soc. 6-7-1999 n° 97-41.824 D). Si le manquement de l'employeur est tel qu'il empêche la poursuite du contrat de travail, il peut justifier la **prise d'acte de la rupture** à ses torts (voir, par exemple, en cas de redéfinition de la mission du salarié protégé au sein de l'entreprise induisant une réduction importante de sa rémunération : Cass. soc. 12-11-2015 n° 14-16.369 FS-PB).

Une modification de son contrat imposée contre son gré à un représentant du personnel constitue un **délit d'entrave** à moins que l'employeur ne justifie la mesure critiquée (notamment : Cass. crim. 25-6-1991 n° 90-84.070 D ; 15-2-1994 n° 92-84.088 P).

Seule la **révocation d'un usage** relatif aux conditions de rémunération, lorsqu'elle est régulière, s'impose au salarié protégé (Cass. soc. 1-6-1994 n° 91-43.935 D).

GARANTIE D'ÉVOLUTION SALARIALE

Les représentants du personnel et syndicaux dont le nombre d'**heures de délégation** sur l'année dépasse **30 % de leur durée de travail** doivent bénéficier d'une **évolution de leur rémunération** au moins égale, sur toute la durée de leur mandat, aux augmentations générales et à la moyenne des augmentations individuelles perçues pendant cette période par les salariés relevant de la même catégorie professionnelle et dont l'ancienneté est comparable ou, à défaut de tels salariés, de celles perçues dans l'entreprise (C. trav. art. L 2141-5-1). Jugé qu'un **accord d'entreprise** prévoyant une **garantie d'évolution salariale** consistant en une augmentation individuelle minimale tous les 3 ans au bénéfice des représentants du personnel ne peut s'appliquer qu'à l'**issue du premier mandat** acquis par le salarié après l'entrée en vigueur de l'accord (Cass. soc. 20-6-2018 n° 17-12.491 F-D). 79685

ATTENTION

Il est en tout état de cause impossible pour l'employeur de ne pas faire bénéficier un représentant du personnel des augmentations générales de sa catégorie, sauf à commettre un délit d'entrave. S'agissant des augmentations individuelles, qui sont le reflet du pouvoir de direction de l'employeur, elles sont octroyées en priorité aux salariés présents sur leur poste de travail : il est nécessaire d'en faire bénéficier également les salariés prenant des responsabilités de représentation ou syndicales, à l'image du dispositif prévu en faveur des femmes en congé maternité : voir nos 63050 s. (Rapp. AN n° 2932).

LICENCIEMENT SANS AUTORISATION

Lorsque la rupture du contrat de travail d'un représentant du personnel décidée par l'employeur est frappée de nullité pour avoir été prononcée sans autorisation administrative ou malgré un refus d'autorisation, l'intéressé est en droit de réclamer une **indemnisation** au titre de la méconnaissance de son statut protecteur. Le montant de cette indemnité varie selon qu'il est ou non réintégré dans l'entreprise (voir Mémento social nos 63550 s.). Si le salarié ne demande pas sa réintégration, l'indemnité se cumule avec l'indemnité pour licenciement nul visée n° 65764, dont le régime social est exposé nos 65770 s. et le régime fiscal n° 65810. 79690

Issue d'une création jurisprudentielle, l'indemnité pour violation du statut protecteur n'est pas régie, contrairement à celle due en cas d'annulation de l'autorisation de licenciement, par un texte la qualifiant de complément de salaire (nº 79700).

Pour la Cour de cassation, cette indemnité n'étant pas au nombre des indemnités non imposables au titre de l'impôt sur le revenu des personnes physiques limitativement énumérées par l'article 80 duodecies du CGI, elle est soumise aux **cotisations sociales** (Cass. 2e civ. 12-2-2015 nº 14-10.886 F-PB ; 11-2-2016 nº 15-13.398 F-D ; Cass. soc. 21-11-2018 nº 17-15.874 F-D). Cette solution vaut, à notre avis, pour les prélèvements sociaux dont l'assiette est alignée sur celle des cotisations : cotisations ou contributions solidarité autonomie, Fnal, dialogue social, chômage, AGS, retraite complémentaire Agirc-Arrco, formation et alternance (contributions à la formation professionnelle, CPF-CDD, supplémentaire à l'apprentissage et taxe d'apprentissage), versement mobilité et participation-construction. Le principe nous paraît également transposable à la CSG et la CRDS. Soumise aux cotisations et à la CSG et la CRDS, l'indemnité devrait, en revanche, échapper, à notre sens, au forfait social.

Le sort de cette indemnité au regard de l'**impôt sur le revenu** n'a pas, à notre connaissance, fait l'objet de solution officielle, mais le raisonnement suivi par le juge fiscal consistant à n'admettre d'exonération que pour les indemnités de rupture expressément citées à l'article 80 duodecies du CGI devrait conduire à la soumettre à l'impôt sur le revenu dans la catégorie des salaires.

ATTENTION

La solution retenue par la Cour de cassation en matière d'**assujettissement** de l'indemnité pour violation du statut protecteur aux **cotisations sociales** pourrait être remise en cause par un arrêt de 2018 qui ne retient plus, comme critère d'assujettissement aux cotisations sociales, l'absence des indemnités versées à la rupture du contrat de travail dans la liste de l'article 80 duodecies du CGI : voir nº 64420.

ANNULATION DE L'AUTORISATION DE LICENCIEMENT

79700 Lorsque l'annulation de la décision administrative d'autorisation est devenue définitive, le salarié protégé a droit au paiement d'une indemnité correspondant à la totalité du préjudice subi au cours de la période qui s'est écoulée entre son licenciement et sa **réintégration** s'il l'a demandée dans les 2 mois de la notification de l'annulation ou à l'expiration de ce délai dans le cas contraire. Ce paiement s'accompagne du versement des **cotisations** afférentes à cette indemnité, qui constitue un complément de salaire (C. trav. art. L 2422-4), et des prélèvements dont l'assiette est alignée sur celle des cotisations de sécurité sociale.

Sur le **plan fiscal,** le régime de cette indemnité n'a, à notre connaissance, pas fait l'objet de solution particulière. Mais la qualification de complément de salaire retenue par l'article L 2422-4 du Code du travail devrait conduire à l'assujettir à l'impôt sur le revenu dans la catégorie des traitements et salaires.

ATTENTION

L'indemnité, ayant le caractère d'un complément de salaire, ouvre droit au paiement des congés payés afférents (Cass. soc. 6-4-2016 nº 14-13.484 FS-PB ; 1-12-2021 nº 19-25.715 FP-B).

CHAPITRE 5

REPRÉSENTANTS DE COMMERCE

SOMMAIRE

SECTION 1
DÉFINITION ET CATÉGORIES DE REPRÉSENTANTS 79800

SECTION 2
REPRÉSENTANTS STATUTAIRES 79920

I. Fixation du salaire 79920
A. Modes de rémunération possibles 79950
B. Commissions 80050
1. Acquisition des commissions 80120
2. Calcul des commissions 80160
C. Frais professionnels 80270
D. Rémunération minimale 80370
1. Smic 80390
2. Garantie conventionnelle 80430
II. Paiement et protection du salaire 80550
III. Situations affectant la paie en cours de contrat 80660
A. Congés 80660
1. Congés payés 80660
a. Indemnité de congés payés 80680
b. Majoration du taux des commissions 80780
c. Indemnité compensatrice de congés payés 80830
2. Autres congés, jours fériés 80900
B. Maladie, accident ou maternité 81000
1. Maintien de la rémunération 81050
2. Précisions diverses 81160
C. Modifications du contrat liées à des circonstances économiques 81260
D. Activité partielle 81400
IV. Cessation du contrat 81480
A. Préavis 81480
B. Sommes versées à la cessation du contrat 81650
1. Retour sur échantillonnages 81670
2. Indemnité de clientèle 81760
a. Conditions d'attribution 81780
b. Calcul et paiement 81880
c. Régime social 81980
3. Indemnités conventionnelles de rupture 82030
a. Indemnités prévues par l'ANI du 3-10-1975 82060
b. Indemnité prévue par la convention collective applicable dans l'entreprise 82210
4. Tableau récapitulatif 82300
C. Non-concurrence après la cessation du contrat 82530
V. Protection sociale 82660
A. Sécurité sociale 82680
B. CSG et CRDS 82900
C. Chômage 82950
D. Retraite complémentaire 83000
E. Prévoyance et frais de santé 83050

SECTION 3
REPRÉSENTANTS NON STATUTAIRES 83400

SECTION 4
RÉGIME FISCAL 83500
A. Impôt sur le revenu 83550
1. Indemnités de rupture de contrat 83580
2. Frais professionnels 83660
3. DSN 83700
B. Taxes et participations assises sur les salaires 83730

SECTION 1 DÉFINITION ET CATÉGORIES DE REPRÉSENTANTS

DÉFINITION

79800 En l'absence de définition légale, la **jurisprudence** définit l'activité de représentant de commerce comme celle consistant à prospecter la clientèle pour le compte d'une ou de plusieurs entreprises en vue de prendre des commandes. Cette notion regroupe plusieurs catégories d'intermédiaires entre le vendeur et les clients relevant de régimes juridiques distincts. Si l'on s'en tient aux seuls **salariés,** une distinction fondamentale s'impose entre représentants statutaires (ou VRP) et représentants non statutaires (ou représentants ordinaires), en particulier en matière de rémunération.

VRP (VOYAGEURS, REPRÉSENTANTS, PLACIERS)

79810 Le VRP fait l'objet d'un **statut légal particulier** codifié aux articles L 7311-1 et suivants du Code du travail. Pour en bénéficier, le représentant doit, cumulativement (C. trav. art. L 7311-3) :

– exercer l'**activité de représentant** de commerce, au sens indiqué nº 79800 ;

– exercer cette profession **à titre exclusif et constant** pour un ou plusieurs employeurs. Mais l'exercice d'activités accessoires est autorisé si ces activités s'effectuent pour le compte d'un ou de plusieurs employeurs dont le VRP assure la représentation de manière effective et habituelle ;

– ne pas réaliser d'**opérations commerciales personnelles** ;

– être lié à l'employeur par des **engagements portant sur des points précis,** à savoir : la nature des prestations de services ou des produits commercialisés, le champ de prospection (région dans laquelle est exercée l'activité de VRP ou catégories de clients à visiter) et le taux des rémunérations.

79820 **Particularités du statut** Le statut de VRP est d'**ordre public.** Toute convention ayant pour objet d'éluder son application est nulle (C. trav. art. L 7313-4).

Dès lors, le représentant exerçant **en fait** son activité dans les conditions requises bénéficie du statut, quelle que soit la qualification donnée au contrat (Cass. soc. 13-12-1979 nº 78-12.448 P ; 17-12-1992 nº 90-21.788 D ; 25-9-2013 nº 12-19.844 F-D).

L'**absence d'une seule des conditions** visées nº 79810 suffit à écarter l'application du statut. Mais le **contrat de travail** peut conférer à un salarié la qualité de VRP, avec les avantages qui y sont attachés (Cass. soc. 19-3-1969 nº 68-40.105 ; 13-6-2012 nº 10-27.689 F-D), sous réserve que le salarié concerné en tire un avantage par rapport au droit commun (Cass. soc. 17-12-2002 nº 00-44.375 FS-P).

ATTENTION

La reconnaissance d'un **droit à l'indemnité de clientèle** dans le **contrat de travail** suffit à conférer au représentant la qualité de VRP, même si toutes les conditions prescrites pour l'application de ce statut ne sont pas réunies (Cass. soc. 13-4-1967 nº 65-40.314 P).

79830 **Dispositions légales et conventionnelles applicables** L'application du statut confère au représentant la qualité de **salarié.** Il est alors lié à l'entreprise par un contrat de travail et peut se prévaloir non seulement des garanties prévues par le statut mais aussi de l'ensemble des dispositions du Code du travail, sous réserve des adaptations rendues nécessaires par la nature de son activité.

En principe, il ne bénéficie pas de la **convention collective de branche** dont relève l'entreprise qui l'emploie (Cass. soc. 21-12-1964 nº 64-40.232 P ; 19-2-1992 nº 88-41.106 P), même si elle est mentionnée sur ses bulletins de paie (Cass. soc. 10-3-2004 nº 02-40.668 FS-PBRI). Par exception, il peut se prévaloir, le cas échéant, des **dispositions** ou annexes qui lui sont **expressément applicables** (Cass. soc. 19-2-1992 nº 88-41.106 P ; 10-3-2004 nº 02-40.668 FS-PBRI ; 8-6-2011 nº 09-41.000 FS-PB). Sur le point de savoir si le VRP peut prétendre à l'indemnité de licenciement ou de mise à la retraite prévue par la convention collective applicable à l'entreprise, voir toutefois nº 82210.

Il relève en tout état de cause d'accords particuliers :
– **ANI du 3-10-1975** (couramment appelé « la convention collective des VRP ») ;
– **ANI du 22-6-1970** sur la sécurité de l'emploi comportant certaines garanties en matière de rémunération en cas de modification du contrat pour raisons économiques (nos 81260 s.).
Toutefois, si un **accord d'entreprise,** d'établissement ou de groupe est conclu, ses clauses priment, en principe, sur celles des ANI précités ou de la convention de branche dont relève, le cas échéant, l'employeur du VRP : voir nos 965 s.

› Précisions a. Étendues et élargies, les dispositions de l'**ANI du 3-10-1975** et de la plupart de ses avenants s'appliquent à tous les employeurs, y compris à ceux relevant des **professions agricoles.** Toutefois, elles ne s'appliquent pas aux VRP des **agents immobiliers et mandataires en vente de fonds de commerce** qui relèvent d'une convention collective spécifique (CE 17-1-1986 nos 55717 et 57404 ; Cass. soc. 30-9-2020 no 18-18.266 FS-PB).
L'avenant no 3 du 12-1-1982 a rendu l'ANI applicable aux VRP de la **vente** et du **service à domicile,** sous réserve d'une adaptation du dispositif de ressource minimale (nos 80470 s.). Cet avenant n'étant ni étendu ni élargi, l'ANI ne s'applique, avec cette adaptation, qu'aux entreprises membres de la Fédération de la vente directe, ainsi qu'à celles membres d'un syndicat patronal adhérant au Medef et ne s'étant pas exclu de l'ANI.
b. L'**ANI du 22-6-1970** sur la sécurité de l'emploi et son avenant du 20-3-1975 n'ayant pas été étendus, ils ne s'appliquent qu'aux entreprises membres des syndicats patronaux adhérant au Medef (à l'exception de celles qui relèvent de la Fédération de la maroquinerie). Ils concernent tous les représentants de commerce salariés, statutaires ou non, sous réserve des articles 9 et 10 applicables aux seuls VRP.

REPRÉSENTANTS « ORDINAIRES » OU DE DROIT COMMUN

Lorsqu'il ne remplit pas toutes les conditions du statut légal, le représentant a la qualité de **salarié** s'il existe avec l'entreprise qu'il représente un lien de subordination : c'est alors un représentant salarié de droit commun. Sa situation est examinée no 83400. **79840**
Sur l'application de tout ou partie du **statut légal** par **voie contractuelle,** voir no 79820.

SECTION 2 REPRÉSENTANTS STATUTAIRES

I. FIXATION DU SALAIRE

L'existence d'une clause contractuelle fixant le **taux** des rémunérations du VRP est l'une des conditions d'application du statut (no 79810). La fixation de la rémunération relève donc du libre accord du VRP et de ses employeurs (ANI du 3-10-1975 art. 5, al. 1). Cette liberté est néanmoins encadrée. **79920**
La réglementation de la **durée de travail** n'est pas applicable au VRP, sauf dans les cas exceptionnels où il serait soumis à un horaire contrôlable (Cass. soc. 3-7-2019 nos 17-23.659 et 17-22.480 F-D ; Circ. DRT 94-4 du 21-4-1994 et circ. 2000-03 du 3-3-2000). Pour des exemples, voir no 80390. Il ne peut donc pas prétendre à la rémunération des **heures supplémentaires,** sauf si la convention collective dont relève l'entreprise le prévoit expressément (Cass. soc. 8-6-2011 no 09-41.000 FS-PB).

A. Modes de rémunération possibles

La rémunération du VRP peut être constituée, au **choix** des parties, soit entièrement par des commissions (qui représentent un pourcentage du chiffre d'affaires réalisé par le VRP), soit exclusivement par un salaire fixe (qui est une rémunération indépendante du chiffre d'affaires réalisé par le VRP), soit par un salaire fixe et des commissions. Toutes ces formules sont compatibles avec le statut. **79950**
Le **salaire fixe** doit être distingué de la **rémunération minimale** étudiée nos 80370 s. Lorsqu'il est payé uniquement au fixe, le VRP n'a **pas droit** à l'indemnité de clientèle (no 81830), aux commissions de retour sur échantillonnages (no 81670) et aux indemnités spéciales de rupture (no 82100) ou de mise à la retraite (no 82160) prévues par l'ANI du 3-10-1975.

Le cas du VRP rémunéré par un **salaire fixe et** des **commissions** doit être distingué de celui du VRP payé à la commission auquel son employeur verse régulièrement une somme fixe. Dans le premier cas, le salaire fixe est définitivement acquis au VRP. Dans le second, au contraire, les versements fixes constituent de simples **avances sur commissions** à venir. Cette distinction présente un intérêt particulier lorsque le VRP **quitte l'entreprise** : le VRP à qui est appliqué un système d'avances sur commissions doit alors rembourser l'excédent éventuel (Cass. soc. 12-6-1963 nº 61-40.424 P ; 13-1-1988 nº 86-41.756 D).

ATTENTION

Les **avances sur commissions** donnent lieu périodiquement à **régularisation** en fonction du chiffre d'affaires réalisé. En l'absence de régularisation depuis le début du contrat de travail, il faut considérer que les parties ont décidé de transformer l'avance initialement convenue en un versement fixe définitivement acquis au VRP, quel que soit le volume de ses ventes (Cass. soc. 15-10-2002 nº 00-42.364 FS-P).

B. Commissions

80050 En principe, les commissions sont dues sur les ordres transmis par le VRP lui-même. Il s'agit, alors, de **commissions sur ordres directs.**

Elles peuvent aussi être dues sur les **ordres indirects** (commandes transmises par les clients à l'employeur sans passer par le VRP) si le **contrat** de travail ou les **usages** le prévoient, ce que le VRP doit prouver en cas de litige (Cass. soc. 29-5-1962 nº 61-40.488 ; 15-11-1988 nº 85-42.543 P). Dans le cas de **marchés sur appel d'offres,** le VRP qui prétend à des commissions sur les marchés réalisés dans son secteur doit prouver l'existence d'un accord ou usage établissant ce droit. Son rôle dans l'attribution de ceux-ci à l'employeur est inopérant (Cass. ass. plén. 26-2-1988 nº 85-40.034 P ; Cass. soc. 29-1-2002 nº 99-44.323 FS-P). Lorsqu'il existe, le droit à commissions sur ordres indirects ne s'étend pas aux affaires traitées directement par l'employeur avec des clients situés **hors du secteur** de l'intéressé (Cass. soc. 30-5-1990 nº 87-40.485 P).

Sur la prise en compte des commissions dans la rémunération des **heures de délégation** des VRP exerçant un mandat de représentant du personnel, voir nº 79170.

1. ACQUISITION DES COMMISSIONS

80120 Sauf clause de bonne fin subordonnant le droit à commissions à l'exécution de la commande et à l'encaissement du prix (nºs 58190 s.), ce droit est acquis au VRP dès que la commande est **prise** par celui-ci et **acceptée** par l'employeur, même si elle n'est pas exécutée ou réglée (Cass. soc. 2-11-1950 nº 637 ; 25-3-2009 nº 07-43.587 F-D).

Il est fait exception à cette règle lorsque l'inexécution résulte :

– de **fautes commises par le VRP** dans l'accomplissement de son travail, par exemple : passation de commandes imprécises ou inexactes sur le prix et le format des articles (Cass. soc. 2-11-1950 nº 637 P), acceptation de délais de livraison trop courts malgré les instructions réitérées de l'employeur (Cass. soc. 17-3-1960 nº 58-40.502 P) ;

– d'un cas de **force majeure** qu'il incombe à l'employeur d'établir (Cass. soc. 4-1-1979 nº 77-40.718 P).

ATTENTION

L'annulation, par l'**employeur,** de commandes ne provenant pas de clients douteux ou n'apparaissant pas inacceptables peut constituer un **abus** de sa part, l'obligeant à payer les commissions sur ces dernières en dépit de la clause subordonnant le paiement des commissions à l'acceptation des commandes par l'entreprise (Cass. soc. 29-10-2002 nº 00-45.966 F-D).

2. CALCUL DES COMMISSIONS

ASSIETTE

80160 Les modalités de calcul des commissions sont librement **fixées** par l'employeur et le VRP.

Sauf clause contraire dans le contrat de travail, elles se calculent sur le **prix facturé** au client sans qu'il y ait à déduire les **taxes,** TVA en particulier (Cass. soc. 20-5-1998 nº 95-41.169 P), ou d'éventuels **frais de pose** (Cass. soc. 11-6-1969 nº 68-40.418 P) ou **de vente** (Cass. soc. 20-3-1968 nº 67-40.145 P).

En revanche, si le contrat stipule, sans autre précision, que la commission se calcule sur le **montant net** des commandes, il faut entendre le montant après déduction des taxes (Cass. soc. 1-7-1964 n° 63-40.721 P). Est licite la clause stipulant que les commissions versées au VRP sont calculées en fonction du chiffre d'affaires net résultant des commandes passées par son intermédiaire et que les **remises** consenties par l'employeur aux clients sont déduites du montant des commissions (Cass. soc. 5-3-2014 n° 12-25.035 FS-D).

Sur la possibilité de prévoir une rémunération variable assise sur une marge nette hors **cotisations patronales,** voir n° 57800.

> Précisions **a.** En cas de litige entre le VRP et son employeur, lorsque ce dernier a, par **erreur,** calculé pendant plusieurs années le montant des commissions sur une **base différente de celle prévue au contrat,** la jurisprudence se prononce en fonction des circonstances. Il a ainsi été jugé que le simple fait qu'une société ait calculé les commissions sur le chiffre d'affaires taxes comprises n'est pas suffisant pour en déduire que les parties ont entendu réviser par un accord verbal leurs conventions écrites initiales selon lesquelles les commissions étaient calculées sur le montant net des ordres donnés à la clientèle (Cass. soc. 1-7-1964 n° 63-40.721 P).

b. Une **clause contractuelle d'arrêtés de comptes périodiques** de commissions, qui concrétise l'accord définitif des parties sur le montant des commissions versées, est licite dès lors qu'elle permet au VRP de présenter ses observations. Tel est le cas si elle prévoit que les comptes de commissions sont arrêtés le dernier jour de chaque trimestre, qu'un relevé trimestriel est remis au salarié dans le courant du mois suivant et qu'un délai d'un mois suivant la réception du relevé est laissé au VRP pour présenter ses observations, le défaut d'observations dans ce délai étant considéré comme un accord valant arrêté de comptes (Cass. soc. 30-9-2003 n° 01-42.819 FS-P).

TAUX

Le taux des commissions est fixé par les parties. Il peut être **identique** pour toutes les affaires ou **variable** selon les catégories de commandes ou de clients (sur ce dernier point : Cass. soc. 17-10-1979 n° 78-40.160). Il peut être exprimé en **pourcentage** du montant des ventes réalisées par le VRP ou **en euros** par article vendu. 80190

Le taux des commissions peut être fixé de telle sorte qu'elles couvrent la **rémunération proprement dite** de l'activité du VRP, mais aussi d'autres éléments tels que les **frais professionnels** (voir n° 80280) et l'indemnité de **congés payés** (voir n°s 80780 s.). Ces indemnités ne sont alors pas versées distinctement, mais sont acquittées lors de chaque versement de commissions sous forme d'une majoration de celles-ci.

Le taux des commissions peut être **modifié en cours de contrat** avec l'accord du VRP, que l'employeur a intérêt à formaliser dans un **avenant.** La modification du taux de commissions imposée au VRP malgré son **refus** ne l'autorise à **prendre acte de la rupture** de son contrat de travail aux torts de l'employeur que si elle constitue un manquement suffisamment grave pour empêcher la poursuite du contrat (sur cette notion, voir n° 4555, b).

> Précisions **a.** Sauf accord ultérieur des parties sur ce point, le taux de commissions prévu dans le contrat de travail doit s'appliquer aussi aux **produits nouveaux,** non encore en vente à la date de signature de ce contrat, dès lors qu'il ne prévoit aucune exception à l'application de ce taux, ni pour les produits futurs, ni pour telle catégorie de produits, et que le VRP est pour son secteur le représentant exclusif de l'entreprise (Cass. soc. 28-6-1958 n° 5260).

b. La seule poursuite de son travail par le salarié ne suffit pas à établir son **accord tacite à la modification** proposée. Ce principe de portée générale (n° 4640) vaut pour les VRP (Cass. soc. 25-5-1989 n° 86-42.867 P ; 13-3-1996 n° 92-42.672 D). Mais, le fait que l'employeur ait, pendant plusieurs années, appliqué dans la majeure partie des affaires des taux de commissions supérieurs à ceux prévus par le contrat écrit établit que les parties étaient d'accord pour modifier ces taux (Cass. soc. 5-10-1983 n° 80-42.106).

C. Frais professionnels

L'employeur doit prendre à sa charge les frais professionnels exposés par le VRP. Cette prise en charge s'effectue, au choix des parties : 80270

– soit par une indemnisation versée en sus des commissions (allocation forfaitaire ou remboursement de frais réels sur justificatifs) ;

– soit par son inclusion dans les commissions pour un montant forfaitaire fixé à l'avance, à condition que la rémunération du travail proprement dite reste au moins égale au minimum conventionnel ou, à défaut, au Smic pour les VRP qui en bénéficient.

ATTENTION

Dans le **silence du contrat de travail,** la rémunération est présumée ne pas inclure d'indemnisation de frais (Cass. soc. 9-7-2008 n° 06-44.240 FS-P ; 12-12-2012 n° 11-25.241 F-D). Ceux-ci doivent donc être remboursés en sus.

INCLUSION DES FRAIS PROFESSIONNELS DANS LES COMMISSIONS

80280 Les frais professionnels inclus dans les commissions ne sont pas indemnisés séparément : le taux des commissions est fixé en tenant compte de leur existence.

N'ayant pas le caractère de salaire, les sommes versées au titre des frais professionnels doivent être exclues de la base de calcul de certaines indemnités : indemnités de **congés payés** (n° 80740), indemnité compensatrice de **préavis** (n° 81530), indemnités de **rupture** (n°s 81650 s.).

La **part des commissions correspondant aux frais** professionnels n'est pas fixée par les textes. Elle peut être prévue soit par accord des parties soit, en cas de litige, par les tribunaux.

› Précisions **a.** Les juges retiennent généralement le taux de **30 %,** qui correspond au taux de la déduction forfaitaire spécifique pour frais professionnels pratiquée pour le calcul des cotisations de sécurité sociale (n° 82700). Ce taux peut être inférieur si le VRP prouve que l'importance réelle de ses frais de représentation ne correspond pas à une dépense égale à 30 % de ses commissions (Cass. soc. 19-2-1959 n° 5763 P ; 22-5-1964 n° 63-40.004 ; CA Aix-en-Provence 27-6-1995 n° 92-1984).

b. Sur l'incidence de l'inclusion des frais professionnels dans les commissions, au regard de la détermination de la **ressource minimale garantie** due à certains VRP, voir n° 80460.

c. La fourniture d'un véhicule de société, substituée à l'inclusion des frais professionnels dans les commissions dues au VRP, est un **avantage en nature** et sa suppression une sanction pécuniaire prohibée (Cass. soc. 12-12-2000 n° 98-44.760 FS-P).

REMBOURSEMENTS SUR JUSTIFICATIFS

80310 L'employeur rembourse au VRP les frais d'**hôtel,** de **repas** et de **déplacement** sur présentation des factures.

Le VRP qui **utilise sa voiture personnelle** pour ses tournées et se fait rembourser la dépense correspondante par son employeur au moyen d'indemnités kilométriques ne peut prétendre à l'indemnisation de l'intégralité du kilométrage enregistré par sa voiture que s'il établit que ce kilométrage correspond exclusivement à des déplacements effectués pour le compte de son employeur (Cass. soc. 25-4-1984 n° 81-42.634 P).

D. Rémunération minimale

80370 Pour la Cour de cassation, le **Smic** ne s'applique pas aux salariés dont l'horaire de travail ne peut pas être connu de manière précise, ce qui peut la conduire à en refuser le bénéfice aux VRP (n° 80390).

Ceux-ci ne sont pas pour autant dépourvus de toute garantie. Le contrat de travail peut leur garantir un minimum de **commissions** (n° 79950). Les VRP exclusifs peuvent aussi bénéficier d'une **garantie conventionnelle** sous la forme d'une ressource minimale forfaitaire (n°s 80430 s.).

1. SMIC

80390 Étant dû par heure de travail effectif et non d'après la durée légale hebdomadaire du travail, le Smic n'est pas applicable aux salariés employés à la prospection de la clientèle à l'extérieur de l'entreprise, qu'ils soient VRP ou non, auxquels **aucune durée de travail** n'est imposée et qui sont libres d'organiser leur activité à leur gré (Cass. soc. 10-11-1993 n° 89-42.513 P ; 16-7-1997 n°s 94-40.780 D et 94-40.781 D).

En revanche, il s'applique aux représentants soumis à un **horaire de travail déterminé** (Cass. soc. 3-7-1996 n° 92-43.159 D ; 14-12-2005 n° 03-47.223 F-D), **statutaires ou non** et quel que soit le mode de calcul de leur rémunération (Cass. soc. 3-5-1972 n° 71-10.611 P).

ILLUSTRATIONS

Le bénéfice du Smic a été ainsi **reconnu à** :
– des salariés employés par une société d'électroménager à la prospection de clientèle en porte-à-porte qui devaient se rendre au magasin chaque jour à 9 h, pour être formés en équipes et transportés sur les lieux de prospection où le chef d'équipe répartissait entre eux les rues à visiter

et qui, après une interruption pour le déjeuner, reprenaient leur travail de la même façon tout l'après-midi (Cass. soc. 3-5-1972 nº 71-10.611 P) ;
– un représentant monocarte soumis à un horaire déterminé (Cass. soc. 22-5-1996 nº 95-40.200 P) ;
– un représentant faisant partie d'une équipe encadrée par un responsable régional qui devait rejoindre chaque matin l'équipe de vente où il recevait une formation puis était conduit sur les lieux de son travail où il travaillait jusqu'à 22 h et plus (Cass. soc. 3-7-1996 nº 92-43.159 D).

2. GARANTIE CONVENTIONNELLE

CAS GÉNÉRAL

Le VRP exclusif (au sens indiqué nº 80440) a droit, au titre de **chaque trimestre** d'emploi à plein temps, à une ressource minimale forfaitaire qui, déduction faite des frais professionnels, ne peut **pas être inférieure à** 520 fois le taux horaire du Smic, le taux applicable étant celui en vigueur à la fin du dernier mois échu pris en compte à chaque paiement. Cette ressource minimale trimestrielle est **réduite** à due concurrence si le contrat de travail débute ou prend fin au cours d'un trimestre, ou en cas de suspension temporaire d'activité du VRP au cours de ce trimestre (ANI du 3-10-1975 art. 5). 80430

Le complément de salaire versé par l'employeur est **à valoir** sur les rémunérations contractuelles échues au cours des 3 trimestres suivants et ne peut être déduit qu'à concurrence de la seule partie de ces rémunérations excédant la ressource minimale ainsi prévue (ANI du 3-10-1975 art. 5). Mais **attention,** si l'employeur ne verse pas effectivement chaque trimestre la ressource minimale, il ne peut pas opérer cette déduction (Cass. soc. 30-11-2004 nº 03-44.635 FS-PBRI ; 28-2-2006 nº 03-47.880 F-PB, solution également applicable, selon nous, aux VRP exclusifs réalisant des ventes à domicile).

EXEMPLE

Soit un VRP exclusif rémunéré chaque mois par un salaire fixe de 500 € auquel s'ajoutent des commissions. En 2023, la rémunération minimale conventionnelle s'élève à 520 × 11,27 € = 5 860,40 €.

Durant le 1er trimestre 2023, le VRP perçoit 1 000 € de commissions, soit une rémunération totale de (500 € × 3) + 1 000 € = 2 500 €. Il devra donc percevoir un complément de rémunération de 5 860,40 € – 2 500 € = 3 360,40 €.

Si, lors du 2e trimestre 2023, le VRP perçoit une rémunération totale de 6 500 €, dont 5 000 € de commissions, soit 639,60 € au-dessus du minimum conventionnel, l'employeur pourra récupérer le complément de salaire versé au 1er trimestre en deux temps : 639,60 € sur le 2e trimestre, et 3 360,40 – 639,60 € = 2 720,80 € sur le 3e trimestre sous réserve que, durant ce trimestre, le VRP perçoive une rémunération au moins égale à 5 860,40 € + 2 720,80 € = 8 581,20 €.

Salariés concernés La rémunération minimale conventionnelle concerne les seuls VRP bénéficiant de l'**ANI du 3-10-1975** (nº 79830) qui sont engagés à titre **exclusif** par un seul employeur. Le caractère exclusif de l'engagement du VRP s'apprécie au regard des **dispositions contractuelles** (Cass. soc. 8-2-2023 nºs 20-10.515 et 20-23.661 FS-B). La rémunération minimale s'applique sans condition d'**ancienneté** et est due dès le début de la **période d'essai** (Cass. soc. 5-5-1999 nº 97-40.443 D). S'agissant des vendeurs à domicile, voir toutefois nº 80470. 80440

› Précisions a. La rémunération minimale est due si le contrat de travail du VRP comporte une **clause** lui imposant de travailler exclusivement pour son employeur et lui **interdisant** de représenter toute autre société ou d'effectuer toute opération pour son compte ou pour celui d'un tiers sans autorisation préalable (Cass. soc. 9-7-2003 nº 01-43.116 FS-PB). A l'inverse, si le contrat de travail ne comporte pas de clause d'exclusivité et **autorise** le VRP à travailler pour un **autre employeur,** la rémunération minimale n'est pas due (Cass. soc. 25-3-2010 nº 08-43.156 F-P ; 8-2-2023 nº 20-10.515 FS-B précité). Peu importe que l'intéressé n'ait pas exercé ce droit (Cass. soc. 23-9-2003 nº 01-43.636 FS-P ; 19-3-2014 nº 12-28.441 F-D), le juge n'ayant pas à rechercher les **conditions effectives** d'exercice de l'activité du VRP (Cass. soc. 21-6-2018 nº 17-16.560 F-D).
La rémunération minimale s'applique sans condition d'**ancienneté** et est due dès le début de la **période d'essai** (Cass. soc. 5-5-1999 nº 97-40.443 D). S'agissant des vendeurs à domicile, voir toutefois nº 80470.
b. L'article 5 de l'ANI du 3-10-1975 précise que la rémunération minimale conventionnelle n'est due que pour chaque trimestre d'emploi à **temps plein.** Mais la jurisprudence prive cette clause de portée en décidant qu'un VRP exclusif ne peut pas se voir imposer de travailler à **temps partiel** et a droit à la rémunération minimale (Cass. soc. 11-7-2000 nº 98-40.143 FS-PF ; 11-5-2005 nº 03-40.837 F-PB), la diminution de cette rémunération sous le prétexte d'une **activité** réduite constituant une **sanction pécuniaire** illicite (Cass. soc. 11-6-2003 nº 01-43.586 F-D ; 13-12-2006 nº 05-40.969 FS-PB).

80460 **Ressource minimale garantie et frais professionnels** La ressource minimale garantie ayant un caractère de salaire, le VRP peut prétendre, en sus, au **remboursement** de ses **frais** professionnels soit réels, soit calculés forfaitairement par rapport à cette ressource minimale (Cass. ass. plén. 2-5-1997 n° 94-42.521 P ; Cass. soc. 3-1-2005 n° 03-46.979 F-D).

Lorsque les frais professionnels évalués forfaitairement sont **inclus dans les commissions** du VRP, la comparaison entre sa rémunération et la ressource minimale garantie doit s'effectuer sur une base garantissant la perception d'une rémunération minimale nette de frais effectivement égale à 520 fois le Smic horaire. Autrement dit, la rémunération minimale, nette de frais professionnels, doit, aux fins de comparaison avec une somme incluant les remboursements des frais professionnels, être majorée pour tenir compte des frais professionnels, évalués comme indiqué n° 80280, a.

Pour l'articulation entre remboursement de frais et application de la **déduction forfaitaire spécifique** en ce qui concerne les VRP, voir notre **modèle** de bulletin de paie n° 95220.

EXEMPLES

1. Soit un VRP exclusif rémunéré seulement à la commission ayant acquis, au cours du 1er trimestre 2023, un droit à commissions de 3 287 €. Ses frais professionnels remboursés par l'employeur sur justificatifs sont de 1 067 €.

La rémunération minimale pour le trimestre considéré est égale à 520 × 11,27 € = 5 860,40 €. Le complément de commissions à la charge de l'employeur est égal à 5 860,40 € – 3 287 € = 2 573,40 €.

2. En supposant que les frais professionnels, évalués à 30 % des commissions, sont inclus dans ces dernières, le complément à verser au salarié sera déterminé comme suit.

Le minimum à comparer avec les rémunérations du VRP sera de : 5 860,40 × 100/70 = 8 372 €.

Dans notre hypothèse, le complément à verser au salarié sera égal à 8 372 € – 3 287 € = 5 085 €.

Ce montant correspond, par ailleurs, à la somme des 2 différences suivantes :

– garantie conventionnelle nette de frais – rémunération nette de frais du VRP, soit 5 860,40 € – (3 287 × 70 %) = 3 559,50 € ;

– remboursement de frais calculés par rapport à la rémunération minimale [8 372 € × 30 %] – remboursement de frais calculés sur les commissions perçues [3 287 € × 30 %], soit 2 511,60 € – 986,10 € = 1 525,50 €.

VENDEURS À DOMICILE

80470 **Salariés concernés** Le VRP engagé à titre exclusif par un seul employeur (au sens indiqué n° 80440) réalisant des ventes à domicile a droit, au titre de chaque trimestre d'emploi à plein temps (au sens défini n° 80440), à une ressource minimale forfaitaire soumise à des règles particulières prévues par l'article 5-1 de l'ANI du 3-10-1975 issu de l'avenant n° 3 du 12-1-1982. Sur leur champ d'application, voir n° 79830.

Toutefois, un vendeur à domicile n'ayant pas été **employé pendant le délai minimal** d'un mois prévu par l'ANI des VRP ne peut pas y prétendre (Cass. soc. 11-10-1990 n° 87-41.103 P ; 10-11-1993 n° 89-42.513 P).

80480 **Calcul** Pour les **3 premiers mois d'emploi** à plein temps, la ressource minimale forfaitaire ne peut pas, déduction faite des frais professionnels, être inférieure à **390 fois le taux horaire du Smic,** le taux applicable étant celui en vigueur à la fin du dernier mois échu pris en compte à l'échéance.

En cas de **rupture** au cours de ce premier trimestre, elle ne peut pas être inférieure à :

– 80 fois le Smic horaire au VRP présent dans l'entreprise à l'issue du premier mois d'emploi à plein temps ;

– 220 fois le Smic horaire au VRP présent dans l'entreprise à l'issue du deuxième mois d'emploi à plein temps ;

– 390 fois le Smic horaire au VRP présent dans l'entreprise à l'issue du troisième mois d'emploi à plein temps.

À partir du **deuxième trimestre d'emploi** à plein temps, elle ne peut pas être inférieure, déduction faite des frais professionnels, à **520 fois le Smic horaire,** le taux applicable étant celui en vigueur à la fin du dernier mois échu pris en compte à chaque paiement.

Elle est **réduite** à due concurrence lorsque le contrat de travail a débuté ou pris fin au cours d'un trimestre, ou en cas de suspension temporaire d'activité d'un VRP au cours de ce trimestre, ou, lorsque tout ou partie de ce trimestre correspond à une période normale d'inactivité du VRP, appréciée compte tenu de la variabilité des périodes de vente de l'entreprise.

Le complément de salaire versé par l'employeur à partir du deuxième trimestre est **à valoir** sur les rémunérations contractuelles échues au cours des 3 trimestres suivants et ne peut être déduit qu'à concurrence de la seule partie de ces rémunérations excédant la ressource minimale. Sur la possibilité pour l'employeur d'opérer cette déduction lorsqu'il ne verse pas chaque trimestre la ressource minimale, voir n° 80430.

À notre sens, les **modalités d'application** du minimum exposées n° 80460 sont transposables à cette ressource minimale.

II. PAIEMENT ET PROTECTION DU SALAIRE

S'agissant du paiement et de la protection des salaires, le VRP est soumis au même régime 80550
que l'ensemble des salariés (n°s 11500 s.) sous réserve des particularités ci-après.

Les dispositions de droit commun relatives au **bulletin de paie** (nos 12900 s.) étant applicables, celui-ci doit faire état du salaire fixe et des commissions : voir n° 13490. Pour des **modèles** de bulletins de paie, voir nos 95210 s.

S'agissant de la validité des clauses d'**arrêtés de comptes périodiques** de commissions, voir n° 80160, b.

PÉRIODICITÉ

Lorsqu'un **salaire fixe** est versé au VRP, il doit l'être aux époques prévues par le contrat de 80560
travail et, en tout état de cause, au moins une fois par mois (C. trav. art. L 3242-1).

Les **commissions** doivent être payées au moins tous les **3 mois** (C. trav. art. L 7313-7) mais les parties peuvent convenir d'une périodicité plus courte.

ATTENTION

Si le VRP le demande, l'employeur doit lui verser des **acomptes mensuels.** Ceux-ci sont exclusivement fonction des commissions effectivement dues au titre du trimestre en cours (ANI du 3-10-1975 art. 5-2).

En cas de litige, c'est à l'employeur d'établir qu'il a **effectivement payé** au VRP les commissions dues (Cass. soc. 25-6-1969 n° 68-40.263 P).

PRESCRIPTION ET PRIVILÈGES

La **prescription** prévue en matière salariale (nos 15900 s.) s'applique aux rémunérations du 80580
VRP, y compris aux commissions (Cass. soc. 14-11-1963 n° 62-40.973 P ; 28-3-1966 n° 65-40.142 P).

Comme tous les salariés, le VRP bénéficie d'un **privilège** ordinaire pour ses rémunérations des 6 derniers mois et, en cas de procédure collective de son employeur, d'un superprivilège qui, dans son cas, porte sur les rémunérations de toute nature dues au titre des 90 derniers jours de travail (C. trav. art. L 7313-8).

III. SITUATIONS AFFECTANT LA PAIE EN COURS DE CONTRAT

A. Congés

1. CONGÉS PAYÉS

L'indemnisation de la période de congés payés pris par le VRP revêt un certain nombre de 80660
particularités liées à la spécificité de son mode de rémunération.

Celle-ci peut être effectuée au **choix des parties** :

– soit, comme pour les autres salariés, par le versement d'une indemnité de congés payés, mais le calcul de cette indemnité obéit à des règles particulières ;

– soit par une majoration du taux des commissions.

Enfin, comme tous les salariés, le VRP a droit, lors de la rupture de son contrat de travail, à une indemnité compensatrice de congés payés (n° 80830), sous réserve de règles spécifiques.

Pour les mentions à porter sur le **bulletin de paie,** identiques à celles prévues pour la plupart des salariés, voir nos 60000 s.

a. Indemnité de congés payés

MODE DE CALCUL

80680 Pendant ses congés, le VRP a droit à la **rémunération moyenne** reçue pour une période de même durée dans l'année qui les a précédés (C. trav. art. D 7313-1), à laquelle s'ajoutent d'éventuelles commissions résultant de son activité antérieure (nos 80700 s.).

Pour l'administration, il convient de retenir la **règle du « dixième »** précisée no 59460 pour le calcul de l'indemnité de congés payés. Le VRP peut ainsi prétendre à une indemnité égale au dixième de la rémunération totale qu'il a acquise entre le 1er juin de l'année précédente et le 31 mai de l'année en cours, sans que puissent être déduites les **commissions** arrivant à échéance au cours de la période de congé, et sans que l'on puisse considérer qu'il y a **compensation** entre l'indemnité de congés payés et ces commissions dans quelque mesure que ce soit (Rép. Sempé : Sén. 27-10-1965 no 5392). Cette interprétation présente un avantage pratique : elle permet de calculer une indemnité globale annuelle de congés payés dont le montant, au moment des congés, est **proratisé** en fonction du nombre de jours effectivement pris.

L'indemnité est calculée proportionnellement aux rémunérations perçues par le VRP pendant la période de référence, quelle que soit la **durée du temps de travail** accomplie. Ainsi, une entreprise doit calculer l'indemnité de congés payés due à son VRP sur toutes les commissions qu'elle lui a versées pendant l'année précédant le congé, même s'il ne travaille pour elle que 3 mois par an (Cass. soc. 6-3-1963 no 62-40.006 P).

Les modalités de calcul de l'**indemnité journalière** de congés payés présentées nos 59370 s. valent pour les VRP. Voir aussi l'exemple donné no 80750.

> **Précisions** **a.** Pour les VRP rémunérés à la fois par un **salaire fixe** et des **commissions,** la base de calcul de l'indemnité de congés payés comprend le salaire fixe et les commissions (Cass. soc. 25-10-1967 no 66-40.593 P). Si le VRP n'a reçu que le salaire fixe pendant son congé, il a donc droit à un complément d'indemnité au titre des commissions (Cass. soc. 25-10-1967 no 66-40.593 P ; 18-3-1975 no 74-40.021 P).
> **b.** Aux éléments de rémunération précités peuvent s'ajouter les **primes** versées en contrepartie du travail éventuellement prévues par le contrat de travail (par exemple, prime d'objectif : voir en ce sens no 59520). Sur le calcul de l'indemnité de congés payés du VRP dont les commissions incluent le 13e mois, voir no 59610.

COMMISSIONS SUR ORDRES ANTÉRIEURS AU CONGÉ

80700 En droit commun, le salarié ne peut pas cumuler son salaire avec une indemnité de congés payés. Le VRP est placé à cet égard dans une situation particulière, car il se peut qu'il prenne son congé payé alors qu'il n'a pas encore perçu la totalité des commissions qui lui sont dues au titre des périodes antérieures. C'est pourquoi il est prévu que l'allocation de l'indemnité de congés payés ne doit pas entraîner de réduction du montant des commissions auxquelles il a droit, dans les conditions prévues à son contrat, en raison de son **activité antérieure à son départ en congé** (C. trav. art. D 7313-1).

Pour considérer qu'un VRP a bien reçu l'indemnité de congés payés à laquelle il a droit, il ne suffit donc pas de constater que des commissions au moins égales au dixième de la rémunération annuelle de base lui ont été versées pendant son congé. Il faut aussi vérifier que ces commissions ne se rapportent pas uniquement à des ordres provenant de son activité antérieure (Cass. soc. 4-7-1966 no 65-40.291 P) car si tel est le cas, une indemnité de congés payés doit lui être versée en sus.

COMMISSIONS SUR ORDRES INDIRECTS

80710 **Inclusion dans la base de calcul de l'indemnité de congés payés** Si le VRP perçoit des commissions indirectes, les commissions afférentes aux ordres passés directement à l'entreprise par sa clientèle pendant son congé doivent entrer dans la **rémunération annuelle servant de base** à son indemnité de congés payés si ces ordres peuvent être considérés comme résultant de l'**activité** qu'il a **déployée avant son congé** (Cass. soc. 6-11-1968 no 67-40.594 P ; 20-12-2017 no 16-19.149 F-D).

Ce principe s'applique que le VRP soit rémunéré exclusivement à la commission ou à la fois par un fixe et à la commission (Cass. soc. 28-10-1963 no 61-40.573 P).

> ATTENTION
> Si le VRP n'a **pas** été **remplacé** pendant son congé, la jurisprudence paraît présumer que tout ordre en provenance de son secteur ou de sa clientèle passé directement à l'entreprise pendant son congé résulte de son activité antérieure (Cass. soc. 3-3-1971 no 70-40.038 P ; 9-10-1968 no 68-40.040 FS-P).

80720 **Versement pendant le congé** Le VRP rémunéré par des commissions directes et indirectes doit continuer à percevoir pendant ses congés les commissions indirectes **en sus de l'indemnité de congés payés,** à condition qu'il n'ait **pas** été **remplacé** pendant ses congés et que les ordres passés directement à l'entreprise pendant son absence par sa clientèle résultent de son **activité antérieure** au départ en congé (Cass. soc. 9-10-1968 n° 68-40.040 FS-P).

Ainsi, le VRP qui n'a reçu pendant ses congés que les commissions prévues au contrat, correspondant soit à des ordres directs pris par lui avant son départ, soit à des ordres indirects et constituant la rémunération de son activité antérieure, a droit, en sus, à une indemnité de congés payés (Cass. soc. 6-10-1982 n° 80-40.603).

En revanche, si un VRP perçoit des commissions sur les **ordres** obtenus dans son secteur par d'**autres collaborateurs** envoyés par son employeur pour le remplacer pendant ses congés, ces commissions ne sont pas **cumulables** avec l'indemnité de congés payés (Cass. soc. 18-5-1966 n° 64-14.625 P).

COMMISSIONS DE RETOUR SUR ÉCHANTILLONNAGES

80730 Après son **départ de l'entreprise,** le VRP peut prétendre, le cas échéant, à des commissions de retour sur échantillonnages. Celles-ci étant la contrepartie du travail personnel du VRP, elles entrent dans l'assiette de calcul de l'indemnité de congés payés (Cass. soc. 27-3-2019 n° 17-21.014 FS-PB).

FRAIS PROFESSIONNELS

80740 La **rémunération** servant de base de calcul à l'indemnité de congés payés est celle due en contrepartie du travail, à l'exclusion des sommes versées en remboursement de **frais** professionnels, ceux-ci ne constituant pas un complément de salaire (Cass. soc. 10-6-1965 n° 58-40.463 P ; 16-2-1983 n° 82-16.627 P). Deux situations sont à distinguer :

– le VRP reçoit, en sus de ses commissions, des **indemnités représentatives de frais professionnels** (allocations forfaitaires ou remboursement de frais réels sur justificatifs) : ces indemnités sont exclues de l'assiette de calcul de l'indemnité de congés payés (Cass. soc. 10-6-1965 n° 58-40.463 P) ;

– le VRP perçoit une **rémunération** – fixe et/ou commissions – **couvrant indistinctement la rémunération de son travail et ses frais professionnels** : l'employeur est en droit de pratiquer un abattement pour frais professionnels sur la rémunération servant de base au calcul de l'indemnité (Cass. soc. 17-3-1965 n° 64-40.455 P ; 16-2-1983 n° 82-16.627 P ; 19-10-1983 n° 82-42.634) si le contrat de travail prévoit expressément une rémunération englobant le remboursement des frais professionnels. Dans le cas contraire, la rémunération est présumée ne pas inclure d'indemnisation de frais et l'indemnité de congés payés est calculée sur le montant global des commissions (Cass. soc. 9-7-2008 n° 06-44.240 FS-P).

ATTENTION

Si le contrat de travail ne précise pas quelle part des commissions correspond aux frais professionnels, les règles d'**évaluation** exposées n° 80280, a sont habituellement retenues.

On notera aussi que l'abattement pour frais professionnels que l'employeur peut pratiquer sur la rémunération servant de base au calcul de l'indemnité de congés payés ne peut pas être appliqué sur l'**indemnité de congés payés de l'année précédente,** qui tient déjà compte de cet abattement.

INDEMNITÉ DE CONGÉS PAYÉS : CALCUL

80750 **EXEMPLE**

Soit un VRP percevant un salaire fixe de 800 € par mois. Il a perçu, au cours de la période de référence (1-6-2022 au 31-5-2023), 24 000 € de commissions, lesquelles incluent les frais professionnels.

L'indemnité de congés payés due pour son congé principal de 24 jours ouvrables, pris en 2023 et 2024, devra être calculée ainsi :

– salaire fixe annuel : 9 600 € ;

– commissions annuelles : 24 000 € – 7 200 € (abattement pour frais professionnels de 30 %) = 16 800 € ;

– indemnité de congés payés 2022-2023 : 3 000 € ;

– rémunération totale perçue au cours de la période de référence, hors frais professionnels : 9 600 € + 16 800 € + 3 000 € = 29 400 € ;

– indemnité de congés payés 2023-2024 : 29 400 € × 10 % × 24/30 = 2 352 € (d'après Brochure Malakoff Médéric : « VRP, mode d'emploi »).

b. Majoration du taux des commissions

80780 Sous certaines conditions, les employeurs peuvent s'acquitter de leur obligation d'indemnisation des congés payés des VRP, non pas par le versement d'une indemnité de congés payés, mais par une majoration du taux des commissions. L'**indemnité** de congés payés est alors **incluse** dans les commissions versées à chaque échéance au lieu d'être payée lors des congés.

L'inclusion de l'indemnité de congés payés dans le taux des commissions doit résulter d'un **accord exprès** entre l'employeur et le VRP (Cass. soc. 28-5-1997 n° 94-44.789 D). En cas de litige, la **preuve** de l'existence de cet accord incombe à l'employeur (Cass. soc. 3-3-1971 n° 70-40.038 P ; 14-2-1974 n° 73-40.141 P) et ne peut résulter ni de l'absence de réclamation de la part du VRP pendant 3 ans (Cass. soc. 24-10-1983 n° 81-40.859), ni d'un usage, ni des bulletins de paie (n° 59980).

CONSEIL

Pour éviter toute difficulté, il est conseillé de formaliser cet accord en insérant dans le **contrat de travail** une clause en ce sens (n° 59980).

80800 L'inclusion de l'indemnité de congés payés dans les commissions ne doit pas aboutir, pour le salarié, à un **résultat moins favorable** que la stricte application des dispositions légales ou conventionnelles (n° 59980)

Pour les **VRP payés à la commission,** elle suppose de prévoir une majoration du taux des commissions (Cass. soc. 30-5-2000 n° 97-45.946 FS-P ; 5-12-2012 n°s 11-23.058 F-D et 11-16.367 F-D), seule une telle majoration permettant de vérifier que le VRP a été rempli de ses droits.

› Précisions Cette **majoration** doit être **suffisante** pour assurer au VRP le montant de l'indemnité de congés payés à laquelle il a droit. Ainsi, dans le cas où l'inclusion n'a été stipulée qu'en fonction de la **durée légale des congés** payés à l'époque de la conclusion du contrat, il convient de modifier le taux convenu pour tenir compte des **changements** intervenus dans cette durée (Cass. soc. 21-4-1977 n° 75-40.608 P).

c. Indemnité compensatrice de congés payés

80830 Le VRP peut prétendre à une indemnité compensatrice de congés payés dans les conditions de droit commun lorsque son **contrat** est **rompu** avant qu'il n'ait pu bénéficier de la totalité du congé auquel il avait droit.

Cette indemnité **se calcule** selon les mêmes règles que l'indemnité de congés payés (n°s 80680 s.).

ATTENTION

Bien qu'aucune solution administrative ou jurisprudentielle ne soit venue le confirmer, on peut penser que l'indemnité compensatrice n'est pas due au VRP dont les **indemnités** de congés payés sont **comprises dans les commissions.** Dans ce cas, en effet, le versement d'une telle indemnité ferait double emploi avec les sommes déjà perçues au titre des congés payés lors de chaque versement de commissions.

2. AUTRES CONGÉS, JOURS FÉRIÉS

80900 Le VRP a droit à des congés rémunérés de courte durée à l'occasion de certains **événements personnels ou familiaux.**

Le régime de ces congés (**événements** y ouvrant droit et **durée**) est fixé par les articles L 3142-1 s. du Code du travail, ainsi que par l'article 7 de l'ANI du 3-10-1975 (champ d'application : n° 79830) qui prévoit, après un an d'ancienneté, des majorations de la durée de certains congés (2 jours, au lieu d'un, pour le mariage d'un enfant). Pour plus de détails sur le régime des congés pour raisons familiales, voir Mémento social n°s 11930 s.

Quant à la **rémunération** de ces congés, l'article L 3142-2 du Code du travail dispose que les jours d'absence qu'il autorise ne doivent pas entraîner de réduction de la rémunération, sans opérer de distinction selon les modalités de celle-ci. Il en résulte que le VRP payé en tout ou partie au fixe ou exclusivement à la commission peut prétendre au maintien de sa rémunération pour les jours d'absence pris au titre des congés familiaux prévus à cet article. En l'absence de précisions, cette rémunération pourra, selon nous, être calculée par référence aux rémunérations du trimestre précédent. Si les congés familiaux sont pris en application de l'ANI du 3-10-1975, la rémunération du VRP comportant une partie fixe ne doit pas subir de réduction du fait de ces congés (ANI 3-10-1975 art. 7).

D'après l'administration, le principe selon lequel le **chômage des jours fériés** ne peut pas être une cause de réduction de la rémunération du salarié n'est applicable qu'au cas où ce dernier est occupé suivant un horaire déterminé. À défaut, il n'est pas possible, d'une part, d'établir avec certitude qu'une rémunération lui aurait été versée s'il avait travaillé, d'autre part, de déterminer le montant de la rémunération à maintenir. Dès lors, le VRP qui n'est soumis à **aucun horaire précis** n'a pas droit à la rémunération des jours fériés (Rép. Jarosz : AN 5-12-1983 nº 39100). Il convient toutefois d'être prudent car la Cour de cassation ne s'est pas encore prononcée sur ce point. **80910**
Sur l'assujettissement des VRP à la **journée de solidarité,** voir nº 71820.

B. Maladie, accident ou maternité

L'ANI du 3-10-1975 impose aux employeurs relevant de son champ d'application (nº 79830) de verser aux VRP frappés d'une incapacité temporaire de travail – par suite de maladie, maternité ou accident – des **indemnités journalières** complémentaires qui s'ajoutent aux indemnités journalières de sécurité sociale (IJSS). **81000**

Une obligation similaire, applicable à tous les salariés, est prévue par l'article L 1226-1 du Code du travail, mais seulement en cas de maladie ou d'accident (nºs 61810 s.). On étudiera ci-après l'articulation de ces deux textes après avoir détaillé les dispositions prévues par l'ANI du 3-10-1975. Sur le **régime social et fiscal des indemnités complémentaires** aux IJSS, voir nºs 62180 s.

Sous réserve de ces dispositions, certains **éléments de rémunération** sont dus au VRP en arrêt de travail pour maladie ou accident (nºs 81160 s.).

1. MAINTIEN DE LA RÉMUNÉRATION

INDEMNISATION PRÉVUE PAR L'ANI DU 3-10-1975

Bénéficiaires Les employeurs relevant de l'ANI du 3-10-1975 doivent maintenir temporairement la rémunération des VRP ayant au moins 2 ans d'**ancienneté** dans l'entreprise au premier jour d'absence (ANI du 3-10-1975 art. 8). **81050**

Celle-ci s'entend du temps écoulé depuis la date d'engagement du VRP et comprend les périodes pendant lesquelles le contrat a été suspendu (ANI du 3-10-1975 art. 18).

Maladie ou accident non professionnels En cas d'arrêt de travail pour maladie ou accident non professionnels constaté par **certificat médical** et **contre-visite** éventuelle, le VRP bénéficie, lorsque l'arrêt se prolonge au-delà de 30 jours, d'une indemnité complémentaire aux IJSS et prenant **effet rétroactivement** à partir du 11e jour d'absence. Cette indemnité est égale, par **jour civil d'absence** indemnisable, à une fraction indiquée nº 81070 de la **rémunération** moyenne mensuelle des 12 derniers mois d'activité (déduction faite des frais professionnels), dans la limite du plafond de la tranche 2 (T2) visée nº 30200 (ANI du 3-10-1975 art. 8). Lorsque la période de 12 mois précédant la suspension du contrat de travail comporte une période de congés payés, la rémunération afférente à cette période de 12 mois devrait comprendre, selon nous, les indemnités de congés payés correspondant aux congés pris au cours de cette période. **81060**

Doivent être **déduites** du montant de l'indemnité (ANI du 3-10-1975 art. 8) :
– les indemnités versées par le ou les régimes complémentaires de prévoyance auxquels adhère, le cas échéant, l'employeur ;
– les sommes éventuellement perçues par le VRP sur des ordres passés depuis le premier jour d'absence indemnisé ; au contraire, les sommes perçues au titre d'ordres passés antérieurement à cette absence lui restent acquises.

Le **taux** de l'indemnité journalière complémentaire et la **durée maximale** de son versement varient selon le barème suivant, en fonction de l'ancienneté acquise au premier jour d'absence (ANI du 3-10-1975 art. 8) : **81070**
– de 2 à 5 ans d'ancienneté : 1/60e de la rémunération définie nº 81060 pendant 45 jours ;
– de 5 à 10 ans d'ancienneté : 1/60e de cette rémunération pendant 45 jours, puis 1/120e pendant 15 jours ;
– de 10 à 15 ans d'ancienneté : 1/60e de cette rémunération pendant 60 jours, puis 1/120e pendant 15 jours ;

– de 15 à 20 ans d'ancienneté : 1/60e de cette rémunération pendant 75 jours, puis 1/120e pendant 15 jours ;
– de 20 à 30 ans d'ancienneté : 1/60e de cette rémunération pendant 90 jours, puis 1/120e pendant 15 jours ;
– plus de 30 ans d'ancienneté : 1/60e de cette rémunération pendant 120 jours.

81080 L'indemnité complémentaire est **réglée** selon la **périodicité** retenue par les parties pour le règlement de la rémunération. Pour le calcul des indemnités dues au titre d'une période de paie, il est tenu compte des indemnités déjà perçues par l'intéressé durant les 12 mois précédents, de telle sorte que, si **plusieurs absences** pour maladie ou accident ont été indemnisées **au cours des 12 mois,** la durée totale d'indemnisation ne dépasse pas celle applicable en vertu du barème ci-dessus (ANI du 3-10-1975 art. 8).

EXEMPLE

Soit un VRP absent pour maladie du 2-1-2023 au 31-3-2023 inclus. Son ancienneté est de 18 ans et sa rémunération totale (fixe + commissions, frais professionnels déduits) au cours des 12 derniers mois est de 60 000 €.

Base de calcul de l'indemnité complémentaire : 60 000/12 = 5 000 €.

Compte tenu de son ancienneté et des 10 jours de carence, l'intéressé peut prétendre à une indemnité journalière complémentaire égale à 83,33 € (5 000 × 1/60) pendant 75 jours puis à 41,67 € (5 000 × 1/120) pendant 4 jours.

S'il n'a pas été indemnisé au cours des 12 mois précédents au titre d'un arrêt maladie et n'a perçu pendant son absence ni indemnité d'un régime de prévoyance, ni aucune autre somme à déduire du montant de l'indemnité prévue par l'ANI du 3-10-1975 (voir n° 81060), ce VRP percevra :
– en janvier, compte tenu des 10 jours de carence : 83,33 € × 20 jours = 1 666,60 € ;
– en février : 83,33 € × 28 jours = 2 333,24 € ;
– en mars : (83,33 € × 27) + (41,67 × 4) = 2 249,91 + 166,68 = 2 416,59 € ;

Reste un crédit de 11 jours indemnisables sur la base de 41,67 €.

On suppose maintenant que l'intéressé, déjà indemnisé au titre d'un arrêt de travail pour maladie survenu au mois de juin 2022, ne dispose plus au 2-1-2023 que d'un crédit de 60 jours indemnisables. L'absence du 13-3-2023 au 31-3-2023 ne sera pas indemnisée, de même que toute autre absence pour maladie qui surviendrait jusqu'en juin 2023.

81090 L'indemnité complémentaire ne peut pas permettre au VRP de percevoir plus que ce qu'il aurait gagné s'il avait continué à travailler pendant la période de suspension de son contrat de travail. Elle n'est donc pas due pour la période ou fraction de période de suspension du contrat qui coïncide avec une **période normale d'inactivité** du VRP appréciée compte tenu de la variabilité des périodes de vente de l'entreprise (ANI du 3-10-1975 art. 10-1).

Mais elle reste due sur la **partie fixe de la rémunération** lorsque celle-ci est habituellement versée par l'entreprise pendant lesdites périodes normales d'inactivité (ANI du 3-10-1975 art. 10-1).

81100 **Maladie professionnelle ou accident du travail** En cas de maladie professionnelle ou d'accident du travail reconnus par la sécurité sociale, l'indemnité complémentaire est **égale** par jour civil d'absence indemnisable au 1/60e de la rémunération définie n° 81060 à partir du premier jour indemnisé par la sécurité sociale. À compter du 29e jour, son montant est ramené à 1/90e. Sous ces réserves, elle est servie pendant la durée d'indemnisation et selon les modalités exposées nos 81060 s. La condition d'**ancienneté** visée n° 81050 est applicable (ANI du 3-10-1975 art. 9).

81110 **Maternité** Sous réserve de remplir la condition d'**ancienneté** visée n° 81050, la femme dont le contrat de travail est suspendu du fait du **congé légal** de maternité bénéficie, pour chaque journée indemnisée à ce titre par la sécurité sociale, d'une indemnité journalière de repos complémentaire. Cette indemnité est **égale,** pour chaque jour civil d'absence indemnisable, à 1/60e de la rémunération définie n° 81060 comprise dans la tranche 2 (T2) visée n° 30200 (ANI du 3-10-1975 art. 10).

En sont **déduites** les mêmes sommes et indemnités qu'en cas de maladie (n° 81060) (ANI du 3-10-1975 art. 10).

Les dispositions exposées n° 81090 lui sont applicables (ANI du 3-10-1975 art. 10-1).

INDEMNISATION LÉGALE

81120 L'article L 1226-1 du Code du travail prévoit un maintien partiel temporaire de rémunération en cas de maladie ou d'accident (mais pas en cas de maternité) suivant des modalités exposées nos 61810 s.

Ces dispositions, qui concernent aussi les représentants de commerce, leur sont applicables dans les cas suivants :
– **représentants couverts par l'ANI du 3-10-1975** lorsque l'indemnisation légale leur est plus favorable ou lorsqu'ils n'ont pas acquis l'ancienneté requise (n° 81050) ;
– représentants **non couverts** par l'**ANI du 3-10-1975** (représentants ne remplissant pas les conditions du statut légal ou relevant d'autres dispositions conventionnelles, voir n°s 79810 s.).
Pour la détermination de la **règle la plus favorable,** on se reportera aux développements figurant n° 61700, qui valent aussi lorsqu'il s'agit de comparer les avantages prévus par l'ANI du 3-10-1975 et l'article L 1226-1 du Code du travail.

2. PRÉCISIONS DIVERSES

Le VRP qui, en vertu de son contrat de travail, a droit aux **commissions sur ordres indirects** doit continuer à les percevoir pendant ses arrêts de travail (Cass. soc. 27-1-1955 n° 3727 P). 81160
Lorsqu'un VRP est rémunéré à la fois par un **fixe** et par des **commissions,** l'employeur peut pratiquer sur le fixe des **retenues** au titre de ses périodes d'absence (sous réserve des dispositions relatives au maintien de la rémunération en cas de maladie, accident ou maternité exposées n°s 81050 s.). En revanche, il est tenu de verser l'intégralité des commissions échues pendant l'absence lorsqu'elles se rapportent à des **marchés conclus antérieurement** à ladite absence (Cass. soc. 10-4-1975 n° 74-40.382 P).

Un employeur ayant exécuté les commandes obtenues par un VRP qui, pendant sa maladie, était resté **en contact avec sa clientèle** est tenu de verser à l'intéressé le montant des commissions tant directes qu'indirectes relatives aux affaires réalisées pendant sa maladie (Cass. soc. 18-2-1970 n° 69-40.054 P). 81180

C. Modifications du contrat liées à des circonstances économiques

Les employeurs relevant de l'ANI du 22-6-1970 (n° 79830) doivent assurer une **garantie temporaire de rémunération** aux représentants de commerce qui ont accepté une réduction de leur secteur, de leur clientèle ou de leur rémunération ou une mutation à un autre poste dans l'entreprise décidée en vue d'éviter de recourir à un **licenciement pour motif économique.** 81260
Ces dispositions s'appliquent aux **représentants salariés, statutaires ou non,** y compris à ceux **travaillant hors du territoire français** sous réserve qu'ils soient domiciliés en France et que leur contrat de travail soit exclusivement soumis à la législation française (ANI du 22-6-1970 art. 1). Des règles particulières sont cependant prévues pour les représentants statutaires (n° 81300).

RÉDUCTION DE SECTEUR, DE CLIENTÈLE OU DE RÉMUNÉRATION

Pour ouvrir droit à la garantie temporaire de rémunération, la **modification** proposée par l'employeur doit avoir **pour objectif** d'éviter de recourir à un licenciement pour motif économique (ANI du 22-6-1970 art. 7). 81270
Cette modification doit être **acceptée** par le représentant dans le délai d'un mois suivant sa notification par lettre recommandée avec accusé de réception (ANI du 22-6-1970 art. 7).

Lorsque les conditions ci-dessus sont réunies, l'entreprise doit assurer au représentant, à compter de son acceptation et pendant une **durée** égale à celle du préavis (1 à 3 mois selon l'ancienneté : voir n° 81490), une **garantie mensuelle** de salaire égale à la moyenne mensuelle de la **rémunération nette** qu'elle a versée à l'intéressé durant les 12 derniers mois (ANI du 22-6-1970 art. 7). 81280
Il appartient au représentant et à l'entreprise de régler d'un commun accord la question des **frais** professionnels pendant la période de garantie considérée (ANI du 22-6-1970 art. 7).

À l'expiration du délai de la garantie prévue n° 81280 et pendant **3 mois,** le représentant bénéficie d'une garantie mensuelle égale à (ANI du 22-6-1970 art. 8) : 81285
– 70 % de la moyenne mensuelle de rémunération nette s'il compte au moins 2 ans d'ancienneté dans l'entreprise ;
– 100 % de cette même moyenne de rémunération s'il compte au moins 5 ans d'ancienneté dans l'entreprise.

À l'issue de cette période de 3 mois et pendant les **3 mois suivants,** le représentant qui compte au moins 10 ans d'ancienneté dans l'entreprise bénéficie d'une garantie mensuelle égale à 35 % de la moyenne de rémunération précitée (ANI du 22-6-1970 art. 8).

Sur la question des **frais** professionnels, voir n° 81280.

81300 S'il met **fin à son contrat** de travail avant l'expiration d'un délai de **12 mois** suivant l'acceptation de la modification proposée par l'employeur, le VRP peut, malgré cette acceptation, bénéficier d'une **indemnité** égale à l'indemnité de clientèle à laquelle il aurait pu prétendre s'il avait refusé la modification en cause. Il en est de même en cas de rupture dans le même délai du contrat par l'employeur sous réserve que celle-ci ne soit pas motivée par une faute grave du VRP (ANI du 22-6-1970 art. 9).

Toutefois, les sommes versées au titre des garanties prévues n°s 81280 s. sont considérées comme des **rémunérations spéciales** ayant été accordées pour l'apport personnel de clientèle effectué par le VRP (n° 81940) et viennent en **déduction** de l'indemnité prévue ci-dessus (ANI du 22-6-1970 art. 9).

MUTATION D'EMPLOI DANS L'ENTREPRISE

81310 Lorsque le représentant, statutaire ou non, est reclassé dans un autre emploi de l'entreprise par l'effet d'une mutation en vue de diminuer le nombre des représentants compris dans un licenciement collectif d'ordre économique, il bénéficie de la **garantie** prévue n° 81280. Cette garantie sera assurée pendant une **durée** égale à (ANI du 22-6-1970 art. 11) :

– 4 mois s'il a plus de 5 ans d'ancienneté au jour de l'acceptation ;
– 5 mois s'il a plus de 10 ans d'ancienneté au jour de l'acceptation.

81320 Si le reclassement du représentant se traduit par une **baisse de rémunération** au moins égale à 5 % de la moyenne mensuelle de la rémunération nette versée par son employeur durant les 12 derniers mois, et si ce représentant compte au moins un an d'ancienneté dans l'entreprise, il perçoit, après expiration du délai de la garantie mensuelle complète et pendant les 4 mois suivants, une **indemnité temporaire dégressive** (ANI du 22-6-1970 art. 11).

Cette indemnité est **calculée,** pour chacun des 4 mois suivant l'expiration du délai de la garantie mensuelle complète, en appliquant les pourcentages ci-après à la différence entre la nouvelle rémunération mensuelle, base 40 heures, primes incluses, et la moyenne mensuelle de la rémunération nette versée durant les 12 derniers mois (ANI du 22-6-1970 art. 11) :

– pour le premier mois .... 80 %
– pour le deuxième mois .... 60 %
– pour le troisième mois .... 40 %
– pour le quatrième mois .... 20 %

La durée de versement et le montant de cette indemnité temporaire dégressive sont majorés lorsque le reclassement ayant entraîné la baisse de rémunération mentionnée ci-dessus résulte d'une **opération de fusion, de concentration ou de restructuration.** L'indemnité temporaire dégressive est versée pendant les 8 mois suivant l'expiration du délai de la garantie mensuelle complète (ANI du 22-6-1970 art. 11).

Les pourcentages applicables à la différence entre les rémunérations définies ci-dessus sont les suivants (ANI du 22-6-1970 art. 11) :

– pour les premier et deuxième mois .... 80 %
– pour les troisième et quatrième mois .... 60 %
– pour les cinquième et sixième mois .... 40 %
– pour les septième et huitième mois .... 20 %

81330 À compter de sa mutation d'emploi dans l'entreprise, l'ancien représentant est soumis, sous réserve des dispositions ci-dessus (n°s 81310 s.), à l'ensemble des **dispositions** applicables aux salariés de sa **nouvelle catégorie** (ANI du 22-6-1970 art. 12).

Toutefois, son **ancienneté** est calculée en tenant compte de l'ancienneté acquise dans son précédent emploi de représentant (ANI du 22-6-1970 art. 12).

L'**indemnité de licenciement** à laquelle il pourrait avoir droit en cas de licenciement avant l'expiration des 12 mois suivant sa mutation d'emploi ne pourra pas être inférieure à l'indemnité de clientèle qu'il aurait pu réclamer s'il avait refusé la mutation en cause, sous déduction de l'indemnité dégressive prévue n° 81320 (ANI du 22-6-1970 art. 12).

D. Activité partielle

Les **VRP non soumis** à un dispositif d'aménagement du **temps de travail** applicable dans l'entreprise bénéficient du régime d'indemnisation de l'activité partielle selon des modalités spécifiques, identiques à celles instituées à titre temporaire, dans le contexte de la crise sanitaire. L'indemnité qu'ils perçoivent de la part de leur employeur et l'allocation d'activité partielle versée à ces derniers en compensation sont en effet calculées comme suit (C. trav. art. D 5122-15, II et IV) : **81400**

– la **rémunération mensuelle de référence** correspond à la moyenne des rémunérations brutes perçues au cours des 12 derniers mois civils, ou le cas échéant de la totalité des mois civils travaillés si le salarié a travaillé moins de 12 mois, précédant le premier jour de placement en activité partielle de l'entreprise ou de l'établissement, à l'exclusion des frais professionnels, de l'indemnité de congés payés et des autres éléments de rémunération qui, bien qu'ayant le caractère de salaire, ne sont pas la contrepartie du travail effectif ou ne sont pas affectés par la réduction ou l'absence d'activité et sont alloués pour l'année ;

– le **montant horaire** de référence est déterminé en rapportant le montant de la rémunération mensuelle de référence à la durée légale du temps de travail ;

– la **perte de rémunération** due à l'activité partielle correspond à la différence entre la rémunération mensuelle de référence et la rémunération mensuelle effectivement perçue au cours de la même période ;

– le nombre d'**heures non travaillées indemnisables** correspond, dans la limite de la durée légale du travail, à la perte de rémunération rapportée au montant horaire de référence.

Sur l'indemnisation de **droit commun** dont bénéficient les employeurs et leurs VRP relevant à titre exceptionnel de la réglementation sur la durée du travail, voir n°s 68020 s.

EXEMPLE

Soit un VRP dont la rémunération mensuelle moyenne, indépendante de son temps de travail, est égale à 3 336 €. En mars 2023, il ne perçoit que 1 884 € car l'entreprise a réduit son horaire de travail dans le cadre d'un plan d'activité partielle.

Montant horaire de référence : 3 336/151,67 = 22 €.

Perte de rémunération : 3 336 – 1 884 = 1 452 €.

Nombre d'heures à indemniser : 1 452/22 = 66 h.

Calcul du montant de l'indemnité : (60 % × 22 €) × 66 h = 871,20 €.

Calcul du montant de l'allocation : (36 % × 22 €) × 66 h = 522,72 €.

Reste à charge pour l'employeur : 871,20 – 522,72 = 348,48 €.

IV. CESSATION DU CONTRAT

A. Préavis

En cas de résiliation unilatérale du contrat de travail d'un VRP, le droit au préavis est ouvert dans les mêmes conditions que pour tout autre salarié. Le régime fiscal et social de cette indemnité est celui exposé n°s 66300 s. **81480**

DURÉE DU PRÉAVIS

La durée du préavis ne peut **pas** être **inférieure à** un mois durant la première année d'exécution du contrat, 2 mois durant la deuxième année et 3 mois au-delà (C. trav. art. L 7313-9). **81490**

Si le VRP exerce son activité **à l'étranger,** et si la rupture du contrat entraîne son retour, la durée du préavis est augmentée de la durée normale du voyage de retour (C. trav. art. L 7313-10).

L'ANI du 3-10-1975 ne prévoit pas de délais différents (ANI art. 12). En l'absence d'indication sur le **point de départ** du préavis, les règles exposées n° 65950 s'appliquent.

ATTENTION

Si le VRP démissionne ou est licencié dans les 12 mois suivant son acceptation d'une **réduction** de son **secteur,** de sa **clientèle** ou de sa **rémunération** dans les conditions exposées n°s 81270 s., il ne peut pas être obligé, s'il le demande, d'effectuer un préavis supérieur à un mois (ANI du 22-6-1970 art. 9).

EXÉCUTION DU PRÉAVIS

Pendant l'exécution du préavis, le VRP et l'employeur sont tenus aux mêmes **obligations** que pendant toute autre période d'exécution du contrat de travail : voir n°s 66030 s. **81500**

Si l'**employeur entrave** l'action du VRP pendant le préavis, par exemple en lui retirant sa voiture de fonction (Cass. soc. 22-4-1970 n° 69-40.186 P) ou en lui imposant des conditions de travail différentes, le **VRP** est en droit de ne pas effectuer le préavis et de réclamer l'indemnité compensatrice de préavis, sauf s'il a lui-même commis une **faute** grave ou lourde.

Sur la possibilité pour le VRP dispensé de l'exécution du préavis de conserver son **véhicule de fonction,** voir n° 66205.

INDEMNITÉ COMPENSATRICE DE PRÉAVIS

81510 **Droit à l'indemnité** L'indemnité compensatrice de préavis est **due** dans les conditions indiquées n°s 66150 s. par celle des parties qui s'est opposée à son exécution.

> **Précisions** **a.** La **faute grave** commise par un VRP et justifiant son licenciement immédiat sans indemnité compensatrice de préavis est nécessairement privative de l'**indemnité de clientèle** (Cass. soc. 5-6-1991 n° 88-43.464 PF). Celle commise pendant une période de **préavis non exécuté** prive le VRP de son droit à indemnité compensatrice de préavis pour la période postérieure à la faute (Cass. soc. 1-4-1992 n° 88-43.524 PF).
b. Le représentant licencié dans le cadre d'un licenciement collectif résultant d'une opération de **fusion,** de **concentration** ou de **restructuration de l'entreprise** et qui a trouvé un nouvel emploi en cours de préavis peut, s'il relève de l'ANI du 22-6-1970, quitter l'entreprise sans avoir à payer l'indemnité de préavis correspondant à la partie non exécutée de son préavis et en conservant le bénéfice de l'**indemnité de clientèle** à laquelle il a droit. L'employeur ne peut refuser que pour nécessité de service (ANI du 22-6-1970 art. 14).

81530 **Montant** Le montant de l'indemnité compensatrice de préavis est déterminé comme pour les autres salariés (voir n°s 66190 s.), sous réserve des précisions ci-après.

Sa **base de calcul** comprend le salaire fixe et/ou les commissions et, le cas échéant, la valeur des avantages en nature dont le VRP aurait pu bénéficier pendant la période de préavis.

L'indemnité compensatrice de préavis correspondant aux avantages que le VRP aurait retirés de son travail s'il avait effectué le préavis, il y a lieu de déduire les **frais professionnels** de sa base de calcul (Cass. soc. 15-11-1979 n° 78-41.203 P).

> **Précisions** **a.** Si le VRP perçoit des **commissions,** l'indemnité compensatrice est en principe évaluée par les juges d'après la moyenne des commissions perçues pendant les 12 derniers mois ayant précédé la rupture (Cass. soc. 22-5-1964 n° 63-40.004 P).
La période de référence s'entend d'une période d'activité professionnelle habituelle. Si un VRP payé à la commission a été en arrêt de travail pour **maladie** au cours de cette période, on retient les 12 derniers mois d'activité précédant l'arrêt de travail (Cass. soc. 9-7-2008 n° 06-44.240 FS-P).
De même, si les **agissements de l'employeur** ont empêché le VRP d'exercer normalement sa profession, les juges peuvent fixer le montant de l'indemnité due à l'intéressé en se référant non pas aux résultats des derniers mois mais aux gains réalisés pendant les derniers mois d'activité normale (Cass. soc. 1-3-1972 n° 71-40.264 P).
b. L'indemnité compensatrice de préavis étant calculée sur la base des salaires et avantages auxquels le salarié aurait pu prétendre s'il avait travaillé pendant le préavis, elle n'est pas due au VRP dont la **prospection** est **saisonnière** lorsque le préavis est situé dans sa saison d'inactivité (Cass. soc. 25-10-1967 n° 66-40.443 P ; 2-7-1969 n° 68-40.432 P).
c. Lorsque les **commissions** incluent l'indemnisation des **frais professionnels,** elles n'entrent en compte pour le calcul de l'indemnité compensatrice de préavis qu'après déduction de ces frais évalués selon les modalités visées n° 80280, a (Cass. soc. 12-3-1975 n° 74-40.358 P). À l'inverse, si les frais professionnels font l'objet d'une indemnisation séparée, l'indemnité compensatrice de préavis doit être calculée sur les éléments de la rémunération sans abattement.

81570 **Cumul** L'indemnité de préavis se cumule avec les **commissions** dues au VRP sur les affaires qu'il a conclues avant son départ (Cass. soc. 30-6-1965 n° 64-40.267 P) ou qui sont la suite directe des échantillonnages et des prix faits antérieurement à l'expiration du contrat (Cass. soc. 29-1-1975 n° 74-40.071 P).

Sur le cumul de l'indemnité compensatrice de préavis avec les **IJSS** et l'**indemnité de clientèle,** voir respectivement n°s 66150, a et 81950.

B. Sommes versées à la cessation du contrat

81650 À la cessation de son contrat de travail, le VRP peut prétendre à une indemnité de clientèle sous certaines conditions.

S'il ne les remplit pas ou si cela se révèle plus avantageux pour lui, il peut demander à percevoir les indemnités conventionnelles de rupture exposées n°s 82030 s. ou, le cas échéant, l'indemnité légale de licenciement (ou de départ ou de mise à la retraite). S'il a été engagé en **CDD,** il peut aussi prétendre, dans certains cas, à une indemnité de fin de contrat, voir nos 76330 s.

En cas de **rupture conventionnelle** homologuée, une indemnité spécifique doit lui être versée, voir n° 64220.

S'il en remplit les conditions, le VRP a aussi droit aux indemnités compensatrices de congés payés et de préavis (voir respectivement nos 80830 et 81510 s.), ainsi qu'aux commissions de retour sur échantillonnages (voir ci-après). S'y ajoute, le cas échéant, une indemnité de non-concurrence : voir n° 82560.

Le **tableau** figurant n° 82300 récapitule les différentes indemnités de rupture auxquelles le VRP peut prétendre.

1. RETOUR SUR ÉCHANTILLONNAGES

DÉFINITION

Les commissions de retour sur échantillonnages correspondent aux commissions et remises sur les **ordres non encore transmis à la date du départ** du VRP mais qui sont la suite directe des remises d'échantillons et des prix faits antérieurs à l'expiration du contrat (C. trav. art. L 7313-11). 81670

De par leur objet, elles ne sont pas dues au VRP **payé exclusivement au fixe** (Cass. soc. 3-10-1969 n° 68-40.496 P ; 18-12-1984 n° 82-42.693).

ATTENTION

Les commissions de retour sur échantillonnages ne se confondent pas avec celles dues pour des **ordres passés avant le départ** du VRP, mais menés à bonne fin et **facturés après son départ.** Ainsi, lorsque le contrat d'un VRP stipule que son droit à commissions est subordonné à l'encaissement du montant de la facture, il a droit après son départ (Cass. soc. 4-2-1976 n° 74-40.320 P) :

– d'une part, aux commissions sur les ordres passés avant son départ, mais encaissées après ;

– d'autre part, s'il y a lieu, aux commissions sur les ordres passés après son départ, mais qui sont le résultat de son activité antérieure (commissions de retour sur échantillonnage).

CONDITIONS D'ATTRIBUTION

Rupture du contrat de travail Les commissions de retour sur échantillonnages sont dues au VRP, à titre de salaire, quelles que soient la **cause et la date de la rupture** du contrat de travail (C. trav. art. L 7313-11). 81680

Elles doivent être versées y compris en cas de licenciement pour **faute grave ou lourde** (Cass. soc. 25-5-1981 n° 79-41.618 P ; 10-4-2013 n° 12-11.658 F-D), même si le contrat de travail en dispose autrement (Cass. soc. 10-4-2013 n° 12-11.658 F-D). Elles sont aussi dues, à notre sens, en cas de **non-renouvellement du CDD** à son expiration. En effet, si l'article L 7313-11 du Code du travail ne reprend pas cette règle, qui figurait à l'origine à l'ancien article L 751-8 avant la recodification entrée en vigueur le 1-5-2008, elle nous paraît toujours applicable dans la mesure où la recodification a été effectuée à droit constant.

Conditions relatives aux commandes Le droit aux commissions trouve son origine dans l'**activité** déployée par le VRP **avant la rupture.** Ces commissions sont dues uniquement sur les **ordres** passés après son départ qui sont la conséquence directe de ses visites antérieures. Elles ne sont donc pas dues si son activité s'est bornée à une **simple prise de contacts** (Cass. soc. 9-10-2001 n° 99-44.353 FS-P). Sur la **preuve** du lien entre les commandes et l'activité du VRP, voir n° 81710. 81690

ILLUSTRATIONS

Un VRP ayant bénéficié de l'**exclusivité dans son secteur** et n'ayant **pas** été **remplacé** pendant la période correspondant à la durée normale du retour sur échantillonnages a droit à la totalité des commissions dues au titre du retour sur échantillonnages sur le chiffre d'affaires réalisé dans son secteur (Cass. soc. 5-5-1965 n° 64-40.297 P). Si, en revanche, le VRP a été **remplacé** soit sur une partie de son secteur, soit peu de temps après son départ, il convient d'isoler et de retenir les seuls ordres qui sont la suite directe de son activité (Cass. soc. 5-5-1965 n° 64-40.298 P ; 26-5-1981 n° 79-42.010 P).

La poursuite, après la rupture du contrat de travail, de la prospection de la **même clientèle** pour le compte du **nouvel employeur** est sans incidence sur le droit aux commissions de retour sur échantillonnages, compte tenu de leur origine (Cass. soc. 22-5-1995 n° 91-41.982 D).

DURÉE D'ATTRIBUTION

81700 Sauf clause contractuelle plus favorable au VRP, le droit à commissions est apprécié en fonction de la durée normale consacrée par les **usages** (C. trav. art. L 7313-12). Dans de nombreuses branches professionnelles, l'usage est de retenir une durée de 3 mois.

Mais une durée plus longue peut être retenue sans pouvoir dépasser 3 ans à compter de la date d'expiration du contrat de travail, pour tenir compte des **sujétions** administratives, techniques, commerciales ou financières propres à la clientèle (C. trav. art. L 7313-12).

MONTANT ET PAIEMENT

81710 Les commissions de retour sur échantillonnages rémunèrent le travail personnel du VRP. Doivent en être déduites les sommes correspondant à des remboursements de **frais professionnels** (Cass. soc. 4-7-1983 n° 81-40.316).

En cas de **litige,** l'employeur, seul détenteur des ordres pris dans le secteur du VRP, est tenu de les produire avec le chiffre d'affaires correspondant (Cass. soc. 29-10-2002 n° 00-44.319 F-D ; 6-12-2017 n° 16-20.661 F-D), afin de permettre à ce dernier d'apporter la **preuve** du lien entre les commandes et son activité (Cass. soc. 28-5-1986 n° 84-43.251 S). À défaut, un expert évaluera les commissions dues de manière forfaitaire, par exemple sur la base d'une moyenne des commissions versées au VRP au cours des 12 derniers mois (Cass. soc. 5-3-1986 n° 83-44.804 P).

Sur le **cumul** des commissions de retour sur échantillonnages : avec l'indemnité compensatrice de préavis, voir n° 81570 ; avec l'indemnité de clientèle, voir n° 81950.

Sur leur prise en compte dans l'assiette de l'**indemnité de congés payés,** voir n° 80730.

2. INDEMNITÉ DE CLIENTÈLE

81760 À la rupture de son contrat de travail, le VRP payé en tout ou partie à la commission peut, sous certaines conditions, prétendre à une indemnité de clientèle visant à **réparer le préjudice** qu'il subit en perdant pour l'avenir le bénéfice de la clientèle qu'il a créée, apportée ou développée.

a. Conditions d'attribution

BÉNÉFICIAIRES

81780 L'indemnité de clientèle est propre aux VRP. Le salarié qui **n'a plus ce statut** au moment de la **rupture** du contrat de travail ne peut pas y prétendre (Cass. soc. 13-12-1995 n° 92-43.986 D).

Ne peuvent pas non plus en bénéficier les VRP **exclusivement rémunérés au fixe** : voir n° 81830.

S'agissant de l'incidence, sur l'application du statut, de la reconnaissance dans le **contrat de travail** d'un droit à l'indemnité de clientèle, voir n° 79820.

CAS DE RUPTURE

81790 L'indemnité de clientèle est due en cas de **rupture du CDI** (C. trav. art. L 7313-13) :
– soit **par l'employeur,** en l'absence de faute grave du VRP ;
– soit par suite d'accident ou de maladie entraînant une **incapacité permanente totale** de travail du salarié.

L'indemnité doit aussi être versée en cas de rupture du **CDD** par l'employeur avant l'échéance du terme, ou lorsque le contrat venu à échéance n'est pas renouvelé, et en l'absence de faute grave (C. trav. art. L 7313-14).

> **Précisions** **a.** La **rupture** du contrat **par l'employeur** recouvre le licenciement même si celui-ci est provoqué par l'**inaptitude totale ou seulement partielle** du salarié (Cass. soc. 8-6-2005 n° 03-43.398 FS-PB ; 19-11-2014 n° 13-15.775 FS-PB), la **mise à la retraite** (Cass. soc. 21-6-1995 nos 91-43.639 P et 92-44.391 D ; 11-5-2011 n° 09-41.298 FS-PB), ainsi que la **prise d'acte** de la rupture du contrat produisant les effets d'un licenciement sans cause réelle et sérieuse (Cass. soc. 31-3-2016 n° 15-10.630 F-D).
> **b.** L'**incapacité de travail** s'entend d'une incapacité générale, c'est-à-dire n'empêchant pas seulement l'exercice de la profession de VRP mais faisant obstacle à l'exercice de **toute autre activité** (Cass. soc. 6-3-1974 n° 73-40.034 P ; 10-3-1977 n° 75-40.591 P). La reconnaissance de l'incapacité permanente totale de travail n'est pas subordonnée à l'existence d'une déclaration d'inaptitude à tout emploi établie par le médecin du travail (Cass. soc. 20-10-1998 n° 96-43.542 P). Pour ouvrir droit à l'indemnité de clientèle, cette incapacité doit résulter d'une **cause extérieure imprévisible** (Cass. soc. 26-2-1969 n° 68-40.256 P ; 8-1-1976 n° 74-10.738 P ; 8-5-1980 n° 79-40.014 P). L'incapacité liée à l'**âge** n'est pas un cas d'ouverture du droit à l'indemnité (Cass. soc. 26-2-1969 n° 68-40.256 P).
> **c.** L'indemnité de clientèle n'est pas due en cas de :
> – **rupture conventionnelle** homologuée (CA Colmar 23-5-2013 n° 11/05818 ; CA Paris 30-11-2016 n° 15/12334) ou de **rupture amiable du CDD** ;

– rupture pour **force majeure,** par exemple, lorsqu'un pays étranger décide de réserver à ses nationaux l'exercice sur son sol de la profession de représentant de commerce (Cass. soc. 22-2-1967 nº 65-40.538 P) ou lorsque l'agrément administratif accordé au salarié et nécessaire à l'accomplissement de son travail lui a été retiré (Cass. soc. 5-5-1993 nº 90-41.058 D) ;

– **démission** du VRP, sauf si elle est requalifiée par les juges en licenciement sans cause réelle et sérieuse (Cass. soc. 17-5-2000 nº 98-41.488 F-D) ou si elle intervient dans une hypothèse très particulière définie par l'ANI du 22-6-1970 sur la sécurité de l'emploi des VRP (voir nº 81300) ;

– **décès** du VRP (Cass. soc. 20-1-1960 nº 58-40.767 P).

CLIENTÈLE

Pour avoir droit à une indemnité de clientèle, le VRP doit **justifier** qu'il a apporté, créé ou développé une clientèle dont il est privé pour l'avenir du fait de la rupture du contrat (C. trav. art. L 7313-13). 81800

Cette condition est double :

– le VRP doit avoir, par son action personnelle, **augmenté en nombre et en valeur** la clientèle de son employeur (nº 81820) ;

– la rupture ou la cessation de son contrat doit lui causer un **préjudice,** réparé par l'indemnité (nºs 81830 s.).

ATTENTION

Si ces conditions sont remplies, l'indemnité doit être versée même si l'employeur **cesse son activité** et ne peut pas tirer profit de la clientèle (Cass. soc. 17-11-1982 nº 79-42.732).

Apport d'une clientèle L'indemnité suppose l'existence d'une clientèle réelle, apportée, créée ou développée par le VRP. Le simple maintien de la clientèle existante n'y ouvre pas droit (Cass. soc. 10-12-1980 nº 79-40.251 P). La notion de clientèle implique un **renouvellement** des commandes et la **stabilité** des relations (Cass. soc. 13-3-1980 nº 78-40.834 P ; 9-10-1985 nº 82-41.965). 81810

La nature des produits vendus, la fréquence de leur renouvellement, leur diversité, l'existence de services annexes à la vente, la qualité des personnes démarchées, le mode de représentation et la durée d'emploi du VRP constituent autant d'**indices** sur lesquels les juges se fondent pour retenir ou non l'existence d'une clientèle.

ILLUSTRATIONS

L'existence d'une clientèle est plus difficile à caractériser lorsque les produits vendus (biens d'équipement, par exemple) sont d'un renouvellement peu fréquent (Cass. soc. 8-6-1966 nº 65-40.213 P ; 1-7-1970 nº 69-40.528 P) ou si la clientèle démarchée est constituée par des particuliers (Cass. soc. 26-10-1964 nº 58-40.561 P ; 22-10-1981 nº 79-41.313 P). À l'inverse, la diversité des produits, le cas échéant, leur caractère complémentaire, ainsi que les services annexes à la vente (service après-vente, contrats d'entretien) contribuent à fixer cette clientèle (Cass. soc. 4-11-1970 nº 69-40.494 P ; 5-12-1984 nº 81-42.224 S).

Enfin, certains modes d'exercice de la représentation semblent constituer des obstacles à la création et l'acquisition d'une clientèle. Il en est ainsi de la vente sur des **foires** et **marchés** (Cass. soc. 13-1-1965 nº 63-40.178) ou sur **appel d'offres** (Cass. soc. 12-1-1966 nº 65-40.083 P) ou du **porte-à-porte** (Cass. soc. 9-10-1985 nº 82-41.965).

Le droit du VRP à l'indemnité de clientèle est subordonné à l'**accroissement en nombre et en valeur** de la clientèle, se traduisant par une augmentation du chiffre d'affaires et du nombre de clients (Cass. soc. 30-11-1977 nº 76-40.439 P ; 10-11-1992 nº 89-43.448 D ; 7-1-1997 nº 93-44.751 D). 81820

Cette augmentation peut résulter de l'apport personnel d'une clientèle qui a suivi le VRP, d'une création de clientèle, ou d'un développement de la clientèle préexistante grâce à son **activité propre.** Le développement de la clientèle peut aussi provenir d'une **action conjointe de l'employeur et du VRP.** Ainsi, lorsque le mode de gestion pratiqué par l'employeur comporte une négociation préalable avec les centrales d'achat des grandes surfaces pour ouvrir l'accès à cette clientèle, un VRP a droit à une indemnité de clientèle s'il a contribué au développement en nombre et en valeur de la clientèle de l'employeur (Cass. soc. 14-10-1998 nº 96-40.638 P).

C'est au VRP de **prouver** ce double accroissement (Cass. soc. 1-6-2004 nº 02-41.176 F-D ; 28-3-2018 nº 16-26.724 F-D), par exemple en produisant un **état des clients** et du **chiffre d'affaires** établi à sa date d'entrée en fonctions et un état des clients nouveaux qu'il a apportés. L'employeur peut apporter la preuve contraire, notamment à l'aide de sa **comptabilité,** si elle est de nature à infirmer les allégations du VRP.

Sur la **date** d'appréciation de cet apport de clientèle, voir nº 81890.

81830 **Existence d'un préjudice** Le montant de l'indemnité de clientèle dépend du préjudice subi par le VRP.

S'il **ne justifie pas** qu'il a subi un dommage, le VRP n'a pas droit à l'indemnité (Cass. soc. 3-10-1969 nº 68-40.496 P ; 23-3-1989 nº 86-40.797 P).

ILLUSTRATIONS

Le VRP n'a pas droit à l'indemnité, faute de préjudice :
– s'il continue, pour son propre compte ou pour un autre employeur, à visiter la **même clientèle** et à lui présenter des **articles similaires** (Cass. soc. 2-3-1977 nº 75-40.599 P ; 20-6-1990 nº 87-42.132 D ; 7-7-2016 nº 15-19.412 F-D), ce que l'employeur doit prouver (Cass. soc. 13-10-1993 nº 89-45.458 P ; 11-2-2004 nº 02-40.601 F-P) ;
– s'il est exclusivement **rémunéré au fixe,** car il ne tire aucun bénéfice direct de la clientèle qu'il visite et son licenciement ne lui cause pas de préjudice de ce chef (Cass. soc. 25-10-1965 nº 64-40.473 ; 16-2-1983 nº 80-41.063 P). La perte de la rémunération n'est pas, dans cette hypothèse, consécutive à la perte de la clientèle. Cette situation est à distinguer de celle du VRP rémunéré uniquement par un fixe au moment de son départ, après avoir été antérieurement payé, au moins partiellement, à la commission (Cass. soc. 22-10-1981 nº 79-41.158). En cas de **rémunération mixte** (fixe + commissions), voir nº 81930.

La **perception après la rupture du contrat de revenus supérieurs** à la moyenne des commissions versées durant les 2 dernières années d'activité dans l'entreprise n'écarte pas en soi l'existence d'un préjudice lié à la perte de la clientèle apportée (Cass. soc. 11-5-2011 nº 09-41.298 FS-PB).

81840 Le VRP qui a **vendu sa clientèle** à son successeur avec l'accord de son employeur ne peut pas lui réclamer réparation du préjudice résultant de la perte de celle-ci car la cession suppose qu'il a renoncé à en bénéficier (Cass. soc. 28-10-1992 nº 89-43.805 P ; 17-12-2002 nº 01-01.188 FS-PB).

Corrélativement, l'indemnité de clientèle due au **successeur** lors de son départ devra prendre en compte l'activité créée et développée par son prédécesseur auquel aucune indemnité n'a été versée (nº 81900, a).

b. Calcul et paiement

81880 L'indemnité de clientèle ne peut pas être déterminée forfaitairement à l'avance (C. trav. art. L 7313-16). Son **montant** doit être apprécié et **fixé** au moment du départ (nº 81890), soit à l'amiable entre les parties, soit, à défaut d'accord, par les juges en fonction du préjudice subi (Cass. soc. 21-3-1979 nº 77-40.977 P ; 4-11-1988 nº 85-46.158 D ; 25-4-2007 nº 05-44.338 F-D).

En cas de fixation par les juges, l'indemnité de clientèle, en raison de sa nature indemnitaire, ne produit d'**intérêts** qu'à compter du jour où elle a été fixée et non du jour de la demande du VRP (Cass. soc. 20-4-1989 nº 85-46.059 D ; 8-3-1995 nº 93-41.669 D).

CONSEIL

Si la loi ne permet pas de déterminer l'indemnité de clientèle forfaitairement et à l'avance, par une clause insérée dans le contrat de travail ou en cours d'exécution de celui-ci, elle n'interdit pas, au moment de la rupture, la fixation d'une **somme forfaitaire globale** à l'occasion d'une **transaction,** couvrant, notamment, cette indemnité (Cass. soc. 26-10-1979 nº 77-40 720 P).

MODALITÉS D'ÉVALUATION

81890 **Date d'appréciation de la clientèle** La clientèle à considérer pour la détermination de l'indemnité de clientèle est celle dont bénéficie le VRP au **moment** de son départ (Cass. soc. 17-6-1960 nº 58-40.782 P ; 31-10-2012 nº 11-18.612 F-D).

Mais certains **comportements de l'employeur** dommageables pour la clientèle apportée, créée ou développée par le VRP peuvent conduire les juges à se référer aux dernières périodes d'activité normale du VRP.

De même, en cas de **suspension du contrat** de travail liée à un accident du travail, les juges peuvent se placer à la date où le VRP a été mis en arrêt de travail (Cass. soc. 19-11-2014 nº 13-15.775 FS-PB).

ILLUSTRATIONS

Les juges ont, par exemple, **anticipé la date d'appréciation de la clientèle** dans le cas de la création par l'employeur d'un réseau de vente directe concurrençant le VRP (Cass. soc. 22-1-1976 nº 74-40.576 P), de la réduction unilatérale du secteur du VRP (Cass. soc. 8-7-1985 nº 82-43.342 S ; 18-3-2003 nº 01-42.255 F-P) ou du relèvement excessif des tarifs des produits vendus par la société (Cass. soc. 27-11-1975 nº 74-40.635 P).

81900 **Période retenue** En principe, il est tenu compte de l'ensemble de la **période d'activité du salarié** dans l'entreprise en tant que **VRP.** Ainsi, un représentant qui n'a pas pu invoquer le statut légal avant une date déterminée, parce qu'il n'en remplissait pas toutes les conditions, ne peut pas prétendre à l'indemnité de clientèle pour les clients apportés par lui avant cette date (Cass. soc. 24-11-1965 n° 64-40.596 P). Il ne pourrait en être autrement que dans le cas d'une application contractuelle du statut (n° 79820).

> **Précisions** **a.** Lorsque le bénéficiaire de l'indemnité de clientèle a **racheté sa carte** à son prédécesseur avec l'accord de l'employeur, l'indemnité de clientèle doit aussi prendre en compte la clientèle apportée ou développée par ce prédécesseur sauf si celui-ci a lui-même perçu à son départ une indemnité de clientèle, ou si l'employeur a remboursé au nouveau VRP les sommes versées par lui à son prédécesseur pour racheter la carte (Cass. soc. 6-3-1980 n° 78-41.074 P ; 16-6-2004 n° 02-42.674 FS-P).
> **b.** Si, à la suite de la **cessation de son activité,** une **société a cédé sa clientèle à une autre,** la seconde doit être considérée comme la continuatrice de la première. Pour apprécier la mesure dans laquelle le VRP a développé la clientèle, il y a lieu de considérer la période s'étendant de son embauche par la première société jusqu'à son départ de la seconde société (Cass. soc. 29-1-1969 n° 67-40.697 P ; 12-1-1977 n° 75-41.021 P).

Activité du VRP Seule doit être prise en compte la **part personnelle** du VRP dans l'importance de la clientèle. 81910

Certains facteurs viennent ainsi **minorer** l'évaluation de l'indemnité. Tel est le cas de la **publicité** faite par l'employeur (Cass. soc. 8-11-1962 n° 61-40.144 P ; 5-5-1970 n° 69-40.135 P), des **réductions** qu'il a consenties **aux grossistes** pour accroître les ventes (Cass. soc. 5-5-1970 n° 69-40.135 P) et de la notoriété de la **marque** (Cass. soc. 8-3-1967 n° 66-40.066 P). C'est à l'employeur d'établir l'incidence de ces éléments sur les résultats du VRP (Cass. soc. 27-3-1991 n° 88-42.088 D).

Le montant de l'indemnité de clientèle doit aussi tenir compte des diminutions constatées dans la **clientèle préexistante** qui sont imputables au VRP (C. trav. art. L 7313-13). Tel n'est pas le cas lorsqu'elles résultent de la conjoncture économique (Cass. soc. 18-11-1964 n° 63-40.533 P), de la politique commerciale de l'employeur ou de la qualité défectueuse des produits (Cass. soc. 20-1-1971 n° 70-40.607 P).

BASE DE CALCUL

Rémunération et frais professionnels Les **commissions** entrant dans la base de calcul de l'indemnité s'entendent nettes de **frais** professionnels (Cass. soc. 24-10-1978 n° 77-41.106 P ; 19-10-1983 n° 81-41.437 P). Sur l'évaluation du montant des frais professionnels à déduire, voir n° 80280, a. 81930

Pour les VRP **partiellement** rémunérés par un **salaire fixe,** celui-ci n'est pas pris en compte pour le calcul de l'indemnité, sauf, par exemple, s'il a été institué pour compenser une réduction du taux des commissions (Cass. soc. 22-11-1984 n° 82-42.634 S) ou s'il a été établi en corrélation avec l'importance de la clientèle (Cass. soc. 19-3-1986 n° 83-41.668 S).

Avances sur indemnité de clientèle Le montant de l'indemnité de clientèle tient compte des **rémunérations spéciales** accordées en cours de contrat pour le même objet (C. trav. art. L 7313-13). Est donc valable la pratique consistant à verser au VRP, en cours de contrat, des rémunérations dont l'objet est de rémunérer spécialement l'apport de clientèle. Ces avances sur indemnité de clientèle ou surcommissions constituent un élément de salaire qui reste acquis au VRP et ne peut pas donner lieu à **restitution,** même en cas de faute grave (Cass. soc. 23-11-1999 n° 97-43.250 P ; 18-11-2003 n° 01-44.202 FS-PB). Sur le **régime social** de ces sommes, voir n° 81980. 81940

C'est le **montant net** des avances sur indemnité de clientèle qui s'impute sur le montant de l'indemnité de clientèle due, le cas échéant, au VRP (Cass. soc. 18-11-2003 n° 01-44.202 FS-PB ; 26-10-2017 n° 13-24.118 F-D). Si, in fine, le VRP est **rempli de ses droits à indemnité de clientèle** par le versement d'avances, il ne pourra pas prétendre au paiement d'un solde d'indemnité (Cass. soc. 25-6-2003 n° 01-46.479 FS-P).

Lorsque la nature d'une prime n'est pas réglée clairement par les **conventions** passées entre l'employeur et le VRP, c'est au **juge** qu'il revient de trancher en interprétant souverainement l'intention des parties.

ILLUSTRATIONS

Il a été considéré, par exemple, que doivent être **déduites** du montant de l'indemnité de clientèle, car constituant des avances sur indemnité de clientèle :
– les commissions supplémentaires versées en cours d'exécution du contrat à titre d'indemnité de clientèle (Cass. soc. 17-10-1963 n° 62-40.505 P ; 4-11-1971 n° 70-40.459 P) ;

– la prime supplémentaire allouée en cours de contrat pour les commandes importantes, dont l'objet est manifestement de rémunérer déjà partiellement l'accroissement en valeur de la clientèle apportée (Cass. soc. 23-5-1966 n° 65-40.347 P) ;
– les primes qu'un VRP reçoit de son employeur pour tout nouveau client renouvelant ses commandes et dont l'objet est de l'inciter à développer en nombre et en valeur sa clientèle (Cass. soc. 8-4-1974 n° 72-40.797 P).

En revanche, les commissions et primes perçues par le VRP en cours de contrat ne doivent **pas être retranchées** du montant de l'indemnité de clientèle si elles sont en rapport avec le chiffre d'affaires atteint et ont pour but non pas de rémunérer l'apport et le développement de la clientèle sur son secteur mais seulement son activité commerciale (Cass. soc. 22-9-2010 n° 08-45.366 F-D).

CUMUL AVEC D'AUTRES INDEMNITÉS

81950 L'indemnité de clientèle est **cumulable** avec :
– l'indemnité compensatrice de préavis (Cass. soc. 9-1-1974 n° 72-40.593 P) ;
– l'indemnité de non-concurrence (Cass. soc. 6-6-1990 n° 87-44.104 P) ;
– l'indemnité pour rupture abusive du CDI (C. trav. art. L 7313-15 ; Cass. soc. 7-3-1984 n° 82-40.811) ou pour rupture anticipée du CDD (C. trav. art. L 7313-15) ;
– les commissions de retour sur échantillonnages (nos 81670 s.) (Cass. soc. 2-6-1976 n° 75-40.089 P).
En revanche, elle ne se **cumule pas** avec :
– l'indemnité légale de licenciement (Cass. soc. 20-3-1980 n° 78-40.363 ; 3-7-1990 n° 87-45.482 D). Le VRP dont l'indemnité de clientèle, calculée après déduction des avances visées n° 81940 (Cass. soc. 26-10-2017 n° 13-24.118 F-D), est moins élevée que l'indemnité légale de licenciement doit donc recevoir une indemnité égale à cette dernière (Cass. soc. 1-6-2004 n° 02-41.176 F-D ; 2-7-2014 n° 12-29.902 FS-PB) ;
– les indemnités de rupture prévues par l'ANI du 3-10-1975 (nos 82060 s.) ;
– les indemnités de rupture prévues par la convention collective en vigueur dans l'entreprise, éventuellement applicable au VRP (n° 82210).

L'indemnité de clientèle et l'**indemnité de fin de CDD** visée nos 76330 s. sont, selon nous, cumulables car elles n'ont pas le même objet : réparation du préjudice lié à la perte de la clientèle pour la première ; compensation de la précarité de la situation du salarié sous CDD pour la seconde.

c. Régime social

81980 L'indemnité de clientèle suit, au regard des **cotisations de sécurité sociale,** le même régime d'exonération plafonnée que les indemnités de licenciement (nos 63800 s.) (Circ. Acoss 22 du 25-1-2001 ; BOSS-Ind. rupture-580).

Ces règles valent aussi pour les **prélèvements** dont l'assiette est alignée sur celle des cotisations de sécurité sociale : cotisations ou contributions solidarité autonomie, Fnal, dialogue social, chômage, AGS, retraite complémentaire Agirc-Arrco, formation et alternance (contributions à la formation professionnelle, CPF-CDD, supplémentaire à l'apprentissage et taxe d'apprentissage), versement mobilité et participation-construction.

L'indemnité de clientèle est exonérée de **CSG** et de **CRDS** à hauteur du montant légal ou conventionnel (convention collective de branche, accord professionnel ou interprofessionnel) de l'indemnité de licenciement à laquelle le VRP aurait pu prétendre ou du montant exonéré de cotisations s'il est inférieur (CSS art. L 136-1-1, III, 5°-a ; Circ. Acoss 22 du 25-1-2001 ; BOSS-Ind. rupture-590). Même solution pour la **taxe sur les salaires,** dont l'assiette est alignée sur celle de la CSG. La fraction éventuellement excédentaire de l'indemnité est soumise à CSG/CRDS sans application de l'abattement forfaitaire pour frais professionnels (BOSS-Ind. rupture-590).

À défaut d'exemption expressément prévue par l'article L 137-15 du CSS, qui définit limitativement les cas d'exonération de **forfait social** (voir n° 27320), l'indemnité de clientèle est, selon nous, soumise au forfait social dans les conditions de droit commun, c'est-à-dire que son éventuelle fraction exonérée de cotisations sociales mais soumise à la CSG y est assujettie.

ATTENTION

Selon la Cour de cassation, les **avances** sur indemnité de clientèle versées à un VRP au cours de son contrat de travail (n° 81940) ne bénéficient pas de ce régime d'exonération plafonnée. En effet, selon elle, ces avances ont le caractère non pas de dommages-intérêts mais celui de complément de rémunération soumis à **cotisations.**

Cette solution vaut même lorsque ces avances sont imputées sur l'indemnité de clientèle versée en fin de contrat, l'employeur n'étant alors pas fondé à demander le remboursement des cotisations versées (Cass. 2e civ. 11-7-2005 n° 04-30.243 FS-PB). Elle est, selon nous, transposable aux **prélèvements** dont l'assiette est alignée sur celle des cotisations de sécurité sociale, ainsi qu'à la CSG, la CRDS et la taxe sur les salaires.

Compte tenu de cette jurisprudence, il n'est pas dans l'**intérêt de l'employeur** de verser des avances sur indemnité de clientèle.

S'agissant du sort de ces avances au regard de l'**impôt sur le revenu,** voir nos 83610 s.

3. INDEMNITÉS CONVENTIONNELLES DE RUPTURE

À la cessation de son contrat de travail pour l'une des **causes** ouvrant droit à l'**indemnité de clientèle** (n° 81790), le VRP peut prétendre, s'il ne remplit pas toutes les conditions prévues pour bénéficier de cette indemnité (nos 81780 s.), ou si cette solution est plus avantageuse pour lui : 82030
- aux indemnités particulières de rupture prévues par l'ANI du 3-10-1975, si cet accord lui est applicable ;
- ou, sous certaines réserves, à l'indemnité de rupture prévue par la convention ou l'accord collectif dont relève éventuellement l'entreprise (n° 82210).

Sur les dispositions conventionnelles applicables au VRP dont le contrat de travail est rompu pour une **autre cause,** voir n° 82220.

a. Indemnités prévues par l'ANI du 3-10-1975

Quatre indemnités sont prévues (ANI art. 13 à 16) : les indemnités conventionnelle et spéciale de rupture, l'indemnité conventionnelle de départ en retraite et l'indemnité spéciale de mise à la retraite. 82060

› Précisions **a.** Ces indemnités ne sont **cumulables** ni avec l'indemnité légale de licenciement, ni avec l'indemnité de clientèle (ANI art. 13 à 16). En revanche, elles le sont avec les avances sur indemnité de clientèle perçues, le cas échéant, par le VRP au cours de l'exécution de son contrat (n° 81940) (Cass. soc. 4-1-1996 n° 92-40.440 P ; 25-6-2003 n° 01-43.717 FS-P ; 27-3-2019 n° 17-21.014 FS-PB : solution relative aux indemnités conventionnelle et spéciale de rupture mais applicable, selon nous, à toutes les indemnités de rupture de l'ANI). S'agissant de leur cumul avec le produit de la cession de clientèle, voir n° 82140.

b. Seuls peuvent bénéficier des **indemnités spéciales de rupture et de mise à la retraite** les VRP dont la rémunération est constituée en tout ou partie par des **commissions.** Cette solution, qui se déduit de leurs modalités de calcul (nos 82130 et 82160), a été confirmée s'agissant de l'indemnité spéciale de rupture (Cass. soc. 15-10-2002 n° 00-42.364 FS-P).

c. Le bénéfice des indemnités de rupture prévues par l'ANI du 3-10-1975 n'est pas subordonné à la reconnaissance d'un **droit à l'indemnité de clientèle** (Cass. soc. 12-11-1987 n° 85-41.623 ; 15-1-2002 n° 99-45.694 F-D ; 2-6-2021 n° 18-22.016 FS-P : solution relative à l'indemnité spéciale de rupture mais transposable, selon nous, aux autres indemnités de rupture prévues par l'ANI).

d. L'**ancienneté** à retenir pour le **calcul des indemnités** est celle acquise dans l'entreprise et, le cas échéant, dans la seule fonction de VRP (nos 82090 s.). Elle tient compte des périodes de suspension du contrat de travail (ANI 3-10-1975 art. 18) et s'apprécie à la date d'expiration du préavis (Cass. soc. 15-1-2002 n° 99-45.694 F-D : solution relative à l'indemnité conventionnelle de rupture mais transposable, selon nous, aux autres indemnités de rupture prévues par l'ANI) éventuellement applicable.

Sur l'appréciation de l'ancienneté posée comme **condition** au versement de l'indemnité conventionnelle de rupture, voir n° 82080, a.

e. Les indemnités conventionnelle et spéciale de rupture suivent, selon nous, le même **régime social** que les indemnités de licenciement (nos 63810 s.). Quant aux indemnités conventionnelle de départ en retraite et spéciale de mise à la retraite, elles devraient, à notre sens, relever du régime social des indemnités de départ (n° 64970) ou de mise à la retraite (nos 64680 s.) selon le cas.

VRP DE MOINS DE 65 ANS

Indemnité conventionnelle de rupture L'indemnité conventionnelle de rupture est due au VRP remplissant les **conditions** suivantes : 82080
- avoir plus de 2 ans d'ancienneté dans l'entreprise ;
- se trouver dans l'un des cas de cessation du contrat de travail prévus n° 81790 pour l'octroi de l'indemnité de clientèle ;
- avoir moins de 65 ans et ne pas être éligible à l'indemnité conventionnelle de départ en retraite visée nos 82140 s. (ANI du 3-10-1975 art. 13 et 18). Dans le cas contraire, c'est cette dernière qui est due. Sur la date d'appréciation de l'âge du salarié, voir n° 82100, a ;
- avoir expressément renoncé à l'indemnité de clientèle (n° 82100, b), ces deux indemnités n'étant pas cumulables (n° 82060, a).

› Précisions a. L'**ancienneté** s'entend du temps écoulé depuis la date d'engagement du salarié, périodes de **suspension** du contrat comprises (ANI 3-10-1975 art. 18), jusqu'à la date de la **notification** de la rupture du contrat de travail, par analogie avec la solution applicable à l'indemnité de licenciement qui place le curseur au jour de la notification du licenciement et non à la date à laquelle le **préavis** prend fin (n° 63350).

b. À notre sens, par analogie avec les solutions retenues à propos de l'indemnité spéciale de rupture (n° 82100, b), la **renonciation** expresse du VRP à l'**indemnité de clientèle** s'impose même si l'intéressé n'y est pas éligible et ne saurait résulter d'une clause du contrat de travail.

82090 L'indemnité conventionnelle de rupture se **calcule** comme suit, en fonction de l'**ancienneté** acquise par le salarié depuis son embauche dans l'entreprise, entendue comme indiqué n° 82060, d, et dans la limite d'un maximum de 6,5 mois (ANI du 3-10-1975 art. 13) :
– années comprises entre 0 et 3 ans d'ancienneté : 0,15 mois par année entière ;
– années comprises entre 3 et 10 ans d'ancienneté : 0,20 mois par année entière ;
– années comprises entre 10 et 15 ans d'ancienneté : 0,25 mois par année entière ;
– années au-delà de 15 ans d'ancienneté : 0,30 mois par année entière.

Cette indemnité est calculée sur la **rémunération mensuelle** moyenne des 12 derniers mois, déduction faite des **frais** professionnels (ANI du 3-10-1975 art. 13), et sur la seule **partie fixe** de la rémunération en cas de **cumul** avec l'indemnité spéciale de rupture visée n°s 82100 s. (ANI du 3-10-1975 art. 13). Sur la rémunération à retenir en cas de licenciement consécutif à une **maladie prolongée,** voir n° 82130.

EXEMPLE

Un VRP quitte l'entreprise après 5 années pleines de contrat. Au cours des 12 derniers mois, il a perçu 10 000 € au titre de sa partie fixe (soit 833,33 € mensuels) et 50 000 € au titre de sa partie variable (soit 4 166,67 € mensuels), déduction faite de ses frais professionnels.

S'il peut aussi prétendre à l'indemnité spéciale de rupture, le VRP doit percevoir, au titre de l'indemnité conventionnelle de rupture, la somme de [(0,15 × 3) + (0,20 × 2)] × 833,33 € = 708,33 €.

Mais si tel n'est pas le cas, la somme due au VRP au titre de l'indemnité conventionnelle de rupture est égale à (833,33 + 4 166,67) × [(0,15 × 3) + (0,20 × 2)] = 4 250 €.

82100 **Indemnité spéciale de rupture** Sauf **opposition** de l'employeur, le VRP peut bénéficier de l'indemnité spéciale de rupture s'il remplit les **conditions** ci-après (ANI du 3-10-1975 art. 14) :
– se trouver dans l'un des cas de cessation du contrat prévus n° 81790 pour l'octroi de l'indemnité de clientèle ;
– avoir moins de 65 ans et ne pas être éligible à l'indemnité spéciale de mise à la retraite visée n° 82160 car, dans le cas contraire, c'est cette dernière qui est due ;
– avoir renoncé, au plus tard dans les 30 jours suivant l'expiration du contrat de travail, à l'indemnité de clientèle, ces deux indemnités n'étant pas cumulables (n° 82060, a).

Sa rémunération doit aussi être constituée en tout ou partie par des **commissions** (voir n° 82060, b).

› Précisions a. Pour apprécier si un VRP remplit la **condition d'âge** requise pour bénéficier de l'indemnité spéciale de rupture, l'employeur doit se placer à la date de la notification de la mise à la retraite et non à celle de la rupture du contrat de travail (Cass. soc. 9-5-2006 n° 03-47.564 F-P). Cette solution, qui place le curseur à la date de notification de la rupture et non à celle à laquelle le contrat de travail prend fin (date d'expiration du préavis), est, à notre sens, transposable aux autres indemnités de rupture prévues par l'ANI du 3-10-1975.

b. La **renonciation à l'indemnité de clientèle** doit intervenir dans le **délai** de 30 jours suivant l'expiration du contrat de travail même si le VRP ne peut pas effectivement y prétendre (Cass. soc. 2-6-2021 n° 18-22.016 FS-P), sauf s'il a été licencié à tort pour faute grave (Cass. soc. 11-7-2012 n° 10-28.719 F-D ; 9-12-2020 n° 19-17.395 FS-PB). Cette renonciation doit être **expresse**. Ainsi, la seule acceptation par le salarié des sommes versées par l'employeur, à titre d'indemnité conventionnelle ou spéciale de rupture, ne suffit pas à la caractériser (Cass. soc. 13-3-1991 n° 88-43.638 D ; 17-12-1997 n° 95-42.807 D). Par ailleurs, la renonciation à l'indemnité de clientèle ne peut pas avoir lieu **par avance**. Est donc nulle la clause du contrat de travail d'un VRP prévoyant la renonciation à l'indemnité de clientèle en contrepartie du versement de l'indemnité spéciale de rupture (Cass. soc. 3-12-1987 n° 85-40.747 P ; 17-12-1997 n° 95-42.807 D).

c. L'employeur peut **s'opposer** au versement de l'indemnité spéciale, s'il en informe par écrit le VRP au plus tard dans les 15 jours de la notification de la rupture ou de la date d'expiration du CDD non renouvelable (ANI du 3-10-1975 art. 14).

L'indemnité spéciale de rupture est **fixée** comme suit, en fonction de l'**ancienneté** du salarié dans l'entreprise dans la seule fonction de VRP (ANI du 3-10-1975 art. 14 et 18 ; Cass. soc. 3-4-2007 n° 05-43.008 F-D), entendue comme indiqué n° 82060, d, et dans la limite d'un maximum de 10 mois (ANI du 3-10-1975 art. 14) : **82130**

- années comprises entre 0 et 3 ans d'ancienneté : 0,70 mois par année entière ;
- années comprises entre 3 et 6 ans d'ancienneté : 1 mois par année entière ;
- années comprises entre 6 et 9 ans d'ancienneté : 0,70 mois par année entière ;
- années comprises entre 9 et 12 ans d'ancienneté : 0,30 mois par année entière ;
- années comprises entre 12 et 15 ans d'ancienneté : 0,20 mois par année entière ;
- années d'ancienneté au-delà de 15 ans : 0,10 mois par année entière.

L'article 14 de l'ANI du 3-10-1975 se référant à l'ancienneté par « année entière », l'indemnité n'est pas due lorsque le contrat est rompu avant l'expiration de la première année (CA Paris 19-3-1991 n° 90-36387).

L'indemnité est calculée sur la **rémunération mensuelle** moyenne des 12 derniers mois, déduction faite des **frais** professionnels et à l'exclusion de la **partie fixe** de cette rémunération (ANI du 3-10-1975 art. 14), qui ouvre droit à l'indemnité conventionnelle de rupture (n° 82090).

Lorsqu'un VRP est licencié à la suite d'une **maladie prolongée,** la rémunération de référence est celle des 12 mois précédant l'arrêt de travail (Cass. soc. 1-7-1997 n° 94-40.449 P ; 9-7-2008 n° 06-44.240 FS-P ; dans le même sens à propos de l'indemnité conventionnelle de rupture : Cass. soc. 10-12-1997 n° 94-45.414 D).

EXEMPLE

Un VRP quitte l'entreprise après 5 années pleines de contrat. Au cours des 12 derniers mois, il a perçu 10 000 € au titre de sa partie fixe et 50 000 € au titre de sa partie variable (soit une rémunération variable de 4 166,67 € mensuels), déduction faite de ses frais professionnels.
Le VRP doit percevoir au titre de l'indemnité spéciale de rupture la somme de [(0,70 × 3) + (1 × 2)] × 4 166,67 € = 17 083,35 €.

VRP D'AU MOINS 65 ANS

Indemnité conventionnelle de départ en retraite L'indemnité conventionnelle de départ en retraite est due au VRP qui remplit les **conditions** suivantes : **82140**

- être âgé d'au moins 65 ans (60 ans en cas d'inaptitude reconnue par la sécurité sociale). Sur la date d'appréciation de l'âge du salarié, voir n° 82100, a ;
- se trouver dans l'un des cas de cessation du contrat de travail prévus n° 81790 pour l'octroi de l'indemnité de clientèle, ou avoir décidé de partir en retraite (ANI du 3-10-1975 art. 15) ;
- avoir renoncé à l'indemnité de clientèle, ces deux indemnités n'étant pas cumulables (n° 82060, a). À notre sens, par analogie avec les solutions retenues à propos des indemnités conventionnelle et spéciale de rupture (n° 82100, b), la renonciation du VRP à l'indemnité de clientèle, qui ne saurait être exprimée par avance lors de l'embauche, doit être expresse et s'impose même si l'intéressé n'y est pas éligible.

ATTENTION

Un VRP ayant **cédé sa clientèle** à un successeur agréé par l'employeur ne peut pas **cumuler** l'indemnité conventionnelle de départ en retraite avec le produit de la cession (Cass. soc. 12-11-1987 n° 85-40.279 P : solution transposable, selon nous, aux autres indemnités de rupture prévues par l'ANI).

L'indemnité conventionnelle de départ en retraite est **fixée** comme suit en fonction de l'**ancienneté** acquise par le salarié depuis son embauche dans l'entreprise, entendue comme indiqué n° 82060, d (ANI du 3-10-1975 art. 15) : **82150**

- 0,20 mois par année entière jusqu'à 5 ans d'ancienneté ;
- un mois après 5 ans d'ancienneté ;
- 2 mois après 10 ans d'ancienneté ;
- 2,5 mois après 15 ans d'ancienneté ;
- 3 mois après 20 ans d'ancienneté ;
- 3,5 mois après 25 ans d'ancienneté ;
- 4 mois après 30 ans d'ancienneté.

Il n'est pas tenu compte de la présence postérieure au 65e anniversaire (ANI du 3-10-1975 art. 15).

L'indemnité est calculée sur la **rémunération mensuelle** moyenne des 12 derniers mois, déduction faite des **frais** professionnels. Elle peut être **cumulée** avec l'indemnité spéciale de mise à la retraite visée n° 82160, mais, dans ce cas, elle est calculée sur la seule **partie fixe** convenue de la rémunération (ANI du 3-10-1975 art. 15).

Par analogie avec la solution retenue à propos des indemnités conventionnelle et spéciale de rupture, la rémunération à retenir en cas de licenciement pour **maladie prolongée** doit, selon nous, être calculée comme indiqué nº 82130.

> **Précisions** L'article 15 de l'ANI du 3-10-1975 se référant à l'**ancienneté** par « année entière » jusqu'à 5 ans d'ancienneté, l'indemnité n'est pas due lorsque le contrat de travail est rompu avant l'expiration de la première année (en ce sens, voir nº 82130 la solution retenue à propos de l'indemnité spéciale de rupture).

82160 **Indemnité spéciale de mise à la retraite** Sauf **opposition** de l'employeur, le VRP peut bénéficier de l'indemnité spéciale de mise à la retraite s'il remplit les **conditions** suivantes (ANI du 3-10-1975 art. 16) :
– être âgé, à la date indiquée nº 82100, a, d'au moins 65 ans (60 ans en cas d'incapacité permanente totale de travail) ;
– se trouver dans l'un des cas de cessation du contrat prévus nº 81790 pour l'octroi de l'indemnité de clientèle ;
– avoir renoncé à l'indemnité de clientèle, les deux indemnités n'étant pas cumulables (nº 82060, a).

Sa rémunération doit, en outre, être constituée en tout ou partie par des **commissions** (voir nº 82060, b). Un VRP rémunéré exclusivement au **fixe** ne peut donc pas y prétendre.

L'indemnité spéciale de mise à la retraite est **égale** à la moitié de l'indemnité spéciale de rupture visée nº 82130 (ANI du 3-10-1975 art. 16).

> **Précisions** **a.** Les modalités de **renonciation** à l'indemnité de clientèle et d'**opposition** de l'employeur au versement de l'indemnité spéciale de mise à la retraite sont identiques à celles prévues pour l'indemnité spéciale de rupture (ANI du 3-10-1975 art. 16) : voir nº 82100, b et c.
> **b.** L'**ancienneté** à retenir pour le calcul de l'indemnité spéciale de mise à la retraite est celle acquise dans l'entreprise dans la seule fonction de VRP (ANI du 3-10-1975 art. 16 et 18). Elle est déterminée comme indiqué nº 82060, d. Toutefois, il n'est pas tenu compte de la présence postérieure au 65e anniversaire (ANI du 3-10-1975 art. 16).

b. Indemnité prévue par la convention collective applicable dans l'entreprise

LICENCIEMENT, FIN DE CDD OU MISE À LA RETRAITE

82210 Lorsque l'employeur est assujetti à une convention ou un accord collectif ou à une **décision unilatérale** de sa part ou de celle d'un groupement d'employeurs, le VRP peut, dans les cas de **rupture ouvrant droit à l'indemnité de clientèle** (notamment licenciement, CDD non renouvelé à son expiration ou rompu de façon anticipée par l'employeur, et mise à la retraite : nº 81790), prétendre, en tout état de cause, à une indemnité égale à celle à laquelle il aurait eu droit si, bénéficiant de cette convention, de cet accord ou de cette décision, il avait, selon son âge, été licencié ou mis à la retraite (C. trav. art. L 7313-17), dès lors que ce texte **n'exclut pas** les VRP de son champ d'application (Cass. soc. 13-1-2021 nº 19-12.522 FS-PI ; 24-11-2021 nº 18-26.723 F-D).

Lorsque cette indemnité est prévue par une convention ou un **accord de branche** ou une **décision unilatérale** de l'employeur, elle doit, en outre, être plus favorable que celle à laquelle le VRP peut prétendre en vertu de l'ANI du 3-10-1975 (ANI du 3-10-1975, préambule et art. 19), car dans le cas contraire c'est cette dernière qui est due (nº 962). En revanche, si elle résulte d'un **accord d'entreprise,** c'est cette indemnité qui est due, même si elle est moins favorable que celle prévue par l'ANI du 3-10-1975 ou la convention de branche dont relève l'entreprise, compte tenu du principe de primauté des accords d'entreprise sur les conventions de branche ou les ANI (nº 980).

Cette indemnité conventionnelle de rupture n'est pas **cumulable** avec l'indemnité de clientèle, seule la plus élevée étant due (C. trav. art. L 7313-17). De même, si l'indemnité légale est plus élevée, c'est cette dernière qui est due (nº 950).

> **ATTENTION**
> Les parties signataires de la convention ou de l'accord applicable à l'entreprise peuvent **exclure expressément les VRP** du bénéfice de ses dispositions (Cass. soc. 30-9-1997 nº 94-43.733 P ; 13-7-2005 nº 03-44.975 F-D).

DÉPART À LA RETRAITE, DÉMISSION OU RUPTURE AMIABLE

82220 En cas de départ volontaire à la retraite, de démission (hors cas particuliers visés nº 81790, c), de rupture conventionnelle homologuée ou de rupture amiable du CDD, le VRP ne peut pas prétendre à l'**indemnité de clientèle** et donc au régime exposé nº 82210.

En revanche, il peut bénéficier de l'indemnité conventionnelle prévue par la convention collective dont relève son employeur dès lors qu'elle lui est **expressément applicable** (n° 79830) et plus favorable que l'**indemnité légale** prévue, le cas échéant. En effet, si le VRP remplit les conditions d'attribution des indemnités légale et conventionnelle, seule la plus avantageuse est due (sur l'appréciation du caractère plus favorable de la loi ou de la convention collective, voir n° 950).

› Précisions En cas de **départ volontaire à la retraite** d'un VRP d'au moins 65 ans, il convient de déterminer au préalable l'indemnité conventionnelle due par application des règles exposées nos 962 s., qui peut être l'indemnité conventionnelle de départ en retraite prévue par l'ANI du 3-10-1975 (n° 82140) ou l'indemnité issue de la convention collective dont relève l'employeur.

4. TABLEAU RÉCAPITULATIF

Le tableau ci-dessous récapitule les différentes indemnités de rupture auxquelles le VRP peut 82300
prétendre selon le cas de rupture et son âge. Il ne présente que les **indemnités spécifiques aux VRP** prévues par l'ANI du 3-10-1975 ainsi que les **indemnités légales** de rupture. Si la **convention** collective **de branche** dont relève l'entreprise est applicable aux VRP et prévoit, pour le cas de rupture concerné, une indemnité plus avantageuse, c'est cette dernière qui doit être versée. Si un **accord d'entreprise** applicable aux VRP prévoit, pour le cas de rupture concerné, une indemnité, c'est cette dernière qui s'applique, sous réserve qu'elle soit plus favorable que l'indemnité légale (voir nos 82210 s.).

Outre ces sommes, le VRP a droit :

– à l'indemnité compensatrice de **préavis** dans les conditions visées nos 81510 s. ;

– aux éventuelles **commissions de retour sur échantillonnages** (voir nos 81670 s.) ;

– à l'indemnité compensatrice de **congés payés,** sauf si les indemnités de congés payés sont comprises dans les commissions (voir n° 80830) ;

– à l'indemnité compensatrice de **non-concurrence** en cas d'application d'une clause de non-concurrence (voir n° 82560).

<table>
<tr><th>Cas de rupture du contrat</th><th colspan="2">Indemnités de rupture</th></tr>
<tr><td rowspan="4">Licenciement en l'absence de faute grave du VRP

Prise d'acte de la rupture produisant les effets d'un licenciement sans cause réelle et sérieuse</td><td>Le VRP de moins de 65 ans (ou 60 ans dans le cas visé nos 82140 et 82160) a droit :</td><td>Le VRP d'au moins 65 ans (ou 60 ans dans le cas visé nos 82140 et 82160) a droit :</td></tr>
<tr><td colspan="2">– à l'indemnité de clientèle ;</td></tr>
<tr><td>– ou, s'il y renonce ou ne peut pas y prétendre, à l'indemnité conventionnelle de rupture cumulée, le cas échéant, avec l'indemnité spéciale de rupture (ANI art. 13 et 14) ;</td><td>– ou, s'il y renonce ou ne peut pas y prétendre, à l'indemnité conventionnelle de départ en retraite cumulée, le cas échéant, avec l'indemnité spéciale de mise à la retraite (ANI art. 15 et 16) ;</td></tr>
<tr><td colspan="2">– ou à l'indemnité légale de licenciement dans les conditions visées nos 63340 s., si elle est plus favorable.</td></tr>
<tr><td rowspan="4">Rupture du CDD par l'employeur avant l'échéance du terme ou non-renouvellement du CDD venu à échéance, sans faute grave du VRP</td><td>Le VRP de moins de 65 ans (ou 60 ans dans le cas visé nos 82140 et 82160) a droit :</td><td>Le VRP d'au moins 65 ans (ou 60 ans dans le cas visé nos 82140 et 82160) a droit :</td></tr>
<tr><td colspan="2">– à l'indemnité de clientèle ;</td></tr>
<tr><td>– ou, s'il y renonce ou ne peut pas y prétendre, à l'indemnité conventionnelle de rupture cumulée, le cas échéant, avec l'indemnité spéciale de rupture (ANI art. 13 et 14) ;</td><td>– ou, s'il y renonce ou ne peut pas y prétendre, à l'indemnité conventionnelle de départ en retraite cumulée, le cas échéant, avec l'indemnité spéciale de mise à la retraite (ANI art. 15 et 16) ;</td></tr>
<tr><td colspan="2">Sur le droit à une indemnité de fin de contrat, voir nos 76330 s.
Sur les dommages-intérêts auxquels peut être condamné l'employeur en cas de rupture anticipée du CDD, voir n° 76280.</td></tr>
</table>

Cas de rupture du contrat	Indemnités de rupture
Mise à la retraite	Le VRP a droit : – à l'**indemnité de clientèle** ; – ou, s'il y renonce ou ne peut pas y prétendre, à l'**indemnité conventionnelle de départ en retraite** cumulée, le cas échéant, avec l'indemnité **spéciale de mise à la retraite** (ANI art. 15 et 16) ; – ou à l'**indemnité légale** de mise à la retraite dans les conditions visées n° 64650, si elle est plus favorable.
Départ à la retraite	Le VRP a droit : – à l'**indemnité conventionnelle de départ en retraite** s'il est âgé d'au moins 65 ans (ou 60 ans dans le cas visé n° 82140) (ANI art. 15) ; – ou à l'**indemnité légale** de départ à la retraite dans les conditions visées n°s 64900 s., si elle est plus favorable.
Démission (hors cas particuliers visés n° 81790)	Pas d'indemnité
Rupture conventionnelle homologuée	Le VRP a droit à l'**indemnité spécifique de rupture conventionnelle** dans les conditions visées n° 64220.

C. Non-concurrence après la cessation du contrat

82530 Une **clause** de non-concurrence interdisant au VRP d'entrer au service d'un concurrent ou de s'installer à son compte après avoir quitté son employeur n'est licite que si elle est indispensable à la protection des intérêts légitimes de l'entreprise, limitée dans le temps et l'espace, restreinte quant à la nature de l'activité et assortie d'une compensation financière : voir Mémento social n°s 69630 s.

L'article 17 de l'ANI du 3-10-1975 fixe les règles relatives aux clauses de non-concurrence des VRP (sur son champ d'application, voir n° 79830).

DURÉE ET CHAMP D'APPLICATION DE LA CLAUSE

82540 L'interdiction de concurrence après la rupture du contrat de travail n'est valable que pendant une **durée maximale** de 2 ans à compter de cette rupture et sur les seuls **secteurs** et **catégories de clients** que le VRP était chargé de visiter au moment de la notification de la rupture du contrat ou de la date d'expiration du CDD non renouvelable (ANI du 3-10-1975 art. 17, al. 1).

Mais en cas de **changement** de secteur ou de clientèle **datant de moins de 6 mois,** l'employeur peut opter pour l'application de l'interdiction dans les secteurs et catégories de clients concédés au VRP avant ce changement, à condition de le lui signifier par lettre recommandée avec accusé de réception dans les 15 jours suivant la notification de la rupture ou la date d'expiration du CDD non renouvelable (ANI du 3-10-1975 art. 17, al. 2).

> **Précisions** **a.** Selon l'ANI du 3-10-1975, par « **notification de la rupture** » il faut entendre, selon les cas, la lettre de démission, de licenciement, de constatation de la rupture, de rupture anticipée du CDD ou de non-renouvellement du CDD renouvelable.
Le **point de départ** du **délai** de 15 jours est le même que celui fixé pour dispenser le VRP d'exécuter la clause de non-concurrence : voir n° 82570.
b. L'interdiction de concurrence ne s'applique pas si le VRP est **licencié** durant ses **3 premiers mois** d'emploi ou s'il **démissionne** pendant ses **45 premiers jours** d'emploi (ANI du 3-10-1975 art. 17, al. 7).
c. En cas de rupture du contrat consécutive à un **redressement** ou à une **liquidation judiciaires** ou à la **cessation des activités** de l'entreprise, la clause de non-concurrence s'applique, sauf si le VRP demande qu'elle soit levée, par lettre recommandée avec accusé de réception, et à condition que l'employeur ne lui confirme pas expressément le maintien de la clause, dans les mêmes formes, dans les 15 jours de la demande (ANI du 3-10-1975 art. 17, al. 9 ; Cass. soc. 25-5-1994 n° 90-45.988 P).

INDEMNITÉ COMPENSATRICE DE NON-CONCURRENCE

82560 Pendant la durée de l'interdiction de concurrence, le VRP a droit à une contrepartie pécuniaire mensuelle dont le **montant** est égal à 2/3 ou 1/3 de mois selon que la durée de l'interdiction est supérieure ou au plus égale à un an (ANI du 3-10-1975 art. 17, al. 3).

Cette indemnité est **calculée** sur la rémunération moyenne mensuelle des 12 derniers mois, ou de la durée de l'emploi si celle-ci a été inférieure à 12 mois, après déduction des frais professionnels, sans que cette moyenne puisse être inférieure à 173,33 fois le taux horaire du Smic au cas où le VRP, engagé à titre exclusif et à plein temps, aurait été licencié au cours de la première année d'activité (ANI du 3-10-1975 art. 17, al. 4).

Sur le **régime social et fiscal** de cette indemnité, voir nos 66950 s. S'agissant de son **cumul** avec l'indemnité de clientèle, voir n° 81950.

> **Précisions** **a.** L'indemnité est due dans tous les cas où l'obligation de non-concurrence s'impose, quel que soit le **mode de rupture** du contrat de travail (voir n° 66820). Elle peut être réclamée par le VRP même si son **contrat de travail** comportant la clause de non-concurrence ne renvoie pas expressément à l'ANI du 3-10-1975 (Cass. soc. 18-3-2016 n° 14-14.265 F-D) ou si la clause de non-concurrence ne lui cause **aucun préjudice** (Cass. soc. 19-3-1986 n° 83-45.465 S). En revanche, elle cesse d'être due en cas de **violation** de cette clause par le VRP (n° 82580).
> **b.** Ayant un **caractère forfaitaire** (Cass. soc. 17-1-1996 n° 91-41.869 P), l'indemnité ne peut être réduite ni en raison du **licenciement** du salarié pour inaptitude (Cass. soc. 7-3-2007 n° 05-45.574 F-PB), ni en cas de restriction du **champ de l'interdiction** de non-concurrence à une partie de la clientèle (Cass. soc. 17-1-1996 n° 91-41.869 P) ou de **démission** (voir n° 66820) même si l'article 17 de l'ANI du 3-10-1975 le prévoit en cas de démission.
> **c.** Selon l'article 17 de l'ANI précité, l'expression « **à plein temps** » a pour objet non pas d'introduire une notion d'horaire de travail, souvent inadaptée à la profession de VRP, mais d'exclure ceux qui, bien qu'engagés à titre exclusif, n'exercent qu'une activité réduite à temps partiel. Toutefois, selon nous, il n'y a pas lieu de distinguer entre temps plein et temps partiel dans la mesure où la jurisprudence considère qu'un VRP engagé à titre exclusif ne peut pas se voir imposer de travailler à temps partiel : voir n° 80440.
> **d.** La rémunération moyenne des 12 derniers mois s'entend des mois normalement travaillés, à l'exclusion des périodes d'**arrêt de travail** pour maladie (Cass. soc. 11-5-2005 n° 03-43.181 F-PB) et de l'**indemnité compensatrice de congés payés** (Cass. soc. 19-1-2012 n° 10-20.708 F-D).

RENONCIATION DE L'EMPLOYEUR À L'APPLICATION DE LA CLAUSE

L'employeur peut **dispenser** le VRP de l'exécution de la clause de non-concurrence ou en **réduire** la durée en le prévenant par lettre recommandée avec accusé de réception dans le **délai** de 15 jours suivant la notification (entendue comme indiquée n° 92540, a), par l'une ou l'autre des parties, de la rupture du contrat ou de la date d'expiration du CDD non renouvelable (ANI du 3-10-1975 art. 17, al. 8). S'agissant du point de départ et de la date d'expiration du délai de 15 jours, les solutions étudiées sous n° 66840 sont selon nous applicables aux VRP. **82570**

L'employeur peut renoncer à l'application de la clause de non-concurrence dans la **lettre notifiant le licenciement** du VRP (Cass. soc. 22-1-2003 n° 01-41.369 F-D ; 26-9-2012 n° 11-14.989 F-D).

En l'absence de dispense dans ces conditions, l'employeur ne peut pas interrompre unilatéralement, avant le terme prévu, le **versement** de l'indemnité de non-concurrence, même en déliant le VRP de toute obligation en ce domaine (Cass. soc. 25-3-1981 n° 78-41.320 ; 17-12-1987 n° 85-42.264 D).

VIOLATION DE LA CLAUSE

Le salarié qui viole (même temporairement) l'interdiction de concurrence perd le droit à l'**indemnité compensatrice** et doit la **rembourser** pour la période correspondant à la violation de la clause (n° 66805). Il peut en outre être condamné à des dommages-intérêts (ANI du 3-10-1975 art. 17, al. 5). **82580**

Si l'interdiction de concurrence est assortie d'une **clause pénale,** le montant de la pénalité ne peut pas être supérieur à celui des rémunérations versées par l'employeur durant les 24 derniers mois ou pendant la durée de l'emploi si celle-ci a été inférieure (ANI du 3-10-1975 art. 17, al. 6). Le juge peut en moduler le montant s'il apparaît excessif ou dérisoire (C. civ. art. 1231-5).

V. PROTECTION SOCIALE

Les VRP sont, en principe, soumis au droit commun applicable aux salariés, sauf dispositions spécifiques qui seules sont abordées dans les développements qui suivent. **82660**

Sur la prise en compte des VRP exerçant leur activité hors d'un établissement de leur employeur dans l'**effectif** requis pour l'assujettissement de l'entreprise au versement mobilité, voir nos 26925 s. Sur l'intégration des VRP dans l'effectif sécurité sociale, voir n° 18846.

A. Sécurité sociale

ASSIETTE DES COTISATIONS

82680 Les éléments de rémunération soumis à cotisations étant déterminés comme ceux des autres salariés, ne sont exposées ci-après que les règles propres aux VRP.

En ce qui concerne le régime social :
- de l'**indemnité de clientèle** et des avances consenties sur cette indemnité : voir nº 81980 ;
- de l'indemnité de **non-concurrence** : voir nºs 66950 s. ;
- des indemnités de **rupture** prévues par l'ANI du 3-10-1975, voir nº 82060, e.

Pour le calcul des **cotisations plafonnées** dues sur les rémunérations versées aux VRP percevant des commissions, le plafond est ajusté prorata temporis, en fonction de la périodicité de la paie (CSS art. R 242-2, I, al. 2). Pour les VRP **multicartes,** voir nº 82770.

EXEMPLES

1. Pour un VRP rémunéré exclusivement par des commissions trimestrielles, le plafond à retenir lors de chaque paie s'élève à : plafond mensuel × 3.

2. Pour un VRP percevant un fixe mensuel et des commissions trimestrielles, le plafond à retenir lors de chaque paie est égal au plafond mensuel.

82685 **Assiette minimum des cotisations** Les **VRP** soumis à un **horaire imposé** sont susceptibles de relever des dispositions régissant la réglementation du Smic (nº 80390) et, à ce titre, des règles relatives à l'assiette minimum des cotisations exposées nºs 17900 s.

En revanche, faute d'être soumis au Smic dès lors que leur horaire de travail est incontrôlable, les VRP **sans horaire imposé** ne relèvent pas de ces règles (nº 17900).

FRAIS PROFESSIONNELS

82690 **Frais de représentation** Les sommes versées au titre de **frais forfaitaires** de représentation à des représentants et inspecteurs salariés en dédommagement des frais de menus cadeaux ou autres, offerts à la clientèle en vue d'enlever des commandes, ne peuvent être déduites de l'assiette des cotisations de sécurité sociale que si la **preuve de l'utilisation** effective de ces allocations conformément à leur objet est apportée. Cette preuve ne peut pas résulter de considérations générales sur la nature des fonctions des intéressés (Cass. soc. 16-3-1976 nº 74-13.824 P).

82700 **Déduction forfaitaire spécifique** Les VRP ont droit, sous certaines conditions, à une déduction forfaitaire spécifique (DFS) sur l'assiette des cotisations de sécurité sociale au **taux** de 30 % (nº 96360) dont le montant est **plafonné** à 7 600 € par année civile (Arrêté SANS0224282A du 20-12-2002 art. 9). L'application de la DFS est une **option** pour l'employeur et les salariés peuvent s'y opposer. Pour plus de détails sur cette DFS (**droit** à la déduction et **application**), voir nºs 55460 s.

Lorsque la DFS s'applique, les **indemnités** versées au VRP à titre de **remboursement des frais** professionnels doivent, sous réserve de certaines exceptions, être intégrées dans l'assiette des cotisations (voir nºs 55530 s.). En revanche, la DFS est cumulable avec la prise en charge de **dépenses exceptionnelles** engagées **pour le compte de l'entreprise** (voir nº 55570).

Pour des **modèles de bulletins de paie** avec DFS, voir nºs 95210 s. et plus particulièrement pour un modèle illustrant la réintégration des frais professionnels dans l'assiette des cotisations, voir nº 95220.

Sur le plafonnement du montant de la **réduction générale** de cotisations patronales en cas d'application de la DFS, voir nºs 22270 s. Sur le cumul de la DFS avec la **réduction du taux** des cotisations d'**allocations familiales** et **maladie,** voir nº 22670.

EXONÉRATIONS ET ALLÉGEMENTS DE COTISATIONS

82730 S'agissant :
- du plafonnement du montant de la **réduction générale** de cotisations patronales de sécurité sociale en cas d'application de la déduction forfaitaire spécifique pour frais professionnels, voir nºs 22270 s., et de l'adaptation aux VRP du calcul de cette réduction, voir nºs 22030 (adaptation pour tenir compte des taux réduits de cotisations propres aux VRP) et 22140 (VRP sans horaire imposé) ;
- des dispositifs spécifiques d'**exonération zonée** de cotisations patronales de sécurité sociale, voir nºs 23030 s.

Sur les spécificités relatives aux VRP multicartes, voir nº 82760.

DÉCLARATION ET VERSEMENT DES COTISATIONS

Les employeurs de VRP doivent déclarer et verser via la **DSN** les cotisations de sécurité sociale afférentes à ces salariés auprès de l'**Urssaf** du lieu de l'établissement de rattachement du VRP (Doc. Urssaf au 30-1-2023 ; net-entreprises, fiche n° 1970). 82740

Le contrat de travail du VRP doit, chaque mois et jusqu'à sa rupture, être porté en DSN, y compris les **mois où il ne perçoit pas de commission.** L'employeur doit donc réaliser une paie à zéro afin de signaler que le VRP est toujours en activité mais sans perception de commissions (net-entreprises, fiche n° 1970).

Ces précisions données à propos des VRP multicartes valent aussi, selon nous, pour les VRP monocartes. S'agissant des employeurs n'ayant pas d'établissements en France, voir n° 82810.

RÈGLES SPÉCIFIQUES AUX VRP MULTICARTES

Déclaration Les VRP multicartes sont des VRP rémunérés par deux employeurs au moins pour une même période. Chaque employeur doit déclarer via la **DSN** les cotisations de sécurité sociale afférentes à ces VRP via le code type CTP 300 (net-entreprises, fiche n° 1970) et selon les modalités visées n° 82740. 82750

> **Précisions** Le pôle VRP multicarte de l'**Urssaf Île-de-France** est l'interlocuteur du VRP multicarte et peut être contacté par téléphone (0 806 804 152), par courriel (contact-vrp.idf@urssaf.fr) ou par courrier (Urssaf Île-de-France – Pôle VRP multicarte – TSA 70018 – 93517 Montreuil cedex). Sur l'**espace déclaratif** en ligne dont bénéficient les VRP multicartes pour obtenir le remboursement des cotisations vieillesse plafonnées ou de CSG-CRDS versées en trop au titre de l'année précédente, voir respectivement n°s 82770 et 82900.

Taux des cotisations La **part salariale** des cotisations se calcule aux mêmes taux que pour la généralité des salariés : voir n° 96130. 82760

La **part patronale** de la cotisation vieillesse plafonnée et le taux collectif des cotisations d'accident du travail se calculent à un taux spécial, fixé par arrêté ministériel (Arrêté du 16-2-1959 modifié par arrêté SSAS1832269A du 1-2-2019 ; Arrêté SPRS2232043A du 26-12-2022).

Le tableau ci-dessous récapitule le taux des cotisations patronales :

	Salaire dans la limite du plafond de sécurité sociale (voir n° 96180)	Salaire total
Maladie, maternité, invalidité, décès	–	7 % si salaire ≤ 2,5 Smic (voir n°s 22650 s.) 13 % si salaire > 2,5 Smic
Vieillesse	6,90 %	1,90 %
Allocations familiales	–	3,45 % si salaire ≤ 3,5 Smic (voir n°s 22655 s.) 5,25 % si salaire > 3,5 Smic
Accident du travail	–	1,10 % (code risque 51.1 TG)
Solidarité autonomie	–	0,30 %

À ces prélèvements s'ajoutent, notamment, les contributions **Fnal** et **dialogue social.**

Le cumul du taux réduit de la cotisation d'assurance vieillesse plafonnée avec la **réduction générale** de cotisations patronales de sécurité sociale est autorisé : n° 21840. Le calcul de cette dernière est par ailleurs adapté pour tenir compte de ce taux réduit : voir n° 22030. En cas d'application de la déduction forfaitaire spécifique pour frais professionnels, voir n°s 22270 s. Sur le cumul du taux réduit avec les **exonérations zonées,** voir n°s 23460 (zones de revitalisation rurale), 24500 (zones de restructuration de la défense), 24330 (bassins d'emploi à redynamiser) et 24070, a (zones franches urbaines).

Pour un **modèle de bulletin de paie,** voir n° 95230.

Assiette **Chacun des employeurs** des VRP multicartes cotise, dans la limite du plafond, sur le montant des rémunérations qu'il a personnellement versées (Arrêté du 16-2-1959 : JO 24). 82770

Pour chaque employeur, le **plafond** est ajusté prorata temporis en fonction de la périodicité de la paie (n° 82680). En revanche, sauf en cas d'activité partielle, le plafond n'est pas ajusté à la durée du travail ou au temps de présence puisque les employeurs de VRP multicartes cotisent à taux réduit à l'assurance vieillesse (voir n° 18035, a).

Sur **l'assiette minimum** des cotisations, voir n° 82685.

> Précisions Lorsque le total des assiettes vieillesse déclarées l'année précédente par ses différents employeurs est supérieur au montant du **plafond** annuel de cotisations, le VRP multicarte peut, après demande sur son espace déclaratif en ligne (n° 82900), obtenir un **remboursement des cotisations salariales vieillesse plafonnées versées en trop.** Le montant du remboursement correspond à la base différentielle multipliée par le taux d'assurance vieillesse de l'année (6,90 % en 2022) (Guide pratique des Urssaf).

CAS PARTICULIERS

82810 Le **VRP travaillant en France** pour le compte d'un **employeur ayant son siège à l'étranger** et relevant du régime français de sécurité sociale doit y être affilié et les cotisations correspondantes doivent être versées.

Lorsque l'employeur de **VRP multicartes** n'a **pas d'établissement en France,** il doit les déclarer chaque mois sur une seule DSN, soit directement, soit indirectement via un tiers-déclarant doté d'un logiciel de paie compatible (par exemple, un cabinet d'expertise-comptable) ou un unique VRP, et verser les cotisations et contributions sociales afférentes à leurs rémunérations (Actualité net-entreprises du 24-11-2021). Sur les modalités déclaratives afférentes aux **VRP exclusifs,** voir n°s 36680 s.

Le **VRP travaillant à l'étranger** doit être affilié au régime de sécurité sociale du pays où il est occupé et où il a fixé sa résidence si le travail en cause revêt un caractère permanent. Dans le cas contraire, il faut appliquer les règles propres au détachement (n°s 71160 s.).

> Précisions L'**estimateur** du montant des cotisations de sécurité sociale mis en ligne par l'Urssaf permet d'obtenir le montant trimestriel des cotisations salariales et patronales à partir du montant du virement reçu de l'employeur étranger, sauf si la rémunération totale du VRP multicarte (tous employeurs confondus) est supérieure à 8 fois le plafond de la sécurité sociale (www.urssaf.fr).

B. CSG et CRDS

82900 La déduction forfaitaire spécifique pour **frais professionnels** de 30 % applicable en matière de sécurité sociale (n° 82700) ne l'est pas pour le calcul de la CSG et de la CRDS. Les modalités de calcul exposées n°s 28650 s. relatives à la réduction de 1,75 % pour frais professionnels opérée sur l'assiette de ces contributions sont en revanche applicables aux VRP.

> Précisions Les **VRP multicartes** bénéficient d'un espace déclaratif en ligne, accessible depuis le site internet des Urssaf, où ils peuvent saisir le montant de leurs frais professionnels et leurs coordonnées bancaires afin d'obtenir un éventuel **remboursement** de la CSG-CRDS au titre de l'année précédente. Un guide pratique pour l'utilisation de cet espace est mis à leur disposition sur le site précité.

C. Chômage

82950 Sur la situation des VRP en cas d'**activité partielle,** voir n° 81400.

S'agissant du **chômage total,** les VRP ne font l'objet d'aucune disposition particulière pour la fixation du taux ou de la définition de l'**assiette des contributions.** Compte tenu du principe d'alignement de l'assiette des contributions chômage sur celle des cotisations de sécurité sociale, la déduction forfaitaire spécifique visée n° 82700 est applicable au calcul des contributions dues pour les VRP.

Pour les **VRP multicartes,** chaque employeur calcule le **montant** des contributions chômage qu'il doit sur la part des rémunérations qu'il verse dans la limite de 4 fois le plafond de la sécurité sociale (Règl. Unédic annexé au décret 2019-797 du 26-7-2019 : ann. I art. 49). Ce calcul ne fait pas l'objet d'un mécanisme correcteur visant à éviter qu'au total les contributions des employeurs d'un même VRP ne soient versées sur une assiette globale supérieure à 4 fois le plafond de la sécurité sociale.

L'organisme compétent pour le **recouvrement** et le contrôle des contributions chômage et AGS dues au titre de l'emploi d'un VRP est l'Urssaf (n° 29580) du lieu de l'établissement auquel il est rattaché (net-entreprises, fiche n° 1970).

Les contributions dues pour les VRP doivent être déclarées via la **DSN** (Doc. Urssaf au 30-1-2023).

D. Retraite complémentaire

Les VRP relèvent, pour leur retraite complémentaire, du régime Agirc-Arrco (nos 29900 s.). L'employeur doit **adhérer** à l'institution de retraite complémentaire Malakoff Humanis Agirc-Arrco si la convention collective applicable dans l'entreprise est celle des VRP (IDCC 804), en vertu des règles de compétence exposées no 30070 (Circ. Agirc-Arrco 2019-18-DRJ du 23-12-2019). L'**affiliation** des VRP au régime de retraite Agirc-Arrco s'effectue automatiquement par la transmission mensuelle des données sociales via la DSN (www.malakoffhumanis.com). 83000

Les **cotisations** Agirc-Arrco, que l'employeur doit en principe déclarer via la **DSN,** sont transmises à l'institution de retraite complémentaire compétente (Doc. Urssaf au 20-2-2023). Pour plus de détails sur ces cotisations, voir nos 30120 s.

› Précisions Les **entreprises non éligibles à la DSN** peuvent effectuer leurs déclarations annuelles et l'affiliation de leurs VRP via DéclaR'zen (www.malakoffhumanis.com ; www.agirc-arrco.fr).

E. Prévoyance et frais de santé

En matière de **prévoyance,** certains employeurs de VRP sont assujettis à la **cotisation d'assurance décès** : voir no 30570. 83050

Le VRP dont le contrat de travail est rompu bénéficie, dans les conditions exposées nos 67030 s., du dispositif légal dit « de **portabilité** » lui permettant de conserver temporairement la couverture collective santé et/ou prévoyance en vigueur dans l'entreprise qu'il a quittée. Sur la **dispense d'adhésion** des VRP multicartes bénéficiant par ailleurs d'une autre couverture collective frais de santé, voir no 42940. Sur la faculté d'un **partage de la contribution patronale** de prévoyance complémentaire pour les employeurs d'un VRP multicarte, voir no 42840.

› Précisions Selon l'article 2 de l'accord du 21-12-2009 étendu relatif à la portabilité des couvertures de prévoyance et de santé des VRP, la **cotisation d'assurance décès** doit être **versée** à l'INPR. Toutefois, les dispositions légales autorisant les clauses de désignation d'un organisme assureur en matière de prévoyance ayant été invalidées par le Conseil constitutionnel (Cons. const. 13-6-2013 no 2013-672), l'entreprise qui n'aurait pas, à la date du 16-6-2013, adhéré à l'INPR en application des stipulations conventionnelles, ne saurait être tenue de le faire. En revanche, les contrats d'assurance décès pris en application des règles conventionnelles et désignant cet organisme restent applicables jusqu'à leur terme.

SECTION 3

REPRÉSENTANTS NON STATUTAIRES

À la différence des représentants statutaires, les représentants salariés non statutaires ne font pas l'objet d'un statut particulier. Ils sont donc salariés de **droit commun,** et les règles relatives à leur **rémunération** sont déterminées par : 83400

– la **législation** concernant l'ensemble des salariés, à l'exception de celle relative au **Smic** qui ne leur est applicable que s'ils sont soumis à un horaire contrôlable : voir no 80390 ;

– et, le cas échéant, les dispositions de la **convention collective** s'appliquant à leur employeur et les dispositions de leur **contrat de travail.**

De même, les règles de **protection sociale** à retenir sont celles applicables à l'ensemble des salariés.

Ne leur sont pas applicables :

– le **statut légal des VRP** (C. trav. art. L 7311-1 s.). Ils n'ont donc pas droit aux commissions de retour sur échantillonnages, à l'indemnité de clientèle ou aux indemnités se substituant à cette dernière ;

– l'**ANI** des VRP du 3-10-1975.

Rien n'interdit toutefois à l'employeur et au représentant salarié non statutaire de convenir d'**appliquer contractuellement** tout ou partie du statut légal ou de l'ANI des VRP du 3-10-1975. Sur la portée d'une telle décision, voir no 79820.

À noter par ailleurs que la plupart des dispositions de l'ANI du 22-6-1970 sur la sécurité de l'emploi sont **applicables** à ces représentants (voir nos 81260 s.).

SECTION 4 RÉGIME FISCAL

83500 Sont examinées ici les rémunérations des représentants statutaires et des représentants salariés non statutaires, tels qu'ils ont été définis nos 79810 s., au regard de l'impôt sur le revenu et des taxes et participations assises sur les salaires.

A. Impôt sur le revenu

83550 Les gains réalisés par les représentants de commerce, même multicartes, sont imposables dans la catégorie des traitements et salaires lorsque les intéressés (BOI-RSA-CHAMP-10-20-30 nos 100 et 210) :

– ont la qualité de **représentant statutaire,** c'est-à-dire qu'ils exercent leur activité dans les conditions définies par les articles L 7311-3 s. du Code du travail fixant le statut professionnel des VRP (voir nos 79810 s.) ;

– ou, à défaut de remplir les conditions exigées pour bénéficier du statut, sont titulaires d'un contrat de travail et se trouvent donc placés vis-à-vis de leur employeur dans un état de subordination, situation des **représentants salariés non statutaires.** La condition de subordination est généralement remplie, selon l'administration, lorsque les représentants n'effectuent aucune opération commerciale pour leur compte personnel, ne sont pas libres de l'organisation de leurs tournées, doivent se conformer aux instructions qu'ils reçoivent et sont tenus de rendre compte de leur activité.

Dans tous les autres cas, il s'agit de travailleurs indépendants : représentants libres ou agents commerciaux imposables au titre des bénéfices non commerciaux ; courtiers ou commissionnaires imposables dans la catégorie des bénéfices industriels et commerciaux (BOI-RSA-CHAMP-10-20-30 nos 270 et 280).

La catégorie d'imposition de leurs revenus détermine les modalités d'application aux représentants de commerce du **prélèvement à la source** de l'impôt sur le revenu : prélèvement opéré par l'employeur (ou, pour les multicartes, les employeurs) pour ceux qui relèvent des traitements et salaires ; acompte versé par le représentant aux services fiscaux pour ceux relevant des BIC ou des BNC.

ATTENTION

Lorsque le contribuable exerce la **double activité de représentant salarié** (statutaire ou non) et de **représentant libre,** il est imposable au titre des traitements et salaires pour la première activité et au titre des bénéfices non commerciaux pour la seconde, la qualité de représentant salarié devant s'apprécier, selon l'administration, employeur par employeur (BOI-RSA-CHAMP-10-20-30 no 260).

83560 Lorsqu'ils relèvent de la catégorie des traitements et salaires, les représentants sont imposables dans les conditions de droit commun sur l'ensemble des **commissions** et autres rémunérations qu'ils perçoivent (BOI-RSA-CHAMP-10-20-30 no 220). En cas d'application, pour le calcul du **prélèvement à la source** opéré par l'employeur, des taux par défaut aux VRP dont les rémunérations sont versées exclusivement par des commissions versées trimestriellement, les limites mensuelles des tranches du barème sont à ajuster comme indiqué no 35520.

Des précisions particulières méritent toutefois d'être apportées sur les indemnités allouées en cas de rupture de leur contrat de travail (nos 83580 s.), ainsi que sur la déduction des frais professionnels (nos 83660 s.).

1. INDEMNITÉS DE RUPTURE DE CONTRAT

83580 Les représentants de commerce imposables à l'impôt sur le revenu dans la catégorie des traitements et salaires sont soumis aux dispositions de l'article 80 duodecies du CGI qui pose le principe de l'imposition de toute somme versée à l'occasion de la rupture du contrat de travail. Cet article prévoit néanmoins l'exonération plafonnée des indemnités de **licenciement** (voir nos 63850 et 63950 s.) et des indemnités de **mise à la retraite** (voir no 64740).

L'indemnité de **préavis** ainsi que les **commissions ou remises sur les échantillonnages** dues pour l'activité antérieure à la rupture du contrat de travail demeurent imposables dans les conditions de droit commun (BOI-RSA-CHAMP-20-40-10-20 no 150).

L'indemnité de clientèle appelle des développements particuliers.

En ce qui concerne l'indemnité de **non-concurrence** versée après la cessation du contrat, voir nº 66960.

INDEMNITÉ DE CLIENTÈLE

L'indemnité de clientèle (voir nºs 81760 s.) peut être attribuée en une seule fois au moment de la rupture du contrat ou sous forme de majorations annuelles de rémunérations calculées en fonction du chiffre d'affaires. Il faut donc distinguer les deux situations. **83590**

ATTENTION

Jugé que les sommes perçues par un VRP dans le cadre d'un **accord transactionnel** amiable prévoyant son reclassement en tant que directeur des ventes dans une société du groupe, actant sa renonciation à bénéficier du statut de VRP, et ne comportant aucune référence au chiffre d'affaires réalisé ni à l'importance en nombre et en valeur de la clientèle qui aurait été apportée par lui, n'ont pas le caractère d'indemnité de clientèle au sens de l'article L 7313-13 du Code du travail. Ces sommes sont donc intégralement imposables à l'impôt sur le revenu en tant que salaires (CAA Paris 18-9-2006 nº 03-4431).

Versement en une seule fois à l'expiration du contrat Eu égard à son objet, qui est de réparer le préjudice subi par les intéressés du fait de la perte de la clientèle qu'ils ont créée, apportée ou développée, l'indemnité de clientèle est fiscalement assimilée à une indemnité de licenciement pour l'application de l'article 80 duodecies, 1 du CGI (BOI-RSA-CHAMP-20-40-10-20 nº 170). **83600**

Dès lors, son montant, fixé au moment de la rupture de la relation de travail soit à l'amiable, soit, à défaut d'accord, par le juge en fonction du préjudice subi, est **exonéré** de plein droit à concurrence du montant légal ou conventionnel de l'indemnité de licenciement stricto sensu à laquelle le représentant, qui ne peut cumuler cette indemnité avec l'indemnité de licenciement, aurait pu prétendre, l'**excédent éventuel** étant susceptible d'être exonéré dans les conditions de montant prévues à l'article 80 duodecies, 1-3º a du CGI, qui sont détaillées nºs 63950 s. (BOI-RSA-CHAMP-20-40-10-20 nº 170).

Le montant qualifié de **dommages-intérêts** fixé par le juge est intégralement exonéré (BOI-RSA-CHAMP-20-40-10-20 nº 170).

Majorations annuelles de rémunérations Les rémunérations supplémentaires (**surcommissions**) versées au cours du contrat de travail ne peuvent pas être considérées, au moment où elles sont mises à la disposition du représentant, comme un élément de l'indemnité de clientèle. À cette date, en effet, l'employeur ignore s'il sera tenu au versement d'une indemnité ainsi que le montant éventuel de celle-ci. Par conséquent, les compléments de commissions versés en cours de contrat doivent être compris dans le revenu imposable de l'année où ils ont été perçus, même si le contrat prévoit qu'ils constituent une avance sur l'indemnité de clientèle (BOI-RSA-CHAMP-20-40-10-20 nº 180). **83610**

Une régularisation intervient à la cessation du contrat. Deux situations peuvent alors se présenter.

Le représentant n'a droit à aucune indemnité. Si le salarié ne reverse pas à son employeur les surcommissions perçues en cours de contrat, aucune régularisation n'est à effectuer. **83620**

Si le représentant doit en tout ou partie reverser les surcommissions perçues en cours de contrat, ce reversement s'impute sur le revenu brut professionnel de l'année où il intervient et il n'y a pas lieu de remettre en cause les impositions établies au titre des années antérieures (BOI-RSA-CHAMP-20-40-10-20 nº 190).

Lorsque le paiement est échelonné sur plusieurs années, l'imputation s'effectue sur les années correspondantes (BOI-RSA-CHAMP-20-40-10-20 nº 190).

EXEMPLE

Le contrat d'un représentant est résilié pour faute grave en 2023. Aucune indemnité de clientèle n'est due et le représentant doit reverser les rémunérations supplémentaires qu'il a perçues les années précédentes au titre de l'indemnité de clientèle, soit, par exemple, 3 000 €. Ce reversement intervenant en 2023, la somme de 3 000 € s'impute sur le montant brut imposable des commissions perçues la même année (BOI-RSA-CHAMP-20-40-10-20 nº 190).

Le représentant a droit à une indemnité. Une compensation est effectuée entre le montant total de l'indemnité exigible et les sommes versées au cours des années antérieures au titre de l'indemnité. Le représentant ne perçoit que la différence au moment de son départ, conformément à l'article L 7313-13 du Code du travail. **83630**

L'indemnité est exonérée dans les conditions et limites exposées nº 83600. Il en résulte les conséquences suivantes (BOI-RSA-CHAMP-20-40-10-20 nº 200) :
– la somme versée, après compensation, n'a pas à être comprise dans le revenu imposable (si l'indemnité est exonérée en totalité) ;
– les sommes versées au cours d'années antérieures et dont il a été tenu compte pour effectuer la compensation sont à déduire du montant brut imposable des commissions reçues l'année au cours de laquelle est intervenu le licenciement. Les impositions des années antérieures n'ont jamais à être remises en cause.

EXEMPLE

Un représentant est licencié en N et a droit à une indemnité de clientèle s'élevant à 14 000 €. Au cours des années antérieures, il a perçu, au titre de l'indemnité de clientèle, des surcommissions atteignant au total 10 000 €. Il reçoit donc de son employeur un complément égal à 4 000 € ; par hypothèse, l'indemnité de 14 000 € est en deçà des limites prévues par l'article 80 duodecies du CGI, ainsi :
– la somme de 4 000 € n'a pas à être comprise dans le revenu imposable de N ;
– les sommes perçues au cours d'années antérieures (10 000 €) sont déduites du montant brut des commissions perçues en N.

83640 **Cession directe de la clientèle à un successeur** Le VRP peut céder sa clientèle à un successeur moyennant le versement d'une indemnité par celui-ci. Dans cette situation, qui requiert l'accord de l'employeur, le VRP ne saurait réclamer à ce dernier une indemnité de clientèle (nº 81840).

L'indemnité versée au VRP par son successeur est en principe imposable dans les conditions de droit commun des traitements et salaires. Si son montant le permet, elle peut être imposée selon le système du quotient prévu pour les revenus exceptionnels (nº 35390).

Par mesure de tempérament, il est cependant admis que cette indemnité bénéficie de l'**exonération** prévue pour les indemnités de licenciement par l'article 80 duodecies, 1-3º du CGI (nºs 63950 s.) dans le cas où le VRP aurait pu alternativement prétendre à une indemnité de clientèle. Il en est ainsi lorsque la rupture du contrat de travail est imputable à l'employeur (sauf faute grave du VRP) et que le représentant subit un préjudice lié à la perte de la clientèle qu'il a apportée, créée ou développée (VRP non exclusivement rémunéré par un fixe). La part éventuellement imposable de cette indemnité peut également être imposée selon le système du **quotient** en tant que revenu exceptionnel, sous condition de montant (BOI-RSA-CHAMP-20-40-10-20 nº 210). Mais la part imposable de l'indemnité doit, quelle que soit l'option du représentant au regard du quotient, être, lors de son paiement, déclarée en totalité sur la DSN et soumise au prélèvement à la source sur l'intégralité de son montant.

2. FRAIS PROFESSIONNELS

83660 Comme tous les salariés, les représentants de commerce ont le choix, pour la déduction de leurs frais professionnels, entre déduction forfaitaire et déduction des frais réels.

DÉDUCTION FORFAITAIRE

83670 Les représentants de commerce peuvent bénéficier, comme tous les salariés, de la déduction forfaitaire pour frais de 10 %.

DÉDUCTION DES FRAIS RÉELS

83680 Lorsqu'ils optent pour la déduction de leurs frais réels, les représentants doivent être susceptibles d'apporter la **justification** de ces frais et de leur montant conformément à la règle exposée nº 55740.

Toutefois, l'administration a prévu à l'égard des représentants de commerce certaines atténuations à ce principe. En particulier, les **dépenses occasionnées par les relations avec la clientèle** (exemple : frais de correspondance, invitations, cadeaux…) pour lesquelles il est difficile de fournir des justifications peuvent être évaluées forfaitairement à 2 % du montant des commissions, la déduction effectuée à ce titre étant toutefois limitée à 765 €. Les intéressés ne peuvent alors inclure dans les dépenses déduites pour leur montant exact et justifié des frais de même nature que ceux couverts par la déduction de 2 % (BOI-RSA-BASE-30-50-30-40 nº 140).

CONSEIL

D'une manière générale, les services locaux des finances publiques ont pour consigne d'apprécier les dépenses dont les VRP demandent la déduction en tenant compte des difficultés qu'il peut y avoir à les justifier, les déductions opérées devant toutefois être en rapport avec les servitudes réelles de la profession et demeurer dans des limites raisonnables.

3. DSN

Dès lors qu'elles sont imposables, en tout ou partie, à l'impôt sur le revenu et entrent à ce titre dans l'assiette du prélèvement à la source opéré par l'employeur, les **rémunérations** et indemnités versées aux représentants de commerce font partie de la rémunération à déclarer dans les rubriques Rémunération nette fiscale (S21.G00.50.002) et Montant soumis au PAS (S21.G00.50.013) du bloc 50 Versement individu. **83700**

Les indemnités versées à l'occasion de la **rupture du contrat** de travail sont à déclarer distinctement dans le bloc 52 Primes, gratifications et indemnités (S21.G00.52). Par exemple : S21.G00.52 type 014 – Indemnité légale de clientèle, S21.G00.52 type 019 – Indemnité suite à clause de non-concurrence.

B. Taxes et participations assises sur les salaires

Les employeurs de représentants salariés doivent comprendre les rémunérations correspondantes dans la base des taxes et participations assises sur les salaires dans les conditions de droit commun. S'agissant plus spécialement des modalités de prise en compte dans l'assiette de ces taxes de la déduction forfaitaire spécifique pour frais professionnels, il convient de se reporter n° 55460. **83730**

En ce qui concerne le régime :
- de l'**indemnité de clientèle** : voir n° 81980 ;
- de l'indemnité **de non-concurrence** : voir n°s 66950 s.

Lorsque les représentants perçoivent les **indemnités** de licenciement ou de mise à la retraite **de droit commun** (n° 81650), l'assiette des taxes et participations sur les salaires est établie dans les conditions suivantes :
- taxes et participations dues sur les indemnités de **licenciement** : voir n°s 63800 s. ;
- taxes et participations dues sur les indemnités de **mise à la retraite** : voir n° 64690.

Les représentants de commerce **multicartes** ne peuvent être considérés comme des salariés à temps partiel au sens du Code du travail dès lors qu'ils exercent leur activité sans être astreints à un horaire précis. Ils doivent donc être pris intégralement en compte dans l'**effectif** de l'entreprise pour déterminer son assujettissement à la contribution formation (BOI-TPS-FPC-20 n° 100) et à la participation-construction (BOI-TPS-PEEC-10 n° 200). **83740**

CHAPITRE 6

CONTRATS DE FORMATION ET D'INSERTION

SOMMAIRE

SECTION 1
CONTRAT D'APPRENTISSAGE 83900
1. Rémunération 83950
2. Charges sur les salaires 84120
3. Aides financières 84295

SECTION 2
CONTRAT DE PROFESSIONNALISATION 84380

SECTION 3
CONTRAT UNIQUE D'INSERTION 84520
1. Contrat initiative emploi 84550
2. Contrat d'accompagnement dans l'emploi 84630

SECTION 4
CONTRAT À DURÉE DÉTERMINÉE D'INSERTION 84830

SECTION 5
TABLEAUX RÉCAPITULATIFS 84850

83840 Afin de favoriser l'insertion ou la réinsertion professionnelle des jeunes ou des personnes en difficulté, plusieurs contrats de type particulier ont été créés.

SECTION 1

CONTRAT D'APPRENTISSAGE

83900 La conclusion d'un contrat d'apprentissage est **gratuite** (C. trav. art. L 6221-2). Le contrat ouvre droit pour l'employeur, sous conditions, à des **aides financières** et la **rémunération** de l'apprenti, calculée selon des modalités particulières, est soumise à un **régime social** spécifique. Sous réserve des dispositions suivantes, cette rémunération est soumise au droit commun du salaire. Des modèles de **bulletin de paie** sont présentés n°s 95380 s.

> **Précisions** **a.** Les apprentis sont exclus du calcul de l'**effectif** des entreprises dont ils relèvent, sauf pour l'application des dispositions concernant la tarification des accidents du travail et des maladies professionnelles (C. trav. art. L 1111-3, 1° ; CSS art. R 130-1, III).
> **b.** Afin d'inciter à la conclusion de contrats d'apprentissage, une **contribution supplémentaire à l'apprentissage** peut être due par les entreprises redevables de la taxe d'apprentissage employant 250 salariés et plus et n'ayant pas atteint un certain quota de salariés alternants (voir n°s 31000 s.).

1. RÉMUNÉRATION

MINIMA LÉGAUX

83950 **Principes** Sauf dispositions contractuelles ou conventionnelles plus favorables, l'apprenti perçoit un salaire déterminé en **pourcentage du Smic** et dont le montant varie en fonction de son **âge** et de sa **progression** dans le diplôme préparé (C. trav. art. L 6222-27).

Les **taux** du salaire minimal légal, fixés par l'article D 6222-26 du Code du travail, sont présentés dans les tableaux ci-après. Les mêmes règles s'appliquent en Guadeloupe, en Guyane, en Martinique, à Mayotte, à La Réunion, à Saint-Barthélemy et à Saint-Martin (C. trav. art. D 6522-1).

Une **revalorisation** du Smic doit être appliquée à la rémunération mensuelle de l'apprenti dès la première échéance qui lui fait suite (Cass. soc. 12-3-1987 n° 85-43.344 P).

Année d'apprentissage	Pourcentage du Smic[1]			
	Avant 18 ans	18 ans à moins de 21 ans	21 ans à moins de 26 ans	26 ans et plus
1e	27 %	43 %	53 %	100 %
2e	39 %	51 %	61 %	
3e	55 %	67 %	78 %	

1. La rémunération minimale perçue par l'apprenti préparant une **licence professionnelle** correspond à celle fixée pour la deuxième année d'exécution du contrat (C. trav. art. D 6222-32).

ATTENTION

L'employeur payant un salaire inférieur aux minima visés ci-dessus est passible de l'**amende** prévue pour les contraventions de la 5e classe (no 96470), appliquée autant de fois qu'il y a d'apprentis rémunérés dans des conditions illégales (C. trav. art. R 6227-4).

Pour déterminer les pourcentages applicables, les **années** d'apprentissage sont retenues de date à date, à partir du début du contrat. L'employeur doit, pour le mois au cours duquel le taux change, appliquer les deux taux successivement (Rép. Liot : Sén. 20-9-1973 no 13519). **83960**

Les majorations pour **âge** sont applicables à compter du premier jour du mois suivant le jour où l'apprenti atteint 18, 21 ou 26 ans. Sous réserve de dispositions contractuelles ou conventionnelles plus favorables, les majorations ne peuvent conduire l'apprenti à percevoir un salaire supérieur à 100 % du salaire minimum de croissance. Les années d'apprentissage effectuées avant que l'apprenti ait atteint l'âge de 18, 21 ou 26 ans sont prises en compte pour le calcul de ces montants de rémunération (C. trav. art. D 6222-31).

EXEMPLE

Un jeune âgé de 17 ans depuis le 12-3-2023, qui entre en apprentissage le 3-9-2023, percevra : 27 % du Smic du 3-9-2023 au 31-3-2024 ; 43 % du Smic du 1-4-2024 au 2-9-2024 ; 51 % du Smic du 3-9-2024 au 2-9-2025 ; 67 % du Smic du 3-9-2025 au 2-9-2026.

Cas particuliers

Prolongation Lorsque la durée du contrat ou de la période d'apprentissage est **supérieure** à celle du **cycle de formation** préparant à la qualification qui fait l'objet du contrat (en raison du niveau initial de compétences de l'apprenti ou des compétences acquises, le cas échéant, lors d'une mobilité à l'étranger, d'une activité militaire dans la réserve opérationnelle, d'un service civique, d'un volontariat militaire ou d'un engagement comme sapeur-pompier volontaire), le salaire minimum applicable pendant la prolongation est celui correspondant à la dernière année d'exécution du contrat précédant cette prolongation (C. trav. art. D 6222-28-2). **83970**

En cas de prolongation de l'apprentissage pour **échec à l'examen,** le salaire minimal applicable pendant la prolongation est celui de la dernière année précédant celle-ci (C. trav. art. D 6222-28).

Le salaire minimal de la période de prolongation d'un apprenti **en situation de handicap** s'obtient en majorant de 15 points le pourcentage du Smic applicable à la dernière année de la durée normale du contrat (C. trav. art. R 6222-48).

Pour les **sportifs de haut niveau,** la durée de l'apprentissage pouvant être portée à 4 ans, la rémunération au titre de la 4e année est identique à celle prévue pour la 3e année (C. trav. art. R 6222-60).

EXEMPLE

Un apprenti prépare un diplôme se déroulant en principe sur 2 ans mais, compte tenu de son niveau initial, la durée du contrat a été fixée à 3 ans. Durant la 3e année, l'apprenti percevra le salaire minimum applicable à la 2e année.

Réduction Lorsque la durée du contrat ou de la période d'apprentissage est **inférieure** à celle du **cycle de formation** préparant à la qualification qui fait l'objet du contrat en raison du niveau ou des compétences de l'apprenti (no 83970), de la signature d'un nouveau contrat après rupture du premier (C. trav. art. R 6222-23-1) ou si l'apprenti a commencé son apprentissage sans avoir trouvé d'employeur (C. trav. art. L 6222-12-1, al. 3), l'apprenti est considéré, en ce qui concerne sa rémunération, comme ayant accompli une durée d'apprentissage égale à ce cycle de formation (C. trav. art. D 6222-28-1). **83980**

EXEMPLE

Un apprenti prépare un bac professionnel en 2 ans, au lieu de 3 ans. Il sera rémunéré sur la base des 2e et 3e années d'exécution du contrat.

84000 Lorsqu'un contrat d'apprentissage est conclu pour une durée inférieure ou égale à un an pour préparer un diplôme ou un titre de **même niveau** que celui précédemment obtenu, lorsque la nouvelle qualification recherchée est en rapport direct avec celle qui résulte du diplôme ou titre précédemment obtenu, il est appliqué une majoration de 15 points aux pourcentages afférents à la dernière année de formation. Les jeunes issus d'une voie de formation autre que celle de l'apprentissage sont considérés, dans ce cas, comme ayant déjà accompli la durée normale de l'apprentissage (C. trav. art. D 6222-30).

EXEMPLE

Si un apprenti ayant préparé un CAP en 2 ans et percevant à l'issue de cette formation initiale un salaire calculé sur la base de 51 % du Smic décide de préparer un diplôme complémentaire (CAP connexe, par exemple) sur 1 an, sa rémunération pendant cette année de formation complémentaire sera égale à 51 + 15 = 66 % du Smic.

84010 **Succession de contrats** Lorsqu'un apprenti conclut un nouveau contrat d'apprentissage avec le **même employeur,** sa rémunération est au moins égale à celle qu'il percevait lors de la dernière année d'exécution du contrat précédent. Lorsque l'employeur est **différent,** la rémunération est au moins égale à la rémunération minimale à laquelle il pouvait prétendre lors de la dernière année d'exécution du contrat précédent. Dans ces deux cas, le contrat précédent doit avoir conduit à l'**obtention** du titre ou diplôme préparé, et la rémunération de l'apprenti ne peut pas être inférieure à celle à laquelle il a droit en raison de son âge (C. trav. art. D 6222-29).

EXEMPLE

Un apprenti de 20 ans qui a effectué un contrat de 2 ans et qui est embauché pour un nouveau contrat de 2 ans perçoit 51 % du Smic pendant la première année de son contrat (taux applicable au cours de la seconde année du précédent contrat) et 61 % du Smic ou du salaire minimum conventionnel de l'emploi au cours de la seconde année (taux applicable en seconde année de contrat dans la tranche d'âge de 21 ans et plus). Un apprenti de 21 ans dans la même situation percevrait au moins 61 % du Smic ou du minimum conventionnel de l'emploi pendant toute la durée du contrat.

SALAIRES MINIMA CONVENTIONNELS

84030 Aux termes de l'article L 6222-27 du Code du travail, les conventions collectives peuvent prévoir un salaire supérieur au minimum légal. Pour les apprentis de **21 ans et plus,** le salaire minimal est déterminé en pourcentage du salaire minimal conventionnel correspondant à l'emploi occupé, s'il est plus favorable que le pourcentage du Smic visé n° 83950 (C. trav. art. D 6222-26).

EXEMPLE

La convention collective nationale de la **coiffure** prévoit, pour les apprentis suivant une formation de niveau 3 (CAP et BEP), un salaire égal au pourcentage du Smic visé n° 83950, majoré de 2 points. De même, les minima conventionnels pour les apprentis préparant une formation de niveau 4 (bac professionnel, brevet professionnel), après avoir obtenu un diplôme de coiffure de niveau 3 par la voie de l'apprentissage ou après avoir suivi une formation ou un enseignement dans un lycée professionnel de l'éducation nationale, sont supérieurs aux minima légaux pour les apprentis de moins de 26 ans (CCN de la coiffure, avenant n° 28 du 2-7-2012).

AVANTAGES CONVENTIONNELS OU RÉSULTANT D'USAGES ET ENGAGEMENTS UNILATÉRAUX DE L'EMPLOYEUR

84035 Les apprentis doivent bénéficier des **primes** et **indemnités** résultant des conventions et accords collectifs, des usages et engagements unilatéraux de l'employeur, dès lors qu'elles ont vocation à être versées à tous les salariés (par exemple, pour une prime de vacances : Cass. soc. 12-7-1999 n° 97-43.400 PBR). Ils doivent également bénéficier du maintien de salaire prévu par la convention collective en cas d'arrêt de travail pour **maladie** (Cass. soc. 16-10-2002 n° 00-45.322 F-D).

Ils ne peuvent pas se prévaloir, en revanche, des dispositions réservant un avantage à une **catégorie particulière** de salariés et pour lequel ils ne remplissent pas les conditions requises (Cass. soc. 26-6-2008 n° 07-40.915 F-D), ni de celles **incompatibles** avec leur situation de jeune en première formation (Cass. soc. 12-7-1999 n° 97-43.400 PBR précité).

AVANTAGES EN NATURE

Sauf si un taux moins élevé est prévu par la convention collective ou le contrat, les avantages en nature dont bénéficie l'apprenti peuvent être **déduits** du salaire dans la **limite** de 75 % de la déduction autorisée, pour les autres travailleurs, par la réglementation applicable en matière de sécurité sociale (voir nos 39000 pour la nourriture et 39280 pour le logement). Ces déductions ne peuvent pas **excéder,** chaque mois, un montant égal aux trois quarts du salaire (C. trav. art. D 6222-33). 84040

Des modèles de **bulletin de paie** pour un apprenti bénéficiant d'un avantage en nature nourriture sont présentés nos 95380 s.

> **Précisions** **a.** Compte tenu des règles précitées, la limite de déduction autorisée s'établit en **2023** pour l'ensemble des secteurs à 3,90 € par repas et valeur forfaitaire (voir nos 96330 s.) × 75 % pour le logement. Pour les apprentis dans l'**hôtellerie** et la **restauration** (nos 85270 s.), il convient de retenir, au titre de la nourriture, 75 % du minimum garanti (no 96050), soit 3,01 € depuis le 1er janvier 2023.
b. Les **conditions** de déduction doivent être fixées par le contrat d'apprentissage (C. trav. art. R 6222-4, al. 2).
c. Un employeur ne peut **pas être dispensé** de verser à son apprenti une **rémunération en espèces** au motif que, de sa propre initiative, il l'a gratifié de nombreux avantages supplémentaires (Cass. soc. 5-3-1987 no 85-43.601 S).
d. Lorsque l'employeur déduit de la rémunération en espèces d'un apprenti une fraction de la valeur d'un avantage en nature dont il bénéficie dans les conditions précisées ci-dessus, la totalité de la valeur de l'avantage en nature doit être **intégrée dans l'assiette des cotisations** et contributions sociales. Par exemple, si le contrat de travail d'un apprenti fixe la valeur de son salaire mensuel à 420 €, qu'il perçoit par ailleurs 100 € d'avantage en nature sous forme d'avantage nourriture et que l'employeur décide de déduire 75 % de l'avantage en nature du salaire de l'apprenti, celui-ci s'élève à 420 € – 75 % × 100 € = 345 €. La totalité de la valeur de l'avantage en nature est intégrée à l'assiette des cotisations sociales = 345 + 100 = 445 € (BOSS-AN-95).

HEURES SUPPLÉMENTAIRES

Les modalités de rémunération des heures supplémentaires sont celles applicables aux **autres salariés** (C. trav. art. L 6222-28). 84050

Les **majorations** sont calculées sur la base du salaire de l'apprenti déterminé comme indiqué nos 83950 s. (Cass. soc. 30-3-1993 no 89-41.621 D).

ATTENTION

Le **temps passé** en formation en **CFA** est pris en compte pour le calcul de la durée du travail, sauf celui consacré par l'apprenti à des modules complémentaires à sa formation (C. trav. art. L 6222-24). Il peut donner lieu au paiement d'heures supplémentaires (Cass. soc. 11-7-2000 no 98-41.825 FS-D).

FRAIS DE TRANSPORT

Les apprentis peuvent prétendre, dans les mêmes conditions que les autres salariés, à la prise en charge légale de leurs frais de transport **domicile-travail** (voir nos 57530 s.), y compris pour la période de la formation se déroulant en CFA (Cass. soc. 24-6-2009 no 08-40.207 F-D). 84060

INCIDENCE DE L'APPRENTISSAGE SUR LA RÉMUNÉRATION ULTÉRIEURE

Si le contrat d'apprentissage a été conclu pour une **durée indéterminée,** il se transforme, à l'issue de la période d'apprentissage (correspondant au cycle de formation), en contrat de travail à durée indéterminée de droit commun. 84070

Si le contrat d'apprentissage conclu pour une **durée déterminée** est suivi de la signature d'un **contrat à durée indéterminée, à durée déterminée ou de travail temporaire** avec le même employeur, la durée du contrat d'apprentissage est prise en compte pour le calcul de la rémunération et de l'ancienneté du salarié (C. trav. art. L 6222-16).

S'agissant des modalités d'application de l'**abattement sur le Smic** dû aux jeunes travailleurs en cas d'embauche à l'issue d'un contrat d'apprentissage, voir nos 1470 s.

2. CHARGES SUR LES SALAIRES

CHARGES SOCIALES

Les cotisations patronales et salariales dues pour les apprentis sont calculées sur la **rémunération réelle** qui leur est versée en appliquant les **taux** de droit commun. Elles doivent être **versées** suivant les mêmes modalités et aux mêmes dates que pour les autres salariés. 84120

Les employeurs d'apprenti bénéficient de la **réduction générale** visée n°s 21780 s. et de la **réduction des taux** des cotisations patronales maladie et allocations familiales visée n°s 22650 s. Sur le Smic pris en compte lorsque la rémunération de l'apprenti est inférieure à celui-ci ou à la rémunération minimale conventionnelle, voir n° 22185.

L'apprenti est exonéré des **cotisations salariales** d'origine légale et conventionnelle, y compris des cotisations salariales de retraite complémentaire calculées sur des taux supérieurs à ceux de droit commun (Circ. Agirc-Arrco 17 du 16-12-2020), pour la part de sa rémunération inférieure ou égale à un plafond fixé à 79 % du Smic (C. trav. art. D 6243-5). Cette exonération est sans effet sur sa couverture sociale, puisque les cotisations exonérées sont prises en charge par l'État ou par la sécurité sociale.

Par ailleurs, l'apprenti rémunéré en dessous du Smic ne peut pas bénéficier de la **déduction forfaitaire spécifique** pour frais professionnels visée n°s 55460 s. (Arrêté SANS0224282A du 20-12-2002, art. 9).

Les cotisations et contributions sont déclarées en **DSN** selon les modalités de droit commun (net-entreprises, fiche n° 831).

› Précisions a. La **cotisation Apec** due par les apprentis cadres reste à la charge de ces derniers (Circ. Agirc-Arrco 19 du 23-12-2019).
b. Le financement de la **formation professionnelle et de l'alternance,** y compris de l'apprentissage, est assuré par les employeurs qui doivent verser à cet effet plusieurs contributions selon les modalités exposées n°s 30800 s. S'agissant de savoir si les rémunérations versées aux apprentis entrent dans l'**assiette** de ces contributions, voir n° 30830. Sur les conditions d'exonération de la **taxe d'apprentissage** pour certaines petites entreprises occupant un ou plusieurs apprentis, voir n° 30870. S'agissant de savoir si la contribution **CPF-CDD** est due pour les contrats d'apprentissage, voir n° 31050, a.
c. S'agissant de la possibilité de recourir à la procédure de **rescrit social,** voir n°s 20610 s. Sur les **taxes et participations sur les salaires,** voir n°s 84220 s. Sur l'articulation de l'exonération propre aux apprentis avec la réduction de cotisations salariales sur les **heures supplémentaires et complémentaires,** voir n° 7787.

CSG ET CRDS

84190 Les salaires versés aux apprentis sont **exonérés** de la CSG et de la CRDS (CSS art. L 136-1-1, III-1°-a ; Ord. 96-50 du 24-1-1996 art. 14 modifié). Il en va de même des contributions patronales de **prévoyance** versées à leur bénéfice (Circ. Acoss 07 du 17-1-1997). Ces dernières entrent en revanche dans l'assiette du **forfait social** (Circ. DSS 319 du 18-8-2012).

L'exonération de CSG et de CRDS ne s'étend pas à la **participation** ou à l'**intéressement** revenant aux apprentis (Cass. soc. 26-4-2001 n° 99-18.773 FS-P), ni, à notre avis, aux versements de l'entreprise aux plans d'épargne salariale et aux plans d'épargne retraite d'entreprise.

RÉGIME FISCAL

84200 **Impôt sur le revenu** Les salaires des apprentis ne sont **pas imposables** lorsque leur montant n'excède pas le **montant annuel** du salaire minimum de croissance (Smic) (CGI art. 81 bis). Ce montant s'entend **avant application** de la déduction forfaitaire pour frais professionnels ou, le cas échéant, des frais pour leur montant réel et justifié (BOI-RSA-CHAMP-20-50-50 n° 400). En cas d'**entrée en apprentissage ou** de **fin d'apprentissage en cours d'année,** la limite d'exonération de l'année considérée ne doit pas être ajustée en fonction de la durée de la période d'apprentissage (CE 22-12-2017 n° 413238).

Cette exonération est subordonnée à la condition que l'apprenti soit muni d'un **contrat régulier** d'apprentissage. Elle s'applique à l'apprenti personnellement imposable ou au contribuable qui l'a à sa charge (CGI art. 81 bis). Elle ne concerne que l'impôt sur le revenu ; elle est sans incidence sur l'assiette des taxes et participations assises sur les salaires dont peut être redevable l'employeur (BOI-RSA-CHAMP-20-50-50 n° 450).

Si le montant de la rémunération de l'apprenti est **supérieur à la limite d'exonération,** l'excédent est taxable à l'impôt sur le revenu dans la catégorie des traitements et salaires après application de la déduction forfaitaire de 10 % et, le cas échéant, du montant minimum de déduction (BOI-RSA-CHAMP-20-50-50 n° 440).

En cas d'option pour la **déduction des frais** réels, les frais liés à l'activité d'apprenti, qui se rapportent indistinctement à l'ensemble de la rémunération perçue à ce titre, ne sont déductibles que dans la proportion du salaire imposable, c'est-à-dire net de la fraction exonérée, par rapport au salaire total perçu. Par suite, lorsque le montant du salaire de l'apprenti est inférieur à la limite d'exonération, aucune déduction à titre de frais professionnels n'est possible au titre de cette activité (BOI-RSA-CHAMP-20-50-50 n° 410, confirmé par CAA Bordeaux 23-10-2006 n° 03-326).

> Précisions Lorsque le montant du **Smic varie en cours d'année,** le plafond d'exonération est égal à la somme des produits du montant du Smic mensuel brut par le nombre de mois auquel ce montant correspond, arrondi à l'euro le plus proche (BOI-RSA-CHAMP-20-50-50 n° 400). Ainsi, pour l'**année 2022,** le plafond d'exonération est égal à 19 744 €. Pour l'**année 2023,** elle s'établit à 20 511 € sur la base du Smic au 1-1-2023, mais ce montant sera relevé en cas de nouvelles majorations du Smic en cours d'année 2023 (net-entreprises, fiche n° 2454).

Pour les apprentis bénéficiant d'**avantages en nature** qui viennent en déduction de leur salaire, la valeur de ces avantages est égale à 75 % de la valeur retenue pour les autres salariés (voir n° 39000) (BOI-RSA-BASE-20-20 n° 340). Pour des modèles de **bulletin de paie,** voir n°s 95380 s. **84210**

L'employeur n'a pas à pratiquer le **prélèvement à la source** de l'impôt sur le revenu si les sommes qu'il verse restent inférieures à la limite d'exonération. Dans le cas contraire, le prélèvement à la source ne porte que sur la fraction excédentaire (BOI-IR-PAS-20-10-10 n° 20). **84215**

À titre de simplification, le montant en vigueur au 1er janvier de l'année (20 511 € au 1-1-2023) peut être utilisé pour les versements réalisés au cours de cette même année (BOI-IR-PAS-20-10-10 n° 20).

Dès lors qu'en cas de pluralité de contrats chaque entreprise ne peut connaître l'ensemble des rémunérations versées au cours de l'année, chacune d'elles apprécie séparément la fraction excédant le plafond d'exonération afin de l'assujettir, le cas échéant, à la retenue à la source (BOI-IR-PAS-20-10-10 n° 20).

Lorsqu'une personne est, au cours d'une même année, employée dans le cadre d'un contrat d'apprentissage et dans le cadre d'une convention de stage, la limite d'exonération s'applique à la fois pour le contrat et pour la convention (BOI-IR-PAS-20-10-10 n° 20). Dans le cas où l'apprenti est en arrêt maladie avec subrogation, voir n° 62265.

Les modalités de régularisation du prélèvement à la source en cas d'erreur ou de trop-versé pour les apprentis sont identiques à celles des stagiaires en entreprise : voir n° 89520.

Au regard de la **DSN,** la totalité de la rémunération, y compris sa fraction inférieure au Smic annuel et les heures supplémentaires exonérées, doit être déclarée dans la rubrique Rémunération nette fiscale ou RNF (S21.G00.50.002). Les montants restant au-dessous de la limite annuelle d'exonération sont à déclarer en Montant de la part non imposable du revenu (S21.G00. 50.011), la fraction excédentaire devant, quant à elle, apparaître en Montant soumis au PAS (S21.G00.50.013). Le mois où la limite est atteinte, le montant versé est déclaré en Montant de la part non imposable du revenu pour la part exonérée et en Montant soumis au PAS pour le surplus. À noter que la rubrique Montant de la part non imposable du revenu (S21.G00.50.011) ne comprend que la part du revenu non soumise au PAS car inférieure au Smic annuel. Aucun autre élément de revenu non imposable versé à l'apprenti ne doit y être déclaré. Par ailleurs, cette rubrique ne concerne que les apprentis et stagiaires. Donc les sommes non imposables versées aux salariés de droit commun (indemnité de fin de contrat, indemnité d'expatriation, participation, intéressement, etc.) ne doivent pas non plus y être mentionnées (net-entreprises, fiche n° 1853 ; Cahier technique DSN 2023,1 p. 231).

Le montant imposable affiché sur le **bulletin de paie** (et/ou l'attestation fiscale annuelle) comprend l'intégralité de la rémunération nette fiscale, avant et après franchissement du seuil. Le cumul des montants versés en deçà du Smic peut être mentionné sur une ligne complémentaire, mais ce n'est pas obligatoire. Nous conseillons toutefois de le faire afin de permettre à l'apprenti/stagiaire de modifier plus aisément sa déclaration de revenus.

EXEMPLE

La limite d'exonération étant égale à 20 511 € au 1-1-2023, l'entreprise employant toute l'année 2023 un apprenti rémunéré 1 800 € par mois (net imposable avant déduction pour frais professionnels) et qui fait application de la tolérance permettant de se référer toute l'année à la limite d'exonération au premier janvier devra appliquer le prélèvement à la source pour la première fois en décembre 2023, mois du franchissement du seuil d'exonération, sur 1 089 €. Sur les DSN de janvier à novembre, les 1 800 € apparaissent en Montant de la part non imposable du revenu. Sur la DSN de décembre, 711 € sont à déclarer en Montant de la part non imposable du revenu et 1 089 € en Montant soumis au PAS. Chaque mois, 1 800 € sont en outre déclarés en Rémunération nette fiscale (net-entreprises, fiche n° 2454).

Taxes et participations sur les salaires Quel que soit l'effectif de l'entreprise qui les emploie, les rémunérations versées aux apprentis n'entrent pas dans l'assiette de la **taxe sur les salaires** en raison de l'alignement de l'assiette de cette taxe sur celle de la CSG (BOI-TPS-TS-20-10 n° 70). **84220**

Les rémunérations versées aux apprentis entrent pour leur montant réel dans l'assiette de la **participation-construction** due par les entreprises d'au moins 50 salariés. Mais les apprentis ne sont pas retenus dans le **décompte des effectifs** servant à déterminer l'assujettissement à cette participation (art. L 313-1 du CCH renvoyant à l'effectif « sécurité sociale » de l'art. L 130-1 du CSS, dont les apprentis sont exclus par l'art. R 130-1, III du CSS).

3. AIDES FINANCIÈRES

84295 Le contrat d'apprentissage préparant **au plus au baccalauréat** ouvre droit, pour les entreprises de moins de 250 salariés, à une aide unique (nº 84300).

Celui préparant à un **diplôme de niveau supérieur** ouvre droit, quel que soit l'effectif de l'entreprise, à une aide exceptionnelle (nº 84310).

Un **guide** des aides aux contrats en alternance est disponible sur https://travail-emploi.gouv.fr/.

AIDE UNIQUE

84300 Le contrat d'apprentissage conclu dans une **entreprise de moins de 250 salariés,** afin de préparer un diplôme ou un titre à finalité professionnelle équivalant **au plus au baccalauréat** (niveau 4), ouvre droit à une aide unique versée par l'État (C. trav. art. L 6243-1). L'**effectif** de l'entreprise est apprécié au titre de l'année civile précédant la date de conclusion du contrat d'apprentissage, tous établissements confondus (C. trav. art. D 6243-1), selon les dispositions de l'article L 130-1 du CSS visées nᵒˢ 18820 s. (C. trav. art. L 6243-1-1).

Pour les **contrats conclus depuis le 1-1-2023,** le montant de l'aide, due uniquement au titre de la 1ᵉ année d'exécution du contrat, est fixé à 6 000 € (C. trav. art. D 6243-2, I et II).

Le **versement** de l'aide est subordonné au dépôt du contrat d'apprentissage. Elle est versée chaque mois par l'Agence de services et de paiement (ASP), avant le paiement de la rémunération, dans l'attente de la souscription de la DSN. En l'absence de déclaration, le versement est **suspendu** dès le mois suivant (C. trav. art. D 6243-2, III).

L'aide n'est **pas due** pour les mois où le contrat est suspendu sans maintien de la rémunération. Elle cesse d'être due en cas de rupture anticipée du contrat. Les sommes indues doivent être remboursées à l'ASP (C. trav. art. D 6243-2, IV et V).

> **› Précisions** Pour les **contrats conclus avant le 1-1-2023,** le montant était fixé à 4 125 € pour la 1ᵉ année d'exécution du contrat, 2 000 € pour la 2ᵉ année et 1 200 € pour la 3ᵉ année (même montant lorsque le contrat se poursuivait au-delà de 3 ans). À titre exceptionnel, le montant de l'aide accordée pour la 1ᵉ année avait été majoré à 5 000 € (apprenti mineur) et à 8 000 € (apprenti majeur) pour les **contrats conclus du 1-3-2021 au 31-12-2022.**

AIDE EXCEPTIONNELLE

84310 Les contrats conclus depuis le 1-7-2020 ouvrent droit, pour la 1ᵉ année d'exécution du contrat, à une aide financière exceptionnelle, dont les modalités de versement sont calquées sur celles de l'aide unique (nº 84300), d'un **montant** de 5 000 € pour un apprenti mineur et 8 000 € pour un apprenti majeur pour les contrats conclus jusqu'au 31-12-2022, et de 6 000 €, quel que soit l'âge de l'alternant, pour les contrats conclus depuis le 1-1-2023.

Pour les entreprises de **moins de 250 salariés,** cette aide concerne les contrats conclus pour l'obtention d'un diplôme ou titre au moins de niveau 5 (Bac + 2) et au plus de niveau 7 (Master ou Bac + 5). Elle ne se **cumule pas** avec l'aide unique visée nº 84300.

Les entreprises d'**au moins 250 salariés** peuvent en bénéficier sous conditions, pour la préparation d'un diplôme ou d'un titre au plus de niveau 7. Pour les **contrats conclus du 1-1-2023 au 31-12-2023,** elles doivent :

– soit atteindre au 31-12-2024 au moins 5 % de contrats favorisant l'insertion professionnelle (apprentis, titulaires de contrats de professionnalisation, et, pendant l'année suivant la date de fin de ces contrats, salariés embauchés en contrat à durée indéterminée à l'issue de ceux-ci, volontaires accomplissant un volontariat international en entreprise et bénéficiaires d'une convention industrielle de formation par la recherche) ;

– soit atteindre, au 31-12-2024, au moins 3 % de contrats d'apprentissage et de professionnalisation (les salariés embauchés en contrat à durée indéterminée à l'issue d'un de ces contrats continuent à être pris en compte pendant l'année suivant la date de fin de ces contrats) et :

• justifier, à la même date, d'une **progression** de ces contrats d'au moins 10 % par rapport à l'année 2023,

• ou avoir connu une progression de ces contrats et relever d'une **branche** couverte par un accord prévoyant au titre de l'année 2024 une progression d'au moins 10 % de leur nombre dans les entreprises d'au moins 250 salariés, et justifier, par rapport à 2023, que la progression est atteinte dans les proportions prévues par l'accord.

Pour les **contrats conclus du 1-1-2022 au 31-12-2022,** les conditions ci-dessus s'apprécient par rapport à l'année 2023 (au lieu de 2024) et 2022 (au lieu de 2023).

› Précisions **a.** Les conditions visées ci-dessus **s'appliquent également** aux entreprises dont l'effectif atteint au moins 250 salariés lors de la conclusion du contrat mais passe sous le seuil de 250 salariés au 31 décembre de l'année de référence (Décret 2022-1714 du 29-12-2022, art. 4, III).

b. L'engagement de l'employeur quant au volume des salariés en alternance ou à leur progression prend la forme d'une **attestation sur l'honneur** qu'il va respecter ses obligations. Elle doit être transmise dans un délai de 8 mois à compter de la date de conclusion du contrat à l'ASP. À défaut de transmission dans ce délai, l'aide n'est pas due. Au plus tard le 31-5-2025 (2024 pour les contrats conclus jusqu'au 31-12-2022), l'entreprise d'au moins 250 salariés ayant bénéficié de l'aide exceptionnelle devra adresser à l'ASP une déclaration sur l'honneur attestant du respect de son engagement. À défaut, l'ASP procédera à la récupération des sommes versées au titre de l'aide (Décrets 2022-1714 du 29-12-2022, art. 4, IV et V et 2021-224 du 26-2-2021 art. 4, III et IV).

c. L'**effectif** de l'entreprise doit être apprécié selon les modalités prévues à l'article L 130-1, I du CSS (voir nos 18820 s.). Les modalités de franchissement de seuil visées au même article ne s'appliquent pas. Il s'agit de l'effectif total des salariés de l'entreprise, **tous établissements confondus** (donc au niveau du **numéro Siren**), tel que prévu dans la partie « employeur » du contrat d'apprentissage, et non pas au niveau d'un établissement (Siret) (Site internet du ministère du travail, FAQ « Aide à l'embauche d'alternants »).

d. L'**éligibilité** à l'aide s'apprécie au moment de la **signature** du contrat d'apprentissage. Si, au moment de la conclusion du contrat, l'entreprise est composée de moins de 250 salariés, elle n'aura pas à justifier de l'atteinte du quota d'alternants visé ci-dessus, et ce, même si elle a 250 salariés ou plus avant la fin de la première année du contrat d'apprentissage ou au 31 décembre de l'année de référence. À l'inverse, si, au moment de la conclusion du contrat, l'entreprise compte 250 salariés ou plus, elle devra justifier de l'atteinte du quota d'alternants visé ci-dessus, et ce même si elle a moins de 250 salariés avant la fin de la première année du contrat d'apprentissage ou au 31 décembre de l'année de référence (Site internet du ministère du travail, FAQ « Aide à l'embauche d'alternants »).

SECTION 2

CONTRAT DE PROFESSIONNALISATION

CARACTÉRISTIQUES

Le contrat de professionnalisation est un contrat de formation en alternance **visant** à favoriser l'insertion ou la réinsertion professionnelle de certains **publics.** Il est ouvert aux jeunes âgés de 16 à 25 ans révolus, aux demandeurs d'emploi âgés de 26 ans et plus, aux bénéficiaires d'un minima social (revenu de solidarité active, allocation de solidarité spécifique, allocation aux adultes handicapés) et aux personnes ayant bénéficié d'un contrat unique d'insertion (nos 84520 s.) (C. trav. art. L 6325-1). 84380

Il peut dans certains cas ouvrir droit à des **aides** forfaitaires de l'État (no 84440).

Les **employeurs** concernés sont ceux assujettis au financement de la formation professionnelle (Circ. DGEFP 15 du 19-7-2012). Peuvent également conclure des contrats de professionnalisation les structures d'insertion par l'activité économique (entreprises d'insertion, entreprises de travail temporaire d'insertion, associations intermédiaires, ateliers et chantiers d'insertion) pour les salariés qu'elles accompagnent dans le cadre d'une convention avec Pôle emploi (C. trav. art. L 5132-3) et, à titre expérimental du 1-1-2021 au 31-12-2023, les entreprises de portage salarial selon un régime particulier non exposé ici (Loi 2020-1577 du 14-12-2020 art. 16 : JO 15).

› Précisions **a.** Jusqu'au terme prévu par le contrat s'il est à durée déterminée ou jusqu'à la fin de l'action de professionnalisation s'il est à durée indéterminée, les titulaires d'un contrat de professionnalisation ne sont pas pris en compte dans le calcul de l'**effectif** de l'entreprise pour l'application des dispositions législatives ou réglementaires qui se réfèrent à une condition d'effectif minimum de salariés, exception faite de celles concernant les cotisations d'accidents du travail et maladies professionnelles (C. trav. art. L 1111-3, 6°).

b. La **rupture anticipée** du contrat ou de la période de professionnalisation doit être signalée par l'employeur, dans les 30 jours qui suivent, au Dreets, à l'opérateur de compétences et à l'Urssaf compétente (art. D 6325-5).

c. À titre expérimental, pour une durée de 3 ans à compter d'une date fixée par décret (à paraître), et au plus tard le 1er mars 2023, les contrats de professionnalisation conclus par les employeurs de droit privé peuvent comporter des actions en vue de la **validation des acquis de l'expérience** selon des modalités définies par décret (à paraître) (Loi 2022-1598 du 21-12-2022 art. 11).

RÉMUNÉRATION

84390 **Salaire minimum** Sauf dispositions conventionnelles ou contractuelles plus favorables, les salariés âgés de **moins de 26 ans** perçoivent, pendant la durée du contrat à durée déterminée ou de l'action de la période de professionnalisation s'ils sont titulaires d'un contrat à durée indéterminée, une rémunération calculée en fonction du Smic et dont le montant varie en fonction de leur âge et de leur niveau de formation (C. trav. art. L 6325-8 et D 6325-14 à D 6325-16).

La rémunération des salariés d'**au moins 26 ans** ne peut être inférieure ni au Smic ni à 85 % de la rémunération conventionnelle minimale (C. trav. art. L 6325-9 et D 6325-18).

Un accord de branche peut fixer des niveaux de rémunération minimaux supérieurs aux seuils fixés par les dispositions législatives et réglementaires (Circ. DGEFP 15 du 19-7-2012 n° 1.7).

Pour un modèle de **bulletin de paie,** voir n° 95370.

Âge	Qualification inférieure au bac professionnel ou titre ou diplôme professionnel de même niveau	Qualification égale ou supérieure au bac professionnel ou titre ou diplôme professionnel de même niveau
De 16 à 20 ans révolus	55 % du Smic	65 % du Smic
De 21 à 25 ans révolus	70 % du Smic	80 % du Smic

En cas de **passage de 20 à 21 ans** en cours de contrat, les montants sont réévalués à compter du premier jour du mois suivant le jour où le titulaire du contrat atteint ses 21 ans. En revanche, le passage **de 25 à 26 ans** en cours de contrat n'a pas en lui-même d'incidence sur la rémunération, employeur et salarié pouvant toutefois convenir qu'il donnera lieu à une revalorisation salariale (Circ. DGEFP 15 du 19-7-2012 n° 1.7).

84392 **Primes et indemnités conventionnelles** À notre connaissance, la Cour de cassation ne s'est pas prononcée précisément sur le versement des primes et indemnités conventionnelles aux bénéficiaires d'un contrat de professionnalisation. Cependant, un rapprochement peut être fait avec la **situation des apprentis** (voir n° 84030), l'article L 6325-6 du Code du travail prévoyant, dans des termes presque identiques à ceux de l'article L 6222-23 du même Code sur le contrat d'apprentissage, que le salarié en contrat de professionnalisation bénéficie de l'ensemble des dispositions applicables aux autres salariés dans la mesure où elles ne sont pas incompatibles avec les exigences de la formation. Il devrait donc pouvoir prétendre aux primes conventionnelles versées aux autres salariés, dans la mesure où elles ne sont pas soumises à des conditions d'attribution non remplies par l'intéressé.

84394 **Avantages en nature** Les avantages en nature sont **déductibles** du montant du salaire minimal applicable à l'intéressé dans les conditions visées n° 84040 (C. trav. art. D 6325-17).

RÉGIME SOCIAL

84400 L'embauche en contrat de professionnalisation ouvre droit à la **réduction générale de cotisations** patronales visée nos 21780 s. et aux réductions des taux des cotisations patronales **maladie** et **allocations familiales** visées nos 22650 s. Si la rémunération est inférieure au Smic ou à la rémunération minimale conventionnelle, le Smic pris en compte pour ces réductions est abattu dans les conditions exposées n° 22185.

Le titulaire d'un tel contrat ne peut pas bénéficier de la déduction forfaitaire spécifique pour frais professionnels visée nos 55460 s. (Inst. intermin. 141 du 19-6-2019 opposable).

Sur la possibilité de recourir à la procédure de **rescrit social,** voir nos 20610 s.

Sur l'application du régime de la **saisie** et de la **cession** des rémunérations, voir n° 15180.

RÉGIME FISCAL

84430 En l'absence de texte prévoyant une exonération, les rémunérations versées au titulaire d'un contrat de professionnalisation sont imposables à l'**impôt sur le revenu** dans la catégorie des traitements et salaires dans les conditions de droit commun. En particulier, elles ne bénéficient pas de l'exonération prévue en faveur de jeunes de moins de 26 ans travaillant pendant leurs études ou pendant les vacances (BOI-RSA-CHAMP-20-50-50 n° 220) ni de celle concernant les apprentis mentionnée n° 84200. Elles sont soumises dans les conditions de droit commun aux **taxes et participations sur les salaires** (voir n°s 31260 s.), mais les salariés sous contrat de professionnalisation sont comptés au nombre des salariés alternants dont l'emploi peut exonérer de la contribution supplémentaire à l'apprentissage (n° 31000).

> Précisions Imposables comme salaires dans les conditions de droit commun, les rémunérations versées au titulaire d'un contrat de professionnalisation entrent dans le champ du **prélèvement à la source** de l'impôt sur le revenu opéré par l'employeur et sont à mentionner dans le bloc Versement individu de la **DSN** aux rubriques Rémunération nette fiscale et Montant soumis au PAS. En l'absence de taux individualisé de prélèvement à la source communiqué à l'employeur, celui-ci applique le taux par défaut.

AIDES FORFAITAIRES

Les employeurs peuvent sous certaines conditions solliciter les aides financières suivantes : 84440

a. Embauche sous contrat de professionnalisation, **entre le 1er janvier 2023 et le 31 décembre 2023,** d'un salarié âgé de **moins de 30 ans** préparant un diplôme ou un titre à finalité professionnelle équivalant au plus à un master ou un certificat de qualification professionnelle de branche ou interbranches (CQP ou CQPI) : aide exceptionnelle de 6 000 €, versée par l'État (via l'ASP) la première année d'exécution du contrat. Pour les entreprises d'au moins 250 salariés, l'entreprise doit s'engager à atteindre le même quota d'alternants que pour l'aide exceptionnelle aux contrats d'apprentissage (n° 84310) (Loi 2020-935 du 30-7-2020 art. 76 ; Décrets 2020-1084 du 24-8-2020 et 2022-1714 du 29-12-2022) ;

b. Embauche sous contrat de professionnalisation de **chômeurs indemnisés d'au moins 26 ans** : aide forfaitaire de Pôle emploi, d'un montant maximal de 2 000 € pour un temps plein. Cette aide est exclue de l'assiette des cotisations de sécurité sociale, de la CSG et de la CRDS. Elle peut se cumuler avec les aides versées par l'Agefiph et avec les aides de l'État mentionnées au a ci-dessus et au c ci-dessous, à l'exclusion de toute autre aide de l'État à l'embauche (Délib. Pôle emploi 4 du 19-12-2008 ann. 7, modifiée par délib. Pôle emploi 18 du 24-5-2011 ; Inst. PE 29 du 10-10-2019 modifiée) ;

c. Embauche de **demandeurs d'emploi d'au moins 45 ans** sous contrat de professionnalisation : aide forfaitaire de l'État de 2 000 € pour un temps plein, cumulable avec l'aide forfaitaire de Pôle emploi mentionnée au b ci-dessus (Décret 2011-524 du 16-5-2011) ;

d. Groupements d'employeurs organisant, dans le cadre du contrat de professionnalisation, l'accompagnement personnalisé vers l'emploi au profit des personnes rencontrant des difficultés d'insertion particulières et répondant aux critères fixés par arrêté : aide de l'État à l'accompagnement d'un montant de 1 400 € ou 814 € selon le profil du salarié recruté (C. trav. art. D 6325-23 à D 6325-28 ; Arrêté MTRD2205599A du 10-3-2022) ;

e. Structures d'insertion visées n° 84380 pour toute conclusion d'un contrat de professionnalisation avec une personne éligible à un parcours d'insertion : aide de l'État de 4 000 €, non cumulable pour un même poste avec une autre aide de l'État ou de Pôle emploi (Décret 2020-1741 du 29-12-2020).

Par ailleurs, les **frais de formation** du salarié ainsi que les frais **de tutorat** et de formation du tuteur peuvent faire l'objet d'une prise en charge sur la base d'un montant forfaitaire.

> Précisions **Pour plus de détails,** voir Mémento social n°s 20744 (prise en charge des frais de formation et de tutorat) et 20760 s. (autres aides). Il est aussi possible de consulter, pour l'aide exceptionnelle applicable jusqu'au 31 décembre 2023, le Guide des aides au contrat en alternance diffusé par le site internet du ministère du travail.

SECTION 3 CONTRAT UNIQUE D'INSERTION

Le contrat unique d'insertion (CUI) a pour **objet** de faciliter l'insertion professionnelle des personnes rencontrant des difficultés particulières d'accès à l'emploi. Il prend la forme d'un **contrat** initiative emploi (CIE) pour les employeurs du **secteur marchand** (n°s 84550 s.) et d'un contrat d'accompagnement dans l'emploi (CAE) pour ceux du **secteur non marchand** 84520 (nos 84630 s.) comme les associations à but non lucratif. La conclusion du contrat de travail est précédée d'une **demande** d'attribution d'aide à l'insertion professionnelle, déposée par l'employeur auprès de Pôle emploi, de la mission locale (pour les jeunes), du Cap emploi (pour les personnes en situation de handicap) ou du conseil départemental (pour les bénéficiaires du RSA), effectuée au moyen d'un formulaire, disponible sur www.service-public.fr.

1. CONTRAT INITIATIVE EMPLOI

84550 L'embauche en contrat initiative emploi (CIE), à durée indéterminée ou à durée déterminée d'au moins 6 mois (ou 3 mois pour les personnes condamnées bénéficiant d'un aménagement de peine) permet aux employeurs du secteur marchand de bénéficier d'une aide financière de l'État (C. trav. art. L 5134-69-2).

En pratique, aujourd'hui, la possibilité de conclure un CIE est essentiellement ouverte aux employeurs recrutant des **jeunes** de moins de 26 ans, ou âgés de 30 ans au plus en cas de **handicap** (Circ. DGEFP 163 du 28-9-2020, opposable).

En dehors de ce **CIE-jeune,** la conclusion de CIE n'est **autorisée pour tous publics que** dans les DOM ou sur décision des conseils départementaux dans le cadre des conventions annuelles d'objectifs et de moyens, sous réserve que leur coût soit intégralement pris en charge par eux et qu'ils s'engagent à cofinancer à bon niveau les CAE (Circ. DGEFP 11 du 11-1-2018) ou encore sur des territoires délimités, à des fins expérimentales dans les départements du Nord et des Pyrénées-Orientales (Circ. DGEFP 163 du 28-9-2020, opposable).

Lorsque le contrat est à durée déterminée, sa durée **maximale** est de 24 mois, renouvellement compris (C. trav. art. L 5134-69-1). Cette durée peut être portée à 5 ans, sous conditions, lorsqu'il est conclu avec un **salarié d'au moins 55 ans ou en situation de handicap** (C. trav. art. L 5134-69-1). Pour une **présentation synthétique,** voir n° 84870.

RÉMUNÉRATION ET CHARGES SUR LES SALAIRES

84560 La rémunération des salariés en CIE doit être **au moins égale** au Smic et aux minima conventionnels éventuellement applicables. Elle supporte l'ensemble des charges sociales et fiscales assises sur les salaires.

L'embauche en CIE ouvre droit aux **exonérations** de droit commun de **cotisations patronales** de sécurité sociale (réduction générale visée nos 21780 s. notamment). Seules les exonérations pour les zones franches urbaines (nos 23740 s.) ainsi que pour les zones de revitalisation rurale (nos 23030 s.) ne sont pas cumulables avec une autre aide à l'emploi : l'employeur concerné doit donc dans ce cas opter soit pour l'exonération, soit pour l'aide au CIE (Circ. DGEFP 11 du 21-3-2005).

Pour la **contribution solidarité autonomie,** voir n° 72000, et la **contribution au dialogue social,** voir n° 27470.

Pendant toute la durée d'attribution de l'aide à l'insertion professionnelle, les bénéficiaires d'un CIE sont exclus du calcul de l'**effectif,** sauf pour la tarification des risques accidents du travail et maladies professionnelles et le calcul des effectifs servant à la mise en place des institutions représentatives du personnel, voir n° 18837.

La rémunération du salarié est **imposable** selon les règles de droit commun des traitements et salaires. À ce titre, elle entre dans le champ du prélèvement à la source de l'impôt sur le revenu opéré par l'employeur et entre dans le montant à porter en montant net imposable du bulletin de paie. Elle doit être incluse dans l'assiette des **taxes et participations** assises sur les salaires.

> **ATTENTION**
>
> À l'issue d'un CIE à durée déterminée, le salarié n'a pas droit à l'**indemnité de fin de contrat** (n° 76330), sauf disposition conventionnelle plus favorable (Cass. soc. 16-9-2009 n° 07-41.069 F-D ; 20-10-2010 n° 08-44.933 F-PB).

AIDE DE L'ÉTAT

84570 **Montant** Le CIE ouvre droit pour l'employeur à une aide de l'État **modulée en fonction** des actions prévues en matière d'accompagnement professionnel et d'insertion durable du salarié, de la catégorie et du secteur d'activité de l'employeur, des conditions économiques locales et des difficultés d'accès à l'emploi du salarié (C. trav. art. L 5134-72).

Le montant de cette aide est fixé chaque année par un arrêté du préfet de région (C. trav. art. R 5134-65). Il **ne peut pas excéder** 47 % du taux brut du Smic par heure travaillée, dans la limite de 35 heures hebdomadaires (C. trav. art. L 5134-72-1). Si le contrat a été conclu avec un bénéficiaire du revenu de solidarité active (RSA), le département, qui participe au financement de cette aide, peut fixer un taux supérieur (C. trav. art. L 5134-72-2 et R 5134-66).

Versement L'aide est versée, mensuellement, par l'Agence de services et de paiement (ASP) à qui l'employeur communique, tous les mois à compter de la date d'embauche, les **justificatifs** attestant l'effectivité de l'activité du salarié (C. trav. art. R 5134-63) au moyen d'un téléservice nommé « Sylae » (sylae.asp-public.fr). Si le contrat a été conclu avec un bénéficiaire du RSA, l'aide est versée par le département. 84580

> Précisions **a.** L'aide n'est pas versée durant les périodes de **suspension du contrat** de travail sans maintien de la rémunération du salarié. En revanche, en cas de maintien de tout ou partie du salaire, elle continue à être allouée au prorata des sommes effectivement versées par l'employeur (C. trav. art. R 5134-67).
b. Les sommes perçues doivent être intégralement remboursées en cas de **dénonciation de la décision d'attribution de l'aide** du fait que l'employeur n'en a pas respecté les dispositions (C. trav. art. R 5134-29) ou s'il apparaît que l'embauche en CIE a eu pour conséquence le licenciement d'un autre salarié (C. trav. art. L 5134-68, 2°). Il en est de même en cas de **rupture du contrat de travail** à l'initiative de l'employeur **avant la fin de la durée d'attribution de l'aide.** Toutefois, les sommes correspondant au nombre de jours travaillés par le salarié restent acquises dans les cas suivants : rupture du contrat au cours de la période d'essai, rupture conventionnelle d'un contrat à durée indéterminée, rupture anticipée d'un contrat de travail à durée déterminée résultant de la volonté claire et non équivoque des deux parties, faute grave du salarié, force majeure, licenciement pour inaptitude médicalement constatée, licenciement pour motif économique notifié dans le cadre d'une procédure de redressement ou de liquidation judiciaire (C. trav. art. R 5134-68, R 5134-69 et R 5134-70).

2. CONTRAT D'ACCOMPAGNEMENT DANS L'EMPLOI

La conclusion d'un CAE, aussi baptisé parcours emploi compétences (PEC), ouvre droit à une aide financière de l'État pour l'employeur du secteur non marchand (organismes de droit privé à but non lucratif notamment) et à une exonération de certaines cotisations et contributions patronales, que le contrat soit à durée indéterminée ou à durée déterminée d'au moins 6 mois (ou 3 mois pour les personnes condamnées bénéficiant d'un aménagement de peine) (C. trav. art. L 5134-25). Lors de la signature de la demande d'aide, il est obligatoire de renseigner et de joindre une **annexe relative aux compétences** à développer, dont un modèle est diffusé sur le site du ministère du travail https://travail-emploi.gouv.fr (Circ. DGEFP 11 du 11-1-2018). 84630

Lorsque le contrat est à durée déterminée, sa **durée maximale** est de 24 mois, renouvellement inclus. Elle peut être portée à 5 ans lorsqu'il est conclu avec un salarié d'au moins 55 ans ou en situation de handicap (C. trav. art. L 5134-25-1).

Pour une **présentation synthétique,** voir n° 84880.

RÉMUNÉRATION

La rémunération du salarié en CAE doit être **au moins égale** au produit du Smic par le nombre d'heures de travail effectuées (C. trav. art. L 5134-27). Le salarié doit bénéficier de l'ensemble des dispositions des conventions et accords collectifs applicables dans l'organisme employeur (Cass. soc. 6-4-2011 n° 10-11.051 FS-PB). 84640

ATTENTION
À l'issue d'un CAE à durée déterminée, le salarié n'a pas droit à l'**indemnité de fin de contrat** (n° 76330), sauf disposition conventionnelle plus favorable (Cass. soc. 20-10-2010 n° 08-44.933 F-PB).

CHARGES SUR LES SALAIRES

La rémunération du salarié en CAE est exonérée de la taxe sur les salaires (CGI art. 231 bis N), de la taxe d'apprentissage et de la participation due par les employeurs au titre de l'effort de construction (C. trav. art. L 5134-31, 2° à 4°). 84650

Elle est soumise aux cotisations et contributions sociales, sauf exonération spécifique de cotisations patronales pour les **personnes morales de droit public** (C. trav. art. L 5134-31, 1° et D 5134-48), et ouvre droit à la **réduction générale** des cotisations patronales (voir nos 21780 s.).

La rémunération du salarié est **imposable** selon les règles de droit commun des traitements et salaires. À ce titre, elle entre dans le champ du prélèvement à la source de l'impôt sur le revenu opéré par l'employeur et entre dans le montant à porter en montant net imposable du bulletin de paie.

> Précisions a. Pour les employeurs de droit public qui bénéficient d'exonérations spécifiques, **restent dues** les cotisations patronales de sécurité sociale et d'allocations familiales sur la part de la rémunération excédant la limite ci-dessus visée, la part salariale des cotisations, la CSG, la CRDS, les cotisations patronales de retraite complémentaire, la taxe sur les salaires, les contributions chômage, AGS, solidarité autonomie, Fnal et dialogue social, les contributions à la formation et à l'alternance (contributions à la formation professionnelle, CPF-CDD, supplémentaire à l'apprentissage et taxe d'apprentissage), la cotisation accidents du travail, le versement mobilité et la participation-construction. Sur le régime de retraite complémentaire applicable lorsque l'employeur est une personne morale de droit public, voir n° 30010. S'agissant de la **contribution au dialogue social,** voir n° 27470.

b. Pour les employeurs de droit public qui bénéficient d'exonérations spécifiques, la rémunération du titulaire du contrat doit être exclue des rubriques de la **DSN** destinées à recevoir les rémunérations servant de base aux taxes et participations assises sur les salaires. Elle doit en revanche être portée aux rubriques Rémunération nette fiscale et Montant soumis au PAS du bloc Versement individu de cette déclaration en raison de son caractère imposable.

c. Pendant toute la durée du contrat, le bénéficiaire du CAE est exclu du calcul de l'**effectif,** sauf pour la tarification des risques accidents du travail et maladies professionnelles et le calcul des effectifs servant à la mise en place des institutions représentatives du personnel, voir n° 18837.

AIDE DE L'ÉTAT

84660 Le CAE ouvre droit pour l'employeur à une aide de l'État **modulée en fonction** des actions prévues en matière d'accompagnement professionnel et d'insertion durable du salarié, de la catégorie et du secteur d'activité de l'employeur, des conditions économiques locales et des difficultés d'accès à l'emploi du salarié (C. trav. art. L 5134-30).

Le **montant** de cette aide, financée aussi par le département si le contrat a été conclu avec un bénéficiaire du RSA, est fixé chaque année par un arrêté du préfet de région (C. trav. art. L 5134-30-2 et R 5134-42). Il **ne peut pas excéder** 95 % du taux brut du Smic par heure travaillée, dans la limite de la durée légale hebdomadaire du travail (C. trav. art. L 5134-30-1).

L'aide ne donne lieu à aucune **charge fiscale** (C. trav. art. L 5134-30-1).

Les modalités de son **versement** et les cas dans lesquels elle doit être remboursée par l'employeur sont identiques à ceux prévus pour le contrat initiative emploi : voir n° 84580.

L'aide à l'embauche des salariés sous CAE (n° 84660) et les exonérations visées n° 84650 ne peuvent pas être cumulées avec une autre aide de l'État à l'emploi (C. trav. art. L 5134-33).

SECTION 4 CONTRAT À DURÉE DÉTERMINÉE D'INSERTION

84830 Les structures d'**insertion par l'activité économique** peuvent recourir, pour l'embauche de personnes sans emploi rencontrant des difficultés sociales et professionnelles, au contrat à durée déterminée d'insertion.

Les **employeurs publics** mettant en place des **ateliers et chantiers d'insertion** qui embauchent par voie de contrat à durée déterminée d'insertion et perçoivent l'aide au poste d'insertion bénéficient, sur la part de la rémunération inférieure ou égale au salaire minimum de croissance, pendant la durée d'attribution de cette aide, d'une exonération (Loi 2013-1203 du 23-12-2013 art. 20, IV modifié) :

- des cotisations patronales d'assurances sociales et d'allocations familiales ;
- de la taxe sur les salaires ;
- de la taxe d'apprentissage ;
- de la participation due par les employeurs au titre de l'effort de construction.

Les **employeurs privés** (associations principalement) mettant en place des ateliers et chantiers d'insertion se voient appliquer la réduction générale des cotisations patronales (n°s 21780 s.).

SECTION 5

TABLEAUX RÉCAPITULATIFS

CONTRAT D'APPRENTISSAGE

84850

Employeurs concernés	Toute entreprise du secteur privé, personne physique ou morale, association et entreprise de travail temporaire
Salariés concernés	Travailleur d'au moins 16 ans et moins de 30 ans Sous conditions : jeune d'au moins 15 ans ou atteignant 15 ans avant le terme de l'année civile, travailleur jusqu'à 35 ans, pas de limite d'âge dans certains cas
Niveaux de rémunération	En pourcentage du Smic, selon l'âge de l'apprenti et son niveau de progression dans le diplôme ou titre préparé Minima conventionnels, si plus favorables, pour les apprentis d'au moins 21 ans
Caractéristiques du contrat	CDD ou CDI débutant par une période d'apprentissage Durée entre 6 mois et 3 ans selon le type de profession et le niveau de qualification préparé
Cotisations dues	**Cotisations patronales** : application de la réduction générale (nos 21780 s.) **Cotisations salariales** : exonération pour la part de la rémunération inférieure ou égale à 79 % du Smic **Contributions à la formation professionnelle et à l'alternance** : – pour les entreprises de moins de 11 salariés, exclusion des rémunérations des apprentis de la base de la contribution formation professionnelle (CFP) et de taxe d'apprentissage et, quel que soit l'effectif de l'entreprise, de la base de la CFP-CDD ; – rémunérations des apprentis non-assujetties à la contribution CPF-CDD ; – l'emploi d'apprentis exonère, au cours d'un mois, de la taxe d'apprentissage les entreprises occupant un ou plusieurs apprentis munis d'un contrat régulier d'apprentissage, lorsque les rémunérations dues au titre du mois précédent par ces employeurs n'excèdent pas 6 fois le Smic mensuel (n° 30870) ; – apprentis comptés au nombre des salariés alternants dont l'emploi peut exonérer de la contribution supplémentaire à l'apprentissage
Aides	**Aide « unique »** : entreprise de moins de 250 salariés, préparation d'un diplôme ou d'un titre à finalité professionnelle au plus de niveau 4 (Bac). Contrat conclu depuis le 1-1-2023 : uniquement pour la 1e année du contrat, montant de 6 000 €. Pour les contrats conclus avant cette date, voir n° 84300. **Aide « exceptionnelle »** : préparation d'un diplôme ou titre au plus de niveau 7 (Bac + 5). Uniquement pour la 1e année du contrat. Contrat conclu depuis le 1-1-2023 : 6 000 €. Entreprise de moins de 250 salariés : ne se cumule pas avec l'aide unique. Entreprise d'au moins 250 salariés : sous conditions tenant notamment au quota d'alternants (n° 84310)
Impôts et taxes	**Impôt sur le revenu** : exonération d'impôt sur le revenu et de prélèvement à la source dans la limite du Smic annuel **Taxe sur les salaires** : exonération **Participation-construction** : assujettissement des rémunérations versées aux apprentis dans les conditions de droit commun, mais exclusion des apprentis de l'effectif d'assujettissement

CONTRAT DE PROFESSIONNALISATION

84860

Employeurs concernés	Toute entreprise assujettie au financement de la formation professionnelle (à l'exception des particuliers employeurs) Structures d'insertion par l'activité économique (SIAE) Groupements d'employeurs d'insertion et de qualification (GEIQ)
Salariés concernés	Jeunes en formation initiale de 16 à 25 ans révolus Chômeurs de 26 ans et plus Bénéficiaires d'un minimum social (RSA, ASS, AAH) Personnes ayant été employées en CUI

Niveaux de rémunération	**Qualification inférieure au bac professionnel ou titre ou diplôme professionnel de même niveau** : – de 16 à 20 ans révolus : 55 % du Smic ; – de 21 à 25 ans révolus : 70 % du Smic. **Qualification égale ou supérieure au bac professionnel ou titre ou diplôme professionnel de même niveau** : – de 16 à 20 ans révolus : 65 % du Smic ; – de 21 à 25 ans révolus : 80 % du Smic. **Salariés d'au moins 26 ans** : ni inférieure au Smic ni à 85 % du minimum conventionnel[1 et 2]
Caractéristiques du contrat	CDI avec période de professionnalisation de 6 à 12 mois CDD de 6 à 12 mois
Cotisations dues	Charges sociales assises sur les salaires Cotisations patronales : application de la réduction générale (nos 21780 s.) Contribution supplémentaire à l'apprentissage : les salariés sous contrat de professionnalisation sont comptés au nombre des salariés alternants dont l'emploi peut exonérer de la contribution
Aides	**Aides « permanentes »** : – 2 000 € pour l'embauche d'un chômeur de 45 ans et plus ; – 2 000 € pour l'embauche d'un demandeur d'emploi indemnisé d'au moins 26 ans ; – 4 000 € en cas d'embauche par une structure d'insertion par l'activité économique ; – 814 € par accompagnement et en année pleine pour les GEIQ. **Aide « exceptionnelle »** : Contrat conclu entre le 1-1-2023 et le 31-12-2023 avec une personne de moins de 30 ans : 6 000 € Entreprise d'au moins 250 salariés éligible sous conditions, tenant notamment au quota d'alternants dans les effectifs (n° 84310)
Impôts et taxes	**Impôt sur le revenu** : rémunérations intégralement soumises à l'impôt sur le revenu et au prélèvement à la source (y compris pour les jeunes de moins de 26 ans) **Taxes et participations sur les salaires** : rémunérations assujetties dans les conditions de droit commun, mais exclusion de l'effectif d'assujettissement (n° 18837)

1. C. trav. art. L 6325-9 et D 6325-18.
2. Un accord de branche peut fixer des niveaux de rémunération minimaux supérieurs aux seuils fixés par les dispositions législatives et réglementaires (Circ. DGEFP 15 du 19-7-2012 n° 1.7).

CONTRAT UNIQUE D'INSERTION

84870

Contrat initiative emploi (CIE)	
Employeurs concernés	Toute entreprise (hors particuliers employeurs) du secteur marchand assujettie au régime d'assurance chômage Les employeurs de pêche maritime Les groupements d'employeurs pour l'insertion et la qualification (GEIQ)
Salariés concernés	Chômeur rencontrant des difficultés d'accès à l'emploi dans les DOM et certains territoires à titre expérimental Jeunes de moins de 26 ans (ou moins de 31 ans en cas de handicap) sur tout le territoire national[3]
Niveaux de rémunération	Minimum Smic horaire et minima conventionnels
Caractéristiques du contrat	CDI ou CDD d'au moins 6 mois (3 mois pour les personnes condamnées bénéficiant d'un aménagement de leur peine) et d'au plus 24 mois[1] Durée minimale hebdomadaire de travail : 20 heures[2]
Cotisations dues	Charges sociales assises sur les salaires Exonérations de droit commun de cotisations patronales de sécurité sociale (notamment réduction générale visée nos 21780 s.) Non cumulable avec les exonérations pour les zones franches urbaines ou pour les zones de revitalisation rurale (option requise)

Contrat initiative emploi (CIE)	
Aides	Aide fixée par arrêté préfectoral égale au plus à 47 % du taux horaire brut du Smic par heure travaillée[4] (soit 5,29 € maximum par heure depuis le 1-1-2023)
Impôt sur le revenu	Rémunérations intégralement soumises à l'impôt sur le revenu et au prélèvement à la source
Taxes et participations sur les salaires	Rémunérations assujetties aux taxes et participations sur les salaires dans les conditions de droit commun

1. La **durée maximale du contrat** peut être portée par prolongations successives d'un an au plus, à 60 mois pour les salariés âgés de 50 ans et plus rencontrant des difficultés particulières d'insertion, pour les personnes reconnues travailleurs handicapés ou pour permettre d'achever une formation. Pour les salariés de 58 ans ou plus, le contrat peut être prolongé jusqu'à la date à laquelle ils sont autorisés à faire valoir leurs droits à la retraite (C. trav. art. L 5134-69-1).
2. La **durée hebdomadaire de travail** peut être inférieure à 20 heures lorsque la décision d'attribution de l'aide le prévoit en vue de répondre aux difficultés particulièrement importantes de l'intéressé (C. trav. art. L 5134-70-1).
3. Circ. DGEFP 163 du 28-9-2020 opposable.
4. Lorsque le contrat a été conclu avec un **bénéficiaire du RSA**, le département participe au financement de cette aide qui peut alors dépasser le taux de 47 % pour un CIE (C. trav. art. L 5134-72-2).

84880

Contrat d'accompagnement dans l'emploi (CAE) / Parcours emploi compétences (PEC)	
Employeurs concernés	Employeur du secteur non marchand : collectivité territoriale, personne morale de droit public, organisme à but non lucratif dont association loi 1901, fondation et mutuelle, personne morale de droit privé chargée de la gestion d'un service public, sociétés coopératives d'intérêt collectif (SCIC)
Salariés concernés	Chômeur rencontrant des difficultés d'accès à l'emploi
Niveaux de rémunération	Minimum Smic horaire et minima conventionnels
Caractéristiques du contrat	CDI ou CDD d'au moins 6 mois (3 mois pour les personnes condamnées bénéficiant d'un aménagement de leur peine) et d'au plus 24 mois[1] Durée minimale hebdomadaire de travail : 20 heures[2]
Cotisations dues	**Employeurs du secteur non marchand** : hors collectivités territoriales et personnes morales de droit public : charges sociales assises sur les salaires, réduction générale de cotisations patronales visée n°s 21780 s. **Collectivités territoriales et autres personnes morales de droit public** : exonérations spécifiques de cotisations patronales
Aides	Aide fixée par arrêté préfectoral égale au plus à 95 % du taux horaire brut du Smic par heure travaillée[3] (soit 10,70 € maximum par heure depuis le 1-1-2023)
Impôt sur le revenu	Rémunérations intégralement soumises à l'impôt sur le revenu et au prélèvement à la source
Taxes et participations sur les salaires	Rémunération exonérée de la taxe sur les salaires, de la taxe d'apprentissage, de la contribution CFP-CDD et de la participation due par les employeurs au titre de l'effort de construction

1. La **durée maximale du contrat** peut être portée par prolongations successives d'un an au plus, à 60 mois pour les salariés âgés de 50 ans et plus rencontrant des difficultés particulières d'insertion, pour les personnes reconnues travailleurs handicapés ou pour permettre d'achever une formation. Pour les salariés de 58 ans ou plus, le contrat peut être prolongé jusqu'à la date à laquelle ils sont autorisés à faire valoir leurs droits à la retraite (C. trav. art. L 5134-25-1).
2. La **durée hebdomadaire de travail** peut être inférieure à 20 heures lorsque la décision d'attribution de l'aide le prévoit en vue de répondre aux difficultés particulièrement importantes de l'intéressé (C. trav. art. L 5134-26).
3. Lorsque le contrat a été conclu avec un **bénéficiaire du RSA**, le département participe au financement de cette aide (C. trav. art. L 5134-72-2 et L 5134-30-2).

CHAPITRE 7

HÔTELS, CAFÉS, RESTAURANTS

SOMMAIRE

A. Salaire	85050
1. Salaire minimum	85080
2. Heures supplémentaires	85150
3. Avantages en nature	85270
4. Aménagement du temps de travail	85380
5. Autres dispositions salariales	85440
B. Charges sociales	85630
1. Assiette des cotisations	85630
a. Assiette réelle	85650
b. Assiette forfaitaire	85760
2. Exonérations de cotisations	85870
C. Régime fiscal	85950
D. Bulletin de paie et DSN	86050

OBJET DE L'ÉTUDE

84930 Sauf précision contraire, les développements qui suivent concernent uniquement les établissements soumis à la **convention collective nationale étendue** des hôtels, cafés, restaurants (HCR) du 30-4-1997 (nos 84940 s.).

Il existe par ailleurs des **conventions départementales étendues** : Alpes-de-Haute-Provence (IDCC n° 601), Bouches-du-Rhône (IDCC n° 1017), Meurthe-et-Moselle (IDCC n° 1075), Saint-Pierre-et-Miquelon (IDCC n° 1140), Seine-Maritime (IDCC n° 1030) et Var (IDCC n° 1260), non étudiées ici.

84940 **Champ d'application de la convention collective nationale** La convention collective nationale étendue des HCR du 30-4-1997 est **obligatoire** pour tous les établissements de **France métropolitaine** et des **DOM** compris dans son champ d'application professionnel, que l'employeur soit ou non affilié aux organisations patronales signataires. Son **texte** (brochure n° 3292 ; IDCC n° 1979) est disponible sur le site www.legifrance.gouv.fr et sur notre Navis conventions collectives.

84950 Le **champ d'application professionnel** de la convention collective nationale étendue des HCR du 30-4-1997 comprend les entreprises dont l'activité principale est l'hébergement et/ou la fourniture de repas et/ou de boissons et, le cas échéant, des services qui y sont associés. Elle concerne (Convention art. 1er) :
- les hôtels avec restaurant ;
- les hôtels de tourisme sans restaurant ;
- les hôtels de préfecture ;
- les restaurants de type traditionnel ;
- les cafés-tabacs ;
- les débits de boissons ;
- les traiteurs organisateurs de réceptions ;
- les bowlings.

Les entreprises visées par le champ d'application sont généralement répertoriées aux codes NAF suivants : 55.10Z, 56.10A, 56.10B, 56.30Z, 56.21Z et 93.11Z (bowlings).

84960 Sont **exclues** du champ de la convention :
- les entreprises d'alimentation et de **restauration rapide** ayant pour vocation de vendre exclusivement au comptoir des aliments et des boissons présentés dans des conditionnements jetables que l'on peut consommer sur place ou emporter (Convention art. 1er) ;
- les entreprises de **restauration collective** (Convention art. 1er) ;
- les **chaînes de cafétérias** soumises à la convention collective nationale des chaînes de cafétérias et assimilés du 28-8-1998 (IDCC n° 2060) ;
- les **discothèques** (code NAF 56.30Z ou 93.29Zp).

> Précisions L'article 1er de la convention collective nationale étendue prévoit que les **discothèques** sont comprises dans son champ d'application, mais le ministre les en a exclues lors de l'extension (Arrêté MEST9711602A du 3-12-1997). Plusieurs avenants à la convention ont tenté de les inclure dans le champ de la convention, mais cette inclusion a été chaque fois exclue de l'extension, de sorte que les discothèques ne sont pas légalement tenues d'appliquer la convention nationale des HCR.
Elles ne sont pas non plus légalement tenues d'appliquer la convention collective nationale des espaces de loisirs, d'attractions et culturels du 5-1-1994 (IDCC n° 1790). Les signataires de cette convention ont échoué à la rendre obligatoire pour toutes les discothèques : l'extension du premier avenant signé à cet effet a été annulée par le Conseil d'État (CE 30-12-2009 n° 327209) et les dispositions du deuxième avenant (Avenant 26 ter du 13-11-2009) prévoyant ce rattachement ont été exclues de l'extension.
Les discothèques peuvent cependant appliquer volontairement l'une ou l'autre de ces conventions. Le Syndicat national des discothèques et lieux de loisirs (SNDLL) a adhéré volontairement à certains avenants de la branche des espaces de loisirs, d'attraction et culturels concernant notamment ceux relatifs aux rémunérations conventionnelles (Lettre du 11-10-2013) et au régime frais de santé (Lettre du 22-12-2015).

Personnels concernés La convention collective nationale des HCR s'applique à tous les salariés des établissements visés nos 84940 s., notamment au personnel d'exploitation, d'entretien, de maintenance, ainsi qu'au personnel administratif (Convention art. 1er). 84970

A. Salaire

L'**étude** des règles particulières auxquelles est soumise la profession des HCR comprend : 85050
- le salaire minimum ;
- les heures supplémentaires ;
- l'obligation de nourriture ;
- l'aménagement du temps de travail ;
- les autres obligations s'imposant en vertu des textes conventionnels.

Pour la plupart des questions relatives aux **salariés payés au pourboire ou par un pourcentage sur le service** (modalités de répartition, obligation de compléter ces pourboires par un versement en espèces, prise en compte pour le calcul d'indemnités diverses, etc.), il convient de se reporter à l'étude générale consacrée à cette question nos 54340 s. Mis à part les établissements situés en région parisienne et dans le Var (voir n° 54412), la profession des HCR ne fait pas l'objet de dispositions spécifiques en la matière, sous réserve des règles relatives aux heures supplémentaires (nos 85150 et 85170) et aux jours fériés (nos 85470 s.).

> Précisions Selon l'article 35.1 de la convention collective nationale étendue, les **modes de rémunération** pouvant être mis en place dans les entreprises relevant de son champ d'application sont les suivants : rémunération au fixe, au forfait, au pourcentage sur le service, au fixe plus pourcentage ou tout autre mode de rémunération fixe ou variable défini par le contrat de travail. Dans les départements où une réglementation a été instituée en ce qui concerne le personnel appelé à être rémunéré au service ou en ce qui concerne le mode de répartition du service, les employeurs doivent s'y conformer. Sur l'application d'un accord d'entreprise conclu sur le même thème, voir nos 965 s.

1. SALAIRE MINIMUM

Dans les professions relevant de la convention collective nationale des HCR, chaque heure de présence doit être rémunérée au moins au **taux horaire** minimal conventionnel ou, s'il est plus favorable au salarié, au taux horaire du Smic. Les heures de présence effectuées **au-delà de 35 heures** par semaine ouvrent droit, en plus, aux majorations pour heures supplémentaires (Circ. DRT 2 du 13-1-2004 n° I-1). 85080

Les signataires de la convention se sont engagés à maintenir en permanence le salaire horaire du premier échelon du premier niveau (pied de la grille conventionnelle des salaires) à un niveau au moins égal à 101 % du Smic. Pour ce faire, ils ont prévu de se réunir afin de renégocier la grille de salaires conventionnelle à chaque augmentation du Smic (Avenant 6 du 15-12-2009 art. 2 bis étendu par arrêté MTST1004939A du 19-2-2010).

La rémunération des **apprentis** est exprimée en pourcentage du minimum conventionnel ou, si c'est plus favorable, en pourcentage du Smic (Avenant 30 du 31-5-2022 art. 2.4 étendu par arrêté MTRT2229948A du 14-11-2022).

Aucune retenue ne peut être opérée sur le Smic au titre de l'avantage **nourriture,** la convention l'interdisant (Avenant 1 du 13-7-2004 art. 17, al. 3). Pour les **autres avantages en nature,** le droit commun s'applique (voir n°s 1760 s.).

La question de savoir si les **pourboires ou pourcentages sur service** doivent être pris en compte pour déterminer si le salarié a bien été rempli de ses droits au regard du Smic est étudiée n° 1840.

2. HEURES SUPPLÉMENTAIRES

SALARIÉS CONCERNÉS

85150 La réglementation relative aux heures supplémentaires s'applique à tous les salariés des HCR, y compris ceux **payés** au **pourcentage sur le service** (Cass. soc. 17-12-1996 n° 93-42.003 P).

Sauf application d'un dispositif d'aménagement du temps de travail visé n° 85380, est considérée comme heure supplémentaire toute heure de travail effectif accomplie à la demande de l'employeur ou avec son accord, au-delà de la durée hebdomadaire légale de travail, soit 35 heures (Avenant 2 du 5-2-2007 art. 5.1, al. 1 étendu par arrêté SOCT0710866A du 26-3-2007).

MAJORATIONS

85160 Les heures supplémentaires sont majorées comme suit (Avenant 2 du 5-2-2007 art. 4) :
- entre la 36e et la 39e heure : 10 % ;
- entre la 40e et la 43e heure : 20 % ;
- à partir de la 44e heure : 50 %.

La **base de calcul** des majorations pour heures supplémentaires inclut, le cas échéant, la valeur des **avantages en nature,** en application de la règle générale énoncée n° 6980.

On trouvera au n° 95240 un modèle de bulletin de paie détaillant les modalités de calcul de la rémunération des heures supplémentaires.

EXEMPLE

Pour un serveur niveau I, échelon 2, travaillant 39 heures par semaine réparties sur 5 jours du lundi au vendredi, nourri aux deux repas, le montant de la rémunération de chaque heure supplémentaire est déterminé comme suit en mars 2023 (le taux horaire conventionnel étant inférieur à celui du Smic, ce dernier est applicable. Taux horaire applicable au 1-3-2023 : 11,27 €) :
- salaire mensuel 35 heures (151,67 heures mensuelles) : 11,27 × 151,67 = 1 709,32 € ;
- valeur de l'avantage en nature : il y a eu 23 × 2 = 46 repas fournis, soit 46 × 4,01 (minimum garanti au 1-3-2023) = 184,46 € ;
- taux horaire des heures supplémentaires : [(1 709,32 + 184,46)/151,67] × 1,1 = 13,73 €.

85170 Pour les salariés **rémunérés au pourcentage sur le service,** la rémunération tirée du pourcentage sur le service calculé sur le chiffre d'affaires est réputée rémunérer l'intégralité des heures de travail, étant précisé toutefois que l'entreprise doit **ajouter** au pourcentage sur le service le paiement des majorations au titre des heures supplémentaires exécutées (Avenant 2 du 5-2-2007 art. 5.2 ; Cass. soc. 20-1-2021 n° 19-21.755 FS-P). La rémunération du salarié, ainsi composée, doit être **au moins égale** au salaire minimal conventionnel dû en raison de la durée de travail effectuée, augmenté des majorations afférentes aux heures supplémentaires (Avenant 2 du 5-2-2007 art. 5.2).

> **› Précisions** L'avenant 2 bis du 5-2-2007 à la convention collective (étendu par arrêté SOCT0710866A du 26-3-2007) fixe une **grille de rémunération minimale annuelle brute** (hors avantages en nature nourriture et logement) pour les salariés rémunérés au service, mais, n'ayant pas été actualisée depuis cette date, elle est aujourd'hui inapplicable. C'est donc le salaire minimum visé n° 85080 qui constitue le minimum applicable aux salariés rémunérés au pourcentage sur le service.

REPOS COMPENSATEUR DE REMPLACEMENT

85180 Le paiement des heures supplémentaires peut être remplacé par un repos compensateur de 110 % pour les 4 premières heures, de 120 % pour les 4 suivantes et de 150 % pour les autres (Avenant 2 du 5-2-2007 art. 5.1, al. 2).

Dans le respect du Code du travail (n°s 7260 s.), les règles d'**attribution** de ce repos, notamment sa date, sa périodicité et sa forme, sont définies au niveau de chaque entreprise par l'employeur après concertation du ou des salariés concernés en fonction des nécessités du service et des besoins de la clientèle. Il doit obligatoirement être pris dans les 12 mois ou 52 semaines (Avenant 2 du 5-2-2007 art. 5.1, al. 3 et 4).

Les heures supplémentaires compensées en temps ne s'imputent pas sur le **contingent annuel** d'heures supplémentaires (n° 6780).

Lorsque les heures supplémentaires sont compensées en tout ou partie sous la forme du repos compensateur de remplacement, les **chefs d'entreprise enregistrent** sur un registre ou tout autre document l'horaire nominatif et individuel de chaque salarié ainsi que les périodes de travail qu'il a réellement effectuées pour chacun des jours où il n'est pas fait une stricte application de celui-ci (Avenant 2 du 5-2-2007 art. 5.1, al. 5). 85190

Ce document est **émargé par le salarié** au moins une fois par semaine et tenu à la disposition de l'**inspecteur du travail** (Avenant 2 du 5-2-2007 art. 5.1, al. 6).

Le **salarié** est tenu régulièrement **informé de ses droits** acquis en matière de repos compensateur sur son bulletin de paie ou sur une fiche annexée qui indique pour le mois considéré (Avenant 2 du 5-2-2007 art. 5.1, al. 7 à 10) : 85200

- le nombre d'heures supplémentaires effectuées ;
- le nombre d'heures de repos compensateur de remplacement auxquelles elles ouvrent droit ;
- le nombre d'heures de repos attribuées dans le cadre de ce dispositif.

CONTINGENT ANNUEL

Le contingent conventionnel d'heures supplémentaires est fixé à 360 heures par an pour les **établissements permanents** et à 90 heures par trimestre civil pour les **établissements saisonniers** (Avenant 2 du 5-2-2007 art. 5.3). 85220

Sur les **heures imputables** sur le contingent, voir nº 6780.

En cas de dépassement du contingent annuel, les heures supplémentaires ouvrent droit à la **contrepartie obligatoire sous forme de repos** visée nºs 7400 s. Celle-ci s'ajoute au repos compensateur de remplacement mentionné nº 85180.

3. AVANTAGES EN NATURE

Les HCR sont tenus, sous certaines conditions, de fournir les **repas** à leur personnel ou, à défaut, de payer aux intéressés une indemnité compensatrice (Arrêtés Parodi des 22-2-1946 et 31-12-1947 modifiés). Pour les **autres avantages en nature,** l'employeur est soumis aux règles de droit commun exposées nºs 38000 s. 85270

SALARIÉS CONCERNÉS

L'obligation de nourrir le personnel ne s'applique que si l'**entreprise** est **ouverte** à l'heure normale du repas et que les **salariés** sont **présents** au moment du repas du personnel (Cass. soc. 24-1-2001 nº 98-43.380 F-D ; 31-1-2018 nº 16-25.113 F-D), peu important l'existence d'un éventuel usage de la profession ou de conditions particulières de travail (Cass. 2e civ. 19-6-2014 nº 13-16.576 F-D). 85280

ILLUSTRATIONS

Un employeur, dont l'établissement est ouvert de 7 à 23 heures sans interruption, occupant des salariés travaillant en équipe à raison de 8 heures par jour, soit de 7 à 15 heures, soit de 15 à 23 heures, n'est tenu de fournir qu'un seul repas aux intéressés (Cass. 2e civ. 19-6-2014 nº 13-16.576 F-D précité).

L'obligation de nourrir le personnel (ou, à défaut, de lui fournir une indemnité compensatrice) concerne, sous réserve des conditions qui précèdent, l'**ensemble des salariés** des HCR (Cass. soc. 5-5-1971 nº 70-40.422 P), quelle que soit leur **durée de travail** (Circ. DRT-DSS 15 du 9-3-1990 nº 2.1). 85290

Ainsi un **chauffeur de voiture** (Cass. soc. 5-5-1971 nº 70-40.422 P) ou une **femme de ménage** à temps partiel (Circ. DRT-DSS du 9-3-1990 nº 2.1 précitée) peut y prétendre si ces conditions sont réunies. En revanche, le plus souvent, l'obligation de nourriture ne s'applique pas aux **veilleurs de nuit** dans la mesure où, de par la nature même de leur activité, ces conditions ne sont pas réunies (Circ. DRT-DSS du 9-3-1990 nº 2.1 précitée).

NOMBRE DE REPAS À FOURNIR OU À INDEMNISER

Le décompte du nombre de repas à fournir ou à indemniser est lié à l'**horaire** et à la **répartition du temps de travail** de chaque salarié. Ce nombre indivisible est variable. Il tient compte à la fois de l'horaire et du nombre de jours travaillés (Circ. DRT-DSS 15 du 9-3-1990 nº 2.1). 85300

EXEMPLE **Décompte des repas**

Soit un restaurant ouvert à la clientèle de 11 à 23 heures :
– le salarié A a travaillé 26 jours au cours du mois M et était présent chaque jour au moment des 2 repas : il a droit à 26 × 2 = 52 repas au cours de ce mois ;
– le salarié B à temps partiel a travaillé 13 jours au cours du mois M et était présent chaque jour au moment des 2 repas : il a droit à 13 × 2 = 26 repas au cours de ce mois ;
– le salarié C à temps partiel a travaillé 26 jours au cours du mois M, mais n'était présent chaque jour qu'au moment d'un repas : il a droit à 26 repas au cours de ce mois.

85310 Si le salarié **ne consomme pas** le repas fourni, l'employeur n'a, à notre sens, pas à verser d'indemnité compensatrice par transposition de la solution donnée nº 38350.

Concernant le **traitement en paie** de l'avantage en nature non consommé, il y a un risque pour l'employeur, s'il ne retient pas l'avantage en nature sur le bulletin de paie, d'être considéré comme n'ayant pas rempli son obligation de nourriture. La solution pourrait être, selon nous, de faire signer un document au salarié selon lequel il renonce à l'avantage fourni par l'employeur. En cas de refus du salarié de souscrire ce document, le repas non pris serait alors considéré comme consommé.

Il convient cependant de réserver l'hypothèse d'un **usage local** ou d'une stipulation particulière d'une **convention collective départementale** et celle où le repas ne serait pas pris pour **raisons médicales,** le risque étant, pour l'employeur, de se voir éventuellement reprocher, dans ces circonstances, d'avoir failli à son obligation de sécurité.

VALEUR DU REPAS

85320 Tout salarié prenant son **repas sur place,** à l'occasion du travail, dans un établissement préparant des denrées alimentaires et relevant de la convention collective nationale étendue des HCR (nºs 84940 s.) ne peut pas se voir réclamer par l'employeur une contribution supérieure à l'évaluation de l'avantage en nature fixée par la réglementation en vigueur (Avenant 1 du 13-7-2004 art. 17, al. 2). L'évaluation dont il s'agit est celle applicable en matière de sécurité sociale : voir nº 85700.

S'agissant des règles applicables aux apprentis de la branche, voir nº 84040.

L'**indemnité compensatrice** versée aux salariés à défaut de fourniture de repas est en général calculée selon les règles fixées par l'arrêté SANS0224281A du 10-12-2002 (nº 85700), bien que cette évaluation ne s'impose pas en matière de sécurité sociale : voir nº 85660.

ATTENTION

Le personnel rémunéré au **Smic** est soumis à des règles spécifiques : voir nºs 85080 (personnel relevant de la convention des HCR) et 1790 (autre personnel).

4. AMÉNAGEMENT DU TEMPS DE TRAVAIL

85380 L'avenant 2 du 5-2-2007 à la convention collective nationale (étendu par arrêté SOCT0710866A du 26-3-2007) prévoit **plusieurs possibilités** d'aménagement du temps de travail : cycles, modulation, aménagement du temps de travail sous forme de jours ou demi-journées de repos, temps partiel modulé sur l'année. Ces dispositions conventionnelles demeurent applicables malgré la suppression de ces dispositifs par la loi 2008-789 du 20-8-2008 : voir nºs 9950 s.

Il contient également des dispositions sur le travail à **temps partiel** et le travail de nuit (avec, dans cette situation, des contreparties spécifiques en repos).

L'avenant 19 du 29-9-2014 à la convention collective nationale (étendu par arrêté ETST1606144A du 29-2-2016) a mis en place un dispositif d'**aménagement du temps de travail sur l'année.** Cet avenant prévoit une possibilité de lissage de la rémunération.

85390 L'avenant 22 bis du 7-10-2016 à la convention collective nationale (étendu par arrêté MTRT1806968A du 9-3-2018) permet la conclusion de conventions individuelles de **forfait en jours destinées aux cadres autonomes**. Le plafond du forfait est fixé à 218 jours incluant la journée de solidarité. Cet avenant prévoit, en outre, un certain nombre de mesures imposant à l'employeur, en conformité avec les dispositions visées nº 8950, de veiller à la surcharge de travail et d'y remédier. Il fixe également les conditions dans lesquelles le salarié peut, en accord avec l'employeur, renoncer à une partie de ses jours de repos.

5. AUTRES DISPOSITIONS SALARIALES

PRIME TUTORALE

Le tuteur « accrédité CPNE-IH » qui encadre un salarié en **contrat de professionnalisation** pendant plus d'un mois bénéficie d'une prime de tutorat égale à 2 % de son salaire de base (hors avantage en nature). Calculée au mois (dans la limite de 12 mois), elle est versée en une seule fois à l'issue du contrat de professionnalisation et au plus tard au terme du 12e mois, quelle que soit la durée du contrat. Cette prime n'est pas cumulable avec les dispositions d'un accord d'entreprise visant le même objet (Avenant 10 du 15-12-2009 art. 2 étendu par arrêté MTST1004939A du 19-2-2010). 85440

TEMPS D'HABILLAGE ET DE DÉSHABILLAGE

L'avenant 2 du 5-2-2007 à la convention collective nationale reprend les dispositions légales (no 5600) et renvoie aux entreprises le soin de définir les **contreparties** soit sous forme de repos, soit financières. Elles doivent être **précisées dans le contrat de travail. À défaut** de contrepartie fixée par l'entreprise, le salarié comptant un an d'ancienneté dans l'entreprise a droit à un jour de repos par an. Cette contrepartie est due prorata temporis pour les salariés dont l'ancienneté est inférieure. Lorsque l'activité de l'entreprise ne permet pas la prise du congé, le salarié perçoit une compensation en rémunération équivalente (Avenant 2 du 5-2-2007 art. 7). 85450

CONGÉS POUR ÉVÉNEMENTS FAMILIAUX

Le salarié bénéficie des autorisations d'absence pour événements familiaux visés no 72100. La convention collective nationale octroie en outre, sans condition d'ancienneté, une autorisation exceptionnelle d'absence d'un jour pour le **décès d'un grand-parent** sans réduction de la rémunération (Convention art. 25.1). Si le salarié doit se rendre, pour l'un de ces motifs, dans un **lieu situé à plus de 500 km** aller-retour de son lieu de travail, il bénéficie d'un jour supplémentaire non rémunéré, pouvant être pris ou non sur les congés, en accord avec son responsable hiérarchique (Convention art. 25.1). 85460

1ER MAI

Conformément au droit commun, le **chômage** du 1er mai ne doit entraîner aucune réduction du salaire : voir nos 60820 s. 85470

Si le 1er mai tombe un **jour habituel de fermeture** de l'entreprise ou le jour de repos du salarié, il n'y a aucune incidence au point de vue des rémunérations : les salariés payés au fixe touchent leur salaire normal et les salariés payés au service ne perçoivent aucune rémunération (Convention art. 26.1, 1).

Si le 1er mai coïncide avec un jour habituel d'ouverture pour l'entreprise et que l'employeur **décide de fermer l'entreprise,** il doit assurer la rémunération normale (Convention art. 26.1, 2).

En cas de **travail** le 1er mai, l'indemnité visée nos 61150 s. est due. Pour les salariés payés au fixe, l'employeur doit verser une indemnité proportionnelle au montant du salaire correspondant à cette journée, non compris les avantages en nature. Autrement dit, les avantages en nature doivent être payés pour cette journée mais ne sont pas doublés. Pour les salariés payés au service, l'indemnité doit être égale au montant de la répartition du service pour cette journée (Convention art. 26.1, 3).

AUTRES JOURS FÉRIÉS

Cas général Dans les établissements permanents, les salariés comptant **un an d'ancienneté** dans l'entreprise bénéficient, en plus du 1er mai, de 10 jours fériés par an : 6 jours fériés garantis + 4 autres jours fériés (Avenant 2 du 5-2-2007 art. 11.1, 1 modifié par avenant 6 du 15-12-2009 art. 6.1, 1). 85480

Les **6 jours fériés garantis** sont attribués selon les modalités suivantes (Avenant 2 du 5-2-2007 annexe II, 1.1) :

– si le **jour férié tombe un jour de repos,** le salarié bénéficie d'une journée de compensation ou d'une indemnisation équivalente (au prorata pour les salariés à temps partiel dont le temps de travail est réparti sur moins de 5 jours par semaine) ;

– si le jour férié **tombe un jour de travail** du salarié et que l'entreprise décide de **fermer l'établissement** ou de lui accorder ce jour férié, le salarié bénéficie du jour férié en cause avec maintien de sa rémunération ;

– si le jour férié tombe un jour de travail du salarié et que sa **présence** est **nécessaire,** le salarié bénéficie, en plus de sa rémunération habituelle, soit d'une journée de compensation, soit d'une indemnisation équivalente.

Au terme de l'année civile, l'entreprise doit vérifier si le salarié a bénéficié des jours fériés garantis. À défaut, elle informe par écrit le salarié de ses droits restant dus. Celui-ci peut alors, avec l'accord de l'employeur, et dans les 6 mois suivants, soit prendre ses jours de compensation isolément ou en continu, soit être indemnisé. Au terme de cette période de 6 mois, les jours restant dus sont obligatoirement rémunérés (Avenant 2 du 5-2-2007 art. 11.2 modifié par avenant 6 du 15-12-2009 art. 6.2, 1).

Les **4 autres jours fériés** sont accordés selon les modalités suivantes (Avenant 2 du 5-2-2007 art. 11.1, 1 modifié par avenant 6 du 15-12-2009 art. 6.1, 1) :
– le chômage des jours fériés ne doit entraîner aucune réduction du salaire ;
– si l'activité de l'établissement nécessite la présence du salarié, l'intéressé bénéficie d'un jour de compensation ;
– le jour férié coïncidant avec un jour de repos ne donne pas lieu à compensation ou à indemnisation.

Pour les **apprentis mineurs,** en cas de travail un jour férié, le salaire journalier de base perçu pour cette journée de travail est doublé (Avenant 2 du 5-2-2007 art. 11.3).

Pour les **salariés ayant moins d'un an d'ancienneté,** le droit commun s'applique (nos 60870 s.).

85490 **Établissements et contrats saisonniers** Dans les établissements saisonniers (et pour les salariés sous contrats saisonniers des établissements permanents), les salariés justifiant de **9 mois d'ancienneté** dans l'entreprise bénéficient en plus du 1er mai, le cas échéant, des jours fériés selon les modalités définies pour les établissements permanents (no 85480) mais au **prorata** de la durée du contrat de travail (arrondis à l'entier supérieur) (Avenant 2 du 5-2-2007 art. 11.1, 2 modifié par avenant 6 du 15-12-2009 art. 6.1, 2).

Par **exemple,** pour un contrat de 5 mois, les 6 jours fériés garantis sont ramenés à 3 (= 5 mois/12 mois × 6 jours fériés garantis, soit 2,50 arrondi à 3).

Pour calculer l'**ancienneté,** les contrats saisonniers successifs dans la même entreprise sont cumulés (C. trav. art. L 1244-2, al. 3 ; Avenant 2 du 5-2-2007 art. 11.1, 2 modifié par avenant 6 du 15-12-2009 art. 6.1, 2).

Au **terme du contrat** saisonnier, l'employeur doit payer aux salariés les jours fériés garantis leur restant dus (Avenant 6 du 15-12-2009 art. 6.2, 2).

Dans les établissements ouverts plus de 9 mois, les salariés bénéficient du régime des jours fériés des établissements permanents, sauf ceux sous contrat saisonnier qui relèvent des dispositions ci-dessus (Avenant 2 du 5-2-2007 art. 11.1, 3 modifié par avenant 6 du 15-12-2009 art. 6.1, 3).

MALADIE, ACCIDENT, MATERNITÉ

85500 En cas d'arrêt de travail consécutif à une **maladie** ou à un **accident,** l'employeur est tenu de **maintenir la rémunération** dans les conditions de droit commun (nos 61810 s.).

La convention collective nationale ne prévoit pas le maintien de la rémunération pendant le congé de **maternité.**

› Précisions Les salariés et apprentis des HCR bénéficient :
– d'un **régime obligatoire de prévoyance** couvrant les risques décès-incapacité-invalidité-rente éducation : institué par l'article 18 de l'avenant 1 du 13-7-2004 modifié en dernier lieu par l'avenant 2 du 10-5-2021 (étendu par arrêté MTRT2134227A du 17-12-2021), ce régime est financé par une cotisation s'élevant à 0,86 % du salaire brut plafonné à la tranche 1 et répartie à hauteur de 50 % pour l'employeur et 50 % pour le salarié. La cotisation obligatoire d'assurance décès des **cadres** à la charge de l'employeur visée no 30570 inclut la participation patronale au financement du régime de prévoyance conventionnel ;
– d'un régime professionnel collectif à adhésion obligatoire de **remboursements complémentaires de frais de santé** : institué par un accord du 6-10-2010 modifié en dernier lieu par l'avenant 8 du 11-7-2019 (étendu par arrêté MTRT2018088A du 10-7-2020), le régime est financé par une cotisation forfaitaire mensuelle répartie à raison de 50 % à la charge de l'employeur et 50 % à la charge du salarié.

Pour les salariés ayant **plusieurs employeurs adhérant au même contrat** d'assurance, la cotisation est répartie entre eux au prorata du temps de travail, sous réserve que le salarié les informe de sa situation de pluriactivité au sein de la branche et le ou les autres employeurs en cas de rupture de l'un de ses contrats (afin que ceux-ci modifient leur part de cotisation pour que la totalité de la cotisation soit toujours perçue par l'organisme assureur) et leur communique le nombre total d'heures travaillées dans le mois et leur répartition. Aucune proratisation n'est en revanche pratiquée pour les **salariés à temps partiel.** Les salariés à temps très partiel redevables d'une cotisation au moins égale à 10 % de leur rémunération peuvent toutefois, sur demande, bénéficier d'une dispense d'affiliation. En cas d'**embauche en cours de mois,** la cotisation est due à compter du mois suivant. Lorsque le **contrat de travail cesse** au cours d'un mois, elle est versée pour le mois entier.

Plus de renseignements sur ces régimes (organisme assureur compétent, modalités d'adhésion, garanties), sur les sites suivants : www.hcrprevoyance.fr et www.hcrsante.fr.

RUPTURE DU CONTRAT DE TRAVAIL

Préavis La **durée** du préavis en cas de **démission** et de **licenciement** (après la période d'essai) est la suivante (Convention art. 30) : 85510

	Ancienneté inférieure à 6 mois	Ancienneté de 6 mois à moins de 2 ans	Ancienneté d'au moins 2 ans
Cadres	1 mois	3 mois	3 mois
Maîtrise	15 jours	1 mois	2 mois
Employés	8 jours	– 15 jours en cas de démission – 1 mois en cas de licenciement	– 1 mois en cas de démission – 2 mois en cas de licenciement

En cas de **licenciement,** sauf faute grave ou lourde, les **salariés à temps complet** ont la faculté de **s'absenter pour chercher un emploi** dans la limite de 2 heures payées par jour de travail pendant la durée du préavis avec un maximum égal à leur durée hebdomadaire de travail (Convention art. 30.2). Ces **heures** sont **fixées** d'un commun accord ou, à défaut, alternativement un jour par l'employeur, un jour par le salarié, à condition d'être prises en dehors des heures de service des repas à la clientèle. Les parties peuvent s'entendre pour bloquer tout ou partie de ces heures avant l'expiration du délai de préavis (Convention art. 30.2). 85520

Si le salarié licencié **trouve du travail** pendant son préavis, il perd son droit à s'absenter pour la recherche d'emploi (Convention art. 30.2).

CONSEIL

Il convient, selon nous, d'accorder aux **salariés à temps partiel** le bénéfice de ces heures d'autorisation d'absence au prorata de leur temps de travail en application du principe d'égalité de traitement (n° 74470).

Indemnités de rupture S'agissant du montant de l'**indemnité de licenciement** et de celui de l'**indemnité de mise à la retraite,** les dispositions de droit commun s'appliquent (voir respectivement n°s 63400 s. et 64650), sous réserve de l'indemnité conventionnelle de départ à la retraite exposée ci-après. 85530

Le barème de l'**indemnité de départ volontaire à la retraite** est le suivant (Avenant 1 étendu du 13-7-2004 art. 14 ; Accord étendu du 11-7-2013 art. 7.3) : 85540

Ancienneté	Départ volontaire à la retraite	
	Employés et agents de maîtrise	Cadres
Après 5 ans	-	1 mois
Après 10 ans	1 mois	2 mois
Après 15 ans	2,5 mois	2,5 mois
Après 20 ans	3 mois	3 mois
Après 25 ans	3,5 mois	3,5 mois
Après 30 ans	4 mois	4,5 mois

L'indemnité est calculée sur la moyenne des salaires bruts des 3 derniers mois ou des 12 mois précédant le départ à la retraite, selon la formule la plus avantageuse pour le salarié (Avenant 1 du 13-7-2004 art. 14).

B. Charges sociales

1. ASSIETTE DES COTISATIONS

Les règles de calcul des cotisations dues au titre du personnel des HCR sont fixées par un arrêté du 14-1-1975 (JO 22) modifié par un arrêté du 10-2-1977 (JO 6-3). 85630

Elles concernent, outre les HCR, les **établissements** ou organismes dans lesquels des **denrées alimentaires** ou des **boissons** sont **consommées sur place.** Ces dispositions s'appliquent donc au personnel des cantines et restaurants d'entreprise (Guide Acoss du recouvrement n° 101 éd. 2-95 p. 68).

Elles diffèrent, par ailleurs, selon que l'**employeur connaît le montant de la rémunération** perçue par le salarié (salaire au fixe ou pourcentage sur le service réparti par l'employeur) ou qu'au contraire il l'ignore (pourboires directs sans registre de répartition sous contrôle de l'employeur).

Ces règles valent non seulement pour la **CSG**, la **CRDS** et **la taxe sur les salaires** mais aussi pour les **cotisations de sécurité sociale** et les **prélèvements dont l'assiette est alignée** sur celle de ces dernières : cotisations ou contributions solidarité autonomie, Fnal, dialogue social, chômage, AGS, retraite complémentaire Agirc-Arrco, formation et alternance (contributions à la formation professionnelle, CPF-CDD, supplémentaire à l'apprentissage et taxe d'apprentissage), versement mobilité et participation-construction.

> Précisions **a.** Les HCR échappent a priori à la **taxe sur les salaires,** puisque, en principe, ils sont redevables de la TVA. Dans les cas rares où ils sont assujettis à la taxe sur les salaires, ils n'en sont redevables que si leur chiffre d'affaires excède les limites de la franchise en base de la TVA (n° 31450).
b. Sur le régime particulier de certaines **sommes versées par des tiers,** voir nos 45880 s.
Sur le débiteur des cotisations en cas de paiement en tout ou partie aux **pourboires,** voir n° 54570.
Sur l'application du régime de la **saisie et** de la **cession** des rémunérations, voir n° 15180.

a. Assiette réelle

CAS D'APPLICATION

85650 Selon l'arrêté du 14-1-1975, les cotisations sont calculées sur la base des rémunérations réellement perçues par les salariés, à savoir :
– soit un **salaire fixe** ;
– soit un **pourcentage pour service** (éventuellement complété en cas d'insuffisance par un versement de l'employeur pour atteindre le salaire minimum visé n° 85170 ou le salaire contractuel). Dans ce cas, l'employeur ne peut appliquer l'assiette réelle que s'il est **en mesure de produire un registre** de répartition conforme à celui conditionnant l'ancienne exonération de la TVA sur le service. Autrement dit, le registre doit non seulement mentionner le montant individuel des pourboires reversés et l'identité des parties prenantes, mais il doit également être émargé par chaque ayant droit ou par le représentant du personnel. À défaut, l'assiette est forfaitaire : voir nos 85760 s.

L'assiette réelle permet à l'employeur de bénéficier, le cas échéant, des dispositifs énumérés n° 85810.

Pour un **modèle de bulletin de paie** de salarié payé au pourboire et cotisant sur l'assiette réelle, voir n° 95270.

COMPOSANTES DE L'ASSIETTE

85660 En cas de cotisation sur les rémunérations réellement perçues, l'assiette des cotisations comprend, outre le **salaire** fixe ou le **pourcentage** pour service (augmenté, le cas échéant, du complément versé par l'employeur), la valeur des **repas** (nourriture fournie ou indemnité compensatrice) et, le cas échéant, la valeur des **autres avantages** en nature fournis (nos 85690 s.).
L'**indemnité compensatrice de repas** doit être comprise dans l'assiette des cotisations pour le montant effectivement versé au salarié à ce titre (Cass. 2e civ. 5-7-2005 n° 04-30.108 F-D).

L'assiette ne peut pas être inférieure à l'**assiette minimum** indiquée n° 85680.

Sur l'exonération dont bénéficient les **pourboires versés en 2023,** voir n° 54650.

ASSIETTE MINIMUM

85680 Les cotisations de sécurité sociale ne peuvent pas être calculées sur la base de rémunérations inférieures au montant cumulé du Smic applicable aux travailleurs intéressés et des majorations qui s'y ajoutent en vertu des dispositions législatives et réglementaires en vigueur (Arrêté du 14-1-1975 art. 3).

Toutefois, selon la jurisprudence, dès lors qu'une **convention collective** est applicable, l'assiette minimum doit être calculée non pas sur la base du Smic, mais sur le salaire minimum conventionnel s'il est supérieur (Cass. soc. 13-2-1974 n° 73-11.133 P ; Cass. 2e civ. 5-6-2008 n° 07-14.408 F-PB). Ainsi, pour les HCR relevant de la **convention collective nationale étendue** du 30-4-1997 (nos 84940 s.), l'assiette minimum se calcule à partir des rémunérations minimales fixées par ce texte, lorsque celles-ci sont supérieures au Smic, et à partir du Smic dans le cas contraire.

Les **avantages en nature** doivent être pris en compte dans les conditions indiquées nos 85690 s.

L'assiette minimum s'applique indifféremment à l'ensemble des salariés, quelle que soit la **forme de leur rémunération,** salaire fixe ou pourboires répartis (Inst. Acoss 5 du 11-3-1975).

ÉVALUATION DES AVANTAGES EN NATURE

Fourniture des repas Des modalités particulières d'évaluation de l'avantage nourri- 85690
ture sont fixées pour les entreprises relevant des conventions collectives nationales des **HCR,** de la **restauration de collectivités** (cantines, restaurants d'entreprise), de la **restauration rapide,** des chaînes de **cafétérias** et assimilés et des **casinos** (Arrêté SANS0224281A du 10-12-2002 modifié par arrêté SANS0321551A du 28-4-2003).

Elles s'appliquent au personnel de ces entreprises que l'employeur, en raison de conditions particulières de travail, d'accords collectifs ou d'usages, est tenu de nourrir gratuitement, en totalité ou en partie, dans l'établissement (Arrêté SANS0224281A du 10-12-2002 modifié par arrêté SANS0321551A du 28-4-2003).

La **valeur de l'avantage en nature nourriture** à retenir est celle fixée par l'article D 3231-10 85700
du Code du travail, soit une fois le minimum garanti par repas (Arrêté SANS0224281A du 10-12-2002 modifié par arrêté SANS0321551A du 28-4-2003).

Cette valeur s'applique à tous les salariés concernés, quel que soit le montant de leur rémunération (Circ. Acoss 106 du 9-7-2003) et aux mandataires sociaux (BOSS-AN-220).

Si la retenue pour avantage en nature opérée sur le salaire est inférieure à ce montant, il y a lieu de réintégrer la différence dans l'assiette des cotisations.

Pour des modèles de bulletins de paie, voir nos 95240 s.

EXEMPLE 85710

Pour un salarié au Smic relevant de la convention collective nationale de la **restauration rapide,** effectuant 35 heures de présence hebdomadaire (151,67 heures mensuelles) et nourri aux 2 repas, l'assiette des cotisations est déterminée comme suit en janvier 2023 :

– Smic : 11,27 € × 151,67 h = 1 709,32 € ;

– avantage nourriture (la nourriture ayant donné lieu, en application de la règle exposée n° 1790, à une retenue d'un demi-minimum garanti par repas, l'assiette des cotisations doit comprendre, en sus, un demi-minimum garanti par repas fourni) :

• pour 22 jours de travail dans le mois :
(4,01 € × 1/2) × 44 = 88,22 €,

• pour 24 jours de travail dans le mois :
(4,01 € × 1/2) × 48 = 96,24 €,

• pour 26 jours de travail dans le mois :
(4,01 € × 1/2) × 52 = 104,26 € ;

– assiette des cotisations :

• pour 22 jours de travail dans le mois : 1 709,32 € + 88,22 € = 1 797,54 €,

• pour 24 jours de travail dans le mois : 1 709,32 € + 96,24 € = 1 805,56 €,

• pour 26 jours de travail dans le mois : 1 709,32 € + 104,26 € = 1 813,58 €.

Autres avantages en nature Les autres avantages en nature doivent être évalués 85720
selon les règles de **droit commun** exposées nos 39200 s. (logement), 39450 s. (véhicule), 39650 s. (outils issus des nouvelles technologies de l'information et de la communication) et 39850 s. (autres avantages).

b. Assiette forfaitaire

Lorsque le salarié est **rémunéré au pourcentage sur le service** et que l'employeur n'est **pas** 85760
en mesure de produire un registre de répartition conforme aux prescriptions indiquées n° 85650, les cotisations sont calculées sur la base d'une assiette forfaitaire (Arrêté du 14-1-1975 modifié par arrêté du 10-2-1977).

Lorsqu'elle est applicable, l'assiette forfaitaire concerne l'ensemble des prélèvements visés n° 85630.

Un **modèle** d'application et d'établissement du bulletin de paie est donné n° 95260.

ATTENTION

Le supplément de prix pour le service **perçu par l'employeur** doit être intégralement versé aux salariés. Par suite, le montant du service perçu par l'employeur, même s'il n'est pas réparti par l'employeur entre les bénéficiaires, est soumis aux cotisations de sécurité sociale, celles-ci étant, faute de registre de répartition, calculées forfaitairement (Cass. soc. 20-2-1997 n° 94-20.427 P).

CHOIX DE L'ASSIETTE

Pour chaque catégorie de salariés, trois assiettes distinctes sont prévues, correspondant au 85780
mois, à la journée et à la demi-journée, voir nos 96380 s.

L'assiette forfaitaire **mensuelle** correspond à 26 jours ouvrables. Les employeurs peuvent, en cas de **travail à temps partiel,** faire application d'une assiette proportionnelle calculée en fonction du nombre de journées de travail accomplies dans le mois (Rép. min. : AN 29-11-1968) appréciées sur 4 semaines.

85790 Pour l'application des forfaits, la **notion de « journée » ou de « demi-journée »** doit s'entendre de la durée totale de présence du travailleur dans l'établissement au cours d'une même journée. Lorsqu'un salarié effectue, dans la même journée, deux services pour le compte d'un même employeur, les cotisations sont calculées sur la rémunération forfaitaire correspondant à une journée complète, sauf si la durée de sa présence n'a pas excédé 5 heures, y compris, quand il est nourri, le temps ordinairement assigné aux repas (Rép. min. : AN 26-7-1963).

CALCUL DES COTISATIONS

85800 Pour calculer les cotisations, il convient d'appliquer, aux **assiettes** indiquées n°s 96380 s., les **taux** de droit commun donnés n° 96130.

Les assiettes tiennent compte des **avantages en nature** : il n'est donc pas nécessaire de les y ajouter (Inst. Acoss 5 du 11-3-1975).

Les assiettes ne peuvent pas être **réduites.** Il est interdit d'effectuer la déduction forfaitaire pour frais professionnels normalement opérée sur l'assiette de la **CSG** et de la **CRDS** (voir n° 28650) et de pratiquer les abattements visés n° 1470 en principe applicables aux **jeunes de moins de 18 ans** (Cass. soc. 14-6-1973 n° 72-13.111 P).

CUMUL AVEC D'AUTRES DISPOSITIFS

85810 L'application de l'assiette écarte tout ajustement du **plafond de sécurité sociale** pour tenir compte de la durée du travail ou du temps de présence (voir n° 18035). Il dispense l'employeur d'effectuer une **régularisation** des cotisations plafonnées : voir n° 18200.

S'agissant de l'incidence de l'assiette forfaitaire sur :
– la **réduction générale** de cotisations patronales, voir n° 21840 ;
– les **exonérations** de cotisations patronales de sécurité sociale attachées à l'embauche de salariés en zone de revitalisation rurale, voir n° 23460, ou en zone franche urbaine, voir n° 24070.

Sur le **cumul** de l'application d'une assiette forfaitaire et de la **réduction de taux de la cotisation d'allocations familiales,** voir n° 22670.

2. EXONÉRATIONS DE COTISATIONS

85870 Le personnel des HCR ouvre en principe droit aux exonérations de cotisations de sécurité sociale dans les conditions de **droit commun.**

Toutefois, l'administration a apporté des précisions sur le calcul de la **réduction générale des cotisations** patronales de sécurité sociale, pour ce secteur d'activité, voir n° 22250.

En ce qui concerne le personnel rémunéré au pourboire cotisant sur une **assiette forfaitaire,** voir n° 85810. S'agissant des **mandataires sociaux,** voir n° 77140.

C. Régime fiscal

85950 Les développements qui suivent ne traitent que l'impôt sur le revenu. S'agissant des taxes et participations assises sur les salaires, on se reportera au n° 85630. Quant aux règles d'établissement des rubriques fiscales de la déclaration sociale nominative (DSN), elles sont exposées n° 86060.

IMPÔT SUR LE REVENU

85960 Les salariés employés dans les HCR sont imposables dans la catégorie des traitements et salaires sur la totalité des rémunérations qu'ils perçoivent : **fixe,** pourboires et **avantages en nature** (en ce sens, BOI-RSA-CHAMP-20-10 n° 90).

Comme indiqué au n° 54630, les **pourboires** sont toujours retenus pour leur montant réel, quelles que soient les modalités de leur versement aux salariés.

Ils entrent à ce titre dans l'assiette du **prélèvement à la source de l'impôt** sur le revenu pour leur montant net de cotisations et contributions sociales et sont à inclure dans le montant à porter en Montant net imposable du **bulletin de paie** dans tous les cas où l'employeur en connaît le montant exact.

Par exception, il est prévu, sous certaines conditions, un **mécanisme temporaire d'exonération** d'impôt sur le revenu sur les pourboires versés **en 2022 et 2023** : voir n° 54650.

> **Précisions** Le cas où **l'employeur ne connaît pas** le montant réel des pourboires, soit parce qu'ils sont perçus directement par les salariés, soit parce qu'ils sont répartis par un préposé de l'employeur selon des règles que ce dernier ignore, pose des problèmes spécifiques au regard du prélèvement à la source. À notre sens, l'employeur n'ayant pas lui-même versé ces sommes, il n'a pas à effectuer le prélèvement à la source en ce qui les concerne. Il reviendra au salarié de les déclarer dans sa propre déclaration d'impôt.

Évaluation des avantages en nature L'avantage en nature **nourriture** est évalué comme en matière de cotisations de sécurité sociale (n° 85700), soit à un minimum garanti (MG) par repas ou deux MG par jour, quel que soit le niveau de rémunération des bénéficiaires (BOI-RSA-BASE-20-20 n° 50). 85970

Les avantages en nature **autres** que de nourriture sont évalués selon les règles exposées n°s 40140 s.

Les valeurs successives du minimum garanti sont données en annexe, voir n° 96050.

D. Bulletin de paie et DSN

BULLETIN DE PAIE

Les HCR doivent, comme tous les employeurs, remettre un bulletin de paie à leurs salariés. 86050
Ce bulletin de paie est soumis aux **règles de droit commun** exposées n°s 12900 s., auxquelles il convient de se reporter.

S'agissant plus particulièrement des mentions à porter sur le bulletin de paie en ce qui concerne les **pourboires,** voir n°s 54400 (pourboires remis directement au salarié) et 54420 (pourboires répartis par l'employeur).

On trouvera des **modèles** de bulletin de paie n°s 95240 s.

DÉCLARATION SOCIALE NOMINATIVE (DSN)

Les rémunérations versées au personnel des HCR doivent être mentionnées sur les rubriques de la DSN dédiées aux cotisations (rubriques S21.G00.51 et S21.G00.78). 86060

Au plan fiscal, pour la souscription du bloc Versement individu (S21.G00.50), plusieurs situations sont à envisager :

– les pourboires constituent le **seul mode de rémunération** du salarié : l'employeur n'est tenu de faire apparaître à la rubrique Rémunération nette fiscale (rubrique S21.G00.50.002) le montant de la rémunération nette effectivement perçue par chaque personne rémunérée au pourboire que s'il centralise puis répartit les pourboires ou connaît les règles de la répartition faite par un membre du personnel ;

– le salarié est rémunéré par un **salaire forfaitaire** fixe auquel s'ajoutent les **perceptions faites par le service** : l'employeur fait figurer dans la rubrique Rémunération nette fiscale (rubrique S21.G00.50.002) un montant incluant les pourboires (sauf s'il n'en connaît pas le montant, auquel cas il ne déclare que le salaire net forfaitaire) ;

– un **salaire minimum** est garanti au salarié : les mois où le salarié perçoit ce salaire minimum ; c'est ce salaire net qui devra figurer dans la rubrique S21.G00.50.002.

La rubrique Montant soumis au PAS (S21.G00.50.013) doit aussi être obligatoirement renseignée et inclure le montant des pourboires, sauf si l'employeur n'en connaît pas le montant.

Les salariés percevant des pourboires dont l'employeur ne connaît pas le montant ayant l'obligation d'en faire la déclaration pour leur montant réel sur leur déclaration annuelle de revenus, c'est par ce biais que ces sommes sont soumises à l'impôt.

CHAPITRE 8 PRÉRETRAITES

SOMMAIRE

1. Préretraite amiante 86250
2. Régimes conventionnels 86330
a. Préretraite-suspension du contrat de travail 86350
b. Préretraite-rupture du contrat de travail 86420

DISPOSITIFS VISÉS

86160 Les dispositifs de préretraite ont été institués pour faciliter la cessation anticipée d'activité de salariés âgés. Toutefois, afin de diminuer le nombre d'entrées dans ces dispositifs et de relever le taux d'activité de ces salariés, plusieurs de ces régimes ont été remis en cause ou réaménagés.

Parmi les **préretraites publiques,** seule la préretraite amiante reste en vigueur (n°s 86250 s.). La préretraite-licenciement, qui permettait aux entreprises rencontrant des difficultés économiques de placer des salariés en cessation anticipée d'activité, a été supprimée en 2012.

Les entreprises peuvent mettre en place une **préretraite d'entreprise,** qu'elles financent intégralement (n°s 86330 s.).

› **Précisions** **a.** Les employeurs doivent envoyer à l'Urssaf dont ils relèvent au plus tard le 31 janvier de chaque année, une **déclaration** indiquant, d'une part, le nombre de salariés partis en préretraite ou placés en cessation anticipée d'activité au cours de l'année civile précédente, leur âge et le montant de l'avantage qui leur est alloué et, d'autre part, le nombre de mises à la retraite d'office et de salariés âgés de 55 ans et plus licenciés ou dont le contrat a fait l'objet d'une rupture conventionnelle au cours de l'année civile précédente. Cette déclaration, qui peut être effectuée directement en ligne sur www.urssaf.fr, s'impose uniquement aux employeurs dont au moins un salarié ou assimilé s'est trouvé dans une de ces situations au cours de l'année civile précédente. Le défaut de production de ce document, dans les délais requis, est sanctionné par une pénalité administrative égale à 600 fois le taux horaire du Smic (C. trav. art. L 1221-18).
b. Sur la prise en compte des avantages de préretraite dans le **montant net social sur le bulletin de paie**, voir n° 13730.

1. PRÉRETRAITE AMIANTE

86250 Un dispositif spécial de cessation anticipée d'activité a été organisé en faveur des salariés et anciens salariés **exposés à l'amiante ou victimes** d'une maladie professionnelle due à l'amiante : la Caata.

INDEMNITÉ DE DÉPART

86260 L'indemnité de cessation d'activité versée par l'employeur lors de la rupture du contrat (d'un montant égal à celui de l'indemnité de départ volontaire à la retraite prévue par la loi, la convention collective, le contrat de travail ou une disposition unilatérale de l'employeur) est exonérée des **cotisations** de sécurité sociale, des cotisations et prélèvements perçus sur une assiette harmonisée avec celle de ces cotisations : cotisations ou contributions solidarité autonomie, Fnal, dialogue social, chômage, AGS, retraite complémentaire Agirc-Arrco, formation et alternance (contributions à la formation professionnelle, CPF-CDD, supplémentaire à l'apprentissage et taxe d'apprentissage), versement mobilité et participation-construction. Elle échappe aussi à la **CSG** et à la **CRDS** et, par voie de conséquence, à la taxe sur les salaires (Loi 98-1194 du 23-12-1998 art. 41, V modifié ; CSS art. L 136-1-2-II, 7° ; Loi 2000-656 du 13-7-2000 art. 3 ; BOSS-Ind.rupture-1500).

Elle est également exonérée d'**impôt** sur le revenu (CGI art. 81, 32°).

Si une **indemnité complémentaire** est versée au salarié, en vertu d'une décision unilatérale de l'employeur ou d'un accord d'entreprise, elle suit le même régime fiscal et social (Loi 2001-1246 du 21-12-2001 art. 5 ; BOI-RSA-CHAMP-20-40-10-30 n° 310 ; BOSS-Ind.rupture-1500).

ALLOCATION DE PRÉRETRAITE

Les bénéficiaires de la préretraite amiante ont droit à une allocation de cessation anticipée d'activité, versée par les Caisses d'assurance retraite et de la santé au travail (Carsat), ou par la Caisse régionale d'assurance maladie d'Île-de-France (Cramif) pour les personnes résidant en Île-de-France, ou encore par la Caisse générale de sécurité sociale (CGSS) pour ceux résidant en outre-mer. 86270

L'allocation est imposable à l'**impôt** sur le revenu dans la catégorie des traitements et salaires en tant que revenu de remplacement (BOI-RSA-CHAMP-20-20 n° 150 ; BOI-RSA-CHAMP-20-40-10-30 n° 310) et soumise à la **cotisation** spéciale maladie sur les préretraites (n° 86480), à la CSG et à la CRDS sur revenus de remplacement et à la contribution additionnelle de solidarité pour l'autonomie (Casa).

Pour un exposé plus détaillé du dispositif de préretraite amiante, voir Mémento social n°s 57270 s.

> **Précisions** Les allocations de préretraite donnent lieu à **prélèvement à la source de l'impôt** sur le revenu effectué par les caisses qui les versent. Ces caisses sont tenues de souscrire à cet effet la déclaration Pasrau prévue à l'article 87-0A du CGI (BOI-IR-PAS-30-10-10 n° 60).

FINANCEMENT DE POINTS DE RETRAITE COMPLÉMENTAIRE

Dans le cadre du régime unifié de retraite complémentaire (n°s 29900 s.), pendant la durée de perception de l'allocation, des cotisations de retraite complémentaire sont versées par le Fonds de cessation anticipée d'activité des travailleurs de l'amiante (Cass. 2e civ. 14-6-2018 n° 17-20.474 F-PB). Ces cotisations sont calculées sur la base des **taux de cotisation** Agirc-Arrco **de base** (voir n° 30215) et d'une assiette mensuelle égale à la moyenne des rémunérations des 12 derniers mois d'activité salariée, revalorisée au 1er janvier de chaque année comme les pensions de vieillesse du régime général, dans la limite de la T2 (ANI du 17-11-2017 étendu et élargi par arrêté du 24-4-2018 art. 35 et 83-1 : JO 28). 86275

Lorsque l'entreprise à laquelle appartenait l'ancien salarié cotise sur la base d'un taux sur la T1 supérieur au taux de calcul des points obligatoire, des droits peuvent également être acquis en contrepartie du versement des **cotisations** sur la base de la fraction de taux **dépassant le taux de calcul des points obligatoire** et du salaire qui aurait été versé en cas de maintien de l'activité. Une telle décision est prise par accord collectif d'entreprise ou décision unilatérale de l'employeur ratifiée à la majorité des intéressés. Elle s'impose à l'ensemble des titulaires de l'allocation de cessation anticipée d'activité (ANI du 17-11-2017 étendu et élargi par arrêté du 24-4-2018 art. 33 : JO 28). Le versement des cotisations dépassant le taux obligatoire doit être effectué auprès de l'institution d'adhésion de l'entreprise et aux échéances fixées par celle-ci. Si certains ex-salariés refusent de s'acquitter de la part salariale des cotisations qui est à leur charge, l'entreprise cesse de verser toute cotisation pour leur compte et en informe l'institution. L'arrêt du paiement des cotisations entraîne la cessation de l'inscription de points, pour le futur (ANI du 17-11-2017 étendu et élargi par arrêté du 24-4-2018 art. 83-2 : JO 28).

2. RÉGIMES CONVENTIONNELS

Les dispositifs de préretraite ou de cessation anticipée d'activité que les entreprises peuvent instituer en dehors des régimes légaux comportent fréquemment des **indemnités ou avantages spécifiques** versés aux salariés lors de leur entrée dans le dispositif, en plus des ressources garanties servies tout au long de la période de préretraite. Le régime de ces indemnités et garanties varie selon que la préretraite se traduit par une suspension du contrat de travail du salarié jusqu'à son terme ou par une rupture du contrat à l'entrée dans le dispositif. 86330

a. Préretraite-suspension du contrat de travail

La « préretraite maison » peut prendre la forme d'un congé de fin de carrière : les salariés adhérant au dispositif sont dispensés d'activité, en totalité ou en partie. Dans ce cas, le salarié est maintenu dans les effectifs de l'entreprise pendant toute la durée de versement de l'allocation de préretraite. Sur l'utilisation par le salarié de son compte épargne-temps pour financer une cessation progressive d'activité, voir n°s 72260 s. 86350

> **Précisions** Les salariés ayant adhéré à la préretraite mise en place par le plan de sauvegarde de l'emploi, tout en restant inscrits aux effectifs de l'entreprise, sont en droit de bénéficier des **primes et majorations de salaire** résultant d'un accord d'entreprise postérieur à leur adhésion, et ne subordonnant l'attribution de ces sommes qu'à une condition de présence du salarié aux effectifs de l'entreprise (Cass. soc. 25-10-1995 n° 92-41.674 D).

INDEMNITÉ DE DÉPART EN PRÉRETRAITE

86360 Le régime de préretraite peut prévoir le versement au salarié d'une indemnité de départ en préretraite au moment de l'adhésion au dispositif.

Dans la mesure où le contrat de travail est simplement suspendu, et non rompu, le **régime social** de ces indemnités est identique à celui des indemnités versées à l'occasion de la modification du contrat de travail (nos 53350 s.).

Ces indemnités, quelle que soit leur appellation, sont intégralement imposables à l'**impôt** sur le revenu, à défaut de texte susceptible de les exonérer. Elles donnent lieu à prélèvement à la source de l'impôt sur le revenu effectué par l'employeur (BOI-IR-PAS-30-10-10 n° 1). Elles sont assujetties en totalité à la taxe sur les salaires lorsque celle-ci est encore due.

AVANTAGES DE PRÉRETRAITE

86370 **Régime social** Les sommes versées par l'employeur pendant la suspension du contrat de travail sont passibles des **cotisations** de sécurité sociale sur les salaires (Cass. soc. 19-12-1991 n° 89-16.324) et des prélèvements alignés sur ces cotisations : cotisations ou contributions solidarité autonomie, Fnal, dialogue social, chômage, AGS, retraite complémentaire Agirc-Arrco, formation et alternance (contributions à la formation professionnelle, CPF-CDD, supplémentaire à l'apprentissage et taxe d'apprentissage), versement mobilité et participation-construction. Elles sont également passibles de la contribution **solidarité autonomie** (Lettre min. 27-1-2005), de la contribution au dialogue social, ainsi que de la CSG et de la CRDS sur les salaires.

La cotisation sur les salaires s'applique également aux sommes versées par les entreprises pratiquant des **systèmes progressifs de préretraite** impliquant une diminution de l'horaire de travail sans réduction de la rémunération (Rép. Cauchon : Sén. 26-2-1981).

86375 **DSN** Sur la DSN, le bloc Suspension du contrat S21.G00.65 doit être déclaré sur chacun des mois au cours duquel le salarié est en préretraite (net-entreprises, fiche n° 1009).

S'il y a **modification des conditions d'exercice du travail,** il faut déclarer un bloc Changements contrat S21.G00.41 portant les anciennes conditions d'exercice du contrat (quotité de travail, etc.) avant passage du salarié en préretraite et un bloc Contrat de travail S21.G00.40 portant les nouvelles conditions d'exercice du contrat (quotité de travail, etc.) après passage du salarié en préretraite (net-entreprises, fiche n° 1009).

Si le salarié dispose de **revenus de compensation** versés par l'employeur, il faut déclarer les avantages de préretraite versés par l'employeur dans un bloc Autre élément de revenu brut S21.G00.54 où le Type S21.G00.54.001 est 31 Avantages de préretraite versés par l'employeur. Les sommes versées doivent être prises en compte pour constituer les agrégats destinés aux Urssaf portés par les blocs Bordereau de cotisation due S21.G00.22 et Cotisation agrégée S21.G00.23 (net-entreprises, fiche n° 1009).

Les **bénéficiaires** et le **montant net fiscal des allocations** qui leur sont versées sont déclarés au niveau des blocs Individu non salarié S89.G00.91 et Bases spécifiques individu non salarié S89.G00.92, en renseignant, dans la rubrique Type de bases spécifique S89.G00.92.001, le code 07 Allocation de préretraite sans rupture de contrat. Les allocations de préretraite ne doivent pas être incluses dans le montant des rubriques Rémunération nette fiscale et Montant soumis au PAS qui sont déclarés au niveau du bloc Versement individu S21.G00.50 afin de ne pas générer de doublon de net imposable et de prélèvement à la source (net-entreprises, fiche n° 1691).

86380 **Régime fiscal** Les allocations versées sont, par principe, imposables à l'**impôt** sur le revenu selon les règles de droit commun des traitements et salaires, que leur versement intervienne pendant la période de disponibilité du salarié ou à la suite de la rupture de son contrat de travail (BOI-RSA-CHAMP-20-20 n° 160). Elles donnent lieu à prélèvement à la source de l'impôt sur le revenu effectué par l'employeur (BOI-IR-PAS-10-10-10 n° 40).

Étant soumises aux cotisations de sécurité sociale sur salaires, ces allocations sont également assujetties aux contributions à la formation et à l'alternance (contributions à la formation professionnelle, CPF-CDD, supplémentaire à l'apprentissage et **taxe** d'apprentissage), au versement mobilité et à la participation-construction. Leur assujettissement à la CSG sur les salaires entraîne également leur inclusion dans les bases de la taxe sur les salaires lorsque celle-ci est encore due.

FINANCEMENT DE POINTS DE RETRAITE COMPLÉMENTAIRE

86390 Dans les entreprises où des dispositions dispensent d'activité en tout ou partie des salariés d'**au moins 55 ans,** avec maintien du contrat de travail, quelles que soient l'importance de la réduction du temps d'emploi et sa progressivité, il peut être décidé par **accord d'entreprise** (ou par ratification à la majorité des salariés concernés d'un projet émanant de l'employeur) de calculer et de verser les cotisations sur la base des rémunérations qui auraient été servies en cas de maintien de l'activité à temps plein. Une telle décision doit être **notifiée** aux caisses de retraite au plus tard le 31 mars de l'exercice suivant celui au cours duquel elle est destinée à entrer en application. La décision qui **prend effet** au 1er janvier d'une année ou, au plus tôt, à la date de la mise en œuvre de la mesure de réduction du temps de travail ne produit d'effet que pour l'avenir.

Pour le **calcul des cotisations** patronales comme salariales dues, les cotisations sont calculées dans les mêmes conditions que pour les autres salariés (ANI du 17-11-2017 étendu et élargi par arrêté du 24-4-2018 art. 72 : JO 28).

> **Précisions** Pour le cas où l'**employeur prend à sa charge la part salariale** du supplément de cotisations de retraite complémentaire, voir nos 53350 s.
> Dans le cadre du régime unifié Agirc-Arrco, les contributions d'équilibre général et technique sont dues (Circ. 12 DRJ du 20-12-2022).

RUPTURE DU CONTRAT AU TERME DE LA PRÉRETRAITE

Si, à l'issue de la préretraite, le salarié notifie à l'employeur son départ en retraite, il perçoit **86400**
l'indemnité légale ou conventionnelle de départ à la retraite visée nos 64900 s. Si l'employeur prononce une mise à la retraite, c'est l'indemnité légale ou conventionnelle prévue dans ce cas (nos 64650 s.) qui est due.

> **Précisions** L'**indemnité** de rupture est **calculée sur la base de la rémunération** perçue par le salarié au moment de la rupture du contrat, et non de celle perçue au moment de l'adhésion au dispositif de préretraite, dès lors que l'intéressé, placé en congé de fin de carrière, continuait à faire partie des effectifs de l'entreprise, percevait une rémunération spécifique, conservait sa classification et bénéficiait des augmentations générales de salaire (Cass. soc. 30-6-2011 no 09-71.763 F-D).

b. Préretraite-rupture du contrat de travail

Le dispositif de cessation anticipée d'activité mis en place par l'entreprise peut se traduire **86420**
par la rupture du contrat de travail au moment du départ du salarié en préretraite : celui-ci ne fait donc plus partie des effectifs de l'entreprise.

Dans cette situation, le salarié perçoit souvent une indemnité de départ en préretraite, puis une allocation de préretraite, généralement calculée en pourcentage de son salaire antérieur. Cette allocation est soumise à un régime social spécifique et supporte une contribution à la charge de l'entreprise.

INDEMNITÉS DE DÉPART EN PRÉRETRAITE

Lorsque le régime conventionnel de préretraite entraîne la rupture du contrat de travail par **86430**
licenciement, il convient d'appliquer le régime des indemnités de licenciement (nos 63800 s.).

Les indemnités de départ versées dans le cadre de régimes conventionnels de préretraite entraînant la rupture du contrat de travail par **démission** sont assujetties aux cotisations de sécurité sociale dans les conditions applicables aux indemnités de départ volontaire à la retraite (no 64970), sauf cas particuliers visés nos 65040 s. (BOSS-Ind.rupture-1470 s.). Cette solution est transposable aux prélèvements dont l'assiette est harmonisée avec celle des cotisations de sécurité sociale : cotisations ou contributions solidarité autonomie, Fnal, dialogue social, chômage, AGS, retraite complémentaire Agirc-Arrco, formation et alternance (contributions à la formation professionnelle, CPF-CDD, supplémentaire à l'apprentissage et taxe d'apprentissage), versement mobilité et participation-construction.

Par ailleurs, ces indemnités :

– sont soumises au régime fiscal des indemnités de départ volontaire en retraite et sont donc intégralement soumises à l'**impôt sur le revenu** (nos 64980 s.), avec prélèvement à la source effectué par l'employeur (BOI-IR-PAS-30-10-10 no 1). L'indemnité peut, sur demande du bénéficiaire, donner lieu, quel que soit son montant, à imposition selon le système du quotient mentionné no 64990. Par exception, si le départ en préretraite s'effectue dans le cadre d'un plan de sauvegarde de l'emploi (**PSE**), le régime fiscal applicable est celui indiqué no 64310 ;

– relèvent, pour ce qui concerne leur incidence sur le **bulletin de paie,** des mêmes règles que celles indiquées no 65150 pour les indemnités de départ volontaire ;

– sont à déclarer dans les rubriques de la DSN dédiées aux cotisations lorsqu'elles sont passibles des cotisations sociales, de la CSG et de la CRDS, ainsi que dans les rubriques Rémunération nette fiscale et Montant soumis au PAS pour leur intégralité, sauf si elles sont versées dans le cadre d'un PSE.

86440 Pour la **CSG** et la **CRDS,** le régime de ces indemnités varie selon la nature de l'accord les ayant mises en place : les indemnités de rupture ne sont en effet exonérées de CSG et de CRDS qu'à hauteur du minimum prévu par une convention collective de branche ou un accord professionnel ou interprofessionnel, même si un accord d'entreprise ou d'établissement prévoit un montant supérieur. Le montant exonéré de CSG et de CRDS ne peut pas dépasser le montant exonéré de cotisations de sécurité sociale. En l'absence de convention collective de branche et d'accord professionnel ou interprofessionnel, les indemnités fixées par un accord d'entreprise ou d'établissement sont passibles de la CSG et de la CRDS dès le premier euro, ce qui entraîne également leur assujettissement intégral à la **taxe sur les salaires,** lorsque celle-ci est encore due.

AVANTAGES DE PRÉRETRAITE

86460 Lorsque l'entrée en préretraite d'entreprise se traduit par la rupture du contrat de travail, les avantages versés au salarié sont soumis à une contribution spécifique à la **charge** exclusive de l'employeur.

86470 **Contribution spécifique** Les employeurs sont redevables d'une contribution sur les **avantages de préretraite ou de cessation anticipée d'activité** versés, sous quelque forme que ce soit, à d'anciens salariés, **directement ou pour leur compte,** par l'intermédiaire d'un tiers, en vertu d'une convention, d'un accord collectif, d'une stipulation contractuelle ou d'une décision unilatérale de l'employeur (CSS art. L 137-10). Entrent dans l'assiette de cette contribution non seulement l'**allocation** de préretraite, mais également les **cotisations salariales** prises en charge par l'employeur au nom de ses anciens salariés (Cass. 2e civ. 10-7-2014 nº 12-28.907 F-D).

Pour les avantages versés au titre de préretraites ayant pris **effet à compter du 11-10-2007,** le taux de la contribution s'élève à 50 %, quelle que soit la date du dispositif ayant institué le régime.

> **Précisions** **a.** La contribution est uniquement applicable aux régimes de préretraite d'entreprise emportant rupture du contrat de travail du salarié. Elle ne l'est pas aux dispositifs de préretraite financés par l'État. Par dérogation, elle ne s'applique pas non plus aux avantages de préretraite versés dans le cadre du congé de fin d'activité dans le secteur des **transports,** pour les départs en préretraite effectués jusqu'au 31-12-2017 (Loi 2016-1827 du 23-12-2016 art. 8 : JO 24).
> **b.** Les règles applicables en matière de **recouvrement,** de **contrôle et** de **contentieux** sont celles prévues pour les cotisations de sécurité sociale.

86480 **Régime social** Les avantages alloués aux assurés en situation de préretraite ou de cessation d'activité **en application de dispositions réglementaires ou conventionnelles** sont soumis à la **cotisation spéciale maladie,** maternité, invalidité et décès applicable aux préretraites (CSS art. L 131-2, al. 2).

Sont notamment concernés les avantages que versent les employeurs, prévus par toute disposition contractuelle (telle qu'accords professionnels ou interprofessionnels, conventions collectives, accords d'entreprises ou d'établissements) et qui **complètent des avantages d'origine réglementaire ou législative,** ou qui **s'y substituent** (Inst. 30-6-1983).

> **Précisions** **a.** Le **taux** de la cotisation est fixé à 1,70 % pour les préretraites versées du chef d'une activité du régime général ou du régime des assurances sociales agricoles. Pour les personnes fiscalement domiciliées hors de France, le taux est de 4,9 % (CSS art. D 242-12, al. 3).
> **b.** Une cotisation supplémentaire d'assurance maladie est précomptée, au taux de 1,30 % en **Alsace-Moselle** sur les avantages de préretraite des bénéficiaires du régime local d'assurance maladie (Décision du conseil d'administration de l'instance gestionnaire du régime local du 15-12-2022).
> **c.** Sont soumises à la cotisation spéciale sur les préretraites les **rentes complémentaires** servies à des salariés ayant cessé leur activité avant la liquidation de leur retraite en application d'un accord collectif prévoyant la prise en charge par l'employeur de la cotisation d'assurance volontaire vieillesse jusqu'à ce qu'ils puissent obtenir leur retraite légale à taux plein (Cass. 2e civ. 19-6-2008 nº 07-14.099 F-D).

86490 Les avantages de préretraite résultant de **décisions unilatérales de l'employeur** sont soumis à une **cotisation** maladie dont le taux est fixé à 1 % (CSS art. D 242-12).

Jugé à cet égard qu'est passible de la cotisation sur les préretraites, et non de celle due sur les avantages de retraite, l'allocation complémentaire versée, en application d'un plan de sauvegarde de l'emploi entériné par un accord d'entreprise, aux salariés licenciés pour motif économique et mis en préretraite. En l'espèce, l'entreprise soutenait que cet avantage avait été institué par une décision unilatérale de l'employeur et était, à ce titre, seulement passible de la cotisation sur les avantages de retraite étudiée nos 52260 s. Ce raisonnement a été écarté par la Cour de cassation au motif que le fait pour l'employeur d'avoir été à l'origine de la mesure n'empêchait pas que celle-ci eût un caractère conventionnel, dès lors qu'elle avait été définitivement instituée par un accord collectif négocié et conclu avec les organisations syndicales représentatives de l'ensemble du personnel de l'entreprise, même si elle avait été retenue dans la forme initialement proposée par l'employeur (Cass. soc. 17-11-1994 n° 91-22.086 D).

Exonération ou réduction des cotisations Un mécanisme d'exonération ou de réduction de la **cotisation maladie** est prévu dans le cas où le titulaire d'une préretraite dispose de ressources insuffisantes (CSS art. L 131-2, al. 5). 86500

Il y a **exonération** de la cotisation maladie lorsque le montant mensuel de l'allocation ou, pour les personnes partiellement privées d'emploi, lorsque ce montant cumulé à leur rémunération n'excède pas 1/12 du produit de la valeur horaire du Smic en vigueur à la date du paiement par le nombre d'heures correspondant à 52 fois la durée légale hebdomadaire du travail (CSS art. D 242-13, 2° et 3°).

Par ailleurs, la cotisation prélevée sur les allocations de préretraite est **réduite,** le cas échéant, de telle sorte que soit assuré à l'intéressé le montant minimal ci-dessus (CSS art. D 242-14, al. 1).

> Précisions Pour déterminer si le **seuil d'exonération** est atteint, il doit être tenu compte du total de la rémunération d'activité nette et des allocations nettes (CSS art. D 242-14, al. 2).
La **rémunération d'activité** à prendre en compte pour l'appréciation de cette limite comprend toutes les sommes ayant la nature d'un salaire au regard des cotisations de sécurité sociale.
Elle s'entend après déduction de la part salariale des cotisations de sécurité sociale, de retraite complémentaire et d'assurance chômage. Pour les **salariés à temps partiel,** la rémunération à considérer est le salaire à temps plein correspondant à la durée normale de travail dans l'entreprise.
Il n'y a pas lieu de déduire, le cas échéant, le montant des abattements forfaitaires pour frais professionnels, mais les indemnités de frais professionnels doivent être exclues (Inst. 30-6-1983).
Il n'est pas tenu compte, en revanche, des **autres revenus** comme les retraites.

La cotisation spéciale maladie due sur les avantages servis par les employeurs ou les anciens employeurs est recouvrée par l'Urssaf dont ils relèvent aux mêmes dates d'exigibilité que celles dues au titre de leurs salariés (www.urssaf.fr). 86510

L'employeur ou l'ancien employeur doit notamment faire figurer ces avantages et la cotisation correspondante sur la **DSN** (net-entreprises, fiche n° 1009).

La cotisation due sur les avantages de préretraite servis par l'employeur ou l'ancien employeur n'est pas à la charge de ce dernier mais **précomptée** par lui sur le montant des avantages qu'il verse.

N'étant pas soumises aux **cotisations de sécurité sociale** sur les salaires, les allocations de préretraite avec rupture du contrat versées par l'employeur ou l'ancien employeur échappent aux prélèvements dont l'assiette est alignée sur ces cotisations : cotisations ou contributions solidarité autonomie, Fnal, dialogue social, chômage, AGS, retraite complémentaire Agirc-Arrco, formation et alternance (contributions à la formation professionnelle, CPF-CDD, supplémentaire à l'apprentissage et taxe d'apprentissage), versement mobilité et participation-construction. 86520

Elles sont en revanche soumises à la **CSG** et à la **CRDS** en tant que revenus de remplacement : voir nos 28800 s. (CSS art. L 136-1-2 ; Circ. min. du 16-1-1991, opposable). Elles supportent également la contribution additionnelle de solidarité pour l'autonomie (**Casa** : voir nos 52260 s.).

Contrairement à ce qu'il se passe pour les pensions de retraite, il n'existe pas de mécanisme d'exonération ou de réduction de ces contributions en cas de faibles ressources, pour les allocations ou avantages perçus au titre d'une préretraite ayant pris effet depuis le 11-10-2007.

Régime fiscal Sur le plan fiscal, les allocations versées dans le cadre de dispositifs de préretraite d'entreprise sont, par principe, imposables à l'**impôt sur le revenu** selon les règles de droit commun des traitements et salaires (BOI-RSA-CHAMP-20-20 n° 160). Elles donnent lieu à prélèvement à la source de l'impôt sur le revenu effectué par l'employeur (BOI-IR-PAS-10-10-10 n° 40). 86530

Ayant la nature, non de rémunération d'activité, mais de revenu de remplacement servi à des personnes qui ne sont plus salariées de l'entreprise versante, elles devraient, à notre sens, être exclues des bases de la taxe sur les salaires lorsque celle-ci est encore due.

FINANCEMENT DE POINTS DE RETRAITE COMPLÉMENTAIRE

86535 Lorsqu'un accord collectif d'entreprise prévoit le versement soit directement, soit indirectement aux salariés âgés d'au moins 55 ans d'allocations de préretraite (qui cessent d'être versées en cas de reprise d'activité ou de liquidation d'une retraite par anticipation), des **cotisations** de retraite complémentaire sur ces sommes peuvent être calculées comme si les intéressés avaient poursuivi leur activité dans des conditions normales. Les cotisations sont versées dans ces conditions jusqu'à ce que le **préretraité atteigne l'âge légal de la retraite,** sauf s'il n'a pas le nombre de trimestres nécessaire pour bénéficier d'une pension d'assurance vieillesse à taux plein, auquel cas elles sont maintenues jusqu'à ce que la situation se modifie à cet égard et, au plus tard, jusqu'à l'âge auquel les assurés bénéficient du taux plein même s'ils ne justifient pas du nombre de trimestres requis (ANI du 17-11-2017 étendu et élargi par arrêté du 24-4-2018 art. 76 : JO 28). Dans le cadre du régime unifié Agirc-Arrco, les contributions d'équilibre général et technique sont dues (Circ. 12 DRJ du 20-12-2022).

DSN

86550 L'ancien employeur est tenu de déclarer les bénéficiaires sur la DSN de la façon suivante. Chaque bénéficiaire doit être identifié dans le bloc Individu non salarié S89.G00.91. Les sommes versées sont à mentionner dans deux blocs Bases spécifiques individu non salarié S89.G00.92, où on indique 3 Allocation de préretraite suite à rupture de contrat en type de base spécifique S89.G00.92.001. Dans le premier bloc, on indique 23 Base exceptionnelle Agirc-Arrco en code de base spécifique S89.G00.92.002. Dans le second bloc, on renseigne 43 Base plafonnée exceptionnelle Agirc-Arrco en code de base spécifique S89.G00.92.002. Dans chaque bloc, le montant des allocations étant mentionné en Montant net fiscal du revenu versé S89.G00.92.006, avec la valeur à déclarer pour le salarié dans le premier bloc et 0.00 dans le second bloc. Les allocations de préretraite déclarées dans le bloc Bases spécifiques individu non salarié S89.G00.92 ne doivent pas être incluses dans les montants de Rémunération nette fiscale et de Montant soumis au PAS déclarés au niveau du bloc Versement individu S21.G00.50 afin de ne pas générer de doublon de net imposable et de prélèvement à la source (net-entreprises, fiche n° 1691).

Pour la cotisation spéciale maladie, voir n° 86510 ; pour les indemnités de départ, voir n° 86430.

CHAPITRE 9 TÉLÉTRAVAIL ET TRAVAIL À DOMICILE

SOMMAIRE

A. Télétravail 86750
1. Définitions 86750
2. Cadre juridique 86760
3. Mise en place et réversibilité 86770
4. Statut du télétravailleur 86790
5. Régime social 86850
a. Rémunération 86850
b. Frais professionnels 86860
6. Impôt sur le revenu 86900
7. Taxes et participations sur les salaires 86920
B. Travail à domicile 86950
1. Définition 86950
2. Statut du travailleur à domicile 86960
3. Calcul de la rémunération 87010
a. Salaire minimum 87070
b. Majorations 87170
c. Remboursement de frais 87260
d. Primes et autres avantages 87320
4. Obligations du donneur d'ouvrage 87410
5. Réduction et cessation du travail 87550
6. Réclamations et sanctions 87660
7. Régime social et fiscal 87750
a. Cotisations de sécurité sociale 87750
b. Autres cotisations et contributions 87830
c. Impôts et taxes 87900

A. Télétravail

1. DÉFINITIONS

Le **télétravail** est une forme d'organisation du travail dans laquelle un travail qui aurait également pu être exécuté dans les locaux de l'employeur l'est hors de ces locaux de façon volontaire, en utilisant les **technologies de l'information et de la communication.** Le **télétravailleur** désigne tout salarié de l'entreprise qui effectue du télétravail, soit dès l'embauche, soit ultérieurement (C. trav. art. L 1222-9, I). 86750

› Précisions En précisant que les tâches visées auraient aussi pu être **réalisées dans les locaux** de l'employeur, l'article L 1222-9 du Code du travail écarte de la notion de télétravail toutes les tâches qui, par définition, ne se déroulent pas dans ces locaux, mais notamment chez un client (visite d'un commercial, intervention d'un technicien de maintenance...) ou sur un chantier (métiers du bâtiment et des travaux publics).
En se référant aux **technologies de l'information,** il écarte aussi de la notion de télétravail les activités traditionnelles pouvant être effectuées à domicile, comme des travaux de couture.

2. CADRE JURIDIQUE

Le télétravail est régi par les articles L 1222-9 à L 1222-11 du **Code du travail** et par deux **accords nationaux interprofessionnels** (ANI) applicables dans les entreprises appartenant à un secteur professionnel représenté par les organisations patronales signataires (Medef, CPME et U2P) : 86760
– un premier conclu le 19-7-2005 et étendu par arrêté SOCT0611193A du 30-5-2006 modifié par arrêté SOCT0611312A du 15-6-2006 applicable en cas de télétravail régulier ;
– un second conclu le 26-11-2020 et étendu par arrêté MTRT2110108A du 2-4-2021 qui concerne le télétravail régulier ou non.

› Précisions L'application des ANI peut être écartée :
– en vertu de la **règle de primauté** fixée par l'article L 2253-3 du Code du travail (n° 980), dans les établissements couverts par un **accord d'entreprise** s'il comporte des clauses, même moins favorables ayant le même objet. En revanche l'existence d'une charte mettant en

place le télétravail n'écarte pas l'application des ANI ;
– en application de la règle posée à l'article L 2252-1 du Code du travail (n° 962) : un **accord de branche** ou **professionnel** sur le télétravail peut comporter des clauses moins favorables aux salariés que celles des ANI, sauf concernant les points pour lesquels ceux-ci l'ont expressément interdit. S'agissant de l'ANI de 2005, ces points sont énumérés par son article 12.
Sur l'application d'un accord collectif ou d'une charte à un contrat de travail comprenant des clauses contraires ou incompatibles en matière de télétravail, voir n° 86770, c.

3. MISE EN PLACE ET RÉVERSIBILITÉ

CAS GÉNÉRAL

86770 Le télétravail revêt un caractère **volontaire** pour le salarié et l'employeur concerné, sauf dans les cas visés n° 86780 (ANI du 26-11-2020, point 2.3.1).

Il est **mis en place** dans le cadre d'un **accord collectif ou,** à défaut, d'une **charte** élaborée par l'employeur après avis du comité social et économique (CSE), s'il existe (C. trav. art. L 1222-9, I-al. 3). **En l'absence de charte ou d'accord collectif,** le salarié et l'employeur peuvent convenir de recourir au télétravail en formalisant leur **accord** par **tout moyen** (C. trav. art. L 1222-9, I-al. 4).

L'accord collectif ou, à défaut, la charte élaborée par l'employeur permettant la mise en place du télétravail précise les conditions de passage en télétravail, en particulier en cas d'épisode de pollution (C. trav. art. L 1222-9, II-1°).

L'employeur qui refuse d'accorder le bénéfice du télétravail à un salarié occupant un poste éligible à ce mode d'organisation du travail dans les conditions prévues par accord collectif ou, à défaut, par la charte, doit **motiver** sa réponse (C. trav. art. L 1222-9, III- al. 2). Il en est de même, en l'absence d'accord collectif et de charte, lorsque la demande émane d'un travailleur handicapé ou d'un proche aidant (C. trav. art. L 1222-9, I- al. 4).

Le **refus du salarié d'accepter** un poste de télétravailleur n'est pas un motif de rupture du contrat de travail (C. trav. art. L 1222-9, III- al. 3).

> Précisions **a.** Quelles que soient les modalités de mise en place du télétravail, dans les entreprises d'au moins 50 salariés, l'employeur doit **consulter le CSE** préalablement à cette mise en place (en ce sens : QR min. trav. diffusé pendant la crise sanitaire).
b. L'ANI du 26-11-2020 ne requiert pas la conclusion d'un avenant au contrat de travail en cas de passage en télétravail mais préconise le recours à un **écrit,** quel qu'il soit, afin d'établir la preuve de l'accord entre les parties. Par ailleurs, tout salarié accédant, d'un commun accord avec l'employeur, au **télétravail régulier** doit être informé par **écrit** des conditions de mise en œuvre de cette forme de travail, en fonction du lieu d'exercice du télétravail : cadre collectif existant (accord, charte), rattachement hiérarchique, modalités d'évaluation de la charge de travail, de compte rendu et de liaison avec l'entreprise, articulation entre télétravail et présentiel, règles d'utilisation des équipements, prise en charge des frais professionnels, etc. Sur ce dernier point, voir également n°s 86800 s. (ANI du 26-11-2020, point 2.3.2).
c. Pour les salariés dont le **contrat de travail conclu avant le 23-9-2017** contient des stipulations relatives au télétravail, les dispositions de l'accord collectif ou de la charte se substituent, s'il y a lieu, aux **clauses contraires ou incompatibles,** sauf refus du salarié. Dans ce cas, le salarié fait connaître son refus à son employeur dans le délai d'un mois à compter de la date de communication de l'accord ou de la charte dans l'entreprise (Ord. 2017-1387 du 22-9-2017 art. 40, VII).

86775 Le télétravail est également **réversible** pour les deux parties.

L'accord collectif ou, à défaut, la charte élaborée par l'employeur permettant la mise en place du télétravail précise les conditions de retour à une exécution du contrat de travail sans télétravail (C. trav. art. L 1222-9, II-1°).

> Précisions Lorsque les parties sont convenues d'une exécution de tout ou partie du travail par le salarié à son domicile, l'employeur ne peut pas modifier cette **organisation contractuelle du travail** sans l'accord du salarié (Cass. soc. 13-4-2005 n° 02-47.621 FS-PB ; 13-2-2013 n° 11-22.360 F-D ; 12-2-2014 n° 12-23.051 FS-PB), même en présence d'une **clause de mobilité** (Cass. soc. 31-5-2006 n° 04-43.592 FS-PBRI). De même, s'il a accepté pendant plusieurs années qu'un salarié ne se rende qu'épisodiquement au siège de l'entreprise, un employeur ne peut pas lui **imposer** d'y **être présent** 2 jours par semaine sans son accord (CA Orléans 7-12-2021 n° 19/01258). Il ne peut pas non plus **mettre fin** au télétravail d'un salarié sans son accord si l'avenant au contrat de travail stipule qu'il lui est accordé à titre exceptionnel, sans aucune autre précision, notamment sur sa **durée** (CA Lyon 10-9-2021 n° 18/08845).

CIRCONSTANCES EXCEPTIONNELLES

En cas de circonstances exceptionnelles, notamment de menace d'**épidémie,** ou en cas de **force majeure,** la mise en œuvre du télétravail peut être considérée comme un **aménagement du poste de travail,** rendu nécessaire pour permettre la continuité de l'activité de l'entreprise et garantir la protection des salariés (C. trav. art. L 1222-11). Ces circonstances exceptionnelles constituent une exception au principe du volontariat visé ci-dessus nº 86770. 86780

› Précisions a. L'article 7 de l'ANI du 26-11-2020 (nº 86760) précise que, dans ce cas, la décision de recourir au télétravail relève du pouvoir de direction de l'employeur et les modalités de consultation du **CSE,** lorsqu'il existe, doivent être adaptées aux circonstances exceptionnelles ou au cas de force majeure. L'employeur doit informer le CSE sans délai, puis le consulter dès que possible après la mise en œuvre de sa décision (QR min. trav. diffusé pendant la crise sanitaire).

b. Les **critères d'éligibilité** au télétravail dans l'entreprise sont en pratique **définis** par l'accord collectif ou la charte mettant en place le télétravail, s'ils existent. **À défaut,** l'employeur doit **identifier** concrètement les activités pouvant faire l'objet de télétravail et non réfléchir à partir des métiers (QR min. trav. diffusé pendant la crise sanitaire). Dans ce cadre, il a été jugé, à l'occasion de la crise sanitaire liée à l'épidémie de Covid-19, que la mission d'un point d'accueil public d'une société d'assurance, considérée comme essentielle, ne permet pas de placer les conseillers de celui-ci en télétravail (TJ Chalon-sur-Saône 13-4-2021 nº 21/00047).

4. STATUT DU TÉLÉTRAVAILLEUR

CONDITIONS DE TRAVAIL ET RÉMUNÉRATION

Le télétravailleur a les **mêmes droits** que le salarié travaillant dans les locaux de l'entreprise (C. trav. art. L 1222-9, III), y compris en termes de rémunération. La loi rappelle ainsi le principe posé par l'ANI du 19-7-2005 mais avec moins de précisions sur ses effets que n'en contient cet accord. Sur les entreprises concernées par ce texte, voir nº 86760. 86790

S'agissant de la preuve du respect des **repos** et des **durées maximales de travail** du télétravailleur, voir nº 6610.

FRAIS LIÉS AU TÉLÉTRAVAIL

Principe de la prise en charge La prise en charge par l'employeur des coûts découlant directement de l'exercice du télétravail peut être prévue par l'accord collectif ou la charte mettant en place ce dernier ou par accord individuel entre l'employeur et le salarié. À défaut, la loi ne prévoit aucune obligation pour l'employeur. Toutefois, celui-ci reste, selon nous, tenu aux obligations suivantes : 86800

– l'obligation de prise en charge des **frais professionnels** est prévue sans restriction par la jurisprudence (nº 55280), et celle-ci, de portée générale, couvre, à notre sens, les télétravailleurs ;

– les ANI du 19-7-2005 et du 26-11-2020 prévoient expressément la prise en charge des frais engendrés par le télétravail (champ d'application, nº 86760). L'article 7 de l'ANI de 2005 prévoit que l'employeur prend en charge, dans tous les cas, les **coûts directement liés à ce travail,** notamment les **communications,** et ceux liés à la perte ou à la détérioration des **équipements** et des **données** utilisés par le télétravailleur. Il fournit, installe et entretient les équipements nécessaires au télétravail. Si, exceptionnellement, le télétravailleur utilise son propre équipement, l'employeur en assure l'adaptation et l'entretien. Dans tous les cas, il doit lui fournir un service approprié d'**appui technique.** L'article 3.1.5 de l'ANI de 2020, applicable également aux situations de télétravail en cas de circonstances exceptionnelles ou de force majeure (ANI point 7.4.1), indique que l'entreprise doit prendre en charge les dépenses engagées par le salarié pour les besoins de son activité professionnelle et dans l'intérêt de l'entreprise, après **validation** de l'employeur ;

– le télétravailleur ayant les mêmes droits que le salarié sur site (nº 86790), il bénéficie comme eux de la prise en charge de ses frais.

› Précisions a. Un salarié ne peut solliciter la prise en charge de ses frais découlant directement du télétravail qu'en cas d'**accord** avec son employeur pour y recourir (Cass. soc. 17-2-2021 nº 19-13.783 F-D).

b. Si tous les salariés sont placés en télétravail du fait de **circonstances exceptionnelles,** ils sont dans une situation identique à celle des télétravailleurs réguliers bénéficiant d'une indemnité forfaitaire conventionnelle destinée à compenser les frais liés au télétravail et ont tous droit à cette indemnité (voir, dans le cadre de la crise sanitaire liée à l'épidémie de Covid-19, TJ Paris 28-9-2021 nº 21/06097).

86810 **Modalités de prise en charge** La prise en charge des frais liés au télétravail peut s'effectuer soit sous forme de remboursement des **dépenses réellement engagées** par le salarié sur présentation de justificatifs, soit sur la base d'**allocations forfaitaires.** Celles-ci peuvent être fixées de manière globale en fonction du nombre de jours de télétravail effectué par semaine, par mois ou par année, ou en fonction d'un taux journalier.

ATTENTION

Les limites et conditions d'**exonération** sociale et fiscale doivent être respectées afin d'éviter tout redressement (voir nos 86860 s.).

INDEMNITÉ D'OCCUPATION DU DOMICILE

86820 Si un salarié accepte de travailler à son domicile, l'employeur doit l'**indemniser** de la **sujétion** particulière constituée par l'utilisation d'une partie de son **domicile personnel** pour les besoins de son activité professionnelle et prendre en charge les **frais** engendrés par cette occupation (Cass. soc. 7-4-2010 no 08-44.865 FS-PB ; 14-9-2016 no 14-21.893 F-D).

Le salarié peut aussi prétendre à une indemnité au titre de l'occupation de son domicile à des fins professionnelles dès lors qu'un **local professionnel** n'est pas mis effectivement à sa disposition (Cass. soc. 12-12-2012 no 11-20.502 FS-PB ; 8-11-2017 no 16-18.499 FS-PB). En revanche, aucune indemnité n'est due au salarié qui demande à travailler à domicile alors qu'un local professionnel est effectivement mis à sa disposition par l'employeur (Cass. soc. 4-12-2013 no 12-19.667 FS-PB).

> **Précisions a.** Sauf clause expresse contraire, le versement d'une allocation forfaitaire pour frais professionnels ne dispense pas l'employeur de verser une indemnité d'occupation du domicile (Cass. soc. 27-3-2019 no 17-21.014 FS-PB).
> **b.** Le **montant** de l'indemnité d'occupation du domicile est calculé en fonction de l'importance de la sujétion imposée à chaque salarié, du fait de l'immixtion dans sa vie privée du travail à accomplir pour l'employeur et de la nécessité de stocker des matériels professionnels à son domicile (Cass. soc. 10-3-2021 no 19-16.237 F-D).

FRAIS DE TRANSPORT

86830 L'employeur doit prendre en charge une fraction du prix des titres d'abonnement souscrits par ses salariés pour leurs déplacements en **transports publics** entre leur résidence habituelle et leur lieu de travail accomplis au moyen de transports publics de personnes ou de services publics de location de vélos (nos 57530 s.). Cette obligation s'applique lorsque le télétravail s'effectue **par alternance,** par exemple un ou deux jours par semaine ou une semaine sur deux : l'employeur doit alors prendre en charge dans les conditions habituelles les titres d'abonnement qui ont été utilisés au moins une fois pour le trajet entre la résidence habituelle et le lieu de travail du salarié, sans abattement des jours en télétravail. Néanmoins, lorsque le salarié est placé en situation de télétravail à domicile **en continu** sur le mois ou la semaine, l'employeur n'est pas tenu à cette obligation si le salarié n'a eu à effectuer aucun trajet entre son domicile et son lieu de travail au moyen de son abonnement de transport durant la période considérée (QR min. trav. diffusé pendant la crise sanitaire).

Cette position, prise dans le cadre d'un questions-réponses du ministère du travail sur le télétravail en période de Covid-19, vaut aussi, selon nous, en dehors de cette période.

AVANTAGES SOCIAUX

86840 Le télétravailleur bénéficie des mêmes droits que ses collègues travaillant au sein de l'entreprise en termes d'avantages sociaux et notamment de **chèques-vacances** (Doc. Urssaf au 23-1-2023).

Si les salariés d'une entreprise bénéficient des **titres-restaurant,** les télétravailleurs à domicile, nomades ou en bureau satellite y ont aussi droit dès lors que leurs conditions de travail sont équivalentes à celles des travailleurs exerçant leur activité dans les locaux de l'entreprise. Ainsi, si leur journée est organisée en deux vacations entrecoupées d'une pause réservée à la prise d'un repas, ils doivent recevoir un titre-restaurant (Doc. Urssaf au 23-1-2023). Selon le ministère du travail, il s'agit d'une application du principe général d'**égalité de traitement** entre salariés, principe d'ordre public rappelé par l'ANI du 19-7-2005 et repris à l'article L 1222-9 du Code du travail (QR min. trav. diffusé pendant la crise sanitaire).

Ces titres-restaurant bénéficient des mêmes **exonérations** de cotisations, sous les mêmes conditions, que pour les autres travailleurs (BOSS-FP-1800).

› Précisions La question du droit aux titres-restaurant pour les télétravailleurs a donné lieu à des décisions de **jurisprudence** assez contradictoires. Ainsi, selon le tribunal judiciaire de Nanterre, à défaut d'un surcoût lié à leur restauration hors de leur domicile, les télétravailleurs à domicile ne sont pas dans une situation comparable à celle des salariés travaillant sur site sans restaurant d'entreprise et n'ont pas droit, à l'inverse de ces derniers, à des titres-restaurant (TJ Nanterre 10-3-2021 nº 20/09616). Au contraire, selon le tribunal judiciaire de Paris les télétravailleurs ont droit aux titres-restaurant pour chaque jour travaillé durant lequel le repas est compris dans leur horaire de travail journalier (TJ Paris 30-3-2021 nº 20/09805), ce qui rejoint la position de l'administration.

5. RÉGIME SOCIAL

a. Rémunération

86850 La rémunération du télétravailleur est soumise à **cotisations** et contributions sociales dans les mêmes conditions que celles des autres salariés de l'entreprise.

Sur le régime social des **repas** livrés sur le lieu de télétravail par la cantine de l'entreprise, voir nº 39020. Pour les titres-restaurant, voir nº 86840.

b. Frais professionnels

CAS GÉNÉRAL

86860 Les frais engagés par le salarié en situation de télétravail, régie par le contrat de travail ou par convention ou accord collectif ou autorisée en cas de circonstances exceptionnelles, sont considérés comme des charges de caractère spécial inhérentes à la fonction ou à l'emploi, dont le remboursement peut être exclu de l'assiette des cotisations.

Sont visés (Arrêté SANS0224282A du 20-12-2002 art. 6) :
– les frais fixes et variables liés à la **mise à disposition d'un local privé** pour un usage professionnel ;
– les frais liés à l'**adaptation** d'un local spécifique ;
– les frais de matériel **informatique,** de connexion et de fournitures diverses.

La **liste des frais correspondants,** établie par l'administration, est donnée nº 86865. Cette liste reprend les catégories de frais déjà identifiés (Circ. Acoss 126 du 25-8-2005) et peut donc évoluer.

D'autres types de frais peuvent être admis, à charge pour l'employeur de démontrer qu'il s'agit de frais professionnels liés au télétravail (BOSS-FP-1780).

En revanche, lorsque l'utilisation de **technologies mobiles** appartenant au salarié est réputée à usage exclusivement personnel, l'employeur ne peut pas prétendre à l'exonération de frais engagés par le salarié utilisant son propre matériel (Doc. Urssaf au 26-1-2023).

Sur les frais NTIC en cas de circonstances exceptionnelles, voir nº 86885.

86865 **Évaluation des frais au réel** Le tableau ci-dessous décrit la nature et les modalités d'évaluation des dépenses liées au télétravail considérées comme des frais professionnels exclus de l'assiette des cotisations (BOSS-FP-1790).

Nature des frais	Évaluation des frais
Frais fixes : Montant du **loyer** ou, à défaut de loyer, valeur locative brute au prorata de la superficie affectée à l'usage professionnel Taxe d'habitation Taxe foncière sur les propriétés bâties Taxes régionales, départementales ou communales comme la taxe d'enlèvement d'ordures ménagères Charges de copropriété Assurance multirisque habitation	**Valeur réelle** : Quote-part des frais fixes réellement supportés au titre du local affecté à un usage professionnel (au prorata de la superficie totale de l'habitation principale). À titre d'exemple : Appartement de 70 m² dont 10 m² affecté à l'usage professionnel. Le loyer s'élève à 350 € par mois et la prime d'assurance à 15 € par mois. Le montant des frais déductibles s'élève donc à 365 × 10/70 = 52 €.
Frais variables : Chauffage et/ou climatisation Électricité	**Valeur réelle** : Quote-part des frais variables réellement supportés au titre du local affecté à un usage professionnel.

Nature des frais	Évaluation des frais
Dépenses d'acquisition du mobilier : Bureau ergonomique Fauteuil ergonomique Étagères, meubles de rangement Lampe de bureau	**Prêt de mobilier** : – absence de dépenses supplémentaires du salarié : pas de remboursement de frais possible ; – avantage en nature à évaluer sur une base réelle (valeur résiduelle = valeur nette comptable) s'il y a abandon définitif du mobilier au travailleur salarié ou assimilé. **Achat du mobilier par le salarié** pour le compte de l'entreprise, le salarié en restant toutefois propriétaire : remboursement des frais exclus de l'assiette dans la limite de 50 % de la dépense réelle sur justificatifs. **Modalités de déduction** : Annuités d'amortissement du mobilier (pratique comptable et fiscale). Pour le petit mobilier non amortissable : valeur réelle de l'année d'acquisition.
Frais liés à l'adaptation du local : Frais de diagnostic de conformité électrique Installations de prises (téléphoniques, électriques, etc.) Modifications liées à la mise en conformité avec la législation du travail	**Valeur réelle** : L'exclusion de l'assiette des cotisations de ces frais est admise sur présentation de la facture (travaux d'aménagement).
Matériels informatiques et périphériques : ordinateur, imprimante, modem…	**Prêt de matériel** : – absence de dépenses supplémentaires du travailleur salarié ou assimilé : pas de remboursement de frais possible ; – avantage en nature à évaluer sur une base réelle (valeur résiduelle = valeur nette comptable) s'il y a abandon définitif du mobilier au travailleur salarié ou assimilé. **Achat de matériel par le salarié** pour le compte de l'entreprise, le salarié en restant toutefois propriétaire : remboursement des frais et exclusion de l'assiette dans la limite de 50 % de la dépense réelle sur justificatifs. **Modalités de déduction** : Annuités d'amortissement du matériel (pratique comptable et fiscale). Pour le petit matériel non amortissable : valeur réelle de l'année d'acquisition.
Consommables : ramettes de papier, cartouches d'encre, etc.	**Valeur réelle** : L'exclusion de l'assiette des cotisations de ces frais est admise sur présentation de la facture.
Frais de connexion au réseau téléphonique, frais d'abonnement (téléphonique, Internet…)	**Valeur réelle** : L'exclusion de l'assiette des cotisations de ces frais est admise sur présentation de la facture.

86870 **Allocation forfaitaire** Dans le cas où les frais sont couverts par le versement d'une **allocation forfaitaire globale** par l'employeur, celle-ci est réputée utilisée conformément à son objet et exonérée de cotisations et contributions sociales dans la limite globale de 10,40 € par mois pour un salarié effectuant une journée de télétravail par semaine, de 20,80 € par mois pour deux jours de télétravail par semaine, etc. (BOSS-FP-1810 ; Arrêté du 20-12-2002 art. 6).

En cas d'**allocation fixée par jour,** cette allocation forfaitaire bénéficie du même régime dès lors que son montant journalier n'excède pas 2,60 €, dans la limite de 57,20 € par mois (BOSS-FP-1810 ; Arrêté du 20-12-2002 art. 6).

ATTENTION

Depuis 2023, ces montants forfaitaires sont revalorisés au 1er janvier de chaque année (Arrêté du 20-12-2002 art. 10).

Si l'allocation forfaitaire est prévue par la **convention collective** de branche, l'**accord professionnel ou interprofessionnel** ou un **accord de groupe,** elle est réputée utilisée conformément à son objet et exonérée de cotisations et contributions sociales dans la limite des montants prévus par accord collectif, dès lors que l'allocation est attribuée en fonction du **nombre de jours** effectivement télétravaillés et que son montant n'excède pas 13 € par mois pour une journée de télétravail par semaine, ou 3,25 € par jour de télétravail dans le mois, dans la limite mensuelle de 71,50 €. Lorsque le montant dépasse ces limites, la fourniture de justificatifs reste nécessaire pour prétendre à l'exonération de cotisations et contributions sociales (BOSS-FP-1810). 86875

ATTENTION

Cette tolérance administrative ne vise pas l'**accord d'entreprise** (BOSS-FP-1810 ; Doc. Urssaf au 26-1-2023).

CIRCONSTANCES EXCEPTIONNELLES

En cas de circonstances exceptionnelles ou de force majeure justifiant la mise en place du télétravail, les frais engagés par le salarié à des fins professionnelles pour l'utilisation d'outils issus des nouvelles technologies de l'information et de la communication (**NTIC**) **personnels,** en l'absence d'outils fournis par l'employeur, sont considérés comme des charges de caractère spécial inhérentes à la fonction ou à l'emploi (BOSS-FP-1880). 86885

De tels frais peuvent être **remboursés** par l'employeur au titre du remboursement des frais liés au télétravail. Le salarié peut donc percevoir de son employeur alternativement un remboursement sur la base réelle de ses frais ou l'allocation forfaitaire mentionnée n° 86870 (BOSS-FP-1880).

Ce remboursement n'est pas **cumulable** avec celui des frais liés à l'utilisation des outils NTIC personnels (n°s 56900 s.), puisque ces frais seront déjà couverts (BOSS-FP-1880).

Les Urssaf admettent, concernant les **abonnements internet** de type « box formule illimitée » dont les salariés disposent déjà à titre personnel, que (Rescrit social 25-2-2010 ; Doc. Urssaf au 26-1-2023) : 86890

– si l'employeur est **en mesure de justifier** de façon certaine du nombre d'heures de connexion consacré à l'exercice de leur activité professionnelle par ses salariés en situation de télétravail, la prise en charge par ses soins du coût de l'abonnement au prorata du temps de connexion lié à l'usage professionnel peut être **exclue des assiettes sociales,** quel que soit ce temps professionnel ;

– si l'évaluation de l'utilisation professionnelle des outils issus des nouvelles technologies de l'information et de la communication ne repose que sur une **simple déclaration des salariés,** elle ne peut être retenue en **franchise** de charges sociales que **dans la limite maximale de** 50 % du nombre d'heures d'usage total.

Cette position vise une situation de pandémie grippale, mais à notre avis, elle pourrait s'appliquer à toute situation exceptionnelle (n° 86780).

6. IMPÔT SUR LE REVENU

La **rémunération** des télétravailleurs est assujettie à l'impôt sur le revenu dans la catégorie des traitements et salaires. À ce titre, elle figure dans le net imposable du bulletin de paie et donne lieu au prélèvement à la source opéré par l'employeur. 86900

Leurs **frais professionnels** sont déductibles dans les conditions applicables à l'ensemble des salariés : déduction forfaitaire de 10 % ou frais réels (BOI-RSA-BASE-30-50-30-20 n° 170). Les développements qui suivent détaillent les deux principales catégories de frais professionnels des télétravailleurs.

› Précisions C'est au télétravailleur qu'il appartient d'exercer, dans sa déclaration annuelle de revenus, l'option entre déduction forfaitaire de 10 % et déduction des **frais réels.** Cette option est sans incidence sur les obligations de l'employeur en matière de DSN et de prélèvement à la source de l'impôt sur le revenu. Pour le télétravailleur, l'option pour les frais réels implique de corriger le salaire imposable mentionné sur sa déclaration annuelle de revenus préétablie afin d'y ajouter toutes les sommes reçues de l'employeur en indemnisation de ses frais professionnels et d'en retrancher le montant de ses frais réels. Sur la nature des dépenses admises en déduction, on peut se reporter aux indications données dans le Mémento fiscal n°s 22070 s. et, pour les frais de déplacement entre le domicile et le siège de l'entreprise, au n° 86905 ci-après.

FRAIS DE DÉPLACEMENT

86905 Les dépenses de déplacement des salariés en télétravail entre leur **domicile et le siège de l'entreprise** sont couvertes par la déduction forfaitaire de 10 % pour frais professionnels.

Il s'ensuit que leur remboursement réel ou forfaitaire par l'employeur doit être déclaré dans la DSN aux rubriques Rémunération nette fiscale et Montant soumis au PAS du bloc S21.G00.50 Rémunération individu (et non avec les frais professionnels dans le bloc S21.G00.54 Autre élément de revenu brut) et entre dans la rémunération nette fiscale du bulletin de paie. Il n'est fait exception à cette règle, dans certaines limites, que pour les prises en charge mentionnées n°s 57520 s.

> **Précisions** Si lors de la souscription de sa déclaration d'impôt le salarié opte pour la **déduction des frais réels,** il peut déduire ses frais de déplacement entre son domicile et le siège de l'entreprise dans les conditions suivantes :
> – si l'**activité** est **exclusivement exercée à domicile,** les dépenses de déplacement, qui normalement doivent alors revêtir un caractère exceptionnel, sont déductibles s'il est justifié de la réalité ainsi que de la nécessité pour l'intéressé de se rendre dans l'entreprise, par exemple pour rendre compte à son employeur de son activité ou participer à des réunions de travail (BOI-RSA-BASE-30-50-30-20 n° 170) ;
> – si le lieu d'exercice de l'activité est **partagé** entre le **domicile et** les **locaux de l'entreprise,** les frais de déplacement s'analysent comme des frais de transport entre le domicile et le lieu de travail déductibles dans les conditions suivantes (CGI art. 83, 3°). Lorsque la distance entre le domicile et le lieu de travail n'excède pas 40 kilomètres, les frais sont intégralement déductibles. Lorsque la distance est supérieure à 40 kilomètres, les frais ne sont déductibles qu'à hauteur des 40 premiers kilomètres, sauf si le salarié fait état de contraintes familiales ou sociales ou de circonstances liées aux caractéristiques de l'emploi occupé, justifiant le choix d'une résidence éloignée, ce qui autorise alors la déduction intégrale des frais. Mais la seule circonstance que le salarié soit en télétravail ne suffit pas à apporter cette justification (BOI-RSA-BASE-30-50-30-20 n° 170).
> Sur l'obligation pour le télétravailleur optant pour la déduction de ses frais réels d'ajouter les **indemnités reçues de l'employeur** à sa rémunération imposable, voir n° 86900.

FRAIS EXPOSÉS AU DOMICILE

86910 Les frais exposés à leur domicile par les télétravailleurs du fait du télétravail constituent des frais professionnels.

Les **sommes versées par l'employeur** en indemnisation de ces frais constituent en conséquence des allocations pour frais d'emploi exonérées d'impôt sur le revenu si elles satisfont aux conditions générales d'exonération rappelées n°s 55800 s. Ces sommes doivent donc être déclarées en DSN dans le bloc S21.G00.54 Autre élément de revenu brut (et non dans le bloc S21.G00.50 Rémunération individu) et sont exclues de la rémunération nette fiscale du bulletin de paie.

> **Précisions** À titre exceptionnel, pour l'**imposition des revenus de 2021,** le ministère de l'économie, des finances et de la relance a admis les mesures suivantes (Communiqué du 9-3-2022) :
> – les allocations versées par l'employeur couvrant exclusivement des frais de télétravail à domicile, à l'exclusion des frais courants généralement nécessités par l'exercice de la profession, qui peuvent prendre la forme d'indemnités, de remboursements forfaitaires ou encore de remboursements de frais réels, sont exonérées d'impôt sur le revenu, dans les limites de 2,50 € par jour, 13,75 € par semaine, 55 € par mois et 580 € par an, sans justification du montant des frais correspondants ;
> – pour les salariés ayant choisi la déduction des frais réels, les frais professionnels engagés au titre du télétravail à domicile pourront être déduits forfaitairement, sans justification de leur montant, à hauteur des mêmes montants, le salarié conservant la possibilité de les déduire pour leur montant exact si cela lui est plus favorable. Concrètement, le salarié qui ne déclare pas ces allocations ne peut, en contrepartie, déduire les frais correspondants. S'il choisit de déduire ces frais parce qu'ils sont d'un montant plus élevé, il doit justifier leur montant et les allocations reçues de l'employeur pour le même objet sont imposables. Les salariés n'ayant pas reçu d'allocations de leur employeur peuvent, en cas d'option pour la déduction des frais réels, soit déduire ces frais à hauteur des montants ci-dessus sans avoir à justifier de leur montant, soit les déduire pour un montant supérieur à condition d'en justifier.
> Reste à savoir si cette mesure sera reconduite pour l'imposition des revenus de 2022.

7. TAXES ET PARTICIPATIONS SUR LES SALAIRES

86920 Les télétravailleurs ne font l'objet d'aucune disposition spécifique en ce qui concerne les taxes et participations assises sur les salaires.

CONSEIL

Il nous semble en particulier que les règles dérogatoires de décompte des salariés et d'assujettissement des entreprises situées dans certaines localités d'**outre-mer** employant des travailleurs à domicile en matière de contribution formation (n° 87930) ne sont applicables aux télétravailleurs que s'ils entrent dans la définition légale des travailleurs à domicile (n° 86950). Il a en effet été précisé par l'administration que ces règles spécifiques s'appliquent aux travailleurs à domicile au sens de l'article 80 du CGI, lequel renvoie à la définition des travailleurs à domicile donnée par les articles L 7413-1 à L 7413-3 du Code du travail (BOI-TPS-FPC-20 n° 80).

B. Travail à domicile

1. DÉFINITION

Est considéré comme travailleur à domicile celui qui remplit les **conditions** suivantes (C. trav. art. L 7412-1) : 86950

1. Exécuter, moyennant une rémunération forfaitaire, pour le compte d'un ou de plusieurs établissements (et non pour un particulier) un travail qui lui est confié, soit directement, soit par un intermédiaire ;

2. Travailler soit seul, soit avec son conjoint, partenaire de Pacs, concubin ou ses enfants à charge, soit avec un auxiliaire.

> Précisions **a.** Il n'y a pas à rechercher : s'il existe entre le travailleur à domicile et le chef d'établissement, dit « le donneur d'ouvrage », un **lien de subordination juridique** ; s'il travaille sous la **surveillance** immédiate et habituelle du donneur d'ouvrage ; si le **local** où il travaille et le **matériel** qu'il emploie, quelle qu'en soit l'importance, lui appartient ; s'il se procure lui-même les **fournitures accessoires** ; le **nombre d'heures** effectuées (C. trav. art. L 7412-1).
b. Conserve la qualité de travailleur à domicile celui qui, en même temps que le travail, fournit tout ou partie des **matières premières,** lorsque celles-ci lui sont vendues par un donneur d'ouvrage qui acquiert ensuite l'objet fabriqué ou par un fournisseur indiqué par le donneur d'ouvrage et auquel le travailleur doit s'adresser (C. trav. art. L 7412-2).
c. Le travailleur à domicile utilisant le concours d'un **auxiliaire** est **responsable** de l'application à celui-ci de l'ensemble des dispositions légales applicables aux salariés (C. trav. art. L 7413-4). Cependant, en cas de **défaillance** du travailleur à domicile, le donneur d'ouvrage est substitué à celui-ci pour le paiement des salaires et congés payés, ainsi que pour le versement de la cotisation d'allocations familiales et des cotisations d'assurances sociales (C. trav. art. L 8232-2, 2° et R 7413-3).

2. STATUT DU TRAVAILLEUR À DOMICILE

Le travailleur à domicile bénéficie des **dispositions législatives et réglementaires** applicables aux autres salariés (C. trav. art. L 7411-1), ainsi que des dispositions **conventionnelles** liant l'employeur, sauf dispositions contraires dans les conventions ou accords collectifs de travail en cause (C. trav. art. L 7413-2). S'agissant de l'**information** du travailleur à domicile **sur les conventions et accords collectifs** qui lui sont applicables, voir n° 4800. 86960

En tant que salarié, il est assujetti au régime général de **sécurité sociale.** Toutefois, compte tenu des conditions particulières d'exercice de son activité, des **adaptations** et des **dispositions spécifiques** sont prévues sur certains points : modalités de la rémunération, calcul de l'indemnité compensatrice de préavis, rémunération mensuelle minimale, régimes social et fiscal applicables au salaire…

Le Code du travail impose par ailleurs à l'employeur des formalités supplémentaires.

Le donneur d'ouvrage est **responsable** de l'application de l'ensemble des dispositions légales applicables aux salariés, même s'il utilise un intermédiaire (C. trav. art. L 7413-1).

3. CALCUL DE LA RÉMUNÉRATION

Le travailleur à domicile bénéficie d'une **rémunération forfaitaire,** calculée en fonction de **critères** fixés à l'avance, soit par la convention ou l'accord collectif de travail, soit par une décision réglementaire (Cass. soc. 3-6-1981 n° 80-10.084 P). 87010

À condition d'être calculée sur la base de critères préétablis, la rémunération peut **varier** en fonction du degré de difficulté de la tâche (Cass. soc. 4-10-1990 n° 82-16.889 D) ou, par exemple, s'agissant d'un dessinateur, selon le format du dessin ou la couleur utilisée (Cass. soc. 27-10-1976 n° 75-12.288 P), ou suivant la personnalité du dessinateur et la nature du dessin (Cass. soc. 17-5-1978 n° 76-14.721 P) ; il importe peu, par ailleurs, que la rémunération du salarié soit déterminée au vu de **factures** (Cass. soc. 27-10-1976 n° 75-12.288 P), soit subordonnée à l'**acceptation du travail** par le donneur d'ouvrage (Cass. soc. 16-5-1991 n° 89-10.381 P) ou que le travailleur établisse lui-même sa **note d'honoraires** d'après le temps passé (Cass. soc. 11-10-1979 n° 78-12.261 P).

ATTENTION

Est **illicite** la clause du contrat de travail subordonnant la rémunération du travailleur à domicile (télévendeur, en l'espèce) au **règlement par le client** de la commande qu'il a enregistrée (Cass. soc. 10-5-2007 n° 05-44.313 FS-PBRI).

87020 La rémunération du travailleur à domicile est **constituée** du salaire de base, auquel s'ajoutent l'indemnité de congés payés, les frais d'atelier et, le cas échéant, les majorations pour heures supplémentaires et pour travail les dimanches et jours fériés. Ce salarié a droit au remboursement des matières premières et fournitures qu'il s'est procurées lui-même. Il peut enfin prétendre à certaines primes, ainsi qu'à la prise en charge des frais de transport domicile-entreprise : voir n° 87320.

Le travailleur à domicile bénéficie du **Smic** (n° 87110). En revanche, la **mensualisation** ne lui est pas applicable (n° 10950). Sur la périodicité de la paie, voir n° 12470.

a. Salaire minimum

87070 Le tarif minimum applicable aux travaux à domicile est le produit du salaire horaire, tel que défini n° 87100, par le temps d'exécution de ces travaux (C. trav. art. L 7422-5).

Il est interdit au donneur d'ouvrage d'appliquer aux travaux des tarifs inférieurs aux tarifs minimaux ainsi fixés (C. trav. art. L 7422-4).

TEMPS D'EXÉCUTION DES TRAVAUX

87080 Le tableau des temps nécessaires à l'exécution des travaux est, en principe, fixé, dans chaque branche d'activité par **convention ou accord collectif** de travail (C. trav. art. L 7422-1).

À **défaut de convention ou d'accord collectif étendu,** le tableau des temps est établi par le préfet, par arrêté pris après avis d'une commission spéciale (C. trav. art. L 7422-2 et R 7422-1) ou, pour certaines branches d'activité, par le ministre chargé du travail (C. trav. art. L 7422-3 et R 7422-6). Un arrêté ministériel est, par exemple, intervenu pour fixer le temps d'exécution des travaux dans les branches suivantes : ganterie de peau, tissu, cartonnage de parfumerie, chemiserie pour hommes…

Les **arrêtés préfectoraux** sont **publiés** au recueil des actes administratifs du département et les **arrêtés ministériels** au Journal officiel (C. trav. art. R 7422-4). Ces textes peuvent être **consultés** à la préfecture ou à la Dreets.

Si aucun temps d'exécution des travaux n'a été fixé, voir n° 87110.

ATTENTION

Les **arrêtés** préfectoraux ou ministériels deviennent **caducs** dès qu'une convention collective applicable à l'entreprise est étendue (Circ. TE 39/64 du 31-3-1964).

87090 Le **temps d'exécution** des travaux **doit être mentionné** sur le bulletin ou carnet des travaux exécutés (n° 87430).

En l'absence de contrat écrit et d'élément permettant de déterminer le nombre d'heures de travail accomplies, ce qui est le cas lorsque aucun bulletin ou carnet des travaux exécutés à domicile n'a été établi et que le temps d'exécution du travail confié n'est pas connu, le travailleur à domicile est présumé travailler à temps plein (Cass. soc. 19-10-2005 n° 03-47.343 F-D ; 3-11-2010 n° 09-40.255 FS-PB), et il peut être autorisé par les juges à faire procéder, au besoin par voie d'expertise, à des investigations auprès de l'employeur pour établir les heures supplémentaires qu'il prétend avoir effectuées (Cass. soc. 22-6-1994 n° 89-42.461 P). Sur la **charge de la preuve** des heures supplémentaires, voir n°s 6600 s.

TAUX HORAIRE DU SALAIRE

87100 Les salaires prévus par les **conventions ou accords collectifs** liant le donneur d'ouvrage sont applicables aux travailleurs à domicile compris dans leur champ d'application, sauf stipulations conventionnelles contraires (C. trav. art. L 7413-2).

À **défaut de convention ou d'accord collectif étendu** ou lorsque les **salaires pratiqués en atelier** sont sensiblement **supérieurs aux taux horaires conventionnels,** l'employeur doit appliquer le salaire horaire fixé par arrêté préfectoral (C. trav. art. L 7422-6 et R 7422-8) ou ministériel (C. trav. art. L 7422-7, R 7422-8 et R 7422-9). Pour connaître le tarif applicable aux travailleurs à domicile d'un département, il faut se référer aux arrêtés préfectoraux du département où le travail est exécuté et, si l'arrêté fixe des salaires différents suivant les communes, aux salaires applicables dans la commune où le travail est exécuté par chaque travailleur (Circ. TE 39/64 du 31-3-1964) et vérifier s'il existe un arrêté ministériel applicable à la branche.

> Précisions **a.** Le **salaire horaire fixé par arrêté préfectoral** est déterminé, après avis d'une commission spéciale, en fonction du salaire habituellement payé dans la région aux ouvriers de la même profession et d'habileté moyenne, travaillant en atelier et exécutant les divers travaux courants de la profession. Dans les régions où, pour les professions en cause, le travail à domicile est seul pratiqué, il est déterminé d'après le salaire des ouvriers d'habileté moyenne, exécutant en atelier des travaux analogues dans la région ou dans des régions similaires (C. trav. art. L 7422-6, al. 1 et 2 et R 7422-7).
> **b.** Le taux horaire fixé par le préfet peut être **révisé** soit d'office, soit sur la demande des employeurs ou des travailleurs intéressés lorsque des variations de salaires se sont produites d'une manière générale dans l'industrie en cause (C. trav. art. L 7422-6, al. 3).
> **c.** Pour la **publication,** la **consultation** et la **caducité des arrêtés** préfectoraux et ministériels, voir n° 87080.

RESPECT DU SMIC

En tout état de cause, le taux horaire retenu par le donneur d'ouvrage ne peut pas être inférieur au Smic (voir n° 96050). 87110

Lorsque le salaire horaire fixé par arrêté est **inférieur** au montant cumulé du Smic et des indemnités, primes ou majorations susceptibles de s'y ajouter, les tarifs d'exécution sont complétés dès la date d'entrée en vigueur du texte modifiant le salaire minimum et sans attendre la publication d'un arrêté (C. trav. art. L 7422-8).

En l'**absence de fixation** du salaire horaire et du temps d'exécution des travaux par accord collectif ou arrêté, le travailleur à domicile a droit à une rémunération au moins égale au produit du Smic par le nombre d'heures de travail effectuées (Cass. soc. 10-5-2007 n° 05-44.313 FS-PBRI).

b. Majorations

INDEMNITÉ DE CONGÉS PAYÉS

Le travailleur à domicile a droit à une indemnité forfaitaire de congés payés égale à 10 % de sa rémunération brute, hors frais d'atelier visés n° 87260, versée concomitamment à la rémunération (Arrêté 13-10-1941 modifié). Mention de ce versement doit figurer sur le carnet des travaux exécutés à domicile (n° 87440). 87170

ATTENTION

Le versement de cette indemnité ne doit pas aboutir à ce que le salarié ne prenne pas ses congés, voir n° 59980.

HEURES SUPPLÉMENTAIRES

Principe Lorsque les délais fixés par le donneur d'ouvrage pour la remise du travail imposent au travailleur à domicile de prolonger son **activité au-delà de 8 heures par jour** ouvrable, le tarif d'exécution est majoré, sauf disposition plus favorable d'une convention ou d'un accord collectif de travail (C. trav. art. L 7422-9, al. 1 à 3) : 87180

- de **25 %** au minimum pour les deux premières heures ainsi accomplies ;
- de **50 %** au minimum, pour les heures suivantes.

Le droit des intéressés à ces majorations est apprécié sur la base des **temps d'exécution** résultant de la convention collective étendue ou, à défaut, de l'arrêté préfectoral ou ministériel (n° 87080) et, le cas échéant, des concours auxquels le travailleur à domicile a recouru (n° 86950) (C. trav. art. L 7422-9, al. 4 et R 7422-10). Ces majorations ne portent que sur les tarifs d'exécution à l'exclusion des frais d'atelier (n° 87260).

Sur la **preuve** des heures supplémentaires accomplies, voir n° 87090.

Sur le point de savoir si ces heures supplémentaires bénéficient de la réduction de cotisations salariales, voir n° 7760.

Sur la **déduction forfaitaire de cotisations patronales** pour heures supplémentaires, voir n° 7830.

ATTENTION

Le **calcul** des heures supplémentaires est effectué dans le cadre de la journée, ce qui est une dérogation au régime général.

Pour l'application des majorations, sont considérés comme **jours ouvrables** les jours de la semaine autres que les dimanches et jours fériés légaux (C. trav. art. R 7422-11).

87190 **Décompte des majorations**

EXEMPLE

Un ouvrage nécessitant 44 heures de travail est remis à un travailleur à domicile le lundi pour être livré exécuté le jeudi. Le nombre de jours ouvrables compris dans cette période est de 4 (s'il n'y a pas de jour férié), et ces 4 jours correspondent à 32 heures de travail au taux normal (4 × 8).

Il est supposé que l'arrêté préfectoral en vigueur fixe le salaire horaire de référence à 12 € et que la somme due au salarié s'élève sur cette base à 528 € dans le cas où le travail n'a pas donné lieu à l'exécution d'heures supplémentaires, ce qui aurait été le cas si le travail avait été remis le lundi pour être livré le samedi (6 × 8 = 48).

Pour établir le décompte des majorations dues en l'espèce, il y a lieu :

1. De faire le total des sommes gagnées au taux normal par le travailleur : 528 € ;

2. De faire le total des temps d'exécution : 44 heures ;

3. Dans le cas où l'arrêté préfectoral aurait fixé le tarif d'exécution, sans mentionner le salaire horaire de référence, de diviser 528 € par 44, pour faire apparaître le taux horaire (12 €) ;

4. D'effectuer la soustraction : 44 – 32 = 12 ;

5. De répartir les 12 heures supplémentaires sur les 4 jours de travail, ce qui, pour chaque jour de travail, correspond à 2 heures assorties d'une majoration de 25 % et à une heure assortie d'une majoration de 50 % (soit une majoration de 3 € pour chacune des 2 premières heures et de 6 € pour la troisième heure).

Le travailleur, dans l'exemple ci-dessus, devra percevoir, en plus des 528 € :

8 × 3 € = 24 €,

4 × 6 € = 24 €,

c'est-à-dire, au total : 528 € + (24 € × 2) = 576 €.

87200 **Calcul des majorations en cas de taux horaires différents** Pour le calcul des majorations pour heures supplémentaires, une difficulté peut se présenter si les **travaux** confiés sont rémunérés sur la base de taux horaires différents. Dans cette hypothèse, l'administration estime qu'il faut (Circ. TE 39/64 du 31-3-1964) :
- faire le total des sommes gagnées par le travailleur ;
- faire le total des temps d'exécution ;
- diviser le salaire gagné par le nombre d'heures de travail, le quotient obtenu donnant le gain horaire moyen ;
- soustraire des temps d'exécution le nombre d'heures (8 par jour ouvrable) dont le travail est rémunéré au taux normal ;
- faire porter sur le gain horaire établi comme il est indiqué ci-dessus une majoration de 25 % pour les 9e et 10e heures accomplies par jour ouvrable, et de 50 % pour les heures accomplies à partir de la 11e heure.

TRAVAIL DU DIMANCHE ET DES JOURS FÉRIÉS

87210 Lorsque le donneur d'ouvrage remet un travail à livrer dans des délais tels que celui-ci ne peut être terminé qu'en travaillant le dimanche ou un jour de fête légale, le travailleur bénéficie des majorations prévues par la **convention ou l'accord collectif de travail** applicable pour le travail exécuté le jour de repos hebdomadaire ou les jours fériés (C. trav. art. L 7422-10).

c. Remboursement de frais

FRAIS D'ATELIER ET FRAIS ACCESSOIRES

87260 Le travailleur à domicile a droit au remboursement de ses frais d'atelier (frais afférents notamment au loyer, au chauffage et à l'éclairage du local de travail, à la force motrice et à l'amortissement normal des moyens de production) et des frais accessoires qu'il engage pour l'exécution de son travail.

Leur **montant** est fixé par convention ou accord collectif de travail étendu ou, à défaut, par arrêté préfectoral suivant la même procédure administrative que pour la **fixation** du salaire horaire : voir n° 87100 (C. trav. art. L 7422-11).

Si le remboursement peut s'effectuer sur la base des frais réellement engagés, il se présente le plus souvent sous la **forme** d'une allocation forfaitaire exprimée en pourcentage du tarif de base d'exécution du travail. Dans le cas d'exécution d'**heures supplémentaires,** ce pourcentage porte sur le tarif normal, à l'exclusion de la majoration pour heures supplémentaires (C. trav. art. R 7422-11, al. 2).

En l'**absence de convention ou d'accord collectif ou d'arrêté préfectoral,** le montant représentatif des frais d'atelier doit être fixé par accord des parties ou, à défaut, en cas de litige, par le juge, ce dernier pouvant fixer le remboursement sur la base des frais réellement exposés (Cass. soc. 18-1-1995 n° 91-40.605 PBBS), ou sur une base forfaitaire (Cass. soc. 17-5-2000 n° 98-41.461 D).

Les frais d'atelier doivent être mentionnés séparément sur le **bulletin de paie** (C. trav. art. R 3243-1, 8° et R 7421-2).

Pour un modèle de bulletin de paie, voir n° 95300.

ATTENTION

Lorsque le **bulletin de paie** porte uniquement l'indication d'un salaire mensuel sans **aucune précision** relative aux frais d'atelier, ceux-ci doivent être considérés comme n'ayant pas été pris en compte pour la détermination de la rémunération. Il faut donc en accorder le remboursement au travailleur en plus des sommes déjà perçues (CA Paris 1-2-1990 n° 89-35528).

MATIÈRES PREMIÈRES ET FOURNITURES ACCESSOIRES

Les **matières premières** utilisées par le travailleur à domicile peuvent soit lui être fournies gratuitement, soit lui être vendues par le donneur d'ouvrage ou par un tiers fournisseur indiqué par l'employeur et auquel il doit s'adresser. 87270

Les **fournitures accessoires** que le travailleur doit prendre chez l'employeur lui sont fournies gratuitement (C. trav. art. L 7422-12, al. 2). La valeur des matières premières et fournitures accessoires achetées par le travailleur n'entre pas en compte pour la détermination du salaire et doit faire l'objet d'un remboursement séparé (C. trav. art. L 7422-12, al. 1).

Il résulte implicitement de l'article L 7412-2 du Code du travail (n° 86950, b) que la qualité de travailleur à domicile exclut la possibilité pour celui-ci de se procurer les matières premières chez un **fournisseur** de son choix.

d. Primes et autres avantages

FRAIS DE TRANSPORT DOMICILE-ENTREPRISE

Les travailleurs à domicile, sans avoir à se rendre chaque jour dans les locaux de l'entreprise qui les emploie, sont amenés à effectuer des déplacements afin de se faire remettre le travail ou de livrer le travail achevé. Ils peuvent comme les autres salariés prétendre à la prise en charge légale des frais de transport correspondants (n°s 57530 s.). 87320

CONSEIL

Les textes et la doctrine administrative n'ayant pas précisé de **modalités particulières d'application** pour les travailleurs à domicile, cette question devra être réglée par **accord** entre les parties. On peut par exemple retenir la solution suivante : 50 % du prix de l'abonnement aux transports en commun divisé par le nombre de jours travaillés que compte la période couverte par cet abonnement (pouvant être évalué forfaitairement à 25 pour les abonnements mensuels) et multiplié par le nombre de jours compris dans cette période qui ont comporté des déplacements pour le travailleur à domicile (remise du travail à effectuer ou livraison du travail achevé).

AUTRES PRIMES ET AVANTAGES

En vertu de l'article L 7413-2 du Code du travail (n° 86960), les travailleurs à domicile bénéficient des primes et indemnités diverses prévues par ce Code et par la convention collective, sauf disposition conventionnelle contraire. Ainsi, un travailleur à domicile a droit à la prime **d'ancienneté** instituée par la convention collective étendue et applicable à tous les salariés des entreprises concernées, dès lors qu'aucune restriction concernant cette catégorie de travailleurs n'existe dans cette convention (Cass. soc. 2-5-2006 n° 04-46.418 F-P). 87330

Les travailleurs à domicile n'ont pas droit en revanche au maintien légal de salaire en cas de maladie (n° 61810, a).

4. OBLIGATIONS DU DONNEUR D'OUVRAGE

Le donneur d'ouvrage est soumis aux obligations incombant à tout employeur. S'y ajoutent les **obligations particulières** exposées ci-dessous propres aux travailleurs à domicile et permettant d'établir leur rémunération. 87410

DÉBUT OU CESSATION D'EXÉCUTION DE TRAVAUX À DOMICILE

Le donneur d'ouvrage **communique,** à sa demande, à l'inspection du travail une déclaration dès qu'il commence ou cesse de faire exécuter du travail à domicile (C. trav. art. L 7413-3). 87420

BULLETIN OU CARNET DES TRAVAUX

87430 Lors de la **remise** à un travailleur **de travaux à exécuter** à domicile, le donneur d'ouvrage doit établir, en deux exemplaires au moins, un bulletin ou carnet mentionnant (C. trav. art. L 7421-1 et R 7421-1) :
– le nom et l'adresse de l'établissement ou les nom, prénoms et adresse du donneur d'ouvrage ;
– la référence des organismes auxquels le donneur d'ouvrage verse les cotisations de sécurité sociale et le numéro d'immatriculation sous lequel ces cotisations sont versées ;
– le numéro d'inscription au registre du commerce ou au registre national des entreprises ;
– la nature et la quantité du travail, la date à laquelle il est donné, les temps d'exécution, les prix de façon ou les salaires applicables ;
– la nature et la valeur des fournitures imposées au travailleur, ainsi que les frais d'atelier et accessoires ;
– le cas échéant, la date à laquelle le travail doit être livré.

87440 Lors de la **livraison du travail achevé,** le bulletin ou carnet doit mentionner (C. trav. art. R 7421-2) :
– la date de la livraison ;
– le montant des prix de façon acquis par le travailleur, des frais d'atelier s'y ajoutant, de l'allocation de congés payés, des retenues obligatoires et, le cas échéant, des divers frais accessoires laissés à la charge de l'intéressé par le donneur d'ouvrage, dans les limites prévues aux articles L 3251-1 et L 3251-2 du Code du travail (voir nº 14940) ;
– la somme nette payée ou à payer au travailleur compte tenu des montants indiqués ci-dessus et après déduction des frais laissés à la charge de l'intéressé et retenues.

87450 Les inscriptions relatives à chaque travail sont portées sous un **numéro d'ordre** figurant sur tous les exemplaires du bulletin ou carnet (C. trav. art. R 7421-3). Un **exemplaire** de ce bulletin ou carnet est remis au **travailleur** ; un autre doit être **conservé** pendant au moins 5 ans par le **donneur d'ouvrage** et le cas échéant par l'**intermédiaire,** et présenté par eux sur demande de l'**inspection du travail** (C. trav. art. L 7421-2).

COMPTABILITÉ DES MATIÈRES PREMIÈRES ET FOURNITURES

87460 Le donneur d'ouvrage tient une **comptabilité distincte** des matières premières et fournitures destinées au travailleur à domicile (C. trav. art. R 7413-1).

Celle-ci doit faire ressortir séparément (C. trav. art. R 7413-1) :
– à l'**entrée dans l'établissement** : la date d'entrée, la quantité et la nature de chaque article ;
– à la **remise de l'ouvrage aux travailleurs** : la date de remise, la quantité, la nature de chaque article, la nature de l'ouvrage, le nom du travailleur ;
– à la **livraison de l'ouvrage** par les travailleurs : la date de la livraison.

Les registres de cette comptabilité sont tenus à la disposition de l'**inspection du travail,** et le **Dreets** peut en demander un contrôle (C. trav. art. R 7413-2).

ATTENTION

Dans les **établissements occupant à la fois des ouvriers en atelier et des travailleurs à domicile** à l'exécution des **mêmes travaux,** il faut considérer que les matières premières et fournitures ne sont pas destinées aux travailleurs à domicile et ne doivent donc être portées sur le registre de la comptabilité spéciale qu'au moment où elles sont placées dans le local où le travail leur est remis (Circ. TE 39/64 31-3-1964).

AFFICHAGE

87470 Les **temps d'exécution des travaux** à domicile, les **prix de façon** ou les **salaires** applicables à ces travaux et les **frais d'atelier et frais accessoires** sont affichés en permanence par le donneur d'ouvrage dans les **locaux** d'attente, ainsi que dans ceux où la remise au travailleur des matières premières ou objets et la réception des articles après exécution sont réalisées (C. trav. art. R 7422-12).

Cet affichage a pour **objet** de permettre au travailleur de se référer facilement aux éléments dont il doit être tenu compte pour l'établissement de son salaire (Circ. TE 39/6431-3-1964).

Toutefois, cette disposition ne s'applique pas au **domicile privé** des travailleurs lorsque la remise et la réception y sont directement effectuées par les donneurs d'ouvrage ou leurs intermédiaires (C. trav. art. R 7422-12).

5. RÉDUCTION ET CESSATION DU TRAVAIL

CESSATION TEMPORAIRE OU RÉDUCTION

S'il n'a **pas l'obligation,** sauf disposition conventionnelle ou contractuelle contraire, **de fournir un volume de travail constant** au travailleur à domicile, l'employeur ne peut pas modifier unilatéralement et sans justification la quantité de travail fourni et la rémunération, sous peine de dommages-intérêts en réparation du préjudice subi (Cass. soc. 10-10-2001 n° 99-45.420 F-P ; 5-4-2006 n° 03-45.888 FS-PB). Autrement dit, la réduction du volume de travail fourni est admise, sauf disposition conventionnelle ou contractuelle contraire, si elle est fondée sur des éléments objectifs. En revanche, elle est **sanctionnée si elle résulte d'une volonté arbitraire** de l'employeur. 87550

Sauf convention particulière ou usage constant, l'absence temporaire de fourniture de travail ne constitue pas un **licenciement** (Cass. soc. 28-3-1979 n° 78-40.445) à condition, selon nous, qu'elle soit justifiée par des éléments objectifs.

Dans les cas où le salarié peut se prévaloir d'un **engagement de l'employeur ou** d'un **usage** lui **garantissant la fourniture de travail** :
– l'employeur qui cesse momentanément ses commandes se rend coupable d'une inexécution du contrat de travail lui rendant la rupture imputable (CA Paris 27-9-1994 n° 94-30096) ;
– la réduction du volume de travail constitue une modification du contrat de travail lorsqu'elle s'accompagne d'une réduction importante du salaire. Les conséquences sur le contrat de travail du refus par le salarié de cette modification sont celles indiquées n° 4640.

Rémunération mensuelle minimale et activité partielle Le travailleur à domicile peut bénéficier du dispositif d'activité partielle, sous réserve de particularités concernant la détermination des **heures indemnisables** et du taux horaire de référence pour le calcul de l'indemnité et de l'allocation (n° 68205) et, pour les travailleurs à employeurs multiples, le paiement des **allocations** (n° 68255). 87560
Si son contrat de travail comporte un horaire au moins égal à la durée légale hebdomadaire de travail, il a droit à la **rémunération mensuelle minimale** visée n°s 68400 s. (CA Paris 1-2-1990 n° 89-35528 ; Cass. soc. 30-6-1993 n° 90-41.540 D).

> **Précisions** Lorsque le travailleur est occupé au cours d'un même mois par **plusieurs employeurs,** l'allocation qui lui est versée pour atteindre la **rémunération mensuelle minimale** est payée directement par le préfet. Les employeurs sont invités par ce dernier à rembourser au Trésor, dans un délai de 3 mois, la part de l'allocation complémentaire se trouvant à leur charge. Cette part est proportionnelle à l'importance de la réduction d'activité imposée au salarié. Le préfet adresse aux employeurs les indications leur permettant de vérifier le montant de leur participation. Le travailleur à domicile doit adresser à l'agent de contrôle de l'inspection du travail toutes **justifications** lui permettant de totaliser les heures de travail accomplies, ainsi que les rémunérations perçues au cours du mois, et de déterminer l'allocation complémentaire éventuellement due (C. trav. art. R 3232-8).

CESSATION DÉFINITIVE

Licenciement L'employeur qui n'a plus de travail à fournir au travailleur à domicile doit le licencier. Aussi longtemps qu'il ne l'aura pas fait, son obligation de fournir du travail subsiste. Il peut alors être condamné à verser à l'intéressé une indemnité pour perte de salaire (Cass. soc. 23-11-1989 n° 87-43.292 D) ou le manquement de l'employeur peut entraîner la rupture du contrat de travail, qui s'analyse en un licenciement sans cause réelle et sérieuse (Cass. soc. 28-11-2001 n° 99-45.423 F-D). 87570

Lorsqu'il licencie un travailleur à domicile, l'employeur doit respecter les dispositions du Code du travail (n°s 63260 s.), et le cas échéant de la convention collective, pour tous les salariés. Toutefois, compte tenu de la situation particulière de ces salariés, le Code du travail a prévu une règle spécifique pour le calcul de l'indemnité due en cas d'**inobservation du préavis.**

Ainsi, les travailleurs à domicile ont droit, sauf faute grave, à une **indemnité calculée** sur la moyenne des salaires des 6 mois précédant la rupture du contrat de travail (C. trav. art. R 7413-4).

Les salaires à retenir pour établir cette **moyenne** ne doivent comprendre ni les **frais d'atelier** que le travailleur à domicile n'a pas à engager lorsqu'il ne travaille pas, ni l'**indemnité de congés payés** versée en même temps que la rémunération. En cas d'exécution partielle du préavis, l'indemnité correspondant à la fraction du temps manquant doit être établie sur la même base (Circ. TE 39/64 31-3-1964).

87580 **Autres modes de rupture** En cas de **départ et de mise à la retraite** (nos 64620 s.) et en cas de **démission,** les règles de droit commun sont applicables, sous réserve des règles spécifiques visées no 87570 concernant le calcul de l'indemnité compensatrice de préavis.

6. RÉCLAMATIONS ET SANCTIONS

DÉLAI DE PRESCRIPTION

87660 Les réclamations des travailleurs relatives au tarif du travail exécuté, aux frais d'atelier, aux frais accessoires et aux congés payés se **prescrivent** par 5 ans à compter du paiement de leur salaire (C. trav. art. L 7423-1).

ATTENTION

Ce délai diffère du délai de prescription de droit commun visé no 15900. On peut se demander s'il ne s'agit pas là d'un oubli du législateur.

SANCTIONS PÉNALES

87670 Toute **contravention** aux dispositions législatives et réglementaires prévues en matière de **fixation de salaire** (nos 87070 s.) est passible de l'**amende** prévue pour les contraventions de 4e classe (no 96470). Il en est de même de la méconnaissance des dispositions relatives aux majorations dues pour heures supplémentaires ou pour le travail exécuté le jour de repos hebdomadaire ou les jours fériés (nos 87180 s.). La sanction est prononcée autant de fois qu'il y a de travailleurs concernés (C. trav. art. R 7422-14 à R 7422-16).

Par ailleurs, le donneur d'ouvrage contrevenant aux dispositions relatives à la tenue d'une **comptabilité** distincte des matières premières et fournitures et à l'obligation d'**affichage** (nos 87460 s.) est passible de l'amende prévue pour les contraventions de la 3e classe (no 96470) (C. trav. art. R 7413-5 et R 7422-17).

La même peine, prononcée autant de fois qu'il y a de personnes concernées, est encourue en cas de manquement aux dispositions relatives à l'établissement d'un **bulletin ou carnet de travaux** (nos 87430 s.) (C. trav. art. R 7421-4).

7. RÉGIME SOCIAL ET FISCAL

a. Cotisations de sécurité sociale

ASSIETTE

87750 L'assiette des cotisations de sécurité sociale des travailleurs à domicile est constituée par la rémunération globale versée par l'employeur, y compris la majoration pour congés payés après **déduction** :

– des **rémunérations** que les travailleurs à domicile versent eux-mêmes, le cas échéant, à leurs propres **auxiliaires** ;

– des remboursements de **frais d'atelier.** Les frais à déduire comprennent les sommes versées aux travailleurs pour couvrir les charges inhérentes à leur emploi, sous **forme** soit de remboursement des dépenses réelles, soit de majorations ou d'allocations forfaitaires. Dans ce dernier cas, la déduction est subordonnée à l'utilisation effective des majorations ou allocations conformément à leur objet (Arrêté du 29-12-1969 art. 1er).

Pour déterminer les frais auxquels est reconnu un caractère professionnel et les modalités de leur prise en charge, l'employeur peut se référer aux règles définies pour le télétravail : voir nos 86860 s.

› Précisions Les **frais d'atelier** sont **déductibles** s'ils sont utilisés conformément à leur objet et n'excèdent pas les taux fixés par la convention collective, l'accord des parties ou l'arrêté préfectoral. Au-delà du montant prévu par arrêté préfectoral, la preuve de l'utilisation conforme à son objet d'une indemnité forfaitaire pour frais est apportée dès lors que cette indemnité n'excède pas le montant des frais réellement engagés. Dans le cas contraire, seule la fraction de l'indemnité qui excède le montant des prix réels est à réintégrer dans l'assiette (BOSS-FP-1840).

87755 Les employeurs des catégories de travailleurs à domicile énumérées dans le tableau donné par l'arrêté du 29-12-1969 peuvent aussi appliquer une **déduction forfaitaire** pour frais d'atelier d'après les taux indiqués dans ce tableau (voir no 96360). Ces employeurs ont alors le **choix** entre les solutions suivantes (BOSS-FP-1850) :

– soit appliquer la déduction forfaitaire spécifique. Dans ce cas, ils doivent retenir comme assiette le montant global des rémunérations, y compris les remboursements de frais réels et les indemnités représentatives de frais d'atelier versées sous forme de majorations ou d'allocations forfaitaires ;

– soit ne pas appliquer la déduction forfaitaire spécifique. Dans ce cas, ils doivent retenir comme assiette le montant des rémunérations proprement dites, à l'exclusion de toute indemnité pour frais d'atelier et de tout remboursement de frais.

Si les taux de majoration pour frais d'atelier fixés par arrêtés préfectoraux sont supérieurs à ceux accordés par l'arrêté du 29-12-1969, l'employeur peut exclure de la rémunération globale l'indemnité correspondant à l'application de la majoration prévue par les arrêtés préfectoraux (BOSS-FP-1840).

Plafond Le plafond applicable dépend uniquement de la périodicité de la paie (voir n° 12470) (BOSS-Ass. gén.-1130). 87760

Les travailleurs à domicile ne sont pas éligibles au principe de régularisation du plafond. En conséquence, le plafond applicable lors de chaque paie ne prend pas en compte le ou les plafonds appliqués lors des échéances précédentes (voir n° 18200). En outre, les modalités d'ajustement du plafond en cas d'absence non rémunérée (n° 18055), d'activité partielle (n° 68275) et de travail à temps partiel (nos 74910 s.) ne leur sont pas applicables (voir n° 18035, a).

TAUX ET EXONÉRATIONS

Les taux des cotisations de sécurité sociale applicables aux travailleurs à domicile sont les **taux de droit commun** (voir n° 96130). 87770

Les travailleurs à domicile peuvent ouvrir droit à la **réduction générale de cotisations patronales** (nos 21780 s.) ainsi qu'à la **réduction du taux** des cotisations maladie et allocations familiales (nos 22650 s.). Sur le plafonnement de la réduction générale en cas de déduction spécifique pour frais professionnels, voir nos 22270 s.

Ils peuvent aussi ouvrir droit à l'exonération pour embauche en **zone de revitalisation rurale** (n° 23135) ou en **zone franche urbaine** (nos 23740 s.), ainsi qu'à la déduction de cotisations patronales pour heures supplémentaires (nos 7800 s.).

S'agissant de la cotisation d'**accident du travail,** les travailleurs à domicile constituent un établissement distinct soumis aux taux collectifs (nos 18730 s.) (CSS art. D 242-6-14, II).

VERSEMENT

Sur l'Urssaf compétente pour le versement des cotisations, voir n° 19250. 87780

Lorsque le travailleur à domicile emploie des **auxiliaires,** c'est l'employeur du travailleur à domicile et non ce dernier qui doit verser les cotisations patronales dues au titre de ces auxiliaires (CSS art. L 241-9, al. 1). Le travailleur à domicile **déclare** à cet effet dans les 5 premiers jours de chaque trimestre à chacun de ses employeurs les sommes versées au cours du trimestre précédent aux auxiliaires qui travaillent avec lui pour leur compte, ainsi que leurs nom et numéro d'immatriculation. À défaut de telles déclarations, l'employeur du travailleur à domicile doit alerter l'organisme de recouvrement pour dégager sa responsabilité (CSS art. R 242-3, al. 2).

Les dispositions relatives à la **régularisation** des cotisations ne sont pas applicables aux travailleurs à domicile (voir n° 18200).

b. Autres cotisations et contributions

Les travailleurs à domicile sont assujettis à la **CSG** et à la **CRDS** dans les conditions de droit commun : voir nos 28350 s. Notamment, les rémunérations brutes allouées à ces travailleurs bénéficient, comme les rémunérations perçues par tous les autres salariés, de la **réduction représentative des frais professionnels** visée nos 28650 s. Cette réduction n'est pas exclusive des autres modalités de prise en charge des frais professionnels que sont le versement d'allocations forfaitaires ou le remboursement des frais réels. Seules les **déductions forfaitaires spécifiques** auxquelles ont droit certains travailleurs à domicile (voir n° 96360) ne sont pas applicables à l'**assiette** de la CSG (Rép. Guichon : AN 28-9-1992 n° 41606) et de la CRDS. 87830

Les rémunérations des travailleurs à domicile sont assujetties, dans les conditions de droit commun, aux **contributions solidarité autonomie, Fnal** et dialogue social, et au **versement mobilité.** 87840

S'agissant de la zone de versement mobilité à laquelle les travailleurs à domicile doivent être rattachés, voir nos 26920 s.

87850 Les rémunérations des travailleurs à domicile sont soumises aux cotisations de **retraite complémentaire** Agirc-Arrco (nos 29900 s.).

Les contributions **chômage** sont dues sur une base identique à celle des cotisations de sécurité sociale.

c. Impôts et taxes

IMPÔT SUR LE REVENU

87900 Les gains réalisés dans l'exercice de leur profession par les travailleurs à domicile n'ayant pas d'autres concours que ceux prévus au 2° de l'article L 7412-1 du Code du travail (n° 86950) et répondant pour le surplus à la définition donnée par les articles L 7412-1, L 7412-2 et L 7413-2 du même code (nos 86950 s.) sont imposables dans la catégorie des traitements et **salaires** (CGI art. 80, al. 1).

Lorsque ces **conditions** ne sont **pas réunies,** les intéressés relèvent, selon la nature de l'activité exercée, de la catégorie des bénéfices industriels et commerciaux ou de celle des bénéfices non commerciaux. Les rémunérations qui leur sont allouées dans ce cas sont soumises à la TVA si les opérations réalisées sont situées dans le champ d'application de cet impôt et ne peuvent bénéficier d'une mesure d'exonération ou franchise.

87910 Lorsqu'ils relèvent de la catégorie des traitements et salaires, les revenus des travailleurs à domicile sont imposables dans les conditions de droit commun de cette catégorie et donnent lieu à prélèvement à la source opéré par l'employeur.

La **majoration** forfaitaire de salaire **pour congés payés** qui doit leur être versée est imposable comme un complément de salaire.

Quant aux **majorations** forfaitaires **pour frais d'atelier** versées à certains ouvriers à domicile, elles ont la nature d'indemnités représentatives de frais professionnels et sont donc exonérées d'impôt sur le revenu dans les conditions prévues à l'article 81, 1° du CGI (nos 55770 s.) (CE 11-5-1960 n° 44404). Cette exonération ne concerne donc que les travailleurs à domicile qui n'ont pas opté pour la déduction des frais réels.

TAXES ET PARTICIPATIONS ASSISES SUR LES SALAIRES

87920 **Assiette** L'assiette des taxes et participations assises sur les salaires (contribution à la formation professionnelle, CPF-CDD, contribution supplémentaire à l'apprentissage, taxe d'apprentissage et participation-construction) est alignée sur celle des cotisations de sécurité sociale (n° 87750) ou, pour ce qui concerne la taxe sur les salaires, sur celle de la CSG (n° 87830).

87930 **Règles de décompte des effectifs et d'assujettissement** Les travailleurs à domicile sont normalement comptés pour une unité, tant en matière de contribution formation que de participation-construction.

Par dérogation à ce principe, les employeurs de Guadeloupe, Guyane, Martinique, Mayotte, la Réunion, Saint-Barthélemy et Saint-Martin employant des salariés à temps partiel, des salariés à domicile ou des salariés intermittents (autres que ceux du spectacle) ne sont assujettis à la contribution à la formation professionnelle que s'ils ont versé pendant l'année de référence un montant de salaire au moins égal à 520 fois le Smic hebdomadaire (chiffre réduit au prorata des semaines travaillées en cas de début ou de cessation d'activité en cours d'année) (C. trav. art. R 6523-2, sur renvoi de CGI annexe II art. 163 sexdecies).

ATTENTION

Par exception, ces règles ne sont pas applicables aux employeurs de salariés **intermittents du spectacle.** Ces salariés ne sont pas pris en compte dans l'effectif en raison de la contribution spécifique unique dont sont redevables leurs employeurs : voir n° 69770.

CHAPITRE 10 JOURNALISTES

SOMMAIRE

A. Rémunération	**88070**
1. Montant	**88090**
2. Durée du travail et congés	**88170**
3. Situations particulières	**88260**
4. Rupture du contrat	**88350**
a. Préavis	**88350**
b. Indemnité de licenciement	**88370**
c. Indemnité de départ ou de mise à la retraite	**88420**
B. Régime social	**88510**
1. Cotisations sociales	**88520**
2. Autres cotisations	**88620**
C. Régime fiscal	**88730**

Les **journalistes professionnels** – c'est-à-dire ceux visés aux articles L 7111-3 à L 7111-5 du Code du travail – bénéficient d'un **statut** résultant de la loi et de la convention collective nationale des journalistes (CCN) du 1-11-1976 (IDCC 1480 ; brochure : 3136). Étendue (Arrêté ASET8803104A du 2-2-1988), celle-ci est obligatoire pour tous les employeurs occupant des journalistes professionnels. **88040**

Un accord du 7-11-2008 étendu (Arrêtés MTST1026338A du 11-10-2010 et ETST1123724A du 26-8-2011) définit les modalités d'application des avantages collectifs légaux et conventionnels aux journalistes professionnels rémunérés à la **pige.** L'accord collectif national du 29-3-2005, étendu, sur la formation professionnelle dans la presse (Arrêté SOCT0610363A du 6-2-2006) modifié par l'avenant du 9-3-2016 étendu (Arrêté ETST1638721A du 27-12-2016 modifié) met à la charge de l'employeur deux contributions supplémentaires pour la formation des pigistes (n° 88680).

Les **rémunérations** allouées aux journalistes sont soumises à un régime social (n°s 88510 s.) et fiscal particulier.

> **Précisions** Est **journaliste professionnel** la personne dont l'**activité** principale, régulière et rétribuée est le journalisme, qui exerce cette profession dans une ou plusieurs **entreprises** de presse, publications quotidiennes ou périodiques ou agence de presse et en tire le principal de ses **ressources** (C. trav. art. L 7111-3, al. 1).
> Sont **assimilés** à des journalistes de presse les collaborateurs directs de la rédaction, notamment les reporters-dessinateurs ou photographes, les rédacteurs-réviseurs ou traducteurs, les sténographes-rédacteurs à l'exclusion des agents de publicité et de tous ceux qui n'apportent, à un titre quelconque, qu'une collaboration occasionnelle (C. trav. art. L 7111-4).

A. Rémunération

Les dispositions du **Code du travail** sur la rémunération, la durée du travail, les congés et l'indemnité de licenciement des journalistes professionnels sont d'ordre public. Toute convention contraire est donc nulle (C. trav. art. L 7111-2). Certains avantages sont prévus par la **convention collective.** Pour des **modèles de bulletin de paie,** voir n°s 95320 s. **88070**

1. MONTANT

INFORMATION DU SALARIÉ

Lors de la conclusion de son contrat de travail, le journaliste doit être informé des modalités de sa rémunération. Il doit aussi recevoir, au moment de son **engagement,** une **lettre** précisant en particulier son emploi, sa qualification professionnelle, la convention collective applicable, le barème de référence, la date de sa prise de fonctions, le montant de son salaire et le lieu d'exécution du contrat de travail (CCN art. 20, a-al. 1). Sur le recueil du consentement à l'application de la **déduction forfaitaire spécifique,** voir n° 88530. **88090**

Les conditions de **mutation** sur le territoire national font l'objet d'un accord précis dans la lettre d'engagement (CCN art. 20, a-al. 2). L'insertion dans le contrat d'une clause de mobilité n'est, cependant, pas obligatoire (Cass. soc. 5-3-1998 n° 95-45.289 P). Les conditions d'**envoi et**

de séjour à l'étranger, de déplacement et de rapatriement d'un journaliste doivent faire l'objet d'un accord précis au moment de l'engagement ou de la mutation (CCN art. 20, b).

Un **échange de lettres** est nécessaire chaque fois qu'intervient une **modification** du contrat de travail (CCN art. 20, c).

FIXATION

88100 La rémunération correspond au travail convenu. Il en résulte que :

– tout **travail non prévu** dans l'accord initial entraîne une rémunération spéciale (C. trav. art. L 7113-1) ;

– tout **travail commandé** ou accepté mais **non publié** doit être payé (C. trav. art. L 7113-2).

Le salaire convenu doit être égal ou supérieur au **minimum conventionnel.**

› Précisions a. En raison de la disparité des catégories d'entreprises de presse, le **salaire minimum** national et le **tarif minimum** de la **pige** sont fixés pour chaque forme de presse (CCN art. 22).

b. Sauf tarif conventionnel supérieur, le **pigiste** doit, comme tout salarié, être au moins rémunéré au taux du **Smic** pour le nombre d'heures effectuées ou consacrées à la réalisation de chaque pige (Cass. soc. 30-4-2003 n° 02-41.957 F-D ; 10-5-2006 n° 05-60.268 FS-PB).

Un **salaire minimum** fixé à 69,25 € par pige est prévu pour les pigistes auteurs d'**images fixes** (dessins ou photographies) tirant le principal de leurs revenus de l'exploitation de ces images et collaborant de manière occasionnelle à l'élaboration d'un titre de presse (CPI art. L 132-45 et D 132-29 ; Arrêté MCCE1710392A du 9-5-2017).

PRIME D'ANCIENNETÉ

88110 Le salaire de base du journaliste est majoré d'une prime d'ancienneté calculée sur la **base** des minima conventionnels de la façon suivante (CCN art. 23 ; Cass. soc. 4-2-2009 n° 07-40.891 FS-PB ; 7-12-2017 n° 16-12.480 FS-PB ; 6-1-2021 n° 19-14.440 F-D) :

Ancienneté dans la **profession** en qualité de journaliste professionnel :

– 3 % pour 5 années d'exercice ;
– 6 % pour 10 années d'exercice ;
– 9 % pour 15 années d'exercice ;
– 11 % pour 20 années d'exercice.

Ancienneté dans l'**entreprise** en qualité de journaliste professionnel :

– 2 % pour 5 années de présence ;
– 4 % pour 10 années de présence ;
– 6 % pour 15 années de présence ;
– 9 % pour 20 années de présence.

Bien que la convention collective ne le précise pas, ces deux pourcentages **se cumulent.** L'ancienneté acquise dans la profession s'ajoute à celle acquise dans l'entreprise. Par **exemple,** un journaliste justifiant de 10 ans d'ancienneté dans la profession lors de son entrée dans l'entreprise et de 5 ans de présence depuis percevra une prime d'ancienneté de 9 % + 2 % = 11 %.

› Précisions a. Si l'accord fixant les rémunérations annuelles n'est **pas étendu,** la prime d'ancienneté se calcule sur la **base,** non des minima conventionnels, mais du Smic dans les entreprises non adhérentes (Cass. soc. 16-11-2022 n° 21-16.073).

b. On entend par **« présence »** pour le **calcul de l'ancienneté** du journaliste professionnel (CCN art. 24) :

– dans la **profession,** le temps pendant lequel il a exercé effectivement son métier ;

– dans l'**entreprise,** le temps pendant lequel il est employé comme tel dans l'entreprise, quelles que puissent être les modifications survenant dans la nature juridique de celle-ci. Lorsqu'un **journaliste remplaçant** est titularisé sans qu'il y ait eu interruption de service, son ancienneté dans l'entreprise prend effet à la date de son remplacement.

Sont considérées comme **temps de présence** (profession et entreprise) (CCN art. 24) :

– les interruptions pour **congés** annuels et congés exceptionnels résultant d'un accord entre les parties ;

– les interruptions pour **maladie,** accident et **maternité,** dans les conditions visées n°s 88270 s. ;

– les **périodes militaires** obligatoires.

c. La prime d'ancienneté des **pigistes** doit être calculée selon les modalités particulières définies par l'accord national professionnel du 7-11-2008 (n° 88040), qui prennent notamment en compte la durée de détention de la carte de presse.

TREIZIÈME MOIS OU « MOIS DOUBLE »

88120 Fin **décembre,** le journaliste professionnel perçoit à titre de salaire, en une seule fois, sauf accord particulier, une somme égale au salaire de décembre (CCN art. 25, al. 1).

Pour les collaborateurs **employés à titre occasionnel** ou ayant un **salaire mensuel variable,** le montant de ce 13e mois correspond au douzième des salaires perçus au cours de l'année civile et est versé dans le courant du **mois de janvier** de l'année suivante (CCN art. 25, al. 2).

> **Précisions** **a.** Pour les **pigistes,** le 13e mois correspond au douzième des piges perçues au cours des 12 mois précédents (Accord du 7-11-2008 art. IX). Sur sa date de versement, voir n° 88200.
> **b.** Les journalistes **stagiaires** ont droit au 13e mois aux mêmes conditions que les autres journalistes (Cass. soc. 12-6-2014 n° 12-29.751 FS-PB).

En cas de **licenciement ou de démission en cours d'année,** il est versé au titre de ce « mois double » ou « 13e mois », un nombre de douzièmes égal au nombre de mois passés dans l'entreprise depuis le 1er janvier et basé sur le dernier salaire reçu. Les journalistes professionnels **engagés en cours d'année** reçoivent fin décembre un nombre de douzièmes égal au nombre de mois passés dans l'entreprise. Dans **tous les cas,** ces douzièmes ne sont dus qu'après 3 mois de présence (CCN art. 25, al. 3). **88125**

Pour les collaborateurs **employés à titre occasionnel,** les douzièmes ne sont dus qu'à ceux qui ont collaboré à 3 reprises différentes ou dont le salaire a atteint au cours de l'année civile au moins 3 fois le montant minimum fixé par les barèmes de la forme de presse considérée. Toute fraction de mois égale ou supérieure à 15 jours est comptée pour un mois (CCN art. 25, al. 4).

Si le journaliste professionnel entre dans une entreprise le 1er novembre d'une année civile, il reçoit 2 douzièmes le 1er février suivant ; s'il entre le 1er décembre, un douzième le 1er mars suivant (CCN art. 25, al. 5).

2. DURÉE DU TRAVAIL ET CONGÉS

DURÉE DU TRAVAIL

Les journalistes relèvent des **dispositions législatives et réglementaires** en vigueur sur la durée du travail (CCN art. 29, al. 1). Les nécessités inhérentes à la profession ne permettent pas de déterminer la **répartition des heures de travail** ; le nombre de ces heures ne peut pas excéder celui prévu par la loi (CCN art. 29, al. 3). Les dérogations exceptionnelles à la **durée maximale** du travail rendues nécessaires par l'exercice de la profession et les exigences de l'actualité ouvrent droit à récupération (CCN art. 29, al. 4 ; Cass. soc. 20-9-2006 n° 04-47.343 F-PB). **88170**

Les journalistes bénéficient d'un **repos hebdomadaire** de 2 jours en principe consécutifs (CCN art. 29, al. 7).

> **Précisions** **a.** Dans le cas où le journaliste ne peut pas bénéficier du **deuxième jour de repos hebdomadaire,** un repos compensateur lui est assuré dans un délai maximal de 60 jours, porté à 90 jours pendant la période du 1er mai au 31 octobre. Si, par exception, ce repos compensateur demandé par l'intéressé ne peut pas être satisfait dans ce délai, il fait l'objet d'une rémunération compensatrice. Dans les limites compatibles avec le fonctionnement normal de l'entreprise, le repos compensateur peut être pris en une seule fois, de préférence entre le 1er octobre et le 31 mai, sans remettre en cause les périodes de repos hebdomadaire normalement dues pendant cette période (CCN art. 29, al. 8 à 10).
> **b.** Les journalistes du secteur de la **radiodiffusion** (CCN IDCC 1922) peuvent accomplir un travail à **temps partiel** d'une durée minimale de 10 heures, 12 heures et 17 h 30 selon leur typologie, inférieure à la durée minimale légale de travail de 24 heures et ils bénéficient de garanties conventionnelles (Accord du 6-11-2014 étendu par arrêté du 7-4-2016 : JO 22 ; prolongé jusqu'en 2025 par avenant n° 3 du 27-11-2019 étendu par arrêté MTRT2114687A du 21-5-2021).
> **c.** Les dispositions relatives au contrat à **temps partiel** visées n° 74520 ne s'appliquent pas aux **pigistes** (Cass. soc. 18-1-2018 n° 16-21.215 FS-PB).

Travail de nuit Le travail de nuit donne lieu à une **rémunération supplémentaire** de 15 % du salaire du barème, calculée au prorata du temps passé entre 21 et 6 heures du matin pour les journalistes professionnels finissant leur travail après 23 heures. La prime doit faire l'objet d'une mention spéciale sur le **bulletin de paie** (CCN art. 30, al. 1 et 2). **88180**

Pour la **presse hebdomadaire et périodique** et pour les stations de **radio,** le travail de nuit doit être compensé soit en temps, soit en salaire (CCN art. 30, al. 3).

Ne bénéficient pas de cette prime de nuit (CCN art. 30, al. 4 à 10) :
- les reporters en l'absence de régularité dans le travail de nuit ;
- les sténographes-rédacteurs lorsqu'ils possèdent un statut particulier ;
- les courriéristes, critiques, reporters théâtraux, dont la fonction est, par essence, du soir ;
- la rubrique des tribunaux (chroniqueurs, rédacteurs, informateurs) ;
- les préfecturiers, séanciers, rédacteurs municipaux ;
- les rédacteurs détachés seuls en poste.

> **Précisions** Pour les travailleurs de nuit, les dispositions de la convention collective utilisent les possibilités de **dérogation** à l'obligation d'accorder un repos compensateur ouvertes aux professions des médias et du spectacle (n° 73280).

88190 **Travail les jours fériés** Le travail effectué les jours fériés légaux donne lieu à **récupération** (CCN art. 34, al. 1). Dans les limites compatibles avec le fonctionnement normal de l'entreprise, le repos compensateur peut être pris en une seule fois, de préférence entre le 1er octobre et le 31 mai, sans remettre en cause les périodes de repos hebdomadaire pendant cette période (CCN art. 34, al. 2). L'indemnité légale prévue à l'article L 3133-6 du Code du travail visée nos 61150 s. est due en cas de **travail le 1er mai.** Les journalistes sont astreints au travail d'une **journée de solidarité.**

La récupération des jours fériés étant difficile pour les **pigistes,** la Cour de cassation admet que le pigiste prouvant qu'il a travaillé un jour férié peut, s'il n'a pas pu bénéficier d'un repos compensateur, obtenir une indemnité compensatrice (en ce sens, Cass. soc. 22-3-2006 n° 04-45.402 FS-PB).

CONGÉS

88200 Sauf disposition plus favorable en vigueur dans l'entreprise, les **congés payés** des journalistes sont calculés sur la base de 2 jours et demi ouvrables par mois de travail effectif. Les congés payés annuels des journalistes ayant effectivement travaillé durant toute la période légale de référence sont **fixés** à un mois, de date à date, auquel s'ajoute une semaine supplémentaire (CCN art. 31, al. 1 et 2).

› Précisions **a.** Les **absences** pour maladie et accident, en une ou plusieurs fois pendant la période de référence, sont considérées comme temps de travail effectif pour le calcul de la durée du congé dans la limite de la durée d'indemnisation à plein tarif visée n° 88270 (CCN art. 33).
b. Pour les journalistes salariés **employés à titre occasionnel,** le montant de l'indemnité de congés est calculé sur la base du dixième de la rémunération perçue au cours de la période de référence légale. Cette indemnité est versée dans le courant du mois de juin (CCN art. 31, al. 5).
c. En cas de versement à une périodicité ou à une date différentes de celles prévues par la convention collective, les usages consacrés en entreprise pourront être maintenus dès lors qu'au mois de juin, au titre des congés payés, et au mois de décembre, au titre du 13e mois, le **pigiste** aura effectivement perçu l'intégralité des sommes auxquelles il peut prétendre, au titre du dernier exercice clos (Accord du 7-11-2008 art. IX).

88210 Des **congés exceptionnels** sont accordés **sur justification,** dans les cas suivants. Ces congés rémunérés sont pris dans les jours mêmes où ils sont justifiés (CCN art. 35).

Événement	Durée	Source
Mariage de l'intéressé	Une semaine (6 jours ouvrables)	CCN art. 35, al. 2
Conclusion d'un Pacs	4 jours[1]	C. trav. art. L 3142-4, 1°
Mariage d'un enfant ou d'un ascendant	2 jours	CCN art. 35, al. 3
Naissance ou arrivée d'un enfant en vue de son adoption	3 jours[2]	CCN art. 35, al. 4
Maladie d'un enfant de 12 ans ou moins	1 ou 2 jours ouvrables dans la limite de 6 jours par année civile[3]	CCN art. 35, al. 5
Annonce de la survenance d'un handicap, d'une pathologie chronique nécessitant un apprentissage thérapeutique ou d'un cancer chez un enfant	2 jours[1]	C. trav. art. L 3142-4, 6°
Décès du conjoint, d'un parent, d'un grand-parent ou beau-parent	4 jours	CCN art. 35, al. 6
Décès du partenaire lié par un Pacs, d'un frère ou d'une sœur	3 jours[1]	C. trav. art. L 3142-4, 5°
Décès d'un beau-frère ou d'une belle-sœur	1 jour	CCN art. 35, al. 8
Décès d'un enfant	5 jours ouvrables ou 7 jours ouvrés si l'enfant a moins de 25 ans[1]	C. trav. art. L 3142-4, 4°
Décès d'un petit-enfant	2 jours	CCN art. 35, al. 7
Déménagement	2 jours	CCN art. 35, al. 9

1. Les congés légaux sont exprimés en jours ouvrables (C. trav. art. L 3142-4).
2. Le droit au congé de naissance est ouvert au père et, le cas échéant, au conjoint ou au concubin de la mère ou à la personne liée à elle par un Pacs (C. trav. art. L 3142-2).
3. La durée globale du congé pour maladie d'un enfant de 12 ans ou moins est portée à 8 jours à partir de 2 enfants âgés de 12 ans ou moins. Ce congé est accordé à la mère ou au père ayant les enfants à charge à condition que le certificat médical fasse ressortir que l'état de santé de l'enfant nécessite sa présence (CCN art. 35, al. 11).

3. SITUATIONS PARTICULIÈRES

REMPLACEMENT PROVISOIRE

Tout journaliste titularisé, salarié de l'entreprise, appelé pour une période supérieure à un mois à tenir un emploi dont le **salaire de base** est **plus élevé** que celui de son propre emploi, perçoit une indemnité provisoire égale à la différence entre le salaire de base de son poste et celui de la nouvelle fonction exercée, à la condition que le salaire ainsi obtenu ne soit pas supérieur au salaire réel du journaliste remplacé (CCN art. 28, al. 1). 88260

Cette **indemnité provisoire** est calculée à partir du premier jour du remplacement. L'intérim ne peut pas dépasser 6 mois. Ce délai écoulé, un titulaire sera désigné. Toutefois, si l'intérim a été constitué par le remplacement d'un titulaire en **congé de maladie,** la titularisation ne peut intervenir qu'à l'expiration d'un délai d'un an (CCN art. 28, al. 2 et 3).

Ces dispositions ne s'appliquent pas aux remplacements de **vacances** ne dépassant pas le temps de congé annuel d'une seule personne (CCN art. 28, al. 4).

MALADIE, ACCIDENT

Les absences pour maladie ou accident du travail, couverts par la sécurité sociale, constatés par certificat médical, donnent lieu au maintien du salaire (CCN art. 36, al. 1 à 6) sous déduction des indemnités journalières de sécurité sociale (IJSS) et des régimes de prévoyance (CCN art. 36, al. 10), pendant les **durées** suivantes : 88270

a. Pendant 2 mois à 100 % et 2 mois à 50 %, si le journaliste compte de 6 mois à un an de présence dans l'entreprise ;

b. Pendant 3 mois à 100 % et 3 mois à 50 %, après un an de présence ;

c. Pendant 4 mois à 100 % et 4 mois à 50 %, après 5 ans de présence ;

d. Pendant 5 mois à 100 % et 5 mois à 50 %, après 10 ans de présence ;

e. Pendant 6 mois à 100 % et 6 mois à 50 %, au-delà de 15 ans de présence.

En cas d'**accident du travail** dûment constaté et indemnisé par la sécurité sociale à titre professionnel (la maladie professionnelle devrait aussi, à notre avis, suivre ce régime), l'employeur maintient le salaire à 100 % du salaire réel, sous déduction des IJSS et des indemnités des régimes de prévoyance, pendant une **durée** maximale d'un an (CCN art. 36, al. 11).

Les versements tiennent compte de **tous les avantages liés au salaire** (CCN art. 35, al. 9).

En cas d'arrêt ininterrompu pendant la période de rémunération à 50 %, les réductions ne peuvent être opérées que dans la **limite** où le demi-salaire et les prestations dépassent le salaire du journaliste (CCN art. 36, al. 11).

> Précisions **a.** Si plusieurs congés de maladie et de maternité sont accordés au cours d'une période de 12 mois consécutifs pour les journalistes professionnels comptant **moins de 5 ans de présence,** la durée totale d'indemnisation ne peut pas dépasser celle prévue aux paragraphes **a** et **b** ci-dessus (CCN art. 36, al. 7).
b. Pour les journalistes professionnels comptant **plus de 5 ans de présence,** dans le cas d'interruption de travail ayant donné lieu à une indemnisation, il n'est ouvert un nouveau droit à celle-ci, s'ils ont épuisé la totalité de la période de couverture, que lorsque la durée de la reprise du travail a été au moins égale à la durée de la période d'absence précédemment indemnisée, sauf en cas d'accident du travail (CCN art. 36, al. 8).
c. Les journalistes **stagiaires** ont droit, aux mêmes conditions que les autres journalistes, au maintien du salaire prévu par l'article 36 de la convention collective (Cass. soc. 8-4-2009 nº 07-41.345 FS-PB).

MATERNITÉ ET PATERNITÉ

La journaliste a droit, pendant son **congé légal de maternité,** au paiement intégral de son salaire, sous déduction des prestations en espèces de la sécurité sociale et, le cas échéant, de tous les autres régimes collectifs pour lesquels cotise l'entreprise (CCN art. 42, al. 2). 88280

Pour celle qui a moins d'un an d'ancienneté à l'issue de son congé de maternité et qui **à la fin de ce congé** est arrêtée pour maladie, le **temps d'absence** déjà payé au titre de la maternité est considéré comme temps de maladie pour le calcul de l'indemnisation prévue nº 88270 (CCN art. 42, al. 3).

Le journaliste peut bénéficier du **congé** rémunéré pour **événement familial** dont la durée est fixée à 3 jours en cas de naissance ou d'accueil d'un enfant en vue de son adoption (CCN art. 35, al. 4). Il bénéficie du **congé légal de paternité et d'accueil de l'enfant** qui donne lieu au versement d'indemnités journalières de sécurité sociale sans maintien du salaire sauf disposition plus favorable en vigueur chez l'employeur.

REPRODUCTION D'ARTICLES

88290 La collaboration entre une entreprise de presse et un journaliste professionnel porte sur l'ensemble des **supports du titre de presse,** sauf stipulation contraire dans le contrat de travail ou dans toute autre convention de collaboration ponctuelle (C. trav. art. L 7111-5-1).

L'exploitation de l'œuvre du journaliste sur ces supports a pour seule contrepartie le **salaire,** pendant une période fixée par un accord d'entreprise ou, à défaut, par tout autre accord collectif de travail. Cette période dépend notamment de la périodicité du titre de presse et de la nature de son contenu (CPI art. L 132-37 ; C. trav. art. L 7113-3).

Au-delà de la période ainsi prévue, l'exploitation de l'œuvre dans le titre de presse est rémunérée, à titre de **rémunération complémentaire** sous forme de droits d'auteur ou de salaire, dans des conditions déterminées par l'accord d'entreprise ou, à défaut, par tout autre accord collectif (CPI art. L 132-38).

› Précisions Les **droits d'auteur** n'ont pas le caractère de salaire (CPI art. L 132-42). Ils sont assujettis aux **cotisations** de sécurité sociale, à l'exception de celles dues au titre des accidents du travail et des maladies professionnelles (CPI art. L 132-42 ; CSS art. L 382-14-1).
Ils sont normalement **imposables** en tant que bénéfices non commerciaux (CGI art. 92, 2-2°). Mais les droits d'auteur perçus par les journalistes entrent à notre avis, en tant que produit des œuvres de l'esprit, dans le champ du régime spécial des écrivains et compositeurs en application duquel – sauf option pour le régime des BNC – les droits perçus sont imposables selon les règles des **traitements et salaires** lorsqu'ils sont intégralement déclarés par les tiers (CGI art. 93, 1 quater). Qu'ils soient imposés comme BNC ou selon les règles applicables aux salaires, ils donnent lieu au prélèvement à la source de l'impôt sur le revenu sous la forme d'acomptes versés directement par les intéressés, sans intervention de l'entreprise qui les emploie (BOI-IR-PAS-10-10-20 n° 60).

88295 Un accord d'entreprise peut aussi prévoir la diffusion de l'œuvre par d'**autres titres** de la même société éditrice ou du groupe auquel elle appartient, à condition que ces titres et le titre de presse initial appartiennent à une **même famille cohérente de presse.** Ces exploitations donnent lieu à **rémunération** complémentaire, sous forme de droits d'auteur ou de salaire, dans des conditions déterminées par l'accord d'entreprise (CPI art. L 132-39).

Toute cession de l'œuvre en vue de son exploitation **hors** du titre de presse initial ou d'une famille cohérente de presse est soumise à l'**accord exprès et préalable** de son auteur exprimé à titre individuel ou dans un accord collectif (sous réserve du droit moral du journaliste). Ces exploitations sont **rémunérées** sous forme de droits d'auteur, dans des conditions déterminées par l'accord individuel ou collectif (CPI art. L 132-40).

En l'**absence d'accord collectif** applicable, l'une des parties à la négociation de l'accord d'entreprise peut saisir une commission créée par la loi aux fins de déterminer les modes et bases de la rémunération due en contrepartie des droits d'exploitation (CPI art. L 132-44 et R 312-1 s.).

REPRÉSENTATION DU PERSONNEL

88300 Les journalistes professionnels titulaires d'un mandat de représentation du personnel ont droit, pour exercer leurs fonctions représentatives, à un **crédit d'heures rémunérées** dans les conditions de droit commun, à défaut de règle conventionnelle spécifique.

Ces règles soulèvent, pour les journalistes **pigistes,** des difficultés d'application qui ont conduit l'administration à inviter les entreprises concernées à fixer les modalités de rémunération des heures de délégation par accord avec les représentants du personnel et à préconiser d'adopter dans ces accords le principe d'une rémunération de ces heures sur la base du salaire minimum fixé par la convention collective (Circ. DRT 91-06 du 27-3-1991 n° III).

4. RUPTURE DU CONTRAT

a. Préavis

88350 Dans les entreprises de journaux et périodiques, le préavis de **licenciement** est d'un mois si le contrat a été exécuté pendant moins de 2 ans, de 2 mois dans le cas contraire (C. trav. art. L 7112-2 et L 1234-1 ; CCN art. 46).

En cas de **démission** motivée par un changement notable dans le caractère ou l'orientation du journal (« clause de conscience »), le journaliste n'est pas tenu d'observer de préavis (C. trav. art. L 7112-5, 3°), mais ne peut pas réclamer une indemnité compensatrice à ce titre

(Cass. soc. 17-4-1996 nº 93-42.409 P). Sous cette réserve, les cas où un préavis est dû sont les mêmes que pour les autres salariés. Sa durée est d'un mois (CCN art. 46, a).

En cas de **départ ou de mise à la retraite,** le préavis est de 3 mois (CCN art. 51, al. 13).

> **Précisions** **a.** L'article L 7112-2 du Code du travail prévoit un préavis de **démission** de 2 mois lorsque le contrat a été exécuté pendant une période supérieure à 3 ans. Mais cette disposition est tenue en échec pour les journalistes couverts par la convention collective nationale du 1-11-1976. Celle-ci prévoit, en effet, un préavis d'un mois, quelle que soit l'ancienneté du journaliste dans l'entreprise (CCN art. 46, a). Celui-ci s'applique même si le contrat de travail en fixe un plus long (Cass. soc. 10-12-1987 nº 85-41.917 D).
> **b.** En cas de **départ volontaire à la retraite,** le journaliste devrait pouvoir, à notre sens, limiter son préavis à la durée prévue par l'article L 7112-2 du Code du travail (un mois pour une ancienneté inférieure ou égale à 3 ans et 2 mois pour une ancienneté supérieure), plus avantageuse que la durée conventionnelle.

Quelle que soit la partie à l'initiative de la rupture, les journalistes professionnels peuvent, pendant la période de préavis, s'absenter pour **recherche d'emploi** pendant 50 heures par mois, à raison de 2 heures par jour ouvrable, alternativement au choix de l'employeur et du journaliste (CCN art. 46, al. 6). 88360

L'intéressé peut, en accord avec son employeur, bloquer tout ou partie de ces heures avant l'expiration du délai de prévenance. Le journaliste professionnel ne peut plus se prévaloir de ces dispositions dès qu'il a trouvé un autre emploi. Ces absences ne donnent pas lieu à réduction de salaire (CCN art. 46, al. 7 et 8).

b. Indemnité de licenciement

MONTANT

Les journalistes professionnels au service d'une entreprise de presse, y compris ceux qui travaillent en agence de presse (Cass. soc. 30-9-2020 nº 19-12.885 FS-PBRI), ont droit à une indemnité de licenciement spécifique s'élevant à : 88370

– pour une **ancienneté de 15 ans et moins,** au moins un mois de rémunération par année ou fraction d'année de collaboration sur la base des derniers appointements et limitée à 15 mois (C. trav. art. L 7112-3) ;

– pour une ancienneté de **plus de 15 ans,** un montant fixé par la commission arbitrale, seule compétente pour déterminer l'indemnité due (C. trav. art. L 7112-4, al. 1 ; Cass. soc. 14-2-2018 nº 16-25.649 FS-PB).

En cas de **faute grave** ou de fautes **répétées** du journaliste, la commission a aussi compétence exclusive pour réduire ou supprimer l'indemnité (C. trav. art. L 7112-4, al. 5).

> **Précisions** Le journaliste licencié peut prétendre soit à cette indemnité légale spécifique, calculée en fonction des **seules années d'exercice** de la profession de journaliste, soit, si elle est plus favorable, à l'indemnité légale de droit commun, celle-ci tenant compte de la **totalité des années** de service de l'intéressé dans l'entreprise. Sauf disposition contraire, l'indemnité légale spécifique ne se cumule pas avec une **indemnité conventionnelle** de licenciement (Cass. soc. 11-12-1991 nº 88-41.171 F-P).

Selon la **convention collective** nationale, l'indemnité **se calcule sur la base** du dernier salaire perçu, que le journaliste travaille à temps plein ou à temps partiel ou, à défaut de salaire mensuel régulier, sur la base de 1/12 des salaires des 12 derniers mois ou de 1/24 du salaire des 24 mois précédant le licenciement, au choix du journaliste. Cette base est **majorée** de 1/12 pour tenir compte du 13e mois conventionnel. Lorsque l'**ancienneté** du journaliste dans l'entreprise est **inférieure à un an,** l'indemnité se calcule sur la moyenne des salaires perçus pendant cette période (CCN art. 44, al. 4). 88375

Toutefois, la **Cour de cassation** a jugé que, sauf dispositions conventionnelles plus favorables, l'indemnité doit être calculée sur la **base retenue** pour le calcul de l'indemnité de licenciement de droit commun (nº 63450) (Cass. soc. 24-10-2001 nº 00-40.256 F-D). En l'espèce, les dispositions de la convention collective nationale n'étaient pas invoquées. Les journalistes professionnels peuvent, selon nous, exiger un calcul sur la moyenne des **3 derniers mois** de salaire ou selon les dispositions conventionnelles si elles sont plus favorables (en ce sens, Cass. soc. 3-7-2013 nº 12-10.047 FS-D).

> **ATTENTION**
> Si l'employeur ne respecte pas la **rémunération convenue,** les indemnités de rupture sont calculées sur la rémunération qui aurait dû être perçue (Cass. soc. 3-7-2013 nº 12-10.047 FS-D).

RÉGIME SOCIAL

88380 L'indemnité de licenciement versée au journaliste est exonérée des **cotisations de sécurité sociale,** des **prélèvements** dont l'assiette est alignée sur celle de ces cotisations (cotisations ou contributions solidarité autonomie, Fnal, dialogue social, chômage, AGS, retraite complémentaire Agirc-Arrco, formation et alternance [contributions à la formation professionnelle, CPF-CDD, supplémentaire à l'apprentissage et taxe d'apprentissage], versement mobilité et participation-construction), de la **CSG** et de la **CRDS,** dans la limite d'un certain montant : voir n°s 63810 s. si l'indemnité ne dépasse pas le montant légal et n°s 63910 s. si elle est d'un montant supérieur.

S'agissant de son **régime fiscal,** voir n°s 63850, 63950 s., 64030 et 88730 s.

Sur les cas de **cumul** d'indemnités, voir n° 64070.

› Précisions a. Pour les journalistes ayant **jusqu'à 15 ans d'ancienneté,** le montant exonéré de cotisations sociales correspond au montant prévu par l'article L 7112-3 du Code du travail, dans la limite de 2 fois le plafond annuel de la sécurité sociale (BOSS-Ind. rupture-480).

b. Pour ceux ayant **au moins 15 ans** d'ancienneté, l'indemnité fixée par la **commission** arbitrale mentionnée n° 88370 est exonérée de cotisations de sécurité sociale dans la limite de 2 fois le plafond annuel de la sécurité sociale (BOSS-Ind. rupture-490). Si l'**employeur** complète l'indemnité légale due au journaliste sans saisir la commission arbitrale, le surplus accordé est soumis à cotisations (BOSS-Ind. rupture-500 ; Cass. 2e civ. 8-11-2012 n° 11-26.420 F-D).

Exemple : un journaliste ayant 25 ans d'ancienneté, et dont la rupture du contrat de travail est notifiée en 2023, perçoit le 31-3-2023 une indemnité de congédiement d'un montant fixé par la commission arbitrale à 100 000 €. Le montant correspondant à 15 années d'activité est de 60 000 €. L'indemnité perçue (100 000 €) est, en application de l'article 80 duodecies du CGI, totalement affranchie d'impôt. Le montant non imposable de l'indemnité (100 000 €) étant supérieur à 2 PASS, l'indemnité est exonérée de **cotisations** à hauteur de 2 PASS, soit 87 984 €. Les cotisations de sécurité sociale sont dues sur la fraction excédant cette limite maximale, soit : 100 000 € – 87 984 € = 12 016 €. L'indemnité est exclue de l'assiette de la **CSG et de la CRDS** dans la double limite de 15 années d'activité soit 60 000 €, et de la limite maximale d'exclusion des assiettes sociales (87 984 €). Aussi, l'indemnité est exonérée à hauteur de 60 000 €.

c. S'agissant de la **CSG et de la CRDS,** seul le montant de l'indemnité de congédiement fixé par la loi est exonéré, l'excédent laissé à la discrétion de la commission arbitrale est soumis. Ainsi, l'indemnité fixée par la commission dans la limite de ces 15 années est exonérée (dans la limite de la fraction exclue de l'assiette des cotisations sociales visée au a.) et la fraction excédentaire est soumise à CSG et à CRDS sans application de l'abattement forfaitaire pour frais professionnels (BOSS-Ind. rupture-510 et 520 ; Cass. 2e civ. 21-6-2005 n° 03-30.754 FS-PB ; Circ. Acoss 8-6-2012).

d. Le seuil de 10 PASS, ou 5 PASS en cas de cumul avec un mandat social, au-delà duquel les indemnités de rupture sont soumises à cotisations et contributions sociales **dès le 1er euro,** s'applique aux indemnités versées aux journalistes (BOSS-Ind. rupture-530).

CAS PARTICULIERS

88400 **Cession, cessation, changement de caractère ou d'orientation de la publication** L'indemnité prévue en cas de licenciement est due au journaliste dont la **démission** est motivée (C. trav. art. L 7112-5) :

– par la **cession** ou la **cessation** de la publication ;

– ou par un **changement notable** dans son caractère ou son orientation, si ce changement est de nature à porter atteinte à l'honneur du journaliste, à sa réputation ou, d'une manière générale, à ses intérêts moraux.

Cette disposition s'applique aux journalistes des entreprises de communication audiovisuelle (CA Versailles 20-10-2006 n° 05-3457). Aucun **délai** n'est imposé au journaliste pour l'invoquer (Cass. soc. 10-3-1998 n° 95-43.795 P ; 16-2-2012 n° 10-18.525 F-D).

88404 La **cession d'actions** de la société de presse possédant le journal, ou de celle actionnaire de la société propriétaire, ne constitue une cession au sens de l'article L 7112-5 du Code du travail que si elle entraîne la **prise de contrôle** de cette dernière par un nouvel actionnaire ou un nouveau groupe d'actionnaires (Cass. soc. 12-1-1994 n°s 92-41.137 PB-BS et 90-42.783 PB-BS ; 10-3-1998 n° 95-43.795 P). C'est le cas, par exemple, du rachat, par un actionnaire possédant déjà la moitié du capital, des 50 % restants (Cass. soc. 21-6-1984 n° 81-42.857 P).

La mise en **location-gérance** du journal n'est pas une cession au regard de l'article L 7112-5 (Cass. soc. 29-5-1991 n° 87-45.677 P).

La cession du journal entraîne l'application du texte, même si elle ne s'accompagne pas d'un **changement notable** du caractère ou de l'orientation de la publication (Cass. soc. 21-6-1984 n° 81-42.857 P) et même si le **cessionnaire exploitait déjà le journal** en vertu d'un contrat de licence (Cass. soc. 26-2-2002 n° 00-40.763 FS-P).

ATTENTION

La résiliation du contrat de travail motivée par la cession du journal ou du périodique n'intervient qu'à condition que l'**intention du salarié** de mettre fin à la relation de travail pour cette raison soit **claire et non équivoque.** Si le salarié ne s'est résolu à invoquer la clause légale de cession du journal que parce que les propositions de **modifications de son contrat** faites par le nouvel actionnaire majoritaire entraînaient une diminution importante de son salaire, un risque de requalification de la rupture en licenciement existe (Cass. soc. 15-3-2006 n° 03-45.875 F-P).

Le départ simultané du directeur général et du directeur politique d'un journal à la suite 88406
d'une **concentration** de tous les **pouvoirs** entre les mains du propriétaire constitue un **changement notable** et même essentiel, portant non pas seulement sur de simples structures administratives d'une publication, mais sur le caractère et l'orientation déontologiques propres au journal (CA Paris 19-1-1981).

Est caractérisé un changement notable dans l'orientation du journal, créant pour un journaliste une situation de nature à porter atteinte à ses intérêts moraux, si le **magazine,** à l'origine **exclusif de tout caractère scandaleux,** s'est délibérément orienté, pour élargir sa diffusion et assurer sa survie, vers la publication d'**articles privilégiant le sensationnel** et portant atteinte à la vie privée (Cass. soc. 17-4-1996 n° 93-42.409 P).

Rupture conventionnelle homologuée L'indemnité spécifique de licenciement 88410
n'est pas due au journaliste en cas de rupture conventionnelle homologuée. Le calcul du minimum de l'indemnité de rupture conventionnelle est celui prévu pour l'**indemnité légale** de licenciement de droit commun (Cass. soc. 3-6-2015 n° 13-26.799 FS-PBR).

c. Indemnité de départ ou de mise à la retraite

Le journaliste **quittant volontairement l'entreprise** pour bénéficier d'une pension de 88420
vieillesse perçoit une indemnité de départ en retraite fixée, en fonction de son **ancienneté comme journaliste** dans l'entreprise, à (CCN art. 51, al. 2 à 7) :

- 1 mois de salaire après 2 ans de présence ;
- 2 mois de salaire après 5 ans de présence ;
- 3 mois de salaire après 10 ans de présence ;
- 4 mois de salaire après 20 ans de présence ;
- 5 mois de salaire après 30 ans (et plus) de présence.

Le salaire à prendre en considération est le même que pour le calcul de l'indemnité de licenciement (CCN art. 51, al. 8).

En cas de **mise à la retraite** à l'initiative de l'employeur, le journaliste a droit à la même indemnité qu'en cas de départ volontaire (voir ci-dessus). Cette indemnité ne se cumule avec aucune autre de même nature (indemnité compensatrice fixée par les conventions collectives de retraite, par exemple) : seule la plus élevée est due (CCN art. 51, al. 9 et 10).

B. Régime social

Les règles de calcul et de recouvrement des cotisations de sécurité sociale des journalistes 88510
sont celles du **droit commun,** sous réserve des quelques **particularités** signalées ci-après.

Pour des **modèles de bulletin de paie,** voir n°s 95320 s.

> **Précisions** Pour le régime social de l'indemnité de **licenciement** des journalistes, voir n°s 63800 s. et 88380 ; des indemnités de mise ou départ à la **retraite,** voir n°s 64680 s., 64810 et 64970. Sur le régime applicable aux **droits d'auteur,** voir n° 88290.
> Sur la prise en compte des pigistes dans l'**effectif** sécurité sociale, voir n° 18846.

1. COTISATIONS SOCIALES

COTISATIONS PLAFONNÉES

Pour le calcul des cotisations plafonnées, le plafond est en principe déterminé selon les 88520
règles de **droit commun.** Toutefois, pour les salariés rémunérés à la **pige,** sans temps de travail, le plafond à retenir est calculé à due proportion du nombre de jours rémunérés au cours de la période de paie, s'il est possible de déterminer ce nombre de jours. À défaut, il est fait application d'un plafond mensuel entier (BOSS-Ass. gén.-1070).

DÉDUCTION FORFAITAIRE SPÉCIFIQUE POUR FRAIS PROFESSIONNELS

88530 **Conditions d'application de la DFS** En application de l'article 9 de l'arrêté SANS0224282A du 20-12-2002 relatif à la déduction des frais professionnels (nos 55460 s.), les employeurs peuvent pratiquer sur l'assiette des cotisations sociales des journalistes une déduction forfaitaire spécifique (DFS) de 30 % en 2023, dont le **montant** est plafonné à 7 600 € par an. À partir du 1-1-2024, le taux de la DFS sera **réduit** de 2 points chaque année, jusqu'à sa **suppression** le 1-1-2038. Depuis le 1-1-2023 et jusqu'au 1-1-2038, le bénéfice de la DFS reste admis même en l'**absence de frais** professionnels effectivement supportés (BOSS-FP-2300 s.).

L'**option** pour la DFS n'est possible que si un accord collectif le prévoit ou si le CSE a donné son accord. Par dérogation au droit commun selon lequel, à défaut d'un tel accord, les salariés concernés doivent accepter ou refuser l'option **annuellement** (no 56550. ; BOSS-FP-2190), l'administration admet que le consentement du journaliste recueilli avant 2023 couvre **la totalité de la période** restant à courir jusqu'à la suppression du dispositif. Elle ajoute que l'application de la DFS au **salarié embauché** depuis le 1-1-2023 est conditionnée au recueil de son consentement et **vaut** jusqu'à extinction du dispositif (BOSS-FP-2330). Sur les modalités de recueil du consentement prévues pour les métiers concernés par l'extinction, voir no 55586.

CONSEIL

Compte tenu de la nécessité d'informer le salarié des conséquences de son consentement à la DFS sur la validation de ses droits, nous conseillons de **poursuivre** la consultation annuelle des journalistes.

88535 **Sort des indemnités et remboursements de frais** Depuis le 1-1-2023 et jusqu'au 1-1-2038, par tolérance et pour accompagner l'extinction du dispositif, l'ensemble des remboursements de frais professionnels définis par l'arrêté du 20-12-2002 peut faire l'objet d'un cumul avec la déduction. Le cas échéant, l'intégration dans l'assiette des cotisations sociales des remboursements de frais professionnels et des prises en charge directes par l'employeur n'est pas obligatoire avant l'application de la DFS (BOSS-FP-2320).

Sur le plafonnement de la **réduction générale** en cas de déduction pour frais professionnels, voir nos 22270 s. Sur la prise en compte des pigistes bénéficiant de la DFS dans l'**effectif** sécurité sociale, voir no 18846.

› Précisions **a.** L'avantage correspondant à la mise à la disposition des journalistes de **véhicules appartenant à l'entreprise** peut être écarté de l'assiette des cotisations, même en cas d'application de la DFS, si ces véhicules sont utilisés par les intéressés pour des missions précises et ne sont pas laissés à leur disposition permanente (Cass. soc. 17-4-1996 no 94-17.315 D).

b. Si l'employeur prend à sa charge la part salariale des frais de **renouvellement de la carte** d'identité professionnelle, celle-ci est réintégrée dans l'assiette des cotisations et contributions sociales. En revanche, la participation patronale, dans la limite de la moitié des frais, ne doit pas être soumise à cotisations ni à contributions sociales, même en cas d'application de la DFS (BOSS-FP-2020).

88540 Les rémunérations versées aux journalistes sont assujetties aux **contributions à la formation et à l'alternance** (contributions à la formation professionnelle, CPF-CDD, supplémentaire à l'apprentissage et taxe d'apprentissage) et à la **participation-construction** dans les conditions de droit commun. Les modalités de prise en compte dans l'assiette de ces contributions de la **déduction forfaitaire spécifique** pour frais professionnels suivent les règles applicables en matière de sécurité sociale.

S'agissant des contributions **chômage** et **AGS,** de la **CSG,** de la **CRDS** et des cotisations aux régimes de **retraite complémentaire,** voir nos 88620 s.

TAUX DE DROIT COMMUN ET TAUX RÉDUITS

88550 **Cotisations concernées** Les cotisations de sécurité sociale dues au régime général par les agences ou entreprises de presse pour l'emploi de journalistes professionnels et assimilés se calculent (Arrêté ASES8700510A du 26-3-1987 ; Circ. Acoss du 9-9-2004 ; Circ. DSS 622 du 22-12-2004 ; Doc. Urssaf au 6-2-2023) :

– au taux de **droit commun** pour les cotisations suivantes : maladie, cotisation salariale vieillesse déplafonnée, contributions Fnal, solidarité autonomie et dialogue social ;

– sur la base de **taux** réduits, fixés à **80 % des taux du régime général,** pour les cotisations suivantes : accidents du travail, allocations familiales, vieillesse plafonnée et cotisation patronale vieillesse déplafonnée, versement mobilité. Chaque employeur applique ces taux réduits à la rémunération versée au journaliste, sans avoir à rechercher s'il est rémunéré par d'autres agences ou entreprises de presse.

Employeurs et salariés concernés L'arrêté ASES8700510A du 26-3-1987 réserve le **bénéfice** des taux réduits aux journalistes professionnels et assimilés visés à l'article L 311-3-16° du CSS, à savoir les pigistes travaillant régulièrement et simultanément pour 2 ou plusieurs agences ou entreprises de presse quotidienne ou périodique. Selon le site des Urssaf, les journalistes titulaires de la carte de presse étant présumés travailler pour plusieurs employeurs, cet abattement a été généralisé et concerne les pigistes et journalistes professionnels et assimilés, quel que soit le nombre de leurs employeurs (Doc. Urssaf au 6-2-2023). La jurisprudence quant à elle, réserve le taux réduit aux seuls **pigistes** (Cass. soc. 11-4-1991 n° 88-16.419 D ; CA Bordeaux ch. soc. B 20-12-2011 n° 11-00850). 88560

Les entreprises de **radiodiffusion** et de **télévision** appliquent le taux réduit (Doc. Urssaf au 6-2-2023).

L'application des taux réduits : 88570

– dispense l'employeur de procéder à la **régularisation** des cotisations plafonnées (BOSS-Ass. gén.-1220) ;

– est incompatible avec l'abattement d'assiette des **salariés à temps partiel** (CSS art. L 242-10, 1°) ;

– est **cumulable** avec la réduction du taux de la cotisation d'allocations familiales (Circ. DSS 99 du 1-1-2015 n° 1.1 opposable), la réduction générale de cotisations patronales, dans les conditions exposées n° 22030, la déduction forfaitaire de cotisations patronales pour heures supplémentaires aux conditions visées n°s 8140 s., les exonérations propres aux zones de revitalisation rurale (ZRR) visées n° 23460 et aux zones franches urbaines (Circ. Acoss 121 du 1-9-2004). S'agissant de la possibilité de cumul avec les exonérations propres aux zones urbaines et rurales défavorisées (ZRD) et bassins d'emploi à redynamiser (BER), voir n°s 24500 et 24330.

2. AUTRES COTISATIONS

ASSURANCE CHÔMAGE ET ASSURANCE DES CRÉANCES DES SALARIÉS

Les contributions chômage et AGS doivent être assises sur le salaire réel, **avant déduction spécifique forfaitaire** pour frais professionnels, par exception au principe de l'alignement de l'assiette des contributions chômage et AGS sur celle des cotisations de sécurité sociale (Règl. Unédic ann. VII). 88620

Les **taux** réduits réservés aux cotisations de sécurité sociale ne s'appliquent pas aux contributions chômage et AGS, celles-ci étant dues dans les conditions de droit commun (Document Urssaf au 6-2-2023).

CSG ET CRDS

L'**assiette** de la CSG et de la CRDS correspond au salaire brut diminué de la réduction pour frais professionnels de droit commun propres à ces contributions, sans application de la déduction forfaitaire spécifique (Document Urssaf au 6-2-2023). La CSG et la CRDS sont dues au **taux** de droit commun (Circ. Acoss 18 du 14-2-1991). 88630

RETRAITE COMPLÉMENTAIRE ET PRÉVOYANCE

Journalistes non pigistes Pour les journalistes non pigistes, les cotisations de **retraite complémentaire** sont dues dans les conditions de droit commun. Les cotisations doivent être calculées sur le salaire brut après déduction forfaitaire spécifique pour frais professionnels si les cotisations de sécurité sociale le sont aussi (Circ. Agirc-Arrco 1 du 9-1-2019 fiche 3, I.1.2). 88640

La **garantie obligatoire décès des cadres** s'applique (ANI relatif à la prévoyance des cadres du 17-11-2017). La convention collective du 1-11-1976 impose aux employeurs de faire bénéficier les journalistes d'une **garantie décès et invalidité permanente totale** résultant d'un accident du travail ou d'une maladie consécutive à un tel accident. Une **assurance complémentaire** doit être souscrite pour les missions a priori dangereuses, afin de couvrir les risques décès et invalidité permanente totale ou partielle (CCN art. 37 et 39).

› **Précisions** **a.** Les salariés relevant de la branche des **agences de presse,** y compris les journalistes (hors pigistes), bénéficient d'une couverture minimale en matière de prévoyance complémentaire (incapacité, invalidité, décès) financée par l'employeur à hauteur d'au moins 66 % (Accord relatif aux garanties minimales de prévoyance du 31-1-2019 étendu par arrêté MTRT2024096A du 18-9-2020 : JO 24).

b. Les salariés relevant de la branche **radiodiffusion,** y compris les journalistes (hors pigistes), bénéficient d'un régime de prévoyance et frais de santé financé par (Accord radiodiffusion du 17-12-2015 art. 7 et 10, étendu par arrêté ETST1713654A du 4-5-2017 : JO 6-5) :

– une **cotisation prévoyance** égale à 0,88 % sur la tranche A répartie pour moitié entre l'employeur et le salarié et, pour les cadres, entièrement à la charge

de l'employeur. La cotisation versée pour les cadres s'impute sur la cotisation de 1,5 % due par l'employeur au titre de la garantie décès obligatoire ;
– une **cotisation frais de santé** égale à 32,80 € par salarié, 32,80 € pour son conjoint et 16,40 € pour les deux premiers enfants (en Alsace-Moselle respectivement 21,32 €, 21,32 € et 10,66 €). La cotisation pour l'affiliation du salarié est répartie à parts égales entre le salarié et l'employeur. Celles dues pour le conjoint et les enfants du salarié sont à sa charge exclusive. L'accord de branche recommande comme organisme gestionnaire le groupe Audiens (tél. : 0 173 173 932 ; site Internet : www.audiens.org).

88650 **Journalistes pigistes** Les pigistes détenteurs de la carte de journaliste professionnel sont affiliés au titre de leur **retraite complémentaire** à l'institution dont bénéficient les salariés de l'entreprise (Circ. Agirc-Arrco 18 du 23-12-2019). Leurs cotisations sont assises sur la totalité des piges versées après déduction spécifique pour frais professionnels si celle-ci est appliquée à l'assiette de leurs cotisations de sécurité sociale (Circ. Agirc-Arrco 1 du 9-1-2019 fiche 3, I.1.2) et sans application des plafonds, les taux de cotisation étant ceux de la tranche 1 même si la rémunération dépasse un, voire 8 plafonds de sécurité sociale (ANI du 17-11-2017 art. 19 et annexe A ; Circ. Agirc-Arrco 1 du 9-1-2019 fiche 3, II.2.2.2).

Le taux des cotisations est fixé pour 2023 à 12,70 % (5,08 % salarié et 7,62 % employeur) pour la retraite complémentaire et à 2,15 % (0,86 % salarié et 1,29 % employeur) pour la CET (Paramètres Audiens 2023).

La convention collective nationale instaure au bénéfice des journalistes pigistes détenteurs de la carte de presse des régimes de **prévoyance et frais de santé.** L'**employeur** finance les deux régimes par une cotisation assise sur l'ensemble des piges et calculée au taux de 0,74 % pour 2023, dont 0,40 % destinés au régime frais de santé. Les **pigistes** financent le régime prévoyance par une cotisation de 0,21 % sur la même assiette. Les pigistes qui adhèrent au régime de frais de santé s'acquittent d'une cotisation mensuelle égale à 1,20 % du plafond mensuel de la sécurité sociale pouvant être prise en charge à 50 % par un fonds collectif (Avenant de révision du 24-9-2015 de l'annexe III à l'accord national du 9-12-1975, étendu par arrêté ETST1619265A du 7-7-2016 : JO 17). L'avenant du 24-9-2015 propose aux employeurs d'affilier les pigistes aux régimes de prévoyance et frais de santé gérés par Audiens (tél. : 0 173 173 932 ; site Internet : www.audiens.org).

> **› Précisions** La **cotisation patronale** de 0,74 % comprend une cotisation de 0,40 % finançant un fonds collectif mis en place au niveau de la branche géré par Audiens. En sont **exonérées** les entreprises justifiant que tous les journalistes professionnels rémunérés à la pige qu'elles emploient bénéficient d'une couverture collective et obligatoire de frais de santé dont le niveau des garanties est supérieur au panier de soins minimal réglementaire et qu'elles financent à hauteur d'au moins 0,40 % de chaque pige. Dans ce cas, les pigistes n'ont pas accès au fonds collectif et ne peuvent pas bénéficier de la prise en charge partielle de leur cotisation.

FORMATION PROFESSIONNELLE

88680 La formation professionnelle des journalistes **pigistes** est financée par **deux contributions** conventionnelles à la charge de l'employeur qui **s'ajoutent** aux contributions légales de droit commun de 0,55 ou 1 %. Sont **concernées** les **entreprises** de presse écrite et les agences de presse employant des journalistes pigistes titulaires de la carte de journaliste professionnel, à l'exclusion de ceux pour lesquels la pige est le complément d'un contrat à durée indéterminée à temps complet (Avenant relatif à la formation des journalistes rémunérés à la pige du 9-3-2016, étendu par arrêté ETST1638721A du 27-12-2016 : JO 3-1).

La première **cotisation – proportionnelle** – concerne les entreprises de 11 salariés et plus. Elle est égale à 0,30 % du montant total des piges brutes de l'année précédant l'appel de cotisation. La seconde cotisation – **forfaitaire** – vise l'ensemble des entreprises. Elle varie en fonction du montant total des piges brutes versées dans l'année. Elle s'élève à :
– 10 € pour un montant inférieur ou égal à 10 000 € ;
– 50 € pour un montant supérieur à 10 000 € et inférieur ou égal à 50 000 € ;
– 100 € pour un montant supérieur à 50 000 € et inférieur ou égal à 200 000 € ;
– 200 € pour un montant supérieur à 200 000 € et inférieur ou égal à 500 000 € ;
– 400 € pour un montant supérieur à 500 000 €.

La contribution forfaitaire est plafonnée à hauteur de 0,1 % du montant total des piges versées au cours de l'année considérée.

C. Régime fiscal

IMPÔT SUR LE REVENU

Les rémunérations versées aux journalistes professionnels sont imposables dans la catégorie des traitements et salaires, sans qu'il y ait lieu de distinguer suivant le mode de rémunération : 88730
– paiement au mois lorsqu'ils travaillent à temps complet à la rédaction d'un journal ;
– paiement à la « pige » lorsqu'ils collaborent à différentes entreprises de presse (BOI-RSA-CHAMP-10-20-20 n° 100).

Peuvent se prévaloir de la qualité de journaliste professionnel salarié les personnes énumérées à l'article L 7111-3 du Code du travail et titulaires de la carte d'identité professionnelle (BOI-RSA-CHAMP-10-20-20 n° 100).

Les personnes n'ayant **pas le statut** de journaliste professionnel ont la qualité de salarié si elles sont placées dans un état de subordination juridique vis-à-vis de la direction du journal (BOI-RSA-CHAMP-10-20-20 n° 110). Mais elles ne bénéficient pas des dispositions spécifiques aux journalistes professionnels relatives à la déduction des frais professionnels et à la prise en compte des allocations spéciales correspondantes (nos 88740 s.).

S'agissant du régime fiscal des **indemnités de rupture,** voir nos 63850 (indemnité de licenciement), 64730 s. et 64810 (mise à la retraite par l'employeur) et 64980 s. (départ volontaire à la retraite).

> **Précisions** L'indemnité de licenciement versée aux journalistes est exonérée d'**impôt sur le revenu** dans la limite du montant prévu à l'article L 7112-3 du Code du travail si la durée des services n'excède pas 15 ans ou du montant fixé par la commission arbitrale en application de l'article L 7112-4 du Code du travail dans le cas contraire (n° 88370). La même exonération s'applique à l'indemnité de licenciement due en application de l'article L 7112-5 du même Code (n° 88400), lorsque la démission du journaliste est motivée par la cession, la cessation de la publication ou un changement notable de son caractère ou de son orientation (« clause de conscience ») (BOI-RSA-CHAMP-20-40-10-30 n° 140).

Déduction des frais professionnels Les journalistes bénéficient de la **déduction forfaitaire de 10 %** (comme tous les salariés) et, sous condition de revenu, d'une allocation spéciale pour frais d'emploi. Ils peuvent toutefois préférer opter pour la déduction de leurs **frais réels.** 88740

Allocation spéciale pour frais d'emploi À condition qu'ils n'optent pas pour la déduction des frais réels, les journalistes bénéficient sous condition de revenus d'un régime fiscal spécifique. En effet, les rémunérations des journalistes, rédacteurs, photographes, directeurs de journaux et critiques dramatiques et musicaux perçues ès qualités constituent des allocations pour frais d'emploi exonérées **à concurrence de 7 650 €.** Cet avantage est réservé aux personnes dont le revenu brut annuel n'excède pas 93 510 € (CGI art. 81, 1°-al. 1). 88750

S'ils pratiquent exclusivement la déduction forfaitaire de 10 %, les intéressés peuvent donc soustraire 7 650 € de leur rémunération imposable. Par dérogation aux règles normalement applicables aux allocations pour frais d'emploi (nos 55800 s.), aucune justification ne peut être exigée quant à l'utilisation de cette somme ainsi exonérée d'impôt. Ces allocations ne peuvent d'ailleurs donner lieu à aucune vérification de la part de l'administration fiscale (CGI art. 81, 1°-al. 2).

L'assiette du **prélèvement à la source** est constituée par le montant net imposable des rémunérations, après déduction des cotisations sociales fiscalement déductibles et avant application, lorsqu'elle s'applique, de la déduction de 7 650 € (CGI art. 204 F). L'avantage correspondant à cette déduction spécifique est pris en compte dans le calcul du taux du prélèvement (BOI-IR-PAS-20-10-10 n° 60).

Sur la **DSN** (nos 36350 s.), la déduction de 7 650 € ne doit être ni déduite des sommes figurant en zone Revenus d'activité nets imposables, ni portée dans la zone Frais professionnels. Dans le bloc Versement individu, rubriques Rémunération nette fiscale (S21.G00.50.002) et Montant soumis au PAS (S21.G00.50.013), il convient donc de mentionner le montant de la rémunération après déduction des cotisations sociales fiscalement déductibles, mais avant application de la déduction de 7 650 € (Cahier technique DSN 2023.1).

> **Précisions** **a.** Pour l'application de cette disposition, les journalistes de la presse écrite s'entendent de ceux apportant une **collaboration intellectuelle permanente** à des publications périodiques en vue de l'information des lecteurs. Peu importe que la publication soit payante ou gratuite (CAA Lyon 11-4-2019 n° 17LY03684) ou qu'elle soit diffusée sur support papier ou sur Internet 88755

(CE 26-7-2007 n° 296389). Répondent notamment à cette qualification les dessinateurs de presse, dont la dénomination officielle est « reporters-dessinateurs » (Rép. Sereine Mauborgne : AN 29-3-2022 n° 33614) ou une secrétaire d'un journal, qui, bien que n'écrivant pas d'articles de fond et n'effectuant pas d'enquêtes sur le terrain, procède à des travaux de rédaction, de relecture, de correction et de réécriture d'articles (CE 27-7-2016 n° 389297). En est en revanche exclue la rédaction d'articles diffusés sur le site internet d'une société ayant pour objet principal de faire la promotion publicitaire des produits qu'elle vend, même sous forme d'analyses techniques, qui ne sont pas détachables de l'activité commerciale de la société dont elles ne constituent que l'accessoire (TA Paris 3-4-2019 n° 1712997). Cette activité doit être exercée **à titre principal** et procurer aux intéressés la part majoritaire de leurs rémunérations d'activité. Un retraité collaborant à une revue hebdomadaire, sans tirer de cette activité des ressources plus importantes que ses pensions de retraite, peut donc bénéficier de l'exonération au titre de l'allocation pour frais d'emploi, puisque les retraites ne sont pas des revenus d'activité (CE 20-11-2013 n° 349956). L'administration admet cependant une définition plus ouverte des bénéficiaires de la mesure. Selon elle, en effet, il n'est pas nécessaire que l'activité de journaliste soit l'activité principale du contribuable ou lui procure l'essentiel de ses ressources tant qu'elle est caractérisée par sa régularité au profit des publications ou des agences de presse (BOI-RSA-CHAMP-20-50-10-30 n° 160).

b. Même si elle crée une présomption d'exercice de l'activité de journaliste professionnel, la possession de la **carte professionnelle** n'est ni nécessaire (CAA Paris 24-10-1991 n° 2716 ; BOI-RSA-CHAMP-20-50-10-30 n° 160), ni suffisante (CE 1-4-1992 n° 88837).

c. Pour les journalistes travaillant pour **plusieurs employeurs** (cas notamment des journalistes pigistes), la limite de 7 650 € s'applique au total des rémunérations perçues (BOI-RSA-CHAMP-20-50-10-30 n° 300).

d. Infirmant la doctrine administrative (BOI-RSA-CHAMP-20-50-10-30 n° 280), les tribunaux de Versailles et Melun ont jugé qu'en cas de **début** ou de **fin d'activité en cours d'année** aucune disposition législative ou réglementaire ne prévoit une réduction « prorata temporis » de la limite de 7 650 € (TA Versailles 22-12-2005 n° 04-6850 ; TA Melun 5-1-2010 n° 06-1857). On notera que l'administration n'a pas fait appel de ces décisions.

e. Le **seuil de 93 510 €** s'apprécie en totalisant l'ensemble des rémunérations brutes des journalistes, rédacteurs, photographes, directeurs de journaux et critiques dramatiques et musicaux perçues ès qualités au cours de l'année considérée et qui relèvent de la catégorie des traitements et salaires. Il s'apprécie individuellement, pour chacun des membres d'un foyer fiscal. La rémunération brute se compose de l'ensemble des indemnités, émoluments, salaires, augmentés des avantages en argent ou en nature, avant déduction des cotisations et contributions. Les allocations pour frais d'emploi réellement consenties par l'employeur doivent être ajoutées au montant brut de la rémunération dans les conditions et limites exposées n° 88760. En cas d'année d'activité incomplète (début ou fin d'activité en cours d'année), le seuil est ajusté au prorata temporis en fonction du nombre de mois travaillés, chaque mois au cours duquel l'activité a été pratiquée étant compté pour un. Si les services fiscaux en font la demande, l'intéressé doit être en mesure de justifier cette condition de revenu (BOI-RSA-CHAMP-20-50-10-30 n° 235).

f. S'ils appliquent l'exonération, les journalistes doivent, selon l'administration, ajouter à leur rémunération imposable les **allocations** pour frais d'emploi consenties par l'employeur, et ce dans les conditions et limites exposées n° 88760 (BOI-RSA-CHAMP-20-50-10-30 n° 250).

88760 En cas d'**option** pour la déduction de leurs **frais réels,** les journalistes ne bénéficient pas du dispositif d'exonération exposé n° 88750. Ils sont en outre imposables sur l'ensemble des allocations spéciales pour frais susceptibles de leur être attribuées, conformément au principe posé par l'article 83, 3°-alinéa 3 du CGI (n°s 55730 s.) (BOI-RSA-CHAMP-20-50-10-30 n° 130).

Toutefois, lorsque les indemnités ou remboursements de frais concernent uniquement des dépenses qui ont été provisoirement avancées par l'intéressé, mais dont la charge incombe à l'employeur compte tenu des conditions habituelles d'exercice de la profession, les allocations en cause ne sont pas imposables (BOI-RSA-CHAMP-20-50-10-30 n° 60), que le journaliste ait opté pour la déduction des frais réels ou pour l'exonération de 7 650 €.

Pour l'application de ce principe, l'administration règle comme suit la situation des frais exposés par les journalistes (BOI-RSA-CHAMP-20-50-10-30 n°s 70 à 90).

Doivent être **compris dans le revenu imposable** des bénéficiaires en cas de remboursement par l'entreprise :

– les frais de transport du domicile au lieu de travail, sauf les frais de taxi de nuit visés ci-après ;

– les frais d'achat de la documentation courante qui n'est pas destinée à rester dans les archives de l'entreprise ;

– les frais de cadeaux autres que les étrennes ;

– les frais d'abonnement et de communications téléphoniques passées du domicile, remboursés par l'entreprise, dans la limite de 50 % de leur montant et de 91 € par an ;

– les frais de réception à domicile ;

– 50 % des frais de repas autres que ceux inclus dans les frais de séjour et de déplacement visés ci-après, dans la limite d'un plafond de 915 € par an ; ces frais de repas s'entendent de ceux que le journaliste est appelé à engager à l'occasion d'invitations faites ailleurs qu'à son domicile dans l'exercice normal de ses fonctions ; 88760 (suite)
– 1,50 € par jour de frais de taxi, sauf les frais de taxi de nuit visés ci-après ;
– 10 % du remboursement des frais d'utilisation d'une voiture personnelle autres que les frais de transport du domicile au lieu de travail.

Cependant, l'ensemble des frais ci-dessus énumérés n'est compris dans la base d'imposition que pour un maximum de 3 430 € par an (plafond ramené à 1 905 € si le salaire mensuel n'excède pas 763 €).

Le salaire mensuel à prendre en considération s'entend du salaire brut diminué des cotisations de sécurité sociale et des retenues pour la retraite.

En revanche doivent être considérés comme **remboursables** par l'entreprise **en franchise d'impôt,** notamment :
– les frais de taxi de nuit exposés lorsque l'heure du déplacement ne permet plus l'utilisation des transports en commun ;
– les frais de déplacement et de séjour du journaliste envoyé en mission (un journaliste est considéré comme envoyé en mission dès lors qu'il est chargé de « couvrir » un événement, quel que soit le lieu où se déroule cet événement).

Sur la **DSN,** ces remboursements doivent figurer dans le bloc Autre élément de revenu brut (bloc 54) pour ceux qui sont exonérés d'impôt et être compris dans les montants à déclarer dans le bloc Rémunération (bloc 51) pour ceux qui sont imposables. Ces indications valent aussi pour les sommes visées n° 88755, f.

CHAPITRE 11 STAGIAIRES

SOMMAIRE

A. Statut 88900
1. Cas de recours et durée du stage 88920
2. Droits du stagiaire dans l'entreprise 88950
B. Cotisations sociales 89070
1. Emploi sans lien avec les études 89130
2. Stages effectués dans le cadre des études 89220
a. Cotisations de sécurité sociale 89220
b. Contributions chômage 89350
c. Cotisations de retraite complémentaire 89420
C. Régime fiscal 89500

88850 On traitera ici de la situation des personnes, principalement des élèves ou des étudiants, effectuant un stage en entreprise (pour les stages réalisés dans le cadre de la formation professionnelle, voir n°s 72600 s.).

En pratique, l'accueil d'un stagiaire dans une entreprise peut poser la question de la nature des relations contractuelles ainsi formées. Est-ce une convention de stage ou un contrat de travail ? La distinction est importante puisqu'en découle le statut de l'intéressé dans l'entreprise.

S'il s'agit d'un **contrat de travail** (le plus souvent un contrat à durée déterminée), l'intéressé relève des règles protectrices du Code du travail, ce qui conduit notamment à l'application de la réglementation sur le Smic et à la remise d'un bulletin de paie. Il bénéficie aussi des dispositions conventionnelles applicables dans l'entreprise. Sa rémunération est soumise en tant que salaire aux prélèvements sociaux et fiscaux dans les conditions de droit commun.

S'il s'agit d'une **convention de stage,** le Code du travail ne s'applique pas. La loi accorde toutefois aux stagiaires un certain nombre de garanties : voir nos 88900 s.

La nature du contrat ne dépend pas de la **volonté des parties.** En cas de **contentieux,** le juge recherchera si les critères du contrat de travail sont réunis. Si c'est le cas, le stage sera requalifié en contrat de travail.

ILLUSTRATIONS

Le juge, constatant que le stagiaire est intégré dans un service organisé et exécute les tâches normales d'un emploi dans l'entreprise sans bénéficier d'aucune formation, peut décider qu'un contrat de travail s'est substitué dès l'origine au stage non rémunéré prévu par les parties (Cass. soc. 27-10-1993 n° 90-42.620 D).

Un stage perd cette qualité s'il est détourné de son objet en se poursuivant au-delà de la durée prévue par la convention de stage, pendant notamment la durée des vacances scolaires, et en cessant de se dérouler dans le cadre d'un enseignement alterné (Cass. soc. 15-11-1990 n° 87-40.193 P).

Toutefois, l'exécution de tâches professionnelles sous l'autorité de l'entreprise d'accueil n'exclut pas la mise en œuvre de la convention de stage (Cass. soc. 17-10-2000 n° 98-40.986 FS-PB ; 4-10-2007 n° 06-44.106 F-P).

A. Statut

88900 Le stage est une période temporaire de **mise en situation en milieu professionnel** pendant laquelle l'étudiant acquiert des compétences professionnelles et met en œuvre les acquis de sa formation en vue d'obtenir un diplôme ou une certification et de favoriser son insertion professionnelle. Le stagiaire se voit confier une ou des missions conformes au projet pédagogique défini par son établissement d'enseignement et approuvées par l'organisme d'accueil (C. éduc. art. L 124-1, al. 3).

> **› Précisions** Les stagiaires, n'étant pas titulaires d'un contrat de travail, ne sont pris en compte ni dans l'effectif régi par le CSS (n° 18837) ni dans celui régi par le Code du travail. Ils sont en revanche, le cas échéant, décomptés parmi les bénéficiaires de l'obligation d'emploi de travailleurs handicapés (voir nos 28195 s.).

1. CAS DE RECOURS ET DURÉE DU STAGE

La loi assortit le statut de stagiaire de certaines **garanties.** Ainsi, notamment : 88920
- le stage est intégré à un **cursus pédagogique** (C. éduc. art. L 124-3). Le nombre minimal d'heures de cours devant être dispensées pendant le cursus de formation est de 200 heures par année d'enseignement, sans compter les heures de stage (C. éduc. art. D 124-2) ;
- le stage doit faire l'objet d'une **convention** conclue entre le stagiaire, l'entreprise d'accueil et l'établissement d'enseignement (C. éduc. art. L 124-1, al. 2) ;
- le stage ne peut pas avoir pour **objet** d'exécuter une tâche régulière correspondant à un poste de travail permanent de l'entreprise, de faire face à un accroissement temporaire de l'activité de l'entreprise d'accueil, d'occuper un emploi saisonnier ou de remplacer un salarié absent ou dont le contrat de travail est suspendu (C. éduc. art. L 124-7) ;
- la **durée** du ou des stages effectués par un même stagiaire dans la même entreprise ne peut pas excéder 6 mois par année d'enseignement (C. éduc. art. L 124-5) ;
- l'accueil successif de stagiaires sur un même poste n'est possible qu'à l'expiration d'un **délai de carence** égal au tiers de la durée du stage précédent, sauf si ce dernier a été interrompu avant son terme par le stagiaire (C. éduc. art. L 124-11) ;
- le **nombre de stagiaires** dont la convention de stage est en cours sur une même semaine civile dans l'entreprise d'accueil est limité à : 15 % de l'effectif (arrondis à l'entier supérieur) de l'entreprise, si celui-ci est supérieur ou égal à 20 ; 3 stagiaires, si l'effectif est inférieur à 20 (C. éduc. art. L 124-8 et R 124-10).

Des dérogations sont possibles pour les étudiants effectuant un stage obligatoire dans le cadre d'enseignements conduisant à un diplôme technologique ou professionnel. Pour l'application de ces dérogations, il est tenu compte de l'ensemble des personnes accueillies au titre des stages et des périodes de formation en milieu professionnel (C. éduc. art. R 124-11). Bien que les textes ne le précisent pas expressément, les plafonds visés ci-dessus doivent, à notre sens, s'apprécier de la même manière.

> **> Précisions** Pour le **calcul du nombre maximal de stagiaires,** il convient de tenir compte de l'ensemble des personnes physiques employées dans l'organisme, qu'elles soient rémunérées par celui-ci ou par un autre employeur, quelles que soient leur quotité de travail ou leur durée de présence dans l'entreprise (C. éduc. art. R 124-12, 1° et 2° ; Rép. Bonhomme : Sén. 5-7-2018 n° 338).
> Le **non-respect** de ce nombre est passible d'une amende d'au plus 2 000 € par stagiaire en trop et d'au plus 4 000 € en cas de réitération dans un délai d'un an à compter du jour de la notification de la première amende (C. éduc. art. L 124-17).

2. DROITS DU STAGIAIRE DANS L'ENTREPRISE

GRATIFICATION OBLIGATOIRE

Stages concernés Tous les stages d'une **durée supérieure à 2 mois** consécutifs, ou à 2 mois consécutifs ou non pour les stages réalisés au cours d'une même année scolaire ou universitaire, doivent être rémunérés (C. éduc. art. L 124-6, al. 1). La durée du (ou des) stage(s) est calculée en fonction du temps de présence effective du stagiaire dans l'entreprise. Chaque période au moins égale à 7 heures de présence, consécutives ou non, est considérée comme équivalente à un jour, et chaque période au moins égale à 22 jours de présence, consécutifs ou non, est considérée comme équivalente à un mois (C. éduc. art. D 124-6). La rémunération est donc obligatoire lorsque le stage a une durée au moins équivalente à 44 jours au cours de la même année d'enseignement ou lorsque le stagiaire est présent dans l'organisme d'accueil au moins 309 heures, même de façon non continue. Les jours de **congés** et d'**autorisations d'absence** en cas de grossesse, paternité ou adoption, et ceux prévus par la convention de stage sont assimilés à du temps de présence pour le calcul de la durée du stage (Circ. Acoss 42 du 2-7-2015). La rémunération du stagiaire, appelée « gratification », est versée mensuellement et est due à compter du premier jour de stage (C. éduc. art. L 124-6, al. 3). Son montant minimal n'est pas fonction du nombre de jours ouvrés dans le mois. Il tient compte des jours de présence (ou assimilés) du stagiaire. Lorsqu'un stage d'une durée initiale inférieure ou égale à 2 mois est **prolongé,** le stagiaire doit bénéficier d'un rappel de gratification pour les premiers mois non indemnisés ; le montant de ce rappel, versé en une seule fois, doit être rapporté à la période écoulée pour apprécier le montant de la franchise visée n° 89260 (Circ. Acoss 91 du 29-12-2008). 88950

> **ATTENTION**
> Par exception, la durée minimale du stage ouvrant droit à gratification est portée à 3 mois, consécutifs ou non, pour les stages s'inscrivant dans le cadre des formations du second cycle secondaire en **milieu agricole** et rural (C. rur. art. D 813-55-1).

88960 **Montant** Le montant de la rémunération horaire minimale est fixé, à défaut de convention de branche ou d'accord professionnel étendu fixant un montant supérieur, à 15 % du plafond horaire de la sécurité sociale (nº 96180), soit 4,05 € par heure de stage en 2023 (C. éduc. art. L 124-6, al. 1). Ce montant correspond exactement à la fraction exonérée de cotisations (nº 89260). Un simulateur est disponible en ligne : entreprendre.service-public.fr

S'il est versé au stagiaire des **remboursements des frais** engagés pour effectuer le stage et des **avantages** pour la restauration, l'hébergement et le transport, ces versements et avantages ne viennent pas en déduction de la gratification, mais s'y ajoutent (C. éduc. art. D 124-8).

Le montant minimal forfaitaire de la gratification n'est pas fonction du nombre de **jours ouvrés** dans le mois (C. éduc. art. L 124-6, al. 3). Toutefois, l'administration considère que seules les **heures réellement effectuées** par le stagiaire doivent être prises en compte pour le calcul du montant mensuel de sa gratification. Si le stage est **interrompu temporairement,** il faut effectuer un réajustement du montant de la gratification sur la base du nombre réel d'heures effectuées. S'il est **définitivement interrompu,** une régularisation globale selon le nombre d'heures effectuées doit être faite (Circ. Acoss 42 du 2-7-2015).

Sur le point de savoir si les stagiaires peuvent bénéficier d'une **prime de partage de la valeur,** voir nº 45617, a.

> **› Précisions** La gratification de stage n'a pas le **caractère d'un salaire** pour l'application du principe d'égalité de rémunération hommes/femmes (nº 3380) (C. éduc. art. L 124-6, al. 1). Par exemple, une stagiaire ne pourrait pas se fonder sur ces dispositions pour revendiquer la même rémunération qu'un homme salarié.

88965 L'administration permet aux entreprises de **lisser** le montant total de la gratification sur la durée entière du stage si le nombre d'heures n'est pas le même chaque mois (Doc. Urssaf du 13-2-2022). La convention de stage doit alors prévoir une moyenne d'heures mensuelle pour la gratification et la franchise visée nº 89260 (Circ. Acoss 42 du 2-7-2015).

EXEMPLE

Soit un stage à temps complet, à raison de 7 heures par jour, du 2 janvier au 28 avril 2023. Pour un total de 588 heures effectuées (le 10 avril 2023, lundi de Pâques, étant chômé), la gratification totale est de 588 h × 27 € × 15 % = 2 381,40 €.

Calcul au réel des heures effectuées :
- pour janvier : 154 h × 4,05 € = 623,70 € ;
- pour février : 140 h × 4,05 € = 567,00 € ;
- pour mars : 161 h × 4,05 € = 652,05 € ;
- pour avril : 133 h × 4,05 € = 538,65 €.

Lissage de la gratification totale sur la durée entière du stage : 623,70 + 567,00 + 652,05 + 538,65 = 2 381,40 € de gratification totale ; 2 381,40/4 mois = 595,35 € mensuels.

88970 **Paiement** La gratification est **versée mensuellement** au stagiaire (C. éduc. art. L 124-6, al. 1). Si le stage est d'une **durée inférieure ou égale à 2 mois,** l'intéressé peut ne percevoir qu'une gratification très minime, ou même aucune gratification (Circ. Acoss 42 du 2-7-2015). Si l'employeur décide, au dernier moment, de lui en attribuer une, celle-ci peut être versée en une seule fois et rapportée à la durée du stage pour l'appréciation du seuil de la franchise visée nº 89260. En revanche, si la gratification est prévue dans la convention et même si elle n'est pas obligatoire, elle doit être versée mensuellement. À défaut, toute somme versée à la fin du stage doit être prise en compte au titre du mois de son versement (Circ. Acoss 91 du 29-12-2008).

En l'absence de contrat de travail, il n'y a pas d'obligation de remettre de **bulletin de paie.** Toutefois, lorsqu'une gratification est versée, il faut remettre un **document écrit,** notamment chaque fois que le versement de cette rémunération donne lieu à précompte de cotisations. Au regard de la sécurité sociale, l'entreprise peut en effet être, au-delà d'un certain montant, redevable de cotisations au titre de la gratification versée (voir nºs 89220 s.). Ce document permet aussi d'indiquer au salarié le **montant net social** de sa gratification (voir nºs 13730). Pour un **modèle de document de paie** établi pour un stagiaire percevant une gratification partiellement soumise à cotisations de sécurité sociale et bénéficiant de titres-restaurant, voir nº 95280.

CONDITIONS DE TRAVAIL

88980 Le stagiaire est soumis aux mêmes règles que le personnel de l'entreprise d'accueil pour ce qui concerne (C. éduc. art. L 124-14) :
- les **durées maximales** quotidienne et hebdomadaire de présence ;
- le travail de **nuit** ;
- les **repos** quotidien et hebdomadaire ainsi que les jours fériés.

L'entreprise d'accueil doit établir, selon tous moyens à sa convenance, un **décompte** des durées de présence du stagiaire (C. éduc. art. L 124-14).

En cas de **grossesse, paternité ou adoption,** le stagiaire bénéficie de congés et autorisations d'absence d'une durée équivalente à celle prévue pour les salariés (C. éduc. art. L 124-13).

En outre, pour les stages d'une durée supérieure à 2 mois, la convention de stage doit prévoir la possibilité de **congés** et d'autorisations d'absence au cours de la période de stage (C. éduc. art. L 124-13).

Le stagiaire a accès au **restaurant d'entreprise** ou aux **titres-restaurant** comme les salariés de l'entreprise d'accueil (Circ. Acoss 42 du 2-7-2015, III, B, 2, b).

Le stagiaire a droit aux **prestations** servies par le **comité social et économique** (C. éduc. art. L 124-16 ; C. trav. art. L 2312-78). Le régime social de ces prestations est le même que pour les salariés (Circ. Acoss 42 du 2-7-2015) : voir n°s 41050 s.

FRAIS DE TRANSPORT

Le stagiaire bénéficie de la **prise en charge obligatoire** des frais de transport **domicile-travail** dans les mêmes conditions que les salariés (C. éduc. art. L 124-13). À ce titre, l'employeur prend obligatoirement en charge 50 % du coût de l'abonnement et sa participation, y compris au-delà de ce seuil, est exonérée de charges sociales dans la limite des frais réellement engagés (Circ. Acoss 42 du 2-7-2015, III, B, 2, b). 88985

La prise en charge sous forme d'**indemnités kilométriques** des frais de trajet domicile-lieu de stage est possible. Elle est exonérée de cotisations et contributions sociales dans les mêmes conditions que pour les salariés et n'est pas prise en compte pour l'appréciation de la franchise de cotisations (BOSS-FP-1010).

Le stagiaire n'est pas concerné par les exonérations de cotisations dont bénéficient les salariés en cas de prise en charge des **frais de carburant ou d'alimentation des véhicules** électriques, hybrides rechargeables ou hydrogène au titre de leur trajet domicile-lieu de travail (BOSS-FP-1010). Pour le **forfait mobilités durables** : voir n° 57680, a.

EMBAUCHE ULTÉRIEURE

En cas d'embauche du stagiaire dans l'entreprise où il a réalisé son stage, la durée du stage peut, dans certaines conditions, être déduite de la **période d'essai** prévue et être prise en compte pour l'ouverture et le calcul des droits liés à l'**ancienneté** (C. trav. art. L 1221-24). 88990

B. Cotisations sociales

La situation des stagiaires doit être distinguée de celle des jeunes occupant un véritable emploi sans aucun lien avec leurs études. 89070

1. EMPLOI SANS LIEN AVEC LES ÉTUDES

Même s'ils sont qualifiés de « stagiaires », les jeunes (élèves, lycéens, étudiants) qui, affectés à un poste de travail déterminé, effectuent une activité productrice doivent se plier à un horaire de travail précis et perçoivent une rémunération, doivent être assujettis à la sécurité sociale des salariés et donner lieu au versement des **cotisations de sécurité sociale** dans les conditions de droit commun. 89130

Il en va ainsi notamment :

– des étudiants qui, durant leurs **vacances scolaires,** occupent un emploi temporaire en **remplacement du personnel en congé** annuel (Rép. Bouquet : AN 20-5-1991) ;

– des **mineurs** employés à partir de 14 ans à des **travaux légers** pendant les vacances scolaires (Cass. soc. 7-5-1991 n° 89-10.128 P) ;

– des **stages dits « probatoires »,** qui constituent en fait une véritable période d'essai.

Dans ce cas, l'ensemble des règles applicables aux salariés sont applicables dont notamment : l'**assiette minimum** des cotisations (n°s 17900 s.), la **réduction** générale de cotisations patronales et la réduction du taux des cotisations maladie et allocations familiales.

L'Unédic considère que les **contributions chômage** sont dues au titre des activités effectuées en périodes de vacances par des lycéens ou étudiants dans le but de percevoir une rémunération, ces activités constituant des contrats de travail en dépit du fait qu'elles sont souvent qualifiées de « stages » (Dir. Unédic 29-6-1993). 89140

L'assiette des cotisations Agirc-Arrco étant alignée sur celle des cotisations de sécurité sociale (n° 30150), les **cotisations de retraite complémentaire** sont aussi dues dans les conditions de droit commun.

2. STAGES EFFECTUÉS DANS LE CADRE DES ÉTUDES

a. Cotisations de sécurité sociale

89220 Les gratifications versées aux stagiaires sont exonérées de cotisations de sécurité sociale dans la limite d'un certain montant appelé **« franchise de cotisations ».**

CHAMP D'APPLICATION DE LA FRANCHISE

89230 **Stagiaires concernés** Les stagiaires concernés par la franchise de cotisations sont (CSS art. L 136-1-1, III-1°-b et L 242-1) :

– les étudiants ou les élèves des établissements d'**enseignement technique** (CSS art. L 412-8, 2°-a) ;

– les élèves des établissements d'enseignement **secondaire** ou d'enseignement **spécialisé** et les étudiants autres que ceux visés ci-dessus (CSS art. L 412-8, 2°-b) ;

– les autres personnes qui effectuent un **stage d'initiation, de formation ou de complément de formation professionnelle** ne faisant pas l'objet d'un contrat de travail et n'entrant pas dans le cadre de la formation professionnelle telle que définie par le Code du travail (CSS art. L 412-8, 2°-f).

Sont **exclus** de la franchise (Circ. Acoss 42 du 2-7-2015) :

– les stagiaires de la formation professionnelle ;

– les bénéficiaires de la formation à la recherche et par la recherche mentionnés aux articles L 412-1 et L 412-2 du Code de la recherche ;

– les stagiaires des associations d'étudiants à caractère pédagogique relevant de l'arrêté du 20-6-1988.

ATTENTION

À **défaut de convention** de stage, la franchise n'est pas applicable et les cotisations sont dues sur le montant de la gratification versée avec, si le stage est requalifié en contrat de travail, application de l'assiette minimum visée n° 89130 (Circ. Acoss 91 du 29-12-2008).

89240 **Stages visés** S'agissant du type de stage, la jurisprudence distingue :

– les stages pendant lesquels l'étudiant ou l'élève effectue un travail qui ne lui est pas directement confié par l'entreprise d'accueil et se trouve placé **sous la direction et le contrôle d'un enseignant** et non d'un salarié de cette entreprise. Dans ce cas, pour la Cour de cassation, le travail accompli par le stagiaire ne peut pas être considéré comme étant effectué à la demande et pour le compte de l'entreprise, ce qui exclut que des cotisations puissent lui être réclamées à ce titre ;

– les stages pendant lesquels le stagiaire travaille **sous la discipline et les instructions de l'entreprise** d'accueil. Dans ce cas, l'entreprise peut être redevable de cotisations envers l'Urssaf lorsqu'elle verse une gratification dépassant le montant de la franchise (n° 89260).

ILLUSTRATIONS

N'a pas la qualité d'employeur d'un élève ingénieur et n'a pas à acquitter de cotisations de sécurité sociale pour les sommes qu'elle verse à l'école l'association au sein de laquelle l'intéressé effectue, au cours de son année de scolarité, sous la direction d'un professeur, un **stage obligatoire** ayant pour finalité la **soutenance d'un mémoire** dans le cadre d'une convention conclue entre l'établissement d'enseignement et l'association. Il importe peu que le sujet traité ait été choisi sur proposition de celle-ci, l'étude menée au cours du stage, destinée à permettre à l'élève d'obtenir son diplôme, ne constituant pas un travail à sa demande et pour son compte (Cass. soc. 5-12-1991 n° 89-17.153 P).

Un étudiant ayant perçu une **bourse de recherche** dans le cadre de la **préparation d'une thèse** de doctorat n'a pas la qualité de salarié du laboratoire au sein duquel il effectue ses recherches en toute liberté et avec lequel il n'est lié par aucun contrat (Cass. soc. 26-1-1995 n° 92-12.225 D), ou de l'association qui lui alloue la bourse et avec laquelle il n'est pas placé dans un lien de subordination (Cass. soc. 8-11-1990 n° 88-13.027 D). En effet, l'intéressé ne perçoit pas de rémunération, la bourse lui ayant été attribuée dans le seul but d'encourager la recherche médicale et n'étant pas la contrepartie d'un travail exécuté pour un employeur (Cass. soc. 26-1-1995 n° 92-12.225, précité).

89250 **Cotisations concernées** L'exonération concerne les cotisations patronales et salariales de **sécurité sociale,** la **CSG et la CRDS,** le versement mobilité et les contributions **solidarité autonomie** et **Fnal** (Circ. DSS du 14-6-2007, opposable).

La part de gratification excédant le montant de la franchise est soumise à l'ensemble de ces cotisations.
Quel que soit le montant de la gratification, la **réduction** générale des cotisations patronales de sécurité sociale ne s'applique pas (voir nos 21780 s.), pas plus que la réduction du taux des cotisations allocations familiales (Circ. Acoss 42 du 2-7-2015) et maladie.
La **contribution au dialogue social** n'est pas due, même si la gratification dépasse le seuil de franchise (Circ. Acoss précitée).

APPLICATION DE LA FRANCHISE

Montant La gratification versée au stagiaire est exonérée de cotisations pour sa fraction qui n'excède pas, au titre d'un mois civil, le produit de 15 % du plafond horaire de la sécurité sociale (no 96180) par le nombre d'heures de stage effectuées au cours du mois considéré (CSS art. D 136-1, I-al. 1er). Ce montant n'est pas arrondi (Circ. Acoss 42 du 2-7-2015). **89260**
Il est **apprécié** au **moment** de la signature de la convention de stage (CSS art. D 136-1, I-al. 2).
La franchise joue même lorsque la gratification n'est pas obligatoire (Doc. Urssaf du 13-2-2023).

> **Précisions** **a.** L'appréciation du plafond d'exonération n'est pas définitive. Lorsque la période de stage s'étend sur **2 années civiles,** par exemple du 1er novembre au 28 février de l'année suivante, il faut tenir compte, à partir du 1er janvier, du nouveau montant du plafond horaire de sécurité sociale (Circ. DSS du 14-6-2007, opposable ; Circ. Acoss 42 du 2-7-2015). D'après les renseignements obtenus de l'administration, en cas de renouvellement du stage selon des modalités différentes (changement d'horaire, par exemple), on tient compte de ces nouveaux éléments pour apprécier le montant de l'exonération.

Appréciation de la franchise Pour apprécier le plafond d'exonération, il est tenu compte de la gratification et des **avantages en nature et en espèces** (CSS art. D 136-1, I, al. 2). **89270**
Les avantages en nature, **évalués** selon les règles prévues pour les salariés (nos 38800 s.), s'ajoutent aux gratifications en espèces pour l'appréciation de la franchise. Si le total de la gratification en espèces et des avantages en nature dépasse le montant de la franchise, l'excédent est soumis aux cotisations. Ils peuvent toutefois être exonérés dans les mêmes conditions que pour les salariés. Ainsi, la prise de repas à la **cantine** est exonérée si la participation du stagiaire est au moins égale à 50 % du forfait (voir no 39020). La participation patronale aux **titres-restaurant** est exclue de l'assiette des cotisations dans les conditions visées nos 51900 s. (Circ. Acoss 42 du 2-7-2015).
Pour les **stagiaires non gratifiés** bénéficiant d'un accès à la cantine ou de l'attribution de titres-restaurant sans participation personnelle, aucune cotisation ou contribution n'est due dès lors que la valeur des avantages ne dépasse pas le montant de la franchise (Circ. Acoss du 2-7-2015 précitée). La même tolérance existe pour les autres avantages en nature (Doc. Urssaf du 13-2-2023).
Les sommes versées aux stagiaires au titre des **remboursements de frais** professionnels sont exclues de l'assiette des cotisations dans les mêmes conditions que pour les salariés. Pour les frais de transport, voir no 88985.

Pour l'appréciation du plafond d'exonération, il est tenu compte du **temps de présence** mensuel prévu au cours du stage (CSS art. D 136-1, I-al. 2). **89280**
La comptabilisation du **temps d'activité** du stagiaire est établie en fonction du nombre d'heures qu'il a **réellement** effectuées sur chaque mois. L'administration admet que l'on se réfère dans la convention et pour le calcul de la franchise à une **moyenne** d'heures mensuelle en cas de lissage du versement de la gratification (Circ. Acoss 42 du 2-7-2015). Dans ce cas, l'entreprise ne peut pas alterner un montant de franchise déterminé pour un mois en lissant et le mois suivant par rapport aux heures réelles (Circ. Acoss 91 du 29-12-2008).

> **Précisions** **a.** La gratification versée au titre des jours de **congés et d'autorisations d'absence** en cas de grossesse, de paternité ou d'adoption, et de ceux explicitement prévus par la convention de stage bénéficie de la franchise de cotisations dès lors que ces périodes sont assimilées à du temps de présence dans la convention de stage (Circ. Acoss 42 du 2-7-2015).
> **b.** Si le stage est **interrompu,** la franchise de cotisations doit être réajustée. La régularisation s'effectue sur la base du nombre d'heures effectuées si cette interruption est temporaire et, de manière globale, selon le nombre d'heures effectuées si cette interruption est définitive (Circ. Acoss 42 du 2-7-2015).

89290 EXEMPLES

1. Soit un étudiant effectuant 161 heures de stage au cours du mois de mars 2023 (7 heures par jour pendant 23 jours) et recevant une gratification égale à 652,05 €. Le montant du plafond horaire de sécurité sociale étant fixé à 27 € pour 2023, le plafond d'exonération de cotisations de sécurité sociale est égal à :

161 × 15 % × 27 € = 652,05 €.

La gratification est donc totalement exonérée de cotisations.

2. Soit un stagiaire présent 3 jours sur 5 du mercredi au vendredi au cours du mois de mars 2023 dans une entreprise pratiquant la durée légale du travail répartie sur 5 jours du lundi au vendredi à raison de 7 heures par jour et recevant une gratification de 500 € (pour 15 jours, soit 105 heures de stage). L'exonération de cotisations de sécurité sociale porte sur la part de la gratification égale à :

(652,05 × 105)/161 = 425,25 €.

La part dépassant ce montant, soit 74,75 € (500 – 425,25), est assujettie à cotisations.

3. Si on reprend l'exemple nº 88965, pour une entreprise pratiquant le lissage, la gratification serait totalement exonérée de cotisations dès lors que le montant mensuel lissé n'excéderait pas 595,35 €.

4. S'agissant de la prise en compte des avantages en nature, il faut distinguer plusieurs hypothèses. Pour un stagiaire se trouvant dans le cas 1 (franchise de 652,05 €) :
– s'il reçoit une gratification de 500 € et un avantage en nature évalué à 90 €, la somme de la gratification et de l'avantage en nature est inférieure au seuil de la franchise. Aucune cotisation n'est due ;
– s'il reçoit une gratification de 500 € et un avantage en nature évalué à 175 €, la somme de la gratification et de l'avantage en nature est supérieure au seuil de la franchise. Les cotisations sont dues sur 675 € – 652,05 € = 22,95 € ;
– si le montant de la gratification est au moins égal à 652,05 €, les avantages venant en complément de cette gratification ne sont pas exonérés au titre de la franchise mais peuvent faire l'objet, le cas échéant, d'une exonération au titre de la réglementation relative aux avantages en nature (cantines, titres-restaurant, etc.) et aux frais professionnels.

b. Contributions chômage

CRITÈRE D'ASSUJETTISSEMENT À COTISATIONS

89350 L'élève ou l'étudiant effectuant un stage en entreprise en application d'une **convention de stage** ne relève pas, en principe, du régime Unédic, lequel s'applique exclusivement aux titulaires d'un contrat de travail. Aucune cotisation n'est donc due à ce titre. Il en va autrement si les conditions dans lesquelles s'accomplit le stage caractérisent l'existence d'un véritable **contrat de travail,** ce qui suppose le versement d'une rémunération. Dans ce cas, les contributions chômage sont dues sur le montant de la rémunération ainsi versée (Dir. Unédic 29-6-1993).

DISTINCTION DU STAGE ET DU CONTRAT DE TRAVAIL

89360 Selon l'Unédic, la personne titulaire d'une convention de stage se trouve généralement dans la situation de poursuivre des études, de compléter et parfaire sa formation théorique par une expérience pratique en milieu professionnel, d'où son passage dans une entreprise.

La convention de stage se différencie du contrat de travail dans la mesure où elle n'en réunit pas les trois éléments caractéristiques : exercice d'une activité au profit de l'employeur, sous la subordination de celui-ci et en contrepartie d'une rémunération (Dir. Unédic 29-6-1993).

ATTENTION

Si l'absence de rémunération interdit de qualifier de contrat de travail la relation établie entre le stagiaire et l'entreprise d'accueil, le **versement d'une rémunération** par l'entreprise d'accueil, quelle que soit sa dénomination (gratification, indemnité, pécule...), ne suffit pas à conférer la qualification de contrat de travail. Si, en matière de sécurité sociale, ces sommes doivent être soumises aux charges sociales dès lors qu'elles excèdent un certain seuil, cette disposition est sans incidence sur le statut de l'intéressé au regard du régime d'assurance chômage (Dir. Unédic 29-6-1993).

QUALIFICATION DE STAGE

89370 D'une manière générale, l'Unédic considère que répondent à la définition de convention de stage les stages obligatoires effectués par les élèves et étudiants dans le cadre de leur scolarité en vue de l'obtention d'un diplôme sous la direction et la surveillance de l'établissement

scolaire et donnant lieu à une **convention** passée entre l'établissement d'enseignement et l'entreprise d'accueil et prévoyant que (Dir. Unédic 29-6-1993) :
– le stagiaire demeure l'élève de l'école durant toute la durée de sa présence dans l'entreprise ;
– il conserve, pendant son stage, sa couverture sociale en qualité d'étudiant ;
– l'entreprise ne retire aucun profit direct de la présence du stagiaire ;
– en conséquence, au cours du stage, l'élève ne peut prétendre à aucune rémunération de l'entreprise. Cette condition doit s'entendre sous réserve de l'obligation, instaurée postérieurement à la directive Unédic de 1993, de verser dans certains cas une gratification (n°s 88950 s.).

De tels stages sont prévus, en particulier, pour les élèves de l'**enseignement technique,** ainsi que pour certains élèves de l'**enseignement supérieur** non technique. Ils ont pour objet d'assurer l'application de l'enseignement donné à l'école.

Dans la pratique, en cas de contrôle, le régime d'assurance chômage s'assure de l'existence d'une convention de stage pour connaître le statut juridique de l'intéressé et en vérifier le contenu, notamment en ce qui concerne les directives et le contrôle exercés par l'école sur la prestation accomplie par le stagiaire (Dir. Unédic 29-6-1993).

› Précisions **a.** Dans le cas des étudiants travaillant au sein d'une entreprise afin de préparer leur **thèse de doctorat,** c'est aussi en considération des conditions d'accomplissement de la prestation et des relations existant entre le stagiaire, l'entreprise et le professeur d'université qu'il sera déterminé s'il s'agit de stagiaires ou de titulaires d'un contrat de travail (Dir. Unédic 29-6-1993).

b. Les **stages probatoires** s'analysant juridiquement en périodes d'essai, les intéressés sont des salariés titulaires d'un contrat de travail et relèvent à ce titre du régime Unédic (Dir. Unédic 29-6-1993).

c. Avant l'obligation légale de verser dans certains cas une gratification, l'Unédic avait déjà relativisé la condition d'absence de rémunération : voir n° 89360.

c. Cotisations de retraite complémentaire

Le régime Agirc-Arrco ne s'appliquant qu'aux personnes exerçant une activité salariée (ANI du 17-11-2017, étendu et élargi par arrêté du 24-4-2018) et le stagiaire n'ayant pas le statut de salarié, même dans le cas où la gratification versée dépasse le seuil de la franchise (Doc. Urssaf du 13-2-2023), les gratifications ou avantages accordés aux stagiaires non liés par un contrat de travail échappent aux cotisations de retraite complémentaire Agirc-Arrco, même s'ils sont assujettis aux cotisations de sécurité sociale. 89420

C. Régime fiscal

EMPLOIS SALARIÉS

Exonération d'impôt Par principe, les sommes perçues en rémunération d'emplois salariés, y compris par des élèves ou étudiants, sont passibles de l'impôt sur le revenu selon les règles de droit commun des traitements et salaires (BOI-RSA-CHAMP-20-50-50 n° 160). 89500

Toutefois, les salaires versés aux jeunes âgés de **25 ans au plus** au 1er janvier de l'année d'imposition en rémunération d'activités exercées pendant leurs **études** secondaires ou supérieures ou exercées durant leurs congés scolaires ou universitaires sont exonérés d'impôt sur le revenu dans la limite de 3 fois le montant mensuel du Smic (CGI art. 81, 36°). Sur la base du Smic au 1-1-2023, cette limite s'élève à 5 128 €, mais ce montant est donné à titre indicatif, car il sera impacté par les majorations du Smic à intervenir au cours de l'année 2023.

L'exonération s'applique, y compris au titre de l'imposition des revenus de l'année au cours de laquelle les intéressés atteignent l'âge de 26 ans, et ce, même s'ils atteignent cet âge au 1er janvier de l'année considérée (BOI-RSA-CHAMP-20-50-50 n° 180).

De portée générale, l'exonération s'applique aussi bien aux emplois sans lien avec les études qu'aux **stages** prévus au cours de ces études (CE 9e-10e ch. 31-12-2020 n° 430230).

Elle n'est pas applicable aux rémunérations perçues par les jeunes en contrat d'**apprentissage** (qui bénéficient d'une exonération spécifique : n° 84200) ou de **professionnalisation** (BOI-RSA-CHAMP-20-50-50 n° 220). Elle peut être cumulée avec celle des indemnités de stage : voir n° 89510.

L'exonération s'applique sur **option.** Cette option n'est soumise à aucun formalisme particulier. Elle résulte de la non-déclaration des salaires concernés à hauteur du plafond d'exonération sur la déclaration personnelle des revenus des intéressés ou celle du foyer fiscal de rattachement (BOI-RSA-CHAMP-20-50-50 n° 270). En pratique, la déclaration annuelle de revenus préremplie devra être corrigée comme indiqué n° 89517.

> **Précisions** **a.** Lorsque le montant du Smic mensuel brut varie en cours d'année, le **plafond d'exonération** est égal au produit du montant du Smic moyen mensuel brut par 3, arrondi à l'euro le plus proche. Exemple : Montant du Smic mensuel brut au 1er janvier N = (A) et au 1er juillet N = (B), le Smic moyen mensuel brut (C) est égal à [(A × 6) + (B × 6)]/12 ; le plafond d'exonération pour l'année N est égal à C × 3 arrondi à l'euro le plus proche. Le plafond d'exonération de 3 fois le montant mensuel du Smic s'entend d'une limite annuelle, qui s'applique globalement à l'ensemble des rémunérations perçues par un jeune au titre des emplois occupés pendant l'année scolaire ou universitaire et, le cas échéant, durant les congés scolaires ou universitaires. Il s'apprécie sur le montant net de cotisations sociales et de la part déductible de la CSG, mais avant application de la déduction forfaitaire pour frais professionnels de 10 % ou, le cas échéant, des frais réels. En cas d'option pour la déduction des frais réels et justifiés, les frais liés à l'activité exercée, qui se rapportent indistinctement à l'ensemble de la rémunération perçue à ce titre, ne sont déductibles que dans la proportion du salaire imposable, c'est-à-dire net de la fraction exonérée (BOI-RSA-CHAMP-20-50-50 nos 240 et 250).
> **b.** À moins qu'il ne s'agisse du début d'une véritable activité professionnelle – il en sera notamment ainsi si l'embauche de l'étudiant (ou de l'élève) s'effectue sous contrat à durée indéterminée (CDI) –, l'administration admet que l'exonération s'applique aux rémunérations perçues au titre d'une activité exercée pendant l'année scolaire ou universitaire, ou durant les congés scolaires ou universitaires de l'**année** même de l'**achèvement des études** (BOI-RSA-CHAMP-20-50-50 n° 210).
> **c.** L'exonération s'applique uniquement à l'impôt sur le revenu. Elle ne concerne donc pas les **taxes et participations assises sur les salaires** (BOI-RSA-CHAMP-20-50-50 n° 300).

89505 **Traitement au sein de l'entreprise** L'employeur doit pratiquer le **prélèvement à la source** de l'impôt sur le revenu sur l'intégralité des rémunérations versées, sans tenir compte de l'exonération. En effet, celle-ci s'appliquant sur option du bénéficiaire, lors du dépôt de la déclaration des revenus, le caractère non imposable des sommes ne peut être établi lors de leur paiement. À noter que les étudiants titulaires de contrats courts peuvent, le cas échéant, bénéficier des dispositions d'assiette du prélèvement applicables à ces contrats et être soumis au taux par défaut (BOI-IR-PAS-20-10-10 n° 30) : voir n° 76210.

Sur la **DSN,** l'employeur doit mentionner aux rubriques S21.G00.50.002 (rémunération nette fiscale) et S21.G00.50.013 (montant soumis au PAS) du bloc Versement individu le montant total des salaires versés, y compris par conséquent la part exonérée d'impôt sur le revenu dès lors que les jeunes concernés sont susceptibles au cours d'une même année d'avoir plusieurs employeurs et sont, par suite, seuls en mesure de déterminer la fraction exonérée de leurs rémunérations au titre de l'année considérée (BOI-RSA-CHAMP-20-50-50 n° 310). Il en va donc de même dans la rubrique montant net imposable du **bulletin de paie.**

STAGES DANS LE CADRE DES ÉTUDES

89510 **Exonération d'impôt** La gratification obligatoire (nos 88950 s.) est exonérée d'**impôt sur le revenu** dans la limite du montant annuel du Smic. Cette exonération s'applique au stagiaire personnellement imposable ou au contribuable qui l'a à sa charge (CGI art. 81 bis). Sur la base du Smic au 1-1-2023, la limite d'exonération s'élève à 20 511 € pour l'année 2023, mais ce montant est donné à titre indicatif, car il sera impacté par les relèvements du Smic à intervenir au cours de l'année 2023.

L'exonération peut se cumuler, au titre d'une même année d'imposition, avec celle mentionnée n° 89500. Il en est ainsi, par exemple, d'un jeune âgé de 25 ans au plus au 1er janvier de l'année d'imposition qui, la même année, effectue en cours de sa scolarité un stage puis occupe un emploi salarié (BOI-RSA-CHAMP-20-30-10-10 n° 205). Lorsqu'une personne est, au cours d'une même année, employée dans le cadre d'un contrat d'apprentissage et dans le cadre d'une convention de stage, la limite d'exonération s'applique à la fois pour le contrat et pour la convention (BOI-IR-PAS-20-10-10 n° 20).

La limite d'exonération s'apprécie par contribuable et par an (BOI-RSA-CHAMP-20-30-10-10 n° 205).

Les indemnités de stage sont également susceptibles d'être exonérées des **taxes et participations assises sur les salaires,** mais cette exonération obéit aux règles applicables aux cotisations de sécurité sociale et à la CSG, voir nos 89220 s.

Traitement dans l'entreprise L'entreprise versant la gratification n'a pas à pratiquer le **prélèvement à la source** de l'impôt sur le revenu si les sommes qu'elle verse restent inférieures à la limite d'exonération. Dans le cas contraire, le prélèvement à la source ne porte que sur la fraction excédentaire (BOI-IR-PAS-20-10-10 n° 20). 89515

À titre de simplification, le montant en vigueur au 1er janvier de l'année (20 511 € pour 2023) peut être utilisé pour les versements réalisés au cours de cette même année (BOI-IR-PAS-20-10-10 n° 20).

Dès lors qu'en cas de pluralité de contrats chaque entreprise ne peut connaître l'ensemble des rémunérations versées au cours de l'année, chacune d'elles apprécie séparément la fraction excédant le plafond d'exonération afin de l'assujettir, le cas échéant, au prélèvement à la source (BOI-IR-PAS-20-10-10 n° 20). Dans le cas où le stagiaire est en arrêt maladie avec subrogation, voir n° 62265, d.

EXEMPLE

L'entreprise accueillant un stagiaire pendant 6 mois, du 1-2-2023 au 31-7-2023, à qui elle verse une gratification mensuelle de 2 100 € (nette imposable avant déduction pour frais professionnels) n'aura pas à appliquer le prélèvement à la source puisque le cumul des gratifications n'aura pas atteint le seuil d'exonération.

En reprenant les mêmes données, mais avec une gratification mensuelle de 3 500 €, l'employeur appliquera pour la première fois en juillet 2023, mois du franchissement du seuil d'exonération, le prélèvement à la source sur 489 €. Sur les DSN de février à juin, les 3 500 € apparaissent en part non imposable du revenu et en rémunération nette fiscale. Sur la DSN de juillet, 3 011 € sont à déclarer en part non imposable du revenu et 489 € en montant soumis au PAS, le montant de 3 500 € devant apparaître en rémunération nette fiscale (BOI-IR-PAS-20-10-10 n° 20 et net-entreprises, fiche n° 1853).

Attention : cet exemple retient l'hypothèse où l'entreprise a choisi de faire application de la mesure administrative de simplification permettant de retenir pendant toute l'année 2023 le montant exonéré calculé au 1-1-2023 sans tenir compte des relèvements liés aux majorations du Smic en cours d'année (net-entreprises, fiche n° 2454).

Au regard de la **DSN,** il convient de déclarer dans le bloc Versement individu la fraction inférieure ou égale au Smic annuel brut à la rubrique Montant de la part non imposable du revenu (S21.G00.50.011), la fraction excédant ce montant à la rubrique Montant soumis au PAS (S21.G00.50.013) et la totalité de la rémunération ou de la gratification, y compris pour sa fraction inférieure au Smic annuel, à la rubrique Rémunération nette fiscale (S21.G00.50.002). Le mois où la limite est atteinte, les montants versés sont répartis entre les rubriques Montant soumis au PAS pour la partie au-dessus du Smic annuel et Part non imposable du revenu pour la partie restant en deçà de ce seuil, la somme des deux devant figurer en Rémunération nette fiscale (net-entreprises, fiche n° 1853). 89517

CONSEIL

À défaut de précision de l'administration sur le contenu du **bulletin de paie,** on peut préconiser de mentionner sur la ligne montant net imposable le montant indiqué dans la rubrique Rémunération nette fiscale de la DSN. Dans ce cas, il est conseillé de fournir en fin d'année une attestation au stagiaire lui indiquant le montant de la part non imposable qu'il pourra déduire sur sa déclaration d'impôt.

En cas de constatation par l'employeur d'un **indu** ou d'une **erreur** dans les montants renseignés dans les rubriques Montant de la part non imposable du revenu (S21.G00.50.011) et Montant soumis au PAS (S21.G00.50.013), il y a lieu à **régularisation.** Cette régularisation, qui peut rétroactivement avoir des conséquences sur le PAS prélevé au titre des mois où le seuil d'imposition a été franchi, est opérée comme suit via le bloc Régularisation (S21.G00.56) (Cahier technique DSN 2023.1, p. 246 s. ; net-entreprises, fiche n° 1897). 89520

L'écart entre le montant de la part non imposable du revenu indiqué le mois où l'erreur a été commise et celui qui aurait dû être indiqué est porté à la rubrique Régularisation du montant de la part non imposable du revenu (S21.G00.56.008) : il s'agit du montant du trop-versé de revenu non imposable ne pouvant être compensé dans le mois courant.

L'écart entre le montant soumis au prélèvement à la source indiqué le mois où l'erreur a été commise et celui qui aurait dû être déclaré est porté à la rubrique Régularisation du montant soumis au PAS (S21.G00.56.010).

Si l'une de ces rubriques est renseignée, alors la rubrique Régularisation de la rémunération nette fiscale (S21.G00.56.003) doit l'être également. Cette régularisation du montant de rémunération nette fiscale ne sera pas restituée sur la déclaration de revenus préremplie de l'intéressé. Celui-ci aura donc à la corriger et l'entreprise devra lui fournir une attestation fiscale rectificative justifiant cette correction.

89520 (suite)

EXEMPLES

1. Si le montant déclaré dans la rubrique Montant de la part non imposable du revenu (S21.G00.50.011) a été surestimé au cours d'un mois, cette **erreur d'assiette** est régularisée de façon différente selon qu'elle est identifiée et régularisée avant ou après le mois de dépassement du seuil d'imposition. Dans le premier cas, il suffit de mentionner en négatif dans la prochaine déclaration le montant qui a été antérieurement déclaré en trop à la rubrique Régularisation de la part non imposable du revenu (S21.G00.56.008). Dans le deuxième cas, il faut, dans la prochaine déclaration, mentionner en négatif, d'une part, le montant qui a été antérieurement déclaré en trop aux rubriques Régularisation de la rémunération nette fiscale (S21.G00.56.003) et Régularisation du montant soumis au PAS (S21.G00.56.010) et, d'autre part, l'excédent antérieur de prélèvement à la source à la rubrique Montant de la régularisation du PAS (S21.G00.56.007).

2. Cas d'un stagiaire dont la gratification a franchi le seuil d'imposition et pour lequel il est constaté après son départ (ce qui ne permet pas de le récupérer par compensation) un **indu** (trop-versé) ayant affecté 2 mois. L'intéressé doit rembourser à l'entreprise le montant net de prélèvement à la source des indus de ces 2 mois et la DGFiP doit rembourser à l'entreprise l'excédent de prélèvement à la source correspondant à ces indus. Dans la DSN, il convient de renseigner autant de blocs Régularisation que de mois régularisés. Les rubriques à servir sont Régularisation de la rémunération nette fiscale (S21.G00.56.003), Montant de la régularisation du PAS (S21.G00.56.007) et Régularisation du montant soumis au PAS (S21.G00.56.010).

3. Dans l'hypothèse où l'indu est constaté par l'entreprise avant le franchissement du seuil d'imposition, la part non imposable du revenu est à corriger dans la DSN du mois de constatation de l'erreur afin de permettre un suivi exact des montants versés au regard du seuil d'imposition.

CHAPITRE 12 AVOCATS SALARIÉS

SOMMAIRE

A. Rémunération 89650
1. Montant 89670
2. Durée du travail et congés 89720
3. Situations particulières 89760
4. Indemnités de rupture 89880
B. Régime social 90040
1. Régimes d'affiliation 90040
2. Cotisations sociales 90080
a. Cotisations de sécurité sociale hors vieillesse 90080
b. Retraite 90100
c. Prévoyance 90240
3. Autres cotisations et contributions 90270
C. Régime fiscal 90320

Sont successivement étudiés dans ce chapitre : 89610
– les conditions de rémunération des avocats salariés fixées par la convention collective nationale du 17-2-1995 ;
– les cotisations sociales dues par les avocats salariés et par ceux assimilés à des salariés au regard de la sécurité sociale en raison de l'exercice d'un mandat social de direction ou de gestion d'une société d'exercice libéral visés n° 90050 ;
– les prélèvements fiscaux applicables aux avocats salariés.

A. Rémunération

La **convention collective** nationale des avocats salariés du 17-2-1995 (IDCC 1850 ; brochure n° 3078), étendue depuis le 30-6-1996 (Arrêté TAST9610859A du 10-6-1996), fixe les conditions de rémunération applicables à ces derniers. Elle s'applique en métropole et dans les départements d'outre-mer à tous les avocats personnes physiques ou morales employant des avocats salariés inscrits au Tableau. 89650
Pour un **modèle de bulletin de paie,** voir n° 95290.

1. MONTANT

Le **contrat de travail** doit être écrit (CCN 17-2-1995 art. 2.1 ; Loi 71-1130 du 31-12-1971 art. 7) et préciser : 89670
– les modalités de la rémunération de l'avocat (Loi 71-1130 du 31-12-1971 art. 7) et, éventuellement, l'incidence de l'aide juridictionnelle et des commissions d'office sur celle-ci (CCN 17-2-1995 art. 2.2) ;
– la situation de l'intéressé au regard des critères permettant de déterminer la rémunération minimale qui lui est due (CCN 17-2-1995 art. 2.2).

RÉMUNÉRATION MINIMALE

La rémunération minimale annuelle de l'avocat salarié est **fixée,** pour l'année civile, dans le cadre d'accords collectifs de salaires conclus en application de la convention collective (CCN 17-2-1995 art. 4.2). 89680

Son **montant** varie en fonction du nombre d'années d'expérience de l'avocat, de sa possession ou non d'une mention de spécialisation et selon qu'il exerce au sein ou en dehors des barreaux de Paris et d'Île-de-France (Avenant 27 du 14-10-2022 étendu par arrêté MTRT2235230A du 26-12-2022).

RÉMUNÉRATION EFFECTIVE

L'indépendance de l'avocat salarié dans l'exercice de sa profession a pour conséquence la liberté dans la détermination de son temps de travail, notamment dans les dépassements individuels de l'horaire collectif du cabinet, justifiés par l'accomplissement des tâches qui lui 89690 sont confiées. De ce fait, sa rémunération constitue un **forfait.** Dans chaque cas individuel, il doit être tenu compte de l'importance de cette sujétion pour la détermination du salaire effectif (CCN 17-2-1995 art. 4.1).

89700 La rémunération effective brute est **fixée pour** chaque année civile ou pour chaque exercice social d'une durée de 12 mois. Elle est **payée** en 12 mensualités, sauf disposition particulière d'un cabinet prévoyant une répartition différente. Si elle comporte une **partie variable,** l'employeur donne une information complète au salarié sur les éléments ayant permis sa détermination (CCN 17-2-1995 art. 4-3).

89710 Pour les missions d'intérêt public (**aides juridictionnelles, commissions d'office, garde à vue,** etc.), le cabinet et l'avocat salarié peuvent décider que leur rétribution est soit versée au cabinet, soit conservée par l'avocat en sus de sa rémunération du cabinet. Ce choix est indiqué dans le contrat de travail. À défaut, l'avocat salarié cumule sa rémunération et les honoraires perçus directement au titre des missions de service public (CCN 17-2-1995 art. 4-3).

Si la rémunération inclut les honoraires de ces missions, le temps consacré à leur exercice est intégré dans le forfait annuel de 218 jours. Dans le cas contraire, ce temps n'est pas pris en compte au titre du forfait dans la limite des jours de repos annuels ; au-delà, le forfait annuel est réduit d'autant (Avenant 15 du 25-5-2012 art. 9-3).

2. DURÉE DU TRAVAIL ET CONGÉS

FORFAIT ANNUEL EN JOURS

89720 Selon l'avenant 15 du 25-5-2012 (étendu par arrêté ETST1320954A du 2-8-2013) relatif au forfait annuel en jours, celui-ci est de **218 jours,** journée de solidarité comprise, **sauf** activité réduite de l'avocat salarié. Cet avenant précise les modalités de décompte des jours travaillés et propose un dispositif de veille et d'alerte sur la charge de travail. Il réglemente également la **renonciation à des jours de repos** (celle-ci doit être formalisée dans un écrit, le nombre de jours de travail dans l'année civile ne peut pas excéder 225 et le taux de la majoration applicable à la rémunération des jours supplémentaires est de 20 %).

Sur le temps consacré aux **missions d'intérêt public,** voir n° 89710.

CONGÉS

89730 L'avocat salarié bénéficie des **congés payés** légaux majorés d'un **jour** de congé **supplémentaire** entre 5 et 10 ans d'ancienneté et de 2 jours supplémentaires au-delà de 10 ans d'ancienneté (CCN 17-2-1995 art. 5-1).

CONGÉS EXCEPTIONNELS

89740 L'avocat salarié a droit, comme tout salarié, aux **congés légaux** prévus pour certaines situations. Les congés pour **événements familiaux** sont ceux fixés par la convention collective nationale qui prévoit des dispositions plus favorables que la loi (CCN 17-2-1995 art. 5.2), sauf pour le congé en cas de décès d'un enfant pour lequel les dispositions légales sont plus favorables dans certaines circonstances, voir n° 73700.

Sur le **congé de deuil** accordé au salarié en cas de décès d'un enfant, voir n° 73710.

Événement	Durée (en jours ouvrés)
Mariage de l'intéressé	5 jours
Conclusion d'un Pacs par l'intéressé	5 jours
Mariage d'un enfant	2 jours
Naissance ou arrivée d'un enfant en vue de son adoption	3 jours
Décès du conjoint, partenaire de Pacs ou concubin de l'intéressé[1]	5 jours
Décès d'un enfant	5 jours[2]
Décès d'un autre descendant ou d'un ascendant de l'intéressé, d'un frère ou d'une sœur, d'un ascendant ou descendant de son conjoint, de son partenaire de Pacs ou de son concubin[1]	3 jours
Annonce de la survenance d'un handicap chez l'enfant ou chez son conjoint, partenaire de Pacs ou concubin[1]	2 jours

1. Ces congés peuvent être pris dans les 3 semaines qui précèdent ou suivent l'événement.
2. Ce congé est de 7 jours ouvrés dans les hypothèses visées n° 73700.

AUTRES ABSENCES

Par ailleurs, les **absences n'excédant pas 3 jours** résultant d'un cas fortuit n'entraînent 89750
aucune diminution de la rémunération effective, si l'intéressé a prévenu ou fait prévenir son employeur le plus rapidement possible afin que des dispositions puissent être prises pour pallier les conséquences de son absence, spécialement à l'égard de la clientèle. Cette absence doit être ensuite **justifiée** (CCN 17-2-1995 art. 6.3).

3. SITUATIONS PARTICULIÈRES

MALADIE

Après **6 mois d'ancienneté,** aucune absence pour maladie ou accident, dans la **limite de** 89760
30 jours calendaires par année civile, n'entraîne de diminution de la rémunération effective. Le cabinet perçoit les indemnités journalières de la sécurité sociale et maintient la rémunération nette de l'avocat salarié (CCN 17-2-1995 art. 7-2-2).

Pour un exemple de **bulletin de paie** avec maintien du salaire net, voir n° 94980.

Pour toute **absence** continue **supérieure à 30 jours calendaires** résultant d'une maladie ou d'un accident d'origine professionnelle ou non, l'avocat salarié reçoit, depuis le début de son arrêt de travail et pendant toute la durée de son indemnisation par la sécurité sociale, une indemnité journalière complétant celle-ci jusqu'à concurrence de 80 % du salaire brut. Cette indemnité est versée par l'employeur jusqu'à sa prise en charge par le régime de prévoyance souscrit par le cabinet en application de la convention collective (CCN 17-2-1995 art. 7.2.3).

Le salaire à prendre en considération est le **salaire brut moyen** des 12 mois précédant l'arrêt de travail dans la limite de 4 fois le plafond annuel de sécurité sociale (CCN 17-2-1995 art. 7-5), soit 175 968 € en 2023.

ATTENTION

Pour pouvoir prétendre à ces garanties, l'avocat salarié doit **justifier** son absence par un certificat médical adressé dans les 72 heures à l'employeur (CCN 17-2-1995 art. 7-2-1).

MATERNITÉ

L'avocate salariée comptant un an de présence dans le cabinet à la date présumée de 89790
l'accouchement a droit, pendant la durée du **congé légal** de maternité, au maintien de son salaire net après déduction des indemnités journalières de sécurité sociale et, le cas échéant, des prestations complémentaires. Les indemnités sont calculées sur la base de la moyenne mensuelle globale hors rémunération exceptionnelle des 12 mois précédant l'arrêt (CCN 17-2-1995 art. 7.8).

Les mêmes règles s'appliquent en cas d'**adoption** en vertu de l'article L 1225-45 du Code du travail.

PATERNITÉ

En cas de naissance ou d'accueil d'un enfant en vue de son adoption, l'avocat salarié a droit : 89800

– au **congé pour événement familial** fixé à 3 jours ouvrés et s'accompagnant du maintien de sa rémunération (CCN 17-2-1995 art. 5.2) ;

– au **congé de paternité** durant lequel il perçoit les indemnités journalières de la sécurité sociale sans maintien de salaire par son employeur, sauf disposition plus favorable prise par le cabinet.

FORMATION

Outre le bénéfice des dispositions de droit commun en matière de formation profession- 89810
nelle, l'avocat salarié a droit au **maintien de sa rémunération** en cas de participation à une session de formation :

– soit pour l'obtention d'une mention de **spécialisation** imposée par le Conseil national des barreaux et la préparation et le suivi de l'examen de contrôle des connaissances (CCN 17-2-1995 art. 8.2.2) ;

– soit organisée pendant les **heures habituelles** de travail, notamment les formations dispensées par le centre régional de formation ou le Conseil national des barreaux afin de permettre aux avocats de satisfaire à leur obligation de formation continue (CCN 17-2-1995 art. 8.3).

> **Précisions** Les actions permettant aux avocats inscrits au Tableau de satisfaire leur obligation personnelle de formation continue et la durée minimale de celles-ci sont fixées à l'article 85 du décret 91-1197 du 27-11-1991.

4. INDEMNITÉS DE RUPTURE

LICENCIEMENT-DÉMISSION-RUPTURE CONVENTIONNELLE

89880 **Préavis** Hors rupture conventionnelle homologuée, force majeure, faute grave ou lourde, toute résiliation du contrat de travail implique, de part et d'autre, un préavis réciproque d'une **durée** minimum de 3 mois, sauf pendant la période d'essai éventuellement stipulée au contrat avec mention de préavis à respecter durant celle-ci (CCN 17-2-1995 art. 9.1).

La partie qui **n'observe pas le délai de préavis** doit à l'autre une indemnité égale à la rémunération correspondant à la durée du préavis restant à courir. En cas de rémunération variable, cette indemnité est calculée sur la moyenne soit des 12 mois précédant la rupture, soit des 3 mois précédant celle-ci, la moyenne la plus favorable étant appliquée (CCN 17-2-1995 art. 9.1).

L'avocat salarié licencié bénéficie, pendant la durée du préavis, de 2 **heures** par jour **pour la recherche d'un nouvel emploi,** pouvant être bloquées par journée(s) ou demi-journée(s) avec l'accord de l'employeur (CCN 17-2-1995 art. 9.1).

89910 **Indemnité de licenciement** L'avocat salarié licencié ou faisant l'objet d'une rupture conventionnelle homologuée a droit à une indemnité dont le calcul et le montant sont identiques à ceux de l'**indemnité légale** de licenciement (CCN 17-2-1995 art. 9.2.1 et 9.2.2). Pour cette indemnité, voir nos 63400 s.

MISE À LA RETRAITE

89920 L'avocat salarié mis à la retraite par son employeur peut prétendre à l'**indemnité** légale de licenciement (CCN 17-2-1995 art. 9.3.3). Le salaire à retenir comme **base de calcul** est l'un des trois suivants, le résultat le plus favorable au salarié étant retenu :

– moyenne mensuelle de la rémunération acquise contractuellement au titre des 12 mois précédant le départ à la retraite ;

– tiers des 3 derniers mois précédant le départ à la retraite. Dans ce cas, toute prime ou tout élément de salaire annuel ou exceptionnel versé pendant cette période est pris en compte à due proportion ;

– moyenne mensuelle des rémunérations acquises contractuellement au titre des 3 meilleurs exercices sociaux complets à l'intérieur des 7 derniers exercices sociaux complets (CCN 17-2-1995 art. 9.3.3).

DÉPART VOLONTAIRE À LA RETRAITE

89930 L'avocat salarié partant volontairement à la retraite doit respecter un **préavis** de 2 mois (CCN 17-2-1995 art. 9.3.2).

L'**indemnité** de fin de carrière est **calculée** en fonction du temps de présence de l'avocat dans le cabinet où il exerce lors de son départ volontaire en retraite, en cumulant les éléments suivants (CCN 17-2-1995 art. 9.3.2) :

Temps de présence[1]	Montant de l'indemnité[2]
De 1 à 20 ans	1/5e (ou 20 %) de mois par année de présence
De 21 à 25 ans inclus	26 % de mois par année de présence au-delà des 20 premières années
De 26 à 30 ans inclus	34 % de mois par année de présence au-delà de la 25e année
De 31 à 35 ans inclus	42 % de mois par année de présence au-delà de la 30e année
À partir de 36 ans	48 % de mois par année de présence au-delà de la 35e année

1. Dans le temps de présence, il est tenu compte des fractions d'année au prorata temporis.
2. Si le salarié est âgé de 65 ans au moins et a 10 ans de présence au moins au sein du cabinet, un demi-mois de salaire est versé en sus.

89950 Le salaire à retenir comme **base de calcul** est le même que pour l'indemnité de mise à la retraite (n° 89920). L'indemnité se calcule à la date de la cessation définitive du contrat. Si le salarié a travaillé pour partie à temps complet et pour partie à temps partiel, l'indemnité est calculée au prorata temporis afin de tenir compte de ces situations diverses (CCN 17-2-1995 art. 9.3.2).

Les cabinets d'avocats peuvent **mutualiser** auprès de Kerialis (anciennement Crepa), dans les conditions prévues par les textes applicables au personnel non-avocat, l'indemnité de fin de carrière de leur salarié non-avocat devenu avocat salarié (CCN 17-2-1995 art. 9.3.2).

B. Régime social

1. RÉGIMES D'AFFILIATION

Avocats salariés Les avocats salariés sont affiliés au **régime général** des salariés, sauf pour le risque vieillesse, pour lequel ils relèvent de la **Caisse nationale des barreaux français** (CNBF) (CSS art. L 311-3, 19°). Pour leur régime de retraite complémentaire obligatoire, ils relèvent également de la CNBF, et non de l'Agirc-Arrco. 90040

> **Précisions** Les avocats salariés qui exerçaient, **avant le 1-1-1992,** la profession de **conseil juridique** en tant que salariés et les mandataires sociaux qui relevaient du régime général continuent de relever de ce régime pour l'ensemble des risques, y compris vieillesse, et du régime Agirc-Arrco pour leur retraite complémentaire (Loi 31-12-1971 art. 42).

Dirigeants de sociétés d'exercice libéral Les dirigeants des sociétés d'exercice libéral d'avocats à responsabilité limitée (Selarl), à forme anonyme (Selafa) ou par actions simplifiée (Selas) sont assujettis au **régime général** des salariés en application de l'article L 311-3, 11° et 12° du CSS, au même titre que les autres dirigeants de SARL, de SA ou de SAS (**gérants non majoritaires** de Selarl et **présidents** du conseil d'administration, **directeurs généraux** et directeurs généraux délégués de Selafa ou de Selas) (nos 76850 s.). 90050

La question se pose de savoir si ces dirigeants relèvent du régime général des salariés pour l'ensemble des risques ou si, en leur qualité d'avocats, ils doivent être assujettis à la CNBF pour l'assurance vieillesse. La CNBF se prononce en faveur de la seconde solution (www.cnbf.fr). Bien que la question n'ait pas été officiellement tranchée, il semble que cette solution soit également admise par le ministère des affaires sociales.

2. COTISATIONS SOCIALES

a. Cotisations de sécurité sociale hors vieillesse

La rémunération des avocats est soumise aux cotisations suivantes du régime général : maladie, maternité, invalidité, décès, accidents du travail et prestations familiales (CSS art. L 311-3, 19°). Ces cotisations sont dues par les employeurs aux Urssaf aux **taux** et dans les **conditions** de droit commun. Les avocats salariés ouvrent droit, le cas échéant, à la déduction forfaitaire de cotisations patronales sur les **heures supplémentaires** et peuvent bénéficier de la réduction de cotisations salariales sur les jours de repos auxquels ils renoncent. 90080

Sur l'incidence de la **prise en charge** par l'employeur de la **cotisation** de l'avocat salarié au **Conseil de l'Ordre** et au **Conseil national des barreaux,** voir nos 56990 s.

b. Retraite

Les avocats salariés doivent verser à la **CNBF** pour le financement des régimes gérés par cet organisme : 90100
- les droits de plaidoirie ou une contribution équivalente ;
- les cotisations d'assurance vieillesse de base ;
- les cotisations de retraite complémentaire.

DROITS DE PLAIDOIRIE OU CONTRIBUTION ÉQUIVALENTE

Les droits de plaidoirie alloués aux avocats au titre de leur activité propre ou de celle des avocats salariés qu'ils emploient sont **affectés** au financement du régime d'assurance vieillesse de base de la CNBF. Ils sont **recouvrés** auprès de chaque avocat non salarié ou société d'avocats par la CNBF. 90120

Si leur **activité principale** n'est **pas la plaidoirie,** les avocats non salariés et les sociétés d'avocats dont au moins un associé ou un salarié est affilié à la CNBF versent une contribution équivalente aux droits de plaidoirie (CSS art. L 652-6).

COTISATIONS DE RETRAITE DE BASE

Les cotisations des avocats salariés au régime de retraite de base de la CNBF sont composées : 90130
- d'une **cotisation forfaitaire** mensuelle dont le montant, gradué suivant l'ancienneté et l'âge, est fixé chaque année par la CNBF (CSS art. L 652-7) ;
- d'une **cotisation proportionnelle** calculée sur la rémunération mensuelle brute servant d'assiette aux cotisations de sécurité sociale du régime général dans la limite d'un plafond (CSS art. L 652-10 et L 652-7).

Le **taux** de cette dernière cotisation est de 3,10 % pour 2023 (CSS art. D 652-1).

Les éléments nécessaires au **calcul** de ces cotisations figurent nos 96370 s.

90140 **Exonérations** Aucune cotisation n'est due pour les périodes pendant lesquelles l'avocat salarié établit sa qualité de bénéficiaire (CSS art. R 652-23) :
– d'une allocation de **chômage** ;
– ou de prestations en espèces de l'assurance **maladie, maternité** ou **invalidité** lorsqu'il ne peut pas prétendre au maintien intégral de son salaire en application soit de dispositions législatives ou réglementaires, soit de stipulations conventionnelles. Ces périodes sont comptées de date à date.

Certaines exonérations et certains abattements de cotisations patronales de **droit commun** peuvent s'appliquer pour les avocats salariés. Pour en bénéficier, l'employeur doit produire la confirmation d'exonération de l'Urssaf précisant la durée de celle-ci (site internet : www.cnbf.fr).

COTISATIONS DE RETRAITE COMPLÉMENTAIRE

90160 Le régime de retraite complémentaire obligatoire géré par la CNBF est financé par une **cotisation proportionnelle** calculée sur la rémunération brute de l'avocat salarié telle que retenue pour le calcul des cotisations de sécurité sociale du régime général (CSS art. L 654-2). Cette cotisation est **prise en charge** à hauteur de 60 % par l'employeur et de 40 % par l'avocat salarié. Elle est calculée sur 5 tranches de revenu, dans la limite d'un plafond. Son **taux** dépend du choix de l'une des 3 classes de cotisations, conjointement exprimé par l'avocat salarié et son employeur avant le 1er janvier de l'année d'exigibilité (Règl. du régime complémentaire des avocats art. 2 et 31).

Les éléments nécessaires au **calcul** de cette cotisation figurent nos 96370 s.

PAIEMENT, DÉCLARATIONS ET RECOUVREMENT

90170 L'employeur **précompte** mensuellement les cotisations dues au titre des avocats salariés et les verse à la CNBF aux mêmes **échéances,** mensuelles ou trimestrielles selon l'effectif de l'entreprise, que les cotisations de sécurité sociale versées aux Urssaf (CSS art. L 652-10 et L 654-2). Toutefois, le versement trimestriel des cotisations est possible sur option (www.cnbf.fr). Si nécessaire, l'employeur procède à une **régularisation** progressive, à chaque échéance de paie, dans les mêmes conditions que pour les cotisations du régime général (CSS art. R 242-2).

Les employeurs d'avocats salariés **déclarent** les salaires et paient les cotisations par prélèvement depuis le site www.net-entreprises.fr. Ceux qui ne souhaitent pas autoriser le prélèvement sur leur compte bancaire peuvent procéder par virement selon les indications fournies par la CNBF sur demande (www.cnbf.fr). La CNBF a mis en ligne, sur son site internet, un guide pour déclarer en DSN les avocats salariés du cabinet.

Le **recouvrement** des cotisations s'effectue dans les mêmes conditions et sous les mêmes sanctions que les cotisations de sécurité sociale du régime général (CSS art. L 652-10 et L 654-2).

> **Précisions** **L'effectif** à considérer pour déterminer la périodicité du paiement des cotisations est calculé comme pour le recouvrement des cotisations de sécurité sociale par les Urssaf (CSS art. L 652-10). Il inclut donc tous les salariés et assimilés, avocats ou non (y compris les avocats salariés non affiliés à la CNBF). Pour plus de détails, voir nos 18800 s.

CAS PARTICULIERS

90190 **Entrée ou sortie en cours de mois** Les cotisations de retraite de l'avocat salarié sont **dues dès le jour** de l'embauche ou de l'inscription au barreau si celle-ci est intervenue à une date postérieure (www.cnbf.fr).

Les montants de la cotisation forfaitaire et des plafonds des cotisations proportionnelles sont calculés au **prorata** en **jours calendaires,** jour de l'inscription ou de l'embauche inclus, selon les règles qui s'appliquent pour le régime général (no 18045) (www.cnbf.fr).

90200 **Pluralité d'employeurs** Lorsqu'un avocat salarié travaille régulièrement et simultanément pour le compte de deux ou plusieurs employeurs, la part des cotisations à verser et à précompter incombant à **chaque employeur** est déterminée au **prorata des rémunérations** qu'ils ont respectivement versées dans la limite du montant de la cotisation forfaitaire et du montant de la cotisation proportionnelle (CSS art. L 652-10).

90210 **Maladie et maternité** En cas de **subrogation** en faveur de l'employeur avec **maintien du salaire,** la cotisation forfaitaire de retraite de base est due intégralement par l'employeur. Les autres cotisations ne sont dues que sur la part de complément de salaire maintenue par l'employeur.

En cas d'**absence** de **subrogation** sans maintien du salaire, il n'y a aucune rémunération et donc aucune cotisation. L'employeur doit signaler cette suspension à la CNBF (www.cnbf.fr).

c. Prévoyance

Les avocats salariés ne bénéficient pas du régime d'assurance invalidité-décès géré par la **CNBF** pour les avocats non salariés. Ils relèvent, pour l'invalidité et le décès, du **régime général** des salariés et du régime de prévoyance que leur employeur est tenu de mettre en place. 90240

La convention collective nationale des avocats salariés impose à l'employeur de **souscrire un contrat** auprès d'un organisme d'assurances pour la couverture des **garanties maladie, invalidité et décès** fixées à ses articles 7.2, 7.3 et 7.6. La **cotisation** due en contrepartie de ces garanties est répartie par moitié entre l'employeur et l'avocat salarié et la quote-part salariale prélevée mensuellement (CCN 17-2-1995 art. 7.6).

Le cabinet d'avocat peut mettre en place un **autre régime** de prévoyance à condition que, globalement, sur l'ensemble des prestations, celui-ci soit **plus favorable** pour l'avocat salarié (CCN 17-2-1995 art. 7.7).

3. AUTRES COTISATIONS ET CONTRIBUTIONS

La rémunération des avocats salariés est soumise, dans les conditions de droit commun, aux **contributions sociales** suivantes : la CSG (Circ. Acoss 92-23 du 3-2-1992), la CRDS, les contributions chômage et AGS, solidarité autonomie, Fnal, dialogue social, et le versement mobilité. 90270

Les employeurs d'avocats salariés sont également redevables d'une **cotisation** conventionnelle au **fonds de fonctionnement** de la convention collective. Son taux est fixé à 0,06 % des salaires limités au plafond de la sécurité sociale par l'avenant 22 du 12-7-2019 (étendu par arrêté MTRT2111366A du 5-4-2021).

Les seuls cabinets d'avocats redevables de la **taxe d'apprentissage** et de la contribution supplémentaire à l'apprentissage sont ceux soumis à l'impôt sur les sociétés (par exemple, société d'exercice libéral sous forme anonyme). Les autres cabinets échappent à cette taxe en raison de la nature non commerciale de l'activité (nº 30850). 90280

L'avenant 16 du 24-10-2014 (étendu par arrêté ETST1509743A du 9-4-2015) fixe les obligations des employeurs en matière de **formation.**

Aux **contributions légales** s'ajoute une **contribution conventionnelle** de 0,35 % de la masse salariale brute des avocats salariés à la charge des employeurs de 1 à 299 salariés, reconduite par l'avenant 25 du 20-11-2020 (étendu par arrêté MTRT2114513A du 21-5-2021).

Les contributions légales sont **recouvrées par** l'Urssaf, voir nºs 31110 s. La contribution conventionnelle doit être versée à l'opérateur de compétence des entreprises de proximité qui est l'Opco compétent pour les avocats salariés (53, rue Ampère 75017 Paris ; www.opcoep.fr).

C. Régime fiscal

Les salaires versés par les cabinets d'avocats sont assujettis aux taxes et participations sur les salaires dans les conditions de droit commun. Il en résulte notamment que les cabinets d'avocats, en tant qu'assujettis à la TVA, ne sont pas soumis en principe à la **taxe sur les salaires** (nºs 31380 s.). 90320

Le régime fiscal des avocats salariés ne présente pas de particularité en matière d'**impôt sur le revenu,** l'imposition étant établie dans la catégorie des traitements et salaires selon les modalités de droit commun (nºs 35100 s.), avec application du prélèvement à la source opéré par l'employeur.

Ainsi, les cotisations versées à la CNBF, au titre tant du régime de base que du régime complémentaire obligatoire vieillesse, et les cotisations aux régimes de prévoyance à affiliation obligatoire de l'entreprise sont soumises au même régime fiscal que les autres cotisations de retraite et de prévoyance de base et complémentaire obligatoire des salariés : voir nºs 43570 s.

Pour les **taxes et participations** sur les salaires, voir nº 90050.

CHAPITRE 13 FORMATEURS OCCASIONNELS

SOMMAIRE

A. Cotisations de sécurité sociale et prélèvements fiscaux	90430
1. Assiette forfaitaire	90450
2. Assiette réelle	90550
B. Autres cotisations	90640

90420 Les salariés dispensant occasionnellement des cours ou des conférences dans des entreprises ou organismes au titre de la formation professionnelle sont :

– soit des **travailleurs intermittents.** Dans ce cas, ils sont exclus du champ de la mensualisation (voir nº 10950) ;

– soit titulaires d'un **contrat à durée déterminée** (net-entreprises, fiche nº 2069). La mensualisation leur est alors applicable.

En effet, si la **CCN des organismes de formation** du 10-6-1988 (IDCC 1516) privilégie la conclusion de **contrats à durée indéterminée intermittents** (CDII), le recours aux **CDD d'usage** est toutefois prévu et encadré (CCN des organismes de formation du 10-6-1988 art. 5.4).

Les cotisations de sécurité sociale dues sur la rémunération des intéressés sont, sous certaines conditions, calculées sur une assiette forfaitaire.

Un **modèle de bulletin de paie** pour un formateur occasionnel intermittent est proposé nº 95310.

Sur la prise en compte des formateurs occasionnels en CDII dans l'**effectif** de l'entreprise, voir nº 18844.

> **› Précisions** Parmi les travailleurs intermittents intervenants dans le secteur, ceux qui tirent l'essentiel de leurs revenus d'une autre activité professionnelle sont **exclus** de la CCN des organismes de formation (CCN des organismes de formation du 10-6-1988 art. 1).

A. Cotisations de sécurité sociale et prélèvements fiscaux

90430 Les formateurs occasionnels dispensant des cours dans des organismes ou entreprises au titre de la formation professionnelle ou dans les établissements d'enseignement peuvent cotiser sur une assiette forfaitaire si la durée de l'activité de formation **n'excède pas** 30 jours civils **par année** et **par organisme** de formation ou d'enseignement (Arrêté ASES8701922A du 28-12-1987 art. 1) et si leur rémunération brute journalière est inférieure à 10 fois le plafond journalier de sécurité sociale (Arrêté du 28-12-1987 précité art. 3).

En cas de dépassement de l'une ou de l'autre de ces **limites,** les cotisations sont obligatoirement calculées sur la base des rémunérations réelles versées.

Lorsque l'entreprise ou l'établissement d'enseignement a appliqué à un formateur l'assiette forfaitaire et que l'activité de l'intéressé **excède,** en fait, au cours de l'année, la limite annuelle de 30 jours d'activité au niveau de cette entreprise ou établissement, il convient de procéder à **régularisation** en calculant les cotisations dues au titre de l'ensemble des interventions, sur la base des rémunérations réelles et par application de la règle du prorata applicable aux salariés à employeurs multiples, selon les modalités particulières indiquées nº 90560 (Circ. Acoss 88-18 du 12-2-1988).

Depuis le 1-1-2016, les assiettes forfaitaires de cotisations doivent être prévues par décret (CSS art. L 242-4-4), celles fixées antérieurement par arrêté n'étant en principe restées applicables que jusqu'au 31-12-2015 (Loi 2014-1554 du 22-12-2014 art. 13, III). Toutefois, dans l'attente de ce décret, l'Urssaf a indiqué sur son site que les assiettes forfaitaires des cotisations prévues par arrêté pour les formateurs occasionnels peuvent encore être appliquées (Actualité du 17-10-2017) et fait toujours état du barème actuel des assiettes forfaitaires applicable aux intéressés (Doc. Urssaf au 10-3-2023). 90435

ATTENTION

Lorsque la **rémunération est égale ou supérieure à 1,5 plafond** de la sécurité sociale correspondant à la durée du travail, l'assiette forfaitaire retenue pour le calcul des cotisations ne peut pas être inférieure à 70 % de cette rémunération (CSS art. L 242-4-4, al. 2).

1. ASSIETTE FORFAITAIRE

COTISATIONS CONCERNÉES

L'assiette forfaitaire est applicable aux cotisations patronales et salariales d'**assurances sociales** (maladie, maternité, invalidité, décès et vieillesse), d'**accidents du travail** et d'**allocations familiales** (Arrêté ASES8701922A du 28-12-1987 art. 2), ainsi qu'aux contributions **Fnal,** solidarité autonomie (Circ. Acoss 2004-113 du 8-7-2004), dialogue social (Circ. Acoss 2015-0000049 du 20-10-2015) et au **versement mobilité** (Circ. Acoss 88-18 du 12-2-1988). 90450

Pour les **contributions chômage et AGS,** voir n° 90640. Pour les cotisations de retraite complémentaire **Agirc-Arrco,** voir n° 90650.

La **CSG et la CRDS** sont calculées sur l'assiette retenue pour les cotisations de sécurité sociale. 90460

Lorsqu'elles sont précomptées sur les assiettes forfaitaires, l'abattement d'assiette pour frais professionnels de 1,75 % n'est pas applicable.

Lorsque l'**assiette réelle** est appliquée (n° 90550), la CSG et la CRDS sont calculées sur cette assiette, après application de l'abattement de 1,75 %.

L'assiette des **taxes et participations assises sur les salaires** (autres que la taxe sur les salaires) étant alignée sur celle des cotisations de sécurité sociale (C. trav. art. L 6241-1-1 et L 6331-1 ; CCH art. L 313-1), ces taxes et participations sont dues sur l'assiette forfaitaire lorsque celle-ci est appliquée pour le calcul des cotisations et sur l'assiette réelle dans le cas contraire. 90470

La **taxe sur les salaires,** dont l'assiette est alignée sur celle de la CSG (CGI art. 231), est due par les employeurs qui en sont encore redevables sur l'assiette forfaitaire, lorsque celle-ci est appliquée pour le calcul de la CSG, et sur l'assiette réelle dans le cas contraire (BOI-TPS-TS-20-10 n° 50).

Les rémunérations versées aux formateurs occasionnels sont assujetties à l'**impôt sur le revenu** dans la catégorie des traitements et salaires et doivent donner lieu au prélèvement à la source opéré par l'employeur. La base de l'impôt et celle du prélèvement à la source sont toujours déterminées à partir du montant réel des rémunérations, même au cas où les cotisations de sécurité sociale sont assises sur une base forfaitaire. C'est donc le montant réel qui doit figurer en net imposable du bulletin de paie, même en cas d'application de l'assiette forfaitaire. Pour le remplissage de la DSN, voir n° 90500.

MONTANT DE L'ASSIETTE FORFAITAIRE

L'assiette forfaitaire des cotisations dues pour l'emploi d'un formateur occasionnel est déterminée, compte tenu de la **rémunération brute journalière** du formateur, par référence au **plafond journalier** de la sécurité sociale (Arrêté ASES8701922A du 28-12-1987 art. 3). 90480

On trouvera en annexes, n° 96400, un tableau récapitulant les coefficients ainsi appliqués au plafond et, n° 96410, la valeur effective de l'assiette forfaitaire.

APPLICATION DE L'ASSIETTE FORFAITAIRE

La journée d'activité pour laquelle une assiette forfaitaire de cotisations est définie doit s'entendre de la **journée civile** (Arrêté ASES8701922A du 28-12-1987 art. 1). 90490

L'assiette forfaitaire définie par journée d'activité est applicable **quels que soient la durée de l'activité et le nombre d'interventions** du formateur au cours de cette journée. Ainsi, 2 demi-journées de formation assurées au cours de 2 jours différents donnent lieu à des cotisations calculées sur deux assiettes journalières (Circ. Acoss 88-18 du 12-2-1988).

Pour l'assiette forfaitaire à retenir en cas de versement d'une indemnité compensatrice de congés payés, voir n° 60630.

Les cotisations sont dues aux **taux** de droit commun, voir n° 96130 (Arrêté du 28-12-1987 précité art. 2).

Le calcul des cotisations de sécurité sociale sur l'assiette forfaitaire écarte l'application des dispositions relatives à la **régularisation** des cotisations (n°s 18200 s.), à la **proratisation** des cotisations plafonnées des salariés à employeurs multiples (n°s 68870 s.) et à la **réduction d'assiette** des cotisations plafonnées des salariés à temps partiel (n°s 74910 s.).

› Précisions Sur le **cumul** de l'assiette forfaitaire avec :
– les exonérations applicables dans certaines zones, voir n°s 23460 (zones de revitalisation rurale), 24070 (zones franches urbaines), 24330 (bassins d'emploi à redynamiser) et 24500 (zones de restructuration de la défense) ;
– la réduction générale de cotisations patronales de sécurité sociale, voir n° 21840 ;
– l'exonération propre aux jeunes entreprises innovantes, voir n° 22910 ;
– l'application des taux réduits de cotisation d'allocations familiales et de maladie, voir n° 22670.

90500 Aucune disposition particulière n'est à prendre en ce qui concerne les formateurs occasionnels lors de la rédaction de la déclaration sociale nominative (**DSN**). Les bases forfaitaires s'ajoutent purement et simplement aux rémunérations des autres salariés de l'entreprise, pour le décompte des cotisations dues (Circ. Acoss 88-18 du 12-2-1988). La rémunération nette fiscale et la base du **prélèvement à la source** de l'impôt sur le revenu sont en revanche à renseigner pour les montants réels. Pour les formateurs occasionnels liés par un contrat à durée déterminée, il y a lieu de pratiquer l'abattement des contrats courts sur la base de calcul du prélèvement à la source s'il est fait application du taux de prélèvement par défaut (voir n° 76220).

› Précisions Les **éléments à déclarer** en DSN sont les informations relatives au formateur occasionnel (Bloc Individu S21.G00.30), à son contrat de travail (Bloc Contrat S21.G00.40), au montant de la rémunération versée (Bloc Versement individu S21.G00.50), au montant des cotisations patronales (Bloc Base assujettie S21.G00.78) et au montant des cotisations sociales (Bloc Cotisation individuelle S21.G00.81) (net-entreprises, fiche n° 2069).

2. ASSIETTE RÉELLE

90550 Les cotisations de sécurité sociale sont calculées sur le montant des salaires effectivement versés aux formateurs occasionnels :
– lorsque les **limites** visées n° 90430 sont franchies ;
– ou lorsque l'employeur et le salarié ont d'un **commun accord** opté pour cette assiette (Arrêté ASES8701922A du 28-12-1987 art. 4).

L'application de l'assiette réelle aux cotisations de sécurité sociale entraîne de plein droit le calcul sur la même base des prélèvements cités n°s 90450 à 90470.

PLAFOND APPLICABLE

90560 Le plafond applicable lors de chaque paie correspond à la valeur mensuelle du plafond de la sécurité sociale ajustée, le cas échéant, prorata temporis en fonction de la périodicité de la paie (n°s 18000 s.).

L'employeur qui cotise sur la base des salaires réels effectivement versés aux formateurs occasionnels est autorisé à appliquer la **règle du prorata** prévue pour les salariés à **employeurs multiples.** Toutefois, pour tenir compte des difficultés d'application de cette règle dans ce cas particulier, il a été admis que, lorsque le salarié produit une attestation certifiant qu'il perçoit une **rémunération principale habituelle au moins égale au plafond** de la sécurité sociale, l'employeur accessoire est autorisé à appliquer la règle du prorata en retenant, au titre de la rémunération principale, le montant du plafond, sans qu'il soit nécessaire de s'assurer du chiffre exact de cette rémunération. Il va de soi, cependant, que l'employeur a toujours la possibilité de recourir à la règle exacte du prorata dans la mesure où les éléments nécessaires lui sont connus (Lettre Acoss 81-22 du 7-4-1981 ; Circ. 88-18 du 12-2-1988).

La **régularisation** s'opère, pour les formateurs avec lesquels l'employeur a conclu au cours de l'année plusieurs contrats à durée déterminée non consécutifs, sur la base d'un plafond tenant compte des seules périodes d'emploi (Cass. soc. 9-2-1978 n° 76-12.151 P ; 11-3-1987 n° 84-16.975 P).

B. Autres cotisations

CONTRIBUTIONS CHÔMAGE ET AGS

Dès lors qu'existe un **lien de subordination** entre l'entreprise ou l'organisme et le formateur occasionnel, les rémunérations versées à ce dernier sont assujetties aux contributions d'assurance chômage et aux cotisations AGS (Cass. 2e civ. 9-5-2019 nº 18-11.158 F-PBI). 90640

L'**assiette** de la contribution d'assurance chômage est toujours constituée par les rémunérations brutes réelles, y compris en cas d'application de l'assiette forfaitaire pour les cotisations de sécurité sociale. Il s'agit d'une dérogation au principe d'alignement de la base de calcul des contributions d'assurance chômage sur celle des cotisations de sécurité sociale (Règl. Unédic ann. VII annexé au décret 2019-797 du 26-7-2019). La même assiette s'applique à la cotisation AGS.

À notre sens, l'employeur peut, pour ces cotisations, opter pour l'application de la règle du prorata dans les conditions visées nº 90560.

COTISATIONS DE RETRAITE COMPLÉMENTAIRE

Les cotisations de retraite complémentaire **Agirc-Arrco** doivent toujours être calculées sur les rémunérations réelles, même si les cotisations de sécurité sociale sont assises sur une base forfaitaire (ANI du 17-11-2017 art. 30 étendu par arrêté SSAS1811630A du 24-4-2018). Sur le point de savoir si, lorsque les cotisations de sécurité sociale sont calculées sur une assiette forfaitaire, il est possible de bénéficier de la réduction générale des cotisations patronales au titre des cotisations de retraite complémentaire calculées sur une assiette réelle, voir nº 21830. 90650

À notre sens, l'employeur peut, pour ces cotisations, opter pour l'application de la règle du prorata dans les conditions visées nº 90560.

PARTIE 6

Comptabilisation des salaires

Après un exposé des principes généraux de comptabilisation des salaires, cette partie aborde dans le détail le traitement comptable des charges sociales patronales et des taxes et participations assises sur les salaires, puis des différentes composantes de la rémunération. **91200**

Elle est complétée par l'étude de la comptabilisation des aides à l'emploi et à la formation.

Les règles développées ci-après sont celles applicables aux personnes morales exerçant une activité commerciale au sens du Code de commerce.

En revanche, les obligations comptables simplifiées des petits commerçants personnes physiques placés sous les régimes d'imposition simplifiée ou micro-entreprises ne sont pas développées ici : se reporter au Mémento Comptable n°s 8110 s.

ATTENTION

Une comptabilité salaires **incomplète ou inexacte** expose l'employeur à une **fixation forfaitaire des cotisations** de sécurité sociale par l'inspecteur Urssaf : voir n°s 20455 s.

CHAPITRE 1

RÈGLES DE COMPTABILITÉ

SOMMAIRE

A. Principes généraux 91250
B. Écritures de paie 91360
C. Taxes et participations sur les salaires 91530
1. Taxe sur les salaires 91530
2. Financement de la formation professionnelle et de l'apprentissage 91600
3. Participation-construction 91700
4. Contribution Agefiph 91900
5. Contribution sur les indemnités de mise à la retraite 91950
6. Contribution au dialogue social 92000
7. Pénalités pour défaut d'accord d'entreprise ou de plan d'action 92050
D. Avantages, indemnités, gratifications 92130
1. Avantages en nature 92130
2. Maladie, accident, maternité et paternité 92230
3. Congés payés 92320
4. Primes et gratifications 92450
5. Indemnités diverses 92520
6. Cessation du contrat 92650
7. Autres avantages 92800
8. Détournements de fonds 92950
E. Rémunérations diverses 93050
F. Participation financière et actionnariat 93160
1. Participation aux résultats de l'entreprise 93160
2. Plans d'épargne salariale 93340
3. Intéressement 93400
4. Contribution patronale sur stock-options et actions gratuites 93490
G. Aides à l'emploi et à la formation 93550
H. Frais professionnels 93700

A. Principes généraux

EXERCICE DE RATTACHEMENT

Les charges de personnel et les cotisations sociales obligatoires à la charge de l'entreprise constituent (Bull. CNC n° 49, 4e trimestre 1981, p. 14) des charges de l'exercice au cours duquel l'activité a été génératrice des faits ou situations entraînant l'exigibilité (immédiate ou différée) de ces prélèvements. La circonstance que des cotisations bénéficient de mesures de report ou d'étalement de paiement ne permet pas de retarder leur inscription en comptabilité (Rec. ANC Covid-19, Question H3). 91250

Fiscalement, il en est de même pour les entreprises relevant d'un régime réel d'imposition des BIC, à l'exception de celles imposables selon le régime simplifié avec option pour une comptabilité super-simplifiée : voir n° 34850.

RÉMUNÉRATIONS DUES À LA CLÔTURE

Les rémunérations dues à la clôture de l'exercice, telles que les gratifications de fin d'année et autres **primes** diverses, ainsi que les charges sociales y afférentes sont, pour le montant des droits acquis à la clôture, des charges d'exploitation de l'exercice clos. 91260

Lorsque leur réalisation est certaine, elles constituent des charges à payer et sont enregistrées :
– au débit du compte 64 « Charges de personnel » (subdivisé par nature de charges) ;
– et au crédit des comptes 428 « Charges à payer » et 4386 « Organismes sociaux – Charges à payer ».

À notre avis, tel est le cas des primes pour lesquelles à la clôture de l'exercice :
– un engagement ferme et irrévocable est pris ;
– aucun engagement ferme n'a été pris, mais il existe un usage constant, au sens juridique du terme, de verser des primes, c'est-à-dire, selon la Cour de cassation, un usage constant

(au moins sur 3 années consécutives pour les avantages à périodicité annuelle), fixe (le calcul doit être effectué suivant les mêmes modalités) et général (l'ensemble du personnel ou une catégorie de salariés doivent être concernés) : voir nos 44800 s. ;
– une annonce suffisamment explicite a été faite aux salariés avant la clôture les informant qu'une prime sera versée.

> **Précisions** La sortie de ressources pour l'entreprise est en général certaine. Elle sera sans contrepartie pour l'entreprise dès lors qu'elle constitue un élément de rémunération de l'exercice écoulé. Elle est estimée en fonction des informations connues à la date d'arrêté des comptes. Compte tenu de la faible incertitude pesant sur l'échéance et le montant des primes à payer, celles-ci devraient, à notre avis, le plus souvent être constatées en charges à payer et non en provisions. En pratique, une charge à payer doit être constatée, sauf dans le cas où la prime présente un caractère exceptionnel dans son principe et n'a pas été annoncée avant la clôture de l'exercice aux salariés.

91270 Pour la comptabilisation des **congés payés** à la clôture de l'exercice, voir nos 92320 s.

EXIGIBILITÉ DES IMPÔTS ET COTISATIONS

91280 L'exigibilité des cotisations sociales et de l'impôt sur le revenu est déclenchée par la mise des rémunérations à la **disposition des bénéficiaires.** C'est pourquoi il est important de comptabiliser les sommes non mises à disposition dans un compte de charges à payer et non dans un compte ouvert au nom du bénéficiaire.

Pour plus de détails sur cette question, on se reportera aux nos 18850 s. (cotisations sociales) et 35230 s. (impôt sur le revenu et taxes et participations assises sur les salaires).

B. Écritures de paie

COMPTABILISATION DES BULLETINS DE PAIE

91360 **Rémunérations et charges salariales** Toutes les rémunérations du personnel, y compris les rémunérations allouées aux gérants majoritaires et aux administrateurs de sociétés, sont inscrites au compte 641 « Rémunérations du personnel » (PCG art. 946-64).

Les comptes prévus par le PCG sont les suivants :
– 6411. Salaires, appointements, commissions de base ;
– 6412. Congés payés ;
– 6413. Primes et gratifications ;
– 6414. Indemnités et avantages divers ;
– 6415. Supplément familial.

91370 Selon le PCG (art. 944-42), le **compte 421 « Personnel – Rémunérations dues »** est crédité des **rémunérations brutes** à payer au personnel par le débit des comptes de charges intéressés. Il est débité :
– du montant des avances et acomptes versés au personnel par le crédit du compte **425 « Personnel – Avances et acomptes »** (ce compte ayant été débité au moment du versement des avances ou acomptes, par le crédit d'un compte de trésorerie) ;
– du montant des oppositions notifiées à l'entreprise à l'encontre des membres de son personnel par le crédit du compte **427 « Personnel – Oppositions »** ;
– de la quote-part des charges sociales incombant au personnel par le crédit du compte **43 « Sécurité sociale et autres organismes sociaux »** (y compris la CSG et la CRDS) ;
– du montant du prélèvement à la source par le crédit du compte **4421 « Prélèvements à la source (impôt sur le revenu) »** (voir nos 35460 s.) ;
– du montant des règlements effectués au personnel par le crédit d'un **compte de trésorerie.**

Toutefois, à notre avis, ce schéma de comptabilisation assez lourd peut être simplifié, par enregistrement, au vu des bulletins de paie, du **montant net à payer** (et non brut) après prélèvement à la source.

Le compte 641 « Rémunérations du personnel » (montant brut) est alors débité par le crédit des comptes ouverts pour chacun des tiers bénéficiaires :
– 421. Personnel – Rémunérations dues ;
– 425. Personnel – Avances et acomptes ;
– 427. Personnel – Oppositions ;
– 431. Sécurité sociale (y compris CSG et CRDS) ;

– 437. Autres organismes sociaux (à ventiler par organisme) ;
– 4421. État – Prélèvement à la source (IR).

Il en est de même, à notre avis, de la comptabilisation des éléments de paie obtenus de l'administration dans le cadre de l'utilisation du **TESE,** voir nos 36580 s.

Charges patronales Les charges sociales patronales sont inscrites au compte **645 « Charges de sécurité sociale et de prévoyance ».** Les employeurs de 11 salariés et plus sont également redevables du forfait social à 8 % sur la part des contributions patronales de prévoyance complémentaire exonérée de sécurité sociale et assujettie à la CSG. 91380

Le **forfait social** est comptabilisé au débit du compte 6451 « Cotisations à l'Urssaf », étant versé à cet organisme, au même titre que les autres contributions patronales, par le crédit du compte 4386 « Organismes sociaux – Autres charges à payer ».

ATTENTION

Depuis le 1-9-2022, les entreprises exerçant dans certains secteurs d'activité sont soumises à un système de **bonus-malus** pour le calcul de leur **contribution chômage.** Le taux des cotisations dues est modulé en fonction du taux de séparation, calculé sur une période de trois ans d'après le nombre de fin de contrats ou missions d'intérim assorties d'une inscription à Pôle emploi. Mais l'augmentation du taux de séparation qui permet d'anticiper une hausse des cotisations au cours des années à venir n'autorise pas la constatation d'une provision dans les comptes.

Les comptes prévus par le PCG pour les cotisations patronales sont les suivants :
– 6451. Cotisations à l'Urssaf ;
– 6452. Cotisations aux mutuelles ;
– 6453. Cotisations aux caisses de retraite ;
– 6454. Cotisations chômage et AGS ;
– 6458. Cotisations aux autres organismes sociaux ;

Traitement de la paie Le traitement de la paie fournit pour un mois les éléments suivants : 91390

EXEMPLE

Rémunérations brutes	
Salaires, appointements et commissions de base	220 000
Primes sur appointements	11 000
Gratifications sur salaires	2 000
Indemnités	12 000
Total des rémunérations brutes	245 000
Charges salariales	
Retenues sécurité sociale sur salaires et appointements	– 20 000
Retraite complémentaire T1 et T2 (dont CEG et CET) et Apec	– 14 500
Complémentaire santé/mutuelle	– 1 000
CSG déductible de l'IR (245 000 × 98,25 % × 6,80 %)	– 16 368
CSG non déductible de l'IR (245 000 × 98,25 % × 2,40 %)	– 5 777
CRDS non déductible de l'IR (245 000 × 98,25 % × 0,5 %)	– 1 203
Saisie-arrêt	– 300
Déductions d'acomptes versés	– 30 000
Net à payer avant PAS	155 852
IR prélevé à la source	– 15 000
Net à payer en euros	140 852
Charges patronales	
Sécurité sociale salaires et appointements	42 000
Cotisations chômage et AGS	10 000
Retraite complémentaire T1 et T2 et Apec	20 700
Complémentaire santé/mutuelle	1 400
Autres contributions patronales (Fnal, contribution au dialogue social, forfait social, CSA, versement mobilité)	2 000
Total	76 100

Écritures de paie

	D	C
6411 Salaires, appointements et commissions de base	220 000	
6413 Primes sur appointements	11 000	
6413 Gratifications sur salaires	2 000	
6414 Indemnités	12 000	
431 Urssaf[1]		43 348
4372 Caisse de retraite complémentaire Agirc-Arco		14 500
4374 Complémentaire santé/mutuelle		1 000
427 Oppositions		300
425 Avances et acomptes au personnel		30 000
4421 Prélèvements à la source (impôt sur le revenu)		15 000
421 Rémunérations dues (selon livre de paie folio x)		140 852
6451 Charges de sécurité sociale sur salaires et appointements	42 000	
6452 Complémentaire santé/mutuelle	1 400	
6453 Caisse de retraite complémentaire	20 700	
6454 Cotisations chômage et AGS	10 000	
633 Autres contributions patronales	2 000	
431 Urssaf		54 000
4372 Caisse de retraite complémentaire (suivant calcul des charges sociales)		20 700
4374 Complémentaire santé/mutuelle		1 400

1. 43 348 = 20 000 (retenues SS) + 22 145 (CSG) + 1 203 (CRDS).

ARRONDIS

91410 La règle d'**arrondi** des cotisations recouvrées par les organismes sociaux donne lieu à une écriture complémentaire de régularisation, pour solde des comptes des tiers.

Les différences d'arrondi sont :
– soit débitées au compte **658 « Charges diverses de gestion courante »** ;
– soit créditées au compte **758 « Produits divers de gestion courante »**.

PÉNALITÉS

91420 Les pénalités, majorations ou intérêts de retard payés aux organismes sociaux sont normalement considérés comme ayant un caractère exceptionnel et sont enregistrés au compte **6712 « Pénalités, amendes fiscales et pénales »** prévu par le PCG. Toutefois, si l'entreprise retarde délibérément le paiement de certaines cotisations dans le but de financer ses besoins de trésorerie, il pourrait être envisagé de classer les pénalités parmi les charges financières.

Fiscalement, ces pénalités sanctionnant le non-respect d'obligations légales, elles doivent être réintégrées au résultat imposable conformément à l'article 39, 2 du CGI.

AMÉNAGEMENT DU TEMPS DE TRAVAIL

91430 Lorsque la rémunération mensuelle est liée à l'horaire réel (pas de lissage), il n'y a dans ce cas aucun traitement comptable particulier.

En revanche, lorsque la rémunération mensuelle est indépendante de l'horaire réel, deux situations sont possibles :

1. Il n'est prévu ni reversement de la part du salarié ni paiement complémentaire de la part de l'entreprise ; aucune régularisation comptable particulière n'est nécessaire ;

2. Il est prévu un reversement de salaire ou un paiement complémentaire en cas de déconnexion entre salaire versé et temps de travail réel effectué sur la période annuelle de modulation ou de rupture du contrat. Dans ce cas sont comptabilisés :
– en cours d'exercice, les salaires versés,
– à la clôture de l'exercice, une charge constatée d'avance ou une charge à payer selon que l'horaire réel effectué avant la clôture est inférieur ou supérieur à l'horaire moyen.

RÉDUCTION GÉNÉRALE : LES RÉGULARISATIONS DOIVENT ÊTRE PROVISIONNÉES

Le montant de la réduction générale de cotisations patronales (réduction Fillon) étant calculé par année civile et par salarié, la CNCC s'est prononcée sur les modalités de prise en compte de la réduction « Fillon » quand une entreprise clôture ses comptes annuels en cours d'année civile. 91440

Par référence au PCG (art. 321-1 et 323-6), la CNCC estime qu'il convient :
– d'apprécier à la clôture de l'exercice tous les éléments de rémunération qui peuvent venir impacter, à la hausse comme à la baisse, l'évaluation de la réduction « Fillon » ;
– de comptabiliser si nécessaire une provision charge à payer, dès lors que le montant de la régularisation peut être déterminé de manière fiable.

En principe, les **entreprises de travail temporaire** n'ont aucune provision pour rétrocession aux entreprises utilisatrices à comptabiliser au titre des allégements de charges patronales dont elles bénéficient, sauf engagement contractuel (Avis Cass. n°s 15003 et 15002 du 3-3-2014).

C. Taxes et participations sur les salaires

1. TAXE SUR LES SALAIRES

La taxe sur les salaires (étude d'ensemble aux n°s 31350 s.) est enregistrée : 91530
– au débit du compte 6311 « Taxe sur les salaires » ;
– par le crédit du compte 447 « Autres impôts, taxes et versements assimilés ».

À la clôture de l'exercice, la taxe restant à payer sur les salaires portés en charge de l'exercice est créditée :
– soit au compte 447, précité ;
– soit au compte 448 « État – Charges à payer » (PCG art. 946-63) ;
– par le débit du compte 6311 « Taxe sur les salaires ».

Fiscalement, cette taxe est déductible de l'exercice de sa comptabilisation, qu'elle soit afférente à des salaires déjà versés au cours de l'exercice ou à des salaires restant dus à la clôture de l'exercice et pour lesquels l'entreprise a pris un engagement ferme.

2. FINANCEMENT DE LA FORMATION PROFESSIONNELLE ET DE L'APPRENTISSAGE

UNE CONTRIBUTION UNIQUE À LA FORMATION PROFESSIONNELLE ET À L'ALTERNANCE

Tous les employeurs participent au financement de la formation professionnelle et de l'apprentissage, d'une part, en finançant directement des actions de formation de leurs salariés, notamment dans le cadre du plan de développement des compétences et, d'autre part, en versant une contribution unique à la formation professionnelle et à l'alternance, constituée, en pratique, de la taxe d'apprentissage et de la contribution à la formation professionnelle. Certains employeurs doivent en outre verser une contribution supplémentaire à l'apprentissage et une contribution dédiée au financement du compte personnel de formation pour les titulaires d'un contrat à durée déterminée. Le recouvrement de ces contributions est assuré par les Urssaf depuis le 1-1-2022. 91600

Ces contributions font l'objet d'une **étude d'ensemble** aux n°s 30800 s.

Contribution à la formation professionnelle (CFP) La contribution est comptabilisée en impôts, taxes et versements assimilés dans le compte **6333 « Contribution unique des employeurs à la formation professionnelle ».** 91610

Elle constitue une charge de la période au cours de laquelle les salaires servant de base à son calcul sont dus. Le montant de la **contribution** qui sera versé aux Urssaf au cours du **mois suivant la clôture de l'exercice** donne lieu à la constatation d'un passif par le crédit du compte 431 « Sécurité sociale » et le débit du compte 6333.

Taxe d'apprentissage La taxe d'apprentissage constitue une charge de la période au cours de laquelle les salaires servant de base à son calcul sont dus (année N). 91620

S'agissant de la **part principale** de la taxe, le versement mensuel est comptabilisé au compte **6333 « Contribution unique des employeurs à la formation professionnelle »** et, à la clôture de l'exercice, il convient de constater un passif correspondant au montant à verser au cours du mois suivant par le crédit du compte 431 « Sécurité sociale » et le débit du compte 6333. Les dépenses déductibles de cette part principale sont comptabilisées dans les comptes de charges correspondant à leur nature.

Le **solde de la taxe d'apprentissage,** qui a pour objet de financer le développement des formations initiales technologiques et professionnelles, hors apprentissage, fait l'objet d'un versement unique avec la DSN établie au titre du mois d'avril de l'année suivant celle au titre de laquelle il est dû. Il donne lieu à la constatation d'un passif à la clôture par le crédit du compte 438 « Organismes sociaux – Charges à payer » et le débit du compte 6335 « Versements libératoires ouvrant droit à l'exonération de la taxe d'apprentissage ». C'est également à ce compte qu'il convient d'enregistrer les dépenses libératoires effectuées avant la clôture, par le biais de subventions aux CFA.

91630 **Contribution supplémentaire à l'apprentissage** Les redevables de la taxe d'apprentissage qui emploient **au moins 250 salariés** sont également susceptibles d'être assujettis à la contribution supplémentaire à l'apprentissage (CSA), destinée à favoriser la formation en alternance.

Comme la taxe d'apprentissage, cette contribution constitue **une charge de la période** au cours de laquelle les salaires servant de base à son calcul sont dus. Il en résulte que, pour les entreprises clôturant au 31 décembre, un passif doit être enregistré au crédit du compte 438 « Autres organismes sociaux – Charges à payer » par le débit du compte 6337 « Contribution supplémentaire à l'apprentissage » (à créer).

DÉPENSES ENGAGÉES EN COURS D'EXERCICE

91635 **Dépenses de formation** Les dépenses de formation directement engagées par l'entreprise (avec ou sans contrepartie pour elle) peuvent être comptabilisées :
– en autres services extérieurs dans le compte 622 « Rémunérations d'intermédiaires et honoraires » lorsque les formations sont réalisées par un organisme formateur extérieur ;
– selon la nature des dépenses pour les formations réalisées en interne (par exemple : comptes 641 « Rémunérations du personnel », 645 « Charges de sécurité sociale et de prévoyance », 6251 « Voyages et déplacements »).

ATTENTION

L'article 213-8 du PCG offre aux entreprises la possibilité d'exercer une option pour la comptabilisation des **frais externes de formation nécessaires à la mise en état d'utilisation d'une immobilisation** comme un élément de son coût de revient. En l'état actuel des textes réglementaires, l'exercice de cette option nécessite à notre avis un retraitement extra-comptable afin de déduire ces frais du résultat imposable de l'exercice de leur engagement.

ÉCRITURES D'AJUSTEMENT EN FIN D'EXERCICE

91650 En cas de défaut ou insuffisance de versement, l'employeur s'expose à des majorations qui sont comptabilisées au compte 6338 « Autres ».

COMPTE PERSONNEL DE FORMATION (CPF)

91660 Les frais de formation et les rémunérations des salariés concernés par les formations réalisées dans le cadre du CPF continuent d'être engagés par l'entreprise et comptabilisés selon leur nature, puis remboursés à hauteur des droits acquis par les salariés.

En l'absence de texte précisant le traitement comptable du CPF, il est, à notre avis, possible de retenir celui qui avait été défini par le comité d'urgence du CNC pour le DIF (Avis CU 2004-F du 13-10-2004). Ainsi, en principe, aucune provision ne doit être constituée au titre du CPF, les frais de formation ayant une contrepartie pour l'entreprise.

Toutefois, une **provision** devrait être constituée lorsque les frais de formation n'ont pas de contrepartie pour l'employeur, en cas de démission ou de licenciement, si le salarié demande à utiliser le CPF pendant son préavis et sur son temps de travail.

Le montant de la charge à payer sera égal au montant résiduel non pris en charge par la Caisse des dépôts et consignations.

ATTENTION

Les employeurs d'au moins 50 salariés doivent verser un **abondement correctif au CPF** d'un montant de 3 000 € s'ils n'ont pas satisfait à leurs obligations d'assurer un entretien professionnel tous les deux ans (distinct de l'entretien d'évaluation), un entretien récapitulatif du parcours professionnel tous les six ans et de faire bénéficier le salarié d'une formation non obligatoire. Cet abondement est dû lorsque le salarié est présent dans l'entreprise à la date prévue pour l'entretien « bilan ».

Pour les salariés dont la période de six ans s'est achevée au cours de l'exercice, l'entreprise constate une dette correspondant à l'abondement à verser.

Pour les salariés dont la période de six ans n'est pas achevée à la clôture, la CNCC a indiqué (EC 2021-34 du 24-5-2022) qu'une **provision** peut être constatée pour faire face à cet abondement correctif dès le **premier manquement constaté.** Le montant de la provision peut être déterminé de manière **statistique,** en fonction de l'effectif des salariés concernés et du taux de rotation du personnel. Sous réserve de la fiabilité du calcul statistique réalisé, cette provision est à notre avis déductible du **résultat imposable.**

La **contribution 1 % CPF-CDD,** destinée au financement du compte personnel de formation des salariés employés dans le cadre d'un CDD, est, comme la contribution unique, comptabilisée au débit du compte 6333 « Contribution unique des employeurs à la formation professionnelle » (ou 6313 en cas d'insuffisance de paiement).

3. PARTICIPATION-CONSTRUCTION

PRINCIPE

Cette participation fait l'objet d'une **étude d'ensemble** aux n°s 33320 s. Les employeurs qui occupent au moins 50 salariés doivent consacrer, chaque année, une somme égale à 0,45 % des salariés payés au cours de l'année précédente au financement d'actions dans le domaine du logement, en particulier du logement des salariés. **91700**

CONSTATATION DE LA CHARGE

Elle constitue une charge de la période au cours de laquelle les salaires servant de base à son calcul sont dus (année N) et non de l'exercice au cours duquel elle est exigible (année N + 1). **91710**

Il convient d'enregistrer en charges à payer, par le crédit du compte 4386 « Organismes sociaux – Charges à payer » et par le débit du compte **6334 « Participation des employeurs à l'effort de construction »,** la fraction de la cotisation relative aux salaires de l'exercice qui présente le caractère d'une **charge.**

ATTENTION

Fiscalement, cette charge n'est déductible, en tant que provision, que si, à la clôture de l'exercice, l'entreprise a pris l'engagement irrévocable de verser une subvention, porté à la connaissance de l'organisme bénéficiaire : voir n°s 34500 et 34920. Elle doit figurer sur le relevé détaillé des charges comptabilisées comme charges à payer qui ont la nature fiscale d'une provision.

Aucune écriture ne doit être enregistrée pour la fraction que l'entreprise sait devoir investir sous forme de **prêts** aux salariés, prêts à des organismes collecteurs, etc. **91720**

Si l'entreprise n'a pas pris de décision sur la forme de son versement, il convient de prendre en compte la politique qu'elle suit habituellement pour se libérer de son obligation. Une charge à payer devra alors être constatée pour le montant total de la participation s'il est probable que l'entreprise ne se libérera pas de ses obligations par des investissements (en ce sens, Bull. CNCC n° 43, septembre 1981 p. 394).

ATTENTION

Fiscalement, la charge demeure dans cette situation purement éventuelle à la clôture de l'exercice et ne peut donc pas être provisionnée.

COMPTABILISATION DES VERSEMENTS

Les comptes sont débités en fonction des modalités de versement retenues : **91730**

- subventions : débit du compte 6334 « Participation des employeurs à l'effort de construction » (ou du compte 4386 pour solder la charge à payer comptabilisée en N – 1) ;
- prêts aux salariés : compte 2743 « Prêts au personnel » ;
- prêts sans intérêts à des organismes collecteurs : compte 2748 « Autres prêts » ;
- amélioration de logements locatifs : compte 2135 « Installations générales, agencements, améliorations des constructions » ;
- construction directe de logements : compte 213188 « Constructions – Autres ensembles affectés à des opérations non professionnelles ».

RÉGULARISATIONS EN FIN D'EXERCICE

En cas d'**insuffisance** de dépenses libératoires, l'employeur est redevable d'une cotisation de 2 % calculée sur les salaires versés au cours de N – 1. Cette cotisation est comptabilisée au 31-12-N : **91740**

- au débit du compte 4386 « Organismes sociaux – Autres charges à payer » pour 0,45 % du montant des rémunérations versées si la charge a été comptabilisée en N – 1 ;

– au débit du compte 6334 « Participation des employeurs à l'effort construction » dans le cas contraire ;
– par le crédit du compte 4486 « État – Charges à payer ».

Fiscalement, la cotisation de 2 % est intégralement déductible du résultat imposable.

Si les dépenses libératoires sont **excédentaires,** cet excédent, bien que reportable extra-comptablement sur l'imprimé de déclaration, constitue une charge de l'exercice et ne peut être imputé en charge payée d'avance.

CONSEIL

Toutefois, dans le cas particulier où une entreprise aurait fait un effort important d'investissement au cours d'une année civile, l'ensemble de la charge (et non pas le montant de l'excédent) pourrait, à notre avis, être éventuellement **étalé** si cet effort ne devait pas se répéter les années suivantes.

CHANGEMENT D'AFFECTATION DES VERSEMENTS DES EXERCICES PRÉCÉDENTS

91750 Il s'agit, en particulier, de la transformation d'un prêt en subvention : le **compte 6334** est débité par le crédit du compte initialement débité (2743 ou 2748).

Fiscalement, cette charge est déductible des résultats de l'exercice au cours duquel la décision de transformation est intervenue.

4. CONTRIBUTION AGEFIPH

91900 La contribution pour défaut de réalisation de l'obligation d'emploi de travailleurs handicapés versée à l'Agefiph doit, à notre avis, être comptabilisée (par analogie, par exemple, avec la cotisation pour défaut d'investissement obligatoire dans la construction) au débit du compte **637 « Autres impôts, taxes et versements assimilés (autres organismes) ».** Elle est fiscalement déductible.

5. CONTRIBUTION SUR LES INDEMNITÉS DE MISE À LA RETRAITE

91950 Ces indemnités sont assujetties à une contribution à la charge de l'employeur.

Cette contribution est comptabilisée comme suit :
– à la clôture de l'exercice, elle est prise en compte dans l'évaluation des indemnités de départ à la retraite qui font l'objet d'une provision, soit d'une mention dans l'annexe ;
– lors de son versement, elle est inscrite, à notre avis, au débit du compte **6378 « Autres impôts et taxes et versements assimilés (autres organismes) – Taxes diverses ».**

Fiscalement, la contribution est déductible du résultat imposable.

6. CONTRIBUTION AU DIALOGUE SOCIAL

92000 Une contribution patronale de 0,016 % dédiée au financement d'un fonds paritaire incluant les organisations syndicales de salariés et les organisations professionnelles d'employeurs est due sur les salaires versés par tous les employeurs de droit privé et employeurs de droit public pour leur personnel embauché dans les conditions de droit privé.

Elle est, à notre avis, à comptabiliser en **6338 « Impôts, taxes et versements assimilés sur rémunérations (autres organismes) – Autres »** et constitue une charge de la période au cours de laquelle les rémunérations assujetties ont été versées.

7. PÉNALITÉS POUR DÉFAUT D'ACCORD D'ENTREPRISE OU DE PLAN D'ACTION

92050 Parmi ces pénalités figurent :
– la pénalité pour défaut d'accord d'entreprise ou de plan d'action en faveur de l'égalité hommes-femmes : voir n° 3520 ;
– la pénalité pour défaut d'accord d'entreprise ou de plan d'action relatif à la prévention des risques professionnels.

Comptablement, ces pénalités constituent des charges à inscrire, à notre avis, selon l'organisme chargé du recouvrement, au débit du compte **6318** « Impôts, taxes et versements assimilés sur rémunérations – Administration des impôts » **ou 6338** « Impôts, taxes et versements assimilés sur rémunérations (autres organismes) – Autres », par le crédit du compte de tiers correspondant à l'organisme concerné.

Fiscalement, ces pénalités, sanctionnant le non-respect d'une obligation légale, sont non déductibles (CGI art. 39-2).

D. Avantages, indemnités, gratifications

1. AVANTAGES EN NATURE

Bien qu'en principe les entreprises doivent inscrire en comptabilité les avantages en nature (CGI art. 54 bis), l'administration fiscale admet, en l'absence de rubrique distincte au compte de résultat, qu'elles peuvent s'abstenir de les comptabiliser. 92130

Cette **dérogation** est subordonnée à deux conditions :
– indication des avantages en nature dans les colonnes appropriées de la DSN (Autres éléments de revenu brut) ;
– établissement d'un document état extra-comptable qui doit être tenu à la disposition du service des impôts, comportant, soit pour chaque bénéficiaire (s'il s'agit d'avantages particuliers), soit globalement (s'il s'agit d'avantages collectifs), l'indication du montant, par catégorie, des avantages en nature alloués au cours de l'exercice.

CONSEIL

À notre avis, dans certains cas particuliers, l'entreprise peut cependant avoir intérêt à **comptabiliser les avantages en nature** afin d'en faciliter le suivi.

Exemples :
– logement du personnel ;
– avantages en nature des dirigeants ;
– avantages en nature de l'exploitant individuel.

MÉTHODES DE COMPTABILISATION

Les charges étant comptabilisées selon leur nature et non selon le bénéficiaire, plusieurs méthodes nous semblent pouvoir être utilisées. 92140

Méthode du dédoublement des comptes Les charges constituant l'avantage en nature sont comptabilisées selon leur classement comptable normal et une écriture complémentaire enregistre, pour mémoire, l'avantage en nature. 92150

EXEMPLE

Un salarié est logé par l'entreprise ; le montant du loyer constituant l'avantage en nature s'élève à 9 000 €.

Écriture n° 1 : paiement du loyer par l'entreprise

	Débit	Crédit
– Débit compte 613 « Locations »	9 000	
– Crédit compte 51 « Banque »		9 000

Écriture n° 2 : constatation de l'avantage en nature

	Débit	Crédit
– Débit compte 6417 « Avantages en nature »	9 000	
– Crédit compte 6418 « Avantages en nature »		9 000

Dans les secteurs où les avantages en nature sont importants, il peut être intéressant de les faire figurer au compte de résultat **en charges de personnel.** 92160

L'écriture n° 2 (voir exemple ci-dessus n° 92150) sera alors modifiée par la création d'un compte correcteur de charges 791 « Transferts de charges d'exploitation » :
– débit du compte 6417 « Avantages en nature » ;
– crédit du compte 791 « Transferts de charges d'exploitation ».

Création d'un sous-compte Le secrétariat du CNC (Bull. n° 36-02) avait préconisé (sauf pour les entreprises hôtelières) la création d'un **sous-compte de « Charges de personnel »** correspondant aux fonctions exercées dans l'entreprise par le personnel bénéficiaire. À notre avis, il pourrait s'agir du compte 6417, qui sera débité : 92170
– soit par le crédit des comptes de charges qui ont été normalement débités ;

– soit, pour les avantages qui n'ont donné lieu qu'à un enregistrement partiel ou à aucun enregistrement (montant de l'avantage différent du montant payé, logement gratuit…), par le crédit du compte 708 « Produits des activités annexes » ou par le crédit d'un compte 791X « Prestations fournies sous forme d'avantages en nature au personnel » (subdivision à créer du compte 791 « Transferts de charges d'exploitation »).

> **Précisions** **a.** Pour l'**hôtellerie,** ce compte est remplacé par le compte 726 « Production consommée ».
> **b.** Bien que les **plans comptables professionnels** soient caducs en application d'une décision du collège de l'ANC en date du 8-2-2019, les entreprises peuvent adapter leur plan de comptes aux spécificités de leur secteur d'activité pour enregistrer leurs opérations.

92175 EXEMPLE

Un salarié est logé dans un appartement dont l'entreprise est propriétaire. Le montant de l'avantage en nature est évalué à 600 € ; la facture d'électricité également à la charge de l'entreprise est de 200 €.

Écriture n° 1 : paiement de l'électricité par l'entreprise

– Débit compte 606 « Achats non stockés »	200	
– Crédit compte 51 « Banque »		200

Écriture n° 2 : constatation de l'avantage en nature

– Débit compte 6417 « Avantages en nature »	800	
– Crédit compte 606 « Achats non stockés »		200
– Crédit compte 708 « Produits des activités annexes » ou compte 791X « Prestations fournies sous forme d'avantages en nature au personnel »		600

AVANTAGES ALLOUÉS PAR LE COMITÉ SOCIAL ET ÉCONOMIQUE (CSE)

92180 Les avantages en nature alloués, le cas échéant, par le comité sont assujettis aux cotisations sociales et subissent le même traitement comptable que les avantages alloués directement par l'entreprise. Celle-ci est en droit de réclamer au comité le remboursement des charges sociales acquittées pour son compte : voir n° 41830.

2. MALADIE, ACCIDENT, MATERNITÉ ET PATERNITÉ

92230 Dans le cas de maintien total ou partiel du salaire par l'employeur en cas de maladie, maternité, paternité ou accident, le salarié renonce, en principe, à percevoir directement les indemnités de sécurité sociale, l'employeur étant alors subrogé dans les droits du salarié vis-à-vis des organismes sociaux.

En pratique, deux situations peuvent se présenter :

– **1er cas** : l'employeur ne fait pas l'avance des indemnités journalières et régularise lors de la réception des indemnités ;

– **2e cas** : l'employeur fait l'avance au salarié des indemnités journalières, ce qui entraîne un décalage entre le moment où il fait l'avance des frais et le moment où il les récupère, ce décalage concernant à la fois les indemnités journalières et les charges de sécurité sociale (acquittées normalement sur le salaire maintenu puis récupérées du fait de l'exonération des indemnités).

SI L'EMPLOYEUR NE FAIT PAS L'AVANCE DES INDEMNITÉS JOURNALIÈRES

92240 Il n'y a aucune écriture spécifique à prévoir. L'employeur comptabilise au débit du compte 641 « Rémunérations du personnel » le salaire correspondant à la différence entre le salaire maintenu et l'estimation des indemnités journalières que touchera le salarié.

SI L'EMPLOYEUR FAIT L'AVANCE DES INDEMNITÉS JOURNALIÈRES

92250 **En cours d'exercice** À notre avis, comme le précisait l'ancien PCG (p. II.39), il convient de constater, dès le mois où le salarié est absent, la créance égale au montant des **indemnités journalières avancées** que l'entreprise détient envers les organismes sociaux :

– le compte 4387 « Organismes sociaux – Produits à recevoir » est alors débité par le crédit du compte 641 « Rémunérations du personnel ». Cette écriture permet de supprimer le

décalage entre la charge supportée par l'entreprise lors du paiement du salaire et la réception des indemnités journalières. Par ailleurs, cela facilite le suivi des encaissements des prestations ;
– le compte 4387 « Organismes sociaux – Produits à recevoir » sera crédité par le débit d'un compte de trésorerie lors de la réception des indemnités par l'entreprise ;
– le compte 641 « Rémunérations du personnel » sera débité au moment des écritures de paie.

Il ne nous paraît pas utile de régulariser, lors de chaque paie, les **cotisations sociales** sur les avances d'indemnités journalières ; celles-ci se trouveront minorées automatiquement lors du paiement par les caisses sociales.

En fin d'exercice S'il subsiste des **indemnités journalières** avancées aux salariés et non encore perçues des organismes sociaux, aucune écriture comptable ne doit être enregistrée, les décalages étant neutralisés comptablement dès l'absence du salarié (voir ci-dessus n° 92250). 92260

Il nous semble souhaitable d'opérer une régularisation des **charges sociales** à récupérer dans la mesure où les **montants sont significatifs.**

Le compte 486 « Charges constatées d'avance » est alors débité par le crédit des comptes de charges concernés. Cette écriture est extournée soit à l'ouverture de l'exercice suivant, soit lors du paiement des indemnités journalières.

Avance des indemnités : régularisation 92270

EXEMPLE

Soit une entreprise clôturant ses comptes avec l'année civile. Un salarié est absent pour maladie du 20 au 31 décembre de l'année N.

Salaire brut de décembre N	2 000 €
Charges patronales	500 €
Charges salariales	300 €
Indemnités journalières estimées	1 000 €
Indemnités journalières perçues en janvier N + 1	950 €
Salaire brut de janvier N + 1	2 400 €
Charges patronales (en tenant compte de l'exonération sur 950 € de base)	362 €
Charges salariales	360 €

Écritures

– En **cours d'exercice** (exemple au mois de décembre N)

Débit	compte 4387 « Organismes sociaux – Produits à recevoir »	1 000	
Crédit	compte 641 « Rémunérations du personnel »		1 000

Constatation des indemnités à recevoir

Débit	compte 641 « Rémunérations du personnel »	2 000	
	compte 645 « Charges de sécurité sociale »	500	
Crédit	compte 431 « Sécurité sociale »		800[1]
	compte 421 « Personnel – Rémunérations dues »		1 550[2]
	compte 4421 « Prélèvement à la source »		150

1. 800 = 500 (charges patronales) + 300 (charges salariales).
2. 1 550 = 2 000 (salaire brut) – 300 (charges salariales) – 150 (PAS).

– À la **clôture** de l'exercice (31 décembre N)

Débit	compte 486 « Charges constatées d'avance »	250	
Crédit	compte 645 « Charges de sécurité sociale »		250

Régularisation des charges patronales incluses dans les indemnités non encore reçues à ce jour

– Au mois de **janvier N + 1**

Débit	compte 512 « Banque »	950	
	compte 641 « Rémunérations du personnel »	50	
Crédit	compte 4387 « Organismes sociaux – Produits à recevoir »		1 000

Perception des indemnités

Débit	compte 645 « Charges de sécurité sociale »	250	
Crédit	compte 486 « Charges constatées d'avance »		250

Extourne de la régularisation sur charges sociales

Débit	compte 641 « Rémunérations du personnel »	2 400	
	compte 645 « Charges de sécurité sociale »	362	
Crédit	compte 431 « Sécurité sociale »		722[1]
	compte 421 « Personnel – Rémunérations dues »		1 890[2]
	compte 4421 « Prélèvement à la source »		150

Salaire janvier selon journal des salaires

1. 722 = 362 (charges patronales) + 360 (charges salariales).
2. 1 890 = 2 400 (salaire brut) – 360 (charges salariales) – 150 (PAS).

3. CONGÉS PAYÉS

PRINCIPE

92320 La loi reconnaît à tout salarié un droit à congé payé annuel à la charge de l'employeur : voir nos 59150 s.

CONSTATATION DE LA CHARGE

92330 Les comptes d'un exercice doivent comporter le montant des indemnités de congés payés acquises à la clôture de l'exercice ainsi que les charges sociales et fiscales correspondantes.

Selon le bulletin CNCC (no 63, septembre 1986, p. 319 s.), s'abstenir de les comptabiliser peut aboutir à établir des comptes ne donnant pas une image fidèle si la dette est substantielle (son caractère significatif s'apprécie, par exemple, en fonction de l'effectif de l'entreprise – critère retenu par la CNCC).

Que la dette soit substantielle ou non, son absence constitue une irrégularité comptable à signaler à la plus prochaine assemblée générale et à mentionner dans le rapport général.

COMPTABILISATION DE LA CHARGE

92340 La comptabilisation peut avoir lieu :
- soit chaque mois ;
- soit lors de la prise des congés payés avec régularisation à la clôture de l'exercice.

CONSEIL

Il est conseillé d'utiliser un compte spécial pour l'enregistrement des provisions pour indemnités de congés payés. À notre avis, une subdivision du compte 6412 (6412X) pourrait être utilisée pour enregistrer les congés provisionnés.

92350 **Comptabilisation mensuelle** À la **fin de chaque mois,** les droits acquis sont comptabilisés :
- au débit du compte 6412X « Congés payés provisionnés » (subdivision du 6412) ;
- au crédit d'une subdivision du compte 4886 « Compte de répartition périodique des charges ».

Lors de la **prise des congés,** l'écriture générale mensuelle de la paie enregistre le montant de l'indemnité de congés payés :
- au débit du compte d'abonnement 4886 qui se substitue au compte 6412 « Congés payés » ;
- au crédit du compte 421 « Rémunérations dues au personnel ».

À la **clôture de l'exercice,** les indemnités de congés restant à payer sont provisionnées en fonction du salaire qui sera perçu par le salarié, déterminé compte tenu des informations connues à la date d'établissement des comptes, telles que les prévisions d'augmentation par exemple, ou la modification du bénéficiaire du droit en cas de don de jours de congés. Les charges sociales doivent également tenir compte des évolutions connues : augmentations de taux, du plafond de la sécurité sociale.

Le compte 4886 est alors soldé :
– par le crédit du compte 4282 « Dettes provisionnées pour congés à payer » ;
– et éventuellement par le débit du compte 6412X « Congés payés provisionnés » pour tenir compte de l'évolution prévisible des rémunérations non incluses dans le montant de l'abonnement mensuel.

En **début d'exercice suivant,** le compte 4282 est soldé par le crédit du compte 4886.

CONSEIL

L'évaluation des provisions pour congés à payer doit être réalisée sur la base du salaire futur qui sera versé durant la prise du congé dès lors que son montant peut être déterminé avec fiabilité à la date d'arrêté des comptes.

Comptabilisation non mensuelle Elle est opérée, d'une part, lors de la prise de congés payés et, d'autre part, à la clôture de l'exercice. 92360

Lors de la **prise des congés,** l'écriture générale mensuelle de la paie distingue le montant correspondant à des salaires :
– débit du compte 6411 « Salaires, appointements » et le montant correspondant aux indemnités de congés payés ;
– débit du compte 6412 « Congés payés ».

À la **clôture de l'exercice,** les indemnités de congés sont provisionnées comme indiqué ci-dessus.

Elles sont comptabilisées :
– au débit du compte 6412X « Congés payés provisionnés » ;
– par le crédit du compte 4282 « Dettes provisionnées pour congés à payer ».

Fiscalement, les indemnités de congés payés sont en **principe** déductibles du résultat de l'exercice au titre duquel elles sont acquises. Toutefois, les entreprises qui ont opté, avant 1987, pour le **régime dérogatoire** de **déduction des indemnités lors de leur versement** restent tenues de respecter cette règle de rattachement (CGI art. 39, 1, 1° bis). Dans cette situation, les provisions comptabilisées à la clôture de l'exercice sont réintégrées au résultat imposable.

CHARGES SOCIALES ET FISCALES

Les différentes charges sociales et fiscales peuvent, à notre avis, être comptabilisées de deux manières différentes selon le degré de précision dans leur calcul. 92370

Estimation détaillée Les charges sociales et fiscales : 92380
– sont débitées dans leur compte respectif : comptes 645, 631, 633 ;
– par le crédit des comptes 4382 « Charges sociales sur congés à payer » et 4482 « Charges fiscales sur congés à payer ».
Cette méthode est peu pratiquée lorsqu'il s'agit de constitution de provisions.

Estimation précise globale des charges sociales et fiscales Il est possible de procéder par estimation précise globale, d'une part, des charges sociales et, d'autre part, des charges fiscales. 92390

Les charges **sociales** sont débitées à un sous-compte, créé pour la circonstance, 6455 « Charges sociales sur congés payés », par le crédit du compte 4386 « Charges à payer – Sécurité sociale et autres organismes ».

Les charges **fiscales** sont débitées à un sous-compte créé pour la circonstance (par exemple, 632 « Charges fiscales sur congés payés ») par le crédit du compte 4486 « Charges à payer – État et autres collectivités publiques ».

Cette méthode est la plus couramment utilisée. Toutefois, en pratique, dans la majorité des entreprises, une seule écriture centralise la provision pour charges sociales et fiscales.

RÉGULARISATION DES INDEMNITÉS ET CHARGES SUR EXERCICE SUIVANT

Au cours de l'exercice N + 1, les charges constatées lors de l'exercice N sont portées respectivement au crédit des comptes où elles avaient été débitées et au débit des comptes où elles avaient été créditées. 92400

4. PRIMES ET GRATIFICATIONS

PRIMES DIVERSES

92450 Les primes et gratifications telles que :
- primes d'ancienneté ;
- primes d'assiduité ;
- 13e mois ;
- primes de rendement ou de productivité ;
- primes pour travail de nuit ;
- primes versées à l'occasion d'un événement particulier, etc., considérées comme des rémunérations, font partie intégrante du salaire brut et sont soumises à cotisations sociales.

Elles sont enregistrées au débit du compte **6413 « Primes et gratifications ».** Ce compte peut être subdivisé en sous-comptes pour les besoins de la gestion de l'entreprise.

MÉDAILLES DU TRAVAIL

92460 Lorsque l'accord ou la convention prévoit que l'employeur verse une gratification au salarié lors de l'attribution d'une médaille du travail, la charge est comptabilisée, à notre avis, au compte **647 « Autres charges sociales ».**

En application du règlement CRC 00-06 sur les passifs (PCG art. 322-1 et 322-2), les médailles du travail doivent faire l'objet d'une provision, indépendamment des provisions pour retraite, à la fois dans les comptes individuels et consolidés. Cette provision est calculée d'après les effectifs présents dans l'entreprise, en fonction de la **probabilité** qu'ils atteignent l'ancienneté nécessaire à l'obtention de la médaille et en fassent la demande.

La provision est constituée au crédit du compte **158 « Autres provisions pour charges ».**

Fiscalement, cette provision est déductible dès lors que son montant est déterminé sur la base d'une méthode statistique appropriée.

AVANTAGES OCTROYÉS À DES SALARIÉS PAR DES TIERS

92470 L'avantage ou la somme versé à un salarié par une entreprise qui n'est pas son employeur, en contrepartie d'une activité accomplie dans l'intérêt de ladite entreprise, constitue une **rémunération** soumise dès le premier euro à certaines cotisations et contributions sociales : voir nos 45850 s.

Malgré l'absence de contrat de travail entre l'entreprise tierce et les salariés, les avantages octroyés étant considérés comme des éléments de rémunération, ils sont, à notre avis, à comptabiliser en **charges de personnel,** de même que les charges sociales correspondantes.

5. INDEMNITÉS DIVERSES

INDEMNITÉ DE REPOS COMPENSATEUR

92520 Les droits acquis par les salariés qui ont effectué des heures supplémentaires au cours des deux derniers mois de l'exercice sont, à notre avis, de même nature que l'indemnité de congés payés et constituent une charge de l'exercice. Ils doivent donner lieu à provision à la clôture de l'exercice.

Fiscalement, cette provision est déductible, indépendamment du régime dont relève l'entreprise pour la déduction des indemnités de congés payés (voir no 92360).

COMPTE ÉPARGNE-TEMPS

92530 Comptablement, à notre avis, les **provisions** pour charges de personnel constituées dans le cadre du compte épargne-temps (nos 72230 s.) sont constatées dans une subdivision du compte 428 « Personnel – Charges à payer », qui est alimenté en fonction des modalités de financement du compte épargne-temps prévu par la convention ou l'accord collectif :
- soit par le débit d'un compte de charges de personnel (par exemple, alimentation par une fraction de l'augmentation individuelle du salaire) ;
- soit par le transfert de dettes provisionnées pour charges de personnel normalement constituées (par exemple, pour les congés payés ou l'intéressement).

CONSEIL

Les charges sociales patronales afférentes à l'indemnité sont, à notre avis, également à transférer en même temps que l'indemnité dans un compte de dettes sociales provisionnées (compte 4386 « Charges à payer – Sécurité sociale et autres organismes sociaux »).

À la clôture de l'exercice, l'indemnité est réévaluée en fonction de l'évolution de la rémunération des salariés. L'augmentation en résultant est enregistrée dans un compte de charges de personnel, les charges sociales correspondantes donnant lieu à un complément de provisions. 92540

Lors du **versement de l'indemnité** : 92550
– le compte 428 « Personnel – Charges à payer » est débité par le crédit du compte 421 « Rémunérations dues au personnel », du compte 431 « Sécurité sociale » (pour les retenues de sécurité sociale, la CSG et la CRDS) et du compte 4421 « Prélèvement à la source » (pour l'IR) ;
– le compte 4386 « Charges à payer – Sécurité sociale et autres organismes sociaux » est débité par le crédit des comptes 431 « Sécurité sociale » et 437 « Autres organismes sociaux ».

RÉDUCTION DU TEMPS DE TRAVAIL

Lorsque l'entreprise a réduit la durée du travail en octroyant des **jours de repos** aux salariés, une charge à payer est comptabilisée à raison des jours de repos acquis et non utilisés à la clôture et des charges sociales y afférentes, y compris lorsque ceux-ci sont portés sur un compte épargne-temps. 92560
Fiscalement, cette charge à payer est déductible indépendamment du régime applicable à l'entreprise pour la déduction des indemnités de congés payés.

INDEMNITÉS D'INTEMPÉRIES

La caisse de congés payés du **bâtiment** est habilitée à couvrir directement les risques d'intempéries. En conséquence, les avances et les remboursements correspondant à ces risques s'enregistrent au débit d'un compte de tiers 437 « Autres organismes sociaux » ouvert au nom de la caisse de congés payés. 92570
Toutefois, dans la mesure où l'entreprise garderait à sa charge une quote-part des avances ou remboursements effectués aux salariés, elle serait enregistrée dans un compte de salaires 6414 « Indemnités et avantages divers » (Rép. Liot : Sén. 17-9-1969). Cette charge est soumise à un régime social et fiscal spécifique, puisqu'elle échappe aux cotisations sociales ainsi qu'aux taxes et participations assises sur les salaires mais est soumise à l'impôt sur le revenu au nom des bénéficiaires. C'est pourquoi il est en pratique utile de l'isoler dans les comptes en créant une subdivision du compte 6414.

ACTIVITÉ PARTIELLE

Le système d'activité partielle permet, sous certaines conditions, de compenser partiellement la perte de salaire résultant de la fermeture temporaire de l'établissement ou d'une réduction de l'horaire habituel de travail en deçà de la durée légale du travail : voir étude d'ensemble n°s 67930 s. 92580

Au plan comptable, l'**indemnité versée au salarié** par l'entreprise au titre de l'activité partielle constitue une charge à comptabiliser, à notre avis, dans le compte 6414 « Indemnités et avantages divers ». 92585

Le paiement de cette indemnité doit être comptabilisé au débit du compte 421 « Rémunérations dues » par le crédit du compte de trésorerie concerné.

ATTENTION
Alors même que les mesures d'activité partielle sont annoncées avant la clôture de l'exercice, elles ne devraient donner lieu à aucune provision. En effet, la mise en activité partielle comporte une contrepartie pour l'entreprise, consistant en la faculté de redémarrer l'activité avec du personnel disponible et formé dès que les conditions économiques le permettent. En outre, les salariés n'ont aucun droit acquis à la clôture de l'exercice d'être payé sans travail effectif.

L'**allocation d'activité partielle** versée par l'État à l'employeur en compensation de cette indemnité versée au salarié doit, à notre sens, être comptabilisée au débit du compte 443 « Opérations particulières avec l'État » par le crédit du compte de charges 6414 dès que la prise en charge par l'État est acquise. Il n'y a pas lieu d'attendre le remboursement effectif par l'État. 92587

> Précisions Les entreprises qui ont recours à l'activité partielle dans le cadre du dispositif d'**autorisation tacite** (n° 67975) peuvent comptabiliser le produit dès qu'elles sont en mesure de présenter une demande de compensation répondant aux conditions de fond et de forme exigées par l'administration.

INDEMNITÉS D'EXPATRIATION

Elles s'assimilent à des rémunérations et nous paraissent devoir être enregistrées au débit des comptes **64 « Charges de personnel ».** 92600

6. CESSATION DU CONTRAT

INDEMNITÉS DE PRÉAVIS

92650 Qu'il s'agisse de licenciement ou de démission, cette indemnité se substitue au salaire durant la période de préavis. Elle est comptabilisée comme un salaire au débit du compte 6411.

À la clôture de l'exercice, deux cas peuvent se présenter :

– il est prévu que le **préavis soit effectué** : aucune écriture comptable ne doit être enregistrée ;

– le préavis **ne sera pas effectué** : l'indemnité ainsi que les charges patronales y afférentes doivent alors être constatées en charges à payer (voir n° 91260).

INDEMNITÉ DE PRÉCARITÉ DES CDD

92660 L'indemnité est comptabilisée au compte **6414 « Indemnités et avantages divers ».**

À la clôture de l'exercice, dès lors qu'il est probable que l'employeur aura à verser l'indemnité de précarité, une provision doit être constituée (PCG art. 322-2). Une provision sera ainsi à comptabiliser dans la majorité des cas, dès le début du CDD, de façon mensuelle, sur la base de 10 % de la rémunération perçue par le salarié.

ATTENTION

En revanche, fiscalement, la CAA de Versailles a refusé la déduction de cette provision au motif que le versement de l'indemnité a selon elle un caractère éventuel dans la mesure où l'employeur peut en être dispensé dans certaines situations (CAA Versailles 22-1-2013 n° 11VE02776).

INDEMNITÉS DE LICENCIEMENT

92670 **Licenciement prononcé avant la clôture de l'exercice** Conformément à l'article 322-10 du PCG, un licenciement prononcé avant la clôture de l'exercice entraîne la constatation d'une charge déductible du résultat de cet exercice, même si l'indemnité n'est versée qu'au cours de l'exercice suivant, à la fin de la période de préavis, par exemple.

1er cas : l'entreprise **connaît le montant exact des indemnités** de licenciement.

Le montant est alors comptabilisé :

– au débit d'un compte de charges de personnel (par exemple, compte 6414 ou subdivision de ce compte) ;

– au crédit d'un compte de charges à payer (compte 4686).

2e cas : l'entreprise **ne connaît pas** le montant exact des indemnités ou le licenciement donne lieu à une procédure de **contentieux.**

Les indemnités sont alors déduites par la constitution d'une provision pour litige en cas de procédure contentieuse (compte 1511 « Provisions pour litiges »), ou d'une provision pour charges dans les autres cas (compte 158 « Autres provisions pour charges »).

92680 La charge a, à notre avis, un caractère de **charge d'exploitation** si le licenciement est isolé.

Lorsque le licenciement est collectif, ou significatif par rapport à l'activité de l'entreprise, elle devrait constituer également une charge d'exploitation dès lors que l'objectif du plan de licenciement est d'adapter les effectifs aux besoins de l'activité. Elle devrait en revanche pouvoir être comptabilisée en **charge exceptionnelle** si ce plan n'est pas lié à l'exploitation courante de l'entreprise.

92690 Le maintien temporaire de la garantie prévoyance, désormais gratuit pour les anciens salariés, est en général intégralement financé par mutualisation et le coût intégré à celui des contributions payées sur les rémunérations des salariés en activité (voir nos 67030 s.). Dans ce cas, la rupture du contrat de travail n'entraîne pas d'obligation de constituer une charge à payer ou une provision à la clôture.

92700 **Licenciement annoncé avant la clôture de l'exercice** Si un **plan de licenciement** a été annoncé par la direction au comité social et économique, une **provision pour charges** (compte 158 « Autres provisions pour charges ») doit être constituée à la clôture de l'exercice dès lors que ce plan est suffisamment formalisé et qu'il n'y a pas de délai important prévu avant le début des licenciements.

Un plan de sauvegarde de l'emploi décidé et annoncé aux représentants du personnel crée une obligation. Il doit, par conséquent, être provisionné, même lorsqu'il peut encore faire l'objet de modifications.

ATTENTION

Fiscalement, les provisions destinées à faire face à des indemnités de licenciement économique ne sont pas déductibles : sont concernées les indemnités légales ou conventionnelles et celles versées dans le cadre d'un plan de sauvegarde de l'emploi.

S'agissant d'un **licenciement individuel,** une provision doit être constituée dès lors que la lettre de convocation du salarié à l'entretien préalable a été envoyée avant la date de clôture de l'exercice. 92705

Licenciement probable mais non annoncé à la clôture de l'exercice 92710
Aucune provision ne peut être constituée à la clôture, car l'entreprise ne s'est pas engagée à cette date à mettre fin aux contrats de travail concernés.

AIDE À LA RÉINSERTION

Lors d'un licenciement, l'entreprise peut s'engager à prendre en charge des sommes versées à un cabinet de conseil en réinsertion professionnelle (« **outplacement** »). À notre avis, ces dépenses devraient donner lieu à la constitution d'une **provision** en même temps et selon les mêmes conditions que les autres charges et indemnités liées au licenciement. 92720

INDEMNITÉ DE RUPTURE CONVENTIONNELLE HOMOLOGUÉE

Sur le plan comptable, le traitement de l'indemnité de rupture (n° 64220) suit, à notre avis, celui des **indemnités de licenciement.** 92730
Elle est, à notre avis, à provisionner dès la date de signature de la convention par les parties. En l'absence d'homologation, la provision devra être reprise.
Fiscalement, la provision comptabilisée est déductible du résultat imposable.

INDEMNITÉ DE RUPTURE CONVENTIONNELLE COLLECTIVE

Sur le plan comptable, le traitement de l'indemnité de rupture conventionnelle collective suit celui des **indemnités de licenciement.** Une provision pourra être constatée en général, dès que l'accord collectif est signé et sans attendre la validation par la Dreets. 92735

INDEMNITÉS DE DÉPART À LA RETRAITE

Le montant total de l'indemnité de départ à la retraite est enregistré, à notre avis, comme du **salaire** : 92740
– au débit du compte 6414 « Indemnités et avantages divers » et, pour les charges sociales correspondantes, s'il y a lieu, au débit des comptes de charges concernés ;
– par le crédit des comptes 43 et 42 concernés.
Il n'y a pas lieu de distinguer :
– les parties taxables ou non ;
– les indemnités légales ou conventionnelles ;
– les indemnités concernant les dirigeants ou le personnel.
Si le versement de l'indemnité se trouvait **décalé sur l'exercice suivant,** il conviendrait de constater une charge à payer sur l'exercice de départ effectif à la retraite.
Si cette indemnité avait fait l'objet d'une **provision** lorsque le salarié était actif, il conviendrait de faire une reprise de provision, qui à notre avis aurait un caractère d'exploitation (compte 781).

ATTENTION

Fiscalement, les indemnités de départ à la retraite sont déductibles lorsqu'elles sont dues, mais les provisions destinées à y faire face ne sont pas déductibles.

CONTRIBUTION DES EMPLOYEURS EN CAS DE RUPTURE DU CONTRAT DE TRAVAIL

Les dispositifs concernés sont : 92750
– la contribution spécifique sur les avantages de certains régimes de préretraite d'entreprise due à l'Urssaf. Elle est enregistrée dans le compte 6378 « Autres impôts, taxes et versements assimilés (autres organismes) – Taxes diverses » ;
– la contribution au financement de l'allocation versée dans le cadre d'un contrat de sécurisation professionnelle. Cette contribution est enregistrée en charges dans le compte 6338 « Impôts, taxes et versements assimilés sur rémunérations (autres organismes) ».

Ces charges étant sans contrepartie pour l'entreprise, elles doivent entrer dans le calcul de la **provision pour licenciement.**

7. AUTRES AVANTAGES

TITRES-RESTAURANT

92800 Aucun compte n'a été prévu par le plan comptable pour l'enregistrement des titres-restaurant.

Il nous paraît devoir les comptabiliser de la manière suivante :

1° Lors de l'**achat** : le montant des titres achetés est débité au compte 437 « Autres organismes sociaux » par le crédit d'un compte financier ;

2° Lors de leur **remise au personnel** : le compte 437 est crédité par le débit du compte 647 « Autres charges sociales » pour la part à la charge de l'entreprise et le débit du compte 421 « Rémunérations dues au personnel » (ou d'un compte financier selon les cas) pour la part incombant au salarié.

Lorsque des prestations sont facturées par le fournisseur, elles doivent être comptabilisées, à notre avis, dans le même **compte 647.**

AIDES AUX SERVICES À LA PERSONNE

92810 Les entreprises peuvent faire bénéficier leurs salariés et, dans certains cas, leurs mandataires sociaux, d'une aide financière au titre des services à la personne, qui est exonérée de cotisations sociales dans la limite d'un montant maximal fixé à 2 301 € par année civile et par bénéficiaire depuis le 1er janvier 2023.

Il convient, à notre avis, de comptabiliser ces aides dans le compte **647 « Autres charges sociales ».**

> **Précisions** En cas de remise des **Cesu,** il convient également, à notre avis, par analogie avec le traitement du titre-restaurant, de comptabiliser les écritures suivantes :
> – lors de l'achat :
> • débit du compte 437 « Autres organismes sociaux »,
> • par le crédit d'un compte de trésorerie ;
> – lors de leur remise au personnel, le compte 437 « Autres organismes sociaux » est crédité par le débit selon le cas :
> • du compte 421 « Rémunérations dues au personnel » ou d'un compte financier pour la part à la charge des salariés,
> • et du compte 647 « Autres charges sociales » pour la part restant à la charge de l'employeur.

FRAIS DE DÉMÉNAGEMENT

92820 Si le collaborateur a été mis dans l'obligation de déménager pour des **motifs professionnels,** à la suite, par exemple, d'une réforme des structures de l'entreprise (ouverture d'un nouvel établissement, décentralisation), l'intéressé n'a nullement bénéficié d'un avantage et il convient de passer le montant de la facture au débit du compte **6255 « Frais de déménagement ».**

Si le collaborateur a déménagé pour **convenances personnelles** et si le montant de la facture de déménagement a fait l'objet d'une retenue sur son salaire, l'entreprise n'a, en définitive, subi aucune charge. En revanche, si le montant de la facture n'a pas été déduit du salaire versé au collaborateur, le compte **6114 « Indemnités et avantages divers » peut être utilisé.**

CHÈQUES-VACANCES

92830 La contribution de l'employeur aux chèques-vacances constitue, à notre avis, une charge sociale à porter au débit du **compte 647,** de même que les charges sociales patronales y afférentes.

POURBOIRES

92840 Leur comptabilisation s'impose pour des raisons fiscales au regard de l'impôt sur les bénéfices et au regard de la TVA.

Il convient de distinguer deux cas.

1. Pourboires **encaissés et répartis par l'employeur.**

Lors de l'enregistrement des recettes, l'employeur constate les pourboires à répartir au débit d'un compte de trésorerie par le crédit du compte (à créer) 4261 « Service au pourcentage à répartir » (et un compte de TVA collectée).

Lors de la répartition du montant brut des pourboires, le compte 4261 est alors débité par le crédit du compte 421 « Rémunérations dues au personnel ».

Il est en outre nécessaire à notre avis de réincorporer le montant des pourboires aux frais de personnel en débitant le compte 643 « Service au pourcentage réparti » et, simultanément, au chiffre d'affaires, en créditant le compte 7068 « Service au pourcentage revenant au personnel ».

2. Pourboires encaissés **directement par le personnel.**

L'employeur doit dans ce cas évaluer les pourboires et les enregistrer au débit du compte 643 par le crédit du compte 7068 et du compte de TVA collectée, comme indiqué ci-dessus.

> **› Précisions** Certains **pourboires versés en 2022 et 2023** bénéficient d'une exonération de cotisations sociales, de taxes assises sur les salaires et d'impôt sur le revenu pour le bénéficiaire, conformément à l'article 5 de la loi 2021-1900 du 30-12-2021 (voir nos 54530 s.)

PRÊTS AU PERSONNEL

Ils sont comptabilisés au compte **2743 « Prêts au personnel »,** même s'ils sont effectués dans le cadre de la participation-construction et quelle que soit leur durée. **92850**

VÊTEMENTS DE TRAVAIL

Achetés pour être utilisés par les salariés de l'entreprise, ils nous paraissent devoir être, selon les cas, soit débités au **compte 6022** s'ils sont stockés, soit débités au **compte 606** dans le cas contraire. **92860**

TRANSPORT DOMICILE-TRAVAIL

La quote-part des dépenses réelles de transport des salariés, prise en charge par l'employeur, constitue à notre avis une charge sociale à porter au débit du **compte 647.** Une subdivision peut être créée à cet effet. **92870**

Cette prise en charge peut couvrir le coût des titres d'abonnement de transport en commun, et sous la forme d'une **prime de transport,** tout ou partie des frais de carburant, d'alimentation de véhicules électriques, de véhicules hybrides rechargables ou de véhicules à hydrogène. L'employeur peut également prendre en charge certains frais de déplacement à vélo, en covoiturage ou faisant appel à d'autres services de mobilité partagée dans le cadre d'un « **forfait mobilités durables** » (voir no 57520 s.).

Les entreprises soumises à l'IS qui mettent gratuitement à la disposition de leurs salariés une flotte de vélos pour leurs déplacements domicile-travail bénéficient d'une **réduction d'impôt** égale aux frais générés dans la limite de 25 % du prix d'achat ou de location de la flotte (CGI art. 220 undecies A).

> **ATTENTION**
> Si l'entreprise **acquiert directement les titres** de transport, ils sont enregistrés au débit du compte de charges sociales, qui est ensuite crédité de la quote-part mise à la charge du salarié.

FONDS VERSÉS AU COMITÉ SOCIAL ET ÉCONOMIQUE (CSE)

Les budgets versés par l'entreprise au comité sont calculés sur la base de la **masse salariale.** **92880**

Cette masse salariale sociale correspond aux montants adressés mensuellement à l'Urssaf dans le cadre de la DSN de l'entreprise.

Elle comprend :
- les salaires ou gains soumis à cotisations sociales ;
- les primes et gratifications ;
- les indemnités de congés payés et de préavis ;
- les avantages en nature ;
- les cotisations salariales.

À l'inverse, elle ne comprend pas les indemnités versées à l'occasion de la rupture du contrat de travail à durée indéterminée, ni les sommes attribuées dans le cadre de la participation ou de l'intéressement.

En **cours d'exercice,** les sommes versées par une entreprise au CSE et destinées à financer les actions entreprises dans l'intérêt direct du personnel de l'entreprise sont à enregistrer : **92890**
- au débit du compte 6472 « Versements aux comités d'entreprise et d'établissement » ;
- par le crédit d'un compte de trésorerie.

Si l'entreprise met des moyens en personnel à la disposition du comité, aucune écriture particulière ne doit, à notre avis, être comptabilisée, même dans le cas où ces charges donnent lieu à réduction de la subvention. Les charges seront comptabilisées normalement par nature dans l'entreprise et un **suivi extra-comptable** permettra de calculer le montant de cette réduction.

À la **clôture de l'exercice,** il convient de régulariser le montant des subventions en débitant le compte 6472 du montant de la charge restant à payer pour l'exercice par le crédit du compte 422 « Comités d'entreprise, d'établissement… ».

PENSIONS DE RETRAITE

92900 Les versements de compléments de retraite (pensions) à d'anciens salariés, ou à leurs ayants droit, sont comptabilisés au compte **6414 « Indemnités et avantages divers »** par le crédit d'un compte de trésorerie. Il est recommandé de créer une subdivision du compte 6414 pour identifier le montant des pensions versées, compte tenu de leur statut au regard des cotisations sociales.

8. DÉTOURNEMENTS DE FONDS

92950 Les détournements de fonds commis par un membre du personnel au préjudice de l'entreprise constituent des **charges exceptionnelles.**

Si le salarié établit une reconnaissance de dette, le détournement ne constitue pas une perte, mais une créance acquise et doit figurer à l'actif du bilan. Toutefois, si l'employeur doute de son recouvrement effectif auprès du salarié, il peut alors constituer une **provision.**

Fiscalement, les détournements de fonds des salariés sont déductibles s'ils ont été commis à l'insu des dirigeants. En revanche ils ne sont pas déductibles en cas de carence manifeste des dirigeants dans l'organisation de l'entreprise ou dans la mise en place de procédures de contrôle interne.

E. Rémunérations diverses

DIRIGEANTS DE SOCIÉTÉ

93050 **Quel que soit leur régime fiscal ou social,** les rémunérations perçues par les dirigeants de société, liés à la firme par un contrat de travail, constituent des charges de personnel à inscrire au compte **641 « Rémunérations du personnel ».**

Les rémunérations fixes annuelles allouées aux administrateurs ou membres du conseil de surveillance (anciens **jetons de présence**) doivent être comptabilisées :

– au débit du compte 653 « Jetons de présence » et du compte 6451 « Cotisations à l'Urssaf », pour le forfait social ;

– par le crédit du compte 402 « Dettes d'exploitation diverses », pour le montant des rémunérations fixes annuelles, et du compte 431 « Sécurité sociale – Urssaf », pour le montant du forfait social.

STAGIAIRES

93060 Bien que les stagiaires ne soient pas titulaires d'un contrat de travail, il nous semble que les indemnités de stage peuvent être enregistrées au débit du compte **64 « Charges de personnel »** et non au débit du compte 621 « Personnel extérieur à l'entreprise » (en ce sens, Bull. CNC n° 72, 3e trimestre 1987).

DÉTACHEMENT DANS UN GROUPE

93070 À l'intérieur d'un groupe, certaines sociétés peuvent être amenées à détacher du personnel auprès des sociétés mères, sœurs ou filiales.

a. Comptabilisation chez la **société qui détache** le personnel.

La société est liée contractuellement avec les salariés ; elle enregistre les **rémunérations** correspondantes dans le compte 64 « Charges de personnel ».

La **refacturation** des rémunérations constitue un produit à enregistrer, à notre avis, au crédit du compte 7084 « Mise à disposition de personnel facturée ».

b. Comptabilisation chez la **société qui utilise** le personnel.

La refacturation des charges de personnel détaché doit être enregistrée :

– au débit du compte 6214 « Personnel détaché ou prêté par l'entreprise » ;

– par le crédit du compte 451 « Groupe ».

En l'absence de contrat de travail, l'entreprise qui utilise le personnel ne peut, en aucun cas, inscrire les sommes versées au compte 64.

ENTREPRISES INDIVIDUELLES

Il convient de distinguer : 93080
– le **conjoint salarié** de l'exploitant : si le conjoint de l'exploitant exerce une activité effective au sein de l'entreprise, et perçoit un salaire correspondant au salaire normal de sa catégorie professionnelle, la rémunération et les charges sociales qui en découlent sont comprises dans les frais de personnel (comptes 641 et 645) ;
– et les **autres membres salariés de la famille** de l'exploitant : lorsque les membres de la famille ont la qualité de salariés, les rémunérations et charges sociales doivent être comprises dans les frais de personnel (comptes 641 et 645).

F. Participation financière et actionnariat

1. PARTICIPATION AUX RÉSULTATS DE L'ENTREPRISE

MODALITÉS DE COMPTABILISATION

Le PCG (art. 946-69, 944-42 et 941-16) prescrit le schéma de comptabilisation suivant. 93160

Exercice N : à la clôture de l'exercice au titre duquel les droits des salariés sont nés, la participation est inscrite en charges à payer :
– au crédit du compte 4284 « Dettes provisionnées pour participation des salariés aux résultats de l'entreprise » ;
– par le débit du compte 691 « Participation des salariés aux résultats de l'entreprise ».

Fiscalement, cette charge ne deviendra déductible qu'à la clôture de l'exercice suivant (CGI. art. 237 bis A, I). La charge comptabilisée doit donc être réintégrée pour la détermination du résultat fiscal : voir n° 47630.

> **› Précisions** La charge relative au **forfait social** (nos 27320 s.) dans les entreprises d'au moins 50 salariés est à comptabiliser, à notre avis, au débit du compte 6451 « Cotisations à l'Urssaf » par le crédit du compte 4386 « Charges à payer – Sécurité sociale et autres organismes sociaux ».

Exercice N + 1 : lorsque les comptes ont été approuvés par l'assemblée générale des actionnaires (ou à la date de validité du contrat si elle est postérieure à celle de l'assemblée), la dette envers les salariés est : 93170
– débitée au compte 4284 « Dettes provisionnées pour participation des salariés aux résultats de l'entreprise ». Si le montant débité est différent du montant préalablement crédité, les ajustements nécessaires sont effectués par le débit ou le crédit d'une subdivision (à créer) du compte 691 ;
– par le crédit des comptes 4246 « Participation des salariés aux résultats de l'entreprise – Réserve spéciale » et 431 « Sécurité sociale – Urssaf » pour le montant de la CSG et de la CRDS précomptées.

Le compte 4386 « Charges à payer – Sécurité sociale et autres organismes sociaux » est débité du forfait social par le crédit du compte 431 « Sécurité sociale – Urssaf ».

En cours d'exercice N + 1 : lors de l'utilisation des fonds, le compte 4246 est débité. Les comptes crédités sont différents selon l'utilisation des fonds. 93180

OPTION POUR LE VERSEMENT IMMÉDIAT

Les sommes versées aux bénéficiaires ayant exercé cette option suivent le même régime social que celles bloquées mais, pour les bénéficiaires, elles sont **imposables** à l'impôt sur le revenu : voir n° 47700. 93190

UTILISATION DES FONDS

En cas d'**attribution d'actions de l'entreprise** par incorporation de réserves au capital : crédit du compte 101 « Capital social » et du compte 104 « Primes liées au capital social ». 93200

En cas d'**attribution d'actions rachetées par l'entreprise** : crédit du compte 502 « Actions propres ». 93210

Lors du rachat, les actions ont été enregistrées au débit de ce compte.

À noter que la différence entre le prix de rachat et la valeur à retenir au titre de la participation constitue une charge ou un produit exceptionnel à inscrire, à notre avis, aux comptes 7783 « Boni provenant du rachat par l'entreprise d'actions et d'obligations émises par elle-même » ou 6783 « Mali provenant du rachat par l'entreprise d'actions et d'obligations émises par elle-même ».

93220 En cas de **création d'un fonds dans l'entreprise** : crédit du compte 1662 « Fonds de participation ».

Dans ce cas, les intérêts courus pendant la durée de blocage des fonds sont provisionnés à la clôture de chaque exercice et portés :
– au crédit du compte 16886 « Intérêts courus sur participation des salariés aux résultats de l'entreprise » ;
– par le débit, à notre avis, d'un compte de charges financières, par exemple dans une subdivision à créer du compte 6611 « Intérêts des emprunts et dettes ».

CONSEIL

Le PCG n'aborde pas ce point, mais il ne nous paraît pas possible de porter ces intérêts au débit du compte 691 « Participation des salariés », s'agissant de rémunérations de sommes laissées en principe pendant cinq ans à la disposition de l'entreprise.

93230 En cas de **versement à des organismes de placement étrangers à l'entreprise** : crédit du compte de trésorerie concerné.

Ce versement doit être effectué avant le dernier jour du cinquième mois suivant la clôture de l'exercice au titre duquel la participation est attribuée.

93240 En cas d'**achat d'actions de Sicav ou de versement au dépositaire du fonds commun de placement, dans le cadre du plan d'épargne d'entreprise** (voir nº 49630) ou du **Perco** : crédit du compte de trésorerie concerné.

93250 L'éventuel reliquat de fonds, non attribué par suite de l'existence d'un plafond pour chaque bénéficiaire, est maintenu au compte 4246.

Les frais de gestion de l'organe gérant les fonds déposés, pris en charge par l'entreprise, sont débités au compte 628 « Charges externes diverses ».

Lorsque les fonds **n'ont pas pu être utilisés par suite d'absence d'accord** entre employeurs et salariés, ils sont crédités au compte 1661 « Comptes bloqués ».

LORSQUE LES FONDS VONT DEVENIR DISPONIBLES

93260 À la clôture de l'exercice précédant celui au cours duquel les fonds deviennent disponibles, la **dette de l'entreprise** inscrite au compte 166 doit être mentionnée dans les dettes **venant à échéance au cours de l'exercice suivant.** Il convient de mentionner dans l'annexe (disposition ayant le caractère d'une recommandation) :
– le montant des actions non négociables de l'entreprise détenues par les salariés dans le cadre de leur participation aux bénéfices ;
– le montant de la part de la « réserve spéciale » de participation utilisée hors de l'entreprise au cours de l'exercice.

FONDS GÉRÉS PAR L'ENTREPRISE

93270 Lorsque les **fonds deviennent disponibles,** ils sont débités au compte 1662 « Fonds de participation » par le crédit du compte 4248 « Comptes courants ».

Lors du **versement des fonds aux salariés,** le compte 4248 est débité par le crédit du compte de trésorerie concerné et du compte 442 « État – Impôts et taxes recouvrables sur des tiers » (pour le montant des prélèvements sociaux précomptés sur les intérêts, à verser au service des impôts).

Lorsqu'un salarié qui a quitté l'entreprise ne peut être joint à sa dernière adresse, les fonds sont, après un certain délai, remis à la Caisse des dépôts et consignations, où ils sont tenus à la disposition du salarié jusqu'au terme de la prescription, lorsque la participation a été placée au sein de l'entreprise dans un fonds qu'elle doit consacrer à des investissements (voir nº 47390).

La remise des fonds à la Caisse des dépôts et consignations est débitée au compte 4248 par le crédit du compte de trésorerie.

BILAN ET COMPTE DE RÉSULTAT

93280 **Au bilan** :
– la charge à payer (compte 4284) et la réserve spéciale (compte 4246) sont comprises dans les dettes sociales (système de base) et dans les autres dettes (système développé) ;
– les comptes bloqués (compte 1661) et le fonds de participation (compte 1662) sont des dettes financières.

Au compte de résultat, la participation figure sur une ligne spéciale après les charges exceptionnelles.

SUPPLÉMENT DE PARTICIPATION

La loi offre la possibilité de verser un supplément de participation (C. trav. art. L 3324-9), voir n° 46550. 93290

Ce supplément de participation bénéficie des mêmes avantages sociaux et fiscaux que la participation. La décision de l'entreprise de verser un supplément de participation peut être prise postérieurement à la date de clôture. Aucun passif, dette ou provision, ne devrait à ce titre être comptabilisé au titre de l'exercice clos. Une **provision** est toutefois justifiée si l'entreprise s'engage, avant la clôture, à verser un supplément de participation, en cas de résultat conforme aux attentes par exemple, ou si un tel versement relève d'une pratique constante.

ATTENTION

Fiscalement, conformément au principe suivant lequel la participation n'est déductible qu'au titre de l'exercice au cours duquel elle est répartie, la provision comptabilisée dans cette situation n'est pas déductible.

2. PLANS D'ÉPARGNE SALARIALE

L'**abondement** de l'entreprise à la constitution pour les salariés d'un portefeuille de valeurs mobilières dans le cadre des plans d'épargne d'entreprise ou interentreprises et des Perco constitue (PCG art. 444/42) une charge de personnel : 93340

– à débiter au compte 647 « Autres charges sociales » pour le montant de l'abondement et au compte 645 « Charges de sécurité sociale » pour le forfait social dans les entreprises d'au moins 50 salariés ;

– par le crédit, d'une part, du compte 431 « Sécurité sociale – Urssaf » pour les montants de la CSG et de la CRDS précomptées et du forfait social, d'autre part, du compte 421 « Rémunérations dues » pour le montant de l'abondement diminué de la CSG et de la CRDS.

Cette charge n'a pas, à notre avis, le même caractère que la participation des salariés, car elle est indépendante des résultats de l'entreprise et ne bénéficie qu'aux salariés qui décident de souscrire au plan.

Les abondements de l'employeur au PEE des salariés dont l'objet est la souscription à l'augmentation de capital ainsi que les abondements aux PER sont traités de la même façon, quelle que soit la forme du contrat.

Si la **clôture de l'exercice** intervient entre le versement du salarié et le versement de l'abondement, ce dernier doit donner lieu à une comptabilisation en **charges à payer.** En revanche, si le salarié n'a pas encore pris sa décision, la dette d'abondement nous paraît éventuelle et n'a pas, dans ce cas, à donner lieu à provision. 93350

L'entreprise prend généralement à sa charge les **frais de gestion** du plan d'épargne. Ils sont alors comptabilisés au débit du compte 628 « Divers ».

3. INTÉRESSEMENT

MODALITÉS DE COMPTABILISATION

Les sommes versées dans le cadre de l'intéressement n'ont pas le même caractère que la participation des salariés. L'intéressement peut être indépendant des résultats et peut ne pas concerner tous les salariés (voir étude d'ensemble n°s 48000 s.). 93400

À notre avis, à défaut de précision des organismes compétents, le schéma de comptabilisation suivant peut être appliqué.

À la **clôture de l'exercice,** les sommes dues constituent des charges à payer à comptabiliser au crédit du compte 4286 « Autres charges de personnel à payer » par le débit : 93410

– soit, si l'on privilégie **la nature comptable des charges,** d'un compte de charges de personnel 6414 « Indemnités et avantages divers » ou 648 « Autres charges de personnel » ;

– soit, si l'on privilégie **la nature économique,** d'une subdivision à créer du compte 69 à présenter après le résultat exceptionnel sur une ligne spécifique, comme la participation des salariés.

Il convient également, comme pour la participation aux résultats de l'entreprise (n° 93160), de tenir compte du forfait social dans les entreprises d'au moins 250 salariés (n°s 27320 s.).

93420 Lorsque le montant de l'intéressement a été **définitivement fixé** par l'organe chargé d'approuver les comptes, la dette envers les salariés est constatée au débit du compte 4286 « Autres charges à payer » par le crédit :
– d'un sous-compte de 421 « Personnel – Rémunérations dues » pour le montant de l'intéressement à verser ;
– d'un compte 431 « Sécurité sociale – Urssaf » pour le montant de la CSG et de la CRDS précomptées ;
– et d'un compte 4421 « Prélèvement à la source » pour le montant de l'IR en l'absence d'affectation à un plan d'épargne salariale.
Lors **du versement** de la somme soit directement au salarié, soit à un plan d'épargne salariale, le compte 421 sera débité par le crédit d'un compte de trésorerie.

À défaut d'option, l'intéressement est affecté par défaut sur un plan d'épargne salariale (PEE, PEG ou PEI).

Fiscalement, les sommes dues au titre de l'intéressement sont déductibles du résultat de l'exercice au titre duquel elles sont attribuées.

INTÉRÊTS DE RETARD

93430 Les intérêts de retard dus en cas de versement de l'intéressement après la fin du cinquième mois suivant la clôture de l'exercice de référence constituent, à notre avis, des **charges financières** à inscrire au débit du compte 668 « Autres charges financières » par le crédit du compte 4286 « Autres charges à payer » où la dette d'intéressement est enregistrée.

AVANCES

93440 Il est possible de verser en cours d'exercice des avances à valoir sur le montant définitif de l'intéressement à condition que les données retenues pour le calcul soient suffisamment fiables (nº 48210). Ces avances sont à comptabiliser au débit du compte **425 « Personnel – Avances et acomptes ».**

4. CONTRIBUTION PATRONALE SUR STOCK-OPTIONS ET ACTIONS GRATUITES

93490 Une contribution est à la charge des employeurs octroyant des stock-options ou attribuant gratuitement des actions (CSS art. L 137-13).

S'agissant des **stock-options,** le fait générateur de la contribution étant constitué par la décision d'attribution, elle constitue une charge de l'exercice concerné, à comptabiliser au compte 648 « Autres charges de personnel », sans possibilité de l'étaler sur la durée d'acquisition des droits par les bénéficiaires (Avis CNC2008-17 § – 7).
Concernant les **plans d'attribution gratuite d'actions** émis **depuis le 8 août 2015,** la contribution est due le mois suivant la date d'acquisition des titres par le bénéficiaire et, il convient en conséquence de constater, dès la décision d'octroi des AGA, une **provision** destinée à étaler sa prise en compte sur la durée d'acquisition des droits.

G. Aides à l'emploi et à la formation

PRINCIPE

93550 La prise en charge par l'État de certaines charges de personnel dans le cadre de nombreux régimes et sous des formes différentes se traduit par plusieurs schémas de comptabilisation que l'on peut distinguer en quatre catégories principales :
– subventions ;
– remboursements forfaitaires ;
– remboursements de sommes précises ;
– exonérations de charges patronales, versements directs de l'État aux salariés et stagiaires.

SUBVENTIONS

93560 **Applications** Il s'agit notamment des primes ou aides versées aux entreprises dans le cadre de l'aide à l'emploi ou à la formation :
– aide à l'embauche sous CIE, contrat de professionnalisation, contrat d'accompagnement dans l'emploi, contrat initiative-emploi, emplois francs ;
– prime régionale à la création d'entreprise.

ATTENTION

Pour tous renseignements sur ces aides à l'emploi spécifiques, il convient de contacter les chambres de commerce et d'industrie et les chambres des métiers.

Comptabilisation Compte tenu de leur caractère global, ces primes sont considérées comme des subventions. **93570**

Correspondant à une participation de l'État à des charges salariales, elles constituent des **subventions d'exploitation** (voir n° 34210). Quelle que soit leur forme (aide globale ou prime variant en fonction du nombre d'emplois créés ou du nombre d'heures de formation dispensées), elles sont imposables selon les règles prévues pour les produits de l'exercice.

Elles sont enregistrées :

– au crédit du compte 74 « Subventions d'exploitation » dès leur octroi (et non au moment de leur paiement) ;

– par le débit du compte 4417 « Subventions d'exploitation à recevoir » (ou un compte financier).

Les aides acquises en totalité à la signature du contrat sont enregistrées à cette date, sous réserve que l'entreprise réalise toutes les formalités nécessaires à leur versement. Les aides dont les conditions d'acquisition sont vérifiées mensuellement sont enregistrées chaque mois. Celles accordées en fonction des heures travaillées sont enregistrées au fur et à mesure de l'accomplissement de ces heures de travail.

REMBOURSEMENTS FORFAITAIRES

Applications Il s'agit notamment des régimes suivants : **93580**

– conventions d'allocations temporaires dégressives conclues avec des entreprises procédant à des licenciements économiques ;

– contrat initiative-emploi ;

– contrat pour la mixité des emplois et l'égalité professionnelle ;

– aide à l'embauche des handicapés : adaptation du poste, encadrement (voir ci-après cas particulier) ;

– aide à la conclusion de contrats de professionnalisation accordée sous certaines conditions ;

– indemnité de soutien à l'effort de formation des apprentis.

Les remboursements effectués dans le cadre de ces contrats n'ont pas le caractère d'une subvention. Ils ne couvrent que des charges de personnel ou éventuellement des charges de fonctionnement alors que les subventions couvrent des charges d'exploitation.

Comptabilisation Par référence à la solution préconisée par le bulletin CNC (n° 41-02, rémunérations des stagiaires au titre du 3e pacte pour l'emploi), les remboursements forfaitaires des charges supportées par l'entreprise sont à comptabiliser par celle-ci : **93590**

– au crédit du compte 791 « Transferts de charges d'exploitation » ;

– par le débit du compte 443 « Opérations particulières avec l'État » (ou d'un compte de trésorerie).

Dans l'hypothèse où, à la clôture de l'exercice, l'entreprise n'aurait pas reçu la confirmation formelle de l'engagement de remboursement :

– le compte 4487 « État – Produits à recevoir » serait débité ;

– par le crédit du compte 791 « Transferts de charges d'exploitation ».

À noter que, dans le cadre des soldes intermédiaires de gestion, le compte 791 devra être affecté aux **charges de personnel.**

Inversement, s'il a été attribué par anticipation, le remboursement forfaitaire est comptabilisé à la clôture de l'exercice comme un produit constaté d'avance.

Cas particulier : embauche de travailleurs handicapés

Lorsque les dépenses d'adaptation du poste, engagées par l'entreprise, constituent des immobilisations, le remboursement de l'Agefiph ne peut, à notre avis, venir en déduction de ces dépenses à l'actif. Il constitue, sur le plan comptable, une subvention d'investissement qui est comptabilisée soit immédiatement en produits exceptionnels au crédit du compte 77, soit étalée au rythme de l'amortissement de l'immobilisation.

REMBOURSEMENTS DE SOMMES PRÉCISES

93600 **Applications** Il s'agit notamment des régimes suivants :
– indemnisation du régime d'activité partielle (nos 92580 s.) ;
– audit en matière d'égalité professionnelle : recours à un conseil extérieur ;
– conventions AME-entreprise (ex FNE-formation) permettant la prise en charge partielle d'actions de formation et d'adaptation ;
– participation financière à des actions de formation, d'aménagement matériel au profit de l'insertion professionnelle et de la promotion des femmes.

93610 **Comptabilisation** L'État prend à sa charge des allocations et participations versées par l'entreprise et inscrites dans les comptes par nature de charge, par exemple :
– 6414 « Indemnités et avantages divers » ;
– 617 « Études et recherches » pour les dépenses de conseil extérieur ;
– ou, le cas échéant, 6226 « Honoraires ».

Les remboursements effectués portent sur des charges précises ; le compte 791 « Transferts de charges d'exploitation » ne sera pas utilisé.

Dès lors que la prise en charge par l'État est acquise, il convient de constater la créance sur l'État (ou le remboursement) :
– au débit du compte 443 « Opérations particulières avec l'État » (ou d'un compte de trésorerie) ;
– par le crédit du compte de charges qui a été préalablement débité (6414, 617 ou 6226, par exemple).

S'agissant des indemnités versées dans le cadre du régime d'**activité partielle,** voir nos 92580 s.

EXONÉRATION DE CHARGES PATRONALES ET VERSEMENTS DIRECTS DE L'ÉTAT AUX INTÉRESSÉS

93620 **Principe** L'exonération de charges patronales ou le versement direct de l'État aux intéressés ne donnent lieu à **aucun enregistrement** comptable dans l'entreprise. Lorsque le montant de l'aide est dégressif, il n'est pas nécessaire de lisser son montant sur la période concernée.

Toutefois, dans le cas où un logiciel de paie générerait une écriture automatique de paie englobant les rémunérations et charges sociales patronales et salariales, il serait nécessaire, pour tenir compte de l'exonération, d'annuler partiellement cette écriture :
– en débitant les comptes 43 « Sécurité sociale et autres organismes sociaux » concernés ;
– par le crédit des comptes 645 « Charges de sécurité sociale et de prévoyance ».

Ces règles valent pour tous les allégements de cotisations patronales : réduction générale (nos 21780 s.) ; exonération pour embauches dans les zones défavorisées (nos 23030 s.) ; exonérations attachées à certains contrats de travail (contrats de professionnalisation, d'accompagnement dans l'emploi, d'apprentissage…), etc.

93630 **Restitution des aides** L'entreprise peut être amenée à reverser les aides dont elle a bénéficié, notamment si le contrat de travail est rompu à l'initiative de l'employeur.

Lorsque le contrat est rompu pour faute grave (ou lourde) ou pour cas de force majeure, le reversement des aides peut ne pas être dû.

CRÉDIT D'IMPÔT FAMILLE

93640 Les entreprises peuvent bénéficier d'un crédit d'impôt famille au titre des sommes engagées en faveur de leurs salariés ayant des enfants à charge : voir no 34250.

Il s'impute sur l'impôt dû sur les résultats de l'exercice au cours duquel les dépenses sont engagées. La fraction excédant l'impôt dû est immédiatement remboursable à l'entreprise.

Ce crédit d'impôt constitue un **produit de l'exercice** concerné à comptabiliser :
– s'il est imputé immédiatement en moins de la charge d'IS ;
– s'il n'est pas imputé (ou partiellement) au compte 699 dans une subdivision intitulée, par exemple, « Produits crédit impôt famille » par le débit d'une subdivision du compte 444 « État crédit impôt restituable ».

Fiscalement, le crédit d'impôt non imputable mais remboursable qui est comptabilisé en produit est à déduire extra-comptablement pour la détermination du résultat imposable.

H. Frais professionnels

Les **remboursements au personnel** de frais professionnels sont comptabilisés par nature dans les différents comptes de la classe 6 correspondants (exemple : 6251 « Transports et déplacements ») et non selon leur destination (PCG art. 911-5), y compris lorsque leur montant est déterminé par application de barèmes forfaitaires. 93700

Les frais professionnels ne constituent pas des charges de personnel sauf s'ils sont assimilés à des compléments de rémunération et soumis à cotisations sociales, auquel cas ils sont à inscrire en 6414 « Indemnités et avantages divers ».

Les **frais d'entreprise** (sommes versées en remboursement de frais incombant normalement à l'employeur), en général exonérés de charges sociales, ne constituent pas non plus des rémunérations et sont à comptabiliser en charges selon leur nature (Cass. civ. 18-6-2015 nº 14-18.592).

CHAPITRE 2

DÉCLARATIONS FAITES À PARTIR DE LA COMPTABILITÉ

SOMMAIRE

A. Rôle de la DSN 94000
B. Préparation comptable du rapprochement annuel 94010
C. Rapprochement en cas de décalage dans le temps 94020

A. Rôle de la DSN

94000 Souscrite par voie électronique, la déclaration sociale nominative (DSN) est une déclaration mensuelle qui permet aux employeurs de transmettre de façon dématérialisée, en une seule fois et en un lieu unique, les données relatives :
– à la rémunération de chacun de leurs salariés, ainsi que celles nécessaires à l'exercice par ces derniers de leurs droits en matière de protection sociale adressées aux organismes sociaux, aux organismes de retraite et de préretraite, etc. ;
– au compte personnel de formation, au compte professionnel de prévention et aux caisses de congés payés ;
– mais également certaines données prévues par le Code général des impôts telles que notamment le net imposable pour l'établissement de la déclaration des salaires, les bases imposables à la taxe d'apprentissage, à la contribution à la formation professionnelle, à la participation-construction, et les données relatives à la taxe sur les salaires.

L'organisation de la paie doit prévoir, notamment, l'obtention de données individuelles par salarié, qui récapitulent l'ensemble des informations portées sur les différents bulletins de paie, à savoir notamment :
– le total de la rémunération brute, ventilé entre les éléments imposables à l'impôt sur le revenu et non exonérés de taxe sur les salaires, et ceux qui sont non imposables ;
– le montant des avantages en nature ;
– la rémunération nette après déduction des cotisations sociales ;
– le montant du salaire net imposable avant prélèvement à la source ;
– le prélèvement à la source (PAS) ;
– le montant du salaire net du PAS.

B. Préparation comptable du rapprochement annuel

94010 Un rapprochement annuel entre la comptabilité, la paie et les déclarations mensuelles est nécessaire. Ce rapprochement en fin d'exercice est facilité par l'ouverture :
– dans le compte 6414 « Indemnités et avantages divers », de sous-comptes regroupant séparément les éléments imposables, les éléments non imposables et les éléments à porter dans la colonne « Indemnités et remboursements pour frais d'emploi » ;
– dans les subdivisions du compte 625 « Déplacements, missions et réceptions », des sous-comptes correspondant aux frais d'emploi remboursés au personnel ;
– éventuellement, dans le compte 431 « Sécurité sociale », d'un sous-compte destiné à suivre les éléments particuliers imposables – notamment les indemnités journalières de maladie ;

– de comptes spécifiques enregistrant les rémunérations des salariés détachés à l'étranger lorsqu'elles ne sont pas imposables ;
– de sous-comptes isolant les éléments provisionnés (par exemple, les congés acquis au personnel mais non encore pris pourront être enregistrés dans le compte 64126 « Congés payés provisionnés »).

Cela permet d'effectuer le rapprochement suivant entre la comptabilité et les structures « base brute » et « frais professionnels » de la déclaration :

6411 6412 6413	Salaires, appointements, commissions de base Congés pris Primes et gratifications	= total de la structure (S21.G.000.51 et S21.G00.52 de la déclaration)
6414x 6415 6414x 625	Indemnités et avantages divers imposables à l'IR (et non exonérés de taxe sur les salaires) Supplément familial Indemnités pour frais d'emploi et de services exonérés d'IR Déplacements, missions et réceptions (frais d'emploi remboursés)	= total de la structure (S21.G00.54 de la déclaration)

Le montant des avantages en nature peut éventuellement être recoupé directement avec la comptabilité.

C. Rapprochement en cas de décalage dans le temps

Lorsque l'exercice social couvre une période différente de l'année civile, par exemple du 1er avril au 31 mars, le rapprochement s'effectue de la même manière mais porte sur les éléments comptables des périodes concernées de chacun des deux exercices comprenant l'année civile ; on retient alors les éléments comptables du dernier trimestre du précédent exercice et des neuf premiers mois de l'exercice en cours. 94020

Lorsque l'entreprise applique le « décalage de la paie », elle doit normalement déclarer les rémunérations effectivement payées au cours de l'année civile. Ainsi, une entreprise qui verse chaque mois des acomptes sur salaires qu'elle régularise le mois suivant doit inclure dans la rémunération imposable de l'année les acomptes versés en décembre, mais pas le solde versé en janvier. Pour effectuer le rapprochement entre la comptabilité, qui enregistre les charges, et la déclaration, il convient alors de retenir dans le précédent rapprochement, les charges de décembre de l'année précédente à novembre de l'année, moins les acomptes versés en décembre de l'année précédente, plus les acomptes de décembre de l'année.

PARTIE 7

Modèles de bulletins de paie

DONNÉES COMMUNES

Données générales relatives aux paies traitées : 94310

Sauf indication contraire, les données communes à tous les modèles sont les suivantes :

– la paie traitée est celle du mois de janvier 2023, qui comprend 22 jours ouvrés ;

– il s'agit d'une entreprise non agricole d'au moins 50 salariés et de moins de 250 salariés située en région parisienne ;

– elle pratique la durée légale du travail avec répartition sur 5 jours, du lundi au vendredi, à raison de 7 heures par jour, et rémunère ses salariés à temps plein sur la base de 151,67 heures par mois ;

– elle bénéficie de la réduction générale de cotisations patronales ;

– pour cette réduction, ainsi que pour la cotisation patronale maladie et la cotisation patronale d'allocations familiales, elle pratique la régularisation progressive ;

– le taux de sa cotisation accidents du travail s'élève à 2 % ;

– le taux de sa cotisation complémentaire santé est de 1,40 % de la rémunération limitée à la tranche 1 (dont 0,70 % à la charge du salarié et 0,70 % à la charge de l'employeur) ;

– pour la prévoyance, l'entreprise se limite à la cotisation minimale obligatoire d'assurance décès des cadres (1,50 % de la rémunération limitée à la tranche 1, à la charge de l'employeur) sauf pour les bulletins concernant des secteurs professionnels où la convention collective nationale prévoit une couverture spécifique ou illustrant le régime social des contributions de prévoyance ou le maintien conventionnel de salaire en cas de maladie. S'agissant des contributions patronales finançant un maintien de salaire d'origine conventionnelle, l'entreprise continue, conformément à la position de l'administration à ce jour (voir nº 43275), à les exonérer de CSG, de CDRS et de forfait social ;

– le salarié a un abonnement Navigo annuel « toutes zones » à 925,10 €. Il bénéficie donc d'un remboursement mensuel égal à (925,10/12 mois) × 50 % = 38,55 € ;

– l'entreprise dispose d'un taux personnalisé valide pour le prélèvement à la source de l'impôt (sauf pour les bulletins 94334 et 94338) ;

– elle n'est pas assujettie à la contribution supplémentaire à la taxe d'apprentissage, ni à la taxe sur les salaires.

Présentation des bulletins de paie

La présentation de nos bulletins de paie appelle quelques précisions. Leur vocation pédagogique nous a en effet conduits à procéder à quelques **adaptations** par rapport au modèle officiel.

Nous avons prévu, au centre du bulletin, une colonne de **notes en italique,** destinée à expliciter le calcul des prélèvements et leur assiette. Nous avons abrégé l'**intitulé des rubriques** afin de libérer de l'espace pour les notes précitées.

Nous faisons apparaître, bien que ce ne soit pas obligatoire, le **taux des cotisations patronales.**

La **CET** (contribution exceptionnelle et temporaire) et les cotisations supplémentaires **maladie** et **allocations familiales** figurent sur des lignes spécifiques.

La rubrique « **net social** » est mise en œuvre par anticipation et les rubriques « **Évolution de la rémunération** » et « **Allégements de cotisations** » sont supprimées par anticipation.

La rubrique « **Impôt sur le revenu** » ne mentionne pas les cumuls annuels.

Pour la rubrique **Total versé employeur,** nous y faisons figurer le montant total versé par l'employeur, c'est-à-dire la somme de la rémunération et des cotisations et contributions à sa charge, déduction faite des exonérations dont il bénéficie. Le libellé de l'article R 3243-1 du Code du travail suggérant que ce total n'a pas à inclure des éléments non soumis à cotisation, nous avons, en l'absence de précision administrative, choisi de ne pas y ajouter, entre autres, le remboursement de frais de transport.

Liste des modèles

MODÈLES GÉNÉRAUX

94320 Modèles vierges « officiel »
94330 Modèle vierge commenté
94334 Prélèvement à la source de l'IR (taux par défaut)
94340 Retraite complémentaire des cadres
94380 Plans d'épargne retraite
94390 Prévoyance
94410 Versement santé
94420 Embauche en cours de mois
94430 Retenue pour absence non rémunérée

RÉGULARISATION DES COTISATIONS DE SÉCURITÉ SOCIALE ET DE CHÔMAGE

94440 Cotisations plafonnées et cotisation maladie
94460 CSG/CRDS et cotisation chômage

RÉDUCTION GÉNÉRALE DES COTISATIONS

94480 Régularisation annuelle
94490 Régularisation progressive
94500 Entreprise au Fnal de 0,1 %
94510 Absence sans incidence sur une prime

EXONÉRATION DANS LES ZONES EN DIFFICULTÉ

94520 Embauche en ZRR
94540 Emploi en ZFU

HEURES SUPPLÉMENTAIRES

94560 Horaire collectif de 35 heures
94570 Horaire collectif de 39 heures
94600 Secteur routier avec équivalences et heures supplémentaires
94610 Lissage de la rémunération

CONVENTIONS DE FORFAIT

94620 Forfait hebdomadaire en heures
94640 Forfait annuel en heures
94660 Forfait annuel en jours

ÉLÉMENTS PARTICULIERS DE RÉMUNÉRATION

CHÈQUES-VACANCES

94690 Entreprise d'au moins 50 salariés
94700 Entreprise de moins de 50 salariés

PLAN D'ÉPARGNE SALARIALE

94710 Plan d'épargne d'entreprise

OPTION DE SOUSCRIPTION OU D'ACHAT D'ACTIONS

94720 Rabais excédentaire

AVANTAGES EN NATURE

94730 Logement

94750 Nourriture

FRAIS PROFESSIONNELS

94760 Indemnités de grand déplacement

94790 Indemnité de petit déplacement

94800 Déduction forfaitaire spécifique pour frais professionnels

94830 Voiture de fonction

CESSATION DU CONTRAT DE TRAVAIL

94840 **DÉMISSION**

LICENCIEMENT

94850 Dispense de préavis

94860 Indemnité totalement exonérée de cotisations et d'impôt sur le revenu

94870 Indemnité partiellement soumise à cotisations

94880 Indemnité partiellement soumise à cotisations et à impôt

DÉPART À LA RETRAITE

94890 À l'initiative de l'employeur

94900 À l'initiative du salarié

RUPTURE CONVENTIONNELLE HOMOLOGUÉE

94910 Salarié ne pouvant prétendre à une pension de retraite

94920 Salarié pouvant prétendre à une pension de retraite

SITUATIONS PARTICULIÈRES

CONGÉS PAYÉS

94930 Application de la règle du 1/10e

94940 Maintien du salaire

JOURS FÉRIÉS

94950 Jour férié travaillé

94960 1er mai travaillé

MALADIE

94970 Bulletin de paie d'un mois complet d'activité

94980 Maintien du salaire net strict (financement intégral par l'employeur)

94990 Maintien du salaire net strict (cofinancé par le salarié et l'employeur)

95000 Maintien du salaire net habituel

95010 Déduction différée des IJSS

95030 Versement direct au salarié des IJSS et du salaire différentiel

95040 Absence de dispositions conventionnelles

ACTIVITÉ PARTIELLE

95050 Cas général

95055 Rémunération minimale mensuelle

95060 Salarié au Smic travaillant à temps partiel

95065 Écrêtement de la CRDS et de la CSG

95070 Indemnité complémentaire

AUTRES SITUATIONS

95100 Grève
95105 Détachement à l'étranger
95107 Retenue à la source fiscale des non-résidents

STATUTS PARTICULIERS

95110 Travail à temps partiel
95170 Contrat de travail à durée déterminée
95190 Dirigeant mandataire social sans contrat de travail
95200 Heures de délégation des représentants du personnel
95210 VRP
95240 Hôtels, cafés, restaurants
95280 Stagiaire avec titres-restaurant
95290 Avocat salarié
95300 Travailleur à domicile
95310 Formateur occasionnel
95320 Journaliste professionnel
95370 Contrat de professionnalisation
95380 Apprenti

MODÈLES VIERGES

Modèles vierges « officiel »

MODÈLE OBLIGATOIRE À PARTIR DE 2025

Le modèle officiel reproduit ci-dessous, obligatoire pour les rémunérations versées **à partir du 1-1-2025**, est 94320
issu de l'arrêté SPRS2219968A du 31-1-2023 modifiant l'arrêté FCPS1604433A du 25-2-2016.

MONTANT BRUT	Valeur			
COTISATIONS ET CONTRIBUTIONS SOCIALES OBLIGATOIRES	**Base**	**Taux**	**Salarié**	**Employeur**
Santé				
Sécurité Sociale Maladie Maternité Invalidité Décès	Valeur	Valeur	Valeur	Valeur
Complémentaire garanties frais de santé obligatoire	Valeur	Valeur	Valeur	Valeur
Accidents du travail & maladies professionnelles	Valeur	-	-	Valeur
Retraite				
Sécurité Sociale Vieillesse plafonnée	Valeur	Valeur	Valeur	Valeur
Sécurité Sociale Vieillesse déplafonnée	Valeur	Valeur	Valeur	Valeur
Retraite complémentaire, CEG et CET T1	Valeur	Valeur	Valeur	Valeur
Retraite complémentaire, CEG et CET T2	Valeur	Valeur	Valeur	Valeur
Famille	Valeur	-	-	Valeur
Assurance chômage	Valeur	Valeur	Valeur	Valeur
Apec	Valeur	Valeur	Valeur	Valeur
Autres charges dues par l'employeur	-	-	-	Valeur
Cotisations statutaires ou prévues par la convention collective	Valeur	Valeur	Valeur	Valeur
CSG déductible de l'impôt sur le revenu	Valeur	Valeur	Valeur	-
CSG/CRDS non déductible de l'impôt sur le revenu	Valeur	Valeur	Valeur	-
CSG/CRDS sur les revenus non imposables	Valeur	Valeur	Valeur	-
TOTAL DES COTISATIONS ET CONTRIBUTIONS OBLIGATOIRES			**Valeur**	**Valeur**
EXONÉRATIONS ET ALLÈGEMENTS DE COTISATIONS			**Valeur**	**Valeur**
COTISATIONS ET CONTRIBUTIONS SOCIALES FACULTATIVES	**Base**	**Taux**	**Salarié**	**Employeur**
Prévoyance, Incapacité, Invalidité, Décès, Autres	Valeur	Valeur	Valeur	Valeur
Retraite supplémentaire	Valeur	Valeur	Valeur	Valeur
MONTANT NET SOCIAL			**Valeur**	
REMBOURSEMENTS ET DÉDUCTIONS DIVERSES	**Base**	**Taux**	**Salarié**	**Employeur**
Frais de transports	Valeur	Valeur	Valeur	Valeur
Titres-restaurant	Valeur	Valeur	Valeur	Valeur
Chèques vacances	Valeur	Valeur	Valeur	Valeur
Autres	Valeur	Valeur	Valeur	Valeur
MONTANT NET A PAYER AVANT IMPOT SUR LE REVENU			**Valeur**	
IMPOT SUR LE REVENU	**Base**	**Taux**	**Salarié**	**Cumul annuel**
Montant net imposable			Valeur	Valeur
Montant net des HC/HS/RTT exonérées			Valeur	Valeur
IMPÔT SUR LE REVENU PRÉLEVÉ À LA SOURCE	Valeur	Valeur	**Valeur**	Valeur
MONTANT NET A PAYER (en Euros)			**Valeur**	
TOTAL VERSÉ PAR L'EMPLOYEUR				**Valeur**

MODÈLE VIERGE TEMPORAIRE

94325 Par dérogation au modèle de bulletin de paie reproduit n° 94320, le modèle vierge ci-dessous est applicable aux rémunérations versées **entre le 1-7-2023 et le 31-12-2024**. Il peut toutefois être mis en œuvre par anticipation **avant juillet 2023** (Arrêté SPRS2219968A du 31-1-2023 art. 2).

COTISATIONS ET CONTRIBUTIONS SOCIALES	Base	Taux	Part salarié	Part employeur
SANTÉ				
Sécurité sociale - Maladie Maternité Invalidité Décès	Valeur	Valeur	Valeur	Valeur
Complémentaire Santé	Valeur	Valeur	Valeur	Valeur
Complémentaire Incapacité Invalidité Décès	*Valeur*	*Valeur*	*Valeur*	*Valeur*
ACCIDENTS DU TRAVAIL-MALADIES PROFESSIONNELLES	Valeur			Valeur
RETRAITE				
Sécurité sociale plafonnée	Valeur	Valeur	Valeur	Valeur
Sécurité sociale déplafonnée	Valeur	Valeur	Valeur	Valeur
Complémentaire Tranche 1	Valeur	Valeur	Valeur	Valeur
Complémentaire Tranche 2	Valeur	Valeur	Valeur	Valeur
Supplémentaire	*Valeur*	*Valeur*	*Valeur*	*Valeur*
FAMILLE	Valeur			Valeur
ASSURANCE CHÔMAGE	Valeur	Valeur	Valeur	Valeur
Apec	Valeur	Valeur	Valeur	Valeur
AUTRES CONTRIBUTIONS DUES PAR L'EMPLOYEUR				Valeur
COTISATIONS STATUTAIRES OU PRÉVUES PAR LA CONVENTION COLLECTIVE			Valeur	Valeur
CSG déductible de l'impôt sur le revenu	Valeur	Valeur	Valeur	
CSG/CRDS non déductible de l'impôt sur le revenu	Valeur	Valeur	Valeur	
EXONÉRATIONS ET ALLÈGEMENTS DE COTISATIONS			Valeur	Valeur
TOTAL DES COTISATIONS ET CONTRIBUTIONS			**Valeur**	**Valeur**
NET SOCIAL				**Valeur**
NET A PAYER AVANT IMPOT SUR LE REVENU				**Valeur**
dont évolution de la rémunération lié à la suppression des cotisations salariales chômage et maladie				*Valeur*

IMPOT SUR LE REVENU	Base	Taux	Montant	Cumul Annuel
Montant net imposable			Valeur	Valeur
Impôt sur le revenu prélevé à la source	Valeur	Valeur	Valeur	Valeur
Montant net des heures compl/suppl exonérées			Valeur	Valeur
NET A PAYER AU SALARIE (en Euros)				**Valeur**
ALLEGEMENT DE COTISATIONS EMPLOYEUR (en Euros)				**Valeur**
TOTAL VERSÉ PAR L'EMPLOYEUR (en Euros)				**Valeur**

Modèle vierge commenté

Ce modèle de bulletin de paie réalisé par nos soins regroupe les mentions exigées par les textes pour la réalisation du **modèle temporaire** applicable jusqu'au 31-12-2024 (nº 94325). Dans la colonne centrale, nous donnons des précisions qui n'ont pas à figurer sur les bulletins de paie des salariés. 94330

BULLETIN DE PAIE	**Du xx/xx/xxxx au xx/xx/xxxx**
Entreprise	**Salarié**
Nom Établissement : code APE Désignation de l'établissement dont dépend le salarié Adresse Numéro Siren	Nom, prénom, adresse[1] Nº de sécurité sociale[1] Date d'entrée dans la société[1] Date d'ancienneté[1] Emploi Position dans la classification professionnelle (niveau, coefficient hiérarchique…) Convention collective de branche applicable
Durée des congés payés : C. trav. art. L 3141-3 à L 3141-9 et L 3164-9[2] Durée des délais de préavis : C. trav. art. L 1234-1, L 1237-1, L 1237-6 et L 1237-10[2]	

Salaire brut		**Montants**
Salaire de base pour … h		
Heures supplémentaires (*à ventiler selon le régime de majoration applicable : voir* nº 7140) … h	à	
Heures majorées *(travail de nuit, du dimanche…)* … h	à	
Nature et volume du forfait auquel se rapporte le salaire des salariés dont la rémunération est déterminée sur la base d'un forfait hebdomadaire ou mensuel en heures, d'un forfait annuel en heures ou en jours		
Primes et indemnités soumises à cotisations *(pour chacune, indiquer la nature et le montant)*		
Avantages en nature		
Avantages servis par le comité social et économique soumis à cotisations		
Congés payés pris et indemnisation correspondante		
Indemnité d'activité partielle		
Total brut		

Santé	Base		Taux salarial	Part salarié	Part employeur
Sécurité sociale – Maladie Maternité – Invalidité-décès	Brut	*La cotis. solidarité autonomie n'est pas ici mais regroupée avec les autres contributions employeur.* *Salaire ≤ 2,5 Smic : taux = 7 %* *Ou salaire > 2,5 Smic : taux = 13 %* *Lorsque le taux réduit de 7 % s'applique, 2 solutions :* *– soit indiquer le montant de la cotisation avec application de ce taux ;* *– soit indiquer le montant de la cotisation avec application du taux de 13 %. Dans ce cas, le montant de la réduction est à ajouter dans la part employeur de la ligne « Exonérations et allègements de cotisations »*			Montant
Complémentaire santé	Variable		Taux	Montant	Montant
Complémentaire-incapacité-invalidité-décès	Variable	*Il s'agit de la prévoyance « classique ».*	Taux	Montant	Montant
Accident du travail – Maladie professionnelle	Brut				Montant
Retraite					
Sécurité sociale plafonnée	PSS		Taux	Montant	Montant
Sécurité sociale déplafonnée	Brut		Taux	Montant	Montant
Complémentaire T1	PSS		Taux	Montant	Montant
Complémentaire T2	T2		Taux	Montant	Montant
Supplémentaire	Variable		Taux	Montant	Montant
Famille	Brut	*Salaire ≤ 3,5 Smic : taux = 3,45 %* *Ou salaire > 3,5 Smic : taux = 5,25 %* *Lorsque le taux réduit de 3,45 % s'applique, 2 solutions :* *– soit indiquer le montant de la cotisation avec application de ce taux ;* *– soit indiquer le montant de la cotisation avec application du taux de 5,25 %. Dans ce cas le montant de la réduction est à ajouter dans la part employeur de la ligne « Exonérations et allègements de cotisations »*			Montant

94330 (suite)

BULLETIN DE PAIE	Du xx/xx/xxxx au xx/xx/xxxx				
Assurance chômage	4 PSS	*Cotisations chômage + AGS*	Taux	Montant	Montant
Apec (cadres)	4 PSS		Taux	Montant	Montant
Autres contributions dues par l'employeur		*Il s'agit notamment du versement mobilité, des contributions Fnal, solidarité autonomie et dialogue social, des contributions à la formation et à l'alternance, du forfait social, de la taxe d'apprentissage, de la contribution supplémentaire à l'apprentissage, de la participation-construction et de la taxe sur les salaires.*			Montant
Cotisations statutaires ou prévues par la convention collective	Montant	*À savoir : selon le ministère, il est possible de remplacer l'intitulé de cette rubrique par le libellé des cotisations concernées.* *Ex. : cotisation à la caisse de congés payés.*	Taux	Montant	Montant
CSG déductible de l'impôt sur le revenu	(brut × 98,25 %) + prévoyance patronale		Taux	Montant	
CSG/CRDS non déductible de l'impôt sur le revenu	(brut × 98,25 %) + prévoyance patronale		Taux	Montant	
Exonérations et allègements de cotisations	*Ensemble des réductions ou exonérations de cotisations ou de contributions sociales non déduites du montant de chacune des cotisations et contributions sociales patronales ou salariales figurant en amont sur le bulletin.* *Exemples :* *– pour le salarié : réduction de cotisations salariales sur les heures supplémentaires, écrêtement de CSG/CRDS en cas d'activité partielle ;* *– pour l'employeur : réduction générale, déduction forfaitaire de cotisations patronales sur les heures supplémentaires, exo ZRR ou ZFU, réduction des taux maladie et allocations familiales (si les réductions de taux n'ont pas été appliquées sur les lignes maladie et allocations familiales)*			Montant	Montant
Total des cotisations et contributions	*Salariales : total des cotisations (sans faire de distinction selon qu'elles sont ou non déductibles de l'impôt) après déduction, le cas échéant, des allégements de cotisations salariales mentionnés sur la ligne précédente.* *Patronales : total des cotisations patronales déduction faite des allégements de cotisations patronales mentionnés sur la ligne précédente.*			Montant	Montant
NET SOCIAL	*Ensemble des sommes brutes ou des avantages dus en contrepartie du travail (y compris, indemnités de rupture) + revenus de remplacement versés par l'employeur (sauf IJSS) + contributions patronales de prévoyance et de retraite supplémentaire (sauf régime obligatoire de frais de santé et versement santé) – cotisations salariales.* *Les cotisations salariales aux régimes de prévoyance et de retraite supplémentaire ne sont pas déductibles sauf celle au régime obligatoire de frais de santé.* *Les sommes suivantes ne sont pas ajoutées : remboursements de frais professionnels exonérés, contribution patronale finançant un régime collectif et obligatoire de frais de santé, abondement de l'employeur au PEE, intéressement et participation placés sur le PEE, activités sociales et culturelles du CSE exonérées.*				Montant
Remboursement transport				Montant	
Autres retenues/paiements	*Par exemple, retenue correspondant à des avantages en nature, IJSS.* *Ou en positif : montant net des IJSS si subrogation.*			Montant	

94330 (suite)

BULLETIN DE PAIE		Du xx/xx/xxxx au xx/xx/xxxx			
NET À PAYER AVANT IMPÔT SUR LE REVENU		*La mention « Net à payer avant impôt sur le revenu » et le montant correspondant apparaissent d'une manière qui en facilite la lisibilité par rapport aux autres lignes.*			**MONTANT**
Dont évolution de la rémunération liée à la suppression des cotis. chômage et maladie[3]					Montant
Impôt sur le revenu	**Base**		**Taux**	**Montant**	**Cumul annuel**
Montant net imposable		*Net imposable = Brut imposable – cotisations déductibles + cotisation patronale frais de santé*[4]		Montant	Montant
Impôt sur le revenu prélevé à la source	Montant		Taux	Montant	Montant
Montant net des heures suppl./compl. exonérées[5]		*Montant net = montant brut des heures suppl./compl. éxonérées – CSG théoriquement déductible (6,80 %) des heures exonérées.*		Montant	Montant
NET À PAYER AU SALARIÉ		*La mention « Net à payer au salarié » et le montant correspondant apparaissent d'une manière qui en facilite la lisibilité par rapport aux autres lignes.*			Montant
Allégement des cotisations employeur		*Correspond au total des allégements et réductions de cotisations patronales : 1,80 % réduction de cotisation AF + 6 % réduction cotisation maladie + réduction générale + déduction heures supplémentaires, exonération ZRR, ZRU, ZFU, ZRD, DOM…*[3]			Montant
Total versé par l'employeur		*Brut + total cotisations et contributions patronales diminué des allégements.*			Montant
Payé le …					
Toute information sur le bulletin de paie sur www.service-public.fr[6]. Dans votre intérêt et pour faire valoir vos droits, conservez ce bulletin sans limitation de durée.					

1. Mentions facultatives mais recommandées en pratique. Attention : en cas de suspension du contrat de travail, la date d'ancienneté peut être différente de la date d'entrée (exemple : congé parental d'éducation). Il convient d'être vigilant car la jurisprudence considère que la date d'ancienneté figurant sur le bulletin de paie vaut présomption de reprise d'ancienneté au profit du salarié, sauf à l'employeur à rapporter la preuve contraire (nº 13200).
2. Mentions obligatoires si la convention collective est muette sur ces questions ou s'il n'existe aucun texte conventionnel. Pour les contrats à durée déterminée, aucune mention relative au préavis n'a à figurer.
3. Cette mention doit disparaître au 1-1-2025. Si elle figure encore sur le modèle de bulletin de paie temporaire (nº 94325), elle peut toutefois d'ores-et-déjà être supprimée (Communiqué min. trav. du 7-2-2023).
4. Lorsque le salarié effectue des heures supplémentaires/complémentaires exonérées d'IR, le montant du net imposable est différent de la rémunération nette fiscale (RNF) qui est déclarée en DSN. En effet, la RNF inclut le montant des heures exonérées (nº 35826), ce qui n'est pas le cas du net imposable. C'est donc le net « réel » qui est mentionné sur le bulletin de paie.
5. Concernant les apprentis, leur rémunération étant exonérée de CSG/CRDS, le montant mentionné sur cette ligne sera le montant brut des heures exonérées.
6. Les salariés peuvent également trouver toutes les informations utiles, notamment sur le mode de calcul du net social sur le portail www.mesdroitssociaux.gouv.fr. Si la mention de ce portail sur le bulletin de paie n'est pas obligatoire, elle est toutefois recommandée par l'administration pour faciliter l'information des salariés (QR min. trav. 7-2-2023 nº 2.4).

PRÉLÈVEMENT À LA SOURCE DE L'IR (TAUX PAR DÉFAUT)

1. CDD court (nos 76210 s. ; Données communes : n° 94310)

94334 Salarié non cadre terminant le 31-1-2023 un CDD conclu pour un mois. À sa demande, il est dispensé d'adhérer à la mutuelle de l'entreprise et ne bénéficie pas du versement santé car il ne justifie pas d'une adhésion à une mutuelle individuelle. L'employeur n'ayant pas de taux personnalisé valide pour le prélèvement à la source de ce CDD court, la base du prélèvement est abattue d'un demi-Smic.

BULLETIN DE PAIE	**Du 01/01/2023 au 31/01/2023**					
Salaire 151,67 h	151,67	12,00				1 820,04
Indem. de fin de contrat	1 820,04	10 %				182,00
Indem. de congés payés	2 002,04	10 % *1 820,04 + 182,00 = 2 002,04*				200,20
TOTAL BRUT						**2 202,24**
Santé	Base		Part salarié		Part employeur	
SS – Maladie maternité invalidité décès	2 202,24	*Salaire ≤ 2,5 Smic*			7,00	154,16
AT/MP	2 202,24				2,00	44,04
Retraite						
SS plafonnée	2 202,24		6,90	151,95	8,55	188,29
SS déplafonnée	2 202,24		0,40	8,81	1,90	41,84
Compl. T1	2 202,24		4,01	88,31	6,01	132,35
Famille	2 202,24	*Salaire ≤ 3,5 Smic*			3,45	75,98
Chômage	2 202,24				4,20	92,49
Autres contrib. dues par l'employeur		*Mobilité : 2 202,24 × 2,95 % = 64,97 ; Fnal : 2 202,24 × 0,5 % = 11,01 ; Solid. autonomie : 2 202,24 × 0,3 % = 6,61 ; Dialogue soc. : 2 202,24 × 0,016 % = 0,35 ; CFP + CFP – CDD : 2 202,24 × 2 % = 44,04 ; Apprentissage : 2 202,24 × 0,68 % = 14,98 ; Construction : 2 202,24 × 0,45 % = 9,91*				151,87
CSG déduc. de l'IR	2 163,70	*Assiette = 2 202,24 × 98,25 %*	6,80	147,13		
CSG/CRDS non déduc. de l'IR	2 163,70		2,90	62,75		
Exo. et allégem.		***Employeur :*** *Réduc. générale : Coeff. = (0,3231/0,6) × [(1,6 × 1 709,32/2 202,24) – 1] = 0,1303 et montant Réduc. = 2 202,24 × 0,1303 = 286,95*				– 286,95
Total cotis. et contrib.				**458,95**		**594,07**
NET SOCIAL		*2 202,24 – 458,95*				**1 743,29**
Remb. transport				+ 38,55		
NET À PAYER AVANT IMPÔT		*(2 202,24 – 458,95) + 38,55*				**1 781,84**
Impôt/revenu	**Base**				**Taux**	**Montant**
Net imposable		*2 202,24 – (458,95 – 62,75)*				1 806,04
Impôt prélevé	1 105,04	*Base du prélèvement = Net imposable – 1/2 Smic = 1 806,04 – 701,00 ; Taux = 0 % car 1 105,04 < 1 518,00*			0,00	0,00
NET À PAYER AU SALARIÉ		*1 781,84 – 0,00*				**1 781,84**
Payé le 28/01/23	**Total versé employeur = 2 796,31** *(2 202,24 + 594,07)*					

2. Maladie (n° 62265 ; Données communes : n° 94310)

94338

Non-cadre en arrêt maladie du 4-1-2023 au 21-1-2023. Les données sont les mêmes qu'au n° 94980. L'employeur n'a pas de taux personnalisé valide pour le prélèvement à la source de l'impôt sur le revenu. La base de calcul de celui-ci comprend le net imposable, auquel il convient d'ajouter le montant des IJSS net de CSG déductible.

BULLETIN DE PAIE	Du 01/01/2023 au 31/01/2023			À déduire		À ajouter	
Salaire 151,67 h	151,67	19,30					2 927,23
Abs. maladie	13,00	133,06	*(2 927,23/22 jours ouvrés dans le mois) × 13 jours d'abs.*		1 729,78		
Indem. maladie 100 % du net			*S maintenu = S brut – [S brut habituel – (abs. + IJSS brutes)], soit 2 006,47 – [2 927,23 – (1 729,78 + 721,80)]*				1 530,82
Retenue IJSS	15,00	48,12	*[(2 927,23 × 3)/91,25/2] × 15 IJSS dues compte tenu des 3 jours de carence de la sécurité sociale*		721,80		
TOTAL BRUT	*S brut à maintenir = (net à payer habituel – IJSS brutes)/(1 – taux des cotis. sal.), soit (2 294,71 – 721,80)/(1 – 0,21608) = 1 409,96/0,78392 Taux cotis. sal. = 12,01 + (9,7 % CSG-CRDS × 0,9825) + (0,7 cotis. patr. santé × 9,7 % de CSG-CRDS) = 21,608 Net à payer habituel = net avant impôt du n° 94970 – remb. transp. = 2 333,26 – 38,55 = 2 294,71*						**2 006,47**
Santé	Base			Part salarié		Part employeur	
SS – Maladie maternité invalidité décès	2 006,47	*Salaire ≤ 2,5 Smic*				7,00	140,45
Compl. santé	2 006,47			0,70	14,05	0,70	14,05
AT/MP	2 006,47					2,00	40,13
Retraite							
SS plafonnée	2 006,47			6,90	138,45	8,55	171,55
SS déplafonnée	2 006,47			0,40	8,03	1,90	38,12
Compl. T1	2 006,47			4,01	80,46	6,01	120,59
Famille	2 006,47	*Salaire ≤ 3,5 Smic*				3,45	69,22
Chômage	2 006,47					4,20	84,27
Autres contrib. dues par l'employeur		*Mobilité : 2 006,47 × 2,95 % = 59,19 ; Fnal : 2 006,47 × 0,5 % = 10,03 ; Solid. autonomie : 2 006,47 × 0,3 % = 6,02 ; Forfait social : 14,05 × 8 % = 1,12 ; Dialogue soc. : 2 006,47 × 0,016 % = 0,32 ; CFP : 2 006,47 × 1 % = 20,06 ; Apprentissage : 2 006,47 × 0,68 % = 13,64 ; Construction : 2 006,47 × 0,45 % = 9,03*					119,41
CSG déduc. de l'IR	1 985,41	*Assiette = [(2 006,47 × 98,25 %) + 14,05]*		6,80	135,01		
CSG/CRDS non déduc. de l'IR	1 985,41			2,90	57,58		
Exo. et allégem.							
Total cotis. et contrib.					**433,58**		**797,79**
NET SOCIAL		*2 006,47 – 433,58*					**1 572,89**
Remb. transport					+ 38,55		
Autres paiements		*IJSS nettes = 721,80 – (721,80 × 6,7 %)*			673,44		
NET À PAYER AVANT IMPÔT		*2 006,47 – 433,58 + 38,55 + 673,44*					**2 284,88**
Impôt/revenu	**Base**				**Taux**		**Montant**
Net imposable		*2 006,47 – (433,58 – 57,58) + 14,05*					1 644,52
Impôt prélevé	2 338,89	*1 644,52 + IJSS imposables (721,80 – 3,80 % de CSG déd. = 694,37). Taux = 5,30 % car 2 150,00 ≤ 2 338,89 < 2 544,00*				5,30	**123,96**
NET À PAYER AU SALARIÉ		*2 284,88 – 123,96*					**2 160,92**
Payé le 30/01/23	**Total versé employeur = 2 804,26** *(2 006,47 + 797,79)*						

RETRAITE COMPLÉMENTAIRE DES CADRES

1. Rémunération inférieure au plafond de la sécurité sociale

(nos 30200 s. ; Données communes : n° 94310)

94340 Salarié cadre dont le salaire brut mensuel est inférieur au plafond de la sécurité sociale.

BULLETIN DE PAIE	Du 01/01/2023 au 31/01/2023					
Salaire 151,67 h	151,67	21,7577	3 300,00			
TOTAL BRUT			**3 300,00**			
Santé	Base		Part salarié		Part employeur	
SS - Maladie maternité invalidité décès	3 300,00	*Salaire ≤ 2,5 Smic*			7,00	231,00
Compl. santé	3 300,00		0,70	23,10	0,70	23,10
Compl. décès cadres	3 300,00				1,50	49,50
AT/MP	3 300,00				2,00	66,00
Retraite						
SS plafonnée	3 300,00		6,90	227,70	8,55	282,15
SS déplafonnée	3 300,00		0,40	13,20	1,90	62,70
Compl. T1	3 300,00		4,01	132,33	6,01	198,33
Famille	3 300,00	*Salaire ≤ 3,5 Smic*			3,45	113,85
Chômage	3 300,00				4,20	138,60
Apec	3 300,00		0,024	0,79	0,036	1,19
Autres contrib. dues par l'employeur		*Mobilité : 3 300 × 2,95 % = 97,35 ; Fnal : 3 300 × 0,5 % = 16,50 ; Solid. autonomie : 3 300 × 0,3 % = 9,90 ; Forfait social : (49,50 + 23,10) × 8 % = 5,81 ; Dialogue soc. : 3 300 × 0,016 % = 0,53 ; CPF : 3 300 × 1 % = 33,00 ; Apprentissage : 3 300 × 0,68 % = 22,44 ; Construction : 3 300 × 0,45 % = 14,85*				200,38
CSG déduc. de l'IR	3 314,85	*Assiette = [(3 300 × 98,25 %) + 49,50 + 23,10]*	6,80	225,41		
CSG/CRDS non déduc. de l'IR	3 314,85		2,90	96,13		
Exo. et allégem.						
Total cotis. et contrib.				**718,66**		**1 366,80**
NET SOCIAL		*(3 300,00 + 49,50) – 718 ,66*				**2 630,84**
Remb. transport				+ 38,55		
NET À PAYER AVANT IMPÔT		*(3 300 – 718,66) + 38,55*				**2 619,89**
Impôt/revenu	**Base**			**Taux**		**Montant**
Net imposable		*3 300,00 – (718,66 – 96,13) + 23,10*				2 700,57
Impôt prélevé	2 700,57				8,00	**216,05**
NET À PAYER AU SALARIÉ		*2 619,89 – 216,05*				**2 403,84**
Payé le 30/01/23	**Total versé employeur = 4 666,80** *(3 300,00 + 1 366,80)*					

2. Rémunération supérieure au plafond de la sécurité sociale

(n°s 30200 s. ; Données communes : n° 94310)

Salarié cadre dont le salaire brut mensuel est supérieur au plafond de la sécurité sociale. 94350

BULLETIN DE PAIE	**Du 01/01/2023 au 31/01/2023**						
Salaire 151,67 h	151,67	28,45	4 315,01				
TOTAL BRUT			**4 315,01**				
Santé	Base			Part salarié		Part employeur	
SS - Maladie maternité invalidité décès	4 315,01					7,00	302,05
SS - Maladie suppl.	4 315,01	*Salaire > 2,5 Smic*				6,00	258,90
Compl. santé	3 666,00			0,70	25,66	0,70	25,66
Compl. décès cadres	3 666,00					1,50	54,99
AT/MP	4 315,01					2,00	86,30
Retraite							
SS plafonnée	3 666,00			6,90	252,95	8,55	313,44
SS déplafonnée	4 315,01			0,40	17,26	1,90	81,99
Compl. T1	3 666,00			4,01	147,01	6,01	220,33
Compl. T2	649,01	*Base T2 : 4 315,01 – 3 666,00 = 649,01*		9,72	63,08	14,57	94,56
CET	4 315,01			0,14	6,04	0,21	9,06
Famille	4 315,01	*Salaire ≤ 3,5 Smic*				3,45	148,87
Chômage	4 315,01					4,20	181,23
Apec	4 315,01			0,024	1,04	0,036	1,55
Autres contrib. dues par l'employeur		*Mobilité : 4 315,01 × 2,95 % = 127,29 ; Fnal : 4 315,01 × 0,5 % = 21,58 ; Solid. autonomie : 4 315,01 × 0,3 % = 12,95 ; Forfait social : (54,99 + 25,66) × 8 % = 6,45 ; Dialogue soc. : 4 315,01 × 0,016 % = 0,69 ; CPF : 4 315,01 × 1 % = 43,15 ; Apprentissage : 4 315,01 × 0,68 % = 29,34 ; Construction : 4 315,01 × 0,45 % = 19,42*					260,87
CSG déduc. de l'IR	4 320,15	*Assiette = [(4 315,01 × 98,25 %) + 54,99 + 25,66]*		6,80	293,77		
CSG/CRDS non déduc. de l'IR	4 320,15			2,90	125,28		
Exo. et allégem.							
Total cotis. et contrib.					**932,09**		**2 039,80**
NET SOCIAL		*(4 315,01 + 54,99) – 932,09*					**3 437,91**
Remb. transport					+ 38,55		
NET À PAYER AVANT IMPÔT		*(4 315,01 – 932,09) + 38,55*					3 421,47
Impôt/revenu	**Base**				**Taux**		**Montant**
Net imposable		*4 315,01 – (932,09 – 125,28) + 25,66*					3 533,86
Impôt prélevé	3 533,86					8,00	282,71
NET À PAYER AU SALARIÉ		*3 421,47 – 282,71*					**3 138,76**
Payé le 30/01/23	**Total versé employeur = 6 354,81** *(4 315,55 + 2 039,80)*						

3. Répartition différente sur les anciennes tranches B et C

(nos 30200 s. ; Données communes : n° 94310)

94370 Cadre dirigeant dont la rémunération est déterminée sans référence à sa durée de travail. Compte tenu de la répartition des cotisations de retraite complémentaire appliquée sur la rémunération du salarié avant le 1-1-2019, une distinction est maintenue entre les anciennes tranches B et C pour ces cotisations (dont les limites étaient respectivement fixées à 4 et 8 plafonds de sécurité sociale).

BULLETIN DE PAIE	**Du 01/01/2023 au 31/01/2023**					
Salaire		15 000,00				
TOTAL BRUT		**15 000,00**				
Santé	Base		Part salarié		Part employeur	
SS – Maladie maternité invalidité décès	15 000,00				7,00	1 050,00
SS – Maladie suppl.	15 000,00	*Salaire > 2,5 Smic*			6,00	900,00
Compl. santé	3 666,00		0,70	25,66	0,70	25,66
Compl. décès cadres	3 666,00				1,50	54,99
AT/MP	15 000,00				2,00	300,00
Retraite						
SS plafonnée	3 666,00		6,90	252,95	8,55	313,44
SS déplafonnée	15 000,00		0,40	60,00	1,90	285,00
Compl. T1	3 666,00		4,01	147,01	6,01	220,33
Compl. T2 (ancienne TB)	10 998,00		9,72	1 069,01	14,57	1 602,41
Compl. T2 (ancienne TC)	336,00		11,88	39,92	12,42	41,73
CET	15 000,00		0,14	21,00	0,21	31,50
Famille	15 000,00				3,45	517,50
Famille suppl.	15 000,00	*Salaire > 3,5 Smic*			1,80	270,00
Chômage	14 664,00				4,20	615,89
Apec	14 664,00		0,024	3,52	0,036	5,28
Autres contrib. dues par l'employeur		*Mobilité : 15 000,00 × 2,95 % = 442,50 ; Fnal : 15 000,00 × 0,5 % = 75,00 ; Solid. autonomie : 15 000,00 × 0,3 % = 45,00 ; Forfait social : (54,99 + 25,66) × 8 % = 6,45 ; Dialogue soc. : 15 000,00 × 0,016 % = 2,40 ; CFP : 15 000 × 1 % = 150,00 ; Apprentissage : 15 000,00 × 0,68 % = 102,00 ; Construction : 15 000,00 × 0,45 % = 67,50*				890,85
CSG déduc. de l'IR	14 824,03	*Assiette = [(14 664 × 98,25 %) + 366 + 54,99 + 25,66]*	6,80	1 008,03		
CSG/CRDS non déduc. de l'IR	14 824,03		2,90	429,90		
Exo. et allégem.						
Total cotis. et contrib.				**3 057,00**		**7 124,58**
NET SOCIAL		*(15 000 + 54,99) – 3 057,00*				**11 997,99**
Remb. transport				+ 38,55		
NET À PAYER AVANT IMPÔT		*15 000,00 – 3 057,00 + 38,55*				**11 981,55**
Impôt/revenu	**Base**			**Taux**		**Montant**
Net imposable		*15 000,00 – (3 057,73 – 429,90) + 25,66*				12 398,56
Impôt prélevé	12 398,56				30,00	**3 719,57**
NET À PAYER AU SALARIÉ		*11 981,55 – 3 719,57*				**8 261,98**
Payé le 30/01/23	**Total versé employeur = 22 124,58** *(15 000,00 + 7 124,58)*					

PLANS D'ÉPARGNE RETRAITE (n° 43160 ; Données communes : n° 94310)

Cadre présent dans l'entreprise toute l'année 2023 et percevant une rémunération annuelle de 58 800 € répartie en 12 mensualités égales. Il est affilié à un plan d'épargne retraite obligatoire (Pero) financé par des versements obligatoires mensuels fixés à 4 % (part employeur) et 2 % (part salarié) de son salaire de base. 94380

Au 15 décembre, son employeur abonde à hauteur de 1 125 € son versement volontaire au plan d'épargne retraite collectif (Pereco). Ce versement volontaire, étant fiscalement déductible du revenu global, est sans incidence sur la paie. L'abondement de l'employeur, inférieur au plafond légal, n'entre pas dans l'assiette des cotisations et de l'impôt.

La limite d'exonération sociale des versements de l'employeur au Pero est dépassée, mais pas la limite d'exonération fiscale des versements de l'employeur et du salarié sur ce plan d'épargne.

Ni le Pero ni le Pereco ne sont éligibles au taux réduit du forfait social. Celui-ci est calculé au taux de droit commun.

BULLETIN DE PAIE	**Du 01/12/2023 au 31/12/2023**					
Salaire 151,67 h	151,67	4 900,00				
Versements employeur au Pero		537,00	*Total des versements Pero 58 800 × 4 % = 2 352 Limite d'exonération sociale = 58 800 × 5 % = 2 940 1 125 (abondement Pereco) + 2 352 = 3 477 3 477 – 2 940 = 537*			
TOTAL BRUT		**5 437,00**				
Santé	Base		Part salarié		Part employeur	
SS – Maladie maternité invalidité décès	5 437,00				7,00	380,59
SS – Maladie suppl.	5 437,00	*Salaire > 2,5 Smic*			6,00	326,22
Compl. santé	3 666,00		0,70	25,66	0,70	25,66
Compl. décès cadres	3 666,00				1,50	54,99
AT/MP	5 437,00				2,00	108,74
Retraite						
SS plafonnée	3 666,00		6,90	252,95	8,55	313,44
SS déplafonnée	5 437,00		0,40	21,75	1,90	103,30
Compl. T1	3 666,00		4,01	147,01	6,01	220,33
Compl. T2	1 771,00	*Base T2 : 5 437 – 3 666*	9,72	172,14	14,57	258,03
CET	5 437,00		0,14	7,61	0,21	11,42
Pero	4 900,00		2,00	98,00	4,00	196,00
Famille	5 437,00	*Salaire ≤ 3,5 Smic*			3,45	187,58
Chômage	5 437,00				4,20	228,35
Apec	5 437,00		0,024	1,30	0,036	1,96
Autres contrib. dues par l'employeur		*Mobilité : 5 437,00 × 2,95 % = 160,39 ; Fnal : 5 437,00 × 0,5 % = 27,19 ; Solid. autonomie : 5 437,00 × 0,3 % = 16,31 ; Dialogue soc. : 5 437,00 × 0,016 % = 0,87 ; CFP : 5 437,00 × 1,00 % = 54,37 ; Apprentissage : 5 437,00 × 0,68 % = 36,97 ; Construction : 5 437,00 × 0,45 % = 24,47 ; Forfait social : [(54,99 + 25,66) × 8 %] + [(196,00 + 1 125,00) × 20 %] – [(3 477 – 2 940) × 20 %] = 163,25. Régularisation forfait social : (3 477 – 2 940) × 20 % = 107,40 (l'employeur a versé du forfait social au titre de ses versements au Pero et de son abondement au Pereco sur la base de 3 477 €, alors qu'il aurait dû n'en verser que sur 2 940 €).*				483,82
CSG déduc. de l'IR	5 090,90	*Assiette = (4 900,00 × 98,25 %) + 196,00 + 54,99 + 25,66*	6,80	346,18		
CSG/CRDS non déduc. de l'IR	5 090,90		2,90	147,64		
	1 125,00	*Abondement au Pereco*	9,70	109,13		
Exo et allégem.						
Total cotis. et contrib.				**1 329,37**		**2 900,43**
NET SOCIAL		*(4 900,00 + 196,00 + 54,99) – (1 329,37 – 98) Le net social est calculé sur la base de la rémunération brute à laquelle s'ajoutent le versement de l'employeur au Pero ainsi que la cotisation patronale obligatoire décès des cadres. L'abondement de l'employeur au Pereco n'entre pas dans le net social. Les cotisations salariales déduites sont celles calculées pour le mois de décembre, sans neutralisation de la part correspondant à la régularisation pour dépassement de la limite d'exonération des versements au Pero.*				**3 919,62**
Remb. transport				+ 38,55		
NET À PAYER AVANT IMPÔT		*4 900 – 1 329,37 + 38,55 La limite d'exonération fiscale des versements de l'employeur et du salarié au Pero est de 4 727 € (8 % de 59 088 €, soit 4 900 € × 12 de rémunération principale et 24 € × 12 de cotisation patronale complémentaire santé). Cette limite étant supérieure à la somme des versements de l'employeur au Pero et de son abondement au Pereco, la part salariale des versements au Pero est intégralement déductible du salaire imposable, et la part patronale n'a pas à y être ajoutée.*				**3 609,18**
Impôt/revenu	**Base**			**Taux**		**Montant**
Net imposable		*(4 900,00 + 25,66 + 147,64 + 109,13) – 1 329,37*				3 853,06
Impôt prélevé	3 853,06				8,00	**308,24**
NET À PAYER AU SALARIÉ		*3 609,18 – 308,24*				**3 300,94**
Payé le 29/12/23	**Total versé employeur = 8 337,43** *(5 437,00 + 2 900,43)*					

PRÉVOYANCE OBLIGATOIRE AVEC OPTION FACULTATIVE (nº 42850 ;

Données communes : nº 94310)

94390 Le régime de prévoyance complémentaire obligatoire bénéficiant à l'ensemble du personnel est financé par une contribution assise sur le brut et fixée à 0,50 % pour le salarié et 2,00 % pour l'employeur. Sur ces 2,00 %, 0,50 % sont affectés au maintien légal du salaire en cas de maladie et sont donc déduits de l'assiette de la CSG et de la CRDS ainsi que de celle du forfait social, voir nº 43275.

Les salariés peuvent compléter les garanties de ce régime en souscrivant une option facultative financée par une contribution forfaitaire abondée par l'employeur.

La convention collective nationale ne prévoit pas de garanties supplémentaires par rapport à celles imposées légalement.

BULLETIN DE PAIE	**Du 01/01/2023 au 31/01/2023**					
Salaire 151,67 h	17,20	2 608,72				
TOTAL BRUT		**2 608,72**				
Santé	Base		Part salarié		Part employeur	
SS – Maladie maternité invalidité décès	2 668,72	*Salaire ≤ 2,5 Smic Les 60 € de part patronale complémentaire facultative sont réintégrés dans l'assiette des cotisations de sécurité sociale. On suppose que cette assiette sert de base au calcul des cotisations prévoyance et santé conformément à l'acte juridique mettant en place ces couvertures dans l'entreprise et au contrat d'assurance souscrit par l'employeur.*			7,00	186,81
Compl. santé	2 668,72		0,70	18,68	0,70	18,68
Compl. incap. inval. décès obligatoire	2 668,72		0,50	13,34	2,00	53,37
Compl. incap. inval. décès facultative	La part salariale est non déductible de l'impôt et la part patronale est imposable			25,00		60,00
AT/MP	2 668,72				2,00	53,37
Retraite						
SS plafonnée	2 668,72		6,90	184,14	8,55	228,18
SS déplafonnée	2 668,72		0,40	10,67	1,90	50,71
Compl. T1	2 668,72		4,01	107,02	6,01	160,39
Famille	2 668,72	*Salaire ≤ 3,5 Smic*			3,45	92,07
Chômage	2 668,72				4,20	112,09
Autres contrib. dues par l'employeur		*Mobilité : 2 668,72 × 2,95 % = 78,73 ; Fnal : 2 668,72 × 0,5 % = 13,34 ; Solid. autonomie : 2 668,72 × 0,3 % = 8,01 ; Forfait social : [53,37 – (2 668,72 × 0,5 %) + 18,68] × 8 % = 4,70. Le forfait social est dû sur les parts patronales prévoyance et frais de santé exonérées de cotisations : voir nº 43350 ; Dialogue soc. : 2 668,72 × 0,016 % = 0,43 ; CFP : 2 668,72 × 1,00 % = 26,69 ; Apprentissage : 2 668,72 × 0,68 % = 18,15 ; Construction : 2 668,72 × 0,45 % = 12,01*				162,06
CSG déduc. de l'IR	2 681,78	*Assiette = (2 608,72 × 98,25 %) + [53,37 (2 668,72 × 0,5 %)] + 60,00 + 18,68*	6,80	182,36		
CSG/CRDS non déduc. de l'IR	2 681,78		2,90	77,77		
Exo. et allégem.		***Employeur :*** *Réduc. Générale Coeff. = (0,3235/0,6) × [(1,6 × 1 709,32/2 668,72) – 1] = 0,0134 Montant Réduc. = 2 668,72 × 0,0134 = 35,76*				– 35,76
Total cotis. et contrib.				**617,06**		**1 141,97**
NET SOCIAL		*(2 608,72 + 60,00 + 53,37) – (617,06 – 13,34 – 25,00)*				**2 143,37**
Remb. transport				+ 38,55		
NET À PAYER AVANT IMPÔT		*2 608,72 – 617,06 + 38,55*				**2 030,21**
Impôt/revenu	**Base**			**Taux**		**Montant**
Net imposable		*2 608,72 – (617,06 – 77,77 – 25) + 18,68 + 60,00*				2 173,11
Impôt prélevé	2 173,11				2,00	**43,46**
NET À PAYER AU SALARIÉ		*2 030,21 – 43,46*				**1 986,75**
Payé le 30/01/23	**Total versé employeur = 3 750,69** *(2 608,72 + 1 141,97)*					

PARTICIPATION DU CSE À UNE PRÉVOYANCE (nos 41370 et 43830 ; Données communes : n° 94310) 94400

Tous les salariés bénéficient d'un régime de prévoyance complémentaire obligatoire invalidité décès. Le comité social et économique (CSE) complète la participation patronale à hauteur de 30 € par mois dans le cadre de ses activités sociales. Ce complément entre dans l'assiette de la CSG, de la CRDS et du forfait social.

BULLETIN DE PAIE	**Du 01/01/2023 au 31/01/2023**					
Salaire 151,67 h	12,50	1 895,88				
TOTAL BRUT		**1 895,88**				
Santé	Base		Part salarié		Part employeur	
SS – Maladie maternité invalidité décès	1 895,88	*Salaire ≤ 2,5 Smic*			7,00	132,71
Compl. santé	1 895,88		0,70	13,27	0,70	13,27
Compl. incap. inval. décès	1 895,88		0,50	9,48	1,00	18,96
AT/MP	1 895,88				2,00	37,92
Retraite						
SS plafonnée	1 895,88		6,90	130,82	8,55	162,10
SS déplafonnée	1 895,88		0,40	7,58	1,90	36,02
Compl. T1	1 895,88		4,01	76,02	6,01	113,94
Famille	1 895,88	*Salaire ≤ 3,5 Smic*			3,45	65,41
Chômage	1 895,88				4,20	79,63
Autres contrib. dues par l'employeur		*Mobilité : 1 895,88 × 2,95 % = 51,63 ; Fnal : 1 895,88 × 0,5 % = 8,75 ; Solid. autonomie : 1 895,88 × 0,3 % = 5,25 ; Forfait social : (30,00 + 13,27 + 18,96) × 8 % = 4,98 ; Dialogue soc. : 1 895,88 × 0,016 % = 0,28 ; CFP : 1 895,88 × 1 % = 18,96 ; Apprentissage : 1 895,88 × 0,68 % = 12,89 ; Construction : 1 895,88 × 0,45 % = 8,53*				116,76
CSG déduc. de l'IR	1 924,93	*Assiette = (1 895,88 × 98,25 %) + 30 + 18,96 + 13,27*	6,80	130,90		
CSG/CRDS non déduc. de l'IR	1 924,93		2,90	55,82		
Exo. et allégem.		***Employeur** : Réduc. Générale : Coeff. = (0,3231/0,6) × [(1,6 × 1 709,32/1 895,88) – 1] = 0,2383 et Montant Réduc. = 451,79*				– 451,79
Total cotis. et contrib.				**423,89**		**324,93**
NET SOCIAL		*(1 895,88 + 18,96 + 30,00) – (423,89 – 9,48) Attention : la participation du CSE à la complémentaire prévoyance (30,00 €) peut être analysée, soit comme une activité sociale et culturelle exclue du net social (Q. R. min. trav. du 7-2-2023 n° 2.11), soit comme une contribution patronale de prévoyance à ajouter au net social (Q. R. min. trav. du 7-2-2023 n° 2.12). Nous avons opté pour la deuxième solution, mais cela demande à être confirmé par l'administration.*				1 530,43
Remb. transport				+ 38,55		
NET À PAYER AVANT IMPÔT		*1 895,88 – 423,89 + 38,55*				**1 510,54**
Impôt/revenu	**Base**			**Taux**		**Montant**
Net imposable		*1 895,88 – (423,89 – 55,82) + 13,27*				1 541,08
Impôt prélevé	1 541,08				2,00	**30,82**
NET À PAYER AU SALARIÉ		*1 510,54 – 30,82*				**1 479,72**
Payé le 30/01/23	**Total versé employeur = 2 220,81** *(1 895,88 + 324,93)*					

VERSEMENT SANTÉ (n° 28050 ; Données communes : n° 94310)

94410 Salarié recruté sous CDD d'usage de 2 mois (du 1er janvier au 28 février). Ayant souscrit à titre personnel, avant son embauche, à un régime frais de santé, il a demandé à bénéficier du versement santé. Dans l'entreprise, la contribution patronale frais de santé est de 2 % du salaire brut. Le versement santé est compris dans le net imposable.

BULLETIN DE PAIE	**Du 01/01/2023 au 31/01/2023**					
Salaire 151,67 h	12,50	1 895,88				
Versement santé		47,40	*2 % du salaire brut + 25 %*			
TOTAL BRUT		**1 943,28**				
Santé	Base		Part salarié		Part employeur	
SS – Maladie maternité invalidité décès	1 895,88	*Le versement santé n'entre pas dans l'assiette des cotisations sociales Salaire ≤ 2,5 Smic*			7,00	132,71
AT/MP	1 895,88				2,00	37,92
Retraite						
SS plafonnée	1 895,88		6,90	130,82	8,55	162,10
SS déplafonnée	1 895,88		0,40	7,58	1,90	36,02
Compl. T1	1 895,88		4,01	76,02	6,01	113,94
Famille	1 895,88	*Salaire ≤ 3,5 Smic*			3,45	65,41
Chômage	1 895,88				4,20	79,63
Autres contrib. dues par l'employeur		*Mobilité : 1 895,88 × 2,95 % = 55,93 ; Fnal : 1 895,88 × 0,5 % = 9,48 ; Solid. autonomie : 1 895,88 × 0,3 % = 5,69 ; Forfait social : 47,40 × 8 % = 3,79. Exonéré de cotisations, le versement santé est soumis à CSG, CRDS et au forfait social ; Dialogue soc. : 1 895,88 × 0,016 % = 0,30 ; CFP : 1 895,88 × 1,00 % = 18,96 ; CFP CDD : 1 895,88 × 1 % = 18,96 ; Apprentissage : 1 895,88 × 0,68 % = 12,89 ; Construction : 1 895,88 × 0,45 % = 8,53*				134,53
CSG déduc. de l'IR	1 910,10	*Assiette = (1 895,88 × 98,25 %) + 47,40*	6,80	129,89		
CSG/CRDS non déduc. de l'IR	1 910,10		2,90	55,39		
Exo. et allégem.		***Employeur :*** *Réduc. générale : Coeff. : (0,3231/0,6) × [(1,6 × 1 709,32/ 1 895,88) – 1] = 0,2383 Montant Réduc = 1 895,88 × 0,2383 =*				– 451,79
Total cotis. et contrib.				**399,70**		**310,47**
NET SOCIAL		*1 895,88 – 399,70*				**1 496,18**
Remb. transport				+ 38,55		
NET À PAYER AVANT IMPÔT		*1 895,88 – 399,70 + 47,40 + 38,55*				**1 582,13**
Impôt/revenu	**Base**			**Taux**		**Montant**
Net imposable		*(1 895,88 + 47,40) – (399,70 – 55,39)*				1 598,97
Impôt prélevé	1 598,97				2,00	**31,98**
NET À PAYER AU SALARIÉ		*1 582,13 – 31,98*				**1 550,15**
Payé le 30/01/23	**Total versé employeur = 2 206,35** *(1 895,88 + 310,47)*					

EMBAUCHE EN COURS DE MOIS (n°s 11110, 11170 et 22170 ; Données communes : n° 94310) 94420

Non-cadre, embauché en CDI, entré le 16-1-2023. Les heures non effectuées (7 × 10 = 70 heures) sont déduites du salaire mensuel brut. Nombre d'heures réelles du mois complet : 154 heures. Salaire horaire : 2 000/154.

BULLETIN DE PAIE	**Du 16/01/2023 au 31/01/2023**						
Salaire 151,67 h	151,67		2 000,00				
Déduction entrée	70,00	12,99	909,30				
TOTAL BRUT			**1 090,70**				
Santé	Base			Part salarié		Part employeur	
SS – Maladie maternité invalidité décès	1 090,70	*Salaire ≤ 2,5 Smic*				7,00	76,35
Compl. santé	1 090,70			0,70	7,63	0,70	7,63
AT/MP	1 090,70					2,00	21,81
Retraite							
SS plafonnée	1 090,70			6,90	75,26	8,55	93,25
SS déplafonnée	1 090,70			0,40	4,36	1,90	20,72
Compl. T1	1 090,70			4,01	43,74	6,01	65,55
Famille	1 090,70	*Salaire ≤ 3,5 Smic*				3,45	37,63
Chômage	1 090,70					4,20	45,81
Autres contrib. dues par l'employeur		*Mobilité : 1 090,70 × 2,95 % = 32,18 ; Fnal : 1 090,70 × 0,5 % = 5,45 ; Solid. autonomie : 1 090,70 × 0,3 % = 3,27 ; Forfait social : 7,63 × 8 % = 0,61 ; Dialogue soc. : 1 090,70 × 0,016 % = 0,17 ; CFP : 1 090,70 × 1 % = 10,91 ; Apprentissage : 1 090,70 × 0,68 % = 7,42 ; Construction : 1 090,70 × 0,45 % = 4,91*					64,92
CSG déduc. de l'IR	1 079,24	*Assiette = [(1 090,70 × 98,25 %) + 7,63]*		6,80	73,39		
CSG/CRDS non déduc. de l'IR	1 079,24			2,90	31,30		
Exo. et allégem.		***Employeur :*** *Réduc. générale : Smic pris en compte : 1 709,32 × 1 090,70/2 000,00 = 932,18 ; Coeff. = 0,3231/0,6) × [(1,6 × 932,18/1 090,70) – 1] = 0,1979 et montant Réduc. = 1 090,70 × 0,1979 = 215,85*					– 215,85
Total cotis. et contrib.					**235,68**		**217,82**
NET SOCIAL		*1 090,70 – 235,68*					**855,02**
Remb. transport					+ 38,55		
NET À PAYER AVANT IMPÔT		*1 090,70 – 235,68 + 38,55*					**893,57**
Impôt/revenu	**Base**				**Taux**		**Montant**
Net imposable		*1 090,70 – (235,68 – 31,30) + 7,63*					893,95
Impôt prélevé	893,95					0,00	**0,00**
NET À PAYER AU SALARIÉ							**893,57**
Payé le 30/01/23	**Total versé employeur = 1 308,52** *(1 090,70 + 217,82)*						

RETENUE POUR ABSENCE NON RÉMUNÉRÉE

1. Retenue calculée au réel horaire (n°s 1110 et 1170 ; Données communes : n° 94310)

94430 Non-cadre absent le 12 et le 13 janvier, soit 14 heures. Non rémunérée, cette absence donne lieu à une retenue calculée sur le nombre réel d'heures de travail du mois (154 heures) : 14 × (2 900/154) = 14 × 18,83.

BULLETIN DE PAIE	**Du 01/01/2023 au 31/01/2023**						
Salaire 151,67 h	151,67		2 900,00				
Absence non rem.	14,00	18,83	263,62				
TOTAL BRUT			**2 636,38**				
Santé	Base			Part salarié		Part employeur	
SS – Maladie maternité invalidité décès	2 636,38	*Salaire ≤ 2,5 Smic*				7,00	184,55
Compl. santé	2 636,38			0,70	18,45	0,70	18,45
AT/MP	2 636,38					2,00	52,73
Retraite							
SS plafonnée	2 636,38			6,90	181,91	8,55	225,41
SS déplafonnée	2 636,38			0,40	10,55	1,90	50,09
Compl. T1	2 636,38			4,01	105,72	6,01	158,45
Famille	2 636,38	*Salaire ≤ 3,5 Smic*				3,45	90,96
Chômage	2 636,38					4,20	110,73
Autres contrib. dues par l'employeur		*Mobilité : 2 636,38 × 2,95 % = 77,77 ; Fnal : 2 636,38 × 0,5 % = 13,18 ; Solid. autonomie : 2 636,38 × 0,3 % = 7,91 ; Forfait social : 18,45 × 8 % = 1,48 ; Dialogue soc. : 2 636,38 × 0,016 % = 0,42 ; CFP : 2 636,38 × 1 % = 26,36 ; Apprentissage : 2 636,38 × 0,68 % = 17,93 ; Construction : 2 636,38 × 0,45 % = 11,86*					156,91
CSG déduc. de l'IR	2 608,69	*Assiette = [(2 636,38 × 98,25 %) + 18,45]*		6,80	177,39		
CSG/CRDS non déduc. de l'IR	2 608,69			2,90	75,65		
Exo. et allégem.							
Total cotis. et contrib.					**569,67**		**1 048,28**
NET SOCIAL		*2 636,38 – 569,67*					**2 066,71**
Remb. transport					+ 38,55		
NET À PAYER AVANT IMPÔT		*2 636,38 – 569,67 + 38,55*					**2 105,26**
Impôt/revenu	**Base**				**Taux**		**Montant**
Net imposable		*2 636,38 – (569,67 – 75,65) + 18,45*					2 160,81
Impôt prélevé	2 160,81					2,00	**43,22**
NET À PAYER AU SALARIÉ		*2 105,26 – 43,22*					**2 062,04**
Payé le 30/01/23	**Total versé employeur = 3 684,66** *(2 636,38 + 1 048,28)*						

2. Retenue calculée au réel journalier (nos 11110 et 18055 ; Données communes no 94310)

Cadre absent sans rémunération du 5 au 25-1-2023 inclus, soit 15 jours ouvrés sur un mois en comptant 22. La retenue est calculée selon le nombre réel de jours d'absence. Le plafond de sécurité sociale est calculé en fonction du nombre de jours calendaires de présence (10/31). Le Smic pris en compte pour les réductions de cotisations patronales est proratisé comme suit : Smic mensuel × rémunération perçue/rémunération qui aurait été due = 1 709,32 × 1 209,05/3 800 = 543,86. 94435

BULLETIN DE PAIE	**du 01/01/2023 au 31/01/2023**		**À déduire**		**À ajouter**	
Salaire 151,67 h	151,67					3 800,00
Absence non rémunérée	15,00	172,73 *(3 800,00/22 jours) = 172,73*		– 2 590,95		
TOTAL BRUT						**1 209,05**
Santé	Base		Part salarié		Part employeur	
SS – Maladie maternité invalidité décès	1 209,05	*1 209,05 < 543,86 × 2,5*			7,00	84,63
Compl. santé	1 182,58	*Voir Retraite SS plafonnée*	0,70	8,28	0,70	8,28
Compl. Décès cadres	1 182,58	*Voir Retraite SS plafonnée*			1,50	17,74
AT/MP	1 209,05				2,00	24,18
Retraite						
SS plafonnée	1 182,58	*3 666 × 10/31 = 1 182,58*	6,90	81,60	8,55	101,11
SS déplafonnée	1 209,05		0,40	4,84	1,90	22,97
Compl. T1	1 182,58	*Voir Retraite SS plafonnée*	4,01	47,42	6,01	71,07
Compl. T2	26,47	*Base T2 : 1 209,05 – 1 182,58 = 26,47*	9,72	2,57	14,57	3,86
CET	1 209,05		0,14	1,69	0,21	2,54
Famille	1 209,05	*1 209,05 < 543,86 × 3,5*			3,45	41,71
Chômage	1 209,05				4,20	50,78
Apec	1 209,05		0,024	0,29	0,036	0,44
Autres contrib. dues par l'employeur		*Mobilité : 1 209,05 × 2,95 % = 35,67 ; Fnal : 1 209,05 × 0,5 % = 6,05 ; Solid. autonomie : 1 209,05 × 0,3 % = 3,63 ; Forfait social : (17,74 + 8,28) × 8 % = 2,08 ; Dialogue soc. : 1 209,05 × 0,016 % = 0,19 ; CFP : 1 209,05 × 1 % = 12,09 ; Apprentissage : 1 209,05 × 0,68 % = 8,22 ; Construction : 1 209,05 × 0,45 % = 5,44*				73,37
CSG déduc. de l'IR	1 213,91	*Assiette = (1 209,05 × 98,25 %) + (17,74 + 8,28)*	*6,80*	82,55		
CSG/CRDS non déduc. de l'IR	1 213,91		*2,90*	35,20		
Exo. et allégem.						
Total cotis. et contrib.				**264,44**		**502,68**
NET SOCIAL		*(1 209,05 + 17,74) – 264,44*				**962,35**
Remb. transport				+ 38,55		
NET À PAYER AVANT IMPÔT		*(1 209,05 – 264,44) + 38,55*				**983,16**
Impôt/revenu	**Base**				**Taux**	**Montant**
Net imposable		*1 209,05 – (264,44 – 35,20) + 8,28*				988,09
Impôt prélevé	988,09				8,00	**79,05**
NET À PAYER AU SALARIÉ		*983,16 – 79,05*				**904,11**
Payé le 30/01/23	**Total versé employeur** = **1 711,73** *(1 209,05 + 502,68)*					

RÉGULARISATION DES COTISATIONS DE SÉCURITÉ SOCIALE ET DE CHÔMAGE

1. Cotisations plafonnées et cotisation maladie

FRANCHISSEMENT DU PLAFOND ET DU SEUIL DE 2,5 SMIC (n° 18240 et nos 22650 s. ; Données communes : n° 94310)

94440 Salaire brut de mars 2022 : 1 800 € + 1 prime de 3 750 €, soit un total de 5 550 €. Total des salaires et primes de janvier à février : 7 300 €, soit un total de janvier à mars de : 12 850 €.
En 2023 : plafond mensuel de sécurité sociale = 3 666 € et Smic mensuel = 1 709,32 €.

BULLETIN DE PAIE	**Du 01/03/2023 au 31/03/2023**					
Salaire 151,67 h	151,67		1 800,00			
Prime			3 750,00			
TOTAL BRUT			**5 550,00**			
Santé	Base		Part salarié		Part employeur	
SS – Maladie maternité invalidité décès	5 550,00				7,00	388,50
SS – Maladie suppl.	12 850,00	*Cumul salaires fin févr. (7 300) ≤ 2,5 Smic × 2 mois donc taux maladie fin févr. : 7 % Cumul salaires fin mars (12 850) > 2,5 Smic × 3 mois donc taux maladie fin mars : 13 %*			6,00	771,00
Compl. santé	3 698,00		0,70	25,89	0,70	25,89
AT/MP	5 550,00				2,00	111,00
Retraite						
SS plafonnée	3 698,00	*Fin févr. T1 = 7 300 Fin mars : cumul plafonds (3 666 × 3) < cumul salaires (12 850) donc T1 = (3 666 × 3) – 7 300 = 3 698*	6,90	255,16	8,55	316,18
SS déplafonnée	5 550,00		0,40	22,20	1,90	105,45
Compl. T1	3 698,00		4,01	148,29	6,01	222,25
Compl. T2	1 852,00	*Total T2 fin mars : 12 850 – (3 666 × 3) = 1 852. Pas de T2 en janv. et févr. Donc T2 fin mars : 1 852*	9,72	180,01	14,57	269,84
CET	12 850,00	*Fin févr. : cumul salaires (7 300) < cumul plafonds (3 666 × 2) donc pas de CET Fin mars : cumul salaires (12 850) > cumul plafonds (3 666 × 3) donc assiette CET = cumul brut*	0,14	17,99	0,21	26,99
Famille	5 550,00	*Cumul salaires fin févr. (7 300) ≤ 3,5 Smic × 2 Cumul salaires fin mars ≤ 3,5 Smic × 3 donc pas de régularisation*			3,45	191,48
Chômage	5 550,00				4,20	233,10
Autres contrib. dues par l'employeur		*Mobilité : 5 550,00 × 2,95 % = 163,73 ; Fnal : 5 550,00 × 0,5 % = 27,75 ; Solid. autonomie : 5 550,00 × 0,3 % = 16,65 ; Forfait social : 25,89 × 8 % = 2,07 ; Dialogue soc. : 5 550,00 × 0,016 % = 0,89 ; CFP : 5 550,00 × 1 % = 55,50 ; Apprentissage : 5 550,00 × 0,68 % = 37,74 ; Construction 5 550,00 × 0,45 % = 24,98*				329,31
CSG déduc. de l'IR	5 478,77	*Assiette = (5 550,00 × 98,25 %) + 25,89*	6,80	372,56		
CSG/CRDS non déduc. de l'IR	5 478,77		2,90	158,88		
Exo. et allégem.						
Total cotis. et contrib.				**1 180,98**		**2 990,99**
NET SOCIAL		*5 550,00 – 1 180,98*				**4 369,02**
Remb. transport				+ 38,55		
NET À PAYER AVANT IMPÔT		*5 550,00 – 1 180,98 + 38,55*				**4 407,57**
Impôt/revenu	**Base**			**Taux**		**Montant**
Net imposable		*5 550,00 – (1 180,98 – 158,88) + 25,89*				4 553,79
Impôt prélevé	4 553,79				8,00	**364,30**
NET À PAYER AU SALARIÉ		*4 407,57 – 364,30*				**4 043,27**
Payé le 30/03/23	**Total versé employeur = 8 540,99** *(5 550 + 2 990,99)*					

PASSAGE SOUS LE PLAFOND ET SOUS LE SEUIL DE 2,5 SMIC (n° 18240 et n°s 22650 s. ; Données communes : n° 94310) 94450

Les données sont les mêmes que celles du bulletin n° 94440. Le salaire du mois d'avril s'élève à 1 800 €. Le cumul des salaires de janvier à avril (14 650 €) est donc inférieur au cumul des plafonds sur la période (3 666 × 4 = 14 664 €).

BULLETIN DE PAIE	**Du 01/04/2023 au 30/04/2023**					
Salaire 151,67 h	151,67	1 800,00				
TOTAL BRUT		**1 800,00**				
Santé	Base		Part salarié		Part employeur	
SS – Maladie maternité invalidité décès	1 800,00				7,00	126,00
SS – Maladie suppl.	– 12 850,00	*Cumul salaires fin avril (14 650) ≤ 2,5 Smic × 4 donc la cotisation supplémentaire de janv.-mars est annulée*			6,00	– 771,00
Compl. santé	3 652,00		0,70	25,56	0,70	25,56
AT/MP	1 800,00				2,00	36,00
Retraite						
SS plafonnée	3 652,00	*Cumul des salaires < cumul des plafonds donc T1 avr. = total des salaires janv.-avril – total des assiettes T1 janv.-mars = 14 650 – (3 666 × 3) = 3 652*	6,90	251,99	8,55	312,25
SS déplafonnée	1 800,00		0,40	7,20	1,90	34,20
Compl. T1	3 652,00		4,01	146,45	6,01	219,49
Compl. T2	– 1 852,00	*Cumul des salaires janv.-avril < cumul des plafonds janv.-avril donc la T2 de mars est annulée*	9,72	– 180,01	14,57	– 269,84
CET	– 12 850,00	*Reprise de la CET de mars*	0,14	– 17,99	0,21	– 26,99
Famille	1 800,00	*Cumul salaires ≤ 3,5 Smic × 4 mois*			3,45	62,10
Chômage	1 800,00				4,20	75,60
Autres contrib. dues par l'employeur		*Mobilité : 1 800 × 2,95 % = 53,10 ; Fnal : 1 800 × 0,5 % = 9,00 ; Solid. autonomie : 1 800 × 0,3 % = 5,40 ; Forfait social : 25,56 × 8 % = 2,04 ; Dialogue soc. : 1 800 × 0,016 % = 0,29 ; CFP : 1 800 × 1 % = 18,00 ; Apprentissage : 1 800 × 0,68 % = 12,24 ; Construction : 1 800,00 × 0,45 % = 8,10.*				108,17
CSG déduc. de l'IR	1 794,06	*Assiette = (1 800,00 × 98,25 %) + 25,56*	6,80	122,00		
CSG/CRDS non déduc. de l'IR	1 794,06		2,90	52,03		
Exo. et allégem.						
Total cotis. et contrib.				**407,23**		**– 68,46**
NET SOCIAL		*1 800,00 – 407,23*				**1 392,77**
Remb. transport				+ 38,55		
NET À PAYER AVANT IMPÔT		*1 800,00 – 407,23 + 38,55*				**1 431,32**
Impôt/revenu	**Base**			**Taux**		**Montant**
Net imposable		*1 800,00 – (407,23 – 52,03) + 25,56*				1 470,36
Impôt prélevé	1 470,36				2,00	**29,41**
NET À PAYER AU SALARIÉ		*1 431,32 – 29,41*				**1 401,91**
Payé le 30/04/23	**Total versé employeur = 1 731,54** *(1 800,00 – 68,46)*					

2. CSG/CRDS et cotisation chômage

SALAIRE SUPÉRIEUR AU PLAFOND DES COTISATIONS CHÔMAGE (nos 28660 et 29360 ; Données communes : n° 94310)

94460 Cadre percevant un salaire brut mensuel de 11 000 €. En mars, il perçoit une prime exceptionnelle de 22 000 €. Rémunération de janvier à mars : (3 × 11 000) + 22 000 = 55 000 €. En 2023, plafond de sécurité sociale = 3 666 € et plafond des cotisations chômage = 3 666 × 4 = 14 664 €.

BULLETIN DE PAIE	**Du 01/03/2023 au 31/03/2023**					
Salaire 151,67 h	151,67	11 000				
Prime exceptionnelle		22 000				
TOTAL BRUT		**33 000**				
Santé	Base		Part salarié		Part employeur	
SS – Maladie maternité invalidité décès	33 000,00				7,00	2 310,00
SS – Maladie suppl.	33 000,00	*Cumul salaires janv.-févr. (22 000) > 2,5 Smic × 2 et Cumul salaires janv.-mars (55 000) > 2,5 Smic × 3*			6,00	1 980,00
Compl. santé	3 666,00		0,70	25,66	0,70	25,66
Compl. décès cadres	3 666,00				1,50	54,99
AT/MP	33 000,00				2,00	660,00
Retraite						
SS plafonnée	3 666,00		6,90	252,95	8,55	313,44
SS déplafonnée	33 000,00		0,40	132,00	1,90	627,00
Compl. T1	3 666,00		4,01	147,01	6,01	220,33
Compl. T2	29 334,00	*Cumul salaires (55 000) > 3 666 × 3 donc T2 mars = T2 de janv.-mars – T2 de janv.-févr. = [55 000 – (3 666 × 3)] – [(11 000 – 3 666) × 2]*	9,72	2 851,26	14,57	4 273,96
CET	33 000,00		0,14	46,20	0,21	69,30
Famille	33 000,00				3,45	1 138,50
Famille suppl.	33 000,00	*Cumul salaires janv.-févr. (22 000) > 2,5 Smic × 3 et Cumul salaires janv.-mars (55 000) > 3,5 Smic × 3*			1,80	594,00
Chômage	21 992,00	*Cumul salaires (55 000) > 14 664 × 3 donc assiette de mars : (14 664 × 3) – (11 000 × 2)*			4,20	923,66
Apec	21 992,00		0,024	5,28	0,036	7,92
Autres contrib. dues par l'employeur		*Mobilité : 33 000 × 2,95 % = 973,50 ; Fnal : 33 000 × 0,5 % = 165,00 ; Solid. autonomie : 33 000 × 0,3 % = 99,00 ; Forfait social : (25,66 + 54,99) × 8 % = 6,45 ; Dialogue soc. : 33 000 × 0,016 % = 5,28 ; CFP : 33 000 × 1 % = 330,00 ; Apprentissage : 33 000 × 0,68 % = 224,40 ; Construction : 33 000 × 0,45 % = 148,50*				1 952,13
CSG déduc. de l'IR	32 695,79	*Assiette janv.-mars (hors compl. décès et santé) : [55 000 – (14 664 × 3)] + (14 664 × 3 × 98,25 %) = 54 230,14*	6,80	2 223,31		
CSG/CRDS non déduc. de l'IR	32 695,79	*Assiette CSG et CRDS janv.-févr. (hors compl. décès et santé) : 2 × 11 000 × 98,25 % = 21 615 Assiette CSG et CRDS mars : (54 230,14 – 21 615) + 25,66 + 54,99 = 32 695,79*	2,90	948,18		
Exo. et allégem.						
Total cotis. et contrib.				**6 631,85**		**15 150,89**
NET SOCIAL		*(33 000 + 54,99) – 6 631,85*				**26 423,14**
Remb. transport				+ 38,55		
NET À PAYER AVANT IMPÔT		*(33 000 – 6 631,85) + 38,55*				**26 406,70**
Impôt/revenu	**Base**			**Taux**		**Montant**
Net imposable		*33 000 – (6 631,85 – 948,18) + 25,66*				27 341,99
Impôt prélevé	27 341,99				20,00	**5 468,40**
NET À PAYER AU SALARIÉ		*26 406,70 – 5 468,40*				**20 938,30**
Payé le 30/03/23	**Total versé employeur = 48 150,89** *(33 000,00 + 15 150,89)*					

SALAIRE INFÉRIEUR AU PLAFOND DES COTISATIONS CHÔMAGE (nos 28660, 29360, et 30200 s. ; Données communes : n° 94310)

Cadre au forfait, sur la base de 218 jours par an, ayant perçu une rémunération de 12 000 € en janvier, 94470
18 000 € en février et 10 000 € en mars. En 2023, plafond de sécurité sociale = 3 666 € et plafond des cotisations chômage = 3 666 × 4 = 14 664 €.

BULLETIN DE PAIE	**Du 01/03/2023 au 31/03/2023**					
Forfait 218 jours		10 000,00				
Total brut		**10 000,00**				
Santé	Base		Part salarié		Part employeur	
SS – Maladie maternité invalidité décès	10 000,00				7,00	700,00
SS – Maladie suppl.	10 000,00	*Cumul salaires janv.-févr. (30 000) > 2,5 Smic × 2 mois et Cumul salaires janv.-mars (40 000) > 2,5 Smic × 3 mois*			6,00	600,00
Compl. santé	3 666,00		0,70	25,66	0,70	25,66
Compl. décès cadres	3 666,00				1,50	54,99
AT/MP	10 000,00				2,00	200,00
Retraite						
SS plafonnée	3 666,00		6,90	252,95	8,55	313,44
SS déplafonnée	10 000,00		0,40	40,00	1,90	190,00
Compl. T1	3 666,00		4,01	147,01	6,01	220,33
Compl. T2	6 334,00		9,72	615,66	14,57	922,86
CET	10 000,00		0,14	14,00	0,21	21,00
Famille	10 000,00				3,45	345,00
Famille suppl.	10 000,00	*Cumul salaires janv.-févr. (30 000) > 3,5 Smic × 2 mois et Cumul salaires janv.-févr. (40 000) > 3,5 Smic × 3 mois*			1,80	180,00
Chômage	10 672,00	*Janv.-févr. cumul salaires (30 000) > 14 664 × 2 donc assiette chômage = 14 664 × 2 = 29 328 Janv.-mars cumul salaires (40 000) < 14 664 × 3 donc assiette chômage = 40 000 – 29 328 = 10 672*			4,20	448,22
Apec	10 672,00		0,024	2,56	0,036	3,84
Autres contrib. dues par l'employeur		*Mobilité : 10 000 × 2,95 % = 295,00 ; Fnal : 10 000 × 0,5 % = 50,00 ; Solid. autonomie : 10 000 × 0,3 % = 30,00 ; Forfait social : (25,66 + 54,99) × 8 % = 6,45 ; Dialogue soc. : 10 000 × 0,016 % = 1,60 ; CFP : 10 000 × 1 % = 100,00 ; Apprentissage : 10 000 × 0,68 % = 68,00 ; Construction : 10 000 × 0,45 % = 45,00*				596,05
CSG déduc. de l'IR	9 893,89	*Janv.-mars cumul salaires (40 000) < 14 664 × 3 donc assiette CSG janv.-mars (hors compl. décès et santé) = 40 000 × 98,25 % = 39 300. Janv.-févr. cumul salaires (30 000) > 14 664 × 2 donc assiette CSG janv.-févr. (hors compl. décès et santé) = [30 000 – (14 664 × 2)] + (14 664 × 2 × 98,25 %) = 29 486,76. Assiette CSG mars : (39 300 – 29 486,76) + 25,66 + 54,99 = 9 893,89*	6,80	672,78		
CSG/CRDS non déduc. de l'IR	9 893,89		2,90	286,92		
Exo. et allégem.						
Total cotis. et contrib.				**2 057,54**		**4 821,39**
NET SOCIAL		*(10 000,00 + 54,99) – 2 057,54*				**7 997,45**
Remb. transport				+ 38,55		
NET À PAYER AVANT IMPÔT		*(10 000,00 – 2 057,54) + 38,55*				**7 981,01**
Impôt/revenu	**Base**			**Taux**		**Montant**
Net imposable		*10 000,00 – (2 057,54 – 286,92) + 25,66*				8 255,04
Impôt prélevé	8 255,04				20,00	**1 651,01**
NET À PAYER AU SALARIÉ		*7 981,01 – 1 651,01*				**6 330,00**
Payé le 30/03/23	**Total versé employeur = 14 821,39** *(10 000,00 + 4 821,39)*					

RÉDUCTION GÉNÉRALE DES COTISATIONS

1. Régularisation

RÉGULARISATION ANNUELLE (n° 22360 ; Données communes : n° 94310)

94480 Salarié à temps plein démissionnaire et quittant l'entreprise fin avril ; il a perçu en février une prime de bilan égale à 2 000 €.

Lors de son départ, il perçoit 4/12e de son 13e mois. Il a épuisé ses droits à congés et ne bénéficie donc pas d'une indemnité compensatrice.

Le Smic est pris en compte pour sa valeur au 1-1-2023 pour la période de 1-1-2023 au 30-4-2023. La rémunération versée entre le 1-1-2023 et son départ de l'entreprise fin avril 2023 ayant toujours été inférieure à 2,5 Smic, il n'y a pas de régularisation à opérer pour les cotisations maladie et famille.

BULLETIN DE PAIE	**Du 01/04/2023 au 30/04/2023**						
Salaire 151,67 h	151,67	12,50	1 895,88				
13e mois proratisé			631,96				
TOTAL BRUT			**2 527,84**				
Santé	Base			Part salarié		Part employeur	
SS – Maladie maternité invalidité décès	2 527,84	*Salaire ≤ 2,5 Smic*				7,00	176,95
Compl. santé	2 527,84			0,70	17,69	0,70	17,69
AT/MP	2 527,84					2,00	50,56
Retraite							
SS plafonnée	2 527,84			6,90	174,42	8,55	216,13
SS déplafonnée	2 527,84			0,40	10,11	1,90	48,03
Compl. T1	2 527,84			4,01	101,37	6,01	151,92
Famille	2 527,84	*Salaire ≤ 3,5 Smic*				3,45	106,17
Chômage							
Chômage + AGS	2 527,84					4,20	134,66
Autres contrib. dues par l'employeur		*Mobilités : 2 527,84 × 2,95 % = 74,57 ; Fnal : 2 527,84 × 0,50 % = 12,64 ; Solid. autonomie : 2 527,84 × 0,3 % = 7,68 ; Forfait social : 17,69 × 8 % = 1,42 ; Dialogue soc. : 2 527,84 × 0,016 % = 0,40 ; CFP : 2 527,84 × 1 % = 25,28 : Apprentissage : 2 527,84 × 0,68 % = 17,19 ; Construction : 2 527,84 × 0,45 % = 11,38*					150,46
CSG déduc. de l'IR	2 501,29	*Assiette = [(2 527,84 × 98,25 %) + 17,69]*		6,80	170,09		
CSG/CRDS non déduc. de l'IR	2 501,29			2,90	72,54		
Exo. et allégem.		***Employeur*** ***Réduc. générale*** *– Réduc. perçue entre janvier et mars 2023* *Janv : Coeff. réduction générale : (0,3231/0,6) × [(1,6 × 1 709,32/ 1 895,88) – 1] = 0,2383* *Montant de la réduc. : 1 895,88 × 0,2383 = 451,79 €.* *Fév : Pas de réduc. car montant > 1,6 Smic* *Mars : Identique à janvier : 451,79 € de réduction* *Total janv-mars : 451,79 × 2 = 903,58 €.* *– Calcul régularisation annuelle en avril* *Coeff. réduc. : (0,3231/0,6) × [(1,6 × [(1 709,32× 4)/((1 895,88 × 4) + 2 000,00 + 631,96)] – 1] = 0,0382* *Total salaire janv.-avril 2023 : 1 895,88 + 3 895,88 + 1 895,88 + 2 527,84 = 10 215,48 €.* *Régularisation annuelle :* *(10 215,48 × 0,0382) – 903,58 = 390,23 – 903,58 = – 513,35*					513,35
Total cotis. et contrib.					**546,22**		**1 518,47**
Remb. transport					+ 38,55		
NET SOCIAL		*2 527,84 – 546,22*					**1 981,62**
NET À PAYER AVANT IMPÔT		*(2 527,84 – 546,22) + 38,55*					**2 020,17**
Impôt/revenu	**Base**				**Taux personnalisé**		**Montant**
Net fiscal		*2 527,84 – (546,22 – 72,54) + 17,69*					2 071,85
Impôt prélevé	2 071,85					2,00	41,44
NET À PAYER AU SALARIÉ		*2 020,17 – 41,44*					**1 978,73**
Payé le 28/04/23	**Total versé employeur = 4 046,31** *(2 527,84 + 1 518,47)*						

RÉGULARISATION PROGRESSIVE (n° 22370 ; Données communes : n° 94310)

94490

Salarié à temps plein, rémunéré au Smic. En février, il a perçu une prime de bilan égale à un mois de salaire.

BULLETIN DE PAIE	**Du 01/03/2023 au 31/03/2023**						
Salaire 151,67 h	151,67	11,27	1 709,32				
TOTAL BRUT			**1 709,32**				
Santé	Base			Part salarié		Part employeur	
SS – Maladie maternité invalidité décès	1 709,32	*Salaire ≤ 2,5 Smic*				7,00	119,65
Compl. santé	1 709,32			0,70	11,97	0,70	11,97
AT/MP	1 709,32					2,00	34,19
Retraite							
SS plafonnée	1 709,32			6,90	117,94	8,55	146,15
SS déplafonnée	1 709,32			0,40	6,84	1,90	32,48
Compl. T1	1 709,32			4,01	68,54	6,01	102,73
Famille	1 709,32	*Salaire ≤ 3,5 Smic*				3,45	58,97
Chômage	1 709,32					4,20	71,79
Autres contrib. dues par l'employeur		*Mobilité : 1 709,32 × 2,95 % = 50,42 ; Fnal : 1 709,32 × 0,50 % = 8,55 ; Solid. autonomie : 1 709,32 × 0,3 % = 5,13 ; Forfait social : 11,97 × 8 % = 0,96 ; Dialogue soc. : 1 709,32 × 0,016 % = 0,27 ; CFP : 1 709,32 × 1 % = 17,09 ; Apprentissage : 1 709,32 × 0,68 % = 11,62 ; Construction : 1 709,32 × 0,45 % = 7,69*					101,73
CSG déduc. de l'IR	1 691,38	*Assiette = [(1 709,32 × 98,25 %) + 11,97]*		6,80	115,01		
CSG/CRDS non déduc. de l'IR	1 691,38			2,90	49,05		
Exo. et allégem.		***Employeur*** ***Réduc. générale*** *Pour janv.-févr.* *Coefficient réduction générale de janv.-févr. : (0,3231/0,6) × [(1,6 × 1 709,32 × 2/1 709,32 × 3) – 1] = 0,0359* *Réduction régularisée de janv.-févr. : (1 709,32 × 3) × 0,0359 = 184,09* *Pour mars* *Coefficient réduction générale : (0,3231/0,6) × [(1,6 × 1 709,32 × 3/1 709,32 × 4) – 1] = 0,1077* *Réduction régularisée de mars :* *(1 709,32 × 4 × 0,1077) – 184,09 = 736,38 – 184,09 = 552,29 €*					–552,29
Total cotis. et contrib.					**369,35**		**127,37**
NET SOCIAL		*1 709,32 – 369,35*					**1 339,97**
Remb. transport					+ 38,55		
NET À PAYER AVANT IMPÔT		*(1 709,32 – 369,35) + 38,55*					**1 378,52**
Impôt/revenu	**Base**				**Taux**		**Montant**
Net imposable		*1 709,32 – (369,35 – 49,05) + 11,97*					1 400,99
Impôt prélevé	1 400,99					2,00	**28,02**
NET À PAYER AU SALARIÉ		*1 378,52 – 28,02*					**1 305,50**
Payé le 30/03/23	**Total versé employeur = 1 836,69** *(1 709,32 + 127,37)*						

2. Entreprise au Fnal de 0,1 % (n° 22010 ; Données communes : n° 94310)

94500 Salarié non cadre travaillant dans une entreprise de 15 salariés assujettie au Fnal au taux de 0,10 %.

BULLETIN DE PAIE	Du 01/01/2023 au 31/01/2023						
Salaire 151,67 h	151,67	12,50	1 895,88				
TOTAL BRUT			**1 895,88**				
Santé	Base			Part salarié		Part employeur	
SS – Maladie maternité invalidité décès	1 895,88	*Salaire ≤ 2,5 Smic*				7,00	132,71
Compl. santé	1 895,88			0,70	13,27	0,70	13,27
AT/MP	1 895,88					2,00	37,92
Retraite							
SS plafonnée	1 895,88			6,90	130,82	8,55	162,10
SS déplafonnée	1 895,88			0,40	7,58	1,90	36,02
Compl. T1	1 895,88			4,01	76,02	6,01	113,94
Famille	1 895,88	*Salaire ≤ 3,5 Smic*				3,45	65,41
Chômage	1 895,88					4,20	79,63
Autres contrib. dues par l'employeur		*Mobilité : 1 895,88 × 2,95 % = 55,93 ; Fnal : 1 895,88 × 0,10 % = 1,90 ; Solid. autonomie : 1 895,88 × 0,30 % = 5,69 ; Forfait social : 13,27 × 8 % = 1,06 ; Dialogue soc. : 1 895,88 × 0,016 % = 0,30 ; CFP : 1 895,88 × 1 % = 18,96 ; Apprentissage : 1 895,88 × 0,68 % = 12,89*					96,73
CSG déduc. de l'IR	1 875,97	*Assiette = ([1 895,88 × 98,25 %] + 13,27)*		6,80	127,57		
CSG/CRDS non déduc. de l'IR	1 875,97			2,90	54,40		
Exo. et allégem.		***Employeur*** *Réduc. générale* *Coefficient : (0,3191/0,6) × ([1,6 × 1 709,32/1 895,88] – 1) = 0,2354 et montant réduc. = 1 895,88 × 0,2354 = 446,29*					– 446,29
Total cotis. et contrib.					**409,66**		**291,44**
NET SOCIAL		*1 895,88 – 409,66*					**1 486,22**
Remb. transport					+ 38,55		
NET À PAYER AVANT IMPÔT		*(1 895,88 – 409,66) + 38,55*					**1 524,77**
Impôt/revenu	**Base**				**Taux**		**Montant**
Net imposable		*1 895,88 – (409,66 – 54,40) + 13,27*					1 533,89
Impôt prélevé	1 533,89					2,00	**31,08**
NET À PAYER AU SALARIÉ		*1 524,77 – 27,83*					**1 493,69**
Payé le 30/01/23	**Total versé employeur = 2 187,32** *(1 895,88 + 291,44)*						

3. Absence sans incidence sur une prime (nº 22170 ; Données communes : nº 94310)

94510 Salarié d'une entreprise pratiquant la durée légale du travail, ayant été absent 3 jours pour maladie, sans maintien de la rémunération. Une prime de bilan est intégralement versée malgré l'absence non rémunérée.

BULLETIN DE PAIE	**Du 01/01/2023 au 31/01/2023**						
Salaire 151,67 h	151,67	12,50	1 895,88				
Prime de bilan			300,00				
Abs. maladie du 18 au 20 janv.	3	86,18	*Taux : 1 895,88/22 (méthode journalière de calcul au réel préconisée par la Cour de cassation : nos 11110 et 11130)*		258,54		
TOTAL BRUT			**1 937,34**				
Santé	Base			Part salarié		Part employeur	
SS – Maladie maternité invalidité décès	1 937,34	*Salaire ≤ 2,5 Smic*				7,00	135,61
Compl. santé	1 937,34			0,70	13,56	0,70	13,56
AT/MP						2,00	38,75
Retraite							
SS plafonnée	1 937,34			6,90	133,68	8,55	165,64
SS déplafonnée	1 937,34			0,40	7,75	1,90	36,81
Compl. T1	1 937,34			4,01	77,69	6,01	116,43
Famille	1 937,34	*Salaire ≤ 3,5 Smic*				3,45	66,84
Chômage	1 937,34					4,20	81,37
Autres contrib. dues par l'employeur		*Mobilité : 1 937,34 × 2,95 % = 57,15 ; Fnal : 1 937,34 × 0,5 % = 9,69 ; Solid. autonomie : 1 937,34 × 0,3 % = 5,81 ; Forfait social : 13,56 × 8 % = 1,08 ; Dialogue soc. : 1 937,34 × 0,016 % = 0,31 ; CFP : 1 937,34 × 1 % = 19,37 ; Apprentissage : 1 937,34 × 0,68 % = 13,17 ; Construction : 1 937,34 × 0,45 % = 8,72*					115,30
CSG déduc. de l'IR	1 917,00	*Assiette = [(1 937,34 × 98,25 %) + 13,56]*		6,80	130,36		
CSG/CRDS non déduc. de l'IR	1 917,00			2,90	55,59		
Exo. et allégem.		***Employeur :*** *Réduc. générale Smic pris en compte : 1 709,32 × (1 895,88 – 258,54)/1 895,88 = 1 476,22 Coefficient : (0,3231/0,6) × [(1,6 × 1 476,22/1 937,34) – 1] = 0,1180 et montant réduc. : 0,1180 × 1 937,34 = 228,61.*					– 228,61
Total cotis. et contrib.					**418,63**		**541,70**
NET SOCIAL		*1 937,34 – 418,63*					**1 518,71**
Remb. transport					+ 38,55		
NET À PAYER AVANT IMPÔT		*(1 937,34 – 418,63) + 38,55*					**1 557,26**
Impôt/revenu	**Base**				**Taux**		**Montant**
Net imposable		*1 937,34 – (418,53 – 55,59) + 13,56*					1 587,86
Impôt prélevé	1 587,86					2,00	**31,76**
NET À PAYER AU SALARIÉ		*1 557,26 – 31,76*					**1 525,50**
Payé le 30/01/23	**Total versé employeur = 2 479,04** *(1 937,34 + 541,70)*						

EXONÉRATION POUR EMBAUCHE EN ZRR

1. Rémunération ne dépassant pas 1,5 Smic (n° 23350 ; Données communes : n° 94310)

94520 Salarié non cadre à temps plein ouvrant droit à l'exonération de cotisations patronales de sécurité sociale pour embauche en zone de revitalisation rurale pour une entreprise hors région parisienne.

La rémunération étant inférieure à 150 % du Smic, l'exonération s'applique à taux plein. Le montant de l'exonération s'obtient donc en multipliant la rémunération par la somme des taux des cotisations patronales d'assurances sociales (maladie, maternité, invalidité, vieillesse) et d'allocations familiales éligibles à l'exonération, soit 0,2090.

BULLETIN DE PAIE	**Du 01/01/2023 au 31/01/2023**					
Salaire 151,67 h	151,67	1 800,00				
TOTAL BRUT		**1 800,00**				
Santé	Base		Part salarié		Part employeur	
SS – Maladie maternité invalidité décès	1 800,00	*Salaire ≤ 2,5 Smic*			7,00	126,00
Compl. santé	1 800,00		0,70	12,60	0,70	12,60
AT/MP	1 800,00				2,00	36,00
Retraite						
SS plafonnée	1 800,00		6,90	124,20	8,55	153,90
SS déplafonnée	1 800,00		0,40	7,20	1,90	34,20
Compl. T1	1 800,00		4,01	72,18	6,01	108,18
Famille	1 800,00	*Salaire ≤ 3,5 Smic*			3,45	62,10
Chômage	1 800,00				4,20	75,60
Autres contrib. dues par l'employeur	1 800,00	*Mobilité : 1 800,00 × 2,95 % = 53,10 ; Fnal : 1 800,00 × 0,5 % = 9,00 ; Solid. autonomie : 1 800,00 × 0,3 % = 5,40 ; Forfait social : 12,60 × 8 % = 1,01 ; Dialogue soc. : 1 800,00 × 0,016 % = 0,29 ; CFP : 1 800,00 × 1 % = 18 ; Apprentissage : 1 800,00 × 0,68 % = 12,24 ; Construction : 1 800,00 × 0,45 % = 8,1*				107,14
CSG déduc. de l'IR	1 781,10	*Assiette = [(1 800,00 × 98,25 %) + 12,60]*	6,80	121,11		
CSG/CRDS non déduc. de l'IR	1 781,10		2,90	51,65		
Exo. et allégem.		***Employeur*** *Exo. ZRR 0,2090 × 1 800,00 = 376,20*				– 376,20
Total cotis. et contrib.				**388,94**		**339,52**
NET SOCIAL		*1 800 – 388,94*				**1 411,06**
NET À PAYER AVANT IMPÔT		*(1 800,00 – 388,94)*				**1 411,06**
Impôt/revenu	**Base**			**Taux**		**Montant**
Net imposable		*1 800,00 – (388,94 – 51,65) + 12,60*				1 475,31
Impôt prélevé	1 475,31				2,00	**29,51**
NET À PAYER AU SALARIÉ		*1 411,06 – 29,51*				**1 381,55**
Payé le 30/01/23	**Total versé employeur = 2 139,52** *(1 800,00 + 339,52)*					

2. Rémunération supérieure à 1,5 Smic (n° 23350 ; Données communes : n° 94310)

Salarié non cadre à temps plein ouvrant droit à l'exonération de cotisations patronales de sécurité 94530
sociale pour embauche en zone de revitalisation rurale pour une entreprise non située en région parisienne. La rémunération dépassant la limite de 150 % du Smic, l'exonération doit être calculée selon un barème dégressif.

BULLETIN DE PAIE	Du 01/01/2023 au 31/01/2023					
Salaire 151,67 h	151,67	2 957,57				
TOTAL BRUT		**2 957,57**				
Santé	Base		Part salarié		Part employeur	
SS – Maladie maternité invalidité décès	2 957,57	*Salaire ≤ 2,5 Smic*			7,00	207,03
Compl. santé	2 957,57		0,70	20,70	0,70	20,70
AT/MP	2 957,57				2,00	59,15
Retraite						
SS plafonnée	2 957,57		6,90	204,07	8,55	252,87
SS déplafonnée	2 957,57		0,40	11,83	1,90	56,19
Compl. T1	2 957,57		4,01	118,60	6,01	177,75
Famille	2 957,57	*Salaire ≤ 3,5 Smic*			3,45	102,04
Chômage	2 957,57				4,20	124,22
Autres contrib. dues par l'employeur	2 957,57	*Mobilité : 2 957,57 × 2,95 % = 87,25 ; Fnal : 2 957,57 × 0,5 % = 14,79 ; Solid. autonomie : 2 957,57 × 0,3 % = 8,87 ; Forfait social : 20,70 × 8 % = 1,66 ; Dialogue soc. : 2 957,57 × 0,016 % = 0,47 ; CFP : 2 957,57 × 1 % = 29,58 ; Apprentissage : 2 957,57 × 0,68 % = 20,11 ; Construction : 2 957,57 × 0,45 % = 13,31*				176,04
CSG déduc. de l'IR	2 926,51	*Assiette = [(2 957,57 × 98,25 %) + 20,70]*	6,80	199,00		
CSG/CRDS non déduc. de l'IR	2 926,51		2,90	84,87		
Exo. et allégem.		***Employeur*** *Exo ZRR* *Coeff. d'exonération : (0,2090/0,90) × [(2,4 × 11,27 × 1,5 × 151,67/2 957,57) – 1,5] = 0,135* *Exo. = 2 957,57 × 0,135 = 399,27*				– 399,27
Total cotis. et contrib.				**639,07**		**776,72**
NET SOCIAL		*2 957,57 – 639,07*				**2 318,50**
NET À PAYER AVANT IMPÔT		*(2 957,57 – 639,07)*				**2 318,50**
Impôt/revenu	**Base**			**Taux**		**Montant**
Net imposable		*2 957,57 – (639,07 – 84,87) + 20,70*				2 424,07
Impôt prélevé	2 424,07				2,00	**48,48**
NET À PAYER AU SALARIÉ		*2 318,50 – 48,48*				**2 270,02**
Payé le 30/01/23	**Total versé employeur = 3 734,29** *(2 957,57 + 776,72)*					

EMPLOI EN ZFU

1. Rémunération ne dépassant pas 1,4 Smic (nos 23950 s. ; Données communes : no 94310)

94540 Salarié non cadre à temps plein, embauché le 1-12-2014 dans une entreprise de moins de 5 salariés, ouvrant droit à l'exonération de cotisations patronales de sécurité sociale pour emploi en zone franche urbaine. Le taux d'exonération (T) est égal à la somme des taux des cotisations patronales d'assurances sociales (maladie, maternité, invalidité, vieillesse) et d'allocations familiales, majorés du taux de la contribution au Fnal, soit au 1-1-2023 : T = 7,00 + 8,55 + 1,90 + 3,45 + 0,10 = 21,00 %. L'exonération est dégressive depuis le 1-12-2019. En janvier 2023, l'employeur bénéficie au titre de ce salarié d'une exonération d'un montant égal à 60 % de l'exonération ZFU à taux plein.

BULLETIN DE PAIE	**Du 01/01/2023 au 31/01/2023**					
Salaire 151,67 h	151,67	15,00	2 275,05			
TOTAL BRUT		**2 275,05**				
Santé	Base		Part salarié		Part employeur	
SS – Maladie maternité invalidité décès	2 275,05	*Salaire < 2,5 Smic*			7,00	159,25
Compl. santé	2 275,05		0,70	15,93	0,70	15,93
AT/MP	2 275,05				2,00	45,50
Retraite						
SS plafonnée	2 275,05		6,90	156,98	8,55	194,52
SS déplafonnée	2 275,05		0,40	9,10	1,90	43,23
Compl. T1	2 275,05		4,01	91,23	6,01	136,73
Famille	2 275,05	*Salaire < 3,5 Smic*			3,45	78,49
Chômage	2 275,05				4,20	95,55
Autres contrib. dues par l'employeur		*Fnal : 2 275,05 × 0,1 % = 2,28 ; Solid. autonomie : 2 275,05 × 0,3 % = 6,83 ; Forfait social : 15,93 × 8 % = 1,27 ; Dialogue soc. : 2 275,05 × 0,016 % = 0,36 ; CFP : 2 275,05 × 1 % = 22,75 ; Apprentissage : 2 275,05 × 0,68 % = 15,47*				48,96
CSG déduc. de l'IR	2 251,17	*Assiette = [(2 275,05 × 98,25 %)+ 15,93]*	6,80	153,08		
CSG/CRDS non déduc. de l'IR	2 251,17		2,90	65,28		
Exo. et allégem.		***Employeur*** *:* *Exo. ZFU = 60/100 × (2 275,05 × 0,2100) = 60/100 × 477,76 = 286,66*				– 286,66
Total cotis. et contrib.				**491,60**		**531,50**
NET SOCIAL		*2 275,05 – 491,60*				**1 783,45**
Remb. transport				+ 38,55		
NET À PAYER AVANT IMPÔT		*(2 275,05 – 491,60) + 38,55*				**1 822,00**
Impôt/revenu	**Base**				**Taux**	**Montant**
Net imposable		*2 275,05 – (491,60 – 65,28) + 15,93*				1 864,66
Impôt prélevé	1 864,66				2,00	**37,29**
NET À PAYER AU SALARIÉ		*1 822,00 – 37,29*				**1 784,71**
Payé le 30/01/23	**Total versé employeur = 2 806,55** *(2 275,05 + 531,50)*					

2. Rémunération supérieure à 1,4 Smic (nos 23950 s. ; Données communes : no 94310)

Salarié non cadre à temps plein, embauché le 1-12-2014 dans une entreprise de moins de 5 salariés, ouvrant droit à l'exonération de cotisations patronales de sécurité sociale pour emploi en zone franche urbaine. La rémunération dépassant la limite de 140 % du Smic, l'exonération doit être calculée selon un barème dégressif. 94550

Coefficient : (0,2100/0,6) × [(2 × 11,27 × 1,4 × 151,67/2 426,72) – 1,4] = 0,200. Dans cette formule, 0,2100 représente le cumul du taux des cotisations exonérées : voir détail no 94540. L'exonération est dégressive depuis le 1-12-2019. En janvier 2023, l'employeur bénéficie au titre de ce salarié d'une exonération d'un montant égal à 60 % de l'exonération ZFU à taux plein.

BULLETIN DE PAIE	**Du 01/01/2023 au 31/01/2023**						
Salaire 151,67 h	151,67	16,00	2 426,72				
TOTAL BRUT			**2 426,72**				
Santé	Base			Part salarié		Part employeur	
SS – Maladie maternité invalidité décès	2 426,72	*Salaire < 2,5 Smic*				7,00	169,87
Compl. santé	2 426,72			0,70	16,99	0,70	16,99
AT/MP	2 426,72					2,00	48,53
Retraite							
SS plafonnée	2 426,72			6,90	167,44	8,55	207,48
SS déplafonnée	2 426,72			0,40	9,71	1,90	46,11
Compl. T1	2 426,72			4,01	97,31	6,01	145,85
Famille	2 426,72	*Salaire < 3,5 Smic*				3,45	83,72
Chômage	2 426,72					4,20	101,92
Autres contrib. dues par l'employeur		*Fnal : 2 426,72 × 0,1 % = 2,43 ; Solid. autonomie : 2 426,72 × 0,3 % = 7,28 ; Forfait social : 16,99 × 8 % = 1,36 ; Dialogue soc. : 2 426,72 × 0,016 % = 0,39 ; CFP : 2 426,72 × 1 % = 24,27 ; Apprentissage : 2 426,72 × 0,68 % = 16,50*					52,23
CSG déduc. de l'IR	2 401,24	*Assiette = [(2 426,72 × 98,25 %) + 16,99]*		6,80	163,28		
CSG/CRDS non déduc. de l'IR	2 401,24			2,90	69,64		
Exo. et allégem.		***Employeur :*** *Exo. ZFU = 60/100 × (2 426,72 × 0,200) = 60/100 × 485,34 = 291,20*					– 291,20
Total cotis. et contrib.					**524,37**		**581,50**
NET SOCIAL		*2 426,72 – 524,37*					**1 902,35**
Remb. transport					+ 38,55		
NET À PAYER AVANT IMPÔT		*(2 426,72 – 524,37) + 38,55*					**1 940,90**
Impôt/revenu	**Base**				**Taux**		**Montant**
Net imposable		*2 426,72 – (524,37 – 69,64) + 16,99*					1 988,98
Impôt prélevé	1 988,98					2,00	**39,78**
NET À PAYER AU SALARIÉ		*1 940,90 – 39,78*					**1 901,12**
Payé le 30/01/2023	**Total versé employeur = 3 008,22** *(2 426,72 + 581,50)*						

HEURES SUPPLÉMENTAIRES

1. Entreprise de 19 salariés – horaire collectif de 35 heures

(n°s 6950 s. ; Données communes : n° 94310)

94560 Non-cadre ayant travaillé 42 heures pendant 2 semaines et selon l'horaire collectif le reste du mois. À défaut d'accord collectif fixant leur taux de majoration, les heures supplémentaires sont majorées de 25 %. La prime d'ancienneté (1 642,54 € par hypothèse) n'entre pas dans la base de calcul des majorations pour heures supplémentaires.

BULLETIN DE PAIE	**Du 01/01/2023 au 31/01/2023**						
Salaire 151,67 h	151,67	12,50	1 895,88				
Prime d'ancienneté	1 642,54	3,00	49,28				
Heures suppl.	14	15,63	218,82				
TOTAL BRUT			**2 163,98**				
Santé	Base			Part salarié		Part employeur	
SS – Maladie maternité invalidité décès	2 163,98	*Salaire ≤ 2,5 Smic*				7,00	151,48
Compl. santé	2 163,98			0,70	15,15	0,70	15,15
AT/MP	2 163,98					2,00	43,28
Retraite							
SS plafonnée	2 163,98			6,90	149,31	8,55	185,02
SS déplafonnée	2 163,98			0,40	8,66	1,90	41,12
Compl. T1	2 163,98			4,01	86,78	6,01	130,06
Famille	2 163,98	*Salaire ≤ 3,5 Smic*				3,45	74,66
Chômage	2 163,98					4,20	90,89
Autres contrib. dues par l'employeur		*Mobilité : 2 163,98 × 2,95 % = 63,84 ; Fnal : 2 163,98 × 0,10 % = 2,16 ; Solid. autonomie : 2 163,98 × 0,3 % = 6,49 ; Forfait social : 15,15 × 8 % = 1,21 ; Dialogue soc. : 2 163,98 × 0,016 % = 0,35 ; CFP : 2 163,98 × 1 % = 21,64 ; Apprentissage : 2 163,98 × 0,68 % = 14,72*					110,41
CSG déduc. de l'IR	1 926,27	*Assiette = [(2 163,98 – 218,82) × 98,25 %] + 15,15*		6,80	130,99		
CSG/CRDS non déduc. de l'IR	1 926,27			2,90	55,86		
CSG/CRDS non déduc. de l'IR sur heures suppl.	214,99	*Assiette = 218,82 × 98,25 %*		9,70	20,85		
Exo. et allégem.		***Salarié :*** *Réd. Heures Suppl. : 218,82 × 11,31 = 24,75* ***Employeur :*** *Déduc. Heures Suppl. : 14 × 1,50 = 21 ; Réduc. générale : Coeff = (0,3191/0,6) × [(1,6 × (1 709,32 × 165,67/ 151,67)/ 2 163,98) – 1] = 0,2024 et montant Réduc. = 2 163,98 × 0,2024 = 437,99 Total Exo employeur : 21 + 437,99 = 458,99*			– 24,75		– 458,99
Total cotis. et contrib.					**442,85**		**383,08**
NET SOCIAL		*2 163,98 – 442,85*					**1 721,13**
Remb. transport					+ 38,55		
NET À PAYER AVANT IMPÔT		*(2 163,98 – 442,85) + 38,55*					**1 759,68**
Impôt/revenu	**Base**				**Taux**		**Montant**
Net imposable		*2 163,98 – 218,82 – [442,85 – (55,86 + 20,85)] + 15,15*					1 594,17
Impôt prélevé	1 594,17				2,00		31,88
Montant net heures compl./suppl. exo.		*218,82 – (218,82 × 98,25 % × 6,80 %)*					204,20
NET À PAYER AU SALARIÉ		*1 759,68 – 31,88*					**1 727,80**
Payé le 30/01/23	**Total versé employeur = 2 547,06** *(2 163,98 + 383,08)*						

2. Entreprise de 19 salariés – horaire collectif de 39 heures

HORAIRE COLLECTIF DÉPASSÉ (n° 6530 ; Données communes : n° 94310)

94570

Non-cadre ayant travaillé 42 heures pendant 2 semaines et selon l'horaire collectif le reste du mois. À défaut d'accord collectif fixant leur taux de majoration, les heures supplémentaires sont majorées de 25 %. L'horaire collectif étant de 39 heures, l'entreprise mensualise les heures supplémentaires de 36 à 39 heures. Les heures effectuées au-delà ne sont pas mensualisées car non structurelles.

La rémunération est trop élevée pour donner lieu à la réduction générale de cotisations patronales.

BULLETIN DE PAIE	**Du 01/01/2023 au 31/01/2023**						
Salaire 151,67 h	151,67		2 800,00				
Heures suppl. mensualisées	17,33	23,08	399,98				
Heures suppl. non mensualisées	6	23,08	138,48				
TOTAL BRUT			**3 338,46**				
Santé	Base			Part salarié		Part employeur	
SS – Maladie maternité invalidité décès	3 338,46	*Salaire ≤ 2,5 Smic*				7,00	233,69
Compl. santé	3 338,46			0,70	23,37	0,70	23,37
AT/MP	3 338,46					2,00	66,77
Retraite							
SS plafonnée	3 338,46			6,90	230,35	8,55	285,44
SS déplafonnée	3 338,46			0,40	13,35	1,90	63,43
Compl. T1	3 338,46			4,01	133,87	6,01	200,64
Famille	3 338,46	*Salaire ≤ 3,5 Smic*				3,45	115,18
Chômage	3 338,46					4,20	140,22
Autres contrib. dues par l'employeur		*Mobilité : 3 338,46 × 2,95 % = 98,48 ; Fnal : 3 338,46 × 0,10 % = 3,34 ; Solid. autonomie : 3 338,46 × 0,3 % = 10,02 ; Forfait social : 23,37 × 8 % = 1,87 ; Dialogue soc. : 3 338,46 × 0,016 % = 0,53 ; CFP : 3 338,46 × 1 % = 33,38 ; Apprentissage : 3 338,46 × 0,68 % = 22,70*					170,32
CSG déduc. de l'IR	2 774,37	*Assiette = (2 800,00 × 98,25 %) + 23,37*		6,80	188,66		
CSG/CRDS non déduc. de l'IR	2 774,37			2,90	80,46		
CSG/CRDS non déduc. de l'IR sur heures suppl.	529,03	*Assiette = (399,98 + 138,48) × 98,25 %*		9,70	51,32		
Exo. et allégem.		***Salarié :*** *Réduc. heures suppl. : 538,46 × 11,31 = 60,90* ***Employeur :*** *Déduc. heures suppl. : 23,33 × 1,50 = 35,00*			– 60,90		– 35,00
Total cotis. et contrib.					**660,48**		**1 264,06**
NET SOCIAL		*3 338,46 – 660,48*					**2 677,98**
Remb. transport					+ 38,55		
NET À PAYER AVANT IMPÔT		*(3 338,46 – 660,48) + 38,55*					**2 716,53**
Impôt/revenu	**Base**				**Taux**		**Montant**
Net imposable		*3 338,46 – 538,46 – [660,48 – (80,46 + 51,32)] + 23,37*					2 294,67
Impôt prélevé	2 294,67					2,00	**45,89**
Montant net heures compl./suppl. exo.		*538,46 – (538,46 × 98,25 % × 6,80 %)*					**502,48**
NET À PAYER AU SALARIÉ		*2 716,53 – 45,89*					**2 670,64**
Payé le 30/01/23	**Total versé employeur = 4 602,52** *(3 338,46 + 1 264,06)*						

ABSENCE SANS MAINTIEN DU SALAIRE (nos 6530 et 7720 ; Données communes : no 94310)

94580 Entreprise de 19 salariés mensualisant les heures supplémentaires de 36 à 39 heures. Non-cadre payé sur la base de 16 € de l'heure. Il a eu une journée d'absence non rémunérée. Les heures supplémentaires sont majorées de 25 %. Le nombre d'heures d'absence non rémunérées d'une journée ramène à 16,50 le nombre d'heures supplémentaires ouvrant droit à rémunération (ainsi qu'à réduction de cotisations salariales, à déduction forfaitaire de cotisations patronales et à exonération fiscale).

BULLETIN DE PAIE	**Du 01/01/2023 au 31/01/2023**			**À déduire**		**À ajouter**	
Salaire 169 h	169						2 773,32
Absence le 11 janv.	1	126,06	*2 773,32/22, selon la méthode journalière de calcul au réel préconisée par la Cour de cassation : nos 11110 et 11130*		126,06		
Heures supplémentaires	16,54		*(169 – 151,67) × (2 647,26/2 773,32)*				
TOTAL BRUT							**2 647,26**
Santé	Base			Part salarié		Part employeur	
SS – Maladie maternité invalidité décès	2 647,26		*Salaire ≤ 2,5 Smic*			7,00	185,31
Compl. santé	2 647,26			0,70	18,53	0,70	18,53
AT/MP	2 647,26					2,00	52,95
Retraite							
SS plafonnée	2 647,26			6,90	182,66	8,55	226,34
SS déplafonnée	2 647,26			0,40	10,59	1,90	50,30
Compl. T1	2 647,26			4,01	106,16	6,01	159,10
Famille	2 647,26		*Salaire ≤ 3,5 Smic*			3,45	91,33
Chômage	2 647,26					4,20	111,18
Autres contrib. dues par l'employeur			*Mobilité : 2 647,26 × 2,95 % = 78,09 ; Fnal : 2 647,26 × 0,10 % = 2,65 ; Solid. autonomie : 2 647,26 × 0,3 % = 7,94 ; Forfait social : 18,53 × 8 % = 1,48 ; Dialogue soc. : 2 647,26 × 0,016 % = 0,42 ; CFP : 2 647,26 × 1 % = 26,47 ; Apprentissage : 2 647,26 × 0,68 % = 18,00*				135,05
CSG déduc. de l'IR	2 294,45		*Assiette = [(2 647,26 – 330,80) × 98,25 %] + 18,53*	6,80	156,02		
CSG/CRDS non déduc. de l'IR	2 294,45			2,90	66,54		
CSG/CRDS non déduc. de l'IR sur heures suppl.	325,01		*Assiette = 330,80 × 98,25 %*	9,70	31,53		
Exo. et allégem.			***Salarié :*** *Réduc. heures suppl. : 330,80 × 11,31 = 37,41* ***Employeur :*** *Déduc. heures suppl. : 16,54 × 1,50 = 24,81 Réduc. générale : Smic proratisé = 11,27 × 169 × 2 647,26/2 773,32 = 1 818,06 € Coeff = (0,3191/0,6) × [(1,6 × 1 818,06/2 647,26) – 1] = 0,0526 Montant réduc. = 2 647,26 × 0,0526 = 139,25* ***Total Exo. employeur :*** *24,81 + 139,25 = 164,06*		– 37,41		– 164,06
Total cotis. et contrib.					**534,62**		**866,03**
NET SOCIAL			*2 647,26 – 534,62*				**2 112,64**
Remb. transport					+ 38,55		
NET À PAYER AVANT IMPÔT			*(2 647,26 – 534,62) + 38,55*				**2 151,19**
Impôt/revenu	**Base**				**Taux**		**Montant**
Net imposable			*2 647,26 – 330,80 – [534,62 – (66,54 + 31,53)] + 18,53*				1 898,44
Impôt prélevé	1 898,44					2,00	**37,97**
Montant net heures compl./suppl. exo.			*330,80 – (330,80 × 98,25 % × 6,80 %)*				**308,70**
NET À PAYER AU SALARIÉ			*2 151,19 – 37,97*				**2 113,22**
Payé le 30/01/23	**Total versé employeur = 3 513,29** *(2 647,26 + 866,03)*						

ABSENCE AVEC MAINTIEN PARTIEL DU SALAIRE (nos 6530 et 7720 ; Données communes : n° 94310)

94590

Entreprise de 19 salariés mensualisant les heures supplémentaires de 36 à 39 heures. Non-cadre payé sur la base de 18 € de l'heure. Il a été absent une semaine en raison d'un congé pour enfant malade. En application de la convention collective applicable, l'employeur maintient 50 % du salaire durant l'absence dès le 1er jour. Les heures supplémentaires sont majorées de 25 %. Le nombre d'heures d'absence non rémunérées d'une semaine ramène à 15,36 le nombre d'heures supplémentaires ouvrant droit à rémunération (ainsi qu'à réduction de cotisations salariales, à déduction forfaitaire de cotisations patronales et à exonération fiscale).

BULLETIN DE PAIE	Du 01/01/2023 au 31/01/2023			À déduire		À ajouter	
Salaire 169 h	169						3 119,99
Absence du 17 au 21 janv.	5	70,91	*Taux = 3 119,99/22 × 50 % (méthode journalière de calcul au réel préconisée par la Cour de cassation : nos 11110 et 11130)*		354,55		
Heures supplémentaires	15,36		*(169 – 151,67) × (2 765,44/3 119,99)*				
TOTAL BRUT							**2 765,44**
Santé	Base			Part salarié		Part employeur	
SS – Maladie maternité invalidité décès	2 765,44		*Salaire ≤ 2,5 Smic*			7,00	193,58
Compl. santé	2 765,44			0,70	19,36	0,70	19,36
AT/MP	2 765,44					2,00	55,31
Retraite							
SS plafonnée	2 765,44			6,90	190,82	8,55	236,45
SS déplafonnée	2 765,44			0,40	11,06	1,90	52,54
Compl. T1	2 765,44			4,01	110,89	6,01	166,15
Famille	2 765,44		*Salaire ≤ 3,5 Smic*			3,45	95,41
Chômage	2 765,44					4,20	116,15
Autres contrib. dues par l'employeur			*Mobilité : 2 765,44 × 2,95 % = 81,58 ; Fnal : 2 765,44 × 0,10 % = 2,77 ; Solid. autonomie : 2 765,44 × 0,30 % = 8,30 ; Forfait social : 19,36 × 8 % = 1,55 ; Dialogue soc. : 2 765,44 × 0,016 % = 0,44 ; CFP : 2 765,44 × 1 % = 27,65 ; Apprentissage : 2 765,44 × 0,68 % = 18,80*				141,09
CSG déduc. de l'IR	2 396,85		*Assiette = [(2 765,44 – 345,60) × 98,25 %] + 19,36*	6,80	162,99		
CSG/CRDS non déduc. de l'IR	2 396,85			2,90	69,51		
CSG/CRDS non déduc. de l'IR sur heures suppl.	339,55		*Assiette = 345,60 × 98,25 %*	9,70	32,94		
Exo. et allégem.			***Salarié :*** *Réduc. heures suppl. : 345,60 × 11,31 = 39,09* ***Employeur :*** *Déduc. heures suppl. : 15,36 × 1,50 = 23,04*		– 39,09		– 23,04
Total cotis. et contrib.					**558,48**		**1 053,05**
NET SOCIAL			*2 765,44 – 558,48*				**2 206,96**
Remb. transport					+ 38,55		
NET À PAYER AVANT IMPÔT			*(2 765,44 – 558,48) + 38,55*				**2 245,51**
Impôt/revenu	**Base**				**Taux**		**Montant**
Net imposable			*2 765,44 – 345,60 – [558,48 – (69,51 + 32,94)] + 19,36*				1 983,17
Impôt prélevé	1 983,17					2,00	39,66
Montant net heures compl./suppl. exo.			*345,60 – (345,60 × 98,25 % × 6,80 %)*				322,51
NET À PAYER AU SALARIÉ			*2 245,51 – 39,66*				**2 205,85**
Payé le 30/01/23	**Total versé employeur = 3 818,49** *(2 765,44 + 1 053,05)*						

3. Secteur routier avec équivalences et heures supplémentaires

(n° 22490 ; Données communes : n° 94310)

94600 Conducteur « longues distances » travaillant dans une entreprise du secteur routier de marchandises de 19 salariés et dont l'horaire d'équivalence est de 43 heures. Au mois de janvier 2023, il effectue 8 heures supplémentaires majorées de 50 %.

BULLETIN DE PAIE	**Du 01/01/2023 au 31/01/2023**					
Salaire 151,67 h	151,67	12,50	1 895,88			
Heures d'équivalence 125	34,67	15,63	541,89			
Heures suppl. 150	8	18,75	150,00			
TOTAL BRUT			**2 587,77**			
Santé	Base		Part salarié		Part employeur	
SS – Maladie maternité invalidité décès	2 587,77	*Salaire ≤ 2,5 Smic*			7,00	181,14
Compl. santé	3 666,00		0,70	25,66	0,70	25,66
Compl. incap. inval. décès	2 587,77		0,35	9,06	0,35	9,06
Compl. incapacité de travail	2 587,77		0,25	6,47	0,25	6,47
Compl. inaptitude à la conduite	2 587,77		0,14	3,62	0,21	5,43
AT/MP	2 587,77				2,00	51,76
Retraite						
SS plafonnée	2 587,77		6,90	178,56	8,55	221,25
SS déplafonnée	2 587,77		0,40	10,35	1,90	49,17
Compl. T1	2 587,77		4,01	103,77	6,01	155,52
Famille	2 587,77	*Salaire ≤ 3,5 Smic*			3,45	89,28
Chômage	2 587,77				4,20	108,69
Autres contrib. dues par l'employeur		*Mobilité : 2 587,77 × 2,95 % = 76,34 ; Fnal : 2 587,77 × 0,10 % = 2,59 ; Solid. autonomie : 2 587,77 × 0,3 % = 7,76 ; Forfait social : (25,66 + 9,06 + 5,43) × 8 % = 3,21 ; Dialogue soc. : 2 587,77 × 0,016 % = 0,41 ; CFP : 2 587,77 × 1 % = 25,88 ; Apprentissage : 2 587,77 × 0,68 % = 17,60*				133,79
CSG déduc. de l'IR	2 435,25	*Assiette = [(1 895,88 + 541,89) × 98,25 %] 25,66 + 9,06 + 5,43*	6,80	165,60		
CSG/CRDS non déduc. de l'IR	2 435,25		2,90	70,62		
CSG/CRDS non déduc. de l'IR sur heures suppl.	147,38	*Assiette = 150 × 98,25 %*	9,70	14,30		
Exo. et allégem.		***Salarié :*** *Réduc. heures suppl. : 150 × 11,31 = 16,97* ***Employeur :*** *Déduc. heures suppl. : 8 × 1,50 = 12 (seules sont éligibles les heures effectuées au-delà de l'horaire d'équivalence, soit 8 heures majorées de 50 %) Réduc. générale : Smic corrigé janv. = 45/35 × 1 709,32 + (8 × 11,27) = 2 287,85 Coeff = (0,3191/0,6) × [(1,6 × (2 287,85/ 2 587,77) – 1] = 0,2205 Montant réduc. = 2 587,77 × 0,2205 = 570,60* ***Total Exo. employeur :*** *12 + 570,60 = 582,60*		– 16,97		– 582,60
Total cotis. et contrib.				**571,04**		**454,62**
NET SOCIAL		*(2 587,77 + 9,06 + 6,47 + 5,43) – (571,04 – 9,06 – 6,47– 3,62)*				**2 056,84**
Remb. transport				+ 38,55		
NET À PAYER AVANT IMPÔT		*(2 587,77 – 571,04) + 38,55*				**2 055,28**
Impôt/revenu	**Base**			**Taux**		**Montant**
Net imposable		*2 587,77 – 150 – [571,04 – (70,62 + 14,30)] + 25,66*				1 977,31
Impôt prélevé	1 977,31				2,00	**39,55**
Montant net heures compl./suppl. exo.		*150 – (150 × 98,25 % × 6,80 %)*				**139,98**
NET À PAYER AU SALARIÉ		*1 977,31 – 39,55*				**2 015,73**
Payé le 30/01/23	**Total versé employeur = 3 042,39** *(2 587,77 + 454,62)*					

4. Lissage de la rémunération (nos 9660 et 10070 ; Données communes : n° 94310)

94610

Entreprise de 200 salariés appliquant un accord d'aménagement du temps de travail sur plusieurs semaines.

La rémunération est lissée sur la base de 151,67 heures par mois.

Durant le mois considéré, la limite supérieure hebdomadaire fixée par l'accord a été dépassée de 2 heures ; celles-ci sont donc à traiter comme heures supplémentaires durant le mois concerné.

À défaut d'accord collectif fixant le taux de majoration des 8 premières heures supplémentaires, c'est le taux légal de 25 % qui s'applique.

En fin de période de décompte – selon l'accord applicable –, il conviendra de déduire ces 2 heures du total des heures effectuées pour apprécier si le plafond annuel de 1 607 heures est dépassé.

BULLETIN DE PAIE	**Du 01/01/2023 au 31/01/2023**					
Salaire 151,67 h	151,67	14,00	2 123,38			
Heures suppl. 125	2,00	17,50	35,00			
TOTAL BRUT		**2 158,38**				
Santé	Base		Part salarié		Part employeur	
SS – Maladie maternité invalidité décès	2 158,38	*Salaire ≤ 2,5 Smic*			7,00	151,09
Compl. santé	2 158,38		0,70	15,11	0,70	15,11
AT/MP	2 158,38				2,00	43,17
Retraite						
SS plafonnée	2 158,38		6,90	148,93	8,55	184,54
SS déplafonnée	2 158,38		0,40	8,63	1,90	41,01
Compl. T1	2 158,38		4,01	86,55	6,01	129,72
Famille	2 158,38	*Salaire ≤ 3,5 Smic*			3,45	74,46
Chômage	2 158,38				4,20	90,65
Autres contrib. dues par l'employeur		*Mobilité : 2 158,38 × 2,95 % = 63,67 ; Fnal : 2 158,38 × 0,5 % = 10,79 ; Solid. autonomie : 2 158,38 × 0,3 % = 6,48 ; Forfait social : 15,11 × 8 % = 1,21 ; Dialogue soc. : 2 158,38 × 0,016 % = 0,35 ; CFP : 2 158,38 × 1 % = 21,58 ; Apprentissage : 2 158,38 × 0,68 % = 14,68 ; Construction : 2 158,38 × 0,45 % = 9,71*				128,47
CSG déduc. de l'IR	2 101,33	*Assiette = (2 123,38 × 98,25 %) + 15,11*	6,80	142,89		
CSG/CRDS non déduc. de l'IR	2 101,33		2,90	60,94		
CSG/CRDS non déduc. de l'IR sur heures suppl.	34,39	*35,00 × 98,25 %*	9,70	3,34		
Exo. et allégem.		***Salarié** : Réd. Heures Suppl. : 35 × 11,31 % = 3,96 **Employeur :** Déduc. Heures Suppl. : 2 × 0,50 = 1 Réduc. générale : Smic pris en compte : 11,27 × (151,67 + 2) = 1 731,86 ; Coeff. = (0,3231/0,6) × [(1,6 × 1 731,86/2 158,38) – 1] = 0,1528 et montant Réduc. = 2 158,38 × 0,1528 = 329,80 Total exo. Employeur : 1 + 329,80 = 330,80*		– 3,96		– 330,80
Total cotis. et contrib.				**462,43**		**527,42**
NET SOCIAL		*2 158,38 – 462,43*				**1 695,95**
Remb. transport				+ 38,55		
NET À PAYER AVANT IMPÔT		*2 158,38 – 462,43 + 38,55*				**1 734,50**
Impôt/revenu	**Base**				**Taux**	**Montant**
Net imposable		*2 123,38 – 462,43 + (60,94 + 3,34) + 15,11*				1 740,34
Impôt prélevé	1 740,34				2,00	**34,81**
Montant net heures compl./suppl. exo.		*35 – (35 × 98,25 % × 6,80 %)*				32,66
NET À PAYER AU SALARIÉ		*1 734,50 – 34,81*				**1 699,69**
Payé le 28/01/23	**Total versé employeur = 2 685,80** *(2 158,38 + 527,42)*					

CONVENTIONS DE FORFAIT

1. Forfait hebdomadaire en heures – sans dépassement de l'horaire forfaitaire (n° 8590 ; Données communes : n° 94310)

94620 Non-cadre avec forfait de 40 heures hebdomadaires dans une entreprise de 19 salariés. À défaut d'accord collectif sur leur taux de majoration, les heures supplémentaires sont majorées de 25 %.

BULLETIN DE PAIE	**Du 01/01/2023 au 31/01/2023**		**À déduire**		**À ajouter**	
Forfait hebdo 40 h	173,34	*Forfait établi sur la base de 151,67 h à 14 €, soit 2 123,38 €, et 21,67 h à 14 €, majorées de 25 %, soit 379,23 €, ce qui fait un total de 2 502,61 €*				2 502,61
TOTAL BRUT						**2 502,61**
Santé	Base		Part salarié		Part employeur	
SS – Maladie maternité invalidité décès	2 502,61	*Salaire ≤ 2,5 Smic*			7,00	175,18
Compl. santé	2 502,61		0,70	17,52	0,70	17,52
AT/MP	2 502,61				2,00	50,05
Retraite						
SS plafonnée	2 502,61		6,90	172,68	8,55	213,97
SS déplafonnée	2 502,61		0,40	10,01	1,90	47,55
Compl. T1	2 502,61		4,01	100,35	6,01	150,41
Famille	2 502,61	*Salaire ≤ 3,5 Smic*			3,45	86,34
Chômage	2 502,61				4,20	105,11
Autres contrib. dues par l'employeur		*Mobilité : 2 502,61 × 2,95 % = 73,83 ; Fnal : 2 502,61 × 0,10 % = 2,50 ; Solid. autonomie : 2 502,61 × 0,3 % = 7,51 ; Forfait social : 17,52 × 8 % = 1,40 ; Dialogue soc. : 2 502,61 × 0,016 % = 0,40 ; CFP : 2 502,61 × 1 % = 25,03 ; Apprentissage : 2 502,61 × 0,68 % = 17,02*				127,69
CSG déduc. de l'IR	2 103,74	*Assiette = (2 123,38 × 98,25 %) + 17,52*	6,80	143,05		
CSG/CRDS non déduc. de l'IR	2 103,74		2,90	61,01		
CSG/CRDS non déduc. de l'IR sur heures suppl.	372,59	*379,23 × 98,25 %*	9,70	36,14		
Exo. et allégem.		***Salarié** : Réd. Heures Suppl. : (21,67 × 14 × 1,25) × 11,31 = 379,23 × 11,31 % = 42,89 **Employeur :** Déduc. Heures Suppl. : 21,67 × 1,50 = 32,51 Réduc. générale : Smic pris en compte : 11,27 × 173,34 h = 1 953,54 ; Coeff. = (0,3191/0,6) × [(1,6 × 1 953,54/2 502,61) – 1] = 0,1324 et montant Réduc. = 2 502,61 × 0,1324 = 331,35 Total Exo employeur : 32,51 + 331,35 = 363,86*		– 42,89		– 363,86
Total cotis. et contrib.				**497,87**		**609,96**
NET SOCIAL		*2 502,61 – 497,87*				**2 004,74**
Remb. transport				+ 38,55		
NET À PAYER AVANT IMPÔT		*2 502,61 – 497,87 + 38,55*				**2 043,29**
Impôt/revenu	**Base**			**Taux**		**Montant**
Net imposable		*2 123,38 – [497,87 – (61,01 + 36,14)] + 17,52*				1 740,18
Impôt prélevé	1 740,18				2,00	**34,80**
Montant net heures compl./suppl. exo.		*379,23 – (379,23 × 98,25 % × 6,80 %)*				353,89
NET À PAYER AU SALARIÉ		*2 043,29 – 34,80*				**2 008,49**
Payé le 30/01/23	**Total versé employeur = 3 112,57** *(2 502,61 + 609,96)*					

2. Forfait hebdomadaire en heures - avec dépassement de l'horaire forfaitaire (n° 8590 ; Données communes : n° 94310)

Entreprise de 19 salariés. À défaut d'accord collectif sur leur taux de majoration, les heures supplémentaires sont majorées de 25 %. Non-cadre avec forfait de 40 heures hebdomadaires ayant accompli 2 fois 3 heures supplémentaires par semaine en plus de ce forfait. 94630

BULLETIN DE PAIE	Du 01/01/2023 au 31/01/2023			À déduire		À ajouter	
Forfait hebdo 40 h	173,34		*Forfait établi sur la base de 151,67 h à 14 €, soit 2 123,38 €, 21,67 h à 14 €, majorées de 25 %, soit 379,23 €, ce qui fait un total de 2 502,61 €*				2 502,61
Heures suppl. 125	6,00	17,50					105,00
TOTAL BRUT							**2 607,61**
Santé	Base			Part salarié		Part employeur	
SS – Maladie maternité invalidité décès	2 607,61	*Salaire ≤ 2,5 Smic*				7,00	182,53
Compl. santé	2 607,61			0,70	18,25	0,70	18,25
AT/MP	2 607,61					2,00	52,15
Retraite							
SS plafonnée	2 607,61			6,90	179,93	8,55	222,95
SS déplafonnée	2 607,61			0,40	10,43	1,90	49,54
Compl. T1	2 607,61			4,01	104,57	6,01	156,72
Famille	2 607,61	*Salaire ≤ 3,5 Smic*				3,45	89,96
Chômage	2 607,61					4,20	109,52
Autres contrib. dues par l'employeur		*Mobilité : 2 607,61 × 2,95 % = 76,92 ; Fnal : 2 607,61 × 0,10 % = 2,61 ; Solid. autonomie : 2 607,61 × 0,3 % = 7,82 ; Forfait social : 18,25 × 8 % = 1,46 ; Dialogue soc. : 2 607,61 × 0,016 % = 0,42 ; CFP : 2 607,61 × 1 % = 26,08 ; Apprentissage : 2 607,61 × 0,68 % = 17,73*					133,04
CSG déduc. de l'IR	2 104,47	*Assiette = (2 123,38 × 98,25 %) + 18,25*		6,80	143,10		
CSG/CRDS non déduc. de l'IR	2 104,47			2,90	61,03		
CSG/CRDS non déduc. de l'IR sur heures suppl.	475,76	*(379,23 + 105,00) × 98,25 %*		9,70	46,15		
Exo. et allégem.		***Salarié*** *: Rém. Heures Suppl. = (21,67 + 6,00) × 14 × 1,25) = 484,23 et Réd. Heures Suppl. = 484,23 × 11,31 % = 54,77* ***Employeur :*** *Déduc. Heures Suppl. : 27,67 × 1,50 = 41,51 Réduc. générale : Smic pris en compte : 1 709,32 + [(21,67 + 6) × 11,27] = 2 021,16 ; Coeff. = (0,3191/0,6) × [1,6 × 2 021,16/2 607,61) – 1] = 0,1277 et montant Réduc. = 2 607,61 × 0,1277 = 332,99 Total Exo employeur : 41,51 + 332,99 = 374,50*			– 54,77		– 374,50
Total cotis. et contrib.					**508,69**		**640,16**
NET SOCIAL		*2 607,61 – 508,69*					**2 098,92**
Remb. transport					+ 38,55		
NET À PAYER AVANT IMPÔT		*2 607,61 – 508,69 + 38,55*					**2 137,47**
Impôt/revenu	**Base**				**Taux**		**Montant**
Net imposable		*2 123,38 – [508,69 – (61,03 + 46,15)] + 18,25*					1 740,12
Impôt prélevé	1 740,12	*2 123,38 – [508,69 – (61,03 + 46,15)] + 18,25*				2,00	**34,80**
Montant net heures compl./suppl. exo.		*484,23 – (484,23 × 98,25 % × 6,80 %)*					451,88
NET À PAYER AU SALARIÉ		*2 137,47 – 34,80*					**2 102,67**
Payé le 30/01/23	**Total versé employeur = 3 247,77** *(2 607,61 + 640,16)*						

3. Forfait annuel en heures – cadre (n°s 8750 s. ; Données communes : n° 94310)

94640 Cadre sous convention de forfait de 1 824 heures (correspondant à 40 heures par semaine selon la méthode forfaitaire suivante : 1 824/45,6), rémunération annuelle de 60 000 €, soit une rémunération mensuelle de 5 000 €. Forfait établi sur la base d'un taux horaire de 28,69 €, les heures supplémentaires étant majorées de 25 %. On a 1 607 heures au taux de base et 217 heures au taux majoré. L'entreprise employant 200 salariés, la déduction forfaitaire de cotisations patronales pour heures supplémentaires examinée n°s 7800 s. s'applique.

BULLETIN DE PAIE	**Du 01/01/2023 au 31/01/2023**						
Forfait 1 824 h			5 000,00				
dont heures suppl.	18,08	35,86	648,39				
TOTAL BRUT			**5 000,00**				
Santé	Base			Part salarié		Part employeur	
SS – Maladie maternité invalidité décès	5 000,00					7,00	350,00
SS – Maladie suppl.	5 000,00	*Salaire > 2,5 Smic*				6,00	300,00
Compl. santé	3 666,00			0,70	25,66	0,70	25,66
Compl. décès cadres	3 666,00					1,50	54,99
AT/MP	5 000,00					2,00	100,00
Retraite							
SS plafonnée	3 666,00			6,90	252,95	8,55	313,44
SS déplafonnée	5 000,00			0,40	20,00	1,90	95,00
Compl. T1	3 666,00			4,01	147,01	6,01	220,33
Compl. T2	1 334,00			9,72	129,66	14,57	194,36
CET	5 000,00			0,14	7,00	0,21	10,50
Famille	5 000,00	*Salaire ≤ 3,5 Smic*				3,45	172,50
Chômage	5 000,00					4,20	210,00
Apec	5 000,00			0,024	1,20	0,036	1,80
Autres contrib. dues par l'employeur	5 000,00	*Mobilité : 5 000,00 × 2,95 % = 147,50 ; Fnal : 5 000,00 × 0,5 % = 25,00 ; Solid. autonomie : 5 000,00 × 0,3 % = 15,00 ; Forfait social : (54,99 + 25,66) × 8 % = 6,45 ; Dialogue soc. : 5 000,00 × 0,016 % = 0,80 ; CFP : 5 000,00 × 1 % = 50,00 ; Apprentissage : 5 000,00 × 0,68 % = 34,00 ; Construction : 5 000,00 × 0,45 % = 22,5*					301,25
CSG déduc. de l'IR	4 356,11	*Assiette = [(5 000,00 – 648,39) × 98,25 %] + 54,99 + 25,66*		6,80	296,22		
CSG/CRDS non déduc. de l'IR	4 356,11			2,90	126,33		
CSG/CRDS non déduc. de l'IR sur heures suppl.	637,04	*648,39 × 98,25 %*		9,70	61,79		
Exo. et allégem.		***Salarié*** *: Réd. Heures Suppl. : Taux = total des cotis. salariales de retraite hors Apec = (252,95 + 20,00 + 147,01 + 129,66 + 7,00)/5 000,00 = 11,13 et Réd. = 648,39 × 11,13 % = 72,16* ***Employeur :*** *Déduc. Heures Suppl. : 18,08 × 0,50 = 9,04*			– 72,16		– 9,04
Total cotis. et contrib.					**995,66**		**2 340,79**
NET SOCIAL		*(5 000,00 + 54,99) – 995,66*					**4 059,33**
Remb. transport					+ 38,55		
NET À PAYER AVANT IMPÔT		*5 000,00 – 995,66 + 38,55*					**4 042,89**
Impôt/revenu	**Base**				**Taux**		**Montant**
Net imposable		*5 000,00 – 648,39 – [995,66 – (126,33 + 61,79)] + 25,66*					**3 569,73**
Impôt prélevé	3 569,73					8,00	**285,58**
Montant net heures compl./suppl. exo.		*648,39 – (648,39 × 98,25 % × 6,80 %)*					605,07
NET À PAYER AU SALARIÉ		*4 042,89 – 285,58*					**3 757,31**
Payé le 30/01/23	**Total versé employeur = 7 340,79** *(5 000,00 + 2 340,79)*						

4. Forfait annuel en heures non-cadre (n°s 8750 s. ; Données communes : n° 94310)

Non-cadre sous convention de forfait annuel de 1 824 heures, soit 40 heures par semaine (selon la méthode forfaitaire suivante : 1 824/45,6), pour une rémunération annuelle de 31 200 €, soit une rémunération mensuelle de 2 600 €. Forfait établi sur la base d'un taux horaire de 14,92 €, les heures supplémentaires étant majorées de 25 %. On a 1 607 heures au taux de base et 217 heures (soit 18,08 heures par mois) au taux majoré. L'entreprise employant 200 salariés, la déduction forfaitaire de cotisations patronales pour heures supplémentaires examinée n°s 7800 s. s'applique. **94650**

BULLETIN DE PAIE	**Du 01/01/2023 au 31/01/2023**						
Rémunération							
Forfait 1 824 h			2 600,00				
dont heures suppl.	18,08	18,65	337,19				
TOTAL BRUT			**2 600,00**				
Santé	Base			Part salarié		Part employeur	
SS – Maladie maternité invalidité décès	2 600,00	*Salaire ≤ 2,5 Smic*				7,00	182,00
Compl. santé	2 600,00			0,70	18,20	0,70	18,20
AT/MP	2 600,00					2,00	52,00
Retraite							
SS plafonnée	2 600,00			6,90	179,40	8,55	222,30
SS déplafonnée	2 600,00			0,40	10,40	1,90	49,40
Compl. T1	2 600,00			4,01	104,26	6,01	156,26
Famille	2 600,00	*Salaire ≤ 3,5 Smic*				3,45	89,70
Chômage	2 600,00					4,20	109,20
Autres contrib. dues par l'employeur		*Mobilité : 2 600,00 × 2,95 % = 76,70 ; Fnal : 2 600,00 × 0,5 % = 13,00 ; Solid. autonomie : 2 600,00 × 0,3 % = 7,80 ; Forfait social : 18,20 × 8 % = 1,46 ; Dialogue soc. : 2 600,00 × 0,016 % = 0,42 ; CFP : 2 600 × 1 % = 26,00 ; Apprentissage : 2 600,00 × 0,68 % = 17,68 ; Construction : 2 600,00 × 0,45 = 11,70*					154,76
CSG déduc. de l'IR	2 241,41	*Assiette = [(2 600,00 – 337,19) × 98,25 %] + 18,20*		6,80	152,42		
CSG/CRDS non déduc. de l'IR	2 241,41			2,90	65,00		
CSG/CRDS non déduc. de l'IR sur heures suppl.	331,29	*337,19 × 98,25 %*		9,70	32,14		
Exo. et allégem.		***Salarié** :* *Réd. Heures Suppl. : 337,19 × 11,31 % = 38,14* ***Employeur :*** *Déduc. Heures Suppl. : 18,08 × 0,50 = 9,04* *Réduc. générale : Smic pris en compte : (11,27 × 151,67) + (11,27 × 18,08) = 1 913,08 ; Coeff. = (0,3231/0,6) × [(1,6 × 1 913,08/2 600,00) – 1] = 0,0955 et montant Réduc. = 2 600,00 × 0,0955 = 248,30* *Total Exo employeur : 9,04 + 248,30 = 257,34*			– 38,14		– 257,34
Total cotis. et contrib.					**523,68**		**776,48**
NET SOCIAL		*2 600,00 – 523,68*					**2 076,32**
Remb. transport					+ 38,55		
NET À PAYER AVANT IMPÔT		*2 600,00 – 523,68 + 38,55*					**2 114,87**
Impôt/revenu	**Base**				**Taux**		**Montant**
Net imposable		*2 600,00 – 337,19 – [523,68 – (65,00 + 32,14)] + 18,20*					1 854,47
Impôt prélevé	1 854,47					2,00	**37,09**
Montant net heures compl./suppl. exo.		*337,19 – (337,19 × 98,25 % × 6,80 %)*					314,66
NET À PAYER AU SALARIÉ		*2 114,87 – 37,09*					**2 077,78**
Payé le 30/01/23	**Total versé employeur** = **3 376,48** *(2 600 + 776,48)*						

5. Forfait annuel en jours

CADRE N'AYANT PAS RENONCÉ À DES JOURS DE REPOS (nos 8870 s. ; Données communes : no 94310)

94660 Cadre ayant conclu une convention de forfait annuel de 207 jours assortie d'une rémunération brute mensuelle de 4 573,47 €.

L'employeur n'a pas opté pour la proratisation du plafond de la sécurité sociale (nos 8975 s.).

BULLETIN DE PAIE	**Du 01/01/2023 au 31/01/2023**					
Forfait 207 jours		4 573,47				
TOTAL BRUT		**4 573,47**				
Santé	Base		Part salarié		Part employeur	
SS – Maladie maternité invalidité décès	4 573,47				7,00	320,14
SS – Maladie suppl.	4 573,47	*Salaire > 2,5 Smic*			6,00	274,41
Compl. santé	3 666,00		0,70	25,66	0,70	25,66
Compl. décès cadres	3 666,00				1,50	54,99
AT/MP	4 573,47				2,00	91,47
Retraite						
SS plafonnée	3 666,00		6,90	252,95	8,55	313,44
SS déplafonnée	4 573,47		0,40	18,29	1,90	86,90
Compl. T1	3 666,00		4,01	147,01	6,01	220,33
Compl. T2	907,47		9,72	88,21	14,57	132,22
CET	4 573,47		0,14	6,40	0,21	9,60
Famille	4 573,47	*Salaire ≤ 3,5 Smic*			3,45	157,78
Chômage	4 573,47				4,20	192,09
Apec	4 573,47		0,024	1,10	0,036	1,65
Autres contrib. dues par l'employeur		*Mobilité : 4 573,47 × 2,95 % = 134,92 ; Fnal : 4 573,47 × 0,5 % = 22,87 ; Solid. autonomie : 4 573,47 × 0,3 % = 13,72 ; Forfait social : (54,99 + 25,66) × 8 % = 6,45 ; Dialogue soc. : 4 573,47 × 0,016 % = 0,73 ; CFP : 4 573,47 × 1 % = 45,73 ; Apprentissage : 4 573,47 × 0,68 % = 31,10 ; Construction : 4 573,47 × 0,45 % = 20,58*				276,10
CSG déduc. de l'IR	4 574,08	*Assiette = (4 573,47 × 98,25 %) + 54,99 + 25,66*	6,80	311,04		
CSG/CRDS non déduc. de l'IR	4 574,08		2,90	132,65		
Exo. et allégem.						
Total cotis. et contrib.				**983,31**		**2 156,78**
NET SOCIAL		*(4 573,47 + 54,99) – 983,31*				**3 645,15**
Remb. transport				+ 38,55		
NET À PAYER AVANT IMPÔT		*4 573,47 – 983,31 + 38,55*				**3 628,71**
Impôt/revenu	**Base**			**Taux**		**Montant**
Net imposable		*4 573,47 – 983,310 + 132,65 + 25,66*				3 748,47
Impôt prélevé	3 748,47				8,00	**299,88**
NET À PAYER AU SALARIÉ		*3 628,71 – 299,88*				**3 328,83**
Payé le 30/01/23	**Total versé employeur = 6 730,25** *(4 573,47 + 2 156,78)*					

CADRE AYANT RENONCÉ À DES JOURS DE REPOS (nos 7740, 7788 et 8990 s. ; Données communes : no 94310)

94670

Entreprise de 19 salariés. Cadre ayant conclu une convention de forfait annuel de 208 jours (journée de solidarité comprise) assortie d'une rémunération annuelle de 54 855 €, soit 4 571,25 € de rémunération mensuelle. En accord avec son employeur, il a renoncé à 14 jours de repos. Pour chacun d'eux, il a été rémunéré 291,50 € (une journée de travail, calculée sur la base du forfait annuel diminué de la journée de solidarité, puis majorée de 10 %).

L'employeur n'a pas opté pour la proratisation du plafond de la sécurité sociale (nos 8975 s.).

BULLETIN DE PAIE	**Du 01/01/2023 au 31/01/2023**						
Forfait 208 jours			4 571,25				
Jours travaillés entre 209 et 218 jours	10	291,50	2 915,00				
Jours travaillés au-delà de 218 jours	4	291,50	1 166,00				
TOTAL BRUT			**8 652,25**				
Santé	Base			Part salarié		Part employeur	
SS – Maladie maternité invalidité décès	8 652,25					7,00	605,66
SS – Maladie suppl.	8 652,25	*Salaire > 2,5 Smic*				6,00	519,14
Compl. santé	3 666,00			0,70	25,66	0,70	25,66
Compl. décès cadres	3 666,00					1,50	54,99
AT/MP	8 652,25					2,00	173,05
Retraite							
SS plafonnée	3 666,00			6,90	252,95	8,55	313,44
SS déplafonnée	8 652,25			0,40	34,61	1,90	164,39
Compl. T1	3 666,00			4,01	147,01	6,01	220,33
Compl. T2	4 986,25			9,72	484,66	14,57	726,50
CET	8 652,25			0,14	12,11	0,21	18,17
Famille	8 652,25					3,45	298,50
Famille suppl.	8 652,25	*Salaire > 3,5 Smic*				1,80	155,74
Chômage	8 652,25					4,20	363,39
Apec	8 652,25			0,024	2,08	0,036	3,11
Autres contrib. dues par l'employeur		*Mobilité : 8 652,25 × 2,95 % = 255,24 ; Fnal : 8 652,25 × 0,1 % = 8,65 ; Solid. autonomie : 8 652,25 × 0,3 % = 25,96 ; Forfait social : (54,99 + 25,66) × 8 % = 6,45 ; Dialogue soc. : 8 652,25 × 0,016 % = 1,38 ; CFP : 8 652,25 × 1 % = 86,52 ; Apprentissage : 8 652,25 × 0,68 % = 58,84*					443,04
CSG déduc. de l'IR	7 435,89	*Assiette = [(4 571,25 + 2 915) × 98,25 %] + 54,99 + 25,66*		6,80	505,64		
CSG/CRDS non déduc. de l'IR	7 435,89			2,90	215,64		
CSG/CRDS non déduc. de l'IR sur heures suppl.	1 145,60	*1 166 × 98,25 %*		9,70	111,12		
Exo. et allégem.		***Salarié** : Réd. Heures Suppl. : Taux = total des cotis. salariales de retraite hors Apec (252,95 + 34,61 + 147,01 + 484,66 + 12,11)/8 652,25 = 10,76 et Réd. = 1 166,00 × 10,76 % = 125,46 **Employeur :** Déduc. Heures Suppl. : 4 × 10,50 = 42,00*			– 125,46		– 42,00
Total cotis. et contrib.					**1 666,02**		**4 043,11**
NET SOCIAL		*(8 652,25 + 54,99) – 1 666,02*					**7 041,22**
Remb. transport					+ 38,55		
NET À PAYER AVANT IMPÔT		*8 652,25 – 1 666,02 + 38,55*					**7 024,78**
Impôt/revenu	**Base**				**Taux**		**Montant**
Net imposable		*8 652,25 – 1 166,00 – [1 666,02 – (215,64 + 111,12)] + 25,66*					6 172,65
Impôt prélevé	6 172,65				8,00		**493,81**
Montant net heures compl./suppl. exo.		*1 166,00 – (1 166,00 × 98,25 % × 6,80 %)*					1 088,10
NET À PAYER AU SALARIÉ		*7 024,78 – 493,81*					**6 530,47**
Payé le 30/01/23	**Total versé employeur = 12 695,36** *(8 652,25 + 4 043,11)*						

NON-CADRE N'AYANT PAS RENONCÉ À DES JOURS DE REPOS (nos 8870 s. ; Données communes : n° 94310)

94680 Non-cadre sous convention de forfait annuel de 210 jours, pour une rémunération brute mensuelle de 1 800 €.
L'employeur n'a pas opté pour la proratisation du plafond de la sécurité sociale (nos 8975 s.).

BULLETIN DE PAIE	Du 01/01/2023 au 31/01/2023						
Rémunération							
Forfait 210 jours			1 800,00				
TOTAL BRUT			**1 800,00**				
Santé	Base			Part salarié		Part employeur	
SS – Maladie maternité invalidité décès	1 800,00	*Salaire ≤ 2,5 Smic*				7,00	126,00
Compl. santé	1 800,00			0,70	12,60	0,70	12,60
AT/MP	1 800,00					2,00	36,00
Retraite							
SS plafonnée	1 800,00			6,90	124,20	8,55	153,90
SS déplafonnée	1 800,00			0,40	7,20	1,90	34,20
Compl. T1 (non-cadres)	1 800,00			4,01	72,18	6,01	108,18
Famille	1 800,00	*Salaire ≤ 3,5 Smic*				3,45	62,10
Chômage	1 800,00					4,20	75,60
Autres contrib. dues par l'employeur		*Mobilité : 1 800,00 × 2,95 % = 53,10 ; Fnal : 1 800,00 × 0,5 % = 9,00 ; Solid. autonomie : 1 800,00 × 0,3 % = 5,40 ; Forfait social : 12,60 × 8 % = 1,01 ; Dialogue soc. : 1 800,00 × 0,016 % = 0,29 ; CFP : 1 800,00 × 1 % = 18,00 ; Apprentissage : 1 800,00 × 0,68 % = 12,24 ; Construction : 1 800,00 × 0,45 % = 8,10*					107,14
CSG déduc. de l'IR	1 781,10	*Assiette = (1 800,00 × 98,25 %) + 12,60*		6,80	121,11		
CSG/CRDS non déduc. de l'IR	1 781,10			2,90	51,65		
Exo. et allégem.		***Employeur :*** *Réduc. générale : Coeff. = (0,3231/0,6) × [(1,6 × 1 709,28/1 800,00 × 210/218) – 1] = 0,2497 et montant Réduc. = 1 800,00 × 0,2497 = 449,46*					– 449,46
Total cotis. et contrib.					**388,94**		**266,26**
NET SOCIAL		*1 800,00 – 388,94*					**1 411,06**
Remb. transport					+ 38,55		
NET À PAYER AVANT IMPÔT		*1 800,00 – 388,94 + 38,55*					**1 449,61**
Impôt/revenu	**Base**				**Taux**		**Montant**
Net imposable		*1 800,00 – (388,94 – 51,65) + 12,60*					1 475,31
Impôt prélevé	1 475,31					2,00	**29,51**
NET À PAYER AU SALARIÉ		*1 449,61 – 29,51*					**1 420,10**
Payé le 30/01/23	**Total versé employeur = 2 066,26** *(1 800,00 + 266,26)*						

CHÈQUES-VACANCES

1. Entreprise d'au moins 50 salariés (n°s 53000 s. ; Données communes : n° 94310)

Salarié non cadre ayant acquis des chèques-vacances pour une valeur de 710,00 €, financés comme 94690
suit : la participation du salarié, fixée à 142,21 €, est prélevée en 4 fois, dont une en janvier ; la participation de l'employeur, qui s'élève à 567,79 €, soit moins de 80 % de la valeur des chèques, est prise en compte sur le bulletin de paie de janvier. Elle échappe à l'impôt sur le revenu car elle ne dépasse pas le Smic mensuel.

BULLETIN DE PAIE	**Du 01/01/2023 au 31/01/2023**					
Salaire 151,67 h	151,67	2 420,05				
Chèques-vacances (part patronale)		567,79				
TOTAL BRUT		**2 987,84**				
Santé	Base		Part salarié		Part employeur	
SS – Maladie maternité invalidité décès	2 987,84	*Salaire ≤ 2,5 Smic*			7,00	209,15
Compl. santé	2 987,84		0,70	20,91	0,70	20,91
AT/MP	2 987,84				2,00	59,76
Retraite						
SS plafonnée	2 987,84		6,90	206,16	8,55	255,46
SS déplafonnée	2 987,84		0,40	11,95	1,90	56,77
Compl. T1	2 987,84		4,01	119,81	6,01	179,57
Famille	2 987,84	*Salaire ≤ 3,5 Smic*			3,45	103,08
Chômage	2 987,84				4,20	125,49
Autres contrib. dues par l'employeur		*Mobilité : 2 987,84 × 2,95 % = 88,14 ; Fnal : 2 987,84 × 0,5 % = 14,94 ; Solid. autonomie : 2 987,84 × 0,3 % = 8,96 ; Forfait social : 20,91 × 8 % = 1,67 ; Dialogue soc. : 2 987,84 × 0,016 % = 0,48 ; CFP : 2 987,84 × 1 % = 29,88 ; Apprentissage : 2 987,84 × 0,68 % = 20,32 ; Construction : 2 987,84 × 0,45 % = 13,45*				177,84
CSG déduc. de l'IR	2 956,46	*Assiette = [(2 987,84 × 98,25 %) + 20,91]*	6,80	201,04		
CSG/CRDS non déduc. de l'IR	2 956,46		2,90	85,74		
Exo. et allégem.						
Total cotis. et contrib.				**645,61**		**1 188,03**
NET SOCIAL		*2 987,84 – 645,61*				**2 342,23**
Remb. transport				+ 38,55		
Chèques-vacances (part. employeur)				– 567,79		
Chèques-vacances (part. salarié)		*142,21/4*		– 35,55		
NET À PAYER AVANT IMPÔT		*2 987,84 + 38,55 – (645,61 + 567,79 + 35,55)*				**1 777,44**
Impôt/revenu	**Base**			**Taux**		**Montant**
Net imposable		*2 420,05 + 20,91 – (645,61 – 85,74)*				1 881,09
Impôt prélevé	1 881,09				2,00	**37,62**
NET À PAYER AU SALARIÉ		*1 777,44 – 37,62*				**1 739,82**
Payé le 30/01/23	**Total versé employeur = 4 175,87** *(2 987,84 + 1 188,03)*					

2. Entreprise de moins de 50 salariés (nos 53000 s. ; Données communes : no 94310)

94700 Mêmes données qu'au no 94690, mais il s'agit ici d'une entreprise de 30 salariés sans comité social et économique.

Les conditions de l'exonération de cotisations sur la participation patronale aux chèques-vacances (no 53110) sont respectées, mais, la limite d'exonération étant dépassée, l'exonération ne joue que sur la part de cette participation qui n'excède pas 30 % du Smic mensuel (soit sur 512,80 €). Elle ne concerne ni le versement mobilité ni la CSG/CRDS, cette dernière étant due sans application de la déduction de 1,75 % pour frais.

La CSG est non déductible sur la part de la participation de l'employeur exonérée à la fois d'impôt sur le revenu et de cotisations. Cette dernière est donc isolée sur une ligne distincte. La participation aux chèques-vacances échappe à l'impôt sur le revenu car elle ne dépasse pas le Smic mensuel.

BULLETIN DE PAIE	**Du 01/01/2023 au 31/01/2023**					
Salaire 151,67 h	151,67	2 420,05				
Chèques-vacances (part patronale)		567,79				
TOTAL BRUT		**2 987,84**				
Santé	Base		Part salarié		Part employeur	
SS – Maladie maternité invalidité décès	2 475,04	*Exo. chèques-vacances plafonnée à 30 % du Smic mensuel, soit 512,80 €. Donc assiette = 2 420,05 + (567,79 – 512,80) = 2 475,04 Salaire ≤ 2,5 Smic*			7,00	173,25
Compl. santé	2 475,04		0,70	17,33	0,70	17,33
AT/MP	2 475,04				2,00	49,50
Retraite						
SS plafonnée	2 475,04		6,90	170,78	8,55	211,62
SS déplafonnée	2 475,04		0,40	9,90	1,90	47,03
Compl. T1	2 475,04		4,01	99,25	6,01	148,75
Famille	2 475,04	*Salaire ≤ 3,5 Smic*			3,45	85,39
Chômage	2 475,04				4,20	103,95
Autres contrib. dues par l'employeur		*Mobilité : 2 987,84 × 2,95 % = 88,14 ; Fnal : 2 475,04 × 0,1 % = 2,48 ; Solid. autonomie : 2 475,04 × 0,3 % = 7,43 ; Forfait social : 17,33 × 8 % = 1,39 ; Dialogue soc. : 2 475,04 × 0,016 % = 0,40 ; CFP : 2 475,04 × 1 % = 24,75 ; Apprentissage : 2 475,04 × 0,68 % = 16,83*				141,42
CSG déduc. de l'IR	2 450,02	*(2 420,05 × 98,25 %) + (567,79 – 512,80) + 17,33*	6,80	166,60		
CSG/CRDS non déduc. de l'IR	2 450,02		2,90	71,05		
CSG/CRDS non déduc. de l'IR	512,80	*La CSG assise sur la part patronale des chèques vacances exonérée de cotisations et d'impôt n'est pas déductible*	9,70	49,74		
Exo. et allégem.		*Coeff. réduction générale : (0,3191/0,6) × [(1,6 × 1 709,32/2 475,04) – 1] = 0,0558*				– 138,11
Total cotis. et contrib.				**584,65**		**840,13**
NET SOCIAL		*2 987,84 – 584,65*				**2 403,19**
Remb. transport				+ 38,55		
Chèques-vacances (part. employeur)				– 567,79		
Chèques-vacances (part. salarié)		*122,16/4*		– 35,55		
NET À PAYER AVANT IMPÔT		*(2 987,84 + 38,55) – (584,65 + 567,79 + 35,55)*				**1 838,40**
Impôt/revenu	**Base**			**Taux**		**Montant**
Net imposable		*(2 420,05 + 17,33) – [584,65 – (71,05 + 49,74)]*				1 973,52
Impôt prélevé	1 973,52			2,00		**39,47**
NET À PAYER AU SALARIÉ		*1 838,40 – 39,47*				**1 798,93**
Payé le 30/01/23	**Total versé employeur = 3 827,97** *(2 987,84 + 840,13)*					

PLAN D'ÉPARGNE D'ENTREPRISE (n° 49730 ; Données communes n° 94310)

94710

Salarié non cadre ayant droit à un abondement de 500 € brut en contrepartie de son versement au plan d'épargne d'entreprise (PEE). L'employeur verse cet abondement net de CSG et CRDS (il verse donc 451,50 € sur le PEE). La CSG sur l'abondement étant intégralement non déductible fiscalement, une ligne supplémentaire de CSG et CRDS non déductibles sur abondement est créée. Son montant est ensuite ajouté au net à verser puisque ces contributions ont déjà été déduites de l'abondement versé au PEE.

BULLETIN DE PAIE	**Du 01/01/2023 au 31/01/2023**					
Salaire 151,67 h	151,67	19,00 — 2 881,73				
TOTAL BRUT		**2 881,73**				
Santé	Base		Part salarié		Part employeur	
SS – Maladie maternité invalidité décès	2 881,73	*Salaire ≤ 2,5 Smic*			7,00	201,72
Compl. santé	2 881,73		0,70	20,17	0,70	20,17
AT/MP	2 881,73				2,00	57,63
Retraite						
SS plafonnée	2 881,73		6,90	198,84	8,55	246,39
SS déplafonnée	2 881,73		0,40	11,53	1,90	54,75
Compl. T1	2 881,73		4,01	115,56	6,01	173,19
Famille	2 881,73	*Salaire ≤ à 3,5 Smic*			3,45	99,42
Chômage	2 881,73				4,20	121,03
Autres contrib. dues par l'employeur		*Mobilité : 2 881,73 × 2,95 % = 85,01 ; Fnal : 2 881,73 × 0,5 % = 14,41 ; Solid. autonomie : 2 881,73 × 0,3 % = 8,65 ; Forfait social : (500,00 × 20 %) + (20,17 × 8 %) = 101,61 ; Dialogue soc. : 2 881,73 × 0,016 % = 0,46 ; CFP : 2 881,73 × 1 % = 28,82 ; Apprentissage : 2 881,73 × 0,68 % = 19,60 ; Construction : 2 881,73 × 0,45 % = 12,97*				271,53
CSG déduc. de l'IR	2 851,47	*Assiette = [(2 881,73 × 98,25 %) + 20,17]*	6,80	193,90		
CSG/CRDS non déduc. de l'IR	2 851,47		2,90	82,69		
	500,00		9,70	48,50		
Exo. et allégem.						
Total cotis. et contrib.				**671,19**		**1 245,83**
NET SOCIAL		*2 881,73 – (671,19 – CSG/CRDS sur abondement 48,50) L'abondement de l'employeur au PEE n'entre pas dans le net social.*				**2 259,04**
Remb. transport				+ 38,55		
Remb. CSG/CRDS sur abondement				+ 48,50		
NET À PAYER AVANT IMPÔT		*2 881,73 – 671,19 + 38,55 + 48,50*				**2 297,59**
Impôt/revenu	**Base**				**Taux**	**Montant**
Net imposable		*2 881,73 – (671,19 – 82,69 – 48,50) + 20,17*				2 361,90
Impôt prélevé	2 361,90				2,00	**47,24**
NET À PAYER AU SALARIÉ		*2 297,59 – 47,24*				**2 250,35**
Payé le 30/01/23	**Total versé employeur = 4 127,56** *(2 881,73 + 1 245,83)*					

OPTION DE SOUSCRIPTION OU D'ACHAT D'ACTIONS

RABAIS EXCÉDENTAIRE (nos 50530 s. ; Données communes : no 94310)

94720 Un cadre lève le 11 janvier des options de souscription d'actions qui lui ont été attribuées. La levée porte sur 100 actions. Le prix de souscription a été fixé à 20,74 € par action, alors que leur valeur réelle au moment de l'attribution de l'option était de 24,40 €, soit un rabais de 15 %. Le rabais excédentaire (no 50530) s'élève à 10 % de la valeur de l'action lors de l'attribution, soit 2,44 € × 100 = 244 €.

BULLETIN DE PAIE	**Du 01/01/2023 au 31/01/2023**					
Forfait 218 jours	218 jours	4 217,80				
Options sur actions		244,00				
TOTAL BRUT		**4 461,80**				
Santé	Base		Part salarié		Part employeur	
SS – Maladie maternité invalidité décès	4 461,80				7,00	312,33
SS – Maladie suppl.	4 461,80	*Salaire > 2,5 Smic*			6,00	267,71
Compl. santé	3 666,00		0,70	25,66	0,70	25,66
Compl. décès cadres	3 666,00				1,50	54,99
AT/MP	4 461,80				2,00	89,24
Retraite						
SS plafonnée	3 666,00		6,90	252,95	8,55	313,44
SS déplafonnée	4 461,80		0,40	17,85	1,90	84,77
Compl. T1	3 666,00		4,01	147,01	6,01	220,33
Compl. T2	795,80		9,72	77,35	14,57	115,95
CET	4 461,80		0,14	6,25	0,21	9,37
Famille	4 461,80	*Salaire ≤ 3,5 Smic*			3,45	153,93
Chômage	4 461,80				4,20	187,40
Apec	4 461,80		0,024	1,07	0,036	1,61
Autres contrib. dues par l'employeur		*Mobilité : 4 461,80 × 2,95 % = 131,62 ; Fnal : 4 461,80 × 0,5 % = 22,31 ; Solid. autonomie : 4 461,80 × 0,3 % = 13,39 ; Forfait social : (54,99 + 25,66) × 8 % = 6,45 ; Dialogue soc. : 4 461,80 × 0,016 % = 0,71 ; CFP : 4 461,80 × 1 % = 44,62 ; Apprentissage : 4 461,80 × 0,68 % = 30,34 ; Construction : 4 461,80 × 0,45 % = 20,08*				269,52
CSG déduc. de l'IR	4 468,64	*Assiette = [(4 217,80 × 98,25 %) + 244 + 54,99 + 25,66]*	6,80	303,87		
CSG/CRDS non déduc. de l'IR	4 468,64		2,90	129,59		
Exo. et allégem.						
Total cotis. et contrib.				**961,60**		**2 106,25**
Remb. transport				+ 38,55		
NET SOCIAL		*Le net social sera complété dès que les précisions administratives nécessaires seront connues*				
Autres retenues		*Option sur actions (rabais)*		−244,00		
NET À PAYER AVANT IMPÔT		*4 217,80 + 38,55 − 961,60*				**3 294,75**
Impôt/revenu	**Base**			**Taux**		**Montant**
Net imposable		*4 461,80 − (961,60 − 129,59) + 25,66* *Le rabais excédentaire est ajouté au net imposable (no 50570)*				3 655,45
Impôt prélevé	3 411,45	*4 217,80 − (961,60 − 129,59) + 25,66* *Le rabais n'est pas soumis au PAS (no 50530)*		8,00		**272,92**
NET À PAYER AU SALARIÉ		*3 294,75 − 272,92*				**3 021,83**
Payé le 30/01/23	**Total versé employeur = 6 324,05** *(4 217,80 + 2 106,25)*					

AVANTAGES EN NATURE

1. Logement gratuit (n° 39280 ; Données communes : n° 94310)

Salarié non cadre disposant d'un logement de 3 pièces fourni gratuitement par son employeur, qui 94730
évalue forfaitairement cet avantage en nature. La rémunération en espèces étant supérieure à 0,7 fois et inférieure à 0,9 fois le plafond de sécurité sociale, cet avantage est évalué en 2023 à 94,10 € par pièce principale.

BULLETIN DE PAIE	Du 01/01/2023 au 31/01/2023						
Salaire 151,67 h	151,67	17,25	2 616,30				
Avantage en nature	3	94,10	282,30				
TOTAL BRUT			**2 898,60**				
Santé	Base			Part salarié		Part employeur	
SS – Maladie maternité invalidité décès	2 898,60	*Salaire ≤ 2,5 Smic*				7,00	202,90
Compl. santé	2 898,60			0,70	20,29	0,70	20,29
AT/MP	2 898,60					2,00	57,97
Retraite							
SS plafonnée	2 898,60			6,90	200,00	8,55	247,83
SS déplafonnée	2 898,60			0,40	11,59	1,90	55,07
Compl. T1	2 898,60			4,01	116,23	6,01	174,21
Famille	2 898,60	*Salaire ≤ à 3,5 Smic*				3,45	100,00
Chômage	2 898,60					4,20	121,74
Autres contrib. dues par l'employeur		*Mobilité : 2 898,60 × 2,95 % = 85,51 ; Fnal : 2 898,60 × 0,5 % = 14,49 ; Solid. autonomie : 2 898,60 × 0,3 % = 8,70 ; Forfait social : 20,29 × 8 % = 1,62 ; Dialogue soc. : 2 898,60 × 0,016 % = 0,46 ; CPF : 2 898,60 × 1 % = 28,99 ; Apprentissage : 2 898,60 × 0,68 % = 19,71 ; Construction : 2 898,60 × 0,45 % = 13,04*					172,52
CSG déduc. de l'IR	2 868,16	*Assiette = [(2 898,60 × 98,25 %) + 20,29]*		6,80	195,03		
CSG/CRDS non déduc. de l'IR	2 868,16			2,90	83,18		
Exo. et allégem.							
Total cotis. et contrib.					**626,32**		**1 152,53**
NET SOCIAL		*2 898,60 – 626,32*					**2 272,28**
Remb. transport					+ 38,55		
Autres retenues		*Retenue avantage en nature*			– 282,30		
NET À PAYER AVANT IMPÔT		*2 616,30 – 626,32 + 38,55*					**2 028,53**
Impôt/revenu	**Base**				**Taux**		**Montant**
Net imposable		*2 898,60 – (626,32 – 83,18) + 20,29*					2 375,75
Impôt prélevé	2 375,75					2,00	**47,52**
NET À PAYER AU SALARIÉ		*2 028,53 – 47,52*					**1 981,01**
Payé le 30/01/23	**Total versé employeur = 3 768,83** *(2 616,30 + 1 152,53)*						

2. Logement fourni contre redevance inférieure à l'avantage

(n° 39230 ; Données communes : n° 94310)

94740 Salarié non cadre auquel l'employeur fournit un logement moyennant une redevance inférieure à la valeur de l'avantage calculé, sur option de l'employeur, par référence à la valeur locative servant à l'établissement de la taxe d'habitation.

Montant mensuel de la redevance = 165 €. Montant mensuel de la valeur locative = 261 € (y compris la valeur réelle des avantages accessoires).

BULLETIN DE PAIE	**Du 01/01/2023 au 31/01/2023**						
Salaire 151,67 h	151,67	16,65	2 525,31				
Logement	*261 – 165 (différence entre la valeur mensuelle locative et la valeur mensuelle de la redevance)*		96,00				
TOTAL BRUT			**2 621,31**				
Santé	Base			Part salarié		Part employeur	
SS – Maladie maternité invalidité décès	2 621,31	*Salaire ≤ 2,5 Smic*				7,00	183,49
Compl. santé	2 621,31			0,70	18,35	0,70	18,35
AT/MP	2 621,31					2,00	52,43
Retraite							
SS plafonnée	2 621,31			6,90	180,87	8,55	224,12
SS déplafonnée	2 621,31			0,40	10,49	1,90	49,80
Compl. T1	2 621,31			4,01	105,11	6,01	157,54
Famille	2 621,31	*Salaire ≤ 3,5 Smic*				3,45	90,44
Chômage	2 621,31					4,20	110,10
Autres contrib. dues par l'employeur		*Mobilité : 2 621,31 × 2,95 % = 77,33 ; Fnal : 2 621,31 × 0,5 % = 13,11 ; Solid. autonomie : 2 621,31 × 0,3 % = 7,86 ; Forfait social : 18,35 × 8 % = 1,47 ; Dialogue soc. : 2 621,31 × 0,016 % = 0,42 ; CPF : 2 621,31 × 1 % = 26,21 ; Apprentissage : 2 621,31 × 0,68 % = 17,82 ; Construction : 2 621,31 × 0,45 % = 11,80*					156,02
CSG déduc. de l'IR	2 593,79	*Assiette = [(2 621,31 × 98,25 %) + 18,35]*		6,80	176,38		
CSG/CRDS non déduc. de l'IR	2 593,79			2,90	75,22		
Exo. et allégem.							
Total cotis. et contrib.					**566,42**		**1 042,29**
NET SOCIAL		*2 621,31 – 566,42*					**2 054,89**
Remb. transport					+ 38,55		
Autres retenues		*Retenue avantage en nature*			– 96,00		
NET À PAYER AVANT IMPÔT		*2 525,31 – 566,42 + 38,55 – 165*					**1 832,44**
Impôt/revenu	**Base**				**Taux**		**Montant**
Net imposable		*2 621,31 – (566,42 – 75,22) + 18,35*					2 148,46
Impôt prélevé	2 148,46					2,00	**42,97**
NET À PAYER AU SALARIÉ		*1 832,44 – 42,97*					**1 789,47**
Payé le 30/01/23	**Total versé employeur = 3 567,60** *(2 525,31 + 1 042,29)*						

3. Nourriture gratuite (n° 39000 ; Données communes n° 94310)

Salarié non cadre à qui l'employeur (qui ne relève pas des professions des hôtels, cafés, restaurants) fournit gratuitement, en dehors de tout déplacement professionnel, un repas par jour (du lundi au vendredi inclus, au cas particulier), soit 22 repas pour janvier 2023. **94750**

BULLETIN DE PAIE	**Du 01/01/2023 au 31/01/2023**						
Salaire 151,67 h	151,67	19,00	2 881,73				
Avantage en nature	22	5,20	114,40				
TOTAL BRUT			**2 996,13**				
Santé	Base			Part salarié		Part employeur	
SS – Maladie maternité invalidité décès	2 996,13	*Salaire ≤ 2,5 Smic*				7,00	209,73
Compl. santé	2 996,13			0,70	20,97	0,70	20,97
AT/MP	2 996,13					2,00	59,92
Retraite							
SS plafonnée	2 996,13			6,90	206,73	8,55	256,17
SS déplafonnée	2 996,13			0,40	11,98	1,90	56,93
Compl. T1	2 996,13			4,01	120,14	6,01	180,07
Famille	2 996,13	*Salaire ≤ à 3,5 Smic*				3,45	103,37
Chômage	2 996,13					4,20	125,84
Autres contrib. dues par l'employeur		*Mobilité : 2 996,13 × 2,95 % = 88,39 ; Fnal : 2 996,13 × 0,5 % = 14,98 ; Solid. autonomie : 2 996,13 × 0,3 % = 8,99 ; Forfait social : 20,97 × 8 % = 1,68 ; Dialogue soc. : 2 996,13 × 0,016 % = 0,48 ; CPF : 2 996,13 × 1 % = 29,96 ; Apprentissage : 2 996,13 × 0,68 % = 20,37 ; Construction : 2 996,13 × 0,45 % = 13,48.*					178,33
CSG déduc. de l'IR	2 964,67	*Assiette = (2 996,13 × 98,25 %) + 20,97*		6,80	201,60		
CSG/CRDS non déduc. de l'IR	2 964,67			2,90	85,98		
Exo. et allégem.							
Total cotis. et contrib.					**647,40**		**1 191,33**
NET SOCIAL		*2 996,13 – 647,40*					**2 348,73**
Remb. transport					+ 38,55		
Autres retenues		*Retenue avantage en nature*			– 114,40		
NET À PAYER AVANT IMPÔT		*2 881,73 – 647,40 + 38,55*					**2 272,88**
Impôt/revenu	**Base**				**Taux**		**Montant**
Net imposable		*2 996,13 – (647,40 – 85,98) + 20,97*					2 455,68
Impôt prélevé	2 455,68					2,00	**49,11**
NET À PAYER AU SALARIÉ		*2 272,88 – 49,11*					**2 223,77**
Payé le 30/01/23	**Total versé employeur = 4 073,06** *(2 881,73 + 1 191,33)*						

INDEMNITÉS DE GRAND DÉPLACEMENT

1. Indemnité n'excédant pas les limites d'exonération (n° 56430 ; Données communes : n° 94310)

94760 Salarié non cadre avec remboursement de 8 indemnités de grand déplacement, à Paris, égales aux limites fixées pour 2023, soit 20,20 € par repas, à raison de 2 repas par jour, et 72,50 € par jour au titre des dépenses supplémentaires de logement et de petit déjeuner. Le salarié n'entre pas dans le champ d'une déduction forfaitaire spécifique pour frais professionnels.

BULLETIN DE PAIE	**Du 01/01/2023 au 31/01/2023**					
Salaire 151,67 h	151,67	12,50 1 895,88				
TOTAL BRUT		**1 895,88**				
Santé	Base		Part salarié		Part employeur	
SS – Maladie maternité invalidité décès	1 895,88	*Salaire ≤ 2,5 Smic*			7,00	132,71
Compl. santé	1 895,88		0,70	13,27	0,70	13,27
AT/MP	1 895,88				2,00	37,92
Retraite						
SS plafonnée	1 895,88		6,90	130,82	8,55	162,10
SS déplafonnée	1 895,88		0,40	7,58	1,90	36,02
Compl. T1	1 895,88		4,01	76,02	6,01	113,94
Famille	1 895,88	*Salaire ≤ 3,5 Smic*			3,45	65,41
Chômage	1 895,88				4,20	79,63
Autres contrib. dues par l'employeur	1 895,88	*Mobilité : 1 895,88 × 2,95 % = 55,93 ; Fnal : 1 895,88 × 0,5 % = 9,48 ; Solid. autonomie : 1 895,88 × 0,3 % = 5,69 ; Forfait social : 13,27 × 8 % = 1,06 ; Dialogue soc. : 1 895,88 × 0,016 % = 0,30 ; CFP : 1 895,88 × 1 % = 18,96 ; Apprentissage : 1 895,88 × 0,68 % = 12,89 ; Construction : 1 895,88 × 0,45 % = 8,53*				112,84
CSG déduc. de l'IR	1 875,97	*Assiette = [(1 895,88 × 98,25 %) + 13,27]*	6,80	127,57		
CSG/CRDS non déduc. de l'IR	1 875,97		2,90	54,40		
Exo. et allégem.		***Employeur :*** *Réduc. Générale : Coeff. : (0,3231/0,6) × [(1,6 × 1 709,32/ 1 895,88) – 1] = 0,2383 et montant Réduc. : 1 895,88 × 0,2383 = 451,79*				– 451,79
Total cotis. et contrib.				**409,66**		**302,05**
NET SOCIAL		*1 895,88 – 409,66*				**1 486,22**
Remb. transport				+ 38,55		
Autres paiements		*Indemnité de grand déplacement : [(20,20 × 2) + 72,50] × 8 = 866,40*		903,20		
NET À PAYER AVANT IMPÔT		*1 895,88 – 409,66 + 38,55 + 903,20*				**2 427,97**
Impôt/revenu	**Base**			**Taux**		**Montant**
Net imposable		*1 895,88 – (409,66 – 54,40) + 13,27*				1 553,89
Impôt prélevé	1 553,89				2,00	**31,08**
NET À PAYER AU SALARIÉ		*2 427,97 – 31,08*				**2 396,89**
Payé le 28/01/23	**Total versé employeur = 2 197,93** *(1 895,88 + 302,05)*					

2. Dépassement justifié (n° 56480 ; Données communes : n° 94310)

Salarié non cadre ayant perçu 8 indemnités de grand déplacement à Paris, d'un montant journalier de 120,00 €. Ce montant est supérieur à la limite fixée pour 2023 (2 repas à 20,20 € + 72,50 € pour le logement et le petit déjeuner), mais est justifié : le dépassement échappe donc aux cotisations et à l'impôt. L'indemnisation du grand déplacement ne fait pas apparaître d'avantage en nature nourriture. Le salarié n'entre pas dans le champ d'une déduction forfaitaire spécifique pour frais professionnels. 94770

BULLETIN DE PAIE	**Du 01/01/2023 au 31/01/2023**						
Salaire 151,67 h	151,67	12,50 €	1 895,88				
Total brut			**1 895,88**				
Santé	Base			Part salarié		Part employeur	
SS – Maladie maternité invalidité décès	1 895,88	*Salaire ≤ 2,5 Smic*				7,00	132,71
Compl. santé	1 895,88			0,70	13,27	0,70	13,27
AT/MP	1 895,88					2,00	37,92
Retraite							
SS plafonnée	1 895,88			6,90	130,82	8,55	162,10
SS déplafonnée	1 895,88			0,40	7,58	1,90	36,02
Compl. T 1	1 895,88			4,01	76,02	6,01	113,94
Famille	1 895,88	*Salaire < 3,5 Smic*				3,45	65,41
Chômage	1 895,88					4,20	79,63
Autres contrib. dues par l'employeur	1 895,88	*Mobilité : 1 895,88 × 2,95 % = 55,93 ; Fnal : 1 895,88 × 0,5 % = 9,48 ; Solid. autonomie : 1 895,88 × 0,3 % = 5,69 ; Forfait social : 13,27 × 8 % = 1,06 ; Dialogue soc. : 1 895,88 × 0,016 % = 0,30 ; CFP : 1 895,88 × 1 % = 18,96 ; Apprentissage : 1 895,88 × 0,68 % = 12,89 ; Construction : 1 895,88 × 0,45 % = 8,53*					112,84
CSG déduc. de l'IR	1 875,97	*Assiette = [(1 895,88 × 98,25 %) + 13,27]*		6,80	127,57		
CSG/CRDS non déduc. de l'IR	1 875,97			2,90	54,40		
Exo. et allégem.		***Employeur :*** *Réduc. Générale : Coeff = (0,3231/0,6) × [(1,6 × 1 709,32/1 895,88) – 1] = 0,2383 et montant Réduc. = 1 895,88 × 0,2383 = 451,79*					– 451,79
Total cotis. et contrib.					**409,66**		**302,05**
NET SOCIAL		*1 895,88 – 409,66*					**1 486,22**
Remb. transport					+ 38,55		
Autres paiements		*Indemnités de grand déplacement : 8 × 120,00 = 960,00*			960,00		
NET À PAYER AVANT IMPÔT		*1 895,88 – 409,66 + 38,55 + 960,00*					**2 484,77**
Impôt/revenu	**Base**				**Taux**		**Montant**
Net imposable		*1 895,88 – (409,66 – 54,40) + 13,27*					1 553,89
Impôt prélevé	1 553,89					2,00	**31,08**
NET À PAYER AU SALARIÉ		*2 484,77 – 31,08*					**2 453,69**
Payé le 28/01/23	**Total versé employeur = 2 197,93** *(1 895,88 + 302,05)*						

3. Dépassement non justifié (n° 56480 ; Données communes : n° 94310)

94780 Salarié non cadre ayant perçu 8 indemnités de grand déplacement à Paris, d'un montant journalier de 120,30 €. Ce montant est supérieur à la limite fixée pour 2023 (soit 40,40 € pour deux repas par jour, plus 72,50 € par jour pour les dépenses de logement et de petit déjeuner). Le dépassement de 7,40 € par jour, non justifié, est réintégré dans les assiettes sociales et fiscales comme complément de salaire. Le salarié n'entre pas dans le champ d'une déduction forfaitaire spécifique pour frais professionnels.

BULLETIN DE PAIE	**Du 01/01/2023 au 31/01/2023**						
Salaire 151,67 h	151,67	12,50 €	1 895,88				
Grand déplacement	8,00	7,40	59,20				
TOTAL BRUT			**1 955,08**				
Santé	Base			Part salarié		Part employeur	
SS – Maladie maternité invalidité décès	1 955,08	*Salaire ≤ 2,5 Smic*				7,00	136,86
Compl. santé	1 955,08			0,70	13,69	0,70	13,69
AT/MP	1 955,08					2,00	39,10
Retraite							
SS plafonnée	1 955,08			6,90	134,90	8,55	167,16
SS déplafonnée	1 955,08			0,40	7,82	1,90	37,15
Compl. T1	1 955,08			4,01	78,40	6,01	117,50
Famille	1 955,08	*Salaire ≤ 3,5 Smic*				3,45	67,45
Chômage	1 955,08					4,20	82,11
Autres contrib. dues par l'employeur		*Mobilité : 1 955,08 × 2,95 % = 57,67 ; Fnal : 1 955,08 × 0,5 % = 9,78 ; Solid. autonomie : 1 955,08 × 0,3 % = 5,87 ; Forfait social : 13,69 × 8 % = 1,10 ; Dialogue soc. : 1 955,08 × 0,016 % = 0,31 ; CFP : 1 955,08 × 1 % = 19,55 ; Apprentissage : 1 955,08 × 0,68 % = 13,29 ; Construction : 1 955,08 × 0,45 % = 8,80*					116,37
CSG déduc. de l'IR	1 934,56	*Assiette = [(1 955,08 × 98,25 %) + 13,69]*		6,80	131,55		
CSG/CRDS non déduc. de l'IR	1 934,56			2,90	56,10		
Exo. et allégem.		***Employeur :*** *Réduc. Générale : Coeff. = (0,3231/0,6) × [(1,6 × 1 709,32/1 955,08) – 1] = 0,2148 et montant Réduc. : 1 955,08 × 0,2148 = 419,95*					– 419,95
Total cotis. et contrib.					**422,46**		**357,44**
NET SOCIAL		*1 955,08 – 422,46*					**1 532,62**
Remb. transport					+ 38,55		
Autres paiements		*Indemnités de grand déplacement : 962,40 – 59,20*			903,20		
NET À PAYER AVANT IMPÔT		*1 955,08 – 422,46 + 38,55 + 903,20*					**2 474,37**
Impôt/revenu	**Base**				**Taux**		**Montant**
Net imposable		*1 955,08 – (422,46 – 56,10) + 13,69*					1 602,41
Impôt prélevé	1 602,41					2,00	**32,05**
NET À PAYER AU SALARIÉ		*2 474,37 – 32,05*					**2 442,32**
Payé le 28/01/23	**Total versé employeur = 2 312,52** *(1 955,08 + 357,44)*						

INDEMNITÉ DE PETIT DÉPLACEMENT (nos 56500 et 55540 ; Données communes : n° 94310)

94790

Ouvrier du bâtiment se voyant appliquer la déduction forfaitaire spécifique de 10 % sur l'assiette des cotisations et percevant 22 indemnités de petit déplacement de 10,67 € par jour. L'indemnité est comprise dans l'assiette des cotisations. Mais, étant par hypothèse inférieure aux limites d'exonération de l'indemnité de petit déplacement fixées par l'administration, elle n'entre pas dans l'assiette de la CSG et de la CRDS. Elle échappe également à l'impôt sur le revenu. L'employeur déclare en net imposable le salaire avant déduction forfaitaire et hors indemnités pour frais, diminué des charges déductibles. Le salarié relève d'une caisse de congés payés.

BULLETIN DE PAIE	**Du 01/01/2023 au 31/01/2023**					
Salaire 151,67 h	151,67	11,90	1 804,87			
Petit déplacement	22	10,67	234,74			
TOTAL BRUT			**2 039,61**			
BRUT ABATTU			**1 835,65**			
Santé	Base		Part salarié		Part employeur	
SS – Maladie maternité invalidité décès	1 835,65	*Salaire ≤ 2,5 Smic*			7,00	128,50
Compl. santé		*Forfait 23 € : 50 % employeur, 50 % salarié*		11,50		11,50
Compl. incap. inval. décès	1 835,65		0,87	15,97	1,72	31,57
AT/MP	1 835,65				2,00	36,71
Retraite						
SS plafonnée	1 835,65		6,90	126,66	8,55	156,95
SS déplafonnée	1 835,65		0,40	7,34	1,90	34,88
Compl. T1	1 835,65		4,01	73,61	6,01	110,32
Famille	1 835,65	*Salaire ≤ 3,5 Smic*			3,45	63,33
Chômage	1 835,65				4,20	77,10
Autres contrib. dues par l'employeur		*Mobilité : (1 835,65 × 111,5 %) × 2,95 % = 60,38 ; Fnal : (1 835,65 × 111,5 %) × 0,5 % = 10,23 ; Solid. autonomie : 1 835,65 × 0,3 % = 5,51 ; Forfait social : (11,50 + 31,57) × 8 % = 3,45 ; Dialogue soc. : 1 835,65 × 0,016 % = 0,29 ; CFP : (1 835,65 × 111,5 %) × 1 % = 20,47 ; Apprentissage : (1 835,65 × 111,5 %) × 0,68 % = 13,92 ; Construction : 1 835,65 × 0,45 % = 8,26*				122,51
CSG déduc. de l'IR	1 816,35	*Assiette = [(1 804,87 × 98,25 %) + 11,50 + 31,57]*	6,80	123,51		
CSG/CRDS non déduc. de l'IR	1 816,35		2,90	52,67		
Exo. et allégem.		***Employeur :*** *Réduc. générale : Coeff. sur le brut abattu = (0,3231/0,6) × [(1,6 × 1 709,32/1 835,65) – 1] × (100/90) = 0,2931 Le rapport 100/90 correspond aux entreprises affiliées à une caisse de congés payés ; dans ces entreprises, le montant maximal de la réduction est majoré dans les mêmes proportions : voir n° 22470. Montant maximal de la réduction : 1 709,32 × 0,3231 × 100/90 = 613,65 € Montant de la réduction calculée sur le brut abattu : 1 835,65 × 0,2931 = 538,03 € Coeff. sur le brut non abattu : (0,3231/0,6) × [(1,6 × 1 709,32/2 039,61) – 1] × (100/90) = 0,2040 Montant de la réduction calculée sur le brut non abattu : 2 039,61 × 0,2040 = 416,08 € Le montant de la réduction calculée compte tenu de l'abattement étant inférieur à la limite de 130 % de la réduction calculée sans application de celui-ci, soit ici 416,08 × 130 % = 540,90 €, il n'y a pas lieu d'écrêter ce montant.*				– 538,03
Total cotis. et contrib.				**411,26**		**235,34**
NET SOCIAL		*1 804,87 – 411,26 On retient le salaire brut sans déduction des abattements et sans ajout des remboursements de frais (Q.R. min. trav. du 7-2-2023 nos 2.11 et 2.12).*				**1 393,61**
Remb. transport				+ 38,55		
NET À PAYER AVANT IMPÔT		*2 039,61 – 411,26 + 38,55*				**1 666,90**
Impôt/revenu	**Base**			**Taux**		**Montant**
Net imposable		*1 804,87 – (411,26 – 52,67) + 11,50*				1 457,78
Impôt prélevé	1 457,78				2,00	**29,16**
NET À PAYER AU SALARIÉ		*1 666,90 – 29,16*				**1 637,74**
Payé le 30/01/23	**Total versé employeur = 2 274,95** *(2 039,61 + 235,34)*					

DÉDUCTION FORFAITAIRE SPÉCIFIQUE POUR FRAIS PROFESSIONNELS

1. Indemnités pour frais exonérées (n° 55550 ; Données communes : n° 94310)

94800 Ouvrier du bâtiment se voyant appliquer la déduction forfaitaire spécifique de 10 % sur l'assiette des cotisations et percevant, au cours du mois, 15 indemnités de grand déplacement à Paris d'un montant unitaire égal à la limite d'exonération fixée pour 2023 (20,20 € par repas, soit 40,40 € pour 2 repas, plus 72,50 € au titre des dépenses supplémentaires de logement et de petit déjeuner). Ces indemnités sont exclues des assiettes sociales en application de la dérogation, maintenue dans le BTP, autorisant le cumul de leur exonération avec la déduction forfaitaire et échappent également à l'impôt sur le revenu. L'employeur déclare en net fiscal le salaire avant déduction forfaitaire et hors indemnités pour frais, diminué des charges déductibles. L'entreprise relève d'une caisse de congés payés.

BULLETIN DE PAIE	**Du 01/01/2023 au 31/01/2023**					
Salaire 151,67 h	151,67	13,20	2 002,04			
TOTAL BRUT			**2 002,04**			
BRUT ABATTU			**1 801,84**			
Santé	Base		Part salarié		Part employeur	
SS – Maladie maternité invalidité décès	1 801,84	*Salaire ≤ 2,5 Smic*			7,00	126,13
Compl. santé		*Forfait 23 € : 50 % employeur, 50 % salarié*		11,50		11,50
Compl. incap. inval. décès	1 801,84		0,87	15,68	1,72	30,99
AT/MP	1 801,84				2,00	36,04
Retraite						
SS plafonnée	1 801,84		6,90	124,33	8,55	154,06
SS déplafonnée	1 801,84		0,40	7,21	1,90	34,24
Compl. T1	1 801,84		4,01	72,25	6,01	108,29
Famille	1 801,84	*Salaire < 3,5 Smic*			3,45	62,16
Chômage	1 801,84				4,20	75,68
Autres contrib. dues par l'employeur		*Mobilité : (1 801,84 × 111,5 %) × 2,95 % = 59,27 ; Fnal : (1 801,84 × 111,5 %) × 0,5 % = 10,05 ; Solid. autonomie : 1 801,84 × 0,3 % = 5,41 ; Forfait social : (30,99 + 11,50) × 8 % = 3,40 ; Dialogue soc. : 1 801,84 × 0,016 % = 0,29 ; CFP : (1 801,84 × 111,5 %) × 1 % = 20,09 ; Apprentissage : (1 801,84 × 111,5 %) × 0,68 % = 13,66 ; Construction : 1 801,84 × 0,45 % = 8,11*				120,28
CSG déduc. de l'IR	2 009,49	*Assiette = [(2 002,04 × 98,25 %) + 30,99 + 11,50]*	6,80	136,65		
CSG/CRDS non déduc. de l'IR	2 009,49		2,90	58,28		
Exo. et allégem.		***Employeur :*** *Réduc. générale : Coeff. de la réduction générale sur le brut abattu = (0,3231/0,6) × [(1,6 × 1 709,32/1 801,84) – 1] × (100/90) = 0,3098 Le rapport 100/90 correspond aux entreprises affiliées à une caisse de congés payés ; dans ces entreprises, le montant maximal de la réduction est majoré dans les mêmes proportions : voir n° 22470. Montant maximal de la réduction : 1 709,32 × 0,3231 × 100/90 = 613,65 € Montant de la réduction calculée sur le brut abattu : 1 801,84 × 0,3098 = 558,21 € Coeff. de la réduction générale sur le brut non abattu = (0,3231/0,6) × [(1,6 × 1 709,32/2 002,04) – 1] × (100/90) = 0,2190 Montant de la réduction calculée sur le brut non abattu : 2 002,04 × 0,2190 = 438,45 € Le montant de la réduction calculée compte tenu de l'abattement étant inférieur à la limite de 130 % de la réduction calculée sans application de celui-ci, soit ici : 438,45 × 130 % = 569,99 €, il n'y a pas lieu d'écrêter ce montant.*				– 558,21
Total cotis. et contrib.				**425,90**		**201,16**
NET SOCIAL		*(2 002,04 + 30,99) – (425,90 – 15,68) On retient le salaire brut sans déduction des abattements et sans ajout des remboursements de frais (Q.R. min. trav. du 7-2-2023 n°s 2.11 et 2.12)*				**1 622,81**
Remb. transport				+ 38,55		
Autres paiements		*Indemnités de grand déplacement : 15 × 112,90*		1 693,50		
NET À PAYER AVANT IMPÔT		*2 002,04 – 425,90 + 38,55 + 1 693,50*				**3 308,19**
Impôt/revenu	**Base**			**Taux**		**Montant**
Net imposable		*2 002,04 – (425,90 – 58,28) + 11,50*				1 645,92
Impôt prélevé	1 645,92				2,00	**32,92**
NET À PAYER AU SALARIÉ		*3 308,19 – 32,92*				**3 275,27**
Payé le 30/01/23	**Total versé employeur = 2 203,20** *(2 002,04 + 201,16)*					

2. Indemnités pour frais exonérées et heures supplémentaires

94810

(n°s 7792 et 55550 ; Données communes : n° 94310)

Ouvrier du bâtiment avec DFS de 10 % effectuant 10 heures supplémentaires et percevant 15 indemnités de grand déplacement à Paris d'un montant unitaire égal à la limite d'exonération fixée pour 2023 (20,20 € par repas, soit 40,40 € pour 2 repas, plus 72,50 € au titre des dépenses supplémentaires de logement et de petit déjeuner). Ces indemnités sont exclues des assiettes sociales en application de la dérogation, maintenue dans le BTP, autorisant le cumul de leur exonération avec la déduction forfaitaire. Elles échappent aussi à l'impôt sur le revenu. L'employeur déclare en net imposable le salaire avant DFS et hors indemnités pour frais, diminué des charges déductibles. L'entreprise relève d'une caisse de congés payés.

BULLETIN DE PAIE	**Du 01/01/2023 au 31/01/2023**						
Salaire 151,67 h	151,67	14,20	2 153,71				
Heures suppl.	10	17,75	177,50				
TOTAL BRUT			**2 331,21**				
BRUT ABATTU			**2 098,09**				
Santé	Base			Part salarié		Part employeur	
SS – Maladie maternité invalidité décès	2 098,09	*Salaire ≤ 2,5 Smic*				7,00	146,87
Compl. santé		*Forfait 23 € : 50 % employeur, 50 % salarié*			11,50		11,50
Compl. incap. inval. décès	2 098,09			0,87	18,25	1,72	36,09
AT/MP	2 098,09					2,00	41,96
Retraite							
SS plafonnée	2 098,09			6,90	144,77	8,55	179,39
SS déplafonnée	2 098,09			0,40	8,39	1,90	39,86
Compl. T1	2 098,09			4,01	84,13	6,01	126,10
Famille	2 098,09	*Salaire ≤ 3,5 Smic*				3,45	72,38
Chômage	2 098,09					4,20	88,12
Autres contrib. dues par l'employeur		*Mobilité : (2 098,09 × 111,5 %) × 2,95 % = 69,01 ; Fnal : (2 098,09 × 111,5 %) × 0,5 % = 11,70 ; Solid. autonomie : 2 098,09 × 0,3 % = 6,29 ; Forfait social : (36,09 + 11,50) × 8 % = 3,81 ; Dialogue soc. : 2 098,09 × 0,016 % = 0,34 ; CFP : (2 098,09 × 111,5 %) × 1 % = 23,39 ; Apprentissage : (2 098,09 × 111,5 %) × 0,68 % = 15,91 ; Construction : 2 098,09 × 0,45 % = 9,44*					139,89
CSG déduc. de l'IR	2 163,61	*Assiette = [(2 153,71 × 98,25 %) + 11,50 + 36,09]*		6,80	147,13		
CSG/CRDS non déduc. de l'IR	2 163,61			2,90	62,74		
CSG/CRDS non déduc. de l'IR sur heures suppl.	174,39	*Assiette = (177,50 × 98,25 %)* *La CSG assise sur les heures suppl. exonérées d'IR n'est pas déductible car ces heures sont également exonérées de cotis. sociales salariales, voir n° 8170, d.*		9,70	16,92		
Exo. et allégem.	***Salarié :*** *Réduc. heures suppl. : 159,75 (177,50 – DFS de 10 %) × 11,31 % = 18,07* ***Employeur :*** *Déduc. heures suppl. : 10 × 0,50 € = 5,00 ;* *Réduc. générale :* *Smic à retenir : 11,27 × (151,67 + 10) = 1 822,02 €* *Coeff. sur le brut abattu = (0,3231/0,6) × [(1,6 × 1 822,02/2 098,09) – 1] × (100/90) = 0,2330* *Le rapport 100/90 correspond aux entreprises affiliées à une caisse de congés payés ; dans ces entreprises, le montant maximal de la réduction est majoré dans les mêmes proportions, voir n° 22470.* *Montant maximal de la réduc. : 1 822,02 × 0,3231 × 100/90 = 654,11 €* *Montant de la réduc. calculée sur le brut abattu : 2 098,09 × 0,2330 = 488,85 €* *Coeff. de la réduc. générale sur le brut non abattu = (0,3231/0,6) × [(1,6 × 1 822,02/2 331,21) – 1] × (100/90) = 0,1499* *Montant de la réduc. calculée sur le brut non abattu : 2 331,21 × 0,1499 = 349,45 €* *Le montant de la réduc. calculée compte tenu de l'abattement étant supérieur à la limite de 130 % de la réduc. calculée sans application de celui-ci, soit ici : 349,45 130 % = 454,29 €, il y a lieu d'écrêter ce montant.* ***Total Exo. employeur :** 5,00 + 454,29 = 459,29*				– 18,07		– 459,29
Total cotis. et contrib.					**475,76**		**422,87**
NET SOCIAL		*(2 331,21 + 36,09) – (475,76 – 18,25)* *On retient le salaire brut sans déduction des abattements et sans ajout des remboursements de frais (Q.R. min. trav. du 7-2-2023 n°s 2.11 et 2.12)*					**1 909,79**
Remb. transport					+ 38,55		
Autres paiements		*Indemnités de grand déplacement : 15 × 112,90*			1 693,50		
NET À PAYER AVANT IMPÔT		*2 331,21 – 475,76 + 38,55 + 1 693,50*					**3 587,50**
Impôt/revenu	**Base**				**Taux**		**Montant**
Net imposable		*2 331,21 – 177,50 (475,76 – [62,74 + 16,92]) + 11,50*					1 769,11
Impôt prélevé	1 769,11					2,00	**35,38**
Montant net heures compl./suppl. exo.		*177,50 – (177,50 × 98,25 % × 6,80 %)*					**165,64**
NET À PAYER AU SALARIÉ		*3 587,50 – 35,38*					**3 552,12**
Payé le 30/01/23	**Total versé employeur = 2 754,08** *(2 331,21 + 422,87)*						

VOITURE DE FONCTION (n°s 39490 et 39020 ; Données communes : n° 94310)

94830 Salarié non cadre avec voiture de fonction de 8 CV fiscaux, fournie gratuitement par l'employeur. Cet avantage est évalué au réel, soit 11 418,72 €/an et 951,56 €/mois. Il y a avantage en nature à hauteur du kilométrage parcouru à titre privé, soit 4 000 km pour un kilométrage total de 25 000 km : (951,56/25 000) × 4 000 = 152,25 €/mois. Le montant des dépenses pris en compte est celui de l'année 2022. Une régularisation sera, le cas échéant, effectuée en fin d'année, une fois connu ce montant pour l'année 2023. Il n'est pas pratiqué de déduction forfaitaire pour frais professionnels.

BULLETIN DE PAIE	**Du 01/01/2023 au 31/01/2023**					
Salaire 151,67 h	151,67	18,50 2 805,90				
Avantage en nature		152,25				
TOTAL BRUT		**2 958,15**				
Santé	Base		Part salarié		Part employeur	
SS – Maladie maternité invalidité décès	2 958,15	*Salaire ≤ 2,5 Smic*			7,00	207,07
Compl. santé	2 958,15		0,70	20,71	0,70	20,71
AT/MP	2 958,15				2,00	59,16
Retraite						
SS plafonnée	2 958,15		6,90	204,11	8,55	252,92
SS déplafonnée	2 958,15		0,40	11,83	1,90	56,20
Compl. T1 (non-cadres)	2 958,15		4,01	118,62	6,01	177,78
Famille	2 958,15	*Salaire ≤ 3,5 Smic*			3,45	102,06
Chômage	2 958,15				4,20	124,24
Autres contrib. dues par l'employeur		*Mobilité : 2 958,15 × 2,95 % = 87,27 ; Fnal : 2 958,15 × 0,5 % = 14,79 ; Solid. autonomie : 2 958,15 × 0,3 % = 8,87 ; Forfait social : 20,71 × 8 % = 1,66 ; Dialogue soc. : 2 958,15 × 0,016 % = 0,47 ; CFP : 2 958,15 × 1 % = 29,58 ; Apprentissage : 2 958,15 × 0,68 % = 20,12 ; Construction : 2 958,15 × 0,45 % = 13,31*				176,07
CSG déduc. de l'IR	2 927,09	*Assiette = [(2 958,15 × 98,25 %) + 20,71]*	6,80	199,04		
CSG/CRDS non déduc. de l'IR	2 927,09		2,90	84,89		
Exo. et allégem.						
Total cotis. et contrib.				**639,20**		**1 176,21**
NET SOCIAL		*2 958,15 – 639,20*				**2 318,95**
Autres retenues		*Retenue avantage en nature*		– 152,25		
NET À PAYER AVANT IMPÔT		*2 958,15 – 639,20 – 152,25*				**2 166,70**
Impôt/revenu	**Base**			**Taux**		**Montant**
Net imposable		*2 958,15 – (639,20 – 84,89) + 20,71*				2 424,55
Impôt prélevé	2 424,55				2,00	**48,49**
NET À PAYER AU SALARIÉ		*2 166,70 – 48,49*				**2 118,21**
Payé le 30/01/23	**Total versé employeur = 4 134,36** *(2 958,15 + 1 176,21)*					

DÉMISSION (nos 64370 s. ; Données communes : no 94310)

94840

Salarié non cadre, démissionnaire, ayant effectué son préavis et quittant l'entreprise au terme de celui-ci, le 17-1-2023 au soir. Son dernier bulletin de paie comporte :

– son salaire du mois, déduction faite d'une retenue pour la période non travaillée postérieure au 17-1-2023. L'intéressé travaillant 7 heures par jour du lundi au vendredi inclus, le mois de janvier compte au total 154 heures, dont 70 correspondant aux 10 jours non travaillés ;

– une prime de fin d'année et une prime de bilan réduites prorata temporis et une indemnité compensatrice de congés payés.

On suppose que le salarié a épuisé ses droits à congés de la période précédente et n'a que les droits acquis depuis le 1-6-2022. La règle du 1/10e étant supposée la plus favorable, l'indemnité est égale à : 18 779,20 (salaire du 1-6-2022 au 17-1-2023) × 10 % = 1 877,92 €.

BULLETIN DE PAIE	**Du 01/01/2023 au 17/01/2023**						
Salaire 151,67 h	151,67		2 488,80				
Déduction départ	70,00	*Salaire horaire : 16,16 € (2 488,80/154)*	– 1 131,20				
Prime de fin d'année			+ 650,00				
Prime de bilan			+ 545,00				
ICCP	18 779,20		+ 1 877,92				
TOTAL BRUT			**4 430,52**				
Santé	Base			Part salarié		Part employeur	
SS – Maladie maternité invalidité décès	4 430,52					7,00	310,14
SS – Maladie suppl.	4 430,52	*Smic proratisé = 1 709,32 × (2 488,80 – 1 131,20)/2 488,80 = 932,41 Salaire > 2,5 Smic proratisé (2,5 × 932,41) = 2 331,03)*				6,00	265,83
Compl. santé	2 010,39			0,70	14,07	0,70	14,07
AT/MP	4 430,52					2,00	88,61
Retraite							
SS plafonnée	2 010,39	*Plafond : 3 666 × 17/31*		6,90	138,72	8,55	171,89
SS déplafonnée	4 430,52			0,40	17,72	1,90	84,18
Compl. T1	2 010,39			4,01	80,62	6,01	120,82
Compl. T2	2 420,13			9,72	235,24	14,57	352,61
CET	4 430,52			0,14	6,20	0,21	9,30
Famille	4 430,52					3,45	152,85
Famille	4 430,52	*Salaire > 3,5 Smic proratisé (3,5 × 932,41) = 3 263,44*				1,80	79,75
Chômage	4 430,52					4,20	186,08
Autres contrib. dues par l'employeur		*Mobilité : 4 430,52 × 2,95 % = 130,70 ; Fnal : 4 430,52 × 0,5 % = 22,15 ; Solid. autonomie : 4 430,52 × 0,3 % = 13,29 ; Forfait social : 14,07 × 8 % = 1,13 ; Dialogue soc. : 4 430,52 × 0,016 % = 0,71 ; CFP : 4 430,52 × 1 % = 44,31 ; Apprentissage : 4 430,52 × 0,68 % = 30,13 ; Construction : 4 430,52 × 0,45 % = 19,94*					262,36
CSG déduc. de l'IR	4 367,06	*Assiette = [(4 430,52 × 98,25 %) + 14,07]*		6,80	296,96		
CSG/CRDS non déduc. de l'IR	4 367,06			2,90	126,64		
Exo. et allégem.							
Total cotis. et contrib.					**916,17**		**2 098,49**
NET SOCIAL		*4 430,52 – 916,17*					**3 514,35**
Remb. transport					+ 38,55		
NET À PAYER AVANT IMPÔT		*(4 430,52 – 916,17) + 38,55*					**3 552,90**
Impôt/revenu	**Base**				**Taux**		**Montant**
Net imposable		*4 430,52 – (916,17 – 126,64) + 14,07*					3 655,06
Impôt prélevé	3 655,06					8,00	292,40
NET À PAYER AU SALARIÉ		*3 552,90 – 292,40*					**3 260,50**
Payé le 17/01/23	**Total versé employeur = 6 529,01** *(4 430,52 + 2 098,49)*						

LICENCIEMENT

1. Dispense de préavis (n°s 63800 s., 60640 et 66360 ; Données communes : n° 94310)

94850 Salarié non cadre licencié dispensé d'effectuer son préavis de 2 mois se terminant le 17-3-2023. En janvier et février, il perçoit une indemnité de préavis. En mars, lui sont versés : l'indemnité de préavis, déduction faite d'une retenue pour la période non travaillée postérieure au 17-3-2023 (l'intéressé travaillant 7 heures par jour du lundi au vendredi inclus, le mois de mars 2023 compte au total 161 heures, dont 70 non travaillées) ; une prime annuelle réduite prorata temporis ; l'indemnité de licenciement prévue par la convention collective de branche ; l'indemnité compensatrice de congés payés.

BULLETIN DE PAIE	**Du 01/03/2023 au 17/03/2023**		**À déduire**		**À ajouter**	
Indemnité de préavis	151,67					2 800,00
Déduction départ	70,00	*Salaire horaire : 2 800,00/161 = 17,39*		1 217,30		
Prime annuelle						598,54
ICCP	26 782,70	*Le salarié n'a que les droits acquis depuis le 1-6-2023. La règle du 1/10e est supposée la plus favorable. Indemnité = [25 200 (salaire du 1-6-2022 au 28-2-2023) + 1 582,70 (salaire du 1-3-2023 au 17-3-2023)] × 10 %, soit 2 678,27 €*				2 678,27
Total						**4 859,51**
Santé	Base		Part salarié		Part employeur	
SS – Maladie maternité invalidité décès	4 859,51	*Salaire total ≤ 2,5 Smic*			7,00	340,17
Compl. santé	3 742,39	*Assiette plafonnée = [(3 666,00 × 2) + (3 666,00 × 17/31)] – (2 800,00 × 2)*	0,70	26,20	0,70	26,20
AT/MP	4 859,51				2,00	97,19
Retraite						
SS plafonnée	3 742,39	*Voir ligne Compl. santé*	6,90	258,22	8,55	319,97
SS déplafonnée	4 859,51		0,40	19,44	1,90	92,33
Compl. T1	3 742,39	*Voir ligne Compl. santé*	4,01	150,07	6,01	224,92
Compl. T2	1 117,12		9,72	108,58	14,57	162,76
CET	10 459,51	*4 859,51 + (2 800,00 × 2)*	0,14	14,64	0,21	21,96
Famille	4 859,51	*Salaire total ≤ 3,5 Smic*			3,45	167,65
Chômage	4 859,51				4,20	204,10
Autres contrib. dues par l'employeur		*Mobilité : 4 859,51 × 2,95 % = 143,36 ; Fnal : 4 859,51 × 0,5 % = 24,30 ; Solid. autonomie : 4 859,51 × 0,3 % = 14,58 ; Forfait social : 26,20 × 8 % = 2,10 ; Dialogue soc. : 4 859,51 × 0,016 % = 0,78 ; CFP : 4 859,51 × 1,00 % = 48,60 ; Apprentissage : 4 859,51 × 0,68 % = 33,04 ; Construction : 4 859,51 × 0,45 % = 21,87*				288,63
CSG déduc. de l'IR	4 800,67	*Assiette = [(4 859,51 × 98,25 %) + 26,20]*	6,80	326,45		
CSG/CRDS non déduc. de l'IR	4 800,67		2,90	139,22		
Exo. et allégem.						
Total cotis. et contrib.				**1 042,82**		**1 945,88**
NET SOCIAL		*4 859,51 + 5 862,56 – 1 042,82 L'indemnité de licenciement est comprise dans le net social*				**9 679,25**
Remb. transport				0,00		
Ind. licenciement				5 862,56		
NET À PAYER AVANT IMPÔT		*4 859,51 – 1 042,82 + 5 862,56*				**9 679,25**
Impôt/revenu	**Base**			**Taux**		**Montant**
Net imposable		*4 859,51 + 26,20 – 1 042,82 + 139,22*				3 982,11
Impôt prélevé	3 982,11				8,00	**318,57**
NET À PAYER AU SALARIÉ		*9 679,25 – 318,57*				**9 360,68**
Payé le 17/03/23	**Total versé employeur = 6 805,39** *(4 859,51 + 1 945,88)*					

2. Indemnité totalement exonérée de cotisations et d'impôt sur le revenu (nos 63810 s. ; Données communes : n° 94310)

94860

Le contrat d'un salarié non cadre prend fin le 31-1-2023. Salaire du mois : 9 500,00 = 2 500 € + 7 000 € (indemnité compensatrice de congés payés + solde de jours de RTT). En application de la convention collective de branche, le salarié a droit à une indemnité de licenciement de 10 000 €. L'entreprise lui verse une indemnité transactionnelle de 15 000 €, soit 25 000 € au total.

BULLETIN DE PAIE	Du 01/01/2023 au 31/01/2023		À déduire		À ajouter	
Salaire 151,67 h	151,67					2 500,00
ICCP + solde JRTT						7 000,00
TOTAL						**9 500,00**
Santé	Base		Part salarié		Part employeur	
SS – Maladie maternité invalidité décès	9 500,00				7,00	665,00
SS – Maladie suppl.	9 500,00	*Salaire total > 2,5 Smic*			6,00	570,00
Compl. santé	3 666,00		0,70	25,66	0,70	25,66
AT/MP	9 500,00				2,00	190,00
Retraite						
SS plafonnée	3 666,00		6,90	252,95	8,55	313,44
SS déplafonnée	9 500,00		0,40	38,00	1,90	180,50
Compl. T1	3 666,00		4,01	147,01	6,01	220,33
Compl. T2	5 834,00		9,72	567,06	14,57	850,01
CET	9 500,00		0,14	13,30	0,21	19,95
Famille	9 500,00				3,45	327,75
Famille suppl.	9 500,00	*Salaire total > 3,5 Smic*			1,80	171,00
Chômage	9 500,00				4,20	399,00
Autres contrib. dues par l'employeur		*Mobilité : 9 500,00 × 2,95 % = 280,25 ; Fnal : 9 500,00 × 0,5 % = 47,50 ; Solid. autonomie : 9 500,00 × 0,3 % = 28,50 ; Forfait social : 25,66 × 8 % = 2,05 ; Dialogue soc. : 9 500,00 × 0,016 % = 1,52 ; CFP : 9 500,00 × 1 % = 95,00 ; Apprentissage : 9 500,00 × 0,68 % = 64,60 ; Construction : 9 500,00 × 0,45 % = 42,75*				562,17
CSG déduc. de l'IR	9 359,41	*Assiette = (9 500,00 × 98,25 %) + 25,66*	6,80	636,44		
CSG/CRDS non déduc. de l'IR	9 359,41		2,90	271,42		
CSG/CRDS non déduc. de l'IR	15 000,00	*La CSG et la CRDS sont dues sur la part de l'indemnité dépassant le montant fixé par la convention de branche et sont entièrement imposables.*	9,70	1 455,00		
Exo. et allégem.						
Total cotis. et contrib.				**3 406,84**		**4 494,81**
NET SOCIAL		*9 500 + 10 000 + 15 000 – 3 406,84* *Les indemnités de rupture sont comprises dans le net social*				**31 093,16**
Remb. transport				+ 38,55		
Ind. licenciement				10 000,00		
Ind. transactionnelle				15 000,00		
NET À PAYER AVANT IMPÔT		*9 500,00 – 3 406,84 + 38,55 + 10 000,00 + 15 000,00*				**31 131,71**
Impôt/revenu	**Base**			**Taux**		**Montant**
Net imposable		*9 500,00 – 3 406,84 + 271,42 + 1 455,00 + 25,66*				7 845,24
Impôt prélevé	7 845,24				8,00	**627,62**
NET À PAYER AU SALARIÉ		*31 131,71 – 627,62*				**30 504,09**
Payé le 30/01/23	**Total versé employeur = 13 994,81** *(9 500,00 + 4 494,81)*					

3. Indemnité partiellement soumise à cotisations (nos 63900 s. ; Données communes : n° 94310)

94870 Un salarié non cadre est licencié en 2023 ; son contrat prend fin le 31-1-2023.

Il a droit à une indemnité conventionnelle de branche de 65 000 €. L'entreprise lui verse aussi 25 000 € d'indemnité transactionnelle. Le total de ces indemnités (90 000 €) est exonéré de cotisations dans la limite de 87 984 € (2 plafonds annuels de sécurité sociale) car ce montant n'excède pas le plus élevé des 3 seuils suivants : (brut N – 1) × 2 = 3 800 × 2 × 12 = 91 200 € ; 50 % × indemnités versées = 0,5 × 90 000 = 45 000 € ; montant fixé par la convention collective de branche, soit 65 000 €.

Il est totalement exonéré d'impôt sur le revenu, car il ne dépasse pas le premier seuil, soit 91 200 €. Il est assujetti à CSG et CRDS sur la part dépassant le montant conventionnel de branche, soit sur 25 000 €.

BULLETIN DE PAIE	**Du 01/01/2023 au 31/01/2023**						
Salaire 151,67 h	151,67		3 800,00				
ICCP + solde JRTT			7 000,00				
Indemnité de rupture non exonérée			2 016,00	*90 000,00 – 87 984 = 2 016,00*			
TOTAL			**12 816,00**				
Santé	Base			Part salarié		Part employeur	
SS – Maladie maternité invalidité décès	12 816,00					7,00	897,12
SS – Maladie suppl.	12 816,00	*Salaire total > 2,5 Smic*				6,00	768,96
Compl. santé	3 666,00			0,70	25,66	0,70	25,66
AT/MP	12 816,00					2,00	256,32
Retraite							
SS plafonnée	3 666,00			6,90	252,95	8,55	313,44
SS déplafonnée	12 816,00			0,40	51,26	1,90	243,50
Compl. T1	3 666,00			4,01	147,01	6,01	220,33
Compl. T2	9 150,00			9,72	889,38	14,57	1 333,16
CET	12 816,00			0,14	17,94	0,21	26,91
Famille	12 816,00					3,45	442,15
Famille suppl.	12 816,00	*Salaire total > 3,5 Smic*				1,80	230,69
Chômage	12 816,00					4,20	538,27
Autres contrib. dues par l'employeur		*Mobilité : 12 816,00 × 2,95 % = 378,07 ; Fnal : 12 816,00 × 0,5 % = 64,08 ; Solid. autonomie : 12 816,00 × 0,3 % = 38,45 ; Forfait social : 25,66 × 8 % = 2,05 ; Dialogue soc. : 12 816,00 × 0,016 % = 2,05 ; CFP : 12 816,00 × 1 % = 128,16 ; Apprentissage : 12 816,00 × 0,68 % = 87,15 ; Construction : 12 816,00 × 0,45 % = 57,67*					757,68
CSG déduc. de l'IR	12 652,66	*Assiette : [(3 800 + 7 000) × 98,25 %] + 2 016 + 25,66*		6,80	860,38		
CSG/CRDS non déduc. de l'IR	12 652,66			2,90	366,93		
CSG/CRDS non déduc. de l'IR	22 984,00	*Assiette : 25 000 – 2 016 Pas de réduction représentative de frais.*		9,70	2 229,45		
Exo. et allégem.							
Total cotis. et contrib.					**4 840,96**		**6 054,19**
NET SOCIAL		*(12 816,00 + 65 000,00 + 22 984,00) – 4 840,96 Les indemnités de rupture sont comprises dans le Net social*					**95 959,04**
Remb. transport					+ 38,55		
Ind. licenciement					65 000,00		
Ind. transactionnelle exonérée					22 984,00		
NET À PAYER AVANT IMPÔT		*12 816,00 – 4 840,96 + 38,55 + 65 000,00 + 22 984,00*					**95 997,59**
Impôt/revenu	**Base**				**Taux**		**Montant**
Net imposable	*3 800,00 + 7 000,00 + 25,66 – 4 840,96 + 366,93 + 2 229,45*						8 581,08
Impôt prélevé	8 581,08					8,00	**686,49**
NET À PAYER AU SALARIÉ		*95 997,59 – 686,49*					**95 311,10**
Payé le 30/01/23	**Total versé employeur = 18 870,19** *(12 816,00 + 6 054,19)*						

4. Indemnité partiellement soumise à cotisations et à impôt (nos 63900 s. ; Données communes : n° 94310)

94880

Un salarié non cadre est licencié en 2023 ; son contrat prend fin le 31-1-2023. L'entreprise lui verse une indemnité totale de 70 000 € (dont 40 000 € d'indemnité conventionnelle de branche et 30 000 € d'indemnité transactionnelle). L'indemnité totale (70 000 €) est exonérée de cotisations et d'impôt à hauteur de 60 000 €, soit le plus élevé de ces 3 montants : (brut N – 1) × 2 = 2 500 × 2 × 12 = 60 000 € ; ou 50 % × indemnités versées (35 000 €) ; ou montant fixé par la convention de branche (40 000 €). Elle est exonérée de CSG et CRDS dans la limite du montant fixé par la convention de branche (40 000 €).

BULLETIN DE PAIE	**Du 01/01/2023 au 31/01/2023**					
Salaire 151,67 h	151,67		2 500,00			
ICCP + solde JRTT			7 000,00			
Indemnité de rupture non exonérée			10 000,00			
TOTAL			**19 500,00**			
Santé	Base		Part salarié		Part employeur	
SS – Maladie maternité invalidité décès	19 500,00				7,00	1 365,00
SS – Maladie suppl.	19 500,00	*Salaire total > 2,5 Smic*			6,00	1 170,00
Compl. santé	3 666,00		0,70	25,66	0,70	25,66
AT/MP	19 500,00				2,00	390,00
Retraite						
SS plafonnée	3 666,00		6,90	252,95	8,55	313,44
SS déplafonnée	19 500,00		0,40	78,00	1,90	370,50
Compl. T1	3 666,00		4,01	147,01	6,01	220,33
Compl. T2	15 834,00		9,72	1 539,06	14,57	2 307,01
CET	19 500,00		0,14	27,30	0,21	40,95
Famille	19 500,00				3,45	672,75
Famille suppl.	19 500,00	*Salaire total > 3,5 Smic*			1,80	351,00
Chômage	14 664,00				4,20	615,89
Autres contrib. dues par l'employeur		*Mobilité : 19 500,00 × 2,95 % = 575,25 ; Fnal : 19 500,00 × 0,5 % = 97,50 ; Solid. autonomie : 19 500,00 × 0,3 % = 58,50 ; Forfait social : 25,66 × 8 % = 2,05 ; Dialogue soc. : 19 500,00 × 0,016 % = 3,12 ; CFP : 19 500,00 × 1 % = 195,00 ; Apprentissage : 19 500,00 × 0,68 % = 132,60 ; Construction : 19 500,00 × 0,45 % = 87,75*				1 151,77
CSG déduc. de l'IR	19 359,41	*Assiette = [(2 500,00 + 7 000,00) × 98,25 %] + 10 000,00 + 25,66*	6,80	1 316,44		
CSG/CRDS non déduc. de l'IR	19 359,41		2,90	561,42		
CSG/CRDS non déduc. de l'IR	20 000,00	*Assiette = 70 000 – 10 000 – 40 000 Pas de réduction représentative de frais.*	9,70	1 940,00		
Exo. et allégem.						
Total cotis. et contrib.				**5 887,84**		**8 994,30**
NET SOCIAL		*19 500 + 40 000 + 20 000 – 5 887,84 Les indemnités de rupture sont comprises dans le Net social*				**73 612,16**
Remb. transport				+ 38,55		
Ind. licenciement				40 000		
Ind. transactionnelle exonérée				20 000		
NET À PAYER AVANT IMPÔT		*19 500,00 – 5 887,84 + 38,55 + 60 000,00*				**73 650,71**
Impôt/revenu	**Base**			**Taux**		**Montant**
Net imposable		*19 500,00 + 25,66 – 5 887,84 + 561,42 + 1 940,00*				16 139,24
Impôt prélevé	16 139,24				8,00	**1 291,14**
NET À PAYER AU SALARIÉ		*73 650,71 – 1 291,14*				**72 359,57**
Payé le 30/01/23	**Total versé employeur = 28 494,30** *(19 500,00 + 8 994,30)*					

DÉPART À LA RETRAITE

1. À l'initiative de l'employeur (n°s 64680 s. ; Données communes : n° 94310)

94890 Salarié non cadre mis à la retraite à l'initiative de l'employeur, dispensé d'effectuer son préavis de 2 mois se terminant le 31-3-2023 au soir. En mars, le salarié perçoit : l'indemnité de préavis afférente au mois de mars (2 900,00 €) ; une prime forfaitaire (200,00 €) ; une indemnité de mise à la retraite, calculée conformément à la convention collective de branche (4 500,00 €) ; une indemnité compensatrice de congés payés (3 348,00 €).

L'indemnité conventionnelle de mise à la retraite est intégralement exonérée de cotisations, de CSG et de CRDS et d'impôt sur le revenu.

BULLETIN DE PAIE	**Du 01/03/2023 au 31/03/2023**					
Indemnité de préavis	151,67	2 900,00				
Prime forfaitaire		200,00				
ICCP		3 348,00				
TOTAL		**6 448,00**				
Santé	Base		Part salarié		Part employeur	
SS – Maladie maternité invalidité décès	6 448,00	*Cumul salaires janv.-mars : 6 448 + (2 900 × 2) = 12 248 Cumul salaires janv.-mars ≤ Smic × 2,5 × 3 mois*			7,00	451,36
Compl. santé	5 198,00	*Voir ligne Retraite SS plafonnée*	0,70	36,39	0,70	36,39
AT/MP	6 448,00				2,00	128,96
Retraite						
SS plafonnée	5 198,00	*Fin févr. : cumul salaires (2 900 × 2 = 5 800) < cumul plafonds (3 666 × 2) donc T1 fin févr. = 5 800 Fin mars : cumul salaires (5 800 + 6 448 = 12 248) > cumul plafonds (3 666 × 3 = 10 998) donc T1 fin mars = 10 998 – 5 800 = 5 198*	6,90	358,66	8,55	444,43
SS déplafonnée	6 448,00		0,40	25,79	1,90	122,51
Compl. T1	5 198,00		4,01	208,44	6,01	312,40
Compl. T2	1 250,00		9,72	121,50	14,57	182,13
CET	12 248,00	*Fin févr. : cumul salaires (2 900 × 2 = 5 800) < cumul plafonds (3 666 × 2) donc pas de CET Fin mars : cumul salaires (12 248) > cumul plafonds (3 666 × 3 = 10 998) donc assiette CET = cumul salaires*	0,14	17,15	0,21	25,72
Famille	6 448,00	*Cumul salaires janv.-mars ≤ Smic × 3,5 × 3 mois*			3,45	222,46
Chômage	6 448,00				4,20	270,82
Autres contrib. dues par l'employeur		*Mobilité : 6 448,00 × 2,95 % = 190,22 ; Fnal : 6 448,00 × 0,5 % = 32,24 ; Solid. autonomie : 6 448,00 × 0,3 % = 19,34 ; Forfait social : 36,39 × 8 % = 2,91 ; Dialogue soc. : 6 448,00 × 0,016 % = 1,03 ; CFP : 6 448,00 × 1 % = 64,48 ; Apprentissage : 6 448,00 × 0,68 % = 43,85 ; Construction : 6 448,00 × 0,45 % = 29,02*				383,09
CSG déduc. de l'IR	6 371,55	*Assiette = [(6 448,00 × 98,25 %) + 36,39]*	6,80	433,27		
CSG/CRDS non déduc. de l'IR	6 371,55		2,90	184,77		
Exo. et allégem.						
Total cotis. et contrib.				**1 385,97**		**2 580,27**
NET SOCIAL		*6 448,00 – 1 385,97 + 4 500,00*				**9 562,03**
Ind. retraite				+ 4 500,00		
NET À PAYER AVANT IMPÔT		*6 448,00 – 1 385,97 + 4 500,00*				**9 562,03**
Impôt/revenu	**Base**		**Taux**			**Montant**
Net imposable		*6 448,00 – (1 385,97 – 184,77) + 36,39*				5 283,19
Impôt prélevé	5 283,19				8,00	**422,66**
NET À PAYER AU SALARIÉ		*9 562,03 – 422,66*				**9 139,37**
Payé le 30/03/23	**Total versé employeur = 9 028,27** *(6 448,00 + 2 580,27)*					

2. À l'initiative du salarié (n°s 64970 s. ; Données communes : n° 94310)

94900

Salarié non cadre partant volontairement à la retraite, unilatéralement dispensé par son employeur d'effectuer son préavis d'une durée de 2 mois se terminant le 31-3-2023 au soir. Fin mars, le salarié perçoit : l'indemnité de préavis afférente à mars (2 700,00 €) ; une prime annuelle forfaitaire (200,00 €) ; une indemnité de départ à la retraite, calculée conformément à la convention collective de branche (4 500,00 €) ; une indemnité compensatrice de congés payés (2 500,00 €).

L'indemnité de départ à la retraite est intégralement soumise à cotisations et donc incluse dans la rémunération.

BULLETIN DE PAIE	**Du 01/03/2023 au 31/03/2023**						
Indemnité de préavis	151,67		2 900,00				
Prime annuelle			200,00				
ICCP	26 000		2 500,00				
Ind. retraite			4 500,00				
TOTAL			**10 100,00**				
Santé	Base			Part salarié		Part employeur	
SS – Maladie maternité invalidité décès	10 100,00					7,00	707,00
SS – Maladie maternité invalidité décès	15 900,00	*Cumul salaires fin févr. (2 900 × 2) < Smic × 2,5 × 2 mois donc taux maladie fin févr. : 7 % Cumul salaires janv.-mars : 10 100,00 + (2 900 × 2) = 15 900 15 900 > Smic × 2,5 × 3 mois donc taux maladie fin mars : 13 %*				6,00	954,00
Compl. santé	5 198,00	*Voir ligne Retraite SS plafonnée*		0,70	36,39	0,70	36,39
AT/MP	10 100,00					2,00	202,00
Retraite							
SS plafonnée	5 198,00	*Fin mars : cumul plafonds (3 666 × 3 mois) < cumul salaires (15 900) donc T1 = (3 666 × 3 mois) – (2 900 × 2)*		6,90	358,66	8,55	444,43
SS déplafonnée	10 100,00			0,40	40,40	1,90	191,90
Compl. T1	5 198,00			4,01	208,44	6,01	312,40
Compl. T2	4 902,00			9,72	476,47	14,57	714,22
CET	15 900,00	*Fin févr. : cumul salaires (2 900 × 2) < cumul plafonds (3 666 × 2) donc pas de CET Fin mars : cumul salaires (15 900) > cumul plafonds (3 666 × 3) donc assiette CET = cumul brut*		0,14	22,26	0,21	33,39
Famille	10 100,00	*Cumul salaires janv.-mars ≤ Smic × 3,5 × 3 mois*				3,45	348,45
Chômage	10 100,00					4,20	424,20
Autres contrib. dues par l'employeur		*Mobilité : 10 100,00 × 2,95 % = 297,95 ; Fnal : 10 100,00 × 0,5 % = 50,50 ; Solid. autonomie : 10 100,00 × 0,3 % = 30,30 ; Forfait social : 36,39 × 8 % = 2,91 ; Dialogue soc. : 10 100,00 × 0,016 % = 1,62 ; CFP : 10 100,00 × 1 % = 101,00 ; Apprentissage : 10 100,00 × 0,68 % = 68,68 ; Construction : 10 100,00 × 0,45 % = 45,45*					598,41
CSG déduc. de l'IR	10 038,39	*Assiette = [(2 900 + 200 + 2 500) × 98,25 %] + 4 500 + 36,39*		6,80	682,61		
CSG/CRDS non déduc. de l'IR	10 038,39			2,90	291,11		
Exo. et allégem.							
Total cotis. et contrib.					**2 116,34**		**4 966,79**
NET SOCIAL		*10 100,00 – 2 116,34*					**7 983,66**
NET À PAYER AVANT IMPÔT		*10 100,00 – 2 116,34*					**7 983,66**
Impôt/revenu	**Base**					**Taux**	**Montant**
Net imposable		*10 100,00 – (2 116,34 – 291,11) + 36,39*					8 311,16
Impôt prélevé	8 311,16					8,00	**664,89**
NET À PAYER AU SALARIÉ		*7 983,66 – 664,89*					**7 318,77**
Payé le 30/03/23	**Total versé employeur = 15 066,79** *(10 100,00 + 4 966,79)*						

RUPTURE CONVENTIONNELLE HOMOLOGUÉE

1. Salarié ne pouvant pas prétendre à une pension de retraite

(nº 64240 ; Données communes : nº 94310)

94910 Salarié non cadre, âgé de 50 ans au moment de la rupture. Il ne peut pas bénéficier d'une pension de retraite d'un régime légalement obligatoire ; l'indemnité de rupture conventionnelle homologuée suit ainsi le sort social et fiscal d'une indemnité de licenciement à la différence qu'elle est assujettie au forfait social.

La date de fin de contrat est fixée au 13-1-2023 au soir.

On suppose que le salarié bénéficie des droits à congés pour l'année en cours et qu'il a perçu tous les mois le même salaire. La règle de 10 % étant supposée plus favorable que le maintien du salaire, l'indemnité est égale à 10 % du total des salaires perçus de juin 2022 à janvier 2023, soit : [(1 895,88 × 7) + 861,84] × 10 % = 1 413,30.

BULLETIN DE PAIE	**Du 01/01/2023 au 13/01/2023**						
Salaire 151,67 h	151,67	12,50	1 895,88				
Déduction départ	84	*Salaire horaire : 12,31 € (1 895,88/154)*	– 1 034,04				
ICCP	14 133,00		1 413,30				
TOTAL			**2 275,14**				
Santé	Base			Part salarié		Part employeur	
SS – Maladie maternité invalidité décès	2 275,14					7,00	159,26
SS – Maladie suppl.	2 275,14	*2 275,14 > Smic proratisé [1 709,32 × (1 895,88 – 1 034,04)/1 895,88] × 2,5*				6,00	136,51
Compl. santé	1 655,61	*Plafond : 3 666 × 14/31*		0,70	11,59	0,70	11,59
AT/MP	2 275,14					2,00	45,50
Retraite							
SS plafonnée	1 655,61	*Plafond : 3 666 × 14/31*		6,90	114,24	8,55	141,55
SS déplafonnée	2 275,14			0,40	9,10	1,90	43,23
Compl. T1	1 655,61	*Plafond : 3 666 × 14/31*		4,01	66,39	6,01	99,50
Compl. T2	619,53			9,72	60,22	14,57	90,27
CET	2 275,14			0,14	3,19	0,21	4,78
Famille	2 275,14	*2 275,14 < Smic proratisé [1 709,32 × (1 895,88 – 1 034,04)/1 895,88] × 3,5*				3,45	78,49
Chômage	2 275,14					4,20	95,56
Autres contrib. dues par l'employeur		*Mobilité : 2 275,14 × 2,95 % = 67,12 ; Fnal : 2 275,14 × 0,5 % = 11,38 ; Solid. autonomie : 2 275,14 × 0,3 % = 6,83 ; Forfait social : (11,59 × 8 %) + (1 895,88 × 20 %) = 380,11 ; Dialogue soc. : 2 275,14 × 0,016 % = 0,36 ; CFP : 2 275,14 × 1 % = 22,75 ; Apprentissage : 2 275,14 × 0,68 % = 15,47 ; Construction : 2 275,14 × 0,45 % = 10,24*					514,26
CSG déduc. de l'IR	2 246,92	*Assiette : [(2 275,14 × 98,25 %) + 11,59]*		6,80	152,79		
CSG/CRDS non déduc. de l'IR	2 246,92			2,90	65,16		
Exo. et allégem.							
Total cotis. et contrib.					**482,68**		**1 420,50**
NET SOCIAL		*2 275,14 – 482,68 + 1 895,88 L'indemnité de rupture conventionnelle est comprise dans le net social*					**3 688,34**
Remb. transport					+ 38,55		
Ind. rupture conventionnelle					1 895,88		
NET À PAYER AVANT IMPÔT		*(2 275,14 + 38,55 + 1 895,88) – 482,68*					**3 726,89**
Impôt/revenu	**Base**				**Taux**		**Montant**
Net imposable		*2 275,14 – (482,68 – 65,16) + 11,59*					1 869,21
Impôt prélevé	1 869,21					2,00	**37,38**
NET À PAYER AU SALARIÉ		*3 726,89 – 37,38*					**3 689,51**
Payé le 14/01/23	**Total versé employeur = 3 695,64** *(2 275,14 + 1 420,50)*						

2. Salarié pouvant prétendre à une pension de retraite

(n° 64250 ; Données communes : n° 94310)

Salarié non cadre, âgé de 63 ans au moment de la rupture. Il peut bénéficier d'une pension de retraite d'un régime légalement obligatoire : l'indemnité de rupture conventionnelle homologuée est donc traitée comme un complément de rémunération, soumis à cotisations et à impôt sur le revenu. **94920**

La date présumée de fin de contrat est fixée au 13-1-2023.

On suppose que le salarié bénéficie des droits à congés pour l'année en cours et qu'il a perçu tous les mois le même salaire. La règle de 10 % étant supposée plus favorable que le maintien du salaire, l'indemnité est égale à 10 % du total des salaires perçus de juin 2022 à janvier 2023, soit [(1 895,88 × 7) + 861,84] × 10 % = 1 413,30.

BULLETIN DE PAIE	**Du 01/01/2022 au 14/01/2022**					
Salaire 151,67 h	151,67	12,50	1 895,88			
Déduction départ	84	*Salaire horaire : 12,31 € (1 895,88/154)*	– 1 034,04			
ICCP	14 133,00		1 413,30			
Ind. rupture conventionnelle			1 895,88			
TOTAL			**4 171,02**			
Santé	Base		Part salarié		Part employeur	
SS – Maladie maternité invalidité décès	4 171,02				7,00	291,97
SS – Maladie supp.	4 171,02	*4 171,02 > Smic proratisé [1 709,32 × (1 895,88 – 1 034,04)/1 895,88] × 2,5*			6,00	250,26
Compl. santé	1 655,61	*Plafond : 3 666 × 14/31*	0,70	11,59	0,70	11,59
AT/MP	4 171,02				2,00	83,42
Retraite						
SS plafonnée	1 655,61	*Plafond : 3 666 × 14/31*	6,90	114,24	8,55	141,55
SS déplafonnée	4 171,02		0,40	16,68	1,90	79,25
Compl. T1	1 655,61	*Plafond : 3 666 × 14/31*	4,01	66,39	6,01	99,50
Compl. T2	2 515,41		9,72	244,50	14,57	366,50
CET	4 171,02		0,14	5,84	0,21	8,76
Famille	4 171,02				3,45	143,90
Famille suppl.	4 171,02	*4 171,02 > Smic proratisé [1 709,32 × (1 895,88 – 1 034,04)/1 895,88] × 3,5*			1,80	75,08
Chômage	4 171,02				4,20	175,18
Autres contrib. dues par l'employeur		*Mobilité : 4 171,02 × 2,95 % = 123,05 ; Fnal : 4 171,02 × 0,5 % = 20,86 ; Solid. autonomie : 4 171,02 × 0,3 % = 12,51 ; Forfait social : 11,59 × 8 % = 0,93 ; Dialogue soc. : 4 171,02 × 0,016 % = 0,67 ; CFP : 4 171,02 × 1 % = 41,71 ; Apprentissage : 4 171,02 × 0,68 % = 28,36 ; Construction : 4 171,02 × 0,45 % = 18,77*				246,86
CSG déduc. de l'IR	4 142,80	*Rém. bénéficiant de la réduction pour frais = (1 895,88 + 1 413,30) – 1 034,04 = 2 275,14*	6,80	281,71		
CSG/CRDS non déduc. de l'IR	4 142,80	*Assiette = (2 275,14 × 98,25 %) + 1 895,88 + 11,59*	2,90	120,14		
Exo. et allégem.						
Total cotis. et contrib.				**861,09**		**1 973,82**
NET SOCIAL		*4 171,02 – 861,09 L'indemnité de rupture conventionnelle est comprise dans le net social.*				**3 309,93**
Remb. transport				+ 38,55		
NET À PAYER AVANT IMPÔT		*4 171,02 – 861,09 + 38,55*				**3 348,48**
Impôt/revenu	**Base**			**Taux**		**Montant**
Net imposable		*4 171,02 – (861,09 – 120,14) + 11,59*				3 441,66
Impôt prélevé	3 441,66				2,00	**68,83**
NET À PAYER AU SALARIÉ		*3 348,48 – 68,83*				**3 279,65**
Payé le 14/01/23	**Total versé employeur = 6 144,84** *(4 171,02 + 1 973,82)*					

CONGÉS PAYÉS

1. Application de la règle du 1/10e (nos 59350 s. ; Données communes : n° 94310)

94930 Un salarié non cadre prend 12 jours ouvrables de congés du vendredi 6-1-2023 au soir au lundi 23-1-2023 au matin. Le mois de janvier 2023 comporte 26 jours ouvrables. Le salarié bénéficie, outre son salaire mensuel, d'une prime de fin d'année versée en décembre qui, dans notre hypothèse, ne doit pas être prise en compte pour le calcul de l'indemnité de congés payés par la règle du 1/10e.

Le salaire mensuel s'établit au cours de la période de référence comme suit : du 1-6-2021 au 31-12-2021 : 1 800,00 € ; du 1-1-2022 au 31-5-2022 : 1 900,00 €.

Rémunération totale de la période de référence : (1 800,00 × 7) + (1 900,00 × 5) = 22 100 €.

Indemnité totale de congés payés (règle du 1/10e) : 22 100/10 = 2 210 €.

Indemnité à verser pour les congés de janvier 2023 : 2 210 × 12/30 = 884,00 €.

Par mesure de cohérence l'absence est également calculée en jours ouvrables = 1 900/26 = 73,08.

La présentation de ce bulletin de paie met en évidence que la règle du 1/10e est, au cas particulier d'une augmentation limitée de rémunération, plus favorable au salarié que le maintien du salaire, lequel n'aurait conduit à verser que 73,08 × 12 = 876,96 €.

BULLETIN DE PAIE	**Du 01/01/2023 au 31/01/2023**						
Salaire 151,67 h	151,67		1 900,00				
Absence CP du 9-1-2023 au 22-1-2023	12,00	73,08	– 876,96				
Indemnité CP	12,00		884,00				
TOTAL BRUT			**1 907,04**				
Santé	Base			Part salarié		Part employeur	
SS – Maladie maternité invalidité décès	1 907,04	*Salaire ≤ 2,5 Smic*				7,00	133,49
Compl. santé	1 907,04			0,70	13,35	0,70	13,35
AT/MP	1 907,04					2,00	38,14
Retraite							
SS plafonnée	1 907,04			6,90	131,59	8,55	163,05
SS déplafonnée	1 907,04			0,40	7,63	1,90	36,23
Compl. T1	1 907,04			4,01	76,47	6,01	114,61
Famille	1 907,04	*Salaire ≤ 3,5 Smic*				3,45	65,79
Chômage	1 907,04					4,20	80,10
Autres contrib. dues par l'employeur		*Mobilité : 1 907,04 × 2,95 % = 56,26 ; Fnal : 1 907,04 × 0,5 % = 9,54 ; Solid. autonomie : 1 907,04 × 0,3 % = 5,72 ; Forfait social : 13,35 × 8 % = 1,07 ; Dialogue soc. : 1 907,04 × 0,016 % = 0,31 ; CFP : 1 907,04 × 1 % = 19,07 ; Apprentissage : 1 907,04 × 0,68 % = 12,97 ; Construction : 1 907,04 × 0,45 % = 8,58*					113,52
CSG déduc. de l'IR	1 887,02	*Assiette = (1 907,04 × 98,25 %) + 13,35*		6,80	128,32		
CSG/CRDS non déduc. de l'IR	1 887,02			2,90	54,72		
Exo. et allégem.		***Employeur*** *Coeff. réduction générale : (0,3231/0,6) [(1,6 × 1 709,32/ 1 907,04) – 1] = 0,2338 et montant Réduc. = 1 907,04 × 0,2338 = 445,87*					– 445,87
Total cotis. et contrib.					**412,08**		**312,41**
NET SOCIAL		*1 907,04 – 412,08*					**1 494,96**
Remb. transport					+ 38,55		
NET À PAYER AVANT IMPÔT		*(1 907,04 + 38,55) – 412,08*					**1 533,51**
Impôt/revenu	**Base**				**Taux**		**Montant**
Net imposable		*1 907,04 – (412,08 – 54,72) + 13,35*					1 563,03
Impôt prélevé	1 533,51				2,00		**31,26**
NET À PAYER AU SALARIÉ		*1 563,03 – 31,26*					**1 502,25**
Payé le 30/01/23	**Total versé employeur = 2 219,45** *(1 907,04 + 312,41)*						

2. Maintien du salaire (nos 59350 s. ; Données communes : n° 94310)

Un salarié non cadre prend 12 jours ouvrables de congés en janvier 2023 (sur les 30 jours ouvrables auxquels il a droit), ce mois comportant 26 jours ouvrables (le 1er janvier étant un dimanche). Le salarié bénéficie, outre son salaire mensuel, d'une prime de fin d'année versée en décembre qui, dans notre hypothèse, ne doit pas être prise en compte pour le calcul de l'indemnité de congés payés par la règle du maintien du salaire. Son salaire s'établit comme suit au cours de la période de référence : du 1-6-2021 au 31-12-2021 : 1 700,00 € ; du 1-1-2022 au 31-5-2022 : 1 900,00 €. 94940

Rémunération totale de la période de référence : (1 700,00 × 7) + (1 900,00 × 5) = 21 400 €.

Indemnité de congés payés (règle du 1/10e) : 2 140 €, soit pour 12 jours : 2 140/30 × 12 = 856,00 €.

Salaire proprement dit (le salarié ayant été absent 14 jours ouvrables sur 26) : 1 900 × 14/26 = 1 023,08 €.

Ainsi, avec la règle du dixième, la somme à verser au salarié serait de 1 879,08 € (856 + 1 023,08).

Par conséquent, la règle du maintien de salaire (1 900 €), plus favorable, doit être retenue dans ce cas, l'indemnité de congés payés proprement dite s'élevant à : (1 900,00/26) × 12 = 73,08 × 12 = 876,92.

En cas de maintien de salaire l'employeur peut n'indiquer que les dates de congé et le nombre de jours correspondant mais ici il fait le choix de mentionner, sur des lignes distinctes, la retenue pour absence et le montant de l'indemnité.

BULLETIN DE PAIE	**Du 01/01/2023 au 31/01/2023**					
Salaire 151,67 h	151,67	1 900,00				
Absence CP du 9-1-2023 au 22-1-2023	12,00	– 876,96				
Indemnité CP	12,00	876,96				
TOTAL BRUT		**1 900,00**				
Santé	Base		Part salarié		Part employeur	
SS – Maladie maternité invalidité décès	1 900,00	*Salaire ≤ 2,5 Smic*			7,00	133,00
Compl. santé	1 900,00		0,70	13,30	0,70	13,30
AT/MP	1 900,00				2,00	38,00
Retraite						
SS plafonnée	1 900,00		6,90	131,10	8,55	162,45
SS déplafonnée	1 900,00		0,40	7,60	1,90	36,10
Compl. T1	1 900,00		4,01	76,19	6,01	114,19
Famille	1 900,00	*Salaire ≤ 3,5 Smic*			3,45	65,55
Chômage	1 900,00				4,20	79,80
Autres contrib. dues par l'employeur		*Mobilité : 1 900,00 × 2,95 % = 56,05 ; Fnal : 1 900,00 × 0,5 % = 9,50 ; Solid. autonomie : 1 900,00 × 0,3 % = 5,70 ; Forfait social : 13,30 × 8 % = 1,06 ; Dialogue soc. : 1 900,00 × 0,016 % = 0,30 ; CFP : 1 900,00 × 1 % = 19,00 ; Apprentissage : 1 900,00 × 0,68 % = 12,92 ; Construction : 1 900,00 × 0,45 % = 8,55*				113,08
CSG déduc. de l'IR	1 880,05	*Assiette = [(1 900,00 × 98,25 %) + 13,30]*	6,80	127,84		
CSG/CRDS non déduc. de l'IR	1 880,05		2,90	54,52		
Exo. et allégem.		***Employeur :*** *Réduc. générale : Coeff = (0,3231/0,6) × [(1,6 × 1 709,32/1 900) – 1] = 0,2366 Montant réduc. = 1 900,00 × 0,2366 = 449,54*				– 449,54
Total cotis. et contrib.				**410,55**		**305,93**
NET SOCIAL		*1 900,00 – 410,55*				**1 489,45**
Remb. transport				+ 38,55		
NET À PAYER AVANT IMPÔT		*(1 900,00 + 38,55) – 410,55*				**1 528,00**
Impôt/revenu	**Base**			**Taux**		**Montant**
Net imposable		*1 900,00 – (410,55 – 54,52) + 13,30*				1 557,27
Impôt prélevé	1 557,27				2,00	**31,15**
NET À PAYER AU SALARIÉ		*1 528,00 31,15*				**1 496,85**
Payé le 30/01/23	**Total versé employeur = 2 205,93** *(1 900,00 + 305,93)*					

JOURS FÉRIÉS

1. Jour férié travaillé (nº 61260 ; Données communes : nº 94310)

94950 Salarié non cadre rémunéré sur la base d'un salaire mensuel pour 35 heures, auquel s'ajoute une prime d'incommodité d'horaires, ayant travaillé le 1er janvier selon son horaire normal quotidien de 7 heures. La convention collective applicable accorde une majoration de salaire de 100 % en cas de travail un jour férié. Le fait que le 1er janvier tombe un dimanche en 2023 n'a pas d'incidence même si la convention collective prévoit une majoration de salaire pour les dimanches travaillés car les majorations conventionnelles pour jours fériés et pour travail le dimanche ne se cumulent pas (nº 61114).

BULLETIN DE PAIE	**Du 01/01/2023 au 31/01/2023**						
Salaire 151,67 h	151,67	19,00	2 881,73				
Prime incommodité *(fixée à 5 % du salaire mensuel 35 h)*	2 881,73	5,00	144,09				
Maj. 100 % JF travaillé *(au cas particulier, la majoration conventionnelle se calcule au taux de salaire horaire hors prime d'incommodité d'horaires)*	7,00	19,00	133,00				
TOTAL BRUT			**3 158,82**				
Santé	Base			Part salarié		Part employeur	
SS – Maladie maternité invalidité décès	3 158,82	*Salaire < 2,5 Smic*				7,00	221,12
Compl. santé	3 158,82			0,70	22,11	0,70	22,11
AT/MP	3 158,82					2,00	63,18
Retraite							
SS plafonnée	3 158,82			6,90	217,96	8,55	270,08
SS déplafonnée	3 158,82			0,40	12,64	1,90	60,02
Compl. T1	3 158,82			4,01	126,67	6,01	189,85
Famille	3 158,82	*Salaire < 3,5 Smic*				3,45	108,98
Chômage	3 158,82					4,20	132,67
Autres contrib. dues par l'employeur		*Mobilité : 3 158,82 × 2,95 % = 93,19 ; Fnal : 3 158,82 × 0,5 % = 15,79 ; Solid. autonomie : 3 158,82 × 0,3 % = 9,48 ; Forfait social : 22,11 × 8 % = 1,77 ; Dialogue soc. : 3 158,82 × 0,016 % = 0,51 ; CFP : 3 158,82 × 1 % = 31,59 ; Apprentissage : 3 158,82 × 0,68 % = 21,48 ; Construction : 3 158,82 × 0,45 % = 14,21*					188,02
CSG déduc. de l'IR	3 125,65	*Assiette = [(3 158,82 × 98,25 %) + 22,11]*		6,80	212,54		
CSG/CRDS non déduc. de l'IR	3 125,65			2,90	90,64		
Exo. et allégem.							
Total cotis. et contrib.					**682,56**		**1 256,03**
NET SOCIAL		*3 158,82 – 682,56*					**2 476,26**
Remb. transport					+ 38,55		
NET À PAYER AVANT IMPÔT		*3 158,82 – 682,56 + 38,55*					**2 514,81**
Impôt/revenu	**Base**				**Taux**		**Montant**
Net imposable		*3 158,82 – (682,56 – 90,64) + 22,11*					2 589,01
Impôt prélevé	2 589,01					8,00	**207,12**
NET À PAYER AU SALARIÉ		*2 514,81 – 207,12*					**2 307,69**
Payé le 30/01/2023	**Total versé employeur = 4 414,85** *(3 158,82 + 1 256,03)*						

2. Premier mai travaillé (n°s 61150 s. ; Données communes : n° 94310)

94960

Salarié non cadre rémunéré sur la base d'un salaire mensuel pour 35 heures, auquel s'ajoute une prime de salissure, ayant travaillé le lundi 1er mai selon son horaire normal quotidien de 7 heures. La prime de salissure, d'un montant forfaitaire de 0,93 € par heure, n'est pas assortie de justifications suffisantes pour être exclue de l'assiette des cotisations et de l'impôt sur le revenu.

BULLETIN DE PAIE	**Du 01/05/2023 au 31/05/2023**						
Salaire 151,67 h	151,67		1 800,00				
Prime de salissure	151,67	0,93	141,05				
Maj. 100 % JF 1er mai trav. *(le taux inclut la prime de salissure)*	7,00	12,80	89,60				
TOTAL BRUT			**2 030,65**				
Santé	Base			Part salarié		Part employeur	
SS – Maladie maternité invalidité décès	2 030,65	*Salaire < 2,5 Smic*				7,00	142,15
Compl. santé	2 030,65			0,70	14,21	0,70	14,21
AT/MP	2 030,65					2,00	40,61
Retraite							
SS plafonnée	2 030,65			6,90	140,11	8,55	173,62
SS déplafonnée	2 030,65			0,40	8,12	1,90	38,58
Compl. T1	2 030,65			4,01	81,43	6,01	122,04
Famille	2 030,65	*Salaire < 3,5 Smic*				3,45	70,06
Chômage	2 030,65					4,20	85,29
Autres contrib. dues par l'employeur		*Mobilité : 2 030,65 × 2,95 % = 59,90 ; Fnal : 2 030,65 × 0,5 % = 10,15 ; Solid. autonomie : 2 030,65 × 0,3 % = 6,09 ; Forfait social : 14,21 × 8 % = 1,14 ; Dialogue soc. : 2 030,65 × 0,016 % = 0,32 ; CFP : 2 030,65 × 1 % = 20,31 ; Apprentissage : 2 030,65 × 0,68 % = 13,81 ; Construction : 2 030,65 × 0,45 % = 9,14*					120,86
CSG déduc. de l'IR	2 009,32	*Assiette = [(2 030,65 × 98,25 %) + 14,21]*		6,80	136,63		
CSG/CRDS non déduc. de l'IR	2 009,32			2,90	58,27		
Exo. et allégem.		***Employeur** :* *Réduc. générale :* *Coeff. = (0,3231/0,6) × [1,6 × (1 709,32 × 5)/(1 941,05 × 4 + 2 030,65) – 1] = 0,2133* *Réduc. régularisée du mois :* *2 089,24 – 1 709,68 = 379,56*					– 379,56
Total cotis. et contrib.					**438,77**		**427,86**
NET SOCIAL		*2 030,65 – 438,77*					**1 591,88**
Remb. transport					+ 38,55		
NET À PAYER AVANT IMPÔT		*2 030,65 – 438,77 + 38,55*					**1 630,43**
Impôt/revenu	**Base**				**Taux**		**Montant**
Net imposable		*2 030,65 – (438,77 – 58,27) + 14,21*					1 664,36
Impôt prélevé	1 664,36				2,00		**33,29**
NET À PAYER AU SALARIÉ		*1 630,43 – 33,29*					**1 597,14**
Payé le 30/05/23	**Total versé employeur = 2 458,51** *(2 030,65 + 427,86)*						

MALADIE

1. Bulletin de paie d'un mois complet d'activité (nos 13200 s. ; Données communes : n° 94310)

94970 Salarié non cadre. Ce bulletin permet de calculer le salaire à maintenir.

BULLETIN DE PAIE	**Du 01/01/2023 au 31/01/2023**						
Salaire 151,67 h	151,67	19,30	2 927,23				
TOTAL BRUT		**2 927,23**					
Santé	Base			Part salarié		Part employeur	
SS – Maladie maternité invalidité décès	2 927,23	*Salaire ≤ 2,5 Smic*				7,00	204,91
Compl. santé	2 927,23			0,70	20,49	0,70	20,49
AT/MP	2 927,23					2,00	58,54
Retraite							
SS plafonnée	2 927,23			6,90	201,98	8,55	250,28
SS déplafonnée	2 927,23			0,40	11,71	1,90	55,62
Compl. T1	2 927,23			4,01	117,38	6,01	175,93
Famille	2 927,23	*Salaire ≤ 3,5 Smic*				3,45	100,99
Chômage	2 927,23					4,20	122,94
Autres contrib. dues par l'employeur		*Mobilité : 2 927,23 × 2,95 % = 86,35 ; Fnal : 2 927,23 × 0,5 % = 14,64 ; Solid. autonomie : 2 927,23 × 0,3 % = 8,78 ; Forfait social : 20,49 × 8 % = 1,64 ; Dialogue soc. : 2 927,23 × 0,016 % = 0,47 ; CFP : 2 927,23 × 1 % = 29,27 ; Apprentissage : 2 927,23 × 0,68 % = 19,91 ; Construction : 2 927,23 × 0,45 % = 13,17*					174,23
CSG déduc. de l'IR	2 896,49	*Assiette = [(2 927,23 × 98,25 %) + 20,49]*		6,80	196,96		
CSG/CRDS non déduc. de l'IR	2 896,49			2,90	84,00		
Exo. et allégem.							
Total cotis. et contrib.					**632,52**		**1 163,93**
NET SOCIAL		*2 927,23 – 632,52*					**2 294,71**
Remb. transport					+ 38,55		
NET À PAYER AVANT IMPÔT		*2 927,23 – 632,52 + 38,55*					**2 333,26**
Impôt/revenu	**Base**				**Taux**		**Montant**
Net imposable		*2 927,23 – (632,52 – 84,00) + 20,49*					2 399,20
Impôt prélevé	2 399,20					2,00	**47,98**
NET À PAYER AU SALARIÉ		*2 333,26 – 47,98*					**2 285,28**
Payé le 30/01/23	**Total versé employeur = 4 091,16** *(2 927,23 + 1 163,93)*						

2. Maintien du salaire net strict

FINANCEMENT INTÉGRAL PAR L'EMPLOYEUR (n°s 62440 s. ; Données communes : n° 94310)

Non-cadre en maladie du 4-1-2023 au 21-1-2023. Maintien conventionnel du salaire à 100 % du net 94980
strict (n° 62445) sans délai de carence et avec subrogation.

BULLETIN DE PAIE	Du 01/01/2023 au 31/01/2023			À déduire		À ajouter	
Salaire 151,67 h	151,67	19,30					2 927,23
Abs. maladie	13,00	133,06	*(2 927,23/22 jours ouvrés dans le mois) × 13 jours d'abs.*		1 729,78		
Indem. maladie 100 % du net			*Maintien = brut – [brut habituel – (absences + IJSS brutes)], soit 2 006,47 – [2 927,23 – (1 729,78 + 721,80)]*				1 530,82
Retenue IJSS	15,00	48,12	*[(2 927,23 × 3)/91,25/2] × (18 – 3 j de carence SS = 15)*		721,80		
TOTAL BRUT	*Brut à maintenir = (net à payer habituel – IJSS brutes)/(1 – taux des cotis. sal.), soit [2 294,71 – 721,80]/(1 – 0,21608) = 1 572,91/ 0,78392 Taux cotis. sal. = 12,01 + (9,7 CSG-CRDS × 0,9825) + (0,7 cotis. patr. santé × 9,7 % de CSG-CRDS) = 21,608 Net à payer habituel = net avant impôt du n° 94970 – remb. transport = 2 333,26 – 38,55 = 2 294,71*						**2 006,47**
Santé	Base			Part salarié		Part employeur	
SS – Maladie maternité invalidité décès	2 006,47	*Salaire ≤ 2,5 Smic*				7,00	140,45
Compl. santé	2 006,47			0,70	14,05	0,70	14,05
AT/MP	2 006,47					2,00	40,13
Retraite							
SS plafonnée	2 006,47			6,90	138,45	8,55	171,55
SS déplafonnée	2 006,47			0,40	8,03	1,90	38,12
Compl. T1	2 006,47			4,01	80,46	6,01	120,59
Famille	2 006,47	*Salaire ≤ 3,5 Smic*				3,45	69,22
Chômage	2 006,47					4,20	84,27
Autres contrib. dues par l'employeur		*Mobilité : 2 006,47 × 2,95 % = 59,19 ; Fnal : 2 006,47 × 0,5 % = 10,03 ; Solid. autonomie : 2 006,47 × 0,3 % = 6,02 ; Forfait social : 14,05 × 8 % = 1,12 ; Dialogue soc. : 2 006,47 × 0,016 % = 0,32 ; CFP : 2 006,47 × 1 % = 20,06 ; Apprentissage : 2 006,47 × 0,68 % = 13,64 ; Construction : 2 006,47 × 0,45 % = 9,03*					119,41
CSG déduc. de l'IR	1 985,41	*Assiette = [(2 006,47 × 98,25 %) + 14,05]*		6,80	135,01		
CSG/CRDS non déduc. de l'IR	1 985,41			2,90	57,58		
Exo. et allégem.							
Total cotis. et contrib.					**433,58**		**797,79**
NET SOCIAL		*2 006,47 – 433,58*					**1 572,89**
Remb. transport					+ 38,55		
Autres paiements		*IJSS nettes = 721,80 – (721,80 × 6,7 %)*			673,44		
NET À PAYER AVANT IMPÔT		*2 006,47 – 433,58 + 38,55 + 673,44. L'écart entre ce net et celui du n° 94970 correspond à la CSG-CRDS sur IJSS, soit 48,36 € (avec un léger différentiel ici lié aux règles d'arrondi retenues).*					**2 284,88**
Impôt/revenu	**Base**				**Taux**		**Montant**
Net imposable		*2 006,47 – (433,58 – 57,58) + 14,05*					1 644,52
Impôt prélevé	2 338,39	*1 644,52 + IJSS imposables (721,80 – 3,80 % de CSG déd. = 694,37)*				2,00	**46,78**
NET À PAYER AU SALARIÉ		*2 284,88 – 46,78*					**2 238,10**
Payé le 30/01/23	**Total versé employeur = 2 804,26** *(2 006,47 + 797,79)*						

COFINANCEMENT SALARIÉ – EMPLOYEUR (nos 62270 et 62440 s. ; Données communes : n° 94310)

94990 Non-cadre en maladie du 4-1-2023 au 21-1-2023. Maintien conventionnel du salaire à 100 % du net strict (n° 62445), sans délai de carence et avec subrogation. L'organisme de prévoyance rembourse à l'employeur des IJ complémentaires de 901,00 € financées par : 0,76 % part salariale (40 %) et 1,14 % part patronale (60 %), dont 0,30 % pour le maintien conventionnel de salaire.

BULLETIN DE PAIE	**Du 01/01/2023 au 31/01/2023**			**À déduire**		**À ajouter**	
Salaire 151,67 h	151,67	19,30					2 927,23
Abs. maladie	13,00	133,06	*(2 927,23/22 jours ouvrés dans le mois) × 13 jours d'abs.*		1 729,78		
Indem. maladie 100 % du net			*Maintien = brut – [brut habituel – (absences + IJSS brutes + IJ compl. exonérées)], soit 1 531,75 – [2 927,23 – (1 729,78 + 721,80 + 360,40)]*				1 416,50
Retenue IJSS	15,00	48,12	*[(2 927,23 × 3)/91,25/2] × (18 – 3 j de carence SS = 15)*		721,80		
IJ compl. exonérées	901,00 × 40 %		*Part financée par le salarié (40 %)*		360,40		
TOTAL BRUT	*Brut à maintenir = (net à payer habituel – IJSS brutes – 40 % des IJ compl.)/(1 – taux des cotis. sal.), soit [2 270,07 – 721,80 – 360,40]/(1 – 0,2245) = 1 187,87/0,7755* *Taux cotis. sal. = 12,77 + (9,7 CSG-CRDS × 0,9825) + (0,7 × 9,7 % de CSG-CRDS) + (1,14 – 0,30) × 9,7 % de CSG-CRDS = 22,45* *Net habituel = 2 927,23 × 0,7755 = 2 270,07*						**1 531,75**
Santé	Base			Part salarié		Part employeur	
SS – Maladie maternité invalidité décès	1 531,75		*Salaire ≤ 2,5 Smic*			7,00	107,22
Compl. santé	1 531,75			0,70	10,72	0,70	10,72
Compl. incap. inval. décès	1 531,75			0,76	11,64	1,14	17,46
AT/MP	1 531,75					2,00	30,64
Retraite							
SS plafonnée	1 531,75			6,90	105,69	8,55	130,20
SS déplafonnée	1 531,75			0,40	6,13	1,90	29,10
Compl. T1	1 531,75			4,01	61,42	6,01	92,06
Famille	1 531,75		*Salaire ≤ 3,5 Smic*			3,45	52,85
Chômage	1 531,75					4,20	64,33
Autres contrib. dues par l'employeur			*Mobilité : 1 531,75 × 2,95 % = 45,19 ; Fnal : 1 531,75 × 0,5 % = 7,66 ; Solid. autonomie : 1 531,75 × 0,3 % = 4,60 ; Forfait social : 10,72 + [1 531,75 × (1,14 % – 0,30 %)] × 8 % = 1,89 ; Dialogue soc. : 1 531,75 × 0,016 % = 0,25 ; CFP : 1 531,75 × 1 % = 15,32 ; Apprentissage : 1 531,75 × 0,68 % = 10,42 ; Construction : 1 531,75 × 0,45 % = 6,89*				92,22
CSG déduc. de l'IR	1 528,53		*Assiette = [(1 531,75 × 98,25 %) + 10,72 + 12,87]*	6,80	103,94		
CSG/CRDS non déduc. de l'IR	1 528,53		*1 531,75 × (1,14 – 0,30) = 12,87*	2,90	44,33		
Exo. et allégem.							
Total cotis. et contrib.					**343,87**		**626,80**
NET SOCIAL			*(Salaire 2 927,23 + complément employeur 1 416,50 + prévoyance patronale inv. décès 17,46) – (absence maladie 1 729,78 + IJSS 721,80) – (cotis. salariales 343,87 – prévoyance salariale 11,64)*				**1 577,38**
Remb. transport					+ 38,55		
Autres paiements			*Avance IJSS nettes [721,80 – (721,80 × 6,7 %)] + IJ compl. (360,40)*		+1 033,84		
NET À PAYER AVANT IMPÔT			*1 531,75 – 343,87 + 38,55 + 1 033,84. L'écart entre le net (hors remb. transp.) et le net habituel correspond à la CSG-CRDS sur IJSS soit 48,35.*				**2 260,27**
Impôt/revenu	**Base**					**Taux**	**Montant**
Net imposable			*1 531,75 – (343,87 – 44,33) + 360,40 + 10,72*				1 603,33
Impôt prélevé	2 297,70		*1 603,33 + IJSS imposables (721,80 – 3,80 % de CSG déd. = 694,37)*			2,00	**45,95**
NET À PAYER AU SALARIÉ			*2 260,27 – 45,95*				**2 214,32**
Payé le 30/01/23	**Total versé employeur** = **2 158,55** *(1 531,75 + 626,80)*						

3. Maintien du salaire net habituel (nos 62440 s. ; Données communes : no 94310)

Non-cadre en maladie du 4-1-2023 au 21-1-2023. Maintien conventionnel du salaire à 100 % du net habituel (no 62445) sans délai de carence et avec subrogation. 95000

BULLETIN DE PAIE	Du 01/01/2023 au 31/01/2023			À déduire		À ajouter	
Salaire 151,67 h	151,67	19,30					2 927,23
Abs. maladie	13,00	133,06	*(2 927,23/22 jours ouvrés dans le mois) × 13 jours d'absence*		1 729,78		
Indem. maladie 100 % du net			*Maintien = brut – [brut habituel – (absences + IJSS brutes)], soit 2 068,16 – [2 927,23 – (1 729,78 + 721,80)]*				1 592,51
Retenue IJSS	15,00	48,12	*[(2 927,23 × 3)/91,25/2] × (18 – 3 j de carence SS = 15)*		721,80		
TOTAL BRUT			*Brut à maintenir = (net à payer habituel – IJSS nettes)/(1 – taux des cotis. sal.), soit (2 294,71 – 673,44)/(1 – 0,21608) = 1 621,27/0,78392 Taux cotis. sal. = 12,01 + (9,7 CSG-CRDS × 0,9825) + (0,7 cotis. patr. santé × 9,7 % de CSG-CRDS) = 21,608 Net à payer habituel = net avant impôt du no 94970 – remb. transp. = 2 333,26 – 38,55 = 2 294,71*				**2 068,16**
Santé	Base			Part salarié		Part employeur	
SS – Maladie maternité invalidité décès	2 068,16		*Salaire ≤ 2,5 Smic*			7,00	144,77
Compl. santé	2 068,16			0,70	14,48	0,70	14,48
AT/MP	2 068,16					2,00	41,36
Retraite							
SS plafonnée	2 068,16			6,90	142,70	8,55	176,83
SS déplafonnée	2 068,16			0,40	8,27	1,90	39,30
Compl. T1	2 068,16			4,01	82,93	6,01	124,30
Famille	2 068,16		*Salaire ≤ 3,5 Smic*			3,45	71,35
Chômage	2 068,16					4,20	86,86
Autres contrib. dues par l'employeur			*Mobilité : 2 068,16 × 2,95 % = 61,01 ; Fnal : 2 068,16 × 0,5 % = 10,34 ; Solid. autonomie : 2 068,16 × 0,3 % = 6,20 ; Forfait social : 14,48 × 8 % = 1,16 ; Dialogue soc. : 2 068,16 × 0,016 % = 0,33 ; CFP : 2 068,16 × 1 % = 20,68 ; Apprentissage : 2 068,16 × 0,68 % = 14,06 ; Construction : 2 068,16 × 0,45 % = 9,31*				123,09
CSG déduc. de l'IR	2 046,45		*Assiette = [(2 068,16 × 98,25 %) + 14,48]*	6,80	139,16		
CSG/CRDS non déduc. de l'IR	2 046,45			2,90	59,35		
Exo. et allégem.							
Total cotis. et contrib.					**446,89**		**822,34**
NET SOCIAL			*2 068,16 – 446,89*				**1 621,27**
Remb. transport					+ 38,55		
Autres paiements			*Avance IJSS nettes*		673,44		
NET À PAYER AVANT IMPÔT			*2 068,16 – 446,89 + 38,55 + 673,44*				**2 333,26**
Impôt/revenu	**Base**				**Taux**		**Montant**
Net imposable			*2 068,16 – (446,89 – 59,35) + 14,48*				1 695,10
Impôt prélevé	2 389,47		*1 695,10 + IJSS imposables (721,80 – 3,80 % de CSG déd. = 694,37)*		2,00		**47,79**
NET À PAYER AU SALARIÉ			*2 333,26 – 47,79*				**2 285,47**
Payé le 30/01/23	**Total versé employeur = 2 890,50** *(2 068,16 + 822,34)*						

4. Déduction différée des IJSS (nos 62260 s. ; Données communes : no 94310)

95010 Non-cadre en maladie du 4-1-2023 au 21-1-2023. Maintien conventionnel du salaire à 100 % du net strict (no 62445), sans délai de carence et avec subrogation. L'employeur, n'ayant pas encore reçu les IJSS, calcule les cotisations sur la totalité du salaire maintenu.

BULLETIN DE PAIE	**Du 01/01/2023 au 31/01/2023**						
Salaire 151,67 h	151,67	19,30					2 927,23
Abs. maladie	13,00	133,06	*(2 927,23/22 jours ouvrés dans le mois) × 13 jours d'abs.*	1 729,78			
Indem. maladie 100 %							1 729,78
TOTAL BRUT							**2 927,23**
Santé	Base			Part salarié		Part employeur	
SS – Maladie maternité invalidité décès	2 927,23	*Salaire ≤ 2,5 Smic*				7,00	204,91
Compl. santé	2 927,23			0,70	20,49	0,70	20,49
AT/MP	2 927,23					2,00	58,54
Retraite							
SS plafonnée	2 927,23			6,90	201,98	8,55	250,28
SS déplafonnée	2 927,23			0,40	11,71	1,90	55,62
Compl. T1	2 927,23			4,01	117,38	6,01	175,93
Famille	2 927,23	*Salaire ≤ 3,5 Smic*				3,45	100,99
Chômage	2 927,23					4,20	122,94
Autres contrib. dues par l'employeur		*Mobilité : 2 927,23 × 2,95 % = 86,35 ; Fnal : 2 927,23 × 0,5 % = 14,64 ; Solid. autonomie : 2 927,23 × 0,3 % = 8,78 ; Forfait social : 20,49 × 8 % = 1,64 ; Dialogue soc. : 2 927,23 × 0,016 % = 0,47 ; CFP : 2 927,23 × 1 % = 29,27 ; Apprentissage : 2 927,23 × 0,68 % = 19,91 ; Construction : 2 927,23 × 0,45 % = 13,17*					174,23
CSG déduc. de l'IR	2 896,49	*Assiette = [(2 927,23 × 98,25 %) + 20,49]*		6,80	196,96		
CSG/CRDS non déduc. de l'IR	2 896,49			2,90	84,00		
Exo. et allégem.							
Total cotis. et contrib.					**632,52**		**1 163,93**
NET SOCIAL		*2 927,23 – 632,52*					**2 294,71**
Remb. transport					+ 38,55		
NET À PAYER AVANT IMPÔT		*2 927,23 – 632,52 + 38,55*					**2 333,26**
Impôt/revenu	**Base**				**Taux**		**Montant**
Net imposable		*2 927,23 – (632,52 – 84,00) + 20,49*					2 399,20
Impôt prélevé	2 399,20					2,00	**47,98**
NET À PAYER AU SALARIÉ		*2 333,26 – 47,98*					**2 285,28**
Payé le 30/01/23	**Total versé employeur = 4 091,16** *(2 927,23 + 1 163,93)*						

4. Déduction différée des IJSS (nos 62260 s. ; Données communes : n° 94310)

Le mois suivant, l'employeur récupère les IJSS dont il a fait l'avance et déduit leur montant de la base des cotisations. Le salarié a travaillé tout le mois. 95020

BULLETIN DE PAIE	**Du 01/02/2023 au 28/02/2023**			**À déduire**		**À ajouter**	
Salaire 151,67 h	151,67	19,30					2 927,23
Retenue IJSS	15,00	48,12	*[(2 927,23 × 3)/91,25/2] × (18 – 3 j de carence SS = 15)*		721,80		
Régul. indem. maladie 100 % du net			*(2 927,23 – 721,80) – 2 006,47*		198,96		
TOTAL BRUT			*Brut à maintenir = (net à payer habituel – IJSS brutes)/(1 – taux des cotis. sal.), soit [2 294,71 – 721,80]/(1 – 0,21608) = 1 572,91/0,783921 Taux cotis. sal. = 12,01 + (9,7 CSG-CRDS × 0,9825) + (0,7 cotis. patr. santé × 9,7 % de CSG-CRDS) = 21,608 Net à payer habituel = net du n° 94970 – remb. transport = 2 333,26 – 38,55 = 2 294,71*				**2 006,47**
Santé	Base			Part salarié		Part employeur	
SS – Maladie maternité invalidité décès	2 006,47		*Salaire ≤ 2,5 Smic*			7,00	140,45
Compl. santé	2 006,47			0,70	14,05	0,70	14,05
AT/MP	2 006,47					2,00	40,13
Retraite							
SS plafonnée	2 006,47			6,90	138,45	8,55	171,55
SS déplafonnée	2 006,47			0,40	8,03	1,90	38,12
Compl. T1	2 006,47			4,01	80,46	6,01	120,59
Famille	2 006,47		*Salaire ≤ 3,5 Smic*			3,45	69,22
Chômage	2 006,47					4,20	84,27
Autres contrib. dues par l'employeur			*Mobilité : 2 006,47 × 2,95 % = 59,19 ; Fnal : 2 006,47 × 0,5 % = 10,03 ; Solid. autonomie : 2 006,47 × 0,3 % = 6,02 ; Forfait social : 14,05 × 8 % = 1,12 ; Dialogue soc. : 2 006,47 × 0,016 % = 0,32 ; CFP : 2 006,47 × 1 % = 20,06 ; Apprentissage : 2 006,47 × 0,68 % = 13,64 ; Construction : 2 006,47 × 0,45 % = 9,03*				119,41
CSG déduc. de l'IR	1 985,41		*Assiette = [(2 006,47 × 98,25 %) + 14,05]*	6,80	135,01		
CSG/CRDS non déduc. de l'IR	1 985,41			2,90	57,58		
Exo. et allégem.							
Total cotis. et contrib.					**433,58**		**797,79**
NET SOCIAL			*2 006,47 – 433,58*				**1 572,89**
Remb. transport					+ 38,55		
Autres paiements			*IJSS nettes = 721,80 – (721,80 × 6,7 %)*		+ 673,44		
NET À PAYER AVANT IMPÔT			*2 006,47 – 433,58 + 38,55 + 673,44. L'écart entre ce net (hors remb. transp.) et le net habituel correspond à la CSG-CRDS sur IJSS, soit 48,36 € (avec un léger différentiel ici lié aux règles d'arrondi retenues).*				**2 284,88**
Impôt/revenu	**Base**				**Taux**		**Montant**
Net imposable			*2 006,47 – (433,58 – 57,58) + 14,05*				1 644,52
Impôt prélevé	2 338,89		*1 644,52 + IJSS imposables (721,80 – 3,80 % de CSG déd. = 694,37)*			2,00	**46,78**
NET À PAYER AU SALARIÉ			*2 284,88 – 46,78*				**2 238,10**
Payé le 27/02/23	**Total versé employeur = 2 804,26** *(2 006,47 + 797,79)*						

5. Versement direct au salarié des IJSS et du salaire différentiel (nos 62260 s. ; Données communes : no 94310)

95030 Non-cadre en maladie du 4-1-2023 au 21-1-2023. Maintien conventionnel du salaire à 100 % du net strict (no 62445), sans délai de carence. Le salarié perçoit lui-même de la CPAM les IJSS nettes de 673,44 €. Il perçoit aussi directement des IJ complémentaires de l'organisme de prévoyance, totalement financées par l'employeur (1,90 % de cotisation prévoyance dont 0,30 % pour le maintien conventionnel de salaire).

BULLETIN DE PAIE	**Du 01/01/2023 au 31/01/2023**			**À déduire**		**À ajouter**	
Salaire 151,67 h	151,67	19,30					2 927,23
Abs. maladie	13,00	133,06	*(2 927,23/22 jours ouvrés dans le mois) × 13 jours d'abs.*		1 729,78		
Réintégr. IJ compl.			*Par hypothèse = 18 jours × 31,65 = 569,70*				569,70
Indem. maladie 100 % du net			*2 004,65 – (2 927,23 – 1 729,78 + 569,70)*				237,50
TOTAL BRUT	*Brut à maintenir = (net à payer habituel – IJSS brutes) / (1 – taux des cotis. sal.), soit (2 290,18 – 721,80) / (1 – 0,21763) = 1 568,38 / 0,78237* *Taux cotis. sal. = 12,01 + (9,7 CSG-CRDS × 0,9825) + (0,7 × 9,7 % de CSG-CRDS) + [(1,90 – 0,30) × 9,7 % de CSG-CRDS] = 21,7631* *Net habituel = 2 927,23 × 0,78237 = 2 290,18*						**2 004,65**
Santé	Base			Part salarié		Part employeur	
SS – Maladie maternité invalidité décès	2 004,65		*Salaire ≤ 2,5 Smic*			7,00	140,33
Compl. santé	2 004,65			0,70	14,03	0,70	14,03
Compl. incap. inval. décès	2 004,65					1,90	38,09
AT/MP	2 004,65					2,00	40,09
Retraite							
SS plafonnée	2 004,65			6,90	138,32	8,55	171,40
SS déplafonnée	2 004,65			0,40	8,02	1,90	38,09
Compl. T1	2 004,65			4,01	80,39	6,01	120,48
Famille	2 004,65		*Salaire ≤ 3,5 Smic*			3,45	69,16
Chômage	2 004,65					4,20	84,20
Autres contrib. dues par l'employeur			*Mobilité : 2 004,65 × 2,95 % = 59,14 ; Fnal : 2 004,65 × 0,5 % = 10,02 ; Solid. autonomie : 2 004,65 × 0,3 % = 6,01 ; Forfait social : 14,03 + [2 004,65 × (1,90 – 0,30)] × 8 % = 3,69 ; Dialogue soc. : 2 004,65 × 0,016 % = 0,32 ; CFP : 2 004,65 × 1 % = 20,05 ; Apprentissage : 2 004,65 × 0,68 % = 13,63 ; Construction : 2 004,65 × 0,45 % = 9,02*				121,88
CSG déduc. de l'IR	2 015,67		*Assiette = (2 004,65 × 98,25 %) + 14,03 + [2 004,65 × (1,9 – 0,3 %)]*	6,80	137,07		
CSG/CRDS non déduc. de l'IR	2 015,67			2,90	58,45		
Exo. et allégem.							
Total cotis. et contrib.					**436,28**		**837,75**
NET SOCIAL			*(Salaire 2 927,23 + complément employeur 237,50 + prévoyance patronale inv. décès 38,09) – (absence maladie 1 729,78 + cotis. salariales 436,28)*				**1 036,76**
Remb. transport					+ 38,55		
Autres retenues			*Retenue IJ compl.*		– 569,70		
NET À PAYER AVANT IMPÔT			*(2 927,23 – 1 729,78) + 237,50 – 436,28 + 38,55* *Au total, le salarié a perçu : 1 037,22 + 569,70 + 673,44. L'écart entre le net (hors remb. transp.) et le net habituel correspond à la CSG-CRDS sur IJSS, soit 48,36 (avec un léger différentiel ici lié aux règles d'arrondi retenues).*				**1 037,22**
Impôt/revenu	**Base**				**Taux**		**Montant**
Net imposable			*2 004,65 – (436,28 – 58,45) + 14,03*				1 640,85
Impôt prélevé	1 640,84					2,00	**32,82**
NET À PAYER AU SALARIÉ			*1 037,22 – 32,82*				**1 004,40**
Payé le 30/01/23	**Total versé employeur = 2 842,40** *(2 004,65 + 837,75)*						

6. Absence de dispositions conventionnelles (n°s 61810 s. ; Données communes : n° 94310)

95040 Non-cadre en maladie du 5-1-2023 au 21-1-2023, ayant perçu le même salaire durant les 3 mois précédents. L'employeur complète 90 % du salaire brut à compter du 8e jour d'absence.

BULLETIN DE PAIE	**Du 01/01/2023 au 31/01/2023**			**À déduire**		**À ajouter**	
Salaire 151,67 h	151,67	19,30					2 927,23
Abs. maladie	13,00	133,06	*(2 927,23/22 jours ouvrés dans le mois) × 13 jours d'abs.*		1 729,78		
Complément de salaire			*À compter du 8e jour calendaire d'absence, l'employeur verse 90 % du salaire, déduction faite de la part des IJSS brutes perçues directement par le salarié. S avant déduction des IJSS = 133,06 × 8 jours ouvrés × 90 % = 958,03 €. IJSS perçues à c. du 4e j calendaire : [(2 927,23 × 3)/91,25/2] × 15 = 48,12 × 15 = 721,80 €. Part perçue à partir du 8e j calendaire : 48,12 × 11 = 529,32 €. Complément de salaire : 958,03 – 529,32*				428,71
TOTAL BRUT							**1 626,16**
Santé	Base			Part salarié		Part employeur	
SS – Maladie maternité invalidité décès	1 626,16		*Salaire ≤ 2,5 Smic*			7,00	113,83
Compl. santé	1 626,16			0,70	11,38	0,70	11,38
AT/MP	1 626,16					2,00	32,52
Retraite							
SS plafonnée	1 626,16			6,90	112,21	8,55	139,04
SS déplafonnée	1 626,16			0,40	6,50	1,90	30,90
Compl. T1	1 626,16			4,01	65,21	6,01	97,73
Famille	1 626,16		*Salaire ≤ 3,5 Smic*			3,45	56,10
Chômage	1 626,16					4,20	68,30
Autres contrib. dues par l'employeur			*Mobilité : 1 626,16 × 2,95 % = 47,97 ; Fnal : 1 626,16 × 0,5 % = 8,13 ; Solid. autonomie : 1 626,16 × 0,3 % = 4,88 ; Forfait social : 11,38 × 8 % = 0,91 ; Dialogue soc. : 1 626,16 × 0,016 % = 0,26 ; CFP : 1 626,16 × 1 % = 16,26 ; Apprentissage : 1 626,16 × 0,68 % = 11,06 ; Construction : 1 626,16 × 0,45 % = 7,32*				96,79
CSG déduc. de l'IR	1 609,08		*Assiette = [(1 626,16 × 98,25 %) + 11,38]*	6,80	109,42		
CSG/CRDS non déduc. de l'IR	1 609,08			2,90	46,66		
Exo. et allégem.							
Total cotis. et contrib.					**351,38**		**646,59**
NET SOCIAL			*1 626,16 – 351,38*				**1 274,78**
Remb. transport					+ 38,55		
NET À PAYER AVANT IMPÔT			*1 626,16 – 351,38 + 38,55*				**1 313,33**
Impôt/revenu	**Base**				**Taux**		**Montant**
Net imposable			*1 626,16 – (351,88 – 46,66) + 11,38*				1 332,82
Impôt prélevé	1 332,82					2,00	**26,66**
NET À PAYER AU SALARIÉ			*1 313,33 – 26,66*				**1 286,67**
Payé le 30/01/23	**Total versé employeur = 2 272,75** *(1 626,16 + 646,59)*						

ACTIVITÉ PARTIELLE

1. Cas général (nos 68075 s. et 68265 s. ; Données communes : no 94310)

95050 Non-cadre placé en activité partielle à raison d'une journée par semaine sur tout le mois de janvier 2023 (soit 7 heures × 4 jours = 28 heures). L'entreprise relève du régime de droit commun : le taux de l'indemnité versée au salarié est donc de 60 % (no 68050). L'indemnité d'activité partielle est soumise à la cotisation complémentaire santé en vertu du contrat de prévoyance souscrit par l'entreprise. Cette dernière calcule la retenue pour absence selon la méthode forfaitaire horaire.

BULLETIN DE PAIE	**Du 01/01/2023 au 31/01/2023**			**À déduire**		**À ajouter**	
Salaire 151,67 h	151,67						2 500,00
Prime de vacances			*Prime intégralement due malgré la réduction d'horaire*				600,00
Réduction d'horaire	28,00	16,48	*Taux = 2 500/151,67*		461,44		
Ind. activité partielle	28,00	9,89	*Taux = (2 500/151,67) × 60 %* *La prime de vacances, étant exclue du calcul de l'ind. de congés payés (no 59610), l'est aussi de celui de l'ind. d'activité partielle (no 68055)*				276,92
TOTAL BRUT							**2 915,48**
Santé	Base			Part salarié		Part employeur	
SS – Maladie maternité invalidité décès	2 638,56		*L'ind. d'activité partielle échappe aux cotisations* *Assiette = (2 500 – 461,44) + 600 = 2 038,56 + 600 = 2 638,56* *2 638,56 ≤ 2,5 Smic* *Smic pris en compte : 1 709,32 × (2 638,56/2 500) = 1 804,06*			7,00	184,70
Compl. santé	2 915,48			0,70	20,41	0,70	20,41
AT/MP	2 638,56					2,00	52,77
Retraite							
SS plafonnée	2 638,56			6,90	182,06	8,55	225,60
SS déplafonnée	2 638,56			0,40	10,55	1,90	50,13
Compl. T1	2 638,56			4,01	105,81	6,01	158,58
Famille	2 638,56					3,45	91,03
Chômage	2 638,56					4,20	110,82
Autres contrib. dues par l'employeur			*Mobilité : 2 638,56 × 2,95 % = 77,84 ; Fnal : 2 638,56 × 0,5 % = 13,19 ; Solid. autonomie : 2 638,56 × 0,3 % = 7,92 ; Forfait social : 20,41 × 8 % = 1,63 ; Dialogue soc. : 2 638,56 × 0,016 % = 0,42 ; CFP : 2 638,56 × 1,00 % = 26,39 ; Apprentissage : 2 638,56 × 0,68 % = 17,94 ; Construction : 2 638,56 × 0,45 % = 11,87*				157,20
CSG déduc. de l'IR	2 612,80		*Assiette = [(2 638,56 × 98,25 %) + 20,41]* *L'ind. d'activité partielle n'entre pas dans la base de la CSG non imposable sur salaire*	6,80	177,67		
CSG déduc. de l'IR sur ind.	272,07		*Assiette = 276,92 × 98,25 %*	3,80	10,34		
CSG/CRDS non déductible de l'IR	2 884,87		*Assiette = (2 915,48 × 98,25 %) + 20,41*	2,90	83,66		
Exo. et allégem.			***Employeur*** *Réduc. générale* *Smic pris en compte : 1 709,32 × 2 038,56/2 500 = 1 393,82* *1 393,82 × 1,6 = 2 230,11* *Rémunération soumise à cotis. (2 638,56) > 1,6 Smic (2 230,11), il n'y donc pas de réduction générale de cotis. patronales*				
Total cotis. et contrib.					**590,50**		**1 051,24**
NET SOCIAL			*2 915,48 – 590,50*				**2 324,98**
Remb. transport					+ 38,55		
NET À PAYER AVANT IMPÔT			*(2 915,48 – 590,50) + 38,55*				**2 363,53**
Impôt/revenu	**Base**				**Taux**		**Montant**
Net imposable			*2 915,48 – (590,50 – 83,66) + 20,41*				2 429,05
Impôt prélevé	2 429,05					8,00	**194,32**
NET À PAYER AU SALARIÉ			*2 363,53 – 194,32*				**2 169,21**
Payé le 30/01/23	**Total versé employeur = 3 966,72** *(2 915,48 + 1 051,24)*						

2. Rémunération minimale mensuelle (nos 68400 s. ; Données communes : n° 94310)

Non-cadre à temps plein payé au Smic placé en activité partielle à raison d'une journée par semaine sur tout le 95055
mois de janvier 2023 (soit 7 heures × 4 jours = 28 heures). Afin de lui garantir un salaire net au moins égal au Smic net, l'employeur complète l'indemnité d'activité partielle par une allocation complémentaire. Les indemnités d'activité partielle sont soumises à la cotisation complémentaire santé en vertu du contrat de prévoyance souscrit par l'entreprise. L'entreprise calcule la retenue pour absence selon la méthode forfaitaire horaire.

BULLETIN DE PAIE	**Du 01/01/2023 au 31/01/2023**			**À déduire**		**À ajouter**	
Salaire 151,67 h	151,67	11,27					1 709,32
Réduction d'horaire	28,00	11,27	*Taux = 1 709,32/151,67*		315,56		
Ind. activité partielle	28,00	6,76	*Taux = 11,27 × 60 %*				189,28
Garantie mini. mensuelle			*Taux cotis. sal. = 12,01 + (9,7 % CSG/CRDS × 0,9825) + (0,7 cotis. patr. santé × 9,7 % CSG/CRDS) = 21,60815* ***Smic net habituel** (tenant compte de la cotisation salariale frais de santé) = 1 709,32 × (1 – 0,2160815) = 1 709,32 × 0,783919 = **1 339,97*** *Rém. hors ind. : 1 709,32 – 315,56 = 1 393,76* *Rém. + ind. = 1 393,76 + 189,28 = 1 583,04* *Total cotis. avant Garantie = (1 583,04 × 0,70 %) + (1 583,04 × 0,70 % × 9,70 %) + (1 393,76 × 11,31 %) + (1 393,76 × 98,25 % × 9,70 %) = 302,60* *Garantie hors prévoyance = (1 339,97 + 302,60) – 1 583,04 = 59,53* *Garantie prévoyance incluse = 59,53 + (59,53 × 0,70 %) + [(59,53 × 0,9825 × 0,70 %) × 9,70 %] = 59,99*				59,99
TOTAL BRUT							**1 643,03**
Santé	Base			Part salarié		Part employeur	
SS – Maladie maternité invalidité décès	1 393,76		*Assiette = 1 709,32 – 315,56* *L'ind. d'activité partielle et la garantie échappent aux cotisations*			7,00	97,56
Compl. santé	1 643,03			0,70	11,50	0,70	11,50
AT/MP	1 393,76					2,00	27,88
Retraite							
SS plafonnée	1 393,76			6,90	96,17	8,55	119,17
SS déplafonnée	1 393,76			0,40	5,58	1,90	26,48
Compl. T1	1 393,76			4,01	55,89	6,01	83,76
Famille	1 393,76					3,45	48,08
Chômage	1 393,76					4,20	58,54
Autres contrib. dues par l'employeur			*Mobilité : 1 393,76 × 2,95 % = 41,12 ; Fnal : 1 393,76 × 0,5 % = 6,97 ; Solid. autonomie : 1 393,76 × 0,30 % = 4,18 ; Forfait social : 11,50 × 8 % = 0,92 ; Dialogue soc. : 1 393,76 × 0,016 % = 0,22 ; CFP : 1 393,76 × 1,00 % = 13,94 ; Apprentissage : 1 393,76 × 0,68 % = 9,48 ; Construction : 1 393,76 × 0,45 % = 6,27*				83,10
CSG déduc. de l'IR/sal.	1 380,87		*Assiette = [(1 393,76 × 98,25 %) + 11,50]*	6,80	93,90		
CSG/CRDS non déduc. de l'IR/sal.	1 380,87			2,90	40,05		
CSG déduc. de l'IR/ind.	244,91		*Assiette = (189,28 + 59,99) × 98,25 %*	3,80	9,31		
CSG/CRDS non déduc. de l'IR/ind.	244,91			2,90	7,10		
Exo. et allégem.			***Salarié*** *Ecrêtement CSG/CRDS* *En cas d'application de la garantie minimum mensuelle, la CSG et la CRDS sur l'indemnité et la garantie (9,31 + 7,10 = 16,41) sont intégralement écrêtées (n° 68432)* ***Employeur*** *Réduc. Générale* *Smic pris en compte : 1 709,32 × 1 393,76/1 709,32 = 1 393,76* *Coeff. réduction : (0,3231/0,6) × [(1,6 × 1 393,76/1 393,76) – 1] = 0,3231* *Montant réduc : 1 393,76 × 0,3231 = 450,32*		– 16,41		– 450,32
Total cotis. et contrib.					303,05		105,75
NET SOCIAL			*1 643,03 – 303,05*				**1 339,98**
Remb. transport					+ 38,55		
NET À PAYER AVANT IMPÔT			*1 643,03 – 303,05 + 38,55* *Le net à payer correspond donc au Smic net (1 339,97), auquel s'ajoute le remb. transport (38,55 €)*				**1 378,53**
Impôt/revenu	**Base**				**Taux**		**Montant**
Net imposable			*L'ind. d'activité partielle est soumise à l'IR : 1 643,03 – (303,05 – 40,05) + 11,50*				1 391,53
Impôt prélevé	1 391,53					2,00	27,83
NET À PAYER AU SALARIÉ			*1 378,53 – 27,83*				1 350,70
Payé le 30/01/23	**Total versé employeur = 1 748,78** *(1 643,03 + 105,75)*						

3. Salarié au Smic travaillant à temps partiel (n° 68065 ; Données communes : n° 94310)

95060 Salarié travaillant habituellement 32 heures par semaine dont l'horaire est réduit à 28 heures par semaine à compter du 6-1-2023. L'employeur lui verse une indemnité pour : 4 semaines × (32 – 28) = 16 heures d'activité partielle. L'indemnité d'activité partielle est soumise à la cotisation complémentaire santé en vertu du contrat de prévoyance souscrit par l'entreprise. Cette dernière calcule la retenue pour absence selon la méthode forfaitaire horaire.

BULLETIN DE PAIE	**Du 01/01/2023 au 31/01/2023**			**À déduire**		**À ajouter**	
Salaire 138,67 h	138,67	11,27					1 562,81
Réduction d'horaire	16,00	11,27	*Taux = 1 562,81/138,67*		180,32		
Ind. activité partielle	16,00	8,92	*11,27 × 60 % = 6,76 Ce montant étant inférieur au taux minimal (8,92), c'est celui-ci qui s'applique*				142,72
TOTAL BRUT							**1 525,21**
Santé	Base			Part salarié		Part employeur	
SS – Maladie maternité invalidité décès		1 382,49	*Assiette = 1 562,81 – 180,32*			7,00	96,77
Compl. santé		1 525,21		0,70	10,68	0,70	10,68
AT/MP		1 382,49				2,00	27,65
Retraite							
SS plafonnée		1 382,49		6,90	95,39	8,55	118,20
SS déplafonnée		1 382,49		0,40	5,53	1,90	26,27
Compl. T1		1 382,49		4,01	55,44	6,01	83,09
Famille		1 382,49				3,45	47,70
Chômage		1 382,49				4,20	58,06
Autres contrib. dues par l'employeur			*Mobilité : 1 382,49 × 2,95 % = 40,78 ; Fnal : 1 382,49 × 0,5 % = 6,91 ; Solid. autonomie : 1 382,49 × 0,3 % = 4,15 ; Forfait social : 10,68 × 8 % = 0,85 ; Dialogue soc. : 1 382,49 × 0,016 % = 0,22 ; CFP : 1 382,49 × 1,00 % = 13,82 ; Apprentissage : 1 382,49 × 0,68 % = 9,40 ; Construction : 1 382,49 × 0,45 % = 6,22*				82,35
CSG déduc. de l'IR/sal.		1 368,98	*Assiette = (1 382,49 × 98,25 %) + 10,68*	6,80	93,09		
CSG/CRDS non déduc. de l'IR/sal.		1 368,98		2,90	39,70		
CSG déduc. de l'IR/ind.		140,22	*Assiette = 142,72 × 98,25 %*	3,80	5,33		
CSG/CRDS non déduc. de l'IR/ind.		140,22		2,90	4,07		
Exo. et allégem.			***Salarié*** *Ecrêtement CSG/CRDS Pour un salarié au Smic, la CSG et la CRDS sur l'indemnité et la garantie (5,33 + 4,07 = 9,40) sont intégralement écrêtées (n° 68095)* ***Employeur*** *Réduc. Générale Smic pris en compte : 1 709,32 × 1 382,49/ 1 562,81 × 138,67/ 151,67 = 1 382,49 Coeff. réduc. : (0,3231/0,6) × [(1,6 × 1 382,49/1 382,49) – 1] = 0,3231 Montant réduc. : 1 382,49 × 0,3231 = 446,68*		– 9,40		– 446,68
Total cotis. et contrib.					**299,83**		**104,09**
NET SOCIAL			*1 525,21 – 299,83*				**1 225,38**
Remb. transport					+ 38,55		
NET À PAYER AVANT IMPÔT			*(1 525,21 – 299,83) + 38,55*				**1 263,93**
Impôt/revenu	**Base**				**Taux**		**Montant**
Net imposable			*1 525,21 – (299,83 – 39,70) + 10,68*				1 275,76
Impôt prélevé		1 275,76				2,00	25,52
NET À PAYER AU SALARIÉ			*1 263,93 – 25,52*				**1 238,41**
Payé le 30/01/23	**Total versé employeur = 1 629,30** *(1 525,21 + 104,09)*						

4. Écrêtement de la CRDS et de la CSG (n° 68095 ; Données communes : n° 94310)

Non-cadre à temps plein en activité partielle durant deux semaines complètes, soit 70 heures. Sa rému- 95065
nération nette globale (indemnité d'activité partielle nette + salaire net) étant inférieure au Smic brut (1 709,32 €) le dispositif d'écrêtement s'applique.

L'entreprise calcule la retenue pour absence selon la méthode forfaitaire horaire.

BULLETIN DE PAIE	**Du 01/01/2023 au 31/01/2023**			**À déduire**		**À ajouter**	
Salaire 151,67 h	151,67	15,90					2 411,55
Réduction d'horaire	70,00	15,90	*Taux = 2 411,55/151,67*		1 113,00		
Ind. activité partielle	70,00	9,54	*Taux = 15,90 × 60 %*				667,80
TOTAL BRUT							**1 966,35**
Santé	Base			Part salarié		Part employeur	
SS – Maladie maternité invalidité décès	1 298,55	*Assiette = 2 411,55 – 1 113,00 L'ind. d'activité partielle échappe aux cotisations*				7,00	90,90
Compl. santé	1 966,35			0,70	13,76	0,70	13,76
AT/MP	1 298,55					2,00	25,97
Retraite							
SS plafonnée	1 298,55			6,90	89,60	8,55	111,03
SS déplafonnée	1 298,55			0,40	5,19	1,90	24,67
Compl. T1	1 298,55			4,01	52,07	6,01	78,04
Famille	1 298,55					3,45	44,80
Chômage	1 298,55					4,20	54,54
Autres contrib. dues par l'employeur		*Mobilité : 1 298,55 × 2,95 % = 38,31 ; Fnal : 1 298,55 × 0,5 % = 6,49 ; Solid. autonomie : 1 298,55 × 0,3 % = 3,90 ; Forfait social : 13,76 × 8 % = 1,10 ; Dialogue soc. : 1 298,55 × 0,016 % = 0,21 ; CFP : 1 298,55 × 1,00 % = 12,99 ; Apprentissage : 1 298,55 × 0,68 % = 8,83 ; Construction : 1 298,55 × 0,45 % = 5,84*					77,67
CSG déduc. de l'IR/sal.	1 289,59	*Assiette = [(1 298,55 × 98,25 %) + 13,76]*		6,80	87,69		
CSG/CRDS non déduc. de l'IR/sal.	1 289,59			2,90	37,40		
CSG déduc. de l'IR/ind.	656,11	*Assiette = 667,80 × 98,25 %*		3,80	24,93		
CSG non déduc. de l'IR/ind.	656,11			2,40	15,75		
CRDS non déduc. de l'IR/ind.	656,11			0,50	3,28		
Exo. et allégem.		***Salarié** :* *Écrêtement CSG/CRDS :* *Total net (sal. net + ind. nettes) sans écrêtement : [(1 298,55 × (1 – 0,2160815)] + [667,80 – ((667,80 × 0,9825 × 6,7 %) + (667,80 × 0,7 %) + (667,80 × 0,7 % × 9,7 %))] = 1 636,68* *Ce montant étant inférieur au Smic brut (1 709,32), la CSG/CRDS sur indemnité est écrêtée à hauteur maximum de = 1 709,32 – 1 636,68 = 72,64.* *La CRDS : 3,28 est écrêtée en 1e pour la totalité, soit CRDS non déduct./ind. = 0,00* *La CSG non déduct. : 15,75 est écrêtée en 2e pour la totalité, soit CSG non déduct./ind. = 0,00* *Solde : 72,64 – (3,28 + 15,75) = 53,61* *Ce montant est imputé sur la CSG déduct. dans la limite de celle due sur l'indemnité (24,93), soit CSG déduct./ind. = 0,00* *Écrêtement total : 3,28 + 15,75 + 24,93 = 43,96* ***Employeur** :* *Réduc. Générale : Coeff. = 0,3231/0,6 × [(1,6 (1 709,32 × 1 298,55/2 411,55)/1 298,55) – 1] = 0,0722 et montant Réduc. = 1 298,55 × 0,0722 = 93,76*			– 43,96		– 93,76
Total cotis. et contrib.					**285,71**		**427,62**
NET SOCIAL		*1 966,35 – 285,71 L'indemnité d'activité partielle est comprise dans le net social*					**1 680,64**
Remb. transport					+ 38,55		
NET À PAYER AVANT IMPÔT		*1 966,35 – 285,71 + 38,55*					**1 719,19**
Impôt/revenu	**Base**			**Taux**			**Montant**
Net imposable		*1 966,35 – (285,71 – 37,40) + 13,76*					1 731,80
Impôt prélevé	1 731,80					2,00 %	**34,64**
NET À PAYER AU SALARIÉ		*1 719,19 – 34,64*					**1 684,55**
Payé le 30/01/23	**Total versé employeur = 2 393,97** *(1 966,35 + 427,62)*						

5. Indemnité complémentaire (n° 68120 ; Données communes : n° 94310)

95070 Cadre placé en activité partielle une journée par semaine sur tout le mois de janvier 2023 (soit 7 heures × 4 jours = 28 heures). L'employeur lui verse une indemnité complémentaire destinée à maintenir 70 % de son salaire brut habituel. L'indemnité complémentaire versée par l'employeur est intégralement soumise à cotisations et contributions comme un revenu d'activité. Les indemnités d'activité partielle sont soumises à la cotisation complémentaire santé en vertu du contrat de prévoyance souscrit par l'entreprise. L'entreprise calcule la retenue pour absence selon la méthode forfaitaire horaire.

BULLETIN DE PAIE	**Du 01/01/2023 au 31/01/2023**			**À déduire**		**À ajouter**	
Salaire 151,67 h	151,67	39,56					6 000,00
Réduction d'horaire	28,00	39,56	*Taux = 6 000/151,67*		1 107,68		
Ind. activité partielle	28,00	23,74	*Taux = (6 000/151,67) × 60 %*				664,72
Ind. compl. activité partielle	28,00	3,96	*Taux = (6 000/151,67) × 10 %*				110,88
TOTAL BRUT							**5 667,92**
Santé	Base			Part salarié		Part employeur	
SS – Maladie maternité invalidité décès	5 003,20		*Salaire soumis : 6 000 – 1 107,68 + 110,88 = 5 003,20*			7,00	350,22
SS – Maladie suppl.	5 003,20		*Salaire > 2,5 Smic Smic pris en compte : (11,27 × 151,67) × (5 003,20/6 000) = 1 425,34*			6,00	300,19
Compl. santé	3 666,00			0,70	25,66	0,70	25,66
Compl. décès cadre	3 666,00					1,50	54,99
AT/MP	5 003,20					2,00	100,06
Retraite							
SS plafonnée	3 666,00			6,90	252,95	8,55	313,44
SS déplafonnée	5 003,20			0,40	20,01	1,90	95,06
Compl. T1	3 666,00			4,01	147,01	6,01	220,33
Compl. T2	1 337,20		*Assiette = 5 003,20 – 3 666*	9,72	129,98	14,57	194,83
CET	5 003,20			0,14	7,00	0,21	10,51
Famille	5 003,20					3,45	172,61
Famille suppl.	5 003,20		*Salaire > 3,5 Smic Smic pris en compte : (11,27 × 151,67) × (5 003,20/6 000) = 1 425,34*			1,80	90,06
Chômage	5 003,20					4,20	210,13
Apec	5 003,20			0,024	1,20	0,036	1,80
Autres contrib. dues par l'employeur			*Mobilité : 5 003,20 × 2,95 % = 147,59 ; Fnal : 5 003,20 × 0,5 % = 25,01 ; Solid. autonomie : 5 003,20 × 0,3 % = 15,01 ; Forfait social : (25,66 + 54,99) × 8 % = 6,45 ; Dialogue soc. : 5 003,20 × 0,016 % = 0,80 ; CFP : 5 003,20 × 1,00 % = 50,03 ; Apprentissage : 5 003,20 × 0,68 % = 34,02 ; Construction : 5 003,20 × 0,45 % = 22,51*				301,43
CSG déduc. de l'IR/sal.	4 996,29		*Assiette = (5 003,20 × 98,25 %) + 25,66 + 54,99*	6,80	339,75		
CSG déduc. de l'IR/ind.	653,09		*Assiette = 664,72 × 98,25 %*	3,80	24,82		
CSG/CRDS non déduc. de l'IR	5 649,38		*Assiette = 4 996,29 + 653,09*	2,90	163,83		
Exo. et allégem.							
Total cotis. et contrib.					**1 112,21**		**2 441,32**
NET SOCIAL			*5 667,92 + 54,99 – 1 112,21 L'indemnité d'activité partielle, l'indemnité complémentaire d'activité partielle et la complémentaire décès cadre sont comprises dans le net social*				**4 610,70**
Remb. transport					+ 38,55		
NET À PAYER AVANT IMPÔT			*(5 667,92 – 1 112,21) + 38,55*				**4 594,26**
Impôt/revenu	**Base**				**Taux**		**Montant**
Net imposable			*5 667,92 – (1 112,21 – 163,83) + 25,66*				4 745,20
Impôt prélevé	4 745,20					8,00	379,62
NET À PAYER AU SALARIÉ			*4 594,26 – 379,62*				**4 214,64**
Payé le 30/01/23	**Total versé employeur = 8 109,24** *(5 667,92 + 2 441,32)*						

GRÈVE (nº 67430 ; Données communes : nº 94310)

95100 Salarié non cadre ayant travaillé un mois entier hormis 3 jours de grève (7 × 3 = 21 h). La retenue est calculée en fonction du nombre d'heures réel du mois considéré (7 × 22 = 154 h). Le salaire horaire à retenir pour son calcul s'établit à 1 895,88/154 = 12,31 €.

À noter : les années où le 1er janvier tombe sur un jour normalement travaillé, il doit être considéré comme du travail effectif pour le calcul de la retenue (voir nº 11150). Ce n'est pas le cas en 2023, puisque le 1er janvier tombe un dimanche.

BULLETIN DE PAIE	**Du 01/01/2023 au 31/01/2023**					
Salaire 151,67 h	151,67		1 895,88			
Absence	21,00	12,31	258,51			
TOTAL BRUT			**1 637,37**			
Santé	Base		Part salarié		Part employeur	
SS – Maladie maternité invalidité décès	1 637,37	*Salaire ≤ 2,5 Smic*			7,00	114,62
Compl. santé	1 637,37		0,70	11,46	0,70	11,46
AT/MP	1 637,37				2,00	32,75
Retraite						
SS plafonnée	1 637,37		6,90	112,98	8,55	140,00
SS déplafonnée	1 637,37		0,40	6,55	1,90	31,11
Compl. T1	1 637,37		4,01	65,66	6,01	98,41
Famille	1 637,37	*Salaire ≤ 3,5 Smic*			3,45	56,49
Chômage	1 637,37				4,20	68,77
Autres contrib. dues par l'employeur		*Mobilité : 1 637,37 × 2,95 % = 48,30 ; Fnal : 1 637,37 × 0,5 % = 8,19 ; Solid. autonomie : 1 637,37 × 0,3 % = 4,91 ; Forfait social : 11,46 × 8 % = 0,92 ; Dialogue soc. : 1 637,37 × 0,016 % = 0,26 ; CFP : 1 637,37 × 1 % = 16,37 ; Apprentissage : 1 637,37 × 0,68 % = 11,13 ; Construction : 1 637,37 × 0,45 % = 7,37*				97,45
CSG déduc. de l'IR	1 620,18	*Assiette : [(1 637,37 × 98,25 %) + 11,46]*	6,80	110,17		
CSG/CRDS non déduc. de l'IR	1 620,18		2,90	46,99		
Exo. et allégem.		***Employeur :*** *Smic proratisé = 1 709,32 × 1 637,37/1 895,88 = 1 476,25* *Coeff = (0,3231/0,6) × [(1,6 × 1 476,25/1 637,37) – 1] = 0,2383* *Montant réduc. = 1 637,37 × 0,2383 = 390,19*				– 390,19
Total cotis. et contrib.				**353,81**		**260,87**
NET SOCIAL		*1 637,37 – 353,81*				**1 283,56**
Remb. transport				+ 38,55		
NET À PAYER AVANT IMPÔT		*1 637,37 – 353,81 + 38,55*				**1 322,11**
Impôt/revenu	**Base**			**Taux**		**Montant**
Net imposable		*1 637,37 – (353,81 – 46,99) + 11,46*				1 342,01
Impôt prélevé	1 342,01				2,00	**26,84**
NET À PAYER AU SALARIÉ		*1 322,11 – 26,84*				**1 295,27**
Payé le 30/01/23	**Total versé employeur = 1 898,24** *(1 637,37 + 260,87)*					

DÉTACHEMENT À L'ÉTRANGER (n°s 71160 s. et 71620 s. ; Données communes : n° 94310)

95105 Salarié cadre, fiscalement domicilié en France, rémunéré par un employeur établi en France, pour un travail effectué à l'étranger n'ouvrant pas droit à l'exonération d'impôt sur le revenu mentionnée n° 71610. Il perçoit une indemnité d'expatriation non imposable de 540 €. Les cotisations sociales, ainsi que la CSG, sont dues aux conditions de droit commun.

BULLETIN DE PAIE	Du 01/01/2023 au 31/01/2023					
Salaire 151,67 h	151,67	3 500,00				
Indemnité d'expatriation		540,00				
TOTAL BRUT		**4 040,00**				
Santé	Base		Part salarié		Part employeur	
SS – Maladie maternité invalidité décès	4 040,00	*Salaire < 2,5 Smic*			7,00	282,80
Compl. santé	3 666,00		0,70	25,66	0,70	25,66
Compl. décès cadres	3 666,00				1,50	54,99
AT/MP	4 040,00				2,00	80,80
Retraite						
SS plafonnée	3 666,00		6,90	252,95	8,55	313,44
SS déplafonnée	4 040,00		0,40	16,16	1,90	76,76
Compl. T1	3 666,00		4,01	147,01	6,01	220,33
Compl. T2	374,00		9,72	36,35	14,57	54,49
CET	4 040,00		0,14	5,66	0,21	8,48
Famille	4 040,00	*Salaire ≤ 3,5 Smic*			3,45	139,38
Chômage	4 040,00				4,20	169,68
Apec	4 040,00		0,024	0,97	0,036	1,45
Autres contrib. dues par l'employeur		*Mobilité : 4 040,00 × 2,95 % = 119,18 ; Fnal : 4 040,00 × 0,5 % = 20,20 ; Solid. autonomie : 4 040,00 × 0,3 % = 12,12 ; Forfait social : (54,99 + 25,66) × 8 % = 6,45 ; Dialogue soc. : 4 040,00 × 0,016 % = 0,65 ; CFP : 4 040,00 × 1 % = 40,40 ; Apprentissage : 4 040,00 × 0,68 % = 27,47 ; Construction : 4 040,00 × 0,45 % = 18,18*				244,65
CSG déduc. de l'IR	4 049,95	*Assiette = (4 040,00 × 98,25 %) + 54,99 + 25,66*	6,80	275,40		
CSG/CRDS non déduc. de l'IR	4 049,95		2,90	117,45		
Exo. et allégem.						
Total cotis. et contrib.				**877,61**		**1 672,91**
NET SOCIAL		*(4 040,00 + 54,99) – 877,61* *L'indemnité d'expatriation est incluse dans le net social*				**3 217,38**
NET À PAYER AVANT IMPÔT		*4 040 – 877,61*				**3 162,39**
Impôt/revenu	**Base**			**Taux**		**Montant**
Net imposable		*3 500,00 – (877,61 – 117,45) + 25,66* *L'indemnité d'expatriation est exonérée d'impôt sur le revenu*				2 765,50
Impôt prélevé	2 765,50			8,00		**221,24**
NET À PAYER AU SALARIÉ		*3 162,39 – 221,24*				**2 941,15**
Payé le 30/01/23	**Total versé employeur = 5 712,91** *(4 040,00 + 1 672,91)*					

RETENUE À LA SOURCE FISCALE DES NON-RÉSIDENTS

(nos 28410 et 35800 s. ; Données communes : n° 94310)

Salarié cadre, fiscalement domicilié hors de France, rémunéré par un employeur établi en France, pour 95107
un travail effectué en France. L'employeur doit précompter la retenue à la source. La CSG et la CRDS ne sont, en revanche, pas dues.

BULLETIN DE PAIE	**Du 01/01/2023 au 31/01/2023**					
Salaire 151,67 h	151,67	3 850,00				
TOTAL BRUT		**3 850,00**				
Santé	Base		Part salarié		Part employeur	
SS – Maladie maternité invalidité décès	3 850,00	*Pas assujetti à la CSG, donc taux cotisation salariale maladie = 5,50 %*	5,50	211,75	7,00	269,50
Compl. santé	3 666,00		0,70	25,66	0,70	25,66
Compl. décès cadres	3 666,00				1,50	54,99
AT/MP	3 850,00				2,00	77,00
Retraite						
SS plafonnée	3 666,00		6,90	252,95	8,55	313,44
SS déplafonnée	3 850,00		0,40	15,40	1,90	73,15
Compl. T1	3 666,00		4,01	147,01	6,01	220,33
Compl. T2	184,00		9,72	17,88	14,57	26,81
CET	3 850,00		0,14	5,39	0,21	8,09
Famille	3 850,00	*Salaire ≤ 3,5 Smic*			3,45	132,83
Chômage	3 850,00				4,20	161,70
Apec	3 850,00		0,024	0,92	0,036	1,39
Autres contrib. dues par l'employeur		*Mobilité : 3 850,00 × 2,95 % = 113,58 ; Fnal : 3 850,00 × 0,5 % = 19,25 ; Solid. autonomie : 3 850,00 × 0,3 % = 11,55 ; Dialogue soc. : 3 850,00 × 0,016 % = 0,62 ; CFP : 3 850,00 × 1 % = 38,50 ; Apprentissage : 3 850,00 × 0,68 % = 26,18 ; Construction : 3 850,00 × 0,45 % = 17,33*				227,01
Exo. et allégem.						
Total cotis. et contrib.				**676,96**		**1 591,90**
NET SOCIAL		*(3 850,00 + 54,99) – 676,96*				**3 228,03**
NET À PAYER AVANT IMPÔT		*3 850,00 – 676,96*				**3 173,04**
Impôt/revenu	**Base**				**Taux**	**Montant**
Net imposable		*(3 850,00 – 676,96) + 25,66*				3 198,70
Impôt prélevé	*1 540,83*	*Base de la retenue : (net imposable × 90 %) – 1 338,00 (n° 96430) ; taux 12 % (n° 96430).*			12,00	**184,90**
NET À PAYER AU SALARIÉ		*3 173,04 – 184,90*				**2 988,14**
Payé le 30/01/23	**Total versé employeur = 5 441,90** *(3 850,00 + 1 591,90)*					

TRAVAIL À TEMPS PARTIEL

1. Réduction générale de cotisations patronales (n° 22160 ; Données communes : n° 94310)

95110 Salarié non cadre à employeur unique travaillant 24 heures par semaine.

BULLETIN DE PAIE	Du 01/01/2023 au 31/01/2023						
Salaire 104 h	104,00	12,50	1 300,00				
TOTAL BRUT			**1 300,00**				
Santé	Base			Part salarié		Part employeur	
SS – Maladie maternité invalidité décès	1 300,00	*Salaire ≤ 2,5 Smic*				7,00	91,00
Compl. santé	1 300,00			0,70	9,10	0,70	9,10
AT/MP	1 300,00					2,00	26,00
Retraite							
SS plafonnée	1 300,00			6,90	89,70	8,55	111,15
SS déplafonnée	1 300,00			0,40	5,20	1,90	24,70
Compl. T1	1 300,00			4,01	52,13	6,01	78,13
Famille	1 300,00	*Salaire ≤ 3,5 Smic*				3,45	44,85
Chômage	1 300,00					4,20	54,60
Autres contrib. dues par l'employeur		*Mobilité : 1 300,00 × 2,95 % = 38,35 ; Fnal : 1 300,00 × 0,5 % = 6,50 ; Solid. autonomie : 1 300,00 × 0,3 % = 3,90 ; Forfait social : 9,10 × 8 % = 0,73 ; Dialogue soc. : 1 300,00 × 0,016 % = 0,21 ; CFP : 1 300,00 × 1 % = 13,00 ; Apprentissage : 1 300,00 × 0,68 % = 8,84 ; Construction : 1 300,00 × 0,45 % = 5,85*					77,38
CSG déduc. de l'IR	1 286,35	*Assiette = [(1 300,00 × 98,25 %) + 9,10]*		6,80	87,47		
CSG/CRDS non déduc. de l'IR	1 286,35			2,90	37,30		
Exo. et allégem.		***Employeur :*** *Réduc. générale : Smic pris en compte. : 1 709,32 × 104/151,67 = 1 172,08 Coeff. = (0,3231/0,6) × [(1,6 × 1 172,08/1 300,00) – 1], soit 0,2383 Montant Réduc. = 1 300,00 × 0,2383 = 309,79*					
Total cotis. et contrib.					**280,90**		**207,12**
NET SOCIAL		*1 300,00 – 280,90*					**1 019,10**
Remb. transport					+ 38,55		
NET À PAYER AVANT IMPÔT		*1 300,00 – 280,90 + 38,55*					**1 057,65**
Impôt/revenu	**Base**				**Taux**		**Montant**
Net imposable		*1 300,00 – (280,90 – 37,30) + 9,10*					1 065,50
Impôt prélevé	1 065,50					2,00	**21,31**
NET À PAYER AU SALARIÉ		1 057,65 – 21,31					**1 036,34**
Payé le 30/01/23	**Total versé employeur = 1 507,12** *(1 300,00 + 207,12)*						

2. Réduction générale et heures complémentaires (nos 22160 et 74560 s. ; Données communes : n° 94310)

95120

Salarié non cadre travaillant à temps partiel pour un seul employeur selon un horaire mensuel de 130 heures pour un salaire de 1 625,00 €. Ce salarié a effectué 10 heures complémentaires en janvier 2023 rémunérées au taux normal majoré de 10 %, soit : (10 h × 12,50 €) + [(10 h × 12,50 €) × 10 %] = 137,50 €.

BULLETIN DE PAIE	**Du 01/01/2023 au 31/01/2023**					
Salaire 130 h	130,00	12,50	1 625,00			
Heures compl.	10,00	13,75	137,50			
TOTAL BRUT			**1 762,50**			
Santé	Base		Part salarié		Part employeur	
SS – Maladie maternité invalidité décès	1 762,50	*Salaire ≤ 2,5 Smic*			7,00	123,38
Compl. santé	1 762,50		0,70	12,34	0,70	12,34
AT/MP	1 762,50				2,00	35,25
Retraite						
SS plafonnée	1 762,50		6,90	121,61	8,55	150,69
SS déplafonnée	1 762,50		0,40	7,05	1,90	33,49
Compl. T1	1 762,50		4,01	70,68	6,01	105,93
Famille	1 762,50	*Salaire ≤ 3,5 Smic*			3,45	60,81
Chômage	1 762,50				4,20	74,03
Autres contrib. dues par l'employeur		*Mobilité : 1 762,50 × 2,95 % = 51,99 ; Fnal : 1 762,50 × 0,5 % = 8,81 ; Solid. autonomie : 1 762,50 × 0,3 % = 5,29 ; Forfait social : 12,34 × 8 % = 0,99 ; Dialogue soc. : 1 762,50 × 0,016 % = 0,28 ; CFP : 1 762,50 × 1 % = 17,63 ; Apprentissage : 1 762,50 × 0,68 % = 11,99 ; Construction : 1 762,50 × 0,45 % = 7,93*				104,91
CSG déduc. de l'IR	1 608,90	*Assiette = [(1 625,00 × 98,25 %) + 12,34]*	6,80	109,41		
CSG/CRDS non déduc. de l'IR	1 608,90		2,90	46,66		
CSG/CRDS non déduc. de l'IR sur heures compl.	135,09	*Assiette = 137,50 × 98,25 %*	9,70	13,10		
Exo. et allégem.		***Salarié :*** *Réd. Heures compl. : 137,50 × 11,31 = 15,55* ***Employeur :*** *Réduc. générale : Smic pris en compte. : [1 709,32 × 130/151,67] + (11,27 × 10) = 1 577,80 ; Coeff. = (0,3231/0,6) × [(1,6 × 1 577,80/1 762,50) – 1], soit 0,2328 ; Montant réduc = 1 762,50 × 0,2328 = 410,31*		– 15,55		– 410,31
Total cotis. et contrib.				**365,30**		**290,52**
NET SOCIAL		*1 762,50 – 365,30*				**1 397,20**
Remb. transport				+ 38,55		
NET À PAYER AVANT IMPÔT		*1 762,50 – 365,30 + 38,55*				**1 435,75**
Impôt/revenu	**Base**			**Taux**		**Montant**
Net imposable		*1 625,00 – (365,30 – 46,66 – 13,10) + 12,34*				1 331,80
Impôt prélevé	1 331,80				2,00	**26,64**
Montant net heures compl./suppl. exo.		*137,50 – (137,50 × 98,25 % × 6,80 %)*				**128,31**
NET À PAYER AU SALARIÉ		*1 435,75 – 26,64*				**1 409,11**
Payé le 30/01/23	**Total versé employeur = 2 053,02** *(1 762,50 + 290,52)*					

3. Réduction générale, heures complémentaires et complément d'heures (nos 22160, 74560 s. et 74600 s. ; Données communes : n° 94310)

95130 Non-cadre travaillant 25 heures par semaine (soit 108,33 heures par mois) pouvant en principe effectuer des heures complémentaires dans la limite de 8 heures par semaine. Pour la période du 2-1-2023 au 13-1-2023, il signe un avenant fixant temporairement sa durée du travail hebdomadaire à 30 heures avec possibilité d'accomplir 3 heures complémentaires par semaine. L'avenant prévoit que les heures de complément, soit 5 heures, sont majorées de 5 % et que les heures complémentaires sont majorées de 25 %. La semaine du 2 au 6 janvier, il a travaillé 30 heures, soit 25 h + 5 h de complément majorées de 5 %. La semaine du 9 au 13 janvier, il a travaillé 33 heures, soit 25 h + 5 h de complément majorées de 5 % + 3 h complémentaires majorées de 25 %. La semaine du 16 au 20, il a effectué l'horaire contractuel de 25 heures et la semaine du 23 au 27, il a travaillé 30,50 heures, soit 25 h + 2,50 h complémentaires majorées de 10 % + 3 h complémentaires majorées de 25 %.

BULLETIN DE PAIE	**Du 01/01/2023 au 31/01/2023**					
Salaire 108,33 h	108,33	13,00 — 1 408,29				
Complément 105 %	10,00	13,65 — 136,50				
Heures compl. 110 %	2,50	14,30 — 35,75				
Heures compl. 125 %	6,00	16,25 — 97,50				
TOTAL BRUT		**1 678,04**				
Santé	Base		Part salarié		Part employeur	
SS – Maladie maternité invalidité décès	1 678,04	*Salaire ≤ 2,5 Smic*			7,00	117,46
Compl. santé	1 678,04		0,70	11,75	0,70	11,75
AT/MP	1 678,04				2,00	33,56
Retraite						
SS plafonnée	1 678,04		6,90	115,78	8,55	143,47
SS déplafonnée	1 678,04		0,40	6,71	1,90	31,88
Compl. T1	1 678,04		4,01	67,29	6,01	100,85
Famille	1 678,04	*Salaire ≤ 3,5 Smic*			3,45	57,89
Chômage	1 678,04				4,20	70,48
Autres contrib. dues par l'employeur		*Mobilité : 1 678,04 × 2,95 % = 49,50 ; Fnal : 1 678,04 × 0,5 % = 8,39 ; Solid. autonomie : 1 678,04 × 0,3 % = 5,03 ; Forfait social : 11,75 × 8 % = 0,94 ; Dialogue soc. : 1 678,04 × 0,016 % = 0,27 ; CFP : 1 678,04 × 1 % = 16,78 ; Apprentissage : 1 678,04 × 0,68 % = 11,41 ; Construction : 1 678,04 × 0,45 % = 7,55*				99,87
CSG déduc. de l'IR	1 529,51	*1 408,29 + 136,50 = 1 544,79 Assiette = [(1 544,79 × 98,25 %) + 11,75]*	6,80	104,01		
CSG/CRDS non déduc. de l'IR	1 529,51		2,90	44,36		
CSG/CRDS non déduc. de l'IR sur heures compl.	130,92	*35,75 + 97,50 = 133,25 Assiette = 133,25 × 98,25 %*	9,70	12,70		
Exo. et allégem.		***Salarié*** *Réduc. cotis. heures compl. : 133,25 × 11,31 % = 15,07* ***Employeur*** *Réduc. générale Smic retenu pour le calcul du coeff. : [1 709,32 × 108,33/151,67] + (11,27 × 18,50) = 1 429,37 Coeff. réduction de la période = (0,3231/0,6) × [(1,6 × 1 429,37/1 678,04) – 1], soit 0,1954 Réduction du mois = 1 678,04 × 0,1954 = 327,89*		– 15,07		– 327,89
Total cotis. et contrib.				**347,53**		**339,32**
NET SOCIAL		*1 678,04 – 347,53*				**1 330,51**
Remb. transport				+ 38,55		
NET À PAYER AVANT IMPÔT		*1 678,04 – 347,53 + 38,55*				**1 369,06**
Impôt/revenu	**Base**			**Taux**		**Montant**
Net imposable		*[(1 408,29 + 136,50) – (347,53 – 44,36 – 12,70)] + 11,75*				1 266,07
Impôt prélevé	1 266,07			2,00		**25,32**
Montant net heures compl./suppl. exo.		*133,25 – (133,25 × 98,25 % × 6,80 %)*				**124,35**
NET À PAYER AU SALARIÉ		*1 369,06 – 25,32*				**1 343,74**
Payé le 30/01/23	**Total versé employeur = 2 017,36** *(1 678,04 + 339,32)*					

4. Salariés à employeurs multiples (nos 68920 s. ; Données communes : n° 94310)

95140

Salarié non cadre, à temps partiel, travaillant simultanément pour d'autres employeurs. L'employeur concerné verse au salarié une rémunération de 1 000 €. Dans l'exemple, les salaires versés en janvier 2023 par les autres employeurs se sont élevés à 3 200 €. Le total des rémunérations perçues par le salarié s'établit à 4 200 €. Pour le calcul du plafond, l'employeur a opté pour les règles prévues pour les salariés à employeurs multiples. Le plafond peut donc être ramené, par l'effet de la proratisation, à : 3 666 × 1 000/4 200 = 872,86 €.

BULLETIN DE PAIE	**Du 01/01/2023 au 31/01/2023**					
Salaire 50,00 h	50,00	20,00	1 000,00			
TOTAL BRUT			**1 000,00**			
Santé	Base		Part salarié		Part employeur	
SS – Maladie maternité invalidité décès	1 000,00	*Salaire ≤ 2,5 Smic*			7,00	70,00
Compl. santé	872,86	*Le salarié a choisi de cotiser à la mutuelle de l'entreprise*	0,70	6,11	0,70	6,11
AT/MP	1 000,00				2,00	20,00
Retraite						
SS plafonnée	872,86		6,90	60,23	8,55	74,63
SS déplafonnée	1 000,00		0,40	4,00	1,90	19,00
Compl. T1	872,86		4,01	35,00	6,01	52,46
Compl. T2	127,14	*Assiette = 1 000,00 – 872,86*	9,72	12,36	14,57	18,52
CET	1 000,00		0,14	1,40	0,21	2,10
Famille	1 000,00	*Salaire ≤ 3,5 Smic*			3,45	34,50
Chômage	1 000,00				4,20	42,00
Autres contrib. dues par l'employeur		*Mobilité : 1 000,00 × 2,95 % = 29,50 ; Fnal : 1 000,00 × 0,5 % = 5,00 ; Solid. autonomie : 1 000,00 × 0,3 % = 3,00 ; Forfait social : 6,11 × 8 % = 0,49 ; Dialogue soc. : 1 000,00 × 0,016 % = 0,16 ; CFP : 1 000,00 × 1 % = 10,00 ; Apprentissage : 1 000,00 × 0,68 % = 6,80 ; Construction : 1 000,00 × 0,45 % = 4,50*				59,45
CSG déduc. de l'IR	988,61	*Assiette = [(1 000,00 × 98,25 %) + 6,11]*	6,80	67,23		
CSG/CRDS non déduc. de l'IR	988,61		2,90	28,67		
Exo. et allégem.						
Total cotis. et contrib.				**215,00**		**398,77**
NET SOCIAL		*1 000,00 – 215,00*				**785,00**
Remb. transport		*38,55 × 50/75,84*		+ 25,42		
NET À PAYER AVANT IMPÔT		*1 000,00 – 215,00 + 25,42*				**810,42**
Impôt/revenu	**Base**			**Taux**		**Montant**
Net imposable		*1 000,00 – (215,00 – 28,67) + 6,11*				819,78
Impôt prélevé	819,78				0,00	**0,00**
NET À PAYER AU SALARIÉ						**810,42**
Payé le 30/01/23	**Total versé employeur = 1 398,77** *(1 000,00 + 398,77)*					

5. Cotisations de retraite sur salaire à temps plein (nos 75200 s. ; Données communes : n° 94310)

95150 Salarié non cadre travaillant à temps partiel pour un seul employeur selon un horaire mensuel de 130 heures pour un salaire de 3 250,00 € (durée du travail à temps complet : 151,67 heures). Il a été décidé de calculer les cotisations d'assurance vieillesse et de retraite complémentaire sur une rémunération à temps complet. Ces cotisations sont donc calculées pour une rémunération à temps plein de : 3 250,00 × 151,67/130 = 3 791,75 €. Cette option écarte la réduction d'assiette des cotisations plafonnées de sécurité sociale. Le calcul des cotisations d'assurance chômage sur une rémunération à temps complet n'est pas applicable dans l'entreprise.

BULLETIN DE PAIE	**Du 01/01/2023 au 31/01/2023**					
Salaire 130 h	130,00	25,00	3 250,00			
TOTAL BRUT			**3 250,00**			
Santé	Base		Part salarié		Part employeur	
SS – Maladie maternité invalidité décès	3 250,00	*Salaire ≤ 2,5 Smic*			7,00	227,50
Compl. santé	3 142,22	*Plafond temps partiel : 3 666 × 130/151,67*	0,70	22,00	0,70	22,00
AT/MP	3 250,00				2,00	65,00
Retraite						
SS plafonnée	3 666,00		6,90	252,95	8,55	313,44
SS déplafonnée	3 791,75		0,40	15,17	1,90	72,04
Compl. T1	3 666,00		4,01	147,01	6,01	220,33
Compl. T2	125,75	*Assiette = 3 791,75 – 3 666,00*	9,72	12,22	14,57	18,32
CET	3 791,75		0,14	5,31	0,21	7,96
Famille	3 250,00	*Salaire ≤ 3,5 Smic*			3,45	112,13
Chômage	3 250,00				4,20	136,50
Autres contrib. dues par l'employeur		*Mobilité : 3 250,00 × 2,95 % = 95,88 ; Fnal : 3 250,00 × 0,5 % = 16,25 ; Solid. autonomie : 3 250,00 × 0,3 % = 9,75 ; Forfait social : 22,00 × 8 % = 1,76 ; Dialogue soc. : 3 250,00 × 0,016 % = 0,52 ; CFP : 3 250,00 × 1 % = 32,50 ; Apprentissage : 3 250,00 × 0,68 % = 22,10 ; Construction : 3 250,00 × 0,45 % = 14,63*				193,39
CSG déduc. de l'IR	3 215,13	*Assiette = [(3 250 × 98,25 %) + 22,00]*	6,80	218,63		
CSG/CRDS non déduc. de l'IR	3 215,13		2,90	93,24		
Exo. et allégem.						
Total cotis. et contrib.				**766,53**		**1 388,61**
NET SOCIAL		*3 250,00 – 766,53* *Le supplément de cotisations est exclu du net social (Q.R. min. trav. du 7-2-2023 n° 2.16).*				**2 483,47**
Remb. transport				+ 38,55		
NET À PAYER AVANT IMPÔT		*3 250,00 – 766,53 + 38,55*				**2 522,02**
Impôt/revenu	**Base**			**Taux**		**Montant**
Net imposable		*3 250,00 – (766,53 – 93,24) + 22,00*				2 598,71
Impôt prélevé	2 598,71				8,00	**207,90**
NET À PAYER AU SALARIÉ		*2 522,02 – 207,90*				**2 314,12**
Payé le 30/01/23	**Total versé employeur = 4 638,61** *(3 250,00 + 1 388,61)*					

6. Cotisations de retraite sur salaire temps plein avec prise en charge du supplément par l'employeur

(n°s 75250, 75290 et 75410 ; Données communes : n° 94310)

Non-cadre travaillant à temps partiel pour un seul employeur selon un horaire mensuel de 130 heures pour un salaire de 3 250,00 € (durée du travail à temps complet : 151,67 heures). Cotisations d'assurance vieillesse et de retraite complémentaire calculées sur salaire à temps complet (3 250,00 × 151,67/130 = 3 791,75 €) avec prise en charge par l'employeur du supplément de cotisations salariales en résultant. Le calcul des cotisations d'assurance chômage sur une rémunération à temps complet n'est pas applicable dans l'entreprise. 95160

BULLETIN DE PAIE	**Du 01/01/2023 au 31/01/2023**					
Salaire 130 h	130,00	25,00	3 250,00			
TOTAL BRUT			**3 250,00**			
Santé	Base		Part salarié		Part employeur	
SS – Maladie maternité invalidité décès	3 250,00	*Salaire ≤ 2,5 Smic*			7,00	227,50
Compl. santé	3 142,22	*Plafond temps partiel : 3 666 × 130/151,67*	0,70	22,00	0,70	22,00
AT/MP	3 250,00				2,00	65,00
Retraite						
SS plafonnée	3 142,22	*Plafond temps partiel : 3 666 × 130/151,67*	6,90	216,81	8,55	268,66
SS plafonnée temps plein	523,78	*Supplément plafond temps plein sur lequel l'employeur règle les parts patronale et salariale : 3 666 – 3 142,22*			15,45	80,92
SS déplafonnée	3 250,00		0,40	13,00	1,90	61,75
SS déplafonnée temps plein	541,75	*Supplément salaire temps plein sur lequel l'employeur règle les parts patronale et salariale : 3 791,75 – 3 250,00*			2,30	12,46
Compl. T1	3 142,22		4,01	126,00	6,01	188,85
Compl. temps plein T1	523,78				10,02	52,48
Compl. T2	107,78	*Assiette = 3 250,00 – 3 142,22*	9,72	10,48	14,57	15,70
Compl. temps plein T2	17,97	*Supplément T2 salaire temps plein sur lequel l'employeur règle les parts patronale et salariale : 3 791,75 – (3 142,22 + 523,78 + 107,78)*			24,29	4,36
CET	3 250,00		0,14	4,55	0,21	6,83
Compl. temps plein CET	541,75				0,35	1,90
Famille	3 250,00	*Salaire ≤ 3,5 Smic*			3,45	112,13
Chômage	3 250,00				4,20	136,50
Autres contrib. dues par l'employeur		*Mobilité : 3 250,00 × 2,95 % = 95,88 ; Fnal : 3 250,00 × 0,5 % = 16,25 ; Solid. autonomie : 3 250,00 × 0,3 % = 9,75 ; Forfait social : 22,00 × 8 % = 1,76 ; Dialogue soc. : 3 250,00 × 0,016 % = 0,52 ; CFP : 3 250,00 × 1 % = 32,50 ; Apprentissage : 3 250,00 × 0,68 % = 22,10 ; Construction : 3 250,00 × 0,45 % = 14,63*				193,39
CSG déduc. de l'IR	3 215,13	*Assiette = [(3 250,00 × 98,25 %) + 22,00]*	6,80	218,63		
CSG/CRDS non déduc. de l'IR	3 215,13		2,90	93,24		
Exo. et allégem.						
Total cotis. et contrib.				**704,71**		**1 450,43**
NET SOCIAL		*Le net social sera complété dès que les précisions administratives nécessaires seront connues*				
Remb. transport				+ 38,55		
NET À PAYER AVANT IMPÔT		*3 250,00 – 704,71 + 38,55*				**2 583,84**
Impôt/revenu	**Base**			**Taux**		**Montant**
Net imposable		*3 250,00 – (704,71 – 93,24) + 22,00*				2 660,53
Impôt prélevé	2 660,53				8,00	**212,84**
NET À PAYER AU SALARIÉ		*2 583,84 – 212,84*				**2 371,00**
Payé le 30/01/23	**Total versé employeur = 4 700,43** *(3 250,00 + 1 450,43)*					

CONTRAT À DURÉE DÉTERMINÉE

1. Début de contrat (n° 75800 ; Données communes : n° 94310)

95170 Salarié non cadre dont le contrat à durée déterminée, conclu pour accroissement temporaire d'activité de l'entreprise, a commencé le 11-1-2023. Le nombre d'heures pour le mois complet s'élève à 154 heures. Les heures à rémunérer sont au nombre de 105 (7 × 15). Le bulletin de paie de janvier fait apparaître le salaire mensuel complet, puis une déduction correspondant aux heures non travaillées, soit 154 – 105 = 49 h. Le salarié est dispensé à sa demande d'adhérer à la mutuelle de l'entreprise et ne bénéficie pas du versement santé car il ne justifie pas d'une adhésion à une mutuelle individuelle.

BULLETIN DE PAIE	**Du 11/01/2023 au 31/01/2023**						
Salaire 151,67 h	151,67	12,50					1 895,88
Déduction entrée	49	12,31	*Salaire horaire : 1 895,88/154*				603,19
TOTAL BRUT							**1 292,69**
Santé	Base			Part salarié		Part employeur	
SS – Maladie maternité invalidité décès	1 292,69	*Salaire ≤ 2,5 Smic*				7,00	90,49
AT/MP	1 292,69					2,00	25,85
Retraite							
SS plafonnée	1 292,69			6,90	89,20	8,55	110,52
SS déplafonnée	1 292,69			0,40	5,17	1,90	24,56
Compl. T1	1 292,69			4,01	51,84	6,01	77,69
Famille	1 292,69	*Salaire ≤ 3,5 Smic*				3,45	44,60
Chômage	1 292,69					4,20	54,29
Autres contrib. dues par l'employeur		*Mobilité : 1 292,69 × 2,95 % = 38,13 ; Fnal : 1 292,69 × 0,5 % = 6,46 ; Solid. autonomie : 1 292,69 × 0,3 % = 3,88 ; Dialogue soc. : 1 292,69 × 0,016 % = 0,21 ; CFP : 1 292,69 × 1 % = 12,93 ; CFP-CDD : 1 292,69 × 1 % = 12,93 ; Apprentissage : 1 292,69 × 0,68 % = 8,79 ; Construction : 1 292,69 × 0,45 % = 5,82*					89,15
CSG déduc. de l'IR	1 270,07	*Assiette = 1 292,69 × 98,25 %*		6,80	86,36		
CSG/CRDS non déduc. de l'IR	1 270,07			2,90	36,83		
Exo., écrêt. et allégem.		***Employeur*** *Réduc. générale : Smic pris en compte : 1 709,32 × 1 292,69/1 895,88 = 1 165,49 Coeff. réduc. : (0,3231/0,6) × [(1,6 × 1 165,49/1 292,69) – 1] = 0,2383*					– 308,05
Total cotis. et contrib.					**269,40**		**209,10**
NET SOCIAL		*1 292,69 – 269,40*					**1 023,29**
Remb. transport					+ 38,55		
NET À PAYER AVANT IMPÔT		*1 292,69 – 269,40 + 38,55*					**1 061,84**
Impôt/revenu	**Base**				**Taux**		**Montant**
Net imposable		*1 292,69 – (269,40 – 36,83)*					1 060,12
Impôt prélevé	1 060,12					2,00	**21,20**
NET À PAYER AU SALARIÉ		*1 061,84 – 21,20*					**1 040,64**
Payé le 30/01/23	**Total versé employeur = 1 501,79** *(1 292,69 + 209,10)*						

2. Fin de contrat (n°s 76280 s. ; Données communes : n° 94310)

Salarié non cadre terminant le 31-1-2023 un contrat à durée déterminée conclu pour un mois. Il perçoit à son départ, outre son salaire de janvier, l'indemnité de fin de contrat et une indemnité compensatrice de congés payés (ICCP). Il est dispensé à sa demande d'adhérer à la mutuelle de l'entreprise et ne bénéficie pas du versement santé car il ne justifie pas d'une adhésion à une mutuelle individuelle. 95180

BULLETIN DE PAIE	**Du 01/01/2023 au 31/01/2023**						
Salaire 151,67 h	151,67	12,50					1 895,88
Ind. fin contrat	1 895,88	10 %					189,59
ICCP	2 085,47	10 %	*1 895,88 + 189,59 = 2 085,47*				208,55
TOTAL BRUT							**2 294,02**
Santé	Base			Part salarié		Part employeur	
SS – Maladie maternité invalidité décès	2 294,02	*Salaire ≤ 2,5 Smic*				7,00	160,58
AT/MP	2 294,02					2,00	45,88
Retraite							
SS plafonnée	2 294,02			6,90	158,29	8,55	196,14
SS déplafonnée	2 294,02			0,40	9,18	1,90	43,59
Compl. T1	2 294,02			4,01	91,99	6,01	137,87
Famille	2 294,02	*Salaire ≤ 3,5 Smic*				3,45	79,14
Chômage	2 294,02					4,20	96,35
Autres contrib. dues par l'employeur		*Mobilité : 2 294,02 × 2,95 % = 67,67 ; Fnal : 2 294,02 × 0,5 % = 11,47 ; Solid. autonomie : 2 294,02 × 0,3 % = 6,88 ; Dialogue soc. : 2 294,02 × 0,016 % = 0,37 ; CFP : 2 294,02 × 1 % = 22,94 ; CPF-CDD : 2 294,02 × 1 % = 22,94 ; Apprentissage : 2 294,02 × 0,68 % = 15,60 ; Construction : 2 294,02 × 0,45 % = 10,32*					158,19
CSG déduc. de l'IR	2 253,87	*Assiette = 2 294,02 × 98,25 %*		6,80	153,26		
CSG/CRDS non déduc. de l'IR	2 253,87			2,90	65,36		
Exo. et allégem.		***Employeur*** *Réduc. générale Coeff. réduction générale : (0,3231/0,6) × [(1,6 × 1 709,32/ 2 294,02) – 1], soit 0,1035 Les indemnités de fin de contrat et compensatrice de congés payés ne sont pas prises en compte*					– 237,43
Total cotis. et contrib.					**478,08**		**680,31**
NET SOCIAL		*2 294,02 – 478,08*					**1 815,94**
Remb. transport					+ 38,55		
NET À PAYER AVANT IMPÔT		*2 294,02 – 478,08 + 38,55*					**1 854,49**
Impôt/revenu	**Base**				**Taux**		**Montant**
Net imposable		*2 294,02 – (478,08 – 65,36)*					1 881,30
Impôt prélevé	1 881,30					2,00	**37,63**
NET À PAYER AU SALARIÉ		*1 854,49 – 37,63*					**1 816,86**
Payé le 30/01/23	**Total versé employeur = 2 974,33** *(2 294,02 + 680,31)*						

DIRIGEANT DE SOCIÉTÉ

MANDATAIRE SOCIAL SANS CONTRAT DE TRAVAIL (nos 76850 s. ; Données communes : n° 94310)

95190 Gérant minoritaire de SARL relevant à ce titre du régime général et du régime Agirc-Arrco. Il perçoit tous les mois une indemnité forfaitaire de gérance de 2 000 €. Du fait de l'absence de contrat de travail, la réduction générale de cotisations ainsi que la réduction des taux des cotisations AF et maladie ne s'appliquent pas, et les contributions chômage et au dialogue social ainsi que le versement mobilité ne sont pas dus. Il est rattaché pour la prévoyance au contrat liant l'entreprise.

BULLETIN DE PAIE	**Du 01/01/2023 au 31/01/2023**					
Indemnité de gérance		2 000,00				
TOTAL BRUT		**2 000,00**				
Santé	Base		Part salarié		Part employeur	
SS – Maladie maternité invalidité décès	2 000,00	*Même inférieure à 2,5 Smic, la rémunération du mandat social n'ouvre pas droit à réduction du taux*			7,00	140,00
SS – Maladie suppl.	2 000,00				6,00	120,00
Compl. santé	2 000,00		0,70	14,00	0,70	14,00
Compl. décès cadres	2 000,00				1,50	30,00
AT/MP	2 000,00				2,00	40,00
Retraite						
SS plafonnée	2 000,00		6,90	138,00	8,55	171,00
SS déplafonnée	2 000,00		0,40	8,00	1,90	38,00
Compl. T1	2 000,00		4,01	80,20	6,01	120,20
Famille	2 000,00	*Même inférieure à 3,5 Smic, la rémunération du mandat social n'ouvre pas droit à réduction du taux*			3,45	69,00
Famille suppl.	2 000,00				1,80	36,00
Chômage						
Apec	2 000,00		0,024	0,48	0,036	0,72
Autres contrib. dues par l'employeur		*Fnal : 2 000,00 × 0,5 % = 10,00 ; Solid. autonomie : 2 000,00 × 0,3 % = 6,00 ; Forfait social : (30,00 + 14,00) × 8 % = 3,52 ; CFP : 2 000 × 1,00 % = 20,00 ; Apprentissage : 2 000 × 0,68 % = 13,60 ; Construction : 2 000 × 0,45 % = 9,00*				62,12
CSG déduc. de l'IR	2 009,00	*Assiette = [(2 000 × 98,25 %) + 14,00 + 30]*	6,80	136,61		
CSG/CRDS non déduc. de l'IR	2 009,00		2,90	58,26		
Exo. et allégem.						
Total cotis. et contrib.				**435,55**		**841,04**
NET SOCIAL		*(2 000,00 + 30,00) – 435,55*				**1 594,45**
NET À PAYER AVANT IMPÔT		*2 000 – 435,55*				**1 564,45**
Impôt/revenu	**Base**			**Taux**		**Montant**
Net imposable		*2 000 – (435,55 – 58,26) + 14*				1 636,71
Impôt prélevé	1 636,71				2,00	**32,73**
NET À PAYER AU SALARIÉ		*1 564,45 – 32,73*				**1 531,72**
Payé le 30/01/23	**Total versé employeur = 2 841,04** *(2 000,00 + 841,04)*					

HEURES DE DÉLÉGATION DES REPRÉSENTANTS DU PERSONNEL

(n° 79180 ; Données communes : n° 94310)

Salarié non cadre élu au comité social et économique dans une entreprise de 240 salariés, ayant pris 95200
20 heures de délégation pour le mois. Sur ces 20 heures, 3 ont été prises en dehors de l'horaire normal de travail en raison des nécessités du mandat. Ces 3 heures sont rémunérées au taux de base de 11,88 € et donnent lieu à un droit à repos de 45 minutes, car, dans l'hypothèse retenue, les majorations pour heures supplémentaires sont attribuées sous forme de repos. Ce repos devra figurer sur une fiche annexe jointe au bulletin de paie. L'entreprise employant 200 salariés, la déduction forfaitaire de cotisations patronales examinée n°s 7800 s. pour heures supplémentaires s'applique.

Les 20 heures de délégation apparaîtront sur une autre fiche annexe du bulletin de paie. D'autre part, le salarié a passé 5 heures de réunion mensuelle avec l'employeur. Ces heures sont rémunérées sans être distinguées des autres heures travaillées.

BULLETIN DE PAIE	**Du 01/01/2023 au 31/01/2023**					
Salaire 151,67 h	151,67	11,88	1 801,84			
Heures suppl. 100 %	3,00	11,88	35,64			
TOTAL BRUT			**1 837,48**			
Santé	Base		Part salarié		Part employeur	
SS – Maladie maternité invalidité décès	1 837,48	*Salaire ≤ 2,5 Smic*			7,00	128,62
Compl. santé	1 837,48		0,70	12,86	0,70	12,86
AT/MP	1 837,48				2,00	36,75
Retraite						
SS plafonnée	1 837,48		6,90	126,79	8,55	157,10
SS déplafonnée	1 837,48		0,40	7,35	1,90	34,91
Compl. T1	1 837,48		4,01	73,68	6,01	110,43
Famille	1 837,48	*Salaire ≤ 3,5 Smic*			3,45	63,39
Chômage	1 837,48				4,20	77,17
Autres contrib. dues par l'employeur		*Mobilité : 1 837,48 × 2,95 % = 54,21 ; Fnal : 1 837,48 × 0,5 % = 9,19 ; Solid. autonomie : 1 837,48 × 0,3 % = 5,51 ; Forfait social : 12,86 × 8 % = 1,03 ; Dialogue soc. : 1 837,48 × 0,016 % = 0,29 ; CPF : 1 837,48 × 1 % = 18,37 ; Apprentissage : 1 837,48 × 0,68 % = 12,49 ; Construction : 1 837,48 × 0,45 % = 8,27*				109,36
CSG déduc. de l'IR	1 783,17	*Assiette = (1 801,84 × 98,25 %) + 12,86*	6,80	121,26		
CSG/CRDS non déduc. de l'IR	1 783,17		2,90	51,71		
CSG/CRDS non déduc. de l'IR sur heures suppl.	35,02	*35,64 × 98,25 %*	9,70	3,40		
Exo. et allégem.		***Salarié :*** *Réd. Heures Suppl. : 35,64 × 11, 31 % = 4,03* ***Employeur :*** *Déduc. Heures Suppl. : 3 × 0,50 = 1, 50 Réduc. Générale : Coeff. = (0,3231/0,6) × [(1,6 × 1 709,28 + (11,27 × 3)/1 837,48) – 1] = 0,2788 et montant Réduc. : 1 837,48 × 0,2788 = 512,29 Total exo employeur : 512,29 + 1,50 = 513,79*		– 4,03		– 513,79
Total cotis. et contrib.				**393,02**		**216,80**
NET SOCIAL		*1 837,48 – 393,02*				**1 444,46**
Remb. transport				+ 38,55		
NET À PAYER AVANT IMPÔT		*1 837,48 – 393,02 + 38,55*				**1 483,01**
Impôt/revenu	**Base**			**Taux**		**Montant**
Net imposable		*1 801,84 – [393,02 – (51,71 + 3,40)] + 12,86*				1 476,79
Impôt prélevé	1 476,79				2,00	29,54
Montant net heures compl./suppl. exo.		*35,64 – (35,64 × 98,25 % × 6,80 %)*				33,26
NET À PAYER AU SALARIÉ		*1 483,01 – 29,54*				**1 453,47**
Payé le 30/01/23	**Total versé employeur = 2 054,28** *(1 837,48 + 216,80)*					

VRP

1. VRP non cadre exclusif (n° 82700 ; Données communes : n° 94310)

95210 Salarié VRP exclusif, non cadre, travaillant sans horaire contrôlable, pour lequel l'employeur applique la déduction forfaitaire spécifique (DFS) de 30 % à l'assiette des cotisations, avec l'accord du salarié. Il y a lieu d'écrêter le montant de la réduction générale de cotisations patronales car le montant de réduction calculé avec application de la DFS est supérieur au montant de réduction qui aurait été calculé si la DFS n'avait pas été appliquée, majoré de 130 % (voir n°s 22270 s.).

BULLETIN DE PAIE	**Du 01/01/2023 au 31/01/2023**					
Fixe mensuel		2 400,00				
TOTAL BRUT		**2 400,00**				
BRUT ABATTU		**1 680,00**				
Santé	Base		Part salarié		Part employeur	
SS – Maladie maternité invalidité décès	1 680,00	*1 680,00 ≤ 2,5 Smic*			7,00	117,60
Compl. santé	1 680,00		0,70	11,76	0,70	11,76
AT/MP	1 680,00				2,00	33,60
Retraite						
SS plafonnée	1 680,00		6,90	115,92	8,55	143,64
SS déplafonnée	1 680,00		0,40	6,72	1,90	31,92
Compl. T1	1 680,00		4,01	67,37	6,01	100,97
Famille	1 680,00	*1 680,00 ≤ 3,5 Smic*			3,45	57,96
Chômage	1 680,00				4,20	70,56
Autres contrib. dues par l'employeur		*Mobilité : 1 680,00 × 2,95 % = 49,56 (par hypothèse, la zone de prospection est située dans une zone de versement mobilité) ; Fnal : 1 680,00 × 0,5 % = 8,40 ; Solid. autonomie : 1 680,00 × 0,3 % = 5,04 ; Forfait social : 11,76 × 8 % = 0,94 ; Dialogue soc. : 1 680,00 × 0,016 % = 0,27 ; CFP : 1 680,00 × 1 % = 16,80 ; Apprentissage : 1 680,00 × 0,68 % = 11,42 ; Construction : 1 680,00 × 0,45 % = 7,56*				99,99
CSG déduc. de l'IR	2 369,76	*Assiette = [(2 400,00 × 98,25 %) + 11,76]*	6,80	161,14		
CSG/CRDS non déduc. de l'IR	2 369,76		2,90	68,72		
Exo. et allégem.		***Employeur :*** *Réduc. Générale : Coeff. sur le brut abattu : (0,3231/0,6) × [1,6 × (1 709,32/1 680,00) – 1] = 0,3381* *Montant de la réduction calculée sur le brut abattu : 1 680,00 × 0,3381 = 568,01* *Coeff. sur le brut non abattu : (0,3231/0,6) × [(1,6 × 1 709,32/2 400,00) – 1] = 0,0751* *Montant de la réduction calculée sur le brut non abattu : 2 400,00 × 0,0751 = 180,24 €* *Le montant de la réduction générale avec application de la DFS est de 568,01 € et dépasse donc le montant plafonné fixé à 234,31 € (180,24 € × 130 %).* *Le montant de la réduction générale est donc ramené à 234,31 €, ce qui correspond à un écrêtement du fait du plafonnement de 333,70 € (568,01 € – 234,31 €).*				– 234,31
Total cotis. et contrib.				**431,63**		**433,69**
NET SOCIAL		*2 400,00 – 431,63* *La DFS de 30 % ne s'applique pas au net social (Q. R. min. trav. du 7-2-2023 n° 2.11)*				**1 968,37**
NET À PAYER AVANT IMPÔT		*2 400,00 – 431,63*				**1 968,37**
Impôt/revenu	**Base**			**Taux**		**Montant**
Net imposable		*2 400,00 – (431,63 – 68,72) + 11,76*				2 048,85
Impôt prélevé	2 048,85				2,00	**40,98**
NET À PAYER AU SALARIÉ		*1 968,37 – 40,98*				**1 927,39**
Payé le 30/01/23	**Total versé employeur = 2 833,69** *(2 400,00 + 433,69)*					

2. VRP cadre exclusif (nos 82680 s. ; Données communes : no 94310)

VRP cadre exclusif, avec fixe et commission mensuels, pour lequel l'employeur applique la déduction forfaitaire de 30 % à l'assiette des cotisations, avec l'accord du salarié. Les frais professionnels sont remboursés au salarié sur présentation des justificatifs, soit, pour janvier 2023, 1 230 €. 95220

BULLETIN DE PAIE	**Du 01/01/2023 au 31/01/2023**						
Fixe mensuel			1 709,32				
Commissions (2 % du chiffre d'affaires)	100 000,00	2,00	2 000,00				
Frais professionnels			1 230,00				
TOTAL BRUT			**4 939,32**				
BRUT ABATTU			**3 457,52**				
Santé	Base			Part salarié		Part employeur	
SS – Maladie maternité invalidité décès	3 457,52	*3 457,52 < 2,5 Smic*				7,00	242,03
Compl. santé	3 457,52			0,70	24,20	0,70	24,20
Compl. décès cadres	3 457,52					1,50	51,86
AT/MP	3 457,52					2,00	69,15
Retraite							
SS plafonnée	3 457,52			6,90	238,57	8,55	295,62
SS déplafonnée	3 457,52			0,40	13,83	1,90	65,69
Compl. T1	3 457,52			4,01	138,65	6,01	207,80
Famille	3 457,52	*3 457,52 < 3,5 Smic*				3,45	119,28
Chômage	3 457,52					4,20	145,22
Apec	3 457,52			0,024	0,83	0,036	1,24
Autres contrib. dues par l'employeur		*Mobilité : 3 457,52 × 2,95 % = 102,00 ; Fnal : 3 457,52 × 0,5 % = 17,29 ; Solid. autonomie : 3 457,52 × 0,3 % = 10,37 ; Forfait social : (51,86 + 24,20) × 8 % = 6,08 ; Dialogue soc. : 3 457,52 × 0,016 % = 0,55 ; CFP : 3 457,52 × 1 % = 34,58 ; Apprentissage : 3 457,52 × 0,68 % = 23,51 ; Construction : 3 457,52 × 0,45 % = 15,56*					209,94
CSG déduc. de l'IR	3 720,47	*Assiette = [(1 709,32 + 2 000) × 98,25 %) + 51,86 + 24,20]*		6,80	252,99		
CSG/CRDS non déduc. de l'IR	3 720,47			2,90	107,89		
Exo. et allégem.							
Total cotis. et contrib.					**776,96**		**1 432,03**
NET SOCIAL		*(1 709,32 + 2 000 + 51,86) – 776,96*					**2 984,22**
NET À PAYER AVANT IMPÔT		*4 939,32 – 776,96*					**4 162,36**
Impôt/revenu	**Base**				**Taux**		**Montant**
Net imposable		*3 709,32 – (776,96 – 107,89) + 24,20*					3 064,45
Impôt prélevé	3 064,45					8,00	**61,29**
NET À PAYER AU SALARIÉ		*4 162,36 – 61,29*					**4 101,07**
Payé le 30/01/23	**Total versé employeur = 5 141,35** *(3 709,32 + 1 432,03)*						

3. VRP à cartes multiples (n° 82760 ; Données communes : n° 94310)

95230 VRP multicarte non cadre, payé à la commission chaque trimestre, pour lequel l'employeur applique la déduction forfaitaire de 30 % à l'assiette des cotisations, avec l'accord du salarié. Il utilise son véhicule personnel pour tous ses déplacements, y compris ceux entre son domicile et ses lieux de travail.

BULLETIN DE PAIE	**Du 01/01/2023 au 31/03/2023**					
Commissions	100 000,00	5 %	5 000,00			
TOTAL BRUT		**5 000,00**				
BRUT ABATTU		**3 500,00**				
Santé	Base		Part salarié		Part employeur	
SS – Maladie maternité invalidité décès	3 500,00	*3 500,00 < 2,5 Smic × 3 mois*			7,00	245,00
Compl. santé	3 500,00		0,70	24,50	0,70	24,50
AT/MP	3 500,00				1,10	38,50
Retraite						
SS plafonnée	3 500,00	*Plafond = 3 666 × 3 mois*	6,90	241,50	6,90	241,50
SS déplafonnée	3 500,00		0,40	14,00	1,90	66,50
Compl. T1	3 500,00		4,01	140,35	6,01	210,35
Famille	3 500,00	*3 500,00 < 2,5 Smic × 3 mois*			3,45	120,75
Chômage	3 500,00				4,20	147,00
Autres contrib. dues par l'employeur		*Mobilité : 3 500,00 × 2,95 % = 103,25 ; Fnal : 3 500,00 × 0,5 % = 17,50 ; Solid. autonomie : 3 500,00 × 0,3 % = 10,50 ; Forfait social : 24,50 × 8 % = 1,96 ; Dialogue soc. : 3 500,00 × 0,016 % = 0,56 ; CFP : 3 500,00 × 1 % = 35,00 ; Apprentissage : 3 500,00 × 0,68 % = 23,80 ; Construction : 3 500,00 × 0,45 % = 15,75*				208,32
CSG déduc. de l'IR	4 937,00	*Assiette = [(5 000,00 × 98,25 %) + 24,50]*	6,80	335,72		
CSG/CRDS non déduc. de l'IR	4 937,00		2,90	143,17		
Exo. et allégem.		***Employeur** :* *Réduc. générale : Coeff. sur le brut abattu = (0,3066/0,6) × [(1,6 × 1 709,32 × 3/3 500,00) – 1] = 0,6869, chiffre limité à 0,3066* *Montant de la réduction calculée sur le brut abattu : 3 500,00 × 0,3066 = 1 073,10 €* *Coeff. sur le brut non abattu : (0,3066/0,6) × [(1,6 × 1 709,32 × 3/5 000,00) – 1] = 0,3275, chiffre limité à 0,3066* *Montant de la réduction calculée sur le brut non abattu : 5 000,00 × 0,3066 = 1 533,00 €* *Le montant de la réduction calculée compte tenu de l'abattement étant inférieur à la limite de 130 % de la réduction calculée sans application de celui-ci, soit ici 1 533,00 × 130 % = 1 992,90 €, il n'y a pas lieu d'écrêter ce montant.*				– 1 073,10
Total cotis. et contrib.				**899,24**		**229,32**
NET SOCIAL		*5 000,00 – 899,24* *La déduction forfaitaire de 30 % ne s'applique pas au net social (Q.R. min. trav. du 7-2-2023 n° 2.11)*				**4 100,76**
NET À PAYER AVANT IMPÔT		*5 000,00 – 899,24*				**4 100,76**
Impôt/revenu	**Base**			**Taux**		**Montant**
Net imposable		*5 000,00 – (899,24 – 143,17) + 24,50*				4 268,43
Impôt prélevé	4 268,43				8,00	**341,47**
NET À PAYER AU SALARIÉ		*4 100,76 – 341,47*				**3 759,29**
Payé le 30/03/23	**Total versé employeur = 5 229,32** *(5 000,00 + 229,32)*					

HÔTELS, CAFÉS, RESTAURANTS

1. Serveur au minimum conventionnel nourri un repas (nos 84930 s. ; Données communes : no 94310)

Serveur, niveau I, échelon 2, payé au minimum conventionnel pour 169 heures/mois, travaillant 5 jours 95240
par semaine (du lundi au vendredi), présent aux deux repas, mais nourri à un seul sans retenue sur salaire. L'entreprise comptant 18 salariés, elle bénéficie de la déduction de cotisations patronales liée aux heures supplémentaires prévue pour les entreprises de moins de 20 salariés. Répartition de la cotisation retraite complémentaire : 40 % (salarié)/60 % (employeur).

S'agissant des contributions patronales finançant un maintien de salaire d'origine conventionnelle, l'entreprise a fait le choix de continuer à les exonérer de CSG, de CRDS et de forfait social, conformément à la position de l'administration à ce jour et en dépit de l'incertitude créée par l'arrêt du 12 mai 2022 (voir no 43275). L'assiette du forfait s'établit à 14 + [9,13 – (2 122,83 × 0,044 %)] = 22,20 €.

BULLETIN DE PAIE	**Du 01/01/2023 au 31/01/2023**						
Salaire	11,27		1 709,32				
Heures suppl. 110 %	17,33	*(1 709,32 + 88,22 + 88,22/151,67) × 1,1 × 17,33*	237,07				
Indemnité compensatrice repas	4,01	*4,01 × 22 repas non fournis*	88,22				
Avantage en nature	4,01	*4,01 × 22 repas*	88,22				
TOTAL BRUT			**2 122,83**				
Santé	Base			Part salarié		Part employeur	
SS – Maladie maternité invalidité décès	2 122,83	*Salaire ≤ 2,5 Smic*				7,00	148,60
Compl. santé					14,00		14,00
Compl. incap. inval. décès	2 122,83			0,43	9,13	0,43	9,13
AT/MP	2 122,83					2,00	42,46
Retraite							
SS plafonnée	2 122,83			6,90	146,48	8,55	181,50
SS déplafonnée	2 122,83			0,40	8,49	1,90	40,33
Compl. T1	2 122,83			4,01	85,13	6,01	127,58
Famille	2 122,83	*Salaire ≤ 3,5 Smic*				3,45	73,24
Chômage	2 122,83					4,20	89,16
Autres contrib. dues par l'employeur		*Mobilité : 2 122,83 × 2,95 % = 62,62 ; Fnal : 2 122,83 × 0,1 % = 2,12 ; Solid. autonomie : 2 122,83 × 0,3 % = 6,37 ; Forfait social : 22,20 × 8 % = 1,78 ; Dialogue soc. : 2 122,83 × 0,016 % = 0,34 ; CFP : 2 122,83 × 1 % = 21,23 ; Apprentissage : 2 122,83 × 0,68 % = 14,44*					108,90
CSG déduc. de l'IR	1 874,96	*Assiette = [(2 122,83 – 237,07) × 98,25 %] + 21,06*		6,80	127,50		
CSG/CRDS non déduc. de l'IR	1 874,96			2,90	54,37		
CSG/CRDS non déduc. de l'IR sur heures suppl.	232,92	*Assiette = 237,07 × 98,25 %*		9,70	22,59		
Exo. et allégem.		***Salarié*** *Rém. Heures Suppl. = 237,07 et Réd. Heures Suppl. = 237,07 × 11,31 % = 26,81* ***Employeur*** *Déduction cotisations heures supplémentaires : 17,33 × 1,50 = 26. Réduction générale : Smic à retenir : 11,27 × 169 = 1 904,63 Coeff. réduction générale : (0,3191/0,6) × [(1,6 × 1 904,63/ 2 122,83) – 1] = 0,2316 et montant Réduc. = 2 122,83 × 0,2316 = 491,65 Total Exo employeur : 26 + 491,65 = 517,65*			– 26,81		– 517,65
Total cotis. et contrib.					**440,88**		**317,25**
Remb. transport					+ 38,55		
Autres retenues		*Avantage en nature*			– 88,22		
NET SOCIAL		*(2 122,83 + 9,13) – (440,88 – 9,13)*					**1 700,21**
NET À PAYER AVANT IMPÔT		*2 122,83 – 440,08 – 88,22 + 38,55*					**1 632,28**
Impôt/revenu	**Base**					**Taux**	**Montant**
Net imposable		*Brut imposable : (2 122,83 – 237,07) + 14,00 = 1 899,76 Net imposable = 1 899,76 – [440,88 – (54,37 + 22,59)]*					1 535,84
Impôt prélevé	1 535,84					2,00	**30,72**
Montant net Heures compl./ suppl. exo		*237,07 – (232,92 × 6,80 %)*					221,23
NET À PAYER AU SALARIÉ		*1 632,28 – 30,72*					**1 601,56**
Payé le 30/01/23	**Total versé employeur = 2 440,08** *(2 122,83 + 317,25)*						

2. Serveur au minimum conventionnel à temps partiel nourri un repas (nos 84930 s. ; Données communes : no 94310)

95250 Serveur, niveau I, échelon 2, à temps partiel, payé au minimum conventionnel, effectuant 104 heures par mois (soit 24 heures par semaine en 3 jours, du mercredi au vendredi), présent aux deux repas, mais nourri à un seul, sans retenue sur salaire au titre de la nourriture.

Répartition de la cotisation retraite complémentaire : 40 % (salarié)/60 % (employeur).

S'agissant des contributions patronales finançant un maintien de salaire d'origine conventionnelle, l'entreprise a fait le choix de continuer à les exonérer de CSG, de CRDS et de forfait social, conformément à la position de l'administration à ce jour et en dépit de l'incertitude créée par l'arrêt du 12 mai 2022 (voir no 43275). L'assiette du forfait s'établit à 14 + [5,45 – (1 172,08 × 0,044 %)] = 18,89 €.

BULLETIN DE PAIE	**Du 01/01/2023 au 31/01/2023**						
Salaire 104 h	104	11,27	1 172,08				
Indemnité compensatrice repas	12	4,01	48,12				
Avantage en nature	12	4,01	48,12				
TOTAL BRUT			**1 268,32**				
Santé	Base			Part salarié		Part employeur	
SS – Maladie maternité invalidité décès	1 268,32	*Salaire ≤ 2,5 Smic*				7,00	88,78
Compl. santé					14,00		14,00
Compl. incap. inval. décès	1 268,32			0,43	5,45	0,43	5,45
AT/MP	1 268,32					2,00	25,37
Retraite							
SS plafonnée	1 268,32			6,90	87,51	8,55	108,44
SS déplafonnée	1 268,32			0,40	5,07	1,90	24,10
Compl. T1	1 268,32			4,01	50,86	6,01	76,23
Famille	1 268,32	*Salaire ≤ 3,5 Smic*				3,45	43,76
Chômage	1 268,32					4,20	53,27
Autres contrib. dues par l'employeur		*Mobilité : 1 268,32 × 2,95 % = 37,42 ; Fnal : 1 268,32 × 0,5 % = 6,34 ; Solid. autonomie : 1 268,32 × 0,3 % = 3,80 ; Forfait social : 18,89 × 8 % = 1,51 ; Dialogue soc. : 1 268,32 × 0,016 % = 0,20 ; CFP : 1 268,32 × 1 % = 112,68 ; Apprentissage : 1 268,32 × 0,68 % = 8,62 ; Construction : 1 268,32 × 0,45 % = 5,71*					76,28
CSG déduc. de l'IR	1 265,01	*Assiette = [(1 268,32 × 98,25 %) + 18,89]*		6,80	86,02		
CSG/CRDS déduc. de l'IR	1 265,01			2,90	36,69		
Exo. et allégem.		***Employeur*** *Coeff. réduction générale : (0,3231/0,6) × [(1,6 × 1 172,08 × 104/151,67)/ 1 268,32 – 1] = 0,2577 et montant Réduc. : 1 268,32 × 0,2577 = 326,85*					– 326,85
Total cotis. et contrib.					**285,60**		**188,83**
Remb. transport					+ 38,55		
Autres retenues		*Avantage en nature*			– 48,12		
NET SOCIAL		*(1 268,32 + 5,45) – (285,60 – 5,45)*					**993,62**
NET À PAYER AVANT IMPÔT		*1 268,32 – 285,60 – 48,12 + 38,55*					**973,15**
Impôt/revenu	**Base**				**Taux**		**Montant**
Net imposable		*1 268,32 + 36,69 – 285,60 + 14*					1 033,41
Impôt prélevé	1 033,41					2,00	**20,67**
NET À PAYER AU SALARIÉ							**952,48**
Payé le 30/01/23		**Total versé employeur = 1 457,15** *(1 268,32 + 188,83)*					

3. Chef de rang aux pourboires directs nourri deux repas

95260

(nos 84930 s. ; Données communes : no 94310)

Chef de rang, aux pourboires directs, travaillant 5,5 jours par semaine et nourri aux deux repas.
Répartition de la cotisation retraite complémentaire : 40 % (salarié)/60 % (employeur).
S'agissant des contributions patronales finançant un maintien de salaire d'origine conventionnelle, l'entreprise a fait le choix de continuer à les exonérer de CSG, de CRDS et de forfait social, conformément à la position de l'administration à ce jour et en dépit de l'incertitude créée par l'arrêt du 12 mai 2022 (voir no 43275). L'assiette du forfait s'établit à 14 + [11,82 – (2 749,50 × 0,044 %)] = 24,61 €.

BULLETIN DE PAIE	**Du 01/01/2023 au 31/01/2023**					
Forfait 2e catégorie	*3/4 du PMSS soit : 3 666 × 0,75 = 2 749,50*	2 749,50				
TOTAL BRUT		**2 749,50**				
Santé	Base		Part salarié		Part employeur	
SS – Maladie maternité invalidité décès	2 749,50	*2 749,50 ≤ 2,5 Smic*			7,00	192,47
Compl. santé				14,00		14,00
Compl. incap. inval. décès	2 749,50		0,43	11,82	0,43	11,82
AT/MP	2 749,50				2,00	54,99
Retraite						
SS plafonnée	2 749,50		6,90	189,72	8,55	235,08
SS déplafonnée	2 749,50		0,40	11,00	1,90	52,24
Compl. T1	2 749,50		4,01	110,25	6,01	165,24
Famille	2 749,50	*2 749,50 ≤ 3,5 Smic*			3,45	94,86
Chômage	2 749,50				4,20	115,48
Autres contrib. dues par l'employeur		*Mobilité : 2 749,50 × 2,95 % = 81,11 ; Fnal : 2 749,50 × 0,5 % = 13,75 ; Solid. autonomie : 2 749,50 × 0,3 % = 8,25 ; Forfait social : 24,61 × 8 % = 1,97 ; Dialogue soc. : 2 749,50 × 0,016 % = 0,44 ; CFP : 2 749,50 × 1 % = 27,50 ; Apprentissage : 2 749,50 × 0,68 % = 18,70 ; Construction : 2 749,50 × 0,45 % = 12,37*				164,09
CSG déduc. de l'IR	2 774,11	*Assiette : 2 749,50 + 24,61 = 2 774,11*	6,80	188,64		
CSG/CRDS non déduc. de l'IR	2 774,11	*Pas d'abattement car assiette forfaitaire*	2,90	80,45		
Exo. et allégem.		***Employeur*** *Réduction générale de cotisations patronales non applicable car assiette forfaitaire*				0,00
Total cotis. et contrib.				**605,88**		**1 100,27**
Remb. transport				+ 38,55		
Cotis. à reverser à l'employeur				– 605,88		
Impôt à reverser à l'employeur				44,76		
TOTAL À REVERSER À L'EMPLOYEUR		*(605,88 + 44,76) – 38,55*		**612,09**		
NET SOCIAL		*(2 749,50 + 11,82) – (605,88 – 11,82)*				**2 167,26**
NET À PAYER AVANT IMPÔT						**0,00**
Impôt/revenu	**Base**			**Taux**		**Montant**
Net imposable		*2 749,50 – (605,88 – 80,45) + 14,00*				2 238,07
Impôt prélevé	2 238,07				2,00	**44,76**
NET À PAYER AU SALARIÉ						**0,00**
Payé le 30/01/23	**Total versé employeur = 3 849,77** *(2 749,50 + 1 100,27)*					

4. Maître d'hôtel à temps partiel aux pourboires centralisés avec complément de salaire, nourri un repas (nos 84930 s. ; Données communes : n° 94310)

95270 Maître d'hôtel, niveau V, échelon 3, aux pourboires centralisés (pourcentage sur service avec registre de répartition), effectuant 104 heures par mois (24 heures par semaine, en 4 jours, du mercredi au samedi), présent et nourri à un repas. La part du salarié dans la masse des pourboires étant inférieure au minimum conventionnel (27,00 € de l'heure selon l'avenant n° 29 du 16-12-2021 à la CCN), l'employeur verse un complément de salaire.

Pour l'application de la réduction du taux des cotisations maladie et d'allocations familiales, le Smic doit être corrigé à proportion de la durée du travail hors heures complémentaires, soit ici : 1 709,32 × 104/151,67 = 1 172,08. Répartition de la cotisation de retraite complémentaire : 40 % (salarié)/60 % (employeur).

S'agissant des contributions patronales finançant un maintien de salaire d'origine conventionnelle, l'entreprise a fait le choix de continuer à les exonérer de CSG, de CRDS et de forfait social, conformément à la position de l'administration à ce jour et en dépit de l'incertitude créée par l'arrêt du 12 mai 2022 (voir n° 43275). L'assiette du forfait s'établit à 14 + [12,35 – (2 872,16 × 0,044 %)] = 25,09 €.

BULLETIN DE PAIE	**Du 01/01/2023 au 31/01/2023**						
Salaire	104,00		2 652				
Complément salaire	*Base de calcul : 27,00 × 104 = 2 808,00 Complément = 2 808,00 – 2 652*		156,00				
Avantage en nature	16,00	4,01	64,16				
TOTAL BRUT			**2 872,16**				
Santé	Base			Part salarié		Part employeur	
SS – Maladie maternité invalidité décès	2 872,16	*Salaire ≤ 2,5 Smic*				7,00	201,05
Compl. santé					14,00		14,00
Compl. incap. inval. décès	2 872,16			0,43	12,35	0,43	12,35
AT/MP	2 872,16					2,00	57,44
Retraite							
SS plafonnée	2 513,776	*Plafond : 3 666 × 104/151,67*		6,90	173,45	8,55	214,93
SS déplafonnée	2 872,16			0,40	11,49	1,90	54,57
Compl. T1	2 513,776	*Plafond : 3 666 × 104/151,67*		4,01	100,80	6,01	151,08
Compl. T1	2 513,776	Assiette : 2 872,16 – 2 513,77		9,72	34,84	14,57	52,22
Famille	2 872,16	*Salaire ≤ 3,5 Smic*				3,45	99,09
Chômage	2 872,16					4,20	120,63
CET	2 872,16			0,14	4,02	0,21	6,03
Autres contrib. dues par l'employeur		*Mobilité : 2 872,16 × 2,95 % = 84,73 ; Fnal : 2 872,16 × 0,5 % = 14,36 ; Solid. autonomie : 2 872,16 × 0,3 % = 8,62 ; Forfait social : 25,09 × 8 % = 2,01 ; Dialogue soc. : 2 872,16 × 0,016 % = 0,46 ; CFP : 2 872,16 × 1 % = 28,72 ; Apprentissage : 2 872,16 × 0,68 % = 19,53 ; Construction : 2 872,16 × 0,45 × % = 12,92*					171,35
CSG déduc. de l'IR	2 846,99	*Assiette = [(2 872,16 × 98,25 %) + 25,09]*		6,80	193,60		
CSG/CRDS non déductible de l'IR	2 846,99			2,90	82,56		
Exo. et allégem.							
Total cotis. et contrib.					**627,11**		**1 154,74**
Remb. transport					+ 38,55		
Autres retenues		*Avantage en nature*			– 64,16		
NET SOCIAL		*(2 872,16 + 12,35) – (627,11 – 12,35)*					**2 269,75**
NET À PAYER AVANT IMPÔT		*2 872,16 – 627,11 – 64,16 + 38,55*					**2 219,44**
Impôt/revenu	**Base**				**Taux**		**Montant**
Net imposable		*(2 872,16 – 627,11) + 64,16 + 14,00*					2 341,61
Impôt prélevé	2 341,61					2,00	**46,83**
NET À PAYER AU SALARIÉ		*2 219,44 – 46,83*					**2 172,61**
Payé le 30/01/23	**Total versé employeur** = **4 026,90** *(2 872,16 + 1 154,74)*						

STAGIAIRE AVEC TITRES-RESTAURANT (n°s 89220 s. ; Données communes : n° 94310)

95280

La convention de stage conclue en novembre 2022 prévoit une indemnité conventionnelle de 5 €/heure à raison de 35 heures par semaine. Durant le mois concerné, le stagiaire bénéficie de 22 titres-restaurant d'une valeur faciale de 10 €. La participation de l'employeur est de 50 %. Le stagiaire n'étant pas lié à l'entreprise par un contrat de travail, ne sont pas applicables la réduction générale de cotisations, la réduction des taux famille et maladie, les cotisations d'assurance chômage et de retraite complémentaire, la couverture frais de santé et la contribution au dialogue social.

La gratification du stagiaire est calculée à partir du nombre d'heures réelles du mois, soit, en janvier 2023, 154 heures.

L'indemnité de stage est exonérée de cotisations à hauteur de 27 € × 15 % × 154 = 623,70 €. Les cotisations ne sont donc dues que sur l'excédent : 146,30 €. Étant exonérée, la part patronale des titres-restaurant ne s'ajoute pas à l'indemnité de stage pour le calcul de l'assiette des cotisations.

BULLETIN DE PAIE	**Du 01/01/2023 au 31/01/2023**					
Gratification		770,00				
TOTAL BRUT		**770,00**				
Santé	Base		Part salarié		Part employeur	
SS – Maladie maternité invalidité décès	146,30				7,00	10,24
SS – Maladie suppl.	146,30	*La réduction de taux n'est pas applicable*			6,00	8,78
AT/MP	146,30				2,00	2,93
Retraite						
SS plafonnée	146,30		6,90	10,09	8,55	12,51
SS déplafonnée	146,30		0,40	0,59	1,90	2,78
Famille	146,30				3,45	5,05
Famille suppl.	146,30	*La réduction de taux n'est pas applicable*			1,80	2,63
Autres contrib. dues par l'employeur		*Mobilité : 146,30 × 2,95 % = 4,32 ; Fnal : 146,30 × 0,5 % = 0,73 ; Solid. autonomie : 146,30 × 0,3 % = 0,44 ; CFP : 146,30 × 1 % = 1,46 ; Apprentissage : 146,30 × 0,68 % = 0,99 ; Construction : 146,30 × 0,45 % = 0,66*				8,60
CSG déduc. de l'IR	143,74		6,80	9,77		
CSG/CRDS non déduc. de l'IR	143,74	*Assiette = 146,30 × 98,25 %*	2,90	4,17		
Exo. et allégem.						
Total cotis. et contrib.				**24,62**		**53,52**
NET SOCIAL		*770,00 – 24,62*				**745,38**
Remb. transport				+ 38,55		
Autres retenues/paiements		*Titres-restaurant : 22 × 5,00 = 110,00*	5,00	– 110,00	5,00	110,00
NET À PAYER AVANT IMPÔT		*770 – 24,62 + 38,55 – 110*				**673,93**
Impôt/revenu	**Base**			**Taux**		**Montant**
Net imposable		*770 – 24,62 + 4,17*				749,55
Impôt prélevé	0,00	*Pas de prélèvement à la source pour le stagiaire en deçà du Smic*			0,00	**0,00**
NET À PAYER AU SALARIÉ						**673,93**
Payé le 30/01/23	**Total versé employeur = 823,52** *(770,00 + 53,52)*					

AVOCAT SALARIÉ (nos 90040 s. et 96370 s. ; Données communes : n° 94310)

95290 Avocat salarié en 3e année d'exercice, soumis à une convention de forfait annuel de 218 jours. Une contribution de 3,4 %, répartie pour moitié entre l'avocat salarié et le cabinet, finance le contrat d'assurance souscrit par ce dernier pour les risques invalidité, incapacité et décès. Par hypothèse, la part patronale de cette contribution remplit les conditions pour être exonérée de cotisations sociales.

Elle est en revanche soumise à la CSG/CRDS (nos 42640 s.) et au forfait social à l'exception de la part affectée au maintien conventionnel du salaire en cas de maladie (0,30 % dans notre exemple, soit 11,70 € par mois). Pour la retraite complémentaire, le cabinet et l'avocat ont opté pour la classe 1.

BULLETIN DE PAIE	**Du 01/01/2023 au 31/01/2023**					
Forfait 218 jours		3 900,00				
TOTAL BRUT		**3 900,00**				
Santé	Base		Part salarié		*Part employeur	
SS – Maladie maternité invalidité décès	3 900,00	*Salaire ≤ 2,5 Smic*			7,00	273,00
Compl. santé	3 666,00		0,70	25,66	0,70	25,66
Compl. incap. inval. décès	3 900,00		1,70	66,30	1,70	66,30
AT/MP	3 900,00				2,00	78,00
Retraite						
Forf. retraite CNBF		*Pour l'administration, les avocats salariés ne sont pas redevables de la cotisation d'assurance vieillesse déplafonnée (Circ. 22-12-2004)*		34,03		51,05
Retr. proportionnelle CNBF	3 900,00		1,24	48,36	1,86	72,54
Retr. compl. CNBF T1	3 542,00		1,92	68,00	2,88	102,01
Retr. compl. CNBF T2	358,00		3,68	13,17	5,52	19,76
Famille	3 900,00	*Salaire ≤ 3,5 Smic*			3,45	134,55
Chômage	3 900,00				4,20	163,80
Autres contrib. dues par l'employeur		*Mobilité : 3 900,00 × 2,95 % = 115,05 ; Fnal : 3 900,00 × 0,5 % = 19,50 ; Solid. autonomie : 3 900,00 × 0,3 % = 11,70 ; Forfait social : (25,66 + 66,30 – 11,70) × 8 % = 6,42 ; Dialogue soc. : 3 900,00 × 0,016 % = 0,62 ; CFP : 3 900,00 × 1,00 % = 39,00 ; Apprentissage : 3 900,00 × 0,68 % = 26,52 ; Construction : 3 900,00 × 0,45 % = 17,55*				236,36
CSG déduc. de l'IR	3 912,01	*Assiette = (3 900,00 × 98,25 %) + (66,30 – 11,70) + 25,66*	6,80	266,02		
CSG/CRDS non déduc. de l'IR	3 912,01		2,90	113,45		
Exo. et allégem.						
Total cotis. et contrib.				**634,99**		**1 223,03**
NET SOCIAL		*(3 900 + 66,30) – (634,99 – 66,30)*				**3 397,61**
Remb. transport				+ 38,55		
NET À PAYER AVANT IMPÔT		*3 900,00 – 634,99 + 38,55*				**3 303,56**
Impôt/revenu	**Base**			**Taux**		**Montant**
Net imposable		*3 900,00 – (634,99 – 113,45) + 25,66*				3 404,12
Impôt prélevé	3 404,12				8,00	**272,33**
NET À PAYER AU SALARIÉ		*3 303,56 – 272,33*				**3 031,23**
Payé le 30/01/23	**Total versé employeur = 5 123,03** *(3 900,00 + 1 223,03)*					

TRAVAILLEUR À DOMICILE (n°s 86950 s. ; Données communes : n° 94310)

95300

Travailleur à domicile sans convention collective, effectuant de la dactylographie. Le salaire convenu est de 1,52 € la page. La paie est établie pour 5 rapports de 100 pages chacun, soit 500 pages. Les frais d'atelier sont de 10 % de la rémunération hors indemnités de congés payés.

BULLETIN DE PAIE	**Du 01/01/2023 au 31/01/2023**						
Trav. de dactylo.	500	1,52	760,00				
Ind. congés payés	760,00	10,00	76,00				
TOTAL BRUT			**836,00**				
Santé	Base			Part salarié		Part employeur	
SS – Maladie maternité invalidité décès	836,00	*Salaire ≤ 2,5 Smic*				7,00	58,52
Compl. santé	836,00			0,70	5,85	0,70	5,85
AT/MP	836,00					2,00	16,72
Retraite							
SS plafonnée	836,00			6,90	57,68	8,55	71,48
SS déplafonnée	836,00			0,40	3,34	1,90	15,88
Compl. T1	836,00			4,01	33,52	6,01	50,24
Famille	836,00	*Salaire ≤ 3,5 Smic*				3,45	28,84
Chômage	836,00					4,20	35,11
Autres contrib. dues par l'employeur		*Mobilité : 836,00 × 2,95 % = 24,66 ; Fnal : 836,00 × 0,5 % = 4,18 ; Solid. autonomie : 836,00 × 0,3 % = 2,51 ; Forfait social : 5,85 × 8 % = 0,47 ; Dialogue soc. : 836,00 × 0,016 % = 0,13 ; CFP : 836,00 × 1 % = 8,36 ; Apprentissage : 836,00 × 0,68 % = 5,68 ; Construction : 836,00 × 0,45 % = 3,76*					49,75
CSG déduc. de l'IR	827,22	*Assiette = [(836,00 × 98,25 %) + 5,85]*		6,80	56,25		
CSG/CRDS non déduc. de l'IR	827,22			2,90	23,99		
Exo. et allégem.		***Employeur :*** *Réduc. générale : Coeff. : (0,3231/0,6) × [(1,6 × 1 709,32/836,00) – 1] = 1,2231, limité à 0,3231 (n° 22010). Le nombre de jours ou d'heures de travail ne pouvant pas être déterminé, le montant du Smic est pris comme référence.*					– 270,11
Total cotis. et contrib.					**180,63**		**62,28**
NET SOCIAL		*836,00 – 180,63*					**655,37**
Remb. transport					+ 38,55		
Autres paiements		*Frais d'atelier : 760,00 × 10 %*			76,00		
NET À PAYER AVANT IMPÔT		*(836,00 – 180,63) + 38,55 + 76,00*					**769,92**
Impôt/revenu	**Base**				**Taux**		**Montant**
Net imposable		*836,00 – (180,63 – 23,99) + 5,85*					685,21
Impôt prélevé	685,21					0,00	**0,00**
NET À PAYER AU SALARIÉ							**769,92**
Payé le 30/01/23	**Total versé employeur = 898,28** *(836,00 + 62,28)*						

FORMATEUR OCCASIONNEL (n°s 90420 s. ; Données communes : n° 94310)

95310 Formateur occasionnel en contrat de travail intermittent tirant l'essentiel de ses revenus d'une autre activité et donc exclu de la CCN des organismes de formation. L'assiette forfaitaire des cotisations est appliquée, ce qui exclut la réduction générale de cotisations. La paie est établie pour une session de formation de 20 heures sur 4 jours effectués la même semaine, rémunérée au tarif horaire de 27,44 €. Le formateur étant sous contrat de travail intermittent, il existe un lien de subordination entre le formateur et l'organisme qui implique l'assujettissement au versement mobilité et aux cotisations chômage et AGS. Le remboursement des frais de transport est établi sur la base du forfait hebdomadaire.

BULLETIN DE PAIE	**Du 01/01/2023 au 31/01/2023**					
Salaire 20 h	20,00	27,44	548,80			
Ind. Congés payés	548,80	10,00	54,88			
TOTAL BRUT			**603,68**			
Santé	Base		Part salarié		Part employeur	
SS – Maladie maternité invalidité décès	250,48	*Rémunération brute journalière : 603,68/4 = 150,92 €* *Assiette forfaitaire : 62,62 (202 × 0,31) × 4 = 250,48 €*			7,00	17,53
Compl. santé	483,42	*Assiette : 3 666 × 20/151,67*	0,70	3,38	0,70	3,38
AT/MP	250,48				2,00	5,01
Retraite						
SS plafonnée	250,48		6,90	17,28	8,55	21,42
SS déplafonnée	250,48		0,40	1,00	1,90	4,76
Compl. T1	483,42	*Assiette : 3 666 × 20/151,67*	4,01	19,39	6,01	29,05
Compl. T2	120,26	*Assiette : 603,68 – 483,42*	9,72	11,69	14,57	17,52
CET	603,68		0,14	0,85	0,21	1,27
Famille	250,48	*Salaire ≤ 3,5 Smic*			3,45	8,64
Chômage	603,68				4,20	25,35
Autres contrib. dues par l'employeur		*Mobilité : 250,48 × 2,95 % = 7,39 ; Fnal : 250,48 × 0,5 % = 1,25 ; Solid. autonomie : 250,48 × 0,3 % = 0,75 ; Forfait social : 3,38 × 8 % = 0,27 ; Dialogue soc. : 250,48 × 0,016 % = 0,04 ; CFP : 250,48 × 1 % = 2,50 ; Apprentissage : 250,48 × 0,68 % = 1,70 ; Construction : 250,48 × 0,45 % = 1,13*				15,03
CSG déduc. de l'IR	253,86	*Assiette = 250,48 + 3,38*	6,80	17,26		
CSG/CRDS non déduc. de l'IR	253,86		2,90	7,36		
Exo. et allégem.						
Total cotis. et contrib.				**78,21**		**148,96**
NET SOCIAL		*603,68 – 78,21*				**525,47**
Remb. transport				+ 15,00		
NET À PAYER AVANT IMPÔT		*603,68 – 78,21 + 15,00*				**540,47**
Impôt/revenu	**Base**			**Taux**		**Montant**
Net imposable		*603,68 – (78,21 – 7,36) + 3,38*				536,21
Impôt prélevé	536,21				2,00	**10,72**
NET À PAYER AU SALARIÉ						**529,75**
Payé le 30/01/23	**Total versé employeur = 752,64** *(603,68 + 148,96)*					

JOURNALISTE PROFESSIONNEL

1. Travaillant pour un seul employeur à temps complet

(nos 88510 s. ; Données communes : no 94310)

Journaliste travaillant à temps complet et détenteur de la carte d'identité professionnelle. 95320

Il est fait application des taux réduits de cotisations de sécurité sociale et de la déduction forfaitaire spécifique de 30 % pour frais professionnels. L'entreprise lui a versé un remboursement de frais de 187,23 €.

BULLETIN DE PAIE	Du 01/01/2023 au 31/01/2023					
Salaire 151,67 h	151,67	3 050,00				
Remboursement de frais		187,23				
TOTAL BRUT		**3 237,23**				
BRUT ABATTU		2 266,06				
Santé	Base		Part salarié		Part employeur	
SS – Maladie maternité invalidité décès	2 266,06	*Salaire ≤ 2,5 Smic*			7,00	158,62
Compl. santé	2 266,06		0,70	15,86	0,70	15,86
Compl. décès cadres	2 266,06				1,50	33,99
AT/MP	2 266,06	*80 % du taux de droit commun. On suppose que l'entreprise, soumise à la tarification réelle, s'est vue notifier un taux de 1,44 % pour ses journalistes et de 1,80 % pour ses autres salariés.*			1,44	32,63
Retraite						
SS plafonnée	2 266,06	*80 % des taux de droit commun*	5,52	125,09	6,84	155,00
SS déplafonnée	2 266,06	*80 % du taux de droit commun pour la cotisation patronale*	0,40	9,06	1,52	34,44
Compl. T1	2 266,06		4,01	90,87	6,01	136,19
Famille	2 266,06	*Salaire ≤ 3,5 Smic 80 % du taux réduit de droit commun*			2,76	62,54
Chômage	3 050,00				4,20	128,10
Apec	2 266,06		0,024	0,54	0,036	0,82
Autres contrib. dues par l'employeur		*Mobilité : 2 266,06 × 2,36 % (80 % du taux de droit commun) = 43,57 ; Fnal : 2 266,06 × 0,5 % = 11,33 ; Solid. autonomie : 2 266,06 × 0,3 % = 6,80 ; Forfait social : (33,99 + 15,86) × 8 % = 3,99 ; Dialogue soc. : 2 266,06 × 0,016 % = 0,36 ; CFP : 2 266,06 × 1,00 % = 22,66 ; Apprentissage : 2 266,06 × 0,68 % = 15,41 ; Construction : 2 266,06 × 0,45 % = 10,20*				124,23
CSG déduc. de l'IR	3 046,48	*Assiette = [(3 050,00 × 98,25 %) + 33,99 + 15,86]*	6,80	207,16		
CSG/CRDS non déduc. de l'IR	3 046,48		2,90	88,35		
Exo. et allégem.						
Total cotis. et contrib.				**536,93**		**882,42**
NET SOCIAL		*(3 050,00 + 33,99) – 536,93 On retient le salaire brut sans déduction des abattements et sans ajout des remboursements de frais (Q.R. min. trav. du 7-2-2023 nos 2.11 et 2.12).*				**2 547,06**
Remb. transport				+ 38,55		
NET À PAYER AVANT IMPÔT		*3 237,23 – 536,93 + 38,55*				**2 738,85**
Impôt/revenu	**Base**			**Taux**		**Montant**
Net imposable		*3 050,00 – (536,93 – 88,35) + 15,86*				2 617,28
Impôt prélevé	2 617,28				2,00	**52,35**
NET À PAYER AU SALARIÉ		*2 738,85 – 52,35*				**2 686,50**
Payé le 30/01/23	**Total versé employeur = 4 119,65** *(3 050,00 + 187,23 + 882,42)*					

2. Pigiste (nos 88510 s. ; Données communes : no 94310)

95330 Journaliste pigiste détenteur de la carte d'identité professionnelle depuis 5 ans, avec : taux de cotisations de sécurité sociale réduits ; déduction de 30 % pour frais professionnels ; réduction générale de cotisations patronales de sécurité sociale. L'employeur est une entreprise de la presse magazine pour laquelle le journaliste pigiste travaille régulièrement.

Le journaliste pigiste est rémunéré pour la production de 12 feuillets écrits. La prime d'ancienneté est calculée, conformément à l'accord du 7 novembre 2008 étendu, sur la base du barème minimum applicable dans la presse magazine et fixé à 53,99 € par l'accord du 26 octobre 2021 étendu.

L'application des taux réduits n'exclut pas celle de la réduction générale de cotisations patronales.

BULLETIN DE PAIE	**Du 01/01/2023 au 31/01/2023**						
Rémunération piges			910,33				
Prime d'ancienneté	(53,99 × 12) × 5 %		32,08				
Congés payés	942,41	10,00	94,24				
TOTAL BRUT			**1 036,65**				
BRUT ABATTU			725,66				
Santé	Base			Part salarié		Part employeur	
SS – Maladie maternité invalidité décès	725,66	*Salaire ≤ 2,5 Smic*				7,00	50,80
Compl. santé	725,66	*Les taux appliqués sont ceux issus de l'avenant du 24-9-2015 à l'annexe III à l'accord national du 9-12-1975, étendu (Arrêté 7-7-2016)*				0,40	2,90
Compl. incap. inval. décès	725,66			0,21	1,52	0,34	2,47
AT/MP	725,66	*80 % du taux de droit commun. On suppose que l'entreprise, soumise à la tarification réelle, s'est vu notifier un taux de 1,44 % pour ses journalistes et de 1,80 % pour ses autres salariés*				1,44	10,45
Retraite							
SS plafonnée	725,66	*80 % des taux de droit commun*		5,52	40,06	6,84	49,64
SS déplafonnée	725,66	*80 % du taux de droit commun pour la cotisation patronale*		0,40	2,90	1,52	11,03
Compl. Audiens	725,66			5,94	43,10	8,91	64,66
Famille	725,66	*Salaire ≤ 3,5 Smic 80 % du taux réduit de droit commun*				2,76	20,03
Chômage	1 036,65					4,20	43,54
Autres contrib. dues par l'employeur		*Mobilité : 725,66 × 2,36 % (80 % du taux de droit commun) = 17,13 ; Fnal : 725,66 × 0,5 % = 3,63 ; Solid. autonomie : 725,66 × 0,3 % = 2,18 ; Forfait social : 5,37 × 8 % = 0,43 ; Dialogue soc. : 725,66 × 0,016 % = 0,12 ; CFP : 725,66 × 1,00 % = 7,26 ; Apprentissage : 725,66 × 0,68 % = 4,93 ; Construction : 725,66 × 0,45 % = 3,27*					38,95
CSG déduc. de l'IR	1 023,88	*Assiette = [(1 036,65 × 98,25 %) + 2,47 + 2,90]*		6,80	69,62		
CSG/CRDS non déduc. de l'IR	1 023,88			2,90	29,69		
Exo. et allégem.		***Employeur** :* *Réduc. générale :* *Coeff. sur le brut abattu : (0,2941/06) × [(1,6 × 1 709,32/725,66) – 1] = 1,3572 ; coefficient limité à 0,2941* *Montant de la réduction calculée sur le brut abattu = 213,71* *Coeff. sur le brut non abattu : (0,2941/0,6) × [(1,6 × 1 709,32/1 036,65) – 1] = 0,8030 ; coefficient limité à 0,2941* *Montant de la réduction calculée sur le brut non abattu = 304,88* *Le montant retenu est celui de la réduction calculée sur le brut abattu car inférieur à 130 % de la réduction calculée sur le brut non abattu, soit ici 396,34 €*					– 213,42
Total cotis. et contrib.					**186,89**		**81,05**
NET SOCIAL		*(1 036,65 + 2,47) – (186,89 – 1,52)* *L'abattement de 30 % pour frais professionnel ne s'applique pas au net social (Q.R. min. trav. du 7-2-2023 no 2.11).*					**853,75**
Remb. transport					+ 38,55		
NET À PAYER AVANT IMPÔT		*1 036,65 – 186,89 + 38,55*					888,31
Impôt/revenu	**Base**				**Taux**		**Montant**
Net imposable		*1 036,65 – (186,89 – 29,69) + 2,90*					882,35
Impôt prélevé	888,31					0,00	0,00
NET À PAYER AU SALARIÉ							**888,31**
Payé le 30/01/23	**Total versé employeur = 1 117,70** *(1 036,65 + 81,05)*						

CONTRAT DE PROFESSIONNALISATION (n°s 84380 s. ; Données communes : n° 94310) 95370

Salarié sous contrat de professionnalisation dont la rémunération est fixée à 80 % du Smic, soit en janvier 2023 à : (11,27 × 80 %) × 151,67 h = 1 367,46 €.

Il a bénéficié de 13 titres-restaurant dont la valeur faciale est de 10 € et pour lesquels la participation de l'employeur est de 50 %.

BULLETIN DE PAIE	**Du 01/01/2023 au 31/01/2023**					
Salaire 151,67 h	9,016	1 367,46				
TOTAL BRUT		1 367,46				
Santé	Base		Part salarié		Part employeur	
SS – Maladie maternité invalidité décès	1 367,46	*Salaire ≤ 2,5 × Smic*			7,00	95,72
Compl. santé	1 367,46		0,70	9,57	0,70	9,57
AT/MP	1 367,46				2,00	27,35
Retraite						
SS plafonnée	1 367,46		6,90	94,35	8,55	116,92
SS déplafonnée	1 367,46		0,40	5,47	1,90	25,98
Compl. T1	1 367,46		4,01	54,84	6,01	82,18
Famille	1 367,46	*Salaire ≤ 3,5 × Smic*			3,45	47,18
Chômage	1 367,46				4,20	57,43
Autres contrib. dues par l'employeur		*Mobilité : 1 367,46 × 2,95 % = 40,34 ; Fnal : 1 367,46 × 0,50 % = 6,84 ; Solid. autonomie : 1 367,46 × 0,3 % = 4,10 ; Forfait social : 9,57 × 8 % = 0,77 ; Dialogue soc. : 1 367,46 × 0,016 % = 0,22 ; CFP : 1 367,46 × 1 % = 13,67 ; Apprentissage : 1 367,46 × 0,68 % = 9,30 ; Construction : 1 367,46 × 0,45 % = 6,15*				81,39
CSG déduc. de l'IR	1 353,10	*Assiette = [(1 367,46 × 98,25 %) + 9,57]*	6,80	92,01		
CSG/CRDS non déduc. de l'IR	1 353,10		2,90	39,24		
Exo. et allégem.		***Employeur*** *Réduc. générale Coeff. réduction générale : (0,3231/0,6) × [(1,6 × 1 709,32 €/ 1 367,46 €) – 1] = 0,5385 ramené à 0,3231 (n° 22010)*				– 441,83
Total cotis. et contrib.				**295,48**		**101,89**
NET SOCIAL		*1 367,46 – 295,48*				**1 071,98**
Remb. transport				+ 38,55		
Autres retenues/paiements		*Titres-restaurant : 13 × 5,00 = 65,00*		– 65,00	5,00	65,00
NET À PAYER AVANT IMPÔT		*(1 367,46 – 295,48) + 38,55 – 65,00*				**1 045,53**
Impôt/revenu	**Base**			**Taux**		**Montant**
Net imposable		*1 367,46 – (295,48 – 39,24) + 9,57*				1 120,79
Impôt prélevé	1 120,79				2,00	**22,42**
NET À PAYER AU SALARIÉ		*1 045,53 – 22,42*				**1 023,11**
Payé le 30/01/23	**Total versé employeur = 1 469,35** *(1 367,46 + 101,89)*					

APPRENTI

1. Apprenti en deçà de 79 % du Smic avec avantage en nature

(nos 84120 s. ; Données communes : no 94310)

95380 Apprenti âgé de 18 ans en 3e année dans une entreprise de 15 salariés. Il est rémunéré à 67 % du Smic et est nourri un repas par jour ouvré (du lundi au vendredi inclus). L'employeur n'étant pas ici tenu de nourrir gratuitement les apprentis, il opère une retenue au titre des repas fournis. L'entreprise est, par hypothèse, exonérée de taxe d'apprentissage.

L'apprenti a demandé à être dispensé de l'affiliation au contrat de santé de son employeur car il est déjà couvert à ce titre par ailleurs.

BULLETIN DE PAIE	**Du 01/01/2023 au 31/01/2023**				
Salaire 151,67 h	151,67	7,5509	1 145,25	*Salaire minimum : (11,27 × 0,67) × 151,67*	
TOTAL BRUT			**1 145,25**		
Déduction nourriture	22,00		– 85,80	*Déduction = 75 % de l'avantage en nature*	
Avantage en nature	22,00		114,40	*Nombre de repas fournis : 22 Avantage nourriture = 22 × 5,20*	
TOTAL BRUT SS			**1 173,85**		
Santé	Base		Part salarié	Part employeur	
SS – Maladie maternité invalidité décès	1 173,85	*Salaire ≤ 2,5 Smic*		7,00	82,17
AT/MP	1 173,85			2,00	23,48
Retraite					
SS plafonnée	1 173,85		*Exo.*	8,55	100,36
SS déplafonnée	1 173,85		*Exo.*	1,90	22,30
Compl.	1 173,85		*Exo.*	6,01	70,55
Famille	1 173,85	*Salaire < 3,5 Smic*		3,45	40,50
Chômage	1 173,85			4,20	49,30
Autres contrib. dues par l'employeur		*Mobilité : 1 173,85 × 2,95 % = 34,63 ; Fnal : 1 173,85 × 0,10 % = 1,17 ; Solid. autonomie : 1 173,85 × 0,3 % = 3,52 ; Dialogue soc. : 1 173,85 × 0,016 % = 0,19 ; CFP : 1 173,85 × 1 % = 11,74*			51,25
CSG déduc. de l'IR			*Exo.*		
CSG/CRDS non déduc. de l'IR			*Exo.*		
Exo. et allégem.		***Employeur :*** *Réduc. générale* *Coeff. réduc. : (0,3191/0,6) × [(1,6 × 1 709,32/1 173,85) – 1] = 0,7073 ramené à 0,3191 (no 22010)* *Montant réduc : 1 173,85 × 0,3191 = 374,58*			– 374,58
Total cotis. et contrib.				**0,00**	**65,33**
NET SOCIAL		*Salaire en espèces + avantages en nature = (1 145,25 – 85,80) + 114,40 = 1 173,85* *Net social = 1 173,85 – 0,00* *Attention : modalités de calcul proposées dans l'attente de précisions de l'administration.*			**1 173,00**
Remb. transport				+ 38,55	
Retenue avantage en nature				– 114,40	
NET À PAYER AVANT IMPÔT		*1 173,85 + 38,55 – 114,40*			**1 098,00**
Impôt/revenu	**Base**			**Taux**	**Montant**
Net imposable		*Net imposable = salaire en espèces + (avantage en nature × 75,00 %) = (1 145,25 – 85,80) + 85,80*			1 145,25
Impôt prélevé	0,00	*Pas de prélèvement à la source pour les apprentis en deçà du Smic*		0,00	**0,00**
NET À PAYER AU SALARIÉ					**1 098,00**
Payé le 30/01/23	**Total versé employeur = 1 239,18** *(1 173,85 + 65,33)*				

2. Apprenti au-delà de 79 % du Smic avec avantage en nature et heures supplémentaires (nos 84120 s. ; Données communes : n° 94310)

95390 Apprenti travaillant dans une entreprise de plus de 250 salariés et percevant 85 % du Smic, soit : (11,27 × 85 %) × 151,67 h = 1 453,00 €. Il est nourri 3 fois par semaine (du lundi au mercredi) et a effectué 9 heures supplémentaires sur le mois, majorées à 25 %.

BULLETIN DE PAIE	**Du 01/01/2023 au 31/01/2023**					
Salaire 151,67 h	9,58	151,67	1 453,00			
Heures supplémentaires	11,98	9,00	107,82	*Montant h. suppl. : (9,58 × 125 %) × 9,00 h*		
TOTAL BRUT			**1 560,82**			
Déduction nourriture	3,90	14,00	– 54,60	*Déduction = 75 % de l'AN*		
Avantage en nature (AN)	5,20	14,00	72,80	*Nombre de repas : 14* *Avantage nourriture = 14 × 5,20*		
TOTAL BRUT SS			**1 579,02**			
Santé	Base		Part salarié		Part employeur	
SS – Maladie maternité invalidité décès	1 579,02	*Salaire ≤ 2,5 Smic*			7,00	110,53
Compl. Santé	1 579,02		0,70	11,05	0,70	11,05
AT/MP	1 579,02				2,00	31,58
Retraite						
SS plafonnée (part employeur)	1 579,02				8,55	135,01
SS plafonnée (part salarié)	228,69	*L'apprenti est exonéré à hauteur de 79 % du Smic (1 350,33) Assiette : 1 579,02 – 1 350,33 = 228,69*	6,90	15,78		
SS déplafonnée (part employeur)	1 579,02				1,90	30,00
SS déplafonnée (part salarié)	228,69		0,40	0,91		
Compl. (part employeur)	1 579,02				6,01	94,90
Compl. (part salarié)	228,69		4,01	9,17		
Famille	1 579,02	*Salaire < 3,5 Smic*			3,45	54,48
Chômage	1 579,02				4,20	66,32
Autres contrib. dues par l'employeur		*Mobilité : 1 579,02 × 2,95 % = 46,58 ; Fnal : 1 579,02 × 0,50 % = 7,90 ; Solid. autonomie : 1 579,02 × 0,3 % = 4,74 ; Forfait social : 11,05 × 8 % = 0,88 ; Dialogue soc. : 1 579,02 × 0,016 % = 0,25 ; CFP : 1 579,02 × 1 % = 15,79 ; Apprentissage : 1 579,02 × 0,68 % = 10,74 ; Construction : 1 579,02 × 0,45 % = 7,11*				93,99
CSG déduc. de l'IR	0,00	*L'apprenti est intégralement exonéré de CSG/CRDS, même sur les heures supplémentaires*	6,80	0,00		
CSG/CRDS non déduc. de l'IR	0,00		2,90	0,00		
Exo. et allégem.		***Salarié*** *Réduc. cotis. heures suppl.* *Part des heures suppl. dans la rémunération totale : 107,82/1 579,02 = 6,83 %* *Part de la rémunération excédant 79 % du Smic : 228,69* *Assiette de la réduction : 228,69 × 6,83 % = 15,62 €* *Montant réduc : 15,62 × 11,31 = 1,77* ***Employeur*** *Réduc. générale* *Smic pris en compte : (11,27 × 151,67 h) + (11,27 € × 9 heures suppl.) = 1 709,32 + 101,43 = 1 810,75* *Coeff. de la réduc. : (0,3231/0,6) × [(1,6 × 1 810,75/1 579,02) – 1] = 0,4495 ramené à 0,3231 (n° 22010) ;* *Montant de la réduc. : 1 579,02 € × 0,3235 = 510,81 €*		– 1,77		– 510,18
Total cotis. et contrib.				**35,14**		**117,68**
NET SOCIAL		*Salaire en espèces + avantages en nature = (1 560,82 – 54,60) + 72,80 = 1 579,02* *Net social = 1 579,02 – 35,14. Attention : modalités de calcul proposées dans l'attente de précisions de l'administration.*				**1 543,88**
Remb. transport				+ 38,55		
Retenue avantage en nature				– 72,80		
NET À PAYER AVANT IMPÔT		*1 579,02 – 35,14 + 38,55 – 72,80*				**1 509,63**
Impôt/revenu	**Base**			**Taux**		**Montant**
Net imposable		*Net imposable = salaire en espèces + (AN × 75,00 %) = (1 453,00 – 54,60) + 54,60*				1 453,00
Montant net heures compl./suppl. exo.		*Montant net = montant brut car l'apprenti est exonéré de CSG-CRDS*				107,82
Impôt prélevé	0,00	*Pas de prélèvement à la source en deçà du Smic*		0,00		**0,00**
NET À PAYER AU SALARIÉ						**1 509,63**
Payé le 30/01/23	**Total versé employeur = 1 696,70** *(1 579,02 + 117,68)*					

PARTIE 8

Annexes

Les annexes rassemblées dans cette huitième partie comprennent : 96000
– des tableaux récapitulatifs des principales **formalités** incombant à l'employeur **à l'embauche et au départ** des salariés ;
– des **renseignements chiffrés** utiles au calcul du salaire ou des charges sociales et fiscales.

FORMALITÉS À L'EMBAUCHE OU AU DÉPART D'UN SALARIÉ

SOMMAIRE

Embauche d'un salarié **96020**
Départ d'un salarié **96030**

96010 Les principales formalités à accomplir par l'employeur à l'occasion de l'embauche ou du départ des salariés sont récapitulées ci-après, avec renvoi aux développements qui leur sont consacrés dans le présent ouvrage ou, à défaut, dans le Mémento social (MS).

Embauche d'un salarié

96020

Formalités[1]	Pour en savoir plus, voir
1. Tous salariés	
• Déclaration nominative préalable à l'embauche : envoi à l'Urssaf ou à la caisse de mutualité sociale agricole	MS nos 33220 s.
• Registre unique du personnel : mention de l'embauche	MS no 33235
• Affiliation du salarié à l'institution de retraite complémentaire	no 30020
• Affiliation du salarié à la couverture complémentaire collective obligatoire « remboursement des frais de santé »	nos 28020 s.
• Information par écrit du salarié sur les éléments essentiels du contrat de travail	nos 4770 s.
• Information du salarié sur la convention collective applicable	nos 4790 s.
• Remise au salarié d'une notice d'information sur la protection sociale complémentaire applicable dans l'entreprise et, le cas échéant, du bulletin d'adhésion et de désignation du bénéficiaire de la garantie décès	MS no 58880
• Information du salarié sur son droit à un entretien professionnel tous les 2 ans	MS no 17010
• Visite médicale d'information et de prévention ou examen médical d'aptitude en cas d'embauche sur un poste à risque[2]	MS nos 72410 s.
• Information du salarié sur la déclaration sociale nominative	no 36400, a
• Le cas échéant, remise au salarié du livret d'épargne salariale (participation, intéressement, plans d'épargne d'entreprise, Perco, Pereco)	no 47370
• Premier bulletin de paie	nos 94420 (contrat à durée indéterminée) et 95170 (contrat à durée déterminée)

96020 (suite)

Formalités[1]	Pour en savoir plus, voir
2. Embauche du premier salarié[3]	
• Déclaration préalable à l'inspection du travail en cas de première embauche ou d'une nouvelle embauche dans un établissement ayant cessé d'employer du personnel pendant 6 mois au moins	C. trav. art. L 1221-17, R 1221-32 et R 1221-33
• Affiliation de l'employeur aux régimes de sécurité sociale et de chômage[2]	MS nos 4225 (sécurité sociale) et 29100 (chômage)
• Adhésion à une institution de retraite complémentaire Agirc-Arrco	no 30070
3. Catégories ou situations particulières[3]	
• Embauche d'un travailleur étranger : vérification du titre de travail	MS no 35690
• Détachement en France d'un salarié par une entreprise étrangère dans le cadre d'une prestation de services : formalités auprès de l'administration française	MS nos 36230 s.
• Expatriation ou détachement d'un salarié à l'étranger	
– information du salarié avant son départ	no 4780
– formalités préalables : vérification des visas, titres de séjour et de travail requis par la législation du pays d'emploi ; réalisation des vaccinations obligatoires et organisation d'une visite médicale auprès du médecin du travail	MS nos 78295 s.
• Embauche d'un journaliste	
– information sur le contrat	no 88090
– remise de la charte déontologique	MS no 46250
• Recueil du consentement du salarié à l'application d'une déduction forfaitaire spécifique pour frais professionnels	no 55500
• Autorisation préalable pour l'emploi de jeunes de 14 à 16 ans pendant les vacances scolaires	MS no 45470
• Contrat d'apprentissage : dépôt du contrat auprès de l'Opco	MS nos 3240 s.
• Contrats de formation ou d'insertion :	
– contrat de professionnalisation (employeur unique) : dépôt du contrat et du programme de formation à l'Opco	MS no 20730
– contrat de professionnalisation (coemployeurs saisonniers) : dépôt à l'Opco des documents ci-dessus et de la convention tripartite employeurs-salarié	MS nos 20725 s.
– contrat unique d'insertion : attribution préalable d'une aide à l'insertion professionnelle	no 84520
• Formalités liées à l'obtention de certaines exonérations de cotisations de sécurité sociale : voir sous chaque type d'exonération	
• Début de travail à domicile : déclaration communiquée, à sa demande, à l'inspection du travail	no 87420

1. Certaines formalités s'effectuent via la déclaration sociale nominative (DSN) : voir nos 36350 s. Pour certains employeurs, les formalités liées à l'embauche peuvent également être réalisées selon des modalités simplifiées, voir nos 36570 s.
2. Cette formalité s'effectue par le biais de la déclaration préalable à l'embauche.
3. Formalités à effectuer en plus de celles mentionnées au 1. ci-dessus.

Départ d'un salarié

96030

Formalités	Pour en savoir plus, voir
1. Règlement des droits du salarié	
• Indemnités de rupture	nos 63200 s.
• Indemnités de fin de contrat à durée déterminée	nos 76280 s.
• Contribution patronale spécifique sur l'indemnité de mise à la retraite	no 64710
• Dernier bulletin de paie	nos 94840 s. (contrat à durée indéterminée) et 95180 (contrat à durée déterminée)
• Attestation Pôle emploi	no 36460
• Certificat de travail	nos 66600 s.
• Reçu pour solde de tout compte	nos 66730 s.
• État récapitulatif remis au salarié sur la nature et le montant de ses droits en matière d'épargne salariale, d'épargne retraite et de retraite supplémentaire ; recueil de l'adresse à laquelle il sera tenu informé de ses droits	nos 47390 (participation et plans d'épargne), 49120 (intéressement) MS no 58900 (retraite supplémentaire)
• Remise à l'employeur des titres-restaurant non utilisés par le salarié	no 51800
• Sort des accessoires au contrat de travail (logement, voiture de fonction…)	nos 38350 s.
Éventuellement :	
• Conclusion d'une transaction	nos 65450 s.
• Remise au salarié d'un certificat justificatif de ses droits à congé si l'entreprise adhère à une caisse de congés payés	MS no 13845
• Renonciation de l'employeur à l'application de la clause de non-concurrence	nos 66830 s.
2. Formalités	
• Déclaration sociale nominative (signalement du départ du salarié)	no 36460
• Déclaration sociale nominative (déclaration des rémunérations)	no 36420
• Registre unique du personnel : mention du départ du salarié	MS no 33235
• Information de l'institution de retraite complémentaire Agirc-Arrco du départ du salarié	no 30370
• Information de l'organisme assureur gérant la protection sociale complémentaire de l'entreprise sur le départ du salarié	no 67040
• Déclaration de départ des seniors à l'organisme de recouvrement	no 86160
• Fin de travail à domicile : déclaration communiquée, à sa demande, à l'inspection du travail	no 87420
• Rupture du contrat unique d'insertion : déclaration à l'autorité ayant attribué l'aide à l'insertion professionnelle et à l'organisme chargé du versement	MS no 20825
• Résiliation du contrat ou de la période d'apprentissage : notification au directeur du CFA et à l'Opco	MS nos 3585 s.
• Proposition, en cas de licenciement économique, d'un contrat de sécurisation professionnelle ou d'un congé de reclassement	MS nos 48390 s.

RENSEIGNEMENTS CHIFFRÉS

SOMMAIRE

Taux du Smic et du minimum garanti 96050
Détermination du salaire mensualisé 96060
Saisie et cession des rémunérations 96080
Barèmes 96080
Exemples de calcul de la fraction saisissable ou cessible 96100
Exemples d'imputation de créances 96110
Charges sociales et fiscales sur salaire 96130
1. Taux au 1-1-2023 96130
2. Historique des taux 96140
Plafonds des cotisations sociales 96180
Sécurité sociale 96180
Chômage et AGS 96190
Retraite complémentaire 96200
Indemnités journalières de sécurité sociale 96220
Évaluation forfaitaire des dépenses d'automobile 96230
Évaluation forfaitaire des frais de motocycle 96240
Cotisations de retraite et de prévoyance et versements obligatoires aux PER d'entreprise 96250
Limites d'exonération sociale et fiscale 96250
Limites d'exonération de CSG et CRDS sur certains revenus de remplacement 96259
Allocations forfaitaires pour frais professionnels 96300
Frais de repas et de grand déplacement en métropole 96300
Frais liés à la mobilité professionnelle 96310
Indemnités de petits déplacements dans le bâtiment et les travaux publics 96320
Évaluation forfaitaire des avantages en nature 96330
Titres-restaurant 96340
Limites d'exonération de la contribution patronale 96340
Déductions forfaitaires spécifiques 96360
Cotisations de retraite des avocats salariés 96370
Régime de base 96372
Régime complémentaire 96374
Hôtels, cafés, restaurants 96380
Assiette forfaitaire des salariés au pourboire 96380
Formateurs occasionnels 96400
Modalités de fixation de l'assiette des cotisations 96400
Valeurs des assiettes forfaitaires 96410
Impôt sur le revenu 96420
Barème du prélèvement à la source (Taux par défaut) 96420
Barème de la retenue à la source 96430
Déclarations de salaires 96440
Relevé des frais généraux 96440
Sanctions pénales 96470

96040 On trouvera ci-après les principaux **tarifs sociaux et fiscaux** nécessaires à la gestion de la paie et des rémunérations. Les valeurs en vigueur sont accompagnées, chaque fois que cela a paru utile, du rappel des chiffres antérieurs sur la période correspondant au moins au délai de reprise des organismes sociaux et des services fiscaux.

Taux du Smic et du minimum garanti

96050

Date d'effet	Smic horaire (en €)	Smic mensuel (en €)[1]	Minimum garanti (en €)
Au 1-1-2023	11,27	1 709,28	4,01
Au 1-8-2022	11,07	1 678,95	3,94
Au 1-5-2022	10,85	1 645,58	3,86
Au 1-1-2022	10,57	1 603,12	3,76
Au 1-10-2021	10,48	1 589,47	3,73
Au 1-1-2021	10,25	1 554,58	3,65
Au 1-1-2020	10,15	1 539,42	3,65
Au 1-1-2019	10,03	1 521,22	3,62

1. Sur la base de 35 × 52/12 × taux horaire. On obtient un résultat légèrement différent sur la base de 151,67 heures.

Détermination du salaire mensualisé

DURÉE HEBDOMADAIRE INFÉRIEURE À LA DURÉE LÉGALE (nos 11000 s.)

Le **tableau** ci-après indique, pour le personnel mensualisé dont la durée hebdomadaire de travail ne dépasse pas la durée légale, les équivalences entre durée hebdomadaire et durée mensuelle : 96060
– la **première colonne** indique le nombre d'heures effectuées **par semaine** ;
– la **seconde colonne** indique l'**équivalence mensuelle** du nombre de la première colonne. Il est également possible de ne retenir que deux chiffres après la virgule (exemple : 151,67 au lieu de 151,666 ou 108,33 au lieu de 108,333), mais le résultat obtenu est un peu moins précis.

Le **salaire mensualisé** s'obtient en multipliant l'horaire mensuel ainsi obtenu par le salaire horaire.

EXEMPLE

32 heures par semaine = 32 × 52/12 = 138,666 heures par mois (chiffre pouvant être arrondi à 138,67). Pour un salarié travaillant 32 heures par semaine selon un salaire horaire de 13 €, le salaire mensualisé s'obtiendra comme suit : 138,666 × 13 = 1 802,66 €.

Durée hebdomadaire de travail	Équivalence mensuelle
35	151,666
34	147,333
33	143
32	138,666
31	134,333
30	130
29	125,666
28	121,333
27	117
26	112,666
25	108,333
24	104
23	99,666
22	95,333
21	91
20	86,666
19,50	84,5
19	82,333
18	78
17,50	75,833
17	73,666
16	69,333

ENTREPRISES DONT LA DURÉE COLLECTIVE DU TRAVAIL DÉPASSE 35 HEURES (n° 6530)

96070 La loi permet aux entreprises dont la durée collective hebdomadaire est supérieure à 35 heures de **mensualiser les heures supplémentaires** incluses dans cette durée collective. Le **tableau ci-après** indique les équivalences entre durées hebdomadaires et durées mensuelles ainsi que les multiplicateurs à appliquer à la rémunération contractuelle (base 35 heures) pour obtenir la rémunération mensualisée correspondant à une durée hebdomadaire collective de travail supérieure à 35 heures. Il se limite volontairement aux durées hebdomadaires collectives comprises entre 36 et 39 heures, pour ne traiter que les situations les plus courantes :

– la **première colonne** indique le nombre d'heures effectuées par semaine ;
– la **deuxième colonne** indique l'équivalence mensuelle du nombre de la première colonne ;
– la **troisième colonne** indique le **multiplicateur** à appliquer au salaire mensuel (base 35 heures), pour obtenir le salaire correspondant à la durée hebdomadaire, en distinguant selon que la majoration pour heures supplémentaires est attribuée sous forme de repos ou sous forme d'une majoration de salaire.

EXEMPLE

Pour un salarié travaillant 38 heures par semaine, dont la rémunération (base 35 heures) s'élève à 1 820,04 €, il y a lieu de procéder de la façon suivante :

1) Attribution de la majoration de 25 % sous forme de repos : la rémunération mensualisée (base 164,67 heures) s'obtient en multipliant 1 820,04 € par 1,0857142, soit 1 976,04 €.

Le même résultat peut être obtenu à partir du salaire horaire : 1 820,04/151,67 × 164,67 = 1 974,04 €.

2) Attribution de la majoration de 25 % en argent : la rémunération mensualisée (base 164,67 heures) s'obtient en multipliant 1 820,04 € par 1,1071428, soit 2 015,04 €.

Durée hebdomadaire de travail	Équivalence mensuelle	Multiplicateur à appliquer à la base de 35 heures	
		Majoration de 25 % en repos	Majoration de 25 % en argent
36	156	1,0285714	1,0357142
37	160,33	1,0571428	1,0714285
38	164,67	1,0857142	1,1071428
39	169	1,1142857	1,1428571

Saisie et cession des rémunérations

BARÈMES

FRACTION SAISISSABLE (nos 15120 s.)

On trouvera ci-après le barème permettant de calculer la fraction saisissable et cessible du salaire au profit de tout créancier. Ce barème s'applique aux rémunérations versées depuis le 1-1-2023. 96080

Barème annuel	
Tranche de rémunération annuelle	Fraction saisissable ou cessible
– inférieure ou égale à 4 170 €	1/20
– supérieure à 4 170 € et inférieure ou égale à 8 140 €	1/10
– supérieure à 8 140 € et inférieure ou égale à 12 130 €	1/5
– supérieure à 12 130 € et inférieure ou égale à 16 080 €	1/4
– supérieure à 16 080 € et inférieure ou égale à 20 050 €	1/3
– supérieure à 20 050 € et inférieure ou égale à 24 090 €	2/3
– supérieure à 24 090 €	Totalité

Les seuils du barème ci-dessus sont augmentés de 1 610 € par **personne à charge du débiteur,** sur justificatif présenté par l'intéressé.

Barème mensuel	
Tranche de rémunération mensuelle	Fraction saisissable ou cessible
– jusqu'à 347,50 €	1/20
– de 347,51 à 678,33 €	1/10
– de 678,34 à 1 010,83 €	1/5
– de 1 010,84 à 1 340,00 €	1/4
– de 1 340,01 à 1 670,83 €	1/3
– de 1 670,84 à 2 007,50 €	2/3
– supérieure à 2 007,50 €	Totalité

Les seuils du barème ci-dessus ont été calculés par nos soins à partir du barème annuel. Ils sont augmentés de 134,17 € par **personne à charge** du débiteur, sur justificatif présenté par l'intéressé.

FRACTION ABSOLUMENT INSAISISSABLE

Le salarié doit conserver en toute circonstance une somme égale au **montant forfaitaire du RSA** pour un allocataire célibataire : voir no 15250. 96090

Le montant forfaitaire du RSA pour un allocataire célibataire est indiqué dans le tableau ci-dessous.

Montant du RSA	
Période	Montant (en €)
Depuis le 1-4-2023	607,75
Du 1-7-2022 au 31-3-2023	598,54
Du 1-4-2022 au 30-6-2022	575,52

EXEMPLES DE CALCUL DE LA FRACTION SAISISSABLE OU CESSIBLE

SALARIÉ SANS PERSONNE À CHARGE

Soit un salarié sans personne à charge, dont la rémunération nette mensuelle s'élève à 1 800 € après déduction du prélèvement à la source de l'impôt sur le revenu. Comme l'illustre le tableau ci-dessous, le montant de son salaire mensuel saisissable ou cessible s'élève à 395,63 €. 96100

Tranche de rémunération mensuelle	Fraction saisissable ou cessible	Montant de la fraction saisissable ou cessible (en €)
– jusqu'à 347,50 €	1/20	17,38
– de 347,51 à 678,33 €	1/10	33,08
– de 678,34 à 1 010,83 €	1/5	66,50
– de 1 010,84 à 1 340,00 €	1/4	82,29
– de 1 340,01 à 1 670,83 €	1/3	110,27
– de 1 670,84 à 1 800,00 €	2/3	86,11
Montant du salaire mensuel saisissable ou cessible (en €)		395,63

SALARIÉ AVEC UNE PERSONNE À CHARGE

96102 Soit un salarié ayant une personne à charge dont la rémunération nette mensuelle s'élève à 1 800 € après déduction du prélèvement à la source de l'impôt sur le revenu. Comme l'illustre le tableau ci-dessous, le montant de son salaire mensuel saisissable ou cessible s'élève à 314,56 €.

Tranche de rémunération mensuelle	Fraction saisissable ou cessible	Montant de la fraction saisissable ou cessible (en €)
– jusqu'à 481,67 € [1]	1/20	24,08
– de 481,68 à 812,50 € [2]	1/10	33,08
– de 812,51 à 1 145,00 € [3]	1/5	66,50
– de 1 145,01 à 1 474,17 € [4]	1/4	82,29
– de 1 474,18 à 1 800,00 €	1/3	108,61
Montant du salaire mensuel saisissable ou cessible (en €)		314,56

1. 347,50 + 134,17 = 481,67 €.
2. 678,33 + 134,17 = 812,50 €.
3. 1 010,83 + 134,17 = 1 145,00 €.
4. 1 340,00 + 134,17 = 1 474,17 €.

SALARIÉ AVEC DEUX PERSONNES À CHARGE

96105 Soit un salarié ayant deux personnes à charge dont la rémunération nette mensuelle s'élève à 1 800 € après déduction du prélèvement à la source de l'impôt sur le revenu. Comme l'illustre le tableau ci-dessous, le montant de son salaire mensuel saisissable ou cessible s'élève à 276,54 €.

Tranche de rémunération mensuelle	Fraction saisissable ou cessible	Montant de la fraction saisissable ou cessible (en €)
– jusqu'à 615,84 € [1]	1/20	30,79
– de 615,85 à 946,67 € [2]	1/10	33,08
– de 946,68 à 1 279,17 € [3]	1/5	66,50
– de 1 279,18 à 1 608,34 € [4]	1/4	82,29
– de 1 608,35 à 1 800,00 €	1/3	63,88
Montant du salaire mensuel saisissable ou cessible (en €)		276,54

1. 347,50 + (134,17 × 2) = 615,84 €.
2. 678,33 + (134,17 × 2) = 946,67 €.
3. 1 010,83 + (134,17 × 2) = 1 279,17 €.
4. 1 340,00 + (134,17 × 2) = 1 608,34 €.

EXEMPLES D'IMPUTATION DE CRÉANCES

SALARIÉ NON DÉBITEUR DE PENSION ALIMENTAIRE

Soit un salarié dont la rémunération nette mensuelle s'élève à 1 800 € après déduction du prélèvement à la source de l'impôt sur le revenu, ayant deux personnes à charge et qui doit 2 300 € à un créancier non alimentaire. 96110
Si le créancier saisit la rémunération du salarié, l'employeur devra répartir celle-ci comme suit :

Rémunération nette mensuelle	1800,00 €	
Rémunération saisissable	Fraction insaisissable 1 523,46 €[1]	Fraction saisissable 276,54 €[2]
Répartition de la rémunération	Salarié 1 523,46 €[1]	Créancier 276,54 €[2]

1. 1 800,00 – 276,54 = 1 523,46 €.
2. Montant du salaire saisissable : voir n° 96105.

SALARIÉ DÉBITEUR DE PENSION ALIMENTAIRE

Soit un salarié dont la rémunération mensuelle nette s'élève à 1 800 € après déduction du prélèvement à la source de l'impôt sur le revenu, ayant deux personnes à charge et redevable : 96120
- de 2 300 € à un créancier non alimentaire ;
- d'une pension alimentaire de 200 € par mois ;
- d'un arriéré de pension alimentaire de 100 €.

Si l'ensemble de ses créanciers saisissent sa rémunération, celle-ci sera répartie comme suit :

Rémunération mensuelle nette	1800,00 €		
Rémunération saisissable	Fraction absolument insaisissable : montant forfaitaire du RSA soit 607,75 €	Fraction relativement saisissable 915,71 €[1]	Fraction saisissable 276,54 €[2]
Répartition de la rémunération entre les créanciers	Salarié 1 223,46 €[3]	Créancier alimentaire 300 €	Créancier ordinaire 276,54 €

1. 1 800 – (607,75 + 276,54) = 915,71 €.
2. Montant du salaire saisissable : voir n° 96105.
3. 1 800 – (300 + 276,54) = 1 223,46 €.

SALARIÉ DÉBITEUR D'UNE AVANCE SUR SALAIRE

Soit un salarié dont la rémunération mensuelle nette s'élève à 1 800 € après déduction du prélèvement à la source de l'impôt sur le revenu, ayant deux personnes à charge et redevable : 96125
- de 2 300 € à un créancier non alimentaire ;
- de 600 € à son employeur au titre du remboursement d'une avance sur salaire.

Si le créancier saisit sa rémunération et que l'employeur opère une retenue en remboursement de l'avance sur salaire qu'il lui a octroyée, la rémunération sera répartie comme suit :

Rémunération mensuelle nette	1800,00 €		
Rémunération saisissable	Fraction absolument insaisissable : montant forfaitaire du RSA soit 607,75 €	Fraction relativement insaisissable 915,71 €[1]	Fraction saisissable 276,54 €[2]
Répartition de la rémunération entre les créanciers	Salarié 1 343,56 €[4]	Employeur 180 €[3]	Créancier ordinaire 276,54 €

1. 1 800 – (607,75 + 276,54) = 915,71 €.
2. Montant du salaire saisissable : voir n° 96105.
3. 1 800 × 1/10e = 180 €.
4. 1 800 – (180 + 276,54) = 1 343,56 €.

Charges sociales et fiscales sur salaire

1. TAUX AU 1-1-2023

96130 Dans ce tableau, la lettre **P** désigne le **plafond de sécurité sociale** (n° 96180).
Aux prélèvements mentionnés dans le tableau s'ajoutent le **forfait social** (nos 27320 s.) ainsi que, le cas échéant, la **complémentaire santé** (n° 28020) et le **versement mobilité** (nos 26750 s.).

Régimes	Taux global (en %)	Répartition Employeur (en %)	Répartition Salarié (en %)	Assiette
I. Sécurité sociale et chômage[1]				
Assurance maladie (maladie, maternité, invalidité, décès) (nos 17700 s.)[2]	7,00 ou 13,00	7,00 ou 13,00		Totalité du salaire
Solidarité autonomie (nos 71950 s.)	0,30	0,30		Totalité du salaire
Allocations familiales (nos 17700 s.)	3,45 ou 5,25	3,45 ou 5,25		Totalité du salaire
Assurance vieillesse (nos 17700 s.)	2,30	1,90	0,40	Totalité du salaire
Fnal (au moins 50 salariés) (nos 26610 s.)	0,50	0,50		Totalité du salaire
Contribution au dialogue social	0,016	0,016		Totalité du salaire
Accidents du travail (nos 18730 s.)	Taux variable selon l'entreprise			Totalité du salaire
CSG (n° 28520)				Gain total après déduction de 1,75 % pour frais professionnels (nos 28650 s.)[3]
déductible	6,80		6,80	
non déductible	2,40		2,40	
CRDS (n° 28520)	0,50		0,50	
Assurance vieillesse (nos 17700 s.)	15,45	8,55	6,90	Salaire limité à 1 P
Fnal (moins de 50 salariés) (nos 26450 s.)	0,10	0,10		Salaire limité à 1 P
Chômage (nos 29100 s.)[4]	4,05	4,05		Salaire limité à 4 P
AGS (nos 29100 s.)	0,15	0,15		Salaire limité à 4 P
II. Caisses de retraite et de prévoyance (nos 29900 s.)				
Cotisation de base sur T1[5]	7,87	4,72	3,15	Salaire limité à 1 P
CEG sur T1	2,15	1,29	0,86	Salaire limité à 1 P
Cotisation de base sur T2[5]	21,59	12,95	8,64	Salaire compris entre 1 et 8 P
CEG sur T2	2,70	1,62	1,08	Salaire compris entre 1 et 8 P
CET[6]	0,35	0,21	0,14	Salaire dans la limite de 8 P
Cadres – Assurance décès obligatoire (n° 30570)	1,50	1,50		Salaire limité à 1 P
Cadres – Apec (n° 30550)	0,06	0,036	0,024	Salaire limité à 4 P

96130 (suite)

Régimes	Taux global (en %)	Répartition		Assiette
		Employeur (en %)	Salarié (en %)	
III. Formation professionnelle et alternance (nos 30800 s.)				
CFP (au moins 11 salariés)[7]	1,00	1,00		Totalité du salaire
CFP (moins de 11 salariés)[7]	0,55	0,55		
Taxe d'apprentissage[8]	0,68	0,68		
CSA (au moins 250 salariés)[9]	0,05 à 0,60	0,05 à 0,60		
CPF-CDD[10]	1,00	1,00		
IV. Taxes et participations (nos 31260 s.)				
Taxe sur les salaires[11]	4,25	4,25		Totalité du salaire
Construction (au moins 50 salariés)	0,45	0,45		

1. L'emploi de certains salariés permet l'application de taux réduits pour certains risques : VRP multicartes (n° 82760), journalistes (n° 88550), artistes du spectacle (nos 69560 s.), membres des professions médicales ayant plusieurs emplois (n° 69940).
2. Pour les assurés du régime français d'assurance maladie exonérés de CSG en raison des règles de territorialité de cette contribution (n° 28410), ou exonérés en tout ou partie d'impôts directs en application d'une convention ou d'un accord international, une cotisation salariale maladie est due au taux de 5,50 % (CSS art. L 131-9 et D 242-3). En Alsace-Moselle, les assurés sont redevables d'une cotisation salariale auprès du régime local d'assurance maladie dont le taux est fixé à 1,30 % (Décision du conseil d'administration du régime local du 15-12-2022).
3. L'assiette de la déduction forfaitaire pour frais professionnels est limitée à 4 plafonds annuels de sécurité sociale. Cette déduction ne s'applique pas à certaines sommes qui ne sont pas à proprement parler du salaire, voir nos 28650 s.
4. Pour les intermittents du spectacle, des taux spécifiques s'appliquent, voir n° 69700.
5. Taux tenant compte du pourcentage d'appel de 127 %. Certaines entreprises cotisent à des taux supérieurs ou selon une répartition différente.
6. La CET est due par les salariés dont la rémunération dépasse 1 P.
7. Contributions spécifiques pour les employeurs du bâtiment et des travaux publics (n° 31070), et les intermittents du spectacle (n° 69770).
8. En Alsace-Moselle : 0,44.
9. Taux variable en fonction du ratio d'alternants employés par l'entreprise. En Alsace-Moselle, les taux sont réduits à 52 % de leur montant.
10. Due uniquement sur les rémunérations versées aux salariés en CDD.
11. Non exigible dans la mesure où l'employeur est assujetti à la TVA. Le taux indiqué est porté à 8,50 % pour la fraction des rémunérations individuelles annuelles comprise entre 8 572 et 17 113 € et à 13,60 % au-delà de 17 113 €.

2. HISTORIQUE DES TAUX

COTISATIONS RECOUVRÉES PAR L'URSSAF

96140 On trouvera ci-après le rappel des modifications ayant récemment affecté les taux des différentes cotisations, contributions et participations assises sur les salaires (à l'exception du versement mobilité).

Cotisations	Date d'effet	Taux global (en %)	Répartition		Assiette
			Employeur (en %)	Salarié (en %)	
Assurance maladie	1-1-2018[1 et 2]	13,30	13,30	0,00	Totalité du salaire
Cotisation supplémentaire d'Alsace-Moselle	1-1-2012	1,50		1,50	
	1-4-2022	1,30		1,30	
Allocations familiales	1-1-2014[3]	5,25[3]	5,25[3]		
CSG	1-1-2018	9,20		9,20	Gain total après déduction de 1,75 % pour frais professionnels[4]
CRDS	1-2-1996	0,50		0,50	
Assurance vieillesse plafonnée	1-1-2016	15,45	8,55	6,90	Salaire limite 1 P
Assurance vieillesse déplafonnée	1-1-2017	2,30	1,90	0,40	Totalité du salaire
Contribution Fnal avant 2020					
Au moins 20 salariés	1-1-2015	0,50	0,50		Totalité du salaire
Moins de 20 salariés	1-1-2015	0,10	0,10		Salaire limité à 1 P
Contribution Fnal à partir du 1-1-2020					
Au moins 50 salariés	1-1-2020	0,50	0,50		Totalité du salaire
Moins de 50 salariés	1-1-2020	0,10	0,10		Salaire limité à 1 P
Assurance chômage	1-1-2018	5,00	4,05	0,95	Salaire limité à 4 P
	1-10-2018	4,05	4,05	0,00	
AGS	1-1-2017	0,20	0,20		
	1-7-2017	0,15	0,15		

1. Y compris la contribution solidarité autonomie au taux de 0,30 %. Un taux spécifique s'applique aux salariés fiscalement domiciliés hors de France (CSS art. D 242-3).
2. Depuis le 1-1-2019, le taux est réduit de 6 points si l'employeur entre dans le champ d'application de la réduction générale de cotisations patronales et si la rémunération n'excède pas 2,5 Smic, voir n°s 22650 s.
3. Depuis le 1-1-2015, le taux est réduit de 1,8 point si l'employeur entre dans le champ de la réduction générale de cotisation patronale et si la rémunération n'excède pas un certain seuil fixé à 1,6 Smic puis, à partir du 1-1-2016, à 3,5 Smic, voir n°s 22655 s.
4. Sous réserve des exceptions signalées n°s 28650 s. L'assiette de la déduction forfaitaire pour frais professionnels est plafonnée, voir n° 28660.

RETRAITE COMPLÉMENTAIRE

On trouvera ci-après le rappel des taux des cotisations des régimes de retraite complémentaire Agirc et Arrco applicables avant le 1-1-2019. 96160

Sur les taux applicables depuis le 1-1-2019, voir nos 29900 s.

Cotisations	Date d'effet	Taux global (en %)	Répartition		Assiette
			Employeur (en %)	Salarié (en %)	
Arrco[1]	1-1-2015	7,75	4,65	3,10	Salaire limité à 1 P pour les cadres et non-cadres
	1-1-2015	20,25	12,15	8,10	Salaire entre 1 et 3 P
Agirc[1]	1-1-2015	20,55	12,75	7,80	Salaire entre 1 et 4 P
	1-1-2015	20,55[2]			Salaire entre 4 et 8 P
CET	1-1-2013	0,35	0,22	0,13	Salaire limité à 8 P
AGFF	1-4-2013	2,00	1,20	0,80	Salaire limité à 1 P
		2,20	1,30	0,90	Salaire entre 1 et 3 (non-cadres) ou 8 P (cadres)

1. Il s'agit du taux effectivement dû, compte tenu du pourcentage d'appel pratiqué.
2. Jusqu'à 20 %, la répartition était fixée par accord au sein de l'entreprise. Pour la fraction du taux d'appel dépassant 20 % : part patronale = 0,19 % ; part salariale = 0,36 %.

AUTRES PRÉLÈVEMENTS

96170

Cotisations	Date d'effet	Taux global (en %)	Répartition		Assiette
			Employeur (en %)	Salarié (en %)	
Construction Entreprise d'au moins 50 salariés (d'au moins 20 salariés jusqu'au 31-12-2019)	1-1-2013	0,45	0,45		Totalité du salaire

Plafonds des cotisations sociales

SÉCURITÉ SOCIALE (nos 18050 s.)

96180 On trouvera ci-dessous la valeur du plafond de sécurité sociale.

Date d'application	Plafond annuel (en €)	Plafonds fractionnaires (en €)[1]					
		Par trimestre	Par mois	Par quinzaine	Par semaine	Par jour	Par heure
1-1-2023	43 992	10 998	3 666	1 833	846	202	27
1-1-2022	41 136	10 284	3 428	1 714	791	189	26
1-1-2021	41 136	10 284	3 428	1 714	791	189	26
1-1-2020	41 136	10 284	3 428	1 714	791	189	26
1-1-2019	40 524	10 131	3 377	1 689	779	186	25

1. Attention : sauf exceptions, le **plafond mensuel** est l'unique plafond de référence pour le calcul des limites d'assiette des cotisations sociales plafonnées (voir nos 18020 s.).
Les **autres plafonds** servent de référence pour le calcul d'autres paramètres en droit social. Ainsi, par exemple, le plafond horaire sert de référence pour le calcul de la gratification minimum due aux stagiaires et le seuil d'exonération de cette gratification (voir n° 88960).

CHÔMAGE ET AGS (n° 29360)

96190 Le plafond des contributions d'assurance chômage et AGS (4 plafonds de sécurité sociale) est fixé comme suit en 2023 :

Par mois	Par trimestre	Pour l'ensemble de l'année
en €	en €	en €
14 664	43 992	175 968

RETRAITE COMPLÉMENTAIRE (nos 30200 s.)

96200 La valeur des plafonds applicables aux cotisations **Agirc-Arrco** en **2023** est la suivante :

Tranche de rémunération	Par mois	Par trimestre	Pour l'ensemble de l'année
	en €	en €	en €
Tranche 1	3 666	10 998	43 992
Tranche 2	entre 3 666 et 29 328	entre 10 998 et 87 984	entre 43 992 et 351 936

Indemnités journalières de sécurité sociale (nos 61420 s.)

96220 Ce tableau indique, pour l'**année 2023,** le montant maximal brut des indemnités journalières de maladie, d'accident du travail et de maternité ainsi que le montant minimal des indemnités journalières de maternité.

	IJSS maladie	
Maximum (brut) (en €)	50,58	
	IJSS accident du travail	
	Du 1er au 28e jour	À partir du 29e jour
Maximum (brut) (en €)	220,14	293,51
	IJSS maternité	
Minimum (brut) (en €)	10,24	
Maximum (brut) (en €)	95,22	

Évaluation forfaitaire des dépenses d'automobile

On trouvera ci-après l'évaluation kilométrique des dépenses d'automobile. Sur le plan social, les barèmes ci-dessous concernent les revenus versés de **2019 à 2023.** 96230

À noter : sur le plan fiscal, il s'agit des barèmes applicables pour l'imposition des revenus des années 2018 à 2022. Toutefois, en pratique, les barèmes kilométriques de l'année N n'étant connus qu'en N + 1, lorsque l'employeur utilise ces barèmes, il est contraint d'utiliser ceux de l'année en cours aussi bien en matière sociale qu'en fiscale (soit en 2023, celui prévu pour l'imposition des revenus 2022 et reproduit ci-dessous pour l'année 2023).

> Précisions a. À compter de 2020 pour l'impôt sur le revenu et de 2021 pour les cotisations sociales, le montant des frais de déplacement calculés en application des barèmes ci-dessous est majoré de 20 % pour les **véhicules électriques.**

b. Les **barèmes comprennent** les éléments suivants : dépréciation du véhicule, frais de réparation et d'entretien, dépenses de pneumatiques, carburant (essence, électricité, etc.) et primes d'assurance.

Les frais de péage d'autoroute et les **intérêts d'emprunt** (retenus au prorata de l'utilisation professionnelle du véhicule) peuvent, sous réserve des justifications nécessaires, être ajoutés au montant des frais de transport évalués en fonction des barèmes publiés ci-après. Il en va de même des **frais de garage** qui sont essentiellement constitués par les frais de stationnement au sens large (parcmètres, parking de plus ou moins longue durée). En revanche, l'affectation du garage de l'habitation principale à un véhicule qui fait l'objet d'une utilisation professionnelle ne justifie à ce titre aucune dépense supplémentaire. S'agissant des **véhicules électriques,** la location de la batterie et les frais liés à la recharge de la batterie (fourniture d'électricité) sont pris en compte dans le barème kilométrique au titre des frais de carburant et ne peuvent donner lieu à une déduction complémentaire pour leur montant réel et justifié (BOI-RSA-BASE-30-50-30-20 n° 430).

c. Si le salarié utilise **plusieurs véhicules** à titre professionnel, le barème est appliqué de façon séparée pour chaque véhicule.

ANNÉE 2023

96231

Puissance administrative	Kilométrage professionnel		
	Jusqu'à 5 000 km	De 5 001 à 20 000 km	Au-delà de 20 000 km
3 CV et moins	d × 0,529	(d × 0,316) + 1 065	d × 0,370
4 CV	d × 0,606	(d × 0,340) + 1 330	d × 0,407
5 CV	d × 0,636	(d × 0,357) + 1 395	d × 0,427
6 CV	d × 0,665	(d × 0,374) + 1 457	d × 0,447
7 CV et plus	d × 0,697	(d × 0,394) + 1 515	d × 0,470

d représente la distance parcourue en kilomètres.
Le montant des frais de déplacement calculé en application du barème est majoré de 20 % pour les véhicules électriques.

ANNÉE 2022

96232

Puissance administrative	Kilométrage professionnel		
	Jusqu'à 5 000 km	De 5 001 à 20 000 km	Au-delà de 20 000 km
3 CV et moins	d × 0,502	(d × 0,3) + 1 007	d × 0,35
4 CV	d × 0,575	(d × 0,323) + 1 262	d × 0,387
5 CV	d × 0,603	(d × 0,339) + 1 320	d × 0,405
6 CV	d × 0,631	(d × 0,355) + 1 382	d × 0,425
7 CV et plus	d × 0,661	(d × 0,374) + 1 435	d × 0,446

d représente la distance parcourue en kilomètres.
Le montant des frais de déplacement calculé en application du barème est majoré de 20 % pour les véhicules électriques.

ANNÉES 2020 ET 2021

96233

Puissance administrative	Kilométrage professionnel Jusqu'à 5 000 km	De 5 001 à 20 000 km	Au-delà de 20 000 km
3 CV et moins	d × 0,456	(d × 0,273) + 915	d × 0,318
4 CV	d × 0,523	(d × 0,294) + 1 147	d × 0,352
5 CV	d × 0,548	(d × 0,308) + 1 200	d × 0,368
6 CV	d × 0,574	(d × 0,323) + 1 256	d × 0,386
7 CV et plus	d × 0,601	(d × 0,34) + 1 301	d × 0,405

d représente la distance parcourue en kilomètres à titre professionnel.
À compter de 2020 pour l'impôt sur le revenu et de 2021 pour les cotisations sociales, le montant des frais de déplacement calculés en application du barème est majoré de 20 % pour les véhicules électriques.

ANNÉE 2019

96234

Puissance administrative	Kilométrage professionnel Jusqu'à 5 000 km	De 5 001 à 20 000 km	Au-delà de 20 000 km
3 CV et moins	d × 0,451	(d × 0,27) + 906	d × 0,315
4 CV	d × 0,518	(d × 0,291) + 1 136	d × 0,349
5 CV	d × 0,543	(d × 0,305) + 1 188	d × 0,364
6 CV	d × 0,568	(d × 0,32) + 1 244	d × 0,382
7 CV et plus	d × 0,595	(d × 0,337) + 1 288	d × 0,401

d représente la distance parcourue en kilomètres à titre professionnel.

Évaluation forfaitaire des frais de motocycle

On trouvera ci-après l'évaluation kilométrique des dépenses relatives à l'**utilisation d'un vélomoteur, d'un scooter ou d'une moto.** 96240

Au plan social, les barèmes ci-dessous concernent les revenus versés de **2019 à 2023.**

À noter : sur le plan fiscal, il s'agit des barèmes applicables pour l'imposition des revenus des années 2018 à 2022. Toutefois, en pratique, les barèmes kilométriques de l'année N n'étant connus qu'en N + 1, lorsque l'employeur utilise ces barèmes, il est contraint d'utiliser ceux de l'année en cours aussi bien en matière sociale qu'en matière fiscale (soit en 2023, celui prévu pour l'imposition des revenus 2022 et reproduit ci-dessous pour l'année 2023).

> **Précisions** **a.** À compter de 2020 pour l'impôt sur le revenu et de 2021 pour les cotisations sociales, le montant des frais de déplacement calculés en application des barèmes ci-dessous est majoré de 20 % pour les **véhicules électriques.**
> **b.** Les barèmes ci-après s'utilisent dans les mêmes conditions que le barème des frais de voiture figurant n°s 96230 s. et sont **destinés à couvrir** les mêmes charges (dépréciation, carburant, assurances...), étant précisé que les barèmes des motocycles couvrent également les frais d'achat des casques et des protections (BOI-RSA-BASE-30-50-30-20 n° 400).

ANNÉE 2023

96241

Cyclomoteurs, vélomoteurs et scooters[1]	Kilométrage professionnel		
	d ≤ 3 000 km	3 001 km < d ≤ 6 000 km	d > 6 000 km
P ≤ 50 cm^3	d × 0,315	(d × 0,079) + 711	d × 0,198
d = distance parcourue ; P = puissance.			

1. Cyclomoteurs : il s'agit des véhicules à deux roues dont la vitesse maximale par construction ne dépasse pas 45 km/h et équipés d'un moteur d'une cylindrée ne dépassant pas 50 cm^3 s'ils sont à combustion interne, ou d'une puissance maximale nette n'excédant pas 4 kW pour les autres types de moteurs. Il peut s'agir, selon les dénominations commerciales, de scooters, de vélomoteurs…

Motos Puissance administrative	d ≤ 3 000 km	3 001 km < d ≤ 6 000 km	d > 6 000 km
P = 1 ou 2 CV	d × 0,395	(d × 0,099) + 891	d × 0,248
P = 3, 4 ou 5 CV	d × 0,468	(d × 0,082) + 1 158	d × 0,275
P > 5 CV	d × 0,606	(d × 0,079) + 1 583	d × 0,343
d = distance parcourue, P = puissance.			

ANNÉE 2022

96242

Cyclomoteurs, vélomoteurs et scooters[1]	Kilométrage professionnel		
	d ≤ 3 000 km	3 001 km < d ≤ 6 000 km	d > 6 000 km
P ≤ 50 cm^3	d × 0,299	(d × 0,07) + 458	d × 0,162
d = distance parcourue ; P = puissance.			

1. Cyclomoteurs : il s'agit des véhicules à deux roues dont la vitesse maximale par construction ne dépasse pas 45 km/h et équipés d'un moteur d'une cylindrée ne dépassant pas 50 cm^3 s'ils sont à combustion interne, ou d'une puissance maximale nette n'excédant pas 4 kW pour les autres types de moteurs. Il peut s'agir, selon les dénominations commerciales, de scooters, de vélomoteurs…

Motos Puissance administrative	d ≤ 3 000 km	3 001 km < d ≤ 6 000 km	d > 6 000 km
P = 1 ou 2 CV	d × 0,375	(d × 0,094) + 845	d × 0,234
P = 3, 4 ou 5 CV	d × 0,444	(d × 0,078) + 1 099	d × 0,261
P > 5 CV	d × 0,575	(d × 0,075) + 1 502	d × 0,325
d = distance parcourue, P = puissance.			

ANNÉES 2020 ET 2021

96243

Cyclomoteurs, vélomoteurs et scooters[1]	Kilométrage professionnel		
	d ≤ 3 000 km	3 001 km < d ≤ 6 000 km	d > 6 000 km
P ≤ 50 cm^3	d × 0,272	(d × 0,064) + 416	d × 0,147
d = distance parcourue, P = puissance.			

1. Cyclomoteurs : il s'agit des véhicules à deux roues dont la vitesse maximale par construction ne dépasse pas 45 km/h et équipés d'un moteur d'une cylindrée ne dépassant pas 50 cm^3 s'ils sont à combustion interne, ou d'une puissance maximale nette n'excédant pas 4 kW pour les autres types de moteur. Il peut s'agir, selon les dénominations commerciales, de scooters, de vélomoteurs…

Motos Puissance administrative	d ≤ 3 000 km	3 001 km < d ≤ 6 000 km	d > 6 000 km
P = 1 ou 2 CV	d × 0,341	(d × 0,085) + 768	d × 0,213
P = 3, 4 ou 5 CV	d × 0,404	(d × 0,071) + 999	d × 0,237
P > 5 CV	d × 0,523	(d × 0,068) + 1 365	d × 0,295
d = distance parcourue, P = puissance.			

ANNÉE 2019

96244

Cyclomoteurs, vélomoteurs et scooters[1]	Kilométrage professionnel		
	d ≤ 2 000 km	2 001 km < d ≤ 5 000 km	d > 5 000 km
P ≤ 50 cm^3	d × 0,269	(d × 0,063) + 412	d × 0,146
d = distance parcourue, P = puissance.			

1. Cyclomoteurs : il s'agit des véhicules à deux roues dont la vitesse maximale par construction ne dépasse pas 45 km/h et équipés d'un moteur d'une cylindrée ne dépassant pas 50 cm^3 s'ils sont à combustion interne, ou d'une puissance maximale nette n'excédant pas 4 kW pour les autres types de moteur. Il peut s'agir, selon les dénominations commerciales, de scooters, de vélomoteurs…

Motos Puissance administrative	d ≤ 3 000 km	3 001 km < d ≤ 6 000 km	d > 6 000 km
P = 1 ou 2 CV	d × 0,338	(d × 0,084) + 760	d × 0,211
P = 3, 4 ou 5 CV	d × 0,4	(d × 0,070) + 989	d × 0,235
P > 5 CV	d × 0,518	(d × 0,067) + 1 351	d × 0,292
d = distance parcourue, P = puissance.			

Cotisations de retraite et de prévoyance et versements obligatoires aux PER d'entreprise

LIMITES D'EXONÉRATION SOCIALE ET FISCALE

96250

Régime social (nos 43160 s.)		2023 (en €)	2020 à 2022 (en €)	2019 (en €)
Retraite supplémentaire et versements obligatoires aux PER d'entreprise	Limite la plus élevée des deux suivantes[1] : – 5 % du plafond de sécurité sociale, soit : – 5 % de la rémunération soumise à cotisations, retenue dans la limite de 5 fois le plafond de sécurité sociale soit :	2 200 10 998	2 057 10 284	2 026 10 131
Prévoyance complémentaire	Somme égale à : – 6 % du plafond de sécurité sociale, soit : – + 1,5 % de rémunération soumise à cotisations Dans la limite totale de 12 % du plafond de sécurité sociale, soit :	2 640 5 279	2 468 4 936	2 431 4 863

1. Compte tenu, le cas échéant, de l'abondement exonéré au Perco et au Pereco (n° 43170).

96255

Régime fiscal (nos 43880 s.)		2023 (en €)	2020 à 2022 (en €)	2019 (en €)
Retraite supplémentaire et versements obligatoires aux PER d'entreprise	Limite, incluant les versements de l'employeur, de 8 % de la rémunération annuelle brute, retenue à concurrence de 8 fois le plafond de sécurité sociale, soit une déduction maximale de[1] :	28 155	26 327	25 935
Prévoyance complémentaire	Limite, incluant les versements de l'employeur, égale à la somme des éléments suivants : – 5 % du plafond de sécurité sociale – et 2 % de la rémunération annuelle brute, sans que le total ainsi obtenu puisse toutefois excéder 2 % de 8 fois le plafond de sécurité sociale, soit un montant maximal déductible de :	2 200 7 039	2 057 6 582	2 026 6 484

1. Compte tenu, le cas échéant, des versements au Perco (n° 43870).

Limites d'exonération de CSG et CRDS sur certains revenus de remplacement

LIMITES 2023 (nos 52100 et 52250 s.)

96259 Sont **exonérées** de CSG et de CRDS les pensions de retraite et d'invalidité et les allocations chômage versées en 2023 et servies aux personnes dont le **revenu fiscal de référence de 2021** n'a pas dépassé les seuils figurant dans le tableau ci-après.

Nombre de parts pour le calcul de l'impôt sur le revenu	Métropole (en €)	Martinique, Guadeloupe, La Réunion (en €)	Guyane et Mayotte (en €)
1	11 614	13 741	14 368
1,25	13 165	15 447	16 151
1,5	14 715	17 152	17 934
1,75	16 266	18 703	19 485
2	17 816	20 253	21 035
2,25	19 367	21 804	22 586
2,5	20 917	23 354	24 136
2,75	22 468	24 905	25 687
3	24 018	26 455	27 237
Par demi-part supplémentaire	3 101	3 411 (première demi-part) 3 101 (les suivantes)	3 566 (première demi-part) 3 101 (les suivantes)
Par quart de part supplémentaire	1 551	1 706 (2 premiers quarts de part) 1 551 (les suivants)	1 783 (2 premiers quarts de part) 1 551 (les suivants)

96260 Les personnes dont le **revenu fiscal de référence de 2021** a dépassé les seuils figurant dans le tableau ci-dessus, sans atteindre sur l'année 2020 ou sur l'année 2021 les plafonds figurant dans le tableau ci-après, bénéficient sur leurs pensions de retraite et d'invalidité et leurs allocations chômage versées en 2023 d'une **CSG au taux réduit de 3,8 %,** intégralement déductible du revenu imposable, tout en restant assujetties à la CRDS au taux normal.

Nombre de parts pour le calcul de l'impôt sur le revenu	Métropole (en €)	Martinique, Guadeloupe, La Réunion (en €)	Guyane et Mayotte (en €)
1	15 183	16 611	17 399
1,25	17 210	18 840	19 730
1,5	19 237	21 068	22 060
1,75	21 264	23 095	24 087
2	23 291	25 122	26 114
2,25	25 318	27 149	28 141
2,5	27 345	29 176	30 168
2,75	29 372	31 203	32 195
3	31 399	33 230	34 222
Par demi-part supplémentaire	4 054	4 457 (première demi-part) 4 054 (les suivantes)	4 661 (première demi-part) 4 054 (les suivantes)
Par quart de part supplémentaire	2 027	2 229 (2 premiers quarts de part) 2 027 (les suivants)	2 331 (2 premiers quarts de part) 2 027 (les suivants)

Sont soumises au **taux intermédiaire de CSG de 6,6 %** les pensions de retraite et d'invalidité versées en 2023 et servies aux personnes dont le **revenu fiscal de référence de 2021** a dépassé les seuils figurant dans le tableau ci-dessus permettant de bénéficier du taux réduit (C-IV-96260) sans atteindre les seuils figurant dans le tableau ci-après. 96261

Nombre de parts pour le calcul de l'impôt sur le revenu	Métropole (en €)	Martinique, Guadeloupe, La Réunion (en €)	Guyane et Mayotte (en €)
1		23 564	
1,25		26 709	
1,5		29 854	
1,75		32 999	
2		36 144	
2,25		39 289	
2,5		42 434	
2,75		45 579	
3		48 724	
Par demi-part supplémentaire		6 290	
Par quart de part supplémentaire		3 145	

Allocations forfaitaires pour frais professionnels

FRAIS DE REPAS ET DE GRAND DÉPLACEMENT EN MÉTROPOLE

(nos 56240 s. et 56260 s.)

96300 On trouvera ci-après les limites en deçà desquelles certaines allocations forfaitaires pour frais professionnels sont **présumées « utilisées conformément à leur objet »** et, par suite, exonérées sans justification particulière. Ces limites sont actualisées au 1er janvier de chaque année.
Elles ne valent que pour les déplacements à l'intérieur de la **métropole.**

Frais de repas (en €)	2023	2022 Du 1-9 au 31-12	2022 Du 1-1 au 31-8	2021	2020	2019
Salarié travaillant dans l'entreprise	7,10	7,10	6,80	6,70	6,70	6,60
Salarié en déplacement (hors restaurant)	9,90	9,90	9,50	9,40	9,30	9,20
Salarié en déplacement (restaurant)	20,20	20,20	19,40	19,10	19	18,80

Indemnité de grand déplacement (en €)			Repas	Logement et petit déjeuner (par jour)	
				Paris, Hauts-de-Seine, Seine-Saint-Denis, Val-de-Marne	Autres départements
2023		**3 premiers mois**	20,20	72,50	53,80
		du 4e au 24e mois inclus (– 15 %)	17,20	61,60	45,70
		du 25e au 72e mois inclus (– 30 %)	14,10	50,80	37,70
2022	Du 1-9 au 31-12	**3 premiers mois**	20,20	69,50	51,60
		du 4e au 24e mois inclus (– 15 %)	17,20	59,10	43,90
		du 25e au 72e mois inclus (– 30 %)	14,10	48,70	36,10
	Du 1-1 au 31-8	**3 premiers mois**	19,40	69,50	51,60
		du 4e au 24e mois inclus (– 15 %)	16,50	59,10	43,90
		du 25e au 72e mois inclus (– 30 %)	13,60	48,70	36,10
2021		**3 premiers mois**	19,10	68,50	50,80
		du 4e au 24e mois inclus (– 15 %)	16,20	58,20	43,20
		du 25e au 72e mois inclus (– 30 %)	13,40	48	35,60
2020		**3 premiers mois**	19	68,10	50,50
		du 4e au 24e mois inclus (– 15 %)	16,20	57,90	42,90
		du 25e au 72e mois inclus (– 30 %)	13,30	47,70	35,40
2019		**3 premiers mois**	18,80	67,40	50
		du 4e au 24e mois inclus (– 15 %)	16	57,30	42,50
		du 25e au 72e mois inclus (– 30 %)	13,20	47,20	35

FRAIS LIÉS À LA MOBILITÉ PROFESSIONNELLE (n°s 56700 et 56740)

On trouvera ci-après les limites en deçà desquelles certaines allocations forfaitaires pour frais professionnels sont **présumées « utilisées conformément à leur objet »** et, par suite, exonérées sans justification particulière. Ces limites sont actualisées au 1er janvier de chaque année. 96310

Désignation des indemnités	2023	2022	2021	2020	2019
Indemnités destinées à compenser : – les dépenses d'hébergement provisoire et les frais supplémentaires de nourriture dans l'attente d'un logement définitif[1]	80,50 € par jour	77,20 € par jour	76,10 € par jour	75,60 € par jour	74,90 € par jour
– les dépenses inhérentes à l'installation dans le nouveau logement	1 613,70 € majorés de 134,50 € par enfant dans la limite de 2 017,10 €	1 547,20 € majorés de 129 € par enfant dans la limite de 1 933,90 €	1 524,30 € majorés de 127,1 € par enfant dans la limite de 1 905,30 €	1 515,20 € majorés de 126,3 € par enfant dans la limite de 1 893,90 €	1 500,20 €, majorés de 125 € par enfant dans la limite de 1 875,10 €

1. La possibilité de déduire cette indemnité de l'assiette des cotisations est limitée dans le temps : voir n° 56700.

INDEMNITÉS DE PETITS DÉPLACEMENTS DANS LE BÂTIMENT ET LES TRAVAUX PUBLICS (n° 56500)

96320 Ces barèmes ne s'appliquent que dans le cas où les indemnités de trajet, de repas et de transport font l'objet de **lignes distinctes sur le bulletin de paie.** Ils ne peuvent pas être utilisés dans le cas des indemnités globalisées.

INDEMNITÉ KILOMÉTRIQUE

96322

Trajet aller et retour compris entre[1] :	Limite d'exonération quotidienne (en €) (Valeur de l'indemnité kilométrique fiscale pour un véhicule de 4 chevaux fiscaux/2 × nombre de km)			
	2023[5]	2022[4]	2020 et 2021[3]	2019[2]
5 et 10 km	3,00	2,90	2,60	2,60
10 et 20 km	6,10	5,80	5,20	5,20
20 et 30 km	9,10	8,60	7,80	7,80
30 et 40 km	12,10	11,50	10,50	10,40
40 et 50 km	15,20	14,40	13,10	13
50 et 60 km	18,20	17,30	15,70	15,50
60 et 70 km	21,20	20,10	18,30	18,10
70 et 80 km	24,20	23	20,90	20,70
80 et 90 km	27,30	25,90	23,50	23,30
90 et 100 km	30,30	28,80	26,20	25,90
100 et 110 km	33,30	31,60	28,80	28,50
110 et 120 km	36,40	34,50	31,40	31,10
120 et 130 km	39,40	37,40	34	33,70
130 et 140 km	42,40	40,30	36,6	36,30
140 et 150 km	45,50	43,10	39,2	38,90
150 et 160 km	48,50	46	41,8	41,40
160 et 170 km	51,50	48,90	44,5	44
170 et 180 km	54,50	51,80	47,1	46,60
180 et 190 km	57,60	54,60	49,70	49,20
190 et 200 km	60,60	57,50	52,30	51,80

1. Les valeurs retenues tiennent compte des distances parcourues aller et retour multipliées par la moitié de la valeur du barème kilométrique fiscal prévue pour un véhicule de 4 chevaux. La distance parcourue est appréciée :
a. Pour les entreprises de travail temporaire, par référence au domicile fiscal (ou lieu de résidence) du salarié, dûment justifié par l'employeur ;
b. Pour les entreprises de la tôlerie, de la chaudronnerie et de la tuyauterie industrielle, par référence au domicile fiscal (ou lieu de résidence) du salarié, dûment justifié par l'employeur, ou au lieu de rattachement du salarié défini par le contrat de travail (siège social ou établissement de rattachement) ;
c. Pour les entreprises de travaux publics et du bâtiment, par référence soit au siège social ou à l'établissement de rattachement de l'entreprise, soit au domicile fiscal ou à la résidence habituelle du salarié.
2. Selon le site des Urssaf les valeurs se sont appliquées à compter du 17-3-2019. Leur revalorisation est consécutive à la parution de l'arrêté CPAE1905614A du 11-3-2019 (JO 16).
3. Selon le site des Urssaf, les valeurs se sont appliquées à compter du 1-3-2020. Leur revalorisation est consécutive à la parution de l'arrêté CPAE2003592A du 26-2-2020 (JO 29).
4. Valeurs revalorisées suite à la parution de l'arrêté ECOE2202731A du 1-2-2022 (JO 13).
5. Valeurs calculées par nos soins à la suite de la parution de l'arrêté ECOE2307260A du 27-3-2023 (JO 7-4).

REPAS

96325

Années		Repas pris au restaurant (en €)	Repas pris hors des locaux de l'entreprise ou sur un chantier (en €)
2023		20,20	9,90
2022	Du 1-9 au 31-12	20,20	9,90
	Du 1-1 au 31-8	19,40	9,50
2021		19,10	9,40
2020		19,00	9,30
2019		18,80	9,20

Évaluation forfaitaire des avantages en nature

Les règles d'évaluation du logement, de la nourriture et des véhicules sont présentées dans les 3 tableaux suivants. 96330

Les forfaits pouvant être utilisés pour les outils de l'**informatique ou des télécommunications** sont indiqués nº 39710.

FORFAIT LOGEMENT (nºs 39280 s.)

Le tableau ci-après indique, pour les années **2019 à 2023,** le **montant mensuel** de l'avantage logement à réintégrer dans l'assiette des cotisations suivant les tranches de revenus, le nombre de pièces du logement et l'année considérée. Ces montants résultent de l'application de la règle de revalorisation annuelle mentionnée nº 38870. 96332

L'évaluation par **semaine** est égale au quart du montant mensuel arrondi à la dizaine de centimes d'euro le plus proche.

L'évaluation par semaine ou par mois s'entend des semaines ou des mois complets quel que soit le **nombre des jours ouvrables** qu'ils contiennent.

Montant de la rémunération en fonction du plafond mensuel de la sécurité sociale	2023 (en €)	2022 (en €)	2021 (en €)	2020 (en €)	2019 (en €)
Inférieure à 0,5 :					
Logement de 1 pièce principale	75,40	72,30	71,20	70,80	70,10
Autres logements (par pièce)	40,40	38,70	38,10	37,90	37,50
Égale ou supérieure à 0,5 et inférieure à 0,6 :					
Logement de 1 pièce principale	88	84,40	83,20	82,70	81,90
Autres logements (par pièce)	56,50	54,20	53,40	53,10	52,60
Égale ou supérieure à 0,6 et inférieure à 0,7 :					
Logement de 1 pièce principale	100,40	96,30	94,90	94,30	93,40
Autres logements (par pièce)	75,40	72,30	71,20	70,80	70,10
Égale ou supérieure à 0,7 et inférieure à 0,9 :					
Logement de 1 pièce principale	113	108,30	106,70	106,10	105
Autres logements (par pièce)	94,10	90,20	88,90	88,40	87,50
Égale ou supérieure à 0,9 et inférieure à 1,1 :					
Logement de 1 pièce principale	138,40	132,70	130,70	129,90	128,60
Autres logements (par pièce)	119,30	114,40	112,70	112	110,90
Égale ou supérieure à 1,1 et inférieure à 1,3 :					
Logement de 1 pièce principale	163,30	156,60	154,30	153,40	151,90
Autres logements (par pièce)	144,10	138,20	136,20	135,40	134,10
Égale ou supérieure à 1,3 et inférieure à 1,5 :					
Logement de 1 pièce principale	188,60	180,80	178,10	177	175,20
Autres logements (par pièce)	175,70	168,50	166	165	163,40
Égale ou supérieure à 1,5 :					
Logement de 1 pièce principale	213,50	204,70	201,70	200,50	198,50
Autres logements (par pièce)	200,90	192,60	189,80	188,70	186,80

EXEMPLE

Un logement de deux pièces fourni gratuitement par l'employeur à un salarié dont la rémunération en espèces s'élève à 3 300,50 € (entre 0,9 et 1,1 fois le plafond mensuel de sécurité sociale) doit, en 2023, être évalué à 119,30 × 2 = 238,60 € par mois. Les cotisations sont donc dues sur 3 300,50 + 238,60 = 3 539,10 €.

NOURRITURE (nos 38900 s.)

96334 Le tableau ci-après indique, pour les années **2019 à 2023,** le montant de l'avantage nourriture à réintégrer dans l'assiette des cotisations. Ces montants résultent de l'application de la règle de revalorisation annuelle mentionnée no 38870.

Valeur de l'avantage (en €)	par jour[1]	par repas[1]
2023	10,40	5,20
2022	10,00	5,00
2021	9,90	4,95
2020	9,80	4,90
2019	9,70	4,85

1. Sauf pour les hôtels, cafés, restaurants, où il est évalué à un minimum garanti par repas.

VÉHICULES (nos 39480 s.)

96336

	Véhicule acheté		Véhicule en location ou en location avec option d'achat
	5 ans et moins	Plus de 5 ans	
Forfait annuel L'employeur ne prend pas en charge le carburant	9 % du coût d'achat (prix TTC réglé par l'entreprise)	6 % du coût d'achat (prix TTC réglé par l'entreprise)	30 % du coût global annuel pour la location (location, entretien, assurance). L'évaluation ainsi obtenue sera en tout état de cause plafonnée à celle qui résulte de la règle applicable en cas de véhicule acheté (voir ci-contre), le prix de référence du véhicule étant le prix d'achat TTC du véhicule par le loueur, rabais compris, dans la limite de 30 % du prix conseillé par le constructeur pour la vente de véhicule au jour du début du contrat.
Forfait annuel L'employeur prend en charge le carburant	9 % du coût d'achat (prix TTC réglé par l'entreprise) plus les frais réels (sur factures) de carburant utilisé à des fins personnelles ou 12 % du coût d'achat (prix TTC réglé par l'entreprise)	6 % du coût d'achat (prix TTC réglé par l'entreprise) plus les frais réels (sur factures) de carburant utilisé à des fins personnelles ou 9 % du coût d'achat (prix TTC réglé par l'entreprise)	30 % du coût global annuel pour la location (location, entretien, assurances) plus frais réels (sur facture) de carburant utilisé à des fins personnelles ou 40 % du coût global annuel pour la location (location, entretien, assurances et coût global du carburant utilisé à des fins professionnelles et personnelles). *** L'évaluation ainsi obtenue sera en tout état de cause plafonnée à celle qui résulte de la règle applicable en cas de véhicule acheté (voir ci-contre), le prix de référence du véhicule étant le prix d'achat TTC du véhicule par le loueur, rabais compris dans la limite de 30 % du prix conseillé par le constructeur pour la vente de véhicule au jour du début du contrat.
Dépenses réelles (évaluation annuelle) L'employeur ne prend pas en charge le carburant	– 20 % du coût d'achat (prix TTC réglé par l'entreprise), – l'assurance, – les frais d'entretien	– 10 % du coût d'achat (prix TTC réglé par l'entreprise), – l'assurance, – les frais d'entretien	– coût global annuel de la location – l'entretien – l'assurance
	Pour évaluer l'avantage en nature Résultat obtenu en additionnant les trois valeurs listées ci-dessus, multiplié par le nombre de km parcourus à titre privé/Total de km parcourus par le véhicule pour la même période.		
L'employeur prend en charge le carburant	– ajouter, le cas échéant, les frais réels de carburant utilisé pour un usage personnel	– ajouter, le cas échéant, les frais réels de carburant utilisé pour un usage personnel	– ajouter, le cas échéant, les frais réels de carburant utilisé pour un usage personnel

Titres-restaurant

LIMITES D'EXONÉRATION DE LA CONTRIBUTION PATRONALE

(nos 51900 s.)

96340

Date d'effet (date d'acquisition des titres)	Limite d'exonération de la contribution patronale	Valeur du titre pour une contribution patronale atteignant la limite d'exonération et égale à	
		60 %	50 %
1-1-2023	6,50 €	10,83 €	13,00 €
1-9-2022	5,92 €	9,87 €	11,84 €
1-1-2022	5,69 €	9,48 €	11,38 €
1-1-2021	5,55 €	9,25 €	11,10 €
1-1-2020	5,55 €	9,25 €	11,10 €
1-1-2019	5,52 €	9,20 €	11,04 €

Déductions forfaitaires spécifiques

On trouvera ci-après la **liste des professions** ouvrant droit à une déduction forfaitaire spécifique pour frais professionnels (CGI ann. IV art. 5, dans sa rédaction en vigueur au 31-12-2000 ; D. adm. 5 F-2532 nº 25). 96360

Désignation des professions[1]	Taux (en %)
Artistes dramatiques, lyriques, cinématographiques ou chorégraphiques	25
Artistes musiciens, choristes, chefs d'orchestre, régisseurs de théâtre[2]	20
Aviation marchande (personnel navigant comprenant : pilotes, radios, hôtesses de l'air, stewards, commissaires de bord et mécaniciens navigants des compagnies de transports aériens, pilotes et mécaniciens employés par les maisons de construction d'avions et de moteurs pour l'essai de prototypes ; pilotes moniteurs d'aéro-clubs et des écoles d'aviation civile)[3]	30
Casinos et cercles	
Personnel supportant des frais de représentation et de veillée	8
Personnel supportant des frais de double résidence	12
Personnel supportant à la fois des frais de représentation et de veillée et des frais de double résidence	20
Chauffeurs et receveurs convoyeurs de cars à services réguliers ou occasionnels, conducteurs démonstrateurs et conducteurs convoyeurs des entreprises de construction d'automobiles, chauffeurs et convoyeurs de transports routiers ou d'entreprises de déménagement par automobiles[4]	20
Commis des prestataires de services d'investissement qui étaient agréés au 31 décembre 1995 en tant que **sociétés de bourse** (place de Paris). Sur les émoluments variables de toute nature	20
Haute couture (grandes maisons parisiennes)	
Modélistes	20
Mannequins	10
Inspecteurs d'assurances des branches vie, capitalisation et épargne	30
Internes des hôpitaux de Paris	20
Journalistes, rédacteurs, photographes, directeurs de journaux, critiques dramatiques et musicaux[5]	30
Ouvriers du bâtiment visés aux paragraphes 1 et 2 de l'article 1er du décret du 17 novembre 1936, à l'exclusion de ceux qui travaillent en usine ou en atelier[6]	10
Ouvriers à domicile (pour **certaines catégories limitativement énumérées** par l'article 5 de l'annexe IV au CGI)	de 5 à 40
Ouvriers forestiers	10
Ouvriers horlogers, lorsqu'ils sont personnellement propriétaires des outils et petites machines nécessaires à l'exercice de leur métier	5
Ouvriers d'imprimerie de journaux travaillant la nuit	5

Désignation des professions[1]	Taux (en %)
Ouvriers mineurs travaillant au fond des mines	10
Ouvriers scaphandriers	10
Représentants en publicité	30
Speakers de radiodiffusion-télévision française	20
Voyageurs, représentants et placiers	30

1. Bien que ne figurant pas sur la liste établie par le CGI, le secteur de la **propreté** bénéficie d'une déduction forfaitaire spécifique pour frais professionnels. Son taux, qui était de 8 %, est réduit de 1 point chaque année à partir du 1-1-2022, jusqu'à sa disparition à partir du 1-1-2029 (BOSS-FP-2300 s).
2. Le personnel de création de l'**industrie cinématographique** a droit à cette déduction.
3. Le BOSS ne mentionne plus les **hôtesses de l'air, stewards et commissaires de bord.**
Dans le secteur de l'**aviation civile,** depuis le 1-1-2023, le taux de déduction est réduit de 1 point chaque année, jusqu'à sa suppression à partir du 1-1-2033 (BOSS-FP-2300 s).
4. Dans le secteur du **transport routier de marchandises,** à compter du 1-1-2024, le taux de la déduction sera réduit de 1 point chaque année et de 1,5 point les deux dernières années, jusqu'à sa suppression à partir du 1-1-2032 (BOSS-FP-2300 s).
5. Pour les **journalistes,** à compter du 1-1-2024, le taux de la déduction sera réduit de 2 points chaque année, jusqu'à sa suppression à partir du 1-1-2038 (BOSS-FP-2300 s).
6. Dans le secteur de la **construction,** à compter du 1-1-2024, le taux de la déduction sera réduit de 1 point chaque année, et de 1,5 point les deux dernières années, jusqu'à sa disparition à partir du 1-1-2032 (BOSS-FP-2300 s).

Cotisations de retraite des avocats salariés (nos 90100 s.)

96370 Montant des cotisations à verser à la **Caisse nationale des barreaux français (CNBF)** : 11, boulevard de Sébastopol 75038 Paris cedex 01. Tél. 01-42-21-32-30.

RÉGIME DE BASE

96372

	2023		2022		2021	
Cotisation forfaitaire mensuelle (selon ancienneté dans la profession au 1-1)[1]	**Part patronale 60 % (en €)**	**Part salariale 40 % (en €)**	**Part patronale 60 % (en €)**	**Part salariale 40 % (en €)**	**Part patronale 60 % (en €)**	**Part salariale 40 % (en €)**
1e année	16,20	10,80	15,15	10,10	14,70	9,80
2e année	32,55	21,70	30,40	20,27	29,50	19,67
3e année	51,05	34,03	47,70	31,80	46,30	30,87
4e et 5e années	69,50	46,33	64,95	43,30	63,05	42,03
Au-delà	88,70	59,13	82,90	55,27	80,50	53,67
Cotisation proportionnelle	3,10 % du salaire brut 2023 plafonné à 24 310 €/mois : – part patronale (60 %) : 1,86 % – part salariale (40 %) : 1,24 %		3,10 % du salaire brut 2022 plafonné à 24 795,75 €/mois : – part patronale (60 %) : 1,86 % – part salariale (40 %) : 1,24 %		3,10 % du salaire brut 2021 plafonné à 24 795,75 €/mois : – part patronale (60 %) : 1,86 % – part salariale (40 %) : 1,24 %	

1. Le **calcul de l'ancienneté dans l'activité professionnelle,** qui sert à déterminer le montant de la cotisation forfaitaire de retraite de base, a fait l'objet, de la part de la CNBF, des précisions suivantes. Par « activité professionnelle », il faut entendre :
– l'activité non salariée d'avocat ;
– l'activité non salariée de conseil juridique ;
– l'activité salariée des avocats relevant de la CNBF.
Une année d'ancienneté dans la profession correspond à une durée d'exercice de 365 jours comptée à partir de la date de prestation de serment ou de l'inscription au tableau le cas échéant. Un avocat ayant une année révolue d'ancienneté entre donc dans sa deuxième année d'exercice dès le lendemain du jour anniversaire de sa date de prestation de serment. Pour la cotisation 2023, cette appréciation s'effectue à la date du 1-1-2023.
Dans le cas des avocats **anciens conseils juridiques non salariés,** l'appréciation de la durée d'exercice s'effectue à partir de la date d'inscription sur la liste du procureur de la République. Lorsque l'activité libérale de conseil juridique a été interrompue, la durée d'exercice propre à cette activité correspond à la période d'affiliation à la Cipav. En cas d'affiliation à la CNBF d'anciens conseils juridiques **salariés,** l'activité salariée antérieure n'est pas prise en compte, de sorte que l'ancienneté à considérer n'est décomptée qu'à compter de leur date d'affiliation à la CNBF.

RÉGIME COMPLÉMENTAIRE

ANNÉE 2023

Pour l'année 2023, le **barème mensuel** est le suivant : 96374

	Montant des revenus	Total (en %)	Part patronale (en %)	Part salariale (en %)
Classe 1				
Tranche 1	De 1 à 3 542 €	4,80	2,88	1,92
Tranche 2	De 3 543 à 7 085 €	9,20	5,52	3,68
Tranche 3	De 7 086 à 10 627 €	10,70	6,42	4,28
Tranche 4	De 10 628 à 14 169 €	12,20	7,32	4,88
Tranche 5	De 14 170 à 17 711 €	13,70	8,22	5,48
Classe 2				
Tranche 1	De 1 à 3 542 €	5,40	3,24	2,16
Tranche 2	De 3 543 à 7 085 €	10,40	6,24	4,16
Tranche 3	De 7 086 à 10 627 €	12,20	7,32	4,88
Tranche 4	De 10 628 à 14 169 €	14,00	8,40	5,60
Tranche 5	De 14 170 à 17 711 €	15,80	9,48	6,32
Classe 3				
Tranche 1	De 1 à 3 542 €	6,00	3,60	2,40
Tranche 2	De 3 543 à 7 085 €	11,60	6,96	4,64
Tranche 3	De 7 086 à 10 627 €	13,70	8,22	5,48
Tranche 4	De 10 628 à 14 169 €	15,80	9,48	6,32
Tranche 5	De 14 170 à 17 711 €	17,90	10,74	7,16
Classe 3 +				
Tranche 1	De 1 à 3 542 €	6,00	3,60	2,40
Tranche 2	De 3 543 à 7 085 €	11,60	6,96	4,64
Tranche 3	De 7 086 à 10 627 €	13,70	8,22	5,48
Tranche 4	De 10 628 à 14 169 €	15,80	9,48	6,32
Tranche 5	De 14 170 à 17 711 €	20,40	12,24	8,16

ANNÉES 2021 ET 2022

Pour les années 2021 et 2022, le **barème mensuel** est le suivant : 96375

	Montant des revenus	Total		Part patronale		Part salariale	
	2021 et 2022	2021 (en %)	2022 (en %)	2021 (en %)	2022 (en %)	2021 (en %)	2022 (en %)
Classe 1							
Tranche 1	De 1 à 3 542 €	4,20	4,60	2,52	2,76	1,68	1,84
Tranche 2	De 3 543 à 7 085 €	8,40	8,80	5,04	5,28	3,36	3,52
Tranche 3	De 7 086 à 10 627 €	9,70	10,20	5,82	6,12	3,88	4,08
Tranche 4	De 10 628 à 14 169 €	11,00	11,60	6,60	6,96	4,40	4,64
Tranche 5	De 14 170 à 17 711 €	12,30	13,00	7,38	7,80	4,92	5,20
Classe 2							
Tranche 1	De 1 à 3 542 €	5,10	5,30	3,06	3,18	2,04	2,12
Tranche 2	De 3 543 à 7 085 €	10,00	10,20	6,00	6,12	4,00	4,08
Tranche 3	De 7 086 à 10 627 €	11,70	11,95	7,02	7,17	4,68	4,78
Tranche 4	De 10 628 à 14 169 €	13,40	13,70	8,04	8,22	5,36	5,48
Tranche 5	De 14 170 à 17 711 €	15,10	15,45	9,06	9,27	6,04	6,18

96375 (suite)

	Montant des revenus	Total		Part patronale		Part salariale	
	2021 et 2022	2021 (en %)	2022 (en %)	2021 (en %)	2022 (en %)	2021 (en %)	2022 (en %)
Classe 3							
Tranche 1	De 1 à 3 542 €	6,00	6,00	3,60	3,60	2,40	2,40
Tranche 2	De 3 543 à 7 085 €	11,60	11,60	6,96	6,96	4,64	4,64
Tranche 3	De 7 086 à 10 627 €	13,70	13,70	8,22	8,22	5,48	5,48
Tranche 4	De 10 628 à 14 169 €	15,80	15,80	9,48	9,48	6,32	6,32
Tranche 5	De 14 170 à 17 711 €	17,90	17,90	10,74	10,74	7,16	7,16
Classe 3 +							
Tranche 1	De 1 à 3 542 €	6,00	6,00	3,60	3,60	2,40	2,40
Tranche 2	De 3 542 à 7 085 €	11,60	11,60	6,96	6,96	4,64	4,64
Tranche 3	De 7 086 à 10 627 €	13,70	13,70	8,22	8,22	5,48	5,48
Tranche 4	De 10 628 à 14 169 €	15,80	15,80	9,48	9,48	6,32	6,32
Tranche 5	De 14 170 à 17 711 €	20,40	20,40	12,24	12,24	8,16	8,16

Hôtels, cafés, restaurants

ASSIETTE FORFAITAIRE DES SALARIÉS AU POURBOIRE

Attention : certains **pourboires versés en 2023** aux salariés dont la rémunération ne dépasse 96380
pas 1,6 Smic sont **exonérés** de toutes les cotisations et contributions sociales ainsi que de certains autres prélèvements : voir n° 54650.

PREMIÈRE CATÉGORIE

Cette catégorie **regroupe les personnels suivants** : employés des lavabos et des vestiaires, 96381
sommelier verseur, commis débarrasseur, commis de suite, commis de bar, hommes et femmes toutes mains (dans les établissements n'occupant pas plus de 2 salariés).

Pour cette catégorie, l'assiette forfaitaire étant inférieure à l'assiette minimum (salaire minimum professionnel), c'est sur cette dernière que doivent être calculées les cotisations des intéressés.

Toutefois, le **montant** de l'assiette minimale variant en fonction du nombre d'heures de travail effectivement accomplies, il a été admis, par mesure de simplification, de calculer d'après les montants forfaitaires suivant les cotisations dues pour les employés de première catégorie :
- par mois : salaire minimal professionnel ;
- par journée de plus de 5 heures : 1/26 du salaire minimal professionnel ;
- par demi-journée de 5 heures ou de moins de 5 heures : la moitié du chiffre ci-dessus (Lettre Acoss du 20-5-1976).

Le **montant effectif** de ces assiettes forfaitaires est consultable sur le site des Urssaf (www.urssaf.fr).

DEUXIÈME CATÉGORIE

Cette catégorie **regroupe les personnels suivants** : groom, chasseur, portier, fille de salle, 96382
garçon de restaurant, garçon de comptoir, garçon limonadier, garçon de café, sommelier de salle, chef de rang.

Le **montant** de l'assiette est égal à :
- par mois : 3/4 du plafond ;
- par journée de plus de 5 heures : 1/26 du chiffre mensuel ;
- par demi-journée de 5 heures ou de moins de 5 heures : la moitié du chiffre ci-dessus.

Les montants effectifs s'établissent ainsi depuis 2019 :

Assiette forfaitaire des cotisations	Années		
	2019	2020 à 2022	2023
Par mois	2 533 €	2 571 €	2 750 €
Par journée	97 €	99 €	106 €
Par 1/2 journée (ne dépassant pas 5 heures)	49 €	50 €	53 €

Voir **modèle** de bulletins de paie au n° 95260.

TROISIÈME CATÉGORIE

Cette catégorie **regroupe les personnels suivants** : chef sommelier, maître d'hôtel, premier 96384
maître d'hôtel, trancheur, barman, chef barman, ainsi que chef de rang et garçon des restaurants de tourisme classés, par application de l'arrêté du 8 octobre 1965, en catégories **4 étoiles** et 4 étoiles de luxe.

Le **montant** de l'assiette est égal à :
- par mois : plafond mensuel ;
- par journée de plus de 5 heures : 1/26 du chiffre mensuel ;
- par demi-journée de 5 heures ou de moins de 5 heures : la moitié du chiffre ci-dessus.

Les montants effectifs s'établissent ainsi depuis 2019 :

Assiette forfaitaire des cotisations	Années		
	2019	2020 à 2022	2023
Par mois	3 377 €	3 428 €	3 666 €
Par journée	130 €	132 €	141 €
Par 1/2 journée (ne dépassant pas 5 heures)	65 €	66 €	71 €

Formateurs occasionnels

MODALITÉS DE FIXATION DE L'ASSIETTE DES COTISATIONS

96400 Les assiettes forfaitaires sur lesquelles peuvent être calculées les cotisations dues pour l'emploi pendant une **journée civile** d'un formateur occasionnel varient en fonction de sa rémunération brute journalière.

Rémunération brute journalière	Assiette forfaitaire *(en plafond journalier de sécurité sociale)*
Inférieure à 1 P	0,31
Égale ou supérieure à 1 P et inférieure à 2 P	0,94
Égale ou supérieure à 2 P et inférieure à 3 P	1,57
Égale ou supérieure à 3 P et inférieure à 4 P	2,19
Égale ou supérieure à 4 P et inférieure à 5 P	2,82
Égale ou supérieure à 5 P et inférieure à 6 P	3,25
Égale ou supérieure à 6 P et inférieure à 7 P	3,84
Égale ou supérieure à 7 P et inférieure à 10 P	4,42
P : plafond journalier de sécurité sociale.	

VALEURS DES ASSIETTES FORFAITAIRES

96410

Période d'application	Rémunération brute journalière (en €)	Assiette journalière des cotisations (en €)
2023	Inférieure à 201	62,62
	De 202 à 403	189,88
	De 404 à 605	317,14
	De 606 à 807	442,38
	De 808 à 1 009	569,64
	De 1 010 à 1 211	656,50
	De 1 212 à 1 413	775,68
	De 1 414 à 2 019	892,84
	Égale ou supérieure à 2 020	Salaire réel
2020 à 2022	Inférieure à 189	58,59
	De 189 à 377	177,66
	De 378 à 566	296,73
	De 567 à 755	413,91
	De 756 à 944	532,98
	De 945 à 133	614,25
	De 1 134 à 1 322	725,76
	De 1 323 à 1 889	835,38
	Égale ou supérieure à 1 890	Salaire réel
2019	Inférieure à 186	57,66
	De 186 à 371	174,84
	De 372 à 557	292,02
	De 558 à 743	407,34
	De 744 à 929	524,52
	De 930 à 1 115	604,50
	De 1 116 à 1 301	714,24
	De 1 302 à 1 859	822,12
	Égale ou supérieure à 1 860	Salaire réel

Impôt sur le revenu

BARÈME DU PRÉLÈVEMENT À LA SOURCE (TAUX PAR DÉFAUT)

On trouvera ci-après la grille de taux par défaut applicable aux revenus versés en **2023** aux **contribuables domiciliés en métropole** (CGI art. 204 H, III). 96420

Base mensuelle de prélèvement	Taux applicable (en %)
Inférieure à 1 518 €	0
Supérieure ou égale à 1 518 € et inférieure à 1 577 €	0,5
Supérieure ou égale à 1 577 € et inférieure à 1 678 €	1,3
Supérieure ou égale à 1 678 € et inférieure à 1 791 €	2,1
Supérieure ou égale à 1 791 € et inférieure à 1 914 €	2,9
Supérieure ou égale à 1 914 € et inférieure à 2 016 €	3,5
Supérieure ou égale à 2 016 € et inférieure à 2 150 €	4,1
Supérieure ou égale à 2 150 € et inférieure à 2 544 €	5,3
Supérieure ou égale à 2 544 € et inférieure à 2 912 €	7,5
Supérieure ou égale à 2 912 € et inférieure à 3 317 €	9,9
Supérieure ou égale à 3 317 € et inférieure à 3 734 €	11,9
Supérieure ou égale à 3 734 € et inférieure à 4 357 €	13,8
Supérieure ou égale à 4 357 € et inférieure à 5 224 €	15,8
Supérieure ou égale à 5 224 € et inférieure à 6 537 €	17,9
Supérieure ou égale à 6 537 € et inférieure à 8 165 €	20
Supérieure ou égale à 8 165 € et inférieure à 11 333 €	24
Supérieure ou égale à 11 333 € et inférieure à 15 349 €	28
Supérieure ou égale à 15 349 € et inférieure à 24 094 €	33
Supérieure ou égale à 24 094 € et inférieure à 51 611 €	38
Supérieure ou égale à 51 611 €	43

BARÈME DE LA RETENUE À LA SOURCE

La retenue à la source sur les traitements et salaires – ainsi que sur les pensions et rentes viagères – versés à des personnes qui ne sont **pas fiscalement domiciliées en France** est calculée suivant un barème à trois tranches auxquelles correspondent les taux de 0 %, 12 % et 20 %. Les limites des tranches sont en principe actualisées chaque année. 96430

On trouvera ci-après les tarifs arrêtés pour l'application de la retenue aux **revenus de 2023.**

Taux[1]	Limites des tranches selon la période à laquelle se rapportent les paiements (en €)[2]				
	Année	Trimestre	Mois	Semaine	Jour ou fraction de jour
0 % (moins de)	16 050	4 013	1 338	309	51
12 % (de)	16 050	4 013	1 338	309	51
(à)	46 557	11 639	3 880	895	149
20 % (au-delà de)	46 557	11 639	3 880	895	149

1. Les taux de 12 et 20 % sont réduits à 8 et 14,4 % dans les départements d'outre-mer.
2. Limites calculées par nos soins.

Déclarations de salaires

RELEVÉ DES FRAIS GÉNÉRAUX

96440

Catégories de frais devant figurer sur le relevé[1]	Seuils d'inscription sur le relevé[2]
Rémunérations directes et indirectes, y compris les remboursements de frais, des dirigeants et salariés les mieux rémunérés (ceux-ci s'entendent, suivant que l'effectif excède ou non 200 salariés, des 10 ou 5 personnes dont les rémunérations directes et indirectes ont été les plus importantes au cours de l'exercice)	300 000 ou 150 000 € pour l'ensemble de ces personnes ou 50 000 € pour chaque personne
Frais de voyage et de déplacement exposés par ces personnes	15 000 €
Dépenses et charges afférentes aux véhicules et autres biens dont ces personnes peuvent disposer en dehors des locaux professionnels, **et** dépenses et charges de toute nature afférentes aux **immeubles non affectés à l'exploitation**	30 000 € au total

1. Ne sont pas mentionnés dans le tableau les **cadeaux et frais de réception** qui doivent également figurer sur le relevé des frais généraux (ou être mentionnés sur l'imprimé 2031 bis SD pour les entreprises individuelles), mais qui débordent le cadre du présent ouvrage.
2. Quelle que soit la durée de l'exercice comptable.

Sanctions pénales

96470 Les **peines contraventionnelles** mentionnées ci-dessous correspondent à celles encourues, respectivement par les personnes physiques (C. pén. art. 131-12 s.) et morales (C. pén. art. 131-40 s.).

Classes	Peines applicables[1] (montants maximums en €)	
	Personnes physiques[1]	Personnes morales
1re classe	38	190
2e classe	150	750
3e classe	450	2 250
4e classe	750	3 750
5e classe	1 500[2]	7 500[3]
5e classe (en récidive)	3 000[2]	15 000[3]

1. Lorsque le règlement qui réprime la contravention le prévoit, les peines principales d'amende ou privatives de droits peuvent être assorties d'une ou plusieurs des peines complémentaires prévues par les articles 131-16 et 131-17 du Code pénal (certaines seulement étant applicables aux personnes morales en application de l'article 131-43 du même Code). Conformément aux articles 131-18 et 131-44 de ce Code, la juridiction peut aussi ne prononcer qu'une ou plusieurs des peines complémentaires à la place de la peine principale.
2. Pour toutes les contraventions de 5e classe (première infraction ou récidive), le juge répressif peut prononcer, au lieu et place de l'amende, une ou plusieurs des peines privatives ou restrictives de droits suivantes, dans les conditions posées aux articles 131-14 et 131-15 du Code pénal : suspension du permis de conduire, immobilisation du ou des véhicules du condamné, confiscation d'armes, de la chose ayant servi ou destinée à commettre l'infraction ou de celle qui en est le produit, interdiction d'émettre des chèques et d'utiliser des cartes de paiement, retrait du permis de chasser. Conformément à l'article 131-15-1 de ce Code, il peut aussi prononcer, pour ces contraventions, la peine de sanction-réparation à la place ou en même temps que l'amende.
3. Pour toutes les contraventions de 5e classe (première infraction ou récidive), l'amende peut être remplacée par l'une des peines visées à l'article 131-42 du Code pénal (interdiction d'émettre des chèques ou d'utiliser des cartes de paiement ; confiscation de la chose ayant servi ou destinée à commettre l'infraction ou de celle qui en est le produit). Conformément à l'article 131-44-1 du même Code, la juridiction peut aussi prononcer la peine de sanction-réparation à la place ou en même temps que l'amende.

Table alphabétique

AGS	Association pour la gestion du régime de garantie des salaires
Alloc.	Allocation
Ass.	Assurance
BTP	Bâtiment et travaux publics
CAE	Contrat d'accompagnement dans l'emploi
Casa	Contribution additionnelle de solidarité pour l'autonomie
CDD	Contrat de travail à durée déterminée
CDI	Contrat de travail à durée indéterminée
CFP	Contribution à la formation professionnelle
CIE	Contrat initiative emploi
CSE	Comité social et économique
Contrib.	Contribution
Conv.	Convention
Cotis.	Cotisation
CPF	Compte personnel de formation
CTP	Congé de transition professionnelle
DSN	Déclaration sociale nominative
Exo.	Exonération
IC	Participation (ou investissement) construction
IJSS	Indemnités journalières de la sécurité sociale
Ind.	Indemnité
IR	Impôt sur le revenu
IS	Impôt sur les sociétés
OETH	Obligation d'emploi des travailleurs handicapés
PAS	Prélèvement à la source de l'impôt sur le revenu
SA	Société anonyme
SS	Sécurité sociale
TPS	Taxes et participations assises sur les salaires
VRP	Voyageur-représentant-placier

A

Abattement : voir Déduction – abattement.

Abondement de l'employeur

Compte épargne-temps : 72240.

Perco : 50120.

Pereco : 50223.

Plan d'épargne d'entreprise : 49450 s. (étude d'ensemble) ; 76110 s. (salarié sous CDD) ; 93340 s. (comptabilisation) ; 94710 (modèle de bulletin de paie).

Plan d'épargne interentreprises : 50000 (montant) ; 93340 s. (comptabilisation).

Abonnement

Internet : 56900 s. (remboursement par l'employeur : régime social) ; 86800 s. (télétravail : obligations de l'employeur).

Téléphone : 56900 s. (remboursement par l'employeur : régime social) ; 86800 s. (télétravail : obligations de l'employeur) ; 88760 (journaliste : IR).

Transport public (prise en charge par l'employeur) : 57530 s.

Absence

Allégements de cotis. SS sur les heures supplémentaires : 7720.

Ancienneté : 63350 (absences prises en compte pour le calcul de l'ind. licenciement).

Autorisation d'absence : 72050 s. (tableau récapitulatif).

Cotisations plafonnées : 18050 s. (calcul).

Droit à certains avantages : 45300 s. (primes et gratifications) ; 51770 (titres-restaurant).

Effet sur le droit à congés payés : 59165 s.

Interdiction des sanctions pécuniaires : 72400.

Jours fériés ordinaires chômés : 61900 (jour férié inclus dans une période d'absence).

Mise à pied : 72415 s. (interdiction des sanctions pécuniaires).

Modulation : 10110 s.

1er mai : 60910 (salarié absent la veille et le lendemain) ; 61900 (1er mai inclus dans une période d'absence).

Prise en charge des frais de transport public : 57605.

Absence (suite)
Récupération de certaines absences : voir Récupération.
Réduction du temps de travail sous forme de jours de repos : 10540 s. (repos sur l'année).
Remplacement du salarié absent : voir Remplacement d'un salarié absent.
Rémunération de l'absence : 13480 (mentions bulletin de paie) ; 59540 (ind. congés payés) ; 61700 s. (maladie).
Retenue sur salaire : 14700 (droit d'opérer la retenue) ; 11100 s. (calcul de la retenue) ; 94430 (modèle bulletin de paie).
Catégories particulières : 72640 (stagiaire de formation professionnelle : retenue sur l'aide de l'État) ; 77130 (dirigeant : cotis. SS) ; 80900 s. (VRP) ; 88270 (journaliste) ; 88980 (stagiaire en entreprise) ; 89750 (avocat salarié).
AUTRES RUBRIQUES : voir aussi chaque type d'absence : Congés payés, Grève, Maladie ou accident, etc.

Absorption (d'entreprise) : voir Transfert d'entreprise.

Abus de droit : 20435 s. (acte inopposable aux Urssaf).

Accès
Lieu de travail : 67640 s. (rémunération des salariés non grévistes).
AUTRE RUBRIQUE : Droit (traitement de données personnelles).

Accident : voir Maladie ou accident.

Accident du travail (ou maladie professionnelle)
Complément de rente : 52090 s.
Cotisations
Étude d'ensemble : 18730 s.
Catégories particulières : 19080 (travail temporaire) ; 69590 (artistes du spectacle) ; 71350 (salariés expatriés) ; 72620 (stagiaires dans le cadre du plan de développement des compétences) ; 82760 (VRP multicartes) ; 87770 (travailleurs à domicile).
Transfert d'entreprise : 70650 (cotis. complémentaire AT : tarifications applicables).
Délai de carence : 61550 (IJSS) ; 61820 (maintien de salaire).
Effets sur les congés payés : 59170 (droit à congés) ; 59870 (report).
Grève : 67460 (paiement des heures de grève).
Inaptitude physique : 62700 s. (rémunération dans l'attente du reclassement).
Incidence sur le calcul de certaines primes ou indemnités : 45300 s. (étude d'ensemble) ; 59540 (ind. congés payés) ; 63410 (ind. licenciement) ; 66070 (ind. préavis) ; 76355 (ind. fin de CDD) ; 88110 (prime d'ancienneté : journaliste).
Indemnité journalière de sécurité sociale : 61530 s. (calcul) ; 61600 s. (subrogation) ; 61930 s. (déduction du salaire maintenu par l'employeur) ; 62110 s. (prélèvements sociaux et TPS) ; 62110 s. (DSN) ; 62170 (IR) ; 62260 s. (bulletin de paie) ; 62710 (salarié inapte).
Indemnités spéciales de rupture : 62890 s.

Accident du travail (ou maladie professionnelle) (suite)
Intéressement des salariés : 48190 s.
Maintien du salaire par l'employeur : 61700 s. (calcul) ; 62180 s. (régime social) ; 62180 s. (DSN) ; 62220 (régime fiscal) ; 62260 s. (bulletin de paie) ; 92230 s. (comptabilisation).
Catégories particulières : 76050 (CDD) ; 81100 (VRP) ; 88270 (journaliste) ; 89760 (avocats salariés).
Obligation d'emploi des victimes : 28190.
Participation des salariés : 46660.
Préavis : 66080 (incidence d'un arrêt de travail sur le préavis).
Rente et indemnités en capital de la sécurité sociale : 62120 (CSG et CRDS).
Transfert d'entreprise : 70140 et 70250 (employeur débiteur des compléments d'indemnités journalières et de rentes en cas de transfert légal).

Accord
– atypique : 880 (portée) ; 4420 s. (remise en cause) ; 70300 s. (sort en cas de transfert légal d'entreprise) ; 70420 (sort en cas de transfert d'entreprise volontaire ou conventionnel).
– collectif : voir Convention ou accord collectif.
– dérogatoire : 46500 (participation aux résultats).
– de fin de grève : 67440 (rémunération des grévistes) ; 67580 (récupération des heures de travail perdues) ; 67670 (prime de reprise du travail).
– de performance collective : 68500 s. (étude d'ensemble).
– du salarié : 4550 s. (modification du salaire contractuel pour motif économique) ; 55500 (option pour la déduction forfaitaire spécifique).
– sur l'emploi : 28220 (emploi des travailleurs handicapés).

Accre : voir Création d'entreprise.

Acompte
– sur intéressement des salariés : 48210.
– sur salaire : 12640 s. (étude d'ensemble) ; 12270 (mode de paiement) ; 13580 (bulletin de paie) ; 14560 (preuve du versement) ; 14970 (retenue pouvant être opérée sur le salaire) ; 15180 (saisie ou cession) ; 18765 (taux cotis. SS) ; 18850 (paiement cotis. SS) ; 34850 (BIC-IS : exercice de déduction) ; 35000 (BNC : caractère déductible) ; 35510 (PAS) ; 80560 (VRP payé à la commission) ; 91370 (comptabilisation).
AUTRE RUBRIQUE : Avance.

Action
– de formation : voir Formation professionnelle.
– humanitaire : 72170 (congé de solidarité internationale).
Part de société : voir Dirigeant de société, Titre de société.

Action Logement : 33630 (organisme collecteur IC).

Activité
– accessoire ou occasionnelle : 76900 (dirigeants : cotis. SS) ; 88120 s. (journaliste : 13e mois) ; 88200 (journaliste : ind. congés payés) ; 90420 s. (formateurs).

Activité (suite)
- **bénévole :** 76880 (dirigeant non rémunéré : régime SS).
- **commerciale :** 45890 (contrib. sur les sommes versées par des tiers à un salarié).
- **de service aux personnes :** 25750 s. (exo. de cotis.).

Cessation ou interruption d'activité : voir Cessation d'activité ou d'entreprise.

Changement d'activité : 70320 s. (sort des conventions et accords collectifs).

Contribution aux activités sociales et culturelles du CSE : 92880 s. (comptabilisation).

Début d'activité : voir Création d'entreprise.

Réduction d'activité ou activité partielle : voir Chômage – chômeur, Activité partielle, Réduction.

Reprise d'activité : voir Reprise de travail ou d'activité.

Activité partielle (régime de droit commun)

Étude d'ensemble : 67930 s.

Bulletin de paie : 68125 (mentions) ; 95070 s. (modèles).

Comptabilisation : 92580 s. (ind.) ; 93600 s. (aide publique).

Incidence : 31550 (taxe sur les salaires) ; 45550 (prime d'ancienneté) ; 46660 (participation) ; 48190 (intéressement) ; 59170 (effet sur le droit à congés payés) ; 59710 (ind. congés payés : maintien du salaire) ; 63450 (ind. licenciement) ; 66190 (ind. compensatrice de préavis) ; 74920 (réduction assiette cotis. SS salariés à temps partiel).

Prévoyance complémentaire : 42880 s. (maintien des garanties).

Saisie ou cession des indemnités : 15180.

Applications particulières : 61890 (périodes de suspension du contrat de travail) ; 62820 (inaptitude physique) ; 67650 s. (non-grévistes) ; 10800 (travailleurs intermittents) ; 79040 (représentants du personnel : paiement des heures de délégation) ; 81400 (VRP) ; 87560 (travailleurs à domicile).

Activité partielle de longue durée (APLD) : 68350 s. (étude d'ensemble).

Activités multiples

Exercice simultané d'activités commerciales et non commerciales : 30850 (assujettissement à la taxe d'apprentissage).

Exonération de cotisations : 23770 (embauche en ZFU).

Salarié à employeurs multiples : voir Employeurs multiples (salariés à).

Administrateur – administration

Embauche d'un ancien fonctionnaire : 57000 (remboursement par l'employeur de l'ind. due par le salarié à son administration d'origine).

Organisme de sécurité sociale : 59170 (effet de l'absence sur les congés payés) ; 72180 (autorisation d'absence).

Administrateur – administration (suite)

Personnel administratif : 54417 (répartition des pourboires).

Société anonyme : voir Dirigeant de société.

Adoption : voir Maternité – adoption.

Affichage

Avis relatif à la convention collective applicable dans l'établissement : 4790 s.

Révocation ou modification d'un usage : 4440.

Travail à domicile : 87470 (obligations de l'employeur) ; 87670 (sanctions).

Âge

Condition d'attribution d'une indemnité conventionnelle de licenciement : 63620.

Contributions chômage : 69690 (artistes de moins de 16 ans).

Égalité de rémunération femmes-hommes : 3380 (retraite complémentaire).

Rémunération : 1470 (Smic) ; 83960 (apprenti) ; 84390 (contrat de professionnalisation).

Agence centrale des organismes de sécurité sociale (Acoss) : 20625 (arbitrage : procédure de rescrit social) ; 20640 (arbitrage : interprétations divergentes de différentes Urssaf).

Agence nationale pour les chèques-vacances (ANCV) : 52950 s.

Agents
- **commerciaux :** 49330 (plans d'épargne salariale : bénéficiaires).
- **de l'État ou des collectivités territoriales :** 28160 (obligation d'emploi des travailleurs handicapés).
- **généraux d'assurance :** 49330 (plans d'épargne salariale : bénéficiaires) ; 77370 (régimes complémentaires de retraite).

Agirc-Arrco : 29900 (présentation du régime).

AUTRE RUBRIQUE : Retraite – retraité.

Agrément : 25770 (activité de service aux personnes).

Agriculture

Cumul d'activités agricoles et non agricoles : voir Employeurs multiples (salariés à).

Déduction des charges de personnel : 34600 s.

Membres élus des chambres d'agriculture : 72180.

Rémunération mensuelle minimale : 68405.

Taxe d'apprentissage : 30860 (exo.).

Taxes et participations assises sur les salaires (exo.) : 31470 (taxe sur les salaires) ; 33350 (IC : assujettissement des employeurs occupant 50 salariés).

AGS (Association pour la gestion du régime de garantie des salaires)

Cotisations : 29100 s. (étude d'ensemble) ; 96130 s. (taux).

Catégories particulières : 65360 (travailleur étranger non autorisé à travailler) ; 69690 s. (artistes et techniciens du spectacle) ; 71200 (salarié détaché à l'étranger) ; 71480 (salarié expatrié) ;

AGS (Association pour la gestion du régime de garantie des salaires) (suite)
77250 (dirigeant de société) ; 82950 (VRP : recouvrement et contrôle des contrib.) ; 85630 s. (hôtels – cafés – restaurants).

Aide à domicile : 25750 s. (emploi par une association ou entreprise de services aux personnes : exo. de cotis. SS).

Aide au retour (travailleurs immigrés) : 67190 (régime social et fiscal).

Aide de l'État ou de la région
Activité partielle : 68150 s. (alloc.).
Comptabilisation : 93550 s.
Création d'entreprise : voir Création d'entreprise.
Embauche : 84295 s. (apprenti) ; 84440 (contrat de professionnalisation) ; 84570 s. (CIE) ; 84660 (CAE) ; 84850 s. (tableaux récapitulatifs des contrats de formation et d'insertion) ; 93560 s. (comptabilisation) ; 96020 (tableau récapitulatif des formalités).
Formation : 72640 (rémunération et cotis. du stagiaire) ; 84295 s. (apprenti) ; 84440 (contrat de professionnalisation) ; 84570 s. (CIE) ; 84660 (CAE) ; 84850 s. (tableaux récapitulatifs des contrats de formation et d'insertion).
Régime fiscal : 31400 (taxe sur les salaires) ; 34210 (bénéfices).

Aide juridictionnelle : 89710 (rémunération de l'avocat salarié).

Aliments : voir Nourriture – boisson.

Allaitement : 72100 (congé).

Allocation
– de préretraite amiante : 86270.
– de préretraite conventionnelle : 86370 s. (suspension du contrat de travail : régime social et fiscal) ; 86460 s. (rupture du contrat de travail : régime social et fiscal).
– temporaire dégressive : 67140 (étude d'ensemble) ; 93580 s. (comptabilisation).
AUTRES RUBRIQUES : se reporter au mot correspondant à la nature de l'allocation, par exemple : Chômage – chômeur, Frais professionnels.

Allocations familiales
Cotisation : voir Cotisation de sécurité sociale.
Prestations versées par l'entreprise : 45040 (bulletin de paie) ; 52060 s. (régime social et fiscal) ; 71040 (travail à l'étranger).

Alsace-Moselle
Contribution supplémentaire à l'apprentissage : 31020 (taux).
Cotisation spéciale sur les avantages de préretraite : 86480.
Cotisation spéciale sur les avantages de retraite : 52550.
Cotisation spéciale sur les indemnités d'activité partielle : 68085.
Cotisation supplémentaire maladie des salariés : 96130.
Jour férié : 60810 (liste des jours fériés) ; 60880 (rémunération des jours fériés).

Alsace-Moselle (suite)
Journée de solidarité : 71830.
Maintien du salaire en cas de maladie : 61700 (principe).
Taxe d'apprentissage : 30890 (taux) ; 30910 (dépenses déductibles).

Ambulancier : 5860 (équivalence).

Amende : voir Sanction.

Amiante (régime de préretraite) : 86250 s. (étude d'ensemble).

Amortissement
Matériel utilisé par les travailleurs à domicile : 87260.

Amplitude (prime d') : 44710 s. (généralités) ; 45720 s. (solutions particulières).

Analyse d'impact : 16360 (traitement des données sensibles).

Ancienneté
Calcul : 67565 (suspension du contrat en raison d'une grève) ; 70360 (transfert légal d'entreprise) ; 70420 (transfert d'entreprise volontaire ou conventionnel) ; 71030 (travail à l'étranger) ; 72710 (CTP) ; 74480 (temps partiel) ; 75590 (temps partiel thérapeutique) ; 10760 (travailleurs intermittents) ; 76740 (cumul mandat social – contrat de travail).
Condition d'ouverture de certains droits : 46610 (participation des salariés) ; 48150 (intéressement) ; 49305 (plans d'épargne salariale) ; 61810 et 62020 (maintien du salaire en cas de maladie) ; 63350 (ind. légale licenciement) ; 63620 (ind. conventionnelle licenciement : date d'appréciation) ; 63650 s. (ind. conventionnelle licenciement : calcul) ; 64910 (ind. départ à la retraite) ; 65970 (préavis de licenciement).
Fixation du salaire : 3810 (égalité professionnelle) ; 74480 (travail à temps partiel) ; 75960 (CDD) ; 83960 (apprenti).
Prime d'ancienneté : 45540 s. (étude d'ensemble) ; 1890 s. (Smic) ; 2670 (minimum conventionnel) ; 3860 (prime versée aux seuls non-cadres : licéité) ; 6980 s. (majorations pour heures supplémentaires) ; 14540 (preuve du paiement) ; 45370 (clause de maintien de la rémunération en cas d'absence) ; 59520 (calcul de l'ind. de congés payés) ; 61160 (rémunération du 1er mai travaillé) ; 87330 (travailleurs à domicile) ; 88110 (journaliste) ; 92450 (comptabilisation).

ANCV : voir Agence nationale pour les chèques-vacances.

Animateur
Animateur dans une grande surface : 56280 (ind. repas : cotis. SS).
Centre de vacances et de loisirs pour mineurs : 25150 s. (assiette des cotis. SS) ; 30160 (assiette des cotis. Agirc-Arrco) ; 39060 (repas fournis : cotis. SS) ; 40240 (repas fournis : IR).
Congé des cadres et animateurs pour la jeunesse : 72130.

Année – annuel
Année bissextile : 11040 (salaire mensualisé).

Annualisation
Aménagement du temps de travail sur l'année : 9550 s.
Déduction forfaitaire de cotisations patronales pour heures supplémentaires : 8120 (imputation).
Modulation : 10000 s.
Réduction de cotisations salariales sur les heures supplémentaires : 7790 (imputation).
Réduction de la durée du travail sous forme de jours de RTT : 10400 s.
Réduction générale de cotisations patronales : 21930.
Rémunération : 12520.
Temps partiel : 74800 s. (temps partiel aménagé sur une période supérieure à la semaine) ; 74830 (temps partiel pour raisons personnelles) ; 74840 (temps partiel modulé).

Annulation : voir Nullité.

Apec : voir Cotisation (pour l'emploi des cadres).

Appartement : voir Logement.

Apport
– en industrie du conjoint du gérant d'une SARL : 76940 (incidence sur régime SS).
– partiel d'actif : 60510 (déduction ind. congés payés).

Apprenti – apprentissage
Activité partielle : 68065 (montant de l'ind. versée au salarié) ; 68150 (montant de l'allocation).
Aide financière : 84295 s. (étude d'ensemble) ; 93550 s. (comptabilisation).
Ancienneté : 84070.
Bulletin de paie : 13730 (intégration de la rémunération au net social) ; 95380 (modèles).
Congé supplémentaire : 72090.
Contribution supplémentaire à l'apprentissage : 31000 s. (étude d'ensemble) ; 13680 (mention sur le bulletin de paie).
Cotisations de sécurité sociale : 21800 (réduction générale de cotis. patronales) ; 84120 (étude d'ensemble) ; 18837 (calcul de l'effectif SS).
Déclaration et enregistrement du contrat : 96020.
Heures supplémentaires : 6200, 84050.
Journée de solidarité : 71820 (assujettissement) ; 71980 (contrib. de solidarité autonomie).
Participation financière : 46600 (participation) ; 48150 (intéressement).
Réduction de cotisations patronales : 22185 (calcul : rémunération contractuelle inférieure au Smic ou minimum conventionnel).
Rémunération : 83950 s. (étude d'ensemble) ; 68410 (rémunération mensuelle minimale) ; 84120 s. (régime social) ; 84190 (CSG, CRDS) ; 84200 s. (régime fiscal IR et TPS) ; 85480 (hôtels, cafés, restaurants : travail un jour férié).
Taxe d'apprentissage : 30850 s. (étude d'ensemble) ; 91620 (comptabilisation) ; 96130 (taux).
Taxe sur les salaires : 31535 (exo.).

Aptitude : voir Invalidité – inaptitude.

Arbitrage (rôle de l'Acoss) : 20625 (rescrit social) ; 20640 (interprétations divergentes de différentes Urssaf).

Armée : voir Service militaire ou national.

Arrêt de travail : voir sous chaque cause de l'arrêt, par exemple : Congés payés, Grève, Maladie ou accident.

Arrêté de salaire (arrêté « Parodi ») : 260 (étude d'ensemble) ; 13290 (classifications : mentions sur bulletin de paie) ; 45540 s. (prime d'ancienneté).

Arrondi
Cotisations sociales : 18820 (effectif SS) ; 35920 (déclarations sociales) ; 91410 (comptabilisation).
Impôts et taxes : 31270.

Artisan – artisanat
Taxe d'apprentissage : 30850 (assujettissement).

Artiste
Bulletin de paie : 13490 (mention de la base de calcul de la rémunération).
Congés payés : voir Caisse de congés payés.
Cotisations sociales des artistes : 28620 (artistes-auteurs : CSG et CRDS) ; 30160 (régime Agirc-Arrco : assiette des cotisations) ; 69460 s. (artistes du spectacle : étude d'ensemble).
Effectif : 18846 s. (effectif SS : prise en compte des artistes au cachet).
Enfant exerçant une activité artistique : 12070 s. (paiement de la rémunération) ; 69690 (contrib. chômage).
Frais professionnels : 55550 (cumul ind. forfaitaire et DFS : cotis. SS) ; 55730 (IR : cumul de l'option pour les frais réels avec l'exo. des allocations pour frais d'emploi).
Retenue à la source : 35800 (artiste domicilié hors de France).
Taxe sur les salaires : 31450 (exo.).

Ascendant : voir Famille.

Assemblée nationale : voir Parlement – parlementaire.

Assiduité (prime d')
Étude d'ensemble : 44710 s. (généralités) ; 45370 (clause de maintien de la rémunération en cas d'absence) ; 45610 (solutions particulières).
Comptabilisation : 92450.
Heures supplémentaires : 6980 s. (calcul des majorations).
Indemnité de congés payés : 59520 ; 59610.
Jour férié : 61160 (rémunération du 1er mai travaillé).
Réduction ou suppression : 67530 (grève) ; 72410 (mise à pied disciplinaire).
Saisie ou cession du salaire : 15180.
Salaire minimum : 1890 s. (Smic) ; 2670 (minimum conventionnel).
Stagiaire de formation professionnelle : 72730 (CTP).

Assiette minimum de cotisation : 17900 s. (cotis. SS) ; 82685 (VRP).

Assises : 72160 (autorisation d'absence des jurés).

Assistant maternel
Aide du CSE aux frais de garde des enfants : 41330 s. (cotis. SS) ; 41710 s. (régime fiscal).
Exonération de cotisations : 7760 (réduction de cotis. salariales sur les heures supplémentaires).

Association
Adhésion d'un salarié : 56990 s. (prise en charge de la cotisation par l'employeur).
Chèque emploi associatif : voir Chèque (emploi associatif).
Dirigeants : 35120 (régime social et fiscal).
Exonération de cotisations : 23080 (embauche en ZRR) ; 23600 s. (emploi en ZRR) ; 23780 (embauche en ZFU).
Service emploi associations : 36665.
Taxe d'apprentissage : 30860 (assujettissement).
Taxes et participations assises sur les salaires : 31470, 31550 (taxe sur les salaires : manifestations de bienfaisance ou de soutien exonérées de TVA) ; 31780 (taxe sur les salaires : abattement) ; 33630 (IC : organismes collecteurs).
Versement mobilité : 26830 s.

Association agréée : 53870 s. (régime fiscal du salaire du conjoint de l'adhérent).

Association de jeunesse et d'éducation populaire : 24700 s. (cotis. SS : activités sportives) ; 25900 s. (cotis. SS : activités non sportives).

Association de services aux personnes : 25750 s. (exo. de cotis. SS pour les activités de service aux personnes).

Association familiale : 59170 (effet de l'absence des représentants sur leur droit à congés payés) ; 72180 (autorisation d'absence des représentants).

Association pour l'emploi des cadres (Apec) : voir Cotisation (pour l'emploi des cadres).

Assurance
Assurance individuelle souscrite par le salarié : 61950 (obligations de l'employeur en matière de maintien du salaire en cas de maladie).
Indemnité d'assurance : 31400 (rapport d'assujettissement à la taxe sur les salaires).
Opérations d'assurance et de réassurance : 31380 (assujettissement à la taxe sur les salaires).
Prime d'assurance prise en charge par l'entreprise : 38460 (logement de fonction) ; 38540 (véhicule de fonction) ; 66205 (sort en cas de rupture) ; 92130 s. (comptabilisation).
Société d'assurances : 46410 (calcul de la participation des salariés).
Véhicule de fonction : 39480 s.
Versement d'allocations complémentaires de maladie : 62180 s. (cotis. SS) ; 62200 (cotis. Agirc-Arrco) ; 62210 (CSG et CRDS) ; 62220 (IR) ; 62180 (DSN) ; 62100 s. (bulletin de paie).

Assurance chômage : voir Chômage – chômeur, Cotisation de chômage.

Assurance décès : voir Décès.

Assurance des créances des salariés : Voir AGS (Association pour la gestion du régime de garantie des salaires).

Assurance maladie
Cotisation spéciale sur les avantages de retraite : voir Retraite – retraité.
Indemnités journalières de sécurité sociale : 31530 (taxe sur les salaires) ; 36445 s. (DSN) ; 59600 (ind. congés payés) ; 61500 s. (calcul) ; 61930 s. (obligations de l'employeur en matière de maintien du salaire) ; 62100 s. (bulletin de paie) ; 62110 s. (prélèvements sociaux et TPS) ; 62110 s. (DSN) ; 62120 (CSG et CRDS) ; 62140 s. (IR) ; 62820 (cumul avec la reprise du versement du salaire en cas d'inaptitude) ; 63680 (calcul ind. conventionnelle licenciement) ; 74920 (réduction d'assiette en cas de temps partiel) ; 76355 (ind. fin de CDD) ; 81000 (VRP) ; 88270 (journaliste : maintien du salaire en cas de maladie) ; 92230 s. (avances par l'employeur : comptabilisation).

Assurance vieillesse : voir Retraite – retraité.

Assurance volontaire : 71310 s. (salarié expatrié).

Astreinte
Périodes d'astreinte : 5740 s. (étude d'ensemble).
Prime d'astreinte : 6980 s. (majorations pour heures supplémentaires) ; 44710 s. (généralités) ; 45720 s. (solutions particulières) ; 59520 (ind. congés payés).
AUTRE RUBRIQUE : Repos compensateur.

Attestation
– de vigilance : 19590 (attestations délivrées par l'Urssaf).
Bénéfice net et capitaux propres : 46430 s. (participation des salariés).
Pôle emploi : 66660 s. (étude d'ensemble) ; 36460 (DSN) ; 65340 (rupture du contrat d'un étranger non autorisé à travailler) ; 69740 (employeurs d'artistes du spectacle : cas général) ; 69890 (employeurs d'artistes du spectacle relevant du Guso) ; 96030 (formalité au départ d'un salarié).

Augmentation de salaire
Clauses d'indexation : 3940 s. (interdiction).
Congés payés : 59350 (ind. congés payés) ; 59680 (augmentation en cours de congés) ; 59980 (conv. de forfait) ; 92350 (provision pour congés payés) ; 94940 (modèle bulletin de paie).
Égalité de rémunération entre tous les salariés : 3760 s. (conditions d'attribution).
Garantie d'évolution de la rémunération : 63050 s. (après un congé de maternité ou d'adoption) ; 79685 (après un mandat de représentant du personnel).
Interdiction des sanctions pécuniaires : 72430 s. (salariés exclus du bénéfice d'une augmentation) ; 72500 (augmentation indue : remboursement).
Situations ou catégories particulières : 62820 (reprise du salaire en cas d'inaptitude physique) ; 66030 (préavis) ; 66210 (dispense de préavis) ; 75970 (CDD).

Automobile : voir Véhicule.

Autorisation (d'absence) : 72050 s. (tableau récapitulatif).

Avance

Aides de l'État : 92570 (comptabilisation).

Indemnités journalières de sécurité sociale (avance par l'employeur) : 61600 s. (maintien du salaire) ; 92230 s. (comptabilisation) ; 94980 (modèle bulletin de paie).

Prime annuelle : 1940 (calcul du Smic) ; 18850 (date exigibilité cotis.).

Salaire : 12640 s. (étude d'ensemble) ; 13580 (bulletin de paie) ; 14560 (preuve du versement) ; 14970 (retenue pouvant être opérée sur le salaire) ; 80560 (VRP payé à la commission) ; 91370 (comptabilisation).

Avantage en nature

Étude d'ensemble : 38000 s. (définition) ; 38800 s. (régime social) ; 34430, 40110 s. (régime fiscal) ; 96330 s. (barème des évaluations forfaitaires).

Avantages de retraite : 52370 (régime social) ; 52750 (régime fiscal).

Bulletin de paie : 13730 s. (intégration au net social) ; 38180 (mention obligatoire) ; 94730 s. (modèles).

Comptabilisation : 92130 s.

Prise en compte des avantages en nature : 1770 (Smic jeune travailleur) ; 15180 (saisie ou cession sur salaire) ; 1760 s. (Smic) ; 2710 (minimum conventionnel) ; 18050 s. (plafond SS) ; 59510 s. (ind. congés payés) ; 61610 (indemnisation de la maladie) ; 63460 (ind. licenciement) ; 66190 (ind. compensatrice de préavis) ; 68430 (rémunération mensuelle minimale) ; 6980 (majoration pour heures supplémentaires).

Repas fournis aux salariés en déplacement professionnel : 40230 (IR) ; 56260 (cotis. SS).

Salarié exclusivement rémunéré en nature : 26020 s. (cotis. SS).

Sanctions pécuniaires prohibées : 72390 s.

Situations ou catégories particulières : 41160 (avantage servi par le CSE) ; 52160 s. (avantage servi par une mutuelle à un retraité) ; 52370 (retraité) ; 53860 (conjoint du chef d'entreprise) ; 69330 (employeurs multiples : IR) ; 66205 (calcul de l'ind. compensatrice de préavis) ; 72730 (CTP) ; 75970 (CDD) ; 77120 (dirigeants de sociétés) ; 77780 s. (dirigeant : IR) ; 84040 (apprenti : rémunération) ; 84210 (apprenti : IR) ; 84394 (contrat de professionnalisation) ; 85270 s. (hôtel – café – restaurant : rémunération) ; 85690 s. (hôtel – café – restaurant : régime social) ; 85950 s. (hôtel – café – restaurant : régime fiscal).

Avenant

– à l'accord de participation : 46500 (modification mode de calcul : effet sur les exo.).

– au contrat de travail : 4550 (modification du salaire contractuel).

Aviation civile (secteur de l')

Suppression de la DFS : 55580 s.

Avis

– d'imposition (ou de non-imposition) : 52520 (exo. cotis. spéciale sur les retraites).

– de l'Urssaf (préalable au contrôle) : 20130 s.

Avocat

Avocat salarié : 89610 s. (étude d'ensemble) ; 42550 (part patronale cotis. CNBF : cotis. SS) ; 56990 s. (prise en charge par l'employeur de la cotis. à l'Ordre des avocats et au Conseil national des barreaux) ; 90040 s. (régime social) ; 90050 (TPS) ; 90320 (régime fiscal) ; 95290 (modèle bulletin de paie) ; 96370 s. (cotis. retraite : taux).

Conseil de l'entreprise : 93600 s. (comptabilisation).

Taxe d'apprentissage : 30860 (assujettissement).

Taxe sur les salaires : 31450 (exo.).

B

Bail d'habitation : 38420 (logement fourni par l'employeur).

Banque

Avantages servis au personnel : 53970 s.

Compensation entre le salaire et le solde négatif du compte du salarié : 15040.

Opérations bancaires et financières : 31380 (assujettissement à la taxe sur les salaires).

Participation des salariés : 46410 (calcul).

Barème (kilométrique) : 94830 (évaluation des avantages en nature : modèle bulletin de paie) ; 96230 s. (barèmes fiscaux).

Bas-Rhin : voir Alsace-Moselle.

Bassin d'emploi à redynamiser (BER) : 24290 s. (exo. cotis. SS).

Bateaux-mouches : 54417 (répartition des pourboires).

Bâtiment et travaux publics

Allocation complémentaire aux IJSS versées par BTP-Prévoyance : 62360 (cotis. sociales).

Bulletin de paie : 60010 (mention congés payés) ; 94790 s. (modèles avec ind. de déplacement).

Centre de formation des apprentis du bâtiment : 5860 (horaire d'équivalence).

Comité de prévention : 72180 (autorisation d'absence des membres).

Congés payés : voir Caisse de congés payés.

Départ à la retraite (ind.) : 65130 (cotis. SS).

Détachement à l'étranger : 71610 (IR).

Équipement de protection individuelle : 39860 s.

Exonération de cotisations : 23135 (embauche en ZRR) ; 23840 (embauche en ZFU).

Formation professionnelle : 31070 (contrib. formation et alternance).

Frais de transport : 55580 s. (déduction forfaitaire pour frais professionnels : suppression).

Heures supplémentaires : 6200 (jeunes).

Indemnité de grand déplacement : 55330 (droit au paiement) ; 56480 s. (limite d'exo. de plein

Bâtiment et travaux publics (suite)
droit des allocations forfaitaires : cotis. SS et IR) ; 56260 (non-réintégration de l'avantage en nature nourriture dans l'assiette des cotis. SS) ; 40230 non-réintégration de l'avantage en nature nourriture dans l'assiette de l'impôt) ; 55550 (application de la déduction forfaitaire sur l'assiette des cotis. SS) ; 94800 s. (modèles de bulletin de paie) ; 96300 (montant des limites forfaitaires d'exo. de cotis. SS).
Indemnité de petit déplacement : 55330 (droit au paiement) ; 56500 (cotis. SS et IR) ; 94790 (modèle de bulletin de paie) ; 96320 (montant des limites forfaitaires d'exo. de cotis. SS).
Intempéries (ind.) : 62910 (calcul ind. spéciale de licenciement des victimes d'accident du travail) ; 68390 s. (chômage-intempérie) ; 92570 (comptabilisation).
Logement des salariés (baraquement) : 39210 (cotis. SS).
Rémunération mensuelle minimale : 68405 (droit) ; 68430 (calcul).
Tarification des accidents du travail : 18740.
Temps de trajet : 5660 (rémunération).

Bénéfice
Calcul de la participation des salariés (régime légal) : 46310 s. (définition) ; 46430 s. (attestation).
Participation aux bénéfices (prime) : 1920 s. (Smic) ; 2600 s. (minimum conventionnel) ; 44710 s. (généralités) ; 45670 s. (solutions particulières) ; 66200 (ind. compensation de préavis) ; 67540 (réduction ou suppression en cas de grève).

Bénévole (travail) : 76880 (dirigeant de société non rémunéré : régime SS).

Bilan
– de l'entreprise (inscription des charges de personnel) : 34870 (BIC-IS).
Prime de bilan : voir Primes et gratifications.

Bilan social : 4830 s. (informations relatives aux rémunérations).

Blanchissage : voir Nettoyage.

Bleu de travail : voir Vêtement.

Blouse : voir Vêtement.

Boisson : voir Nourriture – boisson.

Bon
– d'achat (cotis. SS) : 39960 (remis par l'employeur) ; 41460 s. (offert par le CSE ou par l'employeur en l'absence de comité).
– de délégation : 79550 (représentants du personnel).
– de souscription d'actions : 77075 (régime social).
– de souscription de parts de créateur d'entreprise : 51180 s. (étude d'ensemble).

Bonifications
– d'intérêts : 41560 (remboursées par le CSE : cotis. SS).
– pour enfant : voir Famille.

Bonus-malus : 29460 s. (cotis. chômage).

Borne de recharge (véhicule électrique) : 39600 s. (mise à disposition des salariés par l'employeur : cotis. SS).

Botte : voir Vêtement.

Bourse (d'étude ou de recherche)
Cotisations de sécurité sociale : 41150 s. (bourse versée par le CSE) ; 89240 (bourse versée par une association).

Bowling : 84930 s.

Brevet d'invention : 54100 s. (rémunération de l'inventeur).

BTP : voir Bâtiment et travaux publics.

Bulletin
– de pension : 52580.
– des travaux exécutés à domicile : 87430 s. (établissement) ; 87670 (sanctions).

Bulletin de paie
Étude d'ensemble : 12900 s.
Contenu : 35110 (revenu imposable) ; 13710 s. (montant net social) ; 41600 (avantage alloué par le CSE) ; 22760 (réduction des taux maladie et allocations familiales) ; 49730 (plans d'épargne salariale) ; 50570 (stock-options : rabais excédentaire) ; 52080 (mention des prestations familiales complémentaires versées par l'entreprise) ; 53640 (rappels de salaire) ; 67430 (retenues pour grève), 71850 (journée de solidarité) ; 73120 (majorations ou prime pour travail de dimanche).
Écritures comptables : 91360 s.
Exonération de cotisations : 8240 (allégements de cotis. SS sur les heures supplémentaires) ; 22560 (réduction générale cotis. patronales) ; 24150 (embauche en ZFU).
Modèles : 94310 s.
Non-délivrance : 14120 s. (sanctions).
Présentation lors d'un contrôle : 20190 s. (contrôle Urssaf).

Bulletin officiel de la sécurité sociale (BOSS) : 20575.

C

Cadeau
– offert par l'employeur : 1760 (Smic) ; 39900 s. (produits vendus ou fabriqués par l'entreprise : cotis. SS) ; 39940 (voyage : cotis. SS) ; 39960 (autres cadeaux : cotis. SS) ; 40670 s. (autres cadeaux : IR).
– offert par le CSE : 41460 s. (cotis. SS) ; 41710 s. (IR).
– offert par le salarié à des tiers (remboursement par l'employeur) : 56960 (cotis. SS) ; 55830 (IR) ; 88760 (journaliste : IR).

Cadre
Accession à la qualité de cadre en cours de carrière : 63660 (calcul ind. licenciement).
Activité partielle : 68170 (cadre au forfait) ; 68195 (cadre dirigeant).
Apec : voir Cotisation (pour l'emploi des cadres).
Astreinte : 5770 (rémunération).

Cadre (suite)
Avantages accordés aux cadres : 3860 (respect du principe d'égalité de traitement).
Congé de formation des cadres et animateurs pour la jeunesse : 72130.
Diminution des responsabilités : 53390 (ind. : IR).
Heures supplémentaires : 6170 s. (cas général) ; 6720 (contingent annuel) ; 8450 s. (conv. de forfait) ; 68170 (activité partielle : cadre au forfait) ; 85390 (conv. de forfait dans les hôtels, cafés, restaurants) ; 94650 s. (modèles de bulletins de paie pour les cadres au forfait annuel).
Modèles de bulletins de paie : 94340 s. (retraite complémentaire) ; 94650 (forfaits annuels en heures) ; 94660 s. (forfaits annuels en jours).
Retraite complémentaire : voir Retraite – retraité.

Café : voir Hôtel – café – restaurant.

Caféteria : 84960 (conv. collective applicable).

Caisse
– d'assurance vieillesse des experts-comptables (Cavec) : 42550 (cotis. salariale prise en charge par l'employeur et part patronale : cotis. SS).
– de sécurité sociale : voir Organisation – organisme.
– des Français de l'étranger : 71310.
– nationale des barreaux français (CNBF) : 90040 s. (étude d'ensemble) ; 96370 s. (adresse et montant des cotis.).

Caisse de congés payés
Cotisations des entreprises : 60530 (entreprises du BTP : déductibilité fiscale) ; 69780 (artistes du spectacle).
Indemnités versées par les caisses
Indemnités compensatrices de congés payés : 60660 (charges sociales et fiscales).
Indemnités de congés payés : 46390 (participation : calcul) ; 60010 (bulletin de paie) ; 60360 s. (charges sociales et fiscales) ; 60400 (DSN).
Autres indemnités : 92570 (intempéries : comptabilisation).
Réduction générale de cotisations patronales : 22470 (calcul).

Candidat : 72190 (mandat parlementaire ou local).

Cantine
Prise en charge des frais de cantine des salariés
– par l'employeur : 39020 (cotis. SS : cas général) ; 40250 (IR).
– par le CSE : 41290 (cotis. SS).
Prise en charge des frais de cantine scolaire par le CSE : 41150 s. (cotis. SS).
Rémunération du personnel des cantines : 31470 (taxe sur les salaires) ; 85630 s. (cotis. SS).

Capital
– décès ou invalidité versé par l'entreprise : 73590 s.
Capitaux propres (calcul participation des salariés) : 46370 (définition) ; 46430 s. (attestation).
Sortie en capital de Perco : 50220 (régime fiscal).

Carburant
Prise en charge par l'employeur : 39480 s. ; 40340 ; 40530 (avantage en nature) ; 57660 s. (trajet domicile-travail : régime social et fiscal).

Carence
Délai de carence : voir Délai.

Carnet des travaux à domicile : 87430 s. (étude d'ensemble) ; 87670 (sanctions).

Carry-back (report en arrière des déficits) : 46330 (calcul de la participation des salariés).

Carte
Délivrance gratuite de cartes bancaires par les banques à leur personnel : 53970 s.
Mobilité inclusion : 28190 (OETH).
Remboursement des cartes d'abonnement des transports publics : 57530 s.

Casino : 54415 s. (répartition des pourboires) ; 54480 (interdiction des retenues sur les pourboires).

Casque : voir Vêtement.

Casse-croûte
Indemnité de casse-croûte : 41290 (allouée par le CSE : cotis. SS) ; 56270 (chauffeurs routiers : cotis. SS) ; 67410 (salariés grévistes).
Temps de repas et de casse-croûte : 5540 s. (étude d'ensemble) ; 68030 (indemnisation au titre de l'activité partielle).
AUTRE RUBRIQUE : Nourriture – boisson.

Catastrophe naturelle : 72170 (congé pour aide aux victimes).

Caution – cautionnement : 15040 (compensation avec le salaire).

Cavec : voir Caisse.

CCSF : voir Commission (Organisme).

Centre
– de formation professionnelle : 72620 (cotis. AT stagiaires).
– de gestion agréé : 53870 s. (régime fiscal du salaire du conjoint de l'adhérent).
– de vacances et de loisirs pour mineurs : 25150 s. (personnel d'encadrement des enfants : cotis. SS) ; 39060 (nourriture fournie au personnel : cotis. SS) ; 40240 (nourriture fournie aux personnels : IR) ; 41410 s. (aide financière du CSE aux parents : cotis. SS) ; 41710 s. (aide financière du CSE aux parents : IR) ; 45700 (aide financière de l'employeur : cotis. SS) ; 60630 (cotis. SS sur ind. compensatrice de congés payés).
Concours financier ou subvention des entreprises aux centres de formation des apprentis : 30910 s. (imputation sur la taxe d'apprentissage).

Certificat
– de travail : 66600 s. (étude d'ensemble) ; 65340 (rupture du contrat d'un étranger non autorisé à travailler) ; 66830 (portée à l'égard de la clause de non-concurrence) ; 69890 (employeurs d'artistes du spectacle relevant du Guso) ; 73440

Certificat (suite)
(remise à l'ayant droit du salarié décédé) ; 96030 (obligation de l'employeur).
– médical à produire par le salarié malade : 61810 (cas général) ; 88270 (journaliste).

Cessation
– du mandat social (dirigeants de sociétés) : voir Révocation.

Cessation d'activité ou d'entreprise
Cessation temporaire ou interruption : conflits collectifs : 67650 s. (chômage partiel des non-grévistes) ; 67720 s. (lock-out) ; 67760 s. (grève extérieure à l'entreprise).
Obligations sociales et fiscales : 19500 (cotis. SS) ; 70890 s. (TPS).
Participation aux résultats de l'entreprise : 47650 (déduction de la réserve spéciale de participation).
Rupture du contrat de travail : 45410 (prime de fin d'année) ; 63340 (ind. licenciement) ; 65900 (préavis) ; 66190 (ind. compensatrice préavis) ; 88400 (ind. licenciement journalistes) ; 76670 (dirigeants de Scop : préavis et ind. licenciement).
AUTRE RUBRIQUE : Procédures collectives.

Cession
– d'entreprise : voir Transfert d'entreprise.
– des salaires et autres avantages (allocations, ind., etc.) : voir Saisie et cession.

Chambre
– d'agriculture : 29220 s. (ass. chômage) ; 59170 (effet de l'absence des membres élus sur les droits à congés payés) ; 72180 (autorisation d'absence des membres élus).
– de commerce ou des métiers : 29220 s. (ass. chômage).
– de service mise à disposition par l'employeur : 39220 (cotis. SS).

Changement d'activité : 70320 s. (sort des conv. et accords collectifs).
AUTRES RUBRIQUES : Mutation, Reprise du travail ou d'activité, Transfert d'entreprise.

Chantier : voir Bâtiment et travaux publics.

Charge : voir Frais et charges (de l'entreprise).

Charpentier : voir Bâtiment et travaux publics.

Chaudronnerie : 56500 (ind. petit déplacement : cotis. SS et IR).

Chauffage
Frais d'atelier des travailleurs à domicile : 87260.
Salarié logé par son employeur : 38460 (financement par le salarié ou l'employeur) ; 39280 s. (cotis. SS) ; 40490 s. (IR).
AUTRE RUBRIQUE : Avantage en nature.

Chauffeur : voir Transport – déplacement.

Chef
– d'orchestre : voir Artiste.
– de rang : 95260 (modèle bulletins de paie) ; 96380 s. (assiette forfaitaire cotis. SS).

Chef (suite)
Salaire du conjoint du chef d'entreprise : 53850 s. (étude d'ensemble) ; 93080 (comptabilisation).

Chèque
– culture : 41510 (attribution par le CSE : cotis. SS).
– emploi associatif : 36660 (étude d'ensemble) ; 69870 (employeurs relevant du Guso).
– emploi-service universel (Cesu) : 34250 (aide financière à l'émission des Cesu : crédit d'impôt famille) ; 41350 (aide du CSE aux services à la personne allouée sous forme de Cesu) ; 41710 s. (aide de l'entreprise ou du CSE ou CE à son financement : régime fiscal) ; 92810 (aide de l'entreprise à son financement : comptabilisation).
– vacances : 52950 s. (étude d'ensemble) ; 92830 (comptabilisation) ; 94690 s. (modèles de bulletins de paie).
Chèque sans provision remis en exécution d'une transaction : 65570.
Paiement du salaire par chèque : 12210 s. (caractère obligatoire) ; 12290 (effet libératoire) ; 35010 (BNC : exercice de déduction) ; 35220 (IR : année d'imposition).
AUTRE RUBRIQUE : Titres-restaurant.

Chirurgien-dentiste : 69940 (à temps partiel : cotis. SS).

Chômage – chômeur
Chômage intempéries : 68390 s. (BTP).
Chômage partiel : voir Activité partielle.
Chômage total
Attestation Pôle emploi : 66660 s. (étude d'ensemble).
Cotisation d'assurance chômage : voir Cotisation de chômage.
Catégories particulières : 69150 s. (salariés à employeurs multiples) ; 69690 s. (artistes et techniciens du spectacle) ; 71200 (salarié détaché à l'étranger) ; 71430 s. (salarié expatrié) ; 75130 (travailleurs à temps partiel : plafond des contrib.) ; 77250 s. (dirigeants de sociétés) ; 82950 (VRP) ; 85630 s. (hôtels – cafés – restaurants) ; 89350 s. (élèves-étudiants en stage dans l'entreprise) ; 90140 (avocat salarié).
Chômeur créateur d'entreprise : voir Création d'entreprise.

Cinéma
Aide du CSE : 41410 s. (cotis. SS : cas général) ; 41510 (cotis. SS : chèque-culture).
Artiste : voir Artiste.

CIPC-R/VRP (ex-IRPVRP) : 15452 s.

CIPS/VRP (ex-Irrep) : 15534 s.

Circulaire
– administrative ou des organismes de sécurité sociale : 20560 s. (opposabilité).
– du chef d'entreprise : voir Note de service.

Classement – classification
Déclassement d'un salarié : voir Rétrogradation.
Mention au bulletin de paie : 13270 s.
Modification de la grille des classifications : 2440.

Clause
– d'arrêtés de comptes périodiques de commissions (VRP) : 80160.
– d'indexation des salaires : 3940 s.
– de bonne fin : 58190 s.
– de garantie d'emploi : 65840 s.
– de rendez-vous : 58360.
– de variabilité des rémunérations : 58340.
– pénale : 63600 (ind. licenciement) ; 72540 (interdiction des sanctions pécuniaires) ; 82580 (non-respect de l'interdiction de concurrence par le VRP).
Autres clauses : voir le mot correspondant : Dédit-formation, Rachat, etc.

Clientèle
Cadeaux offerts par les salariés à la clientèle de l'entreprise (remboursement par l'employeur) : 55830 (IR) ; 56960 (cotis. SS).
Indemnité de clientèle des VRP : voir Indemnité de clientèle.
Personnel en contact avec la clientèle : 54417 (répartition des pourboires) ; 39860 (dépenses vestimentaires : cotis. SS).

Club privé : 56990 s. (prise en charge de la cotis. par l'employeur).

Cnil : voir Commission (organisme).

Cnis : voir Commission (organisme).

Coffre-fort : 53970 s. (mise à disposition gratuite : cotis. SS).

Coiffure : 39870 (frais de coiffure : cotis. SS) ; 84030 (apprenti).

Collectivité européenne d'Alsace : voir Alsace-Moselle.

Collectivité d'outre-mer : voir Département, collectivité ou territoire d'outre-mer.

Comité d'entreprise européen : 79005 (crédit d'heures) ; 79430 (rémunération du temps passé en réunion et prise en charge des frais de déplacement).

Comité social et économique
Accords conclus avec le comité : 4280 (modification des salaires conventionnels) ; 4420 s. (dénonciation).
Avantages alloués au personnel de l'entreprise : 41050 s. (étude d'ensemble) ; 59620 (calcul ind. congés payés) ; 75970 (non-discrimination : salariés sous CDD) ; 92180 (comptabilisation).
Avantages particuliers : 39020 (frais de cantine : cotis. SS) ; 41330 s. (aide aux services à la personne : cotis. SS) ; 41710 s. (aide aux services à la personne : régime fiscal) ; 43270 (cotis. à un régime de prévoyance : CSG et CRDS) ; 51900 (titre-restaurant) ; 52970 (chèques-vacances) ; 62190 (maintien du salaire maladie : cotis. SS) ; 67840 s. (salariés grévistes) ; 88980 (stagiaire en entreprise) ; 94410 (cotis. à un régime de prévoyance : modèle de bulletin de paie).
Information et consultation : voir Représentant du personnel.

Comité social et économique (suite)
Moyens d'action
Heures de délégation : voir Représentant du personnel.
Personnel du comité : 19020 (redevable des cotis. SS).
Personnel mis à disposition : 92880 s. (comptabilisation).
Sommes versées par l'employeur : 42000 s. (déductibilité fiscale) ; 92880 s. (comptabilisation).
Statut des membres du comité : voir Représentant du personnel.

Commerce de détail : 5860 (commerce de détail alimentaire : horaires d'équivalence) ; 73080 s. (travail le dimanche).

Commissaire aux comptes : 56990 s. (prise en charge par l'employeur de la cotis. à la Compagnie des commissaires aux comptes).

Commission (organisme)
– arbitrale des journalistes : 88370.
– d'agrément en vue de l'adoption : 72180 (autorisation d'absence des membres).
– des chefs de services financiers (CCSF) : 19570 (cotis. sociales : pouvoirs de la commission).
– nationale de l'informatique et des libertés (Cnil) : 16600 s. (contrôle des entreprises).
– nationale des inventions de salariés (Cnis) : 54100 s.

Commission (rémunération)
Comptabilisation : 91360 s.
Congés payés : 59510 (assiette ind.) ; 59980 (forfait incluant ind.).
Droit au complément différentiel RTT : 53730.
Indemnité de licenciement : 63460.
Minimum conventionnel : 2620 s.
Paiement : 12500 (périodicité) ; 13490 (mentions bulletin de paie) ; (remboursement trop-perçu) ; 15180 (saisie et cession) ; 58150 s. (salariés dont la rémunération comporte une partie variable).
Représentant de commerce : 80050 s. (étude d'ensemble) ; 80280 (inclusion des frais professionnels) ; 80560 (périodicité de versement) ; 80780 s. (inclusion de l'ind. de congés payés) ; 81670 s. (retour sur échantillonnages) ; 82680 (calcul cotis. plafonnées) ; 83500 s. (régime fiscal).
Smic : 1370 (application) ; 1920 s. (calcul).

Commission d'office : 89710 (avocat salarié).

Communauté européenne : voir Union européenne.

Communication : 39650 s. (outils fournis par l'employeur : régime social) ; 40200 s. ; 77790 (outils fournis par l'employeur : régime fiscal) ; 56900 s. (frais professionnels).

Compensation : 14700 s. (étude d'ensemble).

Comptabilité
Communication lors d'un contrôle : 20190 s. (contrôle Urssaf).
Comptabilisation des salaires et autres frais de personnel : 91200 s. (étude d'ensemble) ; 34430, 34720 (incidences fiscales du défaut de comptabilisation) ; 34850 (comptabilité super-simplifiée).

Comptabilité (suite)
Comptabilité des matières premières et fournitures (travail à domicile) : 87460 (obligations de l'employeur) ; 87670 (sanction de l'employeur).
Fixation d'office des cotisations pour insuffisance de la comptabilité : 20455 s. (cotis. SS).

Comptable : voir Expert-comptable.

Compte
– **bloqué dans l'entreprise** (gestion de la participation des salariés) : 46950 s.
– **courant :** 18860 s. (cotis. SS).
– **de dépôt rémunéré :** 53970 s. (personnel des banques : cotis. SS).
– **épargne-temps :** 72230 s. (étude d'ensemble) ; 18050 s. (monétisation : incidence sur le plafond SS) ; 92530 s. (comptabilisation).
– **personnel d'activité :** 13105 (bulletin de paie électronique).
– **personnel de formation :** 31050 (contrib. CPF-CDD : étude d'ensemble) ; 13680 (mention de la contrib. CPF-CDD sur le bulletin de paie) ; 36430 (formalités permettant l'alimentation du compte) ; 68610 (salarié ayant refusé l'application d'un accord de performance collective) ; 72650 s. (mise en œuvre) ; 76030 (CDD) ; 91660 (incidences comptables).
– **professionnel de prévention :** 36430 (DSN : alimentation du compte).

Concentration : voir Transfert d'entreprise.

Concession – concessionnaire
Concession publique : 19590 (attestation de l'Urssaf).
Changement de concessionnaire : voir Transfert d'entreprise.

Conciliation (procédure de) : voir Procédures collectives.

Concubinage : 15210 (saisie ou cession du salaire : personne à charge) ; 52950 (droit aux chèques-vacances) ; 53860 s. (conjoint du chef d'entreprise) ; 71570 (IR : prise en compte pour la détermination du foyer fiscal en France) ; 76940 (appréciation du caractère majoritaire de la gérance de la SARL).

Concurrence : voir Non-concurrence (ind. compensatrice).

Conférence – conférencier : voir Enseignant – enseignement.

Conflit collectif : voir Grève, Lock-out.

Congé
– **de conversion :** 72130 (rémunération).
– **de mobilité :** 64260 s. (étude d'ensemble).
– **de reclassement après licenciement économique :** 59165 (effets sur les congés payés) ; 66230 s.
– **sabbatique :** 59165 (effets sur la durée des congés payés) ; 72120 (autorisation d'absence).
– **sans solde :** 18050 s. (calcul cotis. plafonnées) ; 59165 (effets sur la durée des congés payés) ; 72120 (rémunération).
Allégements de cotis. SS sur les heures supplémentaires : 7720.

Congé (suite)
Tableau récapitulatif des congés : 72050 s.
Autres congés : voir le mot correspondant : Compte (épargne-temps), Création d'entreprise, Famille, Maternité-adoption, Validation des acquis de l'expérience, etc.

Congé de transition professionnelle
Droit à congés payés : 59170.
Remboursements à l'entreprise : 93600 s. (comptabilisation).
Rémunération : 72710 s. (cas général) ; 72950 s. (régime fiscal) ; 72970 (DSN) ; 74650 (salariés à temps partiel).
Salarié inapte : 62805 (incidence sur la rémunération due en l'attente de reclassement).
Salarié sous contrat à durée déterminée : 76030 (droit au congé).

Congés payés
Affectation au compte épargne-temps : 72240.
Caisse de congés payés : voir Caisse de congés payés.
Dommages et intérêts pour congés non pris : 59790 s.
DSN : 36430 (informations à destination des caisses de congés payés).
Durée des congés payés : 59160 s.
Fermeture de l'entreprise ou d'un établissement pour congés payés : voir Fermeture pour congés payés.
Fractionnement : 56980 (remboursement de frais : cotis. SS).
Incidence des congés payés : 7720 (allégements de cotis. SS sur les heures supplémentaires) ; 18050 s. (calcul cotis. plafonnées) ; 46660 (répartition participation) ; 48190 (répartition intéressement) ; 51770 (droit aux titres-restaurant) ; 63410 (ind. licenciement : ancienneté) ; 65950 (point de départ du préavis) ; 66090 (prise du congé pendant le préavis).
Indemnité : voir Indemnité de congés payés.
Justificatif des droits à congés au départ du salarié : 96030 (adhérent à caisse congés payés).
Mentions du bulletin de paie : 13320 s. (information sur la réglementation) ; 60000 s. (dates des congés et montant ind.) ; 60240 (ind. compensatrice) ; 94930 s. (modèles).
Paiement des impôts pendant les congés payés : 31900 (taxe sur les salaires).
Provision pour congés payés : 60480 s. (déductibilité fiscale).
Catégories particulières
Artiste du spectacle : 69780 s.
Journaliste : 88110 (calcul prime ancienneté) ; 88200 (durée des congés) ; 88260 (remplacement de vacances).
Représentant de commerce : 80660 s.
Représentant du personnel : 79040 (utilisation du crédit d'heures pendant les congés payés).
Salarié sous contrat à durée déterminée : 76020.
Temps partiel thérapeutique : 75590.
AUTRE RUBRIQUE : Chèque (vacances).

Congrégation : 31780 (taxe sur les salaires).

Conjoint

– à charge : 15210 (saisie ou cession du salaire).

– du chef d'entreprise : 53850 s. (étude d'ensemble) ; 46640 (participation : bénéficiaires) ; 48160 (intéressement : bénéficiaires) ; 48640 (intéressement du conjoint collaborateur ou associé : régime fiscal) ; 49310 (plans d'épargne salariale : bénéficiaires) ; 52950 (droit aux chèques-vacances) ; 93080 (comptabilisation).

– survivant (avantage servi par l'ancien employeur du salarié décédé) : 73650 s. (régime social et fiscal).

Attribution de chèques-vacances : 52950 (conjoint du salarié).

Conjoints employés et logés par le même employeur : 39360 (cotis. SS).

Décès, invalidité ou création d'entreprise par le conjoint : 51270 et 73740 (déblocage participation et PEE).

Participation au capital d'une SARL (appréciation du caractère majoritaire de la gérance) : 76940 (SS) ; 77560 (IR).

Prise en compte de la situation du conjoint pour l'attribution d'une prime : 3400 (égalité femmes-hommes) ; 3800 (égalité de rémunération).

Conseil – conseiller

– d'administration ou de surveillance de société anonyme

Membres : voir Dirigeant de société.

Représentation des salariés : 72150.

– d'entreprise : 79195 (heures de délégation et frais de déplacement).

– municipal, régional ou général : 72190 (effet sur le contrat de travail).

– prud'hommes : 48190 (participation et intéressement des salariés) ; 51770 (droit aux titres-restaurant pendant la formation) ; 59170 (effet de l'absence sur le droit à congés payés) ; 63350 (effet de l'absence sur le droit à l'indemnité de licenciement) ; 72160 (autorisation d'absence).

Aides au conseil : 93600 s. (comptabilisation).

Ancien conseil juridique salarié (devenu avocat) : 90040.

Conseiller du salarié (entretien préalable au licenciement) : 59170 (effet sur le droit à congés payés) ; 72150 (représentant du personnel) ; 72170 (salarié de l'entreprise).

Frais de conseil

Conseil en reclassement de salariés (out-placement) : 67160 (régime social et fiscal) ; 92720 (comptabilisation).

Construction : voir Bâtiment et travaux publics, Logement, Participation-construction.

Contingent annuel d'heures supplémentaires :

6720 s. (étude d'ensemble) ; 9630 s. (aménagement du temps de travail sur plusieurs semaines : régime conventionnel) ; 9650 (renonciation à des jours de repos) ; 9840 (aménagement du temps de travail sur plusieurs semaines : régime supplétif) ; 10450 (réduction du temps de travail sous forme de jours de repos sur l'année) ; 10470 (renonciation à des jours de réduction du temps de travail sous forme de repos).

Contrainte : 21560 (cotis. SS).

Contrat

– d'accompagnement dans l'emploi (CAE) : 84630 s. (étude d'ensemble) ; 84880 (tableau récapitulatif) ; 93550 s. (comptabilisation de l'aide de l'État) ; 96020 (formalités à l'embauche).

– d'apprentissage : voir Apprenti – apprentissage.

– d'engagement éducatif : 18844 (effectif SS).

– de mandat : 76600 s. (dirigeant de société).

– de prêt : 38640 (de l'employeur au salarié).

– de professionnalisation : 13370 (bulletin de paie : mention de la nature du contrat) ; 18837 (calcul de l'effectif SS) ; 31000 s. (nombre de contrats insuffisant : contrib. supplémentaire à l'apprentissage) ; 68065 (montant de l'ind. versée au salarié) ; 68150 (allocation d'activité partielle) ; 84380 (aides diverses) ; 85440 (hôtels – cafés – restaurants : prime tutorale) ; 96020 (formalités à l'embauche).

– de sécurisation professionnelle : 63340 (droit à l'ind. licenciement) ; 63410 (ind. licenciement : calcul) ; 65455 (transaction : validité) ; 66220 (droit à l'ind. compensatrice de préavis).

– initiative emploi (CIE) : 84550 s. (étude d'ensemble) ; 84870 (tableau récapitulatif) ; 93550 s. (comptabilisation aide forfaitaire) ; 96020 s. (formalités à l'embauche).

– pour la mixité des emplois : 93580 s. (comptabilisation).

– unique d'insertion : 18837 (calcul de l'effectif SS) ; 84550 s. (secteur marchand) ; 84630 s. (secteur non marchand) ; 84870 s. (tableaux récapitulatifs) ; 96020 (formalités à l'embauche).

Contrat de travail

Cumul avec un mandat social : 76720 s. (dirigeant de société).

Droit au salaire en cas de nullité du contrat : 5350.

Fixation du salaire : 350.

Indemnité de licenciement : 63600 s. (étude d'ensemble).

Information du salarié lors de l'embauche : 4770.

Modification : voir Modification.

Relation avec les conventions et accords collectifs : 1060 s.

Sort du contrat en cas de transfert d'entreprise : 70050 (transfert légal d'entreprise) ; 70420 (transfert volontaire ou conventionnel d'entreprise).

Succession de contrats : voir Succession (de contrats dans l'entreprise).

Suspension : voir Suspension du contrat de travail.

– international : 71000 s.

Contrat de travail à durée déterminée

Étude d'ensemble : 75800 s.

Accord de performance collective : 68610.

Aides, exonérations et allégements de cotisations de sécurité sociale : 76215 (réduction générale de cotis. patronales : calcul) ; 23130 (ZRR :

Contrat de travail à durée déterminée (suite)
cas de recours) ; 23440 (ZRR : embauches successives) ; 23860 (ZFU : durée).
Bulletin de paie : 13370 (mention de la nature du contrat) ; 13680 (mention de la contrib. CPF-CDD) ; 95170 s. (modèles).
Comptabilisation de l'indemnité de fin de contrat : 92660.
Contrat à durée déterminée d'insertion : 84830 (exo. de cotis.).
Déclaration sociale nominative : 36460 (déclaration des fins de CDD).
Effectif (calcul) : 28195 (OETH : décompte des bénéficiaires).
Étranger non autorisé à travailler : 65330 s. (ind. de rupture).
Formateurs occasionnels : 90420 (CDD d'usage).
Formation professionnelle : 31050 (contrib. CPF-CDD : étude d'ensemble) ; 13680 (contrib. patronale : mention sur le bulletin de paie) ; 76030 (droit au CTP).
Inaptitude physique : 62700 s. (rémunération dans l'attente d'un reclassement) ; 62880 (ind. en l'absence de reclassement : inaptitude non professionnelle) ; 62930 (ind. en l'absence de reclassement : inaptitude professionnelle).
Mobilité professionnelle : 56700 (ind. : régime social)
Participation financière : 76110 s.
Périodes intercontrats : 76520.
Repos compensateur pour heures supplémentaires et contrepartie obligatoire en repos : 7580 (fin de contrat : ind. compensatrice).
Transfert d'entreprise : 70240 (employeur débiteur de l'ind. de requalification et des ind. de rupture en cas de transfert légal) ; 70430 (employeur débiteur de l'ind. de requalification en cas de transfert conventionnel).
VRP : 81790 (droit à ind. clientèle) ; 82030 s. (droit aux ind. conventionnelles de rupture).

Contravention
Barème des peines contraventionnelles : 96470.
Contravention au Code de la route : 72530 (véhicule de fonction).

Contrepartie obligatoire en repos (heures supplémentaires) : 7400 s. (étude d'ensemble) ; 7600 s. (bulletin de paie) ; 8550 (conv. de forfait en heures sur la semaine ou le mois) ; 8780 (conv. de forfait annuel en heures) ; 8900 (conv. de forfait annuel en jours) ; 9630 s. (aménagement du temps de travail sur plusieurs semaines : régime conventionnel) ; 9840 (aménagement du temps de travail sur plusieurs semaines : régime réglementaire) ; 10020 s. (modulation de la durée du travail) ; 10270 (travail en cycles) ; 10450 (réduction du temps de travail sous forme de jours de repos sur l'année) ; 59540 (ind. congés payés) ; 60970 (incidence des jours fériés chômés) ; 79180 (heures de délégation des représentants du personnel prises en dehors de l'horaire normal) ; 85220 (hôtels – cafés – restaurants) ; 92520 (comptabilisation).

Contre-visite : 61430 (absence pour maladie).

Contribution
– à la formation professionnelle (CFP) : 13680 (mention sur le bulletin de paie) ; 30830 (assiette) ; 30950 s. (calcul) ; 31070 (BTP) ; 31110 s. (recouvrement) ; 69770 (intermittent du spectacle) ; 90050 (cabinet d'avocats) ; 91610 (comptabilisation).
– à l'obligation d'emploi des travailleurs handicapés : 28150 s. (étude d'ensemble).
– additionnelle de solidarité pour l'autonomie (Casa) : 13630 s. (mention sur le bulletin de paie) ; 52100 (prestations d'invalidité) ; 52260 s. (retraites) ; 86270 (préretraite amiante) ; 86520 (préretraite licenciement).
– au dialogue social : 13630 s. (mention sur le bulletin de paie) ; 27460 s. (étude d'ensemble) ; 92000 (comptabilisation).
CPF-CDD : 31050 (calcul) ; 31110 s. (recouvrement).
– d'aide au logement : 26450 s. (étude d'ensemble) ; 13630 s. (mention sur le bulletin de paie) ; 69590 (employeurs d'artistes du spectacle ne recourant pas au Guso) ; 69870 (employeurs d'artistes du spectacle recourant au Guso).
– d'équilibre général et d'équilibre technique : 30250 s. (régime Agirc-Arrco).
– pour rupture du contrat de salariés âgés : 96030 (formalité au départ du salarié).
– solidarité autonomie : 50210 (Perco) ; 71950 s. (salaires).
– supplémentaire à l'apprentissage (CSA) : 13680 (mention sur le bulletin de paie) ; 30830 (assiette) ; 31000 s. (calcul) ; 31110 s. (recouvrement) ; 91630 (comptabilisation).
– sur les allocations de préretraite conventionnelle : 86470.
– sur les attributions gratuites d'actions : 51080 s. (contrib. sociales spécifiques).
– sur les indemnités de mise à la retraite : 64680 s. (étude d'ensemble) ; 91950 (comptabilisation).
– sur les options de souscription ou d'achat d'actions : 50590 (contrib. patronale) ; 50710 (contrib. salariale).
– sur les sommes versées par des tiers à un salarié : 45890.
– unique à la formation professionnelle et à l'alternance (Cufpa) : voir Contribution (à la formation professionnelle), Taxe d'apprentissage.

Contribution sociale généralisée et contribution au remboursement de la dette sociale (CSG et CRDS) : 28350 s. (étude d'ensemble) ; 13630 s. (bulletin de paie) ; 91360 s. (comptabilisation). Pour l'assujettissement de chaque élément de rémunération ou catégorie particulière, se reporter à l'étude concernée.

Contrôle
– de l'employeur (contrôles Urssaf et administratifs) : 14380 s. (communication des doubles des bulletins de paie et du livre de paie à l'administration) ; 19800 s. (cotis. SS) ; 29570 s. (cotis. chômage et AGS) ; 30420 (cotis. Agirc-Arrco) ; 41340 s. (aide à l'emploi à domicile) ; 41820

Contrôle (suite)

(avantages versés par le CSE) ; 48520 s. (accords et règlements d'épargne salariale).

– du salarié malade : voir Contre-visite.

AUTRE RUBRIQUE : Rectification fiscale.

Convention

– de coopération du Fonds national de l'emploi : 93580 s. (comptabilisation des remboursements reçus par l'entreprise). Pour chaque type de convention, se reporter au mot correspondant : Préretraite – préretraité, Travail à temps partiel, etc.

– de forfait : voir Forfait (rémunération forfaitaire : conv. de forfait comprenant l'accomplissement d'heures supplémentaires).

– industrielle de formation par la recherche (Cifre) : 31000 s. (nombre insuffisant : contrib. supplémentaire à l'apprentissage).

– internationale : 28410 (CSG et CRDS : critères de domiciliation fiscale) ; 71160 (protection sociale des salariés détachés à l'étranger).

Convention ou accord collectif

Déduction forfaitaire spécifique : 55500 (option).

Emploi des travailleurs handicapés : 28220.

Fixation du salaire : 400 s.

Indemnité de licenciement : 63600 s. (étude d'ensemble).

Information du salarié sur les conventions et accords applicables : 4790 s. (textes) ; 13320 s. (bulletin de paie).

Modification : voir Modification.

Relation avec d'autres normes : 900 s.

Sort en cas de transfert d'entreprise : voir Transfert d'entreprise.

Cotisation

– AGS : voir AGS (Association pour la gestion du régime de garantie des salaires).

– à un régime de prévoyance complémentaire : voir Prévoyance.

– d'assurance décès obligatoire des cadres : voir Décès.

– pour l'emploi des cadres (Apec) : 30550.

– sur les sommes versées par des tiers à un salarié : 45880.

Tableau récapitulatif des cotisations sur salaires : 96130.

AUTRES RUBRIQUES : Contribution, Versement mobilité.

Cotisation de chômage

Étude d'ensemble : 29100 s.

Comptabilisation : 91360 s.

Mention sur le bulletin de paie : 13630 s. (bulletin de paie).

Régimes particuliers des chefs d'entreprise et dirigeants de sociétés : 77250.

Taux : 96130.

Catégories, situations et statuts particuliers : se reporter aux études correspondantes : Dirigeant de société, Représentant de commerce, Travail à temps partiel, etc.

AUTRES RUBRIQUES : Pour l'assujettissement de chaque élément de rémunération, se reporter à l'étude concernée.

Cotisation de retraite

Comptabilisation : 91360 s.

Égalité de rémunération femmes-hommes : 3380.

Mention sur le bulletin de paie : 13630 s. (bulletin de paie).

Régime de base : voir Cotisation de sécurité sociale.

Régimes complémentaires : 29900 s. (étude d'ensemble).

Pour l'assujettissement de chaque élément de rémunération ou indemnité, se reporter à l'étude concernée.

Régime social et fiscal : 42330 s. (étude d'ensemble) ; 94390 (dépassement des limites d'exo. : modèle de bulletin de paie).

Tableau récapitulatif : 96130.

Catégories, situations et statuts particuliers : se reporter aux études correspondantes : Dirigeant de société, Plan d'épargne retraite, Réduction (de la durée du travail), Représentant de commerce, Travail à temps partiel, etc.

Cotisation de sécurité sociale

Étude d'ensemble : 17700 s.

Pour l'assujettissement de chaque élément de rémunération, se reporter à l'étude concernée.

Allègement de cotis. SS sur les heures supplémentaires : 7700 s.

Compensation : 15030 (cotis. salariales payées par l'employeur pour le compte du salarié après redressement Urssaf).

Comptabilisation : 91360 s.

Cotisation sur les retraites : voir Retraite – retraité.

Cotisation sur les revenus de substitution : 68075 s. (ind. activité partielle) ; 86480 s. (régimes conventionnels de préretraite).

Entreprises et associations de services aux personnes : 25750 s. (exo. pour les activités de services aux personnes).

Exonérations

Exonération dans les bassins d'emploi à redynamiser : 24300 s. (étude d'ensemble).

Exonération dans les ZFU : 23740 s. (étude d'ensemble) ; 94540 s. (modèles de bulletins de paie).

Exonération pour embauche dans les ZRR : 23030 s. (étude d'ensemble) ; 23600 s. (organismes d'intérêt général) ; 94520 s. (modèles de bulletin de paie).

Jeune entreprise innovante : 22830 s. (exo. pour l'emploi de personnel participant à la recherche).

Autres exonérations : voir le mot correspondant à chaque situation, élément de rémunération ou statut particulier ouvrant droit à une exonération : Apprenti – apprentissage, Contrat (initiative emploi), Création d'entreprise, Frais professionnels, etc.

Mention sur le bulletin de paie : 13630 s. (bulletin de paie) ; 94310 s. (modèles).

Réduction du taux de la cotisation d'allocations familiales : 22650 s. (étude d'ensemble) ; 60360

Cotisation de sécurité sociale (suite)
(caisse de congés payés) ; 69600 (artiste du spectacle).
Réduction du taux de la cotisation d'assurance maladie : 22650 s. (étude d'ensemble) ; 60360 (caisse de congés payés) ; 69600 (artiste du spectacle).
Réduction générale de cotisations patronales : 21780 s. (étude d'ensemble).
Régime social et fiscal : 42330 s.
Tableau récapitulatif des cotisations de sécurité sociale sur les salaires : 96130.
Catégories, situations et statuts particuliers : se reporter aux études correspondantes : Dirigeant de société, Représentant de commerce, Transfert d'entreprise, Travail à temps partiel, etc.
AUTRE RUBRIQUE : Accident du travail (cotis.).

Cours : voir Enseignant – enseignement.

Covid-19 (épidémie) : 19625 (cotis. : mesures exceptionnelles de soutien aux employeurs) ; 21580 (cotis. SS : recouvrement, contrôle et contentieux) ; 72110 (vaccination : autorisation d'absence).

Covoiturage : 57680 s. (prise en charge des frais domicile-lieu de travail).

CRDS : voir Contribution sociale généralisée et contribution au remboursement de la dette sociale.

Création d'entreprise
Aide à la création ou à la reprise d'entreprise : 67170 (sommes versées par l'employeur) ; 77150 s. (exo. de début d'activité et versement différé des cotis.).
Allégements en faveur des entreprises nouvelles : 28175 (contrib. OETH) ; 30970 (CFP : effectif atteignant 11 salariés) ; 31410 (taxe sur les salaires) ; 46310 (allégements fiscaux : calcul participation).
Bon de souscription de parts de créateur d'entreprise : voir Bon (de souscription de parts de créateur d'entreprise).
Congé pour création d'entreprise : 59165 (effets sur la durée des congés payés) ; 67170 (régime social et fiscal de l'aide versée par l'entreprise) ; 65910 (préavis) ; 72140 (autorisation d'absence).
Déblocage de la participation ou du plan d'épargne d'entreprise : 51270.
Prime régionale : 93550 s. (comptabilisation).
Tarification des accidents du travail : 18740 (tarification collective).

Crèche
– gérée par le CSE : 41330 (cotis. SS) ; 41710 s. (IR).
Personnel nourri par l'employeur : 1770 s.
Prime de crèche : 3400 (égalité de rémunération femmes-hommes) ; 41330 s. (aide du CSE : cotis. SS) ; 44710 s. (généralités) ; 52060 s. (prestations familiales complémentaires versées par l'entreprise).

Crédit d'heures (représentants du personnel)
Étude d'ensemble : 79000 s.
Imputation sur les pourboires centralisés par l'employeur : 54470.

Crédit d'heures (représentants du personnel) (suite)
Modèle de bulletin de paie : 95200.
Montants mensuels : 79095 s.

Crédit d'impôt
Famille : 34250 (étude d'ensemble) ; 93640 (comptabilisation).
Participation des salariés : 46310 (calcul bénéfice net).
Plan d'épargne d'entreprise : 49880 (revenus du PEE).

CSG : voir Contribution sociale généralisée et contribution au remboursement de la dette sociale.

Cuisinier : voir Cantine, Hôtel – café – restaurant.

Cumul
Activités : voir Activités multiples.
Aides – allocations – indemnités
Aides à l'emploi : 7795 (réduction de cotis. salariales sur les heures supplémentaires) ; 8140 s. (déduction forfaitaire de cotis. patronales sur les heures supplémentaires) ; 21840 (réduction générale cotis. patronales) ; 22670 (réduction des taux allocations familiales et maladie) ; 22910 (exo. jeunes entreprises innovantes) ; 23460 (exo. ZRR) ; 23640 (exo. ZRR organismes d'intérêt général) ; 24070 s. (exo. ZFU) ; 24330 (exo. bassins d'emploi à redynamiser) ; 24500 (exo. ZRD) ; 25825 (exo. pour les activités de services aux personnes) ; 84570 (aides au CIE) ; 84660 (CAE) ; 84870 s. (tableaux récapitulatifs).
Indemnité compensatrice de préavis : 66170 (avec un nouvel emploi).
Indemnité de congés payés : 59860 (avec indemnisation maladie) ; 59780 (avec le salaire).
Indemnités forfaitaires pour frais professionnels : 55550 (avec DFS) ; 77710 s. (avec remboursement au réel des mêmes frais : impôt sur les résultats et IR).
Contrat de travail et mandat social : 76720 s. (statut des dirigeants) ; 77790 (avantages en nature : régime fiscal) ; 77910 (rupture du contrat : régime fiscal des ind.).
Crédit d'heures : 79030.
Emplois salariés : voir Employeurs multiples (salariés à).
Primes ou majorations de salaire : 6950 (heures supplémentaires et travail de nuit, de dimanche ou de jour férié) ; 45630 (prime de vacances et 13e mois) ; 61114 (travail le dimanche et travail un jour férié ordinaire) ; 61180 (travail le dimanche et le 1er mai).

Cure thermale : 59165 (incidence sur la durée des congés payés) ; 62000 (droit au maintien du salaire).

Cycle de travail : 10230 s. (étude d'ensemble) ; 7710 (allégement de cotis. SS sur les heures supplémentaires) ; 59230 (décompte des jours de congés payés).

D

Danger
Inclusion d'une prime de danger : 1910 (Smic) ; 59520 (ind. congés payés).
Retrait d'une situation dangereuse : 72400 (retenue sur salaire).

Débit de boissons : voir Hôtel – café – restaurant.

Déblocage (épargne salariale)
Déblocage anticipé : 49610 s., 47290 s., 51270 (participation et PEE) ; 50160, 51290 (Perco) ; 50227, 51295 (Pereco).
Fin de la période d'indisponibilité des droits : voir Indisponibilité.

Débrayage : voir Grève.

Début d'activité : voir Création d'entreprise.

Décalage de la paie
Incidence sur les prélèvements sur salaire : 18760 (cotis. SS : calcul) ; 35560 (PAS) ; 36410 (DSN).
Mise en place : 12530.

Décès
– d'un membre de la famille du salarié : 51290 (déblocage Perco) ; 51295 (déblocage Pereco) ; 73700 s. (étude d'ensemble) ; 61520 (arrêt de travail en cas de décès d'un enfant : délai de carence pour les IJSS) ; 85460 (hôtels – cafés – restaurants) ; 88210 (journaliste) ; 89740 (avocat salarié).
– de l'employeur : 73780 s. (étude d'ensemble).
– du salarié : 73440 s. (étude d'ensemble) ; 51290 (déblocage Perco) ; 81790 (VRP : droit à ind. clientèle).
Avantage de réversion versé par l'entreprise : 52340 (régime social).
Capital décès versé par l'entreprise : 73590 s.
Congé de deuil : 72100.
Congé pour événement familial : 72100.
Cotisation d'assurance décès versée par l'entreprise : 30570 (étude d'ensemble) ; 42640 s. (régime social et fiscal) ; 69590 (artiste du spectacle) ; 77360 (dirigeant).
Prime de décès : 52160 s. (prime versée par une mutuelle).

Déclaration
– à fournir aux institutions de retraite et de prévoyance complémentaire : 36430.
– annuelle des revenus mobiliers : 47910 (intérêts de la participation).
– de début ou de cessation de travaux à domicile : 87420.
– de départ des seniors : 86160.
– de retenue à la source : 35815 s. (salaires et pensions de retraite) ; 50560 ; 50640 (options sur actions) ; 51025 (AGA) ; 51210 (BSPCE).
– de revenus préremplie : 36750 (pensions).
– de taxes et participations assises sur les salaires : 31910 s. (taxe sur les salaires) ; 70890 s. (transfert d'entreprise).
– des pensions et rentes viagères : 36750 s. (étude d'ensemble) ; 52810 (retraites servies par l'employeur à d'anciens salariés).

Déclaration (suite)
– OETH : 28320 s.
– préalable à l'embauche (déclaration unique d'embauche DUE) : 96020 (obligation de l'employeur) ; 69890 (Guso).
– sociale nominative : voir Déclaration sociale nominative (DSN).
– spécifique en matière d'épargne salariale : 50770 s. (options sur actions) ; 51100 (AGA) ; 51250 (BSPCE).
– unique et simplifiée : 69890 (Guso).
Activités de service aux personnes : 25780.
Embauche d'un salarié : 96020 (tableau récapitulatif des déclarations).
Tiers déclarant : 35930 s.

Déclaration sociale nominative (DSN) : 36350 s. (étude d'ensemble) ; 8260 (allégement de cotis. SS sur les heures supplémentaires) ; 22570 (réduction générale de cotis. patronales) ; 22765 (réduction des taux maladie et allocations familiales) ; 22920 (exo. jeunes entreprises innovantes) ; 23530 (exo. cotis. SS pour embauche en ZRR) ; 23650 (exo. ZRR organismes d'intérêt général) ; 24150 (exo. cotis. SS pour emploi en ZFU) ; 24340 (exo. cotis. SS bassins d'emploi à redynamiser) ; 24510 (exo. ZRD) ; 27390 (forfait social) ; 28320 s. (OETH) ; 30370 (cotis. Agirc-Arrco) ; 31130 (contrib. formation et alternance) ; 31920 (taxe sur les salaires) ; 33480, 33820 (IC) ; 35490 (PAS : communication du taux à l'employeur) ; 35550 s. (PAS : déclaration) ; 35815 s. (retenue à la source des non-domiciliés) ; 42640 (cotis. de prévoyance complémentaire et de retraite supplémentaire à cotis. définies) ; 43460 (régimes de retraite à prestations définies) ; 47470 (participation aux résultats : répartition) ; 49100 (intéressement) ; 49490 (abondement de l'employeur au PEE) ; 50570 (stock-options : rabais excédentaires) ; 50590 (stock-options : contrib. patronale) ; 50670 (stock-options : plus-value d'acquisition) 50750 (stock-options : déclaration à l'administration fiscale) ; 51100 (AGA : obligations déclaratives en matière fiscale) ; 51250 (BSPCE) ; 52080 (prestations familiales complémentaires versées par l'entreprise) ; 62110 s. (maladie, maternité ou accident) ; 69470 (artistes du spectacle) ; 70610 s. (transfert d'entreprise) ; 73450 (décès du salarié) ; 73880 (décès de l'employeur) ; 76220 (CDD court) ; 77190 (dirigeant de sté) ; 82740 s. (cotis. SS des VRP) ; 82950 s. (contrib. chômage et cotis. Agirc-Arrco des VRP) ; 86060 (rémunération des salariés des hôtels – cafés – restaurants) ; 90170 (avocats salariés) ; 94000 s. ; (rapprochement annuel avec la comptabilité).

Déclassement : voir Rétrogradation.

Décote (taxe sur les salaires) : 31760 (petits redevables).

Dédit-formation : 72635.

Déduction – abattement
Abattement de taxe sur les salaires : 31740 s. (petits redevables) ; 31780 (associations).
Allégement de cotis. SS sur les heures supplémentaires : 7700 s. (étude d'ensemble).

Déduction – abattement (suite)
Artistes : 69610 (cotis. SS) ; 69680 (CGS-CRDS) ; 69710 (contrib. chômage) ; 69760 (cotis. Agirc-Arrco).
Bâtiment : 94790 s. (modèles de bulletin de paie).
Déduction forfaitaire générale pour frais professionnels :
CSG-CRDS : 28650 s. (étude d'ensemble) ; 69680 (artistes) ; 75060 (travail à temps partiel).
Impôt sur le revenu : 55680 s. (étude d'ensemble) ; 75535 (travail à temps partiel).
Déduction forfaitaire pour frais professionnels réservée à certaines professions : 1820 (Smic) ; 11550 (utilisateur substitué à une entreprise de travail temporaire) ; 17980 (assiette minimum cotis. SS) ; 22270 s. (réduction générale des cotis. patronales : plafonnement) ; 28650 s. (CSG et CRDS) ; 55460 s. (cotis. SS) ; 59590 (congés payés) ; 96360 (professions concernées).
Dirigeants de sociétés : 77070 (cotis. SS) ; 77660 (IR).
Entreprises atteignant ou dépassant 11 salariés : 30970 (CFP).
Évaluation du logement des salariés logés par nécessité de service : 39340 (cotis. SS) ; 40500 (IR).
Frais déductibles du bénéfice imposable : voir Frais et charges (de l'entreprise). Voir également chaque prélèvement social ou fiscal ou chaque catégorie de bénéficiaires.
Journalistes : 88530 s. (cotis. SS : déduction forfaitaire spécifique) ; 88540 (TPS) ; 88620 s. (autres cotis.) ; 88740 (IR) ; 95320 (modèle de bulletin de paie).
Réduction générale des cotisations patronales : 22270 s. (plafonnement réduction en cas de déduction pour frais professionnels) ; 22390 (abattement sur le montant de la réduction).
Salariés à employeurs multiples : 69080 (cotis. SS) ; 69130 (CSG-CRDS) ; 69350 (IR).
Smic jeune travailleur : 1470 s. (cas général).
Travailleurs à domicile : 87750 s. (cotis. SS) ; 87830 (CSG et CRDS).
VRP : 82700 (cotis. SS) ; 82900 (CSG-CRDS) ; 83660 s. (IR) ; 83730 (TPS) ; 95210 (modèle de bulletin de paie).

Défaillance
Entreprise de travail temporaire : 19080 (paiement cotis. SS).
Organisme de prévoyance : 61720 (obligation de l'employeur en matière du maintien du salaire en cas de maladie).

Déficit
– de caisse ou d'inventaire : 14950 (compensation avec le salaire) ; 72520 (responsabilité financière du salarié).
Calcul de la participation des salariés : 46310 (imputation des déficits reportables) ; 46320 (transfert de déficits sur agrément) ; 46330 (report en arrière des déficits).
Suppression d'une prime : 44960.

Délai
– de carence : 61820 (maladie : maintien de salaire légal) ; 62020 (maladie : maintien de salaire conventionnel).
AUTRE RUBRIQUE : Prescription. Voir également chaque obligation.

Délégué à la protection des données : 16440 (gestion des traitements de données nécessaires à la paie).

Délégué syndical : voir Représentant du personnel, Syndicat.

Demandeur d'emploi : voir Chômage – chômeur.

Déménagement
Congé : 88210 (journaliste).
Mise en demeure de l'Urssaf : 21510.
Prime versée à l'occasion du déménagement : 44710 s. (généralités) ; 45770 (solutions particulières) ; 53470 (cotis. SS) ; 53480 (IR).
Prise en charge des frais liés au déménagement par l'employeur : 56640 s. (régime social) ; 56810 s. (IR : cas général) ; 56870 (IR : salariés temporairement détachés en France) ; 92820 (comptabilisation).

Démission
Avantage en nature : 38480 (sort du logement de fonction) ; 38550 (sort du véhicule de fonction).
Bulletin de paie : 94840 (modèle du dernier bulletin de paie).
Cotisations plafonnées : 18045 (calcul).
Effectif : 18840 s. (calcul effectif SS).
Indemnités : 64370 s. (régime social et fiscal) ; 81790 (VRP : droit à ind. clientèle) ; 82030 s. (VRP : droit aux ind. conventionnelles de rupture).
Participation et PEE : 51270 (déblocage).
Portabilité des garanties prévoyance : 67030 s. (obligations de l'employeur) ; 92690 (comptabilisation).
Préavis : voir Préavis.
Prêt consenti par l'employeur au salarié : 15000 (compensation avec les sommes dues au salarié) ; 38680 (remboursement).
Rappel de salaire versé après la cessation du contrat : 53550 s. (cotis. SS).
Règlement des droits du salarié : 6560 (horaire variable ou individualisé) ; 7580 (repos compensateur pour heures supplémentaires et contrepartie obligatoire en repos) ; 9390 s. (récupération des heures de travail perdues à la suite d'une interruption collective de travail) ; 10110 (modulation) ; 10540 (réduction du temps de travail sous forme de jours de repos sur l'année) ; 45400 s. (primes et gratifications) ; 60910 (rémunération du 1er mai précédant la date de rupture) ; 72270 (compte épargne-temps).
Remboursement d'aide ou d'exonération : se reporter à l'aide ou à l'exonération concernée.
Salaire : 11100 s. (calcul en cas de rupture en cours de mois).

Démission (suite)

Tableau récapitulatif des formalités à accomplir : 96030.

Titres-restaurant : 51800 (remise du reliquat).

Transaction : voir Transaction.

Dénonciation

– d'une transaction : 65520.

– d'un usage : 4420 s.

– des conventions et accords collectifs du travail : 4320 s.

Dentiste : voir Chirurgien-dentiste.

Départ négocié : voir Indemnité de départ volontaire, Rupture (conventionnelle homologuée), Transaction.

Départ ou mise à la retraite

Avantage en nature

Avantages maintenus par l'employeur aux anciens salariés retraités de l'entreprise : 52370 (cotis. SS) ; 52750 (régime fiscal).

Indemnité représentative d'avantages en nature : 40380 (IR).

Sort de l'avantage à la rupture du contrat : 38480 (logement de fonction) ; 38550 (véhicule de fonction).

Cotisations plafonnées : 18045 (calcul).

Déduction des résultats de l'entreprise : 34420 (étude d'ensemble) ; 34680 (ind. versées aux dirigeants de sociétés anonymes cotées).

Primes versées par l'entreprise dans le cadre de contrat « indemnités de fin de carrière » ou « indemnités de départ à la retraite » : 44360 s. (régime fiscal).

Effectif : 18840 s. (calcul effectif SS).

Indemnité de départ ou de mise à la retraite

Étude d'ensemble : 64650 s. (mise à la retraite) ; 64900 s. (départ volontaire) ; 67240 (régime social et fiscal : tableau récapitulatif).

Comptabilisation : 92740.

Saisie ou cession : 15180.

Autres indemnités : se reporter au mot correspondant à chaque indemnité. Exemples : Indemnité compensatrice de préavis, Indemnité de congés payés, Non-concurrence (ind. compensatrice), etc.

Modèles de bulletin de paie : 94890 s.

Participation et plans d'épargne salariale

Déblocage : 51270.

Versement au PEE après le départ : 49350.

Préavis : voir Préavis.

Prêt consenti par l'employeur au salarié : 38680 (remboursement).

Rappel de salaire versé après la cessation du contrat : 53550 s. (cotis. SS).

Règlement des droits des salariés : 6560 (horaire variable individualisé) ; 7580 (repos compensateur pour heures supplémentaires et contrepartie obligatoire en repos) ; 9390 s. (récupération des heures de travail perdues à la suite d'une interruption collective de travail) ; 10110 (modulation) ; 10540 (réduction du temps de travail sous forme de jours de repos sur l'année) ; 45400 s.

Départ ou mise à la retraite (suite)

(droit aux primes et gratifications) ; 60910 (rémunération du 1er mai précédant la date de rupture) ; 72270 (compte épargne-temps).

Remboursement d'aide ou d'exonération : se reporter à l'aide ou l'exonération concernée.

Reprise d'activité salariée après le départ : 30180 (cotis. Agirc-Arrco).

Salaire : 11100 s. (calcul en cas de rupture en cours de mois).

Tableau récapitulatif des formalités à accomplir : 96030.

Titres-restaurant : 51800 (remise du reliquat).

Transaction : voir Transaction.

Cas particuliers : 62900 (salarié physiquement inapte suite à un accident du travail) ; 74740 s. (salarié occupé successivement à temps plein et à temps partiel) ; 81790 (VRP : droit à ind. clientèle) ; 82030 s. (VRP : droit aux ind. conventionnelles de rupture) ; 85540 (cadre des hôtels – cafés – restaurants) ; 86360 s. (régimes conventionnels de préretraite : suspension du contrat de travail) ; 86430 s. (régimes conventionnels de préretraite : rupture du contrat de travail) ; 88420 (journalistes) ; 89920 s. (avocats salariés).

AUTRE RUBRIQUE : Retraite – retraité.

Départ volontaire (de l'entreprise) : voir Démission.

Département, collectivité ou territoire d'outre-mer

Apprentissage : 83950 (rémunération).

Assurance chômage : 29200 (champ d'application).

Contribution solidarité autonomie : 71960 (salaires).

Déclaration sociale nominative : 36360.

Indemnité de grand déplacement : 56450 s. (cotis. SS et IR).

Jours fériés : 60810 (liste des jours fériés).

Mutation : 56640 s. (ind. pour frais : régime social).

Rémunération mensuelle minimale : 68410.

Retraite complémentaire : 30000 (régime Agirc-Arrco : champ du régime) ; 30070 (régime Agirc-Arrco : adhésion des entreprises).

Smic : 1350 (cas général).

Taxes et participations assises sur les salaires : 31470 (taxe sur les salaires : employeurs agricoles), 31650 (taxe sur les salaires : taux) ; 33340 (IC).

Titre emploi service entreprise : 36590.

Dépaysement (prime) : 6980 s. (majorations pour heures supplémentaires) ; 59530 (ind. congés payés).

Dépenses : voir Frais et charges (de l'entreprise), Frais professionnels.

Déplacement : voir Transport – déplacement.

Dépôt : 47570 (accord de participation) ; 48490 s. (accord d'intéressement) ; 49700 (règlement des plans d'épargne).

Député : voir Parlement – parlementaire.

Détachement
- **à l'étranger :** voir Travail à l'étranger.
- **d'un étranger en France :** 28410 s. (CSG et CRDS) ; 30000 (régime Agirc-Arrco) ; 56830 s. (IR : suppléments de rémunération).

AUTRE RUBRIQUE : Mise à disposition (de personnel).

Détournement de fonds
Compensation avec le salaire : 15030.
Comptabilisation : 92950.
Responsabilité civile du salarié : 72510 s. (conditions).

Dette
Reconnaissance de dette : 12520 (remise en paiement du salaire) ; 72520 (licéité d'une reconnaissance de dette du salarié) ; 92950 (comptabilisation d'une reconnaissance de dette du salarié).
Répartition en cas de transfert d'entreprise : 70070 s. (transfert légal) ; 70430 (transfert d'entreprise volontaire ou conventionnel).

Deuil
Congé de deuil : 72100 (autorisation d'absence) ; 36445 (DSN) ; 46660 (répartition participation) ; 48190 (répartition intéressement).

Deux-roues : voir Véhicule.

Devises étrangères (paiement du salaire en devises étrangères) : 4780 (information du salarié sur la devise retenue) ; 12230 s. (légalité du paiement du salaire en devises étrangères) ; 29350 (calcul cotis. chômage et AGS) ; 35470 (calcul du PAS).

Dimanche : voir Repos hebdomadaire.

Diplôme
Égalité de rémunération entre les salariés : 3810.
Prime et gratifications : 44710 s. (généralités) ; 45790 s. (solutions particulières).
Rémunération de l'apprenti : 83970 (échec à l'examen) ; 83980 s. (diplôme acquis avant l'entrée en apprentissage).

Directeur : voir Dirigeant de société.

Directeur général : voir Dirigeant de société.

Dirigeant de société
Étude d'ensemble : 76550 s.
Aide aux services à la personne : 41350 (cotis. SS) ; 41710 s. (régime fiscal) ; 92810 (comptabilisation).
Anciens mandataires sociaux salariés de sociétés de conseil juridique : 90040 (cotis. SS).
Attribution d'actions gratuites : 50970 s.
Attribution de chèques-vacances : 52950 (chef d'entreprise de moins de 50 salariés).
Avantages en nature : 77780 s.
Bons de souscription d'actions : 77075 (régime social).
Bulletin de paie : 76650 (cas général) ; 76730 (cumul contrat de travail-mandat social) ; 95190 (modèle).

Dirigeant de société (suite)
Complément de retraite versé par l'entreprise : 52250 (décision d'attribution : procédure applicable) ; 52450 (cotis. spéciale SS) ; 52750 s. (IR) ; 52860 s. (impôt sur les résultats).
Comptabilisation des rémunérations des dirigeants : 93050.
Contribution solidarité autonomie : 71960.
Cotisation de l'entreprise à un régime de retraite supplémentaire ou de prévoyance complémentaire : 42500 s. (régime social) ; 43550 s. (régime fiscal).
Déduction fiscale d'une participation aux bénéfices : 45680 (exercice de déduction).
Déduction fiscale des rémunérations différées : 34680 (dirigeants de sociétés anonymes cotées : étude d'ensemble).
Effectif : 18837 (effectif SS).
Exonérations et allégements de cotisations : 77140 (étude d'ensemble) ; 77150 s. (exo. de début d'activité de création ou de reprise d'entreprise) ; 21805 (réduction générale cotis. patronales) ; 23130 (embauche en ZRR).
Intéressement des salariés : 48160 (conditions du bénéfice du régime) ; 48630 s. ; 48730 s. (régime fiscal).
Option de souscription ou d'achat d'actions : 50300 (bénéficiaires) ; 50320 (groupe de sociétés).
Participation-construction : 33660.
Participation financière : 46640.
Plafond de la sécurité sociale : 68900 (cumul de mandats ou cumul mandat et contrat de travail).
Plan d'épargne salariale : 49310.
Relevé de frais généraux : 36820 s.
Salaire du conjoint du chef d'entreprise : voir Conjoint (du chef d'entreprise).
Smic : 1350.
Société d'exercice libéral d'avocat : 90050 (cotis. SS).
Taxe sur les salaires : 78000.

Discothèque : 84960 (conv. collective applicable).

Discrimination
Contenu des fichiers automatisés : 16350 (données nominatives interdites).
Représentant du personnel : 79170 (montant et justifications des heures de délégation) ; 79660 (privation d'une prime).
Salaire : 3100 s. (étude d'ensemble) ; 63000 (salariées enceintes) ; 67520 s. (grève).
Salarié à temps partiel : 74510.
Salarié en cours de préavis : 66030.
Salarié sous contrat à durée déterminée : 75950 s.

Dispense de préavis
Clause de non-concurrence : 66860 (date de versement de l'ind.).
Indemnité compensatrice de préavis : 66150 s. (étude d'ensemble) ; 66320 s. (régime social et fiscal).
Modèle de bulletin de paie : 94850.
Salariés dispensés de préavis : 65900.

Divorce
Déblocage de la participation et du PEE : 51270.
Gérant de SARL : 76940 (parts sociales du conjoint : incidence sur le régime SS du gérant).

Docker
Rémunération mensuelle minimale : 68405 (droit).

Doctorat : voir Thèse (de doctorat).

Documentation
Frais de documentation des journalistes : 88760 (IR).

DOM : voir Département, collectivité ou territoire d'outre-mer.

Domicile
– fiscal : 71570 (détermination) ; 28400 s. (incidence sur la CSG et la CRDS).
Aide à l'emploi à domicile : 41330 s. (cotis. SS) ; 41710 s. (régime fiscal) ; 92810 (comptabilisation).
AUTRES RUBRIQUES : Logement, Télétravail, Travail à domicile.

Dommages-intérêts : question examinée dans l'ouvrage pour chaque obligation.

Don : voir Cadeau, Subvention.

Dortoir (salarié logé par l'employeur en dortoir) : 39220 (cotis. SS).

Double résidence : voir Logement.

Douche
Prime de douche : 79170 (rémunération des heures de délégation des représentants du personnel).
Prise en compte des temps de douche : 5620 (calcul du salaire).

Droit
– de garde : 53970 s. (avantages servis par les banques à leur personnel).
– de plaidoirie (ou contribution équivalente) : 90120.
Traitements de données personnelles : 16500 s. (droits d'accès, d'opposition, de limitation, droit à l'oubli, portabilité des données personnelles).
AUTRE RUBRIQUE : Abus de droit.

DUE : voir Déclaration (préalable à l'embauche).

Durée du travail
Accord de performance collective : 68530 s. (aménagement de la durée du travail).
Augmentation temporaire : 74600 s. (salarié à temps partiel).
Durée minimale de travail : 74520 s. (temps partiel : étude d'ensemble) ; 74810 (temps partiel aménagé sur une période supérieure à la semaine).
Mention sur le bulletin de paie : 13480 (obligation) ; 14120 s. (sanction).
Période à rémunérer : 5300 s. (étude d'ensemble) ; 74520 s. (travail à temps partiel).
Preuve des heures effectuées en cas de litige : 6600 s.

Durée du travail (suite)
Réduction de la durée du travail : voir Réduction.
Salarié à employeurs multiples : 69390.
Stagiaire en entreprise : 88980.

E

EARL (exploitation agricole à responsabilité limitée) : 53870 (régime fiscal du salaire du conjoint de l'associé) ; 77610 (régime fiscal des associés gérants).

Eau
Fourniture gratuite au salarié logé par l'employeur : 2710 (salaire minimum conventionnel) ; 39280 s. (cotis. SS) ; 40490 s. (IR).
Frais afférents à un logement de fonction : 38460.

Écailleur : 54417 (répartition des pourboires).

Économat patronal : 12220.

Écran (travail sur) : 5560 (aménagement de pauses : incidence sur la durée du travail et la rémunération).

Écriture de paie : 91360 s.

Éducateur : voir Enseignant – enseignement.

Effectif
Calcul de l'effectif : 18800 s. (cotis. SS : étude d'ensemble).
Contribution OETH : 28165 (assujettissement) ; 28200 s. (décompte des bénéficiaires).
Déclaration sociale nominative : 36430 (transmission du décompte des effectifs).
Représentant de commerce : 26920 s. (versement mobilité : étude d'ensemble) ; 82660 (versement mobilité : cas des VRP) ; 83740 (CFP et IC).
Salarié à temps partiel : 74770 (étude d'ensemble) ; 18840 s. (cotis. SS).
Salarié intermittent : 10780.
Salariés mis à disposition : 18837 (cotis. SS).
Salariés sous contrat à durée déterminée : 18837 (cotis. SS) ; 76250 (droit du travail).
Salariés temporaires : 18837 (cotis. SS).
Titulaires de contrats de formation ou d'insertion : 83900 (apprentissage) ; 84380 (contrat de professionnalisation) ; 84560 (initiative-emploi) ; 84650 (CAE).
Travailleur à domicile : 87930 (CFP et IC).
Seuil d'effectif (créateur d'obligations)
Chèques-vacances : 53090 s. (régime social et fiscal de la contrib. patronale).
Contribution à la formation professionnelle : 30970 (seuil de 11 salariés : augmentation du taux).
Contribution OETH : 28180.
Contribution supplémentaire à l'apprentissage : 31020.
Cotisations chômage : 29460 s. (bonus-malus).
Cotisations de sécurité sociale (paiement) : 19255 (versement en un lieu unique) ; 19500 (périodicité).

Effectif (suite)
Participation-construction : 33340 s.
Versement mobilité : 26900 s.
Variation d'effectif : 18825 s. (mécanisme de franchissement des seuils) ; 19255 (versement en un lieu unique) ; 28170 (contrib. OETH : franchissement de seuils) ; 30970 (CFP) ; 79005 (crédit d'heures des représentants du personnel).

Égalité de rémunération : 3150 s. (égalité femmes-hommes) ; 3660 (travail à temps partagé) ; 3760 s. (égalité entre tous les salariés) ; 70300 (transfert légal d'entreprise) ; 70425 (transfert d'entreprise volontaire ou conventionnel) ; 74470 (travail à temps partiel et à temps plein) ; 75950 s. (salarié sous CDD) ; 92050 (comptabilisation de la pénalité).

Élection
Représentant du personnel : 79010 (crédit d'heures en cas d'élections en cours de mois).

Électricité
Compensation avec le salaire : 14950.
Fourniture gratuite (au salarié logé par l'employeur) : 2710 (salaire minimum conventionnel) ; 39280 s. (cotis. SS) ; 40490 s. (IR) ; 92130 s. (comptabilisation).
Frais afférents à un logement de fonction : 38460.
Frais d'atelier des travailleurs à domicile : 87260.
Grève EDF : 67760 s. (récupération des heures perdues suite à fermeture de l'entreprise).
Interruption de travail provoquée par une coupure de courant : 5720 (versement du salaire).
Mise à disposition d'un véhicule électrique par l'employeur : 39600 s. (cotis. SS).
Prise en charge par l'employeur des frais d'alimentation électrique des véhicules des salariés : 57660 s. (étude d'ensemble).

Élève : voir Étude – étudiant.

Embauche
– en cours de mois : 11100 s. (calcul de la rémunération mensuelle) ; 12460 (date de la première paie) ; 18045 (calcul cotis. plafonnées) ; 18840 s. (effectif SS).
– prenant effet au début du mois de mai : 60910 (rémunération du 1er mai).
Bulletin de paie (modèles) : 94420 (embauche sous CDI en cours de mois) ; 94520 s. (exo. cotis. sociales) ; 95170 (embauche sous CDD en cours de mois).
Effectif : 18822 (effectif SS : première embauche) ; 18840 s. (effectif SS : embauche en cours de mois).
Exonération de cotisations sociales pour embauche : 23030 s. (ZRR) ; 23740 s. (ZFU).
Formalités : 96020 (tableau récapitulatif).
Information du salarié sur les modalités de sa rémunération : 4750 s.
Primes ou autres aides à l'embauche : voir Aide de l'État ou de la région.
Prise en charge des frais de transport public : 57605.

Embauche (suite)
Récupération des heures perdues dans l'entreprise avant l'embauche : 9380.
Visite médicale : 72110 (autorisation d'absence).

Employé de maison
Aide à l'emploi à domicile : 41330 s. (cotis. SS) ; 41710 s. (régime fiscal) ; 92810 (comptabilisation).
Allégements de cotisations : 23860 (embauche en ZFU).
Convention collective : 4800 (information du salarié).
Impôts et taxes
Allocation pour frais de personnel domestique : 55810 (IR).
Imputation de la rémunération d'une femme de ménage sur les pourboires centralisés par l'employeur : 54480.
Prime de blouse versée à une aide ménagère : 39860 (cotis. SS).
Salaires déductibles (BNC) : 34780.

Employeurs multiples (salariés à)
Étude d'ensemble : 68800 s.
Bulletin de paie : 95140 (modèle).
Chèques-vacances : 53080 (limite exo. IR contrib. patronale).
Cotisations sociales : 68860 s. (étude d'ensemble) ; 24830 (activités sportives) ; 39310 (calcul de l'avantage en nature logement) ; 43160 (cotis. patronales de retraite et prévoyance complémentaires : plafond d'exo. de cotis. SS) ; 75230 (calcul cotis. vieillesse sur salaire temps plein : intérêt du dispositif) ; 75340 (calcul cotis. vieillesse sur salaire temps plein : calcul plafond SS).
Déblocage de la participation : 47300 (cessation du contrat de travail).
Heures supplémentaires : 6520 (calcul).
Remboursement des frais de transport (domicile-travail) : 57595.
Saisie ou cession du salaire : 15250 (procédure).
Salarié reprenant un emploi en cours de préavis : 66370 (cotis. SS, Agirc-Arrco et chômage).
Statuts particuliers : 69460 s. (artistes du spectacle : étude d'ensemble) ; 69940 (professions médicales à temps partiel : étude d'ensemble) ; 82750 s. (VRP : cotis. SS, CSG-CRDS et contrib. chômage) ; 87560 (travailleur à domicile : rémunération mensuelle minimale) ; 88550 s. (journaliste professionnel : taux réduit cotis. SS) ; 90200 (avocat salarié : cotis. CNBF) ; 90420 s. (formateurs occasionnels).
Taxes et participations sur les salaires : 69360.

Emprunt : voir Prêt.

Encadrement : voir Cadre.

Enchères électroniques inversées : 250 (mode de fixation du salaire).

Enfant : voir Famille.

Engagement (de l'employeur)
Engagements de retraite : 44120 s. (régime fiscal des cotis.) ; 52860 s. (régime fiscal des pensions).

Engagement (de l'employeur) (suite)

Engagement unilatéral des préretraites : 86490 (cotis. SS).

Engagement unilatéral sur le salaire (montant ou calcul) : 700 s. (portée) ; 1080 s. (rapport de l'engagement avec les conv. et accords collectifs) ; 4420 s. (conditions de remise en cause) ; 70300 s. (sort en cas de transfert légal d'entreprise) ; 70420 (sort en cas de transfert d'entreprise volontaire ou conventionnel).

Enseignant – enseignement

Éducateur dans un établissement social ou médico-social : 5560 (repas pris sur place) ; 5800 s. (gardes de nuit) ; 5860 (horaire d'équivalence) ; 40240 (nourriture fournie : IR).

Enseignant des centres de formation des apprentis (CFA) : 31550 (taxe sur les salaires : assiette).

Établissement d'enseignement supérieur : 31470 (taxe sur les salaires).

Formateur occasionnel : voir Formateur occasionnel.

Personnel des établissements d'enseignement privé : 5860 (surveillant de nuit dans les internats : horaires d'équivalence) ; 10750 (mensualisation) ; 79180 (crédit d'heures).

Repas pris en service avec les élèves : 39060 (cotis. SS) ; 40240 (IR et DSN).

Taxe d'apprentissage : 30860 (entreprise dont l'objet exclusif est l'enseignement : assujettissement) ; 30910 s. (concours ou subventions aux établissements d'enseignement technologique : dépenses déductibles).

AUTRE RUBRIQUE : Étude – étudiant.

Entreprise

Différentes catégories d'entreprises, selon la nature de l'activité : voir le mot correspondant, par exemple : Artisan – artisanat, Travail temporaire…

Direction des grandes entreprises : 31280 s.

Entreprise adaptée : 28265 (emploi obligatoire de travailleurs handicapés : contrat conclu avec une entreprise adaptée).

Entreprise à établissements distincts ou multiples : voir Établissement.

Entreprise de moins de 20 salariés : 19980 (contrôle Urssaf : durée).

Entreprise de moins de 11 salariés : 20110 (contrôle sur pièces).

Entreprise de services aux personnes : 25750 s. (exo. cotis. SS pour les activités de services aux personnes).

Entreprise individuelle : 53870 s. (salaire du conjoint de l'exploitant : régime fiscal) ; 93080 (comptabilisation des rémunérations).

Entreprise nouvelle : voir Création d'entreprise.

Entreprise publique : voir Établissement (public).

Entreprise unipersonnelle à responsabilité limitée : voir EURL.

Micro-entreprise : 31450 (exo. de taxe sur les salaires).

Entretien

– d'un véhicule de fonction : 38540 (participation du salarié aux frais) ; 39480 s. (prise en charge par l'employeur : régime social).

– de vêtements fournis par l'employeur : 39880 s. (cotis. SS) ; 55280 (obligation de l'employeur).

– préalable au licenciement : 72150 (conseiller du salarié : représentant du personnel) ; 72170 (conseiller du salarié : représentant du personnel).

Épargne salariale (régimes légaux)

Actionnariat des salariés : 72150 (représentant des salariés dans les conseils d'administration et de surveillance des SA).

Bon de souscription de parts de créateur d'entreprise : voir Bon (de souscription de parts de créateur d'entreprise).

Intéressement des salariés : 48000 s. (étude d'ensemble) ; 15195 (saisie ou cession) ; 18052 (calcul cotis. Plafonnées) ; 59620 (ind. congés payés) ; 63470 (ind. légale de licenciement) ; 63680 (ind. conventionnelle de licenciement) ; 70520 s. (transfert d'entreprise) ; 72240 (affectation au compte épargne-temps) ; 72730 (CTP) ; 76110 s. (salarié sous CDD) ; 93400 s. (comptabilisation).

Options de souscription ou d'achat d'actions : voir Options de souscription ou d'achat d'actions.

Participation aux résultats de l'entreprise : 46250 s. (étude d'ensemble) ; 4880 (information continue dans le bilan social) ; 59620 (ind. congés payés) ; 63470 (ind. légale de licenciement) ; 63680 (ind. conventionnelle de licenciement) ; 70480 s. (transfert d'entreprise) ; 71080 (travail à l'étranger) ; 72240 (affectation au compte épargne-temps) ; 72730 (CTP) ; 76110 s. (salarié sous CDD) ; 93160 s. (comptabilisation).

AUTRE RUBRIQUE : Déblocage (épargne salarial).

Époux : voir Conjoint (du chef d'entreprise).

Équipe (prime d') : 44710 s. (généralités) ; 59520 (calcul ind. congés payés).

Équipe de suppléance : 73180 s. (rémunération, bulletin de paie, régime social et fiscal) ; 74640 (salariés à temps partiel).

Équivalence

Congés payés : 59180 (durée des congés payés).

Équivalence des garanties (rapports entre accord de branche et accord d'entreprise) : 972 (thèmes du bloc n° 1) ; 976 (thèmes du bloc n° 2).

Horaire d'équivalence : 5840 s. (étude d'ensemble) ; 22490 s. (réduction générale cotis. patronales) ; 68175 (activité partielle) ; 74540 (salarié à temps partiel : calcul rémunération).

Tableau des équivalences entre horaire hebdomadaire et horaire mensuel : 96060 s.

Erreur

Déclaration sociale nominative : 36470 s. (règles générales) ; 35565 s. (PAS).

Droit à l'erreur : 35900 (étude d'ensemble).

Sommes versées par erreur au salarié : 15800 (récupération) ; 35310 (IR) ; 35575 s. (PAS) ; 72500

Erreur (suite)
(remboursement à l'employeur) ; 80160 (commissions versées au VRP).
Transaction : 65460 (renseignements erronés donnés par l'employeur) ; 65500 ; (incidence d'une erreur sur l'objet).
AUTRE RUBRIQUE : Rappel de salaire

Espèces (paiement en) : 12210 s. (salaire : cas autorisés).

Essai : voir Période d'essai.

Essence : voir Carburant.

Établissement
– de crédit : voir Banque.
– public
Contributions à la formation professionnelle et à l'alternance : 30810 (exo.).
Contribution OETH : 28160.
Cotisations (champ d'application) : 29220 s. (ass. chômage).
Égalité de rémunération : 3160 (femmes-hommes) ; 3770 (agents publics et privés).
Réduction ou exonération de cotisations sociales : 21800 (cotis. patronales) ; 23770 (embauche en ZFU) ; 25750 s. (activité d'assistance à domicile aux personnes âgées ou handicapées).
Rupture du contrat de travail : 63260 (ind. licenciement).
Taxes et participations assises sur les salaires : 31470 (taxe sur les salaires) ; 33350 (IC).
– ou service d'aide par le travail : 28265 (emploi obligatoire de travailleurs handicapés : contrat conclu avec un Esat).
Entreprise à établissements distincts ou multiples
Contribution OETH : 28160.
Cotisations de sécurité sociale : 18730 s. (accident du travail) ; 19250 s. (Urssaf compétente) ; 21510 (mise en demeure : destinataire) ; 23820 (embauche en ZFU).
Déclaration sociale nominative : 36400.
Égalité de rémunération : 3150 (égalité femmes-hommes) ; 3775 (égalité entre tous les salariés).
Intéressement des salariés : 48050 (calcul et répartition) ; 48150 (exclusion de certains établissements).
Taxe sur les salaires : 31400 (succursales françaises d'entreprises étrangères) ; 31450 (assujettissement du gérant salarié d'une succursale) ; 31700 (calcul des majorations) ; (déclaration et paiement de la taxe).
Versement mobilité : 26980.

Étalement (pour l'application de l'IR)
Indemnité de départ à la retraite : 64990.
Indemnité de licenciement : 63960.

État : voir Aide de l'État ou de la région, Établissement (public).

Étranger
Adoption à l'étranger : 72100 (autorisation d'absence).
Déplacement professionnel à l'étranger : 56460 (ind. pour frais : limites d'exo.).

Étranger (suite)
Détachement temporaire en France : 56830 s. (IR : suppléments de rémunération) ; 56840 (Taxe sur les salaires : exo).
Devises étrangères : voir Devises étrangères (paiement du salaire en devises étrangères).
Domicile à l'étranger
Impôts et taxes : 28410 (CSG et CRDS) ; 31370 (taxe sur les salaires : territorialité) ; 33340 (participation-construction : territorialité) ; 35465 s. (PAS) ; 35800 s. (IR : retenue à la source spécifique aux non-domiciliés) ; 50560, 50640, 51025, 51210 (retenue à la source sur les gains retirés d'options sur actions, d'actions gratuites et de BSPCE par des personnes non domiciliées en France) ; 50650 (stock-options : mobilité internationale) ; 51020 s. (AGA : mobilité internationale) ; 51210 (BSPCE : mobilité internationale) ; 52120 (IR : pensions complémentaires d'accident du travail versées par l'entreprise) ; 71570 (IR : définition du domicile fiscal) ; 71650 (IR : conséquences de l'expatriation) ; 95060 (modèle de bulletin de paie).
Préretraite conventionnelle : 86480 (cotis. spéciale maladie).
Retraite versée à d'anciens salariés résidant à l'étranger : 52430 (régime social).
Entreprise étrangère : 19285 (déclaration et paiement des cotis.) ; 23870 (embauche en ZFU) ; 29200 (cotis. chômage) ; 29300 (cotis. AGS) ; 31370, 31400 (taxe sur les salaires) ; 30810, 30960 (contrib. formation et alternance) ; 35467 (PAS : employeurs tenus d'opérer le prélèvement) ; 35550 (PAS : déclaration) ; 35560 (PAS : paiement) ; 50320 (stock-options) ; 50970 (attribution d'actions gratuites : AGA) ; 51180 (bons de souscription de parts de créateur d'entreprise : BSPCE) ; 76890 (dirigeant de SA : régime SS) ; 82810 (VRP employé par une entreprise étrangère : régime social).
Travailleur étranger
Aide au retour : 67190 (régime social et fiscal).
Formalités à l'embauche : 96020.
Indemnité de grand déplacement : 56410 (salarié logé sur le chantier).
Médaille du travail accordée par un État étranger : 45810 (IR).
Non-discrimination salariale : 3840.
Régimes de retraite et de prévoyance complémentaires étrangers : 43860 (déduction fiscale des cotis.).
Régimes de sécurité sociale étrangers : 43620 (déduction fiscale des cotis.).
Rémunération variable : 57925 (fixation des objectifs en langue étrangère).
Représentation des travailleurs immigrés dans les instances consultatives : 72180 (autorisation d'absence).
Retraite provenant de l'étranger : 52430 (régime social).
Rupture du contrat d'un étranger non autorisé à travailler : 65310 s. (salaire et indemnisation) ; 65370 (régime social et fiscal des sommes dues).

Étranger (suite)
Soins médicaux à l'étranger : 61810 (droit au maintien du salaire).
AUTRES RUBRIQUES : Expatriation, Travail à l'étranger.

Étude – étudiant
Primes de frais de scolarité (pris en charge par l'employeur) : 52060 s. (cotis. SS).
Vacances scolaires ou universitaires : 76330 (ind. fin de CDD) ; 89130 s. (travail en entreprise) ; 89500 (travail en entreprise pendant ou hors vacances : IR).
AUTRES RUBRIQUES : Enseignant – enseignement, Stage – stagiaire.

EURL (entreprise unipersonnelle à responsabilité limitée)
Conjoint de l'associé unique : 53870 s. (régime fiscal du salaire) ; 76970 (cotis. SS).
Gérant : 76970 (cotis. SS) ; 77590 (IR).

Examen
Apprenti : 83970 (échec : portée sur le salaire).
Jury : 72180 (autorisation d'absence des membres).
Préparation et suivi de l'examen de contrôle des connaissances : 89810 (avocat salarié).

Examen médical : 62000 (maintien du salaire) ; 62800 (reprise du versement du salaire en cas d'inaptitude physique : point de départ) ; 72110 (autorisation d'absence).

Excédent
– de cotisations aux régimes de retraite et de prévoyance : 43750 (IR).
– d'investissement dans la construction (report) : 33610 (conditions) ; 33830 s. (situation du nouvel exploitant en cas de cession…).

Exercice comptable : 91250 s. (comptabilisation des rémunérations dues à la clôture de l'exercice).

Exonération – allégement : voir chaque prélèvement social ou fiscal ou chaque catégorie de bénéficiaires.

Expatriation
Charges sociales : 71300 s. (étude d'ensemble) ; 30830 (contrib. formation et alternance).
Effectif : 18835 s.
Impôts et taxes : 71650 (étude d'ensemble).
Indemnités pour frais : 56640 s. (régime social).
Prime d'expatriation : 71040 (étude d'ensemble) ; 3840 (égalité de rémunération) ; 44710 s. (généralités) ; 59530, 59590 (ind. congés payés) ; 63680 (calcul de l'ind. de licenciement) ; 71240 (cotis. de retraite complémentaire) ; 92600 (comptabilisation).
AUTRE RUBRIQUE : Travail à l'étranger.

Expert-comptable
Cotisation à l'ordre des experts-comptables et à la compagnie des commissaires aux comptes : 56990 s. (prise en charge par l'employeur).
Cotisation à la Cavec : 42550 (prise en charge par l'employeur et part patronale : cotis. SS).

Expulsion : 38480 (logement de fonction) ; 67640 (grévistes bloquant l'accès aux lieux de travail : rémunération des non-grévistes).

F

Famille
Association familiale : 72180 (autorisation d'absence des représentants).
Congé de maternité ou d'adoption : voir Maternité – adoption.
Congé parental d'éducation ou travail à temps partiel : 63100 (étude d'ensemble) ; 30480 (retraite complémentaire) ; 45540 (prime d'ancienneté) ; 63350 (effet sur le droit à l'indemnité de licenciement) ; 63450 (calcul de l'indemnité de licenciement) ; 66190 (ind. compensatrice de préavis) ; 72100 (suspension du contrat de travail).
Congé de paternité ou d'accueil de l'enfant : voir Paternité (congé).
Congé de présence parentale : 30480 (retraite complémentaire) ; 59165 (effets sur la durée des congés payés) ; 63350 (effet sur le droit à l'indemnité de licenciement) ; 72100 (autorisation d'absence).
Congé de proche aidant : 30480 (retraite complémentaire) ; 59165 (effets sur la durée des congés payés) ; 59770 (report des congés) ; 63350 (effet sur le droit à l'indemnité de licenciement) ; 72100 (autorisation d'absence).
Congé de solidarité familiale : 30480 (retraite complémentaire) ; 59165 (effets sur la durée des congés payés) ; 63350 (effet sur le droit à l'indemnité de licenciement) ; 72100 (autorisation d'absence).
Congé pour enfant malade : 59165 (effets sur la durée des congés payés) ; 72100 (congé légal) ; 88210 (congé conventionnel journaliste).
Congé pour événement familial : 13480 (bulletin de paie) ; 45300 s. (primes et gratifications) ; 59170 (effets sur la durée des congés payés) ; 72100 (autorisations d'absence) ; 76030 (CDD) ; 80900 (VRP) ; 85460 (hôtel – café – restaurant) ; 88210 (journaliste) ; 89740 (avocat salarié).
Enfants à charge : 41150 s. (prestations du CSE au bénéfice des enfants et famille : cotis. SS) ; 59185 (droit à congés payés supplémentaires) ; 52550 (majoration de retraite : exo. cotis. spéciale SS) ; 53010 (participation de l'employeur au financement des chèques-vacances) ; 61520 (décès : délai de carence pour le versement des IJSS).
Frais de garde d'enfant : 41330 s. (participation du CSE : cotis. SS) ; 41710 s. (régime fiscal).
Motif familial : 51270 (déblocage de la participation ou du PEE).
Participation au capital d'une SARL (incidence sur situation du gérant) : 76940 (régime SS) ; 77560 (catégorie d'imposition).
Prestations familiales versées par l'employeur (supplément ou compensation)
Comptabilisation : 91360.
Cotisations : 52060 s.

Famille (suite)
Saisie ou cession du salaire : 15190.
Travail à l'étranger : 71040 (compensation de la perte d'alloc. familiales).
Prime pour événement familial : 3400 (égalité de rémunération femmes-hommes) ; 41150 s. (versée par le CSE : cotis. SS) ; 44710 s. (généralités) ; 92450 (comptabilisation).
Tâches ménagères et familiales : 25750 s. (entreprises et associations de services aux personnes : exo. de cotis. SS).
Temps partiel pour raisons personnelles : 74830.
Travail dans l'entreprise familiale
Avantages en nature accordés aux enfants : 39120 (cotis. SS) ; 40260 (IR).
Salaire du conjoint du chef d'entreprise : voir Conjoint (du chef d'entreprise).
AUTRES RUBRIQUES : Conjoint, Maternité – adoption.

Faute
Employeur : 59790 (impossibilité de prendre les congés payés) ; 67450 s. (faute contractuelle à l'origine d'une grève ; compensation de la perte de salaire) ; 67720 s. (lock-out).
Salarié
Faute grave ou lourde : 63340 (ind. légale licenciement) ; 63410 (faute pendant le préavis : incidence sur l'ind. légale de licenciement) ; 63630 (ind. conventionnelle licenciement) ; 66100 (interruption du préavis) ; 76340 (ind. fin de CDD) ; 81510 (VRP : préavis) ; 81680 (VRP : commissions de retour sur échantillonnages) ; 81790 (VRP : droit à ind. clientèle) ; 82030 s. (VRP : droit aux ind. conventionnelles de rupture) ; 84580 (rupture d'un contrat d'insertion : remboursement de l'aide de l'État).
Interdiction des sanctions pécuniaires : 72350 s.
Préavis : 65910 (droit au préavis) ; 66100 (interruption) ; 66150 (ind. compensatrice).

Femme
– de ménage : voir Employé de maison.
Égalité de rémunération femmes-hommes : 3150 s.
AUTRE RUBRIQUE : Conjoint.

Fermeture pour congés payés : 59360 (durée de la fermeture supérieure à celle des congés) ; 59710 (horaire de travail pour calcul de l'ind.) ; 59980 (ind. spéciale de congés payés : inclusion dans le salaire) ; 60120 (trop-perçu en cas de rupture du contrat) ; 60350 (régularisation annuelle cotis. SS) ; 68427 (rémunération mensuelle minimale) ; 76020 (CDD).

Fête : 39950 (organisée par l'entreprise : cotis. SS).

Fiche
– de paie : voir Bulletin de paie.
– de répartition des droits : 47380 (participation) ; 48240 (intéressement).

Filiale : voir Groupe de sociétés.

Fin de carrière : voir Départ ou mise à la retraite, Préretraite – préretraité.

Fixe (salaire) : 54490 (versement des pourboires en sus du salaire fixe) ; 66200 (ind. compensatrice de préavis).

Fnal (Fonds national d'aide au logement) : voir Contribution (d'aide au logement).

FNE : voir Convention (de coopération du Fonds national de l'emploi).

Fonctionnaire : 69030 s. (emploi dans le privé : cotis. SS).

Fondation : voir Association.

Fonds
– commun de placement : 93220 s. (comptabilisation des sommes versées).
– de commerce : 54700 s. (mise en location-gérance : régime social et fiscal des redevances).
– national d'aide au logement (Fnal) : voir Contribution (d'aide au logement).
– national de l'emploi (FNE) : voir Convention (de coopération du Fonds national de l'emploi).

Force majeure
Conflit collectif : 67640 s. (impossibilité de fournir du travail aux non-grévistes) ; 67720 s. (lock-out).
Récupération des heures perdues : 9110 s.
Rupture du contrat de travail : 63340 (ind. licenciement) ; 73440 (décès du salarié) ; 76340 (ind. fin de CDD) ; 81790 (VRP : droit à ind. clientèle) ; 82030 s. (VRP : droit aux ind. conventionnelles de rupture) ; 84580 (contrat d'insertion : remboursement de l'aide de l'État).
Versement du salaire : 5420.

Forfait
Cotisations forfaitaires de SS : 13630 s. (mention sur le bulletin de paie) ; 38850 (avantages en nature) ; 71320 (ass. volontaire des salariés expatriés) ; 85760 s. (hôtel – café – restaurant) ; 90430, 95310 (formateurs occasionnels) ; 96380 s. (pourboires).
Déduction forfaitaire pour frais professionnels : voir Déduction – abattement.
Fixation forfaitaire des cotisations suite à contrôle Urssaf : 20455 s.
Forfait mobilités durables : 57660 s. (prise en charge des frais domicile-lieu de travail).
Forfait social : 27320 s. (étude d'ensemble) ; 13630 s. (mention sur le bulletin de paie) ; 91380 (comptabilisation).
Indemnité forfaitaire pour frais professionnels : voir Frais professionnels.
Rémunération forfaitaire
Avocat salarié : 89690 s.
Convention de forfait comprenant l'accomplissement d'heures supplémentaires : 8450 s. (étude d'ensemble) ; 8540 (rémunération des astreintes) ; 7710 s. (allégement de cotis. SS sur les heures supplémentaires) ; 7740 (allégement de cotis. SS en cas de renonciation à des jours de repos dans le cadre des forfaits annuels en jours) ; 18842 (effectif SS : modalités de décompte des forfaits jours) ; 22120 s. (calcul de la réduction générale cotis. patronales) ; 57600

Forfait (suite)
(forfait jours réduit : remboursement de frais domicile-travail) ; 67400 (retenue sur salaire en cas de grève) ; 68170 (indemnisation de l'activité partielle) ; 68550 (mise en place ou modification par un accord de performance collective) ; 75220 s. (maintien cotis. vieillesse sur salaire temps plein) ; 85390 (cadres des hôtels – cafés – restaurants) ; 94620 s. (modèles de bulletins de paie : forfait hebdomadaire en heures) ; 94620 s. (modèles de bulletins de paie : forfaits annuels).
Inclusion de primes et indemnités dans le salaire : 59980 (ind. congés payés).
Travailleur à domicile : 87010 s.

Formateur occasionnel : 30160 (régime Agirc-Arrco : assiette des cotis.) ; 90420 s. (étude d'ensemble) ; 95310 (modèle de bulletin de paie) ; 96400 s. (assiette forfaitaire cotis. SS).

Formation
– économique, sociale, environnementale et syndicale : 41440 (ind. versée par le CSE : cotis. SS) ; 59170 (effet du congé sur le droit à congés payés) ; 72130 (droit à congé).
– remboursement par le salarié : 15030 (compensation avec le salaire).
Élèves et étudiants : voir Étude – étudiant.
Participation aux instances de formation : 72180 (autorisation d'absence).
Représentant du personnel : 79370 (formation des membres du CSE).

Formation professionnelle
Étude d'ensemble : 72600 s.
Avocat salarié : 89810.
Clause de dédit-formation : 72635.
Contribution de l'employeur : voir Contribution à la formation professionnelle.
Crédit d'impôt formation : voir Crédit d'impôt.
Formation pendant une période d'activité partielle : 67995 (activité partielle de droit commun : engagements de l'employeur) ; 68050 (ind. versée au salarié).
Rupture du contrat de travail en cours de stage : 65950 (point de départ du préavis).

Formation professionnelle alternée
Étude d'ensemble : 83840 s.
Aide de l'État ou de la région : 84295 s. (apprentissage) ; 84570 s. (CIE) ; 93550 s. (comptabilisation).
Contribution de l'employeur : voir Contribution à la formation professionnelle.

Fournitures : 55570 (achat par le salarié : cumul du remboursement avec une DFS) ; 87270 (travailleur à domicile).

Fractionnement
– d'une prime : 45410 (prime liée à une condition de présence), 45450 (rupture du contrat de travail : versement prorata temporis).
– des congés payés : 56980 (remboursement de frais : cotis. SS) ; 59185 (droit à congés payés supplémentaires).

Frais et charges (de l'entreprise)
Charges à payer : 34870 (déduction du résultat de l'entreprise) ; 35270 s. (mise à disposition du revenu pour le salarié).
Charges déductibles du résultat de l'entreprise : 34200 s. (fiscalité) ; 50360 s. (options sur actions) ; 51000 s. (attribution d'actions gratuites) ; 91200 s. (comptabilité).
Provisions pour charges : voir Provision.
Relevé de charges à payer : 34870 (fiscalité).
Relevé de frais généraux : 36820 s. (étude d'ensemble) ; 96440 (seuils d'inscription).

Frais professionnels
Étude d'ensemble : 55200 s.
Abattement forfaitaire : voir Déduction – abattement.
Bulletin de paie : 13730 s. (intégration au net social) ; 56010 (montant net imposable) ; 94760 s. (modèles).
Compensation avec les dettes du salarié : 14850.
Comptabilisation : 93700.
CSG-CRDS : 28650 s. (déduction forfaitaire générale pour frais) ; 55610 (assiette : indemnité pour frais professionnels) ; 69680 (artistes du spectacle) ; 75060 (travail à temps partiel) ; 94460 s. (plafonnement : modèle de bulletin de paie).
DSN : 56020 s.
Frais d'atelier des travailleurs à domicile : 87260 (remboursement) ; 87470 (affichage chez le donneur d'ouvrage) ; 87750 s. (régime social) ; 87910 (régime fiscal) ; 95300 (modèle de bulletin de paie).
Frais indûment perçus : 72500 (remboursement à l'employeur).
Frais liés au télétravail : 86800 s. (prise en charge par l'employeur) ; 86860 s. (régime social) ; 86900 s. (régime fiscal).
Indemnités diverses (calcul) : 59530, 59590 (ind. congés payés) ; 62900 s. (ind. spéciale de licenciement due aux victimes d'accident du travail) ; 63460 (ind. licenciement) ; 66030 (rémunération du préavis exécuté) ; 66205 (ind. compensatrice de préavis).
Informatique et télécommunications : 56900 s. (régime social) ; 56930 (régime fiscal).
Jours fériés (rémunération) : 60940 (jours fériés chômés) ; 61160 (1er mai travaillé).
Limites d'exonération de plein droit des allocations forfaitaires pour frais (ind. repas, de grands et de petits déplacements) : 56200 s. (régime social et fiscal) ; 96300 (barème grands déplacements) ; 96320 (autres barèmes).
Maladie : 61850 (maintien du salaire).
Minimum conventionnel : 2730 (calcul).
Mobilité professionnelle : 56640 s. (ind. pour frais : régime social) ; 56810 s. (ind. pour frais : régime fiscal).
Régime fiscal : 55650 s. (étude d'ensemble).
Régime social : 55200 s. (étude d'ensemble) ; 41290 (alloc. versées par le CSE : cotis. SS).
Rémunération mensuelle minimale : 68430 (calcul).

Frais professionnels (suite)
Représentant du personnel : 79190 (rémunération des heures de délégation).
Saisie ou cession du salaire : 15190 (saisissabilité).
Salarié en formation professionnelle : 72620 (plan de développement des compétences) ; 72730 (CTP).
Smic : 1820 (calcul).
Taxe sur les salaires : 31530 (assiette).
Travail à l'étranger : 56640 s. (étude d'ensemble) ; 59590 (frais de séjour : calcul congés payés).
Catégories professionnelles particulières : 69080 (salarié à employeurs multiples : régime social) ; 69350 (salarié à employeurs multiples : régime fiscal) ; 77070 (dirigeant salarié : régime social) ; 77710 s. (dirigeant salarié : régime fiscal) ; 80270 s. (VRP : modalités de remboursement) ; 82690 s. (VRP : régime social) ; 83660 s. (représentants de commerce : régime fiscal) ; 95320 (journaliste : modèle de bulletin de paie).
AUTRES RUBRIQUES : se reporter au mot correspondant à la nature des frais (Nourriture – boisson, Transport – déplacement, etc.).

Franchise (taxe sur les salaires) : 31450 (bénéficiaire de la franchise en base de TVA) ; 31740 (petits redevables).

Frontalier : 28410 s. (CSG et CRDS) ; 31370 (taxe sur les salaires).

Fusion de sociétés : voir Transfert d'entreprise.

G

Garage : 5860 (équivalence applicable au personnel de gardiennage) ; 39280 s. (accessoire à un logement de fonction : cotis. SS) ; 57630 (prise en charge des frais de parking par l'employeur : cotis. SS) ; 66030 (exécution du préavis).

Garantie de rémunération après RTT : 53720 s. (conventionnelle) ; 66230 s. (congé de reclassement après licenciement économique).

Garçon de café : voir Hôtel – café – restaurant, Pourboire.

Garde – gardien – gardiennage
Convention collective : 4800 (information du salarié).
Fourniture du logement : 39330 (cotis. SS : évaluation selon la valeur locative) ; 39340 (cotis. SS : évaluation forfaitaire) ; 40500 (IR).
Frais de garde : 3400 (prime pour garde d'enfant : égalité de rémunération femmes-hommes) ; 41330 s. (garde d'enfant : participation du CSE) ; 41710 s. (participation du CSE aux frais de garde d'enfant : régime fiscal) ; 44710 s. (primes pour garde d'enfant : généralités) ; 52060 s. (prestation sociale complémentaire versée par l'entreprise).
Garde à vue : 89710 (avocat salarié : rémunération).
Garde meuble : 56870 (IR : quartiers généraux et centres de logistique des groupes internationaux).

Garde – gardien – gardiennage (suite)
Heures de prolongation : 5880 (personnel de surveillance et de gardiennage).
Indemnité compensatrice de congés payés : 60070.
Temps de garde : 5740 s. (étude d'ensemble) ; 5860 (équivalence).

Gaz (frais afférents à un logement de fonction) : 38460 (prise en charge) ; 39280 s. (cotis. SS) ; 40490 s. (IR) ; 92130 s. (comptabilisation).

Gérant
– de commerces alimentaires ou de coopératives de consommation : 19020 (redevable des cotis.) ; 35120 (régime fiscal et social).
– de société : voir Dirigeant de société.
– de station-service : 19020 (redevable des cotis.).

Gratification : voir Primes et gratifications.

Gratuité (avantages fournis par l'employeur)
Banques : 53970 s.
Égalité de rémunération femmes-hommes : 3380.
Repas (salariés en déplacement professionnel) : 40230 (IR) ; 56260 (cotis. SS).
Vêtements : 39860 s. (cotis. SS).

Grève
Étude d'ensemble : 67370 s.
Bulletin de paie : 95100 (modèle).
Crédit d'heures des représentants du personnel : 79040 (imputation des heures de délégation) ; 79080 (dépassement du crédit d'heures).
Incidences de la grève : 46660 (participation) ; 48190 (intéressement) ; 59165 (droit à congés payés) ; 61040 (rémunération d'un jour férié inclus dans la période de grève).
Retenue sur salaire : 8930 (conv. de forfait annuel en jours) ; 11100 s. (modalités de calcul).
Soutien des grévistes par le CSE : 41210 (cotis. SS).

Grilladins : 54417 (répartition des pourboires).

Grille des rémunérations : 4840 (information contenue dans le bilan social).

Groom : voir Hôtel – café – restaurant.

Grossesse : voir Maternité – adoption.

Groupe de sociétés
Attribution gratuite d'actions : 50970 s.
Bons de souscription de parts de créateur d'entreprise : 51180.
Cotisations de sécurité sociale : 19275 (versement en un lieu unique) ; 20615 s. (rescrit social) ; 21510 (mise en demeure : destinataire).
Détachement de personnel : 93070 (comptabilisation).
Intéressement des salariés : 48070 (masse à répartir) ; 48080 (calcul plafond global) ; 48280 (substitution au salaire dans une entreprise membre).
Mise à disposition d'une filiale étrangère : 71090 s. (ind. rupture).

Groupe de sociétés (suite)
Mutation : 18230 (cotis. SS : plafond régularisateur) ; 51270 (déblocage de la participation ou de l'intéressement).
Options de souscription ou d'achat d'actions : 50320 (salariés et dirigeants bénéficiaires) ; 50410 (transfert des charges et moins-values entre sociétés) ; 77075 (plans hors cadre légal : régime social) ; 77825 (plans hors cadre légal : régime fiscal).
Participation des salariés : 46340 (groupes intégrés fiscalement ou non) ; 46500 (formule dérogatoire : équivalence des avantages).
Prise de contrôle d'une société de presse : 88350 (préavis des journalistes) ; 88400 (ind. licenciement).
AUTRES RUBRIQUES : LBO (Leverage Buy Out), Management package.

Groupement d'employeurs
Agriculteurs ou sociétés civiles agricoles : 30860 (taxe d'apprentissage : champ d'application).
Autres groupements d'employeurs : 30860 (taxe d'apprentissage : champ d'application).
Contrat de professionnalisation : 84400 s. (exo. de cotis.) ; 84440 (aide de l'État).
Cotisations sociales : 23080 (exo. ZRR).
Obligation d'emploi des travailleurs handicapés : 28195.
Participation et intéressement : 46390 (salariés mis à disposition : calcul de la réserve de participation) ; 46630 (participation : salariés bénéficiaires) ; 48070 (intéressement : montant).

Groupement d'intérêt économique
Intéressement : 48070.
Membres : 76970 (cotis. SS).

Guadeloupe : voir Département, collectivité ou territoire d'outre-mer.

Guelte : 1920 (calcul du Smic).

Guichet unique du spectacle occasionnel (Guso) : 69870 s. (étude d'ensemble).

Guyane : voir Département, collectivité ou territoire d'outre-mer.

H

Habillage – habillement : voir Vêtement.

Habitation : voir Logement.

Handicapé
Adaptation professionnelle : 93580 s. (comptabilisation des aides).
Aide du CSE : 41150 s. (cotis. SS).
Apprenti : 83970 (rémunération en cas de prolongation du contrat).
Contribution OETH : 28150 s. (étude d'ensemble) ; 91900 (comptabilisation).
Enfant handicapé : 28195 (stage en entreprise : OETH) ; 52160 s. (prime versée par une mutuelle) ; 53010 (participation de l'employeur au financement des chèques-vacances).

Handicapé (suite)
Entreprises et associations de service aux personnes intervenant auprès des handicapés : 25750 s. (exo. de cotis. SS pour les activités de services aux personnes).
Établissement pour personnes handicapées : 5800 s. (rémunération des éducateurs effectuant des gardes de nuit) ; 5860 (horaire d'équivalence) ; 39060 (repas pris en service par les éducateurs : cotis. SS) ; 40240 (repas pris en service par les éducateurs : IR et DSN).
Indemnité de licenciement : 63620 (condition d'attribution).
Prime d'apprentissage : 93550 s. (comptabilisation).
Temps de trajet : 5640 (rémunération).

Harcèlement moral ou sexuel : 3650 (victime ou témoin : discrimination salariale).

Haut-Rhin : voir Alsace-Moselle.

Hébergement : voir Logement.

Heure – horaire (de travail)
Congés payés : 59700 s. (calcul de l'indemnité).
Équivalent mensuel d'un horaire hebdomadaire : voir Équivalence.
Heures complémentaires : 7750 (réduction de cotis. salariales) ; 13830 (bulletin de paie) ; 74560 s. (étude d'ensemble) ; 74810 (temps partiel aménagé sur une période supérieure à la semaine) ; 74840 (temps partiel modulé).
Heures de délégation : voir Crédit d'heures (représentants du personnel).
Heures de prolongation permanentes : 5880.
Heures pour recherche d'emploi : 13480 (bulletin de paie) ; 66050 (exécution du préavis) ; 66205 (dispense de préavis) ; 85520 (hôtel – café – restaurant) ; 88360 (journaliste) ; 89880 (avocat salarié).
Horaire d'équivalence : voir Équivalence.
Horaire individualisé ou horaire variable : 6560.
Indemnisation de la maladie : 61860.
Preuve des heures effectuées en cas de litige : 6600 s.
Prime pour incommodité d'horaire : 45330 (incidence de la suspension du contrat de travail).
Récupération des heures de travail perdues : voir Récupération.
Réduction de l'horaire de travail : voir Chômage – chômeur, Réduction (de la durée du travail).
Refus du salarié de se conformer à l'horaire : 5440 (incidence sur le salaire).
Stage de formation professionnelle : 72620.
Travail à temps partiel : voir Travail à temps partiel.

Heures supplémentaires
Étude d'ensemble : 6100 s.
Aménagement du temps de travail sur plusieurs semaines : 9630 s. (régime conventionnel) ; 9840 (régime réglementaire) ; 68540 (mise en place d'un accord de performance collective).
Articulation avec l'activité partielle : 68165.

Heures supplémentaires (suite)
Bulletin de paie : 7140 (établissement) ; 13730 (intégration au net social) ; 13830 (mention) ; 94320 s. (modèles).
Comptabilisation : 92520.
Contingent annuel : 6720 s. (étude d'ensemble).
Convention de forfait : voir Forfait (Rémunération forfaitaire).
Crédit d'heures : 79130 (prise en compte dans le calcul).
Cycle de travail : 10270 s. (règles générales).
Exonérations sociales : 7770 s. (réduction de cotis. salariales) ; 7800 s. (déduction forfaitaire de cotis. patronales) ; 22110 (application de la réduction générale de cotis. patronales).
Horaire d'équivalence : 5910 s.
Incidence des jours fériés chômés : 60970 (heures à rémunérer : droit à contrepartie obligatoire en repos).
Majoration pour heure supplémentaire : 6950 s. (étude d'ensemble) ; 1860 (Smic).
Mensualisation : 6500 s. (étude d'ensemble).
Modulation de la durée du travail : 10020 s.
Prise en compte des majorations : 15180 (saisie ou cession du salaire) ; 45560 (majoration pour ancienneté) ; 59510, 59700 s. (congés payés) ; 61170 (rémunération du 1er mai travaillé) ; 61860 (indemnisation de la maladie) ; 62820 (salaire en cas d'inaptitude physique) ; 66200 (ind. compensatrice de préavis).
Récupération des heures perdues : 9330.
Réduction du temps de travail sous forme de jours de repos : 10430 s. (jours de repos sur l'année).
Situations et catégories particulières : 6170 s. (cadres) ; 65380 (travail dissimulé) ; 68520 (modification d'un accord de performance collective) ; 72730 (CTP) ; 74830 (temps partiel pour raisons personnelles) ; 10760 (travail intermittent) ; 79180 (représentant du personnel) ; 79920 (VRP) ; 6200, 84050 (apprenti) ; 85150 s. (hôtel – café – restaurant) ; 87180 s. (travailleur à domicile).

Honoraires (conseil de l'entreprise) : 93610 (comptabilisation).

Hôpital – hospitalisation
Contribution OETH : 28160.
Gardes de nuit : 5800.
Horaire d'équivalence : 5860.
Maintien du salaire en cas de maladie : 62000.

Hôtel – café – restaurant
Étude d'ensemble : 84930 s. (rémunération et cotis. SS) ; 85950 s. (régime fiscal).
Apprenti : 84040 (avantage en nature : calcul de la rémunération).
Assiette forfaitaire de cotisations : 96380 s. (montants successifs).
Bulletin de paie : 86050 (établissement) ; 95240 s. (modèles).
Convention collective nationale : 84940.
Frais d'hôtel et de restaurant : voir Frais professionnels.
Nourriture et logement du personnel : 5560 (cuisinier prenant ses repas sur place : durée du travail) ; 92130 s. (comptabilisation des avantages en nature).
Pourboires : voir Pourboire.

Hygiène et sécurité
Conflit collectif : 67460 (pour le non-respect des règles de sécurité) ; 67470 (mission de sécurité assurée par un gréviste) ; 67730 (fermeture de l'entreprise pour raisons de sécurité).
Fourniture par l'employeur d'équipements de protection : 39860 s. (cotis. SS).
Protection de la femme enceinte ou allaitante : 63000 (mutation temporaire ou suspension du contrat de travail).

I

Illettré – illettrisme : 65500 (validité d'une transaction).

Immatriculation : 96020 (formalités à l'embauche).

Immeuble (non affecté à l'exploitation) : 34430, 34780 (impôt sur les résultats) ; 36820 (relevé de frais généraux).

Immigration – immigré : voir Étranger.

Impôt sur le résultat : 34160 s. (étude d'ensemble).

Impôt sur le revenu
Étude d'ensemble : 35100 s.
CSG-CRDS : 28520.
Heures supplémentaires/complémentaires exonérées : 13830 (mention du bulletin de paie).
Net imposable : 13800 (mention du bulletin de paie).
Prélèvement forfaitaire unique : 47860 (revenus de la participation).
Recouvrement : 15450 s. (saisie sur salaire).
Pour le régime fiscal des différentes sommes versées aux salariés, se reporter à la nature de chaque somme, par exemple : Avantage en nature, Primes et gratifications…
AUTRES RUBRIQUES : Crédit d'impôt, Prélèvement à la source (de l'impôt sur le revenu), Retenue à la source.

Inaptitude physique du salarié : voir Invalidité – inaptitude.

Incendie : 5880 (heures de prolongation du personnel de service incendie) ; 38460 (logement de fonction : responsabilité).

Indemnité : pour les indemnités autres que celles citées ci-après, se reporter au mot correspondant à la nature de l'indemnité ou de l'allocation. Exemples : Frais professionnels, Non-concurrence (indemnités compensatrices), Transaction.

Indemnité compensatrice de préavis
Étude d'ensemble : 66150 s. (montant) ; 66320 s. (régime social et fiscal).
Accord de performance collective : 68610 (salarié ayant refusé l'application de l'accord à son contrat).

Indemnité compensatrice de préavis (suite)
Bulletin de paie : 66470 (établissement) ; 94850 (modèle).
Comptabilisation : 92650.
Grève : 67575.
Licenciement : 63470 (calcul de l'ind.).
Prise d'acte de la rupture du contrat : 65280 (droit à l'ind.).
Révocation du mandat social d'un dirigeant : 77880 s. (régime fiscal).
Transaction : 65470 (portée) ; 65590 s. (ind. comprise dans une ind. transactionnelle : cotis. SS).
Transfert d'entreprise : 70130.
Catégories particulières : 62900 (salarié physiquement inapte suite à un accident du travail) ; 65330 s. (étranger non autorisé à travailler) ; 71090 s. (travail à l'étranger) ; 81510 s. (VRP) ; 83580 (VRP : régime fiscal) ; 89880 (avocat salarié).

Indemnité de clientèle (VRP) : 81760 s. (étude d'ensemble) ; 83590 s. (régime fiscal).

Indemnité de congés payés
Étude d'ensemble : 59350 s. (montant de l'ind. congés payés) ; 60070 s. (montant de l'ind. compensatrice de congés payés) ; 60310 s. (régime fiscal et social de l'ind. congés payés) ; 60620 s. (régime fiscal et social de l'ind. compensatrice de congés payés).
Bulletin de paie : 13730 (intégration au net social) ; 60000 s. (établissement) ; 94930 s. (modèles).
Comptabilisation : 92320 s.
Indemnités versées par les caisses de congés payés : 60360 s. (cotis. sociales et TPS).
Portée d'une transaction : 65470.
Prise en compte de l'indemnité de congés payés : 15180 (saisie ou cession du salaire) ; 63410 (calcul de l'ancienneté pour ind. licenciement) ; 63470 (ind. licenciement : salaire de référence) ; 63680 (ind. conventionnelle licenciement : salaire de référence) ; 76355 (ind. fin de CDD).
Transfert d'entreprise : 70220 (débiteur de l'indemnité en cas de transfert légal d'entreprise) ; 70870 (déduction des résultats du nouvel employeur).
Situations et catégories particulières : 11520 s. (travail temporaire) ; 11670 s. (sous-traitance) ; 58480 s. (salariés dont la rémunération comporte une partie variable) ; 65320 (étranger non autorisé à travailler) ; 67750 (lock-out) ; 71100 (salarié mis à disposition d'une filiale étrangère) ; 74720 (temps partiel : cas général) ; 76020 (CDD) ; 76300 (fin de CDD) ; 79040 (représentant du personnel utilisant son crédit d'heures pendant ses congés payés) ; 80680 s. (VRP) ; 87170 (travailleur à domicile).

Indemnité de départ ou de mise à la retraite : voir Départ ou mise à la retraite.

Indemnité de départ volontaire : 64180 s. (étude d'ensemble) ; 67230 (régime social et fiscal : tableau récapitulatif) ; 94910 s. (rupture conventionnelle homologuée : modèle de bulletin de paie).

Indemnité de fin de contrat à durée déterminée
Étude d'ensemble : 76330 s.
Bulletin de paie : 76360 (établissement) ; 95180 (modèle).
Prise en compte de l'indemnité : 75970 (égalité CDD-CDI) ; 76300 (ind. congés payés).
Catégories particulières : 65330 s. (étranger non autorisé à travailler) ; 84560 (CIE) ; 84640 (CAE).

Indemnité de licenciement
Étude d'ensemble : 63260 s. (montant) ; 63800 s. (régime social et fiscal) ; 67220 (régime social et fiscal : tableau récapitulatif).
Accord de performance collective : 68610 (salarié ayant refusé l'application de l'accord).
Bulletin de paie : 63530 (établissement) ; 94850 s. (modèles).
Compensation avec les dettes du salarié : 14940 (dette pour fourniture) ; 15000 (prêt consenti par l'employeur).
Comptabilisation : 92670 s.
Déduction des résultats de l'entreprise : 34420 (étude d'ensemble) ; 34680 (ind. versées aux dirigeants de sociétés anonymes cotées).
DSN : 63540.
Égalité de rémunération : 3380 (notion de rémunération) ; 3860 (ind. plus élevée pour les cadres : licéité).
Portée d'une transaction : 65470.
Prise d'acte de la rupture du contrat : 65280 (droit à l'ind.).
Saisie ou cession : 15195 (saisissabilité).
Transfert d'entreprise : 70050 (droits du salarié compris dans un transfert légal) ; 70130 (employeur débiteur en cas de licenciement avant le transfert) ; 70230 (employeur débiteur en cas de licenciement après le transfert) ; 70420 (droits du salarié compris dans un transfert volontaire ou conventionnel) ; 70870 (déduction des résultats du nouvel employeur).
Catégories particulières : 62870 s., 62900 s. (salarié physiquement inapte à son emploi) ; 65330 s. (étranger non autorisé à travailler) ; 71090 s. (travail à l'étranger) ; 74740 s. (salarié occupé successivement à temps plein et à temps partiel) ; 75525 (travail à temps partiel) ; 76670 (dirigeant de Scop) ; 76740 (suspension du contrat de travail pendant la durée d'un mandat social) ; 77910 (cumul contrat de travail-mandat social : régime fiscal des ind. de rupture) ; 81950 (VRP : cumul avec ind. clientèle) ; 82060 (VRP : cumul avec ind. ANI 3-10-1975) ; 82210 s. (VRP : cumul avec ind. conventionnelles applicables dans l'entreprise) ; 88370 s. (journaliste) ; 89910 (avocat salarié).

Indemnité de requalification (du CDD en CDI) : 76510 s. (étude d'ensemble).

Indemnité de rupture conventionnelle :
Rupture conventionnelle collective : 64270 s. (étude d'ensemble) ; 92735 (comptabilisation).
Rupture conventionnelle homologuée : 64200 s. (étude d'ensemble) ; 88410 (journaliste) ; 92730 (comptabilisation).

Indemnité forfaitaire de conciliation : 65680 s. (étude d'ensemble).

Indemnité journalière de sécurité sociale : voir Assurance maladie.

Indemnité kilométrique : voir Barème (kilométrique).

Indemnité pour licenciement irrégulier, sans cause réelle ou sérieuse ou nul : 65760 s. (étude d'ensemble) ; 65770 s. (régime social et fiscal).

Indexation : 3940 s. (interdiction des clauses d'indexation).

Indisponibilité

Attribution d'actions gratuites : 50970 s. (étude d'ensemble) ; 73510 (décès).

Participation des salariés : 47200 s. (étude d'ensemble) ; 93220 s. (comptabilisation des intérêts).

Plans d'épargne salariale : 49600 (PEE et PEI) ; 50160 (Perco) ; 50227 (Pereco).

Indu

Récupération des sommes indûment versées : 15800 (salaire) ; 19705 s. (cotis. SS) ; 29580 (cotis. chômage et AGS) ; 43600 (régime fiscal du remboursement au salarié des cotis. salariales) ; 60120 (ind. congés payés) ; 68970 (cotis. SS : salarié à employeurs multiples) ; 72500 (interdiction des sanctions pécuniaires).

Infirmier

Horaire d'équivalence : 5860.

Mise à disposition d'une chambre de service : 39220 (cotis. SS).

Rémunération des périodes d'astreinte : 5800.

Repas pris au domicile du malade : 39100 (cotis. SS).

Repas pris dans les établissements psychiatriques : 40240 (IR et DSN).

Information du salarié (obligations de l'employeur) : 4440 s. (révocation ou modification d'un usage) ; 4610 s. (modification du salaire contractuel) ; 4750 s. (modalités de la rémunération) ; 5760 (heures d'astreintes effectuées) ; 7600 s. (repos compensateur pour heures supplémentaires et contrepartie obligatoire en repos) ; 10150 (modulation de la durée du travail) ; 10520 (réduction du temps de travail sous forme de jours de repos) ; 16450 (traitements de données personnelles) ; 36400 (données accessibles via la DSN) ; 46760 (participation : choix du salarié sur le versement de ses droits) ; 47370 s. (dispositifs d'épargne salariale appliqués dans l'entreprise) ; 49635 (PEE) ; 52580 (bénéficiaire d'un avantage de retraite) ; 55500 (option pour la DFS) ; 57930 (rémunération sur objectifs : définition des objectifs) ; 68580 (accords de performance collective) ; 71030 (travail à l'étranger).

Informatique

Gestion des traitements de données nécessaires à la paie : 16250 s. (étude d'ensemble) ; 14320 s. (conservation des données des bulletins de paie) ; 20200 (contrôle Urssaf) ; 67430 (heures de grève).

Informatique (suite)

Matériel fourni par l'employeur : 39650 s. (régime social) ; 40200 s. (régime fiscal) ; 77120 (régime social : dirigeants de sociétés) ; 77790 (régime fiscal : dirigeants de sociétés).

Remboursement de frais : 56900 s. (étude d'ensemble) ; 86800 s. (télétravail : obligations de l'employeur).

AUTRE RUBRIQUE : Télétravail.

Insalubrité (prime) : 44710 s. (généralités) ; 1910 (Smic) ; 59520 (calcul ind. congés payés) ; 79170 (représentants de personnel).

Insertion ou réinsertion professionnelle

Contrats de formation ou d'insertion : 83840 s. (étude d'ensemble).

Installation : voir Déménagement.

Intégration fiscale : 46340 (calcul de la participation des salariés) ; 48080 (plafond global d'intéressement).

Intempéries

Chômage intempéries : 68390 s. (étude d'ensemble) ; 15180 (saisie ou cession des ind.) ; 59600 (calcul ind. congés payés) ; 62910 (calcul ind. spéciale de licenciement des victimes d'accident du travail) ; 92570 (comptabilisation).

Prime d'intempéries : 44710 s. (généralités) ; 45720 s. (solutions particulières).

Récupération des heures perdues : 9110 s.

Rémunération mensuelle minimale : 68415 (droit) ; 68430 (calcul ind. d'intempéries).

Intéressement

Intéressement de projet : 48130.

Primes d'intéressement : 1920 s. (Smic) ; 2600 s. (minimum conventionnel) ; 6980 s. (majorations pour heures supplémentaires) ; 59610 (ind. congés payés) ; 66200 (ind. compensatrice de préavis).

Régime légal d'intéressement des salariés : voir Épargne salariale (régimes légaux).

Intérêt

– de retard : voir Majoration de retard.

Bonifications d'intérêts : 41560 (remboursées par le CSE aux salariés : cotis. SS).

Compte de dépôt rémunéré : 53970 s. (avantages servis par les banques à leur personnel).

Participation des salariés : 46960 s. (comptes courants bloqués) ; 93220 s. (comptabilisation).

Prêt consenti par l'employeur à un organisme collecteur : 33630 (IC).

Prêt consenti par l'employeur au salarié : 33650 (IC : taux maximal) ; 38620 s. (établissement non financier) ; 53970 s. (avantages consentis par les banques à leur personnel).

Intermittent : voir Travail intermittent.

Intermittent du spectacle : voir Spectacle.

Internet – intranet : 4800 (information sur la conv. collective applicable) ; 19580 (télépaiement des cotis. SS) ; 31870 (télérèglement de la taxe sur les salaires) ; 31900, 31920 (télédéclaration de la

Internet – intranet (suite)
taxe sur les salaires) ; 36400 (DSN) ; 35560 s. (télérèglement du PAS) ; 36760 (télédéclaration des pensions) ; 39650 s., 40200 s. (abonnement pris en charge par l'employeur : régime social et fiscal) ; 56900 s. (frais remboursés par l'employeur : étude d'ensemble) ; 86800 s. (télétravail).

Invalidité – inaptitude
Capital versé par l'entreprise : 73590 s.
Épargne salariale : (déblocage anticipé des droits) : 51270 (participation et PEE) ; 51290 (Perco) ; 51295 (Pereco).
Obligation d'emploi : 28190.
Pension d'invalidité : 52090 s. (complément de pension versé par l'entreprise) ; 62170 (pension allouée par la caisse de prévoyance des cadres : IR) ; 74920 (cumul avec travail à temps partiel : cotis. SS).
Rémunération dans l'attente d'un reclassement : 62700 s. (CDI et CDD).
Rupture du contrat : 62870 s. (ind. dues en l'absence de reclassement) ; 64900 (ind. de départ à la retraite) ; 84580 (contrat d'insertion : remboursement de l'aide de l'État).
VRP : 81790 (droit à ind. clientèle) ; 82030 s. (VRP : droit aux ind. conventionnelles de rupture).

Inventaire : 9110 s. (récupération des heures perdues).

Inventeur – invention : 54100 s. (rémunération des auteurs d'invention).

Investissement-construction (IC) : voir Participation-construction.

Invitation
Excursion organisée par l'employeur : 5400 (refus de participer : paiement du salaire).
Frais d'invitation : voir Frais professionnels.
Pot d'entreprise : 5700 (rémunération du temps passé).
Salarié invité à un repas : 39100 (cotis. SS).

Itinérant : 5650 (rémunération du temps de trajet).

J

Jardin d'enfants : voir Crèche.

Jeton de présence : 13730 (intégration au net social) ; 76890 s. (cotis. SS) ; 77190 (DSN) ; 77250 (cotis. chômage) ; 77670 (régime fiscal) ; 93050 (comptabilisation).

Jeune
Abattement sur salaire des jeunes de moins de 18 ans : 85800 (assiette forfaitaire cotis. SS des hôtels – cafés – restaurants).
Cadre et animateur pour la jeunesse : 72130 (congé).
Congés payés : 59185 (droit à congé supplémentaire) ; 72090 (ind. du congé supplémentaire).
Formation professionnelle alternée : voir Formation professionnelle alternée.
Heures supplémentaires : 6200.
Journée de solidarité : 71820.

Jeune (suite)
Rémunération mensuelle minimale : 68405 (droit) ; 68425 (calcul).
Smic : 1470 s. (montant).
Travail pendant les vacances scolaires : 76330 (ind. fin de CDD) ; 96020 (formalités préalables à l'embauche).
AUTRES RUBRIQUES : Apprenti – apprentissage, Étude – étudiant.

Jeune entreprise innovante : 22830 s. (exo. cotis. SS pour l'emploi de personnel participant à la recherche) ; 46310 (allégements fiscaux : calcul de la participation).

Jour férié
Étude d'ensemble : 60800 s.
Activité partielle : 68035.
Congé de transition professionnelle : 72730 (rémunération du salarié en CTP).
Congés payés : 59170 (droit à congés payés) ; 59270 (décompte des congés payés) ; 59360 (prolongation des congés) ; 59520 et 59540 (calcul ind. congés payés) ; 60000 (jour férié compris dans les congés payés : mention sur le bulletin de paie).
Contrat à durée déterminée : 76040.
Déclaration sociale nominative : 36410 (date limite d'envoi).
Majoration de salaire : 1910 (calcul du Smic) ; 6950 (cumul avec les majorations pour heures supplémentaires) ; 6980 s. (calcul des majorations pour heures supplémentaires) ; 12500 (date de paiement) ; 58460 (salariés dont la rémunération comporte une partie variable) ; 61250 s. (mention sur le bulletin de paie) ; 94950 s. (modèles de bulletin de paie).
Maladie : 61900.
Titres-restaurant (utilisation des titres) : 51770 (titres sur support papier) ; 51820 (titres sur support électronique).
Catégories professionnelles particulières : 74690 s. (travail à temps partiel) ; 10750 (travail intermittent) ; 80910 (VRP) ; 85470 s. (hôtel – café – restaurant) ; 87210 (travailleurs à domicile) ; 88190 (journalistes) ; 88980 (stagiaire en entreprise).

Jour ouvrable, ouvré : 59200 s. (décompte des congés payés) ; 59370 s. (calcul de l'ind. de congés payés).

Journal (de caisse) : 14560 (valeur probante).

Journaliste
Étude d'ensemble : 88040 s.
Bulletin de paie : 13340 (mentions relatives au préavis et aux congés payés) ; 13490 (pigiste : mention de la base de calcul du salaire) ; 88180 (mention d'une prime de nuit) ; 95320 (modèle : journaliste à temps plein) ; 95330 (modèle : pigiste).
Cession ou changement d'orientation du journal : 88350 (préavis) ; 88400 (ind. licenciement).
Effectif : 18846 s. (effectif SS).
Formation professionnelle : 88680 (pigiste).
Participation financière : 46600 (participation : pigiste) ; 48150 (intéressement : pigiste).

Journaliste (suite)

Réduction générale de cotisations patronales : 22030 (calcul).

Régime fiscal : 88730 s.

Régime social : 88510 s.

TPS : 88540.

Journée défense et citoyenneté : voir Service militaire ou national.

Journée de pont : voir Pont (journée de).

Journée de solidarité

Étude d'ensemble : 71800 s.

Incidence sur la durée du travail : 8780 (forfait annuel en heures) ; 8890 (forfait annuel en jours) ; 10020 (modulation) ; 10430 (réduction de la durée du travail sous forme de jours de repos) ; 68035 (recours à l'activité partielle).

Juré : 72160 (autorisation d'absence).

Jury d'examen ou de validation des acquis de l'expérience (salariés participant à des instances de la formation professionnelle) : 72180 (autorisation d'absence).

L

Lavabo (personnel) : 96380 s. (assiette forfaitaire cotis. SS).

LBO (Leverage Buy Out)

Régime des gains sur titres réalisés par les cadres et dirigeants : 77075 (régime social) ; 77825 (régime fiscal).

Libéralité : 750.

Licenciement

Adhésion à une convention de préretraite-licenciement : voir Préretraite – préretraité.

Avantage en nature : 38480 (sort du logement de fonction) ; 38550 (sort du véhicule de fonction).

Bulletin de paie : 94850 s. (modèle dernier bulletin de paie).

Conseiller du salarié lors de l'entretien préalable : 72150 (représentant du personnel) ; 72170 (salarié de l'entreprise).

Cotisations plafonnées : 18045 (calcul).

Effectif : 18840 s. (calcul effectif SS).

Indemnités : se reporter au mot correspondant à chaque indemnité, par exemple : Indemnité de licenciement, Indemnité compensatrice de préavis, Non-concurrence (ind. compensatrice), etc.

Intéressement des salariés : 48150 (incidence sur le droit à l'intéressement).

Participation et PEE : 46600 (incidence sur le droit à participation) ; 51270 (déblocage).

Portabilité des garanties prévoyance : 67030 s. (obligations de l'employeur) ; 92690 (comptabilisation).

Préavis : voir Préavis.

Prêt consenti par l'employeur au salarié : 15000 (compensation avec les sommes dues au salarié) ; 38680 (remboursement).

Licenciement (suite)

Rappel de salaire versé après la cessation du contrat : 53550 s. (cotis. SS).

Règlement des droits du salarié : 6560 (horaire variable individualisé) ; 7580 (repos compensateur pour heures supplémentaires et contrepartie obligatoire en repos) ; 9390 s. (incidence de la récupération des heures de travail perdues à la suite d'une interruption collective de travail) ; 10110 (modulation) ; 10540 (réduction du temps de travail sous forme de jours de repos) ; 45400 s. (droit aux primes et gratifications) ; 60910 (rémunération du 1er mai) ; 72270 (compte épargne-temps).

Remboursement d'aide ou d'exonération : se reporter à l'aide ou à l'exonération concernée.

Salaire : 11100 s. (calcul du salaire en cas de rupture en cours de mois).

Tableau récapitulatif des formalités à accomplir : 96030.

Titres-restaurant : 51800 (remise du reliquat).

Transaction : voir Transaction.

Transfert d'entreprise : 70050 (indemnisation du salarié licencié à l'occasion du transfert).

Lieu de travail

Frais d'atelier des travailleurs à domicile : 87260.

Liquidation judiciaire : voir Procédures collectives.

Modification : 56640 s. (ind. pour frais : régime social) ; 88090 (journaliste).

Occupation en cas de grève : 67640 (rémunération des non-grévistes).

Temps de trajet domicile-lieu de travail : 5640 s. (rémunération) ; 5780 (intervention pendant une astreinte).

Trajet domicile-lieu de travail : 55720 s. (ind. et régime social de l'ind.).

Liquidation judiciaire : voir Procédures collectives.

Lissage de la rémunération

Aménagement du temps de travail sur plusieurs semaines : 9660 (régime conventionnel) ; 9820 (régime réglementaire).

Cycle de travail : 10300 s.

Maladie : 10120.

Modulation de la durée du travail : 10070 s. (étude d'ensemble) ; 94610 (modèle bulletin de paie).

Réduction de la durée du travail sous forme de jours de repos sur l'année : 10480.

Travail à temps partiel : 74800 (temps partiel aménagé sur une période supérieure à la semaine) ; 74830 (temps partiel pour raisons personnelles) ; 74840 (temps partiel modulé).

Travail intermittent : 10760.

Livret d'épargne salariale : 47370.

Local de travail : voir Lieu de travail.

Location : 39480 s. (véhicule loué par l'employeur : régime social).

Location-gérance

Mise en location-gérance d'un fonds de commerce : 54700 s. (régime social et fiscal des redevances : étude d'ensemble).

AUTRE RUBRIQUE : Transfert d'entreprise.

Lock-out

Effet sur la rémunération : 67720 s. (étude d'ensemble).

Indemnisation des salariés en chômage partiel : 67660.

Récupération des heures perdues : 67580.

Sommes compensant la perte de salaire : 67830 s. (régime fiscal et social).

Logement

Acquisition ou agrandissement du logement : 51270 (déblocage participation et PEE) ; 51290 (déblocage Perco) ; 51295 (déblocage Pereco).

Construction ou amélioration de logements par l'employeur : 33650 (IC : dépenses libératoires).

Domicile fiscal : 71570 (détermination) ; 28410 (incidence sur la CSG et la CRDS).

Fourniture d'un logement par l'employeur

Accessoire au contrat de travail : 38420 s.

Compensation avec le salaire : 14950.

Prise en compte de l'avantage en nature : 1760 s. (Smic) ; 2710 (minimum conventionnel) ; 38180 (mention sur le bulletin de paie) ; 39200 s. (cotis. SS) ; 40200 s. (IR) ; 59510 (calcul ind. congés payés) ; 92130 s. (comptabilisation) ; 94730 (modèle de bulletin de paie) ; 96330 s. (évaluation forfaitaire de l'avantage en nature logement : barème).

Cas particuliers : 5820 (gardien devant assurer une permanence à son domicile) ; 33660 (IC : investissement libératoire) ; 52370 (retraité logé par son ancien employeur : cotis. sociales) ; 52750 (retraité logé par son ancien employeur : régime fiscal) ; 69330 (salariés à employeurs multiples) ; 77120 (dirigeant de société : régime social) ; 77790 (dirigeant de société : régime fiscal) ; 84040 (apprenti).

Frais d'atelier des travailleurs à domicile : 87260.

Frais d'hébergement engagés à l'occasion de déplacements professionnels : voir Transport – déplacement.

Hébergement du salarié en congé de transition professionnelle : 72750.

Membre du conseil d'administration d'un organisme d'habitation à loyers modérés : 72180 (autorisation d'absence).

Personne domiciliée à l'étranger et disposant d'une habitation en France : 71650 (taxation forfaitaire).

Primes, indemnités et remboursements divers liés au logement

Cas général : 55810 (IR).

Frais de déménagement et d'installation : 56640 s. (ind. pour frais : régime social).

Non-discrimination : 3400 (égalité femmes-hommes).

Logement (suite)

Sommes versées par le CSE : 41210 (régime social) ; 41710 s. (régime fiscal).

Travailleur à domicile : 87260.

Prise en charge par l'employeur du loyer du logement loué par le salarié : 39240 (cotis. SS) ; 40280 s. (IR).

AUTRES RUBRIQUES : Dortoir (salarié logé par l'employeur en dortoir), Chambre (de service mise à disposition par l'employeur), Contribution (d'aide au logement), Participation-construction.

Logiciel : voir Informatique.

Loisirs : 41410 s. (aide du CSE ou de l'employeur en l'absence de comité : cotis. SS).

Loyer : voir Logement.

M

Magasin : voir Établissement.

Maire : 72190 (congé pour exercice du mandat).

Maître-chien : 57005 (ind. pour l'entretien du chien : cotis SS).

Maître d'hôtel : 54417 (répartition des pourboires).

Majoration

– du montant du redressement Urssaf : 20450 (absence de mise en conformité) ; 20470 (travail dissimulé).

– pour ancienneté : 45560.

– pour enfant : voir Famille.

– pour heures complémentaires : 74570 s. (étude d'ensemble) ; 74810 (temps partiel aménagé sur une période supérieure à la semaine).

– pour heures supplémentaires : voir Heures supplémentaires.

Taux majorés de taxe sur les salaires : 31650 s.

Majoration de retard

Cotisations chômage et AGS : 29650.

Cotisations de retraite complémentaire : 30410.

Cotisations de sécurité sociale : 19600 s. (étude d'ensemble) ; 19080 (défaillance de l'entreprise de travail temporaire) ; 52570 (cotis. sur les retraites : retraite servie par l'employeur à un ancien salarié) ; 91420 (comptabilisation).

Déclarations fiscales et paiement des impôts : 31870 (taxe sur les salaires) ; 33750 (IC) ; 35590 (PAS) ; 35820 (retenue à la source des non-domiciliés).

Intéressement des salariés : 48750 (régime fiscal en cas d'affectation à un plan d'épargne) ; 48210 (montant) ; 49100 (obligations déclaratives).

Participation financière des salariés : 46790 (retard dans le versement) ; 47670 (supplément issu d'une rectification fiscale).

Maladie ou accident

Contrat à durée déterminée : 76355 (ind. de fin de contrat).

Déclaration sociale nominative : 36440 s. (déclaration des arrêts maladie).

Maladie ou accident (suite)
Effet de la maladie sur la durée du travail : 6490 (calcul des heures supplémentaires) ; 7720 (allégements de cotis. SS sur les heures supplémentaires) ; 8925 (conv. de forfait annuel en jours) ; 9350 s. (récupération des heures perdues) ; 10110 s. (modulation de la durée du travail) ; 10540 s. (réduction du temps de travail sous forme de jours de repos sur l'année) ; 63450 (calcul de l'ind. de licenciement) ; 72110 (autorisation d'absence pour traitements médicaux).
Effet de la maladie sur le salaire
Étude d'ensemble : 61420 s.
Maintien du salaire : 3380 (égalité de rémunération femmes-hommes) ; 3800 (égalité entre tous les salariés) ; 5780 (astreinte : temps d'intervention) ; 13730 (intégration au net social) ; 45370 (prise en compte des primes et gratifications) ; 43275 (régime social des contributions patronales finançant le maintien du salaire) ; 45630 (prise en compte d'une prime de 13e mois) ; 54470 (salariés aux pourboires) ; 58530 (salariés dont la rémunération comporte une partie variable) ; 62420 s. (bulletin de paie) ; 66060 (salariés en cours de préavis) ; 74660 (salariés à temps partiel) ; 76050 (CDD) ; 92230 s. (comptabilisation) ; 94970 s. (modèles de bulletins de paie).
Retenue pour heures d'absence : 11100 s.
Effet de la maladie sur les congés payés : 59165 (calcul de la durée des congés) ; 59850 s. (sort des congés payés en cas de maladie pendant ou avant les congés).
Grève : 67570 (grève interférant avec une période de maladie).
Indemnités complémentaires : 61700 s. (étude d'ensemble) ; 54470 (imputation sur les pourboires centralisés par l'employeur) ; 13730 (intégration au net social) ; 62180 s. (régime social) ; 62210 (CSG et CRDS) ; 62220 (régime fiscal) ; 62270 (bulletin de paie) ; 62180 s. (DSN) ; 66060 s. (salariés en cours de préavis).
Indemnités journalières de sécurité sociale : voir Assurance maladie.
Jours fériés (chômés) : 61900 (jour férié ordinaire ou 1er mai inclus dans une période de maladie).
Maladie professionnelle : voir Accident du travail (ou maladie professionnelle).
Préavis : 65950 (point de départ) ; 66060 s. (indemnisation) ; 66080 (effet sur la date de fin).
Primes et gratifications : 45200 (imputation des sommes versées au titre du maintien du salaire) ; 45300 s. (droit au paiement).
Prise en charge des frais de transport public : 57605.
Représentant du personnel : 79040 (paiement des heures de délégation).
Temps partiel thérapeutique : 75570 s. (étude d'ensemble) ; 62655 (indemnisation conventionnelle de la maladie) ; 63450 (calcul de l'ind. de licenciement).
Titres-restaurant : 61870 (droit aux titres).
Catégories professionnelles particulières
Avocat salarié : 89760 (maintien du salaire) ; 90140 (exo. cotis. CNBF).
Hôtel – café – restaurant : 85500.
Journaliste : 88110 (calcul de la prime d'ancienneté) ; 88260 (remplacement) ; 88270 (maintien du salaire).
VRP : 81000 s. (étude d'ensemble).

Malus : voir Bonus-malus.

Management package
Régime des gains sur titres réalisés par les cadres et dirigeants : 77075 (régime social) ; 77825 (régime fiscal).

Mandat
– parlementaire ou local : 72190.

Mandataire
– social : voir Dirigeant de société.

Mannequin : 12070 s. (enfant : paiement rémunération) ; 30160 (régime Agirc-Arrco : assiette des cotis.) ; 96020 (enfant : formalités à l'embauche).

Manutention portuaire (congés payés) : voir Caisse de congés payés.

Marché public (entreprise soumissionnaire) : 3500 (condamnation pour violation des règles d'égalité femmes-hommes) ; 3680 (condamnation pour discrimination) ; 19590 (attestation de paiement des cotis.) ; 28340 (entreprise soumissionnaire : OETH).

Mariage
Cadeau offert par le CSE ou par l'employeur en l'absence de comité : 41460 s. (cotis. SS).
Congé pour mariage : voir Famille.
Déblocage de la participation et du PEE : 51270.
Paiement du salaire au bénéficiaire : 12040.
Prime de mariage : 41150 s. (prime versée par le CSE : cotis. SS) ; 41710 (prime versée par le CSE : IR) ; 45110 (prime versée par l'employeur : IR) ; 52160 s. (prime versée par une mutuelle) ; 92450 (comptabilisation).

Marin
Rémunération mensuelle minimale : 68405 (droit).

Martinique : voir Département, collectivité ou territoire d'outre-mer.

Matériel et outillage
Indemnité au salarié propriétaire de l'outillage : 59590 (calcul ind. congés payés).
Télétravail : 86800 s. (obligations de l'employeur).

Maternité – adoption
Étude d'ensemble : 63000 s.
Allocation versée par le CSE : 41210 (cotis. SS).
Congé de maternité ou d'adoption : 3400 (réduction d'une prime : égalité de rémunération femmes-hommes) ; 36440 s. (signalement de l'arrêt de travail à la CPAM) ; 45300 s. et 63040 (primes et gratifications) ; 46660 (participation : répartition) ; 48190 s. (intéressement : répartition) ; 58540 (salarié dont la rémunération comporte une partie variable) ; 59170 s. (effets sur la durée des congés payés) ; 59540 (calcul ind.

Maternité – adoption (suite)
congés payés) ; 59770 (report des congés) ; 62110 s. (DSN : ind. versées pendant le congé) ; 62110 s. (régime social des IJSS) ; 62140 s. (régime fiscal) ; 63350 (effet sur le droit à l'indemnité de licenciement) ; 63030 (maintien du salaire : montant) ; 65910 (préavis) ; 72100 (absence en vue d'une adoption hors métropole) ; 81110 (VRP) ; 88280 (journaliste) ; 89790 (avocat salarié : maintien du salaire) ; 90140 (avocat salarié : cotis. CNBF).

Congé de paternité et d'accueil de l'enfant : voir Paternité (congé).

Congé parental d'éducation ou travail à temps partiel : voir Famille.

Indemnités journalières de sécurité sociale : voir Assurance maladie.

Membre d'une commission d'agrément en vue de l'adoption : 72180 (autorisation d'absence).

Participation des salariés et plan d'épargne d'entreprise : 51270 (déblocage anticipé).

AUTRE RUBRIQUE : Famille.

Médaille d'honneur du travail (prime) : 44710 s. (généralités) ; 45790 s. (solutions particulières) ; 92460 (comptabilisation).

Médecin

Activité salariée à temps partiel : 69940 (cotis. SS : étude d'ensemble) ; 22030 (réduction générale de cotis. patronales, calcul).

Contrôle de la réalité de la maladie d'un salarié : 61430 (suppression de l'indemnisation supplémentaire).

Taxe d'apprentissage : 30860 (assujettissement).

Taxe sur les salaires : 31380 (assujettissement).

Médecine du travail

Constatation de l'inaptitude physique du salarié : 62700 s. (reprise du versement du salaire).

Mensuel – mensualisation

Étude d'ensemble : 10900 s.

Bilan social : 4860 (contenu).

Bulletin de paie : 11170.

Heures supplémentaires : 6500 s.

Périodicité du paiement du salaire : 12450 s. (étude d'ensemble) ; 12650 (acomptes).

Salarié sous contrat à durée déterminée : 76200.

Travail intermittent : 10750.

Mer (prime) : 59530 (calcul ind. congés payés).

Mère

– de famille : voir Conjoint, Famille, Maternité – adoption.

Société mère : voir Groupe de sociétés.

Mineur : voir Tuteur – tutorat.

Minimum

– conventionnel (salaire) : 2400 s. (étude d'ensemble) ; 970 (rapports entre accords de branche et d'entreprise) ; 5900 (horaire d'équivalence) ; 17900 s. (assiette minimum cotis. SS) ; 53780 (compensations salariales des réductions d'horaire) ; 58070 (salariés dont la rémunération comporte une partie variable) ; 80430 s. (ressource minimale forfaitaire des VRP) ; 88100 (journalistes).

– garanti : 1200 (objet) ; 54490 (prise en compte des pourboires) ; 96050 (montant).

Mise à disposition (de personnel)

– auprès d'un syndicat : 19040 (ind. de fonction : redevable des cotis. SS).

– auprès d'une autre entreprise : 3770 (égalité de rémunération) ; 18835 s. (effectif) ; 67620 (grève dans l'entreprise d'accueil) ; 93070 (comptabilisation).

– auprès du CSE : 92880 (comptabilisation).

– dans le cadre de l'OETH : 28195.

Agent public détaché dans une entreprise privée : 18835 (effectif).

Bilan social : 4870 (contenu).

AUTRES RUBRIQUES : Détachement, Travail à l'étranger.

Mise à pied : 59165 (effets sur les congés payés) ; 72415 s. (effet sur la rémunération) ; 79040 (crédit d'heures des représentants du personnel).

Mise en demeure

Paiement des cotisations : 19080 (cotis. SS : entreprises de travail temporaire) ; 21500 s. (cotis. SS : cas général).

Mobilité géographique (aide) : 56640 s. (ind. pour frais : régime social) ; 93580 s. (comptabilisation).

Mobilité internationale : 71160 s. (détachement : charges sociales) ; 71300 s. (expatriation : charges sociales).

Mobilité professionnelle : 56640 s. (ind. pour frais : étude d'ensemble) ; 72120 (période de mobilité externe) ; 96310 (ind. pour frais : limites d'exo.).

AUTRE RUBRIQUE : Congé (de mobilité).

Modification

– de l'activité de l'entreprise : voir Changement d'activité.

– d'une convention collective : 4280 s.

– d'une convention de forfait : 8570.

– d'une prime : 45200 s. (modalités).

– du contrat de travail : 6300 s. (incidence des heures supplémentaires) ; 53240 s. (sommes versées à l'occasion de la modification du contrat) ; 70310 (transfert légal d'entreprise) ; 70420 (transfert d'entreprise volontaire ou conventionnel) ; 74590 (recours prolongé aux heures complémentaires) ; 74600 s. (augmentation temporaire de la durée de travail du salarié à temps partiel) ; 74810 (temps partiel aménagé sur une période supérieure à la semaine) ; 81260 s. (modifications liées à des circonstances économiques : garantie temporaire de rémunération des représentants de commerce) ; 88090 (journaliste).

– du salaire : 4230 s. (étude d'ensemble) ; 58300 s. (salariés dont la rémunération comporte une partie variable) ; 76730 (dirigeant de société : cumul mandat-contrat de travail) ; 79680 (représentant du personnel) ; 87550 (travailleur à domicile).

Modification de la durée du travail
Augmentation temporaire de la durée du travail : 74600 s. (travail à temps partiel).
Modification suite à utilisation prolongée d'heures complémentaires : 74590 (étude d'ensemble) ; 74810 (temps partiel aménagé sur une période supérieure à la semaine).
Réduction de l'horaire de travail : voir Réduction (de la durée du travail), Travail à temps partiel.
Salarié occupé successivement à temps plein et à temps partiel : 74720 (ind. congés payés) ; 74740 s. (ind. rupture).

Modification de la situation juridique de l'employeur : voir Transfert d'entreprise.

Modulation (de la durée du travail) : 10000 s. (étude d'ensemble) ; 7710 (allégement de cotis. SS sur les heures supplémentaires) ; 59230 (décompte des jours de congés payés) ; 74840 (temps partiel modulé) ; 91430 (comptabilisation des rémunérations).

Moins-value : voir Plus ou moins-value.

Moniteur : voir Enseignant – enseignement.

Moselle : voir Alsace-Moselle.

Motif du licenciement : 63340 (droit à l'ind. légale licenciement) ; 63630 (ind. conventionnelle licenciement).

Moto : voir Véhicule.

Musicien : voir Artiste.

Mutation
– à l'étranger : 56640 s. (ind. pour frais : étude d'ensemble) ; 71040 (primes et ind.).
– entre établissements : 18230 (régularisation cotis. SS) ; 56640 s. (ind. pour frais : étude d'ensemble).
Déclassement motivé par des raisons économiques : 53240 s. (indemnisation) ; 81310 s. (garantie temporaire de rémunération des représentants de commerce).
Déménagement et frais d'installation : 53480 (IR : primes et ind.) ; 56640 s. (ind. pour frais : étude d'ensemble).
Journaliste : 88090.
Prime de mutation : 44710 s. (généralités) ; 45770 (solutions particulières) ; 53440 s. (régime social).
Représentant de commerce : 81260 s. (mutation liée à des circonstances économiques : garantie temporaire de rémunération).
Salariée enceinte ou allaitante : 63000.
Transfert d'un compte épargne-temps : 72270.

Mutuelle – mutualité
Administrateur : 59170 (effet de l'absence sur le droit à congés payés) ; 72180 (autorisation d'absence).
Allocations complémentaires aux IJSS : 61950 et 62270 (bulletin de paie) ; 62180 s. (DSN) ; 62190 (régime social) ; 62220 (régime fiscal).
Autres prestations servies par les mutuelles : 52160 (cotis. SS).

Mutuelle – mutualité (suite)
Cotisations aux mutuelles : 52840 (mutuelle complémentaire de retraités : provision) ; 59510 (calcul ind. congés payés) ; 91380 (comptabilisation).
Exonérations de cotisations : 23770 (embauche en ZFU).
Représentant d'une mutuelle : 72180 (autorisation d'absence).
Taxe sur les salaires : 31780 (abattement).
Versement mobilité : 26850.

N

Naissance
Cadeau : 41460 s. (cotis. SS).
Congé pour événement familial : 72100 (cas général) ; 88210 (journaliste) ; 89740 (avocat salarié).
Déblocage de la participation et du PEE : 51270.
Prime de naissance : 3400 (égalité de rémunération femmes-hommes) ; 41150 s. (versée par le CSE : cotis. SS) ; 41710 s. (versée par le CSE : IR) ; 45040 (bulletin de paie) ; 45110 (IR) ; 52060 s. (prestations familiales complémentaires versées par l'entreprise) ; 52160 s. (prime versée par une mutuelle) ; 92450 (comptabilisation).

Nationalité (non-discrimination) : 3840.

Navigation (entreprise de) : 35467 (PAS) ; 54480 (interdiction des retenues sur pourboires).

Négociation collective
Crédit d'heures des délégués syndicaux et des autres membres de la délégation syndicale : 79320.
Groupe spécial de négociation : 79430 (temps passé à la négociation pour la mise en place d'un CE européen).
Négociation sur les salaires : 410 (obligations périodiques) ; 550 s. (portée des recommandations patronales en cas d'échec des négociations).
AUTRE RUBRIQUE : Convention ou accord collectif.

Nettoyage
Prime de salissure : 79170 (représentation du personnel : crédit d'heures).
Remboursement de frais : 39880 s. (vêtements de travail : cotis. SS) ; 55280 (tenues professionnelles : obligation de l'employeur).
AUTRE RUBRIQUE : Employé de maison.

Noël
Cadeaux et bons d'achat : 41460 s. (cotis. SS).
Jour férié : voir Jour férié.
Prime de Noël versée par le CSE : 41210 (cotis. SS) ; 41710 s. (IR).

Non-concurrence (ind. compensatrice)
Étude d'ensemble : 66800 s.
Calcul du minimum conventionnel : 2750.
Congés payés : 59980 (inclusion dans l'ind. de congés payés) ; 60210 (calcul de l'ind. compensatrice de congés payés).
Indemnité versée aux dirigeants de sociétés anonymes cotées : 34680.

Non-concurrence (ind. compensatrice) (suite)
Réduction générale de cotisations patronales : 22230.
Saisie ou cession de l'indemnité : 15180.
VRP : 82560 s.

Non-cumul : voir Cumul.

Non-salarié : voir Travail indépendant.

Note de service : 4440 (révocation ou modification d'un usage).

Nourrice : voir Garde – gardien – gardiennage.

Nourriture – boisson
Boissons alcoolisées : 38010 (fourniture au salarié au titre d'avantages en nature).
Cantine : voir Cantine.
Fourniture de la nourriture par l'employeur : 1770 (Smic jeune travailleur) ; 1760 s. (Smic) ; 2710 (minimum conventionnel) ; 38180 (bulletin de paie) ; 39000 s. (cotis. SS) ; 40200 s. (IR) ; 53860 (conjoint du chef d'entreprise) ; 59510 (congés payés) ; 77120, 77780 s. (avantage en nature : dirigeants de sociétés) ; 84040 (apprenti) ; 85270 s. (hôtels – cafés – restaurants : étude d'ensemble) ; 92130 s. (comptabilisation) ; 94750 (modèle de bulletin de paie) ; 96330 s. (évaluation forfaitaire).
Frais de repas des salariés en déplacement : voir Transport – déplacement.
Indemnité ou remboursement de frais professionnels : voir Frais professionnels.
Repas d'affaires : 56360 s. (prise en charge par l'employeur : cotis SS et IR).
Temps de repas ou de casse-croûte : voir Casse-croûte.
Titre-restaurant : voir Titre-restaurant.

Nouvelle-Calédonie : 30000 (régime Agirc-Arrco) ; 71960 (contrib. de solidarité autonomie).

Nuit (travail de)
Étude d'ensemble : 73270 s.
Calcul du Smic : 1910 (prise en compte des majorations).
Cumul avec d'autres majorations : 6950 (heures supplémentaires) ; 60950 (jour férié chômé).
Date de paiement : 12500.
Garde de nuit : 5800 s. (rémunération).
Indemnité de repas de nuit : 56240 (cotis. SS) ; 56250(IR).
Jour férié : 60950 (rémunération des jours fériés chômés : prise en compte d'une prime de travail de nuit) ; 61112 (majoration pour travail d'un jour férié ordinaire) ; 61150 (ind. pour travail du 1er mai).
Prime de nuit : 59520 (calcul ind. congés payés) ; 73270 s. (octroi, bulletin de paie, régime social et fiscal) ; 92450 (comptabilisation).
Veilleur de nuit : voir Veilleur de nuit.
Situations ou catégories particulières : 63000 (salariée enceinte ou allaitante) ; 72730 (CTP) ; 79180 (représentant du personnel) ; 85380 (hôtels – cafés – restaurants) ; 88180 (journaliste) ; 88980 (stagiaire en entreprise).

Nullité
Contrat de travail : 5350 (droit au salaire).
Dispositions discriminatoires : 3480 (égalité professionnelle femmes-hommes).
Licenciement : 59165 (droit à congés payés).
Licenciement d'un représentant du personnel : 79690.
Sanctions pécuniaires prohibées : 72350 s. (étude d'ensemble).

Numéro de sécurité sociale
Mentions du bulletin de paie : 13270.
Traitement automatisé de gestion du personnel : 16370.

O

Objectif
Prime : 44710 s. (généralités) ; 45650 (solutions particulières) ; 59520 (calcul ind. congés payés).
Rémunération sur objectifs : 57800 s. (étude d'ensemble).
AUTRE RUBRIQUE : Rendement.

Obligation d'emploi des travailleurs handicapés
Bénéficiaires : 28190.
Calcul : 28230 s.
Contribution : 28150 s. (étude d'ensemble).
Déductions : 28250 s.
DSN : 28320 s.

Obligations militaires : voir Service militaire ou national.

Occupation des lieux de travail : 67640 (rémunération des non-grévistes).

Opérateur de compétences : 31110 (financement de la formation et de l'alternance).

Opposition : voir Saisie et cession.

Option
– des SA et SAS pour le régime des sociétés de personnes : 77450 (IR).
– des SARL pour le régime des sociétés de personnes : 76960 (cotis. SS) ; 77450(IR).
– pour l'étalement des impositions : voir Revenu exceptionnel ou différé (IR).
– pour la déduction des frais réels : 56010 (assiette du PAS) ; 55720 s. (IR).
– pour la déduction forfaitaire spécifique des frais professionnels : 55500 (cotis. sociales) ; 56020 s. (taxe sur les salaires).
– pour le paiement de la TVA : 31410 (rapport d'assujettissement à la taxe sur les salaires).

Options de souscription ou d'achat d'actions : 50300 s. (étude d'ensemble) ; 63470 (ind. compensatrice de stock-option : calcul de l'ind. de licenciement) ; 72360 (perte du droit de lever l'option en cas de licenciement) ; 93490 (contrib. patronale : comptabilisation) ; 94720 (modèles de bulletins de paie).

Ordinateur : voir Informatique.

Organisation – organisme
Organisme collecteur de la participation-construction : 33630.
Organisme collecteur des contributions à la formation professionnelle et à l'alternance : 31110.
Organisme sans but lucratif : voir Association.
Organismes de sécurité sociale : 20560 s. (valeur juridique des circulaires) ; 20600 s. (valeur juridique des décisions) ; 72180 (autorisation d'absence des administrateurs).

Orphelin : 28190 (orphelins de guerre : OETH/mutilés) ; 52250 s. (allocations d'orphelin : régime social) ; 73650 s. (rente servie par l'entreprise : régime social et fiscal).

Outil de travail (fourni ou payé par l'employeur) : 14940 s. (compensation avec le salaire) ; 56900 s. (nouvelles technologies : étude d'ensemble) ; 86800 s. (télétravail).

Outplacement : voir Reclassement.

Outre-mer : voir Département, collectivité ou territoire d'outre-mer.

P

Pacte civil de solidarité (Pacs) : 52950 (droit aux chèques-vacances) ; 53850 s. (conjoint du chef d'entreprise) ; 76940 (parts de SARL en indivision : incidence sur le caractère majoritaire de la gérance).

Paiement
Cotisations : voir chaque type de cotisation.
Salaire
Étude d'ensemble : 11500 s.
Année de paiement : 34850 s. (impôt sur les résultats : BIC-IS) ; 35000 s. (BNC) ; 35200 s. (IR).
Inscription au crédit d'un compte : 18860 s. (cotis. SS) ; 35240 s. (IR : disposition du salaire).
Preuve du paiement : 14530 s.
Rémunération variable : 58150 s. (étude d'ensemble) ; 80560 (VRP).
Rupture du contrat d'un étranger non autorisé à travailler : 65350.

Panier (prime)
Régime social et fiscal : 56240 (limite forfaitaire d'exo : cotis SS) ; 56250 (limite forfaitaire d'exo. ; IR).
Inclusion dans l'assiette de calcul : 6980 s. (majoration heures supplémentaires) ; 59590 (ind. congés payés) ; 79190 (rémunération crédit d'heures : représentant du personnel).

Panne : 5720 (versement du salaire).

Parking : voir Garage.

Parlement – parlementaire : 72190 (effet sur le contrat de travail).

Part sociale : voir Titre de société.

Partage des plus-values de cession de titres : 50231 s. (étude d'ensemble).

Participation
Prime de participation : voir Bénéfice.

Participation-construction
Étude d'ensemble : 33320 s.
Comptabilisation : 91700 s.
Effectif : voir Effectif.
Exercice de déduction : 34920.
Mention sur le bulletin de paie : 13630 s.
Taux : 96130 s. (tableaux récapitulatifs).
Pour l'assujettissement de chaque élément de rémunération de catégorie particulière, se reporter à l'étude concernée.

Participation – intéressement (régimes légaux) : voir Epargne salariale (régimes légaux).

Pasrau : 35550 (déclaration du PAS).

Passeport : 56780 (remboursement par l'employeur : régime social).

Paternité (congé) : 36440 s. (signalement de l'arrêt de travail à la CPAM) ; 46660 (calcul de la participation) ; 48190 s. (calcul de l'intéressement) ; 59170 s. (effets sur la durée des congés payés) ; 63010 s. (rémunération) ; 63350 (effet sur le droit à l'indemnité de licenciement) ; 72100 (autorisation d'absence) ; 88280 (journaliste) ; 89800 (avocat) ; 92230 s. (maintien du salaire : comptabilisation).
AUTRE RUBRIQUE : Famille.

Pause (temps)
Calcul du salaire : 2690 (prime : prise en compte dans le minimum conventionnel) ; 5540 s. (cas général) ; 1970 (prime : comparaison avec le Smic).
Calcul de la réduction générale de cotisations patronales : 22230.
Indemnisation au titre de l'activité partielle : 68030.

PDG : voir Dirigeant de société.

PEE : voir Plan d'épargne d'entreprise (PEE).

PEI : voir Plan d'épargne interentreprises (PEI).

Peinture : 38460 (frais afférents à un logement de fonction).

Pénalité : voir Clause (pénale), Sanction.

Pénibilité
Déclaration sociale nominative : 36430 (déclaration d'exposition aux facteurs de risque) ; 36475 (correction des facteurs de risques déclarés).
Prime : 1910 (Smic) ; 2690 (minimum conventionnel) ; 44710 s. (généralités) ; 45720 s. (solutions particulières) ; 59520 (calcul ind. congés payés).

Pension
– alimentaire : 15210 (débiteur de pension alimentaire : saisie ou cession du salaire) ; 15410 s. (créancier de pension alimentaire : procédure de paiement direct) ; 96110 s. (exemples d'imputation de créances).
Déclaration annuelle des pensions : 36750 s. (étude d'ensemble) ; 52810 (retraite servie par l'employeur à un ancien salarié).

Pension (suite)
Invalidité : voir Invalidité – inaptitude (pension d'invalidité).
Retraite : voir Retraite – retraité.
Secours : voir Secours (pension de secours allouée à d'anciens salariés).

PER : voir Plan d'épargne retraite d'entreprise (PER).

Perco : voir Plan d'épargne pour la retraite collectif (Perco).

Pereco : voir Plan d'épargne retraite d'entreprise (PER).

Période d'essai
Droit à congés payés : 59165
Rémunération : 1370 (Smic) ; 2400 (minimum conventionnel) ; 75950 (CDD) ; 80440 (VRP : droit à la ressource minimale forfaitaire).
Rupture : 65240 s. (ind. de rupture) ; 76340 (ind. fin de CDD) ; 84580 (remboursement des aides et exo. allouées dans le cadre de contrats d'insertion ou formation).

Permanence : voir Astreinte.

Pero : voir Plan d'épargne retraite d'entreprise (PER).

Perp : voir Plan d'épargne retraite populaire (Perp).

Pharmacie : 5860 (heures de garde).

Pièces (salaire aux) : voir Rendement (salaire au rendement, aux pièces ou à la tâche).

Pigiste : voir Journaliste.

Plafond (de cotisations)
Cotisations chômage et AGS : 29360 (étude d'ensemble) ; 75130 (réduction du plafond pour les salariés à temps partiel) ; 82950 (VRP multicartes).
Cotisations de prévoyance complémentaire : 43890 s. (IR).
Cotisations de retraite complémentaire : 30200 s. (Agirc-Arrco) ; 43860 s. (IR) ; 62320 s. (réduction du plafond en cas de maladie, maternité ou accident) ; 75100 (réduction du plafond pour les salariés à temps partiel).
Cotisations SS : 18000 s. (étude d'ensemble) ; 62320 s. (réduction du plafond en cas de maladie, maternité ou accident) ; 74910 s. (réduction du plafond pour les salariés à temps partiel) ; 82680 (VRP payé à la commission) ; 96180 (montants).
Régularisation : voir Régularisation.
Pour l'application à chaque élément de rémunération ou catégorie particulière, se reporter à l'étude concernée.

Plan d'épargne d'entreprise (PEE)
Étude d'ensemble : 49300 s.
Affectation de l'intéressement : 48730 s. (avantages fiscaux) ; 48230 (affectation par défaut).
Comptabilisation : 93340 s. (abondement).
CSG et CRDS : 49730 (abondement de l'employeur).
Modèle de bulletin de paie avec abondement : 94710.

Plan d'épargne d'entreprise (PEE) (suite)
Salarié sous contrat à durée déterminée : 76110 s.
Transfert d'entreprise : 70540.

Plan d'épargne interentreprises (PEI) : 49970 s. (étude d'ensemble) ; 48730 s. (affectation de l'intéressement : avantages fiscaux) ; 76110 s. (salarié sous CDD) ; 93340 s. (abondement : comptabilisation).

Plan d'épargne pour la retraite collectif (Perco) : 50100 s. (étude d'ensemble) ; 46780 (affectation par défaut de la participation) ; 48730 s. (affectation de l'intéressement : avantages fiscaux) ; 70540 (transfert d'entreprise) ; 72310 (affectation du CET : avantages sociaux et fiscaux) ; 76110 s. (salarié sous CDD) ; 93340 s. (abondement : comptabilisation).

Plan d'épargne retraite d'entreprise (PER)
Plan d'épargne retraite collectif d'entreprise (Pereco) : 50221 s. (étude d'ensemble) ; 46780 (affectation par défaut de la participation) ; 76110 s. (salarié sous CDD).
Transfert d'entreprise : 70540.
Versements obligatoires à un Pero ou à un Pereco : 42980 s. (régime social) ; 43900 s. (régime fiscal) ; 69340 (salariés à employeurs multiples) ; 75520 (travail à temps partiel).

Plan d'épargne retraite populaire (Perp) : 43570 (régime fiscal des cotis.).

Plan de développement des compétences : 68050 (salarié en activité partielle) ; 72615 s. (rémunération pendant la formation) ; 72950 s. (régime fiscal) ; 72970 (DSN).

Plan de sauvegarde de l'emploi
Aide à la réinsertion : 64000 (licenciement : régime social) ; 64030 (licenciement : régime fiscal) ; 64300 (départ volontaire : régime social) ; 64310 (départ volontaire : régime fiscal).
Comptabilisation des engagements : 92700.
Indemnité de départ volontaire : 64300 (régime social) ; 64310 (régime fiscal).
Indemnité de départ volontaire à la retraite : 65040 s. (régime social et fiscal).
Indemnité de licenciement : 64000 s. (régime social) ; 64030 (régime fiscal).
Modification collective des contrats de travail pour motif économique : 4610 (procédure).
Préretraite : 86330 s. (régimes conventionnels).

Pluriactif : voir Activités multiples, Employeurs multiples (salariés à).

Plus ou moins-value
Attribution gratuite d'actions : 51020 s. (régime des bénéficiaires).
Bons de souscription d'actions : 77075 (régime social).
Bons de souscription de parts de créateur d'entreprise (BSPCE) : 51190 s. (régime des bénéficiaires).
Moins-value subie par l'entreprise : 50360 s. (options sur actions) ; 51000 s. (attribution d'actions gratuites).

Plus ou moins-value (suite)
Options de souscription ou d'achat d'actions : 50480 s. (étude d'ensemble).
Plus-value de cession de valeurs mobilières : 47850 (participation des salariés) ; 49615, 49860 (PEE) ; 50730 (stock-options) ; 51020 s. (attribution d'actions gratuites) ; 51200 (BSPCE).

Pompier (volontaire) : 59170 (droit à congés payés) ; 63350 (périodes d'absence assimilées à du travail effectif) ; 72170 (autorisation d'absence).

Pont (journée de) : 9110 s. (récupération des heures perdues) ; 59270 (décompte des congés payés) ; 60830 (régime des ponts).

Port (manutention) : voir Caisse de congés payés.

Portage salarial : 28265 (emploi obligatoire de travailleurs handicapés).

Porteur de presse : 25300 s. (cotis. SS).

Pourboire
Étude d'ensemble : 54340 s.
Comptabilisation : 92840.
Cotisations : 74920 (réduction d'assiette salariés à temps partiel) ; 96380 s. (assiette forfaitaire).
Hôtel – café – restaurant : 85150 et 85170 (heures supplémentaires) ; 85470 (jours fériés) ; 85630 s. (régime social) ; 85950 s. (régime fiscal).
Prélèvement de l'indemnité de congés payés sur pourboires : 59960.
Prise en compte des pourboires : 1840 (calcul Smic) ; 15180 (saisie ou cession du salaire) ; 59510 (calcul ind. congés payés) ; 60990 (rémunération des jours fériés) ; 61850 (indemnisation maladie) ; 63480 (calcul ind. licenciement).

Préavis
Droit à congés payés : 59165.
Égalité de rémunération : 3860 (préavis plus long pour les cadres : licéité).
Incidence de la grève : 67575.
Incidence expiration du préavis sur rémunération des jours fériés : 60910 (1er mai).
Indemnité de préavis : 65900 s. (étude d'ensemble) ; 15180 (prise en compte : saisie et cession du salaire) ; 63470 (prise en compte ind. compensatrice dans calcul ind. de licenciement) ; 65590 s. (inclusion dans ind. transactionnelle : cotis. SS) ; 92650 (comptabilisation) ; 94850 (ind. compensatrice : modèle de bulletin de paie).
Inexécution du préavis : 15010 (compensation de l'ind. due par le salarié avec le salaire) ; 45420 (droit aux primes et gratifications) ; 60230, 60240 (calcul et versement ind. compensatrice congés payés) ; 62870 (salarié physiquement inapte à son emploi) ; 66600 (certificat de travail : date de remise) ; 66740 (reçu pour solde de tout compte : date de signature).
Information du salarié sur le préavis : 13320 s. (mention sur bulletin de paie).
Interruption du préavis : 60230 (incidence ind. compensatrice congés payés) ; 63270 (incidence sur droit à ind. licenciement).
Reçu pour solde de tout compte signé au cours du préavis : 66740.

Préavis (suite)
Révocation ou modification d'un usage : 4450.
Catégories particulières : 71090 s. (travail à l'étranger) ; 76670 (dirigeant de Scop) ; 81480 s. (VRP) ; 85510 (hôtel – café – restaurant) ; 87570 (travail à domicile) ; 88350 (journaliste) ; 89880 (avocat salarié).

Prélèvement à la source (de l'impôt sur le revenu)
Étude d'ensemble : 35460 s.
Assiette : 56010 (frais professionnels) ; 56840 (primes d'impatriation).
Bulletin de paie : 13820 (mention).
Comptabilisation : 91360 s.
Grille de taux par défaut : 96420 (grille applicable en métropole).
Indemnité compensatrice de préavis : 66200 (assiette de calcul).
Tableaux récapitulatifs : 35825 s.

Prélèvement à la source ou libératoire sur les revenus de capitaux mobiliers : 47860 (intérêts de la participation).

Prélèvements sociaux sur revenus du capital : 47880 s., 47850 (participation) ; 49615, 49860, 49900 (PEE) ; 50210 s. (Perco) ; 50730 (plus-value de cession d'actions acquises dans le cadre des stock-options) ; 51020 s. (attribution gratuite d'actions) ; 51200 (BSPCE).

Premier mai : 60800 s. (étude d'ensemble) ; 58460 (salariés percevant une rémunération comportant une partie variable) ; 94960 (modèle de bulletin de paie).
AUTRE RUBRIQUE : Jour férié.

Préretraite – préretraité
Étude d'ensemble : 86250 s. (dispositif amiante) ; 86330 s. (préretraite d'entreprise).
Comptabilisation : 92750 (participation de l'employeur aux alloc. préretraite-licenciement).
Congé de fin de carrière : 53370.
Droit aux primes et gratifications : 45300 s.
Participation : 51270 (déblocage anticipé : préretraite progressive).
Plan d'épargne d'entreprise : 49350 (versement d'anciens salariés) ; 49880 (exo. des revenus) ; 51270 (déblocage anticipé).
Préfinancement des indemnités de fin de carrière (ou ind. de départ à la retraite) : 44360 s. (régime fiscal).
Sommes versées par le CSE : 41210, 41310 (cotis. SS).

Prescription
Cotisations : 19715 (SS : remboursement des cotis. indûment versées) ; 21535 s. (SS : créance) ; 21570 s. (SS : action civile en recouvrement) ; 29600 (cotis. chômage et AGS) ; 30420 (cotis. Agirc-Arrco).
Paiement du salaire : 15900 s. (étude d'ensemble) ; 66210 (ind. compensatrice de préavis) ; 80580 (VRP) ; 87660 (travailleurs à domicile).
Remboursement des salaires indûment versés : 15800.

Président-directeur général : voir Dirigeant de société.

Presse (entreprise de) : voir Journaliste, Vendeur-colporteur de presse.

Prestataire – prestation

Prestation de services

Changement de prestataire : voir Transfert d'entreprise.

Information contenue dans le bilan social : 4870.

Prestations sociales : 41160 s. (versées par le CSE) ; 52050 s. (versées par l'entreprise).

Prêt

– consenti par l'employeur au salarié : 15000 (compensation) ; 38620 s. (établissement non financier : étude d'ensemble) ; 34850, 35000 (déduction du résultat de l'entreprise) ; 39850 (cotis. et contrib. sociales) ; 40650 (IR) ; 53970 s. (banques : étude d'ensemble) ; 67170 (salarié créateur d'entreprise) ; 92850 (comptabilisation).

– consenti par le salarié à l'employeur : 12520 (preuve : paiement différé du salaire sans réclamation).

Participation-construction : 33630, 33650 (investissements libératoires) ; 34500 (déduction du résultat de l'entreprise) ; 91710 s. (comptabilisation).

AUTRE RUBRIQUE : Intérêt.

Prévoyance

Cotisation remboursement frais de santé : 28025 s.

Cotisation à un régime de prévoyance : 13630 s. (bulletin de paie) ; 30570 (ass. décès obligatoire des cadres) ; 41370 s. (prise en charge par le CSE) ; 42640 s. (régime social des contrib. patronales : cotis. SS) ; 43260 s. (CSG-CRDS) ; 43830 s. (IR : prévoyance complémentaire) ; 83050 (ass. décès obligatoire des VRP) ; 96250 (limites d'exo.) ; 94400 (prévoyance obligatoire avec option facultative : modèle de bulletin de paie) ; 94410 (participation du CSE : modèle de bulletin de paie).

Égalité de traitement : 3865 (régime plus favorable au cadre : licéité).

Frais de santé : 28020 s. (étude d'ensemble).

Maintien des garanties après départ de l'entreprise : 67030 s. (obligations de l'employeur) ; 83050 (VRP) ; 92690 (comptabilisation).

Prestations versées par un organisme de prévoyance :

Allocations complémentaires aux IJSS : 61720 (responsabilité de l'employeur) ; 61950 (déduction des alloc. du salaire maintenu) ; 62180 s. (DSN) ; 62180 s. (régime social) ; 62210 (CSG-CRDS) ; 62220 (régime fiscal) ; 62270, 62420 s. (établissement de bulletin de paie) ; 95000, 95030 (modèles de bulletins de paie).

Prestations d'invalidité : 52100 (régime social) ; 52120 (régime fiscal).

Prestations de solidarité et d'entraide : 52160 (régime social des prestations versées par une mutuelle).

Versement santé : 28050 s.

Prévoyance (suite)

Situations et catégories particulières : 52340 (retraité : prise en charge des cotis. par l'employeur) ; 69340 (salariés à employeurs multiples) 71240 (salarié détaché à l'étranger) ; 75520 (travail à temps partiel) ; 85500 (hôtel – café – restaurant) ; 83050 (VRP) ; 88640 (radiodiffusion et agences de presse) ; 88650 (pigiste) ; 90240 (avocat salarié).

Prime à l'embauche : voir Aide de l'État ou de la région.

Primes et gratifications

Étude d'ensemble : 44710 s.

Avantage alloué par le CSE : 41150 s. (cotis. SS).

Bilan social : 4840 (contenu : primes annuelles versées dans l'entreprise).

Bulletin de paie : 13730 (intégration au net social).

Comptabilisation : 92450 s.

Grève : 67520 s. (retenue sur prime des grévistes) ; 67670 (prime exceptionnelle aux non-grévistes).

Paiement : 12500 (périodicité) ; 14540 (preuve : globalisation avec le salaire de base).

Prime de partage de la valeur (PPV) : 45615 s. (étude d'ensemble).

Prise en compte des primes : 1880 s. (Smic) ; 2570 s. (minimum conventionnel) ; 3400 (égalité de rémunération femmes-hommes) ; 3800 s. (égalité entre tous les salariés) ; 6980 s. (majorations pour heures supplémentaires) ; 15180 (saisie ou cession du salaire) ; 59510 s. (ind. congés payés) ; 60940 s. (rémunération des jours fériés chômés) ; 61160 (rémunération du 1er mai travaillé) ; 63460 (ind. légale de licenciement) ; 63680 (ind. conventionnelle de licenciement) ; 66200 (ind. compensatrice de préavis) ; 68430 (rémunération mensuelle minimale) ; 76355 (ind. de fin de CDD) ; 79170 (rémunération des heures de délégation).

Réduction ou suppression : 66030 (préavis) ; 67520 s. (grève) ; 72390 s. (interdiction des sanctions pécuniaires).

Situations ou catégories particulières : 70210 (transfert légal d'entreprise) ; 72730 (CTP) ; 74630 (salarié à temps partiel) ; 75970 (CDD) ; 84392 (contrat de professionnalisation) ; 85440 (hôtels – cafés – restaurants) ; 86350 (préretraite d'entreprise : suspension du contrat de travail) ; 87330 (travailleur à domicile) ; 88110 (journaliste : prime d'ancienneté) ; 88120 s. (journaliste : 13e mois).

Voir également le mot correspondant à la nature de la prime (exemples : Ancienneté, Rendement, Treizième mois, Vacances).

Prise d'acte (de la rupture du contrat) : 65270 s. (étude d'ensemble) ; 4550 (modification du salaire : cas général) ; 57930 (rémunérations variables : défaut d'information du salarié sur les bases de calcul de la rémunération) ; 58330 (modification du taux de commissionnement) ; 81790 (VRP : droit à ind. clientèle) ; 82030 s. (VRP : droit aux ind. conventionnelles de rupture).

Prise de contrôle : voir Transfert d'entreprise.

Privilège

Salaires : 14660 (étude d'ensemble) ; 80580 (VRP).

Trésor public : 15500 s.

Procédures collectives

Activité partielle : 68255 (versement direct des alloc. du salarié).

Cotisations sociales : 19645 (remise de dettes par l'Urssaf, Pôle emploi et les caisses de retraite).

Débiteur du salaire : 11500 (cas général) ; 11520 s. (entreprise de travail temporaire).

Participation des salariés (déblocage) : 47290.

Plan de cession : 70110 (répartition des dettes entre employeurs successifs).

Primes et participations : 45410.

Représentant des salariés : 72150 (rémunération).

Taxes et participations assises sur les salaires : 33860 (IC).

VRP : 82540 (application de la clause de non-concurrence).

Production – productivité : voir Rendement.

Professions libérales

Déduction des charges de personnel : 34770 s., 35000 s.

Taxe d'apprentissage : 30860 (champ d'application).

Pour les différents types de professions libérales, voir également le mot correspondant (exemples : Avocat, Médecin).

Promotion

Indemnité de licenciement : 63660 (obtention du statut de cadre en cours de carrière).

Refus : 72430 (interdiction des sanctions pécuniaires).

Propreté (secteur de la)

Suppression de la DFS : 55580 s.

Provision

– pour charges de personnel : 34870 (BIC-IS) ; 35000 s. (BNC) ; 70860 (transfert d'entreprise) ; 72290 (compte épargne-temps).

– pour charges de retraite : 52840 s. (BIC-IS).

– pour charges de taxes et participations sur salaires : 34920.

– pour congés payés : voir Congés payés.

– pour investissement : 47930 (participation).

– pour licenciement : 34420 (BIC-IS).

Rappel de salaire : 53630.

Publication

Reproduction d'articles : 88290 (rémunération du journaliste).

Travail commandé et non publié : 88100 (rémunération du journaliste).

Q

Qualification

Contrat de professionnalisation : 84390 (rémunération).

Prime récompensant la qualification : 44710 s. (généralités) ; 45790 s. (solutions particulières).

R

Rachat

– de cotisations : 43600 (IR) ; 52550 (cotis. SS sur retraites).

– de temps de repos : 8990 s. (forfait annuel en jours) ; 9650 (aménagement du temps de travail sur plusieurs semaines : régime conventionnel) ; 10470 (réduction du temps de travail sous forme de repos) ; 13730 (intégration au net social).

Clause de rachat (contrat de retraite supplémentaire) : 42980 (régime social des contrib. patronales) ; 43810 s. (régime fiscal des contrib. : IR).

Radio : 12070 s. (enfant travaillant pour une radio : paiement de la rémunération).

Rapatrié – rapatriement (travail à l'étranger) : 71030 (information du salarié) ; 88090 (formalité).

Rappel de salaire

Étude d'ensemble : 53520 s.

Bulletins de paie : 13760 (intégration au net social).

Congés payés : 59460 (ind.) ; 60210 (ind. compensatrice).

Indemnité compensatrice de préavis : 66210 (augmentation générale des salariés en cours de préavis).

Prélèvement à la source de l'impôt sur le revenu : 53620 (calcul).

Réduction générale de cotisations patronales : 22240 (calcul).

Rappel sous les drapeaux : voir Service militaire ou national.

Réception

Frais exposés par les journalistes : 88760 (IR).

Recherche

Bourse de recherche : voir Bourse (d'étude ou de recherche).

Recherche d'emploi

Aide au reclassement : voir Reclassement.

Heures de recherche d'emploi : 13480 (bulletin de paie) ; 66050 (aménagement d'horaire en cours de préavis) ; 66200 (salarié dispensé d'exécuter son préavis) ; 88360 (journaliste) ; 89880 (avocat salarié).

Rechute (accident du travail ou maladie professionnelle) : 59540 (calcul ind. congés payés) ; 59870 (report des congés payés).

Reclassement

Aides à la réinsertion et au reclassement des salariés licenciés ou quittant volontairement l'entreprise : 64000 (licenciement : régime social) ; 64030 (licenciement : régime fiscal) ; 64260 s. (congé de mobilité : étude d'ensemble) ; 64300 (départ volontaire : régime social) ; 64310 (départ volontaire : régime fiscal) ; 92720 (comptabilisation des dépenses d'outplacement) ; 93580 s. (comptabilisation des autres aides).

Salariée enceinte ou allaitante : 63000.

Reclassement (suite)
Salarié licencié pour motif économique : 66220 (contrat de sécurisation professionnelle : préavis) ; 66230 s. (congé de reclassement).
Salarié physiquement inapte : 62700 s. (rémunération dans l'attente d'un reclassement) ; 62870 s. (ind. dues en l'absence de reclassement).
AUTRE RUBRIQUE : Réintégration.

Recommandations patronales de salaire : 550 s. (étude d'ensemble).

Reconnaissance de dette : voir Dette.

Reconversion ou promotion par alternance (Pro-A) : 72900 (étude d'ensemble).

Recouvrement : se reporter dans l'ouvrage à l'étude consacrée à chaque prélèvement (exemples : Cotisation de sécurité sociale, Cotisation de retraite, etc.).

Recrutement : voir Embauche.

Rectification fiscale
Indemnité transactionnelle : 65460 (recours du salarié contre l'employeur).
Participation des salariés : 46440 (calcul de la participation) ; 47230 (indisponibilité du supplément de participation) ; 47660 (déduction fiscale du supplément de participation).

Reçu pour solde de tout compte : 66730 s. (étude d'ensemble) ; 65340 (rupture du contrat d'un étranger non autorisé à travailler).

Récupération
– des heures perdues à la suite d'une interruption collective du travail : 9110 s. (étude d'ensemble) ; 67580 (grève et lock-out dans l'entreprise) ; 67760 s. (grève extérieure à l'entreprise).
– des sommes indûment versées : voir Indu.
Journaliste : 88170 s. (récupération des heures de travail supplémentaires, des heures de travail le jour de repos hebdomadaire et les jours fériés, et des heures de nuit).
AUTRE RUBRIQUE : Repos compensateur.

Rédacteur : voir Journaliste.

Redevance : voir Contribution, Cotisation.

Redressement judiciaire : voir Procédures collectives.

Réduction
– de cotisations salariales sur les heures supplémentaires et complémentaires : 7700 s.
– de l'indemnité de licenciement : 63600 (clause pénale).
– de la durée de l'apprentissage : 83980 s. (calcul de la rémunération).
– de la durée du travail
Activité partielle : voir Activité partielle.
Compensation salariale conventionnelle : 53720 s. (étude d'ensemble) ; 6980 (calcul des majorations pour heures supplémentaires) ; 58520 (salariés dont la rémunération comporte une partie variable).

Réduction (suite)
Convention de forfait : 8570 (incidence sur le montant du salaire forfaitaire) ; 79010 (incidence sur la durée du crédit d'heures des représentants du personnel).
Droit à congés payés : 59170.
Grève : 67630 (grève interne à l'entreprise : incidence sur le salaire des non-grévistes) ; 67760 s. (grève extérieure à l'entreprise).
Jours de repos supplémentaires : 10400 s. (étude d'ensemble) ; 7710 (allégement de cotis. SS sur les heures supplémentaires) ; 66200 (ind. compensatrice de préavis) ; 92560 (comptabilisation des droits).
Mesures d'aménagement en faveur des handicapés : 3650.
Préavis : 66040 (préavis exécuté) ; 66190 (préavis non exécuté).
Rémunération mensuelle minimale : 68400 s. (étude d'ensemble) ; 87560 (travail à domicile).
Sanction pécuniaire : 72480.
Suppression des heures supplémentaires : 6330.
Transformation d'un emploi à temps plein en emploi à temps partiel : 53370 (régime social de l'ind. versée en application d'un plan social) ; 74720 (calcul ind. congés payés) ; 74740 s. (calcul ind. licenciement et départ ou mise à la retraite).
– des majorations de retard : voir Remise (majoration de retard).
– du volume d'activité : 53350 s. (régime social de l'ind. versée à l'occasion de la modification du contrat).
– du volume de travail confié à un salarié à domicile : 87550.
– générale des cotisations patronales : 21780 s. ; 91440 (incidences comptables).
– tarifaire accordée au salarié sur les produits de l'entreprise : 39900 s. (cotis. SS) ; 40700 (IR).
Autres réductions de charges sur les salaires (cotis., impôts, taxes) : voir Déduction – abattement. Voir également chaque prélèvement social ou fiscal ou chaque catégorie de bénéficiaires.
Remise de bon d'achat ouvrant droit à une réduction tarifaire : 39960 (cotis. SS).
AUTRE RUBRIQUE : Déduction – abattement.

Régime d'autorité : 46950 (participation).

Régime spécial de sécurité sociale
Cumul d'activités relevant d'un régime spécial et du régime général de sécurité sociale : 69030 s. (cotis. SS).

Registre
– unique du personnel : 96020 (formalités à l'embauche) ; 96030 (formalité en cas de départ d'un salarié).
– des traitements de données personnelles : 16420 (obligation des employeurs).
Répartition des pourboires : 54412, 85650.

Régularisation
Cotisation chômage et AGS : 29360 (mise en œuvre) ; 94440 s. (modèles de bulletin de paie).
Cotisations maladie et allocations familiales : 22700 s.

Régularisation (suite)
Cotisation de retraite complémentaire : 30205 (cas général) ; 76210 (CDD) ; 94440 s. (modèles de bulletins de paie).
Cotisations plafonnées de sécurité sociale : 18200 s. (étude d'ensemble) ; 53550 (rappel de salaire) ; 60350 (fermeture de l'entreprise pendant les congés) ; 60390 (versement des ind. congés payés par une caisse de congés payés) ; 70620 (transfert d'entreprise) ; 74990 (application de la réduction d'assiette travail à temps partiel) ; 76210 (CDD) ; 82770 (VRP multicarte) ; 87780 (travailleur à domicile) ; 94440 s. (modèles de bulletins de paie).
Cotisations patronales de prévoyance et de retraite supplémentaire : 43167 (limites d'exo.).
Erreurs : 36470 (correction de la DSN : règles générales) ; 35565 s. (PAS).
Réduction générale de cotisations patronales : 22350 s. (étude d'ensemble).
Taxe sur les salaires : 31910 s.

Réinsertion : voir Reclassement.

Réintégration
– d'un représentant du personnel à la suite de l'annulation de l'autorisation administrative : 79700 (indemnisation).
– d'un représentant du personnel licencié sans autorisation ou malgré un refus d'autorisation : 79690 (indemnisation).
AUTRE RUBRIQUE : Reclassement.

Relevé
– annuel de situation (PEE) : 49635.
– de versement provisionnel : 31900 (taxe sur les salaires).
– des actions ou des parts (PEE) : 49635.
– des frais généraux : 36820 s. (étude d'ensemble) ; 96440 (modèle).

Religieux – religion : voir Congrégation, Discrimination.

Reliquat : 46680 (répartition de la participation) ; 48205 (répartition de l'intéressement).

Remboursement des sommes indûment versées : voir Indu.

Remise
– tarifaire accordée au salarié sur les produits de l'entreprise : 39900 s. (cotis. SS) ; 39960 (remise de bon d'achat ouvrant droit à une réduction tarifaire : cotis. SS) ; 40700 (IR).
Majoration de retard : 19625 (cotis. SS) ; 29650 (cotis. chômage et AGS) ; 30410 (cotis. Agirc-Arrco) ; 52570 (cotis. SS sur retraites).

Remplacement d'un salarié absent : 3840 (égalité de rémunération) ; 75960 (recours à un CDD : montant du salaire) ; 76330 (recours à un CDD : ind. fin de contrat) ; 88260 (journaliste).

Rémunération excessive : 34670, 35130 (déduction du résultat imposable et imposition du bénéficiaire) ; 77040 (dirigeants de sociétés : cotis. SS) ; 77680 (dirigeants de sociétés : régime fiscal).

Rémunération mensuelle minimale garantie : 68400 s. (étude d'ensemble) ; 87560 (travailleur à domicile) ; 95055 (modèle de bulletin de paie).

Rémunération variable : 57800 s. (étude d'ensemble) ; 3380 (application du principe d'égalité salariale) ; 62650 (réintégration après une longue maladie) ; 80050 s. (commissions des VRP).

Rendement
Baisse de rendement ou de production : 67420 (baisse consécutive à une grève : retenue sur salaire des grévistes) ; 67630 s. (baisse consécutive à une grève : conséquence sur le salaire des non-grévistes) ; 72460 (réduction corrélative du salaire).
Prime de rendement, de production ou de productivité : 44710 s. (généralités) ; 1920 s. (Smic) ; 2650 (minimum conventionnel) ; 6980 s. (majorations heures supplémentaires) ; 45650 (solutions particulières) ; 59520 et 59610 (ind. congés payés) ; 62820 (salaire en cas d'inaptitude physique) ; 66200 (ind. compensatrice préavis) ; 72460 (réduction ou suppression : sanction pécuniaire) ; 92450 (comptabilisation).
Salaire au rendement, aux pièces ou à la tâche : 1670 (Smic) ; 4860 (information contenue dans le bilan social) ; 6170 (application de la réglementation des heures supplémentaires) ; 6980 (majoration pour heures supplémentaires) ; 11050 (détermination du salaire mensualisé) ; 12470 s. (périodicité de paiement du salaire) ; 13490 (bulletin de paie) ; 18030 (salaire aux pièces : calcul cotis. plafonnées) ; 22140 (réduction générale de cotis. patronales) ; 60990 (rémunération des jours fériés chômés) ; 65900 (préavis).

Rente
– d'accident du travail : voir Accident du travail (ou maladie professionnelle).
– d'invalidité : voir Invalidité – inaptitude.
– versée à l'ayant droit d'un salarié décédé : 73650 s.
– viagère à titre onéreux : 50210 (régime fiscal des sommes versées à la sortie du Perco).
AUTRE RUBRIQUE : Retraite – retraité.

Rentrée scolaire : voir Scolarité.

Repas : voir Nourriture – boisson.

Répétition de l'indu : voir Indu.

Report
– des congés payés : 59850 s. (maladie du salarié) ; 72240 (alimentation d'un compte épargne-temps).
– des excédents de versement des taxes et participations autres sur les salaires : voir Excédent.
– du crédit d'heures : 79015
– en arrière des déficits : 46330 (participation des salariés).

Reporter : voir Journaliste.

Repos compensateur
– de remplacement (heures supplémentaires) : 7260 s. (étude d'ensemble) ; 7600 s. (bulletin de paie) ; 9630 s. (aménagement du temps de travail sur plusieurs semaines : régime conventionnel) ;

Repos compensateur (suite)
9840 (aménagement du temps de travail sur au plus 4 semaines : régime réglementaire) ; 10020 s. (modulation de la durée du travail) ; 10270 (travail en cycles) ; 10450 (réduction du temps de travail sous forme de jours de repos sur l'année) ; 15030 (compensation des sommes indûment payées avec le salaire) ; 59170 (droit à congés payés) ; 79180 (heures de délégation pendant le repos) ; 85180 s. (hôtels – cafés – restaurants) ; 92520 (comptabilisation).
– pour astreinte : 5750 s. (étude d'ensemble).
– pour travail de nuit : 73270 s.
– pour travail en soirée : 73350 s.
– pour travail le dimanche ou le jour de repos hebdomadaire : 88170 (journalistes).
– pour travail les jours fériés : 88190 (journaliste) ; 61150 (1er mai).

Repos hebdomadaire
Jour férié chômé tombant le jour de repos hebdomadaire : 61020.
Majorations ou prime pour travail le dimanche : 73050 s. (étude d'ensemble) ; 1910 (Smic) ; 6950 (cumul avec majorations heures supplémentaires) ; 6980 s. (calcul majorations heures supplémentaires) ; 12500 (date de paiement) ; 59510 (calcul ind. congés payés) ; 59710 (salaire maintenu pendant les congés payés) ; 61114 (cumul avec majoration pour travail les jours fériés ordinaires) ; 61180 (cumul avec rémunération majorée du 1er mai) ; 72730 (rémunération du CTP) ; 73190 s. (équipe de suppléance de fin de semaine) ; 87210 (travailleur à domicile).
Contreparties pour travail le jour du repos hebdomadaire : 73080 s. (commerces de détail) ; 88170 (journalistes).
Représentant du personnel : 79180 (rémunération des heures de délégation prises sur les jours de repos).
Stagiaire en entreprise : 88980.
Utilisation des titres-restaurant : 51770 (titres sur support papier) ; 51820 (titres sur support électronique).

Représentant de commerce
Étude d'ensemble : 79800 s.
Représentant de commerce : 68150 (activité partielle : montant de l'allocation versée à l'employeur).
Bulletin de paie : 13340 (mention relative à la durée du préavis et des congés payés) ; 13490 (mention de la base de calcul du salaire) ; 95210 s. (modèles de bulletin de paie).
Crédit d'heures : 79170.
Commissions : 80050 s. (étude d'ensemble) ; 12500 (périodicité de versement : représentant non statutaire) ; 80280 (inclusion des frais professionnels) ; 80560 (périodicité de versement : VRP) ; 81670 s. (retour sur échantillonnages) ; 82680 (calcul cotis. plafonnées).
Effectif : 18846 s. (VRP multicartes : prise en compte dans l'effectif SS).
Exonérations et allégements des charges sociales : 22030 (réduction générale de cotis. patronales : calcul) ; 22140 (réduction générale de cotis. patronales : calcul du Smic).
Intéressement des salariés : 48150.
Journée de solidarité : 71820.
Régime fiscal : 83500 s.
Régime social : 82660 s. (étude d'ensemble).
Rémunération minimale garantie : 80430 s.
Taxes et participations sur salaires : 83730 s.
Versement mobilité (calcul de l'effectif) : 26920 s. (étude d'ensemble) ; 82660 (cas des VRP).

Représentant du personnel
Étude d'ensemble : 79000 s.
Crédit d'heures : 79000 s. (étude d'ensemble) ; 54470 (imputation de la rémunération sur la masse des pourboires) ; 79095 s. (montant des crédits d'heures accordés à chaque catégorie de représentants du personnel) ; 79560 s. (mention des heures de délégation sur le bulletin de paie) ; 95200 (modèle de bulletin de paie).
Épargne salariale : 46660 (répartition de la participation) ; 48190 (répartition de l'intéressement) ; 48480 (mise en place : condition d'exo. de l'intéressement).
Information et consultation
Bilan social : 4830 s.
Choix de la journée de solidarité à défaut d'accord collectif : 71830.
Communication d'un exemplaire de la convention collective : 4810.
Dénonciation d'un usage d'entreprise : 4420 s. (modification du montant ou du mode de calcul du salaire).
Formation et logement des salariés : 33320 (IC).
Modification de la périodicité de la paie des salariés non mensualisés : 12470.
Modification des salaires pour motif économique : 4610.
Participation financière des salariés : 47400 (participation aux résultats) ; 48240 (intéressement).
Retard de paiement des cotisations sociales : 19380.
Traitement automatisé de gestion du personnel : 16250.
Salarié physiquement inapte : 62805 (rémunération dans l'attente de l'autorisation administrative de licenciement).
AUTRE RUBRIQUE : Comité social et économique.

Représentant syndical : voir Représentant du personnel, Syndicat.

Reprise de travail ou d'activité
– après le départ à la retraite : 30180 (cotis. Agirc-Arrco).
– après une maladie : 61610 (reprise anticipée incidence sur la subrogation) ; 62650 s. (réintégration).
– après un mandat de représentant du personnel : 79685 (garantie d'évolution de la rémunération).
– après une maternité : 63050 s. (garantie d'évolution de la rémunération).

Reprise de travail ou d'activité (suite)
Chômeur créateur ou repreneur d'entreprise : voir Chômage – chômeur.
Salarié dispensé d'exécuter son préavis : 66170 (possibilité de contracter avec un nouvel employeur en cours de préavis) ; 66370 (cotis. SS, Agirc-Arrco et chômage).

Requalification (du CDD en CDI) : 76510 s. (étude de l'ensemble).

Rescrit :
– **aides à l'emploi :** 67950 (activité partielle).
– **assurance chômage :** 77270 (dirigeant social).
– **obligation d'emploi des travailleurs handicapés :** 28150.
– **social :** 20610 s. (cotis. SS).

Réserve
– **spéciale de participation :** 4880 (information contenue dans le bilan social) ; 46300 s. (calcul et répartition) ; 46550 (supplément de réserve) ; 47620 s. (régime social et fiscal) ; 49970 (PEI faisant office d'accord de participation).
Corps de réserve : 59170 (effet de l'absence sur le droit à congés payés) ; 72170 (autorisation d'absence).
Prise en compte des réserves dans le calcul de la participation : 46370 (capitaux propres).

Résidence : voir Logement.

Résiliation judiciaire du contrat : 65290 s. (étude d'ensemble) ; 4550 (modification du salaire : cas général).

Responsabilité
– **financière du salarié vis-à-vis de l'employeur :** 72510 s.
Réduction des responsabilités du salarié : 53350 s. (indemnisation).

Restaurant
Frais de restaurant et temps de restauration : voir Nourriture – boisson.
Personnel des restaurants : voir Hôtel – café – restaurant.
Restaurant d'entreprise : voir Cantine.
Titre-restaurant : voir Titre-restaurant.

Restructuration : voir Transfert d'entreprise.

Résultat (prime de) : voir Bénéfice.

Retard
Majoration de retard pour paiement et déclaration tardifs des cotisations, taxes et impôts et pour versement de l'épargne salariale : voir Majoration de retard. Pour les autres sanctions applicables en cas de paiement ou de déclarations tardifs, se reporter à l'étude de chaque obligation.

Retenue à la source
Gains retirés d'options sur actions, d'actions gratuites et de BSPCE par des personnes non domiciliées en France : 50530, 50640, 51025, 51210.
Prélèvement à la source de l'impôt sur le revenu : voir Prélèvement à la source (de l'impôt sur le revenu).

Retenue à la source (suite)
Salaire et pension de retraite perçus par des personnes domiciliées fiscalement à l'étranger : 35800 s. (étude d'ensemble) ; 95060 (modèle de bulletin de paie) ; 96430 (barème de la retenue).

Retenue sur salaire
Bulletin de paie : 13580 (bulletin de paie).
Contribution du salarié au financement d'avantages divers : 51700 (titres-restaurant).
Déduction des acomptes, avances, fournitures et autres créances de l'employeur : 14700 s.
Grève : 67380 s. (salaire des grévistes) ; 67600 s. (salaire des non-grévistes) ; 67720 s. (lock-out) ; 95100 (modèle de bulletin de paie).
Interdiction des sanctions pécuniaires : 72350 s.
Maladie et autres périodes non travaillées (calcul de la retenue) : 61440 (maladie – accident – maternité) ; 72400 s. (absence ou retard injustifié) ; 94430 (modèle de bulletin de paie).
Responsabilité financière du salarié : 72510 s.
Saisie et cession du salaire : voir Saisie et cession.
Salariés rémunérés aux pourboires : 54480 (retenue sur les pourboires centralisés par l'employeur).

Retour : 81670 s. (retour sur échantillonnages des VRP).
Aide au retour des travailleurs immigrés : voir Aide au retour (travailleurs immigrés).

Retraite – retraité
Avantages de retraite financés en tout ou partie par l'entreprise : 52250 s. (étude d'ensemble) ; 35800 s. (versement à l'étranger : retenue à la source) ; 92900 (complément de retraite versé par l'employeur : comptabilisation).
Avantages en nature maintenus par l'employeur à d'anciens salariés retraités : 40380 (régime fiscal de l'ind. représentative d'avantages en nature) ; 52370 (cotis. SS) ; 52750 (régime fiscal).
Avantages servis par le CSE ou à d'anciens salariés de l'entreprise : 41210, 41310 (cotis. SS).
Avantages servis par une mutuelle à des retraités 52160 s. (régime social et fiscal) ;
Cotisation de retraite : voir Cotisation de retraite.
Départ ou mise à la retraite : voir Départ ou mise à la retraite.
Égalité de rémunération femmes-hommes : 3380.
Plan d'épargne retraite d'entreprise : voir Plan d'épargne retraite d'entreprise (PER).
Régime Cavec : 42550 (part salariale prise en charge par l'employeur et part patronale : cotis. SS).
Régime CNBF : 42550 (part salariale prise en charge par l'employeur et part patronale : cotis. SS) ; 90040 s. (avocats salariés) ; 96370 s. (adresse et montant des cotis.).
Régime de retraite à prestations définies : 43420 s.
Régime de retraite complémentaire Agirc-Arrco : 29900 s. (étude d'ensemble) ; 69190 s. (salarié à employeurs multiples) ; 69760 (artiste

Retraite – retraité (suite)
du spectacle) ; 70700 s. (transfert d'entreprise) ; 71240 (salarié détaché à l'étranger) ; 71500 (salarié expatrié) ; 75100 (salarié à temps partiel) ; 77350 s. (dirigeants de sociétés) ; 83000 (VRP) ; 86250 s. (préretraité) ; 88650 (pigiste) ; 89420 (stagiaire).
Reprise d'activité salariée après le départ à la retraite : 30180 (cotis. Agirc-Arrco).
Retraite progressive : 74920 (abattement d'assiette des cotis. plafonnées) ; 75230 (maintien des cotis. vieillesse sur le salaire temps plein) ; 75410 (maintien des cotis. retraite complémentaire sur le salaire temps plein).
Versement au PEE : 49350 (régime social) ; 49880 (IR).

Rétrogradation
Déclassement pour raisons économiques : 53240 s. (indemnisation) ; 81310 s. (garantie temporaire de rémunération des représentants de commerce).
Incidence sur le calcul de l'indemnité de licenciement : 63660.
Sanction disciplinaire : 53360 (maintien provisoire de la rémunération antérieure : régime social de l'ind. différentielle) ; 72480 (réduction du salaire).

Réunion : 72450 (retenue sur salaire pour refus de participer à une réunion : sanctions pécuniaires prohibées) ; 79300 s. (représentants du personnel : temps passé en réunion, temps de trajet, frais de transport).

Revalorisation
– du salaire minimum conventionnel : 2950
– du Smic : 1430.
Indemnité compensatrice de non-concurrence : 66810.
Interdiction des clauses d'indexation du salaire : 3940 s.

Revenu : voir Retraite – retraité.

Revenu de solidarité active : 84380 (contrat de professionnalisation) ; 96090 (montant).

Revenu exceptionnel ou différé (IR) : 35390 (étude d'ensemble) ; 63960 (ind. licenciement) ; 64990 (ind. départ à la retraite ou en préretraite) ; 66960 (ind. de non-concurrence).

Révocation
– d'un usage : 4420 s.
Sommes versées à la révocation d'un mandat social : 76670 (dirigeants de Scop : préavis et ind. de licenciement) ; 77080 s. (cotis. SS) ; 77880 s. (régime fiscal).

Risque
– prime de : 1910 (Smic) ; 59520 (calcul ind. congés payés).
Déclaration sociale nominative : 36430 (déclaration d'exposition aux facteurs de risque) ; 36470 (correction des facteurs de risques déclarés).
Retrait d'une situation dangereuse : 72400 (retenue sur salaire).

Ristourne : 18730 (cotis. accident du travail).

Rupture
Déclaration sociale nominative : 36460 (déclaration des fins de contrats).
Indemnités versées lors de la rupture d'un contrat de travail : voir sous chaque type d'indemnité (ind. de licenciement, compensatrice de préavis…).
Mode de rupture du contrat de travail : voir chaque type de rupture (démission, départ ou mise à la retraite…).
Rupture conventionnelle collective : 64270 s. (étude d'ensemble).
Rupture conventionnelle homologuée : 64200 s. (étude d'ensemble) ; 81790 (VRP : droit à ind. clientèle) ; 82030 s. (VRP : droit aux ind. conventionnelles de rupture) ; 88410 (ind. journalistes) ; 92730 (comptabilisation de l'ind. de rupture).
Rupture d'un mandat social : voir Révocation.

S

Saisie et cession
Incidence sur l'impôt sur le revenu du salarié : 35300.
Indemnité d'activité partielle : 68075 (ind. légale) ; 68110 (ind. complémentaire).
Salaire et accessoires
Étude d'ensemble : 15120 s.
Comptabilisation : 91370.
Concours de procédures : 15700.
Exemples : 96110 s.
Mention sur le bulletin de paie : 13580.
Quotités saisissables et cessibles : 96080 s. (barème) ; 96100 (exemples de calcul).
Saisie administrative à tiers détenteur : 15470 s.

Saisonnier : voir Travail saisonnier.

Salaire
Déclaration sociale nominative : 36350 s.
Garantie d'évolution du salaire : 63050 s. (après un congé de maternité ou d'adoption) ; 79685 (après un mandat de représentant du personnel).
Non-substitution au salaire : 42680 (contrib. patronales retraite ou prévoyance) ; 48280 s. (intéressement) ; 49480 (abondement au PEE).
Reversement de salaire à l'employeur : 35310 (incidences sur impôts) ; 72500 (conditions).
Taxes et participations assises sur les salaires : 31260 s. (étude d'ensemble).
AUTRES RUBRIQUES : Rémunération excessive, Rémunération mensuelle minimale garantie, Smic (salaire minimum interprofessionnel de croissance), Minimum conventionnel.

Salissure (prime de) : voir Nettoyage.

Sanction : se reporter à chaque obligation, par exemple : Smic (salaire minimum interprofessionnel de croissance), Paiement (des cotisations)…
Sanctions pénales
Amende pour infraction au Code de la route : 45930 (prise en charge par l'employeur) ; 72530 (retenue sur salaire).
Barème des peines contraventionnelles : 96470.

Sanction disciplinaire
Participation ou intéressement : 46600 (incidence sur le droit à participation) ; 48150 (incidence sur le droit à intéressement).
Sanctions pécuniaires prohibées : 72350 s. (étude d'ensemble) ; 67420 (grève : baisse de rendement).

Sapeur-pompier
Autorisation d'absence pour le sapeur-pompier volontaire : 72170.
Obligation d'emploi des travailleurs handicapés : 28190.

Sauvegarde (procédure de) : voir Procédures collectives.

Scolarité
Frais (remboursement par l'employeur) : 56780 (cotis. SS) ; 56870 (quartiers généraux et centres de logistique des groupes internationaux : IR).
Prime : 41210 (versée par le CSE : cotis. SS) ; 52060 s. (versée par l'employeur : cotis. SS).

Scooter : voir Véhicule.

Scop : voir Société (coopérative ouvrière de production).

Secours
Pension de secours allouée à d'anciens salariés : 52880 (déductibilité de l'impôt).
Régime : 39850 (cotis. et contrib. sociales) ; 45110 (impôt).
Secours alloués par le CSE : 41260 s. et 73720 (cotis. SS) ; 41710 s. (IR).
Sommes versées aux salariés grévistes : 67830 s. (régime social) ; 67870 (régime fiscal).

Secteur public : voir Établissement (public).

Sécurité des travailleurs : voir Hygiène et sécurité.

Sénat – sénateur : voir Parlement – parlementaire.

Senior (emploi) : 76330 (CDD « senior » : ind. de fin de contrat).

Séparation de biens : 53870 s. (salaire du conjoint du chef d'entreprise : régime fiscal).

Service : voir Pourboire.

Service civique : 18837 (effectif SS) ; 30020 (cotis. retraite complémentaire).

Service emploi associations : 36665.

Service militaire ou national
Incidence sur différents droits ou obligations du salarié : 88110 (prime d'ancienneté : CCN des journalistes).
Journée défense et citoyenneté (ex-appel de préparation à la défense) : 72170 (autorisation d'absence).
Service dans la réserve opérationnelle : 72170 (autorisation d'absence).

Service minimum (en cas de grève) : 67470 (rémunération).

Servitude (prime de) : 44710 s. (généralités) ; 1910 (Smic) ; 2690 (minimum conventionnel) ; 45370 (portée d'une clause de maintien de la rémunération en cas d'absence) ; 45720 s. (exemples de primes liées aux conditions de travail) ; 56950 (régime social) ; 59520 (ind. congés payés).

Sexe
Égalité de rémunération femmes-hommes : 3150 s.
Harcèlement sexuel (victime ou témoin) : 3650 (discrimination salariale).

Sinistre
Indemnité légale de licenciement : 63340.
Rémunération mensuelle minimale garantie : 68415.
AUTRE RUBRIQUE : Force majeure.

Smic (salaire minimum interprofessionnel de croissance)
Étude d'ensemble : 1200 s.
Assiette minimum des cotisations de sécurité sociale : 17900 s.
Compensation salariale de réduction d'horaire : 53720 s.
Équivalences (horaires) : 5900.
Fourniture de la nourriture ou du logement : voir Avantage en nature.
Taux horaires successifs : 96050.
Catégories particulières : 1470 s. (jeunes) ; 58050 (salariés dont la rémunération comporte une partie variable) ; 80390 (VRP) ; 83950 (apprenti) ; 85080 (hôtels – cafés – restaurants) ; 87110 (travailleur à domicile).

Société
– anonyme : 72150 (représentation des salariés et des salariés actionnaires dans les conseils d'administration et de surveillance).
– civile de moyens : 30860 (taxe d'apprentissage : champ d'application).
– coopérative ouvrière de production (Scop) : 18846 s. (entrepreneur salarié associé : prise en compte dans l'effectif SS) ; 46740 (disponibilité de la participation) ; 46950 (gestion de la participation) ; 47630 (participation avec résultats : exercice de déduction).
– d'économie mixte : 33630 (IC : organisme collecteur).
– de fait : 19020 (redevable cotis. SS).
– de personnes : 48640 (intéressement : régime fiscal).
– immobilière des chemins de fer français : 33630 (IC : organisme collecteur).
– soumise à l'impôt sur les sociétés : 34200 (imposition des résultats) ; 77450 s. (imposition des dirigeants).
Associés et dirigeants : voir Conseil – conseiller (d'administration ou de surveillance de société anonyme), Dirigeant de société.
Organismes d'HLM : 33630 (IC : organisme collecteur).
AUTRES RUBRIQUES : EARL (exploitation agricole à responsabilité limitée), EURL (entreprise unipersonnelle à responsabilité limitée), Groupe de sociétés, Titre de société.

Sœur (société sœur) : voir Groupe de sociétés.

Soirée (travail en) : 73350 s. (étude d'ensemble) ; 59520 (prime : calcul ind. congés payés).

Sommelier : 54480 (répartition des pourboires centralisés par l'employeur) ; 96380 s. (assiette forfaitaire cotis. SS).

Sous-traitance
Attestation de vigilance : 19590.
Gestion de la paie : 16310 (protection des données personnelles).
Grève affectant l'entreprise principale : 67660 (chômage partiel : indemnisation des salariés de l'entreprise sous-traitante).
Obligation d'emploi des travailleurs handicapés : 28265 (contrats avec les entreprises adaptées, le secteur protégé, les travailleurs indépendants handicapés et les entreprises de portage salarial).
Responsabilité du donneur d'ordre (en cas de défaillance du sous-traitant) : 11670 s.

Spectacle
Aide du CSE (ou de l'employeur en l'absence de comité) : 41410 s. (cotis. SS : cas général) ; 41510 (cotis. SS : chèque-culture).
Débit de boissons avec spectacle : 84930 s. (étude d'ensemble).
Enfant exerçant une activité artistique : 12070 s. (paiement de la rémunération) ; 96020 (emploi des enfants : formalités à l'embauche).
Intermittent du spectacle : 69460 s. (étude d'ensemble) ; 22440 (imputation de la réduction générale de cotis. patronales) ; 29460 (cotis. chômage : bonus-malus) ; 30070 (institution de retraite complémentaire) ; 60370 (taux de majoration cotis. taxe apprentissage et CSA) ; 69770 (contrib. formation).
Pourboires : 54480 (interdiction des retenues sur les pourboires).
AUTRE RUBRIQUE : Artiste.

Sport – sportif
Aide du CSE (ou de l'employeur en l'absence de comité) : 41410 s. (cotis. SS).
Apprentissage : 83970 (sportif de haut niveau : aménagement de la durée de l'apprentissage).
Enseignement sportif : voir Enseignant – enseignement.
Mise à disposition d'équipements sportifs aux salariés : 39980 (cotis. SS).
Rémunération des sportifs : 24560 s. (cotis. SS) ; 30200 (cotis. Agirc-Arrco) ; 35800 (retenue à la source des sportifs domiciliés hors de France).

Stage – stagiaire
Élèves et étudiants effectuant un stage en entreprise : 88850 s. (étude d'ensemble) ; 18837 (calcul de l'effectif SS) ; 21820 (réduction générale cotis. patronales) ; 71960 (contrib. de solidarité autonomie) ; 93060 (ind. de stage : comptabilisation) ; 95280 (modèle de bulletin de paie).
Handicap : 28195 (OETH) ;
Journaliste stagiaire : 88270 (maladie : maintien du salaire).

Stage – stagiaire (suite)
Stage probatoire : 1350 (Smic).
Stagiaire de la formation professionnelle : voir Formation professionnelle.

Stationnement : voir Garage.

Station-service : 5830 (calcul de la période à rémunérer : pompiste logé sur place).

Stock-option : voir Options de souscription ou d'achat d'actions.

Subrogation – substitution
Indemnités journalières de maladie : 61600 s. et 62260 s. (subrogation de l'employeur à l'assuré) ; 75600 (temps partiel thérapeutique) ; 94980 (modèle de bulletin de paie).
Sous-traitance : 11670 s. (substitution du donneur d'ordre au sous-traitant).
Travail temporaire : 11520 s. (substitution de l'utilisateur à l'entrepreneur de travail temporaire).

Subvention
– au CSE ou à des activités sociales : 41100 s. (cotis. SS) ; 34450, 42020 (déduction pour l'entreprise) ; 41710 s. (IR).
– aux centres de formation des apprentis ou aux établissements d'enseignement : 30910 s. (imputation sur la taxe d'apprentissage).
– aux organismes collecteurs de la participation-construction : 33630 (IC).
Subvention de fonctionnement du CSE : 92880 s. (comptabilisation).
AUTRE RUBRIQUE : Aide de l'État ou de la région.

Succession (de contrats dans l'entreprise)
Contrats de formation ou d'insertion (calcul de la rémunération) : 84010 (succession de contrats d'apprentissage).
Contrats de travail (à durée indéterminée ou déterminée) : 76210 (CDD non consécutifs au cours de l'année : régularisation cotis. SS) ; 76215 (succession de CDD : réduction générale de cotis. patronales) ; 23440 (embauches en CDD : exo. ZRR) ; 63440 (ancienneté pour droit à ind. de licenciement).

Succursale : voir Établissement.

Sujétion (prime de) : voir chaque mot, par exemple : Astreinte, Nuit (travail de), etc.

Superprivilège : 14660 (salaire) ; 80580 (VRP).

Supplément : 46550 (participation aux résultats) ; 48110 (intéressement).

Surendettement : 51270 (déblocage participation ou PEE) ; 51290 (déblocage Perco) ; 51295 (déblocage Pereco).

Surveillance
– dans l'entreprise : voir Garde – gardien – gardiennage.
– médicale : voir Examen médical.

Suspension du contrat de travail
Autorisation d'absence et congés : 72050 s. (tableau récapitulatif).

Suspension du contrat de travail (suite)

Calcul de l'ancienneté : 63350 s. (droit et calcul de l'ind. légale de licenciement) ; 63650 (calcul ind. conventionnelle licenciement) ; 76740 (cumul mandat social – contrat de travail).

Cause de suspension et effets : se reporter aux rubriques correspondant à chaque cas de suspension du contrat de travail (exemple : Congés payés, Grève, Maladie ou accident, etc.).

Contrat à durée déterminée : 76020 (clause de suspension pour fermeture de l'entreprise pendant les congés payés).

Contrat de formation ou d'insertion (incidence sur terme et exo. de cotis. SS) : 84580 (CIE et CAE).

Jours fériés : 61040 (rémunération de jours fériés chômés compris dans une période de suspension).

Plafond de sécurité sociale : 18050 s. (réduction).

Prévoyance complémentaire et retraite supplémentaire : 42880 s. (maintien des garanties).

Primes et gratifications : 45300 s. (droit au versement).

Réduction générale de cotisations patronales : 22170 (calcul : absence non rémunérée) ; 22180 (calcul : absence rémunérée).

Représentant du personnel : 79040 (effet sur le mandat) ; 79180 (effet sur les heures de délégation).

Retraite ou préretraite conventionnelle (servie par l'employeur sans rupture du contrat).

Complément de retraite : 52250 s. (cotis. spéciale sur les retraites).

Préretraite : 86350 s. (étude d'ensemble).

Syndicat

Appartenance syndicale : 16350 (contenu des fichiers de traitement informatisé de la paie) ; 79650 (non-discrimination).

Salarié en congé syndical : 59620 (somme versée par le syndicat : ind. congés payés).

Salarié mis à disposition d'un syndicat : 19040 (ind. de fonction : redevable cotis. SS).

Syndicat de copropriétaires : 29300 (AGS).

Taxe sur les salaires : 31780 (abattement).

T

Tâche

– occasionnelle : 76330 (ind. fin de CDD).

AUTRE RUBRIQUE : Rendement (salaire au rendement, aux pièces ou à la tâche).

Tapisserie : 38460 (frais afférents à un logement de fonction).

Tarif

Pige : 88100.

Réduction tarifaire sur les produits fabriqués par l'entreprise : 39900 s. (cas général : cotis. SS) ; 40700 (cas général : IR) ; 53970 s. (avantages consentis par les banques à leur personnel) ; 75970 (égalité de rémunération entre CDD et CDI).

Remise de bons d'achat ouvrant droit à une réduction tarifaire : 39960 (cotis. SS).

Taux d'intérêt : voir Intérêt.

Taux de change : voir Devises étrangères (paiement du salaire en devises étrangères).

Taxe d'apprentissage

Étude d'ensemble : 30850 s.

Exercice de déduction : 34920.

Comptabilisation : 91620.

Mention sur le bulletin de paie : 13630 s.

Taux : 96130.

Pour l'assujettissement de chaque élément de rémunération ou catégorie particulière, se reporter à l'étude concernée.

Taxe d'habitation : 38460 (frais afférents à un logement de fonction) ; 39330 (prise en charge par l'employeur).

Taxe de transport : voir Versement mobilité.

Taxe sur la valeur ajoutée (TVA) : 31380 s. (incidence de l'assujettissement à la TVA sur la taxe sur les salaires).

Taxe sur les salaires

Étude d'ensemble : 31350 s.

Comptabilisation : 91530.

Exercice de déduction : 34920.

Mention sur le bulletin de paie : 13630 s.

Taux : 96130.

Transfert d'entreprise : 70890.

Pour l'assujettissement de chaque élément de rémunération ou catégorie particulière, se reporter à l'étude concernée.

Taxi : voir Transport – déplacement.

Télédéclaration : voir Internet – intranet.

Téléphone

Avantage en nature : 38700 (suspension du contrat de travail) ; 39650 s. (régime social) ; 40200 s. (régime fiscal).

Frais professionnels : 56900 s. (étude d'ensemble) ; 86800 s. (télétravail) ; 88760 (journalistes) ; 92130 s. (comptabilisation).

Retenue sur salaire pour dépassement d'un forfait professionnel : 72390 (sanction pécuniaire prohibée).

Télérèglement : voir Internet – intranet.

Télétravail : 86750 s. (étude d'ensemble) ; 86865 (frais professionnels : liste et évaluation).

Télévision (artiste) : voir Artiste.

Témoin

Harcèlement sexuel ou moral : 3650 (discrimination salariale).

Paiement du salaire : 14560 (preuve).

Procès : 72160 (autorisation d'absence).

Temps partiel : voir Travail à temps partiel.

Territoire d'outre-mer : voir Département, collectivité ou territoire d'outre-mer.

Théâtre

Aide du CSE : 41410 s. (cotis. SS : cas général) ; 41510 (cotis. SS : chèque-culture).

Artiste : voir Artiste.

Théâtre (suite)

Critique : voir Journaliste.

Interdiction des retenues sur pourboires : 54480.

Thèse (de doctorat)

Thèse préparée au sein d'une entreprise : 89240 (cotis. SS) ; 89370 (cotis. chômage).

Titre : voir Diplôme.

Titre de société

Attribution d'actions gratuites : 50970 s. (étude d'ensemble) ; 49510 (affectation au PEE) ; 73510 (décès du bénéficiaire) ; 93490 (contrib. patronale : comptabilisation).

Bons de souscription de parts de créateur d'entreprise : voir Bon (de souscription de parts de créateur d'entreprise).

Contrôle d'un journal : 88400 (ind. licenciement des journalistes en cas de cession).

Gains réalisés dans le cadre d'opérations de management package : 77075 (régime social) ; 77825 (régime fiscal).

Options de souscription ou d'achat d'actions : voir Options de souscription ou d'achat d'actions.

Utilisation des fonds de la participation aux résultats de l'entreprise : 93220 s. (comptabilisation).

Titre emploi-service entreprise (TESE) : 36580 s. (étude d'ensemble) ; 69870 (employeurs relevant du Guso).

Titre firmes étrangères : 36680 s. (étude d'ensemble) ; 69870 (employeurs relevant du Guso).

Titre-restaurant

Étude d'ensemble : 51670 s. (émission et utilisation des titres) ; 51900 s. (exo. sociales et fiscales) ; 96340 (montants des limites d'exo.).

Bulletin de paie : 13730 (intégration au net social) ; 51700 (mentions) ; 95280 (modèle).

Compensation avec le salaire : 14940.

Comptabilisation : 92800.

Participation conjointe de l'employeur et du CSE : 51900 (cotis. SS).

Situations ou catégories particulières : 61870 (maladie) ; 74660 (salarié à temps partiel) ; 75590 (temps partiel thérapeutique) ; 75970 (CDD) ; 79190 (représentant du personnel) ; 86840 (télétravail) ; 88980 (stagiaire en entreprise).

Tôlerie : 56500 (ind. petit déplacement : cotis. SS et IR).

Topaze : 35490 (PAS : communication anticipée du taux à l'employeur).

Tourisme : 5860 (horaire d'équivalence) ; 54630 (bon de pourboire remis par les agences aux chauffeurs d'autocar : IR).

Traiteur organisateur de réception : 84930 s. (étude d'ensemble) ; 19040 (embauche d'extra : redevable des cotis.).

Transaction

Étude d'ensemble : 65450 s.

Nullité : 15030 (compensation des sommes versées avec le salaire).

Transaction (suite)

Révocation du mandat social d'un dirigeant : 77880 s.

Rupture d'un contrat à durée déterminée : 76420 s.

Transaction avec l'Urssaf : 21340 s. (dette de cotis.).

Transaction en cours de contrat de travail : 55000.

Transfert d'entreprise

Étude d'ensemble : 70000 s.

Convention et accord collectifs : 70320 s. (transfert légal) ; 70420 (transfert volontaire ou conventionnel d'entreprise).

Cotis. chômage : 29460 (bonus-malus).

Déclaration sociale nominative : 70610 s.

Droit à congés payés : 59165.

Effectif : 18832 s. (effectif SS).

Exonération de cotisations : 23860 (ZFU).

Participation-construction : 33820 s. (délai de déclaration et obligations du nouvel exploitant).

Participation, intéressement et plan d'épargne d'entreprise : 46320 (fusion rétroactive : calcul de la participation) ; 70480 s. (sort des accords et du PEE).

Primes et gratifications : 44970 (paiement).

Régime optionnel de déduction des indemnités de congés payés en cas de fusion : 60510.

Taxe sur les salaires : 31920 (déclaration et paiement de la taxe).

Catégories particulières

Dirigeants de sociétés : 76740.

Journaliste : 88350 (dispense de préavis) ; 88400 (ind. de licenciement).

Salariés payés aux commissions : 58190 (clause de bonne fin : paiement des commissions) ; 81320 (représentants de commerce : garantie temporaire de rémunération).

Travailleurs handicapés : 28165 (contrib. OETH).

AUTRES RUBRIQUES : Groupe de sociétés, Management package, LBO (Leverage Buy Out).

Transport – déplacement

Entreprise de transport (de voyageurs) : 5660 (temps de trajet des chauffeurs de bus) ; 22190 (réduction générale de cotis. patronales : calcul) ; 54630 (bon de pourboire dans le tourisme : IR) ; 86470 (congé de fin d'activité).

Entreprise de transport (de marchandises) : 13480 (bulletin de salaire) ; 55580 s. (transport routier : suppression de la DFS).

Fractionnement des congés payés : 56980 (ind. : cotis. SS).

Indemnités forfaitaires pour frais : 34410 (charge déductible pour l'entreprise) ; 55205 (notion de frais professionnels) ; 55330 (dispositions conventionnelles) ; 56260 s. (repas des salariés en déplacement : limites d'exo.) ; 56480 (ind. grand déplacement : limites d'exo.) ; 56640 s. (mobilité professionnelle : limites d'exo. cotis. SS) ; 56810 s. (mobilité professionnelle : régime fiscal) ; 59530 et 59590 (calcul ind. congés payés) ; 62910 (calcul ind. spéciale de licenciement des victimes d'accident du travail) ; 94760 s. (modèles de bulletins de paie).

Transport – déplacement (suite)

Mise à disposition d'un véhicule : voir Véhicule.

Prime allouée par le CSE : 41290 (cotis. SS).

Prime transport allouée par l'employeur : 53480 (IR : prime versée à l'occasion d'une mutation).

Prise en charge des frais de transport domicile – lieu de travail : 57520 s. (étude d'ensemble) ; 92870 (comptabilisation).

Réduction générale de cotis. patronales : 22490 (calcul).

Relevé de frais généraux : 36820 (frais de voyage et de déplacement).

Représentants du personnel : 79190 (frais de déplacement engagés pendant les heures de délégation) ; 79300 s. (frais de transfert et temps de trajet pour se rendre aux réunions organisées par l'employeur).

Taxe de transport : voir Versement mobilité.

Temps de transport : 5640 s. (prise en compte pour le calcul du salaire) ; 5780 (intervention pendant une astreinte) ; 53460 (indemnisation de l'allongement du temps de trajet résultant d'une mutation : cotis. SS).

Travail effectif et temps de présence : 5670 (temps passé sur le lieu d'une mission) ; 5680 (déplacement à l'intérieur de l'entreprise).

Utilisation d'un véhicule personnel : voir Véhicule.

Versement mobilité : 26950 (transport routier ou aérien : décompte de l'effectif).

Voyages d'agrément : 39940 (voyages offerts par l'employeur : cotis. SS) ; 41410 s. (aide du CSE : cotis. SS) ; 71120 (frais de voyage annuel d'un salarié expatrié : calcul des ind. de rupture).

Situations et catégories particulières : 56870 (quartiers généraux et centres de logistique des groupes internationaux : IR) ; 66030 (préavis) ; 67410 (gréviste) ; 72620 (stagiaire : plan de développement des compétences) ; 74660 (salariés à temps partiel) ; 77730 (dirigeant) ; 80310 (VRP) ; 84060 (apprenti) ; 86830 (télétravailleurs) ; 87320 (travailleurs à domicile) ; 88760 (journaliste : IR) ; 88985 (stagiaire en entreprise).

Travail

– à la chaîne (prime) : 44710 s. (généralités) ; 45720 s. (solutions particulières).

– de nuit : voir Nuit (travail de).

– dissimulé : 7140 (non-paiement des heures supplémentaires) ; 11800 s. (débiteur des salaires et charges) ; 20230 (contrôle Urssaf : audition de l'employeur et des personnes rémunérées) ; 20470 (contrôle Urssaf : évaluation forfaitaire et majoration du redressement) ; 21560 (recouvrement Urssaf : saisies conservatoires) ; 21740 (suppression des exo. de cotis. SS) ; 65380 (sommes dues à la rupture du contrat) ; 70230 (débiteur de l'indemnité en cas de transfert légal d'entreprise).

– du dimanche : voir Repos hebdomadaire.

– en continu : 9550 (organisation du temps de travail sur plusieurs semaines) ; 59230 (décompte des congés payés).

– en équipe : 56240 (ind. de repas : régime social) ; 56250 (ind. de repas : IR).

Travail (suite)

– en famille : voir Famille.

– en soirée : 73350 s.

– illégal : 20230 (contrôle Urssaf : audition de l'employeur et des personnes rémunérées).

– par roulement : 59230 (décompte des congés payés).

– posté : 56240 (ind. de repas : régime social) ; 56250 (ind. repas : IR).

– sur écran : voir Écran (travail sur).

– urgent : 6780 (contingent annuel d'heures supplémentaires).

Atteinte à la liberté du travail : 67640 s. (rémunération des non-grévistes).

Exécution défectueuse du travail : 72450 s. (interdiction des sanctions pécuniaires).

Travail à domicile

Étude d'ensemble : 86950 s.

Activité partielle : 68205 (calcul de l'allocation et de l'ind.) ; 68255 (salariés à employeurs multiples : paiement des alloc.).

Bulletin de paie : 95300 (modèle).

Convention collective : 4800 (information du salarié).

Cotisations de sécurité sociale : 18740 (accident du travail) ; 22150 (réduction générale de cotis. patronales) ; 23135 (embauche en ZRR) ; 75220 s. (calcul cotis. vieillesse sur salaire temps plein).

Déduction forfaitaire de cotisations patronales pour heures supplémentaires : 7830.

Journée de solidarité : 71860 (assujettissement) ; 71960 (contrib. de solidarité autonomie).

Mensualisation : 10950.

Prélèvement à la source de l'impôt sur le revenu : 35515 (ajustement de la grille de taux par défaut).

Rémunération mensuelle minimale : 68405 (droit).

Télétravail : voir Télétravail.

Versement mobilité : 26920 s.

Travail à l'étranger

Étude d'ensemble : 71000 s.

Détachement à l'étranger

Charges sociales : 71160 s.

Contribution solidarité autonomie : 71960.

CSG et CRDS : 71140.

Impôts et taxes : 50650 (IR : incidence sur état d'imposition de stock-options) ; 71590 s. (IR) ; 71670 (taxe sur les salaires) ; 71690 (DSN).

Modèle de bulletin de paie : 95050.

Indemnités et primes (dépaysement, éloignement, grand déplacement, frais professionnels, etc.) : 71040 (étude d'ensemble) ; 6980 s. (calcul des majorations pour heures supplémentaires) ; 55205 (nature de complément de salaire) ; 56460 s. (ind. grand déplacement : cotis. SS et IR) ; 56770 s. (régime social) ; 59530 (calcul ind. de congés payés) ; 92600 (comptabilisation).

Paiement du salaire en devises étrangères : voir Devises étrangères (paiement du salaire en devises étrangères).

Travail à l'étranger (suite)
Participation des salariés aux résultats : 71080 (bénéfice de la participation).
Statuts particuliers : 82810 (VRP : régime social) ; 88090 (journalistes : accord préalable au départ).
AUTRES RUBRIQUES : Expatriation, Frontalier.

Travail à temps partagé : 3660 (égalité de rémunération).

Travail à temps partiel
Étude d'ensemble : 74450 s. (rémunération) ; 74880 s. (régime social) ; 75500 s. (régime fiscal).
Activité partielle : 68065 (ind. versée au salarié) ; 68410 (rémunération mensuelle minimale).
Bulletin de paie : 95110 s. (modèles).
Compte épargne-temps : 72260.
Congés payés : 59175 (durée des congés payés) ; 59230 s. (décompte des congés payés) ; 59710 (horaire à retenir).
Durée minimale de travail : 74520 s. (étude d'ensemble) ; 74810 (temps partiel aménagé sur une période supérieure à la semaine).
Égalité de rémunération femmes-hommes : 3270.
Indemnité de licenciement : 63450 (calcul) ; 75525 (régime fiscal).
Journée de solidarité : 71900.
Maladie : 61880 (maintien du salaire).
Mensualisation : 10950.
Prise en charge des frais de transport domicile-travail : 57590.
Temps partiel thérapeutique : 75570 s. (étude d'ensemble) ; 18846 (effectif SS) ; 36440 (attestation de salaire employeur).
Situations ou catégories particulières : 22160 (réduction générale cotis. patronales) ; 23130 (embauche en ZRR) ; 23970 (embauche en ZFU) ; 69940 (membre des professions médicales : cotis. SS) ; 79060 (crédit d'heures des représentants du personnel) ; 79180 (paiement des heures de délégation des représentants du personnel) ; 80440 (VRP exclusif) ; 85480 (hôtels – cafés – restaurants : jours fériés) ; 85780 (hôtels – cafés – restaurants : assiette cotis. SS) ; 88570 (journaliste : taux réduit cotis. SS).

Travail indépendant
Handicap : 28265 (emploi obligatoire de travailleurs handicapés : contrat conclu avec un travailleur indépendant handicapé).
Salaire du conjoint du chef d'entreprise : voir Conjoint (du chef d'entreprise). Pour les différents types d'activités non salariées, voir le mot correspondant (exemple : Artisan – artisanat, Professions libérales…).

Travail intermittent : 10700 s. (étude d'ensemble) ; 3820 (égalité de rémunération) ; 18844 (effectif SS) ; 68405 (rémunération mensuelle minimale) ; 10950 (mensualisation) ; 35515 (PAS : ajustement de la grille de taux par défaut) ; 71860 (journée de solidarité) ; 71960 (contrib. de solidarité autonomie) ; 90420 s. (formateurs occasionnels).

Travail saisonnier
Contribution solidarité autonomie : 71960.
Garantie d'une rémunération mensuelle minimale : 68405 (droit).
Indemnité de fin de contrat : 76330.
Indemnité de licenciement : 63450 (calcul).
Journée de solidarité : 71860.
Jours fériés : 76040 (cas général) ; 85490 (hôtels – cafés – restaurants).
Mensualisation : 10950.
Préavis : 65900 (droit) ; 66190 (ind. compensatrice).
Prélèvement à la source de l'impôt sur le revenu : 35515 (ajustement de la grille de taux par défaut).

Travail temporaire
Cotisations de sécurité sociale : 19080 (redevable des cotis.) ; 22150 (réduction générale : pondération du Smic) ; 56500 (ind. petit déplacement) ; 74920 (réduction d'assiette : salarié à temps partiel).
Défaillance de l'entreprise de travail temporaire : 11520 s. (responsabilité de l'entreprise utilisatrice).
Effectif : 18835 (effectif SS) ; 28200 (OETH : décompte des bénéficiaires).
Grève dans l'entreprise utilisatrice : 67620 (paiement des salaires).
Information contenue dans le bilan social : 4870.
Journée de solidarité : 71860 (assujettissement) ; 71960 (contrib. de solidarité autonomie).

Travaux publics : voir Bâtiment et travaux publics.

Treizième mois (prime) : 44710 s. (généralités) ; 1940 (Smic) ; 45460 (rupture du contrat de travail) ; 45630 (solutions particulières) ; 59610 (ind. congés payés) ; 6980 s. (majoration pour heures supplémentaires) ; 62820 (reprise du versement du salaire en cas d'inaptitude physique) ; 75970 (CDD).
AUTRE RUBRIQUE : Primes et gratifications.

Trop-perçu : voir Indu.

Tuteur – tutorat
Contrat de professionnalisation : 84440 (aide de l'État au tutorat) ; 85440 (hôtels – cafés – restaurants : prime tutorale).
Mineur : 12060 s. (paiement du salaire).

Tuyauterie industrielle : 56500 (ind. petit déplacement : cotis. SS et IR).

TVA : voir Taxe sur la valeur ajoutée (TVA).

U

Union européenne
Protection sociale des salariés travaillant à l'étranger : 71160 (détachement) ; 71305 (expatriation).
Soins médicaux dispensés sur le territoire d'un État membre : 61810 (droit au maintien du salaire).
AUTRES RUBRIQUES : Expatriation, Travail à l'étranger.

Urssaf
Contrôle : 19800 s. (cotis. SS) ; 29570 s. (cotis. chômage et AGS).
Recouvrement : 19240 s. (cotis. SS) ; 29570 s. (cotis. chômage et AGS).

Usage
Application de recommandations patronales : 620.
Définition et portée : 820 s.
Modification ou suppression : 4420 s. (cas général) ; 79680 (représentant du personnel).
Prime et gratification : 44800 s. (versement) ; 45210 (suppression) ; 45450 (droit au prorata d'une prime en cas de rupture du contrat de travail).
Rapport des usages avec les conventions et accords collectifs : 1080 s.
Sort des usages en cas de transfert d'entreprise : 70300 s. (transfert légal) ; 70420 (transfert volontaire ou conventionnel).

V

Vacances
– scolaires ou universitaires : 76330 (ind. fin de CDD) ; 79180 (crédit d'heures des enseignants).
Aides allouées par le CSE : 41410 s. (cotis. SS) ; 41710 s. (IR).
Chèque-vacances : voir Chèque.
Prime de vacances : 44710 s. (généralités) ; 1940 (Smic) ; 45700 (solutions particulières) ; 59610 (calcul ind. congés payés) ; 61160 (rémunération du 1er mai travaillé) ; 66200 (ind. compensatrice de préavis) ; 75970 (CDD).

Vacataire – vacation : 30200 (cotis. Agirc-Arrco).

Vaccination : 56780 (frais professionnels).

Valeur ajoutée : 46410 (calcul de la participation).

Valeur locative : 39330 (avantages en nature : évaluation).
AUTRE RUBRIQUE : Taxe sur la valeur ajoutée (TVA).

Validation des acquis de l'expérience : 59170 (effet du congé sur le droit à congés payés) ; 72800 (droit à congé).

Véhicule
Dépenses de véhicule : 34430 (frais déductibles : entreprise) ; 96230 s. (évaluations kilométriques fiscales).
Fourniture d'un véhicule par l'employeur (avantage en nature) : 39450 s. (cotis. SS) ; 40200 s. (évaluation fiscale) ; 77120 (dirigeants de sociétés) ; 80280 (VRP) ; 96330 s. (barème forfaitaire).
Location de véhicule : 56870 (quartiers généraux et centres de logistique des groupes internationaux).
Prêt consenti par l'employeur pour l'achat d'un véhicule : 40650 (IR).
Relevé de frais généraux : 36820.
Remise d'un véhicule à titre de cadeau : 39960 (vélomoteur : cotis. SS).

Véhicule (suite)
Taxe fiscale pour la formation : 30800 (réparation automobile et du cycle).
Utilisation par le salarié de son véhicule personnel (indemnisation par l'employeur) : 57630 s. (transport domicile-travail) ; 56570 s. (déplacements professionnels : cotis. SS et IR) ; 67410 (retenue sur salaire des grévistes) ; 72510 (retenue sur prime de voiture) ; 77730 (IR : remboursements de frais aux dirigeants) ; 80310 (VRP) ; 96230 s. (évaluation kilométrique fiscale des dépenses d'automobile) ; 96240 s. (évaluation kilométrique fiscale des dépenses de moto, vélomoteur et scooter).
Véhicule de fonction : 38540 s. (accessoire au contrat de travail) ; 39450 s. (régime social) ; 56550 (IR) ; 40530 (IR) ; 56540 (DFS : déplacements professionnels) ; 66030 (restitution au cours du préavis exécuté) ; 66205 (restitution en cas de dispense de préavis) ; 72390 (suppression pour faute) ; 72520 (responsabilité pécuniaire pour véhicule endommagé) ; 72530 (amende pour infraction au Code de la route) ; 77780 s. (cas particulier des dirigeants) ; 94830 (modèle bulletin de paie).
AUTRES RUBRIQUES : Covoiturage, Transport – déplacement.

Veilleur de nuit
Hôtel – café – restaurant : 84930 s. (salaire) ; 85290 (repas).
Repas pris sur place : 5560 (durée du travail à rémunérer).
Temps de garde : 5740 s. (étude d'ensemble) ; 5860 (équivalence).

Vélo : 57530 (remboursement des abonnements à des services publics de location de vélos) ; 57660 s. (prise en charge des frais de transport domicile – lieu de travail des salariés se déplaçant à vélo) ; 56590 (salarié utilisant son vélo pour ses déplacements professionnels : cotis. SS).

Vélomoteur : voir Véhicule.

Vendeur colporteur de presse : 25300 s. (cotis. SS).

Vente
– à domicile : 25600 s. (cotis. SS) ; 80470 s. (VRP : rémunération minimale garantie).
– d'une entreprise : voir Transfert d'entreprise.

Versement en un lieu unique (VLU) : 19255 s. (étude d'ensemble) ; 30070 (affiliation à une institution de retraite complémentaire Agirc-Arrco).

Versement mobilité
Étude d'ensemble : 26750 s.
Mention sur le bulletin de paie : 13630 s.
Pour l'assujettissement de chaque élément de rémunération de catégorie particulière, se reporter à l'étude concernée.

Versement unilatéral de l'employeur : 49495 (PEE) ; 50120 (Perco) ; 50223 (Pereco).

Vestiaire (personnel des hôtels – cafés – restaurants) : 96380 s. (assiette forfaitaire cotis. SS).

Vêtement
Achat par le salarié : 55770 (cumul de la prise en charge par l'employeur avec une DFS).
Fourniture gratuite par l'employeur : 39860 s. (cotis. SS) ; 92860 (comptabilisation).
Frais d'entretien des tenues professionnelles : 55330 (obligation de prise en charge par l'employeur) ; 55570 (prise en charge par l'employeur : cumul avec une DFS).
Indemnité représentative de frais : 39860 s. (cotis. SS) ; 55810 (IR).
Remise de bon d'achat de vêtement à des vendeuses : 39960 (cotis. SS).
Temps d'habillage et de déshabillage : 5600 (calcul du salaire) ; 22230 (calcul de la réduction générale de cotis. patronales) ; 85450 (hôtel – café – restaurant).

Veuf – veuve (allocations de veuvage et avantages de réversion) : 28190 (veuves de guerre : OETH) ; 52250 s. (pension de réversion financée par l'emplyeur) ; 73650 s. (rente versée par l'ancien employeur).

Vidéo : 12070 s. (enfant engagé par un employeur réalisant des enregistrements audiovisuels : paiement de la rémunération).

Vieillesse : voir Retraite – retraité.

Violence : 51270 (violences conjugales : déblocage participation ou PEE) ; 65500 (validité d'une transaction).

Virement bancaire
Paiement des cotisations de sécurité sociale : 19580 (date limite de paiement) ; 19685 (obligation de paiement par virement).
Paiement du salaire : 12210 s. (obligation de l'employeur) ; 12040 (salarié marié : détermination du compte sur lequel le salaire doit être viré) ; 12290 (effet libératoire du paiement par

Virement bancaire (suite)
virement) ; 35010 (BNC : exercice de déduction) ; 35220 (IR : année d'imposition).

Visa : 56780 (remboursement par l'employeur : régime social).

Visite
– **de l'inspecteur de l'Urssaf :** 20170 s.
– **médicale :** voir Examen médical.

VLU : voir Versement en un lieu unique (VLU).

Voiture : voir Véhicule.

Vol
– **au préjudice de l'entreprise :** 72510 s. (responsabilité du salarié).
– **par un membre du personnel :** 92950 (comptabilisation).
Prime de vol : 59520 (ind. congés payés).

Volontariat international en entreprise (VIE) : 30020 (régime Agirc-Arrco).

Voyage : voir Transport – déplacement.

Voyageur-représentant-placier (VRP) : voir Représentant de commerce.

Z

Zone de restructuration de la défense (ZRD) : 24400 s. (exo. cotis. SS).

Zone de revitalisation rurale (ZRR) : 23030 s. (exo. cotis. SS pour embauches) ; 23600 s. (exo. cotis. SS pour emploi par des organismes d'intérêt général).

Zone franche urbaine (ZFU) : 23740 s. (exo. cotis. SS pour emploi) ; 24200 (exo. cotis. SS pour l'emploi associatif) ; 46310 (allégements fiscaux : calcul de la participation).